BIBLIOGRAPHIE

BIOGRAPHIQUE

UNIVERSELLE.

TOME PREMIER.

A — M

(1 — 27590)

BIBLIOGRAPHIE

BIOGRAPHIQUE UNIVERSELLE.

DICTIONNAIRE DES OUVRAGES

RELATIFS

A L'HISTOIRE DE LA VIE PUBLIQUE ET PRIVÉE DES PERSONNAGES CÉLÈBRES
DE TOUS LES TEMPS ET DE TOUTES LES NATIONS,

DEPUIS LE COMMENCEMENT DU MONDE JUSQU'A NOS JOURS;

CONTENANT :

1º LA DÉSIGNATION CHRONOLOGIQUE DE TOUTES LES MONOGRAPHIES BIOGRAPHIQUES ;
2º L'ÉNUMÉRATION DE LEURS DIVERSES ÉDITIONS, RÉIMPRESSIONS ET TRADUCTIONS;
3º LES DATES EXACTES DE LA NAISSANCE ET DE LA MORT DES PERSONNAGES MENTIONNÉS;
4º LA DATE DE L'AVÉNEMENT DES SOUVERAINS ET CELLE DU MARIAGE DES REINES ET DES PRINCESSES ;
5º L'INDICATION DES PORTRAITS JOINTS AUX OUVRAGES CITÉS ;
6º DES RENSEIGNEMENTS SUR LES BIBLIOTHÈQUES PUBLIQUES OU SE TROUVENT LES BIOGRAPHIES INDIQUÉES;
7º DES NOTES HISTORIQUES ET LITTÉRAIRES SUR LES AUTEURS ET LES ÉCRITS CURIEUX,
SUR LES OUVRAGES CONDAMNÉS AU FEU, MIS A L'INDEX OU SAISIS PAR LA POLICE,
AINSI QUE SUR LES ÉCRITS COURONNÉS PAR LES ACADÉMIES ET LES SOCIÉTÉS SAVANTES,
ET SUR LES PAMPHLETS, LIBELLES, SATIRES, PASQUILLES, ETC.

ENRICHI DU

RÉPERTOIRE DES BIO-BIBLIOGRAPHIES

GÉNÉRALES, NATIONALES ET SPÉCIALES.

PAR

Edouard-Marie Oettinger

TOME PREMIER.

. A — M

(1 — 27390)

—>=⊂>≡≺≤=⊂—

BRUXELLES.

J. J. STIENON, IMPRIMEUR-ÉDITEUR,

FAUBOURG DE LOUVAIN, 19.

1854

PRÉFACE.

La première édition de cet ouvrage, renfermant 26,000 indications, a paru, il y a quatre ans, à Leipzig. Mon travail d'alors n'était qu'un modeste essai, qu'une première ébauche, qui laissait beaucoup à désirer au point de vue de l'immense quantité des matériaux à recueillir dans toutes les parties du domaine biographique.

Cependant, malgré les nombreuses omissions et les inexactitudes en matière de titres et de dates, cet essai même s'est frayé victorieusement son chemin dans presque toutes les bibliothèques publiques de l'Europe. Sans le secours d'aucune coterie ni d'aucune réclame, il a rencontré, dans le monde scientifique qui s'occupe spécialement de cette branche de l'histoire littéraire, un accueil favorable et, chose assez rare dans de semblables entreprises! plus d'appréciateurs indulgents que de critiques malveillants.

Tous d'abord ont été d'accord pour dire que j'avais entrepris une tâche neuve et *éminemment utile* [1].

M. Quérard, quoique un peu trop sévère, n'a pu se défendre de qualifier mon Dictionnaire de *travail énorme* [2].

Un des savants le plus haut placés, le général de Radowitz, ravi, hélas! trop tôt à l'admiration de ses amis et aux sciences qui faisaient le bonheur de sa vie, daigna faire à mon travail l'honneur de l'appeler *un glorieux fait d'étude et de persévérance allemande* [3].

Un autre juge, non moins éclairé, non moins compétent que l'auteur de *la France littéraire*, admirait, plus que l'ouvrage lui-même, le courage et l'intrépidité qu'il avait fallu pour embrasser un projet d'une telle étendue, déclarant que trente vies d'homme bien remplies suffiraient à peine pour accomplir une tâche aussi colossale.

Aiguillonné par l'ardent désir de servir cette science que j'aime passionnément, j'eus donc, à moi seul, la hardiesse, je dirai la témérité, de continuer sans relâche cet ingrat labeur, qui depuis seize ans absorbe presque tout mon temps, épuise toutes mes ressources pécuniaires, pour m'approcher de plus en plus de ce but qui, comme le fanal désiré, encourage l'intrépide navigateur.

Grâce à cette inébranlable assiduité, j'ai réussi pendant les quatre dernières années, consacrées entièrement à de nouvelles recherches dans les grands dépôts littéraires de Dresde, Leipzig, Vienne, Copenhague, Paris et Bruxelles, à doubler presque le nombre des renseignements de la première édition.

Mais, malgré cette considérable augmentation de matériaux consciencieusement recueillis, je suis bien loin de me faire illusion et de croire que ma tâche pénible soit entièrement accomplie, que cette nouvelle édition soit à l'abri de toute critique, qu'elle soit tout à fait complète.

Rien au monde, hélas! n'est complet. Pourquoi demander à un pauvre bibliographe, qui

---

[1] Voir *l'Indépendance belge* du 29 septembre 1853.
[2] Prospectus-spécimen de l'*Encyclopédie du bibliothécaire*, ouvrage jusqu'à ce jour encore à l'état d'embryon.

[3] Eine That deutschen Fleisses und rühmlichster Ausdauer.

n'a d'autres moyens que sa bonne volonté et son infatigable persévérance, qu'il fasse exception à la règle générale, surtout en ce qui concerne le rayon infini de la bibliographie universelle?

On aura beau dire : « Voici une édition qui vous manque, une traduction qui est omise, voilà cent, deux cents, cinq cents ouvrages dont vous ignorez l'existence. » Tout en sentant ce qui me reste encore à faire et à refaire pour combler ces lacunes [1], pour rectifier de plus en plus ces défectuosités, j'ai la pleine conviction que jusqu'à ce jour il n'existe pas une seule *Bibliographie* SPÉCIALE plus complète que celle que j'offre aujourd'hui au public, entièrement refondue et minutieusement revue et corrigée.

L'utilité de mon œuvre est constatée par l'expérience et par les témoignages souvent trop flatteurs de MM. les bibliothécaires, qui, dans leurs occupations journalières, se servent de ce guide comme d'un fil d'Ariane, pour s'orienter plus facilement dans l'immense labyrinthe qui s'appelle *Bibliographie*, science que quelques critiques de bas étage se plaisent à poursuivre de leur dédain comme une des études les plus subordonnées de l'histoire littéraire.

Certes, on a souvent ravili les services que rend la bibliographie. Et cependant n'est-elle pas l'ange gardien, le génie tutélaire des trésors littéraires amassés depuis l'origine de la science? C'est elle qui tire d'un oubli souvent injuste une foule d'auteurs et de productions des temps les plus reculés; c'est elle qui exhume les *Olim* de tant de gloires, de tant de célébrités autrefois encensées, aujourd'hui ensevelies et totalement oubliées; c'est elle qui, ressuscitant les siècles passés, a la sainte mission de donner un nouvel éclat aux auréoles pâlies, aux nimbes ternis par la poussière et les orages du temps.

La *Bibliographie biographique*, telle qu'elle est maintenant, peut être considérée comme l'immense nécropole où reposent les intelligences, les sommités de tous les temps et de toutes les nations. Elle est, pour ainsi dire, le grand cimetière du Père Lachaise où la biographie a planté soit une croix de reconnaissance, soit une fleur en signe de pieux souvenir, arrosées des larmes des contemporains, vénérées de la postérité. Elle est le Panthéon resplendissant où se trouvent placés sur l'impérissable piédestal de l'Histoire les bustes et les noms de tous les coryphées de l'esprit humain; bref, elle est le livre d'or de l'aristocratie intelligente des siècles anciens et modernes.

Un écrivain belge dont le nom m'échappe a qualifié la Biographie de sœur cadette de l'histoire. Il s'est trompé. Elle en est la mère nourricière. La Biographie est l'histoire des individus. Les individus sont les nerfs, les fibres, les organes musculaires de ce corps gigantesque qui s'appelle l'histoire universelle. Celle-là est le mobile secret de celle-ci. On ne peut écrire l'histoire universelle sans posséder la connaissance intime des biographies spéciales qui sont les mystérieux rouages de cette montre sans cesse en mouvement qu'on nomme l'univers. Avant d'étudier l'histoire de l'empire français, il faut étudier — *ab ovo ad malum* — la biographie du général Bonaparte.

Quant à la Bibliographie, c'est une science à part qui a, comme toute autre étude particulière, ses martyrs, ses apôtres, ses pontifes. Un de ces derniers, feu le baron de Reiffenberg, a compris mieux que la plupart de ceux dont se compose la secte bibliognoste le but et l'utilité de cette profession. Une grande vérité, tombée de sa plume féconde, se résume en ces termes :

« La multiplication croissante du papier « noirci a donné naissance à une science par- « ticulière : à la Bibliographie, dont le domaine « est si vaste qu'on a été obligé de le diviser « pour être en état de le mesurer. Règle gé- « nérale : *il ne peut réellement y avoir d'utile* « *et de complet que les Bibliographies spé-* « *ciales* [2]. »

Rien de plus incomplet, rien de plus inutile, rien de plus absurde qu'une soi-disant *Bibliographie générale!* Celui qui sait apprécier toutes les difficultés et les obstacles parfois

---

[1] Voir le *Supplément* placé à la fin du second volume.

[2] *Messager des sciences et des arts de la Belgique*, t. IV, p. 179.

insurmontables qu'on rencontre pour remuer l'énorme masse des matériaux qu'embrasse une *spécialité* bibliographique, comprendra aisément l'impossibilité d'une Bibliographie *universelle*. Celle-ci ne sera pour lui qu'un rêve insensé et ridicule !

En embrassant l'immense, l'inépuisable *spécialité de la biographie*, je me suis borné à indiquer les *monographies* et les *tirés à part* extraits des *Mémoires académiques* et des *Revues purement scientifiques*. Les éloges et les notices biographiques, disséminés çà et là, soit en tête des œuvres complètes, soit dans les recueils encyclopédiques ou dans les colonnes des journaux, ont été rigoureusement exclus du plan de mon travail. Il fallait m'imposer cette limite pour ne pas trop agrandir le cadre de ce manuel.

En revanche on trouvera à la fin du second volume des augmentations très-essentielles qui avaient été tout à fait négligées dans la première édition, savoir, la bibliographie :

Des biographies générales de toutes les langues et de tous les pays ;

Des biographies nationales et locales ;

Des biographies spéciales.

Au nom de la science, j'ose réclamer de nouveau le bienveillant concours de MM. les bibliothécaires et des bibliophiles, et les inviter à bien vouloir me communiquer tout ce qui, malgré les recherches les plus scrupuleuses, a pu m'échapper [1]. Je m'engage envers le public, ainsi que M. J. Stienon, imprimeur-éditeur à Bruxelles, devenu propriétaire de mon manuscrit, *à ne jamais refondre cet ouvrage*, mais à le tenir au courant des nouvelles publications et des additions ultérieures. Nous publierons de temps en temps, au fur et à mesure des nouvelles découvertes, un supplément destiné à compléter autant que possible le corps de ce manuel [2] qui, grâce à ces soins incessants, sera jugé digne, je l'espère, de servir de complément à tous les dictionnaires historiques, de répertoire indispensable aux bibliothèques publiques, aux aca-

démies, aux corporations littéraires et ecclésiastiques, aux amateurs de livres et à tous ceux qui ont la passion de recueillir des portraits et des autographes.

Il y aurait plus que de l'ingratitude à ne pas témoigner ici la plus vive et la plus sincère reconnaissance à tous ceux qui ont bien voulu m'entourer de leurs conseils et de leurs lumières pour m'aider à mieux atteindre le but de mes recherches.

Voici la liste des principaux protecteurs et collaborateurs envers lesquels je me sens obligé.
MM. Le général Joseph von Radowitz.

Le comte Henckel von Donnersmarck.

Le chevalier J. G. Neigebaur.

Le conseiller aulique Dr. Charles Falkenstein, ancien chef de la bibliothèque royale de Dresde.

Le conseiller aulique Dr. Gersdorf, préfet de la bibliothèque de l'Université de Leipzig.

Le docteur J. G. Graesse, bibliothécaire de Sa Majesté le roi de Saxe.

Le docteur Jules Petzholdt, bibliothécaire de S. A. R. le prince Jean de Saxe.

Le savant libraire Guillaume Engelmann, à Leipzig.

Le chevalier Jules Ravenel, l'un des conservateurs de la bibliothèque impériale de Paris.

M. Edmond de Manne, adjoint à la même bibliothèque.

M. Louis Barbier, conservateur-administrateur de la bibliothèque impériale du Louvre.

M. Gabriel Charavay, libraire et savant autographognosté à Paris.

M. le baron de Stassart, à Bruxelles.

Les docteurs Sigismond et Auguste Scheler, bibliothécaires de Sa Majesté le roi des Belges.

Le docteur Constantin Wurzbach, bibliothécaire au ministère de l'intérieur, à Vienne.

[1] On est prié de faire parvenir les nouvelles indications à M. J. Stienon, imprimeur, à Bruxelles.
[2] Le premier supplément se trouve à la fin du second volume. Il contient tous les renseignements que nous avons recueillis pendant l'impression de l'ouvrage, ainsi que l'indication des nouvelles publications des années 1853 et 1854.

MM. Ferdinand Mikowec, à Prague.

Le docteur Ernest Gustave Vogel, sous-
bibliothécaire de Dresde.

Quant à l'article qui concerne l'Iconologie de
la sainte Vierge (une des augmentations de la
nouvelle édition), je dois un grand nombre d'additions au révérend père Lombards, de l'ordre
des frères minimes à Bruxelles, et au révérend
père Laurent Hecht, supérieur au couvent de
Notre-Dame des Ermites (Marie-Einfiedeln).

Je ne puis clore la liste de cette illustre pha-
lange de collaborateurs, sans m'acquitter d'une
grande dette d'amitié et de bonne confraternité
envers M. Auguste De Reume, capitaine d'artillerie à Bruxelles, modeste et laborieux bibliographe, à qui je dois la plupart des augmentations relatives à la *partie belge et lyonnaise* et,
en outre, une quantité de renseignements qui,
grâce à sa bibliothèque riche et curieuse en
matière de biographies, me sont souvent venus
en aide pendant mon séjour à Bruxelles.

Encore quelques mots sur plusieurs abré-
viations dont je me suis servi.

(*Bes.*) signifie que les ouvrages accompagnés de cette
indication se trouvent dans la biblio-
thèque de Besançon.

(*Bx.*) — la bibliothèque de l'Académie royale de
Belgique à Bruxelles.

(*Cp.*) — la bibliothèque royale de Copenhague.

(*D.*) — la bibliothèque royale de Dresde.

(*L.*) — la bibliothèque de l'Université de Leipzig.

(*Ld.*) — la bibliothèque de l'Université de Leyde.

(*Lv.*) — la bibliothèque impériale du Louvre à
Paris.

(*Oxf.*) — la bibliothèque bodléienne d'Oxford.

(*P.*) — la bibliothèque impériale de Paris.

Les dépôts publics où j'ai recueilli les matériaux, j'ai cru devoir les signaler tant dans
l'intérêt des bibliothèques elles-mêmes, que
dans l'intérêt de ceux qui veulent savoir où se
trouvent les écrits indiqués dans ce manuel.

Les titres des ouvrages ont été fidèlement
reproduits. Les auteurs cités entre paren-
thèses sont ceux qui, sur les titres, ont gardé
l'anonyme.

Qu'il me soit permis de me justifier ici d'un
reproche qui m'a été fait par M. Quérard.

*Les membres des grandes familles histo-
riques*, dit-il, *sont disséminés sous chacun de
leurs prénoms !*

Il entend par ces membres des grandes familles historiques les noms des princes souverains, qu'il faut chercher, il est vrai, *sous leurs
prénoms*. Mais cette observation est au moins
singulière. Je voudrais bien voir celui qui cher-
cherait, par exemple, le nom de Frédéric le
Grand, roi de Prusse, sous Prusse ou Hohenzollern, le nom de Henri IV, roi de France, sous
Bourbon ou sous France, ou Léopold Ier, roi des
Belges, sous Saxe-Cobourg. Il va sans dire que
ce reproche n'a pu me déterminer à changer
la classification adoptée par tous les dictionnaires biographiques. D'ailleurs, j'ai suivi consciencieusement l'ordre alphabétique tracé par
la *Biographie universelle* de Michaud, ne per-
dant pas de vue que mon travail est destiné à
faire suite à l'un des plus beaux monuments de
la littérature française.

M'étant assez longuement expliqué sur le
plan et le caractère de la *Bibliographie biographique*, je la soumets sans crainte à la bienveil-
lance du public et à la censure des juges compétents. Je ne redoute pas la critique. Qu'elle
soit sévère, mais au moins qu'elle soit vraie et
consciencieuse ! C'est tout ce que je désire.

Bruxelles, le 1er août 1854.

E. M. OETTINGER.

BIBLIOGRAPHIE

BIOGRAPHIQUE.

A

Aba, surnommé **Salomon**,
roi de Hongrie (1041 — 1044).

Schwarz (Gottfried). Samuel rex Hungariæ, qui vulgo Aba audit, ex historico et simul numario monumento, tam nomini, quam populo restitutus, etc. *Lemgov.* 1761. 4.

Pray (Georg). Dissertationes historico-criticæ de SS. Salomone rege et Emerico duce Hungariæ. *Poson.* 1774. 4.

Abad (Gil),
prêtre espagnol.

Mayans y Siscar (Gregorio). Vida de S. G. Abad. *Valenc.* 1724. 16.

Abano (Pietro d'),
médecin-astrologue italien (1250 — 1316).

Mazzuchelli (Giovanni Maria). Notizie intorno alla vita di P. d'Abano. *Venez.* 1740. 12.

Abaris,
philosophe scythe (vers 570 avant J. C.);

Zapf (Carl Gottfried). Dissertatio de Abaride. *Lips.* 1706. 4. (*Lv.*)

Celsius (Olaus). Abaris Hyperboreus, exercitio academico delineatus. *Upsal.* 1710. 8. (*D.*)

Abbadie (Jean).

Histoire curieuse de la vie du sieur J. Abbadie. *La Haye.* 1670. 12.

Abbot (George),
archevêque de Cantorbéry (29 oct. 1562 — 5 août 1633).

Russell (William). Life of G. Abbot. *Oxf.* 1777. 8.

Life of Dr. G. Abbot, lord archbishop of Canterbury, to which are added the lives of his two brothers, Dr. R. Abbot, lord bishop of Salisbury, and sir M. Abbot, knight, lord mayor of the city of London. *Guildfort.* 1797. 8. 4 port.

Abbt (Carl Friedrich),
comédien allemand (vers 1740 — 1783).

Beiträge zur Lebensgeschichte des Schauspieldirectors (C. F.) Abbt. *Frf.* 1784. 8.

Abbt (Thomas),
écrivain allemand (25 novembre 1738 — 3 novembre 1766).

Nicolai (Friedrich). Ehrengedächtniss des Herrn T. Abbt. *Berl. et Stett.* 1767. 4. (*D.*) — (En forme de lettre à J. G. Zimmermann et accomp. d'un portrait de T. Abbt.)

Abd - el - Kader,
chef des Bédouins (vers 1807 — ...).

Debay (A...). Biographie d'Abd-el-Kader et description pittoresque des populations d'Algérie et, en particulier, du pays des Kabyles. *Par.* 1845. 18.

Lacroix (A... de). Histoire de la vie politique et privée d'Abd-el-Kader. *Par.* 1845. 8. Trad. en allem. *Grünberg.* 1846. 8. Portrait.

Bareste (Emile). Abd-el-Kader. *Par.* 1848. 8.

Lamènaire (N... N...). Vie, aventures, combats, amours et prise d'Abd-el-Kader. *Par.* 1848. 8. Portrait.

Vie d'Abd-el-Kader. *Par.* 1848. 8. Portrait.

Pascal (Louis). Histoire d'Abd-el-Kader, sa naissance, le merveilleux qui l'environne, etc. *Par.* 1848. 8.

Raban (N... N...). Histoire privée, politique et militaire d'Abd-el-Kader. *Par.* 1848. 8. Portrait.

Abd-el-Kader, sein Leben und seine Thaten. *Arnst.* 1848. 8. Portrait.

Abdon,
patron d'Arles sur Tech.

Chambeau (Pierre). Vie des bienheureux martyrs Abdon et Sennen, patrons d'Arles sur Tech, suivie d'une notice sur la translation de leurs reliques à Arles, etc. *Perpign.* 1848. 12.

Abel (Niels Henrik),
géomètre norvégien (25 août 1802 — 6 avril 1829).

Holmboe (Bernt Michael). Kort Fremstilling af N. H. Abels Liv og videnskabelige Virksomhed. *Christiania.* 1829. 8.

Abélard (Pierre),
religieux de l'ordre de S. Benoît (1079 — 21 avril 1142).

Gervaise (François Armand). Vie de P. Abailard et celle d'Héloïse, son épouse. *Par.* 1720. 2 vol. 12. (*D.*)

Hughes (John). History of Abelard and Heloise. *Glasg.* 1751. 8. (Echappée aux recherches de Lowndes.)

Muechler (Johann Georg). Geschichte und Briefe des Abaelard und der Heloïse. *Berl.* 1755. 8.

Berington (Joseph). History of the lives of Abailard and Heloisa. *Lond.* 1784. 4. *Birmingh.* 1787. 4. (*D.*) *Bas:* 1793. 2 vol. 8. (*D.*) Trad. en allem. par Samuel HAHNE-MANN. *Leipz.* 1788. 8.

Metrà (Andrea). Vita, amori e lettere di Abelardo e di Eloisa. *Triest.* 1794. 2 vol. 8. *Milan.* 1855. 24.

Mills (Henry). Letters of Abelard and Eloisa, with an account of their lives. *Lond.* 1807. 8.

Fessler (Ignaz Aurelius). Abaelard und Heloise. *Berl.* 1807. 2 vol. 8.

Schlosser (Friedrich Christoph). Abaelard und Dulcin; Leben und Meinungen eines Schwärmers und Philosophen. *Gotha.* 1807. 8.

Follin (Johan Samuel). Dissertatio de vita et scriptis P. Abælardi, auctoris philosophiæ scholasticæ vulgo habiti. *Lund.* 1800. 8.

Turlot (M...). Abailard et Héloïse, avec un aperçu du XIIᵉ siècle, etc. *Par.* 1822. 8.

Feuerbach (Ludwig). Abaelard und Heloise, oder der Schriftsteller und der Mensch. *Ansb.* 1833. 8.

Villenave (Matthieu Guillaume Thérèse de). Abélard et Héloïse, leurs amours, leurs malheurs, leurs ouvrages. *Par.* 1834. 8.

Guizot (Mélanie). Essai sur la vie et les écrits d'Abailard et d'Héloïse, jusqu'au concile de Sens, continuée jusqu'à la mort d'Abailard et d'Héloïse, par François Pierre Guillaume GUIZOT. *Par.* 1839. 8. Suivie des lettres d'Abailard et d'Héloïse. *Par.* 1853. 8.

Weyland (A... N...). Tableau historique de la vie d'Abailard et d'Héloïse. *Metz.* 1840. 8.

Rémusat (Charles de). Abélard. *Par.* 1845. 2 vol. 8.

Jacobi (Justus Ludwig). Abelard und Heloise; Vortrag am 25 Febr. 1850 im wissenschaftlichen Vereine gehalten. *Berl.* 1850. 8.

Tosti (Luigi). Storia di Abelardo e di suo tempo. *Napol...*

Nouveau recueil contenant la vie, les amours, les infortunes et les lettres d'Abélard et d'Héloïse. *Anvers.* 1722. 12.

Histoire des amours et des infortunes d'Abélard et d'Héloïse, mise en vers satiri-comico-burlesques. *Col.* 1724. 12. (*D.*)

Lenoir (Alexandre). Notice historique sur les sépultures d'Héloïse et d'Abélard, etc. *Par.* 1814. 8.

Frerichs (Johann Heinrich Friedrich). Commentatio de P. Abælardi doctrina dogmatica et morali. *Jen.* 1827. 4. (Dissertation couronnée.)

Goldhorn (David Johann Heinrich). Commentatio historico-theologica de summis principiis theologiæ Abelardeæ. *Lips.* 1856. 8. (*D.*)

Abele (Johann Martin v.),
jurisconsulte allemand (31 mars 1753 — 3 septembre 1805).

Veesenmeyer (Georg). Rede am Grabe des Herrn J. M. v. Abele. *Kempt.* 1805. 4.

Abeles (Simon).

Processus inquisitorius, welcher zu Prag wider beyde Prager Juden Lazar Abeles und Loebl Kurzhandel wegen des ex odio christianæ fidei von ihnen ermordeten zwölfjährigen jüdischen Knabens S. Abeles, als leiblichen Sohns des erstern, verführt worden, etc. *Regensb.* 1724. 8.

Abendroth (Amandus August),
jurisconsulte allemand (16 oct. 1767 — 17 déc. 1842).

Wurm (Christian Friedrich)..Memoria viri consularis A. A. Abendroth, J. U. D. *Hamb.* 1852. Fol. Portrait.

Abensberg (Babo v.),
chevalier allemand.

Lang (Carl Heinrich v.), et Roman ZIRNGIBL, Rede und Antwort wider und für das historische Dasein des B. v. Abensberg und seiner dreissig Söhne. *Münch.* 1814. 8.

Abensberg (Stilla Graefin v.).

Oetter (Samuel Wilhelm). Betrachtungen über den Handschuh der Gräfin S. v. Abensberg, welchen sie bei Erbauung der Peterskirche hat in die Höhe geworfen. *Leipz.* 1783. 8.

Aberjoux (Charles),
colonel français.

Discours prononcé sur la tombe du colonel C. Aberjoux à Saint-Amour (Jura), s. l. (*Par.*) 1852. 4.

Abernethy (John),
théologien irlandais (1680 — 1740).

Mears (John). Sermon on the death of J. Abernethy. *Dubl.* 1741. 8.

Abicht (Johann Georg),
théologien allemand (21 mars 1673 — 5 juin 1740).

Schroeder (Ernst Christian). Programma academicum in exequias J. G. Abichti. *Witteb.* 1740. 2. (*D.*)

Berger (Johann Wilhem). Oratio funebris in exequiis J. G. Abichti. *Witteb.* 1740. 2. (*D.*)

Crell (Christoph Ludwig). Programma academicum : Memoria J. G. Abichti. *Witteb.* 1741. Fol. (*D.*)

Aboul Abassi Ahmed.

Roorda van Eysinga (Taco). Abul Abassi Ahmedis Tulonidarum primi vita et res gestæ, etc. *Lugd. Bat.* 1823. 4.

Aboul-Ala,
poëte arabe.

Rieu (Charles). De Abul-Alæ poetæ Arabici vita et carminibus secundum codices Leidanos et Parisiensem commentatio. *Bonn.* 1843. 8.

Abou'l Walid Merwan Ibn Djana'h,
grammairien hébreux du xe siècle.

Munk (Salomon). Notice sur Abou'l Walid Merwan Ibn Djana'h et sur quelques autres grammairiens hébreux du xe et du xie siècle, etc. *Par.* 1851. 8.

Aboville (le comte Auguste Gabriel d'),
pair de France (20 mars 1774 — ... 1820).

Forget (Charles). Notice historique sur le comte A. G. d'Aboville, pair de France, maréchal de camp, etc., s. l. et s. d. 8.

Abrabanel (Isaac),
savant juif (1437 — 1508).

Mai (Johann Heinrich). Dissertatio historico-philologica de origine, vita et scriptis I. Abrabanielis. *Altorf.* 1708. 4. (*D.* et *Lv.*)

Abraham,
le premier des patriarches.

Augusti (Friedrich Albrecht). Dissertatio de fatis et factis Abrahami. *Gothæ.* 1730. 4.

Withof (Friedrich Theodor). Programma de Abrahamo, amico Dei. *Duisb.* 1743. 4.

Hebbing (Henry). History of Abraham. *Lond.* 1746. 8.

Gilbank (William). Scripture history of Abraham. *Lond.* 1775. 8.

Holst (August Friedrich). Scenen aus dem Leben Abrahams, etc. *Chemn.* 1826. 8. *Ibid.* 1828. 8.

Abrantès (Laurette Junot, duchesse d'),
historienne française (6 novembre 1784 — 7 juin 1838).

Cantù (Ignazio). Relazione della duchessa d'Abrantès e delle sue opere. *Milan.* 1857. 8.

Roosmalen (A... de). Derniers moments de la duchesse d'Abrantès. *Par.* 1838. 8.

Abrech,
idole égyptienne.

Am Ende (J... F...). Programma de Abrech Ægyptiorum. *Dresd.* 1750. 4.

Absalon,
fils de David (xie siècle avant J. C.).

Dunte (Theodor v.). Imperium Absalonis charactere politico expressum. *Witteb.* 1667. 4.

Schmidt (Johann Andreas). Dissertatio de monumento Absalonis ex 2. Sam. XVIII. 18. *Helmst.* 1702. 4.

Absalon,
archevêque de Lund (1128 — 1202).

Pedersen (Morten). Biskop Absalons og Esbern Snare's Herkomst og adelige Stamme. *Kjoebenh.* 1589. 4.

Estrup (Hector Fridrik Jansen). Absalon som Helt, Statsmand og Biskop. *Soroe.* 1827. 8. (*P.*) Trad. en allem. par Gottlieb MONNIKE. *Leipz.* 1832. 8.

Sperling (Otho). Testamentum Absalonis, archiepiscopi Lundensis. *Hafn.* 1696. 8. *Ibid.* 1707. 8. (*D.*)

Absolu (Jeanne),
religieuse française († 1637).

Auvray (Jean). Vie de J. Absolu, dite de Saint-Sauveur, religieuse de Fontevrault du monastère de Haute-Bruyère. *Par.* 1670. 4.

Acarie, voy. **Avrillot** (Barbe).

Acciajuoli (Niccolo),
grand sénéchal de Naples (12 sept. 1310 — ... 1366).

Palmieri (Matteo). Vita di N. Acciajuoli e l' origine della famiglia di Acciajuoli. *Firenz.* 1588. 4.

Accolti (Francesco),
jurisconsulte italien (1418 — 1483).

Saveri (Flaminio). Memoria intorno al giureconsulto F. Accolti Aretino e alle condizioni della giurisprudenza nelle sua età. *Pisa.* 1855. 8.

Accorambona (Vittoria),
dame italienne (assassinée en 1585).

Adry (Jean Félicissime). Histoire de V. Accorambona, duchesse de Bracciano, avec la vie de madame (Marie) de Hautefort, duchesse de Schomberg, par une de ses amies (madame de MONTMORENCY-LUYNES). *Dampierre.* 1800. 4. *Par.* 1807. 12. (*P.*) — (Publ. s. l. lettr. de J. F. A. Y.)

Acerbi (Enrico),
médecin italien (1785 — 5 décembre 1827).

Filippi (Giovanni Domenico). Elogio del dottore E. Acerbi. *Milan.* 1828. 8.

Fontaneilles (E... P... H... de). Nécrologie de H. Acerbi, docteur en médecine. *Par.* 1828. 8.

Acerbis (Giovanni Maria),
prêtre italien.

Mazzoleni (Angelo). Vita de' servi di Dio Gius. Roncelli e G. M. Acerbis, sacerdoti Bergamaschi. *Milan.* 1777. 8.

Achasia,
roi des Juifs (885 — 884 avant J. C.).

Reime (Heinrich Gottlieb). Dissertatio, quæ Achasiam Judæ regem, ætate non majorem parente suo Joramo sistit. *Jenæ.* 1714. 4.

Schroeder (Johann Joachim). Dissertatio de annis Achasiæ, Judæorum regis. *Marburg.* 1715. 4.

Reime (Heinrich Gottlieb). Harmonia vitæ Achasiæ, *Jenæ.* 1717. 4.

Sommelius (Gustaf). Dissertatio de Achaso rege Israelis 2 Chron. XXVIII. *Lund.* 1778. 8.

Achéry (Jean Luc d'),
archéologue français (1609 — 29 avril 1685).

Maugendre (N... N...). Éloge de Dom (J. L.) d'Achéry, avec des notes historiques, etc. *Amiens.* 1776. 12. (*P.*) (Couronné par l'Académie d'Amiens.)

Achille,
fameux héros grec.

Forchhammer (P... W...). Achill, mit einer Karte der Ebene von Troja. *Kiel.* 1835. 8.

Achilli (N... N...),
réfugié italien.

Eardley (C... E...). Imprisonment and delivrance of Dr. Achilli, with some account of his previous history and labours. *Lond.* 1850. 8.

Achmet III,
sultan des Ottomans (12 déc. 1673 — 1703 — 23 juin 1736).

Merkwürdige Nachricht eines türkischen Effendi von dem Aufruhr in Constantinopel und von der Absetzung des Kaisers Achmet III, im Jahre 1730. *Danz.* 1773. 8.

Achrelius (Erik Danielis),
physicien suédois (5 mai 1604 — 17 avril 1670).

Achrelius (Daniel Erik). Oratio funebris in E. Achrelium, medicinæ et anatomiæ in academia Aboensi professorem. *Aboæ.* 1670. 4.

Acidalius (Valens),
médecin-philologue allemand (1567 — 25 mai 1595).

Leuschner (Johann Christian). Commentatio de V. Acidalii vita, moribus et scriptis. *Lips. et Lignic.* 1757. 8. *(D.)*

Schmidt (Valentin Heinrich). Ueber den Kritiker V. Acidalius, besonders auch über seinen Antheil an der Schrift eines Ungenannten : *Dass die Weiber keine Menschen sind. Berl.* 1819. 8. *(D.)*

Ackermann (Johann Christian Gottlieb),
médecin allemand (17 février 1756 — 9 mars 1801).

Siebenkees (Johann Christian). Memoria J. C. G. Ackermanni. *Altorf.* 1801. Fol.

Ackermann (Leopold Petrus Fourcrius),
théologien allemand (17 novembre 1771 — 9 septembre 1831).

Seback (Vincenz). L. P. F. Ackermann; biographische Skizze, etc. *Wien.* 1832. 8.

Ackermann (Maria Magdalena Charlotte),
actrice allemande (23 août 1757 — 10 mai 1775).

K... — Die letzten Tage der Mademoiselle M. M. C. Ackermann, etc. *Hamb.* 1773. 8. *Frf.* 1780. 8.

Acoluthus (Johann),
théologien allemand (1628 — 3 mai 1689).

Neukirch (Benjamin). Leichenrede auf J. Acoluthus. *Bresl.* 1689. Fol. *(D.)*

Hanke (Martin). Monumentum J. Acoluthi. *Vratisl.* 1689. Fol.

Acominatus, voy. **Akominatos.**

Aconzio-Koever (Stefano),
archevêque de Sunia (20 novembre 1740 — 23 janvier 1824).

Pianton (N... N...). Elogio di S. Aconzio-Koever, arcivescovo di Sunia. *Venez.* 1825. 8.

Acosta (Uriel),
athée portugais (se tuant en 1647).

Remarkable life of U. Acosta, an eminent freethinker, with his reasons for rejecting all revealed religion. *Lond.* 1740. 8.

Weller (Emil Ottocar). U. Acosta's Selbstbiographie; lateinisch und deutsch, etc. *Leipz.* 1847. 16.

Jellinek (Hermann). U. Acosta's Leben und Lehre, etc. *Zerbst.* 1847. 8.

Acotantus (Petrus).

Zappert (Georg). Vita B. P. Acotanti, etc. *Vienn.* 1859. 8.

Acquin (Louis d'),
évêque de Seez (+ 1710).

Benoist de Rouen. Oraison funèbre de L. d'Acquin, évêque de Seez. *Alenç.* 1711. 8.

Acre (Angelo da),
capucin italien (... — 30 octobre 1739).

Macharius a Mangonio. Vita del servo di Dio Fra A. di Acre, sacerdote capuccino. *Napol.* 1750. 4.

Elogio storico-morale del beato A. da Acri. *Napol.* 1836. 8. Portrait.

Acrel (Johan Gustaf),
médecin suédois (15 mai 1741 — 18 février 1801).

Hedin (Sven Anders). Åminnelse-Tal öfver J. G. Acrel. *Stockh.* 1808. 8. *Strengnäs.* 1809. 8.

Acrel (Olof af),
chirurgien suédois (26 novembre 1717 — 28 mai 1806).

Adlerbeth (Gudmund Göran). Tal öfver O. af Acrel. *Stockh.* 1806. 8.

Schulz v. Schulzenheim (David). Åminnelse-Tal öfver O. af Acrel. *Stockh.* 1807. 8.

Actamus,
philosophe arabe.

Reiske (Johann Jacob). Programma de Actamo, philosopho arabico. *Lips.* 1759. 4.

Adair (N... N...),
général anglo-américain.

White (M...). Biographical sketch of the life of general Adair. *Washingt.* 1830. 8.

Adair (James Mackittric),
médecin écossais (1728 — 1802).

Adair (James Mackittric). Anecdotes of the life, adventures and vindication of a medical character, metaphorically defunct. *Lond.* 1790. 8. (Cet ouvrage, publ. s. l. pseudonyme de Benjamin Goosequill et Peter Paragraph, est un morceau d'autobiographie.)

Adam,
père du genre humain.

Feuerlin (Jacob Wilhelm). Dissertatio de philosophia Adami putatitia. *Altorf.* 1715. 4.

Dissertatio de Adami logica, metaphysica, mathesi, philosophia practica et libris. *Altorf.* 1717. 4.

Mueller (Daniel). Programma de cruditione Adami. *Chemn.* 1722. Fol.

Goetze (F... L...). Quanta statura Adam fuit. *Lips.* 1727. 4.

Reinhard (Christian Tobias Ephraim). Untersuchung der Frage : « Ob unsere ersten Urältern, Adam und Eva, einen Nabel gehabt? » *Hamb.* 1752. 8. *Berl.* 1753. 8. *Frf. et Leipz.* 1755. 8.

Brueckner (Hieronymus). Ob Adam wirklich über 900 Jahre alt geworden? *Aurich.* 1799. 8.

Adam de Brême,
historien allemand (vers 1070).

Seelen (Johann Heinrich v.). Diatribe de Adamo Bremensi. *Lubec.* 1756. 8.

Lackmann (Adam Heinrich). Dissertatio de codice Hafniensi Adami Bremensis. *Kilon.* 1746. 4.

Asmussen (Jacob). Commentatio de fontibus Adami Bremensis. *Kilon.* 1834. 4.

Adami (Annibale),
officier italien.

Ragguaglio della celebre causa del cavaliere A. Adami, tenente di vascello al servigio di Sua Maestà delle Due Sicilie. *Napol.* 1777. 4.

Adami (Theodor),
jurisconsulte allemand (+ 1613).

Programma academicum in funere T. Adami. 1613. 4. *(D.)*

Adams (Alexander),
pédagogue écossais (1741 — 1809).

Account of the life and character of A. Adams. *Edinb.* 1810. 8.

Adams (John),
président des États-Unis d'Amérique (19 oct. 1735 — 4 juillet 1826).

Hamilton (Alexander). Letter concerning the public conduct and character of J. Adams. *New-York.* 1800. 8.

Cushing (Caleb). Eulogy of J. Adams and T. Jefferson. *Cambridge.* 1826. 8. *(P.)*

Gibbs (George). Memoirs of the administration of (G.) Washington and J. Adams; edited from the papers of Oliver Wolcott, secretary of the treasury. *New-York.* 1848. 2 vol. 8. 2 portraits.

Adams (Charles Francis). Life of J. Adams. *Boston.* 1851. 8.

Adams (John Quincy),
président des États-Unis d'Amérique (11 juin 1767—24 février 1848).

Seward (William Henry). Life and services of J. Q. Adams. *Auburn.* 1849. 8.

Adanson (Michel),
botaniste français (7 avril 1727 — 3 août 1806).

Lejoyand (Claude François). Notice sur la vie, les travaux, les découvertes, la maladie et la mort de M. Adanson. *Par.* 1808. 8. *(P.)*

Adanson (N... N...) neveu. Observations sur feu M. Adanson. *Par.* s. d. 4.

Cuvier (George Léopold Chrétien Frédéric). Éloge historique de M. Adanson. *Par.* 1819. 8. (Non mentionné par Quérard.)

Addington, viscount **Sidmouth** (Henry),
homme d'État anglais (... 1755 — 15 février 1844).
Pellew (George). Life of H. Addington. *Lond.* 1847. 3 vol. 8.

Addison (Joseph),
poète anglais (1er mai 1672 — 17 juin 1719).
Steele (Richard). Memoirs on the life and writings of J. Addison, with his character. *Lond.* 1724. 8. (*D.*)
Life of J. Addison, extracted from N. III and IV of the General Dictionnary historical and critical. *Lond.* 1733. 8. (*D.*)
Sprengel (Curt). J. Addison. *Halle.* 1810. (*D.*)
Aikin (Lucy). Life of J. Addison, illustrad by many of his letters and private papers, etc. *Lond.* 1843. 2 vol. 8. Portrait. *Philadelph.* 1846. 12.

Adel (Matthaeus),
théologien allemand.
Girisch (Johann). Leichenpredigt nebst Lebensbeschreibung M. Adelii. *Bayr.* 1661. 4. (*L.*)

Adélaïde,
épouse d'Othon I, empereur d'Allemagne (vers 930 — 16 déc. 999).
Programma academicum de Adelheida, Ottonis I conjuge. *Lips.* 1729. Fol.
Leben der Kaiserin Adelheid, Gemalin Otto's des Grossen. *Reval.* 1784. 8.
Breitenbauch (Georg August v.). Lebensgeschichte der Kaiserin Adelheid. *Leipz.* 1788. 8.
Adelhaid, Königstochter von Burgund, nachherige Gemahlin Kaiser Otto's des Grossen, etc. *Augsb.* 1827. 8. *Ibid.* 1829. 8. *Ibid.* 1831. Portrait.
Semeria (Giovanni Battista). Vita politico-religiósa di S. Adelaide, regina d'Italia ad imperatrice del sacro Romano impero. *Torin.* 1842. 8.
Manara (Giovanni Orti). Delle avventure di Adelaide, sposa di Ottone I di Sassonia, e delle notizie dei castelli di Garda et di Canossa, memoria storica. *Veron.* 1844. Fol.
Vie de Ste Adélaïde, impératrice; épisode de l'histoire du xe siècle, tirée de S. Odilon par N... N... DE NILINSE, *Par.* s. d. (1847.) 16.
Levens van de H. Adelais, keizerin, en van de H. Radegondis, koningin van Frankryk. *Tournai.* 1852. 52.

Adélaïde de France,
fille de Louis XV (3 mai 1732 — .. mars 1800).
Montigny (Charles Claude de). Mémoires historiques de Mesdames Adélaïde et Victoire de France, filles de Louis XV. *Par.* 1802. 2 vol. 12. *Ibid.* 1803. 2 vol. 8.

Adelbert,
margrave de Franconie.
Oesterreicher (Paul). Der ostfränkische Markgraf Adelbert, Graf v. Babenberg genannt. *Bamb.* 1823. 8.

Adelbert *,
évêque de Prague (939 — 997).
Boleluczky (Matthias Benedict), Rosa Boemica s. vita S. Woyticchi, agnomine Adalberti, Pragensis episcopi, Ungariæ, Poloniæ, Prussiæ apostoli etc. *Prag.* 1668. 2 vol. 8.
Vita Adalberti æquævo quodam auctore edita, publ. par Petrus CANISIUS. *Antw.* 1725. Fol.
* Il passe pour l'auteur du chant guerrier « Boga-Rodzica, » que les Polonais ont coutume d'entonner avant la bataille.

Adelbold,
chroniqueur belge (vers 960 — 1028).
Polain (Mathieu Lambert). Esquisses biographiques de l'ancien pays de Liége : Amelgard, Adelbold. *Gand*, s. d. (1836) 8.

Adelbulner (Michael),
physicien allemand (3 février 1702 — 21 juillet 1779).
Programma funebre in obitum M. Adelbulneri. *Altorf.* 1779. Fol.

Adeler (Cort Siversen),
grand amiral de Danemark (1622 — 1675).
Mylius (Peder Bentzon). C. S. Adelers, den vidt beroemte Sœhelts merkvaerdige Livs og Levnets Beskrivelse. *Kjoebenh.* 1740. 4.
Hofmann (Tycho de). Mémoires du comte (P.) Griffenfeld, de l'amiral-général Adeler et du vice-amiral Tordenskjold. *Copenh.* 1746. 4. Trad. en dan. par Christian LJUNGE. *Kjoebenh.* 1774. 4.
Smith (Laurids). Lovtale over C. Adeler. *Kjoebenh.* 1779. 8.

Adémar,
chroniqueur français (vers 988 — vers 1030).
Castaigne (Eusèbe). Dissertation sur le lieu de naissance et sur la famille du chroniqueur Adémar, moine de l'abbaye de Saint-Cybard d'Angoulême, faussement surnommé de Chabanais, etc. *Angoul.* 1850. 8 *.
* Tirée à 100 exemplaires dont 10 seulement se trouvent dans le commerce.

Adersbach (Michael),
homme d'État allemand.
Thilo (Valentin). Memoria Adersbachiana. *Gedan.* 1641. 4.

Adey (George),
littérateur anglais.
Trench (Francis). G. Adey, his life and diary. *Lond.* 1851. 8.

Adler (Georg Christian),
théologien allemand (1755 — 1805.)
Schmidt (C... C... B...). Predigt zum Andenken des Herrn Probst Adler in Altona. *Alton.* 1805. 8.

Adlersheim (Christian Lorenz v.),
jurisconsulte allemand.
(**Feller**, Joachim). Programma academicum in funere C. L. ab Adlersheim. *Lips.* 1684. Fol. (*D*).

Adolph (Johann Traugott),
médecin allemand (4 décembre 1728 — 11 avril 1771).
Programma funebre in obitum J. T. Adolphi. *Altorf.* 1771. Fol.

Adolphe de Nassau,
empereur d'Allemagne (élu le 1er mai 1292 — 2 juillet 1298).
Scherz (Johann Georg). Dissertatio de imperatoris Adolphi Nassovii depositione. *Argent.* 1711. 4. *Lips.* 1749. 4.
(**Guenderode**, Hector Wilhelm v.). Geschichte des römischen Königs Adolph von Nassau. *Frankf.* 1770. 8. *Ibid.* 1779. 8.
Wagner (Johann Peter). Schediasmata III de vita Adolphis Nassoviensis, regis Romanorum. *Wisbad.* 1773—80. 4.
Leuchs (Johann Georg). Adolph der Nassauer, Kaiser und König der Deutschen. *Augsb.* 1798. 8.
Spandau (Hazo Albert) et M... J... ADRIANI. Hulde aan de nagedachtenis van Graaf Adolf van Nassau. *Groning.* 1827. 8.

Geissel (Johannes). Die Schlacht am Hasenbühl (2 juillet 1298) und das Königskreuz bei Göllheim. *Speier.* 1835. 8.

Adolphe II,
comte de Holsatie.
Historia de vita et rebus gestis Adolphi II, comitis Nordalbingiæ Holsatorum. *Frf.* 1580. Fol.

Adolphe Frédéric de Holstein-Eutin,
roi de Suède (14 mai 1710 — proclamé le 6 avril 1751 — 12 février 1771).
Gustave III. Éloge d'Adolphe Frédéric. *Stockh.* 1772. 4.

Adon (Saint),
archevêque de Vienne et martyr (... 799 — 19 déc. 875).
Martyrologium Adonis, archiepiscopi Viennensis, publ. par Domenico GIORGI. *Rom.* 1745. 4.

Adonis,
personnage mythologique.
Moinichen (Christian). Disputatio de Adonide Phœnicum indole. *Hafn.* 1702. 4.
Maurer (N... N...), Dissertatio de Adonide ejusque cultu religioso. *Erlang.* 1782. 4.
Fickenscher (Georg Wolfgang August). Erklärung des Mythus von Adonis. *Gotha.* 1800. 8.

Adorni-Raggi (Emilia),
dame italienne.
Brignole Sale (Antonio Giulio). Lagrime per la morte della signora E. Adorni-Raggi. *Piacenz.* 1654. 4.

Adriansen (Cornelius),
théologien flamand (1521 — 1581).
Historia vom Bruder Cornelio, Adrians Sohn von Dordrecht. *Leipz.* 1615. 8.

Adrien (P. Ælius Hadrianus),
empereur romain (24 janvier 76 — élu le 11 août 117 — 10 juillet 138).
Botterau (René). Hadrianus legislator. *Pictav.* 1661. 8.

Opitz (Paul Friedrich). Dissertatio de Hadriani nomine, indole, virtutibus ac vitiis ex scriptis Judæorum, etc. *Kilon.* 1722. *4.*
—— Dissertatio de Hadriani moribus eruditisque cum doctoribus Judæorum controversiis. *Kilon.* 1723. *4.*
Feuerlein (Johann Conrad). Dissertatio epistolica de Hadriani eruditione. *Altorf.* 1743. *4.*
Woog (Carl Christian). Programma de eruditione Hadriani et libris ab eo scriptis. *Lips.* 1769. *4.*
Flemmer (Hans Morten). Dissertatio de itineribus et rebus gestis Hadriani imperatoris secundum numorum et inscriptionum testimonia. *Hafn.* 1836. *8.*
Greppo (J... G... H...). Mémoire sur les voyages de l'empereur Adrien et sur les médailles qui s'y rapportent. *Par.* 1842. *8.*
Gregorovius (Ferdinand). Geschichte des römischen Kaisers Hadrian und seiner Zeit. *Königsb.* 1851. *8.*

Joecher (Christian Gottlieb). Dissertatio de Hadriani libris Catacrianis. *Lips.* 1741. *4.*
Bel (Carl Andreas). De libris Catacrianis Hadriani. *Lips.* 1777. *4.*
Puettmann (Josias Ernst Ludwig). De Hadriani libris Catacrianis epistola. *Lips.* 1778. *8.*

Adrien IV,
pape, successeur d'Anastase IV (élu le 3 déc. 1154 — 1er sept. 1159).
Raby (Richard). Pope Adrian IV. *Lond.* 1849. *8.*

Adrien VI,
pape, succédant à Léon X (1459 — 9 janvier 1522—24 sept. 1523).
Moring (Geraard). Vita Hadriani VI pontificis maximi. *Lovan.* 1536. *4. (Bes.)*
Burmann (Caspar). Hadrianus VI sive analecta historica de Hadriano VI, Trajectino papa romano. *Traj. ad Rhen.* 1727. *4. (Bes.)*
(Danz, Johann Traugott Lebrecht). Programmata II : Analecta critica de Hadriano VI. *P. R. Jenæ.* 1813. *4.*
Bosch (L... E...). Jets over paus Adriaan VI ; afkomst en korte levensschets van dien Utrechtenaar. *Utrecht.* 1836. *8.*

Adrien (Saint).
Hardigny (Guillaume). Vie et miracles de S. Adrien, patron singulier contre la contagion. *Luxemb.* 1657. *12.*
Vie et martyre de S. Adrien, tutélaire de la ville de Grandmont (sic), patron contre la peste, et de sa compagne Natalie, le tout tiré de la copie de Benoist RUTEAU. *Ath.* 1637. *18.*

Ægidius.
Spoerl (Johann Ludwig). Dissertatio de Ægidio Narbonensi, pristino templi Norimbergensis patrono. *Altorf.* 1749. *4.*

Ælius Gallus (Cajus),
jurisconsulte romain.
Heimbach (Carl Wilhelm Ernst). Dissertatio de C. Ælio Gallo, JCto ejusque fragmentis. *Lips.* 1823. *8.*

Æmilianus (Cornelius Scipio).
Gerlach (Franz Dorotheus). Der Tod des P. C. S. Æmilianus. *Basel.* 1839. *8.*

Æminga (Siegfried Cævos),
jurisconsulte allemand (3 décembre 1710 — 25 mai 1768).
Rehfeld (Carl Friedrich). Memoria S. C. ab Æminga. *Gryphisw.* 1768. *4.*

Æneas Gazæus,
écrivain grec.
Wernsdorf (Gregor Gottlieb). Disputatio de Ænea Gazæo. *Numburg.* 1816. *4.*

Æpinus (Franz Albert),
théologien allemand (15 novembre 1673 — 21 janvier 1750).
Burgmann (Johann Christian). Memoriæ monumentum quod sibi statuit F. A. Æpinus. *Rostoch.* 1750. Fol. *(D.)*
Becker (Hermann). Sacrum exequiis F. A. Æpini. *Rostoch.* 1750. Fol. *(D.)*

Æpinus (Johann),
théologien allemand (1499 — 13 mai 1553).
Magdeburg (Joachim). Epitaphium d. i. Grabschrift des Dr. J. Æpini. *Hamb.* 1553. *4. (D.)*
Greve (Arnold). Memoria J. Æpini, D. theologiæ et primi Hamburgensium superintendentis instaurata, etc. *Hamb.* 1756. *4. (D.)*

Æpli (Johann Melchior),
médecin suisse (1744 — 14 janvier 1813).
Aepli (Alexander), Denkmal auf J. M. Aepli. *St. Gall.* 1815. *8.* Portrait.

Ærodius (Petrus), voy. **Ayrault** (Pierre).

Aerschot (Charles de Croy, duc d'),
homme d'État belge (11 juillet 1560 — 13 janvier 1612).
Bousquier (Philippe). Oraison funèbre du duc d'Aerschot. *Douai.* 1612. *4.*
Even (Edward van). Notice sur la bibliothèque de C. de Croy, duc d'Aerschot (1614). *Brux.* 1852. *8.*

Æschines,
orateur grec (344 — 269).
Wolf (Hieronymus). Vita Demosthenis et Æschinis. *Basil.* 1572. Fol.
Matthaei (Christian Friedrich). Dissertatio de Æschine oratore. *Lips.* 1770. *4.*
Norberg (Matthias). Programmata II de Æschine oratore. *Lund.* 1792-93. 2 part. *8.*
Palmblad (Wilhelm Frederik). Æschines Atheniensium ad Philippum Macedoniæ regem legatus. *Upsal.* 1836. *4.*
Stechow (Friedrich Ewald). Dissertatio de Æschinis oratoris vita. *Berol.* 1841. *4.*

Æschylus,
poëte grec (525 — 467 avant J. C.).
Petersen (Friedrich Christian). Commentatio de Æschyli vita et fabulis. *Hafn.* 1816. *8.*
Lange (Eduard Reinhold). Programma de Æschylo poeta (ejusque itineribus). *Berol.* 1852. *8.*

Æthon,
poëte grec.
Mueller (Eduard). Dissertatio de Æthone satyrico Achæi Eretriensis. *Ratisb.* 1837. *4.*

Æsculapius, voy. **Esculape.**
Æsopus, voy. **Ésope.**

Ætius, surnommé **l'Athée,**
philosophe grec du ive siècle († 366).
Wurm (G...). Dissertatio de rebus gestis Ætii. *Bonn.* 1844. *4.*

Affelmann (Johannes),
théologien allemand (... 1588 — 28 février 1624).
Huswedel (Johannes). Parentatio ad exequias D. J. Affelmanni S. theol. doct. *Rostoch.* 1624. *8. (Lv.)*

Afflitto (Annibale di),
archevêque de Reggio (1560 — 1er avril 1638).
Pepe (Steffano). Orazione funebre nella morte del venerando A. di Afflitto, arcivescovo di Reggio. *Napol.* 1638. *4.*
Fozzi (Giuseppe). Vita di A. di Afflitto, arcivescovo di Reggio. *Napol.* 1687. *8.*

Affò (Ireneo),
historien italien (1742 — .. janvier 1802).
Pezzana (Angelo). Vita del P. I. Affò. *Parma.* 1825. *4.*

Affre (Denis Auguste),
archevêque de Paris (27 septembre 1793 — tué le 27 juin 1848).
Riancey (Henri de). Mgr. Affre, archevêque de Paris, esquisse biographique. *Par.* 1848. *18.* Portrait.
(Affre, Denis Emile). Biographie de Mgr. (D. A.) Affre, archevêque de Paris. *Par.* 1848. *8.*
(Gourdon) (Édouard). Biographie authentique de l'archevêque de Paris (D. A. Affre), etc. *Brux.* 1848. *18.*
Letzte Stunden des hochwürdigsten D. A. Affre, Erzbischofs von Paris, verwundet an der Barricade St. Antoine, etc. *Stuttg.* 1848. *8.*
A. Affre's, Erzbischofs von Paris, letzte Augenblicke und Tod, etc. *Aach.* 1848. *8.*
M... (O...). Der Heldenmuth, die Leiden und der Tod des Erzbischofs (D. A. Affre) von Paris. *Bonn.* 1848. *8.*
Exauvillez (N... N..., d'). Vie de Mgr. D. A. Affre, archevêque de Paris, depuis sa naissance jusqu'à sa mort, suivie de la biographie de Mgr. Sibour, archevêque actuel de Paris, par Marie Dominique Auguste L... BENOIST. *Par.* 1849. *18.* 2 portraits.
Cruice (Pierre Marie). Vie de D. A. Affre, archevêque de Paris. *Par. et Lyon.* 1849. *8. Par.* 1850. *12.*
Vie édifiante et mort héroïque de Mgr. Affre, archevêque de Paris. *Bord.* 1850. *12.*

Affry (Louis Augustin Philippe, comte d').
homme d'État suisse (1743 — 16 juin 1810).

Girard (Grégoire). Oraison funèbre du comte L. A. P. d'Affry, etc. *Fribourg*. 1810. 8. Trad. en allem. *Zürch*. 1811. 8.

Afzelius (Pehr v.),
médecin suédois (14 déc. 1760 — 2 déc. 1839).

Till Jubel-Doctorn P. v. Afzelius. *Upsal*. 1855. 8. (*D*.)

Agabus,
prophète juif (contemporain de Jésus-Christ).

Walch (Johann Ernst Immanuel). Dissertatio de Agabo vate, Act. X. 28. *Jen*. 1757. 4.

Agasse,
imprimeurs français.

Apologie des deux frères Agasse, s. l. et s. d. 8. (Morceau en vers accompagné de notes en prose.)

Agassiz (Louis),
naturaliste suisse (1807 — ...).

Notices historiques sur MM. G. S. Perrottet et L. Agassiz. *Lausan*. 1831. 8.

Agatharchides,
géographe grec (vers 110 avant J. C.).

Hager (Johann Georg). Programma de Agatharchide, geographo antiquo. *Chemnic*. 1766. 4.

Frieten (H... F...). Dissertatio de Agatharchide Cnidio. *Bonn*. 1848. 8.

Agathe (Sainte),
vierge de Palerme (+ 5 février 251).

Grossis (Giovanni Battista de). Agatha Catanensis, s. de natali patria D. Agathæ dissertatio historica. *Catanæ*. 1656. Fol.

Agathocles,
tyran de Sicile (vers 361 — 289 avant J. C.).

(**Perrinchief**, Richard). The Sicilian tyrant, or the life of Agathocles. *Lond*. 1661. 8. *Ibid*. 1676. 8. (Cet ouvrage, contenant un parallèle entre Agathocle et Olivier Cromwell, est accompagné d'un portrait de Cromwell.) Trad. en franç. par Marc Antoine Eidous. *Par*. 1752. 8.

Agathon,
pape (élu le 26 juin 678 — 10 janvier 682).

Schiavo (Michele). Dissertazione storico-dogmatica su la patria, santità e dottrina di S. Agatone. *Palerm*. 1731. 4.

Agathon,
poète grec (contemporain d'Euripide).

Ritschl (Friedrich). Commentatio de Agathonis vita, arte et tragœdiorum reliquiis. *Halæ*. 1829. 8.

Agesilas,
roi de Lacédémone (445 — 361 avant J. C.).

Boecler (Johann Heinrich). Dissertatio de Agesilao, rege Lacedæmoniorum. *Argent*. 1644. 4.

Cauer (Eduard). Quæstionum de fontibus ad Agesilai historiam pertinentium pars I. *Vratisl*. 1847. 8.

Agis,
roi de Lacédémone.

Barrau (T... H...). Histoire d'Agis IV, roi de Lacédémone, condamné à mort par ses propres sujets. *Clerm. Ferr. et Par*. 1817. 8.

Aglietti (Francesco),
médecin italien (1757 — 3 mai 1836).

Zannini (Paolo). Biografia di F. Aglietti. *Padov*. 1836. 8.

Levi (Mosè Giuseppe). Delle lode di F. Aglietti, medico e letterato Veneziano. *Venez*. 1836. 8. Port.

Agneessens ou **Anneessens** (Francis),
martyr de la liberté belge (1650 — décapité le 19 sept. 1719).

Historischen Oogslag over de oorzack en omstandigheden der onrechtveerdige lyfstraf van den vaderlands minnaer (F.) Anneessens, schándelyk onthoofd binnen Brussel den 19 september 1719, in den ouderdom van 70 jaeren. *Bruss*. 1835. 12.

Levae (Adolphe). Mort de (F.) Agneessens. *Brux*. 1857. 12. (Extrait de la *Revue de Bruxelles*.)

—— Evénements qui ont eu lieu après l'exécution d'Agneessens. *Brux*. 1858. 12. (Extrait de la même *Revue*.)

Agnès,
épouse de Henri III, empereur d'Allemagne.

Flessa (Johann Adam). Programma de Agnete Augusta, Henrici IV matre, ab adulterii suspicione liberata. *Baruth*. 1726. Fol.

Æpinus (Angelus Johann Daniel). Dissertatio exhibens Agnetis Augustæ Henrici III imperatoris conjugis historiam. *Rostoch*. 1754. 4.

Agnès,
épouse de Henri I, roi de France.

Labanoff de Rostoff (Alexandre). Recueil de pièces historiques sur la reine Anne ou Agnès, épouse de Henri I, roi de France, et fille de Jaroslaff, grand-duc de Russie. *Par*. 1826. 8.

Agnès,
reine de Hongrie.

Æbli (J... W... L...). Blicke ins Leben der Königin Agnes von Ungarn. *Aarau*. 1841. 4. (*L*.)

Agnès,
abbesse de Quedlinbourg.

Olearius (Johann Christoph). Anastasis Agnesæ abbatissæ Quedlinburgensis d. i. erneuertes Denkmahl einer uhralten Abbatissin zu Quedlinburg, Agnesæ, Tochter Conrads des Grossen, Markgrafen zu Meissen. *Jenæ*. 1699. 4.

Agnès (Sainte),
martyre italienne (+ 303).

Martigny (J... A...). Notice historique, liturgique et archéologique sur le culte de Ste Agnès. *Lyon*. 1847. 8. (*P*).

Agnès de Montepulciano (Sainte).

Langasco (Tommaso). Orazione panegirica di Sta Agnese da Montepulciano. *Cagliari*. 1728. 4.

Agnès-Hedwig d'Anholt-Dessau,
seconde épouse d'Auguste I, électeur de Saxe.

Leutinger (Nicolaus). Oratio in nuptiis Augusti electoris Saxoniæ, et Agnetis Hedwigis, Joachimi Ernesti principis Ascaniæ filiæ. *Witteb*. 1586. 8.

Agnesi (Maria Gaëtana),
savante italienne (16 mars 1718 — 9 janv. 1799).

Frisi (Paolo). Elogio storico di M. G. Agnesi. *Milan*. 1799. 8. (*P*.) Trad. en franç. par Antoine Marie Henri Boulard. *Par*. 1807. 8. (*P*.)

Milesi-Mojon (Bianca). Vita di M. G. Agnesi. *Milan*. 1836. 8. (Tiré à très-peu d'exemplaires qui ne sont pas dans le commerce. On y trouve son portrait.)

Agnethler (Michael Gottlieb),
naturaliste transylvanien (10 juin 1719 — 15 janvier 1752).

Carpzov (Johann Benedict). Memoria M. G. Agnethler. *Helmst*. 1752. 4. (*L*.)

Agnew (Andrew),
littérateur anglais.

M'Crie (Thomas). Memoirs of the life of sir A. Agnew, of Lochnaw, baronet. *Lond*. 1850. 8. *Ibid*. 1852. 8. Portrait.

Agobard,
archevêque de Lyon (...779 — 8 juin 840).

Hundeshagen (Carl Bernhard). Dissertatio de Agobardi, archiepiscopi Lugdunensis, vita et scriptis, etc. *Giess*. 1831. 8.

Macé (Pierre Louis). Dissertatio de Agobardi, archiepiscopi Lugdunensis, vita et operibus. *Par*. 1846. 8.

Agosti (Giuseppe),
savant italien.

Pagani-Cesa (Giovanni). Elogio del nobile conte G. Agosti di Belluno, etc. *Bellun*. 1836. 4.

Agoston (Alexius),
médecin hongrois.

Lenhossek (Michael). Exequiæ A. Agoston. *Pesth*. 1810. 4.

Agriani (N... N...),
supérieur général de l'ordre des Carmes (xive siècle).

Villers de Saint-Étienne (Cosme de). Vie du R. P. Agriani, dit aussi de Bologne, supérieur général des Carmes. *Par*. 1752. 8. (Omis par Quérard.)

Agricola (Cnejus Julius),
homme d'État romain (38 — 94).

Held (Julius). Commentatio de C. J. Agricolæ vita, quæ vulgo Cornelio Tacito adsignatur. *Suidnicii*. 1845. 4.

Agricola (Georg),
médecin allemand (24 mars 1490 — 21 nov. 1555).

Richter (Adam Daniel). Vita G. Agricolæ. *Annab*. 1755. 4. (*D. et Lv*.)

Becher (Friedrich Liebegott). Die Mineralogen G. Agricola im sechszehnten und A. G. Werner im neunzehnten Jahrhundert, etc. *Freiberg.* 1819. 8. (*D.*)

Agricola (Johann),
théologien allemand (20 avril 1492 — 22 sept. 1566).

Unger (Johann Gottfried). Dissertatio de J. Agricola. *Lips.* 1732. 4. (*D. et Lv.*)

Kordes (Bernhard). J. Agricola's Schriften möglichst vollständig verzeichnet. *Alton.* 1817. 8. (*D.*)

Agricola (Martin),
musicien allemand (vers 1486 — 10 juin 1556).

Reichard (Elias Caspar). Nachricht von dem alten geschickten Tonkünstler M. Agricola. *Magdeb.* 1758. 4.

Agricola * (Peter),
théologien allemand (1525 — 5 juillet 1585).

Ostermann (S...). Oratio in obitum P. Agricolæ. *Lauing.* 1600. 8.

Wagner (Johann Franz). Commentatio de M. P. Agricolæ, rectoris quondam Ulmensis vita et meritis, etc. *Helmst.* 1756. 4.

* Son nom de famille était Baur.

Agricola (Rudolphus),
philosophe frison (31 août 1443 — 28 oct. 1485).

Melanchthon (Philipp). Orátiones II, prior de vita R. Agricolæ, posterior de D. Augustino. *Witteb.* 1539. 8. (*D.*)

Pflueger (Georg). Oratio de vita R. Agricolæ. *Argent.* 1618. 8. (*L.*) — (Publ. s. l. nom de Johann Saxo.)

Schœpperlin (Johann Friedrich). Dissertatio de R. Agricolæ, Frisii, in elegantiores litteras promeritis. *Jenæ.* 1753. 4. (*D. et L*.)

Ekerman (Peter). Dissertatio de R. Agricola, litterarum per Germaniam instauratore, inter Græcos græcissimo et inter Latinos latinissimo. *Upsal.* 1762. 4.

Tresling (T... F...). Vita et merita R. Agricolæ. *Groning.* 1830. 8.

Agricola (Stephan),
théologien allemand († 1547).

Epitaphia S. Agricolæ, anno 1847 Islebii defuncti. *Hieroford.* 1550. 4. (*D.*)

Agrippa (Marcus Vipsanius),
beau-fils de l'empereur Auguste (vers 64 — 12 avant J. C.).

Gebauer (Georg Christian). Dissertatio de M. V. Agrippa. *Lips.* 1717. 4.

Frandsen (Peter Schreiner). M. V. Agrippa; historische Untersuchung über dessen Leben und Wirken. *Alton.* 1856. 8. Portrait.

Lankeren Matthes (D... van). Disputatio de M. V. Agrippæ in rempublicam romanam meritis. *Amst.* 1841. 8.

Eck (Hendrik Jan van). Dissertatio de M. V. Agrippa. *Lugd. Bat.* 1842. 8.

Agrippa Lanatus (Menenius),
consul romain (vers 502 avant J. C.).

Hirsch (G...). M. Agrippa seditiosos plebejos Romanos e monte sacro in urbem revocans. *Altorf.* 1684. 4.

Norrmann (Laurens). Agrippa Conciliator. *Upsal.* 1691. 8.

Agrippa von Nettesheim (Heinrich Cornelius),
médecin-philosophe allemand (14 sept. 1486 — ... 1535).

Sommer v. Sommersberg (Friedrich Wilhelm). Dissertatio de H. C. Agrippa. *Lips.* 1717. 4.

Agrippæana oder H. C. Agrippa's merkwürdiges Leben und Schriften, etc., s. l. 1722. 8.

Ravius (Georg Friedrich). Dissertatio de H. C. Agrippæ, eruditorum portenti, vita, fatis et scriptis. *Witteb.* 1726. 4. (*D. et Lv.*)

Agrippina,
épouse de Germanicus, mère de la suivante († 33 après J. C.).

Hamilton (Elisabeth). Memoirs of the life of Agrippina, the wife of Germanicus. *Lond.* 1800. 3 vol. 12.

Burkhard (Carl). Agrippina, des Marc. (Vipsan.) Agrippa Tochter, August's Enkelin in Germanien, im Orient und in Rom; drei Vorlesungen. *Augsb.* 1846 8.

Agrippina,
épouse de l'empereur Claude.

Graun (Caspar Heinrich). Dissertatio de Agrippina, Neronis matre. *Witteb.* 1681. 4.

Ekerman (Peter). Dissertatio de Agrippina, Neronis ma-

tre, linguam Senecæ professoriam exprobrante. *Upsal.* 1763. 4.

Wallraf (Ferdinand Franz). Agrippina, Gemahlin des Claudius, Stifterin von Cöln. *Cöln.* 1800. 12. Portrait.

Agrœtius,
grammairien latin.

Osann (Friedrich). Programma de F. Capro et Agrœtio grammaticis. *Giess.* 1849. 4.

Aguado (Francisco de),
jésuite espagnol (... 1572 — 17 janvier 1654).

Andrada (Alonso de). Vida del venerable Padre F. Aguado. *Madr.* 1658. 4.

Aguesseau (Henri François d'),
chancelier français (27 nov. 1668 — 9 fév. 1751).

Thomas (Antoine). Éloge de H. F. d'Aguesseau, chancelier sous Louis XV. *Par.* 1760. 4 et 8. (*P.*) — (Couronné par l'Académie française.) Trad. en allem. *Carlsruh.* 1761. 8. Trad. en suéd. par Olof Kexel. *Stockh.* 1768. 8.

Bourlet de Vauxcelles (Simon Jérôme). Eloge de H. F. d'Aguesseau. *Par.* 1760. 8.

Morlhon (Barnabé de). Eloge de H. F. d'Aguesseau. *Toulous.* 1760. 8.

Ségur (Louis Philippe de). Notice sur le chancelier II F. d'Aguesseau. *Par.* 1822. 8. (Cet opuscule n'a pas été destiné au commerce.)

Boinvilliers (N... N...). Éloge du chancelier H. F. d'Aguesseau, etc. *Par.* 1848. 8. (*Lv.*)

Boullée (A...). Histoire de la vie et des ouvrages du chancelier H. F. d'Aguesseau, etc., suivie d'une notice historique sur Henri d'Aguesseau, père du chancelier. *Par.* 1849. 8.

Aguillenquy (Agnès d'),
capucine française.

Baudran (Marc de). Vie d'A. d'Aguillenquy, religieuse capucine de Marseille. *Mars.* 1673. 12.

Verclos (Hyacinthe de). Vie de la révérende mère d'Aguillenquy, abbesse des capucines de Marseille. *Avign.* 1740. 8. (*Bes.*)

Ahab,
roi des Juifs (918 — 898 avant J. C.).

Gaudlitz (Gottlieb). Leben Ahab's, vormaligen Königs in Israel. *Dresd. et Leipz.* 1734. 8.

Obbarius (Christoph Ludwig). Gründliche und ausführliche Beschreibung der besonders merkwürdigen Geschichte des Hauses Ahab, sammt dessen Intriguen an dem jüdischen Hofe zu Jerusalem. *Nordhaus.* 1754. 8.

Ahasver,
époux d'Esther.

Cunov (T...). Dissertatio de Ahasvero, Estheris marito. *Jenæ.* 1671. 4.

Arrhenius (Jakob). Dissertatio de Ahasvero Esther. *Upsal.* 1696. 8.

Ahitophel,
serviteur du roi David.

Schwarz (Christian Gottlieb). Dissertationes II de morte Ahitophelis. *Witteb.* 1704. 4. *Ibid.* 1722. 4.

Ahlefeldt (Herren v.),
famille holsatienne.

Moeller (Olaus Heinrich). Historisch-genealogische und diplomatische Nachrichten von dem uralten adeligen Geschlechte derer v. Ahlefeldt. *Flensb.* 1773. 4.

Ahmed Ben Tulun,
premier sultan d'Égypte (20 sept. 835 — 21 mai 884).

Olsson (Jœns). Programmata II sistens historiam primi in Ægypto sultani Ahmed Ben Tulun. *Lund.* 1785. 8.

Aignan (Saint),
évêque d'Orléans († 453).

Intorcetta (Francesco). Vita di S. Aniano. *Messin.* 1648. 4.

Abrégé de la vie et des miracles de S. Aignan. *Orléans.* 1805. 8.

Theiner (August). S. Aignan, ou le siége d'Orléans par Attila; notice historique, suivie de la vie de ce saint. *Par.* 1832. 8.

Aiguillon (Marie de Vignerod, duchesse d'),
dame d'atour de Marie de Médicis († 1675).

Fléchier (Esprit). Oraison funèbre de M. de Vignerod, duchesse d'Aiguillon. *Par.* 1675. 8.

Aikin (John),
littérateur anglais (15 janvier 1747 — 7 déc. 1822).
Aikin (Lucy). Memoirs of J. Aikin, with a selection of his miscellaneous pieces biographical, moral and critical. *Lond.* 1824. 2 vol. 8. *Philadelph.* 1824. 8.
Aikin (Lucy),
auteur anglaise.
Montémont (Albert). Notice sur la vie et les ouvrages de L. Aikin, s. l. et s. d. (*Par.* 1826.) 12.

Ailly (Pierre d'),
cardinal-évêque de Cambrai (1350 — 1420).
Dinaux (Arthur). Notice historique et littéraire sur le cardinal Pierre d'Ailly, évêque de Cambrai au xvᵉ siècle. *Cambr.* Portrait. 1824. 8. (Couronné par la Société d'émulation de Cambrai.)
Pameyer (Georg). P. d'Ailly, sa vie et ses ouvrages. *Strasb.* 1840. 4. (L.)

Akenside (Mark),
médecin-poète anglais (9 nov. 1721 — 23 juin 1770).
Bucke (Charles). Life, writings and genius of M. Akenside. *Lond.* 1832. 12.

Akominatos (Michael),
archevêque d'Athènes.
Bandini (Angelo Maria). Epistola de M. Acominato ejusque scriptis. *Florent.* 1767. 8. (P.)
Ellissen (Adolph). M. Akominatos von Chonä, Erzbischof von Athen, Nachrichten über sein Leben und seine Schriften, etc. *Gœtting.* 1846. 8.

Alacoque (Marguerite Marie),
religieuse française (22 juillet 1647 — 17 oct. 1690).
Languet de la Villeneuve de Gergy (Jean Joseph). Vie de la vénérable mère M. M. Alacoque, etc. *Par.* 1729. 4. (Bes.) *Ibid.* 1830. 12. *Avign.* 1830. 12. Port.
Belem (Jeronymo de). Vida do veneravel M. Alacoque. *Lisb.* 1751. 8.
Couchot (Jean Marie). Vie de la vénérable mère M. M. Alacoque, religieuse de la visitation du monastère de Paray-le-Monial. *Roanne.* 1857. 18.
Leben der Gottseligen Mutter M. M. Alacoque, aus dem Orden der Heimsuchung Mariae, aus ihrer eigenhändigen, in französischer Sprache verfasten Handschrift, von Joseph Gallifet herausgegeben, etc. *Regensb.*1857.8.
Vita della venerabile M. M. Alacoque, religiosa della visitazione di S. Francesco de Sales. *Torin.* 1844. 16.
Life of the venerable mother M. M. Alacoque, religious of order of the visitation. *Lond.* 1850. 8.

Aland (Georg),
jurisconsulte allemand.
Werenberg (Heinrich Jonathan). Ein vor Gott gereinigter Richter; Leichenpredigt auf G. Aland. *Wittenb.* 1694. Fol. (D.)

Alander (Christiern),
littérateur suédois (14 février 1660 — 6 mars 1704).
Rudén (Torsten). Memoria viri clarissimi C. Alandri, eloquentiæ professoris. *Aboœ.* 1704. 4.

Alanus (Georgius),
théologien suédois (vers 1610 — 15 juillet 1664).
Miltopæus (Martin). Oratio funebris in obitum theologiæ doctoris et professoris Aboënsis D. G. Alani. *Aboœ.* 1664. 4.

Alarcon, voy. **Suarez de Alarcon**.
Alba (Fernando Alvarez de Toledo, duque d').
ministre espagnol (1508 — 12 janv. 1582).
Meursius (Jan). F. Albanus s. de rebus ejus in Belgio per sexennium (1567 — 1573) gestis libri IV. *Lugd. Bat.* 1614. 4. *Amst.* 1638. Fol.
Miroir de la tyrannie des Espagnols, perpétrée aux Pays-Bas par le duc d'Albe. *Amst.* 1620. 4.
Vera y Figueroa (Juan Antonio de). Resultas de la vida de D. F. A. de Toledo, tercero duque do Alva, s. l. 1643. 4.
Vita F. Toletani, ducis Albani. *Salamant.* 1669. 8. Trad. en franç. s. l. t. d'Histoire, etc. *Par.* 1698 — 99. 2 vol. 12.
Leven van den Hertzog van F. Alvarez Alba. *Amst.* 1730. 2 vol. 8. Portrait.
Rustant (J... V... de). Historia de D. F. A. de Toledo, clamado el Grande, duque de Alva.*Madr.* 1750. 2 vol. 8.
Dominikus (Jacob). F. Alvarez von Toledo, Herzog von Alba; eine treue Copie seines Characters, seiner Feld-

herrngrösse und seiner Statthalterschaft in den Niederlanden. *Leipz.* 1796. 2 vol. 8.

Stœger (Maximilian). Versuch eines Grundrisses der Geschichte der Niederlande unter der Herzogin von Parma und dem Herzog von Alba. *Münch.* 1808. 8.

Albanese (Girolamo),
statuaire italien.
Molini (Carlo). Lacrime di Parnasso in morte di G. Albanese, insigne statuario. *Vicenza.* 1633. 8.

Albani (Alessandro),
cardinal romain (15 oct. 1692 — 11 déc. 1779).
Strocchi (Dionigio). De vita A. Albani cardinalis. *Rom.* 1790. 4 (P.)
Elogio di A. cardinale Albani. *Forli.* 1812. 4. *Faenza.* 1830. 4.

Albani (Francesco),
peintre italien du premier ordre (17 mars 1578 — 4 oct. 1660).
Bolognini-Amorini (Antonio). Vita del celebre pittore F. Albani. *Bologn.* 1837. 8. Portrait.

Albano (Elisabetta).
Paoli (Sebastiano). Vita e virtù di E. Albano. *Napol.* 1715. 4.

Alber (Erasmus),
théologien allemand (... — 5 mai 1553).
Kœrber (Johann Jacob). Zu der Lebensbeschreibung D. E. Alberi, eines Reformators in der Wetterau. *Hanau.* 1751. 4.

Albergati (Niccolo),
cardinal-évêque de Bologne (1375 — 9 mai 1443).
Vita N. Albergati, episcopi Bononiensis, conscripta olim a tribus celeberrimis viris, Jacobo Zeno, Poggio Fiorentino et Carolo Sigonio, nunc autem septendecim celebrium scriptorum de eodem testimoniis, in lucem edita per Georgium Garnefelt. *Col. Agr.* 1618. 4.
Cavallo (Bonaventura). Vita del beato N. Albergati, cardinale di S. Croce. *Rom.* 1654. 4. Trad. en latin par Louis Jacob. *Par.* 1659. 4. (D.)
Attichy (Louis Doni d'). Idea perfecti præsulis in vita B. N. Albergati cardinalis. *Autun.* 1656. 8.

Alberghetti (Maria),
religieuse italienne (13 sept. 1578 — 1ᵉʳ janvier 1664).
Benzi (Bernardino). Vita di M. Alberghetti. *Venez.*1672. 4.
Cealdo (Antonio). Brevi cenni sulla vita della gran serva di Dio, M. Alberghetti, fondatrice delle dimesse di Padova. *Padov.* 1845. 8.

Alberghini (Aloisio),
prêtre italien.
Ganassini (Angelo). Vitæ illustrium sacerdotum A. Alberghini et D. Fornarolii. *Veron.* 1835. 8.

Alberoni (Giulio),
ministre espagnol (30 mars 1664 — 26 juin 1752).
Rousset de Missy (Jean). Histoire du cardinal Alberoni et de son ministère jusqu'à la fin de 1719. *La Haye.* 1719. 12. *Ibid.* 1720. 2 vol. 12. (Publ. s. l. lettres initiales de J. R. et annoncée comme traduction de l'espagnol.) Trad. en ital. *Haya.* 1720. 8.
Wunderbare Geschichte des weltberühmten Cardinals J. Alberoni. *Halle.* 1752. 8.
Maubert (R... B...). Testament politique du cardinal Alberoni. *Lausanne.* 1753. 12.
Moore (George). Lives of cardinal Alberoni and the duke of Ripperda, ministers of Khilip V, king of Spain. *Lond.* 1806. 2 vol. 8. *Ibid.* 1814. 2 vol. 8.

Albert I le Victorieux,
empereur d'Allemagne (1248 — 1298; assassiné le 1ᵉʳ mai 1308).
Wilke (Johann Georg Lebrecht). Thema juris publici quod Albertus I hujus nominis inter imperatores legitimo per omnia modo rex Romanorum fuerit electus. *Lips.* 1753. 4.
Lambacher (Philipp). Dissertatio historico-juridica de imperatoris Alberti I expeditione in Hollandiam suscepta anno 1300, etc. *Aug. Vind.* 1758. 4. *Ratisb.* 1800. 8.
Kurz (Franz Seraphin). Oesterreich unter König Ottokar und Kaiser Albrecht I. *Linz.* 1816. 2 vol. 8.

Albert II,
empereur d'Allemagne (10 août 1397—4 sept. 1404—27 oct. 1439).
Wenck (Friedrich August Wilhelm). Historiæ Alberti II

Romanorum, Ungariæ et Bohemiæ regis, Austriæ ducis, marchionis Moraviæ, etc. Pars I. *Lips.* 1770. 4.

Albert II, dit le Boiteux,
duc d'Autriche (1298 — 1330 — 16 août 1358).

Steyerer (Anton). Commentarii pro historia Alberti II, ducis Austriæ, cognomento Sapientis. *Lips.* 1725. Fol.
Kurz (Franz Seraphin). Oesterreich unter Herzog Albrecht dem Lahmen. *Linz.* 1819. 8.

Albert III,
archiduc d'Autriche (... 1349 — 27 juillet 1365 — 5 août 1395).

Kurz (Franz Seraphin). Oesterreich unter Herzog Albrecht III (mit dem Zopfe). *Linz.* 1827. 2 vol. 8.

Albert IV,
archiduc d'Autriche (1379 — 1395 — 4 sept. 1404).

Kurz (Franz Seraphin). Oesterreich unter Herzog Albrecht IV, nebst einer Übersicht des Zustandes Oesterreichs während des vierzehnten Jahrhunderts. *Linz.* 1830. 2 vol. 8.

Albert I l'Ours,
margrave de Brandebourg (1106 — 1142 — 13 nov. 1176).

Sagittarius (Caspar). Historia marchiæ Soltwedelensis et vita Alberti Ursi. *Jenæ.* 1685. 4. Trad. en allem. *Salzwedel.* 1736. 4.
Schmidt (Valentin Heinrich). Albrecht der Baer, Eroberer und Erbe der Mark Brandenburg. *Berl.* 1823. 8.

Albert III, dit l'Achille ou l'Ulysse de l'Allemagne,
margrave-électeur de Brandebourg (24 nov. 1414—1470 — 11 mars 1486).

Gœtze (Georg). Vita et res gestæ Alberti, Brandenburgici electoris, dicti Achillis Germanici. *Jenæ.* 1670. 4.
Layriz (Johann Georg). Dissertatio de Achille Germanico s. Alberto electore Brandenburgensi. *Jenæ.* 1670. 4. (Cette dissertation nous paraît la même que la précédente.)
Liebhard (Ludwig). Des Brandenburgischen Ulysses Vertheidigung. *Bayr.* 1672. 4.
(Bock, Friedrich Samuel). Grundriss von dem merkwürdigen Leben Albrechts des Aeltern, Markgrafen zu Brandenburg. *Königsb.* 1743. 8.
—— Leben und Thaten des Markgrafen Albrecht von Brandenburg, ersten Herzogs in Preussen, *Königsb.* 1750. 8.

Albert IV le Belliqueux,
surnommé l'Alcibiade de l'Allemagne, margrave de Brandebourg
(28 mars 1522 — 8 janvier 1558).

Meyer (Heinrich Christoph). Albrecht der Krieger, Markgraf zu Brandenburg. *Nürnb.* 1793. 8.
Schad (Georg Friedrich Casimir.) Dreyhundertjähriges Ehrengedächtniss Kuhrfürst Albrechts von Brandenburg, Alcibiades genannt. *Nürnberg et Leipz.* 1786. 8.
Voigt (Johannes). Markgraf Albrecht Alcibiades von Brandenburg-Culmbach. *Berl.* 1852. 2 vol. 8. Portrait.

Albert le Courageux,
duc de Saxe et margrave de Misnie (1443 — 1464 — 1500).

Wimpina (Conradus). Illustrissimi famaque super æthera noti principis et domini Alberti Saxoniæ ducis bellorum illustriumque actorum epithoma, i. e. breviuscula commentatio de Alberti Animosi expeditionibus bellicis. *Lips.* 1497. 4. * Publ. avec la vie de Wimpina par Christian Gotthelf WILISCH. *Altenb.* 1725. 8.
? Extrêmement rare.

Oertel (Veit). Oratio de Alberto, duce Saxoniæ. *Witteb.* 1567. 8.
Boiemus (Michael). Vita Alberti Animosi, etc. *Lips.* 1586. 4. Publ. avec des notes par Conrad Samuel SCHURZFLEISCH. *Witteb.* 1676. 4. *Ibid.* 1698. 4.
Hartmann (Johann Zacharias). Dissertatio : Albertus Animosus, dux Saxoniæ, fidelitatis in domum Augustam et imperium exemplar, etc. *Kilon.* 1726. 4.
Schumacher (Heinrich August). Programma de divinæ providentiæ documentis in Albertum Animosum, ducem Saxoniæ. *Lips.* 1744. 4.
Langenn (Friedrich Albert v.). Herzog Albrecht der Beherzte, Stammvater des königlichen Hauses Sachsen, etc. *Leipz.* 1838. 8.
Dietzsch (N... N...). Leben Herzog Albrechts des Beherzten, etc. *Grimma.* 1843. 8.
Dietrich (Ernst). Herzog Albrecht der Beherzte, Stammvater des sächsischen Königshauses, als Fürst, Held und Familienvater. *Meiss.* 1851. 8.

Mergenthal (Johann v.). Gründliche und wahrhaftige Beschreibung der löblichen und ritterlichen Reise Herzog Albrechts zu Sachsen ins gelobte Land. *Leipz.* 1586. 4. Mis en vers par Johann STEUKELEIN. *Jena.* 1611. 4.

Albert le Jeune,
margrave de Brandebourg.

Heerbrand (Jacob). History und Bericht, welcher gestalt Herr Albrecht der Jüngere, Marggraf zu Brandenburg, etc., auss diesem Jammerthal christlich verschieden, s. l. (*Tübing.*) 1557. 4.
Layriz (Johann Georg). Dissertatio de Alberto juniore, marggravio Brandenburgensi. *Baruth.* 1674. 4.

Albert V le Magnanime,
duc de Bavière.

Keck (Ferdinand). Leben und Wirken Albrechts V des Grossmüthigen, Herzogs v. Baiern. *Münch.* 1843. 8. (Ouvrage couronné par l'Académie de Munich.)

Albert le Pieux,
archiduc d'Autriche, gouverneur des Pays-Bas (1559 — 1621).

Beyerlinck (Laurenz). Archiducis Alberti laudatio funebris. *Antw.* 1621. 4.
Vernulaeus (Nicolaus). Oratio funebris in obitum principis Alberti, archiducis Austriæ. *Lovan.* 1621. 8.
Lemire (Aubert). Vita Alberti Pii, principis Belgii. *Antw.* 1622. 4.
Phœnix principum s. Alberti Pii morientis vita, s. l. 1622. 4.
Chifflet (Jean). Lacrymæ prisco ritu in exequiis archiducis Alberti Pii, s. l. et s. d. (1622) 4.
Lemire (Aubert). Serenissimi Alberti Pii Belgarum principis, elogium et funus. *Brux.* 1622. 4.
Montgaillard (Bernard de). Le soleil éclipsé ou discours sur la vie et la mort de l'archiduc Albert. *Brux.* 1622. 8.
Castellanus (Petrus). Laudatio funebris Alberti, Belgarum principis. *Lovan.* 1622. 4.
(Rebreviettes, Guillaume de). Apothéose chrestienne de l'archiduc Albert. *Brux.* 1622. 8.
Francquart (Jacob). Pompa funebris Alberti Pii, archiducis Austriæ, etc. *Brux.* 1623. 4. Trad. en franç. *Brux.* 1729. Fol.
Laudatio funebris archiducis Alberti. *Brux.* 1650. 12.
Sander (Anton). Lacrymæ in funere Alberti Austriaci. *Antw.* 1631. 4.
Rycquius (Justus). Justa funebria in exequiis Alberti Austriaci. *Antw.* 1632. 4.
Doodt en kerckelycke ceremonie van de begraeffenis van den eertzhertoghe Albertus. *Antw.* 1662. 4.
(Bruslé de Montplainchamp, Jean Chrétien). Histoire de l'archiduc Albert. *Cologne.* 1693. 12.
Reiffenberg (Frédéric Auguste Ferdinand Thomas de). Itinéraire de l'archiduc Albert, de la reine d'Espagne, Marguerite d'Autriche, et de l'infante Isabelle (en 1599 et 1600). *Brux.* 1841. 4. (Extrait des *Nouveaux mémoires de l'Académie de Bruxelles.*)
Walle (L... van de). Un chapitre de l'histoire des archiducs Albert et Isabelle. *Gand.* 1844. 8. (Extrait du *Messager des sciences historiques de Belgique*)
D(ubois) (Charles). Histoire d'Albert et d'Isabelle. *Brux.* 1847. 8.

Albert, surnommé l'Ours,
duc d'Anhalt.

Gundling (Jacob Paul v.). Leben und Thaten Alberti Ursi, Fürsten von Anhalt. *Berl.* 1731. Fol.

Albert II,
duc de Mecklembourg (†1412).

Lisch (Carl Friedrich). Albrecht der Zweite, Herzog von Mecklenburg, und die norddeutschen Landfrieden, etc. *Schwerin.* 1835. 8.

Albert le Superbe,
margrave de Misnie.

Merkel (Michael). Leben der beiden unglücklichen Markgrafen Albrechts des Stolzen und Dietrichs des Bedrängten. *Schneeberg.* 1806. 8.

Albert III,
duc de Saxe-Cobourg.

Gruner (Johann Gerhard). Biographie Albrechts III, Herzogs von Sachsen-Coburg. *Coburg.* 1788. 8.

Albert Henri,
prince de Brunswick.

Jerusalem (Johann Friedrich Wilhelm). Leben des Prinzen Albrecht Heinrich von Braunschweig. *Braunschw.* 1761. 8. *Ibid.* 1774. 8.

Albert (Saint),
cardinal-évêque de Liége († 23 nov. 1192).

Vita et martyrium S. Alberti, cardinalis, auctore anonymo ejus domestico, publ. par Aubert LEMIRE. *Antw.* 1610. Fol. Trad. en espagn. par Andrea de SOTO. *Brux.* 1613. 8. Trad. en franç. par Christophe REYS. *Lille.* 1613. 8.
Rebreviettes d'Escœurres (Guillaume de). Le portrait du vrai pasteur ou histoire mémorable de S. Albert, évêque de *Liége*, s. l. et s. d. 8.
David (Jean Baptiste). Geschiedenis van S. Albertus van Leuven, bisschop van Luyck. *Louvain.* 1844. 12. *Antwerp.* 1843. 12.

Albert,
évêque de Livonie (1160 — vers 1230).

Napiersky (Carl Eduard). Disquisitio historico-diplomatico-critica de diplomate, quo Albertus, episcopus Livoniæ, declaratur princeps imperii Romano-Germanici, num authenticum sit et quo anno datum. *Rigæ et Dorpat.* 1852. 8.

Albert le Grand,
évêque de Ratisbonne (... 1193 — 14 nov. 1280).

Rudolphus Noviomagensis. De vita Alberti Magni libri III. *Col. Agr.* 1499. Fol.
(**Gauslinus,** Bernardinus ou Bernardino GOSSELINI). B. Albertus Magnus, gente Teutonicus, natione Suevus, patria Lauingensis, episcopus Ratisbonæ, ex fam. Præd. recens laudibus illustratus. *Veiet.* 1650. 8.
Petit (Philippe). Abrégé de la vie du B. Albert le Grand. *Douai.* 1637. 7.
Badi (Raffaele). Ristretto della prodigiosa vita del B. Alberto Magno. *Firenz.* 1680-88. 2 vol. (Publ. s. l. pseudonyme de Rinaldo TACERA.)
Choulant (Ludwig). Albertus Magnus in seiner Bedeutung für die Naturwissenschaften, historisch und bibliographisch dargestellt, s. l. et s. d. 8. (*D.*)

Albert de Stade,
historien allemand.

Eckhard (Tobias). Vita Alberti abbatis Stadensis, ex Chronico ejusdem concinnata. *Goslar.* 1726. 4. (*D.*)

Albert (Honoré d'), voy. **Chaulnes.**

Albert (Martin),
magistrat allemand.

Moller (Samuel). Virtus post funera perennans s. Programma in memoriam M. Alberti, consulis Freibergensis. *Freiberg.* 1733. 4. (*D.*)

Albert (Salomon),
médecin-anatomiste allemand (1540—1600).

Leyser (Polycarp). Sermon, gehalten bei dem Begräbniss des Dr. S. Albert. *Wittenb.* 1601. 4. (*D.*)

Alberta,
fille de Frédéric I (?) électeur Palatin.

Buettinghausen (Carl). Programma de Alberta, Frederici electoris Palatini primogenita. *Heidelb.* 1769. Fol.

Alberti (Antonio),
peintre italien.

Vita di A. Alberti, pittore. *Venez.* 1844. 8.

Alberti, conte di Villanova (Francesco d'),
lexicographe italien (21 sept. 1737 — 15 déc. 1801).

Federighi (Francesco). Memorie su la vita e le opere dell' abate M. F. d'Alberti. *Milan.* 1834. 4.

Alberti (Johann),
jurisconsulte allemand (20 mai 1600 — 13 juillet 1680).

Koeber (Johann Friedrich). Nestor Ruthenicus, h. e. J. Alberti brevi dissertatiuncula descriptus, s. l. et s. d. (1680). Fol. (*D.*)
Langheinrich (Johann Wolfgang). Metamorphosis, der glückseligste Tausch ; Leichen-Rede auf J. Alberti auf Widersberg. *Gera.* 1680. Fol. (*D.*)
Zopf (Johann Caspar). Ehren-Gedächtniss auf J. Alberti. *Gera.* 1681. Fol. (*D.*)

Alberti (Leone Battista),
architecte, peintre et sculpteur italien (18 février 1404 — ...1484).

Pozzetti (Pompilio). * L. B. Alberti laudatus, accedit

commentarius Italicus, quo vita ejusdem et scripta compluribus adhuc ineditis monumentis illustrantur. *Florent.* 1789. 4. Port.
  * C'est par une faute d'impression que la Biographie universelle de Michaud le nomme Porretti.
Niccolini (Giovanni Battista). Elogio di L. B. Alberti. *Firenz.* 1819. 8.

Alberti (Michael),
médecin allemand (13 nov. 1682 — 17 mai 1757).

Memoria M. Alberti, medici Hallensis. *Halæ.* 1757. Fol.
Rambach (Friedrich Eberhard). Standrede am Grabe M. Alberti, nebst dem von ihm selbst entworfenen Lebenslauf und dem Verzeichnisse seiner Schriften. *Halle.* 1757. Fol.

Alberti (Wilhelm Theodor Carl),
pédagogue allemand.

Ferber (August Wilhelm). Memoria A. T. C. Alberti. *Helmst.* 1772. 4. (*D.*)

Albertini (Antonio Constantino),
jurisconsulte italien (... — 8 févr. 1836).

Fontana (Giovanni Jacopo). Esame ragionata degli studii e le opere edite ed inedite di A. C. Albertini. *Venez.* 1856. 8.

Albertini (Gennaro),
évêque de Caserte († 1767).

Saggariga Visconti (Niccolo). Orazione funebre per D. G. Albertini, vescovo di Caserta. *Napol.* 1767. Fol.

Albertini (Giorgio Francesco),
théologien italien (29 février 1722 — 29 avril 1810).

Battagia (Michele). Lettera al arciprete Monico intorno alla persona e agli scritti degli Albertini. *Trevis.* 1821. 8.
Dall' Aqua (Sebastiano). Oratio de laudibus G. M. Albertini. *Clodio.* 1830. 8.

Albinus (Adrian),
jurisconsulte allemand (21 oct. 1513 — 4 juillet 1590).

Neander (Christoph). Oratio de vita et fato A. Albini, marchionis Brandenburgici consiliarii et Neomarchiæ cancellarii. *Frf. ad. Viadr.* 1592. 4. *Ibid.* 1612. 4. (*D.*)

Albinus (Bernard),
médecin allemand (7 juin ou 6 août 1653 — 7 sept. 1721).

Boerhave (Herman). Oratio academica de vita et obitu viri clarissimi B. Albini. *Lugd. Bat.* 1721. 4. (*L.*)

Albinus (Christoph),
médecin allemand.

Leuschner (Martin). Programma in funere C. Albini. *Stettin.* 1657. 4. (*D.*)

Albinus * (Johann Georg),
poète allemand (6 mars 1624 — 25 mars 1679).

Liebler (Johann Baptist). Nachrichten von J. G. Albini Leben und Schriften. *Naumb.* 1728. 8.
  * Son nom de famille était WEISS.

Albinus (Johann Heinrich),
jurisconsulte allemand.

Heucher (Johann Heinrich v.). Programma academicum in funere J. H. Albini. *Witteb.* 1740. Fol. (*D.*)

Albizzi (Antonio),
théologien italien (15 nov. 1547 — 4 juin 1626).

Vita A. Albizii; partim ex autographo, partim aliis fide dignis notationibus consignata. *Argent.* 1627. Fol.
Haeberlin (Franz Dominik). Commentatio historico-theologica de A. Albizio nobili Florentino, etc., ejus conversione ad religionem evangelicam et scriptis, cum genealogicis, tum theologicis, ex documentis editis et ineditis erudita. *Getting.* 1740. 4. (*D.*) — (La préface est de Jacob Wilhelm FEUERLIN.)

Albon (Marguerite, comtesse d').

Vita comitissæ Albonensis, ante annos 500 pietate florentis, scripta a Guillelmo, Gratianopolitiano canonico, publ. par Denis SAUVAGE. *Gratianopol.* 1643. 4.

Alboni (Marietta),
chanteuse italienne (1824 — ...).

Mademoiselle Alboni. *Lyon.* 1850. 4.

Albornoz (Gil Alvarez Carillo de),
cardinal-archevêque de Tolède.(... — 24 août 1367).

Sepulveda (Juan Ginez de). De vita et rebus gestis G. Albornotii cardinalis libri III. *Rom.* 1521. Fol. *Bonon.* 1522. Fol. *Basil.* 1542. 8. *Bonon.* 1559. Fol. *Ibid.* 1612. Fol. *Ibid.* 1623. Fol.

Trad. en espagn. par Antonio VELA. *Toled.* 1566. 8; par Francisco Antonio DOCAMPO. *Bolon.* 1612. 4.

Trad. en ital. par F... STEPHANO. *Bologn.* 1590. 4.

Porreno (Balthasar). Vida y hechos hazaños del gran cardenal D. G. de Albornoz. *Cueva.* 1616. 8. *Cuença.* 1623. 8. *Ibid.* 1626. 8.

Lescale *(N... N... de). La vertu ressuscitée ou la vie du cardinal Albornoz, surnommé le père de l'Eglise. *Par.* 1629. 8. Portrait. (*D.*)

   * Le véritable nom de l'auteur est Adam SCALIGER.

Albrand (Fortuné),
orientaliste français (vers 1795—1827).

Autran (Paul). Éloge de M. Albrand père, le marquis de Montgrand et le président Réguis, prononcé dans l'Académie de Marseille. *Mars.* 1831. 8.

Albrecht Achilles, voy. **Albert**, surnommé **l'Achille.**
Albrecht der Baer, voy. **Albert l'Ours.**
Albrecht der Beherzte, voy. **Albert le Courageux.**
Albrecht der Fromme, voy. **Albert le Pieux.**
Albrecht der Krieger, voy. **Albert le Belliqueux.**
Albrecht II der Lahme, voy. **Albert le Boiteux.**
Albrecht I der Siegreiche, voy. **Albert le Victorieux.**
Albrecht der Stolze, voy. **Albert le Superbe.**

Albrecht (Johann Friedrich),
théologien allemand.

Seelen (Johann Heinrich v.). Memoria J. F. Albrecht, pastoris Jacobæi. *Lubec.* 1646. Fol.

Albrecht (Johann Sebastian),
médecin allemand (4 juin 1695—8 oct. 1774).

Memoria J. S. Albrecht. *Coburg.*, s. d. (1774) Fol. (*D. et L.*)

Albret (Jeanne d'),
épouse d'Antoine de Bourbon, roi de Navarre (...—9 juin 1572).

Muret (Marc Antoine). Oraison funèbre d'Antoine de Bourbon et de Jeanne d'Albret, roi et reine de Navarre. *Rouen.* 1561. 8.

—— Brief discours sur la mort de Jeanne d'Albret, reine de Navarre. *Par.* 1572. 8.

Vauvilliers (Mademoiselle de). Histoire de Jeanne d'Albret, reine de Navarre (et mère de Henri IV). *Par.* 1818. 3 vol. 8. *Ibid.* 1823. 3 vol. 8. Portrait.

Albrizzi (Giovanni Battista),
jurisconsulte italien (24 sept. 1776—10 juillet 1845).

Fortis (Leone). Necrologia di G. Albrizzi. *Venez.* 1845. 8.

Albrizzi (Isabella Teotochi),
auteur italienne (vers 1770—1836).

Carrer (Luigi). Notizia intorno I. Teotochi Albrizzi. *Venez.* 1836. 8. Portrait. (*Lv.*)
Meneghelli (Antonio). Notizie biografiche di I. Albrizzi, nata Teotochi. *Padov.* 1837. 8. (*Lv.*)

Albuquerque (Affonso d'),
vice-roi des Indes (1453—16 septembre 1515).

Albuquerque (fils) (Affonso d'). Commentarios do grande A. d'Albuquerque, capitaõ geral e governador da India. *Lisb.* 1557. Fol. *Ibid.* 1576. Fol. *Ibid.* 1774. 4 vol. 8. Trad. en franç. *Par.* 1579. Fol.

Alcenago (Andrea),
jésuite italien.

Bellati (Antonio Francesco). Ragionamento in lode del P. A. Alcenago, della compagnia di Gesù. *Venez.* 1725. 8.

Alchindus, voy. **Alkendi.**

Alciato (Andrea),
jurisconsulte italien (1er mai 1492—12 janvier 1550).

Dermazon (François). Apologia pro D. A. Alciato. *Lugd.* 1550. 8.
Grimaldi (Alessandro). Oratio in funere D. A. Alciati. *Capiæ.* 1550. 4.
Minoe (Claudio). A. Alciati vita. *Lugd. Bat.* 1601. 12. (*L.*)
Castillia (Carlo de). Vita di A. Alciato, s. l. et s. d. Fol. Portrait.
Prina (Girolamo Antonio). Elogio di A. Alciato. *Milan.* 1711. 8.

Alciblade,
général athénien (450—404 avant J. C.).

Malvezzi (Virgilio). Considerazioni con occasione d'alcuni luoghi delle vite d'Alcibiade e di Coriolano. *Bologn.* 1648. 16. Trad. en holland. *Amst.* 1680. 8.

Norrmann (Laurens). Dissertatio historica de Alcibiade democratico. *Upsal.* 1688. 8.
Meissner (August Gottlieb). Alcibiades. *Leipz.* 1785-88. 4 vol. 8. Trad. en franç. (par Aloys Friedrich v. BRUEHL.) *Dresd.* 1789. 4 vol. 8; (par N. N. RAUQUIL LIEUTAUD.) *Par.* 1787-91. 4 v. 8. *Ibid.* an III (1795). 4 vol. 18; par Louis Sébastien MERCIER. *Par.* 1789. 4 vol. 8. *Ibid.* 1792. 4 vol. 8.
Joanin (J... H...). Histoire d'Alcibiade, contenant le récit des événements les plus mémorables de la Grèce, où vivait ce célèbre général athénien. *Par.* 1819. 8.
Chambeau (Paul Carl). Dissertatio de Alcibiade. *Berol.* 1833. 8.
Wiggers (Julius). Quæstiones criticæ et historicæ de Cornelii Nepotis Alcibiade. *Lips.* 1838. 8. (Dissertation couronnée.)
Hecker (G...). Commentatio de Alcibiadis moribus. *Groning.* 1839. 8.
Vischer (Wilhelm). Alcibiades und Lysandros, Rede, etc. *Bas.* 1845. 8.
Hertzberg (Gustav Friedrich). Alkibiades der Staatsmann und Feldherr; nach den Quellen dargestellt. *Halle.* 1853. 8.

Alcuin,
écrivain anglais (vers 736 — 19 mai 804).

Lorentz (Friedrich). Alcuins Leben; ein Beitrag zur Staats-Kirchen- und Cultur-Geschichte der carolingischen Zeit. *Halle.* 1829. 8. (*D.*) Trad. en angl. *Lond.* 1837. 8.
Hébert-Duperron (N... N...). Quelques aperçus sur Alcuin. *Valognes.* 1850. 8.

Aldegonde (Sainte),
patronne de Maubeuge (630 — 30 janvier 689).

Ath (Basilidès d'). Vie de sainte Aldegonde, fondatrice des nobles dames chanoinesses de Maubeuge. *Arras.* 1623. 8.
Binet (Étienne). Vie admirable de la princesse sainte Aldegonde, fondatrice des chanoinesses de Maubeuge. *Par.* 1625. 12.
Triquet (André). Sommaire de la vie admirable de la très-illustre princesse sainte Aldegonde, vierge évangélique, miroir des vertus, patronne de Maubeuge. *Liége.* 1623. 8. *Tournai.* 1665. 4. 8e édition, augm. du testament inédit de cette sainte et du récit de diverses translations de son précieux corps, avec des notes par André ETIENNE. *Maub.* 1857. 12.
Leroy (Aimé Nicolas). Légende choisie du pays de Flandre : sainte Aldegonde, patronne de Maubeuge. *Valenc.* 1830. 8. (Tiré à 40 exemplaires.)
Notes historiques sur la vie de sainte Aldegonde et sur les événements qui s'y rattachent. *Cambrai.* 1857. 12.

Aldegonde, voy. **Marnix** (Philippe de).

Alderald (Saint),
archidiacre de Troyes.

Binet (Étienne). Vie de S. Alderald, archidiacre de Troyes. *Par.* 1633. 12. (*Bes.*)

Aldini (il conte Antonio),
homme d'État italien (... 1756 — 5 oct. 1826).

Elideo (Periandro). Memorie interno alla vita di A. Aldini di Cesena, s. l. (*Pavia*). 1835. 16.

Aldini (Giovanni),
physicien italien (10 avril 1762 — 17 janvier 1834).

Cenno biografico del cavaliere G. Aldini. *Bologn.* 1834. 8.

Aldobrandini (Giovanni Francesco),
cardinal italien.

Sacchini (Francesco). Oratio in funere J. F. Aldobrandini, ducis ecclesiæ. *Rom.* 1602. 4.

Aldrige (Ira),
comédien nègre.

Leben und Künstlerlaufbahn des Negers I. Aldrige. *Berl.* 1852. 8. Port.

Aldrovandi (Ulisse),
naturaliste italien (11 sept. 1522 — 10 nov. 1607).

(**Fantuzzi**, Giovanni). Memorie della vita di U. Aldrovandi, etc. *Bologn.* 1774. 8. Portrait. (*Bes.*)

Aleandro (Girolamo),
jurisconsulte italien (1574 — 1629).

Simeoni (Gasparo de). In morte di G. Aleandro Orazione. *Parig.* 1636. 4. (*P.*)

Alemanni (Lodovico),
cardinal-archevêque d'Arles (1390 — 1459).

Manni (Domenico Maria). D' ella vita e del culto del Beato L. Alemanni o Alamanni, cardinale di S. Chiesa, libri II. *Firenz.* 1771. 8.

Alemannus,
famille allemande.

Siber (Urban Gottfried). De illustribus Alemannis, inprimis iis, quos Magdeburgum ob nobilitatem gentis a VII retro seculis ad se recepit atque inde per omnem Europam in publicum orbis commodum diffudit. *Lips.* 1710. 4. (*D.*)

Alembert (Jean Lerond d'),
philosophe français (16 novembre 1717 — 29 octobre 1783).

Condorcet (M. J. Antoine Nicolas Caritat de). Éloge de Mr. d'Alembert. *Par.* 1784. 8. (*P. et Lv.*) Trad. en anglais. *Lond.* 1837. 8.

Rosen v. Rosenstein (Nils). Lefnadsbeskrifning öfver J. L. d'Alembert. *Stockh.* 1787. 8.

Alençon (François d'), voy. **Anjou** (François de France, duc d').

Alençon (Françoise d').

Sainte-Marthe (Charles de). Oraison funèbre de F. d'Alençon, fille de René, duc d'Alençon, duchesse de Beaumont, douairière de Vendômois et de Longueville. *Par.* 1530. 8.

Alençon (Marguerite de Lorraine, duchesse d'),
épouse de René, comte d'Alençon.

Magistri (Yves). Vie de M. de Lorraine, duchesse d'Alençon, fille de Ferry I de Lorraine, comte de Vaudemont, femme de René, comte d'Alençon, grande-aïeule de Louis XIII, roy de France, religieuse de Sainte-Claire. *Bourg.* 1585. 4.

Duhameau (Pierre). Vie de la bienheureuse Marguerite de Lorraine, duchesse d'Alençon, religieuse de Sainte-Claire. *Par.* 1638. 8. (*P.*)

Alène (Sainte),
martyre belge.

La vie et les miracles de sainte Alène, vierge et martyre, etc. *Brux.* 1773. 12.

Alert (Christian Gottlob),
pédagogue allemand.

Lischke (Christian Gottlieb). Biographische Notizen aus dem irdischen Daseyn des verewigten Herrn C. G. Alert, evangelischen Stadtschullehrers in Hirschberg. *Hirschb.* 1828. 8. Portrait.

Alessandro Farnese, voy. **Farnèse** (Alexandre).

Alexandra,
reine des Juifs.

Zeltner (Gustav Georg). Dissertatio de Alexandra Judæorum regina. *Altd.* 1711. 4.

Alexandre (Saint),
martyr italien.

Deani (Marco Antonio). S. Alessandro martire e cittadino Bresciano, orazione. *Bresc.* 1816. 8.

Alexandre le Grand,
roi de Macédoine (356 — 323 avant J. C.).

Storia d'Alessandro Magno. *Trevis.* 1474. 4.

Historie von dem grossen Alexander. *Augsb.* 1485. Fol. (Excessivement rare.)

Valerius (Julius). Historia Alexandri M. *Argent.* 1589. Fol.

Biedma (Fernando de). Vida de Alexandro Magno. *Madr.* 1634. 8. (Très-rare.)

Bernegger (Michael). Dissertatio : Alexander M. se ipso minor. *Argent.* 1634. 4.

Lesfargues (Bernard). Histoire d'Alexandre le Grand. *Toulouse.* 1639. 8.

Alexanders, des grossen Königs Historia, wie er innerhalb zwoelff Jahren fast die gantze Welt unter seine Gewalt gebracht, s. l. 1643. 12.

Gaudenzio (Paganino). Fatti d'Alessandro il Grande. *Pisa.* 1645. Fol.

Matthias (Christian). Historia Alexandri Magni. *Amst.* 1645. 12. (Bes.)

Stegelinge (Christoph). Disputatio de crudelitate Alexandri Magni. *Rigæ.* 1655. 4.

Coyet (Wilhelm Julius). Dissertatio super rebus gestis Philippi Amynthæ filii. *Heidelb.* 1664. 4.

Lehmann (Johann). Historia Alexandri M. dissertatione historica descripta. *Witteb.* 1667. 4.

Obrecht (Elias). Justitia armorum Alexandri M. *Upsal.* 1691. 8.

Arrhenius (Jakob). Dissertatio de Græcia triumphante, (s. statu Græciæ sub Alexandro M). *Upsal.* 1695. 8.

Birckhan (Johann Georg). Dissertatio politico-historica de Alexandro M. tyranno. *Lips.* 1706. 4.

Eenberg (Johann). Dissertatio de testamento Alexandri M. *Upsal.* 1709. 8.

Freytag (Friedrich Gotthelf). Dissertatio de Alexandro cornigero. *Lips.* 1715. 4.

Kossin (Dionisius de). L'eroismo ponderato nella vita di Alessandro il Grande. *Parma.* 1716. 2 vol. 4.

Zeiske (Johann Gottlieb). Prolusio de Alexandro M. cornibus insigni. *Soraviæ.* 1724. Fol.

Richter (David). Programma de Alexandri Magni Bucephalo. *Gustrow.* 1738. 4.

— Dissertatio de Alexandro Magno imperium totius orbis perperam anhelante. *Upsal.* 1765. 4.

Ekerman (Peter). Dissertationes II de Alexandro Magno principe literatissimo. *Upsal.* 1745. 4.

Fonseca-Rebelo (Alberto da). Historia abreviada de Alexandro Magno. *Lisb.* 1733. 4.

Linguet (Simon Nicolas Henri). Histoire du siècle d'Alexandre le Grand. *Par.* 1762. 12. *Amst.* 1769. 12. (La première édition est anonyme.)

Augusti (Friedrich). Riflessioni critiche sopra il carattere e le gesta d'Alessandro M. *Milan.* 1764. 8. Trad. en franç. *Milan.* 1764. 8.

Sainte-Croix (Guillaume Emmanuel Guilhem Clermont de). Examen critique des anciens historiens d'Alexandre le Grand. *Par.* 1775. 4. *Ibid.* 1804. 4. Trad. en angl. par Richard Clayton. *Bath.* 1793. 4.

Schlegel (Gottlieb). Einleitung zu einer Alexandropädie oder über die Jugendjahre des grossen Alexanders. *Riga.* 1775. 4.

—— Wägung des Grösse Alexanders. *Riga.* 1777. 8.

Fessler (Ignaz Aurelius). Alexander der Eroberer. *Berl.* 1797. 8.

Lhys (Jan van der). Tabula geographica imperii Alexandri M. *Lugd. Bat.* 1828. 4.

Williams (John). Life and actions of Alexander the Great. *Lond.* 1830. 18. *New-York.* 1833. 12.

Mueller (J.., F... L...). et G... A... P..., Weisman de Villez. Leven en karakterschets van Alexander den Macedonier. *Amst.* 1850. 8.

Droysen (Johann Gustav). Geschichte Alexanders des Grossen. *Berl.* 1833-34. 2 parts. 8.

Pfizer (Gustav). Geschichte Alexanders des Grossen. *Stuttg.* 1845. 8.

Geier (Robert). Über Erziehung und Unterricht Alexanders des Grossen. *Halle.* 1848. 4.

Abbott (Jacob). History of Alexander the Great. *Lond.* 1849. 8.

Alexandre,
fils de Darius, roi des Perses.

Gestrich (Johan Samuel). Dissertatio de Alexandro Darii filio. *Lund.* 1799. 8.

Alexandre III,
pape, successeur d'Adrien IV (élu 7 sept. 1159 — 30 août 1181).

Loredano (Giovanni Francesco). Vita di Alessandro III, pontifice Romano. *Venez.* 1627. 8. *Ibid.* 1657. 4. *Ibid.* 1662. 12. Trad. en allem. *Coeln.* 1715. 8.

Artopæus (Johann Daniel). Num Alexander III Fridericum Barbarossam pedibus calcaverit? *Lips.* 1671. 4.

Reuter (Hermann). Geschichte Alexanders III und der Kirche seiner Zeit. *Berl.* 1845. 8.

Ring (Carl Ludwig). Kaiser Friedrich I im Kampfe gegen Papst Alexander III. Historischer Versuch zur Aufklärung einiger bisher bezweifelten Thatumstände im Leben dieser beiden um die Weltherrschaft streitenden Zeitgenossen. *Stuttg.* 1835. 8.

Alexandre VI,
pape succédant à Innocent VIII (1430 — 1492 — 18 août 1503).

Burchard (Johann). Specimen historiæ arcanæ s. anecdota de vita Alexandri VI, papæ, publ. par Gottfried Wilhelm v. Leibnitz. *Hanov.* 1697. 4. (Bes.)

Gordon (Alexander). Life of pope Alexander VI and his

son Cæsar Borgia. *Lond.* 1729. Fol. *Ibid.* 1750. 2 vol. 8.
Trad. en franç. *Amst.* 1752. 3 vol. 12. *Ibid.* 1751.
3 vol. 12. *(Bes.)*

B... (D...). Vies des papes Alexandre VI et Léon X. *Lond.*
1751. 12.

Masse (Etienne Michel). Histoire du pape Alexandre VI
et de César Borgia. *Par.* 1850. 8.

Delafontaine (F...). Le pape Alexandre VI et le curé
Nebo ; histoire catholique. *Par.* 1844. 16.

Jorry (N... N...). Histoire du pape Alexandre VI.
Plancy (Aube). 1852. 12. Portrait.

Alexandre VII,
pape, successeur d'Innocent X (12 février 1599 — 7 avril 1655 —
16 mars ou 22 mai 1667).

Moltke (Levin Niclas). Conclave in quo Fabius Chigius
(nunc dictus Alexander VII) summus pontifex creatus.
Slesvigi. 1656. 8.

Conclave d'Alexandre VII ou Relation véritable de tout ce
qui s'est passé et négocié au sujet de l'élection du cardinal Fabio Chigi, pape, s. l. 1666. 12. *(Bes.)*

(Leti, Gregorio). Il sindicato di Alessandro VII, con il suo
viaggio nell' altro mondo, s. l. *(Leyde).* 1668. 12. *(Bes.)*
Trad. en franç. *Leyde.* 1669. 12. *(Bes.)*

Regnier-Desmarais (François Séraphin). Histoire des
démêlés (en 1662) de la cour de France avec la cour de
Rome (Alexandre VII) au sujet de l'affaire des Corses.
Par. 1707. 4.

Sforza Pallavicino (N... N...). Della vita di Alessandro
VII, libri V. *Prato.* 1840. 2 vol. 8. *Milan.* 1843. 2 vol. 16.

Alexandre VIII,
pape succédant à Innocent XI (10 avril 1610 — 16 oct. 1689 —
1er février 1691).

Kortholt (Christian). Alexander VIII, papa pseudony-
mus. *Kilon.* 1690. 4.

Alexandre de Médicis,
premier duc de Florence (1510 — créé duc en 1532 —
assassiné le 6 janvier 1537).

Torelli (Lelio). Oratio in Alexandri Medicis ducis funere, etc., s. l. et s. d. 4.

Ceccherilli (Alessandro). Lamento del duca Alessandro
de' Medicis, primo duca di Fiorenze. *Firenz.* s. d. 4.
Perug. 1586. 4.

—— Della azioni e sentenze di Alessandro de' Medici, etc. *Venez.* 1565. 4. *Ibid.* 1570. 8. *Ibid.* 1577. 8.

Rastrelli (Modesto). Storia d' Alessandro de' Medicis,
primo duca di Firenze. *Firenz.* 1781. 2 vol. 8.

Alexandre (I) Paulowitsch,
empereur de Russie (13 déc. 1777 — 24 mars 1801 — 30 nov. 1825).

Storch (Heinrich). Russland unter Alexander I; historische Zeitschrift. *Riga et Leipz.* 1803 - 6. 8 vol. 8.

Alexander von Russland. *Mannh.* 1805. 8.

Voss (Christian Daniel). Russland beim Anfange des
neunzehnten Jahrhunderts. *Leipz.* 1814. 8. (Aussi s. c. t.
« Russland beim Ausbruche des Krieges mit Frankreich
im Jahre 1812. »)

(Uwarow, Sergius). Kaiser Alexander und Bonaparte.
Leipz. 1814. 8. (Trad. du franç.)

Rumpf (Johann Daniel Friedrich). Alexander I, Kaiser
von Russland; Regierungs- und Character-Gemälde.
Berl. 1814. 8. Portrait.

Une année de l'empereur Alexandre, ou résumé de ses
principaux actes, etc. *Par.* 1814. 8.

Hoest (Jens Kragh). Ruslands Keiser Alexander I Levnet
og Regjering. *Kjoebenh.* 1815. 8.

Uwarow (Sergius). A la mémoire de l'empereur Alexandre I. *Saint-Petersb.* 1826. 4.

Cousin d'Avallon (Charles Yves). Vie privée, politique
et militaire d'Alexandre Paulowitz, premier du nom,
empereur et autocrate de toutes les Russies. *Par.* 1826.
12. Portrait.

Lenz (Gottlieb Eduard). Zum Gedächtniss Alexanders I;
Trauerrede, etc. *Dorpat.* 1826. 8. *(L.)*

Wallenius (Johan Fredrik). Sorgetal öfver hans Keiserl.
Majestät Alexander I. *Abo.* 1826. 8. *(L.)*

Sjoestroem (Axel Gabriel). Sorgetal öfver Keisar Alexander I. *Abo.* 1826. 8. *(L.)*

Lille (Bengt Olaf). In memoriam desideratissimi monarchæ Alexandri I. *Aboæ.* 1826. 8. *(L.)*

(Leidenfrost, Carl Florentin). Abriss einer Lebens- und
Regierungsgeschichte Alexanders I, Kaisers von Russland. *Ilmenau.* 1826. 8.

E (gron) (A (drien)). Vie d'Alexandre I, empereur de
Russie, suivie de notices sur les grands-ducs Constantin, Nicolas et Michel, etc. *Par.* 1826. 8. Trad en holland. *Rotterd.* 1826. 8.

Rabbe (Alphonse). Histoire d'Alexandre I, empereur de
toutes les Russies, et des principaux événements de
son règne. *Par.* 1826. 2 vol. 8. Portrait.

Lloyd (Henry Evans). Alexander I, emperor of Russia
Sketch of his life, etc. *Lond.* 1826. 8. *(L.)* — (Ouvrage
omis par Lowndes.)

Trad. en allem. *Stuttg.* 1826. 8. Portrait.

Trad. en dan. par H... F... HELLESEN. *Kjoebenh.*
1829. 8.

Trad. en holland. *Dordr.* 1826. 8. Portrait.

Wackerbarth (August Joseph Ludwig v.). Versuch einer
kurzen Lebensbeschreibung Alexanders I, etc. *Dresd.
et Leipz.* 1826. 8.

Morgenstern (Carl). Zum Gedächtnisse Alexanders I.
Mitau. 1827. 4.

Broecker (Erdmann Gustav v.). Alexander der Gesetz-
geber. *Riga.* 1828. 4.

Lobrede auf Alexander I, Kaiser von Russland, von einem
Preussen. *Leipz.* 1828. 8.

E(mpeytaz) (Henri Louis). Notice sur Alexandre I, empereur de Russie. *Genèv.* 1828. 8. (Non mentionnée
par Quérard.) Trad. en allem. *Jena.* 1828. 8.

Trad. en holland. s. c. t. Merkwaardigheden uit het
leven van Alexander. *Heerenveen.* 1842. 8.

Œconomus (K... O...). Eloge d'Alexandre I. *Pétersb.*
1828. 8. *(L.)* (Ecrit en grec et en russe.)

Ciechanowski (Wincent). Bukiet kwiatów, czyli wyiatki
z zycia Cesarza wszech Rossyi Alexandra I. *Wilno.*
1828. 8.

Choiseul-Gouffier (comtesse de). Mémoires historiques
sur l'empereur Alexandre et la cour de Russie. *Par.*
1829. 8.

Voigt (E... W... C...). Alexander I, *Zerbst.* 1830. 8.

Schischkoff (Alexander). Memoiren über die Zeit seines
Aufenthaltes bei der Person des wohlseligen Kaisers
Alexanders I während des Krieges mit den Franzosen
in den Jahren 1812-14. Trad. du russe in allem. par
Carl GOLDHAMMER. *Leipz.* 1832. 8.

Sonntag (Carl Georg). Alexander in Paris. *Riga.* 1814. 8.

Berault (Pierre). L'empereur Alexandre à Bar-sur-Aube
en 1814. *Par.* 1816. 8. (Omis par Quérard.)

Alexander in Berlin im September 1818. *Berl.* 1819. 8.

Alexandre,
fils d'Auguste I, électeur de Saxe.

Strasburg (Abel). Oratio de Alexandro, electoris Augusti
filio. *Lips.* 1570. 8.

Alexandre de Ales ou Hales,
théologien écossais († 1245).

Hager (Johann Georg.) Programmata VI de doctore irre-
fragabili Alexandro de Ales, theologorum monarcha.
Chemn. 1750-55. 6 parts. 4. *(D.)*

Alexandre Polyhistor,
écrivain grec.

Rauch (Joseph). Commentatio de Alexandri Polyhistoris
vita atque scriptis. *Heidelb.* 1843. 4.

Alexandre Léopold Charles d'Autriche,
palatin de Hongrie (14 août 1772 — 12 juillet 1795).

Birckenstock (Johann Melchior). Æternæ memoriæ
Alexandri Leopoldi, archiducis Austriæ, Hungariæ pa-
latini. *Vienn.* 1795. Fol. Trad. en hongr. par Domokos
TELEKI. *Bétsben.* 1796. 4.

Dessöffy (Ladislaus). Lobrede auf Alexander Leopold,
Erzherzog von Oesterreich, Palatinus von Ungarn.
Wien. 1795. 8. (Trad. du franç.)

Klohammer (Franz). Piis manibus Alexandri Leopoldi
Austriæ archiducis et Hungariæ palatini fatis, erepti.
Pestin. 1795. 8.

Pallya (Istvan). Oratio parentalis serenissimo Hungariæ
principi regni Hungariæ palatino Alexandro Leopoldo
dicata, etc. *Sopron.* 1795. 8.

Alexis I Comnène,
empereur de Constantinople (... 1048 — 15 août 1118).

Comnena (Anna). Alexiados libri XX rerum ab Alexio
patre imperatore gestarum, publ. par Pierre POSSIN.
Par. 1651. Fol.

Alexis II Comnène,
empereur de Constantinople (10 sept. 1167 — 24 sept: 1180 — étranglé le .. oct. 1183).

Wilken (Friedrich). Commentatio rerum ab Alexio I, Joanne Manuele et Alexio II Comnenis Romanorum Byzantinorum imperatoribus gestarum libri IV. *Heidelb.* 1812. 4. Port.

Alexis Petrowitz,
fils de Pierre le Grand, empereur de Russie (18 fév. 1695 — 7 juillet 1718).

Totze (Eobald). Don Carlos und Alexei (Petrowitz), Luynes und (Geo.) Buckingham; Versuch in vergleichenden Lebensbeschreibungen. *Greifsw.* 1776. 8.

Alexis (Saint).

Brignole Sale (Antonio Giulio). Vita di S. Alessio, descritta e arricchiata con diversi episodi. *Genov.* 1648. 16. *Milan*, s. d. 12. *Venez.* 1663. 12. Trad. en franç. (avec le texte italien) par Pierre DE SAINT-ANDRÉ. *Aix.* 1674. 8.

Barry (Paul de). Paulin et Alexis, les deux illustres amants de la Mère de Dieu, avec un journal des plus renommés serviteurs de Notre-Dame. *Lyon.* 1656. 12. Trad. en ital. par Carlo MONTALTO. *Milan.* 1670. 12.
—— La mort de Paulin et d'Alexis, avec l'heureux trépas de cent serviteurs de la Mère de Dieu. *Lyon.* 1656. 12. Trad. en ital. par Pietro TONELLI. *Milan.* 1674. 12.
—— Vie de S. Alexis, avec des réflexions convenables. *Avign.* 1661. 12.

Alfani (Alfano),
peintre(?) italien.

Conestabile (Giancarlo). Memorie di A. Alfani, illustre Perugino, etc. *Perug.* 1848. 8.

Alfenus Varus (Publius),
jurisconsulte romain.

Brencmann (Hendrik). De Alfeni Vari vita. *Amst.* 1709. 8.
Otto (Everhard). P. Alfenus Varus ab injuriis veterum et recentiorum liberatus. *Traj. ad Ren.* 1737. 4.
Lancetti (Vincenzo). Dissertazione sul P. Alfeno Varo, console romano. *Milan.* 1818. 8.

Alferi,
famille italienne.

Palmas (N... N...). Historia della famiglia Alferi. *Napol.* 1694. Fol. ou 4.

Alfieri (Vittorio),
poëte italien du premier ordre (17 janvier 1749 — 8 oct. 1803).

Vita di V. Alfieri da Asti, *Lond.* 1804. 2 v. 8. *Milan.* 1825. 16. (Ecrite par lui-même.)
Trad. en allem. par Ludwig HAIN. *Leipz.* 1812. 2 v. 8.
Trad. en angl. par Charles Edward LESTER. *New-York.* 1845. 12.
Trad. en franç. par M. PETITOT. *Par.* 1809. 2 v. 8. (*D. et Bes.*) Par Antoine DE LATOUR. *Par.* 1840. 12.
Buccellini (Antonio). Elogio di V. Alfieri. *Padov.* 1811. 8.
Grassi (Serafino). Dissertazione in lode di V. Alfieri. *Milan.* 1819. 8.
Marrè (Gaetano). Dissertazione sul merito tragico di V. Alfieri. *Milan.* 1821. 8.
Zezon (Antonio). Biografia di V. Alfieri e delle sue opere. *Napol.* 1835. 12.

Alfred le Grand,
roi d'Angleterre (849 — 871 — 26 oct. 900).

Menevensis (Asserius). Annales rerum gestarum Alfredi M. Publ. par Thomas WALSINGHAM. *Lond.* 1571. Fol. Rev. par Francis WISE. *Oxon.* 1722. 8. Portrait. *Ibid.* 1738. 4.
Powell (Robert). Life of Alfred or Alvred. *Lond.* 1634. 12. *Ibid.* 1637. 8.
Spelman (John). Alfredi M. Anglorum regis vita. *Oxon.* 1678. Fol. *Ibid.* 1698. Fol. Trad. en angl. par Thomas HEARNE. *Oxf.* 1709. 8.
Ballhorn (Ludwig Wilhelm). Programma de Alfredo Magno, litterarum instauratore. *Jenæ.* 1773. 4.
Bicknell (Alexander). Life of Alfred the Great, king of the Anglo-Saxons. *Lond.* 1777. 8.
Stolberg (Friedrich Leopold Graf zu). Leben Alfreds des Grossen, Königs in England. *Münst.* 1815. 8. *Ibid.* 1856. 8. Portrait. Trad. en franç. par William DUCKETT. *Par.* 1851. 8. Portrait.
Lorentz (Friedrich). Geschichte König Alfred des Gros-

sen; aus dem Englischen von Turners Geschichte der Angelsachsen übersetzt und bearbeitet. *Hamb.* 1827. 8.
Schrant (Johann Matthias). Lofrede op Alfred ten Groote. *Leiden.* 1845. 8.
Giles (J... A...). Life and times of Alfred the Great. *Lond.* 1849. 8.
Abbott (Jacob). History of king Alfred the Great. *New-York.* 1849. 16. *Lond.* 1850. 8.
Pauli (Richard). König Alfred und seine Stelle in der Geschichte Englands. *Lond.* 1851. 8. Trad. en angl. par Thomas WRIGHT. *Lond.* 1852. 8.
Weiss (Johann Baptist). Geschichte Alfreds des Grossen. *Schaffhaus.* 1852. 8.

The will of king Alfred, publ. avec des notes par Thomas ASTLE. *Oxf.* 1787. 4. *Lond.* 1788. 4.

Algarotti (Francesco),
auteur italien (11 déc. 1712 — 3 mars 1764).

Michelessi (Domenico). Memorie intorno alla vita ed agli scritti del conte F. Algarotti. *Venez.* 1770. 4. (*D. P. et Bes.*) *Ibid.* 1770. 8. Trad. en franç. par Giovanni Francesco Mauro SALVEMINI DI CASTIGLIONE. *Berl.* 1772. 8. (*Bes.*)
Alberti (Vincenzo Camillo). Commentarius de F. Algarotti vita et scriptis. *Luce.* 1771. 8.
Dalle Laste (Natale). Vita di F. Algarotti. *Bassan.* 1774. 8.

Algarotti di Calcinate (Teresa),
religieuse italienne.

Gelmi (Giovanni Maria). Cenni sulla vita della saggia e virtuosa T. Algarotti di Calcinate, prima fra le institutrici della pia opera di S. Dorotea. *Bresc.* 1845. 18.

Ali,
quatrième khalife des Arabes (... 602 — 23 janvier 661).

Palm (Jan Hendrik van der). Commentatio de imperatore Ali, Abu-Talebi filio, Saracenorum principum maximo. *Lugd. Bat.* 1819. 4.

Alibaud (Louis),
connu par son attentat envers Louis Philippe (1810 — guillotiné le 11 juillet 1836).

Alibaud ; genaue Darstellung des hochverrätherischen Attentats vom 25 Juni 1836 ; ausführliche Schilderung des Verbrechers, seines Lebens, Processes und Endes, etc. *Leipz.* 1837. 8.

Ali-Bey,
conspirateur turc (1728 — 1770).

Lusignan (S...). History of the revolt of Ali Bey against the Ottoman Porte, etc. *Lond.* 1783. 8. Trad. en allem. *Leipz.* 1784. 8.

Ali-Pacha,
vizir de Janina (vers 1741 — assassiné le 5 février 1822).

Pouqueville (François Charles Hugues Laurent). Mémoire sur la vie et la puissance d'Ali-Pacha, vizir de Janina. *Par.* 1820. 8. Trad. en allem. *Jena.* 1820. 8. Trad. en ital. par G(iacinto) B(ATTAGLIA). *Milan.* 1829-1830. 3 vol. 12.
—— Notice sur la fin tragique d'Ali-Tébélen, vizir de Janina. *Par.* 1822. 8.
Ali Pascha von Janina und die griechische Nation. *Berl.* 1821. 8.
Beauchamps (Alphonse de). Vie d'Ali-Pacha, vizir de Janina, surnommé Arslan ou le Lion. *Par.* 1822. 8. Portrait.
Alcaini (Carlo). Biographie des Wesir's Ali Pascha von Janina. *Pesth.* 1823. 8. Portrait.

Aligre (François d'),
abbé de Saint-Jacques de Provins († 1712).

Lettre sur la vie et la mort de F. d'Aligre, fils et petit-fils de chanceliers de France, chanoine régulier, abbé commendataire de Saint-Jacques de Provins. *Par.* 1712. 4.
Lenet (Philibert Bernard). Oraison funèbre de F. d'Aligre, etc. *Par.* 1712. 4.

Aligre (Marquise d'),
philanthrope française.

Chalons d'Argé (Auguste Philibert). Madame la marquise d'Aligre, sa vie, ses fondations, sa mort. *Par.* 1847. 8.

Alione d'Asti (Giorgio),
poëte italien (vers l'an 1460).

Brunet (Jean Charles). Notice biographique et bibliographique sur J. G. Alione d'Asti, s. l. *Par.* 1856. 8. (*Lv.*)

(Extrait de l'édition des poésies d'Alione, publiée chez Silvestre, libraire, et tirée à 104 exemplaires seulement.)

Alkemade (Cornelis van),
archéologue hollandais (11 mai 1654 — 12 mai 1737).
Schotel (G... D... J...). Leven, gedrukte werken en handschriften van C. van Alkemade en P. van der Schelling. *Breda.* 1835. 8.

Alkendi,
philosophe et médecin arabe (florissant vers 1145).
Lackemacher (Johann Gottfried). Dissertatio de Alkendi, Arabum philosopho celeberrimo. *Helmst.* 1719. 4. (*D. et Lv.*)

Allaci (Leone),
littérateur italien (1586 — 19 janvier 1669).
L. Allatii librorum editorum elenchus. *Rom.* 1659. 8. (*D.*)

Allafort (Jean),
député à la Convention nationale (1740 — 5 mai 1838).
Dumas-Ribadeau (Pierre François). Éloge funèbre de J. Allafort, ancien député à la Convention nationale, membre du Conseil des Anciens. *Limog.* 1859. 8.

Allamont (Jean d'),
général français.
(**Waha**, N... N... de). Le fidèle et vaillant gouverneur, représenté dans l'histoire de la vie et de la mort de J. d'Allamont, gouverneur de Montmédy. (Publié par Thomas DESHAYONS.) *Liége.* 1668. 12.

Allard (Jean François),
général français (1785 — 23 janvier 1839).
Cuvillier-Fleury (N... N...). Notes historiques sur le général Allard et sur le royaume de Lahore. *Par.* 1836. 18.

Allegri da Correggio (Antonio),
peintre italien du premier ordre (1494 — 1534).
Ratti (Carlo Aiuseppe). Notizie storiche sincere intorno la vita e le opere del celebre pittore A. Allegri da Correggio. *Finale.* 1781. 8. Portrait.
Pungileone (Luigi). Memorie storiche di A. Allegri detto il Correggio. *Parm.* 1817-1821. 3 vol. 8. (*Bes.*)
(**Coxe**, William). Sketches of the lives of Correggio and Parmegiano. *Lond.* 1823. 8. Portrait.

Allein (Joseph),
théologien anglais (1633 — 1672).
Life and death of J. Alleine, etc., and his funeral sermon preached by George NEWTON. *Lond.* 1672. 8. (*D.*) *Ibid.* 1677. 8.
Rische (August). Leben J. Allein's, weiland Predigers zu Taunton in England. *Bielef.* 1850. 8.

Allemann (Rudolph).
Lebensgeschichte des Herrn R. Allemann. *Glog.* 1784. 8. (*L.*)

Allemand (Jean Joseph),
prêtre français (27 déc. 1772 — 10 avril 1836).
Pontier (N... N...). Éloge funèbre de messire J. J. Allemand, prêtre, directeur de l'OEuvre de la jeunesse, etc. *Marseille.* 1836. 8.
Brunello (F...). Vie du serviteur de Dieu J. J. Allemand, fondateur de l'OEuvre de la jeunesse. *Par.* 1833. 8. Port.

Allen (Ethan),
colonel anglo-américain († 13 février 1789).
Allen (Ethan). Narrative of his own captivity, from the time of his being taken by the British near Montreal, on the 25th day of sept. in the year 1775 to the time of his exchange, on the 6th day of may 1778, etc. *Philadelph.* 1779. 8. *Walpole.* 1807. 12. *Albany.* 1814. 8.
Moore (Hugh). Memoir of colonel E. Allen, containing the most interesting incidents, with his private and public career. *Plattsburg.* 1834. 12.

Allen (Thomas),
archéologue anglais (... 1542 — 30 sept. 1632).
Burton (William). Binæ orationes funebres in obitum T. Alleni. *Lond.* 1632. 4.

Allen (William),
cardinal anglais, archevêque de Malines (1532 — 6 oct. 1594).
Fitz-Herbert (Nicholas). Vitæ cardinalis Alani epitome. *Rom.* 1608. 8.

Allen (William),
littérateur anglais.
Life of W. Allen, with selections from his correspondence. 1846-47. 3 vol. 8.

W. Allen, his life and labours. *Lond.* 1848. 12.
Sherman (Janus). Memoir of W. Allen. *Lond.* 1851. 12.

Allent (Pierre Alexandre Joseph),
général français (2 août 1772 — 16 juillet 1837).
Monument élevé à la mémoire de M. A. Allent, mort pair de France et conseiller d'Etat, ancien député, etc. *Par.* 1842. 8.
Aperçu sur M. Allent, ancien député, etc., mort pair de France et conseiller d'Etat. *Par.* 1842. 8.

Allioni (Carlo),
médecin-botaniste italien (1725 — 1804):
Buniva (Michele Francesco). Réflexions sur tous les ouvrages publiés et inédits du Dr. C. Allioni, avec des notices historiques concernant sa vie et plusieurs établissements littéraires en Piémont. *Turin*, s. d. 8.
Memorie e ragionamenti sulla famiglia e sulla vita di C. Allioni. *Carmagnola.* 1806. 8. (*P.*)

Almanza (Bernardino de),
archevêque de Santa-Fé.
Solis Valenzuela (Pedro de). Vita de D. B. de Almanza, arcobispo de Santa-Fé. *Lima.* 1647. 4.

Almeida (Antonio de),
prêtre portugais.
Costa (Francisco Gomes da). Vita do P. A. de Almeida. *Lisb.* 1755. 8.

Almeida (Francisco de),
homme d'État portugais.
Mendes (Antonio Felix). Oratio in obitu excellentissimi domini F. de Almeida S. P. E. L. principalis. *Lisb.* 1750. 4.

Almeida Mascarenhas (Francisco de),
homme d'État portugais.
Freire (Francisco Jozé). Elogio funebre de excellentissimo e reverendissimo Senhor D. F. de Almeida Mascarenhas. *Lisb.* 1745. 8.

Almeida (Ioaõ de),
jésuite portugais.
Vasconcellos (Simaõ de). Vida do P. I. de Almeida da companhia de Jesus da provincia do Brasil. *Lisb.* 1658. Fol.
Macedo (Antonio de). De vita et moribus P. I. de Almeida, Soc. Jesu, presbyteri provinciæ Brasiliensis. *Patav.* 1669. 8. *Rom.* 1671. 12. (*Bes.*) Trad. en franç. *Par.* 1673. 8.

Almeida (Pedro Miguel de),
gouverneur des Indes.
Meyerelles (Manoel Antonio de). Relaçaõ da conquista das praças de Alorno, Bicholim, Avaro, Morly, Santarem, Tiracol e Rary pelo illustrissimo e excellentissimo senhor D. P. M. de Almeida e Portugal, marquez de Castello novo, conde de Assumar, etc. *Lisb.* 1747. 2 vol. 4.
—— Relaçaõ dos felices successos da India desde 20 de dez. de 1746 até 28 do dicto de 1747, no governo do illustrissimo senhor D. P. M. de Almeida. *Lisb.* 1748. 4. (Continuation de l'ouvrage précédent.)

Almeida (Thomaz de),
patriarche de Lisbonne (vers 1670 — 27 février 1754).
Figueiredo (Alberto Caetano de). Panegyrico funebre nas exequias do patriarcha T. de Almeida. *Rom.* 1754. 8.

Alméras (René),
prêtre français (1612 — 22 sept. 1672).
La vie et les vertus de M. R. Alméras, deuxième supérieur général de la congrégation de la mission et des filles de la Charité. *Par.* 1839. 8. Portrait. (Cet ouvrage, écrit peu après la mort d'Alméras, était longtemps resté inédit.)

Almodovar (N... N..., duque de),
homme d'État espagnol († 1794).
Laso (Nicolás Rodriguez). Elogio histórico del excelentissimo señor duque de Almodovar, director de la real academia de la historia. *Madr.* 1795. 4. Portrait.

Almosnino,
famille juive.
Carmoly (Élie). La famille Almosnino, écrivains et poëtes des xvie, xviie et xviiie siècles. *Par.* 1850. 8.

Almquist (Carl Jonas Ludwig),
poète suédois (28 nov. 1793 — 25 mars 1844).

Fahlkrantz (C... E...). C. J. L. Almquist säsom Författare i Allmänhet och säsom Theolog i synnerhet skärskädad. *Upsal.* 1845-46. 2 vol. 8.

Almquist (Erik Jonas),
théologien suédois (2 février 1729 — 15 mars 1808).

Høejer (J... C...). Memoria Dr. E. J. Almquist, sermone funebri revocata. *Upsal.* 1812. 8.

Almquist (Johan),
théologien suédois.

Moerner (Ludvig). Likpredikan öfver Theologiae Doctorn och Lectorn Prosten och Kyrkoherden pä Wisingsö J. Almquist. *Jönköping.* 1815. 8.

Alphen (Hieronymus van),
poète hollandais (8 août 1746 — 2 avril 1803).

Jorissen (M...). Erinnerungen an H. van Alphen. *Hage.* 1804. 4.

Alphen (Hieronymus Simon van),
théologien allemand (23 mai 1665 — 7 nov. 1742).

Drakenborch (Arnold). Oratio funebris in obitum H. S. van Alphen. *Traj. ad Ren.* 1743. 4. *(D.)*

Alphonse V, surnommé le Magnanime,
roi d'Aragon, de Naples et de Sicile (1384 — 1418 — 27 juin 1458).

Panormita Becatelli (Antonio). De dictis et factis Alphonsi V, regis Aragonum, libri IV. *Napol.* 1455. 4. avec des commentaires par Enea Silvio PICCOLOMINI et avec des notes par Jacob SPIEGEL. *Basil.* 1538. 4. *Lugd.* 1571. 4. *Wittemb.* 1585. 4. Publ. par David CHYTRAEUS. *Rostoch.* 1589. 4. Réimpr. s. c. t. « Parallela Alphonsina » etc., par Marquard FREHER. *Hanov.* 1611. 4. *Amst.* 1646. 12. Trad. en espagn. par Juan de MOLINA. *Burgos.* 1550. 4. *Caes. Aug.* 1553. 4. *Amber.* 1554. 4.

Faccio (Bartolomeo). De rebus gestis ab Alphonso primo Neapolitarum rege commentariorum libri X, publ. par Giovanni Michele BRUTO. *Lugd.* 1560. 4. *Ibid.* 1562. 4. *Mantov.* 1563. 4. Trad. en ital. par Jacopo MAURO. *Venez.* 1580. 4.

(Méri de la Canourgue, N... N...). Génie d'Alphonse le Magnanime, roi d'Aragon et de Sicile, ou ses pensées, avec les traits remarquables de sa vie. *Par.* 1765. 12. (Extrait de l'ouvrage précédent.)

Musitulla (Michele). Probatio historico-juridica de translatione regalis depositi cadaveris regis Alphonsi de Aragonia, Aragonum regis hujus nominis V et Neapolitani I, pro D. Petro Antonio de Aragonia, Neapolitano prorege. *Napol.* 1667. 4.

Alphonse VI et Alphonse VII Ramon,
rois de Castille et de Léon (1065 — 30 juin 1109) (1109 — 21 août 1157).

Sandoval (Prudenzio de). Historia de los reyes de Castilla y de Leon, D. Fernando I, D. Sancho II, D. Alonso VI, Donna Urraca y D. Alonso VII. *Pampel.* 1615. Fol. *Ibid.* 1634. Fol. *Madr.* 1792. 2 vol. 4.

—— Coronica del inclyto emperador de España D. Alonso VII deste nombre, rey de Castilla y Leon, hijo de D. Ramon de Borgoña y de Doña Hurraca, reyna proprietaria de Castilla. *Madr.* 1600. Fol.

Alphonse VIII,
roi de Castille et de Léon (1158 — 6 oct. 1214).

Mercader y de Cerbellon (Gaspar). Retrato politico del rey D. Alonso VIII. *Valenc.* 1679. 4. *Ibid.* 1700. 4. Avec des notes par Francisco CERDA Y RICO. *Madr.* 1783. Fol.

Alphonse X, surnommé le Sage,
roi de Castille et de Léon (23 nov. 1221 — 1252 — 4 avril 1284).

Herrera (Miguel de). Cronica del rey Fernando III, Alonso X el Sabio e del rey Sancho el Bravo. *Valladol.* 1554. 4.

Kolditz (August Gottlob Friedrich). De Alphonso X, Castellæ Legionisque rege, cognomine sapientis indigno. *Servest.* 1757. 4.

Ibañez de Segovia y Mondejar (Gaspar). Memorias historicas del rey D. Alonso el Sabio, publ. par Francisco CERDA Y RICO. *Madr.* 1777. Fol.

Alphonse XI,
roi de Castille et de Léon (1310 — 1312 — 26 mars 1350).

Nunez de Villasan (Juan). Cronica del muy escarecido

principe y rey D. Alonso XI. *Medin. del Camp.* 1514. Fol. *Valladol.* 1551. Fol. *Ibid.* 1563. Fol. *Toled.* 1595. Fol. *Ibid.* 1597. Fol. Publ. avec des notes par Francisco CERDA Y RICO. *Madr.* 1785. Fol.

Alphonse Henriquez I,
premier roi de Portugal (1094 — 1112 — 6 déc. 1185).

Paez de Viegas (Antonio). Principios del reyno de Portugal con la vida y hechos de D. Alfonso Henriquez, su primer rey. *Lisb.* 1641. Fol.

Dauncey (John). Chronicle of Portugal, from Alphonso I to Alphonso VI (1112 — 1656). *Lond.* 1661. Fol.

Bonucci (Antonio Maria). Istoria della vita e eroiche azioni di D. Alfonso Enriches, primo rè di Portugal. *Venez.* 1719. 12.

Galvao (Edoardo). Chronica do muito alto e muito esclarecido principe D. Affonso Henriquez, primeiro rey de Portugal. Publ. par Miguel Lopes FERREIRA. *Lisb.* 1726. Fol.

Pereyra (José Pinto). Apparatus historicus, continens decem argumenta, s. non obscura sanctitatis indicia religiosissimi principis D. Alfonsi Henrici, primi Portugalliæ regis. *Rom.* 1728. 4.

Alphonse II, dit le Gros,
roi de Portugal (23 avril 1185 — 1211 — 25 mars 1223).

Pina (Ruy de). Chronica do muito alto e muito esclarecido principe D. Affonso II, terceiro rey de Portugal. *Lisb.* 1727. Fol.

Alphonse III,
roi de Portugal (5 mai 1210 — 1248 — 16 février 1279).

Pina (Ruy de). Chronica do muito alto e muito esclarecido principe D. Affonso III, quinto rey de Portugal. *Lisb.* 1728. Fol.

Alphonse IV, surnommé le Brave,
roi de Portugal (8 février 1290 — 1325 — 28 mai 1356).

Pina (Ruy de). Chronica del rey D. Affonso IV. *Lisb.* 1653. Fol.

Alphonse V, surnommé l'Africain,
roi de Portugal (1432 — 9 sept. 1438 — 28 août 1481).

Nunes de Leao (Eduardo). Chronicas del rey D. João I e as dos reys D. Duarte e D. Affonso V. Publ. par Ruy da CUNHA. *Lisb.* 1643. Fol.

Alphonse VI,
roi de Portugal (1643 — 1656 — détrôné 1667 — 12 sept. 1683).

Valenzuela (Pedro de). Portugal unido e separado. *Madr.* 1689. 4.

Barbosa Bacellar (Antonio). Relacão da vitoria, que alcançarão as armas do muito alto e poderoso rey D. Affonso VI em 14 de Janeiro de 1659 contra as de Castella, etc. *Lisb.* 1659. 4. Trad. en lat. s. c. t. « Helvia obsidione liberata » par Alexis COLLOTES DE JANTILLET. *Lisb.* 1662. 8.

Alvares da Cunha (Antonio). Campanha do Portugal pela provincia do Alemtejo na primavera do anno de 1663, governando os armas daquella provincia D. Sancho Manoel conde de Villaflor. *Lisb.* 1663. 4. *Amst.* 1673. 4.

Mascarenhas (Hieronymus). Campaña de Portugal por la parte de Extramadura el anno 1662 executada por la Serenissimo Señor Juan de Austria. *Madr.* 1663. 4.

Suares de Alarçao (Antonio). Commentarios de los hechos del Señor de Alarçon, marquez de Valle Siciliana y de Renda, y de las guerras, en que se halló por espacio de sincoenta y ocho años. *Madr.* 1665. Fol.

Menezes y Ericeira (Luiz de). Historia de Portugal restaurado (1640-1668) tome I. *Lisb.* 1679. Fol. *Ibid.* 1710. Fol. tome II. *Lisb.* 1698. Fol. augment. *Lisb.* 1751-59. 4 vol. 4.

Passarelli (Cajetano). Bellum Lusitanum ejusque regni separatio a regno Castellensi, cum abrogatione superadjecta Alphonsi VI, regis Lusitani. *Lugd.* 1648. Fol.

Brandao (Alexandro). Historia delle guerre di Portugallo succeduta per l'occasione della separatione di quel regno della corona catholica. *Venez.* et *Rom.* 1689-1716. 4. (Le second volume a été publié par Francisco BRANDAO.)

Menezes y Ericeira (Fernando de). Historiarum Lusitanarum ab anno 1640 usque ad annum 1647 libri X. *Ulyssip.* 1734. 4.

(**Toussaint**, Jacob). Gestrafte Mogenthyd of aanmerkings-
waardige koniglijke Buitensporigheden en overzeld-
same Bedryven van Alphonsus VI, koning van Portugal,
behelzende zyn Geboorte, Opvoeding, Leven, Regerings-
Wyze en Doodt, etc. *Amst.* 1736. 8. (*L.*)

Ablancourt (Nicolas Fremont d'). Mémoires contenant
l'histoire de Portugal depuis le traité des Pyrénées de
1659 jusqu'en 1665, etc. *Par.* 1701. 12. *Amst.* 1701. 12.
La Haye. 1701. 12.

Caceres e Faria (Leandro Dorea). Catastrophe de Portugal, na deposiçaõ del rey D. Affonso VI e subrogaçaõ
de D. Pedro no anno 1667 et 1668. *Lisb.* 1669. 4.
Trad. en allem. *Leipz.* 1607. 12.
Trad. en franç. s. c. t. Relation des troubles arrivés
dans la cour de Portugal. *Par.* 1674. 12.
Southwell (Robert). Histoire du détrônement d'Alphonse VI, roi de Portugal, etc. Trad. de l'anglais par
Pierre François GUYOT DES FONTAINES. *Par.* 1742. 2 vol.
12.

Raison de la nullité du mariage de D. Alphonse VI, roi de
Portugal, et de la validité de celui de D. Pedro, prince
de ce royaume, présentée au pape Clément IX. *Par.*
1674. 12.

Alphonse I d'Este,
duc de Ferrare (... 1505 — 31 oct. 1534).

Giraldi (Giovanni Battista). Epicedium de obitu divi
Alphonsi Estensis principis. *Ferrar.* 1557. 4.

Alphonse III,
duc de Modène († 1644).

Casimir de Toulouse. Le triomphe de la croix sur les
attraits de la souveraineté ou la vie du duc de Modène
(Alfonse III), mort en 1644, capucin. *Beziers.* 1674.
12. (*Bes.*)

Alpini (Prospero),
médecin-botaniste italien (23 nov. 1553 — 7 janvier 1617, ou selon
d'autres le 5 février de la même année).

Ferigo (Gaspare?). Elogio di P. Alpini Martoricense.
Venez. 1825. 8.

Alstein (Jacob),
médecin allemand.

Elogia ac judicia doctorum nostri seculi hominum de
J. Alsteinio, etc., cæsarum, regum, principum medico
doctore. *Prag.* 1617. 4. (*D.*)

Alstrin (Erik),
évêque de Strengnäs (3 février 1683 — 4 nov. 1762).

Humbla (Erik). Oratio in memoriam E. Alstrin. *Stren-
gnes.* 1763. 4.

Alstroemer (Clas),
botaniste suédois (9 août 1736 — 5 mars 1796).

Dubb (N... N...). Åminnelse-Tal öfver C. Alstroemer.
Stockh. 1796. 8.

Alstroemer (Johan),
littérateur suédois (11 mai 1742 — 4 oct. 1786).

Nicander (Henrik). Åminnelse-Tal öfver J. Alstroemer. *Stockh.* 1791. 8.

Alstroemer (Jonas),
industriel suédois (7 janvier 1685 — 2 juin 1761).

Kryger (Johan Fredrik). Åminnelse-Tal öfver J. Alstroemer. *Stockh.* 1761. 8.
Duval-Pyrau (N... N...). Patriotisme mis en action, ou
éloge historique de J. Alstroemer, conseiller de la chambre royale de commerce de Suède. *Berl.* 1784. 4.
Regnér (Gustaf). Minne af J. Alstroemer, Svenska han-
dslöjdernas fosterfader. *Stockh.* 1790. 8. Portrait.
Svederus (Georg). Areminne öfver J. Alstroemer. *Stockh.*
1832. 8.

Alstroemer (Patrick),
littérateur suédois (26 février 1733 — 23 oct. 1804).

Nicander (Henrik). Åminnelse-Tal öfver P. Alstroemer.
Strengnäs. 1811. 8.

Altani, conti di Salvarolo,
famille italienne.

Memorie sopra la famiglia de' signori Altani, conti di
Salvarolo. *Venez.* 1717. 4.

Altavilla (Ludovico Canali Marchese di),
gentilhomme italien.

Naudé (Gabriel). L. Canali marchionis ab Altavilla Elogium. *Rom.* 1658. 4. (*P.*)

Alterio (Michele d'),
littérateur (?) italien.

Aula (Salvatore). Vita di M. d' Alterio. *Napol.* 1777. 8.

Althan (Michael Friedrich v.),
cardinal-évêque de Neutra.

Imago trium clarissimorum ecclesiæ luminum cardinalis
E. Csáky, cardinalis M. F. ab Althan, et L. A. Erdödy,
episcopi Nitriensis. *Cassov.* 1758. 12.

Althammer (Andreas),
théologien allemand (1498 — vers 1540).

Ballenstedt (Johann Arnold). Vita A. Althameri. *Wolfenb.* 1740. 4. (*D.*)

Althof (Johann Christoph),
théologien (?) allemand.

Manso (Johann Siegmund). Memoria J. C. Althofii, etc.
Bielef. 1759. Fol.

Alting (Heinrich),
théologien hollandais (17 février 1583 — 25 août 1644).

Maresius (Samuel). Oratio funebris in luctuosissimum
obitum theologi celeberrimi D. H. Altingii, etc. *Groning.*
1644. 4. (*Lv.*)

Alting (Jacob),
théologien allemand (27 sept. 1618 — 20 août 1679).

Oiselius (Jacob). Oratio funebris in decessum J. Altingii
theologiæ doctoris. *Groning.* 1680. 4. (*Lv.*)

Alting (Menso),
géographe hollandais (1636 — 1713).

Emmius (Ubbo). M. Altingii vita, etc. *Groning* 1717. 8.
(Publ. par Adolph Menso ISINCK.) *Groning.* 1728. 4. (*D.*)

Altmann,
évêque de Passau.

Wiedemann (Theodor). Altmann, Bischof zu Passau,
nach seinem Leben und Wirken dargestellt, mit Vorrede von Georg Thomas RUDHARDT. *Augsb.* 1851. 8.

Altner (Christian Gregor),
théologien allemand.

Memoria C. G. Altneri. *Lips.* 1750. Fol. (*D.*)

Alton (Richard, comte d'),
homme d'État belge (vers 1720 — 1790).

Lettres du général d'Alton à l'empereur Joseph II, relatives aux affaires des Pays-Bas en 1788-1789. *Brux.*,
s. d. 8.
(**Jaubert**, N... N... et **Lebrun**, N... N...). Mémoires pour
servir à la justification de feu S. E. le général comte
d'Alton et à l'histoire secrète de la révolution belgique,
s. l. et s. d. 4.

Alvarez (Antonio Pedro),
vice-roi de Naples.

Sanbiasi (Ignazio). Panegirico in lode del vicerè D. A.
P. Alvarez, etc. *Napol.* 1672. 4.

Alvarez (Baldassaro),
jésuite espagnol (vers 1561 — 12 février 1630).

Ponte (Ludovico da). Vita B. Alvarez e societate Jesu,
ex Hispanico latine reddita a Melchiore TREVINNIO. *Col.
Agr.* 1616. 8. *Cologn.*, s. d. (1631.) 12. (*D.*) *Lugdun.*
1644. 12. Trad. par Carolus BOVIUS. *Rom.* 1670. 4.
(*Bes.*)
Trad. en franç. par P... *Clerm. Ferr.* 1843. 2 vol. 12.
Trad. en holland. par Louis JACOBI. *Antwerp.* 1639. 8.

Alvensleben (Herren v.),
famille allemande.

Wohlbrueck (Siegmund Wilhelm). Geschichtliche Nachrichten von dem Geschlechte von Alvensleben und dessen Gütern. *Berl.* 1819-1829. 3 vol. 8.

Alvequin (Marie d'),
réformatrice des religieuses Augustines.

Biesse (René). Vie de M. d'Alvequin de Jésus, supé-
rieure et réformatrice des dames Augustines de Saint-
Magloire. *Par.* 1649. 12.
Lacoux de Marivault (Jérôme). La vie et les actions
de M. d'Alvequin de Jésus, religieuse de Montmartre.
Par. 1687. 8. (*Bes.*)

Alvintzi (Baro Gabor),
homme d'État hongrois.

Borosnyai (Lukáts János). Halotti Prédikátzió. L. B.
Alvintzi G. *Szebenben*, s. d. (1751). 4.

Alxinger (Johann v),
poëte allemand (24 janvier 1755 — 1er mai 1797).

Walch (Albrecht Georg). Programma quo Alxingerum
simul cum Virgilio comparat. *Schleusing.* 1794. 4. (*D.*)

Amaduzzi (Giovanni Cristofano),
philologue italien (1742 — 21 janvier 1792).

Bianchi (Isidoro). Elogio storico dell' abate G. C. Amaduzzi. *Pavia.* 1794. 8.

Amalarius Fortunatus,
archevêque de Trèves († 814).

Cajetanus (Constantinus). Vita Amalarii Fortunati.
Rom. 1612. 4.

Amalasonte,
fille de Théodoric, roi des Ostrogoths († 534 après J. C.).

Siljesstroem (Laurentius). Dissertatio de Amalasuentha
regina, Theodorici filia. *Upsal.* 1698. 4.

Ritter (Johann Daniel). Dissertatio de Amalasuenta,
Ostrogothorum regina. *Lips.* 1735. 4.

Amalia, voy. **Amélie.**

Amalteo (Francesco),
littérateur italien (2 avril 1767 — 7 nov. 1838).

Padovani (Carlo). Orazione funebre in morte di F. Amalteo. *Treviso.* 1838. 8. Portrait.

Venanzio (Girolamo). Elogio di F. Amalteo. *San-Vito.*
1859. 8.

Amalthée,
personnage mythologique.

Funccius (Johann Nicolaus). Programma de Amalthea.
Rintel. 1763. 4.

Amand (Saint),

Destombes (N... N...). Histoire de S. Amand, évêque
missionnaire, et du christianisme chez les Francs du
Nord au VIIe siècle. *Par.* 1850. 8. Port. *Tournai.* 1852. 8.

Amantea (Bruno),
médecin italien (30 juin 1750 — 5 juillet 1819).

Cassitto (Luigi). Orazione in funere di B. Amantea. *Napol.* 1819. 8.

Magliari (Pietro). Elogio storico di B. Amantea. *Aversa.*
1820. 8.

Ciampitti (Niccolo). Commentarii de B. Amanthæ studiis
rebusque. *Napol.* 1820. 8.

Ultimi uffici alla memoria di B. Amantea. *Napol.* 1822.8.

Amanton (Claude Nicolas),
littérateur français (20 janvier 1760 — 28 sept. 1835).

Peignot (Gabriel). Notice sur la vie et les ouvrages de
M. Amanton. *Dijon.* 1836. 8. (Tiré à 150 exemplaires.)

Amarante (Saint Gonzalo de),
prêtre portugais.

Lopes (Francisco). S. G. de Amarante, nacimento, cria-
çaõ, etc. *Lisb.* 1627. 4. *Ibid.* 1643. 4.

Pereira (Manoel). Breve restreto della vita di S. C. d'A-
marante, etc. *Rom.* 1672. 12.

Gama (Filippe Jozé de). Elogium de S. G. Amaranto.
Ulyssip. 1757. 4.

Amaseo (Romolo),
helléniste italien (1489 — 1552).

Scarselli (Flaminio). Vita R. Amasæi. *Bonon.* 1769. 4.

Amasias,
roi des Juifs (864 — 837 — 810 avant J. C.).

Reime (Heinrich Gottlieb). Harmonia vitarum Joasi et
Amasiæ, regum Judæ, nec non Jehu, Jehoachasi atque
Joasi, regum Israel. *Jenæ.* 1718. 4.

Amato (San).

Garuffi (Giuseppe Malatesta). Vita e miracoli del B.
Amato. *Venez.* 1693. 8.

Ambiveri (Alberto Maria),
prêtre italien.

Bem (Thomaz Cætano de). Vida de A. M. Ambiveri, cle-
rigo regular. *Lisb.* 1782. 8.

Amboise, duchesse de **Bretagne** (Françoise d'),
fondatrice des Carmélites de Bretagne.

Leroy (Christophe). Vita F. d'Ambosia, ducissæ Armo-
ricæ. *Par.* 1604. 8.

Saint-Jean-Macé (Léon de). Vie de la très-illustre et

vertueuse F. d'Amboise, jadis duchesse de Bretagne,
fondatrice des anciennes Carmélites de Bretagne. *Par.*
1634. 8. *Ibid.* 1669. 12.

Barrin (Jean): Vie de la bienheureuse F. d'Amboise,
femme du duc de Bretagne, Pierre II. *Rennes.* 1704. 12.

Amboise (George d'),
cardinal-ministre français (1460 — 25 mai 1510).

Sirmond (Jean). Vie du cardinal G. d'Amboise, ministre
d'Etat sous Louis XII. *Par.* 1631. 8. (*Bes.*) (Publ. s. l.
pseudonyme de Sieur de MONTAGNES.)

Baudier (Michel). Histoire de l'administration du cardinal G. d'Amboise. *Par.* 1634. 4. *Ibid.* 1651. 8.

Legendre (Louis). Vie du cardinal d'Amboise, avec un
parallèle des cardinaux célèbres, qui ont gouverné des
Etats. *Par.* 1723. 4. *Rouen.* 1724. 2 vol. 12. (*Bes.*) *Ibid.*
1726. 4. *Ibid.* 1726. 2 vol. 12.

Sacy (Claude Louis Michel de). Éloge de G. d'Amboise,
cardinal-archevêque de Rouen, principal ministre de
Louis XII. *Lond. et Par.* 1776. 8. (Couronné par l'Académie de Rouen.)

Talbert (François Xavier). Éloge historique du cardinal
d'Amboise, archevêque de Rouen, premier ministre de
Louis XII. *Besanç.* 1776. 8. (Couronné par l'Académie
de l'immaculée conception de Rouen.)

Goyon d'Arsac (Henri Guillaume Charles de). Éloge du
cardinal G. d'Amboise. *Montaub.* 1784. 12.

Ambrogio (Mariano),
prêtre italien.

Apollinare di San Gaetano. Storia del P. M. Ambrogio
di San Benedetto. *Napol.* 1693. 4.

Ambroise (Saint),
archevêque de Milan (340 — 397).

Garcæus (Joannis). Historiola de S. Ambrosio, episcopo
Mediolanensi. *Witteb.* 1571. 8.

Bacmeister (Lucas). Oratio de D. Ambrosio. *Rostoch.*
1594. 8. (*D.*)

Hermant (Godefroy). Vie de S. Ambroise, archevêque de
Milan. *Par.* 1678. 4. (*D.* et *Bes.*) Trad. en ital. par Giuseppe Francesco FONTANA. *Milan.* 1750. 4. Portrait.

Loescher (Caspar). Dissertatio de Ambrosio, Mediolanensi
episcopo. *Witteb.* 1709. 4.

Brunst (August Christian). Disputatio I quod Ambrosius
Theodosium a sacra cœna excludens majestatis aut aliud
grave crimen non commiserit. *Gryphisw.* 1720. 4. (*D.*)

—— Dissertatio II, quod Ambrosius, Theodosium a S.
cœtu excludens, majestatis, aut aliud grave crimen non
commiserit. *Gryphisw.* 1721. 4. (*D.*)

Rhost (Christian Samuel). Programma, quo pertus Am-
brosianum ex historiæ ecclesiasticæ monumentis aperit.
Francohus. 1761. 4. (*D.*)

Michelsen (Carl Valentin). De Ambrosio fidei catholicæ
adversus Arianos vindice. *Hafn.* 1825. 8.

Silbert (Johann Peter). Leben des heiligen Ambrosius,
Erzbischofs von Mailand und Kirchenlehrers. *Wien.*
1841. 8.

Saint Ambroise, archevêque de Milan; sa vie et extraits
de ses écrits. *Lille.* 1852. 8. Portrait.

Ambroise,
réformateur allemand (... — brûlé vif en 15...)

Lommel (Georg). Der ostfränkische Reformator Ambrosius. *Giess.* 1847. 8.

Ambrosi (Gioachino Giuseppe),
littérateur italien.

P... (M... D...). Notizie biografiche risguardanti G. G.
Ambrosi. *Bologn.* 1831. 8.

Amédée III,
comte de Savoie (1103 — 1er avril 1149).

Ranzo (Francesco). Compendio della vita del B. Amadeo (III). *Moden.* 1612. 8.

Maleto (Pietro Francesco). Storia del B. Amadeo III di
Savoja. *Torin.* 1613. 4.

(**Binet,** Étienne). Vie du bienheureux Amédée III, duc
de Savoie. *Par.* 1619. 4.

Morozzo (Carlo Giuseppe). Vita e virtù del B. Amadeo III,
duca di Savoja. *Torin.* 1686. Fol.

Amédée VI, surnommé **le comte vert,**
comte de Savoie (4 janvier 1334 — 24 juin 1343 — 2 mars 1383).

Spedizione in Oriente di Amedeo VI, conte di Savoia, etc.
Torin. 1826. 8.

Amédée VIII,
premier duc de Savoie (4 sept. 1383 — 1er nov. 1391 — 7 janvier 1451).

(**Monod**, Pierre). Amadeus pacificus s. de Eugenii IV et Amadei Sabaudiæ ducis in sua obedientia Felicis papæ V nuncupati controversiis commentarius. *Taurin.* 1624. *4.* (*Bes.*) *Par.* 1626. *4.*

Amelgard,
chroniqueur belge (vers la fin du xve siècle).

Polain (Mathieu Lambert). Esquisses biographiques de l'ancien pays de Liége : Amelgard, Adelbold. *Gand*, s. d. (1856). 8.

Amelia (Ambrosio d'),
capucin italien.

Assettati (Massenzio). Memorie della vita, virtù e morte del P. A. d'Amelia. *Rom.* 1732. *4.* (*D.*)

Amélie Élisabeth,
épouse de Guillaume le Constant, landgrave de Hesse (29 janvier 1602 — mariée en 1619 — 8 août 1651).

(**Justi**, Carl Wilhelm). Bruchstücke aus dem Leben der Hessen-Casselschen Landgräfin Amalie Elisabeth, etc. *Marb.* 1799. *4.*

—— Amalie Elisabeth Landgräfin von Hessen ; Versuch einer Darstellung ihres Lebens und Characters. *Giess.* 1811. 8. 2 portraits.

Amelot de Gournay (Jean),
jurisconsulte français († 1649).

Bigeon (Gervais). Discours funèbre de J. Amelot de Gournay, ancien président du Grand-Conseil. *Par.* 1649. 8.

Am-Ende (Christian Carl),
théologien allemand (3 oct. 1730 — 15 nov. 1799).

Zapf (Georg Wilhelm). Nachricht von dem Leben, den Verdiensten und Schriften C. C. Am Ende's, etc. *Nürnb.* 1804. 8. (*D.* et *L.*)

Am-Ende (Johann Joachim Gottlieb),
théologien allemand (1704 — 2 mai 1777).

Mehner (Georg Adolph). Die Verklärung Jesu ; Leichenpredigt auf J. J. G. Am-Ende. *Dresd.* 1777. 4. Portrait. (*D.* et *L.*)

Olpe (Christian Friedrich). Lebensbeschreibung des seligen Dr. Am Ende. *Dresd.* 1777. 4. (*L.*)

Améric-Vespuce, voy. **Vespucci** (Amerigo).

Amico e Statella (Vito Maria),
archéologue italien (1693 — vers 1762).

Garrasi (Gaetano Maria). Orazione estemporaneo nella morte di V. M. Amico e Statella. *Catania.* 1762. 4.

Paterno (Andreà). Orazione in morte di V. M. Amico e Statella. *Catania.* 1763. 4.

Blasi (Salvadore Maria di). Orazione in lode di V. M. Amico e Statella. *Paterm.* 1763. 4.

Amling (Wolfgang),
jurisconsulte allemand (14 juillet 1569 — 8 juillet 1613).

Theopold (Johann). Leychpredig bey dem Begräbniss des weyland Ehrenvesten und Hochgelahrten Herrn W. Amlingi, J. U. D., etc. *Zerbst.* 1613. 4.

Ammann (Paul),
médecin-botaniste allemand (30 août 1634 — 4 février 1691).

(**Feller**, Joachim). Programma in P. Ammanni funere. *Lips.* 1691. Fol.

Ammianus Marcellinus,
historien latin (320 — vers la fin du ive siècle).

Moller (Daniel Wilhelm). Dissertatio de Ammiano Marcellino. *Altorf.* 1685. 4.

Heyne (Christian Gottlob). Censura ingenii et historiarum Ammiani Marcellini. *Goetting.* 1802. Fol.

Ditki (Anton Albrecht). Commentatio de Ammiano Marcellino. *Roessel.* 1841. 4.

Ammirato (Scipione),
historien italien (1531 — 1646).

Angelis (Domenico de). Vita di S. Ammirato. *Lecce.* 1706. 8.

Ammon (Christoph Friedrich v.),
théologien allemand (16 janvier 1766 — 22 mai 1850).

(**Linde**, Johann Wilhelm). Reinhard und Ammon oder Predigt-Parallele, etc. *Königsb.* 1800. 8.

(**Fritzsche**, Christian Friedrich). Reinhard und Ammon als Dogmatiker, etc. *Leipz.* 1811. 8.

C. F. v. Ammon nach Leben, Ansichten und Wirken ;

Lichtbild aus der evangelischen Kirche. *Leipz.* 1850. 8. Portrait. (*L.*)

Pabst (Julius). Lebens- und Characterumrisse C. F. v. Ammons ; ein Wort der Versöhnung im Kampfe der Parteien. *Dresd.* 1850. 8.

Ammonius Saccas,
philosophe grec († 241 avant J. C.).

Roessler (Christian Friedrich). Dissertatio de commentitiis philosophiæ Ammonianæ fraudibus et noxiis. *Tubing.* 1786. 1.

Dehaut (Louis Joseph). Essai historique sur la vie et la doctrine d'Ammonius Saccas, chef d'une des plus célèbres écoles philosophiques d'Alexandrie. *Brux.* 1836. 4. (Ouvrage couronné par l'Académie de Bruxelles.)

Amoreux (Guillaume),
médecin français.

Amoreux (Pierre Joseph). Notice biographique sur G. Amoreux, docteur en médecine de la faculté de Montpellier. *Montp.* 1806. 8.

Amort (Eusebius),
théologien allemand (15 nov. 1692 — 5 février 1775).

Savioli-Corbelli (Ludwig Alexander v.). Ehrendenkmal E. Amorts. *Münch.* 1777. 4.

Amory (Thomas),
théologien anglais (1708 — 1774).

Flaxman (George). Funeral sermon on Dr. Amory. *Lond.* 1774. 4.

Amos,
le troisième des petits prophètes de la Bible (vers 800 avant J. C.).

Michaelis (Christian Benedict). Dissertatio de vaticinio Amosi prophetæ. *Halæ.* 1712. 4.

Juynboll (Theodor Willem Jan). Disputatio de Amoso ejusque scriptis ac veteribus eorum interpretibus. *Lugd. Bat.* 1828. 4.

Ampère (André Marie),
physicien français (20 janvier 1775 — 10 juin 1836).

Quetelet (Lambert Adolphe Jacques). Notice sur M. Ampère. *Brux.* 1836. 12.

Amrou-el-Kaïs,
poète arabe.

Pareau (Johann Heinrich). Commentatio de Amrialkeisi Moallakah. *Traj. ad Rhen.* 1828. 4.

Rueckert (Friedrich). Amrilkais, der Dichter und König, sein Leben dargestellt in seinen Liedern. *Stuttg. et Tübing.* 1843. 8. (Trad. de l'arabe.)

Amsdorff (Nicolaus v.),
théologien allemand (3 déc. 1483 — 14 mai 1565).

Bergner (Gottfried). Programmata II de N. de Amsdorff. *Magdeb.* 1718-25. 4.

Ekerman (Peter). Dissertatio Amsdorfflum, ætate, anima, meritis, Luthero propriorem, sistens. *Upsal.* 1761. 4. Bericht über die Wahl und Einführung des N. v. Amsdorff als Bischof von Naumburg. *Nordhaus.* 1825. 8.

Amsinck (Johann Arnold),
magistrat allemand (... — 14 avril 1782).

Leben, Geist und Character J. A. Amsinck's. *Hamb.* 1783. 8.

Amsinck (Wilhelm),
magistrat allemand.

Lehmann (Joachim Georg Christian). Memoria G. Amsinckii. *Hamb.* 1833. Fol. (*L.*)

Amsler (Samuel),
graveur allemand (17 déc. 1791 — 18 mai 1849).

Neujahrsblatt der Künstlergesellschaft in Zürich für 1850, enthaltend das Leben und die Werke von S. Amsler, Kupferstecher. *Zürch.* 1850. 4. Portrait.

Amthor (Jacob Friedrich),
théologien allemand.

Oratio memoriæ J. F. Amthorii. *Lips.* 1754. 4. (*L.*)

Amthor (Johann Friedrich),
pédagogue allemand (26 janvier 1731 — 4 janvier 1778).

Oertel (Christoph Augustin). Programma funebre de vita, fatis ac meritis J. F. Amthorii, scholæ Frederico-Alexandrinæ conrectoris. *Erlang.* 1778. 8. Fol.

Amurath II,
sultan des Ottomans (1404 — 1422 — 9 février 1451).

(**Deschamps**, N... N...). Mémoires du sérail sous Amurath II. *Par.* 1670-73. 5 vol. 12.

Amyot (Jacques),
littérateur français (30 oct. 1513 — 6 février 1593).
Blignières (Auguste de). Essai sur Amyot et les traducteurs français au xvie siècle ; précédé d'un éloge d'Amyot, etc. *Par.* 1851. 8.
Soupé (Philibert). De vita, moribus ac ingenio J. Amyoti commentatio. *Amiens.* 1852. 8.

Amyraut * (Moyse),
théologien français (1596 — 8 janvier 1664).
Saigey (Charles Edmond). M. Amyraut, sa vie et ses écrits. *Strasb.* 1849. 8. (*L.*)
* C'est par erreur que plusieurs biographes le nomment Artsault.

Anacharsis ,
philosophe scythe.
Celsius (Olof). Dissertatio de Anacharside Scytha. *Upsal.* 1712. 8.

Anaclet ou **Clet** (Saint),
pape successeur de S. Lin.
Rohn (Johann Carl). De vita et gestis, necnon de glorioso martyrio S. Cleti, pontificis maximi. *Prag.* 1772. 8.

Anacréon ,
poëte grec (vers 560 — 475).
Barnes (Joshua). Vita Anacreontis. *Cantab.* 1721. 8.
Histoire d'Anacréon. *Rotterd.* 1722. 8.
Axelsson (Ephraim). Schediasma biographico-criticum de Anacreonte. *Upsal.* 1755. 4.
Degen (Johann Friedrich). Über die Philosophie des Anacreon. *Erlang.* 1779. 8.
Norberg (Matthias). Disputatio de vita Anacreontis. *Lund.* 1801. 8.
Dankovszky (Gregor). Anakreon, der frölicke Grieche, sang vor 2370 Jahren griechisch-slavisch , oder Anakreon's Oden griechisch und slavisch gleichlautend und gleichbedeutend, etc. *Pressb.* 1847. 16.
Colincamp (Ferdinand). Dissertatio de ætate carminum Anacreonticorum. *Par.* 1848. 8.

Anadon (Domingo),
dominicain espagnol.
Gomez (Vicente). Vida del venerable P. Fr. Anadon, del orden de S. Domingo. *Valenc.* 1604. 8. *Ibid.* 1617. 8.

Anastase I, surnommé **Dicorus** *,
empereur byzantin (vers 430 — 491 — 518).
Jablonsky (Paul Ernst). Dissertatio de morte tragica imperatoris Anastasii Dicori. *Frf. ad Viadr.* 1744. 4.
* A cause de l'anomalie de ses yeux, dont l'un était bleu et l'autre noir.

Anastasie (Sainte),
martyre italienne.
Bonucci (Antonio Maria). Storia di S. Anastasia, vergine e martire. *Rom.* 1722. 4.

Anaxagoras Clazomenius ,
philosophe grec.
Schmidt (Johann Andreas). Dissertatio de Anaxagora ejusque physiologia. *Jenæ.* 1688. 4. (*Lv.*)
Winer (Georg Nicolaus). Brevis explicatio doctrinæ Anaxagoris Clazomeni, etc. *Wormat.* 1771. 4.
Carus (Friedrich August). Dissertatio de Anaxagoræ cosmologiæ fontibus. *Lips.* 1797. 4.
Vries (Jeronimo de). Leven van den Wysgeer Anaxagoras. *Amst.* 1806. 8.
Hemsen (Johann Tychsen). Anaxagoras Clazomenius, s. de vita ejus atque philosophia disquisitio. *Goetting.* 1822. 8.
Panzerbieter (Friedrich). Programma de fragmentorum Anaxagoræ ordine. *Meining.* 1836. 8.
Clemens (Franz Jacob). Dissertatio de philosophia Anaxagoræ Clazomeni. *Berol.* 1839. 8.
Breier (Friedrich). Die Philosophie des Anaxagoras von Klazomenæ nach Aristoteles, etc. *Berl.* 1840. 8.
Zevort (C... M...). Dissertation sur la vie et la doctrine d'Anaxagore. *Par.* 1844. 8.

Anaxarque ,
philosophe grec.
Dathe (Johann August). Dissertatio de Anaxarcho, philosopho Eudæmonico. *Lips.* 1762. 4.

Anaximenes ,
philosophe grec (548 — 500).
(**Schmidt**, Johann Andreas). Dissertatio de Anaximenis vita et physiologia. *Helmst.* 1689. 4. (*Lv.*)

Ancher (Peder Kofod),
jurisconsulte danois (14 juin 1710 — 3 juillet 1788).
Baden (Gustav Ludvig). Memoria P. K. Ancher. *Hafn.* 1788. 4. (*L.*)

Anchersen (Ancher),
médecin danois (8 janvier 1702 — ... 1760).
Programma academicum in obitum A. Anchersen Ripensis. *Hafn.* 1760. Fol.

Anchersen (Hans Peder),
jurisconsulte danois (4 oct. 1700 — 22 avril 1765).
Kjaer (Mikkel). Programma in obitum J. P. Anchersen. *Hafn.* 1765. Fol.

Anchieta (Jozé),
jésuite portugais (1533 — 9 juin 1597).
Berettari (Sebastiano). Vita J. Anchietæ, S. J. sacerdotis in Brasilia defuncti. *Col. Agr.* 1617. 12. *Lugd.* 1617. 8.
Trad. en espagn. par Estevan de Paternina. *Salamanc.* 1618. 8.
Trad. en franç. (par Pierre d'Oultreman.) *Douai.* 1619. 12.
Éloge du P. J. Anquieta (!) de la compagnie de Jésus. *Par.* 1624. 12. (*Lv.*)
Monteiro (Manoel). Compendio panegyrico do P. J. Anchieta. *Lisb.* 1660. 16.
Vita del P. G. Anchieta. *Bologn.* 1670. 12. (*D.*) *Rom.* 1738. 8. (*D.*)
Vasconcellos (Simaõ de). Vida do V. Padre J. Anchieta, da companhia de Jesus, thaumaturgo do Novo Mundo. *Lisb.* 1672. Fol.
Oddi (Longaro degli). Vita del venerabile servo di Dio. G. Anchieta. *Torin.* 1824. 24.

Ancillon (David),
théologien français (17 mars 1617 — 3 sept. 1692).
(**Ancillon**, Charles). Discours sur la vie de M. Ancillon et ses dernières heures. *Bâle.* 1698. 12. (*D.*)

Ancillon (Jean Pierre Frédéric),
homme d'État allemand (30 avril 1767 — 19 avril 1837).
Saint-Prosper (Antoine Jean Cassé de). Notice sur F. Ancillon, ministre des affaires étrangères en Prusse. *Par.* 1835. 8.
D(u)B(ois) R(eymond) (F(élix) H(enri). Necrolog Sr. Excellenz des königlich preussischen wirklichen Staatsministers Herrn Ancillon. *Berl.* 1837. 8.
Mignet (François Auguste Alexis). Notice historique sur la vie et les travaux de M. Ancillon, associé étranger de l'Académie des sciences morales de Paris. *Par.* 1847. 8.

Ancina (Giovanni Giovenale),
évêque de Saluzzo (... 1545 — 31 août 1604).
Lombardi (Carlo). Della vita di G. Ancina da Fossano, della congregazione dell' oratorio e poi vescovo di Saluzzo, libri V. *Napol.* 1656. 4.
Bacci (Jacopo). Vita dell' venerabile servo di Dio P. G. G. Ancina, della congregazione dell' oratorio , poi vescovo di Saluzzo. *Rom.* 1671. 4. (*D.*)

Anckarcrantz (Hans),
vice-amiral suédois (1690 — 13 mars 1768).
Minne öfver H. Anckarcrantz, tecknadt när vapnet sönderslogs. *Stockh.* 1768. 8.

Anckarcrona (Theodor),
amiral suédois (15 février 1687 — 2 nov. 1750).
Carleson (Edvard). Åminnelse-Tal öfver T. Anckarcrona. *Stockh.* 1750. 8.

Anckarstroem (Jacob Johan),
assassin de Gustave III, roi de Suède (11 mai 1762 — 29 avril 1792).
(**Fischer**, Johann Heinrich). Nachricht von der Ermordung des Königs (Gustav III) von Schweden , s. l. (*Braunschw.*) 1792. 8. Avec une silhouette d'Anckarstroem.

Anckelmann (Eberhard),
théologien allemand (7 mai 1641 — 8 nov. 1703).
Edzard (Georg Eliezer). Honori funeris memoriæque E. Anckelmanni in gymnasio Hamburgensi professoris, etc. justa persolvit. *Hamb.* 1703. 4. (*L.*)

Anckelmann (Johann Ernst),
jurisconsulte allemand.
Himmel (Enoch). Leichenpredigt auf J. E. Anckel-

mann, nebst dessen von ihm selbst aufgeführtem Lebens-Lauff. *Zeitz.* 1662. *4.* (*D.*)

Ancora (Gætano d'),
archéologue italien (8 oct. 1751 — 4 mars 1816).

Gallotti (Salvatore). Elogio di G. d'Ancora. *Napol.* 1816. 8.

Ancre (Concino **Concini**, maréchal d'),
favori de Marie de Médicis, reine de France (assassiné le 24 avril 1617).

Déclaration et protestation des princes, ducs, pairs, officiers de la couronne, etc., confédérés pour le rétablissement de l'autorité du roy et la conservation du royaume
contre la conjuration et tyrannie du maréchal d'Ancre
et ses adhérens, à Rhetel le 5 mars 1617, s. l. 1617. 4.

Thévenin (Michel). Conjuration de C. Concini, Florentin,
marquis d'Ancre, maréchal de France, et le procès fait à
sa femme (Léonore Galigaï). *Par.* 1617. 8. *Ibid.* 1618. 8.

Propos dorés sur l'autorité tyrannique de C. Concini ,
marquis d'Ancre, maréchal de France, prétendant la
royauté, par l'anéantissement de tous les princes, etc.,
péri misérablement par la juste fureur de Dieu et la
sagesse admirable du roy et par la main fidèle du sieur
de Vitry, capitaine des gardes du roy, le lundi 24 avril
1617, s. l. 1617. 8.

Particularités de la mort tragique du maréchal d'Ancre.
Aix. 1617. 8.

Recueil de charges qui sont au procès fait à la mémoire
de C. Concini, naguères maréchal de France, et à Léonore Galigaï, sa veuve, sur le chef du crime de lèse-
majesté, s. l. 1617. 8.

Feux de joie de la France sur la mort du maréchal
d'Ancre. *Par.* 1617. 8.

Boitel de Gaubertin (N... N...). Défaite du faux amour
par l'unique des braves de ce temps. *Par.* 1617. 12.

—— Histoire tragique de Circé, ou suite de la défaite du
faux amour. *Par.* 1617. 12.

(**Matthieu**, Pierre). Ælius Sejanus, histoire romaine,
s. l. 1617. 8. *Rouen.* 1620. 12. (*Bes.*) Trad. en ital.
Ronciglione. 1621. 12. (*Bes.*)

Complainte du gibet de Montfaucon sur la mort du marquis d'Ancre, s. l. et s. d. 8.

Histoire tragique du maréchal d'Ancre et de sa femme,
avec un narré de leurs pratiques, depuis le traité de
Loudun (1616) jusqu'à leur mort, s. l. et s. d. 8.

Rencontre du maréchal d'Ancre et de sa femme en l'autre
monde et leurs discours avec Henry IV; s. l. et s. d. 8.

Histoire du marquis d'Ancre et de sa femme. *Par.* 1617. 8.

Lettre du roi écrite à MM. du parlement en Provence sur
la mort du marquis d'Ancre. *Aix.* 1617. 8.

La Médée de la France, dépeinte en la personne de la
marquise d'Ancre, s. l. 1617. 8.

Juste punition de Lyceon Florentin, surnommé marquis
d'Ancre, s. l. 1617. 8.

Arrêt de la cour de parlement contre le maréchal d'Ancre
et de sa femme, prononcé et exécuté à Paris le 8 juillet
1617. *Par.* 1617. 8.

Bref récit de tout ce qui s'est passé pour l'exécution et
juste punition de la marquise d'Ancre. *Par.* 1617. 8.

Discours sur la mort d'Eléonore Galigay, femme de Conchine, marquis d'Ancre, exécutée en Grève, le samedi
8 juillet 1617, s. l. et s. d. 8.

Le roman de Conchine et de sa femme, contenant leurs
vies, faits et gestes, depuis leur arrivée en France
jusqu'à l'exécution de leurs personnes, s. l. 1617. 8.

Histoire générale du maréchal et de la maréchale d'Ancre, tirée du livre de Bocasse intitulé : Les nobles malheureux. *Par.* 1617. 8.

Entrée et réception qui a été faite au maréchal d'Ancre
aux enfers, avec le pourparler de Ravaillac avec lui.
Par. 1617. 8.

Soupirs et regrets du fils du marquis d'Ancre sur la mort
de son père et l'exécution de sa mère. *Par.* 1617. 8.

Histoire recueillie de tout ce qui s'est passé tant à la mort
du marquis d'Ancre que de Léonore de Galigay, sa
femme. *Moulins.* 1618. 8.

Recueil de XLIII pièces contre le maréchal d'Ancre et sa
femme. Parmi le nombre de ces pamphlets se trouvent
aussi deux pièces dramatiques : Marquis d'Ancre ou la
victoire du Phœbus françois contre le Python de ce
temps. *Par.* 1617. 8, et la Magicienne étrangère.
Rouen. 1617. 8.

Salei (Giuseppe). Cenni storico-critiche su la vita di
C. Concini, maresciallo d'Ancre. *Firenz.* 1839. 8.

Assassinat du maréchal d'Ancre; relation anonyme, attribuée au garde des sceaux Marillac, avec un appendice, extrait des Mémoires de Richelieu (24 avril 1617).
Par. 1852. 12.

Ancus Martius,
quatrième roi de Rome (640 — 616 avant J. C.).

Purrucker (Johann). Programma de vita Anci Martii,
quarti Romanorum regis. *Baruth.* 1756. Fol.

Andechs (Grafen v.),
famille allemande.

Schultes (Johann Adolph v.). Diplomatische Beiträge
zur Geschichte der Grafen v. Andechs. *Münch.* 1798. 4.

Anders (Albert August),
aventurier allemand du xixe siècle.

Anders (Albert August). Der europäische Nomade oder
der sächsische Zuave auf Vorposten in der Umgebung
von Algier, etc. *Grimma.* 1842. 8. (2e édition. La
première porte pour titre : Der europäische Nomade;
Bruchstück aus dem Leben des sächsischen Zuaven
A. A. Anders.)

Andersen (Hans Christian),
littérateur danois (2 avril 1805 — ...).

Andersen (Hans Christian). Mit Liv. *Kjoebenh.* 1847. 8.
Trad. en allem. *Leipz.* 1850. 8.
Trad. en angl. s. c. t. True story of my life, par
Mary Howitt. *Lond.* 1847. 12. *Boston.* 1847. 16.

Anderson (Anne Margaret),
dame anglaise.

Irving (David). Memorial of A. M. Anderson. *Edinb.*
1813. 8.

Anderson (Johann),
magistrat allemand (14 mars 1674 — 3 mai 1743).

Winckler (Johann Dietrich). Monumentum gratæ pietatis J. Andersoni, reipublicæ Hamburgensis consuli
positum. *Hamb.* 1743. Fol.

Anderson (Lorenz),
réformateur suédois.

Schinmeyer (Johann Adolph). Lebensbeschreibungen
der drei Schwedischen Reformatoren : des Kanzlers
L. Anderson, O. Peterson und L. Peterson, als ein
Beitrag zu der Schwedischen Reformations- und Bibel-
Übersetzungs-Geschichte. *Lübeck.* 1783. 4.

Anderson (Robert),
théologien anglais.

Anderson (Mrs. N... N...). Pratical religion exemplified
by letters and passages from the life of the late Rev.
R. Anderson, perpetual curate of Trinity Chapel in
Brighton. *Lond.* 1846. 12. (4e édition.)

Andocides,
orateur grec (vers 468 avant J. C.).

Hauptmann (Johann Gottfried). Programma designens
rem publicam atticam Andocidæ ductu. *Gerœ.* 1758. 4.
—— Libellus de Andocide oratore attico. *Gerœ.* 1761. 4.

Andrada e Sylva (Jozé Bonifacio de),
homme d'État du Brésil (13 juin 1765 — 6 avril 1838).

Silva Maria (Emilio Joaquim da). J. B. de Andrada e
Sylva ; elogio historico. *Rio de Jan.* 1846. 8. (Extrait
de la *Revista trimensal*, tiré à part à très-petit nombre d'exemplaires.)

André (Saint),
l'un des douze apôtres.

Hanke (Gottfried). Dissertatio de S. Andrea apostolo.
Lips. 1698. 4. (*Lv.*)

Lemnius (Christoph). Memoria Andreæ apostoli. *Witteb.* 1703. 4.

Woog (Moritz Carl Christian). Dissertatio de S. Andrea
martyre in nummis. *Dresd.* 1749. 4. (*D.*)

André de Crète,
archevêque de Crète.

Wallin (Georg). Programmata III de vita et scriptis
Andreæ Cretensis. *Upsal.* 1730-32. 4.

André II,
roi de Hongrie (4 janvier 1205 — 7 mars 1235).

Szegedi (János). Assertor libertatis Ungaricæ, Dalma-
ticæ, Croaticæ et Slavonicæ Andreas II, etc. *Jaurin.*
1730. 8.
—— Andreas II; dictus Hierosolymitanus, rex Hungariæ XIX, Saxonum in Transylvania libertatis assertor, etc. *Jaurin.* 1731. 8.

André III,
roi de Hongrie, petit-fils du précédent (1326 — étranglé le 18 déc. 1345).
Miller (Jacob Ferdinand). Dissertatio historico-critica de jure Andreæ III, ad coronam Hungariæ aliisque huic adfinibus. *Poson.* 1782. 8.

André (John?),
officier anglo-américain.
Vindication of the captors of major J. André. *New-York.* 1814. 8.

André (Valère), surnommé **Dessellus,**
historien belge (25 nov. 1588 — 29 mars 1655 *).
Heimbach (Bernhard). Oratio funebris in exequias V. Andreai. *Lovan.* 1656. 4.
Nève (Félix). V. André, professeur d'hébreu, historien du collége des trois langues et de l'université de Louvain. *Louv.* 1846. 12.
Vanderlinden (Emile). V. Andreæ præconium. *Lovan.* 1850. 12.
* Foppens met so mort en 1656.

André (Yves Marie),
mathématicien français (22 mars 1675 — 25 février 1764).
Rouxelin (N... N...). Éloge du P. André, surnuméraire de l'académie royale des belles-lettres de Caen. *Caen.* 1764. 12.

Andreæ (Jacob),
théologien allemand (25 mars 1528 — 7 janvier 1598).
Osiander (Lucas). Predigt bei der Leych des J. Andreæ, etc. *Tübing.* 1590. 4. (*D.*)
Heerbrand (Jacob). Oratio funebris de vita et obitu J. Andreæ. *Tubing.* 1590. 4. (*D. et Lv.*)
Varenbuler (Anton). Oratio funebris de virtutibus Dom. J. Andreæ, scholæ et ecclesiæ Tubingensis cancellarii et præpositi. *Tubing.* 1590. 4.
Andreæ (Johann Valentin). Fama Andreana reflorescens, s. J. Andreæ vitæ, funeris, scriptorum, peregrinationum et progenii recitatio. *Argent.* 1630. 12. (*D. et L.*)
—— * Vita J. Andreæ, hexametris exposita. *Luneb.* 1649. 12. (*D. et L.*)
* Publ. s. l. pseudonyme de Levi Sevon.
Lebret (Johann Friedrich). Programmata III de J. Andreæ vita et missionibus per reformanda ecclesia Lutherana susceptis. *Tubing.* 1799. 4.
Brevis commentatio de missione J. Andreæ Possiacena et Parisina. *Tubing.* 1799. 4. (*L.*)

Andreæ (Johann Valentin),
soi-disant fondateur de l'ordre des Rose-Croix (17 août 1586 — 27 janvier 1654).
Zeller (Christoph). Leich-Predigt bey der Begräbniss des J. V. Andreæ. *Stuttg.* 1634. 4. (*D.*) 3 portraits.
Andreæ (Johann Valentin). Selbstbiographie, aus dem Latein. übersetzt und herausgegeben von David Christoph Seybold. *Winterth.* 1797. 8. (*D.*)
(**Staeudlin**, Carl Friedrich). Programma de J. V. Andreæ consilio et doctrina morali. *Goetting.* 1808. 4.
Hossbach (Johann Wilhelm). J. V. Andreæ und sein Zeitalter. *Berl.* 1819. 8.
J. V. Andreæ vita ab ipso conscripta, ex autographo primum edita F... H... Rheinwald. *Berol.* 1849. 8. Port.

(**Burk.**, Philipp). Vollständiges Verzeichniss aller in Druck gekommenen lateinischen und teutschen Schriften J. V. Andreæ's, in 100 Nummern, nach der Zeitfolge geordnet. *Tübing.* 1793. 8.

Andreæ (Tobias),
philosophe allemand (19 août 1604 — 17 oct. 1676).
Mensinga (Johann). Oratio funebris in decessum T. Andreæ. *Groning.* 1676. 4. (*D.*)

Andreani (Andrea),
prêtre italien.
Tommasi (Raniero). Orazione funerale in lode dell' abate A. Andréani. *Firenz.* 1750. 4.

Andréossy (Antoine François, comte),
général français (6 mars 1761 — 10 sept. 1828).
(**Marion**, N... N...). Notice nécrologique sur le lieutenant général comte Andréossy. *Par.* 1843. 8.

Andrès (Giovanni),
savant italien (15 février 1740 — 12 janvier 1817).
(**Scotti**, Angelo Antonio). Elogio storico del P. G. An-

---

dres, S. J. profetto della bibliotheca di Napoli. *Napol.* 1817. 8. Portrait. (*P.*)

Andrews (Lancelot),
évêque de Winchester (vers 1555 — 25 sept. 1626).
Narration on the life and death of bishop L. Andrews. *Lond.* 1650. 4.
Isaacson (Stephan). Life of bishop L. Andrews. *Lond.* 1829. 8.
Teale (William Henry). Lives of English divines : bishop Andrews, Dr. Hammond, bishop Bull, bishop Wilson and Jones of Nayland. *Lond.* 1846. 8.

Andriès (François Eugène),
physicien belge (6 mars 1824 — 21 avril 1848).
Notice sur M. F. E. Andries, docteur en sciences physiques et mathématiques et professeur agrégé à l'université catholique de Louvain. *Louv.* 1848. 12.

Andrieux (François Guillaume Jean Stanislas),
poète français (6 mai 1759 — 10 mai 1833).
Berville (Saint-Albin). Notice historique sur M. Andrieux. *Par.* 1833. 8.
Taillandier (Alphonse Honoré). Notice sur la vie et les ouvrages de F. G. J. Andrieux. *Par.* 1850. 8. (*Lv.*)
Bourcier (Camille). Andrieux ; sa vie et ses ouvrages. *Angers.* 1851. 8.

Andronic I Comnène,
empereur de Constantinople (1110 — 1183 — 12 sept. 1185).
Heynig (Johann Gottlieb). Andronikus Komnenes ; historisches Gemälde aus der Zeit der Kreuzzüge. *Berl.* 1799. 2 vol. 8.
Zeller (Christian Friedrich). Andronikus der Komnene. *Stuttg.* 1804. 5 vol. 8.

Andronic II Paléologue,
empereur de Constantinople (1258 — 11 déc. 1282 — 13 février 1332).
Pachymeres (Georgius). Historia rerum ab Andronico Palæologo gestarum, publ. en grec et en latin par Pierre Possin. *Rom.* 1669. Fol.

Andronic III Paléologue, dit le Jeune,
empereur de Constantinople (vers l'an 1295 — 1325 — 15 juin 1341).
Cantakuzeno (Johannes). Historiæ Byzantinæ libri IV (depuis 1328 jusqu'en 1358), publ. par Jacob Pontanus et Jacob Gretser. *Ingolst.* 1603. Fol. Publ. en grec et en latin par Pierre Séguier. *Par.* 1645. 3 vol. Fol.

Andronicus (Livius),
le plus ancien des poètes latins (vers 240 avant J. C.).
Doellen (Alexander Ludwig). Dissertatio de vita L. Andronici. *Dorpat.* 1838. 8.

Andry (Charles Louis François),
médecin français (1741 — 8 avril 1829).
Lardin (Jules). Hommage à la mémoire d'Andry. *Par.* 1830. 8.

Andryane (Alexandre),
réfugié italien.
Andryane (Alexandre). Mémoires d'un prisonnier d'État au Spielberg, compagnon de captivité de l'illustre comte Confalonieri. *Par.* 1837-38. 4 vol. 8. (Accomp. d'un portrait du comte Confalonieri.) *Brux.* 1837. 4 vol. 18. Trad. en angl. par Fortunato Prandi. *Lond.* 1842. 2 vol. 12. *Ibid.* 1847. 2 vol. 8.
G(uenther), J(ohann) G(eorg). A. Andryane, der politische Gefangene in den Kerkern zu Mailand und auf dem Spielberg ; Beitrag zur Geschichte der österreichischen Herrschaft in Italien. *Leipz.* 1847. 8.

Ange (Saint),
Philippini (Giovanni Antonio). Vie de S. Ange, martyr de l'ordre des Carmes, trad. de l'ital. par Claude Perier. *Lyon.* 1643. 12.

Angèle de Foligno (Sainte).
Prau (N... N...). Leven van de heilige Angela van Foligno, vertaeld uit de Bollandisten. *Tournai.* 1852. 12.

Angeli (Luigi),
prêtre italien (... — avril 1836).
Bosello (Francesco). Orazione in morte del réverendissimo monsignor D. L. Angeli, parroco in S. Stefano di Venezia. *Venez.* 1836. 8.

Angeli Bellisario (Gabriele degli),
savant italien.
Ripa (Matteo). Compendiosa relazione della vita di G. degli Angeli Bellisario. *Napol.* 1759. 8.

Angelina,
religieuse italienne.

Jacobilli (Luigi). Vita della B. Angelina (Corbara), institutrice delle monache claustrali dell' terz' ordine di S. Francesco. *Bologn.* 1659. 4.

Angello da Barga (Pietro),
philologue italien (22 avril 1517 — 29 février 1596).

Sanleonini (Francesco). Orazione delle lodi di P. degli Angeli. *Firenz.* 1597. 4. (*D.*)

Vogel (Ernst Gustav). P. Angelius von Barga, nach der lateinischen Autobiographie dargestellt. *Meiss.* 1834. 8. (*D.*)

Angelus * (Johannes),
astronome allemand (+ 1512).

Seemiller (Sebastian). Dissertatio de vita et scriptis J. Angeli, Aichacensis Boji, etc. *Ingolst.* 1791. 4.
  * Son nom originaire est *Engel.*

Angelus (Johannes),
théologien allemand (vers 1540 — 21 juillet 1608).

Vietor (Hieronymus). Oratio de vita et obitu J. Angeli. *Giess.* 1609. 4.

Angermann (Abraham Andreas),
archevêque d'Upsala.

Fant (Erik Michael). Dissertatio de vita A. A. Angermanni, archiepiscopi Upsaliensis. *Upsal.* 1802. 8.

Angerona,
personnage mythologique.

Saxe (Christoph). Diatriba academica de Dea Angerona. *Ultraject.* 1766. 4.

Anges (Anne des),
carmélite française (+ 1664).

(**Cordier**, François). Vie d'A. des Anges, carmélite déchaussée. *Par.* 1638. 8. (*Bes.*) *Ibid.* 1694. 8. (La première édition est anonyme.)

Angivilliers (E... J .. de Laborde, comtesse d'),
auteur française (1735 — 14 mars 1808).

(**Caron**, M...). Éloge nécrologique sur madame d'Angivilliers, s. l. et s. d. (*Par.* 1808). 8. (Supplément au *Journal de Seine et Oise.*)

Villenave (Matthieu Guillaume Thérèse). Notice historique sur madame d'Angivilliers, s. l. et s. d. (Extrait de la *Biographie universelle* de Michaud.)

Anglesey (Arthur Annesley earl d'),
historien anglais (10 juillet 1614 — ... 1680).

Pett (Peter). Memoirs of A. earl of Anglesey. *Lond.* 1693. 8.

Angot (Antoine François),
homme d'État français (25 avril 1763 — 16 juin 1841).

Olivier (N... N...). Notice nécrologique de M. Angot, député de l'arrondissement d'Avranches. *Avranch.* 1843. 8. (*Lv.*)

Angoulême (Henri d'),
fils naturel de Henri II, roi de France (tué en 1586).

Relation de la mort de H. d'Angoulesme, grand-prieur de France, gouverneur de Provence. *Par.* 1586. 8.

Angoulême (Jean, prince d'),
aïeul de François I, roi de France.

Masson (Jean Papire). Vita inclyti principis Joannis Engolismensis et Petracoriorum comitis. *Par.* 1588. 8.

Duport (Jean). Vie du très-illustre et vertueux prince Jean comte d'Angoulême, ayeul du grand roi François I. *Angoul.* 1589. 8.

Angoulême (Louis Antoine de Bourbon, duc d'),
fils de Charles X, roi de France (6 août 1775 — 3 juin 1844).

Montbel (Guillaume Isidore Baron de). Le comte de Marnes, fils aîné du roi de France Charles X; notice sur son exil, son caractère, sa mort et ses funérailles. *Maill.* et *Par.* 1844. 8. Réimprim. s. c. t. : Le duc d'Angoulême, dauphin, comte de Marnes, etc. *Par.* 184.. 8.

Heseekiel (Georg). L. A. von Bourbon, Herzog von Angoulême, nachmals Dauphin und Gross-Admiral von Frankreich. *Altenb.* 1844. 8. Trad. en franç. par Lebrecht Günther **Foerster.** *Altenb.* 1844. 8.

Angoulême (Marie Thérèse Charlotte, duchesse d'),
fille de Louis XVI, roi de France (19 déc. 1778 — mariée le 10 juin 1799 — 19 oct. 1851).

Saint-Hugues (Louis de). Madame la duchesse d'An-goulême ou la nouvelle Antigone; mémoire historique sur ce qui est arrivé à cette illustre princesse depuis sa naissance jusqu'à son retour en France. *Par.* 1815. 18.

Malbec (Pierre). Notice pour servir à la vie de S. A. R. Madame la duchesse d'Angoulême. *Montpell.* 1816. 8.

(**Tisseron**, N... N...). Hommage à la mémoire vénérée de M. T. C. de France, auguste fille du vertueux roi-martyr (Louis XVI). *Par.* 1851. 8.

Cohen (A...). Notice biographique sur M. T. C. de France, duchesse d'Angoulême. *Par.* 1851. 12.

Peladan (Adrien). Éloge funèbre de M. T. C. de France, duchesse d'Angoulême. *Nimes.* 1852. 8. (Suivi du testament de Madame la duchesse.)

Madame M. T. de France, fille de Louis XVI. Relation du voyage de Varennes et récit de la captivité à la tour du Temple, écrits par elle-même, précédés d'une notice par Amédée de **Pastoret.** *Par.* 1832. 12.

Costa (Heinrich v.). Die Herzogin v. Angoulême; ein Lebensbild. *Laibach.* 1852. 8.

Puymaigre (comte de). Madame la Dauphine à Mâcon; souvenirs des 26 et 27 juillet 1830. *Metz.* 1832. 8.

Angran d'Alleray (Denis François),
jurisconsulte français (1715 — guillotiné le 28 avril 1794).

Delamalle (Gaspard Gilbert). Notice sur M. Angran d'Alleray, lieutenant civil au Châtelet de Paris, mort condamné révolutionnairement le 28 avril 1794. *Par.* 1826. 8.

Anguillesi (Giovanni Domenico),
poète italien (28 avril 1766 — 5 avril 1833).

Fanteria (Luigi della). Elogio funebre di G. D. Anguillesi Pisano. *Pisa.* 1833. 24.

Becchi (Fruttuoso). Elogio di G. D. Anguillesi. *Firenz.* 1833. 8.

Anholt (Jean Jacques de Brouckhorst, Graf v.),
feld-maréchal d'Autriche (+ 1630).

Tophoff (N... N...). Christian von Braunschweig und J. J. Graf v. Anholt. Die Verwüstungen der Stifter Paderborn und Münster in den Jahren 1622-23, etc. *Münst.* 1852. 8.

Ankarcrona, voy. **Anckarcrona.**

Ankarstroem, voy. **Anckarstroem.**

Anich (Peter),
mathématicien allemand (22 février 1723 — 1er sept. 1766).

(**Sternberg**, Daniel). Lebensgeschichte des berühmten Künstlers und Mathematikers P. Anich, eines Tyroler Bauers. *Münch.* 1767. 4. Portrait.

Hell (Maximilian). Elogium rustici Tyrolensis celebris P. Anichii. *Vindob.* 1767. 8.

Anjou (Mademoiselle d'),
dame française.

(**Preschac**, A... de). Histoire d'Anne, comte de Génévois et de mademoiselle d'Anjou. *Par.* 1680. 12.

Anjou (François de France, duc d'),
fils de Henri II, roi de France (1554 — 10 juin 1584).

Beaune (Renaud de). Sermon funèbre, prononcé le 5 juillet 1584, en l'église de Notre-Dame de Paris, aux obsèques du duc d'Alençon, etc. *Par.* 1584. 4.

Berson (Jacques). Regrets funèbres contenant les actions et dernières paroles de François d'Alençon, duc d'Anjou, depuis sa maladie jusqu'à son trépas. *Par.* 1584. 8.

Gelée (Jean). Larmes et regrets sur la mort de François d'Alençon (frère du roi Henri III). *Par.* 1584. 4.

Bucci (Agostino). Oratio in funere Francisci Valesii, Alenconii ducis. *Lugd.* 1584. 4. Trad. en franç. *Lyon.* 1584. 4.

Anker (Peder),
homme d'État norvégien (1825).

Mindetale over H. Excellenz Statsminister P. Anker, etc. *Christiania.* 1825. 8.

Anna (Francesco d'),
prêtre italien.

Onofrii (Pietro). Vita del P. F. d'Anna. *Napol.* 1790. 8.

Annato (Palmyre),
artiste italienne.

Zani de Ferranti (M... A...). P. Annato, première artiste aërienne du Cirque national de Paris; esquisse biographique. *Brux.* 1850. 8.

Anne (Sainte),
mère de la sainte Vierge Marie.

Legenda sanctissimæ matronæ Annæ, genetricis virginis Mariæ, matris J. Christi aviæ. *Lips.* 1502. 4.
Auriemma (Tommaso). Vita e miracoli di santa Anna. *Napol.* 1668. 8.
Goetze (Georg Heinrich). Dissertatio de cultu Annæ, aviæ Christi, in Misniam invecto. *Lips.* 1702. 4.
Du Welz (Jean Baptiste). Vie de sainte Anne, épouse de Joachim, mère de la très-sainte Vierge Marie, aïeule de N. S. Jésus-Christ. *Brux.* 1779. 12.

Anne d'Autriche,
épouse de Louis XIII, roi de France (1602 — mariée le 25 déc. 1615 — 20 janvier 1666).

Serre (Jean Pierre de la). Portrait d'Anne d'Autriche. *Par.* 1644. 4.
Lettres patentes du roi Louis XIII, en date du 4 juillet 1646, qui donnent à la reine-mère (Anne d'Autriche) la surintendance sur la marine. *Par.* 1647. 4.
Mascaron (Jules). Harangues prononcées au parlement, chambre des comptes, cour des aides de Provence pour la publication de la charge de grand-maître et surintendant de la navigation en faveur de la reine-mère et régente. *Par.* 1647. 12.
Boyer (Pierre). Remarques des signalés bienfaits rendus à l'Etat par Anne d'Autriche, depuis le commencement de sa régence jusqu'à l'an 1649. *Par.* 1649. 4.
Carmagnole (André). Oraison funèbre d'Anne d'Autriche. *Par.* 1666. 4. (*Bes.*)
Montigny (Jean de). Oraison funèbre d'Anne d'Autriche. *Rennes.* 1666. 4.
Pellisson-Fontanier (Paul). Abrégé de la vie d'Anne d'Autriche, en forme d'épitaphe. *Par.* 1666. 4.
Chaumetz (Louis de). Devises panégyriques pour Anne d'Autriche. *Bord.* 1667. 4.
Amours d'Anne d'Autriche, épouse de Louis XIII, avec le C. D. R. (cardinal de Richelieu). *Cologn.* 1691. 12. *Ibid.* 1693. 12 *. *Ibid.* 1696. 12. *Lond.* 1738. 12.
* La deuxième édition, assez rare, porte l'appendice « avec le cardinal de Richelieu, le véritable père de Louis XIV. »

Anne d'Autriche,
épouse de Sigismond III, roi de Pologne († 31 janvier 1598).

Pontanus v. Breittenberg (Georg Barthold). Oratio funebris in sepulturam Annæ archiducissæ Austriæ, Sigismundi III, Poloniæ regis, uxoris. *Ursellis.* 1600. 8. (*P.*)
Quadrantius (Fabianus). Vita et obitus Annæ Austriacæ, conjugis Sigismundi III, etc. *Brunsberg.* 1605. 4. (Extrêmement rare.)

Anne d'Autriche,
fille de l'empereur Maximilien II.

Grothen (N... N...). Imago reginæ filiæ imperatoris Maximiliani II, etc. *Colon. Agr.* 1570. 4.

Anne de Bretagne,
seconde épouse de Louis XII, roi de France (26 janvier 1476 — 9 janvier 1514).

Épitaphes de la reine Anne de Bretagne, morte à Blois, s. l. 1514. 4.
Brixius (Germanus). Diversa epitaphia Annæ Britanniæ, Francorum reginæ, s. l. et s. d. 4.
Andrelini (Fausto). Præfationes II, altera de vivente, altera de mortua Anna. *Par.* 1517. 4.

(**Trébuchet**, Anne-Marie Joseph). Notice sur Anne de Bretagne, reine de France. *Nant.* 1822. 4. Réimp. s. c t. : Anne de Bretagne, avec des notes sur plusieurs monuments de Nantes et de Bretagne. *Nantes.* 1822. 8.
Le Roux de Lincy (N... N...). Détails sur la vie privée d'Anne de Bretagne, femme de Charles VIII et de Louis XII, etc. *Par.* 1850. 8.

Lesconvel (Pierre de). Le prince de Longueville et Anne de Bretagne; nouvelle historique. *Par.* 1697. 12. *
* Plus fiction romanesque que pure histoire.

Leyser (Augustin v.). Commentatio de raptu Annæ Britanniæ, publ. avec des notes par Carl Franz Lubert HAAS. *Marburg.* 1770. 4.

Anne de Brunswick,
épouse de Guillaume V, stadhouder de Hollande (2 nov. 1709 — mariée le 25 mars 1739 — 12 janvier 1759).

Oudendorp (F...). Laudatio funebris Annæ viduæ Guilielmi Caroli Henrici Frisonis. *Lugd. Bat.* 1759. Fol.
Leven van Willem IV, prins van Oranje, en van zyne gemalinne Anna van Brunswyk-Luneburg. *Amst.*, s. d. (vers 1759). 4.

Anne Comnène,
fille d'Alexis I, empereur de Constantinople (1er déc. 1083 — ... 1148).

Fuessli (Johann Georg). Dissertatio de Annæ Alexiade. *Tigur.* 1766. 4.

Anne de Danemark,
première épouse d'Auguste I, électeur de Saxe (7 déc. 1532 — mariée en 1548 — 1er oct. 1585).

Verzeichniss, was für Chur- und Fürsten auf dem Beylager, etc., des hochlöblichen Fürsten August, Herzogs zu Sachsen, mit der Durchlauchtigsten Fürstin Anna, Tochter (Christians III) Königs zu Dänemark, zu Torgaw gewesen, s. l. et s. d. (1584). 4.

Schilter (Zacharias). Oratio de obitu Annæ, Augusti conjugis, etc. *Lips.* 1585. 4.
Major (Johann). Oratio in funere Annæ Augustæ. *Witteb.* 1585. 4.
Rheder (Martin). Epicedion in obitum Annæ, electricis Saxoniæ. *Lips.* 1585. 8.
Leutinger (Nicolaus). Oratio de vita et obitu Annæ. *Witteb.* 1586. 8.
Gleich (Johann Andreas). Preis der Güte Gottes, als die königliche Frau Mutter Anna Sophia funfzig Jahr in Sachsen zugebracht. *Dresd.* 1717. 4.
Weisse (Christian Heinrich). Programma de Anna, matre, Augusti I, electoris Saxoniæ, pia conjuge. *Annaberg.* 1725. 4.

Anne de Ferrare,
épouse de François, duc de Guise (16 nov. 1531 — 7 mai 1607).

Bertrand (Severin). Oraison funèbre d'Anne d'Este ou de Ferrare, duchesse de Guise et de Nemours. *Par.* 1607. 4.

Anne d'Orléans,
épouse de Victor Amédée II, roi de Sardaigne († 1728).

Langasco (Tommaso). Oracion funeral de Anna d'Orleans, reyna de Sardegna. *Caller.* 1728. 4.

Anne de Poméranie,
deuxième épouse d'Ulric, duc de Mecklembourg (... — mariée en 1588 — 1626).

Marstaller (Martin). Typus conjugii artificiosissimi Udalrico Megapolitane duce et Annæ ex illustrissimis Pomeraniæ ducum familia sponsis nuncupatus. *Bardi Pomer.* 1588. 4.
Runge (Jacob). Christliche Ehevertrauung Herrn Ulrichs, Herzogs zu Mecklenburg, und der Fürstin Anna, Hertzogin zu Stettin. *Greifsw.* 1588. 4.
Bacmeister (Lucas). Leichen-Predigt auf die durchlauchtigste Fürstin Annam von Mecklenburg. *Güstrow.* 1626. 4.
Lauremberg (Peter). Oratio in obitum D. Annæ, alterius ducis Ulrici conjugis. *Gustrov.* 1626. 4.

Anne de Saxe,
épouse de Guillaume I, prince d'Orange (1544 — mariée 1561 — 1577).

P... (N...). Einzug, Hochzeit und Freude des Hertzogs Wilhelm von Uranien, und Fräulein Anna, Churfürstens Moritzen's Tochter, s. l. 1561. 4. (En vers.)
Brun (Blasius). Lobspruch Herzog Wilhelms von Oranien und Fräulein Anna, s. l. 1561. 4.
Horst (Jan Jakob van der). Het huwelijk van Wilhelm van Oranje met Anna van Saxen, historisch-kritisch onderzocht. *Amst.* 1851. 8.
Bakhuizen van den Brinck (R... C...). Het huwelijk van Willem van Oranje met Anna van Saxen, historisch-kritisch onderzocht. *Bruss.* 1853. 8.

Anne Amélie de Brunswick,
épouse d'Ernest Auguste Constantin, grand-duc de Saxe-Weimar (24 oct. 1739 — mariée le 16 mars 1756 — 15 avril 1807).

Eichstaedt (Heinrich Carl Abraham). Memoria Annæ Amaliæ ducissæ Saxoniæ. *Jenæ.* 1807. Fol.

Anne Amélie de Prusse,
sœur de Frédéric le Grand (9 nov. 1723 — 30 mars 1787).

Conrad (Carl Ludwig). Gedächtnisspredigt auf die hoch-

selige Prinzessin Anna Amalia von Preussen, gefürstete
Aebtissin zu Quedlinburg. *Berl.* 1787. 8.

Anne Catherine de Brandebourg,
épouse de Christian IV, roi de Danemark (... — mariée en 1598—1612).

Resen (Hans Povelsen). Ligprædiken over Dronning
Anna Cathrine. *Kjoebenh.* 1612. 4.
> Trad. en allem. par Johann KRAFT. *Giess.* 1614. 4.
> Trad. en latin par Herman NICOLAI. *Frf.* 1614. 4.
Aquilonius (Barthold Canuti). Epicedion in memoriam
reginæ Annæ Catherinæ. *Hafn.* 1614. 4.
Bartholinus (Caspar). Threnologia in obitum Annæ
Catharinæ reginæ. *Hafn.* 1614. 4.
Bartholinus (Berthel). Oratio in obitum Annæ Catha-
rinæ reginæ. *Frf.* 1614. 4.

Anne Christine de Bavière,
épouse de Louis (fils de Louis XIV), dauphin de France († 1687).

Fléchier (Esprit). Oraison funèbre d'Anne Christine de
Bavière, dauphine de France. *Par.* 1687. 4.
Juillard du Jarry (Laurent). Discours funèbre d'Anne
Christine de Bavière. *Par.* 1687. 4.
Broue (Pierre de la). Oraison funèbre d'Anne Christine
de Bavière, etc. *Par.* 1690. 4.

Anne Éléonore de Mantoue,
épouse de Ferdinand II, empereur d'Allemagne.

Horst (Hermann). Virtutes Annæ Eleonoræ Mantuanæ,
Ferdinandi II imperatoris conjugis, etc. *Vienn.* 1656. 8.

Anne Iwanowna,
impératrice de Russie (7 février 1693 — 29 janvier 1730 — 28 oct. 1740).

Beschreibung der hohen Salbung und Krönung der Kai-
serin Iwanowna (célébré à Moscou le 28 avril 1730).
Petersb. 1731. Fol.
Schaubert (Johann Wilhelm). Panegyricus in Annam,
Russorum imperatricem. *Norimb.* 1738. Fol.
Geschichte und Thaten der Kaiserin Anna (Iwanówna)
von Russland. *Petersb.* 1741. 8.
Barthold (Friedrich Wilhelm). Anna Iwanowna, s. l.
et s. d. 8.

Anne Marie,
épouse d'Auguste, duc de Saxe et administrateur de l'archevêché
de Magdebourg († 1670).

Funeralia der Herzogin Anna Maria, s. l. (*Magdeb.*)
1670. Fol.
Freysteyn (Adam Samuel). Idea bonæ principis, Annæ
Mariæ, Augusti conjugis. *Halle.* 1670. Fol. (Ecrite en
allem. et en ital.)

Anne Marie,
épouse de Christophe, duc de Wurtemberg (1592).

Cellius (Erhard). Oratio funebris de vita Annæ Mariæ,
Christophori ducis Wirtembergici conjugis. *Tubing.*
1592. 4.

Anne Sabine,
fille d'Auguste, duc de Saxe.

Mirus (Martin). Concio funebris in mortem Annæ Sa-
binæ, filiæ Augusti ducis Saxoniæ, administratoris
episcopatus Numburgensis. *Erford.* 1586. 4.

Anne Sophie de Reventlow,
deuxième épouse de Frédéric IV, roi de Danemark.

Schive (Niels). Ligprædiken over Dronning Anna Sophia. *Kjoebenh.* 1745. 4.

Anne Stuart,
reine d'Angleterre (6 février 1664 — 19 mars 1702 — 12 août 1714).

History of the reign of queen Anne, digested into Annals.
Lond. 1703-13. 11 vol. 8.
Oldmixon (John). Life of queen Anne. *Lond.* 1716. 8.
Ibid. 1721. 2 vol. 8.
> Trad. en allem. *Frf.* 1719. 8.
> Trad. en franç. *Amst.* 1716. 8. *Ibid.* 1751. 2 vol. 12.
Boyer (Abel). History of the life and reign of queen
Anne. *Lond.* 1722. Fol. *Ibid.* 1735. Fol. Portrait. Trad.
en holland. *Delft.* 1756. 2 vol. 8. Portrait.
Chamberlen (Paul). Impartial history of the life and
reign of queen Anne. *Lond.* 1738. Fol.
Hamilton (Charles). Transactions during the reign of
queen Anne from the union to the death of that prin-
cess. *Edinb.* 1790. 8.
Somerville (Thomas). History of Great-Britain during
the reign of queen Anne. *Lond.* 1798. 4.

1

Anne d'Auray (Sainte).
Vie de sainte Anne, ignorée jusqu'à ce jour. Sainte Anne
d'Auray, ses miracles, souvenirs historiques et curiosités du pays. *Vannes.* 1849. 8.

Anne de Jésus,
carmélite espagnole († 1621).

Manrique (Angelo). La venerable madre Anna de
Jesus, discipula y compañera de la santa madre Teresa
de Jesus, fundadora de las carmelitas en las provin-
cias de Francia y Flandes. *Brussel.* 1632. 4. Trad. en
franç. par René GAUTIER. *Par.* 1636. 8.
Arbieto (Placido de). Vida de la venerabile madre Anna
de Jesus. *Salamanc.* 1642. 8.

Annemets (N... N... de Bois d'),
favori du duc Philippe d'Orléans.

Mémoires d'un favori du duc (Philippe) d'Orléans. *Leyd.*
1668. 12. *Amst.* 1702. 12.

Annesley, voy. Anglesey.

Annibal,
suffète et général carthaginois (247 — 183 avant J. C.).

Annibal et Scipion. *La Haye.* 1675. 12.
Leyel (Adam v.). Dissertatio de transitu Alpino Anniba-
lis. *Upsal.* 1691. 8.
Arrhenius (Jakob). Dissertatio de Hannibale, Pœnorum
duce. *Upsal.* 1707. 8.
Sartorius (Johann). Epanorthosis Annibalis in publico
fletu ridentis. *Gedan.* 1708. 4.
Nessel (Israel Jakob). Brevis Σκιαγραφια secundi belli
punici, s. dissertatio historica de Hannibale Italia ex-
pulso. *Aboæ.* 1710. 8.
Hermansson (Johan). Dissertatio de juramento Hanni-
balis. *Upsal.* 1733. 8.
Amati (Pasquale). Dissertazione sopra il passaggio dell'
Apennino fatto da Annibale. *Bologn.* 1776. 4. (*Bes.*)
Whitaker (John). Course of Hannibal over the Alps
ascertained. *Lond.* 1794. 2 vol. 8.
Fuchs (Adolph Friedrich). Programm : Hannibals Zug
über die Alpen. *Rostock.* 1800. 8.
Bernewitz (Friedrich Wilhelm von). Leben Hannibals.
Pirna. 1802. 2 vol. 8. *Dresd.* 1806. 2 vol. 8.
Desessarts (Nicolas Lemoyne). Précis historique de la
vie d'Annibal et de ses campagnes en Italie. *Par.*
1805. 8.
Faxe (Jakob). Commentarius de expeditione Hannibalis
in Italiam. *Lund.* 1817. 8.
Deluc (Jean André). Histoire du passage des Alpes par
Annibal. *Par.* et *Genèv.* 1818. 8. *Ibid.* 1825. 8. (*Bes.*)
(**Wickham**, N... N..., et ... **Cramer**). Dissertation on
the passage of Annibal over the Alps. *Lond.* 1820. 8.
Ibid. 1828. 8. Trad. en allem. par F... H... MUELLER.
Berl. 1830. 8.
(**Fortia d'Urban**, Simon Paul Antoine). Dissertation
sur le passage du Rhône et des Alpes par Annibal l'an
218 (?) avant notre ère. *Par.* 1821. 8.
La Renaudière (Philippe de). Dissertatio de Alpibus ab
Annibale superatis. *Par.* 1823. 8.
Zander (Carl Ludwig Enoch). Hoerzug Hannibals über
die Alpen. *Hamb.* 1825. 8. *Goetting.* 1828. 8.
Larauza (Jean Louis). Histoire critique du passage des
Alpes par Annibal. *Par.* 1826. 8. (*Bes.*)
Long (H... L...). March of Hannibal from the Rhone to
the Alps. *Lond.* 1831. 8.
Ukert (Friedrich August). Hannibals Zug über die Al-
pen. *Weimar.* 1832. 8.
Runstroem (F... G...). Collectanea quædam critica de
Hannibalis itinere super Alpes. *Upsal.* 1835. 4.
Franke (Carl). Programma de via, qua Hannibal in Gal-
lia ad Alpes progressus est, etc. *Sagan.* 1842. 4.
Gérard (A...). Résumé des campagnes d'Annibal, etc.
Par. 1844. 8.
Abbott (Jacob). History of Hannibal the Carthaginian,
Lond. 1849. 8.
Rauchenstein (Friedrich). Der Zug Hannibals über die
Alpen; zur Rechtfertigung der Darstellung des Li-
vius, etc. *Aarau*, s. d. (1849). 4.

Pisanski (Georg Christoph). Untersuchung, ob Hannibal
bei seinem Übergange über die Alpen die glühend ge-
machten Felsen mit Essig gesprengt habe. *Leipz.* 1759.
4.

4

Annio (Giovanni *),
moine de l'ordre des Prédicateurs (1432 — 13 nov. 1502).

Moller (Daniel Wilhelm). Disputatio de J. Annio, Viterbiensi. *Altorf.* 1692. 4. (*D.*)

Arrhenius (Laurenz). Annius Viterbiensis, specimine academico leviter adumbratus. *Upsal.* 1727. 8.

Mariani (Francesco). Oratio pro J. Annio Viterbiensi. *Rom.* 1752. 4. (*D.*)
* Son véritable nom était Giovanni Nanni.

Annius Cimber (Cajus),
poëte romain.

Huschke (Immanuel Gottlieb). Commentatio de C. Annio Cimbro, Lysidici filio. *Rostoch.* 1824. 4.

Annon ou Hannon,
archevêque-électeur de Cologne (élu 1055 — 4 déc. 1075).

Floto (Hartwig). Dissertatio historica de S. Annone. *Berol.* 1847. 8.

Anot (Pierre Nicolas),
chanoine de Reims (1762 — 21 oct. 1823).

Macquart (Jean Nicolas). Éloge de l'abbé Anot. *Reims.* 1823. 12.

Anonymus Belæ regis Notarius,
chroniqueur hongrois.

Keresstury (Aloys Joseph). Dissertatio de Anonymi Belæ regis Notarii ætate. *Pesth.* 1812. 8.

Anquetil (Louis Pierre),
littérateur français (21 février 1723 — 6 sept. 1806).

Dacier (Bon Joseph). Notice historique sur la vie et les ouvrages de M. Anquetil. *Par.* 1810. 8. (*Lv.*)

Anquetil-Duperron (Abraham Hyacinthe),
historien français (7 déc. 1731 — 17 janvier 1805).

Tinthoin (N... N...). Discours prononcé au convoi de M. Anquetil-Duperron, etc., s. l. et s. d. (*Par.* 1803.) 8. (*Lv.*)

Anquetil (Louis Pierre). Notice sur la vie de M. Anquetil-Duperron, s. l. et s. d. 8.

Dacier (Bon Joseph). Notice historique sur la vie et les ouvrages de M. Anquetil-Duperron. 1808. 8. (*Lv.*)

Anquetin-Beaulieu (François Noël),
législateur français.

Funérailles de F. N. Anquetin-Beaulieu, de la Seine-Inférieure, membre du corps législatif, s. l. et s. d. 4.

Ansbert,
sénateur romain.

Cholet (Jacques). Indice de ce qui est contenu au traité de Ferreolus et d'Ansbert, desquels sont descendus nos rois de la seconde et troisième race. *Par.* 1647. 4.

Dominicy (Marc Antoine). Ansberti familia rediviva. *Par.* 1648. 4.

Chiflet (Jean Jacques). Ad vindicias hispanicas lampades historica contra Marc. Ant. Dominici cavillationes in rediviva Ansberti familia. *Antw.* 1649. Fol.

Anschar, voy. **Ansgar.**

Anselme,
archevêque de Cantorbéry (1033 — 1109).

Eadmer Anglus. Vita D. Anselmi Cantuarensis archiepiscopi. *Col. Agr.* 1573. Fol.

Raineri (Antonio). Istoria panegyrica di S. Anselmo. *Moden.* 1693-1706. 4 vol. 4.

Veder (G... B...). Disputatio de Anselmo Cantuariensi. *Lugd. Bat.* 1832. 8.

Billroth (Johann Gustav Friedrich). Dissertatio historico-critica de Anselmi Cantuariensis Prologio et Monologio. *Lips.* 1832. 8. (*D.*)

Rothe (Peter Conrad). Dissertatio de vita et gestis Anselmi, archiepiscopi Cantuarensis, etc. *Hafn.* 1840. 8.

Franck (G... F...). Anselm von Canterbury; kirchenhistorische Monographie. *Tübing.* 1842. 8. (*D.*)

Hasse (Friedrich Rudolph). Anselm von Canterbury. *Leipz.* 1843. 8. Trad. en angl. par William TURNER. *Lond.* 1850. 8.

Montalembert (Charles de). S. Anselme. *Par.* 1844. 8. (*Bresl.*)

Rémusat (Charles de). S. Anselme de Cantorbéry; tableau de la vie des couvents et de la lutte des deux puissances du xie siècle. *Par.* 1852. 8.

Anselme,
évêque de Lucques (1061 — 18 mars 1086).

Wadding (Lucas). Vita S. Anselmi commentariis illustrata. *Rom.* 1637. 4. (*D.*)

Rota (Andrea). Notizie istoriche di S. Anselmo, vescovo di Lucca e protettore di Mantova. *Veron.* 1753. 4. (*D.*)

Anselme (Saint),
duc de Cividale.

(**Stua**, N... N... della). Memorie per servire alla storia di S. Anselmo, duca di Cividale del Friuli. *Udine.* 1775. 8.

Ansgar (Saint),
premier évêque d'Hambourg, surnommé l'apôtre du Nord (8 sept. 801 — 3 février 864).

Rimbertus (Sanctus). Vita S. Anscharii, primi Hamburgensis episcopi et in Scandiam legati, cum notis Petri LAMBECII, editore Claudio ARRHENIO.*Holm.*1677.4.

Gualdo Corbejensis. Vita S. Anscharii, primi Hamburgensis episcopi, oratione metrica scripta, cum notis Petri LAMBECII, editore Claudio ARRHENIO.*Holm.*1677.4.

Kruse (Erich Christian). S. Anschar. *Alton.* 1822. 8.

Leben S. Willehad's und S. Ansgar, aus dem Lateinischen übersetzt von Carl MISEGAES. *Brem.* 1826. 8.

Krummacher (Friedrich Adolph). S. Ansgar oder die alte und die neue Zeit, etc. *Brem.* 1828. 8.

Bexell (C... E...). Ansgarius eller christna Religionens införande i Swerige. *Jönköping.* 1830. 8.

Ansgars Levnet, beskrevet af Rimbert og en anden discipel, trad. en dan. par C... S... LEY. *Kjöbenh.* 1837. 8.

Reuterdahl (Henrik). Ansgarius oder der Anfangspunkt des Christenthums in Schweden, aus dem Schwedischen übersetzt von Eduard Theodor MAYERHOFF. *Berl.* 1837. 8.

Kraft (Friedrich Carl). Narratio de Ansgario Aquilonarium gentium apostolo. *Hamb.* 1840. 4.

Mueller (Ludvig Christian). Ansgars Levnet. *Kjoebenh.* 1842. 8.

Ansgarius, Nordens Apostel, Idealet for et Troessendebud. *Christiania.* 1843. 8. (Trad. de l'allem.)

Klippel (Georg Heinrich). Lebensbeschreibung des Erzbischofs Ansgar. (Formant le deuxième vol. de son ouvrage : *Historische Forschungen und Darstellungen.*) *Brem.* 1845. 2 vol. 8.

Wehrhan (Otto Friedrich). Lebensbeschreibung S. Anschar's, Apostel des Nordens. *Hamb.* 1848. 12. Portrait.

Ansiaux (Nicolas Gabriel Antoine Joseph),
chirurgien belge (6 juin 1780 — 26 déc. 1834).

Habets (N... N...). Notice sur M. N. G. A. J. Ansiaux, docteur en chirurgie et professeur à l'université de Liége. *Liége.* 1842. 8.

Ansile (Saint),
patron de Callas.

Girardin (Jacques Félix). Histoire de S. Ansile, patron de Callas (près de Draguignan). *Aix.* 1730. 12.

Anson, baronet Soberton (George lord),
amiral anglais (23 avril 1697 — 6 juin 1762).

Barrow (John). Life of G. lord Anson, admiral of the British fleet, etc. *Lond.* 1839. 8.

Ansory (Johann Michael),
théologien allemand.

(**Purrucker**, Johann). Memoria J. M. Ansory, a consiliis consistorii, etc. *Baruth.* 1760. Fol.

Antelmann (Christian Gottlieb),
pédagogue (?) allemand.

Antelmann (Christian Gottlieb). Kurzgefasste Lebensbeschreibung, von ihm selbst niedergeschrieben. *Goert.* 1839. 8. (*D.*)

Anth (Peter),
théologien allemand.

Wallraf (Ferdinand Franz). Biographie des Hauptpfarrers P. Anth. *Cöln.* 1810. 8.

Antheaume (Denis),
augustin français.

(**Vieilh**, Gabriel). Vie du frère Fiacre (D. Antheaume), augustin déchaussé. *Par.* 1722. 12. (*Bes.*)

Anthelme (Saint),
évêque de Belley (vers 1105 — 26 juin 1178).

Monier (N... N...). Vie et panégyrique de S. Anthelme. *Lyon.* 1653. 12.

Vita et translatio de S. Anthelmi Bellicensis episcopi. *Paleop. Belg.* 1634. 32.

C... (J...). Vie de S. Anthelme. *Lyon.* 1820. 12.

Anthianus (Furius),
jurisconsulte romain.

Besier (Pierre François). Dissertatio de F. Anthiano ejusque quæ in Pandectis extant fragmentis. *Lugd. Bat.* 1803. 4.

Anthoine (Nicolas),
juif (brûlé vif en 1632).

Historical account of the life and tryal of N. Anthoine, burnt for Judaism at Geneva, etc., s. l. et s. d. 4. (Lowndes ne fait pas mention de cet écrit.)

Anthoine, baron de **Saint-Joseph** (Antoine Ignace),
magistrat français (21 sept. 1749 — 21 juillet 1826).

(Dessoliers, N... N...). Notice sur M. Anthoine, baron de Saint-Joseph, ancien maire de Marseille. *Par.* 1826. 8.

Antigonus,
l'un des capitaines d'Alexandre le Grand (vers 383 — tué en 299 avant J. C.).

Wilken (Friedrich). Programma de rebus Antigoni. *Heidelb.* 1813. 4.

Antigonus Gonatas,
roi de Macédoine (vers 321 — 241 avant J. C.).

Thunmann (Hans Erich). Dissertatio : historia Antigoni Gonatæ Macedonum regis. *Gryphisw.* 1769. 4.

Nick (Victor August Alfred). Dissertatio de vita et rebus gestis Antigoni Gonatæ. *Goetting.* 1834. 4.

Antimachus Colophonius,
poëte romain (vers 404 avant J. C.).

Schellenberg (Carl Adolph Gottlieb). Commentatio de Antimachi Colophonii vita et reliquiis. *Halis.* 1786. 8.

Antine (François Maur d'),
bénédictin belge (1er avril 1688 — 3 nov. 1746).

Polain (Mathieu Lambert). Notice sur F. Dom Maur d'Antine. *Liége,* s. d. (1833). 8.

Antinori (Giuseppe, marchese),
poëte italien (... — 1er mars 1830).

Antinori (Mariotto). Elogio funebre del professore marchese G. Antinori. *Perug.* 1839. 8.

Bartoli (Francesco). Elogio funebre del professore marchese G. Antinori. *Perug.* 1839. 12.

Antinoüs,
personnage mythologique.

Riencourt (N... N... de). Dissertation sur le culte d'Antinoüs et de Comus. *Par.* 1723. 4.

Levezow (Carl). Über den Antinoüs. *Berl.* 1801. 4.

Antiochus VII, surnommé **Évergète** ou **Sédètes,**
roi d'Égypte (140 — 127 avant J. C.).

Tochon (Joseph François). Dissertation sur l'époque de la mort d'Antiochus, Évergète Sédètes, roi de Syrie, sur deux médailles de ce prince, et sur le passage du deuxième livre des Machabées. *Par.* 1816. 4.

Antiochus VIII Épiphanes,
roi d'Égypte (125 — se donnant la mort en 96 avant J. C.).

Hofmann (Johann Christian Conrad). Dissertatio de bellis ab Antiochio Epiphane adversus Ptolemæos gestis, *Erlang.* 1835. 8.

Antiochus (Saint),
martyre grec († 310).

Napoli (Tommaso). Vita, invenzione e miracoli di S. Antioco. *Cagliari.* 1784. 16.

Antipater,
roi de Macédoine († 317 avant J. C.).

H... (R... v.). Antipater und Cassander oder die Regenten von Macedonien und Griechenland. *Wien.* 1802. 8.

Antipater Sidonius et Thessalonicensis,
poëtes grecs.

Weigand (Gustav). Dissertatio de Antipatris Sidonio et Thessalonicensi, poetis epigrammaticis. *Vratisl.* 1840. 8.

Antipater de Tarse,
philosophe grec.

Wuillot (P... A...). Dissertatio de Antipatro Tarsensi, philosopho stoico. *Lovan.* 1824. 8.

Antiphon,
orateur grec.

Hauptmann (Johann Gottfried). Prolusio de Antiphonte. *Geræ.* 1753. 4.

Ruhnken (David) et Pieter van **Spaan**. Dissertatio de Antiphonte, oratore Attico. *Lugd. Bat.* 1765. 4.

Wittmann (Conrad). Commentatio de vita Antiphontis Rhamnusii. *Sueofurt.* 1835. 4.

Dryander (Albert). Commentatio de Antiphontis Rhamnusii vita et scriptis. *Halæ.* 1838. 8.

Antiquario (Jacopo),
littérateur italien († 1512).

Vermiglioli (Giovanni Battista). Memorie di J. Antiquario e degli studj di amena letteratura esercitati in Perugia nel secolo xv. *Perugia.* 1813. 8. (*P.* et *Lv.*)

Antisthènes,
philosophe grec (vers 400 avant J. C.).

Richter (Gottlieb Ludwig). Dissertatio historico-philosophica de vita, moribus ac placitis Antisthenis Cynici. *Jenæ.* 1724. 4. (*Lv.*)

Crell (Ludwig Christian). Programma de Antisthene Cynico. *Lips.* 1728. 4.

Antistius Labeo (Quintus),
sénateur romain.

Eck (Cornelis van). Dissertatio de vita, moribus et studiis Q. Antistii Labeonis et C. Atcii Capitonis. *Franecq.* 1692. 4.

Antoine,
prieur de Crato, roi titulaire de Portugal (vers 1531 — 26 août 1595).

Explanatio veri ac legitimi juris quo serenissimus Lusitaniæ rex Antonius, ejus nominis primus, nititur ad bellum Philippo regi Castellæ pro regni recuperatione inferendum, etc. *Lugd. Bat.* 1585. 4. *Col. Agr.* 1613. 8. (Manifeste écrit par Dom Antoine.)

Trad. en angl. *Leyd.* 1585. 4. (Excessivement rare.)
Trad. en français s. c. t. Justification de D. Antoine, etc. *Leyde.* 1585. 4.
Trad. en holland. s. c. t. Kort Verhaal, etc. *Leyde.* 1585. 4.

De jure successionis regiæ in regno Lusitaniæ deque legitima regis Antonii successione. *Middelb.* 1596. 8. Traduit en franç. *Par.* 1607. 12.

Relation der Einsetzung des D. Antonio in das Königreich Portugal durch Capitän Drake und Colonel Norwich, etc. *Frf.* 1590. 4. *Münch.* 1598. 8.

———

Briève et sommaire description de la vie et mort de Dom Antoine, premier du nom et dix-huitième roi de Portugal, etc. *Par.* 1629. 8.

Sainctonge (N... N... Gillot de). Histoire secrète de Dom Antoine, roi de Portugal, tirée des Mémoires de Gomez **Vasconcellos de Figueredo.** *Par.* 1696. 12. *Amst.* 1696. 12. Trad. en allem., s. l. et s. d. 8.

Antoine de Lebrija, appelé **Lebrixa,**
historien espagnol (1442 — 11 juillet 1522).

Munoz (Juan Battista). Elogio de Antonio de Lebrija. *Madr.* 1796. 8.

Antoine de Padone (Saint),
franciscain italien (15 août 1195 — 13 juin 1231).

Cortona (Elia). Vita e miracoli di S. Antonio di Padova, s. l. et s. d. 8.

Pacheco (Miguel). Epitome de la vida de S. Antonio, etc. *Madr.* 1646. 4. *Lisb.* 1655. 8. Trad. en portug. par Miguel Lopes **Ferreira.** *Lisb.* 1752. 8.

Assarino (Luca). Vita di S. Antonio di Padova. *Venez.* 1652. 12.

Epitome vitæ et miraculorum D. Antonii Paduani, hispanico primum idiomate conscripta per Michael **Pachecum,** deinde per Franciscum Mariam **Vicium** italica phrasi, posthæc per Fratres minores conventuales Lucernenses latinitate donata. *Lucern.* 1658. 8.

Coelho (Jeronymo). Discursos predicaveis sobre a vida de S. Antonio, etc. *Lisb.* 1663-69. 2 vol. 4.

Grandi (Vittorio Silvio). Trionfi della fede celebrati nella vita di S. Antonio di Padova. *Venez.* 1705. 8.

Bonucci (Antonio Maria). L'eroe portoghese S. Antonio di Padova, che predica a suoi divoti, cogl' esempj della sua vita, etc. *Rom.* 1709. 8.

Bayao (Jozé Pereyra). Epitome da vida de S. Antonio. *Lisb.* 1735. 8.

Hufnagl (Johann Jacob). Bonus miles Jesu Christi, vigilans suis, Antonius a Padua. *Ratisb.* 1738. Fol.

Leben und Wunderwerke des heiligen Antonius von Padua. *Cöln.* 1779. 8.

Fatti e scritti del taumaturgo S. Antonio di Padova. *Bassan.* 1786. 8.

Mestre (Miguel). Vida y milagros de S. Antonio de Padua. *Madr.* 1814. 8.

Deani (Marco Antonio). Panegirico di S. Antonio di Padova. *Torin.* 1824. 8.

Maetzler (Anton). Lebensgeschichte des heiligen Antonius von Padua. *Augsb.* 1831. 8.

Azevedo (Manoel de). Vita . . . . *Lisb.* Trad. en allem. par J... v. D... T(schiderer). *Botzen.* 1858. 8. Port. S. Antoine de Padoue, sa basilique et les principaux monuments qu'elle renferme. *Padoue.* 1844. 16.

Caroli (Giovanni Maria). Vita di S. Antonio di Padova, raccontata nuovamente. *Bologn.* 1845. 8.

Sintzel (Michael). Leben und Wirken des heiligen Antonius von Padua. *Regensb.* 1846. 8.

Dirks (Simon). Leven van den H. Antonius van Padua, van den orde der minderbroeders. *Gent.* 1853. 12.

Antoine I (Clément Théodore),
roi de Saxe (27 déc. 1755 — 5 mai 1827 — 6 juin 1836).

Feier der Huldigung Sr. k. M. Anton Clemens Theodor in Leipzig, oder Beschreibung aller Festlichkeiten, welche zu Ehren des Königs am 23. 24. 25. Oct. stattfanden. *Leipz.* 1827. 8.

Engel (Moritz Erdmann). Beschreibung der bei persönlicher Huldigungsannahme Sr. M. Antons I, Königs von Sachsen, am 15. Oct. 1827 im Voigtlande und besonders in Plauen stattgefundenen Feierlichkeiten. *Leipz.* 1828. 4.

Schaefer (Wilhelm). Anton der Gütige, erster constitutioneller König der Sachsen, und seine Zeit; historische Skizze zu einer Biographie und Zeitgeschichte dieses trefflichen Fürsten. *Dresd.* et *Leipz.* 1836. 8. Portrait

Meynert (Hermann). Anton, König von Sachsen, sein Leben und Sterben; kurze biographische Notiz. *Leipz.* 1856. 8. Portrait.

Mai (Angelo). Oratio in funere serenissimi Antonii Saxoniæ regis. *Rom.* 1857. 4.

Antoine I,
duc de Lorraine (1509 — 1544).

Volkir (Nicolas de). Histoire ou recueil de la victoire obtenue contre les Luthériens du pays d'Aulsays (Alsace), en 1525, par Antoine duc de Lorraine. *Par.* 1526. Fol.

Pillad (Laurent). Rusticiados libri VI, in quibus Antonii, ducis Lotharingiæ, victoria de seditiosis Alsatiæ rusticis describitur. *Metis.* 1548. 4.

Boullay (Edmond du). Vie et trépas des deux princes Antoine et François Ier, ducs de Lorraine. *Metz.* 1547. 4.

Antoine Ulric,
duc de Brunswick (4 oct. 1633 — 1704 — 30 mars 1714).

Hoeck (Wilhelm). Anton Ulrich und Elisabeth Christine von Braunschweig-Lüneburg-Wolfenbüttel; Darstellung ihres Übertritts zur römischen Kirche. *Wolfenb.* 1845. 8.

Antoine (Jacques Denis),
architecte français (6 août 1733 — 24 août 1801).

Lussault (N...). Notice historique sur le défunt Antoine, architecte. *Par.* 1804. 8.

Renou (N... N...). Notice des ouvrages et de la vie du citoyen Antoine, architecte, s. l. et s. d. 8.

Antoine (Jean Baptiste),
médecin français (30 nov. 1752 — 4 mai 1849).

(**F...**, J... M... A...). Notice nécrologique sur le docteur J. B. Antoine. *Châlons.* 1849. 8.

Anton (Conrad Gottlob),
philologue allemand (29 nov. 1746 — 4 juillet 1814).

Anton (Carl Gottlieb). Programm : Zum Andenken an C. G. Anton. *Görl.* 1816. 4. (*L.*)

Antonello degli **Antonj,**
peintre italien (1447 — 1496).

Puccini (Tommaso). Memorie istorico-critiche di Antonello degli Antonj, pittore Messinese. *Firenz.* 1809. 8. Trad. en franç. s. c t. Notice historique sur Antonello de Messine, par Liévin Amand Marie de Bast. *Gand.* 1825. 8. (*P.*)

Antoni (Alessandro Vittore Papacino d'),
directeur de l'école royale d'artillerie de Turin (20 mai 1714 — 7 déc. 1786).

Balbo (Prospero). Vita d'A. V. Papacino d'Antoni. *Torin.* 1792. 8.

Antonii.

Sander (Anton). De claris Antoniis libri III; primus vitæ sanctimonia claros, alter præsules et magnates, tertius litteris et eruditione præstantes complectitur. *Halæ.* 1714. 4. (*D.*)

Antonin (Titus Aurelius Fulvius Antoninus Pius),
empereur romain (19 sept. 86 — 138 — 7 mars 161).

Keuchen (Robert). Antoninus Pius s. excursus politici in Antoninii Pii cæsaris vitam, etc. *Amst.* 1667. 12.

Gautier de Sibert (N... N...). Vies des empereurs Antonin le Pieux et de Marc-Aurèle. *Par.* 1769. 12.

Meermann (Johann). Antoninus Pius en Hendrik IV met elkander vergeleken. *Haag.* 1807. 8.

Hegelmaier (Tobias Gottfried). Commentatio in edictum imperatoris Antonini Pii pro Christianis. *Tubing.* 1776. 4.

Beykert (Johann Philipp). Dissertatio de edicto Antonini Pii pro Christianis, etc. *Argent.* 1781. 4.

Castalio (Giuseppe). De columna triumphali Antonini Pii. *Rom.* 1582. 4.

Vignoli (Giovanni). Dissertatio de columna Antonini Pii. *Rom.* 1705. 4.

Antonin le Philosophe, voy. **Marc-Aurèle.**

Antonino (Santo),
archevêque de Florence.

Maccarini (Domenico). Vita di S. Antonino, arcivescovo di Firenze. *Firenz.* 1709. 8.

Loddi (Serafico Maria). Memorie della genealogia e del luogo del nascimento de S. Antonino. *Firenz.* 1731. 4.

Antoninus Liberalis,
mythographe grec.

Bast (Fredrich Jacob). Epistola critica ad Boissonnade super Antonio Liberali Parthenio et Aristæneto. *Lips.* 1809. 8.

Antonioli (Carlo),
littérateur italien (2 oct. 1728 — 1er nov. 1800).

Pozzetti (Pompilio). Elogio storico di C. Antonioli. *Moden.* 1801. 8.

Antonius (Gottfried),
jurisconsulte allemand (... 1571 — 18 mars 1618).

Reinking (Theodor). Oratio parentalis in excessum G. Antonii Icti in academia Giessana professoris primarii. *Giess.* 1618. 4.

Antonius (Paul),
théologien allemand.

Breithaupt (Joachim Justus). Christliches Denk-Maal dem D. P. Antonio aufgerichtet. *Halle.* 1731. Fol. (*D.*)

Anville (Jean Baptiste Bourguignon d'),
géographe français (11 juillet 1697 — ... janvier 1782).

(**Manne,** Louis Charles Joseph et **Barbié du Bocage,** Jean Denis). Notice des ouvrages de M. d'Anville, premier géographe du roi, etc., précédée de son éloge, par Joseph Bon Dacier. *Par.* an x (1802). 8. (*D.* et *P.*).

Apafi (Michael),
prince de Transylvanie (vers 1632 — 15 avril 1690).

Zabanius (Isaac). Oratio panegyrica in solenni pompa exequialis celsissimi quondam principis ac domini M. Apafi, etc. *Cibinii.* 1691. 4.

Apel (Heinrich Friedrich Innocenz),
jurisconsulte allemand.

(**Wenck,** Carl Friedrich Christian). Memoria II. F. I. Apelii. *Lips.* 1802. 4. (*L.*)

Apelrot (Benedict),
homme d'État suédois.

Arrhenius (Claudius). Memoria B. Apelrot, regii admiralitatis collegii secretarii, fratrisque Joan. Apelrot, in regia adversus hospes classe subcenturionis. *Upsal.* 1679. Fol.

Aphrodise (Saint),
évêque de Beziers.

G... (J... D...). Histoire de S. Aphrodise, martyr. *Beziers.* 1658. 8.

Apianus * (Peter),
mathématicien allemand (1495 — 21 avril 1551).

Schwarz (Christian Gottlieb). Dissertatio : Vita P. Apiani, præstantissimo suo ævo mathematici. *Altorf.* 1724. 4.

* Son nom originaire était Bienewitz.

Apianus (Philipp),
médecin allemand, fils du précédent (14 déc. 1531 — 14 nov. 1589).

Cellius (Erhard). Oratio de vita et morte nobilissimi et clarissimi viri P. Apiani, Ingolstadiensis, medicinæ doctoris, etc., habita anno 1589. *Tubing.* 1591. 4. (*L.* et *Lv.*)

Apinus (Sigismund Jacob),
pédagogue allemand (7 juin 1693 — 24 mars 1732).

Reusch (Erhard). Commentatio brevis de vita et obitu S. J. Apini. *Helmst.* 1752. 4. (*D.*)

Apollinaire,
évêque de Laodicée († entre 382 et 392).

Vitæ Apollinaris historia. *Par.* 1571. 8.

Basnage (Jacques). Epistola, continens hæreseos Apollinaris historiam. *Traj. ad Rhen.* 1687. 8.

Wernsdorff (Gottlieb). Dissertatio de Apollinare Laodiceno. *Witteb.* 1694. 4. *Ibid.* 1719. 4. (*D.*)

Apollodore de Pergame,
orateur grec († vers l'an 22 avant J. C.).

Piderit (Carl Wilhelm). Dissertatio de Apollodoro Pergameno et Theodoro Gadarensi rhetoribus. *Marburg.* 1842. 4.

Apollon,
personnage mythologique.

Hebenstreit (J... D...). Oraculum Apollinis Delphicum. *Jenæ.* 1675. 4.

Heckel (Johann Friedrich). Dissertatio de Apolline. *Rudolst.* 1688. 4.

Pfizer (Johann Jacob). Dissertatio de Apolline, doctore apostolico. *Altorf.* 1718. 4.

Muecke (Johann Heinrich). Dissertatio de Apolline Epidelio. *Witteb.* 1735. 4.

Hopf (B... A...). Commentatio de Apollone pseudo-doctore. *Hag. Com.* 1782. 8.

Buttmann (Philipp Carl). Über die philosophische Deutung der griechischen Gottheiten, insbesondere des Apollo und der Diana. *Berl.* 1803. 4.

Huellmann (Carl Dietrich). Dissertatio de Apolline civitatum auctore. *Regiom.* 1811. 4.

Baehr (Johann Christian Felix). Dissertatio de Apolline patrio et Minerva primogenia Atheniensium. *Heidelb.* 1820. 4.

Apollonia (Sainte),
martyre italienne.

Bonucci (Antonio Maria). Istoria di S. Apollonia, vergine e martire Alessandrina. *Rom.* 1712. 8.

Apollonius de Perge,
mathématicien grec (222 — 205 avant J. C.).

Weidler (Johann Friedrich). Schediasma, in quo Apollonio Pergæo doctrinæ curvarum promotæ gloriam vindicat. *Witteb.* 1715. 4.

Apollonius de Rhodes,
poëte grec (vers 237 — 186 avant J. C.).

Bloch (Otto Theodor). Dissertatio de carmine epico (Argonautica) Apollonii Rhodii. *Hafn.* 1792. 8.

Ejerseen (Elias). Dissertatio de Apollonio Rhodio Epico. *Upsal.* 1801. 8.

Weichert (Jonathan August). Über das Leben und das Gedicht des Apollonius von Rhodus, etc. *Meiss.* 1821. 8.

Apollonius de Tyane,
philosophe grec (4 avant J. C. — vers 96 après J. C.).

Philostratus (Flavius). De vita Apollonii Tyanæi libri VIII.
    Trad. en angl. par Charles BLOUNT. *Lond.* 1680. Fol. Par Edward BERWICK. *Lond.* 1809. 8.
    Trad. en franç. *Berl.* 1774. 4 vol. 12.

Herzog (Johann Christian). Philosophia practica Apollonii Tyanæi in sciagraphia. *Lips.* 1709. 4.

Klose (Sigismund Christian). Dissertationes III de Apollonio Thyaneñsi. *Witteb.* 1723-24. 4.

Luederwald (Johann Balthasar). Anti-Hierocles oder Jesus Christus und Apollonius von Thyane in ihrer grossen Ungleichheit vorgestellt. *Halle.* 1793. 8.

Chauffepié (Georg Samuel de). Dissertation sur Apollonius de Tyane. *Middelb.* 1808. 8.

Baur (Ferdinand Christian). Apollonius v. Tyana und Christus, oder das Verhältniss des Pythagoreismus zum Christenthume. *Tübing.* 1832. 8.

Newmann (John Henry). Life of Apollonius Tyanæus. *Lond.* 1855. 8.

Aponte (Emmanuele),
jésuite italien.

Deani (Marco Antonio). Elogio funebre del P. E. Aponte, della compagnia di Gesù. *Bologn.* 1816. 8.

Apor de Altorja (Gróf István),
homme d'État hongrois.

Virtus post funera vivens quæ vere Magnatem fecit regni, comitem S. Apor de Altorja, inclyti gubernii Transylvaniæ consiliarium ac generalem regni, dictione funebri adornata. *Claudiopol.* 1706. 4.

Apostolius (Michael),
écrivain grec († vers l'an 1480).

Doelling (Johann Gottlieb). Programma de M. Apostolio parœmiographo. *Plaviæ.* 1856. 8.

Appelbom (Anders Haraldson),
homme d'État suédois (12 mai 1576 — 27 août 1649).

Laurelius (Olof). Likprédikan öfver A. H. Appelbom. *Stockh.* 1649. 4.

Appeldern (Albert v.),
évêque de Livonie.

Babst (Christoph Conrad). A. v. Appeldern, Bischof von Liefland, und Peter der Erste, Czaar von Russland; historische Skizze. *Gœtting.* 1810. 4.

Appendini (Francesco Maria),
savant italien (4 nov. 1768 — 30 janvier 1837).

Cosnacich (Antonio). Memoria storica sulla vita e sulle opere del P. F. M. Appendini. *Ragus.* 1838. 8.

Appert (Benjamin Nicolas Marie),
philanthrope français (10 sept. 1797 — ...).

Appert (Benjamin). Dix ans à la cour du roi Louis-Philippe et souvenirs du temps de l'empire et de la restauration. *Berl.* 1846. 3 vol. 8. Trad. en allem. par Carl PLOETZ. *Berl.* 1846. 3 vol. 8.

Appiani (Andrea),
peintre italien (1761 — 8 nov. 1817).

Berchet (Giovanni). Allocuzione nei funerali del pittore A. Appiani celebrati nella chiesa della Passione. *Milan.* 1817. 8.

Longhi (Giuseppe). Elogio storico di A. Appiani. *Milan.* 1826. Fol.

Appien d'Alexandrie,
historien grec.

Schweighaeuser (Johann). Exercitationes in Appiani Alexandrini romanas historias. *Argent.* 1781. 8.

Domenicus (N... N...). Programma de indole Appiani Alexandrini Græci, Romanarum rerum scriptoris. *Confluent.* 1844. 4.

Appius (Claudius),
orateur romain.

Ekerman (Peter). Dissertatio de Appio Claudio Cæco, censore Romano, fama eloquentia, aqua Claudia, via Appia et foro Appii nobilitato. *Upsal.* 1764. 4.

Apsyrtus ou **Absyrtus,**
hippiatre grec.

Sprengel (Curt?). Programma de Apsyrto Bithyno. *Halis.* 1832. 4.

Apulée (Lucius),
philosophe et poëte grec (vers 128 après J. C.).

Moller (Daniel Wilhelm). Dissertatio de Lucio Apulejo. *Altorf.* 1691. 4.

Jaegle (Joachim Jacob). Apulejus ægyptiis mysteriis ter initiatus. *Argent.* 1786. 4.

Hildebrand (Georg Friedrich). Dissertatio de vita et scriptis Apuleji. *Halæ.* 1835. 4.

Bétoland (N... N...). Notice sur la vie et les ouvrages d'Apulée. *Par.* 1835. 8.

Aquaviva (Ridolfo),
jésuite italien.

Bartoli (Daniele). Missione al gran Mogor del P. R. Aquaviva, sua vita e morte, etc. *Bologn.* 1672. 12. (*D.*)

Aquila (Caspar),
théologien allemand (7 août 1488 (?) — 12 nov. 1560).

Avenarius (Johann). Kurtze Lebensbeschreibung Mag. C. Aquilæ. *Meining.* 1718. 8. (*D.*)

Hillinger (Johann Gottlieb). Memoria Aquilina oder Leben Casp. Aquilæ, aus Sylvester LIEBENS Manuscripten gesammelt. *Jena.* 1751. 8. (*D.*)

Schlegel (Christian). Ausführlicher Bericht von dem Leben und Tod C. Aquilæ, publ. par Johann ZEITSCHEL. *Leipz.* et *Frf.* 1737. 4. (*D.*)

Gensler (Wilhelm August Friedrich). Vita Mag. C. Aquilæ (primi Saalfeldensium ecclesiarum superintendentis). *Jenæ.* 1816. 4. (*D.*)

Aquilano (Serafino),
poète italien (1466 — 10 août 1500).

Achillini (Giovanni). Collettanee greche, latine e volgari nella morte di S. Aquilano. *Bologn.* 1504. 8.

Aquino (Tomaso d"), voy. Thomas d'Aquin.

Arago (Dominique François),
savant français du premier ordre (26 ou 28 février 1786 — ...).

Robin (Charles). Biographie de D. F. Arago, membre du gouvernement provisoire, ministre de la marine et des colonies. *Par.* 1848. 8.

Araldi (Maria Luisa Bettoni, se nommant),
actrice italienne (25 oct. 1825 — ...).

P... (J...). Biographie de mademoiselle Araldi, premier rôle tragique du théâtre français. *Lyon.* 1845. 8.

Araldi (Michele),
médecin italien (10 février 1740 — 3 nov. 1813).

Rovida (Cesare). Elogio di M. Araldi. *Milan.* 1817. 4.

Aram (Eugène),
bibliomane anglais (exécuté le ... 1759).

Genuine account of the trial of E. Aram. *Lond.* 1759. 8.
Trial and life of E. Aram. *Lond.* 1760. 12. *

* Non mentionné par Lowndes.

Aramon (Pierre Philippe Auguste de Sauvan, marquis d'),
pair de France (10 mars 1768 — ...).

Notice historique sur M. le marquis d'Aramon, pair de France, s. l. et s. d. 8..

Aranda (Bernard de),

Carton (Charles). Biographie de B. de Aranda. *Bruges.* 1847. 8.

Aranda (Emmanuel de),
voyageur belge du XVIIe siècle.

Relation de la captivité et liberté du sieur E. d'Aranda, jadis esclave à Alger, etc. *Brux.* 1656. 12. *Ibid.* 1662. 12. *Par.* 1665. 16. *Bruges.* 1682. 12. (Ecrite par lui-même en espagnol.) Trad. en lat. *Hag. Comit.* 1657. 12.

Reiffenberg (Frédéric Auguste Ferdinand Thomas de). Notice sur E. d'Aranda de Bruges, s. l. et s. d. (*Brux.*) 8 (Extrait des *Bulletins de l'Académie royale de Belgique.*)

Aranthon d'Alex (Jean),
évêque de Genève († 1695).

Bellegarde (Fulgence de). Oraison funèbre de M. J. d'Aranthon d'Alex, évêque et prince de Genève. *Genèv.* 1696. 4.

(Lemasson, Innocent). Vie de J. d'Aranthon d'Alex, évêque d'Annecy. *Lyon.* 1697. 8. Augment. *Ibid.* 1700. 8.

—— Eclaircissements sur la vie de J. d'Aranthon. *Chambéry.* 1699. 8.

Aratus de Sicyone.

Lucht (J...). Disputatio de Arati Sicyonii commentariis. *Kilon.* 1838. 4.

Aratus de Soles.

Schmidt (Johann Andreas). Dissertatio de Arato, Phænomenorum scriptore. *Jenæ.* 1685. 4.

Arbin (Axel Magnus v.),
général suédois (30 mars 1717 — 27 déc. 1791).

Tibell (G... W... af). Åminnelse-Tal öfver A. M. v. Arbin. *Stockh.* 1818. 8.

Arborio, voy. Gattinara.

Arborio-Biamino (Pietro),
magistrat italien (29 mars 1767 — 14 août 1811).

Destombes (D...). Notice sur M. P. Arborio, baron de l'empire, etc., ex-préfet du département de la Stura. *Cont.* 1812. 4. (Tiré à 200 exemplaires.)

Arbouze (Marguerite Veni d'),
abbesse de Notre-Dame du Val-de-Grâce (1623).

Ferraige (Jacques). Vie de V. d'Arbouze, dite de Sainte-Gertrude, abbesse et réformatrice de Notre-Dame du Val-de-Grâce. *Par.* 1628. 8.

Fleury (Claude). Vie de Marguerite d'Arbouze de l'abbaye royale du Val-de-Grâce. *Par.* 1685. 8. (*Bes.*)

Arce (M... J...),
homme d'État américain.

Memoria de la conducta politica y administrativa de Don M. J. Arce, durante el periodo de su presidencia. *Mexic.* 1830. 4. (Ecrit par lui-même.)

Arcemboldus, voy. Arcimboldo.

Arcésilas,
philosophe grec (316 — 241 avant J. C.).

Brodeisen (Richard). Commentatio de Arcesilao, philosopho academico. *Alton.* 1821. 4.

Archélaus,
roi de Macédoine.

Gottleber (Johann Christoph). Programma de Archelao, Macedonum rege, etc. *Annaberg.* 1771. 4.

Archias (Aulus Licinius),
poète grec.

Wallenius (Johan Fredrik). Dissertatio de Aulo Licinio Archia poeta. *Aboæ.* 1806. 8.

Archigène,
médecin grec († vers 118 après J. C.).

Harles (Christian Friedrich). Analecta historico-critica de Archigene medico et Apolloniis medicis eorumque scriptis et fragmentis, etc. *Lips.* et *Bamberg.* 1816. 4.

Archiloque,
poète grec (714 — 676 avant J. C.).

Huschke (Immanuel Gottlieb). Dissertatio de fabulis Archilochi, etc. *Altenb.* 1803. 8.

Archimède,
mathématicien grec (287 — 212 avant J. C.).

Schmidt (Johann Andreas). Dissertatio de Archimede, mathematicorum principe. *Jenæ.* 1685. 4.

Bilfinger (Georg Bernhard). Dissertatio historico-catoptrica de speculo Archimedis, quo classem Marcelli dicitur accendisse. *Tubing.* 1725. 4.

Mazzuchelli (Giovanni Maria). Notizie istoriche e critiche intorno alla vita alle invenzioni ed agli scritti di Archimede Siracusano. *Bresc.* 1737. 4. (Opuscule rare et recherché.)

Brandel (Carl Magnus). Dissertatio sistens Archimedis vitam ejusque in mathesin merita. *Gryphisw.* 1789. 4.

Henvert (Johann Friedrich). Dissertation sur la vie d'Archimède. *Berl.* 1766. 4 *.

* Echappé aux recherches de Quérard.

Scinà (Domenico). Discorso intorno ad Archimede. *Palerm.* 1823. 8.

Gutenaecker (Joseph). Das Grabmal des Archimedes; Beitrag zur Characteristik dieses grossen Mathematikers. *Würzb.* 1833. 4.

Archinto (Fillippo),
archevêque de Milan (3 juillet 1500 — 21 juin 1558).

Giussano (Giovanni Pietro). Vita di F. Archinto, arcivescovo di Milano. *Como.* 1611. 4.

Archytas,
philosophe grec.

Schmidt (Johann Andreas). Dissertatio de Archyta Tarentino. *Jen.* 1685. 4.

Navarra (Giuseppe). Tentamen de Archytæ Tarentini vita et operibus. *Hafn.* 1820. 4.

Hartenstein (Gustav). Dissertatio de Archytæ Tarentini fragmentis philosophicis. *Lips.* 1833. 8.

Gruppe (Otto Friedrich). Über die Fragmente des Archytas und der ältern Pythagoräer. *Berl.* 1840. 8. (Ouvrage couronné.)

Arcimboldo (Giovanni Angelo),
archevêque de Milan (1485 — 6 avril 1555).

Hartmann (Johann Adolph). Arcemboldus, legatus pontificius, evangelicæ in Suevia reformationis occasio. *Marb.* 1751. 4.

Ekerman (Peter). Dissertatio de J. A. Arcimboldo papali per Scandinaviam æruscatore. *Upsal.* 1761. 4.

Arckenholtz (Johan),
historien suédois (9 février 1695 — 12 juillet 1777).

Gadolin (Jacob). Programma in funere J. Arckenholtz. *Stockh.* 1777. 8.

Porthan (Henrik Gabriel). Åminnelse-Tal öfver J. Arckenholtz. *Abo.* 1781. 8.

Arco (Philipp Graf v.)
homme d'État allemand (19 sept. 1775 — 25 nov. 1806).

Schmid (Johann Christoph). Trauerrede auf den Grafen P. v. Arco. *Ulm.* 1806. 8.

Kurze Skizze von dem Leben des Grafen P. v. Arco. *Münch.* 1806. 8.

Arçon (Jean Claude Éléonore **Le Michaud** d'),
général français (1733 — 1er juillet 1800).

Girod-Chantrans (N... N...). Notice sur la vie et les ouvrages du général d'Arçon, sénateur. *Besanç.*, an IX (1801). 12. Portrait.

Ardinghelli (Maria Angela),
mathématicienne (28 mai 1728 — 17 février 1825).

Villarosa (Marchese di). Elogio storico di M. A. Ardinghelli. *Napol.* 1825. 8.

Ardouin, marquis **d'Yvrée**,
roi d'Italie (élu le 15 février 1002 — 33 oct. 1015).

Kœler (Johann David). Dissertatio de Ardoino, marchione Eporediæ, electo post imperatorem Ottonem III et ab Henrico I profligato rege Italiæ. *Altorf.* 1730. 4.

Provana (L... G...). Studj critici sovra la storia d' Italia a tempi del rè Ardoino. *Torin.* 1849. 8.

Arduino (Santo),
médecin du XVe siècle.

(**Del Bene**, Benedetto). Elogio de S. Arduino. *Veron.* 1824. 8.

Are (Grafen v.),
famille allemande.

Weidenbach (A... J...). Die Grafen v. Are, Hochstaden. Nurburg und Neuenare; Beitrag zur rheinischen Geschichte. *Bonn.* 1845. 12.

Aréna (Giuseppe),
conspirateur corse (... — 30 janvier 1802).

(**Igonel**, N... N... et **Breton**, N... N...). Procès, instruit par le tribunal criminel du département de la Seine, de Démerville, Ceracchi, Aréna, etc., prévenus de conspiration (contre le gouvernement consulaire de Napoléon Bonaparte). *Par.*, an IX (1801). 8. (*Bes*)

Fescourt (N... N...). Histoire de la double conspiration de 1800 contre le gouvernement consulaire, etc. *Par.* 1819. 8. (*Bes.*)

Arendator (Erik Olof),
littérateur suédois.

Tunander (Nicolaus). Concio funebris in obitum E. O. Arendatoris. *Aboæ.* 1670. 4. (Écrit en suédois.)

Arenius (Olaus),
théologien suédois du XVIIe siècle.

Schenberg (Daniel Johan). Sermon til doedsens paminnelse, etc., in Ol. Arenium. *Aboæ.* 1684. 4.

Arentz (Frederik Christiern Holberg),
littérateur norvégien (... — janvier 1826).

Neumann (Jacob). Parentation over afdoede Professor og Rector F. C. H. Arentz, etc. *Bergen.* 1826. 8.

Arentz (Hans Severin). Professor og Rector F. C. H. Arentz Biographie. *Bergen.* 1827. 8. Portrait.

Arese (Bartholomeo),
jurisconsulte italien.

Vita del conte B. Arese, presidente del senato di Milano. *Colon.* 1682. 12. (*D.*)

Arétée de Cappadoce,
médecin grec.

Wiggan (Jan). Dissertationes de Aretæi ætate, secta, scientia in rebus anatomicis et curandi ratione. *Lugd. Bat.* 1731. Fol.

Suringar (Pieter Hendrik). Dissertatio de Aretæo medico diagnostico summo. *Lugd. Bat.* 1857. 8.

Aretes,
philosophe grec.

Eck (Johann Georg). Dissertatio de Arete philosopho. *Lips.* 1776. 4.

Aretino (Leonardo Bruni),
littérateur italien.

Mehus (Lorenzo). Vita L. Bruni Aretini. *Florent.* 1741. 8.

Aretino (Pietro),
poëte italien (1492 — 1566).

Berni (Jacopo). Vita di P. Aretino, s. l. 1537. 8..

Mazzuchelli (Giovanni Maria). Vita di P. Aretino. *Padov.* 1741. 8. *Bresc.* 1763. 8. (*P.*) *Milan.* 1850. 16. Port.

Dujardin (N... N...). Vie de P. Arctin. *La Haye.* 1750. 18. Portrait. (*D.* et *Lv.*) *Milan.* 1850. 12 *.
* Publié sous le nom déguisé de Boispréaux.

Dubois-Fontanelle (J... G...). Vie de P. Arétin et de (Bernard) Tassoni. *Par.* 1768. 12.

Peignot (Gabriel). De P. Arétin; notice sur sa fortune, sur les moyens qui la lui ont procurée, et sur l'emploi qu'il en a fait. *Par.* et *Dijon.* 1836. 8. (Tirée à 100 exemplaires.)

Arezzo (Paolo di),
cardinal italien.

Cagiani (Giovanni Antonio). Vita del cardinale Paolo d'Arezzo. *Rom.* 1649. 4.

Edelweiss (Johann Evangelista). Kurzer Lebensbegriff des seligen Paulus v. Arezzo, aus dem Orden der regulirten Priester der Theatiner, Cardinal, etc. *Münch.* 1775. 8.

Argens (Jean Baptiste Boyer d'),
philosophe français (24 juin 1704 — 11 janvier 1771).

Lebensbeschreibung des Marquis d'Argens. *Jena.* 1749. 8.

Argenson, voy. **Voyer d'Argenson**.

Argentano (Francesco Leopoldo Bertoldi),
théologien italien.

Rambelli (Giovanni Francesco). Commentario della vita e degli scritti del canonico F. L. Bertoldi Argentano, Lughese. *Lugo.* 1835. 8.

Argento (Gaëtano),
jurisconsulte italien (... 1662 — 30 mai 1730).

Sergio (Giovanni Antonio). Funerali di G. Argento. *Napol.* 1731. Fol.

Argentré (Bertrand d'),
jurisconsulte français (19 mai 1519 — 13 janvier 1590).

Miorcec de Kerdanet (Daniel Louis). Vie de B. d'Argentré, jurisconsulte et historien breton. *Rennes.* 1820. 8.

Argüelles (Agustin),
ministre espagnol (... 1775 — 23 mars 1844).

Labrador (Francisco) y Miguel **Ortiz**. Biografia del excelentisimo S. D. A. Argüelles, acompañada de los discursos mas notables pronunciados por el mismo. *Madr.* 1844. 4.

Argyle (John Campbell, duke of),
homme d'État anglais (1683 — 1743).

Campbell (Robert). Life of J. duke of Argyle und Greenwich. *Lond.* 1745. 8.

Ariani (Agostino),
mathématicien italien du XIXe siècle.

Ariani (Vincenzo). Memorie della vita e degli scritti di A. Ariani, professor delle scienze matematiche, etc., alle quali precedono le notizie storiche di Marco Antonio Ariani, di lui padre. *Napol.* 1782. 4. (*P.*)

Ariosto (Flaminio),
savant italien.

Giraldi (Giovanni Battista). De obitu F. Ariosti. *Ferrar.* 1543. 4. (*P.*)

Ariosto (Lodovico),
poëte italien du premier ordre (8 sept. 1474 — 6 juin 1533).

Barbieri (Gaetano). Vita di L. Ariosto. *Ferrar.* 1733. 4.

Barotti (Giovanni Andrea). Vita di L. Ariosto. *Venez.* 1766. 4. ou 6 vol. 12. *Ibid.* 1772. 4 vol. 4.

Baruffaldi (Girolamo). Vita di L. Ariosto. *Ferrar.* 1807. 4. (*Lv.*)

Fernow (Carl Ludwig). Lebenslauf L. Ariosto's des Göttlichen. *Zürch.* 1809. 8. (*D.* et *P.*)

Arioviste,
roi des Germains (contemporain de Jules César).

Weiss (Johann). Dissertatio de bello Julii Cæsaris et Ariovisti Germanorum regis. *Giess.* 1682. 4.

Haus (Philipp Ludwig). Julius Cæsar's Krieg mit dem Germanier-König Ariovist, etc. *Mainz.* 1790. 8.

Aristaeus,
naturaliste grec.

Thiele (Johann Georg Philipp). Dissertatio de Aristæo, mellificii aliarumque rerum inventore. *Götting.* 1774. 4.

Aristarque,
grammairien grec (160 avant J. C.).

Matthesius (Christian Lorenz). Dissertatio de Aristarcho grammatico. *Jenæ.* 1725. *4.*

Lehrs (Carl). Dissertatio de Aristarchi studiis Homericis. *Regiomont.* 1833. *8.*

Gerhard (Oscar). Commentatio de Aristarcho, Aristophanis interprete. *Bonn.* 1850. *8.*

Aristide,
général athénien.

Schaller (Jacob). Dissertatio exhibens Aristidem, s. virum justum. *Argent.* 1632. *4.*

Duval-Pyrau (N... N...). Aristide. *Yverd.* 1777. 8 *.
Trad. en allem. *Leipz.* 1777. 8.
   * L'auteur mêle tour à tour l'histoire à la fiction.

Epkema (Pieter). Dissertatio de Aristide ejusque in rempublicam Atheniensium meritis. *Harlem.* 1829. *4.*

Aristide (Ælius),
orateur grec (118 — vers 190).

Kirchmaier (Georg Caspar). Dissertatio de Aristide et Pausania. *Witteb.* 1664. *8.*

Vita Aristidis ex Philostrato. *Upsal.* 1687. *4..*

Kanig (N... N...). Dissertatio de Aristidis incubatione. *Jenæ.* 1818. *8.*

Aristippe,
philosophe grec (390 avant J. C.).

(Mentz, Friedrich). Aristippus philosophus Socraticus, s. de ejus vita, moribus et dogmatibus Commentarius. *Halis.* 1719. *4.*

Acker (Johann Heinrich). Gedanken von Aristippi Hofvisiten. *Jena.* 1729. *4.*

Kunhardt (Heinrich). Dissertatio philosophico-historica de Aristippi philosophia morali. *Helmst.* 1795. *4.*

Wieland (Christoph Martin). Aristipp und einige seiner Zeitgenossen. *Leipz.* 1800-2. 4 vol. 8. Trad. en franç. par Henri COIFFIER; suivi d'une notice sur la vie et les ouvrages de Wieland. *Par.,* an x (1802). 5 vol. 8. *Ibid.* an x (1802). 5 vol. 12.

Aristobule,
philosophe juif.

Walckenaer (Ludwig Caspar). Diatribe de Aristobulo Judæo Alexandrino, etc. *Lugd. Bat.* 1806. *4.* (*D.*)

Aristogiton,
orateur romain (340 avant J. C.).

Thorlacius (Birger). Prolusio de Aristogitone, oratore attico ævi Demosthenici. *Hafn.* 1807. *4.*

Aristomène,
chef des Messéniens (VIIe siècle avant J. C.).

Norrmann (Laurens). Aristomenes Messenius vir heroicus. *Upsal.* 1690. *8.*

Jourdan (Jean Baptiste). Histoire d'Aristomène. *Par.* 1749. *12.*

Ariston (de Chio),
philosophe grec (275 avant J. C.).

Buchner (Gottfried). Dissertatio de Aristone Chio, vita et doctrina nota. *Jenæ.* 1725. *4.*

Lotter (Johann Georg). Stricturæ extemporales in G. Buchneri dissertationem de Aristone Chio. *Lips.* 1725. *4.*

Saal (Nicolaus). Commentatio de Aristone Chio et Herillo Carthaginiensi, Stoicis. *Colon.* 1832. *4.*

Ariston (Titus),
jurisconsulte romain (contemporain de l'empereur Trajan).

Enschedé (Jan Jacob). Dissertatio de T. Aristone, jurisconsulto Romano. *Lugd. Batav.* 1829. *8.*

Aristophane,
poète grec du premier ordre.

Green (Georg Sigismund). Exercitatio de scholiaste Aristophanis. *Witteb.* 1695. *4.*

Hauptmann (Johann Gottfried). Programma de Aristophane atque illius comœdiis. *Geræ.* 1743. *4.*

Boettiger (Carl August). Aristophanes impunitus deorum gentilium irrisor. *Lips.* 1790. *8.*

Roetscher (Heinrich Theodor). Aristophanes und sein Zeitalter. *Berl.* 1827. *8.*

Pol (Hermann). Dissertatio de Aristophane, poeta comico, ipsa arte boni civis officium præstante. *Groning.* 1834. *8.*

Ranke (Carl Ferdinand). Commentatio de Aristophanis vita. *Lips.* 1845. *8.*

Zorn (Johann). Aristophanes in seinem Verhältniss zu Socrates, etc. *Bayr.* 1845. *8.*

Aristote,
philosophe grec du premier ordre (384 — 322).

Melanchthon (Philipp). Oratio de vita Aristotelis. *Witteb.* 1527. *4.*

Beurer (Johann Jacob). Vita Aristotelis. *Basil.* 1587. *8.*

Schott (Andreas). Vita Aristotelis et Demosthenis comparatæ, atque secundum annos Olympiadum digestæ. *Aug. Vind.* 1603. *4.*

Conring (Hermann). Orationes duæ in laudem Aristotelis. *Helmst.* 1633. *4.*

Niemaier (Johann Berthold). Dissertatio de Aristotele ejusque philosophia. *Helmst.* 1703. *4.*

Gallisch (Friedrich Andreas). Epistola gratulatoria de Aristotele, rei naturalis scriptore. *Lips.* 1776. *4.*

Jourdain (Amable L. M. Brechillet). Recherches critiques sur l'âge et l'origine des traductions latines d'Aristote et sur les commentaires grecs ou arabes employés par les docteurs scolastiques. *Par.* 1819. 8 *.
   * Ouvrage couronné par l'Académie des inscriptions.

Trad. en allem. et augm. d'additions par Adolph STAHR. *Halle.* 1831. *8.*

Henschel (August Wilhelm Eduard). Commentatio historico-botanica de Aristotele, botanico philosopho. *Vratisl.* 1823. *4.*

Stahr (Adolph). Aristotelia. *Halle.* 1830-22. 2 vol. 8 *.
   * Le premier volume contient la vie d'Aristote.

Kuehnholz (Henri). Aristote et Pline, tableaux peints par Jean Louis Bézard; fragments pour servir à l'histoire de la faculté de médecine de Montpellier. *Montpell.* 1832. 8 *.
   * Le titre de cet écrit, orné des portraits d'Aristote et de Pline, nous a été communiqué par le comte Henckel v. Donnersmarck.

Hegel (Friedrich Wilhelm). Dissertatio de Aristotele et Alexandro Magno. *Berol.* 1837. *8.*

Carrière (Moritz). De Aristotele Platonis amico ejusque doctrinæ justo censore. *Goetting.* 1837. *8.*

Jacques (Antoine). Aristote considéré comme historien de la philosophie. *Par.* 1837. *8.*

Simon (Jean). Du Dieu d'Aristote. *Par.* 1840. *8.*

Aristoxène,
philosophe grec (350 avant J. C.).

Mahne (Wilhelm Leonhard). Diatribe de Aristoxeno, philosopho peripatetico. *Amst.* 1793. *8.*

Beaumont (Francesco de). Memoria sopra Xanto, Aristossene e Stesicoro. *Palerm.* 1833. *8.*

Arius,
hérésiarque grec (vers 280 — vers 336).

Hannecken (Philipp Ludwig). Epitome historiæ Arrianæ, in qua vita, mores et mors Arii traditur. *Giess.* 1660. *8.*

Ockelln (Georg Nicolaus). Dissertatio de Ario misero abrepto fato. *Rostoch.* 1708. *4.*

Wucherer (Johann Friedrich). Prolusio de Arii morte misera. *Jenæ.* 1730. *4.*

Stemler (Johann Christian). Programma de Arii Thalia. *Numb.* 1730. *4.*

Travasa (Gaëtano Maria). Storia critica della vita di Arrio, primo eresiarca del IV secolo. *Venez.* 1746. *8.*

Goetzinger (Johann Carl). Historisch-theologische Anmerkungen über die Geschichte des Arius. *Wittenb.* 1770. *4.*

Reuterdahl (Henrik). Memorabilia Arii ejusque hæreseos. *Lund.* 1813. *8.*

Greve (Arnold). Athanasius de morte Arii referens. *Halæ.* 1722. *4.* (*D.*)

Arius,
historien islandais.

Werlauff (Erich Christian). Arius multiscius primus Islandorum historicus. *Hafn.* 1808. *8.* (*D.*)

Arlincourt (Victor le Prévost, vicomte d'),
écrivain français (vers 1789 — ...).

Notice historique sur la vie et les travaux littéraires de M. le vicomte d'Arlincourt, s. l. (*Par.*) et s. d. 8. (Extrait des *Fastes nobiliaires.*)

Arlequin,
personnage poétique.

Moeser (Justus). Harlekin oder Vertheidigung des Gro-

tesk-Komischen, s. l. 1761. 8. *Brem.* 1777. 8. Trad. en angl. par J... A... F... WARNECKE. *Lond.* 1766. 8.
Lorin (Théodore). Essai sur l'origine des noms de Polichinelle et Arlequin, suivi d'un essai sur le personnage de Jocrisse. *Soissons.* 1844. 12.

Arletius (Johann Caspar),
pédagogue allemand (1er oct. 1707 — 25 janvier 1784).
Scheibel (Gottfried Ephraim). Lebenslauf des weiland J. C. Arletius, Rectors des Elisabeth-Gymnasiums zu Breslau. *Bresl.* 1789. 4. (D.)

Armagnac, duc de **Nemours** (Jacques), voy. **Nemours**.

Armanni (Vico ou Victor),
littérateur italien du xviie siècle.
Fabi Montana (Francesco). Elogio storico di V. Armanni, Eugubino, illustre letterato del secolo xvii. *Moden.* 1846. 8.

Armansperg (Grafen v.),
famille allemande.
Skizzirte Stemmatographie der heutigen (!) Grafen v. Armansperg in Bayern; historich-biographischer Beitrag zur deutschen Adelskunde. *Regensb.* 1830. 8.

Armfelt (Gustaf Mauritz Grefe v.),
général suédois (1er avril 1757 — 19 août 1814).
G. M... v. Armfelt's Landesverrütherei. *Berl.* 1796. 8. Portrait.

Arminius,
chef des Chérusques (vers 18 avant J. C. — vers 20 après J. C.).
Hagelgans (Johann Heinrich). Dess thewren Fürsten Arminii glorwürdige Thaten. *Nürnb.* 1645. 4.
Schurzfleisch (Conrad Samuel). Dissertatio de Arminio. *Witteb.* 1677. 4.
Zippel (Christoph). Programma de Arminio. *Ratisb.* 1724. Fol.
Hermann, der Cheruskerfürst und Nationalheld der Deutschen, mit untermischten Bardengesängen. *Leipz.* 1777. 8.
Froehlich (Friedrich). Arminius, der Deutschen und Römer Kampf. *Wien.* 1808. 8. Portrait.
Hygrell (Carl Frederik). Dissertatio de Arminio, duce Cheruscorum. *Lund.* 1813. 8.
Steckling (Ludwig). Hermann, der erste Befreier der Deutschen, etc. *Prenzlau.* 1816. 8.
Roth (Carl Johann Friedrich). Hermann und Marbod, *Stuttg.* 1817. 8.
Schreiber (Aloys Wilhelm). Marbod und Hermann oder der erste deutsche Bund. *Frf.* 1821. (?) 8.
Massmann (Hans Ferdinand). Arminius Cheruscorum dux et decus, liberator Germaniæ. *Lemgov.* 1839. 8. Trad. en allem. par lui-même. *Lemgo.* 1839. 8.
Kœnig (Georg Friedrich). Armin der Cherusker; zum Denkmal im Teutoburger Wald, etc. *Leipz.* 1840. 8. Portrait.
Schrant (Johann Maîhæus). Oratio de Arminio, Cheruscorum, et Claudio Civili, Batavorum ducibus, inter se comparatis. *Lugd. Bat.* 1844. 4.

Stausebach (Stephan Christian). Die Hermannsschlacht; Gemälde der Tapferkeit der Chatten im ersten Jahrhundert. *Teutoburg* (Giess.) 1814. 8.
Schlenkert (Friedrich Christian): Herrmann's Schlachten. *Leipz.* 1818. 8.
Tappe (Wilhelm). Die wahre Gegend und Linie der dreitägigen Hermannsschlacht (im l'an ix de J. C.). *Essen.* 1820. 4. Supplém. *Ibid.* 1822. 4.
Hammerstein (Hans v.) et Leopold v. **Hohenhausen.** Über die wahre Ortsbestimmung der Hermannsschlacht, publ. par Carl (?) August (?) EICHSTAEDT. *Altenb.* 1821. 8.
Clostermeyer (Christian Gottlieb). Wo Hermann den Varus schlug, etc. *Lemgo.* 1822. 8.
Petersen (Johann Carl Friedrich). Der Kirchsprengel Weitmar, oder über die Gegend, wo Hermann den Varus schlug. *Essen.* 1823. 8.
Mueller (Wilhelm). Vermuthungen über die wahre Gegend, wo Hermann den Varus schlug. *Hannov.* 1824. 8.
Duering (Georg Wilhelm v.). Wo schlug Hermann den Pharus (sic!); strategischer Versuch über die Feldzüge der Römer im nordwestlichen Deutschland. *Quedlinb.* 1825. 8.

Giefers (G... E...). Commentatio de Alisone castello deque cladis Varianæ loco. *Crefeld.* 1845. (?) 4.

Arminius (Jacques Harmensen, dit),
chef de la secte des Arminiens (1560 — 19 oct. 1609).
Bertius (Petrus). Oratio in obitum J. Arminii. *Lugd. Bat.* 1609. 4.
Brandt (Caspar). Historia vitæ J. Arminii. *Lugd. Bat.* 1724. 8. Portrait. Corrig. et augment. par Johann Lorenz MOSHEIM. *Brunsv.* 1725. 8. (D.)
Bucher (Samuel Friedrich). Programma de vita J. Arminii. *Witteb.* 1758. Fol.
Stolker (A...). J. Arminius herdacht. *Amst.* 1816. 8.
Castan (Charles). Essai sur Arminius. *Strasb.* 1847. 8.

Armstrong (John),
médecin anglais (8 mai 1784 — 12 déc. 1829).
Boott (Francis). Memoir of the life and medical opinions of J. Armstrong. *Lond.* 1832. 2 vol. 8. (Omis par Lowndes.)

Arnaud de Brescia,
théologien italien (brûlé vif en 1155).
Kœler (Johann David). Dissertatio historica de Arnoldo Brixiensi. *Gœtting.* 1742. 4. (D.)
Guadagnini (Giovanni Battista). Difesa di Arnoldo da Brescia. *Pavia.* 1790. 2 vol. 8.
Francke (Heinrich). Arnold von Brescia und seine Zeit, etc. *Zürch.* 1825. 8. (D.)
Quirin (Frédéric Auguste). Essai historique sur Arnaud de Brescia. *Strasb.* 1848. 8.

Arnaud (Joseph),
capucin français.
Léon de Saint-Jean. Oraison funèbre de J. Arnaud de Paris, capucin. *Par.* 1649. 4.

Arnaud de Villeneuve,
médecin français (1248 — 1314).
(**Haitze**, Pierre Joseph). Vie d'Arnaud de Villeneuve. *Aix.* 1719. 12.

Arnauld (Angélique de Saint-Jean),
abbesse de Port-Royal (1624 — 1684).
Relation de la captivité de la mère Angélique (Arnaud), dite de S. Jean, religieuse de Port-Royal, s. l. (*Amst.*) 1711. 12. (Écrite par elle-même)
Relation sur la vie de la mère Angélique de S. Jean et sur la réforme de Port-Royal. *Par.* 1757. 12. (Bos.)

Arnauld (Antoine),
théologien français (6 février 1612 — 6 août 1694).
Question curieuse, si M. Arnauld, docteur de Sorbonne, est hérétique. *Cologn.* 1690. 8. (D.)
Quesnel (Pasquier). Histoire abrégée de la vie et des ouvrages de M. Arnauld. *Col.* 1695. 12. Portrait. (D.) *Liége.* 1699. 2 vol. 12.
—— Causa Arnaldiana, s l. 1699. 8. (Recueil de pièces latines en faveur de ce docteur.)
—— Justification de M. Arnauld, s. l. 1702. 3 vol. 12.
(**Larrière**, Noël de). Vie de messire A. Arnauld, docteur de la maison et de la société de Sorbonne. *Par.* et *Lausan.* 1783. 2 vol. 4. ou 2 vol. 8.
Jourdain (Charles). Notice sur les travaux philosophiques d'A. Arnauld, docteur de Sorbonne. *Par.* 1843. 8.

Arnauld (Henri),
évêque d'Angers (1597 — 8 mars ou juin 1692).
(**Besoigne**, Jérôme). Vie des quatre évêques engagés dans la cause de Port-Royal, M. d'Aleth (Nicolas Pavillon) M. d'Angers (Henri Arnauld) M. de Beauvais (Choart de Buzanval) et M. de Pamiers (Etienne François de Caulet). *Cologne.* (*Par.*) 1756. 2 vol. 12.

Arnauld d'Andilly (Antoine),
abbé de Chaumes (+ 1698).
Arnauld d'Andilly (Antoine). Mémoires, publ. par Alexandre Guy PINGRÉ. *Amst.* 1756. 3 vol. 8.

Arnauld d'Andilly (Robert),
théologien français (1588 — 27 sept. 1674).
Arnauld d'Andilly (Robert). Mémoires depuis 1590 jusqu'en 1667, publ. par Claude Pierre GOUJET. *Hamb.* (*Par.*) 1734. 2 vol. 12.

Arnd (Carl),
philologue allemand (21 juillet 1673 — 26 avril 1721).
Krakewitz (Albert Joachim v.). Programma in funere C. Arndii. *Rostoch.* 1721. Fol.

Arnd (Josua),
théologien allemand (9 sept. 1626 — 7 avril 1685).

Arnd (Carl). Fama Arndiana reflorescens s. vita et scripta J. Arndii breviter recensita. *Gustrov.* 1697. *4.*

—— Dissertatio sistens vindicias b. J. Arndii parentis adversus criminationes Cph. Henr. Amthorii. *Rostoch.* 1710. *4.*

Arndt (Ernst Moritz),
publiciste allemand (26 déc. 1769 — ...).

Arndt (Ernst Moritz). Erinnerungen aus dem äussern Leben. *Leipz.* 1840. 8. Portrait. (*D.*)

—— Nothgedrungener Bericht aus meinem Leben, aus und mit Urkunden der demagogischen und antidemagogischen Umtriebe. *Leipz.* 1847. 2 vol. 8.

C... (W... A...). Arndt und Kotzebue als politische Schriftsteller, s. l. (*Dresd.*) 1814. 8. (*D.*)

Arndt (Johann),
théologien allemand (27 déc. 1555 — 11 mai 1621).

Storch (Wilhelm). Oratio funebris in obitum J. Arndtii. *Luneburg.* 1621. *4.* (*P.*)

Ausführlicher Bericht von Ankunft, Leben, Wandel, Absterben, wie auch Schriften des J. Arndt. *Nordhaus.* 1698. 12. (*D.*)

(**Pisanski**, Georg Christian). J. Arndt's und seiner Schriften gesegnetes Andenken in Preussen, s. l. 1768. *4.*

Wildenhahn (August). J. Arndt; Zeitbild aus Braunschweigs Kirchen- und Stadtgeschichte in den ersten Jahren des 17. Jahrhunderts. *Leipz.* 1846-47. 2 vol. 8. Trad. en holland. par R... P... **Verbeek.** *Utrecht.* 1847. 2 vol. 8. Portrait.

Wehrhan (Otto Friedrich). Lebensgeschichte J. Arndt's, Verfassers vom « wahren Christenthume. » *Hamb.* 1848. 12. Portrait.

Pertz (Heinrich Ludolf). Commentatio de J. Arndtio ejusque libris qui inscribuntur : De vero Christianismo. *Hannov.* 1852. *4.* (Dissertation couronnée par l'Académie de Gœttingue.)

Gleich (Johann Andreas). Trifolium Arndtianum, s. J. Arndtii epistolæ III ad Petrum **Piscatorem**; annexa est epistola Joannis **Gerhardi** de Arndtii libris verum Christianismum concernentibus. *Witteb.* 1625. *4. Ibid.* 1714. *4.* (*D.*)

Rachel (Martin). Schola Arndtiana d. i. Arndtische Schule, darinnen vier Classes gefunden werden derjenigen, welche J. Arndts theils guter, theils böser Meinung gebrauchet. *Rostock.* 1627. 8. (*D.*)

Frontinus (Johann). Ausführliche Relation und Bericht, was sich zu Langen-Goes in Hessen mit J. Arndts « Paradis-Gärtlein » für eine Wundergeschichte zugetragen hat, s. l. 1628. *4.* (*D.*)

Apologetica Arndtiana d. i. Schutz-Briefe zur Ehrenrettung des J. Arndt, etc. *Leipz.* 1706. 8. (*D.*)

Gerhard (Johann Ernst). Epistola de obtrectationibus quibus J. Arndtius cum libris suis de vero Christianismo expositus fuit, etc. *Frf.* et *Lips.* 1720. *4.* (*D.*)

Wernsdorf (Gottlieb). Dissertatio qua J. Arndtianos de vero Christianismo libros examinat. *Witteb.* 1726. 5.(*D.*)

Gespräche im Reiche der Todten zwischen J. Arndt und Phil. Jac. Spener, darinnen die Lebensgeschichte J. Arndt's, etc., s. l. 1752. 2 vol. 8. (*D.*)

Arnefast,
chanoine d'Aarhuus du xiiie siècle.

Winther (Rasmus Joergensen). Disputatio de Arnefasto, regis Christophori I interfectore (29 mai 1259). *Hafn.* 1776. 8.

Arnestus,
premier archevêque de Prague.

Balbinus (Aloys Bohuslav). Vita venerabilis Arnesti, primi archiepiscopi Pragensis. *Prag.* 1664. *4.*

Arnobius Africanus,
rhéteur africain (contemporain de Dioclétien).

Geret (Samuel Luther). Exercitatio historico-litteraria variorum de Arnobio ejusque theologia judicia exhibens, etc. *Witteb.* 1752. *4.* (*D.*)

Arnold (Andreas),
théologien allemand.

Schwindel (Georg Jacob). Lamprandologia Norimbergensis, etc. (s. Dissertatio continens vitam A. Arnoldi). *Altorf.* 1706. *4.* (*D.*)

Arnold (Benedict),
général anglo-américain (vers 1745 — ... 1801).

Barbé-Marbois (François de). Complot d'Arnold et de sir H. Clinton contre les Etats-Unis de l'Amérique et le général Washington, en sept. 1780. *Par.* 1816. 8. *Ibid.* 1851. 8.

Arnold (Georg Daniel),
jurisconsulte alsatien (18 février 1780 — 13 février 1829).

Discours prononcés aux obsèques de M. G. D. Arnold. *Strasb.* 1829. 8. (Contenant une notice nécrologique sur ce jurisconsulte par Joseph **Willm.**)

Arnold (Gottfried),
théologien allemand (5 sept. 1665 — 30 mai 1714).

G. Arnold's, ehemals Professors der Historie zu Giessen und letzten Pastoris zu Perleberg u. s. w. gedoppelter Lebenslauf, wovon der eine von ihm selbst ist aufgesetzet. *Leipz.* et *Gardelegen.* 1716. *4.* Portrait. (*D.*)

Coler (Johann Christoph). Historia G. Arnoldi, qua de vita, scriptis actisque illius exponitur. *Witteb.* 1718. 8. (*D.*)

Petersen (Johann Wilhelm). Geretteter Bruder Arnold. *Grätz.* 1718. 8. (*D.*)

Crusius (Johann). Gedächtnissrede bey Beerdigung des G. Arnold, etc. *Perleb.* et *Gardelegen.* 1719. *4.* (*D.*)

Riff (Adolphe). G. Arnold, historien de l'Eglise. *Strasb.* 1847. 8. (*L.*)

Arnold (Johann Christian),
physicien allemand (3 février 1724 — 9 juillet 1765).

Reinhard (Johann Paul). Memoria J. C. Arnoldi, physicæ professoris. *Erlang.* 1765. Fol.

Arnold (Johann Georg),
physicien allemand (15 sept. 1685 — 25 mai 1724).

Memoria J. (G.) Arnoldi. *Baruth.* 1724. *4.*

Arnold (Thomas),
théologien anglais (13 juin 1795 — 12 juin 1841).

Stanley (Arthur Penrhyn). Life and correspondence of T. Arnold, late head master of Rugby School and regius professor of modern history in the university of Oxford. *Lond.* 1844. 2 vol. 8. Portrait. *New-York.* 1845. 12. *Lond.* 1846. 8. *Ibid.* 1852. 8. (5e édition.) Trad. en allem. par Carl **Heintz.** *Potsd.* 1847. 8. (*D.*) Trad. en holland. par C... H... van **Herwerden.** *Groning.* 1851. 8.

Arnold, voy. **Arnaud.**

Arnoldi (Peter).
théologien allemand.

Wagner (Zaccharias). Leichenpredigt nebst Lebensbeschreibung P. Arnoldis. *Chemn.* 1672. *4.* (*L.*)

Arnolf, voy. **Arnould.**

Arnosio (Carlo Tommaso),
archevêque de ...

Ranaldi (Ignazio). Orazione funebre di monsignore C. T. Arnosio, arcivescovo Turritano. *Torin.* 1827. 8.

Arnould,
empereur d'Allemagne († 29 nov. 899).

Schwarz (Christian Gottlieb). Historia Arnulphi imperatoris, ducis Moraviæ. *Altorf.* 1744. *4.*

Zirngibl (Roman). Von der Geburt und Wahl des Königs Arnolf, von der durch ihn neu erbauten Stadt Regensburg, von seinem Palaste allda, von der Einweihung des Emmeranischen Gotteshauses, von seinem Tode und seiner Grabstätte. *Münch.*, s. d. 8.

.**Gagern** (Maximilian Joseph Ludwig v.). Arnulfi imperatoris vita ex annalibus et diplomatibus conscripta. *Bonn.* 1837. 8.

Duemmler (Ernst). Commentatio historica de Arnulfo Francorum rege. *Berol.* 1852. 8.

Wenck (Woldemar Bernhard). Die Erhebung Arnulfs und der Zerfall des karolingischen Reiches. *Leipz.* 1852. 8.

Arnould (Sophie),
actrice française (14 février 1744 — ... 1803).

(**Deville**, Frédéric Albéric). Arnoldiana ou S. Arnould et les contemporains ; recueil choisi d'anecdotes piquantes, etc. *Par.* 1813. 12. Portrait.

(**Fayolle**, François Joseph Marie). Esprit de S. Arnould. *Par.* 1813. 8.

Lamothe-Langon (Étienne Léon). Mémoires de mademoiselle S. Arnoult (!). *Par.* 1837. 2 vol. 8.

Arnoulf (Saint),
fondateur de l'abbaye d'Oudenburg.
Leven van den H. Arnulfus, stigter der abdy van Oudenburg. *Brugge*, s. d.·12.

Arpajon (Louis, marquis de Séverac, duc d'),
général français († 1679).
Lamotte (M... de). Oraison funèbre de L. duc d'Arpajon, ministre d'Etat, etc. *Toulous.* 1679.·4.

Arpe (Peter Friedrich),
jurisconsulte allemand (10 mai 1682 — 4 nov. 1740).
Arpe (Peter Friedrich). Feriæ æstivales, s. scriptorum
suorum historia. *Hamb.* 1726. 8. (*D.*)

Arrhenius-Oernhjelm (Claudius),
historien suédois (1625 — 1695).
Lagerloef (Peter). Memoria C. Arrhenii. *Upsal.* 1696.·4.
Thyselius (Pehr). Dissertatio de meritis literariis C.
Arrhenii-Oernhjelm. *Upsal.* 1791, 8.

Arrien (Flavius),
historien grec (11ᵉ siècle de J. C.).
Hager (Johann Georg). Programma de Arriano geogra-
pho antiquissimo illiusque periplus. *Chemnic.* 1766.·4.
Chys (Pieter O... van der). Commentarius geographicus
in Arrianum de expeditione Alexandri Magni. *Lugd.*
Batav. 1828. 4.
Mauermann (C... A...). Arrianus Nicomediensis et Quin-
tus Curtius Rufus, scriptores rerum ab Alexandro
Magno gestarum, comparantur. *Vratisl.* 1835. 4.
Ellendt (N... N...). De Arrianorum librorum reliquiis.
Regiom. 1836. 4.

Arrosto (Gioachimo).
(† 27 oct. 1834.).
Cocco (Anastasio). Elogio di G. Arrosto. *Messin.* 1835. 8.

Artaud (Antoine François Marie),
historien français (17 avril 1767 — 27 mars 1838).
Dumas (Jean Baptiste). Éloge historique de A. F. M.
Artaud. *Lyon.* 1840. 8.

Artémisie,
reine de la Carie († vers 350 avant J. C.).
Avenarius (Johann Christian). Dissertatio historico-ar-
chitectonica de Artemisia et Mausoleo. *Lips.* 1714. 4.
Loescher (Maria Dorothea). Réflexions sur une médaille
d'Artemisia, reine de Carie, et de son mausolée.·*Potsd.*
1748. 8.

Artémon,
hérésiarque (111ᵉ siècle après J. C.).
Kapp (Johann Erhard). Historia Artemonis et Artemo-
nitarum. *Lips.* 1737. 4.

Artevelde (Jacques van),
brasseur belge (assassiné le 19 juillet 1345).
Voisin (Auguste). Examen critique des historiens de J.
van Artevelde; ou un grand homme réhabilité, avec
pièces justificatives. *Gand.* 1841. 8. (Tiré à 300 exemp.)
Cornelissen (Egide Norbert). Discours prononcé à l'inauguration du buste colossal de J. van Artevelde. *Gand.*
1845. 8.
Écrevisse (Jacques). Redevoering op J. van Artevelde.
Gent. 1846. 8.
Winter (J... de). J. van Artevelde. *Gand.* 1846.·8. (Mémoire couronné par la Société royale des beaux-arts et
de littérature.)
(Kervyn de Lettenhove, N... N...). J. d'Artevelde, fragment. *Bruges.* 1847._8. (Tiré seulement à 20 exempl.)

Artevelde (Philipp van),
quatrième fils du précédent.
Smet (Joseph Jean de). Observations sur le génie et le
caractère de P. Artevelde. *Brux.* 1858. 12. (Extrait de
la *Revue de Bruxelles.*)

Arthur ou Artus,
roi de Grande-Bretagne, héros de la Table ronde.
Ritson (Joseph). Life of king Arthur. *Lond.* 1825. 2.

Artomedes (Sebastian),
théologien allemand (1544 — II sept. 1602).
Lejus Orocrenus (Conrad). Manes Artomedæi s. luctus
et lacrymæ in obitum S. Artomedis, etc. *Norimb.* 1603.
·12. (*D.*)

Artus III,
duc de Bretagne et connétable de France (22 août 1393 — 26 déc. 1456).
Histoire du vaillant chevalier Artus, fils du duc de Bretagne, s. l. 1522. 4.
Godefroy (Thierry). Histoire d'Artus III, comte de Ri-

chemont, duc de Bretagne, connétable de France, contenant ses mémorables faits depuis l'an 1413 jusqu'en
1457. *Par.* 1622. 4. *Ibid.* 1662. 4. (*P.*)

Arx (Ildephons v.),
historien suisse (3 oct. 1755 — 16 oct. 1833).
(Wegelin, Carl). Wort des Andenkens an den verewigten Herrn I. v. Arx, gewesenen Mitgliedes des chema-
ligen Benedictinerstifts Sanct Gallen. *St. Gall.* 1833. 8.

Asch (Georg Thomas Freiherr v.),
médecin allemand (1729 — 23 juin 1807).
Heyne (Christian Gottlob). Programma de obitu G. L.
Bar. ab Asch. *Gætting.* 1807. 4. (*D.*)

Ascheberg (Rutger, Grefve v.),
feld-maréchal de Suède (2 juin 1621 — 17 avril 1693).
Lagerbring (Sven). R. v. Aschebergs Lefverne. *Lund.*
1751. 8.

Aschenbrenner (Wilhelm),
aventurier allemand.
Authentische Geschichte W. Aschenbrenner's bis zu seiner Deportation nach Sibirien, etc. *Berl.* 1804. 8.
Portrait.

Asclépiade,
médecin grec.
Cocchi (Antonio). Discorso primo sopra Asclepiade.·*Fi-*
renz. 1758. 4. Trad. en angl. *Lond.* 1762. 8.
Gumpert (Christian Gottlieb). Dissertatio medica de
Asclepiade Bithyno. *Jenæ.* 1794. 8. (*P.*)
Burdach (Carl Friedrich). Asclepiades und John Brown,
eine Parallele. *Leipz.* 1800. 8.　　　●
—— Scriptorum de Asclepiade index. *Lips.* 1800. 4. (*D.*)
Harless (Christian Friedrich). De medicis veteribus As-
clepiades dictis. *Bonn.* 1828. 4.

Asham (Roger),
philologue anglais (1515 — 1568).
De vita et obitu R. Aschami Angli viri clarissimi oratio.
Hanov. 1602. 12. (*L.*)

Ashmole (Elias),
antiquaire anglais (1617 — 18 mai 1692).
Burman (Charles). Memoirs of the life of that learned
antiquary E. Ashmole, drawn up by himself by way
of diary. *Lond.* 1717. 12. (*D.*)

Asima,
personnage mythologique.
Schulde (C...). Dissertatio de Asima Hæmathæorum
idole (2 Reg. XVII. 30.). *Witteb.* 1722. 4.

Asinius Pollio, voy. **Pollion** (Cajus Asinius).

Asmar (Maria Theresa),
fille d'Abdallah Asmar, émir de Babylone (1804 — ...).
Memoirs of the Babylonian princess M. T. Asmar, daughter of Emir Abdallah Asmar, from her bird, amid the
ruins in Niniveh, in 1804, to ther arrival in England,
in 1842; written by herself and translated into English.
Lond. 1844. 2 vol. 8. Port. *Philadelph.* 1845. 2 vol. 18.

Asmodée,
personnage mythologique.
Hosum (Mogens Knudsen). Disputatio de Aschmodæo.
Hafn. 1709. 4.

Asp (Matthias),
théologien suédois (14 mai 1696 — 8 juin 1763).
Amnelius (Johan Jacob). Oratio parentalis in memoriam episcopi M. Asp. *Upsal.* 1764. 4.

Aspasie,
courtisane grecque.
Bièvre (N... N... Lecomte de). Histoire de deux Aspa-
sies. *Par.* 1736. 12. *Amst.* 1737. 12.
Raumer (Friedrich v.). Pericles und Aspasia. *Berl.*
1810. 8.
Staël-Holstein (Anne Germain de). Aspasia, eine Cha-
racterzeichnung, trad. du franç. (par Julius Eduard
Hitzig). *Berl.* 1811. 8.
Boullée (Aimé). Aspasie; fragments d'une histoire inédite du siècle de Périclès. *Lyon.* 1836. 8.

Aspland (Robert),
théologien anglais.
Aspland (Robert Brook). Memoir of the life, works and
correspondence·of the Rev. R. Aspland. *Lond.* 1851. 8.

Asplund (Arnold),
théologien suédois (26 sept. 1736 — 12 janvier 1815).
Drysén (Pehr Samuel). Tal da Dr. A. Asplund jordfäs-
tes.·*Stockh.* 1815. 8.

Aspreno (Santo),
évêque de Naples.

Sigola (Sigismondo). La nobiltà gloriosa nella vita di S. Aspreno, primo christiano e primo vescovo della città di Napoli. *Napol.* 1691. 8.

Asquini (Girolamo dei conti),
savant italien.

Elogium H. Asquinii, comitis. *Mutin.* 1858. 8.

Asquini (Marco dei conti),
théologien italien.

Adorni (Giuseppe). Vita di monsignor M. dei Conti Asquini, canonico della insigne chiesa metropolitana arcivescovile di Udine. *Parma.* 1858. 8.

Assall (Emil Julius Friedrich),
magistrat allemand.

E. J. F. Assall, grossherzoglich sächsischer Stadtgerichtsactuar und Stadtschreiber zu Jena, nach seinem Leben und Wirken geschildert, etc., von einem seiner Freunde. *Jena.* 1848. 12.

Assarotti (Ottavio Giovanni Battista),
fondateur de l'institution des sourds-muets à Gênes (25 oct. 1753 — 29 janvier 1829).

Marcacci (Matteo). Elogio funebre del P. O. G. B. Assarotti delle scuole pie. *Livorn.* 1851. 8.

Scaniglia (Giuseppe). O. Assarotti; ragionamento storico. *Genov.* 1859. 8.

Assche (Henri van),
peintre belge (1774 — 11 avril 1841).

Voisin (Auguste). Notice sur H. van Assche. *Gand.* 1841. 8. (Extrait du *Messager des Sciences historiques de Belgique.*)

Asseline (Eustache de Saint-Paul),
théologien français († 1640).

(**Saint-Pierre**, Antoine de). Vie du R. P. D. E. de Saint-Paul Asseline, docteur de Sorbonne et religieux de la congrégation de Notre-Dame des Feuillans, etc. *Par.* 1646. 8. (*Bes.*)

Asser (Lodewyk),
jurisconsulte hollandais (13 mai 1802 — 30 déc. 1850).

Saint-Maurice Cabany (E... de). Notice nécrologique sur L. Asser, juge au tribunal d'arrondissement de la Haye, etc. *Par.* 1853. 8 *.

* On y trouve aussi une esquisse biographique sur le père de Louis, Charles Asser (15 février 1780 — 3 août 1836).

Assmann (Christian Gottfried),
théologien allemand († 18 février 1822).

Arndt (Ernst Moritz). Leben eines evangelischen Predigers, des C. G. Assmann, Pastors zu Hagen in Vorpommern. *Berl.* 1834. 8.

Assmann (Johann Christian Ferdinand),
théologien allemand.

Vorberg (N... N...) Gedächtnissrede über den verstorbenen Superintendenten Pastor Dr. Assmann. *Magdeb.* 1845. 8.

Astarte,
personnage mythologique.

Mueller (Johann Ernst). Dissertatio de Astarte s. Astaroth, a Phœniciis et Philistæis culta. *Lips.* 1685. 4.

Asti (Enrico, conte d'),
duc de Frioul.

Durandi (Jacopo). Memoria sopra E. conte d'Asti e della occidentale Liguria e dipoi duca del Friuli sotto Carlo Magno. *Torin.* 1811. 4.

Astier (Saint),
ermite français.

Aubertin (Nicolas). Vie de S. Astier, solitaire dans le Perigord, etc. *Nancy.* 1656. 12.

Astros (Paul Thérèse David de),
cardinal-archevêque de Toulouse (15 oct. 1772 — 29 sept. 1851).

(**Dassance**, N... N...). Notice sur Son Éminence le cardinal d'Astros, archevêque de Toulouse, et principalement de son épiscopat à Bayonne. *Par.* 1852. 8.

Astruc (Jean),
médecin français (19 mars 1684 — 5 mai 1766).

Lorry (Anne Charles). Éloge de J. Astruc, docteur en médecine de Montpellier et de Paris, professeur au collège royal. *Par.* 1767. 4.(Tiré à part à petit nombre.)

Ataïde, conde d'**Attouguia** (Luiz),
vice-roi des Indes († 9 mars 1581).

Castilho (Antonio de). Commentarios do Cerco do Coa

o Chaul no anno 1470, vizo rey D. L. de Ataïde. *Lisb.* 1573. 4. *Ibid.* 1736. 4.

Pereira (Antonio Pinto). Historia da India, no tempo emque a governou o vice-rey D. L. de Ataïde, etc. *Coimbra; s. d. Fol. Ibid.* 1617. Fol.

Macedo (Francisco de Santo Agostinho). Vida del grande D. L. Ataïde, conde de Attouguia y virey de la India. *Madr.* 1633. 4.

Atalaia (condessa da),
dame portugaise.

Reis (Antonio dos). Elogio funebre da condessa da Atalaia. *Lisb.* 1755. 4. Trad. en ital. *Lisb.* 1758. 4.

Atejus Capito (Cajus),
jurisconsulte romain.

Eck (Cornelis van). Dissertatio de vita, moribus et studiis Q. Antistii Labeonis et C. Ateii Capitonis. *Franeq.* 1692. 8.

Athanas,
historien grec.

Arnoldt (Johann Friedrich Julius). Dissertatio de Athana rerum Sicularum scriptore. *Gumbinn.* 1846. 4.

Athanase (Saint),
patriarche d'Alexandrie (vers 296 — 373).

Pezel (Christoph). Oratio de D. Athanasio, episcopo Alexandrino, complectens ejus historiam vitæ, certaminum et liberationum. *Wittcb.* 1573. 8. (*D.*)

Probus (Antonius). Oratio de S. Athanasio, Alexandrino episcopo, etc. *Lips.* 1585. 4. (*D.*)

C... (N... B... P...). Life and actions of S. Athanasius, together with the rise, growth and downfall of the Arian heresie. *Lond.* 1664. 8.

Hermant (Godefroy). Vie de S. Athanase, patriarche d'Alexandrie, divisée en XII livres. *Par.* 1671. 2 vol. 4. (*D.*) *Ibid.* 1672. 2. vol. 8. (*Bes.*). *Ibid.* 1679. 2 vol. 4. (*Bes.*) Trad. en allem. *Augsb.* 1741. Fol.

Kaller (Andreas). Athanasius ex historicis. *Wittcb.* 1674. 4. (*D.*)

Lubath (Martin). Dissertatio de exiliis Athanasii. *Witteb.* 1691. 4. (*D.*)

Sartorius (Johann). Dissertatio de Athanasio in persecutione fugiente. *Thorun.* 1697. 4.

Schmidt (Johann Andreas). Dissertatio de puero Athanasio baptizante. *Helmst.* 1701. 4. (*D.*)

Vockerodt (Gottfried). Programma pro Christi gloria pugnantium piorum doctorum fata in Alexandrini episcopi D. Athanasii exemplo repræsentata. *Gothæ.* 1710. 4. (*D.*)

History of the great S. Athanasius, bishop of Alexandria and of his famous creed. *Lond.* 1719. 8. (*D.*) Trad. en allem. *Frf.* et *Leipz.* 1754. 8. (*D.*)

Zinck (Friedrich Carl). Athanasius vindicatus. *Lips.* 1724. 4. (*D.*)

Moehler (Johann Adam). Athanasius der Grosse und die Kirche seiner Zeit im Kampfe mit dem Arianismus. *Mainz.* 1827-28. 2 vol. 8. (*D.*) *Ibid.* 1844. 2 v. 8. Trad. en franç. par Jean Cohen. *Par.* 3 vol. 8. Trad. en ital. *Milan.* 1843-44. 2 vol. 8.

Kaye (John). Some account of the council of Nicæa in connection with the life of Athanasius. *Lond.* 1853. 8.

Athénagoras,
philosophe grec (florissant vers 170 après J. C.).

Leyser (Andreas Polycarp). Dissertatio de Athenagora Atheniensi philosopho christiano. *Lips.* 1736. 4. (*D.*)

Clarisse (Theodor Adolph). Commentatio de Athenagoræ vita, scriptis et doctrina. *Lugd. Bat.* 1820. 4. (*P.*)

Athénodore,
philosophe grec.

Hoffmann (Johann Friedrich). Dissertatio de Athenodoro Tarsensi, philosopho stoico. *Lips.* 1732. 4.

Athin (Wathieu d'),
échevin belge († 1457).

(**Polain**, Mathieu Lambert). Le jour des rois ou la conspiration de W. d'Athin (1455), s. l. et s. d. (Liége, 1858). 8.

Attalus I, II, III,
rois de Pergame (I, 241 — 197; II, 159 — 138; III, 138 — 133 avant J. C.).

Manso (Johann Caspar Friedrich). Über die Attalen, ihr staatskluges Benehmen und ihre andern Verdienste. *Bresl.* 1815. 4.

Atterbury (Francis),
évêque de Rochester (6 mars 1662 — 15 février 1732).
Stackhouse (Thomas). Memoirs of the life, character, conduct and writings of Dr. F. Atterbury. *Lond.* 1727. 8. Trad. en allem. et augment. de notes par Gottfried Rudolph Pommer, genannt Bugenhagen. *Leipz.* 1724. 8. Portrait. (*D.*)

Atticus (Titus Pomponius),
chevalier romain.
Crell (Heinrich Christian). Dissertatio de T. P. Attico. *Lips.* 1720. 4.
Frisi (Paolo). Elogio di T. P. Attico. *Milan.* 1780. 8.
Stuss (Christian Friedrich). Der grosse Privatmann oder T. P. Atticus; eine Apologie. *Eisenach.* 1784. 8.
Schmidt (Joachim Jacob). Spicilegium observationum ad Cornelii Nepotis vitam T. P. Attici. *Basil.* 1789. 4.
Frémery (Jean Pierre). Commentarii ad quædam loca (Cornelii Nepotis) in vita Attici. *Lugd. Bat.* 1823. 4.
Hulleman (J... G...). Diatribe in T. P. Atticum, etc. *Traject. ad Rhen.* 1838. 8.

Attila,
roi des Huns († 453 avant J. C.).
Calanus (Juvencus Cæcilius). Attila, rex Hunnorum (ad calcem vitarum Plutarchi). *Venet.* 1502. Fol. *Ingolst.* 1604. Fol. *Poson.* 1756. Fol.
Callimachus (Philippus). Vita Attilæ. *Tarvis.* 1491. 4. *Hagenoæ.* 1534. 4.
Roth (Rudolph). Dissertatio de Attila, Hunnorum rege. *Jenæ.* 1671. 4. *Ibid.* 1679. 4.
Rabener (Justus Gotthart). Programma de Attila. *Freiberg.* 1688. 4.
Scarinus (Algotho). Attilæ regis gentisque Hunnorum vindiciæ. *Aboæ.* 1729. 8.
Bel (Matthias). Attila. *Poson.* 1745. Fol.
Olahy (Nicolaus). Attila s. de originibus gentis Hungaricæ, situ, habitu, opportunitatibus et rebus bello pacequae ab Attila gestis libri II, publ. par Adam Franz Kollar. *Vindob.* 1763. 4.
Meerheim (G... A...). Dissertatio de moribus Attilæ. *Witteb.* 1778. 4.
(**Link,** Gottlieb Christian Carl). Über Attila, König der Hunnen. *Altorf.* 1780. 4.
Gibbon (Edward). Leben Attila's, Königs der Hunnen. *Lüneb.* 1787. 8. (Trad. de l'angl. par A... H... v. Waltersern.)
Fessler (Ignaz Aurelius). Attila, König der Hunnen. *Bresl.* 1794. 8.
(**Mueller,** Johannes v.). Attila, der Held des fünften Jahrhunderts. *Wien.* 1806. 8.
Klemm (Gustav). Attila (und Walther von Aquitanien), nach der Geschichte, Sage und Legende. *Leipz.* 1827. 8.
Pierquin de Gembloux (Claude Charles). Attila, défendu contre les iconoclastes Roulez et de Reiffenberg. *Par.* 1843. 8.
Thierry (Amédée). Attila dans les Gaules. *Par.* 1852. 8. (Extrait de la *Revue des Deux-Mondes.*) Trad. en allem. s. c. t. Attila, Schilderungen aus der Geschichte des fünften Jahrhunderts, par Eduard Burckhardt. *Leipz.* 1852. 8.

Aretino (Lionardo). La guerra d'Attila, flagello di Dio, scritta in Latino per Tomaso d'Aquileja. *Ferrar.* 1568. 4.
Grangier (Jean). Dissertatio de loco, ubi victus Attila fuit olim. *Par.* 1641. 8. *Lips.* 1746. 4.
Fischer (Friedrich Christoph Jonathan). De prima expeditione Attilæ, regis Hunnorum, in Galliam, ac de rebus gestis Waltharii, Aquitaniæ principis. *Lips.* 1780. 4. (Comparez Aignan (saint)).

Relatione della sepoltura del gran Attila, rè degli Hunni, ritrovata dell' armi Cesaree vicino a Lippo, etc. *Vicenz.* 1690. 4.

Attilius,
poëte romain.
Sagittarius (Caspar). Vita Attilii cum ejusdem vita Livii Andronici, Ennii. *Altenb.* 1672. 8.

Attius (Lucius),
poëte romain.
Madvig (Johan Nicolaus). Commentatio de L. Attii Didascalicis. *Hafn.* 1831. 4.

Juncker (P... J...). Ilias Homeri ab L. Attio poeta in dramata conversa. *Conitz.* 1838. 4.
Hermann (Gottfried). Dissertatio de L. Attii libris Didascalion. *Lips.* 1841. 4.
Stahlberg (Carl). Commentationis de L. Attii vita et scriptis particula I. *Halæ.* 1844. 8.

Atto (San),
évêque de Pistoia.
Bracciolini (Cosmo). Vita del B. Atto, vescovo di Pistoia. *Firenz.* 1606. 4.

Auberlen (Samuel Gottlob),
musicien allemand (23 nov. 1758 — vers 1825).
Samuel Gottlob Auberlen's Leben, Meinungen und Schicksale, von ihm selbst beschrieben. *Ulm.* 1824. 8.

Aubert Dupetit-Thouars (Louis Marie),
voy. **Dupetit-Thouars.**

Aubertin (François),
graveur belge (6 juillet 1773 — 27 août 1821).
Goetghebuer (Pierre Joseph). Notice sur le graveur F. Aubertin, s. l. et s. d. 8.

Aubespine, marquis de **Châteauneuf** (Charles de l'),
ministre français (1580 — 1653).
Berthet (François). Discours funèbre fait aux obsèques du haut et puissant seigneur messire C. de l'Aubespine, marquis de Châteauneuf, etc., garde des sceaux (sous Louis XIII). *Par.* 1653. 4.

Aubigné (Théodore Agrippa d'),
historien français (8 février 1550 — 29 avril 1630).
Aubigné (Théodore Agrippa d'). Aventures du baron de Fœneste, s. l. (Genèv.) 1630. 12. Augm. de remarques historiques, de l'histoire secrète de l'auteur, escrite par luy-même, enrichie de notes par M... (Jacques) Le Duchat. *Cologne.* (*Par.*) 1729-30. 2 vol. 8 *.
* Ouvrage satirique contenant des anecdotes particulières sur différents événements arrivés sous les règnes de Henri III, Henri IV et Louis XIII.
Mémoires sur la vie de T. A. d'Aubigné, écrits par lui-même et revus (par N... N... Dumont), etc. *Amst.* 1731. 2 vol. 12.
(**Scott,** Sarah). Life of T. A. d'Aubigné. *Lond.* 1772. 8.
Lebensbeschreibung des L. A. d'Aubigné, Stallmeisters Heinrichs. *Tübing.* 1798. 8. (Extrait de l'*Autobiographie de d'Aubigné.*)
Sewrin (Charles Augustin). Les amis de Henri IV (T. A. d'Aubigné, M. de Sully, Biron et P. de Mornay). *Par.* 1805. 3 vol. 12. Trad. en allem. (par Johann Anton Wilhelm Gesner). *Leipz.* 1806. 3 vol. 8. *Ibid.* 1810. 3 vol. 8. 4 portraits.
Gérusez (N... N... de). Etudes historiques et littéraires. T. A. d'Aubigné. *Par.* 1838. 8. (Extrait de la *Revue française.*)

Aubigny (Comte),
maréchal de France.
Mémoires du comte d'Aubigny, maréchal de France, avec des anecdotes galantes par M... D... M... *La Haye.* 1746. 2 vol. 12.

Aubry (Jean Baptiste),
philosophe français (1736 — 4 oct. 1809).
(**Pseaume,** Étienne). Éloge de M. Aubry, ancien prieur bénédictin, membre de l'Académie de Nancy. *Par.* et *Nancy,* s. d. (1809). 8. (*Lv.*)

Aubusson (Pierre d'),
grand-maître de l'ordre de S. Jean de Jérusalem (1423 — 13 juillet 1503).
Bouhours (Dominique). Histoire de P. d'Aubusson de La Feuillade, grand-maître de Rhodes. *Par.* 1676. 4. (*Bes.*) *Ibid.* 1677. 4. *La Haye.* 1759. 8. Publ. avec des notes par N. N. de Billy. *Par.* 1806. 4. (*Bes.*) *Lille.* 1851. 12.
Trad. en allem. ...
Trad. en angl. *Lond.* 1679. 8.
Histoire de P. d'Aubusson, grand-maître de Rhodes. *Lille.* 1840. 12. *Ibid.* 1846. 12. (Extrait de l'ouvrage précédent.)

Audé (Pierre Antoine),
colonel français (31 mars 1775 — 22 avril 1848).
Notice sur le lieutenant-colonel du génie Audé, officier de la Légion d'honneur, conservateur de la galerie des plans-reliefs des places de guerre aux Invalides. *Par.* 1849. 8.

Audin (J... M... V...),
historien français (vers 1793 — 21 février 1851).

(**Hébrard**, Claudius). J. M. V. Audin. *Par.* 1851. 8.

Audouin (Jean Victor),
médecin français (27 avril 1797 — 9 nov. 1841).

Milne-Edwards (Henry). Notice sur la vie et les travaux de V. Audouin. *Par.* 1851. 8.

Audran (Gérard ou Girard),
graveur français (2 août 1640 — 26 juillet 1703).

Denon (Dominique Vivant). Notice sur G. Audran, s. l. et s. d. 4. Portrait. (Tiré à petit nombre.)

Auer (Johann Paul),
peintre allemand (1638 — 1687).

Weber (Paul). Leichpredigt auf Herrn J. P. Auer, kunstberühmten Maler. *Nürnb.* 1687. 4.

Auersperg (Fürsten und Grafen v.),
famille allemande.

Schoenleben (Johann Ludwig). Genealogia illustrissimæ familiæ principum, comitum et baronum ab Auersperg. *Laibach.* 1681. Fol.

Auersperg (Herbert, Freiherr v.),
général allemand.

Khissl (Georg v.). H. Auerspergi baronis rerum domi militiæque præclare gestis gloria præstantissimi vita et mors. *Labaci.* 1575. Fol.

Auerswald (Herren v.),
famille allemande.

Voigt (Johannes.) Beiträge zur Geschichte der Familie v. Auerswald, aus urkundlichen Quellen. Manuscript für die Familie. *Königsb.* 1824. 8. (Cet écrit n'est pas dans le commerce.)

Auerswald (N... N... v.),
général allemand (assassiné le 18 sept. 1848).

Heuser (Otto Ludwig). Die Ermordung der Reichstags-Abgeordneten Generals v. Auerswald und Fürsten (F.) Lichnowsky zu Frankfurt a Main; zugleich als Beitrag zu der strafrechtlichen Lehre vom Complott, etc. *Cassel.* 1850. 8.

Koestlin (Carl Reinhold). Auerswald und Lichnowsky; Zeitbild, nach den Acten des Appellations-Gerichtes zu Frankfurt am Main, etc. *Tübing.* 1853. 8.

Auger (Edmond),
jésuite français (1530 — 19 janvier 1591).

Bailly (Nicolas). Historia vitæ R. P. E. Augerii, qui primus ex societate Jesu Carolo IX et Henrico III Galliæ regibus a concionibus et a confessionibus sacramento fuit. *Par.* 1652. 8. (*D.*)

Dorigny (Jean). Vie du P. E. Auger, confesseur et prédicateur du roi Henri III. *Lyon.* 1716. (*Bes.*)

Péricaud (Antoine). Notice historique sur E. Auger (confesseur de Henri III). *Par.* 1828. 8. (Tiré à 100 exemplaires.)

Auguste (Octave),
empereur romain (63 — 31 avant — 29 août 14 après J. C.).

Corvinus (Messala). Libellus de progenie Augusti, publ. par Jacob Bedrotus. *Mogunt.* 1540. 8.

Glandorp (Johann). Notitia familiæ C. J. Cæsaris et C. Cæsaris Octavii Augusti. *Par.* 1634. 4.

Boecler (Johann Heinrich). Dissertatio de Cæsare Augusto ad Flori libr. IV, cap. 5. *Argent.* 1643. 4.

Graeff (Christoph).Vita C.Octav. Augusti. *Altenb.* 1666. 4.

Dieterich (Johann-Conrad). Historia Augusti, Tiberii, Caligulæ, Claudii, Neronis. *Giess.* 1666. 4.

Mueller (Friedrich). Examen chronologicum sententiæ Scaligerianæ de natali die Oct. Augusti. *Giess.* 1664. 4.

Rubens (Albert). Dissertatio de natali die Cæsaris Augusti. *Antwerp.* 1665. 4.

Leyser (Polycarp). Dissertatio de Augusto, successore sollicito. *Lips.* 1684. 4.

(**Citry de la Guette**, N... N...). Histoire d'Auguste. *Par.* 1686. 2 vol. 12. (*Bes.*)

(**Larrey**, Isaac de). Histoire d'Auguste. *Rotterd.* 1690. 8.

Lagerloef (Peter). Dissertatio de Romana sub Augusto felicitate. *Upsal.* 1695. 8.

Kooll (Johann). Oratio de artibus, quibus Augustus callide rempublicam Romanam invasit. *Ultraj.* 1696. 4.

Schurzfleisch (Conrad Samuel). Dissertatio de Octavio Augusto. *Lips.* 1698. 4.

Neu (Johann Christian). Dissertatio de breviario Augusti. *Tubing.* 1709. 4.

Hering (Johann Samuel). Dissertatio de duobus imperatoribus Romanis, Augusto et Tiberio, titulum Domini reformidantibus. *Sedin.* 1727. 4.

Grabener (Gottlieb). Notatio indolis morumque Oct. Cæsaris Augusti. *Misen.* 1740. 4.

Schaftesbury (Anthony Ashley of). Dissertation on the characters of Augustus, Horace and Agrippa, with a comparison between his two ministers, Agrippa and Mæcenas, etc. *Lond.* 1740. 4.

Ekerman (Peter). Dissertatio de Octavio Cæsare Augusto, literarum cultore et literatorum fautore. *Upsal.* 1747. 4.

Blackwell (Thomas). Memoirs of the court of Augustus. *Edinb.* 1753-63. 3 vol. 4. Contin. par John Mills. *Lond.* 1760. 3 Bde. *Basil.* 1794. 7 vol. 12. Trad. en franç. par Amédée Ambroise Feutry. *Par.* 1754. 3 vol. 12. *Ibid.* 1760. 4 vol. 12. *La Haye.* 1768. 3 vol. 12. *Ibid.* 1789. 3 vol. 12.

Lefebvre (Pierre). Abrégé de la vie d'Auguste. *Par.* 1760. 12.

Rolland (Jean François). Histoire de l'empereur Auguste. *Lyon.* 1825. 12. *Ibid.* 1830. 12.

Rouxelle (H... J...). Note sur Octave, etc. *Par.* 1826. 8.

Egger (A... E...). Examen critique des historiens anciens de la vie et du règne d'Auguste. *Par.* 1844. 8.

Stipmann (Franz). Diatribe de censu ab Augusto per orbem acto. *Gryphisw.* 1647. 4.

Rango (Conrad Tiburtius). Descriptio orbis universi a Cæsare Augusto facta. *Frf.* 1661. 4.

Obrecht (Ulrich). Dissertatio de censu Augusti. *Argent.* 1673. 4.

Wernsdorf (Gottlieb). Dissertatio de censu, quem Cæsar Octav. Augustus tempore nativitatis Christi per orbem terrarum fecit. *Witteb.* 1693. 4.

Richard (Berthold Christian). Dissertatio de censu Augusti universe indicto. *Witteb.* 1704. 4.

Wedel (Georg Wolfgang). Dissertatio de censu Augusti. *Jenæ.* 1704. 4.

Jani (Johann Wilhelm). De censu Romanorum primo recentiores quædam controversiæ. *Witteb.* 1715. 4.

Hermansson (Johan). Dissertatio de censu Octav. Augusti. *Upsal.* 1757. 4.

Volborth (Johann Carl). Commentatio de censu Quirinii ad Luc. II. *Gœtting.* 1785. 4.

Rhoer (Jacob de). Dissertatio de studiis literariis Cæsaris Augusti. *Groning.* 1770. 8.

Weichert (August). Commentationes II de Imperatoris Cæsaris Augusti scriptis eorumque reliquiis. *Grimmæ.* 1855-56. 4.

Rome galante ou histoire secrète sous les règnes de Jul. César et d'Auguste. *Par.* 1695. 2 vol. 12.

Auguste I,
électeur de Saxe (31 juillet 1526 — 1553 — 11 février 1586).

Verzeichniss, welchergestalt Churfürst Augusti I Leiche 1586 den 13. Mart. aus dem Schloss zu Dresden in die Creutzkirche gebracht, folgenden Tages nach Freyberg geführet und daselbst beigesetzet worden. *Leipz.* 1586. 4. *Magdeb.* 1586. 4.

Mirus (Martin). Drei Leichenpredigten übern Abschied Churfürstens Augusti. *Erfurt.* 1586. 4.

Ladislaus (Johann). Narratio exequiarum Augusto, electori Saxonum, habitarum. *Dresd.* 1586. 4.

Mylius (Georg). Oratio funebris de Augusto pacifico, justo, religioso, felice, benefico, Saxonum duce. *Witteb.* 1586. 4.

Albinus (Peter). Oratio, carmine scripta, in obitum electoris Saxonum Augusti. *Witteb.* 1586. 4.

Bojemus (Michael). Oratio de illustrissimo electore Augusto. *Lips.* 1586. 4.

Cellarius (Simon). Oratio de vita et obitu Augusti, electoris Saxonum. *Lips.* 1586. 4.

Fuhrmann (Jacob). Oratio funebris de electore Augusto. *Lips.* 1586. 4.

Fincelius (Job). Aristeus s. Justa exequiarum et encomium Augusti, electoris Saxonum, et gratulatio de nova gubernatione successori filio Christiano scripta. *Dresd.* 1586. 4.

Pabst (Michael). Allegoria oder Bedeutung des chur- und fürstlichen sächsischen Wappens, gerichtet auf das christliche Leben und seligen Abschied Churfürstens Augusti. *Freyberg.* 1586. 4. Augment. *Ibid.* 1586. 4.

Clamorinus (Bartholomæus). Oratio luctu plena de pio obitu D. Augusti, electoris Saxoniæ, oder kurtze Erzehlung und betrübte Rede von dem gottseligen Leben, allen Händeln zu Kriegs-und Friedenszeiten, glückseeliger Regierung und christlichem Absterben Churfürstens Augusti zu Sachsen. *Dresd.* 1586. 4.

Major (Johann). Parentatio s. memoria renovata Augusti, electoris Saxoniæ. *Witteb.* 1587. 4.

—— Parentatio anniversaria Augusto, secundum habita. *Witteb.* 1588. 4.

—— Parentatio tertium facta. *Witteb.* 1589. 4.

—— Parentatio quartum facta. *Witteb.* 1590. 4.

Friderici (Johann). Justa funebria anniversaria in memoriam illustrissimorum principum, Augusti et Mauritii, fratrum, ducum Saxoniæ. *Lips.* 1590. 4.

Typotius (Jacob). Apotheosis septemviri Augusti, ducis Saxoniæ. *Halæ.* 1598. 4.

Klinger (Johann). Oratio de Augusto, electore Saxoniæ. *Lips.* 1612. 4.

Gotter (Friedrich Gotthelf). Historia Saxoniæ tempore Augusti electoris. *Jenæ.* 1697. 4. *Ibid.* 1708. 4.

Peifer (David). Epistolæ, statum ecclesiæ et reipublicæ sub Augusto, Saxoniæ electoris, illustrantes; avec préface par Johann Franz Buddæus. *Jenæ.* 1708. 4.

Ossa (Melchior v.). Testament gegen Herzog Augustum, Churfürsten zu Sachsen, etc. *Halle.* 1717. 4.

Schubert (Georg Adolph). Programma de meritis electoris Augusti in jurisprudentiam Saxonicam. *Lips.* 1719. Fol.

Gottsched (Johann Christoph). Zwo Lobschriften auf Churfürst Friedrich den Streitbaren und Churfürsten Augustum den Gütigen. *Leipz.* 1746. 4.

Boehme (Johann Gottlieb). Oratio de Augusti Saxoniæ ducis singulari in litteras et artes studio. *Lips.* 1764. 4.

Schmidel (Christian). Elector Augustus, Saxoniæ legislator. *Lips.* 1764. 4.

Roessig (Carl Gottlieb). Programma de Augusto I, electoris Saxoniæ, œconomiæ privatæ principe nec non politiæ experientissimo. *Lips.* 1784. 4.

Auguste II, surnommé le Fort,

électeur de Saxe et roi de Pologne (12 mai 1670 — couronné roi de Pologne le 15 sept. 1697 — déposé le 19 avril 1704 — 1709 — mort le 1er février 1733).

Koenig (Johann Ulrich). Heldenlob Sr. Königlichen Majestät in Polen und Churfürstlichen Durchlaucht zu Sachsen, Friedrich Augusts. *Dresd.* 1719. Fol.

Lesgewang (Carl Ludwig v.). Panegyricus Friderico Augusto, regi Poloniæ dictus. *Witteb.* 1720. Fol.

Kirchmaier (Georg Wilhelm). Panegyricus Friderico Augusto, regi Poloniarum dictus. *Witteb.* 1727. Fol.

Mackphail (Alexander). Panegyris heroica de laudibus Friderici Augusti, regis Poloniæ. *Cellis.* 1729. Fol.

Seyler (Georg Daniel). Oratio in memoriam (Friderici) Augusti II. *Elbing.* 1733. 4.

Fassmann (David). Glorwürdigstes Leben und Thaten Friedrich Augusts des Grossen, Königs in Polen und Churfürsten zu Sachsen. *Hamb.* 1733. 8. Augment. par J(ohann) G(eorg) H(onn). *Frf.* 1734. 8. *Leipz.* 1740. 8.

Mittag (Johann Gottfried). Leben und Thaten Friedrich Augusts II. *Leipz.* 1733. 8. Augment. *Leipz.* 1734. 8.

Merkwürdiges Leben König Friedrich Augusts II. *Frf.* 1733. 2 vol. 8.

Budaeus (Johann Christian Gotthelf). Grosser sächsischer Friedrich und polnischer August oder das gloriöse Leben Friedrich Augusts. *Löbau et Budiss.* 1733. Fol.

—— Glorwürdigstes Leben und unvergleichliche Thaten Friedrich Augusts II, etc. *Budiss.* 1733. Fol. Augment. *Budiss.* 1734. Fol.

—— Vorläufiger Bericht einer historisch-pragmatischen Beschreibung derer Lebens-und Helden-Geschichte Sr. M. Friedrich Augusts, etc. *Goerl.* 1733. 4.

Herka (Johann Cantius). Memoria sæculorum in immortalibus recte factis (Friderici) Augusti II, etc. *Cracov.* 1734. Fol.

Lebensbeschreibung Friedrich Augusts II, Königs in Polen und Churfürsten zu Sachsen. *Berl.* 1734. 8.

Albani (Annibale). Ragguaglio delle solenni esequie celebrate in Roma nella Basilica di S. Clemente alla sacra di Federigo Augusto, rè di Polonia. *Rom.* 1735. Fol. (Très-rare.)

Lengnich (Gottfried). Laudatio Augusti II, regis Poloniæ. *Gedan.* 1733. Fol. Trad. en allem. par Johann Joachim Schwabe. *Leipz.* 1733. Fol.

—— Oratio de Augusto II, rege Poloniæ. *Gedan.* 1733. 4.

Boerner (Christian Friedrich). Oratio panegyrica de Friderico Augusto, Poloniæ rege. *Lips.* 1733. Fol.

Schultze (Georg Peter). Æterna memoria Augusti II, regis Poloniæ et electoris Saxoniæ, in numis. *Thorun.* 1733. Fol.

Freytag (Friedrich Gotthilf). Programma de meritis Augusti regis in bonas litteras. *Numburg.* 1733. Fol.

Coste (Pierre). Discours prononcé dans l'église française de Leipzig à l'occasion de la mort de Frédéric Auguste. *Leipz.* 1733. 8. (Ce discours, omis par Quérard, est écrit en français et en allemand.)

Berhnauer (Georg Christian). Programma Fridericum Augustum cum Trajano comparans. *Budiss.* 1733. Fol.

Rinck (Christian Gottfried Lorenz). Oratio de Friderico Augusto, cum genealogia, qua idem duodecies a Jagellone s. Vladislao, rege Poloniæ, descendit. *Altd.* et *Norimb.* 1733. Fol.

—— Oratio docens animum Friderici Augusti in utraque fortuna magnum. *Altd.* 1734. Fol.

Soares de Barros (José Joaquim). Vita de Augusto (II), rey de Polonia. *Lond.* 1759. 8.

Conradi (Michael). Lebens- und Regierungsgeschichte Friedrich Augusts II, Königs von Polen und Churfürsten zu Sachsen, etc. *Leipz.* 1797. 4.

Foerster (Friedrich). Friedrich August II, König von Polen und Churfürst von Sachsen, seine Zeit, sein Cabinet und sein Hof. *Potsd.* 1839. 8.

Bieleki (Martin). Majestas regni Sarmatici in Augusto II rege Poloniæ adorata. *Cracov.* 1697. Fol.

Oslinski (Martin). Panegyricus Augusto II, regi Poloniæ consecratus. *Cracov.* 1697. Fol.

Artenski (Raphael Casimir). Thronus regni Poloniæ imperatorum, regum et Saxonum principum virtutum decoribus orbi christiano affulgens, Augusti II, regi Poloniæ dicatus. *Cracov.* 1697. Fol.

Buchowski (Andreas Stanislaus). Panegyricus Augusto II, Poloniæ regi, coronam fascesque regios suscipienti, consecratus. *Cracov.* 1697. Fol.

Wiszniowski (Gregor Adalbert). Princeps honorum, aquila Poloniæ Friderico Augusto, electori Saxoniæ, fœderata. *Vratislaw.* 1697. Fol.

Beichlingen (Johann Siegmund v.). Panegyricus Friderico Augusto, regi Poloniæ et electori Saxoniæ dictus. *Halæ.* 1697. Fol.

Schurzfleisch (Conrad Samuel). Solemnia gratulationis ad Dom. Augustum II, regem Poloniæ, etc. *Witteb.* 1697. Fol.

Das in ganz Europa herrschende durchlauchtigste Churhaus Sachsen. *Dresd.* 1697. Fol. Trad. en latin. *Lips.* 1697. Fol.

Stuebel (Johann Jacob). Dissertatio panegyrica de comparatione Augusti I et II, regum Poloniæ. *Annab.* 1698. Fol.

Cybonus (Christoph Johann). Culmen gloriæ et felicitatis Poloniæ, Augustus II, rex Poloniarum in montibus Leoburgicis exceptus. *Lublin.* 1698. Fol.

Curicke (G... R...). Freuden-Bezeugung der Stadt Leipzig über die königliche Wahl und Krönung Augusti II, nebst Beschreibung des königlichen Einzugs in diese Stadt. *Danz.* 1698. Fol.

Wendel (Wolff Dietrich). Hieroglyphische Beschreibung des Freuden-Jubel über die Eroberung Camininc und über den fröhlichen Einzug (Augusts II) in Dresden. *Halle.* 1699. Fol.

La Bizardière (Michel David de). Histoire de la scission ou division arrivée en Pologne le 17 juin 1697 au sujet de l'élection d'un roi. *Par.* 1699. 12. *Amst.* 1700. 12. *Ibid.* 1713. 12.

(**Prebendowski**, M...). Mémoires sur les dernières révolutions de Pologne sous Frédéric Auguste (en 1709). *Rotterd.* 1710. 8. Trad. en allem. s. c. t. Historische

Nachricht über die neulich (1709) in Polen entstandene Revolution, s. l. 1710. 8.
(**Labarre de Beaumarchais,** Antoine de). Histoire de Pologne sous le roi d'Auguste II. *La Haye.* 1733. 2 vol. 8 ou 4 vol. 12 *. Trad. en allem. *Mitau.* 1771-72. 2 vol. 8.
* Quérard attribue cette histoire à Jean Baptiste Desroches de Parthenay.
Lengnich (Gottfried). Geschichte des Königreichs Polen unter (Friedrich) August II. *Danz.* 1755. Fol.

Patthenius (Johann Philipp). Dissertatio politica de dethronisatione (Augusti II). *Gryphisw.* 1704. 4.
Ursachen, warum der König in Polen (Friedrich August) den Prinzen Jacob hat in Verwahrung bringen und halten lassen. *Leipz.* 1704. 4.
Der fälschlich vermeinte König in Pohlen (Stanislaus) Leczinsky. *Leipz.* 1704. 4.

Pasquini mit dem Marforio gehaltenes Gespräch über die sämmtlichen pohlnischen Affairen. *Cœln.* 1707. 8.

(**Poellnitz,** Carl Ludwig v.). La Saxe galante. *Amst.* 1734. 2 vol. 12. *Frf.* 1776. 8. Trad. en allem. *Amst.* 1755. 12. *Frf.* 1776. 8. *Stuttg.* 1837. 8.
(**Schulz,** Friedrich). Liebschaften Augusts II, Königs von Polen. *Ludwigsl.* 1755. 8. *Berl.* 1784. 8. *Regensb.* 1784. 8 *.
* Ce n'est qu'une traduction libre de la *Saxe galante.*
Diemer (Henrich August Christian Daniel). Ioannes Georgius I, elector Saxoniæ; et Fridericus Augustus II, rex Poloniæ, rei judiciariæ legislatores. *Lips.* 1804. 8.
Auguste III (Frédéric), roi de Pologne, électeur de Saxe (7 oct. 1696 * — 3 février 1733 — 5 oct. 1763).
Carpzov (Samuel Benedict). Dank- und Taufpredigt bei der Geburt Friedrich August's. *Dresd.* 1696. 4.
Friesen (Christian August v.). Gratulatio ad electorem Fridericum Augustum de nato Friderico Augusto principe. *Witteb.* 1696. Fol. Trad. en allem. *Wittenb.* 1696. Fol.
Fuhrmann (Christian). Bekröntes Sachsen bey der Geburt des Churprintzen (Friedrich August) von Sachsen. *Dresd.* 1696. 8.
Sebottendorf (Carl Heinrich v.). Spes patriæ in Friderico Augusto. *Goerlic.* 1703. Fol.
Hartitzsch (Johann Theodor v.). Oratio gratulatoria ad Fridericum Augustum, XX annum feliciter ingressum et ex gravi morbo eluctatum. *Witteb.* 1716. Fol.
* C'est par faute d'impression que la Biographie universelle de Michaud le fait naître en 1676.

(**Poellnitz,** Carl Ludwig v.). État abrégé de la cour de Saxe sous le règne d'Auguste III, roi de Pologne et électeur de Saxe. *Amst.* 1734. 12.
Trad. en allem. *Bresl.* 1756. 8.
Trad. en holland. *Leyde.* 1755. 8.
Mittag (Johann Gottfried). Leben und Thaten Friedrich Augusts III. *Leipz.* 1737. 8.
Leben Augusts III, Königs von Polen und Churfürsten von Sachsen, historisch und practisch (?) geschildert. *Leipz.* 1764. 8.

Gelenius (Jonas). Hodœporicon Friderici Augusti, ducis Saxoniæ. *Dresd.* 1719. Fol.
Vollständige Beschreibung der Vermählungs-Ceremonien Friedrich Augusts mit der Erzherzogin Maria Josepha (von Oesterrich) in Wien, s. l. 1719. 4.
Beschreibung des prächtigen Einzugs des königlichen und Chur-Prinzen von Sachsen mit seiner durchlauchtigsten Gemahlin (Maria Josepha) in Dresden (2. Sept. 1719.). *Dresd.* 1719. 4.
Mencke (Johann Burchard). Rede bei der hohen Vermählung des durchlauchtigsten Fürsten Friedrich August mit der durchlauchtigsten Fürstin Marie Josephe *Leipz.* 1719. Fol. Trad. en lat. *Lips.* 1719. Fol. et 4.
Strunz (Friedrich). Panegyricus, in quo gloriosam, faustam, salutaremque connubii societatem inter serenissimam Mariam Josepham prosecuta est academia Witebergensis. *Witteb.* 1719. Fol.
Ayrmann (Christoph Friedrich). Oratio gratulatoria s.

fortuna aurea Augustorum Saxoniæ ex connubio Friderici Augusti cum Maria Josepha. *Witteb.* 1719. 4.

Seidel (Samuel). Krönungs-Gedächtniss Augusti III, Königs in Pohlen und Churfürstens zur Sachsen. *Lauban.* 1736. 4.

Mascov (Johann Jacob). Dissertatio de legitima electione et coronatione Poloniarum regis (Friderici) Augusti III. *Lips.* 1734. 4.
(**Koenig,** Johann Ulrich). Pohlnische Krönungsgeschichte Augusts III und seiner Gemahlin Maria Josepha. *Dresd.* 1734. 4.
Nachricht von dem prächtigen Einzug Augusts III, gehalten in Krakau am 14. Januar 1734. *Dresd.* 1734. 4.
Jarmundowicz (Caspar). Panegyricus Augusto III et Mariæ Josephæ, regibus Poloniæ, ipso inaugurationis die oblatus. *Cracov.* 1734. Fol.
Kapp (Johann Erhard). Oratio panegyrica, qua Friderico Augusto, regi Poloniarum et electori Saxoniæ inaugurationem regiam gratulatus est. *Lips.* 1734. Fol.
Flemming (Adam Heino Heinrich v.). Crone der sächsischen Raute. *Wittenb.* 1734. Fol.
Mueller (Gottfried Ephraim). Triumphus Augusti III debellatis in Polonia rebellibus. *Lips.* 1733. 4.

Triller (Daniel Wilhelm). Panegyricus ad supremum honorem Friderici Augusti (III). *Witteb.* 1764. 4.
Auguste, duc de Saxe et administrateur de l'évêché de Naumbourg († 1616).
Friderici (Johann). Panegyricus exequialis Augusto, duci Saxoniæ dictus. *Lips.* 1616. 4.
Hutter (Leonhard). Laudatio funebris Augusti, ducis Saxoniæ et administratoris postulati Numburgensis præsulatus. *Witteb.* 1616. 4.
Stegmann (Johann). Threnologia super obitum Augusti, ducis Saxoniæ, postea administratoris episcopatus Numburgensis. *Lips.* 1616. 4.
Auguste, duc de Saxe, administrateur de l'évêché de Magdebourg († 1680).
Schieferdecker (Johann). Laudes panegyricæ Augusti, ducis Saxoniæ. *Halæ.* 1664. 4.
Faelckner (Johann Balthasar). Panegyricus Augusto, administratori archiepiscopatus Magdeburgensis dictus, quo ejus familia, vita et res gestæ adumbrantur. *Leucopetr.* 1669. 4.
Dauderstadt (Heinrich). Genius Augusti delineatus. *Lips.* 1671. Fol.
Olearius (Johann). Oratio parentalis in Augusto, duci Saxoniæ, etc. *Lips.* 1680. Fol.
Funeralia Augusti, archiepiscopatus Magdeburgensis administratoris. *Magdeb.* 1680. Fol.
Auguste II, duc de Brunswick-Lunebourg (15 avril 1579 — 1635 — 17 sept. 1666).
Goscius (Michael). Arboretum Augusti principis Brunsvico-Luneburgensis. *Guelph.* 1655. 8.
Hildebrand (Joachim). Parallela augusta Cæsaris Octaviani Augusti et serenissimi ducis Augusti Brunsvico-Luneburgensis, totius Europæ principum senioris. *Helmst.* 1662. 4.
Auguste Frédéric, duc de Brunswick-Lunebourg († 1677).
Obrecht (Ulrich). Oratio in funus Augusti Friderici, ducis Brunsvico-Lunæbergensis. *Argent.* 1677. 4.
Auguste Frédéric Guillaume Henri, prince de Prusse, oncle de Frédéric Guillaume III, roi de Prusse (19 sept. 1779 — 19 juillet 1843).
Die letzten Augenblicke des Prinzen August von Preussen. *Bromb.* 1843. 8.
Hube (Friedrich). Denkwürdigkeiten S. K. H. des Prinzen August von Preussen. *Berl.* 1843. 8. Portrait.
Schaller (Julius). Denkwürdige Momente aus dem thatenreichen Leben S. K. H. des Prinzen August von Preussen. *Berl.* 1846. 8. Portrait.
Auguste de Galles, épouse du duc de Brunswick.
Bommer (Heinrich Wilhelm). Trauerrede auf die Herzogin (Auguste) von Braunschweig. *Heidelb.* 1808. 8.

Augustenbourg (Christian August, prince d'),
prince de Schleswig-Holstein et prince royal de Suède (9 juillet 1768
— 28 mai 1810).

Ipsen (A...). Christian August, Prinz zu Schleswig-Holstein, nachmals Kronprinz von Schweden ; Episode der nordischen Reiche. *Kiel*. 1852. 8 *.

* On soupçonne que ce prince, adopté par Charles XIII, qui n'avait point d'enfants , a été empoisonné par le comte Axel Fersen , qui fut mis en pièces par le peuple irrité aux funérailles du prince.

Augustenbourg (Friderik Christian, Hertug til Schleswig-Holsten),
homme d'État danois (28 sept. 1765 — ... 1814).

Solemnia funebria universitatis Hafniensis in obitu principis serenissimi et celsissimi Friderici Christiani. *Hafn*. 1814. 4. (En lat. et en dan.).

Augusti (Friedrich Albrecht),
théologien allemand (1696 — 1782).

Lebensgeschichte F. A. Augusti, welcher vor seiner Bekehrung unter dem Namen Josua Ben Abraham Herschel die Stelle eines jüdischen Rabbi in Sondershausen bekleidet u. s. w. *Erfurt*. 1751. 8. (*D.*)

Leben F. A. Augusti's. *Gotha*. 1779. 8. (*D.*) *Erf*. 1791. 8.

Augusti (Ernst Friedrich Anton). Nachrichten von dem Leben , Schicksal und Bekehrung F. A. Augusti , eines vormaligen jüdischen Rabbi und nachherigen dreiundfünfzigjährigen christlichen Lehrers. *Gotha*. 1783. 8.

Augustin (Saint Aurèle),
évêque d'Hippone (13 nov. 354 — 28 août 430).

Moring (Gérard). Vita S. Augustini, ex ipsius potissimum sanctissimi viri monumentis. *Antw*. 1853. 8.

Fivizani (Agostino). De vita S. Augustini. *Rom*. 1587. 4.

Leven S. Augustini, bischop van Iponien, mit het leven van zyn vader Patricius ende zyn moeder Monica, van him self beschreven. *Leyd*. 1601. 8. (*D.*)

Anjos (Luiz dos). De vita et laudibus S. Augustini. *Conimbr*. 1612. 4. *Par*. 1614. 8.

Lancelot (Corneille). Vita S. A. Augustini, Hipponensis episcopi. *Par*. (1614). 12. *Antw*. 1616. 8. (*D.*)

Witweiler (Georg). Vita S. Augustini, ecclesiæ doctoris. *Constant*. 1624. 8.

Mayr (Wilibald). Vita A. Augustini, iconibus olim illustrata , rudiori nunc calamo explicata. *Ingoldst*. 1631. Fol. (*D.*)

Rivius (Johann). Vitæ D. A. Augustini ex operibus ejus concinnatæ, rerumque ab eo gestarum et scripturarum libri IV. *Antw*. 1646. 4. (*D.*)

Godeau (Antoine). Vie de S. Augustin, évesque d'Hyppone. *Par*. 1652. 4. (*D.*)

Gil de Gama (Leonarda). Vita de S. Agostinho. *Lisb*. 1744. 4. (Publ. s. l. n. de *Magdalena da Gloria*.)

Berti (Giovanni Lorenzo). De rebus gestis S. Augustini, librisque ab eo conscriptis. *Venet*. 1756. 4.

Gugler (Franz Xaver v.). Lobrede auf den heiligen Augustin und das Fest aller Heiligen. *Freiburg*. 1769. 4.

Mann (Friedrich). Erinnerungen an den heiligen A. Augustinus, Bischof von Hippo. *Berl*. 1809. 4. (*D.*)

Clausen (H... N...). A. Augustinus sacræ scripturæ interpres. *Hafn*. 1827. 8.

Bleton (Jean François). Vie de S. Augustin. *Lyon*. 1828. 18.

Mayr (Felix). Divus Augustinus vitæ spiritualis magister. *Ticin*. 1832. 2 vol. 12. Trad. en allem. *Schaffhaus*. 1843. 2 vol. 8.

Petit (Augustin Adrien). Vie de S. Augustin. *Lyon*. 1835. 8.

Waitzmann (Johann Georg). Die Erhabenheit, Macht und Schönheit des katholischen Glaubens, oder Lebensgeschichte des heiligen Augustin. *Augsb*. 1853. 12.

Goens (Frans Cornelius Jan van). De A. Augustino Apologeta sec. libros de civitate Dei. *Amst*. 1838. 8.

Roux (Adrien). Dissertatio de A. Augustino, adversario Donatistarum. *Lugd. Bat*. 1838. 8.

Vincent (J... L...). Histoire de S. Augustin , évêque d'Hippone (aujourd'hui Bone) en Afrique. *Par*. 1838.18.

Kloth (Friedrich Arnold Gregor). Der heilige Kirchenlehrer A. Augustinus. *Aach*. 1840. 2 vol. 8.

Bindemann (N... N...). Der heilige Augustin, dargestellt, etc. *Berl*. 1844. 8.

Poujoulat (N... N...). Histoire de S. Augustin, sa vie, ses œuvres , son siècle, influence de son génie et ses ouvrages. *Par*. 1844. 3 vol. 8. Portrait. *Brux*. 1847. 5

vol. 8. Trad. en allem. par Friedrich Hurter. *Schaffh*. 1845-46. 3 vol. 8.

Sintzel (Michael). Vita A. Augustini episcopi Hipponensis auctore incerto, etc. *Solisbac*. 1843. 8. Portrait.

Braune (Carl). Monica und Augustinus ; biographischer Versuch zur rechten Würdigung der Macht des Christenthums. *Grimma*. 1846. 8.

Oakeley (Frederik). Histoire de S. Augustin, apôtre des Anglais, et du premier établissement du christianisme en Angleterre, trad. de l'angl. par Jules Gondon. *Par*. 1846. 18.

Lebensbeschreibung des Kirchenvaters Aurelius Augustinus, Bischofs von Hippo. *Zürch*. 1850. 8.

Eisenbarth (Anselm). Der heilige Augustinus, sein Leben und seine Lehre in 25 Erzählungen, etc. *Stuttg*. 1853. 8.

Augustin (Antonio),
archevêque de Tarragone (25 février 1517 — 31 mai 1586).

Schott (Andreas). Laudatio funebris A. Augustini , archiepiscopi Tarraconensis, in qua de ejus vita scriptisque disseritur. *Lugd. Bat*. 1586. 4.

Mayans y Siscar (Gregorio). Vida de D. A. Augustin. *Madr*. 1743. 4. (*D.*)

Augustin (Anton),
jurisconsulte allemand (?).

Neuber (Christian Ludwig). A. Augustin und sein civilistischer Nachlass ; Erinnerung an ihn, wie an seine Verdienste um das Civilrecht. *Berl*. 1832. 8. (*D.*)

Aultanne (Joseph Augustin de Fournier, marquis d'),
général français (18 août 1759 — 7 janvier 1828).

Notice sur la vie et les obsèques du général d'Aultanne. *Uzès*. 1828. 4.

Augustinus Olomucensis ,
prêtre allemand.

Boehme (Johann Gottlob). Commentariolus de Augustino Olomucensi et patera ejus aurea. *Dresd*. et *Lips*. 1758. 8. (*D.* et *L.*)

Aure (Sainte),
abbesse de l'ordre de S. Benoit.

Quétif (Jacques). La vie et les miracles de S. Aure, abbesse de l'ordre de S. Benoit. *Par*. 1625. 8. Augment. *Ibid*. 1625. 8.

Aureng-Zeyb (Mohhy Ed-Dyn),,
empereur de l'Hindoustan (20 oct. 1619 — 21 février 1707).

Wackerbarth (August Joseph Ludwig v.). Schilderung des Kaisers Aurengzeb. *Leipz*. 1794. 8.

Aurivillius (Carl),
philologue suédois (16 août 1717 — 19 janvier 1736).

Floderus (Johan). Oratio funebris in obitum C. Aurivillii. *Upsal*. 1786. 4.

Dahl (Christopher). Minne öfver Professoren C. Aurivillius. *Upsal*. 1793. 8.

Aurivillius (Ericus),
jurisconsulte suédois (31 juillet 1643 — 5 février 1702).

Norrmann (Laurens). Memoria vitæ et mortis E. Aurivilii, in ejus funere recitata. *Upsal*. 1702. 4.

Ausborn (Johann Caspar),
magistrat allemand.

Overbeck (Johann Daniel). Memoria J. C. Ausborn, reipublicæ Lubecensis senatoris. *Lubec*. 1770. Fol.

Ausius (Henrik),
philologue suédois (vers 1603 — 23 avril 1659).

Pontinus (Johannes). Oratio funebris in obitum D. H. Ausii, græcæ linguæ professoris Upsaliensis. *Upsal*. 1657. Fol.

Ausone (Decius Magnus),
poète romain (vers 309 — 394).

Kupffender (Gottfried). Dissertatio de D. M. Ausonio poeta. *Witteb*. 1677. 4.

Puettmann (Josias Ernst Ludwig). Diatribe de epocha Ausoniano fictoque D. M. Ausonii consulatu Burdigalensi, etc. *Lips*. 1776. 4.

Heyne (Christian Gottlob). Censura ingenii et morum Ausonii cum memorabilibus ex ejus scriptis. *Goetting*. 1802. Fol.

Démageot (J...). Études historiques et littéraires sur Ausone. *Bord*. 1857. 8.

Puymaigre (M... de). Vie d'Ausone, s. l. et s. d. 8.

Ausonico (Ortofilo),
littérateur italien.

(**Pasero de Cornegliano**, Carlo). Notice bibliographique et critique sur les écrits de M. le comte O. Ausonico. *Par.* 1820. 8.

Austreberte (Sainte),
abbesse de Pavilly († 703).

Martin (Simon). Vie de S. Austreberte, *Par.* 1635. 8.

Dutertre (Jean Baptiste). Vie de S. Austreberte, vierge, première abbesse de l'abbaye de Pavilly, près de Rouen. *Par.* 1658. 12.

Autenrieth (Johann Heinrich Ferdinand v.),
médecin allemand (20 oct. 1772 — 3 mai 1835).

Pressel (M...). Worte an Autenrieth's Grabe. *Tübing.* 1835. 8.

Autolycus Pitanaeus,
mathématicien grec (vers 330 avant J. C.).

Carpzov (Johann Benedict). Diatribe de Autolyco Pitanæo, mathematico, et scriptis ejus, quæ supersunt. *Lips.* 1744. 4.

Auvray (Claude),
évêque de Coutance († 1647).

Blanger (Pierre ? de). Oraison funèbre de C. Auvray. *Coutance.* 1647. 4.

Auzeel (N... N...),
médecin allemand.

Westermann (Nicolaus). Programma in memoriam Doct. Auzeel. *Frf. ad Viadr.* 1724. Fol.

Avalle (Luigi),
littérateur (?) italien.

Pacelli (Francesco). Biografia di L. Avalle. *Casale.* 1854. 4.

Avaray (Antoine Louis François, duc d'),
capitaine français (8 janvier 1759 — 4 juin 1811).

Notice historique sur le duc d'Avaray, capitaine des gardes au corps du roi, s. l. et s. d. 8.

Aveiras (condessa d'),
dame portugaise.

Oliveira (Filippe de). Oraçaõ funebre da condessa d'Aveiras. *Lisb.* 1742. 4.

Avellar (Francisco Gomez de),
évêque des Algarves (17 janvier 1739 — 15 déc. 1816).

Breve biographia de D. F. G. de Avellar, bispo do Algarve, etc. *Lisb.* 1842. 16.

Avellino (Saint Andrea),
théatin italien (1521 — 10 nov. 1608).

Stella (Girolamo). Orazione in lode di S. A. Avellino. *Napol.* 1621. 8. *Siracusa.* 1629. 8.

—— Panegirico in lode di S. A. Avellino. *Napol.* 1623. 4.

Maria (Gaëtano). Vita di S. A. Avellino della religion Teatina. *Venez.* 1714. 4. Portrait.

(**Du Marché**, Olympe). Abrégé de la vie de S. A. Avellin, prêtre de la congrégation des clercs réguliers théatins, canonisé par notre saint-père Clément XI. *Paris.* 1713. 12.

Leben des heiligen A. Avellin aus dem Orden der Theatiner. *Münch.* 1784. 3 vol. 4.

Avellino (Francesco Maria),
archéologue italien (14 août 1788 — 9 janvier 1850).

Elogio funebre e poetiche composizioni, recitate in onore di F. M. Avellino. *Napol.* 1850. 4.

Avenarius (Johannes),
théologien allemand (1516 — 5 sept. 1590).

Oertel (Johann). Leichenpredigt des Dr. J. Avenarius. *Leipz.* 1599. 4. *Ibid.* 1601. 4. (*D.*)

Fischer (Johann Georg). Lebensgedächtniss Dr. J. Avenarii, des ersten Naumburgischen Stifts-Superintendenten zu Zeitz. *Naumb.* 1708. 4.

Avenarius (Joseph),
théologien allemand.

Lauterbach (Erhard). Leichenpredigt nebst Lebensbeschreibung J. Avenarii. *Jena.* 1654. 4. (*L.*)

Aventinus (Johann),
historien allemand (1466 — 9 janvier 1534).

Moller (Daniel Wilhelm). Disputatio circularis de J. Aventino. *Altorf.* 1698. 4. (*L.*)

Zeiske (Johann Gottfried). Programma de nimio Aventini in Bojariam patriam studio. *Budiss.* 1742. Fol.

Buettinghausen (Carl). Dissertatio de J. Aventini

vitiis commissis in vita Othonis Wittelsbachii. *Heidelb.* 1761. 4.

Averani (Benedetto),
philologue italien (19 juillet 1645 — 28 déc. 1707).

Salvini (Antonio Maria). Orazione in morte di B. Averani. *Firenz.* 1709. 4.

Averani (Giuseppe). B. Averani vita et præfatio in ejus opera. *Firenz.* 1717. 8.

Averani (Giuseppe),
jurisconsulte italien (1662 — 24 août 1738).

Ricci (Angelo Maria). Oratio de J. Averanio, doctrinæ, probitatis ac humanitatis exemplo. *Florent.* 1740. 4.

Averroës *,
médecin philosophe arabe (1120 — 12 déc. 1198).

Renan (E...). Averroës et l'Averroïsme. *Par.* 1852. 8.

* Corruption du nom arabe d'Abxx ou Ibn-Roschd.

Aviau, voy. **Daviau.**

Avicenne,
médecin arabe (980 — 1037).

Patini (Carlo). Oratio de Avicenna. *Patav.* 1678. 4.

Klein (Sigismund). Dissertatio historico-medica de Avicenna medico. *Vratisl.* 1846. 8.

Avila (Juan de),
théologien espagnol (vers l'an 1500 — 10 mai 1569).

Granada (Luis de). Vida de J. de Avila. *Madr.* 1588. 4.

Ruiz (Martin). Vida y obras de J. de Avila, predicador apostolico de Andaluzia. *Madr.* 1618. 2 vol. 4. *Ibid.* 1757. 2 vol. 4.

Munoz (Luis). Vida y virtudes del venerable siervo de Dios maestro J. de Avila. *Madr.* 1635. 4.

Cuvelier (Michel). Idea viri apostolici J. Avilæ. *Colon.* 1650. 16.

Avogaro (Rambaldo **Azzoni**, conte),
archéologue italien (11 nov. 1719 — 23 sept. 1790).

Tiraboschi (Girolamo). Elogio storico di R. de' conti Azzoni Avogaro. *Bassan.* 1791. 8.

Avrillon (Jean Baptiste Elie),
ascétique français (1652 — 1729).

Oudal (N... N...). Esprit du R. P. Avrillon, précédé d'une notice sur sa vie. *Par.* 1856. 18.

Avrillot (Barbe),
carmélite française (1er février 1565 — 18 avril 1618).

Duval (André). Vie de B. Avrillot, dite Marie de l'Incarnation, religieuse carmélite réformée. *Par.* 1621. 8. *Saint-Omer.* 1622. 8. *Toul.* 1624. 8.

Martin (Maurice). Vie de B. Avrillot, etc. *Par.* 1642. 8.

Hervé (Daniel). Vie chrétienne de la bienheureuse sœur Marie de l'Incarnation (madame Acarie), fondatrice de l'ordre des carmélites en France. *Par.* 1666. 8. (*Bes.*)

Montis (N... N... de). Vie de la vénérable sœur Marie de l'Incarnation, religieuse converse, carmélite, fondatrice des carmélites de France, dite dans le monde madame Acarie. *Par.* 1778. 12.

Boucher (Jean Baptiste Antoine). Vie de la bienheureuse sœur Marie de l'Incarnation, dite dans le monde mademoiselle Acarie, converse professe et fondatrice des carmélites réformées de France. *Par.* 1800. 2 vol. 8. Portrait.

Axelson (Carl),
gentilhomme suédois († 19 mars 1664).

Carlstroem (Benedict Gustaf). Monumentum honori virtutique C. Axelsonii, baronis in Hyää, etc. *Holm.* s. d. (1664). Fol. (*D.*)

Axen (Peter),
jurisconsulte danois (16 juillet 1635 — ... 1707).

Crusius (Magnus). Vita et merita P. Axenii, JCti et polyhistoris Cimbrici, solemni oratione exposita. *Kilon.* 1718. 4.

Ayala (Gabriel d'),
médecin-poète belge du xvie siècle (vers 1560).

Broeckx (Charles). Notice sur G. d'Ayala, docteur en médecine, médecin pensionnaire de la ville de Bruxelles. *Anvers.* 1853. 8. Portrait.

Aye (Sainte),
comtesse du Hainaut.

Coret (Jacques). Triomphe des vertus évangéliques représenté dans les actions héroïques de sainte Haye, comtesse de Hainaut, etc. *Mons.* 1674. 4.

Recueil de la vie, mort et miracles de sainte Aye, comtesse de Hainaut, etc. *Brux.* 1745. 12.

Aylmer (John),
lord-évêque de Londres (vers 1521 — 1594).

Strype (John). Historical collection of the life and acts of
J. Aylmer. *Lond.* 1701. 8. Portrait. Réimpr. s. c. t. History of the life and actions of J. Aylmer. *Oxf.* 1820. 8.

Aymé (Jean Jacques ou Job),
membre de la Convention nationale (1752 — 1er nov. 1818).

(**Aymé**, Jean Jacques). Déportation et naufrage de J.
Aymé, ex-législateur, suivie du tableau de la vie et de
la mort des déportés à son départ de la Guyane. *Par.*,
s. d. (1800). 8. Trad. en allem. *Leipz.* 1801. 8.

Burnel (N... N...). Supplément à l'ouvrage de J. J.
Aymé. *Par.*, an VIII. (1800). 8 *.
* Contenant la réfutation des récits de l'ouvrage précédent.

Aymon,
personnage fabuleux.

Henaux (Ferdinand). Les quatre fils Aymon. *Liége.*
1844. 8.

Ayrenhoff (Cornelius Hermann v.),
poète allemand (... 1733 — 14 août 1809).

Ayrenhoff (Cornelius Hermann v.). Schreiben an J. F.
v. Retzer über einige seiner militärischen und literarischen Begebenheiten. *Wien.* 1810. 8. (Autobiographie
posthume.)

Ayotte (Pierre),
fondateur du séminaire de Senaide.

Guinot (A...). Notice historique sur la vie de M. P.
Ayotte, fondateur et premier supérieur du petit séminaire de Senaide et curé de cette paroisse. *Par.* 1843. 8.

Ayrault ou **Ayraut** (Pierre),
jurisconsulte français (1536 — 1601).

Menage (Gilles). Vita P. Acrodii, quæstoris regii Ande-
gavensis, et Guil. Menagii, advocati regii Andegaven-
sis, etc. *Par.* 1675. 4. (*D. P.* et *Lv.*) Trad. en franç.
par N... N... Bloadier-Langlois. *Angers.* 1845. 8.

Ayrer (Georg Heinrich),
jurisconsulte allemand (15 mars 1702 — 23 avril 1774).

(**Heyne**, Christian Gottlob). Programma : Memoria G.
H. Ayreri. *Götting.* 1775. Fol.
Betrachtung von der wahren Würde eines hohen Schullehrers der Rechte in Deutschland, zum Ehrengedächt-
nisse weiland G. H. Ayrers. *Kiel, Riga* et *Leipz.* 1779. 8.

Ayrer (Johann Christoph),
théologien allemand.

Immerdarn (Andreas). Leichenpredigt nebst Lebensbeschreibung J. C. Ayrers. *Onolzb.* 1672. 4. (*L.*)

Ayrmann (Christoph Friedrich),
historien allemand (3 mars 1693 — 25 mars 1747).

Bericht von C. F. Ayrmann's Leben und Schriften, s. l.
1754. 4. (*D.*)

Azaïs (Pierre Hyacinthe),
philosophe français (1er mars 1766 — 22 janvier 1845).

Guadet (J...). Notice sur Azaïs et ses ouvrages. *Par.*
1846. 8. (Cette notice, précédant la 5e édition de ses

Compensations, a été tirée à part à un très-petit nombre
d'exemplaires.)

Azanza (Miguel José de),
ministre espagnol (1746 — 20 juin 1826).

Memoria de D. M. J. de Azanza y D. Gonzalo O'Farrill
sobre los hechos que justifican su conducta politica
desde marzo de 1808 hasta abril de 1814. *Par.* 1815. 8.
Trad. en franç. par Alexandre Foudras. *Par.* 1815. 8.

Azara (Félix d'),
voyageur espagnol (18 mai 1746 — ... 1811).

Walckenaër (Charles Athanase de). Notice sur la vie et
les ouvrages de D. Félix de Azara. *Par.* 1808. 8.

Azara (José Nicolas d'),
diplomate espagnol, frère du précédent (... 1731 — 26 janvier 1804).

Bourgoin (Jean François de). Notice historique sur le
chevalier Don J. N. d'Azara, Arragonais, ambassadeur
d'Espagne à Paris, etc. *Par.*, s. d. (1804). 8. (*Lv.*)

Azeglio (Massimo **Taparelli**, marchese d'),
homme d'État italien (2 oct. 1798 — ...).

Vita politica di M. d'Azeglio ; osservazioni istorica-cri-
tiche. *Torin.* 1850. 12. Portrait.
M. Azeglio primo e dopo la guerra dell' independenza, etc.
Torin. 1850. 8.

Azevedo (Ignazio de),
jésuite portugais (1527 — 15 juillet 1570).

Dias (Pedro). Relacaõ do martyrio do P. I. Azevedo.
Lisb. 1570. 8. Trad. en ital. *Rom.* 1570. 8.

Cabral (Antonio). Relazione della vita e martyrio del
R. P. I. de Azevedo. *Rom.* 1743. 4.

Beauvais (Gilles François de). Vie du V. P. I. Azevedo
de la compagnie de Jésus ; l'histoire de son martyre et
de celui de trente-neuf autres de la même compagnie.
Par. 1744. 12. (*Bes.*)

Cordara (Giulio Cesare). Vita del R. P. I. de Azevedo.
Venez. 1743. 8.

Azevedo (Manoel Machado de),
homme d'État (?) portugais.

Machado da Silva Castre e Vasconcellos (Felix).
Vida de M. Machado de Azevedo. *Madr.* 1660. 4.

Azevedo Fortes (Manoel de),
prêtre portugais.

Gomes da Cruz (Jozé). Elogio funebre de M. de Azevedo Fortes. *Lisb.* 1754. 4.

Azpilcueta * (Martino),
jurisconsulte espagnol (13 déc. 1493 — 22 juin 1586).

Magnus (Simon). Vita excellentissimi juris monarchæ
M. Azpilcueta. *Rom.* 1575. 4.

Correo (Tomaso). Oratione funerale fatta nell' esequie
del sapientissimo Dottor Navarro, trad. in lingua volgare (italiana) da Mercurio Laudrevilla. *Rom.* 1586.
4. (*D.*)
* Surnommé le docteur Navarro.

Azuni (Domenico Alberto),
jurisconsulte sarde (3 août 1749 — 23 janvier 1827).

Manno (Giuseppe). Vita di D. A. Azuni. *Cagliari.*
1828. 8.

B

Baader (Franz Xavier v.),
philosophe allemand (27 mars 1765 — 23 mai 1841).

Hoffmann (Franz). F. v. Baader in seinem Verhältniss
zu Hegel und Schelling, etc. *Leipz.* 1850. 8.

Baader (Jacob Friedrich),
jurisconsulte allemand (20 août 1699 — 22 déc. 1753).

Graefenhahn (Wolfgang Ludwig). Memoria J. F. Baa-
deri. *Baruth.* 1753. Fol.

Baader (Joseph v.),
littérateur allemand (30 sept. 1763 — 20 nov. 1835).

Siber (Thaddaeus). Gedächtnissrede auf den verstorbenen
königlichen Bergrath J. v. Baader. *Münch.* 1836. 4. (*L.*)

Baal,
idole juive.

Elsner (Jacob). Dissertationes II de ritu Baalen exorandi
idololatrico ad I Reg. 18. *Lingæ.* 1722. 4.

Baazius (Johan),
évêque de Skara (17 juillet 1626 — 12 mai 1681).

Benzelius (Ericus Henrici). Oratio parentalis in J. Baa-
zii obitum. *Upsal.* 1681. Fol.

Babbini (Matteo),
musicien italien (1754 — 21 sept. 1816).

Brigenti (Pietro). Elogio di M. Babbini. *Bologn.* 1822. 8.

Babeuf (François Noël, se disant Gracchus),
publiciste français (1764 — guillotiné le 25 mai 1797).

Buonarotti (Filippo). Histoire de la conspiration pour
l'égalité dite de Babeuf, suivie du procès auquel elle
donna lieu, etc. *Par.* 1849. 8. *Ibid.* 1850. 52.

Babo, surnommé **Ruthenus**,
bisaïeul des comtes de Reuss (+ 1030 ?).

Schoepf (Carl Friedrich). Larva XXXII filiis Babonis

vulgo dictis detracta ex antiquis historiæ Germaniæ monumentis. *Suinfort*. 1750. *4.*

Babolin (Saint),
abbé de Saint-Maur.

Martin (Simon). Vie de S. Babolin, premier abbé de Saint-Maur-des-Fossez. *Par.* 1630. 12. (*Bes.*)

Babrius ,
poëte grec.

Tyrwhitt (Thomas). Dissertatio de Babrio, fabularum Æsopicarum scriptore. *Lond.* 1776. 8. Publ. par Gottlieb Christoph HÄRLES. *Erlang.* 1785. 8.

Knoche (Joachim Heinrich). Commentatio de Babrio poeta. *Halæ.* 1835. 8.

Baccelli (Liberato),
physicien italien.

Lugli (Giuseppe). Elogio del professore L. Baccelli. *Moden.* 1844. *4.*

Bacchini (Benedetto),
bénédictin italien (31 août 1631 — 1er sept. 1721).

Affò (Ireneo). Vita del P. Bacchini. *Parma.* 1707. 8.

Bacchus ,
personnage mythologique.

Wernsdorf (Gottlieb). Dissertatio, exhibens fabularem historiam de Baccho ex Mosaica confictam haud esse, contra Huetium aliosque. *Witteb.* 1735. *4.*

Creuzer (Georg Friedrich). Dionysus s. commentationes de rerum Bacchicarum Orphicarumque origine et causis. *Heidelb.* 1808-09. 2 vol. *4.*

Gail (Jean François). Recherches sur la nature du culte de Bacchus en Grèce, etc. *Par.* 1821. 8.

Rolle (Pierre Nicolas). Recherches sur le culte de Bacchus, symbole de la force reproductive de la nature. *Par.* 1824. 3 vol. 8 *.

* Ouvrage qui a remporté le prix proposé, en 1819, par l'Institut.

Lobeck (Christian August). Dissertatio de morte Bacchi. *Regiom.*, s. d. *4.*

Bach (Alexander),
homme d'État allemand (1814 — ...).

Doctor A. Bach, k. k. österreichischer Minister des Innern. *Leipz.* 1850. 8. (Formant la deuxième livraison de la collection : *Die Männer der Gegenwart.*)

(**Wurzbach**, Constantin). A. Bach, politisches Characterbild. *Leipz.* 1850. 8.

Bach (Johann August),
jurisconsulte allemand (17 mai 1721 — 6 déc. 1758).

Platner (Friedrich). Elogium memoriæ J. A. Bachii. *Lips.* 1759. 8. (*D.* et *Lv.*)

Bach (Johann Sebastian),
musicien allemand (21 mars 1685 — 28 juillet 1750).

Forkel (Johann Nicolaus). Über J. S. Bach's Leben, Kunst und Kunstwerke. *Leipz.* 1802. 4. Portrait. Trad. en angl. *Lond.* . ; .

Grosser (J... E...). Lebensbeschreibung des Kapellmeisters J. S. Bach, etc. *Bresl.* 1829. 8. Portrait. *Ibid.* 1854. 8.

Mosewius (Johann Theodor). J S. Bach in seinen Kirchencantaten und Choralgesängen. *Berl.* 1845. 8.

Hilgenfeldt (C... L...). J. S. Bach's Leben, Wirken und Werke; Beitrag zur Kunstgeschichte des achtzehnten Jahrhunderts. *Leipz.* 1850. 4.

Schauer (J... C...). J. S. Bach's Lebensbild. Denkschrift auf seinen hundertjährigen Todestag, 28 Juli, aus Thüringen, seinem Vaterlande. *Jena.* 1850. 8.

Zur Erinnerungsfeier an J. S. Bach's Todestag (28 Juli 1750). *Jena.* 1850. 8.

Bach (Vitus),
théologien allemand.

Wenzel (Andreas). Programma in obitum V. Bachii. *Frf.* 1599. 4. (*D.*)

Bachaumont (Louis Petit de),
littérateur français († 28 avril 1771).

(**Merle**, Jean Toussaint). Mémoires historiques, littéraires, anecdotiques et critiques de M. Bachaumont. *Par.* 1808. 3 vol. 8. *Ibid.* 1809. 3 vol. 8. (*Lv.*)

Bache (le baron Alexandre),
colonel français (21 avril 1780 — ...).

P*** (P... de). Notice sur M. Bache, colonel en retraite, s. l. et s. d. (*Par.*) 8. (*Lv.*)

Bachelier (Jacquelle),
franciscaine française (1559 — 1635).

Casimir de Toulouse. L'illustre pénitente de Beziers, ou l'histoire de mademoiselle Bachelier du tiers ordre de S. François. *Rouen.* 1642. 8. Réimpr. s. c. t. Vie pénitente et séraphique de sœur J. de Bachelier. *Beziers.* 1843. 18.

Bachelier de Gentes (Pierre),
philanthrope français (7 juin 1611 — 4 mai 1672).

(**Claude de Bretagne**). Vie de M. Bachelier de Gentes. *Par.* 1680. 8. *Reims.* 1682. 8. (La deuxième édition nous paraît douteuse.)

Bachmann An-Der-Letz (Niclas Franz v.),
général suisse au service de France (27 mars 1740 — ... 1831).

Zum Andenken des Freiherrn N. F. v. Bachmann An-Der-Letz, Generallieutenant in Diensten Sr. allerchristlichsten Majestät. *Zürch.* 1831. 4. Portrait.

Backhusen (Tilemann),
philologue allemand († 1666).

Mayer (Johann Ulrich). Der geistliche Theilmann d. i. Leichenrede und Lebenslauf T. Backhusii. *Leipz.* 1666. 4. (*D.*)

(**Kromayer**, Hieronymus). Programma academicum in T. Backhusii funere. *Lips.* 1666. 4. (*D.*)

Backmeister (Jacob),
philologue allemand.

Cramer (Daniel). Oratio de vita, studiis et morte J. Bacmeisteri. *Rostoch.* 1591. 4.

Backmeister (Johann),
médecin allemand (vers 1563 — 5 nov. 1631).

Ampsing (Johann Ahasver). Programma in obitum J. Bacmeisteri. *Rostoch.* 1631. 4.

Backmeister (Lucas),
théologien allemand († 8 oct. 1530 — 9 juillet 1608).

Tarnovius (Paul). Oratio de vita et obitu L. Bacmeisteri. *Rostoch.* 1608. 4. (*D.*)

Backmeister (Lucas),
théologien allemand, fils du précédent (11 nov. 1570 — 12 oct. 1638).

Custerus (Joachim). Memoria L. Bacmeisteri oratione parentali posteritati consecrata. *Rostoch.* 1639. 4. (*D.*)

Backmeister (Matthias),
médecin allemand (28 sept. 1580 — 7 janvier 1626).

Mueller (Johann). Oratio parentalis de vita et obitu M. Bacmeisteri. *Luneb.* 1626. 4.

Bacon (John),
sculpteur anglais (24 nov. 1740 — 7 août 1799).

Cecil (Richard). Memoirs of J. Bacon, Esq. royal artist and sculptor. *Lond.* 1801. 8. (Non mentionné par Lowndes.)

Bacon (Nathaniel),
historien anglais.

Account of the life and death of N. Bacon. *Lond.* 1677. 4.

Bacon de Verulam (Francis),
grand-chancelier d'Angleterre (22 février 1561 — 9 avril 1626).

Mallet (David). Life of F. Bacon, lord-chancellor of England. *Lond.* 1740. 8. (*D.*)

Trad. en allem. (par Johann Heinrich Friedrich ULRICH). *Berl.* 1780. 8.

Trad. en franç. (par P... J... BERTIN). *La Haye.* 1742. 12. (*D.*) *Par.* 1788. 8. (*P.*)

(**Pouillot**, N... N...). Vie du chancelier F. Bacon. *Amst.* 1755. 8.

Essays of F. Bacon, baron of Verulam, etc., with the life of that celebrated writer. *Lond.* 1787. 2 vol. 18.

Vauzelles (Jean Baptiste de). Histoire de la vie et des ouvrages de F. baron de Verulam, vicomte de S. Alban, etc. *Strasb.* 1833. 2 vol. 8. (*Lv.*)

Ozanam (Antoine François). Deux chanceliers d'Angleterre : Bacon de Verulam et S. Thomas (Becket, archevêque) de Cantorbéry. *Par.* 1835. 8. *Ibid.* ... 12.

Wilhelmy (Willem). Dissertatio de vita et philosophia F. Baconis. *Groning.* 1843. 8.

Craik (G... L...). Bacon, his writings and his philosophy. *Lond.* 1846-47. 3 vol. 18.

Sortain (Joseph). Life of lord Bacon, baron of Verulam S. Albans and lord-chancellor of England. *Lond.* 1851. 8. Portrait.

Baczko (Ludwig Adolph Franz Joseph v.),
historien allemand (8 juin 1756 — 27 mars 1823).
Baczko (Ludwig Adolph Franz v.). Über mich selbst und
meine Unglücksgefährten, die Blinden. *Leipz.* 1807. 8.
(*D.*)
—— Geschichte meines Lebens. *Königsb.* 1824. 3 vol.
8. Portrait.

Badar (Françoise),
religieuse française.
Histoire de la vie de mademoiselle F. Badar, fondatrice
de la congrégation des filles de la sainte famille à Valenciennes. *Liége.* 1727. 8. Portrait.

Baddeley (Sophia),
actrice anglaise du xviiie siècle.
Steele (Elizabeth). Memoirs of Mrs. S. Baddeley. *Lond.*
1787. 6 vol. 12. Trad. en allem. *Prag.* 1793. 8.
Life of the celebrated actress S. Baddeley. *Lond.* 1787. 12.

Badchorn (Johann),
jurisconsulte allemand.
Niederstetter (Michael). Leichpredigt bey dem Begräbniss J. Badehorns. *Dresd.* 1610. 4. (*D.*)

Badehorn (Leonhard),
jurisconsulte allemand (6 nov. 1510 — 1er juillet 1587).
Jungermann (Caspar). Oratio in funere L. Badehornii.
Lips. 1587. 4. (*D.*)

Baden (Jacob),
théologien danois (4 mai 1735 — 5 juillet 1804).
Baden (Gustav Ludvig). Bidrag til Professoren J. Baden.
Kjoebenh. 1800. 8.

Baden (Jacob Ludvig),
jurisconsulte danois (29 février 1764 — 25 août 1840).
Landsdommer Dr. jur. J. L. Badens vigtigste Levnetsom-
staendigheder. *Kjoebenh.* 1856. 8.

Badius, surnommé **Ascensius** (Jodocus ou Josse),
savant imprimeur belge (1462 — 1535).
Manni (Domenico Maria). Vita di G. Badio. *Milan.*
1757. 4.
Hoyois (Emmanuel). Notice sur J. Bade, imprimeur
belge, s. l. et s. d. (*Brux.* 1842). 8.

Badoaro (Bonsembiante),
théologien italien († 28 oct. 1369).
Cicogna (Emanuele Antonio). Cenni storici intorno
Paolo de Campo da Catania, gia corsaro, indi eremita,
e conghietture sopra B. Badoaro. *Venez.* 1836. 8.

Badoaro (Giovanni),
cardinal - évêque de Brescia († 17 mai 1714.)
Vita del cardinale G. Badoaro, vescovo di Brescia. *Bresc.*
1766. 8.

Baeck (Abraham),
médecin suédois (14 oct. 1713 — 15 mars 1795).
Odhelius (J... L...). Åminnelse-Tal öfver Dr. A. Baeck,
Praeses i Kongl. Collegium Medic. *Stockh.* 1796. 8. (*L.*)

Baelter (Sven),
théologien suédois (4 août 1713 — 19 nov. 1760).
Hjelmer (John). Likpredikan med Personalier öfver S.
Baelter. *Wexiœ.* 1760. 4.
Rogberg (J...). Åminnelse-Tal öfver S. Baelter. *Wexiœ.*
1762. 4.

Baeng (Pehr),
évêque de Vibourg (1643 — 1690).
Quensel (Conrad). Desiderium orbis eruditi ex occasu
reverendissimi episcopi Dr. P. Baeng. *Wiburg.* 1690. 4.

Baerenstamm (Jacob Joseph v.),
théologien (?) allemand .
Jubila virtus in J. J. Baerenstamm. *Budiss.* 1768. Fol.

Baersdorp (Corneille van),
médecin hollandais (... — 24 nov. 1565).
Mersseman (Jacques Olivier Marie de). Notice sur C.
van Baersdorp. *Brug.* 1844. 8.

Bagard (Charles),
médecin français (2 janvier 1696 — 7 déc. 1772).
Jadelot (Nicolas). Éloge historique de C. Bagard, médecin ordinaire du roi (Stanislas) de Pologne. *Nancy.*
1773. 8.

Bage (Robert),
littérateur anglais (29 février 1728 — 1er sept. 1801).
Hutton (William). Memoirs of Mr. R. Bage. *Lond.* 1802. 8.

Bagger (Oluf),
théologien danois.
Hanck (J... H... T...). Kong Frederik II og O. Bagger.
Odense. 1857. 8.

Baggesen (Jens),
poëte danois du premier ordre (15 février 1764 — 3 oct. 1826).
Berr (Michel). Notice sur Baggesen, poëte danois. *Par.*
1805. 8.
Fricke (J... C...C...). In memoriam J. Baggesen. *Hamb.*
1827. 4.
(Baggesen, August). J. Baggesen's Biographie, udar-
beitet vornemmeligen efter hans egne Haandskrif-
ter, etc. *Kjoebenh.* 1842-43. 2 vol. 8.

Baglioni (Malatesta),
condottiere de Florence.
Fabretti (Ariodante). Vita e fatti d' arme di M. Baglioni,
condottiero dei Fiorentini, etc. *Montepulc.* 1849. 8.

Baglioni (Ulisse),
médecin italien.
Vichi (Niccolò). Elogio storico di U. Baglioni, Bolognese,
medico-chirurgo. *Fano.* 1844. 8.

Baglivi (Giorgio),
médecin italien (.. sept. 1669 — 17 juin 1707).
Ferrario (Filippo). Della vita e delle opere di G. Baglivi. *Pavia.* 1859. 8.

Bagnesi (Bartolommea),
religieuse italienne.
Vita della B. B. Bagnesi. *Parma.* 1804. 8.

Bagni (Giovanni Francesco de),
cardinal italien († 1641).
Naudé (Gabriel). Lessus in funere domestico eminentissimi principis J. F. cardinalis a Balneo, etc. *Rom.*
1641. 4. *Par.* 1650. 4.
—— Testamento del cardinal Bagni. *Rom.* 1641. Fol.

Bahrdt (Carl Friedrich),
théologien allemand (25 août 1741 — 23 avril 1792).
Bahrdt (Carl Friedrich). Geschichte und Tagebuch mei-
nes Gefängnisses u. s. w. *Berl.* 1790. 8. (*D.* et *L.*)
—— Geschichte meines Lebens und meiner Schicksale.
Berl. 1790. 4 vol. 8. (*D.*)

Leben und Schicksale C. F. Bahrdts. *Leipz.* 1780. 8.
Doctor Bahrdt's Gefangenschaft. *Philadelph.* (?) 1789. 12.
Pott (Degenhard). Leben, Meinungen und Schicksale
C. F. Bahrdts. *Leipz.* 1790. 8. (*D.*)
Volland (Georg Gottfried). Beiträge und Erläuterungen
zu Bahrdt's Lebensgeschichte. *Jena.* 1791. 8. (*D.*)
C. F. Bahrdt's unruhiges Leben, sein Tod und sein Be-
gräbniss. *Halle.* 1792. 8. Portrait. (*D.*)
Freimüthige Betrachtungen über Bahrdt's eigene Lebens-
beschreibung. *Zittau.* 1792. 8.

Der wahre Character des Dr. C. F. Bahrdt, in Briefen
geschildert von einem niederländischen Bürger an sei-
nen Freund in London. *Lond.* 1779. 8. (*D.*)
Ratzeberger (Simon). Theologischer Beweis, dass der
Dr. Bahrdt schuld an dem Erdbeben in Calabrien sei,
s. l. 1785. 8. (*D.*)
(Leuchsenring, Franz Michael). Anrede an die Richter
des Dr. Bahrdt, s. l. 1789. 8. (*D.*)
Kotzebue (August v.). Dr. Bahrdt mit der eisernen
Stirn, oder die deutsche Union gegen Zimmermann;
Schauspiel in vier Aufzügen, s. l. 1790. 8. (*D.*) (Publ.
s. l. pseudonyme de M. Knigge.)
Mauvillon (Johann). Gerichtliche Verhöre und Aussa-
gen, den Verfasser der Schrift « Bahrdt mit der eiser-
nen Stirn » betreffend. *Braunschw.* 1791. 8. (*D.*)
Juncker (Johann Christian Wilhelm). Etwas über die
Weinbergskrankheit des verstorbenen Dr. Bahrdt's
und ähnlicher, noch lebender Kranken. *Halle.* 1792.
8. (*D.*)

Bahrdt (Johann Friedrich),
théologien allemand (1713 — 6 nov. 1775).
Bahrdt (Carl Friedrich). Vita viri magnifici et summe
reverendi D. J. F. Bahrdtii, theologiae professoris, carmine descripta. *Lips.* (1762). 8. (*D.*)

Baier (Johann Wilhelm),
théologien allemand (11 nov. 1647 — 19 oct. 1695).
Cyprian (Johann Salomon). Die letzte Abschieds-Vor-
sorge: Leichenrede auf J. W. Baier. *Jena.* 1695. Fol. (*D.*)

Baier (Johann Wilhelm),
philologue allemand (12 juin 1675 — 14 mai 1729).
Bernhold (Johann Balthasar). Programma in funere
J. G. Baieri. *Altorf.* 1729. Fol.

Baïlle (Ludovico),
archéologue italien (3 février 1764 — 14 mars 1839).
Martini (Pietro). Memorie intorno alla vita del cavaliere L. Baïlle. *Cagliari.* 1844. 8.

Baillet (Augustin François),
prêtre français (… — 21 juin 1808).
(**Saillant**, Charles Jean). Éloge de M. A. F. Baillet,
prêtre du diocèse de Paris. *Par.* 1808. 8.

Bailleul (Jacques Charles),
magistrat français (1762 — 16 mars 1843).
Tissot (Pierre François). Éloge de Bailleul. *Par.* 1843. 8.

Baillot (Pierre),
littérateur français (8 sept. 1752 — 20 février 1815).
Amanton (Claude Nicolas). Notice sur M. Baillot. *Dijon.*
1815. 8. (*Lv.*) — (Extrait du *Journal de la Côte-d'Or*.)

Baillou, dit **Ballonius** (Guillaume de),
médecin français (1538 — 1616).
Moreau (René). Vita G. de Baillou, doctoris medici
Parisiensis, etc. *Par.* 1641. 4. (*P.*)

Bailly (Jean Sylvain),
astronome français (15 sept. 1736 — guillotiné le 12 nov. 1793).
Vie privée et politique de Bailly, premier maire de Paris.
Par. 1790. 8. Portrait.
Vie littéraire et politique de Bailly, s. l. et s. d. (*Par.*
vers 1791). 8.
Procès de J. S. Bailly. *Par.*, an II (1794). 8. (*Bes.*)
(**Mérard de Saint Just**, Simon Pierre). Éloge histo-
rique de J. S. Bailly, etc. *Lond.* (*Par.*) 1794. 18.
(Tiré seulement à 25 exemplaires.)
Lalande (Joseph Jérome Le-Français de). Éloge de Bailly.
Par. 1794. 8.
Arago (Dominique François). Biographie de Bailly.
Par. 1852. 4.

Bainbridge (William),
commodore anglo-américain.
Harris (Thomas). Life and services of commodore W.
Bainbridge of the United-States navy. *Philadelp.* 1857. 8.

Baines (Edward),
littérateur anglais.
Life of E. Baines, M. P., by his son. *Lond.* 1813. 8. Port.

Baini (Giuseppe),
musicographe italien (21 oct. 1775 — 10 mai 1844).
Lafage (J… Adrien de). Notice sur J. Baini, écrivain
musical et compositeur. *Par.* 1845. 8.

Baird (David),
général anglais (… — 18 août 1829).
Hook (Theodore Edward). Life of general Sir D. Baird ;
including his private papers and correspondence with
the duke of Wellington, lords Melville and Castlereagh, sir John Moore and other distingueshed characters, etc. *Lond.* 1832. 2 vol. 8.

Baison (Johann Baptist),
comédien allemand (24 oct. 1812 — 13 janvier 1848).
J. B. Baison ; ein Lebensbild, herausgegeb. von einem
Schauspieler. *Hamb.* 1851. 8. Portrait.

Bajus, voy. **Bay.**
Baker (Thomas),
archéologue anglais (… 1656 — … 1740).
Masters (Robert). Memoirs of the life and writings of
T. Baker, etc. *Cambridge.* 1784. 8. (*D.*)

Bakker (Gerbrand),
médecin hollandais (1er nov. 1771 — 14 juillet 1828).
La Faille (Jan Baart de). Hulde aan de nagedachtenis
van G. Bakker. *Groning.* 1828. 8.

Bakos (Gabor),
théologien hongrois (1666).
Sinapius (Daniel). Vivit post funera virtus ; supremum
officium virtuti G. Bakos de Osdgyan. *Cassov.* 1664. 4.

Balabio (Carlo),
général italien († 18 août 1837).
Necrologia del general maggiore C. Balabio. *Milan.* 1858. 8.

Balagny (Jean de **Montluc**, dit),
gouverneur de Cambrai.
Hurez (A… F…). Précis historique sur Balagny, gou-

verneur de Cambrai, et ses deux femmes. *Cambrai.*
1819. 8.

Balbi (Gieronimo),
évêque de Gurk en Carinthe († 1535).
Retzer (Joseph v.). Nachricht von dem Leben und den
Schriften des ehemaligen Bischofs von Gurk, H. Balbi.
Wien. 1790. 8.

Balbinus (Aloys Bohuslaw),
historien bohème (1611 — 29 déc. 1688 *).
Wydra (Stanislaus). Leben A. B. Balbinus, aus der Gesellschaft Jesu, von Königsgrätz aus Böhmen. *Prag.*
1788. 8. (*L.*)
* C'est par erreur que la Biographie universelle de Michaud le fait
mourir en 1689.

Balbis (Giovanni Battista),
botaniste italien (1765 — 13 février 1831).
Colla (Luigi). Elogio storico dell' academico professore
G. B. Balbis, s. l. et s. d. (*Torin.* 1852). 4.

Balbo (il conte Prospero),
diplomate italien (2 juillet 1762 — 14 mars 1837).
Cibrario (Luigi). Notizie biografiche del conte P. Balbo.
Torin. 1857. 8. (*Bx.*)

Balck (Dominik),
jurisconsulte hollandais.
Trotz (Carl Heinrich). Oratio in funere D. Balck, jurisprudentiæ professoris. *Franeq.* 1759. Fol.

Baldassari (Giuseppe),
médecin italien du XVIIIe siècle.
Borgognini (Antonio). Elogio storico del dottor G.
Baldassari. *Siena.* 1787. 8.

Balde (Jacob),
jésuite allemand (… 1603 — 9 août 1668).
Clesca (Franz Carl Friedrich). Balde's Leben und Schriften ; Programm. *Neuburg.* 1842. 4.

Balde de Ubaldis (Pietro),
jurisconsulte italien (vers 1324 — 28 avril 1400).
Pinggiczer (Virgilius). Declamatio de vita P. Baldi de
Ubaldis. *Stuttg.* 1684. 4. (*L.*)

Baldi (Bernardino),
littérateur italien (6 juin 1553 — 12 oct. 1617).
Virgilio (Marco Antonio). Orazione funebre in lode di
B. Baldi d'Urbino, abate di Guastalla. *Urbin.* 1617.
4. (*P.*)
Grassi (Isidoro). Baldus redivivus s. B. Baldi vita, cum
censura chronologica de Baldi epigraphe et recensione
operum ejus. *Parma.* 1717. 8. (*D.*)
Affò (Ireneo). Vita di monsignor B. Baldi da Urbano,
primo abate di Guastalla. *Par.* 1783. 4. (*D.* et *P.*)

Baldinger (Ernst Gottfried),
médecin allemand (13 mai 1738 — 2 janvier 1804).
Creuzer (Georg Friedrich). Memoria E. G. Baldingeri.
Marb. 1804. 4. (*D.* et *L.*)

Baldinger (Friederike Wilhelmine Amalie),
auteur allemande (1770 — 3 janvier 1820).
Lebensbeschreibung der F. Baldinger, geschrieben von
ihr selbst und herausgegeb. von Marie Sophie La Roche.
Offenb. 1791. 8.

Baldovini (Francesco),
poète italien (27 février 1635 — 18 nov. 1716).
Manni (Domenico Maria). Vita del priore dottor F.
Baldovini, Fiorentino. *Firenz.*, s. d. (1769). 4.

Balduin (Andreas),
théologien allemand.
Moller (Samuel). Programma in memoriam A. Balduini.
Friberg, s. d. (1741). 4. (*D.*)

Balduin (Balthasar),
théologien allemand (5 février 1605 — 29 avril 1652).
Mueller (Daniel). Programmata II de vita B. Balduini.
Chemnic. 1716-17. Fol. (*D.*)

Balduin (Friedrich),
théologien allemand (17 nov. 1575 — 1er mars 1627).
Schmidt (Erasmus). Oratio funebris F. Balduini. *Witteb.* 1627. 4. (*D.*)
Neumann (Johann Georg). Programma de vita F. Balduini. *Witteb.* 1709. 4. (*L.*)

Balduin (Friedrich Philipp),
théologien (?) allemand.
Meissner (Gottfried). Leichenpredigt auf P. F. Balduin. *Meiss.* 1670. 4. (*L.*)

Balecke (Jacob Heinrich),
jurisconsulte allemand (5 août 1731 — 17 sept. 1778).
Hartmann (Joachim). Denkschrift auf J. H. Balecke. *Rostock.* 1778. Fol.

Balemann (Heinrich),
médecin allemand.
Gesner (Johann Georg). Lebensbeschreibung H. Balemann's. *Lübeck.* 1763. Fol.
Overbeck (Johann Daniel). Memoria vitæ H. Balemanni, medicinæ doctoris. *Lubec.* 1763. Fol.

Balemann (Heinrich),
jurisconsulte allemand (15 nov. 1677 — 28 mai 1750).
Seelen (Johann Heinrich v.). Memoria H. Balemann, J. U. L. et consulis primarii (Lubecensis). *Lubec.* 1750. Fol.

Balemann (Heinrich Dietrich),
jurisconsulte allemand.
Gesner (Johann Georg). Lebensbeschreibung des Consuls H. D. Balemann. *Lübeck.* 1768. Fol.
Overbeck (Johann Daniel). Memoria H. D. Balemanni, J. U. L. reipublicæ Lubecensis consulis. *Lubec.* 1768. Fol.

Balemann (Wilhelm Christian),
théologien allemand.
Muenter (Balthasar). Leichenpredigt auf W. C. Balemann. *Jena.* 1757. 4. (*L.*)

Balestrieri (Domenico),
poète italien (16 avril 1714 — vers 1780).
Carcano (Francesco Maria). Versi in morte del celebre poeta D. Balestrieri. *Milan.* 1780. 8.

Baljée (Jacobus Martinus),
jurisconsulte hollandais.
Eekhoff (Willem). Leven en lotgevallen van J. M. Baljée, etc. *Leeuward.* 1856. 8.

Ball (Charles),
littérateur anglo-américain.
Life of C. Ball. *New-York.* 1837. 12.

Ball (Johannes),
théologien allemand.
Ball (Ernst Friedrich). Leben und Sterben des seligen J. Ball, weiland Gefängnispredigers in Düsseldorf. *Düsseld.* 1846. 12.

Ballanche (Pierre Simon),
philosophe français du premier ordre (4 août 1776 — 11 juin 1847).
Laprade (Victor). Ballanche, sa vie et ses écrits. *Par.* 1844 (?). 8.
Ampère (Jean Jacques). Ballanche. *Par.* 1849. 12. (*Lv*)
Nève (Félix). Eloge de Ballanche, etc. *Louvain.* 1850. 8.

Balle (Niklas Edinger),
théologien danois (12 oct. 1744 — 19 oct. 1816).
Moeller (Jens). Biskop Dr. Balles Levnet og Fortjenester, etc. *Kjoebenh.* 1817. 8.
——N. E. Balle's Leben, Wirken und Verdiente. *Schlesw.* 1823. 8. (Trad. du danois.)

Ballesteros (Francisco),
général espagnol (1770 — 26 juin 1832).
Conducta escalandosa del general F. Ballesteros, s. l. 1812. 8.
Manifiesto de la regencia de España sobre la cesacion (?) en el mando del general F. Ballesteros. *Cadiz.* 1813. 4.

Ballhorn (Johann Friedrich),
théologien allemand.
Grupen (Johann Friedrich Gottfried). Einige Lebensumstände des seligen Superintendenten J. F. Ballhorn. *Stadthagen.* 1777. 8.

Ballhorn (Ludwig Wilhelm),
théologien allemand († 1777).
Borcher (Georg August). Einige Züge aus dem Leben des Superintendenten L. W. Ballhorn. *Götting.* 1786. 8. (*D.*)

Ballon (Louise Blanche Thérèse de),
religieuse française (... 1591 — 14 déc. 1668).
Grossi (Giovanni). Vie de la vénérable mère L. B. T.

de Ballon, fondatrice et première supérieure de la congrégation des Bernardines réformées de France et en Savoye. *Annecy.* 1693. 8.

Ballouhey (N... N...),
homme d'État français (18 sept. 1765 — 9 janvier 1846),
Perron (M... F...). Notice biographique sur M. Ballouhey, ancien intendant des finances des deux impératrices Joséphine et Marie Louise, membre du conseil privé de la duchesse de Parme, s. l. et s. d. (*Besanc.* 1849).· 8. (*Lv.*)— (Extrait du *Recueil* de l'Académie de Besançon.)

Balme (Claude Denis),
médecin français (24 janvier 1742 — 29 nov. 1805).
Balme (Claude). Éloge de M. Balme, médecin au Puy. *Lyon.* 1808. 8.

Balmès (Jayme Luciano),
philosophe espagnol (28 août 1810 — 9 juillet 1848).
Garcias de los Santos (Benito). Vida de D.·J. Balmès, estracto y analisis de sus obras. *Madr.* 1848. 8.·
Blanche-Raffin (A... de). J. Balmès, sa vie et ses ouvrages. *Par.* 1849. 8.
Trad. en allem. par Franz Xaver Karken. *Regensb.* 1852. 8. Portrait.
Trad. en espagn. s. c. t. Vida y juicio critico de los escritos de D. J. Balmès. *Madr.* 1850. 8.
Soler (Antonio). Biografia del doctor J. Balmès. *Madr.* 1850. 8.

Balogh de Oesa (Peter),
homme d'État hongrois († 1816).
Funeralia piæ memoriæ excellentissimi D. P. Balogh. *Pestin.* 1816. 8.

Baltard (Louis Pierre),
architecte français (9 juillet 1765 — 22 janvier 1846).
Dalgabio (J... M...). Éloge historique de M. Baltard, président honoraire de la Société académique d'architecture de Lyon. *Lyon.* 1846. 8.

Balthasar (Franz Urs v.),
jurisconsulte suisse (7 nov. 1689 — ... 1763).
(**Haller**, Gottlieb Emmanuel v.). Éloge de M. de Balthasar. *Bern.* 1764. 8.
Meyer (Joseph Rudolph Valentin). Ehrengedächtniss des Herrn Rathsherrn F. U. v. Balthasar zu Luzern. *Luzern.* 1764. 8.

Balthasar (Georg Friedrich v.),
jurisconsulte suisse.
Lasius (Hermann Jacob). Standrede bei dem Sarge des Magisters G. F. v. Balthasar. *Greifsw.* 1761. 4. (*D.*)

Balthasar (Robert v.),
abbé de Saint-Urbain.
Frener (Gallus Anton). Lob : und Leichenrede auf den hochwürdigen Herrn R. v. Balthasar, Abbten des Gotteshauses S. Urban. *Luzern.* 1751. Fol.

Balthazar,
dernier roi de Babylone († 539 avant J. C.).
Arrhenius (Jakob). Dissertatio de Belschatzare. *Upsal.* 1705. 8.
Goebel (David Samuel). Dissertatio de Belsasaro, ultimo Chaldæorum rege. *Lauban.* 1757. 4.

Balticus (Martin),
pédagogue allemand (1533 — 1601).
Veesenmeyer (Georg). Nachricht von M. Balticus, ulmischen Rectors, Leben, Verdiensten und Schriften. *Ulm.* 1793-94. 2 parts. 4.

Baluze (Étienne),
historien français (24 déc. 1630 — 28 juillet 1718).
Vitrac (Jean Baptiste). Éloge d'E. Baluze. *Limog.* 1777. 8. (*P.*)

Balzac (Honoré de),
romancier français (20 mai 1799 — 20 août 1850).
Cantù (Ignazio). Comento di O. Balzac e delle sue opere. *Milan.* 1838. 8.·
(**Lomenie**, Louis de). Notice sur M. H. de Balzac; par un homme de rien. *Par.* 1846. 16.
Desnoiresterres (Gustave Le Brisoys). M. de Balzac. *Par.* 1850. 16.
H. de Balzac. *Blois.* (*Par.*) 1851. 8.
Sand (George). Notice biographique sur H. de Balzac. *Par.* 1853. 8. Portrait.

Balzac (Jean Louis **Guez** de),
littérateur français (... mai 1597 — 18 février 1654 *).
Marron (P... H...). J. L. Guez de Balzac, conseiller du roi en ses conseils , membre de l'Académie française, s. l. et s. d. (*Nîmes*), 8.
Castaigne (Jean François Eusèbe). Recherches sur la maison où naquit J. L. Guez de Balzac, sur la date de sa naissance, sur celle de sa mort et sur ses différents legs aux établissements publics; accompagnées d'un tableau généalogique de la famille Guez de Balzac. *Angoulême*. 1847. 8. Portrait.
  * C'est par erreur que la Biographie universelle de Michaud le fait mourir le 8 février 1655.

Bandel (Johann Anton v.),
jurisconsulte allemand.
Trauer-Rede auf J. A. v. Bandel, etc. *Constantinop. et Ispahan*. 1753. 8. (*D.*)

Bandettini-Landucci (Teresa),
improvisatrice italienne (12 août 1763 — 5 avril 1837).
Tomei (Lorenzo). Orazione nella morte di T. Bandettini-Landucci, fra gli Arcadi Amarillis Etrusca. *Lucca*. 1837. 8. (Tiré à part à très-petit nombre.)

Bandiera (Alessandro Maria),
prêtre italien.
Notizia della vita ed opere del P. A. M. Bandiera dei servi di Maria. *Palerm*. 1835. 8.

Bandiera (Attilio et Emilio),
martyrs de la liberté italienne (1817 et 1819 — exécutés le 25 juillet 1844).
Ricciardi (Giovanni). Epicedio alla santa memoria di A. ed E. Bandiera, Domenico Moro, Niccolo Ricciotti, Anacarsi Nardi , Francesco Berti , Jacopo Venerucci, Jacopo Rocca e Domenico Lupatelli, morti per la libertà italiana in Cosenza. *Par*. 1844. 12.
Mazzini (Giuseppe). Ricordi dei fratelli Bandiera e dei loro compagni di martirio, etc. *Par*. 1845. 12.

Bandini (Salustio Antonio),
savant italien (10 avril 1677 — 8 juin 1760).
Elogj di due scopritori italiani, cioè S. A. Bandini e F. Redi. *Siena*. 1784: 8.

Banér (Johan Gustafsson),
général suédois (23 juin 1596 — 10 mai 1641).
Manderfeldt (Carl). Éloge de J. Banér. *Copenh*. 1787. 8. (Omis par Quérard.)

Banffy (Gróf György),
homme d'État hongrois.
Lucerna provinciæ Transylvanicæ extincta intempestivo e vivis excessu G. comitis Banffy, Transylvaniæ gubernatoris, etc. *Claudiopol*. 1709. 4 *.
  * Précédée d'une esquisse de sa vie, écrite par Samuel Szakmar-Némethy.

Bang (Frederick Ludvig),
médecin danois (4 janvier 1747 — 26 déc. 1820).
Ralff (Georg). Laudatio memoriam F. L. Bangii commendans. *Hafn*. 1822. 8. (*D*.)

Banier (Antoine),
littérateur français (2 nov. 1673 — 2 nov. 1741).
Gros de Boze (Claude). Éloge de l'abbé Banier. *Par*. 1742. 2.

Banier (Carl),
savant suédois.
Stalenius (Johan). Oratio exequialis in funere C. Baneri. *Upsal*. 1653. 8.

Banister (John),
comédien anglais (12 mai 1760 — 7 nov. 1836).
Adolphus (John). Memoirs of J. Banister, comedian. *Lond*. 1829. 2 vol. 8.

Banks (Joseph),
naturaliste anglais (13 déc. 1743 — 19 mai 1820).
Duncan (Andrew). Short account of the life of the Right Hon. sir J. Banks. *Edinb*. 1821. 8. (Non mentionné par Lowndes.)
Cuvier (George). Éloge de sir J. Banks. *Par*. 1827. 8. (Tiré à part à très-petit nombre.)
Sir J. Banks and the Royal Society. *Lond*. 1844. 8.

Bannier (Johann),
sectaire allemand.
Goetze (Georg Heinrich). Dissertatio de erroribus quos J. Bannier, sartor Stargardiensis, proposuit. *Lubec*. 1707. 4.

Banquet (Élisabeth),
philanthrope française († 1654).
Vie d'É. Banquet, veuve de M. du Chevreuil, sieur de Lesturoille. *Par*. 1655. 12. Corr. et augment. 1660. 12.

Banquet (Gabriel),
dominicain français.
Molinier (Étienne). Oraison funèbre de G. Banquet, jacobin, inquisiteur de la Foy à Toulouse. *Toulous*. 1643. 8.

Baradat (M... N... de),
abbesse du Pont-aux-Dames.
Noël (N... N...). La parfaite abbesse, ou l'éloge funèbre de madame de Baradat, abbesse du Pont-aux-Dames. *Par*. 1654. 8.

Baraldi (Giuseppe),
littérateur italien (1er nov. 1778 — 30 mars 1832).
Discorso intorno alla vita ed alle opere di G. Baraldi. *Moden*. 1832. 8.
Fabriani (Severino). Vita di monsignor. G. Baraldi. *Moden*. 1834. 8.

Baranyai (János), *
général hongrois.
Kratsenits (Mathias). Lessus funebris inclyto heroï J. Baranyai de Bodorfalva, equestrium militari generali campi vigiliarum præfecto adornatus. *Comaromii*. 1798. 8.

Baratier (Johann Philipp),
génie précoce allemand (19 janvier 1721 — 5 sept. 1740).
Baratier (Franz). Nachricht von seinem frühzeitig gelehrten Sohne, publ. par Paul Emil **Mauclerc**. *Stett*. 1728. 4.
Merkwürdige Nachricht von einem sehr frühzeitig gelehrten Kinde und jetzt vierzehnjährigen Magistro (J. P. Baratier). *Stett. et Leipz*. 1735. 4. (*D*.)
Juncker (Johann). Programma in funere J. P. Baratieri. *Hal*. 1740. Fol.
Formey (Jean Henri Samuel). Vie de M. J. P. Baratier le fils. *Utrecht*. 1741. Portrait. (*D*.) *Frf. et Leipz*. 1755. 8. (*D*. et *P*.) Trad. en angl. *Lond*. 1745. 8. (*D*.)

Barault (Julien),
prêtre français (.. mars 1766 — 2 mai 1839).
Vie de M. (J. N.) Lacroix, chanoine titulaire de Bordeaux, ancien supérieur du grand séminaire , suivie d'une notice sur M. Barault, chanoine fondateur de l'œuvre des bons livres. *Bord*. 1848. 8.

Barba (Jean Nicolas),
libraire français (1769 — 23 mai 1846).
Barba (Jean Nicolas). Souvenirs. *Par*. 1846. 8.

Barbacovi (Francesco Vigilio),
jurisconsulte italien (11 nov. 1738 — 23 juillet 1825).
Apologia del cancelliere aulico di Trento, F. V. de Barbacovi. *Vienn*. 1797. 2 vol. 8. (Morceau d'autobiographie.)
Memorie intorno alla vita ed agli scritti di F. V. Barbacovi. *Padov*. 1821. 8.

Barbaize (Louise de),
religieuse belge.
Prevost (H...). La vie exemplaire de quatre abbesses : Marie Lepoyvre, Barbe Blocquel, Petronille Roels et L. de Barbaize, décédées avec opinion de saincteté. *Liége*. 1656. 4.

Barbara,
épouse de Sigismond, empereur d'Allemagne († 11 juillet 1451).
Boehme (Johann Gottlieb). Dissertatio de Barbara Celeiensi, Sigismundi imperatoris conjuge. *Lips*. 1755. 4.
Martini (Johann Gotthelf). Dissertatio de Barbara, Sigismundi imperatoris altera conjuge. *Lips*. 1759. 4.

Barbarigo (Federico Lauro),
prêtre italien.
Pace (N... N...). Elogio del P. maestro F. L. Barbadico (!), ex-ministro generale dei minori conventuali. *Assisi*. 1801. 8.

Barbarigo (Gregorio),
cardinal-évêque de Padoue (25 sept. 1625 — 18 juillet 1697).

Ragguaglio della vita, virtù e miracoli del B. G. Barbarico, vescovo di Padovo e cardinale. *Rom.* 1761. 8. ·

Ricchini (N... N...). De vita ac rebus gestis B. G. Barbadici S. R. E. cardinalis. *Rom.* 1761. 8.

Vita del B. G. Barbarigo cardinale. *Padov.* 1761. 8. *Bergam.* 1762. 8.

Barbarigo (Nicolo),
homme d'État italien († 1579).

Cortes (Francesco). Elogium N. Barbarici et M. A. Trevisani. *Venet.* 1625. 4. (*D.*)

Barbaro (Daniele),
patriarche d'Aquileja.

Diedo (Antonio). Elogio di D. Barbaro, patriarca d'Aquileja. *Venez.* 1817. 4.

Barbaroux (Charles Jean Marie),
député à la Convention nationale (6 mars 1767 — guillotiné le 25 juin 1794).

Barbaroux (Charles). Mémoires, avec une notice sur sa vie par Charles Ogé BARBAROUX, et des éclaircissements historiques par Saint-Albin BERVILLE et Jean François BARRIÈRE. *Par.* 1822. 8.

Barbe (Sainte),
martyre romaine († vers l'an 306).

Jérôme de Saint-Joseph. Vie de S. Barbe, vierge et martyre. *Bourg.* 1855. 12.

Barbe (Philippe),
prêtre français (1725 — 8 oct. 1792).

Mathieu (François Jacques Antoine). Notice sur le P. P. Barbe. *Chaumont.* 1792. 8.

Barbé-Marbois (François, comte et marquis de),
homme d'État français (31 janvier 1745 — 14 janvier 1838).

Notice sur le marquis de Marbois. *Par.* 1836. 8. (Revue par lui-même et lithographiée à une centaine d'exemplaires.)

Siméon (Joseph Jérôme). Discours prononcé à l'occasion du décès de M. le marquis F. de Barbé-Marbois. *Par.* 1858. 8.

Passy (Antoine). Notice historique sur le marquis de Barbé-Marbois. *Par.* 1858. 8. Portrait.

Barbera (Francesco),
prêtre italien.

Deani (Marco Antonio). Elogio funebre del canonico F. Barbera. *Milan.* 1820. 8.

Barberini, surnommé **le Jeune** (Antonio),
cardinal italien (1608 — 3 août 1671).

Orsini (Vincenzo Maria). La perdita commune : orazione funebre nell' esequie del cardinale A. Barberini. *Venez.* 1671. 12.

Bovio (Carlo). In funere cardinalis A. Barberini, descriptio honorarii tumuli et oratio. *Rom.* 1671. Fol.

Barbès (Armand),
démagogue français (1810 — ...).

Barbès (Armand). Deux jours de condamnation à mort. *Par.* 1848. 8. *Ibid.* 1849. 8.

Barbetta (N... N...).

Morte di Barbetta , celebre ludimagistro Bresciano , etc. *Brescia.* 1740. 8.

Barbeyrac (Jean),
littérateur français (15 mars 1674 — 3 mars 1744).

Gerdes (Daniel). Oratio funebris in obitum J. Barbeyrac. *Groning.* 1744. Fol.

Laissac (C...). Notice biographique sur Barbeyrac. *Montpell.* 1858. 8 *.

* Couronnée par la Société archéologique de Béziers, ville natale de J. Barbeyrac.

Barbié du Bocage (Jean Denis),
géographe français (28 avril 1760 — 28 déc. 1825).

Discours prononcés aux funérailles de M. J. D. Barbié du Bocage, chevalier de la Légion d'honneur, etc. *Par.* 1826. 4. Portrait. (*Lv.*)

Barbier (Antoine Alexandre),
bibliographe français (11 janvier 1765 — 5 déc. 1825).

Tourlet (René). Notice nécrologique sur A. A. Barbier. *Par.* 1826. 8. (Extrait du *Moniteur* tiré à un très-petit nombre.)

Mahul (Alphonse Jacques). Notice sur A. A. Barbier,

ex-administrateur des bibliothèques particulières du roi et ancien bibliothécaire du conseil d'Etat. *Par.* 1826. 8. (Cet extrait de l'*Annuaire nécrologique*, année 1825, a été tiré à part à un très-petit nombre d'exemplaires.)

Barbier (Louis). Notice biographique et littéraire sur A. A. Barbier. *Par.* 1827. 8. (Cet écrit, omis par Quérard, est orné du portrait de Barbier.) *Melun.* 1834. 8.

—— Souvenirs littéraires de l'Empire. Le bibliothécaire de l'empereur : (A. A. Barbier), s. l. et s. d. 8. (*Par.* 1852.) — (Extrait du *Spectateur militaire.*)

Barbier (Edmond Jean François),
jurisconsulte français (16 janvier 1689 — 29 janvier 1771).

Barbier (Edmond Jean François). Journal historique et anecdotique du règne de Louis XVI (de 1718 jusqu'à la fin de l'année 1762, publ. par N... N... de la VILLEGILLE). *Par.* 1847-55. 5 vol. 8.

Villegille (N... N... de la). Notice sur E. J. F. Barbier. *Par.* 1847. 8. (Tiré à part à un très-petit nombre d'exemplaires.)

Barbieri (Giovanni Francesco *),
peintre italien (2 février 1590 — 24 déc. 1666).

(**Calvi**, Jacopo Alessandro). Notizie della vita e delle opere del cavaliere G. F. Barbieri, detto il Guercino da Cento, celebre pittore. *Bologn.* 1808. 4. *Ibid.* 1842. 8. Portrait.

Bolognini-Amorini (Antonio). Vita di F. Barbieri, detto il Guercino. *Bologn.* 1839. 8. Portrait.

(**Mora**, Domenico C...). Vite di Benvenuto Tisio da Garofalo e di G. F. Barbieri, detto il Guercino da Cento, etc. *Venez.* 1842. 8.

* Plus connu sous le nom de GUERCINO DA CENTO.

Barbosa ou **Barboza** (Jozé),
historien portugais (1674 — 1750).

Souza Mexia (Bartholomeu de). Elogio do P. D. J. Barboza. *Lisb.* 1750. 4.

Telles da Silva (Mangel). Elogio funebre do P. D. J. Barboza. *Lisb.* 1751. 4.

Barca (Alessandro),
chimiste italien (26 nov. 1741 — 13 juin 1814).

(**Maironi Daponte** , Giovanni). Orazione recitata nelle solenni esequie del P. D. A. Barca, C. R. S (omasco), publico professore nella università di Padova. *Bergam.* 1814. 8.

Barcelona (condes de),
famille espagnole.

Diago (Francisco). Historia de los victoriosissimos antiguos condes de Barcelona. *Barcel.* 1603. Fol.

Prontuario metrico-historico-cronologico de los condes de Barcelona, desde el origen de su creacion hasta 1800. *Barcel.*, s. d. 8.

Bofarull (Pedro). Historia de los condes de Barcelona. *Madr.* 1859. 8.

Barchius (Nicolaus),
évêque de Westeras (25 nov. 1676 — 16 février 1733).

Alstrin (Erik). Likpredikan öfver N. Barchius, Biskopen i Westeräs. *West.* 1733. 4.

Svedelius (Jakob). Oratio parentalis in obitum N. Barchii. *Arosiæ,* s. d. (1733.) 4.

Barcino (Bernardo),
comte de Barcelone.

Barellas (Stephano). Centuria de los famosos hechos del gran conde de Barcelona, D. B. Barcino, y de D. Zinofre, su hijo, y otros cavalleros de la provincia de Cataluña. *Barcel.* 1600. Fol.

Barclay,
famille écossaise.

Barclay (Robert). Genealogical account of the Barclays of Urie, from 1110 to 1751, with Memoirs of colonel Dav. Barclay and his son Rob. Barclay, author of the « Apology for the Quakers. » *Lond.* 1740. 4. Publ. par Henri MILL. *Lond.* 1812. 8.

Barclay (David),
théologien anglo-américain.

Kerr (Jacob). Ecclesiastical trials of D. Barclay. *Eliztown.* 1816. 8.

Barclay (Jean),
écrivain français (28 janvier 1582 — 12 août 1621).

Schreber (Johann David). Programma de J. Barclaii *Argenide* (ejusque autore). *Numburg.* 1729. Fol. (*D.*)

Dalrymple (*lord Hailes*) (David). Sketch of the life of J. Barclay, author of the *Argenis*. *Edinb*. 1786. *4*.

Barclay (P... II...),
médecin danois.

Schoenberg (Albrecht v.). Necrolog over P. II. Barclay. *Kjoebehh*. 1833. 8.

Barclay (Robert),
théologien anglais (1648 — 3 août ou 13 oct. 1690).

Bevan (Joseph Gurney). Short account of the life and writings of R. Barclay. *Lond*. 1802. 12.
Account of the life and writings of R. Barclay. *Philadelph*. 1805. 8.

Bard (Samuel),
médecin anglo-américain (1er avril 1742 — 24 mai 1821).

Mac Vicar (John). Life of S. Bard. *New-York*. 1822. 8.

Bardenet (Jean Étienne),
savant français (1763 — 20 janvier 1844).

Notice sur la vie de M. l'abbé Bardenet. *Par*. 1844. 8.

Bardesanes,
hérésiarque du IIe siècle.

Strunz (Friedrich). Historia Bardesanis ac Bardesanistarum ex veterum doctorum monumentis eruta. *Witteb*. 1710. *4*. (*D*.)

Bardili (Burkhardt),
jurisconsulte allemand (1629 — 1692).

Osiander (Johann). Programma academicum in B. Bardili funere. *Tubing*. 1692. *4*. (*D*.)

Bardin (Jean),
peintre français (6 oct. 1732 — 31 oct. 1809).

Chaudruc de Crazannes (Jean César Marie Alexandre). Notice sur la vie et les ouvrages de M. Bardin. *Orléans*. 1809. 8.

Bardon de Brun (Bernard),
pieux ecclésiastique († 1625).

Talois (Pierre). Sermon sur la vie exemplaire et la mort bienheureuse de B. Bardon de Brun, prêtre, natif de Limoges. *Limog*. 1626. 8.

Petiot (Étienne). Vie de B. Bardon, prêtre. *Bord*. 1636. 8. (*Bes*.) *Limog*. 1644. 8. *Ibid*. 1668. 8.

Barentin (Charles Louis François de Paule de),
homme d'État français (1738 — 30 mai 1819).

Mémoire autographe de M. de Barentin, chancelier et garde des sceaux, sur les derniers conseils du roi Louis XVI, publ. par Maurice CHAMPION. *Par*. 1844. 8.

Barère de Vieuzac (Bertrand),
député à la Convention nationale (10 sept. 1755 — 15 janvier 1841).

Barère (Bertrand). Mémoires, publ. par Hippolyte CARNOT et Pierre Jean DAVID (d'Angers). *Par*. 1842-45 4 vol. 8.

Carnot (Hippolyte). Notice historique sur Barère. *Par*. 1842. 8.

Baretti (Giuseppe),
poëte italien (22 mars 1716 — 5 mai 1789).

Franchi (Giuseppe). Notizie intorno alla vita ed agli scritti di G. Baretti. *Torin*. 1790. 8. *Milan*. 1813. 8.

Bargagli (Scipione),
poëte italien (... — 27 oct. 1612).

Impresse di S. Bargagli. *Venez*. 1589. *4*. *Ibid*. 1594. *4*.

Barillon (Henri de),
évêque de Luçon (4 mars 1639 — 6 mai 1699).

Dupuy (Germain). Oraison funèbre de H. de Barillon, évêque de Luçon. *Par*. 1700. *4*.

(**Dubos**, Charles François). Abrégé de la vie de M. H. de Barillon, évêque de Luçon. *Delft*. (*Rouen*.) 1700. 12. (*Bes*.)

A la mémoire immortelle de messire H. de Barillon, évêque de Luçon, etc. *Fontenay*. 1701. *4*.

Barillon (Jean François de),
président au parlement de Paris (1601 — 30 août 1645).

Rivière (Antoine). Les dernières actions et paroles de Barillon, président au parlement de Paris, etc. *Turin*. 1645. 8. *Par*. 1649. *4*. (*P*.)

Barkotzy (Gróf Ferencz),
archevêque de Gran (... — 18 juin 1765).

Engelmajer (Samuel). Der zum besondern Dienst des Herrn, seines Gottes, vom Mutterleibe an berufene fromme und getreue Knecht, bey Gelegenheit der Bey-

setzung des F. Barkótzy, Erzbischofs zu Gran, in einer Trauer-und Lobrede vorgetragen. *Erlau*. 1765. Fol.

Pintér (Joseph). Laudatio funebris principis F. e comitibus Barkotzy, archiepiscopi Strigoniensis, Hungariæ primatis, etc. *Tyrnav*. 1765. Fol.

Barlow (Joel),
homme d'État anglo-américain (vers 1755 — 26 déc. 1812).

(**Oelsner**, Conrad Engelbert). Notice sur la vie et les écrits de J. Barlow, ministre plénipotentiaire des États-Unis d'Amérique auprès de S. M. l'empereur des Français. *Par*. 1813. *4*. (*P*.)

Barnabas (Saint),
apôtre.

Puccinelli (Placido). Vita di S. Barnaba, apostolo, primo pastore di Milano. *Milan*. 1649. *4*. *Ibid*. 1718. *4*. (*D*.)

Brehme (Ernst Gottfried). Schediasma historicum de J. Barsaba s. Barnaba, justo viro apostolico et ecclesiæ N. T. nascentis doctore longe celeberrimo. *Leucopetr*. 1735. *4*. (*D*.)

Haverkorn van Rijsewijk (G... H...). Dissertatio de Barnaba. *Arnhem*. 1835. 8.

Barnard (Saint),
archevêque de Vienne sous Charlemagne († 843).

Fleury-Ternal (Charles). Vie de S. Barnard, archevêque de Vienne. *Par*. 1722. 12. *Ibid*. 1728. *Ibid*. 1732. *Ibid*. 1748.

Barnasson (J...),
magistrat (?) français.

Prunier (N... N...). Paroles prononcées sur la tombe de J. Barnasson. *Grenoble*. 1850. *4*.

Barnave (Antoine Pierre Joseph Marie),
membre de l'Assemblée constituante (22 oct. 1761 — décapité le 30 oct. 1793).

La branche royale d'Orléans ou le Barnave de M. Jules Janin réfuté par l'histoire. *Par*. 1831. 8. (Réfutation du roman intitulé *Barnave*.)

Salvandy (Narcisse Achille de). Barnave. *Par*. 1833. 8. (Extrait du *Dictionnaire de la Conversation*.)

Barnekow (Herren v.),
famille allemande.

Bohlen-Bohlendorf (Julius v.). Der Bischofs-Roggen und die Güter des Bisthums Roeskild auf Rügen in erblichem Besitz der Barnekow, und Umriss der Geschichte dieses adeligen freiherrlichen und gräflichen Geschlechts. *Stralsund*. 1850. 8.

Barney (Joshua),
commodore anglo-américain.

Barney (Mary). Biographical memoir of the late commodore J. Barney, etc. *Boston*. 1852. 8.

Barnim le Grand,
duc de Poméranie (1345 — 1368).

Steinbrueck (Joachim Bernhard). Leben Barnim's des Grossen, Herzogs zu Pommern. *Stettin*. 1773. *4*.

Barnstorff (Bernhard),
médecin allemand († 1704).

Klein (Johann). Programma in funere B. Barnstorffii. *Rostoch*. 1704. *4*. (*D*.)

Detharding (Georg). Programma in B. Barnstorffii obitum. *Rostoch*. 1707. *4*.

Barnstorff (Johann),
jurisconsulte allemand.

Schaper (Johann Ernst). Programma academicum ad memoriam J. Barnstorffii. *Rostoch*. 1703. *4*. (*D*.)

Baron, voy. **Boyron** (Michel).

Baroni (Leonora),
cantatrice italienne du XVIIe siècle.

Costaguti (Vincenzo). Applausi poetici alle glorie della signora L. Baroni. *Rom*. 1639. *4*.

Baronio (Cesare),
cardinal italien (30 oct. 1538 — 30 juin 1607).

Buzzi (Michelangelo). Oratio in funere cardinalis C. Baronii. *Mogunt*. 1607. *4*. (*D*.)

Barnabœus (Hieronymus). Purpura sancta s. vita purpurati S. R. E. principis C. Baronii, cardinalis. *Rom*. 1651. *4*. (*D*.) Publ. par Gregor FAITZ. *Vindob*. 1718. 8. (*D. et L.*)

Le Febvre (Turrien). Vie de C. cardinal de Baronius,

prestre de la congrégation de l'Oratoire, et intendant de la bibliothèque du pape. *Douai.* 1668. 8.

Leben des Cardinals und Kirchengeschichtsschreibers C. Baronius, etc. *Augsb.* 1843. 12. (Trad. du latin.)

Baroplus (Johann),
théologien allemand († 1676).

Programma academicum in exequias J. Baropii. *Lips.* 1676. *4.* (*D.*)

Barotti (Oddino),
prêtre italien.

Vita del beato O. Barotti, prevosto della Collegiata di Fossano, s. l. 1812. 8. (*P.*)

Barra (Pierre),
médecin français du XVIIe siècle.

Péricaud (Antoine). Notice sur P. Barra. *Lyon.* 1837. 8. (Extrait des *Variétés historiques, biographiques et littéraires*, tiré à part à 50 exemplaires.)

Barras (Paul François Jean Nicolas, comte de),
l'un des cinq premiers directeurs de la république française (29 juin 1755 — 29 janvier 1829).

Les trois rois : Barras, Laréveillère-Lépaux et Rewbell, s. l. et s. d. 8. (Pièce signée CAMBYSE.)

Les crimes de Barras, pour servir de base à son acte d'accusation, s. l. et s. d. 8.

La vérité au peuple français sur les intrigues de Barras et de ses favorites, s. l. et s. d. 8.

Conduite de l'ex-directeur Barras dévoilée, s. l. et s. d. 8. (Pièce signée L...)

Détails exacts et circonstanciés de l'assassinat prémédité, commis hier, sur le directeur Barras, etc., s. l. et s. d. 8.

(**Doris**, Charles). Amours et aventures du vicomte de Barras avec mesdames (Joséphine) de Beauharnais, Tallien, la douairière du Baillet, mademoiselle Sophie Arnould. *Par.* 1816. 4 vol. 12. (Publ. s. l. pseudonyme du baron de B...)

Barre (Jean François **Le Fèvre,** chevalier de la),
victime de l'intolérance religieuse (... 1747 — décapité le 1er juillet 1766).

(**Voltaire**, François Marie Arouet de). Relation de la mort du chevalier de la Barre, s. l. 1766. 8. *Par.* 1768. 8. (Publ. s. l. pseudonyme de CASSEN.)

Barrère (Joseph François),
musicien français (vers 1736 — 10 avril 1800).

Musique sacrée : Biographie de J. F. Barrère, s. l. (*Perpignan*). 1839. 8.

Barres (Jean des),
chevalier français du XIIIe siècle.

Grésy (Eugène). Notice généalogique sur J. des Barres, chevalier, mort avant 1289 et inhumé avec ses deux femmes dans l'église d'Oisery (Seine et Marne), etc. *Par.* 1830. 8.

Barrière (Jean de la),
abbé de la congrégation des Feuillants (1544 — 25 avril 1600).

Sainte-Anne * (Jean Baptiste de). Conduite de Dom J. de la Barrière, abbé et instituteur des Feuillants, durant les troubles de la Ligue sous Henry III. *Par.* 1689. 12.

   * Plus connu s. l. nom de PRADILLON.

Barrière (Pierre),
connu par son projet d'assassiner Henri IV (rompu vif le 26 août 1593).

Extrait du procès criminel fait à P. Barrière. *Melun.* 1593. 4.

Relation du régicide Barrière. *Par.* 1594. 8.

Bianchi (Serafino). Histoire prodigieuse d'un détestable parricide entrepris en la personne du roi (Henri IV) par P. Barrière. *Par.* 1594. 8.

Barrington (William Wildman, viscount),
homme d'État anglais.

Barrington (Shute). Political life of W. Wildman, viscount Barrington, etc. *Lond.* 1815. 8.

Barriso,
fils de l'empereur Frédéric Barberousse.

Bel (Carl Andreas). Dissertatio de Barrisone, Frederici Barbarossæ imperatoris beneficio rege Tardesiæ. *Lips.* 1766. 4.

Barroilhet (Paul),
chanteur français (22 sept. 1810 — ...).

Notice biographique sur la vie et les travaux artistiques de M. Barroilhet. *Par.* 1846. 8. (*Lv.*)

Barrot (Jean André),
conventionnel français (vers 1753 — 19 nov. 1845).

Odilon Barrot (Camille Hyacinthe). Notice sur la vie politique de M. J. A. Barrot. *Par.* 1814. 8.

Barrow (Isaac),
mathématicien anglais (.. oct. 1630 — 4 mars 1677).

Life of I. Barrow. *Lond.* 1683. Fol.

Barrow (John, baronet),
historien anglais (1764 — vers 1849).

Autobiography of sir J. Barrow, baronet, late of the admirality, etc. *Lond.* 1847. 8.

Barruel (Augustin de),
jésuite français (2 oct. 1741 — 5 oct. 1820).

Dussault (Jean Joseph). Notice sur la vie et les ouvrages d'A. Barruel. *Par.* 1825. 8.

Barry (comtesse du), voy. **Dubarry** (Marie Jeanne Gomart de Vaubernier, comtesse).

Barry (James),
peintre irlandais (1741 — 1806).

Vialart Saint-Morys (N... N...). Notice sur J. Barry, peintre, s. l. et s. d. 8.

Barrymore (Richard **Barry,** earl of),
(1769 — ...).

Williams (John). Life of the earl of Barrymore; including a history of the wargrave theatrical and original anecdotes of eminent persons. *Lond.* 1793. 8. (Publ. s. l. pseudonyme de Anthony PASQUIN.)

Bart (Jean),
chef d'escadre sous Louis XIV (1651 — 17 avril 1702).

Richer (André). Vie de J. Bart. *Par.* 1780. 12. *Ibid.* 1782. 12. *Ibid.* 1784. 12. *Ibid.* 1798. 12. *Ibid.* 1813. 12. *Ibid.* 1835. 12.

Poirier (Louis Eugène). Éloge historique de J. Bart, chef d'escadre des armées navales de France, etc. 1807. 8. Portrait.

Leben des berühmten Seefahrer's J. Bart. *Leipz.* 1782. 8. *Ibid.* 1807. 8. Portrait.

Vanderest (N... N...). Histoire de J. Bart. *Par.* 1841. 8. Histoire de J. Bart, chef d'escadre sous Louis XIV. *Par.* 1843. 2 vol. 18.

Bartels (August Christian),
théologien allemand (9 déc. 1749 — 16 déc. 1826).

Bank (Theodor Wilhelm Heinrich). Denkschrift für die Freunde und Verehrer Dr. A. C. Bartels. *Braunschw.* 1824. 8.

Bartels (Claes),
magistrat allemand.

Einige Mittheilungen aus dem Leben und Wirken des weiland Oberalten C. Bartels zu Hamburg. *Hamb.* 1851. 8.

Bartels (Dieterich v.),
magistrat allemand.

Overbeck (Johann Daniel). Memoria vitæ D. a Bartels, reipublicæ Lubecensis senatoris. *Lubec.* 1763. Fol. Trad. en allem. par lui-même, s. c. t. Kurzgefasste Lebensgeschichte, etc. *Lübeck.* 1763. Fol.

Bartels (Johann Heinrich),
maire de la ville de Hambourg (20 mai 1761 — 1er février 1850).

Cornelsen (D... H...). Der Hamburgische Bürgermeister J. H. Bartels ; Abriss seines Lebens und Wirkens, etc. *Hamb.* 1850. 8.

Bartenstein (Lorenz Adam),
théologien allemand (28 août 1711 — 25 février 1796).

Briegleb (Johann Christian). Vita L. A. Bartensteinii. *Coburg.* 1793. 4. (*L.*)

Barth (Caspar),
critique allemand (22 juin 1587 — 17 sept. 1658).

(**Kromayer**, Hieronymus). Programma academicum in C. Barthii obitum. *Lips.* 1658. 4. (*D.*)

Huelsemann (Johann). Concio funebris in C. Barthii obitum. *Zwickav*, s. d. (1658). 4. (*L.*)

Lage (Matthias v. d.). Parentalia memoriæ C. Barthii. *Lips.* 1661. Fol. (*D.*)

Weinhold (Georg Andreas). Programma de C. Barthio. *Cygn.* 1713. Fol.

Eckhard (Johann Friedrich). De C. Barthio, scholæ Isenacensis olim alumno et ornamento splendissimo. *Gothæ.* 1773. 8.

Barth (Friedrich Gottlieb),
pédagogue allemand (5 août 1738 — 6 oct. 1794).

Schmieder (Johann Christoph Coelestin). Standrede gehalten bei dem Sarge des Herrn Mag. F. G. Barth's, treuverdienten Lehrers der Landesschule Pforte, nebst einigen Anmerkungen über die vorzüglichsten Lebensumstände des Verewigten. *Weissenf.* 1794. 8. (*D.*)

Barth (Johann),
théologien allemand.

Werner (Matthias). Getreuer Kirchen- und Schul-Lehrer, oder Leichenpredigt auf J. Barth. *Jena.* 1684. 4. (*D.*)

Barth (Johann August),
imprimeur allemand (1er août 1765 — 9 sept. 1818).

Menzel (Carl Adolph). J. A. Barth; biographisches Denkmal, s. l. et s. d. (*Bresl.*). 4. (*D.*)

Barth (Johann Conrad),
théologien hongrois (+ 1692).

Fridel (Johann). Parentalia in funere J. C. Barthii, ecclesiæ evangelicæ Semproniensis antistitis meritissimi. *Ratisb.* 1692. 4.

Dobner (Sebastian Ferdinand). Priesterliches Ehrenschildlein J. C. Barths, evangelischen Predigers zu Odenburg, bey seiner Beerdigung aufgerichtet, etc., s. l. et s. d. (*Regensb.* 1692.) 4.

Gruber (Adam). Abschieds-Rede Pauli und eines getreuen Seelsorgers an seine Gemeinde in einer Leichen-Predigt bey Beerdigung J. C. Barthii. *Regensb.* 1692. 4.

Barth (Johann Heinrich),
théologien allemand.

Schoepflin (Johann Daniel). Oratio in memoriam J. H. Barthii. *Argent.* 1719. 4. (*L.*)

Barth (Zacharias),
magistrat allemand.

Consul vere consul Z. Barthius, consul Goldbergensis. *Wittenberg.* 1675. 4.

Barthe (Félix),
jurisconsulte français (28 juillet 1795 — ...).

Notice biographique sur la vie et les travaux de M. Barthe, pair de France, premier président de la cour des comptes. *Par.* 1846. 8. (*Lv.*)

Barthel (Conrad),
théologien (?) allemand.

Lebenslauf C. Barthel's. *Dresd.* 1662. 4. (*L.*)

Barthel (Johann Caspar),
jurisconsulte allemand (1697 — 18 avril 1771).

Vita J. C. Barthelii, nunc primum seorsim excusa. *Frf.* et *Leipz.* 1752. 8. (*D.*) Trad. en allem. s. c. t. Kurze Nachricht, etc. *Frf.* et *Leipz.* 1752. 8. (*D.*)

Barthélemy des Martyrs,
archevêque de Brague (.. mai 1514 — 16 juillet 1590).

Caçegaz (Luiz de). Vida de D. Fr. Bartholome des Martyres da ordem dos pregadores, arcevispo y senhor de Braga. *Viana.* 1619. Fol. (Revue par Luiz de Sousa.) *Par.* 1742. 2 vol. 8. *Lisb.* 1763. 2 vol. 8. *Ibid.* 1785. 2 vol. 8.

Munoz (Luis). Vida de Fr. Bartolome de los Martyres, de la orden de Santo Domingo, arcobispo y señor de Braga. *Madr.* 1645. 4.

(**Sacy**, Louis Isaac Le Maistre de). Vie de D. Barthélemi des Martyrs, publ. par Pierre Thomas du Fossé. *Par.* 1663. *Ibid.* 1664. 4.

Lebeau (Jean Baptiste). Historia de vita et rebus gestis Bartholomæi de Martyribus, archiepiscopi Bracharensis. *Par.*, s. d. 4.

Vitoria (Francisco Alvares). Vida do arcebispo Fr. Bartholomeo dos Martyros. *Lisb.* 1748-49. 2 vol. 4.

Barthélemy, (François, marquis),
diplomate français (20 oct. 1747 — 3 avril 1830).

(**Soulavie**, Jean Louis Giraud). Mémoires (supposés) historiques et diplomatiques de Barthélemy, depuis le 14 juillet jusqu'au 50 prairial an vii (1799), s. l. et s. d. 8.

Barthélemy (Jean Jacques),
littérateur français (20 janvier 1716 — 30 nov. 1795).

Nivernois (Louis Julien Barbon **Mancini**). Essai sur la vie de J. J. Barthélemy. *Par.*, an iii (1795). 8. (*D.*)

Trad. en allem. par Christoph Albrecht KAYSER. *Hof.* 1796. 8. (*D.*)

Boufflers (Stanislas Jean de). Éloge de l'abbé Barthélemy. *Par.* 1806. 8. (Omis par Quérard).

Villenave (Matthieu Guillaume Thérèse). Notice sur les ouvrages de J. J. Barthélemy, de l'Académie française. *Par.* 1821. 8.

Barthez (Pierre Joseph),
médecin français (11 déc. 1734 — 15 oct. 1806).

Dumas (Charles Louis). Éloge de P. J. Barthez. *Montpell.* 1807. 8.

Baumes (Jean Baptiste Timothée). Éloge de P. J. Barthez. *Montpell.* 1807. 4. *Ibid.* 1816. 8.

Lordat (Jacques). Exposition de la doctrine médicale de P. J. Barthez, et mémoire sur la vie de ce médecin. *Montpell.* et *Par.* 1818. 8.

Bartholdy (George Charles),
chimiste français.

Notice biographique sur G. C. Bartholdy, membre de la société littéraire de Colmar, ancien professeur de chimie, ancien maire de la ville de Munster. *Colmar.* 1851. 8.

Bartholinus (Caspar),
médecin danois (12 février 1585 — 13 juillet 1629).

Brochman (Caspar Erasmus). Oratio de vita et morte C. Bartholini. *Hafn.* 1629. 8. *Frf.* 1676. 8.

Bartholinus (Thomas),
médecin danois (20 oct. 1616 — 4 déc. 1680).

Hannaeus (Georg). Oratio in obitum T. Bartholini. *Hafn.* 1680. 4. (*D.*)

Wormius (Wilhelm). Oratio in excessum T. Bartholini. *Hafn.* 1681. 4. (*D.*)

Jacobaeus (Oliger). Oratio in S. Bartholini obitum. *Hafn.* 1681. 4. (*D.*)—(Avec un catalogue de ses écrits.)

Bartholomael (Johann),
philologue allemand.

Mitternacht (Johann Sebastian). Leichenpredigt auf J. Bartholomæi, nebst dessen von ihm selbst aufgesetzten Lebenslauf. *Zeitz.* 1670. 4. (*D.* et *L.*)

Bartholomael (Johann Christian),
théologien allemand.

Layritz (Johann Georg). Gedächtniss-Predigt auf J. C. Bartholomaei. *Weimar.* 1710. Fol. (*D.*)

Bartholomael (Johann Christian),
savant allemand (26 février 1708 — 1er février 1776).

Schneider (C... W...). Leben und Charakter des Herrn Bibliothekars J. C. Bartholomaei. *Weim.* 1778. 8. (*D.*)

Bartilius (Laurentius),
jésuite polonais (vers 1570 — 8 août 1635).

Kojalowicz (Albrycht Wyuk). De vita et moribus R. P. L. Bartilii e societate Jesu. *Vilnæ*, s. d. (1645). 8. *Ibid.* 1648. 8. *Ibid.* 1654. 8.

Bartoli (Giuseppe),
archéologue italien (.. février 1717 — vers 1788).

Paravia (Pietro Alessandro). Della vita e degli studj di G. Bartoli. *Torin.* 1842. 12.

Bartolo de Sassoferrato,
jurisconsulte italien (vers 1313 — 13 juillet 1355).

Vita Bartoli (de Saxoferrato) JCti. *Perusiæ.* 1576. 4.

Bartolommeo (San),
abbé du monastère de Grotta Ferrata.

Sciomari (Giacomo). Breve notizia e raccolta della vita di Bartolomeo IV, abate del monastero di Grotta Ferrata. *Rom.* 1728. 8.

Barton (Benjamin Smith),
médecin-botaniste anglo-américain (1768 — 1816).

Barton (William). Biographical sketch of the late prof. B. Smith Barton. *Philadelph.* 1816. 8. Portrait.

Bartram (John),
botaniste américain.

Darlington (William). Memorials of J. Bartram and Humphrey Marshall, with notices of their botanical contemporaries. *Philadelph.* 1850. 8.

Barwick (John),
doyen de l'église de Saint-Paul à Londres (+ 1664).

Barwick (Peter). Vita J. Barwick, etc. *Lond.* 1721. 8.

Portrait. (*D.*) Trad. en angl. avec préface, par Hilkiah
BEDFORT. *Lond.* 1724. 8. (*D.*)

Barzaeus ou Barzis (Caspar),
jésuite belge († 1553).

Trigault (Nicolas). Vita C. Barzaei, Belgae, e societate
Jesu, B. Francisci Xaverii in India socii. *Antw.* 1610.
8. (*D.*) *Colon.* 1611. 12. *Ibid.* 1640. 12. Trad. en franç.
Douai. 1615. 12.

Bartoli (Daniele). Vita di G. Barzeo, Soc. Jesu. *Bologn.*
1654. 12.

Barziza (Guiniforte),
philologue italien.

Finazzi (Giovanni). Di G. Barziza e di un suo commento
sull' INFERNO di Dante Alighieri. *Bergam.* 1845. 8.

Barzoni (Vittorio),
publiciste italien (1764 — 1829).

Thompson (William). Life and writings of V. Barzoni,
Lond. 1831. 8. Trad. en ital. *Lodi.* 1836. 8.

Basch (Johann),
médecin allemand.

Seelen (Johann Heinrich v.). Memoria J. Baschii, medicinæ doctoris. *Lubec.* 1720. Fol. Trad. en allem. *Lübeck.*
1720. Fol.

Baschiera (Antonio),
littérateur italien († 17 juin 1838).

Zannier (Giovanni Maria). Orazione funebre dell' abate
A. Baschiera, arciprete di Fossalta. *San Vito.* 1838. 8.

Basedow (Johann Bernhard),
pédagogue allemand (8 ou 11 sept. 1723 — 25 juillet 1790).

Thierbach (Johann Gottlieb). Prolusio de rebus J. B.
Basedovii. *Lubec.* 1775. 4. (*D.*)

Meier (Johann Christoph). Basedow's Leben, Character
und Schriften. unpartheiisch dargestellt und beurtheilt. *Hamb.* 1791-92. 2 vol. 8. (*D.*)

(**Rathmann**, Heinrich). Beiträge zur Lebensgeschichte
J. B. Basedow's. *Magdeb.* 1791. 8.

Bashuysen (Heinrich Jacob v.),
orientaliste allemand (26 oct. 1679 — 29 déc. 1758).

Huch (Ernst Ludwig Daniel). Programma continens
vitam H. J. de Bashuysen. *Servest.* 1759. Fol.

Basile le Grand (Saint),
évêque de Césarée (329 — 1er janvier 379).

Turstenius (Johann). Oratio de Basilio. *Witteb.* 1545.
8. (*D.*)

Agresta (Apollinare). Vita del protopatriarca S. Basilio
Magno, dottore di S. Chiesa ed arcivescovo di Cesarea.
Rom. 1658. 4. *Messin.* 1681. 4. (*D.*)

Hermant (Godefroy). Vie de S. Basile le Grand et celle
de Grégoire de Nazianze, divisées en XII livres. *Par.*
1674. 2 vol. 4. (*D.* et *Bes.*)

Werenberg (Johann Georg). Dissertatio de prudentia
Basilii Magni in refutandis hæreticis. *Lips.* 1724. 4. (*D.*)

Pozzo (Giuseppe del). Dilucidazioni critico-istoriche
sulle relazioni degli antichi e moderni scrittori della
vita di S. Basilio. *Rom.* 1746. 4. (*D.*)

Huch (Ernst Ludwig Daniel). Programma de Basilio
Magno, oratore logico. *Servest.* 1771. Fol.

Feisser (Johann Elias). Dissertatio historico-theologica
de vita Basilii Magni. *Groning.* 1828. 8.

Klose (Carl Rudolph Wilhelm). Basilius der Grosse nach
seinem Leben und seiner Lehre dargestellt. *Strals.*
1835. 8. (*D.*)

Pol (C... G .. van der). Dissertatio de Basilio Magno,
oratore sacro. *Amst.* 1835. 8.

Jahn (Albert). Basilius M. platonizans. *Bern.* 1839. 4.

Basile I, dit le Macédonien ,
empereur de Constantinople (813 — 867 — 886).

Constantinus Porphyrogenitus. Basilius Macedo, s.
historia de vita et ejus rebus gestis. *Frf.* 1551. 8. Publ.
en grec et en latin par Leone ALLACCI. *Col. Agr.* 1653. 8.

Impacciati (G...). Basilio il Macedone; opera storico-
politica. *Rom.* 1809. 2 vol. 8. (Très-rare.)

Basilide,
hérésiarque du IIe siècle.

Hunderup (Peder). Disputatio de Basilide et mysterio
Basilidiano Abraxas. *Hafn.* 1710. 4.

Nicolai (Otto Nathanael). Commentatio de salvatore Basilidis, *Cavlacav* dicto. *Helmst.* 1750. 4.

Basin ou Bazin (Thomas),
chroniqueur français (... 1412 — 30 déc. 1491).

Quicherat (Jules). Sur la vie et les ouvrages de T.
Bazin. *Par.* s. d. 8. (Extrait de la *Bibliothèque de l'École
des Chartes,* tiré à part à un très-petit nombre d'exemplaires.)

Bassaget (André),
législateur français.

Stelle (E... P...). Notice biographique sur M. Bassaget,
ancien membre du conseil des cinq-cents et du corps
législatif. Nécrologie. *Par.* 1851. 8.

Bassano Mantovano,
poëte italien († 1499).

Tosi (Pietro Antonio). Notizie biografiche e bibliografiche
sopra il poeta maccheronico Bassano Mantovano. *Milan.*
1843. 8.

Bassano (duc de), voy. **Maret, duc de Bassano.**

Bassenge (Jean Nicolas),
poëte belge (24 nov. 1758 — 16 juillet 1811).

Dejaer (Joseph). Éloge de J. N. Bassenge. *Liége.* 1811. 8.

Stassart (Goswin Joseph Augustin de). Notice sur Bassenge. *Liége.* 1846. 8. (Extrait de la *Revue de Liége.*)

Basseville (Nicolas Jean Hugon),
journaliste français (... — tué le 13 janvier 1793).

Basseville (Nicolas Jean Hugon de). Mémoires historiques, critiques et politiques de la révolution de France,
avec toutes les opérations de l'Assemblée nationale.
Par. 1790. 2 vol. 4 ou 4 vol. 8.

Cubières de Palmezeaux (Michel). La mort de Basseville ou la conjuration de Pie VI dévoilée, etc. *Par.*
1793. 8.

Bassompierre (François de),
maréchal de France (12 avril 1579 — 12 oct. 1646).

Bassompierre (François de). Mémoires contenant l'histoire de sa vie et de ce qui s'est passé de plus remarquable à la cour de France, depuis 1598 jusqu'à son entrée à la Bastille (1656). *Cologn.* 1665. 2 vol. 12. *Ibid.*
1666. 2 vol. 12. *Amst.* 1693. 2 vol. 12. *Cologn. (Rouen).*
1705. 2 vol. 12. *Trevoux.* 1721. 4 vol. 12, recueill. par
Charles Jean François HÉNAULT et publ. par Antoine
SÉRIEYS, *Par.*, an x (1802). 8.

—— Ambassades en Espagne en 1621, en Suisse et en
Angleterre en 1625 et 1626. *Cologn.* 1668. 4 vol. 12.
Ibid. 1744-45. 2 vol. 8. Trad. en angl. *Lond.* 1818. 8.

Puymaigre (M... de). Vie de Bassompierre. *Paris.*
1848. 8.

Bassuel (Pierre),
chirurgien français (... 1706 — 4 juin 1757).

Louis (Antoine). Éloge de MM. Bassuel, Malaval et Verdier, chirurgiens de Paris et de l'Académie royale de
chirurgie. *Par.* 1759. 8.

Bast (Johann Friedrich Jacob),
archéologue allemand (1772 — 13 nov. 1811).

Monod (Jean). Discours prononcé sur la tombe de J. F.
J. Bast, conseiller de légation de S. A. R. le grand-duc
de Hesse, etc. *Par.* 1812. 8.

Bast (Liévin Amand Marie de),
littérateur belge (2 mars 1787 — 10 sept. 1832).

Voisin (Auguste). Notice biographique sur L. A. M. de
Bast, membre de l'Institut des Pays-Bas, etc. *Gand.*
1833. 8. Portrait.

Bast (Violente de),
dame française.

Segla (G... de). Histoire tragique et arrêt de la cour du
parlement de Tholose contre Pierre Arrias Burdeus,
religieux augustin, maistre François Gérard, conseiller,
damoiselle V. de Bast et autres. *Par.* 1613. 8.

Bastard d'Estang (Dominique François Marie, comte de),
homme d'État français (31 oct. 1783 — 23 janvier 1844).

Bastard d'Estang (Armand de). Notice historique sur
F. de Bastard, comte d'Estang, pair de France. *Par.*
1844. 8. ,

Basterrèche (Jean Pierre),
député français (19 février 1782 — 9 juin 1827).

Lamarque (Maximilien). Notice sur la vie de M. Basterrèche, député des Basses-Pyrénées, s. l. et s. d. (*Par.*
1827.) 8.

Bastholm (Christian),
théologien danois (2 nov. 1740 — 25 janvier 1819).

Moeller (Jens). Confessionarius C. Bastholms Levnet,
Charakter og Fortjenester skildrede. *Kjoebenh.* 1819. 8.

Bastineller (Gebhard Christian),
jurisconsulte allemand (15 mai 1689 — 20 oct. 1755).
Hiller (Johann Friedrich). Oratio funebris in exequiis G. C. Bastinelleri. *Witteb.* 1755. Fol. (*D.*)
Boehmer (Georg Rudolph). Programma academicum in funere G. C. Bastinelleri. *Witteb.* 1755. Fol. (*D.*)

Basto (Pedro de),
jésuite portugais.
Queiros (Fernando de). Historia da vida do V. P. P. de Basto. *Lisb.* 1689. Fol.

Baston (Guillaume André René),
théologien français (29 nov. 1741 — 26 sept. 1825).
Notice biographique sur l'abbé Baston. *Rouen*, s. d. (1826.) 8.

Bateman (Thomas),
médecin anglais (1778 — 9 avril 1821).
(**Rumsey**, John). Account of the life and character of T. Bateman. *Lond.* 1827. 8. Trad. en allem. par Carl Adolph Moritz BRESLER. *Berl.* 1834. 8.

Bathilde (Sainte),
épouse de Clovis II, roi de France († 30 janvier 680).
Binet (Étienne). Vie de S. Bathilde, fondatrice et religieuse de l'abbaye de Chelles. *Par.* 1624. 2. *Ibid.* 1629. 12.

Bathory (Stephan),
prince de Transylvanie et roi de Pologne (1533 — élu le 1er mai 1575).
Bathory (Stephan). Epistolarum decas, publ. par Johann Burchard MENIKE. *Lips.* 1703. 8.

Warsewitz (Christoph Stanislaus). Vita, res gestæ et obitus Stephani, regis Polonorum, et in ejus obitum oratio. *Cracov.* 1587. 4.
Simonius (Simon). Stephani Báthory, primi Polonorum regis, etc., sanitas, vita medica, ægritudo, mors. *Nyssæ.* 1587. 4.
Heidenstein (Reinhold). De bello moscovitico, quod Stephanus rex Poloniæ gessit, commentariorum libri VI. *Basil.* 1588. 4.

Heidenstein (Reinhold). Historia rerum Polonicarum ab excessu Sigismundi Augusti gestarum ab anno 1572 ad annum usque 1603. *Frf.* 1612. Fol.
Sulikovius (Johann Demetrius). Commentarius rerum Polonicarum a morte Sigismundi Augusti ad annum usque 1588. *Dantisc.* 1647. 4.

Bathori (Zsigmond),
prince de Transylvanie.
Dilbaum (Samuel). Bericht und Erzehlung des Heroischen Gemüts auch herrlichen Thaten, welche S. Báthory, Fürst in Siebenbürgen, wider den Türcken mannlich bewisen hat, etc. *Münch.* 1596. 4.

Bathurst (Henry),
évêque de Norwich (16 oct. 1744 — 5 avril 1837).
Bathurst (H...). Memoirs of the late H. Bathurst, lord bishop of Norwich. *Lond.* 1837. 2 vol. 8. Supplém. *Ibid.* 1842. 8.
Memoirs and correspondence of Dr. H. Bathurst, lord bishop of Norwich, with anecdotes of various members of his family, by his daugther, Mrs. *Thistlethwayte.* *Lond.* 1853. 8.

Bathurst (Ralph),
médecin-poète anglais (1620—1704).
Warton (Thomas). Life and literary remains of R. Bathurst, dean of Wells and president of Trinity College in Oxford. *Lond.* 1761. 8. Portrait.

Batoni (Pompeo),
peintre italien (5 février 1708 — 4 février 1787).
Boni (Onofrio). Elogio del cavaliere P. Batoni. *Rom.* 1787. 8.

Batt (Bartholomaeus),
théologien allemand (1571 — 3 nov. 1639).
Querinus (Hermann). Oratio funebris continens vitam, etc. B. Batti. *Gryphisw.* 1659. 4. (*D.*)
Vismarus (Nicolaus). Parentatio B. Batto facta. *Gryphisw.* 1659. 4. (*D.*)

Batt (Jacob),
théologien allemand.
Goetze (Georg Heinrich). Elogium Batto-Medlerianum,

exponens vitas J. Batti et N. Medleri, ecclesiæ Brunvicensis præsulum. *Lubec.* 1704. 4. (*D.*)

Batt (William),
médecin anglais (18 juin 1744 — 9 février 1812).
Mojon (Benoît). Éloge historique de G. Batt. *Gênes.* 1812. 4.

Batthyanyi (Grafen),
famille hongroise.
Szklenar (Gergeli). Origo et genealogia illustris Batthyánorum gentis. *Presburg.* 1778. 8.

Batthyanyi (Gróf Ferencz),
ban des Croates.
Heroes Hungariæ. *Tyrnav.* 1743. 8 *.
* On y trouve une notice historique sur F., comte Batthyanyi.

Batthyanyi (Joseph Graf),
cardinal-archevêque de Gran (30 janvier 1727 — 23 oct. 1799).
Kopp (Carl). Justa solemnia in mortem cardinalis J. comitis Batthyán. *Pesth.* 1800. 8.

Batthyanyi (Gróf Lajos),
homme d'État hongrois (1807 — fusillé le 6 oct. 1849).
Graf L. Batthyány, ungarischer Premierminister, sein Leben, Wirken und Ende; mit bisher ungedruckten Documenten und Reden Batthyány's belegt, von einem Deutsch-Ungarn. *Grimma et Leipz.* 1850. 16. Port.
Horvath (Stephan). Graf L. Batthyányi, ein politischer Märtyrer der ungarischen Revolutionsgeschichte, und der 6te October in Ungarn. *Hamb.* 1850. 8.
Szemere (Bartholomäus). Graf L. Batthyányi, Arthur Goergei, Ludwig Kossuth. Politische Characterskizzen aus dem ungarischen Freiheitskriege. *Hamb.* 1853. 8.

Battier (Simon),
jurisconsulte suisse (1er mars 1629 — 18 juillet 1681).
Guichard (François). J. Battierii, antecessoris juris Basiliensis, vita gloriosa, mors pia. *Basil.* 1682. 4. *Ibid.* 12.

Batz (Jean de),
grand-sénéchal de Nérac (26 déc. 1760 — 10 janvier 1822).
Batz (Jean de). Conjuration de Batz, ou la journée des soixante. s. l. 1795. 8.
Eckard (Jean). L'ombre du baron de Batz à M. P... de M... *Par.* 1853. 8.

Baud (Jean Marie),
médecin piémontais (... 1776 — 11 mars 1852).
Notice sur M. le professeur Baud. *Louvain.* 1853. 8.

Baude (Henri),
poëte français (vers l'an 1430 — vers l'an 1495).
Vallet de Viriville (Auguste). Nouvelles recherches sur H. Baude, poëte et prosateur du xve siècle. *Par.* 1853. 8.

Baudin (Pierre Charles Louis),
député à la Convention nationale (28 oct. 1748 — 14 oct. 1799).
Rousseau (Jean). Discours prononcé sur la mort du représentant du peuple Baudin (des Ardennes), s. l. et s. d. (*Par.* 1799.) 8.

Baudis (Gottfried Leonhard),
jurisconsulte allemand (4 août 1683 — 8 février 1739).
(**Kapp**, Johann Ernst). Programma academicum in G. L. Baudisii funere. *Lips.* 1759. Fol. (*D.* et *L.*)

Baudius (Leonhard),
théologien allemand.
Christen-Rubin bey Leichbestattung L. Baudii. *Coburg.* 1636. 4. (*L.*)

Baudet (Bénigne Jérôme),
jurisconsulte français.
Baudot (Pierre Louis). Notice historique sur B. J. Baudot. *Par.*, s. d. 8.

Baudouin I,
empereur de Constantinople (1191 — 9 mai 1204 — 14 avril 1206).
Amand (N... N...). Mémoire historique sur les différends qui s'élevèrent entre Jean et Baudouin d'Avesnes et Marguerite de Constantinople, comtesse de Flandre et de Hainaut, leur mère. *Maestr.* et *Brux.* 1794. 8.
Cahour (A...). Baudouin de Constantinople. Chronique de Belgique et de France en 1225. *Par.* et *Lyon.* 1850. 12. Trad. en flamand. *Tournai.* 1852. 8.

Baudouin I, surnommé **Bras-de-Fer**,
comte de Flandre († 879).

Lesbroussart (Jean Baptiste). Mémoire sur Baudouin I, comte souverain de la Flandre. *Brux.* 1820. 4.
Marchal (J...). De la fuite de Judith, reine douairière de Westsex, avec le comte Baudouin (I), et de l'inféodation du marquisat de la Flandre, s. l. et s. d. (*Brux.*, 1847.) 8. (Extrait des *Bulletins* de l'Académie royale de Belgique.)

Baudouin IX,
comte de Flandre.

Smet (Joseph Jean de). Mémoire historique et critique sur Baudouin IX, comte de Flandre et du Hainaut. *Brux.* 1846. 4.

Baudouin de Gand,
grand-maître des templiers.

Schayes (Antoine Guillaume Bernard). Baudouin de Gand, grand maître des templiers dans l'Occident. *Gand.* 1845. 8. (Extrait du *Messager des sciences historiques de Belgique.*)

Baudouin (le faux).

Saint-Genois (Jules de). Le faux Baudouin (Flandre et Hainaut) 1225. *Gand.* 1840. 2 vol. 18. (Plus roman que pure histoire.)

Baudrillart (Jacques Joseph),
agronome français (20 mai 1774 — 24 mars 1832).

Silvestre (Augustin François de). Notice biographique sur M. J. J. Baudrillart. *Par.* 1832. 8.

Bauer (Carl Ludwig),
philologue allemand (18 juillet 1730 — 3 sept. 1799).

Daniel (Johann Daniel). C. L. Bauer, Rector des Lyceums zu Hirschberg, einer der grössten Philologen seiner Zeit; biographisches Denkmal nebst Nachrichten von seinen Schriften. *Hirschb.* 1806. 8.
Moritz (Gotthelf Friedrich). Bemerkungen über das Verdienst, welches sich der Rector C. L. Bauer als Schulmann erworben hat, s. l. et s. d. (*Hirschb.*) 8. (*D.*)

Bauer (Christian Friedrich),
théologien allemand (27 oct. 1696 — 28 sept. 1752).

Baermann (Georg Friedrich). Programma academicum de vita C. F. Baueri. *Witteb.* 1752. Fol. (*D.*)

Bauer (Edgar),
publiciste allemand (vers 1821 — ...).

Die literarische Gefangenschaft. Darstellung der Gefangenen-Verhältnisse E. Bauer's auf der Citadelle zu Magdeburg. *Leipz.* 1847. 8. (*L.*)

Bauffremont (Claude de),
gouverneur de Bourgogne.

Cadot (Pierre François). Discours funèbre sur le trépas de C. de Bauffremont, marquis de Senecay, gouverneur de Bourgogne et de Charolais. *Besanç.* 1661. 4.

Bauffremont, marquis de **Salencay** (Henri de),
gouverneur d'Auxonne (... — tué le 22 oct. 1622).

D... (F...). Harangue funèbre sur la mort de H. de Bauffremont, chevalier des ordres du roi, gouverneur d'Auxonne, marquis de Senecay. *Par.* 1622. 8.
Durosier (Jean). Immortalité du phénix, tirée de la glorieuse mort de messire H. de Bauffremont, marquis de Senecay. *Lyon.* 1624. 8.

Bauhin (Caspar),
botaniste suisse (17 janvier 1560 — 5 déc. 1624).

Stupani (Emanuel). Parentalia C. Bauhini oratione panegyrica celebrata. *Basil.* 1625. 4.

Bauhin (Hieronymus),
médecin suisse (26 février 1637 — 27 janvier 1667).

Glaser (Johann Heinrich). Oratio funebris H. Bauhini, professoris medicinæ. *Basil.* 1667. 4.

Bauhin (Johann),
médecin suisse (1541 — 1613).

Brebach (Peter). Christlicher Arzt, etc. Leichenpredigt auf J. Bauhin. *Mömpelgard.* 1614. 4. (*Bes.*)
Werenfels (Peter). Oratio in J. Bauhinum. *Basil.* 1700. 4.

Bauhin (Johann Caspar),
médecin suisse (12 mars 1606 — 18 juillet 1685).

Zwinger (Theodor). Oratio panegyrica in obitum J. C. Bauhini. *Basil.* 1687. 4.

Bauldri (Paul),
historien français (1639 — 16 février 1706).

Reland (Hadrian). Oratio funebris in P. Bauldri, historiæ sacræ professoris in academia Ultrajectina, obitum. *Traj. ad Rhen.* 1706. 4. (*D.*)

Baulot ou **Beaulieu** (Jacques),
lithotomiste français (1651 — 1720).

Vacher (N... N...). Vie de Frère Jacques (Baulot.) *Besanç.* 1756. 12. (*Bes.*)

Baumann (Heinrich v.),
théologien allemand (28 avril 1716 — 7 nov. 1790).

Schroeder (Friedrich Enoch). Rede am Sarge des weiland Præpositi und Pastoris zu Wenden, H. v. Baumann, etc. *Riga.* 1790. 4.

Baumé (Antoine),
pharmacien français (26 février 1728 — 15 oct. 1804).

Cadet de Gassicourt (Charles Louis). Éloge de Baumé, apothicaire, etc. *Brux.*, an XIV (1805). 8.

Baumeister (Friedrich Christian),
pédagogue allemand (17 juillet 1709 — 8 oct. 1785).

Briegleb (Johann Christian). Epistola de vita, moribus atque studiis F. C. Baumeisteri. *Götting.* 1766. 8.
Neumann (Johann Friedrich). Andenken des Magisters F. C. Baumeister. *Görl.* 1785. 4. (*D.*)

Baumers (Marcellin),
médecin français (1744 — 2 sept. 1843).

Candy (C...). Éloge historique de M. Baumers, docteur en médecine. *Lyon.* 1844. 8.

Baumgaertner (Hieronymus),
jurisconsulte allemand (9 mars 1498 — 8 déc. 1565).

Prætorius (Paul). Epicedion in obitum H. Baumgartneri. *Norimb.* 1565. 4.
Gentilis (Scipio). Laudatio funebris Dr. H. Baumgaertneri a Baumgarten. *Norimb.* 1603. 4.
Rittershusius (Conrad). Exequiæ Baumgartnerianæ diversorum auctorum. *Norimb.* 1603. 4. (*D.*)
Mauritius (Georg). Oratio funebris H. Baumgartnero habita. *Norimb.* 1603. 4. (*D*)
Camerarius (Joachim). Vita H. Baumgartneri, notis illustratis a Georgio Ernesto WALDAU. *Norimb.* 1785. 4.

Baumgarten (Alexander Gottlieb),
philosophe allemand (17 juin 1714 — 26 mai 1762).

Meier (Georg Friedrich). Leben A. G. Baumgartens. *Halle.* 1763. 8.
Abbt (Thomas). A. G. Baumgartens Leben und Character. *Halle.* 1765. 8. (*D.*)

Baumgarten (Sigismund Jacob),
théologien allemand (14 mars 1706 — 4 juillet 1757).

Stiebitz (Johann Friedrich). Programma academicum in memoriam S. J. Baumgartenii. *Halæ.* 1757. 4. (*D*)
Semler (Johann Salomon). Ehrengedächtniss S. J. Baumgarten's. *Halle.* 1758. 4. (*D.*)

Baumgarten (Sigismund Jacob). Index tam disputationum sub præsidio suo adhuc habitarum, quam argumentorum, quæ opportune disputari posse videntur. *Halæ.* 1742. 4.

Baumgarten-Crusius (Detlev Carl Wilhelm),
pédagogue allemand (24 janvier 1786 — 12 mai 1845).

Kraner (Friedrich). Carmen funebre manibus D. C. G. Baumgarten-Crusii dedicatum. *Misen.* 1845. Fol. (*D*)
Baumgarten-Crusius (Arthur). Leben des Rectors und ersten Professors der k. sächsischen Landesschule zu Meissen, Dr. D. C. W. Baumgarten-Crusius, Ritter, etc. *Oschatz.* 1853. 8.

Baumgarten-Crusius (Gottlob August),
théologien allemand (— 15 déc. 1816).

Baumgarten-Crusius (Detlev Carl Wilhelm). Leben des k. preussischen Regierungs- und Consistorialraths und Superintendenten zu Merseburg, G. A. Baumgarten-Crusius. *Dresd.* 1820. 8. (*D.* et *L.*)

Baurein (N... N...),
littérateur français (vers 1712 — ...).

Lamothe (Louis de). L'abbé Baurein, sa vie et ses écrits, etc. *Bord.* 1846. 8.

Bauriegel (Johann Christoph),
pédagogue allemand.

Bauriegel (Johann Christoph). Mein Leben und Wirken. *Neust. a. d. Orla.* 1847. 8. Portrait.

Baurot (le baron Jean Baptiste Charles),
général français (.. mai 1774 — vers 1847 ?).

Notice historique sur les services et campagnes du général Baurot, grand-officier de la Légion d'honneur et chevalier de S. Louis, s. l. et s. d. (1844). 8.

Bausch (Johann Georg),
jurisconsulte allemand (vers 1750 — 9 avril 1835).

Petersen (Christian). Memoria J. G. Bauschii, J. U. D. senatoris natu maximi, protoscholarchæ, etc. *Hamb.* 1857. 4.

Bause (Johann Friedrich),
graveur allemand (5 janvier 1738 — 5 janvier 1814).

Keil (Georg). Catalog des Kupferstichwerkes von J. F. Bause, mit einigen biographischen Notizen. *Leipz.* 1849. 8. Portrait. (Tiré à 200 exemplaires.)

Bausset (Louis François de),
cardinal, duc et pair de France (14 déc. 1748 — 21 juin 1824).

Villeneuve-Bargemont (Christophe de). Notice biographique sur le cardinal duc de Bausset. *Mars.* 1824. 8.
G... (J... F... de). Notice sur le cardinal de Bausset. *Mars.* 1824. 8.

Bauwens (Liévin),
industriel belge (19 mai 1769 — 17 mai 1822).

Hebbelynck, père (L...). Quelques mots sur L. Bauwens, fils de George Jean Bauwens et de Jeanne Thérèse van Peteghem, né à Gand et mort à Paris. *Gand.* 1844. 8. *Ibid.* 1855. 8. (Extrait du *Messager des sciences historiques de Belgique.*)

Bava (Giovanni Battista Eusebio),
général piémontais (15 août 1790 — ...).

Relazione delle operazioni diretti dal general Bava, commandante il primo corpo d'armata in Lombardia. *Torin.* 1848. 8.

Baveghem (Pierre Joseph van),
chirurgien belge (2 déc. 1745 — 29 janvier 1805).

Broeckx (Charles). Éloge de P. J. van Baveghem, chirurgien-major des armées impériales, docteur en médecine, etc. *Anvers.* 1845. 8. Portrait.

Bavent (Magdalène),
soi-disante sorcière française.

Histoire de M. Bavent, religieuse de Louviers, avec l'arrêt qui l'a condamnée pour magie, s. l. (*Rouen*). 1652. 4.

Bavon (Saint),
patron de la ville de Gand (vers 590 — vers 656).

Perier (Jean). Acta S. Bavonis alias Alloini confessoris, Gandavensium patroni. *Antwerp.* 1763. 4.

Baxter (Margaret),
épouse du suivant.

Breviate of the life of M., wife of R. Baxter. *Lond.* 1681. 4.

Baxter (Richard),
théologien anglais (1615 — 8 déc. 1691).

Life and death of R. Baxter. *Lond.* 1692. 8.
Reliquiæ Baxterianæ, a narrative of his life and times, pub. par Matthew SYLVESTER. *Lond.* 1696. Fol. Port.
Vindiciæ Anti-Baxterianæ, or some animadversions on a book intituled : *Reliquiæ Baxterianæ, etc. Lond.* 1696. 12. (D.)

Pritz (Johann Georg). R. Baxter's Ehrengedächtniss aufgerichtet von William BATES. *Leipz.* 1701. 12. (Trad. de l'anglais.)

Calamy (Edmond). Abridgement of Baxter's history of his life and times, etc. *Lond.* 1702. 8. Port. (D.) *Ibid.* 1713. 8.

Orme (William). Life and times of R. Baxter. *Boston.* 1831. 2 vol. 8.

Neander (August). R. Baxter, ein Mann der wahrhaft rechten Mitte, welche das Evangelium allein zu offenbaren und zu verleihen vermag, etc. *Berl.* 1853. 4

Schmidt (Carl Christian Gottlieb). R. Baxter; sein Leben und Wirken, etc. *Leipz.* 1843. 8. (Trad. de l'angl.) — (L.)

Bay (Michel du),
théologien belge (1513 — 16 déc. 1589).

(**Couvrette**, Christophe). Dissertation sur les bulles contre Bajus. *Utrecht.* 1737. 4 vol. 12.

Bayard (Jean Baptiste François),
jurisconsulte français (24 juin 1750 — 2 août 1800).

(**Millin**, Aubin Louis). Notice sur J. B. F. Bayard, avocat, s. l. et s. d. (*Par.* 1800). 8.

Bayard (Pierre **du Terrail**, seigneur de),
le chevalier sans peur et sans reproche (1475 — tué le 30 avril 1524).

La très-joyeuse et plaisante histoire des faits, gestes et prouesses du chevalier sans peur et sans reproche (écrite par son secrétaire sous le nom du LOYAL SERVITEUR). *Par.* 1524. 4. Réimpr. avec des notes par Théodore GODEFROY. *Par.* 1616. 4. *Ibid.* 1619. 4. Avec un supplément par Claude d'EXPILLY et des annotations par Louis VIDEL *. *Grenobl.* 1651. 4. Trad. en angl. *Lond.* 1825. 2 vol. 12.

  * Pseudonyme de Denis Solvaing de BOISSIEU.

Carcat (Augustin). Les gestes et la vie du preulx et vaillant chevalier Bayard, avec sa généalogie. *Lyon.* 1525. 24. *Ibid.* 1558. 8. *Ibid.* 1602. 4. *Auxerre.* 1654. 8.

Champier (Symphorien). La vie et les gestes du chevalier Bayard, gentilhomme du Dauphiné. *Par.* 1525. 4. *Ibid.* 1526. 8. *Lyon.* 1558. 4. *Ibid.* 1602. 8.
Vita compendiosa P. Terralii Bayardi. *Basil.* 1542. 12. Publ. s. c. t. Liber de vita et moribus P. Terralii Bayardi, avec préface par Nicolaus QUERECTANUS. *Basil.* 1550. 8. (Traduction de l'ouvrage précédent.)

Aimar (Nicolas (?)). Histoire du chevalier Bayard. *Lyon.* 1699. 12.

Bocquillot (Lazare André). Nouvelle histoire du chevalier Bayard. *Par.* 1702. 12. (Publ. s. l. pseudonyme du prieur de LONVAL.)

Guyard de Berville (Guillaume François). Histoire de P. du Terrail, dit le chevalier Bayard. *Par.* 1760. 12. *Ibid.* 1765. 12. (*Bes.*) *Ibid.* 1768. 12. *Ibid.* 1772. 8. *Lyon.* 1803. 8. *Par.* 1817. 12. *Ibid.* 1819. 12. *Ibid.* 1820. 12. Corrig. par Alphonse de BEAUCHAMPS. *Par.* 1822. 12. Portrait. *Ibid.* 1824. 12. *Ibid.* 1826. 12. *Ibid.* 1827. 12.

Combes (N... N...). Éloge de P. du Terrail, dit le chevalier Bayard sans peur et sans reproche. *Dijon.* 1769. 8. *Genèv.* et *Par.* 1770. 8. (Couronné par l'Académie des sciences de Dijon.)

(**Dutems**, Jean François Hugues). Éloge de P. du Terrail, appelé le chevalier Bayard sans peur et sans reproche. *Par.* 1770. 8.

Talbert (François Xavier). Éloge historique du chevalier Bayard. *Besanç.* 1770. 8.

Cosson (Pierre Charles). Éloge de P. du Terrail, dit le chevalier Bayard. *Amst.* et *Par.* 1770. 8.

Bayard, der Mann ohne Furcht und Tadel. *Leipz.* 1777. 8.

Sterling (Joseph). History of the chevalier Bayard. *Lond.* 1781. 8. (Omis par Lowndes.)

Dochier (Jean Baptiste). Eloge historique du chevalier Bayard. *Valenc.* 1789. 8.

(**Buchholz**, Friedrich). Bayard. *Berl.* 1801. 8.

Pillot (N... N...). Essai historique sur P. du Terrail, dit le chevalier Bayard. *Douai.* 1816. 8.

Bonnevie (Pierre Étienne). Eloge de Bayard. *Par.* et *Lyon.* 1818. 8.

Cohen (Anne Jean Philippe Louis). Histoire de P. du Terrail, dit le chevalier Bayard, etc. *Par.* 1821. 8. *Ibid.* 1822. 12. (*Bes.*) *Ibid.* 1825. 8. *Ibid.* 1826. 8.

Lotz (Georg). Geschichte Bayard's. *Braunschw.* 1826. 8.

Terrebasse (Louis Antoine Jacquier de). Histoire de P. du Terrail, seigneur de Bayard, etc. *Par.* 1828. 8. (*Bes.*) *Lyon.* 1852. 8.

Delandine de Saint-Esprit (Jérôme). Histoire de Bayard. *Par.* 1842. 8.

Simms (William George). Life of chevalier Bayard. *New-York.* 1847. 12.

Bayen (Pierre),
médecin (?) français (1725 — 1798).

Parmentier (Antoine Augustin). Éloge de P. Bayen, membre de l'Institut national de France, etc., s. l. et s. d. (*Par.* 1799). 8.

Bayer (Johannes),
théologien allemand (31 janvier 1666 — 14 février 1711).

Frick (Johannes). Leichenpredigt bey dem Tode Mag. J. Bayer's, Predigers im Münster (zu Ulm). *Ulm.* 1711. 4.

Bayle (Gaspard Laurent),
médecin français (18 août 1774 — 11 mai 1816).

Deleuze (J... P... F...). Notice historique sur M. Bayle. *Par.* 1816. 8.

Bayle (Antoine Laurent.Jessé). Notice historique sur G. L. Bayle. *Par.* 1833. 8.

Bayle (Pierre),
philosophe français (18 nov. 1647 — 28 sept. 1706).

Life of P. Bayle, in a letter to a peer of Great-Britain. *Lond.* 1708. 8. (*D.*)

Desmaizeaux (Pierre). Vie de P. Bayle. *Amst.* 1712. 12. (*P.*) *La Haye.* 1732. 2 vol. 12. (*D.*) Trad. en allem. (par Johann Philipp Kohl). *Hamb.* 1731. 8. (*D.*)

Durevest (N... N...). Histoire de M. Bayle et de ses ouvrages. *Amst.* 1716. 12. (*D.*) — (Publ. sous le nom de Bernard de la Monnoye.)

Schlotterbeck (G... F...). Dissertatio de P. Bœlio. *Tubing.* 1719. 4.

Feuerbach (Ludwig). P. Bayle, nach seinen für die Geschichte der Philosophie und Menschheit interessantesten Momenten dargestellt und gewürdigt. *Ansp.* 1838. 8. (*D.*) *Leipz.* 1881. 8.

Rencontre de Bayle et de Spinoza dans l'autre monde. *Col.* 1711. 12. (*D.*)

Pfaff (Christoph Matthias). Dissertationes Anti-Bœlianæ. *Tubing.* 1720. 4. (*D.*)

Baumeister (Friedrich Christian). Nonnulla singularia P. Bœlii. *Gœrl.* 1738. Fol. (*D.*)

Baylon (Pasquale),
carme espagnol († 1592).

Ximenes (Juan). Chronica del B. Fr. P. Bailon. *Valene.* 1601. 8.

Kirchhueber (Barnabas). Vita S. J. Capistrano et P. (Baylon), ordinis S. Francisci. *Monach.* 1691. 8. (Port.)

Salmeron (Pascual). Vita, virtutes y maravillas del santo del Sacramento San P. Baylon. *Madr.* 1785. 4.

Francesco d'Assisi. Compendio della vita de S. P. Baylon dell' ordini de' Minori riformati scalzi. *Moden.* 1845. 16. (Comparez Capistrano.)

Bazard (Amand),
l'un des chefs de la secte saint-simonienne (19 sept: 1791 — 29 juillet 1832).

Michaud (L... G...) et **Villenave** (Matthieu Guillaume Thérèse). Histoire du Saint-Simonisme et de la famille de Rothschild, ou Biographie du comte (C. H.) de Saint-Simon et de (A.) Bazard, suivie de la Biographie de M. A. Rothschild et de Nathan, son fils. *Par.* 1847. 8. Portraits de Saint-Simon et de Rothschild.

Bazin (Pierre François),
prêtre français.

Dolé (François Claude). Vie de M. l'abbé P. F. Bazin, premier curé de Sainte-Anne-de-Viré et chanoine honoraire de Bayeux, s. l. (*Viré*). 1848. 18.

Béatrix,
comtesse de Champagne († 1227).

Chifflet (Pierre François). Lettre touchant Béatrix, comtesse de Champagne ou de Châlons, laquelle déclare quel fut son mari, quels ses enfants, ses ancêtres ët ses armes, etc. *Dijon.* 1656. 4. Publ. par N... N... Delhorme. *Lons-le-Saulnier*, s. d. (1809) 4. (Cette nouvelle édition, tirée seulement à 25 exemplaires, porte la vieille date de 1656.)

Béatrix d'Este,
épouse d'André II, roi de Hongrie (1262).

Virtutes coronatæ S. reginæ Hungariæ sanctitate conspicuæ (Gisela S. Stephani, Beatrix Andrea II et Eleonora Leopoldi I conjux) panegyris celebratæ. *Cassov.* 1720. 12.

Béatrix d'Este,
fondatrice du monastère de S. Antoine.

Brunacci (Giovanni). Vita antichissima della B. Beatrice d'Este, con dissertazioni. *Padov.* 1767. 4.

Baruffaldi (Girolamo). Vita della B. Beatrice d'Este II, fondatrice del monastero di S. Antonio di Ferrara. *Ferrar.* 1777. 8. *Ibid.* 1796. 8.

—— Delle lodi della B. Beatrice Estense ragionamento. *Ferrar.* 1810. 8.

Béatrix de Nazareth (Sainte),

Henriquez (C...). Gesta B. Beatricis de Nazareth, B. Aleydis de Scharenbecka, B. Idæ de Nivellis, B. Idæ de Lovanio, B. Idæ de Lewis, ex antiquis manuscriptis eruta. *Antw.* 1630. 8. (Très-rare.)

Beattie (James),
philosophe anglais (5 nov. 1735 — 8 août 1803).

Bower (Alexandre). Life of J. Beattie, etc. *Lond.* 1804. 8.

Forbes (William). Account of the life and writings of J. Beattie. *Edinb.* 1806. 2 vol. 4. Portrait. *Ibid.* 1807. 3 vol. 12. *Ibid.* 1824. 2 vol. 8.

Mudfort (William). Life of J. Beattie. *Lond.* 1809. 12. (Non mentionné par Lowndes).

Beattie (James Henri),
littérateur anglais, fils du précédent (.. 1768 — 10 nov. 1790).

Beattie (James). Account of the life, character and writings of J. H. Beattie. *Lond.* 1791. 8. (Omis par Lowndes.)

Beaufort (François de **Vendôme**, duc de),
amiral français (25 février 1616 — 25 juin 1669).

Cosmo (Steffano). Oratio in funere F. Vindocinensis, ducis Belfortii, rei maritimæ præfecti. *Venet.* 1669. 4. Trad. en franç. par François Legallois. *Par.* 1670. 4.

Adami (Annibale). Oratio funebris in obitum F. Belfortii, etc. *Rom.* 1669. Fol.

Bovio (Carlo). Descriptio honorarii tumuli et oratio in funere ducis F. Belfortii. *Rom.* 1669. Fol.

Mascaron (Jules). Oraison funèbre de F. de Vendôme, duc de Beaufort (petit-fils de Henri IV et de Gabrielle d'Estrées). *Par.* 1670. 4.

Beaufort (Henri Ernestè Grout de),
voyageur français (25 février 1798 — 3 sept. 1825).

Jomard (Edme François). Notice sur de Beaufort, voyageur en Afrique, et notice sur les découvertes récentes en Afrique. *Par.* 1824. 8.

—— Notice sur feu M. de Beaufort. *Par.* 1826. 8 *.

* Il ne faut pas confondre cette notice, échappée aux recherches de Quérard, avec celle qui la précède. On y trouve le portrait de M. de Beaufort.

Beaufort (Margaret),
mère de Henri VII, roi d'Angleterre (1441 — 1509).

Halsted (Caroline). Life of M. Beaufort, mother of king Henry VII. *Lond.* 1839. 8.

Beaufort (Mademoiselle de),
dame française.

Saint-Martin de Laporte (Antoine de). Idée de la véritable dévotion en la vie de mademoiselle de Beaufort. *Par.* 1650. 8.

Beaufort-Thorigny (Jean Baptiste),
général français (18 oct. 1761 — 1er février 1825).

Notice historique sur Beaufort-Thorigny. *Par.* 1819. 8.

Beaufremont (Constance de),
abbesse de Saint-Menou.

Cuissot (Jean). Oraison funèbre de C. de Beaufremont, abbesse de Saint-Menou (dans le diocèse de Bourges). *Moulins.* 1657. 8.

Beauharnais (Eugène de),
vice-roi d'Italie (3 sept. 1781 — 26 février 1824.)

Gallois (Léonard). Histoire du prince E. de Beauharnais. *Par.* 1821. 8. Trad. en holland. *Amst.* 1821. 8. Portrait.

La Folie (Charles Jules). Histoire de l'administration du royaume d'Italie pendant la domination française. *Par.* 1823. 8. Réimpr. s. l. t. de Mémoires sur la cour du prince Eugène et sur le royaume d'Italie pendant la domination de Napoléon Bonaparte. *Par.* 1824. 8. (La seconde édition ne porte que les lettres La F...)

(**Darnay**, N... N...). Notice historique sur le prince Eugène. *Augsb.* 1824. 4.

Aubriet (Antoine). Vie politique et militaire d'E. de Beauharnais, vice-roi d'Italie. *Par.* 1824. 8. *Ibid.* 1825. 8. Trad. en allem. par Carl Gein. *Speier.* 1854. 8. Lebensgeschichte des Prinzen Eugen, Herzogs v. Leuchtenberg. *Leipz.* 1824. 8.

(**Schoenberg**, Heinrich Adolph). Prinz Eugen und sein Hof. *Dresd.* 1825. 8. (Publ. s. l. pseudonyme de Belmont.)

Vaudoncourt (Guillaume de). Histoire politique et militaire du prince Eugène, vice-roi d'Italie. *Par.* 1825. 5 vol. 8.

Seel (Heinrich Johann). Erinnerungen aus den Zeiten und aus dem Leben E. v. Beauharnais, Herzogs v. Leuchtenberg. *Sulzbach.* 1827. 8.

Darnay (N... N...). Notices historiques sur S. A. R. le prince Eugène, vice-roi d'Italie, duc de Leuchtenberg, prince d'Eichstadt. *Par.* 1830. 8. *Ibid.* 1836. 8. (*Lv.*) Esboço da vida e campanhas do principe Eugenio de Leuchtenberg. *Rio de Jan.* 1832. 8.

Armendi (N... N...). Notice sur la vie du prince E. de Leuchtenberg. *Par.* 1838. 18.

Saint-Yon (A... de). Notice historique sur le prince Eugène. *Par.* 1838. 8.

Vie militaire du prince Eugène de Beauharnais, précédée de la vie de l'impératrice Joséphine. *Par.* 1843. 2 vol. 18.

Vie civile, politique et militaire du prince Eugène de Beauharnais, etc. *Par.* 1843. 8.

Précis historique des opérations militaires de l'armée d'Italie en 1813 et 1814. *Par.* 1817. 8.

Mémoires sur la cour du prince Eugène. *Par.* 1820. 8.

Guicciardi (N... N...). Relation historique de la révolution du royaume d'Italie en 1814. *Par.* 1822. 8. Trad. de l'italien.

Beaulieu (Jean Pierre, baron de), général belge (26 oct. 1725 — 22 déc. 1819).

Stassart (Goswin Joseph Augustin de). Le baron de Beaulieu, s. l. et s. d. 8. (Extrait des *Belges illustres*.)

Beaumanoir (Philippe de), jurisconsulte français († 1296).

Beugnot (Arthur). Notice sur P. de Beaumanoir, jurisconsulte français du XIIIᵉ siècle. *Par.* 1842. 8.

Beaumarchais (Pierre Augustin Caron de), poète français (24 janvier 1732 — 19 mai 1799).

(Cousin d'Avallon, Charles Yves). Vie privée, politique et littéraire de Beaumarchais. *Par.* 1802. 12. (*D.*)

Saint-Marc Girardin. Notice sur la vie et les ouvrages de Beaumarchais. *Par.* 1833. 8. (Tiré à part à un petit nombre d'exemplaires.)

Berger (E...). Essai sur la vie et les ouvrages de Beaumarchais. *Angers.* 1847. 8.

Loménie (Louis de). Beaumarchais, sa vie, ses écrits et son temps, d'après des papiers de famille inédits. *Par.* 1855. 8. (Extrait de la *Revue des Deux-Mondes.*)

Beaumelle (Laurent Angliviel de la), littérateur français (28 janvier 1726 — 17 nov. 1773).

Nicolas (Michel). Notice sur la vie et les écrits de L. Angliviel de la Beaumelle. *Par.* 1852. 8.

Nisard (Charles). Les ennemis de Voltaire, Desfontaines, Fréron et la Beaumelle. *Par.* 1853. 8.

Beaumont (Christophe de), archevêque de Paris (26 juillet 1703 — 12 déc. 1781).

Tuet (Esprit Claude). Oraison funèbre de M. C. de Beaumont, comte de Lyon, archevêque de Paris, duc de Saint-Cloud, pair de France, commandeur de l'ordre du Saint-Esprit, proviseur de Sorbonne, etc. *La Haye* et *Par.* 1782. 8.

La Reynie de la Bruyère (Jean Baptiste Marie Louis). Éloge de Mgr. de Beaumont, archevêque de Paris. *Par.* 1782. 8.

Ferlet (Edme). Oraison funèbre de Mgr. de Beaumont, archevêque de Paris, s. l. (*Par.*) 1785. 8.

Pichot (Pierre). Éloge de C. de Beaumont, archevêque de Paris. *Par.* 1822. 8.

Beaumont, baron **des Adrets** (François de), guerrier français (... 1513 — 2 février 1587).

Allard (Guy). Vies de F. de Beaumont, de C. Dupuy de Montbrun et de Soffrey de Calignon, chancelier de Navarre. *Grenobl.* 1671. 8. (*D.*) *Ibid.* 1675. 12. (*Bes.*)

Martin (Jean Claude). Histoire militaire et politique de F. de Beaumont, baron des Adrets. *Grenobl.* 1803. 8. (*Bes.*)

Beaunier (N... N...), inspecteur général des mines (15 janvier 1779 — 20 août 1835).

Bonnard (M... de). Notice nécrologique sur M. Beaunier, inspecteur général des mines. *Par.* 1836. 8.

Beauregard (Jean Brumauld de), évêque d'Orléans.

Mémoires de Mgr. J. Brumauld de Beauregard, évêque d'Orléans, précédés de sa vie, etc. *Par.* 1843. 2 vol. 8.

Beauvais (Anne de), ursuline française.

Villebois (Pierre de). Abrégé de la vie d'A. de Beauvais. *Par.* 1622. 12.

Coret (Jacques). Le portrait des âmes amantes de Jésus représenté dans la personne d'A. de Beauvais, religieuse de sainte Ursule. *Lille.* 1667. 4.

Beauvais (Jean Baptiste Charles Marie de), évêque de Senez (17 oct. 1731 — 4 avril 1790).

Gallard (Germain). Éloge de messire J. B. C. M. de Beauvais. *Par.* 1807. 12.

(Maillet, N... N...). Éloge de messire J. B. C. M. de Beauvais, ancien évêque de Senez. *Par.* 1807. 12.

Sambucy (N... N... de). Vie de Mgr. de Beauvais. *Par.* 1842. 12. Portrait.

Beauvaix (Charles), député à la Convention nationale (1745 — assassiné le ... 1794).

Oraison funèbre du représentant Beauvaix, s. l. et s. d. (*Marseille.* 1794). 4. (Très-rare.)

Beauvau (Charles Juste, marquis de), maréchal de France (10 nov. 1720 — 21 mai 1793).

Boufflers (Stanislas Jean de). Éloge de M. de Beauvau, membre de l'Académie française. *Par.* 1803. 8.

Beauvau (Anne François de), jésuite français (1617 — 1669).

(Nyel, Louis). Vie du R. P. A. F. de Beauvau, de la Compagnie de Jésus. *Par.* 1685. 12. *Ibid.* 1689. 12.

(Lempereur, Jacques). Histoire d'une sainte et illustre famille de ce siècle. *Par.* 1698. 12. *Rom.* 1684. 8. (Contenant la vie d'A. F. marquis de Beauvau, jésuite, de Claude de Beauvau, aussi jésuite (mort en 1694) et de la femme du marquis de Beauvau, morte religieuse en 1663.)

Beauvillier (Marie Antoinette), religieuse française.

Jacques (N... N...). Vie de M. A. Beauvillier. *Par.* 1831. 8.

Beauvilliers (Catherine Henriette de), bénédictine française.

Caussin (Nicolas). Oraison funèbre de C. H. de Beauvilliers, coadjutrice de l'abbesse de Montmartre. *Par.* 1634. 8.

Bebel (Heinrich), poète allemand (1472 — 1576).

Zapf (Georg Wilhelm). H. Bebel, nach seinem Leben und seinen Schriften; ein Beitrag zur ältern Literatur- und Gelehrtengeschichte Schwabens. *Augsb.* 1802. 8. (*D. et L.*)

Bébian (Rode Ambroise Auguste), pédagogue français (4 août 1789 — 24 février 1839).

Berthier (Ferdinand). Notice sur la vie et les ouvrages de A. Bébian, ancien censeur des études des sourds-muets de Paris. *Par.* 1839. 8.

Beccadelli (Lodovico), littérateur italien (27 janvier 1502 — 17 oct. 1572).

Malvezzi (Achille). Elogio di monsignore Beccadelli. *Bologn.* 1790. 8.

Beccari (Giacomo Bartolommeo), médecin italien (25 juillet 1682 — 30 janvier 1766).

Scarselli (Flaminio). Orazione nelle solenni esequie del celebre G. B. Beccari. *Bologn.* 1766. 4.

Beccaria (Cesare Bonesana, marchese), jurisconsulte italien (15 mars 1738 — 28 nov. 1794).

Neykter (Jakob Frederik). Examen opinionis Beccarianæ de pœnis capitalibus. *Upsal.* 1791. 8.

Villa (Carlo Pietro). Vita e scritti del marchese C. Beccaria. *Milan.* 1821. 8.

Custodi (Pietro). Vita di C. Beccaria, s. l. et s. d. Fol. Portrait.

Beccaria (Giovanni Battista), physicien italien (3 oct. 1716 — 29 mai 1781).

Tana (Agostino). Elogio storico del P. Beccaria. *Torin.* 1781. 8.

Eandi (Giuseppe Antonio Francesco Girolamo). Memorie storiche intorno a gli studj del P. Beccaria. *Torin.* 1783. 8.

Beccaria (Ippolito),
savant italien.

Minerva (Paolo). Oratio in funere H. Beccariæ. *Napol.* 1600. 8.

Becchi (Fruttuoso),
littérateur italien (19 août 1804 — 10 oct. 1839).

(**Valeriani**, Domenico). Necrologia del dottore abate F. Becchi. *Firenz.* 1840. 12.

Bec-de-Lièvre (N... N... de),
évêque de Nimes.

Rabaud de Saint-Étienne (Jean Paul). Hommage à la mémoire de M. de Bec-de-Lièvre. *Par.* 1784. 12.

Bech-la-Buissière (Rinaldo),
chevalier de Malte.

Cagliola (Fabrizio). Elogio del commendatore Fra R. Bech-la-Buissière. *Malta.* 1647. 4.

Becher (Johann Joachim),
chimiste allemand (1635 — 1682).

Bucher (Urban Gottfried). Muster eines nützlichen Gelehrten in der Person Dr. J. J. Bechers, nach seinen philosophischen, mathematischen, physikalischen und moralischen Schriften beurtheilet und nebst seinem Lebenslauf vorgestellt. *Nürnb.* 1722. 8. (*D.*)

Bechet (Jean Baptiste),
historien français (1759 — 7 janvier 1830).

Weiss (Charles). Notice sur Bechet. *Besanç.* 1831. 8. (*Bes.*)

Bechmann (Friedemann),
théologien allemand (26 juillet 1628 — 9 mars 1703).

Posner (Johann Caspar). Programma in F. Bechmanni funere. *Jenæ.* 1703. Fol. (*Lv.*)

Beck (Carl Joseph),
médecin allemand (17 juin 1794 — 15 juin 1838).

Baumgaertner (Carl Heinrich). Gedächtnissrede auf Dr. C. J. Beck, bei dessen akademischer Todtenfeier. *Freiburg. im Breisg.* 1859. 4. (*L.*)

Schuermayer (Ignaz Heinrich). Necrolog und biographische Skizze des grossherzoglich badischen geheimen Hofraths und Professors Dr. C. J. Beck. *Freiburg. im Breisg.* 1840. 8.

Beck (Christian Daniel),
historien allemand (22 janvier 1757 — 13 déc. 1832).

Stallbaum (Gottfried). Viro venerabili C. D. Beckio memoriam diei semisecularis quod doctoris academici honores adeptus est, renovanti, s. l. et s. d. (*Lips.* 1829.) 8. (*D.*)

Daehne (August Friedrich). Viro venerabili C. D. Beckio semisecularia academici doctoris solemnia gratulat. *Lips.* 1829. 4. (*D.*)

Nobbe (Carl Friedrich August). Vita C. D. Beckii, memoriæ prodita. *Lips.* 1857. 8. (*L.*)

Beck (Johann Jobst),
jurisconsulte allemand (29 déc. 1684 — 2 avril 1744).

Schwarz (Christian Gottlieb). Programma in obitum J. J. Beckii, JCti. *Altorf.* 1744. Fol.

Beck (Matthias Friedrich),
théologien allemand (23 mai 1649 — 2 février 1701).

Luhn (Johann Bernhard). Memoria M. F. Beckii, vita munereque sancti. *Witteb.* 1703. 4. (*D.* et *L.*)

Beck (Michael),
théologien allemand (24 janvier 1653 — 10 mars 1712).

Algoewer (David). Leichenpredigt bey dem Tode Mag. M. Beck's, Professors und Predigers im Münster (zu Ulm). *Ulm.* 1712. 4.

Beck (Sebastian),
théologien suisse.

Gernler (Lucas). Oratio panegyrica memoriæ et honori S. Beckii. *Basil.* 1655. 4.

Becker (Christian),
théologien allemand.

Programma academicum ad exequias C. Becceri. *Lips.* 1665. 4. (*D.* et *Lv.*)

Becker (Cornelius),
théologien allemand (24 oct. 1561 — 25 mai 1604).

Weinrich (Georg). Exequiæ Beccerianæ s. sermo funebris in C. Becceri obitum. *Lips.* 1604. 4. (*D.*)

Becker (Rudolph Zacharias),
jurisconsulte allemand († 28 mars 1822).

Becker (Rudolph Zacharias). Leiden und Freuden in siebzehnmonatlicher französischer Gefangenschaft; Beitrag zur Characteristik des Despotismus. *Gotha.* 1813. 8. (*D.* et *L.*)

Becker (Stephan),
théologien allemand.

Programma academicum ad exequias S. Becceri. *Lips.* 1661. 4.

Becker, comte de **Mons** (Léonard Nicolas),
général français (11 janvier 1770 — 18 nov. 1840).

Dejean (N... N...). Éloge funèbre du général Becker. *Par.* 1842. 8.

Beckere (Pierre de),
sculpteur (?) *belge.*

Pinchart (Alexandre). Notice historique sur P. de Beckere, auteur du Mausolée de Marie de Bourgogne à Bruges, s. l. et s. d. 8. (Extrait des *Bulletins* de l'Académie royale de Belgique, tiré à part à peu d'exemplaires.)

Becket (Thomas),
archevêque de Cantorbéry (21 déc. 1117 — assassiné le 27 déc. 1170).

Vita et processus S. Thomæ Cantuarensis martyris super libertate ecclesiastica. *Par.* 1495. 4.

Affonso (Diogo). Historia da vida e martyrio de S. Thomaz de Cantuaria. *Coimbr.* 1554. 4.

Stapleton (Thomas). Tres Thomæ, s. de S. Thomæ apostoli rebus gestis, de S. Thoma archiepiscopo Cantuariensi et martyre, D. Thomæ Mori Angliæ quondam cancellarii vita. *Duaci.* 1588. 8.

Canda (Charles du). Vie de S. Thomas, archevesque de Cantorbie, avec les constitutions royales qui ont causé son exil et son martyre. *St. Omer.* 1615. 4.

Brunaeus (Richardus). S. Thomæ Cantuariensis et Henrici II illustrissimi Anglorum regis monomachia. *Col. Agr.* 1629. 8.

B... (A...). Life or the ecclesiastical historie of S. Thomas, archbishope of Canterbury, s. l. 1659. 4.

Camboust de Pontchasteau (N... N...). Vie de S. Thomas, archevêque de Cantorbéry et martyr, tirée des quatre auteurs contemporains et des historiens d'Angleterre. *Par.* 1674. 4. *Ibid.* 1679. 4. (Publ. sous le nom de Luke de BEAULIEU.)

Quadrilogus s. historia quadripartita S. Thomæ ex variis auctoribus collecta a Christiano Lupo (WOLF). *Brux.* 1682. 4 *.

* C'est la reproduction d'une compilation que le pape Grégoire II fit faire de quatre biographes contemporains de T. Becket (c'est-à-dire Hubert, William of Canterbury, Alain et John of Salisbury).

Cola (Giovanni Battista). Vita di S. Tommaso, arcivescovo di Cantuaria. *Lucc.* 1696. 4. Portrait.

Ozanam (Antoine François). Deux chanceliers d'Angleterre : Bacon de Vérulam et S. Thomas (Becket) de Cantorbéry. *Par.* 1856. 8.

Bekker (Immanuel). Leben des heiligen Thomas von Canterbury. *Berl.* 1838. 8.

Ellendorf (Johann Otto). T. Becket, Erzbischof von Canterbury; eine Epistel an Joseph Goerres. *Essen.* 1859. 8.

Flamand (Charles L...). Thomas Becket, archevêque de Cantorbéry. *Strasb.* 1841. 4. (*L.*)

Garnier de Pont-Saint-Maxence (N... N...). La vie et la mort de S. Thomas de Cantorbéry, publ. par N... N... LEROUX de LINCY. *Par.* 1843. 8. (Extrait de la *Bibliothèque de l'École des Chartes*, tiré à part à petit nombre.)

Bataille (Charles). Vie politique et religieuse de T. Becket, chancelier de Henri II, etc. *Par.* 1843. 18.

Robert (N... N...). Histoire de S. T. Becket, archevêque de Cantorbéry et martyr. *Limog.* 1844. 8. Trad. en allem. par Wolfgang REITHMEIER. *Augsb.* 1847. 8.

Histoire de T. Becket, archevêque de Cantorbéry, saint et martyr. *Tours.* 1846. 12.

Giles (J... A...). Life and letters of T. a Becket. *Lond.* 1846. 2 vol. 8.

Beckman (Erik),
théologien suédois (.. déc. 1700 — 30 mai 1749).

Benzelius (Henricus). Ligpredikan öfver E. Beckman, met Personalier. *Stockh.* 1749. 4.

Beckmann (Johann),
naturaliste allemand (4 juin 1739 — 4 février 1811).
Heyne (Christian Gottlob). Memoria J. Beckmanni, societatis regiæ scientiarum Gœttingensis sodalis. *Goetting.* 1811. 4.

Beckmann (Lucas),
jurisconsulte allemand (1571 — 8 février 1624).
Helmreich (Paul). Parentatio L. Beckmanni. *Witteb.* 1624. 4.

Béclard (Pierre Augustin),
anatomiste français (12 oct. 1785 — 16 mars 1825).
Ollivier (Claude Pierre). Notice sur la vie et les ouvrages de Béclard. *Par.* 1827. 8. Portrait.

Becmann (Johann Christoph),
historien allemand (13 sept. 1641 — 6 mars 1717).
Werckmeister (Johann Friedrich). Oratio panegyrica in obitum J. C. Becmanni. *Custrin.*, s. d. (1717). Fol.
Monumentum Becmannianum, h. e. vita, scripta et funebria J. C. Becmanni. *Frf. ad Viadr.* 1719. Fol. (*D.*)

Bécœur (Jean Baptiste),
naturaliste français (...1718 — 16 déc. 1777).
Duhamel (Dominique Nicolas Hyacinthe Louis Bardou). Mémoire historique sur J. B. Bécœur. *Metz.* 1778. 8. (Échappé aux recherches de Quérard.)

Becquey (Louis),
homme d'État français (24 sept. 1760 — 2 mai 1849).
Caquot (N... N...). Notice biographique sur M. L. Becquey. *Chât.-sur-Marne.* 1849. 8.
Beugnot (Arthur). Vie de L. Becquey, ministre d'État et directeur général des ponts et chaussées et des mines sous la Restauration. *Par.* 1852. 8.

Beda Venerabilis,
historien anglais (675 — 26 mai 735).
Gehle (Hendrik). Disputatio historico-theologica de Bedæ Venerabilis, presbyteri anglo-saxonis, vita et scriptis. *Lugd. Bat.* 1838. 8.
Cronhelm (N... N...). Bedæ historia ecclesiastica crit. examinata. *Lund.* 1841. 8.

Bedell (William),
évêque de Kilmore (1570 — 7 février 1642).
(**Burnet,** Gilbert). Life of W. Bedell, lord-bishop of Kilmore, in Ireland. *Lond.* 1685. 8. *Ibid.* 1692. 8. *Ibid.* 1724. 8. (*D.*) *Dubl.* 1736. 8. *Ibid.* 1758. 8. Trad. en franç. par L... D... M... *Amst.* 1687. 12. (*D.*)
Monck-Mason (Henry John). Life of W. Bedell, D. D. lord-bishop of Kilmore. *Lond.* 1842. 8.

Beddoes (Thomas),
médecin écossais (1754 — 1808).
Stock (John Edmonds). Memoirs of the life of T. Beddoes, M. D. *Lond.* 1811. 4.

Bedetti (Mariano),
théologien italien.
Peruzzi (Agostino). Cenni biografici intorno al sacerdote M. Bedetti, arcidiacono della chiesa Anconitana. *Moden.* 1834. 8.

Bedford,
famille anglaise.
Anecdotes of the house of Bedford, from the Norman conquest to the present period. *Lond.*, s. d. (1796). 8.

Bedford (Francis , earl of),
homme d'État anglais.
Sparke (Thomas). Sermon at the funeral of F. earle of Bedford. *Oxf.* 1585. 16.
Whetstone (George). Life of F. earle of Bedford. *Lond.* (?) 1585. 4. Réimpr. s. c. t. Mirror of honneure or the life, etc. *Lond.* 1815. 4.

Bedford (Jasper, duke of),
homme d'État anglais.
Epitaph of the most noble and valiant J. late duke of Bedford. *Lond.*, s. d. 4.

Bedloe (William),
aventurier anglais († 1680).
Account of the life and death of captain W. Bedloe. *Lond.* 1681. 8. Portrait.

Bédoch (Pierre Joseph),
magistrat français (28 déc. 1761 — 15 février 1837).
Laborde (Louis de). Éloge de M. Bédoch. *Par.* 1857. 8.

Bédoyère (Charles Angélique Huchet, comte de la),
colonel français (17 avril 1786 — fusillé le 20 août 1814).
Procès de C. de la Bédoyère, ex-colonel du 7e régiment de ligne, etc., précédé d'une notice historique sur ce militaire et sa famille. *Par.* 1814. 8. Portrait.
Process und Verurtheilung des Obersten C. A. Huchet de Labédoyère. *Strasb.* 1814. 8.

Beelzebub,
personnage mythologique.
Brandon (Heinrich Gebhard). Dissertatio de Beelzebub. *Gryphisw.* 1702. 4.
Dithmar (L... J...). Dissertatio carolina de Beelzebub. *Gryphisw.* 1719. 4.

Beer (Martin),
philosophe allemand (14 déc. 1617 — 9 sept. 1692).
Fabricius (Johann). Memoria M. Beerii. *Altorf.* 1693. 4.

Beernaert (Leo Augustinus),
littérateur flamand.
Jaspin (Karel). Op 'het graf van L. A. Beernaert, etc. *Kortryk.* 1848. 8.

Beethoven (Ludwig van),
compositeur allemand du premier ordre (17 déc. 1770 — 26 mars 1827).
Kanne (Friedrich August). L. van Beethoven's Tod, etc. *Wien.* 1827. 8.
Schlosser (Johann Aloys). L. van Beethoven ; Biographie desselben, verbunden mit Urtheilen über seine Werke, etc. *Prag.* 1828. 8. Portrait.
Wegeler (F... G... und Ferdinand Ries). Biographische Notizen über L. van Beethoven. *Coblenz.* 1838. 8.
Anders (Gottfried Engelbert). Détails biographiques sur Beethoven, d'après Wegeler et Ries. *Par.* 1839. 8.
Schindler (Anton). Biographie von L. van Beethoven. *Münster.* 1840. 8. Portrait. Augment. *Ibid.* 1845. 8. Portrait. Trad. en angl. et accomp. de notes par Ignaz Moscheles. *Lond.* 1841. 2 vol. 8. Port.
—— Beethoven in Paris. *Münst.* 1842. 8.
Notice sur L. van Beethoven. *Par.* 1843. 4.
Erinnerung an L. van Beethoven und Feier der Enthüllung seines Denkmals zu Bonn am 10. 11. und 12. August 1845, enthaltend L. van Beethoven's Biographie, etc. *Bonn.* 1845. 8.
Mueller (Wilhelm): Beethoven ; Festgabe bei der Inauguration seines Denkmals (in Bonn). *Bonn.* 1845. 8.
Lenz (W... de). Beethoven et ses trois styles. *St.-Pétersb.* 1852-53. 3 vol. 8.

Verzeichniss der sämmtlichen Werke und der davon bekannten Arrangements L. v. Beethovens. *Hamb.* 1843. 8.

Begge (Sainte),
duchesse de Brabant.
Hotsum (Zeger van). Declaratio veridica, quod Beghinæ nomen, institutum et originem habeant a sancta Begha, Brabantiæ ducissa. *Antw.* 1628. 8.
Coens (Pieter). Disquisitio historica de origine Beghinarum et Beghinagiorum in Belgio et notæ in declarationem veridicam Zegeri van Hotsum de eadem re. *Leod.* 1629. 8.
Ryckel van Oorbeeck (Joseph Geldolph). Vita S. Beggæ, ducissæ Brabantiæ Antennensium, Begginarum et Begharorum fundatricis, etc., cum historia Begginasiorum Belgii. *Lovan.* 1631. 4.
Elias van Sinte Teresa. Leven van sinte Begga, hertoginne van Brabant. *Antw.* 1651. 8.
—— Het gheestelyk palays der Beggyn-hoven. *Antw.* 1658. 8.
Tableau racourcy de la vraye noblesse figurée sur la vie et parens de S. Begge. *Liége.* 1661. 12.
Leven van der seer edele doorluchtighste en sinte Begga, hertoginne van Brabant. *Antw.* 1712. 8.
Charles (A... J...). Het leven van de H. Begga. *Antwerp.*, s. d. 12.

Bégon (Scipion Jérôme),
évêque de Toul (30 sept. 1681 — 14 mars 1710).
Clément (N... N...). Oraison funèbre de S. J. Bégon, évêque de Toul, prince du Saint-Empire. *Nancy.* 1754. 4.

Behaim (Martin),
voyageur allemand (vers 1430 — 29 juillet 1506).
Omeis (Magnus Daniel). Dissertatio de claris quibusdam Norimbergensibus. *Altorf.* 1708. 4.

Stueven (Johann Friedrich). Dissertatio historico-critica de vero novi orbis inventore. *Frf.* 1714. 8 *.
   * L'auteur revendique la découverte de l'Amérique pour M. BEHAIM.

Murr (Christoph Gottlieb v.). Diplomatische Geschichte des berühmten Ritters M. Behaim. *Nürnb.* 1778. 8. (*L.*) *Gotha.* 1801. 8. Trad. en franç. par Henri JANSEN. *Strasb.* 1802. 8. (*L.*) *Sulzb.* 1803. 8.

Ghillany (Friedrich Wilhelm). Geschichte des Seefahrers Ritter M. Behaim nach den ältesten vorhandenen Urkunden bearbeitet; eingeleitet durch eine Abhandlung : Über die ältesten Karten des Neuen Continents und den Namen « Amerika, » von Alexander v. HUMBOLDT. *Nürnb.* 1853. Fol. Portrait.

Behaim v. Schwartzbach (Georg Friedrich),
   sénateur de Nuremberg (5 mars 1616 — 4 déc. 1681).

Wagenseil (Johann Christoph). Sacra parentalia ipsi habita. *Altorf.* 1682. 4.

Behaim v. Schwartzbach (Lucas Friedrich),
   chevalier allemand (17 juillet 1587 — 22 juin 1648).

Ludwell (Wilhelm). Laudatio funebris L. F. Beheim (!). *Norimb.*, s. d. (1649). 4. (*L.*)

Behemoth,
   taureau talmudique.

Kirchmaier (Georg Caspar). Dissertatio de Behemoth et Leviathan. *Witteb.* 1660. 4.

Behme (Andreas),
   jurisconsulte allemand.

Andreae (Johann Michael). Leichenpredigt auf A. Behme. *Rudolst.* 1703. Fol. (*D.*)

Behmer (Daniel),
   jurisconsulte suédois (.. oct. 1611 — 27 déc. 1669).

Rudbeckius (Nicolaus). Likpredikan öfver D. Behmer, med Personalier. *Stockh.* 1670. 4.

Behr (Herren v.),
   famille allemande.

Vogell (F...). Geschlechtsgeschichte des Hauses (der Herren) v. Behr, im Hannöverischen und Kurländischen; mit Urkunden. *Celle* (Hannov.). 1815. 4. *
   * Livre rare qui n'a pas été mis dans le commerce.

Behr (Burchard Christian v.),
   jurisconsulte allemand (17 juillet 1714 — 26 déc. 1772).

Heyne (Christian Gottlob). Pietas societatis regiæ scientiarum Gœttingensis in B. C. de Behr luctuoso funere piis manibus approbata. *Goetting.* 1772. Fol.

Behrens (Conrad Berthold),
   médecin allemand (26 août 1660 — 4 oct. 1736).

Glaesener (Justus Martin). Herrn C. B. Behrens, berühmten Medici, Ehrengedächtniss. *Hildesh.* 1737. Fol.

Behrens (Johann Heinrich),
   soldat allemand (1735 — ...).

Leben des 105 jährigen J. H. Behrens (eines Zeitgenossen und Kriegers Friedrichs des Grossen), welcher im siebenjährigen Kriege von dessen Anfange bis zur Schlacht bei Torgau als Unteroffizier bei den Ziethen'schen Husaren gedient hat, etc. *Wolfenb.* 1840. 8. 2 portraits.

Behrisch (Hieronymus Gottfried),
   jurisconsulte allemand.

Loescher (Valentin Ernst). Lehre der Weisen, bei Beerdigung des H. G. Behrisch. *Dresd.* 1726. Fol. (*D.*)

Behrndt (Gottfried),
   jurisconsulte allemand.

Beyer (Justus Israel). Wohlverdiente Ehren-Gedächtnissschrift G. Behrndt's. *Halle.* 1743. 4.

Beier (Adrian),
   théologien allemand (9 août 1600 — ...).

Letztes Ehren-Gedächtniss dem Magister A. Beier aufgerichtet. *Jena.* 1679. 4. (*D.*)

Beireis (Gottfried Christoph),
   médecin-chimiste allemand (28 février 1730 — 17 sept. 1809).

(**Sybel**, Johann Carl). Biographische Nachrichten über den zu Helmstädt verstorbenen Dr. G. C. Beireis. *Berl.* 1811. 8. (*D.* et *L.*).

Gabler (Johann Philipp). Narratio de vita G. C. Beireisii. *Jenæ.* 1812. 4.

Beitler (Wilhelm Gottlieb Friedrich v.),
   astronome allemand (14 février 1745 — 12 sept. 1811).

Zu Beitlers Andenken. *Mitau.* 1811. 4. (*L.*)

Bekker (Balthasar),
   théologien hollandais (20 mars 1634 — 11 juin 1698).

Koelmann (Jacob). Het vergift van de Cartesianische philosophie in Bekkers *Betoverde Werelt.* *Amst.* 1692. 8.

Beckher (Wilhelm Heinrich). Schediasma critico-litterarium de controversiis præcipuis B. Bekkero, theologo Batavo, quondam motis, ob librum, cui titulum fecit *die bezauberte Welt;* adjecta in fine farragine auctorum, qui vel Bekkeri scriptum refutarunt, vel defenderunt. *Regiom.* et *Lips.* 1721. 4. (*D.* et *L.*)

Schwager (Johann Moritz). Beitrag zur Geschichte der Intoleranz, oder Leben, Meinungen und Schicksale des ehemaligen Dr. der Theologie und reformirten Predigers zu Amsterdam, B. Bekker. *Leipz.* 1780. 8. (*D.*)

B. Bekker in Franeker; portret uit het zeventiende eeuw. *Groning.* 1848. 8.

Diest-Lorgion (L... J...). B. Bekker in Amsterdam; een portret uit de zeventiende eeuw. *Groning.* 1851-52. 2 vol. 8.

Bekker (Georg Joseph),
   philologue allemand (22 déc. 1792 — 27 avril 1837).

Reiffenberg (Frédéric Auguste Ferdinand Thomas de). Notice sur M. le professeur Bekker, né à Waldurn, dans le grand-duché de Bade. *Brux.* 1838. 12. (*Bx.*)

Bel (François),
   cordelier français.

Duboso (N:.. N...). Le martyre du R. P. F. Bel, religieux cordelier. *Par.* 1644. 8.

Bel (Mathias),
   historien hongrois (24 mars 1634 — 29 août 1749).

Serpilius (Samuel Wilhelm). Eines evangelischen Lehrers Pflicht und Trost, wenn er an Gott und Gott an ihn gedenket. Leichenpredigt über M. Bel, evangelischen Prediger zu Pressburg. *Leipz.* 1749. Fol.

Belcari (Feo),
   poète italien (... — 16 août 1484).

Gamba (Bartolommeo). Notizie intorno alle opere di F. Belcari. *Milan.* 1808. 8.

Beldenak (Jens Andersen),
   évêque de Fyen.

Paludan Mueller (Caspar Peder). J. A. Beldenak, Biskop y Fyen; Levnetsbeskrivelse. *Odense.* 1837. 8.

Belem (Jeanne de),
   plus connue sous le nom de la Pineau, héroïne de la révolution brabançonne (1er mars 1734 — ...).

Robineau dit Beaunoir (Alexandre Louis Bertrand). Vie amoureuse de J. de Belem, dite la Pineau. *Brux.* 1791. 8.

Beleznay (János),
   général hongrois († 1754).

Gozon (István). Oratio qua viri de patria optime meriti J. Beleznay generalis campi mareschalli locumtenentis funere parentavit Pilisii 1754. *Budæ.* 1758. 4.

Csathy (Daniel). Halotti Predikátzió generalis Beleznay Jan. *Budan.* 1758. 4.

Belforte (Antonio di Gennaro, duca di),
   poète italien (27 sept. 1718 — 21 janvier 1791).

Paziani (Giovanni Battista). Elogio storico di A. di Gennaro, duca di Belforte e Cantalupo. *Napol.* 1796. 8.

Belguer (V... B..., G... van),
   hollandais.

Bronckhorst (N... N... van). Levensgeschiedenis van den ongemeenen, nog levenden, hoogwelgeboren Heer V... B... G... van Belguer. *Nymeg.* 1826. 2 vol. 8.

Belgrado (Alfonso, conte),
   médecin italien.

Florio (Francesco). Elogio di A. conte Belgrado, medico. *Udine.* 1843. 8.

Belgrado (Giacomo, conte),
   jésuite italien (16 déc. 1704 — 7 avril 1789).

(**Belgrado**, Carlo). Commentario della vita e delle opere dell' abate conte G. Belgrado. *Parm.* 1795. 4. (*P.*)

Bell von Bellfort (Conradin),
   colonel suisse.

Relation oder Beschreibung des unglücklichen doch seeligen Todfalls des hochverdienten Herrn Obrist C. Bell von Bellfort, s. l. 1712. 4. *Chur.* 1712. 4.

Bélisaire,
général byzantin (+ 565 après J. C.).

Schelguig (Samuel). Dissertatio historica de Belisario. *Wittcb.* 1665. *4.*

Ekerman (Péter). Dissertatio de Belisario, duce Justiniani invictissimo. *Upsal.* 1761. *4.*

Zeller (Christian Friedrich). Belisarius, römischer Feldherr; eine Biographie. *Tübing.* 1809. *8.*

Mahon (Philipp Henry). Life of Belisarius. *Lond.* 1829. *8. Philadelph.* 1832. *12. Ibid.* 1848. *8.*

Roth (C... L...). Über Belisar's Ungnade; nach den Quellen. *Basel.* 1846. *8.*

Belknap (Jeremy),
historien anglo-américain (4 juin 1744 — 28 juin 1798).

Life of J. Belknap. *New-York.* 1847. *18.*

Bell (Andrew),
pédagogue anglais (1753 — 27 janvier 1832).

Southey (Robert). Life of the Rev. A. Bell, D. D. comprising the history of the rise and progress of the system of mutual tuition. *Lond.* 1844. 5 vol. *8.* (Les deux derniers volumes· sont composés par Charles Cuthbert **Southey**, fils de Robert Southey.)·

Bell (Charles),
physiologiste anglais (1774 — 27 mai 1842).

Shaw (Alexander). Narrative of the discoveries of sir C. Bell in the nervous system. *Lond.* 1837. *8.*

Pichot (Amédée). Sur C. Bell. *Par.* 1846. *8.*

Bellamy (George Ann),
actrice irlandaise (31 avril 1731 — ... 1788).

Apology for the life of Mrs. Bellamy. *Lond.* 1786. 5 vol. *8.* (Écrite par elle-même.) Trad. en franç. s. c. t. Mémoires, par P... N... **Benoist** et N... N... **Delamarre**. *Par.*, an VII (1799). 2 vol. *8.* Port. Publ. avec une notice sur la vie de cette actrice par Adolphe **Thiers**. *Par.* 1824.·2 vol. *8.*

Bellamy (Jacobus),
poëte hollandais (12 nov. 1757 — 11 mars 1786).

Ter gedachtenis van J. Bellamy. *Amst.* 1786. *8.*

Vereul (A...). Redevoeringen over J. Douza en over J. Bellamy. *Amst.* 1791. *8.*

Ockerse (W... A... et A... **Kleyn**). Gedenkzuil op het graf van J. Bellamy. *Haarl.* 1822. *8.* Portrait.

Bellanger (François-Joseph),
architecte français (1744 — 1er mai 1818).

Loiseau (N... N...). Notice historique sur F. J. Bellanger. *Par.* 1818. *8.* (Omis par Quérard.)

Bellani (Carlo),
magistrat italien.

Marimonti (Giuseppe). Biografia di C. Bellani, cavaliere della corona ferrea, gia amministratore dell' ospedale di Milano. *Milan.* 1859. *8.*

Bellarmino (Roberto),
cardinal-archevêque de Capoue (4 oct. 1542 — 17 sept. 1621).

Galluzzi (Tarquinio). Oratio in funere R. cardinalis Bellarmini. *Rom.* 1621. *4. Col. Agr.* 1622. *8. Par.* 1622. *8.*

Joannis (Andreas Eudaemon). Narratio de pio obitu R. cardinalis Bellarmini, etc. *Diling.* 1621. *8.*

Cervini (Marcellino). Adumbrata imago solidarum virtutum cardinalis Bellarmini. *Senis.* 1622. *8. Ingolstad.* 1625. *8.* Publ. par Michael **Sintzel**. *Solisb.* 1843. *8.*

Discours des choses mémorables qui se sont passées au trespas et aux funérailles du feu cardinal R. Bellarmin. *Par.* 1622. *12. (Lv.)*

C(offin) (**E**(dward). True relation of the last sicknes and death of cardinale Bellarmine (!) etc. *Lond.* 1622. *12.* Trad. en lat. *Audomari.* 1623. *8.*

Fuligatti (Giacomo).·Vita del cardinale R. Bellarmino. *Rom.* 1624. *4.*
Trad. en franç. par Pierre **Morin**. *Par.* 1625. *8. (D.)*
Trad. en lat. par Silvestro **Pietra-Santa**. *Leod.* 1624. *4. Ibid.* 1626. *4. (D.) Antw.* 1631. *8. (D.)*

Badi (Sebastiano). Decora R. cardinalis Bellarmini. *Genov.* 1671. *4. (D.)*

Bartoli (Daniello). Della vita di R. cardinal Bellarmino libri IV. *Rom.* 1678. *4. (D.)*

Marazza (Francesco). Ristretto della vita di R. Bellarmino. *Bologn.* 1682. *12. (D.)*

Frizon (Nicolas). Vie du cardinal Bellarmin. *Nancy.*

1708. *4.* (*D.* et *Bes.*) *Brux.* 1718. *4.* (*D.*) *Avign.* 1827. 2 vol. *12.*

Leben Erasmi, Calvini und Bellarmini, aus Bayle's Dictionnaire verteutscht, mit Anmerkungen von Georg Friedrich **Schmidt**. *Hannov.* 1732. *8.*

Leben des Cardinals R. Bellarmin, von einem Priester in Franken. *Augsb.* 1846. *12.*

Bellart (Nicolas François),
jurisconsulte français (20 sept 1761 — 7 juillet 1826).

Billecocq (Jean Baptiste Louis Joseph). Notice historique sur N. F. Bellart, ancien avocat au parlement de Paris et à la cour royale de la même ville. *Par.* 1826. *8. Ibid.* 1828. *8.*

Persin (Jules). Notice nécrologique sur M. Bellart, procureur général près la cour de Paris. *Par.* 1826.· *8.*

Bellay * (Joachim du),
poète français (vers 1524 — 1er janvier 1560).

In J. Bellaium poetam carmina et tumulus. *Par.* 1560. *4. (P.)*
* Surnommé l'*Ovide français.*

Bellefonds ou **Bellefont** (Laurence de),
religieuse française (+ 1683).

(**Bouhours**, Dominique). Vie de madame de Bellefonds, supérieure et fondatrice du monastère des religieuses bénédictines de Notre-Dame des Anges, de Rouen. *Par.* 1686.·8. *(Bes.)*

Bellegarde, baron de Thermes (César Auguste),
grand-écuyer de France (+1621).

Dhoges (Pierre). Éloge de C. A. de Bellegarde, baron de Thermes, etc. *Dijon.* 1621. *4.*

—— Regrets sur le trépas de C. A. de Bellegarde, baron de Thermes. *Dijon.* 1621. *4.*

Petriny (François). Oraison funèbre sur le trépas de Monseigneur de Thermes. *Dijon.* 1621. *4.*

Dumay (N... N...). Discours sur le trépas de Monseigneur de Thermes. *Dijon.* 1621. *4.*

Chevanes (Nicolas de). Mausolée dressé à la mémoire de C. A. de Bellegarde, seigneur et baron de Thermes. *Lyon.* 1621. *4.*

Bellegarde (Heinrich, Graf v.),
feld-maréchal d'Autriche (1760 — 1846).

Smola (Carl v.). Leben des Feldmarschalls H. Grafen v. Bellegarde. *Wien.* 1847. *8.*

Bellegarde (Roger de Saint-Lary de),
maréchal de France (+ 1579).

Secousse (Denis François). Mémoire historique et critique sur les principales circonstances de la vie de R. de Saint-Lary de Bellegarde, maréchal de France. *Par.* 1764. *12.*

(**Campis de Villeron**, Joseph Louis Dominique). Additions au (précédent) mémoire de M. Secousse. *Par.* 1767. *12.* (Publ. sous la lettre initiale de C...)

Bellegarde (Roger de Saint-Lary et de Thermes, duc de),
grand-écuyer de France (vers 1563 — 13 juillet 1646).

Grisel (Jean). Discours funèbre de R. duc de Bellegarde, avec la relation de ce qui s'est fait à ses obsèques. *Dijon.* 1647. *4.*

Bacio (Henrico). Illustrissimi ducis Bellegardii laudatio, s. l. 1647. *4.*

Belle-Isle (Charles Louis Auguste **Fouquet**, duc de),
maréchal de France (23 sept. 1684 — 26 janvier 1761).

Mémoires du maréchal duc de Belle-Isle, secrétaire d'État, ayant le département de la guerre du roi de France (Louis XV), prince du Saint-Empire. *Lond.* 1760. *8.*

Frey de Neuville (Charles). Oraison funèbre de C. L. A. Fouquet, maréchal de Belle-Isle, s. l. *(Par.)* 1761. *4.*

Maugre (Jean de). Oraison funèbre de C. L. A. Fouquet, maréchal de Belle-Isle, s. l. *(Montmédy).* 1761. *4.*

Bellermann (Johann Joachim),
archéologue allemand (23 sept. 1754 — 23 oct. 1842).

J. J. Bellermanni vita breviter ab ipso descripta. *Halæ.* 1804. *4. (L.)*

Knapp (Georg Christian). Vita J. (J.) Bellermanni et enumeratio librorum ab eo editorum. *Halæ.* 1804. *4.*

Bellérophon,
fiction mythologique.

Fischer (H... A...). Bellerophon; eine mythologische Abhandlung. *Leipz.* 1851. *8.*

Belleval (Pierre Richer de),
médecin-botaniste français (1558 — 1623).

(**Amoreux**, Pierre Joseph). Recherches sur la vie et les
ouvrages de P. Richer de Belleval, fondateur du jardin
botanique donné par Henri IV à la faculté de médecine
de Montpellier en 1595. *Avign.* 1786. 8.

Dorthes (Jacques Anselme). Eloge historique de P. Richer de Belleval. *Montpell.* 1788. 4 *.

* Cet éloge, couronné par la société des sciences de Montpellier, est
omis par Quérard.

Broussonnet (Jean Louis Victor). Notice historique sur
P. R. de Belleval. *Montpell.* 1854. 8. Portrait.

Belley (François Philibert),
médecin français (26 août 1762 — 18 sept. 1824).

Pinchard (Jean Marie). Éloge de M. Belley, médecin de
la Charité de Lyon, s. l. et s. d. (*Lyon.* 1824). 8.

Belli (Pietro),
jurisconsulte italien (20 mai 1502 — 31 déc. 1575).

Vernazza du Fresnay (Giuseppe). Vita di P. Belli.
Torin. 1783. 4.

Belliard (comte Augustin Daniel),
général français (25 mai 1769 — 28 janvier 1832).

Vinet (M...). Mémoires du comte Belliard. *Par.* 1842.
3 vol. 8. (*Lv.*) *Brux.* 1842. 3 vol. 18.

Le général comte Belliard, s. l. et s. d. (*Brux.* 1832.) 8.
(Extrait de la *Revue militaire belge.*)

Bellier (Jacques Marie),
prêtre français.

Nadal (N... N...). Vie de J. M. Bellier, prêtre du diocèse
de Valence, missionnaire apostolique, chanoine honoraire de Valence, de Digne, etc. *Marseille.* 1831. 12.

Bellièvre (Jean de),
jurisconsulte français.

Macicaut (Pierre). Discours funèbre de J. de Bellièvre,
sieur de Hautefort, premier président de Grenoble.
Lyon. 1684. 8.

Bellièvre (Pomponne de),
chancelier de France (1529 — 5 sept. 1607).

Fenoillet (Pierre). Oraison funèbre de P. de Bellièvre,
chancelier sous Henri IV. *Par.* 1607. 8.

(**Tournet**, Jean). Oraison funèbre de P. de Bellièvre.
Par. 1607. 8.

Lallemant (Pierre). Éloge funèbre du chancelier P. de
Bellièvre. *Par.* 1607. 4.

Le Bossu (René). Eloge funèbre de P. de Bellièvre.
Par. 1607. 4.

Masson (Jean Papire). Elogium P. de Bellièvre. *Par.*
1607. 4.

Bellinati-Macola (Marietta),
dame italienne.

Cenni necrologici intorno M. Bellinati-Macola. *Padov.*
1856. 8.

Bellini (Giovanni),
peintre italien (vers 1426 — 1516).

G. Bellini e pittori contemporanei. *Venez.* 1840. 8.

Bellini (Lorenzo),
médecin italien (3 sept. 1643 — 8 janvier 1704).

Atti (Gaetano). Notizie biografiche della vita di M. Malpighi e di L. Bellini. *Bologn.* 1847. 4.

Bellini (Vincenzo),
compositeur italien (3 nov. 1802 — 24 sept. 1835).

Gerardi (Filippo). Biografia di V. Bellini. *Rom.* 1835. 8.

Ventimiglia (Domenico). Biografia di V. Bellini. *Messin.* 1835. 52.

Farina (Giuseppe la). Elogio del cavaliere V. Bellini.
Messin. 1835. 16.

Onori alla memoria di V. Bellini. *Messin.* 1835. 8.

Stagno (Letterio). Elogio in morte di V. Bellini. *Messin.* 1835. 12.

Gemelli (Carlo). Elogio in morte di V. Bellini. *Messin.*
1836. 8.

Brigandi (Pietro Gaetano). Elogio funebre in morte del
cavaliere V. Bellini. *Messin.* 1836. 4.

Capelli (Emilio). In morte di V. Bellini. *Napol.* 1836.
12. (Poème.)

Bellman (Carl Michael),
poète suédois du premier ordre (4 février 1740 — 11 février 1795).

Ploug (Carl). C. M. Bellmans Liv, og Bellman som
comisk Dithyrambiker, af Johan Ludwig Heiberg. *Kjoebenh.* 1844. 8.

Bellman (Johan Arndt),
savant suédois, père du précédent (7 février 1664 — 28 nov. 1709).

Oratio de vita J. A. Bellmani, professoris Upsaliensis.
Lund. Suec. 1703. 4.

Upmarck (Johan). Laudatio funebris J. A. Bellmano
dicta. *Upsal.* 1710. 4.

Bellò (Luigi),
savant italien (✝ 1824).

Bellini (Bernardo). Elogio funebre del abate L. Bellò.
Cremon. 1824. 8.

Cazzaniga (Antonio). Elogio di L. Bellò. *Cremon.* 1824. 8.

Rossi (Domenico?). Elogio del abate L. Bellò. *Cremon.*
1824. 8.

Bellocchio (Vincenzo),
jurisconsulte italien (1833 — 29 oct. 1839).

Raccolta degli articoli necrologici, etc., del nobil uomo
V. Bellocchio, dottore in legge e professore di filosofia, etc. *Lodi.* 1841. 8.

Bellone,
personnage mythologique.

Tiesler (Carl). Dissertatio mythologica de Bellonæ cultu
et sacris. *Berol.* 1842. 8.

Bellonnet (N... N... de),
général français.

Gosselin (N... N...). Notice sur le général de division de
Bellonnet, inspecteur-général du génie. *Par.* 1831. 8.

Bellot (Pierre François),
jurisconsulte suisse (4 janvier 1776 — 17 mars 1836).

Cherbuliez (A... F...). Notice sur la vie et les travaux
de P. F. Bellot. *Genèv.* 1838. 8.

Bellotti (Pietro),
peintre italien (1625 — 1700).

Nicolini (Giovanni Georgio). Ombre del penello glorioso
di P. Bellotti. *Venez.* 1659. 12.

Belloy (Jean Baptiste de),
cardinal-archevêque de Paris (9 oct. 1709 — 10 juin 1808).

Siret (Pierre Hubert Christophe). Éloge funèbre de Mgr.
le cardinal de Belloy, archevêque de Paris. *Par.* 1808. 8.

Bellune (Claude Victor **Perrin**, duc de),
maréchal de France (7 déc. 1764 — 1er mars 1841).

Extraits de mémoires inédits de feu C. V. Perrin, duc de
Bellune, pair et maréchal de France. *Par.* 1846. 8.

Nollet-Fabert (Jules). Le maréchal Victor (Perrin), duc
de Bellune. *Nancy.* 1852. 8. (Extrait de la *Lorraine militaire.*)

Belmas (Louis),
évêque de Cambrai (11 août 1757 — 21 juillet 1841).

Derniers moments de la vie de L. Belmas, évêque de Cambrai. *Cambr.* 1845. 8.

Lasalve (L...). Éloge historique de M. L. Belmas, dernier évêque de Cambrai. *Cambr.* 1848. 8.

Belon (Pierre),
médecin-botaniste français (vers 1518 — 1555).

Passac (Philibert Jérôme Gaucher de). Notice sur
P. Belon. *Blois.* 1824. 8.

Belotti (Giovanni),
prêtre italien.

Mozzi (Luigi). Vita di servo di Dio G. Belotti. *Bergam.*
1793. 8.

Belov (Marie),
savante danoise (25 déc. 1586 — 9 sept. 1651).

Nielsen (Frands). Lig-Prædiken over M. Belov. *Aarhuus.* 1651. 4.

Belpaire (Antoine),
statisticien belge (3 février 1789 — 14 déc. 1839).

Quetelet (Lambert Adolphe Jacques). Notice sur A. Belpaire, membre de l'Académie, né à Ostende, etc. *Brux.*
1840. 12. (*Bx.*)

Belsunce de Castel-Moron (Henri François Xavier),
évêque de Marseille (4 déc. 1671 — 4 juin 1755).

Maire (Charles Antoine). Oraison funèbre de Mgr. H. F.
X. de Belsunce, évêque de Marseille. *Mars.* 1755. 4.
(Omis par Quérard.)

Lenfant (Alexandre Charles Anne). Oratio funebris illustrissimi D. de Belzunce, Massiliensis episcopi,
s. l. 1756. 8. (Accomp. d'une traduction française.)

Barbet (Paul). Eloge de Belsunce, évêque de Marseille.
Par. 1821. 8. (Couronné par l'Académie de Marseille.)

Denans (Arnaud). Oraison funèbre de Mgr. H. F. X. de

Belsunce de Castel-Moron, évêque de Marseille. *Mars.* 1822. 8.

Beltrami (Giovanni),
sculpteur italien.
(**Meneghelli**, Antonio). Dello insigne glittografo G. Beltrami. *Padov.* 1839. 8.

Beltramini (N... N...),
évêque de Feltre.
Trento (Giulio). Apologia di monsignor Beltramini, gia vescovo di Feltre. *Treviso.* 1781. 8.

Beltrando,
patriarche d'Aquilée.
Florio (Francesco?), Vita del B. Beltrando, patriarca d'Aquileja. *Bassan.* 1791. 8.

Belus,
roi d'Assyrie (2229 — 2174).
Alefeld (Johann Ludwig). Dissertatio de Belo Babylonio, philosopho Chaldæorum antiquissimo. *Giess.*1755.4.

Beluschi (Pietro),
médecin italien.
(**Gambara**, Francesco). Brevi cenni storici intorno l'illustro medico P. Beluschi, Bresciano. *Brese.* 1833. 8.

Belzasar, voy. **Balthazar.**

Belzoni (Giovanni Battista),
voyageur italien (vers 1778 — 3 déc. 1823).
Menin (N... N...). Cenni biografici intorno al viaggiatore italiano G. B. Belzoni. *Milan.* 1825. 8.

Belzunce (Henri, comte de),
amant de Charlotte Corday (massacré en 1789).
Extrait du procès-verbal du comité général et national de la ville de Caen, relatif à la mort de M. de Belzunce. *Caen.* 1789. 8. (Peu commun.)
Détail véridique de la mort du comte H. de Belzunce, major en second du régiment de Bourbon. *Par.* 1789. 8. (Assez rare.)
Nécrologie. Mort tragique de M. le marquis de Belzunce. Extrait d'une lettre de Caen, s. l. et s. d. (*Par.* 1789.) 12.

Bem (Joseph),
général polonais (vers 1799 — 9 déc. 1850).
Pataky (K... M...). Bem in Siebenbürgen. Zur Geschichte des ungarischen Krieges 1848 und 1849. *Leipz.* 1850. 8. Portrait.
Czetz (Johann). Bem's Feldzug in Siebenbürgen in den Jahren 1848 und 1849. *Hamb.* 1850. 8.
Bem in Wien. Historisches Gemälde von einem Offiziere aus dem Generalstabe Bem's. *St. Gallen.* 1851. 8.
(**Lajos**, N... N...). Le général Bem. *Par.* 1851. 8.

Bembo (Pietro),
poète-historien italien (20 mai 1470 — 18 janvier 1547).
Beatianus (Augustus). Lacrymæ in funere P. cardinalis Bembi. *Venez.* 1548. 8. (*D.*)
Speroni (Sperone). Orazione in morte del cardinal P. Bembo. *Venez.* 1596. 4.
Elogio del cardinale P. Bembo. *Venez.* 1827. 8.
Battaggia (Michele). Elogio del cardinale P. Bembo. *Venez.* 1827. 8.
Casa (Giovanni de la). Vita del cardinal P. Bembo. *Pesar.* 1852. 18. (Trad. du latin*.)

* L'original de cette traduction se trouve dans l'ouvrage « Monumenta » de Giovanni de la CASA, *Florent.* 1567. 4. *Hala.* 1709. 4.

Oltrocchi (Baldassaro). Sopra i primi amori di monsignore P. Bembo. *Venez.* 1750. 8.

Benavides (Marco Mantuano),
jurisconsulte italien (25 nov. 1489 — 2 avril 1582).
Riccoboni (Antonio). Oratio in obitum M. M. Benavidii. *Patav.* 1582. 4.

Beneivenni (Federigo),
évêque de Bertinoro et Sarsina († 1829).
Rambelli (Giovanni Francesco). Elogio di monsignor F. Bencivenni Persicetano, vescovo di Bertinoro e Sarsina. *Bologn.* 1838. 8.

Benckendorff (Johann v.),
magistrat livonien.
Hoernick (Adam Gottfried). Programma ad exequias J. Benckendorff, senatus patrii (Livoniensis), secretarii primicerii. *Rigæ.* 1717. Fol.

Bendavid (Lazarus),
philosophe allemand (18 oct. 1762 — 28 mars 1832).
Bendavid (Lazarus). Selbstbiographie. *Berl.* 1804. 8.

Bendtsen (Bendt),
philologue danois (3 février 1763 — 16 déc. 1830).
Dahl (Frederik Peder Jacob). Til B. Bendtsens Minde, etc. *Kjoebenh.* 1831. 4.
Madvig (Johan Nicolai). Mindeord over B. Bendtsen. *Kjoebenh.* 1831. 8.

Benedetti (Alessandro),
médecin italien du xve siècle.
Boerner (Friedrich). Commentarius de A. Benedicto, medico, accedit ejusdem Benedicti elogium auctore Andrea CHIOCCO. *Brunsv.* 1751. 4. (*L.*)

Benedetti (Giovanni),
évêque de Trévise.
Cornaro (Flaminio). Opuscula quatuor quibus illustrantur gesta J. de Benedictis, episcopi Tarvisini, etc. *Venet.* 1758. 8.

Benedict, voy. **Benoît.**

Bénévent (François de).
Bénévent (Jérôme de). Plaintes funèbres sur le décès de F. de Bénévent, son père. *Par.* 1608. 8.

Benewitz (Otto),
théologien allemand.
Starck (Sebastian Gottfried). Leich-Predigt auf O. Benewitz. *Freiberg.* 1670. 4. (*D.*)

Bénézech (Pierre),
homme d'État français (... 1745 — ... 1802).
Challan (Antoine Didier Jean Baptiste). Éloge historique de P. Bénézech. *Par.* 1803. 8.

Bénézet, surnommé **le petit Benoist** (Saint),
berger français († 1184).
(**Cambis sieur de Fargues**, N... N...; de). Vie de S. Bénézet. *Avign.* 1670. 12. (Publ. sous le pseudonyme de DISAMBEC.)
(**Seystre**, Étienne). Vie de S. Bénézet. *Avign.* 1675. 12. (Publ. sous le pseudonyme de E... S... DES PRÉAUX.)
(**Haitze**, Pierre Joseph de). Histoire de S. Bénézet, entrepreneur du pont d'Avignon. *Aix.* 1708. 12. (Publ. sous le pseudonyme de Magne AGRICOLE.)

Bénezet (Anthony),
l'un des premiers défenseurs de la liberté des nègres (1713 — 1784).
Vaux (Roberts). Mémoires sur la vie de A. Bénezet. *Lond.* 1824. 12. (*Lv.*) — (Trad. de l'anglais.)

Bengel (Ernst),
théologien allemand († 1er avril 1793).
Mueller (Georg Heinrich). Brevis commentatio memoriæ antecessoris, E. Bengelii, dicata. *Tubing.* 1793. 4.

Bengel (Johann Albrecht),
théologien allemand (24 juin 1687 — 2 nov. 1752).
Nast (Johann). Nachricht von dem Leben Dr. J. A. Bengel's. *Frf.* et *Leipz.* 1753. 8.
Fresenius (Johann Philipp). Zuverlässige Nachricht von dem Leben, Tode und den Schriften Dr. J. A. Bengels. *Frf.* et *Leipz.* 1756. 8. Portrait. (*D.*)
Burk (Johann Christian Friedrich). Dr. J. A. Bengel's Leben und Wirken. *Stuttg.* 1831. 8. *Ibid.* 1832. 8. Portrait. (*L.*)

Bénigne (Saint),
apôtre de Bourgogne († vers 180).
Girault (Claude Xavier). Discussion sur l'époque précise de la mort de S. Bénigne et du séjour de Marc-Aurèle à Dijon. *Dijon.* 1817. 8.

Benincasa (Ursula),
fondatrice des religieuses théatines (20 oct. 1547 — 20 oct. 1618).
(**Fassari**, Vincenzio). Vita della venerabile U. Benincasa, da Maggio. *Rom.* 1655. Fol.
Notice sur la vénérable U. Benincasa, fondatrice des religieuses théatines de l'immaculée conception de Marie. *Lille.* 1859. 12.

Beniowski (Moritz August, Graf v.),
aventurier hongrois (... 1741 — 23 mai 1786).
Beniowski (Moritz August v.). Voyages et mémoires. *Par.* 1791. 2 vol.
Trad. en allem. . . . .
Trad. en angl. par William NICHOLSON. *Lond.*

Benizzi (S. Filippo),
prêtre italien.
Giustiniani (Ludovico). Vita del B. F. Benizzi. *Bologn.* 1668. 8.

Bergantini (Giuseppe Giacinto). Compendio della vita di S. F. Benizzi, quinto generale ed insigne propagatore dell' ordine dei servi di Maria, etc. *Venez.* 1734. 8.

Benjamin de Tudèle,
voyageur juif du xiie siècle.

Carmoly (Élie). Notice historique sur Benjamin de Tudèle, nouvelle édition, suivie de l'examen géographique de ses voyages par Joachim LELEVEL. *Brux.* 1858. 8. *Ibid.* 1852. 8.

Bennon (Saint),
évêque de Meissen (1011 — 1107).

Emser (Hieronymus). Epitome ad papam Julium II super vita, miraculis et sanctimonio divi patris Bennonis, episcopi quondam insignis et ingenuæ ecclesiæ Misniensis. *Misn.* 1505. 4.

—— Divi Bennonis, Misniensis quondam episcopi, vita et miracula. *Lips.* 1512. Fol. Cum notis Gothof. HENSCHENII et Dan. PAPEBROCHII, publ. par Johann Burchard MENCKEN. *Lips.* 1728. Fol. Trad. en allem. *Meiss.* 1517. 4.

Gewisse und approbirte Historie von S. Bennonis Leben und Wunderzeichen. *Münch.* 1604. 4.

Mamphrasius (Wolfgang). Dissertatio de miraculis Bennonis Misniensis et divæ virginis Hallensis, etc. *Lips.* 1606. 4.

Heidenreich (Martin). Benno, episcopus olim Misenensis redivivus, s. vita Bennonis ex probatæ fidei monumentis, etc., erudita. *Dresd.* et *Lips.* 1694. 8.

Boerner (Christian Friedrich). Dissertatio de canonisatione Bennonis. *Lips.*, s. d. 4.

Seyffarth (Carl Friedrich). Ossilegium S. Bennonis, episcopi quondam Misniensis. *Monach.* 1765. 4.

Leben und Wunderthaten des heiligen Bischofs und Beichtigers Benno. *Landsh.* 1844. 12.

Bennon,
évêque d'Osnabruck.

Norbertus. Vita Bennonis, publ. par Johann Georg ECKARDT. *Lips.* 1723. Fol.

Rost (Johann Leonhard). Vita Bennonis metrica. *Lips.* 1723. Fol.

Bennon (Saint),
patron de Bavière.

Crammer (Anton v.). Apologia Bennoniana s. S. Benno Bavariæ patronus, etc. *Monach.* 1773. 8.

Benoist (René),
théologien français. († 1608).

Cabiet (Pierre Victor). Oraison funèbre de R. Benoist, curé de Saint-Eustache, doyen de la faculté de théologie de Paris. *Par.* 1608. 8.

Benoît IX,
pape, succédant à Jean XIX (élu 1033 — 1054).

Mittler (Theodor). Disputatio critica de schismate in ecclesia Romana sub pontificatu Benedicti IX orto. *Turic.* 1855. 8.

Benoît XI (Saint),
pape, successeur de Boniface VIII (vers 1240 — élu le 27 oct. 1303 — 6 juillet 1304).

Campana (Pietro Tommaso). Vita del sommo pontifico Benedetto XI. *Milan.* 1756. 4.

Benoît XIII,
pape, succédant à Innocent XIII (2 février 1649 — 29 mai 1724 — 21 février 1730).

Conlin (J... R...). Roma sancta s. Benedicti XIII pontificis maximi et cardinalium viva virtutum imago. *Aug. Vind.* 1726. Fol.

Cunha (Francisco da). Oração funebre de Benedicto XIII. *Lisb.* 1750. 4.

Cruz (Clemente da). Vida do S. P. Benedicto XIII. *Lisb.* 1739. 4.

Borgia (Alessandro). Vita Benedicti XIII. *Rom.* 1741. 4.

Ranft (Michael). Lebensbeschreibung des Papstes Benedict XIII. *Altenb.* 1743. 8.

Walch (Johann Georg). Commentatio de concilio Lateranensi a Benedicto XIII celebrato. *Lips.* 1727. 4.

Kapp (Johann Erhard). Historia concilii Lateranensis a Benedicto XIII anno 1725 Romæ celebrati. *Lips.* 1731. 4. (Trad. de l'italien.)

Benoît XIV,
pape, successeur de Clément XII (13 mars 1675 — 17 août 1740 — 3 mai 1758).

Sibiliato (Clemente). Oratio in funere Benedicti XIV. *Patav.* 1758. 4.

(Galiani, Ferdinando). Delle lode di papa Benedetto XIV. *Napol.* 1758. 4. *Ibid.* 1781. 4.

Sabbatini d'Anfora (Ludovico). Orazione nei funerali di Benedetto XIV. *Napol.* 1758. Fol.

Sailer (Sebastian). Lob- und Trauer-Rede auf Benedict XIV. *Augsb.* 1764. 4.

Caraccioli (Louis Antoine de). Éloge historique de Benoît XIV. *Liége.* 1766. 12. *Louvain.* 1773. 12. Trad. en espagn. par Juan MOLES. *Madr.* 1780. 8.

—— Vie du pape Benoît XIV, Prosper Lambertini. *Par.* 1775. 12. *Ibid.* 1783. 12. (*Bes.*) — (La première édition ne porte pas le nom de l'auteur.)

Fabroni (Angelo). Vita di Benedetto XIV. *Rom.* 1787. Fol.

Benoît (Saint),
fondateur de l'ordre des Bénédictins (480 — 21 mars 543).

Castaniza (Juan de). Vida de S. Benito. *Salamanc.* 1583. 8.

Sangrino (Angelo). Vita S. P. Benedicti. *Rom.* 1587. 4. (Orné de 52 planches.)

San-Victores (Alonso de). El sol del Occidente, el gran padre S. Benito, principe de todos los monges, patriarcha de todas las religiones, etc. *Madr.* et *Toled.* 1645-48. 2 vol. Fol.

Planchette (Jean Bernard). Vie du grand S. Benoît, patriarche des moines de l'Occident, ses vertus, ses maximes, etc. *Par.* 1652. 4.

Bulteau (Louis). Abrégé de l'histoire de S. Benoist. *Par.* 1684. 2 vol. 8.

Mège (Joseph). Histoire de S. Benoist. *Par.* 1690. 4.

Sulger (Anton). Vita divi Benedicti monachorum patriarchæ. *S. Galli.* 1691. 12.

Chladenius (Martin). Vita Benedicti Nursini. *Witteb.* 1707. Fol. (*D.*)

Khaepler (E...). Ehr, Ruhm und Glory des heiligen Patriarchen und Erzvaters Benedicti, nebst genealogischen Untersuchungen über seine Herkunft. *Augsb.* 1723. 4. (Assez rare.)

Marceliano da Ascençao. Vida de S. Bento, etc. *Lisb.* 1757. 8.

Vita S. Benedicti, auctore S. Gregorio Magno, commentario illustrato a Philippo Jacobo STEYERER. *Aug. Vind.* 1782. 8. *Frib. Brisg.* 1783. 8.

Waitzmann (Johann Georg). Leben und Wirken des heiligen Benedict. *Augsb.* 1825. 12. (En allemand et en latin.)

Maetzler (Anton). Lebensgeschichte des heiligen Benedicts, Patriarchen der Mönche des Abendlandes. *Augsb.* 1831. 8.

Zoncada (Antonio). S. Benedetto, ossia l' istituzione regolare de' monaci in Occidente, e S. Gregorio Magno. *Milan.* 1843. 8.

Benoni (Giuseppe de),
médecin italien.

Telani (Giuseppe). Cenni intorno al dottore G. de Benoni. *Roveret.* 1841. 8.

Benser (Arnold Gottfried),
magistrat allemand.

Overbeck (Johann Daniel). Leben und Verdienste A. G. Bensers, Herrn des (Lübecker) Raths. *Lübeck.* 1760. Fol.

Bentham (Jeremy),
publiciste anglais (1748 — 1er juin 1832).

Der Moralist J. Bentham und die Geld-Aristokratie unserer Zeit, etc. *Darmst.* 1836. 8.

Benthem (Heinrich Ludolph),
théologien allemand (2 nov. 1661 — 9 juillet 1723).

Knigge (Hermann). Der Gläubigen Hoffnung. Leich-Predigt auf H. L. Benthem. *Hamb.* 1723. Fol. (*D.*)

Bentinck (George Frederik Cavendisch, lord),
homme d'État anglais (27 février 1802 — 21 sept. 1848).

D'Israeli (Benjamin). Lord G. Bentinck; a political biography. *Lond.* 1851. 8. *Ibid.* 1852. 8. (5e édition.) Trad. en allem. par Eduard SUSEMIHL. *Cassel.* 1852. 8.

Bentinck (Wilhelm Friedrich, Reichsgraf),
Kurze Biographie des Reichsgrafen W. F. Bentinck, Erb- und Landesherrn der freien Herrschaft Kniphausen, etc. *Oldenb.* 1836. 8.

Bentivoglio (Andrea),
sénateur romain.

Sabadino (Giovanni). Vita del conte e senatore A. Ben-

tivoglio, publ. avec des notes par Gaëtano GIORDANO.
Bologn. 1840. 8. Portrait.

Bentivoglio (Giovanni),
savant italien.

Gozzadini (N... N...). Memorie Storiche per la vita di
G. Bentivoglio. *Bologn.* 1839. 8.

Bentivoglio (Matilde Beatrice),
dame italienne.

Ragguaglio della vita di M. B. Bentivoglio. *Milan.* 1722. 4.

Bentley (Richard),
philologue anglais (27 janvier 1662 — 14 juillet 1742).

Monck (Henry James). Life of R. Bentley, with an account of his writings. *Lond.* 1830. 4. Portr. (*L.* et *P.*)

Benvenuto da San Giorgio,
chevalier de Malte.

Vernazza du Fresnay (Giuseppe). Vita di Benvenuto da
S. Giorgio, cavaliere Gerosolimitano. *Torin.* 1780. 4.

Benza (Maurizio Francesco),
savant italien (1757 — 26 oct. 1841).

Bertolani (Giovanni). Elogio funebre del professore M.
F. Benza. *Cremon.* 1841. 4. (Cet écrit ne s'est pas
vendu.)

Benzelius (Ericus Erici),
archevêque d'Upsala (27 janvier 1675 — 23 sept. 1743).

Rhyzelius (Anders Olofsson). Likpredikan öfver E. E.
Benzelii, med Personalier. *Linköping.* 1743. 4.

Sparschuch (Johan). Oratio parentalis in E. E. Benzelii
obitum. *Lincop.* 1743. 4.

Dalin (Olof). Åminnelse-Tal öfver E. E. Benzelius.
Stockh. 1744. 8.

Beronius (Magnus Olavi). Oratio parentalis in funere
E. E. Benzelii. *Upsal.* 1748. 4.

Benzelius (Ericus Henrici),
archevêque d'Upsala (17 déc. 1632 — 17 février 1709).

Rogberg (Laurenz). Program till Parentationen öfver
E. H. Benzelius. *Upsal.* 1709. Fol.

Esberg (Johan). Libri in E. H. Benzelii tumulum. *Upsal.* 1712. 4.

Benzelius (Henrik),
archevêque d'Upsala (18 août 1689 — 20 mai 1758).

Asp (Matthias). Likpredikan öfver H. Benzelius, med
Personalier. *Upsal.* 1758. 4.

Aurivillius (Magnus). Oratio parentalis in obitum H.
Benzelii. *Upsal.* 1758. 4.

Lagerbring (Sven). Oratio exequialis in funere H. Benzelii. *Lund.* 1759. 4.

Carleson (Edvard). Åminnelse-Tal öfver Biskopen H.
Benzelius. *Stockh.* 1759. 8.

Benzelius (Jacob),
archevêque d'Upsala (25 février 1683 — 19 juin 1747).

Halenius (Engelbert). Oratio parentalis in memoriam
J. Benzelii. *Upsal.* 1747. 4.

Troilius (Samuel). Likpredikan öfver J. Benzelius, med
Personalier. *Stockh.* 1750. 4.

Benzelstjerna (Lars),
évêque de Westeras (30 avril 1719 — 18 février 1800).

Fant (Johan Michael). Likpredikan öfver Biskopen L.
Benzelstjerna, med Personalier. *Upsal.* 1801. 4.

Kraft (Peder). Oratio parentalis in obitum L. Benzelstjerna. *Upsal.* 1801. 4.

Benzelstjerna (Matthias),
homme d'État suédois (8 sept. 1713 — 11 mars 1791).

Adlerbeth (Gudmund Göran). Åminnelse-Tal öfver
Stats-Secretaren M. Benzelstjernà. *Stockh.* 1791. 8.

Berachia ben Nitronai,
fabuliste juif du XIIIe siècle.

Carmoly (Élie). Berachia ben Nitronai, fabuliste du
XIIe siècle. *Brux.* 1848. 4.

Béranger (Pierre Jean de),
poëte français du premier ordre (19 août 1780 — ...)

La Sicotière (Léon Duchesne de). Béranger. *Alenç.*
1840. 8.

(**Loménie**, Louis de). Notice sur M. Béranger, par un
homme de rien. *Par.* 1844. 16.

Procès fait aux chansons de P.-J. de Béranger. *Par.*
1821. 18.

Bérard (Frédéric),
médecin français (1789 — 16 avril 1828).

Dupau (Jean Amédée). Notice historique sur F. Bérard,
professeur d'hygiène à la faculté de médecine de Montpellier. *Par.* 1828. 8.

Bérard-Troussel (Étienne),
médecin français (19 oct. 1769 — 12 février 1807).

Champollion-Figeac (Jean Joseph). Éloge historique
de M. E. Bérard-Troussel, docteur en médecine, etc.
Grenoble. 1807. 8.

Berardi (Andrea),
médecin italien.

Vaccolini (Antonio). Elogio di A. Berardi di Bagnaca-
vallo. *Bagnacav.* 1843. 8.

Berardi (Giovanni Battista),
théologien italien (1er mars 1794 — 24 avril 1844).

Rossi (Domenico). Notizie sulla vita e sugli scritti di
G. B. Berardi, canonico teologo della cattedrale di Bergamo. *Bergam.* 1845. 8.

Berardi (Matteo di Prospero),
savant italien (1745 — 13 mars 1805).

Rossi (Giovanni Gherardo de'). Elogio di M. de P. Berardi. *Pisa.* 1806. 8.

Béraud (Laurent),
jésuite français (5 mars 1703 — 26 juin 1777).

Le Febvre (N... N...). Éloge historique du P. Béraud.
Lyon. 1780. 12.

Berch (Anders),
agronome suédois (1711 — 1774).

Ferrner (Bengt). Åminnelse-Tal öfver Professoren A.
Berch. *Stockh.* 1776. 8.

Berch (Carl Reinhold),
historien suédois (9 février 1706 — 22 déc. 1777).

Celsius (Olof). Åminnelse-Tal öfver C. R. Berch. *Stockh.*
1781. 8.

Berchère (Charles Le Gouz de la),
archevêque de Narbonne (vers 1647 — 2 juin 1719).

Beaufils (Guillaume). Oraison funèbre de Mgr. de la
Berchère, archevêque de Narbonne, s. l. 1719. 4.

Berchmans (Jan),
jésuite hollandais.

Cepari (Virgilio). Vita del venerabile servo di Dio G.
Berchmans, Fiamingo, religioso della compagnia di
Gesu. *Bologn.*, s. d. 16. (*D.*) *Rom.* 1751. 4. Portrait.
Torin. 1825. 24. *Veron.* 1858. 16.
Trad. en franç. par Jean CACHET. *Par.* 1650. 8.
Trad. en lat. par Herman HUGO. *Antw.* 1630. 8. *Ibid.*
1636. 8. Portrait. (*D.*)

F(rizon) N(icolas). Vie de J. Berchmans de la compagnie
de Jésus. *Nanci.* 1706. 8. *Par.* 1739. 12. (*Bes.*) *Ibid.*
1755. 12. *Ibid.* 1825. 18. Portrait. *Lille.* 1825. 12. *Avign.*
1828. 12.

Povius (B...). De vita et moribus J. Berchmansii, ex
Soc. Jesu scholastici, libri VIII. *Fulign.* 1708. 8.

Berchthold ou Berthold,
duc de Zaringue.

Walther (Isaac Gottlieb). Kritische Prüfung der Geschichte von Ausrottung des Zähringer Stammes durch
Vergiftung zweier Söhne Herzog Berchtholds V. *Bern.*
1763. 8.

Bercius ou Bertius (Alexandre),
jésuite français.

(**Leclerc**, Paul). Vie d'A. Bercius. *Par.* 1686. 8.

Berckelmann (Theodor),
théologien allemand (9 nov. 1576 — 30 juillet 1645).

Stuss (Johann Heinrich). Memoria T. Berckelmanni.
Hannov. 1753. Fol. Portrait. (*D.* et *Lv.*)

Berckheim (Philippe Frédéric de).

A la mémoire de feu M. de Berckheim, paroles de consolation, etc., s. l. et s. d. (*Par.* 1812). 8.

Berckheim (le baron Sigismond Frédéric de),
général français (9 mai 1755 — 28 déc. 1819).

Boissard (George David Frédéric). Discours prononcé
aux funérailles de M. le baron S. F. de Berckheim,
s. l. et s. d. (*Par.* 1820). 8.

Berellus (Georg),
théologien suédois (1641 — 1676).

Arrhenius (Jakob). Programma exequiale in obitum G. Berelii. *Upsal.* 1676. 4.

Bérenger de Carpi.

Ruffini (Paolo). Elogio storico di Berengario da Carpi. *Moden.* 1824. 8.

Bérenger de Tours,
archidiacre d'Angers (998 — 6 janvier 1088).

Roye (François de). Historia vitæ, hæresis et penitentiæ Berengarii. *Andegav.* 1656. 4.

Mueller (Heinrich). Berengarii veteris novique historia. *Rostock.* 1674. 4.

Dassov (Nicolaus). Dissertatio de hæresi Berengaria. *Gryphisw.*, s. d. 4.

Sudendorf (H...). Berengarius Turonensis, oder eine Sammlung ihn betreffender Briefe. *Hamb. et Gotha.* 1850. 8.

Bérenger (Laurent Pierre),
poète français (28 nov. 1749 — 26 sept. 1822).

Dumas (Jean Baptiste). Notice historique sur L. P. Bérenger, etc. *Lyon.* 1856. 8.

Bérenger (Marcellin René),
membre de l'Assemblée constituante (+ 2 mai 1822).

Duvaure (Antoine). Notice biographique sur M. R. Bérenger, etc., mort à Valence. *Valence.* 1822. 8.

Berenguela,
épouse d'Alphonse IX, roi de Léon (mariée en 1201 — 1244).

Zapata (Antonio Lopez). Epitome de la vida y muerte de la reyna Doña Berenguela, primogenita del rey Don Alonso III de Castilla, aclamado el noble. *Madr.* 1665. 8 *. (*Bes.*)
* Tellement rare que même Nicolo Antonio ne l'a pas connu.

Bérénice,
épouse de Ptolémée III, roi d'Égypte.

(Ramler, Carl Wilhelm). Ptolemäus und Berenice. *Berl.* 1765. 4.

Bérénice,
épouse de Hérode, roi de Chalcis (28 — 76).

Rey (N... N...). Dissertation sur Bérénice. *Par.* 1855. 8. (Extrait des *Mémoires de la Société royale des Antiquaires de France.*)

Bereur (Jeanne),
plus connue sous le nom de Thérèse de Jésus, fondatrice des carmélites de la Franche-Comté (+ 1657).

Mercier (Christophe). Vie de la vénérable mère Thérèse de Jésus. *Lyon.* 1673. 4.

Berg (Clemens),
littérateur allemand.

Maskamp (Heinrich). Oratio funebris in obitum D. C. Berg. *Duisburg.* 1708. 4.

Berg (G... J... van den),
savant hollandais.

Meijer (G... de). Het edel karakter en de kunstverdiensten van G. J. van den Berg. *Rotterd.* 1818. 8.

Berg ou Bergk (Joachim v.),
philanthrope allemand (23 mars 1526 — 5 déc. 1602).

Bergk (Christoph Georg v.). Memoria Bergeriana h. e. historica biothanatographia generosi domini J. de Bergk in Herrendorf et Kloden. *Glogov.* 1609. 4. *Ibid.* 1611. 4.

Walther (Heinrich). Oratiuncula panegyrica de vita et morte J. a Bergk. *Gœrlic.*, s. d. 4.

Keller (Carl Benjamin Gottlieb). Joach. vom Berge und seine Stiftungen. Wichtiger Beitrag zur Geschichte Schlesiens. *Glogau.* 1834. 8. Portrait.

Berg (Johann Peter),
philologue allemand (3 sept. 1737 — 8 mars 1800).

Borheck (August Christian). Memoria J. P. Bergii, etc. *Duisb.* 1800. Fol.

Moeller (Anton Wilhelm Peter). Denkschrift zur Ehre J. P. Berg's, Professors der Kirchengeschichte und orientalischen Sprachen, etc. *Cleve et Duisb.* 1801. 8.

Berg (Magnus),
peintre norvégien (1666 — 1739).

Reichard (Elias Caspard). Lebensbeschreibung des berühmten dänischen Künstlers M. Berg. *Braunschw.* 1755. 4.

Berg (Ludolf van den),
homme d'État hollandais.

Tadama (R... W...). De waarheid aengaande L. van den Berg; bijdrage tot de geschiedenis van zijn geslacht en zijne tijden. *Arnh.* 1847. 8.

Berg (Willem Graaf van den),
homme d'État hollandais.

Tadama (R... W...). W. Graaf van den Berg en zijne tijdgenooten ; bijdrage tot de geschiedenis van den 80 jarigen oorlog, etc. *Zutphen.* 1846. 8.

Bergantini (Giovanni Pietro),
littérateur italien (4 oct. 1685 — vers 1760).

Chiaramonti (Giovanni Battista). Notizie biografiche intorno a G. P. Bergantini. *Bresc.*, s. d. (vers 1770). 8.

Bergenstjerna (Johan),
amiral suédois (23 juin 1618 — ... mai 1678).

Alcinius (Abraham). Concio funebris in obitum J. Bergenstjerna, admiralis. *Holm.* 1687. 4. *Aboæ.* 1689. 4.

Berger (Albert Ludwig v.),
jurisconsulte allemand (1768 — fusillé le 10 avril 1813).

Gildemeister (Johann Carl Friedrich). Fink's und Berger's Ermordung. Beitrag zur Characteristik der französischen Herrschaft in Deutschland. *Brem.* 1814. 8.

Berger (Christian August),
médecin allemand (14 août 1724 — 2 avril 1789).

(Christiani, Wilhelm Ernst). Einladung zu einer Gedächtnissrede auf C. A. Berger. *Kiel.* 1789. 4.

Berger (Johan Erik v.),
philosophe danois (1er sept. 1772 — 23 février 1833).

Ratjen (H...). J. E. v. Berger's Leben; mit Andeutungen und Erinnerungen zu J. E. v. Berger's Leben ; von J... R... *Alton.* 1835. 8.

Berger (Johann Heinrich v.),
jurisconsulte allemand (27 janvier 1657 — 25 nov. 1732).

Kraus (Johann Gottfried). Programma academicum ad funus J. H. de Berger. *Witteb.* 1733. Fol. (*D.*)

Berger (Johann Wilhelm). Panegyricus funebris in memoriam J. H. de Berger. *Witteb.* 1734. Fol. (*D.*)

Berger (Ludwig),
compositeur allemand (18 avril 1777 — 16 avril 1839).

Rellstab (Ludwig). L. Berger; ein Denkmal. *Berl.* 1846. 8. Port.

Berger (Ulrich),
citoyen suisse (9 oct. 1729 — ...).

Staehli (G... V...) Bild eines Alt-Schweizers oder U. Berger und sein letztes Vermächtniss an seine 89 Enkel. *Bern.* 1816. 8. Portrait en pied.

Bergerac (Savinien Cyrano de),
auteur français (vers 1620 — 1655).

Nodier (Charles). B. Desperriers et (S.) Cyrano de Bergerac. *Par.* 1841. 12.

Bergius (Bengt),
littérateur suédois (1723 — 20 oct. 1784).

Schoenberg (Anders). Åminnelse - Tal öfver Banco-Commissarien B. Bergius. *Stockh.* 1785. 8.

Bergius (Jonas Peder),
médecin suédois (6 juillet 1730 — 10 juillet 1790).

Swartz (Olof). Åminnelse-Tal öfver J. P. Bergius. *Stockh.* 1822. 8.

Bergman (Torbern Olof),
chimiste suédois (9 mars 1735 — 8 juillet 1784).

Aurivillius (Pehr Fabian). Åminnelse-Tal öfver Professoren T. O. Bergmann. *Upsal.* 1785. 8. Trad. en lat. s. c. t. Oratio parentalis in memoriam, etc. *Lips.* 1787. 4.

Hjelm (Peter Jacob). Åminnelse-Tal öfver T. O. Bergman. *Stockh.* 1786. 8. Trad en allem. *Greifsw.* 1790. 4.

Bergmann (Balthasar v.),
jurisconsulte livonien (13 juin 1736 — 17 février 1789).

Fischer (Johann Bernhard). Maurerische Personalien des weiland hochwürdigen Bruders B. v. Bergmann, vieljährigen Meisters vom Stuhl der Loge zum Schwerdt. *Riga.* 1789. 8.

Bergmann (Carl Friedrich Immanuel),
pédagogue allemand (... — avril 1835).

Zur Erinnerung an C. I. Bergmann, zweiten Collegen am Gymnasium zu Görlitz, etc. *Goerlitz.* 1835. 8.

Bergmann (Liborius v.),
théologien livonien (3 sept. 1754 — 14 juillet 1823).
(**Sonntag,** Carl Gottlob). L. v. Bergmann, weiland Ober-Pastor der Stadt Riga, etc. *Riga.* 1823. 4.

Bergmann (Michael Adam v.),
jurisconsulte allemand (15 août 1733 — 20 mai 1783).
Eckartshausen (Carl. v.). Rede zum Andenken M. A. v. Bergmann's, gewesenen Stadtoberrichters, etc. *Münch.* 1783. 4.

Bergmann (Wenceslaus),
théologien bohème (16 sept. 1615 — 9 sept. 1585).
Dressler (Ephraim). Leichenpredigt auf D. Bergmann, nebst dessen Lebenslauf. *Zittau.* 1686. 4. (*L.*)

Bergomannus (Thomas).
Crueger (Pancratius). Programma in funere T. Bergomanni, ludi moderatoris. *Frf.* 1598. 4.

Bering (Johannes),
théologien allemand († 3 juin 1825).
Wagner (Carl Franz Christian). Memoria J. Beringii. *Marb.* 1825. 4. (*L.*)

Beringer (Michael),
jurisconsulte allemand (20 sept. 1566 — 15 sept. 1625).
Schickard (Wilhelm). Vita M. Beringeri. *Tubing.* 1627. 4.

Berington ou **Berrington** (Joseph),
historien anglais (vers 1760 — vers 1827).
Plowden (Charles). Remarks on the writings of J. Berington, etc. *Lond.* 1792. 8.

Bériot (Charles Auguste de *),
violoniste belge (20 février 1802 — ...).
Fayolle (François Joseph Marie). Paganini et Bériot. *Par.* 1831. 8.
* C'est par erreur que plusieurs biographes le nomment Louis de B.

Berkeley (Alfred),
littérateur anglais.
Corry (John). Memoirs of A. Berkeley. *Lond.* 1802. 12.

Berkeley (George),
évêque de Cloyne (12 mars 1684 — 14 janvier 1754).
Memoirs of G. Berkeley, late bishop of Cloyne, in Ireland. *Lond.* 1776. 8. *Ibid.* 1784. 8.

Berkeley, voy. **Craven** (Elizabeth).

Berkhey (Johannes Le Francq van),
poète hollandais (23 janvier 1729 — 13 mars 1812).
Loosjes (Adrian). Geest der geschriften van J. Le Francq van Berkhey. *Amst.* 1813. 8.

Berkley (John),
négociateur anglais du xviie siècle.
Memoirs of sir J. Berkley, containing an account of his negociation for restoring king Charles I. *Lond.* 1699. 8. *Ibid.* 1702. 8.

Berlekom (Jan Jacob Berdenus van),
homme d'État hollandais.
Siflé (A... F...). J. J. Berdenus van Berlekom, in zyn denken en handelen geschetst als een voorbeeld voor ieder lid der Maatschappy tot nut vant Algemeen. *Middelb.* 1847. 8.

Berlendis (Angelo),
jésuite italien (22 déc. 1733 — 23 août 1793).
Carboni (Francesco). Oratio in funere A. Berlendis. *Cagliar.* 1794. 8. *Vicenz.* 1794. 8. (Avec une traduction italienne en regard.)

Berlepsch (Johann v.),
jurisconsulte (?) allemand.
Winckelmann (Johann). Oratio de vita et morte J. a Berlepsch. *Marb.* 1596. 4. *Ibid.* 1616. 4.

Berlich (Burchard),
jurisconsulte allemand (23 avril 1605 — 1er août 1670).
Bulœus (Christoph). Leich-Predigt auf B. Berlich, nebst dessen Curriculo vitæ. *Dresd.* 1670. 4. (*D.*)

Berlich (Friedrich),
jurisconsulte allemand.
(**Kromayer,** Hieronymus). Programma academicum in F. Berlichii funere. *Lips.* 1655. 4.

Berlich (Gottfried Erich),
jurisconsulte allemand.
Programma academicum ad funus G. E. Berlichii. *Lips.* 1659. 4. (*D.*)

Berlichingen (Goetz v.),
guerrier allemand († 23 juillet 1562).
Frank v. Steigerwald (Veronus). Lebensbeschreibung Herrn G. v. Berlichingen, eines zu Zeiten Maximiliani I und Caroli V kühnen und tapfern Reichs-Cavaliers, etc. *Nürnb.* 1731. 8.
(**Pistorius,** Friedrich Wilhelm v.). Lebensbeschreibung des Ritters G. v. Berlichingen, zubenannt mit der eisernen Hand. *Nürnb.* 1738. 8. *Ibid.* 1775. 8.
Hummel (Bernhard Friedrich). Briefe und Urkunden zur Lebensgeschichte des Ritters G. v. Berlichingen. (Publ. par C... F... HUMMEL.) *Fürth.* 1792. 8 *.
* Portant aussi ce titre : Beitraege zur Geschichte des schwaebischen Bundes und des Bauernkrieges.
Buesching (Johann Gustav Gottlieb) et Friedrich Heinrich v. d. HAGEN. Leben G. v. Berlichingen. *Berl.* 1810, 8. *Ibid.* 1812. 8. *Ibid.* 1814. 8.
Lebensgeschichte des Ritters G. v. Berlichingen mit der eisernen Hand. *Leipz.* 1810. 8.
Lang (Carl). Ritter G. v. Berlichingen mit der eisernen Hand. *Heilbronn.* 1825. 12. Orné de 16 gravures. *Ibid.* 1832. 12. Portrait et 29 autres gravures.
Gessert (M... A...). Ritterliche Thaten G. v. Berlichingen mit der eisernen Hand, etc. *Pforzheim.* 1843. 8.
Schoenhuth (Ottmar Friedrich Heinrich). Ritter G. v. Berlichingen mit der eisernen Hand, etc. *Reutling.* 1844. 12.
Zoepfl (Heinrich). Die Hauptmannschaft des G. v. Berlichingen im grossen Bauernkriege vom Jahre 1525; nach bisher ungedruckten Prozessacten. *Heidelberg.* 1850. 4.

———

Mechel (Christian v.). Die eiserne Hand des tapfern deutschen Ritters G. v. Berlichingen, wie selbe noch jetzt bei seiner Familie in Franken aufbewahrt wird, nebst Erklärung ihres Mechanismus und einer kurzen Lebensbeschreibung dieses Ritters. *Berl.* 1815. Fol. *Ibid.* 1822. Fol.
Hallberg-Broich (N... N... v.). Stammbuch der eisernen Hand des G. v. Berlichingen. *Münch.* 1828. 12.

Berlinghieri (Daniello),
savant italien.
Ranieri de Rocchi (Alberto). Cenni biografici sul commendatore D. Berlinghieri. *Firenz.* 1858. 8.

Berlioz (Hector),
compositeur français (11 déc. 1803 — ...).
Griepenkerl (Wolfgang Robert). Ritter Berlioz in Braunschweig; zur Characteristik dieses Tondichters. *Braunschw.* 1845. 8.

Bernadotte (Jean Baptiste Jules),
voy. **Charles XIV Jean.**

Bernard (Saint),
fondateur de l'ordre de Citeaux (1091 — 20 août 1153).
Flameng (Willem). Vie de Mgr. S. Bernard, premier abbé de Clairvaux. *Troyes*, s. d. 4. *Par.* s. d. (vers 1520). 4. Trad. en portug. s. c. t. Milagros de S. Bernardo, etc., par Gonzalo da SILVA. *Lisb.* 1544. Fol.
Vita et miracula S. Bernardi æneis formis expressa. *Rom.* 1587. Fol.
Alvares (Juan). Vida y milagros de S. Bernardo. *Saragoça.* 1595. 4.
Chicheré (N... N...). Vie de S. Bernard. *Par.* 1601. 12.
Perales (Cristoval Gonzales de). Vida y milagros de S. Bernardo. *Valladol.* 1601. 4. Trad. en lat. *Vallisolet.* 1601. 4.
Malabayla (San Giovanni Battista del). Vita del S. Bernardo. *Napol.* 1634. 4. (*D.*)
Asti (Filippo di San Giovanni Battista d'). Vita del divoto e mellifluo dottore Bernardo, abate di Chiaravalle. *Napol.* 1637. 4.
(**Lemaistre,** Antoine). Vie de S. Bernard, premier abbé de Clairvaux, en VI livres. *Par.* 1647. 4. (*Bes.*)
Lamy (N... N...). Vie de S. Bernard, en VI livres. *Par.* 1648. 4. *Ibid.* 1649. 8. *Ibid.* 1656. 8. *Ibid.* 1663. 8. *Ibid.* 1674. 8.
Grossus (Gaufridus). Beati Bernardi, fundatoris et primi abbatis SS. Trinitatis de Tironio, ordinis S. Benedicti vita, publ. par Jean Baptiste SOUCHET. *Par.* 1649. 4.

Bertolotti (Luca). Nardus Gallica, elogium in laudem D. Bernardi, Clarævallis abbatis. *Rom.* 1630. 4.

—— D. Bernardus, abbas Clarævallis, Alcides mysticus, etc. *Rom.* 1652. 4.

(Hacqueville, Nicolas). Sommaire de la vie de S. Bernard, patron du duché de Bourgogne. *Dijon.* 1653. 8.

Minardo (Giovanni Francesco). L'innocentia triomphante nella vita di S. Bernardo. *Bologn.* 1654. 4.

Raynaud (Théophile). Trias fortium : David-Robertus de Arbrisselo, S. Bernardus Clarævallensis, Cæsar de Bus. *Lugd.* 1657. 4.

Chifflet (Pierre François). S. Bernardi genus illustre. *Divion.* 1660. 4.

Bertolotti (Luca). S. Bernardi gesta illustriora, elegiaco relata stilo. *Rom.* 1682. 8.

Almonazid (José). Vida de S. Bernardo. *Madr.* 1682. Fol.

Arnoldus Bonævallensis. Vita S. Bernardi, publ. par Jean MABILLON. *Par.* 1690. Fol.

Guilielmus a Sancto Theodorico. Vita Divi Bernardi. *Par.* 1690. Fol.

Hegner (Heinrich). Wahrhafte Abbildung oder kurze Lebensbeschreibung des Herrn Bernardi, ersten Abbts zu Claravall. *Wetting.* 1702. 12. (*D.*)

Bourgoing de Villefore (François Joseph). Vie de S. Bernard, premier abbé de Clairvaux. *Par.* 1704. 4. Portrait. (*Bes.*)

Colberg (Christian). Dissertatio de Bernardo ab Alexandro III, papa, in numerum Sanctorum relato. *Regiom.* 1725. 4. (*D.*)

Textor (Johann). Auf alle Tag des Jahrs eingerichtetes Leben des heiligen Bernhardi. *Bamb.* 1736. 8.

Petrini (Giovanni Antonio). Storia cronologica di S. Bernardo, abate di Chiaravalle, dottore mellifluo e padre della chiesa. *Torin.* 1737. 2 vol. 4.

Magalotti (Lorenzo). Vita di S. Bernardo, primo abate di Chiaravalle. *Padov.* 1744. 4.

Franz (Ignaz). Der starke und süsse Löwe in der Einöde zu Claravall oder der durch den Samson'schen Löwen vorgebildete heilige Bernardus, Abt zu Claravall. *Breslau.* 1770. 4.

Stein (Michael). Lobrede auf den heiligen Bernhard. *Dilling.* 1772. 4.

(Clémencet, Charles). Histoire littéraire de S. Bernard (et de Pierre le Vénérable). *Par.* 1773. 4 *. (*Bes.*)

* Ouvrage que l'on regarde comme le 13e volume de l'*Histoire littéraire de la France.*

Bibra (Philipp Anton Sigmund v.). Lobrede auf den heiligen Bernhard, ersten Abt zu Clairvaux. *Steyer.* 1775. 8.

Weissenbach (Joseph Anton). Lobrede auf den heiligen Abt Bernardus. *Basel.* 1782. 4.

Corral (Eugenio de). Vida de S. Bernardo, abad de Claraval. *Madr.* 1782. 4.

Breitenbach (Caspar Wolfgang). Lobrede auf den grossen heiligen Erzvater und Claravallischen Abt Bernhard. *Augsb.* 1794. 8.

Olbers (Levin). Vita Bernardi Clarævallensis. *Upsal.* 1810. 8.

Neander (August). Der heilige Bernhard und sein Zeitalter. *Berl.* 1813. 8.
    Trad. en angl. par Matilda WRENCH. *Lond.* 1843. 8.
    Trad. en franç. par Théodore VIAL. *Par.* 1842. 8.
    Trad. en holland. par VERBEEK. *Rotterd.* 1851. 2 v. 8.

Hoffmann (Carl). S. Bernardi vita. *Marb.* 1819. 4.

Montalembert (Charles de). Histoire de S. Bernard. *Par.* .
    Trad. en allem. par Friedrich HURTER. …
    Trad. en ital. (par Cesare ROVIDA). *Milan.* 1843. 2 vol. 8.

Ellendorf (Johann Otto). Der heilige Bernhard von Clairvaux und die Hierarchie seiner Zeit. *Essen.* 1837. 8.

Ratisbonne (Jean Louis Théodore). Histoire de S. Bernard. *Par.* 1841-43. 2 vol. 12. Portrait.
    Trad. en allem. :
        Par L. A. TREBISCH. *Innsbr.* 1854. 2 vol. 8. Port.
        Par Carl REICHINA. *Tübing.* 1843-44. 2 vol. 8.
        Par Michael SINTZEL. *Regensb.* 1843-44. 2 vol. 8. Portrait.

Desjardins (Abel). Études sur S. Bernard, etc. *Dijon.* 1849. 8.

Demagnin (Eugène). Histoire de la discussion d'Abailard et de S. Bernard. *Strasb.* 1840. 4.

Adamus de S. Victore. Epitaphium S. Bernardi, publ. par Jean MABILLON. *Par.* 1690. Fol.

Bernard de Menthon (Saint),
fondateur des hospices de S. Bernard (.. juin 923 — 28 mai 1008 *).

Viot (Roland). Miroir de toute sainteté en la vie de S. Bernard de Menthon, fondateur des monastères et hôpitaux de Mont-Joux et de Colonne-Joux, situés ès-Alpes Pennines et Grajes, dites de lui grand et petit Saint-Bernard. *Lyon.* 1627. 12. (*Bes.*)
    Trad. en ital. *Milan.* 1663. 8.
    Trad. en lat. par Adam SCHIRMBECK. *Monach.* 1652. 12.

* Ou selon d'autres le 18 mai 1008.

Bernard (François). Le héros des Alpes ou la vie du grand S. Bernard de Menthon, etc. *Aost.* 1685. 12. (*Bes.*) Réimprimé par le comte de MENTHON. *Bourg.* 1820. 18. (*Bes.*)

Kurtzer Auszug der Lebensbeschreibung des grossen heiligen Bernardi von Menthon, regulierten Chorherrns des H. Augustini, Erz-Diacons und Stiftern des Spitals auf dem Berg Jovis im Walliser Land, anjetzo der H. S. Bernhards-Berg genannt, etc. *Constanz.* 1753. 12. *Eichstädt.* 1734. 12. *Würzb.* 1734. 12. *Bamberg.* 1734. 12. *Freysing.* 1735. 12. *Regensb.* 1735. 12. *Salzb.* 1735. 12. *Sitten.* 1736. 12. *Chur.* 1736. 12. *Brixen.* 1736. 12. *Trient.* 1736. 12. *Augsb.* 1737. 12. *Basel.* 1737. 12. *Strasb.* 1737. 12. *Worms.* 1737. 12. *Maynz.* 1738. 12. *Trier.* 1738. 12. *Coblenz.* 1738. 12. *Luzern.* 1739. 12. *Eichstädt.* 1740. 12. *Salzb.* 1741. 12. *Luzern.* 1742. 12.

Legrand (Jean Claude). Vie de S. Bernard de Menthon, chanoine régulier, archidiacre de l'église cathédrale d'Aoste, vicaire général, apôtre des Alpes et fondateur des hôpitaux de Mont et de Colonne-Joux. *Fribourg en Suisse.* 1745. 12.

Fichet (Alexandre). Vie de S. Bernard de Menthon. *Lyon,* s. d. 12.

Vita di S. Bernardo di Manton, canonico regolare di S. Agostino, arcidiacono d' Agosta, fondatore dei due monasteri sull' Alpi, detti il grande e piccolo Bernardo. *Bologn.* 1677. 12.

Leben des heiligen Bernhard von Menthon. *Augsb.* 1835. 8.

Bernard, duc de Saxe-Weimar,
l'un des héros de la guerre de trente ans (6 août 1604 — 8 juillet 1639).

Christ- und fürstlicher Lebenslauf Herzog Bernhards zu Sachsen, wie solcher auf gnädigen fürstlichen Befehl, bei denen im Fürstenthum Weimar, Gotha und Eisenach angeordneten Leich-Sermonen von den Kanzeln abzulesen, s. l. et s. d. (*Gotha.* 1639). 4.

Ruecker (Daniel). Trauer-Predigt über den tödtlichen Fall Herzog Bernhardi. *Colmar.* 1639. 4.

Gloner (Samuel). Lessus in obitum Bernardi, ducis Saxoniæ Vinariensis. *Argent.*, s. d. (1639). 4. Trad. en allem. *Weimar.* 1640. 4.

Friesen (Heinrich v.). Panegyricus principi Bernhardo, duci Saxoniæ Vinariensi scriptus. *Frf.* 1654. 4.

Freinsheim (Johann). Teutscher Tugend-Spiegel oder Gesang von Stamm und Thaten des alten und neuen teutschen Herkules an dem durchlauchtigsten Fürsten und Herrn Bernhard, Herzogs zu Sachsen-Weimar. *Strasb.* 1654. Fol.

Lungwitz (Matthias). Helden-Thaten Herzog Bernhards zu Sachsen-Weimar. *Leipz.* 1643. 4.

Grenailles (François de). Mausolée françois, dressé à la mémoire du grand-duc Bernard de Saxe-Weimar. *Par.* 1643. 4.

Engelsuess (Georg). Weimarischer Feldzug Herzog Bernhards, oder Herzog Bernhards zu Sachsen Zug in Franken nach der Lützener Schlacht bis zu dero Absterben, etc. *Frf.* 1648. 4.

Linck (Johann Christian): Dissertatio de Bernhardo Magno. *Jenæ.* 1672. 4.

Cyprian (Ernst Salomon). Adversaria historica, quibus Bernhardi M. ducis Saxoniæ Vinariensis vita et Germanici Suecorum belli funestissima periodus illustratur. *Gothæ.* 1729. Fol.

History of the two illustrious brothers princes of Saxony, Ernestus the Pius, first duke of Saxe-Gotha, and Bernard, great-duke of Saxe-Weimar. *Lond.* 1740. Fol.

Hellfeld (Johann August Christian v.). Geschichte Bernhards des Grossen, Herzogs zu Sachsen-Weimar. *Leipz*. 1797. 8.

Schlenkert (Friedrich Christian). Bernhard, Herzog zu Sachsen-Weimar. *Leipz*. 1803. 8.

Roese (Bernhard). Herzog Bernhard der Grosse von Sachsen-Weimar , biographisch dargestellt. *Weim*. 1828-29. 2 vol. 8. Portrait.

True relation of the bloody battell tought foure dayes and foure nights together between duke Bernard van Wimeren and John de Weerdt with the duke of Savelli. *Lond*. 1638. 4.

Sturm (Joachim). Dank-Predigt für unterschiedene Victorien, die Gott Herzog Bernharden anno 1638 verliehen. *Erfurt*. 1659. 4.

Bernard (Claude),
prêtre français (26 déc. 1588 — 23 mars 1641).

Testament du R. P. C. Bernard, et les pensées dévotes sur sa vie, sa vocation et sa mort. *Par*. 1641. 8.

Récit des choses arrivées à la mort du R. P. C. Bernard. *Par*. 1641. 8.

Crochard (Claude). Harangue funèbre du R. P. C. Bernard. *Par*. 1641. 8. *Ibid*. 1643. 8.

Camus (Jean Pierre). Eloge de C. Bernard. *Par*. 1641. 8.

Gerson (François). Vie du R. P. C. Bernard. *Par*. 1641. 8.

Puget de la Serre (Jean). Vie de C. Bernard. *Par*. 1642. 8.

Legauffre (Thomas). Vie de C. Bernard, dit le pauvre prêtre. *Par*. 1642. 8. *Ibid*. 1680. 8.

Giry (François de). Vie de C. Bernard. *Par*. 1683. 8.

Lempereur (Jacques). Vie du V. P. Bernard, natif de Bourgogne, prêtre du diocèse de Paris. *Par*. 1708. 12. Le père des malheureux, ou la vie de C. Bernard, dit le pauvre prêtre. *Lille*. 1846. 18.

Bernard (Edward),
astronome anglais (1638 — 22 janvier 1697).

Smith (Thomas). Vita E. Bernardi, astronomiæ professoris Oxoniensis, etc. *Lond*. 1704. 8. (*P*.)

Bernard (Pierre ?),
prêtre français.

Valant (Joseph Honoré). Oraison funèbre de P. Bernard , ministre du culte catholique, etc., s. l. et s. d. (*Par*. 1793). 8.

Bernard (Prudence),
somnambule française du xixe siècle.

Lassaigne (Auguste). Mémoires d'un magnétiseur, contenant la biographie de la somnambule P. Bernard , précédés d'une introduction sur la magie magnétique par Henri DELAAGE. *Par*. 1851. 8.

Bernard (Simon),
général français (29 avril 1779 — 5 nov. 1839).

Roux de la Rochelle (N... N...). Notice sur le général Bernard. *Par*. 1840. 8. (*Bes*.)

Bernard (Thomas),
philanthrope anglais (27 avril 1750 — 1er juillet 1818).

Baker (James). Life of T. Bernard, baronet. *Lond*. 1819. 8. (Omis par Lowndes.)

Bernardi (John),
militaire anglais.

Life of major J. Bernardi. *Lond*. 1829. 8. Portrait.

Bernardino da Ucria (N... N...),
botaniste italien.

D'Angelo (Giovanni). Notizie sulla vita e l' opere del P. Bernardino da Ucria, custode e dimostratore dell' orto botanico di Palermo. *Palerm*., s. d. 8.

Bernard (Jean Pierre Auguste de),
homme d'État français (23 février 1769 — 2 janvier 1840).

Jonquières (Raoul de). Notice nécrologique sur M. J. P. A. de Bernardy, ancien membre de la chambre des députés, etc. *Par*. 1846. 8.

Bernauer (Agnès),
maîtresse d'Albert, duc de Bavière (noyée le 12 oct. 1435).

Lipowsky (Felix Joseph). A. Bernauerin, historisch geschildert. *Münch*. 1800. 8. 2 portraits.

Geschichte der A. Bernauerin, welche am 12. Oct. 1435 auf der Brücke in Straubingen in die Donau gestürzt ward. *Münch*., s. d. 8.

Bernbeck (Michael),
théologien (?) allemand.

Dietz (Georg Wilhelm). Memoria M. Bernbeckii. *Rotenb. ad Tubar*. 1741. 4.

Bernd (Adam),
. théologien allemand (31 mars 1676 — 5 nov. 1735).

A. Bernd's eigene Lebensbeschreibung. *Leipz*. 1738. 8. (*D. et L*.)

Bernegger (Matthias),
historien allemand (8 février 1582 — 3 février 1640).

Boecler (Johann Heinrich). Oratio funebris in obitum M. Berneggeri. *Argent*. 1640. 4. (*D*.)

Berner (Friedrich Wilhelm),
musicien allemand (16 mars 1780 — 9 mai 1827).

F. W. Berner, Ober-Organist zu Breslau, nach seinem Leben und Wirken in der Musik dargestellt, etc. *Bresl*. 1829. 8.

Berner (Gottlieb Ephraim),
médecin allemand du xve siècle.

Withof (Johann Hildebrand). Oratio funebris in obitum G. E. Berneri, med. doct. et prof. *Vesaliæ*. 1742. 4.

Berner (Johann Benjamin),
théologien allemand (9 sept. 1727 — 12 mai 1772).

Reitz (Wilhelm Gottlieb). Ehrengedächtniss des Superintendenten J. B. Berner. *Greiz*. 1775. 8.

Bernet (Joseph),
cardinal-archevêque d'Aix (4 sept. 1770 — 5 juillet 1846).

Delarfeul (François). Biographie du cardinal Bernet, archevêque d'Aix. *Riom*. 1851. 8.

Bernetti (Tommaso),
cardinal italien (29 déc. 1779 — 21 mars 1852).

Brevi memorie del cardinal T. Bernetti. *Pesaro*. 1852. 8.

Bernhard (Martin),
jurisconsulte allemand.

Baudis (Andreas). Seele und Seele ; Leich-Predigt auf M. Bernhard. *Zittau*. 1700. Fol. (*D*.)

Bernhard (Pater),
capucin allemand.

Oertel (Eucharius Ferdinand Christian). Pater Bernhard , ein Kapuziner, als weltberühmter Eiswasser-Doctor neu dargestellt. *Leipz*. 1834. 8.

Bernhardi (Ambrosius Bethmann),
libraire allemand.

Frisch (Samuel Gottlob). Leben, Character und Schriften des Buchhändlers A. B. Bernhardi. *Freiberg*. 1801. 4.

Bernhardi v. Feldkirchen (Bartholomaeus),
théologien allemand (24 août 1487 — 21 juillet 1551).

Feustking (Johann Heinrich). Disputatio historico-theologica de primo sacerdote marito Lutherano, B. Bernardi. *Witteb*. 1703. 4. (*D*.)

—— Leben des ersten verehlichten Predigers B. Bernhardi von Feldkirchen. *Wittenb*. 1703. 4. * (*D*.)

   * C'est à peu près la traduction de la dissertation précédente. On y trouve le portrait de Bernhardi.

Kapp (Johann Georg). B. Bernhardi Feldkirchius, præpositus Hennebergensium pastorum evangelico-lutheranorum, qui tempore reformationis matrimonium inierunt, neutiquam , ut vulgo creditur, primus. *Curiæ*. 1792. 4.

Bernhold (Johann Balthasar),
théologien allemand (3 mai 1687 — 20 février 1769).

Will (Georg Andreas). Denkmal J. B. Bernhold's, eines 50 jährigen Jubelpriesters, in einer Trauerrede errichtet. *Altorf*. 1769. Fol. et 4. (*L*.)

Bernhold (Philipp Albert).

Obrecht (Ulrich). Programma ad funus P. A. Bernholdi. *Argent*. 1677. 4.

Bernini (Giovanni Lorenzo),
architecte italien du premier ordre (7 déc. 1598 — 28 nov. 1680).

Préface pour servir à l'histoire de la vie et des ouvrages du cavalier Bernin (suivi de son éloge), s. l. et s. d. 4. (*Lv*.)

Baldinucci (Filippo). Vita del cavaliere G. L. Bernini, scultore, architetto e pittore. *Firenz*. 1682. 4. Portrait. (*P*. et *Bes*.)

Bernini (Domenico). Vita del cavaliere G. L. Bernini suo padre. *Rom*. 1713. 4. Portrait.

Silorata (Pietro Bernabò). Biografia del cavaliere G. L. Bernini. *Rom*. 1858. 8.

Mazio (N... N...). Memorie inedite della vita di G. L. Bernini. *Rom.* s. d. 8.

Bernini (Giuseppe de'),
littérateur italien († 26 février 1839).

A... (B... G...). Necrologia del nobil conte cavaliere G. de Bernini. *Veron.* 1859. 4.

Bernini (Giuseppe Maria de'),
capucin italien († 1753).
Memorie istoriche della vita, viaggi e missioni al Tibet del P. G. M. de' Bernini. *Veron.* 1767. 8.

Bernis (François Joachim de),
cardinal français (22 mai 1715 — 1er nov. 1794).

Feletz (Charles Marie Dorimont de). Éloge du cardinal de Bernis. *Par.* 1859. 4. (Extrait du *Recueil* de l'Académie française, tiré à part à très-peu d'exemplaires.)

Bernoulli (Daniel),
naturaliste suisse (9 février 1700 — 17 mars 1782).
Bernoulli (Daniel). Vita D. Bernoullii. *Basil.* 1785. 4.

Bernoulli (Jacob),
mathématicien suisse (25 déc. 1654 — 16 août 1705).
Battier (Jean Jacques). Vita J. Bernoullii. *Basil.* 1705. 4. (D.)

Bernoulli (Johann),
philosophe suisse (27 juillet 1667 — 1er janvier 1748).
Alembert (Jean Lerond d'). Mémoire sur la vie et les ouvrages de M. Bernoulli. *Par.* 1748. 12.

Bernstein (Johann Gottlieb),
médecin allemand (1747 — 12 mars 1835).
Bernstein (Johann Theodor Christian). Bruchstücke aus dem Leben J. G. Bernstein's, Doctors der Arzeneiwissenschaft und Professors an der Universität zu Berlin. *Frf.* 1856. 8. Portrait.

Bernstorff (Andreas Peter, Graf v.),
ministre danois, neveu du suivant (28 août 1735 — 21 janvier 1797).
Abildgaard (Peder Christian). Mindetale over Grev A. P. Bernstorff. *Kjoebenh.* 1797. 8.
Hoegh (Hans Joergen Christian). Grev A. P. Bernstorffs Jordefaerd erindret i Gjentofte Kirke. *Kjoebenh.* 1797. 8.
(Schuetz, Friedrich Wilhelm v.). Lebensgeschichte des Staatsministers A. P. v. Bernstorff. *Alton.* 1798. 8.
Nyerup (Rasmus). Bernstorffs Eftermaele, eller Samling af Amindelsesskrifter over ham. *Kjoebenh.* 1799-1800. 2 vol. 8.
Eggers (Christian Ulrich Detlev v.). Denkwürdigkeiten aus dem Leben des Staatsministers (A. P.) Grafen v. Bernstorff. *Kopenh.* 1800. 8.
Nyerup (Rasmus). A. P. Bernstorffs Levnetsbeskrivelse. *Kjoebenh.* 1812. 8. Trad. en allem. par Christian Friedrich SANDER. *Kopenh.* 1812. 8.
Feilitzen (O... Th... Fab... v.). Några drag ur A. P. Bernstorffs lif såsom statsman. *Upsal.* 1845. 8.

Bernstorff (Johann Hartwig Ernst, Graf v.),
ministre d'État en Danemark (13 mai 1712 — 19 février 1772).
Huebner (Martin). Soergetale over Grev (J. H. E.) Bernstorff. *Kjoebenh.* 1772. 8. Trad. en allem. par Johann Heinrich SCHLEGEL. *Kopenh.* 1772. 8.
(Ahlemann, Georg Ludwig). Über das Leben den Character des Grafen J. H. E. v. Bernstorff. *Hamb.* 1777. 8.
(Sturz, Helfrecht Peter). Erinnerungen aus dem Leben des Grafen J. H. E. Bernstorff. *Lipz.* 1777. 8.
Denkmal dem Grafen J. H. E. v. Bernstorff errichtet. *Kopenh.* 1784. 8.
Navarro (Giuseppe). Vie du comte J. H. E. Bernstorff. *Napl.* 1822. 8. (Échappé aux recherches de Quérard.)

Beroaldo (Filippo),
philologue italien (7 déc. 1453 — 17 juillet 1505).
Pini (Giovanni). Vita P. Beroaldi senioris. *Bonon.* 1505. 4. (D.)

Beronius (Magnus Olavi),
archevêque d'Upsala (18 oct. 1692 — 18 mai 1775).
Hesselgren (Erik). Memoria M. (O.) Beronii funebri sermone celebrata. *Upsal.* 1776. 8.
Rosén (Gabriel). Likpredikan öfver Ärkebiskopen M. O. Beronius, med Personalier. *Upsal.* 1778. Fol.

Berri (Charles Ferdinand de **Bourbon**, duc de),
second fils du comte d'Artois, depuis Charles X (24 janvier 1778 — assassiné le 13 février 1820).
Boullet (N... N...). Notice historique des événements

qui se sont passés dans l'administration de l'Opéra la nuit du 13 février 1820. *Par.* 1820. 12 *.
    * Cette notice, devenue fort rare (on dit que l'édition fut détruite), est très-recherchée.

Hapdé (Jean Baptiste Augustin). Relation historique, heure par heure, des événements funèbres de la nuit du 13 février 1820, d'après des témoins oculaires. *Par.* 1820. 8. *Par.* 1825. 8. (6e édition.)

Magalon du Gard (Jean Denis). Les derniers moments de S. A. R. Mgr. le duc de Berri. *Par.* 1820. 8.

Boulogne (Étienne Antoine). Oraison funèbre du duc de Berri. *Par.* 1820. 8.

Feutrier (François Jean Hyacinthe). Oraison funèbre de S. A. R. Mgr. le duc de Berri. *Par.* 1820. 8. (Lv.)

Chopin (N... N...). Éloge funèbre de S. A. R. Mgr. le duc de Berri. *Par.* 1820. 8.

Claussel de Coussergues (N... N...). Éloge funèbre de S. A. R. Mgr. le duc de Berri. *Par.* 1820. 8.

Chazet (René Alissan de). Éloge historique de S. A. R. Mgr. C. F. d'Artois, duc de Berri. *Par.* 1820. 8. Portrait. (Bes.)

Delbare (François Théodore). Vie de S. A. R. Mgr. le duc de Berri. *Par.* 1820. 8.

Pitou (Louis Ange). Trône du martyr du 13 février 1820, etc. *Par.* 1820. 8.
—— De l'assassin, son caractère, ses habitudes, le lieu qu'il avait choisi pour poignarder sa victime, avec la description de l'enceinte. *Par.* 1820. 8.
—— Véritable dernier coucher de Mgr. le duc de Berri le 13 février 1820; suivi d'événements importants, authentiques et inédits, communiqués par l'un des médecins appelés à donner leurs soins à S. A. R., etc. *Par.* 1820. 8.

Malbec (Pierre). Encore un martyr, ou notice pour servir à l'histoire de la vie de S. A. R. le duc de Berri. *Montpell.* 1820. 8.

Gilibert de Merlhiac (Martin Guillaume). Éloge historique du duc de Berri. *Limog.* 1820. 8.

Pagezy de Bourdeliac (N... N...). Éloge de S. A. R. le duc de Berri. *Montpell.* 1820. 8.

Sartory (Madame de). Mémoires historiques sur S. A. R. Mgr. le duc de Berri. *Par.* 1820. 8.
La France justifiée de complicité dans l'assassinat du duc de Berri. *Par.* 1820. 8.

Salvaigne de Lacipière (A... A...). Quel est l'assassin du duc de Berri? *Par.* 1820. 8.

Delandine de Saint-Esprit (Jérôme). Vie de S. A. R. Mgr. le duc de Berri. *Par.* 1820. 8.

Chateaubriand (François Auguste de). Mémoires, lettres et pièces authentiques touchant la vie et la mort de S. A. R. Mgr. C. F. d'Artois, duc de Berri. *Par.* 1820. 8.
    Trad. en allem. par A... RAESS et N... WEIS. *Mainz.* 1820. 8.
    Trad. en ital., s. l. (*Firenz.*) 1820. 8.

Berri (Marie Caroline Ferdinande Louise, duchesse de),
épouse du précédent (5 nov. 1798 — ...).

Audin (J... M... V...). Notice historique sur la princesse M. C., duchesse de Berri. *Par.* 1816. 18.

Saint-Hilaire (Émile Marco de). Vie anecdotique de S. A. R. madame la duchesse de Berri, etc. *Par.* 1826. 18.

Magnant (L... G...) *. Madame la duchesse de Berri. *Par.* 1832. 8. Portrait.
    * Le vrai nom de l'auteur est Alexandre de QUERELLES.

Muret (Théodore). Madame en Vendée. *Par.* 1832. 8.

(Guibourg, M...). Relation fidèle et détaillée de l'arrestation de la duchesse de Berri. *Par.* 1832. 8. (Bes.)

(Gervaisais, Nicolas Louis Marie Magon de la). De la captivité de madame la duchesse de Berri. *Par.* 1833. 8 *.
    * Recueil de neuf opuscules qui avaient paru successivement à cette époque. Chaque pièce a sa pagination.

(Masson, Michel). Quatre époques de la vie de madame la duchesse de Berri, suivies des protestations et adresses de toutes les villes de France, en faveur de S. A. R. *Par.* 1833. 8 *.
    * Réunion de tous les articles, publiés dans les journaux légitimistes, pendant la captivité de la duchesse de Berri.

(Broujon, Mademoiselle). Réflexions sur un article du *Moniteur* du 26 février (1833), relatif à madame la duchesse de Berri, s. l. et s. d. (*Par.* 1833.) 8.

S(ainte) J(ames) (E(mmanuel). Sur le *Moniteur* du 26 février 1833. *Par.*, s. d. (1833.) 8.

Denkwürdigkeiten der Hauptmomente der Herzogin von Berri, seit ihrer Vermählung bis nach ihrer Verhaftung zu Nantes, etc. *Ilmenau.* 1833. 8 *. Trad. en holland. *Zalt-Bommel.* 1834. 8. Portrait.

    * Cet ouvrage, orné du portrait de la duchesse, est extrait de l'écrit de L. G. Magnant (voir page 142.)

Nettement (Alfred). Mémoires de madame la duchesse de Berri. *Par.* 1836. 3 vol. 8.

    Trad. en allem. par F... v. R... *Stuttg.* 1837. 3 vol. 8.

    Trad. en espagn. par Isidro Eleuterio de Alcala. *Madr.* 1844. 2 vol. 8.

Sarrut (Germain) et B... Saint-Edme. Biographie de M. C. F. L. de Bourbon, duchesse de Berri. *Par.* 1841. 4.

    Berriat Saint-Prix (Jacques),
      jurisconsulte français (22 sept. 1769 — 4 oct. 1845).

Taillandier (Alphonse Honoré). Notice sur la vie et les travaux de M. J. Berriat Saint-Prix, etc. *Par.* 1846. 8. (*Lv.*)

(**Duchesne**, N... N...). Notice sur la vie et les ouvrages de M. J. Berriat Saint-Prix, professeur de procédure civile et de législation criminelle à l'école de droit de Paris, etc. *Grenoble.* 1847. 8.

    Berringer (Gottfried),
      théologien (?) allemand.

Schmidt (Bernhard). Leichen-Predigt auf G. Berringer. *Dresd.* 1677. Fol. (*D.*)

    Bertele (Georg August),
      médecin allemand (27 août 1767 — 19 juillet 1818).

Walther (Philipp Franz v.). Rede zum Andenken an Dr. G. A. Bertele. *Landsh.* 1818. 8.

    Berryer (Pierre Antoine),
      jurisconsulte français, fils du suivant (4 janvier 1790 — ...).

Cormenin (Louis Marie de la Haye). Biographie parlementaire de M. Berryer, etc. *Dieppe.* 1837. 8.

Biographie de M. Berryer. *Par.* 1839. 8.

    Berryer (Pierre Nicolas),
      jurisconsulte français (17 mars 1757 — 25 juin 1841).

Souvenirs de M. Berryer, doyen des avocats de Paris, de 1774 à 1838. *Par.* 1838. 2 vol. 8.

    Bersmann (Gregor),
      poëte allemand (11 mars 1536 — 8 oct. 1611).

Schubert (Wilhelm). De G. Bersmanno, philologo et poeta, professore Lipsiensi, olim celeberrimo illustris gymnasii Servestani rectore primo, dissertatio historico-litteraria. *Servest.* 1833. 8.

    Berta (György),
      savant hongrois.

Fejér (György). Memoria G. Berta. *Jaurin.* 1820. 8.

    Bertelli (Agostino),
      peintre italien.

Maggi (Aimo). Memorie sulla vita di A. Bertelli, paësista Bresciano. *Bresc.* 1794. 8. (Ouvrage posthume.)

    Bertero (Carlo Giuseppe),
      littérateur piémontais (1789 — 1831.)

Colla (Luigi). Elogio storico dell' accademico dottore C. G. Bertero. *Torin.* 1838. 4. (*L.*)

    Bertet (Laurent Dominique) ,
      prêtre français.

Abrégé de la vie de L. D. Bertet, fondateur de la congrégation des prêtres missionnaires de Notre-Dame de Sainte-Garde. *Avign.* 1758. 12. (*Bes.*)

    Berthe (Sainte) ,
      fondatrice du couvent de Val d'Avenay.

Majoret (Laurent). Vie de S. Berthe. *Toul.* 1650. 8. *Reims.* 1700. 12. (Comp. Saint-Gombert.)

Berthier, prince de Neufchatel et Wagram (Álexandre),
      général français (20 nov. 1753 — se donnant la mort le 1er juin 1815).

A. Berthier, général de brigade, à l'opinion publique. *Par.*, an II (1795). 12.

A. Berthier, général de brigade, au comité de salut public. *Par.*, an II (1795). 4 *.

Mémoires d'A. Berthier, prince de Neufchâtel et de Wagram. *Par.* 1826. 8.

    * Deux pièces de justification écrites par Alex. Berthier.

    Berthier (Guillaume François),
      jésuite français (7 avril 1704 — 15 déc. 1782).

Montjoie (Christophe Félix Louis Ventre de Latouloubre,

plus connu sous le nom de Galart de). Éloge historique du P. .G. F. Berthier, garde de la bibliothèque du roi, adjoint à l'éducation de LL. MM. Louis XVI et Louis XVIII. *Par.* 1817. 8. (*Lv.*)

    Berthod (Anselme *),
      bénédictin français (21 février 1733 — 19 mars 1788).

Grappin (Pierre Philippe). Éloge de A. Berthod. *Besanç.*, s. d. 8. (*Bes.*)

    * La biographie universelle de Michaud le nomme inexactement Claude.

    Berthold le Sage,
      comte de Henneberg.

Moller (Wilhelm). Oratio de vita et rebus gestis Bertholdi Sapientis. *Smalkald.* 1584. 4.

    Berthollet (Claude Louis , comte),
      chimiste français (9 nov. 1748 — 6 déc. 1822).

Jomard (Edme François). Notice sur la vie et les ouvrages de Berthollet. *Par.* 1825. Fol. (Tiré à 25 exemplaires.)

Julia de Fontenelle (Jean Simon Étienne). Notice historique sur M. le comte Berthollet. *Par.* 1826. 8.

Notice biographique sur le comte Berthollet. *Annecy.* 1840. 8.

Kiréevsky (N... N...). Histoire des législateurs chimistes : Lavoisier — Berthollet — Humphry Davy. *Frf.* 1845. 8.

    Berti (Bartolommeo),
      jurisconsulte italien (25 oct. 1768 — 27 sept. 1843).

Cenni biografici di D. B. Berti, presidente dell' J. R. tribunale provinciale, ecc. *Pavia.* 1844. 8.

    Berti (Mauro),
      peintre italien.

Muzzi (Salvatore). Notizia sulla vita e sulle opere di M. Berti, professore di prospettiva, etc. *Bologn.* 1844. 8.

    Bertier, de Sauvigny (Louis Bénigne François de),
      intendant de Paris (24 mars 1737 — massacré le 22 juillet 1789).

Notice biographique sur M. de Bertier. *Par.* 1847. 8.

    Bertin (Joseph Marie Eusèbe),
      médecin français (18 janvier 1774 — 6 nov. 1839).

Aussant (J...). Notice biographique sur M. J. M. E. Bertin. *Rennes.* 1846. 8.

    Bertin (René Joseph François Hyacinthe),
      médecin français (10 avril 1767 — 15 août 1827).

Gendrin (Augustin Nicolas). Éloges de P. Pinel et de R. J. F. H. Bertin. *Par.* 1828. 8.

    Bertin (Rose),
      marchande de modes de Marie-Antoinette (1744 — 22 sept. 1813).

Mémoires de mademoiselle Bertin. *Par.* et *Leipz.* 1824. 8.*

    * Ces mémoires sont apocryphes. La famille de mademoiselle Bertin en a désavoué leur authenticité.

    Bertius (Pierre),
      cosmographe français (14 nov. 1565 — 3 oct. 1629).

Blumberg (Christian Gotthilf). Dissertatio de P. Bertii causa apostasias, cur a reformatis ad papismum defecerit. *Cygn.* 1700. 4. (*D.*)

    Bertling (Ernst August),
      théologien allemand (1er déc. 1721 — 10 août 1769).

Groddeck (Benjamin). Programma in obitum Dr. E. A. Bertling. *Gedan.* 1769. 4. (*L.*)

    Bertling (Wessel),
      jurisconsulte hollandais.

Pagenstecher (Alexander Arnold). Sermo parentalis in obitum W. Bertlingii. *Groning.* 1706. 4.

    Bertolini (Giacomo),
      médecin italien.

Necrologia del dottore in medicina professore G. Bertolini. *Piacenz.* 1843. 8.

    Bertolotti (Giovanni),
      savant italien († 1646).

Languidezze accademiche nella morte del commendatore F. G. Bertolotti. *Bologn.* 1646. 4.

    Berton (Henri Montan),
      musicien français (17 sept. 1766 — 19 juillet 1832).

Blanchard (Henri Louis). Biographies des compositeurs contemporains : H. M. Berton. *Par.* 1839. 4.

    Berton (Jean Baptiste),
      général français (15 juin 1769 — guillotiné le 5 oct. 1822).

Mémoire pour le général Berton. *Par.* 1822. 4.

Laumier (Charles Lazare). Relation circonstanciée de l'affaire de Thouars et de Saumur, précédée d'une notice biographique sur le général Berton. *Par.* 1822. 8. (*Lv.*)

Gauchais (N... N...). Histoire de la conspiration de Saumur : Mort du général· Berton et de ses coaccusés, condamnés par la cour d'assises de Poitiers, le 28 septembre 1822. *Par.* 1832. 8. (*Lv.*)

Bertram (Bernhard),
philologue allemand du xviiie siècle.

Mueller (Christian Gottlieb). De B. Bertramò summo sæculi xvii philologo. *Lips.* 1795. 8. (*D. et L.*)

Bertrand (Saint.),
évêque de Comminges.

Ferrand (Bertrand). Vie de S. Bertrand, évêque de Comminges. *Toulous.* 1812. 12.

Bertrand (Jean),
cardinal-archevêque de Sens (vers 1470 – 4 déc. 1560).

Fontani (Giovanni Battista). Oratio in funebri pompa J. Bertrandi, cardinalis, habita 1560. *Venet.* 1561. 4.

Bertrand (Saint Luis),
prêtre espagnol.

Vidal y Mico (Francisco). Historia della prodigiosa vida, virtudes, milagros y profecias del apostolo Valenciano de las Indias occidentales : S. Luis Bertran. *Valencia.* 1743. Fol.

Fauré (J... A...). Vie de S. L. Bertrand, religieux de l'ordre des Frères Prêcheurs, béatifié en 1608 et canonisé en 1671. *Par.* 1849. 8. *Ibid.* 1852. 8. Portrait *.
* Une indulgence de cent jours a été attachée par le pape Clément X à la lecture de chaque chapitre de cet ouvrage.

Bertrand (Henri Gratien, comte),
général français (1770 – 31 janvier 1844).

Vie civile, politique et militaire du comte Bertrand, grand-maréchal du palais de l'empereur Napoléon et l'un de ses compagnons d'exil à l'île d'Elbe et à Sainte-Hélène. *Par.* 1847. 18.

Paulin (N... N...). Notice biographique sur le lieutenant-général· comte Bertrand, grand-maréchal du palais de l'empereur, suivie de l'avant-propos du général Bertrand pour les campagnes d'Egypte et de Syrie. *Par.* 1847. 8.

Napoleon und General Bertrand; Unterredung auf der Insel Elba. *Frf.* 1814. 8.

Bertrand (Pierre Jean Baptiste),
médecin français (... 1782 – 4 mars 1814).

Notice biographique sur P. J. B. Bertrand. *Boulogne-sur-Mer.* 1844. 8.

Bertrandi (Giuseppe Ambrogio Maria),
chirurgien italien (27 oct. 1723 – 6 déc. 1765).

Louis (Antoine). Éloge historique de M. Bertrandi, premier chirurgien du roi de Sardaigne. *Par.* 1767. 8. (*L.*)

Bava (Gaëtano Emmanuele). Elogio storico del chirurgo A. Bertrandi. *Vercelli.* 1782. 8.

Bertulf,
prévôt belge.

Carton (Charles). Le prévôt Bertulf; extrait d'une étude inédite sur l'époque de Charles le Bon. *Bruges.* 1843. 8.

Bérulle (Jean de).

Maynet (D...). Æternæ memoriæ illustrissimi viri D. J. de Berulle in sanctiori regis consistorio comitis perpetui, summo omnium ordinum mœrore mortui, in supremis ejus exequiis elogium. *Par.* 1644. 4.

Bérulle (Pierre de),
cardinal français (4 février 1575 – 2 oct. 1629).

Gaucher (Jean). Oraison funèbre de P. de Bérulle, instituteur des prêtres de la congrégation de l'Oratoire de J. C. Notre Seigneur. *Par.* 1629. 8.

Habert de Cérisy (Germain). Vie du cardinal de Bérulle, instituteur et premier supérieur général de la congrégation de l'Oratoire. *Par.* 1646. 4. (*Bes.*)

Doni d'Attichy (Louis). De vita et rebus·gestis eminentissimi ac reverendissimi P. Berulli cardinalis, congregationis Oratorii in Gallia fundatoris. *Par.* 1649. 8.

(**Caraccioli**, Louis Antoine de). Vie du cardinal P. de Bérulle. *Par.* 1764. 12 *. Trad. en allemand. *Augsb.* 1773. 8.
* Chaudon et l'abbé de Feller, dans leurs dictionnaires historiques, attribuent faussement cette vie à l'abbé Goujet. Celui-ci en avait

composé une, que le père de Lavalette ne laissa point paraître, de peur de choquer des hommes alors tout-puissants.

Tabaraud (Mathieu Mathurin,). Histoire de P. de Bérulle, cardinal de la sainte Église romaine, ministre d'Etat, chef du conseil de régence sous Marie de Médicis, en l'absence de Louis XIII, instituteur et premier supérieur des carmélites de France, fondateur de la congrégation de l'Oratoire, suivie d'une notice historique des supérieurs généraux de cette congrégation. *Par.* 1817. 2 vol. 8. (*Bes.*)

(**Fontaine**, abbé). Le cardinal P. de Bérulle devant la Champagne, son pays. *Troyes.* 1847. 8. Portrait.

Beruria,
savante juive.

Zeltner (Gustav Georg). Dissertatio de Beruria, Judæorum doctissima femina. *Altorf.* 1714. 4.

Bervic (Charles Clément *),
graveur français (23 mai 1756 – 23 mars 1822).

Lecarpentier (Charles François Joseph). Notice nécrologique sur Bervic, graveur, membre de l'Institut, s. l. et s. d. (*Rouen.* 1822.) 8:
* C'est par erreur que quelques biographes lui donnent les prénoms de Jean Guillaume.

Berwick (Jacques Fitz-James, duc de),
maréchal de France (21 août 1670 –·tué le 12 juin 1734).

Mémoires du maréchal J. Fitz-James, duc de Berwick. *Par.* 1757. 2 vol 12. (Compilation informe publ. par N... N... MARGON.)

Berwick (Jacques Fitz-James de). Mémoires depuis 1685 jusqu'en 1734 (revus par l'abbé HOOK et FITZ-JAMES). *Bâle.* 1778. 2 vol. 8.

Life of J. Fitz-James, duke of Berwick. *Dubl.* 1738. 12. (*P.*)

Berylle,
évêque de Bostra († vers 240).

Ullmann (Carl). Dissertatio de Beryllo Bostreno ejusque doctrina. *Hamb.* 1835. 4.

Fock (Otto). Commentatio de christianismo Beryllì Bostreni. *Gryphisw.* 1844. 4.

Berzelius (Jons Jacob Friherre),
chimiste suédois (29 août 1779 – 7 août 1848).

Beskow (Bernhard v.). Tal öfver Professoren, etc. Friherre J. Berzelius. *Stockh.* 1848. 8.

Minnesfest öfver J. J. Berzelius. *Stockh.* 1849. 8.

Forchhammer (G...). J. J. Berzelius. *Stockh.* 1849. 8.

Louyet (Paulin Laurent Charles Evalery). Notice sur la vie et les travaux de J. J. Berzelius, associé de l'Académie royale. *Brux.* 1849. 8.

Besborough (N... N..., earl of),
vice-roi d'Irlande.

Notices of the viceroyalty of the late earl of Besborough. *Dubl.* 1847.·8.

Bescherelle (Louis Nicolas),
bibliothécaire français (10 juin 1802 – ...).

Notice biographique sur M. Bescherelle aîné, de la Bibliothèque du roi, au Louvre. *Par.* 1847. 8. (*Lv.*)

Besoigne (Jérôme),
théologien français (1686 – 25 janvier 1763).

Rondet (Laurent Étienne). Mémoire sur la vie et les ouvrages de J. Besoigne, prêtre. *Par.* 1763. 8. (Tiré à petit nombre.)

Besold (Christoph),
jurisconsulte allemand (1577 – 15 sept. 1638).

Rath (Arnold). Luctus academiæ Ingolstadiensis in obitum C. Besoldi oratione funebri expressus, s. l. (*Ingolst.*) 1658. 12. (*D.*)

Besombes de Saint-Geniès (Pierre Louis),
humaniste français (9 nov. 1719 – 20 août 1783).

Vie de M. P. Louis Besombes de Saint-Geniès, doyen de la cour des Aides de Montauban. *Par.*, s. d. 12. (*P.*)

Besozzi (Carlo),
savant italien.

Brevi notizie intorno alla vita di C. Besozzi. *Milan.* 1826. 8.

Besozzi (Gioachimo),
cardinal italien.

Martini (Luigi). Elogio storico del cardinale G. Besozzi, Benedettino-Cisterciense. *Rom.* 1845. 4.

Bessarion (Johannes),
cardinal grec (1389 ou 1395 – 19 nov. 1472).

(**Bandini**, Aloisio). De vita et rebus·gestis Bessarionis, cardinalis Nicæni, commentarius. *Rom.* 1777. 4. Portrait. (*L. et P.*)

Hacke (J... C...). De Bessarionis vita et scriptis. *Harlem.* 1840. 8.

Raggi (Oreste). Commentario sulla vita del cardinale Bessarione. *Rom.* 1844. 8.

Bessel (Friedrich Wilhelm),
astronome allemand (22 juillet 1784 — 18 mars 1846).

Anger (C... T...). Erinnerung an F. W. Bessel's Leben und Wirken. *Danz.* s. d. (1846.) 8. (*D.*)

Herschel (F... F... W...). Brief notice of the life, researches and discoveries of F. W. Bessel. *Lond.* 1847. 8. (*L.*)

Bessel (Friedrich),
philologue allemand.
De vita et scriptis F. Besselii. *Amst.* 1742. 8. (*L.*)

Besser (Johann v.),
poëte courlandais (8 mai 1654 — 10 février 1729).

Varnhagen v. Ense (Carl August). P. Flemming. — F. v. Canitz. — J. v. Besser. *Berl.* 1826. 8 *.
* Formant le 4e volume de son ouvrage *Biographische Denkmale.*

Besser (Johann Friedrich),
pédagogue allemand (1773 — 1846).

Raspe (G... C... H...). Zur Erinnerung an Dr. J. F. Besser, Professor, Oberschulrath und Director der Dom- und Bürgerschule zu Güstrow. *Güst.* 1847. 8.

Bessières, duc d'Istrie (Jean Baptiste),
maréchal de France (6 août 1768 — tué le 1er mai 1813).

Miramont (Cornède). Vie de J. B. Bessières, duc d'Istrie, maréchal d'empire. *Par.*, s. d. 8. Portrait.

Besson (Jacques François),
évêque de Metz (12 sept. 1756 — 23 juillet 1842).

Rollin (N... N...). Oraison funèbre de Mgr. J. F. Besson. *Metz.* 1842. 8.
Notice historique sur J. F. Besson. *Metz.* 1842. 8.

Bessuy (Louis de),
jésuite polonais.

Wierzbicki (Casimir). Vita V. P. L. de Bessuy e Soc. Jesu, etc. *Vilnœ,* s. d. (1758.) 4.

Bestlin (Johann Nepomuk),
théologien allemand († 14 juillet 1831).
Denkmal der Achtung und Liebe, dem Dr. J. N. Bestlin errichtet von einem seiner vertrauten Freunde und herausgegeb. von Lorenz Lang. *Tübing.* 1852. 8.

Beswick (Lavinia),
dame anglaise.
Life of L. Beswick, alias Fenton, alias Polly Peachum. *Lond.* 1728. 8.

Bétancourt (Pierre de Saint Joseph),
franciscain français (?)

Lobo (Emmanuel). Relacion de la vida y virtudes del venerabile F. P. de S. J. Betancur (sic !) de la tercera orden de S. Francisco. *Guatemala.* 1667. 12.
—— Vita de Fr. P. de S. Joseph (Betancourt). *Sevill.* 1672. 12. *Ibid.* 1673. 12.

Bethlen Gróf **Bethleni** (Adám),
homme d'État hongrois.

Intze (Mihály). Halotti orátzio Bethlen Gróf Ad. Kolosvar. 1776. 4.

Bethlen (Gabor),
roi de Transylvanie (1580 — proclamé prince le 23 oct. 1613 — 15 nov. 1629).
Umständliche Relation des Bethlen Gabors mit der Churbrandenburgischen Prinzessin Catharina zu Kaschau gehaltenen Beilagers im Jahre 1626. *Prag.* 1626. 4.

Bethune (Marguerite Angélique de),
abbesse de Saint-Paul-les-Beauvais.

Duponcet (Nicolas). Oraison funèbre de M. A. de Bethune, etc. *Dijon.* 1711. 4. (Omis par Quérard.)

Betoldi (N... N...),
prêtre italien.

Giovio (Giovanni Battista). Memorie intorno al sacerdote bibliotecario Betoldi. *Como.* 1802. 8.

Betterton (Thomas),
acteur anglais (1635 — 20 mai 1710).
(**Gildon**, Charles). Life of T. Betterton. *Lond.* 1710. 8. Portrait.

Betti (il conte Zaccaria),
poëte italien (20 juillet 1732 — 18 août 1788).

(**Del Bene,** Benedetto). Elogio del conte Z. Betti. *Parma.* 1790. 4. Portrait. (*Bes.*)

Bettinelli (Saverio),
littérateur italien (18 juillet 1718 — 13 sept. 1808).

Renati (Camillo). Orazione funebre in morte dell' abate S. Bettinelli. *Mantov..* 1808. 4.

(**Napione,** Giovanni Francesco). Vita dell' abate S. Bettinelli. *Torin.* 1809. 8. (*P.*)

Bettio (Pietro),
bibliothécaire de S. Marc (... 1787 — 11 février 1846).

(**Cicogna,** Emanuele Antonio). Cenni biografici intorno monsignor canonico P. Bettio, bibliotecario della Marciana e cavaliere di terza classe della Corona Ferrea. *Venez.* 1846. 8.

Bettoni (il conte Carlo),
naturaliste italien (26 mai 1735 — 31 juillet 1786).

Soave (Francesco). Memorie intorno alla vita del conte Bettoni. *Milan,* s. d. 8.

Bettoni (il conte Giovanni Antonio),
général italien (... 1717 — 5 janvier 1773).

Gambara (Francesco). Brevi cenni storici intorno la vita del conte G. Bettoni. *Brescia.* 1828. 8.

Bettschart (Carl Theodor v.),
homme d'État allemand.
Geschichte eines Bösewichts in der Lebensbeschreibung des Ex-Ministers v. Bettschart. *Deutschland.* (*Hof.*) 1794. 8.

Beuckels, Beukelsson ou **Boeckels** (Willem),
pilote belge (1417 — 1449).

Raepsaet (Jean Joseph). Note sur la découverte de caquer le hareng, faite par G. Beuckels, pilote de Biervliet en Flandre. *Gand.* 1817. 8.

Chamberlyn (B... G...). Bukelingi genio. *Gandav.* 1827. 12. (Poëme en l'honneur de Beuckels.)

Beughem (Charles Antoine François de Paul van),
théologien belge (10 février 1744 — 21 déc. 1820).

Goethals (Félix Victor). Notice sur feu M. van Beughem, s. l. et s. d. (*Gand.* 1853.) 8. (Extrait du *Messager des sciences et des arts de la Belgique.*)

—— Biographie de C. van Beughem, secrétaire de l'archevêque de Malines, le cardinal de Franckenberg. *Brux.* 1859. 12. (Extrait de la *Revue de Bruxelles.*)

Beumler (Marcus),
philologue suisse (... — 31 juillet 1611).

Veesenmeyer (Georg). Commentatio historico-litteraria de M. Beumlero, philologo Ramista. *Ulm.* 1797. 4.

Beurnonville (Pierre de Riel, comte de),
maréchal de France (10 mai 1752 — 23 avril 1821).
Leben Beurnonville's, Obergenerals der Nordarmee. *Ehrenbreitenst.* 1798. 8 *.
* Traduction d'une notice française, dont nous ignorons le titre.

Beust (Joachim v.),
jurisconsulte allemand (19 avril 1522 — 4 février 1597).

Willich (Peter). Leichenpredigt auf J. v. Beust. *Leipz.* 1597. 4.

Crusius (Balthasar). Parentatio in obitum J. a Beust. *Isleb.* 1598. 4.

Beverning (Hieronymus van),
homme d'État hollandais (25 avril 1614 — 30 oct. 1690).

Schotel (G... D... J...). Jets over H. van Beverning en B. van der Dussen. *Hertogenb.* 1847. 8.

Hooft (P... C...). Verhandeling over H. van Beverning, s. l. et s. d. 4.

Bevissan (Peter),
évêque de Vesprim.

Thomeus (Joannes). Vita P. Bevissani, episcopi Vesprimensis. *Venet.* 1620. 4.

Beyer (Andreas),
théologien allemand (1645 — 18 nov. 1726).

Moller (Samuel). Programma in memoriam A. Beyeri. *Freyberg.* 1726. 4. (*D.*)

Beyer (Friedrich Gottlieb),
théologien allemand.

Zeiske (Johann Gottfried). Denkmahl F. G. Beyer's. *Dresd.* 1742. 4. (*D.*)

Beyer (Hartmann),
mathématicien allemand (26 sept. 1516 — 11 août 1577).

Patiens (?) (Petrus). Historie H. Beyers, durch den Auctorem selbst verteutscht. *Frf.* 1578. 8.

Steitz (Georg Eduard). Der lutherische Praedicant H. Beyer. Zeitbild aus Frankfurts Kirchengeschichte im Jahrhundert der Reformation. *Frf.* 1852. 8.

Beyer (Otto),
savant danois.

Moeller (Olaus Heinrich). Genealogische Tabelle und Nachricht von Beyers Vorfahren. *Flensb.* 1774. Fol.

Beyjaques (Amoena),
fille ensorcelée allemande.

Eberhard (P... H...). Theologische Betrachtungen über die seltsamen Begebenheiten des Mädgens A. Beyjaques zu Feyerbach, s. l. 1768. 8.

Behrends (Johann Adolph). Ueber die wahre Beschaffenheit des neu inspirirten Feuerbacher Mädchens (A. Beyjaques). *Frf.* 1768. 8.

Beykert (Johann Philipp),
théologien allemand.

Blessig (Johann Lorenz). Leben des Dr. J. P. Beykert. *Strasb.* 1787. 8. (*L.*)

Beyle * (Louis Alexandre César),
écrivain français (23 janvier 1783 — 23 mars 1842).

(**Mérimée**, Prosper). Éloge funèbre de M. Beyle. *Par.* 1842. 8. (Extrait de la *Revue des Deux-Mondes*, tiré à 25 exemplaires seulement.)

Colomb (R...). Notice sur la vie et les ouvrages de M. Beyle. *Par.* 1845. 8. *Ibid.* 1846. 16.

Balzac (Honoré de). Études sur M. Beyle, s. l. et s. d. (*Par.*) 12.
* Plus connu sous le pseudonyme de STENDHAL.

Beyme (Carl Friedrich v.),
homme d'État allemand (10 juillet 1765 — 8 déc. 1838).

Preuss (Johann David Erdmann). Worte der Erinnerung am Sarge des wirklichen Geheimen Staatsministers, etc., v. Beyme gesprochen. *Berl.* 1838. 8.

Bèze (Théodore de),
réformateur suisse (24 juin 1519 — 13 oct. 1605).

Bolseo (Hieronyme). Histoire sur la vie, mœurs et déportements de T. de Bèze, dit le spectacle, grand ministre de Genève, etc. *Par.* 1577. 8. *Ibid.* 1582. 8. (*Bes.*) *Turin.* 1582. 8.

Trad. en allem. *Cöln.* 1581. 8. *Ingolst.* 1592. 4.
Trad. en holland. *Leeuwen.* 1631. 8.
Trad. en lat. par Pantaléon THÉVENIN. *Ingolst.* 1584. 8. *Ibid.* 1589. 8. *Ibid.* 1594. 8.
(Par Jacques LINGAY.) *Par.* 1585. 8.

Taillepied (Noël). Vie de T. de Bèze. *Par.* 1577. 12. *Douai.* 1616. 12. Trad. en lat. *Duac.* 1580. 12.

Laurent (Gaspard). Oratio de clarissimi theologi T. Bezæ obitu. *Genev.*, s. d. (1606.) 8. *Ibid.* 1627. 8.

Lafay (Antoine de). De vita et obitu T. Bezæ Vezelii, ecclesiastæ et sacrarum litterarum professoris. *Genev*æ, etc., hypomnemata. *Genev.* 1606. 4. (*D.*) Trad. en franç. par Antoine TEISSIER. *Par.* 1681. 24.

Bailly (Esaias). Epicedia in obitum T. Bezæ, s. l. et s. d. (vers 1607.) 4.

(**Solomeau**, Pierre). Bref discours de la vie et mort de T. de Bèze avec le catalogue des livres, qu'il a composé. *Genèv.* 1610. 8. (*D.*)

Vega (Emanuel de). De vita et miraculis Lutheri, Calvini et Bezæ. *Vilnæ.* 1646. 8.

T. Bezæ Lebensbeschreibung. *Hanau.* 1691. 8.

Marron (P... H...). T. de Bèze, etc., s. l. (*Nîmes*) et s. d. 8.

Ziegenbein (Johann Wilhelm Heinrich). Leben Calvins und Beza's. *Hamb.* et *Leipz.* 1789. 8.

Schlosser (Friedrich Christoph). Leben des T. v. Beza und des P. Martyr Vermigli. *Heidelb.* 1809. 8. (*D.*) Trad. en holland. *Amst.* 1811. 2 part. 8.

Baum (Johann Wilhelm). T. Beza, nach handschriftlichen Quellen dargestellt. *Leipz.* 1843. 8. Port. (*L.*) 2e part. 1851. 8. (*L.*)

Beziers (Galon de),
religieuse française.

Picot (Eustache). Vie de la sœur G. de Beziers, religieuse de Sainte-Claire. *Marseille.* 1683. 8.

Biagio (San).

Tutini (Camillo). Narrazione della vita e miracoli di S. Biagio, vescovo e martire. *Napol.* 1637. 4.

Bianchetti (Cesare),
fondateur de l'association de S. Gabriel.

Fráte (Carlo Antonio del). Vita di C. Bianchetti. *Bologn.* 1704. 4. *Venez.* 1716. 8. (*D.*)

Gabrielli (Carlo Maria). Vita di C. Bianchetti, fondatore della congregazione di S. Gabriello. *Bologn.* 1731. 4.

Bianchi (Francesco Saverino Maria).
prêtre italien.

Rudoni (Pietro). Vita, virtù e maraviglie del V. P. D. S. M. Bianchi. *Milan.* 1823. 8.

Bianchi (Isidoro),
historien italien (1733 — 1807).

Cenni biografici dell' abate I. Bianchi. *Cremon.* 1844. 8.
Biografia sinottica di I. Bianchi. *Cremon.* 1844. 4.

Bianchini (Giuseppe),
archéologue italien (9 sept. 1704 — vers 1760).

Magistris (Simone de). P. J. Bianchini elogium. *Rom.* 1764. 8.

Bianchini (Francesco),
théologien italien (13 déc. 1662 — 2 mars 1729).

Mazzoleni (Alessandro). Vita di monsignore F. Bianchini, Veronese. *Veron.* 1735. 4.

Bianchini (Lodovico),
publiciste italien.

Minolti (Federico). Biografia del cavaliere L. Bianchini. *Palerm.* 1840. 8. Portrait.

Bianconi (Giovanni Lodovico),
médecin italien (30 sept. 1717 — 1er janvier 1781).

Mariotti (Annibale). Orazione delle lodi del signor G. L. Bianconi. *Perug.* 1781. 8. (*D.*)

Blandrata, voy. **Blandrata**.

Biard (Auguste François),
peintre français (1800 — ...).

Boivin (Louis). Notice sur M. Biard, ses aventures, son voyage en Laponie avec madame Biard; examen critique de ses tableaux. *Par.* 1842. 8.

Bias,
l'un des sept sages de la Grèce (vers 570 avant J. C.).

Joecher (Christian Gottlieb). Dissertatio de Biante Prienæo in nummo argenteo. *Lips.* 1714. 4.

Bibaculus (Marcus Furius),
poëte romain (vers l'an 103 avant J. C.).

Weichert (August). Dissertatio de Turgido Alpino s. M. F. Bibaculo. *Grimm.* 1822. 4.

Bibbiena, voyez **Dovizi** (Bernardo).

Bibikow (Alexander),
général russe.

Zapiski o chisni i slushbe (c. à. d. Mémoires sur la vie et les services du général A. Bibikow). *St.-Pétersb.* 1817. 8. (*P.*) *Ibid.* 1833. 8. (Publ. par son fils.)

Bibra (Gottfried Heinrich Ludwig v.).

Reinhard (Johann Paul). Memoria G. H. L. L. B. de Bibra equitis. *Erlang.* 1764. Fol.

Bibran (Abraham v.),
voyageur allemand.

Schultze (Friedrich). A. von Bibran, seine Studien, seine Reisen, sein Briefwechsel, etc. *Liegnitz.* 1838. 4. (*L.*)

Bicchieri (Emilia),
religieuse italienne.

Vita, miracoli e grazie della B. E. Bicchieri, fondatrice del monastero di S. Margherita di Vercelli. *Vercelli.* 1716. 4.

Bicchieri (Giacomo Guala),
cardinal-légat du saint-siège en France († 1227).

Frova (Giuseppe). Vita et gesta G. Bicchieri cardinalis. *Milan.* 1767. 8.

Denina (Carlo). Elogio del cardinal (G.) G. Bicchieri. *Torin.* 1782. 8.

Bicchieri (Guala),
gentilhomme italien.

Lampugnani (Giovanni). Sulla vita di G. Bicchieri, patricio. *Vercelli.* 1847. 4.

Bichat (Marie François Xavier),
médecin français (11 nov. 1771 — 22 juillet 1802).

Bilon (Hippolyte). Éloge historique de M. F. X. Bichat. *Par.* 1802.

Corvisart-Desmarets (Jean Nicolas). Notice sur F. X. Bichat, suivie des discours prononcés sur sa tombe par MM. Lereux et Roux. *Par.* 1802. 8.

Sue (Pierre). Eloge de M. F. X. Bichat. *Par.* 1803. 8.

Miquel (Antoine). Eloge de X. Bichat (de l'Ain). *Par.* 1823. 8.

Inauguration de la statue de Bichat (à Bourg). *Bourg.* 1844. Fol.

Bickersteth (Edward),
pédagogue anglais.

Eardley (C... E...). Brief notice of the life of E. Bickersteth. *Lond.* 1850. 18.

Birks (T... R...). Memoir of the Rev. E. Bickersteth, late rector of Watton Herts. *Lond.* 1851. 2 vol. 8. Portrait.

Bickersteth (John Laug),
pédagogue anglais.

Memoir of J. L. Bickersteth, late rector of Rugby school, with a preface by John Bickersteth. *Lond.* 1850. 18.

Biddle (John),
théologien anglais (1615 — 1662).

Farrington (John). Vita J. Bidelli. *Lond.* 1682. 12.

Toulmin (Joshua). Account of the life, character and writings of J. Biddle. *Lond.* 1789. 8. Trad. en allem. par Johann Wilhelm Heinrich Ziegenbein. *Helmst.* 1794. 8.

Bidone (Giorgio),
mathématicien italien.

Menabrea (L... F...). Discours sur la vie et les ouvrages du chevalier G. Bidone, s. l. et s. d. *4.* (*Bx.*)

Bieberstein (Grafen v.),
famille allemande.

Hoerschelmann (Friedrich Ludwig Anton). Nachrichten von der gräflichen Familie von Ronow und Bieberstein. *Jena.* 1777. 8.

Biechele (Johann Nepomuk),
théologien allemand.

Kupferschmidt (N... N...). Züge aus dem Leben J. N. Biechele's, der Theologie Dr., etc., als Mensch, Priester und Gelehrter. *Freiburg,* s. d. (vers 1826). 8.

Biedermann (Johann Gottlieb),
philologue allemand (5 avril 1705 — 3 août 1772).

Huebler (Daniel Gotthold Joseph). Memoria J. G. Biedermann. *Freiberg.* 1772. 4. (*D.*)

Dem Andenken J. G. Biedermann's gewidmet. *Freiberg.* 1772. 4. (*D.*)

Biedermann (Laurentius).

Biedermann (Carl Laurentius). L. Biedermann. Criminalgeschichte aus dem 17. Jahrhundert. *Dessau.* 1843. 8.

Biel (Gabriel),
théologien allemand († 1495).

Biel (Hieronymus Wigand). Dissertatio theologica de G. Biel, celeberrimo paptista antipapista. *Witteb.* 1719. 4. (*D.*)

Bienaymé (I... J...),
magistrat français.

Notice sur les travaux scientifiques de M. I. J. Bienaymé, ancien élève de l'école polytechnique, inspecteur général des finances. *Par.* 1852. 4.

Biener (Christian Gottlob),
jurisconsulte allemand (10 janvier 1748 — 13 oct. 1828).

Carmen latinum quo C. G. Bienero semiseculari ab acceptis summis in honoribus gratulatur academia Lipsiensis. *Lips.* 1827. Fol. (*D.*)

Bierkander (Clas),
naturaliste suédois (23 sept. 1735 — 1er août 1795).

Oedmann (Samuel Lars). Äminnelse-Tal öfver Probsten C. Bjerkander. *Stockh.* 1798. 8.

Bierling (Friedrich Wilhelm),
théologien allemand (22 mars 1672 — 25 juillet 1728).

Dolle (Carl Anton). Ausführliche Lebensbeschreibung F. W. Bierling's. *Hannov.* 1749. 8. (*D.*)

Bierling (Hieronymus),
médecin allemand.

Magirus (Walter). Leichenpredigt auf H. Bierling, nebst dessen Lebenslauf und Johann Raven's Memoria H. Bierling. *Danz.* 1649. 4.

Biernatzki (Johann Christoph),
théologien allemand (17 oct. 1795 — 11 mai 1840).

Biernatzki (C... L...). Biographie von J. C. Biernatzki. *Leipz.* 1852. 8.

Biez (Oudart du),
maréchal de France († 1553).

Faluel (Jean). Oraison funèbre pour deux excellents chevaliers : le maréchal O. du Biez et le seigneur Jacq. de Coucy, son gendre, gouverneur de Boulogne. *Par.* 1578. 4.

Biffi (Giovanni Battista),
poète italien (21 juin 1464 — vers 1512).

Scotti (Cosimo Galeazzo). Elogio di G. B. Biffi. *Cremon.* 1812. 8.

Bignon (Jérôme),
historien français (24 août 1589 — 7 avril 1656).

Elogium s. breviarium vitæ H. Bignonii. *Par.* 1657. 4.

Pérau (Gabriel Louis Calabre). Vie de J. Bignon. *Par.* 1757. 12. (*D.* et *Lv.*)

Portner (Johann Albert). Elogium s. breviarium vitæ H. Bignonii, poema s. ominæum somnium in ejusdem luctuoso funere, etc. *Par.* 1757. 4.

Bignon (Louis Pierre Édouard),
pair de France (3 janvier 1771 — 6 janvier 1841).

Mignet (François Auguste Alexis). Notice sur L. P. É. Bignon. *Par.* 1841. 8.

Ernouf de Verclives (Alexandre). Notice sur M. Bignon, pair de France. *Par.* 1842. 8.

Bigot de Préameneu (Félix Julien Jean, comte de),
homme d'État français (26 mars 1747 — 31 juillet 1825).

Nougarède de Fayet (Auguste). Notice sur la vie et les travaux de M. le comte Bigot de Préameneu, ministre des cultes sous l'empire, l'un des trois rédacteurs du projet du Code civil. *Par.* 1843. 8. Portrait. (*Lv.*)

Bihary,
famille hongroise.

Miller (Jacob Ferdinand). Comites Bihorienses (ab anno 1102 usque ad annum 1791) fide diplomatica eruti. *Magn. Varadin.* 1791. 8.

Bilderdijk (Willem),
poète hollandais du premier ordre (7 sept. 1756 — 18 déc. 1831).

Walré (Jan van). Ter gedachtenis van W. Bilderdijk. *Haarl.* 1832. 8.

Gedenkzeul voor W. Bilderdijk. *Amst.* 1833. 8. Portrait.

Da Costa (J...). Overzicht van het leven en de werken van W. Bilderdijk en C.W. Bilderdijk *. *Amst.* 1844. 8.

* Catherine Wilhelmine Bilderdijk, épouse de Guillaume, a été poète.

Bileam,
personnage biblique.

Benzel (Heinrich). Dissertatio de Bileamo propheta divino. *Frf.* et *Lips.* 1727. 4.

Arff (Peder). Disputatio de Bileamo. *Hafn.* 1734. 4.

Pratje (Johann Heinrich). Abhandlung von Bileams Eselin. *Brem.* 1761. 8.

Hengstenberg (Friedrich Wilhelm). Geschichte Bileams und seine Weissagungen. *Berl.* 1842. 8.

Bilen (Heinrich v.),
jurisconsulte allemand.

Lesser (Friedrich Christian). Leben Dr. H. v. Bilen. *Nordhaus.* 1748. 4. (*D.*)

Bilfinger ou **Buelfinger** (Georg Bernhard),
savant allemand (28 janvier 1693 — 18 février 1750).

Tafinger (Wilhelm Gottfried). Leichenrede über den hoch zu betrauernden Todesfall des zum seltenen Exempel in Einer Person zusammengekommenen grossen Philosophen, gründlichen Theologen und vortrefflichen Staatsministers Herrn G. B. Bilfinger. *Stuttg.* 1750. Fol. Portrait.

Bilhilde (Sainte).

Gropp (Ignaz). Vita S. Bilihildis, ducissæ Franciæ orientalis et comitissæ Hochemii natæ, fundatricis ac primæ abbatissæ monasterii Moguntini. *Wirceb.* 1727. 4.

Billard (Charles Michel),
médecin français (16 juin 1800 — 31 janvier 1832).
Ollivier (C... P...). Notice historique sur C. M. Billard.
Par. 1832. 8. (Omis par Quérard.)

Billard (Étienne),
chirurgien français (31 mars 1731 — 2 février 1808).
Delaporte (P... L...). Notice sur feu E. Billard, etc.
Brest. 1808. 4.

Billard (Louis Antoine).
Belin (Jacques Nicolas). Idée de la vie de L. A. Billard,
s. l. 1741. 12.

Billard de Veaux (N... N...),
chef vendéen.
Mémoires de Billard de Veaux, ancien chef vendéen. *Par.*
1832. 3 vol. 8.

Billaud-Varennes (Jacques Nicolas),
député à la Convention nationale (23 avril 1756 — 3 juin 1819).
Mémoires de Billaud-Varennes. *Par.* 1821. 2 vol. 8. (Apocryphes.)

Bille (Magnus),
théologien (?) danois.
Trane (Peder Hansen). Oratio in obitum M. Bille. *Aarhus.* 1648. 4.

Billecocq (Jean Baptiste Louis Joseph),
jurisconsulte français (31 janvier 1765 — 15 juillet 1829).
Dupin (André Marie Jean Jacques). Notice sur M. Billecocq. *Par.* 1825. 8.

Billican (Theobald),
théologien allemand (?).
Schoepperlin (Johann Friedrich). Vita T. Billicani.
Nordling. 1768. 4.

Billington (Elizabeth),
cantatrice anglaise (1769 — 26 août 1818).
Memoirs of Mrs. Billington. *Lond.* 1792. 8. (Écrits par
elle-même et ornés de son portrait.) Trad. en franç. par
Adolphe **Thiers.** *Par.* 1822. 8.

Billy (Jacques de),
prêtre français (... 1535 — 25 déc. 1581).
Chatard (Jacques). Elogium J. Billii Prunæi, abbatis S.
Michaelis in Eremo. *Par.* 1582. 4.

Binder (Peter),
magistrat transylvanien (13 février 1695 — 24 oct. 1765).
Schunn (Andreas). Trauer-Rede bei Beerdigung des
Herrn P. Binder von Sachsenfels, k. Raths und Pro-
vinzial-Bürgermeisters zu Hermannstadt. *Hermannst.*
1765. Fol.

Binet (René),
philologue français (23 janvier 1732 — 31 oct. 1812).
Boulard (Antoine Marie Henri). Notice sur la vie et les
écrits de R. Binet. *Par.* 1817. 8.

Binn (Heinrich),
jurisconsulte allemand (28 nov. 1610 — 2 mai 1665).
Programma in funere H. Binnii. *Helmst.* 1665. 4. (D.)

Binner (Johann Ferdinand),
théologien allemand.
Klopsch (Christian David). Programma de vita J. F.
Binneri, sacrorum evangelicorum apud Glogovienses
nuper antistitis. *Glogov.* 1850. 4.

Binois (Germain),
prêtre français.
Galliot (Thomas). Vie de G. Binois, curé de Saint-Be-
noist à Paris. *Par.* 1598. 12.

Bion,
philosophe grec (vers 276 avant J. C.).
Hoogvliet (J... M...). Dissertatio de Bione Borysthenita.
Lugd. Bat. 1822. 8.

Biord (Jean Pierre de),
prince-évêque de Genève (16 oct. 1709 — 7 mars 1785).
Bigex (François Marie). Oraison funèbre de Mgr. de
Biord. *Annecy.* 1786. 8.

Biot (Édouard Constant),
sinologue français (2 juillet 1803 — 12 mars 1850).
Langlois (N... N...). Funérailles de M. É. Biot. *Par.*
1850. 4.

Birague (René de),
cardinal-évêque de Lavaur (3 février 1507 — 24 nov. 1583).
Beaune (Renaud de). Oraison funèbre de R. cardinal
de Birague, évêque de Lavaur et chancelier (sous Charles IX). *Par.* 1583. 8.

Masson (Jean Papire). Elogium R. Biragi. *Par.* 1583. 4.
R. Biragi, sanctæ Romanæ ecclesiæ cardinalis et Franciæ
cancellarii, tumulus. *Par.* 1584. 4.

Birckner (Michael Gottlieb),
philosophe danois (21 août 1756 — ... 1798).
M. G. Birckner; biographische Skizze. *Kopenh.* 1812. 8.
(Trad. du danois.)

Birger Jarl * **de Bielbo,**
régent de Suède (vers 1210 — 1266).
Lehnberg (Magnus). Åreminne öfver Birger Jarl. *Stockh.*
1787. 8. (Eloge couronné par l'Académie de Stockholm.)
Silfverstolpe (Axel Gabriel). Åreminne öfver Birger
Jarl till Bjälbo. *Stockh.* 1787. 8. (Couronné par l'Académie de Stockholm.)
Botin (Anders). Åreminne öfver Birger Jarl. *Stockh.*
1787. 8.
  * Jarl signifie maire du palais.

Birger Jarl le Jeune.
Frondin (Elias). Dissertatio de Birgero Jarl juniori.
Upsal. 1759. 8.

Birkel (Johann Evangelista Michel),
théologien allemand.
Hoffmann (Johann Georg). Leben des J. E. M. Birkel,
Pfarrers zu Guntelsheim. *Augsb.* 1812. 8.

Birken (Siegmund v.),
poète bohème (25 avril 1626 — 12 juillet 1681).
Die betrübte Pegnesis, den Lebenswandel, Kunst und
Tugend Floridan's, Herrn von Birken fürstellend.
Nürnberg. 1684. 8. (Assez rare.)

Birkerod (Jacob),
théologien danois (30 sept. 1624 — 13 juin 1688).
Hahn (Joergen). Oratio in obitum J. Birkerodii. *Hafn.*
1692. 4. (Publ. s. l. nom latinisé de Geo. **Hannæus.**)
Kingo (Thomas). Ligpraediken over J. Birkerod. *Kjoebenh.* 1692. 4.

Birkmann (Christoph),
théologien allemand (10 janvier 1703 — 11 mars 1771).
Schultz (Stephan). Wohlverdientes Ehrendenkmal Herrn
E. Birkmann's und seiner Ehegattin. *Halle.* 1771. 8.

Biren ou **Biron** (Ernst Johann v.),
duc de Courlande (1er déc. 1690 — 28 déc. 1772).
(**Ruehl**, Philipp Jacob). Geschichte E. J. v. Biron, Herzogs in Liefland, zu Kurland und Semgallen. *Tübing.*
1764. 2 vol. 8.
Geschichte E. J. von Biron, in verschiedenen Briefen
entworfen. *Frf.* et *Leipz.* 1764. 8.
(**Hempel**, N... N...). Merkwürdiges Leben des Herzogs E.
J. von Curland. *Braunschw.* et *Brem.* 1772. 8. Portrait.

Biro (Márton),
évêque de Wesprim († ... oct. 1762).
Conradi (Norbert). Oratio de laudibus M. Biro, episcopi
Veszprimensis, etc. *Pestin.* 1762. Fol.

Biron (Armand de **Gontaud**, baron de),
maréchal de France (vers 1524 — 26 juillet 1592).
Duvigneau (Pierre Hyacinthe). Éloge historique d'A.
de Gontaud, baron de Biron, maréchal de France sous
Henri IV. *Genèv.* et *Par.* 1786. 2 vol. 8.
Vigneron (N... N...). Eloge d'A. Gontaud de Biron, ma-
réchal de France sous Henri IV, etc. *Bord.* 1789. 8.
(Couronné par l'Académie de Bordeaux.)

Biron (Charles de **Gontaud**, duc de),
maréchal de France (1562 — décapité le 31 juillet 1602).
(**Guesle**, Jacques de la). Histoire de la vie et mort du
maréchal C. de Gontaud, duc de Biron. *Par.* 1605. 8.
Ferreira (Jozé Martins). Relacaõ da lastimoza tragedia
do duque de Biron. *Lisb.* 1605. 4.
Martir-Rizo (Juan Pablo). Historia tragica de la vida y
muerte del duque de Biron. *Barcel.* 1629. 8. *Ibid.* 1635. 8.

Birrel (Ebenezer),
pédagogue anglais.
Memoir of E. Birrel, late of Stepney College, London, by
his brother. *Lond.* 1843. 8.

Birrer (Jacob),
musicien suisse.
Naegeli (Hans). Erinnerungen, merkwürdige Lebens-
fahrten und besondere Ansichten J. Birrer's. *Zürch.*
1844. 8. *Carlsr.* 1845. 12.

Bisaceio (Cornelia **Giudici**, duchessa di),
dame italienne († 1647).
Arminio (Fulgenzio). Le pompe della morte di C. Giudici, duchessa di Bisaccio. *Napol.* 1647. 4.
Bischof (Ludwig),
théologien allemand (1er mars 1573 — 23 avril 1650).
Gockel (Balthasar). Leichpredigt bey dem Tode Mag. L. Bischofs. *Ulm.* 1650. 4.
Bisciarah (Abulcher),
prêtre cophte.
Bouclon (Adolphe · de). Histoire d'A. Bisciarah. *Par.* 1845 (?) 12.
Biscot (Jeanne),
fondatrice de la société de S. Agnès.
Vie de J. Biscot, fondatrice de la société de S. Agnès d'Arras. *Valencienn.* 1692. 8.
Bismarck (Auguste Amalie, Prinzessin von Nassau-Usingen),
épouse du général Bismarck.
Dalberg (Maria Feodora v.). Aus dem Leben einer deutschen Fürstin (A. A. Prinzessin von Nassau-Usingen). *Carlsr.* 1847. 8. Portrait.
Bismarck (Christiane Charlotte v.),
dame allemande.
Bismarck (Carl Alexander v.). Gedächtnissschrift auf C. C. v. Bismarck, geborene v. Schoenfeld. *Stendal.* 1774. 8.
Bissendorf (Johann),
théologien allemand (condamné au feu le 26 mars 1629).
Schetelig (Johann Andreas Gottfried). Nachricht von einigen höchst seltenen, merkwürdigen Schriften J. Bissendorf's. eines Zeugen der Wahrheit im 17. Jahrhundert. *Hamb.* 1770. 4.
Bisso (Francesco),
médecin italien († 20 janvier 1598).
Columba (Gerardo). Apologia pro illustri F. Bissio, regio proto-medico in Siciliæ regno, etc. *Messin.* 1598. 8.
Bisson (Hippolyte), ·
lieutenant de marine française (3 février 1796 — 4 nov. 1827).
Revel (T... F... N...). Notice sur H. Bisson. *Lorient.* 1828. 8. *Nant.* 1828. 8.
Bisson (Louis Charles),
évêque constitutionnel de Bayeux (10 oct. 1742 — 28 février 1820).
(Pluquet, Frédéric). Notice sur M. Bisson, ancien évêque de Bayeux. *Par.* 1820. 8. (Tiré à 50 exemplaires.)
Bitaubé (Paul Jérémie),
poète français (24 nov. 1732 — 22 nov. 1808).
Berr (Michel). Essai sur la vie et les ouvrages de P. J. Bitaubé. *Nancy.* 1809. 8.
Bitsch (Caspar),
jurisconsulte allemand (5 avril 1579 — 2 déc. 1636).
Tabor (Johann Otto). Memoria Bitschio-Locameriana s. vita C. Bitschii et G. D. Locameri. *Argent.* 1673. 4.
Bivona-Bernardi (Antonio),
botaniste italien.
Parlatore (Filippo). Breve cenno sulla vita e sulle opere del barone A. Bivona-Bernardi. *Palerm.* 1857. 8.
Bjelke (Niklas, Grefve),
homme d'État suédois.
Francesco dello Spirito Santo. Della vita e geste di N. Bjelke, fu senatore amplissimo di Roma. *Venez.* 1770. 4. (P.)
Bjelke (Nils Adam, Grefve),
homme d'État suédois (30 janvier 1724 — 20 juin 1792).
Gedda (Peter Niklas). Åminnelse-Tal öfver Riks-Radet Grefve N. A. Bjelke. *Stockh.* 1793. 8.
Bjelke (Sten Carl),
homme d'État suédois (14 mars 1709 — 13 juillet 1753).
Rosenadler (Carl Albrecht). Åminnelse-Tal öfver S. C. Bjelke. *Stockh.* 1755. 8.
Bjelke (Thure Gabriel),
général suédois (3 déc. 1684 — 11 mai 1763).
Rosén (Gabriel). Likpredikan öfver Riks-Radet Grefve T. G. Bjelke, med Personalier. *Stockh.* 1763. 4.
Carleson (Edvard). Åminnelse-Tal öfver Riks - Radet Grefve T. G. Bjelke. *Stockh.* 1763. 8.

Bjerkander, voy. **Bierkander.**
Bjerken (Pehr af),
médecin suédois (2 janvier 1765 — 2 février 1818).
Hedin (Sven Anders). Åminnelse-Tal öfver förste Lifmedicus P. af Bjerken. *Stockh.* 1819. 8.
Bjoernstahl (Jakob Jonas),
voyageur suédois (23 janvier 1731 — 12 juillet 1779).
Espling (Olof). Minne öfver J. J. Bjoernstahl. *Stockh.* 1785. 8.
Bjurbaeck (Olof),
évêque de Carlstad (26 oct. 1750 — 18 avril 1829).
Lignell (Andreas). Tal vid O. Bjurbaecks Jordfästning. *Carslt.* 1829. 8.
Blaarer v. Wartensee (Hans),
philanthrope suisse (1685 — 1757).
Hirzel (Hans Caspar). Bild eines wahren. Patrioten in einem Denkmahl Herrn H. Blaarers v. Wartensee, hohen Oberaufsehers über die geistlichen Güter der Stadt Zürich. *Zürch.* 1767. 8. *Ibid.* 1775. 8.
Blacas d'Aulps (Pierre Louis Jean Casimir, duc de),
homme d'État français (12 janvier 1771 — 17 nov. 1839).
La Boulaye (N... N... de). Notice historique sur M. le duc de Blacas. *Par.* 1840. 8. (*Lv.*)
Blache (Michel Antoine),
marin français († 14 août 1849).
Barral (N... N...). Notice nécrologique sur M. A. Blache, lieutenant de vaisseau, etc. *Par.* 1850. 8.
Blachette (Jean Mathieu),
théologien français († 9 sept. 1840).
Soix (N... N...). Vie édifiante de M. J. M. Blachette, curé de Lalouvesc, mort en odeur de sainteté. *Lyon.* 1843. 8.
Black Hawk (N... N...),
littérateur (?) anglo-américain.
Life of Black Hawk, dictated by himself and edited by J... B... **Patterson.** *Boston.* 1845. 18.
Blackadder (John),
colonel anglais.
Crichton (Andrew). Life and diary of lieutenant-colonel J. Blackadder, of the Cameronian regiment, etc., who served under the duke of Marlborough and afterwards in the rebellion of 1715 in Scotland. *Edinb.* 1824. 12. Portrait.
Blackloe (Thomas),
théologien anglais du XVIIe siècle.
Talbot (Peter). Blackloanæ hæresis, olim in Pelagio et Manichæis damnatæ, nunc denuo renascentis historia et confutatio. *Gandav.*, s. d. (vers 1670). 4.
Blackstone (William),
jurisconsulte anglais (10 juillet 1723 — 14 février 1780).
Biographical history of sir W. Blackstone. *Lond.* 1782. 8.
Blain (Alexis),
théologien italien.
P... (N... N...). Éloge historique d'A. Blain. *Chambéry.* 1858. 8.
Blainville (Henri Marie **Ducrotay** de),
naturaliste français (12 sept. 1777 — 1er mai 1850).
Nicard (Pierre). Notice historique sur la vie et les écrits de M. de Blainville. *Par.* 1850. 8.
Blair (Adam ?).
Some passages in the life of M. A. Blair. The history of Matthew Wald. *Lond.* 1846. 8.
Blair (Hugh),
théologien anglais (7 avril 1718 — 8 janvier 1801 *).
Rubmer (Christian Gottlob). Über Blair und Zollikofer, etc. *Leipz.* 1789. 8.
* La Biographie universelle de Michaud le fait mourir le 27 déc. 1800; c'est une erreur.
Blake (Robert),
amiral anglais (15 août 1590 — 17 août 1657).
(Johnson, Samuel). Life of admiral Blake. *Lond.* 1767. 12.
Dixon (John Hepworth). R. Blake, admiral and general at sea, based on family and state papers. *Lond.* 1852. 8. Portrait.
Blamont (François Collin de),
musicien français (22 nov. 1699 — 14 février 1760):
Éloge historique de F. Collin de Blamont, intendant de la musique du roi. *Par.* 1760. 8.

Blanbekin (Agnes),
visionnaire allemande.

Pez (Bernhard). Vita et revelationes A. Blanbekin. *Vindob.* 1731. 8.

Blanc (Louis),
publiciste français (28 oct. 1813 — ...).

Robin (Charles). Biographie de L. Blanc. *Par.* 1848. 8.
—— L. Blanc, sa vie et ses œuvres. *Par.* 1851. 18. Port.

Blanc-Désiles (N... N...),
maire de Bourg-en-Bresse.

Vie révolutionnaire de Blanc-Désiles, depuis 1789, dans laquelle on trouvera les menées du fédéralisme dans le département de l'Ain, s. l. (Bourg) et s. d. (1793). 8.

Blancard ou **Blanckaert** (Nicolas),
philologue hollandais (11 déc. 1625 — 15 mai 1703).

Regius (J...). Oratio funebris in exequiis N. Blancardi. *Franeq.* 1763. Fol.

Blanchard (Alain),
habitant de Rouen (décapité en 1418).

Licquet (François Théodore). Notice sur A. Blanchard, etc. *Rouen.* 1828. 8.

Dupias (Antoine François). Réfutation du discours contre A. Blanchard, prononcé par T. Licquet. *Rouen.* 1828. 8.

Leprévost (Auguste). Réflexions sur A. Blanchard. *Rouen.* 1829. 8. (Tiré à 27 exemplaires.)

Blanchard (Marie Magdalène Sophie **Armant**, veuve),
aéronaute française (25 mars 1778 — 6 juillet 1819).

Poterlet (N... N...). Notice sur madame Blanchard. *Par.* 1819. 12.

Blanche de Castille,
épouse de Louis VIII, roi de France (vers 1186 — 1er déc. 1252).

Combault d'Auteuil (Charles). Blanche, infante de Castille, mère de S. Louis, reine et régente de France. *Par.* 1644. 4.

Macheco (Comtesse Palamède de). Vie de Blanche de Castille, mère de S. Louis. *Par.* 1820. 8. Portrait.

Vernhes (N... N...). Éloge historique de Blanche de Castille. *Toulouse.* 1855. 8.

Vauvilliers (Mademoiselle de). Histoire de Blanche de Castille, deux fois régente de France. *Par.* 1841. 2 vol. 8.

Nisard (Théodore). Histoire de la reine Blanche, mère de S. Louis. *Par.* 1842. 12. *Tours.* 1851. 12.

Danielo (Jean Pierre). La reine Blanche. *Par.* 1843. 12.

Blanche,
reine de Suède.

Celsius (Olof). Schediasma historico-genealogicum quo Blancæ, Sveciæ reginæ, dubii huc usque natales illustrantur. *Upsal.* 1748. 4.

Blanchin (Pierre Joseph),
médecin français (1790 — 17 nov. 1824).

Pichard (Jean Marie). Notice sur M. Blanchin (de Lagnieu), membre de la Société de médecine de Lyon. *Lyon.* 1825. 8.

Blandin (Philippe Frédéric),
chirurgien français (3 déc. 1798 — 16 avril 1849).

Denonvilliers (N... N...). Notice sur la vie et les travaux de Blandin, etc. *Par.* 1849. 8.

Blandrata (Giorgio),
médecin italien († entre 1585 et 1592).

Malacarne (Michele Vincenzo Maria). Commentario delle opere e delle vicende di G. Blandrata, nobile Saluzzese, archiatro in Transilvania ed in Polonia. *Padov.* 1814. 8. Portrait.

Blangini (Giuseppe Marco Maria Felice),
compositeur italien (18 nov. 1781 — .. déc. 1841).

Blangini (Felice). Souvenirs (de 1797 à 1854), publ. par Charles Maxime de **Villemarest**. *Par.* 1854. 8.

Blank (Joseph Bonaventura),
naturaliste allemand (27 juillet 1777 — 26 février 1827).

J. B. Blank's kurze Lebensbeschreibung. *Würzb.* 1819. 8. Portrait.

Blankenburg (Grafen v.),
famille allemande.

Leyser (Polycarp). Genealogia comitum Blankenburgensium. *Helmst.* 1724. 4.

Blanmont (Marie Pierre Isidore, baron de),
général français (23 février 1770 — 8 déc. 1846).

Notice sur le général baron Blanmont, mort à Gisors (Eure). *Par.* 1847. 8.

Blanquet du Chayla (Armand Simon Marie de),
vice-amiral français (9 mai 1759 — 29 avril 1826).

Notice sur le vice-amiral Blanquet du Chayla. *Par.* 1852. 8.

Blanqui (Jean Dominique),
député à la Convention nationale (1759 — 1er juin 1832).

Blanqui (Jean Dominique). Mon agonie de dix mois, ou histoire des traitements essuyés par les députés détenus, et les dangers qu'ils ont courus pendant leur captivité, avec des anecdotes intéressantes. *Par.* 1794. 8. (Morceau d'autobiographie assez recherché.)

Blau (Félix Anton),
bibliographe allemand (1714 — 23 déc. 1798).

Beerdigung des Bürgers F. Blau, am VI. Nivôse des VII. Jahres der fränkischen Republik. *Mainz*, s. d. 8. (D.)

Blau (Jean),
savant français (21 mars 1767 — 24 mars 1842).

Guerrier de Dumast (M... P...). Éloge de M. Blau, membre de la Société royale académique de Nancy. *Nancy.* 1843. 8.

Blaurer (Jacob),
théologien suisse.

Erb (Jacob). J. Blaureri, pastor Bernensis, vita et mors. *Basil.* 1691. 4.

Blavoet (Riquard),
R. Blavoet et Heribert de Wulferingen. *Bruges.* 1847. 8.

Bleccius (Balthasar),
théologien allemand (4 mars 1648 — 10 janvier 1719).

Quade (Michael Friedrich). Programma ad exsequias B. Bleccii, S. T. D. et pastoris Nicolaitani. *Stettin.* 1719. Fol.

Blessig (Johann Lorenz),
théologien allemand (vers 1748 — 17 février 1816).

Daehler (Johann Georg). Memoria viri maximi reverendi J. L. Blessig. *Argent.* 1816. 8. (D. et L.)

Fritz (Carl Maximilian). Leben Dr. J. L. Blessig's. *Strasb.* 1818. 2 vol. 8. (D.)

Blest (Alban),
archéologue irlandais.

Motherwell (M... C...). Memoir of the late A. Blest, for many years agent and secretary for Ireland of the London Hibernian Society. *Dubl.* 1843. 8.

Blitilde,
fille de Clotaire I, roi de France.

Chantereau-Lefevre (Louis). Discours historique, concernant le mariage d'Ansbert et de Blitilde, prétendue fille de Clotaire I. *Par.* 1647. 4.

Labbe (Philippe). Discours historique touchant le mariage d'Ansbert, sénateur romain, et de Blitilde, fille de Clotaire I, roy de France, ayeul de Saint-Arnoul, duquel sont descendues la seconde et la troisième lignée de nos rois. *Par.* 1647. 4. (Comp. Ansbert.)

Blizard (William),
médecin anglais (1743 — 1835).

Cooke (William). Brief memoir of sir W. Blizard. *Lond.* 1855. 8. (Extrait de l'*Annual obituary*.)

Bloch (Joergen),
théologien danois (31 juillet 1767 — 25 sept. 1838).

Birchedahl (Schoeller Parelius Vilhelm). Soergetal over Praesten J. Bloch i Loenborg. *Kjoebenh.* 1858. 8.

Blocquel (Barbe),
religieuse belge.

Prevost (H...). La vie exemplaire de quatre abbesses : Marie Lepoyvre, B. Blocquel, Pétronille Roels et Louise de Barbaize, décédées avec opinion de saincteté. *Liége.* 1656. 4..

Bloesch (Eduard),
homme d'État suisse.

E. Bloesch, Regierungspräsident von Bern; Lebensbild aus unserer Zeit, etc. *St.-Gall.* 1851. 8.

Blois ou **Blosius** (Louis de),
moine belge (1506 — 7 janvier 1565).

Goethals (Félix Victor). L. de Blois. *Brux.* 1842. 8. (Extrait du *Trésor national*.)

Blonay (Marie Aymée de),
religieuse française.

(**Sales**, Charles Auguste de). Vie de la mère M. A. de Blonay, religieuse de la Visitation de S. Marie. *Par.* 1655. 8. (*Bes.*) *Ibid.* 18.. 12. .Trad. en portug. par Joanna Dorothea de MELLO. *Lisb.* 1698. 4.

Blondel (Robert),
poëte-historien français (vers 1390 — vers 1461).

Vallet de Viriville (Auguste). Recherches sur R. Blondel, poëte, historien et moraliste du XVe siècle. *Par.* 1851. 4.

Bloss (Johannes),
mathématicien allemand (1545 — 1632).

Bischoff (Ludwig). Leichenpredigt am Sarge des Mag. J. Bloss, Professors der Mathematik. *Ulm.* 1652. 4.

Bloss (Sebastian),
médecin allemand (4 nov. 1559 — 4 mars 1627).

Mueller (Matthæus). Ingressus, progressus et egressus zodiaci vitæ humanæ S. Blossi, medici Tubingensis, oratione parentali publice exhibitus. *Ulm.* 1628. 4.

Blot (Frédéric),
médecin français (15 janvier 1793 — ... 1841).

Deslonchamps (N... N... Eudes). Notice sur la vie et les travaux de F. Blot, etc. *Caen.* 1842. 4.

Bluecher-Altona (Graf Conrad Daniel v.),
homme d'État danois.

Ludwig (Carl Friedrich Ernst). Kurze Lebensbeschreibung des jüngst verstorbenen C. D. Grafen v. Blücher-Altona, königlich dänischen Oberpraesidenten und Geheimen Conferenzraths, etc. *Alton.* 1845. 8.
Graf C. D. v. Blücher-Altona; das Leben desselben in seinen Hauptmomenten dargestellt. *Alton.* 1846. 8. Port.

Bluecher, Fürst v. Wahlstadt (Gebhard Leberecht),
feld-maréchal de Prusse (16 déc. 1742 — 12 sept. 1819).

(**Gaedicke**, Johann Christian). Kurze Biographie des Fürsten Blücher v. Wahlstadt, etc. *Berl.* 1811. 8.

Rumpf (Johann Daniel Friedrich). Fürst G. L. Blücher's, etc. Heldenthaten. *Berl.* 1814. 8.
Life and campaigns of Field-Marshal Blücher. *Lond.* 1815. 8. (Omis par Lowndes.)
Vie de Blucher. *Par.* 1816. 2 vol. 8.

Friederich (Gerhardt). Erinnerungen an den Fürsten Blücher von Wahlstadt, etc. *Frf.* 1819. 8.

Borott (Johann Baptist). Leben des Feldmarschalls Fürsten Blücher. *Zittau.* 1819. 8.

Bucquoi (Erdmann Friedrich). Fürst Blücher v. Wahlstatt; ein Volksblatt. *Bunzl.* 1821. 8.

Foerster (Friedrich). Feldmarschall Blücher und seine Umgebung. *Leipz.* 1821. 8.

Varnhagen v. Ense (Carl August). Blüchers Lebensbeschreibung. *Berl.* 1827. 8.

Wallenrodt (Ludwig v.). Leben und Thaten, etc. Blücher's von Wahlstadt. *Stuttg.* 1852. 8. Orné de plusieurs portraits du maréchal.

Rauschnick (Gottfried Peter). Marschall Vorwärts, oder Leben, Thaten und Character des Fürsten Blücher v. Wahlstadt. *Iserlohn.* 1855. 8. 2 portraits. Trad. en holland. *Groning.* 1857. 8. Portrait.

Burckhardt (Wilhelm). G. L. v. Blücher, etc. nach Leben, Reden und Thaten geschildert. *Stuttg.* 1855. 8. Portrait.

Kossarski (Ludwig). Blücher. Leben und Thaten dieses Helden, nebst einem Anhange : Friedrich Wilhelm III am Sterbebette Blücher's. *Berl.* 1842. 8.

Pischon (Carl). G. L. Blücher's Leben, Thaten und Ende. *Burg.* 1842. 8.

Obrist v. W... Anecdoten, Züge und Skizzen aus dem Leben des Feldmarschalls G. L. v. Blücher. *Quedlinb.* 1842. 8.

Schoening (Kurt v.). Geschichte des K. preussischen Husaren-Regiments, mit besonderer Rücksicht auf G. L. v. Blücher, den ehemaligen Chef dieses Regiments. *Berl.* 1842. 8.

Blum (Robert),
publiciste allemand (10 nov. 1807 — fusillé le 9 nov. 1848).

Frey * .(Arthur). R. Blum, Characterbild für Freunde und Gegner. *Zeitz.* 1846. 8. *Leipz.* 1848. 8. *Mannh.* 1848. 8. Portrait. Trad. en franç. s. c. t. Notice nécrologique, etc. *Cassel.* 1848. 12. Portrait.

* Le véritable nom de l'auteur est Arthur Bussenius.

Blum's Todtenfeier. *Leipz.* 1848. 8.

Flathe (Ludwig). Mahnung an das deutsche Volk, bei R. Blum's Todeskunde. *Leipz.* 1848. 8.

R. Blum, Deutschlands politischer Erlöser; Denkmal seiner Ehren zur Begeisterung Aller für die Sache der Freiheit. *Leipz.* 1848. 8.

Franke (Eduard). Leben, Wirken und Ermordung des Abgeordneten der deutschen Nation R. Blum, etc. *Gera.* 1848. 8. (3e édition.)

R. Blum, der Wort- und Schwertführer, der Held und Märtyrer der deutschen Volksfreiheit, standrechtlich erschossen zu Wien am 9. Nov. 1848. *Hildburgh.* 1848. 8. Portrait.

Selbstbiographie von R. Blum, und dessen Ermordung in Wien am 9. Nov. 1848, herausgegeb. von einem seiner Freunde. *Leipz.* et *Meiss.* 1848. 8. Portrait.

Wittig (Ludwig). Blum's letzte Stunden in Wien. *Leipz.* 1848. 8.

R. Blum; biographisches Denkmal. *Jena.* 1848. 4. Port.

Die letzten Stunden und der Tod R. Blum's; Denkschrift an das deutsche Volk von den Wiener Flüchtlingen (Simon) DEUTSCH, (Adolph) FRANKEL, (Eduard) GRITZNER, (Siegmund) KOLISCH und (Franz) POKORNY. *Leipz.* 1848. 8.

R. Blum's Leben, Wirken und Sterben, etc. *Bauzen.* 1848. 8.

R. Blum's letzte Lebensstunden und dessen Todtenfeier in Bremen ; nebst der dabei gehaltenen Rede von C... H... C... WICHMANN. *Brem.* 1848. 8.

Greif (Carl). R. Blum's Ermordung, Mörder und Feinde; Weckruf an das deutsche Volk. *Leipz.* 1858. 4 *.

* Avec le parafe de Platen : « Man kann hienieden *nichts Schlechteres* als ein *Deutscher* sein. »

W... (F...). R. Blum, sein Leben, Wirken und Ende. *Nürnb.* 1848. 8.

R. Blum, sein Leben und seine Hinrichtung; Characterbild unserer Zeit. *Brem.* 1848. 8. Portrait.

R. Blum, sein Leben, Wirken und seine Ermordung, etc. *Leipz.*, s. d. (1848). 8.

Duller (Eduard). R. Blum's Leben und Tod, etc. *Frf.* 1848. 8. Portrait.

Muehlecker (Fried). R. Blum; sein Leben, Wirken und sein Tod. *Heilbr.* 1848. 16. Portrait gravé sur bois.

Pfau (Ludwig). Todtenkranz auf das Grab R. Blum's; Rede gehalten bei der Trauerfeier in Heilbronn. *Heilbr.* 1848. 8.

Schwed (Friedrich). R. Blum, der Kämpfer für Freiheit und Licht. *Nürnb.* 1848. 32. Portrait.

Sparfeld (Eduard). Das Buch von R. Blum, etc. *Leipz.* 1849. 8.

Streckfuss (Adolph). R. Blum, sein Leben, sein Wirken. Ein Buch für das Volk, etc. *Berl.* (Magdeb.). 1850. 8.

Blumauer (Aloys),
poëte allemand (21 déc. 1755 — 16 mars 1798).

Blumauer im Olymp oder Virgilius contra Blumauer puncto labefactæ Æneidis. *Leipz.* 1792. 8. *Gratz.* 1796. 8 *.

* Curiosité littéraire écrite en vers burlesques.

Blumenbach (Johann Friedrich),
naturaliste allemand (11 mai 1752 — 23 janvier 1840).

Marx (Carl Friedrich Heinrich). Zum Andenken an J. F. Blumenbach. *Götting.* 1840. 4. (*Bx.*)

Flourens (Pierre). Eloge historique de Blumenbach. *Par.* 1847. 8.

Bluteau (Raphael),
théatin français (4 déc. 1638 — 13 février 1734).

Menezes (Francisco Xavier de). Elogium pentagloton R. Bluteau. *Coimbra.* 1712. Fol.

Rangel de Macedo (Diogo). Oração funebre do P. Bluteau. *Lisb.* 1734. 4.

Oliveira (Filippe de). Discurso problematico em louvor do P. Bluteau. *Lisb.* 1734. 4.

Blutel (Charles Auguste Esprit Rose),
député à la Convention nationale (29 mars 1757 — 1er nov. 1805).

Notice sur M. Blutel. *Par.* 1847. 8.

Boas (Martin),
théologien suisse (?).

Lebensgeschichte von M. Boas, Prediger der Gerechtigkeit, die vor Gott gilt. Auszug aus einer Selbstbiographie, *Basel.* 1846. 8. Portrait.

Bobba (N... N...),
cardinal italien.

Morozzo (Giuseppe). Elogio storico del cardinale Bobba *Torin.* 1799. 4.

Bocarmé (Alfred Julien Gabriel Gérard Hippolyte **Visart**, comte de **Bury** et de),
assassin belge (... 1819 — guillotiné le 19 juillet 1851).

Procès Bocarmé. Seul compte rendu complet, accompagné des biographies du comte et de la comtesse de Bocarmé, d'une description du château de Bitremont et des plaidoiries des défenseurs. *Mons.* 1851. 8. (2 port.)

Procès du comte et de la comtesse de Bocarmé, accusés du crime d'assassinat sur la personne de leur frère et beau-frère Gustave Adolphe Joseph Fougnies. *Leipz.* 1851. 8.

Le drame du château de Bury : Procès de Bocarmé. (Edition illustrée de vues, plans, portraits, etc., rédigée par Louis LABARRE.) *Mons.* 1851. 8.

Notice biographique sur A. J. G. G. H. Visart, comte de Bury et de Bocarmé, né au camp de Weltevredem, à Java. *Mons.* 1851. 8 *.

* Cette notice, accompagnée de son portrait, a été composée par sa mère, la comtesse Ida de BOCARMÉ.

L'École du peuple. — Le comte et la comtesse de Bocarmé. Le procès complet avec les interrogatoires, l'acte d'accusation et les plaidoiries des avocats, portraits des accusés, etc. *Par.* 1851. 4.

Le comte et la comtesse (Lydie) de Bocarmé ou les mystères du château de Bitremont. Empoisonnement. Procès. Condamnation à la peine de mort, etc. *Lagny* (*Par.*). 1851. 18.

Bocarmé (Lydie Victoire Joseph **Fougnies**,
comtesse de),
épouse du précédent (3 nov. 1818 — ...).

Biographie de la comtesse de Bocarmé, née Lydie Fougnies. *Brux.* 1851. 18. Portrait.

Boccaccio (Giovanni),
poète italien du premier ordre (1313 — 21 déc. 1375).

Manetti (Gianotti). Specimen historiæ litterariæ Florentinæ seculi XIII ac XIV s. vitæ Dantis, Petrarchæ ac Boccaccii, publ. par Lorenzo MEHUS. *Florent.* 1747. 8.

Hager (Johann Georg). Programmata III de J. Boccatio veritatis evangelicæ teste. *Chemnic.* 1765. 4.

Adry (Jean Félicissime). Notice sur Boccace, où l'on rétablit plusieurs faits de cet homme célèbre. *Par.* 1802. 8.

Baldelli (Giovanni Battista). Vita di G. Boccaccio. *Firenz.* 1806. 8. Portrait. (*D.* et *L.*)

Manni (Domenico Maria). Istoria del Decamerone di G. Boccaccio. *Firenz.* 1742. 4.

Boccage (Marie Anne Lepage du),
auteur française (22 oct. 1710 — 8 août 1802).

Guilbert (Philippe Jacques Étienne Vincent). Notice biographique et littéraire sur madame du Boccage. *Rouen.* 1807. 8.

Boccherini (Luigi),
compositeur italien (14 janvier 1740 — 28 mai 1805).

Picquot (L...). Notice sur les ouvrages de Boccherini, suivie d'un catalogue raisonné de toutes ses œuvres tant publiées qu'inédites. *Par.* 1851. 8. 2 port.

Bocer * (Johann),
poète allemand (... 1516 — 6 oct. 1565).

Opitz (Johann Carl). De vita, fatis et scriptis J. Boceri, poetæ Mindensis. *Mind.* 1750. 4.

* Son véritable nom est *Boedeker* ou *Bocker*.

Bochart (N... N...),
prêtre français.

(**Lyonnet**, N... N...). Notice historique sur M. Bochart, grand-vicaire du diocèse de Lyon. *Lyon.* 1853. 8. Port. (Publ. sous les lettres de M. C.)

Bochart (Samuel),
philologue français (30 mai 1599 — 16 mai 1667).

Morin (Étienne). Dissertatio de vita et scriptis S. Bocharti. *Lugd. Bat.* 1692. Fol.

Smith (Edward Herbert). S. Bochart; recherches sur la vie et les ouvrages de cet auteur illustre, etc. *Caen.* 1853. 8.

Bochart de Champigni (Honoré),
capucin français.

Henri de Calais. La vie et les miracles du V. P. H. Bochart de Champigni, provincial des pères capucins de la province de France. *Par.* 1650. 8.

Josaphat. Oraison funèbre du R. P. H. Bochart de Champigni, capucin, fameux par sa sainteté et par le don des miracles. *Par.* 1727. 4.

Bochart de Saron (Jean Baptiste Gaspard),
premier président au parlement de Paris (16 janvier 1730 — guillotiné le 20 avril 1794).

Montjoie (Christophe Félix-Ventre de Latouloubre, plus connu sous le nom de Galart de). Eloge historique de J. B. G. Bochart de Saron, premier président du parlement de Paris. *Par.*, an VII (1800). 12. (*P.* et *Lv.*)

Cassini (Jean Dominique). Eloge de M. de Saron, premier président du parlement de Paris, etc. *Par.* 1810. 8.

Bochat (Charles Guillaume Loys de),
jurisconsulte suisse (11 nov. 1695 — 4 avril 1754).

(**Clavels de Breules**, N... N...). Éloge historique de C. G. Loys de Bochat, lieutenant-bailival et contrôleur général à Lausanne. *Laus.* 1775. 8. (*D.* et *L.*)

Bochaute (Charles v.),
médecin belge (26 avril 1732 — ...).

Avoine (Pierre Joseph d'). Notice sur C. van Bochaute, licencié en médecine, etc. *Malin.* 1851. 8.

Bock (Johann Georg),
poète allemand (12 mai 1698 — 7 juillet 1762).

Pisanski (Georg Christoph). Leben des Professors J. G. Bock. *Königsb.* 1762. 4.

Bockelson (Jan),
plus connu sous le nom de Jean de Leyde, chef des Anabaptistes (vers 1510 — exécuté le 23 janvier 1536).

Schloezer (August Ludwig). Geschichte des Schneiderkönigs Johann von Leyden. *Götting.* 1784. 8.

(**Vulpius**, Christian August). Johann von Leyden. *Dresd.* 1793. 4.

Baston (Guillaume André René). Jean Bockelson ou le roi de Munster; fragment historique. *Besanç.* et *Par.* 1824. 8.

Wallmann (Johann Christian). Johann von Leyden; Geschichte für's Volk. *Quedlinb.* 1844. 12.

Bussierre (Théodore de). Les Anabaptistes. Histoire du luthéranisme, de l'anabaptisme et du règne de J. Bockelsohn (!) à Munster. *Par.* 1850. 8.

Bocksai (István),
théologien (?) hongrois.

Goergei (Pál). Halotti Prédikátzio Bocksai Istváné, s. l. 1674. 4.

Bockshammer (Johann Christian),
théologien allemand († 12 nov. 1804).

Opitz (Johann Christian). Confirmationsfeier nebst biographischem Denkmal J. C. Bockshammers. *Oels:* 1805. 8.

Bocquillot-Wilhem (Guillaume Louis),
compositeur français (18 déc. 1781 — 26 avril 1842).

Jomard (Edme François). Discours sur la vie et les travaux de G. L. Bocquillot-Wilhem. *Par.* 1842. 8. Portrait.

Niboyet (Eugénie). Notice historique sur la vie et les ouvrages de G. L. Bocquillot-Wilhem. *Par.* 1843. 12. Portrait.

Lafage (J... Adrien de). Notice sur G. L. Bocquillot-Wilhem. *Par.* 1844. 8.

Bocquillot (Lazare André),
jurisconsulte français (1er avril 1649 — 22 sept. 1728).

(**Letors**, Henri Hubert). Vie et ouvrages (lettres) de M. L. A. Bocquillot, chanoine d'Avallon, s. l. 1745. 12. (*Bes.*)

Boddaert (Pieter),
poète hollandais (6 juillet 1694 — 28 janvier 1769).

Uitvoerige levensgeschiedenis van den beroemten dichter P. Boddaert. *Amst.* 1811. 8. *Rotterd.* 1827. 8.

Levensgeschiedenis van den vermaarden dichter P. Boddaert. *Amst.* 1856. 8.

Bode (Christoph August),
théologien allemand (28 déc. 1722 — 7 mars 1796).

(**Wiedeburg**, Friedrich August). Memoria C. A. Bodii. *Helmst.* 1796. 4. (*D.*)

Bode (Johann Joachim Christoph),
jurisconsulte allemand (16 janvier 1730 — 13 déc. 1793).

Fragmente zur Biographie des Geheimen Raths J. J. C. Bode. *Rom.* (?) 1795. 8. (*D. et L.*) — (Très-curieux.)

(**Boettiger,** Carl August). J. J. C. Bode's literarisches Leben. *Berl.* 1796. 8. Portrait.

Bode (Ludwig),
jurisconsulte (?) allemand.

Lyncker (Nicolaus Christoph v.). Memoria L. Bode. *Jenæ.* 1699. 4. (*L.*)

Bodenstein, appelé **Carlstadt** (Andreas),
théologien allemand († 24 déc. 1541).

Siricius (Michael). Exercitatio historico-theologica de A. Bodensteinio, etc. *Giess.* 1662. 4.

Mayer (Johann Friedrich). Dissertatio de Carolostadio, contra Godefr. Arnoldum. *Gryphisw.* 1708. 4. (*D.*)

Kurze Lebensbeschreibung Dr. A. Bodenstein's, nachmals Carlstadt oder Bruder Aenders genannt, s. l. 1720. 4. Portrait. (*D.*)

Bieler (Benjamin). Gesammelte Nachrichten von Carlstadts Leben , Unfug und Verwirrung. *Frf. et Leipz.* 1738. 8.

Ekerman (Peter). Dissertatio de A. Bodenstein Carolostadio doctore postea A. B. C. Dario dicto ejusque furore admodum intolerabili. *Upsal.* 1769-1775. 2 parts. 4.

Fuessli (Johann Conrad). Lebensgeschichte A. Bodenstein's, sonst Carlstadt genannt. *Frf. et Nürnb.* 1776. 8. (*D.*)

Dieckhoff (August Wilhelm). De Carolostadio Lutheranæ de servo arbitrio doctrinæ contra Eckium defensore dissertatio theologico-historica. *Goetting.* 1850. 8.

Lehmus (Johann Georg). De Carolostadii mora Rothenburgica patriæ nostræ perniciosissima. *Rotenb.* 1777. 4.

Bodin (Jean),
jurisconsulte français (1530 — 1596).

Lyser (Johann Polycarp). Selecta de vita et scriptis J. Bodini. *Witteb.* 1715. 4. (*D. et L.*)

Colombel (Evariste). J. Bodin ; suite d'études sur le xvie siècle. *Nant.* 1843. 8.

Laforêt (Jean Baptiste). Étude sur (E.) de la Boëtie et Bodin. *Louvain.* 1853. 12. (Extrait de l'*Annuaire de l'Université catholique de Louvain*.)

Baudrillart (H...). J. Bodin et son temps, etc. *Par.* 1853. 8.

———

Guhrauer (Gottschalk Eduard). Das Heptaplomeron des J. Bodin ; zur Geschichte der Cultur und Literatur im Jahrhundert der Reformation. *Berl.* 1841. 8.

Loehn (Eduard Wilhelm). Dissertatio historico-theologica de J. Bodini colloquio heptaplomero. *Tubing.* 1845. 8.

Bodin (Juste),
médecin français (... 1746 — 17 juin 1817).

Mérat (François Victor ?). Éloge de J. Bodin, médecin. *Par.* 1817. 8.

Bodley (Thomas),
fondateur de la bibliothèque de l'université d'Oxford (2 mars 1544 — 28 janvier 1612).

Justa funebria Ptolemæi Oxoniensis, T. Bodleii, celebrata in academia Oxoniensi die 29 Mart. 1613. *Oxon.* 1613. 4. (*D.*)

Hales (John). Oratio funebris in obitum T. Bodleji, publicæ Oxoniensis bibliothecæ fundatoris. *Oxon.* 1613. 4. *Lond.* 1704. 4.

Life of T. Bodley, the honourable founder of the publick library in the university of Oxford. *Oxf.* 1647. 4.

Mearne (Thomas). Reliquiæ Bodleanæ, or some genuine remains of T. Bodley, containing his life, etc. *Lond.* 1703. 8.

Bodmer (Johann Jacob),
poëte suisse (19 juillet 1698 — 2 janvier 1783).

Hottinger (Johann Jacob). Acroama de J. J. Bodmero. *Turic.* 1783. 8.

Meister (Leonhard). Über Bodmer. *Zürch.* 1783. 8. (*D.*)

Bodoni (Giovanni Battista),
imprimeur italien (16 février 1740 — 20 nov. 1813).

Passerini (Bartolommeo ?). Memorie anedotti per servire alla vita di G. B. Bodoni. *Parm.* 1814. 8.

Grégory (Jean Laurent de). Biographie des trois illustres Piémontais : Lagrange, Denina et Bodoni, décédés en 1813. *Verceil.* 1814. 8. (Omis par Quérard.)

Lama (Giuseppe de). Vita del cavaliere G. B. Bodoni, tipografo italiano. *Parm.* 1816. 4. (Suivi d'un catalogue chronologique de ses éditions.)

Boeckel v. Boeckelen (Johann Gotthard v.),
jurisconsulte allemand (9 juillet 1645 — 5 février 1702).

Programma in funere J. G. a Boeckelen. *Helmst.* 1702. 4. (*D.*)

Boecler (Johann Heinrich),
jurisconsulte allemand (8 janvier 1679 — 8 janvier 1732).

Strebel (Johann Samuel). Programmata II de vita J. H. Boecler. *Onoldini.* 1759-60. 4.

Boehme (Jacob),
fanatique allemand (1575 — 18 nov. 1624).

Life of J. Boehmen, wherein is contained a perfecte catalogue of his works. *Lond.* 1644. 4. (*D.*)

Frankenberg (Abraham v.). Gründlicher und wahrhafter Bericht von dem Leben und Abschiede des in Goot selig ruhenden J. Boehme, s. l. 1651. 8. Trad. en angl. par Francis Okely. *Lond.* 1780. 8.

Mueller (Johann). Fanaticus Atheist aus J. Boehmen's Büchern entdeckt, s. l. 1679. 8.

Frick (Johannes). Gründliche Untersuchung der vornehmsten Irrthümer J. Boehmen's, etc. *Ulm.* 1680. 8. *Ibid.* 1697. 8. *Ibid.* 1700. 8. *Ibid.* 1729. 8.

Batt (Abraham). Dissertatio de fanaticismo pestilentissimo J. Boehmii e doctrina ejus de pœnitentia. *Gryphisw.* 1692. 4.

H... (E... J...). Entlarvter J. Boehme, oder Anzeigung, wie dessen Schriften anzusehen, s. l. 1695. 4.

Historia J. Boehmen's, des Schusters zu Goerlitz, oder Beschreibung der fürnehmsten Begebenheiten, die sich mit J. Boehmen und dessen Schriften zugetragen. *Hamb.* 1698. 8. (*D.*)

Calov (Johann Adam). Dissertatio de vita J. Boehmii. *Witteb.* 1707. 4. (*D.*) *Ibid.* 1715. 4.

Gmelin (Georg Ludwig). Disputatio de J. Boehmio ; judicium Henrici Mori, philosophi et theologi celeberrimi Angli. *Tubing.* 1708. 4. (*Lv.*)

Rumpaeus (Justus Wessel). Disputatio de J. Boehmii Lusati Palæo-Seidenburgensis vita. *Susati.* 1714. 4. (*D.*)

Luedecke (Thomas). Schriftmässige Nachricht von J. Boehmen. *Magdeb.* 1715. 8. (*D.*)

Reinhardt (Johann Balthasar). Untersuchung der Irrlehren, die in J. Boehmen's und Joh. Geo. Gichtel's Schriften enthalten sind. *Nordhaus.* 1734. 8.

(**Heidecke,** Benjamin). J. Boehmen's Schattenriss. *Riga.* 1788. 8.

(**Sillig**, Johann Friedrich). J. Boehme ; biographischer Versuch. *Pirna.* 1801. 8. (*D.*)

Raetze (Johann Georg). Blumenlese aus J. Boehme's Schriften, nebst einer Geschichte seines Lebens und seiner Schicksale. *Leipz.* 1819. 8.

Motte-Fouqué (Friedrich de la). J. Boehme ; biographischer Denkstein. *Greiz.* 1831. 8.

Umbreit (August Ernst). J. Boehme ; Gedankenreihe über daß im Leben der Menschheit sich gestaltende religiöse Moment. *Heidelb.* 1835. 8. (*D.*)

Wullen (Wilhelm Ludwig). J. Boehme's Leben und Lehre. *Stuttg.* 1836. 8. (*D.*)

Wagner (Tobias). Disputatio sistens propemticum judicium theologicum de scriptis J. Boehmii. *Tubing.* 1679. 4.

Boehme (Johann Christian),
théologien (?) allemand.

Vita J. C. Boehmii. *Lips.* 1771. 4. (*L.*)

Boehmer (Georg Rudolph),
médecin allemand (1er oct. 1723 — 4 avril 1803).

Zacchariæ (Carl Salomon). Memoria G. R. Boehmeri. *Witteb.* 1803. 4. (*D.*)

Boehmer (Justus Henning),
jurisconsulte allemand (29 janvier 1674 — 23 août 1749).

Struensee (Adam). Das grünende und fruchtbare Alter : Gedächtniss-Predigt zum Andenken des J. H. Boehmer. *Halle.* 1749. Fol. (*D.*)

Monumentum memoriæ J. H. Boehmeri. *Halæ.* 1749. Fol. (*D.*)

Boehmer (Philipp Ludwig),
théologien allemand.

Reusch (Erhard). Elogium P. L. Boehmeri, ecclesiarum Cellensium antistitis. *Helmst.* 1755. 4.

Boellet, voy. **Bolllet.**

Boër (Hybo Everdes de),
littérateur hollandais.

Ryneveld (J... C...). Beknopte levensschets van jonkheer H. E. de Boër. *Breda.* 1858. 8.

Boër (Lucas Johann),
médecin allemand (20 avril 1751 — 19 janvier 1835).

Hussian (Raphael Ferdinand). Dr. L. J. Boër's Leben und Wirken; biographische Skizze. *Wien.* 1838. 4. Portrait.

Boerhave (Herman),
médecin hollandais (31 déc. 1668 — 23 sept. 1738).

Schultens (Albert). Oratio academica in memoriam H. Boerhavii. *Lugd. Bat.* 1738. 4. (*L.*)

(**Burton**, William). Account of the life and writings of H. Boerhave. *Lond.* 1743. 2 vol. 8. *Ibid.* 1746. 2 vol. 8 *. (D. et P.)
* Cet ouvrage, orné de son portrait, est omis par Lowndes.

(**Maty**, Michel). Essai sur le caractère du grand médecin, ou éloge historique et critique de H. Boerhave. *Cologne.* (*Leyd.*) 1747. 8. (*D.*) Trad. en allem. *Leipz.* et *Freyb.* 1748. 8. (D. et L.)

Baldinger (Ernst Gottfried). Programma de F. Hofmanni et H. Boerhavii meritis in medicinam practicam. *Lips.* 1772. 4.

Kesteloot (Jacques Louis). Lofrede op H. Boerhave. *Leyde.* 1819. 8. (*Bx.*) *Gand.* 1825. 8. Portrait. (*P.* et *Bx.*)

Johnson (S...). Life of H. Boerhave. *Lond.* 1834. 8. Trad. en holland. *Amst.* 1857. 12.

Ebert (Carl Wilhelm). Dissertatio historico-medica de H. Boerhavio. *Jenæ.* 1843. 8. (*L.*)

Boerling (Johann Jacob),
théologien suisse (... — 21 août 1844).

Hausmeister (J... A...). Leben und Wirken des Pastors J. J. Börling. *Basel.* 1852. 8.

Boerne (Ludwig),
publiciste allemand (18 mai 1786 — 12 février 1837).

Raspail (François Vincent). Discours prononcé sur la tombe de L. Boerne. *Par.* 1857. 4.

Beurmann (Eduard). L. Börne als Character in der Literatur. *Frf.* 1857. 8. Portrait. (D.) *Ibid.* 1841. 8.

Backhaus (Ferdinand). L. Boerne in seinem literarischen Wirken, etc. *Zittau.* 1857. 12. Portrait.

Gutzkow (Carl). Börne's Leben. *Hamb.* 1840. 8. (D.) Portrait.

Heine (Heinrich). Über L. Börne. *Hamb.* 1840. 8.

Boelsche (Carl). Zwei Republikaner. *Frf.* 1850. 16 *.
* Contenant la vie d'Armand Carrel et celle de L. Boerne.

Boerner (Caspar),
théologien allemand (✝ 3 mai 1547).

Ernesti (Johann August). Elogium C. Boerneri, grammatici, philosophi, mathematici et theologi Lipsiensis. *Lips.*, s. d. (1740.) 4. (D.)

Dr. C. Boerner, Professor der Theologie, gestorben zu Leipzig 1547. *Leipz.* 1817. 8. (D.)

Boerner (Christian Friedrich),
théologien allemand (6 nov. 1683 — 19 nov. 1753).

Boerner (Christian). Vitæ suæ descriptio. *Lips.* 1753. 8. (D.)

Memoria C. F. Boerneri. *Lips.* 1755. Fol.

Denkmal der Liebe C. F. Boerner'n von dessen hinterlassenen Kindern aufgerichtet. *Leipz.* 1754. Fol. (D.)

Boerner (Johann Georg),
jurisconsulte allemand (9 août 1646 — 2 mai 1713).

Kunad (Polycarp). Gedächtniss-Predigt auf J. G. Boerner. *Dresd.* 1713. Fol. (D.)

Boeschen (Anton Günther),
jurisconsulte allemand (13 déc. 1612 — 2 mars 1673).

Mayer (Johann Ulrich). Der göttliche Nothhelffer; Leichen-Sermon auf A. G. Boeschen, s. l. et s. d. (*Dresd.* 1673.) Fol. (D.)

(**Rappolt**, Friedrich). Programma academicum in A. G. Boeschenii funere. *Lips.* 1673. 4. (D.)

Boeschenstein (Johann),
philologue allemand.

Serpilius (Georg). Historische Untersuchung des Auc-

toris von dem Liede : « Da Jesus an dem Creuze stund, » J. Böschenstein sive Boschenstein. *Regensb.* 1720. 8.

Boessière-Lennuic (Marc-Antoine Marie Hyacinthe,
général français (...1706 — ..août 1846).

Recommandation funèbre de M. le général marquis de la Boessière. *Brux.* 1847. 8.

Rochejacquelein (Henri de la). Notice nécrologique sur le général M. A. M. H., marquis de la Boessière-Lennuic. *Par.* 1848. 8.

Boëthius (Jakob),
théologien suédois (25 nov. 1647 — 23 février 1718).

Fant (Erik Michael). Vita Mag. J. Boethii, pastoris et præpositi in Mora Dalecarliensi. *Upsal.* 1812. 8.

Boëthius (Severinus),
sénateur romain (né vers 470 — mis à mort le 23 oct. 526).

Caramuel y Lobkowitz (Johann). Boëtius, sive ejus vita, memorabilibus monitis exornata. *Prag.* 1647. 4.

(**Gervaise**, François Armand). Histoire de Boëce, sénateur romain, avec l'analyse de tous ses ouvrages. *Par.* 1705. 12.

Andreae (Johann Heinrich). De S. Boëtio, speciatim de ejus *Consolatione philosophica.* *Heidelb.* 1759. 4.

Barberini (Bartolommeo). Critico-storica esposizione della vita di S. Boëtio. *Pavia.* 1782. 8.

Comi (Siro). Memoria storico-critica sopra S. Boecio. *Pavia.* 1808 (?). 8.

Boétie (Étienne de la),
jurisconsulte français (1er nov. 1530 — 18 août 1563).

Montaigne (Michel de). Discours sur la vie d'É. de la Boétie, conseiller au parlement de Bordeaux. *Par.* 1572. 8.

Feugère (Léon). É. de la Boétie, ami de (Mich.) Montaigne; étude sur sa vie et ses ouvrages, etc. *Par.* 1846. 8. (*Lv.*)

Laforêt (Jean Baptiste). Étude sur la Boétie et (J.) Bodin. *Louvain.* 1853. 12. (Extrait de l'*Annuaire de l'Université catholique de Louvain.*)

Payen (Jean François). Notice bio-bibliographique sur E. de la Boétie, l'ami de Montaigne; suivie de *la Servitude volontaire*, donnée pour la première fois selon le vrai texte de l'auteur, etc. *Par.* 1853. 8.

Boettger (Johann Friedrich),
inventeur de la porcelaine (1681 — 13 mars 1719).

Engelhardt (Carl August). J. F. Boettger, Erfinder des sächsischen Porzellans, nebst einer kurzen Darstellung der Staatsgefängnisse und merkwürdigen Staatsgefangenen in Sachsen seit dem 16. Jahrhundert. *Leipz.* 1857. 8. Portrait. (L.)

Boetticher (Peter),
jurisconsulte allemand.

Lesser (Friedrich Christian). Vita P. Boetticheri. *Nordhus.* 1747. 4. (D.)

Boettiger (Carl August),
archéologue allemand (8 juin 1760 — 7 nov. 1835).

Eichstaedt (Heinrich Carl Abraham). Exhortatio ad cives academicos, ex C. A. Boettigeri vita et studiis ducta. *Jenæ.* 1816. 8.

Nostiz und **Jaenkendorf** (Gottlieb Adolph Curt v.). C. A. Boettiger; sein Bild, sein Denkmal. *Dresd.* 1836. 8. (D.)

Boettiger (Carl Wilhelm). C. A. Boettiger; biographische Skizze. *Leipz.* 1857. 8. Portrait. (P.)

Boffia-Interminelli (Filippo Maria),
général italien (28 janvier 1710 — 18 avril 1783).

Russo Pares (Vincenzo). Elogio funebre del cavaliere F. M. Boffia-Interminelli. *Palerm.* 1784. 4.

Boffrand (Germain),
architecte français (7 mai 1667 — 18 mars 1754).

Patte (Pierre). Abrégé de la vie de Boffrand, s. l. et s. d. 8.

Bogaerts (Félix Guillaume Marie),
littérateur belge (2 juillet 1805 — 16 mars 1851).

Busscher (Edmond de). F. Bogaerts; notice biographique et littéraire. *Gand.* 1851. 8. Portrait.

Pontaumont (N... N..., Le Chanteur de). Notice sur

M. Bogaerts, professeur d'histoire à l'Athénée d'Anvers. *Cherbourg.* 1851. 8.

Notice biographique sur F. Bogaerts, s. l. et s. d. (*Anvers.* 1851.) 8.

Bogatzky (Carl Heinrich v.),
théologien allemand (vers 1690 — 15 juin 1714).

C. H. Bogatzky's Lebenslauf von ihm selbst beschrieben. *Halle.* 1801. 8.

Ledderhose (Carl Friedrich). Leben C. H. v. Bogatzky's. *Heidelb.* 1846. 8.

Steffann (E...). C. H. v. Bogatzky. *Bielefeld.* 1850. 8. (11e édition.)

Bogislav X,
duc de Poméranie (+ 30 sept. 1523).

Schoemann (Georg Friedrich). Oratio de Bogislao Magno, Pomeraniæ principe. *Gryphisw.* 1850. 8.

Kahle (C...). Historia de profectione in terram sanctam Bogislavi X. *Witteb.* 1554. 4.

Bogros (Annet Jean),
anatomiste français (14 juin 1786 — 25 sept. 1823).

Vernière (N... N...). Notice sur A. J. Bogros. *Par.*1824. 8.

Bogumil,
archevêque de Gnèse.

Mini (Tommaso). Vite del B. Bugomilo, arcivescovo di Gnesna, monaco Camaldolese, e del pio e devoto Casimiro di tal nome primo re di Polonia, discepolo del P. S. Romualdo. *Venez.* 1620. 4.

Boguslav, voy. **Bogislav.**

Bohan (François Philippe **Loubert**, baron de),
hippographe français (23 juillet 1751 — 12 mars 1804).

Lalande (Joseph Jérôme Le-Français de). Éloge de M. de Bohan. *Bourg.* 1805. 8.

Bohemus (Johann),
jurisconsulte allemand.

(**Leibnitz**, Friedrich). Programma academicum in J. Bohemi exequiis. *Lips.* 1645. 4.

Bohemus (Johann),
philologue allemand (11 juin 1594 — 3 sept. 1676).

Petermann (Tobias). Mag. J. Bohemi, philologi et polyhistoris, rectoris apud Dresdenses meritissimi vita. *Dresd.* 1677. 4. (L.)

Bohemus ou **Behemb** (Martin),
théologien allemand (16 sept. 1557 — 5 févr. 1622).

Hollstein (Christoph). Leichenpredigt auf den Pastorem primarium M. Bohemus in Lauban. *Wittenb.* 1622. 4. Portrait.

Bohlen (Peter v.),
orientaliste allemand (13 mars 1796 — 6 février 1840).

Bohlen (Peter v.). Autobiographie, publ. par Johannes Voigt. *Königsb.* 1841. 8. *Ibid.* 1843. (D.)

Bohne (Johann),
médecin allemand (20 juin 1640 — 19 déc. 1718).

(**Cyprian**, Johann). Programma academicum in funere J. Bohnii. *Lips.* 1718. Fol. (D.)

Bohr (Christian Frederik Gottfred),
mathématicien norvégien.

Neumann (Jacob). C. F. G. Bohr; Mindeskrift. *Berg.* 1855. 8.

Bohr (Peter v.),
faux-monnayeur allemand.

Felsenthal (Rudolph v.). Aus der Praxis eines österreichischen Polizeibeamten; erster Band: Der Banknotenfälscher P. v. B*** (ohr). *Wien.* 1855. 8.

Boichot (Guillaume *),
sculpteur français (1738 — 9 déc. 1814).

Lebas de Courmont (Charles Claude). Vie de G. Boichot, membre de l'Académie royale de sculpture. *Par.* 1828. 8.

* Et non pas Jean, comme on le nomme dans les Biographies modernes.

Boie (Hendrik),
naturaliste hollandais.

Susanna (J... A...). Levensschets van H. Boie; een hulde aan zijne verdiensten, etc. *Amst.* 1854. 8. Portrait.

Boieldieu (François Adrien),
musicien français du premier ordre (15 déc. 1775 — 8 oct. 1834).

Walsh (Joseph Alexis). Procès-verbal de la cérémonie funèbre en l'honneur de Boieldieu, qui a eu lieu le 13 octobre 1834, à Rouen, sa ville natale. *Rouen.* 1835.8.

Réfuveille * (J... A...). Boieldieu ; sa vie, ses œuvres. *Rouen.* 1851. 8.
* Le véritable nom de l'auteur est André Reloi.

Boigne (Benoît Leborgne, comte de),
général savoyard (8 mars 1741. — 15 juin 1830).

(**Raymond**, George Marie). Mémoire sur la carrière militaire et politique de M. le général comte de Boigne, etc. *Chambéry.* 1828. 8. *Ibid.* 1850. 8.

Turina (N... N...). Eloge historique du comte de Boigne. *Chambéry.* 1851. 8 *.
* Cet ouvrage, couronné par l'Académie de Chambéry, est omis par Quérard.

Boisgelin (Jean de Dieu-Raymond de Cucé),
cardinal-archevêque de Tours (27 février 1732 — 22 août 1804).

(**Bausset**, Louis François de). Notice historique sur Son Eminence Mgr. le cardinal de Boisgelin, archevêque de Tours, par un de ses anciens grands-vicaires, publ. par M. de CROUZEILLES. *Par.*, an XIII (1804). 12.

Boileau-Despréaux * (Nicolas),
poète français du premier ordre (1er nov. 1636 — 13 mars 1711).

Desmaizeaux (Pierre). Vie de N. Boileau-Despréaux. *Amst.* 1712. 12. (D.)
* Ce surnom vient d'un petit pré du village de Crohne, où Boileau été né.

Talbert (François Xavier). Éloge de Boileau. *Besanç.* 1778. 8 *.
* Cet éloge, couronné par l'Académie de Villefranche, n'est pas mentionné par Quérard.

Daunou (Pierre Claude François). Éloge de Boileau. *Par.* 1787. 8. (Couronné par l'Académie de Nîmes.)

Cubières de Palmezeaux (Michel). Boileau jugé par ses amis et ses ennemis, ou le Pour et le Contre sur Boileau. *Par.* 1802. 8 *.
* La première édition se publiait s. c. t. Lettre à M. le marquis de Ximenès, sur l'influence de Boileau en littérature. *Amst.* et *Par.* 1787. 8. (Sans nom d'auteur.)

(**Viennet**, Jean Pons Guillaume). Éloge de Boileau. *Par.*, an XIII (1805). 8. (Extrait d'une brochure intitulée : *Essai de poésie et d'éloquence*, du même auteur.)

Quesné (Jacques Salbigoton). Eloge de N. Boileau-Despréaux. *Par.* 1805. 8.

Auger (Louis Simon). Éloge de Boileau-Despréaux. *Par.* 1805. 8. (Couronné par l'Institut.)

Fabre (Marc. J... Victorin). Eloge de Boileau-Despréaux. *Par.* 1805. 8.

Portiez (Louis). Essai sur Boileau-Despréaux. *Par.* 1805. 8.

Saint-Surin (N... N... de). Notice bibliographique des principales éditions des œuvres de Boileau-Despréaux. *Par.* 1825. 8. Portrait.

Boileau de Maulaville (Edme François Marie),
archéologue français (21 déc. 1759 — 25 sept. 1826).

Depping (Georg Bernhard). Notice sur Boileau de Maulaville. *Par.* 1827. 8. (Tiré à part à un petit nombre d'exemplaires.)

Boileau (Jacques),
député à la Convention nationale.

J. Boileau, député (de l'Yonne), traduit au tribunal révolutionnaire, à tous les vrais sans-culottes, s. l. et s. d. (*Par.* 1793.) 8.

Justification de J. Boileau, député à la Convention nationale, s. l. et s. d. (*Par.* 1793.) 8.

Boillet (Colette),
franciscaine française.

Collet (Pierre). Histoire abrégée de la B. C. Boillet, réformatrice de l'ordre de Sainte-Claire, avec l'abrégé de l'histoire de la duchesse (Philippe) de Gueldres, revue par N... N... de MONTIS. *Par.* 1771. 12. (*Bes.*)

Boin (Antoine),
médecin français (19 janvier 1769 — ...).

Girardot (baron de). Biographie de M. A. Boin, docteur en médecine, député du Cher. *Bourges.* 1852. 8.

Boiorigis,
duc des Cimbres.

Lundblad (Johan). Dissertatio de Boiorige Cimbrorum Italiam invadentium duce. *Lund.* 1802. 8.

Boismarc (Jean Baptiste Victor),
médecin français (1776 — 28 mars 1814).
Vitalis (Jean Baptiste). Notice biographique sur M. Boismarc, docteur-médecin. *Rouen*, s. d. (1814). 8.

Boismont (Nicolas Thyrel de),
théologien français (vers 1715 — 20 déc. 1786).
Rulhière (N... N... de). Éloge de M. l'abbé de Boismont, de l'Académie française. *Par*. 1803. 8.

Boisot (Jean Baptiste),
prêtre français (.. juillet 1638 — 4 déc. 1694).
(**Moreau de Brazey**, Étienne). Lettre sur la mort de J. B. Boisot, abbé commandataire de S. Vincent de Besançon. *Lyon*. 1694. 4.

Boisrobert (François le Metel de),
littérateur français (... 1592 — 30 mars 1662).
Otpeau (N... N...). Notice sur Boisrobert. *Caen*. 1852. 8.

Boissard (George David Frédéric),
théologien français (16 août 1783 — 16 sept. 1836).
Cuvier (Rodolphe). Éloge de Boissard. *Nancy* (?) 1837. 8.

Boissat ('Pierre de),
membre de l'Académie française (1603 — 28 mars 1662).
Chorier (Nicolas). De P. Boessatii, equitis et comitis palatini, vita amicisque litteratis libri II. *Gratianop*. 1680. 12. (D.)

Boissieu (Denis **Salvaing** de),
jurisconsulte français (21 avril 1600 — 10 avril 1683).
Chorier (Nicolas). De D. Salvagnii Boessi Delphinatis vita liber unus. *Gratianop*. 1680. 12. (D.)
Terrebasse (Alfred de). Relation des principaux événements de la vie de Salvaing de Boissieu, premier président en la chambre des comptes de Dauphiné; suivie d'une critique sur la généalogie et précédée d'une notice historique. *Lyon*. 1850. 8. (Ouvrage tiré à petit nombre.)

Boissieu (Jean Jacques de),
graveur français (1736 — 1er mai 1810).
Dugas-Montbel (Jean Baptiste). Éloge historique de J. J. Boissieu, membre correspondant de l'Institut de France. *Lyon*. 1810. 8 *.
* Suivi d'un catalogue détaillé de l'œuvre de ce graveur lyonnais.

Boissonnat (Jean François),
prêtre français (vers 1794 — 12 août 1846).
Notice sur M. l'abbé Boissonnat, aumonier à la Visitation à Montluel. *Lyon*. 1846. 8.

Boissy d'Anglas (François Antoine de),
homme d'État français (8 déc. 1756 — 20 oct. 1826).
Vie de Boissy d'Anglas, membre des Cinq-Cents, traité sans égard et comme il mérite, par le citoyen B***. *Par*., s. l. et s. d. 8. (Lv)

Boissy (Hilaire Étienne Octave **Rouillé**, marquis de),
pair de France (4 mars 1798 — ...).
Bouas (N... N...). Étude oratoire sur M. de Boissy. *Par*. 1847. 8.

Boisville (Jean François Martin de),
évêque de Dijon (12 janvier 1755 — 27 mai 1829).
Amanton (Claude Nicolas). Notice sur M. de Boisville, évêque de Dijon. *Dijon*. 1829. 8. (Tiré à 60 exemplaires.)

Bojan (Ludwig Heinrich),
médecin anatomiste alsacien (16 juillet 1776 — 2 avril 1827).
Eichwald (Carl Eduard). Memoria clarissimi quondam apud Vilnenses professoris L. H. Bojani, etc. *Vilnæ*. 1835. 4. Portrait.

Bojardo (Matteo Maria),
poète italien (vers 1434 — 20 février 1494).
Cremona (Giovanni Francesco). Elogio del conte M. M. Bojardo. *Moden*. 1827. 8.

Bokemeier (Heinrich),
musicien allemand (.. mars 1679 — 7 déc. 1751).
Dommerich (Johann Christoph). Memoria H. Bokemeieri posteritati tradita. *Guelpherb*. 1752. 4.

Bolenius (Johann),
théologien allemand.
Maehler (Johann Peter). Absterben eines christlichen Lehrers; Gedächtniss-Predigt auf J. Bolenius. *Mühlh*. 1773. 4. (D.)

Boleyn (Anne),
seconde épouse de Henri VIII, roi d'Angleterre (vers 1505 — mariée le 14 nov. 1533 — décapitée le 16 mai 1536).
Carles (L... de). Épitre contenant le procès criminel fait à l'encontre de la royne Anne Boullant d'Angleterre. *Lyon*. 1545. 8. (En vers.)
Wyat (George). Extracts from the life of queen Anne Boleigne; written at the close of the XVI century and now first printed. *Lond*. 1818. 8 *.
* Avec les portraits d'Anne et du roi Henri VIII.
Benger (Elizabeth Ogilvy). Memoirs of Anne Boleyn, queen consort of Henry VIII. *Lond*. 1821. 2 vol. 8. Portrait.
Crapelet (G... A...). Lettres de Henry VIII à Anne de Boleyn, avec la traduction, précédées d'une notice historique sur Anne de Boleyn. *Par*. 1826. 8.
—— Anne de Boleyn. *Par*. 1831. 8.
Lettre d'un gentilhomme portugais à un de ses amis à Lisbonne, sur l'exécution d'Anne Boleyn, publ. par François **Michel**. *Par*. 1852. 8.
Azcona (Agostin). Ana Bolena; historia de su origen, amores, engrandecimiento, prision y muerte, con indicacion de los hechos contemporaneos relativos a su fortuna y desgracia. *Madr*. 1839. 8.

Bolingbroke (Henry Saint-John, viscount of),
homme d'État anglais (1er oct. 1628 — 15 déc. 1751).
H. Saint-John Vitzgraf v. Bolingbroke und Jac. Hervey, aus dem Englischen übersetzt von Johann Georg **Hamann**. *Mietau*. 1758. 8.
Life of H. Saint-John, lord-viscount Bolingbroke, *Lond*. 1770. 8.
Hunter (Thomas). Sketch of the philosophical character of lord-viscount Bolingbroke. *Lond*. 1770. 8.
Saint-Lambert (Charles François de). Mémoires sur la vie de Bolingbroke. *Par*. 1796. 8.
Cooke (George Wingrove). Memoirs of lord Bolingbroke. *Lond*. 1836. 2 vol. 8.
Raumer (Friedrich v.). Lord Bolingbroke und seine Werke. *Bert*. 1841. 4.
Jane (Emma). Autobiography of M. Bolingbroke. *Lond*. 1849. 8.
Rémusat (Charles de). Bolingbroke, sa vie et son temps. *Par*. 1853. 8. (Extrait de la *Revue des Deux-Mondes*.)

Bolis (Giovanni Battista),
savant italien.
Fabri (Giuseppe Maria). Orazione funebre del conte G. B. Bolis. *Lugo*. 1817. 4.

Bolivar, surnommé **el Liberador** (Simon),
président de la république de Colombie (25 juillet 1783 — 17 déc. 1830).
Ducoudray-Holstein (H... C... V...). Mémoires de S. Bolivar. *Par*. 1829. 8.
Trad. en allem. par C... N... **Roeding**. *Hamb*. 1830. 2 vol. 12.
Trad. en angl. *Lond*. 1830. 2 vol. 8. *Boston*. 1830. 8.

Bolland (Jean),
hagiographe belge (13 août 1596 — 12 sept. 1665).
Gachard (Louis Prosper). Mémoire historique sur les Bollandistes et leurs travaux, spécialement depuis la suppression de l'ordre des Jésuites, en 1773, jusqu'à leur réunion aux religieux de Tongerloo, en 1789. *Gand*. 1835. 8. (Extrait du *Messager des sciences et des arts*.)
Pitra (Dom). Essais sur la collection des Actes des Saints, publiés par les Bollandistes. *Par*. 1850. 8.

Bologne (Jean de),
statuaire français (1524 — 1608).
Duthilloeul (Hippolyte Romain Joseph). Éloge de J. de Bologne. *Douai*. 1820. 4. Portrait.

Bolz (Georg Christoph),
théologien allemand.
Pisanski (Georg Christoph). Leben des Dr. und Prof. Theol. Bolz, s. l. 1764. 4.

Bolzano (Bernhard),
théologien allemand (5 oct. 1781 — 18 déc. 1848).
Lebensbeschreibung des Dr. B. Bolzano, etc. *Sulzb*. 1836. 8. Portrait.
Dr. Bolzano und seine Gegner; Beitrag zur neuesten Literaturgeschichte. *Sulzb*. 1839. 8.
Wisshaupt (Anton). Skizzen aus dem Leben Dr. B.

Bolzano's; Beiträge aus seiner Biographie von dessen Arzte. *Leipz.* 1850. 8.

Bommel (Richard Antoine Corneille van),
évêque de Liége (5 avril 1790 — 7 avril 1852).

Bellefroid(Louis). Oraison funèbre de Mgr. C. R. A. van Bommel, évêque de Liége, etc. *Liége.* 1852. 8.

Jacquemotte (J... J...). Eloge funèbre de Mgr. R. A. C. van Bommel, évêque de Liége. *Liége.* 1852. 8.

Souvenirs de Mgr. l'évêque de Liége ; détails sur sa vie, sa maladie, ses derniers moments et l'inhumation. *Liége.* 1852. 12. Portrait.

Bon (Gaspard),
minime espagnol (1604).

Victons (François). Vie, mort et miracles de G. Bon, de l'ordre des minimes. *Par.* 1608. 8. *Ibid.* 1621. 12.

Fagius (Nicolaus). Florida corona boni militis, s. encomium P. G. Boni, ordinis minimorum provinciae, etc. *Monach.* 1652. 12. (*Bes.*)

Miloni (Pietro Egidio). Vita del B. G. de Bono, Spagnolo, sacerdote professo dell' ordine de' minimi di S. Francesco di Paolo. *Rom.* 1786. 4. Portrait.

Bon (Marie),
ursuline française († 1680).

Maillard (Jean). Vie de M. Bon de l'Incarnation, religieuse ursuline de Saint-Marcellin en Dauphiné. *Par.* 1686. 12. *Ibid.* 1784. 12. (*Bes.*)

Bona (Giovanni),
cardinal italien (10 oct. 1609 — 27 oct. 1674).

Bertolotti (Luca). Vita J. Bonæ cardinalis. *Astæ.* 1677. 8. Trad. en franç. par N... N... DUFUET. *Par.* 1682. 12.

Bona di Savoia,
épouse de Galeazzo Maria Sforza, duc de Milan (mariée le 6 juillet 1468).

Sclopis (Ferdinando). Lettera sopra alcuni documenti inediti ragguardanti a Bona di Savoia,moglie di Galeazzo Maria Sforza. *Torin.* 1827. 8.

Tommaso (Felice Carone di San). Notizie intorno alla vita di Bona di Savoia, etc. *Torin.* 1859. 8. Portrait.

Bonacossi de' Salvi (Beatrice),
dame italienne.

Magrini (Antonio). Notizie biografiche della contessa B. Bonacossi de' Salvi. *Padov.* 1843. 8.

Bonafede (Francesco),
botaniste italien (1474 — 15 février 1558).

Visiani (Roberto de'). Notizie della vita e degli scritti di F. Bonafede. *Padov.* 1845. 8.

Bonafede (Nicolo),
évêque de Chiusi.

Leopardi (Monaldo). Vita di N. Bonafede, vescovo di Chiusi. *Pesar.* 1852. 8.

Bonaini (Ambrogio Gaëtano),
prêtre italien.

Alessandri (Ferdinando Giorgio). Orazione funerale in lode di A. G. Bonaini. *Firenz.* 1750. 8.

Bonald (Louis Gabriel Ambroise, vicomte de),
homme d'État français (2 oct. 1754 — 24 nov. 1840).

B(onald) (Henri de). Notice sur M. le vicomte de Bonald. *Par.* 1841. 8. *Avign.* 1844. 8.

Bonamico (Giovanni Francesco),
chevalier de Malte.

Vita J. F. Bonamici. *Rom.* 1755. 8.

Bonamici (Lazaro),
philosophe italien (vers 1479 — 11 février 1552).

Negri (Girolamo). Oratio in funere L. Bonamici Bassiani. *Venet.* 1555. 4. (*D.* et *P.*)

Eck (Johann Georg). L. Bonamicus. *Lips.* 1768. 4. (*D.*)

Verci (Giovanni Battista). De rebus gestis et scriptis L. Bonamici Bassanensis commentariolum.*Bassan.* 1770. 8.

Bonamy (Charles Auguste Jean Baptiste Louis Joseph),
général français (1764 — .. sept. 1830).

Bonamy (Auguste Jean Baptiste). Coup d'œil rapide sur les opérations de la campagne de Naples, jusqu'à l'entrée des Français dans cette ville. *Par.* 1799. 8.

—— Mémoires sur la révolution de Naples (en 1798). *Par.* 1803. 8.

Bonamy (P... J...),
religieuse française.

Discours prononcé sur la tombe de madame P. J. Bonamy, dite sœur Julienne. *Par.* 1812. 8.

Bonaparte, voy. **Buonaparte**.

Bonasoni (Giulio),
peintre italien († 1564).

Cumberland (Georg). Some anecdotes of the life of J. Bonasoni, a Bolognese artiste, who followed the styles of the best schools in the XVI century. *Lond.* 1795. 8.

Bonati (Guido),
astrologue italien († 1596).

Boncompagni (Baldassaro). Della vita e delle opere di G. Bonati, astrologo ed astronomo del secolo xv. *Rom.* 1851. 8.

Bonati (Teodoro Massimo),
médecin italien (9 nov. 1724 — 2 janvier 1820).

Felisi (Giulio). Elogio funebre di T. M. Bonati. *Ferrar.* 1820. 8.

Bonaventure * (Saint),
théologien italien (1221 — 15 juillet 1274).

(**Boule**, Jean Charles). Histoire abrégée de la vie, des vertus et du culte de S. Bonaventure. *Lyon.* 1747. 8. Portrait. (*D.* et *Bes.*)
* Son nom originaire était Giovanni de FIDANZA.

Fessler (Ignaz Aurelius). Bonaventura's mystische Nächte oder Leben und Meinungen desselben. *Berl.* 1807. 8.

Bonchamps (Charles Melchior Artus, marquis de),
général français (1759 — 18 oct. 1793).

Chauveau (Pierre Marie). Vie de C. M. A., marquis de Bonchamps, général vendéen. *Par.* 1817. 8. Port. (*Lv.*)

Le Bouvier-Desmortiers (Urbain René Thomas). Correspondance de M. le comte Arthus de Bouillé et de M. le Bouvier-Desmortiers, concernant la gloire militaire de M. de Bonchamps, général vendéen. *Par.* 1819. 8.

Gourdon (Abbé). Oraison funèbre du marquis de Bonchamps, général en chef de l'armée vendéenne d'Anjou. *Angers.* 1825. 8. Portrait. (*Lv.*)

Muret (Théodore). Vie populaire de Bonchamps. *Par.* 1845. 18.

Boncompagni,
famille italienne.

Zizza (Prospero Antonio). De gentilitio Boncompagnorum stemmate commentarius. *Napol.* 1626. 8.

Boncompagni (Francesco),
cardinal (?) italien.

Rogato (Bartolomeo). Oratio in funere eminentissimi D. Boncompagni. *Napol.* 1642. 4.

Bonde (Carl),
homme d'État suédois (11 oct. 1648 — 16 déc. 1699).

Malmberg (Pehr). Concio in funere illustrissimi comitis C. Bonde, senatoris regii et præsidis judicii Dorpatensis. *Holm.* 1701. Fol.

Bonde (Gustaf). Vita illustrissimi comitis C. Bonde, senatoris regii et dicasterii in Livonia præsidis, parentis sui, ex suecico in latinum sermonem translata, etc. *Holm.* 1701. Fol.

Bonde (Claes Ulfsson),
homme d'État suédois (27 nov. 1664 — 23 avril 1726).

Tiburtius (N... N...). Likpredikan och Personalier öfver C. U. Bonde. *Stockh.* 1726. 8.

Bonde (Gustaf),
homme d'État suédois (17 avril 1682 — ... 1765).

Rosén (Gabriel). Begrafnis-Tal och Personalier öfver Riks-Rådet Grefve G. Bonde. *Stockh.* 1765. 8.

Tilas (Daniel). Åminnelse-Tal öfver G. Bonde. *Stockh.* 1766. 8.

Bonde (Thordo),
homme d'État suédois.

Isogaeus (Simon). Concio funebris in obitum illustris D. T. Bonde, senatoris regii, ejusque filii Ulfonis Bonde. *Holm.* 1683. 4.

Boudeli (Julie),
dame suisse.

Schaedelin (P... J... J...). J. Boudeli, die Freundin Rousseau's und Wieland's; Beitrag zur Kunde bernischer Culturzustände. *Bern.* 1858. 8.

Bondi (Clemente),
poète italien (.., 1742 — 21 juin 1821).

Pezzana (Angelo). Intorno a C. Bondi, Parmigiano, Epistola. *Parma.* 1821. 8. (*P.*)

Bondioli (Pietro Antonio),
médecin italien (1765 — 26 sept. 1808).
Pieri (Mario). Elogio di P. A. Bondioli. *Veron.* 1810. 4.
Trevis. 1812. 8.

Boner (Benjamin),
théologien allemand.
Carsted (Johann Caspar). Vita B. Boneri. *Brandenb.*
s. d. 4. (*D.*)

Bonfadio (Jacopo),
littérateur italien du XVIe siècle.
Mazzuchelli (Giovanni Maria). Lettere in cui si tratta
della patria de J. Bonfadio e dello stato antico e presente della Riviera Bresciana. *Bresc.* 1748. 4. (*P.*)
Palotti (Carlo Antonio). Lettera all' abate Sambuca ,
contenente le notizie di J. Bonfadio. *Bresc.* 1759. 8.

Bonfils (François),
médecin français (... déc. 1851).
Simonin (Edmond). Paroles prononcées sur la tombe de
Bonfils, membre titulaire de la société des sciences, lettres et arts, de la société de médecine de Nancy, professeur honoraire de l'école de médecine. *Nancy.* 1852. 8.

Bonfils (Jean François),
médecin français.
Serrières (Sébastien). Éloge historique de M. J. F. Bonfils. *Nancy.* 1851. 8.

Bonfini (Antonio),
historien italien (1427 — 1502).
Moller (Daniel Wilhelm). Disputatio circularis de A.
Bonfinio. *Altorf.* 1698. 4. (*D.*)

Bongioanni (Paolo),
chirurgien italien (4 août 1777 — 26 juin 1827).
Chiappa (Giovanni del). Elogio storico di P. Bongioanni.
Milan. 1850. 8.

Bonhoeffer (Johann Friedrich),
théologien allemand († 7 juillet 1788).
Hezel (Lorenz). Unsterblichkeit und Wiedersehen ; Gedächtnissrede auf J. F. Bonhoeffer. *Gmünd.* 1813. 8.

Bonhomi (Giovanni Maria),
bénédictine italienne.
Garzadoro (Alberto). Vita della venerabile serva di Dio
G. M. Bonhomi, Vicentina, monaca dell' ordine di S.
Benedetto nell' monastero di S. Girolamo di Bassano.
Padov. 1675. 4. Trad. en allem. par N... N... MAURUS.
Münch. 1679. 4.

Bonhomme (Laurent),
ermite français († 1704).
Girardin (Jacques Félix). Vie du serviteur de Dieu
L. Bonhomme, solitaire près de Fréjus. *Aix.*, s. d. (vers
1759.) 12.

Boniface VIII,
pape, successeur de Célestin V (1228— élu le 24 déc. 1294 — 11 oct. 1303).
Rubeis (Giovanni Battista de). De vita et rebus gestis
Bonifacii VIII. *Rom.* 1651. 4. Trad. en ital. par Luigi
Bossi. *Milan.* 1818. 2 vol. 8.
Tosti (Luigi). Storia di Bonifazio VIII e de' suoi tempi.
Monte Cassin. 1847. 2 vol. 8.
Jorry (N... N...). Histoire de Boniface VIII (1217 —
1303.) *Plancy.* (Aube.) 1850. 18. Portrait.
Drumann (Wilhelm). Geschichte des Papstes Bonifacius
VIII. *Königsb.* 1852. 2 vol. 8.

Vigor (Simon). Acta inter Bonifacium VIII , Benedictum IX, Clementem V , summos pontifices, et Philippum Pulchrum, regem Francorum, s. l. (*Trevis.*) 1613.
12. *Par.* 1614. 4.
Dupuy (Pierre). Histoire du différend entre le pape Boniface VIII et Philippe le Bel, où l'on voit ce qui s'est
passé touchant cette affaire, depuis l'an 1296 jusqu'en
1311, ensemble le procès-verbal à Bernard , évêque de
Pamiers. *Par.* 1655. Fol. (*Des.*)
Baillet (Adrien). Histoire des démêlés du pape Boniface
avec Philippe le Bel. *Par.* 1718. 12. (*Bes.*)

Boniface IX,
pape, succédant à Urbain VI (élu le 2 nov. 1380 — 1er oct. 1404).
Vialardo (Francesco Maria). Istoria delle vite de' sommi
pontifici Innocenzo VIII , Bonifazio IX e del cardinale
Innocenzo Cibo. *Venez.* 1613. Fol.

Boniface (Saint),
apôtre d'Allemagne (vers 680 — massacré le 5 juin 755).
Wilibaldus. Leben und Leyden des heiligen Erzbischofs

und Martyrers Bonifacii, Apostels der Deutschen. *In-
golst.* 1388. 8.
Gudenus (Heinrich Philipp). Dissertationes de Bonifa-
cio. *Helmst.* 1720. 4.
—— Observationes miscellaneæ ex historia Bonifacii selec-
tæ. *Halæ.* 1720. 4.
Gent (Thomas). Life of S. Winefred. *York.* 1743. 8.
Hanisch (Georg Daniel) et Johann Salomon SEMLER. Dis-
sertatio de propagata per Bonifacium inter Germanos
religione christiana. *Halæ.* 1770. 4.
(Geissler, Johann Friedrich). Bonifacius, der Deutschen
Apostel. *Erlang.* 1796. 8.
—— Leben des Bonifacius. *Norden.* (*Erlang.*) 1800. 8.
Loeffler (Josias Friedrich Christian). Bonifacius, histo-
rische Nachricht von seinem Leben. *Gotha.* 1812. 8.
Schmerbauch (M...). Der heilige Bonifacius, Apostel
der Deutschen, nach seinem Character und seinen Wer-
ken dargestellt. *Fulda.* 1820. 8. *Erf.* 1827. 8.
Der heilige Bonifacius, Apostel von Deutschland. *Coblenz.*
1852. 12.
Pfaff (Johann Leonhard). Leben und Wirken des heili-
gen Winfried Bonifacius, Apostels der Deutschen, herausgegeb. von Joseph SIEGL. *Coblenz.* 1854. 12. (Poëme
historique.)
Waitzmann (Johann Georg). Bonifacius der Heilige oder
die Ausbreitung des Christenthums in Deutschland, etc.
Dilling. 1840.
Seiters (Johann Christian). Bonifacius, der Apostel der
Deutschen, nach seinem Leben und Wirken geschildert. *Mainz.* 1845. 8.

Boniface (Saint),
évêque de Lausanne († 1260).
Commun (J... F...). Historisch bewys over het leven van
den heyligen en ræmweerdigen Bonifacius, geboren in
Brussel, gewezen bischop van Lausanne, belyder der
H. kerk, en overleden in het klooster Terkameren, etc.
Bruss. 1857. 12.

Bonitius ou Bonitz (Johann),
pédagogue allemand.
Mueller (Daniel Traugott). Programmata II de vita J.
Bonitii. *Schneeb.* 1741. Fol.

Bonn (Andreas),
médecin hollandais (1738 — 1819).
Breggen (Frans van der). Memoria A. Bonn, anatomiæ
et chirurgiæ professoris, celebrata. *Amst.* 1819. 4.

Bonnafoux (Jean Jacques),
prêtre français (10 avril 1761 — 10 oct. 1841).
Pons (N... N...). Notice sur la vie de J. J. Bonnafoux,
chanoine titulaire de la cathédrale de Marseille. *Marseille.* 1842. 8.

Bonnaire (Jean Gérard),
général français (11 déc. 1771 — août 1816).
Chauveau-Lagarde (Claude François). Exposé simple
et fidèle de la conduite du général Bonnaire. *Par.*
1816. 8.
Méjan (Maurice). Histoire du procès du maréchal de
camp Bonnaire et du lieutenant Miéton, son aide de
camp. *Par.* 1816. 8.

Bonnard (Bernard de),
poëte français (22 oct. 1744 — 18 sept. 1784).
(Garat, Dominique Joseph). Précis historique de la vie
de M. de Bonnard. *Par.* 1787. 18 *. (*P.*)
* Cet opuscule , imprimé seulement pour les amis de l'auteur , est
assez rare.

Bonne (N... N...),
religieuse française.
Grenon (Claude). Vie de la mère Bonne de Paris, l'une
des premières mères venues de cette ville à Marseille.
Marseille. 1675. 8.

Bonnel (James),
homme d'État anglais (1653 — 1699).
Hamilton (Walter). Life and character of J. Bonnel,
accomptant general of Ireland. *Lond.* 1707. 8. Portrait.

Bonnet (Charles),
naturaliste suisse (13 mars 1720 — 20 mai 1793).
Saussure (Horace Bénédict de). Éloge historique de
C. Bonnel. *Lond.* (*Genève.*) 1787. 8., s. l. (*Genève.*) 1795.

Levesque de Pouilly (Jean Simon). Éloge historique de C. Bonnet. *Lausan.* 1794. 8.
(**Trembley**, Jean). Mémoire pour servir à l'histoire de la vie et des ouvrages de C. Bonnet. *Bern.* 1794. 8. (*D.*)
Trad. en allem. *Halle.* 1795. 8. (*D.*)
Lemoine (Albert). C. Bonnet de Genève, philosophe et naturaliste, etc. *Par.* 1850. 8.

Bonnet (Louis Ferdinand),
jurisconsulte français (8 juillet 1760 — 6 déc. 1839).
Dehaut (N... N...). Éloge de L. F. Bonnet. *Par.* 1840. 8.

Bonnet de Lescure (Antoine),
ingénieur français (12 déc. 1777 — 28 août 1849).
Roy-Bry (Jacques Nicolas Eugène). Notice historique sur la vie de M. A. Bonnet de Lescure, ingénieur de la marine en retraite, ancien député, etc. *Rochef.* 1851. 8.

Bonneval (Claude Alexandre, comte de),
général français (14 juillet 1675 — 22 mars 1747).
Mémoires du comte de Bonneval. *Amst.* 1756. 8. *Lond.* (*Lausan.*) 1740-55. 5 vol. 12. Publ. par N... N... GUYOT-DESHERBIERS. *Par.* 1806. 2 vol. 8. (Ces mémoires sont apocryphes.)
Marche (C... J...). Critique ou analyse des (prétendus) mémoires du comte de Bonneval. *Amst.* 1758. 8.
Merkwürdiges Leben des Grafen C. A. v. Bonneval. *Hamb.* 1757. 8.
Leben und merkwürdige Begebenheiten des Grafen v. Bonneval. *Frf.* 1738. 4 vol. 8. Portrait.
Fassmann (David). Leben des Grafen v. Bonneval. *Leipz.* 1740. 8.
Memoirs of the Bagshaw count Bonneval, from his birth to his death. *Lond.* 1750. 8.
Saumery (N... N... de). Anecdotes venetiennes et turques, ou nouveaux mémoires du comte de Bonneval. *Utrecht.* 1740. 2 vol. 12. *Frf.* 1740. 2 vol. 8. *Leipz.* 1740. 2 vol. 8. *Vienne.* 1740. 2 vol. 8. *La Haye.* 1748. 2 vol. 8. (Publ. s. l. pseudonyme de M. de MIRONE.)
Ligne (Charles Joseph de). Mémoire sur le comte de Bonneval; suivi des lettres de la comtesse de Bonneval à son mari, etc., augm. du procès du comte de Bonneval, publié par Antoine Alexandre BARBIER. *Par.* 1817. 8. (*Lv.*)

Bonneval (N... N... de),
évêque de Senez.
Allemand (Pierre). Éloge funèbre de M. de Bonneval, dernier évêque de Senez, s. l. et s. d. 8.

Bonnevie (Pierre Étienne),
prêtre français (6 janvier 1761 — 7 mars 1849).
Bez (N... N...). Notice sur M. l'abbé Bonnevie, chanoine de la métropole de Lyon. *Lyon.* 1850. 8.

Bonnier d'Arco (Ange Élisabeth Louis Antoine),
député à la Convention nationale (vers 1750 — assassiné le 28 avril 1799).
Bottin (Sébastien). Éloge funèbre des citoyens Bonnier et Roberjot, ministres plénipotentiaires de la république française au congrès de Rastadt, lâchement assassinés le 8 floréal an VII, par les ordres de la maison d'Autriche. *Strasb.*, an VII (1799). 8.

Bonnus (Hermann),
théologien allemand (1504 — 12 février 1548).
Starcke (Caspar Heinrich). Kurze Lebensbeschreibung H. Bonni. *Lüb.* et *Leipz.* 1710. 8. Portrait. (*D.*)

Bonomini (Giuseppe),
médecin italien (1808 — 22 juillet 1836).
(**Rosenfeld**, Girolamo di). Sunto della vita e morte di G. Bonomini. *Veron.* 1857. 8.

Bonomo (Pietro),
évêque de Trieste (1458 — 4 juillet 1546).
(**Jenner**, Luigi de). Del vescovo di Trieste, P. Bonomo, s. l. et s. d. (*Triest.*) 8. (Cet écrit, extrait du journal *Portafoglio del museo*, a été tiré à part à très-petit nombre.)

Bonosier (Antoine),
prêtre français.
Palerne (Gabriel). Vie d'A. Bonosier, prêtre, catechiste, missionnaire ès provinces de Lyonnois, Forez et Beaujolois. *Par.* 1645. 12.

Bonosus,
hérétique du XVe siècle.
Walch (Christian Wilhelm Franz). Dissertatio de Bonoso hæretico. *Götting.* 1754. 4.

Bontekoe (Cornelis),
médecin hollandais (vers 1647 — 16 janvier 1685).
Overkamp (Heijdenrijk). Reden over het leven en de dood van C. Bontekoe. *Amst.* 1685. 4. (*D.*)

Bonvalot (Jean Jacques),
jurisconsulte français.
Alix (Jacques). Panégyrique de J. J. Bonvalot, chevalier président du comté de Bourgogne. *Besanç.* 1667. 4.

Bonvoust (N... N... de),
député français († 1811).
Bouffey (N... N...). Discours prononcé sur la mort de M. de Bonvoust, député du département de l'Orne, s. l. et s. d. (1811.) 8.

Bonwicke (Ambrose),
théologien anglais.
Beveridge (William). Life of A. Bonwicke. *Oxf.* 1846. 18.

Bony (Françoise),
religieuse française.
Ballet (François). Vie de la sœur F. Bony, fille de charité. *Par.* 1761. 12.

Bonzi (Pierre de),
cardinal-archevêque de Narbonne (24 avril 1638 — 11 juillet 1703).
Poncet de La Rivière (Michel). Oraison funèbre du cardinal de Bonzi, archevêque de Narbonne. *Montpell.* 1704. 4.
Dufay (Jean Gaspard). Oraison funèbre de Mgr. l'illustrissime et éminentissime P. de Bonzi, cardinal de la sainte Eglise romaine, archevêque et primat de Narbonne. *Narb.* 1704. 4.

Bonzi (Thomas de),
évêque de Beziers († 1628).
Lamour (Antoine). Oraison funèbre de T. de Bonzi. *Beziers.* 1628. 4.

Boone (Daniel),
colonisateur américain (8 février 1735 — 26 sept. 1820).
Flint (Timothy). Memoir of D. Boone. *Cincinnati.* 1845. 16.

Boos (Martin),
théologien allemand († 1826).
M. Boos, der Prediger der Gerechtigkeit, die vor Gott gilt. Seine Selbstbiographie, herausgegeb. von Johannes GOSSNER. *Leipz.* 1826. 8. Portrait.
Lincke (Heinrich Moritz). M. Boos, zuletzt Pfarrer in Sayn bei Coblenz, nach seinem merkwürdigen Leben, Wirken und Leiden, etc., dargestellt. *Leipz.* 1857. 8 *.
* Cette biographie, ornée de son portrait, n'est qu'un extrait de l'ouvrage précédent.
Life of M. Boos, a roman catholic clergyman in Germany. *Lond.* 1848. 18.

Booth (Barton),
acteur anglais (vers 1681 — 10 mai 1733).
Memoirs of the life of B. Booth, with his character. *Lond.* 1733. 8. Portrait. (*D.*)
Cibber (Theophilis). Life of B. Booth. *Lond.*, s. d. 8.
Victor (Benjamin). Life of B. Booth. *Lond.* 1774 (?). 8. (Non mentionné par Lowndes.)

Bora (Catharina v.),
épouse de Martin Luther (29 janvier 1499 — 20 déc. 1552).
Mayer (Johann Friedrich). De Catharina M. Lutheri conjuge. *Hamb.* 1669. 4.
—— Ehrengedächtniss der C. Lutherin. *Frf.* et *Leipz.* 1724. 4.
Kuen (Michael). Lucifer Wittembergensis, oder vollständiger Lebenslauf der C. v. Bora. *Landsb. in Schwaben.* 1749. 2 vol. 8. (Publ. sous le pseudonyme de Eusebius ENGELHARDT.)
Walch (Christian Wilhelm Franz). Geschichte der C. von Bora. *Halle.* 1752-54. 2 vol. 8. (*Bes.*)
Beste (Wilhelm). Geschichte C. v. Bora. *Halle.* 1843. 8.
Hofmann (Friedrich Gottlieb). C. von Bora oder M. Luther als Gatte und Vater. *Leipz.* 1845. 8.

Borch (Ole ou Oluf),
médecin danois (7 avril 1626 — ... 1690).
Borneman (Johann Adolph). Ligprædiken over O. Borch. *Kjoebenh.* 1690. Fol.

Borchgrave (Pieter Judocus de),
poëte flamand (... 1755 — 13 oct. 1819).

Duyse (Prudens van). P. J. de Borchgrave; vlaemsch dichter. *Gent*. 1844. 8.

Borcholten (Johannes v.),
jurisconsulte allemand (5 avril 1535 — 19 oct. 1593).

Caselius (Johann). Επιταφιος J. Borcholdo perscriptus. *Helmst.* 1894. 4.

Borda (Siro),
médecin italien (13 sept. 1761 — 2 sept. 1824).

Chiappa (Giovanni del). Memorie intorno alla vita del cavaliere S. Borda. *Pavia*. 1854. 8.

Borde (Charles),
poëte français (6 sept. 1711 — 15 février 1781).

**(Guillon, Marie Nicolas Silvestre). Tribut de l'amitié à la mémoire de C. Borde. *Lyon*. 1785. 8.

(Péricaud, Antoine). Notice sur la vie et les ouvrages de C. Borde, s. l. et s. d. (*Lyon*. 1824.) 8. (Tiré à 100 exemplaires.) — (*Lv.*)

Bréghot du Lut (Claude). Notice sur la rue Belle Cordière à Lyon, contenant quelques renseignements sur Louise Labé et C. Borde. *Lyon*. 1828. 8.

Bordeau ou **Bourdeau** (Pierre Alpinien Bertrand),
homme d'État français (... — 11 juillet 1845).

Saint-Marc Girardin. Notice sur M. Bordeau, pair de France, ancien ministre de la justice sous le ministère Martignac, etc., mort à Limoges. *Par*. 1846. 8. (Extrait du *Nécrologe universel du XIXe siècle.*)

Bordereau, dite **Langevin** (Renée),
l'une des héroïnes de la Vendée (1770 — 1828).

Bordereau, dite **Langevin** (Renée). Mémoires touchant sa vie militaire dans la Vendée, etc. *Par*. 1814. 8. (*Bes.*)

Borderies (Étienne Jean François),
évêque de Versailles (24 janvier 1764 — 4 août 1832).

Notice sur la vie de M. Borderies, par un ancien du catéchisme. *Par*. 1852. 8.

Bordessoulle (Étienne **Tardif**, comte de),
général français (4 avril 1771 — 4 oct. 1837).

Macdonald (Étienne Jacques Joseph Alexandre de Tarente). Éloge du général de Bordessoulle. *Par*. 1859. 8.
Notice sur le général de Bordessoulle. *Par*. 1853. 8.

Bordeu (Théophile de),
médecin français (22 février 1732 — 24 nov. 1776).

Gardane (Joseph Jacques). Éloge historique de M. T. de Bordeu. *Par*. 1778. 8.

Roussel (Pierre). Éloge historique de M. de Bordeu. *Par*. 1778. 8. (P.)

Richerand (Anthelme). Notice sur la vie et les ouvrages de Bordeu. *Par*. 1817. 8.

Bordier (N... N...),
acteur français (pendu en 1789).

Dumaniant (Jean André Bourlain-). Mort de Bordier, acteur des Variétés. *Par.*, s. d. 8.

Bording (Jacob),
médecin hollandais (11 juillet 1511 — 1er sept. 1560).

Spithovius (Johann). Oratio de vita et morte J. Bordingi, Antwerpiani, medicinæ professoris in academia Rostochiana. *Witteb.* 1562. 8. *Rostoch.* 1624. 4. (D.)

Bording (Jacob),
jurisconsulte allemand, fils du précédent (1548 — 21 février 1616).

Kirchmann (Johann). Oratio funebris J. Bordingo scripta. *Lubec.* 1616. 4. (D.)

Bordoni (Placido),
littérateur italien (1756 — 1820).

Filiasi (Jacopo). Elogio storico di P. Bordini. *Venez.* 1820. 8.

Borell (Jean),
médecin français (22 déc. 1684 — 12 janvier 1747).

Schroeder (Johann Joachim). Programma in funere B. J. Borelli, medicinæ doctoris et physices professoris. *Marb.* 1747. 4.

Borell (Philipp Jacob),
médecin allemand (... 1715 — 23 déc. 1760).

Piderit (Johann Rudolph Anton). Programma in obitum P. J. Borelli, med. doct. et prof. *Marb.* 1760. Fol.

Borella (Marcello),
prêtre italien.

Cenni biografici del sacerdote M. Borella. *Milan.* 1848. 4.

Boret (Arnauld),
jurisconsulte français († 22 avril 1624).

Possin (Pierre). De vita A. Boreti, senatoris Tolosani, libri IV. *Par*. 1659. 8. (D.)

Borgaard (Albert),
général danois.

Olsen (O... N...). Generallieutnant A. Borgaards Levnet og Bedrifter, tilligemed en kort Oversigt af de naermest hermed i Forbindelse staaende Krigsbegivenheder. *Kjoebenh*. 1839. 8.

Borger (Elias Annes),
théologien hollandais (26 février 1784 — ... 1820).

Broës (Willem). Leerrede op E. A. Borger. *Amst.* 1820. 8.

Palm (Jan Hendrik van der) et Hendrik **Tollens**. Nagedachtenis van E. A. Borger. *Leyde*. 1821. 8.

Tichler (Jan). Iets over E. A. Borger en kanselwelsprekenheid. *Amst.* 1835. 8.

Eekhoff (Willem). Bijzonderheden omtrent de jeugd en de eerste verstandelijke ontwikkeling van den beroemden E. A. Borger. *Leeuward.* 1842. 8.

Borges da Fonseca (Antonio),
jésuite portugais.

Pacheco (Cornelio). Oraçaõ funebre do A. Borges da Fonseca. *Lisb.* 1755. 4.

Borghellius (Johann Gottfried),
médecin allemand.

Seelen (Johann Heinrich v.). Memoria J. G. Borghelii, medicinæ doctoris et physici. *Lubec.* 1720. Fol.

Borghese, voy. **Orsini** (Camilla).

Borghese (Francesco),
savant italien.

Odescalchi (Pietro). Elogio del principe F. Borghese. *Rom.*, s. d. 8.

Borghese (Giovanni Battista),
frère du pape Paul V.

Galluzzi (Angelo). Oratio in funere J. B. Burghesii, fratris Pauli V. *Rom.* 1610. 4.

Borghese (Guendalina, principessa),
philanthrope anglaise (3 déc. 1818 — 28 oct. 1840).

Geramb (Marie Joseph de). Sur la mort prématurée de lady G. Talbot, princesse Borghèse. *Par*. 1840. 8.

Marchi (Giuseppe). Ragionamento encomiastico morale su la principessa G. Borghese. *Firenz.* 1840. 8.

Weld (Francis). Oratio funebris in exequiem pro principessa Borghese. *Rom.* 1840. 8.

Cantù (Cesare). Necrologia della principessa G. Borghese. *Torin.* 1841. 8.

Odescalchi (Pietro). Elogio della principessa G. Borghese, nata Talbot. *Rom.* 1841. 8. Portrait.

Zeloni (Antonio). Vie de G. Borghèse, née Talbot, comtesse de Shrewsbury. *Par*. 1842. 8. Port. *Ibid.* 1847. 8.
Trad. en allem. par Friedrich v. **Seckendorf**. *Wien.* 1848. Portrait.
Trad. en ital. par Cesare **Rovida**. *Milan.* 1844. 16. Portrait.

Scherer (Theodald). Die (selige) Borghese Talbot, ein Vorbild des edlen Frauengeschlechts. *Einsiedeln*, s. d. (1843.) 8. Portrait.

Borghini, voy. **Selvaggia-Borghini** (Maria).

Borgi (Giovanni, surnommé **Tata**, c'est-à-dire Padre),
philanthrope italien (18 février 1732 — 28 juin 1798).

Memoria di G. Borgo Mastro Muratore, detto Tata Giovanni, e del suo ospizio per gli abbandonati. *Rom.* 1850. 8.

Borgia (Cesare),
duc de Valentinois (... — tué le 12 mars 1507).

Tomasi (Tommaso). Vita del duca di Valentino descritta. *Montechiari.* 1655. 4. (*Lv.*) *Montechiari.* (*Leyde.*) 1671. 12. (*Bes.*) s. l. 1789. 2 vol. 8.
Trad. en franç. *Montechiari.* (*Leyde.*) 1671. 12.
Trad. en franç. s. c. t. Mémoires pour servir à l'histoire de la vie, etc. *Amst.* (*Par.*) 1739. 2 vol. 12. (*Bes.*)
Trad. en holland. par W... B... *Leyde*. 1711. 12.
Leben des C. Borgia, Herzogs v. Valentinois. *Berl.* 1782. 8.

1   12

Borgia (Francesco dè),
troisième général de la compagnie de Jésus (1510 — 30 sept. 1572).
Mariperti (Girolamo). Vita B. Francisci. *Venet.* 1532. 4.
Ribadeneira (Pedro). Vida del P. F. de Borgia. *Madr.*
1594. Fol. Trad. en lat. par Andreas Schott. *Antw.*
1598. 8.
Schott (Andreas). De vita F. Borgiæ, Soc. Jesu præpositi generalis ab Ignatio tertii, libri IV. *Rom.* 1596. 4.
(*D.*) *Prag.* 1671. 4. (*D.*) Trad. en allem. *Mogunt.* 1603.
12. (*D.*) *Ingolst.* 1615. 4.
Solier (François). Vie de S. F. de Borgia. *Par.* 1597. 8.
Spoolberg (Willem). Speculum vitæ B. Francisci et
sociorum ejus. *Antw.* 1620. 8.
Cepari (Virgilio). Ristretto della vita di F. Borgia. *Rom.*
1624. 8. (*D.*) Trad. en lat. par Andreas Schott. *Col.*
1626. 16. (*D.*)
Sgambati (Scipione). Ragguaglio della vita di F. Borgia. *Napol.* 1624. 8. *Ibid.* 1671. 8. *Rom.*, s. d. 16. (*D.*)
Trad. en lat. par Niccolo Avancini. *Vienn.* 1671. 12.
Toscani (Isidoro). Vita di S. Francesco, divisa in V libri. *Rom.* 1658. 4.
Le Febvre (Turrien). Vie de S. F. de Borgia, duc de
Candie, vice-roi de Catalogne, troisième général de la
compagnie de Jésus, béatifié par Urbain VIII, le 25 novembre 1624, et canonisé par Clément X, le 12 avril
1671. *Douai.* 1671. 12.
Poirters (Pieter Adriaan). Leven van den H. F. de
Borgia. *Antw.* 1671. 12.
Steiger (Wenzeslaus). Gloria Gandiæ : S. F. Borgias,
elogiis illustratus. *Olomuc.* 1671. 8.
Talon (Nicolas). Abrégé de la vie de S. F. de Borgia,
premier et duc de Candie et puis général de la compagnie de Jésus, canonisé par le pape Clément X en
1671. *Par.* 1671. 12. (*D.*)
Adam (Jean). Abrégé de la vie de S. F. de Borgia,
troisième général de la compagnie de Jésus. *Bordeaux.*
1672. 8.
(**Verjus**, Antoine). Histoire de S. F. de Borgia. *Par.*
1672. 4. (*D.* et *Bes.*)
Vie de S. F. de Borgia, troisième général de la compagnie
de Jésus. *Lyon.* 1691. 2 vol. 8.
Cienfuegos (Alvarez). Vida del gran S. F. de Borgia.
Madr. 1702. Fol.

Borgia (Stefano),
cardinal italien (3 déc. 1731 — 23 nov. 1804).
Paulin de Saint-Barthélemy (Jean Philippe). Vitæ
synopsis S. Borgiæ. *Rom.* 1805. 4. (Omis par Quérard.)
Cancellieri (Francesco Girolamo). Elogio del cardinal
Borgia. *Rom.* 1805. 8.
Cardinali (Luigi). Elogio alla memoria di S. Borgia,
cardinale. *Rom.* 1806. 4.
(**Millin**, Aubin Louis). Notice sur la vie du cardinal
Borgia, s. l. et s. d. (*Par.*) 8. (*D.*)

Borgo (Pietro Battista),
historien italien du xviie siècle.
Leuschner (Johann Christian). Super P. B. Burgo ejusque de bello Suecico commentariis. *Hirschb.* 1757.
4. (*D.* et *L.*)

Borié (Ægidius Valentin Felix, Freiherr v.)
jurisconsulte allemand (18 nov. 1719 — 29 mars 1793).
Fahnenberg (Ægidius Joseph Carl v.). Lebensgeschichte
des Freiherrn Borié. *Wetzlar.* 1795. 8.

Borie (Pierre Rose Ursule Dumoulin),
évêque d'Acanthe (20 février 1808 — martyrisé le 24 nov. 1838).
Vie du vénérable Père P. Dumoulin-Borie, etc., martyrisé en Cochinchine le 24 nov. 1838. *Par.* 1842. 12.
(**Borie**, Pierre Dumoulin Henri). Vie du vénérable Borie,
évêque élu d'Acanthe, vicaire apostolique du Tong-King occidental, de la congrégation des missions étrangères, martyr dans la persécution suscitée le 5 janvier
1858. *Par.* 1844. 12. Portrait. *Ibid.* 1845. 12.
Leben des ehrwürdigen Gottesdieners P. R. U. Dumoulin Borie, Weihbischofs von Acantha, apostolischen
Vicars und Märtyrers während der Verfolgung am 5.
Jan. 1838, etc. *Wien.* 1846. 2 vol. 8. (Trad. du franç.)

Borkhausen (Moritz Balthasar),
naturaliste allemand (... 1760 — 30 nov. 1806).
Roehling (Johann Christoph). M. B. Borkhausen's Ringen nach dem schönsten Ziele des Mannes ; Denkmal
der Freundschaft. *Frf.* 1808. 8.

Borluut,
famille belge.
Kervyn de Volkaersbeke (Philippe). Les Borluut du
xvie siècle. *Anvers.* 1851. 8. (Extrait des *Annales de
l'Académie d'archéologie de Belgique*.)

Born (Heinrich),
jurisconsulte allemand.
Horn (Immanuel). Leichenpredigt auf H. Born. *Leipz.*
1708. Fol. (*D.*)
(**Cyprian**, Johann). Programma academicum in funere
H. Bornii. *Lips.* 1708. Fol. (*D.*)

Born (Ignaz, Baron v.),
minéralogiste allemand (26 déc. 1742 — 28 août 1791).
Pezzl (Johann). Lebensbeschreibung Montecuculi's, W.
Liechtenstein's und Born's. *Wien.* 1792. 8.

Born (Jacob),
jurisconsulte allemand (24 juillet 1638 — 12 juillet 1709).
J. Born's letztes Ehrengedächtniss. *Leipz.* 1709. Fol. (*L.*)
(**Born**, D...). Elogium J. Bornii, domini hereditarum
clientelarum Wildenborn et Suxdorff, procancellarii
regii, civitatis Lipsiensis consulis primarii. *Lips.* 1759.
8. (*D.* et *L.*)

Born (Jacob Heinrich),
jurisconsulte allemand (2 janvier 1717 — 3 déc. 1775).
Memoria J. H. Bornii. *Lips.* 1775. Fol. (*D.* et *L.*)

Born (Johann),
jurisconsulte allemand (7 juillet 1600 — 4 août 1660).
(**Kromayer**, Hieronymus). Programma academicum ad
funus J. Bornii. *Lips.* 1660. 4. (*D.*)

Born (Johann Franz),
théologien allemand.
Programma academicum in memoriam J. F. Bornii. *Lips.*
1732. Fol. (*D.* et *L.*)

Borneman (Hendrik),
théologien danois (2 janvier 1646 — 31 déc. 1710).
Reitzer (Christian). Programma academicum in obitum
H. Bornemanni. *Hafn.* 1711. Fol.

Borneman (Johann Adolph),
théologien danois (2 janvier 1646 — ... 1710).
Tistorf (Mikkel Henriksen A...). Over Stiftprobst J. A.
Bornemann, s. l. 1698. Fol.

Bornemisza de Kaszon (Báro János Ferencz),
homme d'État hongrois.
Kaprinai (István). Oratio L. B. J. F. Bornemisza de
Kászon, cæsareo et regio præfecto vigiliarum generali
habita, cum illi ultima justa. *Claudiop.* 1747. 4.

Bornstedt (Friedrich Wilhelm v.),
forestier allemand.
Paetsch (Heinrich Friedrich Wilhelm). Zum Ehrengedächtniss des auf dem Rigi-Kulm verunglückten weiland königlich preussischen Oberförsters F. W. v.
Bornstedt. *Heidelb.* 1826. 8.

Borri (Giuseppe Francesco),
chimiste italien (4 mai 1627 — 10 août 1695).
Gentis Burrorum notitia. *Argent.* 1660. 4. (*D.*)
Kurzer Lebenslauf des Herrn J. F. Borri, s. l. 1662. 4. (*D.*)
Vita del cavaliere Borri, Milanese. *Genev.* 1681. 12. (·)
Précis de la vie de J. F. Borri, s. l. 1786. 12.

Borromée (Saint Charles),
cardinal-archevêque de Milan (2 oct. 1538 — 4 nov. 1584).
Bimius (Giovanni Pietro). Vita di S. C. Borromeo, etc.
Mediol. 1585. 8.
Magnago (Antonio). Vita di S. C. Borromeo. *Milan.*
1587. 8.
Valerius (Augustinus). Vita C. Borromæi. *Antw.* 1588.
8. (*D.*)
Possevino (Giovanni Battista). Discorsi della vita ed
azioni di C. Borromeo. *Rom.* 1591. 8. (*D.*)
Carolus a Basilica Petri. De vita et gestis C. Borromæi. *Ingolst.* 1592. 4. *Novara.* 1602. 4.
Bascape (Carlo). De vita et rebus gestis Caroli cardinalis archiepiscopi Mediolanensis. *Ingolst.* 1592. 4. *Bresc.*
1602. 4. Trad. en lat. par lui-même. *Bologn.* 1613. 8.
(Publ. s. l. pseudonyme de Luca Vandoni.)
Besozzi (Giovanni Francesco). Vita cardinalis C. Borromæi. *Milan.* 1601. 8. *Bresc.* 1602. 8.
Giussano (*Clussianus*) (Giovanni Pietro). Vita di S. C.

Borromeo. *Rom.* 1610. 4. *Venez.* 1615. 4. *Bresc.* 1620.
4. *Rom.* 1679. 4. *Milan.* 1723. 4. (*D.*) *Ibid.* 1821. 2 vol. 8.
  Trad. en allem. par Theodor Friedrich KLITSCHE.
  Augsb. 1836-37. 3 vol. 8. Portrait.
  Trad. en espagn, par Rafaël de MIRALLES. *Zarag.*
  1618. 8.
  Trad. en franç. :
  Par Nicolas de SOULFOUR. *Par.* 1615. 4. *Ibid.* 1618.
    2 vol. 8.
  Par Edme CLOYSAULT. *Lyon.* 1685. 4. (*Bes.*) *Avign.*
    1824. 2 vol. 8.
  Trad. en lat. par Bartolomeo ROSSI. *Romæ...*
Tornielli (Carlo). Oratio in laudem C. Borromæi. *Col.*
  Agr. 1611. 8.
Wannemacker (Philipp), Triumphus litteratorum, in
  quo Borromianæ virtutis imago. *Mediol.* 1611. 4.
Wirthius (Ernst). S. C. Borromæi, archiepiscopi Me-
  diolanensis, vita et ejusdem canonisatio. *Col. Agr.*
  1611. 12.
Vom Leben und Sterben des heiligen C. Borromæi, Ertz-
  bischofs zu Mayland. *Augsb.* s. d. (1611.) 8 *.
  * Cet écrit nous paroît une traduction de l'ouvrage de GIUSSANO.
Ordei (Ascanio). Orazione in lode di S. C. Borromeo.
  Rom. 1612. 4.
Mello y Fragoso (Pedro de). Relaçaõ da vida de
  S. C. Borromeu. *Lisb.* 1616. 4.
Mirales (Raphael de). Relacion sommaria de la vida de
  S. C. Borromeo, etc. *Sarag.* 1618. 8.
Arias de Saavedra (Fernando). Relacion de la vida,
  milagros y canonizacion de S. C. Borromeo, cardenal
  de Santa Praxedis. *Hispal.* (*Salamanca?*) 1619. 8.
Munoz (Luis). Vida de S. C. Borromeo. *Madr.* 1624. 4.
Ballesteros y Saavedra (Fernando). Vida de S. C. Bor-
  romeo. *Alcala de Henar.* 1642. 8.
Godeau (Antoine). Vie de S. C. de Borromée. *Brux.*
  1648. 4. (*D.*) *Par.* 1657. 8. *Ibid.* 1747-48. 2 vol. 12.
  (*Bes.*)
Touron (Antoine). La vie et l'esprit de S. C. Borromée.
  Par. 1761. 4 ou 5 vol. 12. (*Bes.*)
(**Stolz**, Johann Jacob). C. Borromäus, Cardinal und
  Erzbischof von Mailand, und das Monument am Comer-
  see. *Zürch.* 1781. 8. (*D.*)
Mastiaux (Caspar Anton v.). C. Borromäus, Cardinal
  der römischen Kirche und Erzbischof v. Mailand, etc.
  Augsb. 1796. 8.
Olcese (Onorato). Vita e costumi di S. C. Borromeo.
  Milan. 1817. 12.
Sailer (Johann Michael). Der heilige C. Borromäus,
  Cardinal der römischen Kirche und Erzbischof von
  Mailand. *Augsb.* et *Leipz.* 1823. 8. Portrait.
(**Juin**, Jean Augustin). Panégyrique du grand C, Borro-
  mée, archevêque de Milan, etc. *Par.* 1827. 8. (Publ.
  s. l. pseudonyme de MICHELOT.)
Butler (Alban). Vita di S. C. Borromeo. *Monza.* 1835.16.
Chenevières (S... de). Histoire de S. C. Borromée, etc.
  Par. 1840. 18.
Dragoni (Antonio). Panegirico di S. C. Borromeo, etc.
  Milan. 1844. 8.
Dieringer (Franz Xaver). Der heilige C. Borromäus
  und die Kirchenverbesserung seiner Zeit. *Cöln.* 1846.
  12. Portrait.
Martin (Alexandre). Histoire de la vie et de l'épiscopat
  de S. C. Borromée, cardinal de Sainte-Praxède, arche-
  vêque de Milan. *Par.* 1847. 8. Portrait. *Tournai.* 1847.
  8. Portrait.

            Borromeo (Federico),
        archevêque de Milan (18 août 1564 — 21 sept. 1631).
Lanzavecchia (Ottavio). De vita et obitu F. cardinalis
  Borromæi. *Mediol.* 1632. 8. (*D.*)
Rivola (Francesco). Vita di F. Borromeo. *Milan.* 1656.
  4. (*D.*)

            Borsa (Girolamo),
            médecin italien.
Memoria intorno alla vita ed alle azioni del dottor G.
  Borsa, etc. *Milan.* 1841. 8.

      Borsieri de Kanilfeld (Giovanni Battista),
       médecin italien (18 février 1725 — 21 déc. 1785).
Carminati (Bassiano). Elogio storico di G. B. Borsieri.
  Milan. 1810. 8.
Clock (Leonardo dei), Notizie biografiche intorno G. B.
  Borsieri de Kanilfeld (Borserius). *Milan.* 1859. 8.

           Borssele (Heeren van),
            famille hollandaise.
Water (Jona Willem Te). Redevoering ter eere en over
  de verdiensten des doorluchtigen geslachts van Bors-
  sele. *Middelb.* 1755. 4.

           Boruslawski (Joseph),
            nain polonais.
Descarrières (N... N...). Mémoires du célèbre nain J.
  Boruslawski, gentilhomme polonais. *Lond.* 1788. 8.
  (*Lv.*)
Memoirs of the celebrated dwarf Boruslawski, a polish
  gentleman. *Lond.* 1788. 8. Portrait. Trad. en allem.
  (par Christian August WICHMANN). *Leipz.* 1789. 8. Port.
Memoirs of the life and travels of count Boruslawski.
  Durham. 1820. 8.

    Bory de Saint-Vincent (le baron Jean Baptiste),
      naturaliste français (1780 — 22 déc. 1846).
Justification de la conduite et des opinions politiques de
  Bory de Saint-Vincent. *Par.* 1815. 8. (*Lv.*) *Brux.*
  1816. 8. (*D.*) — (Ecrit par lui-même.)
Héricart de Thury (N... N...). Notice sur le baron Bory
  de Saint-Vincent. *Brux.* 1848. 12.

            Bory (Louis),
         maçon - sculpteur français.
Le maçon-sculpteur de Bléré (L. Bory). *Tours.* 1852. 8.
  (Notice lithographiée.)

           Borzanio (Urbano),
            savant italien.
Doglioni (Lucio). Memorie di U. Borzanio. *Belluno.*
  1784. 8.

            Bos (Lambert),
      philologue hollandais (23 nov. 1670 — 6 janvier 1717).
Schultens (Anton). Oratio funebris in obitum L. Bos.
  Franeq. 1718. Fol.

       Bosc (Louis Augustin Guillaume),
      naturaliste français (29 janvier 1759 — 10 juillet 1828).
Poiteau (A...) et Pierre Jean François TURPIN. Notice
  sur M. Bosc. *Par.* 1828. 4.
Silvestre (Augustin François de). Notice biographique
  sur L. A. G. Bosc. *Par.* 1829. 8.

          Bosc (Pierre Thomines du),
     théologien français (21 février 1623 — 2 janvier 1692).
(**Légendre**, Philippe). Vie de P. du Bosc, ministre du
  Saint-Evangile, enrichie de ses lettres, etc. *Rotterd.*
  1694. 8. (*D.* et *L.*) Augment. *Ibid.* 1716. 8.

    Boscary de Villeplaine (Jean Baptiste Joseph),
     philanthrope français (12 juin 1757 — 28 déc. 1827).
Notice sur J. B. J. Boscary de Villeplaine. *Lyon.* 1828.
  8. (Extrait des *Archives historiques du département du*
  Rhône.)

           Bosch (Jérôme de),
      bibliomane hollandais (23 mars 1740 — 1er juin 1811).
Lennep (Jacob David van). Memoria H. de Bosch, rite
  celebrata, etc. *Amst.* 1817. 4. (*P.*) Trad. en holland. par
  Cornelis Willem WESTERBAEN, avec des notes par Jeronimo de VRIES, s. l. (*Amst.*) 1820. 8.

           Bosch (Judith de),
            sœur du précédent.
Bosch (Jérôme de). Epicedion in funere acerbo sororis
  J. de Bosch. *Amst.* 1793. 8.

           Bosco (Bartolomeo),
      prestidigitateur italien (24 août 1793 — ...).
Curiose aventure e brevi cenni sulla vita di B. Bosco da
  Turino, esimio prestigiatore ed inventore della magia
  egiziana. *Napol.* 1837. 8. Portrait.
Satanas, réfugié européen. Aventures de B. Bosco, de
  Turin, professeur de prestidigitation. *Par.* 1851. 8.

        Boscovich (Ruggiero Giuseppe),
      astronome italien (18 mai 1711 — 12 février 1787).
Lamagna (Bernardo). Oratio in funere R. J. Boscovi-
  chi. *Ragus.* 1787. Fol.
(**Ricca**, N... N...). Elogio storico dell' abate R. G. Boscovich. *Milan.* 1789. 8.
(**Bajamonti**, N... N...). Elogio di Boscovich. *Ragus.*
  1789. 8.

           Bose (Caspar),
            botaniste allemand.
Programma academicum in funere C. Bosii. *Lips.* 1700.
  Fol. (*D.*)

Bose (Ernst Gottlieb),
médecin-botaniste allemand (30 avril 1723 — 22 sept. 1788).

Gehler (Johann Carl). Programma academicum in memoriam E. G. Bosii. *Lips.* 1789. 4. *(D.)*

Bose (Georg),
jurisconsulte allemand.

Programma academicum in funere G. Bosii. *Lips.* 1700. Fol. *(D.)*

Bose (Georg Matthias),
physicien allemand (22 sept. 1710 — 17 sept. 1761).

Crusius (Christian). Memoria G. M. Bosii. *Witteb.* 1761. 4.

Bose (Gottfried Christian),
théologien allemand (1619 — 13 avril 1671).

Mayer (Johann Ulrich). Leichenpredigt auf G. C. Bose, nebst dessen Lebenslauf. *Leipz.* 1671. 4. *(D.)*

(Rappolt, Friedrich). Programma in funere G. C. Bosii. *Lips.* 1671. 4. *(D.)*

Alberti (Valentin). Oratio parentalis G. C. Bosii memoriæ habita. *Lips.* 1672. Fol.

Bose (Johann Andreas),
historien allemand (18 juin 1626 — 29 avril 1674).

Homfeld (Peter). Oratio funebris in obitum J. A. Bosii. *Jenæ.* 1674. 4.

Bose (Johann Jacob),
jurisconsulte allemand.

Memoria J. J. Bosii. *Lips.* 1741. Fol. *(D.)*

Bossart (Heinrich),
paysan suisse.

H. Bossart's, eines schweizerischen Landmannes, Lebensgeschichte , von ihm selbst geschrieben und herausgegeben von Johann Georg MUELLER. *Winterthur.* 1804. 8. Portrait.

Bosse (Frans Antony),
pédagogue hollandais.

Levensschets van F. A. Bosse, etc. *Haarl.* 1841. 8.

Bosseck (Benjamin Gottlieb),
jurisconsulte allemand.

(Ernesti, Johann August). Memoria B. G. Bosseckii. *Lips.* 1758. Fol. *(D.* et *L.)*

Bosseck (Sophia Elisabeth),
épouse du précédent.

(Kapp, Johann Erhard). Programma funebre, quo memoriam S. E. Bosseck, e gente Bohriana conservat, etc. *Lips.* 1751. 8 *. (D.)*
  * Contenant une notice historique sur Catharine de Bora, épouse de Martin Luther.

Bosseck I (Johann),
théologien allemand.

Schultze (Friedrich). Ein Prophet auf Erden : Leichen-Predigt am Tage der Exequien J. Bosseck's. *Leipz.* 1719. Fol. *(D.)*

Bosseck II (Johann),
théologien allemand (26 sept. 1668 — 21 janvier 1720).

Schuster (Gottfried). Leichenpredigt am Tage der Beerdigung J. Bosseck's. *Eilenburg.* 1720. Fol. *(D.)*

Bossert (Johannes),
théologien suisse.

Ulrich (Johann Caspar). Historische Nachricht von dem zwar harten und schweren , doch herrlichen und gesegneten Kampf J. Bosserten von. Altstettern , etc. *Zürch.* 1740. 8.

Bossi (Giuseppe),
peintre italien (11 août 1777 — 9 déc. 1815).

Gaëtano (N... N...). Discorso recitato nel funerale del cavaliere G. Bossi. *Milan.* 1815. 8. *(D.)*

Calvi (Giovanni). Versi in morte del cavaliere G. Bossi, pittore. *Milan.* 1816. 8.

Bossi (Luigi),
historien italien (28 février 1785 — 10 avril 1835).

Carta (Giovanni Battista). Cenni biografici intorno al cavaliere conte L. Bossi. *Milan.* 1835. 8.

Bossu (N... N...),
marin français du XVIIIe siècle.

Bourée (Jules Baptiste Honoré). Notice sur la vie et les relations de voyage du capitaine Bossu, précédée d'une notice biographique sur le docteur Bourée (par Jules BEAUDOUIN). *Châtillon-sur-Seine.* 1852. 8. (Tiré seulement à 150 exemplaires.)

Bossuet (Jacques Bénigne),
évêque de Meaux (27 sept. 1627 — 12 avril 1704).

La Rue (Charles de). Oraison funèbre de Bossuet, prononcée dans l'église cathédrale de Meaux le 23 juillet 1704. *Par.* 1704. 4. *Ibid.* 1728. 12.

Choisy (François Timoléon de). Eloge funèbre de J. B. Bossuet, évêque de Meaux. *Par.* 1704. 4. (Omis par Quérard.)

Maffei (Paolo Alessandro). L' immagine del vescovo, rappresentata nelle virtù di monsignor J. B. Bossuet. *Rom.* 1705. Fol.

Lévesque de Burigny (Jean). Vie de J. B. Bossuet. *Brux.* et *Par.* 1761. 12.

Talbert (François Xavier). Éloge historique de J. B. Bossuet, évêque de Meaux, précepteur du Dauphin, etc. *Par.* 1773. 8. (Couronné par l'Académie de Dijon.)

Hérisson (Charles Claude François). Eloge de J. B. Bossuet, évêque de Meaux. *Par.* 1811. 8. (Couronné par l'Athénée de Niort.) — *(Lv.)*

Butler (Charles). Some account of the life of Bossuet. *Lond.* 1812. 8.

Bausset (Louis François de). Histoire de J. B. Bossuet. *Par.* 1814. 4 vol. 8. *Vers.* 1821. 4 vol. 8. Portrait. *(D.)* *Par.* 1825. 4 vol. 12. *Besanç.* 1841. 8. Trad. en allem. par Johann Michael FEDER. *Sulzb.* 1820-21. 4 vol. 8. .

Vincent (Pierre). J. B. Bossuet, episcopi Meldensis, elogium inscriptione adumbratum. *Bourg.* 1818. Fol. (Tiré à 25 exemplaires seulement.)

Saint-Prosper (Antoine Jean Cassé de). Vie de J. B. Bossuet. *Par.* 1822. 12.

Caillot (Antoine). Vie de J. B. Bossuet. *Par.* 1825. 12.

Baucheron de Boissoudy (N... N...). Eloge de Bossuet, suivi d'un discours sur les avantages de la légitimité. *Par.* 1826. 8.

Ballainvilliers (N... N...). Éloge de Bossuet. *Par.* 1826. 8. *(Lv.)*

Saint-Marc-Girardin. Éloge de Bossuet. *Par.* 1827. 4. (Couronné par l'Académie française.) — *(Bx.)*

Patin (Henri). Eloge de Bossuet. *Par.* 1827. 4. (Discours qui a partagé le prix proposé par l'Académie française.)

Maillet-Lacoste (Pierre Laurent). Éloge de Bossuet, etc. *Par.* 1827. 8. Réimpr. s. l. t. de DISCOURS, etc. *Caen.* 1844. 8. *(Lv.)*

Roy (J... J... E...). Histoire de J. B. Bossuet, évêque de Meaux. *Tours.* 1840. 12. *Ibid.* 1842. 12. *Ibid.* 1843. 12. *Ibid.* 1844. 12. *Ibid.* 1846. 12. *Ibid.* 1851. 12.

Girault (Claude Xavier). Notice historique sur les aïeux de Bossuet et sa patrie d'origine. *Dijon.* 1808. 8.

Bonnel (L... A...). De la controverse de Bossuet et de Fénélon sur le quiétisme; thèse. *Mâcon.* 1850. 8.

Bostel (Lucas v.),
jurisconsulte allemand (11 oct. 1649 — 15 juillet 1716).

Edzard (Georg Eliezer). Sermo funebris honori D. L. a Bostel, J. U. L. reipublicæ Hamburgensis scriptus. *Hamb.* 1716. 4. *(D.)*

Boston (Thomas),
théologien écossais (17 mars 1676 — 20 mai 1732).

Memoirs of the life, time and writings of T. Boston. *Edinb.* 1776. 8. *Ibid.* 1813. 8. Abrégé par N... N... PRITCHARD. *Edinb.* 1811. 12.

Botenlauben (Otto v.),
troubadour allemand.

Bechstein (Ludwig). Geschichte und Gedichte des Minnesängers O. v. Botenlauben, Grafen v. Henneberg. *Leipz.* 1843. 4.

Botelho (Nuño Alvares de),
vice-roi des Indes.

Correa (Manoel). Victorias do Governador da India, N. A. de Botelho. *Lisb.* 1633. 4.

Botero, surnommé **Benisius** (Giovanni),
secrétaire de Charles Emmanuel, duc de Savoie (1540 — 1617).

Troya (Vincenzo). Elogio di G. Botero Benese, abate di S. Michele della Chiusa. *Mondovi.* 1837. 8.

Boto, voy. **Stolberg** (Boto, Graf v.).

Botta (Carlo Giuseppe Guglielmo),
historien italien (6 nov. 1766.— 10 août 1837).

Becchi (Fruttuoso). Elogio storico di C. Botta. *Firenz.* 1839. 8.

Botta-Adorno (Antoniotto),
général italien (vers 1688 — 30 déc. 1774).
Componimenti degli accademici affidati in morte del marchese A. Botta-Adorno, cavaliere di Malta, commissario plenipotenziario imperiale in Italia. *Parma*. 1775. 4.

Bottari (Giovanni),
agronome italien (24 août 1758 — 13 mars 1814).
Gaspari (Gaspare Luigi). Cenni biografici intorno alla vita di G. Bottari. *Padov*. 1858. 8.

Bottari (Giovanni Gaëtano),
savant prélat de la cour romaine (15 janvier 1689 — 3 juin 1775).
Grazzini (Francesco). Elogio di M. G. G. Bottari. *Firenz*. 1818. 8.

Bottée de Toulmon (Auguste),
archéologue français (15 mars 1797 — 22 mars 1850).
Vincent (A... J... H...). Notice sur la vie et les travaux de M. A. Bottée de Toulmon, membre résidant de la Société des antiquaires de France. *Par*. 1851. 8.

Bottex (Alexandre),
médecin français (2 nov. 1796 — 23 sept. 1849).
(Diday, Pierre). Notice biographique sur le docteur Bottex. *Lyon*. 1849. 8.
Polinière (N... N... de). Éloge de M. le docteur A. Bottex, chevalier de la Légion d'honneur, inspecteur des maisons d'aliénés du département du Rhône, médecin de l'hospice de l'Antiquaille de Lyon, etc. *Lyon*. 1850. 8.

Botzaris (Markos),
général souliote (vers 1790 — tué le 20 août 1823).
Schinas (Michel). Éloge funèbre de M. Botzaris. *Par*. 1824. 8. (Non mentionné par Quérard.)
Paganel (Camille). Tombeau de M. Botzaris. *Par*. 1826. 8. (Vendu au profit des Grecs.)

Botzheim (Johann v.),
théologien suisse du XVIe siècle († 1535).
(Schelhorn, Johann Georg). Nachricht von J. Botzheim Abstemius, einem gelehrten und merkwürdigen Domherrn zu Constanz, und Mich. Hummelberg. *Memming*. 1770. 4.
Walchner (Carl). J. v. Botzheim, Domherr zu Constanz, und seine Freunde. Beitrag zur Reformations- und Gelehrten-Geschichte von Süd-Schwaben, etc. *Schaffh*. 1836. 8.

Bouchardon (Edme),
sculpteur français (29 mai 1698 — 27 juillet 1762).
(Caylus, Anne Claude Philippe de). Vie d'E. Bouchardon, sculpteur du roi. *Par*. 1762. 12. (*P*.)
Dandré-Bardon (Michel François). Anecdotes sur la mort de Bouchardon, etc. *Par*. 1764. 8. (*P*.)

Boucher (François),
peintre-graveur français (29 sept. 1703 — 30 mai 1770).
Éloge de Boucher, premier peintre du roi et directeur de l'Académie royale de peinture et de sculpture, etc. *Par*., s. d. 12. (Extrait du *Nécrologe*, tiré à part à petit nomb.)

Boucherat (Louis),
chancelier de France (20 août 1616 — 2 sept. 1699).
La Roche (Jean de). Éloge funèbre de L. Boucherat, chancelier de France (sous Louis XIV). *Par*. 1700. 4.
(Chappuys, N... N...). Éloge funèbre de L. Boucherat, prononcé à Lille. *Lyon*. 1700. 4.

Bauderon (Brice). Le coq royal ou le blason mystérieux des armes de M. le chancelier Boucherat *. *Mâcon*. 1687. 12.
* Les armes du chancelier Boucherat étaient un coq en champ d'azur.

Boucheron (Carlo),
savant italien (28 avril 1773 — 22 février 1838).
Vallauri (Tommaso). De C. Boucherono. *Taurin*. 1858. 8.
Lettera intorno alla necrologia di C. Boucheron, pubblicata nella *Gazzetta Piemontese*. *Torin*. 1858. 12.

Bouchet (Claude Antoine),
chirurgien français (17 février 1785 — 25 nov. 1839).
Rougier (Louis Auguste de). Éloge historique de C. A. Bouchet, ancien chirurgien-major de l'Hôtel-Dieu à Lyon. *Lyon*. 1840. 8.
Castellan (N... N...). Notice sur le docteur Bouchet, ancien chirurgien en chef de l'Hôtel-Dieu à Lyon. *Lyon*. 1840. 8.

Bouchu (Jean),
jurisconsulte français.
Briandet (Pierre). Discours adressé au parlement de Bourgogne, au sujet de la réception de J. Bouchu en

la charge de premier président au parlement. *Dijon*. 1644. 4.

Boucicaut (Jean **Le Maingre** de),
maréchal de France (1365 — 1421).
Godefroy (Théodore). Histoire de messire J. de Boucicaut, maréchal de France, et de ses mémorables faits sous les rois Charles V et Charles VI (jusqu'en 1408). *Par*. 1620. 4.
(**Pilham**, N... N... de). Histoire du maréchal J. de Boucicaut, grand connétable de Constantinople, gouverneur pour le roi dans l'Etat de Gênes et des provinces de Guyenne et de Languedoc, contenant les événements singuliers depuis l'an 1378 jusqu'en 1415. *Par*. 1697. 12. *La Haye*. (*Par*.) 1699. 12.
Histoire de J. de Boucicaut, etc., contenant ses exploits à Constantinople, avec la révolution de Gênes. *Cologne*. 1725. 8 *.
* Cette histoire nous paraît seulement une nouvelle édition de l'ouvrage précédent.

Boucqueau (Jean Baptiste),
théologien belge (25 sept. 1747 — 25 juillet 1822).
Pinchart (Alexandre). J. B. Boucqueau, de Wavre. *Brux*. 1848. 8.

Bouddhah, voy. **Buddha.**

Boudent de la Godelinière (N... N...),
littérateur français (1772 — 6 nov. 1849).
Olivier (N... N...). Notice nécrologique sur Boudent de la Godelinière, ancien adjoint du maire d'Avranches. *Avranch*. 1850. 8.

Boudet (Charles Ernest),
médecin français (31 mars 1813 — 20 mars 1849).
Vigla (N... N...). Éloge de C. E. Boudet, docteur en médecine et lauréat de la Faculté de Paris, etc. *Par*. 1850. 8.

Boudet (Jean Pierre),
pharmacien français (26 oct. 1748 — ... 1829).
Boudet (Félix). Notice historique sur J. P. Boudet. *Par*. 1829. 8.

Boudewyns (Michel),
médecin belge (... — 29 oct. 1681).
Broeckx (Charles). Éloge de M. Boudewyns, docteur en médecine et en philosophie, etc., s. l. et s. d. (*Anvers*. 1848.) 8. Portrait.

Boudon (Henri Marie),
archidiacre d'Évreux (14 janvier 1624 — 31 août 1702).
Vie et vertus de H. M. Boudon, archidiacre d'Évreux. *Anvers*. 1705. 12. Port. (*D*.) — (Publ. par César **Mathieu**.) *Besanç*. 1837. 8. Portrait. (*Bes*.)
(**Collet**, Pierre). Vie de H. M. Boudon, archidiacre d'Évreux. *Par*. 1753. 2 vol. 12. Port. (*D*. et *Bes*.) *Ibid*. 1762. 8.

Boudot (Jean Baptiste),
prêtre français (6 janvier 1785 — ...).
Orsini (N... N...). Notice biographique sur M. l'abbé Boudot, archidiacre de Notre-Dame et vicaire général de Paris. *Par*. 1839. 8.

Bouffet (Jean Baptiste),
musicien français (3 oct. 1770 — 19 janvier 1835).
Lardin (Jules). Notice sur J. B. Bouffet, professeur de chant et compositeur, s. l. et s. d. 8. (*Lv*.) — (Cette notice n'a pas été mise dans le commerce.)

Bouflers (Louis François, duc de),
maréchal de France (10 janvier 1644 — 22 août 1711).
E... (D... P...). Histoire des amours du maréchal de Bouflers jusqu'à son mariage avec mademoiselle de Grammont. *Par*. 1696. 12.
La Rue (Charles de). Oraison funèbre de M. le maréchal de Bouflers. *Par*. 1711. 4.
Poisson (Pierre). Oraison funèbre de M. le duc de Bouflers, maréchal de France, etc. *Par*. 1712. 4.
F... (M...). Vie du maréchal de Bouflers. *Lille*. 1852. 18. Port.

Boufflers (Stanislas Jean, chevalier de),
poète français (1737 — 18 janvier 1815).
Taschereau (Jules Antoine). Notice sur le chevalier Boufflers, s. l. (*Par*.) et s. d. (1827.) 8. (Tiré à 70 exempl.)

Bougainville (Louis Antoine de),
navigateur français (11 nov. 1729 — 31 août 1811).
Pascal (Marius). Essai historique sur la vie et les ouvrages de Bougainville. *Mars*. 1851. 8.

Bouguer (Pierre),
mathématicien français (10 février 1698 — 15 août 1758).

Laberthonie (N... N...). Relation de la conversion et de la mort de M. Bouguer. *Par.* 1784. 12.

Bouhier (Claude),
évêque de Dijon.

(**Jourdain**, Claude). Oraison funèbre de C. Bouhier, second évêque de Dijon, par un bénédictin. *Dijon.* 1755. 4 *.

* Cette oraison n'a point été prononcée.

Bouhier (Jean),
jurisconsulte français (16 mars 1673 — 17 mars 1746). .

Oudin (François). Commentarius de vita et scriptis J. Buherii, in senatu Burgundico præsidis infulati, academiæ Gallicæ socii, etc. *Divion.* 1746. 4. (P.)

Bouhours (Dominique),
jésuite français (... 1628 — 27 mai 1702).

(**Dacier**, André). Éloge historique de D. Bouhours. *Par.* 1702. 4.

Bouillé (François Claude Amour, marquis de),
général français (19 nov. 1739 — 14 nov. 1800).

Bouillé (François Claude Amour de). Mémoires sur la révolution française depuis son origine jusqu'à la retraite du duc de Brunswick, etc. *Lond.* 1797. 2 vol. 8. *Par.* 1801. 2 vol. 12. Avec une notice sur sa vie, avec des notes et des éclaircissements historiques par Saint-Albin BERVILLE et Jean François BARRIÈRE. *Par.* 1821. 2 vol. 8. *Ibid.* 1822. 2 vol. 12.
Trad. en allem. *Hamb.* 1798. 8.
Trad. en angl. *Lond.* 1797. 2 vol. 8.

Bouillé (René de). Essai sur la vie du marquis de Bouillé. *Par.* 1853. 8.

Bouillé (Jean Baptiste de),
évêque de Poitiers (11 juin 1759 — 14 janvier 1842).

Jeannes (Abbé). Oraison funèbre de Mgr. de Bouillé. *Poitiers.* 1842. 8.

Bouillon (Éléonore de **Bergh**, duchesse de).

Biroat (Jacques). Oraison funèbre d'É. de Bergh, duchesse de Bouillon. *Par.* 1675. 4.

Bouillon (Frédéric-Maurice de la **Tour d'Auvergne**, duc de),
lieutenant-général français (22 oct. 1605 — 9 août 1652).

Mémoires de la vie de F. M. de la Tour d'Auvergne, duc de Bouillon, souverain de Sédan, etc., (rédigés par N. N. AUBERTIN). *Par.* 1692. 12. *Amst.* 1693. 12.

Bouillon (Godefroid de),
duc de Lorraine et premier roi chrétien de Jérusalem († 18 juillet 1100).

Lannel du Chaintreau (Jean de). Vie de G. de Bouillon, duc de Lorraine et roi de Jérusalem.*Par.* 1625. 8*.

* Cet ouvrage est très-rare. Tous les bibliographes ne le citent que d'après le catalogue de Ducange. La *Biographie universelle* de Michaud présume que c'est une nouvelle édition de l'ancien roman de Godefroid de Bouillon, dont Lannel aurait rajeuni le style.

Pico (Ranuccio). Vita di G., duca di Buglione e re de Gerusalemme. *Venez.* 1626. 4.

Ostfriesland (Eduard Ferdinand v.). Oratio de G. Bullioneo, rege Hierosolymorum. *Tubing.* 1656. Fol.

Waha (Guillaume de). Labores Herculis christiani, G. Bullionii. *Insulis Flandr.* 1674. 12. *Leod.* 1688. 12.

Khun (Johann Caspar). Dissertatio de G. Bullione. *Argent.* 1717. 4.

Schachert (Johann Friedrich). Peter von Amiens und G. von Bouillon; Geschichte der Eroberung des heiligen Grabes, publ. par Christian Wilhelm SPIEKER. *Berl.* 1819. 8.

Schrant (Johann Mattheus). Lofrede op G. van Bouillon. *Gent.* 1827. 8.

Prévault (Henri). Histoire de G. de Bouillon. *Lille.* 1833. 2 vol. 8. *Par.* 1834. 2 vol. 18. *Lille.* 1842. 2 v. 12.

Dumont (J... P... J...). Abrégé de l'histoire de G. de Bouillon. *Anvers.*, s. d. 18. (*Bx.*)

Henne (Alexandre). Biographie belge : G. de Bouillon. *Liége*, s. d. 8.

Polain (Mathieu Lambert). Notice sur G. de Bouillon. *Brux.* 1838. 12. *Liége.* 1838. 8. (Extrait de la *Revue de Bruxelles*)

Exauvillez (Jean Baptiste d'). Histoire de G. de Bouillon. *Par.* 1842. 12. *Ibid.* 1852. 12.

Levensgeschiedenis van G. van Bouillon. *Gravenh.*1842. 8.

Collin de Plancy (Jacques Albin Simon). G. de Bouillon. Chroniques et légendes du temps des deux premières croisades (1095—1150.) *Brux.* 1842. 8.

Reiffenberg (Frédéric Auguste Ferdinand Thomas de). G. de Bouillon, suite au chevalier du Cygne, avec des recherches sur la première croisade. *Brux.* 1848. 4.

Bouillon (Henri de la **Tour d'Auvergne**, duc de),
maréchal de France (28 sept. 1555 — 25 mars 1623).

Mémoires de H. de la Tour d'Auvergne, duc de Bouillon (depuis 1560 jusqu'en 1586), publ. par Paul LEFRANC. *Par.* 1666. 12.

Marsollier (Jacques). Histoire de H. de la Tour d'Auvergne, duc de Bouillon, où l'on trouve ce qui s'est passé de plus remarquable sous les règnes de François II, Charles IX, Henri III et Henri IV et les premières années du règne de Louis XIII. *Par.* 1709. 4. *Amst.* (*Par.*) 1726. 3 vol. 12.

Bouillon (Louise Charlotte de la **Tour d'Auvergne** de),
dame française († 1684).

Thiberge (Louis). Oraison funèbre de mademoiselle de Bouillon. *Par.* 1684. 4.

Bouilloud (Symphorien de),
évêque de Soissons († 1533).

(**Bouilloud**, Pierre). S. de Bouilloud, Lugdunensis, olim episcopus Glandavitensis, Vasatensis et Suessionensis, e tenebris historiæ eductus in lucem. *Lugd.* 1645. 4.

Bouilly (Jean Nicolas),
littérateur français (24 janvier 1763 — 14 janvier 1840).

Bouilly (Jean Nicolas). Mes récapitulations. *Par.* 1836. 2 vol. 12. Portrait.

Notice sur M. Bouilly, s. l. et s. d. (*Par.* 1840.) 8.

(**Legouvé**, Ernest). J. N. Bouilly, etc. *Par.* 1842. 8.

Boulanger de Boisfremont (Charles),
peintre français (22 juillet 1773 — 5 mars 1838).

Hellis (N... N...). Notice historique et critique sur M. Boulanger de Boisfremont, peintre d'histoire, membre de l'Académie de Rouen. *Rouen.* 1838. 8. Portrait.

Boulard (François Jogues de),
jurisconsulte (?) français.

(**Jousset**, N... N...). Le pécheur converti ou l'idée d'un véritable pénitent en la vie et en la mort de F. Jogues de Boulard, président à l'élection d'Orléans. *Orléans.* 1696. 12.

Boulay de la Meurthe (Antoine Jacques Claude Joseph, comte),
homme d'État français (19 février 1761 — 3 février 1840).

Biographie de M. Boulay de la Meurthe. *Par.*1836. 8*. (*Lv.*)

* Extrait de la *Biographie contemporaine*, rédigée par Germain SARRUT et B... de SAINT-EDME.

Notice biographique sur M. Boulay de la Meurthe, s. l. et s. d. 8*. (*Lv.*)

* Cette notice, signée F. R-d, est extraite de l'*Encyclopédie des gens du monde.*

Obsèques de M. le comte Boulay de la Meurthe. (Discours prononcé sur sa tombe par Jean Charles François de LADOUCETTE), s. l. et s. d. (*Par.* 1840.) 8. (*Lv.*) — (Extrait du *Moniteur*.)

Boulay-Pathy (Pierre Sébastien),
jurisconsulte français (10 août 1763 — 16 juillet 1830).

Notice sur M. Boulay-Pathy. *Par.* 1836. 8.

Boulduc (Gilles François),
chimiste français (... 1675 — 15 janvier 1742).

Mairan (Jean Jacques **Dortous** de). Éloge de G. F. Boulduc. *Par.* s. d. 8.

Boulée (Étienne Louis),
architecte français (12 février 1728 — 6 février 1799).

Villar (Gabriel). Notice sur la vie et les travaux de Boulée. *Par.*, s. d. 8.

Boulenger (Jules César),
savant français (1558 — 1628).

Moller (Daniel Wilhelm). Disputatio circularis de J. C. Boulengero. *Altorf.* 1691. 4.

Boullée (Philibert),
littérateur français.

Nécrologie. (Notice sur P. Boullée.) *Bourges.* 1836. 8. (Extrait du *Journal de l'Ain.*)

Boullemier (Charles),
bibliothécaire de la ville de Dijon (12 nov. 1725 — 11 avril 1803).

(**Baudot**, Pierre Louis). Éloge historique de M. l'abbé C. Boullemier, garde de la bibliothèque de Dijon. *Dijon*, an XII (1803). 8.

Boullier (Isidore),
prêtre français (6 sept. 1791 — 21 mars 1844).

Notice sur M. Boullier, curé de la Trinité de Laval. *Laval*. 1846. 12.

Bouly (Ambroise),
centenaire français.

Jestermann (William). Le vieux Cevenol ou anecdotes de la vie d'A. Bouly, mort à Londres, âgé de 103 ans. *Lond*. 1779. 8. (*P.*) *Ibid*. 1788. 8. (*P.*) — (Trad. de l'anglais.)

Bou-Maza,
schérif des Ouled-Yorinès (1810 — ...).

Martinval (Eugène de). Bou-Maza, etc., prisonnier des Français; notice biographique et intéressante. *Par.* 1847. 12. Portrait.

Bouray (Jacques Pasquier),
prêtre français.

Consul (Marie). Vie édifiante de M. J. P. Bouray, prêtre. *Par*. 1714. 12.

Bourbon (Antoine de),
roi de Navarre (1518 — 17 nov. 1562).

Muret (Marc Antoine). Oraison funèbre d'A. de Bourbon et de Jeanne d'Albret, roi de Navarre. *Rouen*. 1562. 8.

Bourbon (Catherine de), voy. **Catherine de Bourbon**.

Bourbon (Charles, duc de),
connétable de France (1489 — tué le 6 mai 1527).

Baudot de Juilly (Nicolas). Histoire secrète du connétable de Bourbon, où l'on voit les causes de sa disgrâce. *Par*. 1696. 12. *Ibid*. 1706. 12. *Ibid*. 1724. 12.

Schwartzenau (Stephan v.): Der Konnetable Karl von Bourbon. Bilder aus seinem Leben und seiner Zeit. *Berl*. 1852. 8.

Bourbon (Charles de *),
cardinal-archevêque de Rouen (vers 1523 — 9 mai 1590).

* Après l'assassinat de Henri III le cardinal Charles de Bourbon a été proclamé roi sous le nom de Charles X par la Sainte-Ligue.

Dubreul (Jacques). Vie de C. de Bourbon, jadis oncle du roi Henri IV. *Par*. 1612. 4 *.

* On trouve à la suite de cet ouvrage la généalogie des princes de Bourbon.

Sommaire des raisons qui ont mû les Français à reconnaître Charles X. *Par*. 1589. 8.

Arrêt du parlement de Paris, du 24 octobre 1589, contre Henry de Bourbon, ses fauteurs et adhérents. *Par*. 1589. 8.

Arrêt du parlement, du 5 janvier 1590, pour reconnaître Charles X. *Par*. 1590. 8.

Arrêt du parlement, du 5 mars 1590, pour reconnaître Charles X pour vrai et légitime roy de France et pour défendre aucun traité de paix avec Henry de Bourbon. *Par*. 1590. 8.

Bourbon (Charles de),
cardinal de Vendôme († 30 juillet 1594).

Guinaut (Antoine). Discours sur la maladie et la mort du cardinal C. de Bourbon le jeune (neveu du précédent). *Par*. 1594. 8.

Sorbin (Arnaud). Oraison funèbre du cardinal de Bourbon. *Nevers*. 1595. 8.

Masson (Jean Papire). Elogium cardinalis C. de Bourbon. *Par*. 1599. 4.

Bourbon (Élisabeth de), voy. **Élisabeth de Bourbon**.

Bourbon (Françoise), voy. **Françoise de Bourbon**.

Bourbon (Gabrielle Angélique),
fille naturelle de Henri IV, roi de France.

Hersent (Charles). Éloge funèbre de G. A. de Bourbon, fille naturelle du roi Henri IV, légitimée de France, duchesse de la Valette, première femme de Jean Louis de Nogaret, duc d'Espernon. *Par*. 1627. 8.

Bourbon (Isabelle de), voy. **Isabelle de Bourbon**.

Bourbon (Jean de),
comte de Saint-Pol.

Boucher (M...). Oraison funèbre de J. de Bourbon,

comte de Saint-Pol, sixième fils de Charles de Bourbon, duc de Vendôme. *Par*. 1557. 8.

Bourbon (Marie de), voy. **Marie de Bourbon**.

Bourbon (Louis de),
cardinal-archevêque de Sens († 1557).

Gemelli? (Pietro). Oratio funebris de obitu L. cardinalis Borbonii. *Par*. 1557. 4.

Bourbon, surnommé **le Bon** (Louis de),
souverain de Dombes.

Coustreau (Nicolas). Vie de Louis de Bourbon, surnommé le Bon, souverain de Dombes, mise au jour et augmentée par le sieur Dubouchet. *Rouen*. 1642. 4.

Bourbon-Conti (Louise Stéphanie de), voy. **Delorme** (Anne Louise Françoise).

Bourbon, dit **le Jeune** (Nicolas),
poète français (... 1574 — 7 août 1644).

N. Borbonii in academia Parisiensi eloquentiæ græcæ professoris regii tumulus, ad perpetuam viri doctissimi humanissimique memoriam, etc. *Par*. 1649. 8.

Bourbon del Monte (Giovanni Battista Andrea),
homme d'État italien.

Niccolini (Giovanni Battista). Necrologia del marchese G. B. A. Bourbon del Monte. *Firenz*. 1838. 4.

Bourbonneux (N... N...),
pâtissier français.

(**Perraud de Thousy**, E...). Notice sur M. Bourbonneux, pâtissier, préparateur du cussy-gâteau, inventeur de plusieurs sortes de pâtisseries nouvelles, renommé pour ses gourenflots. *Montmartre*. 1852. 8. (Extrait du *Panthéon artistique et industriel*.)

Bourcier-Montureux (Jean Léonard, baron de),
jurisconsulte français (17 août 1649 — . , 1726).

Digot (Auguste). Éloge historique de J. L. baron de Bourcier, premier président de la cour souveraine et conseiller d'Etat du duc Léopold (de Lorraine). *Nancy*. 1842. 8.

Étude sur le président Bourcier. *Toul*. 1846. 12.

Bourdaloue (Louis),
jésuite français (20 août 1632 — 13 mai 1704).

(**Prigny**, Madame de). Vie du P. Bourdaloue, de la Compagnie de Jésus. *Par*. 1705. 4. (*D.*) — (Omis par Quérard.)

Villenave (Matthieu Guillaume Thérèse). Notice sur la vie et les ouvrages de Bourdaloue. *Versaill*. 1812. 8.

Labouderie (Jean). Notice sur Bourdaloue. *Par.* et *Besanç*. 1825. 18. Portrait. (*Bes*.)

Saint-Amand (N... N... de). Notice biographique sur le P. Bourdaloue. *Bourges*. 1842. 8.

Bourdeau, voy. **Bordeau**.

Bourdeilles, voy. **Brantôme**.

Bourdelin (Jean Joseph),
philologue français (1725 — 24 mars 1783).

Delandine (François Antoine). Hommage à la mémoire de M. l'abbé Bourdelin. *Lyon*. 1783. 8.

Bourdessoulle, voy. **Bordessoulle**.

Bourdoise (Adrien),
prêtre français (1er juillet 1584 — 19 juillet 1655).

(**Descourveaux**, Philibert). Vie d'A. Bourdoise, premier prêtre de la communauté de Saint-Nicolas du Chardonnet, (rédigée sur les *Mémoires de Courtin*). *Par*. 1714. 4. (*Bes*.)

(**Bouchard**, Alexandre Daniel). Vie de M. Bourdoise. *Par*. 1784. 12. (Abrégé de la Vie précédente.)

Bourdon (N... N...),
Français.

Gary (J...). L'intrigant démasqué ou la vie privée de Bourdon, se qualifiant Bourdon de la Marne, acquéreur de biens nationaux, s'en disant propriétaire, et de Barbe, surnommée Julie Dauphin, sa confidente, détenus à la maison de justice près le tribunal criminel du département de la Dyle, séant à Bruxelles. *Brux*., an IX (1803). 8. (Très-rare.)

Bourdon (Sébastien),
peintre français (1616 — 1671).

Poitevin (Jacques). Notice historique sur S. Bourdon, etc., s. l. (*Montpell*.) 1812. 4. Portrait.

(**Atger**, Xavier). Considérations philosophiques, remarques, observations, anecdotes particulières sur la vie et les ouvrages de S. Bourdon, ancien recteur de l'Académie royale de peinture et de sculpture. *Par.* 1818. 8. Portrait.

Bouré (Paul Joseph),
statuaire belge (2 juillet 1823 — 17 déc. 1848).
Soust de Borkenfeldt (Adolphe van). Notice sur la vie et les ouvrages de P. Bouré. *Brux.* 1849. 8. Portrait.

Bourg (Anne du),
jurisconsulte français (1521 — pendu et brûlé le 20 déc. 1559).
Wesenbeck (Matthias). Narratio de A. Burgio, J. U. D. et professore Aurelianensi, consiliario regio Lutetiæ combusto. *Lips.* 1585. 8.
Hoffmann v. Westhoffen (Johann Georg). Le martyr évangélique : A. du Bourg. *Strasb.* 1841. 4 et 8.
Doniol (Henri). Notice historique sur A. du Bourg. *Clerm. Ferr.* 1846. 8. Portrait.

Bourgade (Pierre Jean François),
magistrat français du xixe siècle.
Bourgade (Pierre Jean François). Mémoires. *Par.* 1825. 8.

Bourgelat (Claude),
fondateur des écoles vétérinaires en France (27 mars 1712—3 janv. 1779).
Grognier (Louis François). Notice historique et raisonnée sur C. Bourgelat, etc. *Lyon.* 1805. 8. (*P.*)

Bourgeois, dite **Boursier** (Louise),
sage-femme de Marie de Médicis.
Chereau (Achille). Esquisse historique sur L. Bourgeois, dite Boursier, sage-femme de la reine Marie de Médicis. *Par.* 1852. 8. Portrait. (Extrait de *l'Union médicale.*)

Bourgeois (Marguerite),
religieuse française.
Ransonnet (N... N... de). Vie de la sœur M. Bourgeois, institutrice et première supérieure d'une communauté de filles séculières, établie en Canada sous le nom de congrégation de Notre-Dame. *Avignon* et *Liège.* 1738. 8. *Ville-Marie.* (*Montréal en Canada.*) 1818. 12.

Bourgogne (Louis, duc de),
petit-fils de Louis XIV, père de Louis XV (6 août 1682 — 18 février 1712).
Maboul (Jacques). Oraison funèbre de Louis, dauphin de France, et de Marie Adélaïde de Savoie, son épouse. *Par.* 1712. 4.
Gaillard (Honoré). Oraison funèbre de Louis, dauphin de France. *Par.* 1712. 4.
La Rue (Charles de). Oraison funèbre de Louis, dauphin de France. *Par.* 1712. 4.
Capistron (N... N...). Oraison funèbre de Louis, dauphin de France. *Toulouse.* 1712. 4.
Martineau (Isaac). Recueil des vertus de Louis de France, dauphin. *Par.* 1712. 4. *Ibid.* 1714. 12.
Julliard du Jarry (Laurent). Oraison funèbre de Louis, dauphin de France. *Par.* 1713. 4.
Rousseau de la Parisière (Jean César). Oraison funèbre de Louis, dauphin de France. *Par.* 1713. 4.
Fleury (Claude). Portrait de Mgr. le dauphin. *Par.* 1714. 12.
Proyart (Liévain Bonaventure). Vie du dauphin, père de Louis XV. *Lyon:* et *Par.* 1778. 2 vol. 12. *Par.* 1782. 2 vol. 12. *Lyon.* 1783. 2 vol. 12. *Par.* 1819. 2 vol. 12.
Monty (Léopold). M. le duc de Bourgogne. *Par.* 1844. 8.

Bourgoin (Edmond),
prieur des Jacobins (écartelé en 1590 *).
Bossu (Jacques le). Sermon funèbre pour la mémoire de dévote et religieuse personne F. E. Bourgoin, martyrisée à Tours. *Nantes.* 1590. 4.
* Il osa faire en chaire l'éloge de Jacques Clément, assassin de Henri III.

Bourgueville de Bras (Charles de),
lieutenant-général français (6 mars 1504 — ... 1593).
Louise (Théophile). Notice historique et critique sur C. de Bourgueville, sieur de Bras. *Caen.* 1847. 8.

Bourguignon d'Herbigny (Pierre François Xavier),
publiciste français (4 déc. 1772 — 13 mars 1846).
Notice sur la vie et les écrits de M. P. F. X. Bourguignon d'Herbigny, s. l. et s. d. (*Lille.* 1847.) 8.

Bourienne, voy. **Fauvelet de Bourienne** (Louis Antoine).

Bourignon (Antoinette de),
fanatique française (13 janvier 1616 — 30 oct. 1680).
(**Poiret**, Pierre). Vie d'A. de Bourignon, écrite partie par elle-même, partie par une personne de sa connaissance. *Amst.* 1683. 8. Trad. en allem. *Amst.* 1684. 8.
Der Jungfrau A. Bourignon innerliches und äusserliches Leben, s. l. et s. d. 8. Portrait.
Defensio relationis Lipsiensis de A. Bourignonia. *Lips.* 1687. 4.
Jaeger (Johann Wolfgang). Nova purgatio animæ post mortem excocta in cerebro A. Bourignonii et P. Poireti extracta ex fumo infernali rejecta. *Tubing.* 1715. 4.

Bourlemont (Charles de),
évêque de Soissons.
Ratouyn (Nicolas?). Oraison funèbre de C. de Bourlemont. *Soissons.* 1686. 4.

Bourlier (Anne Séraphine),
religieuse française († 1683).
(**Desbarres**, Marie Dorothée). Vie d'A. S. Bourlier, supérieure des religieuses au monastère de la Visitation de Dijon. *Dijon.* 1689. 8. (*Bes.*)

Bourmont (Louis Auguste Victor de Gaisne, comte de),
maréchal de France (2 sept. 1773 — ... 1846).
Sarrut (Germain) et B... **Saint-Edme**. Notice pour servir à la biographie de M. le maréchal, comte de Bourmont. *Par.* 1842. 4.
Merson (Ernest). Le maréchal, comte de Bourmont; notice biographique. *Nant.* 1847. 8.
Lansac (N... N... de). Notice biographique sur M. le maréchal, comte de Bourmont. *Par.* 1847. 8.

Bourne (Samuel),
théologien anglais (1713 — 1796).
Flexman (Roger). Account of the life and writings of the Rev. S. Bourne. *Lond.* 1796. 8.
Toulmin (Joshua). Memoirs of the late Rev. Bourne, on of the pastors of the New-Meeting at Birmingham. *Lond.* 1809. 8.

Bournonville (Auguste),
choréographe danois (21 août 1805 — ...).
Bournonville (Auguste)? Mit Theaterliv. *Kjoebenh.* 1847. 8.

Bourrit (Marc Théodore),
naturaliste suisse (1739 — 6 oct. 1819).
Notice biographique sur M. T. Bourrit. *Genève.* 1856. 8.

Boursaint (Pierre Louis),
savant français (19 janvier 1781 — 4 juillet 1833).
Richelot (Henri). Notice biographique de P. L. Boursaint, de Saint-Malo. *Par.* 1840. 8.

Boursault-Malherbe (Jean François),
acteur français (1752 — 1842).
Notice sur la vie publique et privée de J. F. Boursault-Malherbe, en réponse à quelques pamphlets. *Par.* 1819. 8.
Observations pour servir de supplément à la notice de M. Boursault, etc. *Par.* 1819. 8 *.
* La notice précédente se trouve réimprimée dans celle-ci.

Bouruet (Frédéric),
peintre (?) français (29 avril 1830 — 18 mars 1845).
Notice sur F. Bouruet, mort à Rome, etc. *Par.* 1845. 4.

Boury (Adèle),
connue par son attentat sur Louis Philippe Ier.
(**Villemarest**, Charles Maxime de). Mémoires de mademoiselle Adèle Boury. *Par.* 1833. 8. Portrait.

Boussart (André Joseph),
général belge (13 nov. 1758 — 13 août 1813).
Hulst (Félix van). A. Boussart. *Liège.* 1845. 8. Portrait.

Boussen (Franciscus Renatus),
évêque de Bruges (2 déc. 1774 — 1er oct. 1848).
Levensschets van wylen zyne doorluchtige hoogweerdigheid F. R. Boussen, achttienden bisschop van Brugge. *Kortryk.* 1848. 8.
Malou (Jean Baptiste). Biographie de Mgr. F. R. Boussen, dix-huitième évêque de Bruges, prélat domestique de sa sainteté, évêque assistant au trône pontifical, comte romain, l'un des six évêques fondateurs de l'université catholique de Louvain. *Louvain.* 1849. 12.

Bouteiller (N... N...),
sculpteur français.
Lecarpentier (C... L... F...). Notice nécrologique sur M. Bouteiller, sculpteur. *Rouen*. 1812. 8.
Bouteiller (Charles François Romaric de),
général français (9 déc. 1786 — 5 mars 1850).
Nollet-Fabert (Jules). Le général Bouteiller. *Nancy.* 1851. 8. Portrait. (Extrait de la *Lorraine militaire.*)
Bouterwek (Friedrich),
littérateur allemand (15 avril 1766 — 9 août 1828).
Blumenbach (Johann Friedrich). Memoria F. Bouterwekii. *Goetting.* 1832. 4. (*D.*)
Bouthillier, voy. **Rancé** (Armand Jean le Bouthilier).
Bouthillier (Léon le),
homme d'État français (vers 1608 — 11 oct. 1652).
Bodin (Yves). Oraison funèbre de M. le Bouthillier, ministre et secrétaire d'Etat, etc. *Saumur.* 1652. 4.
Bouthillier (Victor le),
archevêque de Tours (1596 — 1670).
Martel (N... N...). Oraison funèbre de Mgr. V. le Bouthilier, archevêque de Tours. *Blois.* 1670. 4.
Bouvard (Alexis),
astronome piémontais (27 juin 1767 — 7 juin 1843).
Gautier (Alfred). Notice sur A. Bouvard, correspondant de l'Académie. *Brux.* 1844. 12.
Quetelet (Lambert Adolphe Jacques). Additions à la notice précédente. *Brux.* 1844. 12. (*Bx.*)
Bouvard (Charles),
prêtre français.
Texier (Louis). Discours funèbre sur la mort de C. Bouvard, abbé de Saint-Florent et trésorier de la sainte chapelle. *Saumur.* 1648. 8.
Bouvart (Michel Philippe),
médecin français (11 janvier 1711 — 19 janvier 1787).
Guenet (Antoine Jean Baptiste). Eloge historique de M. P. Bouvart, docteur-régent de la Faculté de médecine en l'Université de Paris, etc. *Par.* 1787. 8. (*Lv.*)
Bovara (comte Giovanni),
homme d'État italien.
Cavriani (Federigo). Elogio del conte senatore G. Bovara, ministro pel culto. *Milan.* 1815. 8.
Bovy (Jean Pierre Paul),
médecin belge (20 oct. 1779 — 26 août 1841).
Polain (Mathieu Lambert). Hommage de la *Revue belge* à la mémoire du docteur Bovy. *Liège.* 1841. 8 *.
* Cette notice biographique, tirée à 300 exemplaires, est ornée de son portrait.
Bowditch (Nathaniel),
médecin (?) anglo-américain.
Young (Alexandre). Discourse on the life of N. Bowditch. *Boston.* 1838. 8.
Pickering (William). Eulogy on Dr. N. Bowditch. *Cambridge.* 1838. 4. (*Bx.*)
Bowditch (N... J...). Memoir of N. Bowditch. *Boston.* 1840. 4.
Bowes (A... R...).
Foot (Jesse). Lives of A. R. Bowes, esq. and the countess of Strathmore, his wife. *Lond.* 1810. 8.
Bownas (Samuel),
théologien anglais.
Life, travels and christian experiences in the work of the ministry of S. Bownas. *Lond.* 1846. 8.
Bowyer (William),
savant imprimeur anglais (17 déc. 1699 — 18 nov. 1777).
Nichols (John). Biographical and literary anecdotes of W. Bowyer, printer, and of many of his learned friends. *Lond.* 1778. 8. *Ibid.* 1782. 4.
Boxbart (Anton),
médecin allemand (6 janvier 1607 — 30 sept. 1679).
Strohmeyer (Card Ludwig). Leichenpredigt bei dem Tode A. Boxbart's, Senior collegii medici und Stadt-Physicus zu Ulm. *Ulm.* 1679. 4.
Boxhorn (Marcus Zuerius),
critique hollandais (28 sept. 1612 — 3 oct. 1653).
Barlaeus (Lambert). Oratio funebris in excessum M. Z. Boxhornii. *Lugd. Bat.* 1653. 4.
Boyer (Jean Pierre),
président de la république d'Haïti (2 février 1776 — ...).
Wallez (N... N...). Précis historique des négociations

entre la France et Saint-Domingue; suivi de pièces justificatives et d'une notice biographique sur le général Boyer. *Par.* 1826. 8.
Boyer (Pierre Denis),
directeur au séminaire de S. Sulpice (19 oct. 1766 — 24 avril 1842).
Notice sur la vie et les écrits de M. Boyer, etc. *Par.* 1843. 8.
Boyle (Charles), voy. **Orrery.**
Boyle (Robert),
philosophe anglais (25 janvier 1626 — 30 déc. 1691).
Burnet (Gilbert). Sermon preached at the funeral by R. Boyle. *Lond.* 1692. 4.
Birch (Thomas). Life and writings of the Hon. R. Boyle. *Lond.* 1741. 8. *Ibid.* 1744. 8.
Boysen (Friedrich Eberhard),
théologien allemand (.. janvier 1720 — 4 juin 1800).
F. E. Boysen's Lebensbeschreibung. *Quedlinb.* 1795. 2 vol. 8. Portrait. (*D.* et *L.*)
Boyron, dit **Baron** (Michel),
acteur français (8 oct. 1653 — .. déc. 1729).
Wink (d'Allainval) (George). Lettre à milord *** sur Baron et demoiselle (Adrienne) Le Couvreur, où l'on trouve plusieurs particularités théâtrales. *Par.* 1750. 12. (Peu commun.)
Boyseau, marquis de **Châteaufort** (Pierre),
général belge (1659 — 26 juillet 1741).
Stassart (Goswin Joseph Augustin de). Notice sur P. Boyseau, marquis de Châteaufort. *Brux.* 1846. 8. (*Bx.*)
Bra (Théophile François Marcel),
statuaire français (25 juin 1797 — ...).
Relation de la fête donnée à M. T. Bra, statuaire, et précédée de sa biographie. *Douai.* 1852. 8.
Braam (Pieter van),
poète hollandais (22 déc. 1740 — 28 sept. 1827).
Kist (Ewaldus). Lofrede op P. van Braam, etc. *Dordr.* 1818. 8. Portrait en silhouette.
Braccio di Montone (Andrea),
général italien (1er juillet 1368 — 2 juin 1424).
Campani (Giovanni Antonio). De vita et rebus gestis A. Bracchii. *Basil.* 1548. 8. (*Bes.*) Trad. en ital. par Nicolo **Piccinino**. *Perug.* 1636. 8.
Brackenhoffer (Elias),
jurisconsulte allemand († 1682).
Mappus (Marcus). Programma in memoriam E. Brackenhoffer. *Argent.* 1682. 4. (*D.*)
Bradford (John),
théologien anglais († exécuté le 1er juillet 1555).
Horne (W... W...). Life of the Rev. J. Bradford. *Lond.* 1800. 8.
Braeger * (Ulrich),
tisserand suisse (22 déc. 1735 — ... 1797).
Lebensgeschichte und natürliche Ebentheuer des armen Mannes in Tockenburg, publ. par Hans Heinrich **Füsssli.** *Zürch.* 1789. 8.
* Plus connu sous ce nom : le pauvre homme de Toggenbourg.
Bragadino (N... N...).
Bregolini (Ubaldo). Orazione in morte del patriarca Bragadino. *Treviso.* 1776. 4.
Bragadino (Marcantonio),
amiral vénitien (écorché vif le 15 août 1571).
Riccoboni (Antonio). Historia de Salamina capta et M. A. Bragadeno præside excoriato, ossia storia di Salamina presa e di M. A. Bragadino, comandante scorticato, trad. du lat. par Emmanuele Antonio **Cicogna.** *Venez.* 1843. 8.
Bragaldi (Giovanni Damasceno),
littérateur italien (1764 — 17 février 1829).
Rambelli (Giovanni Francesco). Commentarietto della vita di G. D. Bragadi. *Forli.* 1852. 8. Trad. en lat. par Francesco Ignazio **Montanari.** *Forli.* 1852. 8.
Bragelonne (Thomas de),
jurisconsulte français († mars 1681).
Daubenton (Guillaume). Oraison funèbre de T. de Bragelonne, premier président au parlement de Metz. *Metz.* 1681. 4.

Brahe,
famille suédoise.

Gyllenstålpe (Samuel). De illustrissima Brahæorum prosapia ut vetustate ita virtutum magnis exemplis inde ab ethnicismo, et etiamnum valde conspicua et inclyta, sermo panegyricus. *Aboæ.* 1671. Fol.

Brahe (Erik),
homme d'État suédois (25 juin 1722 — 23 juillet 1756).

Troilius (Magnus). Berättelse om E. Brahes Beredelse till döden, etc. *Stockh.* 1769. 4.

Brahe I (Pehr),
homme d'État suédois (18 février 1602 — ...).

Fritz (Johann Christoph). Mnemosynin æternitatis, nominibus illustrissimorum comitum P. Brahe, senatoris et drotzeti regii ut et Pet. Car. Brahe positum. *Holm.* 1685. Fol.

Brahe II (Pehr),
homme d'État suédois.

Ignatius (Bengs Jakob). Programmata II de vita et meritis P. Brahe. *Aboæ.* 1816. 8.

Brahe (Tyge ou Tycho de),
astronome danois (4 déc. 1546 * — 13 oct. 1601).

Jessenius (Johann). Oratio funebris de vita et morte T. Brahei. *Prag.* 1601. 4. *Hamb.* 1601. 4. *Hag. Com.* 1655. 4.
* La *Biographie universelle* de Michaud le fait naître le 13 déc., c'est une erreur.

Gassendi (Pierre). Vita T. Brahei. *Par.* 1654. 4. *Hag. Com.* 1655. 4. Portrait. (*D. et P.*)

Weistritz (Philander von der). Lebensbeschreibung des berühmten und gelehrten Sternsehers T. von Brahe. *Kopenh.* 1756. 2 vol. 8 *. (*D. et L.*)
* Traduction d'un ouvrage danois, dont nous ignorons le titre original.

Kaestner (Abraham Gottheff). Über T. de Brahe's Wahlspruch. *Goetting.* 1771. 4. (*L.*)

Schilling (Olaus). Dissertatio de meritis T. Brahe in astronomiam mechanicam. *Upsal.* 1792. 8.

Helfrecht (Johann Theodor Benjamin): T. de Brahe, geschildert nach seinem Leben, seinen Meinungen und seinen Schriften. *Hof.* 1798. 8. Portrait. (*D. et L.*)

Pedersen (Peder). Den danske Astronom T. Brahes Liv og Levnet. *Kjoebenh.* 1838. 8.

Mikowec (Ferdinand Bretislav). T. Brahe; ziwotopisni nastin, ku 500 leté památce jeho narozeni. *Praze.* 1847. 8.

Braida (Pietro),
prêtre italien (1751 — 7 sept. 1829).

Marzuttini (G... O...). Orazione funebre in morte del P. P. Braida. *Udine.* 1828. 8.

Brainerd (David),
missionnaire écossais (1718 — 1747).

Edwards (Jonathan). Life of the Rev. D. Brainerd, missionary from Scotland to the Indians. *Lond.* 1749. 8. *Edinb.* 1765. 8. *Lond.* 1818. 8. With Preface by Horatius BONAR. *Lond.* 1851. 12.

Styles (John). Life of D. Brainerd. *Lond.* 1808. 8. Port. (Omis par Lowndes.)

Pratt (Josiah). Life of the Rev. D. Brainerd. *Lond.* 1838. 8. *Ibid.* 1846. 8.

Vormbaum (Reinhold). D. Brainerd, der Apostel der Indianer in Pennsylvanien und New-Jersey. *Düsseld.* 1850. 8.

Eppler (Christoph Friedrich): Leben des Indianermissionnär's D. Brainerd; Bild aus der ältern Mission dem heutigen Christenvolke vorgestellt. *Zürch.* 1851. 8.

Bramante (Donato Lazzari),
architecte et peintre italien (1444 — 1514).

Lazzari (Andrea). Ricerche della patria di Bramante da Fermignano. *Fermo.* 1701. Fol.

Salvetti (Filippo Timoteo de). Aneddoti sulla patria dell' architetto Bramante Lazzari. *Rome.* 1824. 8. (*P.*) (5e édition.)

(**Pungileoni**, Luigi). Memoria intorno alla vita e alle opere di D. Bramante. *Rom.* 1836. 8. Portrait.

Brambilla (Agostino),
philologue italien (+ 20 juin 1839).

R... (A...). Necrologia di A. Brambilla. *Veron.* 1839. 8.

Brambilla (Giovanni Alessandro),
chirurgien italien (15 avril 1728 — 29 juillet 1800).

Rigoni (Cristiano Antonio). Elogio del cavaliere A. Brambilla. *Pavia.* 1850. 8.

Bramston (John),
théologien anglais.

Autobiography of J. Bramston. *Lond.* 1845. 4.

Bramwell (William),
théologien anglais.

Sigston (James). Memoirs of the life and ministry of the Rev. W. Bramwell, etc. *Lond.* 1848. 8. Portrait. *Ibid.* 1855. 8. Portrait.

Brancaccio (S. Bacolo),
prêtre italien.

Sersale (Tommaso). Panegirico in lode di S. B. Brancaccio. *Napol.* 1641. 4.

Brancaccio (Rinaldo),
cardinal italien.

Mazio (Paolo). Di R. Brancaccio, cardinale, e di Onorato I Caetani, conte di Fondi, commentario storico. *Rom.* 1845. 8.

Brancadoro (Cesare),
cardinal italien.

(**Fracassetto**, Giuseppe). Elogium in funere instaurato C. Brancadoro. *Fiume.* 1857. 8.

Brancas, seigneur de **Villars** (André de),
amiral français (+ 1595).

Duplessis (N... D...). Discours véritable de la mort, funérailles et enterrement d'A. de Brancas, seigneur de Villars. *Rouen.* 1595. 8.

Brancas, marquis de **Céreste** (Louis de),
maréchal de France (vers 1680 — 1750).

Julien (Chrysostôme). Oraison funèbre du maréchal Brancas. *Avign.* 1750. 4.

Brancati (Lorenzo),
cardinal italien.

Baba (Gabriello). Vita del cardinale L. Brancati. *Rom.* 1699. 12.

Brand (Bernhard),
jurisconsulte suisse (+ 15 juillet 1594).

Brandmueller (Jacob). B. Brand tribuni plebis Basilensis vita. *Basil.* 1650. 4.

Brand (Sebald),
mathématicien suisse du xve siècle.

S. Brands, Mathematici zu Bern im Schweizerland, welcher gelebt in dem 1494 Jahr, Prophezeyen und wunderbahre Weissagungen, etc. *Bern.* 1607. 4.

Brandano,
Italien.

Pecci (Giovanni Antonio). Notizie storico-critiche sulla vita e azioni di Brandano. *Lucca.* 1763. 4.

Brandes (Ernst),
philosophe allemand (3 oct. 1758 — 13 mai 1810).

Heyne (Christian Gottlob). Memoria E. Brandes. *Goetting.* 1810. 4. (*D.*)

Brandes (Heinrich Wilhelm),
physicien allemand (27 juillet 1777 — 17 mai 1834).

(**Hermann**, Gottfried). Exequiæ H. G. Brandesii. *Lips.* 1834. 4. (*L.*)

Brandes (Johann Christian),
poète et acteur allemand (15 nov. 1735 — 10 nov. 1799).

Brandes (Johann Christian). Eigene Lebensbeschreibung. *Berl.* 1802-7. 3 vol. 8. Trad. en franç. par Louis Benoît PICARD. *Par.* 1823. 2 vol. 8. (*Lv.*)

Brandes (Rudolph),
médecin allemand (15 oct. 1795 — 3 déc. 1842).

Bley (Ludwig Franz). Leben und Wirken des Dr. R. Brandes, Hof- und Medicinalraths, etc. *Hannov.* 1844. 8.

Brandmueller (Jacob),
jurisconsulte suisse du xvIIe siècle.

Faesch (Sebastian). Memoria posthuma J. Brandmulleri, etc. *Basil.* 1648. 4. (*D.*)

Brandmueller (Johann),
théologien suisse.

Grasser (Johann Jacob). Vita J. Brandmulleri. *Basil.* 1596. 8.

Brandolese (Pietro),
bibliographe italien (1754 — 3 janvier 1809).

Moschini (Giovanni Antonio). Sulla vita e sulle opere di P. Brandolese. *Venez.* 1809. 8.

Brandolini,
famille vénitienne.

Chiavenna (Andrea). Istoria delle più nobili imprese

fatte nelle guerre più famose d' Europa dall' anno 840 sino al presente 1648 dai signori Brandolini e' hora possedono la contea di Valmarino e la Gastaldia di Solighetto. *Padov.* 1648. 4.

Brandt (Greve Enewold),
homme d'État danois (exécuté le 28 avril 1772).

Lebensbeschreibung, Verhaft und Hinrichtung der beiden unglücklichen Grafen J. F. Struensee und E. Brandt, nebst dem Testamente des Erstern. *Kopenh.* 1772. 8.

Leben und Begebenheiten der Grafen Struensee und Brandt. *Berl.* 1772. 8.

Schriften in Sachen der Grafen Struensee und Brandt. *Kopenh.* 1773. 8.

Versuch einer Lebensbeschreibung der beiden hingerichteten Grafen Struensee und Brandt, s. l. 1773. 8.

Mémoires authentiques et intéressants ou histoire des comtes de Struensee et de Brandt. *Brux.* 1798. 8.

Authentische und merkwürdige Aufklärungen über die Geschichte der Grafen v. Struensee und Brandt. *Germanien (Frf.).* 1788. 8. Trad. en angl. par B... H... LATROBE. *Lond.* 1789. 8. (Comp. CAROLINE MATHILDE.)

Brandt (Geeraerd),
théologien hollandais (25 juillet 1626 — 11 oct. 1685).

Haes (Jan de). Leven van G. Brandt. *Gravenh.* 1740. 4.

Brant (Joseph),
général (?) anglo-américain.

Stone (William L...). Life of J. Brant and Indians Wars of Revolution. *New-York.* 1858. 2 vol. 8.

Brantôme (Pierre **Bourdeilles** de),
historien français (vers 1527 — 5 juillet 1614).

Monmerqué (Nicolas de). Notice historique sur Brantôme, avec des observations biographiques sur les diverses éditions et sur les manuscrits de ses ouvrages. *Par.* 1824. 8.

Brard (Cyprien Prosper),
ingénieur français (21 nov. 1786 — 28 nov. 1838).

Jouannet (François René Bénit Vatar). Notice historique sur C. P. Brard, ingénieur civil des mines. *Périgueux.* 1839. 8. (Suivi d'un catalogue de ses écrits et accomp. de son portrait.)

Brask (Petrus),
hymnographe suédois.

Rudbeckius (Nicolaus). Likpredikan öfver P. Brask. *Stockh.* 1668. 4.

Fant (Erik Michael). Dissertatio de episcopo Lincopiensi J. Brask, religionis romano-catholicæ in Svecia hyperaspiste. *Upsal.* 1790. 8.

—— Analecta Braskiana. *Upsal.* 1803. 8.

Brassavola (Antonio Musa),
médecin italien (1500 — 1555).

Baruffaldi (Girolamo). Commentario istorico all' incrizione, eretta nel almo studio di Ferrara l'anno 1704 in memoria del famoso A. M. Brassovola, Ferrarese. *Ferrar.* 1704. 4. (*L.*)

Castellani (Luigi Francesco). De vita M. Brassavolæ commentarius historico - medico - criticus. *Mantua.* 1767. 8.

Brasseuse (Susanna **Des Friches** de),
abbesse de Notre-Dame du Paraclet.

Ponssemothe (Pierre de). Oraison funèbre de S. Des Friches de Brasseuse, abbesse de Notre-Dame du Paraclet à Amiens. *Amiens.* 1681. 4.

Brauer (Johann Nicolaus Friedrich),
jurisconsulte allemand (14 février 1754 — 17 nov. 1813).

Ewald (Johann Ludwig). Necrolog des Staatsraths Dr. J. N. F. Brauer. *Heidelb.* 1813. 8.

Braun (Christian Renatus),
jurisconsulte allemand (12 juin 1714 — 14 février 1782).

(**Mangelsdorf**, Carl Ehregott). Memoria C. R. Braunii. *Regiom.* 1782. Fol. (*D.*)

Braun (Johann),
orientaliste allemand (1628 — 1709).

Isinck (Adam Menso). Oratio funebris in obitum J. Braunii. *Groning.* 1709. 4. (*D.*)

Braun (Johann Adam),
théologien allemand (... — 14 oct. 1852).

Scharpff (Franz Anton). Denkmal der Freundschaft und Liebe dem, etc., hingeschiedenen J. A. Braun,

---

Dekan und Stadtpfarrer zu Riedlingen errichtet. *Sigmaring.* (*Stuttg.*) 1853. 8.

Braune (Marie Louise),
visionnaire allemande du xixe siècle.

Milay (A...). Das Berliner Wunderkind; Beitrag zur Tagesgeschichte ; nach vierzehntägigen genauesten Beobachtungen im amtlichen Auftrage herausgegeben. *Berl.* 1849. 8.

Das Wunderbalg Lowisken Braune vor dem Berliner Criminalgericht. *Berl.* 1853. 8. Portrait.

Das Wunderkind aus der Schifferstrasse vor Gericht. Darstellung des vor dem Criminalgericht zu Berlin verhandelten Betrugs - Prozesses gegen die unverehelichte M. L. Braune, 16 1/2 Jahr alt. *Berl.* 1853. 8.

Brauner (Johan),
homme d'État suédois.

Hermelin (Samuel Gustaf). Åminnelse-Tal öfver Friherre J. Brauner. *Stockh.* 1776. 8.

Brause (Johann Friedrich Gottlob v.),
théologien allemand († 1er janvier 1820).

Frisch (Samuel Gottlob). Biographische Nachrichten über J. F. G. v. Brause. *Freiberg*, s. d. (1820.) 4. (*D. et L.*)

Bray (François Gabriel, comte de),
diplomate français (28 sept. 1765 — 2 sept. 1832.)

Martius (Carl Friedrich Philipp v.). Academische Denkrede auf F. G. Grafen v. Bray. *Regensb.* 1835. 8.

Breay (John George),
théologien anglais.

Memoir of the Rev. J. G. Breay, with a selection from his correspondence, by a member of his congregation. *Lond.* 1847. 12. (6e édition.)

Brébeuf (Guillaume de),
poëte français (1618 — 1661).

Marcel (Guillaume). G. de Brébeuf poetæ tumulus. *Condom.* 1662. 4. (Pièce en vers.) — (*P.*)

Brederode,
famille hollandaise.

Voet (Pieter). Oorspronck, voortganck en daeden der Heeren van Brederode. *Utrecht.* 1556. 4. Trad. en franç. par M... PAILHAT. *Amst.* 1665. 4.

Bockenberg (Pieter Corneliszon van). Historia et genealogia Brederodiorum, illustrissimæ gentis Hollandiæ. *Lugd. Bat.* 1587. 12.

Brederode (Frans van),
capitaine hollandais (1466 — 1490).

Alkemade (Cornelis van). Rotterdamse heldendaden van F. van Brederode. *Rotterd.* 1724. 12.

Brederode (Hendrik van),
homme d'État hollandais (.. déc. 1531 — 15 février 1568).

Scheltema (Pieter). H. van Brederode te Amsterdam in 1567 ; geschiedkundig overzigt, etc. *Amst.* 1847. 8. Portrait.

Hall (M... C... van). H. Graaf van Brederode, medegrondlegger der Nederlandsche vrijheid, verdedigd. *Amst.* 1844. 8. (*G. et Ld.*)

Groen van Prinsterer (G...). Antwoord aan M... C... van Hall over H. van Brederode. *Leyde.* 1844. 8. (*G.*)

Hall (M... C... van). H. Graaf van Brederode verdedigd ; wederwoord aan G... Groen van Prinsterer. *Amst.* 1845. 8. (*G. et Ld.*)

Bredérode (Reynoud van),
homme d'État hollandais (1417 — 1473).

(**Verbrugge**, M...). R. van Brederode, hoofd der Hocksche Staatspartij, s. l. et s. d. (*Rotterd.* 1839.) 8. (Extrait du Journal *de Fakkel.*) — (*Ld.*),

Bredin (Louis),
directeur de l'école vétérinaire de Lyon (... 1738 — 17 mars 1814).

Grognier (Louis François). Notice sur M. Bredin, publ. avec des notes de Claude Nicolas AMANTON, s. l. et s. d. (*Dijon.* 1815.) 8. (Extrait du *Journal de la Côte-d'Or.*) — (*Lv.*)

Brée (Matheus Ignatius van),
peintre belge (22 février 1773 — 19 déc. 1839).

Bogaerts (Félix). M. Van Brée. *Anvers.* 1842. 12.

Gerrits (Lodewyk). Levensbeschryving van M. I. van Brée. *Antw.* 1852. 8. Port. Trad. en franç. par l'auteur lui-même. *Anvers.* 1852. 8. Portrait.

Bréghot du Lut (Claude),
littérateur français (11 oct. 1784 — 30 nov. 1849).

Aigueperse (N... N... d'). Éloge historique de M. C.

Bréghot du Lut, conseiller à la cour de Lyon et membre de plusieurs sociétés savantes, etc. *Lyon.* 1850. 8.

Brehm (Johann Martin),
naturaliste allemand.

Reichel (Christoph). Wahrscheinlichkeit, dass die jüdischen Aerzte des Alterthums die Aeltesten im Volke gewesen ; zum Andenken an J. M. Brehm. *Friedrichsstadt.* 1757. 4. (*D.*)

Breidenbach (Johann Nicolaus),
théologien allemand (1667 — 5 déc. 1749).

Duysing (Justin Gerhard). Programma in funere J. N. Breidenbachii, superintendentis. *Marb.* 1749. Fol.

Breislak (Scipione),
naturaliste italien (1748 — 15 février 1826).

Configliachi (Luigi). Memorie intorno alle opere ed agli scritti del geologo S. Breislak. *Padov.* 1827. 8.

Breitbach-Bürresheim (Emmerich Joseph Freisner v.),
archevêque-électeur de Mayence (11 sept. 1707 — 11 juin 1774).

Fischer (Romanus). Laudatio funebris Emmerici Josephi (de Breitbach-Bürresheim), archiepiscopi et electoris Moguntini. *Erford.* 1774. Fol.

Huber (Johann Albrecht). Trauerfeier des Helden von der guten Sache, gewidmet dem Gedächtniss Seiner churfürstlichen Gnaden, Emmerich Joseph, Churfürsten zu Mainz. *Freiburg.* 1774. 8.

Roediger (Andreas). Lobschrift auf den verstorbenen Erzbischof und Churfürsten von Mainz, Emmerich Joseph, Fürstbischof zu Worms. *Carlsr.* 1774. 8.

Breitenbach (Johann v.),
jurisconsulte allemand († 1508).

Kapp (Johann Erhard). Programma de J. a Breitenbach, JCto Lipsiensi ejusque scriptis, etc. *Lips.* 1745. 4. (*D.* et *L.*)

Joecher (Christian Gottlieb). Programmata II de J. de Breitenbach, jurisconsulto Lipsiensi. *Lips.* 1745-1746. 4. (*D.* et *L.*)

Breitenbauch (Georg August v.),
jurisconsulte allemand († 15 sept. 1817).

(Gerstenberg, C... E...). Nachrichten von G. A. v. Breitenbauch's Leben und Schriften, s. l. et s. d. 8. (*D.* et *L.*)

Scheppler (N... N...); Biographie des Herrn G. A. v. Breitenbauch, s. l. et s. d. (*Weim.*) 8. Portrait. (*D.* et *L.*)

Verzeichniss der Schriften des Kammerraths G. A. v. Breitenbauch, etc. *Leipz.* 1804. 8. (*D.*)

Breithaupt (Christian),
littérateur allemand (11 mai 1689 — 12 oct. 1749).

Carpzov (Johann Benedict). Memoria C. Breithaupt. *Lips.* 1750. 4.

Breithaupt (Joachim Justus),
théologien allemand (1658 — 17 mars 1732).

Breithaupt (Joachim Justus). Memoria Caplatoniana oder Lebensbeschreibung zweier Breithaupten (i. e. Joh. Friedrich und J. J. Breithaupt) nebst dem curriculo vitæ J. J. Breithaupt, von ihm selbst abgefasset, zum Druck befördert durch Christian Polycarp LEPORIN, s. l. et s. d. (*Quedlinb.* 1725.) 8. (*D.* et *L.*)

Einem (Johann Christoph von). Monumentum J. J. Breithaupti. *Bernb.* 1752. 4.

Gasser (Simon Peter). Memoria J. J. Breithaupt. *Halæ.* 1752. Fol.

Baumgarten (Siegmund Jacob). Programma funebre in obitum J. J. Breithaupti. *Halæ.* 1752. Fol.

Breitinger (Johann Jacob),
philologue suisse (1575 — 1645).

Lavater (Johann Caspar). Historische Lobrede auf J. J. Breitinger, ehemaligen Vorsteher der Kirche zu Zürich. *Zürch.* 1771. 8.

Hess (Johann Jacob). Vorlesung dem Andenken des Chorherrn Breitinger gewidmet. *Zürch.* 1777. 8. (*D.*)

Breitkopf (Johann Gottlob Immanuel),
imprimeur allemand (23 nov. 1719 — 28 janvier 1794).

Hausius (Carl Gottlieb). Biographie J. G. E. Breitkopf's. *Leipz.* 1794. 8. (*D.* et *L.*)

Brelin (Nils),
théologien suédois (1690 — 5 juillet 1753).

Moerk (Jakob Henrik). Åmninelse-Tal öfver Kyrkoherden Dr. N. Brelin. *Stockh.* 1754. 8.

Brendel (Georg Christian),
pédagogue allemand.

Hempel (Carl Friedrich). Lebensbeschreibung G. C. Brendel's. *Eisenberg.* 1851. 8. (*D.*)

Brendel (Johann Caspar),
jurisconsulte allemand.

Berger (Johann Wilhelm). J. C. Brendelius justitiæ Justinianeæ in vita æmulis. *Lips.* 1794. 4.

Brenk (Johann Wolfgang),
renégat allemand († 21 nov. 1789).

Will (Georg Andreas). Lebensgeschichte J. W. Brenk's. *Anspach.* 1791. 8. (*D.*)

Brenkenhoff (Franz Balthasar **Schoenberg** v.),
économiste allemand (15 avril 1723 — 21 mai 1780).

Meissner (N... N...). Lebensbeschreibung des F. B. Schoenberg v. Brenkenhoff. *Leipz.* 1682. 8.

Brenkmann (Hendrik),
jurisconsulte hollandais (1680 — 1736).

Gebauer (Georg Christian). Narratio de H. Brenemanno, de manuscriptis Brenkmannianis, de suis in Corpore juris civilis conatibus et laboribus, etc. *Goetting.* 1764. 4. (*L.*)

Brenneccius (Johann),
philosophe allemand († 1655).

Programma academicum in funere J. Brenneccii. *Helmst.* 1655. 4. (*D.*)

Brenner (Peter Johansen),
(† décapité le 15 juillet 1720).

Peinliches Urtheil des P. J. Brenner und dessen vor der Execution, da derselbe den 15. Juli 1720 vor der Süder-Pforte der Stadt Stockholm decolliret worden, auf dem Gerichtsplatz gehaltene Abschieds-Predigt. *Leipz.*, s. d. (1720.) 8. (*D.* et *L.*) — (Traduction d'une brochure suédoise.)

Brenton (Jahleel),
vice-amiral anglais.

Raikes (Henry). Memoir of the life and services of vice-admiral sir J. Brenton. *Lond.* 1846. 8.

Brentz (Johannes),
l'un des coopérateurs de Martin Luther (24 juin 1499 — 11 sept. 1570).

Bidembach (Wilhelm). Leichenpredigt bei dem Begräbniss J. Brentzen's. *Tübing.* 1570. 4. (*D.*)

Heerbrand (Jacob). Oratio funebris de vita et morte J. Brentii, ecclesiæ Stuttgardensis præpositi. *Tubing.* 1570. 4. (*D.*)

Beyschlag (Johann Balthasar). Memoria J. Brentii renovata. *Witteb.* 1693. 4.

Einem (Johann Justus van). Leben und Schriften J. Brentii. *Magdeb.* 1733. 8 *. (*L.* et *P.*)
* Ouvrage devenu fort rare, l'édition presque entière ayant été consumée par un incendie.

Beyschlag (Johann Balthasar). Versuch einer vollständigen Lebensbeschreibung J. Brentii des Aeltern. *Nürnb.* 1755. 4. (*D.*)

Camerer (Johann Wilhelm). J. Brentz, der Würtembergische Reformator. *Stuttg.* 1840. 8. Portrait.

Hartmann (Julius und Carl **Jaeger**). J. Brentz ; nach gedruckten und ungedruckten Quellen. *Hamb.* 1840-42. 2 vol. 8. (*L.*)

Dietrich (Carl). Leben des J. Brentz, in acht Erzählungen. *Essling.* 1841. 8.

Buttersack (N... N...). J. Brentz ; eine Volksschrift. *Stuttg.* 1841. 8.

Vaihinger (Johann Georg). Leben und Wirken des Reformators J. Brentz, etc. *Stuttg.* 1841. 8. Portrait. (*D.*)

Brera (Valeriano Luigi),
médecin italien († 5 oct. 1840).

Epoche biografiche di J. R. consigliere di governo e professore medico V. L. Brera. *Venez.* 1858. 8.

Tassinari (Alessandro). Raccolta delle cose e scritte alla memoria dell' J. R. consigliere professore V. L. Brera. *Venez.* 1840. 8.

Brès (Jean Pierre),
littérateur français (1785 — 1832).

Miel (François Marie). Notice biographique sur Brès. *Par.* 1834. 12.

Brescius (Carl Friedrich),
théologien allemand (31 janvier 1766 — ... 1842).
Spieker (Christian Wilhelm). Darstellungen aus dem Leben des General-Superintendenten und Consistorialraths-Dr. C. F. Brescius, etc. *Frf.*, a. d. O. 1843. 8. (*L.*)

Bressa (Angelo),
théologien italien (.. avril 1742 — 13 janvier 1817).
Brovedani (Giovanni Battista). Elogio storico di monsignor A. Bressa. *Treviso.* 1842. 8.

Bressa (Cesare Alessandro),
médecin italien († 28 oct. 1836).
Trona (Edoardo Giacinto). Orazione nei solenni funerali di C. A. Bressa. *Torin.* 1836. 8. Portrait.

Bretigny (Charles Poncet de),
gouverneur de la Guyane († 1645).
Beauvais (Gilles François de). Vie de M. de Bretigny, prêtre, fondateur des carmélites de Sainte-Thérèse en France et aux Pays-Bas. *Par.* 1747. 12. (*Bes.*)

Bretschneider (Carl Gottlob),
théologien allemand (11 février 1776 — 22 janvier 1848).
Wuestemann (Ernst Friedrich). C. G. Bretschneideri memoria. *Gothæ.* 1848. 4.
Bretschneider (Carl Gottlob). Aus meinem Leben. Selbstbiographie, bearbeitet und herausgegeb. von Horst BRETSCHNEIDER. *Gotha.* 1851. 8. Portrait.

Breuer (Friedrich Ludwig),
poète allemand (28 février 1786 — 31 déc. 1833).
Ammon (Christoph Friedrich v.). Zum Andenken an Herrn F. L. Breuer, etc. *Dresd.* 1834. 8. (*D.*)
Boettiger (Carl August). Manibus viri incomparabilis F.-L. Breueri. *Dresd.* 1834. 8. Portrait.

Brevern (Hermann v.),
homme d'État livonien (20 juillet 1663 — 3 juillet 1721).
Hoernick (Adam Gottfried). Gedächtniss-Säule dem weiland Vice-Präsidenten des livländischen Hofgerichts, etc. H. v. Brevern auffgerichtet. *Riga.* 1722. Fol.

Breydel (Jean),
chevalier flamand.
(**Carton**, Charles). Notice sur J. Breydel, chevalier flamand. *Bruges.* 1847. 8. (*Bx.*)

Breyer (Carl Wilhelm Friedrich v.),
historien allemand (29 sept. 1771 — 28 avril 1818).
Thiersch (Friedrich). Lobschrift auf C. W. F. v. Breyer. *Münch.* 1818. 8. (*D.* et *L.*)

Breyer (Johann Christoph Friedrich),
jurisconsulte allemand (2 février 1749 — 12 oct. 1777).
Denkmal der Liebe und Zärtlichkeit bei dem Grabe J. C. F. Breyer's. *Stuttg.*, s. d. (1777.) 8. (*D.*)

Breyer (Remi),
docteur de Sorbonne (1669 — 1749).
(**Grosley**, Pierre Jean). Éloge historique et critique de M. Breyer, chanoine de Troyes. *Troy.* 1753. 12.

Breyn (Johann Philipp),
naturaliste allemand (5 août 1680 — 12 déc. 1764).
Vita J. P. Breynii, s. l. et s. d. (*Dantisci.* 1765.) 8.

Briçonnet (Denys),
cardinal évêque de Saint-Malo († 1536).
Périon (Joachim). Oratio de laudibus D. Briçonneti. *Par.* 1556. 8.

Bridan (Charles Antoine),
sculpteur-statuaire français (1750 — 28 avril 1805).
Viel (Charles François). Notice biographique sur Bridan, statuaire, professeur de l'Académie royale de peinture et de sculpture de Paris. *Par.* 1807. 8. (Très-rare.)

Brienne (Jean de),
roi de Jérusalem (vers 1150 — 25 mars 1237).
(**Lafitau**, Joseph François). Histoire de Jean de Brienne, roi de Jérusalem et empereur de Constantinople. *Par.* 1727. 12. (*Bes.*)

Brienne, voy. **Loménie** (comte de Brienne Henri Auguste de).

Brière de Mondétour (Isidore Simon),
législateur français (17 mars 1753 — .. juin 1811).
Sacy (Antoine Isaac Silvestre de). Discours annonçant la mort de M. Brière de Mondétour. *Par.* 1811. 8.

Brieuc (Saint),
fondateur du monastère dudit nom (vers 409 — 502).
La Devison (L... G... de). Vie et miracles de S. Brieuc et de S. Guillaume. *Saint-Brieuc.* 1627. 8.

Brigide (Sainte),
patronne d'Irlande.
Certani (Giovanni). Vita della B. S. Brigida, etc. Trad. en allem. *Augsb.* 1767. 4.

Brigitte (Sainte),
(vers 1302 — 25 juillet 1373.)
Der heiligen Brigitte von Schweden himmlische Offenbarungen. *Nürnb.* 1502. Fol.
Binet (Etienne). Vie admirable de S. Brigitte de l'ordre du Sauveur et de la très-sainte Vierge, etc. *Lille.* 1634. 8. Trad. en allem. par MAGERLE. *Coeln.* 1652. 12.
Oquendo (Miguel de). Vida de S. Brigida. *San Sebastiano.* 1676. 4.
Chladenius (Martin). Disputatio de revelationibus Brigittæ Suecicæ. *Wittcb.* 1715. 4.

Brignole Sale (Antonio Giulio),
sénateur de Gênes (23 juin 1605 — 24 mars 1665).
Visconti (Giovanni Maria). Alcune memorie delle virtù del P. A. G. Brignole Sale. *Milan.* 1666. 12. Trad. en lat. s. c. t. Brevis synopsis vitæ ac virtutum P. A. J. Brignole e Societate Jesu, etc., par François l'HERMITE. *Anvers.* 1671. 8.

Brigueul (Anne Louise de),
abbesse de Mouchy († 1710).
Félibien (Michel). Vie d'A. L. de Brigueul, fille du maréchal d'Humières, abbesse et réformatrice de l'abbaye de Mouchy. *Par.* 1711. 8.

Brillat-Savarin (Anthelme),
jurisconsulte français (1er avril 1755 — 2 février 1826).
Roux (Henri). Notice nécrologique sur A. Brillat-Savarin, conseiller à la cour de cassation. *Par.* 1826. 8.

Brillmacher (Peter Michael),
jésuite allemand (1542 — empoisonné le 25 août 1593).
Muenster (Johann v.). Beantwortung wider die Verkehrung P. Michaelis, genannt Brillmacher's, darin seine falsche Lehr von der Sünden widerlegt wird. *Brem.* 1593. 4.

Brinkman (Carl Gustaf v.),
homme d'État suédois (24 février 1764 — 25 déc. 1847).
Beskow (Bernhard v.). Tal, etc. öfver Friherre C. G. v. Brinkman, etc. *Stockh.* 1848. 8.

Brinvilliers (Marie Marguerite, marquise de),
empoisonneuse française (brûlée le 16 juillet 1676).
Factum pour madame la marquise de Brinvilliers, avec l'histoire de son procès et l'arrêt de sa condamnation. *Par.* 1676. 12.

Brisebarre, voy. **Joanny** (Jean Bernard Brisebarre).

Brisout de Barneville (Nicolas Denis François),
... français (7 oct. 1749 — 26 mars 1842).
Notice sur M. Brisout de Barneville. *Par.* 1842. 8.

Brissac (Agnès Catherine de **Grillet** de),
abbesse d'Origny († 1723).
Wity (N... N...). Oraison funèbre de la très-illustre et très-vertueuse dame A. C. Grillet de Brissac, abbesse de l'abbaye royale d'Origny Sainte-Benoiste. *St. Quent.* 1742. 4.

Brissac (Jean Paul Timoléon de **Cossé**, duc de),
maréchal de France (12 oct. 1698 — 17 déc. 1781).
La Porte (Hippolyte de). Le dernier des maréchaux de Brissac. *Par.* 1850. 8.

Brissac, voy. **Cossé**.

Brisson (Barnabé),
jurisconsulte français (pendu le 15 nov. 1591).
Discours sur la mort de M. le président B. Brisson, publ. par sa veuve, etc. *Par.* 1591. 8. (*D.* et *Lv.*)
Morenne (Claude de). Eloge funèbre de B. Brisson. *Par.* 1591. 8.
Moller (Daniel Wilhelm). Disputatio circularis de B. Brissonio. *Altorf.* 1696. 4. (*D.*)

Brisson (Pierre Raymond de),
fonctionnaire de la marine française (22 janvier 1745 — vers 1820).
Histoire du naufrage et de captivité de M. de Brisson, avec la description des déserts d'Afrique depuis le Sénégal jusqu'à Maroc. *Genève et Par.* 1789. 8. (Morceau d'autobiographie.)

Brissot de Warville (Jean Pierre),
député à la Convention nationale (14 janvier 1754 — décapité le 31 oct. 1793).
Brissot de Warville (Jean Pierre). Tableau de l'anar-

chie de France. *Par.* 1793. 8. Trad. en allem. *Leipz.* 1794. 8.

—— Mémoires pour servir à l'histoire de la révolution de France, publ. par son fils. *Par.* 1830. 4 vol. 8.

Desmoulins (Camille). J. P. Brissot démasqué, s. l. et s. d. 8.

Vie privée et politique de Brissot. *Par.*, an II (1792). 8. Portrait.

Bristow (James),
officier anglais.

Bristow (James). Narrative of his sufferings, belonging to the Bengal artillery, during ten years of captivity with Hyder-Aly and Tippo-Saheb. *Lond.* 1793. 8. *Ibid.* 1794. 8. *Ibid.* 1796. 8. Trad. en allem. *Hamb.* 1794. 8.

Brito (Bernardo de),
historien portugais (20 août 1569 — 27 février 1617).

Beauvais (Gilles François de). Vie du V. P. B. de Brito. *Par.* 1744. 12.

Brito (Jeronymo de),
chevalier de Malte.

Alvares Pires (Manoel). Oraçaõ funebre nas exequias de Fr. J. de Brito, commendador de Vera-Cruz. *Lisb.* 1661. 4.

Brito (Joaõ de),
prêtre portugais.

Pereira de Brito (Fernando). Historia do nacimento, vida e martyrio do V. P. J. de Brito. *Coïmbra.* 1722. Fol.

Brixhe (Jean Guillaume),
jurisconsulte belge (27 juillet 1758 — 15 février 1807).

Polain (Mathieu Lambert). Esquisses biographiques de l'ancien pays de Liége : J. E. Foullon ; J. G. Brixhe ; D. Coppée. *Gand.* 1857. 8. *Liége.* 1857. 8.

Brocard (Xavier),
pédagogue français (12 février 1795 — vers 1848).

Claudet (N... N...). Éloge de M. l'abbé X. Brocard, principal du collége de Pontarlier, etc. *Besanç.* 1849. 8.

Brocchi (Giovanni Battista),
géologue italien (18 février 1772 — 23 sept. 1826).

Larber (Giovanni). Elogio storico di G. B. Brocchi. *Paduv.* 1828. 8.

Brochant de Villiers (N... N...),
médecin français (?).

Brongniart (Adolphe). Discours prononcé aux funérailles de M. Brochant de Villiers. *Par.* 1840. 4. (*Lv.*)

Broche (N... N...),
organiste français.

Guilbert (Philippe Jacques Étienne). Notice historique sur Broche, organiste, etc. *Rouen*, an XI (1805). 8.

Brock (John),
général anglais.

Tupper (F... B...). Life and correspondence of major-general sir J. Brock, interspersed with notices of the celebrated Indian chief Tecumseh, and comprising brief memoirs of Daniel de Lisle Brock, lieutenant E... W...Tupper and colonel William de Vic Tupper. *Lond.* 1848. 8.

Brock (Thomas),
théologien anglais.

Carey (Henry). Memoir of the Rev. T. Brock. *Lond.* 1851. 12.

Brocke (Heinrich Mathias v.),
théologien allemand (+ 5 janvier 1708).

Grosser (Samuel). Memoria H. M. de Brocke. *Gorlic.* 1708. Fol.

Brockes (Barthold Heinrich),
poète allemand (22 sept. 1680 — 16 janvier 1747).

Schaffshausen (Paul). Memoria B. H. Brockesii, senatoris et protoscholarchæ. *Hamb.* 1750. 8. (*L.*)

Brockes (Gotthard),
jurisconsulte allemand.

Gesner (Johann Georg). Lebensbeschreibung C. Brockes, der Rechte Doctors. *Lübeck.* 1769. Fol.

Overbeck (Johann Daniel). Memoria vitæ G. Brockes, J. U. D. *Lubec.* 1769. Fol.

Brockes (Heinrich),
jurisconsulte allemand (15 août 1706 — 21 mai 1773).

Gesner (Johann Georg). Lebensbeschreibung des Dr. H. Brockes. *Lübeck.* 1773. Fol.

Brockes (Johann),
jurisconsulte allemand.

Seelen (Johann Heinrich v.). Memoria J. Brockes, sen. J. U. D. *Lubec.* 1747. Fol.

Brockhausen (Georg Heinrich),
littérateur (?) allemand.

Holzapfel (Johann Sabastian Gottfried). In memoriam G. H. Brockhausen. *Lemgov.* 1819. 4.

Brockmann (Johann Franz Hieronymus),
comédien allemand (30 sept. 1745 — 12 avril 1812).

(**Schink** , Johann Friedrich). Über Brockmann's *Hamlet.* Berl. 1778. 8.

Brodhagen (Peter Heinrich Christoph),
mathématicien allemand (25 oct. 1753 — 25 mai 1805).

Gurlitt (Johann Gottfried). Narratio de vita P. H. C. Brodhagenii, mathematum professoris publici in gymnasio Hamburgensium illustri. *Hamb.* 1806. 4. (*D.* et *L.*)

Broé (Jacques Nicolas de), voy. **Debroé** (Jacq. Nicolas).

Broekhuizen, voy. **Broukhuysen.**

Broembsen (Albrecht v.),
magistrat allemand.

Overbeck (Johann Daniel). Leben A. v. Brömbsen's, Bürgermeisters der freien Stadt Lübeck. *Lübeck.* 1757. Fol.

Broembsen (Heinrich v.),
jurisconsulte allemand.

Seelen (Johann Heinrich v.). Memoria H. a Broembsen, consulis. *Lubec.* 1752. 4.

Broembsen (Nicolaus v.),
jurisconsulte allemand.

Seelen (Johann Heinrich v.). Memoria N. a Broembsen, equitis aurati, consiliarii Cæsarei et consulis Lubecensis. *Lubec.* 1723. 4.

Broendsted (Peder Oluf),
archéologue danois (17 nov. 1781 — 26 juin 1842).

Mynster (Jacob Peter). P. O. Broendsted's Biographie. *Kjoebenh.* 1844. 8.

Broers (Jacobus Karel),
médecin hollandais (17 février 1795 — 27 nov. 1847).

Suringar (G... C... B...). In obitu J. C. Broers, etc., s. l. et s. d. (1847.) 8.

Broet (Pascal),
jésuite français (?)

Bonucci (Antonio Maria). Istoria della vita e preziosa morte del venerabile servo di Dio, il P. P. Broet, della compagnia di Gesù. *Rom.* 1715. 8.

Broglia (Ferdinand),
publiciste belge (vers 1813 — ...).

G... (M...). Biographie de la lèpre des hommes, de F. Broglia, rédacteur du journal *le Flambeau*, chef des calomniateurs de la Belgique, employé de la police secrète. *Brux.* 1847. 18.

Broglie (Maurice Jean Madeleine de),
évêque de Gand (5 sept. 1766 — 20 juillet 1821).

Réclamation respectueuse adressée par S. A. le prince M. de Broglie, évêque de Gand, à LL. MM. les empereurs d'Autriche, de Russie, et à S. M. le roi de Prusse, relativement à l'état des affaires religieuses en Belgique. *Par.* et *Lyon.* 1819. 8.

Gerlache (Etienne Constant de). Le procès de l'évêque de Gand (M. J. de Broglie). *Brux.* 1857. 12. (Extrait de la *Revue de Bruxelles.*)

Leven van Z. H. M. J. de Broglie, 19e bisschop van Gent, bevattende eene beknopte geschiedenis der religie in Vlaendéren van 1807 tot 1821. *Gent.* 1844. 18.

Broglie (Victor François, duc de),
maréchal de France (19 oct. 1718 — ... 1804).

Journal de la campagne de 1760 sous les ordres du maréchal de Broglie. *Frf.* 1761. 4.

Brognoli (António),
littérateur italien (21 déc. 1723 — .. février 1807).

(**Corniani**, Giovanni Battista). Elogio di A. Brognoli. *Bresc.* 1807. 8.

Broguy (Jean Allarmet de),
cardinal français (1342 — 15 février 1426).

Soulavie (Jean Louis Giraud). Histoire de J. d'Alonzier Allarmet de Brogny, cardinal de Viviers. *Par.* 1774.

12. (L'auteur n'en a fait tirer que 12 exemplaires pour ses amis.)

Croset-Mouchy (Joseph). Notice historique sur J. Allarmet de Brogny. *Turin*. 1847. 8.

Brom (Pehr),
théologien suédois.

Sivers (Heinrich Jacob). Elogium Bromsianum eller P. Broms lefverne. *Norrköp*. 1749. 8.

Bronner (Franz Xaver),
poète allemand (23 déc. 1758 — 13 août 1850).

Franz Xaver Bronner's Leben, von ihm selbst beschrieben. *Zürch.* 1795-97. 3 vol. 8. *Ibid.* 1810. 3 vol. 8. (*D.* et *L.*)

Brooke (Elizabeth),
dame anglaise.

Parkhurst (Nathaniel). Sermon at the funeral of lady E. Brooke, etc., with an account of her life. *Lond.* 1684. 8. Portrait.

Broschi (Carlo), voy. **Farinelli.**

Brosenius (Henning),
abbé de Michaelstein.

Schuetze (Gottfried). Commentariolus de vita Mag. H. Brosenii, inferioris quòndam Saxoniæ theologi, abbatis Michælsteinensis. *Alton.* 1743. 4. (*D.*)

Brossard (Théodore),
littérateur français du xviie siècle.

(**Riboud,** Thomas Philibert.). Notice sur T. Brossard de Montanai, agriculteur, homme de lettres et magistrat de Bourg dans le xviie siècle. *Bourg.*, an v (1797). 8. (Publ. s. c. lettres initiales T. R.)

Brosses (Charles de),
président du parlement de Bourgogne (17 février 1709 — 7 mai 1777).

Foisset (Théodore). Le président de Brosses, histoire des lettres et des parlements au xviiie siècle. *Dijon.* 1842. 8.

Brossette (Claude),
jurisconsulte français (8 nov. 1671 — 16 juin 1743).

P(éricaud) A(ntoine). Notice sur C. Brossette. *Lyon.* 1820. 8. (Tiré à 100 exemplaires.)

Brossier (Marthe),
prétendue possédée française (vers 1547 — ...).

(**Marescot,** N... N...). Discours véritable sur le fait de M. Brossier de Romorantin, prétendue démoniaque. *Par.* 1599. 8. (Extrêmement rare.)

Léon d'Alexis. Traité des Energumènes, suivi d'un discours sur la possession de M. Brossier, contre les calomnies d'un médecin de Paris. *Troyes.* 1599. 8.

Histoire de M. Brossier, prétendue possédée, tirée du latin de M. de Thou, avec quelques remarques et considérations générales, par N... N... Cognard. *Rouen.* 1652. 4.

Brotero (Felix Avellar),
botaniste portugais (1745 — 5 août 1820).

Gusmao (N... N...). Notice of the life and writings of Dr. F. Avellar Brotero, professor of botany in the university of Coimbra, etc. *Lond.* 1843. 8.

Brotuff (Ernst),
historien allemand du xvie siècle.

Schoettgen (Christian). Nachricht von E. Brotuff's Leben. *Dresd.* 1754. 4. (*D.* et *L.*)

Brotze (Johann Christoph),
pédagogue allemand (12 sept. 1742 — 4 août 1823).

Grave (Carl Ludwig). Dr. J. C. Brotze, gefeiert von einigen seiner Mitbürger. *Riga.* 1823. 4. Accomp. de sa silhouette.

Brouchovius (Jakob),
théologien (?) hollandais.

Thysius (Anton). Oratio in obitum J. Brouchovii. *Lugd. Bat.* 1642. Fol.

Broukhuysen (Janus),
poète hollandais (20 nov. 1649 — 15 déc. 1707).

Burmann (Pieter). Oratio in obitum viri optimi et poetarum sui temporis principis J. Broukhusii. *Lugd. Bat.* 1708. 4. (*D.*)

Broussais (François Joseph Victor),
médecin français (17 déc. 1772 — 17 nov. 1838).

Otto (Carl). Broussais og Broussaismen. Fremstilling af det nye franske system i medicinen, etc. *Kjoebenh.* 1822. 8.

Slock (J...). Dissertatio de Brownii et Broussæi doctrinis medicis. *Gandav.* 1830. 8.

Essai critique sur Broussais. *Par.* 1839. 8.

Lévy (Michel). Eloge de Broussais. *Par.* 1839. 8. (*Rx.*)

Montègre (Antoine François Jenin de). Notice historique sur la vie, les travaux et les opinions médicales et philosophiques de Broussais. *Par.* 1839. 8.

Priou (Jean Baptiste). Notice historique sur F. J. V. Broussais. *Nant.* 1841. 8. Trad. en espagn. par J..., F... *Cadiz.* 1841. 4. Portrait.

Brousson (Claude),
avocat au parlement de Toulouse (1647 — exécuté le 4 nov. 1698).

Personalia oder umständliche Relation von Person, Beruf, Leben und Tod C. Brousson's, s. l. 1699. 4.

Borrel (A...). Biographie de C. Brousson, pasteur de Nimes à l'époque des assemblées du Désert, de 1685 à 1698; suivie de la liste de tous les pasteurs qui ont desservi l'église de Nimes, depuis sa fondation en 1550. *Nimes.* 1852. 8.

The evangelist of the Desert : Life of C. Brousson, sometime advocat of parliament at Toulouse in the reign of Louis XIV, afterwards a protestant minister and martyr, etc. *Lond.* 1853. 12.

Broussonnet (Pierre Marie Auguste),
médecin français (28 février 1761 — 27 juillet 1807).

Cuvier (George Léopold Chrétien Frédéric). Eloge historique de M. Broussonnet. *Par.* 1808. 4. (*L.*)

Decandolle (Augustin Pyrame). Eloge historique de Broussonnet. *Montpell.* 1809. 4.

Thiébaut de Berneaud (Arsène). Eloge de Broussonnet, premier fondateur de la Société linnéenne de Paris. *Par.* 1824. 8.

Brouwer (Pieter),
savant hollandais.

Posthumus (R...). Leerrede ter gedachtenis van P. Brouwer. *Leeuward.* 1831. 8.

Browallius (Johan),
évêque d'Abo (30 août 1707 — 25 juillet 1755).

Carleson (Carl). Åminnelse-Tal öfver Biskopen, Procancellarien D. J. Browallius, etc. *Stockh.* 1756. 8.

Brown (Charles Brockden),
littérateur anglo-américain (1771 — 1809).

Dunlap (William). Life of C. Brockden Brown. *Philad.* 1815. 2 vol. 8.

Brown (John),
médecin écossais (1736 — 7 oct. 1788).

Beddoes (Thomas). Biographical preface and a head of J. Brown. *Lond.* 1795. 8 *. Trad. en allem. (par Thomas Christin). *Copenhag.* 1797. 8. (*L.*)

   * Cette esquisse biographique se trouve à la tête de l'ouvrage : *Elements of medecine of J. Brown*, trad. du latin par Thomas Beddoes.

Burdach (Carl Friedrich). Asclepiades und Brown ; eine Parallele. *Leipz.* 1800. 8.

Beddoes (Thomas). Vita, carattere e scritti del dottore G. Brown. *Venez.* 1801. 8. *Firenz.* 1802. 16 *.

   * Ce n'est qu'une traduction libre de la biographie écrite par T. Beddoes.

Brown (William Cullen). Life of J. Brown. *Lond.* 1804. 8. Trad. en allem. par Wilhelm Friedrich Baeyer, (publ. par Andreas Roeschlaub). *Frf.* 1806. 8.

Slock (J...). Dissertatio de Brownii et Broussæi doctrinis medicis. *Gandav.* 1830. 8.

Brown (John),
touriste anglais.

Brown (John). Les cours du Nord ou Mémoires originaux sur les souverains de la Suède et du Danemark depuis 1766, trad. de l'anglais par Jean Cohen, augmentés de l'histoire de la révolution de Suède, de 1772, par le traducteur, et de la relation de la déposition de Gustave IV Adolphe, etc. *Par.* 1819. 3 vol. 8. 7 port.

Brown (Thomas),
philosophe écossais (9 janvier 1778 — 20 avril 1820).

Welsch (David). Account of the life and writings of T. Brown. *Edinb.* 1825. 8. (Echappé aux recherches de Lowndes.).

Brown (William W...),
esclave américain.

Narrative of W. W. Brown, an american slave, written by himself. *Lond.* 1849. 8.

Browne (George, comte de),
général irlandais au service de Russie (1698 — 18 sept. 1792).
Histoire de la vie de G. de Browne. *Riga.* 1794. 8. Trad. en allem. *Riga.* 1795. 8.
Browne (Ulysses Maximilian , Reichsgraf v.),
feld-maréchal d'Autriche.
Zuverlässige Lebensbeschreibung U. M. Reichsgrafen v. Browne, k. k. General-Feldmarschalls. *Frf.* et *Leipz.* 1757. 12.
Brownrig (Ralph),
évêque d'Exeter (vers 1592 — 1659).
Life of R. Brownrig, bishop of Exeter. *Lond.* 1660. 8.
Brownrigg (William),
médecin anglais (1711 — 7 janvier 1800).
Dixon (Joshua). Litterary life of W. Brownrigg, M. Dr. *Whitehaven.* 1801. 8.
Bruce (James),
voyageur écossais (14 déc. 1730 — 2 mai 1774).
Murray (Alexander). Account of the life and writings of J. Bruce. *Edinb.* 1808. *4.*
Head (Francis Bond). Life of J. Bruce, the African traveller. *Lond.* 1832. 8. *Ibid.* 1835. 8. (*D.*) *Ibid.* 1838. 16. *Ibid.* 1839. 8. *New -York.* 1844. 18.
Bruce (Michel),
co-accusé du comte Marie Chamas de Lavalette.
Dupin (André Marie Jean Jacques). Procès des trois Anglais R. T. Wilson, J. E. Hutchinson et M. Bruce, accusés d'avoir facilité l'évasion de Lavalette. *Par.* 1816. 8. 5 port.
Bruck (Carl, Freiherr v.),
homme d'État allemand.
C. Freiherr v. Bruck. *Leipz.* 1850. 8. Portrait.
Brueggemann (Franz),
littérateur (?) allemand.
Vita F. Brueggemanni Lusati, s. l. 1830. 8. (*L.*)
Bruehl (Heinrich , Graf v.),
homme d'État allemand (13 août 1700 — 28 oct. 1763).
(**Justi**, Johann Heinrich Gottlob v.). Leben und Character des Premierministers Grafen H. v. Brühl, in vertraulichen Briefen entworfen, etc. *Götting.* 1760-63. 5 vol. 8.
Leben und Character des Grafen v. Brühl , s. l. (*Berl.*) 1760. 8. Trad. en franç. *Berl.* 1762. 8.
Leben des Grafen v. Brühl. *Stuttg.* 1760. 2 vol. 8.
(**Seyfart**, Johann Friedrich). Leben des Grafen v. Brühl. *Augsb.* 1764. 8.
Zuverlässige Lebensbeschreibung des ersten Ministers Grafen v. Brühl und des Cabinetsministers A. J. v. Sulkowski. *Frf.* et *Leipz.* 1766. 8.

Gespräch im Reiche der Verstorbenen zwischen Friedrich III , Churfürsten von Sachsen , und dem Grafen H. v. Brühl. *Frf.* et *Leipz.* 1764. 4.
Bruehl (Johann Wilhelm Christian), littérateur allemand.
Rommel (Christoph). Memoria J. G. C. Bruehl. *Marb.* 1806. 4. (*L.*)
Bruennich (Morten Thrane),
naturaliste danois (30 sept. 1737 — 19 sept. 1827).
Nyerup (Rasmus). M. T. Bruennich, naturvidenskabens Senior · i Danmarck ; biografisk omrids. *Kjoebenh.* 1819. 8.
Bruen (Matthias),
littérateur (?) anglo-américain.
Memoirs of the life and character of M. Bruen. *New-York.* 1831. 8.
Bruenings (Christian),
théologien allemand (16 janvier 1702 — 6 mars 1763).
Wundt (Johann Jacob). Oratio funebris in obitum C. Brueningii. *Heidelb.* 1763. Fol.
Bruges (Louis de),
seigneur de la Gruthuyse (1422 — 24 nov. 1492).
(**Praet**, Joseph Basile Bernard van). Recherches sur L. de Bruges, seigneur de la Gruthuyse, etc. *Par.* 1831. 8. Portrait.
Brugière (Pierre),
prêtre français (1730 — 1803).
(**Massy** , N... N... et N....N... **Renaud**). Mémoire apo-

logétique de P. Brugière, curé de Saint-Paul. *Par.*, an XII (1804). 8.
Brugmans (Sebaldus Justin),
physicien hollandais (24 mars 1763 — 22 juillet 1819).
Vander-Boon-Mesch (H:... C...). Lofrede op S. J. Brugmans, s. l. et s. d. (*Leyd.* 1825.) 8.
Brugnatelli (Luigi),
naturaliste italien (1761 — 24 oct. 1818).
Bizio (Bartolommeo). Elogio storico di L. Brugnatelli. *Venez.* 1832. 8.
Brugnatelli (Luigi Vincenzo),
médecin italien.
Cattaneo (Antonio). Cenni su la vita di L. V. Brugnatelli. *Milan.* 1836. 4. Portrait.
Bruguière, baron de **Sorsum** (Antoine André),
poète français (.. juillet 1773 — 7 oct. 1823).
Smith (John Spencer). Notice nécrologique sur M. de Sorsum, etc. *Caen.* 1824. 8.
Bruiant (Nicolas),
astrologue belge.
Henaux (Ferdinand). N. Bruiant, s. l. et s. d. (*Brux.*) 8. (Extrait du *Bulletin du bibliophile belge.*)
Bruix (Eustache),
amiral français (1759 — 18 mars 1805).
Mazères (N... N...). Notice historique sur E. Bruix, grand-officier de l'empire, inspecteur des côtes de l'Océan, vice-amiral des armées navales, etc. *Par.* 1805. 8.
Brulart (Denis),
jurisconsulte français.
Besson (Claude). Harangue funèbre de D. Brulart, premier président au parlement de Bourgogne. *Par.* 1611. 8.
Brulart de Sillery, voy. **Sillery.**
Brulart (Nicolas),
jurisconsulte français († 1597).
Benamy (Archange). Oraison funèbre de N. Brulart, premier président au parlement de Dijon. *Lyon.* 1695. 4.
Brumbey (C... W...),
théologien allemand.
Actenmässige Darstellung der Ideen, Handlungen und Schicksale des demittirten Predigers C. W. Brumbey und seines Anhanges zu Berlin. *Amst.* 1791. 8.
Brummel (George),
marin (?) anglais.
Jesse (John Heneage). Life of G. Brummel. *Philadelph.* 1844. 8.
Brummer (Michael),
jurisconsulte allemand.
Programma academicum ad funus M. Brummeri. *Lips.* 1687. 4. (*D.*)
Brun (Berend),
magistrat allemand.
Overbeck (Johann Daniel). Ehrengedächtniss B. Brun's, Herrn des Raths. *Lübeck.* 1756. Fol.
Brun ou **Bruun** (Conrad **Malte-**),
géographe danois (12 août 1775 — 14 déc. 1826).
Bory de Saint-Vincent (Jean Baptiste). Notice biographique sur M. Malte-Brun. *Par.* 1827. 8. (Tiré à part à petit nombre.)
Brun (Johan Nordahl),
évêque de Bergen (21 mars 1745 — ... 1816).
Zetlitz (Jens). J. N. Bruns Biographie. *Kjoebenh.* 1805. 8.
Brun (Joseph Silvestre),
statuaire français (31 déc. 1792 — ...).
Delcourt (A...). J. S. Brun, sculpteur-statuaire, ancien pensionnaire de Rome; notice historique. *Par.* 1847. 8. Portrait.
Brun (Marie Stanislas),
religieuse française (vers 1809 — 19 juin 1842).
Abrégé de la vie et des vertus de notre chère sœur M. S. Brun, décédée au monastère de la Visitation de Sainte-Marie de Bourg. *Bourg.* 1843. 4.
Brun (Rudolph),
magistrat suisse († 17 sept. 1360).
Meyer (Johann Heinrich), Ritter R. Brun , Bürgermeister von Zürich. Abriss der Geschichte seines Lebens

und seiner Zeit, zur Erinnerung an das 500 jährige Jubiläum. *Zürch.* 1851. 8.

Brunacci (Vincenzo),
mathématicien italien (3 mars 1768 — 18 juin 1818).

Chiappa (Giovanni del). Considerazioni apologetiche sui meriti e sulle opere del cavaliere Brunacci. *Milan.* 1855. 8.

Brunchorst (Christoph),
théologien allemand (13 nov. 1604 — 26 mars 1664).

Gispach (Abraham). Leichen-Predigt bei Sepultur C. Brunchorsten's. *Gotha.* 1665. 4. (*D.*)

Brunck (Richard Franz Philipp),
philologue alsacien (30 déc. 1729 — 12 juin 1803).

Discours prononcé au convoi funèbre de M. R. Brunck, membre de l'Institut national, par un de ses amis, s. l. et s. d. (*Par.* 1803.) 8.

Memoria R. F. P. Brunckii. *Argent.* 1803. Fol. (*D.*)

Brune (Guillaume Marie Anne),
maréchal de France (13 mai 1763 — assassiné le 2 août 1815).

Journal historique des opérations de l'armée d'Italie, commencées par le général Brune, depuis le 27 frimaire jusqu'au 26 nivôse an VIII. *Par.* 1803. 8.

Mémoires historiques sur la campagne du maréchal Brune en Batavie. *Par.*, an IX. 8.

Les événements d'Avignon, précédés d'une notice biographique sur le maréchal Brune. *Par.* 1818. 8.

Notice historique sur la vie politique et militaire du maréchal Brune. *Par.* 1821. 8.

L... B... Esquisse historique sur le maréchal Brune, publiée d'après sa correspondance et les manuscrits originaux conservés dans sa famille, etc. *Par.* 1840. 2 vol. 8. (*Lv.*)

Lambot (N... N...). Le maréchal Brune à Avignon, en 1815. *Par.* 1840. 8.

Procès des assassins du maréchal Brune. *Riom.* 1821. 8.

Bruneau (Mathurin),
se disant fils de Louis XVI (10 mai 1784 — ...).

Procédure complète de M. Bruneau, se disant Charles de Navarro et fils de Louis XVI, etc. *Lille,* s. d. (1818). 8. Portrait.

Brunehaut,
épouse de Sigebert, roi d'Austrasie (exécutée le 28 février 613).

Girault (Claude Xavier). Dissertation sur le lieu de supplice de Brunehaut. *Par.* 1810. 8.

Pâris (Alexis Paulin). Brunehaut. *Par.* 1834. 8.

Brunel (Marc Isambert),
auteur du passage sous la Tamise (25 avril 1769 — 12 déc. 1849).

Frère (Édouard). Notice historique sur la vie et les travaux de M. I. Brunel. *Rouen.* 1850. 8 *.
* Cette notice, tirée à 100 exemplaires, est ornée de son portrait.

Brunelleschi (Filippo),
architecte italien du premier ordre (1377 — 1444).

Baldinucci (Filippo). Vita di F. di Ser Brunellesco, architetto fiorentino, publ. par Domenico MORENI. *Firenz.* 1812. 8.

Brunelli (Vincenzo),
littérateur hollandais.

Notizie intorno alla vita del conte V. Brunelli. *Bologna.* 1839. 8.

Brunie (Virginie),
dame française.

Raulica (Ventura de). Biographie de V. de Brunie, ou la femme chrétienne, trad. de l'ital. par madame de B***. *Tournai.* 1852. 12.

Brunings (C...),
littérateur hollandais.

Conrad (N...N...). Leven en verdiensten van C. Brunings, met een voorberigt van Jan Hendrik van der PALM. *Gravenhage.* 1827. 4.

Brunn (Johann Jacob),
médecin suisse (1591 — 22 janvier 1660).

Seger (Georg). Memoria J. J. Brunnii. *Basil.* 1660. 4. (*D.*)

Brunnemann (Christian Anton),
théologien allemand (1716 — 1744).

Pistorius (Hermann Andreas). Ehrengedächtniss des

Herrn C. A. Brunnemann, Pastor's und Präpositi zu Bergen. *Strals.* 1774. 4.

Brunnemann (Johann),
jurisconsulte allemand (7 avril 1608 — 15 déc. 1672).

Schmidt (Wilhelm Ernst). Trutina doctrinarum J. Brunnemannii, quibus a Carpzovio dissentit. *Jenæ.* 1697. 4.

Brunnquell (Johann Salomon),
jurisconsulte allemand (22 mai 1693 — 22 mai 1735).

Gesner (Johann Matthias). Oratio in funere J. S. Brunnquelli. *Götting.* 1735. Fol. (*D.*)

(**Treuer**, Gottlieb Samuel). Programma academicum: Justa funebria J. S. Brunnquello persolvenda. *Götting.* 1735. Fol. (*D.*)

Jenichen (Gottlieb August). Vita J. S. Brunnquelli. *Götting.* 1758. 4. (*D.*)

Fuchs (Johann Friedrich). Dissertatio de J. S. Brunnquello. *Jenæ.* 1811. 4.

Bruno (Christoph),
médecin allemand.

Friederich (Johann). Panegyris inaugurationis rectoris academiæ Lipsiensis C. Brunonis. *Lips.* 1607. 4. (*D.*)

Meurer (Christoph). Oratio in commendatione prorectoris academiæ Lipsiensis C. Brunonis. *Lips.* 1613. 4. (*D.*)

Bruno (Giordano),
philosophe italien (1550 — exécuté le 18 février 1600).

Jordan (Carl Stephan). Disquisitio historico-litteraria de J. Bruno Nolano. *Primislav.*, s. d. (1726.) 4. (*D.*)

Laukhard (Friedrich Christian). Dissertatio de J. Bruno. *Halæ.* 1783. 4.

Murr (Christoph Gottlieb v.). Leben und Schriften des Philosophen G. Bruno, s. l. (*Nürnb.*) 1805. 8.

Rixner (Thaddæus Anselm) et Thaddæus SIBER. J. Bruno. *Sulzb.* 1824. 8. Portrait.

Meenen (François van). Notice sur G. Bruno. *Brux.* 1840. 18. (Tiré à part à un petit nombre d'exempl.)

Moeller (N...). G. Bruno, sa vie et ses doctrines. *Brux.* 1840. 12. (Extrait de la *Revue de Bruxelles.*)

Debs (A...). J. Bruno Nolani vita et placita. *Amiens.* 1844. 8.

Bartholméss (Christian). J. Bruno de Nola. *Par.* 1846. 2 vol. 8. Portrait. (*L.*)

Falkson (Ferdinand). G. Bruno. *Hamb.* 1846. 8.

Clemens (Friedrich J...). G. Bruno und Nicolaus von Cusa; philosophische Abhandlung. *Bonn.* 1847. 8.

Bruno (Jacob Pancratius),
médecin allemand (23 janvier 1629 — 13 oct. 1709).

Schwarz (Christian Gottlieb). Programma ad exequias Dr. J. P. Brunonis. *Altorf.* 1709. Fol.

Hildebrand (Heinrich). Programma in funere J. P. Brunonis. *Altorf.* 1709. Fol.

Bruno (Saint),
fondateur de l'ordre des chartreux (vers 1030 — 6 oct. 1101).

Madariaga (Juan de). Vida de S. Bruno. *Valenc.* 1596. 4.

Pontimallo (Giuseppe). Vita di S. Brunone, fondatore dell' ordine certosino. *Roma.* 1622. 4.

Franco (Niccolò). Predica in lode di S. Brunone. *Avignon.* 1631. 4.

Ryckel (Joseph Gedolphus van). Vita S. Brunonis institutoris carthusiensium. *Brux.* 1659. 8.

Faria (Basilio de). Vida do patriarcha S. Bruno, fundador da Cartuxa. *Lisb.* 1649. 4.

Villareale (Francesco). Encomiastica vita D. Brunonis, etc. *Napol.* 1662. 4.

Mallants (Pieter). Leven van den H. Bruno. *Antwerp.* 1673. 8.

Tromby (Benedetto). Storia critica, cronologica, diplomatica del patriarcha S. Brunone e del suo ordine cartusiano. *Napol.* 1773-79. 5 vol. Fol.

Tracy (Bernard Destutt de). Vie de S. Brunon, fondateur des chartreux. *Par.* 1785. 12. (*Bes.*)

Villeny (Antoine). Vie de S. Brunon, fondateur de l'ordre des chartreux. *Par.* 1808. 10. Portrait.

Ducreux (Emmanuel). Vie de S. Brunon, instituteur de l'ordre des chartreux. *Par.* 1812. 12. Portrait.

Saussaye (André du). Epistola de causa conversionis S. Brunonis. *Par.* 1646. 8.

Launoy (Jean de). De vera causa secessionis S. Brunonis. *Par.* 1656. 8. *Ibid.* 1672. 8.

Brunon,
troisième fils de l'empereur Henri l'Oiseleur, archevêque de Cologne († 11 oct. 965).

Ruotgerus. Vita Brunonis, archiepiscopi Coloniensis, publ. par Georg Heinrich Pertz. *Hannov.* 1841. 8.

Bruslé de Montplainchamp (Jean Chrétien),
chanoine de SS. Michel et Gudule à Bruxelles († vers 1712).

L'original multiplié, ou portrait de J. Bruslé. *Liége,* s. d. (1712.) 12. (Biographie satirique.)

Bruschius (Caspar),
historien et poëte bohème (19 août 1518 — assassiné ... 1559).

Fischbeck (Christian Michael). Vita C. Bruschii. *Longo-Saliss.* 1710. 8.

Brutus (Lucius Junius),
premier consul de Rome.

Crell (Christoph Ludwig). Dissertatio de L. J. Bruto, reipublicæ Romanæ auctore. *Lips.* 1721. 4. *Ibid.* 1734. 8.

Chompré (Pierre Claude). Vie de Brutus, premier consul de Rome. *Par.* 1730. 8.

Seccard (Ludwig). Apotheosis J. Bruti. *Monach.* 1773. 4.

Brutus (Marcus Junius),
assassin de Jules-César.

Quevedo y Villegas (Francisco de). Vita de M. Bruto, escrita por el texto de Plutarcho. *Madr.* 1648. 4.

Brutus und Cassius Tod. *Basel.* 1782. 8.

Cras (Hendrik Constant). An Brutus Cæsarem jure occiderit? s. l. et s. d. (*Amst.*) 4.

Bruyas (Jean Pierre),
jurisconsulte français (24 sept. 1763 — 20 sept. 1843).

Péricaud (Antoine). Notice sur M. le président Bruyas. *Lyon.* 1844. 8.

Bruyère (Louis),
ingénieur français (19 mars 1758 — 31 déc. 1831).

Navier (M...). Notice sur M. Bruyère, inspecteur général des ponts et chaussées, etc., s. l. et s. d. (*Par.* vers 1832.) 8. (Extrait des *Annales des ponts et chaussées.*) (*Lv.*)

Bruyère (Jean de la);
littérateur français (1644 — 10 mai 1696).

(**Suard,** Jean Baptiste Antoine). Notice sur la personne et les écrits de la Bruyère. *Par.* 1781. 18. (Tiré à 25 exemplaires.)

Fabre (Marc J... J... Victorin). Éloge de la Bruyère. *Par.* 1810. 8. (Couronné par l'Académie française.)

Pelleport (Théodore), Éloge de la Bruyère. *Par.* 1810. 8.

Richard (A... R...). Éloge de la Bruyère. *Par. et Strasb.* 1810. 8. (*Lv.*)

N... (T... de). Éloge de la Bruyère. *Par.,* s. d. 8. (*Lv.*)

La Bruyère et la Rochefoucauld, madame de la Fayette et madame de Longueville. *Par.* 1842. 12.

Speckert (L...). Dissertatio de politica et sociali Bruyerii doctrina. *Tolos.* 1848. 8.

Bruyère (Louis Sextius de **Jarante** de la),
évêque d'Orléans.

Rozier (François Benoit). Oraison funèbre de L. S. de Jarante de la Bruyère, évêque d'Orléans. *Orl.* 1786. 8.

Bruyn (Walter de),
théologien hollandais.

Essenius (Andreas). Oratio funebris in obitum G. de Bruyn. *Ultraj.* 1653. 4. (*D.*)

Bruys (Pierre de),
hérésiarque du xııᵉ siècle (brûlé vif en 1147).

Meissner (Johann Georg). Dissertatio de Petrobrusianis et Henricianis. *Witteb.* 1682. 4.

Hecker (Heinrich Conrad). Dissertatio de Petrobrusianis et Henricianis, testibus veritatis seculi xıı. *Lips.* 1721. 4.

Brydaine (Jacques),
missionnaire français (21 mars 1701 — 22 déc. 1767).

Carron (N... N...). Le modèle des prêtres ou la vie du R. P. Brydaine, missionnaire. *Par.* 1803. 8. *Ibid.* 1803. 8. *Lille.* 1840. 12. Portrait.

Brydges (Samuel **Egerton**),
bibliographe anglais (30 nov. 1762 — ...).

Autobiography, times, opinions and contemporaries of sir Egerton Brydges. *Lond.* 1834. 2 vol. 8.

Bubenberg (Adrian v.),
homme d'État suisse († 1479).

Ritter A. v. Bubenberg; biographische Skizze. *Bern.* 1828. 8. Portrait.

Bucer * (Martin),
coopérateur de la Réformation (1491 — 27 février 1551).

(**Hubert,** Conrad). Ware History vom Leben, Sterben, Begräbniss, Anklagung der Ketzerei, Verdammung, Ausgrabung, Verbrennung und Wiedereinsetzung M. Buceri und Paul Fagii, etc. *Strasb.* 1857. 4. (*D.*) Trad. en lat. *Argent.* 1562. 8. (*D.*) *Ibid.* 1571. 8.

* Le nom originaire de cet Alsacien était Kuhhorn.

Verpoortenn (Albert Meno). Dissertatio de M. Bucero. *Witteb.* 1698. 4. (*D.*)

—— Commentatio historica de M. Bucero, ejusque de cœna Domini sententia. *Coburg.* 1709. 8. (*D.*)

Bucerus (Johann Christlieb),
théologien allemand.

Mudre (Johann Friedrich). Leichenpredigt auf J. C. Bucerus. *Leipz.* 1767. 4. (*L.*)

Buch (Leopold v.),
naturaliste allemand († 1853).

Gedächtnissfeier für L. v. Buch, begangen in der Berg-Academie zu Freiberg, etc. *Leipz.* 1855. 4. Portrait.

Dechen (H... v.). L. v. Buch. Sein Einfluss auf die Entwickelung der Geognosie, etc. *Bonn.* 1853. 8.

Buchanan (Claudius),
théologien anglais (1766 — 9 février 1815).

Pearson (Hugh). Memoirs of the life and writings of C. Buchanan. *Lond.* 1819. 2 vol. 12. Portrait. *Ibid.* 1838. 8. *Ibid.* 1846. 8. (5ᵉ édition accomp. d'un portrait.) Trad. en holland. par Jan Werninck. *Utrecht.* 1819. 8.

Life of the Rev. C. Buchanan. *Lond.* 1854. 12.

Buchanan (George),
historien et poëte écossais (1er février 1506 — 28 sept. 1582).

Buchanan (George). Commentarius in vitam G. Buchanani, ab ipsomet scriptam. *Frf.* 1608. 8. (*D.*) — (Publ. par Robert Sibbald.) *Edimb.* 1702. 12.

Irving (David). Memoirs of the life and writings of G. Buchanan. *Edimb.* 1807. 8. *Ibid.* 1817. 8.

Buchegger (Franz Anton),
théologien (?) allemand.

Leuckart (Friedrich Siegmund). Gedächtnissrede auf F. A. Buchegger. *Freiburg.* 1841. 4. (*L.*)

Bucher (Johann Peter),
jurisconsulte allemand (10 août 1740 — 25 avril 1820).

Wagner (Carl Franz Christian). Memoria J. P. Bucheri. *Marburg.* 1820. 4. (*D.* et *L.*)

Bucher (Samuel Friedrich),
pédagogue allemand (16 sept. 1692 — 21 mai 1765).

Richter (Adam Daniel). Das unvergessliche Andenken eines gelehrten und wohlverdienten Schulmanns (S. F. Bucher). *Zittau.* 1765. Fol.

Fruehauf (Christian). Programma in obitum S. F. Bucheri, conrectoris gymnasii Zittaviensis. *Zittav.* 1765. Fol.

Buchholtzer (Andreas Heinrich),
théologien allemand (25 nov. 1607 — 20 mai 1671).

Schamelius (Johann Martin). Beiläufige Anmerkungen über die Nachricht von A. H. Buchholtzer's Leben und Schriften, etc. *Leipz.* 1723. 8. (*D.*)

Buchholtzer (Georg),
théologien allemand.

Henning (Carl Andreas). Programma de G. Buchholtzero, primo a repurgata religione in templo D. Nicolai Berolinensi præposito. *Berol.* 1726. 4. (*D.*)

Buchholz (Anton Heinrich),
pédagogue allemand.

Gesner (Johann Georg). Lebensbeschreibung A. H. Buchholz's, Collegæ scholæ Catharinæ. *Lübeck.* 1769. Fol.

Overbeck (Johann Daniel). Cenotaphium A. H. Buchholzio, etc., positum. *Lubec.* 1769. Fol.

Buchner (August),
savant allemand (2 nov. 1591 — 12 février 1661).

Calovius (Abraham). Leichenpredigt auf A. Buchnerum, nebst dessen Lebenslauf. *Wittenb.* 1661. 4.

Buc'hoz (Pierre Joseph),
médecin et jurisconsulte français (27 janv. 1731 — 30 janv. 1807).
Liste chronologique des ouvrages publiés par M. Buc'hoz.
Par. 1775. *4.*

Buchwald (Johan Henrich),
littérateur danois (2 oct. 1787 — ...).
Buchwald (Johan Heinrich). Erindringer. *Kjoebenh.*
1827-29. 2 vol. 8.

Buchwald (Frau v.),
dame allemande.
Gotter (Friedrich Wilhelm). Zum Andenken der Frau
v. Buchwald. *Gotha.* 1790. 8.

Buck (Johann Christian),
théologien allemand (1672 — 1723).
Gleich (Johann Andreas). Gedächtniss-Predigt auf J.
C. Buck. *Dresd.* 1723. Fol. Portrait.

Buckingham (George **Villiers**, duke of),
homme d'État anglais (20 août 1592 — assassiné le 23 août 1628).
Eglisham (Georges). Prodromus vindictæ in ducem Buc-
kinghamiæ, pro virulenta cæde potentissimi magnæ
Britanniæ regis Jacobi I, necnon marchionis Hamiltonii
ac aliorum virorum principum. *Genev.* 1626. *4.* Trad.
en allem. *Augsb.* 1626. *4.*
Wotton (Henry). Short view of the life and death of
G. Villiers, duke of Buckingham. *Lond.* 1642. *4.* Port.
—— Parallel between Robert, late earl of Essex and G.,
late duke of Buckingham. *Lond.* 1641. *4.* Portrait. *Kent.*
1814. *4.* Portrait.
Totze (Eobald). Don Carlos und Alexei (Petrowitsch)
Luynes und Buckingham. Versuch in vergleichenden
Lebensbeschreibungen. *Greifsw.* 1776. 8.

Buckminster (Joseph),
théologien anglo-américain.
Buckminster Lee (Eliza). Memoirs of the Rev. J. Buckminster D. D. and of his son, the Rev. Jos. Stevens
Buckminster. *Boston.* 1847. 8.

Bucquoy (Charles Bonaventure **Longueval,** comte de),
grand bailli du Hainaut (9 janvier 1571 — tué le 21 juillet 1621).
Vernulæus (Nicolaus). Laus posthuma Bucquoi, su-
premi S. C. M. exercitus præfecti a quinque militibus
Wallone-Belga, Italo, Germano, Hispano, Cosacco-
Polono celebrata. *Lovan.* 1622. *4. Colon. Agr.* 1623. *4.*
Wree (Olivier de). De vermaerde oorlog-stucken van
den wonderdadighen velt-heer van Longueval, grave
van Bucquoy, baron de Vaux. *Brugge.* 1625. *12.*
(Poëme historique.)
Myon (Clément de). Olympiade et sommaire des faits
du comte de Bucquoi. *Dole.* 1629. *4. (Bes.)*
Peregrinus (Constantinus). Expeditiones Cæsareo-Buc-
quoianæ, s. l. et s. d. *4.*
Vie de C. B. Longueval, comte de Bucquoy. *Vienne.*
1796. 8.
Rahlenbeck (Charles). Les Belges en Bohème, ou campagnes et négociations du comte de Bucquoy, grand
bailli du Hainaut. *Brux., Leipz.* et *Gand.* 1850. 8.
(Publ. sous le pseudonyme de Charles RAHL.)

Budberg (Leonhard Johann, Baron v.),
gentilhomme courlandais.
Sonntag (Carl Gottlob). Standrede bey dem Leichen-
begängnisse L. J. Baron v. Budberg's. *Riga.* 1796. *4.*

Buddeus (Carl Franz),
homme d'État allemand (25 mars 1695 — 5 juillet 1753).
Buddeus (Carl Franz). Denkwürdigkeiten meines Le-
bens. *Gotha.* 1748. *4.*
Loewe (Johann Adolph). Gedächtnisspredigt auf den
Vice-Kanzler C. F. Buddeus. *Gotha.* 1753. *4.*

Buddeus (Johann Franz),
théologien allemand (25 juin 1667 — 19 nov. 1729).
Programma academicum in funere J. F. Buddei. *Jenæ.*
1738. Fol. *(D.)*
Ehrengedächtniss des Professors J. F. Buddeus. *Jena.*
1738. Fol.

————

Buddeus (Johann Franz). Notitia dissertationum aliorumque scriptorum a se, aut suis auspiciis, editorum.
Jenæ. 1724. 8. *(D.)*

Buddha,
personnage mythologique.
Ozeray (Michel Jean François). Recherches sur Bud-

dou ou Bouddou (Foë), instituteur religieux de l'Asie
orientale, etc. *Par.* 1817. 8. *(Bx.)*
Palmblad (Vilhelm Fredrik). Programmata IV de Buddha
et Wodan. *Holm.* 1822. 4.
Bohlen (Peter v.). Dissertatio de Buddhaismi origine.
Regiom. 1827. 8.
Bournouf (Eugène). Introduction à l'histoire du Bud-
dhisme indien. *Par.* 1844-45. 2 vol. *4.*
Halberstma (Hiddo). Het Buddisme en zijn stichter.
Devent. 1843. 8. (Extrait de l'*Overijsselsche Almanak,*
tiré à part à 50 exemplaires.) — *(Ld.)*

Budé (Guillaume),
savant français (1467 — 23 août 1540).
Marthanus (Jacob). De G. Budæo commentatiuncula.
Par. 1540. 4.
Leroy (Louis). Vita G. Budæi, Parisiensis, viri claris-
simi et suæ ætatis doctissimi. *Par.* 1540. *4. (P.)* —
(Publ. par François CONNAN.) *Ibid.* 1577. *4. (D.)*
Rebitté (D...). G. Budé, restaurateur des études grec-
ques en France; essai historique. *Par.* 1846. 8.

Buder (Christian Gottlieb),
jurisconsulte allemand (29 oct. 1693 — 9 déc. 1763).
Fischer (Johann Christian). Memoria divis manibus C.
G. Buderi dicata. *Jenæ.* 1788. 8. *(L.)*

Budoc (Saint),
évêque de Dôle.
Legrand (Albert). La providence de Dieu sur les justes
ou l'histoire admirable de S. Budoc, évêque de Dôle,
et de la princesse Azenor de Léon, sa mère, comtesse
de Treguier. *Rennes.* 1640. *4.*

Budt (Adrien),
théologien français († 1488).
De Vich (Charles). Vita A. Budsii, religiosi B. Mariæ
de Dunis, sacræ theologiæ Parisiensis baccalaurei. *Brugis.* 1655. 8.

Buecher (Christian Friedrich),
théologien allemand (22 mai 1651 — 18 mars 1714).
Charitius (Andreas). Oratio in anniversaria in memoriam F. C. Bucheri. *Witteb.* 1715. 4.

Buedinger (Moses Mardochai),
pédagogue juif.
Steinheil (S... L...). M. M. Buedinger, Dr. der Philosophie. Lebensbeschreibung eines israelitischen Schulmanns, etc. *Alton.* 1844. 8.

Buelow (Herren v.),
famille allemande.
Buelow (N... N... v.). Beschreibung des Geschlechts
von Buelow. *Neu-Brandenb.* 1780. Fol.

Buelow (Adam Heinrich Dietrich, Freiherr v.),
tacticien allemand (vers 1757 — 25 février 1816).
(**Voss,** Julius v.). H. v. Buelow; nach seinem Talent-
Reichthum, seiner Hyper-Genialität und seinen Le-
bens - Abenteuern geschildert; nebst authentischer
Nachricht über seine Verhaftung und den Gang seines
Criminal-Prozesses. *Coeln,* s. d. (1807.) 8. *(D.* et *L.)*

Binzer (A... v.). Über die militärischen Werke H. v.
Buelow's. *Kiel.* 1803. 8. *(D.)*

Buelow (Friedrich Ernst v.),
agriculteur allemand (5 oct. 1736 — 4 mai 1802).
Jacobi (Andreas Ludolph). Erinnerungen aus dem Leben
F. E. v. Buelow's. *Halle.* 1802. 8.

Buelow v. Dennewitz (Friedrich Wilhelm, Graf),
général allemand (16 février 1755 — 25 février 1816).
General Graf Buelow v. Dennewitz in den Feldzügen von
1813 und 1814, von einem preussischen Offizier. *Leipz.*
1843. 8.

Buelow (Ludwig Franz Victor Hans, Graf v.),
jurisconsulte allemand (14 juillet 1774 — 25 août 1825).
(**Cramer,** Friedrich). Leben des Grafen L. F. V. H. v.
Buelow, königlich preussischen Staats- und Handelsmi-
nisters. *Leipz.* 1821. 8.

Buenau (Heinrich, Graf v.),
conseiller intime de l'électeur de Saxe (2 juin 1697 — 7 avril 1762).
Burscher (Johann Friedrich). Gedächtnissrede und Lebenslauf des Grafen H. v. Buenau. *Jena.* 1762. Fol.
Leipz. 1768. 8. *(D.)*

Buenekau (Hermann),
théologien allemand.

Overbeck (Johann Daniel). Leben und Verdienste H. Buenekau, Archidiaconus, etc. *Lübeck*. 1751. Fol.

Bueren (Daniel v.),
homme d'État allemand († 1544).

Denecken (Arnold Gerhard). Die bremischen Bürgermeister D. v. Bueren der Aeltere und D. v. Bueren der Jüngere; geschichtliche Darstellung aus dem 15. u. 16. Jahrhundert. *Brem*. 1856. 8.

Buerger (Christian Amos),
pédagogue allemand.

Mueller (Daniel Traugott). Programmata III de vita C. A. Burger. *Schneeb*. 1742-43. Fol. (*D*.)

Buerger (Gottfried August),
poète allemand (1er janvier 1748 — 8 juin 1794).

Althof (Ludwig Christoph). Einige Nachrichten von den vornehmsten Lebensumständen G. A. Buerger's. *Götting*. 1798. 8.

Doering (Heinrich). G. A. Buerger; biographisches Denkmal. *Götting*. 1847. 8.

Briefe an Mariane Ehrmann. Beitrag zur Geschichte der letzten Lebensjahre G. A. Buergers; mit historischer Einleitung herausgeg. von Theophil Friedrich EHRMANN. *Weim*. 1802. 8. (*D*.)

Buesch (Johann Georg),
mathématicien allemand (3 janvier 1728 — 5 août 1800).

J. G. Buesch's Leben, Character und Verdienste, etc. *Hamb*. et *Alton*. 1801. 8. (*D*.)

Noelting (Johann Heinrich). J. G. Buesch, wahr und ungeschmückt dargestellt. *Hamb*. 1801. 8. (*D*.)

Buesching (Anton Friedrich),
l'un des créateurs de la géographie moderne (27 sept. 1724 — 28 mai 1793).

A. F. Buesching's Lebensgeschichte, von ihm selbst beschrieben. *Halle*. 1789. 8. (*D*. et *L*.)

Spalding (Georg Ludwig). Oratio funebris de A. F. Buschingio. *Berol*. 1793. 8. (*D*. et *L*.) *Ibid*. 1794. 8. (*D*.)

Buesching (Johanna Catharina Friederike),
savante allemande.

Buesching (Anton Friedrich). Zum Gedächtniss meiner gelehrten Tochter J. K. F. Buesching. *Berl*. 1784. 8.

Buesching, née **Dilthey** (Polyxena Christiane Auguste),
poète allemande (11 déc. 1728 — 22 avril 1777).

Buesching (Anton Friedrich). Zum Gedächtniss der Frau P. C. A. Büsching, geb. Dilthey. *Berl*. 1777. 8. Port.

Buesen (Gérard),
médecin belge (vers 1758 — 26 déc. 1841).

Notice sur M. le professeur Buesen. *Louvain*. 1843. 12.

Buettner (Daniel),
physicien allemand (18 avril 1642 — 9 sept. 1696).

Anckelmann (Eberhard). Memoria funebris D. Buettneri, physices professoris. *Hamb*. 1696. 4. (*L*.)

Buettner (Johann Carl).

Buettner, der Amerikaner; Selbstbiographie. *Camenz*. 1828. 8. (11e édition accomp. de son portrait.)

Bufalo (Gasparo di),
chanoine de la basilique de S. Marc à Rome (6 janvier 1786—28 déc. 1837).

Notice biographique sur la vie, les vertus et les travaux du vénérable G. de Bufalo, etc., (mort en odeur de sainteté). *Par*. 1843. 52. *Liége*. 1847. 12. Portrait.

Buffalmacco (Buonamico),
peintre italien (vers 1350).

Vita di B. Buffalmacco. *Carpi*. 1762. 8.

Buffon (Georges-Louis **Leclere**, comte de),
naturaliste français (7 sept. 1707 — 16 avril 1788).

Aude (André). Vie privée de Buffon. *Lausanne*. (*Par*.) 1788. 8. (*Bes*.)

Vie de M. le comte de Buffon, seigneur de Montbart. *Par*. 1788. 8 *. Trad. en allem. (par Franz Ludwig WAGNER). *Frf*. et *Leipz*. 1789. 8. (*D*. et *L*.)

* Il ne faut pas confondre cet ouvrage anonyme avec la biographie précédente.

Cubières de Palmezeaux (Michel). Épitre à M. le comte F. Hartig sur la mort de M. le comte de Buffon. *Par*. 1788. 8. (*D*.)

Hérault de Séchelles (Marie Jean). Voyage à Mont-

bart, contenant des détails très-intéressants sur le caractère, la personne et les écrits de Buffon. *Par*., an IX (1801). 8. (*D*. et *L*.), publ. par Jean Baptiste NOËLLAT. *Dijon*. 1829. 12 *. Trad. en espagn. s. c. t. : Vida del conde Buffon, par J... M... A... *Madr*. 1797. 4.

* La première édition de cet opuscule, lancé contre Buffon, se publiait, en 1785, s. c. t. : Visite à Buffon.

Condorcet (Marie Jean Antoine Nicolas Caritat de). Éloge de Buffon. *Deux-Ponts*. 1792. 12.

—— Vie de Buffon. *Bern*. 1794. 12.

Chesnel (A... de). Vie de Buffon. *Par*. 1843. 12.

Flourens (Pierre). Buffon ; histoire de ses travaux et de ses idées. *Par*. 1844. 12. Revue et augmentée. *Ibid*. 1850. 12.

Bugeaud de la Piconnerie, duc d'Isly (Thomas Robert),
maréchal de France (15 oct. 1784 — 10 juin 1849).

(**Pitois**, C...). Souvenirs du maréchal Bugeaud de l'Algérie et du Maroc. *Par*. 1845. 2 vol. 8. (Publ. sous le pseudonyme de CHRISTIAN.) *

* Le maréchal Bugeaud a désavoué l'authenticité de ces souvenirs.

Besancenez (A...). Biographie complète de M. le maréchal Bugeaud (duc) d'Isly. *Par*. 1849. Fol.

Ponroy (A...). Le maréchal Bugeaud. *Par*. 1852. 8.

Chéron (A... Théodore). Le maréchal Bugeaud. Notice. *Limoges*. 1852. 8 *.

* Cette notice est suivie de deux pièces en vers : la mort et la statue du maréchal Bugeaud.

Bugenhagen (Johannes),
théologien allemand (24 juin 1485 — 21 mars 1558).

Vincentius (Petrus). Oratio de J. Bugenhagii vita et meritis in ecclesiam et litteras. *Witteb*. 1558. 8. (*D*.)

Mayer (Johann Friedrich). Oratio, quantum ecclesia universa ob Bugenhagium Pomeraniæ debeat. *Sedin*. 1701. 4.

Goetze (Georg Heinrich). Oratio de J. Bugenhagii meritis in ecclesiam et scholam Lubecensem. *Lips*. 1704. 4.

Laemmel (Christoph Friedrich). Historia Bugenhagiana. *Hafn*. 1706. 4 *. (*D*.)

* Ce n'est qu'une édition augmentée du sermon précédent.

Jaencke (Johann Daniel). Leben J. Bugenhagen's. *Starg*. 1750. 4. Augm. s. c. t. Ausführliche, mit Urkunden versehene Lebensgeschichte des Kirchenlehrers J. Bugenhagen, auch Dr. Pommer genannt, herausgeg. von Johann Carl Conrad OELRICHS. *Rost*. et *Wism*. 1757. 4. Portrait.

Lange (Johann Christoph). Dr. J. Bugenhagen's oder Pommerani erbauliches und merkwürdiges Leben und Schriften. *Budiss*. 1731. 8. Portrait. (*D*.)

Ekerman (Peter). Dissertatio de J. Bugenhagio Pomerano, ecclesiæ Lutheranæ sub opere reformationis vindice acerrimo. *Upsal*. 1761. 4.

Vogt (Heinrich Christoph). Commentatio de vita J. Bugenhagii. *Erford*. 1780. 4.

Engelcken (Friedrich Ludwig). J. Bugenhagen Pomeranus. *Berl*. 1817. 8. (*D*.)

Koch (Friedrich). Erinnerungen an Dr. J. Bugenhagen und an dessen Verdienst als Schulreformator. *Stett*. 1817. 4. (*D*.)

Kraft (F... C...). De J. Bugenhagii Pomerani in res ecclesiasticas juvandas, ordinandas, constituendas meritis. *Hamb*. 1831. 4.

Zietz (Johann Heinrich). J. Bugenhagen, zweiter Apostel des Nordens, nach seinen Lebensschicksalen, etc. *Leipz*. 1829. 8. (*D*.) *Ibid*. 1834. 8.

Biesner (Julius Heinrich). Leben des Dr. H. Rubenow und des Dr. J. Bugenhagen, Pommer. *Greifsw*. 1837. 8. 2 portraits.

Bugge (Thomas),
mathématicien danois (12 oct. 1740 — 15 janvier 1815).

Collin (Jonas). Mindetale over T. Bugge og C. Colbjoernsen. *Kjoebenh*. 1815. 8.

Bugnard (Pierre François),
chirurgien français (31 août 1767 — 25 mars 1843).

Martin (N... N...). Notice historique sur le docteur P. F. Bugnard, ancien chirurgien en chef de l'hospice de la Charité de Lyon. *Lyon*. 1844. 8.

Buhy (mademoiselle de),
dame française.

Mornay de la Villeterre (René de). Vie de mademoiselle de Buhy, de la maison de Mornay. *Par*. 1685. 12.

Buisseret (François),
archevêque de Cambrai (.. sept. 1549 — 2 mai 1615).
Guyse (Nicolas de). Illustrissimi ac reverendissimi domini D. F. Buisseret, archiepiscopi et ducis Cámeracensis vita et panegyris. *Camerac.* 1616. 4.
Mathieu (Adolphe Charles Ghislain). Biographie montoise : F. Buisseret, s. l. et s. d. (*Mons.* 1842.) 8.

Buisson (Pierre),
musicien français.
Langlois (Jean Thomas). Éloge funèbre de P. Buisson, organiste à Gisors. *Par.* 1776. 12.

Bukfisch (Franz Georg),
théologien allemand (26 février 1678 — 10 avril 1721).
Kumme (Johann Friedrich). Leichenpredigt auf F. G. Bukfisch, Pastor an der Kreuzkirche zu Hannover. *Hannov.* 1721. Fol.

Bulaeus (Christoph),
théologien allemand (4 nov. 1602 — 8 sept. 1677).
Geier (Martin). Leichenpredigt auf C. Bulaeus, nebst dessen Lebenslauf. *Dresd.* 1677. 4. (*D.*)
Schlegel (Christian). Lebens-Beschreibung C. Bulæi, der heiligen Schrift weitberühmten Doctors, chursächsischen Consistorial- und Kirchenraths, etc. *Dresd.* 1698. 8. Portrait. (*D.*)

Bulard (Arsène François),
médecin français (5 février 1806 — 2 mars 1843).
B(ulard) (A...). Notice biographique sur A. F. Bulard, docteur en médecine. *Sèvres.* 1848. 8.

Bull (Georges),
lord-bishop of St. David's (25 mars 1634 — 28 février 1710).
Nelson (Robert). Life of Dr. G. Bull, late lord-bishop of St. David's. *Lond.* 1713. 8. *Oxf.* 1846. 18.

Bull (John).
Polesworth (Henry). Fragments of the history of J. Bull. *Lond.* 1792. 8.

Bullinger (Heinrich),
théologien suisse (18 juillet 1504 — 17 sept. 1575).
Stuck (Johann Wilhelm). Oratio funebris in obitum clarissimi viri.D. H. Bullingeri, pastoris ecclesiæ Tigurinæ fidelissimi, s. l. et s. d. (*Tigur.* 1575). 4. (*Lv.*)
Simler (Josias). Narratio de ortu, vita et obitu reverendi viri H. Bullingeri, Helvetiæ, ecclesiæ Tigurinæ pastoris. *Tigur.* 1575. 4. (*D.* et *Lv.*)
Lavater (Ludwig). Vom Läben und Tode des chrwürdigen und hochgelehrten Herrn H. Bullinger kurtze einfalte und warhaffte Erzellung. *Zürch.* 1576. 8. (*D.*)
Fels (Johann). Oratio de vita et obitu H. Bullingeri. *Basil.* 1600. 4.
Ziegler (Hans Rudolph). Mag. Ulrich Zwingli's und Mag. H. Bullinger's, beider obersten Pfarrer zu Zürich, Lebensbeschreibungen. *Zürch.* 1719. 4.
Hess (Salomon). Lebensgeschichte Mag. H. Bullingers, Antistes der Kirche Zürich. *Zürch.* 1828. 2 vol. 8. Portrait. (*D.*)
Franz (Johann Friedrich). Merkwürdige Züge aus dem Leben des Zürcher Antistes H. Bullinger, etc. *Bern.* 1828. 8.

Bullinger (Johann).
Walther (Rudolph). Epicedium in tristissimum obitum J. Bullingeri, in quo ipsius vita breviter et poetice describitur. *Heidelb.* 1570. 4.

Bullioud (Marie Aymée de),
religieuse française (1613 — 26 sept. 1633).
Recueil de la vie et des vertus de sœur M. A. de Bullioud, religieuse de l'ordre de la Visitation de Sainte-Marie, etc. *Lyon.* 1833. 8.

Bullioud, voy. **Bouilloud** (Symphorien).

Bulloz (Michel Marie Antoine),
médecin français (12 février 1796 — 2 juin 1843).
Villars (N... N...). Notice historique sur le docteur Bulloz, professeur et directeur de l'école de médecine de Besançon. *Besanç.* 1846. 8.

Bulman (Thomas),
littérateur anglais.
Backhouse (James). Short record of the life and experience of T. Bulman. *Lond.* 1851. 18.

Bunbury (Robert Shirley),
théologien anglais.
Brief memoir of the late Rev. R. S. Bunbury, vicar of Swansea, etc. *Lond.* 1846. 12.

Buncle (John),
littérateur anglais.
Amory (Thomas). Life of J. Buncle. Esq. *Lond.* 1756. 4 vol. 12. *Ibid.* 1766. 4 vol. 12. *Ibid.* 1768. 2 vol. 8. *Ibid.* 1825. 3 vol. 12.

Bundschue (Johann von Gott),
mathématicien allemand.
Biographie des Dr. J. v. G. Bundschue. *Kempt.* 1829. 8. *Ibid.* 1831. 8. (Écrite par lui-même.)

Buniva (Michele Francesco),
médecin italien (1761 — .. oct. 1834).
(**Rolandis,** N... N... de). Cenni necrologici sopra il professore M. Buniva (di Pinerolo). *Torin.* 1835. 8.

Bunyan (John),
théologien anglais (1628 — 31 août 1688).
Ivimey (Joseph). Life of Mr. J. Bunyan. *Lond.* 1809. 12. Portrait. *Boston.* 1814. 12.
Brumbey (C... W...). Bekehrungsgeschichte des J. Bunyan, eines englischen Predigers, etc. *Berl.* 1814. 12.
Philip (Robert). Life of J. Bunyan. *New-York.* 1839. 12.

Buonafede (Appiano),
philosophe italien (4 janvier 1716 — 17 déc. 1793).
Buonafede (Antonio). Elogio storico di Agatopisto Cromaziano (A. Buonafede). *Ferrara.* 1794. 8.

Buonaparte (Charles Lucien, prince),
naturaliste français, fils du suivant.
Notice sur les travaux zoologiques de M. C. Bonaparte, etc. *Par.* 1850. 4.
Notice sur les ouvrages zoologiques du prince C. L. Bonaparte. *Par.* 1851. 8.

Buonaparte, prince de **Canino** (Lucien),
frère de Napoléon (1772 — 28 juin 1840).
Mémoires secrets sur la vie privée, politique et littéraire de L. Bonaparte, prince de Canino. *Par.* 1816. 2 vol. 12. *Ibid.* 1818. 2 vol. 12. *Par.* 1818. 2 vol. 12 *.
* Ces Mémoires sont apocryphes.
Forchhammer (P... W...). Denkrede auf den Fürsten v. Canino, L. Bonaparte. *Kiel.* 1840. 8.
Canino (la princesse de). Appel à la justice des contemporains de feu L. Bonaparte, en réfutation des assertions de M. Thiers. *Brux.* 1843. 8.

Buonaparte (Jérôme), voy. **Jérôme.**
Buonaparte (Joseph), voy. **Joseph.**
Buonaparte (Louis Napoléon), voy. **Napoléon III.**
Buonaparte (Napoléon), voy. **Napoléon I.**

Buonarotti (Filippo),
démocrate italien (11 nov. 1761 — 15 sept. 1837).
Précis historique, concernant P. Buonarotti, qui se présente à la Convention nationale pour demander un décret de naturalisation, s. l. et s. d. (*Par.* 1792.) 8. (Extrêmement rare.)
Trélat (Ulysse). Notice biographique sur Buonarotti. *Epinal.* 1838. 8.

Procès complet et authentique de Babeuf, Buonarotti, etc., condamnés en l'an IV. *Par.*, an IV. 8 vol. 8.

Buonarotti, voy. **Michelangelo.**

Buondelmonti (Giuseppe Maria),
philosophe italien (13 sept. 1713 — 7 février 1757).
Elogio del cavaliere G. M. Buondelmonti, celebratissimo filosofo. *Pisa.* 1766. 8.

Buonmattei ou **Buommattei** (Benedetto),
grammairien italien (9 août 1581 — 27 janvier 1647).
Casotti (Giovanni Battista). Vita di B. Buommattei. *Firenz.* 1714. 4 *. Publ. avec des notes par Domenico Maria MANNI. *Firenz.* 1760. 4.
* Cette biographie, ornée de son portrait, a été publiée sous le pseudonyme de Dalisto Naacanth.

Buono (Saint Giovanni),
prêtre italien,
Volta (Leopoldo Camillo). Notizie intorno alla vita di S. G. Buono Mantovano. *Mantova.* 1775. 8.

Buquet (Louis Léopold et Charles Joseph),
généraux français.
Nollet-Fabert (Jules). Les généraux Buquet, etc. *Nancy.* 1851. 8.

Burali (Paolo *),
archevêque de Naples (1511 — 17 juin 1578).

Sagarriga Visconti (Niccolo). Breve ragguaglio della vita e delle virtù del beato cardinale di S. Pudenziana P. Burali, chierico regolare, arcivescovo di Napoli. *Napoli*. 1772. 8.

Leben des seeligen P. Buralis von Arezzo, aus dem Orden der Theatiner, Erzbischof zu Neapel. *Münch*. 1772. 8. Portrait.

* C'est le même cardinal que nous avons placé (page 62) sous le nom d'Arezzo (Paolo di). Arezzo n'est que sa ville natale. Burali est le nom de sa famille.

Burchard, Burchardi.

Sendschreiben von einigen Gelehrten, die den Namen Burchard und Burchardi geführet haben. *Dessau*. 1782. 4.

Burchard (les trois),
archevêques de Lyon (Burchard I († 963); Burchard II († 1031); Burchard III († vers 1048).

Gingins (Frédéric de). Les trois Burchard, archevêques de Lyon aux xe et xie siècles. *Lyon*. 1852. 8.

Bernard (Auguste). Lettre à M. F. de Gingins sur sa notice intitulée *Les trois Burchard*, etc.; suivie de la réponse de Frédéric de Gingins. *Lyon*. 1853. 8.

Burchard (Georg),
théologien allemand (1539 — 6 mai 1607).

Ziegler (Michael). Oratio funebris de vita et obitu M. G. Burchardi. *Tubing*. 1608. 4.

Burchardi (Wolrad),
jurisconsulte allemand (22 août 1734 — 26 juillet 1793).

Wisseler (Johann Friedrich). Memoria W. Burchardi. *Herborn*. 1794. 4.

Burchell (Thomas),
missionnaire anglais.

Burchell (William Fitzer). Memoir of T. Burchell, 22 years a missionary in Jamaica. *Lond*. 1849. 12.

Burchiello * (Domenico),
poëte italien († 1448).

Papini (Giovanni Antonio). Lezioni sopra il Burchiello. *Firenz*. 1733. 4.

* Le soi-disant *Nouvelle Biographie universelle* (une mauvaise compilation sans esprit), qui se publie chez les frères Didot, le nomme *Barchiello*.

Burckard (Franz),
homme d'État allemand.

Danz (Johann Traugott Lebrecht). F. Burckard aus Weimar, churfürstlicher und herzoglich sächsischer Kanzler zur Zeit der Reformation. *Weim*. 1825. 8. Portrait.

Burckard (Hieronymus),
théologien suisse.

Beck (Jacob Christoph). Oratio panegyrica de vita et obitu H. Burcardo, theol. doct. et prof. *Basil*. 1738. 4.

Burckard (Jacob),
philosophe suisse.

Faesch (Sebastian). Historica vitæ et mortis delineatio succincta J. Burckardi. *Basil*. 1665. 4.

Burckhard (Jacob),
jurisconsulte allemand.

Analecta ad commentarium de vita J. Burckhardi. *Halæ*. 1749. 8. (*D*.)

Nova analecta, etc. *Halæ*. 1751. 8. (*D*.)

Burckhard (Johann Georg),
littérateur allemand.

Winckler (Johann Dietrich). Denkmahl der Hochachtung und Freundschaft J. G. Burckhard gewidmet. *Hamb*. 1765. 4. (*D*.)

Burckhardt (Johann Ludwig),
voyageur suisse (24 nov. 1784 — 17 oct. 1817).

Beiträge zu J. L. Burckhardt's Leben und Character. *Bas*. 1828. 8.

Sueur-Merlin (N... N...). Notice sur la vie et les travaux du voyageur Burckhardt. *Par*. 1829. 8.

Burdach (Carl Friedrich),
médecin allemand (12 juin 1776 — 16 juillet 1847).

Burdach (Carl Friedrich). Rückblicke auf mein Leben; Selbstbiographie. *Leipz*. 1847. 8.

Burdeus (Pierre Arrias),
augustin français.

Segla (G... de). Histoire tragique et arrest de la cour du parlement de Tholose contre P. A. Burdeus, religieux augustin, maistre François Gérard, conseiller, damoiselle Violente de Bast et autres. *Par*. 1613. 8.

Burder (Thomas Harrison),
médecin anglais.

Life of T. H. Burder, with extracts from his correspondence. *Oxf*. 1846. 18.

Bure (Falo),
homme d'État suédois.

Frondin (Elias). Utriusque F. Bure in patriam merita. *Upsal*. 1746. 4.

Bureaux-Pusy ou **Puzy** (Jean Xavier),
préfet du département du Rhône (7 janvier 1750 — 2 février 1806).

Guerre du Molard (Jean). Éloge historique de J. X. Bureaux-Pusy. *Lyon*. 1807. 8.

Burg (Engelbrecht v. d.),
jurisconsulte allemand (7 déc. 1646 — 18 juillet 1719).

Teller (Ludwig Roman). Gedächtniss-Predigt auf E. v. d. Burg. *Leipz*. 1719. Fol. (*D*.)

Moerlin (Johann Christian). Gedächtniss-Predigt auf E. v. d. Burg. *Leipz*. 1719. Fol. (*D*.)

Daegener (Carl Matthias). Parentation auf E. v. d. Burg. *Leipz*. 1719. Fol. (*D*.)

Burg (Johann v.),
jurisconsulte allemand.

Programma academicum ad exequias J. de Burg. *Lips*. 1667. 4. (*D*.)

Burg (Johann Friedrich),
théologien allemand (13 mai 1689 — 6 juin 1766).

Stief (Carl Benjamin). Ehrengedächtniss oder vollständige Lebensbeschreibung Dr. J. F. Burg's. *Bresl*. et *Leipz*. 1761. 4.

—— Sammlung der Jubelschriften, welche zum Andenken und bei öffentlicher Feier des am 29sten Tage des Märzmonats 1763 in Breslau vergnügt erlebten fünfzigjährigen geistlichen Amtsjubelfestes Sr. Hochwürdigen Magnificenz Hrn. J. F. Burg's, etc., verfertigt und ans Licht gestellt worden sind, etc. *Bresl*. et *Leipz*. 1764. 4.

Klotz (Christian Adolph). Elogium J. F. Burgii. *Halæ*. 1767. 8. (*D*.)

Burger (Paul),
théologien allemand (19 déc. 1704 — 20 sept. 1768).

Goeze (Andreas). Commentatio de laudabili vita P. Burgeri. *Norimb*. 1768. 8.

Burgermeister (Johann Stephan),
jurisconsulte allemand (10 déc. 1663 — ... 1722).

Ringmacher (Daniel). Leichenpredigt bei dem Tode J. S. Burgermeister's, etc. *Ulm*. 1725. Fol.

Burgermeister (Paul),
jurisconsulte allemand, frère du précédent (30 mars 1661 — 30 mars 1719).

Dizinger (Ludwig Carl). Leichenpredigt bei dem Tode P. Burgermeister's, etc. *Essling*. 1719. Fol.

Burgesohn (Peter),
jurisconsulte allemand.

Seelen (Johann Heinrich v.). Memoria P. Burgesohn, J. U. L. *Lubec*. 1752. Fol.

Burgess (Thomas),
lord-évêque de Salisbury.

Harford (John S...). Life of T. Burgess, late lord-bishop of Salisbury. *Lond*. 1841. 8. Portrait.

Burgh (John),
général anglais († 1627).

Markham (Robert). Life of J. Burgh, knight. *Lond*. 1628. 8. (Très-rare.)

Burghaus (Nicolaus Freiherr v.),

Henelius (Nicolaus). Burghausiognema, h. e. laudatio posthuma domini N. baronis de Burghaus et Stolz. *Bregæ*. 1632. Fol.

Burghley (William **Cecil**, lord),
homme d'État anglais (13 sept. 1521 — 4 août 1598).

Collins (Arthur). Life of W. Cecil lord Burleigh. *Lond*. 1732. 8. Portrait.

C... (R...). Memoirs of W. Cecil lord Burleigh, s. l. 1738. 4.

Nares (Edward). Memoirs on the life and administration of W. Cecil lord Burghley. *Lond*. 1828-32. 3 vol. 4.

Charlton (William Henry). History of W. Cecil, lord

Burghley, lord high-treasurer of England; biographical notices of his successors to the present time ; a description of Burghley-House, with a complete guide to its contents, etc. *Lond.* 1847. 8. Plusieurs portraits.
—— Life and times of W. Cecil, the great lord Burghley, lord-treasurer to queen Elisabeth. *Stamford.* 1850. 8. *Lond.* 1851. 8.

History and description of Burghley-House. *Shrewsbury.* 1797. 8.
(**Blore**, Thomas). Guide to Burghley-House. *Stamford.* 1815. 8.

Burgus, voy. **Borgo** (Pietro Battista).

Buridan (Jean),
philosophe français († 1358).

Frobes (Johann Nicolaus). Disquisitio historica et philosophica de J. Buridano ejusdemque asino. *Helmst.* 1748. 4.

Burigny (Jean Lévesque de),
littérateur français (1692 — 8 oct. 1785).

Dacier (Bon Joseph). Éloge de J. Lévesque de Burigny. *Par.* 1786. 8. (Omis par Quérard.)

Burk (Philipp David),
théologien allemand (26 juillet 1714 — 22 mars 1770).

(**Burk**, Johann Albrecht). Lebensgeschichte P. D. Burk's. *Tübing.* 1771. 8. (*D*.)

Burke (Edmund),
jurisconsulte anglais (1er janvier 1730 — 8 juillet 1797).

Cormick (Charles Mac-). Memoirs of the Right Hon. E. Burke, or an impartial review of his privat life, etc. *Lond.* 1797. 4.

Bisset (Robert). Life of E. Burke. *Lond.* 1798. 8. *Ibid.* 1800. 2 vol. 8. Portrait. Trad; en allem. par Johann Georg Christian **Fick**. *Gera* et *Leipz.* 1799. 8. (*D*.)

Anecdotes sur la vie politique de Burke et sur sa mort. *Par.*, an VIII (1799). 8.

Prior (James). Memoirs of the life and character of E. Burke. *Lond.* 1824. 2 vol. 8. *Ibid.* 1826. 2 vol. 8. Portrait. *Ibid.* 1839. 8.

Burkhard (Georg), voy. **Burchard**.

Burmann (Frans),
théologien hollandais (1628 — 2 nov. 1679).

Graevius (Johann Georg). Oratio funebris in obitum F. Burmanni. *Ultraj.* 1679. 4.

Burmann (Frans),
théologien hollandais, fils du précédent (15 mai 1671 — 22 sept. 1719):

Drakenborch (Arnold). Oratio funebris in obitum E. Burmanni. *Traj. ad Rhen.* 1719. 4. (*D.* et *Ld.*)

Burmann (Gottlob Wilhelm),
poète allemand (18 mai 1737 — 5 janvier 1805).

Joerdens (Carl·Heinrich). Etwas über· den zu Lauban geborenen und zu Berlin verstorbenen Dichter G. W. Burmann. *Laub.* 1805. 4.

Burmann (Pieter)
philologue hollandais (6 juillet 1668 — 31 mars 1741).

Schacht (Hermann Osterdijk). Oratio funebris in obitum P. Burmanni. *Lugd. Bat.* 1741. 4. (*D*.) *Berol.* 1742. 4. Trad. en holland., s. c. t. Lykrede op het overlijden, etc. *Leyd.* 1741. 4. (*Lv*.)

Burnes (Alexander),
voyageur anglais (16 mai 1805 — 2 nov. 1842).

Eyriès (Jean Baptiste). Notice sur A. Burnes, etc. *Par.* 1842. 8. Portrait.

Burnet (Gilbert),
évêque de Salisbury (18 sept. 1643 — 17 mars 1715).

A character of G. lord-bishop of Sarum, with a true copy of his last will and testament. *Lond.* 1715. 8. (*D*.)

Le Clerc (John). Life, character and an account of bishop Burnet. *Lond.* 1715. 8.

Historia-Theologicus, or an historical, political, theological and poetical account of the most remarkable passages and transactions in the life of the late bishop of Sarum. *Lond.* 1715. 8. (Comp. **Jacques** II.)

Burney (Charles),
musicographe anglais (1726 — 1814).

Memoirs of Dr. Burney (publ. par sa fille, madame Fanny d'**Arblay**). *Lond.* 1823. 3 vol. 8.

Burney d'Arblay (Frances ou Fanny),
dame anglaise au service de la reine Charlotte d'Angleterre, (1752 — 1840).

Burney d'Arblay (Frances). Diary and letters. *Lond.* 1794. 8.

Burnouf (Eugène),
orientaliste français (9 avril 1801 — 28 mai 1852).

Funérailles de M. E. Burnouf. Discours prononcés par de **Wailly** et **Barthélemy Saint-Hilaire**. *Par.* 1852. 4.

Lenormant (Charles). E. Burnouf. *Par.* 1852. 8.

Burns (Robert),
poète écossais (25 janvier 1759 — 21 juillet 1796).

Peterkin (Alexander). Review of the life of R. Burns. *Edinb.* 1815. 8.

Lockhart (John George). Life of R. Burns. *Edinb.* 1828. 8. *Ibid.* 1830. 8. *New-York.* 1831. 18. *Lond.* 1838. 8. *Ibid.* 1840. 8. *Ibid.* 1842. 8. *Ibid.* 1846. 12. ·

Cunningham (Allan). Life and land of R. Burns. *Lond.* 1840. 12. *New-York.* 1841. 12.

Wilson (John). Genius and character of R. Burns. *New-York.* 1843. 12.

Tyler (Samuel). R. Burns; as a poet and a man. *New-York.* 1848. 12.

Chambers (Robert). Life and times of R. Burns. *Lond.* 1851. 4 vol. 12. *New-York.* 1852. 2 vol. 8.

Burr (Aaron),
théologien (?) anglo-américain.

Robertson (D...). Trial of A. Burr for trahison. *Philad.* 1808. 2 vol. 8.

Knapp (S... L...). Life of A. Burr. *New-York.* 1835. 12.

Davis (Matthias L...). Life of A. Burr. *New-York.* 1856-57. 2 vol. 8.

Burroughs (Stephen),
littérateur anglo-américain.

Burroughs (Stephen). Memoirs of his own life. *Albany.* 1811. 2 vol. 12.

Burry (Ludwig Heinrich),
théologien allemand (17 janvier 1721 — 13 juillet 1762).

Degmair (N... N...). Leichenrede auf L. H. Burry, *Augsb.* 1762. 4.

Burscher (Johann Friedrich),
théologien allemand (16 février 1732 — 10 sept. 1805).

Kurze Biographie J. F. Burscher's. *Leipz.* 1794. 8. (*D*.) (Écrite par lui-même.)

Schoenemann (Friedrich Leberecht). Burscher's Leben und Todtenfeier. *Leipz.* 1805. 8. (*D*.)

Bursius (Johann),
jurisconsulte allemand.

(**Feller**, Joachim). Programma in J. Bursii funere. *Lips.* 1675. 4.

Burton (Henry),
théologien anglais (1579 — 1648).

Narration of the life of Mr. H. Burton. *Lond.* 1648. Fol. Portrait.

Bus (César de),
instituteur de la congrégation de la doctrine chrétienne (3 février 1544 — 15 avril 1607).

Marcel (Jacques). Vie du bienheureùx C. de Bus, fondateur de la doctrine chrétienne, composée sur ses propres déclarations, mémoires de sa vie, et fidèles rapports de ceux qui l'ont familièrement connu. *Lyon.* 1619. 8. (*Bes.*) *Ibid.* 1646. 8. Trad. en ital. *Bologna.* 1652. 8.

Galaud (N... N...). Vie de C. de Bus, etc. *Par.* 1639. 12.

Beauvais (Jacques de). Histoire de la vie du B. P. C. de Bus, etc. *Par.* 1645. 4.

Breux (Baudouin de). Abrégé de la vie de C. de Bus. *Par.* 1666. 8. Trad. en ital. (par Giuseppe **Boriglioni**). *Rom.* 1707. 12.

Goudour (Jacques). Vita viri Dei, C. de Bus, congregationis doctrinæ christianæ institutoris. *Tolos.* 1671. 12. (*D*.)

Dumas (Pierre). Vie du vénérable C. de Bus. *Par.* 1703. 4. (*Bes.*)

Busbecq (Augier Ghislain de),
homme d'État flamand (1522 — 28 oct. 1592).

Eck (Johann Georg). Dissertatio de A. G. Busbequio. *Lips.* 1768. 4. (*D*.)

Busch (Johann David),
médecin allemand († 8 avril 1833).

Wagner (Carl Friedrich Christian). Memoria viri experientissimi J. D. Buschii. *Marb.* 1833. 4. (*D.* et *L.*)

Busch (Johann Jacob),
médecin allemand (21 avril 1727 — 20 janvier 1786).

Curtius (Michael Conrad). Memoria J. J. Buschii, medicinæ doctoris et professoris. *Marb.* 1786. *4*. (*L.*)

Busche (Hermann v. d.),
savant allemand (1468 — 1534).

Burckhard (Jacob). Vallum humanitatis H. Buschii, cum ejusdem vita. *Frf.* 1719. 8.

Buser (N... N...),
général suisse.

Denkwürdigkeiten aus General Buser's politischem Lebenslauf, etc. *Liestal.* 1841. 8 *.

* Ces mémoires, écrits par lui-même, sont ornés de son portrait.

Busiris,
personnage mythologique.

Perizonius (Jacob). Disquisitio philologica de Busiride. *Lugd. Bat.* 1700. *4*.

Bordewisch (Hermann). Dissertatio de immolatis ab Ægyptio Busiride peregrinis advenis. *Witteb.* 1720. *4*.

Ekerman (Peter). Dissertatio de Busiride tyrannidis et Xenoctoniæ scelere notatissimo. *Upsal.* 1743. *4*.

Buslidius * (Hieronymus),
conseiller de l'empereur Charles V (vers 1470 — 26 août 1517).

Hardt (Hermann von der). Memoria Buslidii, Caroli V consiliarii, Ariensis præpositi, etc. *Helmst.* 1717. 8. (*D.*)

* Son nom de famille était celui de sa ville natale *Busleyden* ou *Bauschleiden* (on Luxembourg.)

Bussière (Edmond),
littérateur français (1807 — 1842).

Duvivier (Antony). Notice biographique sur E. Bussière. *Nevers.* 1842. 8.

Bussières (Jean de),
jésuite français (1607 — 1680 *).

Notice sur J. de Bussières, jésuite. *Lyon.* 1826. 8. (Extrait des *Archives historiques du département du Rhône*, signé A... J...).

* La *Biographie universelle* de Michaud le fait mourir le 16 oct. 1678; c'est une erreur.

Bussolin (Pietro),
magistrat italien (28 mars 1772 — 23 avril 1845).

Semenzi (Giovanni Battista Alvise). Cenni biografici intorno P. Bussolin, capo assaggiatore dell' J. R. zecca di Venezia. *Venez.* 1845. 8.

Bussy-Rabutin (Roger, comte de),
poëte français (3 avril 1618 — 9 avril 1693).

(**Le Bret**, Alexis Jean). Mémoires secrets de Bussy-Rabutin, contenant sa vie politique et privée. *Amst.* (*Lille.*) 1767. 2 vol. 8. *Lille.* 1771. 5 vol. 12.

Bustelli (Johann Jacob Pancraz),
prêtre suisse (1716 — 1771).

Schinz (Johann Rudolph). Elogium sacerdotis J. P. Bustelli, pastoris dum viveret S. Bartholomæi in Valle Verzascha, plebis Locarnensis in ditione Helveticæ reipublicæ. *Turic.* 1775. 8. (*D.*)

Buswell (George),
gentilhomme anglais.

Copy of the last will and testament of sir G. Buswell, baronet of Clipston. *Lond.* 1714. 8.

Butavand (Louis Félix),
graveur français (7 janvier 1808 — 27 janvier 1853).

Rey (Étienne). Notice sur L. Butavand, graveur. *Lyon.* 1853. 8.

Bute (John **Stuart**, earl of),
homme d'État écossais (+ 10 mars 1792).

Staatsverwaltung des Grafen v. Bute. *Berl.* 1764. 8. (Trad. de l'anglais.)

Butler (Alban),
théologien anglais (1710 — 15 mai 1773).

Account of the life and writings of A. Butler. *Dubl.* 1793. 8.

Butler (Charles). Life of A. Butler. *Lond.* 1799. 8. (Omis par Lowndes.)

Butler (Alban ?)
évêque de ...

Barlett (Thomas). Memoirs of bishop Butler. *Lond.* . . . 8. Portrait.

Butler (Samuel),
poëte anglais (1612 — 1680).

Boulard (Antoine Marie Henri). Vie de S. Butler, auteur du poëme d'*Hudibras*. *Par.* 1816. 8.

Buttari (Giovanni Battista),
jésuite italien.

(**Buttari**, Lorenzo). Vita del P. G. B. Buttari, della compagnia di Gesù. *Loreto.* 1844. 8.

Buttes (William),
homme d'État anglais (+ 3 sept. 1583).

Booke of epitaphes made upon the death of sir W. Buttes, knight, etc., s. l. et s. d. 16.

Buttstett (Johann Andreas),
pédagogue allemand (19 sept. 1701 — 4 mars 1765).

Reinhard (Johann Paul). Memoria J. A. Buttstetti, theol. prof. *Erlang.* 1765. *4*.

Buxton (Thomas Fowell),
philanthrope anglais (1er avril 1786 — 19 février 1845).

Memoirs of sir T. F. Buxton, baronet, etc. *Lond.* 1848. 8. *Ibid.* 1850. 8. *Ibid.* 1851. 8 *. Trad. en franç. s. c. t. Vie de Buxton, etc., par Mlle RILLIET-CONSTANT. *Par.* 1853. 8.

* Ces mémoires, publiés par son fils Buxton, sont accomp. d'un portrait de Thomas Buxton.

Binney (Thomas). Sir T. F. Buxton, baronet ; a study for joung men, etc. *Lond.* 1853. 12.

Treskow (A... v.). Sir T. F. Buxton, Baronet ; ein Bild des englischen Lebens im Parlament, in der Stadt und auf dem Lande. *Berl.* 1853. 8. (D'après ses *Mémoires*.)

Buxtorf (Johann),
philologue allemand (25 déc. 1564 — 13 sept. 1629).

Tossanus (Daniel). Oratio de vita et obitu J. Buxtorfii senioris. *Basil.* 1630. *4*. (*D.*)

Buxtorf (Johann),
philologue suisse, fils du précédent (13 août 1599 — 16 août 1664).

Gernler (Lucas). Oratio parentalis J. Buxtorfii junioris memoriæ dicata. *Basil.* 1665. *4*.

Buxtorf (Johann Jacob),
hébraïsant suisse, fils du précédent (4 sept. 1645 — 1er avril 1704).

Werenfels (Samuel). Vita eximii viri J. J. Buxtorfii oratione funebri delineata. *Basil.* 1705. *4*. (*D.*)

Buyat (Jean Marie Anthelme),
prêtre français.

Notice sur la vie et la mort de J. M. A. Buyat, de la Société de Marie, par un prêtre du diocèse de Belley. *Lyon.* 1852. 8.

Buytouzac (François),
médecin français (29 juillet 1743 — 25 sept. 1818).

Parat (Philibert). Eloge historique de M. F. Buytouzac. *Lyon.* 1828. 8. (Extrait des *Archives historiques du département du Rhône*.)

Buzanval (Nicolas **Choart** de),
évêque de Beauvais (15 juillet 1611 — 21 juillet 1679).

(**Mesengui**, François Philippe). Idée de la vie et de l'esprit de M. N. Choart de Buzanval, évêque et comte de Beauvais, avec un abrégé de la vie de M. (Godefroy) Hermant. *Par.* 1717. 12.

(**Besoigne**, Jérôme). Vie des quatre évêques engagés dans la cause de Port-Royal, M. d'Aleth (N. Pavillon), M. d'Angers (H. Arnauld), M. de Beauvais (N. Choart de Buzanval) et M. de Pamiers (E. F. de Caulet). *Par.* 1756. 2 vol. 12.

Buzen (Gérard Servais),
général belge (23 sept 1784 — se suicidant le 1.. février 1842).

Gérard (Pierre Augustin Florent). Le général Buzen. *Brux.* 1842. 8.

Buzzi (Francesco),
ingénieur italien.

Cenni biografico-necrologici pel signor F. Buzzi, ingegnere in capo della provincia di Bergamo. *Bergam.* 1859. 12.

Buzzoni (Luigi),
médecin italien.

Ferraris (Giovanni). Elogio funebre di L. Buzzoni. *Alessandr.* 1841. *4*.

Byng (John),
amiral anglais (arquebusé le 14 mars 1757).

(**Seyfart**, Johann Friedrich). Leben des Admirals J. Byng, etc. *Nürnb.* 1757. 8.

Byron (George **Gordon**, lord),
poëte anglais du premier ordre (22 janvier 1788 — 19 avril 1824).

Memoirs of the life and writings of lord Byron. *Lond.* 1822..8..(*D.*)

Belloc (Louise). Lord Byron. *Par.* 1824. 2 vol. 8.

Medwin (Thomas). Conversations of lord Byron. *Lond.* 1824. 8. *New - York.* 1824. 12. Trad. en allem. *Stuttg.* 1825. 8.

R*** (N...). Essai sur le caractère, les mœurs et l'esprit de lord Byron. *Par.* 1824. 8.

Gordon (Cosme). Life and genius of lord Byron, with additional anecdotes and critical remarks from other publications, to which is prefixed a sketch on lord Byron's death, by Walter Scott. *Par.* 1824. 12.

Karakterschets van lord Byron als mensch en als dichter. *Delft.* 1825. 8. Portrait.

Galt (John). Life of lord Byron. *Lond.* 1825. 8. *New-York.* 1856. 18.

Byron (Noel N...). Life, writings, opinions and times of G. Gordon, lord Byron. *Lond.* 1825. 3 vol. 8.

Parry (William). The last days of lord Byron. *Lond.* 1825. 8.

Gamba (Pietro). Narrative of lord Byron's last journey to Greece. *Par.* 1825. 12. Trad. en franç. s. c. t. Relation de l'expédition, etc., par Jacques Théodore Parisot. *Par.* 1825. 8.

Salvo (Charles de). Lord Byron en Italie et en Grèce, ou aperçu de sa vie et de ses ouvrages. *Lond.* 1825. 8. (*D.*) *
* Ouvrage orné de son portrait et revu par François Joseph Marie Fayolle.

Dallas (Robert Charles). Recollections of lord Byron (1808-1814). *Philadelph.* 1825. 8.

(**Gebhardt**, Adolph Gottlieb). Lord Byrons Lebensbeschreibung, nebst Analyse und Beurtheilung seiner Schriften. *Leipz.* 1825. 8. Portrait. (*D.*)

Simmonds (John William). An inquiry into the moral character of lord Byron. *Lond.* 1826. 8.

Lake (John William). Life of lord Byron. *Par.* 1826. 52. *Frf.* 1827. 16. Portrait. (*L.*) Trad. en allem. par Friedrich Pauer. *Quedlinb.* 1827. 8.

Brydges (Egerton). Impartial portrait of lord Byron, as a poet, as a man, compared with all the evidences and writings regarding him. *Par.* 1828. 8. (*D.*)

Hunt (Leigh). Lord Byron and some of his contemporaries, with recollections of the authors' life and of his visit to Italy. *Lond.* 1828. 4.

Moore (Thomas). Letters and journals of lord Byron, with notices of his life. *Lond.* 1830. 8. *New-York.* 1830. 2 vol. 12. *Par.* 1830. 8. *Frf.* 1831. 8. *Ibid.* 1833. 2 vol. 12.
Trad. en allem. *Braunschw.* 1831-33. 4 vol. 8.
Trad. en franç. par Louise Belloc. *Par.* 1830..4 vol. 12.
Trad. en holland. s. c. t. Merkwaardige Levensbijzonderheden van lord Byron. *Dordr.* 1830. 8.

Nicolini (Giuseppe). Vita di G. lord Byron. *Milan.* 1834. 4 vol. 24. Portrait. *Piacenza.* 1837. 3 vol. 24.

Blessington (Margaret). Conversations with lord Byron. *Lond.* 1836. 8. *Philadelph.* 1836. 18.
Amours de lord Byron. *Par.* 1838. 2 vol. 18. (Trad. de l'anglais.)

Byron's Lebensgeschichte, Briefwechsel, Gespräche und Vermischtes, nach Edward Lytton Bulwer, Thomas Moore, Thomas Medwin, Robert Charles Dallas und Ernst Ortlepp. *Stuttg.* 1839-40. 5 vol. 16.

Mordani (Filippo). Vita di G. lord Byron. *Bologna.* 1839. 12.

Thomsen (Grimur Thorgrimsson). Om lord Byron. *Kjoebenh.* 1845. 8. (Dissertation accomp. de 6 portr. de Byron à différents âges.)

Armstrong (J... L...). Life of lord Byron. *Lond.* 1846. 18.
Biografia de J. lord Byron. *Valencia.* 1849. 4. Portrait.

Byrth (Thomas),
pédagogue anglais.

Moncrieff (G... R...). Remains of T. Byrth, D. D. rector of Wallasey, with a memoir of his life. *Lond.* 1851. 8.

Bytemeister (Heinrich Johann),
bibliographe allemand (1698 — 22 avril 1746).

Breithaupt (Christian). Programma in obitum H. J. Bytemeisteri. *Helmst.* 1746. 4. (*L.*)

Bzovius ou **Bzowski** (Abraham),
théologien polonais (1567 — 31 janvier 1637).

Vitellius (Jacob). Chrysologus Romanus defunctus s. oratio in exequiis R. P. A. Bzovii. *Cracov.* 1637. 4. (*D.*)

C

Cabane, dite **la Catanoise** (Filippina),
maîtresse de Robert, duc de Calabre (exécutée en 1345).

(**Lenglet–Dufresnoy**, Nicolas). La Catanoise ou histoire secrète des mouvements arrivés au royaume de Naples sous la reine Jeanne Iʳᵉ. *Par.* 1751. 12 *.
* Le coloris de cet ouvrage est plus romanesque que purement historique.

Cabanis (Pierre Jean George),
médecin français (1757 — 5 mai 1808).

Mignet (François Auguste Alexis). Notice historique sur la vie et les travaux de Cabanis, etc. *Par.* 1830. 8.

Cabbedo de Vasconcellos (Miguel),
littérateur portugais (1525 — 26 avril 1577).

Vasconcellos (Diogo Mendes de). Vita M. Cabbedii. *Rom.* 1597. 8. *Frf.* 1608. 4.

Cabet (Étienne),
chef des communistes français (1ᵉʳ janvier 1788 — ...).

Biographie de M. Cabet, ancien procureur général, ancien député, directeur du *Populaire* (journal communiste fondé par lui), etc. *Par.* 1846. 12.

Caboto (Sebastiano),
navigateur anglais (1477 — 1557).

Memoir of S. Caboto, with a review of the history of maritime discovery, etc. *Lond.* 1831. 8.

Cabrera (Ramon),
général espagnol (27 sept. 1806 — ...)

Rahden (Wilhelm v.). Cabrera, Erinnerungen aus dem spanischen Bürgerkriege. *Frf.* 1840. 8. Portrait.

Cordova (Buenaventura de). Vida militar y politica de D. Cabrera. *Madr.* 1844. 8.

Rosbella (Dámaso Calvo). Historia de Cabrera y de la guerra civil en Aragon, Valencia y Murcia, tal como fué desde su principio en noviembre de 1833 hasta la entrada de aquel gefe en Francia por junio de 1840. *Madr.* 1844. 4.

Teatro de la guerra : Cabrera, los Montemolinistas y Republicanos en Cataluña ; crónica de nuestros dias, etc. *Madr.* 1850. 4.

Cabuchet (François),
médecin français.

M(onnier) F(rançois). Notice sur F. Cabuchet, médecin. *Bourg.* 1825. 8.

Caccia (Alina Maria),
religieuse italienne.

Breve compendio della vita della suor A. M. Caccia, monaca di S. Francesco. *Bergam.* 1782. 8.

Caccialupi (Giovanni Battista),
jurisconsulte italien du xvᵉ siècle.

Gentilli (Giovanni Carlo). Elogio di G. B. Caccialupi de' conti della Truschia, etc. *Macerat.* 1844. 8.

Cacelattoli (Giovanni Battista),
prêtre italien.

Santagata (Saverio). Vita del P. G. B. Cacciattoli. *Napol.* 1751. 4.

Cachin (Joseph Marie François),
ingénieur français (2 oct. 1757 — 20 février 1825).

Notice sur la vie, les travaux et les services de M. le baron Cachin. *Par.* 1826. 8.

Cadéot (Adolphe),
magistrat français.
Ticier (Marie François). Vie de Ad. Cadéot, ex-maire de Fleurance (Gers). *Toulouse*. 1851. 8.
Cadet de Gassicourt (Charles Louis),
chimiste français (23 janvier 1769 — 21 nov. 1821).
Salverte (Eusèbe). Notice sur la vie et les ouvrages de C. L. Cadet de Gassicourt, pharmacien. *Par.* 1822. 8.
Cadet de Gassicourt (Claude Louis),
pharmacien français (24 juillet 1731 — 17 oct. 1799).
Boullay (Pierre François). Notice historique sur la vie et les travaux de C. L. Cadet. *Par.* 1805. 8.
Cadière (Catherine),
dame française, connue par le fameux procès Girard.
Détails historiques sur le P. Girard et mademoiselle Cadière, de Toulon. *Par.* 1845. 12.
Comp. GIRARD (Jean Baptiste).
Cadmos,
roi fabuleux de l'île de Cos.
Nesselius (Israel Jacob). Dissertatio historica de Cadmo. *Upsal.* 1723. 8.
Cadoudal (George),
chef de la Chouannerie bretonne (1er janvier 1771 — exécuté le 25 juin 1804).
Gassier (Jean Marie). Vie de G. Cadoudal. *Par.* 1814. 8.
Vie privée de G. Cadoudal , contenant sa correspondance particulière, etc., s. l. et s. d. 18.
Notice sur G. Cadoudal et le Morbihan pendant la révolution. *Par.* 1829. 8.
Muret (Théodore). Vie populaire de G. Cadoudal. *Par.* 1845. 18.
Lejean (George). Biographie de G. Cadoudal. *Vannes*. 1850. 8. (Extrait de la *Biographie bretonne*, publ. par Pierre LEVOT.)
Cadoval ou Cadwal,
roi des Anglo-Saxons.
Schwarz (Christian Gottlob). Dissertatio de Cadvalla, rege Anglo-Saxonum. *Altorf*. 1756. 4.
Caedmon ou Ceadmon,
poète anglo-saxon († vers 680).
Bouterweck (Carl Wilhelm). Dissertatio brevis de Caedmone, poeta Anglo-Saxonum vetustissimo. *Elberf.*1845. 8. (*D.*)
Cœlius Aurelianus,
médecin romain.
Kuehn (Carl Gottlob). Programma de Cælio Aureliano inter methodicos medicos haud ignobili. *Lips.* 1816. 8.
Cœsalpinus, voy. **Cesalpini.**
Cæsar (Christoph),
philologue allemand.
Oehme (Lorenz). Parentatio C. Cæsari scripta. *Lips.* 1603. 4. (*L.*)
Cæsar (Julius), voy. **César** (Jules).
Cæsarion,
fils de Jules César.
Vita di Cesarione, figlio di Giulio Cesare e della regina Cleopatra. *Firenz.* 1858. 12.
Cæsarius v. Heisterbach, voy. **Heisterbach.**
Caffarelli (Auguste),
général français († sept. 1849).
(**Trélat**, Ulysse). Notice historique sur le général A. Caffarelli. *Par.* 1850. 8.
Caffarelli du Falga (Louis Marie Jos. Maximilien),
général français (13 février 1756 — tué le 27 avril 1799).
(**Degérando**, Joseph Marie). Vie du général L. M. J. M. Caffarelli du Falga. *Par.*, an IX (1802). 8.
D'Aldéguier (Flavien). Etude historique sur la vie privée et militaire de J. M. de Caffarelli du Falga, général de division du peuple. etc. *Toulouse*. 1849. 8.
Caffarelli, duchesse **d'Assergis** (Costanza Maria Mattei),
dame italienne.
Mazzolari (Giuseppe Maria). Ragguaglio delle virtuose azioni di D. C. M. Mattei Caffarelli, duchessa d'Assergis, etc. *Rom.* 1758. 4.
Caffaro (Pasquale),
musicien italien (1708 — 1787).
Silva (Giovanni de). Elogio di P. Caffaro, detto Caffarelli. *Napol.* 1788. 8.

Cagliari, detto **Veronese** (Paolo) ,
peintre italien (1530 — 1588).
Ridolfi (Carlo). Vita di P. Cagliari. *Venez*. 1648. 4.
Zabeo (Prosdocimo). Elogio di P. Cagliari. *Venez*. 1815. 8.
Lecarpentier (C... L... F...). Notice sur P. Caliari. *Rouen.* 1816. 8.
Cagliostro (Giuseppe Balsamo, conte di),
aventurier sicilien (2 juin 1743 — 1er oct. 1795).
Vannetti (Clementino). Liber memorialis de Caleostro. *Roveredo.* 1778. 8.
(**Luchet**, Jean Pierre Louis de **Laroche**). Mémoires authentiques pour servir à l'histoire du comte de Cagliostro, s. l. (*Cassel*). 1785. 8.
Recke (Charlotte Elisabeth v. d.). Nachricht von des berüchtigten Cagliostro's Aufenthalt in Mitau im Jahre 1779 und von dessen dortigen magischen Operationen. *Berl.* et *Stett.* 1787. 8.
Trad. en holland. par Pieter BODDAERT.*Amst.*1792.12.
Trad. en russe par Timoph. SACHARIN. *Petersb.*1788.8.
Trad. en suéd. *Stockh.* 1793. 8.
Cagliostro démasqué à Varsovie, ou relation authentique de ses opérations alchimiques et magiques faites dans cette capitale in 1780, par un témoin oculaire. *Lausan.* (*Strasb.*) 1786. 12. (*P.*) Trad. en allem. par Justin Friedrich BERTUCH, s. l. (*Strasb.*). 1786. 8.
Aechte Nachrichten von dem Grafen Cagliostro; aus der Handschrift seines entflohenen Kammerdieners. *Berl.* 1786. 8.
Thilorier (N... N...). Mémoire pour le comte de Cagliostro, accusé, contre M. le procureur général, accusateur; en présence de M. le cardinal de Rohan, de la comtesse de la Motte et autres coaccusés, s. l. et s. d. (*Par.* 1786). 8.
Requête au parlement, les chambres assemblées, par le comte de Cagliostro signifiée à M. le procureur général le 24 février 1786, pour servir d'addition au mémoire (précédent), s. l. et s. d. (*Par.* 1786.) 8.
Mirabeau (Gabriel Honoré **Riquetti** de). Lettre à M... sur Cagliostro et Lavater. *Berl.* 1788. 8. Trad. en allem. *Libau.* 1788. 8.
Memoria sulla dimora del signor Cagliostro in Roveredo. *Italia.* 1789. 8.
(**Borowsky**, Ludwig Ernst). Cagliostro, einer der merkwürdigsten Abenteurer unseres Jahrhunderts, etc. *Königsb.* 1790. 8.
Denkmal des Cagliostro. Beitrag zur Geschichte dieses berühmten Mannes. *Bregenz.* 1791. 8. (Trad. du lat. par Johann Heinrich FAESI.)
Compendio della vita e delle geste di G. Balsamo, denominato il conte Cagliostro, che si è estratto dal processo contro di lui formato in Roma l'anno 1790. *Rom.* 1791. 8. Portrait. *Berl.* 1791. 8.
Trad. en allem. *Zürch.* 1791. 8. *Frankenthal.* 1791. 8. par Christoph Joseph JAGEMANN. *Weimar.* 1791. 8. *Mannh.* 1814. 8.
Trad. en franç. (par N... N... ONFROY). *Par.* 1791. 8. Portrait.
Procès de J. Balsamo, surnommé le comte de Cagliostro, commencé devant le tribunal de la Sainte-Inquisition en décembre 1790 et jugé définitivement, par le pape, le 7 avril 1791; avec des éclaircissements sur la vie de Cagliostro et sur les différentes sectes des Francs-Maçons. *Liége.* 1791. 12 *.
* Traduction libre de l'ouvrage précédent.
Life of count Cagliostro, with his trial before the Inquisition, s. l. 1791. 8.
Tschink (Cajetan). Unpartheiische Prüfung des zu Rom erschienenen kurzen Inbegriffs von dem Leben und den Thaten des J. Balsamo, des sogenannten Grafen Cagliostro. *Wien.* 1791. 8.
Corrispondenza segreta sulla vita pubblica e privata del conte di Cagliostro. *Venez.* 1791. 8.
Train (J... C... v.). G. Balsamo, der berüchtigste Abenteurer und Betrüger seines Zeitalters, oder der entlarvte Graf Alex. v. Cagliostro, etc. *Meiss.* 1853. 8. Portrait.
Hildebrandt (Johann Andreas Christoph). Merkwürdige Abenteuer des Grafen Cagliostro und Anderer. *Quedlinb.* 1859. 8.

Saggio storico sopra Cagliostro o sua moglie (Florenzia Feliciani). *Cosmopol.* (?) 1790. 8.

Cagnacci * (Guido **Canlassi**, dit),
peintre italien (1601 — 1681).
Costa (Giovanni Battista). Lettere varie e documenti autentici intorno le opere e vero nome, cognome e patria di G. Cagnazzi, s. l. et s. d. 12.
* Ainsi nommé à cause de sa difformité.

Cagnati (Lorenzo),
savant italien.
Marcellini (Felice). L. Cagnati epitaphium et oratio funebris. Roma. 1602. 4. (P.)

Cagnola (marchese Luigi),
architecte italien (9 juin 1762 — 14 août 1833).
G(ironi) (N...). Necrologia del marchese L. Cagnola, s. l. (Milan.) 1844. 8.

Cagnoli (Antonio),
mathématicien italien (29 sept. 1743 — 6 août 1816 *).
Labus (Giovanni). Notizie intorno la vita e le opere di A. Cagnoli. Milan. 1818. 16.
* C'est par erreur que la Biographie universelle le fait mourir en 1818.
Carlini (Francesco). Notizie sulla vita e gli studii di A. Cagnoli. Moden. 1819. 4. Portrait.
Pindemonte (Ippolito). Tributo alla memoria dell' astronomo A. Cagnoli. Veron. 1821. 8.

Caillau (Jean Marie),
médecin français (4 oct. 1765 — 9 février 1820).
Bourges (Jean). Notice nécrologique sur M. le docteur J. M. Caillau. Bord. 1820. 8.
Révolat (E... B...). Eloge historique de J. M. Caillau, docteur-médecin. Bord. 1820. 8.

Caillé (René),
naturaliste français (19 nov. 1799 — 25 mai 1838).
Jomard (Edme François). Notice historique sur la vie et les voyages de R. Caillé. Par. 1839. 8. Portrait.

Caille (Denise de la),
soi-disant possédée française.
Histoire véritable arrivée en la ville de Beauvais, touchant les conjurations et exorcismes faits à D. de la Caille, possédée du diable. Par. 1625. 8.

Caille (Nicolas Louis de la),
astronome français (15 mars 1713 — 21 mars 1762).
Brotier (Gabriel). Clarissimi viri N. L. de la Caille, vita, etc., s. l. et s. d. (Par. 1763.) 4. (Avec un catalogue de ses écrits.)

Caillette,
fou de la cour de Louis XII et de François Ier.
Vie et trépassement de Caillette, s. l. et s. d. 8. Par. 1853. 8. (Copie tirée à 42 exemplaires.)

Caimo (Pompeo),
médecin italien.
Deciano (Giovanni Francesco). Orazione in morte di P. Caimo, medico di Padova. Udine. 1631. 4. (P.)

Caizergues (Fulcran César),
médecin français (4 nov. 1777 — 4 nov. 1850).
(**Rodriguez,** Hubert). Notice sur Caizergues. Montpell. 1851. 8.

Cajanus (Johannes),
philosophe suédois.
Gezelius (Johan). Concio funebris in obitum M. J. Cajani, philosophiæ in academia Aboensi professoris. Aboæ. 1692. 4.

Cajetan (Tommaso de **Vio**, dit),
cardinal italien (20 février 1469 — 4 août 1534).
Flavio (Giovanni Battista). Oratio et carmen de vita viri maximeque reverendi domini T. de Vio Cajetani cardinalis S. Sixti. Roma. 1535. Fol.
Ekerman (Peter). Dissertatio de cardinali Cajetano Lutheranismum in ipsa herba oppressuro. Upsal. 1761. 4.

Cajetan von Thiene, voy. **Gaëtan** (Saint).

Cajetano, voy. **Gaëtano** (Francesco).

Cajus (Saint),
pape, successeur de S. Eutychien (283 — 296).
Irico (Giovanni Andrea). Memorie degli atti e translazione di S. Cajo, papa e martire venerato nella chiesa di Palazzuolo presso a Trino, con notizie del venerabile frate Bonaventura Relli, francescano reformato, chè portò alla sua patria quel sacro tesoro. Casale. 1768. 8.

Cajus (Johann),
pédagogue allemand.
Riedel (Johann Christoph). Nachricht von Magister J. Cajus, zweyten Rectors zu Ilefeld, s. l. 1769. 8.

Cajus (Titus),
jurisconsulte romain.
Conradi (Friedrich Carl). Dissertatio de T. Caji libris rerum quotidianarum, qui et vocantur aurearum. Witteb. 1728. 4. (D.)

Calà (Giovanni),
général italien.
Stocchi (Ferdinando). Istoria degli Svevi nel conquisto de' regni di Napoli e di Sicilia per l' imperatore Errico VI, con la vita del Beato G. Calà, capitan generale che fu di detto imperatore, etc. Napol. 1660. Fol. *
* Ouvrage devenu très-rare parce qu'il fut condamné par l'Inquisition de Rome.
Paoli (N... N...). Notizie spettanti all' opera apocrifa intitolata « Istoria degli Svevi e vita del B. G. Calà. » Rom. 1792. 8.

Calamy (Edmund),
sectaire anglais (1671 — 1732).
Calamy (Edmund). Historical account of my own life, with some reflections on the times I have lived in (1671-1731), publ. par J... T... Rutt. Lond. 1830. 2 vol. 8.

Calandrelli (Giuseppe),
mathématicien italien (22 mai 1749 — 24 déc. 1827).
Missirini (Melchiorre). Elogio di G. Calandrelli, matematico ed astronomo. Roma. 1828. 8.
Odescalchi (Pietro). Elogio storico del professore canonico dottore G. Calandrelli. Roma. 1829. 8.
Boncompagni (Baldassaro). Biografia dell' abate G. Calandrelli. Roma. 1840. 8. (Extrait du Giornale arcadico.)

Calas (Jean),
victime de la justice française (19 mars 1698 — roué le 9 mars 1762).
Leben und Tod des unschuldig hingerichteten J. Calas. Leipz. 1767. 4.

Calasanzio * (Giuseppe),
fondateur de l'ordre de la mère de Dieu (1556 — 25 août 1648).
Alessio (Antonio?). Vita del P. G. Calasanzio, fondatore della religione de' chierici regolari poveri della madre di Dio. Vienna. 1712. 4. (D.)
* C'est par faute d'impression que la Biographie universelle de Michaud le nomme CASALANZIO.
Talenti (N... N...). Vita di S. G. Calasanzio. Napol. (?)
Bartolotti (Giovanni Francesco). Vita del B. G. Calasanzio. Venez. 1749. 8.
Petrioli (Gaëtano). Dissertazione sulla miraculosa conservazione delle reliquie del B. G. Calasanzio. Rom. (?) 1752. 4.
Hoffmann (Donatus). Leben J. Calasantii. Kempt. 1755. 8.
Fassoni (Liberato). Vita J. Calasanctii a matre Dei, clericorum regularium pauperum matris Dei scholarum piarum fundatoris. Rom. 1764. 2 vol. 8.
Tosetti (Urbano). Compendio storico della vita di S. G. Calasanzio, fondatore delle scuole pie. Rom. 1767. 4. Milan. 1834. 16. (14e édition.) Trad. en allem. Wien. 1768. 8.
Leben und Wunderwerke des heiligen J. Calasanz. Günzb. 1768. 8. (Trad. de l'ital.)
Crauer (Carl). Lob- und Ehrenrede auf den heiligen J. von Calasanz. Dilling. 1768. 4.
Kautz (Leander). De laudibus J. Calasantii. Gunzburg. 1768. 4.
Riholm (Bruno). S. J. Calasantius, oratione illustratus. Vienn. 1768. 4.
Wolf a S. Amando (Burchard). Abrégé de la vie de S. J. de Calasance de la mère de Dieu, fondateur des écoles pieuses. Strasb. 1772. 8. (Bes.)
Wiser (Siegfried). Lobrede auf J. v. Calasanz, Stifter der frommen Schulen. Ulm. 1778. 8.
Katona (Stephan). J. Calasanctius scholarum piarum institutor, a Clemente XIII (anno 1767) inter sanctos relatus, nunc oratione panegyrica celebratus. Tyrnav. 1796. 8.
Lipowsky (Felix Joseph). Lebensgeschichte des heiligen J. Calasanza, Stifters des Ordens der regulirten Kleriker der frommen Schulen. Münch. 1820. 8.

Tommaseo (Nicolo). Vita di G. Calasanzio, fondatore delle scuole pie. *Chiavari*. 1843. 8.

        Calbo (Giovanni Maria),
           procurateur de Saint-Marc.

Dalle-Laste (Natale). De J. M. Calbo D. Marci procuratore oratio. *Venet*. 1765. 4.

        Calcagnini (Celio),
           savant italien (17 sept. 1479 — 7 avril 1541).

Calcagnini (Tommaso Guido). Commentario della vita e degli scritti di C. Calcagnini. *Rom*. 1818. 4.

Cancellieri (Francesco Girolamo). Lettera a Tom. Guid. Calcagnini in lode del suo commentario della vita e degli scritti di C. Calcagnini. *Rom*. 1818. 4. (*D*.)

        Caldani (Leopoldo Marco Antonio),
           médecin-anatomiste italien (21 nov. 1725 — 30 déc. 1813).

Caldani (Floriano). Pro funere instaurato viri clarissimi L. M. A. Caldani Bononiensis oratiuncula. *Patav*. 1816. 8.

—— Memorie intorno alla vita ed alle opere di L. M. A. Caldani. *Moden*. 1822. 8.

        Caldas (Francisco José de),
           naturaliste espagnol.

Acosta y Callo (Josué Julian de). Estudios historicos : D. F. J. de Caldas, naturalista Neo-Granadino. *Par*. 1852. 8.

        Calderari (Ottone),
           architecte italien (1730 — 6 oct. 1803).

Anti-Sola (Sebastiano). Tributo poetico al celebre O. Calderari. *Vicenz*. 1804. 8.

Le Breton (Joachim). Notice historique sur la vie et les ouvrages d'O. Calderari. *Par*. 1804. 8. Trad. en ital. *Padov*. 1859. 8. Portrait.

        Calderon de la Barca (Pedro),
           poëte espagnol du premier ordre (1er janvier 1601 — 25 mai 1687).

Boehl de Faber (N... N...). Pasatiempo critico en que se ventilan los meritos de Calderon. *Madr*., s. d. 8. (*D*.)

Heiberg (Johan Ludvig). Commentatio de poëseos dramaticæ genere Hispanico, præcipue de P. Calderone de la Barca, principe dramaticorum. *Hafn*. 1817. 8.

Arenas (Pedro). Oracion funebre pronunciada el dia 18 de abril 1841, con motivo de la traslacion de los restos del immortal poeta D. P. Calderon de la Barca. *Madr*. 1841. 4.

        Calderon, conde de **Oliva** (Rodrigo de),
           homme d'État espagnol (décapité le 21 oct. 1621).

Manojo (Fernandez). Newes from Spaine; a relation of the death of Don R. Calderon, s. l. 1622. 4. (Rare.)

        Caledonio (Ridolfo),

Lancellotti (Ottavio). Oratio in funere R. Caledonii Perusini. *Perûs*. 1624. 4. (*P*.)

        Calefato (Eustachio),

Perrimezzi (Giuseppe Maria). Vita di E. Calefato. *Napol*. 1729. 4.

        Caleppi ou **Caleppio** (Giovanni Paolo),

Marioni da Ponte (Marco?). Elogio del conte G. P. di Caleppio. *Bergam*. 1793. 8.

        Caleppi (Lorenzo),
           cardinal italien († 1818).

Rossi (Camillo Luigi de'). Memorie intorno alla vita del cardinale L. Caleppi e ad alcuni avvenimenti che lo riguardano. *Roma*. 1843. 8.

        Calessino (Ambrogio),

Salvioni (Agostino). Elogio di A. Calessino. *Bergam*. 1859. 8.

        Calhoun (John Charles),
           homme d'État anglo-américain.

Life of J. C. Calhoun, with selections from his speeches, etc. *New-York*. 1843. 8.

        Calibita (Saint Giovanni),
           prêtre italien.

Bonucci (Antonio Maria). Vita ammirabile dell' insigne cavaliere romano S. G. Calibita. *Roma*. 1708. 8.

        Calignon (Soffrey de),
           chancelier de Navarre (1550 — 1606).

Allard (Guy). Vie de F. de Beaumont, baron des Adrets, de C. Dupuy de Montbrun et de S. de Calignon, chan-

cellier de Navarre. *Grenoble*. 1671. 8. (*D*.) *Ibid*. 1675. 12. (*Bes*.)

        Caligula (Cajus Cæsar),
           empereur romain (12 — 37 — 41).

(**Lorent**, N... N...). Cajus Igula ou l'empereur Cajus César Caligula, né à Igel. Essai sur le sujet et l'époque du fameux monument appelé la tour d'Igel, située à l'extrémité du Luxembourg: *Luxemb*. 1760. 4. (Dissertation, très-curieuse, non mentionnée par Quérard.)

        Calimero (San),
           évêque de Milan.

Casarotti (Ilario). Orazione in lode di S. Calimerio, vescovo di Milano e martire. *Milan*. 1823. 8.

        Calixte I,
           pape, successeur de Zéphyrin (élu le 2 août 217 — 12 oct. 222).

Moretto (Pietro). De S. Callisto ejusque basilica S. Mariæ Trans-Tiberim nuncupata, disquisitiones II critico-historicæ. *Rom*. 1752. 2 vol. Fol.

        Calixtus (Friedrich Ulrich),
           théologien allemand (8 mars 1622 — 13 janvier 1701).

Fabricius (Johann). Memoria F. U. Calixti, oratione parentali repræsentata. *Helmst*. 1701. 4. (*D*.)

Programma in funere F. U. Calixti. *Helmst*. 1701. 4. (*D*.)

        Calixtus (Georg),
           théologien allemand, père du précédent (14 déc. 1586 — 19 mars 1656).

(**Schrader**, Christoph). Programma academicum in G. Calixti funere. *Helmst*. 1656. 4. (*D*.)

—— Oratio memoriæ G. Calixti habita in academia Julia. *Helmst*. 1658. 4. (*D*.)

Titius (Gerhard). Laudatio funebris G. Calixti. *Helmst*. 1656. 4. (*D*.)

Cellarius (Balthasar). Leichenpredigt auf G. Calixtus. *Helmst*. 1656. 4. (*D*.)

Hildebrand (Joachim). Abdanckung bei Leichbestattung G. Calixti. *Helmst*. 1656. 4. (*D*.)

Henke (Ernst Ludwig Theodor). G. Calixtus und seine Zeit; erste Abtheilung. *Halle*. 1853. 8. (*D*.)

        Calkoen (Jan Frederik van Beeck),
           astronome hollandais (5 mai 1772 — 25 mars 1811).

(**Heringa**, Jodocus). Ter nagedachtenisse van wijlen J. F. van Beeck Calkoen. *Utrecht*. 1813. 8. (*Ld*.)

        Callenberg (Carl **Reinecke**, Graf v.),
           général allemand († 1672).

Stoecker (Jacob). Leichenpredigt auf C. R. Grafen v. Callenberg, kurfürstlich sächsischen General. *Görlitz*. 1672. 4.

        Callimaque,
           poëte grec († 270 avant J. C.).

Zierlein (Johann Georg). Dissertatio de ingenio Callimachi. *Halæ*. 1770. 4.

        Callisen (Heinrich),
           chirurgien danois (11 mai 1740 — 5 février 1824).

Rahlff (Georg). Laudatio in memoriam H. Callisenii. *Hafn*. 1825. 8.

        Callisthène,
           philosophe grec (contemporain de Démosthènes).

Chompré (Pierre). Vie de Callisthène, philosophe. *Par*. 1750. 8.

Lundblad (Johan). Dissertatio de Callisthene Alexandri Magni comite. *Lund*. 1803. 8.

        Callisthène,
           historien grec (360 — 328 avant J. C.).

Westermann (Anton). De Callisthenis Olynthii vita et scriptis. *Lips*. 1858. 4.

        Callistrate,
           jurisconsulte romain.

Jenichen (Gottlieb August). Singularia de Callistrato jurisconsulto. *Lips*. 1742. 4. (*D*.)

        Callistrate,
           grammairien grec.

Schmidt (Rudolph). Schediasma de Callistrato Aristophaneo. *Halæ*. 1858. 8.

        Callot (François Charles),
           jurisconsulte français.

Callot (François Charles). Histoire de la famille de F. C. Callot, écuyer, ancien avocat au parlement de Nancy. *Nancy*. 1823. 8.

Callot (Jacques),
peintre-graveur français (1593 — 27 mars 1635).

(**Husson**, Claude Robert). Éloge historique de J. Callot, noble lorrain, célèbre graveur. *Brux.* 1766. 8. (*P.*) *Ibid.* 1826. 12. Portrait.

(**Desmaretz**, N... N...). Éloge historique de J. Callot, graveur lorrain. *Nancy.* 1828. 8 *.
* Ouvrage couronné par la Société des sciences, lettres et arts de Nancy.

Voiart (Anne Élise). J. Callot, 1606 à 1637. *Par.* 1841. 2 vol. 8. Portrait. (Roman historique.)

Meaume (E...). Recherches sur la vie et les ouvrages de J. Callot. *Nancy.* 1853. 8. (Extrait des *Mémoires de l'Académie de Stanislas.*)

Calmet (Augustin),
bénédictin français (26 février 1672 — 25 oct. 1757).

(**Fangé**, Augustin). Vie du très-révérend P. D. A. Calmet, abbé de Sénones, avec un catalogue raisonné de tous ses ouvrages. *Senon.* 1762. 8. Portrait. (*Bes.*)

Trad. en allem. par Columban Lutz. *Augsb.* 1768. 8.

Trad. en ital. par Benedetto Passionei. *Rom.* 1770. 4. (*P.*)

Sailer (Sebastian). Trauerrede auf Herrn A. Calmet. *Augsb.* 1768. 8.

Maggiolo (L...). Éloge historique de Dom Calmet, abbé de Sénones. *Nancy.* 1839. 8. (*Lv.*)

Calmin (Saint),
duc d'Aquitaine.

Thomas d'Aquin de Saint-Joseph *. Histoire de la vie de S. Calmin, duc d'Aquitaine, fondateur des monastères de S. Théophrède, en Vellay, et de Mosac, en Auvergne, patron de l'église de Languenne, proche de Tulle. *Tulle.* 1646. 8.
* Son nom de famille était Christophe Pastural.

Calogero (San),
ermite italien.

Lumbi (Giuseppe). Vita di S. Calogero anacoreta. *Napol.* 1669. 8.

Calonne (Charles Alexandre de),
homme d'État français (20 janvier 1734 — 29 oct. 1803).

Carra (Jean Louis). M. de Calonne tout entier, tel qu'il s'est comporté dans l'administration des finances, etc. *Brux.* 1788. 8.

Calovius (Abraham),
théologien allemand (16 avril 1612 — 25 février 1686).

(**Kirchmaier**, Georg Caspar). Programma in funere A. Calovii. *Witteb.* 1686. Fol.

Caluso (Tommaso Masino Valperga),
mathématicien italien (20 déc. 1737 — 1er avril 1815).

Biamonti (N... N...). Orazione per le solenne esequie di T. Valperga di Caluso. *Torin.* 1815. 8.

Saluzzo (Alessandro). Notizie di T. Valperga di Caluso. *Torin.* 1815. 8.

Brème (Lodovico da). Cenni storici degli studii e della vita di T. Valperga Caluso. *Milan.* 1815. 8.

Balbo (Prospero). Vita dell' abate T. Valperga Caluso. *Milan.* 1816. 8.

Boucheron (Carlo). Vita T. Valpergæ Calusii. *Torin.* 1833. 8, avec la traduction italienne de Tommaso Vallauri. *Alessandr.* 1836. 8. Portrait. *Tubing.* 1839. 8.

Calvaert (Denis),
peintre belge (vers 1544 — 17 mars 1619).

Bolognini Amorini (Antonio). Memorie della vita del pittore D. Calvart (!) *Bologna.* 1832. 8. Portrait.

Haerne (D... de). D. Calvaert. *Gand.* 1847. 8. (Extrait du *Messager des sciences historiques.*)

Calvet (Esprit Claude François),
médecin français (14 nov. 1728 — 25 juillet 1810).

(**Guérin**, Jean). Vie d'E. C. F. Calvet, suivie d'une notice sur ses ouvrages et sur les objets les plus curieux que renferme le muséum dont il est le fondateur. *Avign.* 1825. 18 *. (*Bes.*)
* Abrégé d'une biographie écrite par Calvet lui-même.

Calvete de Estrella (Juan Cristofero),
historien-espagnol.

Reiffenberg (Frédéric Auguste Ferdinand Thomas de). Notice sur J. Calvete de Estrella. *Brux.* 1858. 12. (*Bx.*)

Calvière (Charles François, marquis de),
général français (22 avril 1693 — 16 nov. 1777).

Luchet (Jean Pierre Louis de **Laroche** de). Éloge de M. le

marquis de Calvière, lieutenant-général des armées de S. M. T. C., s. l. (*Cassel*). 1778. 8.

Calvin (Jean),
réformateur de la Suisse (10 juillet 1509 — 27 mai 1564).

Bèze (Théodore de). Histoire de la vie et la mort de Calvin. *Genève.* 1564. 8. (*D.*) *Ibid.* 1599. 8. *Ibid.* 1657. 8.

Trad. en allem. par C. W. K... *Hanau.* 1671. 8.

Trad. en latin par Théodore de Bèze. *Lausanne.* 1565. 8.

Bolsec (Hieronymus). Historia de J. Calvini vita, moribus, rebus gestis, studiis ac morte. *Lyon.* 1572. 8. *Par.* 1577. 8. (*D.*) *Col. Agr.* 1580. 8. (*D. et Bes.*) *Par.* 1582. 8. Trad. en allem. *Cöln.* 1581. 8. (*D.*) *Hanau.* 1671. 8. (*D.*)

Masson (Jean Papire). Vita J. Calvini. *Par.* 1598. 4. *Ibid.* 1620. 4.

Anti-Bolseck (!) d. i. Ausführliche Verantwortung der in aller Welt ausgestreuten Lügen und Lasterschrift von der Ehr und Lehr des thewren Mans Gottes, fürtrefflichen Theologi und Dieners der Reinen Apostolischen Kirchen Jesu Christi, M. Calvini etc. *Cleve.* 1622. 4.

Historie van het leven, manieren, wercken, leeringhe ende dood van J. Calvin. *Loven.* 1631. 8.

Morus (Alexander). Calvinus. Oratio Genevæ habita, etc., in qua vir amplissimus Hugo Grotius refellitur, etc. *Genev.* 1648. 4.

Demay (N... N...). Remarques sur la vie de J. Calvin, hérésiarque, tirées des registres de Noyon. *Rouen.* 1657. 4.

Curieuser Geschichtskalender oder kurtzes Zeitregister über das Leben J. Calvini. *Halle.* 1698. 8. (*D.*)

Barkhusen (Conrad Heinrich). Historische Nachricht von J. Calvino, dessen Eltern, Geburt, erster Jugend, Lebensart; samt einer umständlichen Erzehlung von (Mich.) Serveto und dessen greulichen Lehren, etc. *Berl.* 1721. 4.

Liebe (Christian Sigismund). Diatribe de pseudonymia J. Calvini, etc. *Amst.* 1722. 8.

Damianus (G... J...). Synopsis vitæ, missionis, miraculorum et evangeliorum M. Lutheri et J. Calvini, quinque tantum constans capitibus. *Poson.* 1734. 4.

Ziegenbein (Johann Wilhelm Heinrich). J. Calvin's und T. Beza's Leben und Schriften nach der Zeitfolge geordnet, mit Anmerkungen. *Hamb.* 1789-90. 2 vol. 8. (*D.*)

(**Tischer**, Johann Friedrich Wilhelm). Calvin's Leben, Meinungen und Thaten. *Leipz.* 1794. 8. (*D.*) *Ibid.* 1819. 8.

Marron (P... H...). J. Calvin, s. l. (*Nîmes*.) et s. d. 8.

Mackenzie (John). Memoirs of the life and writings J. Calvin. *Lond.* 1809. 8. *Ibid.* 1818. 12. Portrait. *Philadelph.* 1823. 8.

Waterman (Elijah). Memoirs of J. Calvin, etc. *Hartford (Amérique).* 1813. 8.

Henry (Paul). Leben J. Calvin's, des grossen Reformators. *Hamb.* 1835. 8. *Ibid.* 1838. 3 vol. 8. Portrait. (*D.*)

Scott (John). Calvin and the Swiss reformation. *Lond.* 1838. 8. Portrait.

Haag (E...). Vie de Calvin. *Valence.* 1840. 18.

Audin (J... M... V...). Histoire de la vie, des ouvrages et des doctrines de J. Calvin. *Par.* 1840. 2 vol. 8. *Ibid.* 1842. 12. *Ibid.* 1843. 12.

Trad. en allem. par Carl Egger. *Augsb.* 1843-44. 2 vol.

Trad. en ital. *Milan.* 1843. 2 vol. 8.

Herzog (Johann Jacob). J. Calvin; biographische Skizze. *Basel.* 1844. 8.

Guizot (François). J. Calvin. *Par.* 1844. 8. Trad. en allem. par Martin Runkel. *Hamb.* 1847. 8.

Billet (John). Tribute of gratitude to the memory of J. Calvin. *Lond.* 1844. 8.

Darteln (N... N... v.). Calvin und seine Verläumder, etc. *Oldenb.* 1846. 8.

Henry (Paul). Leben J. Calvin's. Ein Zeugniss für die Wahrheit. *Hamb.* et *Gotha.* 1846. 8 *. Portrait.

Trad. en angl. par Henry Stebbing. *Lond.* 1849. 2 vol. 8. New-York. 1851. 2 vol. 8.

Trad. en holland. par P... J... L:.. Huet et Jan Oediz van Putten. *Rotterd.* 1847. 2 vol. 8. Portrait.

* Cet écrit est différent de l'ouvrage du même auteur indiqué là-haut.

Flamand (Jacques François). Étude sur Calvin, considéré comme prédicateur. *Strasb.* 1847. 8.

Dyer (Thomas Henry). Life of John Calvin, compiled from authentic sources and particulary from his correspondence. *Lond.* 1849. 8. Portrait.

Drélincourt (Charles). Défense de Calvin contre le cardinal de Richelieu. *Genève.* 1663. 8. *Ibid.* 1667. 8. Trad. en allem. par C. W. K... *Hanau.* 1671. 8. (*D.*)

Calvisius (Sethus),
astrologue, poëte et musicien allemand (20 février 1556 — 24 nov. 1615).

(**Friderich**, Johann). Programma academicum in S. Calvisii funere, et oratio funebris germanica, habita a Vincentio SCHMUCKIO. *Lips.* 1615. 4. (*D.*)

Calvo de Rozas (Lorenzo),
homme d'État espagnol.

Calvo de Rozas (Lorenzo). Manifiesto sobre su conducta politica. *Cadiz.* 1812. 4.

Eguia (N... N...). Manifiesto sobre lo que publicó D. L. Calvo de Rozas. *Cadiz.* 1812. 4.

Calvo de Rozas (Lorenzo). El patriotismo perseguido, ò traccion per la arbitrariedad y el despotismo. *Cadiz.* 1812. 4.

—— Historia de su persecucion. *Cadiz.* 1812. 8.

Calvoer (Caspar),
théologien allemand (8 nov. 1650 — 11 mai 1725).

Fahse (Johann Justus). Memoria justi in pace, s. vita C. Calvoerii. *Goslar.* 1727. 4. (*D.*)

Camargo (Marie Anne de Cupis, dite),
danseuse belge (4 avril 1710 — 28 avril 1770).

Schoonen (Louis). Esquisse biographique sur la Camargo, s. l. et s. d. (*Brux.* 1849). 12 *.

* Extrait de l'*Almanach artistique de la Belgique*, tiré à part à deux exemplaires seulement.

Cambacérès (Jean Jacques Régis, duc de),
archichancelier de l'empire français (18 oct. 1757 — 8 mars 1824).

Aubriet (Antoine). Vie de Cambacérès, ex-archichancelier. *Par.* 1824. 18 *. *Ibid.* 1825. 18 **.

* La première édition ne porte que les lettres initiales du nom de l'auteur.
** Ces deux éditions sont ornées de son portrait.

Cambden (William),
historien anglais (2 mai 1551 — 9 nov. 1623).

Whear (Degory). Parentatio historica manibus Cambdenianis oblata. *Oxon.* 1628. 8. *Lond.* 1704. 4.

Molinaeus (Ludovicus). Oratio de vita G. Cambdeni. *Oxon.* 1632. 4.

Camberti (Giuseppe),
savant italien.

De J. Camberto brevis narratio. *Taurin.* 1829. 8.

Cambronne (Pierre Jacques Étienne),
général français (26 déc. 1770 — 29 janvier 1842).

(**Dumoulin**, Évariste). Procès du général (P. J.) Cambronne, commandant de la Légion d'honneur, contenant toutes les pièces, interrogatoires et débats. *Par.* 1816. 8.

Thiessé (Léon). Procès du maréchal de camp, baron Cambronne, précédé d'une notice historique sur la vie et le caractère de cet officier général. *Par.* 1816. 8. (Publ., s. l. lettres initiales de L... TH.)

(**Latouche**, Henri de). Procès du général Cambronne, commandant de la Légion d'honneur. *Par.* 1816. 8. *Ibid.* 1822. 8.

Histoire du général Cambronne. *Par.* 1845. 18.

Histoire du général Cambronne, commandant de la Légion d'honneur. *Par.* 1846. 18.

Cambry (Jacques de),
archéologue français (1749 — 31 déc. 1807).

Notice historique sur M. de Cambry, de l'Académie celtique. *Dôle.* 1808. 8.

Fête funèbre en la mémoire de J. de Cambry, s. l. 1809. 8.

Cambry (Jeanne de),
augustine française († 1659).

Cambry (Pierre de). Abrégé de la vie de J. de Cambry, religieuse de l'ordre de Saint-Augustin à Tournai, puis recluse à Lille. *Anvers.* 1659. 4. *Tourn.* 1665. 8.

(**Richard**, Charles Louis). Abrégé de la vie de J. de

Cambry, religieuse de l'abbaye des Pretz, à Tournai. *Tourn.* 1785. 12.

Cambyse,
roi des Perses (530 — 522 avant J. C.).

Ramspeck (Jacob Christoph). Specimen de Cambyse, Persarum rege. *Basil.* 1740. 4.

Cameen (Sven),
évêque de Westeras (11 juillet 1667 — 6 juillet 1729).

Kalsenius (Anders). Likpredikan öfver Biskopen i Westerås, Dr. S. Cameen. *Stockh.* 1719. 4.

Camerari (Bartolommeo),
jurisconsulte italien (1497 — 1564).

Bilotta (Ottavio). Vita B. Camerarii. *Neapol.* 1645. Fol.

Camerarius (Heinrich),
jurisconsulte allemand (vers 1547 — 14 février 1601).

Sturtz (Christoph). Oratio memoriæ H. Camerarii scripta. *Rostoch.* 1601. 4.

Brasch (Martin). Oratio de vita et morte H. Camerarii. *Rostoch.* 1601. 4. (*D.*)

Camerarius (Joachim),
littérateur allemand (12 avril 1500 — 17 avril 1574).

Freyhuber (Andreas). Oratio in funere J. Camerarii. *Lips.* 1574. 4.

Dresser (Matthias). Oratio in obitum J. Camerarii. *Lips.* 1574. 4.

Ekerman (Peter). Fata et merita J. Camerarii in restituendas, per Germaniam, literas. *Upsal.* 1761. 4.

Fischer (Johann Friedrich). Oratio de J. Camerario, grammatico pariter atque theologo excellente. *Lips.* 1762. 4. (*D.*)

Eckhard (Johann Friedrich). J. Camerarii memoria. *Gothæ.* 1774. 8. (*D.*)

Ernesti (August Wilhelm). Programma de J. Camerario. *Lips.* 1774. 4. (*D.*)

Preu (Paul Siegmund Carl). Narratio succincta de vita et meritis J. Camerarii. *Altorf.* 1792. 4.

Bezzel (Ernst Christian). J. Camerarius, der erste Urheber der nürnbergischen Hochschule zu Altdorf. *Nürnb.* 1793. 4.

Summer (Georg). Catalogus continens enumerationem omnium librorum et scriptorum tam editorum quam edendorum J. Camerarii. *Dantisci.* 1646. 8.

Camerarius (Philipp),
jurisconsulte allemand, fils du précédent (16 mars 1537 — 22 juin 1624).

Schelhorn (Johann Georg). Commentarius de vita, fatis ac meritis P. Camerarii, jurisconsulti, historici ac philologi pereximii. *Norimb.* 1740. 4. (*D.*)

Kanne (Johann Arnold). Zwei Beiträge zur Geschichte der Finsterniss in der Reformationszeit, oder P. Camerarius Schicksale in Italien, nach dessen eigener Handschrift, und Adolph Clarenbach's Martyrthum, nach einer sehr selten gewordenen Druckschrift. *Frf.* 1822. 8.

Cameron (Archibald),
presbytérien anglais († 1678).

Life of Dr. A. Cameron, brother to Donald Cameron of Lochiel, chief of that clan. *Lond.* 1753. 8. Portrait.

Henderson (Andrew). Memoirs of Dr. A. Cameron. *Lond.* 1753. 8.

Cameron (Jenny),
maîtresse du chevalier Saint-Georges.

Arbuthnot (Archibald). Life and adventures of miss J. Cameron (Flora Mac Donald). *Lond.* 1746. 12. *Boston.* 1750. 8.

Camici (Pietro),
savant italien.

Arcangeli (Giuseppe). Discorso della vita e degli studii dell' abate professore P. Camici. *Prato.* 1838. 8. Port.

Camilla.

Paltrinieri-Triulzi (Camilla). Le illustre Camille italiane; narrazioni istoriche. *Veron.* 1818. 8.

Camilla Valentia,
savante italienne.

(**Ratti**, Niccolo). Selectiora doctorum virorum testimonia de C. Valentia, fœmina sui temporis præstantissima, in unum collecta et adnotationibus aucta. *Rom.* 1793. 8.

Camillus (Marcus Furius),
tribun militaire de Rome (élu 401 — 365 avant J. C.).
Obrecht (Elias). Dissertatio : M. F. Camillum, Romanum imperatorem repræsentans. *Upsal.* 1693. 8.

Camoens (Luiz de),
poëte portugais du premier ordre (1517 — 1579).
Mariz (Pedro de). Vida de L. Camoens, s. l. et s. d. 8.
Henriques Vilhegas (Diego). Elogio a memoria de L. de Camoens. *Lisb.* 1665. 12.
San Luiz (Francisco Justiniano Saraiva de). Apologia de L. Camoens. *Lisb.* 1819. 8.
Adamson (John). Memoirs of the life and writings of L. de Camoens. *Lond.* 1820. 2 vol. 8. Portrait.
Mordani (Filippo). Elogio storico di L. Camoens. *Bologna.* 1841. 8.

Camoux (Annibal),
centenaire piémontais (20 mai 1638 — 18 août 1759).
Le Socrate marseillais, ou A. Camoux. *Marseille.* 1773. 12.

Campan (Jeanne Louise Henriette **Genest**),
dame française (6 oct. 1752 — 16 mars 1822).
Campan (Jeanne Louise Henriette Genest). Mémoires sur la vie privée de Marie-Antoinette, reine de France et de Navarre, suivis des souvenirs et anecdotes historiques sur les règnes de Louis XIV, Louis XV et Louis XVI. *Par.* 1822. 3 vol. 8. *Ibid.* 1824. 4 vol. 8.
Trad. en allem. *Bresl.* 1824. 3 vol. 8.
Trad. en angl. *Lond.* 1823. 2 vol. 8.
Trad. en holland. *Amst.* 1823. 3 vol. 8.
Maigne (M...). Journal anecdotique de madame Campan, ou souvenirs recueillis dans ses entretiens. *Brux.* 1824. 18. Portrait.

Campanella (Tomaso),
philosophe italien (5 sept. 1568 — 21 mai 1639).
Rocchi ou **Rocco** (Filippo). Oratio in obitu T. Campanellæ, philosophorum maximi. *Mantuæ.* 1642. 4.
Cyprian (Ernst Salomon). Vita et philosophia Campanellæ. *Amst.* 1705. 8. (*D.*) *Ibid.* 1722. 12. (*D.*) *Traj. ad Rhen.* 1741. 12. (*Bes.*)
Rixner (Thaddæus Anselme) et Thaddæus **Siber**. T. Campanella. *Sulzb.* 1826. 8. Portrait.
Baldacchini (Michele). Vita e filosofia di T. Campanella, etc. *Napol.* 1843. 8. *Ibid.* 1847. 8.

Campanus v. Wodnian (Johann),
théologien bohême.
Dlabacz (Gottfried Johann). Biographie des Magisters J. Campanus v. Wodnian, mit einem Verzeichnisse seiner bisher entdeckten Schriften. *Prag.* 1819. 8.

Campbell (Duncan),
littérateur écossais.
Memoirs of the life of D. Campbell. *Lond.* 1732. 8. (Autobiographie accomp. de son portrait.)
Haywood (Eliza ?). Life of D. Campbell. *Lond.* 1720. 8. Portrait.

Campbell (Georges),
théologien écossais (25 déc. 1719 — 6 avril 1796).
Brown (William Lawrence). Sermon on occasion of the death of Dr. G. Campbell. *Aberdeen.* 1796. 8.

Campbell (Thomas),
poëte anglais (7 sept 1777 * — 15 juin 1844).
Beattie (William). Life and letters of T. Campbell. *Lond.* 1848-49. 3 vol. 8. Portrait. *Ibid.* 1850. 3 vol. 8. Portrait.
* Ou selon d'autres le 27 juillet 1777.

Campe (Herren v.),
famille allemande.
Steffens (Johann Heinrich). Geschlechts-Geschichte des Hauses v. Campe. *Celle.* 1783. 4.

Campe (Joachim Heinrich),
pédagogue allemand (1746 — 22 oct. 1818).
Berr (Michel). Notice biographique sur Campe. *Par.* 1819. 8.

Campeggi (Giovanni),
théologien italien.
Orlandi (Alemanno). Oratio in funere J. Campegii antistitis. *Bonon.* 1563. 4.

Campeggi (Lorenzo),
cardinal italien (1474 — 19 juillet 1539).
Sigonio (Carlo). De vita L. Campegii cardinalis liber. *Bonon.* 1581. 4. (*D.*)

Campensis * (Jean),
hébraïsant hollandais (vers 1490 — 7 sept. 1538).
Nève (Félix). Notice sur la vie et les travaux de J. Campensis, et d'André Gennep, professeurs· d'hébreu au collége des trois langues à Louvain. *Louvain.* 1845. 12. *Ibid.* 1850. 18.
* Son nom de famille est Von Campen.

Camper (Adriaan Geraard ?),
littérateur hollandais, fils du suivant.
Breda (J.. G... S....van). Levensschets van A. G. Camper. *Gent.* 1823. 8. (*P.*)

Camper (Pieter),
médecin hollandais (11 mai 1722 — 7 avril 1789).
Camper (Adriaan G...). Levensschets van P. Camper. *Leeuward.* 1791. 8.
Trad. en allem. par Johann Bernhard **Krup**. *Stendal.* 1792. 8.
Trad. en franc. par Henri **Jansen**. *Par.*, an xi (1803).
(Omis par Quérard.)
Mulder (Jacob). Verdiensten van P. Camper. *Amst.* 1809. 8.

Camphuys (Jan),
homme d'État hollandais (1634 — 1695).
Zeeman (Hendrik). Leven, daden en lotgevallen van J. Camphuys. *Amst.* 1833. 8. Portrait.

Campian (Edmund),
jésuite anglais (1540 — pendu le 1er déc. 1581).
Bombino (Pietro·Paolo). Vita et martyrum E. Campiani, martyris Angli. *Antw.* 1618. 12. *Lips.* 1620. 8. *Mantuæ.* 1620. 8 *.
* Édition rare d'un ouvrage très-curieux.

Campo (Paolo de),
ermite italien du xve siècle.
Cicogna (Emmanuele Antonio). Cenni storici intorno P. de Campo da Catania, già corsaro, indi eremita del secolo xv. *Venez.* 1836. 8. Portrait.

Camprédon (Jacques David Martin de),
général français (13 janvier 1761 — 11 avril 1837).
Vie du général Camprédon. *Montpell.* 1838. 8.

Camus (Antoine le),
médecin français (12 avril 1722 — 2 janvier 1772).
Bourru (Edme Claude). Éloge historique de M. le Camus. *Par.* 1772. 8.

Camus (Armand Gaston),
jurisconsulte français (2 avril 1740 — 2 nov. 1804).
Toulongeon (François Emmanuel de). Éloge historique de A. G. Camus, membre de l'Institut. *Par.* 1806. 8. Portrait.

Camus (Étienne le),
cardinal-évêque de Grenoble (1632 — 12 sept. 1707).
(**Lallouette**, Ambroise). Abrégé de la vie de M. le Camus, évêque et prince de Grenoble, etc. *Par.* 1720. 18.
(**Legras du Villard**, Pierre). Discours sur la vie et la mort de M. le cardinal le Camus, évêque et prince de Grenoble. *Lausan.* (*Grenoble.*) 1748. 12. (*Bes.*)

Camus (Jean Pierre),
évêque de Belley (3 nov. 1582 — 26 avril 1652).
Godeau (Antoine). Oraison funèbre de messire J. P. Camus, ancien évêque de Belley, etc. *Par.* 1653. 4.
Dépery (Jean Irenée). Notice sur la vie et les écrits de J. P. Camus. *Bourg-en-Bresse*, s. d. 8.

Canal (Zaccaria),
procurateur de S. Marc.
Schiavetti (Angelo). Oratio de L. Canali, patricio veneto, equite, D. Marci procuratore. *Venet.* 1735. 4.

Canaris (Constantin),
commandant des Grecs.
Biographie des Hellènes : C. Canaris. *Brux.* 1825. 8. Port.

Canavert (Francesco),
médecin italien (1754 — 1836).
Martini (Lorenzo). Vita F. Canaveri Monregalensis, medicinæ professoris in Athenæo Taurinensi. *Aug. Taurin.* 1837. 8. Portrait.

Cancellier (Adrien),
religieux belge de l'ordre de Citeaux.
(**Visch**, Charles de). Vita R. P. D. A. Cancellier, mo-

nasterii Dunensis, ordinis Cisterciensium, quondam abbatis; acc. vitæ aliorum duorum veterum monachorum ord. Cist. sanctitatis opinione illustrium, Eberhardi vulgo cognominati de Commeda, et Richardi de Aldwert, seu de Frisia. *Brug.* 1655. 12. (Opuscule assez rare.)

Cancellieri (Francesco Girolamo),
philologue italien (10 oct. 1751 — 29 déc. 1826).

Cancellieri (Francesco Girolamo). Lettera filosofico-morale sopra la voce sparsa dell' improvisa sua morte. *Rom.* 1812. 12. (*P.*)

Visconti (Pietro). Elogio funebre di F. Cancellieri. *Rom.* 1827. 8.

Muzzarelli (Carlo Emmanuele). Elogio di F. Cancellieri. *Rom.* 1827. 8.

Siepi (Serafino). Elogio storico dell' abate F. Cancellieri. *Perugia.* 1827. 8.

Villarosa (Marchese di). Ultimi uffizii alla memoria dell' abate F. Cancellieri. *Napol.* 1827. 8.

Baraldi (Pietro Vincenzo). Vita di F. G. Cancellieri. *Rome.* 1827. 8.

Catalogo di tutte le produzioni letterarie edite ed inedite dell' abate F. G. Cancellieri, etc. *Rom.* 1827. 8. Port.

Canclaux (Jean Baptiste Camille, comte de),
général français (2 août 1740 — 30 déc. 1817).

Muy (N... N... de). Éloge historique de M. J. B. C. comte de Canclaux. *Par.* 1818. 8. (Non mentionné par Quérard.)

Candale (Louis Charles Gaston de **Nogaret de Foix**, duc de),
gouverneur d'Auvergne (1627 — 28 janvier 1658).

Chevanes (Jacques de). Oraison funèbre de L. C. G. de Nogaret, duc de Candale. *Dijon.* 1658. 4. (Publ. s. l. pseudonyme de Jacques d'Autun.)

Candale (Susanne Henriette **Foix** de),
dame française († 1708).

Belsunce de Castel-Moron (Henri François Xavier de). Abrégé de la vie de S. H. de Foix-Candale (tante de l'auteur). *Agen.* 1707. 12.

Candeille (Amélie Julie),
actrice française (31 juillet 1767 — 3 février 1834).

Audiffret (Pierre Hyacinthe). Notice historique sur A. J. Candeille, s. l. et s. d. (*Par.*) 8. (Extrait de la *Biographie universelle* de Michaud, tome LX.)

Candeille (Amélie Julie). Réponse à un article de biographie, etc. *Par.* 1817. 4 *.

* Réfutation d'une calomnie inventée par Mercier et répétée par Michaud, sous la malicieuse Candeille avait représenté la déesse de la Raison dans les fêtes républicaines célébrées au mois de novembre 1793.

Candiano (Pietro),
doge de Venise (massacré en 976).

Piacentini (Giacomo?). La innocenza in prospetto, lettera apologetica di risposta ad un amico, che ricerca l' informazione di Pietro IV Candiano, doge de Venezia. *Venez.* 1783. 8.

Candida (Carlo),
chevalier de Malte (7 oct. 1762 — 10 juillet 1945).

Saint-Maurice Cabany (E... de). Notice nécrologique sur le bailli C. Candida, lieutenant du magistère de l'ordre de Saint-Jean de Jérusalem. *Par.* 1849. 8.

Candido (Pedro), voy. **Witte** (Pierre de).

Candolle, voy. **Decandolle**.

Canela (Giuseppe Maria),
oculiste italien.

(**Clock**, Leonardo dei). Notizie biografiche intorno G. M. Canela (oculista). *Trento.* 1859. 8.

Canestri (Giuseppe Tommaso),
prêtre italien.

Novellis (Carlo). Della vita del prevosto G. S. Canestri. *Alessandr.* 1846. 8.

Canetoli (Arcangelo).

Trombelli (Giovanni Cristostomo). Vita del beato Ar. Canetoli. *Bologna.* 1764. 4. *Venez.* 1783. 8.

Canillac (Marguerite de),
dame française.

Bergue (Justin). Oraison funèbre de mademoiselle M. de Canillac, fille de M. le marquis du Pont-du-Château, grand sénéchal d'Auvergne. *Limoges.* 1708. 12.

Canisius * (Peter),
jésuite hollandais (8 mai 1521 — 21 déc. 1597).

Rader (Matthias). De vita P. Canisii, societatis Jesu sociorum e Germania primi, etc., libri III cum appendice de Theodorico Canisio, Petri fratre. *Aug. Vind.* 1612. 8. *Monach.* 1614. 8. (*D.*) *Antw.* 1615. 8. Trad. en allem. *Dilling.* 1621. 4.

* Son nom de famille est de Hoxer.

Sacchini (Francesco). De vita et rebus gestis P. Canisii commentarii. *Ingolst.* 1614. 4. *Ibid.* 1616. 4.

Joachim (N... N...). Vita P. Canisii. *Monach.* 1623. 8.

Nieremberg (Juan Eusebio). Vita del P. Canisio. *Madr.* 1655. 8. Trad. en franç. par Pierre d'Oultreman. *Douai.* 1642. 8.

Fuligatti (Giacomo). Vita del P. P. Canisio. *Rom.* 1649. 8.

Smidt (Franciscus de). Leven van R. P. P. Canisius. *Antw.* 1652. 8.

(**Dorigny**, Jean). Vie du R. P. P. Canisius, de la compagnie de Jésus. *Cologne.* 1692. 12. *Par.* 1700. 12. *Ibid.* 1707. 12. (*D.* et *Bes.*)

Trad. en allem. par Dominik Schelkle, avec préface de Carl Egger. *Wien.* 1857. 2 vol. 12. (*D.*)

Trad. en flamand par A... M... D... G... S. Nicolaes. 1850. 8.

Trad. en lat. par Pierre Python. *Monach.* 1710. 8.

(**Haid**, Herenæus). Leben und Wirken des ehrwürdigen Paters und Lehrers P. Canisius. *Landsh.* 1826. 8. Port.

Leben des grossen cölnischen (!) Jesuiten und deutschen Apostels P. Canisius. *Cöln.* 1844. 12. Portrait.

Canitz (Friedrich Rudolph Ludwig Freiherr v.),
homme d'État et poète allemand (27 nov. 1654 — 11 août 1699).

Varnhagen v. Ense (Carl August). Paul Flemming, F. v. Canitz, Johann v. Besser. *Berl.* 1826. 8 *.

* Formant le 9e volume de son ouvrage *Biographische Denkmale.*

Cannabich (Gottfried Christian),
théologien allemand (27 avril 1745 — 23 sept. 1830).

Rubes (C... M... G...). Biographie G. C. Cannabich's in literarischer Hinsicht. *Sondersh.* 1818. 8.

Cannaert (Joseph Bernard),
jurisconsulte belge (15 février 1768 — 17 nov. 1848).

Duyse (Prudens van). Levensbericht van J. B. Cannaert. *Gand.* 1850. 8.

Cannegiesser (Leonhard Heinrich Ludwig Georg v.),
homme d'État allemand (23 mars 1716 — 29 mai 1772).

Piderit (Johann Rudolph Anton). Trauerrede auf das Absterben des Staatsministers L. H. L. v. Cannegiesser. *Cassel.* 1772. 4.

Schleger (Theodor August). Memoria L. H. G. Cannegiesser, oratione funebri recitata. *Cassell.* 1772. 4.

Canning (Elizabeth),
bohémienne anglaise.

Trials of Mary Squires and Sasanna Wells. *Lond.* 1753. 4.

The case of E. Canning fairly stated. *Lond.* 1753. 4.

The hard case of Mary Squires, the Gipsey, and Susannah Wells. *Lond.* 1755. 8.

Hill (John). Story of E. Canning considered. *Lond.* 1753. 8.

Philologus. The inspector inspected, or Dr. John Hill's story of E. Canning examined and impartially considered. *Lond.* 1753. 8.

The imposture detected. *Lond.* 1753. 8.

E. Cannings Magazine. *Lond.* 1753. 8. *Ibid.* 1754. 4.

The controverted hard case of Mary Squire's Magazine of facts re-examined. *Lond.* 1753. 8.

Dodd (James Silas). Physical account of the case of E. Canning. *Lond.* 1753. 8.

Britannicus. Evidence of E. Canning fully confuted. *Lond.* 1753. 8.

Fielding (Henry). A clear state of the case of E. Canning. *Lond.* 1753. 8.

The truth of the case, or Canning and Squires fairly exposed. *Lond.* 1753. 8.

Cox (Daniel). Appeal to the public in behalf of E. Canning. *Lond.* 1753. 8.

Account of Canning and Squires fairly balanced. *Lond.* 1753. 8.

Account of the misterious affair of M. Squires and E. Canning. *Lond.* 1754. 8.

Truth triumphant, or genuine account of the whole proceedings against E. Canning. *Lond.* 1754. 8.

Miss Canning and the gipsey; by a Lover of Truth. *Lond.* 1754. 8.

Some account of the case between E. Canning and M. Squires. *Lond.* 1754. 8.

Gurney (Thomas), S... Rupp and John Harman. The trial of E. Canning. *Lond.* 1755. Fol.

Full and authentic account of the strange and mysterious affair between M. Squires, a gipsey, and E. Canning. *Lond.* 1756. 12. 2 portraits.

Genuine and impartial Memoirs of E. Canning. *Lond.* 1754. 12.

Canning (George),
hommo d'État anglais (11 avril 1770 — 8 août 1827).

Rabbe (Alphonse). Notice sur la vie politique et les travaux parlementaires de G. Canning, etc. *Par.* 1827. 8.

Krug (Wilhelm Traugott). Canning's Denkmal oder kosmopolitische, Betrachtungen über Canning's Tod und die wahrscheinlichen Folgen desselben. *Leipz.* 1827. 8.

(Rueder, Friedrich August). G. Canning, sein Leben, seine Politik und Europa's Erwärtungen von ihm. *Ilmenau.* 1827. 8.

Therry (Richard). G. Canning's speeches, with a memoir of his life. *Lond.* 1828. 6 vol. 8.

(Julian, Pierre Louis Pascal de). Histoire du ministère G. Canning. *Par.* 1828. 2 vol. 8. Portrait.

Rede (N... N...). Memoirs of the life of G. Canning. *Lond.* 1828. 2 vol. 8. (Ouvrage omis par Lowndes.)

Stapleton (Augustus Granville). Political life of G. Canning. *Lond.* 1831. 3 vol. 8. Trad. en allem. *Quedlinb.* 1833-37. 3 vol. 8.

Bell (Robert). Life of the R. Hon. G. Canning. *Lond.* 1846. 2 vol. 8. *New-York.* 1846. 12.

Canossa (Maddalena di),
fondatrice de l'ordre des filles de la Charité.

Bresciani (Cesare). Elogio della signora marchesa M. di Canossa, fondatrice delle figlie della Carità. *Veron.* 1838. 4. Portrait.

Canova (Antonio),
statuaire italien du premier ordre (1er nov. 1757 — 13 oct. 1822).

Fernow (Carl Ludwig). Über den Bildhauer Canova und dessen Werke. *Zürch.* 1806. 8. Portrait.

Albrizzi (Isabella). Descrizione delle opere di scultura e plastica di A. Canova, coll' saggio sulla vita e sulle opere dello stesso. *Pisa.* 1821-25. 5 vol. 8.

Zannini (Paolo). Storia della malattia, per cui è morto A. Canova. *Venez.* 1822. 8.

Cicognara (Leopoldo). Discorso funebre di A. Canova. *Venez.* 1822. 8.

—— Biografia di A. Canova. *Venez.* 1823. 8.

Paravia (Pietro Alessandro). Vita di A. Canova. *Torin.* 1823. 8.

Biblioteca Canoviana, o sia raccolta delle migliori prose e di piu scelti componimenti poetici su la vita e su le opere ed in morte di A. Canova. *Venez.* 1823. 4 vol. 8.

Falier (N... N...). Memorie per servire alla vita del marchese A. Canova. *Venez.* 1823. 8.

Tambroni (Giuseppe). Intorno alla vita di A. Canova. *Venez.* 1823. 8.

Missirini (Melchiorre). Della vita di A. Canova libri IV. *Prato.* 1824. 2 vol. 8. Portrait. *Milan.* 1825. 2 vol. 8. Portrait.

Marsella (Domenico Antonio). Commentarius de A. Canova phidiacæ artis scientissimo. *Rom.* 1824. 8. Augmente. *Ibid.* 1833. 8.

Memes (J... S...). Memoirs of A. Canova. *Edinb.* 1825. 8.

Rosini (Giovanni). Saggio sulla vita e sulle opere di A. Canova. *Pisa.* 1825. 8. Portrait. *Ibid.* 1830. 8.

Quatremère de Quincy (Antoine Chrysostôme). Canova et ses ouvrages, ou mémoires historiques sur la vie et les travaux de ce célèbre artiste. *Par.* 1834. 8. Portrait.

(Bossi, Luigi). Il tempio di A. Canova e la villa di Possagno (village natal de ce célèbre artiste). *Udine.* 1823. 8.

Missirini (Melchiorre). Del tempio eretto in Possagno da A. Canova. *Venez.* 1833. Fol. et 4.

Canstein (Carl Hildebrand v.),
propagateur de la Bible (15 août 1667 — 19 août 1719).

Francke (August Hermann). Memoria Cansteiniana oder freyherrliches Denkmal C. H. v. Canstein's. *Halle.* 1722. Fol. Portrait. *(D.)*

Niemeyer (Agathon Hermann). Geschichte der Canstein'schen Bibel-Anstalt. *Halle.* 1827. 8.

Cantakuzeno (Johannes),
empereur d'Orient († 20 nov. 1410).

Parisot (Valerien?). Cantacuzène, homme d'État et historien. *Par.* 1845. 8.

Cantalbino (Jozé),
jésuite espagnol (?).

Vida del P. A. Ruiz de Montoya y del P. J. Cantalbino de la compania de Jesus, insignes obreros de la provincia del Paraguay. *Zaragoç.* 1662. 4.

Cantelmo (Andrea),
guerrier italien.

Capua (Lionardo di). Vita del famoso capitano D. A. Cantelmo, dei duchi di Popoli. *Napol.* 1693. 4. Portrait.

Canterzani (Sebastiano),
mathématicien italien (25 août 1734 — 19 mars 1819).

Schiassi (Filippo). Elogium S. Canterzani. *Bonon.* 1819. 8.

Cantilupe (Saint Thomas),
évêque de Hereford.

J... (R... S... S...). Life and gests of S. T. Cantilupe, bishop of Hereford, lord-chancellor of England. *Gant.* 1674. 8.

Cantius (Johann),
théologien allemand († 1473).

Optovius (Adam). Vita J. Cantii. *Cracov.* 1628. 4. *(D.)* Trad. en polon. *Cracov.* 1632. 4. *(D.)*

Cantoni (Antonio),
archevêque de Ravenna.

Gamba Ghiselli (Ippolito). Elogio funebre di M. A. Cantoni, arcivescovo di Ravenna. *Ravenna.* 1781. 8.

Canut IV (Saint),
roi de Danemark (... — 1074 — 2 juillet 1086).

Ælnothus Cantuarensis. De vita et passione S. Canuti, Daniæ regis, publ. par Harald Huitfeld. *Hafn.* 1602. 8. Publ. avec des notes par Jan Meursius. *Hafn.* 1633. 4. *Lubec.* 1657. 4.

Angeletti (Andrea). Vita e miracoli di S. Canuto martire, rè della Dania. *Rom.* 1667. 4. Trad. en lat. *Rom.* 1667. Fol.

Adami (Annibale). Vita e morte gloriosa del serenissimo rè e martire invitissimo S. Canuto, quarto rè e protomartire di Danemarca. *Rom.* 1682. 4.

Lysholm (Christopher). Programma de Canuto sancto Otthiniensi. *Soræ.* 1771. 8.

Bircherod (T... B...). K. Knud des Helliges Historie. *Odense.* 1773. 8.

Sunden (Olaf). Dissertatio de convivio S. Canuti Malmogiensi. *Lund.* 1796. 8.

Cap (Paul Antoine),
chimiste français.

Travaux et titres scientifiques de M. P. A. Cap, pharmacien, etc. *Par.* 1853. 4.

Capece (Giuseppe),

Vico (Giovanni Battista). Publicum C. Sancrii et J. Capyeii funus. *Napol.* 1708. Fol.

Capecelatro,
famille italienne.

Capecelatro (Giuseppe). De antiquitate et varia Capyciorum fortuna commentarius. *Napol.* 1830. 8.

Capecelatro (Francesco),
historien italien.

Volpicella (Scipione). Delle vita e delle opere di F. Capecelatro discorso. *Napol.* 1846. 8.

Capecelatro (Giuseppe),
archevêque de Taranto (23 sept. 1744 — 2 nov. 1836).

Scura (Angelo). Relazione della condotta dell' arcivescovo di Taranto, M. G. Capecelatro nell' anno 1799, s. l. 1826. 8.

Candia (Niccolò). Elogio storico dell' arcivescovo G. Capecelatro. *Napol.* 1857. 8.

Capelle (Jean Félix),
médecin français (1751 — vers 1833).

Dutrouilh (L...). Éloge de M. J. F. Capelle, médecin. *Bord.* 1834. 8.

Capellen (Alexander van der),
gentilhomme hollandais († 1656).
Capellen (Alexander van der). Gedenkschriften van
1621-1652 (publ. par Robert Gaspard van der CAPELLEN).
Utrecht. 1777-78. 2 vol. 8. Portrait.
Capellen van Berkenwoude (G... A... G... P...,
baron van der),
homme d'État hollandais.
(**Bosch**, L... E...). Levensschets van G. A. G. P., baron
van der Capellen van Berkenwoude, oud gouverneur-
general van Nederlandsch Indie, minister van Staat,
president-curator der Utrechtsche hoogeschool, enz.
Utrecht. 1849. 8. Portrait.
Capello (Bianca),
épouse de François de Médicis, grand-duc de Toscane († 20 oct. 1587).
Gualterotti (Raffaello). Feste fatte in Firenze nelle
nozze di Francesco de' Medici, etc., colla B. Capello.
Firenz. 1579. 4.
San-Severino (Giulio Roberto di). Storia della vita e
morte B. Capello. *Firenz.* (?) 1776. 8. *Berol.* 1776. 8.
   Trad. en allem. (par Joachim Heinrich CAMPE). *Berl.*
1776. 8. *Ibid.* 1778. 8.
   Trad. en franç. *Lausan.* 1779. 8.
Siebenkees (Johann Philipp). Lebensbeschreibung der
B. Capello. *Gotha.* 1789. 8. *Brem.* 1815. 8. Trad. en angl.
par C... LUDGER. *Lond.* 1797. 8. *Brem.* 1815. 8.
Grieser (Johann Georg). Geschichte der B. Capello.
Kempt. 1818. 8.
Ticozzi (Stefano). Memorie di B. Capello. *Firenz.* 1827. 8.
Cicogna (Emmanuele Antonio). B. Capello ; cenni sto-
rici critici. *Venez.* 1828. 8 *.
   * Avec un médaillon représentant le portrait de Bianca.

Capet, voy. **Hugues-Capet**.
Capistrano (S. Giovanni di),
légat italien (24 juin 1386 — 23 oct. 1456).
Vega (Francisco de la). De la vida y milagros del S. Fr.
J. de Capistrano, legado apostolico, del orden de los
menores. *Madr.* 1625. 4.
Massonio (Salvatore). Della maravigliosa vita, gloriose
attioni e felice passaggio al cielo del B. G. di Capistrano.
Venez. 1627. 4.
Kirchhueber (Barnabas). Vita S. J. Capistrani et Pas-
chalis (Baylon), ordinis S. Francisci. *Monach.* 1691. 8.
Coimbra (Manoel de). Epitome historial da vida de S. J.
Capistrano. *Lisb.* 1692. 4.
Bazin (Jean Baptiste). Abrégé de la vie de S. J. Capis-
tran. *Lyon.* 1698. 8.
Petri (Hermann). Leben des heiligen J. Capistranus.
Münch. 1844. 8.
Kirchhueber (Barnabas). Leben des heiligen Vaters J.
von Capistrano und des heiligen Bruders Paschalis Bay-
lon aus dem ersten seraphischen Orden des heiligen
Franciscus von Assisi, neu bearbeitet von Michael
SINTZEL. *Augsb.* 1847. 12. Portrait de Capistran.
Capisucchi (Camillo et Biagio),
guerriers italiens.
Adami (Annibale). Elogi istorici de' due marchesi Ca-
pisucchi fratelli, Camillo et Biagio, celebri guerrieri del
secolo passato. *Rom.* 1685. 4.
Capitaine (Anne),
carmélite belge (20 oct. 1766 — 21 juillet 1849?).
(**Kersten**, Pierre). Notice sur la révérende mère A. M.
J. de Jésus, religieuse carmélite, s. l. et s. d. (*Liège.*
1849.) 8. (Tiré seulement à 20 exemplaires.)
Capitani di Vertova (Andrea de'),
homme d'État italien (4 mai 1784 — 27 janvier 1845).
(**Salvioni**, Agostino). Cenni biografici del conte A. de'
Capitani di Vertova. *Bergam.* 1845. 8.
Capitania (Bartolommea).
Vita della saggia e virtuosa giovane B. Capitania di Ro-
vere. *Bresc.* 1859. 16. Trad. en allem. par Carl SCAN-
DELLA. *Innsbr.* 1844. 8.
Capito (Ateius),
jurisconsulte romain (contemporain de l'empereur Tibère).
Hoffet (Jean Charles). Esquisses biographiques sur Ca-
piton; thèse. *Strasb.* 1850. 8. (*L.*)
Capitolinus (Julius),
historien romain du ive siècle.
Moller (Daniel Wilhelm). Disputatio circularis de J.
Capitolino. *Altorf.* 1689. 4.

Capodistrias (Joannes Antonius),
président grec (1780 — assassiné le 9 oct. 1831).
Lettres et documents officiels sur les derniers événements
de la Grèce qui ont précédé la mort de Capodistrias.
Par. 1831. 8.
(**Stamati Bulgari**, N... N...). Notice sur le comte J. de
Capodistrias, président de la Grèce, etc. *Par.* 1832. 8 *.
   * La deuxième édition, publiée dans la même année, porte le nom de
l'auteur. L'une et l'autre sont accomp. du portrait de Capodistrias.
Papadopoulo-Vretos (Andrea). Mémoires biographiques et historiques sur le président de la Grèce, le
comte J. Capodistrias, avec des notes critiques et historiques sur plusieurs événements politiques, ainsi que
sur plusieurs personnages étrangers et grecs, etc., suivis d'un ouvrage posthume de Capodistrias sur Ali Pa-
cha de Janina. *Par.* 1837-58. 2 vol. 8 *.
   * Ouvrage pas encore terminé. On y trouve le portrait de Capodistrias.
Le comte J. Capodistrias, président de la Grèce, jugé par
lui-même, etc. *Par.* 1843. 8.
Cappelle (Johannes Pieter van),
littérateur hollandais (9 avril 1783 — 26 août 1829).
Lennep (David Jacob van). Gedachtenisrede op J. P.
van Cappelle. *Amst.* 1850. 8.
Capperonnier (Claude),
helléniste français (1er mai 1671 — 24 juillet 1744).
(**Lefebvre de Saint-Marc**, Charles Hugues). Éloge de
M. Capperonnier, diacre, professeur de langue grec-
que au collège royal, etc. *Par.* 1744. 12.
Capponi (Niccolò),
homme d'État italien.
Giannotti (Donato). Vita di N. Capponi, gonfaloniere
della republica Fiorentina. *Firenz.* 1620. 4.
Benedetti (Francesco). Vita di N. Capponi. *Firenz.*
1819. 8.
Capponi (Scrafino),
dominicain italien (1536 — 2 février 1614).
Pio (Giovanni Michele). Vita del R. P. S. Capponi. *Bo-
logna.* 1623. 4.
Capranica (Domenico),
cardinal italien (31 mai 1400 — 1er sept. 1458).
(**Catalani**, Michele). Commentarius de vita et scriptis
D. Capranicæ, cardinalis. *Fermo.* 1793. 4.
Caprano (Pietro),
cardinal italien († 1834).
Guadagni (Francesco). P. Caprani S. R. E. cardinalis
laudatio funebris. *Rom.* 1836. 8.
Caprara (Livio?).
Fantuzzi (Giovanni). Memorie del maresciallo L. Ca-
prara. *Bologna.* 1783. 8.
Capreolus (Jacques),
pédagogue français.
Dehenotius (Christophorus). Oratio habita in funere
J. Capreoli, gymnasiarchæ Harcuriani. *Par.* 1650.
4. (*P.*)
Capua (Leonardo di),
médecin italien (1618 — 17 juin 1695).
Amenta (Niccolò). Vita di L. di Capua. *Venez.* 1710. 8.
Caqué (Jean Baptiste),
chirurgien français (9 oct. 1720 — 6 sept. 1787).
Philippe (N... N...). Essai historique sur Caqué, ancien
chirurgien en chef de l'Hôtel-Dieu de Reims. *Reims.*
1843. 8.
Carabantes (José de),
capucin espagnol (1628 — 1694).
Vida de Fr. J. de Caravantes, misionero de la Nueva An-
dalucia, s. l. 1698. 4.
Quiroga (Diego Gonzales). Vida, virtudes, predicacion
y prodigios de J. de Carabantes. *Madr.* 1705. 4.
Caracalla (Antonius),
empereur romain (211 — 217).
Meister (Johann Christian Friedrich). Dissertatio de Caracalla. *Frf. ad Viadr.* 1792. 4.
Caracci (Lodovico, Agostino ed Annibale),
peintres italiens (1555 — 1619); — (1557 — 1602); — (1560 — 1609).
(**Morelli**, Benedetto). Funerale d'A. Caracci, fatto in Bologna, sua patria, dagli incaminati academici del disce-
gno. *Bologna.* 1603. 4. (Extrêmement rare.)

Bolognini Amorini (Antonio). Vite di Lodovico, Antonio, Annibale ed altri dei Caracci. *Bologna*. 1840. 8. 5 portraits.

Caraccioli (Galeazo),
savant italien.

Balbani (Niccolò). Storia della vita di G. Caraccioli, chiamato il signor Marchese. *Ginev*. 1581. 16. *Ibid*. 1587. 16. Trad. en allem. par Nicolaus SETZNER. *Basel*. 1596. 8., s. l. 1748. 8.
Trad. en angl. par William CRASHAW. *Lond*. 1608. 4. *Ibid*. 1612. 4. *Ibid*. 1655. 4. *Ibid*. 1662. 8. *Ibid*. 1668. 8. *Ibid*. 1677. 8.
Trad. en franç. *Genève*. 1587. 12. Par Vincenzo MINUTOLI, s. l. 1681. 12; par N. N. TEISSIER DE LESTANS. *Amst*. 1682. 8. (D.)
Trad. en lat., s. l. 1596. 8. (D.)

Caraccioli (Giuseppe),
prêtre italien.

Maggio (Francesco). Vita del P. G. Caraccioli. *Napol*. 1670. 4. (D.)

Caraccioli (Niccolò),
archevêque de Campana.

Mazzocchi (Alessio Simmaco). Oratio in funere N. Caraccioli, Campanorum archiepiscopi. *Napol*. 1728. 4.

Caraccioli (Roberto),
cardinal italien (1425 — 6 mai 1495).

Angelis (Domenico de). Vita di monsignor R. Caraccioli. *Napol*. 1703. 4.

Caracciolo,
famille italienne.

Pietri (Francesco de). Historia cronologica della famiglia Caracciolo. *Napol*. 1605. 8.

Caracciolo (Francesco),
prêtre italien (13 oct. 1563 — 4 juin 1608).

Vives (Ignazio de). Vita del P. F. Caracciolo, fondatrice dell'ordine de' chierici regolari minori. *Napol*. 1684. 4.

Piselli (Clemente). Compendio della vita, virtu e doni del P. F. Caracciolo. *Napol*. 1705. 4. Portrait. (D.)
Breve saggio della vita di S. F. Caracciolo, fondatore de' chierici regolari minori. *Rom*. 1807. 8.

Caradog, voy. **Conan-Mériadec.**

Caraffa,
famille italienne.

Adimari (Biagio). Historia genealogica della famiglia Caraffa. *Napol*. 1691. 5 vol. Fol.

Caraffa (Antonio).

Muscettola (Francesco Maria). Orazione per l' esequie di D. A. Caraffa. *Napol*. 1604. 4.

Caraffa (Antonio),
maréchal d'Autriche († 6 mars 1603).

Vico (Giovanni Battista). De rebus gestis A. Caraphæi libri IV, s. l. (*Napol*.) 1716. 4.

Caraffa (Carlo),
fondateur de l'ordre des ouvriers pieux (1561 — 8 sept. 1633).

Quaranta (Horazio). Oratio in funere R. P. C. Caraffæ, congregationis piorum operationum fundatoris. *Napol*. 1633. 4.

Gisolfi (Pietro). Vita del R. P. C. Caraffa, fondatore della congregazione de' pii operarii. *Napol*. 1667. 4.

Caraffa (Francesco),
cardinal italien.

Deliliers (Filippo Maria). Elogio del cardinale F. Caraffa. *Rovigo*. 1842. 8.

Caraffa (Juan de),
général espagnol.

Caraffa (Juan de). Manifiesto a la nacion espagñola. *Cadiz*. 1811. 4.

Moretti y Cascone (Francisco). Contestacion al manifiesto del general D. J. de Caraffa. *Cadiz*. 1812. 4.

Caraffa (Livia Doria),
dame italienne.

Prose e versi per onorare la memoria di L. D. Caraffa. *Parma*. 1784. 4.

Caraffa (Luigi).

Perfetti (Angelo). Contemplativo Cassinese ideato nella vita del P. D. L. Caraffa. *Napol*. 1667. 4.

Caraffa, principe di **Stigliano** (Luigi).

Patrizj (Fabio). Ragionamento in lode di L. Carafa, principe di Stigliano. *Napol*. 1596. 4.

Caraffa (Maria Maddalena).

Sgambati (Scipione). Vita della S. M. M. Caraffa, duchessa d'Andria. *Rom*. et *Bologna*. 1654. 16. (D.)

Caraffa (Vincenzo),
septième général de la compagnie de Jésus (1585 — 1649).

Bartoli (Daniello). Della vita del P. V. Caraffa, settimo generale della compagnia di Gesù, libri II. *Bologna*, s. d. 12. (D.) *Rom*. 1651. 4. *Genova*. 1656. 16.
Trad. en espagn. par Alonso de ANDRADA. *Madr*. 1658. 4.
Trad. en franç. par Thomas LEBLANC. *Lyon*. 1653. 8. (D. et Bes.)
Trad. en lat. par Jacques HAUTIN. *Leod*. 1655. 12.(D.)

Caraman (Victor Marie Joseph Louis de **Riquet,** marquis de),
général français (6 oct. 1786 — 26 oct. 1837).

Caraman (George de). Notice sur la vie militaire et privée du général marquis de Caraman. *Par*. 1838. 8. Portrait.

Caramelli (Antonio Francesco),
poète italien.

Ruschi (Ottavio). Orazione in morte del P. D. A. F. Caramelli. *Firenze*. 1750. 4.

Caramuele de Lobkowitz (Juan),
évêque de Vigevano (23 mai 1606 — 8 sept. 1682).

Tadisi (Jacopo Antonio). Memorie della vita di monsignore G. Caramuele de Lobkowitz, vescovo di Vigevano. *Venez*. 1760. 4.

Carascosa (Michele),
général italien.

Carascosa (Michele). Mémoires historiques, politiques et militaires sur la révolution du royaume de Naples en 1820 et 1821, et sur les causes qui l'ont amenée, etc. *Lond*. 1823. 8. Trad. en allem. *Stuttg*. 1824. 8.

Carboni (N... N...),
prêtre portugais.

Costa de Barboza (Fernando Antonio da). Elogio funebre do P. Carboni. *Lisb*. 1751. 4.

Carcano (Francesco),
littérateur italien (1733 — 1er mars 1794).

Corniani (Giovanni Battista). Elogio del cavaliere F. Carcano, patrizio Milanese. *Bresc*. 1795. 8.

Carcano-Leone (Giovanni Battista),
anatomiste italien († vers 1600).

Scarpa (Antonio). Elogio storico di G. B. Carcano-Leone. *Milan*. 1813. 8. Portrait. Trad. en angl. par John Henry WISHART. *Edinb*. 1815. 8.

Cardano (Geronimo),
médecin italien (24 sept. 1501 — 2 sept. 1576).

Cardano (Geronimo). De vita propria Liber. *Par*. 1643. 8. Publ. par Gabriel NAUDÉ, *Amst*. 1654. 12. (D.) Trad. en ital. par Vincenzo MANTOVANO. *Milan*. 1820. 8. Port.

Rixner (Thaddæus Anselm) et Thaddæus SIBER. H. Cardanus. *Sulzb*. 1820. 8. Portrait.

Cardano (Geronimo). Liber de libris propriis. *Lugd*. 1457. 8. (D.)

Behr (Johann Heinrich). Dissertatio de superstitione H. Cardani in rebus naturalibus. *Lips*. 1725. 4.

Cardenas (Bernardino de),
évêque du Paraguay († vers 1670).

Histoire de la persécution de deux saints évêques par les jésuites, l'un D. B. de Cardenas, évêque du Paraguay, l'autre D. Philippe Pardo, archevêque de Manille, s. l. 1691. 18.

Documentos tocantes a la persecucion que los regulares de la compañia de Jesu suscitaron contra D. B. de Cardenas, obispo de Paraguay. *Madr*. 1768. 4.

Cardile (Vincenzo),
poète italien (16 avril 1761 — 23 juillet 1837).

Coco-Grasso (Lorenzo). Cenno necrologico sul poeta nazionale abate V. Cardile. *Palerm*. 1839. 8.

Cardim (João),
jésuite portugais.

Alegambe (Philipp). De vita et moribus P. J. Cardim, Lusitani, e societate Jesu. *Rom*. 1640. 12. *Ibid*. 1645.

12. Portrait. *Antwerp.* 1646. 12. *Monach.* 1646. 12. (*D.*) *Rom.* 1649. 12.

Abreu (Sebastiam). Vida e virtudes do P. J. Cardim. *Evora.* 1659. 4.

Cardinali (Clemente),
savant italien.

C... (A...). Biografia di C. Cardinali. *Rom.* 1840. 8. Portrait.

Betti (N... N...). Necrologia di C. Cardinali. *Rom.* 1840. 8.

Carey (William),
orientaliste anglais (17 août 1761 — 9 juin 1834).

Carey (Eustache). Memoir of the Rev. W. Carey, D. D. late missionary to Bengal, professor of Oriental languages in the college of Fort William; with a critique upon his character and labours by Thomas Wilson. *Lond.* 1856. 8. *Boston.* 1856. 12.

Carignan (Tommaso Francesco di **Savoia**, principe di),
cinquième fils de Charles-Emmanuel I, duc de Savoie
(1596 — 22 janvier 1656).

Codretto (Antonio Agostino). Il Colosso; historia panegirica del principe T. di Savoia. *Torin.* 1663. 4.

Tesauro (Emmanuele). Campeggiamenti del principe T. di Savoia. *Torin.* 1674. Fol.

Sclopis (Fernando). Documenti intorno alla vita di T. F. principe di Carignano. *Torin.* 1852. 8.

Carion (Johann),
historien allemand (1499 — 1538).

Moller (Daniel Wilhelm). Disputatio circularis de J. Carione. *Altorf.* 1697. 4. (*D. et Lv.*)

Dommerich (Johann Christoph). Epistola de J. Carionis Chronico. *Guelpherb.* 1750. 4.

Hoch (Erhard Ernst). Disquisitio de Chronici, quod extat sub nomine J. Carionis, vera et genuina origine. *Guelpherb.* 1755. 4. (*D.*)

Carl, voy. **Charles.**

Carl der Grosse, voy. **Charlemagne.**

Carlander (Christoffer),
médecin suédois (30 juillet 1759 — 8 mai 1848).

Malmsten (P... H...). C. Carlander. Minnesteckning *Stockh.* 1849. 8.

Carlberg (Gudmund),
théologien suédois (1678 — 1744).

Benzelius (Jacob). Likprædikan öfver Prosten i Kalf G. Carlberg. *Götheborg.* 1744. 4.

Carleson (Carl),
littérateur suédois (11 mai 1703 — 22 mars 1761).

Wargentin (Pehr). Åminnelse-Tal öfver C. Carleson. *Stockh.* 1765. 8.

Carleson (Edvard),
littérateur suédois (18 nov. 1704 — 26 février 1767).

Schoenberg (Anders). Åminnelse-Tal öfver E. Carleson. *Stockh.* 1767. 8.

Carleton (Mary),
surnommée la princesse allemande (+ 1673).

Great tryall and arraignement of the German Princess. *Lond.* 1663. 4. Portrait.

Historical narrative of the German Princess. *Lond.* 1663. 4. Portrait.

Ultimatum Vale of Jos. Carleton of the middle Temple, husband of the German Princess. *Lond.* 1663. 4.

Memoirs of madam Carleton, commonly stiled the German Princess. *Lond.* 1673. 8.

Deportment and carriage before the execution of the German Princess, s. 1. (*Lond.*) 1675. 4.

The counterfeet lady unveiled. *Lond.* 1679. 16. Portrait.

Carli (Giovanni Girolamo),
littérateur italien (1719 — 29 sept. 1786).

Borsa (Matteo). Elogio dell' abate G. G. Carli. *Mantov.* 1787. 8.

Carli (Giovanni Rinaldo),
savant italien (.. avril 1720 — 22 février 1795).

Bossi (Luigi). Elogio storico del conte G. R. Carli. *Venez.* 1797. 8.

Carlier (Jean Guillaume),
peintre belge (8 juin 1638 — 1er avril 1675).

Hulst (Félix van). Notice sur J. G. Carlier. *Liége.* 1857.

8. Portrait. (Extrait de la *Revue de Liége.*) — (*Lv.* et *Bx.*)

Carlino, ou Carlo Antonio **Bertinazzi**,
arlequin italien (1713 — 7 sept. 1783).

(**Latouche**, Henri de). Clément XIV et C. Bertinazzi, correspondance inédite. *Par.* 1827. 12. *Ibid.* 1829. 2 vol. 12. 2 port.

Carlis (Gaëtano de'),
évêque de Commacchio.

Cavalieri (Gioseffo Antonio). De vita et rebus gestis C. de Carlis Comachiensis episcopi commentarius, s. 1. 1779. 8.

Carlisle (Charles **Howard**, earl of),
homme d'État anglais (1628 — 1684).

M(iège) (G(uy)). Relation of C. Howard's three embassies from Charles II to the courts of Muscovy, Sweden and Denmark, 1663 and 1664. *Lond.* 1669. 8. 2 port. Trad. en allem. par Guy Miège. *Amst.* 1670. 12.

Carlos (Don),
infant d'Espagne, fils de Philippe II (3 juillet 1545 — 25 juillet 1568).

Lopez de Hoyos (Juan). Relacion de la muerte y honrras funebres del serenissimo principe D. Carlos, hijo del catholico rey D. Philippe II, nuestro señor. *Madr.* 1568. 8. (Extrêmement rare.)

Leven van Karel, Erfprins van Spanje. *Amst.*, s. d. 8.

Der unglücklich verliebte Fürst, oder Prinz Carl's von Spanien Liebes-, Lebens- und Todes-Geschichte, s. 1. 1624. 12.

Don Carlos, or a relation of the infortunate life and tragical death of that prince. *Lond.* 1674. 12.

Graun (C... H...). Dissertatio de Carolo, Hispaniarum principe, Philippi II filio. *Witteb.* 1687. 4.

Histoire de Don Carlos. *Amst.* 1691. 12.

Cabrera (Luis de). Relatio vitæ mortisque Caroli infantis, Philippi II filii. *Mediol.* 1713. 8.

R... (M,..). Staats- und Helden-Geschichte des Don Carlos, Infanten von Spanien, s. 1. 1735. 4.

Saint-Réal (César Vichard de). Histoire de Don Carlos. ... Trad. en allem. *Berl.* 1762. 8. *Worms et Eisenach.* 1784. 8. Par S... L... Schmidt, *Mainz.* 1828. 8. *Ibid.* 1831. 8.

Totze (Eobald). Don Carlos und Alexei (Petrowich), Luynes und (Geo.) Buckingham; Versuch in vergleichenden Lebensbeschreibungen. *Greifsw.* 1776. 8.

Egger (J... P...). Dissertatio de Carolo infante Hispaniæ, Philippi II filio. *Marb.* 1780. 4.

Leben und Ende des Prinzen Don Carlos. *Wien.* 1794. 8.

Geschichte des spanischen Infanten Don. Carlos. *Hof.* 1795. 8. Portrait.

Historia del principe Don Carlos. *Leipz.* 1796. 8.

Ahrens (J... P...). Don Carlos, prins van Spanje. Onderzoek naar de oorzaak van deszelfs gevangenneming en dood. *Devent.* 1828. 8.

Carlos de Borbon (Maria Isidro),
infant d'Espagne (29 mars 1788 — ...).

Valles (N... N... de los). Career of Don Carlos, sine the death of Ferdinand VII. *Lond.* 1835. 8.

Maguès (Isidore). Don Carlos et ses défenseurs. Collection de 20 portraits originaux, avec une introduction et une notice biographique sur chacun des personnages indiqués par le dessin. *Par.* 1837. 4. *Ibid.* 1840. 4. Trad. en ital. par Gaëtano Valeriano. *Napol.* 1840. 12.

Mitchell (G...). Le camp et la cour de Don Carlos. *Bayonne.* 1840. 8. Trad. en espagn. *Madr.* 1840. 8.

Panorama de la corte de Don Carlos. *Madr.* 1840. 8.

Dembowski (Karol). Deux ans en Espagne et en Portugal pendant la guerre civile de 1838 à 1840. *Par.* 1841. 8.

Ducasse (H...). Ecos de Navarra, o Don Carlos y (Tomas) Zumalacarregui; hechos historicos detalles curiosos y recuerdos de un oficial carlista. *Madr.* 1840. 8.

Groeben (A... v.). Vier Jahre in Spanien, die Carlisten, ihre Entstehung, ihr Kampf und ihr Untergang. Skizzen aus dem Bürgerkriege. *Hannov.* 1841. 8.

Sanchez (Ruy). Historia de Don Carlos y de los principales successos de la guerra civil de España. *Madr.* 1844. 2 vol. 8. Portrait.

Resumen historico de la campaña sostenida en el territorio vasco-navarro à nombre de D. Carlos Maria Isidro

de Borbon, de 1853 á 1859, e impugnacion del libro intitulado : Vindicacion del general (Raf.) Maroto, etc. *Madr*. 1846-47. 2 vol. 8 *.
  * Avec les portraits de Don Carlos, de son fils Carlos Luis, et de Zumalacarregui.

Carlotta Joaquina de Borbon,
  épouse de Jean IV, roi de Portugal (25 août 1775 — mariée le 9 janvier 1790 — 7 janvier 1830).

Presas (José). Memorias secretas de la princesa del Brasil, actual reina vidua de Portugal, la señora doña C. J. de Borbon. *Bord*. 1830. 8.

Carlowitz (Christoph v.),
  homme d'État allemand (13 déc. 1507 — 8 janvier 1578).

Weisse (Christian Ernst). Bruchstücke aus dem Leben C. v. Carlowitz. *Freiberg*. 1801. 8.

Langenn (Friedrich Albrecht v.). C. v. Carlowitz und seine Zeit. *Leipz*. 1853. 8.

Carlsburg (Loeb),
  rabbin juif († 1835).

Ullmann (Lion). Rede bei dem Trauergottesdienst zu Ehren des verstorbenen Ober-Consistorial-Rabbiners L. Carlsburg zu Crefeld. *Coblenz*. 1835. 8.

Carlstadt, voy. **Bodenstein.**

Carmagnola (Francesco **Bussone**, conte di),
  général italien (1390 — décapité le 5 mai 1432).

Cibrario (Luigi). La morte del conte di Carmagnola, illustrata con documenti inediti. *Torin*. 1834. 8.

Carmeli (Michelangelo),
  poëte italien (27 sept. 1706 — 15 déc. 1766).

Fanzago (Francesco). Elogio storico del P. M. Carmeli, dei minori osservanti in S. Francesco di Padova. *Padova*. 1779. 8.

Carmon (Jacob),
  jurisconsulte allemand (2 mars 1677 — 25 juillet 1743).

Mantzel (Ernst Johann Friedrich). Programma in obitum C. J. Carmoni, JCti Rostochiensis. *Rostoch*. 1745. 4.

Carnéade de Cyrène,
  philosophe grec (214 — 129 avant J. C.).

Roulez (J...). De doctrina Carneadis, philosophi academici, dissertatio. *Gandav*. 1825. 8.

Verburg (A... F...). Dissertatio de Carneade Romam legato. *Ultraj*. 1826. 8.

Gouraud (Charles). Dissertatio de Carneadis, philosophi academici, vita et placitis. *Par*. 1848. 8.

Carnielo (Antonio),
  prêtre italien.

(Paravia, Pietro Alessandro). Breve ricordo della vita e delle virtù del prete A. Carnielo. *Venez*. 1836. 4.

Carnot (le comte Lazare Nicolas Marguerite),
  homme d'État français (13 mai 1753 — 2 août 1823).

Carnot (Lazare Nicolas Marguerite). Réponse au rapport fait sur la conjuration du 18 fructidor. *Par*., an VI. 12.
  Trad. en allem. *Hamb*. 1799. 8.
  Trad. en angl. *Lond*. 1799. 8.
—— Exposé de la conduite politique de M. le lieutenant-général Carnot depuis le 1er juillet 1814. *Par*. 1815. 8. (*Lv*.)

Gautier du Var (Isidore Marie Brignolles). Réfutation de l'exposé de la conduite politique de M. Carnot. *Par*. 1815. 8. (*Lv*.)

Réfutation catégorique du Mémoire de Carnot, adressée à lui-même. *Par*. 1815. 8. (*Lv*.)

Correspondance inédite de Napoléon Bonaparte avec le comte Carnot pendant les cent jours. *Par*. 1819. 8.

Tissot (Pierre François). Mémoires historiques et militaires sur Carnot. *Par*. 1824. 8 *.
  * Rédigés d'après les manuscrits de Carnot et accomp. de son port.

Notice biographique sur le général Carnot et le duc (Joseph Fouché) d'Otrante. *Par*. 1814. 4.

(Serieys, Antoine). Carnot, sa vie politique et privée, contenant des particularités intéressantes, etc., suivi d'un Précis de la conduite de Robert Lindet à la Convention nationale. *Par*. 1816. 12. Portrait.

(**Doris,** Charles). Vie privée, politique et morale de L. N. M. Carnot. *Par*. 1816. 8. (Publiée sous le pseudonyme du baron de B...)

Rioust (N... N...). Vie de Carnot. *Gand*. 1817. 8.

Koerte (Wilhelm). Leben Carnot's. *Leipz*. 1820. 8.

Arago (Dominique François). Biographie de L. N. M. Carnot, membre de la première classe de l'Institut de France. *Par*. 1850. 4.

De la tyrannie de Carnot ou les Carnutes; anecdote druidique écrite y a deux mille ans, s. l. et s. d. (an VI). 8. (Pamphlet extrêmement rare.)

(**Lebois,** R... F...). Détails circonstanciés de la mort de Carnot, ex-membre du Directoire, condamné à la déportation, etc., s. l. et s. d. 8.

Caro (Annibale),
  littérateur italien (1507 — 1566).

Seghezzi (Antonio Federigo). Vita d'A. Caro. *Padova*. 1742. 8.

Caro (David),
  pédagogue allemand.

Lippman (Nathan). Biographie des Herrn D. Caro, Schuldirectors zu Posen, etc. *Posen*. 1846. 8.

Carolides v. Carlsberg (Carl),
  homme d'État bohème.

Carlsberg (Georg Carolides v.). Parentalia C. a Carlspergo, patri suo, habita. *Prag*. 1599. 4.

Caroline d'Anspach,
  épouse de George II, roi d'Angleterre (1682 — mariée le 2 sept. 1705 — 20 nov. 1737).

Clarke (David). Essay towards the character of Caroline. *Lond*. 1756. 8. Trad. en allem. par G... L..., MEYER. *Alton*. 1758. 8.

Particular account of the solemnities used at the coronation of king Georg II and queen Caroline. *Lond*. 1761. 8.

Caroline Marie d'Autriche,
  épouse de Ferdinand I, roi de Naples (13 août 1752—mariée le 12 mai 1768 — 8 sept. 1814).

Taddei (Emmanuele). Orazione funebre per la morte di Carolina d'Austria. *Napol*. 1815. Fol.

Caroline Amélie Élisabeth de Brunswick,
  épouse de George IV, roi d'Angleterre (17 mai 1768 — mariée le 8 avril 1795 — 7 août 1821).

Ashe (Thomas). Memoirs of the life of princess Caroline. *Lond*. 1812. 2 vol. 8.
  Trad. en allem. *Leipz*. 1814. 2 vol. 8.
  Trad. en franç. (par M... PICOT). *Par*. 1813. 2 vol. 8. Portrait.

Tagebuch eines britischen Reisenden, oder Denkwürdigkeiten über I. K. H. die Prinzessin von Wallis während der Jahre 1814-16. *Aarau*. 1817. 8. (Trad. de l'italien.)

Proces Dronning Carolines, og de dermed sammenhaengende Tildragelser, etc. *Christiania*. 1820-21. 2 vol. 8. (Trad. de l'angl. par P... T... HANSON.)

Historische Denkwürdigkeiten aus dem Leben und über den Prozess der Königin Caroline von England, etc. *Leipz*. 1820. 8. (Avec le portrait de son favori Pergami.)

Leben und Schicksale der Königin Caroline von England, nebst authentischen Nachrichten über die im Jahre 1806 wegen ihres Betragens angestellte Untersuchung und ihre förmliche Freisprechung von den aufgestellten Beschuldigungen. *Brem*. 1820. 8. 4 portraits.

Biographische Skizze der Königin Caroline von England, etc. *Augsb*. 1820. 8.

Henri VIII et George IV. *Par*. 1820. 8.

Lettre d'un jurisconsulte de Paris à milord *** sur le procès de la reine d'Angleterre. *Par*. 1820. 8.

Popham (Home). Le sac blanc ou extraits de différentes correspondances d'Angleterre, d'Allemagne, d'Italie, relatives aux mœurs et à la conduite de l'infortunée Caroline de Brunswick, reine d'Angleterre. *Par*. 1820. 2 vol. 8. (Trad. de l'anglais.)

Oglou (comtesse d'). Mort de Caroline de Brunswick, reine d'Angleterre, ou le trond du sac, etc. *Par*. 1821. 8.

Tarmini Almerté (N... N...)*. Voyage de S. M. la reine (Caroline) d'Angleterre et du baron Pergami (ou mieux Bergami) en Allemagne, en Italie, en Grèce, en Sicile et à Tunis de 1816 à 1820. *Par*. 1820. 8. Trad. en allem. *Leipz*. 1821. 8.
  * L'auteur a été attaché à la reine pendant ses voyages.

Mémoires et documents historiques sur la vie et le procès de la reine Caroline d'Angleterre. *Par*. 1821. 4 vol. 8.

Desquiron de Saint-Agnan (Antoine Toussaint). Histoire du procès de la reine (Caroline) d'Angleterre. *Par.* 1821. 8.

—— Tablettes de la reine (Caroline) d'Angleterre. *Par.* 1821. 2 vol. 8.

Gerstner (Gottfried). Denkwürdigkeiten des Jahres 1821; geschichtliche Darstellung aller merkwürdigen Begebenheiten dieses Jahres, etc. *Augsb.* 1822. 8 *.

* Ces mémoires, contenant la vie de la reine Caroline, sont accomp. de son portrait.

Prozess der Königin Caroline von England vor dem englischen Parlamente im Jahre 1820. *Brem.* 1821-22. 2 vol. 8. (Trad. de l'anglais.)

Caroline Mathilde de Galles,
épouse de Christian VII, roi de Danemark (22 juillet 1751 — mariée le 7 nov. 1766 — 11 mai 1775).

Mémoires d'une reine infortunée. *Lond. et Par.* 1766. 12.

Histoire de la dernière révolution arrivée en Danemark, écrite de la propre main de S. M. la reine Caroline Mathilde. *Rotterd.* 1772. 8. Trad. en allem. *Rotterd.* (?) 1772. 8.

Rothe (Caspar Peter). Geheime Beretnig om Caroline-Mathildes Oldemoder, Kong Georgs I Gemalinde. *Kjoebenh.* 1775. 8. (Trad. du franç.)

Krohne (Johann Wilhelm Franz v.). Deduction über die Ehescheidung der Königin Caroline Mathilde von Dänemark. *Hamb.* 1773. 8.

Lenzen (N... N...). Die letzten Stunden der Königin Caroline Mathilde, Gemahlin Christian's VII. *Kopenh.* 1775. 8.

Falckenskiold (Sénèque Othon de). Mémoires pour servir à l'histoire de la reine Caroline-Mathilde de Danemark, publ. par Philippe SECRETAN. *Par.* 1826. 8. Trad. en allem. par L... A... MAGNUS. *Leipz.* 1826. 2 vol. 8.

Heimbuerger (Christian Heinrich). Caroline Mathilde (von Wallis), Königin von Dänemark, nach ihrem Leben und Leiden, aus zum Theil ungedruckten Quellen dargestellt. *Celle.* 1831. 12.

Sittliche Frage, warum mussten die Königin von Dänemark, Caroline Mathilde, und die Grafen Joh. Friedr. v. Struensee und Enewolt v. Brandt in Kopenhagen arretirt, erstere von ihrem Gemahle geschieden und die beiden Letztern zum Tode verurtheilt und hingerichtet werden? *Elyseum.* (*Hamb.*) 1777. 8. (Comp. CHRISTIAN VII et Johann Friedrich Graf. v. STRUENSEE.)

Carolinus (Saxo).

Hiller (Johann Friedrich). Dissertatio de Saxonis Carolini eruditione. *Witteb.* 1741. 4.

Carolostadius, voy. **Bodenstein** (Andreas).

Caron (Antoine),
peintre français du XVIe siècle.

Montaiglon (Anatole de). A. Caron de Beauvais, peintre du XVIe siècle. *Par.* 1850. 8. (Extrait du journal *l'Artiste.*)

Caron (Jean Charles Félix),
chirurgien français (vers 1745 — 19 août 1824).

Forestier (Jean Baptiste). Oraison funèbre de M. Jean C. F. Caron, chirurgien en chef de l'hospice Cochin. *Par.* 1824. 8.

Carondelet (Jean de),
homme d'État belge (1469 — 8 février 1544).

Murray (Marie Caroline). Éloge et mémoire historique et politique sur la vie de J. de Carondelet, chevalier, seigneur de Champvans, Solre-sur-Sambres, chancelier de Bourgogne. *Brux.* 1786. 8 *. (*Bx., P. et Ld.*)

* Mémoire couronné par l'Académie de Bruxelles.

Lesbroussart (Jean Baptiste). Éloge de J. de Carondelet, seigneur de Solre-sur-Sambres, chancelier de Marie de Bourgogne, de Maximilien d'Autriche et de Philippe I. *Brux.* 1786. 8. (*Bx.*)

Carpani (Carlo Andrea).

(**Regis,** Giovanni). Necrologia del conte C. A. Carpani. *Torin.* 1842. 8.

Carpenter (George lord),
homme d'État anglais (vers 1658 — 1732).

Life of G. lord Carpenter. *Lond.* 1756. 8. Portrait.

Carpentier ou **Charpentier** (Jean),
historiographe français (✝ vers 1670).

Leglay. (André). Notice sur J. Carpentier, historiographe du Cambresis. *Valenciennes.* 1852. 8. (Tiré à 100 exemplaires.)

Carpi (Girolamo da),
peintre et architecte italien (1501 — 1556).

Baruffaldi (Girolamo). Vita di G. da Carpi, pittore ed architetto Ferrarese, publ. avec des notes par Giuseppe PETRUCCI. *Ferrara.* 1841. 8.

Carpzov (August),
jurisconsulte allemand (4 juin 1612 — 19 nov. 1683).

Stuss (Johann Heinrich). Commentatio de vita et meritis A. Carpzovii Friderici Wilhelmi, ducis Saxo-Altenburgensis, cancellarii et ad pacemWestphalicam legati. *Gothæ.* 1750. 4. (*D.*)

Spiller v. Mitterberg (Christian Heinrich Ludwig). Beitrag zur Geschichte grosser Staatsmänner, oder Nachrichten von dem Leben und Ende A. Carpzov's. *Coburg.* 1796. 8.

Carpzov (August Benedict),
jurisconsulte allemand (2 nov. 1644 — 4 mars 1708).

Guenther (Johann). Concio funebris germanica, curriculum vitæ germanice scriptum, Christopheri SCHREITERI oratio funebris, Joanni CYPRIANI programma funebre academicum, et Epicedia variorum. *Lips.* 1708. Fol. Portrait. (*D.*)

Carpzov (Benedict),
jurisconsulte allemand (27 mai 1595 — 30 août 1666).

(**Kromayer,** Hieronymus). Programma academicum in B. Carpzovii funere. *Lips.* 1666. 4. (*D.*)

Lange (Samuel). Predigt bei der Leichen-Bestattung B. Carpzovii. *Leipz.* 1667. 4. (*D.*)

Schwendendoerfer (Georg Tobias). Oratio parentalis in obitum B. Carpzovii, in qua veri et consummatissimi JCti ideam in persona, vita gestisque Carpzovii exhibuit. *Lips.* 1667. 4.

Carpzov I (Friedrich Benedict),
sénateur de la ville de Leipzig (1er janvier 1649 — 20 mai 1699).

(**Cyprian,** Johann). Programma academicum in F. B. Carpzovii funere. *Lips.* 1699. Fol. (*D.*)

Juncker (Christian). Epistola de obitu F. B. Carpzovii. *Schleusing.* 1699. 4. (*D.*)

Crell (Ludwig Christian). Oratio parentalis F. B. Carpzovii memoriæ sacra. *Lips.* 1700. Fol.

Carpzov II (Friedrich Benedict),
jurisconsulte allemand (21 oct. 1702 — .. oct. 1744).

Wendler (Johann Friedrich). Programma academicum in funere F. B. Carpzovii. *Witteb.* 1744. Fol. (*D.*)

Carpzov I (Johann Benedict),
théologien allemand (27 juin 1607 — 27 nov. 1657).

(**Kromayer,** Hieronymus). Programma in J. B. Carpzovii. *Lips.* 1657. 4. (*L.*)

Carpzov II (Johann Benedict),
théologien allemand (24 avril 1639 — 23 mars 1699).

(**Cyprian,** Johann). Programma in funere J. B. Carpzovii. *Lips.* 1699. Fol. (*D.*)

Stuebel (Andreas). Epistola de obitu J. B. Carpzovii. *Lips.* 1699. Fol. (*D.*)

Carpzov III (Johann Benedict),
jurisconsulte allemand (25 oct. 1675 — 8 sept. 1739).

Kirchmaier (Georg Wilhelm). Programma academicum in funere J. B. Carpzovii. *Witteb.* 1759. Fol. (*D.*)

Haupt (Ernst Friedrich). Über Dr. J. B. Carpzov als Historiker. *Goerl.* 1842. 8.

Carpzov (Johann Gottlieb),
théologien allemand (26 sept. 1679 — 7 avril 1767).

Overbeck (Johann Daniel). Laudatio funebris J. G. Carpzovii. *Lubec.* 1767. 4. (*D.*)

—— Memoria vitæ J. G. Carpzovii. *Lubec.* 1767. Fol. (*D.*)

Becker (Peter Hermann). Leben G. Carpzov's. *Lübeck.* 1767. Fol.

Carpzov (Samuel Benedict),
théologien allemand (17 janvier 1647 — 31 août 1707).

Gleich (Johann Andreas). Leichenpredigt bei dem Begräbniss des Superintendenten S. B. Carpzov. *Dresd.* 1707. Fol. Portrait. (*D.*)

(**Cyprian**, Johann). Programma academicum in S. B. Carpzovii funere. *Dresd.* 1708. Fol. (*D.*)

Ittig (Thomas). Oratio parentalis D. S. B. Carpzovii. *Dresd.* 1708. Fol. (*D.*)

Wernsdorff (Gottlieb). Oratio parentalis in S. B. Carpzovii honorem. *Dresd.* 1708. Fol. (*D.*)

Carra (Jean Louis),
député à la Convention nationale (1743 — guillotiné le 31 oct. 1793).

Précis de la défense de Carra, député à la Convention nationale, contre ses accusateurs, s. l. an II (1793). 8.

Carra à ses concitoyens de tous les départements, de la Conciergerie, s. l. et s. d. (*Par.* 1793). 8.

Carrach (Johann Tobias),
jurisconsulte allemand (1er janvier 1702 — 21 oct. 1775).

Koenig (Heinrich Johann Otto). Leben und Schriften des Herrn J. T. Carrach. *Halle.* 1776. 4. (*D.*)

Carradori (Giovacchino),
naturaliste italien (6 juin 1758 — 24 nov. 1818).

Silvestri (Pietro). Elogio storico di G. Carradori. *Pisa.* 1818. 8.

Carranza y Miranda (Bartolomeo de),
archevêque de Tolède (1503 — 2 mai 1576).

Salazar de Mendoza (Pedro). Vida y sucesos prosperos y adversos de B. de Carranza y Miranda, publ. par Antonio VALLADARES DE SOTOMAYOR. *Toled.* 1788. 8.

Carrara (Giovanni Michele Alberto),
savant italien († 26 oct. 1490).

Suardi (Antonio). Vita di G. M. A. Carrara. *Bergamo.* 1784. 8.

Carrara (Marsiglio da),
tyran de Padoue.

Bianchi (Giuseppe). Difesa di M. da Carrara, secondo signor di Padova, contro le maldicenze di Albertino Mussato. *Padov.* 1835. 16.

Carrava (Francesco Antonio),
cardinal italien.

Ansidei (Reginaldo). Orazione delle lodi del cardinale F. A. Carrava. *Perug.* 1793. 8.

Carrascosa (Martin de),
prêtre espagnol.

Huelamo (Melchior de). Vida y muerte santa de F. M. de Carrascosa, sepultado en San Francisco de Cuenca. *Cuenca.* 1617. 4.

Carray (Antoine),
savant français.

Partolus (Vienotus). Oratio de vita et obitu A. Carray. *Montisbell.* 1599. 4.

Carré (Guillaume Louis Julien),
jurisconsulte français (21 oct. 1777 — 13 mars 1832).

Waldeck-Rousseau (N... N...). Notice sur la vie et les ouvrages de G. L. J. Carré, professeur et doyen de l'école de droit à Rennes. *Rennes.* 1832. 8.

Carré (Pierre Laurent),
littérateur français (7 nov. 1758 — 25 février 1825).

Dumège (Alexandre). Notice sur la vie de P. L. Carré, et son éloge par N... N... TAJAN. *Toulouse.* 1826. 8 *.
* Cette notice, tirée à part à très-petit nombre, est accomp. de son portrait.

Carrel (Armand),
publiciste français (vers 1801 — tué le 24 juillet 1836).

Boelsche (Carl). Zwei Republikaner. *Frf.* 1850. 16 *.
* Contenant la vie d'A. Carrel et celle de Ludwig Boerne.

Carrère (Thomas),
médecin français (11 février 1714 — 26 juin 1764).

Audouard (Matthieu François Maxence). Notices historiques sur la vie et les ouvrages de MM. Icard, de Castres, chirurgien, professeur d'accouchement, et de Carrère, professeur de médecine de Perpignan, et de Ferrier, médecin à Narbonne, etc. *Montpell.* 1807. 4.

Carretto (Fabrizio del),
homme d'État italien.

Elogio di F. del Carretto. *Genov.* 1831. 4.

Carrier (Jean Baptiste),
membre de la Convention nationale (1756 — guillotiné le 16 déc. 1794).

Babeuf (François Noël). Du système de dépopulation,

ou la vie et les crimes de J. B. Carrier. *Par.*, an III (1793). 8. Portrait.

Relation du voyage des cent trente-deux Nantais. *Par.*, an II (1794). 8 *.
* Cette pièce, dont il existe une douzaine d'éditions, a été traduite en plusieurs langues.

La Loire vengée, ou recueil historique des crimes de Carrier. *Par.*, an III (1793). 3 vol. 8.

Carrier (Jean Baptiste). Rapport sur les missions qui lui ont été confiées. *Par.*, an III (1793). 8.

Rapport fait par la commission des vingt et un, pour examiner la conduite de Carrier. *Par.*, an III (1793). 2 parts. 8.

Vie abominable, scandaleuse, politique et curieuse de J. B. Carrier. *Par.*, an III (1793). 12. Portrait.

Vie sans pareille, politique et scandaleuse du sanguinaire Carrier, ex-député à la Convention nationale, envoyé en qualité de représentant du peuple à Nantes, théâtre de ses fureurs. *Par.*, an III (1793). 12. Portrait. (*Lv.*)

Phelippes de Tronjolly (N... N...). Dénonciation des crimes de Carrier. *Par.*, an III (1793). 4.

—— Noyades, fusillades, etc., ou réponse au rapport de Carrier. *Par.*, an III (1793). 2 parts. 8.

Bulletin du tribunal révolutionnaire, contenant le procès de Carrier et du comité révolutionnaire de Nantes. *Par.* 66 numéros. 4.

Procès criminel des membres du comité révolutionnaire de Nantes et de Carrier, ci-devant représentant du peuple. *Par.*, an IV (1796). 4 vol. 18.

Desessarts (Nicolas Lemoyne). Carrier, das blutdürstige Ungeheuer und seine Mitschurken. Gräuelscene aus der französischen Revolution. *Frf.* 1803. 8. (Trad. du français.)

Carriera (Rosalba),
peintre italienne (7 oct. 1675 — 15 avril 1757).

Carriera (Rosalba). Diario degli anni 1720 e 1721 scritto di propria mano in Parigia, posseduto, illustrato e pubblicato da Giovanni VIANNELLI. *Venez.* 1793. 4.

Zanetti (Girolamo). Elogio di R. Carriera, pittrice. *Venez.* 1818. 8.

Carrillo (Sancha),
religieuse espagnole.

Roa (Martin de). Vida y maravillosas virtudes de Doña S. Carillo. *Sevilla.* 1615. 4.

Carro (Jean de),
médecin suisse (8 août 1770 — ...).

Manoi (Rudolph). Die am 23 und 24 Juni 1843 abgehaltene Feier des 50 jährigen Doctor-Jubiläums des Herrn Dr. Ritters J. de Carro, derzeit Brunnenarztes in Carlsbad, etc. *Prag.*, s. d. (1843). 8.

Weitenweber (Wilhelm Rudolph). Biographie des Dr. J. Ritter de Carro, s. l. et s. d. (*Prag.* 1844). 8. (Extrait du journal *Ost und West.*)

Carson (Alexander),
littérateur anglais.

Moore (G... C...). Life of A. Carson. *Lond.* 1851. 12.

Carstaires (John),
théologien anglais.

Ferrie (William). Letters and correspondence of the Rev. J. Carstaires, etc., to which is prefixed an account of his life. *Edinb.* 1846. 8.

Carstanjen (Conrad Jacob),
médecin allemand.

Doctor-Jubiläum des Herrn C. J. Carstanjen, ehemaligen Professor's des Universität Duisburg, Doctor's der Medicin, etc. *Essen.* 1835. 8.

Carsten (Henrik),
évêque de Vibourg (25 mai 1612 — 27 janvier 1683).

Baeng (Pehr). Concio funebris in H. Carstenium, episcopum Wiburgensem. *Aboæ.* 1685. 4.

Carsten (Ulrich),
théologien suédois.

Sträng (Anders). Vox clamans concionare, etc., s. concio funebris in U. Carstenium, pastorem Wiburgensem, sermone suecico. *Aboæ.* 1679. 4.

Carstens (Asmus Jacob),
peintre danois (10 mai 1754 — 25 mai 1798).

Fernow (Carl Ludwig). Leben des Künstlers A. J. Carstens. *Leipz.* 1806. 8. Portrait. (*L.* et *P.*)

Carstens (Joachim Heinrich),
théologien allemand.
Seelen (Johann Heinrich v.). Memoria J. H. Carstens,
pastoris Aegidiani. *Lubec.* 1733. Fol.

Carstens (Joachim Lothar),
jurisconsulte allemand.
Seelen (Johann Heinrich v.). Memoria J. L. Carstens,
JCti et consulis. *Lubec.* 1727. Fol.

Carstens (Johann Friedrich),
magistrat allemand.
Seelen (Johann Heinrich v.). Memoria J. F. Carstens.
Lubec. 1761. Fol.
Overbeck (Johann Daniel). Leben und Verdienste J. F.
Carstens, Lübeck'schen Bürgermeisters. *Lübeck.* 1761.
Fol.

Carstens (Johann Gottfried),
médecin allemand.
Seelen (Johann Heinrich v.). Memoria J. G. Carstens,
medicinæ doctoris. *Lubec.* 1720. Fol.

Carstens (Meno Nicolaus),
théologien allemand.
Overbeck (Johann Daniel). Lebensgeschichte M. N. Carstens, Pastors am (Lübecker) Dom. *Lübeck.* 1737. Fol.

Carstens (Nicolaus),
magistrat allemand.
Seelen (Johann Heinrich v.). Memoria N. Carstens, senatoris. *Lubec.* 1753. Fol.

Carstens (Thomas Friedrich),
jurisconsulte allemand.
Seelen (Johann Heinrich v.). Memoria T. F. Carstens,
syndici et protonotarii. *Lubec.* 1734. Fol.

Carta (Étienne),
dominicain français.
Testefort (Jean). Discours funèbre, panégyrique et
consolatoire sur le trespas du R. P. F. E. Carta, prieur
de Notre-Dame de Confort à Lyon. *Lyon.* 1618. 8.

Carter (Elizabeth),
auteur anglaise (1717 — 19 février 1806).
Pennington (Montagu). Memoirs of the life of Mrs.
E. Carter, etc. *Lond.* 1807. 4. *Ibid.* 1808. 2 vol. 8.

Carter (John),
théologien anglais.
Draper (William James). Memoirs of J. Carter. *Lond.*
1850. 8.

Cartesius, voy **Descartes.**

Cartier (Louis Vincent),
médecin français (1768 — 13 janvier 1839).
Montherot (M... de). Éloge historique de M. L. V. Cartier, docteur en médecine, ancien chirurgien-major de
l'Hôtel-Dieu, de l'Académie royale des sciences, belles-
lettres et arts de Lyon, etc. *Lyon.* 1839. 8.

Cartwright (Edmond),
mécanicien anglais (1743 — 13 sept. 1824).
Life and correspondence of E. Cartwright. *Lond.* 1826.
2 vol. 8.
Memoirs of the life, writings and mechanical inventions
of E. Cartwright, inventor of the Power Loom. *Lond.*
1843. 8.

Cartwright (John),
militaire anglais, frère du précédent (1740 — 25 sept. 1825).
Life and correspondence of major Cartwright, publ. par
sa nièce, F. D. Cartwright. *Lond.* 1826. 2 vol. 8. Port.

Cartwright (Thomas),
théologien anglais (vers 1535 — 1603).
Brook (B...). Memoir of the life and writings of T. Cartwright, the Puritan reformer, including the principal
ecclesiastical movements in the reign of queen Elizabeth. *Lond.* 1845. 8.

Carus (Friedrich August),
philosophe allemand (27 avril 1770 — 6 février 1807).
Schwarze (Carl August). Zum Andenken des Prof. Carus, s. l. et s. d. (1808). 8. (*D.*)
Schott (Heinrich August). Recitatio de F. A. Cari virtutibus atque meritis. *Lips.* 1808. (*D.*)

Carver (John),
capitaine anglais (1732 — 31 janvier 1780).
Lettsom (John Coakley). Biographical account of captain J. Carver. *Lond.* 1781. 8.

Cary (Henry Francis),
littérateur anglais.
Cary (Henry). Memoir of the Rev. H. F. Cary, translator
of Dante, with his literary journals and letters. *Lond.*
1847. 2 vol. 8. Portrait.

Casa (Giovanni della),
poète et orateur italien (28 juin 1503 — 14 nov. 1556).
Gerardi (Filippo). Biografia di monsignore G. della Casa.
Rom. 1856. 8.

Casali (Tommaso),
littérateur italien.
Gajani (Mariano). Elogio funebre del professore T. Casali. *Sanseverino.* 1844. Fol.

Casanova de Seingalt (Jacopo),
aventurier italien (12 avril 1725 — 12 juin 1803).
Aus den Memoiren des J. Casanova de Seingalt, oder sein
Leben, wie er es zu Dux in Böhmen niederschrieb,
nach dem Original-Manuscript bearbeitet von Wilhelm
v. Schuetz. *Leipz.* 1822-28. 12 vol. 8. (*D.* et *P.*) Trad.
en franç. par N... N... Audert de Vitry. *Par.* 1825-28.
11 vol. 12. (*P.*) *Leipz.* 1826-52. 8 vol. 8.
Casanoviana oder Auswahl aus J. Casanova's de Seingalt
Memoiren. *Leipz.* 1828. 8. (*D.*)
Barthold (Friedrich Wilhelm). Die geschichtlichen Per-
sönlichkeiten in J. Casanova's Memoiren. *Berl.* 1846.
2 vol. 8. (*D.*)

Casanova de Seingalt (Jacob). Histoire de ma fuite des
prisons de la république de Venise, qu'on appelle les
Plombs. *Leipz.* 1788. 8. (*D.*) *Prag.* 1788. 8. *Halle.*
1823. 8. Trad. en allem. *Halle.* 1823. 8.

Casaubon (Isaac de),
philologue suisse (13 février 1559 — 1er février 1614).
(**Bouritius** , Hector). Oratio anniversaria dicta honori
I. Casauboni. *Leovard.* 1615. 4. (*L.*)
Medici Londinensis (id est Raphael Tonius) epistola de
I. Casauboni morbi mortisque caussa. *Lugd. Bat.*
1619. 4.
Nisard (Charles). Le triumvirat littéraire au xvie siècle.
Juste Lipse, Joseph Scaliger et I. Casaubon. *Par.*
1852. 8.

Cascellius (Aulus),
jurisconsulte romain.
Lagemans (Everard Gothfried). Dissertatio de A. Cas-
cellio JCto. *Lugd. Bat.* 1823. 4. (*D.*)

Cascialupi (Luigi),
médecin italien (25 août 1755 — 25 mars 1820).
Chiappa (Giovanni de). Elogio storico del dottore L. Cascialupi. *Pavia.* 1823. 4.

Casella (Anna Sophia),
épouse du jurisconsulte Théodore Hupaeus.
(**Sigfried** , Johann). Programma in funere lectissimæ
fœminæ A. S. Caseliæ, conjugis doctissimi viri Theodori Hupaei JCti. *Helmst.* 1602. 4. (*L.*)

Casellus (Johann),
humaniste allemand (vers 1533 — 9 avril 1613).
Heidmann (Christoph). Oratiuncula in funere J. Caselii, ejus altero post exequias die habita. *Helmst.*
1613. 4. (*L.*)
(**Sigfried** , Johann). De vita obitu atque de origine viri
clarissimi J. Casalii programma et brevis narratio.
Helmst. 1613. 4. (*L.* et *Lv.*)
Documentum publicum de J. Caselio in academia Pisana
utriusque juris doctore renuncinato. *Helmst.* 1613. 4. (*L.*)

Casellus (Johann Carl),
fils du précédent.
Luchten (Adolph). Programma super obitu J. C. Caselii,
Joannis Caselii unici filii. *Helmst.* 1711. 4. (*L.*)

Casellus (Matthias),
théologien allemand.
Dransfeld (Justus v.). Nonnulla de excellentia mystæ
Christi, de M. Caselio ædis T. crucis Gottingensis quondam pastore, etc. *Gotting.* 1705. 4. (*L.*)

Caselli (Eufrosina),
bel-esprit italienne.
Contrucci (Pietro). Biografia di E. Caselli. *Firenz.*
1856. 8.

Caseneuve (Pierre de),
jurisconsulte français (31 oct. 1591 — 31 oct. 1652).

Medon (Bernard). Vita viri illustris Casenovæ presbyteri, *Tolos.* 1656. 4. (*P.*) 1689. 4. (Tiré à part à très-petit nombre.) *Vratislav.* 1711. 8.

Casimir I, dit le Pacifique,
roi de Pologne († 28 nov. 1058).

Mini (Tommaso). Vite del B. Bogumilo, arcivescovo di Gnesna, monaco camaldolense, e del pio e devoto Casimiro di tal nome primo re di Polonia, discepolo del P. S. Romualdo. *Venez.* 1620. 4.

Casimir V (Jean),
roi de Pologne (1609 — 29 mai 1648 — abdiquant en 1669 — 16 déc. 1672).

Lebensbeschreibung Casimirs (V), weyland Königs in Polen, und dessen denkwürdigste Begebenheiten. *Nürnb.* 1680. 2 vol. 12. (Trad. du franç.) — (*L.*)

Casimir (Saint),
grand-duc de Lithuanie (5 oct. 1458 — 4 mars 1483).

Ferreri (Zaccaria). Vita S. Casimiri. *Cracov.* 1520. 4. *Thorun.* 1521. 4.

Casimire,
princesse d'Anhalt-Dessau.

Leben der Fürstin Casimire von Anhalt-Dessau. *Lemgo.* 1780. 8. Trad. en holland. par J... van Loo. *Utrecht.* 1794. 8.

Casini (Paolo),
médecin italien.

Caramelli (Giorgio). Biografia del dottore P. Casini, etc. *Firenz.* 1857. 8.

Cassander.

H... (R... v.). Antipater und Cassander, oder die Regenten von Macedonien und Griechenland. *Wien.* 1802. 8.

Cassani (Dionigio Andrea),
peintre italien.

Cavalieri (Gioseffo Antonio). Lettera, etc., sopra la persona del dottore D. A. Cassani, s. l. 1802. 8.

Cassien (Saint),
martyr italien.

Tartarotti (Gieronimo). Epistola de episcopatu Sabionensi S. Cassiani martyris deque S. Ingenuini ejusque urbis episcopi actis. *Venet.* 1760. 8. (*D.*)

Cassien (Saint).

Guesnay (Jean Baptiste). Cassianus illustratus s. chronologia vitæ J. Cassiani. *Lugd.* 1652. 4.

Cassien (Jean),
fondateur du monastère de Saint-Victor († vers 448).

Wiggers (Gustav Friedrich). Commentationes III de J. Cassiano Massiliensi, qui semipelagianismi auctor vulgo perhibetur. *Rostoch.* 1822-24. 8.

Meyer (Louis Frédéric). J. Cassien, sa vie et ses écrits. *Strasb.* 1840. 8.

Cassière (Levesque de la),
grand-maître de Malte.

Mémoire sur l'attentat commis par une partie des chevaliers de Malte contre le grand-maître de Malte (Levesque de Cassière), etc., s. l. et s. d. 12.

Cassini (Alexandre Henri Gabriel de),
pair de France (9 mai 1781 — 16 avril 1832).

Gossin (N... N...). Notice sur M. de Cassini, pair de France. *Par.* 1852. 8.

Cassini IV (Jean Dominique),
astronome français (30 juin 1748 — 17 oct. 1845).

Devic (J... S... F...). Histoire de la vie et des travaux scientifiques et littéraires de J. D. Cassini IV, ancien directeur de l'Observatoire, membre de l'ancienne et de la nouvelle Académie des sciences, etc. *Clermont.* 1851. 8.

Cassiodore (Marcus Aurelius),
historien romain (vers l'an 470 — 564).

Möller (Daniel Wilhelm). Disputatio circularis de M. A. Cassiodoro. *Altorf.* 1686. 4. (*D.*)

Sainte-Marthe (Denis de). Vie de Cassiodore, chancelier et premier ministre de Théodoric le Grand, etc. *Par.* 1694. 12. *Ibid.* 1705. 12.

Olleris (Alexandre). Cassiodore, conservateur des livres de l'antiquité latine. *Par.* 1841. 8.

Cassitto (Luigi Vincenzo),
théologien italien (31 déc. 1766 — 11 mars 1822).

Perrotta (Vincenzo Maria). Elogio funebre di L. V. Cassitto. *Napol.* 1822. 8.

Cassius (Longinus Cajus), voy. **Longinus.**

Cassius Parmensis,
poète romain.

Weichert (August). Commentationes II de Cassio Parmensi poeta. *Grimm.* 1832-34. 4.

—— Dissertatio de Lucii Varii et Cassii Parmensis vita et carminibus. *Grimm.* 1836. 4.

Nicolas (Alexander). Thesis latina: De Cassio Parmensi poeta, ac præsertim de quibusdam apud Suetonium Tranquillum epigrammatis. *Saint-Cloud.* 1852. 8.

Cassstroem (Samuel Niclas),
homme d'État suédois (4 déc. 1763 — 15 déc. 1827).

Pontin (Magnus af). Biografi öfver S. N. Cassstroem. *Stockh.* 1850. 8.

Castalion, voy. **Castellio** (Sébastien).

Castellane (N... N...),
maréchal de France.

(**Charras**, colonel). Les trois maréchaux: MM. Saint-Arnaud, Magnan et Castellane. *Brux.* 1851. 18. Trad. en allem. *Hamb.* 1853. 8.

Castelli (Bartolomeo),
évêque de Mazzara.

Merati (Giuseppe). Vita di B. Castelli, vescovo di Mazzara. *Venez.* 1758. 4. (*L.*)

Castelli (Benedetto),
mathématicien italien (1577 — 1644).

Vita B. Castelli, Brixiensis. *Dresd.* 1745. 8. (*D.*)

Tanfoglio (Sisto). Elogio di B. Castelli. *Bresc.* 1819. 8.

Castelli (Bernardino),
peintre italien (1557 — 1629).

Moschini (Giovanni Antonio). Memoria sulla vita del pittore B. Castelli. *Venez.* 1810. 8.

Castellio (Sébastien),
philologue français (vers 1515 — 29 déc. 1563).

Fuessli (Johann Conrad). Lebensgeschichte S. Castellio's, öffentlichen Lehrers der griechischen Sprache auf der Universität zu Basel, (publ. par Johann Christoph Martini). *Leipz.* et *Frf.* 1775. 8. (*D.*)

Castelnau de Mauvissière (Jacques, marquis de),
maréchal de France (vers 1620 — 15 juillet 1658).

Cherpignon (Hyacinthe). Oraison funèbre du maréchal de Castelnau, prononcée à ses obsèques, etc., s. l. (*Bourges.*) 1658. 4.

Castelnau de Mauvissière (Michel de),
diplomate français (vers 1520 — 1592).

Castelnau (Michel de). Mémoires contenant les choses remarquables sous les rois François II et Charles IX depuis l'an 1559 jusqu'au 8 août 1570, publ. par Jacques de Castelnau. *Par.* 1621. 4. Augment. par Jean Le Laboureur, *Par.* 1659. 2 vol. Fol. Rev. par Jean Godefroy, *Brux.* 1731. 3 vol. Fol. Trad. en angl. par N... N... Kelly. *Lond.* 1724. Fol.

Laboureur (Jean Le). Vie de M. de Castelnau, ambassadeur en Angleterre. *Par.* 1659. Fol. *Brux.* 1731. Fol.

Castelnuovo (Giovanni Battista),
évêque de Como.

Ceresola (Domenico). Elogio funebre di monsignor G. B. Castelnuovo, vescovo di Como. *Como.* 1852. 8.

Castelvetro (Ludovico),
critique italien (1505 — 21 février 1571).

Muratori (Ludovico Antonio). Vita ed opere critiche di L. Castelvetro. *Berna.* (*Milan.*) 1727. 4.

Lebret (Johann Friedrich). Anecdota de L. Castelvetro ejusque scriptis, s. l. 1763. 4.

Péricaud (Antoine). F. Wilson, G. Postel et L. Castelvetro. Fragments extraits d'un supplément à l'*Histoire littéraire* de Lyon du père (Dominique) Colonia. *Lyon.* 1850. 8.

Castello (Margherita di),
religieuse italienne.

Pollini (Girolamo). Vita della B. M. di Castello, suor dell' terzo ordine di S. Domenico. *Perug.* 1601. 8.

Casti (Giovanni Battista),
poëte italien (1721 — 7 février 1803).

Pitaro (Antonio). Storia della vita e degli scritti dell' abate Casti. *Par.* 1828. 8 *.

* L'existence de cet ouvrage nous paraît douteuse.

Castiglione,
famille italienne.

Beffanegri (Antonio). Elogi istorici d' alcuni personnaggi della famiglia Castigliona , publ. par Cesare CAMPANA. *Mantova.* 1666. 4.

Castiglione (Baldassare),
poëte italien (6 déc. 1478 — 8 février 1529).

Ferri (Girolamo). De vita et scriptis B. Castiglionis. *Mant.* 1780. 8.

Benini (Giovanni Vincenzo). Elogio del più virtuoso uomo italiano del secolo XVI (B. Castiglione). *Venez.* 1789. 12. Portrait. (*D.*)

Castlehaven (James **Touchet**, earl of),
homme d'État anglais.

Memoirs of J. lord Audley, earl of Castlehaven, his engagment and carriage in the wars of Ireland, from the year 1642 to the year 1651. *Lond.* 1680. 12. (Écrits par lui-même.) Augment. *Ibid.* 1684. 12. *Dubl.* 1815. 8.

(**Borlase**, Edmond). Brief reflexions of the earl of Castlehaven's Memoirs. *Lond.* 1682. 8.

Castlehaven (Mervin **Touchet**, earl of).

Arraignment and conviction of M. l. Audley, earl of Castlehaven, at Westminster, on Monday, 23 April. 1641. *Lond.* 1642. 4. Portrait.

Tryal of the lord of Castlehaven for rape an sodomy, s. l. (*Lond.*) 1699. 8. *Ibid.* 1708. 8. *Ibid.* 1719. 8.

Castlemaine (Robert, earl of),
diplomate anglais.

Wright (Michael). Account of the embassy of R. earl of Castlemaine to. Innocent IV, from king James II. *Lond.* 1688. Fol. Portrait du comte C.

Castlereagh, marquess of **Londonderry** (Robert **Stewart**, viscount of),
ministre anglais (18 juin 1769 — se donnant la mort le 12 août 1822).

Vane of Londonderry (Charles). Memoirs and correspondence of viscount Castlereagh, second marquess of Londonderry. *Lond.* 1848-49. 4 vol. 8.

Castor (Saint),
évêque d'Apt († 21 sept. 419).

(**Rivoire**, Antoine). Vie de S. Castor, évêque d'Apt. *Par.* 1768. 12.

Vita S. Castoris confessoris. *Coblenz.* 1855. 8. Trad. en allem. *Coblenz.* 1853. 16.

Castovius (Erik),
savant suédois (1655 — 4 déc. 1703).

Upmark (Johan). Oratio funebris de vita et morte E. Castovii. *Upsal.* 1704. 4.

Castriotto (George), voy. **Scander-Beg.**

Castro (Ines de),
épouse de Don Pedro de Portugal († assassinée en 1355).

Levensgevallen van Agnes de Castro. *Amst.* 1756. 8.

Castro (Juan de),
vice-roi des Indes (7 février 1500 — 6 juin 1548).

Ribeiro (Joaõ Pinto). Elogio de D. J. de Castro. *Lisb.* 1642. 4.

Coêlho (Simaõ Torrezam). Elogio de D. J. de Castro. *Lisb.* 1642. 4. *Ibid.* 1756. 4.

Andrada (Jacinto Freyre de). Vida de D. J. de Castro, vi - rey de India. *Lisb.* 1651. Fol. *Ibid.* 1671. Fol. *Ibid.* 1703. Fol. *Ibid.* 1722. 4. *Ibid.* 1756. 4. *Par.* 1759. 12. *Ibid.* 1769. 12. *Lisb.* 1786. 12 ; avec la vie de l'auteur, *Madr.* 1802. 8. *Par.* 1818. 12 ; avec des notes par Francisco Justiniano Saraiva de SAN LUIZ, *Par.* 1855. 12. *Lisb.* 1855. 8.

Trad. en angl. par Peter WYCHE. *Lond.* 1664. Fol. Trad. en lat. par Francesco Maria del Rosso. *Rom.* 1727. 4. *Ibid.* 1752. 4.

Lindau (Wilhelm Adolph). J. de Castro.; Gemälde eines Heldenlebens, etc. *Dresd.* 1813. 8.

Castruccio-Castracani degli Antelminelli,
seigneur de Lucques († 3 sept. 1328).

Tegrimi (Niccolò). Vita Castruccii Castracani, ducis Luccensis. *Moden.* 1496. 4. *Par.* 1546. 8.

Trad. en ital. :
Par Giusto COMPAGNI. *Lucca.* 1556. 4.
Par Giovanni DATI. *Lucca.* 1772. 4.

Macchiavelli (Niccolò). Vita di Castruccio-Castracani. *Firenz.* 1554. 4.

Trad. en allem. par Carl Jacob Alexander v. RENNENKAMPF. *Wenden* et *Reval.* 1816. 8.

Trad. en franç. :
Par Georges GUILLET DE SAINT-GEORGE.*Par.*1671.12.
Par Jean François DRAUX-DU-RADIER. *Par.* 1755. 8.

Manucci (Aldo). Azioni di Castruccio-Castracani degli Antelminelli, con la genealogia della famiglia. *Rom.* 1590. 4. Publ. par Giovanni ROSINI. *Rom.* 1820. 8. *Lucca.* 1843. 8.

Wieland (Ernst Carl). Dissertatio de Castruccio, duce Luccensi, S. R. J. vexillifero. *Lips.* 1779. 4.

Cat, voy. **Leeat.**

Catalani (Angelica),
cantatrice italienne du premier ordre (1781 — 13 juin 1849).

Mevrouw Catalani, geschetst van hare vroegste ontwikkeling, etc. *Amst.* 1815. 8. Portrait.

Sievers (Georg Ludwig Peter). Über Madame Valabrègue-Catalani als Sängerin, Schauspielerin und mimische Darstellerin. *Leipz.* 1816. 8.

Winzingeroda (E... v.). A. Catalani-Valabrègue ; biographische Skizze. *Cassel.* 1825. 8.

Catalani (Maria).

Actenmässiger Bericht über die wunderbare Heilung der Maria Catalani (durch den Fürsten Leop. Alex. v. Hohenlohe-Waldenburg-Schillingsfürst). *Prag.* 1817. 8.

Catchpole (Margaret).

Cobbold (Richard). History and adventures of M. Catchpole, a Suffolk girl. *Lond.* 1846. 8. (4° édition.) *New-York.* 1846. 8.

Cateni (Rudesino),
général de l'ordre des camaldules.

Salvioni (Giovanni). Orazione funerale in lode di D. R. Cateni, abato generale dell' ordine camaldolense. *Firenz.* 1777. 4.

Cathelineau (Jacques),
l'un des chefs des Vendéens (5 janvier 1759 — 11 juillet 1793).

Vie de J. Cathelineau, premier généralissime des armées catholiques et royales de la Vendée. *Par.* 1821. 8. (*Lv.*)

Muret (Théodore). Vie populaire de Cathelineau. *Par.* 1845. 18.

Catherine (Sainte),
vierge et martyre du IVe siècle.

Bellermann (Johann). S. Catharina. *Leipz.* 1847. 8.

Catherine d'Aragon.

Vico (Giovanni Battista). Oratio in funere Catherinæ Aragoniæ. *Napol.* 1697. Fol.

Catherine de Bologne (Sainte),
clairisse italienne (1413 — 9 mars 1463).

Abrégé de la vie et des miracles de S. Catherine de Bologne, en Italie, religieuse de l'ordre de sainte Claire d'Assise, canonisée le 11 juin de l'année 1712 par notre S. P. le pape Clément XI ; recueilli par un père récolet (!). *Cambrai.* 1713. 12.

Catherine (**Adorni**) **de Gênes,**
(vers 1448 — 14 sept. 1510).

Miratoli (N... N...). Vita della B. Caterina di Genova. *Firenz.* 1580. 8.

La vie et les œuvres spirituelles de S. Catherine d'Adorny de Gennes (!). *Lyon.* 1610. 12. *Par.* 1627. 12. (Très-rare et recherché.)

Catherine de Ricci,
religieuse italienne.

Guidi (Filippo). Vita della venerabile madre suor Caterina de' Ricci, monaca nel monistero (!) di S. Vincenzo di Prato, dell' ordine de' predicatori. *Firenz.* 1622. 4 *. Portrait.

* C'est dans ce monastère où se passèrent les scènes scandaleuses racontées par M. de Potter dans sa *Vie de Mgr. Scipion de Ricci.* La vie de cette sainte n'est pas moins curieuse.

Valsecchi (Virginio). Compendio della vita della B. Caterina de Ricci. *Firenz.* 1753. 4. *Rom.* 1746. 8. *Firenz.* 1746. 8.

Sandrini (Domenico). Vita di S. Caterina di Ricci. *Firenz.* 1747. 4.

Gimpel (N... N...). Ehrenred von der heiligen Catharina von Riciis, s. l. 1747. 4.

<h3 style="text-align:center">Catherine de Sienne (Sainte),</h3>
(1347 — 29 avril 1380).

Pins (Jean de). Divæ Catharinæ Senensis vita; accedit etiam vita P. Beroaldi. *Bonon.* 1505. 4. (Extrêmement rare.)

Pio (Giovanni). Vita S. Catharinæ Siennensis. *Bologn.* 1515. 4.

Vita di S. Caterina da Siena, composta da F. Raymondo da Capua e tradocta in lingua vulghare thoscana da F. Ambrogio Caterina de' Politi. *Siena.* 1524. 4 *.

  * Première édition que les bibliographes italiens n'ont point connue.

Aretino (Pietro). Vita della S. Caterina di Sienna. *Venez.* 1541. 8.

Penna (Antonio de la). Vida y milagrós de la gloriosa S. Catherina de Sena. *Mallorca.* 1617. 12.

Raymond de Capoue. Wunderbares Leben der heiligen Catharina von Siena, trad. de l'ital. par Hieronymus (?) GASSNER. *Augsb.* 1619. 4. Portrait et gravures.

Rechac (Jean). Vie de S. Catherine de Sienne. *Par.* 1647. 12.

Leben der heiligen Catharinä v. Sena (!), Prediger-Ordens. *Coeln.* 1652. 12.

(**Demandon,** Vincent). Vie de la séraphique vierge Catherine de Sienne. *Arles.* 1715. 12.

Pecci (Giovanni Antonio). Vita di S. Caterina di Siena. *Siena.* 1732. 4.

Bleton (Jean François). Vie de S. Catherine de Sienne. *Lyon.* 1829. 18. *Ibid.* 1856. 18.

Poesl (Friedrich). Leben der heiligen Catharina von Siena, aus dem dritten Orden des heiligen Dominicus. *Passau.* 1841. 8. *Ibid.* 1846. 8.

Chavin de Malan (François Emile). Histoire de S. Catherine de Sienne. *Par.* 1846. 2 vol. 8. Trad. en allem. *Regensb.* 1847. 3 vol. 8. Portrait.

Raymond de Capoue. Vie de S. Catherine de Sienne, trad. de l'ital. par E... CARTIER. *Par.* 1853. 18.

<h3 style="text-align:center">Catherine de Suède (Sainte).</h3>

Karsman (Jacob). De heilige Katrina von Zweden. *Antwerp.* 1843. 8.

<h3 style="text-align:center">Catherine de Bourbon,</h3>
épouse de Henri de Lorraine, duc de Bar (7 février 1558 — mariée en 1599 — 13 février 1604).

Caumont de la Force (Charlotte Rose). Histoire secrète de Catherine de Bourbon, duchesse de Bar, avec les intrigues des reines-épouses de Henri III et de Henri IV. *Nancy.* 1703. 12. Augment. s. l. t. de Mémoires historiques ou anecdotes galantes de la duchesse de Bar. *Amst.* 1709. 12. *Rouen.* 1713. 12. (Roman historique.)

<h3 style="text-align:center">Catherine de Brandebourg.</h3>

Goeschel (C... T...). Catharina, Churfürstin und Markgräfin zu Brandenburg, etc. *Berl.* 1838. 8.

<h3 style="text-align:center">Catherine de Brandebourg,</h3>
épouse de Gabriel Bethlen, prince de Transylvanie — (mariée le 22 février 1626).

Umbständliche Relation dess Bethlen Gabors mit der Churbrandenburgischen Prinzessin Catharina zu Kaschau gehaltenen Beilagers, etc. *Prag.* 1626. 4.

<h3 style="text-align:center">Catherine d'Espagne,</h3>
épouse de Charles Emmanuel I, duc de Savoie.

Rofredi (Filippo Maria). De auspicatissimo Caroli Emmanuelis I Sabaudiæ ducis cum Catharina Austriaca Philippi (II) regis Hispaniæ filia conjugio. *Aug. Taurin.* 1585. 4.

<h3 style="text-align:center">Catherine de France,</h3>
épouse de Henri V, roi d'Angleterre (1401 — mariée le 2 juin 1420 — 1438).

(**Baudot de Juilly,** Nicolas). Histoire de Catherine de France (fille de Charles VI et d'Isabeau de Bavière). *Par.* 1696. 12. *Ibid.* 1706. 12 *.

  * Attribuée souvent à Marguerite de LUSSAY.

<h3 style="text-align:center">Catherine de Médicis,</h3>
épouse de Henri II, roi de France (1519 — mariée le 28 oct. 1533 — 5 janvier 1589).

Ordre et forme tenue au sacre de Catherine de Médicis, en l'église de S. Denys. *Par.* 1549. 4.

Legenda sanctæ Catherinæ Mediceæ, s. l. 1575. 8.

Discours merveilleux de la vie, actions et déportements de la reine Catherine de Médicis, reine-mère, déclarant les moyens qu'elle a tenu pour usurper le gouvernement du royaume de France et ruinant l'estat d'iceluy, s. l. 1575. 8. (*Bes.*) s. l. 1578. 8. *Par.* 1649. 8. (*Bes.*) *Cologn.* 1663. 12. *Ibid.* 1720. 12 *.

  * Fameux libelle attribué à Henri ÉTIENNE.

   Trad. en allem. par E... LEBUSIUS. s. l. et s. d. 8.
   Trad. en angl. *Heidelb.* (?) 1575. 12.
   Trad. en holland., s. l. 1585. 8.
   Trad. en lat. s. l. t. Narratio vitæ Catherinæ Mediceæ, s. l. 1578. 8.

Zampini (Matteo). Elogio della gran Caterina, regina di Francia, (écrit en italien et latin) et traduit en espagnol par Girolamo GONDI et trad. en français par Charles PASCAL. *Par.* 1586. 4. (Très-rare.)

Mazzoni (Giacomo). Oratio in exequiis Catharinæ Medicees, Francorum reginæ. *Florent.* 1589. 4. (Extrêmement rare.)

History of the life of Catherine de Medicis, queen-mother and regente of France. *Lond.* 1693. 8. (Extrait de la *Legenda.*)

Dufour (Marie Armande Jeanne Gacon). Cour de Catherine de Médicis, de Charles IX, de Henri III et de Henri IV. *Par.* 1807. 2 vol. 8.

Albèri (Eugenio). Vita di Caterina de' Medici, etc. *Firenz.* 1854. 4 et 8. Trad. en allem. par M... v. BECK. *Augsb.* 1847. 8.

Favre (Benjamin). Études sur Catherine de Médicis. *Strasb.* 1838. 4.

Destigny (Jean François) (de Caen). Histoire mystérieuse de Catherine de Médicis ; ses intrigues, ses crimes, etc. *Par.* 1847. 8 *.

  * L'ouvrage est composé d'environ 30 séries ou 120 livraisons.

Belloy (Pierre de). Déclaration du droit de légitime succession sur le royaume de Portugal, appartenant à la reine-mère Catherine de Médicis. *Anvers.* 1582. 8.

<h3 style="text-align:center">Catherine de Saxe,</h3>
épouse de Henri, duc de Munsterberg.

Arndt (G... A...). Dissertatio de Catharina, Guilielmi III ducis Saxoniæ filia, Henrici junioris, ducis Munsterbergensis, conjuge. *Lips.*, s. d. 4.

<h3 style="text-align:center">Catherine de Toscane,</h3>
épouse de Ferdinand Gonzague, duc de Mantoue (2 mai 1503 — mariée le 17 février 1617 —.. juillet 1629).

Saraceni (Gherardo). Orazione per l' esequie della serenissima madama Caterina de' Medici, duchessa di Mantova. *Siena.* 1629. 4. Trad. en lat. *Senis,* s. d. (1629). 4.

Gemma (Fulgenzio). Ritratto di madama Caterina, principessa di Toscana, duchessa di Mantova. *Siena.* 1630. 4. Publ. par Bernardo PAPERINI, *Firenz.* 1757. 4.

Malavolti (Antonio). Comento intorno alla canzone fatto l' anno 1628 dal cavaliere G... V... M... in lode della serenissima principessa Caterina di Toscana, duchessa di Mantova. *Siena.* 1649. 16.

<h3 style="text-align:center">Catherine II,</h3>
épouse de Pierre III, empereur de Russie (25 avril 1729 — mariée en 1745 — 1762 — 9 nov. 1796).

(**Schloezer,** August Ludwig v.). Neuverändertes Russland oder Leben Catharina's II. *Riga,* 1767. 8. *Ibid.* 1769. 8. *Ibid.* 1772. 2 vol. 8.

(———) Beilage zum neuveränderten Russland. *Leipz.* 1769-70. 8. (Publ. comme l'ouvrage précédent sous le pseudonyme de Johann Jacob HAIGOLD.)

Kirchhof (Peter Gottlieb). Glückseligkeit des russischen Staats unter dem sanften Zepter Ihrer jetzt regierenden K. M. Catharina II. *Hamb.* et *Kiel.* 1771. 8. (L.)

Éloge historique de Catherine II, impératrice de la Russie. *Lausan.* 1776. 8.

Denkwürdigkeiten der Regierung Catharina's II. *Riga.* 1780. 8.

(**Schall,** Johann Eberhard Friedrich). Drei Silhouetten :

Catharina II, Peter I und Friedrich II. *Riga.* 1789. 8.

Castéra (Jean Henri). Vie de Catherine II, impératrice de Russie. *Par.*, an v (1776). 2 vol. *Leipz.* 1797. 2 vol. 8. *Ibid.*, an vi (1797). 5 vol. 8. Augm. s. l. t. d'Histoire de la vie, etc. *Par.* 1800. 4 vol. 12 *. Trad. en holland. par Jacob van der LINDEN. *Schiedam.* 1798. 5 vol. 8. Portrait.

     * La première édition est anonyme. Chacune de ces éditions est ornée de plusieurs portraits.

Catharina, dargestellt in ihren Werken. *Berl.* 1794. 8.

Ligne (Charles Joseph de). Portrait de S. M. Catherine II, impératrice de toutes les Russies. *Dresd.* 1797. 8.

Tannenberg (Gregoriaetsch v.). Leben Catharina's II. *Innsbr.* 1797. 8.

Skizzen aus der Regierungsgeschichte Catharina's II. *Leipz.* 1797. 8.

Forster (Johann Reinhold). Kurze Übersicht des Lebens der Kaiserin von Russland, Catharina II. *Halle.* 1797. 8.

Histoire secrète des amours et des principaux amants de Catherine II. *Par.*, an vii (1797). 2 vol. 8. Trad. en allem. s. c. t. Geheime Lebens- und Regierungsgeschichte, etc. *Berl.* 1797. 2 vol. 8. *Leipz.* 1798. 2 vol. 8.

(**Biester**, Johann Erich). Abriss des Lebens und der Regierungs-Geschichte Catharina's II. *Berl.* 1797. 8. *Leipz.* 1801. 8. Portrait.

Andrae (Heinrich Friedrich). Catharina II, Kaiserin von Russland und Selbstherrscherin aller Reussen; biographisch-characteristisches Gemälde. *Halle.* 1797. 8.

(**Seume**, Johann Gottlieb). Über das Leben und den Character der Kaiserin Catharina II. *Leipz.* et *Alton.* 1797. 8.

(**Klebe**, Albert). Catharina die Zweite; historische Skizze, s. l. (*Augsb.*) 1797. 8.

Bernhardi (Ambrosius Bethmann). Züge zu einem Gemälde des russischen Reichs unter Catharina II. *Freiberg.* 1798-1807. 5 vol. 8.

(**Storch**, Heinrich). Annalen der Regierung Catharina's II. *Leipz.* 1798. 8.

Struve (Johann Christian v.). Vita Catharinæ II, Russorum imperatricis. *Frf.* 1798. 4.

(**Masson de Blamont**, Charles François Philibert). Mémoires secrets sur la Russie et particulièrement sur la fin du règne de Catherine II et celui de Paul I. *Amst.* (*Par.*) 1800. 2 vol. 8. *Par.* 1804. 4 vol. 8. Trad. en allem. *Strasb.* 1801. 5 vol. 8. (La seconde édition porte le nom de l'auteur.)

(**Werfel**, Johann). Merkwaerdige Anekdoter om Catharina den Anden, etc. *Kjoobenh.* 1802. 8.

Marcard (Heinrich Matthias). Beiträge zur Geschichte und Characteristik Catharina's II, mit besonderer Beziehung auf den Ritter v. Zimmermann und Weikard und deren gegenseitiges Verhältniss. *Brem.* 1803. 8.

Tooke (William). History of Catharine II. *Lond.* 1803. 6 vol. 8. Trad. en franç. *Par.* 1806. 6 vol. 8.

Harmensen (N... N...). Eloge de Catherine II. *Par.* 1804. 8.

Auguis (Pierre René). Histoire de Catherine II et de Paul I. *Par.* 1813. 8.

Notizie raccolte per la storia dei regni di Caterina II e Paolo I. *Milan.* 1818. 8. (Avec les portraits de ces deux souverains.)

Karamsin (Nikolai). Lobrede auf Catharina II, trad. du russe par Johann Gottfried RICHTER. *Riga.* 1820. 8.

Catharina II, Kaiserin v. Russland. *Chemnitz.* 1823. 8. Portrait.

Taurische Reise der Kaiserin Catharina II. *Frf.* 1799. 8. (Trad. de l'anglais.)

(**Helbig**, G... A... W... v.). Russische Günstlinge. *Tübing.* 1809. 8.

Ombre de Catherine II aux Champs-Élysées. *Camtschatka.* (*Par.*) 1797. 8.

Catherine Pawlowna,
épouse de Guillaume I, roi de Wurtemberg (21 mai 1788 — mariée le 24 janvier 1816 — 9 janvier 1819).

Schmid (Johann Christoph) — Trauerrede auf die Königin Catharina von Würtemberg. *Ulm.* 1819. 8.

Conz (Carl Philipp). Gedächtnissrede auf den Tod der Königin Catharina von Würtemberg. *Tübing.* 1819. 8.

Denkmal der verewigten Königin Catharina Pauline von Würtemberg, s. l. et s. d. (*Stuttg.* 1820). 8.

Catharina Pawlowna, Königin von Würtemberg. Darstellungen aus der Geschichte ihres Geistes und Lebens. *Cannstadt.* 1821. 8.

Roth (Carl Ludwig). Erinnerung an die sittliche Wirksamkeit der verewigten Königin Catharina von Würtemberg. *Stuttg.* 1821. 8.

Reinbeck (Georg v.). Catharina, Königin von Würtemberg. Musterbild für gekrönte Frauen. *Stuttg.* 1842. 8.

Cati (Lodovico),
     homme d'État italien.

Angeli (Bonaventura). Vita di L. Cati, gentiluomo Ferrarese, etc. *Parma* (?) 1554. 4.

Catilina (Lucius),
     conspirateur romain (+ 63 avant J. C.).

Durantinus (C... F...). De conjuratione Catilinæ. *Basil.* 1564. Fol.

Boecler (Johann Heinrich). Dissertatio historico-politica de conjuratione Catilinaria. *Argent.* 1645. 4.

Schaller (Jacob). Dissertatio de Catilina, h. e. cive seditioso in republica turbata. *Argent.* 1655. 4.

Congiura di L. Catilina. *Bologna.* 1681. 8.

(**Seran de la Tour**, N... N...). Histoire de Catilina. *Amst.* 1749. 12.

(**Bellet**, Isaac). Histoire de la conjuration de Catilina, etc. *Par.* 1752. 12.

(**Lucet**, Jean Claude). Eloge de L. Catilina. *Par.* 1780. 8.

(**Sachse**, Ludwig). Catilina, oder Geschichte seiner Unternehmungen. *Halberst.* 1790. 8. *Ibid.* 1807. 8 *.
     * La seconde édition porte pour titre : Revolutionsbegebenheiten aus der Vorzeit.

Sidney (G... F...). History of Catiline's conspiracy. *Lond.* 1795. 8.

Mursinna (Friedrich Samuel). Catilina, historisches Gemälde, nach griechischen und römischen Schriftstellern bearbeitet. *Stendal.* 1797. 8.

Henrici (Georg). Verschwörung des Catilina gegen die römische Republik. *Jena.* 1798. 8.

Wolf (H...). Programma : Catilinæ conjuratio ex fontibus narrata. *Gleiwitz.* 1803. 4.

Rose (W... A... M...). History of L. Catiline's conspiracy. *Lond.* 1813. 8 *. (Echappé aux recherches de Lowndes.)

Catinat (Nicolas),
     maréchal de France (1er sept. 1637 — 25 février 1712).

Mémoire sur la vie et le caractère de N. de Catinat. *Lond.* 1715. 8.

(**Créqui**, marquis de). Vie de N. de Catinat, maréchal de France. *Amst.* 1772. 12. *Lausanne.* 1774. 8. Augm. s. l. t. de Mémoires pour servir à la vie de N. de Catinat. *Par.* 1775. 12.

Laharpe (Jean François de). Éloge de N. de Catinat. *Par.* 1775. 8. (Couronné par l'Académie française.)

Espagnac (M... R... Sahuguet). Eloge de Catinat. *Par.* 1775. 8.

(**Lesuire**, Robert Martin). Éloge du maréchal de Catinat, discours qui n'a point concouru pour le prix de l'Académie française. *Amst.* (*Par.*) 1775. 8.

(**Guibert**, Jacques Antoine Hippolyte de). Éloge du maréchal de Catinat. *Edimbourg.* (*Par.*) 1775. 8.

(**Lottin**, Augustin Martin). Eloge de N. de Catinat. *Par.* 1775. 8.

Durouzeau (N... N...). Éloge de N. de Catinat. *Par.* 1774. 8.

Lebouyer de Saint-Gervais (N... N...). Mémoires et correspondance du maréchal Catinat. *Par.* 1818. 3 vol. 8.

Caton (Marcus Porcius), surnommé **le Censeur,**
     homme d'État romain (232 — 189 avant J. C.).

Sagittarius (Caspar). Commentatio de vita et scriptis M. P. Catonis. *Altenb.* 1672. 8.

Cellarius (Christoph). Dissertatio de viri boni exemplo, M. P. Catonis. *Leucopetr.*, s. d. 4.

Lagerloef (Peter). Dissertatio de M. P. Catone Censorino. *Upsal.* 1695. 8.

Schober (Eduard). De M. P. Catone Censorino oratore. *Neisse.* 1825. 4.

Brillenburg (G... C...). Dissertatio de M. P. Catone Censorino. *Lugd. Bat.* 1826. 8.

—— De jurisprudentia M. P. Catonis Censorino. *Lugd. Bat.* 1828. 8.

Bolhuys (Jan Hugo van). Diatribe litteraria in M. P.

Catonis Censorini quæ supersunt scripta et fragmenta. *Traj. ad Rhen.* 1826. 8.
Sixma van Heemstra (A... T... R...). M. P. Catonis vita a Cornelio Nepote scripta, annotatione instructa. *Lugd. Bat.* 1826. 8.
Weber (E... G...). Programma de M. P. Catonis vita et moribus. *Brem.* 1851. 4.
Wilms (M...). M. P. Catonis Censorini vita et fragmenta. *Dortmund.* 1859-43. 4.

Cats (Jacob),
poëte hollandais du premier ordre (10 nov. 1577 — 12 sept. 1660).
Alsche (A... G...). Commentatio de J. Catsio, JCto. *Lugd. Bat.* 1828. 8.
Geysbeek (P... C... Witsen). Het leven en de verdiensten van J. Cats. *Amst.* 1829. 8. Portrait.
Siegenbeek (Matthijs). Over de verdiensten van J. Cats als staatsman, s. l. et s. d. (*Amst.* 1856). 8. (*Ld.*)

Cattalinich (Giovanni),
historien dalmatien (25 mars, 1779 — 27 février 1847).
Carrara (Francesco). Della vita e degli scritti di G. Cattalinich cenni. *Zara.* 1849. 8.

Cattani da Diacceto (Francesco),
philosophe italien (16 nov. 1446 — ... 1522).
Varchi (Benedetto). Vita di F. Cattani da Diacceto. *Venez.* 1561. 8. *Ancon.* 1843. 16.

Catulle (Cajus Valerius),
poëte romain (86 — vers 56 avant J. C.).
Lachapelle (Jean de). Les amours de Catulle (et de Lesbie). *Par.* 1680. 12*. (*P.*)
* Plus fiction que pure histoire.

Cauchy (François Philippe),
ingénieur français (18 janvier 1795 — 6 juin 1842).
Quetelet (Lambert Adolphe Jacques). Notice sur F. P. Cauchy, ancien membre de la commission des travaux publics, s. l. et s. d. (*Brux.* 1843.) 12. (*Bx.*)

Caulet (Étienne François de),
évêque de Pamiers (1610 — 7 août 1680).
Gon (François). Relation de ce qui s'est passé pendant la maladie et à la mort d'É. de Caulet, évêque de Pamiers, s. l. et s. d. 12.
Mémoires sur la vie de M. de Caulet. *Par.* 1734. 12.
(**Besoigne**, Jérôme). Vie des quatre évêques engagés dans la cause du Port-Royal, M. Aleth (Nicolas Pavillon), M. d'Angers (Henri Arnauld), M. de Beauvais (Choart de Buzanval), M. de Pamiers (É. F. de Caulet). *Par.* 1756. 2 vol. 12.

Caulet de Châteauneuf (Alexandre),
prêtre français (24 juillet 1684 — 14 déc. 1733).
(**La Tour**, Bertrand de). Vie de M. l'abbé de Caulet, curé de Mireval. *Avign.* 1745. 12. *Ibid.* 1762. 12.
Laffon-Maydieu (Louis). Vie de M. l'abbé de Caulet. *Castelnaud.* 1846. 12.

Caulfield, earl of Charlemont (James),
homme d'État anglais (28 août 1728 — 4 août 1799).
Hardy (Francis). Memoirs of the political and private life of J. Caulfield, earl of Charlemont. *Lond.* 1810. 4. *Ibid.* 1812. 2 vol. 8.

Caumartin (Édouard).
Affaire Caumartin. Accusation d'homicide volontaire sur la personne de M. Aimé Sirey. *Brux.* 1843. 8.
Prozess Caumartin-Sirey-Heinefetter; von einem Augenzeugen. *Leipz.* 1843. 8.

Caumartin (Jean Baptiste Marie Bernard),
jurisconsulte français (15 oct. 1775 — 23 mai 1842).
Creton (N... J...). Notice sur M. Caumartin. *Amiens.* 1844. 8.

Caumont (N... N... de),
savant français (... — 1er sept. 1850).
Richelet (Charles). Notice sur M. de Caumont, fondateur des congrès scientifiques de France, etc. *Par.* 1853. 8.

Caussade de Saint-Maigrin (Paul de),
l'un des mignons de Henri III, roi de France († 1578).
Sorbin (Arnaud). Oraison funèbre de noble P. de Caussade, seigneur de Saint-Maigrin, gentilhomme ordinaire de la chambre du roi. *Par.* 1578. 8. (*P.*)

Caussidière (Marc),
homme d'État français.
Caussidière (Marc). Mémoires pour servir à l'histoire secrète de la révolution de 1848. 4 vol. 8. Trad. en angl. *Lond.* 1848. 4 vol. 8.

Cavagnari (Pietro),
homme d'État italien (7 avril 1769 — ...).
Alcune particolarità della vita di P. Cavagnari, antico segretario de' governi generali di Parma e di Parigi, già presidente del cantone Sud della buona città di Piacenza, etc. *Parma.* 1857. 4. Portrait.

Cavaignac (Godefroy),
publiciste français, frère du suivant.
Obsèques de Cavaignac. *Par.* 1845. 8*.
* Recueil des oraisons funèbres prononcées sur sa tombe.

Cavaignac (Louis Eugène),
général français (15 déc. 1802 — ...).
Montfort (Henri). Biographie politique et militaire du général Cavaignac. *Par.* 1848. 8.
Biographie politique et militaire du général Cavaignac, chef du pouvoir exécutif. *Par.* 1848. 8.
General Cavaignac, Besieger des Arbeiter-Aufstandes in Paris vom 23 bis 26 Juni 1848. Skizze seines Lebens mit vollständiger Schilderung des Aufstandes der Arbeiter vom 23 bis 26 Juni 1848. *Stuttg.* 1848. 8. Port.
Lebensbeschreibung des Generals Cavaignac. *Strasb.* 1848. 24.
(**Garon**, N... N...). E. de Girardin et Cavaignac, ou la guerre à un homme. *Par.*, s. d. (1848.) 18.

Cavalcabo di Sacco (Gasparantonio Baroni),
peintre italien (1682 — 1759).
Vannetti (Clementino). Notizie intorno al pittore G. A. Baroni Cavalcabo di Sacco. *Veron.* 1781. 8.

Cavalcabo (Clemente Baroni),
littérateur italien (23 nov. 1726 — 22 nov. 1796).
Rosmini (Carlo de'). Memorie intorno alla vita e agli scritti di C. Baroni Cavalcabo. *Rovered.* 1798. 8.

Cavalieri (Bonaventura),
géomètre italien (1598 — 3 déc. 1647).
(**Frisi**, Paolo). Elogio di Galileo Galilei e di B. Cavalieri. *Milan.* 1776. 8. *Ibid.* 1778. 8. (*D.*) *Pisa.* 1779. 8.
Piola (Gabrio). Elogio storico di B. Cavalieri. *Milan.* 1844. 4. (*Bx.*)

Cavalieri (Prospero),
théologien italien.
Garofali (Vincenzo). Breve ragguaglio circa il chiarissimo P. abate P. Cavalieri. *Rom.* 1835. 8.

Cavallucci da Sermoneta (Antonio),
peintre italien (1752 — 1795).
Vinci (Giovanni Battista). Elogio storico del celebre pittore A. Cavallucci da Sermoneta. *Rom.* 1795. 8.
Rossi (Giovanni Gerardo de'). Vita di A. Cavallucci da Sermoneta, pittore. *Venez.* 1796. 8. Portrait.

Cavendish, voy. Newcastle.

Cavoleau (N... N...),
secrétaire de la Vendée (3 avril 1754 — 1er août 1839).
Sainte-Hermine (Henri de). Notice sur Cavoleau, ancien secrétaire de la Vendée, etc. *Nant.* 1840. 8.

Caviceo (Jacopo),
poëte italien (1443 — 3 juin 1511).
Anselmi (Giorgio). Vita di J. Caviceo. *Venez.* 1847. 8.

Cavolini (Filippo),
naturaliste italien (1756 — 15 mars 1810).
Monticelli (Teodoro). Vita P. Cavolini. *Neapol.* 1812. 8.

Cavriani (Maria Teresa),
dame italienne (6 janvier 1755 — 11 juillet 1836).
Memorie intorno la vita e le virtù della nobilissima dama M. T. Cavriani, nata contessa Peyri. *Mantov.* 1857. 8.
Vita della celebre matrona M. T. Cavriani, nata contessa de' Peyri. *Veron.* 1841. 8.

Cawton (Thomas),
théologien anglais du xviie siècle († 1659).
Life and death of T. Cawton, minister of the Gospel, etc. *Lond.* 1662. 8. Portrait.

Caxton (William),
premier imprimeur anglais († 1491).
Lewis (John). Life of W. Caxton. *Lond.* 1737. 4.

Cayet (Pierre Victor **Palma**),
théologien français (1525 — 10 mars 1610).

T... (L... P...). Discours funèbre de P. V. Palma Cayet, docteur en théologie et professeur royal ès langues orientales. *Par.* 1610. 8.

Caylus (Anne Claude Philippe de **Tubières**, comte de), archéologue français (31 oct. 1692 — 5 sept. 1765).

Lebeau (Charles). Éloge historique de M. le comte de Caylus. *Par.* 1766. 4.

Caylus (Marthe Marguerite de **Villette**, marquise de), dame de la cour de Louis XIV, mère du précédent.

(**Caylus**, Marthe Marguerite de). Souvenirs (publ. par François Marie Arouet de **Voltaire**). *Amst.* (Genève.) 1770. 8. Rev. et précéd. d'une notice biographique et littéraire sur madame de Caylus, par Louis Simon **Auger**. *Par.*, an XIII (1805). 8 ou 2 vol. 12. Publ. par Antoine Augustin **Renouard**, *Par.*, an XIII (1804). 12. 4 portraits. *Ibid.* 1806. 18. 13 portraits. Trad. en angl. *Lond.* 1770. 2 vol. 12.

Caylus (Daniel Charles Gabriel de **Tubières**), évêque d'Auxerre (20 avril 1669 — 3 avril 1754).

(**Dettey**, N... N...). Vie de M. de Caylus, évêque d'Auxerre. *Amst.* et *Par.* 1765. 2 vol. 12. (D. et *Bes.*)

Cazalès (Jacques Antoine Marie de), membre de l'Assemblée constituante (1752 — 24 nov. 1805).

Éloge de Cazalès, député aux états généraux. *Par.* 1820. 8. Discours et opinions de M. de Cazalès, précédés d'une notice sur sa vie, par S... H... **Chare**. *Par.* 1821. 8. Portrait.

Cazotte (Jacques),
poëte français (1720 — guillotiné le 25 sept. 1792).

Procès de J. Cazotte, condamné à mort par le tribunal révolutionnaire. *Par.*, s. d. (1798). 8. Portrait.

Cébès.,
philosophe grec.

Wippelius (Johann Jacob). Commentatio de Cebetis Thebani, philosophi Socratici, tabula. *Alton.* 1744. 4.

Flade (Christian Gottlob). Dissertatio de Cebete ejusque tabula. *Freiberg.* 1797. 4.

Klopfer (Friedrich Gotthelf). Dissertationes III de Cebetis tabula. *Zwickav.* 1818-22. 4.

Knoll (Aloys). Kebes des Thebaners Gemälde, etc. *Rottweil.* 1840. 8.

Cecil, earl of **Salisbury** (Robert), homme d'État anglais (1563 — 21 mai 1612).

(**Dalrymple** of **Hailes**, David). Secret correspondence of R. Cecil with James VI, king of Scotland. *Lond.* 1766. 12. Trad. en franç. *Amst.* (*Par.*) 1766. 12.

Cecil (William), voy. **Burghley** (William Cecil lord).

Cécile (Sainte).

Bosio (Giovanni). Historia passionis S. Cæciliæ virginis. *Rom.* 1600. 4. Trad. en allem. par Claus **Laubich**. *Gratz.* 1604. 4.

Guéranger (Prosper). Histoire de S. Cécile. *Par.* 1849. 8. *Ibid.* 1853. 8. Trad. en flam. *Tournai.* 1852. 12.

Cécilie de Suède,
épouse de Paul Frédéric Auguste, grand-duc d'Oldenbourg (1807 — mariée en 1831 — 1844).

Claussen (N... N...). Todtenfeier in Folge des Heimgangs der verewigten Grossherzogin Caecilie von Oldenburg, geborenen Prinzessin von Schweden, etc. *Oldenb.* 1844. 8.

Cederschioeld (Pehr),
jurisconsulte suédois (3 sept. 1625 — 28 juin 1697).

Dryselius (Erland). Likpredikan öfver P. Cederschioeld. *Wexiae.* 1698. 4.

Célestin II,
pape, succédant à Innocent II (élu le 25 sept. 1143 — 3 mars 1144).

Certini (A...). Vita di Celestino II. *Foligno.* 1716. 4.

Célestin V (Saint),
pape, successeur de Nicolas IV (1215 — élu le 5 juillet 1294 — 19 mai 1296).

Ailly (Pierre d'). Vita summi pontificis Celestini V, revue et publ. par Denis **Lefèvre**. *Par.* 1559. 4.

Marino (Lelio). Vita di S. Celestino V. *Milan.* 1637. 4.

Spinelli (Vincenzo). Vita di S. Pietro del Morone papa, detto Celestino V. *Rom.* 1664. 4.

Celestini (Niccolò Luigi), jésuite italien.

Fermanini (Tommaso). Vita di N. L. Celestini della compagnia di Gesu. *Rom.* 1839. 8.

Celle (Théodore de),
chanoine de Sainte-Croix.

Verduc (Pierre). Vie de T. de Celle, restaurateur du très-ancien ordre canonial, militaire et hospitalier de Sainte-Croix, vulgairement des croisiers; origine des croisades et ordres croisés. *Perigueux.* 1681. 4.

Cellamare (Antonio **Giudice**, principe de), ministre espagnol (1657 — 16 mai 1733).

Deux lettres du prince de Cellamare, ambassadeur d'Espagne en France, des 1er et 2 déc. 1718, s. l. 1718. 4.

Vatout (Jean dit Julien). La conspiration de Cellamare, épisode de la régence. *Par.* 1852. 2 vol. 8. 2 portraits.

Cellarius (Bartholomaeus),
théologien allemand.

(**Uffelmann**, Heinrich). Programma academicum in funere B. Cellarii. *Helmst.* 1662. 4. (D.)

Cellarius (Christoph),
philologue allemand (22 nov. 1638 — 4 juin 1707).

Francke (August Herrmann). Leichenpredigt auf C. Cellarium, nebst dessen Lebenslauf. *Halle.* 1708. 4. (D.)

Burckhard (Jacob). Epistola ad Burc. Gotth. Struvium de obitu C. Cellarii. *Halae.* 1707. 4. (D. et *Lv.*)

C. Cellarii dissertationes academicæ, varii argumenti in summam redactæ cura et studio Joan. Geo. **Walchii**, qui et dissertationem de auctoris vita et scriptis adjecit. *Lips.* 1712. 8.

Cellini (Benvenuto),
sculpteur, graveur et orfévre italien (1500 — 25 février 1570).

Vita di B. Cellini, orefice e scultore fiorentino, da lui medesimo scritta. *Colon.* (*Napol.*) 1720. 4. *Milan.* 1806. 8. Réimpr. dal Francesco **Tassi**, *Firenz.* 1829. 3 vol. 12. Portrait. Publ. par Giuseppe **Molini**, *Firenz.* 1850. 12. *Ibid.* 1852. 2 vol. 8. *Lips.* 1853. 8. *Firenz.* 1842. 2 vol. 8. *Torin.* 1845-46. 5 vol. 12.

Trad. en allem. par Johann Wolfgang v. **Goethe**. *Stuttg.* 1811. 2 vol. 8.

Trad. en angl. par Thomas Roscoe, *Lond.* 1822. 2 vol. 8. Portrait. *Ibid.* 1847. 12. Par Thomas **Nugent**, *Lond.* 1771. 2 vol. 8. *Ibid.* 1840. 8.

Trad. en franç. par Thomas de **Saint-Marcel**. *Par.* 1822. 8. Par D... D... **Farjasse**. *Par.* 1833. 2 vol. 8. Portrait.

Trad. en holland. par Pieter van **Limburg-Brouwer**. *Groning.* 1843. 2 vol. 8.

Gamba (Bartolommeo). Raccordi di B. Cellini. *Venez.* 1831. 8.

Cellius (Erhard),
poëte allemand.

Budher (Caspar). Oratio funebris de vita et obitu E. Cellii, poetæ nobilissimi. *Tubing.* 1604. 4.

Cels (Jacques Martin),
botaniste français (1743 — 15 mai 1806).

Silvestre (Augustin François de). Notice biographique sur Cels. *Par.* (1806). 8.

Celsius (Anders),
astronome suédois (27 nov. 1701 — 25 avril 1744).

Hoepken (Anders Johan v.). Åminnelse-Tal öfver A. Celsius. *Stockh.* 1745. 8.

Celsius (Nils),
pédagogue suédois (15 avril 1658 — 21 mars 1724).

Malmstroem (Johan). Programma funebre in obitum N. Celsii. *Upsal.* 1724. 4.

Celsius I (Olof),
botaniste suédois (19 juillet 1670 — ... 1756).

Ihre (Johan). Oratio funebris in obitum O. Celsii. *Upsal.* 1756. 8.

Baeck (Abraham). Åminnelse-Tal öfver O. Celsius. *Stockh.* 1758. 8.

Celsius II (Olof),
historien suédois (15 déc. 1716 — 15 février 1794).

Oedmann (Samuel). Åminnelse-Tal öfver O. Celsius. *Stockh.* 1794. 8.

Norberg (Matthias). -Memoria O. Celsii. *Holm.* 1795. 8.

Celso (Santo),
martyr italien.

Bugati (Gaétano). Memorie storico-critiche intorno le reliquie ed il culto di S. Celso. *Milan.* 1782. 4.

Celsus (Aurelius Cornelius),
médecin romain (contemporain d'Auguste, de Tibère et de Caligula).

Rhodius (Johann). Vita A. C. Celsi. *Hafn.* 1672. 4.

Akermark (Gudmund). Dissertatio, qua A. C. Celsus medicorum Cicero Latinorum Hippocrates proponitur. *Upsal.* 1738. 4.

Eschenbach (Christian Justus). Commentatio de A. C. Celso non medico practico. *Lips.* 1772. 4.

(Bianconi, Giovanni Ludovico). Lettera sopra A. C. Celso al celebre abate Girolamo Tiraboschi. *Rom.* 1779. 8. Trad. en allem. par Carl Christian KRAUSS. *Leipz.* 1781. 8.

Chiappa (Giuseppe Antonio del). Discorsi intorno alle opere e alla condizione di A. C. Celso. *Padov.* 1819. 12.

Schilling (Moritz Wilhelm). Quæstio A. C. Celsi vita. *Lips.* 1824. 8.

Valori (Francesco). Dissertatio de A. C. Celso, Hippocraticæ artis scientissimo aureo Augusti sæculo. *Bonon.* 1853. 8.

Paldamus (Heinrich). Programma de A. C. Celso. *Gryphisw.* 1842. 4.

Kissel (Carl). A. C. Celsus; historische Monographie. Leben und Wirken des Celsus im Allgemeinen. *Giess.* 1844. 8.

Celsus (Juventius),
jurisconsulte romain (contemporain de Domitien).

Heineccius (Johann Gottlieb). Dissertatio de P. Juventio, jurisconsulto eximio suique sæculi ornamento. *Frf. ad Viadr.* 1727. 4. (*D.*)

Celsus (Minus),
jurisconsulte italien († 1572).

Schelhorn (Johann Georg). Dissertatio epistolaris de M. Celso, Senensi, rarissimæ disquisitionis, in Hæreticis coercendis quatenus progredi liceat, auctore. *Ulm.* 1748. 4.

Celtes (Conrad),
poëte allemand (1er février 1459 — 4 février 1508).

Kleibert (Johann Caspar). Animadversiones ad C. Celtis biographiam. *Suenofurt.* 1724. Fol.

Ruprecht (Johann Georg). Oratio de societate litteraria Rhenana a C. Celte instituta. *Jenæ.* 1752. 4.

Ekerman (Peter). Dissertatio de C. Celte ejusque sodalitate litteraria Rhenana. *Upsal.* 1763. 4.

Kluepfel (Engelbert). Programmata II de vita et scriptis C. Celtis Protucii, etc. *Frib. Brisgov.* 1827. 4.

Cenci (Beatrice),
fameuse parricide (exécutée le 11 sept. 1599).

Geschichte der Hinrichtung der B. Cenci und ihrer Familie unter Papst Clemens VIII in Rom. *Wien.* 1789. 8.

Malartic (Alphonse de). Relation de la mort de Giacomo et B. Cenci et de Lucrèce Petroni, leur belle-mère. *Par.* 1828. 8. (Trad. de l'italien.)

Vita de B. Cenci, tratta dal manoscritto antico, con annotazioni sul processo e condanna. *Rom.* 1849. 8.

Cennini (Bernardo),
orfèvre italien du XVe siècle.

Fantozzi (Federico). Memorie biografiche di B. Cennini. *Firenz.* 1839. 8.

Centner (Gottfried),
philosophe allemand (15 avril 1712 — 18 avril 1774).

Kries (Johann Albinus). Memoria G. Centneri, prorectoris et professoris gymnasii Thorunensis. *Thorun.* 1774. Fol.

Centuriona (Paola Maria),
carmélite italienne.

Albertini (Giovanni Andrea). Teopisto, o vero vita di P. M. di Gesu Centuriona, carmelita scalza. *Genov.* 1648. 12. *Venez.* 1649. 12.

Ceppi (N... N...),
général piémontais († 1849).

Processo e sentenza pel l'uccisione del conte Ceppi. *Genov.* 1850. 8.

Ceracchi (Giuseppe),
sculpteur italien (4 juillet 1751 — guillotiné le 30 janvier 1801).

(Igonel, N... N... et **Breton,** N... N...). Procès, instruit

par le tribunal criminel du département de la Seine, de Démerville, Ceracchi, Aréna, etc., prévenus de conspiration (contre le gouvernement consulaire de Napoléon Bonaparte). *Par.*, an IX (1801). 8. (*Bes.*)

Fescourt (N... N...). Histoire de la double conspiration de 1800 contre le gouvernement consulaire, etc. *Par.* 1819. 8. (*Bes.*)

(Montanari, Giuseppe Ignazio). Elogio storico della vita e delle opere di G. Ceracchi, scultore Romano. *Rimin.* 1841. 8.

Cerati (Antonio),
savant italien.

Jabalot (François Ferdinand). Orazione funebre in morte del conte A. Cerati. *Parma.* 1816. 4.

Cerati (Gasparo, dei conti),
proviseur général de l'Université de Pise (1690 — 10 juin 1769).

Cerati (Antonio). Elogio storico di G. Cerati. *Parma.* 1778. 8.

Cerati (Gregorio),
évêque de Plaisance.

Cerati (Antonio). Vita di G. Cerati, vescovo di Piacenza. *Parma.* 1807. 8.

Cerboni (Giovanni Paolo),
savant italien.

Ansidei (Reginaldo). Delle lodi di G. P. Cerboni Perugino, professore nella patria università e pubblico bibliotecario. *Perug.* 1786. 8.

Cerdena (Blas),
général américain.

Exposicion que presenta a sus concidadanos el jeneral de division B. Cerdena, sobre su prision y posteriores conserviencias, etc. *Trujillo.* 1833. 8. (Fort rare.)

Céré (Jean Nicolas),
botaniste français (1737 — 2 mai 1810).

Coudray (Jean). Notice sur M. J. N. Céré. *Ile-de-France.* 1819. 12.

Cérès,
personnage mythologique.

Kellerhaus (D... A...). Dissertatio de Cerere legifera. *Jenæ.* 1700. 4.

Hoffmann (Johann). Dissertatio de Cerere dea ejusque veneratione. *Erford.* 1708. 4.

Stockmann (August Cornelius). Dissertatio de Cerere legifera. *Lips.* 1782. 4.

Cerinthe,
hérésiarque égyptien.

Paulus (Heinrich Eberhard Gottlob). Historia Cerinthi. *Jenæ.* 1799. 4.

Stiebritz (Johann Friedrich). De Platonismo in Cerinthianismo redivivo. *Halæ.* 1736. 4.

Cernovicky z. Libéhora (Jan),
littérateur bohème (23 sept. 1633).

Pohrebny památka p. J. Cernovického z. Libéhory. *Praze.* 1633. 8.

Cernuschi (Enrico),
homme d'État italien.

H. Cernuschi, représentant du peuple romain, jugé par le conseil de guerre de l'armée française à Rome. *Par.* 1850. 12.

Ceroni (N... N...),
littérateur italien.

Pasta (Giuseppe). Elogio dell' abate Ceroni. *Bergam.* 1802. 4.

Cerretti (Luigi),
poëte italien (1er nov. 1738 — 5 mars 1808).

Fattori (Santo). Elogio storico di L. Cerretti. *Pavia.* 1808. 8.

Dall'Olio (Giovanni Battista). Pensieri sopra la vita letteraria e civile di L. Cerretti. *Milan.* 1808. 12.

Cerrini di Monte Varchi (Clemens Franz Xaver v.),
général allemand.

Generallieutenant C. F. X. v. Cerrini di Monte Varchi. Eine biographische Skizze. *Dresd.* 1852. 16.

Cerrito-Saint-Léon (Fanny),
danseuse italienne.

D... S... (J... D...). Biographie de madame F. Cerrito-Saint-Léon, de l'Opéra. *Par.* 1850. 8.

Certani (Filippo),
prêtre italien.
Gabrielli (Carlo Maria). Vita di F. Certani. *Bologn.* 1757. 8.
Ceruso (Giovanni),
littérateur italien.
Mansi (Marcello). Vita di G. Ceruso, detto Letterato. *Rom.* 1621. 8.
Ceruti (Giacinto),
littérateur italien.
Andrei (Giacinto). Elogio di G. Ceruti. *Carmagnola.* 1793. 8.
Cerutti (Giuseppe Antonio Gioachimo),
jésuite italien (13 juin 1738 — 3 février 1792).
Cubières de Palmezeaux (Michel). Coup d'œil rapide sur J. A. J. Cerutti. *Par.* 1792. 12.
Éloge funèbre de J. A. J. Cerutti, député à l'Assemblée nationale et principal rédacteur de la *Feuille villageoise,* s. l. et s. d. (*Par.* 1792). 8.
Cervantes Saavedra (Miguel de),
poète espagnol du premier ordre (9 oct. 1547 — 23 avril 1616).
Mayans y Siscar (Gregorio). Vida de M. de Cervantes Saavedra. *Madr.* 1737. 8.
Trad. en angl. par N... N... Ozell. *Lond.* 1758. 4.
Trad. en franç. (par Pierre Daudé). *Amst.* 1740. 2 vol. 12.
Walbeck (William). Life of Cervantes. *Lond.* 1785. 8 *.
* Traduction d'une notice biographique, composée par Jean Pierre Claris de Florian et mise à la tête de sa traduction de « Don Quixote. »
Navarrete (Martin Fernandez de). Vida de M. Cervantes Saavedra. *Madr.* 1819. 8. Portrait.
Auger (Louis Simon). Essai sur la vie et les ouvrages de Cervantes. *Par.* 1825. 8.
Hagberg (C... A...). Cervantes et Walter Scott; parallèle littéraire. *Lund.* 1838. 8.
Roscoe (Thomas). Life and writings of M. Cervantes Saavedra. *Lond.* 1839. 12.
Cervellon, dite **Socos** (Maria de),
religieuse espagnole.
Corbera (Estevan de). Vida y hechos maravillosas de D. M. de Cerveilon, clamado Maria Socos, con algunas antiguedades de Cataluña. *Barcelon.*, s. d. (1639). Fol.
Cervini (Francesco),
prêtre italien.
(**Amatis**, Francesco Maria de). De laudibus B. F. Cervini Politiani, ordinis minimorum convent. *Senis.* 1611. 4.
Cesalpini (Andrea),
médecin italien (1519 — 23 février 1603).
Fuchs (Carl). A. Cæsalpinus, de cujus viri ingenio, doctrina et virtute. *Marb.* 1798. 4.
César (Cajus Julius),
dictateur romain (100 — assassiné le 15 mars 43 avant J. C.).
Floridus (Franciscus). C. J. Cæsaris præstantia et res gestæ. *Basil.* 1540. Fol.
Vicus (Æneas). Vita J. Cæsaris ex numismatibus. *Venet.* 1560. 8.
Goltzius (Hubert). Vita et res gestæ J. Cæsaris, cum figuris numismatum. *Brug.* 1563. Fol. Avec des notes par Louis Nonnius, *Antw.* 1645. Fol.
Ramus (Pierre). De J. Cæsaris militia. *Frf.* 1574. 8.
Glandorp (Johann). Notitia familiæ C. J. Cæsaris et Octaviani Augusti. *Basil.* 1576. 8. *Par.* 1654. 4.
Schiappalaria (Stefano Ambrogio). Osservazione politiche con la vita di G. Cesare. *Anvers.* 1578. 4. Avec des notes par Orlando Pescetti. *Veron.* 1600. 4.
Schelderup (Niels Mortensen). Oratio de J. Cæsare, an juste sit interfectus? *Witteb.* 1614. 4.
Fabricius (Henrik). Oratio de J. Cæsaris rebus præclare gestis. *Hafn.* 1640. 4.
Peschwitz (Gottfried v.). Familia Cæsarum Augusta. *Jenæ.* 1662. 12.
Fabricius (Johann Sebald). J. Cæsar numismaticus. *Lond.* 1678. 8.
Schubart (Georg). C. J. Cæsar, dictator perpetuus, sub exemplo mutatæ reipublicæ descriptus. *Jenæ.* 1681. 4.
Moller (Daniel Wilhelm). Disputatio circularis de C. J. Cæsare. *Altorf.* 1687. 4.
Celsus (Julius). De vita et rebus gestis C. J. Cæsaris.

Lond. 1697. 8. *Amst.* 1697. 8. *Lugd. Bat.* 1713. 8. Publ. par Carl Schneider. *Lips.* 1827. 8.
Dodwell (Henry). Dissertatio de C. J. Cæsaris vita per Jul. Celsum. *Oxon.* 1698. 8.
Sturm (Gottlieb). Imperator C. J. Cæsar non imperator. *Jenæ.* 1724. 4.
Bury (Richard de). Histoire de la vie de J. César. *Par.* 1758. 2 vol. 12.
Secondo (Giovanni Maria). Storia della vita di G. Cesare. *Napol.* 1776-77. 5 vol. 8. *Venez.* 1782. 5 vol. 12.
Butenschoen (Johann Friedrich). Cæsar, Cato und Friedrich von Preussen. *Heidelb.* 1789. 8.
Coote (Charles). Life of C. J. Cæsar, etc. *Lond.* 1796. 12.
J. Cæsar oder der Fall der römischen Republik. *Magdeb.* 1796-1800. 4 vol. 8.
Meissner (August Gottlieb). Leben des J. Cæsar, contin. par Johann Christian Ludwig Haken. *Berl.* 1799-1812. 4 vol. 8.
Lodge (Edmund). Life of J. Cæsar, with memoirs of his family and descendants. *Lond.* 1810. 8.
Wendel (Johann Andreas). J. Cæsar, das Vorbild von Napoleon Bonaparte. Programm. *Coburg.* 1820. 4.
Beauchamps (Alphonse de). Vie de J. César. *Par.* 1823. 8.
Soeltl (Johann Michael). C. J. Cæsar, etc. *Berl.* 1826. 8.
Bindi (Enrico). Sulla vita e sulle opere di C. G. Cesare discorso. *Prato.* 1844. 12.
Limburg-Brouwer (Pieter van). Cesar en zijne tijdgenooten. *Groning.* 1845-46. 4 vol. 8.
Abbott (Jacob). Life of J. Cæsar. *Lond.* 1849. 8. Portr.

Oudendorp (Frans). Oratio de litterariis J. Cæsaris studiis. *Lugd. Bat.* 1740. 4.
Duysing (Heinrich Otto). Dissertatio de fide J. Cæsaris dubia atque sublesta. *Marb.* 1748. 4.
Lang (Christoph). Programmata II de J. Cæsaris sublimitate. *Baruth.* 1769-70. Fol.
(**Warnéry**, Charles Emmanuel de). Mélange de remarques, surtout sur J. César et autres auteurs militaires anciens et modernes. *Varsov.* (*Dresd.*) 1782. 8.
Roesch (Jacob Friedrich). Commentar über die Commentarien des J. Cæsar, als Beantwortung der « Remarques sur César » des Herrn Generals v. W(arnéry), etc. *Halle.* 1785. 8.
Schnell (J... R...). Specimen observationum in J. Cæsaris commentarios. *Basil.* 1789. 4.
Bonaparte (Napoléon). Précis des guerres de J. César, écrit par M. Marchand à l'île de Sainte-Hélène, sous la dictée de l'empereur, etc. *Stuttg.* 1836. 8. Trad. en allem. *Stuttg.* 1836. 8.
Bresemer (N... N...). Bemerkungen über den Werth und die Glaubwürdigkeit der Commentare J. Cæsar's. *Berl.* 1855. 4.
Doering (Wilhelm). Programma de C. J. Cæsaris fide historica. *Friberg.* 1857. 4.

Wagner (J... F...). Dissertatio de C. J. Cæsare Britanniam iterum petente. *Osnabruc.* 1770. 4.

Simon (Matthias). Die ältesten Nachrichten von den Bewohnern des linken Rheinufers. J. Cæsar und seine Feldzüge in Gallien, nebst Vorbericht über die Castrametation und das Kriegswesen der alten Römer. *Coeln.* 1855. 8. (Comp. Ariovist et Brutus.)

Tassoni (Liberato). De solis defectu in morte Cæsaris dissertatio. *Senogalliæ.* 1754. 4. (Très-rare.)

Cesari (Antonio),
philologue italien (vers 1750 — 1828).
Manuzzi (Giuseppe). Cenni sulla vita e sulle opere di A. Cesari. *Firenz.* 1829. 8.
Bonfanti (Giovanni). Vita di A. Cesari. *Veron.* 1832. 8. Portrait.
Villardi (Francesco). Vita del P. A. Cesari. *Padova.* 1832. 8.
Azzocchi (Tommaso). Elogio di A. Cesari, prete dell' Oratorio di Verona. *Rom.* 1836. 8 *.
* Cet écrit n'a pas été mis dans le commerce.

Cesarini (Virginio),
savant italien (1595 — 24 avril 1624).
Balduino de Monte Simoncello. De laudibus V. Cæsarini oratio. *Bonon.* 1624. 4. (P.)

Gottifredi (Alessandro). In funcre V. Cæsarini oratio. *Rom.*, s. d. (vers 1624). 4. (*P.*)

Favoriti (Agostino). Vita V. Cæsarini Romani, Urbani VII cubiculo præfecti, jurisconsulti, philosophi et poetæ maximi. *Rom.*, s. d. 8.

Rycquius (Justus). De vita V. Cæsarini Lyncei liber. *Palav.* 1629. 4. (*P.*)

Cesaroli (Filippo),
prêtre italien.

Belli (Giacomo). Orazione funebre nelle solenni esequie del R. P. M. F. Cesaroli, prior generale de' servi di Maria. *Rom.* 1801. 8.

Cesarotti (Melchiorre),
poète italien (15 mai 1730 — 4 nov. 1808).

Barbieri (Giuseppe). Memorie sulla vita e sugli studj dell' abate M. Cesarotti. *Padov.* 1810. 8.

Cesi (Angelo),
évêque de Rimini.

Bozomi (Agostino). Orazione funebre nella morte d'A. Cesi, vescovo di Rimini. *Rim.* 1647. 4.

Cesi, duca de Aqua-Sparta (Federigo),
instituteur de l'Académie des Lincei (1585 — 1630).

Odescalchi (Baldassare). Memorie istorico-critiche dell' Accademia dei Lincei e del principe F. Cesi. *Rom.* 1806. 4.

Ceslaus Odrovansius,
prêtre polonais.

Tutelaris Silesiæ s. de vita rebusque præclare gestis beati Ceslai Odrovansii, etc. *Cracov.* 1608. Fol. *Vratislav.* 1703. 4. Trad. en allem. *Bresl.* 1714. 4.

Cespedes (Alonso de),
général espagnol.

Silva (Rodrigo Mendez). Compendio de las hazañas que obro el capitan A. de Cespedes, Alcides Castellano, etc. *Madr.* 1647. 8.

Cestoni (Giacinto),
naturaliste italien (13 mai 1637. — 29 janvier 1718).

Sangiorgio (Paolo). Elogio di G. Cestoni. *Milan.* 1811. 4. Portrait.

Cezar (Diogo),
franciscain portugais († 1661).

Cauza, processo y sentencia dada en favor del R. P. Fr. D. Cezar. *Leon.* 1655. 4. (Ecrit par lui-mème.)

Chabannes, comte de **Dammartin** (Antoine de), grand-maître de France († 25 déc. 1488).

Du Plessis (N... N...). Vie de messires Jacques et A. de Chabannes, tous deux grands-maîtres de France. *Par.* 1617. 8.

Chabannes (abbé de). Mémoires sur la maison de Chabannes. *Par.* 1759. 3 part. 8.

Chabanon (Michel Paul Guy de),
poète français (1730 — 10 juillet 1792).

Chabanon (Michel Paul Guy de). Tableau de quelques circonstances de ma vie, etc., ouvrage posthume, publié par N. N. SAINT-ANGE. *Par.* 1795. 8. *Ibid.* 1802. 8.

Chabert (Joseph Bernard, marquis de),
marin français (28 février 1723 — 2 déc. 1805).

Notice sur les travaux de J. B. Chabert, ancien officier général de la marine, s. l. et s. d. 8.

Chabot (François),
député à la Convention nationale (1759 — guillotiné le 5 avril 1794).

Tableau de la vie politique et privée de Chabot. *Par.* 1792. 8.

Vie privée de l'ex-capucin Chabot et de G. Chaumette, pour servir de suite aux vies des fameux scélérats de ce siècle. *Par.*, an II (1794). 8. (*Lv.*)

Chabot (Louis François Jean),
général français (26 avril 1757 — 11 mars 1837).

Richard (Jules). Mémoire biographique sur le général Chabot. *Niort.* 1844. 8.

Chabot (Pierre Gaultier),
savant français (1516 — 1597).

Chabot (Pierre Gaultier). Epistola de vita sua. *Frf.* 1594. 4.

Chabot (de l'Allier) (George Antoine),
jurisconsulte français (13 avril 1758 — 18 avril 1819).

Moulin (L... H...). Notice biographique et critique sur Chabot, s. l. et s. d. 8.

1

Chabot, princesse **d'Elbeuf** (Marguerite de), dame française.

Lescot (Mathieu). L'innocence accomplie, ou discours funèbre sur la mort de très-puissante princesse madame de Chabot, duchesse douairière d'Elbeuf, etc. *Par.* 1655. 8.

Chabot, duc de Rohan (Henri),
gouverneur de Provence.

Courand (Élie). Le héros chrétien, ou discours funèbre sur le sujet de la mort de H. de Chabot, duc de Rohan et de Frontenay, pair de France, etc., gouverneur de Provence et duché d'Anjou. *Angers.* 1655. 4.

Chabrias,
général athénien († 357 avant J. C.).

Rehdantz (Carl). Vitæ Iphicratis, Chabriæ, Timothei, Atheniensium. *Berol.* 1845. 4.

Chabrier (N... N...),
prêtre français (guillotiné le 29 mai 1793).

Notice sur M. Chabrier, vicaire d'Alleyras, mis à mort au Puy, etc. *Riom.* 1850. 8. Portrait.

Chabroud (Charles),
jurisconsulte français (1750 — 1er février 1816).

Faits et gestes de l'honorable C. Chabroud, procureur, avocat, député à l'Assemblée nationale, blanchisseur du héros d'Ouessant (le duc Louis Philippe Joseph d'Orléans), enfin un des juges de la ville de Paris, (avec cette épigraphe « Vipère cesse enfin de siffler), *Aristocratopolis*, de l'imprimerie de la ci-devant justice, à l'enseigne de la ci-devant vérité, et se trouve chez les opprimés, l'an II de la démagogie. (*Par.* 1791). 8 *.
* Virulent pamphlet contre le défenseur du duc d'Orléans se disant Égalité. Comp. ORLÉANS (Louis Philippe Joseph, duc d').

Chaderton (Lorenz),
théologien anglais (14 sept. 1536 — 18 nov. 1640).

Dillingham (William). Vita L. Chadertoni, S. T. P. et collegii Emmanuelis Cantabrigensis magistri, una cum vita Jacobi USSERII. *Cantabr.* 1700. 12. (*D.*)

Chaeremon,
poète grec.

Bartsch (Heinrich). Commentatio de Chaeremone poeta tragico. *Mogunt.* 1843. 4.

Chaillet (Jean Frédéric de),
botaniste suisse.

Decandolle (Augustin Pyrame). Notice sur M. J. F. de Chaillet, s. l. et s. d. (*Neufchat.* 1839). 4.

Chaise (François de la), voy. Lachaise.

Chalcondyle (Demetrius),
philologue grec (vers 1424 — 1511).

Boerner (Christian Friedrich). Programma de D. Chalcondyle. *Lips.* 1711. 4.

Chalgrin (Jean François Thérèse),
architecte français (1739 — 20 janvier 1811).

Viel (Charles François). Notice nécrologique sur J. F. T. Chalgrin. *Par.* 1814. 8.

Chalier (Joseph),
député à la Convention nationale (1747 — guillotiné le 16 juillet 1793).

Procès de J. Chalier, président du district de la ville de Lyon, condamné à mort par jugement du tribunal criminel de cette ville, etc., suivi de sa défense prononcée par (Onufre) MOULIN. *Lyon*, (an II). 12.

Chalier parlant à ses juges, avant et après son arrêt, pour servir de suite au plaidoyer pour lui, etc., par (Onufre) MOULIN. *Ville affranchie.* (*Lyon.*) 1793. 12. (Excessivement rare.)

Exposé simple et vrai des circonstances qui ont accompagné les derniers moments du citoyen Chalier, s. l. et s. d. (*Lyon.* 1793.) 4.

(**Bernascon**, N... N... et **Lauras**, N... N...). La vie, la mort et le triomphe de Chalier, avec les lettres originales que ce martyr de la liberté a écrites, pendant sa détention, à son ami Bernascon, etc. *Par.*, s. d. (an II). 8.

Belay (N... N...). Éloge de Chalier, le père du peuple. *Ville affranchie.* (*Lyon.*) 1793. 8.

Dorfeuille (Antoine). Eloge funèbre de Chalier, assassiné judiciairement le 16 juillet, etc., par les aristocrates de Lyon, aujourd'hui Ville affranchie, s. l. et s. d. (*Lyon*, an II.) 8.

18

Fête civique en l'honneur de Chalier, martyr de la liberté, s. l. et s. d. (Par.) 1795. 4.

Jugement de la commission révolutionnaire, établie à Commune-Affranchie, par décret de la Convention nationale du 12 brumaire, qui condamne à mort Jean Ripet, exécuteur des jugements criminels, pour avoir mutilé de quatre à cinq coups de hache le patriote Chalier, de la ci-devant ville de Lyon, prononcé le 27 germinal an ıı (16 avril 1794). *Commune affranchie.* (*Lyon*), s. d. (1794). 4. (Rare.)

Chalkley (Thomas),
voyageur anglais (3 mars 1675 — 1741).

Mémoires de T. Chalkley, extraits principalement d'un journal de sa vie et de ses voyages. *Par.* 1840. 12.

Challan (Antoine Didier Jean Baptiste),
jurisconsulte français (19 sept. 1754 — 31 mars 1831).

Notice nécrologique sur M. Challan, etc., s. l. et s. d. (*Par.* 1831.) 8.

Challoner (Richard),
évêque de Debora (29 sept. 1691 — 12 janvier 1781).

Barnard (James). Life of R. Challoner, bishop of Debora, etc. *Lond.* 1784. 8.

Chalmers (Thomas),
jurisconsulte écossais (?).

Hanna (William). Memoirs of the life and writings of T. Chalmers. *Edimb.* 1849-50. 3 vol. 8. *Lond.* 1851. 3 vol. 8.

Anderson (John). Reminiscences of T. Chalmers. *Edinb.* 1851. 8.

Chalotais (Louis René de Caradeuc de la),
jurisconsulte français (6 mars 1701 — 12 juillet 1785).

Procès instruit extraordinairement contre M. de Caradeuc de la Chalotais. *Par.* 1767. 5 vol, 4. ou 6 vol. 12.

Chamaruja II,
sultan d'Égypte.

Palm (Anders). Historia Chamarujæ II in Ægypto sultani. *Lund.* 1785. 8.

Chambon (Marcelline),
fondatrice des religieuses de Saint-Joseph de la Providence († 14 sept. 1681).

(**Roby**, François). Vie de la vénérable servante de Dieu, M. Chambon, dite madame Germain, fondatrice des religieuses de Saint-Joseph de la Providence, à Limoges. *Limog.* 1770. 12.

Chambray (George, marquis de),
général français (23 oct. 1783 — vers 1850).

Raymond-Bordeaux (N... N...). Notice biographique sur le général marquis de Chambray. *Caen.* 1850. 8.

Chamfort (Sébastien Roch Nicolas),
littérateur français (1741 — 13 avril 1793).

Notice historique sur la vie et les écrits de Chamfort, s. l. et s. d 8 *.

* Cette notice, en tête de ses œuvres, publ. par Auguis, a été tirée à part à très-petit nombre.

Chamisso (Adelbert v.),
poète allemand (27 janvier 1781 — 21 août 1838).

Hitzig (Julius Eduard). Leben und Briefe von A. v. Chamisso. *Leipz.* 1839. 2 vol. 8. Portrait.

Chamorin (Vital Joachim, baron),
général français (16 août 1773 — tué 25 mars 1811).

Notice historique et biographique sur le général Chamorin. *Par.* 1844. 8.

Chamousset (Claude Humbert Piarron de),
philanthrope français (1717 — 27 avril 1773).

Albon (Claude Camille François d'). Éloge de Chamousset, s. l. 1776. 8.

Champagny, duc de Cadore (Jean Baptiste Nompère de),
homme d'État français (4 août 1756 — 3 juillet 1834).

Champagny de Cadore (Jean Baptiste Nompère de). Souvenirs, etc. *Par.* 1846. 8.

Vidal de Lingendes (N... N...). Discours prononcé sur la tombe de M. le duc de Cadore. *Par.* 1834. 4.

Champion (Edme),
philanthrope français (13 déc. 1764 — 2 juin 1852).

Chassin (Charles Louis). La légende historique du Petit-Manteau-Bleu (E. Champion). *Par.* 1852. 4. (Edition illustrée.)

(**Chaumont**, Louis de). Le Petit-Manteau-Bleu. *Par.* 1852. 4.

L'homme au Petit-Manteau-Bleu ou l'âmi des pauvres de Paris. *Par.* 1852. 4 *.

* Cinq couplets signés : L. G.

Championnet (Jean Étienne),
général français (1762 — 9 janvier 1800).

Châteauneuf (A... F...). Histoire du général Championnet. *Par.* 1806. 12.

Dourille (Henri). Histoire de Championnet. *Lyon.* 1859. 8.

Romieu (A... A...). Éloge historique du général Championnet. *Par.*, an xı. 8. *Périgueux.* 1843. 8.

Champollion le jeune (Jean François),
archéologue français (23 déc. 1790 — 4 mars 1832).

Rosellini (Ippolito). Tributo di riconoscenza e d'amore reso alla memoria di G. F. Champollion. *Pisa.* 1832. 4. Portrait. (P.)

Sacy (Antoine Isaac Silvestre de). Notice sur la vie et les ouvrages de M. Champollion le jeune. *Par.* 1833. 8. (Bes.)

Chandieu (Antoine Laroche de),
théologien français (vers 1534 — 23 février 1591).

Lectius (Jacques). Vie d'A. Laroche de Chandieu. *Genève.* 1595. 8.

Chandler (Samuel),
théologien anglais (1693 — 8 mai 1766).

Flexman (Roger). Account of the life and writings of Dr. Chandler. annexed to his funeral sermon by Thomas Amory. *Lond.* 1776. 8.

Channing (William Ellery),
homme d'État anglo-américain (7 avril 1780 — 2 oct. 1842).

Channing (William B...). Memoirs of W. Ellery Channing, with extracts from his correspondence and manuscripts. *Lond.* 1848. 3 vol. 8. 2 portraits. *Ibid.* 1850. 2 vol. 12.

Life of W. E. Channing. *Lond.* 1850. 3 vol. 8.

Chanowsky (Albrecht),
jésuite bohème (1581 — 16 avril 1643).

Tanner (Johannes). Vir apostolicus, s. vita et virtutes R. P. A. Chanowsky e S. J. *Colon.* 1660. 12. *Prag.* 1688. 12. Trad. en bohème par lui-même. *Praze.* 1680. 8.

Chantal (Jeanne Françoise Frémiot de),
fondatrice de l'ordre de la Visitation (23 janvier 1572 — 13 déc. 1641).

Fichet (Alexandre). Vie de la mère de Chantal. *Lyon.* 1642. 8.

Bailly (Albert). Panégyrique de la vie et de la mort de la mère de Chantal, religieuse de la Visitation. *Par.* 1642. 8.

Maupas du Tour (Henri Cauchon de). Vie de la vénérable mère J. F. Frémiot de Chantal. *Par.* 1643. 4. *Ibid.* 1644. 4. *Ibid.* 1653. 4. *Ibid.* 1662. 4. *Ibid.* 1672. 8. Trad. en ital. *Venez.* 1655. 4.

Comoto (Amadeo). Vita della venerabile madre G. F. di Chantal. *Torin.* 1646. 4.

Bussy-Rabutin (Louise Françoise de). Vie en abrégé de madame de Chantal. *Par.* 1697. 12. *Brux.* 1698. 12.

Marsollier (Jacques). Vie de la bienheureuse mère de Chantal. *Par.* 1715. 2 vol. 12. *Ibid.* 1717. 2 vol. 12. (*Bes.*) *Ibid.* 1752. 2 vol. 12. *Ibid.* 1779. 2 vol. 12.

Saccarelli (Carlo Antonio). Vita della venerabile madre G. F. Fremiot di Chantal, fondatrice dell' ordine della Visitazione di Maria. *Rom.* 1734. 4. *Milan.* 1845. 16. Portrait.

(**Bois**, Paul). Vie de la bienheureuse J. F. Frémiot, baronne de Chantal. *Avign.* 1751. 12.

Beaufils (Guillaume). Vie de J. F. Frémiot, baronne de Chantal, fondatrice et première mère des religieuses de la Visitation. *Annecy.* 1751. 12. (*Bes.*) *Par.* 1752. 12.

Isselbecher (Seraphin). Vita J. F. Fremiot de Schantal (!), fundatricis ordinis de Visitatione Mariæ. *Aug. Vind.* 1752. 4 vol. 8.

Éloge historique ou vie abrégée de S. J. Frémiot de Chantal, fondatrice et première supérieure de l'ordre de la Visitation de Sainte-Marie. *Par.* 1768. 12.

(**Cordier**, Claude Simon). Vie de la mère Frémiot de Chantal. *Orl.* 1752. 12. *Ibid.* 1768. 12. (*Bes.*) *Ibid.* 1772. 12.

(**Jancart**, N... N...). Vie abrégée de la bienheureuse mère de Chantal. *Par.* 1752. 12. (Extrait de l'ouvrage de Jacq. Marsollier mentionné ci-dessus.)

Roberti (Giovanni Battista). Elogio di G. F. Fremiot Rabutin di Chantal. *Bologn.* 1777. 8.

Coombes (William Henry). History of the life of S. J. F. of Chantal, foundress and first superior of the ordre of Visitation. *Lond.* 1830. 2 vol. 8.

Hettenkofer (Georg). Leben der heiligen F. v. Chantal, Stifterin der Salesianerinnen. *Augsb.* 1836. 8.

Leben der heiligen Mutter J. F. Fremiot v. Chantal, Stifterin des Ordens von der Heimsuchung Mariä, verfasst von der Mutter Francisca Magdalena v. Chaugy, ihrer Nichte und Geheimschreiberin. *Wien.* 1844. 3 vol. 8 *.

   * Traduction d'un ouvrage français, dont nous ignorons le titre.

Roussel (N... N... de). Vie de S. J. de Chantal, fondatrice de la Visitation. *Plancy.* (*Par.*) 1851. 18. Portr.

Vie de S. J. F. Frémiot de Chantal. *Lille.* 1851. 2 vol. 18. Portrait.

Chanteau (Antoine),
magistrat français.

Feuillet (Nicolas). Histoire abrégée de la conversion d'A. Chanteau, auditeur de la chambre des comptes de Paris. *Par.* 1703. 12. (Omis par Quérard.)

Chantrey (Francis),
sculpteur anglais du premier ordre (7 avril 1782 — 25 nov. 1842).

Jones (George). Sir F. Chantrey, recollections of his life, practice and opinions. *Lond.* 1850. 8.

Holland (John). Memorials of sir F. Chantrey, R. A. *Sheffield* ou *Lond.* 1851. 8.

Chapellier (Isaac René Guy le),
député à la Convention nationale (1754 — guillotiné le 22 avril 1794).

Vie privée et politique du roi I. Chapellier, premier du nom et chef des rois de France de la quatrième race en 1789, etc. *Rennes.* 1790. 8. Portrait. (*Lv.*)

Chapman (Fredrik Hendrik af),
vice-amiral suédois (9 sept. 1721 — 19 août 1808).

Hallstroem (N...). Minne öfver F. H. Chapman. *Carlscron.* 1817. 8.

Chapman (George),
pédagogue écossais (1723 — 22 février 1806).

Sketch of the life of G. Chapman. *Lond.* 1808. 8.

Chapman (William),
théologien anglais.

Memoir of the late Rev. W. Chapman, of Greenwich, etc. *Lond.* 1851. 8.

Chappuisot (Claude),
prêtre belge.

De vita, moribus, eruditione, etc., D. C. Chappuisot, presbyteri, s. l. (*Brux.*) 1650. 12.

Chaptal, comte de **Chanteloup** (Jean Antoine Claude), homme d'État français (4 juin 1756 — 30 juin 1832).

Huit discours prononcés sur la tombe de J. A. Chaptal par Dégérando, Amalric, Delessert, Thénard, Dupin, Blanqui, Pariset et Lasteyrie. *Par.* 1834. 8 *.

   * Réunis et imprimés aux frais d'un vieux et fidèle domestique de Chaptal.

Julia-Fontenelle (Jean Simon Étienne). Éloge de J. A. Chaptal. *Par.* 1833. 4. (*Lv.*)

Flourens (Pierre). Eloge historique de J. A. Chaptal. *Par.* 1834. 4.

Chapuis (Grégoire Joseph),
magistrat belge (12 avril 1761 — exécuté le 1er janvier 1794).

Biographie de G. J. Chapuis. *Liége.* 1847. 8. (Peu commun.)

Chapuis de Corgenon (Claudine),
religieuse française.

Vie de C. Chapuis de Corgenon, dite de Marie de la Passion, religieuse de Sainte-Elisabeth. *Lyon.* 1731. 12.

Charas (Moïse),
médecin français (1618 — 17 janvier 1698).

Cap (Paul Antoine). Éloge de M. Charas. *Par.* 1840. 8.

Charbonnet (Pierre Mathieu),
littérateur français (vers 1733 — 9 février 1815).

Monnot-Desangles (Louis Gratien). Éloge de l'abbé P. M. Charbonnet. *Besanç.* 1831. 8. (*Bes.*)

Chares,
philosophe grec.

Cassianus (Heinrich). Dissertatio de Charetis Atheniensis rebus gestis ac moribus. *Marb.* 1849. 8.

Charette de la **Coutrie** (François Athanase de), l'un des chefs des Vendéens (21 avril 1763 — fusillé le 29 mars 1796).

Vie de Charette. *Par.* 1796. 12. Trad. en allem. *Frf.* 1796. 8.

Le Bouvier-Desmortiers (Urbain René Thomas). Réfutation des calomnies publiées contre le général Charette, commandant en chef les armées catholiques et royales dans la Vendée, etc. *Par.* 1809. 8. Portrait.

——Supplément à la vie de Charette. *Par.* 1814. 8 *. Réimprim. avec l'ouvrage précédent, s. l. t. de « Vie de Charette. » *Nant.* et *Par.* 1823. 8.

   * Lors de l'impression de l'ouvrage, le gouvernement impérial le fit saisir; ce ne fut qu'après le 31 mars 1814, que l'auteur obtint la restitution de 300 exemplaires qui étaient restés dans les mains de la police; on en avait imprimé et il en avait été saisi 2600 exemplaires.

Muret (Théodore). Vie populaire de Charette. *Par.* 1845. 18.

Charisius (Aurelius Arcadius),
jurisconsulte romain.

Rau (Christian). Dissertatio de A. A. Charisio, vetere jurisconsulto. *Lips.* 1773. 4. (*D.*)

Charke (Charlotte),
actrice anglaise (+ 6 avril 1760).

Narrative of the life of Mrs. C. Charke (youngest daughter of Colley Cibber). *Lond.* 1755. 12. (Autobiographie accompagnée de son portrait.)

History of Henry Dumont, Esq., and of Miss C. Charke, with some critical remarks on comic actors. *Lond.* 1647. 4. (*Bes.*)

Charlemagne,
roi de France, empereur d'Occident (2 avril 742 — 771 — 28 janvier 814).

Dippold (Hans Carl). Commentatio historica de fontibus historiæ Caroli M. et de scriptoribus eam illustrantibus. *Dresd.* 1808. 4.

Eginhardus. Vita et gesta Caroli cognomento Magni, Francorum regis fortissimi et Germaniæ suæ illustratoris, publ. par Hermann v. Nuenarius. *Col. Agr.* 1521. 4. Publ. par Christoph Helwich. *Frf.* 1651. 4. Par Joachim Frantz. *Argent.* 1644. 4. Par Johann Friedrich Reinhard. *Helmst.* 1667. 4. Par Johann Hermann Schmincke. *Traj. ad Rhen.* 1711. 4. *Ibid.* 1740. 4. Par Gerard Nicolaus Heerkens. *Groning.* 1755. 8. Par Gabriel Gottfried Bredow. *Helmst.* 1806. 8. Par Georg Heinrich Pertz. *Hannov.* 1829. 8.

   Trad. en allem. par Johann Augustin Egenolf. *Leipz.* 1728. 12.

   Trad. en franç. par Elie Vinet. *Poitiers.* 1546. 8. Par Léonard Pournas. *Par.* 1614. 12. Par M(ichel) D(enise). *Par.* 1812. 12.

   Trad. en holland. par Philipp Blommaert. *Antwerp.* 1849. 8.

Seelen (Johann Heinrich v.). Hypomnemata ad Eginharti vitam Caroli M., etc. *Lubec.* 1740. 4.

Turpin (Jean). Historia de vita Caroli M. et Rolandi, ejus nepotis, publ. par Simon Schardius. *Frf.* 1566. Fol. Trad. en franç., s. c. t. Chronique contenant les prouesses de Charlemagne, etc., par Robert Gaguin. *Par.* 1527. 4. Par Michel de Harnes. *Lyon.* 1583. 8.

Secreta alcuna : Ystoria breve del rè Carlo imperatore. *Padov.* 1743. Fol. *Venez.* 1477. Fol. *Ibid.* 1481. Fol.

Historia del emperador Carlo Magno. *Barcel.*, s. d. 8. *Ibid.* 1808. 8. *Sevilla.* 1817. 4.

Les faits et gestes de Charlemagne, Rolland et autres braves Gaulois contre les Infidèles, s. l. et s. d. 8. (Écrits en vers.)

Pulci (Luigi). Li fatti di Carlo Magno e de' suoi paladini. *Venez.* 1481. Fol. (Écrits en vers octaves.)

Triomphe des neuf Preux (Josue, David, Judas Maccabé, Alexandre le Grand, Hector, Jules César, Artus de Bretagne, Charlemagne et Godefroid de Bouillon), contenant leurs faits et prouesses, avec l'histoire de Bertrand Duguesclin. *Abbeville.* 1479. Fol. *Ibid.* 1487. Fol.

Ibarra (Martin de). Caroleidos libri IV carmine heroico. *Barcinone.* 1516. 4.

Mareni (Pietro). Compendio della stirpe di Carlo M. e di Carlo Quinto. *Venez.* 1545. 8.

Wagner (Marcus). Auserlesenes Chronicon von den herrlichen, wunderlichen und grossen Thaten Caroli M. *Magdeb.* 1579. 4.

Ubaldini (Petruccio). Vita di Carlo M. imperatore. *Lond.* 1581. 4 *.
* L'auteur assure que c'est le premier ouvrage italien imprimé à Londres.

Dassel (Hardevig v.). Panegyrici III de tribus Magnis : Constantino, Carolo et Othone. *Aug. Vind.* 1589. 4.

Schleufer (Arnold). Caroli M. imperatoris regis et principis vitæ togatæ liber I. *Brem.* 1590. 4.

Stuck (Johann Wilhelm). Carolus M. redivivus, h. e. Caroli M. Romanorum, Germanorum, Gallorum, Italorum et aliarum gentium monarchæ potentissimi cum Henrico M. Gallorum et Navarrorum comparatio utriusque regis historiam breviter complectens. *Tigur.* 1592. 4.

Lindenbrog (Erpold). Newe vermehrte Chronica von dem grossmächtigsten ersten teutschen Keyser Carolo M., etc. *Hamb.* 1593. 4.

Reineccius (Reiner). Annales de gestis Caroli M. *Helmst.* 1594. 4.

Letzner (Johann). Historia Caroli M. des grossmächtigsten christlichen, römischen und teutschen Keysers. *Hildesh.* 1602. 4.

Raetel (Heinrich). Der dreyer christlicher römischer Keyser Constantini, Carolis, Ottonis M. Ankunft, Geburth, Regierung, Kriege und Siege, grosse Thaten, thugentliches Leben und seeliges Ende, etc. *Goerl.* 1603. 4.

Beckmann (Berthold). Oratio de Carolo M. primo Germanorum imperatore. *Marb.* 1643. 4. *Giess.* 1657. 4.

Frantz (Johann Joachim). Historia Caroli M. imperatoris Romani, publ. par Johann Heinrich BOECLER. *Argent.* 1644. 4.

Sagittarius (Johann Christfried). Dissertatio de Carolo M. *Jenæ.* 1650. 4.

Ott (Christoph). Laurus Carolina, de gestis Caroli M. et sequentium Carolingorum cæsarum. *Ingolst.* 1654. 4.

Ruggieri (Simone). Carolus Magnus. *Rom.* 1655. 12. (Poëme italien.)

Pastorius (Johann Augustin). Tacitus Germanico-Belgicus, s. de origine et gestis Carolorum Magni, Audacis et Quinti aliorumque Germaniæ et Belgii principum. *Col. Agr.* 1658. 8.

Balduin (Gottlieb). Dissertatio historica de Carolo M. *Witteb.* 1663. 4.

Laboureur (Louis Le). Charlemagne. *Par.* 1664. 8. *Ibid.* 1666. 12. *Ibid.* 1687. 12. (Poëme héroïque.)

Courtin (Nicolas). Charlemagne ou le rétablissement de l'empire romain, poëme héroïque. *Par.* 1666. 12.

Schurzfleisch (Conrad Samuel). Historia Caroli M. *Corbach.* 1667. 4.

Riedesel v. Eisenbach (Junius Hermann). Optimus imperator Carolus M. stilo oratorio delineatus. *Marb.* 1671. Fol.

Hetzer (Johann Christian). Dissertatio exhibens specimen observationum historico-criticarum (de erroribus in historia Caroli M. et Ludovici Pii). *Jenæ.* 1674. 4.

Weise (Christian). Discursus politicus de Carolo M. quatenus vitam ejus describunt Claudius FAUCHET et Joannes SERRES. *Weissenfels.* 1674. 4.

Schaten (Nicolaus). Discursus historico-politico-morales libris IV distincti de vita Caroli M., etc. *Frf.* 1700. 4.

Krause (Johann Heinrich). Dubia vexata circa Caroli M. historiam. *Lips.* 1706. 4.

Tuerck (Heinrich). Fasti Carolini s. rerum a Carolo M. gestarum series, etc. *Frf.* 1707. 4.

Lebensbeschreibung des ersten teutschen Keysers Caroli des Grossen. *Hamb.*, s. d. (1723.) 4.

Koeler (Johann David). Exercitatio genealogica de familia augusta Carolingica, etc. *Altorf.* 1725. 4.

Hallwachs (Johann Michael). Dissertatio de Carolo M. Franciæ rege hujusque historia varii generis observationibus illustrata. *Tubing.* 1734. 4.

Patachich v. Zajedza (Adam). Augusta quinque Carolorum natitia. *Vindob.* 1735. Fol. (Dédié à l'empereur Charles VI.)

Le Roy (Chrétien). Divi Caroli Magni, regis Francorum et Occidentalium imperatoris, laudatio, etc. *Par.* 1744. 4.

Leclerc de la Bruère (Charles Antoine). Histoire du règne de Charlemagne. *Par.* 1745. 8.

(**Hegewisch**, Dietrich Hermann). Versuch einer Geschichte Carl's des Grossen. *Leipz.* 1777. 8. Augm. s. c. t. Geschichte der Regierung Kaiser Carl's des

Grossen. *Hamb.* 1791. 8. (La deuxième édition porte le nom de l'auteur.) Trad. en franç. (par Jean François de BOURGOING). *Par.*, an XII (1804). 8.

Gaillard (Gabriel Henri). Histoire de Charlemagne, précédée de considérations sur la première race et suivie de considérations sur la seconde (race des rois de France). *Par.* 1782. 4 vol. 12. *Ibid.* 1819. 2 vol. 8.

(**Seidel**, Günther Carl Friedrich). Die Franken und Carl der Grosse, etc. *Berl.* 1793. 12.

Jenisch (Daniel). Theorie der Lebensbeschreibungen, nebst einer Biographie Carl's des Grossen. *Berl.* 1802. 8.

Dalberg (Carl Theodor v.). Considérations sur le caractère de l'empereur Charlemagne. *Frf.* 1806. 8. Trad. en allem. *Frf.* 1806. 8.

Card (Henry). The reign of Charlemagne considered chiefly with a view to religion, laws, litterature and manners. *Lond.* 1807. 8.

Jumel (Jean Charles). Éloge de Charlemagne. *Par.* 1810. 8. (*Lv.*)

Dippold (Hans Carl). Leben Kaiser Carl's des Grossen. *Tübing.* 1810. 8.

Rodd (Thomas). History of Charles the Great and Orlando, with the most celebrated ballads relating to the 12 peers of France. *Lond.* 1812. 2 vol. 8.

Bredow (Gabriel Gottfried). Carl der Grosse, wie Eginhard ihn beschrieben hat, die Legende ihn dargestellt und Neuere ihn beurtheilt haben. *Alton.* 1814. 8.

Pflaum (Johann Christoph Ludwig). Carl der Grosse. *Stuttg.* 1814. 8.

Granié (Pierre). Histoire de Charlemagne, roi de France et empereur d'Occident, précédée d'un Précis historique sur les Gaules. *Par.* 1819. 8.

James (George Payne Rainsford). History of Charlemagne. *Lond.* 1832. 8.

Streso (J... A...). Konstantijn de Groote en Karel de Groote. *Arnhem.* 1836. 8.

Capefigue (Baptiste Honoré Raymond). Charlemagne. *Par.* 1840. 2 vol. 8. *Brux.* 1841. 2 vol. 12.

Nisard (Théodore). Histoire de Charlemagne. *Par.* 1843. 12.

(**Gagern**, Heinrich C... v.). Carl der Grosse. Bruchstücke aus der (deutschen) Nationalgeschichte. *Darmst.* 1845. 8.

Sporschil (Johann). Carl der Grosse, sein Reich und sein Haus. *Braunschw.* 1846. 8. Portrait.

Snellaert (Ferdinand Augustin). De heerlyke en vrolyke daden van Keyzer Karel. *Gand.* 1846. 12. (Histoire populaire.)

Schroeder (Johann Friedrich). Geschichte Carl's des Grossen. *Leipz.* 1850. 8. Portrait.

Der Mönch von Sanct-Gallen über die Thaten Carls des Grossen ; aus der Ausgabe der « *Monumenta Germaniæ* » übesetzt von Wilhelm WATTENBACH. *Berl.* 1850. 8.

Juste (Théodore). Charlemagne. *Brux.*, s. d. (1850.) 8.

Rumpel (Hermann Ernst). Programma de Vargula, loco conceptionis s. potius conseptionis Caroli M. *Erford.* 1704. 4 *.
* L'auteur veut prouver que Charlemagne est né en Thuringue.

Aretin (Johann Christoph v.). Aelteste Sage über die Geburt und Jugend Carl's des Grossen. *Münch.* 1815. 8.

Normand (Théodore). Berceau de Charlemagne. *Brux.* 1837. 12. (Extrait de la *Revue de Bruxelles*.)

Tiron (N... N...). Recherches historiques sur le lieu où est né Charlemagne. *Brux.* et *Par.* 1838. 18 *. (*Bx.*)
* Les quatre dernières pages contiennent une notice historique sur Eginhard, chancelier de Charlemagne.

Bring (Ebbe Samuel). Fabula Caroli Magni Suecana. *Lund.* 1847. 8.

Henaux (Ferdinand). Le berceau de Charlemagne ; recherches historiques. *Liége.* 1847. 8.
—— Sur la naissance de Charlemagne à Liége ; recherches historiques. *Liége.* 1848. 8.

Freher (Marquard). De statura Caroli M. φιλοπονημα. s. l. et s. d. 4. Avec des notes par Heinrich Günther THULEMARIUS. *Heidelb.* 1662. 4. *Frf.* 1681. 12.

Bocrisius (Johann Heinrich). Dissertatio de eruditione Caroli M. ejusque meritis in rem litterariam. *Suevoford.* 1716. 4.

Doppert (Johann). Programma : Carolus M. princeps græce et latine doctus, etc. *Sneeberg.* 1722. 4.

Koeler (Johann David). Commentatio de bibliotheca Caroli M., etc. ad Eginharti de vita ejusdem cap. XXIII. *Altorf.* 1724. 4.

Bierling (Conrad Friedrich Ernst). Dissertatio de Carolo M. virtutibus ac nævis magno. *Rintel.* 1758. 4.

Unold (Johann Matthias). Oratio de societate litteraria a Carolo M. instituta. *Jenæ.* 1752. 4.

Wiesand (Georg Stephan). Commentatio de Carolo M. artium liberalium restauratore summo. *Jenæ.* 1756. 4.

Rasche (Johann Christoph). Carl der Grosse, gross durch seine Bemühungen für die Schulen der Teutschen. *Meining.* 1760. 4.

Lorentz (Friedrich). Dissertatio de Carolo M. litterarum fautore. *Halæ.* 1828. 8.

(Wackerbarth , August Joseph Ludwig v.). Kaiser Carl's des Grossen Büchersammlung ; Bruchstück aus Graf Wackerbarth's Schilderung der teutschen Kaiser, etc. *Dresd.* 1857. 4.

Bonnaire de Pronville (N... N...). Pouvoir législatif sous Charlemagne. *Hamb. et Brunsv.* 1800. 2 vol. 8.

Nifanius (Christian). Ostensio historico-theologica quod gloriosissimus imperator Carolus M. in quamplurimis fidei articulis formaliter non fuerit papista. *Frf.* 1670. 8.

Schaten (Nicolaus). Carolus M. Romanorum imperator et Francorum rex, Romano-catholicus, libris IV explicatus. *Neuhus.* 1674. 4. Augment. *Frf.* 1679. 8. *
* Anti-critique de la dissertation précédente.

Meinders (Hermann Adolph). De statu religionis et reipublicæ sub Carolo M. et Ludovico Pio in Saxonia. *Lemgov.* 1711. 4.

Roth (Sigismund Fridemann). Commentatiuncula de studio Caroli M. in propugnanda et conservanda religione christiana. *Lips.* 1766. 4.

Schwarz (Friedrich Immanuel). Disquisitio historico-critica de Caroli M. auriculari confessione. *Torgav.*, s. d. 4.

Schubert (Johann Ernst). Dissertatio de rebus Caroli M. apud Romam gestis. *Gryphisw.* 1771. 4. Trad. en allem. par Martin Johann Buchholz. *Leipz.* 1789. 8.

Ledebur (L... v). Beleuchtung einiger Punkte in den Feldzügen Carl's des Grossen gegen die Sachsen und Slaven. *Berl.* 1829. 8.

Thulemarius (Heinrich Günther). Disputatio de sororibus Caroli M. *Heidelb.* 1681. 4. (Très-rare.)

Traeger (Johann Andreas). Ideen zu einer künftigen Revision über das Alter Carl's des Grossen und seiner ersten rechtmässigenVermählung mit Hildegard.*Landshut.* 1820. 8.

Eckhardt (Johann Georg v.). Dissertatio de imaginibus Caroli M. et Carolomanni, regum Francorum, etc. *Luneb.* 1719. 4.
Relazione della statua equestre di Carlo M. *Siena.* 1725. Fol. *
* Description d'une statue de marbre érigée par ordre du pape Alexandre VII.

Bock (N... N...). Carl's des Grossen Grabmal. *Aachen.* 1837. 8.

Walch (Christian Wilhelm Franz). Historia canonisationis Caroli M. variis observationibus illustrata. *Jenæ.* 1750. 8.

Charles II, dit **le Chauve**,
roi de France (13 juin 823 — 20 juin 840 — 6 oct. 877).
Belleforest (François de). Histoire des neuf rois de France qui ont eu le nom de Charles. *Par.* 1568. Fol.
Schurzfleisch (Conrad Samuel). Disquisitio de divisione imperii Carolini. *Witteb.* 1682. 4.

Charles III, surnommé **le Gros**,
empereur d'Allemagne (vers 832 — 881 — 12 janvier 888).
Reinhard (Johann Paul). Dissertatio de Caroli Crassi imperatoris abdicatione. *Erlang.*, s. d. (1755). 4.

Charles IV,
empereur d'Allemagne (16 mai 1316 — 19 juill. 1346 — 29 nov. 1378).
Lupáce z Hlavaczowa (Procop). Historia o cisari Kar-

lovi, toho jména Ctyrtém, krále Ceskom. *Praze.* 1584. Fol. Publ. par Václeslav Hanka. *Praze.* 1849. 8. Port.

Pelzel (Franz Martin). Geschichte Kaiser Carl's IV, Königs in Böhmen vom Jahre 1316 bis 1355. *Prag.* 1780-81. 2 vol. 8.
—— Apologie Kaiser Carl's IV, etc. *Prag.* 1782. 8.

Neumann (Theodor). Disputatio de vita Caroli IV imperatoris ab ipso Carolo conscripta. *Gorlic.* 1847. 8.

Godefroy (Théodore). Entrevue de Charles IV, empereur, de son fils Wenceslaus, et de Charles V, faite à Paris l'an 1578. *Par.* 1613. 4.

Schurzfleisch (Conrad Samuel). Dissertatio quod Carolus IV non dissipaverit imperii patrimonium, quatenus pertinet ad regnum Arelatense. *Witteb.* 1684. 4.

Charles-Quint,
empereur d'Allemagne, roi d'Espagne (24 février 1500 — 1520 — 21 sept. 1558).
Gebuillerius (Hieronymus). Epitome regii ac vetustissimi ortus sacræ cæsareæ et catholicæ majestatis Caroli V et Ferdinandi I Hungariæ et Bohemiæ regis. *Hagenoæ.* 1550. 4. *Lovan.* 1630. 8.

Ruch (J... W...). Caroli V genealogia. *Antw.* 1556. 8..

Maurus (Hartmann) et **Sabinus** (Georgius). Descriptio coronationis Caroli V et descriptio coronationis ejusdem imperatoris Bononiæ a Clemente VII anno 1530. *Frf.* 1612. 4.

Eberhard (Christian). Collectio scriptorum de electione et coronatione Caroli V. *Helmst.* 1660. 4.

Staphylus (Fridericus). Historia de vita, morte et gestis Caroli V. *Aug. Vind.* 1559. 4.

Ulloa (Alfonso de). Vita dell' invittissimo e sacratissimo imperatore Carolo V. *Venez.* 1559. 4. *Ibid.* 1566. 4. *Ibid.* 1575. 4. *Ibid.* 1589. 4. *Ibid.* 1606. 4. Trad. en flamand. *Dordr.* 1560. Fol. Portraits.

Snoekaert van Schauwenburg (Willem). De re publica, vita, moribus, rebus gestis, etc., Caroli V libri VII. *Brugis.* 1559. Fol. *Antw.* 1595. Fol. (Publ. s. l. pseudonyme de Guilielmus Zenocarus.)

Dolce (Lodovico). Vita di Carolo V. *Venez.* 1561. 4.

Vorthusius (Jan). Phœnix, s. apotheosis consecrationis augustæ qua Caroli M. et Caroli V res gestæ, consilia et eventus describuntur. *Antw.* 1562. 4.

Beuther (Michael). Commentarius de rebus a Carolo V gestis. *Argent.* 1572. Fol.

Henricpetri (J...). General-Historien der Thaten Keyser Carls V, etc. *Basel.* 1577. Fol.

Salde (Juan Ochòa de la). Primera parte de la Carolèa : enchiridion che trata la vida y hechos del emperador D. Carlos V y de muchas notables cosas en ella sucedidas hasta el año 1555, s. l. (*Lisb.*) 1585. Fol. *
* Le deuxième volume est resté manuscrit.

Sandoval (Prudencio de). Historia de la vida y hechos del emperador Carlos V. *Valladol.* 1604-06. 2 vol. Fol. *Ibid.* 1634. 2 vol. Fol. *Amber.* 1681. 2 vol. Fol. Trad. en angl. par James Wadsworth. *Lond.* 1652. Fol.

Vera y Figueroa de la Roca (Juan Antonio de). Epitome de la vida y hechos del emperador Carlos V. *Madr.* 1613. 4. *Ibid.* 1624. 4. *Ibid.* 1654. 4. *Brussel.* 1656. 4. Trad. en franç. par N... N... Perron Lehayer. *Par.* 1653. 4. Augment. par A... F... D... M... *Brux.* 1663. 12. *Ibid.* 1667. 12.

Een schoon historie van de kloeckmoedighen Keyser Carolus V. *Antw.* 1622. 4.

Martinez de la Puente (José). Historia de la vida y hechos de D. Carlos V. *Madr.* 1650. Fol. *Ibid.* 1675. Fol. * Trad. en angl. par John Stevens. *Lond.* 1703. 8.
* Extrait de l'ouvrage de Sandoval.

Masenius (Jacob). Anima historiæ hujus temporis, h. e. historia Caroli V et Ferdinandi I. *Col. Agr.* 1672. 4. *Ibid.* 1684. 4. *Ibid.* 1709. 4.

Leti (Gregorio). Vita dell' invittissimo imperatore Carolo V Austriaco. *Amst.* 1700. 4 vol. 8.
Trad. en allem. par Justus Gotthard Rabener. *Leipz.* 1712. 5 vol. 8.
Trad. en franç. (par les filles de l'auteur). *Amst.* 1704. 4 vol. 12. *Ibid.* 1710. 4 vol. 12.
Trad. en holland. *Leyde.* 1738. 4 vol. 8.

Grieck (Jodocus de). La vie et les actions héroïques et plaisantes de l'invincible empereur Charles V. *Amst.* 1704. 2 vol. 12. Augment. par N... N... Raclot. *Cologne.* 1718. 8.

Mencke (Johann Burchard). Disputatio de nævis politicis Caroli V. *Lips.* 1706. 4.

Koehler (Johann Christian). Selecta capita ex historia Caroli V imperatoris. *Lips.* 1757. 4.

Boehme (Johann Gottlieb). Nonnulla de Carolo V imperatore. *Lips.* 1757. 4.

Goebel (Johann Heinrich David). Beiträge zur Staatengeschichte von Europa unter Kaiser Carl V. *Lemgo.* 1765. 4.

Bombart (N... N...). Éloge de Charles V. *Par.* 1768. 4.

Robertson (William). History of the reign of the emperor Charles V. *Lond.* 1769. 3 vol. 4. *Ibid.* 1782. 4 vol. 8. *Basil.* 1788. 4 vol. 8. *Ibid.* 1812. 4 vol. 8. *Ibid.* 1817. 4 vol. 12.

Trad. en allem. (par Matthias Thomas Christoph Mittelstedt). *Braunschw.* 1770-71. 3 vol. 8. Revue par Julius August Remer. *Braunschw.* 1778-79. 3 vol. 8. (Par Johann Martin v. Abele). *Kempt.* 1781-85. 3 vol. 8.

Trad. en espagn. par Francisco Ramon Alvarado de Velaustegui. *Madr.* 1821. 4 vol. 4.

Trad. en franç. (par Jean Baptiste Antoine Suard). *Amst.* et *Par.* 1771-73. 2 vol. 4 ou 6 vol. 12. *Par.* 1817. 4 vol. 8. *Ibid.* 1822. 4 vol. 8. *Ibid.* 1843. 2 vol. 12.

Trad. en holland. *Rotterd.* 1778. 6 vol. 8.

Trad. en ital. *Colon.* 1774. 6 vol. 12. Par Ottavio Morali. *Milan.* 1820-21. 4 vol. 8. Portrait. Avec des notes par Mauro Sartorio. *Milan.* 1832. 6 vol. 12.

Trad. en suéd. par Elis Schroederheim. *Stockh.* 1800. 6 vol. 12.

Ansart (André Joseph). Éloge de Charles-Quint. *Par.* 1775. 8.

Nomsz (Joannes). Leven van Karel V. *Amst.* 1787. 12.

Trieper (Jan Hendrik). Keizer Karel V als staatsman geschetst, etc. *Amst.* 1826. 8. Trad. en franç. par Victor Deflinne. *Brux.* 1827. 12.

Reiffenberg (Frédéric Auguste Ferdinand Thomas de). Charles V, considéré comme renommée populaire. *Brux.* 1838. 8.

Gachard (Prosper Louis). Particularités et documents inédits sur Commines, Charles le Téméraire et Charles-Quint. *Brux.* 1842. 8.

Male (Willem van).*. Lettres sur la vie intérieure de l'empereur Charles V, publ. par Frédéric Auguste Ferdinand Thomas de Reiffenberg. *Brux.* et *Leipz.* 1843. 8.

* L'auteur de ces lettres a été gentilhomme de la chambre de Charles-Quint.

Paur (Theodor). Johann Sleidan's Commentar über die Regierungszeit Carl's V, historisch-kritisch betrachtet. *Leipz.* 1843. 8.

Mémoires sur Charles V et sa cour, adressé, en 1516, par l'évêque de Badajoz, au cardinal Ximenez de Cisneros, s. l. et s. d. (*Brux.* 1843). 8. (Extrait des *Bulletins de la Commission royale d'histoire.*)

Mersseman (Jacques Olivier Marie de). La cour et la vie intérieure de Charles-Quint. *Bruges.* 1847 (?). 8.

Debruyne (Philippe). Précis de l'histoire de Charles-Quint, ou recueil chronologique des principaux faits et des principaux événements qui ont illustré son règne. *Namur.* 1851. 8.

Recueil d'aucunes lettres et écritures, par lesquelles se comprend la vérité des choses passées entre l'empereur Charles V et François I (roi de France). *Antw.* 1556. 4.

Schryver (Cornelis). Descriptio pacis inter Carolum V et Franciscum I ad Aquas mortuas in agro Narbonensi initæ. *Antw.* 1540. 8. *

* Poëme historique, puis. l. n. latinisé de Scatbonius ou Graphæus.

Ebert (Adam). Historia captivitatis Francisci I, Galliarum rege, atque vitæ Caroli V in monasterio. *Mediol.* 1715. 8.

(**Goezmann**, N... N...). Histoire politique des grandes querelles entre François I et Charles V. *Par.* 1777. 2 vol. 8. (*Bes.*)

Wesele-Scholten (Benjamin Pieter van). Dissertatio de fœdere Madritano, quod Franciscus I rex cum Carolo V imperatore captivus fecit. *Amst.* 1784. 4. (Assez rare.)

Villegagnon (Nicolas). Caroli V imperatoris expeditio in Africam ad Argeriam. *Argent.* 1542. 8. *Venet.* 1542. 8.

Calvete de Estrella (Juan Cristoforo). De Aphrodisio expugnato, quod vulgo Africam vocant, anno 1550, commentarius. *Antw.* 1551. 8. Avec des notes par Bartholomæus Barrientos. *Salamant.* 1566. 8. Trad. en espagn. *Salamanc.* 1558. 8.

Salazar (Pedro de). Historia de la guerra y presa de Africa, con la destruycion de la villa de Monazter, y isla de Gozo, y perdida de Tripol de Berveria. *Napol.* 1552. Fol.

—— Coronica del emperador Carlos V, en la qual se trata la justissima guerra, etc., contra los Lutheranos y rebeldes del imperio, etc. *Sevill.* 1552. Fol. *Medin. del Campo.* 1560. Fol. Trad. en ital. *Napol.* 1554. Fol.

Nucula (Orazio). Commentariorum de bello Aphrodisiensi anno 1550 gesto libri V. *Rom.* 1552. 8.

Scepper (Cornelius Duplicius). Rerum a Carolo V, cæsare augusto, in Africa bello gestarum commentarii. *Antw.* 1554. 8. *Ibid.* 1555. 8.

Wiens (Eberhard). Unternehmungen Kaiser Carl's V gegen die Raubstaaten Tunis, Algier und Mehedia. *Münster.* 1852. 4.

Gachet (Emile). Documents inédits relatifs à la conquête de Tunis par l'empereur Charles V, en 1553. *Brux.* 1844. 8.

Piot (Charles). Relations diplomatiques de Charles V avec la Perse et la Turquie. *Gand.* 1845. 8.

Bartenstein (Johann Christian). Dissertatio de bello imperatori Carolo V a Mauritio Saxoniæ electore illato. *Argent.* 1710. 4.

Hinckelmann (Abraham). Programma de Carolo V abdicante ejusque abdicationis caussis, etc. *Lubec.* 1675. Fol.

Obrecht (Ulrich). Dissertatio de abdicatione Caroli V. *Argent.* 1676. 4.

Deux épisodes de l'histoire des Belges : l'abdication de Charles-Quint, le compromis des nobles en 1566. *Brux.* 1841. 18.

Abdication de Charles V, (tableau) par Louis Gallait. gravure par Charles Onghena, légende historique et descriptive par Auguste Voisin. *Gand.* 1841. 8.

Bakhuizen van den Brink (R... C...). La retraite de Charles V. Analyse d'un manuscrit espagnol contemporain, par un religieux de l'ordre de Saint-Jérôme à Yuste. *Brux.* 1850. 8.

Juste (Théodore). L'abdication de Charles-Quint. *Liége.* 1851. 8.

Sterling (William). The cloister life of the emperor Charles V. *Lond.* 1852. 8. *Ibid.* 1853. 8.

Trad. en allem. par M... B... Lindau. *Dresd.* 1853. 8. Par August Kaiser. *Leipz.* 1853. 8.

Trad. en franç. par Amédée Pichot. *Par.* 1853. 8.

Pichot (Amédée). Chronique de l'abdication, de la retraite et de la mort de l'empereur Charles V. *Par.* 1853. 8.

Lanz (Carl). Correspondenz des Kaisers Karl V ; aus dem königlichen Archiv und der *Bibliothèque de Bourgogne* zu Brüssel mitgetheilt. *Leipz.* 1846. 3 vol. 8.

Ekerman (Peter). Dissertatio de favore imperatoris Caroli V in literas et literatos. *Upsal.* 1743. 4.

Buettinghausen (Carl). Specimen monumentorum, res gestas imperante Carolo V illustrantium. *Frf.* et *Lips.* 1756. 8.

Ekerman (Peter). Symbolum cæsaris Caroli V : « Plus ultra » ad latifundia scientiarum applicatum. *Upsal.* 1768. 4.

Mayer (Johann Friedrich). Dissertatio de morte Caroli V evangelica. *Gryphisw.* 1682. 4. *Lips.* 1698. 4.

Bacmeister (Lucas). Epistola inedita de morte Caroli V. *Hamb.* 1719. 4.

Charles VI,

empereur d'Allemagne (1er oct. 1685 — 22 déc. 1711 — 20 oct. 1740).

Vollständiges Diarium alles dessen, was vor, während und nach denen höchst ansehnlichen Wahl- und Krönungs-Solennitäten Caroli VI sowohl im ganzen römischen Reich, als auch in der freien Reichs- und Wahlstatt Frankfurth a. M. vom Anfang bis zum Ende passiret ist. *Frf.* 1712. Fol.

Conlin (Johann Rudolph). Carolus VI oder glorreichste Regierung und unvergleichliche Thaten Caroli IV, etc., ferner die Lebensbeschreibungen Leopoldi I und Josephi, etc., die Heldenthaten Maximiliani von Bayern und Eugenii (von Savoyen). *Augsb.* 1721. 4.

(Zschackwitz, Johann Ehrenfried). Leben und Thaten Seiner Kayserlichen und Catholischen Majestät Caroli VI (von 1698-1712). *Frf.* 1723. 8. Portrait. *Ibid.* 1741. 8.

Schunn (Jacob). Lob- und Trauer-Gedächtniss des Kaisers Carl IV, etc. *Hermannst.* 1740. Fol.

Amoss (Johann). Ehrensäul zu ewig ruhmwürdigsten Gedächtniss des Römischen Kaysers Caroli VI, in einer Lob- und Trauerrede vorgestellet. *Frf.* 1740. Fol.

Schilbach (J... S...). Carolus VI; die bei denen solennen Exequien, etc., vermittelst einer Lob- und Trauerrede emblematisch vorgestellete stillstehende, etc. Römische Staats-Sonne, s. l. (*Cronstadt*). 1740. Fol.

Waismayr (Joseph). Carl, deren Römischen Kaysern der Sechste, deren Königen in Ungarn der Dritte dieses Nahmens, etc., vorgestellet in einer gebräuchigen Lob- und Trauer-Rede. *Presb.* 1740. Fol.

Buondelmonti (Giuseppe). Orazione funerale in lode dell' imperatore Carlo VI. *Firenz.* 1741. 8.

Mellicensis (Adrianus). Oratio funebris de laudibus Caroli VI imperatoris. *Vienn.* 1741. Fol.

Laudes posthumæ Caroli VI imperatoris augusti pace, bello, religione magni. *Vienn.* 1741. 8. Portraits.

Manzador (Pio). Ehren- und Trauerrede bey der Leichen-Begängniss des weiland römischen Kaisers Carl's VI. *Wien.* 1741. Fol.

Nadudvari (Samuel). Carolus VI imperator et rex, etc., gloriosissimæ domus Austriacæ Hesperus, Agropoli panegyrica oratione representatus, s. l. 1741. 4.

Oertel (Johann Gottfried). Castrum doloris, etc., das in dem Ehren-Tempel aufgerichtete Trauergerüste vor Carolum IV, in einer Leichenpredigt vorgestellet. *Oedenburg,* s. d. (1741). Fol.

Peikhart (Franz). Ehren-Rede dem grossen Geist Caroli VI vorgetragen. *Wien.* 1741. Fol.

Pittermann (Ignaz). Leich- und Lobred Carl's VI, etc. *Wien.* 1741. Fol.

(Massuet, Pierre). Histoire de l'empereur Charles VI et des révolutions arrivées dans l'Empire, sous le règne des princes de la maison d'Autriche. *Amst.* 1742. 2 vol. 12.

Delalande (P... A...). Histoire de l'empereur Charles VI. *La Haye.* 1743. 6 vol. 12.

Wieling (Abraham). De sanctione pragmatica Caroli VI imperatoris augusti. *Traject.* 1743. 4.

Pieterman (J...). Leven van Karel VI, Roomsch Keizer, etc. *Amst.*, s. d. (vers 1744). 8.

Foscarini (Marco). Arcane memorie ossia segreta historia del regno di Carolo VI. *Padov.* 1750. Fol.

Schirach (Gottlob Benedict). Biographie Kaiser Carl's VI. *Halle.* 1778. 8.

Zech (Bernard v.). Caroli VI Wahl-Capitulation. *Leipz.* 1712. 4. *Ibid.* 1713. 4.

Wegelin (Georg Heinrich). Spicilegium observationum ad capitulationem Caroli VI. *Frf.* 1714. 4.

Thyllius (Carl Otto). Commentatio ad capitulationem Caroli VI. *Frf.* 1717. 4.

Ferrari (Girolamo). Delle notizie storiche della Lega tra l' imperatore Carolo VI e la repubblica di Venezia contro il gran sultano Acmet III e de' loro fatti d' armi dall' anno 1714 sino alla pace di Passarovitz (21 juillet 1718), libri IV. *Venez.* 1725. 4.

Gespräch im Reiche der Todten zwischen dem Römischen Kayser Carl IV und Anna Iwanovna, russischer Kayserin, worin sie einander ihre Lebensgeschichte erzählen. *Frf. et Leipz.* 2 parts. 4.

Charles VII,
empereur d'Allemagne (6 août 1697 — 1742 — 20 janvier 1745).

La nouvelle Babylone ou le système de l'Europe pendant l'élection de l'empereur Charles VII. *Amst.* 1743. 8.

Moser (Johann Jacob). Staatshistorie Teütschlands unter der Regierung Carl's VII. *Jena.* 1743. 2 vol. 8.

Geschichte und Thaten Kaiser Carl's VII. *Frf. et Leipz.* 1745. 8.

Edlweckh (Johann Evangelist). Oratio in funere Caroli VII Romani imperatoris. *Monach.* 1746. Fol. Trad. en allem. *Münch.* 1750. Fol.

— — Triumphus virtutum in funere Caroli VII. *Monach.* 1746. Fol.

Olenschlager (Johann Daniel v.). Geschichte des Interregni nach Absterben Carl's VI. *Frf.* 1746. 4 vol. 8.

Lipowsky (Felix Joseph). Lebens-und Regierungs-Geschichte des Churfürsten von Baiern Carl Albert, nachmaligen Kaisers Carl VII. *Münch.* 1830. 8.

Charles-Martel,
duc d'Austrasie († 22 oct. 741).

Raepsaet (Jean Joseph). Défense de Charles-Martel contre l'imputation d'avoir usurpé les biens ecclésiastiques et nommément les dîmes, avec un précis de l'origine des dîmes ecclésiastiques et laïcales, etc. *Gand.* 1806. 8.

Burckhardt (Jacob Christian). Quæstiones aliquot Caroli Martelli historiam illustrantes. *Basil.* 1843. 8.

Cauer (Eduard). Dissertatio historica de Karolo Martello. *Berol.* 1848. 8.

Nilinse (baron de). Charles-Martel. Histoire des maires du Palais. *Plancy.* (*Par.*) 1831. 18.

Charles III, dit le Simple,
roi de France (17 sept. 879 — 29 janvier 893 — 7 oct. 929).

Borgnet (Adolphe). Sur le règne de Charles le Simple. *Brux.* 1843. 4.

Charles IV, surnommé le Bel,
roi de France (1296 — 3 janvier 1322 — 31 janvier 1328).

Belleforest (François de). Histoire des neuf rois de France qui ont eu le nom de Charles. *Par.* 1568. Fol.

Charles V, dit le Sage,
roi de France (21 janvier 1337 — 8 avril 1364 — 16 sept. 1380).

Belleforest (François de). Histoire des neuf rois de France qui ont eu le nom de Charles. *Par.* 1568. Fol.

Menestrier (Claude François). Cour du roi Charles V, surnommé le Sage, et celle de la reine Jeanne de Bourbon, son épouse. *Par.* 1685. Fol.

Choisy (François Timoléon de). Histoire de Charles V. *Par.* 1689. 4.

Laharpe (Jean François de). Éloge de Charles V. *Par.* 1767. 8. *
* Couronné par l'Académie française.

Ménard (A... N...). Éloge de Charles V. *Par.* 1767. 4. *
* Discours qui a obtenu l'accessit de l'Académie française.

Guyton de Morveau (Louis Bernard). Éloge de Charles V. *Par.* 1767. 8.

Maury (Jean Siffrein). Éloge de Charles V. *Par.* 1767. 8.

Sautreau de Marsy (Claude Sixte). Éloge de Charles V. *Genève et Par.* 1767. 8.

Villette (Charles de). Éloge historique de Charles V. *Par.* 1767. 8.

(Mercier, Louis Sébastien). Éloge de Charles V, s. l. et s. d. (*Par.* 1768). 8. *Ibid.* 1773. 8.

(Bailly, Jean Sylvain). Éloge de Charles V, dit le Sage, roi de France, s. l. et s. d. (*Par.* 1770). 8.

Brizard (Gabriel). Éloge de Charles V. *Par.* 1770. 8.

Barthélemy de Beauregard (Jean). Histoire de Charles V, roi de France. *Par.* 1843. 18.

Roy (J... J... E...). Histoire de Charles V, surnommé le Sage, roi de France. *Tours.* 1850. 12.

Godefroy (Théodore). Entrevue de Charles IV, empereur, de son fils Wenceslaus, et de Charles V, faite à Paris l'an 1378. *Par.* 1613. 4.

Charles VI, surnommé le Bien-Aimé,
roi de France (5 déc. 1368 — 16 sept. 1380 — 21 oct. 1422).

Belleforest (François de). Histoire des neuf rois de France qui ont eu le nom de Charles. *Par.* 1568. Fol.

Ursins (Jean Juvenal des). Histoire de Charles VI et des choses mémorables advenues durant quarante-deux ans de son règne (publ. par Théodore Godefroy). *Par.* 1614. 4. Augment. par Denis Godefroy. *Par.* 1653. Fol.

Histoire de Charles IV, écrite par un auteur contemporain, traduite et illustrée de commentaires par Jean Le Laboureur. *Par.* 1663. Fol.

Saint-Remy (Jean Lefèvre de). Histoire de Charles VI. *Par.* 1663. Fol.

Choisy (François Timoléon de). Histoire de Charles VI. *Par.* 1695. 4. *Ibid.* 1750. 12.

Lussan (Marguerite de). Histoire de la vie et du règne de Charles VI. *Par.* 1749-53. 9 vol. 12. *

   * On attribue cet ouvrage à Nicolas Bavdot de Juilly, l'amant de mademoiselle de Lussan.

Duval-Pineu (Henri). Histoire de France sous le règne de Charles VI. *Par.* 1842. 2 vol. 8.

Besse (N... N... de). Recueil de diverses pièces servant à l'histoire de Charles VI. *Par.* 1660. 4.

Martiney (L...). Caboche ou le peuple sous Charles VI ; poëme tragique en cinq actes, suivi d'études historiques sur le règne de Charles VI, etc. *Par.* 1842. 8.

Charles VII, dit le Victorieux,
roi de France (22 février 1403 — 21 oct. 1422 — 22 juillet 1461).

Bouvier (Jacques le). Chronique et histoire du roi Charles VII depuis l'an 1402 jusqu'en 1461. *Par.* 1528. Fol. Publ. s. c. t. Histoire mémorable des grands troubles du royaume de France, ou chronique des rois Charles VI et Charles VII par Alain Chartier. *Nevers.* 1594. Fol. Corrig. par André du Chesne. *Par.* 1617. 4.

Belleforest (François de). Histoire des neuf rois de France qui ont eu le nom de Charles. *Par.* 1568. Fol.

Godefroy (Denis). Histoire du roi Charles VII par Alain Chartier, Jacques le Bouvier, Matthieu de Coucy et autres. *Par.* 1661. Fol.

Baudot de Juilly (Nicolas). Histoire de Charles VII. *Par.* 1697. 2 vol. 12. *Ibid.* 1754. 2 vol. 12. *

   * Cet ouvrage, publ. s. l. t. de « Mémoires secrets et intrigues de la cour de France sous Charles VII », porte aussi le nom de Marguerite de Lussan.

Bedacier (Catherine). Mémoires secrets de la cour de Charles VII. *Par.* 1700. 2 vol. 12. *Ibid.* 1754. 2 vol. 12. *Amst.* 1735. 2 vol. 12.

Delort (Joseph). Essai critique sur l'histoire de Charles VII, d'Agnès Sorel et de Jeanne d'Arc. *Par.* 1825. 8.

Clément (Pierre). Jacques Cœur et Charles VII, ou la France au xvᵉ siècle ; études historiques. *Par.* 1853. 2 vol. 8.

Taverne (Antoine de la). Journal de la paix d'Arras (conclue en 1435) entre Charles VII, roi de France, et Philippe le Bon, duc de Bourgogne, avec des annotations par Jean Collart. *Par.* 1651. 8.

Paris dit d'Auvergne (Martial de). Vigiles de la mort du feu roi Charles VII, à neuf psaumes et neuf leçons, contenant la chronique et les faits advenus durant la vie dudit feu roi. *Par.* 1493. 4. *Ibid.* 1724. 2 vol. 8. (Poëme assez bizarre.)

Charles VIII, dit l'Affable ou le Courtois,
roi de France (30 juin 1470 — 30 août 1483 — 7 avril 1498).

Desrey (Pierre). Grandes chroniques de très-chrétien roi de France, Charles VIII de ce nom, magnanime et victorieux, (depuis l'an 1484 jusqu'en 1496). *Par.* 1510. Fol. *Ibid.* 1514. Fol.

Guazzo (Marco). Storia ove si contengono la venuta e partita d'Italia e Carlo VIII, rè di Franzia, etc. *Venez.* 1547. 12.

Belleforest (François de). Histoire des neuf rois de France qui ont eu le nom de Charles. *Par.* 1568. Fol. Histoire de Charles VIII, par Guillaume de Jaligny, André de la Vigne et autres historiens de ce temps-là, etc.; publ. par Théodore Godefroy. *Par.* 1617. 4. Augm. par Denis Godefroy. *Par.* 1684. Fol.

Varillas (Antoine). Histoire de Charles VIII. *Par.* 1691. 4 ou 5 vol. 12. *La Haye.* 1691. 12.

Ségur (Philippe Paul de). Histoire de Charles VIII. *Par.* 1835. 2 vol. 8.

Extraits des registres du parlement, touchant les plaintes de Louis, duc d'Orléans, contre l'enlèvement du roi Charles VIII par la comtesse de Beaujeu en 1484, avec des observations de Sovil de Cinq-Cieux. *Par.* 1652. 4.

Bulla Innocentii VIII cum executoriis Andreæ cardinalis Sancta Martini in Montibus, et Ludovici episcopi Albiensis, ad Carolum VIII, pro subventione contra Turcas. *Rom.* 1491. Fol.

Arcuate (Giovanni Francesco et Girolamo de). Memorabilia in adventu Caroli VIII in Italiam. *Rom.* 1514. 4.

Saint-Gelais (Octavien de). Vergier d'honneur de l'entreprise et voyage de Naples du roy Charles VIII. *Par.* 1526. 4.

Schneider (Daniel). Legatio Gallicana de Caroli VIII expeditione Italica, ad pontificem Romanum, regem Neapolitanum et principes ac liberas civitates Italiæ. *Hannov.* 1613. 4.

Benedetto (Alessandro Pæantino). Diaria de bello Carolino, sive de bello per Carolum VIII contra Venetos gesto, anno 1495, s. l. et s. d. (*Venet.* 1496.) 4. Trad. en ital. s. e. t. Fatto d' arme fra' i principi Italiani e Carlo VIII rè di Francia, par Lodovico Domenichi. *Venez.* 1549. 8.

Florus (Georg). De bello Italico et de rebus Gallorum præclare gestis temporibus Caroli VIII et Ludovici XII, regum Franciæ, libri VII. *Par.* 1613. 4.

Rucellai (Oricellarius) (Bernardo). De bello Italico Caroli VIII commentarius, publ. par John Brindley. *Lond.* 1724. 4. *Florent.* 1733. 4.

La forme de l'ordre de l'Assemblée des trois états, tenu en la ville de Tours, sous le règne de Charles VIII, et tout ce qui y fut remontré, décidé et ordonné. *Par.* 1541. 8. *Ibid.* 1614. 8.

Charles IX,
roi de France (27 juin 1550 — 15 déc. 1560 — 31 mai 1574).

Belleforest (François de). Histoire des neuf Charles ; contenant la fortune, vertus et hauts faits des roys, qui sous ce nom de Charles ont mis à fin des choses merveilleuses, en dix-neuf livres. *Par.* 1568. Fol. *Ibid.* 1570. Fol. *Lyon.* 1583. Fol. (Dédié à Charles IX.)

(Lancelot Voisin de la Popelinière.) La vraie et entière histoire des derniers troubles, advenus tant en France qu'en Flandres, depuis l'an 1562 jusqu'en 1570. *Cologne.* 1571. 8. *Basle.* 1572. 8. *La Rochelle.* 1573. 8. Contin. jusqu'en 1577. *Basle.* 1579. 2 vol. 8.

Sorbin de Sainte Foy (Arnauld). Histoire de la vie, mœurs et vertus du roi Charles IX. *Par.* 1574. 8.

Masson (Jean Papyre). Historia vitæ Caroli IX. *Par.* 1575. 8.

Favier (Nicolas). Recueil pour l'histoire de Charles IX, avec l'histoire abrégée de sa vie. *Par.* 1575. 8.

Synopsis vitæ Caroli IX Valesiæ, Galliæ regis, a libris Gallicis excerpta et translata in sermonem latinum. *Budissin.* 1578. 4.

Varillas (Antoine). Histoire de Charles IX. *Par.* 1683. 2 vol. 4. *Lyon.* 1684. 3 vol. 8. *Cologne.* 1684. 2 vol. 12. *Par.* 1686. 2 vol. 4.

Anderson (Walter). History of France during the reigns of Francis II and Charles IX. *Lond.* 1769-82. 5 vol. 4.

(Serres, Jean de). Mémoires de l'estat de France sous Charles IX, depuis le troisième édit de pacification fait au mois d'août 1570 jusqu'au règne de Henri III. *Middelbourg.* 1576. 3 vol. 8. Augment. des Mémoires de la troisième guerre civile. *Ibid.* 1578. 3 vol. 8.

Villeroi (Nicolas Neufville de). Mémoires d'estat. *Par.* 1622. 4. *Sedan.* 1622. 4, ou 4 vol. 12. *Par.* 1624. 4. Augm. par N. N. Dumesnil de Bazire. *Par.* 1628-34. 4 vol. 8. *Ibid.* 1656. 4 vol. 8. *Ibid.* 1665. 4 vol. 12. *Amst.* 1725. 7 vol. 12.

Chiverny (Philippe Hurault de). Mémoires d'estat de son temps sous Henri III et Henri IV. *Par.* 1636. 4. *Ibid.* 1641. 4. *Ibid.* 1664. 2 vol. 12. *La Haye.* 1699. 2 vol. 12. *Ibid.* 1720. 2 vol. 12.

Villegomblain (François de Racine de). Mémoires des troubles arrivés en France sous les règnes de Charles IX, Henry III et Henry IV. *Par.* 1668. 2 vol. 12.

Dinoth (Richard). De bello civili Gallico religionis caussa suscepto libri VI. *Basil.* 1582. 4.

Édit du roi sur le fait de la religion, publié en la cour du parlement à Paris, le dernier juillet 1561. *Par.* 1561. 8.

Édit du roi Charles IX fait par le conseil et avis de la reine sa mère, du roi de Navarre, des princes du sang et seigneurs du conseil privé, publié au mois de janvier 1562. *Par.* 1562. 8.

Discours au vray et abrégé de ce qui est dernièrement

arrivé à Vassy, y passant monseigneur le duc de Guise. *Par.* 1562. 8.

Commission du prince Claude de Lorraine, duc d'Aumale, contre les séditieux. *Par.* 1562. 8.

Jouan (Abel). Recueil et discours du voyage au roy Charles IX en Champagne, Bourgogne, Dauphiné, etc. (en l'an 1564). *Par.* 1566. 8. *Lyon.* 1566. 8.

Déclaration du roi sur l'édit de pacification à Roussillon, le 4 août 1564, publiée à Lyon le 12 août. *Par.* 1564. 8.

Recueil de choses notables, qui ont été faites à Bayonne à l'entrevue du roi Charles IX et la reine, sa mère, avec la reine catholique, sa sœur (Elisabeth d'Espagne). *Par.* 1566. 4. *Lyon.* 1566. 8.

Édit du roy sur la pacification des troubles, donné le 11 août 1570 à Saint-Germain-en-Laye. *Par.* 1570. 8.

Pinart (Louis). Véritable discours du mariage de trèshaut, très-puissant et très-chrétien roy Charles IX, et de la très-excellente et vertueuse princesse, madame Elisabeth, fille de l'empereur Maximilien II, fait et célébré à Mézières le 26e jour de novembre 1570. *Par.* 1570. Fol.

Masson (Jean Papire). Discours des choses qui se sont passées à la réception de la reine et mariage de Charles IX. *Par.* 1574. 8.

Déclaration du roy Charles IX de la cause du massacre et occasion de la mort de l'amiral (Gaspard) de Coligny et de ses adhérents. *Lyon.* 1572. 8.

Discours des derniers propos mémorables et trépas de Charles IX. *Par.* 1574. 8.
Regrets et lamentations d'Élisabeth d'Autriche sur la mort de Charles IX, son époux, s. l. 1574. 8.
(**Bellaud**, Jean Baptiste). Oraison funèbre du trépas du roy Charles IX. *Par.* 1574. 4.
Sorbin (Arnauld). Oraison funèbre de Charles IX, etc. *Par.* 1574. 8.
Muret (Antoine). Oratio habita Romæ in funere Caroli IX. *Rom.* 1574. 4. *Hanov.* 1613. 8. Trad. en franç. par Jean LEFRÈRE DE LAVAL. *Lyon.* 1574. 4.
Rondinelli (Giovanni). Oratio habita in exequiis Caroli IX. *Florent.* 1574. 4.
Bourlé (Jacques). Regrets sur la mort hastive du trèschrétien roy de France, Charles neuvième de ce nom. *Par.* 1574. 4.
Portes (Joachim des). Discours sommaire du règne de Charles IX, ensemble de sa mort et d'aucuns de ses derniers propos. *Par.* 1574. 8.
(**Lannel**, Jean de). Discours des obsèques et enterrement du roi Charles IX. *Par.* 1622. 8.

Charles X,
roi de France (9 oct. 1757 — 16 sept. 1824 — détrôné le 30 juillet 1830 — 6 nov. 1836).

Champrobert (Paulin de). Le comte Charles d'Artois et l'émigration. *Par.* 1857. 8.

Vie privée de Charles Philippe de France, ci-devant comte d'Artois, frère du roi (Louis XVI) et sa correspondance avec ses complices. *Turin.* 1790. 8. (*Lv.*)
(**Hugo**, Jean Abel). Vie anecdotique de Monsieur, comte d'Artois, aujourd'hui Charles X. *Par.* 1824. 18.
Bailleul (Jacques Charles). La France sous le règne de Charles X. *Par.* 1824. 8.
Lebensgeschichte Carl's X, Königs von Frankreich. *Nordhaus.* 1825. 8.
Histoire scandaleuse, politique et anecdotique de Charles X. *Par.* 1830. 12. Trad. en allem. s. c. t. Staats-und Liebes-Abenteuer Carl's X. *Leipz.* 1830. 12.
Fars (vicomtesse de). Mémoires sur Charles X, sa cour, ses ministres. *Par.* 1832. 2 vol. 8.

Choiseul d'Aillecourt (M... de). 1688 et 1830, ou parallèle historique des révolutions d'Angleterre et de France sous Jacques II et Charles X. *Par.* 1843. 8.

Hochverrathsprozess der Minister Carl's X. von Frankreich; mit historischer Einleitung herausgegeb. von Theodor v. HAUPT. *Frf.* 1831. 9 parts. 16. 4 portraits.

(**Anne**, Théodore). Relation fidèle du voyage du roi Charles X, depuis son départ de Saint-Cloud jusqu'à son embarquement (à Cherbourg). *Par.* 1830. 8.
(**Naylies**, N... N... des). Relation du voyage à Cherbourg, par un garde du corps. *Par.* 1831. 8.
(**Desèze**, baron). Nouveaux souvenirs d'Holyrood. *Par.* 1832. 16.
(**Pourrat des Gauds**, N... N...). Pèlerinage d'Holyrood, ou le récit et le rêve. *Par.* 1852. 8. Portrait.

Montbel (Guillaume Isidore **Baron** * de). Dernière époque de l'histoire de Charles X, ses derniers voyages, sa maladie, sa mort, ses funérailles, son caractère et ses habitudes dans l'exil, etc. *Par.* 1836. 8. *Ibid.* 1857. 18.
* Baron est son nom de famille.

Charles I Stuart,
roi d'Angleterre (19 nov. 1600 — 6 avril 1625 — 30 janvier 1649).

Nalson (John). Impartial collection of the great affairs of state, from the beginning of the Scotsh rebellion in 1639 to the murder of king Charles I in 1649. *Lond.* 1682-83. 2 vol. Fol.
Welwood (John). Memoirs of the most materials transactions in England. *Lond.* 1700. 8.
Bulstrode (Richard). Memoirs and reflections upon the reign and government of king Charles I and Charles II. *Lond.* 1721. 8.
Guizot (François). Collection des mémoires relatifs à l'histoire de la révolution d'Angleterre. *Par.* 1823-34. 28 vol. 8.

Bate (George). Elenchus motuum nuperorum in Anglia simul ac juris regii et parliamentariis brevis enarratio. *Par.* 1649. 12. *Ibid.* 1660. 8. *Lond.* 1661. 8. *Ibid.* 1663. 8. Augm. *Ibid.* 1676. 8. Trad. en angl. s. c. t. Account of the rise and progress of the troubles in England, par A... LOVEL. *Lond.* 1685. 8.
Pugh (Robert). Elenchus elenchi s. animadversiones in G. Batei elenchum, etc. *Par.* 1664. 8.
Herbert (Thomas). Threnodia Carolina, or memoirs of the two last years of the reign of king Charles I. *Lond.* 1649. 4. *Ibid.* 1813. 8.
Life and reign of king Charles I, or the pseudo-martyr discovered. *Lond.* 1651. 12.
Bisaccioni (Majolino). Istoria delle guerre civili d'Inghilterra, Catalogna, Francia, etc. *Venez.* 1653. 4. *Ibid.* 1655. 4. Trad. en espagn. par Diego Felipe de ALBANOZ. *Barcelon.* 1674. 4.
(**L'Estrange**, Hammond). History of the reign of Charles I, or history impartially delivered and disposed into annals. *Lond.* 1654. Fol. *Ibid.* 1656. Fol. *
* Ces deux éditions sont accomp. de son portrait.
Heylin (Peter). Observations of H. L'Estrange's history of the reign of king Charles (I). *Lond.* 1656. 8.
Sanderson (William). Compleat history of the life and reign of king Charles I. *Lond.* 1658. Fol. *
* Avec le portrait du roi et de l'auteur de cet ouvrage.
Short view of the life and reign of king Charles I from his birth to his burial. *Lond.* 1658. 8. (Extrait de l'ouvrage précédent.)
Character of king Charles I, written by a person of quality. *Lond.* 1660. 12. Portrait.
The faithful yet imperfect character of a glorious king, king Charles I, his country's and religion's martyr. *Lond.* 1660. 8. Portrait.
Abrégé de la vie et du règne de Charles I. *Par.* 1664. 12. Portrait.
Sommer (Albert). Der entschlte König Carll von Grosbritannien, d. i. Berichte von Geburth, Leben und Tod Caroli Stuart's. *Hamb.* 1668. 8. (Trad. de l'angl.)
Royal martyr, or the life and death of king Charles I. *Lond.* 1676. 8. Portrait.
Dugdale (William). Short view of the last troubles in England. *Oxf.* 1681. Fol.
Pious politician, or maxims of Charles I, s. l. (*Lond.*) 1684. 12. Portrait.
Manley (Roger). History of the rebellion in England, Scotland and Ireland, from the year 1640 to the behea-

ding of the duke of Monmouth in 1685. *Lond.* 1685.
8. Trad. en lat. s. c. t. Commentarii, etc. *Lond.* 1668. 8.
Warwick (Philipp). Memoirs of the reign of king
Charles I, with a continuation to the happy restoration of king Charles II. *Lond.* 1701. 8. *Ibid.* 1702. 8.
Ibid. 1705. 8. *Ibid.* 1813. 8.
Clarendon (Edward Hyde of). History of the rebellion
and civil wars in England (1644-1660). *Oxf.* 1702-4.
3 vol. Fol. *Ibid.* 1705-06. 5 vol. Fol. ou 6 vol. 8. *Ibid.*
1707. 5 vol. Fol. *Ibid.* 1709. 5 vol. 8. *Ibid.* 1712. 8.
Ibid. 1717. 6 vol. 8. *Ibid.* 1717-20. 8 vol. 8. *Dubl.* 1719.
5 vol. Fol. *Oxf.* 1721. 6 vol. 8. *Ibid.* 1731. 6 vol. 8.
Ibid. 1732. 5 vol. Fol. *Ibid.* 1732. 6 vol. 8. *Basil.* 1798.
12 vol. 12. *Oxf.* 1807. 6 vol. 8. *Ibid.* 1816. 6 vol. 4.
Ibid. 1819. 6 vol. 8. Publ. avec des notes par William
Warburton. *Oxf.* 1826. 8 vol. 8. *Lond.* 1843. 3 vol. 8.
Trad. en franç. *La Haye.* 1704-09. 6 vol. 12.
View of the reign of king Charles I. *Lond.* 1704. 4.
History of Charles I. *Lond.* 1716. 2 vol. 8. Portrait.
Prodino (Antonio). Descriptio regni Hiberniæ, sancto-
rum insulæ, et de prima origine miseriarum et motuum
in Anglia, Scotia et Hibernia, regnante Carolo I. *Rom.*
1721. 4.
Harris (William). Account of the life and writings of
Charles I, king of Great-Britain. *Lond.* 1758. 8. *Ibid.*
1772. 8. *Ibid.* 1814. 8.
Hailes (David Dalrymple of). Memorials and letters re-
lating to the history of Britain in the reigns of James I
and Charles I. *Edinb.* 1766. 2 vol. 8.
Pontoppidan (Hans). Crimen læsæ et cæsæ majestatis,
s. Beskrivelse om Carl Stuarts Halshuggelse. *Kjoebenh.*
1768. 8.
Essay towards attaining a true state of the character and
reign of king Charles I and the causes of the civil
war. *Lond.* 1780. 8.
Carl I. König von England, ein Vorbild des unglücklichen
Ludwig's XVI. *Leipz.* 1793. 8.
Die zwei königlichen Märtyrer, oder Characteristik Carl's I,
Königs von England, und Ludwig's XVI, Königs von
Frankreich. *Heilbr.* 1793. 8.
(Mursinna, Friedrich Samuel). Leben des unglücklichen
Carl Stuart's, etc. *Chemnitz.* 1794. 2 vol. 8.
Memoirs of king Charles I and the Loyalists who suffered
in his cause. *Lond.* 1795. 8.
Albrecht (Heinrich Christoph). Leben und Tod Carl's I
von England, oder die Revolution in England. *Schlesw.*
1796. 8.
Brodie (George). History of the British empire, from
the accession of Charles I to the restoration of Charles II, etc. *Lond.* 1822. 4 vol. 8. *Edinb.* 1824. 4 vol. 8.
Guizot (François). Histoire de la révolution d'Angleterre depuis l'avénement de Charles I jusqu'à la restauration de Charles II. *Par.* 1826-28. 5 vol. 8. Trad. en
allem. *Strasb.* 1828. 4 vol. 8.
Fellowes (William Davy). Historical sketches of
Charles I, Cromwell, Charles II and the principal
persons of that period, etc. *Lond.* 1828. 4.
D'Israëli (Isaac). Commentaries on the life and reign of
king Charles I. *Lond.* 1828-31. 5 vol. 8. Publ. par
Benjamin D'Israëli. *Lond.* 1851. 2 vol. 8.
Fellowes (William Davy). Trials of Charles I and of some
of the regicides. *Lond.* 1832. 12. (Omis par Lowndes.)
Aikin (Lucy). Memoir of the court and character of
Charles I. *Lond.* 1833. 2 vol. 8. (9e édition accomp. de
son portrait.)
Abbott (Jacob). History of Charles I of England. *Lond.*
1849. 8. Plusieurs portraits.

Engels (P... H...). Dissertatio historica de causis conversionis rerum Angliæ regnante Carolo I. *Lugd. Bat.*
1856. 8. (*Ld.*)
Carey (William). Memorials of the great civil war.
Lond. 1842. 2 vol. 8.
Cattermole (Richard). The great civil war of Charles I
and the parliament. *Lond.* 1844-45. 2 vol. 8.
Dahlmann (Friedrich Christoph). Geschichte der englischen Revolution. *Leipz.* 1844. 8. *Ibid.* 1845. 8. *Ibid.*
1847. 8.
Trad. en angl. par Henry Evans Lloyd. *Lond.*
1844. 8.
Trad. en franç. par J... Savoye. *Par.* 1844. 8.

Chasles (Philarète). Révolution d'Angleterre. Charles I,
sa cour, son peuple et son parlement (1630-1660).
Par. 1844. 8. Trad. en allem. par Carl Boelsche. *Mainz.*
1845. 8.

Pena (Juan Antonio de la). Relation of the royall festivities made by the king of Spaine (Philippe IV) to
honour the epousall treaties of the prince of Wales
(Charles) with the lady Infanta Maria of Austria. *Lond.*
1625. 4.

True relation of the treaty and ratification of the marriage, concluded and agreed upon between Charles,
king of Great-Britain, France and Ireland, and the
lady Henrietta Maria, daughter of France and sister
to his most christian Majesty, the French king (Louis
XIII). *Lond.* 1625. 4.
True discourse of all the royal passages, etc., observed
at the contract and marriage of Charles, king of Great-
Britaine, and the lady Henrietta Maria of Bourbon.
Lond. 1625. 4.
Relation of the glorious triumphs and order of the
ceremonies observed in the marriage of Charles, king
of Great-Britaine, and the lady Henrietta Maria, etc.
Lond. 1625. 4.
B... (D...). Triomphe glorieux et ordre des cérémonies
observées au mariage du roi de la Grande-Bretagne
et de madame Henriette Marie, sœur du roi. *Par.*
1625. 8.

Εικὼν βασιλική, or the pourtraicture of his sacred Majesty
in his solitudes and sufferings. *Lond.* 1648. 8. *
  * Apologie écrite par le roi lui-même. On en fit plus de 50 éditions
en moins d'un an.
Trad. en allem. par Daniel Gottfried Schreber. *Dresd.*
1747. 8. *Halle.* 1770. 8.
Trad. en lat. par John Earle. *Hag. Com.* 1649. 12.
Sylloge variorum tractatuum, etc., quibus Caroli Britan-
niæ, etc., regis innocentia illustratur, s. l. (*Lond.*)
1649. 4. *
  * Collection de seize défenses écrites par David Jenkins, John Gawden, William Paynne, etc.
(Milton, John). Εικονοκλαστης ou réponse au livre Εικὼν βασιλική, etc. *Lond.* 1652. 8. (Trad. de l'angl.)
(Saumaise, Claude). Defensio regia pro Carolo I, s. l.
1649. 12. (*Bes.*) *Par.* 1650. 4. *Antw.* 1652. 4.
Milton (John). Defensio pro populo Anglicano contra
Salmasii defensionem. *Lond.* 1651. 4. (*Bes.*) *Par.* 1651.
12. *Lond.* 1652. 12. *
  * Cet écrit, soutenant le régicide, a été brulé à Paris par la main
du bourreau; à Londres, l'auteur de cet ouvrage odieux avait
reçu une récompense de 1000 livres sterling par la grâce d'Olivier
Cromwell.
Saumaise (Claude). Responsio ad defensionem Joan.
Miltoni pro populo Anglicano. *Lond.* 1652: 8.
(Molinaeus, Ludovicus). Clamor regii sanguinis ad cœ-
lum adversus parricidas Anglicanos. *Hag. Comit.* 1654.
12. (*Bes.*)
Milton (John). Defensio secunda pro populo Anglicano
adversum libelli cujus titulus « Clamor regii sanguinis, etc. » *Hag. Comit.* 1654. 12. (*Bes.*)
Morus (Alexander). Carolus I a securi et Miltoni calamo
vindicatus. *Dubl.* 1652. 4.
Ziegler (Caspar). Exercitationes circa regicidium Anglo-
rum. *Lips.* 1652. 4. *Lugd. Bat.* 1653. 12. (*Bes.*)
Schaller (Jacob). Dissertatio ad loca quædam Joan.
Miltoni defensionem, etc. *Argent.* 1652. 12. *Lugd.*
1653. 12. (*Bes.*)
(Rowland, John). Apologia pro rege et populo Anglicano contra Joan. Polypragmatici (alias Miltoni Angli)
defensionem destructivam regis et populi Anglicani.
Antw. 1652. 12. (*Bes.*)
(——) Polemica, s. supplementum ad apologiam pro rege
et populo Anglicano, etc. *Hag. Comit.* 1653. 12.
Philips (John). Responsio ad apologiam infantissimam
Anonymi cujusdam tenebrionis pro rege et populo An-
glicano. *Lond.* 1652. 12. (Contre John Rowland.)
Examen anglicum exhibens quæstiones politico-juridicas,
majestatem non esse violandam. *Rintel.* 1653. 4.
Morus (Alexander). Fides publica contra calumnias
Joan. Miltoni. *Hag. Comit.* 1654. 12. (*Bes.*)
Milton (John). Defensio pro se contra Alex. Morum.
Lond. 1655. 12. (*Bes.*)
Neander (Johann Christian). Discursus de principum

potestatis summitate contra regicidium Anglicum. *Frf.* 1661. 12.
Ursinus de Rivo (G...). Vindiciæ pro capite regis Angliæ (Caroli I) contra rebelles parricidas. *Hag. Comit.* 1669. 12.
The cry of royal innocent blood. *Lond.* 1683. 12.

Walker (Anthony). True account of the book intituled
· α Εικὼν βαςιλιχή. » *Lond.* 1694. 4. *
* L'auteur attribue cet écrit à John Gawden, archevêque d'Essex.

LetzteʳOration Ihrer K. M. in Engeland und darauf erfolgte traurige Execution, wie selbe in der Stadt London vollenzogen. *Loreent*(?). 1649. 4.
Motiven und Beschuldigungen der Gemeinden von Engelandt wider Ihro K. M. Carl Stuart, s. l. 1649. 4.
Petersen (N... N...). Grausame Gestalt des englischen Vatermords, s. l. 1649. 4.
Vollständiges englisches Memorial über die Processe, Declarationen, Beschuldigungen, Defensionen, Urtheile und Execution König Carl's I, s. l. (*Hamb.*) 1649. 4. (Trad. de l'angl.)
Perfecta narratio totius processus tribunalis justitiæ in examine regis in aula Westmonasteriensi, etc. *Lond.* 1649. 4.
Narration of the title, government and cause of the death of the late Charles Stuart. *Lond.* 1649. 4.
Perfect narrative of the proceedings of the High Court of Justice in the tryal of the king Charles on Saturday, the 20, and Monday, the 22 January. *Lond.* 1649. 4.
Histoire entière et véritable du procès de Charles Stuart, roy d'Angleterre. *Lond.* 1650. 12. Portrait. (*Bes.*)
Nalson (John). True copy of the journal of the High Court of Justice for the trial of king Charles I. *Lond.* 1684. Fol.
Case of the royal martyr considered with candour. *Lond.* 1758. 2 vol. 8.

Bate (Georg). Lives, actions and execution of the prime actors and principal contrivers of the horrid murder of king Charles I. *Lond.* 1661. 12.

Collection of conferences, treaties, etc., between king Charles I and his rebellious subjects. *Oxf.* 1642. 4.

History and pedigree of the portrait of prince Charles (Charles I), painted by Velasquez in 1623. *Lond.* 1847. 8.

Charles II Stuart,
roi d'Angleterre (29 mai 1630 — 29 mai 1660 — 6 février 1685).

History of his sacred Majesty Charles II, king of England, begun from the murder of his royal father, etc., and continued to the present year 1660. *Lond.* 1660. 12.
(**Morley**, George). Character of king Charles II. *Lond.* 1660. 4. Portrait.
Lloyd (David). Portraicture of Charles II. *Lond.* 1660. 8.
Danvers (John). Royal oake, or an historical description of the royal progress, wonderful travels, miraculous escapes and strange accidents of his sacred Majesty Charles II. *Lond.* 1660. 4. Portrait.
Sanders (Edward). The three royal cedars : a narrative of the proceedings, travels, etc., of Charles II, king of Great-Britain, James, duke of York, and Henry, duke of Gloucester. *Lond.* 1660. 4.
Heath (John). Glories and triumphs of the bleshed restitution of king Charles II. *Lond.* 1660. 8. *Ibid.* 1662. 8.
Bos (L... van den). Historie van koning Karel II. *Dordr.* 1660. 8. *Ibid.* 1662. 12.
Eglesfield (Francis). Monarchy revived in the most illustrious Charles II, etc. *Lond.* 1661. 4. 14 portraits. *Ibid.* 1822. 8.
Riordan de Musery (D...). Relation véritable des causes et des conjectures favorables qui ont contribué au rétablissement de Charles II. *Par.* 1661. 8.
Zesen (Philipp v.). Die verschmähte, doch wieder erhöhte Majestät, d. i. Carl's II, Königs von England, Wundergeschichte. *Amst.* 1661. 12.
Cook (Aurelian). Titus Britannicus; an essay of history royal in the life and reign of his sacred Majesty, king Charles II. *Lond.* 1685. 8. Portrait.
Augustus Anglicus, or a compendious view of the life and reign of Charles II. *Lond.* 1686. 12. Portrait. ·

Der Geile Amnon und Hinterlistige Jaob in des letztverstorbenen Carl's (II) und annoch lebenden Jacobi II Könige in Grossbritannien Leben und Thaten. *Coeln.* 1689. 4.
Histoire secrète des règnes des rois Charles II et Jacques II. *Cologne.* 1690. 16. Trad. en allem. *Goetting.* 1744. 8.
Cormick (Charles Mac-). History of king Charles II. *Lond.* 1740. 8.
Halifax (George Savile of). Character of Charles II, with political, moral and miscellanious toughts and reflections. *Lond.* 1750. 8.
Harris (William). Account of the life of Charles II. *Lond.* 1766. 2 vol. 8.
Somerville (Thomas). History of political transactions and of parties from the restoration of king Charles II to the death of king William (III). *Lond.* 1792. 4.
Secret history of the court and reign of Charles II, etc. *Lond.* 1792. 2 vol. 8. Trad. en allem. *Götting.* 1794-95. 2 vol. 8.
Berthevin (Jules Gabriel). Essai historique sur le règne de Charles II, etc. *Par.* 1819. 8.
Boulay de la Meurthe (Antoine Jacques Claude-Joseph). Tableau politique des règnes de Charles II et de Jacques II, derniers rois de la maison de Stuart. *Par.* 1822. 2 vol. 8.
Brodie (George). History of the British empire, from the accession of Charles I to the restoration of Charles II. *Lond.* 1822. 4 vol. 8. *Edinb.* 1824. 4 vol. 8.
Carrel (Armand). Histoire de la contre-révolution en Angleterre sous Charles II et Jacques II. *Par.* 1827. 8. Portrait. *Brux.* 1836. 8. Portrait.
Abbott (Jacob). Life of Charles II, king of England. *Lond.* 1849. 8.

Dunois (countess of). Memoirs of the court of England in Charles II reign. *Lond.* 1708. 8.
Pepys (Samuel). Memoirs comprising his diary from 1659 to 1669, deciphered by John Smith and edited by Richard Braybrooke. *Lond.* 1825. 2 vol. 4. *Ibid.* 1848. 2 vol. 4.
Romney (Henry Sidney of). Diary of the times of Charles II, including letters of the celebrated countess of Sunderland, edited by R... W... Blencowe. *Lond.* 1843. 2 vol. 8.

The marriage ceremony of king Charles II (avec Catherine de Portugal), s. l. et s. d. Fol.
Examination of the late archdeacon Echard's account of the marriage treaty between king Charles II and queen Catherine (of Portugal). *Cambridge.* 1755. 8.

Murphy (D... B...). The beauties of the court of Charles II, with memoirs critical and biographical. *Lond.* 1827. 4.
Jameson (Anne). The beauties of the court of Charles II, with memoirs and anecdotes of their lives and an introductory view of the state of female society and its influence during that remarkable reign. *Lond.* 1833. 2 vol. 4. 21 portraits.

Charles II,
roi d'Espagne (6 nov. 1661 — 15 nov. 1665 — 1er nov. 1700).

Gaubius (Leonardus). Oratio funebris in laudem Caroli II, Hispaniarum regis. *Antw.* 1701. Fol.
Philippe (Robert). Oraison funèbre de Charles II, roi d'Espagne. *Luxemb.* 1701. 4.
Lancier (N... N... de). Oraison funèbre de Charles II, roi d'Espagne. *Brux.* 1701. 4.
Riquaert (Jean François). Oratio funebris in honorem Caroli II. *Mechlin.* 1701. 4.
Claes (G..; M...). Oratio funebris Caroli II, Hispaniarum regis. *Lovan.* 1701. 4.
Bressand (Philippe). Oraison funèbre de Charles II, roy d'Espagne. *Brux.* 1701. 4.
Perrimezzi (Giuseppe Maria). Orazione funebre per la morte di Carlo II, rè delle Spagne. *Rom.* 1701. 4.
Zeccadoro (Francesco). Oratio in funere Caroli II, Hispaniarum regis, etc. *Rom.* 1701. 4.
Leben S. M. Caroli II, Königs in Spanien. *Leipz.* 1708. 4 vol. 8.
Dunlop (John). Memoirs of Spain during the reign of Philip IV and Charles II, from 1621 to 1700. *Edinb.* 1834. 2 vol. 8.

Spain under Charles II. Extracts from the correspondence of Alexander Stanhope, british ministre at Madrid from 1690 to 1700, edited by Philip Henri MAHON. *Lond.* 1840. 8.

Mémoires particuliers touchant le mariage de Charles II avec la princesse Marie Louise d'Orléans. *Par.* 1681. 12.

Lettre de madame la marquise de Villars, ambassadrice en Espagne dans le temps du mariage de Charles II, roi d'Espagne, avec la princesse Marie Louise d'Orléans, fille de Monsieur, frère unique de Louis XIV, et de Henriette Anne d'Angleterre, sa première femme. *Amst.* (*Par.*) 1759. 12.

Mémoires de la cour d'Espagne depuis 1679 jusqu'en 1681, où l'on verra les ministres de Don Juan et du duc de Medina-Cœli. *Par.* 1733. 12.

Testament et codicille de Charles II, fait le 2 oct. 1700, avec plusieurs pièces concernant ledit testament. *Par.* 1700. 4. *Cologne.* 1701. 12.

Entretien de Marforio et de Pasquin sur le testament de Charles II. *Cologne.* (*Amst.*) 1700. 12. (Très-rare.)

Lettre écrite d'Anvers le 29 déc. 1700 par M... P... à M... N... sur le testament de Charles II. *Brux.* 1700. 4.

Réflexions sur une lettre d'Anvers, etc., sur les affaires présentes de la couronne d'Espagne, s. l. 1701. 12. Comp. D'AUNOY (Marie), DIAZ (Froilan) et NEIDHARDT (Johann Eberhard).

Charles III,
roi d'Espagne (20 janvier 1716 — 10 août 1759 — 13 déc. 1788).

Ridolfi (N... N...). Oratio in funere Caroli III Hispaniæ regis catholici. *Parma.* 1789. 4.

Cabarrus (Francisco de). Elogio D. Carlos III. *Madr.* 1789. 4.

Becattini (Francesco). Storia del regno di Carlo III, rè delle Spagne e dell' Indie. *Venez.* 1789. 4.

Onofrii (Pietro). Elogio storico di Carlo III. *Napol.* 1790. 8.

Jovellanos (Gaspar Melchor). Elogio de D. Carlos III. *Madr.* 1796. 8.

Charles II, surnommé le Mauvais,
roi de Navarre (1332 — 1387).

Secousse (Denis François). Mémoires pour servir à l'histoire de Charles II, roi de Navarre et comte d'Evreux, surnommé le Mauvais. *Par.* 1755-58. 2 vol. 4.

Charles Albert,
roi de Sardaigne (2 oct. 1798 — 27 avril 1831 — 28 juillet 1849).

Vallauri (Tommaso). Oratio de laudibus Caroli Alberti Sardiniæ regis. *Taurin.* 1841. 8.

Balleydier (Alphonse). Turin et Charles Albert. *Par.* 1848. 4.

Andreozzi (N... N...). Vita di Carlo Alberto. *Torin.* 1850. 8.

Martini (Pietro). Memorie intorno alla vita del rè Carlo Alberto. *Cagliari.* 1850. 18. Portrait.

Cibrario (Luigi). Ricordi d'una missione in Portogallo al rè Carlo Alberto. *Torin.* 1850. 8.

Mamiani (Terenzio). All' arrivo delle cinere di rè Carlo Alberto elogio funebre nella metropolitana di Genova il dì 4 ott. 1849, e Trenodia augurale, di Giovanni PRATI. *Lugan.* 1850. 8.

Charles Emmanuel I,
duc de Savoie (12 janvier 1562 — 1580 — 26 juillet 1630).

Codreto (Antonio Agostino). Ulivo prodigioso, o vero historia panegyrica del gran Carlo Emmanuele I, duca di Savoja. *Torin.* 1633. 4.

Rofredi (Filippo Maria). De auspicatissimo Caroli Emmanuelis Sabaudiæ ducis cum Catharina Austriaca Philippi (II) regis Hispaniæ filia conjugio. *Aug. Taurin.* 1585. 4.

Charles Emmanuel II,
duc de Savoie (20 juin 1634 — 1638 — 12 juin 1675).

Juglar (Aloys). Notitia regiæ celsitudinis Caroli Emmanuelis II, Sabaudiæ ducis et inclyti generis. *Monach.* 1660. Fol.

Charles Emmanuel III,
roi de Sardaigne (27 avril 1701 — 3 sept. 1730 — 20 février 1773).

Levis (Jean Augustin de). Orazione funebre in lode del rè Carlo Emmanuele III. *Asti.* 1773. 4.

Stefanini (Stanislao). Orazione funebre nella morte di Carlo Emmanuele III, rè di Sardegna. *Cagliari.* 1773. 4.

Luzerne (César Guillaume de la). Oraison funèbre de très-haut, très-puissant et très-excellent prince Charles Emmanuel III, roi de Sardaigne. *Par.* 1773. 4 et 12.

Papon (Jean Pierre). Oraison funèbre de Charles Emmanuel III, roi de Sardaigne, s. l. 1773. 8.

Sabatier de Castres (Antoine). Abrégé historique de la vie de Marie Thérèse, impératrice-reine de Hongrie, et de Charles Emmanuel III, roi de Sardaigne. *Par.* 1773. 8.

Ferrari (Guido). Caroli Emmanuelis Sardiniæ regis universa vitæ et principatus forma inscriptionibus explicata. *Lugano.* 1780. 4. *

* Histoire en style lapidaire divisée en 314 inscriptions latines.

Semeria (Battista Giovanni). Storia del rè di Sardegna, Carl' Emmanuele il Grande. *Torin.* 1831. 2 vol. 8.

F... (T... de). Eloge historique de Charles Emmanuel III, roi de Sardaigne. *Milan.* 1859. 8.

Charles Emmanuel IV,
roi de Sardaigne (24 mai 1751 — 16 oct. 1796 — abdiquant le 4 juin 1802 — 6 oct. 1819).

Bettoli (N... N...). Elogio storico di Sua Maestà Carlo Emmanuele IV, re di Sardegna, Cipro e Gerusalemme, duca di Savoia, principe del Piemonte. *Parma.* 1814. 8.

Charles IX,
roi de Suède (4 oct. 1550 — 1604 — 30 oct. 1611).

Caroli IX Rim-chronika. *Stockh.* 1759. 4.
* Écrit par le roi lui-même.

Werving (Jonas). Konungarne Sigismund och Carl den IX:s. historia, publ. par Anders Anton v. STJERNMAN. *Stockh.* 1746-47. 2 vol. 8.

Fryxell (Anders). Carl IX. *Stockh.* 1851. 8. *Ibid.* 1855. *Ibid.* 1856. 8 *.
* Formant le 5e volume de son ouvrage *Berattelser ur Svenska Historien*.

Charles X Gustave,
roi de Suède (8 nov. 1622 — 16 juin 1654 — 23 février 1660).

Gilenius (Johann). Triumphus Suecicus Caroli Gustavi regis s. discursus politicus de Polonia ac Borussia subjugata, s. l. 1656. 8.

Lindemann (Erik). Oratio funebris in obitum Caroli (X) Gustavi, regis Sueciæ. *Argent.* 1660. Fol.

Klinckow (Friedrich). Monumentum sepulchrale in obitum regis serenissimi Caroli Gustavi. *Holm.* 1660. Fol.

Laurbechius (Petrus). Oratio in obitum Caroli (X) Gustavi. *Aboæ.* 1660. Fol.

Silfverskjoeld (Niclas). Panegyricus memoriæ Caroli Gustavi regis consecratum. *Upsal.* 1661. Fol.

Hyltenius (Nicolaus). Panegyricus memoriæ Caroli (X) Gustavi regis consecratum. *Upsal.* 1661. Fol.

Fleisner (S...). Historia Caroli Gustavi. *Lips.* 1671. 4.

Olliequiest (Johan). Historia Caroli Gustavi, Suecorum regis. *Helmst.* 1663. 4.

Cyprian (Ernst Salomon). Historia Caroli Gustavi, regis Sueciæ. *Lips.* 1694. 4.

Puffendorf (Samuel). De rebus gestis Caroli Gustavi commentariorum libri VII. *Norimb.* 1696. Fol. *Ibid.* 1729. Trad. en allem. *Nürnb.* 1697. Fol.

Ritter (Johann Daniel). Dissertatio de bellis a Carolo Gustavo Suecorum rege in Polonia et Dania gestis. *Lips.* 1737. 4.

Berch (Carl Reinhold). Kort Utkäst till K. Carl Gustafs och hans Gemäls Lefvernesbeskrifning. *Stockh.* 1788. 8.

Lundblad (Johan Fredrik). Konung Carl X Gustafs Historia. *Stockh.* 1823-29. 2 vol. 8. Trad. en allem. par Heinrich Christian Friedrich v. PACHELBEL-GEHAG. *Berl.* 1826-29. 2 vol. 8. Portrait.

Charles XI,
roi de Suède (25 déc. 1655 — 13 février 1660 — 15 avril 1697).

Toerner (Christian). Panegyricus dictus serenissimo regi Carolo XI. *Holm.* 1681. Fol.

Flemming (Laurenz). Oratio in laudes regis Caroli XI. *Holm.* 1697. 8.

Gyllenborg (Carl). Oratio in funere regis Caroli XI. *Upsal.* 1697. 8.

Svebilius (Olof). Likpredikan öfer K. Carl IX:s. död. *Stockh.* 1697. 8.

Breant (Abraham). Oratio funebris in obitum regis Caroli XI. *Holm.* 1697. 4.

Breant (David). Laudatio funebris regis Caroli XI. *Hag. Com.* 1697. Fol.

Sparwenfeldt (Johan Gabriel). Parentatio in obitum Caroli XI regis, lingua Slavonica. *Holm.* 1697. Fol.

Steinmeyer (Johann Bernhard). Trauer- und Lob-Rede über Absterben und Begräbniss-Act des Durchlauchtigsten Königs Carl (XI). *Stockh.* 1697. Fol.

Fleming (Laurentius). Oratio in laudes Caroli XI. *Holm.* 1697. 8.

Dykman (Pehr). Dissertatio de XII Carolis Sveo-Gothorum regibus. *Holm.* 1708. 8.

(Puffendorf, Esaie). Anecdotes de Suède, ou l'histoire secrète des changements arrivés dans la Suède sous le règne de Charles XI. *La Haye* (*Berl.*). 1716. 8. *Stockh.* (*Amst.*). 1716. 8. Trad. en allem. *Cöln.* 1716. 8.
Handlingar til Konung Carls XI Historia. *Stockh.* 1765-66. 2 vol. 8.

Robinson (John). Account of Sweden. *Lond.* 1717. 8. *Ibid.* 1738. 8. Trad. en franç. s. c. t. État de la Suède sous Charles XI. *Amst.* 1720. 8.

Charles XII,
roi de Suède (27 juin 1682 — 1697 — tué le 30 nov. 1718).

(Faber, Samuel). Ausführliche Lebensbeschreibung König Carl's XII von Schweden. *Nürnb.* 1705-19. 10 vol. 8.

Grimarest (Jean Léonor le **Gallois** de). Les campagnes de Charles XII. *Par.* 1705. 2 vol. 12. *La Haye.* 1708-11. 2 vol. 12. (La première édition est anonyme).

Adlerfelt (Gustaf). Wahrhaffter Entwurff der Kriegsthaten Carl's XII. *Wismar.* 1707. 8. (Publ. par l'épouse de l'auteur.)
History of the wars of Charles XII. *Lond.* 1715. 8.
Entwurf der fünfzehnjährigen Campagnen Carl's XII. *Lund.* (*Hamb.*) 1718. 8.

Westphal (A...). Leben Carl's XII, Königs von Schweden. *Greifsw.*, s. d. (1719). 8.

Schmauss (Johann Jacob). Glorwürdigstes Leben und grosse Heldenthaten Carl's XII. *Halle.* 1719-20. 2 vol. 8.

Riederer (Johann Friedrich). Leben des Königs in Schweden, Carl's XII, bis auf die Krönung Ulrica Eleonoren's. *Nürnb.* 1719. 12.

Limiers (Henri Philippe de). Histoire de Suède sous le règne de Charles XII. *Amst.* 1721. 6 vol. 12. *La Haye.* 1740. 6 vol. 12.

Theyls (Willem). Mémoires pour servir à l'histoire de Charles XII. *Leyd.* 1722. 8.

Long (Jacob le). Leven van de heldhaftigen Karel XII, koning van Zweden. *Amst.* 1722. 6 vol. 8.
Histoire abrégée de Charles XII. *La Haye.* 1750. 12.

Voltaire (François Marie **Arouet** de). Histoire de Charles XII, roi de Suède. *Bâle.* 1731. 8. Augment. *Amst.* 1733. 8. *Par.* 1742. 12. *Dresd.* 1754. 8. *Augsb.* 1769. 8. *Leipz.* 1790. 8. *Dresd.* 1803. 8. *Leipz.* 1816. 8. *Par.* 1818. 8. *Strasb.* 1821. 8. *Frf.* 1831. 8. *Berl.* 1832. 12. *Cologne.* 1852. 12. *Stuttg.* 1854. 16. *Leipz.* 1855. 8. *Ibid.* 1838. 8. *Stuttg.* 1838. 16. *Quedlinb.* 1840. 8.
Trad. en allem. *Leipz.* et *Stockh.* 1733. 8. *Frf.* 1756. 8. *Ibid.* 1760. 8. Par M... A... N... Stein. *Zwickau.* 1821. 16. Par F... C... Kretzschmar. *Pesth.* 1825. 2 vol. 16.
Trad. en angl. par William Bowyer. *Lond.* 1731. 8.
Par Andrew Henderson. *Lond.* 1752. 8.
Trad. en dan. *Kjoebenh.* 1798. 8.
Trad. en holland. *Amst.* 1765. 2 vol. 12.
Trad. en ital. *Venez.* 1754. 8. *Ibid.* 1769. 8. *Ibid.* 1800. 8. *Ibid.* 1810. 8. *Milan.* 1816. 2 vol. 12. Par Philipp Zeh. *Norimb.* 1851. 8. *Ibid.* 1840. 8. *Ibid.* 1850. 8.
Trad. en lat. (par A... G... Z...). *Vindob.* 1790. 8.
Trad. en portug. par Manoel Monteiro. *Lisb.* 1759. vol., 12.

La Mottraye (Aubry de). Remarques historiques et critiques sur l'histoire de Charles XII par M. de Voltaire. *Par.* 1732. 8. *Lond.* 1752. 8.

Nordberg (Georg Anders). Konung Carls XII Historia. *Stockh.* 1740. 2 vol. Fol.
Trad. en allem. (par Johann Heinrich Heubel). *Hamb.* 1745-51. 5 vol. Fol.

Trad. en franç. (par Carl Gustav **Warmholz**). *La Haye.* 1742-48. 4 vol. 4.

Adlerfelt (Gustaf). Histoire militaire de Charles XII depuis l'an 1700 jusqu'à la bataille de Pultawa. *Amst.* 1740. 4. vol. 12. * *Par.* 1741. 4 vol. 12.
Trad. en allem. *Frf.* et *Leipz.* 1740-42. 5 vol. 8.
Trad. en angl. *Lond.* 1740. 5 vol. 8.
* Cette histoire, écrite en suédois, a été traduite en français par Charles Maximilien Adlerfelt (fils de l'auteur).

Loenbom (Samuel). Handlingar till K. Carl XIIs Historia. *Stockh.* 1763-74. 15 parts. 8.

Berch (Carl Reinhold). Kort Utkäst till K. Carl XIIs Lefvernesbeskrifning. *Stockh.* 1788. 8.

Carlson (Franz Fredrik). Quæ a Carolo XII post pugnam Pultavensem (27 juin 1709), de pace acta sint et quæ fuerunt consilia (Geo. Hen.) Gœrzii dissertatio. *Upsal.* et *Holm.* 1848. 8.

Paludan-Mueller (C...). Carl XIIs Doed, med Tillaeg af G... Swederus. *Kjoebenh.* 1849. 8.

Posselt (Ernst Ludwig). Geschichte Carl's XII. *Marb.* 1804. 8. *
* Traduction libre de l'ouvrage de Voltaire.

Lundblad (Knut af). Konung Carls XII Historia. *Stockh.* 1850. 2 vol. 8. Trad. en allem. par G... F... v. Jensen. *Hamb.* 1835-40. 2 vol. 8. Portrait.

Frédéric II. Réflexions sur les talents militaires et sur le caractère de Charles XII. *Berl.* 1786. 8. Trad. en allem. *Berl.* 1787. 8.

Seidel (Johann Christian). Dissertatio de temperamento Caroli XII, Suecorum regis. *Onoldi*, s. d. (vers 1725). 4.

Der nach der Pultawa'schen Schlacht unglückselige König Carl XII von Schweden. *Leipz.* 1716. 8.

Fabrice (Friedrich Ernst v.). Zuverlässige Geschichte Carl's XII während seines Aufenthaltes in der Türkei. *Hamb.* 1759. 8. *Leipz.* 1762. 8.
Anecdotes du séjour du roi (Charles XII) à Bender. *Hamb.* 1760. 8.

Sammlung verschiedener Berichte und Staatsschriften, betreffend den Tod Königs Carl's XII von Schweden und die in selbigem Reich hierauf erfolgten Veränderungen, besonders aber die Erhebung der Königin Ulrike Eleonore auf den schwedischen Thron. *Freistadt.* (*Jena*). 1719. 8.

Charles XIII,
roi de Suède (7 oct. 1748 — 29 mars 1809 — 5 février 1818).

Lindgren (Henrik Gerhard). Memoria divi Caroli XIII. *Lund.* 1818. 8.
Personalier om Carl XIII. *Christiania.* 1818. 4.

Charles XIV Jean,
roi de Suède (26 janvier 1764 — 5 février 1818 — 8 mars 1844).

Hoest (Jens Kragh). Sveriges Kronprinds Fyrsten af Ponte-Corvo, J. B. J. Bernadottes Levnet. *Kjoebenh.* 1810. 8.

(Hegewich, Dietrich Hermann). Geschichte der schwedischen Revolution bis zur Ankunft (Jean Baptiste Jules) Bernadotte's, Prinzen von Ponte-Corvo, erwählten Thronfolgers von Schweden. *Kiel.* 1811. 8.
Carl Johann, Kronprinz von Schweden, etc. *Berl.* 1813. 8. Portrait.

Characteristische Darstellung des Lebens und der Thaten Johann Carl's, Kronprinzen von Schweden, sonst Joh. Bapt. Bernadotte's, Prinzen von Ponte-Corvo. *Berl.* 1813. 8.

Philippart (John). Memoirs and campaigns of Charles John, prince royal of Sweden. *Lond.* 1814. 8. Portrait.

Coupé de Saint-Donat (Alexandre Auguste Donat Magloire) et B... de **Roquefort**. Mémoires pour servir à l'histoire de Charles XIV Jean, roi de Suède et de Norwège. *Par.* 1820. 2 vol. 8. Trad. en allem. s. c. t. Scandinavien und Carl XIV Johann, par Carl Heinrich Georg Venturini. *Braunschw.* 1821. 2 vol. 8.

Carl XIV Johann; Skizze seines Lebens und Wirkens als General, Heerführer, Reichsmarschall Frankreichs, als schwedischer Kronprinz und König von Schweden und Norwegen. *Hamb.* et *Leipz.* 1820. 8. Portrait.

Nicolai (Carl). Denkwürdigkeiten aus dem Leben Carl's XIV Johann, Königs von Schweden und Norwegen. *Arnst.* 1821. 8.

Meredith (William George). Memorials of Charles (XIV) John, king of Sweden and Norway. *Lond.* 1829. 8.

Historie Kong Carl Johans; kort Sammendrag. *Frederikshald.* 1857. 8. (Trad. du suédois.)

Wergeland (Henrik). Historie Kong Carl Johans, hvad Tidsrummet fra hans Valg til svensk Thronfoelger betraeffer. *Christiania.* 1857. 16. *Ibid.* 1859. 16. *Ibid.* 1846. 16. Trad. en allem. *Kiel.* 1841. 8.

Touchard–Lafosse (G...). Histoire de Charles XIV Jean, roi de Suède et de Norwège. *Par.* 1838. 3 vol. 8. Port. Trad. en allem. *Quedlinb.* 1859. 2 vol. 8. Portrait.

Strombeck (Friedrich Carl v.). Memorabilien aus dem Leben und der Regierung des Königs Carl XIV Johann. *Braunschw.* 1841. 8.

Bunkel (Martin). Carl XIV Johann. *Elberf.* 1841. 8.

Schmidt (Friedrich). Schweden unter Carl XIV Johann. *Heidelb.* 1842. 8. *Strasb.* 1843. 8. Trad. en franç. *Par.* 1843. 8.

Geijer (Erik Gustaf). Skildring af Kong Carl Johans Levnet. *Christiania.* 1844. 12.

—— Konung Carls XIV Johan Historia. *Stockh.* 1844. 8. Trad. en allem. par Ulrich Wilhelm Dietrich. *Stockh.* 1844. 8. Portrait.

Trad. en danois s. c. t. Skildring of Kong Carl Johans Levnet. *Kjoebenh.* 1849. 8.

Personalier öfver Konung Carl XIV Johan. *Stockh.* 1844. 8. Trad. en dan. *Bergen.* s. d. (1844). 8.

Stuermer (Théodore de). Dernières conversations du roi Charles XIV Jean. *Par.* 1844. 8.

Grosse (Carl). Carl XIV Johann von Schweden, in seinem öffentlichen und Privatleben und Wirken. *Meiss.* 1844. 8. Trad. en holland. *Zutphen.* 1846. 2 vol. 12.

Héricourt (Achmet d'). Etude biographique sur Charles XIV Jean. *Saint-Pol.* 1844. 8.

Sarrans (Bernard). Histoire de (Jean Baptiste Jules) Bernadotte, Charles XIV Jean, roi de Suède et de Norwège. *Par.* 1845. 2 vol. 8.

Lefnads-Teckning öfver Konung Carl XIV Johan. *Oerebro.* 1850. 8.

Lindenberg (N... N...). Bidrag till Sveriges Historia efter den 5 Nov. 1810, etc. *Stockh.* 1858. 2 vol. 8.

Schlegel (August Wilhelm v.). Über Napoleon Buonaparte und den Kronprinzen von Schweden, etc. *Leipz.* 1814. 8.

Recueil de lettres, proclamations et discours de Charles XIV Jean. *Stockh.* 1859. 8.

Charles le Téméraire,
duc de Bourgogne (10 nov. 1433 — 1467 — 6 janvier 1477).

Nicolai (N... N...). De prœliis et occasu ducis (Caroli) Burgundiæ historia, s. l. et s. d. 4. (Extrêmement rare.)

Chastelain (G...). Le chevalier délibéré ou la vie et la mort de Charles, duc de Bourgogne, qui trépassa le 6 janvier 1477 devant Nancy. *Par.* 1489. 4. *Ibid.* 1845. 16.

Porralis de Aguilon (Tomas). Historia del duque Carlos de Borgonna, bisaguelo del emperador Carlo V; o compendio de las memorias de Comines, de los hechos de Luigi XI. *Pampel.* 1586. 4.

Histoire de Philippe le Bon et de Charles le Hardy, ducs de Bourgogne. *Brux.* 1634. 4.

Charles le Hardy. *Cologne.* 1685. 12. *Ibid.* 1718. 12.

Faber (Samuel) et (Georg Friedrich) **Wulfer**. Dissertatio de Carolo bellicoso ultimo Burgundiæ duce. *Altorf.* 1712. 4. *Ibid.* 1729. 4.

Iselin (Johann Rudolph). Dissertatio historica, gesta inter Sigismundum archiducem Austriæ et Carolum Pugnacem ducem Burgundiæ breviter exponens. *Basil.* 1737. 4.

Becker (Gotthelf Wilhelm Rupert). Carl der Kühne, Herzog von Burgund. *Prag.* 1792. 8.

Jaeger (Wolfgang). Geschichte Carl's des Kühnen, Herzogs von Burgund. *Nürnb.* 1795. 8.

Gachard (Prosper Louis). Particularités et documents inédits sur Commines, Charles le Téméraire et Charles-Quint. *Brux.* 1842. 8.

Foisset (Théodore). Causes secrètes de la chute de Charles le Téméraire. *Dijon.* 1852. 8.

Michelet (Jules). Louis XI et Charles le Téméraire (1461-1477). *Par.* 1853. 12.

Bussierre (Marie Théodore de). Histoire de la ligue formée contre Charles le Téméraire. *Par.* 1845. 8.

Guerre de René II, duc de Lorraine, contre Charles le Hardy, duc de Bourgogne, où sont détaillées la mort de Charles le Hardy et la déroute de l'armée bourguignonne devant Nancy. *Luxemb.* 1742. 8.

Schilling (Diebold). Beschreibung der Burgundischen Kriege. *Bern.* 1743. Fol.

Stehelin (Johann). Disquisitio historica gestorum belli inter acerrimam et maximam Helvetiorum nationem et Carolum Pugnacem, Burgundiæ ducem. *Basil.* 1744. 8. (Dissertation peu commune.)

Huguenin (N... N...). Histoire de la guerre de Lorraine et du siége de Nancy par Charles le Téméraire, duc de Bourgogne (1475-1477). *Metz.* 1858. 8.

Die burgundischen Kriege (1474-1477). *Bern.* 1840-41. 2 vol. 4.

Rodt (N... v.). Die Feldzüge Carl's des Kühnen, Herzogs von Burgund und seiner Erben. *Schaffh.* 1843-44. 2 vol. 8.

Caumont de la Force (Caroline Rose). Histoire secrète de Bourgogne. *Par.* 1694. 2 vol. 12. *La Haye.* 1695. 2 vol. 12. *

* Histoire romanesque de Charles de Bourgogne.

Chronique ou dialogue entre Joannes Lud et Chrétien, secrétaires de René, duc de Lorraine, sur la défaite de Charles le Téméraire devant Nancy, etc., publ. pour la première fois avec des annotations et des avertissements historiques par Jean Cayen. *St. Nicolas de Port.* 1844. 4.

Sansonetti (Victor de). Tente de Charles le Téméraire, duc de Bourgogne, ou tapisserie prise par les Lorrains lors de la mort de ce prince devant leur capitale en 1477. *Nancy.* 1843. Fol.

Charles II,
duc de Lorraine (vers 1364 — 1391 — 25 janvier 1431).

Arrêt du parlement de Paris, rendu à la requête du procureur général du roi Charles VI contre Charles II, duc de Lorraine, et autres complices et accusés du 1er août 1412. *Par.* 1634. 8.

Charles III, dit le Grand,
duc de Lorraine (15 février 1543 — 1545 — 14 mai 1608).

Pompa exequiarum Caroli III, ducis Lotharingiæ. *Nanc.* 1608. Fol.

Ruelle (Claude de la). Discours des cérémonies et pompes funèbres faits à l'enterrement de Charles III. *Nanc.* 1609. 8.

Coster (Joseph François). Éloge de Charles III, dit le Grand, duc de Lorraine. *Frf.* 1764. 8. (Bes.)

Charles IV,
duc de Lorraine (5 avril 1604 — 1624 — 1675).

Manifeste du duc Charles IV touchant la nullité du mariage du duc Charles et madame la duchesse de Lorraine (Nicole, fille de Henri). *Par.* 1640. 8.

Summa capita defensionis Nicolææ Lotharingiæ et Barri ducissæ in ducem, maritum ejus. *Par.* 1647. 4.

Procédures faites en cour de Rome sur la nullité du mariage entre Charles, duc de Lorraine, et la princesse Nicole, pour Béatrix de Cusandel, princesse de Cantecroix, s. l. 1648. Fol.

De nullitate matrimonii inter Carolum, Lotharingiæ ducem, et Nicolæam ducissam. *Rom.* 1653. Fol.

(**Dubois de Riaucourt**, Nicolas). Histoire de l'emprisonnement de Charles IV en 1654, détenu par les Espagnols dans le château de Tolède, etc. *Leyde.* 1687. 12. *Cologne.* 1688. 12. (Bes.)

(**Beauveau**, marquis de). Mémoires pour servir à l'histoire de Charles IV. *Metz.* 1687. 12. *Cologne.* 1688. 12. *Ibid.* 1690. 12. (*Bes.*)
Réponse au manifeste de l'archiduc Léopold, qui prétend justifier l'emprisonnement de Charles IV. *Par.* 1654. 4.

Charles V,
duc de Lorraine et de Bar (3 avril 1643 — 1675 — 18 avril 1690).

(**Brune**, Jean de la). Vie de Charles V, duc de Lorraine et de Bar, généralissime des troupes impériales. *Amst.* 1691. 12. *Ibid.* 1702. 12. (*Bes.*)
Freschot (Casimiro). Vita di Carlo V. *Milan.* 1692. 12.
(**Depont**, N... N...). Abrégé historique et iconographique de la vie de Charles V, duc de Lorraine. *Nancy.* 1701. Fol. (*Bes.*)
Lebensgeschichte Carl's (V), Herzogs von Lothringen. *Frf.* et *Leipz.* 1743. 12.
W... (**B...**). Historischer Heldenmuth oder exemplarischer Entwurf derer Heldenthaten Carl's V, Herzogen von Lothringen und Bar, etc. *Wien.* 1767. 8.

Testament politique de Charles V, déposé entre les mains de l'empereur Léopold à Presbourg le 29 déc. 1687, en faveur du roi de Hongrie et de ses successeurs arrivant à l'empire. *Leipz.* 1690. 8. *Ratisb.* 1760. 12.

Relation de la pompe funèbre faite à Nancy le 19 avril 1700 aux obsèques de Charles V. *Nancy.* 1700. 8.
Daubenton (Guillaume). Oraison funèbre du duc Charles V de Lorraine. *Nancy.* 1700. 4. (Comp. Éléonore Marie d'Autriche.)

Charles II,
électeur palatin (1680 — 1685).

Reiger (J... F...). Die ausgelöschte Chur-Pfalz-Simmer'-sche Stammlinie, s. l. 1695. 12. Avec des additions par Georg Christian JOANNIS. *Saarlouis.* 1752. 8. *Frf.* 1735.8.

Charles de Danemark, dit le Bon,
comte de Flandres.(... 1119 — assassiné le 2 mars 1127).

Gualterius Taruanensis. Vita S. Caroli I, comitis Flandriæ, martyris. *Par.* 1615. 8.
Gualterius Cancellarius. Histoire de la vie et du martyre de Charles le Bon, comte de Flandres, publ. par Jacques SIMOND. *Par.* 1618. 8.
Lernutius (Janus). De natura et cultu Caroli I, comitis Flandriæ, nec non de cæde ipsius e vindicta in percussores mox subsecuta, liber commentarius, publ. par Jacob LERNUTIUS. *Brugis.* 1621. 12. (Très-rare.)
Delepierre (Octave) et J... **Perneels.** Histoire du règne de Charles le Bon. *Brux.* 1831. 8.
Wegener (Caspar Frederik). Om Carl Danske, greve af Flandern. *Kjoebenh.* 1839. 4.

Charles II,
archiduc d'Autriche (... — 1584 — 1590).

Hochzeitsfeier Carl's (II), Erzherzogs von Oesterreich, mit Maria, Prinzessin von Baiern, im Jahre 1871. *Nürnb.* 1816. 8.

Charles III,
archiduc d'Autriche et évêque de Breslau.

Relation des gottseligen Endes und Begräbnisses Carl's, Erzherzogs von Oesterreich, Bischofs zu Brixen und Breslau, etc. *Wien.* 1625. 4.

Charles Auguste,
grand-duc de Saxe-Weimar (3 sept. 1757 — 1758 — 14 juin 1828).

Sebering (Johann). Pietatis monumentum D. Carolo Augusto, magno duci Saxoniæ positum, etc. *Poson.* 1817. 4.
Ehrenkranz, dem Herrn Carl August, Grossherzog zu Sachsen, zu dessen Regierungs-Jubelfeste gewunden von dem Prediger-Vereine des Neustädter Kreises und überreicht von Friedrich Heinrich SCHWABE. *Neust.* 1825. 8.
Eichstaedt (Heinrich Carl Abraham). Oratio in principis serenissimi Caroli Augusti solemnibus regni semisæcularibus, die 11 sept. anno 1825. *Jenæ.* 1825. 4.
Froriep (Ludwig Friedrich v.). Das Gedächtniss Sr. K. Hoheit des Fürsten und Herrn Carl August, Grossherzogs von Sachsen. *Weimar.* 1828. 4.
Roehr (Johann Friedrich). Trauerrede nach der feierlichen Beisetzung des, etc. Carl August, Grossherzogs zu Sachsen-Weimar-Eisenach, etc., nebst Bemerkungen

über die letzten Lebenstage des Vollendeten. *Weimar.* 1828. 8.
Schroeter (Wilhelm). Carl August, Grossherzog von Sachsen-Weimar. *Leipz.* 1829. 8.
Doering (Heinrich). Lebensumrisse von Carl August, Grossherzog von Sachsen -Weimar, etc. *Quedlinb.* 1840. 8.
Wegele (Franz Xaver). Carl August, Grossherzog von Weimar. *Leipz.* 1850. 8.

(**Roehr**, Johann Friedrich). Wie Carl August, Grossherzog von Sachsen-Weimar, sich bei Verketzerungsversuchen gegen akademische Lehrer benahm, etc. *Hannov.* 1850. 8.

Charles Louis,
archiduc d'Autriche (5 sept. 1771 — 30 avril 1847).

Anecdoten und Characterzüge aus dem Leben und den Thaten des Erzherzogs Carl. *Magdeb.* 1809. 8.
Schneidawind (Franz Joseph Adolph). Carl, Erzherzog von Oesterreich, und die österreichische Armee unter ihm. *Bamb.* 1840. 2 vol. 8. Portrait.
Duller (Eduard). Erzherzog Carl. *Wien.* 1844-45. 2 vol. 8. Portrait.
Erzherzog Carl; sein Leben und sein Siegeszug im Jahre 1809? *Berl.* 1847. 8.

Charles I Louis,
électeur palatin (22 déc. 1617 — 1632 — 28 août 1680).

Lebensgeschichte der weiland durchlauchtigsten Churfürsten in der Pfalz, Friedrich's V, Carl (I) Ludwig's und Carl's V. *Cöln.* 1693. 12.
La vie et les amours de Charles Louis, électeur palatin. *Amst.* 1697. 12.
Mieg (Johann Friedrich). Oratio funebris de Carolo Ludovico, electore palatino. *Manhem.* 1764. 4.
—— Caroli Ludovici, electoris palatini, monumentum posthumum. *Manhem.* 1767. 4.
(**Wundt**, Daniel Ludwig). Versuch einer Geschichte des Lebens und der Regierung Carl Ludwig's, Churfürsten von der Pfalz. *Genf.* (*Heidelb.*) 1786. 8.
Lipowsky (Felix Joseph). Carl Ludwig, Churfürst von der Pfalz, und Maria Susanne Louise Raugräfin v. Degenfeld, nebst der Biographie des Churfürsten Carl von der Pfalz, des letzten Sprösslings aus der Linie Pfalz-Simmern. *Sulzb.* 1824. 8.

Collini (Côme Alexandre). Dissertation historique et critique sur le prétendu cartel ou lettre de défi envoyée par Charles Louis, électeur palatin, au vicomte de Turenne. *Mannh.* 1767. 8. (Comp. Maria Susanne Louise. Raugräfin v. DEGENFELD.)

Charles d'Anjou,
roi de Naples (1220 — 7 janvier 1285).

Saint-Priest (Alexis de). Histoire de la conquête de Naples par Charles d'Anjou. *Par.* 1847. 2 vol. 8.

Charles d'Autriche,
dernier margrave de Burgau (vers 1568 — 1618).

Raiser (Johann Nepomuk v.). Der letzte Markgraf von Burgau Carl, ein Sohn des Erzherzogs Ferdinand II von Oesterreich und der Augsburger Patrizierstochter Philippine Welser. *Augsb.* 1849. 4.

Charles d'Este,
duc de Brunswick († 26 mars 1780).

Schirach (Gottlob Benedict v.). Panegyricus serenissimo Carolo duci Brunsvicensi dictus. *Magdeb.* 1773. 8.
Wernsdorff (Johann Christian). Oratio in memoriam ducis Caroli Brunsvicensis. *Helmst.* 1780. 4.

Charles d'Este,
ex-duc de Brunswick (30 oct. 1804 — 23 oct. 1823 —détrôné en août 1830).

(**Corvin-Wiersbitzki**, Otto v.). Herzog Carl und die Revolution in Braunschweig. Beitrag zur Geschichte des Jahres 1850, etc. *Jena.* 1843. 8.
Boudin (Amédée). *Par.* 1844. 8. Notice sur Charles d'Este, duc de Brunswick.

Charles Auguste Frédéric,
comte palatin.

Croll (Georg Christian). Denkmal des Pfalzgrafen Carl August Friedrich des Einzigen , als eine Urkunde zur pfalzgräflichen Geschlechts - Geschichte. *Zweibrück.* 1784-85. 4.

Charles Eugène,
duc de Wurtemberg (11 février 1728 — 12 mars 1737 — 24 oct. 1793).

La pure vérité ou lettres et mémoires sur le duc (Charles Eugène) de Wurtemberg. *Frf.* 1765. 12.

Mohl (Robert). Beiträge zur Geschichte Würtembergs. Theilnahme Friedrich's des Grossen an den Streitigkeiten zwischen Herzog Carl (Eugen) von Würtemberg und den Ständen des Landes, etc. *Tübing.* 1828. 8.

Chladen (Johann Martin). Programma in nuptias Caroli Eugenii, ducis Wurtembergensis, de uxore principis. *Erlang.* 1748. 4.

Charles Frédéric,
grand-duc de Bade (22 nov. 1728 — 12 mai 1738 — 10 juin 1811).

Rotteck (Carl v.). Trauerrede bei der academischen Todtenfeier Carl Friedrich's. *Freib. im Breisg.* 1811. 8.

Schreiber (Aloys). Lebensbeschreibung Carl Friedrich's, Grossherzogs von Baden. *Heidelb.* 1811. 8.

Ewald (Johann Ludwig). Der fürstliche Menschenfreund Carl Friedrich, Markgraf von Baden. *Calsr.* 1817. 8. Portrait.

Drais (Carl Wilhelm Ludwig v.). Geschichte der Regierung und Bildung von Baden unter Carl Friedrich. *Carlsr.* 1816-19. 2 vol. 8.

—— Gemälde aus dem Leben Carl Friedrich's, des ersten Grossherzogs von Baden. *Mannh.* 1829. 8.

Junker (Friedrich). Lobrede auf Carl Friedrich, ersten Grossherzog von Baden. *Mannh.* 1829. 8.

Pfister (E... J...). Die Regierung Carl Friedrich's, Grossherzogs von Baden (von 1806 bis 1811). *Heidelb.* 1829. 8. Portrait.

Vierordt (Carl Friedrich). Carl Friedrich, Grossherzog von Baden, etc. *Carlsr.* 1844. 8.

Charles Guillaume Ferdinand,
duc de Brunswick-Lunebourg (9 oct. 1735 — 26 mars 1780 — 10 nov. 1806).

Carl Wilhelm Ferdinand, Herzog von Braunschweig-Lüneburg. *Tübing.* 1809. 8.

Charles Magnus,
comte palatin.

Laukhard (Friedrich Christian). Leben und Thaten des Rheingrafen Carl Magnus, den Joseph II auf zehn Jahre nach dem Königstein schickte. *Leipz.* 1798. 8.

Charles Théodore,
électeur palatin (10 déc. 1724 — 21 déc. 1742 — 16 février 1799).

Collini (Côme Alexandre). Éloge de Charles Théodore, électeur palatin. *Mannh.* 1766. 4.

Wundt (Friedrich Peter). Carl Theodor's Verdienste um die Berichtigung und Erweiterung der pfälzischen Landesgeschichte. *Mannh.* 1794. 8.

Lipowski (Félix Joseph). Carl Theodor, Churfürst v. Pfalzbayern, Herzog zu Jülich und Berg, etc., wie er war und wie es wahr ist. *Sulzb.* 1828. 8.

Charles Alexandre de Lorraine,
gouverneur des Pays-Bas (12 déc. 1712 — 4 juillet 1780).

Lesbroussart (Jean Baptiste). Éloge du prince Charles Alexandre de Lorraine, etc. *Brux.* 1781. 4.

Slingeneyer (N... J...). Vie du prince Charles Alexandre de Lorraine, gouverneur général des Pays-Bas autrichiens. *Brux.* 1834. 8.

Br(unelle) P(ierre J(oseph). Précis historique de la vie de S. A. R. le sérénissime duc Charles Alexandre de Lorraine et de Bar, gouverneur général des Pays-Bas autrichiens. *Brux.* 1855. 12. Portrait.

Charles Alexandre,
duc de Wurtemberg (24 janvier 1684 — 31 oct. 1733 — 12 mars 1737).

Dizinger (Carl Friedrich). Beiträge zur Geschichte Würtembergs und seines Regentenhauses zur Zeit der Regierung Herzog Carl Alexander's und während der Minderjährigkeit seines Erstgeborenen (Carl Eugen),etc. *Tübing.* 1834. 8.

Charles Alexandre,
le dernier margrave d'Anspach-Bayreuth (24 février 1736 — ... 1806).

Schlemmer (Christoph Friedrich). Bayreuth unter der Regierung (Carl) Alexander's, etc. *Hof.* 1785. 8.

Charles de Saint-Bernard,
feuillant français (1697 — 14 mars 1621).

Tournemeul (N... N...). Vie de Charles de Saint-Bernard. *Par.* 1622. 8.

Charlotte de Bavière, voy. **Élisabeth Charlotte de Bavière.**

Charles Édouard, voy. **Stuart** (Charles Édouard).

Charlier (Pierre Jacques Hippolyte),
prêtre français (9 juillet 1757 — 26 juin 1807).

Boucher (Jean Baptiste Antoine). Notice sur l'abbé Charlier, prêtre. *Par.*, s. d. (vers 1807.) 8. *Ibid.* 1831. 8.

Charlotte de Galles,
épouse du prince Léopold de Saxe-Cobourg (plus tard roi des Belges), (7 janvier 1796 — mariée le 2 mai 1816 — 5 nov. 1817).

Biographical memoir of the public and private life of Her Royal Highness the princess Charlotte of Wales. *Lond.* s. d. (1818.) 8. Trad. en allem. *Hamb.* 1818. 8.

Charlotte Joachime de Bourbon, voy. **Carlotta Joaquina de Borbon.**

Charmetton (Jean Baptiste),
chirurgien français (1710 — 27 janvier 1781).

Figuet (N... N...). Précis de la vie ou éloge abrégé de M. Charmetton. *Lyon.* 1781. 8. (Omis par Quérard.)

Charon,
personnage mythologique.

Ambrosch (Julius Athanasius). Dissertatio de Charonte Etrusco, etc. *Vratisl.* 1836. 4.

Charondas,
législateur grec (vers l'an 650 avant J. C.).

Rittershusius (Conrad). Oratio de Zaleuco et Charonda et legum utriusque descriptione. *Altorf.* 1591. 4.

Charpentier (Jacques),
médecin français (1524 — 1er février 1574).

Gozzius (Claudius Hermodorus). J. Carpentarii professoris et regii medici tumulus a doctissimis quibusdam viris descriptus, cum oratione funebri. *Par.* 1574. 4. (*D.* et *P.*)

Masson (Jean Papire). Vita J. Carpentarii, professoris regii, s. l. (*Par.*) 1574. 4. (*P.*)

Charras (N... N...),
colonel français.

Notice biographique sur M. Charras, représentant du peuple (Puy-de-Dôme). *Vaugirard.* 1850. 8.

Charteris (Francis),
colonel anglais († 1733).

Life of colonel Don Francisco (Charteris). *Lond.* 1750. 8. Portrait.

History of colonel F. Charteris, from his birth to his present catastrophe in Newgate, s. l. (*Lond.*) 1750. 4. Port.

Chartier (Alain),
poète français (1386 — vers 1458).

Mancel (George). A. Chartier; étude bibliographique et littéraire. *Caen.* 1850. 8.

Chasdai ben Isaac Sprot,
homme d'État juif.

Carmoly (Élie). Notice sur Chasdai ben Isaac Sprot, ministre d'Abd-al-Rhaman II, calife de Cordove. *Brux.* 1834. 8. (Tiré à très-petit nombre.)

Chassé (David Henri, baron de),
général hollandais (18 mars 1707 — ...).

Notice biographique sur D. H. baron de Chassé. *Anvers.* 1828. 8.

Chasseloup de Laubat (François, comte),
général français (15 août 1754 — 6 oct. 1833).

Notice historique et militaire sur le général comte Chasseloup, s. l. et s. d. (*Milan,* vers 1809.) 8.

Chasseneux (Barthélemi de),
jurisconsulte français (1480 — 15 avril 1541).

Maillard de Chambrune (N... N...). Notice biographique et critique sur B. de Chasseneux. *Dijon.* 1851. 8.

Chassiron (le baron Pierre Charles Martin),
agronome français (1er nov. 1753 — 15 avril 1825).

Silvestre (Augustin François de). Notice biographique sur le baron Chassiron. *Par.* 1826. 8. (*Lv.*)

Chasteigner (Louis et Henri),

Scaliger (Joseph). Epicedia duorum Castanæorum filii et patris. *Lugd. Bat.* 1600. 4. (*D.*)

Chasteler,
famille belge.

Généalogie de la maison de Chasteler, avec les preuves. *Brux.* 1768. Fol.

Chastellux (François Jean, marquis de),
membre de l'Académie française (1734 — 28 oct. 1788).

Chastellux (Alfred de). Notice sur le marquis de Chastellux. *Par.* 1822. 8.

Chatham, voy. **Pitt.**

Châteaubriand (François Auguste René, vicomte de),
littérateur français du premier ordre (4 sept. 1768 — 4 juillet 1848).

Chateaubriand (François Auguste de). Mémoires d'outre-tombe. *Par.* 1848-50. 8 vol. 8. Trad. en espagn. par R... Rodriguez Ribera. *Madr.* 1848-51. 10 vol. 12.

(Lefebvre, Auguste). Esprit, maximes et principes de M. F. A. de Châteaubriand, membre de l'Institut. *Par.* 1813. 8. *Ibid.* 1818. 8.

Marmet (L... C... H...). M. de Châteaubriand réfuté par lui-même. *Par.* 1816. 8.

Sarran (Jean Raymond Pascal). Notice sur M. le vicomte de Châteaubriand, pair de France. *Montpell.* 1817. 8.

(Aylde Jonghe, Elzélina van, plus connue sous le nom de **Saint-Elme**). Quelques mots de la contemporaine sur M. le vicomte de Châteaubriand. *Par.* 1831. 8.

Marin (Scipion). Histoire de la vie et des ouvrages de M. de Châteaubriand, considéré comme poëte, voyageur et homme d'Etat, avec l'analyse de ses ouvrages. *Par.* 1832. 2 vol. 8.

Cantù (Cesare). Châteaubriand, discorso. *Milan.* 1833. 8.

Gratiot-Luzarey (Théophile). Châteaubriand et la pensée moderne, ou le Socialisme. *Toulouse.* 1849. 8.

Lenormant (Charles). M. de Châteaubriand et ses Mémoires d'outre-tombe. *Par.* 1850. 8.

Nault (J... P... B...). M. de Châteaubriand. *Dijon.* 1850. 8. *Ibid.* 1831. 8.

Noailles (duc de). Eloge de M. le vicomte de Châteaubriand, prononcé à l'Académie française, le 6 décembre 1849. *Par.* 1850. 8.

Collombet (François Zénon). Châteaubriand, sa vie et ses écrits, etc. *Lyon.* 1851. 8.

Vie de M. de Châteaubriand, par l'auteur de la vie d'O'Connell. *Lille.* 1852. 8. Portrait.

Cousin d'Avallon (Charles Yves). Chateaubriandana. *Par.* 1820. 2 vol. 18. Portrait.

Châteaubriant (Françoise de Foix, comtesse de),
l'une des maitresses de François I, roi de France.

(Lesconvel, Pierre de). Histoire amoureuse de François I, ou histoire tragique de la comtesse de Châteaubriant. *Amst.* 1695. 12. *Par.* 1700. 12. *Ibid.* 1724. 12.

Gottis (Augustine). François I et madame de Châteaubriant. *Par.* 1816. 2 vol. 12. *Ibid.* 1822. 2 vol. 12. (Roman historique.)

Hévin (Pierre). Réfutation de la prétendue histoire du comte et de la comtesse de Châteaubriant. *Par.* 1686. 12. *Ibid.* 1757. 4.

Châteaubriant (Gilles de),
prince de Bretagne (assassiné le 24 avril 1450).

Histoire lamentable de G., seigneur de Châteaubriant et de Chantocé, prince du sang de France et de Bretagne, étranglé en prison par les ministres d'un favori, etc., s. l. 1651. 4.

Châteaudouble (Anne Françoise Dupuy de),
dame française (11 mai 1740 — 25 déc. 1803).

Martin (Jean Claude). Précis de la vie de madame de Châteaudouble, avec notes. *Grenoble.* 1803. 8.

Châteauroux (Marie Anne de Nesle, duchesse de),
l'une des maitresses de Louis XV, roi de France († 8 déc. 1744).

Quatremère de Roissy (Jean Nicolas). Histoire d'Agnès Sorel et de madame la duchesse de Châteauroux. *Par.* 1825. 18.

Chatel (Jean),
connu par son projet d'assassiner Henri IV, roi de France (exécuté le 29 déc. 1594).

Procédures faites contre J. Chatel pour le parricide par lui attenté sur Henri IV, avec les arrêts rendus contre lui. *Par.* 1595. 8.

(Boucher, Jean). Apologie pour J. Chatel et pour les pères et écoliers de la société de Jésus, avec l'arrêt donné contre eux le 20 déc. 1594. *Par.* 1595. 8. *(Bes.)* *Ibid.* 1610. 8. (Publ. s. l. pseudonyme de François de Verone.) Trad. en lat. s, c. t. Jesuita Sicarius. *Lyon.* 1611. 8.

Châtelet (Érard du),
jurisconsulte français.

Pastoret (Amédée de). É. du Châtelet, esquisse du temps de Louis XIV, 1661-1664. *Par.* 1855. 2 vol. 8. *Ibid.* 1847. 2 vol. 8. (La première édition est anonyme.)

Châtellain (Pierre),
jésuite français (1606 — ...).

Galland (Antoine). P. Castellani magni Franciæ eleemosynarii vita. *Par.* 1674. 8. (D.)

Châtillon (Louise Charlotte de),
abbesse de Saint-Loup.

Brisacier (Nicolas de). Oraison funèbre de L. C. de Châtillon, abbesse de Saint-Loup. *Par.* 1711. 4. (Omis par Quérard.)

Châtillon (N... N..., duc de),
homme d'État français.

Faure (François). Oraison funèbre de Mgr. le duc de Chastillon. *Par.* 1649. 4.

Châtillon (Nicolas Claude),
poëte français (14 oct. 1776 — 7 janvier 1826).

Amanton (Claude Nicolas). Notices sur M. Châtillon et M (Charles Louis Honoré) Torombert. *Dijon.* 1829. 8. (Ces deux notices ont été tirées à 100 exempl.) — (Lv.)

Chatin (Adolphe),
botaniste français.

Notice sur les travaux scientifiques de M. A. Chatin, professeur titulaire de botanique à l'école de pharmacie de Paris. *Par.* 1852. 4.

Châtre (Claude de la),
maréchal de France (vers 1536 — 18 déc. 1614).

George (Jacques). La couronne de gloire, ou discours de la vie de C. de la Chastre. *Par.* 1615. 4.

Châtre (Gaspard de la),
officier français († 1576).

Cujas (Jacques). Oraison funèbre de G. de la Chastre, sieur de Nancei, capitaine des gardes du roi. *Par.* 1576. 8. (P.) Trad. en lat. par Nicolas Rigault. *Par.* 1610. 4. (P.)

Morenne (Claude de). Oraison funèbre de G. de la Chastre, etc. *Par.* 1577. 8.

Chatterton (Thomas),
poëte anglais (20 nov. 1752 — se suicidant le 25 août 1770).

Gregory (George). Life of T. Chatterton, with criticisms on his genius and writings. *Lond.* 1789. 8.

Davis (John). Life of T. Chatterton. *Lond.* 1806. 12. *Ibid.* 1832. 8.

Dix (John). Life of T. Chatterton. *Lond.* 1837. 8. *Ibid.* 1851. 8.

Puettmann (Heinrich). Chatterton. *Barmen.* 1840. 2 vol. 8.

Chaucer (Geoffrey),
surnommé le père de la poésie anglaise (1328 — 1400).

Godwin (William). History of the life and age of G. Chaucer, the early english poet. *Lond.* 1803. 2 vol. 4. *Lond.* 1804. 4 vol. 8. (P.) Trad. en allem. par Carl Wilhelm Friedrich Breyer. *Inn.* 1812. 8. Port. (D.)

Todd (Henry John). Illustrations of the lives and writings of Gower and Chaucer. *Lond.* 1810. 8.

Nicholas (Harris). Life of G. Chaucer. *Lond.* 1844. 18.

Gesenius (N... N...). De lingua Chauceri. *Bonn.* 1847. 8.

Gomont (Henri). G. Chaucer, poëte anglais du xive siècle; analyses et fragments. *Par.* 1847. 12.

Chaufepié (Samuel de),
littérateur hollandais († 19 déc. 1807).

C... (W... M...). Sur la mort de M. S. de Chaufepié, etc. s. l. et s. d. (1807.) 8. (Ld.)

Chaugy (Françoise Magdeleine de),
religieuse française (1er janvier 1611 — 7 sept. 1680).

Vie de ma mère (F. M.) de Chaugy, religieuse de la Visitation Sainte-Marie d'Annecy, secrétaire de S. Chantal, etc. *Orange.* 1859. 12. Portrait.

Chaulieu (Guillaume **Amfrye** de),
poète français (1639 — 27 juin 1720).
Lettres inédites de l'abbé de Chaulieu. *Par.* 1850. 8.

Chaulnes (Honoré **d'Albert**, duc de),
maréchal de France († 30 oct. 1649).
Le Paige (Thomas) Harangue funèbre d'H. d'Albert, duc de Chaulnes. *Par.* 1651. 4.

Chaumette (Pierre Gaspard, se disant Anaxagoras),
procureur de la commune de Paris (24 mai 1763 — guillotiné le 13 avril 1794).
Compte rendu par P. G. Anaxagoras Chaumette à ses concitoyens de la commune de Paris, s. l. et s. d. 8.
Tisset (F... B...). Vie privée de P. G. Chaumette, dit Anaxagoras, ex-procureur de la commune de Paris, traduit au tribunal révolutionnaire avec plusieurs de ses complices. *Par.*, an II (1794). 8. (Comp. **Chabot**.)

Chaussier (François),
médecin français (24 juin 1749 — 19 juin 1828).
Amanton (Claude Nicolas). Notice sur M. Chaussier. *Dijon.* 1828. 8. (Tiré à 100 exemplaires.) — (*Lv.*)

Chauveau-Lagarde (Nicolas),
jurisconsulte français (21 janvier 1765 — 19 février 1841).
Doublet de Boisthibault (François Jules). Chauveau-Lagarde. *Chartr.* 1841. 8.
Martin (Louis Aimé). Quelques esquisses sur la vie judiciaire de M. Chauveau-Lagarde. *Par.* 1841. 8.

Chavagnac (Gaspard, comte de),
homme d'État français (1624 — 1697).
Courtilz (Gatien de). Mémoires du comte G. de Chavagnac, etc. (depuis 1624 jusqu'en 1695). *Besanç.* 1699. 2 vol. 12. *Par.* 1700. 2 vol. 12. *Amst.* 1722. 2 vol. 12.

Chavannes (Claude Marie Philibert),
médecin français (1er août 1753 — 13 mars 1804).
Cochard (François Nicolas). Notice historique sur la vie de C. Chavannes. *Lyon.* 1831. 8.

Chazart de Matel (Jeanne),
augustine française.
(**Boissieu**, Antoine). Vie de J. Chazard de Matel, fondatrice des religieuses du verbe incarné. *Lyon.* 1692. 8.

Chazet (René **Alissan** de),
poète français.
Chazet (René Alissan de). Mémoires, souvenirs, œuvres et portraits. *Par.* 1837. 3 vol. 8.

Cheke (John),
homme d'État anglais (1514 — 13 sept. 1557).
Strype (John). Life of J. Cheke, first instructer, afterwards secretary of state to king Edward VI. *Lond.* 1705. 8. Portrait. (*D.*) *Oxf.* 1821. 8. (Tiré à 50 exempl.)

Chemnitz (Christian),
théologien allemand (17 janvier 1615 — 3 juin 1666).
Beyer (Andreas). Leichenpredigt bei C. Chemnitz'ens Leichenbegängniss, nebst dessen Lebenslauf. *Halle.* 1666. 4.

Chemnitz (Martin),
théologien allemand (9 nov. 1522 — 8 avril 1586).
Gasmer (Johann). Oratio de vita, studiis et obitu M. Chemnitii, s. l. 1588. 4.
Chemnitz (Martin). Eigenhändige Lebensbeschreibung nebst denen M. zu Braunschweig gesetzten Epitaphiis. *Königsb.* 1719. 8. (*D.*)
Wolff (Johann Heinrich). Programma : M. Chemnitius ipsiusque in ecclesiam Lutheranam merita. *Gerœ.* 1719. 4. (*D.*)

Chenevière (Charles de **Franchillon**, baron de),
soi-disant sorcier français (brûlé vif en 1626).
Discours sur la mort et condamnation de C. de Franchillon, baron de Chenevière, exécuté en place de Grève, pour crime de sortilège et de magie. *Par.* 1626. 8.

Chénier (André Marie de),
poète français, frère du suivant (29 oct. 1762 — guillotiné le 27 juillet 1794).
Chénier (L... J... G... de). La vérité sur la famille (d'André et de Marie Joseph) de Chénier. *Par.* 1844. 12. (*Lv.*)

Chénier (Louis de),
poète français (1723 — 25 mai 1796).
Procès-verbal des honneurs funèbres rendus à la mémoire de L. Chénier. *Par.*, s. d. (an III). 8.

Chénier (Marie Joseph de),
poète français (28 août 1764 — 10 janvier 1811).
(**Garat**, Dominique Joseph). Notice sur la vie et les ouvrages de M. J. de Chénier, de l'Institut de France. *Par.* 1811. 8.*
  * Plusieurs bibliographes attribuent cette notice à Pierre Louis Ginguené.
(**Lingay**, Jean). Éloge de M. J. de Chénier, membre de l'Académie française et de la Légion d'honneur; suivi d'un catalogue raisonné de tous ses ouvrages. *Par.* 1814. 8.
Pyat (Félix). M. J. Chénier et le prince des critiques (Jules Janin). *Par.* 1844. 8.

Cherbury, voy. **Herbert**.

Cherin (Louis Nicolas Henri),
général français (1762 — 1er juin 1799).
Rousselin (Alexandre). Notice sur Chérin, général de division, chef de l'état-major de l'armée du Danube, s. l. et s. d. (*Par.* vers 1800.) 8.

Cherofini (Alberto),
prêtre italien.
Marchetti (Giovanni). Memorie della vita del P. A. Cherofini dell' Oratorio. *Rom.* 1791. 8. *Ibid.* 1793. 8.

Chéron (Élisabeth Sophie),
peintre française (1648 — 3 sept. 1711).
Fermelhuis (Jean Baptiste). Éloge funèbre d'É. S. Chéron, femme de M. Le Haye, de l'Académie royale de peinture et de sculpture. *Par.* 1712. 8.

Cherubini (Luigi),
compositeur italien du premier ordre (14 sept. 1760 — 15 mars 1842).
(**Arnold**, Ignaz Ferdinand). L. Cherubini's kurze Biographie und ästhetische Darstellung seiner Werke. *Erfurt.* 1809. 8. Portrait.
Miel (Edme François Antoine). Notice sur la vie et les ouvrages de Cherubini, s. l. et s. d. (*Par.* 1842). 8. (*Lv.*)
Place (Charles). Essai sur la composition musicale. Biographie et analyse phrénologique de Cherubini. *Par.* 1842. 8.
Picchianti (Luigi). Notizie sulla vita e sulle opere di L. Cherubini. *Milan.* 1843. 8.

Chesnecopherus (Johan),
médecin suédois (1581 — 31 janvier 1635).
Zynthius (Hendrik). Oratio de ortu, vita et obitu J. Chesnecopheri. *Holm.* 1635. 4.

Chester (Amicia),
dame anglaise.
Mainwaring (Thomas). Defense of Amicia, daughter of Hugh Cyveliock, earl of Chester. *Lond.* 1673. 12. Augmenté s. e. t. Legitimacy of Amicia, daughter of Hugh Cyveliock, earl of Chester, clearly proved, etc. *Lond.* 1697. 12.
Leycester (Peter). Answer to the book of sir T. Mainwaring, s. l. (*Lond.*) 1673. 12.

Chesterfield (Philip Dormer **Stanhope**, earl of),
homme d'État et écrivain anglais (22 sept. 1694 — 24 mars 1773).
Life of the late earl of Chesterfield, or the man of the world. *Lond.* 1774. 2 vol. 12.
Two dialogues, containing a comparative view of the lives, characters and writings of P., the late earl of Chesterfield and Dr. Samuel Johnson. *Lond.* 1787. 8.
Curious particulars and genuine anecdotes respecting the late lord Chesterfield and David Hume, Esq., with a parallel between those celebrated personnages. *Lond.* 1788. 8.

Chevalier (Michel),
saint-simonien français.
Biard (Gustave). Biographie véridique de M. Chevalier, suivie d'un examen de ses principes en industrie. *Par.* 1842. 32.

Chevert (François de),
général français (21 février 1695 — 24 janvier 1769).
Vallier du Saussay (François Charles). Éloge de M. de Chevert, etc. *Par.* 1769. 12.

Cheverus, voy. **Lefebvre de Cheverus.**

Chevrières (Gabrielle de **Gadagne,** comtesse de), ·
dame française († 7 nov. 1636).

Flotte (Balthazar). Oraison funèbre de G. de Gadagne,
comtesse de Chevrières. *Lyon.* 1657. *4.*

Cheyne (George),
physicien anglais.

Dr. Cheyne's own account of himself and of his writings,
faithfully extracted from his various works. *Lond.*
1743. 8.

Chézy (Antoine Léonard de),
indianiste français (15 janvier 1773 — 3 sept. 1832).

Sacy (Antoine Isaac Silvestre de). Notice sur la vie et
les ouvrages de M. de Chézy. *Par.* 1835. 8.

Chiabrera (Gabriello),
poète italien (8 juin 1552 — 14 oct. 1637).

Vita di G. Chiabrera. *Milan.* 1821. 8. (Écrit composé par
lui-même.)

Chialli (Vincenzo),
peintre italien.

Pancrazi (Nunzio). Elogio del professore V. Chialli.
Pistoia. 1842. 8.

Chiappini (Alessandro Giuseppe),
archéologue italien (vers 1678 — 5 janvier 1751).

Bianchi (Giovanni). Orazione funerale in lode del P.
abate A. G. Chiappini, generale de' canonici Lateranensi di S. Agostino. *Faënza.* 1751. 8.

Chiaramonti (Girolamo),
médecin italien.

Bianchi (Giovanni Antonio). Trattato in cui si tratta del
ammirabile facoltà ed effetti della polvere o elixir vitæ
di G. Chiaramonti. *Firenz.* 1620. *4.*

Chiaramonti (Scipione),
philosophe italien (22 juin 1565 — 3 oct. 1652).

Rossini (Domenico Giuseppe). Oratio in parentalibus
S. Claramontii. *Caesen.* 1653. *4.*

Chiarini (Luigi),
hébraïsant italien (26 avril 1789 — 28 février 1832).

Capei (Pietro). Necrologia del canonico L. Chiarini.
Firenz. 1833. 8. (Tiré à part à petit nombre.)

Chibourg (Joseph Pierre),
médecin français (9 juillet 1725 — 6 mai 1806).

Thierry (P... B...). Notice sur M. Chibourg. *Caen.*
1807. 8.

Chichele (Henry),
archévêque de Cantorbéry (1362 — 12 avril 1444).

Duck (Arthur). Life of H. Chichele, archbishop of Canterbury. *Lond.* 1699. 8. Portrait. (D.) Trad. en latin.
Lond. 1704. *4.*

Buckler (Benjamin). Stemmata Chicheleana, or a genea-
logical account of some of the families derived from
Thomas Chichele,.of Higham Ferrars. *Oxf.* 1765. *4.*
Ibid. 1767. *4.*

Spencer (O... L...). Life of H. Chichele, archbishop of
Canterbury. *Lond.* 1783. 8.

Chiericato (Giovanni Maria),
théologien italien (1633 — 29 déc. 1717).

Sberti (N... N...). Memoria della vita di G. M. Chiericato e delle sue opere. *Padov.* 1790. 8.

Chigi (Giovanni),
augustin italien.

Bruel (Joachim). Vita B. J. Chisii. *Antwerp.* 1643. 16.
(Assez rare.)

Melissenus (Nicephorus Sebastianus). Vita B. J. Chisii
Senensis, ordinis eremitarum S. P. Augustini, Alexan-
.dri VII pontificis maximi gentilis. *Rom.* 1656. *4.*

Maimbourg (Claude). Vie de J. de Chisy, religieux de.
l'ordre des ermites de S. Augustin. *Par.* 1658. 12.

Childeric,
roi de France (456 — 481).

Chiflet (Jean Jacques). Anastasis Childerici I, Francorum regis, s. thesaurus sepulcralis Tornaci Nerviorum
effossus et commentariis illustratus. *Antw.* 1655. *4.*

(**Hamilton,** M...). Anecdotes de la cour de Childeric.
Par.. 1736. 2 vol. 12.

Chillingworth (William),
théologien anglais (1602 — 30 janvier 1644).

Cheynell (Francis). Chillingworthi Novissima , or the
sickness, heresy, death and burial of W. Chillingworth.
Lond. 1644. *4. Ibid.* 1725. 8.

Desmaizeaux (Pierre). Historical and critical account
of the life and writings of W. Chillingworth, chancellor of the church of Sarum. *Lond.* 1725. 8. (*D.*)

Neander (August). Erinnerung an den evangelischen
Gottesgelehrten W. Chillingworth. *Berl.* 1832. 4.

Chilon,
l'un des sept sages de la Grèce.

Buddeus (Johann Franz). Dissertatio de ethica Chilonis,
Lacedæmonii. *Halle.* 1699. 4.

Chimay (Charles de **Croy,** prince de),
seigneur belge.

Ampliation du discours intitulé : Histoire véritable des
choses passées soubz le gouvernement du très-illustre
prince C. de Croy, prince de Chimay, ensemble apologie, contenant les raisons qui meu le prince de Chimay à respondre à ses calumniateurs, s. l. 1589. 8.

Chinard (Joseph),
statuaire français (12 février 1756 — 19 mai 1813).

Dumas (Jean Baptiste). Notice sur J. Chinard. *Lyon.*
1814. *4.*

Chioda (Luigi),
prêtre italien.

Stefani (Stefano). Elogio detto nelle esequie del P. L.
Chioda. *Vicenz.* 1836. 8.

Chiron Centaurus,
médecin et philosophe grec.

Rivinus. (August Quirin). Programma de Chirone Cen-
tauro, patria Thessalo. *Lips.* 1694. 4.

Chiun,
idole égyptienne.

Jahn (Gottlieb). Dissertationes II de Chiun. *Witteb.*
1703. *4.*

Harenberg (Johann Christoph). Disquisitio conjectu-
ralis propemptica de idolo Chiun et Remphan, ex ultimis Ægypti antiquitatibus deprompta. *Lips.* 1725. *4.*

Wolf (Christian Gottlob Friedrich). Dissertatio de Chiun
et Remphan. *Lips.* 1741. *4.*

Chiverny (Philippe **Hurault** de),
chancelier de France (25 mars 1526 — 29 juillet 1599).

Chiverny (Philippe Hurault de). Mémoires d'Estat de
son temps, sous Henri III et Henri IV (depuis 1567 jusqu'en 1599). *Par.* 1636. *4.. Ibid.* 1641. *4. Ibid.* 1644.
2 vol. 12. *La Haye.* 1664. 2 vol. 12. *Ibid.* 1699. 2 vol.
12. *Ibid.* 1720. 2 vol. 12.

Chladen ou **Chladenius** (Ernst Martin),
jurisconsulte allemand (6 août 1715 — 1er août 1782).

Programma academicum in funere E. M. Chladenii. *Witteb.* 1782. Fol. (*D.*)

Chladen ou **Chladenius** (Johann Martin),
théologien allemand (17 avril 1710 — 10 sept. 1759).

Pfeiffer (Joachim Ehrenfried). Trost eines sterbenden
Gottesgelehrten bei der Beerdigung des seligen Dr. J.
M. Chladenii. *Erlang.* 1759. 8.

Reinhard (Johann Paul). Exequiæ J. M. Chladenii. *Erlang.* 1759. Fol.

Chladenius (Martin),
théologien allemand (25 oct. 1669 — 12 sept. 1725).

Wernher (Johann Balthasar). Programma academicum
in funere M. Chladenii. *Witteb.* 1725. Fol. (*D.*)

Choderlos, voy. **Laclos.**

Chodowiecky (Daniel Nicolaus),
peintre-graveur allemand (16 oct. 1726 — 7 février 1801).

Dem Andenken unsers Chodowiecky an seinem Grabe.
Berl. 1801. 8.

Chodkiewicz (Jan Karol),
hetman de Lithuanie (1560 — 23 sept. 1621).

Starovolski (Simon). Oratio in obitum magnanimi herois D. J. C. Chodkievici, comitis in Szlow Mysza et
Bychow, palatini Vilnensis, capitanei Derbatensis, Lu-
bosanensis, Volonensis, etc., supremi magni ducatus
Lituaniæ ad bellum Turcicum regni Poloniæ exercituum generalis, nec non terræ Livoniæ gubernatoris.
Cracov. 1622. *4.*

Naruszewicz (Adam Stanislaus). Historia J. C. Chodkiewicza..*Warszaw*. 1805. 2 vol. 8.

Zawiska (Christoph). Carolomachia qua felix victoria, auspiciis Sigismundi III Poloniæ et Sueciæ regis, per D. J. C. Chodkiewicium de Carolo duce Sudermanniæ S. R. M. perduelli 5 Kal. Octob. 1605 in Livonia, sub Kyrkholm, reportata narratur. *Wilnæ*. 1604. 4. (Extrémement rare.)

Chodruc-Duclos (N... N...),
homme hétéroclite français († 11 oct. 1842).

E... et A... L'homme à la longue barbe. Précis sur la vie et les aventures de Chodruc-Duclos, suivi de ses lettres. *Par*. 1829. 8. (2ᵉ édition avec portrait.)

Vie civile, politique, anecdotique, philosophique, diogénique et artistique de Chodruc-Duclos, etc. *Par*. 1842. 8.

Arago (Jacques) et **Gouin** (Édouard). Mémoires de Chodruc-Duclos. *Par*. 1842. 2 vol. 8.

Choffard (Pierre Philippe),
graveur français (1730 — 7 mars 1809).

Dingé (Antoine). Notice néerologique sur P. P. Choffard. *Par*. 1810. 8. (Omis par Quérard.)

Choiseul-Daillecourt (Adèle Félix Françoise d'Aftorg,
comtesse de),
dame française († 19 août 1818).

Éloge historique de madame la comtesse de Choiseul-Daillecourt. *Orléans*. 1818. 8.

Choiseul-Francières (Claude, comte de),
maréchal de France (27 déc. 1632 — 15 mars 1511).

Desternes (N... N...). Oraison funèbre de C. de Choiseul, maréchal de France. *Gray*, s. d. (1711). 4. (Non mentionné par Quérard.)

Choiseul (Léopold Charles de),
archevêque de Cambray.

Mémoire pour Mgr. l'archevêque de Cambray (L. C. de Choiseul) contre le prévôt et les échevins de cette ville. *Par*. 1772. 4.

Choiseul de Gouffier (Marie Gabriel Florens Auguste,
comte de),
pair de France (27 sept. 1752 — 29 juin 1817).

Dacier (Bon Joseph). Notice historique sur la vie et les ouvrages de M. le comte de Choiseul-Gouffier. *Par*. 1819. 8.

Choiseul de Praslin (Anne de),
bénédictine française.

Gouin (François). Oraison funèbre d'A. de Choiseul de Praslin, abbesse de Notre-Dame aux Nonnains à Troyes. *Troyes*. 1688. 4.

Choiseul de Praslin (Charles, comte de),
maréchal de France (vers 1563 — 1ᵉʳ février 1626).

Lantreccy (Denys). Oraison funèbre prononcée aux obsèques du maréchal de Choiseul-Praslin. *Troyes*. 1626. 4.

Choiseul de Praslin (Claude de),
bénédictine française.

Coquéry (Pierre). Oraison funèbre de C. de Choiseul de Praslin, abbesse et réformatrice de l'abbaye de Notre-Dame aux Nonnains (à Troyes). *Troyes*. 1667. 4.

Choiseul de Praslin (Théobald, duc de),
meurtrier de son épouse (... — août 1847).

Notice historique sur la famille Praslin ; esquisse sommaire des faits qui se rattachent à l'affreux attentat qui a terminé les jours de la duchesse. *Par*. 1847. 16.

Assassinat de madame la duchesse de Choiseul-Praslin ; pièces authentiques publiées par la cour des pairs. *Leipz*. 1847. 8. Trad. en allem. *Leipz*. 1847. 8.

Pathologie du mariage (affaire Praslin). Lettres de madame la duchesse, et considérations par madame de **Casamajor**. *Par*. 1847. 8.

Lettres de madame la duchesse de Praslin. *Par*. 1847. 12. *Leipz*. 1847. 8.

Briefe und Empfindungen der Herzogin v. Choiseul-Praslin ; nebst einer biographischen Notiz über die Familie. *Leipz*. 1847. 8.

Funck (Friedrich). T. v. Praslin und Fanny Sebastiani; Versuch zur Aufklärung dieser Mordgeschichte. *Frf*. 1847. 8.

Bernays (C... L...). Ermordung der Herzogin (Fanny) von Praslin. Beitrag zur Geschichte des Kampfes der Leidenschaften mit den modernen Gesellschafts-Elementen. *Flawyl*. 1847. 8.

Choiseul de Stainville (Étienne François, duc de),
ministre français (28 juin 1719 — 8 mai 1785).

Mémoires de M. le duc de Choiseul, écrits par lui-même et imprimés sous ses yeux, dans son cabinet à Chanteloup, en 1778, (publ. par Jean Louis Giraud **Soulavie**). *Chanteloup* et *Par*. 1790. 2 vol. 8.

Champrobert (Paulin de). Notice historique et critique sur le duc de Choiseul, ministre sous Louis XV. *Nevers*. 1856. 8. (*Lv*.)

Schloezer (Kurd v.). Choiseul und seine Zeit. *Berl*. 1848. 8.

Choisy (N... N... de),
général français.

Augoyat (Antoine Marie). Notice historique sur le lieutenant-général de Choisy, ingénieur. *Par*. 1850. 8.

Choisy (François Timoléon de),
membre de l'Académie française (16 août 1644 — 2 oct. 1724).

Choisy (François Timoléon de). Mémoires pour servir à l'histoire de Louis XIV, (avec une préface par Denis François. **Camusat**). *Utrecht*. 1726. 5 vol. 12. *Amst*. 1727. 5 vol. 12.

Olivet (Joseph Thoulier d'). Vie de M. l'abbé de Choisy. *Lausan*. et *Genève*. 1742. 8. (*D*.) *Ibid*. 1748. 8. (*D*.)

Cholex (Roger Gaspard Jérôme, comte de),
ministre du roi de Sardaigne (1771 — 24 juillet 1828).

San-Tommaso (Felice Carone di). Elogio del conte R. de Cholex. *Torin*. 1855. 8.

Cholleton (Jean),
prêtre français (18 juin 1788 — 9 février 1852).

Catel (abbé). Notice sur la vie du R. P. Cholleton. *Lyon*. 1852. 12.

Cholmley (Hugh),
conspirateur anglais.

True and exacte relation of all the proceedings of sir H. Cholmley's revolt. *Lond*. 1643. 4.

Proceedings of sir Cholmley in Yorkshire. *Lond*. 1643. 4.

Resolutions of the House of Commons, april 3, 1643, relating to sir H. Cholmley. *Lond*. 1643. Fol.

Sir H. Cholmleys Memoirs of this life, with an account of the distresses his family underwent in the civil war. *Lond*. 1787. 4. *

* Tiré à 100 exemplaires qui n'ont pas été mis dans le commerce.

Chopard (Pierre Marie Joseph),
missionnaire français (1816 — 25 juin 1846).

Vie de M. l'abbé Chopard, missionnaire apostolique, apôtre des îles Nicobar. *Besanç*. 1846. 12.

Chopin * (Frédéric),
musicien polonais du premier ordre (8 février 1810 — 17 oct. 1849).

Liszt (Franz). F. Chopin. *Par*. 1852. 8. Trad. en allem. *Leipz*. 1852. 8.

* Son nom originaire est Chopinski.

Chopin (René),
jurisconsulte français (1537 — 2 février 1606).

Masson (Jean Papire). R. Chopini vita. *Par*. 1606. 8.

Choron (Alexandre Étienne),
fondateur du conservatoire de musique classique (21 oct. 1772 — 29 juin 1834).

Lafage (J... Adrien de). Éloge de Choron. *Par*. 1844. 8.

Gautier (L... E...). Eloge d'A. E. Choron. *Caen* et *Par*. 1846. 8.

Choteck (Graf Rudolf),
homme d'État bohème.

Wolf (Adam). Graf R. Choteck, k. k. österreichischer Staats- und Conferenz-Minister. *Wien*. 1853. 8.

Chouet (Jean Robert),
homme d'État suisse (1642 — 16 sept. 1731).

Vernet (Jacques). Éloge historique de J. R. Chouet, conseiller d'État à Genève. *Genève*. 1813. 8.

Chouppes (Aimar, marquis de),
général français († 1677).

Duport-Dutertre (François Joachim). Mémoires de M. le marquis de Chouppes, (depuis 1625 jusqu'en 1660). *Par*. 1752. 2 vol. 12. (*Bes*.)

Chouvi (Vital),
prêtre français (5 mars 1752 — 29 oct. 1835).
Notice nécrologique sur l'abbé Chouvi. *Lyon.* 1836. 8.

Chrétien I,
archevêque de Mayence († 1183).

Berbisdorf (Adolph August v.). Annales des Lebens und der merkwürdigen Schicksale des ehemaligen Probsts zu Merseburg und nachherigen Erzbischofs zu Mayntz, Christian's I. *Zwickau.* 1773. 4.
Genealogie Christian's II, Erzbischofs von Mainz. *Mainz.* 1789. 8.
(**Heynig**, Johann Gottlob). Christian I, Erzbischof von Mainz. *Nürnb.* 1804. 8.

Chrétien IV,
duc d'Anhalt-Dessau.

Wiggers (Johann Georg). Christian IV, panegyrische Skizze. *Dessau.* 1783. 8.

Chrétien de Troyes,
poète français († vers 1192).

Holland (Wilhelm Ludwig). Über Chrestien de Troies (!) und zwei seiner Werke. *Tübing.* 1847. 8.

Christ (Gottlieb Paul),
jurisconsulte allemand (20 février 1707 — 30 nov. 1786).

Heydenreich (Johan Bernhard). Programm, worin der Lebenslauf des verstorbenen Raths und Professors G. P. Christ befindlich ist. *Ansb.* 1787. 4.

Christ (Johann Alexander),
jurisconsulte allemand (8 sept. 1648 — 30 août 1707).

Weiss (Ludwig Christian). Gedächtniss-Predigt auf J. A. Christ. *Leipz.* 1714. Fol. (*D.*)
(**Cyprian**, Johann). Programma academicum in funere J. A. Christii. *Lips.* 1707. Fol. (*D.*)
Seligmann (Gottlieb Friedrich). Leich-Predigt auf J. A. Christ. *Leipz.* 1707. Fol. (*D.*)
Rechenberg (Adam). Oratio parentalis in memoriam J. A. Christii. *Lips.* 1708. Fol.

Christ (Johann Friedrich),
jurisconsulte allemand (26 avril 1700 — 3 août 1756).

(**Ernesti**, Johann August). Programma academicum in memoriam J. F. Christii. *Lips.* 1757. Fol. (*D.*)

Christian I,
roi de Danemark (1425 — 1448 — 22 mai 1481).

Huitfeld (A...). Historiske Beskrivelse af Konung Christiern I. *Kjoebenh.* 1599. 4. *Ibid.* 1632. Fol.

Christian II,
roi de Danemark (2 juillet 1481 — 1513 — déposé le 14 avril 1523 — 24 janvier 1559).

Ziegler (Jacob). Historia crudelitatis Christierni II. *Argent.* 1536. Fol.
Joannes Olai Lincopensis. De Christierni II tyrannide. *Holm.* 1644. 4.
Schroderus (Erik). Historisk Relation om K. Christierns II grimme Tyranni. *Stockh.* 1644. 8.
Svaninge (Johan). Christianus II, Daniæ rex, speculum regis magni, crudelis, infelicis, exulis, exemplum cæteris. *Frf.* 1658. 12. *Ibid.* 1670. 12.
Upmark (Johan). Dissertatio de Christiano II, rege Daniæ. *Upsal.* 1713. 4.
Behrmann (Heinrich). Geschichte Christian's II, Königs von Dänemark, Norwegen und Schweden. *Kopenh.* 1803. 8. Portrait. Trad. en dan. *Kjoebenh.* 1815. 2 vol. 8.
—— Christian des Andens Faengsels og Befrielses Historie. *Kjoebenh.* 1812. 4.
Allen (Carl Ferdinand). Commentatio de rebus Christiani II, Daniæ, Norvegiæ, Sueciæ regis exulis. *Hafn.* 1844. 8.

Meerman van Dalem (Jan). Verhandeling over den invloed van Christiaan II, koning van Danemarken, enz., op de geschiedenis van ons vaderland, s. l. et s. d. (*Amst.* 1818.) 4. (*Ld.*)

Christian III,
roi de Danemark (1503 — 1533 — 1er janvier 1559).

Bording (Jacob). Oratio in obitum Christiani III. *Hafn.* 1559. 4.
Palladius (Petrus). Narratio de excessu Christiani III. *Hafn.* 1559. 12.

Osius (Hieronymus). Res gestæ Christiani III. *Witteb:* 1563. 8. (En vers.)
Stephanus (Stephann Johan). Historiæ Danicæ libri II de gestis in Dania regnante Christiano III ab anno 1550 usque ad annum 1559. *Soræ.* 1650. 4.
Pontanus (Johann Jacob). Vita Christiani III, publ. par Johann HUBBNER. *Hanov.* 1729. 4.
Craig (Nicolaus). Annalium Daniæ libri IV (ab anno 1533 usque ad annum 1550). *Hafn.* 1757. Fol.
Moeller (Olaus Heinrich). Eine alte Nachricht von Christiani III letzten Stunden, nebst einem Verzeichniss der Scribenten, welche von diesem König in besondern Schriften gehandelt. *Flensb.* 1754. 4.

Actstykker til Christian III og Dronning Dorotheas Kroning i vor Frue Kirke i Kjoebenhavn d. 12 Aug. 1537 af Johan Bugenhagen, rédig. par Friedrich MUENTER et publ. par Ernst Christian WERLAUFF. *Kjoebenh.* 1831. Fol. Trad. en allem. par Gottlieb MOHNIKE. *Strals.* 1832. 8.

Christian IV,
roi de Danemark (12 avril 1577 — 1588 — 28 février 1648).

Roberts (Henry). The entertainment of king Christiern IV, king of Denmarke, etc., 16th day of July 1606. *Lond.* 1606. 4.
—— Englands Farewell to Christian IV, king of Denmarke. *Lond.* 1606. 4.

Winstrup (Peder). Oratio parentalis in exsequias Christiani IV. *Soræ.* 1648. Fol.
Aagaard (Niels). Oratio in obitum Christiani IV. *Soræ.* 1648. Fol.
Bartholinus (Berthel). Oratio in obitum Christiani IV. *Hafn.* 1648. Fol.
Svaninge (Johan). Laudatio funebris in Christianum IV, principem Daniæ. *Hafn.* 1648. Fol.
Hindsholm (Laurids Jacobsen). Ligprædiken over Kong Christian IV. *Kjoebenh.* 1649. 4.
Slangen (Niels). Forsög til fierde Christierns Historie. *Kjoebenh.* 1757. 2 vol. 4. Trad. en allem. par Johann Heinrich SCHLEGEL. *Kopenh.* 1757-59. 2 vol. 4.
Hagerup (Matthias). Christian den IV des Minde af Forsoeg i den historiske Veltalenhed. *Kjoebenh.* 1809. 8.
Nyerup (Rasmus). Charakteristik af Kong Christian IV. *Kjoebenh.* 1816. 8.
Jahn (F... H...). Grundtraek til Christians IV Krigshistorie (I Afd. Calmarkrigen; II Afd. Tredivearskrigen). *Kjoebenh.* 1820-22. 2 vol. 8.
Christians IV Dagboeger for Aarene 1618, 1619, 1620, 1625 og 1635, publ. par Rasmus NYERUP. *Kjoebenh.* 1825. 8.
Hoest (Johan Niklaas). Christian den Fjerde, Danmarks og Norges store Konge. *Kjoebenh.* 1839. 8.

Christian V,
roi de Danemark (1646 — 1670 — 25 août 1699).

Abel (Christen Pedersen). Elogium de septennaria felicitate Christiani V, regis Daniæ. *Amst.* 1674. 8.
Haqvart (Philip). Lessus in obitum regis Christiani V. *Hafn.* 1699. 4.
Paulli (Jacob Henrik). Apotheosis Christiani V. *Hafn.* 1699. Fol.
Wandalin (Hans). Gloriosissima imago æternitarum virtutum Christiani V, oratione parentali adumbrata. *Hafn.* 1699. 4.
Borneman (Henrik). Oratio super funus regium Christiani V. *Hafn.* 1700. 4.
Bois-Clair (Gaspard Antoine de). Oraison funèbre de Christian V, roi de Danemark. *Copenhag.* 1700. 8.
Memoirs of Danemark, containing the life and reign of Christian V. *Lond.* 1700. 8. Trad. en franç. *Utrecht.* 1701. 12.
(**Laurentsen** ou **Lorentsen**, Johan). Tagregister über Christian's V glorwürdigste Lebens- und Regierungsgeschichte. *Kopenh.* 1701. 8.
Smed (Niels). Ligpraediken over Kong Christian V. *Kjoebenh.* 1702. Fol.
Riegels (Niels Detlev). Forsög til femte Christierns Historie. *Kjoebenh.* 1792. 8. Trad. en allem. (par Johann Christian Friedrich HEINZELMANN). *Kopenh.* 1795. 8.

Schoenheider (J... M...). Lovtale over Kong Kristian V. *Kjoebenh.* 1810. 8.

Christian VI,
roi de Danemark (10 déc. 1699 — 1730 — 6 août 1746).

Worm (Christian Wittumsoen). Den stormaegtiste Danmarks Kong Christian den Siette, etc. *Kjoebenh.* 1731. Fol.

Herbart (Johann Michael). Trauerrede auf König Christian VI. *Oldenb.* 1746. Fol.

Muus (Jacob). Ligpraediken over Kong Christian VI. *Kjoebenh.* 1747. 4.

Riegels (Niels Detlev). Christians VI Levnetsbeskrivelse. *Kjoebenh.* 1798. 8.

Christian VII,
roi de Danemark (29 janvier 1749 — 13 janvier 1766 — 13 mars 1808).

Baden (Gustav Ludvig). Christians VII Aarbog. *Kjoebenh.* 1833. 8.

Moller (Claus Heinrich). Genealogische Tabellen von König Christian's VII und Carolina Mathildens Verwandtschaft mit einander. *Flensb.* 1766. Fol.

Yves (L... d'). Geheime Hof- und Staatsgeschichte Dänemarks unter Christian VII. *Germanien.* (*Tübing.*) 1790. 8. (Trad. de l'anglais.)

Hoest (Jens Kragh). Maerkwaerdigheder i Danner Kongens Christian den VII Levnet og Regjering. *Kjoebenh.* 1810. 8. Trad. en allem. *Kopenh.* 1810. 8.

—— Entwurf einer Geschichte der dänischen Monarchie unter der Regierung Christian's VII. *Kopenh.* 1813. 16. 3 vol. 8. *

   * Le troisième volume, orné du portrait de Frédéric VI, porte aussi ce titre « Friedrich VI als Kronprinz und Mitregent. »

Fuglsang (Niels Studsgaard). Mindetal over Kong Christian VII. *Kjoebenh.* 1814. 8.

Mynster (Jacob Peder). Soergetale over Kong Christian VII. *Kjoebenh.* 1814. 8.

Hyphof (Jacob Zacharias). Mindetale over Kong Christian VII. *Randers.* 1814. 8.

Adler (Jacob Georg Christian). Trauerrede bei der Beisetzung der Leiche König Christian's VII. *Schlesw.* 1808. 8. (Comp. CAROLINE MATHILDE DE GALLES.)

Christian VIII,
roi de Danemark (18 sept. 1786 — 3 déc. 1839 — 20 janvier 1848).

Oersted (Hans Christian). Mindeskrift over Hans Majestat Kong Christian VIII. *Kjoebenh.* 1848. 8.

Giessing (Hans Peder). Kong Christian VIIIs Regjerings Historie. *Kjoebenh.* 1852. 2 vol. 8.

Christian I,
électeur, duc de Saxe (29 oct. 1560 — 11 février 1586 — 25 sept. 1591).

Major (Johann). Elegia pro electore Saxoniæ Christiano conscripta. *Witteb.* 1591. 4.

Pierius (Urban). Klagpredigt über den tödtlichen Abgang Churfürst Christiani zu Sachsen. *Wittenb.* 1591. 4.

Stenius (Simon). Vita græco-latina Christiani I, electoris Saxoniæ. *Heidelb.* 1592. 4.

Clamorinus (Bartholomaeus). Historische Grabschrift vom kurtzen Leben, jedoch friedlicher Regierung, auch vom schnellen, unversehenen tödtlichen Abgang und fürstlichen Begräbniss Herzogs Christiani I. *Dresd.* 1592. 4.

Faust (Lorenz). Ankunft, Leben, Regiment, Gläuben und Bekenntniss, seeligster Abschied, Begengniss und Begräbniss Churfürst Christiani I. *Leipz.* 1592. 4.

Dresser (Matthias). Oratio funebris de Christiano I. *Lips.* 1592. 4.

Brevis et vera narratio de ortu, vitæ curriculo et morte illustrissimi principis Christiani I, electoris Saxoniæ, s. l. (*Dresd.*) 1592. 4. Trad. en allem. *Dresd.* 1593. 4. *Ibid.* 1594. 4.

Salmuth (Johann). Drey Leichpredigten vom christlichen Abschied Churfürst Christiani. *Heidelb.* 1594. 4.

(**Lyser**, Polycarp). Kurzer, aber warhafftiger und gründlicher Bericht von Churfürst Christiani christlichem Leben und seeligem Abschied, etc. *Dresd.* 1595. 4. *Ibid.* 1596. 4.

Clinger (Johann). Oratio de Christiano I, electoris Saxoniæ. *Lips.* 1612. 4.

Schumacher (Heinrich August). Dissertatio de Christiano I electore Saxoniæ inter motus turbatæ veræ religionis divina providentia conservato. *Lips.* 1753. 4.

Christian II,
électeur, duc de Saxe (1583 — 25 sept. 1591 — 23 juin 1611).

Hoe (Matthias). Panegyricus in electoralem et natalem principis Christiani II, cum catalogo electorum Saxoniæ ex marchionum Misnicorum familia. *Witteb.* 1601. 4. *Frf.* 1603. 8. *Witteb.* 1618. 4. (Rare et recherché.)

Tancke (Johann). Oratio gratulatoria ad electorem Saxoniæ Christianum II. *Dresd.* 1601. 4.

Stenius (Georg). Cento Virgilianus, continens descriptionem hereditariæ successionis in imperium Christiani II. *Dresd.* 1601. 4.

Schilter (Jacob). Oratio in laudem Christiani II. *Lips.* 1601. 4.

Lyser (Polycarp). Glückwünschungspredigt bei Antritt der Regierung Christiani II. *Dresd.* 1601. 4.

Verzeichniss und Ordnung des Leichprocesses Churfürsts Christiani II. *Dresd.* 1611. 4.

Francke (Johann Friedrich). Oratio funebris de Christiano II. *Lips.* 1611. 4.

Reusner (Elias). Threnologia in exequiis Christiani II. *Jenæ.* 1611. 4.

Berbisdorf (Sigismund v.). Verzeichniss und Ordnung des Leich-Processes. *Wittenb.* 1611. 4.

Hutter (Leonhard). Laudatio funebris Christiani II. *Witteb.* 1611. 4.

Jenisch (Paul). Narratio de vita, gestis et obitu Christiani II, electoris Saxoniæ. *Lips.* 1611. 4. Augm. *Ibid.* 1612. 4.

Friederich (Johann). Oratio funebris de Christiano II, cum rerum memorabilium Christiani II indice chronologico. *Lips.* 1611. 4.

Hantschmann (Urban). Cupressus Saxonica, seu de morbo, morte, luctu et exequiis Christiani II, electoris Saxoniæ, historia integra Cento-Virgiliana descripta. *Lips.* 1612. 4. *Genev.* 1616. 4.

Heider (Wolfgang). Oratio de vita et morte Christiani II. *Jenæ.* 1612. 4.

Schneider (Zacharias). Oratio, qua manibus Christiani II parentavit. *Lips.* 1615. 4.

Schumacher (Heinrich August). De Christiano II. *Lips.* 1756. 4.

Christian de Brunswick,
évêque d'Halberstadt (10 sept. 1599 — 9 juin 1626).

Mittendorff (Gustav). Herzog Christian's von Braunschweig Wirksamkeit während des dreissigjährigen Krieges. *Hannov.* 1843. 8.

Tophoff (N... N...). Christian von Braunschweig und J. J. Graf v. Anholt. Verwüstungen der Stifter Paderborn und Münster in den Jahren 1622-23, etc. *Münst.* 1852. 8.

Christiani (Wilhelm Ernst),
historien danois (23 avril 1731 — 1er sept. 1793).

Heinze (Valentin August). Nachrichten von W. E. Christiani's Leben und Schriften. *Kiel.* 1797. 8. Portrait. (*D.*)

Christine (Sainte).

Kormans (J... K...). Leven van S. Christina de Wonderbare. *Gand.* 1850. 4. (*Bx.*)

Christine,
reine de Suède (8 déc. 1626 — 6 nov. 1632 — abdiquant 1654 — 19 avril 1689).

Macedo (Antonio de). Elogia nonnulla et descriptio coronationis Christinæ Sueciæ reginæ. *Holm.* 1650. Fol.

Gualdo di Priorato (Guazzo). Vita di Cristina Alessandra, regina di Svezia. *Rom.* 1656. 4. *Vienna.* 1674. Fol.

Relation of the life of Christina, queen of Sweden. *Lond.* 1656. 4.

Burbery (John). History of Christina Alexandra, queen of Swedeland. *Lond.* 1658. 12.

History of Christina, queen of Swedeland. *Lond.* 1660. 8.

Recueil de quelques pièces curieuses servant à l'éclaircissement de l'histoire de la vie de la reine Christine de Suède. *Cologne.* 1668. 12.

Cappellari (Michele). Cristina illustrata. *Venez.* 1700. 4.

Histoire des intrigues galantes de la reine Christine de Suède et de sa cour pendant son séjour à Rome. *Amst.* 1697. 8. *Frf.* 1698. 12. Trad. en angl. *Lond.* 1698. 12. Portrait.

Leben der Königin Christina von Schweden. *Leipz.* 1705. 8.

(**Franckenstein**, C... G...). Mémoires des intrigues politiques et galantes de la reine Christine de Suède et de sa cour. *Liège.* 1710. 2 vol. 12.

(**Arckenholtz**, Johan). Mémoires historiques concernant Christine, reine de Suède, pour servir d'éclaircissement à l'histoire de son règne. *Amst. et Leipz.* 1751. 4 vol. 4. Portrait. Trad. en allem. par Johann Friedrich **Reiffstein**. *Leipz.* 1753-61. 4 vol. 4.

Alembert (Jean Lerond d'). Réflexions et anecdotes sur Christine *. Trad. en ital. *Lucca.* 1767. 12.
* Dans le 2e volume de ses « Mélanges de littérature, d'histoire et de philosophie. » *Berl.* (*Par.*) 1753. 2 vol. 12. Augment. *Amst.* 1767. 5 vol. 12. *Ibid.* 1770. 5 vol. 12. *Leyde.* 1783. 5 vol. 12.

Lacombe (Jacques). Histoire de Christine, reine de Suède. *Stockh.* et *Par.* 1762. 12.
— Trad. en allem. *Leipz.* 1762. 8.
— Trad. en dan. *Kjoebenh.* 1772. 8.

Fant (Erik Michael). Dissertatio de causis abdicationis reginæ Christinæ. *Upsal.* 1785. 8.

Berch (Carl Reinhold). Kort Utkäst öfver Drottning Christinas Lefvernesbeskrifning. *Stockh.* 1788. 8.
—— Aula reginæ Christinæ delineata, programmata II. *Upsal.* 1791. 8.
—— Disputatio de minorennitate reginæ Christinæ. *Upsal.* 1797. 8.

Characterzüge, Grundsätze und Meinungen der Königin Christine von Schweden. *Winterth.* 1801. 8.

Catteau-Calleville (Jean Pierre Guillaume). Histoire de Christine, reine de Suède, avec un précis historique de la Suède, depuis les anciens temps jusqu'à la mort de Gustave Adolphe le Grand. *Par.* 1815. 2 vol. 8. Trad. en holland. *Leeuward.* 1823. 2 vol. 8. *Rotterd.* 1827. 2 vol. 8.

Biographie der Königin Christine von Schweden. *Chemnitz.* 1823. 8. Portrait.

Fryxell (Anders). Drottning Christinas förmyndare. *Stockh.* 1838. 2 parts. 8. *
* Formant le 7e volume de son ouvrage *Beraettelser ur Svenska Historien.*

Grauert (Wilhelm Heinrich). Christine, Königin von Schweden, und ihr Hof. *Bonn.* 1838-42. 2 vol. 8.

Rancken (Johan Oscar Immanuel). Commentatio de locis scriptorum vitam Catharinæ, Gustavi Adolphi Magni filiæ, Succorum reginæ declarantibus. *Helsingfors.* 1850. 8.

Christine-Eberhardine de Coulmbach,
épouse de (Frédéric) Auguste II, électeur de Saxe et roi de Pologne († sept. 1727).

Kirchbach (Hans Georg v.). Lob- und Trauerrede auf die Königin Christiana Eberhardina. *Leipz.* 1727. Fol.

Matthesius (Johann Balthasar). Wahrer Verlauf des Todes der Königin Christiane Eberhardine, Königin von Pohlen und Churfürstin zu Sachsen. *Leipz.* 1727. 4.
—— Sichere Nachricht von dem Ableben I. K. M. in Pohlen, Frauen Königin Christiane Eberhardinen, zu Pretsch. *Leipz.* 1727. 4.

Sachse (Johann Michael Heinrich). Freud und Leid bey der Wiederkunft des Königs (Friedrich Augusts II) aus Pohlen und beim Absterben von dessen Gemahlin, Christianen Eberhardinen. *Leipz.* 1727. 4.

Sicul (Christoph Ernst). Thränendes Leipzig, oder Solennia Lipsiensia, womit I. K. M. Frau Christianen Eberhardinen's, etc. Ableben auf der Universität öffentlich bejammert worden. *Leipz.* 1727. 4.

Boerner (Christoph Friedrich). Oratio panegyrica in obitum Christianæ Eberhardinæ. *Leipz.* 1727. 4.

Berger (Johann Wilhelm). Pietas virtutum regina in exemplo Christianæ Eberhardinæ reginæ. *Witteb.* 1728. 4.

Ausserordentliches Gespräch im Reiche der Todten zwischen der Königin von Pohlen, Christianen Eberhardinen, und der Königin von Dänemark, Louise, s. l. 1730. 4.

Christine de France,
épouse de Victor-Amédée, duc de Savoie (1606 — mariée en 1619 — 27 déc. 1663).

Heureuse alliance contractée entre le sérénissime et vaillant prince Victor Amédée de Savoie, prince de Piémont, et la très-haute et très-puissante madame Christine de France (deuxième fille de Henri IV). *Par.* 1619. 8.

Tesauro (Emmanuele). Panegirico di madama Cristina di Francia, duchessa di Savoia. *Torin.* 1665. 4. Trad. en franç. (par Jean le **Maistre**). *Par.* 1665. 12.

Christmas (Joseph),
littérateur anglo-américain.

Lord (Edward). Life of J. Christmas. *New-York.* 1851. 12.

Christophe (Saint),
martyr.

Terrache (Pierre Ignace). Éloge de S. Christofle, martyr, un des plus anciens et illustres patrons contre la peste, la gresle, la tempeste et le tonnerre, dont une dent est exposée à la vénération et consolation du peuple en l'église d'Inchy. *Douai.* 1669. 12.

Meyer (Siegmund). Dissertatio de magno Christophoro. *Witteb.* 1688. 4.

Christophe, dit le Combattant,
duc de Bavière (1449 — 1493).

Lipowsky (Felix Joseph). Herzog Christoph, oder der Kampf über Mitregierung in Baiern. *Münch.* 1819. 8.

Christophe de Holstein.

Coremans (Victor Amadeus). Notice sur les aveux de Christophe de Holstein, et sur le projet attribué au prince (Maurice) d'Orange à ses partisans de faire assassiner Don Juan d'Autriche et Eric de Brunswick, s. l. (*Brux.*) et s. d. 8.

Christophe,
duc de Wurtemberg (12 mai 1515 — 6 nov. 1550 — 28 déc. 1568).

Reusner (Nicolaus). De obitu Christophori, ducis Wurtembergensis, ejusque filii Eberhardi. *Lauing.* 1569. 4.

Snepff (Theodor). Oratio de vita et morte Christophori, ducis Wurtembergici et Teccii, comitis Montpelgardensis. *Tubing.* 1570. 4.

Bidembach (Balthasar). Kurtzer und wahrhafftiger Bericht von dem hochlöblichen und christlichen Leben Herzogen Christoph's zu Würtemberg. *Tübing.* 1570. 4. *Darmst.* 1607. 8.

Roeslin (Johann Friedrich). Leben Herzogs Christoph von Würtemberg. *Stuttg.* 1739. 8.

Regierungsgeschichte des Herzogs Christoph zu Würtemberg. *Tübing.* 1818.

Pfister (Johann Christoph). Herzog Christoph zu Würtemberg. *Tübing.* 1819-20. 2 vol. 8. Portrait.
—— Herzog Christoph zu Würtemberg, seine Eigenschaften, sein öffentliches und häusliches Leben und seine letzten Schicksale. *Tübing.* 1821. 8. *
* Cet ouvrage, accompagné de son portrait, est extrait de la biographie précédente.

Christyn (Jean Baptiste),
homme d'État belge (vers 1622 — 28 oct. 1690).

Desiderant (Bernard). Oratio in funere J. B. Christyn, Brabantiæ cancellarii. *Brux.* 1690. 4.

Chrouet (Henri),
théologien belge.

Preumont (L...). Le tombeau de H. Chrovet, ministre de la religion prétendue réformée. *Liège.* 1656. 12. (Peu commun.)

Chrysippe,
philosophe grec du IIIe siècle avant J. C.

Richter (Johann Friedrich). Dissertatio de Chrysippo, stoico fastuoso. *Lips.* 1758. 4.

Baguet (François Nicolas Gisbert). De Chrysippi vita, doctrina et reliquiis commentatio. *Lovan.* 1822. 4. (*Bx.*)

Petersen (Christian). Philosophiæ Chrysippeæ fundamenta. *Alton.* et *Hamb.* 1827. 8.

Chrysoloras (Emmanuel),
l'un des restaurateurs des sciences († 15 avril 1415).

Hardt (Bernhard von der). Memoria Chrysoloræ, qui anno 1390 Græca studia in Occidente suscitavit primus, et Wesselii, Groningensis. *Helmst.* 1718. 8. (*D.*)

Chrysostôme (Saint Jean),
(vers l'an 344 — 27 janvier 438).

Palladius. De vita S. J. Chrysostomi dialogus. *Par.* 1588. Fol.

Cassiodorus (Marcus Aurelius). Vita J. Chrysostomi. *Par.* 1588. Fol.

Vincartius (Joannis). Vita Chrysostomi, documentis moralibus illustrata. *Tornaci.* 1639. 12.

(Hermant, Godefroi). Vie de S. Chrysostôme. *Par.* 1664. 4. Portrait. *(D.) Ibid.* 1665. 2 vol. 8.

Ménard (Nicolas Hugues). Vie de S. Chrysostôme. *Par.* 1665. 2 vol. 12.

Koepken (Balthasar). Vita S. Chrysostomi ex Palladio, historia tripartita et aliis fide dignis auctoribus. *Halæ.* 1702. 8.

.**Volland** (Christian Wilhelm). Dissertatio de elogio Chrysostomi. *Witteb.* 1710. *4. (D.)*
—— Dissertatio de vita ejusdem. *Witteb.* 1714. *4. (D.)*
—— Dissertatio de veteribus ac fide dignis vitæ Chrysostomi scriptoribus. *Witteb.* 1711. *4. (D.)*

Neander (August). Der heilige Chrysostomus und die Kirche, besonders des Orients, und dessen Zeitalter. *Berl.* 1821. 2 vol. 8. *Ibid.* 1852. 2 vol. 8.

Hoeven (Abraham des Amorie van der). J. Chrysostomus, voornamelijk beschoeved als een vorbeeld van ware kanzel-welsprekendheid. *Delft.* 1825. 8.

Gounou (Frédéric). Chrisostôme (!), prédicateur aux églises d'Antioche et de Constantinople. Thèse. *Strasb.* 1855. 8.

Volland (Christian Wilhelm). Dissertatio de scriptis Chrysostomi. *Witteb.* 1711. *4. (D.)*
—— Dissertatio de optimis operum Chrysostomi editionibus. *Witteb.* 1711. *4. (D.)*

Chubb (Thomas),
théologien anglais (1679 — vers 1747).

Life and character of T. Chubb. *Lond.* 1747. 8.

Chudleigh, voy. **Kingston.**

Chumillas (Julian),
homme d'État espagnol.

Arjona (Francisco de). Sermon en la muerte de Fr. J. Chumillas, comisario general de las Indias, s. l. 1697. 4.

Churchill, voy. **Marlborough.**

Chytræus * (David),
théologien allemand (26 février 1530 — 25 juin 1600).

Goldstein (Johann). Oratio de vita, studiis, moribus et morte D. Chytræi. *Rostoch.* 1600. *4. (D.)*

Sturz (Christoph). Oratio memoriæ D. Chytræi habita. *Rostoch.* 1600. *4. (D.)*

(Chytræus, Ulrich). Vita D. Chytræi, memoriæ posteritatis orationibus et carminibus amicorum, justisque encomiis conservata. *Rostoch.* 1601. *4. (D.)*

Schuetz (Otto Friedrich). De vita D. Chytræi commentariorum libri IV. *Hamb.* 1720-28. 4 part. 8. *(D.)*
   * Le véritable nom de ce savant était Kochhaff.

Chytræus (Daniel). Catalogus librorum a D. Chytræo editorum. *Helmst.* 1669. 8. *(D.)*

Ciampini (Giovanni Giusto),
jurisconsulte italien (13 avril 1633 — 12 juillet 1698).

Fabiani (Ferdinando). Vita di G. Ciampini. *Ferm.* 1694. 4.

Ciangulo (Niccolò),
poète italien (vers 1680 — 1762).

Acta coronationis, cum N. Ciangulo Gottingæ die XX sept. anno 1737 poetica laurea ornaretur. *Lips.* 1739. 8. *(D.)*

Cibber (Colley),
acteur et auteur dramatique anglais (6 nov. 1671 — 12 déc. 1757).

Apology for the life of C. Cibber, comedian, with an historical view of the stage during his own time. *Lond.* 1740. 4. Port. *Ibid.* 1740. 8. *Ibid.* 1750. 8. Portrait. Augm. *Lond.* 1756. 2 vol. 12. Portrait. Publ. par Edward **Bellchamber.** *Lond.* 1822. 8.

Aston (Tony). Brief supplement to C. Cibber's life. *Lond.*, s. d. 8.

C. Cibber's jests. *Newgate.* 1761. 12.

Trial of C. Cibber, for writing a book intitled « Apology for his life, etc. » *Lond.* 1740. 8.

Cibber (Theophilus),
acteur anglais, fils du précédent (26 nov. 1703 — ... 1757).

Apology for the life of M. T. C(ibber), comedian, being a proper sequel to the Apology for the life of C. Cibber. *Lond.* 1740. 8. (Ouvrage attribué à Henry **Fielding**.)

Cibo ou **Cybo** (Innocenzo),
cardinal italien (vers 1491 — 14 avril 1550).

Vialardo (Francesco Maria). Istoria delle vite de' sommi pontifici Innocenzo VIII, Bonifazio IX e del cardinale I. Cibo. *Venez.* 1615, Fol.

Cicercio (Francesco),
littérateur italien du xviᵉ siècle.

Fumagalli (Angelo). Vita del celebre letterato F. Cicercio. *Milan.* 1782. 8.

Cicéron (Marcus Tullius),
orateur romain (166 — 43 avant J. C.).

Angelus (Jacob). Historica narratio de vita rebusque gestis M. T. Ciceronis. *Berol.* 1853. 8. *Ibid.* 1581. 8.

Preiss (Christoph). M. T. Ciceronis vita et studiorum rerumque gestarum historia. *Basil.* 1555. 8.

Ramus (Pierre). Ciceronianus. *Par.* 1556. 8. *Frf.* 1580. 8.

Fabricius (Franz). Historia M. T. Ciceronis per consules descripta et in annos LXIV distincta. *Col.* 1563. 8. *Ibid.* 1569. 12. Publ. par Johann **Buno.** *Col.* 1620. 12. Par Christoph **Heidmann.** *Helmst.* 1640. 12. Par Johann Michael **Heusinger.** *Buding.* 1727. 8.

Lambin (Denis). Genus, patria, ingenium, studia, doctrina, mores, vita, facta, res gestæ et mors M. T. Ciceronis. *Par.* 1566. Fol.

Herbest (Benedict). Vita Ciceronis, verbis ipsius concinnata, cum chronologia omnium ejus actorum et scriptorum. *Frf.* 1568. 8.

Paepp (Johann). Vita Ciceronis, in annos distincta, ac in epitomen secundum artem mnemonicam redacta. *Lugd.* 1618. 12. *Ibid.* 1619. 12.

Heidmann (Christoph). Historia M. T. Ciceronis. *Helmst.* 1620. 12.

Ostermann *(Johann Erich). Dissertatio in Plutarchi vitam Ciceronis. *Witteb.* 1657. 4.

Harmar (John). M. T. Ciceronis vita in compendium reducta. *Oxon.* 1662. 8.

Corradi (Sébastien). Quæstura, in qua vita Ciceronis refertur et ab iniquis judiciis vindicatur. *Lugd. Bat.* 1667. 12. (4ᵉ édition.) — (P.)

Sagittarius (Caspar). Commentatio de vita, scriptis, editionibus, interpretibus, etc. Plautii, Terentii et Ciceronis. *Altenb.* 1671. 8.

Lochov (Henning). Ciceroniana. *Hamb.* 1685. Fol.

Lauterbach (Christoph Heinrich). Programma de Ciceronis vitæ cursu ex scriptis Ciceronis, Cæsaris, Nepotis, Cornificii, Hirtii, Virgilii, Horatii, Propertii, Tibulli, Severi. *Lunæb.* 1685. 4.

Vita Ciceronis per annos consulares digesta, etc. *Cantabr.* 1692. 8.

Lagerloef (Peter). M. T. Cicero cordatus civis in bello civili. *Upsal.* 1693. 8.

Goldner (Georg Ludwig). De M. T. Ciceronis patria, genere, imperio, studiis, doctrina, vita, factis, rebus gestis ac morte. *Gerw.* 1711. 8.

(**Macé**, François). Histoire des quatre Cicérons. *Par.* 1714. 5. *(Lv.) La Haye.* 1715. 8.

Rydelius (Magnus). Vita M. T. Ciceronis. *Lund.* 1734. 4.

Henne (Rudolph Christoph). Programma de Cicerone non JCto. *Erford.* 1756. 4.

Middleton (Conyers). History of the life of Cicero. *Lond.* 1741. 2 vol. 4. *Dubl.* 1741. 2 vol. 8. *Lond.* 1742. 3 vol. 8. *Ibid.* 1755. 3 vol. 8. *Lond.* 1750. 3 vol. 8. *(P.) Ibid.* 1755. 3 vol. 8. *Ibid.* 1757. 2 vol. 4. *Lond.* 1767. 3 vol. 8. *Basil.* 1790. 4 vol. 8. *Lond.* 1804. 3 vol. *Ibid.* 1837. 8.

   Trad. en allem. (par Johann Jacob **Dusch**). *Alton.* 1757-59. 3 vol. 8. Abrégé (par Friedrich **Molter**). *Kehl.* 1784. 8. Par Carl Friedrich **Seidel.** *Danz.* 1791-93. 4 vol. 8.

   Trad. en espagn. par José Nicolas de **Azara.** *Madr.* 1790. 4 vol. 4.

   Trad. en franç. (par Antoine François **Prévost d'Exiles**). *Par.* 1742. 4 vol. 12. *Ibid.* 1744. 4 vol. 12. *Ibid.* 1749. 4 vol. 12. *Ibid.* 1785. 4 vol. 12. *(Lv.)*

   Trad. en holland. par Willem Jan **Zillesen.** *Utrecht.* 1802-06. 5 vol. 8. *Amst.* 1806-12. 4 vol. 8.

   Trad. en ital. (par Giacomo **Fabrizzi**). *Venez.* 1744. 5 vol. 8. Par Giuseppe Maria **Secondo.** *Napol.* 1748-50. 5 vol. 12. *(P.) Rom.* 1777. 5 vol. 12.

(**Lyttleton**, George). Observations on the life of Cicero. *Lond.* 1741. 8. Trad. en franç. *Zuric.* 1757. 8.

Morabin (Jacques). Histoire de Cicéron, etc. *Par.* 1745. 2 vol. 4. (*P.* et *Lv.*)

Cibber (Colley). Character and conducts of Cicero, considered from the history of his life by Conyers Middleton. *Lond.* 1747. 4. (*P.*)

Ekerman (Peter). Dissertatio de Cicerone mathematico. *Upsal.* 1758. 4.

—— Disputatio de M. T. Cicerone per Latium philosophiæ moralis choryphæo. *Upsal.* 1758. 4.

(**Facciolati**, Jacopo). Vita M. T. Ciceronis litteraria. *Patav.* 1760. 8.

Ekerman (Peter). Dissertatio de M. T. Cicerone jurisconsultissimo. *Upsal.* 1762. 4.

Sleincour (Johan Peter). Cicero, neque Cæsari neque Pompejo, sed saluti patriæ in bello civili additus. *Upsal.* 1763. 8.

Zierlein (Johann Georg). Commentatio de philosophia Ciceronis. *Halæ.* 1769. 4.

(**Potier**, Pierre). Eloge historique de M. T. Cicéron. *Lisieux.* 1776. 8.

Meierotto (Johann Heinrich Ludwig). Vita Ciceronis. *Berol.* 1783. 8.

Compendio de la vida de M. T. Cicero. *Madr.* 1796. 2 volumes 8. *

.* Extrait de l'ouvrage de Conyers Middleton.

Bilmark (Johan). Dissertatio de M. T. Cicerone ut politico non plane imitando. *Aboæ.* 1797. 8.

Franzén (Frans Michael). Dissertatio de Cicerone poeta. *Aboæ.* 1800. 8.

Stricken (John). Life of Cicero. *Baltim.* 1833. 12.

Lucas (A...). Tableau synchronique de la vie et des ouvrages de M. T. Cicéron. *Par.* 1837. 8. Portrait. (*Lv.*) *Ibid.* 1840. 8.

Hollings (J... F...). Life of Cicero. *Lond.* 1839. 16.

Linsén (Johan Gabriel). Momenta vitæ M. T. Ciceronis. *Helsingfors.* 1839. 4.

Gautier (Antoine François). Cicéron et son siècle. *Par.* 1842. 8.

Brueckner (C... A... F...). Leben des M. T. Cicero. Erster Theil : Das bürgerliche und Privatleben des Cicero. *Goetting.* 1852. 4.

Lamartine (Alphonse de). Cicéron. *Par.* 1852. 18. *Brux.* 1855. 18. (Extrait du *Civilisateur.*)

Hermansson (Johan). Dissertatio de exilio M. T. Ciceronis. *Upsal.* 1725. 8.

Morabin (Jacques). Histoire de l'exil de Cicéron. *Par.* 1726. 12. (*P.* et *Lv.*)

Schmid (Samuel). Dissertatiuncula de elogiis et laudibus Tullianis. *Quedlinb.* 1667. 4.

Gross (Johann Daniel). Dissertatio de theologia Ciceronis. *Argent.* 1696. 4.

Treuner (Johann Philipp). Dissertatio de Cicerone theologo. *Jen.* 1700. 8.

Haferung (Johann Caspar). Dissertatio de Cicerone theologo. *Witteb.* 1701. 4.

Beger (Lorenz). Examen dubiorum quorundam, an Cicero proconsul Asiæ appellari possit. *Berol.* 1703. Fol.

Berger (Johann Samuel). Dissertationes III de Cicerone medico. *Witteb.* 1711-12. 4.

Toerner (Fabian). Dissertatio de fortitudine Ciceronis togata. *Upsal.* 1712. 8.

Walch (Johann Georg). Amœnitates historicæ de Ciceronis peregrinatione. *Lips.* 1715. 4.

Philippi (Johann Ernst). Cicero, ein grosser Windbeutel, Rabulist und Charlatan. *Halle.* 1735. 8.

Brokes (Heinrich). Dissertatio de Cicerone juris civilis teste ac interprete, speciatim de Cicerone JCto. *Witteb.* 1738. 4.

Nahmmacher (Conrad). Dissertatio de naturali theologia M. T. Ciceronis. *Helmst.* 1756. 4.

—— Theologia Ciceroniana. *Frankenhus.* 1767. 8.

Bréghot du Lut (Claude) et **Péricaud** (Antoine). Notice bibliographique sur les éditions et les traductions françaises des œuvres de Cicéron. *Lyon.* 1825. 8.

—— Ciceroniana, ou Recueil des bons mots et apophthègmes de Cicéron. *Lyon.* 1812. 8. (Tiré à 100 exempl.)

1

Cicéron (Quintus Tullius),
    fils du précédent.

Puetz (Wilhelm). Programma de Q. T. Ciceronis vita et scriptis. *Marcoduri.* 1853. 4.

Cicéron (Tullius),
    frère du précédent.

Vallambert (Simon). Historia de vita et rebus gestis M. T. Ciceronis, Marci filii. *Par.* 1545. 8. *Ibid.* 1587. 8. Publ. par Johann Albert FABRICIUS. *Hamb.* 1750. 8. *
    * Cette édition contient aussi une dissertation : « Cicero a calumniis vindicatus, » par Andreas Squarr.

Flauti (Giovanni). Vita di Marco e Q. T. Cicerone. *Napol.* 1857. 8.

Cicogna (Emmanuele Antonio),
    littérateur italien (17 janvier 1789 — ...).

Di alcuni scritti pubblicati da E. A. Cicogna, Veneziano, dall' anno MDCCCVIII al MDCCCL, s. l. et s. d. (*Venez.* 1851.) 8. *
    * Cette notice n'a pas été mise dans le commerce.

Cicogna (Pasquale),
    doge de Venise (1585 — 2 avril 1595).

Pouginibio (Francesco). Orazione al doge P. Cicogna nella sua creazione. *Venez.* 1586. 4. (Très-rare.)

Cicognara (Leopoldo),
    littérateur italien (26 nov. 1767 — 5 mars 1834).

(**Zanetti**, Alessandro). Cenni puramente biografici di L. Cicognara. *Venez.* 1834. 8. Portrait.

Becchi (Fruttuoso). Elogio del conte L. Cicognara. *Firenz.* 1837. 8.

Cicognini (Giacomo),
    médecin (?) italien.

Fabri (Giuseppe Maria). Orazione funebre in morte del dottor G. Cicognini. *Faenza.* 1743. 4.

Cid (Ruy Diaz de Bivar, surnommé le),
    guerrier espagnol (vers l'an 1040 — 1099).

Aschbach (Joseph). Dissertatio de Cidi historiæ fontibus. *Bonn.* 1854. 4.

Belorado (Juan de). Coronica del famoso cavallero Cid R. Diaz, con su genealogia. *Sevilla.* 1498. 4. *Medina del Campo.* 1552. Fol. *Bruss.* 1588. 8. *Burgos.* 1593. Fol. *Sevilla.* 1611. Fol. *Ibid.* 1716. 8.

Pereyra Bayao (Joze). Historia verdadeira do famosissimo heroe e invencivel cavalheiro hespanhol R. Diaz de Bivar, chamado o Cid Campeador. *Lisb.* 1734. 8.

Risco (N... N...). La Castilla y el mas famoso Castellano ; discurso sobre el condado de la antigua Castilla, y historia del Cid Campeador. *Madr.* 1792. 4.

Southey (Robert). Chronicle of the Cid. *Lond.* 1808. 4.

Huber (Victor Aimé). Geschichte des Cid R. Diaz Campeador v. Bivar. *Brem.* 1829. 8.

Quintana (Manoel José). Vie du Cid, trad. de l'espagn. par O... P(ORTRET). *Rouen.* 1837. 8. * (*Lv.*)
    * L'original se trouve dans les *Vidas de Españoles celebres* de M. J. Quintana. *Madr.* 1807. 8. *Ibid.* 1830. 8.

Monseignat (C... de). Le Cid Campéador ; chronique extraite des anciens poëmes espagnols, des historiens arabes et des biographies modernes. *Par.* 1853. 12.

Walras (N... N...). Le Cid ; esquisse littéraire. *Douai.* 1853. 8.

Cignani (Carlo),
    peintre italien (1628 — 6 sept. 1719).

Corazzi (Ercole). Oratio habita in funere equitis C. Cignani, etc. *Bonon.* 1720. 4.

(**Zanetti**, Ippolito). Vita del gran pittore cavaliere conte C. Cignani. *Bologn.* 1722. 4. Portrait.

Tardini (Cristoforo). Vita di C. Cignani. *Bologn.* 1722. 4.

Cignaroli (Giovanni Bettino),
    peintre italien (1706 — 1770).

Pompei (Girolamo). Orazione in morte di Cignaroli, pittore Veronese, etc. *Veron.* 1771. 4.

(**Bevilaqua**, Ippolito). Memorie della vita di G. Cignaroli, eccellente dipintor Veronese. *Veron.* 1771. 4. Portrait. (*P.*)

Cimarosa (Domenico),
    compositeur italien (1775 — 11 janvier 1801).

(**Arnold**, Ignaz Ferdinand). D. Cimarosa's kurze Biographie und ästhetische Darstellung seiner Werke. *Erfurt.* 1809. 8. Portrait.

Cimon,
général athénien († 449 avant J. C.).

Schaller (Jacob). Dissertatio de Cimone. *Argent.* 1655. 4.
Lucas (Christian Theodor Heinrich). Versuch einer Characteristik Cimon's, nach den Quellen dargestellt. *Hirschb.* 1855. 8.
Kutzen (Joseph August). Commentatio geographico-historica de Atheniensium imperio Cimonis atque Periclis tempore constituto. *Grimmæ.* 1837. 4.

Cinelli Calvoli (Giovanni),
médecin italien (26 février 1615 — 18 avril 1706).

Giustificazione di G. Cinelli. *Cracovia.* (*Venez.*) 1683. Fol. (Écrit composé par lui-même.)
Bertolini (N... N...). Vita J. Cinelli et A. Magliabecchii, s. l. 1648. 8. (Pièce satirique, écrite en vers.)
Gagliardi (Paolo). Vita di G. Cinelli. *Roveret.* 1736. 8.

Cinna,
démagogue romain.

Ekerman (Peter). Dissertatio de Cinnano tumultu. *Upsal.* 1758. 4.

Cinna (Cajus Helvius),
poëte romain.

Weichert (August). Commentationes II de C. H. Cinna poeta. *Grimmæ.* 1822-23. 4.

Cino da Pistoja,
jurisconsulte et poëte italien (1270 — 1337).

Ciampi (Sebastiano). Memorie della vita di messer Cino da Pistoja. *Pisa.* 1808. 8. Portrait. Réimpr. s. c. t. Vita e poesie di messer Cino da Pistoja. *Pisa.* 1813. 8.
Millin (Aubin Louis). Notice de l'ouvrage intitulé « Memorie della vita di M. Cino da Pistoja, » s. l. et s. d. (*Par.* 1809.) 8. (Omis par Quérard.) — (*D.*)

Cinq-Mars (Henri Coiffier de Ruzé, marquis de),
grand-écuyer de France (1620 — exécuté le 12 sept. 1642).

Particularités de tout ce qui s'est passé en la mort de MM. Cinq-Mars et (Franç. Aug.) de Thou, décapités le 12 sept. 1642. *Lyon.* 1642. 4.
Histoire de ce qui s'est passé à Lyon en la mort de MM. de Cinq-Mars et de Franç. Aug. de Thou, s. l. (*Lyon.*) 1642. 4.
Alas (Justo de). Culpa y pena y conspiracion y sentencia de los señores de Cinq-Mars et de Thou, etc. *Barcelon.* 1643. 4. (Traduction de l'histoire précédente.)
Conjuration de Cinq-Mars. Récit extrait de Montglat, Fontrailles, Tallemant des Réaux, madame de Motteville, etc. *Par.* 1853. 12.

Cintio da Ceneda,
poëte italien du xvie siècle.

Doglioni (Lucio). Lettera intorno a Cintio da Ceneda, poeta del secolo xvi, s. l. et s. d. (*Belluno.* 1785.) 4. (*P.*)

Circé,
personnage mythologique.

Faber (Daniel). Die höllische Zauberin Circe und ihre vermaledeiten Töchter und verdammten Schwestern. *Magdeb.* et *Leipz.* 1699. 8.

Cirillo (Niccolò),
médecin italien (1671 — 1734).

Serrao (Francesco). Vita di N. Cirillo. *Napol.* 1738. 8.

Citadella, dit **Lombardi** (Alfonso),
sculpteur italien (vers 1487 — 1536).

Frediani (Carlo). Ragionamento storico intorno alla vita di A. Citadella, esimio scultore Lucchese del secolo xvi. *Lucca.* 1834. 8.

Cito (Baldassarre),
homme d'État italien (1698 — 1797).

Valletta (Niccolò). Elogio funebre di B. Cito, etc. *Napol.* 1797. 8.

Cittadini (Carlo Filesio),
évêque de Perugia.

Mattioli (Luigi). Elogio funebre dell' illustrissimo e reverendissimo monsignor C. F. Cittadini, vescovo di Perugia. *Perug.* 1845. 4.

Cittadini (Celso),
savant italien (1553 — 1627).

Piccolomini (Giulio). Orazione per le essequie di C. Cittadini. *Siena.* 1628. 4. (*P.*)

Civilis (Claudius),
chef des Bataves.

Saint-Simon (Maximilien Henri de). Histoire de la guerre des Bataves et des Romains, etc. *Amst.* 1770. Fol.
Levensgeschiedenis van C. Civilis. *Gravenh.* 1841. 16.
Schrant (Johann Matthias). Oratio de Arminio Cheruscorum, et C. Civili, Batavorum ducibus, inter se comparatis. *Lugd. Bat.* 1844. 8. (*Ld.*)
Marchal (J...). Notice sur l'insurrection de Civilis dans la Gaule belgique, s. l. et s. d. (*Brux.* 1846.) 8. (Extrait des *Bulletins de l'Académie royale de Belgique.*) — (*Bx.*)

Civrani (Giovanni Benedetto),
cardinal italien.

Olivi (Gasparo). Elogio funebre di monsignore G. B. Civrani. *Venez.* 1794. 4.

Civry (Pierre du Collin de Barizien, comte de),
magistrat français (1er août 1776 — 23 juin 1844).

(**Bros,** baron de). Notice sur M. le comte de Civry (P. du Collin de Barizien). *Par.* 1845. 8.

Clair (Saint),
martyr français.

Boireau (Jacques). Vie de S. Clair, moine, prêtre et martyr. *Par.* 1656. 12.

Claire (Sainte),
fondatrice des religieuses dites clarisses (vers 1193 — 11 août 1253).

Life and rule of S. Claire, and conversion of S. Agnes, her sister, and of another S. Agnes. *Lond.* 1622. 8. *Ibid.* 1635. 8.
Hendricq (François). Vie admirable de madame S. Claire, fondatrice des pauvres clarisses. *Saint-Omer.* 1631. 8.

Claire (Sainte),
première abbesse de Saint-Damien.

Prudent (Joseph Hippolyte Augustin Vauchot, plus connu sous le nom de Père). Vie de S. Claire, première religieuse du second ordre institué par S. François d'Assise, et première abbesse de Saint-Damien. *Par.* 1782. 12.

Claire d'Angolanti,
religieuse italienne.

Bonucci (Antonio Maria). Istoria della vita della B. Chiara degli Angolanti, monaca dell' ordine di S. Francesco, fondatrice del monastero di S. Maria degli Angioli in Rimini. *Rom.* 1718. 8. *Ibid.* 1722. 4.

Claire d'Assisi (Sainte),
religieuse italienne (1312 — 1352?).

Vitalis (Salvatore). Vita di S. Chiara d'Assisi. *Milan.* 1646. 4.
Stoeckler (Andreas ?). Leben der heiligen Mutter Clara und mehr als 550 Anderer, welche unter S. Clarä Regel oder im dritten Orden S. Francisci gedienet. *Wien.* 1675. Fol. Portrait.

Claire de Montefalco (Sainte),
abbesse d'un monastère de vierges (vers 1275 — 18 août 1308).

Antolinez (Augustino). Historia de S. Clara de Monte Falco de la orden de S. Augustin. *Salamanc.* 1615. 4.
Gouvea (Antonio de). Epitome de la vida y milagros de la B. Clara de Montefalco. *Madr.* 1623. 4.
Veron (E... Charles). Abrégé des vies de SS. Claire de Monte-Falco et de Rita Cassia. *Anvers.* 1651. 24.
Dupré (Vincenz). Flammulæ amoris B. Claræ de Montefalco ordinis eremitarum S. Augustini. *Perus.* 1644. 8.

Claire de Rimini (Sainte),
religieuse italienne.

Garampi (Giuseppe). Memorie ecclesiastiche appartenenti all' historia e al culto della B. Chiara di Rimini. *Rom.* 1755. 4. (Dédié au pape Benoît XIV.)
—— Originalità della legenda italiana della B. Chiara da Rimini, s. l. et s. d. 4.

Clairon (Claire Joseph Legris de la Tude, plus connue sous le nom de mademoiselle Hippolyte),
actrice française du premier ordre (1723 — 18 janvier 1803).

Mémoires, etc. d'H. Clairon. *Par.* 1799. 8. (*P.*) Précédés d'une notice sur la vie de mademoiselle Clairon, par François Guillaume Jean Stanislas Andrieux. *Par.* 1822. 8.
Trad. en allem. *Zürch.* 1799. 2 vol. 8.
Trad. en angl. *Lond.* 1800. 2 vol. 12.

Caylus (Anne Claude Philippe de). Histoire de made-

moiselle Cronel, dite Frétillon. *La Haye.* (*Par.*) 1743.
4 parts. 12. (Vie satirique de mademoiselle Clairon.)
Lemontey (Pierre Edouard). Notice sur mademoiselle
Clairon. *Par.* 1823. 8.

Claj (Johann),
pédagogue allemand (vers 1533 — 11 avril 1592).

Goldhagen (Johann Eustachius). Leben eines hochverdienten Schulmanns und Predigers, Mag. J. Claji von
Herzberg, aus seinen eigenen Schriften zusammengetragen. *Nordhaus.* 1751. 4. (*D.*)

Clamenges, voy. Clémangis.

Clamer (Wilhelm),
sénateur de la ville de Hambourg.

Wunderlich (Johann). Memoria G. Clameri, senatoris
Hamburgensis. *Hamb.* 1775. Fol.

Clancie (N... N...),
militaire anglais.

Life and death of major Clancie, the grandest Cheat in the
age, s. l. 1680. 12.
Clancie's Cheats, or the life and death of major Clancie.
Lond. 1687. 8.

Clanricarde (Ulrick Burgh, marquess of),
homme d'État anglais (1604 — vers 1658).

Memoirs and letters of U. Burgh, marquess of Clanricarde
and earl of Saint-Albans. *Lond.* 1757. Fol.

Claparède (Marie Michel, comte de),
général français (28 août 1770 — 23 oct. 1842).

Notice biographique sur le général comte Claparède, s. l.
et s. d. (*Montpell.* 1843). 8.

Claproth (Johann Christian),
jurisconsulte allemand (18 mai 1715 — 26 oct. 1748).

Boehmer (Georg August). Memoria J. C. Claproth.
Goetting. 1748. Fol. (*D.*)
Riebov (Georg Heinrich). Gedächtniss-Predigt auf den
seeligen Abschied J. C. Claproth's, königl. Raths und
ordentlichen Lehrers der Rechte an der Universität zu
Goettingen. *Goetting.* 1749. 4. Portrait. (*D.*)

Clarac (Charles Othon Frédéric Jean Baptiste, comte de),
archéologue français (... — 20 janvier 1847).

Héricart de Thury (Achmet). Notice sur le comte de
Clarac. *Brux.* 1848. 12.

Clarenbach (Adolph),
théologien allemand (brûlé vif le 28 sept. 1529).

Beckhaus (M... J... H...). Commentatio de A. Claren-
bachio, primo Montensium reformatore ac martyre.
Marb. 1817. 4.
Kanne (Johann Arnold). Zwei Beiträge zur Geschichte
der Finsterniss in der Reformationszeit, oder Phil.
Camerarius Schicksale in Italien, nach dessen eigener
Handschrift, und A. Clarenbach's Martyrthum, nach
einer sehr selten gewordenen Druckschrift. *Frf.* 1822. 8.
A. Clarenbach's und Peter Fleisteden's Märtyrerthum,
wie dieselben zu Cöln verbrannt worden sind. *Schwelm.*
1829. 8.

Clarendon (Edward Hyde, earl of),
homme d'État anglais (16 février 1608 — 9 déc. 1674).

Life of E. earl of Clarendon, lord high-chancellor of Eng-
land and chancellor of the university of Oxford, etc.
Oxf. 1759. 2 vol. Fol. ou 3 vol. 8. *Ibid.* 1761. 3 vol. 8.
Ibid. 1817. 2 vol. 4. (Ecrit composé par lui-même.)
Ellis (Agar). Historical inquiries respecting the charac-
ter of E. Hyde, earl of Clarendon. *Lond.* 1827. 8.
Lister (Thomas Henry). Life and administration of E.
(Hyde), first earl of Clarendon. *Lond.* 1838. 3 vol. 8.
Lewis (Theresa). Lives of the friends and contempo-
raries of lord chancellor Clarendon ; illustrative of por-
traits in his gallery. *Lond.* 1852. 3 vol. 8. (Accomp. de
plusieurs portraits.)

Clari (François de),
jurisconsulte français (1550 — 1627).

Hoges (Pierre d'). Oraison funèbre de F. de Clari, conseiller au parlement de Toulouse. *Toulouse.* 1617. 8.

Claridge (Richard),
quaker anglais.

Besse (Joseph). Life and posthumous works of R. Cla-
ridge. *Lond.* 1726. 8.

Clarisse (Joannes),
théologien hollandais (19 oct. 1770 — 29 nov. 1846).

Hengel (Wessel Albert van). Toespraak bij het graf van
J. Clarisse. *Leyd.* 1846. 8.
Bouman (Herman). Voorloopig berigt omtrent een le-
vens- en karakter-schets van wijlen den hoogleeraar
J. Clarisse. *Utrecht,* s. d. (1846.) 8. (*Ld.*)
—— Memoria J. Clarissii theologi. *Ultraj.* 1850. 8.

Clarisse (Theodor Adriaan),
théologien hollandais († 1828).

Groot (Pieter Hofstede de). Hulde aan T. A. Clarisse.
Groning. 1828. 8.
Ypey (Annæus). Akademische leerrede ter gedachtenis
van T. A. Clarisse. *Groning.* 1829. 8. (*Ld.*)
Senden (G... H... van). Nagedachtenis van T. A. Clarisse,
gevierd den 12 nov. 1828. *Groning.* 1829. 8. Portrait.

Clarisse (Walrand Cornelis Lodewijk),
archéologue hollandais (17 avril 1811 — 23 déc. 1845).

Kreenen (J... J...). Memoria Clarissii, s. l. et s. d.
(1846.) 8.
(**Bobidé van der Aa**, C... P... E...). Een kort woord
ter nagedachtenis van een edel mensch (W. C. L. Clarisse), s. l. et s. d. (*Amst.* 1846.) 8. (*Ld.*)

Clark (John),
médecin écossais (1744 — 24 avril 1805).

Fenwick (John Ralph). Sketch of the professional life
and character of J. Clark. *Lond.* 1806. 8.

Clarke (Adam),
théologien irlandais (1750 — 26 août 1832).

Life of the Rev. A. Clarke. *Easingwold.* 1846. 18.
Everett (James). A. Clarke portrayed. *Lond.* 1850.
3 vol. 12.

Clarke (Edward Daniel),
naturaliste anglais (5 juin 1769 — 9 mars 1822).

(**Otter**, William). Life and remains of the late sir E. D.
Clarke. *Lond.* 1824. 4. Portrait. *Ibid.* 1826. 2 vol. 8.

Clarke (Joseph),
médecin anglais.

Collins (Robert). Short sketch of the life and writings
of the late J. Clarke, containing minute results of his
private practice, extending over a series of 44 years,
including 3878 births. *Lond.* 1849. 8.

Clarke (Samuel),
théologien anglais (11 oct. 1675 — 17 mai 1729).

Whiston (William). Historical memoirs of the life of
Dr. S. Clarke ; being a supplement to Dr. Sykes's and
bishop Hoadley's accounts, including certain memoirs
of several of Dr. Clarke's friends. *Lond.* 1750. 8. (*D.*)
Ibid. 1748. 8.

Clarkson (Thomas),
littérateur anglais.

Taylor (Thomas). Biographical sketch of T. Clarkson,
with a concise historical outline of the abolition of sla-
very, avec des additions par Henry STEBBING. *Lond.*
1846. 12. *Ibid.* 1847. 12.

Clarus (Christian),
théologien allemand.

Goetze (Daniel). Leichen-Predigt auf C. Clarus, (nebst
dessen Lebenslauf von Johann Immanuel SCHWARZE).
Zerbst. 1722. Fol. (*D.*)

Clasen (Daniel),
jurisconsulte allemand (1er mai 1623 — 20 nov. 1678).

Programma academicum in D. Clasenii funere. *Helmst.*
1678. 4. (*D.*)

Classen (Johan Friderik de),
amiral (?) danois.

Bjering (Christian Henrik). Memoriæ illustrissimi herois J. F. de Classen diem supremum obeuntis. *Hafn.*
1792. 8.

Clauberg (Johann),
philosophe allemand (24 février 1622 — 31 janvier 1665).

Hund (Martin). Oratio funebris in obitum J. Claubergii.
Duisburg. ad Rhen. 1665. 4. (*D.*)

Claude (Saint),
évêque de Besançon du vie siècle († 581).

Boquet (Henri). Les actions de la vie et de la mort de
S. Claude. *Lyon.* 1609. 12. *Ibid.* 1627. 12.

Coquelin (François). Compendium vitæ et miraculorum S. Claudii. *Rom.* 1652. 4. Trad. en ital. *Rom.* 1652. 4 et 8.

Claude de France,
épouse de François I, duc de Lorraine.

Sorbin (Arnauld). Oraison funèbre de Claude de France, duchesse de Lorraine et de Bar (fille cadette de Henri II). *Par.* 1575. 8.

Claudie de Tyrol,
deuxième épouse de Léopold I, empereur d'Allemagne († 8 avril 1676).

Traut (Christoph). Ewiges Licht, d. i. die Weiland Claudia, Römische Kaiserin, Ferdinandi Caroli und Annae Ertz-Hertzogen in Tyrol Tochter und Leopoldi I, Römischen Kaysers, andere Gemahlin, in der dreytägigen Leichenbegängnuss durch gewöhnliche klägliche Lob-Rede vorgestellet. *Wien.* 1676. 4.

Claude (Jean),
théologien français (1619 — 13 janvier 1687).

(**Ladeveze**, Abel Rotolph de). Abrégé de la vie de M. Claude. *Amst.* 1687. 12. * (*D.*)

* Publ. sous les lettres initiales de A. B. R. D. L. D. P.

Claudianus (Claudius),
poète latin.

Mazzo (Tommaso). Vita di Claudiano poeta. *Vicenza.* 1668. 12.

Claudius Etruscus.

Lilliehoeck (Jacob). Dissertatio de Claudio Etrusco, aulico longævo et felici. *Argent.* 1653. 4.

Claudius Mamertinus,
philosophe romain.

Germain (A...). Dissertatio de Claudii Mamerti scriptis et philosophia. *Montispel.* 1840. 8.

Claudius Quadrigarius (Quintus),
historien romain.

Giesebrecht (N... N...). Dissertatio de Q. Claudio Quadrigario. *Primislav.* 1831. 4.

Claudius (Matthias),
littérateur allemand (15 août 1740 — 21 janvier 1815).

Hennings (August). Asmus. Beitrag zur Geschichte der Literatur des achtzehnten Jahrhunderts. *Alton.* 1798. 8. (*D.*)

Claus (Emmanuel Joachim Joseph),
jurisconsulte belge (15 juin 1784 — 1er déc. 1848).

(**Rousselle**, Hippolyte). Nécrologie de E. J. J. Claus, bâtonnier de l'ordre des avocats de Mons. *Mons.* 1848. 8.

Clauzel (Bertrand, comte de),
maréchal de France (12 déc. 1772 — 21 avril 1842).

Exposé justificatif de la conduite politique de M. le lieutenant général comte de Clauzel depuis le rétablissement des Bourbons en France jusqu'au 24 juillet 1815. *Par.* 1816. 8. (*Lv.*) — (Mémoire écrit par lui-même.) Explications du maréchal Clauzel. *Par.* 1857. 8. *Brux.* 1837. 18. *Nuremb.* 1857. 8. Trad. en allem. s. c. t. Rechtfertigungen, etc. *Berl.* 1837. 8.

Claver (Pedro),
jésuite espagnol (vers 1583 — 8 sept. 1654).

Suarez (Geronimo). Vida del P. P. Claver. *Madr.* 1657. 8.
(**Andrada**, Alonso de). Vida del P. P. Claver, de la compañia de Jesus. *Madr.* 1657. 8.
Fernandez (José). Vida del P. Claver, misionario en las Indias, s. l. 1666. 4.
Oddi (Longaro degli). Vita del venerabile servo di Dio, P. P. Claver. *Rom.* 1748. 4. *Torin.* 1825. 2 vol. 24.
Fleuriau (Bertrand Gabriel). Vie du R. P. Claver, de la compagnie de Jésus. *Par.* 1751. 12. (*Lv.* et *Bes.*) Trad. en allem. par Dominik Schelkle, avec préface par Carl Eggers. *Augsb.* 1853. 8.
Abrégé de la vie du bienheureux P. Claver, de la compagnie de Jésus, apôtre des esclaves noirs d'Amérique, mort à Carthagène des Indes, en 1654. *Toulouse.* 1852. 8.
F... (M...). L'apôtre des nègres, ou la vie de P. Claver. *Lille.* 1852. 18. Portrait.
Umriss des Lebens und der apostolischen Arbeiten des am 16 Juli 1850 seelig erklärten P. Claver aus der Gesellschaft Jesu ; aus dem Französischen übersetzt von Carl Waser. *Paderb.* 1852. 12. Portrait.

Schoofs (Pieter). Leven van den gelukzaligen P. Claver, bygenaemd apostel der slaven, etc. *Antwerp.* 1853. 18.

Claxton (Timothy),
mécanicien anglo-américain.

Life of T. Claxton, or memoir of a mechanic. *Boston.* 1839. 12.

Clay (Henry),
homme d'État anglo-américain (1777 — ...).

Prentice (J... D...). Life of H. Clay. *Hartford.* 1831. 12.
Sargent (Epes). Life of H. Clay. *New-York.* 1844. 8.
Mallory (N... N...). Life and speeches of H. Clay. *New-York.* 1844. 2 vol. 8.
Colton (Calvin). Life and times of H. Clay. *New-York.* 1846. 2 vol. 8.

Cléanthe,
philosophe grec (vers 240 avant J. C.).

Krug (Wilhelm Traugott). Dissertatio de Cleanthe divinitatis assertatore ac prædicatore, etc. *Lips.* 1819. 4.

Clearchus Solensis,
philosophe grec.

Verraert (Jean Baptiste). Diatribe academicum de Clearcho Solensi, philosopho peripatetico. *Gandav.* 1828. 8.

Cleberger, voy. Kleberger.

Cleemann (Andreas Christian),
pédagogue allemand (22 déc. 1713 — 6 sept. 1776).

Gottleber (Johann Christoph). Monumentum pietatis in memoriam M. A. C. Cleemanni. *Mison.* 1776. Fol.

Cleemann (Gottfried),
théologien allemand.

Mueller (Daniel). Programma de vita G. Cleemanni. *Chemn.* 1740. Fol.

Cleffellus (Johann Andreas),
pédagogue danois.

Claussen (Detlev Frederik). Programma de vita J. A. Cleffelii. *Slesw.* 1722. 4.

Clémangis (Matthieu Nicolas de),
savant français (vers le milieu du xive siècle).

Lydius (Joannes). Vita N. de Clemengis et notæ in ejus opera. *Lugd. Bat.* 1613. 4.
Muntz (Adolphe). N. de Clémangis ; sa vie et ses écrits. *Strasb.* 1846. 8. (*L.*)

Clémence-Isaure,
fondatrice de l'Académie des Jeux floraux à Toulouse († vers 1510).

Masson (Jean Papire). Clementiæ Isauræ elogium. *Par.* 1612. 4.
(**Forest**, abbé). Mémoires contenant l'histoire des Jeux floraux et celle de Clémence-Isaure. *Toulouse.* 1775. 4.
Lagane (N... N...). Discours contenant l'histoire des Jeux floraux et celle de dame Clémence. *Toulouse.* 1775. 4 et 8.
Lamothe-Langon (Étienne Léon de). Clémence-Isaure et les troubadours, précédé d'un précis historique sur les troubadours et les Jeux floraux. *Par.* 1808. 5 vol. 12.
Carney (Alphonse de). Eloge de Clémence-Isaure. *Toulouse.* 1819. 8.
Salvan (abbé). C. Isaure, bienfaitrice des Jeux floraux ; étude historique. *Toulouse.* 1853. 8.

Caseneuve (Pierre de). Origine des Jeux floraux de Toulouse. *Toulouse.* 1642. 4. *Ibid.* 1659. 4.
Laloubère (Simon de). Traité de l'origine des Jeux floraux de Toulouse. *Toulouse.* 1715. 8.
Poitevin-Peitavi (Philippe Vincent). Mémoires pour servir à l'histoire des Jeux floraux. *Toulouse.* 1815. 2 vol. 8.

Clément I (Saint),
pape, successeur de S. Lin (67 — 100).

Rondinini (Filippo). De S. Clemente papa ejusque basilica in urbe Roma libri II. *Rom.* 1706. 4.

Clément II,
pape, succédant à Grégoire VI (élu le 24 déc. 1046 — 9 oct. 1047).

Lafitau (Pierre François). Vie de Clément II, souverain pontife. *Padoue.* 1752. 2 vol. 4.

Clément IV,
pape, successeur d'Urbain IV (élu le 5 février 1265 — 29 nov. 1268).

Clément (Claude). Clemens IV, eruditione, vitæ sanctimonia rerum gestarum gloria et pontificatu maximus. *Lugd.* 1623. 12. *Ibid.* 1624. 12.

Abrégé de la vie de Clément IV, de la famille des Gros. *Lyon.* 1674. 8.

Clément V,
pape, succédant à Benoît XI (élu le 5 juin 1305 — 20 avril 1314).

(**Guasco**, Octavien de). Histoire du pape Clément V. *Tournai.* 1756. 2 vol. 12.

Lacurie (Auguste). Dissertation sur l'entrevue de Philippe le Bel et de Bertrand de Got (Clément V). *Saintes.* 1849. 8.

Clément VII,
pape, successeur d'Adrien VI (élu le 19 nov. 1525 — 25 sept. 1534).

Rossi (Patrizio de'). Memorie istoriche dei principali avvenimenti politici d'Italia seguiti durante il pontificato di Clemente VII. *Rom.* 1857. 8.

Clément VIII,
pape, succédant à Innocent V (élu le 30 janvier 1592 — 5 mars 1605).

Wadding (Luc). Vita Clementis VIII. *Rom.* 1723. 4.

Clément IX,
pape, successeur d'Alexandre VII (élu le 20 juin 1667 — 9 déc. 1669).

Macedo (Francisco de Santo Agostinho). Panegyricus Clementi IX. *Patav.* 1669. 4.

Bericht und Erzehlung von dem Zustand des römischen Hofes zu den Zeiten Pabsts Clementis IX, s. l. 1670. 4.

Clément X,
pape, succédant à Clément IX (élu le 29 avril 1670 — 22 juillet 1676).

Teixeira (Antonio do **Mattos**). Oraçaõ funebre nas exequias do Clemente X. *Lisb.* 1676. 4.

Clément XI,
pape, successeur d'Innocent XII (23 juillet 1649 — élu le 24 nov. 1790 — 19 mars 1721).

Wyck (A... v.). De Clemente XI. *Col. Agr.* 1718. 8.

Battelli (Giovanni Cristofero). Vita Clementis XI. *Rom.* 1723. Fol.

(**Buder**, Christian Gottlieb). Leben und Thaten des klugen und berühmten Papstes Clementis XI. *Frf.* 1721. 5 vol. 8.

(**Polidori**, Pietro). De vita et rebus gestis Clementis XI, *Urbin.* 1727. Fol.

Reboulet (Simon). Histoire de Clément XI, pape. *Avign.* 1758. 2 vol. 4. * *Ibid.* 1752. 2 vol. 4. (*Bes.*)
  * Supprimée en France sur la demande du roi de Sardaigne, dont le père (Victor Amédée) y était fort maltraité.

Lafitau (Pierre François). Vie de Clément XI, souverain pontife. *Padoue.* 1752. 2 vol. 12. (*Bes.*)

Clément XII,
pape, succédant à Benoît XIII (1652 — 30 juillet 1730 — 6 février 1740).

(**Fabroni**, Angelo). De vita et rebus gestis Clementis XII commentarius. *Rom.* 1760. 4.

(**Lehner**, J... M...). Gespräche zwischen Benedict XIII und Clemens XII. *Schwabach.* 1778. 4.

Clément XIII,
pape, successeur de Benoît XIV (élu le 6 juillet 1758 — 3 février 1769).

Laste (Natale dalle). Laudatio in funere Clementis XIII, pontificis maximi. *Venez.* 1769. 4.

Clément XIV,
pape, successeur de Clément XIII (31 oct. 1705 — 19 mai 1769 — 22 sept. 1774).

Ragguaglio della vita, azioni e virtù di Clemente XIV. *Firenz.* 1773. 4. *Ibid.* 1788. 8.

(**Caraccioli**, Louis Antoine de). Vie du pape Clément XIV, (Lorenzo Ganganelli). *Amst.* (*Par.*) 1775. 12. (*Bes.*)
Ibid. 1776. 12.
  Trad. en allem. *Frf.* 1776. 8.
  Trad. en angl. *Lond.* 1776. 8.
  Trad. en ital. *Firenz.* 1777. 8.

Tableau historique de Laurent Ganganelli, souverain pontife sous le nom de Clément XIV. *Leipz.* 1776. 8.

(**Schubart**, Christian Friedrich Daniel). Leben des Papstes Clemens XIV. *Nürnb.* 1774. 8.

Lebensgeschichte des Papstes Clemens XIV. *Frf.* et *Leipz.* 1774-75. 3 vol. Fol.

Précis historique de la vie du pape Clément XIV. *Avign.* 1780. 12.

Particolarità concernenti la malattia e la morte del sovrano pontefice Clemente XIV, di gloriosa memoria. *Avign.* 1780. 8.

Ristretto storico della vita del papa Clemente XIV, di un teologo d'Italia. *Avign.* 1780. 8.

La Tour (Bertrand de). Apologie de Clément XIV, s. l. et s. d. 12.

Mantzel (Szymón). Kazanie na solennych exekwiach papieza Klemensa XIV. *Krakow.* 1788. 8.

Reichenbach (Immanuel). Wie lebte und starb Ganganelli? *Neust. a. d. Orla.* 1851. 8.

Clemens XIV. Lebens- und Characterbild. *Leipz.* 1847. 8.

Crétineau-Joly (Jean). Clément XIV et les Jésuites. *Par.* 1847. 8.
—— Défense de Clément XIV et réponse à l'abbé (Vincenzo) Gioberti. *Par.* 1847. 8.

Theiner (Augustin). Geschichte des Pontificats Clemens XIV, nach unedirten Staatsschriften aus dem geheimen Archive des Vaticans. *Par.* 1853. 3 vol. 8. Portrait. Trad. en franç. par Paul de GESLIN. *Brux.* 1853. 3 vol. 8.

Crétineau-Joly (Jean). Polémique sur le pape Clément XIV. Lettres au Père Aug. Theiner, prêtre de l'Oratoire. *Par.* 1853. 8. *Liége.* 1853. 8.

Costard (Jean Pierre). Le génie du pontife Clément XIV, ou anecdotes et pensées de Clément XIV, etc. *Rom.* (*Par.*) 1775. 8.

(**Latouche**, Henri de). Clément XIV et Carlo Bertinazzi; correspondance inédite. *Par.* 1827. 12. *Ibid.* 1828. 8. Augm. *Ibid.* 1829. 2 vol. 12. Portraits. Trad. en allem. s. c. t. Papst und Harlekin. *Stuttg.* 1827. 8. Par Friedrich August RUEDER. *Leipz.* 1830. 8.

Clément d'Alexandrie (Titus Flavius),
docteur de l'Église († 217).

Tribbechovius (Johann). Dissertatio historica de vita et scriptis Clementis Alexandrini. *Halæ.* 1766. 4. (D.)

Walch (Johann Georg). Dissertatio de Clemente Alexandrino ejusque erroribus. *Jenæ.* 1757. 4. (D.)

Berg (Franz). De Clemente Alexandrino ejusque morali doctrina. *Wirceb.* 1779. 8.

Lundblad (Sveno). Dissertatio theologica de Clemente Alexandrino. *Upsal.* 1817. 8.

Hofstede de Groot (Pieter). Disputatio de Clemente Alexandrino, philosopho christiano, etc. *Cron.* 1826. 8.

Eylert (Friedrich Rulemann). Clemens von Alexandrien als Philosoph und Dichter. *Leipz.* 1832. 8. (D.)

Reinkens (Hubert Joseph). De Clemente presbytero Alexandrino homine, scriptore, philosopho, theologo Liber. *Vratislav.* 1851. 8.

Clément de Rome.

Brochmand (Caspar Erasmus). Dissertatio de Clemente Romano. *Hafn.* 1637. 4.

Clément Auguste, duc de Bavière,
archevêque de Cologne (17 août 1700 — 6 février 1761).

Mering (F... E... v.). Clemens August, Herzog von Baiern, Churfürst und Erzbischof von Coeln; biographischer Versuch. *Coeln.* 1831. 8.

Clément (Anne Marguerite),
religieuse française († 1661).

Galice (Augustin). Idea divinæ bonitatis in serva sua A. M. Clemente. *Lugd.* 1609. 4. Trad. en franç. *Par.* 1686. 8.

Clément (Augustin Jean Charles),
évêque de Versailles (8 sept. 1717 — 3 mars 1804).

(**Saillant**, Charles Joseph). Mémoires secrets sur la vie de M. Clément, évêque de Versailles, pour servir d'éclaircissement à l'histoire ecclésiastique du XVIIIᵉ siècle. *Par.* 1812. 8. (Tiré à 200 exemplaires.) — (*Lv.* et *Bes.*)

Clément (Jacques),
dominicain français, assassin de Henri III, roi de France (tué le 1ᵉʳ sept. 1589).

Vray et naïf portrait de frère J. Clément, religieux de l'ordre de S. Dominique, lequel par permission divine a délivré l'église et la ville de Paris des menaces cruelles et horribles de Henry de Valois. *Par.* 1589. 8.

Histoire au vray de la victoire obtenue par frère J. Clément le 1ᵉʳ jour d'août 1589. *Par.* 1589. 8.

Le tyrannicide ou la mort du tyran (Henry III). *Par.* 1589. 8.

Le martyre de J. Clément, contenant au vray toutes les particularités les plus remarquables de la sainte résolution et très-heureuse entreprise à l'encontre de Henry de Valois. *Par.* 1589. 8.

L'anti-martyre de frère J. Clément, s. l. 1590. 8.

Requeste présentée au roy (Henry IV) par la royne Louise, douairière de France, pour avoir justice du très-cruel et barbare assassinat commis en la personne de feu Henry III, avec le renvoy de ladite requeste, faite par Sa Majesté à la cour de parlement (résident à Tours) et arrest de ladite cour intervenue sur cette requeste. *Tours.* 1589. 8.

Lettre de l'évêque du Mans (Claude d'Angenne) avec la réponse à elle faite par un docteur en théologie (Jean Boucher) en laquelle est répondu à ces deux doutes : Si on peut suivre en sûreté de conscience le parti du roi de Navarre et le reconnaître pour roi, et si l'acte de J. Clément doit être approuvé en conscience, et s'il est louable ou non ? *Par.* et *Troyes.* 1589. 8. *

    * Jean Boucher, ligueur acharné, n'a pas honte de prouver que l'assassinat de J. Clément était une action bien louable.

Fatalité de Saint-Cloud, ou justification des Jacobins sur l'assassinat de Henry III, s. l. 1674. Fol.

Véritable fatalité de Saint-Cloud. s. l. 1715. 8.

Clémentine d'Autriche.

Capecelatro (Giuseppe). Elogio in morte di Clementina, arciduchessa d' Austria. *Napol.* 1801. 8.

Onofrii (Pietro). Elogio funebre per la morte di Clementina d' Austria, principessa ereditaria delle due Sicilie. *Napol.* 1805. 8.

Clemm (C...),
théologien allemand.

Clemm (Heinrich Wilhelm). C. Clemmii vita et scripta. *Heilbr.* 1767. 8.

Clénard, voy. Kleinarts.

Cléombrote,
philosophe grec.

Geret (Samuel Luther). Dissertatio de Cleombroto Plutarchi, colligenti sibi peregrinationem hominum rerumque notitiam, in qua, tamquam materia, philosophiam exerceat, cujus finis ultimus est theologia. *Goetting.* 1752. 4.

Cléomenès,
roi de Lacédémone.

Cappelle (Frans van). Dissertatio historico-litteraria de Cleomene, Lacedaemoniorum rege. *Hag. Com.* 1845. 8.

Cléomenès,
sculpteurs grecs.

Visconti (Enneo Quirino). Notice critique sur les sculpteurs grecs qui ont porté le nom de Cléomenès, s. l. et s. d. (*Par.*) 8. (*Lv.*)

Cléopâtre,
fille de Ptolémée XI (Aulète), reine d'Égypte.

Landi (Giulio). Vita di Cleopatra. *Venez.* 1551. 12. (*P.*) *Ibid.* 1618. 12. *Par.* 1788. 12. Trad. en franç. par Bertrand BARERE. *Par.* 1808. 18. (*P.*)

Stege (Johan Thomæus). Cleopatra, carmine descripta. *Hafn.* 1609. 8.

Paganino (Gaudenzio). Di Cleopatra, regina d' Egitto, vita considerata. *Pisa.* 1642. 4. (*P.* et *Lv.*)

Kinderling (Johann Friedrich). Hekuba und Cleopatra. *Berl.* 1804. 8.

Jaussin (Louis Amant). Ouvrage historique et chimique, où l'on examine s'il est certain que Cléopâtre ait dissous sur-le-champ la perle qu'on dit qu'elle avala dans un festin. *Par.* 1749. 8.

Peignot (Gabriel). Du luxe de Cléopâtre dans ses festins avec Jules-César, puis avec Marc-Antoine. *Dijon.* 1828. 8. (Tiré à 100 exemplaires.) — (*Bes.*)

Clerc et Clericus, voy. Leclerc.

Clerc (le vicomte Antoine Marguerite),
maréchal de camp français (19 juillet 1774 — 9 déc. 1846).

Chevalier (Paul Louis). Notice biographique sur le maréchal de camp vicomte Clerc, s. l. et s. d. (*Par.* 1847.) 8.

Clerfayt (François Sébastien Joseph Charles de Croix, comte de),
général belge (14 oct. 1733 — 18 juillet 1798).

Stassart (Goswin Joseph Augustin de). Le comte de Clerfayt, s. l. et s. d. 8. (Extrait des *Belges illustres.*)

Clermont (Madeleine de),
bénédictine française (+ 1684).

(**Guyon**, Jacques de). Relation de la vie et de la mort de M. de Clermont, abbesse de Saint-Paul-lès-Beauvais. *Par.* 1709. 12. (*Bes.*)

Clermont-Tonnerre (Madeleine de),
abbesse de Saint-Paul-lès-Beauvais (+ 1692).

(**Malinghen**, François de). Vie de madame M. de Clermont-Tonnerre, abbesse de Saint-Paul-lès-Beauvais, composée d'après les mémoires de madame de Sandricourt. *Par.* 1704. 12. (*Bes.*)

Clermont (Marie de),
abbesse de Sainte-Claire.

Michel (Honoré). Vie de M. de Clermont, abbesse et réformatrice du monastère de Sainte-Claire d'Avignon. *Avign.,* s. d. 12.

Cléry (Jean Baptiste Cant Hanet, surnommé),
dernier serviteur de Louis XVI, roi de France (11 mai 1759 — 27 mai 1809).

Cléry (Jean Baptiste Cant Hanet-). Journal de ce qui s'est passé à la Tour du Temple pendant la captivité de Louis XVI. *Lond.* 1798. 8. * *Vienne.* 1798. 8. *Par.* 1799. 8. *Vienne.* 1812. 8. *Par.* 1814. 12. *Ibid.* 1816. 12. 4 portraits. *Ibid.* 1825. 12.

    * Imprimé secrètement et publié par Joseph MICHAUD.

Trad. en allem. *Hamb.* 1798. 8. *Wien.* 1812. 8.

Trad. en angl. *Lond.* 1798. 8.

Trad. en holland. *Rotterd.* 1800. 8.

(**Eckard**, Jean). Notice sur J. B. Cant Hanet-Cléry, dernier serviteur de Louis XVI, et sur le Journal du Temple. *Par.* 1825. 8. (Tiré à 100 exemplaires.) — (*P.*)

Cléry (Jean Pierre Louis Hanet-),
frère du précédent, valet de chambre de la duchesse d'Angoulême (29 juin 1762 — ...).

Cléry (Jean Pierre Louis Hanet-). Mémoires de 1776 à 1825. *Par.* 1825. 2 vol. 8. * Trad. en angl. *Lond.* 1825. 2 vol. 8. 2 portraits.

    * On y trouve le portrait des deux frères Cléry.

Clesel, voy. Khlesel.

Clet (N... N...),
prêtre français.

Le disciple de Jésus, ou la vie du vénérable Perboyre, prêtre de la congrégation de la Mission; suivie d'une notice biographique sur le vénérable Clet, par un prêtre de la même congrégation. *Par.* 1853. 12. *

    * Avec les portraits de Perboyre et de Clet.

Cleynarts, voy. Kleinarts.

Clinton (Henry),
général anglais (+ 24 déc. 1795).

(**Barbé-Marbois**, François de). Complot d'Arnold (général anglo-américain) et de sir H. Clinton contre les Etats-Unis d'Amérique et contre le général (George) Washington (en sept. 1780). *Par.* 1816. 8. 2 portraits. *Ibid.* 1831. 8.

Clinton (De Witt),
homme d'État anglo-américain (1769 — 4 février 1828).

Hosack (David). Memoirs of De Witt Clinton. *New-York.* 1828. 4. (Omis par Lowndes.)

(**Staats**, Cuyler). Tribute to the memory of D. W. Clinton, by a citizen of Albany. *Albany.* 1828. 12.

Renwick (James). Life of D. W. Clinton. *New-York.* 1840. 18. *Ibid.* 1845. 18.

Campbell (William W...). Account of the life and writings of D. W. Clinton. *New-York.* 1849. 8.

Clisson (Olivier IV de),
connétable de France (1380 — 24 avril 1407).

Lafontenelle de Vaudoré (Armand Désiré de). Histoire d'O. de Clisson, connétable de France. *Par.* 1825-26. 2 vol. 8.

Clisson (madame de). Histoire d'O. IV de Clisson, connétable de France. *Par.* 1843. 12.

Clisthenes,
tyran de Sicyone.

Dietrich (N... N...). Commentatio de Clisthene. *Halæ.* 1840. 4.

Clive (Robert, lord),
gouverneur du Bengale (1725 — se suicidant le 22 nov. 1774).

Carraccioli (Charles). Life of R. lord Clive, baron Plassey. *Lond.* 1775-76. 4 vol. 8.

Gleig (G... R...). Life of R. first lord Clive. *Lond.* 1848. 8.

Cloche (Antonio),
prêtre italien.

Orsini (Vincenzo Maria). Lettera sulla morte di R. P. A. Cloche. *Benevent.* 1720. Fol.

Clodion,
roi de France (420 — 448).

(**Des Ours de Mandajors**, Jean Pierre). Nouvelles découvertes sur Clodion et les Français. *Par.* 1734. 4. (Ouvrage omis par Quérard.)

Clodion (Claude Michel),
statuaire français (vers 1745 — 1814).

Dingé (Antoine). Notice nécrologique sur C. M. Clodion. *Par.* 1814. 4. (Non mentionné par Quérard.)

Cloncurry (Valentine, lord),
homme d'État irlandais.

Personal recollections of the life and times of V. lord Cloncurry, with extracts from his correspondence. *Dubl.* 1849. 8.

Clootz (Johann Baptist Anacharsis, baron de),
surnommé l'orateur du genre humain (24 juin 1755 — guillotiné le 24 mars 1794).

Max (N... N...). Characterbilder der französischen Revolution : Clootz — (Jacques René) Hébert — (Gracchus) Babeuf. *Leipz.* 1848. 12.

Clotaire,
roi de France (511 — 561).

Bouchet (Jean). Histoire et chronique de Clotaire I, roi de France, et de S. Radegonde, son épouse, fondatrice du monastère de Sainte-Croix de Poitiers. *Poit.* 1584. 4.

Gouye de Longuemare (N... N...). Dissertation historique sur l'état du Soissonnais sous les enfants de Clotaire I. *Par.* 1745. 12.

Clot-Bey (Antoine Barthélemy),
médecin français (1796 — ...).

Le docteur Clot-Bey. *Par.* 1844. 4.

Clotilde (Sainte),
épouse de Clovis I, roi de France (+ 543).

Desmay (Jacques). Vie de S. Clotilde. *Rouen.* 1613. 12.

Piedurant (Nicolas). Vie et miracles de S. Clotilde, patronne d'Andelly. *Rouen.* 1636. 8.

Renneville (Sophie **Senneterre** de). Vie de S. Clotilde, reine de France, femme du grand Clovis. *Par.* 1809. *Ibid.* 1829. 12. Portrait.

Rion (J...). Die heilige Clotilde. *Sulzb.* 1836. 12.

Renaud de Rouvray (N... N...). Histoire de S. Clotilde, reine de France. *Par.* 1840. 32.

Levens van de H. Clotildis, koningin van Frankryk, en van de H. Genoveva, patroones van Parys. *Tournai.* 1852. 52.

Cloud (Saint),
petit-fils de Clovis, roi de France.

Boucharel (Claude). La vie et les miracles de S. Cloud, petit-fils du roi Clovis. *Par.* 1647. 8.

P(errier) P(ierre). Vie de S. Cloud, avec l'antiquité des reliques et des priviléges de l'église de Saint-Cloud. *Par.* 1696. 12.

Clovio (G... Julius),
peintre croate (1498 — 1578).

Kukuljevic Sakcinski (Ivan). Leben des G. J. Clovio. Beitrag zur slawischen Kunstgeschichte, trad. de l'illyrois par M... P... *Agram.* 1852. 8. Portrait.

Clovis,
roi de France (... — 481 — 511).

Savaron (Jean). De la saincteté du roi Clovis, etc., avec un abrégé de sa vie. *Par.* 1622. 4. (Rare et recherché.)

Jaenichen (Peter). Dissertatio de Clodovæo M. primo inter Francos rege christiano. *Witteb.* 1704. 4.

Lebeuf (Jean). Dissertation sur plusieurs circonstances

du règne de Clovis. *Par.* 1738. 12. (Couronné par l'Académie de Soissons.)

(**Rébauld de Rochefort**, Jacques). Dissertation sur le règne de Clovis. *Par.* 1741. 8.

Walch (Christian Wilhelm Franz). Dissertatio de Clodovæo M. ex rationibus politicis christiano. *Jenæ.* 1751. 4.

Viallon (N... N...). Clovis le Grand, premier roi chrétien, fondateur de la monarchie française, etc. *Par.* 1788. 3 vol. 12.

Maraize (Sophie de). Histoire de Clovis, de ses successeurs et des maires du palais, précédée d'un précis sur là Gaule avant Clovis. *Par.* 1821. 18.

Paris (Aimé Paulin). Clovis. *Par.* 1833. 8.

G... (M... C...). Clovis et son époque. *Tours.* 1852. 12. (4e édition.)

Fenel (Jean Baptiste Pascal). Dissertation sur la conquête de la Bourgogne par les fils de Clovis I et sur les accroissements que reçut le royaume de Soissons sous Clotaire I. *Par.* 1744. 12. (Couronné par l'Académie de Soissons.)

Nougarède de Fayet (Auguste). Dissertation de la conquête (de la Bourgogne) et de Clovis. *Par.* 1843. 8.

Gouye de Longuemare (N... N...). Dissertation pour servir à l'histoire des enfants de Clovis. *Par.* 1744. 12. (Opuscule couronné par l'Académie de Soissons.)

Chiflet (Jean Jacques). De ampulla Rhemensi. *Antw.* 1651. Fol.

Clug (Christian Gottlieb),
théologien allemand.

Rivinus (Andreas Florentin). Vita et memoria C. G. Clugii. *Witteb.* 1759. Fol. (*D.*)

Clugny ou **Cluny** (François de),
membre de la congrégation de l'Oratoire (1637 — 21 oct. 1694).

(**Bourrée**, Edme Bernard). Abrégé de la vie du Père F. de Clugny, prêtre de la congrégation de l'Oratoire. *Lyon.* 1698. 12. (*Bes.*)

Clusolo (Adamo),
littérateur italien.

Vannetti (Clementino). Commentatio de A. Clusolo. *Veron.* 1787. 8.

Cluver (Philipp),
géographe allemand (1580 — 1623).

Heinsius (Daniel). Oratio in P. Cluverii obitum. *Lugd. Bat.* 1623. 4.

Cnohloch (Johann),
médecin allemand.

Pelargus (Christoph). Oratiuncula in exequiis J. Cnoblochii. *Frf.* 1599. 4. (*D.*)

Cobbett (William),
publiciste anglais (1766 — 18 juin 1835).

Burdon (William). Cobbett and the reformers, impartially examined. *Lond.* 1813. 8.

Life of W. Cobbett. *Philad.* 1831. 12. *Lond.* 1835. 12. *Philad.* 1835. 12.

Cobden (Richard),
homme d'État anglais (1801 — ...).

Garnier (Joseph). R. Cobden, les ligueurs et la ligue, ou précis de l'histoire de la dernière révolution économique et financière en Angleterre. *Par.* 1846. 16.

Cobelluzzi (Scipione),
cardinal italien (vers 1565 — 29 juin 1627).

Galuzzi (Angelo). Oratio in funere S. Cobellutii S. R. E. cardinalis titulo S. Susannæ. *Rom.* 1627. 4.

Cobentzl (Carl, Graf v.),
homme d'État allemand (2 juillet 1712 — 20 janvier 1770).

Reiffenberg (Frédéric Auguste Ferdinand Thomas de). Le comte C. de Cobentzl. *Brux.* 1835. 12. (*Bx.*)

Coberg (Bernhard Heinrich),
théologien allemand.

Fluegge (Johann Martin). Gedächtniss-Predigt auf B. H. Coberg. *Celle.* 1744. Fol. Portrait. (*D.*)

Cocceji (Heinrich v.),
jurisconsulte allemand (25 mars 1644 — 18 août 1719).

Vita viri perillustris ac JCti summi H. de Cocceji, in qua

fata ejusdem succincte enarrantur, etc. *Quedlinb.* et *Ascan.* 1721. *4.* (*D.*, *L.* et *Lv.*) Augment. *Lemgov.* 1792. *4.* Portrait. (*D.*)

Coccejus (Johannes),
théologien allemand (1603 — 5 nov. 1669).

Emuneus (Chasideus). Berigt nopens den persoon en schriften van J. Coccejus. *Warenborg*, s. d. *12.* (*D.*)

Cocchi (Francesco),
littérateur italien.

(**Niccolosi**, Giovanni Battista). Discorso intorno alla vita del commendatore F. Cocchi. *Parma.* 1845. *8.*

Coccia (Maria Rosa),
musicienne italienne.

(**Farini**, Domenico Antonio). Elogio storico della signora M. R. Coccia, Romana, maëstra pubblica di capella. *Rom.* 1780. *8.* (*P.*)

Cochard (Nicolas François),
littérateur français (20 janvier 1763 — 20 mars 1834).

Dumas (Jean Baptiste). Éloge historique de N. F. Cochard, membre de l'Académie royale des sciences, belles-lettres et arts de Lyon. *Lyon.* 1834. *8.*
Grognier (Louis Fursy). Notice sur N. F. Cochard, etc. *Lyon.* 1856. *8.*

Cochet (Jean Benoist Désiré),
prêtre français (7 mars 1812 — ...).

La Plumarderie (G... G...). M. l'abbé Cochet. *Par.*, s. d. *8.* (Extrait des *Archives des hommes du jour.*)
Bibliographie normande. M. l'abbé Cochet. Liste de ses ouvrages : archéologie, histoire, biographie, s. l. et s. d. (*Dieppe.* 1855). *8.*

Cochin (Charles Nicolas),
graveur français (1715 — 29 avril 1790).

Jombert (Charles Antoine). Catalogue raisonné de l'œuvre de C. N. Cochin. *Par.* 1770. *8.* *
* Ce catalogue n'est pas complet.

Cochin (Henri),
jurisconsulte français (1687 — 24 février 1747).

(**Duchâteau**, N... N...). Panégyrique de M. Cochin, dédié à la postérité. *Par.* 1749. *8.* (*D.*)
Cochin (Nicolas). Discours sur la vie et les ouvrages de H. Cochin. *Par.* 1821. *8.*
Lenormand (Charles). Eloge historique de Cochin, etc., suivi d'un examen critique de l'opinion de M. Lacretelle sur cet orateur. *Par.* 1825. *4.*

Cochin (J... D... M...),
magistrat français.

Cochin (Augustin). Notice sur la vie de J. D. M. Cochin, ancien maire, conseiller municipal de Paris, fondateur de la première salle d'asile. *Par.* 1852. *8.* *Ibid.* 1853. *8.*

Cochlæus (Johann),
théologien allemand (1479 — 10 janvier 1552).

Bèze (Théodore de). Brevis et utilis zographia J. Cochlæi. *Genev.* (?) 1549. *8.*

Cochois (Jacques),
prêtre français.

(**Toussaint de Saint-Luc**, N... N...). * Vie de J. Cochois, dit Jasmin, ou le bon laquais. *Par.* 1675. *12.* *Ibid.* 1676. *12.* *Ibid.* 1686. *12.* *Ibid.* 1759. *12.* Trad. en ital. *Rom.* 1687. *12.*
* Publ. s. l. lettres initiales de F. T. de S. L.

Cochon, comte de l'**Apparent** (Charles),
homme d'État français (.. janvier 1750 — 17 juillet 1825).

Catineau (Étienne Pierre Julien). Éloge du comte Cochon de l'Apparent. *Poitiers.* 1825. *8.* *
* Cet écrit très-mordant lui valut un procès, à la suite duquel il mourut, peu de temps après, frappé d'apoplexie.

Cochon-Duvivier (N... N...),
chirurgien français.

Clémot (N... N...). Éloge de M. Cochon-Duvivier, chirurgien en chef de la marine au port de Rochefort, ex-législateur, etc. *Rochef.*, s. d. (1815). *8.*

Cochran (Robert),
ministre anglais.

Life of sir R. Cochran, prime-minister to king James III of Scotland. *Lond.* 1734. *8.* Trad. en allem. *Berl.* et *Leipz.* 1757. *8.*

Detection of the falsehood, abuse and misrepresentations in a late Libel, intituled « Life of R. Cochran, » *Lond.* 1735. *8.*

Cochrane (Alexander Thomas, lord),
amiral anglais (27 déc. 1775 — ...).

Case of T. lord Cochrane. *New-York.* 1814. *12.*
Krusenstern (Johann v.). Rechtfertigung des Lords Cochrane. *Sanct. Petersb.* 1817. *8.*

Codde (Pieter),
évêque de Sebaste (1648 — 18 déc. 1710).

Caussa Coddæana. *Antw.* 1705. *4.*

Codrus,
roi d'Athènes.

Weise (F...). Codri mors historice et moraliter examinata. *Helmst.* 1718. *4.*

Coëffeteau (Nicolas),
évêque de Marseille (1574 — 21 avril 1623).

Elogium et tumulus N. Coëffeteau, ex ordine prædicatorum. *Par.* 1623. *4.*

Coehoorn (Menno, baron van),
général hollandais (1641 — 17 mars 1704).

Ypey (Nicolaus). Narratio de rebus gestis M. Coehorni. *Franeq.* 1771. *8.* Trad. en holland. s. c. t. Gedenkschrift der uitgevoerde daden van den grooten M. baron van Coehoorn. *Franek.* 1772. *8.*
Merkes (J... G... W...). Memorie behelzende eenige der belangrijkste gebeurtenissen gedurende het leven van M. van Coehoorn. *Hage.* 1825. *4.*

Coelestin (Georg),
théologien allemand († 1579).

Hertzberg (Johann). Trost-Predigt über die Sepultur G. Coelestini. *Berl.* 1580. *4.* (*D.*)

Coelius Antipater (Lucius),
historien grec.

Nauta (B... A...). Dissertatio de L. Coelio Antipatro, historico belli Punici secundi. *Lugd. Batav.* 1821. *8.*
Groen van Prinsterer (G...). Commentatio de L. Coelio Antipatro, belli Punici secundi historico. *Lugd. Batav.* 1821. *8.*

Coelius (Gregorius).

Novenianus (Philipp). Declamatio in laudem G. Coelii, publ. par Johann Friedrich KOEHLER. *Lips.* 1812. *8.* (*D.*)

Coelln (Daniel Georg Conrad v),
théologien allemand (21 déc. 1788 — 17 février 1833).

Wunster (August Erdmann). Worte der innigsten Theilnahme und Liebe an der Ruhestätte des zu früh vollendeten hochwürdigen Herrn Dr. D. v. Coelln. *Breslau.* 1853. *8.*

Coenders (Fredrick),
savant hollandais.

Orationes funebres in obitum F. Coenders (academiæ Groningensis curatoris). *Groning.* 1618. *4.* (*D.*)

Coëtlogon (Louis Marcel de),
évêque de Tournai († 1706).

Philippe (Robert). Oraison funèbre de L. M. de Coëtlogon, évêque de Tournai. *Tourn.* 1707. *4.*

Coëtlosquet (Charles, comte du),
législateur français (vers 1794 — 2 nov. 1852).

Derniers souvenirs de C. du Coëtlosquet. *Nancy.* 1853. *8.* *
* Cette brochure, destinée seulement aux amis du défunt, ne se vend pas.

Coëtlosquet (Jean Gilles du),
évêque de Limoges (15 sept. 1700 — 21 mars 1784).

Coëtlosquet (N... N...). Notice biographique sur J. G. du Coëtlosquet, évêque de Limoges, précepteur des enfants de France, l'un des quarante de l'Académie française. *Metz.* 1843. *Ibid.* 1845. *8.*

Coeur (Jacques),
argentier du roi Charles VII († 1461).

Ternaux (Charles Henri). Dissertatio de J. Coeur præfecto redit. publicorum supremo Franciæ regnante Carolo VII. *Goetting.* 1826. *4.* (Omis par Quérard.)
Trouvé (Claude Joseph). J. Coeur, commerçant, maître des monnaies, argentier du roi Charles VII et négociateur. *Par.* 1840. *8.* Portrait.
Costello (Louisa Stuart). Memoirs of J. Coeur, the French argonaut. *Lond.* 1847. *8.* Portrait.

Cordelier-Delanoue (N... N...). J. Coeur. *Par.* 1847. 12. *Ibid.* 1852. 12. (4ᵉ édition.)

Clément (Pierre). J. Coeur et Charles VII, ou la France au xvᵉ siècle; études historiques. *Par.* 1855. 2 vol. 8

Coeur (P... L...),
évêque de ...

L'abbé Coeur, chanoine titulaire de Paris, etc., (et depuis évêque de ...). *Par.*, s. d. 8. Portrait.

Cognati (Marsilio),
médecin italien.

Ferrari (Giovanni Battista). Laudatio M. Cognati, medici, in ejus funere habita. *Rom.* 1612. 4.

Cognatus, voy. **Cousin.**

Coigly (James),
conspirateur anglais.

Fenwick (John). Observations on the trial of J. Coigly, for high treason, together with an account of his death. *Lond.* 1798. 8.

Coigny (Antoine François, marquis de **Franquetot,** duc de),
maréchal de France (16 mars 1670 — 18 déc. 1759).

Campagne de M. le maréchal de Coigny en Allemagne en l'an 1743. *Amst.* 1761. 3 vol. 12.

Coing (Johann Franz),
théologien allemand (21 mars 1725 — 19 juillet 1792).

Curtius (Michael Conrad). Memoria J. F. Coing, philosophiæ et sacræ litteraturæ doctoris et professoris primarii. *Marb.* 1792. 4. (L.)

Coislin (Pierre de **Cambout** de),
cardinal-évêque d'Orléans (1636 — 5 février 1706).

Lecocq (Luc). Oraison funèbre de M. le cardinal de Coislin, évêque d'Orléans, grand aumônier de France, etc. *Orl.* 1706. 4.

Aleaume (Jacques). Oraison funèbre de P. de Cambout de Coislin, cardinal et évêque d'Orléans. *Par.* 1706. 4.

Duchemin (Nicolas). Oraison funèbre de P. de Cambout de Coislin, cardinal-évêque d'Orléans. *Orl.* 1706. 4. (Omis par Quérard.)

Flacourt (Guillaume de). Discours funèbre sur le trépas de Mgr. le cardinal P. de Cambout de Coislin. *Orl.* 1706. 4. (Non mentionné par Quérard.)

Coke ou Cooke (Edward),
jurisconsulte anglais (1549 — 1634).

Johnson (Charles William). Life of sir E. Coke, lord chief-justice in the reign of James V; with memoirs of his contemporaries. *Lond.* 1837. 2 vol. 8.

Coke (Thomas),
missionnaire anglo-américain.

Drew (Samuel). Life of the Rev. T. Coke, with an account of his (missionary) travels in England, Ireland, America and the West-Indies. *New-York.* 1818. 8.

Colardeau (Charles Pierre),
poète français (12 oct. 1732 — 7 avril 1776).

Fayolle (François Joseph Marie). Notice sur la vie et les ouvrages de Colardeau, s. l. et s. d. 8.

Colban (Erik Andreas),
théologien norvégien (25 déc. 1761 — vers 1828).

Erindring om Provst E. A. Colban. *Trondhjem.* 1829. 8.

Colbanussen (John),
littérateur norvégien.

Monsen (Christian). J. Colbanussen. Et Haedersdaads Minde. *Trondhjem.* 1840. 12.

Colbert (André),
évêque d'Auxerre.

(**Potel,** François André). Vie de messire A. Colbert, cent deuxième évêque d'Auxerre. *Aux.* 1772. 12.

Colbert (Auguste Marie François),
général français (18 oct. 1777 — 22 janvier 1809).

Éloge funèbre du général Colbert, mort en Espagne. *Par.* 1809. 8. *Ibid.* 1830. 8.

Delaleu (N... N...). Discours prononcé pendant la cérémonie du service de M. A. F. M. de Colbert, général de division, baron de l'empire, etc., s. l. et s. d. (*Par.* 1809.) 8.

Colbert (Charles Joachim),
évêque de Montpellier (11 juin 1667 — 8 avril 1738).

(**Gaultier,** Jean Baptiste). Abrégé de la vie et des idées de

---

C. J. Colbert, évêque de Montpellier. *Cologne.* (*Utrecht.*) 1740. 4. *

* Attribué très-souvent à Louis Adrien Le Paige.

Colbert (Édouard de),
général français (18 oct. 1774 — ...).

Notice historique sur les travaux militaires et parlementaires de M. le lieutenant-général de Colbert, pair de France, s. l. et s. d. 8.

Colbert (Jean Baptiste),
homme d'État français (29 août 1619 — 6 sept. 1683).

Tableau de la vie de MM. les cardinaux Richelieu et Mazarin et de M. Colbert, représentés en diverses satires et poésies. *Cologne.* 1693. 12.

Courtilz (Gatien de). Testament politique de J. B. Colbert. *La Haye.* 1694. 12.

—— Vie de J. B. Colbert, ministre d'État. *Cologne.* 1695. 12. Trad. en angl. *Lond.* 1695. 8.

Tallemant (Pierre). Éloge funèbre de J. B. de Colbert, ministre et secrétaire d'État, etc. *Par.* 1697. 4.

(**Lafont de Saint-Yenne,** N... N... de). L'ombre du grand Colbert. *La Haye.* 1749. 12. *Ibid.* 1752. 12.

Perrault (Charles). Mémoires (depuis 1662 jusqu'en 1685), contenant beaucoup de particularités et d'anecdotes intéressantes du ministère de J. B. Colbert, (publ. par Pierre **Patte**). *Avign.* (*Par.*) 1759. 12.

Autrèpe (N... N... d'). Éloge de J. B. Colbert. *Genève.* 1768. 8.

Necker (Jacques). Éloge de J. B. Colbert. *Par.* 1773. 8. * *Dresd.* 1781. 8. Trad. en allem. *Dresd.* 1781. 8.

* Couronné par l'Académie française.

(**Durban,** Jean Baptiste Bertrand). Éloge de Colbert. *Par.* 1773. 8.

(**Pechmeja,** Jean de). Éloge de J. B. Colbert. *Par.* 1773. 8.

Coster (Joseph François). Éloge de Colbert. *Par.* 1773. 8.

(**Bruny,** N... N... de). Examen du ministère de M. Colbert. *Par.* 1774. 8.

(**Fabre de Charrin,** N... N...). Tableau du ministère de J. B. Colbert. *Par.* 1774. 8.

Pelissery (Roch Antoine de). Éloge politique de Colbert. *Lausan.* 1775. 8.

Servicz (Alfred de). Histoire de Colbert. *Par.* 1842. 18.

Noyon (P... S...). Dissertatio historica de Colberto, *Traj. ad Rhen.* 1843. 8.

Seelig (Wilhelm). Dissertatio de Colberti administratione ærarii. *Goetting.* 1844. 8.

Clément (Pierre). Histoire de la vie et de l'administration de J. B. Colbert, précédée d'une étude historique sur Nicolas Fouquet. *Par.* 1846. 8.

Colbert (Jean Baptiste Michel),
archevêque de Toulouse.

Beaufils (Guillaume). Oraison funèbre de messire J. B. M. Colbert, archevêque de Toulouse, conseiller du roi en ses conseils et en ses cours de parlement de Paris et de Toulouse, etc. *Toulouse.* 1710. 4.

Colbjoernsen (Christian),
jurisconsulte danois (29 janvier 1749 — 17 déc. 1814).

Collin (Jonas). Mindetale over Thomas Bugge og C. Colbjoernsen. *Kjoebenh.* 1815. 8.

Manthey (Johan Daniel Timotheus). Soergetal over C. Colbjoernsen. *Kjoebenh.* 1815. 8.

Gutfeld (Frederik Carl). Soergetal over C. Colbjoernsen. *Kjoebenh.* 1815. 8.

Colburn (Zerah),
littérateur anglo-américain.

Colburn (Zerah). Memoirs of his own life. *Springfield.* 1833. 12.

Coldebach (Matthias),
jurisconsulte allemand (1582 — 30 déc. 1653).

Heinsius (Martin). Leich-Predigt bey Bestattung des M. Coldebach. *Frf. a. d. O.* 1655. 4. (D.)

Cole (Thomas),
peintre (?) anglo-américain († 1848).

Bryant (William Cullen). Funeral oration occasioned by the death of T. Cole, etc. *New-York.* 1848. 8.

Colelli (Francesco),
savant italien.

(**Trinchera,** Francesco). Elogio storico di F. Colelli, socio dell' accademia di Pavia. *Napol.* 1838. 12.

Colellis (Antonio de),
prêtre italien.
Zuccarone (Francesco). Panegirico del P. D. A. de Colellis. *Napol.* 1655. 4.
Gisolfi (Pietro). Vita del P. D. A. de Colellis della congregazione de' P. P. pii operarii. *Napol.* 1663. 4.

Coleman (Edward),
conspirateur anglais.
Procès du sieur E. Coleman, pour avoir conspiré la mort
du roi de la Grande-Bretagne. *Hamb.* 1769. 12.

Coleone ou Colleoni (Bartolommeo),
général italien du xve siècle († 4 nov. 1475).
Spino (Pietro). Istoria della vita e fatti dell' eccellentissimo capitano di guerra B. Coleone. *Venez.* 1569. 4.
Portrait. *Bergam.* 1752. 4.
Cicogna (Emmanuele Antonio). Monumento di B. Colleoni nella piazza de' S. S. Giovanni e Paolo di Venezia,
ristaurato a regie spese. *Venez.* 1831. 16.
Agliardi (Paolo). Cenni storici alle principali gesta dell'
illustre capitano B. Coleone. *Bergam.* 1840. 4.

Coler (Anton),
jurisconsulte allemand (30 mai 1585 — 12 sept. 1657).
Bangert (Heinrich). Commentatio de A. Coleri, JCti,
reipublicæ Lubecensis consulis, ortu, vita et excessu.
Lubec. 1662. 4. (D.)

Coler (Heinrich),
jurisconsulte allemand (6 avril 1576 — 27 mars 1641).
Bangert (Heinrich). Oratio funebris H. Colero habita.
Lubec., s. d. (1642.) 4. (D.)

Coler (Johann Tobias),
théologien allemand.
Hilscher (Christian Friedrich). Zucht, Ehr' und Treue,
oder Lebensbeschreibung M. J. Coleri, Superintendenten zu Glaucha. *Dresd.* 1724. 4. (D.)

Coleridge (Samuel Taylor),
poëte anglais (1770 — 25 juillet 1834).
Coleridge (Samuel Taylor). Biographia literaria, or
biographical sketches of my literary life and opinions.
Lond. 1817. 2 vol. 8. Publ. par Henry Nelson Coleridge. *Lond.* 1847. 2 vol. 12.
Gillman (N... N...). Memoirs of T. Coleridge. *Lond.*
1838. 2 vol. 8.
Cottle (Joseph). Early recollections chiefly relating of
the late S. T. Coleridge, during his long residence in
Bristol. *Lond.* 1857. 2 vol. 8. (P.)
—— Reminiscences of S. T. Coleridge and Robert Sou-
they. *Lond.* 1847. 8. *New-York.* 1847. 12.

Colet (John),
théologien anglais (1466 — 19 sept. 1519).
Knigt (Samuel). Life of Dr. J. Colet, dean of S. Paul's
in the reign of Henry VII and Henry VIII, and founder
of S. Paul's school. *Lond.* 1724. 8. (D.) Trad. en allem.
par Theodor Arnold. *Leipz.* 1735. 8. Portrait. (D.)

Colete ou Colette (Sainte),
franciscaine française.
Silvère d'Abbeville (Claude). Histoire chronologique
de mère Colete. *Par.* 1619. 8. *Ibid.* 1628. 8.

Coligny (Gaspard de),
amiral français (16 février 1517 — assassiné le 24 août 1572).
Serres (Jean de). Vita C. Colinii Castellionii, magni
quondam Franciæ amiralii, s. l. 1575. 8. *Ultraj.* 1644. 12.
Trad. en allem., s. l. 1576. 8.
Trad. en angl. par Arthur Golding. *Lond.* 1576. 8.
Trad. en franç. par D... L... H... *Amst.* 1643. 4.
Leyd. 1643. 16. (Par Carl Wilhelm Dassdorf.)
Dresd. 1785. 8.
Mémoires de G. de Coligny, seigneur de Chatillon. *Par.*
1665. 12. Trad. en angl. par D... D... Scott. *Edinb.*
1844. 8.
(**Courtilz**, Gatien de). Vie de G. de Coligny. *Cologne.*
(*Amst.*) 1686. 12. *Ibid.* 1691. 12. (*Bes.*)
Dufey (P... J... S...). Coligny, histoire française. *Par.*
1824. 4 vol. 12.
La Ponneraye (N... N... de). Histoire de l'amiral G.
de Coligny. *Par.* 1830. 8.

Déclaration du roi Charles IX de la cause du massacre et
occasion de la mort de l'amiral de Coligny et de ses
adhérents. *Lyon.* 1572. 8.

Discours sur la mort de G. de Coligny et de ses complices
le jour de Saint-Barthélemy (22 août 1572). *Par.*
1572. 8.
Histoire des massacres et horribles cruautés commises en
la personne de messire G. de Coligny et autres seigneurs gentilshommes, s. l. 1573. 8.
Chanteroure (François de). Tragédie de feu G. de Coligny, jadis amiral de France, etc. *Par.* (?) 1575. 12.
(Peu commun.)

Colin ou Collin (Alexandre),
sculpteur belge (1527 — 1611).
Ring (Maximilien de). A. Colin, né à Malines en 1527.
Gand. 1847. 8. (Extrait du *Messager des sciences historiques de Belgique.*)

Collalto (conti de'),
famille vénitienne.
Serie cronologica di tutti i privilegi concessi e riconfermati
alla famiglia de' conti di Collalto. *Venez.* 1798. 8.

Collalto (Giuliana, contessa di),
religieuse italienne.
Arcoleo (Antonio). Ristretto della vita della B. G., contessa di Collalto, fondatrice del monastero de' santi
Biagi e Cataldo in Venezia. *Vienna.* 1693. 12.

Collé (Charles),
littérateur français (1709 — 3 nov. 1783).
Collé (Charles). Journal historique ou Mémoires critiques sur les ouvrages dramatiques et sur les événements les plus mémorables depuis 1748 jusqu'en 1772
inclusivement, etc., précédé d'une notice sur sa vie et
ses écrits, (publ. par Antoine Alexandre Barbier). *Par.*
1805-07. 3 vol. 8. (*Lv.*)

Collenuccio (Pandolfo),
historien italien du xve siècle (assassiné le 11 juin 1504).
Perticari (Giulio). Intorno la morte di P. Collenuccio.
Milan. 1816. 8.

Collet (Anthelme),
criminel français († 9 nov. 1840).
Collet, ou vie d'un condamné. *Rochef.* 1841. 12.
Vie du célèbre Collet. *Par.* 1842. 8. Portrait.
Vie et aventures d'A. Collet, mort au bagne de Rochefort.
Par. 1842. 8. *Ibid.* 1843. 8. *Ibid.* 1846. 8. *Ibid.* 1847. 8.

Collet (Joseph Alexis),
jurisconsulte français (21 janvier 1744 — ...).
Crivelli (N... N...). Éloge funèbre de Collet, président
du tribunal civil de première instance de l'arrondissement d'Avignon, s. l. et s. d. 8.

Colliander (Pehr),
théologien suédois.
Osander (Olof). Likpredikan öfver Prosten P. Colliander i Alsheda. *Wexioe.* 1753. 8.

Collier (Arthur),
théologien anglais.
Benson (Robert). Memoirs of the life and writings of
the Rev. A. Collier, rector of Sangfords magna in the
county of Wilts, with some account of his family.
Salisb. et *Lond.* 1837. 8. (P.)

Collin (Johan),
théologien suédois.
Ikalensis (Abrahamus). Concio funebris in obitum D.
J. Collini. *Aboæ.* 1671. 4.

Collingwood (lord Cuthbert),
amiral anglais (26 sept. 1748 — 7 mars 1810).
Collingwood (George Lewis Newnham). Life and correspondence of admiral lord Collingwood. *Lond...*
2 vol. 8.

Collins (Anthony),
philosophe anglais (21 juin 1676 — 13 déc. 1729).
Thorschmidt (Urban Gottlieb). Kritische Lebensgeschichte A. Collin's, des ersten Freydenkers in England, etc. *Dresd.* et *Leipz.* 1755. 8. (D.)

Collins (Georg Ludwig),
théologien allemand (15 mars 1763 — 15 janvier 1814).
(**Sonntag**, Carl Georg). Dem Andenken des evangelisch-
reformirten Predigers G. Collins. *Riga.* 1814. 8.

Collins (William),
poëte anglais (1720 — 1756).
Collins (William Wilkie). Memoirs of the life of W. Collins, Esq., including selections from his journals and cor-

respondence, notices of many of his eminent contemporaries and a description of his principal works. *Lond.* 1848-49. 2 vol. 8. Portrait.

Collinson (Peter),
botaniste anglais (1693 — 11 août 1768).

(**Fothergill**, John). Some account of the late P. Collinson. *Lond.* 1770. 4. Portrait.
Tribute to the memory of P. Collinson. *Philad.* 1851. 8. (Extrait du *Princeton Review*.)

Colloredo (Carlo Ottovio, conte di),
homme d'État italien.

Berselli (N... N...). Memorie della vita di C. O. conte di Colloredo. *Venez.* 1797. 8.

Colloredo (Leandro),
cardinal italien.

Puccetti (Vincenzo ?). Vita del cardinale L. Colloredo. *Rom.* 1738. 8.

Colloredo (Marzio),
gentilhomme italien.

Successo di quanto è passato fra li signori M. Colloredo, Niccolò e Federigo Savorgnani. *Bresc.* 1565. 4.

Colloredo-Mansfeld (Hieronymus, Graf),
général allemand (30 mars 1775 — 23 juillet 1822).

(**Schiessler**, Sebastian Wilibald). Biographie des k. k. Feldzeugmeisters Grafen H. Colloredo. *Prag.* 1816. 8.
Rede, gehalten am 17 September 1825, bei Gelegenheit der Aufstellungsfeierlichkeit des dem verstorbenen k. k. Feldzeugmeister Grafen H. v. Colloredo-Mansfeld gewidmeten Denkmals bei Arbesau in Böhmen. *Prag.*, s. d. (1825.) 8.

Collot d'Escury (Henri),
littérateur belge.

Senneville (Théodore de). Notice nécrologique sur Henri Collot d'Escury. *Par.* 1848. 8.

Collot d'Herbois (Jean Marie),
député à la Convention nationale (vers 1751 — 8 janvier 1796).

Barère (Bertrand). Rapport sur l'assassinat de Collot d'Herbois (tenté par Henri l'Admiral). *Par.*, s. d. 8.
Collot, mitraillé par Tallien. *Par.*, an III. 8.
Acte d'accusation de Collot (d'Herbois) et de Billaud (Varennes), s. l. et s. d. 8.
Justification de Collot d'Herbois, s. l. et s. d. 8. Portrait.
Défense de J. M. Collot d'Herbois, représentant du peuple, imprimée par ordre de la Convention nationale. *Par.*, an III. 8.

Colman (George),
poète anglais (28 avril 1733 — 14 août 1794).

Some particulars of the life of the late G. Colman, Esq., publ. par Richard **Jackson**. *Lond.* 1795. 8.

Colmar (Johann Ludwig),
évêque de Mayence († 15 déc. 1818).

Liebermann (Friedrich v.). Lob- und Trauerrede auf den Bischof J. L. Colmar von Mainz. *Mainz.* 1819. 4.

Colnago (Bernardo),
jésuite italien (vers 1545 — 22 avril 1611).

Finicchiari (Lorenzo). Attioni ed opere meravigliose del P. B. Colnago della compagnia di Giesù. *Palerm.* 1653. 4. *Bologn.* 1671. 12. (*D.*)
Paolini (Giovanni). De vita et virtutibus B. Colnagi. *Monach.* 1662. 8.
Trad. en franç. par Turrien **Le Febvre**. *Douai.* 1666. 12.
Trad. en holland. par Dositheus **Loeffs**. *Antwerp.* 1666. 8.
Baratta (Maria Clemente). Compendio della vita del P. B. Colnago. *Torin.* 1665. 12.
Paullini (Johann). Wonderlyk leven ende deughden van P. B. Colnagus der Societeit Jesu. *Antwerp.* 1666. 12. Portrait.
Leben und Tugenden B. Colnagi Soc. Jesu. *Innsbr.* 1671. 8.
Gratz (Jacob). Leben des chrwürdigen Paters B. Colnagi. *Prag.* 1676. 8.

Colocci (Angelo),
évêque de Nocéra (vers 1468 — 1er mai 1549).

Ubaldini (Federigo). Vita A. Colotii. *Rom.* 1675. 8. (*D.*)
Carboni (Giacinto Cantalamessa). Lettera storica intorno a monsignore A. Colocci di Jesi nel Piceno, filo-

logo e poeta che fiorì ne' secoli XV e XVI. *Macerat.* 1838. 8.

Colomban (André),
architecte français (1474 — 22 mars 1549).

Amanton (Claude Nicolas). Notice sur A. Colomban, architecte. *Bourg.* 1840. 8. * (*Lv.*)
  * Extrait de l'*Annuaire du département de l'Ain*, tiré à 50 exemplaires.

Colombel (Hyacinthe Louis Jean),
jurisconsulte français.

Dauban (M...). Notice sur la vie du président Colombel. *Nantes.* 1852. 8.

Colomby (le vicomte N... N... de),
magistrat français.

Notice biographique sur M. le vicomte de Colomby, ancien maître des comptes à la cour des comptes de Normandie. *Caen.* 1853. 8. (Extrait de l'*Annuaire normand*.)

Colombini (Saint Giovanni),
fondateur de l'ordre des jésuates († 31 juillet 1367).

Belcari (Feo). Vita del B. G. Colombini e di alcuni jesuati, s. l. et s. d. 4. *Florent.* 1480. 4. *Bresc.* 1505. 4. *Siena.* 1544. 4. *Rom.* 1556. 4. *Ibid.* 1659. 12. Publ. par Antonio **Cesari**. *Veron.* 1817. 8. *Palerm.* 1818. 8.
Morigia (Paolo). Vita di S. G. Colombini. *Venez.* 1604. 4.
Rossi (Giambattista). Vita di S. G. Colombini. *Rom.* 1648. 4.
Poesl (Friedrich). Leben des seligen J. Colombini aus Siena, Stifters der Jesuaten, etc. *Regensb.* 1846. 8.

Colombo (Cristoforo),
navigateur italien (1441 — 20 mai 1506).

Cancellieri (Francesco Girolamo). Dissertazioni epistolari bibliografiche sopra C. Colombo di Cuccaro nel Monferrato, discopritore dell' America, e Giovanni Gersen di Cavaglia, abate di S. Stefano in Vercelli, autore del libro *de Imitatione J. C. Rom.* 1809. 8. (*P.*)

Colombo (Cristofero). Epistola de insulis in mare Indico nuper inventis, ad quas perquirendas octavo antea mense auspiciis et ere invictissimi Ferdinandi, Hispaniarum regis, missus erat, trad. de l'espagnol par Antonio de Cusco. *Rom.* 1493. 4. (Extrêmement rare.)
Trad. en allem. s. c. t. Eyn schoen hübsch lesen von etlichen inseln die do in kurtzen zydten funden synd durch den König von Hispania. *Strasb.* 1497. 4. (Presque aussi rare que la lettre originale.)

Colombo (Fernando). Vida y hechos del almirante D. C. Colon. *Madr.* 1530. Fol.
Trad. en franç. (par Charles **Cotolendi**). *Par.* 1681. 12. (*Bes.*)
Trad. en ital. par Antonio de **Ulloa**. *Venez.* 1571. 8. *Milan.* 1614. 8. *Venez.* 1618. 8. *Ibid.* 1676. 8.
Totze (Eobald). Der wahre und erste Entdecker der neuen Welt, C. Colon, gegen die ungegründeten Ansprüche, welche Amerigo Vespucci und Martin Behaim auf diese Ehre machen, vertheidigt. *Goetting.* 1761. 8.
Elogi storici di C. Colombo e di A. Doria. *Parma.* 1781. 4.
Belknap (John). Discourse intended to commemorate the discovery of America by C. Columbus. *Boston.* 1792. 8.
Napione (Giovanni Francesco Galeani). Dissertazione della patria di C. Colombo. *Firenz.* 1808. 4. *Ibid.* 1822. 4.
Lanjuinais (Jean Denis de). C. Colomb, ou notice d'un livre italien concernant cet illustre navigateur. *Par.* 1809. 8. (Non mentionné par Quérard.) — (*Lv.*)
Ragionamento nel quale si conferma l'opinione generale intorno alla vita di C. Colombo. *Genov.* 1812. 4.
Bossi (Luigi). Vita di C. Colombo, illustrata da documenti inediti rarissimi. *Milan.* 1818. 8. (*P.*) Trad. en franç. par Carlo Maria **Urano**. *Par.* 1825. 8. (*Bes.*)
Bianchetti (Giovanni). Elogio di C. Colombo. *Genov.* 1820. 8.
Spotorno (Giovanni Battista). Dell' origine e patria di C. Colombo. *Genov.* 1819. 8.
—— Codice diplomatico Colombo-Americano, o documenti inediti sopra C. Colombo. *Genov.* 1823. 4.
—— Vita di C. Colombo. *Genov.* 1824. 8. Trad. en allem. par Adolph **Wagner**. *Leipz.* 1825. 8. Portrait.

Osservazioni di un Toscano sopra una falsità inventata da un Lombardo a favore di C. Colombo. *Firenz.* 1822. 4.

Memorials of C. Columbo. *Lond.* 1824. 8. (Documents traduits de l'espagnol et de l'italien.)

Irving (Washington). History of the life and voyages of C. Columbus. *Lond.* 1828-50. 4 vol. 8. *Par.* 1828. 4 vol. 12. *New-York.* 1848. 2 vol. 12. *Par.* 1850. 2 vol. 12. (P.) Abrégée. *Leipz.* 1852. 8.

Trad. en allem. :
Par Philipp Anton Guido v. MEYER. *Frf.* 1828. 4 vol. 8.
Par Friedrich Heinrich UNGEWITTER. *Frf.* 1829. 4 vol. 8.
Abrégée par Rudolph FRIEDNER. *Neustadt.* 1829. 8.
Trad. en espagn. par José GARCIA DI VILLALTA. *Madr.* 1834. 4 vol. 12.
Trad. en franç. :
Par Auguste Jean Baptiste DEPAUCONPRET. *Par.* 1828. 4 vol. 8.
Par Paul MERRUAU. *Par.* 1852. 12. *Brux.* 1853. 12.
Trad. en holland. par P... J... STEENBERGEN VAN GOOR. *Haarl.* 1829. 4 vol. 8.
Trad. en ital. *Genov.* 1828. 4 vol. 8. *Firenz.* 1820. 4 vol. 12.

Amati (Giacinto). Viaggi di C. Colombo. *Milan.* 1850. 8.

Isnardi (Felice). Dissertazione ond' è chiarata il luogo preciso della Liguria maritima occidentale ove nacque C. Colombo. *Pinerolo.* 1858. 8.

Foerster (Friedrich). C. Columbus, der Entdecker der neuen Welt. *Leipz.* 1842.

Schneidawind (Franz Joseph Adolph). C. Columbus, America's Entdecker. *Hamb.* 1843. 16.

Sanguinetti (Angelo). Vita di C. Colombo. *Genov.* 1846. 12. Portrait.

Reta (Costantino). Vita di C. Colombo. *Torin.* 1846. 4. Portrait.

Roscoe Saint-John (Horazio). Life of Columbus. *Lond.* 1850. 8.

Lamartine (Alphonse de). C. Colomb. *Brux.* 1853. 18. (Extrait du *Civilisateur*.)

Bonnafoux (baron de). Vie de C. Colomb. *Par.* 1853. 8.

Navarrete (M... F... de). Coleccion de viages y descubrimientos que hicieron por mar los Españoles desde fines de siglo xv, etc. *Madr.* 1825. 3 vol. 4. *Ibid.* 1837. 5 vol. 8. Trad. en franç. s. c. t. Relation des quatre voyages, entrepris par C. Colomb, pour la découverte du nouveau monde, de 1492 à 1504, par F... T... A... CHALUMEAU DE VERNEUIL et Jean Bernard Marie Alexandre DEZOS DE LA ROQUETTE, avec des notes par Abel de REMUSAT, Adriano BALBI, Georges CUVIER, Edme François JOMARD et Charles LETRONNE. *Par.* 1828. 3 vol. 8. 2 portraits.

Colombo (Michele),
philologue italien (4 avril 1747 — 17 juin 1838).

Adorni (Giovanni). Cenno necrologico intorno all' abate M. Colombo. *Parma.* 1838. 8.

(**Pezzana**, Angelo). Alquanti cenni intorno alla vita di M. Colombo. *Parma.* 1838. 8.

Colonia (Dominique de),
jésuite français (25 août 1660 — 12 septembre 1741).

Labouderie (Jean). Notice sur la vie et les écrits du P. D. de Colonia, jésuite, s. l. (*Lyon.*) 1826. 8. *
* A la fin de cette notice on trouve (pag. 17-56) un catalogue des ouvrages imprimés et manuscrits de cet historien.

Colonna (Stefano),
homme d'État italien.

Varchi (Benedetto). Orazione funerale sopra la morte del signor S. Colonna da Palestrino. *Firenz.* 1548. 8. (P.)

Colonno (Giovanni Battista),
évêque de Nizza († 2 mai 1835).

Oraison funebre, etc., en occasion dei solenne funeral celebrat a monsignor G. B. Colonno. *Nizza.* 1855. 4. (Avec la traduction italienne.)

Colquhoun (Lady),
dame anglaise.

Hamilton (James). Memoir of lady Colquhoun. *Lond.* 1849. 8. Portrait. *Ibid.* 1850. 8. *Ibid.* 1851. 8. Portrait.

Colquhoun (Patrick),
économiste anglais (14 mars 1746 — 25 avril 1820).

Biographical sketch of the life and writings of P. Colquhoun. *Lond.* 1818. 8. (D.)

Colton (John),
théologien anglo-américain.

Mather (Colton). Lives of J. Colton, J. Norton, J. Wilson and J. Davenport of Boston, and of Thom. Hoocker, pastor of Hartford. *New-Engl.* 1695. 12.

Coltz (Johann),
jurisconsulte allemand.

Sixtinus (Regnerus). Oratio de vita et morte J. Colzii, J. U. D. et cancellarii Hassiæ. *Marb.* 1589. 4.

Columban (Saint),
cénobite irlandais du vie siècle.

Smith (John). Life of S. Columba, the apostle and patriot saint of the ancient Scots and Picts, and joint patron of the Irish, commonly called Column-Kill, the apostle of the Highlands. *Edinb.* 1798. 8.

Cameron (Alexander). Letter to the Rev. Dr. (John) Smith, containing a few strictures on his « Life of S. Columba ». *Edinb.* 1798. 8.

Knottenbelt (Willem Christian). Disputatio historico-theologica de Columbano. *Lugd. Bat.* 1859. 8.

Gianelli (Antonio). Vita di S. Colombano, abate irlandese, protettore della città e diocesi di Bobbio, etc. *Torin.* 1844. 8.

Coluthe (Saint).

Georgj (A... A...). De miraculis S. Coluthi et reliquiis S. Panesniu martyrum thebaicarum fragmentis cum Bargiæ cardinalis de cultu S. Coluthi, etc. *Rom.* 1793. 4.

Combalot (N... N...),
prêtre français.

Veuillot (Louis). Procès de M. l'abbé Combalot. *Par.* 1851. 8.

Combe (Andrew),
médecin anglais.

Combe (George). Life and correspondence of A. Combe. *Lond.* et *Edinb.* 1850. 8. Portrait.

Combé (Marie de Cys),
religieuse hollandaise (1665 — 16 juin 1692).

(**Boileau**, Jean Jacques). Relation abrégée de la vie de madame de Combé. institutrice de la maison du Bon-Pasteur. *Par.* 1700. 12. Augment. *Ibid.* 1752. 12. (Bes.)

Comber (Thomas),
théologien anglais (1645 — 1699).

Comber (Thomas). Memoirs of the life and writings of T. Comber, sometime dean of Durham, etc. *Lond.* 1799. 8. Portrait.

Combes des Morelles (N... N... di),
religieuse italienne.

Mozzi (Luigi). Il modello delle dame cristiane, proposto nella vita della signora di Combes des Morelles. *Torin.* 1843. 16.

Comi (Siro),
archéologue italien (9 déc. 1741 — 8 sept. 1821).

Bossi (Luigi). Notizie compendiose della vita e delle studii di S. Comi, letterato, storico, archeologico, diplomatico. *Milan.*, s. d. (vers 1822). 8.

Comines (Philippe de),
historien français (1445 — 16 août 1509).

Loebell (Johann Wilhelm). Dissertatio de P. Cominæi fide historica. *Bonn.* 1852. 8. (D.)

La Fontenelle de Vaudoré (Armand Désiré de). Notice sur P. de Comyne en Poitou. *Douai.* 1856. 8.

Gachard (Prosper Louis). Particularités et documents inédits sur Comines, Charles le Téméraire et Charles-Quint. *Brux.* 1842. 8.

Hulst (Félix van). P. de Comines. *Liége.* 1845. 8. (Extrait de la *Revue de Liége*.) — (Lv.)

Baron (A...). Comines. *Brux.*, s. d. 8. Port. (Extrait des *Belges illustres*.)

Commandino (Federigo),
mathématicien italien (1509 — 3 sept. 1575).

Manciani (Giuseppe). Elogi storici di F. Commandino, Guido Ubaldi di Monte Feltro e Giulio Carlo Faguani. *Pesar.* 1828. 12.

Commendoni (Giovanni Francesco),
cardinal italien (17 mars 1524 — 26 déc. 1584).
Graziani (Antonio Maria). De vita J. F. Commendoni,
cardinalis, libri IV, accessere vitæ Petri Bembi et Casparis Contareni, auctore Joan. Casa. *Par.* 1609. 4.
Ibid. 1669. 4. (*D.*) *Ibid.* 1676. 4. *Patav.* 1685. 12. (*D.*)
Trad. en franç. par Esprit Fléchier. *Par.* 1671. 4.
(*Bes.*) *Ibid.* 1690. 8. (*D.*) *Ibid.* 1702. 2 vol. 12. (*D.*)
Prisac (Wilhelm). Commendone und Cappacini, die
päbstlichen Legaten in Berlin und ihre Aufgabe. *Neuss.*
1846. 8.

Commerson (Philibert),
botaniste français (18 nov. 1727 — ... 1773).
Testament singulier de M. Commerson, docteur en médecine, médecin-botaniste et naturaliste du roi, fait les
14 et 15 déc. 1766. *Par.* 1767. 12. *Ibid.* 1774. 12.

Commerstad (Nicolaus),
théologien allemand.
Vita N. Commerstadii et Joannis Tettelbachii. *Dresd.*
1751. 4.

Comnène,
dynastie grecque.
Comnène (Démétrius Constantin). Précis historique de
la maison impériale des Comnènes, etc. *Amst.* (*Par.*)
1784. 8.

Comnène (David),
dernier empereur de Trébisonde († 1462).
Comnène (Démétrius Constantin). Lettre à M. Koch sur
l'éclaircissement d'un point d'histoire relatif à la fin
tragique de D. Comnène, dernier empereur de Trébisonde, etc. *Par.* 1807. 8.

Comnène (Démétrius Constantin),
maréchal de camp au service de France (1749 — 8 sept. 1821).
Comnène (Démétrius Constantin). Notice sur la maison
Comnène et sur ses vicissitudes, sur les circonstances
qui l'ont transplantée en France, et sur le dévouement
du prince D. Comnène à la cause du roi pendant la révolution. *Par.* 1815. 8.

Comosarye,
reine des ...
Koehler (N... N...). Dissertation sur le monument de la
reine Comosarye. *Saint-Pétersb.* 1805. 8.

Compagnoni (Giuseppe),
historien italien (3 mars 1754 — 29 déc. 1833).
Vita letteraria di G. Compagnoni. *Milan.* 1834. 8. (Biographie écrite par lui-même.)

Compagnoni (Pietro),
prêtre italien (28 mars 1802 — 13 sept. 1833).
Rambelli (Giovanni Francesco). Notizia della vita e degli scritti del giovine sacerdote D. P. Compagnoni.
Moden. 1835. 8.

Comparetti (Andrea),
médecin anatomiste italien (3 août 1746 — 22 déc. 1801).
Palmaroli (Domenico). Saggio sopra la vita letteraria di
A. Comparetti. *Venez.* 1802. 8.

Compton (Henry),
évêque de Londres (1632 — 1713).
Life of Dr. H. Compton, late lord-bishop of London.
Lond. 1716. 8.

Comte (François Charles Louis),
publiciste français (25 août 1782 — ... 1837).
Mignet (François Auguste Alexis). Notice historique sur
la vie et les travaux de M. Comte, ancien secrétaire
perpétuel de l'Académie. *Par.* 1846. 8.

Comus,
personnage mythologique.
Riencourt (N... N... de). Dissertation sur le culte d'Antinoüs et de Comus. *Par.* 1723. 4.

Conan Mériadec ou Caradog,
gouverneur de Bretagne († vers 421).
Toussaint de Saint-Luc (N... N...). Histoire de Conan-
Mériadec, souverain de Bretagne. *Par.* 1664. 8.

Concina (Daniello),
théologien italien (.. oct. 1687 — 21 février 1756).
Sandelli (Dionigio). Commentarius de D. Concinæ vita
et scriptis. *Brix.* 1767. 4.

Vita del P. D. Concina, dell' ordine de' predicatori. *Bresc.*
1768. 8.

Concini (Concino), voy. **Ancre** (maréchal d').

Conclus (Andreas),
mathématicien allemand († 16 mai 1682).
Pisanski (Georg Christoph). Leben und Schriften des
preussischen Mathematici A. Concii. *Leipz.* 1750. 8.

Concorde,
personnage mythologique.
Geissler (Johann Georg). Dissertatio de dea Concordia.
Lips. 1750. 4.

Condé (Henri I, prince de),
général français (9 août 1552 — 5 mars 1588).
Recueil des choses jour par jour avenues en l'armée conduite d'Allemagne en France par monsieur le prince
de Condé, pour le restablissement de l'estat du royaume
et nommément pour la religion, commençant au mois
d'oct. 1575 et finissant au mois de may suivant, que
la paix non paix fut publiée à Etigny près Sens. *Par.*
1577. 12.

Condé (Henri II, prince de),
général français, père du suivant (1er sept. 1588 — 11 déc. 1646).
Arrest de la cour de parlement contre le prince Henri de
Condé et autres princes, seigneurs et gentilshommes,
qui sans permission du roy et contre son autorité, depuis son absence, ont pris les armes et commettent tous
les actes d'hostilités, etc. *Par.* 1615. 8.
Lettres patentes et déclaration du roy (Louis XIII) contre
M. le prince (Henri de Condé) envoyées au parlement
le 7 sept. 1615. *Par.* 1615. 8.
Manifesto del rè di Francia di sett. 1615 sopra la detentione fatta per suo commendamento della persona del
principe di Condé. *Viterb.* 1616. 4. *Firenz.* 1616. 4.
Renaudot (Théophraste). Abrégé de la vie et mort du
prince de Condé. *Par.* 1647. 4.
Macedo (Francisco de Santo Agostinho). Principi Con-
dæo epicinium et elogium. *Par.* 1647. 4. *Ulyssip.*
1685. 8.
Bacio (Enrico). Elogium H. Borbonii II, s. l. 1647. 12.

Condé, surnommé le Grand (Louis II de Bourbon, prince de),
général français (8 sept. 1621 — 11 déc. 1686).
Beaune (Jacques de la). L. Borbonii, principis Condæi
primi a regio sanguine principis, laudatio funebris.
Par. 1687. 4. (*Lv.*)
(**Brune** (N... N... la). Mémoires pour servir à l'histoire
du grand Condé. *Cologne.* (*Amst.*) 1692. 2 vol. 12.
(**Coste**, Pierre). Vie du prince de Condé. *Cologne.* (*Amst.*)
1693. 12. *Ibid.* 1694. 12.
Désormeaux (Joseph Louis Ripault *). Histoire de L. de
Bourbon, prince de Condé. *Par.* 1766-68. 4 vol. 12.
Trad. en allem. *Potsd.* 1783. 4 vol. 8.
    * Le vrai nom de l'auteur est Antoine Dizé.
Condé (Louis Joseph de Bourbon, prince de). Essai sur
la vie du grand Condé. *Par.* 1798. 2 vol. 12. *Ibid.*
1806. 8.
Sévelinges (Charles Louis de). Mémoires pour servir à
l'histoire de la maison de Condé. *Par.* 1820. 2 vol. 8. *
    * Le premier volume contient l'Essai sur la vie du grand Condé.
Mahon (Philip Henry). Life of the great Condé. *Lond.*
1840. 8.
Histoire du grand Condé. *Lille.* 1844. 12.
Lemercier (Adrien). Histoire du grand Condé. *Tours.*
1844. 12. Portrait. *Ibid.* 1850. 12. *Ibid.* 1852. 12.
(5e édition.)
Voivreuil (Laurent de). Histoire du grand Condé. *Tours.*
1847. 12. Portrait.

Condé (Louis Henri Joseph, duc de Bourbon, prince de),
(13 août 1756 — assassiné le 27 août 1830).
Lafont d'Aussonne (N... N...). Appel à l'opinion publique sur la mort de L. H. de Bourbon, prince de
Condé. *Par.* 1831. 8.
Pellier de la Croix (N... N...). L'assassinat du dernier
des Condé, démontré contre la baronne de Feuchères
et ses avocats, suivi d'observations sur les procès-verbaux et de pièces importantes et inédites concernant
l'enquête, le fameux testament et son procès. *Par.* 1852.
8. (*Bes.*)

Anne (Théodore) et **Rousseau** (N... N...). La baronne (de Feuchères) et le prince (de Condé). *Par.* 1852. 4 vol. 12.

Calvimont (Albert de). Le dernier des Condé. *Par.* 1852. 8.

Examen de la procédure criminelle, instruite à Saint-Leu, à Pontoise, devant la cour royale de Paris, sur les causes et les circonstances de la mort de S. A. R. le duc de Bourbon, prince de Condé. *Par.* 1852. 8.

Marc (Charles Chrétien Henri). Examen médico-légal sur les causes de la mort de S. A. R. le prince de Condé. *Par.* 1852. 8.

Gendrin (Augustin Nicolas). Mémoire médico-légal sur la mort violente du duc de Bourbon. *Par.* 1852. 8.

Les secrets de Saint-Leu. Notice sur ce château et ses propriétaires, depuis Eglantine de Vendôme jusqu'à la reine Hortense; suivie d'une biographie complète sur madame la baronne de Feuchères et de détails sur la mort du duc de Bourbon. *Par.* 1854. 8.

Saint-Cricq (Jules de). Toulouse et Vincennes, ou le dernier Montmorency et le dernier Condé; étude d'histoire et de politique. *Toulouse.* 1847. 12. (3e édition.)

Condé (Louis Joseph de **Bourbon**, prince de), général français (9 août 1736 — 13 mai 1818).

Vie politique et privée de L. J. de Condé, prince de sang. *Chantilly* et *Par.* 1790. 8. Portrait.

Gratry-Maillard (N... N...). Eloge historique de L. J. de Bourbon, prince de Condé. *Tours.* 1818. 8. (*Lv.*)

Frayssinous (Denis de). Discours prononcé aux obsèques de très-haut et puissant prince L. J. de Bourbon, prince de Condé. *Par.* 1818. 8.

Foisset (Jean Théophile). Eloge historique de S. A. S. L. J. de Bourbon, prince de Condé. *Dijon.* 1819. 8. (Couronné par l'Académie de Dijon.)

Bexon (Scipion). Eloge de S. A. S. Mgr. le prince de Condé. *Par.* 1819. 8.

Chambelland (C... A...). Vie du prince de Condé. *Par.* 1819-20. 3 vol. 8.

Sévelinges (Charles Louis de). Mémoires pour servir à l'histoire de la maison de Condé. *Par.* 1820. 2 vol. 8. *

   * Le second volume contient un précis de la vie du prince L. J. de Bourbon-Condé.

Ecquevilly (Armand François d'). Campagnes du corps sous les ordres de S. A. S. Mgr. le prince de Condé. *Par.* 1818. 3 vol. 8.

Condé (Louise Adélaïde de **Bourbon**, princesse de), religieuse bénédictine française (5 oct. 1757 — 10 mars 1824).

Vie de S. A. S. madame la princesse L. A. de Bourbon-Condé, religieuse bénédictine de l'adoration perpétuelle du très-saint sacrement, première supérieure et fondatrice du monastère du Temple. *Par.* 1843. 3 vol. 8. Portrait.

Condé (Marie de **Clèves**, princesse de), épouse de Henri I, prince de Condé (vers 1563 — 30 oct. 1574).

Sorbin (Arnaud). Oraison funèbre de M. de Clèves, princesse de Condé, fille de François I, duc de Nevers. *Nevers.* 1601. 8.

Condillac (Étienne **Bonnot** de), philosophe français (30 sept. 1714 — 3 août 1780).

Sacchi (Defendente). Elogio di Condillac. *Pavia.* 1819. 18.

Condivi (Ascanio), peintre italien (vers 1520 — vers 1560).

Gori (Marietta). Illustrazione alla vita di A. Condivi. *Firenz.* 1746. Fol.

Condorcet (Marie Jean Antoine Nicolas **Caritat**, marquis de), philosophe français (17 sept. 1743 — 28 mars 1794).

Diannyère (Antoine). Notice sur la vie et les ouvrages de Condorcet. *Par.* 1796. 8. *Ibid.* an VII (1799). 8. Portrait. (*D.*) *Leipz.* 1797. 8. Portrait.

Arago (Dominique François). Biographie de M. J. A. N. C. de Condorcet, secrétaire perpétuel de l'ancienne Académie des sciences. *Par.* 1849. 4. (*Lv.*)

Condren (Charles de), deuxième général de la congrégation de l'Oratoire (1588 — 7 janvier 1641).

(**Amelotte**, Denis). Vie du R. P. de Condren, second su-

---

périeur général de la congrégation de l'Oratoire de Jésus. *Par.* 1643. 4. (*Bes.*) Augment. *Ibid.* 1657. 8.

(**Caraccioli**, Louis Antoine de). Vie du R. P. de Condren. *Par.* 1764. 12. Trad. en allem., s. c. t. Der fromme Ordensmann, etc. *Augsb.* 1775. 8.

Conegliano (Bon Adrien Jeannot **Moncey**, duc de), maréchal de France (31 juillet 1754 — 20 avril 1842).

Dupin (André Marie Jean Jacques). Discours prononcé aux obsèques de M. le maréchal Moncey, duc de Conegliano. *Par.* 1842. 8.

Ambert (Joachim). Notice historique sur le maréchal Moncey. *Par.* 1842. 8.

Chenier (L... J... G...). Éloge historique du maréchal Moncey, duc de Conegliano, etc. *Par.* 1848. 8. * (*Lv.*)

   * Éloge qui a remporté le prix proposé par l'Académie de Besançon.

Coners (Gerhard Julius), théologien allemand († 21 janvier 1791).

Gerdes (Johann Georg). Dem Andenken G. J. Coners. *Aurich.* 1797. 8. (*D.*)

Confalonieri (Corrado), prêtre italien.

Cossa (Giuseppe). Notizie sulla vita del B. C. Confalonieri di Piacenza. *Milan.* 1833. 16.

Confiance (Eustache de), théologien français.

Poncet (F... M...). Oraison funèbre aux funérailles de messire E. de Confiance. *Par.* 1574. 12. (*P.*)

Confucius, philosophe chinois († 479 avant J. C.).

Programma academicum decani philosophiæ Lipsiensis de Confucio. *Lips.* 1688. 4. (*D.*)

Dressler (Dietrich). Compendium Confucii, Sinensium philosophi principis, vitæ et doctrinæ de beatitudine morali, ex libro, quem Philippe Couplet ex Sinica in Latinam transtulit, extractum. *Lips.* 1701. 4. (*D.*)

Celsius (Olof). Exercitatio historica Confucium Sinarum philosophum adumbrans. *Upsal.* 1710. 8.

Cortin (Rasmus Finne). Disputatio de Confucio. *Hafn.* 1743. 4.

Lebensbeschreibung des Sinesischen Weltweisen Confucius, etc. *Nürnb.* 1779. 8. (*D.*)

Congreve (William), poète anglais (5 avril 1685 — 19 janvier 1729).

Wilson (Charles). Memoirs of the life, writings and amours of W. Congreve. *Lond.* 1730. 8. Portrait.

Conov (Peter), théologien allemand.

Carsted (Johann Caspar). Vita P. Conovii, præsulis Palæo-Brandenburgensis. *Brandenb.*, s. d. 4. (*D.*)

Conrad I, empereur d'Allemagne (... — 911 — 23 nov. 918).

Gundling (Nicolaus Hieronymus). Dissertatio de statu reipublicæ sub Conrado I, Franciæ orientalis rege. *Halæ.* 1706. 4. Trad. en allem. par Christian Friedrich **Phlemen** (Hempel). *Halle.* 1742. 4.

Ludewig (Johann Peter v.). Germania princeps sub Conrado I. *Halæ.* 1720. 4.

Koeler (Johann David). Dissertatio genealogica de familia augusta Franconica. *Altorf.* 1722. 4.

Hegewisch (Dietrich Hermann). Geschichte der Teutschen von Conrad I bis zum Tode Heinrich's II. *Hamb.* et *Kiel.* 1780. 8.

Wenck (Helfrecht Bernhard). Das salisch-conradinische Geschlecht, oder die Herkunft Conrad's I aus welfischem Stamme. *Frf.* 1792. 4.

Lamey (Andreas). Annales diplomatici Conradi I, Germaniæ regis. *Monach.* 1799. 4.

Schwartz (Carl). König Conrad I der Franke; Schulprogramm. *Fulda.* 1850. 4.

Conrad II, dit le **Salique**, empereur d'Allemagne (... — 8 sept. 1024 — 4 juin 1039).

Guillemann (Franz). Syntagma de vera origine et stemmate Conradi II. *Friburg.* 1609. 4.

Schurzfleisch (Conrad Samuel). Dissertatio de Conrado II ejusque diplomate, quod de expeditione Romano inscribitur. *Witteb.* 1702. 4.

Neu (Johann Christian). Themata quædam selectiora de Henrico II, imperatore. *Tubing.* 1707. 4.

Hahn (Samuel Friedrich). Oratio de genuino et Salici Conradi II ortu et vera falsaque Saliceæ stirpis cum Guelphis convenientia. *Helmst.* 1717. 4.
— — Dissertatio de regia et cæsarea Chuonradi II electione et coronatione. *Helmst.* 1719. 4.
Mascov (Johann Jacob). Commentarii de rebus imperii Romano-Germanici a Conrado I usque ad obitum Henrici III. *Lips.* 1731. 4.
Venningen (Friedrich v.). Dissertatio de Conrado Salico. *Heidelb.* 1783. 4.
Wedekind (Georg Joseph). Dissertatio de Conrado Salico crudelissimam egem Saxonum confirmante. *Heidelb.* 1783. 4.
Lebens-und Regierungsgeschichte Kaiser Conrad's des Saliers. *Leipz.* 1794. 8.
Bodmann (Franz Joseph). Nähere Bestimmung der Wahlstadt des römischen Königs Conrad's II und des wahren Grundes, warum er Salier genannt worden sei. *Nürnb.* 1800. 8.

Conrad III,
empereur d'Allemagne (1092 — 22 février 1138 — 15 février 1152).
Treskow (Arnold Heinrich v.). Dissertatio de rebus a Conrado III gestis. *Halæ.* 1709. 4. *Frf.* et *Leipz.* 1750. 4.
Gundling (Jacob Paul v.). Geschichte und Thaten Kayser Conrad's III. *Halle.* 1720. 8.
Mascov (Johann Jacob). Commentarii de rebus imperii Romano-Germanici sub Lothario II et Conrado III. *Lips.* 1753. 4.
Jaffé (Philipp?). Geschichte des deutschen Reiches unter Conrad III. *Hannov.* 1845. 8.

Conrad IV,
empereur d'Allemagne (1228 — 1250 — 21 mai 1254).
Gundling (Jacob Paul v.). Geschichte und Thaten Kayser Conrad's IV aus dem Geschlecht der Herzoge von Schwaben, und Wilhelm's, Grafen von Holland. *Berl.* 1719. 8.
Bernhold (Johann Gottfried). Dissertatio historica de Conrado IV. imperatore Halensium hæreticorum aliquando defensore. *Altorf.* 1758. 4.

Conrad le Grand,
margrave de Misnie.
Schoettgen (Christian). Geschichte Conrad des Grossen, Markgrafen zu Meissen und Lausitz. *Dresd.* 1746. 8.
Leben Conrad des Grossen. *Dresd.* 1776. 8.

Conrad I,
évêque de Wurzbourg.
(**Volkhardt**, J... C...). Leben und Ermordung Conrad's I, Bischofs zu Würzburg. *Frf.* 1791. 8.

Conrad de Bavière,
patron de Molfetta.
Giovene (Giuseppe Maria). Vita B. Conradi Bavari, civitatis Melphieti patroni. *Napol.* 1836. 8.

Conrad de Halberstadt,
dominicain allemand.
Schmidt (Johann Andreas). Dissertatio de triumviris Halberstadiensibus, Clemente II, pontifice Romano, Joanne Semeca, præposito majori, Conrado de Halberstadt, ordine Dominic. *Helmst.* 1715. 4.

Conrad de Marbourg,
dominicain allemand (assassiné le 30 juillet 1233).
Ayrmann (Christoph Friedrich). Siciliamenta ad historiam magistri Conradi Marpurgensis, clarissimi seculo XIII viri. *Giess.* 1753. 4. (*D.*)

Conrad d'Ursperg,
abbé d'Ursperg († 1240).
Moller (Daniel Wilhelm). Disputatio circularis de abbate (Conrado) Uspergensi. *Altorf.* 1694. 4. (*D.* et *Lv.*)

Conrad (Gottlieb),
théologien allemand.
Lebens- und Todesgeschichte G. Conrad's, etc. *Glogau.* 1756. Fol.

Conradi (Franz Carl),
jurisconsulte allemand (2 février 1701 — 17 juillet 1748).
Index dissertationum et scriptorum auctore F. C. Conradi, vel auspiciis ejus editorum. *Helmst.* 1744. 4.
Breithaupt (Christian). Memoria F. C. Conradi. *Helmst.* 1748. 4.

Conradi (Johann Georg),
jurisconsulte allemand.
Wokenius (Franz). Programma academicum in funere J. G. Conradi. *Witteb.* 1732. 4. (*D.*)

Conradi (Johann Ludwig),
jurisconsulte allemand (27 sept. 1730 — 19 février 1785).
Curtius (Michael Conrad). Memoria J. L. Conradi, etc. *Marb.* 1786. 4.

Conradin II de Hohenstauffen,
duc de Souabe et roi de Sicile (1251 — 11 août 1258 — décapité le 26 oct. 1268).
Cisner (Nicolaus). Oratio de Conradino II. *Argent.* 1608. 8.
Hochstetter (Andreas Adolph). Dissertatio de Conradino II, ultimo ex Suevis duce. *Tubing.* 1699. 4. *Ibid.* 1727. 4.
Hermansson (Johan). Dissertatio historico-politica de Conradino II Suevo. *Upsal.* 1727. 8.
Schminck (Hermann). M. Petri de Petro vice-cancelarii Conradi IV, regis Romanorum et Siciliæ, adhortatio, qua fatalem casum Conradini describit. *Lugd. Bat.* 1744. 4.
Jaeger (Wolfgang). Commentatio de rebus Conradini Stauffensis, ultimi ducis Sueviæ. *Norim.* 1778. 4.
— — Geschichte Conradin's II, Königs beider Sicilien und Herzogs von Schwaben. *Nürnb.* 1785. 8.
Riccio (Camillo Minieri). Alcuni studii storici intorno a Manfredi e Corradino della imperiale casa di Hohenstauffen. *Napol.* 1850. 8.

Conring (Hermann),
savant allemand (9 nov. 1606 — 12 déc. 1681).
Froeling (Andreas). Leichenpredigt auf H. Conringium, nebst seinem Lebenslauf. *Helmst.* 1681. 4. (*D.*) *Ibid.* 1682. 4. (*D.*)
Schmidt (Melchior). Leichenpredigt auf H. Conring, nebst dessen Lebenslauf und Programmate funebri. *Helmst.* 1682. Fol.
— — Programma academicum in funere H. Conringii. *Helmst.* 1681. 4. (*D.*)

Conros (Marie de Saint-Martial de),
religieuse française.
Froquière (abbé). Éloge funèbre de M. de Saint-Martial de Conros, abbesse de Saint-Jean du Buis-lès-Aurillac. *Aurill.* 1754. 4.

Consalvi (Ercole),
cardinal italien (3 juin 1757 — 24 janvier 1824).
Cardinali (Luigi). Elogio detto alla memoria del cardinale E. Consalvi. *Pesar.* 1824. 4.
Cenni biografici sul cardinale E. Consalvi. *Venez.* 1824. 16.
Bartholdy (Jacob Ludwig Salomon). Züge aus dem Leben des Cardinals H. Consalvi. *Stuttg.* 1825. 8. Portrait.

Consoni (Taddeo de'),
magnétiseur italien (vers 1801 — ...).
Guicci (Gaëtano). Cenni biografici intorno al canonico professore T. de Consoni, nuovamente riprodotte dal marchese Carlo di RIBAS. *Napol.* 1843. 8.

Constance Faulkon,
aventurier céphalonien (vers 1550 — décapité en ...).
Dorléans (Pierre Joseph). Histoire de M. Constance, premier ministre du roi de Siam, et de la dernière révolution de cet État. *Par.* (*Amst.*) 1692. 12.
(**Deslandes**, François Boureau). Histoire de M. Constance, premier ministre du roi de Siam. *Amst.* et *Par.* 1755. 12.

Constant (André),
littérateur français.
Mauviel (N... N...). Éloge de feu M. A. Constant. *Par.* 1811. 8.

Constant de Rebecque (David),
théologien suisse (10 février 1638 — 27 février 1733).
Salchli (Johann Jacob). Oratio funebris in obitum D. Constantii, professoris theologiæ. *Lausan.* 1733. 4.

Constant de Rebecque (Benjamin),
homme d'État suisse (1767 — 8 déc. 1830).
Fadeville (Théodore). B. Constant jugé par ses discours et ses écrits. *Par.* 1824. 8.
Notice sur B. Constant. *Par.* 1827. 8. (Extrait de la *Biographie universelle et portative des contemporains.*)

Pharaon (Joanny). Notice sur B. Constant. *Par.* 1830. 8.

Berr (Michel). Éloge de B. Constant. *Par.* 1836. 8. (*Lv.*)

Voltaire (François Marie **Arouet** de). Lettre à madame du Deffand au sujet du jeune de Rebecque, devenu depuis célèbre sous le nom de B. Constant. *Par.* 1837. 8. (Tiré à un très-petit nombre d'exemplaires.)

Constantin le Grand (Cajus Flavius Valerius Aurelius Claudius),

       empereur byzantin (274 — 306 — 2 mai 337).

Vogt (Johannes). Historia litteraria Constantini M. plus centum et quinquaginta rerum Constantini M. scriptores sistens. *Hamb.* 1720. 8.

Eusebius Cæsareensis. De vita Constantini imperatoris libri IV, publ. par Hadrianus VALESIUS. *Par.* 1659. Fol. *Mogunt.* 1672. Fol. Avec des notes par William REA-DING. *Cantabr.* 1720. Fol. *Venet.* 1770. 3 vol. 4.

Trad. en allem. avec une notice sur la vie d'Eusèbe par August CLOSS. *Stuttg.* 1858. Fol.

Trad. en franç. s. c. t. Histoire de la délivrance de l'église chrétienne par Constantin, par Jean MORIN. *Par.* 1650. Fol.

Trad. en latin :

    Par Wolfgang MUSCULUS. *Basil.* 1549. Fol. *Ibid.* 1557. Fol. *Ibid.* 1562. Fol. *Ibid.* 1611. Fol.

    Par Joannes CHRISTOPHORSONUS. *Lovan.* 1570. Fol. *Col. Agr.* 1571. Fol.

Beust (Joachim v.). Oratio de Constantino M. *Witteb.* 1569. 8.

Caussin (Nicolas). Eques christianus, s. Constantinus M., trad. du franç. par Henri LAMORMAIN. *Vienn.* 1637. 8.

Sagittarius (Johann Christfried). Dissertatio historica de Constantino M. *Jenæ.* 1650. 4.

Kormart (Christoph). Dissertatio politica de Constantino M. *Lips.* 1665. 4.

Voigt (Gottfried). Vita Constantini M., disputatione historica descripta. *Rostoch.* 1675. 4.

Duerr (Johann Friedrich). Dissertatio historica de Constantino M. *Jenæ.* 1684. 4.

Arrhenius (Laurids). Dissertatio historica de Constantino M. *Upsal.* 1719. 8.

Gengell (Georg). De Constantino M. primo christianorum imperatore, dissertatio. *Calissii.* 1726. 8. (*Pbg.*)

(Varennes, Bernard de). Histoire de Constantin le Grand, premier empereur chrétien. *Par.* 1728. 4. (*P. et Bes.*)

(Lefort de la Morinière, Adrien Claude). Histoire abrégée du règne de Constantin, empereur d'Orient et d'Occident. *Par.* 1756. 12.

B(uchholz) (S(amuel)). Constantin der Grosse in seiner wahren Grösse wiederhergestellt. *Berl.* 1772. 4.

Gusta (Francesco). Vita di Costantino il Grande, primo imperatore. cristiano. *Foligno.* 1786. 2 vol. 4. *Venez.* 1790. 2 vol. 8.

Manso (Johann Caspar Friedrich). Leben Constantin's des Grossen. *Bresl.* 1817. 8. *Wien.* 1819. 8.

Weytingh (J… H… A…). Disquisitio historica de Constantino M. *Lugd. Bat.* et *Davent.* 1826. 8.

Bridges (Matthew). Roman empire under Constantin the Great. *Lond.* 1828. 8.

Streso (J… A…). Konstantijn de Groote en Karel de Groote. *Arnhem.* 1856. 8.

Hunkler (N… N…). Constantin le Grand et son règne. *Limog.* 1843. 12. *Ibid.* 1846. 12.

Fletcher (Joseph). Life of Constantine the Great. *Lond.* 1852. 12.

Burckhardt (Jacob). Die Zeit Constantin's des Grossen. *Basel.* 1853. 8.

Jani (Johann Wilhelm). Schediasma historicum de patria Constantini M. *Witteb.* 1716. 4.

Weidener (Johann Joachim). Dissertatio historica de Constantino M. qua illum honeste et ex legitimo matrimonio natum, contra G. Arnoldum vindicatur ac defenditur. *Rostoch.* 1702. 4.

—— Constantinus M. superatis juventæ discriminibus legitimus tandem patris Constantii successor. *Rostoch.* 1703. 4.

Baring (Nicolaus). Dissertatio epistolica de crucis signo a Constantino M. conspecto. *Hannov.* 1643. 8.

Chiflet (Pierre François). De loco, tempore et cæteris adjunctis conversionis Constantini M. ad fidem christianam. *Par.* 1676. 8.

Weidener (Johann Joachim). Dissertatio de Constantino M. signo crucis Christi in nubibus viso, ad christianismum inaugurato. *Rostoch.* 1703. 4.

Fabricius (Johann Albert). Dissertatio de cruce Constantini M. qua probatur, eam fuisse phænomenon in halone solari, quo Deus usus fit ad Constantini M. animum permovendum. *Hamb.* 1706. 4.

Wolff (Johann Christoph). Disputatio de visione crucis, Constantino M. in cœlo oblatæ. *Witteb.* 1706. 4.

Jacutius (Matthæus). Syntagma, quo apparentis Magno Constantino crucis historia complexa est, etc. *Rom.* 1755. 4.

Duvoisin (Jean Baptiste). Dissertation sur la vision de Constantin le Grand. *Par.* 1774. 12.

Girault (Claude Xavier). Dissertation historique et critique sur le lieu où la croix miraculeuse apparut à Constantin et à son armée. *Par.* 1810. 8.

Busæus (Johann). Disputatio theologica de baptismo Constantini M. *Mogunt.* 1589. 4.

Scultetus (Abraham). Confutatio Cæsaris Baronii de baptismo Constantini M. *Neustad.* 1607. 4.

Walther (Balthasar). Diatribe elenchtica de imperatoris Constantini M. baptismo, donatione et legatione ad concilium Nicænum. *Jenæ.* 1816. 12.

Tentzel (Wilhelm Ernst). Examen fabulæ romanæ de duplici baptismo Constantini M. *Witteb.* 1683. 4.

Dalhus (Enevold). Dissertatio de baptismo Constantini M. *Hafn.* 1696. 4.

Fuhrmann (Matthias). Historia sacra de baptismo Constantini M. Pars I. *Rom.* 1743. 4. Pars II. *Vindob.* 1746. 4.

Mambrun (Pierre). Constantinus M., s. idolatria debellata. *Par.* 1658. 4.

Schurzfleisch (Conrad Samuel). Dissertatio de primo christianorum imperatore (Constantino M.). *Witteb.* 1679. 4.

Frick (Johann). Dissertatio de fide Constantini M. haud dubie christiana. *Ulm.* 1713. 4.

Struve (Bernard Gotthelf). Dissertatio de Constantino M. ex rationibus politicis christiano. *Jenæ.* 1715. 4.

Lentner (Gottfried Christian). Dissertatio de Constantino M. non ex rationibus politicis christiano. *Lips.* 1714. 4.

Ongaroni (Francesco). Dissertationes III de moribus et religione Constantini M. de Juliani religione et gestis, deque templi Hierosolymitani instauratione ab eodem Juliano attentata et divinitus impedita. *Mediolan.* 1778. 4.

Balduinus (Franciscus). Constantinus M., s. de Constantini imperatoris legibus ecclesiasticis atque civilibus commentariorum libri II. *Basil.* 1556. 8. Publ. par Joachim CLUTEN. *Argent.* 1612. 8. Avec préface par Nicolaus Hieronymus GUNDLING. *Lips.* et *Halæ.* 1727. 8.

Baier (Johann David). Dissertatio de erroribus quibusdam politicis Constantino M. imputatis. *Jenæ.* 1705. 4.

Diexe (Johann Andreas). Dissertatio de forma imperii Romani a Constantino M. recte atque sapienter mutata. *Lips.* 1752. 4.

Albani (Giovanni Girolamo). Tractatus de donatione Constantini M. *Col. Agr.* 1533. Fol. *Rom.* 1547. Fol. *Venet.* 1584. Fol.

Steuch (Augustin). Liber de donatione Constantini M. *Lugd. Bat.* 1543. 8.

Grossius (Matthias). Dissertatio de donatione Constantini M. *Lips.* 1620. 4.

Hildebrand (Joachim). Dissertatio de donatione Constantini M., Silvestro papæ, ut aiunt, facta. *Helmst.* 1661. 4. *Ibid.* 1703. 4.

Arrhenius (Laurids). Refutatio commenti de donatione Constantini M. *Upsal.* 1729. 8.

Muench (Ernst Joseph Hermann). Ueber die Schenkung Constantin's. Beitrag zur Literatur und Kritik der

Quellen des kanonischen Rechts und der Kirchenge-schichte. *Freib. im Breisg.* 1825. 8.

Ciampini (Giovanni). Synopsis historica de sacris œdi-ficiis a Constantino M. constructis. *Rom.* 1693. Fol.

Moller (Daniel Wilhelm). Disputatio de labaro Con-stantiniano. *Altorf.* 1696. 4.
Borchmann (Jacob Friedrich). Dissertatio historico-critica de labaro Constantini M. *Hafn.* 1700. 4.

Withof (Friedrich Theodor). Dissertatio historica de ficta Constantini M. lepra. *Lingen.* 1767. 4.
Hofmann (Carl Friedrich). Dissertatio de Constantini M. sepulchro. *Lips.* 1759. 4.

    Constantin VII Porphyrogénète,
    empereur de Constantinople (905 — 15 nov. 959).

Leich (Johann Heinrich). Commentatio de vita et rebus gestis Constantini Porphyrogeniti, imperatoris Byzan-tini. *Lips.* 1746. 4.

    Constantin Paulowitsch,
    grand-duc de Russie (8 mai 1779 — 30 juillet 1831).

Actenstücke, betreffen'd die Verzichtleistung Constantin's auf den russischen Kaiserthron. *Leipz.* 1826. 4. (*L.*)
(**Harro Harring**, Paul). Der Grossfürst Constantin, wie er war. *Fürth.* (*Leipz.*) 1852. 8.

    Contarini (Ambrogio),
    ambassadeur vénitien du xvᵉ siècle.

Viaggio del magnifico M. A. Contarini, ambasciatore della illustrissima signoria di Venezia, al gran signore Us-sum-Cassan, rè di Persia, nell' anno 1473. *Venez.* 1487. Fol. *Ibid.* 1543. 8.

    Contarini (Angelo),
    procurateur de Saint-Marc.

Gozzi (Gasparo). Orazione funerale per la morte di A. Contarini. *Venez.* 1754. 4.

    Contarini (Carlo),
    doge de Venise (élu le 25 mars 1655 — ... 1656).

Orizonte della fama; racconto historico della vita del se-renissimo duca C. Contarini. *Venez.* 1662. 4.

    Contarini (Carlo),
    démagogue italien.

Memorie de' fatti e della sventura accaduta a C. Conta-rini nel 1780. *Venez.*, anno I della libertà Italiana, s. l et s. d. (1793.) 8.

    Contarini (Francesco),
    doge de Venise († 12 août 1623).

Bonifacio (B...). Elogia Contarena. *Venet.* 1625. 4.

    Contarini (Gasparo),
    cardinal-évêque de Bellune (1483 — 24 août 1542).

Beccatelli (Lodovico). Vita del cardinale G. Contarini, avec préface de Angelo Maria Quirini. *Bresc.* 1746. 4. (*D.*)

    Contarini (Simeone),
    poète italien (1563 — 10 janvier 1633).

(**Farsetti**, Giuseppe Tommaso). Vita di S. Contarini, (procuratore di San Marco). *Venez.* 1772. 8.

    Conté (Nicolas Jacques),
    mécanicien français (4 août 1755 — 6 déc. 1805).

(**Morand de Jouffrey**, N... N...). Conté, s. l. et s. d. 4. (Extrait de la *Gazette de Lyon.*)
(**Jomard**, Edme François). Conté. Vie, travaux et ser-vices de N. J. Conté. *Par.* 1852. 12.
(**Levavasseur**, Gustave). Inauguration de la statue en bronze de N. J. Conté, à Seez. *Argentan.* 1853. 4. (Extrait du *Journal de l'Orne.*)

    Conte (Primo del),
    littérateur italien (1497 — 1593).

Paltrinieri (Ottavio Maria). Memorie intorno alla vita di P. del Conte. *Rom.* 1805. 4.

    Contelori (Felice),
    littérateur italien (vers 1590 — 28 sept. 1652).

Peresio (Giovanni Camillo). Vita di monsignor F. Con-telori. *Rom.* 1684. 4.

    Conti (Andrea),
    prêtre italien.

Bonucci (Antonio Maria). Istoria della vita, virtù e mi-

1

racoli del B. A. Conti, sacerdote professo del serafico ordine del patriarca S. Francesco. *Par.* 1724. 4.

    Conti (Bartolommeo de'),
    prêtre italien.

Faccioli (Giovanni Tommaso). Vita e virtù del B. B. de' Conti di Breganze. *Parma.* 1794. 12.

    Conti (Giusto de'),
    poète italien du xvᵉ siècle.

Ratti (Niccolò). Notizie storiche sulla vita di G. Conti, romano poeta volgare del secolo xv. *Rom.* 1824. 8. (*P.*)
Conti (Louis François Joseph de Bourbon, prince de), prince français (1734 — 10 mars 1814).

Vie privée et politique de L. F. J. de Conti, prince du sang, et sa correspondance avec ses complices fugitifs. *Turin.* 1790. 8. (*Lv.*)

    Conti (princesse de),
    épouse de Louis Armand, prince de Conti.

Triomphe de la déesse Monas, ou histoire du portrait de madame la princesse de Conti, fille du roi (Louis XIV et de la duchesse de la Vallière). *Amst.* 1698. 12.
Relation historique de l'amour de l'empereur de Maroc pour madame la princesse de Conti. *Cologne.* 1700. 12. *Ibid.* 1707. 12. (Rare et curieux.)

    Contilli (Giovanni),
    pédagogue italien (1754 — 1834).

Ruschi (Pietro). Elogio a G. Contilli. *Livorn.* 1856. 8.

    Contrafatto (Giuseppe),
    prêtre italien, connu par un procès scandaleux.

Procès du prêtre sicilien Contrafatto. *Brux.* 1827. 8.
Proces van den priester Contrafatto. *Amst.* 1828. 12.
Mystères du procès de l'abbé Contrafatto. *Par.* 1846. 12.

    Contreras (Alfonso),
    prêtre espagnol.

Grandamico (Juliano). Oratio funebris in obitum A. Contreras ordinis prædicatorum, s. l. 1570. 8.

    Cook (James),
    navigateur anglais (27 oct. 1728 — 13 février 1779).

Nachrichten von dem Leben und den Seereisen des Welt-umseglers J. Cook. *Reval.* 1768. 8.
Leben des Weltumseglers J. Cook. *Frf.* 1780. 8. Portrait.
Leben des Capitäns J. Cook und Nachrichten von seinen Seereisen. *Reval.* 1780. 8.
Gianetti (Michelangelo). Elogio del capitano Cook, colla versione inglese. *Firenz.* 1785. 4. *Ibid.* 1785. 4. (*P.*)
Samwell (David). Narrative of the death of captain J. Cook, etc. *Lond.* 1786. 4. Trad. en franç. s. c. t. Dé-tails nouveaux et circonstanciés sur la mort du capitaine Cook. *Lond.* et *Par.* 1786. 12. (*Lv.*)
Kippis (Andrew). Life of captain J. Cook. *Lond.* 1788. 4. Portrait. *Bas.* (*Strasb.*) 1788. 2 vol. 8. (*P.*)
    Trad. en allem. (par Albrecht Wittenberg). *Hamb.* 1789. 2 vol. 8. Portrait.
    Trad. en franç. (par Jean Castéra). *Par.* 1788. 4. *Ibid.* 1789. 2 vol. 8. (*Lv.*)
Wiedmann (Johann Heinrich). Leben und Schicksale des Capitäns J. Cook. *Erlang.* 1789-90. 2 vol. 8.
Paris (Pierre Louis). Eloge du capitaine Cook. *Par.* 1790. 8.
Lemontey (Pierre Édouard). Éloge de J. Cook. *Par.* 1792. 8. (Couronné par l'Académie de Marseille.)
Young (Georges). Life and voyages of captain J. Cook, drawn up from his journals and other authentic docu-ments, etc. *Par.* 1836. 12. Trad. en holland. *Amst.* 1843. 8.

    Cooke (George Frederick),
    littérateur anglais.

Dunlap (William). Memoirs of the celebrated G. F. Cooke. *Lond.* 1813. 2 vol. 8.

    Coombes (William),
    littérateur anglais.

Hawker (Robert). Life of W. Coombes, of Buckfast-leigh. *Devon.* 1802. 8.

    Cooper (Astley Paston),
    chirurgien anglais (23 août 1768 — 12 février 1841).

Coen (Giuseppe). Biografia scientifica di sir A. Cooper. *Venez.* 1841. 8.
Cooper (Bransby B...). Life of sir A. Cooper, baronet,

23

interspersed with sketches from his Note Book's of distinguished contemporary characters. *Lond.* 1842. 2 vol. 8. Portrait.

Coopmans (George),
médecin hollandais (27 juin 1717 — 30 mai 1800).

Mulder (Jacob). Laudatio funebris G. Coopmans. *Leovard.* 1800. 4. Trad. en holland. *Franck.* 1802. 8. Port.

Copernicus * (Nicolaus),
astronome allemand (19 février 1475 — 24 mai 1543).

Gassendi (Pierre). Vita N. Copernici ; accessit Gassendi vita Tychonis Brahei. *Hag. Com.* 1652. 4. *Par.* 1654. 4.
   * Le nom de sa famille était Kopernick.

Gottsched (Johann Christoph). Gedächtnissrede auf den unsterblich verdienten Domherrn in Frauenberg N. Copernicus, als den Erfinder des wahren Weltbaues. *Leipz.* 1743. 8. (*D.*)

Sniadecki (Jean). Discours sur N. Copernic. *Varsov.* 1803. 8. *Ibid.* 1818. 8. (*D.*) *Par.* 1820. 8.

Westphal (Johann Heinrich). N. Copernicus. *Constanz.* 1822. 8. (*D.*)

Czynski (Jean). Kopernik et ses travaux. *Par.* 1846. 8.

Copius (Johann),
médecin allemand.

Jenisch (Paul). Leichpredigt beim Begräbniss J. Copii. *Dresd.* 1611. 4. (*D.*)

Copleston (Edward),
évêque de Llandaff.

Copleston (William James). Memoir of E. Copleston, D. D. bishop of Llandaff, with selections from his diary and correspondence. *Lond.* 1851. 8.

Coppée (Denis),
poète belge (vers 1589 — tué en 1632).

Polain (Mathieu Lambert). Esquisses biographiques de l'ancien pays de Liége : Jean Erard Foullon ; Jean Guillaume Brixhe ; D. Coppée. *Gand.* 1837. 8. *Liége.* 1857. 8.

Coppenole (François Bernard van),
chirurgien belge (13 février 1777 — 4 sept. 1824).

(**Busscher**, G... de). Notice biographique sur M. F. B. van Coppenole, s. l. et s. d. (*Bruges.* 1825.) 8. Port.

Coppens (Bernard),
naturaliste belge.

Couret de Villeneuve (Louis Philippe). Éloge funèbre de B. Coppens. *Gand.* 1801. 8.

Coquebert de Montbret (Charles Étienne, baron),
archéologue français (3 juillet 1755 — 9 avril 1831).

Silvestre (Augustin François de). Notice biographique sur le baron Coquebert de Montbret. *Par.* 1852. 8.
Notice biographique sur le baron Coquebert de Montbret, membre de l'Institut et de la Société royale des antiquaires de France. *Par.* 1839. 8. (Tiré à part à 20 exemplaires.)

Coquelin (Charles),
économiste français (27 nov. 1803 — 12 août 1852).

Molinari (G... de). Notice sur C. Coquelin, membre de la Société d'économie politique, auteur d'un ouvrage sur le crédit et les banques, rédacteur en chef du *Dictionnaire d'économie politique*. *Par.* 1853. 8. (Extrait dudit *Dictionnaire*.)

Coquereau (Charles Jacques Louis),
médecin français (1744 — 11 août 1796).

Lafisse (Antoine). Éloge historique de C. J. L. Coquereau. *Par.* 1796. 8. (Omis par Quérard.)

Coquille de Romenay (Gui),
jurisconsulte français (vers 1523 — 11 mars 1603).

Joly (Guillaume). Vie de G. Coquille, célèbre jurisconsulte *Bord.* 1703. 8. (Échappé aux recherches de Quérard.)

Coras (Jean),
jurisconsulte français (1513 — massacré le 4 oct. 1572).

Coras (Jacques). Vita J. Corasii senatoris. *Montaub.* 1675. 4.

Coray (Diamant), voy. **Korais** (Adamantinus).

Corboliensis (Aegidius),
médecin allemand.

Withof (Johann Philipp Lorenz). Nachricht von dem Arzeneygelehrten Aegidius Corboliensis. *Duisb.* 1751. 8.

Corda (August Joseph),
littérateur bohème (?).

Weitenweber (Wilhelm Rudolph). Denkschrift über A. J. Corda's Leben und literarisches Wirken. *Prag.* 1852. 4.

Cordara (Giulio Cesare),
jésuite italien (16 déc. 1704 — 6 mars 1784).

Buchetti (Luigi Maria). De vita et scriptis J. C. Cordaræ e Societate Jesu commentarius. *Venez.* 1804. 8.

Corday d'Armans (Marie Anne Charlotte),
patriote française (1768 — guillotinée le 16 juillet 1793).

Lux (Adam). C. Corday. *Par.* 1793. 12. (Peu commun.)

Wieland (Christoph Martin). Brutus und C. Corday. *Frf.* 1795. 8.

C. Corday ; ein Versuch. *Altona.* 1794. 8.

(**Scheler**, Eugen Carl Ludwig v.). Interessante Nachricht vom Leben und Tode (Jean Paul) Marat's, nebst einer kurzen Geschichte seiner Mörderin , C. Corday. *Mannh.* 1795. 8.

Couet de Gironville (N... N...). C. Corday, etc., ou mémoires pour servir à l'histoire de la vie de cette femme célèbre. *Par.*, an IV (1796). 8.

Dubois (Louis). C. Corday ; essai historique, offrant enfin des détails authentiques sur la personne et l'attentat de cette héroïne, etc. *Par.* 1838. 8. Portrait.

Colet (Louise). C. Corday et madame (Manon Jeanne Philipon) Roland. *Par.* 1842. 8.

Delasalle (Paul). C. Corday. *Par.* 1845. 8.

Eisele (Friedrich). C. Corday. Gemälde aus Frankreichs erster Revolution. *Erfurt.* 1848. 8.

Demiau de Crouzilhac (François). Notice sur la maison habitée à Caen par C. Corday. *Caen.* 1852. 8.

Cordes (Denis de),
conseiller au Châtelet († 22 nov. 1642).

(**Godeau**, Antoine). L'idée du bon magistrat en la vie et en la mort de M. D. de Cordes, conseiller au Châtelet de Paris. *Par.* 1645. 12.

Cordier (Louis Étienne Joseph),
représentant du peuple français (15 août 1775 — 13 juin 1849).

G... (N...). Notice biographique sur L. É. J. Cordier, du Jura , représentant du peuple. *Lons-le-Saunier.* 1850. 8.

Cordon d'Evieu (Jacques de),
commandeur de Genevois (21 oct. 1568 — ...).

Calemard (Marc Antoine). Histoire de la vie d'illustre F. J. de Cordon d'Evieu, chevalier de l'ordre de S. Jean de Hierusalem , commandeur de Genevois de Savoye. *Lyon.* 1663. 4.

Cordova (Francesca da),
épouse du duc de Feria.

Fossati (Giovanni Francesco). Discorso nella morte della signora D. F. da Cordova, moglie del duca de Feria. *Milan.* 1623. 4.

Cordova (Gonzalo Fernandes de),
général espagnol (16 mars 1443 — 2 déc. 1515).

Fernandez (Antonio). Historia Parthenopea s. de rebus gestis G. F. de Corduba. *Rom.* 1516. Fol.

Giovio (Paolo). De vita et rebus gestis G. F. Cordubæ libri III.
   Trad. en espagn. par P... B... TORRELLAS. *Saragoss.* 1554. Fol. *Rom.* 1555. 8.
   Trad. en ital. par Lodovico DOMENICHI. *Firenz.* 1550. 8. *Ibid.* 1552. 8.

Pulgar (Fernandez de). Coronica del gran capitan G. F. de Cordova y Aguilar, en la qual se contienen las dos conquistas del reyno de Napoles, etc. *Sevilla.* 1580. Fol. *Ibid.* 1582. Fol. *Alcala.* 1584. Fol.

Duponcet (Nicolas). Histoire de G. de Cordove, surnommé le grand capitaine. *Par.* 1704. 2 vol. 12. (*P.*)
   Trad. en espagn. *Jaen.* 1723. 2 vol. 8.

Quintana (Manoel José). Vida de G. F. de Cordova, llmado el grand capitan. *Par.* 1827. 12.

Cordova (Hipolyta de),
vice-reine du Pérou († 1660).

Bravo (Fernando). Sermon en las honras de doña H. de Cordova, virreyna del Peru. *Lima.* 1660. 4.

Cordova y Bocanegra (Francisco de),
théologien mexicain.

Vita y muerte del siervo de Dios D. F. de Cordova y
Bocanegra, natural de Mexico. *Mexico.* 1617. 4.

Cordus (Euricius),
médecin et poète allemand (vers 1475 — 24 déc. 1538).

Kahler (Wigand). Vita D. E. Cordi, Simeshusii-Hassii,
artis salutaris, dum viveret, cum filio Valerio reforma-
toris strenui et poetæ eximii. *Rintel.* 1744. 4. (D.)

Corelli (Archangelo),
musicien italien du premier ordre (1653 — 8 janvier 1713).

Fayolle (François Joseph Marie). Notices sur Corelli ,
(Giuseppe) Tartini , (Pierre) Gaviniès , (Gaëtano) Pugnani et (Giovanni Battista) Viotti. *Par.* 1810. 8.
5 portraits de ces artistes.

Coremans (Victor Amadeus),
publiciste belge (1802 — ...).

Dr. Coremans, der Verbannte aus dem Königslande.
Darstellung der Verfolgungen , die derselbe in der
letzten Zeit in Luzern erlitt. *Glarus.* 1834. 8.

Corentin (Saint),
martyr français.

Maunoir (Julien). Vita S. Corentini. *Quimper.* 1685. 12.

Corinne de Tanagre, surnommée la **Muse lyrique,**
contemporaine de Pindare.

Schupp (Johann Baptist). Corinna , die ehrbare und
scheinbare Hure. *Leipz.* 1660. 12.

Coriolan (Cajus Marcius),
héros romain.

Crell (Heinrich Christian). Dissertatio de C. M. Coriolano tribunatus et patriæ hoste. *Lips.* 1722. 4.

Malvezzi (Virgilio). Considerazioni delle vite d' Alcibiade e di Coriolano. *Bologn.* 1648. 12. *Genev.* 1656. 12.

Rochlitz (Friedrich). Helden des alten Roms und des
neuen Frankreichs, Coriolan und Dumouriez. *Leipz.*
1796. 8.

Corleone (Bernardo de),
capucin italien.

Frazzetta (Michele). Compendio della vita, virtù e miracoli del venerabile servo di Dio F. B. da Corleone,
laico cappuccino. *Palerm.* 1677. 8. Trad. en lat. (par
Pietro Maria CICALA). *Panorm.* 1679. 8.

Le capucin de Sicile, ou l'histoire de F. B. de Corleon.
Par. 1690. 12. (*Bes.*)

Béthune (Jean Chrysostôme de). Abrégé historique des
vies du P. Laurent de Brindisi et du F. B. de Corleon.
Par. 1751. 12. (*Bes.*)

Mayr (Beda). Lobrede auf den Bruder B. v. Corleone,
vom Capuziner-Orden. *Münch.* 1764. 4.

Modigliana (Gabriele da) et **Caltanissetta** (Girolamo
Maria). Vita del B. B. da Corleone. *Rom.* 1768. 4.

Ajofrin (Francisco). Portentosa vida, admirables virtudes y estupendos milagros del pasmo de penitentia y
estatico minorita, el de B. de Corleone, Siciliano, bea-
tificado por N. S. P. Clemente XIII. *Madr.* 1769. 4.

Cormatin (Pierre Marie Félicité **Desoteux,** baron de),
officier français (vers 1750 — 19 juillet 1812).

Affaire de Cormatin. Séance du 17 brumaire. Notice sur
sa vie privée, s. l. et s. d. 8. (Ecrit par lui-même.)

Cormeaux (François George),
missionnaire français (10 nov. 1748 — guillotiné le ... 1794).

(Lasausse, Jean Baptiste). Vie et œuvres spirituelles de
M. Cormeaux, curé en Bretagne, avec des traits édi-
fiants, arrivés dans les prisons. *Par.* 1796. 2 vol. 12.
(*Lv.*)

Cormenin (Louis Marie de la **Haye,** vicomte de),
homme d'État français (6 janvier 1788 — ...).

Cormenin (Louis Marie de la **Haye** de). Mes contemporains. *Par.* 1847. 8. (Publ. s. l. pseudonyme de
TIMON.)

Corna da Bariano (Giuseppe),
savant italien († 28 avril 1829).

Cremonesi (Giovanni Battista). Cenni biografici in morte
dell' abate G. Corna da Bariano. *Milan.* 1835. 8.

Cornarius * (Johann),
médecin allemand (1500 — 16 mars 1558).

Baldinger (Ernst Gottfried). Programmata III de J. Cor-
nario. *Jenæ.* 1770. 4.

* Son nom de famille était HAGENBUT.

Cornaro,
famille vénitienne.

Policini? (N... N...). Fasti gloriosi dell' eccellentissima
casa Cornaro. *Padov.* 1698. 4.

Cornaro-Piscopia (Elena Lucrezia),
poète italienne (5 juin 1646 — 26 juillet 1684).

Macedo (Francisco de Santo Agostinho). Panegyricus
dominæ H. Corneliæ. *Patav.* 1679. 4.

Pompe funebre celebrate da' signori accademici infecondi
in Roma per la morte dell' illustrissima signora E. L.
Cornaro-Piscopia, academica detta l'inalterabile. *Padov.*
1685. Fol. (*D.*)

Deza (Massimiliano). Vita di E. L. Cornaro-Piscopia.
Venez. 1686. 4.

Lupis (Antonio). L'eroina veneta, ovvero la vita di E. L.
Cornaro-Piscopia. *Venez.* 1689. 4.

Vitæ virorum eruditorum ut et H. Cornaræ et Cassandræ
Fidelis. *Vratisl.* 1711. 4.

Lorenz (Christian Heinrich). Analecta litteraria ad H.
L. Piscopiæ vitam. *Altenb.* 1772. 4.

Cornaro ou **Corner** (Flaminio),
homme d'État italien (4 février 1693 — 27 déc. 1778).

Brustoloni (Domenico). Elogio funebre di F. Corner,
amplissimo senatore (di Venezia). *Bassan.* 1779. 4.

Costadoni (Giovanni Domenico Anselmo). Memorie sulla
vita e sulle opere di F. Cornaro senatore. *Bassan.*
1780. 8.

Cornaro (Ludovico),
savant italien (1467 — le 26 avril 1566).

Cornaro (Ludovico). Trattato della vita sobria, o sia compendio della vita sobria. *Padov.* 1558. 8. *Venez.* 1559.
8. *Ibid.* 1620. 8. *Par.* 1646. 24. *Veron.* 1788. 8.

Trad. en allem. par N... N... LUDOVICI. *Leipz.* 1707. 8.

Trad. en angl. *Cambridge.* 1634. 12. *Lond.* 1725. 8.
Ibid. 1765. 8. *Ibid.* 1798. 8.

Trad. en franç. :
Par Sébastien HARDY. *Par.* 1646. 8.
Par M... D... (de PRÉMONT). *Par.* 1702. 12.
Par M... D... L... B... (de la BONAUDIÈRE). *Par.*
1701. 12. *Par.* et *Brux.* 1705. 16. *Salerne.*
(*Liége.*) 1788. 12. *Par.* an IX (1801). 16. Augm.
par N... N... BRUSTEL. *Par.* 1831. 8.

Trad. en holland. s. c. t. Schat der soberheit. *Amst.*
1652. 12.

Trad. en lat. s. c. t. Hygiasticon, etc., par Léonard
LESSIUS. *Antw.* 1613. 8. *Ibid.* 1614. 8. *Ibid.* 1623.
8. *Cantabrig.* 1634. 8. *Rom.* 1673. 4. *Mediol.*
1615. 8.

Cornaro (Luigi),
savant italien.

Gamba (Bartolommeo). Delle lodi di L. Cornaro. *Venez.*
1817. 8.

Cornaro (Marco),
évêque de Vicenza.

Brantio de Luschis (N... N...). M. Cornelio Vicentinum
episcopatum ineunti oratio. *Vicent.* 1767. 8.

Cornay (Jean Charles),
prêtre français (27 février 1809 — décapité le 20 sept. 1837).

Notice sur la vie et la mort de J. C. Cornay, prêtre du
diocèse de Poitiers, décapité pour la foi au Tong-King
(en Chine). *Poit.* 1839. 8.

Marette (A... X...). Apostolat et martyre de M. Cornay,
missionnaire en Chine. *Tours.* 1839. 32.

Corneille (Pierre),
poète français du premier ordre (6 juin 1606 — 1er oct. 1684).

Gaillard (Gabriel Henri). Éloge de P. Corneille. *Rouen.*
1768. 8. *
* Couronné par l'Académie de Rouen.

(**Bailly,** Jean Sylvain). Éloge de P. Corneille. *Rouen.*
1768. 8. *Ibid.* 1770. 8. *
* Ouvrage qui a obtenu l'accessit du prix d'éloquence.

Bitaubé (Paul Jérémie). Éloge de P. Corneille. *Berl.*
1769. 8.

Langeac (abbé de). Éloge de P. Corneille. *Par.* 1768. 8. (Portrait.)

(**Montyon**, Antoine Jean Baptiste Robert **Auger** de). Eloge de P. Corneille. *Lond.*, s. d. (1807). 8.

(**Porthmann**, Jules). Eloge de Corneille. *Par.* 1808. 8.

Fabre (Marie J. J. Victorin). Eloge de P. Corneille. *Par.* 1808. 8. * (*D.*)

* Couronné par l'Institut de France.

Auger (Louis Simon). Éloge de P. Corneille. *Par.* 1808. 8.

Chazet (René Alissan de). Éloge de P. Corneille. *Par.* 1808. 8.

Jay (Antoine). Éloge de P. Corneille. *Par.* 1808. 8.

Guinand (F... A...). Eloge de P. Corneille, etc. *Par.* 1822. 8.

Louvet (Édouard). Éloge de P. Corneille, discours en vers, etc. *Caen.* 1824. 8.

Taschereau (Jules). Histoire de la vie et des ouvrages de P. Corneille. *Par.* 1829. 8. Portrait. (*D.*)

Levavasseur (Gustave). Vie de P. Corneille. *Par.* 1843. 12.

Guizot (François Pierre Guillaume). P. Corneille et son temps. *Par.* 1852. 8. Trad. en angl. *Lond.* 1852. 8.

Houel (Charles Juste). Recherches sur la date de la naissance de P. Corneille. *Rouen.* 1828. 8.

Corneille (Pierre Alexis). Rapport sur le jour de la naissance de P. Corneille et sur la maison où il est né. *Rouen.* 1829. 12.

Stassart (Goswin Joseph Augustin de). Note sur les descendants de Corneille. *Brux.* 1851. 8. *

* On y trouve la généalogie de la famille de Corneille, dressée par les soins de l'Académie française.

Viguier (N... N...). Anecdotes littéraires sur P. Corneille, ou examen de quelques plagiats qui lui sont généralement imputés par ses commentateurs français, en particulier par Voltaire. *Rouen.* 1846. 8. (*Lv.*)

Cornélie,
mère des Gracches.

Loosjes (Adriaan). Romeinsche antieken van vrijheid en vaderlandsliefde, bevattende M. Junius Brutus, Cornelia, de moeder der Gracchen, en L. Junius Brutus. *Amst.* 1798. 8.

Aernout (H... J...). Disputatio historico-literaria de Cornelia, matre Gracchorum. *Lugd. Batav.* 1826. 4.

Mercklin (Ludwig). Programma de Cornelia, Gracchorum matris, vita, moribus et epistolis. *Dorpat.* 1844. 8.

Cornelissen (Égide Norbert),
littérateur belge (12 juillet 1769 — 18 juillet 1849).

Duyse (Prudens van). Levensberigt van N. Cornelissen. *Gand.* 1850. 8.

Quetelet (Lambert Adolphe Jacques). Notice biographique sur E. N. Cornelissen. *Brux.* 1851. 12. (Tiré à part à très-petit nombre d'exemplaires, avec portrait.)

Cornelius Nepos,
historien romain (contemporain de l'empereur Auguste).

Moller (Daniel Wilhelm). Disputatio circularis de C. Nepote. *Altorf.* 1685. 8.

Menz (Friedrich), Prolusio de C. Nepote et ejus loci interpretatione. *Lips.* 1748. 4.

Schlegel (Joachim Heinrich). Observationes criticæ et historicæ in C. Nepotem, etc. *Hafn.* 1778. 4.

Torell (Magnus Pehr). Dissertatio de C. Nepote ejusque dicendi genere. *Lund.* 1799. 8.

Azzocchi (Tommaso). Vita di C. Nipote. *Rom.*, s. d. 8.

Mosche (Christian Julius Wilhelm). De eo quod in C. Nepotis vitis faciendum restat, etc. *Frf.* 1802. 4.

—— C. Nepotis liber inscribitur « Vitæ excellentium imperatorum, » utrum opus integrum an vero operis majoris pars quædam sit habendus. *Lubec.* 1807. 4.

Rinck (Wilhelm Friedrich). Versuch einer kritischen Prüfung, um dem Æmilius Probus das allgemein für ein Werk des C. Nepos gehaltene Buch « de Vitis, etc. » wieder zuzustellen. . . . Trad. de l'ital. par Dietrich HERMANN. *Wien.* 1819. 8.

Daehne (Johann Christoph). Disputatio de vitis excellentium imperatorum C. Nepoti, non Æmilio Probo attribuendis. *Zitzæ.* 1827. 4.

Hisely (Johann Jacob). Disquisitio critica de fontibus et auctoritate C. Nepotis. *Delph. Batav.* 1827. 8.

Ranke (Carl Ferdinand). Commentatio de C. Nepotis vita et scriptis. *

* A la tête d'un programme de Joachim Friedrich SACHSE. *Quedlinb.* 1827. 4.

Wichers (R... H...). Disquisitio critica de fontibus et auctoritate C. Nepotis. *Groning.* 1828. 8.

Waliki (Alphons). Dissertatio de C. Nepote. *Dorpat.* 1852. 8.

Lieberkuehn-Pohlmann (F... L... B...). Commentatio prima de auctore vitarum, quæ sub nomine C. Nepotis feruntur, etc. *Lips.* 1837. 8. (Dissertation couronnée.)

Luetkenhus (Johann Theodor). Commentatio de C. Nepotis vita et scriptis. *Monast.* 1838. 8.

Nissen (Detlev Andreas Friedrich). Disputatio de vitis, quæ vulgo C. Nepotis nomine feruntur. *Rendsburg.* 1839. 4. *

* Contre la dissertation de M. Lieberkuehn.

Rinck (Wilhelm Friedrich). Prolegomena ad Æmilium Probum de vero auctore Vitarum excellentium ducum exterarum gentium, quæ vulgo C. Nepoti tribuuntur. *Basil.* 1841. 8.

Freudenberg (Joachim). Quæstiones historicæ in C. Nepotis vitas quæ inscribuntur excellentium imperatorum, pars I. *Col. Agr.* 1839. 4. Pars II. *Bonn.* 1842. 4.

Corner, voy. Cornaro (Flaminio).

Corner (Christoph),
théologien allemand (1518 — 18 mars 1594).

Pelargus (Christoph). Scriptum in funere C. Corneri. *Frf.* 1594. 4.

Cornet (Bartolommeo),
prêtre italien († 11 mai 1836).

(**Meneghelli**, Antonio). Discorso nelle solenne esequie di B. Cornet, prete dell' Oratorio. *Padov.* 1836. 8.

Cornet (Nicolas),
théologien français (1592 — 12 avril 1663).

Bossuet (Jacques Bénigne). Oraison funèbre de N. Cornet, grand-maître du collège de Navarre. *Amst.* 1698. 12.

Corneto (Adriano da),
cardinal-évêque de Bath.

Ferri (Girolamo). Biografia del celebre cardinale A. da Corneto, abrégée par Ambrogio Simpliciano SORECK. *Trento.* 1837. 8.

Corniani (Giovanni Battista),
littérateur italien (28 février 1742 — 8 nov. 1813).

Labus (Giovanni). Notizie intorno alla vita ed agli scritti di G. B. Corniani. *Milan.* 1814. 8.

Ugoni (Camillo). Elogio storico di G. B. Corniani. *Bresc.* 1818. 8.

Cornic-Duchesne (Charles),
marin français (5 sept. 1731 — 12 sept. 1809).

Alexandre (Charles). Histoire de C. Cornic (Duchesne). *Morlaix.* 1849. 12.

Cornides (Daniel),
littérateur hongrois (1732 — 4 oct. 1787).

Koppi (Carl). Oratio parentalis in funere viri clarissimi D. Cornidis in regia universitate Hungarica diplomaticæ et heraldicæ professoris. *Pestin.* 1787. 4.

Cornificius,
grammairien romain.

Bergk (Theodor). Dissertatio de Cornificio ejusque studiis grammaticis. *Marb.* 1843. 4.

Cornu (Henri),
littérateur français (14 nov. 1813 — ...1849).

Duchataux (Victor). Notice sur H. Cornu. *Valencien.* 1849. 8.

Cornutus (Lucius Annæus),
philosophe romain.

Martini (G... J... de). Disputatio de L. A. Cornuto, philosopho stoico. *Lugd. Bat.* 1825. 8.

Corradini (Pietro Marcellino),
cardinal-évêque de Tusculo (2 juin 1658 — 8 février 1743).

(**Giorgio**, Domenico). Elogium P. M. Corradini historicum. *Rom.* 1743. 4.

Montani (Francesco Fabi). Elogio storico del cardinale P. M. Corradini. *Rom.* 1844. 8.

Corrado (Sebastiano),
humaniste italien († 19 août 1556).

Re (Filippo). Elogio di S. Corrado. *Bologna.* 1812. 8. *Milan.* 1820. 8. Portrait.

Fappani (Agostino). Elogio di S. Corrado. *Milan.* 1820. 8.

Corraro (Giorgio),
prêtre italien.

Ganassoni (N... N...). Oratio in funere G. Corrarii, abbatis congregationis Cassinensium supremi præsidis. *Venez.* 1771. 4.

Correa (Manuel),
jésuite espagnol (1712 — 1789).

Vita venerabilis P. E. Correæ e S. J. in Brasilia missionarii, s. l. 1789. 12. *Tano.* 1790. 8. (Extrêmement rare.) *Wirceb.* 1790. 8.

Correggio, voy. **Allegri.**

Corrie (Daniel),
évêque de Madras.

Memoirs of the Right Rev. D. Corrie, first bishop of Madras, compiled chiefly from his own letters and journals. *Lond.* 1847. 8. (Publ. par ses frères.)

Corrodi (Heinrich),
théologien suisse (1752 — 1793).

Meister (Leonhard). Lebensbeschreibung H. Corrodi's. *Zürch.* 1793. 8.

Corsini (Andrea),
évêque de Fiésole (30 nov. 1302 — 6 janvier 1373).

Venturi (Francesco). Vita di S. A. Corsini. *Rom.* 1620. 4.

Torres (Andrea). Panegirico di S. A. Corsini. *Rom.* 1629. 4.

Roman (Manuel). Epitome de la vida y milagros de S. A. Corsini, obispo de Fesulano. *Madr.* 1629. 4.

Rombo das Chagas (Manoel). Tractado da vida de S. A. Corsini, etc. *Lisb.* 1629. 8.

Angulo (Diego de). Vida de S. A. Corsini, obispo de Fiesoli de la orden de N. Señora del Carmen. *Sevilla.* 1630. 4.

Legouverneur (Guillaume). Vie de S. A. Corsin, carme. *Rennes.* 1630. 8.

Corsini (Domenico),
théologien italien († 12 janvier 1840).

Righetti (Antonio). Elogio funebre del fu molto reverendo signore D. D. Corsini, arciprete di Pescatina. *Veron.* 1840. 8.

Cortese (Gregorio),
cardinal-évêque d'Urbin (1483 — 21 sept. 1548).

Ansart (Joseph Auguste). Vie de G. Cortes, bénédictin, évêque d'Urbin et cardinal. *Par.* 1786. 12. *
* On a quelquefois attribué cette biographie à André Joseph ANSART.

Prandi (Geronimo). Elogio storico del cardinale G. Cortese. *Pav.* 1788. 4.

Cortese (Tiburzio),
évêque de Modène.

Montagnini (Gaëtano). Elogio storico di T. Cortese, vescovo di Modena. *Moden.* 1838. 8. Portrait.

Cortesi (Giuseppe),
géologue italien (8 août 1760 — 11 août 1838).

Buttafuoco (Gaëtano). Notizie intorno la vita e gli studii del cavaliere G. Cortesi. *Piacenz.* 1858. 4.

Cortez (Fernando),
conquérant du Mexique (1485 — 2 déc. 1554).

Cortez (Fernando). Cartas III de relacion embiadas a S. M. del emperador (Carlos V). *Sevilla.* 1552. 4. Publ. s. c. t. Historia de Nueva-España, etc., par Francisco Antonio LORENZANA. *Mexic.* 1770. Fol.
   Trad. en allem. par Johann Jacob STAFFER. *Heidelb.* 1779. 2 vol. 8. *Bern.* 1795. 2 vol. 8.
   Trad. en franç. par César François de FLAVIGNY. *Bern.* 1779. 8.
   Trad. en lat., s. c. t. Præclara narratio, etc., par Petrus SAGUORGNAN, s. l. 1524. Fol. *Norimb.* 1525. Fol.

Solis y Ribadeneyra (Antonio de). Historia de la conquista del Mexico desde el año 1518 hasta el de 1621, *Madr.* 1684. Fol. Augment. de la vie de l'auteur par

---

J. de GOYENECHE. *Bruss.* 1704. Fol. *Barcelon.* 1711. Fol. *Madr.* 1732. Fol. *Ibid.* 1748. Fol. *Ibid.* 1758. 3 vol. 12. *Bruss.* 1741. Fol. *Madr.* 1773. 4. *Ibid.* 1783-85. 2 vol. 4. *Ibid.* 1790. 4. *Ibid.* 1791. 3 vol. 8. *Ibid.* 1798. 5 vol. 12. *Lond.* 1809. 3 vol. 8. *Par.* 1824. 5 vol. 18. *Madr.* 1825. 4 vol. 8. *Ibid.* 1826. 3 vol. 32. *Par.* 1827. 5 vol. 32. *Madr.* 1828. 4 vol. 8.
   Trad. en allem. *Copenh.* 1750-52. 2 vol. 8. Par Lebrecht Günther FOERSTER. *Quedlinb.* 1858. 2 vol. 8.
   Trad. en angl. par Thomas TOWNSEND. *Lond.* 1724. Fol. *Dubl.* 1727. 8.
   Trad. en dan. par Brigitta LANGE. *Kjoebenb.* 1747. 8.
   Trad. en franç. par N... N... CITRY DE LA GUETTE. *Par.* 1691. 4. *La Haye.* 1692. 2 vol. 12. *Par.* 1704. 2 vol. 12. *Ibid.* 1730. 2 vol. 12. *Ibid.* 1775. 2 vol. 12.
   Trad. en ital. *Firenz.* 1699. 4. *Venez.* 1704. 4. *Ibid.* 1755. 4. *Ibid.* 1815. 4.

Caballero (Raimondo Diosdado). Eroismo di F. Cortese, confermato contro le censure nemiche. *Rom.* 1806. 8.

Manzi (Pietro). Istoria della conquista di Messico. *Rom.* 1820. 16.

Prescott (William Henry). History of the conquest of Mexico, with a preliminary view of the ancient mexican civilization and the life of the conqueror H. Cortez. *Lond.* 1843. 3 vol. 8.
   Trad. en allem. *Leipz.* 1844. 3 vol. 8.
   Trad. en franç. par Amédée PICHOT. *Par.* 1845. 3 vol. 8.

Soltwedel (Alexander). Mexikos eröfring af F. Kortez. *Linkoeping.* 1844. 18.

Belani * (H... E... R...). Geschichte der Entdeckung und Eroberung von Mexiko. *Berl.* 1847. 8.
* Le véritable nom de l'auteur est HAEBERLIN.

Gomara (Francisco Lopez de). Historia de F. Cortez. Trad. en ital. par Agostino de CRAVALISI. *Rom.* 1556. 4.

Lasso de la Vega (Gabriel). Elogios en loor de los tres famosos varones, D. Jayme, rey de Aragon, D. F. Cortez, marquez del Valle, y D. A. Bazan de Santa-Cruz. *Saragoss.* 1601. 12. *
* Recueil de passages de tous les poètes espagnols où il est fait mention de ces trois hommes illustres.

(**Ring** , Friedrich Dominik). Kurzgefasste Geschichte der drei ersten Entdecker von Amerika. *Frf.* 1781. 8.

Curths (Carl). F. Cortez, der Eroberer Mexiko's. *Berl.* 1818. 8.

Telesforo de Trueba y Cosio (N... N...). Life of H. Cortez. *Edinb.* 1829. 16. *Lond.* 1830. 8. Trad. en allem. par Johann SPORSCHIL. *Leipz.* 1837. 8.

Sandtner (Friedrich Eduard). F. Cortez und die Eroberung von Mexiko. *Prag.* 1842. 2 vol. 8.

Corthum (Lucas),
jurisconsulte allemand (1688 — 9 janv. 1765).

Schuetze (Gottfried). Memoria L. Corthumii, JCti et reipublicæ Hamburgensis, senatoris. *Hamb.* 1765. Fol. Trad. en allem. *Hamb.* 1765. Fol.

Coruncanius (Tiberius),
jurisconsulte romain.

Wuerffel (Ludwig August). Commentatio de T. Coruncanio. *Halæ.* 1740. 4.

Corvetto (Luigi Emmanuele, conte di),
ministre des finances en France (11 juillet 1756 — 23 mai 1822).

Solari (Giuseppe Gregorio). Elogio storico del conte L. E. di Corvetto. *Genov.* 1824. 8.

Corvinus (Andreas),
jurisconsulte allemand († 14 janvier 1648).

Huelsemann (Johann). Concio funebris in A. Corvini obitum. *Lips.* 1650. 4. (D.)

Corvinus (Anton),
théologien allemand (1501 — 5 avril 1553).

Baring (Daniel Eberhard). Leben des berühmten Magisters A. Corvinus, Braunschweig-Lüneburgischen General-Superintendenten. *Hannov.* 1749. 8. (D.)

Corvisart-Desmarets (Jean Nicolas),
médecin français (15 février 1755 — 18 sept. 1821).

Dupuytren (Guillaume). Discours prononcé à la mémoire de M. Corvisart. *Par.* 1821. 4.

(**Ferrus** , G...). Notice historique sur J. N. Corvisart. *Par.* 1821. 8. Portrait.

Coscia (Niccolò),
cardinal italien (25 janvier 1682 — 8 février 1755).

Leben und denkwürdige Begebenheiten des Cardinals N. Coscia, Premier-Ministers Benedict's XIII. *Leipz.* 1733. 8. Portrait. (*D.*)

Cosentini (Giuseppe Maria),
botaniste italien (3 août 1759 — 30 sept. 1839).

Coco-Grasso (Lorenzo). Notizie biografiche per D. G. M. Cosentini, decano-curato e botanico di Catania. *Palerm.* 1840. 8.

Cosin (Richard),
jurisconsulte anglais.

Barlow (William). Vita et obitus R. Cosin, legum doctoris. *Lond.* 1548. 4.

Cosmas (Saint),
martyr.

Disquisitio historica de SS. martyribus Cosma et Damiano, etc. *Rom.* 1747. 4.

Boerner (Friedrich). De Cosma et Damiano, artis medicæ diis olim et adhuc hodie hinc illincque tutelaribus commentatio. *Helmst.* 1751. 4. (*Lv.*)

Cosme (Jean **Baseilbac**, dit **le Frère**),
feuillant français (5 avril 1703 — 8 juillet 1781).

Cambon (N... N... de). Éloge historique de J. Baseilhac, Frère Cosme, feuillant, avec des détails sur les instruments (de chirurgie) qu'il a inventés ou perfectionnés, s. l. (*Par.*) 1781. 8.

Cosme de Médicis, dit **l'Ancien**,
surnommé **le Père de la patrie**,
chef de la république florentine (27 sept. 1389 — 1434 — 1er août 1464).

Salvini (Salvino). Orazione in lode di Cosimo, pater patriæ. *Firenz.* 1814. 8.

Filicaja (Vincenzo da). Elogio di Cosimo de' Medici, padre della patria. *Firenz.* 1817. 8.

Bottari (Giovanni). Elogio e ritratto di Cosimo de' Medici, padre de la patria. *Padov.* 1819. Fol.

Cavalcanti (Giovanni). Della carcere, dell' ingiusto esilio e del trionfal ritorno di Cosimo, padre della patria, narrazione genuina tratta dall' istoria Fiorentina, etc. *Firenz.* 1821. 8.

Cosme I, dit **le Grand**,
premier grand-duc de Florence (19 juin 1519 — 1538 — 21 avril 1574).

Rosello (Lucio Paolo). Ritratto del vero governo del principe dall' esempio vivo del gran Cosimo dei Medici, etc. *Venez.* 1552. 12. (Excessivement rare.)

Grifoli (Jacopo). De laudibus Cosmi Medicis illustrissimi Florentiæ Senarumque ducis oratio. *Florent.* 1565. 4. (Très-rare.)

Lode della famosissima e nobilissima città di Firenze e del suo illustrissimo e eccellentissimo signor duca (Cosimo I) e de' suoi generosissimi figliuoli, etc. *Firenz.* 1569. 12. (Eloge écrit en rimes octaves.)

Bruni (Bruno). Vita Cosmi I, magni Etruriæ ducis. *Florent.*, s. d. 8.

Baldini (Baccio). Vita di Cosimo de' Medici I, granduca di Toscana. *Firenz.* 1578. 4. *Ibid.* 1615. 4.

Sanleolini (Sebastiano). Screnissimi Cosmi Mediçis primi Hetruriæ magni ducis actiones. *Firenz.* 1578. 4.

Manucci (Aldo). Vita di Cosimo de' Medici, primo granduca di Toscana. *Bologn.* 1586. Fol. (*Bes.*) *Pisa.* 1819. 8. *Ibid.* 1823. 8.

Cini (Giovanni Battista). Vita di Cosimo de' Medici, primo granduca di Toscana. *Girenz.* 1611. 4.

Histoire anecdotique de Cosme, premier grand-duc de Toscane, traduite d'un manuscrit italien qui n'avoit pas encor été rendu public. *Verone*, s. d. 8.

Fabroni (Angelo). Magni Cosmi Medicei vita. *Pisis.* 1789. 2 vol. 4. (*Bes.*)

Cantini (Lorenzo). Vita di Cosimo de' Medici, primo granduca di Toscana. *Firenz.* 1804. 4.

Gerlach (Franz Dorotheus). Das Zeitalter Cosmo von Medicis. *Basel.* 1849. 4.

Aspri (Michele). Carmen nuptiale in nuptiis Cosmæ (Medicei) et Leonoræ de Toledo, (fille de Pierre de Tolède, marquis de Villafranca). *Florent.* 1539. 8.

Giambullari (Pietro Francesco). Apparato e feste nelle nozze dell' illustrissimo signore duca di Firenze e della duchessa (Leonora), sua consorte, etc. *Firenz.* 1539. 12.

Barbiani (Marcello Vestrio). Coronazione del serenissimo signor Cosimo de' Medici, granduca di Toscana, fatta dalla Santità di S. Pio V in Roma sotto il dì 5 di marzo 1569, con il viaggio e regia entrata di S. A. in Roma. *Firenz.*, s. d. (vers 1570). 4.

Salviati (Leonardo). Orazione per la coronazione di Cosimo de' Medici. *Firenz.* 1570. 4.

Firmano (Cornelio). Della solenne coronazione del granduca Cosimo I de' Medici, publ. avec des notes par Domenico Moreni. *Firenz.* 1819. 4.

Mellini (Domenico). Ricordi intorno ai costumi, azioni e governo del serenissimo granduca Cosimo I, etc., publ. par Domenico Moreni. *Firenz.* 1820. 8.

Funerali fatti in Roma per il rè di Francia (Charles IX) e il granduca di Toscana, Cosimo de' Medici I. *Firenz.* 1574. 4. (Extrêmement rare.)

Baldini (Baccio). Orazione fatta nell' accademia Fiorentina, in lode del serenissimo signore Cosimo de' Medici, granduca di Toscana. *Firenz.* 1574. 4. (Rare.)

—— Discorso della virtù e della fortuna del signor Cosimo de' Medici I, granduca di Toscana. *Firenz.* 1577. 4.

Nuti (Giulio). Canzone nella morte del serenissimo Cosimo Medici, granduca di Toscana. *Bologn.* 1574. 4.

Tortona (Arcangelo de). Orazione volgare in morte del serenissimo Cosimo, granduca di Toscana, recitata in Bologna, etc. *Bologn.* 1574. 4.

Capri (Michele). Canzone e sonetti nell' esequie del serenissimo Cosmo Medici, granduca di Toscana. *Firenz.* 1574. 4.

Cervoni (Giovanni). Canzone nella morte del serenissimo Cosimo Medici, primo granduca di Toscana. *Firenz.*, s. d. (vers 1574). 4.

Falconini (Francesco). Epigrammata in obitu Cosmi I. *Florent.* 1574. 8.

Betti (Benedetto). Orazione funerale pubblicamente recitata nelle esequie del serenissimo Cosimo Medici, granduca di Toscana, etc. *Firenz.* 1574. 4.

Ginori (Gino). Canzone in morte del serenissimo Cosimo Medici I, granduca in Firenze. *Firenz.* 1574. 4.

Ammirato (Scipione). Orazione in morte di Cosimo I, granduca di Toscana. *Firenz.* 1583. 4.

Curini (Antonio). Orazione recitata in Pisa nella chiesa dei cavalieri di S. Stefano nell' esequie annuali del serenissimo Cosimo de' Medici, granduca di Toscana, fondatore e primo gran maestro di detto ordine. *Parma.* 1591. 4.

Descrizione della pompa funerale fatta (in S. Lorenzo) nell' esequie del serenissimo signore Cosimo de' Medici, granduca di Toscana, etc. *Firenz.* 1574. 4.

Padovani (Antonio). Ordine dell' apparato fatto da' Giovanni della compagnia di S. Giovanni Evangelista nell' esequie del serenissimo granduca (Cosimo I), celebrate nel loro Oratorio. *Firenz.*, s. d. (1574). 4.

Matasilani (Mario). La felicità del serenissimo Cosimo de' Medici, granduca di Toscana, e donna Isabella de' Medici Orsina, duchessa di Bracciano. *Firenz.* 1572. 4.

Zambeccari (Marcantonio). Trionfi di Cosimo de' Medici I, granduca di Toscana, etc. *Bologn.* 1642. 4. (250 stances en rimes octaves.)

Cosme II,
grand-duc de Toscane (12 mai 1590 — 1609 — 28 février 1621).

Bonini (Severo). Canzone per le nozze di Cosimo II de' Medici e Maria Maddalena d'Austria (célébrée en 1608). *Firenz.* 1608. 4.

Rinuccini (Camillo). Descrizione delle suntuose feste fatte in Firenze nel 1608 per le nozze del granduca Cosimo II con Maria Maddalena, arciduchessa d' Austria. *Firenz.* 1608. 4.

Salvadori (Andrea). Guerra d' amore, festa del serenissimo granduca di Toscana Cosimo II fatta in Firenze il carnevale del (12 févr.) 1615. *Firenz.*, s. d. (1616). 4.

Bandinelli (Baccio). Orazione o vero il principe esemplare, sopra la vita e morte del serenissimo Cosimo II. *Firenz.* 1621. 4.

Peri (Giovanni Domenico). Tempio Mediceo, o vero il funerale del serenissimo Cosimo II, granduca di Toscana. *Siena.* 1621. 8. (Peu commun.)

Verino ou de' **Vieri** (Francesco). Orazione delle lodi del granduca di Toscana, Cosimo II, etc. *Firenz.* 1621. 4.

Simi (Niccolò). Orazione funeralè recitata nell' academia Pisana per la morte del serenissimo Cosimo II, quarto granduca di Toscana. *Lucca.* 1621. 4. (Très-rare.)

Accolti (Pietro). Delle lodi di Cosimo II, granduca di Toscana, orazione recitata nell' academia del disegno, etc. *Firenz.* 1621. 4.

Arrighetti (Niccolò). Delle lodi di Cosimo II, granduca di Toscana, orazione recitata nell' academia della Crusca. *Firenz.* 1621. 4.

Strozzi (Giulio). Orazione recitata in Venezia nell' esequie del serenissimo signor Cosimo II, quarto granduca di Toscana. *Venez.* 1621. 8.

Bombini (Angelo). Oratio in funere Cosmi II magni Etruriæ ducis habita Venetiæ. *Mant.* 1621. 8.

Brogi (Lattanzio). Orazione nella morte del serenissimo D. Cosimo II, granduca di Toscana, etc. *Firenz.* 1621. 4.

Cerchi (Vieri). Delle lodi del granduca di Cosimo II, recitata nell' academia degli Alterati. *Firenz.* 1621. 4.

Fossati (Giovanni Franceseo). Orazione funebre nella morte del serenissimo Cosimo II de' Medici, granduca di Toscana. *Siena.* 1621. 4.

Minerbetti (Cosimo). Orazione in lode del serenissimo Cosimo II, granduca di Toscana. *Firenz.* 1621. 4.

Buonarotti (il Giovane) (Michelangelo). Delle lodi del granduca di Toscana, Cosimo II. Orazione recitata nell' academia Fiorentina. *Firenz.* 1622. 4.

Gualterotti (Francesco Maria). Orazione in morte del serenissimo granduca di Toscano Cosimo II. *Firenz.* 1622. 4.

Ricasoli-Baroni (Pandolfo). Orazione dell' uffizio del principe, fatta nell' occasione dell' esequie del serenissimo (Cosimo II) granduca di Toscana, etc. *Venez.* 1622. 8.

Cosme III,
grand-duc de Toscane (14 août 1642 — 1670 — 31 oct. 1723).

Arduini (Carlo Stefano). Il sogno, o vero la poesia raminga. Componimento in occasione dell' accasamento del S. gran principe Cosimo de' Medici con madamigella (Marguerite Louise) d'Orléans (fille de Gaston, duc d'Orléans). *Pesaro.* 1661. 4.

Bresciani (Pietro). Jupiter heroicus cantor, epithalamium pro nuptiis Cosmi, Ferdinandi II primogeniti, et Margaritæ Aloysiæ, ut dicunt, ab Orléans. *Florent.* 1661. 4.

Minozzi (Pietro Francesco). Tributi d' Urania estemporali alle augustissimi nozze de' serenissimi sposi Cosimo III et madama Marghérita Luisa, principessa d'Orléans. *Firenz.* 1661. 4.

Moniglia (Giovanni Andrea). Ercole in Tebe, festa teatrale rappresentata in Firenze per le reali nozze di Cosimo III e Margherita Luisa, principessa d'Orléans. *Firenz.* 1661. 4.

Vallemani (Domenico Filippo). Epitalamio per le nozze de' serenissimi principi Cosimo III di Toscana et Marguerita Luisa d'Orléans. *Firenz.* 1661. 4.

Vanderbroecke (Pieter Anton). Doris Mediterranea dum serenissima virgo Margarita Aloysia Borbonica serenissimo Cosmo III magno principi Hetruriæ nupta mari in Hetruriam vehitur, etc. *Lucæ.* 1661. Fol.

Segni (Alessandro). Memorie delle feste fatte in Firenze per le reali nozze de' serenissimi sposi Cosimo (III) e Margherita Luisa d'Orléans. *Firenz.* 1662. 4.

Riccio (Leonardo). Esequie dell' Altezza reale del serenissimo Cosimo III, granduca di Toscana. *Firenz.* 1725. 4.

Alamanni (Andrea). Orazione funerale delle lodi dell' Altezza reale del serenissimo Cosimo III, granduca di Toscana. *Firenz.* 1725. 4.

Cosnac (Daniel de),
archevêque d'Aix (1626 — 22 janvier 1708).

Mémoires de D. de Cosnac, archevêque d'Aix, publ. par Jules de Cosnac. *Par.* 1852. 2 vol. 8.

Cospéan ou Cospeau (Philippe de),
évêque de Lisieux (1570 — 8 mai 1646).

Lemée (René). Le prélat accompli, ou la vie de P. de Cospéan, évêque de Lisieux. *Saumur.* 1646. 4.

Lavigne (David de). Miroir de la bonne mort, ou méthode pour bien mourir; tirée et fidèlement recueillie des dernières paroles de Mgr. l'illustrissime et révérendissime evesque et comte de Lisieux, messire P. de Cospéan, dressée en forme d'oraison funèbre. *Par.* 1646. 4.

Stassart (Goswin Joseph Augustin de). Note relative à P. Cospeau, évêque d'Aix, de Nantes et de Lisieux, au xviiᵉ siècle. *Brux.* 1850. 8. (*Lv.*)

Bordeaux (Raymond). Notice relative à P. Cospeau, évêque de Lisieux, au xviiᵉ siècle. *Rouen.* 1852. 8.

Cossart (Gabriel),
jésuite français (1615 — 16 sept. 1674).

Beaune (Jacques de la). In funere G. Cossartii carmen. *Par.* 1675. 4.

Cossé-Brissac (Charles de),
maréchal de France (vers 1505 — 1563).

Picard (Jean). Epicinion de rebus gestis C. Cossæi-Brisacci, domini Galliæ, polemarchi et alpini limitis præfecti. *Par.* 1563. 8.

Cosson (Daniel),
archéologue hollandais (1648 — 1688).

Gronovius (Jacob). Memoria Cossoniana, s. D. Cossonii vita breviter descripta. *Lugd. Bat.* 1695. 4. (*D.*)

Cossu (Giovanni Antonio),
évêque de Bosa (19 juin 1725 — 16 août 1796).

Simon (Giovanni Francesco). De laudibus J. A. Cossu, episcopi Bosanensis, oratio. *Cagliari.* 1796. 8.

Costa (Antonio Rodrigo da),
homme d'État (?) portugais.

Reis (Antonio dos). Oratio in laudem A. R. Costii. *Ulissip.* 1732. Fol.

Costa (Bartholomeu da),
homme d'État portugais.

Carvalho de Parada (Antonio). Dialogos sobre a vida e morte de B. da Costo, thezoureiro mor. *Lisb.* 1611. 4.

Costa (Gaëtano),
savant italien.

Ayala (Mariano d'). Poche parole su G. Costa, s. l. et s. d. (*Napol.* 1837). 8. Portrait.

Costa (Ilario),
évêque de Coira.

Tempie (N... N...). Orazione funebre in morte del P. I. dal Gesù Costa, agostiniano scalzo Torinese, vescovo Coircense, vicario e visitatore nel Tunkin. *Torin.* 1756. 4.

Costa (Paolo),
littérateur italien (13 juin 1771 — 21 déc. 1836).

Ranalli (Ferdinando). Elogio di P. Costa. *Rom.* 1837. 8. Augment. *Perug.* 1837. 8.

Rambelli (Giovanni Francesco). Elogio di P. Costa. *Cento.* 1837. 8.

Mordani (Filippo). Vita di P. Costa, Ravegnano. *Ravenna.* 1837. 8.

Cenni intorno la vita e le opere di P. Costa. *Bologna.* 1837. 4. *

 * Cette notice, tirée à 100 exemplaires, est ornée de son portrait.

Montanari (Giuseppe Ignazio). Elogio di P. Costa. *Rom.* 1839. 8.

Mordani (Filippo). Biografia di P. Costa. *Forli.* 1840. 8. Portrait.

Costabili (Giovanni Battista, marchese),
littérateur italien.

Petrucci (Giuseppe). Elogio storico del marchese G. B. Costabili, Ferrarese. *Novi.* 1841. 8. Portrait.

Costabili (Paolo),
général de l'ordre des prédicateurs.

Giovannini (Girolamo). Vita di Fr. P. Costabili, general dell' ordine de predicatori, etc. *Venez.* 1586. 12.

Costa Cabral, conde de Thomar (A... B... da).
homme d'État espagnol.

Bavoux (Évariste). A. B. da Costa Cabral, comte de Thomar; notes historiques sur sa carrière politique et son ministère. *Par.* 1846. 8.

Costadoni (Giovanni Domenico Anselmo),
camaldule italien (6 oct. 1714 — 22 janvier 1785).

(**Mandelli**, Fortunato). Memorie della vita e degli scritti di A. Costadoni. *Venez.* 1787. 8.

Costaguti (Roberto),
évêque de Borgo Sansepolcro.

Gherardi Dragomanni (Francesco). Elogio storico di monsignor R. Costaguti, Livornese, etc. *Firenz.* 1856. 8.

Costanzo (Saint),
évêque de Perugia.

Siepi (Sereno). Memorie spettanti alle gesta, martirio e culto di S. Costanzo, vescovo, martire e protettore di Perugia. *Perug.* 1825. 8.

Coste (N... N... de la),
chevalier de Malte.

Ruffi (Antoine de). Vie du chevalier de la Côste. *Aix.* 1655. 12.

Coste (Jean François),
médecin français (4 juin 1741 — 8 nov. 1819).

Regnault (Jean Baptiste Étienne Benoît Olive). Notice nécrologique sur J. F. Coste. *Par.* 1819. 8.

Coste (Jean Louis Antoine),
jurisconsulte français (2 juin 1784 — 5 mai 1851).

Fraisse (Charles). Notice historique sur J. L. A. Coste, de la Société des bibliophiles français, ancien conseiller à la cour d'appel de Lyon. *Lyon.* 1851. 8.

Coster (Jan Laurens), voy. **Koster.**

Coster (Sigebert Étienne),
théologien français (4 avril 1734 — 23 oct. 1825).

Blau (Jean). Éloge de M. Coster. *Nancy.* 1838. 8.

Cotentin (N... N...),
banquier français.

Der Meuchelmord des Banquiers Cotentin in Paris. *Coblenz.* 1810. 8.

Cothmann (Ernst),
jurisconsulte allemand (6 déc. 1557 — 13 avril 1624).

Programma academicum in funere E. Cothmanni. *Rostoch.* 1624. 4. (*D.*)

Simonius (Johann). Oratio panegyrica in recordationem magnifici, clarissimi et consultissimi viri E. Cothmanni, etc. *Rostoch.* 1624. 4.

Bodock (Lorenz v.). Fama posthuma E. Cothmanni. *Rostoch.* 1645. 4.

Cotolendi (Ignazio),
évêque de Métellopolis.

Augeri (Gaspard). Vie d'I. Cotolendi de la ville d'Aix, évêque de Métellopolis. *Aix.* 1675. 12. Trad. en ital. *Livorn.* 1681. 8.

Cotta (Conrad),
littérateur allemand.

Rumpel (Hermann Ernst). Programma de C. Cotta. *Erford.* 1762. 4.

Cotta (Giovanni Battista),
poëte italien (20 février 1668 — 31 mai 1738).

Torre (Giacinto della). Elogio storico-critico di G. B. Cotta. *Nizza.* 1758. 8.

Cotta (Heinrich),
forestier allemand (30 oct. 1764 — 25 oct. 1844).

H. Cotta's Jubelfest, gefeiert am 20 August 1836 in Tharand. *Dresd.* et *Leipz.* 1837. 8. (*D.*)

Das achtzigste Geburtsfest H. Cotta's gefeiert am 30 October 1843. *Dresd.* 1844. 8. (*D.*)

Cotter (Christoph),
fanatique allemand.

C. Cotters, eines Gerbers in Sprottau, göttliche Offenbarungen, publ. par Johann Amos COMENIUS. *Vratisl.* 1620. 4.

Arnold (Nicolaus). Lux in tenebris. *Lips.* 1698. 4.

Cottin (Sophie **Ristaud**),
auteur française (1773 — 25 août 1807).

Petitot (Alexandre). Notice sur la vie et les écrits de madame Cottin. *Par.* 1817. 8.

Cottolengo (Giuseppe),
prêtre italien.

Renaldi (Lorenzo). Elogio storico di G. Cottolengo. *Torin.* 1842. 8. Trad. en franç. *Lyon.* 1843. 8.

Le chanoine Cottolengo, ou le Vincent de Paul de la Sardaigne. *Clerm. Ferr.* 1844. 52. *Ibid.* 1846. 18.

Cotton (John),
théologien anglo-américain.

Life and death of that deservedly famous man of God,

M. J. Cotton, late teacher of the church of Christ of Boston. *Lond.* 1658. 4.

Norton (John). Memoir of J. Cotton, with preface and notes by Enoch POND. *New-York.* 1842. 12.

Cotton (Pierre),
jésuite français (7 mars 1564 — 19 mars 1626).

Lettre sur la mort du R. P. Coton (!), provincial des Pères Jésuites. *Par.* 1626. 12. (*Lv.*)

Rouvier (Roverius) (Pierre). De vita P. Cottoni Foresiani, e Societate Jesu, qui duobus Francorum et Navarrorum regibus, Henrico (IV) et Ludovico (XIII) ad conciones et confessiones fuit libri III. *Lugd.* 1660. 8. (*D.*)

Dorléans (Pierre Joseph). Vie de P. Cotton, confesseur des rois Henri IV et Louis XIII. *Par.* 1688. 4. (*D.* et *Bes.*) Trad. en ital. *Venez.* 1753. 8. s. l. 1762. 8.

Cotton-des-Houssayes (Jean Baptiste),
théologien français (17 nov. 1727 — 20 août 1783).

Haillet de Couronne (Jean Baptiste Guillaume). Éloge de M. Cotton-des-Houssayes, docteur et bibliothécaire de Sorbonne. *Par.* 1785. 4. (*Lv.*)

Cottret (Pierre Marie),
évêque de Beauvais (8 mai 1768 — 13 nov. 1841).

Notice sur Mgr. P. M. Cottret, évêque de Beauvais. *Par.* 1842. 8.

Cotugno (Domenico),
chirurgien italien (19 janvier 1736 — 6 oct. 1822).

Folinea (Francesco). Elogio del cavaliere D. Cotugno. *Napol.* 1823. 8.

Couchaud (André),
architecte français (15 avril 1813 — 20 juin 1849).

Daussigny (E... C... Martin). Éloge d'A. Couchaud, architecte, etc. *Lyon.* 1850. 8.

Coucke (Pierre),
peintre-architecte belge.

Saint-Genois (Jules de). Un mot sur P. Coucke, d'Alost. *Gand.* 1847. 8. (Extrait du *Messager des sciences historiques.*)

Coucy (Jacques de),
gouverneur de Boulogne (décapité en 1549).

Faluel (Jean). Oraison funèbre pour deux excellents chevaliers : le maréchal Oudrat du Biez et le seigneur J. de Coucy, son gendre, gouverneur de Boulogne. *Par.* 1578. 4.

Coucy (Raoul, châtelain de),
troubadour français (vers 1160 — tué en 1191).

(**Laborde,** Jean Benjamin de). Mémoires historiques sur R. châtelain de Coucy et le recueil de ses chansons en vieux langage et la traduction de l'ancienne musique. *Par.* 1781. 2 vol. 18.

Coudenberg (Pierre),
pharmacien belge du XVIe siècle.

Broeckx (Charles). Notice sur P. Coudenberg, pharmacien à Anvers. *Anvers.* 1845. 8.

Coudrin (Pierre),
prêtre français (1er mars 1768 — 27 mars 1837).

Coudrin (Augustin). Vie de l'abbé Coudrin, fondateur de la congrégation des Sacrés-Cœurs de Jésus et de Marie et de l'adoration perpétuelle du très-saint sacrement de l'autel. *Par.* 1846. 8. Trad. en allem. *Regensb.* 1848. 8.

Coulanges (Philippe Emmanuel, marquis de),
chansonnier français (vers 1631 — 1716).

Péricaud (Antoine). Notice biographique sur le marquis de Coulanges. *Brux.* 1850. 8. (Extrait du *Bibliophile belge,* tiré à part à 20 exemplaires.) *Lyon.* 1855. 8.

Coupé (Jean Louis),
littérateur français (18 oct. 1732 — 10 mai 1818).

Caille (L...). Discours prononcé sur la tombe de M. l'abbé Coupé, s. l. et s. d. (*Par.* 1818.) 8.

Coupin (Marie Philippe),
peintre français (1759 — 19 déc. 1851).

Aux amis de M. Coupin. *Par.* 1852. 8. (Notice signée A... B...)

Boisselier (Antoine François). Notice historique et nécrologique sur M. P. Coupin, peintre d'histoire. *Versaill.* 1852. 8.

Courbon (N .. N..., marquis de),
général français (1650 — tué en 1688).
Aimer (N... N...). Vie du marquis de Courbon. *Lyon.* 1692. 12.

Courcelles (Marie Sidonie **de Lénoncourt,** marquise de),
femme galante française (1659 — ...).
Chardon de la Rochette (Simon). Vie de madame la marquise de Courcelles , écrite en partie par elle-même, etc. *Par.* 1808. 8.

Courcelles de Pourlans (Madame de),
religieuse française († 1651).
(**Bourrée**, Edme Bernard). Vie de madame de Courcelles de Pourlans, dite de Sainte-Anne, dernière abbesse titulaire et réformatrice de l'abbaye de Notre-Dame de Tart, etc. *Lyon.* 1699. 8.

Courier de Méré (Paul Louis),
publiciste français (4 janvier 1773 — assassiné le 10 avril 1825).
Sautelet (N... N...) et **Mesnier** (N... N...). Mémoires, correspondance et opuscules de P. L. Courier. *Par.* 1828. 8. Trad. en allem. par Friedrich GLEICH. *Leipz.* 1829. 2 vol. 8.

———

Cousin (N... N...) et **Trognon** (Auguste). Notice biographique sur la vie de P. L. Courier de Méré. *Par.* 1825. 8.

———

Procès de P. L. Courier, vigneron de la Chavonnière, condamné le 28 août 1821, à l'occasion de son discours sur la souscription de Chambord. *Par.* 1821. 8. (Composé par lui-même.)

Courson (Louis de),
prêtre français (1799 — 10 avril 1850).
(**Courson**, Aurélien de). Notice sur la vie et la mort de M. L. de Courson, supérieur général de Saint-Sulpice. *Par.* 1850. 8. (*Lv.*)
Notice biographique sur la vie et la mort de M. l'abbé de Courson, supérieur général de Saint-Sulpice, par un de ses anciens élèves. *Nant.* 1850. 8. *
   * Cette notice nous paraît identique avec la précédente.

Court (Charles Gaston de),
homme d'État français (1654 — 16 août 1674).
Genest (Charles Claude). Portrait de M. de Court, (sous-précepteur du duc de Maine). *Par.* 1696. 8. (Rare.) — (*D.* et *P.*)

Court (Pieter de la),
littérateur hollandais.
Groebe (D...). Iets over P. de la Court en zijne schriften, s. l. et s. d. (*Haarl.* 1844.) 8. (*Ld.*)

Court de Gébelin (Antoine),
savant français (1725 — 10 mai 1784).
Rabaut de Saint-Étienne (Jean Paul). Lettre sur la vie et les écrits de M. Court de Gébelin, etc. *Par.* 1784. 4.
Quesnay de Saint-Germain (Robert François). Dis cours pour servir à l'éloge de M. Court de Gébelin, auteur du « Monde primitif, etc. » *Par.* 1784. 4. Portr.
Albon (Claude Camille François d'). Eloge de Court de Gébelin, s. l. 1785. 8.
Fournier (Théodore). Notice sur A. Court (de Gébelin). *Strasb.* 1848. 8.

Courtemer (Marie Jacqueline),
religieuse française (vers 1700 — 14 avril 1781).
Abrégé de la vie et des vertus de notre chère et honorée sœur M. J. Courtemer, s. l. et s. d. 4. (*Lv.*)

Courtilz de Sandras (Gatien),
historien français (1644 — 6 mai 1712).
Notice biographique sur G. Courlitz de Sandras, s. l. et s. d. (1760). 8. (Extrait du *Journal des savants*.)

Courtivron (Antoine Nicolas Philippe Tanneguy Gaspard, **Lecompasseur de Créqui-Montfort,** marquis de),
littérateur français (13 juillet 1753 — 28 oct. 1832).
Amanton (Claude Nicolas). Éloge de M. le marquis de Courtivron, associé honoraire, résidant de l'Académie de Dijon. *Dijon.* 1833. (*Lv.*)

Courtois (Richard),
botaniste belge (17 janvier 1806 — 14 avril 1835).
Morren (Charles François Antoine). Notice sur la vie et les travaux de R. Courtois. *Brux.* 1858. 12.

1

Courville (François Arnaud de),
officier français († 9 mai 1709).
La Rivière (Henri François de). Abrégé de la vie de M. de Courville. *Par.* 1719. 12. (Echappé aux recherches de Quérard.)

Courvoisier (Jean Joseph Antoine),
homme d'État français (30 nov. 1775 — 10 sept. 1835).
Marquiset (Armand). Notice historique sur M. Courvoisier, ancien garde des sceaux. *Besanç.* 1856. 8. (*Lv.*)

Cousin (Germaine),
bergère française († vers l'an 1602).
Vie de G. Cousin, morte en odeur de sainteté. *Toulouse.* 1813. 12.

Cousin (Gilbert),
polygraphe français (21 janvier 1506 — ... 1567).
Effigies G. Cognati, Sequani Nozereni , et variorum in ejus laudem carmina. *Basil.* 1575. 8.
(**Schwarz**, Georg Christoph). Commentationes II de vita et scriptis G. Cognati Nozereni. *Altorf.* 1775-76. 4.

Cousin (Victor),
philosophe français (28 nov. 1792 — ...).
Fuchs (Carl Eberhard). Die Philosophie V. Cousin's, ihre Stellung zur frühern französischen und zur neuern deutschen Philosophie, etc. *Berl.* 1847. 8.

Cousinot de Monstrueil (Guillaume),
homme d'État français.
Abrégé de la vie et actions mémorables de messire G. Cousinot, chevalier, seigneur de Monstrueil, chambellan et conseiller du grand conseil des roys Charles VII et Louis XI et un des maistres des requestes ordinaires de leur hostel et bailly de Rouen ; créé chevalier au siége mis devant ladite ville de Rouen par le roi Charles VII, cinq fois ambassadeur en Angleterre; commissaire-député pour faire le procez au duc d'Alençon et cardinal de Baluc et employé en plusieurs autres grandes affaires, etc. *Par.*, s. d. (vers 1650). 4.

Coustos (Jean),
franc-maçon suisse.
Lockmann (N...). Sufferings of J. Coustos of the canton of Berne. *Lond.* 1746. 8.

Coustou (Nicolas),
statuaire français (9 janvier 1658 — 1er mai 1783).
(**Cousin de Contamine**, N... N...). Éloge historique de M. Coustou l'aîné. *Par.* 1737. 12.

Coustou (Pierre François Xavier),
prêtre français (6 février 1760 — 9 nov. 1844).
Coste (N... N...). Vie de M. P. F. X. Coustou, vicaire-général du diocèse de Montpellier. *Montpell.* et *Par.* 1846. 8. Portrait.

Coutan (Amable Paul),
peintre français (13 déc. 1792 — 28 mars 1832).
Miel (Edme François Antoine Marie). Notice sur Coutan, peintre d'histoire. *Par.* 1859. 8.

Coutault (Claude),
prêtre français.
Lambert (Louis Ferdinand Amable). Éloge funèbre de feu M. C. Coutault, curé de Saint-Germain-le-Viel en Cité. *Par.* 1791. 8.

Coutelle (Jean Marie Joseph),
physicien français (1748 — 20 mars 1835).
(**Dagoneau**, N... N...). Notice sur M. Coutelle, etc. *Mans.* 1856. 8.

Couture (Jean Baptiste),
recteur de l'université de Paris (11 nov. 1651 — 16 août 1728).
Mancel (George). J. B. Couture; étude bibliographique. *Caen.* 1847. 8.

Couturier (Jean),
littérateur français (23 avril 1768 — 20 nov. 1824).
Amanton (Claude Nicolas). Notices sur M. Couturier et sur le M. le baron Denon. *Dijon.* 1825. 8. (*Lv.*) — (Tiré à part à très-petit nombre.)

Covorde (Joséphine Françoise Ursule de),
religieuse française.
Vie de la vénérable servante de Dieu, la mère Marie Joséphine Albine de l'Annonciade, dite au siècle Dlle J. F. U. de Covorde, décédée en odeur de sainteté. *Marseille.* 1778. 12.

24

Cowley (Abraham),
poëte anglais (1618 — 3 août 1667).

Clifford (Martin). De vita et scriptis A. Covleji, publ. par N... N... **Witte**. *Frf.* 1679. 8. (Omis par Lowndes.)

Cowley (Henri **Wellesley**, lord),
diplomate anglais (20 janvier 1773 — ...).

Notice sur lord Cowley, ambassadeur d'Angleterre (à Paris). *Par.* 1840. 8. (*Lv.*)

Cowper (John),
théologien anglais (... — 20 mars 1770).

Newton (John). Adelphi. Sketch of the character and an account of the late illness of the late Rev. J. Cowper, etc., written by his brother William Cowper. *Lond.* 1802. 8.

Cowper (William),
evêque de Galloway.

Life and death of W. Cowper, bishop of Galloway. *Lond.* 1619. 4.

Cowper (William),
poëte anglais (26 nov. 1732 — 25 avril 1800).

Hayley (William). Life and posthumous writings of W. Cowper. *Chichest.* 1803-09. 4 vol. 4. Portrait.
Corry (John). Life of W. Cowper. *Lond.* 1803. 8.
Memoirs of the early life of W. Cowper. *Lond.* 1816. 8. (Ecrit par lui-même.) Trad. en allem. s. c. t. Erinnerungen aus dem Jugendleben W. Cowper's, par Paul **Kind**. *Basel.* 1846. 12. Portrait.
Taylor (Thomas). Life of W. Cowper. *Lond.* 1833. 8. *Ibid.* 1858. 8.
Grimshave (Thomas Shuttleworth). Life of W. Cowper, Esq. *Lond.* 1835. 8.
Southey (Robert). Life of W. Cowper. *Lond.* 1858. 2 vol. 8. *Boston.* 1859. 2 vol. 12.

Coyecque (N... N...).

Bailly (Jean Marie). Oraison funèbre de M. Coyecque. *Arras.* 1824. 8.

Coysevox (Antoine),
sculpteur français (1640 — 10 oct. 1720).

Fermelhuis (Jean Baptiste). Éloge funèbre d'A. Coysevox, sculpteur du roi. *Par.* 1721. 12.
J... (A...). Notice sur A. Coysevox. *Lyon.* 1825. 8. (Extrait des *Archives historiques du département du Rhône.*)

Cozon (N... N...),
jurisconsulte français.

Moulin (Onuphre Benoît Claude). Nécrologie de M. Cozon, ancien magistrat à Lyon. *Lyon.* 1822. 8.

Craan (Guillaume Benjamin),
ingénieur belge (23 août 1776 — 16 juin 1848).

Heuschling (Xavier). Notice biographique sur G. B. Craan, auteur du plan de la bataille de Waterloo, etc. *Brux.* 1850. 8. (*Bx*).

Crabbe (George),
poëte anglais (21 déc. 1754 — 9 février 1832).

Life and poetical works of the Rev. G. Crabbe, with his letters and journals, edited by his son. *Lond.* 1833. 8. *New-York.* 1857. 12. *Lond.* 1847. 8. Portrait.

Craes (P... D...),
poëte belge.

Diegerick (J...). P. C. Craes, auteur d'un poëme latin sur la mort de l'archiduchesse Isabelle-Claire-Eugénie. Lettre à M. l'abbé C. Carton. *Bruges.* 1853. 8.

Craig (Thomas),
jurisconsulte écossais (1548 — 1608).

Tytler (Patrick Fraser). Account of the life and writings of sir T. Craig of Riccarton, etc. *Edinb.* 1823. 8. Portr.

Cramer (Andreas Wilhelm),
jurisconsulte danois (24 déc. 1760 — 23 janvier 1833).

Nietzsch (Gregor Wilhelm). Memoria A. G. Crameri inter juris civilis interpretes celeberrimi nuper defuncti. *Kilon.*, s. d. (1833). 4.

Cramer (Georg),
pédagogue allemand.

(**Rappolt**, Friedrich). Programma academicum in funere G. Crameri. *Lips.* 1676. 4. (*D.*)

Cramer (Johann Andreas),
théologien allemand (29 janvier 1723 — 12 juin 1788).

Christiani (Wilhelm Ernst). Gedächtnissrede auf den verewigten Kanzler (der Universität Kiel) J. A. Cramer. *Kiel.* 1788. 8.

Cramer (Johann Christoph),
mathématicien allemand (1738 — 10 sept. 1765).

Frommann (Erhard Andreas). Memoria Crameri, prof. phil. et mathes. *Coburg.* 1765. 4.

Cramer (Johann Jacob),
théologien allemand (11 mars 1658 — 11 janvier 1702).

Schramm (Johann Heinrich). Oratio funebris in obitum J. J. Crameri, theologiæ professoris. *Herborn.* 1702. 4.

Cramer (Johann Rudolph),
théologien suisse (1678 — 1737).

Zimmermann (Johann Jacob). Vitæ fatorum J. R. Crameri brevis narratio. *Tigur.* 1737. 4.

Cramer (Johann Ulrich, Freiherr v.),
jurisconsulte allemand (8 déc. 1706 — 18 juin 1772).

(**Preuschen**, Georg Ernst Ludwig v.). Nachrichten und Anmerkungen von dem Character, Leben und Schriften weiland Herrn J. U. Freiherrn v. Cramer. *Frf.* et *Leipz.* 1774. 4. (*D.*)

Cranach * (Lucas),
peintre allemand (1472 — 16 oct. 1553).

Drei Leichpredigten, die Eine beim Begräbniss des L. Cranach gehalten durch G... **Mueller**, die andern zwo bei den Begräbnissen seiner Söhne, etc., durch Egidius **Hunnius**. *Wittenb.* 1596. 4. (*D.*)
Abhandlung über das Leben und die Kunstwerke des berühmten deutschen Malers L. Cranach. *Hamb.* et *Leipz.* 1761. 8.
Heller (Joseph). Versuch über das Leben und die Werke L. Cranach's, mit Vorrede von Heinrich Joachim **Jaeck**. *Bamb.* 1821. 8. Portrait.
Schuchardt (Christian). L. Kranach's des Aeltern Leben und Werke, nach urkundlichen Quellen bearbeitet. *Leipz.* 1851. 12.

* Son véritable nom est **Sunder**.

Cramer (Thomas),
premier archevêque protestant de Cantorbéry (2 juillet 1489 — brulé vif le 21 mars 1556).

Fox (John). History of the life of T. Cranmer, archbishop of Canterbury. *Lond.* 1560. 4. Trad. en allem. (par Augustin **Jonas**). *Weissenf.* 1561. 4. (*D.*)
Strype (John). Memorials of the most reverend father in God, T. Cranmer, lord archbishop of Canterbury. *Lond.* 1694. Fol. Portrait. (*D.*) *Oxf.* 1812. 2 vol. 8.
Hoelling (Johann Conrad Stephan). Abridgment of the life of. T. Cranmer, composed by John Strype. *Hannov.* 1725. 8. (*D.*)
Gilpin (William). Life of T. Cranmer. *Lond.* 1784. 8.
Todd (Henry John). Life of archbishop T. Cranmer. *Lond.* 1831. 2 vol. 8.
Le Bas (C... W...). Life of archbishop Cranmer. *New-York.* 1833. 8.
Deinse (A... van). Leven van T. Cranmer, den kerkhervormer van Engeland. *Amst.* 1845. 8. Portrait.
Life of T. Cranmer. *Lond.* 1848. 18.

Crantor,
philosophe grec (florissant vers 306 avant J. C.).

Bleek van Rijzewijk (F... G... B... van). Disputatio de Crantore Solensi. *Arnhem.* 1837. 8.
Kayser (Friedrich). Dissertatio de Crantore Academico. *Heidelb.* 1841. 8.

Crantz, voy. **Krantz.**

Crapone (Adam de),
ingénieur français (vers 1519 — empoisonné en 1559).

(**Roux-Alpheran**, N... N...). A. de Crapone et le bailli de Suffren. *Aix.* 1851. 8.

Cras (Hendrik Constantin),
jurisconsulte hollandais (4 janvier 1739 — 5 avril 1820).

Lennep (David Jacob van). Parentalia in honorem et memoriam H. C. Cras. *Leid.* 1820. 4. (*Bx*.)
Kemper (Jan Melchior). Memoria H. C. Cras, Instituti regii Belgici quondam socii, rite celebrata. *Amst.* 1825. 4. (*Ld.*)

Crates Mallotes,
philosophe grec.

Thiersch (Bernhard). Pergamena de schola Cratetis Mallotæ. *Dortmund.* 1834. 4.

Crates Thebanus,
philosophe grec.

Posthumus (N...). Dissertatio de Cratete cynico. *Groning.* 1823. 8.

Cratinus,
poëte grec.

Lucas (Carl Wilhem). Cratinus et Eupolis. *Bonn.* 1826. 8. (*D.*)

Crato v. Crafftheim (Johann),
médecin allemand (20 nov. 1519 — 9 nov. 1585).

Dresser (Matthias). Oratio di curriculo vitæ J. Cratonis a Crafftheim, imperii Romani archiatri. *Lips.* 1586. 4. (*D.*)

Craven (Elisabeth **Berkeley,** lady),
épouse de Charles Alexandre, margrave d'Ansbach (.. déc. 1750 — 13 janvier 1828).

Memoirs of the margravine of Ansbach, formerly lady Craven, written by herself. *Lond.* 1825. 2 vol. 8. *Par.* 1826. 2 vol. 8. 2 portraits.
   Trad. en allem. *Stuttg.* 1825. 2 vol. 8.
   Trad. en franç. par Théodore Parisot. *Par.* 1826. 2 vol. 8. 2 portraits.

Crawford (John **Lindsay,** earl of),
général anglais (1714 — 4 janvier 1750).

Rolt (Richard). Memoirs of the life of the Right. Hon. J. Lindsay, earl of Crawford. *Lond.* 1753. 4. Portrait. (*P.*) *Ibid.* 1769. 12. Trad. en allem. (par. Gottlieb Wilhelm v. Mork). *Nürnb.* 1780. 8.

Crawford (William Henry),
littérateur anglo-américain.

Sketches of the life and character of W. H. Crawford, by *Americanus. Albany.* 1824. 8.

Creagh (Peter),
archevêque de Dublin.

Baltus (Jean François). Oraison funèbre de messire P. Creagh, archevêque de Dublin. *Strasb.* 1705. 4.

Crébillon (Claude Prosper **Jolyot** de),
poëte français, fils du suivant (12 février 1707 — 12 avril 1777).

Girault (Claude Xavier). Particularités inédites ou peu connues sur La Monnoye, Crébillon et Piron, avec des notes de Claude Nicolas Amanton. *Dijon.* 1822. 8. (*P.* et *Lv.*)

Amanton (Claude Nicolas). Révélations sur les deux Crébillon. *Par.* 1835. 8.

Crébillon (Prosper **Jolyot** de),
poëte français (13 février 1674 — 17 juin 1762).

Éloge de M. de Crébillon, s. l. (*Par.*) 1762. 8. (Satire lancée contre ses écrits.)

Amanton (Claude Nicolas). Révélations sur les deux Crébillon. *Par.* 1835. 8.

Crécy (Louis de),
comte de Flandre.

Saint-Genois (Jules de). L. de Crécy, comte de Flandre, à Avignon (1356). *Gand.* 1846. 8. (Extrait du *Messager des sciences historiques.*)

Lenz (Pierre Adelbert). L. de Crécy, J. van Artevelde et leur époque. *Gand.* 1845-47. 3 vol. 8.

Crede (Heinrich),
philosophe allemand (†5 janvier 1814).

Wagner (Carl Franz Christian). Memoria H. Crede. *Marb.* 1814. 4. (*D.*)

Cregel (Ernst),
jurisconsulte allemand (1620 — 16 juillet 1674).

Programma academicum in E. Cregelii funere. *Altorf.* 1674. 4.

Creizenach (Michael),
mathématicien allemand (16 mai 1789 — †5 août 1842).

Jost (Isaac Marcus). Trauerrede am Sarge des verstorbenen Dr. M. Creizenach. *Frf.* 1842. 8.

Crell (Christoph Ludwig),
jurisconsulte allemand (25 mai 1703 — 8 oct. 1758).

Sperbach (Carl Gottlieb). Programma academicum : merita et memoria C. L. Crellii. *Lips.* 1758. Fol. (*D.*)

Crell (Johann Friedrich),
médecin allemand (6 janvier 1707 — 19 mai 1747).

Monumentorum sylloge quibus memoriam viri magnifici J. F. Crellii, medicinæ professoris, juste prosequitur academia Julio-Carolina. *Helmst.* 1747. Fol. (*Lv.*)

Crell (Lorenz Florenz Friedrich v.),
naturaliste allemand (21 janvier 1745 — 7 juin 1816).

Blumenbach (Johann Friedrich). Memoria L. Crellii. *Götting.*, s. d. (1820). 4.

Crell (Ludwig Christian),
philosophe allemand (1671 — 15 nov. 1735).

(**Jenichen**, Gottlieb Friedrich). Programma academicum in funere L. C. Crellii. *Lips.* 1735. Fol. (*D.*)

Crell (Nicolaus),
homme d'État allemand (décapité le 28 sept. 1601).

Blum (Nicolaus). Leichpredigt über den custodirten Canzler N. Crell. *Leipz.*, s. d. (1602). 4.

Pierius (Urban). Examen und Erleuterung der in der Leichpredigt über N. Crell fürgebrachten Religionsstreitigkeiten. *Brem.* 1602. 8.

Nicolai (Philipp). Examen examinis Pieriani, d. i. Schulführung und Abfertigung des Examinis, so D. Urbanus Pierius wider die zu Dresden bei der Begräbniss D. N. Crell's gehaltenen Leichpredigt durch offenen Druck ausgesprenget. *Hamb.* 1603. 8.
—— Freudige Wiederkunft auf U. Pierii faule Abfertigung. *Leipz.* 1603. 4.

Pierius (Urban). Apologie und abgenöthigte Verantwortung des über der N. Crell'n nachgehaltenen Leichpredigt angestellten Examinis. *Brem.* 1604. 8.

Antwort und warhafftiger Gegen-Bericht auf die Leichpredigt, welche N. Blum bey der Begräbniss N. Crellen's zu Dresden soll gethan haben, s. l. 1603. 8. (Libelle excessivement atrabilaire.)

Engelken (Hermann Christoph). Historia N. Crellii capite plexi, variis aberrationibus liberata. *Rostoch.* 1727. 4.

Leben, Schicksal und Ende des Dr. N. Crell. *Leipz.* 1798. 8. Portrait.

Crellius (Johann),
théologien allemand (1590 — 11 juin 1633).

Mayer (Johann Friedrich). Programma de J. Crellio. *Gryphisw.* 1706. 4.

Cremaux (N... N...),
général français.

Relation des combats du maréchal Cremaux, général des galères de l'ordre de Malte. *Lyon.* 1629. 4.

Crémy (Madame de),
dame française.

Mémoires de madame de Crémy. *Par.* 1808. 2 vol. 8.

Cremer (Gottfried),
philologue allemand (27 sept. 1636 — 3 avril 1671).

Buchius (Johann). Leichenpredigt auf G. Cremer. *Zerbst.* 1671. 4.

Cremutius Cordus (Antonius),
écrivain romain.

Held (Julius). Commentatio de vita et scriptis A. Cremutii Cordi. *Schwednic.* 1841. 4.

Crenius (Thomas),
philologue allemand (1648 — 29 mars 1728).

Pfarre (Ernst Martin) *. Epistola ad amicum de vita, studiis ac moribus T. Crenii, excellentissimi viri atque incomparabilis polyhistoris nomen ambitiose affectantis. *Amst.* 1706. 4. (*D.*)
   * L'auteur s'est caché sous le pseudonyme de Servatius a Clarorinus.

Créquy (Antoine de),
cardinal-évêque d'Amiens.

Séguier (Jacques). Oraison funèbre, prononcée aux obsèques et funérailles de Mgr. cardinal de Créquy, évêque d'Amiens. *Par.* 1575. 8. (*P.*)

Créquy, duc de **Lesdiguières** (Charles de),
maréchal de France (tué le 17 mars 1638).

Labbe (Philippe). Elogium funebre C. de Créquy, ducis de Lesdiguières. *Par.* 1638. 4.

Chorier (Nicolas). Histoire de la vie de C. de Créquy de Blanchefort, duc de Lesdiguières, gendre du connétable. *Grenoble.* 1683. 2 vol. 12. *Ibid.* 1699. 2 vol. 12.

Créquy (Renée Caroline de **Froullay,** marquise de),
épouse du général Louis Marie, marquis de Créquy,
(19 oct. 1714 — 3 février 1803).
(**Cousin de Courchamps,** Maurice). Soùvenirs de la marquise de Créquy. *Par.* 1854-56. 9 vol. 8. *Ibid.* 1840-41. 10 vol. 18. Plusieurs portraits.
Trad. en allem. par Fanny TANNOW. *Leipz.* 1856-57. 4 vol. 8. *
Trad. en angl. *Lond.* 1856. 2 vol. 8.
* Cette traduction n'est pas terminée.
(**Percheron,** N... N...). L'ombre de la marquise de Cré-quy aux lecteurs des Souvenirs publiés sous le nom de cette dame, (suivie d'une notice historique sur madame de Créquy et sa famille). *Par.* 1856. 8. *
* Ouvrage qui affirme que les précédents souvenirs sont apocryphes.
Barré (Léon). Biographie de madame la marquise de Créquy. *Par.* 1844. 12.

Crescenzi (Pietro de'),
agronome italien du XIIIe siècle.
Re (Filippo). Elogio storico di P. de' Crescenzi. *Bologn.* 1812. 8.

Crescimbeni (Giovanni Maria),
fondateur de l'académie d'Arcadie (9 oct. 1663 — 8 mars 1728).
Mancurti (Francesco Maria). Vita di G. M. Crescimbeni, col racconto de' fatti piu memorabili della ragunanza degli Arcadi. *Rom.* 1729. 4.

Crétenet (Jacques),
fondateur de l'ordre des joséphites (1603 — 1er sept. 1666).
(**Villemot,** N... N...). Vie du vénérable messire J. Crétenet, prêtre et instituteur des prêtres missionnaires de Saint-Joseph de la ville de Lyon. *Lyon.* 1680. 12. *Ibid.* 1711. 8. (Bes.)

Crétey (Pierre),
prêtre français (17 nov. 1622 — 23 février 1703).
Grandet (Joseph). Vie du R. P. P. Crétey, curé de Barenton, diocèse d'Avranches. *Rouen.* 1722. 12.

Cretzschmar (Philipp Jacob),
médecin allemand (11 juin 1786 — 4 mai 1845).
Mappe (J... M...). Zum Andenken an Dr. P. J. Cretzschmar, etc. *Frf.* 1846. 8.
Meisinger (F... C... C...). P. J. Cretzschmar; biographischer Versuch. *Frf.*, s. d. (1850) 8.

Creusel (Nicolaus),
jurisconsulte allemand († 1676).
(**Rappolt,** Friedrich). Programma academicum ad N. Creuselii exequias. *Lips.* 1676. 4. (D.)
Carpzov (Johann Benedict). Leichenpredigt auf N. Creusel. *Leipz.* 1676. 4. (D.)

Creusot (Nicolas),
prêtre français († 31 déc. 1761).
(**Reynaud,** Marc Antoine). Abrégé de la vie de M. Creusot, curé de la paroisse de Saint-Loup d'Auxerre, décédé en odeur de sainteté, etc. *Aux.* 1764. 12.

Creutz (Friedrich Carl Casimir, Freiherr v.),
homme d'État allemand (24 nov. 1724 — 6 sept. 1770).
Lobrede auf Herrn F. C. C. Freiherrn v. Creutz. *Frf.* 1772. 8. Portrait. (D.)

Creutz (Gustaf Philipp, Grefve),
homme d'État suédois (1729 — 30 oct. 1785).
Schroederheim (Elis). Åminnelse-Tal öfver Riks-Rådet Grefve Creutz. *Stockh.* 1785. 8.

Creutz (Lorenz),
homme d'État finnonien (31 mars 1646 — 7 février 1698).
Alander (Christian). Laudatio funebris in obitum L. Creutzii. *Aboæ.* 1699. 4.

Creutzberger (Andreas),
pédagogue allemand (19 mars 1714 — 31 janvier 1755).
Oertel (Georg Christoph). Programma de vita, fatis et meritis A. Creutzbergeri, conrectoris olim scholæ Neo-stadiensis. *Norimb.* 1757. 4. (D.)

Creuzé-Latouche (Jacques Antoine),
député à la Convention nationale (1749 — 22 sept. 1800).
Garran-Coulon (Jean Philippe). Notice sur le citoyen Creuzé-Latouche. *Par.* 1801. 8.

Creuzer (Georg Friedrich),
philologue allemand (10 mars 1771 — ...).
Creutzer (Georg Friedrich). Aus dem Leben eines alten Professors. *Leipz.* et *Darmst.* 1847. 8. (Autobiographie ornée de son portrait.)

Crewe (Nathaniel, lord),
évêque de Durham.
Examination of the life and character of N. lord Crewe, bishop of Durham. *Lond.* 1790. 8.

Crichton (David Makgill),
théologien écossais.
Taylor (J... W...). Memoir of the late D. M. Crichton, of Nether Rankeilour. *Edinb.* 1853. 8.

Crichton, surnommé **l'Admirable** (James),
savant écossais (1560 — tué en juillet 1583).
Douglas (Francis). Life of J. Crichton, of Clunie, etc. *Aberdeen.* 1760. 8.
Tytler (Patrick Fraser). Life of J. Crichton, of Cluny, commonly called the admirable Crichton. *Edinb.* 1819. 8. *Ibid.* 1823. *
* Chacune de ces éditions est accomp. de son portrait.

Crillon (Louis des Balbis de Berton de),
connétable de France (1541 — 2 déc. 1615).
(**Bening,** François). Bouclier d'honneur où sont représentés les beaux faits de très-généreux et puissant seigneur feu messire L. de Berton, seigneur de Crillon. *Avign.* 1616. 8. *Lyon.* 1616. 4. *Brux.* (Par.) 1739. 12. (Bes.)
Graveson (A...). Vita L. de Berton ducis de Crillon. *Rom.* 1724. 12.
(**Lussan,** Marguerite de). Vie de L. B. Berton de Crillon, surnommé le Brave. Mémoires sur les règnes de Henri II, François II, Charles IX, Henri III et Henri IV. *Par.* 1757. 2 vol. 12. (Bes.)
Régley (N... N...). Eloge historique du brave Crillon. *Par.* 1779. 8. (Couronné par l'Académie d'Amiens.)
Crillon (abbé de). Vie de L. de Balbis de Berton de Crillon, surnommé le brave Crillon, suivie de notes historiques et critiques par Paul Antoine de FONTIA D'URBAN. *Par.* 1826. 5 vol. 8.
Serviez (Alfred de). Histoire du brave Crillon. *Par.* 1844. 18.
Mont-Rond (Maxime de). Histoire du brave Crillon. *Lille.* 1845. 12. *Ibid.* 1850. 12. Portrait.

Crillon (N... N... de),
archevêque de Narbonne.
Guerguil (Jean Baptiste). Oraison funèbre de Mgr. de Crillon, archevêque de Narbonne, s. l. (Toulouse.) 1753. 4.

Crinesius (Christoph),
philologue slave (1584 — 28 août 1629).
Virdungus (Michael). Programma academicum in C. Crinesii funere. *Altorf.* 1629. 4.

Crippa (Francesco),
prêtre italien.
Filippini (Guglielmo). Elogio funebre del sacerdote F. Crippa. *Bergam.* 1857. 8.

Crisinus (Marcus),
jésuite (?) hongrois.
Virtus purpurata athletarum Cassoviensium, s. trium martyrum M. Crisini, canonici Strigoniensis, Stephani Pongracz, Soc. Jesu, Melchioris Grodeczii vita et mors gloriosa. *Cassov.* 1743. 12.

Crisp (Stephen),
théologien (?) anglo-américain.
Tuke (Samuel). Memoirs of the life of S. Crisp. *York.* 1824. 8. (Mch.)

Crispino (Fioretti) **da Viterbo,**
capucin italien (13 nov. 1668 — 19 mai 1750).
(**Domo d'Ossola,** Emmanuele da). Vita del venerabile servo di Dio Fr. Crispino da Viterbo, laico professo dell' ordine di minori cappuccini di S. Francesco. *Rom.* 1761. 4. Portrait.

Crispo (Antonio),
médecin italien (1600 — 30 nov. 1638).
Valcassaro (Francesco). Elogio funebre di A. Crispo. *Trapani.* 1689. 4.

Crispo (Benedetto),
archevêque de Milan.

Lentini (Benedetto). Breve compendio della vita e morte del gloriosissimo arcivescovo di Milano, S. B. Crispo, protettore e avocato de' litiganti e tribulati. *Napol.* 1674. 12.

Cristini ou **Christini** (Bartolommeo),
littérateur italien.

Notizie di B. Cristini, *Nizza*. 1783. 8. (*P.*)

Cristoforis (Giovanni Battista de),
historien italien (11 nov. 1758 — 20 juin 1838).

Rovida (Cesare). Memoria intorno alla vita ed agli scritti di G. B. de Cristoforis. *Milan.* 1839. 8.

Cristoval,
martyr mexicain.

Vida y martyr de Cristoval, Indio, niño hijo del cacique Acxotecatl en Tlascala. *Mexic.* 1604. 4.

Critias,
poète grec.

Hinrichs (Edward Philipp). Commentatiuncula de Theramenis, Critiæ et Thrasybuli, virorum tempore belli Peloponnesiaci inter Græcos illustrium, rebus et ingenio. *Hamb.* 1820. 4.

Weber (Wilhelm Eduard). Dissertatio de Critia tyranno. *Frf.* 1824. 4.

Bach (Nicolaus). Commentatio de Critiæ tyranni politiis elegiacis. *Vratisl.* 1826. 4.

Critolaus Phaselita,
philosophe grec.

Carpzov (Johann Benedict). Dissertatio de vita et placitis Critolai Phaselitæ, philosophi peripatetici. *Lips.* 1743. 4. (*D.*)

Croce (Giovanna Maria dalla),
religieuse italienne du xviiᵉ siècle.

G. M. dalla Croce und ihre Zeit. Lebensgemälde aus dem 17ᵗᵉⁿ Jahrhundert. *Regensb.* 1846. 8.

Crockett (David),
... anglo-américain.

Crockett (David). Narrative of his own life. *Philad.* 1834. 12.

Sketches and eccentricities of D. Crockett. *New-York* 1855. 12.

Crocus (Richard),
philologue anglais du xviᵉ siècle.

Boehme (Johann Gottlob). Specimen literaturæ Lipsicæ seculo xvi, in quo de R. Croco exponitur. *Lips.* 1762. 4.

Croesus,
dernier roi de Lydie.

History of Croesus, king of Lydia. *Lond.* 1756. 8.

Klerk (Jan). Dissertatio de vita Croesi, quam Xenophon in Cyropedia tradidit, ad fidem historicam exacta. *Lugd. Bat.* 1823. 8.

Crol (Johan Baptist),
médecin hollandais.

Schull (P... S...). Herinnering aan de verdiensten van J. B. Crol, med. doct. *Dordr.* 1823. 8. (*Ld.*)

Croll ou **Crollius** (Georg Christian),
historien allemand (21 juillet 1728 — 23 mars 1790).

Memoria G. C. Crollii. *Bipont.* 1790. 4. Portrait.

Crombrugghe (Joseph van),
magistrat belge.

Steyaert (J... J...). Levensschets van den heer J. van Crombrugghe, in zyn leven burgemeester der stad Gent. *Gent.* 1844. 8. Portrait. (Couronné par l'Académie de Gand.)

Crome (August Friedrich Wilhelm),
historien allemand (6 août 1753 — 11 juin 1833).

Crome (August Friedrich Wilhelm). Selbst-Biographie. Beitrag zu den gelehrten und politischen Memoiren des vorigen und gegenwärtigen Jahrhunderts. *Stuttg.* 1833. 8. (*D.*)

Cromerty (George **Mackenzie**, earl of),
homme d'État anglais.

Cromerty (George **Mackenzie** of). Account of the conspiracies of the earl of Gowry and Robert Logan of Restalrig, against king James VI, also a vindication of Robert III all his descendants from the imputation of bastardy. *Edinb.* 1713. 8.

Life of the earl of Cromerty. *Lond.* 1746. 8.

Crommelin (Pierre),
jurisconsulte suisse.

Vernet (Jacques). P. Crommelini vita. *Genev.* 1740. 4.

Cromwell (Mary),
dame anglaise (vers 1708 — 29 janvier 1813).

Knight (John). Sermon on the death of M. Cromwell (relict of the late Thomas Cromwell, great grandson of the protector (O. Cromwell), who died in the 105th year of her age. *Lond.* 1813. 8. (Non mentionné par Lowndes.)

Cromwell (Elisabeth **Bourchier**),
épouse du suivant (... — mariée en 1620 — 8 oct. 1672).

Court and kitchen of E., called Joan Cromwell, the wife of the late usurper, truely described and represented. *Lond.* 1664. 12. *

    * Satire mordante accomp. du portrait de lady Cromwell.

Cromwell (Olivier),
lord protecteur de la république anglaise (25 avril 1599 — 13 sept. 1658).

Silva (Rodrigo Mendez de). Parangon de los dos Cromue005 de Inglaterra. *Madr.* 1657. 8. *Ibid.* 1658. 8.

Account of the last houres of the late renowned Oliver, (Cromwell) lord protector. *Lond.* 1659. 4.

Carrington (S...). History of the life and death of Oliver late lord protector. *Lond.* 1659. 8. Portrait. Trad. en holland. par L... van der B(os). *Amst. et Dordrecht.* 1659. 12. (*Ld.*)

Dawbeny (Henry). Historie and policie reviewed in the heroick transactions of Oliver, late lord protector, from his cradle to his tomb. *Lond.* 1659. 8.

Portraiture of his Royal Highness Oliver, late lord protector, in his life and death. *Lond.* 1659. 12. Portrait.

Notæ historico-politicæ, in vitam O. Cromwellii, protectoris Angliæ, Scotiæ, Hiberniæ. *Lond.* 1659. 4.

The perfect politician, or a full view of the life and actions of O. Cromwell. *Lond.* 1660. 12. *Ibid.* 1686. 8. *Ibid.* 1687. 8. *

    * Chacune de ces trois éditions est illustrée de son portrait.

Heath (James). Flagellum, or the life and death, birth and burial of O. Cromwell, the late usurper. *Lond.* 1663. 8. Portrait. *Ibid.* 1664. 8. *Ibid.* 1665. 8. *Ibid.* 1669. Portrait. *Ibid.* 1672. 8. Portrait. *Ibid.* 1679. 8. Trad. en allem. s. c. t. Politicus sine exemplo, oder Kurtzer Begriff der Kriegs- und Staatshandlungen Sr. Hoheit, etc. *Nürnb.* 1665. 12.

(**Raguenet**, François). Histoire d'O. Cromwell. *Par.* 1691. 4. (*Bes.*) *Utrecht.* 1692. 2 vol. 12. Trad. en allem. *Frf.* 1692. 12.

Leti (Gregorio). Historia e memorie recondite sopra la vita di O. Cromvele. *Amst.* 1692. 2 vol. 12.
    Trad. en allem. *Hamb.* 1696. 8. *Ibid.* 1719. 8. *Berl.* 1794-95. 2 vol. 8.
        Trad. en franç. par Jean **Lepelletier**. *Amst.* 1694. 2 vol. 12. *Ibid.* 1696. 2 vol. 12. (*Bes.*) *Ibid.* 1703. 2 vol. 12.
        Trad. en holland. *Gravenh.* 1697. 2 vol. 8. *Leyd.* 1754. 2 vol. 8. (*Ld.*)

Burton (Richard). History of O. Cromwell. *Lond.* 1692. 8. *Ibid.* 1698. 8. *Ibid.* 1706. 8. *Ibid.* 1728. 8.

(**Kimber**, Isaac). Life of O. Cromwell. *Lond.* 1714. 8. Portrait.

Hassen (Martin). Characteres tyranni O. Cromwellii, Angliæ quondam Scotiæ et Hiberniæ protectoris. *Witteb.* 1722. 4.

Vie d'O. Cromwell, protecteur de la république d'Angleterre. *La Haye.* 1725. 8.

(**Banks**, John). Critical review of the political life of O. Cromwell. *Lond.* 1739. 8. Portrait. *Lond.* 1760. 12.

Peck (Francis). Memoirs of John Milton and O. Cromwell. *Lond.* 1740. 2 vol. 4.

—— Memoirs of the life and actions of O. Cromwell. *Lond.* 1740. 4. Trad. en allem. *Leipz.* 1740. 4.

Nichols (John). Original letters and papers addressed to O. Cromwell. *Lond.* 1743. Fol.

Harris (William). Historical and critical account of the life of O. Cromwell. *Lond.* 1762. 12. *Ibid.* 1772. 8.

Burrow (James). Anecdotes and observations relating to O. Cromwell and his family. *Lond.* 1763. 4.

Gibbons (Thomas). Account of the Cromwell family. *Lond.* 1773. 8.

Mark (John Noble). Memoirs of the protectorat-house of Cromwell. *Birmingh.* 1784. 2 vol. 8. *Lond.* 1785. 2 vol. 8. *Ibid.* 1787. 2 vol. 8.

Richards (William). Review of the memoirs of the protectorat-house of Cromwell. *Lynn.* 1788. 8.

(**Espinasse de Langeac**, N... N... de l'). Précis historique sur Cromwell, suivi d'un extrait de l'Eikon basiliké, ou portrait du roi (Charles I) et du Boscobel, ou récit de la fuite de Charles II. *Par.* 1789. 8. *Genève.* an x (1802). 8.

Dugour (Antoine Jeudy). Histoire d'O. Cromwell. *Par.* an III (1796). 2 vol. 24.

Sebald (Carl). Leben O. Cromwells. *Leipz.* 1815. 8.

Chas (Jean). Portrait de Cromwell. *Par.* 1817. 8.

Villemain (Abel François). Histoire d'O. Cromwell. *Par.* 1819. 2 vol. 8. (*Bes.*) *Brux.* 1830. 2 vol. 12. *Milan.* 1843. 2 vol. 16.
    Trad. en allem. par Carl Peter BEALY. *Leipz.* 1830. 2 vol. 8.
    Trad. en espagn. *Sevill.* 1842. 2 vol. 8.
    Trad. en ital. *Milan.* 1821. 8.

Cromwell * (Oliver). Memoirs of the protector O. Cromwell and of his sons, Richard and Henry. *Lond.* 1820. 4.
    * Dernier rejeton de la famille de Cromwell.

Biographie O. Cromwell's. *Chemnitz.* 1823. 8. Portrait.

Burton (Thomas). Cromwellian Diary, with an historical instruction and notes biographical by John Thomas RUTT. *Lond.* 1828. 4 vol. 8.

Vaughan (Richard). Protectorate of O. Cromwell and the state of Europe during the early part of the reign of Louis XIV, etc. *Lond.* 1839. 2 vol. 8.

Southey (Robert). Life of O. Cromwell, publ. par Charles SOUTHEY. *Lond.* 1844. 8. Trad. en allem. *Leipz.* 1845. 8.

Chasles (Philarète). O. Cromwell ; sa vie privée, ses discours publics, sa correspondance particulière ; précédée d'un examen historique des biographes et historiens de Cromwell, etc. *Par.* 1847. 18. *
    * On y trouve une complète iconologie de la famille Cromwell.

Wilson (Daniel). O. Cromwell and the protectorat. *Lond.* 1848. 8.

Clarke (Edmund). Lectures on the public life and character of O. Cromwell, etc. *Manchest.* 1848. 8.

Headley (J... T...). Life of O. Cromwell. *New-York.* 1848. 12.

Merle d'Aubigné (Jean Henri). Le protecteur, ou la république d'Angleterre aux jours de Cromwell. *Par.* 1848. 8. Trad. en angl. *New-York.* 1848. 12.

Carlyle (Thomas). O. Cromwell's letters and speeches, with elucidations. *Lond.* 1849. 4 vol. 8. (3e édition.)

Negisch (Peter). Comparatio inter Claudium Tiberium principem et O. Cromvellium instituta, s. l. 1657. 4.

Schmidt (Johann Andreas). Dissertatio exhibens arcana dominationis in rebus gestis O. Cromwelli. *Jenæ.* 1682. 4.

Allen (William *). Killing no murder. *Lond.* 1657. 4. *Ibid.* 1659. 4. *Ibid.* 1743. 8. Trad. en franç. s. c. t. Traité historique où il est prouvé par Moyse, etc., que tuer un tyran *vel titulo vel exercitio* n'est pas un meurtre, s. l. (*Lyon.*) 1658. 12. (Extrêmement rare.) *Par.* s. d. (1798.) 8.
    * Le vrai nom de l'auteur est Silas TITUS.

(**Hawke**, Matthew). Killing is murder. *Lond.* 1657. 4. *
    * Critique du Traité précédent.

Galardi (Sieur de). La tyrannie heureuse ou Cromwell politique avec ses artifices et intrigues dans tout le cours de sa conduite. *Leyd.* 1671. 12. Portrait.

Pritius ou **Pritz** (Johann Georg). Litteræ nomine senatus Anglicani O. Cromwellii Richardique ad diversos in Europa reges et respublicas exaratæ a Joanne Miltono, etc. *Frf.* 1690. 12.

Cromwell, carl of **Essex** (Thomas),
lord-chancelier d'Angleterre (vers 1490 — exécuté le 28 juillet 1540).

Drayton (Michael). Historie of the life and death of the

---

lord Cromwell, some time carl of Essex, lord-chancellor of England. *Lond.* 1609. 4.

Cronstedt (Axel Frederik),
minéralogiste suédois (23 déc. 1722 — 19 août 1765).

Rinman (Sven). Åminnelse-Tal öfver A. F. Cronstedt. *Stockh.* 1766. 8.

Cronstierna (Mårten),
général suédois (20 février 1682 — ... 1752).

Reuterholm (Frederik Axel). Åminnelse-Tal öfver General-Major M. Cronstierna. *Stockh.* 1752. 8.

Cronstroem (Isaak),
général hollandais au service de Suede (3 juillet 1661 — 31 juillet 1751).

Gjoerwell (Carl Christophersson). Den Holländska Generalen I. Croenstroems Lefvernesbeskrifning. *Stockh.* 1756. 8.

Croon (Pierre),
poëte belge (1634 — 23 mars 1683).

De Reume (Auguste). Notice sur Pierre Croon, poëte belge. *Anvers.* 1853. 8. (Tiré à 50 exemplaires.)

Croph (Philipp Jacob),
pédagogue allemand (3 sept. 1666 — 23 sept. 1742).

Urlsperger (Samuel). Leichenpredigt auf P. J. Croph. *Augsb.* 1742. Fol.

Crosby (Enoch),
espion anglo-américain.

Barnum (H... L...). Memoirs of E. Crosby, alias Harvey Birch. *New-York.* 1828. 8.

The Spy unmasked, or Memoirs of E. Crosby, the Harvey Birch of Coopers Spy. *New-York.* 1828. 8.

Crotch (William),
musicien anglais (5 juillet 1775 — ...).

Weissbeck (Johann Michael). Erneuertes Andenken des musikalischen Wunderkindes W. Crotch. *Nürnb.* 1806. 4.

Crousaz (François Noë de),
général suisse au service de Prusse (1706 — 1768).

Teller (Johann Friedrich). Auf den Todesfall Sr. Hochwohlgeboren Herrn F. Noë de Crousaz, s. l. 1769. 8.

Croy (Charles Alexandre, duc de),
gentilhomme belge.

Croy (Charles Alexandre de). Mémoires guerriers de ce qui s'est passé aux Pays-Bas de 1600 à 1606. *Anvers.* 1642. 4.

Croy (Guillaume de),
homme d'État belge (1458 — 1521).

Varillas (Antoine). Pratique de l'éducation des princes, ou l'histoire de G. de Croy, seigneur de Chièvres et d'Arschot. *Par.* 1684. 12.

Croze, voy. **Lacroze**.

Cruciger (Caspar),
théologien allemand (2 janvier 1504 — 16 nov. 1548).

Rheinbolt (Erasmus). Oratio de C. Crucigero. *Witteb.* 1549. 8. (*D.*)

Bosseck (Johann Gottlieb). Dissertatio de C. Crucigero. *Lips.* 1759. 4. (*D.*)

Cruciger (Peter),
théologien allemand.

Moeser (Zacharias). Oratio in obitum P. Crucigeri, pastoris Kiloniensis. *Lubec.* 1657. 4.

Crud (le baron N... N...),
agronome suisse (1772 — 15 mai 1845).

(**Luieger**, Georges). M. le baron Crud. *Sèvres.* 1852. 8.

Cruger (Bartholomæus),
médecin allemand.

Balduin (Friedrich). Leichpredigt, etc., auf B. Cruger. *Wittenb.* 1613. 4. (*D.*)

Carsted (Johann Caspar). Vita B. Crugerii. *Brandenb.* 1719. 4.

Cruger ou **Crueger** (Pancratius),
poëte lauréat allemand (1546 — 28 oct. 1614).

Vechner (Daniel). Oratio parentalis in P. Crugerium. *Frf. ad. Viadr.* 1614. 4.

Programma academicum in P. Crugerii funere. *Frf. ad Viadr.* 1614. 4.

Cruger (Peter),
théologien allemand.

Moeser (Zacharias). Oratio funebris P. Crugero habita. *Lubec.* 1657. 4. (*D.*) *
    * Cette oraison nous paraît identique avec celle mentionnée plus haut sous le nom de CAVCIER.

Cruikshank (George),
peintre anglais (vers 1780 — ...).
Essay on the genius of G. Cruikshank. *Lond.* 1840. 8.

Cruse (Hermann),
pédagogue allemand.
Hantschke (Johann Carl Lebrecht). H. Cruse als Schulmann und Dichter, nebst vielen zur Geschichte der Rheinlande gehörenden historisch - literarischen Andeutungen. *Elberf.* 1832. 8.

Crusius (Georg Heinrich),
jurisconsulte allemand.
Crusius (Samuel Friedrich). Dass Juristen gute Christen, oder Lebenslauf des G. H. Crusii. *Dresd.* 1720. 4. (*D.*)

Crusius (Johann Paul),
poëte allemand († 1629).
Obrecht (Johann Thomas). Daphnis, s. actus cæsareus quo J. P. Crusio corona laurea est decreta. *Argent.* 1616. 8. (*D.*)

Crusius (Martin),
philologue allemand (19 sept. 1526 — 25 février 1607).
Wieland (Johann Heinrich). Sermo funebris Germanicus in obitum Catharinæ Vetcheriæ, M. Crusii conjugis, addita rerum Crusianarum historia. *Tubing.* 1599. 4. (*D.*)
Mueller (Vitus). Oratio de vita et obitu M. Crusii. *Tubing.* 1608. 4. (*D.*)

Crusius (Peter),
jurisconsulte allemand.
Programma academicum ad exequias P. Crusii. *Lips.* 1661. 4. (*D.*)

Crusius (Thomas),
théologien allemand.
Carsted (Johann Caspar). Vita T. Crusii. *Brandenb.* 1720. 4. (*D.*)

Crusius (Wilhelm),
jurisconsulte allemand (11 juin 1649 — 15 oct. 1700).
Hennin (Heinrich Christoph v.). Oratio funebris in obitum W. Crusii. *Duisb.* 1700. 4.

Csáky (Anton, Gróf),
homme d'État hongrois.
Biro (István). Oratio funebris comitis A. Csáky, ærarii Cassoviensis administratoris, merita commemorans. *Claudiopol.* 1773. 4.

Csáky (Emmerich, Gróf),
cardinal-évêque de Colocza (1662 — 28 août 1732).
Imago trium clarissimorum ecclesiæ luminum cardinalis E. Csáky, cardinalis Michaelis Friderici ab Althan, et Ladislai Adami Erdödy, episcopi Nitriensis. *Cassov.* 1758. 12.

Csáky (Niklós, Gróf),
archevêque de Gran († 1757).
Vajkovics (Imre). Celsissimus princeps N. e comitibus Csáky, archiepiscopus Strigoniensis, laudatione funebri celebratus. *Tyrnav.* 1757. Fol.

Csepellény (György),
prêtre hongrois († assassiné le 14 mai 1674).
Vita et mors venerabilis P. G. Csepellény, ordinis S. Pauli primi eremitæ professi, per regnum Hungaricum missionarii apostolici, quem Hæretici in odium fidei prope Agriam occiderunt, etc. *Tyrnav.* 1763. 8.

Csokonai Vitéz (Mihály),
poëte hongrois (17 déc. 1774 — 28 janvier 1808).
Domby (N... N...). Élete's némelly meg eddig ki nem adott munkáji. *Pesth.* 1817. 8.

Ctesias Cnidius,
historien grec.
Arrhenius (Jakob). Dissertatio de monarchia Assyrorum Ctesiana. *Upsal.* 1705. 4.
Steinbauer (Johann Peter). Programma de diversa imperii Assyriaci temporum computatione Ctesiæ et Herodoti. *Giess.* 1778. 4.
Osiander (Carl Nicolaus). Programmata III de Ctesia. *Stuttg.* 1818-22. 4.
Rettig (Heinrich Christian Michael). Ctesiæ Cnidii vita cum appendice de libris, quos Ctesias composuisse fertur. *Hannov.* 1827. 8.
Blum (Carl Ludwig). Herodot und Ctesias, die frühsten Geschichtsschreiber des Orients. *Heidelb.* 1836. 12.
Muys (Gottfried). Quæstiones Ctesianæ chronologicæ; dissertatio historico-critica. *Monast.* 1853. 8.

Ctesibius (Hero),
mécanicien grec du 11e siècle avant J. C.
Baldi (Bernardino). H. Ctesibii vita. *Aug. Vind.* 1614. 4.

Cubières (Simon Louis Pierre, marquis de),
naturaliste français (12 oct. 1747 — I août 1821).
Challan (Antoine Didier de). Notice historique sur la vie et les travaux du marquis de Cubières. *Par.* 1822. 8.

Cubières, voy. **Despans-Cubières.**

Cuesta (Gregorio **Garcia** de la),
général espagnol (1740 — 1812).
Cuesta (Gregorio **Garcia** de la). Manifiesto sobre sus operaciones militares. *Cadiz.* 1811. 4.
Venegas (D...). Manifiesto en repuesta de lo que dijo el general Cuesta. *Cadiz.* 1811. 4. -

Cujas (Jacques de),
jurisconsulte français (1520 — 4 oct. 1590).
Masson (Jean Papire). Vita J. Cujacii. *Basil.* 1591. 8. (*D.*)
Bernardi (Joseph Éléazar Dominique). Éloge de Cujas. *Par.* (*Avign.*) 1770. 12. *Ibid.* 1775. 12. (Assez rare.)
Valckenaer (Jean). Oratio de schola Cujaciana. *Franeq.* 1782. 4. (*D.*)
Berriat-Saint-Prix (Jacques). Histoire de Cujas. *Par.* 1821. 8. (*Lv.*) *
    * Forme l'appendice de son *Histoire du droit romain* (p. 373-691).
Spangenberg (Ernst Peter Johann). J. Cujas und seine Zeitgenossen. *Leipz.* 1822. 8. Portrait. *
    * Quérard présume que cet ouvrage est une traduction de l'histoire de Cujas, écrite par Jacques Berriat-Saint-Prix dans son *Histoire du droit romain*; c'est une erreur.
Eichstaedt (Heinrich Carl Abraham). Dissertatio de Cujacio optimo accuratæ doctrinæ exemplo. *Jenæ.* 1825. 4.
Benech (N... N...). Cujas et Toulouse, ou documents nouveaux constatant que Cujas n'a jamais échoué dans la dispute d'une régence de droit civil à l'université de Toulouse. *Toulouse.* 1842. 8.
Decous Lapeyrière (N... N...). Discours sur Cujas. *Par.* 1848. 8. (*Lv.*)

Cujas (Susanne),
fille du précédent.
Cathérinot (Nicolas). Vie de mademoiselle Cujas. *Bourg.* 1684. 4.

Cullati (Domenico),
prêtre italien.
(**Calvi**, Angiolo Gabriello). Orazione funebre sopra il cadavere del dottor D. D. Cullati, arciprete di Raccano, Polesella e Salvatiche, diocesi d'Adria. *Venez.* 1758. 4.

Cullen (William),
médecin écossais (1712 — 5 février 1790).
Bush (Benjamin). Eulogium in honour of the late Dr. W. Cullen, professor of the practice of physic in the university of Edinburgh. *Philad.* 1790. 8.
Thomson (N... N...). Account of the life, lectures and writings of W. Cullen. *Edinb.* 1852. 2 vol. 8. (Omis par Lowndes.)

Culmann (Leonhard),
théologien allemand (vers 1498 — ...).
Stoer (Christian Melchior). L. Culmanni antistitis Norimbergensis vita et fata. *Altorf.* 1710. 4.
Zeltner (Gustav Georg). Paralipomenon Osiandrinum, s. L. Culmanni vita et fata. *Altorf.* 1724. 4. (*D.* et *Lv.*) *Ibid.* 1724. 4. (*D.*)

Cumberland (Richard),
évêque de Peterborough (1632 — 1719).
Payne (Samuel). Brief account of the life, character and writings of R. Cumberland. *Lond.* 1720. 8. (*D.*)

Cumberland (Richard),
poëte anglais (19 février 1732 — 7 mai 1811).
Memoirs of R. Cumberland, containing an account of his life and writings, with anecdotes and characters of distinguished persons of his time. *Lond.* 1806. 4. *Ibid.* 1807. 2 vol. 8. (Écrit par lui-même.)

Mudfort (William). Life of R. Cumberland. *Lond.* 1812. 8. Augment. *Ibid.* 1814. 2 vol. 12.

Cumberland (William Augustus, duke of) ;
troisième fils de George II, roi d'Angleterre (26 avril 1721 — 31 oct. 1765).

Ayrer (Georg Heinrich). Oratio de G. A. Cumbriæ duce, rebellium Scotiæ domitore, patrisque et patriæ defensore. *Gotting.* 1746. 4.

Henderson (Andrew). Life of W. A. duke of Cumberland. *Lond.* 1766. 8.

Historical memoirs of his late Royal Highness W. A. duke of Cumberland, including the military and political history of Great-Britain during that period. *Lond.* 1767. 8.

Cunaeus * (Petrus),
jurisconsulte hollandais (1586 — 1638).

Vorstius (Adolph). Oratio funebris recitata in exequiis P. Cunæi. *Lugd. Bat.* 1638. 4. (*D.*)
  * Son nom originaire est Van der Kun.

Cunde (Johann),
savant allemand.

Gotthold (F... A...). Andenken an J. Cunde, einen Freund Kant's und Ruhnken's. *Königsb.* 1853. 8.

Cunégonde (Sainte),
épouse de l'empereur Henri II (+ 3 mars 1040).

Vita et legenda Henrici et Cunegundis. *Bamb.* 1511. 8.

Schurzfleisch (Conrad Samuel). Dissertatio de innocentia Cunegundis, Henrici II uxoris. *Witteb.* 1700. 4.

Rion (J...). Das heilige Kaiserpaar, oder Leben und Thaten des heiligen Heinrich's und der heiligen Kunigunde. *Bamb.* 1852. 8.

Cunégonde (Sainte),
épouse de Boleslaw, roi de Pologne (1224 — mariée en 1239 — 1292).

Pico (Ranuccio). Vita della venerabile Cunegunde, reina di Polonia. *Rom.* 1633. 4.

Petrykowski (Franciscus). Vita beatæ Cunegundis, regiæ Hungariæ principis ac deinde reginæ Poloniæ et patronæ, polonico idiomate a Martino Francowicz olim collecta, nunc vero in brevius compendium redacta, etc. *Tyrnav.* 1744. 4.

Cunégonde ,
fille de Frédéric, empereur d'Allemagne.

Heyrenbach (Joseph Benedict). Kaiser Friedrich's Tochter Kunigunde. Fragment aus der österreichisch-baierschen Geschichte, etc. *Wien.* 1778. 8.

Kunigunde, Kaiser Friedrich's Tochter. *Leipz.* 1778. 8. *
  * Très-probablement ces deux ouvrages sont identiques.

Cunégonde d'Orlamunde (Comtesse).

Roenick (Johann Tobias). Nachricht von dem Gemahle der Gräfin Kunigunde von Orlamünde, einem Könige (?) der Russen. *Goetting.* 1754. 4.

Cunha (N... N...),
cardinal portugais.

Bernardino de Santa Roza. Oraçaõ funebre do Inquizidor geral o cardeal da Cunha. *Coimbra.* 1752. 4.

Pilar (Joaõ de). Oraçaõ funebre do cardeal da Cunha, inquizidor geral. *Lisb.* 1755. 4.

Cunha (Rodrigo da),
archevêque de Lisbonne (1577 — 1643).

Antonio da Natividade. Sermaõ nas exequias do arcebispo D. R. da Cunha. *Lisb.* 1643. 4.

Cunich (Raimondo),
poète italien (14 juin 1719 — 22 nov. 1794).

(**Sorgo**, Michele di). Elogio dell' abate R. Cunich. *Ragus.* 1795. 8.

(**Tosi**, Gioachimo). De vita R. Cunichii commentariolum. *Rom.* 1795. 4.

Cunningham (Margaret),
dame écossaise.

(**Sharpe**, C... K...). A part of the life of M. Cunningham, daughter of the earl of Glencairn. *Edinb.* 1826. 4.

Cunninghame (Thomas),
colonel suédois.

Moerk (Jakob Henrik). Åminnelse-Tal öfver Ofversten T. Cunninghame. *Stockh.* 1760. 8.

Cuno (Anton Werner),
pédagogue allemand (23 mai 1635 — 14 janvier 1707).

Petersen (Johann Wilhelm). Memoria A. W. Cunoni erecta. *Magdeb.* 1707. 4. (*D.*)

Cuno (Sigismund Andreas),
pédagogue allemand.

Nolten (Johann Friedrich). Vita ac merita S. A. Cunonis. *Helmst.* 1747. 4. (*D.*)

Cup (Willem),
jurisconsulte hollandais (6 juillet 1604 — 16 janvier 1667).

Huber (Ulrich). Oratio de natalibus, vita, studiis et excitu G. Cup. *Franeq.* 1667. Fol.

Cuper * (Gisbert),
historien hollandais (14 sept. 1644 — 22 nov. 1716).

Bosscha (Pieter). Oratio de G. Cupero. *Daventr.* 1816. 4.
  * Son nom flamand était Cuypers.

Cuperus (Angelus Jacobus),
jurisconsulte hollandais (14 avril 1765 — 31 janvier 1831).

Hall (M... C...). Ter nagedachtenis van M. A. J. Cuperus. *Amst.* 1831. 8.

Cupidon ,
personnage mythologique.

Romance de Mesmont (Germain Hyacinthe de). Recherches philosophiques sur le sens moral de la fable de Psyché et de Cupidon. *Hamb.* 1798. 8.

Thorlacius (Birger). Disquisitio mythologica de Psyche et Cupidine. *Hafn.* 1801. 12.

Curaeus (Joachim),
médecin allemand (22 oct. 1532 — 21 janvier 1573).

Ferinarius (Johann). Narratio historica de vita et morte J. Curæi. *Lignic.* 1601. 4.

Curasson (Jacques),
littérateur français (7 déc. 1770 — 15 août 1841).

Notice biographique sur M. Curasson. *Dijon.* 1842. 8.

Curcellaeus (Stephan),
théologien suisse (2 mai 1586 — 22 mai 1659).

Poelenburg (Arnold). Oratio in obitum S. Curcellæi. *Amst.* 1659. 4.

Curio (Cœlius Secundus),
savant italien (1er mai 1503 — 24 nov. 1569).

Stupani (Johann Nicolaus). Oratio panegyrica de C. S. Curionis vita et obitu. *Basil.* 1570. 4. Publ. s. c. t. Historia vitæ C. S. Curionis, par Johann Georg Scuelhorn. *Frf.* 1731. 8.

Curll (Walter),
évêque de Winchester.

(**Curll**, Edward). Some account of the life of Dr. W. Curll, bishop of Winchester and lord-almoner to king Charles I, etc. *Lond.* 1712. 8.

Curran (John Philpot),
jurisconsulte irlandais (24 juillet 1750 — 14 oct. 1817).

O'Regan (William). Memoirs of the legal, literary and political life of the late Right Hon. J. P. Curran. *Lond.* 1817. 8.

Curran (William Henry). Life of the Right Hon. J. P. Curran. *Lond.* 1819. 2 vol. 8.

Davis (Thomas). Life of the Right Hon. J. P. Curran, with a memoir of the life of the Right Hon. Henry Grattan, by D... O... Madden. *Dubl.* 1846. 18.

Phillips (Charles). Memoir of Curran, with sketches of his contemporaries. *Edinb.* et *Lond.* 1850. 8. Portrait. *Lond.* 1851. 8. (4e édition.)

Currie (James),
médecin écossais (31 mai 1756 — 31 août 1805).

Currie (William). Memoirs of J. Currie. *Lond.* 1851. 2 vol. 8.

Curtenius (Petrus),
savant hollandais.

Klinkenberg (Jan van Nuys). Oratio funebris in obitum viri celeberrimi P. Curtenii. *Amst.* 1790. 4. (*Lv.*) Trad. en holland. par Maurits Jongeneel. *Amst.* 1790. 8.

Curti (Girolamo),
peintre hollandais (+ 1632).

Amorini-Bolognini (Antonio). Vite di G. Curti, detto il Dentone, e di Agostino Mitelli. *Bologn.* 1833. 8. (Avec les portraits de ces deux peintres.)

Curtius, voy. **Quintus** (Curtius).

Curtius (Michael Conrad),
littérateur allemand (18 août 1724 — 22 août 1802).

Creuzer (Georg Friedrich). Memoria M. C. Curtii. *Marb.* 1802. 4. (*L.*)

Cusa * (Nicolaus de),
cardinal, évêque de Brixe (1401 — 11 août 1464).

Hartzheim (Caspar). Vita N. de Cusa, S. E. R. cardinalis, episcopi Brixiensis, etc. *Aug. Trevir.* 1730. 8.

Scharpff (Franz Anton). Der Cardinal und Bischof N. v. Cusa, etc. Beitrag zur Geschichte der Reformation innerhalb der katholischen Kirche im 15ten Jahrhundert. *Mainz.* 1843. 8. Portrait. .

Clemens (Friedrich Johann). Giordano Bruno und N. von Cusa, etc. *Bonn.* 1847. 8.

Duex (Johann Martin). Der deutsche Cardinal N. von Cusa und die Kirche seiner Zeit. *Regensb.* 1847. 2 vol. 8. Portrait.

Jaeger (Albert). Über die den Cardinal und Bischof von Brixen, N. v. Cusa, betreffenden Geschichtsquellen in den Tyroler Archiven. *Wien.* 1852. 8.

—— Regesten und urkundliche Daten über das Verhältniss des Cardinals N. v. Cusa, als Bischof von Brixen, zum Herzoge Sigmund von Oesterreich, etc. *Wien.* 1852. 8.

Zimmermann (Robert). Der Cardinal N. Cusanus als Vorläufer Leibnitz'ens. *Wien.* 1852. 8.

    * Son nom de famille est CRUX.

Cuspinian * (Johann),
historien allemand (1473 — 19 avril 1529). .

Gerbelius (Nicolaus). Vita J. Cuspiniani. *Frf.* 1540. Fol.
    * Sa famille se nommait SPIESSHAMMER.

Custine (Adam Philippe , comte de),
général français (4 février 1740 — guillotiné le 20 août 1793).

Mémoires posthumes du général français, comte de Custine, rédigés par un de ses aides de camp, (Louis BARAGUAY D'HILLIERS). *Hamb.* 1794. 2 vol. 8. *Par.* 1824. 2 vol. 8. Trad. en allem. *Berl.* 1793. 2 vol. 8.

Crimes et forfaits de Custine, s. l. et s. d. 8.

L'ex-général Custine traité comme il le mérite, s. l. et s. d. 8.

Jugement du général Custine par le tribunal révolutionnaire. *Par.* 1793. 4.

Die alten Franzosen in Deutschland, oder Custine's Heldenthaten vom 1 Oct. bis Ende Dec. des Jahres 1792. *Teutschland.* 1793. 8.

Custine's Zeugenverhör, Aussagen und Tod. *Goetting.* 1793. 8.

Cutelli (Mario),
jurisconsulte italien.

Ardizzone (Giovanni). Elogio de M. Cutelli. *Catania.* 1836. 8.

Cutsem (Philippe Joseph van),
médecin belge (13 juin 1768 — 8 mars 1845).

(Servais, N... N...). Aux mânes du docteur van Cutsem, s. l. et s. d. (*Brux.* 1847). 8. Portrait.

Cuvelier de Trie (Jean Guillaume),
poète français (15 janvier 1766 — 27 mai 1824).

Dondey-Dupré (Prosper). Paroles funèbres prononcées sur la tombe de notre ami J. G. Cuvelier de Trie. *Par.* 1824. 8.

Cuvier (George Léopold Chrétien Frédéric),
naturaliste français (23 août 1769 — 13 mai 1832).

Pasquier (Étienne Denis). Éloge de Cuvier. *Par.* 1833. 8. (Tiré à très-petit nombre.)

Pariset (Etienne). Eloge du baron Cuvier. *Par.* 1833. 8. Portrait.

Pillard (Héloïse). Éloge du baron Cuvier, etc. *Par.* 1833. 8.

Laurillard (C... C...). Éloge de Cuvier. *Strasb.* 1833. 8. (*Bes.*)

Duvernoy (G... L...). Notice historique sur les ouvrages et la vie de M. le baron G. Cuvier. *Par.* 1833. 8. Portrait. (*Bes.*)

Lee (Sarah). Memoirs of G. Cuvier. *Lond.* 1833. 8. Trad. en franç. par Théodore LACORDAIRE. *Par.* 1833. 8. Portrait.

Flourens (Pierre). Analyse raisonnée des travaux de G. Cuvier. *Par.* et *Leipz.* 1841. 8. (*D.*) Augm. s. c. t. Cuvier; histoire de ses travaux. *Par.* 1845. 12.

Cuvier and his works; or the rise and progress of zoology; a popular biography, with an historical introduction and sequel. *Lond.* 1844. 8.

Cuzzeri (Mario),
médecin italien († 23 nov. 1835).

(Cervetto , Giuseppe). Discorso funebre in morte del dottore M. Cuzzeri. *Veron.* 1856. 8.

Cydippe,
personnage mythologique.

Buttmann (Philipp Carl). Über die Fabel der Kydippe. *Münch.* 1825. 4.

Cyprian (Ernst Salomo),
théologien allemand (22 sept. 1673 — 19 sept. 1745).

Brielgeb (Johann Valentin). Vita et merita E. S. Cypriani. *Lips.* 1745. 8. (*D.*).

(Sinhold, Johann Nicolaus). Leben E. S. Cyprian's, von einem Liebhaber der Wahrheit beschrieben und herausgegeben von Erdmann Rudolph FISCHER. *Leipz.* 1749. 8. (*D.*)

Cyprian (Johann),
théologien allemand (24 oct. 1642 — 12 mars 1723).

(Jenichen, Gottlieb Friedrich). Programma academicum in J. Cypriani funere. *Lips.* 1723. Fol. (*D.*)

Boerner (Christian Friedrich). Oratio in exequiis J. Cypriani, s. l. et s. d. (*Lips.* 1723). Fol. (*D.*)

Deyling (Salomon). Leichen-Predigt auf J. Cyprian. *Leipz.* 1724. Fol. (*D.*)

Cyprien (Thascius Cœcilius),
évêque de Carthage et martyr (décapité le 14 sept. 258).

(Gervaise, François Armand). Vie de S. Cyprien, docteur de l'Église, évêque de Carthage, avec la critique de ses écrits. *Amst.* 1689. 12. (*D.*) *Par.* 1717. 4. (*D.* et *Lv.*)

Reuchlin (Johann Jacob). Dissertationes III de doctrina Cypriani. *Argent.* 1731-34. 4.

Prilessky (Johann Baptist). Acta et scripta S. Cypriani, archiepiscopi Carthaginensis. *Tyrnav.* 1761. Fol.

Rettberg (Friedrich Wilhelm). T. C. Cyprianus, Bischof von Carthago, dargestellt nach seinem Leben und Character. *Götting.* 1831. 8.

Huther (Johann Eduard). Cyprian's Lehre von der Kirche. *Hamb.* 1839. 8.

Poole (George Ayliffe). Life and times of S. Cyprian. *Oxf.* 1840. 8.

Favre (T...). S. Cyprien et l'église de Carthage. *Angers.* 1847. 12.

Roustain (François). Court exposé de la doctrine ecclésiastique de S. Cyprien, précédé d'une petite biographie de cet évêque et de quelques mots sur ses ouvrages. *Strasb.* 1847. 8.

Arbousse-Bastide (Antoine François). Tertullien et Cyprien comparés comme littérateurs. *Strasb.* 1848. 8.

Reithmeier (Wolfgang). Geschichte des heiligen Cyprian, Bischofs und Märtyrers von Carthago. *Augsb.* 1848. 8.

Cyrille (Lucaris),
patriarche de Constantinople (1572 — étranglé le 27 juin 1637).

Smith (Thomas). Collectanea de Cyrillo Lucari, patriarcha Constantinopolitano. *Lond.* 1707. 8. Portrait. (*D.*)

Bobnstedt (Georg Christian). Dissertatio historica de Cyrillo Lucari, ejusdem pro re Græcorum emendanda certaminibus. *Halæ.* 1724. 4. (*D.*)

Cyrille (Saint),
apôtre des Slaves au IXe siècle.

Stredowsky (Johann Georg). Sacra Moraviæ historia, s. vita SS. Cyrilli et Methudii. *Salisb.* 1710. 4. (*D.*)

Dobrowsky (Joseph). Cyrill und Methud, der Slawen Apostel , historich-kritischer Versuch. *Prag.* 1823. 8.

—— Mährische Legende von Cyrill und Methud. *Prag.* 1826. 8.

Richter (N... N...). Cyrill und Method, der Slaven Apostel und Mährens Schutzheilige. *Olmütz.* 1825. 8.

Kral (Josef Mirovit). Wypsány zivota svatych dvou bratry biskupu a apostolu Crhy a Strachoty (Cyrille). *Königsgraetz.* 1825. 8.

Holy (Jan). Cyrillo-Methodiada , vitezká básen s pripojenym zivotopisem sv. Cyrilla a Methoda. *Liptav.* 1857. 8.

Cyrus le Grand,
roi des Perses (560 — 530 avant J. C.).

Gerhard (Johann Ernst). Dissertatio de Cyro, primo Persarum monarcha. *Jenæ.* 1653. 4.

Arrhenius (Jakob). Dissertatio de Cyro monarcha. *Upsal.* 1693. 8.

1

25

Hoffmeyer (A... P...). Dissertatio de Cyro. *Franeq.* 1704. 4.

Frey (Johann Ludwig). Dissertatio historica de Cyro monarchiæ Persicæ auctore. *Basil.* 1706..4.

Hutchinson (Thomas). De Cyri expeditione. *Oxf.* 1735. 4.

Schubart (Johann Christoph). Programma de Cyro. *Coburg.* 1743. 4.

Zeibich (Heinrich August). Programma de Cyro, rege regum. *Gerœ.* 1756. 4.

Walch (Bernhard Georg). Commentatio de Cyri expeditione in Massagetas. *Goetting.* 1767. 4.

Hansen (Frederick). Disputatio de Cyro majore. *Hafn.* 1781. 8.

Wetzke (Carl Theodor). Cyrus, der Gründer des persischen Reiches, war nicht der Befreier der Juden, sondern der Zerstörer Jerusalem's. Beitrag zur Rechtfertigung der Bibel und zur Berichtigung der bisherigen Darstellungen der Geschichte vom babylonischen Exile. *Bautzen.* 1849. 8.

Abbott (Jacob). History of Cyrus. *Lond.* 1852. 8.

Cyrus le Jeune,
satrape de Lydie.

Pagi (N... N...). Histoire de Cyrus le Jeune et de la retraite des Dix Mille, etc. *Amst.* 1736. 12.

Heller (Ludwig). Dissertatio de Cyri morientis oratione in Xenophontis Cyropædia memorata. *Erlang.* 1797. 8.

Haken (Johann Christian Ludwig). Xenophon und die zehntausend Griechen. *Magdeb.* 1803. 8.

Rennell (James). Illustrations of the history of the expedition of the younger Cyrus from Sardis to Babylona and the retreat of the ten thousand Greks, etc. *Lond.* 1816. 4. Trad. en allem. par Albert Lion. *Goetting.* 1823. 8.

Czartoryski (Adam George, prince),
homme d'État polonais (14 janvier 1770 — ...).

Niemcewicz (Julian Ursin). Biographie du prince A. G. Czartoryski. *Par.* 1835. 8. Portrait.

Ostrowski (Jean Baptiste). A. G. prince Czartoryski; fragment de l'histoire de Pologne au xixe siècle. *Par.* 1845..8.

Fürst A. G. Czartoryski und seine Stellung zur Sache Polen's. 1. Biographische Skizze über den Fürsten. 2. Reden des Fürsten an die polnische Emigration. *Leipz.* 1848. 8.

Czechtitsky (Carl),
acteur allemand (1759 — vers 1810).

C. Czechtitsky; biographische Skizze, s. l. 1800. 8. Port.

Czernitcheff (Andreas?),
général russe.

Specht (F... A... K... v.). Das Königreich Westphalen und seine Armee im Jahre 1813, so wie die Auflösung derselben durch den kaiserlich russischen General A. Czernitscheff. *Cassel.* 1847. 8. Portrait.

Czerski (Johann),
théologien réformateur allemand.

J. Czerski's, des Stifters der ersten christlich-apostolisch-katholischen Gemeinde zu Schneidemühl, Leben und Wirken, etc. Beitrag zur Geschichte der Gegenwart. *Jena.* 1845. 16.

J. Czerski, Stifter der neuen Gemeinschaft, dargestellt nach seinem eigenen Bekenntniss. *Magdeb.* 1845. 8.

J. Czerski, gegenüber seinen Widersachern, etc. *Bromb.* 1845. 8.

Cziráki (Gróf Jósef),
homme d'État hongrois.

Déri (Ferentz). Halotti Prédikátzió elesett Gróf Czirák Jósef. *Sopronb.*, s. d. 4.

Czirotin (Grafen v.),
famille allemande.

Scharf (Gottfried Balthasar). Blühende Hoffnung des hochgräflich v. Czirotinschen Hauses. *Striegau.* 1719. Fol.

Czobor de Czobor-Sz (Gróf Ádám),
général hongrois († 17 sept. 1691).

Lupperger (Jacob). Oratio funebris in solennibus exequiis A. comitis Czobor de Czobor-Sz, militiæ Hungaricæ in imperio generalis, etc., Janitorum regis magistri, etc. *Tyrnav.* 1692. 4.

D

D'Abadie (Jean Melchior),
général français (6 janvier 1748 — .. mars 1820).

Mauger (N... N...). Discours sur la tombe de M. le général d'Abadie, s. l. et s. d. (1820.) 8.

Dach (Simon),
poète allemand (29 juillet 1605 — 15 avril 1659).

Lauson (Johann Friedrich). Gedächtnissrede auf den grossen preussischen Dichter S. Dach. *Königsb.* 1759. 4.

Pisanski (Georg Christoph). Das erneuerte Andenken des preussischen Poeten S. Dach. *Königsb.* 1759. 4.

Gebauer (August). S. Dach und seine Freunde als Kirchenlieder-Dichter. *Tübing.* 1828. 8.

Dachselhofer (Nicolaus),
magistrat suisse.

Bogdan (Martin). Panegyricus N. Dachselhofero reipublicæ Bernensis consuli funebris. *Bernæ.* 1670. Fol.

Dacier (Anne Lefevre),
auteur française (1651 — 17 août 1720).

(**Burette**, Pierre Jean). Éloge de madame Dacier. *Par.*, s. d. (1721.) 4.

Da Costa (N... N...),
rénégat juif hollandais (1798 — ...).

Einiges aus dem Leben des Dr. da Costa. Trad. de l'angl.* par Johann August Hausmeister. *Heidelb.* 1845. 16.
* L'original se trouve dans un journal anglais, *the Voice of Israel.*

Dadda (Vincenzo),
jurisconsulte italien (vers 1769 — 1828).

Parini (Giuseppe). Elogio di V. Dadda. *Milan.* 1828. 8.

Dadizeele (Jan van),
Hollandais.

Gedenckschriften van mynheer J. heere van Dadizeele, dit es : een registre beghinnen maken in 't jaer 1480,

aengaende J. heere van Dadizeele, publ. par Joseph Kervyn de Lettenhove. *Brugge.* 1850. 8.

Daehnert (Johann Carl),
philosophe allemand (10 nov. 1719 — 5 juillet 1785).

Piper (Theophil Cœlestin). Gedächtnissrede auf Herrn J. C. Dähnert, gewesenen ordentlichen Professors der Philosophie und des schwedischen Staatsrechts und Bibliothekars der k. Universität zu Greifswalde. *Greifsw.* 1786. 8.

Dagobert I,
roi de France (vers 600 — 628 — 19 janvier 638).

Henschenius (Gottfried). Diatriba de tribus Dagobertis. *Molshem.* 1623. 4. *Antw.* 1655. 4.

Valois (Adrien). Defensio observationis de annis Dagoberti. *Par.* 1684. 8.*
* Réfutation d'une dissertation de Pierre François Chiflet.

Coccius (Jodocus). Dagobertus rex, Argentinensis episcopatus fundator prævius. *Molshem.* 1623. 4.

Dagobert III,
roi de France (... — 711 — 17 janvier 715).

Acta S. Dagoberti Francorum regis et martyris, publ. avec des notes par Alexander Wilthemius. *Molshem.* 1623. 4. Augment. par Julien Floncel. *Luxemb.* 1653. 4.

Berain (Pierre Martin). Mémoires historiques sur le règne des trois Dagobert. *Strasb.* 1717. 8.

Girault (Claude Xavier). Voyage du roi Dagobert en Bourgogne. *Par.* 1812. 8.

Dagobert (Louis Simon Auguste Fontenelle),
général français (vers 1740 — 18 avril 1794).

Bisson (Louis Charles). Éloge historique du général Dagobert. *Bayeux*, s. d. 8.*
* L'existence de cet écrit nous paraît douteuse.

Dagon,
idole des Philistins.

Roeser (Johann Georg). Dissertatio de Dagone, Philistæorum idolo. *Jenæ.* 1664. 4.

Daher-Omar,
écrivain arabe (vers 1401 — vers 1460).

Buesching (Anton Friedrich). Nachricht von dem Character und Leben des berühmten Scheick Daher-Omar in Palästina. *Berl.* 1776. 8.

Dahmen (Johann Wilhelm Anton),
jurisconsulte allemand (1715 — 6 février 1773).

(**Wundt**, Carl Casimir). Vita et memoria J. G. Dahmen. *Heidelb.* 1773. 4.

Daillé ou Dallœus (Jean),
théologien français (6 janvier 1594 — 15 avril 1670).

(**Daillé**, André). Abrégé de la vie de J. Daillé, avec le catalogue de ses ouvrages. *Genève.* (*Par.*) 1671. 8.

Daire (Louis François),
célestin français (6 juillet 1713 — 18 mars 1792).

Cayrol (Louis Nicolas Jean Jacques de). Essai sur la vie et les ouvrages du P. Daire, ancien bibliothécaire des célestins, etc. *Amiens.* 1858. 8. (Non destiné au commerce.) — (*Bes.*)

Dakes (James et William),
hommes d'État anglais.

Burnet (Gilbert). Memoirs of the lives and actions of J. and W. Dakes, of Hamilton and Castle-Herald. *Lond.* 1852. 8.

Dalayrac (Nicolas),
compositeur français (13 juin 1753 — 27 nov. 1809).

(**Pixérécourt**, René Charles Guilbert). Vie de Dalayrac, chevalier de la Légion d'honneur et membre de l'Académie royale de Stockholm, contenant la liste complète des ouvrages de ce compositeur. *Par.* 1810. 12. * (*P.*)
* Publ. sous les lettres initiales du nom de l'auteur R. C. G. P. et ornée du portrait de Dalayrac.

Dalberg (Carl Theodor, Freiherr v.),
archevêque-primat d'Allemagne (8 février 1744 — 10 février 1817).

Zapf (Georg Wilhelm). Carl, Grossherzog von Frankfurt, in einer Vorlesung geschildert. *Frf.* 1810. 8.

Kraemer (Bernhard August). C. T. Reichsfreiherr v. Dalberg, gewesener Fürst-Primas von Deutschland und Erzbischof von Regensburg. *Gotha.* 1817. 4. *Regensb.* 1818. 4. Portrait.

— — C. T. Reichsfreiherr v. Dalberg, letzter Churfürst von Mainz und Chur-Erzkanzler der deutschen Reichs, vormaliger Grossherzog von Frankfurt, etc. *Leipz.* 1821. 8.

E... (**H... M...**). Dalberg, oder letzte Lebenstage und Betrachtungen eines deutschen Bischofs. *Carlsr.* 1846. 8.

Dalberg (Johann v.),
évêque de Worms (1445 — 28 juillet 1503).

Zapf (Georg Wilhelm). Über das Leben und die Verdienste J. v. Dalberg's, ehemaligen Bischofs von Worms. *Augsb.* 1789. 8. (*P.*)

— — J. v. Dalberg, Bischof von Worms. *Augsb.* 1796. 8. Portrait. (*P.*) Supplément. *Zürch.* 1798. 8.

Ullmann (Carl). Memoria J. Dalbergii, camerarii Wormaciensis. *Heidelb.* 1851. 4.

Dalberg (Wolfgang v.),
archevêque-électeur de Mayence († 5 avril 1601).

Heim (Hugo Eberhard). Wolfgang, Erzbischof und Churfürst von Mainz, aus dem Geschlechte der Kämmerer von Worms und Reichsfreiherren von Dalberg. *Mainz,* s. d. (1789.) 8. Portrait.

D'Albignac (L... A...),
général français.

Notice sur la vie du général L. A. D'Albignac, s. l. et s. d. 8. Portrait.

Dale (J... van),
pédagogue hollandais.

Leven van J. van Dale, insteller der zondagschool te Kortryk. *Brugge.* 1804. 8. Portrait.

Dalin (Olof af),
littérateur suédois (2 août 1707 — 12 août 1763).

Celsius (Olof). Åminnelse-Tal öfver O. af Dalin. *Stockh.* 1764. 8.

Dall' Aste (Fabrizio),
prêtre italien.

Lives of the venerable servant of God, F. Dall' Aste, and of the venerable servant of God, Father Mariano Sozzini. *Lond.* 1850. 12.

Dalla Croce (Giovanni Andrea),
médecin italien du xvie siècle.

Bernardi (Francesco). Elogio di G. A. Dalla Croce, medico, chirurgico ed anatomico del secolo xvi, (publ. par Emmanuele Antonio Cicogna). *Venez.* 1826. 8. Portrait.

Dallemagne (le baron Claude),
général français (1754 — .. déc. 1813).

Riboud (Thomas Philibert). Discours annonçant au corps législatif la mort du général Dallemagne. *Par.* s. d. (1814.) 8.

Dall' Oste (Pietro),
médecin italien (8 juin 1790 — 27 février 1822).

Vedova (Giuseppe). Notizie biografiche di P. Dall' Oste Opitergino, P. P. O. di medicina, etc. *Padov.* 1828. 8.

Dalman (Johan Wilhelm),
botaniste suédois (4 nov. 1787 — 12 juillet 1826).

Mohnicke (Gottlieb). Die schwedischen Naturforscher Carl Peter Thunberg und J. W. Dalman. *Strals.* 1831. 8. (Trad. du suédois.)

Damaral (André),
chancelier de l'ordre de S. Jean de Jérusalem.

Rességuier (Jean de). Dissertation sur la trahison imputée à A. Damaral, etc., lors du siége de Rhodes en 1523, s. l. 1757. 12.

Damas (Godefroid de),
général (?) français (15 mai 1819 — 26 mars 1845).

Marquessac (vicomte de). Vie de G. de Damas. *Par.* 1851. 18.

Damascène (Saint Jean),
prêtre syrien (676 — 754).

Joannis Hierosolymitanus. Vita Joannis Damasceni, ab OEcolampadio ex Græco in Latinum versa. *Aug. Vind.* 1522. 4. *Rom.* 1553. 8.

Damascène (Nicolas), voy. **Nicolas de Damas.**

Dambray (Charles Henri),
chancelier de France (1760 — 13 déc. 1829).

Sémonville (Charles Louis Huguet de). Discours à l'occasion du décès de M. le chancelier Dambray. *Par.* 1850. 8.

(**Laporte-Lalanne**, N... N... de). Notice nécrologique sur M. C. H. Dambray, chancelier de France. *Par.* 1850. 8. (Non mentionné par Quérard.)

Damiana,
religieuse espagnole.

Cardenas (Juan). Vita de la venerable virgen Damiana. *Sevilla.* 1675. 4.

Damiano (Pietro),
cardinal-évêque d'Ostia (988 — 22 février 1072).

Laderchi (Giacomo). Vita S. P. Damiani, S. R. E. cardinalis ac episcopi Ostiensis in sex libros distributa. *Rom.* 1702. 3 vol. 4. (*D.*)

Vita di P. Damiano. *Venez.* 1729. 8. (*D.*)

Ginanni (Pietro Paolo). Lettera nella quale si dimostra, che Ravenna è la vera patria di S. P. Damiano, e non Faënza. *Assisi.* 1741. 8.

Damien (Saint),
martyr.

Disquisitio historica de SS. martyribus Cosma et Damiano. *Rom.* 1747. 4.

Boerner (Friedrich). De Cosma et Damiano, artis medicæ diis olim et adhuc hodie hinc illincque tutelaribus commentatio. *Helmst.* 1755. 4. (*Lv.*)

Damiens (Robert François),
connu par son attentat à la vie de Louis XV (1714 — exécuté le 28 mars 1757).

(**Lebreton**, André François). Pièces originales et procédures du procès fait à R. F. Damiens, etc. *Par.* 1757. 1 vol. 4 ou 4 vol. 12.

Vie de R. F. Damiens. *Par.* 1757. 12. *Lille.* 1757. 18. Trad. en allem. *Hamb.* et *Leipz.* 1757. 8. Trad. en holland. s. c. t. Historie, etc. *Hage.* 1757. 8.

Les iniquités découvertes, ou pièces qui ont paru lors du procès de Damiens. *Lond.* 1760. 8. (*Bcs.*) *

* Recueil contenant cinq pièces dont les trois premières sont de Pierre Jean Grosley.

Da Monte (Giovanni Battista),
médecin italien (1489 — 1551).

Cervetto (Giuseppe). Di G. Da Monte e della medicina italiana nel secolo XVI. *Veron.* 1859. 8. Portrait.

Dampierre (Charles Antoine Henri **du Val** de),
évêque de Clermont-Ferrand (22 août 1746 — 8 juin 1833).

Gannat (N... N...). Oraison funèbre de Mgr. C. A. H. du Val de Dampierre. *Clerm. Ferr.* 1833. 8.

Dampierre (Élie Louis **Aimar**, marquis),
général français (1787 — ...).

Notice biographique de M. E. L. Aimar, marquis de Dampierre. *Par.* 1845. 12.

Dampierre (Guillaume de),
comte de Flandre (tué le 6 juin 1251).

Smet (Joseph Jean de). Notice historique et critique sur G. de Dampierre, comte de Flandre. *Brux.* 1833. 8. (Extrait des *Bulletins de l'Académie royale de Belgique.*)

Dampierre (Auguste Henri Marie **Picot** de),
général français (19 août 1756 — tué le 8 mai 1793).

Lequinio (N... N...). Discours prononcé sur les bords de la tombe du général Dampierre (!), s. l. et s. d. (*Par.* 1793.) 8.

Dampmartin (Anne Henri, marquis),
maréchal de camp français (30 juin 1755 — 12 juillet 1825).

Dampmartin (Anne Henri). Mémoires sur divers événements de la révolution et de l'émigration, s. l. 1799. 2 vol. 8. *Par.* 1825. 2 vol. 8.

—— Mes souvenirs de vingt ans de séjour à Berlin. *Par.* 1815. 4 vol. 8.

Damrémont (Charles Marie Denys, comte de),
général français (8 février 1783 — tué le 8 oct 1837).

(**Paris**, R...). La vérité sur le général Damrémont. *Par.* 1837. 8.

Danaos,
personnage mythologique.

Nesselius (Israel Jacob). Dissertatio historica de Danao. *Upsal.* 1721. 8.

Danckelmann (Eberhard Christoph Balthasar, Freiherr v.),
homme d'État allemand (23 nov. 1643 — 31 mars 1722).

Neukirch (Benjamin). Seiner churfürstlichen Durchlaucht zu Brandenburg Friedrich's III geheimer Staatsminister E..v. Danckelmann, in einer kurzen Beschreibung seines Lebens vorgestellt. *Berl.* 1694. 4.

Danckelmann. (Philipp Franz v.),
savant allemand.

Duysing (Justin Gerhard). Programma in funere P. F. de Danckelmann, inopinata morte extincti. *Marb.* 1742. 4.

Danckelmann (Sylvius Jacob v.),
Allemand.

Portrait ébauché de S. J. de Danckelmann, ou lettre sur sa vie et sa mort. *Cologne.* 1695. 8. (*D.*)

Danckelmann (Theodor Ernst v.),
Allemand.

Touillieu (Pierre de). Oratio funebris in obitum T. E. de Danckelmann. *Lingæ.* 1709. Fol.

Danckwart (Johann),
théologien livonien (1747 — 13 juillet 1803).

Sonntag (Carl Georg). Gedächtnissfeier des verewigten Superintendenten Danckwart, etc. *Riga.* 1803. 8.

Dandelin (Germinal Pierre),
colonel français (12 avril 1794 — 15 février 1847).

Quetelet (Lambert Adolphe Jacques). Notice sur le colonel G. P. Dandelin, membre de l'Académie royale de Belgique. *Brux.* 1848. 12. Portrait. (*Bx.*)

Dandolo (Vincenzo),
chimiste italien (26 oct. 1758 — 13 déc. 1819).

Compagnoni (Giuseppe). Memorie storiche relative al conte Dandolo ed ai suoi scritti. *Milan.* 1820. 8. Port.

Bonafous (Matthieu). Eloge historique de V. Dandolo. *Turin.* 1839. 8. *Par.* 1840. 8. (*Bcs.*)

Daneels (Catharina),
religieuse hollandaise.

Leven van jouffrouw C. Daneels, religieuse by de Annunciaten tot Loven. *Antwerp.*, s. d. 8.

Danero (N... N...),
général italien.

Taddei (Emmanuele). Orazione funebre per la morte del capitano generale Danero. *Napol.* 1826. Fol.

Danès (Pierre),
évêque de Lavaur (1497 — 23 avril 1577).

Génébrard (Gilbert). Oraison funèbre sur le trépas de messire P. Danès. *Par.* 1577. 8.

Danès (Pierre Hilaire). Abrégé de la vie de P. Danès, ambassadeur du roi François I au concile de Trente, évêque de Lavaur, avec deux mémoires sur les principales actions de Jacques Danès, parent du premier évêque de Toulon. *Par.* 1731. 4. Portrait. (*P.*)

Dangeau (Philippe de **Courcillon**, marquis de),
négociateur français (21 sept. 1638 — 9 sept. 1720).

Journal de la cour de Louis XIV, depuis 1684 jusqu'en 1715 (extrait des Mémoires manuscrits de P. de Courcillon, marquis de Dangeau), avec des notes (par François Marie Arouet de Voltaire). *Lond.* 1770. 8. Réimpr. s. l. t. d'Abrégé des Mémoires ou Journal du marquis Dangeau, publ. par Stéphanie Félicité Ducrest de Saint-Aubin, comtesse de Genlis. *Par.* 1817. 4 vol. 8. Publ. s. l. t. d'Extrait des Mémoires du marquis Dangeau, par madame de Sartory. *Par.* 1817. 2 vol. 12.

Dangeville (Marie Anne **Botot**),
actrice française (26 déc. 1714 — 1794).

(**Molé**, François René). Eloge de la citoyenne Dangeville, ancienne artiste du théâtre français. *Par.*, s. d. (1795). 8. (Tiré à très-petit nombre.)

Danican (Augustin),
général français (1763 — ...).

Danican (Augustin). Les brigands démasqués, ou mémoires pour servir à l'histoire de ce temps (la révolution française). *Lond.* 1796. 8.

Danican, voy. **Philidor.**

Daniel,
prophète juif.

Bittelmaier (Johann Georg). Disputatio de vita Danielis. *Witteb.* 1676. 4.

Daniele (Francesco),
historien et antiquaire italien (11 avril 1740 — 13 nov. 1812).

Castaldi (Giuseppe). Vita di F. Daniele. *Napol.* 1812. 8. (*P.*)

Ciampitti (Niccolò). De vita F. Danielis commentarius. *Napol.* 1818. 8.

Dann (Christian Adam),
théologien allemand (24 déc. 1758 — 19 mars 1837).

Denkmal der Liebe für den vollendeten Magister C. A. Dann, Stadtpfarrer bei Sanct-Leonhardt in Stuttgart. *Stuttg.* 1857. 8. (Accomp. d'un catalogue de ses écrits.)

Danneskjold-Samsœe (Frederik, Greve),
amiral danois (1er nov. 1703 — ... 1770).

Treschow (Herman). Bidrag til General-Admiral-Lieutenant Greve F. Danneskjold-Samsœes Levnetsbeskrivelse. *Kjoebenh.* 1796. 8. Portrait.

Kloestrup (C...J...). Den danske Hoedersmand General-Admiral-Lieutenant Greve F. Danneskjold-Samsœes Biographie. *Kjoebenh.* 1834. 8.

Dannhauer (Johann Conrad),
théologien allemand (24 mars 1603 — 7 nov. 1666).

Wetzel (Johann Georg). Pastoralis Domini Jesu fidelitas, s. concio funebris in obitum J. C. Dannhaueri; Jacob Schaller, programma funebre; Balthasar Bebel, epitaphium memoriæ J. C. Dannhaueri erectum, etc. *Argent.* 1667. 8. (*D.*)

Post (Johann). Stella Dannhaueriana, s. oratio parentalis in obitum J. C. Dannhaueri. *Giess.* 1667. 4. (*D.* et *Lv.*)

Danselme (N... N...),
général français.

Les crimes de l'ex-général Danselme, s. l. et s. d. 8.

Dante Alighieri,
poète italien du premier ordre (27 mai 1265 — 14 sept. 1321).

Colomb de Batines (Paul). Manifesto e saggio dell' opera *Bibliografia Dantesca.* *Prato.* 1844. 8.

Colomb de Batines (Paul). Bibliografia Dantesca, ossia catalogo delle edizioni, traduzioni, codici manoscritti e comenti della *Divina Commedia* e delle minori opere di Dante, seguito dalla serie de' biografi di lui. *Prato*. 1845-46. 3 vol. 8. (*D*.)

Boccaccio (Giovanni). Vita di Dante Alighieri. *Rom*. 1544. 8. (*D*.) *Firenz*. 1576. 8. *Rom*. 1644. 8.

Panchiatichi (Bartolommeo). Vita nuova di Dante, etc., con la vita di esso Dante scritta di Giovanni Boccaccio. *Firenz*. 1576. 8. (*D*.)

Aretino (Lionardo Bruno). Vite di Dante e del Petrarca. *Firenz*. 1672. 12. (*D*. et *Lv*.)

Manetti (Giannotto). Vita Dantis, Boccaccii et Petrarchæ, seculo xv scripta, publ. par Lorenzo Mehus. *Florent*. 1747. 8. (*D*.)

Pelli (Giuseppe Bencivenni-). Memorie per servire alla vita di Dante Alighieri, ed alla storia della sua famiglia. *Venez*. 1759. 4. *Firenz*. 1823. 8. Portrait.

Chabanon (Michel Paul Guy de). Vie du Dante, avec une notice détaillée de ses ouvrages. *Amst*. et *Par*. 1773. 8. (*P*.)

Cesare (Giuseppe de). Memoria sulla vita di Dante. *Napol*. 1811. 12.

Petronj (Stefano Egidio). Epitome della vita ed analisi de' principali poemi di Dante, Ariosto et Tasso. *Lond*. 1816. 8.

Orelli (Giovanni Gasparo degli). Vita di Dante, nella parte II delle Cronichette d' Italia compilata. *Coira*. 1822. 8.

Pettretini (Giovanni). Orazione intorno ad Omero e a Dante. *Padov*. 1824. 4.

Schlosser (Friedrich Christoph). Über Dante. *Heidelb*. 1825. 8.

Gamba (Bartolommeo). Vita di Dante Alighieri. *Venez*. 1825. 8.

Villani (Filippo). Vitæ Dantis, Petrarchæ et Boccaccii ex codice inedito Barberiano, (publ. par Domenico Moreni). *Florent*. 1826. 8.

Philelphi (J... M...). Vita Dantis Alighieri, nunc primum ex codice Laurentiano in lucem edita a Domenico Moreni. *Florent*. 1828. 8.

Missirini (Melchiorre). Delle memorie di Dante Alighieri di Firenze e della gratitudine de' Fiorentini verso il divino poeta. *Firenz*. 1830. 4.

Blanc (Ludwig Godfried). Leben und literarisches Wirken des Dante Alighieri. *Leipz*. 1834. (Tiré à très-petit nombre.)

Fauriel (Jean). Dante, s. l. et s. d. (*Par*. 1834). 8. (Extrait de la *Revue des Deux-Mondes*.)

Arrivabene (Ferdinando). Il secolo di Dante. Commento storico necessario all' intelligenza della *Divina Commedia*. *Roma*. 1838. 8. (Troisième édition.)

Zacheroni (G...). De l'originalité de Dante Alighieri. *Marseille*. 1839. 8.

Ozanam (Antoine François). Dante et la philosophie catholique au xiiie siècle. *Par*. 1859. 8. Corr. et augm., suivi de recherches nouvelles sur les sources poétiques de la *Divine Comédie*. *Par*. 1845. 8. Trad. en allem. *Münch*. 1844. 8.

Balbo (Cesare). Vita nuova di Dante. *Torin*. 1839. 2 vol. 8. Avec des notes par Emmanuele Rocco. *Napol*. 1840. 8.

    Trad. en franç. par la comtesse de Lalaing. *Brux*. 1844. 2 vol. 8.

    Trad. en angl. s. c. t. Life and times of Dante Alighieri, par F... J... Bunyan. *Lond*. 1852. 2 vol. 8.

Missirini (Melchiorre). Vita di Dante Alighieri. *Firenz*. 1840. 8. *Vienna*. 1844. 8. *Milan*. 1844. 8.

Savelli (N... N...). Vita esterna ed interna di Dante. *Firenz*. 1841. 8.

Valtancoli (N... N...). Vita esterna ed interna di Dante Alighieri. *Firenz*. 1841. 8.

Artaud de Montor (Alexandre François). Histoire de Dante Alighieri. *Par*. 1841. 8. (*Lv*.)

Torri (Alessandro). Vita nuova di Dante Alighieri. *Livorn*. 1843. 8.

Bianchi (Giovanni). Del preteso soggiorno di Dante Alighieri in Udine in Tolmino, durante il patriarcato di Pagano della Torre, e documenti per la storia del Friuli dal 1317 al 1332. *Udin*. 1844. 8.

Lyell (Charles). Dello spirito cattolico di Dante Alighieri, trad. de l'angl. par Giovanni Polidori. *Lond*. 1844. 8.

Puymaigre (Théodore de). Dante Alighieri; esquisse biographique et critique. *Metz*. 1843. 8.

Arndt (L... R...). Dissertatio de Dante Alighieri, scriptore Ghibellino. *Bonn*. 1846. 8.

Dantis Aligherii legatio pro Franc. Malaspina ad jucundam pacem cum Antonio, episcopo Lunensi, et constitutio pacis anno 1506, publ. par G... J..., Vernon. *Pisis*. 1847. 4.

Délécluze (Étienne Jean). Dante Alighieri, ou la poésie amoureuse. *Par*. 1848. 18.

Sausse-Villiers (N... N...). Études historiques sur Dante Alighieri et son époque. *Avign*. 1850. 8.

Zeloni (Antonio). Dante. Vita nuova, ou vie de ses jeunes années, écrite par lui-même; version française, précédée d'une notice historique sur sa vie. *Par*., s. d. 52. (Avec le portrait de Dante et celui de son amante Béatrice Portinari.)

Wegele (Franz Xaver). Dante's Leben und Werke; kulturgeschichtlich dargestellt. *Jena*. 1852. 8.

Nordmann (Johannes). Dante; literar-historische Studie. Erster Theil : Dante's Zeitalter. *Dresd*. 1852. 8.

Missirini (Melchiorre). Dell' amore di Dante e del ritratto di Beatrice Portinari. *Firenz*. 1852. 8. (Troisième édition accomp. du portrait du Dante.)

Dantes Barboza (Jozé),
    évêque de Lacédémone.

Pereira (Gregorio Pedro). Panegyrico do arcebispo de Lacedemonia D. J. Dantes Barboza. *Coimbra*. 1748. 4.

Danti (Ignazio),
    peintre italien.

Vermiglioli (Giovanni Battista). Elogio d' I. Danti, Perugino. *Perug*. 1820. 4.

Danton (George Jacques),
    l'un des chefs de la révolution française (28 oct. 1759 — guillotiné le 5 avril 1794).

Valouise (N... N...). Appréciations historiques sur Danton. *Par*. 1859. 8.

Des Jardins (Joffrin). Vie de Danton. Épisode de la révolution de 1793. *Par*. 1851. 12. Portrait.

Danton (Louise Zélie),
    religieuse française.

Notice sur L. Z. Danton, dite sœur Sainte-Thérèse, religieuse de la congrégation de Notre-Dame de Reims. *Reims*. 1849. 12.

Dantz (Johann Andreas),
    orientaliste allemand (1er février 1654 — 20 déc. 1727).

Weissenborn (Johann Friedrich). Leichenpredigt auf J. A. Dantz, nebst dessen Curriculo vitæ. *Jena*. 1728. Fol. (*D*.)

Teichmeyer (Hermann Friedrich). Programma in funere J. A. Danzii, cum indice ejus scriptorum. *Jenæ*. 1728. Fol.

Danzer (Jacob),
    théologien allemand (4 mars 1743 — 4 sept. 1796).

Vogler (Johann Baptist). J. Danzer's letzte Lebenstage in Buchau, etc. *Ulm*. (?) 1796. 12. Portrait.

Da-Ponte (Giovita),
    prêtre italien.

Deani (Marco Antonio). Orazione del P. G. Da-Ponte, parroco di S. Alessandro di Brescia. *Bresc*. 1814. 8.

D'Arcet (Jean),
    médecin français (7 sept. 1725 — 12 févr. 1801).

Dizé (Michel Jean Jacques). Précis historique sur la vie et les travaux de J. D'Arcet, membre du sénat conservateur, etc. *Par*., an x (1802). 8.

D'Arcet (Jean Pierre Joseph),
    chimiste français (31 août 1777 — ...).

Notice sur J. P. J. D'Arcet, commissaire général des monnaies, membre de l'Académie royale des sciences. *Par*. 1844. 8.

Darèhis (Lambert),
    fondateur de l'hospice liégeois à Rome (31 juillet 1625 — 25 février 1699).

Polain (Mathieu Lambert). Biographie nationale (liégeoise) : L. Darchis. *Liége*, s. d. (1858). 8. (Extrait de la *Revue belge*.)

Darès de Phrygie,
historien grec.

Brincken (Johann Jacob v.). Programma de Darete Phrygio. *Luneb.* 1756. 4.

Eck (Johann Georg). Dissertatio de Darete Phrygio. *Lips.* 1768. 4.

Dargenteuil (Paul Armand),
vicaire général de la Rochelle (17 mai 1784 – 15 février 1816).

Rainguet (Antoine Augustin). Vie de P. A. Dargenteuil, fondateur et supérieur du séminaire de Saint-Jean-d'Angely. *Par.* 1846. 8.

Daries ou **Darjes** (Joachim Georg),
jurisconsulte allemand (23 janvier 1724 – 17 juillet 1791).

Hermann (Johann Gustav). Gedächtnissrede von den vornehmsten Lebensumständen des Geheimenraths Darjes. *Frf. a. d. O.* 1791. 8.

Hausen (Carl Renatus). J. G. Daries, als academischer Lehrer geschildert. *Frf. a. d. O.* 1791. 4.

Da-Rio (Niccolò),
savant italien (1er août 1765 – 13 avril 1845).

(**Menin** , Ludovico). Elogio funebre del cavaliere N. Da-Rio. *Padov.* 1845. 4. Portrait.

Darius Hystaspis,
roi des Perses (523 – 522 avant J. C.).

Scultetus (Petrus). Dissertationes II de Dario Medo. *Witteb.* 1663. 4.

Arrhenius (Jakob). Dissertatio historica de Dario Medo. *Upsal.* 1697. 8.

Leenuerts (Jan Jacob). Annalium Darii, Histaspis filii, libri VII. *Amst.* 1746. 4.

Struve (Carl Ludwig). Feldzug des Darius gegen die Scythen, etc. *Dorpat.* 1812. 8. *Riga.* 1813. 8.

Abbott (Jacob). History of Darius. *Lond.* 1852. 8.

Hitzig (F...). Die Grabschrift des Darius zu Nakschi Rustam erläutert. *Zürch.* 1846. 8.

D'Artigues (Simon),
médecin français du xixe siècle.

Levrat (François Marie Philippe). Notice historique sur S. D'Artigues, docteur en médecine. *Lyon.* 1826. 8.

Daru (Pierre Antoine Noël Bruno, comte),
homme d'État français (.. janvier 1767 – 5 sept. 1829).

Marrast (Armand). Notice sur M. Daru, ancien président de l'Athénée des arts. *Par.* 1829. 8.

Viennet (Jean Pons Guillaume). Notice sur la vie de M. P. Daru. *Par.* 1853. 8. (Tiré à petit nombre.)

Darwin (Erasmus),
médecin et poète anglais (12 déc. 1731 – 18 avril 1802).

Seward (Anna). Memoirs of the life and writings of the late Dr. Darwin, chiefly during his residence at Litchfield, with anecdotes of his friends and criticisms on his works. *Lond.* 1804. 8.

Boisseau (François Gabriel). Notice sur Darwin. *Par.* 1821. 8. (Tiré à très-petit nombre.)

Das Chagas, voy. **Fouseca Soares** (Antonio da).

Daschkoff, née **Woronzoff** (princesse),
dame d'honneur de l'impératrice Catherine II (1744 – vers 1810).

Memoirs of the princess Daschkow, lady of honour to the empress Catherine II. *Lond.* 1840. 2 vol. 8. (Écrit par elle-même.)

Dassel (Reinald v.),
archevêque de Cologne (1157 – 14 août 1167).

Ficker (Julius). R. v. Dassel, Reichskanzler und Erzbischof von Coeln (1157-1167), etc. *Coeln.* 1850. 8.

Dassoucy * (Charles **Coypeau**, sieur),
poète français († 1679)..

Aventures de M. Dassoucy, musicien et poète, s. l. et. s. d. 2 vol. 12. (Composé par lui-même.)
* Surnommé le singe de Scarron.

Dassov (Heinrich),
théologien allemand (3 mars 1592 – 8 juillet 1645).

Werdermann (Abraham). Oratio funebris clarissimo viro H. Dassovio, ecclesiastæ Hamburgensi, scripta. *Hamb.* 1645. 4. (L.)

Dassov (Heinrich),
pédagogue allemand (3 sept. 1627 – 29 juillet 1680).

Vagetius (Johann). Programma in funere H. Dassovii,

scholæ Johannææ Hamburgensis rectoris. *Hamb.* 1680. 4. (L.)

Dassov (Theodor),
orientaliste allemand.

Loescher (Caspar). Programma de vita T. Dassovii. *Witteb.* 1699. 4. (D. et Lv.)

Dasypodius (Conrad),
mathématicien d'Alsace (1532 – 26 avril 1600)..

Blumhof (Johann Georg Ludolph). Vom alten Mathematiker C. Dasypodius. *Goetting.* 1798. * (D.)
*. La préface est d'Abraham Gotthelf Kæstner.

Dathe (Hieronymus),
théologien allemand (4 février 1667 – ... 1707).

Wilisch (Christian Friedrich). Programma academicum in memoriam H. Dathe. *Lips.* 1709. Fol. (D.)

Dathe (Johann August),
théologien allemand (4 juillet 1731 – 17 mars 1791).

Ernesti (August Wilhelm). Elogium J. A. Dathii. *Lips.* 1792. 4. (D.)

Dathenus (Petrus),
poète hollandais.

Glaucomastix (Juvenalis). Datheeniana, of ophelderingen en aanmerkingen over de vermaarde psalmberyminge van P. Dathenus, alles der verdediging van dien uitmuntenden dichter, s. l. 1758. 4. (Très-rare.)

Dati (Agostino),
littérateur italien (1420 – 1478).

Bandiera (Giovanni Niccolò). De A. Datho libri II. *Rom.* 1733. 4. (D.)

Dati (Carlo Roberto),
littérateur italien (2 oct. 1619 – 11 janvier 1679).

Fontani (Francesco). Elogio di C. R. Dati. *Firenz.* 1794. 4.

Daub (Carl),
théologien allemand (29 mars 1765 – 22 nov. 1836).

Kroeger (Johann Christian). Dr. C. Daub. Darstellung und Beurtheilung der Hypothesen in Betreff der Willensfreiheit. *Alton.* 1834. 8.

Rosenkranz (Carl). Erinnerungen an C. Daub. *Berl.* 1837. 8.

Daubenton de Montbar (Louis Jean Marie),
naturaliste français (29 mai 1716 – 1er janvier 1800).

Lacépède (Bernard Germain Étienne de la Ville-sur-Illon de). Eloge historique de Daubenton. *Par.* 1790. 8.

Cuvier (George Léopold Chrétien Frédéric). Notice historique sur Daubenton. *Par.*, an ix (1800). 4.

D'Aulnoy (Marie Catherine Jumelle **de Berneville,** comtesse),
dame française († 1705).

D'Aulnoy (Marie Catherine Jumelle). Mémoires de la cour d'Espagne depuis 1679 jusqu'en 1681. *Par.* 1684. 2 vol. 12. *La Haye.* 1691. 2 vol. 12. *Par.* 1698. 2 vol. 12. *Amst.* 1716. 2 vol. 12. Trad. en allem. *Leipz.* 1705. 8. Par Gottfried Conrad **Boettger.** *Nordhaus.* 1785-84. 2 vol. 8.

Daum (Christian),
pédagogue allemand (29 mars 1612 – 15 déc. 1687).

Koeber (Johann Friedrich). Epitaphium epicharmo Cygneensi, h. e. C. Daumio, erectum. *Geræ.* 1688. 4. (D.)

Feustel (Christian). Memoria C. Daumii. *Lips.* 1688. 4. (D.)

Winter (David). C. Daumii, poetæ clarissimi, philologi, critici, etc. *Witteb.* 1688. 4. (L.)

Loescher (Johann Caspar). Memoria C. Daumii magni nominis critici et philologi renovata. *Witteb.* 1701. 4. (D. et Lv.)

Daumesnil (Pierre),
général français (14 juillet 1777 – 17 août 1832).

Biographie du général P. Daumesnil, dit la jambe de bois. *Par.* 1832. 8.

Vie du général P. Daumesnil. *Par.* 1832. 8.

Souvenirs historiques du général Daumesnil, surnommé la jambe de bois de Vincennes. *Par.* 1847. 8.

Daumond (Jean Jacques),
prêtre français.

(**Bonnaffos de la Tour**, N... N...). Vie de J. J. Daumond, écolier au grand collège de Toulouse. *Toulouse.* 1745. 12.

Daun (Leopold Joseph Maria, Graf v.),
feld-maréchal autrichien (25 sept. 1705 — 5 février 1766).

Henderson (Andrew). Memoirs of the field-marshal L. count Daun. *Lond.* 1757. 8. (Non mentionné par Lowndes.)

Klein (Carl). Oratio in laudem comitis L. Daun. *Vindob.* 1758. 8.

Leben und Thaten des Grafen v. Daun, oder der deutsche Fabius Cunctator. *Frf.* 1759. 4.

Daun ou **Dhaun** (Philipp Franz, Rheingraf).

Roos (Johann Philipp). Einige Nachrichten von dem Wild- und Rheingrafen P. F. v. Daun. *Frf.* 1785. 4.

Daunou (Pierre Claude François),
historien français (18 août 1761 — 20 juin 1840).

Walckenaer (Charles Athanase de). Notice historique sur la vie et les ouvrages de M. Daunou. *Par.* 1841. 4.

Taillandier (Alphonse Honoré). Documents biographiques sur P. C. F. Daunou. *Par.* 1841. 8. (*Lv.*) *Ibid.* 1847. 8. Portrait.

Reiffenberg (Frédéric Auguste Ferdinand Thomas de). Eloge de Daunou, pair de France, etc. *Brux.* 1841. 12. (*Bx.*)

Dauphin (Paul Antoine),
missionnaire français.

Le disciple de S. François Régis, ou vie du P. P. A. Dauphin, missionnaire dans le Vivarais et le Velay, suivie de notices biographiques sur d'autres missionnaires de la compagnie de Jésus. *Lyon* et *Par.* 1851. 12.

Dauth (Johann Maximilian),
fanatique allemand.

Buerger (A... S...). Exercitatio de sutoribus fanaticis. *Lips.* 1780. 4.

Dauvaine (Marie Agnès),
religieuse française.

(**Delabarre**, N... N...). Vie de la vénérable mère M. A. Dauvaine, l'une des premières fondatrices du monastère de l'Annonciade céleste de Paris. *Par.* 1675. 4.

Dauvet des Marets (Jeanne Gabrielle),
religieuse française.

Ratier (Vincent). Oraison funèbre de madame J. G. Dauvet des Marets, abbesse du Mont Notre-Dame de Provins. *Orléans.* 1690. 4.

Davenport (John),
théologien anglo-américain.

Mather (Colton). Lives of John Colton, John Norton, John Wilson and J. Davenport of Boston, and of Thomas Hoocker, pastor of Hartford. *New-Engl.* 1695. 12.

Daverne (Jean Jacques),
jardinier français (vers 1799 — 15 sept. 1845).

Poiteau (N... N...). Notice nécrologique sur M. J. J. Daverne. *Par.* 1846. 8. (Extrait des *Annales de la Société d'horticulture de Paris*.)

Daviau-Dubois de Sansay (Charles François),
archevêque de Bordeaux (7 août 1736 — 27 janvier 1827 *).

Lambert (Louis Amable Victor). Oraison funèbre de C. F. Daviau-Dubois de Sansay, archevêque de Bordeaux, etc. *Poit.* 1827. 8.

   * Ou selon d'autres le 11 juin 1827.

Fortin (N... N...). Essai sur C. F. Daviau-Dubois de Sansay, archevêque de Bordeaux. *Bord.* 1826. 8.

Tournon (Jean). Précis de la vie de Mgr. C. F. Daviau-Dubois de Sansay, archevêque de Bordeaux, etc. *Montpell.* 1829. 8.

David,
roi-prophète d'Israël (vers 1085 — 1014 avant J. C.).

Boschius (Jan). Vita Davidis. *Antw.* 1608. 8.

Pico (Ranuccio). Davide glorioso, o sia vita del rè Davide. *Rom.* 1631. 4.

Malvezzi (Virgilio). Historia politica de persecutione Davidis. *Lugd. Bat.* 1660. 12.

Lozano (Christoral). David perseguido y Alivio de lastimados, etc. *Madr.* et *Valenc.* 1674-84. 5 vol. 4.

Lind (Andreas). Oratio Hebræorum regis Davidis ingenium, dotes, fata, gloriam repræsentans. *Aboæ.* 1684. 4.

El rey penitente David arrepentido ; historia sagrada. *Madr.* 1690. 4.

Reine (Heinrich Gottlieb). Harmonia vitæ Davidis. *Jenæ.* 1710. 4.

Droste (Karel). Leven van koning David. *Rotterd.* 1716. 4.

Delany (Patrick). Historical account of the life and reign of David, king of Israel. *Lond.* 1741-42. 3 vol. 12. Trad. en allem. par Christian Ernst v. WINDHEIM, avec préface de Johann Lorenz v. MOSHEIM. *Hannov.* 1748-49. 3 vol. 8.

Aken (Adolph Christoph v.). Glaube und Sitten David's, zur Schadloshaltung der Wahrheit und Religion vorgestellt wider Bayle und Tindal. *Leipz.* 1746. 8.

Chandler (Samuel). Critical history of the life of David. *Lond.* 1758. 2 vol. 8. *Ibid.* 1766. 2 vol. 8. *Ibid.* 1769. 2 vol. 8. Trad. en allem. (par Johann Christian Wilhelm DIEDERICHS). *Brem.* et *Leipz.* 1777-80. 2 vol. 8.

Choisy (François Timoléon de). Histoire de la vie de David. *Par.*, s. d. 4.

Niemeyer (August Hermann). Über das Leben und den Character David's, etc. *Halle.* 1779. 8.

Hanser (Friedrich Wilhelm). Historia Davidis. *Tubing.* 1780. 4.

C... G... M... Versuch einer umständlichen Geschichte des Königs David, mit einer Vorrede von Johann Esaias SILBERSCHLAG. *Nürnb.* 1783. 8.

Hasse (Johann Gottfried). Idiognomik David's, oder Untersuchungen über David's Bildung, Schicksale, Dichtungen, etc. *Jena.* 1784. 8.
Freimüthiger Versuch über das Leben und den Character David's, s. l. 1784. 8.

Ewald (Johann Ludwig). David. *Leipz.* et *Gera.* 1794-96. 2 vol. 8.

Ghesquier (Joseph). David propheta, David doctor, David hymnographo-historiographus. *Dortmund.* 1800. 8.

Stubner (Georg Albert). Dissertatio historica de monomachia Davidis cum gigante Philistæo. *Altorf.* 1702. 4.

Ortlob (Johann Christoph). Dissertatio de Davidis delirio coram Achis. *Lips.* 1706. 4.

Hebenstreit (Johann Friedrich). Dissertatio de Davide furorem simulante. *Witteb.* 1711. 4.

Feuerlin (Johann Conrad). Illustria Davidis facta ex jurisprudentia naturali illustrata. *Altorf.* 1713. 4.

Ahlwardt (Peter). Dissertatio de Davide prudente politico. *Gryphisw.* 1733. 4.

Treiber (Johann Friedrich). Commentatio de musica Davidica. *Arnstad.* 1701. 4.

Mueller (Johann Ernst). De Davide musico dissertatio. *Rudolst.* 1704. 4.

David I,
roi d'Écosse († 24 mai 1153).

Dalrymple (John). Historical collections concerning the Scotish history, preceding the death of king David I anno 1153. *Edinb.* 1705. 8.

David (Christian),
missionnaire allemand († 3 février 1751).

(**Lynar**, Heinrich Casimir Gottlieb zu). Kurze Nachricht von der Seelenführung C. David's. *Herrnhut.* 1783. 8.

David (Christian Georg Nathan),
littérateur danois (16 janvier 1793 — ...).

Schick (J... B...). Professor David und sein Vaterland. *Kopenh.* 1833. 12.

David (Félicien),
musicien français (8 mars 1810 — ...).

F. David. *Bordeaux.* 1843. 8.

David (Jacques Louis),
peintre français du premier ordre (31 août 1748 — 29 déc. 1825).

Notice sur la vie et les ouvrages de J. L. David. *Par.* 1824. 8. Portrait.

(**Thomé**, Antoine). Vie de David, premier peintre de Napoléon. *Par.* 1826. 8. (Publ. sous les lettres initiales du nom de l'auteur M. A. T.) Trad. en allem. par E... S... *Leipz.* 1827. 8. Portrait.

Coupin (Pierre André). Essai sur J. L. David, peintre d'histoire. *Par.* 1827. 8.

(**Rabbe**, Alphonse). Notice sur J. L. David. *Par.* 1830. 8.

Miel (Edme François Antoine Marie). Notice sur J. L. David. *Par.* 1834. 8.

Thoré (T...) Les peintres du XIXᵉ siècle : David. *Brux.* 1843. 8. (Extrait du *Trésor national.*)

Blanc (Charles). Étude sur J. L. David. *Par.* 1847. 8. (Extrait de l'*Histoire des peintres.*)

Miette de Villars (N... N...). Mémoires de David, peintre et député à la Convention. *Par.* 1850. 8.

David d'Angers (Pierre Louis),
statuaire français (1792 — ...).

Maillard (Adrien). Étude sur la vie et les ouvrages de David d'Angers, statuaire. *Angers.* 1839. 8.

Saint-Amour (Jules). Un mot sur la vie et les œuvres de David (d'Angers), etc. *Dunkerque.* 1845. 8.

Davidson (Lucretia Maria),
poète anglo-américaine, sœur de la suivante (27 sept. 1808 — 27 août 1825).

Sedgwick (Miss C... M...). Life of L. M. Davidson. *Lond.* 1843. 8. Trad. en allem. (par MARIE...). *Leipz.* 1848. 12.

Davidson (Margaret Miller),
poète anglo-américaine, sœur cadette de la précédente (26 mars 1823 — 25 nov. 1838).

Irving (Washington). Biography and poetical remains of the late M. M. Davidson. *Philadelph.* 1841. 12. Trad. en allem. *Leipz.* 1843. 12.

Davie (William R...),
littérateur anglo-américain.

Hubbard (Fordyce M...). Life of W. R. Davie. *Boston.* 1848. 12. (Extrait de l'*American Biography,* publ. par Jared SPARKS.)

Davies (Sneyd),
littérateur anglais.

Harding (George). Biographical memoirs of Dr. S. Davies. *Lond.* 1817. 8. (Tiré à 50 exemplaires et accomp. de son portrait.)

Da-Vigo (Giovanni),
littérateur italien.

Cuneo (Steffano). Elogio di G. Da-Vigo. *Genov.* 1846. 8.

Davis (Anne),
dame anglaise.

Memorials of A. Davis. *Brighton.* 1849. 18.

Davison (William),
homme d'État anglais.

Nicolas (Nicolas Harris). Life of W. Davison, secretary of state and privy counsellor to queen Elizabeth. *Lond.* 1823. 8.

Davoust, duc d'Auerstaedt, prince d'Eckmuhl (Louis Nicolas),
maréchal de France (10 mai 1770 — 1ᵉʳ mai 1823).

Davoust (Louis Nicolas). Mémoire à Louis XVIII, etc. *Par.* 1814. 8. Trad. en allem. *Lüneb.* 1814. 8. *Hamb.* 1815. 8. *Wien.* 1815. 8.

Luenzmann (Andreas). Mémoire contre l'écrit de la défense du maréchal Davoust. *Luneb.* 1814. 8. Trad. en allem. *Hamb.* 1814. 8.

Krueger (H... C...). Davoust's Gewaltthätigkeiten als General-Gouverneur von Hamburg in der ersten Periode von 1811 und 1812. *Hamb.* 1814. 8.

Le Robespierre de Hambourg démasqué. *Par.* 1814. 8.

Exposé de la conduite administrative et militaire de M. le maréchal Davoust à Hambourg, en réponse à son Mémoire. *Hamb.* 1815. 8.

Marschall Davoust, Prinz von Eckmühl, vor dem Richterstuhle der Mit- und Nachwelt, etc. *Hamb.* 1815. 8.

Davoust's, des Tyrannen, Leben und Thaten. *Deutschland.* (*Leipz.*) 1815. 8.

Jourdan (Jean Baptiste). Éloge funèbre de M. le maréchal Davoust, duc d'Auerstaedt, prince d'Eckmuhl, s. l. et s. d. (*Par.*) 1825. 8. (Extrait du *Moniteur.*)

Davoustiana, oder Marschall Davoust's und anderer französischen Generale Ungerechtigkeiten und Schandthaten. *Leipz.* 1814. 8.

Davy (Humphry),
chimiste anglais (17 déc. 1778 — 8 mai 1829).

Davy (John). Memoirs of the life of sir H. Davy. *Lond.* 1830. 8.

Boon Mesch (H... C... van der). Gedachtenis-rede op H. Davy. *Amst.* 1830. 8.

—— Redevoering over H. Davy. *Leyd.* 1837. 8. (*Lv.*)

Ayrton (John). Life of sir H. Davy. *Lond.* 1831. 2 vol. 8.

Trad. en allem. par Carl NEUBERT, avec préface par Rudolph WAGNER. *Leipz.* 1840. 3 vol. 8. Portrait. (*D.*)

Kiréevsky (N... N...). Histoire des législateurs chimistes : Lavoisier — Berthollet — H. Davy. *Frf.* 1845. 8.

Davy de Chavigné (François Antoine),
architecte français (4 mai 1747 — 17 août 1806).

Viel (Charles François). Notice nécrologique sur F. A. Davy-Chavigné. *Par.* 1807. 4.

Dawes (William),
archevêque de York (1671 — 30 avril 1724).

Nachricht von dem Leben, Schriften und Character des Sir W. Dawes. *Braunschw. et Hildesh.* 1766. 8. (Trad. de l'anglais.) — (*D.*)

Dawson (George),
littérateur anglais.

Gilfillan George). Notice of G. Dawson. *Lond.* 1849. 8.

Landford (J... A...). Examination of Geo. Gilfillans notice of G. Dawson. *Birmingh.* 1850. 8.

Day (Thomas),
poète anglais (1748 — 28 sept. 1789).

Keir (James). Account of the life and writings of T. Day, Esq. *Lond.* 1791. 8.

Timaeus (Johann Jacob Carl). T. Day's Leben, nebst dessen Gedicht *der sterbende Neger. Leipz.* 1798. 8.

Dazincourt (Joseph Jean Baptiste Albony),
comédien français (1747 — 28 mars 1809).

K*s** (H... A...). Mémoires de Dazincourt, comédien sociétaire du Théâtre français. *Par.* 1809. 8. (*P.*)

Deani (Marco Antonio),
prédicateur italien, plus connu sous le nom de P. Pacifico, (11 sept. 1775 — 25 nov. 1824).

Gambara (Carlo Antonio). Elogio storico del P. Pacifico. *Bresc.* 1825. 8.

De Blende (Bartholomeus),
prêtre belge.

Le Doulx (Pierre François). Het leven ende dood van pater B. De Blende. *Bruges,* s. d. 8.

Déborah,
prophétesse juive.

Zeltner (Gustav Georg). Deboræ inter prophetissas eruditio, tanquam eruditarum ex Ebræorum gente feminarum specimen. *Altorf.* 1708. 4.

Debroé (Jacques Nicolas),
jurisconsulte français (1790 — 1840).

Philipon de la Madelaine (Victor). Notice sur la vie de M. Debroé, conseiller à la cour de cassation. *Par.* 1840. 8.

(**Vatimesnil**, Henri de). Notice sur M. Debroé, etc. *Par.* 1840. 8.

Debry (Jean Antoine Joseph),
député à la Convention nationale (1760 — 6 janvier 1834).

Thibaudeau (Antoine Claire). Éloge funèbre de J. Debry. *Par.* 1834. 8.

Debschuetz (Herren v.),
famille allemande.

Wendes (Georg). Debschützische Genealogia zu unsterblichem Ehrenruhm des uralten adelichen Geschlechts derer von Debschütz aufgesetzet und mit historischen Anmerkungen versehen. *Lauban.* 1695. Fol.

Deburau fils (Charles),
acteur français, fils du suivant.

Monnier (Henri). Biographie de C. Deburau fils. *Par.* 1848. 8.

Deburau (Jean Gaspard),
comédien français d'origine bohème (31 juillet 1796 — ... 1846).

(**Janin**, Jules). Deburau. Histoire du théâtre à quatre sous, etc. *Par.* 1832. 8. * Portrait.
* Tiré à 25 exemplaires. Il a paru dans la même année une seconde édition en 2 vol. 12.

Ambs-Dales (Jean Baptiste). Histoire de Deburau, troisième édition, augmentée de son procès devant la cour d'assises. *Par.* 1856. 18.

De Caën (le comte Charles Mathieu Isidore),
général français (13 avril 1769 — 11 sept. 1832).

Notice historique sur le lieutenant-général comte De Caën. *Par.,* s. d. 8. (1833). Portrait.

Decandolle (Augustin Pyrame),
botaniste suisse du premier ordre (4 février 1778 — 9 sept. 1841).

Dunal (Michel Félix). Éloge historique d'A. P. Decandolle. *Montpell.* 1842. 4. Portrait.

Flourens (Pierre). Éloge historique d'A. P. Decandolle. *Par.* 1842. 4.

Morren (Charles François Antoine). Notice sur la vie et les travaux d'A. P. Decandolle. *Brux.* 1843. 12.

Brongniart (Adolphe). Notice sur A. P. Decandolle. *Par.* 1846. 8.

Delarive (Antoine). Notice sur la vie et les ouvrages d'A. P. Decandolle. *Genève.* 1846. 8. (*Bx.*)

—— A. P. Decandolle ; sa vie et ses travaux. *Par.* et *Genève.* 1851. 8.

Decatur (Stephen),
commodore anglo-américain.

Waldo (S... Putnam). Life and character of S. Decatur, late commodore and post captain U. S. Navy. *Middletown.* (*Connecticut.*) 1821. 12. (2ᵉ édition.)

Decazes, duc de Gluksbourg (Élie),
ministre français (28 sept. 1780 — ...).

(Salgues, Jacques Barthélemy). Les mille et une calomnies, ou extraits des correspondances privées, insérées dans les journaux anglais et allemands, pendant le ministère de M. le duc Decazes. *Par.* 1822. 3 vol. 8.

Barginet (Alexandre Pierre). Histoire véritable de Tschen-Tscheouli , mandarin lettré, premier ministre et favori de l'empereur Tien-Ki. *Par.* 1822. 8. *

* Satire sanglante lancée contre le duc Decazes et son ministère. L'auteur fut condamné à quinze mois de prison et à 3,000 francs d'amende.

Dechasteuil (N... N...),
théologien (?) français.

Marchetty (N... N...). Vie de M. Dechasteuil. *Par.* 1666. 12. (*Lv.*)

Deciano (Tiberio),
jurisconsulte italien (1509 — 7 février 1581).

Riccoboni (Antonio). Oratio in obitu T. Deciani JCti. *Patav.* 1582. 4.

Decken (Herren von der),
famille allemande.

Decken (J... F... von der). Nachrichten von der Familie von der Decken. *Hannov.* 1836. 4.

Deckherr (Friedrich),
jurisconsulte allemand du xviiᵉ siècle.

Lebens-Lauff des F. Deckherr. *Strasb.* 1681. 4. (*D.*)

Decock (Nicolas Jacob),
philosophe belge (9 mars 1800 — 17 mars 1851).

Notice sur M. N. J. Decock, curé-doyen de Wavre, ancien vice-recteur de l'université (de Louvain). *Louvain.* 1852. 12.

Deconinck (Louis Charles Frédéric),
théologien danois (23 mars 1779 — ... 1811).

Mourier (Ferdinand Louis de). Éloge funèbre de F. Deconink. *Copenh.* 1811. 8. (Omis par Quérard.)

Roenne (Bone Falch). Ligpraediken over Etatsraad Deconinck. *Kjoebenh.* 1811. 8.

Dedekind (Stephan Christian),
philosophe allemand.

Programma academicum ad exequias S. C. Dedekindi. *Lips.* 1672. 2. (*D.*)

Dedo,
margrave de la Lusatie († 1009).

Richter (Adam Daniel). Programma de Dedone, tertio marchione in Lusatia superiore. *Gorlic.* 1768. Fol.

Hennig (Max). Über Dedo den Grossen. *Frankenberg.* 1848. 4.

Dee (John),
astrologue et chimiste anglais (13 juillet 1527 — ... 1607).

Relation of what passed for many years between Dr. J. Dee and some spirits, etc. Avec préface par Meric CASAUBON. *Lond.* 1659. Fol. *

* Avec le portrait de J. Dee et d'Edward Kelley, alchimiste contemporain.

Smith (Thomas). Vita J. Dee, mathematici Angli. *Lond.* 1707. 4.

Privat diary of Dr. J. Dee and the catalogue of his library of Mss. now first printed, publ. par John Orchard HALLIWELL. *Lond.* 1842. 4.

Defoe (Daniel),
auteur anglais (1663 — 26 avril 1731).

Life and strange surprising adventures of M. D. Defoe of London. *Lond.* 1719. 8.

Life of D. de Foë. *Lond.* 1785. 4.

(**Chalmers,** George). Life of D. Defoe. *Lond.* 1790. 8. (*P.*)

Wilson (Walter). History of the life and times of D. Defoe. *Lond.* 1830. 3 vol. 8. Portrait.

Defontenay (N... N...),
maire de Rouen.

Guilbert (Philippe Jacques Étienne Vincent). Éloge nécrologique de M. Defontenay, ancien maire de Rouen, etc. *Rouen.* 1806. 8.

Defrance (Jacques Louis Marie),
géologue français (22 octobre 1758 — 12 nov. 1850).

Damour (N... A...). Notice biographique sur M. Defrance. *Par.* 1851. 8.

Degaches (Jean Marie),
prêtre français (4 nov. 1790 — 19 janvier 1846).

Notice historique sur J. M. Degaches, curé d'Annonay. *Annon.* 1846. 18.

Degen (Jacob),
mécanicien allemand.

Stelzhammer (Johann Christoph). Denkschrift über J. Degen's Aufenthalt in Paris. *Wien.* 1816. 8.

Degenfeld (Christoph Martin, Freiherr v.),
général allemand de la république de Venise († 1653).

Kapff (Friedrich Georg). C. M. Freiherr v. Degenfeld, venetianischer General , Gouverneur von Dalmatien und Albanien, nebst einer kurzen Geschichte der Familie Degenfeld. *Ulm.* 1844. 8. Portrait.

Degenfeld (Maria Susanna Louise, Raugräfin v.),
maitresse de Charles I Louis, électeur palatin († 18 mars 1677).

Weber (Immanuel). Die durch Unlust vergallte Lust des ehelichen Lebens in kurtzer Erzählung fürgestellet an dem Exempel zweier Gemahlinnen vom Churhaus Pfalz. *Giess.* 1720. 8. *

* Publ. s. l. pseudonyme de Levin v. AABBA.

—— Liebesintrigues der Baronesse v. Degenfeld. *Frf.* et *Leipz.* 1754. 8. *

* Nouvelle édition de l'ouvrage précédent publ. s. l. pseudonyme de Levin v. AABBA.

Kazner (Johann Friedrich August). L. v. Degenfeld, Raugräfin von der Pfalz. *Leipz.* 1798. 3 vol. 8.

Lipowsky (Felix Joseph). Carl Ludwig, Churfürst von der Pfalz, und M. S. L. Raugräfin von Degenfeld, nebst der Biographie des Churfürsten Carl von der Pfalz, des letzten Sprösslings aus der Linie Pfalz-Simmern. *Sulzb.* 1824. 8.

Dégérando (Joseph Marie, baron),
philosophe français (29 février 1772 — 10 nov. 1842).

Berriat Saint-Prix (Jacques) Discours prononcé aux funérailles de M. le baron Dégérando. *Par.* 1842. 8. Portrait.

Jomard (Edme François). Discours sur la vie et les travaux du baron Dégérando. *Par.* 1843. 8. Portrait.

Morel (Octavie). Essai sur la vie et les travaux de J. M. baron Dégérando. *Par.* 1846. 8. * (*D.*)
* Couronné par l'Académie de Lyon.

Bayle-Mouillard (N... N...). Éloge de J. M. baron Dégérando. *Clerm. Ferr.* et *Par.* 1846. 8. (*Lv.*)

De Gros,
famille belge.

Van de Putte (F...). Notice sur le mausolée de la famille De Gros, avec des données historiques sur cette famille. *Bruges.* 1842. 4.

Dehaut (Louis Joseph),
littérateur belge (30 déc. 1805 — 1ᵉʳ juillet 1841).

Lesbroussart (Philippe). Notice sur L. J. Dehaut, membre correspondant de l'Académie royale. *Brux.* 1843. 12.

Dehns (Johann Balthasar),
théologien allemand.

Seelen (Johann Heinrich v.). Memoria J. B. Dehns, symmistæ Ægidiani. *Lubec.* 1741. Fol.

Dehon (Théodore),
évêque de Sud-Caroline.

Gadsden (Charles Edward). Essay on the life of the Right Rev. T. Dehon, bishop of South-Carolina. *Charleston.* 1833. 3.

Deichmann (Bernhard),
évêque de Wibourg.
Tycho (Christiern Lasso). Idea consummati episcopi ex antiquitate ecclesiastica delineata et B. Deichmanni meritis in dioecesin Viburgensem dicata. *Hafn.* 1713. 4. (*Lv.*)

Deiman (Johan Rudolph),
médecin-chimiste hollandais (29 août 1743 — 25 janvier 1808).
Bosch (Jérôme de). Lofrede op J. R. Deiman. *Amst.* 1808. 8. Portrait.
Doornik (J... E...). J. R. Deiman, gedacht in eene redevoering, etc. *Amst.* 1808. 8. Portrait.

Deinlein (Georg Friedrich),
jurisconsulte allemand (18 déc. 1696 — 11 mai 1757).
Programma ad celebritatem funeris G. F. Deinleini. *Altorf.* 1757. Föl.
Dietelmair (Johann Augustin). Leichenpredigt auf G. F. Deinlein. *Nürnb.* 1757. Fol.
(**Will**, Georg Andreas). Merkwürdige Lebensgeschichte des Herrn Dr. G. F. Deinlein's, Professoris juris in Altdorf. *Nürnb.* 1757. Fol.

Déjazet (Virginie),
comédienne française.
(**Rabot**, Pierre). Notices biographiques sur mesdemoiselles Déjazet et Rachel (Félix). *Lyon.* 1843. 8.

Déjazet (Jules),
compositeur français, fils de la précédente (1812 — 29 août 1840).
Catalogue des œuvres de J. Déjazet, pianiste et compositeur, s. l. et s. d. Fol. (Notice biographique lithographiée.) — (*Lv.*)

Dejean (Jean François Aimé, comte),
général français (6 oct. 1749 — 12 mai 1824).
Haxo (François Nicolas Benoît). Notice historique sur feu M. le comte Dejean. *Par.* 1824. 8.

Deken (Agatha),
poëte hollandaise (10 déc. 1741 — 14 nov. 1804).
Konijnenburg (Jan). Lofrede op Elisabeth Wolff, geb. Bekker, en A. Deken. *Amst.* 1805. 8.

Dekker (Jeremias de),
poëte hollandais (vers 1610 — 1666).
Vries (Jeronimo de). J. de Dekker, als mensch en als dichter bekend gemaakt. *Amst.* 1807. 8. Portrait.

De la Billardière (Jacques Julien **Houton**),
botaniste français (1755 — 1834).
Flourens (Pierre). Éloge historique de J. J. de la Billardière. *Par.* 1837. 4.

De la Cour (Nicolas),
général français (vers 1640 — .. août 1713).
Nollet-Fabert (Jules). Le général De la Cour. *Nancy.* 1851. 8. Portrait.

Delacroix-Frainville (N... N...),
jurisconsulte français (27 janvier 1749 — 28 déc. 1831).
Goulard (Eugène de). Éloge de M. Delacroix-Frainville, doyen au barreau de Paris. *Par.* 1852. 8.

Delafosse (N... N...),
minéralogiste français.
Notice sur les travaux scientifiques de M. Delafosse, professeur de minéralogie à la faculté des sciences de Paris. *Par.* 1851. 4.

Delalande (Jean Marie),
naturaliste français (27 février 1807 — 20 nov. 1851).
Rostaing de Rivas (N... N...). Notice sur M. l'abbé Delalande. *Nantes.* 1852. 8.

Delalande (Pierre),
officier français.
Cérémonie funèbre à la mémoire du citoyen P. Delalande, adjudant, etc. *Nantes,* an vII. 8.

Delamalle (Gaspard Gilbert),
jurisconsulte français (25 oct. 1752 — 25 avril 1834).
Richomme (J... E...). Éloge de M. Delamalle, ancien bâtonnier du barreau de Paris. *Par.* 1834. 8.

Delalande, voy. **Lalande** (Joseph Jérôme Le-François de).

Delambre (Jean Baptiste Joseph),
astronome français (19 sept. 1749 — 19 août 1822).
Warmé (Vulfrand Joseph Florimond). Éloge historique de M. Delambre. *Amiens.* 1824. 8.

Delamet (Philippe),
littérateur français.
(**Colas**, Henri). Éloge de P. Delamet. *Par.* 1737. 12. *
* Écrit en vers et publ. sous les lettres initiales du nom de l'auteur (M. H. C.).

Delandine (Antoine François),
bibliographe français (6 mars 1756 — 5 mai 1820).
Dumas (Jean Baptiste). Notice historique sur la vie et les ouvrages de Delandine. *Lyon.* 1820. 8.

Delannoy (François Joseph),
architecte français (24 oct. 1755 — 27 avril 1835).
Souvenirs de la vie et des ouvrages de F. J. Delannoy, architecte. *Par.* 1839. 4. Portrait.

Delarue (N... N...),
littérateur français.
Vaultier (F...). Notice sur la vie et les travaux de l'abbé Delarue. *Caen.* 1841. 8. Portrait.

Delattre (Pierre),
mécanicien français († 1709).
Duthilloeul (Hippolyte Romain Joseph). Notice sur P. Delattre. *Lille.* 1849. 8.

De Lattre (Roland), voy. **Lasso** (Orlando di).

Delaunay du Gué (A...),
littérateur français.
Mémoires de la vie galante, politique, etc., de l'abbé A. Delaunay du Gué. *Par.* 1808. 8.

Delavigne (Jean François Casimir),
poëte français du premier ordre (16 mars 1794 — 12 déc. 1843).
(**Calvi**, Giacomo). C. Delavigne; notizia bibliografico-necrologica. *Milan,* s. d. 1844. 8.
Morlent (J...). Esquisses biographiques : C. Delavigne devant ses concitoyens. *Par.* 1843. 8. Portrait. (*Lv.*)
Verenet (Georges). Éloge de C. Delavigne, avec un aperçu de ses ouvrages, la description de ses funérailles. *Utrecht.* 1844. 8.
Leuillier (M...). Éloge de C. Delavigne. *Saint-Quent.* 1844. 8.
(**François**, Alphonse). Notice sur la vie et les ouvrages de C. Delavigne. *Par.* 1846. 8.
Kruse (Carl Adolph Wernhard). Über C. Delavigne als Vermittler der classischen und romantischen Richtung der französischen Literatur im Allgemeinen und über seine Tragödie *Louis XI* im Besonderen. *Elberf.* 1847. 8.
Fort-Meu (Jean Baptiste). Éloges de Bernardin de Saint-Pierre et de C. Delavigne. *Hâvre.* 1852. 8.

Delbecchio (Agostino),
évêque de Cagliari ? († 1774).
Stefanini (Stanislao). Orazione funebre nella morte di monsignor A. Delbecchio. *Cagliari.* 1774. 4.

Delbrel (Pierre),
député français.
P. Delbrel, ancien député, s. l. et s. d. 12. (Notice biographique écrite par lui-même.)

Delbrueck (Ferdinand),
philosophe allemand (12 avril 1772 — 25 janvier 1848).
Nicolovius (Alfred). Lebensabriss F. Delbrück's ; Denkschrift. *Bonn.* 1848. 8.

Delcarpio (Bernardo),
jésuite portugais.
Silva (Antonio da). Historia da vida de B. Delcarpio. *Lisb.* 1745. 4.
Martin (Manoel José). Historia fiel y verdadera del valiente B. Delcarpio. *Madr.* 1776. 4.

D'Elci (Angelo Maria),
poëte italien (2 oct. 1754 — 20 oct. 1824).
Rossi (Giovanni Gherardo de'). Notizie biografiche del fu cavaliere A. M. d'Elci. *Firenz.* 1825. 8.

Delcroix (Fidèle Joseph Marie),
poëte français (19 oct. 1790 — 6 août 1843).
Le Glay (André). F. Delcroix, sa vie, ses ouvrages. *Cambr.* 1844. 12.

Delecourt (Charles Jean Baptiste Joseph),
jurisconsulte belge (19 mars 1808 — 4 juin 1839).
Wyns (Camille). Notice biographique sur C. J. B. J. Delecourt, avocat. *Mons.* 1839. 8.

Delepouve (Engelbert Justin Joseph),
jurisconsulte français (13 sept. 1787 — 10 janvier 1839).
Hibon (N... N...). Notice nécrologique sur Delepouve. *Douai.* 1840. 8.

Delessert (Benjamin),
homme d'État français (14 février 1773 — 1er mars 1847).
Argout (Apollinaire d'). Notice sur la vie de B. Delessert. *Par.* 1847. 4.
Decandolle (Alphonse). Notice sur B. Delessert. *Genève.* 1847. 8.
Dupin (Charles). Travaux et bienfaits de M. le baron B. Delessert. *Par.* 1848. 8.
Cap (Paul Antoine). B. Delessert; éloge. *Par.* 1850. 8. (Couronné par l'Académie de Lyon.)

Delessert (Étienne),
homme d'État français (30 avril 1735 — 18 juin 1816).
(**Jarry de Mancy,** A...). Notice sur É. Delessert. *Par.* 1840. 8.

Delestre ou **Delaitre** (François),
prêtre français (vers 1766 — 6 août 1798).
Delestre (François). Six années de la révolution française, ou Précis des principaux événements correspondants à la durée de ma déportation, de 1792 à 1797 inclusivement. *Par.* 1819. 8. (Ouvrage posthume.)

Deleyre (Alexandre),
philosophe français (10 janvier 1726 — 10 mars 1797).
Lebreton (Joachim). Notice historique sur la vie et les ouvrages d'A. Deleyre. *Par.* 1797. 4.

Delfico (Giovanni Filippo),
littérateur italien.
Fiorini (Ambrogio). Notizie spettanti all' elogio di G. F. Delfico. *Teramo.* 1794. 4.

Delfico (Melchiorre),
historien italien (1er août 1744 — 21 juin 1835).
Mozzetti (Ferdinando). Ricordanza degli studii, delle opere e delle virtù di M. Delfico. *Teramo.* 1835. 8.
Carboni (Giacinto Cantalamessa). Commentario sulla vita e sugli scritti del commendatore M. Delfico. *Rom.* 1835. 8.
Ranalli (Ferdinando). Elogio di M. Delfico. *Napol.* 1856. 8.
Delfico (Gregorio de' Filippis). Della vita e delle opere di M. Delfico libri II. *Teramo.* 1836. 8. Portrait.

Delille (Jacques),
poète français (22 juin 1738 — 1er mai 1813).
Ledieu (L...). Discours prononcé sur la tombe de M. Delille, s. l. et s. d. 8. (*Lv.*)
(**Lingay,** Jean). Éloge de J. Delille et critique de son genre et de son école. *Par.* 1814. 8.
Berville (Saint-Albin). Éloge de J. Delille. *Par.* 1817. 8. (Couronné par l'Académie d'Amiens.)
Mordani (Filippo). Elogio storico di G. Delille. *Fossombrone.* 1845. 8.

Cousin d'Avalon (Charles Yves). Delilliana, publ. par Antoine Serieys. *Par.* 1813. 18.

Delin (F... J... L...),
Hollandais.
Snyers (Jan Adriaan) et **Bonnier-Hellyer** (L...). Redevoeringen gehouden by gelegenheyd van het overlyden der heeren F. J. L. Delin en J. F. van de Gaer. *Antwerp.* 1821. 8. (*Ld.*)

Delin (Jacobus Josephus),
historien belge (14 février 1796 — 22 janvier 1835).
Visschers (Pieter). Laeste hulde van vriendschap aen M. J. J. Delin, overleden binnen Antwerpen. *Mechel.* 1835. 8.
(**Bogaerts,** Félix). A la mémoire de J. J. Delin. *Anvers.* 1835. 8.

Delius (Heinrich Friedrich v.),
médecin allemand (8 juillet 1720 — 22 oct. 1791).
Harles (Gottlieb Christoph). Memoria perillustris atque experientissimi H. F. Delii. *Erlang.* 1791. 4.

Delius (Matthias),
théologien allemand.
Naboth (Alexius). Epitaphium M. Delii. *Witteb.* 1544. 4. (*Cp.*)

Dellamaria (Domenico),
musicien français (1764 — 19 avril 1800).
Framéry (Nicolas Étienne). Notice sur le musicien Dellamaria, mort depuis peu. *Par.* 1800. 8. (Omis par Quérard.)

Delley de la Garde* (Élisabeth Charlotte de),
épouse de M. de Bordenave.
Santerre (Henri de). Nécrologie de madame E. C. de Delley de la Garde, veuve de M. de Bordenave, baronne d'Aschères. *Par.* 1853. 8.
* Madame de Bordenave était nièce de Fénélon, évêque de Cambrai.

Delloye (Henri Joseph),
publiciste belge (13 sept. 1752 — 25 sept. 1810).
Reiffenberg (Frédéric Auguste Ferdinand Thomas de). Notice sur H. Delloy, de Huy, pour servir à l'histoire du journalisme en Belgique, s. l. et s. d. (*Brux.* 1846.) 8.
(**Capitaine,** Ulysse). Notice sur H. Delloye, troubadour liégeois. *Liége.* 1849. 18.

Delmotte (Henri Florent),
littérateur belge (20 juin 1798 — 6 mars 1836).
Hennebert (Jean Baptiste Joseph Frédéric). Notice sur la vie et les ouvrages de H. Delmotte. *Mons.* 1837. 8. Portrait. *Ibid.* 1844. 8. Portrait.
Reiffenberg (Frédéric Auguste Ferdinand Thomas de). Notice sur M. Delmotte, correspondant de l'Académie. *Brux.* 1856. 12.

Delmotte (Philibert Ignace Marie Joseph),
littérateur belge (18 juin 1745 — 12 avril 1824).
(**Delmotte,** Henri Florent). Notice sur P. Delmotte, bibliothécaire de la ville de Mons. *Valenciennes.* 1834. 8. (Tiré à 50 exemplaires.)

Delobel (Louis Charles Albert Joseph),
poète français (7 août 1746 — 1er mars 1813).
Fumière (Louis). Notice biographique sur L. C. A. J. Delobel, poëte français et latin. *Liége.* 1840. 8. (Extrait de la *Revue belge.*)

Delorme* (Anne Louise Françoise),
aventurière française (30 juin 1756 — ... 1825).
Mémoires de Louise Stéphanie de Bourbon-Conti, écrits sous sa dictée par J... Corentin-Royou. *Par.* 1797. 2 vol. 8. Trad. en allem. *Lübeck.* 1809. 2 vol. *
Barruel-Beauvert (Antoine Joseph). Histoire de la prétendue princesse Stéphanie de Bourbon-Conti. *Besanç.* 1811. 8. **
* Prétendant qu'elle était fille du prince de Conti et de la duchesse de Mazarin, elle s'intitulait comtesse de *Mont-Car-Zain* (anagramme de Conti-Mazarin). — (Quérard la fait naître le 26 déc. 1762.)
** Cet écrit fut saisi par la police.

Delorme (Charles),
médecin français (1584 — 24 juin 1678).
Saint-Martin (Michel de). Moyens faciles et éprouvés dont M. Delorme s'est servi pour vivre près de cent ans. *Par.* 1682. 12. *Ibid.* 1683. 12.

Delorme (Marie Anne **Grappin,** se disant Marion),
courtisane française (15 mai 1601 — 2 juin 1650).
Vie de M. Delorme, etc. *Par.* 1805. 18.
(**Guénard de Méré,** madame). Vie et amours de M. Delorme, contenant l'histoire de ses liaisons avec les plus grands personnages de la cour de Louis XIV. *Par.* 1822. 4 vol. 12. *Ibid.* 1828. 4 vol. 12. *
* Publ. s. l. nom pseudonyme de M. de Faverolles. La dernière édition porte le changement « Vie et aventures, etc. »

Delorme (Philibert),
architecte français († 1577).
Flacheron (Louis). Éloge historique de P. Delorme, architecte lyonnais. *Lyon,* s. d. 8.

Delort (le baron Jacques Antoine Adrien),
général français (16 nov. 1774 — ...).
Notice sur le lieutenant-général commandant supérieur de la 7e division militaire (baron Delort), s. l. et s. d. (*Grenoble.* 1852.) 8. (*Lv.*)

Delpech (Jacques Mathieu),
chirurgien français (2 oct. 1777 — assassiné le 13 oct. 1832).
Buisson (François). Parallèle de Delpech et (Guillaume) Dupuytren. *Montpell.* 1841. 8.
Espezel (Antoine). Un mot sur M. J. M. Delpech. *Toulouse.* 1842. 8.

Delplanque (Pierre François Joseph),
vétérinaire français (18 sept. 1793 — 7 janvier 1839).
Jouggla (N... N...). Notice nécrologique sur Delplanque. *Douai.* 1839. 8.

Delpon (Jacques Antoine),
député français (22 oct. 1778 — 24 nov. 1833).
Chaudruc de Crazannes (N... N...). Notice biographique et historique sur feu M. Delpon, ex-député du Lot, etc. *Cahors.* 1834. 8. (*Lv.*)

Delrio (Martin Anton),
jésuite hollandais (17 mai 1551 — 19 oct. 1608).
(**Susius**, Nicolaus). M. A. Delrio, e Societate Jesu, vita brevi commentariolo expressa, publ. par Hermann LANGEVELT. *Antw.* 1609. 4. (*D.*)

Delvincourt (Claude Étienne),
jurisconsulte français (4 sept. 1762 — 23 oct. 1831).
Portets (Xavier de). Notice sur la vie et les ouvrages de M. Delvincourt, ancien doyen de la faculté de droit. *Par.* 1832. 8.

Delvincourt (N... N...),
prêtre français.
Regnault (Louis Eugène). Notice historique sur M. Delvincourt, curé de Charleville. *Par.* 1826. 8.

Delwig (Heinrich, Freiherr v.),
général allemand (15 oct. 1620 — 7 janvier 1696).
Winckler (Johannes). Trauer-Sermon bey Beerdigung des hoch- und wohlgebohrnen Herrn H. Freyherrn v. Delwig. *Hamb.* 1696. Fol.
Postel (Christian Heinrich). Lob- und Lebens-Entwurff des Herrn H. Freyherrn v. Delwig, General-Lieutenants und Commandanten der kayserlich freyen Reischstadt Hamburg. *Hamb.* 1696. 8.

Demades,
orateur grec (exécuté en 320 avant J. C.).
Hauptmann (Johann Gottfried). Programma de Demade et illi tributo fragmento orationis. *Geræ.* 1768. 4.
Lhardy (H...). De Demade, oratore Atheniensi. *Berol.* 1834. 4.
Pluygers (Willem Georg). Specimen litterarium, continens diatriben de Demade. *Hag. Comit.* 1836. 8.

Demahis (N... N...),
prêtre français.
Abrégé de la vie de feu M. Demahis, chanoine d'Orléans. *Orléans*, s. d. 16. (*P.*)

Demandre (Jean Baptiste),
évêque de Besançon (28 oct. 1739 — 21 mars 1823).
Éloge funèbre de M. J. B. Demandre. *Besanç.* 1825. 8.

Dembinski (Heinrich),
général polonais (1790 —...).
Dembinski (Heinrich). Mein Feldzug nach und in Litthauen und mein Rückzug von Kerszany nach Warschau, herausgegeb. von Richard Otto SPAZIER. *Leipz.* 1832. 8.

Démétrius, voy. **Dmitri Iwanowitch.**

Démétrius de Phalère,
orateur grec (345 — 283 avant J. C.).
Dohrn (Heinrich). Commentatio historica de vita et rebus gestis Demetrii Phalerei, philosophici peripatetici. *Kilon.* 1825. 8.
Ostermann (Christian). De Demetrii Phalerei vita, rebus gestis et scriptorum reliquiis part. I. *Hersfeld.* 1847. 4.
Herwig (N... N...). Programma de Demetrio Phalareo. *Rintel.* 1850. 4.
(**Legrand**, S... J... et **Tychon**, F...). Mémoire sur Démétrius de Phalère, considéré comme orateur, homme d'Etat, érudit et philosophe. *Brux.* 1852. 4. (Extrait des *Mémoires* couronnés de l'Académie royale de Belgique.)

Démétrius Poliorcetes,
l'un des successeurs d'Alexandre le Grand († 383 avant J. C.).
Wit (J... C... de). Dissertatio historica de Demetrio Poliorcete. *Traj. ad Rhen.* 1840. 8.

Demeunier (Jean Nicolas),
littérateur français (15 mars 1751 — 7 février 1814).
Grappin (Pierre Philippe). Notice sur Demeunier. *Besanç.*, s. d. 8. (*Bes.*)
Decampe (N... N...). Éloge de M. Demeunier, s. l. et s. d. (*Par.* 1818.) 8.

Démia (Charles),
prêtre français (3 oct. 1636 — 25 oct. 1689).
(**Faillou**, abbé). Vie de M. Démia, instituteur des sœurs de saint Charles (Borromée), suivie de l'esprit de cet institut et d'une histoire abrégée de son premier patron, saint Charles-Borromée. *Lyon.* 1829. 8. * Portrait.
* Quérard ne fait pas mention de cet ouvrage.

Demichelis (Giuseppe),
jurisconsulte italien.
Riberi (Giovanni). Funebre discorso per le solenne esequie dell' avvocato G. Demichelis. *Saluzzo.* 1840. 4.

Demidoff (Anatole),
gentilhomme russe.
Madelaine (Stephen de la). Notice biographique sur M. le comte A. Demidoff. *Par.* 1841. 8.

Demidoff (Nicolai Nikitich, comte),
homme d'Etat russe (3 nov. 1773 — 22 avril 1828).
Souvenir sur le conseiller privé N. N. Demidoff. *Saint-Pétersb.* 1829. 8.
Muller (Victor). Notice sur la vie politique et privée de N. N. Demidoff, conseiller privé et chambellan de S. M. l'empereur de toutes les Russies. *Par.* 1830. 8.

Demidoff (Paul Gregorius),
homme d'Etat russe.
Fischer (Johann). Panegyricus memoriæ pie defuncti P. G. Demidow. *Moscov.* 1830. 8.

Demmler (Anastasius),
jurisconsulte allemand (7 nov. 1320 — 22 juillet 1591).
Harpprecht (Johann). Oratio de vita et obitu A. Demmleri, sacræ theologiæ doctoris, universitatis Tubingensis professoris. *Tubing.* 1592. 4. (*Lv.*)

Demmler (Joseph),
théologien allemand.
Raith (Balthasar). Memoria J. Demmleri. *Tubing.* 1660. 4. (*D.*)

Démocrite,
philosophe grec (470 — 366 avant J. C.).
Magnenus (Johann Chrysostomus). Democritus reviviscens, s. vita et philosophia Democriti. *Pav.* 1646. 12. *Lugd. Bat.* 1648. 12. *Hag. Com.* 1658. 12.
Geuder (Johann). Democritus Abderita, cognomine Gelasius, philosophus acutissimus, oratiuncula ab injuriis vindicatus et pristinæ famæ restitutus. *Altorf.* 1665. 4. (*Lv.*)
Espinosa y Malo (Felix de Lucio). Vidas de los filosofos Democrito y Heraclito. *Zarag.* 1676. 4.
Andreas Norcopensis. Dissertatio de ενεχω Democriti. *Upsal.* 1681. 4.
Goeding (Andreas). Dissertatio de Democrito ejusque philosophia. *Upsal.* 1703. 8.
Schwartz (Johann Conrad). Dissertatio de Democritii theologia. *Coburg.* 1718. 4.
(**Jenichen**, Gottlieb Friedrich). Programma de Democrito philosopho. *Lips.* 1720. 4.
Luetkemann (Gabriel Timotheus). Disputatio, Democritum, Eleaticæ sectæ antistitem, oculorum sua sponte luminibus se non privasse. *Gryphisw.* 1741. 4.
Burchard (Johann Friedrich Wilhelm). Commentatio critica de Democriti Abderitæ de sensibus philosophia. *Mindæ.* 1850. 4.
—— Fragmente der Moral des Abderiten Democritus. *Mind.* 1854. 4.

Demory d'Elvange (François Dominique),
littérateur français (1738 — guillotiné le 14 mai 1794).
Digot (Auguste). Éloge historique de F. D. Demory d'Elvange. *Nancy.* 1845. 8.

Démosthène,
orateur grec (384 — se donnant la mort en 322 avant J. C.).
Hildericus (Edo). Oratio de vita Demosthenis. *Witteb.* 1562. 8.
Wolf (Hieronymus). Vita Demosthenis et Æschynis. *Basil.* 1572. Fol.
Rapin (René). Comparaison de Démosthène et de Cicéron. *Par.* 1676. 12.
Ekerman (Peter). Demosthenes oratorum princeps. *Upsal.* 1740. 4.
Barton (Philipp). Plutarchi, Demosthenis et Ciceronis vitæ parallelæ (en grec et en latin). *Oxf.* 1744. 8.

Ekerman (Peter). Specimen academicum, parallelismum Demosthenis et Ciceronis, oratorum, exhibens. *Upsal.* 1740. 4.

Knoes (Gustav). Vita Demosthenis. *Upsal.* 1813. 8.

(Dupin, Charles). Essais sur Démosthène et son éloquence, etc. *Par.* 1814. 8.

Becker (Albert Gerhard). Demosthenes als Staatsmann und Redner; historisch-kritische Einleitung zu dessen Werken. *Halle.* 1815-16. 2 vol. 8.

Zimmermann (Philipp Albert). Dissertatio de Demosthene, reipublicæ Atheniensis administratore. *Berol.* 1823. 8.

Pistor (Eduard). Programma de Demosthenis ingenio et eloquentia. *Darmst.* 1826. 4.

—— Demosthenes als Staatsbürger, Redner und Schriftsteller. *Quedlinb.* 1830. 8.

—— Literatur des Demosthenes. *Quedlinb.* 1834. 8.

Boullée (Aimé). Vie de Démosthène, avec des notes historiques et critiques et un choix des jugements portés sur son caractère et ses ouvrages. *Par.* 1834. 8.

Scholten (Johann Heinrich). Disquisitio de Demosthenaeæ eloquentiæ charactere. *Traj. ad Rhen.* 1833. 8.

Eysell (Georg Friedrich). Demosthenes a suscipione acceptæ ab Harpalo pecuniæ liberatus. *Marb.* 1836. 8.

Theremin (Franz). Demosthenes und Massillon. Beitrag zur Geschichte der Beredsamkeit. *Berl.* 1845. 8.
Trad. en holland. par J... Schade. *Hertogenb.* 1848. 8.

Soeltl (Johann Michael). Demosthenes als Staatsmann und Redner. *Wien.* 1852. 8.

Demours (Antoine Pierre),
oculiste français (16 déc. 1762 — 4 oct. 1836).

Réveillé-Parise (J... H...). Notice biographique sur A. P. Demours. *Par.* 1836. 8. (Tiré à très-petit nombre.)

Demoustier (Pierre Antoine),
ingénieur français (1er août 1735 — ... 1803).

Lamandé (Charles). Notice sur la vie et les ouvrages de P. A. Demoustier. *Par.*, an xi (1803). 8.

Dempster (Thomas),
historien écossais (1579 — 16 sept. 1625).

Montalbani (Ovidio). Ragionamento funebre havuto publicamente nell' academia della Notte, per la morte dell'eccellentissimo signore T. Demstero. *Bologn.* 1626. 4.

Demuth (Wilhelm Heinrich),
jurisconsulte allemand (12 déc. 1778 — 25 avril 1852).

W. H. Demuth, ein seinen Freunden gewidmetes Denkmal, (verfasst von dessen Sohne). *Dresd.* 1852. 8.

Denesle (J... A... N...),
botaniste français.

Faye (Antoine Honoré Léon). Notice sur J. A. N. Denesle, fondateur du Jardin botanique à Poitiers. *Poit.* 1844. 8. (Tiré à 100 exemplaires.)

Denich (Caspar),
jurisconsulte allemand (1591 — 1er janvier 1660).

Lossius (Johann Jacob). Oratio funebris in obitum C. Denichii, professoris juris. *Ingolst.* 1660. 4.

Denina (Giacomo Maria Carlo),
historien italien (28 février 1731 — 5 déc. 1813).

Scarrone (N... N...). Memorie intorno alla vita dell' abate Denina. *Parma.* 1798. 8.

Riflessioni sopra la vita dell' abate C. Denina. *Parma.* 1798. 16.

Barbier (Antoine Alexandre). Notice sur la vie et les principaux ouvrages de M. l'abbé Denina. *Par.* 1814. (Extrait du *Magasin encyclopédique*.)

Reina (Carlo Giuseppe). Vita di C. Denina. *Milan.* 1820. 8.

Denis,
roi de Portugal (9 oct. 1261 — 1279 — 6 janvier 1325).

Pina (Rodriguez de). Chronica do muito alto e muito esclarecido principe D. Diniz, sexto rey de Portugal. *Lisb.* 1729. Fol.

Denis (Johann Michael Cosmus),
bibliographe allemand (27 sept. 1729 — 29 sept. 1800).

Gruber (Carl Anton v.). Sined's Tod. *Wien.* 1800. 4. (*D.*)

Dennerlein (Gallus),
abbé de Banz.

Schatt (Georg Ildephons). Lebensabriss des Herrn G.

Dennerlein, Abbten und Prälaten des Stifts Banz, etc. *Bamb.* 1821. 8.

Dennis (John),
poëte anglais (1657 — 6 janvier 1733).

Curll (Edmund). Life of J. Dennis. *Lond.* 1734. 8.

Denon (le baron Dominique Vivant),
directeur des Musées sous Napoléon (4 janvier 1747 — 27 avril 1825).

Coupin (Pierre André). Notice nécrologique sur M. le baron Denon, membre de l'Institut, etc. *Par.* 1825. 8.

Amanton (Claude Nicolas). Notices sur M. (Jean) Couturier et sur M. le baron Denon. *Dijon.* 1825. 8. (*Lv.*) (Tiré à part à très-petit nombre.)

Pastoret (Amédée de). Eloge historique sur la vie et les ouvrages de M. le baron Denon, membre de l'Académie des beaux-arts. *Par.* 1851. 4.

Denormandie (N... N...),
jurisconsulte français († .. sept. 1852).

Discours prononcés sur la tombe de M. Denormandie, ancien président de la chambre des avoués près le tribunal de première instance de la Seine, juge suppléant au même tribunal. *Par.* 1852. 8. *

   * Recueil de trois discours prononcés par MM. Paudhoxxe, Berthier et Félix Liouville.

Denti (!) (Calogero),
gentilhomme italien.

Memorie della vita del signor C. Denti, colla orazione funebre recitata da Emmanuello Gaetani. *Palerm.* 1729. 4. (*P.*)

Denys I ou l'Ancien,
tyran de Syracuse (vers 405 — 368 avant J. C.).

Leven van Dionys den Ouden en Agathocles, koning van Sicilien. *Leyd.* 1704. 8.

Ayrmann (Christoph Friedrich). Dissertatio de Sicula Dionysiorum tyrannide. *Giess.* 1726. 4.

Roloff (Friedrich Wilhelm). Dissertationes de Dionysiis Siciliæ tyrannis. *Halæ.* 1736. 4.

Baden (Thorkil). Res gestæ Dionysii Syracusii recognitæ. *Kilon.* 1795. 4.

Schweckendieck (G...). Dissertatio de Dionysio I, Siculorum tyranno. *Goetting.* 1832. 4.

Denys II ou le Jeune,
tyran de Syracuse, fils du précédent.

Ekerman (Peter). Dissertatio de tyrannide Dionysii utriusque Syracusani. *Upsal.* 1757. 4.

Denys (Saint),
apôtre de France et premier évêque de Paris.

Courtot (N... N...). Vie de S. Denys. *Par.* 1629. 8. (En vers français.)

Denys d'Alexandrie,
patriarche d'Alexandrie († vers 265).

Ostermeier (Joachim Heinrich). Dissertationes II de Dionysio, Alexandrino episcopo. *Rostoch.* 1735-36. 4. (*D.*)

Denys l'Aréopagite,
évêque de Corinthe, apôtre de France (brulé vif vers l'an 95 de J. C.).

Perion (Joachim). Vita Dionysii Areopagitæ. *Par.* 1566. 4.

Binet (Etienne). Vie de S. Denys l'Aréopagite, apôtre de France. *Par.* 1624. 12. *Ibid.* 1629. 12.

Methodius. Martyrium S. Dionysii. *Antw.* 1634. Fol.

Halloix (Pierre). De Dionysii Areopagitæ vita et operibus quæstiones IV. *Antw.* 1639. Fol.

Semblançay (Jean). Galliæ palladium, Dionysius Areopagita. *Tulos.* 1642. 8. (*D.*)

(Ménard, Hughes). Diatribe de unico S. Dionysio Areopagita, Athenarum et Parisiorum episcopo, (adversus Joan. de Launoy). *Par.* 1643. 8. (*D.*) *Ibid.* 1644. 4.

Doublet (Jacques). Histoire chronologique pour la verité de S. Denys l'Aréopagite, apôtre de France et premier évêque de Paris. *Par.* 1646. 4.

Launoy (Jean de). Varia de duobus Dionysiis, Atheniensi et Parisiensi, opuscula, etc. *Par.* 1650. 8. (*D.*)

Macé (Jean). La France convertie, ou la vie de S. Denys l'Aréopagite, avec un abrégé des antiquités de la célèbre abbaye de Montmartre, proche Paris. *Par.* 1661. 8.

Chifflet (Pierre François). Dissertationes III de uno Dionysio, primum Areopagita et episcopo Atheniensi, tum deinde Parisiorum apostolo et martyre. *Par.* 1676. 8. (*D.*)

Dissertation sur S. Denys l'Aréopagite. *Par.* 1702. 8.

La vie, le martyre et les miracles du grand S. Denys l'Aréopagite. *Par.*, s. d. 8.

Quade (Michael Friedrich). Dissertatio de Dionysio Areopagita, scriptisque eidem suppositis. *Gryphisw.* 1708. 4. (*D.*)

Ehinger (Elias)..Declamàtio historica, an corpus B. Dionysii Areopagitæ apud Ratisbonenses, an vero in oppido apud Parisienses quiescat? *Aug. Vind.* 1724. 8.

Arend (Heinrich Conrad). Unpartheyische Lebens-Beschreibung des ehrwürdigen Dionysius Areopagita, anfänglich Rathsherrn des hohen Gerichts Areopagus und nachmahligen Bischofs zu Athen. *Goslar.* 1723. 4. (*D. et Lv.*)

Balestrier de Canilhac (L... S...). Panégyrique de S. Denys. *Par.* 1786. 4.

Engelhardt (Johann Georg Veit). Dissertatio de Dionysio plotinizante. *Erlang.* 1821. 4.

—— Dissertatio de origine scriptorum Areopagiticorum. *Erlang.* 1822. 4.

Baumgarten-Crusius (Ludwig Friedrich Otto). Programma de Dionysio Areopagita. *Erlang.* 1823. 4.

Denys d'Halicarnasse,
historien grec (31 avant J. C.).

Matthæi (Christian Friedrich). Dissertatio de Dionysio Halicarnassensi. *Witteb.* 1779. 4.

Schulin (Philipp Friedrich). Dissertatio de Dionysio Halicarnassensi historico, præcipuo historiæ juris Romani fonte. *Heidelb.* 1821. 4.

Weismann (Carl Julius). Dissertatio de Dionysii Halicarnassensis vita et scriptis. *Rintel.* 1837. 4.

Busse (Anton Wilhelm Ferdinand). Dissertatio de Dionysii Halicarnassensis vita et ingenio. *Berol.* 1841. 4.

Denys le Chartreux, *
écrivain ecclésiastique belge (1394 — 12 mars 1471).

Loër (Thierry). D. Dionysii Carthusani doctoris extatici vita, simul et operum ejus fidelissimus catalogus. *Col. Agr.* 1532. 8. (*D.*)

* Son nom de famille est RICKEL.

Denys le Périégète,
poète-géographe grec (vers l'an 90 après J. C.).

Matthæi (Christian Friedrich). Dissertatio de Dionysio Periegeta. *Missn.* 1788. 4.

Déparcieux (Antoine),
mathématicien français (1753 — 23 juin 1799).

Mahérault (Jean François René). Notice sur la vie et les écrits du citoyen A. Déparcieux. *Par.* 1800. 12.

Depkin (Liborius),
théologien courlandais (20 août 1652 — 2 déc. 1708).

Hoernick (Adam Gottfried). Programma ad parentalia L. Depkino celebranda. *Rigæ*, s. d. (1708). Fol.

Deplace (Guy Marie),
littérateur français (20 juillet 1772 — 16 juillet 1843).

Collombet (François Zénon). Notice sur G. M. Deplace, suivie de sept lettres inédites de Joseph de Maistre. *Lyon.* 1843. 8. (Extrait de la *Revue du Lyonnais*, tiré à part à 100 exemplaires.)

Deppisch (Johann Baptist),
théologien allemand (29 sept. 1747 — 6 juin 1800).

Foertsch (Nicolaus Alban). Versuch einer Lebensbeschreibung des Pfarrers J. B. Deppisch. *Würzb.* 1801. 8.

De Pret (le baron N... N...),
magistrat belge (... — 11 juillet 1838).

M... (L...). Dernier hommage rendu à M. le baron De Pret, s. l. et s. d. (*Anvers.* 1858). 8.

Dereser (Thaddæus Anton),
théologien allemand.

Schilderung der neufränkischen Apostel Eulogius Schneider, Johann Jacob Kämmerer, T. A. Dereser und Carl Franz Schwind in Strasburg, s. l. 1792. 8.

De Reume, voy. **Reume** (Pierre Joseph de).

Derfflinger (Georg, Freiherr v.),
feld-maréchal de Brandenbourg (.. mars 1606 — 4 février 1695).

(**Koenig**, Anton Balthasar). Authentische Nachrichten von dem Leben und den Thaten G. v. Derfflinger. *Stendal.* 1786. 8. Portrait.

Varnhagen v. Ense (Carl August). Freiherr G. v. Derfflinger—Fürst Leopold von Anhalt-Dessau. *Berl.* 1824. 3 vol. 8. *

* Formant les trois premiers volumes de son ouvrage *Biographische Denkmale.*

Holtze (Friedrich). Der alte Derfflinger, Kurbrandenburgischer General - Feldmarschall ; eine Lebensgechichte, den Soldaten erzählt. *Berl.* 1853. 8. Portrait.

Derivaux (Achille),
général français (23 mars 1776 — 6 sept. 1843).

Nollet-Fabert (Jules). Le général Derivaux. *Nancy.* 1852. 8. (Extrait de la *Lorraine militaire.*)

Dermody (Thomas),
poète anglais (1774 — 15 juillet 1802).

Raymond (James Grant). Life of T. Dermody. *Lond.* 1805-06. 2 vol. 8. (*P.*)

Deroy (Bernhard Erasmus, Graf),
général allemand (11 déc. 1743 — tué le 18 ou 23 août 1812).

Winter (Vitus Anton). Rede bei der Todtenfeier, gehalten in der Stadtpfarrkirche zu St. Jodock in Landshut, der Heldenasche des Grafen Deroy, Generals der Infanterie, des Generalmajors von Siebein, des Obristen Friedrich Grafen v. Preysing und ihrer bei Polozk gebliebenen Waffenbrüder geweiht. *Landsh.* 1813. 8.

Erinnerungen an den General der Infanterie, E. Grafen v. Deroy ; ein kleiner Beitrag zu dessen Biographie von einem alten Soldaten. *Augsb.* 1832. 8.

Derschau (Christoph Friedrich v.),
théologien allemand († 19 déc. 1799).

Mueller (Franz Jacob). Ehrendenkmal des vormaligen Präsidenten C. F. v. Derschau. *Norden.* 1800. 8.

Derschov (Bernhard),
théologien allemand (17 juillet 1591 — 13 mars 1639).

Programma academicum in B. Derschovii funere. *Regiom.* 1639. 4. (*Lv.*)

Desaix de Voygoux (Louis Charles Antoine),
général français (17 août 1768 — tué le 14 juillet 1800).

Garat (Dominique Joseph). Éloge funèbre des généraux Kléber et Desaix. *Par.*, an VIII (1800). 8.

Destravault (N... N...). Oraison funèbre du général Desaix. *Par.*, an VIII (1800). 8.

Jard-Panvillier (N... N...). Discours prononcé le jour de la fête funèbre du général Desaix. *Par.*, an VIII (1800). 8.

Mongez (Antoine). Discours prononcé le jour de la fête funèbre du général Desaix. *Par.*, an VIII (1800). 8.

Guilbert (Philippe Jacques Etienne Vincent). Notice historique sur L. C. A. Desaix, etc. *Par.*, an IX (1801). 8.

Lavallée (Joseph). Éloge historique du général Desaix, tué à la bataille de Marengo. *Par.*, an IX (1801). 8. (*Lv.*)

Despréaux (Simien). Précis de la vie et éloge funèbre du général Desaix. *Par.* 1801. 8. (*Lv.*)

Cousin d'Avallon (Charles Yves). Histoire des généraux Kléber et Desaix. *Par.*, an IX (1801). 12. Portrait de Desaix. (*Lv.*)

Allemand (M...). Essai sur le général Desaix. *Clerm. Ferr.* 1845. 8.

Becker, comte de **Mons** (F... Martha). Le général Desaix; étude historique. *Par.* 1852. 8. Portrait.

Dejoux (Claude). Lettre sur la statue colossale du général Desaix. *Par.* 1810. 8.

Désaugiers (Marc Antoine Madeleine),
chansonnier français (17 nov. 1772 — 9 août 1827).

Laffillard, plus connu s. l. n. de **Décour** (Hyacinthe Eugène). Notice nécrologique sur M. A. M. Désaugiers. *Par.* 1827. 8.

Desault (Pierre Joseph),
chirurgien français (6 février 1744 — 1er juin 1795).

Petit (Marc Antoine). Éloge de P. J. Desault. *Lyon.* 1795. 8.

Bichat (Marie François Xavier). Versuch über Desault und dessen Verdienste um die Chirurgie, aus dem Französischen übersetzt von Jacob Georg Adam WARDENBURG. *Goetting.* 1798. 8. *

* La notice originale sur la vie de Desault se trouve dans le *Magasin encyclopédique.*

Caillau (Jean Marie). Notice sur la vie et les écrits de P. J. Desault. *Bord.* 1800. 8.

Desbillons (François Joseph **Terrasse**),
poëte français (26 janvier 1711—19 mars 1789).

Maillot de la Treille (N... N...). Notice sur la vie et les ouvrages du P. F. J. Desbillons. *Strasb.* 1790. 8.

Desbois-de-Rochefort (Éléonore Marie),
évêque d'Amiens (1749 — 5 sept. 1807).

Mauviel (G...). Hommage rendu à la vérité sur la tombe de feu messire E. M. Desbois-de-Rochefort, docteur de la maison et société de Sorbonne, ancien évêque d'Amiens. *Par.* 1807. 8.

Desbordeaux (Pierre François Frédéric),
médecin français (16 mars 1763 — 25 juillet 1821).

Faucon-Duquesnoy (Théophile). Notice biographique sur M. Desbordeaux, docteur en médecine. *Caen.* 1822. 8. (Echappé aux recherches de Quérard.)

Descamps (Jean Baptiste),
peintre français (1714 — 30 juillet 1791).

(**Descamps**, N... N...). Notice historique sur J. B. Descamps, peintre du roi. *Rouen.* 1807. 8.

Descartes (René),
philosophe français (31 mars 1596 — 11 février 1650).

Borel (Pierre). Vitæ R. Cartesii compendium. *Par.* 1656. 8. *Frf.* 1677. 8.

Tepelius (Johann). Historia philosophiæ Cartesianæ. *Norimb.* 1674. 12.

(**Baillet**, Adrien). Vie de M. Descartes. *Par.* 1691. 2 vol. 4. (P.) Abrégée. *Par.* 1693. 12. Trad. en holland. par G... BAEKHUYSEN. *Amst.* 1700. 8.

Breithaupt (Christian). Dissertatio de tribus logicæ instauratoribus, Verulamio, Ramio et Cartesio. *Jenæ.* 1712. 4.

Steuchius (Johan.). Dissertatio de Cartesio ejusque philosophiæ fatis. *Upsal.* 1720. 8.

Gaillard (Gabriel Henri). Éloge de R. Descartes. *Par.* 1765. 8.

Thomas (Antoine). Éloge de R. Descartes. *Par.* 1765. 8. * Trad. en allem. *Leipz.* 1767. 8.

  * Les deux éloges de Gaillard et de Thomas ont partagé le prix de l'Académie des inscriptions.

(**Saint-Chamond**, Claire Marie **Mazarelli** de). Éloge de R. Descartes. *Par.* 1765. 8.

Mercier (Louis Sébastien). Éloge de R. Descartes. *Genève et Par.* 1765. 8. Trad. en allem. (par Carl Adolph CAESAR). *Leipz.* 1777. 8.

Gourcy (N... N... de). Éloge de R. Descartes, s. l. (*Nancy*). 1765. 8.

Fabre de Charrin (N... N...). Éloge de R. Descartes. *Par.* 1765. 8.

  * Avec cette épigraphe : *L'éloge d'un grand homme est mon premier ouvrage.*

Couanier Deslandes (Claude Henri). Éloge de (René) Descartes, s. l. (*Par.*). 1765. 8.

Domela Nieuwenhuis (Ferdinand Jacob). Commentatio de R.-Cartesii commercio cum philosophis belgicis. *Lovan.* 1827. 4. (Ouvrage couronné.)

Hock (Carl Ferdinand). Cartesius und seine Gegner. Beitrag zur Characteristik der philosophischen Bestrebungen unserer Zeit. *Wien.* 1835. 8.

Jacobi (C... G... J...). Über Descartes' Leben und seine Methode, die Vernunft richtig zu leiten und die Wahrheit in den Wissenschaften zu suchen. *Berl.* 1846. 8.

Schaarschmidt (C...). Descartes et (Bened.) Spinoza; urkundliche Darstellung der Philosophie Beider. *Bonn.* 1850. 8.

Bergquist (Bengs Jakob). Dissertatio de Cartesio ejusque cranio in regia academia Carolina Lundensi. *Lund.* 1808. 8.

Knoodt (Peter). Dissertatio de Cartesii sententia : *Cogito ergo sum. Vratisl.* 1846. 8.

Deschamps (Claude),
ingénieur français.

Billaudel (N... N...). Notice sur C. Deschamps, inspecteur général des ponts et chaussées. *Par.* 1845. 8. (Extrait des *Annales des ponts et chaussées.*)

Deschamps (Eustache),
poëte français au xive siècle.

Crapelet (G... A...). Précis historique et littéraire sur E. Deschamps, poëte du xive siècle. *Par.* 1832. 8.

Deschamps (Joseph François Louis),
chirurgien français (14 mars 1740 — 8 déc. 1824).

Funérailles de M. Deschamps, s. l. et s. d. (*Par.* 1824.) 4.

Deschamps (Martin),
médecin français.

Histoire tragique d'un vol et assassinat commis en la personne de M. Deschamps. *Par.* 1576. 8. (D.)

Descotils (Victor **Collet**),
chimiste français (21 nov. 1773 — 6 déc. 1815).

Puiseux (L...) et **Charles** (E...). Notices sur (François de) Malherbe, (Pierre Simon de) la Place, (Pierre) Varignon, (Guillaume François) Rouelle, (Louis Nicolas) Vauquelin, Descotils, (Augustin Jean) Fresnel et (Jules Sébastien César) Dumont d'Urville. *Caen.* 1847. 12.

Des Echerolles (Alexandrine),
dame française.

Private trials and public calamities of the early life of A. Des Echerolles during the troubles of the first french revolution. *Lond.* 1853. 2 vol. 8. (Trad. du français)

Desèze (Raimond **Romain**),
l'un des trois défenseurs de Louis XVI (1750 — 1828).

Flayol (V... A...). Hommage à la mémoire de Desèze. *Par.* 1853. 8. (Pièce en vers accomp. de notes historiques.)

Desferrières (Jean Pierre),
voyageur français.

Mémoires de J. P. D(esferrières), écrits par lui-même dans son dernier voyage en Italie, s. l. et s. d. (*Par.*, vers 1806.) — (*Lv.*)

Desfontaines (Pierre François **Guyot**),
littérateur français (1685 — 16 déc. 1745).

Nisard (Charles). Les ennemis de Voltaire : Desfontaines, (Elie Catherine) Fréron et (Laurent Angliviel de la) Beaumelle. *Par.* 1853. 8.

Desfontaines (René **Louiche**),
botaniste français (14 février 1752 — 16 nov. 1833).

Decandolle (Augustin Pyrame). Notice historique sur la vie et les travaux de M. Desfontaines. *Genève.* 1834. 8. *Par.* 1834. 8. (*Bx.*)

Flourens (Pierre). Eloges historiques de R. L. Desfontaines et de Jacques Jules De la Billardière. *Par.* 1857. 4.

Desgenettes (le baron René Nicolas **Dufriche**),
médecin français (1762 — 2 février 1837).

Pariset (Étienne). Éloge du baron R. Desgenettes. *Par.* 1838. 8. Portrait.

Desgouttes (François),
jurisconsulte suisse (exécuté le 30 sept. 1817).

Histoire de la vie et de la conversion de F. D(esgouttes), docteur en droit, exécuté à Aarwangen, etc. *Lausan.* 1818. 8. *

  * Ce morceau de biographie, écrit par lui-même dans sa prison, est omis par Quérard.

Desgranges (François),
jurisconsulte français († 2 sept. 1812).

Palloy (Pierre François). Éloge funèbre de F. Desgranges, ancien avocat au parlement, etc. *Par.* 1812. 4.

Desgranges (Jean Baptiste),
médecin français (1751 — 23 sept. 1831).

Pointe (Jean Pierre). Éloge historique de J. B. Desgranges. *Lyon.* 1831. 8. (Omis par Quérard.)

Priou (Jean Baptiste). Eloge historique et biographique sur J. B. Desgranges, doyen des médecins de Lyon. *Nantes.* 1832. 8.

Deshayes (Jean Baptiste),
peintre français (1729 — 10 février 1765).

Cochin (Charles Nicolas). Lettres sur les vies de M. (René Joseph) Slodts et de M. Deshayes. *Par.* 1765. 12. (P.)
(**Fontaine-Malherbe**, Jean). Eloge historique de M. Deshayes. *Par.* 1767. 12.

Deshoulières (Antoinette du **Ligier-de-la-Garde**),
poëte française (vers 1634 — 17 février 1694).

Lhéritier (Mademoiselle). Triomphe de madame Deshoulières, reçue dixième muse au Parnasse. *Par.* 1694. 12. (Apothéose ridiculement exagérée.)

Lemontey (Pierre Édouard). Notice sur madame Lafayette et mesdemoiselles Deshoulières. *Par.* 1822. 8.

Péricaud (Antoine). Les deux Deshoulières ; fragment extrait d'un supplément à l'histoire de Lyon du P. (Dominique) de Colonia. *Anvers.* 1853. 8. Augment. *Lyon.* 1853. 8.

Desiderius, voy. Didier.

De Simpel (David),
poète flamand (vers 1777 — 9 juin 1851).

(Lansens, F...). Korte levensschets van den beroemden Vlaemschen dichter D. De Simpel, s. l. et s. d. (1851).4.

Desjardins (Philippe Jean Louis),
théologien français (6 juin 1753 — 21 oct. 1833).

Olivier (N... N...). Oraison funèbre de M. l'abbé P. J. L. Desjardins, docteur de Sorbonne, vicaire général de Paris. *Par.* 1834. 8.

Deslandes (François Noël),
évêque de Tréguier.

Doublet (Louis). Les glorieux titres du Rosaire, ou l'idée d'un parfait confrère, tirée sur la vie de l'illustre et révérend F. N. Deslandes, de l'ordre des Frères prédicateurs, évêque et comte de Tréguier. *Saint-Brieuc.* 1643. 8.

Desmeunier, voy. Demeunier.

Desmoulins (Camille),
député à la Convention nationale (1761 — guillotiné le 5 avril 1794).

Montigny (Charles Claude de). Réclamation pour C. Desmoulins, auteur de la *France libre*, précédée de notes historiques sur l'état de bourreau chez les différentes nations connues. *Par.* 1790. 8. *

* Publ. s. l. pseudonyme de MIROUFLET.

Matton (N... N...). Essai sur la vie de C. Desmoulins, s. l. (*Par.*) et s. d. 8. (Tiré à part à très-petit nombre.)

Fleury (Edmond). Biographie de C. Desmoulins ; études révolutionnaires. *Laon* et *Par.* 1850. 8. Augm. s. c. t. Etudes révolutionnaires : C. Desmoulins et Roch Marcandier. La presse révolutionnaire. *Par.* 1851. 2 vol. 12.

Desormeaux (Marie Alexandre),
médecin français (5 mai 1778 — 28 avril 1830).

Honoré (N... N...). Notice historique sur le docteur Desormeaux. *Par.* 1850. 8.

Despans-Cubières (N... N...),
ministre français.

Dairnwoell (George). Biographie impartiale de M. Despans-Cubières, lieutenant-général, pair de France, ancien ministre, etc., suivie de la Biographie de M. Teste. *Par.* 1847. 16.

Procès du général de Cubières, etc., devant la cour des pairs. *Par.* 1847. 12.

Procès du général Despans-Cubières, etc. *Par.* 1847. 8.

Desperriers (Bonaventure),
poète français (se donnent la mort en 1544).

Nodier (Charles). B. Desperriers et (Savinien) Cyrano de Bergerac. *Par.* 1841. 12.

Despinoy (le comte Hyacinthe François Joseph),
général français (22 mars 1764 — 28 oct. 1848).

Notice biographique sur le lieutenant-général comte Despinoy. *Par.* 1849. 8.

Desportes (Charles Édouard Boscheron),
jurisconsulte français (1753 — 20 janvier 1832).

(Buzonnière, N... N... de). Notice nécrologique sur C. E. Boscheron-Desportes, s. l. et s. d. (*Orléans.* 1832.) 8.

Desportes (Philippe),
poète français (1546 — 5 oct. 1806).

Montereuil (Jean de). Tombeau de messire P. Desportes, abbé de Thiron. *Par.* 1606. 8. (*P.*)

Des Roches (Jean),
linguiste hollandais (1740 — 20 mai 1787).

Reiffenberg (Frédéric Auguste Ferdinand Thomas de). Eloge de Des Roches. *Brux.* 1843. 12.

Desroys (Étienne Jean Léopold),
petit-fils du général Lazare Hoche (4 déc. 1820 — .. déc. 1841).

Tastu (Amable). Esquisse biographique sur L. Desroys. *Par.* 1843. 8.

Desrues (Antoine François),
épicier français, connu par ses crimes (1745 — brûlé vif le 6 mai 1777.)

(Arnaud, François Marie Baculard d'). Vie de Desrues. *Par.* 1777. 12. (*P.*)

(Cailleau, André Charles). Vie privée et criminelle d'A. F. Desrues. *Avign.* 1777. 12. (*P.*)

Desrues (Jacques),
auteur français.

Notice biographique sur J. Desrues (auteur des *Délices de la France*). *Avranch.* 1844. 8.

* C'est par erreur qu'on le nomme François.

Deschiens (François Joseph),
bibliographe français (1779 — 11 mars 1843).

Discours prononcés sur la tombe de M. Deschiens, avocat, etc. *Versailles.* 1843. 8.

Dessalines (Jean Jacques),
empereur d'Haïti (vers 1760 — tué le 17 oct. 1806).

Dubroca (Louis). Vie de J. J. Dessalines, chef des noirs révoltés de S. Domingue. *Par.* 1804. 12.

Trad. en allem. par Carl Ludwig Methusalem **Mueller**. *Leipz.* 1805. 8.

Trad. en holland. *Zwolle.* 1805. 8. Portrait.

Desse (Pierre),
marin français.

Delprat (Édouard). Sur le dévouement de P. Desse, commandant le brick français *la Julia. Par.* 1824. 8. *

* Cet opuscule, écrit en vers, est orné de son portrait.

Dessolle (le marquis Jean Joseph Paul Augustin),
général français (3 juillet 1767 — .. nov. 1838).

Gouvion-Saint-Cyr (Laurent). Discours prononcé à l'occasion du décès de M. le marquis Dessolle, s. l. et s. d. (*Par.* 1839.) 8.

Destailleur (François Hippolyte),
architecte français (15 février 1787 — 15 février 1852).

Le Roux de Lincy (N... N...). Nécrologie. Notice sur M. F. H. Destailleur. *Par.* 1852. 8. (Extrait du *Moniteur universel.*)

Destouches (Philippe Néricault),
poète français (1680 — 4 juillet 1754).

Alembert (Jean Lerond d'). Éloge de Destouches. *Par.* 1755. 8.

Destouet (Jean Pierre),
médecin français († avril 1826).

Villermé (Louis René). Discours prononcé sur la tombe de M. Destouet, membre adjoint de l'Académie de médecine. *Par.* 1826. 4.

Detharding (Georg),
médecin allemand (vers 1670 — 23 oct. 1747).

Kaempfer (Peter Christian). Publicum virtutis et cruditionis, viro illustri, G. Dethardingio, augusti Danorum regis consiliario justitiæ, etc., erectum. *Rostoch.* 1748. Fol.

Dethleffsen (Johann Dietrich),
pédagogue allemand.

Overbeck (Johann Daniel). Cenotaphium J. D. Dethleffsenio, collegæ scholæ Catharinæ positum. *Lubec.* 1765. Fol. (*D.*)

Gesner (Johann Georg). Lebensbeschreibung J. D. Dethleffsen's, Collegæ scholæ Catharinæ. *Lübeck.* 1765. Fol.

Deucalion,
personnage mythologique.

Schubart (Wilhelm). Dissertatio de diluvio Deucalionis. *Jenæ.* 1722. 4.

Deusing (Anton),
médecin hollandais (15 oct. 1612 — 29 janvier 1666).

Maresius (Samuel). Oratio funebris in obitum A. Deusingii. *Groning.* 1666. 4. (*Cp.*)

Deutschmann (Johann),
théologien allemand (10 août 1625 — 12 août 1706).

Berger (Johann Wilhelm v.) Programma in funere J. Deutschmanni ; Caspar **Loescher**, Concio funebris germanica et curriculum vitæ ; Gottlieb **Wernsdorff**, Laudatio funebris ejusdem et Epicedia variorum. *Witteb.* 1706. Fol. (*D.*)

Deutz (Simon),
émissaire de la duchesse de Berri.

Selbstgeständnisse von S. Deutz über sich und die Gefangennehmung der Herzogin von Berry. *Grimma*. 1835. 12. (Trad. du français.)

Devaux (Gabriel Pierre François **Moisson**),
botaniste français (6 mai 1742 — 8 sept. 1802).

Lair (Pierre Aimé). Notice historique sur Moisson Devaux, vice-président de la Société d'agriculture et de commerce de Caen, ex-législateur, etc. *Caen, an xi* (1803). 12. (*P.*)

Devaux (Jean),
chirurgien français (27 janvier 1649 — 2 mai 1729).

Sue (Pierre). Éloge historique de M. Devaux, avec des notes et un extrait raisonné de ses différents ouvrages. *Par.* 1772. 8.

De Veaux (James),
artiste anglo-américain.

Gibbes (Robert William). Memoirs of J. de Veaux, of Charleston, member of the national academy of design in New-York. *Columbia.* 1846. 8. Portrait.

Devie (N... N..v),
évêque d'Aix (... — 24 août 1852).

Chalandon (N... N...). Oraison funèbre de Mgr. Devie. *Bourg.* 1852. 8.

Devilliers (Pierre Gaspard Alexandre),
médecin français (12 février 1781 — 10 janvier 1853).

Vimont (Pierre). Notice biographique sur le docteur Devilliers père. *Par.* 1853. 8.

Devinck-Thierry (N... N...),
membre du corps législatif.

Danel (N... N...). Discours annonçant au corps législatif la mort du citoyen Devinck-Thierry, s. l. et s. d. (*Par.*, an ii.) 8.

Devonshire (Christinne, countess of) ,
dame anglaise.

Pomfret (Thomas). Life of C. late countess dowager of Devonshire. *Lond.* 1685. 8.

Devosges (François),
peintre français (15 janvier 1732 — 22 déc. 1811).

Fremiet-Monnier (N... N...). Éloge de Devosges, peintre, fondateur et professeur de l'école de dessin, peinture et sculpture de Dijon. *Dijon.* 1813..8. Portr. (*Lv.*)

Devrient (Daniel Ludwig),
acteur allemand du premier ordre (15 déc. 1784 — 30 déc. 1832).

(**Pietznigg**, Franz). Devrient in Wien ; seine Biographie, nebst einer Uebersicht seiner Leistungen in Wien. *Wien.* 1829. 4. *

* Publ. s. l. pseudonyme de F. Ennis et accomp. de son portrait.

Smidt (Heinrich). L. Devrient, eine Denkschrift. *Berl.* 1833. 8. Portrait.

(**Kunz**, Carl Friedrich). Aus dem Leben zweier Schauspieler : (August Wilhelm) Iffland's und Devrient's. *Leipz.* 1838. 8. *

* Publ. s. l. pseudonyme de Z. Funck.

D'Ewes (Simonds),
historien anglais (1602 — 18 avril 1650).

Autobiography and correspondence of sir S. D'Ewes, during the reign of James I and Charles I, edited by John Orchard Halliwell. *Lond.* 1845. 2 vol. 8.

Dewez (L... B...),
architecte belge (1731 — 1812).

Schayes (Antoine Guillaume Bernard). Notice sur l'architecte L. B. Dewez. *Gand.* 1833. 8. (Extrait du *Messager des sciences et des arts.*)

Dewez (Louis Dieudonné Joseph) ,
historien belge (4 janvier 1760 — 26 oct. 1834).

Notice sur L. D. J. Dewez, etc. *Brux.* 1835. 12.

Dexter (Timothy),
homme excentrique anglo-américain (1743 — 1806).

Knapp (Samuel L...). Life of T. Dexter, embracing sketches of the eccentric characters that composed his associates. *Boston.* 1838. 12.

Dextro (Flavio Lucio),
évêque de Barcelone (368 — 440).

Tamayo de Vargas (Tomas). F. L. Dextro, cabalero

---

español de Barcelona, prefecto-pretorio de Oriente, governador de Toledo por los años del señor CCCC, defendido. *Madr.* 1624. 4.

Deyeux (Nicolas) ,
médecin français (.. mars 1745 — 25 avril 1837).

Chevallier (A...). Notice biographique sur N. Deyeux. *Par.* 1837. 8.

Deyling (Carl Christian),
théologien (?) allemand.

Bortz (Georg Heinrich). Elogium C. C. Deylingii. *Lips.* 1772. Fol. (*D.*)

Deyling (Salomon),
théologien allemand (14 sept. 1677 — 5 août 1755).

(**Winckler**, Johann Heinrich). Programma academicum in obitum S. Deylingii. *Lips.* 1755. Fol. (*D.*)

Denkmahl der Liebe S. Deyling'en aufgerichtet, etc. *Leipz.* 1756. Fol. (*D.*)

D'Eymar (Ange Marie),
homme d'État français (8 sept. 1747 — 11 janvier 1803).

De Joux (Pierre). Oraison funèbre d'A. M. D'Eymar, préfet du Léman. *Genève, an xi* (1803). 8.

Dezpuig (Ramon),
grand-maître de Malte.

Prozeso rasgo de las lustrosas fiestas conque la ciudad de Pulmo, regno de Mallorca, al favor dell' Emò F. D. R. Dezpuig manifestò su alegria escribialo D. Jayme Fabrequez y Bauça. *Mallorca.* 1757. 4.

Publicas festivas expressiones en que el muy illustrissimo Balearico cavildo del regno de Mallorca manifestò en su iglesia cathedral su alegria por la noticia de haverse servide la S. religion de Malta elegir por su gran maestre al señor F. D. R. Dezpuig. *Mallorca.* 1757. 4.

Diagoras Melius ,
poète grec.

Mounier (J... L...). Dissertatio de Diagora Melio. *Roterd.* 1858. 8.

Diane,
personnage mythologique.

Schuelin (Johann Nicolaus). Dissertatio de Diana Ephesia. *Witteb.* 1687. 4.

Alanus (Salomon). Dissertatio de Diana Ephesia. *Abow.* 1708. 8.

Arnoldi (A...). Commentatio de Diana Ephesia. *Groning.* 1708. 4.

Polcke (Johann Christian). Dissertatio de magna Ephesiorum Diana. *Lips.* 1718. 4.

Meyen (Maximilian Eduard). Dissertatio de Diana Taurica et Anaitide. *Berol.* 1835. 8.

Diane de France,
duchesse d'Angoulême, fille naturelle de Henri II, roi de France
(1538 — 11 janvier 1619).

Morgues (Mathieu de). Oraison funèbre de Diane de France, duchesse d'Angoulême. *Par.* 1619. 8.

Vaumorière (Pierre d'Ortigue de). Diane de France, nouvelle historique. *Par.* 1674. 12. *Ibid.* 1675. 12. *Ibid.* 1678. 12.

Diaz (Froylan),
évêque d'Avila.

Proceso criminal fulminado contra el R. P. Fr. F. Diaz, confesor del rey D. Carlos II y electo obispo de Avila, que tuvo principio en el año 1698 y se concluyo en el año de 1704, etc. *Madr.* 1787. 8.

Diaz (Juan),
théologien espagnol (assassiné le 27 mars 1546).

Senarclaeus (Claudius). Historia vera de morte sancti viri J. Diazii, Hispani, quem ejus frater germanus Alphonsus Diazius exemplum secutus primi parricidæ Cain, velut alterum Abelem, nefarie interfecit, (avec préface de Martin Bucer), s. l. 1546. 8. (Extrêmement rare.) — (*D. et Bes.*)

Hessenmueller (C...). J. Diaz. Geschichte eines aus religiösem Fanatismus vollbrachten Brudermords; nach den vorhandenen Actenstücken erzählt. *Braunschw.* 1847. 8.

Diaz (Pedro),
jésuite espagnol.

Machado (Bonaventura). Vida del P. P. Diaz y sus compañeros. *Barcelon.* 1652. 4.

Dibdin (Charles),
poète anglais (vers 1748 — 1815).

Professional life of C. Dibdin. *Lond.* 1802-03. 4 vol. 8. (Ecrit par lui-même.)

Dibdin (Thomas **Frognall**),
bibliographe anglais (vers 1775 — 18 nov. 1847).

Reminiscences of a literary life by T. F. Dibdin. *Lond.* 1836. 2 vol. 8.

Dicæarchos Messenius,
géographe grec (vers 318 avant J. C.).

Passow (Franz). De Dicæarchi Tripolitico conjectura, etc. *Vratisl.* 1829. 4.

Buttmann (August). Dissertatio de Dicæarcho ejusque operibus, etc. *Numburg.* 1832. 4.

Dicellus ou **Ditzel** (Benedict Hieronymus),
jurisconsulte allemand.

(**Kapp**, Johann Erhard). Programma funebre in B. H. Dicelii memoriam. *Lips.* 1740. Fol.

Dicellus ou **Ditzel** (Hieronymus),
mathématicien allemand († 1710).

(**Ernesti**, Johann Heinrich). Programma ad orationem anniversariam in memoriam Danielis Ægidii Henrici, etc., de H. Dicelio. *Lips.* 1710. Fol.

Dickens-Boz (Charles),
romancier anglais (1812 — ...).

Schmidt (Julian). C. Dickens; eine Characteristik. *Leipz.* 1852. 12.

Dickenson (Edmund),
médecin anglais (1624 — 1707).

(**Blomberg**, William Nicolas). Account of the life and writings of E. Dickenson, physician to king Charles II and king James II, etc. *Lond.* 1759. 8. (*D.*)

Didacus (Saint),
martyr espagnol.

Pegna (Francesco). De vita, miraculis et actis canonizationis S. Didaci. *Rom.* 1589. 4. Portrait.

Diderot (Denis),
philosophe français (5 oct. 1713 — 31 juillet 1784).

Aux mânes de Diderot. *Lond.* et *Par.* 1788. 8.

Salverte (Eusèbe). Eloge philosophique de D. Diderot. *Par.* 1801. 8.

Naigeon (Jacques André). Mémoires historiques et philosophiques sur la vie et les ouvrages de Diderot. *Par.* 1821. 8.

Raumer (Friedrich v.). Diderot und seine Werke. *Berl.* 1845. 4. (Tiré à très-petit nombre.)

Damiron (Nicolas?). Mémoire sur Diderot. *Par.* 1852. 8.

Cousin d'Avallon (Charles Yves). Diderotiana. *Par.* 1810. 18. Portrait.

Didier,
dernier roi des Lombards (756 — 774).

Eckhardt (Johann Georg v.). Genuinum stemma Desiderianum. *Helmst.* 1708. 4.

Astezati (Giovanni Antonio). Dissertatiuncula de anno primo regni Desiderii. *Brix.* 1728. 4.

Didier (Jean Paul),
avocat français (1758 — décapité le 8 mai 1816).

Gros (François). De Didier et autres conspirateurs sous la restauration. *Par.* 1841. 8.

Saint-Edme (Edme Théodore **Bourg** de). Didier; histoire de la conspiration de 1816; documents et explications, notes et notices sur les hommes qui ont figuré dans ce grand drame. *Par.* 1841. 52.

Didier (Claude),
ingénieur français.

Girault (Claude Xavier). Notices sur l'ingénieur Didier, sur le P. Fourcaud, ornithologiste, sur dom Merle, bénédictin. *Dijon.* 1816. 8.

Didot (Firmin),
imprimeur français (1764 — 24 avril 1836).

Notice sur F. Didot. *Par.* 1836. 8.

Didot frères (Firmin),
imprimeurs français, fils du précédent.

Plaidoirie de Me Paillet, avocat de MM. Firmin Didot frères, suivie des observations présentées par Ambroise

Firmin Didot, sténographiées, etc., par M. **Sabbathier**. *Par.* 1853. 4. *

* Question très-importante de propriété littéraire relative à la publication de la soi-disant *Nouvelle Biographie universelle*, qui n'est qu'une mauvaise imitation de la *Biographie universelle* de Michaud, laquelle restera toujours un des plus beaux monuments de la littérature française et, sans doute, survivra à toutes les contrefaçons éditées pour gagner de l'argent.

Didymus Chalcenterus,
grammairien grec.

Schmidt (Wilhelm Moritz). De Didymo Chalcentero grammatico Alexandrino commentationes III. *Olsnæ.* 1852-53. 4.

Didymus (Gabriel),
théologien allemand du xvie siècle.

Terne (Johann Georg). Versuch zur sufficienten Nachricht von des G. Didymus, ersten lutherischen Predigers zu Altenburg, wie auch ersten Superintendenten zu Torgau, fatalen Leben, mit einem Unterricht von des Paul Didymus, Prof. Phil. et Histor. zu Jena, Tode und selbst verfertigter Grabschrift. *Leipz.* 1757. 8. (*D.*)

Diebitsch-Sabalkanski (Johann Friedrich Carl Anton, Graf),
feld-maréchal russe d'origine allemande (13 mai 1785 — 10 juin 1831).

Schuemberg (Heinrich Adolph). Graf Diebitsch-Sabalkanski. *Dresd.* 1850. 8. * Trad. en holland. *Zutphen.* 1850. 8.

* Publ. sous le pseudonyme de BELNONT.

Stuermer (Theodor). Der Tod des, etc. Grafen Diebitsch. *Berl.* 1832. 8.

Diece (Andrea da),
prêtre italien.

Diece (Giovanni Battista da). Vita del servo di Dio A. da Diece. *Rom.* 1662. 8.

Diedo (Giovanni Battista),
italien.

Elogio del giovinetto G. B. Diedo. *Venez.* 1801. 8.

Dielen (A... J... W... van),
magistrat hollandais.

Rappard (F... A... van). Herinnering aan M. A. J. W. van Dielen (oud-maire van Utrecht), s. l. et s. d. (*Utrecht.* 1857.) 8.

Diemerbroeck (Isbrand van),
médecin hollandais (13 déc. 1609 — 19 nov. 1674).

Graevius (Johann Georg). Oratio funebris in I. Diemerbroeckii exequiis. *Ultraj.* 1675. 4. (*Cp.* et *Lv.*)

Dienne (N... N... de),
missionnaire français.

Labouderie (Jean). Notice historique sur l'abbé de Dienne, chanoine, comte de Brioude, vicaire général de Saint-Flour, missionnaire apostolique au Tong-King. *Par.* 1823. 8.

Diepenbrock (Melchior, Freiherr v.),
cardinal-prince-évêque de Breslau (... — 23 janvier 1853).

Foerster (Heinrich). Trauer-Rede auf den hochwürdigsten Herrn Cardinal und Fürstbischof von Breslau, Freiherrn M. v. Diepenbrock, etc. *Bresl.* 1853. 8.

Rintel (N... N...). Zum Gedächtniss des Wirkens M. Freiherrn v. Diepenbrock, weiland Cardinals und Fürstbischofs von Breslau, während seines Episcopates. *Augsb.* 1853. 8.

Diering ou **Duering** (Balthasar),
théologien allemand (vers 1466 — 1529).

Bruckner (Johann Georg). Vita B. Dieringi, primi superintendentis Coburgensis. *Coburg.* 1734. 4.

Diest (Corneille Norbert van),
jurisconsulte belge (23 mai 1805 — 24 nov. 1850).

Notice sur M. le professeur C. N. van Diest. *Louvain.* 1851. 12.

Diesterweg (Friedrich Adolph Wilhelm),
pédagogue allemand (29 oct. 1790 — ...).

Langenberg (E...). Zur Biographie Dr. F. A. W. Diesterweg's. *Elberf.* 1846. 8.

Dietelmair (Johann Augustin),
théologien allemand (2 avril 1717 — 7 sept. 1787).

Programma funebre J. A. Dietelmaieri. *Altorf.* 1787. 8.

Dieterich (Conrad),
théologien allemand (9 janvier 1575 — 22 mai 1639).

Schuppius (Johann Balthasar). Panegyricus in C. Dieterici memoriam. *Marb.* 1639. 4.

Dieterich (Johann Conrad),
philologue allemand (19 janvier 1612 — 24 juin 1669).

Haberkorn (Peter). Sermo funebris germanicus in obitum J. C. Dieterici, cum curriculo vitæ et programmate academico. *Giess.* 1669. 4.

Phasianus (Heinrich). Oratio parentalis in J. C. Dieterici obitum. *Frf.* 1669. 8.

Dieterich (Johann Georg),
théologien allemand (14 juillet 1681 — 4 oct. 1740).

Wirth (Ludwig Philipp). Programma in obitum J. G. Dieterich. *Culmbach.* 1740. Fol.

Dieterich (Johann Samuel),
théologien allemand (15 déc. 1721 — 14 janvier 1794).

Zoellner (Johann Friedrich). Predigt auf den Tod des Oberconsistorialraths Dieterich, nebst einer kurzen Nachricht von dessen Leben. *Berl.* 1797. 8.

Dieterich (Veit),
théologien allemand (1507 — 26 mars 1549).

Ennius (Vitus). Vita et obitus V. Theodori, s. l. et s. d. 8.

Strobel (Georg Theodor). Nachricht von dem Leben und den Schriften V. Dieterich's, eines um die evangelisch-lutherische Kirche unsterblich verdienten Theologen. *Altdorf* et *Nürnb.* 1772. 8. (*D.*)

Dietl (Georg Aloys),
théologien allemand († 17 mai 1809).

Drexl (Anton). Rede zum Andenken an G. A. Dietl, Professor der Theologie zu Landshut. *Landsh.* 1809. 8.

Dietrich der Bedrängte,
margrave de Misnie († 17 février 1221).

Merkel (Michael). Leben der beiden unglücklichen Markgrafen Albrecht des Stolzen und Dietrich's des Bedrängten. *Schneeb.* 1806. 8.

Dietrich (Christian Wilhelm Ernst),
peintre allemand (30 oct. 1712 — 24 avril 1774).

Linck (Johann Friedrich). Monographie der von dem vormals königlich polnischen und churfürstlich sächsischen Hofmaler, etc., C. W. E. Dietrich radirten, geschabten und in Holz geschnittenen malerischen Vorstellungen, nebst einem Abrisse der Lebensgeschichte dieses Künstlers. *Berl.* 1846. 8.

Dietrich (Philipp Friedrich, Baron v.),
maire de Strasbourg (1748 — guillotiné le 28 déc. 1793).

Schoell (Maximilian Samson Friedrich). Sur F.-Dietrich, ex-maire de Strasbourg, et sur ses accusateurs. *Strasb.* 1793. 8. Trad. en allem. *Strasb.* 1793. 8.

Dietrichstein (Grafen v.),
famille autrichienne.

Marienberg (Franz Calina von). Elogia illustrium heroum ex vetustissima et nobilissima Dietrichsteiniana familia progenitorum, etc. *Viennæ.* 1615. Fol.
Libri VIII rerum gestarum gentis Dietrichstainianæ. *Olomuc.* 1621. 4. (*P.*)

Dietrichstein (Adam v.),
homme d'État allemand (1527 — 15 janvier 1590).

Pontanus v. Breittenberg (Georg Barthold). Oratio in exequiis D. A. a Dietrichstein. *Prag.* 1591. 4. (*P.*)

Dietrichstein (Franz v.),
cardinal allemand (1570 — 19 sept. 1636).

Voigt (Adauctus). Leben des Fürsten und Cardinals F. v. Dietrichstein, mit einem Anhange von Fulgentius Schwab. *Leipz.* 1792. 8.

Dieu (Louis de),
philologue hollandais (7 avril 1590 — 23 déc. 1642).

Kerckhoven (Johann Polyander van). Oratio funebris in obitum viri celeberrimi L. de Dieu. *Lugd. Bat.* 1645. 4. (*Cp.* et *Lv.*)

Diez (Wilhelm),
pédagogue allemand (4 février 1623 — 30 juin 1649).

Mayer (Johann Conrad). Leichenrede bey dem Tode Mag. W. Diez'ens. *Ulm.* 1694. 4.

Diezmann,
landgrave de Thuringe (vers 1260 — 10 déc. 1307).

Wilke (Johann Georg Lebrecht v.). Ticemannus, s. vita illustris principis Theodorici, quondam junioris Thu-

ringiæ landgravii orientalis et Lusatiæ marchionis, etc. *Lips.* 1754. 4.

Schulze (Adolph Moritz). Erinnerungen an Diezmann, Markgrafen von Meissen und Landgrafen von Böhmen. *Leipz.* 1833. 8.

Digna ou **Dympha** (Sainte),
patronne de la ville de Gheel.

Craywinkel (Jan van). Leven van de H. maeghet Digna of Dympha. *Mechel.* 1658. 8.

Dilherr (Johann Michael),
philologue allemand (14 oct. 1604 — 8 avril 1669).

Saubert (Adolph). Leichensermon auf J. M. Dilherr, nebst beigefügtem Lebenslauf. *Nürnb.* 1669. 4.

Arnold (Christoph). Templum honoris reverendissimi præsulis J. M. Dilherri. *Norimb.* 1669. 4. (*Lv.*)

Molitor (Christoph). Oratio panegyrica in J. M. Delherrum. *Norimb.* 1669. 4.

Nothhelfer (Nicolaus). In pios manes viri summi et incomparabilis J. M. Dilherri, antistitis Norimbergensis, pia memoria, etc. *Kilon.* 1669. 4. (*Lv.*)

Dillinger (Georg Adam),
théologien allemand (15 oct. 1746 — 1er juin 1804).

Seyfried (Paul Sigismund). Denkmahl der Freundschaft, dem verewigten G. A. Dillinger im Namen des Pegnesischen Blumenordens errichtet. *Nürnb.* 1805. 8.

Dinant (Henri de),
bourgmestre de Liège au xiie siècle.

Polain (Mathieu Lambert). H. de Dinant; histoire de la révolution communale de Liége au xiiie siècle (1252-57). *Liége.* 1843. 8.

Dinarque,
orateur grec (vers 560 avant J.-C.).

Adler (Johann Gottlieb). Dissertatio de Dinarchi Attici oratoris vita et dictione, s. l. et s. d. 8.

Dincklage,
famille allemande.

Sudendorf (H...). Geschichte der Herren v. Dincklage. Beitrag zur vaterländischen (hannöverischen) Geschichte. *Hannov.* 1843-44. 2 parts. 8.

Dingelstedt (Christian Adolph),
théologien allemand.

Eichholz (Friedrich Wilhelm). Fata ac memoria doctissimi C. A. Dingelstedt. *Halberst.* 1748. 4.

Dinne (Emmanuel Joseph),
officier belge (2 oct. 1765 — tué le 25 mars 1796).

Stassart (Goswin Joseph Augustin de). Notice sur E. J. Dinne, s. l. et s. d. (*Namur.* 1853.) 8.

Dinner (Andreas),
jurisconsulte allemand (2 février 1579 — 24 nov. 1633).

Tucher (Friedrich). Parentatiuncula de vita et morte A. Dinneri. *Altorf.* 1634. 4.

Dinter (Gustav Friedrich),
pédagogue allemand (29 février 1760 — 29 mai 1831).

G. F. Dinter's Leben, von ihm selbst beschreiben. *Neust. a. d. Orla.* 1829. 8. (*D.*) *Ibid.* 1830. 8. *Ibid.* 1851. 8.

Dio (Cassius),
historien grec (155 — 229).

Thorlacius (Birger). Suetonius, Dio Cassius, Josephus et Philo, in imperio Caji Caligulæ et invicem et cum aliis comparati. *Hafn.* 1797. 4.

Wilmans (Roger). Dissertatio de Dionis Cassii fontibus et auctoritate. *Berol.* 1836. 8.

Dio Chrysostomus,
philosophe grec du 1ie siècle après J. C.

Étienne (Louis). Dio philosophus. *Rennes.* 1849. 8.

Dio (San Juan de),
fondateur de l'ordre de la Charité (1500 — 8 mars 1550).

Gouvea (Antonio). Vida di S. Juan de Dio. *Madr.* 1624. 4. Avec les additions de Antonio de Moura. *Madr.* 1652. *Cadiz.* 1647. 4. *Madr.* 1659. 4. *Ibid.* 1669. 4. *Ibid.* 1674. 4. Trad. en ital. par Bernardo Pandolfo. *Napol.* 1631. 4.

Perdicaro (Hilario). Vita di S. Giovanni di Dio. *Palerm.* 1666. 4.

Girard de Villethierry (Jean). Vie de S. Jean de Dieu. *Par.* 1691. 4.

Diocles,
médecin grec (vers 354 avant J. C.).

Rivinus (Andreas). Programma de Diocle Carystio. *Lips.* 1655. 4.

Fraenkel (Moritz). Dissertatio : Dioclis Charistii fragmenta quæ supersunt. *Berol.* 1840. 8.

Diocles Peparethius.

Willenborg (Heinrich Clemens). De Diocle Peparethio ejusque fragmentis deque Niebuhrio antiquissimam gentis romanæ memoriam e carminibus manasse adfirmante, commentatio philologica. *Monast.* 1855. 8.

Dioclétien (Cajus Valerius Aurelius), empereur romain (245 — 17 sept. 287 — 313).

(Gericke, Bartholomæus). Tempestivum suscitabulum pro principibus, s. commentarius ad edictum Diocletiana de Maleficiis et Manichæis. *Servest.* 1602. 4. Augment. s. c. t. Commentatio juridico-politico-historica ad pragmaticam constitutionem de pace religionis. *Frf.* 1612. 8. *

   * Cette dissertation a été publiée s. l. pseudonyme de Antonius BERTELLONA DE GAUDENTIIS.

Noodt (Gerard). Diocletianus et Maximinus, s. de transactione et pactione criminum liber singularis. *Lugd. Bat.* 1704. 4.

Sickel (Johann Conrad). Diocletianus et Maximinus, s. de vita et constitutionibus Diocletiani et Maximini exercitationes II. *Lips.* 1792-93. 4.

Adam (Robert). Ruins of the palace of the emperor Diocletian at Spalatro in Dalmatia. *Lond.* 1764. Fol.

Diodati (Domenico), archéologue italien (31 oct. 1736 — vers 1801).

Vita di D. Diodati. *Napol.* 1815. 8.

Diodati (Giovanni), théologien italien (6 juin 1576 — ... 1649).

Schotel (Gilles Dionysius Jacobus). J. Diodati. *S'Gravenh.* 1844. 8. *(Ld.)*

Diogène d'Apollonie,
philosophe grec (vers 530 avant J. C.).

Panzerbieter (Friedrich). Dissertatio de Diogenis Apollonitæ vita et scriptis. *Meining.* 1823. 4.

Diogène de Babylone,
philosophe grec.

Thiry (C... F...). Dissertatio de Diogene Babylonio, philosopho storico. *Lovan.* 1830. 8.

Diogène, surnommé **le Cynique,**
philosophe grec (414 — 324 avant J. C.).

Mentz (Friedrich). Dissertatio de fastu philosophico, virtutis colore infucato in imagine Diogenis Cynici. *Lips.* 1712. 4. *(Lv.)*

Backhusius (Johann Martin). Apologeticum, quo Diogenem Cynicum a crimine et stultitiæ et impudentiæ expeditum sistit. *Regiom.* 1727. 4. *(Lv.)*

Grimaldi (Francesco Antonio). Vita di Diogene Cinico. *Napol.* 1777. 8.

Diogène, surnommé **Laërce,**
philosophe grec (vers 210 après J. C.).

Klippel (Georg Heinrich). Dissertatio de Diogenis Laërtii vita et scriptis. *Ilefeld.* 1831. 4.

Diogg (T... M...),
peintre suisse.

Hirzel (Hans Caspar). Ueber Diogg, den Maler, etc. *Zürch et Winterh.* 1792. 8.

Dionysius Richellus, voy. **Denys le Chartreux.**

Dionysius, voy. **Denys.**

Diotrephes,
écrivain grec.

Stemler (Christoph Gotthelf). Dissertatio de Diotrephe. *Lips.* 1759. 4.

Diotti (Giuseppe),
littérateur italien.

Salvioni (Agostino). Elogio di G. Diotti. *Bergam.* 1846. 8.

Diplovatazio (Tommaso),
jurisconsulte italien (1468 — 29 mai 1541).

Wolffhardt (Paul Philipp). Programma de T. Diplovatario (!) JCto. *Rintel.* 1746. 8.

Olivieri degli Abbati (Annibale Camillo). Memorie

di T. Diplovatazio Costantinopolitano e Pesarese. *Pesar.* 1771. 8. *(P.)*

Dippel (Johann Conrad), philosophe et chimiste allemand (10 août 1673 — 25 avril 1734).

Ackermann (Johann Christian Gottlieb). Leben J. C. Dippel's, Doctors der Arzeneygelahrheit. *Leipz.* 1781. 8. *(D.)*

H(offmann) (Hans Wilhelm). Leben und Meinungen J. C. Dippel's. *Darmst.* 1783. 8.

Personalia, oder kurzgeführter Lebenslauf des gestorbenen und doch lebenden Christiani Democriti (J. C. Dippel's), wobey dessen Fata chimica offenherzig communiceret werden, s. l. et s. d. 8.

Koeppen (Nicolaus). Dissertatio de Christiani Democriti systemate theologico. *Gryphisw.* 1750. 4.

Dippold (Johann Carl), historien allemand (26 mars 1783 — 3 sept. 1811).

Memoria J. C. Dippoldi. *Gedan.* 1811. 4. *(D.)*

Dismas (Saint).

Origlia (Filippo). Reflessioni istoriche su la vita del glorioso S. Dima, volgarmente detto il buon ladrone. *Napol.* 1714. 4. Portrait.

Disney (Gervais),
Anglais.

Some remarkable passages in the life and death of G. Disney. *Lond.* 1692. 8. (Omis par Lowndes.) — *(D.)*

Distelmeyer (Lamprecht),
homme d'État allemand (1522 — 12 oct. 1588).

Noessler (Martin). Leichenpredigt bei den Begrebnis L. Distelmeyer's, nebst dessen Lebenslauf. *Berl.* 1588. 4. *(D.)*

Hildesheim (Franz). Oratio de vita et fato L. Distelmeyeri. *Berol.* 1589. 4. *(D. et Lv.)*

Caminæus (Balthasar). Memoria de vita ac laudibus L. Distelmeyeri. *Frf.* 1590. 4. (Pièce écrite en vers.) *(Lv.)*

Gundling (Jacob Paul v.). Auszug Chur-Brandenburgischer Geschichte Churfürst Joachim's I und II und Johann Georgen's, bei Gelegenheit der Lebensbeschreibung L. Distelmeyer's. *Berl.* 1722. 8.

Ditmar,
évêque de Mersebourg (978 — 1er déc. 1018).

Vita Dithmari. *Hannov.* 1707. Fol.

Wuestemann (Justin Elias). Oratio de primis in Saxonia philosophiae originibus et de Dithmaro Merseburgensi. *Witteb.* 1760. 4.

Dittenberger (Theophorus Friedrich), théologien allemand (20 oct. 1706 — ...).

Biographie des grossherzoglich Badischen Kirchenraths T. F. Dittenbergers. *Mannh.* 1859-40. 2 vol. 8. *

   * Composé par lui-même et accomp. de son portrait.

Ditters v. Dittersdorf (Carl), musicien allemand (2 nov. 1739 — 1er oct. 1799).

Spazier (Johann Carl Gottlieb). C. v. Dittersdorf's Lebensbeschreibung; seinem Sohne in die Feder dictirt und herausgegeben von Carl Spazier. *Leipz.* 1801. 8.

(Arnold, Ignaz Ferdinand). C. v. Dittersdorf's kurze Lebensbeschreibung und ästhetische Darstellung seiner Werke. *Erfurt.* 1810. 8. Portrait.

Dizinger (Carl Friedrich),
jurisconsulte allemand.

Dizinger (Carl Friedrich). Denkwürdigkeiten aus meinem Leben und meiner Zeit. Beitrag zur Geschichte Deutschlands, vorzüglich aber Württemberg's und dessen Verfassung. *Tübing.* 1853. 8. (Mémoires non terminés.)

Djurberg (N... N...),
théologien suédois.

Frondin (Elias). Parentation öfver Domprosten Djurberg. *Upsal.* 1756. 8.

Dmitri Iwanovitch,
grand-duc de Moskwa (1360 — 1389).

Nowakowski (Franz C...). Dissertatio de Demetrio, magni Russiæ ducis, Ivani filio. *Berol.* 1859. 4.

Dmitri (les faux),
imposteurs russes.

Légende de la vie et de la mort de Démétrius l'Imposteur, connu sous le nom de Grichka Otrepief, Samosvanetz, Rastriga ou Ljedmitri. *Amst.* 1606. 8. *Moscou.* 1838. 12.

(Grevenbruch , N... N...). Tragœdia Moscovitica, s. de vita et morte Demetrii magni ducis Moscoviæ. *Col. Agr.* 1608. 8.

Historia Pseudo-Demetrii impostoris, s. l. 1664. 8.

Die beiden Demetrier. Scenen aus der russischen Geschichte. *Danzig.* 1801. 8.

Die falschen Demetrier und der Aufstand der Strelitzen (1591). Zwei Revolutionsscenen aus der russischen Geschichte, etc. *Torgau.* 1826. 8.

Mémoires contemporains relatifs aux faux Démétrius, traduits (du russe) et publiés par M... Oustrialof. *Saint-Pétersb.* 1837. 5 vol. 8.

Mérimée (Prosper). Episode de l'histoire de Russie : les faux Démétrius. *Par.* 1852. 8. *Brux.* 1853. 2 vol. 12. Trad. en allem. par W... E... Daugulin. *Leipz.* 1853. 8.

Dobenack (Hiob v.), évêque de ...

Pisanski (Georg Christoph). Die Verdienste des Pommeranischen Bischofs H. v. Dobenack um den Staat und die Gelehrsamkeit in Preussen. *Königsb.* 1763. 4.

Dobner (Ferdinand), magistrat hongrois.

Pilgram (Johann Sigismund). Die himmlisch gesinnten Christen, etc., in einer Leichpredigt bey der Begräbniss F. Dobner's, des innern Raths in Oedenburg Senioris, s. l. (*Oedenb.*) 1731. Fol.

Haynóczi (Daniel). Panegyricus F. Dobnero dictus, s. l. 1731. Fol.

Serpilius (Johann Christian). Lob-und Ehren-Denckmahl dem weyland Herrn F. Dobner, etc., s. l. 1731. Fol.

Dobrowsky (Joseph), historien slave (17 août 1753 — 6 janvier 1829).

Ritter v. Rittersberg (Johann). Abbé J. Dobrowsky ; biographische Skizze. *Prag.* 1829. 8. Portrait.

Palacky (Franz). J. Dobrowsky's Leben und gelehrtes Wirken. *Prag.* 1833. 8. Portrait. (*D.*)

Legis * (Gustav Thormud). Biographie des Abbé J. Dobrowsky, Doctors der Philosophie, emeritirten Rectors des k. k. Generalseminariums zu Hradisch in Mähren, etc. *Prag, Leitmeritz et Teplitz.* 1837. 4. Portrait.
* Le véritable nom de l'auteur est Glückselia.

Dodd (William), théologien anglais (1729 — exécuté le 27 juin 1777).

Historische Nachricht von dem Leben des Dr. W. Dodd, nebst Nachricht von seinen Schriften. *Leipz.* 1777. 8.

Efterretninger om Praesten W. Dodd i England. *Kjoebenh.* 1777. 8.

Nachricht von dem Betragen, letzten Worten und der Hinrichtung W. Dodd's. *Leipz.* 1778. 8.

(**Forster**, Georg). Leben Dr. W. Dodd's, Hofprediger's in London. *Berl.* 1779. 8. Portrait. (*D.*)

Doddridge (Philipp), théologien anglais (1702 — 26 oct. 1751).

(**Orton**, Job). Memoirs of the life, character and writings of the late Rev. P. Doddridge, *D. D. Salop.* 1766. 8. Portrait. Trad. en allem. (par Gottlieb Paul Lindner). *Leipz.* 1769. 8. (*D.*)

Schmidt (Carl Christian Gottlieb). Leben des Dr. P. Doddridge ; mit einem Auszug seiner Schrift über den Anfang und Fortgang der Gottesfurcht in der Seele. *Greiz.* 1830. 8. *
* Ce n'est qu'une traduction de l'ouvrage précédent de Job Orton.

Leven van P. Doddridge. *Nymeg.* 1837. 8.

P. Doddridge, zijn leven en werkzaamheid. *Utrecht.* 1846. 8.

Stoughton (John). Doddridge, his life and labours, a centenary memorial. *Lond.* 1852. 12.

Dode, vicomte **de la Brunerie** (Guillaume), maréchal de France (1775 — .. mars 1851).

Moreau (N... N...). Notice sur le vicomte Dode de la Brunerie, maréchal de France. *Par.* 1852. 8. Portrait.

Dodici (Luigi), littérateur italien.

Elogio storico di L. Dodici. *Piacenz.* 1811. Fol.

Dodoëns ou **Dodonæus** (Rembert), médecin hollandais (29 juin 1517 — 10 mars 1585).

Meerbeeck (P... J... van). Recherches historiques et critiques sur la vie et les ouvrages de R. Dodoëns. *Malin.* 1841. 8. Portrait. (*Bx.* et *Cp.*)

Avoine (Pierre Joseph d'). Eloge de R. Dodoëns, médecin et botaniste malinois du xvie siècle. *Malin.* et *Brux.* 1850. 8. Portrait.

Dodwell (Henry), théologien anglais (1641 — 7 juin 1711).

Brokesby (Francis). Life of H. Dodwell, with an account of his works. *Lond.* 1715. 2 vol. 8. Portrait. (*D.*)

Döbereiner (Johann Wolfgang), chimiste allemand (15 déc. 1781 — 27 mars 1849).

Zur Erinnerung an J. W. Döbereiner. *Jena.* 1849. 8. *

Vogel (August). Denkrede auf J. W. Döbereiner, etc. *Münch.* 1849. 4.
* La notice biographique est de M... J... Schulzen et l'oraison funèbre de Friedrich Schlarxa.

Doederlein (Johann Alexander), pédagogue allemand (11 février 1675 — 28 oct. 1745).

Roth (Johann Leonhard). Laudes J. A. Doederlein. *Weissenburg.*, s. d. Fol. (*D.*)

Doederlein (Zacharias), théologien allemand.

Grosse (Johann Matthias). Die wahre Klugheit der Alten an dem Exempel Z. Doederlein's betrachtet. *Nürnb.* 1753. 4. (*D.*)

Doehler (Johann Georg), jurisconsulte allemand (28 juillet 1667 — 17 nov. 1749).

Memoria J. G. Doehleri. *Geræ.* 1749. Fol. (*D.*)

Provensal (Johann Adolph). Modèle d'un jurisconsulte consommé, considéré dans la haute personne et dans la vie de Sa Magnificence M. J. G. Doehler. *Gera.* 1750. 4. (Omis par Quérard.)

Doehner (N... N...), théologien allemand († 1788).

Ernesti (Günther Gottlieb). Über das Leben und den Character des weiland Hofpredigers Doehner. *Hildburgh.* 1788. 4.

Doellinger (Ignaz), anatomiste allemand (24 mai 1770 — 14 janvier 1841).

Walther (Philipp Franz v.). Rede zum Andenken an Dr. I. Doellinger, etc. *Münch.* 1841. 4.

Doering (Bartholomaeus), philosophe allemand.

Jaeck (Heinrich Joachim). B. Doering, Professor der Philosophie in München, etc. *Bamb.* 1814. 4. (*P.*)

Doering (Friedrich Wilhelm), théologien allemand (1757 — 27 nov. 1837).

Dem Andenken an F. W. Doering gewidmet. *Gotha.* 1838. 4.

Eichstaedt (Heinrich Carl Abraham). Memoria F. W. Doeringii et Ludovici Ramshornii. *Jenæ.* 1838. 4.

Doerring (Johannes Wit, genannt v.), aventurier allemand.

Doerring (Johannes Wit v.). Lucubrationen eines Staatsgefangenen, niedergeschrieben in dem Criminalgefängnisse zu Turin, der Citadelle von Mailand, der Frohnveste zu Bayreuth, der Stadtvogtei zu Berlin und des Polizeihauses zu Wien. *Braunschw.* 1827. 8.

—— Fragmente aus meinem Leben und meiner Zeit. *Braunschw.* 1828-30. 4 vol. 8.

—— Mein Jugendleben und meine Reisen. Ergänzung der Fragmente aus meinem Leben und meiner Zeit. *Leipz.* 1832. 8.

Über J. Wit, genannt v. Dörring, und seine neueste Schrift. *Jena.* 1829. 8. *
* Critique de l'ouvrage *Lucubrationen*, etc.

Doglioni (Lucio), prêtre italien (23 août 1730 — 24 avril 1803).

Pagani-Cesa (Giuseppe Urbano). Elogio di monsignor L. Doglioni, canonico decano e vicario capitolare della città di Belluno. *Vicenz.* 1804. 8. Portrait.

Doguereau (le baron Louis), général français (12 juillet 1777 — ...).

Duverger (J...). Le général baron Doguerau. *Par.* 1842. 8. (Extrait de la *Revue générale biographique, politique et littéraire*.)

Dohm (Carl Philipp),
théologien (?) allemand.
Fuerstenau (Johann Hermann). Programma in exequiis C. P. Dohm. *Rintel.* 1726. Fol.
Dohm (Christian Conrad Wilhelm v.),
jurisconsulte et historien allemand (11 déc. 1751 — 29 mai 1820).
Dohm (Christian Conrad Wilhelm v.). Denkwürdigkeiten meiner Zeit, oder Beiträge zur Geschichte von 1778-1806. *Lemgo.* 1814-19. 5 vol. 8.
Gronau (Wilhelm). W. v. Dohm, nach seinem Wollen und Handeln ; ein biographischer Versuch. *Lemgo.* 1824. 8. (D.)
Dohna (Burgrafen v.),
famille allemande.
Lungwitz (Michael). Dissertatio de sacri Romani imperii burggraviis, etc. *Elbing.* 1720. 4.
Schoettgen (Christian). Historia burggraviorum Dohnensium. *Dresd.* 1744-45. 4.
Worbs (Johann Gottlieb). Denkwürdigkeiten aus der Geschichte der Reichsburggrafen und Grafen zu Dohna und Grafen zu Kospoth. *Sagan.* 1780. 8. *Ibid.* 1800. 8.
Dohna (Christoph, Burggraf v.),
homme d'État allemand (1583 — 1er juillet 1637).
(Spanheim, Friedrich v.). Commentaire historique de la vie et de la mort de messire C. vicomte de Dohna, s. l. (*Genève.*) 1639. 4.
Dohna (Christoph, Graf v.),
homme d'État allemand (1665 — 1733).
Dohna (Christoph v.). Mémoires originaux sur le règne et la cour de Frédéric, roi de Prusse. *Berl.* 1833. 8.
Dohna (Fabian, Burggraf v.),
général allemand (1550 — 1622).
Vossius (Gerhard Johann). Commentarius de rebus pace belloque gestis D. F. senioris burggravii a Dohna, domini in Karwinden. *Lugd. Bat.* 1628. 4.
Dohna-Schlobitten (Friedrich Ferdinand Alexander, Reichsgraf v.),
ministre allemand (29 mars 1771 — ...)
Voigt (Johannes). Leben des königlich preussischen Staatsministers F. F. A. Reichs-Burggrafen v. Dohna-Schlobitten. *Leipz.* 1833. 8.
Dolcino (Frà),
hérétique du xiiie siècle (brûlé vif le 1er juin 1307).
Schlosser (Friedrich Christoph). Abälard und Dulcin. Leben und Meinungen eines Schwärmers und Philosophen. *Gotha.* 1807. 8.
Krone (Julius). Fra Dolcino und die Patarener. Historische Episode aus den Piemontesischen Religionskriegen, mit kirchen- cultur- und rechtsgeschichtlichen Erläuterungen. *Leipz.* 1844. 8.
Mariotti (Luigi). Historical memoir of Fra Dolcino and his times ; being an account of a general struggle for ecclesiastical reform and of an anti-heretical crusade in Italy, in the early part of the fourteenth century. *Lond.* 1853. 8.
Dolera (Clemente),
cardinal-évêque de Foligno († 6 janvier 1568).
Dolera (Giovanni Battista). Elogio in lode del cardinal Frà C. Dolera. *Bologn.* 1648. 4.
Dolet (Étienne),
athéiste français (26 déc. 1508 — brûlé vif le 3 août 1546).
(Née de la Rochelle, Jean François). Vie d'É. Dolet, imprimeur à Lyon dans le xvie siècle, avec une notice des libraires et imprimeurs que l'on a pu découvrir jusqu'à ce jour. *Par.* 1779. 4 et 8. (P.)
(Aimé-Martin, Louis). Réhabilitation d'É. Dolet, célèbre imprimeur de Lyon, brûlé à Paris le 3 août 1546, jour de l'invention de S. Etienne, son patron. *Par.* 1850. 12.
Procès d'É. Dolet, imprimeur et libraire à Lyon (1545-1546). *Par.* 1836. 12.
Dolet (Pierre),
pédagogue français.
Rolleau (Théodore de). Oraison funèbre de M. P. Dolet, président d'étude de la petite communauté de Saint-Louis en l'Ile. *Par.* 1823. 8.
Dolfi (Lodovico),
littérateur italien.
Giordani (N... N...). Ricordanze di L. Dolfi. *Bologn.* 1833. 8.

Dolfin (Giovanni Pietro),
prêtre italien.
Cicogna (Emmanuele Antonio). Elogio storico di G. Dolfin, Veneziano, preposto di S. Lorenzo di Brescia. *Venez.* 1834. 8. Portrait.
Dolfini (Giovanni Paolo),
évêque de Bergamo.
Armati (N... N...). Orazione funebre di monsignor G. P. Dolfini, vescovo di Bergamo. *Bergam.* 1819. 8.
Dolgorouki (Jacques Fedorowitch),
général russe (1639 — 24 juin 1720).
Tirloff (N... N...). Vie du prince J. F. Dolgoruki. *Moscou.* 1807. 8. (Écrit en russe.)
Dolioules (François),
philanthrope français.
Moreau de Saint-Méry (Médéric Louis Élie). Éloges de M. (Louis) Turc de Castelveyre et de M. Dolioules, fondateurs des deux hospices appelés Maisons de Providence, au Cap français, île Saint-Domingue. *Par.* 1790. 8.
Dollin du Fresnel (N... N...),
colonel belge.
Mémoire justificatif du colonel Dollin du Fresnel, relatif aux troubles du Borinage. *Mons.* 1842. 8.
Dollinger (Hans),
guerrier allemand du xe siècle.
Geschichtliche Darstellung des Kampfes zwischen H. Dollinger und Krako im Jahre 930 zu Regensburg. *Regensb.* 1814. 8.
Dollond (John),
opticien anglais (1706 — 1804).
Dollond (Peter). Some account of the discovery made by the late Mr. J. Dollond. *Lond.* 1789. 4.
Dolomieu (Déodat Guy Sylvain Tancred **Gratet** de),
minéralogiste français (24 juin 1750 — 26 nov. 1801).
Lacépède (Bernard Germain Étienne de la **Ville-sur-Illon** de). Notice historique sur la vie et les ouvrages de Dolomieu. *Par.* 1802. 8.
Dolp (Daniel Eberhard),
magistrat allemand (19 sept. 1702 — 8 août 1771).
Zapf (Georg Wilhelm). Denkmal bey dem Grabe des Herrn Bürgermeisters D. E. Dolp in Nördlingen. *Oetting.* 1771. 8.
Domat (Jean),
jurisconsulte français (30 nov. 1625 — .. mars 1695).
(Bernadeau, Pierre). Vies, portraits et parallèles des jurisconsultes Domat, (Jean Baptiste) Furgole et (Robert Joseph) Pothier. *Eleutheropol.* (*Bord.*) 1798. 12.
Montel (M...). Eloge de Domat, avocat du roi au présidial de Clermont. *Riom.* 1837. 8.
Cauchy (Eugène). Etudes sur Domat. *Par.* 1852. 8.
Dombasle (Christophe Joseph Alexandre Mathieu de),
agronome français (26 février 1777 — 27 déc. 1843).
Funérailles de M. de Dombasle. *Nancy.* 1844. 8.
Dombey (Joseph),
médecin français (1742 — 1794).
Mouton-Fontenille (Jean Pierre). Éloge de J. Dombey, médecin, botaniste du roi, etc. *Bourg.*, s. d. (1815). 12. (Tiré à 225 exemplaires.)
Dombrowski (Jan Henryk),
général polonais (29 août 1755 — 6 juin 1818).
Neyman (N.. N...). Sur Dombrowski, s. l. et s. d. 12.
Raczynski (Eduard). Wyprawa generala J. H. Dabrowskiego do Wielkiej Polski w roku 1794. (C'est-à-dire : Campagne du général J. H. Dombrowski, etc.) *Posnan.* 1839. 8. (Morceau d'autobiographie.)
Domenica dal Paradiso,
religieuse italienne.
Nente (Ignazio del). Vita e costumi e intelligenza spirituale della gran serva di Dio e venerabile madre suor Domenica del Paradiso, fondatrice del monastero della Croce di Firenze. *Venez.* 1664. 2 vol. 4. Portrait.
Domenichino, voy. **Zampieri.**
Dominique (Saint),
fondateur de l'ordre des dominicains (1170 — 6 août 1221).
Diacetto (Francesco). Vita di S. Domenico. *Firenz.* 1572. 4.
Bottoni (Timoteo). Vita di S. Domenico. *Venez.* 1589. 3 vol. Fol. *Firenz.* 1596. 3 vol. Fol.

Castillo (Hernando de) y **Lopez** (Juan). Historia general del S. Domingo y de su orden de predicadores. *Vallad.* 1612-22. 6 vol. Fol. Trad. en ital. *Firenz.* 1645. 2 vol. Fol.

Janssen (Nicolaus). Vita S. Dominici, ordinis prædicatorum fundatoris. *Antw.* 1622. 8.

Sousa (Luiz de). Historia de S. Domingos. Tom. I. *Benfica.* 1623. Tom. II. *Lisb.* 1626. Tom. III. *Lisb.* 1678. Fol. *Lisb.* 1774. 3 vol. Fol.

Rechac (Jean de). Vie de S. Dominique et de ses premiers seize compagnons. *Par.* 1647. 3 vol. 4. (*Bes.*)

Gomez (Ambrosio). Vita del S. Domingo. *Madr.* 1655. Fol.

Benoît (Jean). Vie de S. Dominique. *Toulouse.* 1695. 12.

Touron (Antoine). Vie de S. Dominique de Guzman, avec l'histoire abrégée de ses premiers disciples. *Par.* 1759. 4. (*Bes.*) *Ibid.* 1747. 4.

Antonio da Assumpçao. Gloriosos trabalhos do Hercules da Igreja S. Domingos. *Lisb.* 1746. 8.

—— Novos triumphos do Hercules da Graça S. Domingos. *Coimbra.* 1752. 8.

Abrio (Casimir). Vie de S. Dominique. *Strasb.* 1840. 4.

Lacordaire (Henri Dominique). Vie de S. Dominique de Guzman. *Par.* 1840. 8. Portrait. *Ibid.* 1841. 8. *Louvain.* 1848. 8. *Par.* 1852. 8.

    Trad. en allem. *Landshut.* 1841. 8.

    Trad. en espag. par Eugenio de Ochoa. *Par.* 1841. 12. *Barcelon.* 1846. 8. Portrait.

    Trad. en ital. par C... S... *Firenz.* 1842. 16.

    Trad. en polon: *Par.* 1841. 18.

Lechner (Petrus). Leben des H. Dominikus, Ordensstifters, nach P. Touron bearbeitet. *Augsb.* 1852. 8.

. Dominique, dit l'Encuirassé (Saint),
    ermite italien († 14 oct. 1060.)

Tarchi (N... N...). Vita di S. Domenico. *Rom.* 1751. 4.

Dominique de Jésus-Maria ou **Soviano** (Saint),
    carme déchaussé italien.

Frangipan (Silvestro). Raccolta de' miracolo e gratie operate dall' imagine del P. Domenico di Soviano. *Messin.* 1654. 4. Portrait.

Caramuele (Juan). Dominicus, h. e. V. P. Dominici a Jesu Maria (ordinis Carmelitorum excalciatorum generalis) virtutes, labores, prodigia, extasés et revelationes. *Vienn.* 1635. Fol. Portrait.

Philippe de la Très-Sainte-Trinité. Vie du V. P. Dominique de Jésus-Maria, général des carmes déchaussés. *Lyon.* 1669. 12.

Dominis (Marco Antonio de),
    archevêque de Spalatro (1566 — .. sept. 1624).

Dominis (Marco Antonio de). Suæ profectionis consilium exponit. *Venet.* 1616. 8. (*D.*) *Servest.* 1616. 4. (*D.*) *Frf.* 1616. 4. (*D.*) *Camp.* 1617. 4.

    Trad. en allem., s. l. 1617. 4. (*D.*)

    Trad. en franç. par S... G... G... *Amst.* 1617. 8. (*D.*)

Beyerlinck (Laurenz). Profectionis M. A. de Dominis consilium examinatum. *Antw.* 1617. 8. (*D.*)

Boudot (Paul). Pythagorica M. A. de Dominis nova metempsychosis. *Antw.* 1617. 8. (*D.*)

Domitien (Titus Flavius Sabinus),
    empereur romain, le dernier des douze Césars (51 — 81 — 96).

Arrhenius (Jakob). Vita imperatoris Domitiani breviter delineata. *Upsal.* 1696. 8.

Goens (P... M... van). Dissertatio de T. F. Domitiano, imperatore Romano, ejusque jurisprudentia. *Lugd. Bat.* 1820. 8.

Rainssant (Pierre). Dissertation sur douze médailles des jeux séculaires de l'empereur Domitien. *Versaill.* 1684. 4. Trad. en ital. *Brix.* 1687. 8.

Domitius Ahenobarbus (Lucius),
    père de l'empereur Néron.

Wagner (A...). Dissertatio de L. Domitii Ahenobarbi expeditione in Germaniam trans Albinam. *Lips.* 1748. 4.

Domitius (Marsus),
    poëte latin.

Weichert (August). Commentatio de Domitio Marso poeta. *Grimmæ.* 1828. 4.

Dommerich (Johann Christoph),
    philosophe allemand (25 déc. 1723 — 28 mai 1767).

Wernsdorf (Johann Christian). Memoria J. C. Dommerich, professoris logic. et metaphys. *Helmst.* 1767. 4. (*D.*)

Domon (Jean Siméon),
    général français (2 mars 1774 — 5 juillet 1830).

Mouronval (Jean François). Vie militaire et privée du général Domon, vicomte, commandeur et grand officier de la Légion d'honneur, etc. *Arras et Par.* 1831. 18.

Donatello (Donato),
    sculpteur italien (1383 — 1466).

Francioni (Andrea). Elogio di Donatello scultore. *Firenz.* 1837. 8.

Donati (Francesco),
    missionnaire italien (exécuté le 1er avril 1635).

Donati (Mario). Breve racconto della vita del Fra F. Donati. *Rom.* 1669. 4.

Donati (Giovanni),
    jurisconsulte italien († 9 sept. 1813).

Antoni (Vincenzo degli). Elogio de G. Donati. *Forli.* 1815. 8.

Donati (Marcello),
    médecin italien du XVIe siècle.

Castellani (Luigi Francesco). Vita del celebre medico Mantovano M. Donati, conte di Ponzano, etc. *Mantov.* 1788. 8.

Pozzetti (Pompilio). Elogio al conte cavaliere commendatore M. Donati. *Mantov.* 1791. 8.

Castellani (Luigi Francesco). Lettera intorno alla quistione se il Mantovano medico M. Donati possa dirsi anche Correggesco, publ. par Leopoldo Asti. *Guastalla.* 1792. 8.

Donati (Vitaliano),
    naturaliste italien (1713 — 1763).

Gennari (Giuseppe). Elogio di V. Donati. *Padov.* 1839. 8.

Donato (Andrea),
    chevalier italien.

Cornaro (Flaminio). Opuscula quatuor, quibus illustrantur gesta A. Donati equitis, etc. *Venet.* 1758. 8.

Donato (Leonardo),
    doge de Venise (... — 1606 — 1612).

Morosini (Andrea). Vita L. Donati, Venetorum ducis. *Venet.* 1628. 4.

Donato dell' Antella (N... N...).

Rinuccini (Camillo). Orazione in lode di Donato dell' Antella. *Firenz.* 1618. 4. Portrait.

Donatus (Ælius),
    grammairien romain du ive siècle.

Schopen (Ludwig). Dissertatio critica de Terentio et Donato ejus interprete. *Bonn.* 1821. 4.

Dondeau (N... N...),
    homme d'État français.

Tisset (François Barnabé). Vie politique et privée des sept ministres de la république (Barthélemi Louis Joseph Schérer, Charles Joseph Mathieu Lambrechts, Charles Maurice de Talleyrand, Letourneux, Dondeau, Ramelle, George René Pléville-Lepelley). *Par.*, an IV. 8. (Opuscule de 8 pages seulement.)

Dondi (Giovanni et Jacopo),
    médecins italiens au xive siècle.

Dondi (Francesco Scipione). Memoria sopra J. et G. Dondi. *Padov.* 1781. 4.

Doneau (Hughes),
    jurisconsulte français (1527 — 4 mai 1591).

Gentilis (Scipio). Oratio habita in funere H. Donelli. *Altorf.* 1591. 4. (*D.*)

Paumgartner (Caspar). Oratio anniversaria in honorem H. Donelli. J. U. D. *Altorf.* 1592. 4. (*D.*) *Ibid.* 1592. 4.

Zeidler (Carl Sebastian). Spicilegium observationum, vitam H. Donelli illustrantium. *Lucæ.* 1766. 4.

Donellan (John),
    littérateur anglais.

Murphy (Arthur). Life of J. Donellan, Esq. *Lond.* 1781. 8.

Donelli (Giuseppe Maria),
    prêtre italien.

Rossi (Giuseppe Luigi). Orazione funebre al P. G. M.

Donelli, commissario generale de' minori conventuali, detta in Reggio. *Farma.* 1766. 8.

Doni (Giovanni Battista),
savant italien (1593 — 1646).

Bandini (Angelo Maria). Commentariorum de vita et scriptis J. B. Donii patricii Florentini libri V, adnotationibus illustrati, etc. *Florent.* 1755. Fol. Portr. (*D.*)

Doni d'Attichy (Louis),
évêque d'Autun (1596 — 1664).

Guerin (Gérard). Oraison funèbre de messire L. Doni d'Attichy. *Châlons.* 1664. 4.

Donker (D...),
philanthrope hollandais.

Herinneringen aan Dr. D. Donker, bijeenverzameld en uitgegeven onder medewerking zijner hem in liefde gedenkende leerlingen en vrienden. *Zaand.* 1841. 8. * (*Ld.*)
* Écrit qui n'a pas été mis dans le commerce.

Donndorff (Christoph),
jurisconsulte allemand (15 mars 1667 — 19 nov. 1737).

(**Kapp**, Johann Erhard). Programma academicum ad concionem C. Donndorffio habendam. *Lips.* 1737. Fol. (*D.*)

Donne (John),
théologien anglais (1573 — 31 mars 1631).

Walton (Isaac). The lives of Dr. J. Donne, sir Henry Walton, Mr. Richard Hooker, Mr. George Herbert and Dr. Robert Sanderson. *Lond.* 1670. 8. (*D.*) With notes and the life of Isaac Walton by Thomas Zouch. *York.* 1796. 4. *Ibid.* 1807. 8. *Ibid.* 1817. 2 vol. 8.

Donneau, voy. **Visé** (Jean Donneau).

Donner (Georg Raphael),
sculpteur allemand (1695 — 15 oct. 1741 *).

Schlager (J... E...). G. R. Donner. Beitrag zur österreichischen Kunstgeschichte. *Wien.* 1853. 8. (2e édition ornée de son portrait.)
* C'est par erreur que quelques biographes le font mourir le 16 février 1740.

Donner (Joachim Heinrich),
théologien allemand (23 février 1683 — 27 nov. 1747).

Lange (Carl Heinrich). Letztes Ruhm- und Ehren-Gedächtniss dem Pastor J. H. Donner aufgerichtet. *Lübeck.* 1748. Fol.

Donnet (François),
cardinal-archevêque de Bordeaux.

Tisseron (N... N...) et **Sainte-Vallière** (N... N... de). Son Eminence Mgr. le cardinal F. Donnet archevêque de Bordeaux, sénateur, comte du saint-empire, grand'croix de l'ordre royal de Charles III, primat d'Aquitaine. *Par.* 1852. 8. (Extrait des *Archives des hommes du jour.*)

Donolo (Abraham Sabatai),
rabbin juif (913 — 972).

Carmoly (Élie). Notice sur Sabatai Donolo, etc. *Brux.* 1852. 8.

Doormann (Hermann),
jurisconsulte allemand (23 août 1752 — 4 mars 1820).

Gurlitt (Johann Gottfried). Narratio de vita H. Doormanni, juris utriusque doctoris et syndicorum civitatis Hamburgensis olim senioris. *Hamb.* 1826. 4. (*L.*)

Doppert (Johann),
archéologue allemand (1671 — 1735).

Mueller (Daniel Traugott). Commentationes II de vita J. Dopperti. *Schneeb.* 1740-41. Fol. (*D.*)

Doppet (François Amédée),
général français (1753 — vers 1800).

Mémoires politiques et militaires du général Doppet, contenant des notices intéressantes sur la révolution et le siége de Lyon. *Carouge.* 1797. 8.

Dorat (Claude Joseph),
poëte français (31 déc. 1734 — 29 avril 1780).

(**Cubières de Palmezeaux**, Michel). Éloge de C. J. Dorat, suivie de poésies qui lui sont relatives. *Par.* 1781. 8.

Dorat (Jean),
poëte français (vers 1503 — 1er nov. 1588).

Masson (Jean Papire). Elogium J. Aurati, poetæ latini. 1588. 4. (*P.*)

Vitrac (Jean Baptiste). Éloge de J. Dorat, poëte et interprète du roi. *Limog.* 1775. 8.

Dorfeuille (Antoine),
comédien français (vers 1750 — tué le 4 mai 1795).

Relations du citoyen Dorfeuille, égorgé dans les prisons de Lyon avec les agents des émigrés, s. l. et s. d. 8.

Doria (Andrea),
restaurateur de la liberté génoise (30 nov. 1468 — 25 nov. 1560).

Capelloni (Lorenzo). Vita e gesti del principe Doria. *Venez.* 1565. 4. *Ibid.* 1569. 4. Portrait. *Ibid.* 1587. 4. (*Bes.*)

Sigonio (Carlo). De vita et gestis A. Doriæ, Melphiæ principis, libri II. *Genov.* 1586. 4. Trad. en ital. par Pompeo Arnolfini. *Genov.* 1598. 4.

Giraldi-Cintio (Giovanni Battista). De gestis A. Doriæ. *Lugd. Bat.* 1696. Fol.

Grillo-Cattaneo (Niccolò). Elogio storico di A. Doria. *Parma.* 1781. 8.

Bianchini (Antonio). Elogio del principe A. Doria. *Parma.* 1781. 8.

Richer (André). Vie d'A. Doria, général des armées navales de France sous François I. *Par.* 1783. 12. *Ibid.* 1814. 12.

Grégori (Jean Charles). A. Doria et Jean Louis dei Fieschi. *Lyon.* 1847. 8.

Doria, principe di Melfi (Giovanni Andrea),
vice-roi de Sardaigne.

Bianchi (Andrea). Orazione nell' esequie del principe di Melfi, G. A. Doria. *Genov.* 1640. 4.

Dorléans (Louis François Gabrielle de Lamotte),
évêque d'Amiens (13 janvier 1683 — 10 juillet 1774).

(**Dargnies**, Nicolas). Mémoires en forme de lettres pour servir à l'histoire de la vie de L. F. G. de la Motte-Dorléans. *Malin.* 1785. 2 vol. 12. (*Bes.*)

Proyart (Liévain Bonaventure). Vie de feu messire L. F. G. Dorléans de la Motte, évêque d'Amiens. *Amiens* et *Par.* 1788. 12. *Toulouse.* 1821. 12. Portrait. *Lyon.* 1826. 12. Portrait. *Par.* 1828. 12. *Lille.* 1850. 12. *Ibid.* 1849. 12. Portrait.

Guillon (Marie Nicolas Silvestre). Éloge de Mgr. Dorléans de la Motte. *Par.* 1809. 8. (Couronné par l'Académie d'Amiens.)

Dorner (Martin),
magistrat allemand.

Lichtenstein (Anton August Heinrich). Vita, virtutes et merita M. Dorneri, consulis Hamburgensis, etc. *Hamb.* 1799. Fol.

Buesch (Johann Georg). Zum Andenken meiner Freunde Dorner und (Georg Heinrich) Sieveking. *Hamb.* 1799-1800. 8.

Dornès (Auguste),
publiciste français (28 avril 1799 — 20 juillet 1848).

Scoutetten (N... N...). Notice sur A. Dornès, représentant du département de la Moselle à l'Assemblée nationale. *Metz.* 1848. 8.

Dornfeld (Johann),
théologien allemand.

(**Cyprian**, Johann). Programma in memoriam J. Dornfeldii, superintendentis Lipsiensis. *Lips.* 1720. Fol.

Dornspach ou **Dornsprach** (Nicolaus v.),
jurisconsulte allemand.

May (Christian Gottlieb). N. v. Dornspach, ein merkwürdiger Mann der Vorzeit und Zittau's, geschichtlich und bildlich dargestellt. *Zittau.* 1848. 8.

Haupt (Ernst Friedrich). Wilhelm und Conrad, Brüder Nesen, N. v. Dornspach und Magister Procopius Naso. *Zittau.* 1843. 8.

Dorothée (Sainte),
patronne de Prusse.

Lilienthal (Theodor Christian). Historia B. Dorotheæ Prussiæ patronæ. *Dantisci.* 1744. 4.

Linda (Andreas Adrian v.). Vita magnæ B. Dorotheæ Pruthenæ, item ejusdem miracula. *Dantisci.* 1745. 4.

Dorothée,
épouse de Christian III, roi de Danemark.

Actstykker til Christian III og Dronning Dorotheas Kroning i vor Frue Kirke i Kjøbenhavn 12 Aug. 1557 af Johan Bugenhagen, rédig. par Friedrich Muenter et publ. par Ernst Christian Werlauff. *Kjoebenh.* 1831. Fol. Trad. en allem. par Gottlieb Mohnicke. *Strals.* 1832. 8.

Dorothée Marie,
épouse de Jean le Constant, électeur de Saxe.

Walther (Balthasar): Panegyris, epitaphia ultima æternæ memoriæ illustrissimæ ac beatissimæ principis ac dominæ Dorotheæ Mariæ, ducis Saxoniæ conjugis. *Jenæ.* 1621. 4.

Dorothée Sibylle de Brandebourg,
épouse de Jean Chrétien, duc de Liegnitz (19 oct. 1590 — 19 mars 1625).

Koch (N... N...). Denkwürdigkeiten aus dem Leben der Herzogin Dorothea Sibylla von Liegnitz und Brieg, geborenen Markgräfin von Brandenburg, und ihrer Leib- und Hebamme Margaretho Fuss; wörtlich aus des Rathgebers Valentin Gierth's Haus- und Tagebuch, etc. *Brieg.* 1850. 8.

Schmidt (Carl August). Denkwürdigkeiten aus dem Leben der Herzogin Dorothea Sibylla von Liegnitz und Brieg, geborenen Markgräfin von Brandenburg. *Brieg.* 1838. 8.

Wuttke (Heinrich). Über das Haus- und Tagebuch Valentin Gierth's und die Herzogin Dorothea Sibylla von Liegnitz und Brieg, geborene Markgräfin von Brandenburg. *Bresl.* 1838. 8. (Ces extraits sont apocryphes.)

Hesekiel (George). Das liebe Dorel, die Perle von Brandenburg, (jüngste Tochter des Kurfürsten Johann Georg von Brandenburg). *Berl.* 1850. 8.

Dorothée Ursule.

Schnepf (Theodor). Oratio in funere Dorotheæ Ursulæ, marchion. *Tubing.* 1583. 4.

Dorow (Wilhelm),
archéologue allemand (22 mars 1790 — 16 déc. 1845).

Dorow (Wilhelm). Erlebtes. *Leipz.* 1844. 4 vol. 8.

Dorsch (Johann Georg),
théologien allemand (1597 — 25 déc. 1659).

(**Quistrop**, Johann). Programma in J. G. Dorschei obitum. *Rostoch.* 1660. 4. (*D.* et *Lv.*)

Ridemann (Nicolaus). Concio funebris in ejusdem obitum cum curriculo vitæ. *Rostoch.* 1669. 4. *

* L'ouvrage lui-même, orné de son portrait, est écrit en allemand.

Steger (Thomas). Oratio parentalis in excessum summi theologi J. G. Dorschei. *Lips.* 1661. 4. (*D.*)

Dorsenne (N... N..., comte),
général français († 24 juillet 1812).

Villeumeureux (N... N...). Discours funèbre, prononcé au Panthéon sur la tombe du général de division comte Dorsenne. *Par.* 1812. 8. (*Lv.*)

Dossius (Nicolaus),
médecin allemand.

Carmina memoriæ N. Dossii. *Rostoch.* 1589. 4. (*D.*)

Dorthes (Jacques Anselme),
médecin-naturaliste français (19 juillet 1759 — ... 1794).

Dumas (Charles Louis). Éloge du professeur Dorthes. *Montpell.* 1807. 4.

Dorvigny (N... N...),
acteur et auteur comique (1734 — 1812).

Cubières de Palmezeaux (Michel). Épitre aux mânes de Dorvigny, ou l'apologie des buveurs. *Par.* 1813. 8.

Dosithée,
grammairien grec du IIIe siècle.

(**Lachmann**, Carl). Versuch über Dositheus. *Berl.* 1837. 4.

Dost Mohammed.
émir de Kaboul.

Mohan Lal. Life of the Amir Dost Mohammed Khan, of Kabul, with his political proceedings towards the English, Russian and Persian governments, including the victory and disasters of the British army in Afghanistan. *Lond.* 1846. 2 vol. 8. (Plusieurs portraits.)

Dotti (Andrea);
prêtre italien.

Battini (Cosmo). Memoria della vita del B. A. Dotti di S. Sepolcro. *Firenz.* 1807. 8.

Double (François Jean),
littérateur français (1776 — 12 juin 1842).

Bousquet (Jean Baptiste). Éloge de F. J. Double. *Par.* 1844. 8.

Doublet (François),
médecin français (30 juillet 1751 — 5 juin 1795).

Doublet de Boisthibault (François Jules). Notice his-

torique sur la vie et les ouvrages de F. Doublet, docteur régent de la faculté de médecine de Paris. *Chartr.* 1826. 8.

Doudeauville (A... P... **de Larochefoucauld,** duc de),
pair de France.

(**Mancy**, (Antoine **Jarry** de). Notice sur la vie de M. A. P. de Larochefoucauld, duc de Doudeauville. *Par.* 1840. 18.

(**Flamand-Grétry**, N... N...). Biographie de M. le duc de Doudeauville. *Par.* 1841. Fol.

Dupin (Charles). Vie d'un bienfaiteur du peuple : A. P. de Larochefoucauld, duc de Doudeauville. *Par.* 1841. 32.

Démoyencourt (François). Discours sur la vie politique et privée de A. P. de Larochefoucauld, duc de Doudeauville. *Par.* 1842. 8. Portrait.

Doudement (Pierre Antoine),
chanoine de Rouen (1796 — 29 oct. 1843).

Masson-Bourgeois (N... N...). Notice sur la vie de M. P. A. Doudement, chanoine honoraire de Rouen et de Bayeux, curé de Saint-Jacques de Dieppe. *Dieppe.* 1844. 8.

Douglas (Frederick),
esclave américain.

Narrative of the life of P. Douglas, an american slave. *Lond.* 1847. 12. (3e édition d'une autobiographie assez curieuse.)

Douglas (Willum),
théologien (?) suédois.

Spegel (Haken). Concio sacra de providentia divina in funere W. Douglas. *Holm.* 1674. 4.

Douglass (David Bates),
mathématicien anglo-américain (.. déc. 1849).

Hale (Benjamin). Sermon occasioned by the death of D. B. Douglass, prof. of mathematics in Geneva college. *Geneva* (en Amérique). 1850. 8.

Douhault (Adélaïde Marie **Rogres Lusignan de Champignelles**),
dame française (7 oct. 1741 — ...).

Mémoire et pièces justificatives pour madame A. M. Rogres Lusignan de Champignelles, veuve de M. Louis Joseph de Douhault. *Par.* 1807. 8. Portrait. (*Lv.*)

Dourlet (Simonie),
soi-disant possédée belge.

Historia de tribus energumenis in partibus Belgii, scilicet Magdalenæ de Palud, Mariæ de Sains, S. Dourlet. *Par.* 1623. 4.

Dousa * (Janus),
poëte et jurisconsulte hollandais (6 déc. 1545 — 8 oct. 1604).

Bertius (Petrus). Oratio de vita et obitu nobilissimi viri J. Dousæ. *Lugd. Bat.* 1604. 4. (*D.* et *Lv.*)

Heinsius (Daniel). Laudatio J. Dousæ. *Lugd. Bat.* 1603. 4. (*Cpl.*)

* Son nom de famille est VAN DER DOES.

Dousa (Janus),
poëte hollandais, fils du précédent (16 janvier 1571 — 21 déc. 1598).

Scaliger (Joseph). Epicedium in obitum J. Dousæ filii. *Franeq.* 1568. 4. (*D.*)

Veruel (A...). Redevoeringen over J. Dousa en over Jacob Bellamy. *Amst.* 1791. 8.

Siegenbeek (Matthys). Laudatio J. Dousæ. *Lugd. Bat.* 1812. 8. (*Ld.*)

Doutremer (Léopold Lambert),
magistrat belge (30 sept. 1784 — 6 oct. 1847).

(**Rousselle**, Hippolyte). Notice nécrologique sur M. L. L. Doutremer. *Mons.* 1847. 8.

Dove (Robert),
philanthrope anglais.

Nixon (Anthony). London's Dove, or a memorial of the life and death of Mr. R. Dove, citizen and marchant taylor, and of his several almes, deeds and large bounties to the poores. *Lond.* 1612. 4. *Ibid.* 1614. 4.

Dovizi da Bibbiena * (Bernardo),
cardinal et poëte italien (4 août 1470 — 9 nov. 1520).

Bandini (Angelo Maria). Il Bibbiena, ossia il ministro di stato delineato nella vita del cardinal B. Dovizi da Bibbiena. *Livorn.* 1758. 4. Portrait.

* Plus connu sous le nom de BIBBIENA.

Downing (Jack),
officier anglo-américain.

Life and writings of major J. Downing, of Downingville, away East in the state. *Boston.* 1834. 12. (Écrit composé par lui-même.)

Doxat de Moret (Nicolas, Baron),
général autrichien (1682 — décapité le 20 mars 1738).

(**Casparson**, Johann). Gespräche im sogenannten Reiche der Todten zwischen Achmet III und dem zu Belgrad executirten kaiserlichen General-Major Doxat von Moret, worinnen dieser beiden Personen Leben und Ende erzehlet werden. *Fæf.* 1758. 4.

Leben des kaiserlichen Generals und berühmten Ingenieurs Baron Doxat v. Moret, etc., s. l. 1757. 8.

Drabitz (Lorenz),
théologien allemand.

Mueller (Daniel). Programma de L. Drabicio et Joanne Muellero. *Chemnic.* 1714. Fol. (*D.*)

Drabitz (Nicolaus),
faux prophète moravien (1597 — exécuté le 16 juin 1671).

Koeler (Johann David). Dissertatio de N. Drabicio, neoprophetā in Hungaria delirante et turbulento. *Altorf.* 1721. 4. (*D.* et *Lv.*)

Jenichen (Caspar). Programm von N. Drabitio. *Wesel.* 1746. 4.

Relatio mortis et conversionis ad fidem romano-catholicam N. Drabicii, prædicantis Lutherani Ledniczensis. *Vindob.*, s. d. 4.

Dracon,
législateur de la république d'Athènes.

Prat (Pardolphe). Jurisprudentia vetus Draconis et Solonis cum Romano jure legum regiarum ac decemviralium diligenter collata. *Lugd. Bat.* 1559. 8.

Jani (Daniel Friedrich). Dissertatio de Dracone legislatore Atheniensium. *Lips.* 1707. 4.

Hermann (Carl Friedrich). Disputatio de Dracone legislatore Attico. *Goetting.* 1849. 4.

Draconites (Johann),
théologien allemand (1494 — 18 avril 1566).

Strobel (Georg Theodor). J. Draconites, nach seinem Leben und seinen Schriften beschrieben. *Nürnb.* 1793. 8. (*D.*).

Draeseke (Johann Heinrich Bernhard),
théologien allemand (13 janvier 1774 — 25 nov. 1849).

C... (G... v.). Der Bischof Draeseke und sein achtjähriges Wirken im Preussischen Staate. *Bergen.* 1848. 8. (*D.*)

Fuesslin (W... A...). G... v. C... mit seiner Schmähschrift : *Der Bischof Draeseke*, etc. *Erfurt.* 1841. 8. (*D.*)

Andeutungen und Winke zur richtigen Auffassung des Bischofs Dr. Draeseke als geistlich-homiletischen Schriftstellers. *Leipz.* 1841. 8. (*D.*)

Draing (Paul),
jurisconsulte allemand (21 sept. 1644 — 9 sept. 1728).

Richey (Michael). Monumentum vitæ bonæ ac diuturnæ P. Draingii, J. U. L. reipublicæ Hamburgensis senatoris. *Hamb.* 1728. 4. (*L.*)

Drake (Anders v.),
homme d'État suédois (1682 — 2 août 1744).

Faggot (Jakob). Åminnelse-Tal öfver Presidenten A. v. Drake. *Stockh.* 1744. 8.

Drake (Francis),
navigateur anglais (1545 — 28 janvier 1596).

Greepe (Thomas). True and perfect news of the woorthy and valiant exploits performed by the valiant knight sir F. Drake. *Lond.* 1587. 4. (Très-rare.)

Fitzgeffry (Charles). Sir F. Drake, his honorable life and his tragical death. *Oxf.* 1596. 16.

Sir F. Drake revived, etc. *Lond.* 1653. 8.

Clarke (Samuel). Life and death of the valiant and renowned sir F. Drake. *Lond.* 1671. 4. Portrait.

Burton (Richard). The english hero, or sir F. Drake. *Lond.* 1687. 8. *Ibid.* 1759. 8. *Ibid.* 1756. 4.

Browne (G... L...). Leben das englischen Helden und Ritters F. Drake. *Leipz.* 1720. 8. (Trad. de l'anglais.)

(**Johnson**, Samuel). Life of sir F. Drake. *Lond.* 1767. 12. F. Drake's Leben und Secreisen. *Halle.* 1815. 8.

Life of sir F. Drake. *Lond.* 1828. 4.

Barrow (John). Life, voyages and exploits of admiral sir F. Drake. *Lond.* 1843. 8.

Drake (John),
amiral anglais.

Barrow (John). Life of sir J. Drake, admiral of the British fleet. *Lond.* 1843. 8.

Drakenberg (Christian Jacob),
matelot norwégien (1624 — 1770).

Mangor (Christian Elovius). Drakenbergs Levnet. *Viborg.* 1774. 8.

Monrad (Peder Ephraim). Ligpraediken over C. Drakenberg. *Viborg.* 1774. 8.

Maerkvaerdige Levnets-Beskrivelse : den 146-aarige Normand C. Drakenberg. *Christiana.* 1845. 12.

Drakenborch (Arnold),
philologue hollandais (31 déc. 1684 — 16 déc. 1747).

Schacht (Jan Osterdijk). Oratio funebris in obitum viri clarissimi et eruditissimi A. Drakenborch. *Traj. ad Rhen.* 1748. 4 et 8. (*Ld.*)

Dransfeld (Bernhard Thilemann v.),
jurisconsulte allemand.

Meier (Joachim). Dransfeldiana, memoria B. T. Dransfeldio consecrata. *Goetting.* 1698. 4. (*D.*)

Dransfeld (Justus v.),
théologien allemand (1633 — 1714).

Kriegk (Georg Nicolaus). Commentarius de vita celeberrimi viri J. a Dransfeld, pædagogiarchæ ultra semiseculum promeriti. *Goetting.* 1697. 8. *Jenæ.* 1717. 8. (*D.*)

Draparnaud (Jacques Philippe Raymond),
naturaliste français (3 juin 1772 — 1er février 1805).

Poitevin (Jacques). Notice sur la vie et les ouvrages de M. Draparnaud. *Montpell.*, an XIII (1805). 8.

Baumes (Jean Baptiste Théodore). Éloge de M. Draparnaud. *Montpell.*, an XIII (1805). 4.

Draparnaud (Victor Marc Xavier),
poète français (3 déc. 1775 — 4 oct. 1833).

Draparnaud (Victor Marc Xavier). Notice à mes concitoyens. *Par.* 1831. 8.

Drascowith (Georg),
Samuelfy (Lorandus). Hypomnemation de G. Drascowithi vita. *Halæ.* 1745. 4.

Draxdorf (Johann Christoph v.),
savant alsacien.

Schallesius (Samuel). Panegyricus memoriæ J. C. a Draxdorf, inclytæ Argentoratensis reipublicæ prætoris et academiæ cancellarii. *Argent.* 1665. 4. (*D.*)

Drechsler (Johann Gabriel),
théologien allemand († 1677).

Praetorius (Johann). Programma in J. G. Drechsleri funere, s. l. et s. d. (*Halæ.* 1677.) 4. (*D.*)

Dreiling (Melchior),
homme d'État courlandais (2 sept. 1623 — 24 mai 1682).

Witte (Henning). Programma ad funus publicum M. Dreilingii. *Rigæ.* 1682. 4.

Drelincourt (Charles),
théologien français (1595 — 3 nov. 1669).

Les dernières heures de M. Drelincourt. *Par.* 1670. 8. (*D.*) Trad. en allem. *Bas.* 1671. 8. (*D.*)

Dressel (N... N...),
savant allemand.

Ernesti (Günther Gottlieb). Über das Leben und den Character des Herrn Professors Dressel. *Hildburgh.* 1789. 4.

Dresser (Matthias),
historien allemand (1536 — 5 oct. 1607).

Schmuck (Vincenz). Leichenpredigt M. Dresser's, nebst Johann Friederici's Programma academicum in ejus obitum. *Lips.* 1607. 4.

Dreux (Émery),
théologien français († 1698).

Barrilleau (Pierre?). Éloge d'É. Dreux, prêtre, docteur en théologie, chanoine et sous-chantre de l'église de Paris. *Par.*, s. d. (1698.) 12.

Dreux, marquis **de Brézé** (Scipion de),
peir de France.

Noailles (Paul de). Éloge de S. de Dreux, marquis de Brézé. *Par.* 1846. 8.

Dreux-Duradier (Jean François),
littérateur français (10 mai 1714 — 1er mai 1780).
Lastic-Saint-Jal (N... N... de). Notice sur la vie et les ouvrages de J. F. Dreux-Duradier. *Niort*. 1842. 8.
Drew (Samuel),
littérateur anglais (3 mars 1765 — 29 mars 1833).
Life, character and literary labors of S. Drew, by his son. *Lond.* 1834. 8. *New-York*. 1835. 12.

Drewer (Wolgang Heinrich),
jurisconsulte allemand.
(**Feller,** Joachim). Programma in funere D. W. H. Dreweri, JCti et ædilis Lipsiensis. *Lips*. 1689. Fol.

Drexel (Jeremias),
jésuite allemand (1581 — 19 avril 1638).
Goetze (Georg Heinrich). Disquisitio, num H. Drexelii scripta oraculorum divinorum instar haberi debeant. *Lubec*. 1720. 4.

Dreyer (Joachim Heinrich),
magistrat allemand.
Seelen (Johann Heinrich v.). Memoria J. H. Dreyer, secretarii. *Lubec*. 1749. Fol.

Dreyer (Johann Carl Heinrich),
jurisconsulte allemand (23 déc. 1723 — 15 février 1802).
Dreyer (Johann Carl Heinrich). Selbstverfasste Nachricht von seinem Leben und seinen Schriften, herausgegeb. von Johann Christian KOPPE. *Rostock*. 1784. 8.
Baumgarten (Philipp). Kurze Nachricht von dem Leben, dem Character und den Verdiensten J. C. H. Dreyer's. *Lübeck*. 1802. 8.

Dreyer (Johann Heinrich),
jurisconsulte allemand.
Seelen (Johann Heinrich v.). Memoria J. H. Dreyer, consulis. *Lubec*. 1737. Fol.

Dreyer (Valentin?),
théologien allemand.
Fabricius (Anton Heinrich). Leichpredigt über V. Dreyer. *Oldenb*. 1720. 4.

Dreyssigmark (Philipp Ludwig),
théologien allemand (14 avril 1676 — 16 août 1750).
Dommerich (Johann Christoph). Das Bild eines grossen Gottesgelehrten. Trauerrede auf den seeligen Abbt Dreyssigmark. *Wolfenb*. 1750. 4.

Drieberge (Jan?),
théologien hollandais.
Wetstein (Johann Jacob). Oratio funebris in memoriam viri plurimum reverendi J. Driebergerii. *Basil*. 1746. 4. *Amst*. 1810. 4.

Driessen (Petrus),
médecin hollandais.
Munniks (Jan). Levensschets van P. Driessen. *Groning*. 1829. 8. Portrait.

Driessen (Robert Keuchenius),
jurisconsulte hollandais (7 mai 1759 — 25 oct. 1831).
Feith (Henricus Octavius). Levensschets van Mr. R. K. Driessen, advokaat te Groningen, archivarius der provincie Groningen en lid van de Maatschappij der Nederlandsche letterkunde, s. l. et s. d. (*Groning*. 1852.) 8.

Drivere ou **Dryvere** ou **Thriverus** (Jérémie de),
médecin belge (vers 1504 — .. déc. 1554).
Haan (P... J...). Notice sur la vie et les ouvrages de H. Thriverus. *Louvain*. 1846. 12.

Drogon (Saint),
Leven en mirakelen van den H. Drogo ofte Druon. *Brugge*, s. d. 8.

Drolling (Michel Martin),
peintre français (1786 — 9 janvier 1851).
Saint-Maurice Cabany (Charles Édouard). M. M. Drolling, peintre d'histoire et de portraits. *Par*. 1851. 8. (Extrait du *Nécrologe universel du* XIXe *siècle*.)

Drollinger (Carl Friedrich),
poète allemand (26 déc. 1688 — 1er juin 1742).
Buxtorf (August Johann). Brevis historia vitæ et obitus C. F. Drollingeri. *Basil*. 1742. 4.
Spreng (Johann Jacob). Ehrengedächtniss auf C. F. Drollinger, Baden - Durlachschen Hofrath, etc. *Basel*. 1743. 4.
Wackernagel (Wilhelm). C. F. Drollinger; akademische Festrede. *Basel*. 1841. 8.

Droste-Huelfshoff (Clemens August v.),
jurisconsulte allemand (2 février 1793 — 13 août 1832).
Braun (Johann Wilhelm Joseph). Biographische Mittheilungen über den Professor C. A. v. Droste-Huelfshoff, etc. *Coeln*. 1833. 8.

Droste zu Vischering (Caspar Maximilian, Freiherr v.),
évêque de Münster.
Schem (Friedrich). Aus dem Leben des Hochwürdigen, etc., Herrn C. M. Bischofs von Münster, Reichsfreiherrn Droste zu Vischering. *Münst*. 1845. 8.

Droste zu Vischering (Clemens August, Freiherr v.),
archevêque de Cologne (22 janvier 1773 — 19 oct. 1845).
Walter (N... N...). Das Privat- und öffentliche Leben des Erzbischofs von Cöln, Freiherrn C. A. v. Droste-Vischering, etc. *Hanau*. 1838. 12.
Seitz (Eduard). Der Erzbischof von Cöln, C. A. v. Droste zu Vischering, in seinem Verhältniss zur römischen Curie und zum Cabinet von Berlin. *Friedberg*. 1838. 12.
M... (N... N...). C. A. Freiherr v. Droste zu Vischering, Erzbischof von Coeln; nebst einem Anhange : Interessante Characterzüge, etc., des Verstorbenen. *Xanten*. 1845. 8. Portrait.
Kurzer Lebensabriss des Erzbischofs Clemens August (v. Droste-Vischering) zu Coeln; nebst der am 23 Oct. 1845 in der Domkirche zu Münster gehaltenen Trauerrede von Georg KELLERMANN. *Münst*. 1846. 8.
C. A. Freiherr v. Droste zu Vischering, Erzbischof von Coeln. *Bonn*. 1846. 8. Portrait.
Stoeveken (Hermann). C. A. Freiherr Droste zu Vischering in seinem Leben, Wirken und Tode geschildert. *Mainz*. 1846. 8.
Vita del barone Droste, arcivescovo di Colonia. *Rom*. 1846. 8.

Drouais (Jean Germain),
peintre français (25 nov. 1763 — 13 février 1788).
Chaussard (Jean Baptiste Publicola). Notice historique sur Drouais. *Par*., s. d. 8.

Drouet (François),
prêtre français (6 janvier 1775 — 8 mars 1837).
Notice biographique sur M. l'abbé Drouet, curé de Combrée, fondateur-directeur du petit séminaire. *Angers*. 1837. 8.

Drouet, comte d'Erlon (Jean Baptiste),
maréchal de France (29 juillet 1765 — 25 janvier 1844).
Vie militaire du maréchal Drouet, comte d'Erlon, écrite par lui-même, etc. *Par*. 1844. 8.

Drouot (Antoine),
général français (11 janvier 1774 — 24 mars 1847).
Lacordaire (Henri Dominique). Éloge funèbre du général Drouot. *Par*. 1847. 8. *Louvain*. 1847. 8. Trad. en allem. s. c. t. Trauerrede, etc., par L... J... ALDENNOFF. *Aachen*. 1848. 12.
Notice biographique sur le général Drouot. *Nancy*. 1847. 8. (Écrite par lui-même.)
Lepage (Henri). Le général Drouot. *Nancy*. 1847. 8.
J... (A...). Biographie du lieutenant-général comte A. Drouot, commandant en chef de l'artillerie de la garde impériale. *Par*. 1847. 8.
Vie du général Drouot. *Lille*. 1850. 18. Portrait.
Nollet-Fabert (Jules). Biographie du général Drouot. *Par*. et *Nancy*. 1850. 8. Portrait.
Levallois (J...). Éloge du général Drouot. *Par*. 1850. 8.

(**Dumoulin,** Évariste). Procès du général Drouot, précédé d'une notice historique sur cet officier. *Par*. 1816. 8. Portrait.

Droz (François Nicolas Eugène),
jurisconsulte français (4 février 1735 — 13 oct. 1805).
Coste (Louis). Éloge historique de F. N. E. Droz. *Besanç*. 1807. 8. (Omis par Quérard.) — (D. et Bes.)

Droz (François Xavier Joseph),
économiste français (31 oct. 1773 — 9 nov. 1850).
Quetelet (Lambert Adolphe Jacques). Notice sur F. X. J. Droz, associé de l'Académie royale de Belgique. *Brux*. 1851. 12.
Mignet (François Auguste Alexis). Notice historique sur la vie et les travaux de M. Droz. *Par*. 1852. 8.

Droz (Jean Pierre),
mécanicien suisse (1746 — 1822).

Molard (C... P...). Notice sur les diverses inventions de feu M. Droz. *Versaill.* 1823. 4.

Drueck (Friedrich Ferdinand),
philologue allemand (9 oct. 1754 — 27 avril 1807).

Roth (Carl Johann Friedrich v.). Laudatio funebris F. F. Drueckii. *Tubing.* 1807. 8.

Drujon de Beaulieu (N... N...),
officier français.

Drujon de Beaulieu (N... N...). Souvenirs d'un militaire pendant quelques années du règne de Napoléon Bonaparte. *Belley.* 1831. 8.

Drusius * (Janus),
philologue hollandais (28 juin 1550 — 12 février 1616).

Curiander (Abel). Vitæ operumque J. Drusii, editorum et nondum editorum delineatio et tituli. *Franeq.* 1616. 4. (*D.* et *Lv.*)
  * Son véritable nom est VAN DEN DRIESCHE.

Drusus (Marcus Livius),
tribun du peuple romain (123 avant J. C.).

Rechenberg (Adam). Dissertatio de M. L. Druso, tribuno plebis. *Lips.* 1679. 4.

Bemmel (J... F... van). Dissertatio de M. L. Drusis, patre et filio, tribunis plebis. *Lugd. Bat.* 1826. 4.

Ahrens (E... A...). Die drei Volkstribunen Tiberius Gracchus, M. L. Drusus und Publius Sulpicius, nach ihren politischen Bestrebungen dargestellt. *Leipz.* 1836. 8.

Drusus Germanicus (Nero Claudius),
frère de l'empereur Tibère (40 — 10 avant J. C.).

Cellarius (Christoph). Dissertatio de C. Drusi expeditionibus maxime Germanicis in Rhætos, Vindelicos, Suevos, etc. *Halæ.* 1702. 4.

Dornmeyer (A... J...). Diatribe historicum de C. Drusii expeditionibus. *Halæ.* 1711. 4.

Wuerdtwein (Stephan). N. C. Drusus Germanicus, Moguntiacæ superioris Germaniæ conditoris, etc. *Mogunt.* 1782. 8.

Wilhelm (Benedict). Die Feldzüge des N. C. Drusus in dem nördlichen Deutschland. *Halle.* 1826. 8.

Druzbicki (Kaspar),
jésuite polonais (1589 — 2 avril 1660).

Pawlowski (Daniel). Vita R. P. C. Druzbicki Poloni e societate Jesu. *Cracov.* 1670. 8. Trad. en polon. *Zamosk.* 1700. 4.

Dryden (John),
poète anglais (9 août 1631 — 1er mai 1707).

Malone (Edmond). Some account of the life and writings of J. Dryden. *Lond.* 1800. 8.

Scott (Walter). Memoirs of J. Dryden. *Par.* 1826. 2 vol. 12. Trad. en franç. s. c. t. Vie de J. Dryden, etc. *Par.* 1826. 2 vol. 12. *Liége.* 1826. 2 vol. 12. *Brux.* 1827. 2 vol. 32.

Drysén (Laurentius),
théologien suédois.

Rudén (Torsten). Trognas fullkomliga Egendom. Likpredikan öfver Theologiæ Lectorn i Linköping, L. Drysén. *Linköp.* 1722. 8.

Duaren (François),
jurisconsulte français (1509 — 1559).

Nettelbladt (Daniel). Vita F. Duareni, JCti Bituricensis, trad. de l'allem. en latin par Carl Sebastian ZEIDLER. *Lucæ.* 1768. 8.

Dubarry (Marie Jeanne **Gomart de Vaubernier**, comtesse),
l'une des maitresses de Louis XV (1744 — guillotinée le 6 déc. 1794).

(**Thévenot de Morande**, Charles). Anecdotes secrètes sur madame la comtesse du Barry. *Lond.* 1772. 2 parts. 12. *
  * Cet ouvrage fut annoncé en 1772 sous le titre des Mémoires secrets d'une femme publique. La maitresse de Louis XV envoya des gens de police et des mouchards à Londres pour acheter ou enlever et jeter à la Tamise l'auteur de ce pamphlet cynique. — Morande fut massacré à Paris le 3 sept. 1792.

Précis historique de la vie de madame du Barry. *Par.* 1774. 8. Trad. en allem. *Par.* (*Frf.*) 1775. 8. Portrait.

(**Thévenot de Morande**, Charles). Vie d'une courtisane du XVIIIe siècle, s. l. 1776. 8.

Mémoires authentiques de la comtesse du Barry, extraits d'un manuscrit que possède madame la duchesse de Villeroi, publ. par le chevalier F... N... *Lond.* 1772. 8. *Bern.* 1775. 12. Trad. en allem. *Frf.* 1775. 8.

(**Pidansat de Mairobert**, Mathieu François). Anecdotes sur madame la comtesse du Barry. *Lond.* 1776. 8. Portrait.

Goudar (Sarah). Remarques sur les Anecdotes de madame la comtesse du Barry. *Lond.* 1777. 12.

(**Pidansat de Mairobert**, Mathieu François). Lettres originales de madame la comtesse du Barry, avec celles des princes, seigneurs, ministres et autres qui lui ont écrit, etc. *Lond.* 1779. 12.

Geheime Geschichte der Gräfin Dubarry, in Originalbriefen. *Berl.* 1779. 8.

(**Guénard**, madame). Mémoires historiques de J. Gomart de Vaubernier, comtesse Dubarry, dernière maitresse de Louis XV. *Par.* 1803. 4 vol. 8. *Brux.* 1829. 5 vol. 12. *
  * Publ. s. l. pseudonyme de N... N... DE FAVEROLLES.

(**Lamothe-Langon**, Étienne Léon de). Mémoires de madame la comtesse du Barry. *Par.* 1829-30. 6 vol. 8. *Ibid.* 1843. 5 vol. 8.

Menadier (F... A...). Aus dem Leben der Gräfin Dubarry, letzten Maitresse Ludwig's XV von Frankreich, in ihren Originalbriefen, nebst denen der Prinzen, Minister und anderer vornehmer und berühmter Leute, die an sie geschrieben haben, etc. *Braunschw.* 1830. 8. *
  * Cet ouvrage nous paraît une traduction des Mémoires de madame Guénard.

Dubarry de Saint-Aunez (N... N...),
un des parents de la précédente.

L*** (N... N... de). Le royalisme, ou mémoires de Dubarry de Saint-Aunez et de Constance de Cézelli, sa femme ; anecdotes héroïques sous Henri IV. *Par.* 1770. 8. *
  * Avec le portrait de la comtesse Dubarry.

Dubocage (Anne Marie **Lepage**),
poète française (1710 — 1802).

Guilbert (Philippe Jacques Étienne Vincent). Notice biographique et littéraire sur madame Du Bocage. *Rouen.* 1807. 8.

Dubois (Guillaume),
cardinal français (6 sept. 1656 — 10 août 1723).

(**Mongez**, Antoine). Vie privée du cardinal Dubois, premier ministre d'Etat, archevêque de Cambrai, etc. *Lond.* 1789. 8. Portrait. (*Bes.*) *Ibid.* 1791. 2 vol. 12.

Sevelinges (Charles Louis de). Mémoires secrets et correspondance inédite du cardinal Dubois, premier ministre sous la régence du duc (Philippe) d'Orléans, etc. Augment. d'un précis de la paix d'Utrecht, etc. *Par.* 1815. 2 vol. 8. Portrait. (*Bes.*)

(**Lacroix**, Paul). Mémoires du cardinal Dubois. *Par.* 1829. 4 vol. 8.

Dubois (Jean),
magistrat français connu par sa haute piété.

Saint-Martin (Jean Michel de). Le bon et libéral officier, ou la vie et la mort de Dubois, conseiller en la cour des monnaies de Saint-Lô. *Caen.* 1655. 12. *Ibid.* 1658. 12.

Dubois de Crancé (Edmond Louis Alexis),
député à la Convention nationale (1747 — 29 juin 1814).

Dubois de Crancé (Edmond Louis Alexis). Tableau des persécutions que (Bertrand) Barère a fait éprouver à Dubois-Crancé pendant quinze mois. *Par.* 1795. 8.

Dubois de la Ferté (Gabriel),
chevalier de Malte.

(**Grandet**, Joseph). Vie de M. G. Dubois de la Ferté, chevalier de Malte. *Par.* 1712. 12.

Dubos (Jean Baptiste),
historien français (.. déc. 1670 — 22 mars 1742).

Tremblay (Victor). Notice sur l'abbé Dubos, né à Beauvais, etc. *Beauv.* 1848. 8.

Morel (Auguste). Étude sur l'abbé Dubos, considéré comme diplomate, comme historien et comme critique. *Beauv.* 1851. 8. (Couronné par l'Académie du Beauvaisis.)

Dubos (Pierre Antoine Romain).

Leger-Darance (F... P... A...). Notice nécrologique sur M. P. A. R. Dubos. *Par.* 1812. 8. (Tiré à 100 exemplaires.)

Dubost (Antoine),
peintre français (16 juillet 1769 — 6 sept. 1825).

Passeron (J... S...). Notice sur A. Dubost, s. l. et s. d. (*Lyon*. 1826). 8. (Extrait des *Archives du Rhône*.)

Dubost (Jérôme),

Garadoz (N... N...). Notice sur M. J. Dubost, de la Société d'émulation. *Bourg*. 1839. 8. (Tiré seulement à 20 exempl.)

Dubouchet de Bournonville (Henri),
jurisconsulte français.

Bouette de Blemur (Eustache). H. du Bouchet domini de Bournonville, senatoris Parisiensis, memoria elogiis, epicediis et oratione celebrata. *Par*. 1634. 4.

Dubourg (Anne), voy. **Bourg** (Anne du).

Duboy de Laverne (Philippe Daniel),
directeur de l'imprimerie royale (1755 — 13 nov. 1802).

Sacy (Antoine Isaac Silvestre de). Notice biographique sur M. Duboy de Laverne. *Par*. 1803. 8. (Extrait du *Magasin encyclopédique*.)

Duboys (Jean Jacques),
jurisconsulte français (17 oct. 1768 — .. juillet 1845).

Cesena (Amédée de). Notice biographique sur M. J. J. Duboys d'Angers, conseiller honoraire à la cour royale de Paris, ancien député, etc. *Angers*. 1846. 8.

Dubreuil (Joseph),
jurisconsulte français (22 juillet 1747 — 6 juin 1824).

Notice sur J. Dubreuil. *Par*. 1824. 12.

Duburg (Charles),
prêtre français.

Dupuy (Justin). Vie de l'abbé C. Duburg, curé de la paroisse de Saint-Michel de Bordeaux. *Bord*. 1851. 18. Portrait.

Ducamp (Théodore),
médecin français (10 avril 1792 — 1er avril 1828).

Vassal (Pierre Gérard). Éloge historique de T. Ducamp, etc. *Par*. 1823. 8.

Ducamp de Rosamel (N... N...),
vice-amiral français.

Rampal (N... N...). Notice sur les campagnes de mer et les services de M. Ducamp de Rosamel, vice-amiral, membre du conseil d'amirauté. *Toulon*. 1834. 8. Port.

Ducange, voy. **Dufresne du Cange** (Charles).

Ducastel (Jean Baptiste Louis),
jurisconsulte français (3 sept. 1740 — 1er juillet 1799 *).

Guilbert (Philippe Jacques Étienne Vincent). Notice historique sur J. B. L. Ducastel, ex-député à l'Assemblée constituante. *Rouen*, an IX (1801). 8.

* Quérard le fait mourir le 14 juin de la même année.

Du Caurroy de La Croix (A... M...),
jurisconsulte française.

Templier (P... H...). Notice sur la vie et les ouvrages de M. Du Caurroy. *Par*. 1850. 8.

Ducerceau (Jean Antoine),
jésuite français (12 nov. 1670 — 4 juillet 1730).

P(éricaud) A(ntoine). Essai sur la vie et les écrits du R. P. Ducerceau. *Lyon*. 1828. 8. (Tiré à très-petit nombre.) — (*Lv*.)

Du Chasteler (François Gabriel Joseph, marquis),
historien belge (20 mars 1744 — ... 1790).

Reiffenberg (Frédéric Auguste Ferdinand Thomas de). F. G. J., marquis Du Chasteler, etc. *Brux*. 1835. 12.

Duchat (Jacob Le),
philologue français (23 février 1658 — 23 juillet 1735).

(**Formey**, Jean Henri Samuel). Ducatiana. *Amst*. 1738. 2 vol. 12.

Duchâtel (le comte Charles Jacques Nicolas),
homme d'État français (29 mai 1751 — ... 1844).

Notice nécrologique sur les travaux politiques et administratifs du comte Duchâtel. *Par*. 1844. 8.

Duchâtel (Pierre),
évêque d'Orléans (1498 — 2 février 1552).

Galland (Antoine). Vita P. Castellani, episcopi Aurelianensis, publ. avec des notes par Étienne **Baluze**. *Par*. 1674. 8. (Non mentionné par Quérard.)

Duchemin Descepeaux (Jean),
écrivain français.

Duchemin Descepeaux (Jean). Souvenirs de la Chouannerie. *Laval*. 1852. 8. *

* Ce livre n'est que la reproduction presque littérale des « Lettres sur l'origine de la Chouannerie, etc. », publiées en 1825.

Duchesne (Louis),
jurisconsulte français.

Garnier (Esprit). Tumulus L. Chenæi, equitis, in supremo Aquensium senatu præsidis æquissimi. *Aquis Sext*. 1613. 8.

Duchesnois (Catherine Joséphine **Rafln**, dite),
actrice française du premier ordre (5 juin 1777 — 8 janvier 1835).

Dinaux (Arthur). Notice biographique sur mademoiselle Duchesnois. *Valencienn*. 1836. 8.

Duchi (Cristofero),
savant italien.

Felice (Antonio). Racconto della vita del signor C. Duchi. *Torin*. 1637. 8.

Ducis (Jean François),
poète français (14 août 1733 — 30 janvier 1816).

Campenon (François Nicolas Vincent). Essais de mémoires, ou lettres sur la vie, le caractère et les écrits de J. F. Ducis. *Par*. 1824. 8. (P. et *Bes*.)

Leroy (Onésime). Études morales et littéraires sur la personne et les écrits de J. F. Ducis. *Par*. 1832. 8. (*D*.)

Montaland-Bougleux (N... N...). Notice biographique sur J. F. Ducis. *Versaill*. 1843. 8. (*Lv*.)

Duclercq (Jacques),
chroniqueur belge du XVe siècle.

Mémoires inédits de J. Duclercq, écuyer, sieur de Beauvoir en Ternois, commençant en 1448 et finissant en 1468; avec un essai sur l'histoire des Pays-Bas, etc., publ. par Frédéric Auguste Ferdinand Thomas de **Reiffenberg**. *Brux*. 1823. 4 vol. 8.

Duclos (Charles **Pinot**),
littérateur français (12 février 1704 — 26 mars 1772).

Duclos (Charles **Pinot**). Mémoires secrets sur les règnes de Louis XIV et de Louis XV (1700-1726). *Par*. 1791. 2 vol. 8. (*Bes*.)

Brieude (L...). Éloge de M. Duclos, historiographe de France, l'un des quarante de l'Académie, etc. *Par*., s. d. 8. (*Lv*.)

Noual de la Houssaye (Alexandre de). Éloge de Duclos, secrétaire perpétuel de l'Académie, historiographe de France. *Par*. 1806. 8.

Villenave (Mathieu Guillaume Thérèse). Notice sur les ouvrages de C. Pinot Duclos, de l'Académie française. *Par*. 1821. 8. (Une centaine d'exemplaires ont été tirés à part.)

Ducq (Joseph François),
peintre belge (10 sept. 1762 — 9 avril 1829).

Goethals-Vercruysse (Jacques Joseph Ignace Hyacinthe). Notice biographique sur J. F. Ducq, peintre d'histoire et de genre, etc. *Gand*. 1829. 8. (Extrait du *Messager des sciences et des arts de Gand*.)

Ducrest de Villeneuve (N... N...),
contre-amiral français (7 mars 1777 — 22 mars 1852).

Salvandy (Narcisse Achille de). Notice biographique sur le contre-amiral Ducrest de Villeneuve. *Par*. 1852. 8. (Extrait des *Nouvelles Annales de la marine et des colonies*.)

Dudésert (Paul Denis),
médecin français (4 mai 1798 — 12 juillet 1851).

Roger (N... N...). Notice biographique sur M. P. D. Dudésert. *Caen*. 1852. 8. (Extrait de l'*Annuaire normand*.)

Dudith (Andreas),
évêque de Cinq-Églises (6 février 1533 — 23 février 1589).

Reuter (Quirin). Vita A. Dudithi. *Offenb*. 1610. 4.

Samuelfy (Lorandus). Dissertatio historico-critica de vita et scriptis A. Dudithi. *Halæ*. 1743. 4.

Stieff (Carl Benjamin). Versuch einer ausführlichen und zuverlässigen Geschichte vom Leben und den Glaubensmeinungen A. Dudith's, gewesenen Bischofs, wie auch dreyer Kaiser Raths und Gesandten in Polen. *Bresl*. 1756. 8. Portrait. (*D*.)

Dudos (Marie),
religieuse française († 1590).

Estienne (Antoine). Oraison funèbre de M. Dudos, du tiers ordre de S. François de Paul. *Par.* 1590. 8.

Dudrac (Marie),
dame française connue par sa haute piété.

Estienne (François). Oraison funèbre de M. Dudrac. *Par.* 1590. 8.

Dueller (Johann),
médecin allemand (1599 — 15 août 1656).

Bren (Wolfgang Sigismund). Oratio de vita et morte J. Duelleri, medicinæ professoris. *Ingolst.* 1656. 4.

Duenas (Pedro de),
martyr espagnol.

Laina y Roxas (N... N...). Historia de los santos martires Juan Lorente de Cetina y P. de Dueñas. *Cordob.* 1803. 8.

Duenz (Johann),
peintre suisse (1645 — 1736).

Neujahrsblatt der Künstlergesellschaft in Zürich für 1843, enthaltend : 1. Leben des Malers J. Dünz von Bern. 2. Kunst und Künstler in Zürich von der Mitte des 16ten bis zur Mitte des 17ten Jahrhunderts, etc. *Zürch.* 1843. 4.

Duerer (Albrecht),
peintre allemand (20 mai 1471 — 6 avril 1528).

Hesse (Eoban). Epicedion in funere A. Dureri, s. l. et s. d. (*Norimb.* 1528.) 8.

Arend (Heinrich Conrad). Das Gedächtniss der Ehren A. Dürer's. *Gostor.* 1728. 8.

Schoeber (David Gottfried). A. Dürer's Leben , Schriften und Kunstwerke. *Leipz.* et *Schleitz.* 1769. 8.

Roth (Johann Ferdinand). Leben A. Dürers ; nebst alphabetischem Verzeichniss der Orte, an denen seine Kunstwerke aufbewahrt werden. *Leipz.* 1791. 8.

Ehrengedächtniss unsers ehrwürdigen Ahnherrn A. Dürer's, von einem kunstliebenden Klosterbruder, herausgegeb. von H..D (Held). *Nürnb.* 1797. 8.

Weise (Adam). A. Dürer und sein Zeitalter. *Leipz.* 1819. 4. Portrait.

Biographie A. Dürer's. *Chemnitz.* 1823. 8. Portrait.

Zu Dürer's Ehre. Am 7ten April 1828. Säcularfeier. *Nürnb.* (1828.) 4.

(**Campe**, Friedrich). Reliquien von A. Dürer. *Nürnb.* 1828. 12. Portrait.

Heller (Joseph). Das Leben und die Werke A. Dürer's. *Leipz.* 1831. 8.

Nagler (G... C...). A. Dürer und seine Kunst. *Münch.* 1837. 8. Portrait.

Marggraff (Rudolph). Erinnerungen an A. Dürer und seinen Lehrer Michael Wohlgemuth, etc. *Nürnb.* 1840. 8.

Verachter (Frédéric). A. Durer in de Nederlanden. *Antwerp.* 1840. 8. Portrait.

(**Huessgen**, Heinrich Sebastian). Raisonnirendes Verzeichniss aller Kupfer- und Eisenstiche , so durch die geschickte Hand A. Dürer's selbst verfertigt worden. *Frf.* 1778. 8.

(**Menge**, Maurice). Catalogue des œuvres d'A. Durer. *Dessau.* 1805. 8.

Dueringer (Melchior),
savant suisse.

Ehrengedächtniss des Herrn M. Dueringer. *Bern.* 1725. 4.

Dufavet (N... N...),
ouvrier français.

Dumersan (Théophile Marion). Dufavet , ou l'ouvrier lyonnais. *Par.* 1836. 16. (Poème suivi d'un récit historique en prose.) — (*Lv.*)

Bienvenu (N... N...). Les quatorze jours de captivité de Dufavet; récit exact. *Lyon.* 1836. 8.

Du Fief (Nicolas),
jurisconsulte belge (1578 — 20 oct. 1631).

Reiffenberg (Frédéric Auguste Ferdinand Thomas de). Notice sur N. Du Fief, s. l. et s. d. (*Brux.*) 8. (Extrait des *Bulletins de l'Académie de Bruxelles*.)

Dufour (Gilbert Jean Baptiste),
pair de France (18 mai 1769 — 10 mars 1842).

Notice nécrologique sur le baron Dufour, décédé maire de Metz. *Metz.* 1843. 8.

Dufourny (Léon),
architecte français (1734 — 1818).

Quatremère de Quincy (Antoine Chrysostôme). Notice biographique sur la vie et les ouvrages de L. Dufourny. *Par.* 1822. 4.

Dufresne (Bertrand),
homme d'État français (1736 — 22 février 1801).

(**Barbé-Marbois**, François de). Éloge du citoyen Dufresne, conseiller d'État, directeur général du trésor public. *Par.*, an x (1802). 8. (*Lv.*)

Dufresne du Cange (Charles),
historien français (28 déc. 1610 — 23 oct. 1688).

(**Baron**, Jean Léonore). Éloge de C. Dufresne du Cange, avec une notice de ses ouvrages. *Amiens*, s. d. (1764.) 12. *

    * Cet éloge, couronné par l'Académie d'Amiens, fut publié sous le pseudonyme de Lesage de Sabine.

(**Dufresne d'Aubigny**, Jean Charles). Mémoire historique pour servir à l'éloge de C. Dufresne du Cange. *Par.* 1766. 4.

(——) Mémoire sur les manuscrits de M. du Cange, s. l. 1752. 4.

Hardouin (Henri). Essai sur la vie et les ouvrages de C. Dufresne du Cange. *Amiens.* 1849. 8. *

    * Publ. à l'occasion de la consécration de sa statue, érigée à Amiens le 19 août 1849.

Feugère (Léon). Étude sur la vie et les écrits de C. du Cange. *Par.* 1852. 8.

Dufresnoy (Charles Alphonse),
peintre français (1611 — 1665).

Lecarpentier (C... L... F...). Notice sur A. Dufresnoy. *Rouen.* 1812. 8.

Dugas (Laurent),
magistrat français (10 sept. 1670 — 8 mars 1748).

Péricaud (Antoine). Notice sur L. Dugas. *Lyon.* 1837. 8. (Extrait des *Variétés historiques, biographiques et littéraires*, tiré à part à petit nombre.)

Dugas-Montbel (Jean Baptiste),
helléniste français (11 mars 1776 — 30 nov. 1834).

Dumas (Jean Baptiste). Éloge historique de J. B. Dugas-Montbel. *Lyon.* 1835. 8.

Dugdale (William),
historien anglais (1605 — 10 février 1686).

Life of that bonoured antiquary sir W. Dugdale. *Lond.* 1713. 8. (Écrit par lui-même.) — (*D.*)

Hamper (William). Life, diary and correspondence of sir W. Dugdale, knight , with an appendix. *Lond.* 1827. 4.

Dugommier (Jean François **Coquille**),
général français (1736 — 17 nov. 1794).

Gibelin (Antoine Esprit). Éloge funèbre du général Dugommier. *Aix*, an iii (1795). 4. Portrait.

Dugua (Charles François Joseph),
général français (1744 — 16 oct. 1801).

Dumège (Alexandre). Mémoires du général J. Dugua. *Toulouse.* 1837-58. 4 vol. 8.

Delarivière (Pierre François). Notice historique sur C. F. J. Dugua, général de division, etc., mort au Cap français. *Caen.* 1812. 8.

Duguay-Trouin (René),
l'un des héros de la marine française (10 juin 1673 — 27 sept. 1736).

Duguay-Trouin (René). Mémoires (depuis 1689 jusqu'à 1712, publ. par Pierre de Villepontoux). *Par.* 1750. 2 vol. 12. Par Pierre François Godard de Beauchamps. *Par.* 1740. 4, ou 2 vol. 12. *Amst.* 1748. 2 vol. 12. Trad. en angl. *Lond.* 1742. 2 vol. 12.

Thomas (Antoine). Éloge de Duguay-Trouin, lieutenant-général des armées navales. *Par.* 1761. 8. (Couronné par l'Académie française.) Trad. en allem. *Carlsr.* 1764. 8.

Guys (Pierre Auguste). Éloge de R. Duguay-Trouin. *Mars.* 1761. 8.

Richer (Adrien). Vie de R. Duguay-Trouin. *Par.* 1784.

18. *Par.* 1802. 12. *Ibid.* 1812. 12. *Ibid.* 1816. 12. *Ibid.*
1835. 12. *Troyes.* 1835. 12.
Landelle (G... de la). Histoire de Duguay-Trouin. *Par.*
1844. 12.

Duguesclin (Bertrand),
connétable de France, (vers 1314 — 13 juillet 1380).

Triomphe des neuf preux , ou histoire de B. Duguesclin,
duc de Molines. *Abbeville.* 1487. Fol. *Par.* 1507. Fol.
Histoire des prouesses de B. Duguesclin. *Lyon.* 1529. 4.
Ménard (Claude). Histoire de B. Duguesclin, comte
de Longueville, duc de Molines, connétable de France,
contenant les guerres, batailles, conquêtes faites sur les
Anglais, les Espagnols et autres ennemis de la France,
durant le règne du roi Jean et Charles V. *Par.* 1618. 4.
Hay du Chastelet (Paul). Histoire de B. Duguesclin, etc. *Par.* 1666. Fol. *Ibid.* 1693. 4.
Lefebvre (Jacques). Anciens mémoires du xive siècle,
depuis peu découverts, où l'on apprend les aventures
les plus surprenantes et les circonstances les plus cu-
rieuses de la vie de B. Duguesclin. *Douai.* 1692. 4.
Guyard de Berville (Guillaume François). Histoire de
B. Duguesclin. *Par.* 1767. 2 vol. 12. *Par.* 1807. 2 vol.
12. *Lyon.* 1816. 8. *Ibid.* 1816. 2 vol. 12. *Ibid.* 1829. 8.
Lille. 1858. 12.
Freminville (N... N... de). Histoire de B. Duguesclin,
connétable de France et de Castille. *Brest.* 1841. 8.
Portrait.
Histoire de B. Duguesclin, comte de Longueville, etc.
Tours. 1843. 12. *Lille.* 1843. 12. (Extrait de l'ouvrage de
Guyard de Berville, accomp. du portrait de Duguesclin.)

Duhamel (N... N...),
prêtre français († 1683).

Histoire de M. Duhamel, curé de Saint-Merry à Paris.
Par. 1682. 12.

Duhausset (madame),
femme de chambre de la marquise de Pompadour (vers 1720 —
vers 1780).

Journal de madame Duhausset, publ. par Jean François
BARRIÈRE et Saint-Albin BERVILLE, et précédé d'un essai
sur la marquise de Pompadour par J... D... DESPRÉS.
Par. 1825. 8. Trad. en allem. s. c. t. Memoiren, etc.
Stuttg. 1825. 8.

Duker (Carel Andreas),
philologue hollandais (1670 — 5 nov. 1752).

Saxius (Christophorus). Laudatio C. A. Dukeri in solemni hominum eruditorum panegyri peracta. *Traj. ad
Rhen.* 1788. 8.

Dulau (Jean Marie),
archevêque d'Arles (30 oct. 1738 — massacré le 2 sept. 1792).

Constant (N... N...). Éloge historique de Mgr. J. M.
Dulau, archevêque d'Arles. *Arles.* 1816. 8.

Dulaure (Jacques Antoine),
historien français (3 sept. 1755 — 19 août 1835).

Taillandier (Alphonse Honoré). Notice biographique
sur J. A. Dulaure, etc. *Par.* 1826. 8. (*Lv.*)

Dulcin, voy. **Dolcino.**

Dulcis (Catharinus),
philologue savoisien (1540 — vers 1606).

Vitæ curriculi C. Dulcis breviarium. *Marburg.* 1622.
12. (*D.*)

Duliz (François),
aventurier français.

Mémoires anecdotiques pour servir à l'histoire de M. Duliz,
et la suite de ses aventures, après la catastrophe de
celle de mademoiselle Pélissier, actrice de l'opéra de
Paris. *Lond.* (?) 1759. 8.

Dullo (Hermann Friedrich),
théologien courlandais (18 sept. 1745 — 12 janvier 1826).

Watson (Carl Friedrich). Jubelfeier der fünfzigjährigen
Amtsführung des Pastors H. F. Dullo. *Mitau.* 1818. 8.

Dulp (Nicolaus),
médecin allemand.

Wittver (Philipp Ludwig). N. Dulp, etc. *Nürnb.* 1792. 4.

Dumarsais (César Chesneau),
philosophe français (17 juillet 1676 — 11 juin 1756).

Dégérando (Joseph Marie). Éloge de Dumarsais. *Par.*
1805. 8. (Discours qui a remporté le prix proposé par
l'Institut.)

Dumas (Alexandre),
écrivain français du premier ordre (24 juillet 1802 — ...).

Dumas (Alexandre). Mémoires. *Par.* 1850-52. 10 vol.
18. *Brux.* 1852. 10 vol. 18.

Romand (Henri). Notice sur M. A. Dumas. *Par.* 1854.
8. (Extrait de la *Revue des Deux Mondes.*)
Huart (Louis). Notice sur M. A. Dumas. *Par.*, s. d. 4.
Portrait. (Extrait de la *Galerie de la Presse.*)
Le critique Jules Janin et le dramaturge A. Dumas à
propos des *Mesdemoiselles de Saint-Cyr.* Extrait du
Journal des Débats et de la *Presse. Par.* 1843. 12.
(3e édition.)
(**Loménie**, Louis de). Notice sur M. A. Dumas, par un
homme de rien. *Par.* 1845. 16.
Mirecourt (Eugène de). Fabrique de romans : Maison
A. Dumas et compagnie. *Par.* 1846. 8. *
 * Le véritable nom de l'auteur est Charles Jean Baptiste Eugène JAC-
 QUOT. Mirecourt est la ville natale de cet écrivain.
A. Dumas dévoilé par M. le marquis (Davy) de la Paillete-
rie , marchand de lignes pour la France et l'exporta-
tion , commissionnaire français en Espagne et en Afrique. *Par.* 1847. 18. (Pamphlet assez burlesque.)
Robin (Charles). Notice sur M. A. Dumas. *Par.* 1848.
8. Portrait. (Extrait de la *Galerie des gens de lettres au
xixe siècle.*)

Dumas (Charles Louis),
médecin français (8 février 1765 — 3 avril 1813).

Prunelle (Charles François Victor). Éloge funèbre de
C. L. Dumas. *Montpell.* 1814. 4. *Par.* 1823. 8.

Dumas (Joseph),
pédagogue français (24 mars 1755 — 24 février 1837).

Massin (N... N...). Discours prononcé sur la tombe de
M. Dumas , proviseur du collége Charlemagne. *Par.*
1857. 8. (Suivi d'un discours de M... THOMAS.)
(**Cayx**, Charles). Notice nécrologique sur M. J. Dumas,
proviseur du collége royal de Charlemagne. *Par.*
1837. 8.

Dumas (le comte Mathieu),
général français (23 déc. 1758 — 16 oct. 1837).

Dumas (Mathieu). Souvenirs de 1770 à 1836 ; publ. par
son fils. *Par.* 1839. 5 vol. 8. Trad. en angl. s. c. t.
Memoirs, etc. *Lond.* 1839. 2 vol. 8.

Ségur (Philippe de). Discours à l'occasion du décès de
M. le comte M. Dumas, s. l. et s. d. (*Par.* 1838.) 8.

Du Maurier (Aubery),
diplomate français du xviie siècle.

Ouvré (Henri). A. du Maurier, ministre de France à la
Haye (documents inédits de l'histoire du protestan-
tisme en France et en Hollande, 1606-56). *Par.*
1853. 8.

Dumesnil de Courtiaux (Claude Louise),
religieuse française († 1716).

Relation de la vie et de la mort de C. L. de Sainte-Anas-
tasie Dumesnil de Courtiaux , dernière prieure du monastère de Port-Royal des Champs. *Par.* 1716. 12.

Dumesnil (Marie Françoise),
actrice française (1713 — 20 février 1803).

Mémoires de M. F. Dumesnil , en réponse aux Mémoires
d'Hippolyte Clairon. *Par.*, an viii (1800). 8. (*P.*)
 * Ces mémoires ont été rédigés par Charles COSTE D'ARNOBAT.

Dumonceau (comte Jean Baptiste),
général belge (8 nov. 1760 — 29 déc. 1821).

Stassart (Goswin Joseph Augustin de). Le général comte
Dumonceau. *Brux.* 1850. 8.
(**Bavay**, Antoine de). Le général comte Dumonceau.
Brux. 1850. 8.

Dumonin (Jean Édouard),
poète français (vers 1557 — 5 nov. 1586).

Granchier (François). Larmes et regrets sur la mort de
de J. E Du Monin, poète. *Par.* 1586. 8. (*P.*)
Élégie sur la mort de J. E. Du Monin. *Par.* 1586. 8. (*P.*)

Dumont (Pierre Étienne Louis),
jurisconsulte suisse (18 juillet 1759 — 30 sept. 1829).

(**Simonde de Sismondi**, Jean Charles Léonard). Notice
nécrologique sur M. Dumont, s. l. et s. d. (*Par.* 1829.)
8. (*Lv.*)
Decandolle (Augustin Pyrame). Notice sur la vie et les
écrits de M. Dumont, s. l. et s. d. (*Genève.* 1829.) 8.

Dumont d'Urville (Jules Sébastien César),
amiral français (21 mai 1790 — 8 mai 1842).

Bertholet (S...). Éloge historique du contre-amiral Dumont d'Urville. *Par.* 1843. 8. Portrait.

Cabrié (M...). Éloge de Dumont d'Urville. *Versaill.* 1843. 8.

Barins (N... N... de). Vie, voyages et aventures de l'amiral J. S. C. Dumont d'Urville, etc. *Par.* 1844. 18.

Lesson (R... P...). Notice historique sur l'amiral Dumont d'Urville. *Rochefort.* 1846. 8.

Puiseux (L...) et **Charles** (E...). Notices sur (François de) Malherbe, (Pierre Simon de) la Place, (Pierre) Varignon, (Guillaume François) Rouelle, (Louis Nicolas) Vauquelin, (Victor Collet) Descotils, (Augustin Jean) Fresnel et Dumont d'Urville. *Caen.* 1847. 12.

Dumortier (Barthélemy Charles),
homme d'État belge (1797 — ...).

M. B. Du Mortier et ses détracteurs, s. l. (*Brux.*) 1843. 8. (*Bx.*)

Dumoulin, voy. **Molin.**

Dumoulin (Charles),
jurisconsulte français (1500 — 27 déc. 1566).

Brodeau (Julien). Vie de messiré C. Dumoulin, avocat au parlement de Paris. *Par.* 1654. 4. Portrait. (*D.*)

Henrion de Pansey (Pierre Paul Nicolas). Éloge de C. Dumoulin. *Genève* et *Par.* 1769. 8. (*P.*)

Hello (N... N...). Essai sur la vie et les ouvrages de Dumoulin, etc. *Par.* 1839. 8.

Du Moulin (N... N...),
théologien français.

Armand (Émile). Essai sur la vie de Du Moulin et quelques-uns de ses écrits. *Strasb.* 1848. 8.

Dumouriez (Claude François),
général français (25 janvier 1739 — 14 mars 1823).

Dumouriez (Claude François). Correspondance avec Pache, ministre de la guerre, pendant la campagne de Belgique en 1792 (publ. par Philippe Henri de Gaimoard). *Par.* 1793. 8.

Trad. en angl. *Lond.* 1793. 8.

—— Vie et Mémoires. *Hamb.* 1793. 3 vol. 8. *Par.* 1793. 2 vol. 8. *Frf.* 1795. 2 vol. 8. *Par.* 1822-24. 4 vol. 8. *Par.* 1853. 2 vol. 8.

Trad. en allem. :
(Par Carl Johann Heinrich Huebbe, avec des notes de Christoph Girtanner). *Frf.* 1794. 2 vol. 8.
(Par Samuel Heinrich Catel, avec des remarques de Christoph Girtanner). *Berl.* 1794. 2 vol. 8. *Hamb.* 1795. 3 vol. 8.

Trad. en angl. par T... B... Beaumont. *Lond.* 1794. 2 vol. 8.

Trad. en holland. *Hage.* 1794. 2 vol. 8. (*Ld.*)

(**Bois-Déffre**, N... N... de). Courtes réflexions sur les Mémoires du général Dumouriez, s. l. et s. d. (1794.) 8.

igoine du Palais, Alphonse). Réfutation des Mémoires du général Dumouriez. *Hamb.* et *Leipz.* (*Constance.*) 1794. 2 vol. 8.

(**Servan**, Joseph). Notes sur les Mémoires du général Dumouriez et sa correspondance avec le général Miranda. *Par.* 1793. 8.

Viette (N... N... de). Dumouriez unmasked, or an account of the life and adventures of the hero of Jemappes. *Lond.* 1793. 8. (Omis par Lowndes.) Trad. en allem. *Leipz.* 1794. 8.

Rochlitz (Friedrich). Helden des alten Roms und des neuen Frankreichs : Coriolan und Dumouriez. *Leipz.* 1796. 8.

Ledieu (Louis François Joseph). Le général Dumouriez et la révolution française. *Par.* 1826. 8.

Récit de la conduite tenue par les commissaires de la Convention nationale et le ministre de la guerre envoyés à l'armée de la république commandée par Dumouriez, de leur arrestation et de leur transport à Maestricht, etc. *Par.* 1796. 8.

Réponse du général Dumouriez au rapport du député Camus. *Hamb.* et *Lond.* 1796. 12.

Lettre du général Dumouriez au traducteur de l'histoire

de sa vie, etc. (Christoph Girtanner). *Hamb.* 1795. 8. Trad. en allem. *Hamb.* 1796. 8.

Girtanner (Christoph). Lettre au général Dumouriez. *Guelling.* 1795. 8.

Ponteuil (N... N...). Dialogue entre les généraux (George) Washington et Dumouriez, s. l. et s. d. 8.

Duncan (Henry),
théologien anglais.

Duncan (George John). Memoir of the Rev. H. Duncan, minister of Ruthwell, s. l. (*Edinb.*) 1848. 12.

Dunfermeling (Alexander, earl of),
homme d'État écossais.

Lyoun (John). Teares for the death of A. earle of Dunfermeling, lord-chancellor of Scotland. *Edinb.* 1622. 4. *Ibid.* 1823. 4. (Tiré à 75 exemplaires.

Dunin (Martin v.),
archevêque de Gnese et Posnanie (11 nov. 1744 — 26 déc. 1842).

Pohl (Friedrich). M. v. Dunin, Erzbischof von Gnesen und Posen ; biographische und kirchenhistorische Skizze. *Marienb.* 1843. 8. Portrait.

Dunn (Andrew).

Levensbeschryving van A. Dunn, een iersch katholyke. *Brussel.* 1839. 8.

Dunois, comte de **Longueville** (Jean), surnommé **le bâtard d'Orléans** (grand-chambellan de France (23 nov. 1402 — 24 nov. 1468).

Vie de J. Dunois, comte d'Orléans et de Longueville, lieutenant général des armées royales en France. *Par.* 1671. 12.

Dufey (P... J... S...). Dunois, histoire française. *Par.* 1824. 4 vol. 12.

Duns Scotus (John),
philosophe anglais (vers 1245 — 8 nov. 1308).

Vernulaeus (Nicolaus). Panegyricus æternæ memoriæ et famæ V. P. J. Duns Scoti dictus. *Colon.* 1622. 12. (*D.*) *Varsav.* 1632. 4. *Montibus.* 1644. 8.

Janssen (Nicolaus). Animadversiones et scholia in Apologiam nuper editam de vita et morte J. Duns Scoti adversus Abrahamum Bzovium. *Colon.* 1622. 8. (*D.*)

Ferchi (Matteo). Vita J. Duns Scoti, doctoris subtilis. *Bonon.* 1622. 8.

Hoyer (Michael). Oratio encomiastica de J. Duns Scoto. *Duaci.* 1640. 4.

Wadding (Lucas). Vita J. Duns Scoti, ordinis minorum, doctoris subtilis. *Lugd.* 1644. 8.

Colganus (Joannes). Tractatus de vita, patria et scriptis J. Scoti, doctoris subtilis. *Antw.* 1655. 8.

Carta (Leonardo). Vita y admirable dotrina del V. D. P. F. J. Duns Escoto. *Caller.* 1657. 4. (Fort rare.)

Veglensis (?) (Matthias). Vita J. Duns Scoti. *Patav.* 1671. 8.

Guzman (Alonso de). Vida de J. Duns Scoto, principe y maestro de la escuela Franciscana. *Madr.* 1671. 8.

Wissingh (A...). Flores ex vita et doctrina J. Duns Scoti. *Col. Agr.* 1706. 8.

Sczepanowski (Stanislaus). Commentarium de vita et scriptis venerabilis J. Duns cognomento Scoti, doctoris subtilis et Mariani. *Varsav.* 1732. Fol.

Rau (Electus). Necessitas doctrinæ revelatæ ex mente doctoris Mariani J. Duns Scoti desumpta. *Wirceb.* 1734. 4.

Baumgarten-Crusius (Ludwig Friedrich Otto). Programma de theologia Scoti. *Jenæ.* 1826. 4.

Dunsdon (Charles),
homme d'État anglais (1799 — 1829).

Courte notice sur C. Dunsdon, de Semington, comte de Wilts. *Par.* 1840. 12.

Dunte (Ludwig),
théologien courlandais (21 nov. 1597 — 2 déc. 1639).

Renteln (Eberhard v.). Leichenpredigt auf L. Dunte. *Reval.* 1740. 4.

Dunten (Theodor v.),
astronome courlandais (1644 — 1er août 1685).

Plater (Friedrich v.). Denkschrift auf T. v. Dunten. *Riga.* 1685. 4.

Dunton (John),
imprimeur et auteur anglais (1659 — 1733).

Life and errors of J. Dunton, citizen of London ; with

the lives and characters of more than one thousand contemporary divines and other persons of literary eminence. *Lond.* 1705; 8. Portrait. *Ibid.* 1818. 2 vol. 12.

Dupanloup (Félix Antoine Philibert),
évêque d'Orléans (1803 — ...)
Lavedan (Léon). Mgr. Dupanloup. *Orléans.* 1849. 8.

Duparc (Constance **de Caillebot**, comtesse),
dame française (23 avril 1809 — 14 avril 1837).
Vie de C. de Caillebot, comtesse Duparc. *Par.* 1841. 12.

Du Pas (Jean),
homme d'État français.
Brielant (M...). Les derniers sentiments, paroles et actions de J. Du Pas, lieutenant général au présidial de Soissons. *Soissons.* 1666. 12.

Dupasquier (Alphonse),
médecin français du xixe siècle.
Bonnet (Amédée). Éloge d'A. Dupasquier, ancien médecin de l'Hôtel-Dieu de Lyon, professeur de chimie, etc. *Lyon.* 1849. 8.
C... (E...). A. Dupasquier; notice sur sa vie et ses travaux. *Lyon.* 1849. 8.

Dupaty (Charles Marguerite Jean Baptiste **Mercier**),
jurisconsulte français (1744 — 17 sept. 1788).
(**Robespierre**, Maximilien). Éloge de messire C. M. J. B. Mercier Dupaty, s. l. (*Par.*) 1789. 8. (Rare.)
(**Diannyère**, Antoine). Éloge de M. le président Dupaty. *Naples* et *Par.* 1789. 8.

Dupaty (Charles **Mercier**),
statuaire français, fils du précédent (29 sept. 1771—12 nov. 1825).
Coupin (Pierre Antoine). Notice nécrologique sur C. Mercier Dupaty, statuaire. *Par.* 1825. 8. Port. (*P.*)

Duperré (Guy Victor),
amiral français (20 février 1775 — 2 nov. 1846).
Chasseriau (François). Vie de l'amiral Duperré, ancien ministre de la marine et des colonies. *Par.* 1848. 8. (*Lv.*)

Duperron (Jacques **Davy**),
cardinal suisse (25 nov. 1556 — 5 sept. 1618).
Duperron (Jacques Davy). Ambassades et négociations (depuis 1590 jusqu'en 1618) publ. par César de Ligny. *Par.* 1618. Fol. *Ibid.* 1623. Fol. *Ibid.* 1629. Fol. *Ibid.* 1633. 8. *Ibid.* 1633. 4.

Duval (André). Spelunca Mercurii, s. panegyricus J. Davy Duperron. *Par.* 1611. 8.
Condential (Jean). Larmes de la France sur le trépas du cardinal Duperron. *Par.* 1618. 8.
Neuville (N... N... de). Oraison funèbre de J. Davy, cardinal Duperron. *Par.* 1618. 8.
Provenchères (Barthélemy de). Oraison funèbre de J. Davy, cardinal Duperron. *Sens* et *Par.* 1618. 8.
Pelletier (Pierre). Histoire abrégée de la vie du cardinal Duperron. *Par.* 1618. 8.
Lévesque de Burigny (Jean). Vie du cardinal Duperron, archevêque de Sens et grand-aumônier de France. *Par.* 1768. 12.

Dupetit-Thouars (Aristide),
amiral français (1760 — tué le 1er août 1798).
Hommage national et populaire : l'amiral Dupetit-Thouars. *Par.* 1844. 12. Portrait.

Dupetit-Thouars (Louis Marie Aubert),
botaniste français (.. nov. 1758 — 12 mai 1831).
Flourens (Pierre). Éloge historique de A. Dupetit-Thouars. *Par.* 1845. 4.

Dupin (André Marie Jean Jacques),
jurisconsulte français (1er février 1783 — ...).
Ortolan (Joseph Louis Elzéar). Notice biographique sur M. Dupin. *Par.* 1840. 8. Portrait. (*D.* et *Lv.*)
(**Gianpetri**, N... N...). Chiquenaude sur le nez de M. Dupin, président de l'Assemblée législative. *Par.* 1850. 16. *

* Ce pamphlet, publ. sous le pseudonyme de Méxpps, traite M. Dupin comme plagiaire de Heineccius et lui fait des reproches à cause de longs fragments que M. Dupin a copiés pour son *Précis historique du droit romain* de la *Historia juris civilis romani*, de Heineccius.

Dupin (Charles),
homme d'État français (6 oct. 1784 — ...).
Notice historique sur M. le baron C. Dupin. *Par.* 1857. 8.

Dupin de l'Aisne (Antoine),
député à la Convention nationale (vers 1758 — vers 1829).
Fleury (Edmond). Dupin (de l'Aisne). Études révolutionnaires. *Laon.* 1852. 8.

Dupin (le baron Claude François Étienne),
homme d'État français (30 nov. 1767 — 11 nov. 1828).
Notice biographique sur M. le baron Dupin, par son fils, s. l. et s. d. 8.

Dupin (Jean Baptiste),
général français.
Dauriac (Eugène). Notice biographique et historique sur le général J. B. Dupin, baron de l'empire, ancien colonel des chasseurs à pied de la garde. *Par.* 1831. 8. Portrait.

Dupin (Pietro),
littérateur italien.
Vernazza de Freney (Giuseppe). Notizie di P. Dupin. *Torin.* 1791. 8.

Dupin (Philippe),
jurisconsulte français (1795 — 1846).
P. Dupin, sa biographie, son voyage en Italie, sa mort, ses obsèques. *Par.* 1846. 18.
Doublet de Boisthibault (François Jules). P. Dupin, avocat. *Par.* 1846. 8.

Dupleix (Joseph François, marquis),
directeur de la compagnie des Indes († 1763).
Le Fèvre (Claude Noël). Éloge historique de Dupleix. *Par.* 1818. 8.

Dupleix (Scipion),
historien français (1569 — .. mars 1661).
Colin (N... N...). Oraison funèbre de S. Dupleix, historiographe de France. *Condom.* 1661. 4.

Duplessis-Mornay, voy. **Mornay-Duplessis-Marly** (Philippe de).

Dupont (Pierre),
poète français (23 avril 1821 — ...).
Baudelaire (Charles). Notice sur P. Dupont. *Par.*, s. d. (1849.) 8. Portrait.

Dupont de l'Étang (Pierre, comte),
général français (14 juillet 1765 — ... 1840).
Saint-Maurice Cabany (Charles Édouard). Notice historique sur le lieutenant général comte Dupont, ancien ministre de la guerre, avec des documents authentiques et inédits sur la campagne de 1808, en Espagne, et sur la capitulation de Baylen. *Par.* 1840. 8. *Ibid.* 1845. 8. (Extrait du *Nécrologe universel du xixe siècle.*)

Dupont-Franklin (N... N...),
magistrat français.
Notice sur M. Dupont-Franklin. *Par.* 1852. 8.

Dupont de Nemours (Pierre Samuel),
naturaliste français (14 déc. 1739 — 6 août 1817).
Silvestre (Augustin François de). Notice biographique sur P. S. Dupont de Nemours. *Par.* 1818. 8. Portrait.
M* (M... de). Notice sur la vie de Dupont (de Nemours). *Par.* 1818. 8.
Boullée (Aimé). Notice biographique sur (Pierre) Poivre et Dupont de Nemours. *Lyon.* 1853. 8. (*Bes.*)

Dupont-White (Jean Théodore),
archéologue français (21 mars 1801 — .. mars 1851).
Septenville (Léon de). Notice sur J. T. Dupont-White. *Amiens.* 1851. 8.

Duprat (Antoine),
chancelier de France (17 janvier 1463 — 9 juillet 1535).
Faye de Brys (Édouard). Trois magistrats français du xvie siècle ; études historiques (A. Duprat, Guy du Four de Pibrac, Jacques Faye d'Espeisses). *Par.* 1844. 8. *
* La vie du premier de ces triumvirat renferme les pages 13-82.

Dupret (Victor Anselme Gaston),
jurisconsulte belge (5 juillet 1807 — 6 mai 1851).
Nypels (J... S... G...). Notice sur la vie et les travaux de V. A. G. Dupret. *Liége.* 1852. 8.

Duprez (Gilbert Louis),
chanteur français (6 déc. 1806 — ...).
Elwart (A...). Duprez ; sa vie artistique, avec une biographie authentique de son maître, Alexandre Choron. *Par.* 1838. 18. Portrait.
Duprez. Biographie. *Lyon.* 1854. 4.

Dupuget (Edme Jean Antoine).

Silvestre (Augustin François de). Notice nécrologique sur M. Dupuget. *Par., s. d.* 8.

Dupuget (Jean Baptiste Louis),
capitaine français (.. sept. 1770 — 1er déc. 1837).

Notice sur le capitaine Dupuget, etc. *Par.* 1841. 8.

Dupuis (Charles François),
membre de l'Institut français (26 oct. 1742 — 29 sept. 1809).

Dupuis (madame). Notice historique sur la vie littéraire et politique de M. Dupuis. *Par.* 1813. 8.

Tremblay (Victor). Notice historique sur C. Dupuis, de Trie-Château, ancien membre de l'Institut, professeur d'éloquence au collège de France, etc. *Beauv.* 1849. 8.

Dupuy (Alexis Casimir),
vétérinaire français (27 sept. 1775 — ... 1850).

Bouley (Henri). Notice historique sur M. A. C. Dupuy, ancien professeur de l'école nationale vétérinaire d'Alfort, etc. *Par.* 1850. 8.

Dubos (Ernest). Notice sur A. C. Dupuy. *Beauvais.* 1851. 8.

Dupuy (Pierre),
historien français (27 nov. 1582 — 14 déc. 1651).

Rigault (Nicolas). Viri eximii P. Puteani vita. *Par.* 1652. 4. Portrait. *Ibid.* 1655. 4.

Dupuy (Claude),
jurisconsulte français (1545 — 1594).

Tumulus et elogia C. Puteani, senatoris Parisiensis. *Par.* 1607. 4. *

* Pièce attribuée à Jean Papire Masson ou à Joseph Scaliger. L'auteur de cette oraison est Rutgavlus, parent de Claude Dupuy.

Dupuy (N... N...),
général français (assassiné le 30 vendémiaire an vii).

Benaben (Louis Guillaume Jacques Marie). Éloge historique du général Dupuy, etc. *Toulouse*, an viii (1800). 8.

Dupuytren (le baron Guillaume),
médecin français du premier ordre (6 oct. 1777 — 8 février 1835).

Vidal (Auguste). Essai historique sur Dupuytren, suivi des discours prononcés par MM. Orfila, Larrey, Bouillaud, H. Royer-Collard, Teissier, et du procès-verbal de l'ouverture de son corps. *Par.* 1835. 8. Portrait.

Pariset (Etienne). Eloge historique du baron G. Dupuytren. *Par.* 1856. 8. Trad. en angl. par John James Skin. *Lond.* 1837. 8.

(**Cruveilhier**, Jean). G. Dupuytren, né à Pierre-Bouffière (Haute-Vienne), etc. *Par.* 1840. 8.

—— Vie de G. Dupuytren. *Par.* 1840. 8.

Buisson (François). Parallèle de (Jacques Mathieu) Delpech et Dupuytren. *Montpell.* 1841. 8.

Duquénelle (Jean Baptiste Marie),
chirurgien français (1er août 1770 — 16 oct. 1835).

Decès (N... N...). Notice biographique sur J. B. M. Duquénelle, ancien chirurgien en chef de l'Hôtel-Dieu de Reims. *Reims.* 1851. 8.

Duquesne (Abraham),
lieutenant général des armées navales de France (1610 — 2 février 1688).

(**Dagues de Clairfontaine**, Simon Antoine Charles). Eloge historique d'A. Duquesne, lieutenant général des armées navales de France. *Par.* 1766. 8.

(**Marquez**, Pierre). Eloge d'A. Duquesne. *Toulouse.* 1766. 8.

Richer (André). Vie du marquis Duquesne. *Par.* 1783. 12. *Ibid.* 1817. 12. *Ibid.* 1833. 12. *Troyes.* 1835. 12.

Feret (Pierre Joseph). Esquisse de la vie de Duquesne. *Dieppe.* 1844. 18. Portrait.

Duquesne (Michel),
prêtre belge (+ 1821).

Roulez (J... F...). Éloge funèbre de M. M. Duquesne, doyen et curé de Saint-Brice à Tournai. *Tourn., s. d.* (1821). 8.

Duquesnoy (Jérôme),
sculpteur belge (vers 1602 — brûlé le 28 sept. 1654).

V(an **Lokeren**) A(uguste). J. Duquesnoy, s. l. et s. d. (*Gand.* 1853.) 8. (Extrait du *Messager des sciences et des arts.*)

Duraeus, voy. **Dury** (Jean).

Durand (David),
théologien français (vers 1681 — 16 janvier 1763).

Barbier (Antoine Alexandre). Notice sur la vie et les ouvrages de D. Durand, ministre de la chapelle française de la Savoie et membre de la Société royale de Londres. *Par.*, an viii (1800). 8. Revue, corrigée et augmentée. *Par.* 1809. 8. (Non mentionné par Quérard.) (*Lv.*)

Durand (Jean Baptiste Alexis),
menuisier poète français (13 mars 1795 — ...).

Michoux (Clovis). Notice sur M. J. B. A. Durand, menuisier de Fontainebleau, et sur son poëme ayant pour titre : *la Forêt de Fontainebleau*, s. l. et s. d. (*Fontainebl.*) 8.

Durand (Jean Nicolas Louis),
architecte français (18 sept. 1760 — 21 mars 1834).

Rondelet (Antoine Jean Baptiste). Notice historique sur la vie et les ouvrages de J. N. L. Durand. *Par.* 1835. 8. Port.

Durande (Jean Edme),
jurisconsulte français (1721 — 12 mai 1813).

Amanton (Claude Nicolas). Notice nécrologique sur J. E. Durande, avocat à Dijon. *Dijon.* 1813. 8.

Durandi (Jacopo),
poète italien (1739 — 28 oct. 1817).

De Gregori (Giovanni). Vita di J. Durandi. *Torin.* 1817. 8.

Duranti (Jean Étienne),
jurisconsulte français (tué le 10 février 1589).

Dumay (Antoine). Narratio fidelis de morte J. S. Duranti, senatus Tolosani principis, et Jacobi Daffilii, patroni regii. *Par.* 1600. 12.

Baragnon (N... N...). Eloge du président J. É. Duranti. *Toulouse.* 1770. 8. *

* Ce discours, couronné par l'Académie des Jeux floraux, est omis par Quérard.

Ponsard (N... N...). Éloge historique de J. É. Duranti. *Toulouse.* 1770. 8. (P.)

Duras (Claire **Lechat Kersaint**, duchesse de),
auteur français (vers 1779 — .. janvier 1828).

Barante (Prosper **Brugière** de). Notice sur madame la duchesse de Duras. *Par.* 1828. 8.

Durbuy (comtes de),
famille belge.

Ernst (S... P...). Des comtes de Durbuy et de la Roche aux xie et xiie siècles, publ. par Edouard Lavalleye. *Liège.* 1856. 8.

Dureau de Lamalle (Jean Baptiste Joseph René),
littérateur français (21 nov. 1742 — 19 sept. 1807).

Despallières (N... N...). Discours à l'occasion de la mort de M. Dureau de Lamalle, membre du corps législatif, etc., s. l. et s. d. (*Par.* 1808.) 8.

Duren (Adam van),
architecte hollandais.

Ackersdijck (J...). A. van Duren, nederlandsch bouwmeester, s. l. et s. d. (*Haarl.* 1840.) 8. (Extrait du journal *Konst- en Letterbode.*) — (*Ld.*)

Duret (Louis),
médecin français (1527 — 22 janvier 1586).

Chomel (Jean Baptiste Louis). Eloge de L. Duret, médecin célèbre sous Charles IX et Henri III. *Par.* 1765. 12. *

* Ouvrage qui a remporté le prix de la Faculté de médecine de Paris.

Duret (Pierre),
chirurgien français (15 nov. 1745 — 27 juillet 1825).

Miriel (Jean Joseph Yves Louis). Notice nécrologique sur Duret. *Brest.* 1826. 4.

Durfee (N... N...),
jurisconsulte anglo-américain.

Hazard (Rowland George). Discourse on the character and writings of chief justice Durfee. *Providence (Rhode Island?)* 1848. 8.

Durfort, duc de **Duras** (Jean Baptiste de),
maréchal de France (28 janvier 1634 — 3 juillet 1770).

Talbert (François Xavier). Oraison funèbre de M. le maréchal duc de Duras. *Besanç.* 1771. 8.

Ethis (N... N...). Eloge de J. B. de Durfort, duc de Duras. *Besanç., s. d.* (1771). 8. (Omis par Quérard.)

Durham (Philip),
amiral anglais.
Murray (A...). Memoir of the naval life and services of admiral sir P. Durham. *Lond.* 1846. 8.

Durivau (Étienne),
colonel français (1779 — 15 nov. 1851).
Malo (Charles). Notice nécrologique sur É. Durivau, lieutenant-colonel du génie, ancien directeur des études à l'école polytechnique. *Par.* 1852. 8.

Duris Samius,
historien grec.
Eckertz (Gottfried). Dissertatio de Duride Samio, imprimis de ejus in rebus tradendis fide. *Bonn.* 1842. 8.
Gent (Jacob Martin van). Epistola critica de Duridis Samii reliquiis. *Lugd. Bat.* 1842. 8.

Durrius (Johann Conrad),
théologien allemand (26 nov. 1625 — 4 juillet 1677).
Lincke (Heinrich). Programma in J. C. Durrii obitum. *Altorf.* 1677. 4.

Dury (John),
théologien écossais du xviie siècle.
Coler (Johann Christoph). Historia J. Duræi, qua ea in primis quæ Petrus Bœlius et Gottfridus Arnoldus tradiderunt, diligentius investigantur et explicantur. *Witteb.* 1716. 4. (*D.* et *Lv.*)
Mosheim (Johann Lorenz v.). Commentatio historico-theologica de J. Duræo, pacificatore celeberrimo, maxime de actis ejus Suecanis. *Helmst.* 1744. 4. (*D.* et *Lv.*)

Dussen (Bruno van der),
homme d'État hollandais.
Schotel (Gilles Dionysius Jacobus). Iets over Hieronymus van Beverning en B. van der Dussen. *Hertogenb.* 1847. 8.

Dussaulx (Jean),
littérateur français (28 déc. 1728 — 16 mars 1799).
Mémoires sur la vie de J. Dussaulx. *Par.*, an ix (1801). 8. *
    * Cet ouvrage, publié par sa veuve, n'a pas été mis dans le commerce.

Dusson (François),
théologien français.
La Troussière (N... N...). Mémoire de la vie de F. Dusson, où l'on voit tout ce qui s'est passé de plus considérable pendant les derniers troubles en France au sujet de la religion. *Amst.* 1677. 12. (*P.*)

Dutens (Joseph Michel),
littérateur français (15 oct. 1765 — ...).
J. M. Dutens. *Par.* 1842. 8. (Extrait de la *Revue générale biographique, politique et littéraire.*)

Dutens (Louis),
écrivain français (15 janvier 1730 — 23 mai 1812).
Dutens (Louis). Mémoires d'un voyageur qui se repose. *Par.* 1806. 2 vol. 8. (*D.*) Trad. en allem. par Johann Friedrich v. Meyer. *Amst.* 1807-08. 2 vol. 8. (*D.*)

Dutilh (Louis),
député français (10 nov. 1794 — ...).
Molinari (G... de). M. L. Dutilh. *Par.* 1842. 8. (Extrait de la *Revue générale biographique, politique et littéraire.*)

Dutertre (N... N...),
capitaine français.
Le capitaine Dutertre, ou le Régulus français, etc. *Par.* 1845. 8.

Du Toc (Angélique),
bénédictine française.
Masson (Claude). Oraison funèbre d'A. du Toc, abbesse de Saint-Laurent de Bourges. *Bourg.* 1671. 4.

Dutremblay (le baron Antoine Pierre),
homme d'État français (25 avril 1745 — 24 mai 1819).
Lebailly (N... N...). Nécrologie de M. le baron Dutremblay, s. l. et s. d. (*Par.* 1819). 8. (Extrait du *Moniteur.*)

Dutrochet (Henri),
agronome français (14 nov. 1776 — 4 février 1847).
Brongniart (Adolphe). Notice sur H. Dutrochet, membre de l'Institut et de la Société nationale et centrale d'agriculture. *Par.* 1852. 8.

Duvair (Guillaume),
évêque de Lisieux, garde des sceaux de France (7 mars 1556 — 3 août 1621).
Relation véritable de la mort de G. du Vair, garde des

sceaux de France (sous Louis XIII), ensemble ses dernières paroles et celles que le roi a dites sur son trépas. *Par.* 1621. 8. (*P.*)
Molinier (Etienne). Discours funèbre sur le trépas de Mgr. G. Duvair, évêque de Lisieux et garde des sceaux de France. *Par.* 1621. 8.
Sapey (Charles Antoine). Essai sur la vie et les ouvrages de G. du Vair, conseiller au parlement de Paris sous Henri III et pendant la Ligue, premier président au parlement de Provence sous le règne de Henri IV, garde des sceaux sous Louis XIII. *Par.* 1847. 8. (*P.*)

Duval (Georges),
littérateur français (1777 — ...).
Duval (Georges). Souvenirs de la terreur. *Par.* 1842. 8.
—— Souvenirs thermidoriens. *Par.* 1843. 2 vol. 8.

Duval (Louis Prudent),
prêtre français (25 nov. 1765 — 6 mars 1840).
Notice nécrologique sur M. l'abbé Duval, curé de Mareuil-sur-Ay. *Rambouillet.* 1840. 8.

Duval (Valentin Jameray, plus connu s. l. nom de),
numismate français (1695 — 3 sept. 1775).
Koch (Victor v.). OEuvres de V. Jameray Duval, précédées des Mémoires sur sa vie. *Saint-Pétersb.* (*Bâle*). 1784. 2 vol. 8. *Par.* 1785. 3 vol. 18. Trad. en allem. s. c. t. Leben des Herrn V. J. Duval, par Albert Christoph Kayser. *Regensb.* 1788. 2 vol. 8. (*D.* et *P.*)
Dielitz (Carl). V. Jameray Duval's höchst merkwürdige Lebensgeschichte. *Nürnb.* 1859. 12. Portrait.

Duvall (Claude),
savant anglais.
(**Pope**, Walter). Memoirs of M. Duvall, containing the history of his life and death. *Lond.* 1670. 4. (Attribué souvent à Anthony a Wood.)

Duvau (Auguste),
botaniste français (15 janvier 1771 — 8 janvier 1831).
Bélanger (Charles). Notice nécrologique sur A. Duvau. *Par.* 1832. 8.

Duvergier de Hauranne (Prosper),
homme d'État français.
M... (N... N...). Duvergier de Hauranne, de 1851 à 1858. *Par.* 1846. 8.

Duvernoy (Georges Louis),
théologien français (31 mai 1784 — 9 avril 1841).
Discours prononcé aux obsèques de M. G. L. Duvernoy, inspecteur ecclésiastique, etc. *Montbéliard.* 1841. 8.

Du Vivier (Joseph Hippolyte),
prêtre belge (20 avril 1752 — 25 janvier 1834).
(**Delmotte**, Henri Florent). Notice sur l'abbé J. H. Du Vivier, ancien secrétaire du cardinal-archevêque de Malines (Frankenberg), chanoine et archidiacre de la cathédrale de Tournai, vicaire général du diocèse. *Tournai.* 1840. 8. Portrait.

Duvoisin (Jean Baptiste),
évêque de Nantes (16 octobre 1744 — 9 juillet 1813).
Reveillé de Beauregard (N... N...). Notice sur Mgr. J. B. Duvoisin, évêque de Nantes, et sur ses ouvrages. *Nant.* 1822. 8.

Duyfhuis (Hubertus),
théologien hollandais.
Oordt (J... C... F... van). Iets over H. Duyfhuis, predikant der St. Jacobskerk te Utrecht. *Rotterd.* 1841. 8.

Duymaer van Twist (A... J...),
jurisconsulte hollandais.
Muntinghe (Herman). Leerrede bij gelegenheid van het afsterven van zijnen ambtgenoot, den hoogleraar A. J. Duymaer van Twist. *Groning.* 1821. 8.
Lulofs (B... H...). Bij het overlijden van mijnen waardigen en voormaligen beminden leermeester A. J. Duymaer van Twist. *Groning.* 1821. 8.
Gratama (Seerp). Redevoering over het staats-wezen, den akademischen regtsleeraar en de regtsgeleerde verdiensten van den overledenen hoogleeraar A. J. Duymaer van Twist. *Groning.* 1821. 8.

Duyn (Marguerite de),
religieuse française († 9 janvier 1310).
Péricaud (Antoine). Notice de M. de Duyn. *Lyon.* 1857. 8. (Extrait des *Variétés historiques, biographiques et littéraires.*)

Duysing (Bernhard),
théologien allemand.

Duysing (Justin Gerhard). Programma in obitum B. Duysingii, theologiæ professoris. *Marb.* 1734. *4.* (*D.*)

Duysing (Heinrich Otto),
théologien allemand (24 janvier 1719 — 15 sept. 1781).

Curtius (Michael Conrad). Memoria H. O. Duysingii. *Marb.* 1781. *4.*

Coing (Johann Franz). Programma funebris in obitum H. O. Duysingii, theologiæ doctoris et prof. prim. *Marb.* 1781. Fol.

Duysing (Johann),
philosophe allemand († janvier 1730).

Hartmann (Johann Adolph). Oratio funebris in obitum J. Duysingii, logices et metaphysices professoris, etc. *Marb.* 1730. *4.*

Duysing (Johann Wilhelm Dietrich),
philosophe allemand.

Creuzer (Georg Friedrich). Memoria J. G. D. Duyssingii. *Marb.* 1804. *4.* (*D.*)

Duysing (Justin Gerhard),
médecin allemand (4 mai 1705 — 13 février 1761).

Duysing (Heinrich Otto). Programma funebre in obitum J. G. Duysingii, med. doct. et prof. *Marb.* 1761. Fol.

Dwight (Timothy),
théologien anglo-américain.

Silliman (Benjamin). Eulogium on the life and character of president Dwight, etc. *New-Haven.* 1817. *8.*
Incidents in the life of the Rev. T. Dwight. *New-Haven.* 1831. *8.*

Dyck (Antoine Van),
peintre hollandais (1599 — 22 mars 1641).

Hasselt (André van). Rectification d'une épisode de la vie de Van Dyck. *Anvers.* 1843. *8.* (Extrait des *Annales de l'Académie archéologique de Belgique.*)

Vallardi (Giuseppe). Cenni storico-artistici sul A. Van Dyck. *Milan.* 1844. *4.*

Carpenter (William Hookham). Pictorial notices consisting of a memoir of sir A. Van Dyck, with a descriptive catalogue of the etchings executed by him, etc. *Lond.* 1844. *4.*

Hymans (Louis). Mémoires et documents inédits sur A. Van Dyck, Pierre Paul Rubens et autres artistes contemporains. *Anvers.* 1845. *8.* *

   * Ce n'est qu'une traduction de l'ouvrage précédent. On y trouve les portraits de Van Dyck et de Pierre Paul Rubens.

Dyer (Samuel),
missionnaire anglais.

Davis (Evan). Memoir of the Rev. S. Dyer, sixteen years missionary to the Chinese. *Lond.* 1846. *8.*

Dyhern (Georg Carl, Baron v.).

Fresenius (Johann Philipp). Nachricht von der sonderbaren Bekehrung eines Naturalisten, des Barons G. C. v. Dyhern. *Leipz.* 1760. *8.*

Dyhern (Sylvius, Graf v.).
Genealogie des S. Grafen v. Dyhern. *Bresl.* 1731. Fol.

Dyk (R... P... van),
meurtrier hollandais (exécuté le 16 octobre 1846).

Thoden van Velzen (S... K...). Leven en sterven van R. P. van Dyk, wegen gepleegden moord veroordeeld tot de straffe des doods, en teregtgesteld binnen Leeuwarden. *Leeuw.* 1847. *8.*

Dykes (Thomas),
théologien anglais.

King (John). Memoir of the Rev. T. Dykes, incumbent of St. John's church, Hull, etc. *Lond.* 1849. *8.*

E

Eachard (John),
théologien anglais (vers 1636 — 1697).

Davies (Thomas). Life of the Rev. J. Eachard. *Lond.* 1780 (?) *8.*

Eaton (William),
général anglo-américain.

Eaton (John Henry). Life of general W. Eaton. *Brookfield.* 1813. *8.* *Ibid.* 1818. *8.*

Ebel (Johann Gottfried),
médecin allemand (8 oct. 1764 — 7 oct. 1830).

Necrolog denkwürdiger Schweizer (Paul **Usteri**, J. G. **Ebel** *, Johann Heinrich **Füssli**, Johann Caspar **Honner**). *Zürch.* 1857. *8.*
   * L'esquisse de sa vie, composée par Heinrich Escura, se trouve pages 95-173.

Ebel (Johann Philipp),
pédagogue allemand (15 février 1592 — 29 déc. 1627).

Meckel (Johann). Leichpredigt bey dem Tode Magister J. P. Ebel's. *Ulm.* 1628. *4.*

Ebeling (Johann Georg),
musicien allemand (vers 1620 — 1676).

Stamm (Peter). Programma funebre in obitum J. G. Ebelingii. *Stettin.* 1676. *4.*

Ebeling (H... M... F...),
pédagogue allemand (19 sept. 1756 — 23 mai 1785).

Drumann (Heinrich Philipp). Bemerkungen über das Leben und den Tod H. M. F. Ebeling's. *Quedlinb.* 1785. *8.*

Ebelmen (N... N...),
ingénieur français (10 juillet 1814 — ... 1852).

Dufresnoy (N... N...). Paroles prononcées sur la tombe de M. Ebelmen, etc. *Par.* 1852. *8.*

Ebelt (Ehrenfried),
théologien allemand.

Schwenke (Christian Gotthelf). Die Kraft des Lebens Jesu. Leichenpredigt auf E. Ebelt. *Dresd.* 1770. *4.* (*D.*)

Eber (Paul),
théologien allemand (8 nov. 1511 — 10 déc. 1569).

Beust (Joachim v.). Scriptum in funere P. Eberi. *Witteb.* 1569. *4.* (*D.*)

Venator (Stephan). Vita et res gestæ P. Eberi, carmine exposita. *Witteb.* 1570. *4.* (*D.*)

Menz (Balthasar). Oratio de vita et rebus gestis P. Eberi. *Witteb.* 1581. *4.*

Sixt (Christian Heinrich). P. Eber, der Schüler, Freund und Amtsgenosse der Reformatoren. Beitrag zur Geschichte des Reformations-Zeitalters. *Heidelb.* 1843. *8.* (*D.*)

Ebergényi (Báro Lásszló),
feld-maréchal hongrois († 1724).

Symbolographia funebris ad insignia L. L. B. Ebergényi, campi mareschalli, in ejus exequiis proposita. *Vienn.*, s. d. (1724.) Fol.

Eberhard, surnommé l'Illustre,
comte de Wurtemberg (.... — 1279 — 5 juin 1325).

Cless (Heinrich David). Comitum Eberhardi et Ulrici fratrum historia. *Stuttg.* 1785. *8.*

Uebelen (Georg). Eberhard der Erlauchte, Graf von Würtemberg, geschichtliches Gemälde. *Stuttg.* 1839. *8.*

Eberhard le Barbu,
premier duc de Wurtemberg (11 déc. 1445 — 24 février 1496.)

Summerhard (C...). Oratio funebris de Eberhardo Barbato, duce Wurtembergico. *Tubing.* 1496. *4.*

Melanchthon (Philipp). Oratio de illustri principe Eberhardo Barbato, duce Wurtembergensi, academiæ Tubingensis fundatore. *Witteb.* 1552. *4. Norimb.* 1777. *4.*

Crusius (Martin). Oratio de Eberhardo I Barbato, primo Wurtembergensi duce. *Tubing.* 1593. *4.*

Faber (Wilhelm Christian). Eberhardus redivivus in lucem productus. *Tubing.* 1619. *4.*

Hoffmann (Gottfried Daniel). Eberhard's, des Stifters der hohen Schule Tübingen, Ehrengedächtniss. *Tübing.* 1777. *4.*

Roeslin (Johann Friedrich). Leben des ersten Herzogs von Würtemberg, Eberhard im Bart. *Tübing.* 1793. 8.

Pfister (Johann Christoph). Eberhard im Bart, erster Herzog in Würtemberg. *Tübing.* 1822. 8. Portrait.

Magenau (A... C...). Eberhard im Bart; in zwölf Erzählungen für Fürst und Volk. *Stuttg.* 1822. 8.

Gutscher (Jacob Friedrich). Eberhard I, Herzog von Würtemberg, in seinen wichtigsten Lebensverhältnissen dargestellt. *Stuttg.* 1825. 8.

Schmidt (N... N...). Leben Eberhard's im Bart, ersten Herzogs von Würtemberg. *Stuttg.* 1840. 8.

Eberhard II, surnommé le Pieux,
comte de Wurtemberg (1390 — 16 mai 1417).

Seeger (F... T... B...). Dissertatio de Eberhardo Miti, comite Wurtembergico. *Tubing.* 1767. 4.

Eberhard III,
huitième duc de Wurtemberg (16 déc. 1614 — 1628 — 2 juillet 1674).

Ostenfeld (Christian). Laurus Wirttembergica. Panegyricus Eberhardo III, duci Wirttembergensi, pro restituta academia Tubingensi dicto. *Tubing.* 1652. Fol.

Scheinemann (David). Panegyricus funebris Eberhardo III dicto. *Tubing.* 1674. Fol.

Eberhard,
archevêque de Salzbourg († 1164).

Kofler (Johann Baptist Carl v.). Memorabilia Eberhardi II, Juvaviensis quondam archiepiscopi. *Salisb.* 1780. Fol.

Eberhard (Caspar),
théologien allemand (1523 — 21 oct. 1575).

Mueller (Daniel Traugott). Commentationes VIII de vita C. Eberhardi. *Schneeberg.* 1752-54. 4. (*D.*)

Eberhard (Johann August),
philosophe allemand (31 août 1739 — 7 janvier 1809).

Nicolai (Friedrich). Gedächtnissschrift auf J. A. Eberhard. *Berl.* et *Stett.* 1810. 8. Portrait. (*D.*)

Eberhard (Johann Heinrich),
jurisconsulte allemand (5 nov. 1743 — 28 août 1772).

Huch (Ernst Ludwig Daniel). Programma in obitum J. H. Eberhardi, consiliarii aulici et professoris juris, etc. *Servest.* 1772. Fol.

Eberhard, geb. Koehler (Wilhelmine),
dame allemande († 16 février 1817).

Eberhard (Wilhelmine). Fünfundvierzig Jahre aus meinem Leben; biographische Skizze. *Leipz.* 1802. 8.

Eberhart (Christian),
poète allemand (vers 1618 — 25 avril 1678).

Froeling (Andreas). Herrliche Gnadenbelohnung. Leichenpredigt auf C. Eberhart. *Helmst.* 1679. 4. (*D.*)

Eberken (Johannes),
théologien allemand (20 avril 1596 — 15 avril 1668).

Roth (Johannes). Leichpredigt bey dem Tode Magisters J. Eberken's, etc. *Ulm.* 1668. 4.

Eberstein (comtes d'),
famille allemande.

Hildebrand (Andreas). Genealogia illustrium et generosissimorum comitum ab Eberstein. *Stett.* 1623. Fol.

Krieg von Hochfelden (G... H...). Geschichte der Grafen von Eberstein in Schwaben. *Carlsr.* 1836. 8.

Ebert III,
abbé de Kremsmunster.

Strasser (Gabriel). Biographia Eberti III, abbatis Cremifanensis. *Styriæ.* 1800. Fol.

Ebert (Friedrich Adolph),
bibliographe allemand (9 juillet 1791 — 13 nov. 1834).

Falkenstein (Carl Constantin). Einige Worte, gesprochen am Grabe F. A. Ebert's, s. l. et s. d. (*Dresd.* 1834.) 8. (*D.*)

Eberts (Carl),
théologien allemand (14 juin 1831).

Kehr (Ludwig Christian). Grabrede und Leichenpredigt bei der Beerdigung des Herrn C. Eberts, Superintendenten der evangelischen Synode von Kreuznach, etc., nebst einigen Bemerkungen über das Leben und den Character des Verewigten. *Kreuzn.* 1831. 8.

Eberwein (Johann Christoph),
théologien allemand (6 juillet 1668 — 18 janvier 1734).

Neubauer (Ernst Friedrich). Bild eines unermüdlichen

Knechtes Gottes. Leichenpredigt bei Beerdigung J. C. Eberwein's. *Giess.* 1734. 4.

Ebmeier (Johann Ernst),
théologien allemand.

Westermann (Georg Heinrich). Gedächtniss-Predigt auf J. E. Ebmeier, Prediger in Windheim. *Minden.* 1793. 8.

Ebner (Hieronymus),
magistrat allemand.

Schwarz (Christian Gottlieb). Prolusio de vita H. Ebneri. *Altorf.* 1740. 4. (*D.*)

Ebner v. Eschenbach (Hieronymus Wilhelm),
jurisconsulte allemand (22 juillet 1673 — 26 janvier 1752).

Roeder (Johann Paul). Memoria Ebneriana. *Norimb.* 1755. Fol.

Ebner (Margarethe),
religieuse allemande († 20 juin 1351).

Eisenhuet (Eustachius). Leben, Tugenden, himmlische Gnaden und Tod der seligen Jungfrau M. Ebnerin, des Closters Maria-Medingen Professin. *Augsb.* 1688. 8. Portrait.

Stempfle (Lorenz). Die gottselige M. Ebner, Klosterfrau zu Maria-Medingen, etc., s. l. (*Augsb.*) 1838. 12.

Eboli (Pietro d'),
poète italien du xiiie siècle.

Huillard-Bréholles (A...). Notice sur le véritable auteur du poëme de *Balneis puteolanis*, (c'est-à-dire sur P. d'Eboli), etc. *Par.* 1852. 8.

Eccius (Melchior),
médecin allemand.

Seiler (Tobias). Leichpredigt auf den Stadtphysicum Dr. M. Eccium. *Wittenb.* 1628. 4.

Echter v. Mespelbrunn (Julius),
prince-évêque de Wurzbourg.

Buchinger (Johann Nepomuk). J. Echter v. Mespelbrunn, Bischof von Wurzburg und Herzog von Franken. *Würzb.* 1843. 8. Portrait.

Eck (Carel Fransen van),
littérateur hollandais.

Hulde der vriendschap aan de nagedachtenis van C. F. van Eck. *Devent.* 1830. 8.

Verwys (A...). Hulde aan de nagedachtenis van C. F. van Eck. *Devent.* 1831. 8.

Eck ou Eccius (Johann),
théologien allemand (13 nov. 1486 — 8 février 1543).

Lemberg (Peter). Epistola de doctrina et morte J. Eccii, etc. *Norimb.* 1543. 4. (*D.*)

Eck (Johann Georg),
théologien allemand (1745 — 1784).

Gedächtnissschriften auf J. G. Eck. *Leipz.* 1784. 8. Portrait. (*D.*)

Eck (Johann Georg). Lebensbeschreibung J. G. Eck's, Pastors zu Kühndorf. *Leipz.* 1784. 8.

Eckardt, genannt Koch (Siegfried Gotthelf),
comédien allemand (26 oct. 1754 — 11 juin 1831).

Baldamus (Maximilian Carl). S. G. Eckhardt, genannt Koch, k. k. Hofschauspieler, was er ist und wie er es wurde; biographische Skizze. *Wien.* 1828. 8.

Eckart (Heinrich),
mystique allemand (19 oct. 1582 — 22 février 1624).

Martensen (Hans Lassen). Mester Eckart. Bidrag til at oplyse Middelarderens Mystik. *Kjoebenh.* 1840. 8. Trad. en allem. *Hamb.* 1843. 8.

Eckart (Melchior),
théologien allemand (18 oct. 1555 — 20 janvier 1616).

Guenther (Andreas). Leichen-Predigt bey dem Begräbniss Magister M. Eckart's. *Oels.* 1616. 4. Manes Eccardini. *Olsnic.* 1616. 4.

Eckarth (Friedrich),
historien allemand (30 août 1687 — 30 avril 1736).

Eckarth (Gotthelf Traugott). F. Eckarth's Lebenslauf. *Zittau.* 1736. 4.

Eckbert,
anti-roi des Romains.

Reinhard (Johann Paul). Exercitationes II de Ecberto, anti-cæsare. *Erlang.* 1746-52. 8.

Eckenberg ou **Eggenberg** (Johann Carl v.), surnommé **Simson** oder **der starke Mann**, acteur allemand (1685 — 1748).

Schneider (Louis). J. C. v. Eckenberg, der starke Mann. Studie zur Theatergeschichte Berlins. *Berl.*, s. d. (1848). 16. *

* Cette notice, tirée à part à très-petit nombre, n'a pas été mise dans le commerce.

Eckhard I,
margrave de Misnie (+ 1002).

Sagittarius (Caspar). Exercitatio historica de Eccardo I, Misniæ marchionis. *Jenæ.* 1675. 4. Port. *Ibid.* 1721. 4.

Eckhard II,
margrave de Misnie (+ 1046).

Sagittarius (Caspar). Historia Eccardi II, marchionis Misniæ, et in ea translatio sedis episcopalis Ciza Naumburgum atque episcoporum Naumburgensium a primo episcopatus origine ad annum 1680. *Jenæ.* 1680. 4. *Ibid.* 1718. 4.

Eckhard (Christian Heinrich),
jurisconsulte allemand (1716 — 20 déc. 1751).

Toepffer (Friedrich August). Monimentum piæ memoriæ C. H. Eckhardi. *Jenæ.* 1752. 4.

Eckhard (Tobias),
philologue allemand (1er nov. 1662 — 13 déc. 1737).

Eckhard (Christian Heinrich). Monimentum pietatis, h. e. vita T. Eckhardi. *Jenæ.* 1739. 4. (*D.*)

Eckhel (Joseph Hilarius),
numismate allemand (13 janvier 1737 — 16 mai 1798).

Millin (Aubin Louis). Notice historique sur J. H. Eckhel. *Par.*, an VII. 8. (Extrait du *Magasin encyclopédique*, omis par Quérard.) — (*D.*)

Eckhold (Amadeus),
jurisconsulte allemand (25 janvier 1623 — 20 nov. 1668).

(**Kromayer**, Hieronymus). Programma academicum in A. Eckholdi funere. *Lips.* 1668. 4.

Eddy (Thomas),
littérateur anglo-américain.

Knapp (Samuel L...). Life of T. Eddy, comprising an extensive correspondence, etc. *New-York.* 1834. 8.

Edelmann (Johann Christian),
athée allemand (9 juillet 1698 — 15 février 1767).

Ziegra (Christian). Nichtigkeit der Gründe J. C. Edelmann's. *Hamb.* 1748. 4.

Des berüchtigten J. C. Edelmann's Leben und Schriften. *Frf.* 1750. 8. (*D.*)

Pratje (Johann Heinrich). Historia litium Edelmanniarum. *Stadæ.* 1751. 4.

—— Epistolæ pastorales III de J. G. Edelmanni vita et scriptis. *Stadæ.* 1749-51. 4.

—— Historische Nachrichten von J. C. Edelmann's, eines berüchtigten Religionsspötters, Leben, Schriften und Lehrbegriff, wie auch von den Schriften, die für und wider ihn geschrieben worden. *Hämb.* 1755. 8. Augment. *Hamb.* 1755. 8. (*D.*)

Elster (Wilhelm). Erinnerung an J. C. Edelmann, etc. *Clausthal.* 1859. 8.

J. C. Edelmann's Selbstbiographie, geschrieben 1752, publ. par Carl Rudolph Wilhelm KLOSE. *Berl.* 1849. 8.

Zuverlässige Nachricht von J. C. Edelmann's Aufenthalt in Berlin. *Frf.* et *Leipz.* 1747. 8. (*D.*)

Edgeworth de Firmont (Henry Essex),
confesseur de Louis XVI (1745 — 22 mai 1807).

Memoirs of the abbé Edgeworth, containing his narrative of the last hours of Louis XVI, publ. by Charles Sneyd EDGEWORTH. *Lond.* 1816. 8. Trad. en franç. (par N... N... DUPONT). *Par.* 1816. 8.

Letters from the abbé Edgeworth to his friends, etc., with Memoirs of his life, publ. par Thomas R... *Lond.* 1818. 8. Trad. en franç. par Élisabeth de BON. *Par.* 1818. 8.

Bouvens (N... N... de). Oraison funèbre de très-vénérable H. E. Edgeworth de Firmont, confesseur de Louis XVI, etc. *Par.* 1814. 8. (*Lv.*)

Edgeworth (Richard **Lovell**),
mécanicien irlandais (1744 — 13 juin 1817).

Memoirs of R. L. Edgeworth, written by himself and

edited by his daugter Maria EDGEWORTH. *Dublin.* 1820. 12. *Boston.* 1821. 12.

Edler (Anton Ludwig),
théologien allemand (28 sept. 1696 — 25 mai 1747).

Schubert (Johann Ernst). Leichpredigt von dem lehrreichen Tode der Gerechten bey der Beerdigung des weiland, etc. Herrn A. L. Edler, treu fleissigen und wohlverdient gewesenen Pastors der evangelisch-lutherischen Gemeine zu Stadthagen. *Bückeburg.* 1747. Fol.

Rauschenbusch (Johann Carl). Der geistliche Adel gläubiger Christen, etc. Trauerrede gehalten bey der solennen Leichprocession des, etc. Herrn A. L. Edler. *Bückeb.* 1747. Fol.

Edme (Saint),
archevêque de Cantorbéry (+ 12 nov. 1242).

(**Chamillard**, Edme). Vie de S. Edme, évêque de Cantorbéry, tirée des manuscrits de l'abbaye de Pontigny. *Auxerre.* 1763. 12.

Edom.

Nicolai (Otto Nathaniel). Dissertatio de ossibus regis Edom combustis, Amos. 2, 1. *Lips.* 1733. 4.

Édouard le Confesseur (Saint),
roi des Anglo-Saxons (1041 — 5 janvier 1066).

Lyfe of S. Edwarde. *Lond.* 1533. 4.

Caseneuve (Pierre de). Histoire de la vie et des miracles de S. Édouard, roi d'Angleterre. *Toulouse.* 1643. 8. (Extrêmement rare.)

Porter (Jerome). Life of S. Edward, king and confessor. *Lond.* 1710. 8.

Levens van de H. Eduard, belyder, koning van Engeland, en van de H. Ferdinand (III) van Spanje. *Tournai.* 1852. 32.

Édouard I,
roi d'Angleterre (1240 — 1272 — 7 juillet 1307).

Peele (George). Famous chronicle of king Edward I, surnamed Edward Longshankes, with his returne from the Holy Land, etc. *Lond.* 1593. 4. *Ibid.* 1599. 4.

Prynne (William). History of king John, king Henry III and the most illustrious king Edward I. *Lond.* 1670. Fol.

(**Howard**, Robert). Historical observations upon the reigns of king Edward I, II, III and Richard II. *Lond.* 1689. 12.

Index to the history of king John, king Henry III and king Edward I. *Lond.* 1775. Fol.

Voisin (Auguste). Bataille de Courtrai ou des éperons d'or (11 juillet 1302). Récit historique d'après les documents flamands de M. Goethals-Vercruysse, etc. *Gand.* 1840. 8.

Moke (M...). Mémoire sur la bataille de Courtrai, dite aussi de Groeninghe et des éperons. *Brux.* 1852. 4. (Extrait des *Mémoires de l'Académie royale de Belgique.*)

Siege of Carlaverock Eduardi I anno D. 1300, with the arms of the earls, barons and knights, who were present on that occasion, publ. par Nicholas Harris NICOLAS. *Lond.* 1828. 4. (Peu commun.)

Prynne (William). Antiquæ constitutiones regni Angliæ sub regibus Joanne, Henrico III et Eduardo I circa jurisdictionem et potestatem ecclesiasticam. *Lond.* 1672. Fol.

Édouard II,
roi d'Angleterre (25 avril 1284 — 7 juillet 1307 — déposé le 24 janvier 1327 — 21 sept. 1327).

Hubert (Francis). History of Edward II, surnamed Carnavan, etc. *Lond.* 1629. 8. (Poëme épique avec portrait.)

Falkland (Henry Cary). History of king Edward II, with observations on him and his favourites, Gaveston and Spencer. *Lond.* 1680. 4. Portrait.

True relation of the manner of the deposing of king Edward II, as also an exact account of the proceedings and articles against king Richard. *Lond.* 1689. 4.

History of the life and reign of king Edward II. *Lond.* 1713. 12.

Édouard III,
roi d'Angleterre (15 nov. 1313 — 1327 — 21 juin 1377).

Aeschacius (Major). Rationis et adpetitus pugna, h. e.

de amore Eduardi III, regis Angliæ, s. l. 1592. 18. Hafn. 1612. 4.

_____

Raigne of king Edward III, etc. Lond. 1596. 4. Ibid. 1599. 4.

Barnes (Joshua). History of Edward III together with that of Edward the Black Prince. Cambridge. 1688. 4. 4 portraits.

Howard (Robert). History of the reigns of Edward III and Richard II. Lond. 1690. 8.

Avesbury (Robert d'). Historia de memorabilibus gestis Eduardi III, publ. par Thomas HEARNE. Oxon. 1728. 8.

Bree (John). Sketch of the kingdom of England during the 14th century, with a particular account of the campaign of Edward III in 1345 and 1346. Lond. 1791. 4.

Kervyn de Lettenhove (Joseph). Froissard, Édouard III et le comte de Salisbury. Brux. 1853. 8. (Extrait des Bulletins de l'Académie royale de Belgique.)

Deklerk (Jean). Édouard III, roi d'Angleterre, en Belgique, chronique rimée, écrite vers l'an 1347 et trad. en franç. par Octave DELEPIERRE. Gand. 1841. 8. (Tiré à 100 exemplaires.)

Vidalin (Auguste). Édouard III et la régence, ou essai sur les mœurs du xive siècle. Par. 1843. 8. 2 portraits

Édouard IV,
roi d'Angleterre (21 avril 1441 — 5 mars 1461 — 9 avril 1483).

Habington (William). History of king Edward IV of England. Lond. 1640. Fol. Portrait.

_____

Merrie pleasant and delectable historie betweene king Edward IV and a tanner of Tamworth, etc. Lond. 1596. 4.

Édouard V,
roi d'Angleterre (13 oct. 1470 — 3 avril 1483 — assassiné le 24 mai 1483).

Fleetwood (William). Anni regum Eduardi V, Richardi III, Henrici VII et Henrici VIII. Lond. 1579. 16. Ibid. 1597. Fol.

More (Thomas). Historie of the pittiful life and unfortunate death of king Edward V and the duke of York, his brother, publ. par William SHEARES. Lond. 1641. 12. *
* Avec le portrait d'Édouard V et de son frère le duc d'York.

Édouard VI,
roi d'Angleterre (12 oct. 1538 — 20 février 1547 — 6 juillet 1553).

Godwin (Francis). Rerum Anglicarum, Henrico VIII, Eduardo VI et Mariæ regnantibus, annales. Lond. 1616. Fol. Ibid. 1628. 4. Hag. Comit. 1653. Fol.
Trad. en angl. par Michel GODWIN. Lond. 1630. Fol. Ibid. 1676. Fol.
Trad. en franç. par N... N... de LOIGNY. Par. 1647. 4.

Haywarde (John). Life and reign of king Edward VI. Lond. 1622. 4. Ibid. 1630. 4. Portrait. With the beginning of the reign of queen Elizabeth. Lond. 1636. 8. Ibid. 1642. 12.

History of king Henry VIII, with a compendium of the life and reign of Edward VI. Lond. 1682. 12.

Holk (G... van der). Leven van Edward de Seste, koning van Engelland. Hage. 1690. 8.

Voss (Christian Daniel). Historische Gemälde. Leipz. 1792-93. 4 vol. 8. *
* Le 3e volume contient l'histoire d'Édouard VI et celle de ses curateurs.

Turner (Sharon). History of the reign of Edward VI, Mary and Elizabeth. Lond. 1829. 4. Ibid. 1832. 2 vol. 8. Ibid. 1831. 2 vol. 8.

Tytler (Patrick Fraser). Memoirs of the reigns of Edward VI and Mary. Lond. 1839. 2 vol. 8. 2 portraits.

_____

Baldwin (George). Funeralles of king Edward VI, wherein are declared the causers and causes of his death. Lond. 1560. 4. * Ibid. 1817. 4.
* La première édition est tellement rare, que l'on a vendu à l'encan un de ces exemplaires pour 20 livres sterling.

Édouard de Galles, surnommé le Prince Noir,
fils d'Édouard III, roi d'Angleterre (15 juin 1330 — 8 juin 1376).

The French king conquered by the English : the king of France and his son brought prisoners into England by the victorious Edward the Black Prince, etc. Lond. 1673. 4.

Clarke (Samuel). Life and death of Edward the Black Prince. Lond. 1673. 4. (Avec le portrait de l'auteur.)

Collins (Arthur). Life and glorious actions of Edward, prince of Wales, eldest son of king Edward III. Lond. 1740. 8.

Bicknell (Alexander). History of Edward the Black Prince, with a short view of the reigns of Edward I, II and III and a summary account of the order of the garter. Lond. 1777. 8. (Avec le portrait du prince.)

James (George Payne Rainsford). History of the life of Edward the Black Prince and of various events connected therewith. Lond. 1839. 2 vol. 8.

Édouard I,
roi de Portugal (1401 — 1433 — 17 sept. 1438).

Leao (Eduardo Nuñes de). Chronicas del rey Dom Joaõ de gloriosa memoria o primeiro deste nome e dos reys de Portugal o decimo, e as dos reys D. Duarte e D. Affonso, publ. par Rodrigo da CUNHA. Lisb. 1643. Fol.

Édouard de Bragance,
infant de Portugal, frère de Jean IV (vers 1605 — 1649).

(Moniz de Carvalho, Antonio). Sentimento da fé publica que brontada em Alemanha por industria de Castella. Lisb. 1641. 4.
Trad. en lat. s. c. t. Le prince vendu, ou contrat de vente de la personne du prince libre et innocent. Par. 1643. 4.
Trad. en lat. s. c. t. Dolor fidei, etc. Ulyssip. 1642. 4.

Manifeste pour Dom Edouard, infant de Portugal. Par. 1643. 4.

Decisiones anonymi de injusta carceratione principis Eduardi Portugalliæ, s. l. 1646. Fol.

Gouvea (Francisco Velasquez de). Perfidia de Alemania y de Castilla en la prision y processo de Don Duarte. Lisb. 1652. Fol.

_____

Brandao (Francisco). Sermaõ nas exequias do iffante D. Duarte. Lisb. 1650. 4.

Escobar (Francisco de). Sermaõ funebre do iffante D. Duarte. Lisb. 1650. 4.

Édouard,
infant de Portugal, frère de Jean III.

Resende (Andrea de). Vida do iffante Dom Duarte. Lisb. 1789. 8.

Edwards (George),
naturaliste anglais (1693 — 23 juillet 1773).

Some memoirs of the life and works of G. Edwards. Lond. 1776. 4.

Edwards (Jonathan),
théologien anglo-américain (1703 — 1758).

Life and character of J. Edwards, with extracts from his Diary. Edinb. 1799. 12.

Dwight (S... E...). Life of J. Edwards. New-York. 1830. 8.

Edwards (William Frederick),
naturaliste anglais (6 avril 1776 — 24 août 1842).

Berriat Saint-Prix (Jacques). Discours prononcé aux funérailles de M. G. Edwards. Par. 1842. 8.

Edwin (John),
comédien anglais (1748 — 31 oct. 1790).

Williams (John). Excentricities of J. Edwin. Lond. 1791. 2 vol. 8. *
* Cette collection d'anecdotes, publiée sous le pseudonyme d'Anthony PASQUIN, est omise par Lowndes.

Edzard (Esdras),
théologien allemand (28 juin 1629 — 1er janvier 1708).

Programma in honorem E. Edzardi, etc. Rostoch. 1650. 4. (D.)

Edzard (Georg Eleazer),
philologue allemand (22 janvier 1661 — 23 mars 1727).

Richey (Michael). Programma in funere G. E. Edzardi. Hamb. 1727. Fol.

Edzard (Sebastian),
philosophe allemand (1er août 1673 — 10 juin 1736).

Reimarus (Hermann Samuel). Programma in S. Edzardi memoriam. Hamb. 1736. Fol. (L.)

Eersel (Govard Geraard van),
évêque de Gand (28 déc. 1713 — 27 mai 1778).

Beughem (Charles Antoine François de Paul van). Oratio in funere G. G. van Eersel. Gandav. 1778. 8.

Hebbelynck (N... N...). Notice sur G. G. van Eersel XVI, évêque de Gand, comte d'Everghem, seigneur du territoire de Saint-Bavon, etc. *Gand.* 1844. 8. Port.

Effiat (Antoine **Coiffier**, marquis d'),
maréchal de France (1581 — 27 juillet 1632).

Effiat (Antoine **Coiffier** d'). Mémoires concernant les dernières guerres d'Italie, depuis 1625 jusqu'en 1632. *Par.* 1662. 12. *Ibid.* 1669. 2 vol. 12. *Ibid.* 1682. 2 volumes 12.

Discours sur la vie et la mort d'A. d'Effiat, ensemble ses dernières paroles et ce qui s'est passé de plus mémorable à sa mort. *Par.* 1632. 8.

Effinger (Georg v.),
homme d'État suisse.

G. v. Effinger, eine Selbstbiographie. Sittengemälde aus der Revolutionszeit, etc., herausgegeb. von Ildephons **Fuchs.** *Sanct.-Gall.* 1814. 8.

Effinger v. Wildeck (Hans Thuering),
homme d'État suisse.

Duell (Johann Heinrich). Leichenpredigt auf H. Thuering Effinger v. Wildeck, Herrn zu Wildenstein, s. l. 1668. 4.

Effleur (Menne),
prêtre français.

Maugre (Jean de). Oraison funèbre de D. M. Effleur, abbé d'Orval. *Charleville.* 1765. 4.

Egede (Hans),
évêque de Groenland (31 janvier 1686 — 5 nov. 1758).

Lund (Jacob Johan). Biskop H. Egedes Levnet. *Kjoebenh.* 1778. 4.

Brauer (Johann Hartwig). Die Heidenboten Friedrich's IV von Dänemark : Thomas von Westen und H. Egede. *Alton.* 1859. 8.

Rudelbach (Andreas Gottlob). H. Egede. *Leipz.* 1850. 8.

Vormbaum (Reinhold). H. Egede, der Prediger des Evangelium's in Grönland, nach seinem Leben und Wirken dargestellt. *Düsseld.* 1850. 8.

Bodemann (Friedrich Wilhelm). H. Egede, der Apostel der Grönländer, nach seinem Leben und Wirken dargestellt. *Bielef.* 1855. 8.

Egeno le Barbu,
comte d'Urach.

Bader (Joseph). Egeno der Bärtige, Graf v. Urach. *Carlsr.* 1844. 8.

Eger (Akiba),
rabbin juif (1741 — 1780).

Kaempf (S... J...). Biographie des hochberühmten, hochseligen Herrn A. Eger, Ober-Rabbiners zu Posen, etc. *Lissa.* 1838. 8. (Non destiné au commerce.)

Egérie,
personnage mythologique.

Salanus (Petrus). Disputatio de Ægeria nympha, quod sit Atlantica, non Romana. *Holm.* 1694. 4.

Egerton (Thomas),
grand-chancelier d'Angleterre (1540 — 15 mars 1617).

Egerton (Francis Henry). Compilation of various authentic evidences and historical authorities tending to illustrative the life and character of lord-chancellor T. Egerton, etc. *Par.* 1812. Fol. Trad. en franç. *Par.*, s. d. (1814.) 4. (P.)

Egg (Johann Caspar),
magistrat suisse (1738 — 1794).

Egg (N... N...). Denkmal auf J. C. Egg, Gerichtsvoigt in Ellikon. *Zürch.* 1796. 8.

Egger (Johann),
philosophe suisse († 1756).

Altmann (Johann Georg). Oratio funebris de servo fideli in gaudium Domini sui intrante, in obitum J. Eggeri. *Bern.* 1757. 4.

Eggers (Jacob, Freiherr v.),
général livonien (14 déc. 1704 — 12 janvier 1773).

(Gralath, Daniel). Ehrengedächtniss des Freiherrn J. v. Eggers. *Danz.* 1773. 4.

Schoenberg (Anders). Åminnelse-Tal öfver General-Majoren J. Eggers. *Stockh.* 1775. 8.

Egil,
guerrier scandinave du VIIIe siècle.

Salanus (Petrus). Historia Egilli et Asmundi. *Upsal.* 1693. 4.

Thorlacius (Birger). Dissertatio de Egillo Vendilskagensi. *Hafn.* 1820. 8.

—— Commentatio de Egillo, sub Canuto sancto, Daniæ rege, Bornholmiæ præfecto. *Hafn.* 1822. 8.

Eginhard,
chancelier de Charlemagne († 839).

Weincken (Johann). Vir fama super æthera notus Eginhardus, quondam Caroli M. cancellarius et ecclesiæ Seligenstadiensis fundator, illustratus et contra quosdam auctores vindicatus. *Frf.* 1714. Fol. (D.)

Schminck (Johann Hermann). Dissertatio de Eginhardo. *Marb.* 1716. 4.

Schlegler (Franz). Kritische Untersuchung des Lebens Eginhard's, Kanzlers Carl's des Grossen und Ludwig's des Frommen, mit besonderer Rücksicht der Frage : War Emma oder Imma, seine Gemahlin, eine Tochter Carl's des Grossen oder nicht ? *Bamb.* 1836. 8.

Frese (Julius). De Einhardi vita et scriptis specimen. *Berol.* 1846. 8.

(Omeis, Magnus Daniel). Die in Eginhard verliebte Emma, s. l. (*Nürnb.*) 1680. 12. *
* Publ. s. l. pseudonyme de Damon, Mitglied des Pegnesischen Blumenordens.

Relatio de Eginhardi et Emmæ, Caroli M. filiæ, amoribus. *Norimb.* 1751. Fol.

Dahl (Johann Conrad). Über Eginhard und Emma. *Darmst.* 1817. 8.

Eglinger (Samuel),
médecin suisse (1638 — 27 déc. 1673).

Ruedin (Jacob). Oratio parentalis in obitum S. Eglingeri. *Basil.* 1674. 4.

Egloffstein (Johann v.),
évêque de Wurzbourg (... — 1400 — 1411).

Reuss (A... A...). Johann I v. Egloffstein, Bischof von Würzburg, Stifter der ersten Hochschule in Würzburg. *Würzb.* 1847. 8.

Egmond (Adolf van),
duc de Gueldre.

Verbrugge (M...). A. van Egmond, hertog van Gelder, s. l. et s. d. (*Zaltbommel.* 1836.) 8. (*Ld.*)

Egmond (comtes d'),
famille belge.

Bockenberg (Pieter Corneliszon van). Egmondanorum historia et genealogia. *Lugd. Bat.* 1589. 12.

(Lecoq-Madelaine, N... N...). Abrégé historique de la maison d'Egmond, s. l. (*Par.*) 1707. 4.

Egmont (**Lamoral**, comte d'),
l'un des principaux seigneurs des Pays-Bas (1522 — décapité le 5 juin 1568).

Bercht (August). Geschichte des Grafen Egmont, nebst Beschreibung der Jubelfeste der Universität Leipzig im Jahre 1809 von Hans Carl **Dippold.** *Leipz.* 1810. 8.

Cloët (Jean Jacques de). Eloge historique du comte L. d'Egmont, etc., suivi du dénombrement de l'armée de Philippe II et de la relation des batailles de Saint-Quentin et de Gravelines. *Brux.* 1825. 8. Portrait.

Brunelle (Pierre Joseph). Eloge du comte d'Egmont. *Brux.*, s. d. (1820). 8. *
* Cet éloge, omis par Quérard, est accomp. du portrait d'Egmont.

Laitat (N... N...). Éloge historique du comte d'Egmont. *Mons.* 1829. 8.

Ortille (A... F...). Étude historique sur L. d'Egmont, prince de Gavre, etc., gouverneur des provinces de Flandre et d'Artois, ou une page de l'histoire des Flandres au XVIe siècle. *Dunkerque.* 1853. 8.

Reiffenberg (Frédéric Auguste Ferdinand Thomas de). Interrogatoire du comte d'Egmont, publié d'après les documents qui se trouvent à la bibliothèque de la Haye. *Brux.* 1844. 8. (Tiré à 50 exemplaires.)

Egnazio * (Giovanni Battista),
littérateur italien (vers 1478 — 4 juillet 1553).

Fapanni (Francesco Scipione). Notizia breve intorno G. Egnazio, etc. *Trevis.* 1836. 8.
* Son véritable nom est **Cipelli.**

Ehinger (Elias),
théologien allemand (7 sept. 1573 — 28 nov. 1653).
Brucker (Jacob). Commentatio de vita et scriptis E.
Ehingeri. *Aug. Vind.* 1724. 8. (*D.*)

Ehinger (Johann),
théologien allemand.
Mueller (Johann Jacob). Leichenpredigt auf den Pfarrer J. Ehinger. *Augsb.* 1704. Fol.

Ehrenpreuss (Carl),
homme d'État suédois (1692 — 21 février 1760).
Frondin (Berge). Oratio in memoriam C. Ehrenpreuss.
Upsal. 1760. 8.

Ehrensteen (Carl),
jurisconsulte suédois (20 mai 1636 — 30 nov. 1701).
Isogaeus (Simon). Concio in funere generosissimi domini C. Ehrensteen, legiferi Scaniæ. *Holm.* 1702. 4.
Ihre (Thomas). Oratio funebris in obitum baronis C.
Ehrensteen, Scaniæ Blekingiæque nomarchæ. *Upsal.*
1702. 8.

Ehrensteen (Edvard),
homme d'État suédois (1620 — 1686).
Obrecht (Elias). Oratio in memoriam E. Ehrensteen.
Stockh. 1687. Fol.

Ehrensteen (Lars Philip),
officier suédois.
Hof (Johan). Likpredikan öfver Major L. P. Ehrensteen.
Stockh. 1701. 8.

Ehrenstrale (David),
jurisconsulte suédois (14 juillet 1695 — 6 mai 1769).
Lagerbring (Sven). Oratio in memoriam D. Ehrenstrale. *Lund.* 1769. 8.
Bring (Erland Samuel). Åminnelse-Tal öfver D. Ehrenstrale. *Stockh.* 1770. 8.

Ehrensvaerd (August, Greve),
feld-maréchal de Suède (29 sept. 1710 — 4 oct. 1773).
Arbin (Axel Magnus). Åminnelse-Tal öfver A. Ehrensvaerd. *Stockh.* 1774. 8.

Ehrmann (Marianne v. **Brentano**),
bel esprit allemande (25 nov. 1755 — 14 août 1795).
Ehrmann (Theophil Friedrich). Denkmal der Freundschaft und Liebe, seiner Gattin (Marianne) errichtet.
Stuttg. 1796. 8.

Ehrmann (Sophie Henriette),
Rieder (Johann Jacob). Oraison funèbre de madame
S. H. Ehrmann, née Pfeffel. *Colm.* 1812. 8. (Écrit en
allem.)

Ehwald (Gottlob Friedrich),
jurisconsulte allemand (1793 — 2 février 1840).
Leben, Abentheuer und andere Curiosa des fuhrenden
Candidaten der Rechte G. F. Ehwald, etc. *Leipz.* 1852.
8. (Composé par lui-même.)

Eichel v. Rautenkrohn (Johann),
jurisconsulte allemand (19 sept. 1621 — 2 août 1688).
Bussmann (Johann Eberhard). Leichen-Predigt auf J.
Eichel, Edlen v. Rautenkrohn, etc. *Helmst.* 1688. Fol.

Eichhoff (Nicolaus Gottfried),
pédagogue allemand (23 avril 1766 — 6 mars 1844).
Dr. N. G. Eichhoff's kurze Selbstbiographie, herausgegeb.
von Carl Eichhoff. *Frf.* 1845. 8.

Eichhorn (Johann Gottfried),
théologien allemand (16 oct. 1752 — 25 juin 1827).
Eichstaedt (Heinrich Carl Abraham). Oratio de J. G.
Eichhornio illustri exemplo felicitatis academicæ. *Jenæ.*
1827. 4. (*D.*)
Tychsen (Thomas Christian). Memoria J. G. Eichhorn.
Goetting. 1828. 4. (*Cp.*)

Eichler (Franz Martin),
pédagogue allemand.
Gesner (Johann Georg). Lebensbeschreibung F. M.
Eichler's, Collegæ scholæ Catharinæ. *Lunb.* 1763. Fol.
Overbeck (Johann Daniel). Cenotaphium F. M. Eichlero, etc., positum. *Lubec.* 1763. Fol.

Eickemeyer (Rudolph Heinrich),
général allemand (1752 — 9 sept. 1825).
Koenig (Heinrich). Denkwürdigkeiten des Generals
Eickemeyer, ehemaligen chur-mainzischen Ingenieur-

Oberstlicutenants, sodann im Dienste der französischen
Republik. *Frf.* 1845. 8.

Eisengrein (Martin),
théologien allemand (28 déc. 1535 — 4 mai 1578).
Franck (Caspar). Oratio funebris in obitum M. Eisengreinii. *Ingolst.* 1578. 4.
Hunger (Albert). Oratio in funere M. Eisengreinii, procancellarii Ingolstadiensis. *Ingolst.* 1578. 4.
Rottmar (Valentin). Oratio funebris in M. Eisengreinium. *Ingolst.* 1578. 8.
Holonius (Johannes). Oratio funebris in exequiis M.
Eisengreinii, præpositi veteris Oettingæ in Bavaria. *Ingolst.* 1578. 8.

Eisenhart (Johann),
jurisconsulte allemand (18 oct. 1643 — 9 mai 1707).
Programma academicum in J. Eisenharti funere. *Helmst.*
1707. 4. (*D.*)

Eisenhart (Johann Friedrich),
jurisconsulte allemand (18 oct. 1720 — 10 oct. 1783):
(**Wernsdorf**, Johann Christian). Memoria J. F. Eisenharti. *Helmst.* 1783. 4.

Eisenmenger (Johann Andreas),
philologue allemand (1654 — 20 déc. 1704).
Hartmann (Anton Theodor). J. A. Eisenmenger und
seine jüdischen Gegner. *Parchim.* 1834. 8.

Eisenstuck (Christian Jacob),
jurisconsulte allemand.
Boettiger (Carl August). Carmen quo C. J. Eisenstuckio
doctoris honores semiseculares gratulatur. *Dresd.* 1835.
8. (*D.*)

Eiserne Maske, voy. **Masque de fer.**

Eitzen (Paul v.),
théologien allemand (1521 — 2 février 1598).
Greve (Arnold). Memoria P. ab Eitzen, doctoris theologiæ et superintendentis Hamburgensis, instaurata, in
qua res maxime memorabiles ad historiam ecclesiasticam seculi xv, præcipue Hamburgensem, spectantes, a
morte Æpini usque ad Eitzenii ex urbe Hamburgensi
discessum, ex documentis fide dignis variis quoque
hactenus ineditis recensentur et illustrantur. *Hamb.*
1744. 4. (*D.*)

Ekeberg (Carl Gustaf),
touriste suédois (vers 1716 — 4 avril 1784).
Sparrman (Anders). Åminnelse-Tal öfver C. G. Ekeberg. *Stockh.* 1791. 8.

Ekeblad (Claudius),
homme d'État suédois (vers 1700 — 9 oct. 1771).
Stockenstroem (Erik v.). Åminnelse-Tal öfver C. Ekeblad. *Stockh.* 1772. 8.
Hoepken (Anders Johan v.). Åminnelse-Tal öfver C.
Ekeblad. *Stockh.* 1773. 8.

Ekerman (Paul),
théologien suédois.
Benzelius (Erik Erici). Likpredikan öfver Kyrkoherden P. Ekerman. *Stockh.* 1751. 4.

Ekstroem (Daniel),
mécanicien suédois (.. nov. 1711 — 30 juin 1755).
Wargentin (Pehr Wilhelm). Åminnelse-Tal öfver D.
Ekstroem. *Stockh.* 1758. 8.

Elchanan,
soi-disant pape.
Leben Elchanan's, eines von den Juden erdichteten
Papstes. *Frf.* 1754. 8.

Elchinger (Georg),
théologien allemand.
Heilbronner (Jacob). Leichenpredigt bey dem Begräbnis G. Elchinger's. *Lauingen.* 1615. 4. (*D.*)

Eldon (John Scott, viscount **Encombe**, lord),
chancelier anglais (1751 — .. janv. 1838).
Twiss (Horace). Public and private life of lord-chancellor J. Eldon, with selections from his correspondence.
Lond. 1859. 2 vol. 8. *Ibid.* 1844. 2 vol. 8. Portrait.
Philad. 1844. 2 vol. 8. *Lond.* 1846. 2 vol. 8.

Éléonore d'Autriche,
épouse de François I, roi de France (1498 — mariée en 1530 —
18 février 1558).
(**Girault**, Claude Xavier). Entrée solennelle de la reine
Eléonore à Dijon en janvier 1530. *Dijon.* 1819. 24. *
* Publ. sous les lettres initiales de C. X. G.

Éléonore d'Autriche,
épouse de . . ., duc de Mantoue.

Folcario (Antonio). Vita della serenissima Eleonora, archiduchessa d'Austria , duchessa di Mantova e di Monferrato. *Mantov*. 1598. *4.*

Éléonore de Guyenne,
épouse de Louis VII, roi de France (+ 21 mars 1204).

.(**Larrey**, Isaac de). L'héritière de Guyenne, ou l'histoire d'Éléonore, fille de Guillaume (IX) dernier duc de Guyenne. *Rotterd*. 1692. 12. (Avec des notes par N... N... Cussac.) *Lond*. et *Par*. 1788. 8. -

(**Kretschmar** , Christian Gottfried). Eleonore, Königin von Frankreich , oder Geschichte des zweiten Kreuzzuges. *Chemn*. 1791-92. 2 vol. 8. (Plus roman que pure histoire.)

Éléonore de Tolède,
première épouse de Cosmo I de Médicis (+ janvier 1562).

Vettori (Pietro). Laudatio Eleonoræ Cosmi Medicis, Florentiæ et Senarum ducis, uxoris. *Florent*. 1562. *4.*

Adriani (Giovanni Battista). Oratio funebris de laudibus Eleonoræ Toletanæ , Cosmæ Medicis, Florentiæ et Senarum ducis, uxoris. *Florent*. 1563. *4.*

Perondini (Pietro). Oratio, etc., in funere D. Eleonoræ Cosmi (I) Medicis Florentiæ et Senarum ducis conjugis, etc. *Florent*. 1563. *4.* (Extrêmement rare.)

Éléonore de Naples,
fille de Ferdinand I, roi de Naples.

Vecchioni (Michele). Notizie di Eleonora e Beatrice, figlie di Ferdinando I, re di Napoli. *Napol*. 1790. *Fol.*

Éléonore Madeleine Thérèse,
épouse de Léopold I, empereur d'Allemagne (6 janvier 1656 — mariée le 14 déc. 1676 — 19 janvier 1720).

Virtutes coronatæ, s. reginæ Hungariæ sanctitate conspicuæ (Gisela S. Stephani, Beatrix Andreæ II et Eleonora Leopoldi I conjux) panegyricis celebratæ. *Cassov*. 1720. 12.

Schwarz (Christian Gottlieb). Oratio panegyrica Eleonoræ Mariæ Theresiæ, etc., cœlo receptæ dicta. *Norimb*. s. d. (1720.) Fol.

Brean (Franz Xaver). Die starke Tugend und tugendsame Stärke Eleonoræ Magdalenæ Theresiæ, weyland Leopoldi des Grossen hinterlassener Gemahlin, etc. *Wien*, s. d. (1720), 4.

(**Horst**, Hermann). Leben und Tugenden der Kaiserin Eleonore Magdalena Theresia, Gemalin Leopoldi I. *Wien*. 1721. 8.

Trad. en franç. (par Pierre Brumoy). *Par*. 1723. 12. *Brux*. 1724. 12. *La Haye*. 1724. 12. *Par*. 1725. 12. *Cambrai*. 1725. 12.

Trad. en ital. (par Tommaso Ceva). *Milan*. 1721. Fol. *Ibid*. 1722. 8. *Lucca*. 1722. 8.

Klein (J... L...). Eleonore, Königin von Hungarn. *Wien*. 1785. 8. (*L.*)

(**Silbert**, Johann Peter). Eleonore, römische Kaiserin, Gemalin Leopold's I. *Wien*. 1857. 8.

Éléonore Charlotte de Bourbon,
épouse de Philippe Guillaume de Nassau, prince d'Orange.

Amelot de la Houssaye (Abraham Nicolas). Histoire de Philippe Guillaume de Nassau, prince d'Orange, et d'Eléonore Charlotte de Bourbon, sa femme (publ. par Pierre Jacques Séruer). *Lond*. 1754. 2 vol. 12.

Éléonore Christine de Schleswig-Holstein,
fille naturelle de Christian IV, roi de Danemark (mariée en 1636 — 1698).

Hoest (Jens Kragh). Leben und Schicksale des Reichsgrafen Corfiz Ulefeld und der Gräfin von Schleswig-Holstein, Eleonore Christine, (épouse du comte d'Ulefeld), trad. du danois par N... N... v. Jensen. *Schlesw*. 1829. 8.

Éléonore Marie d'Anhalt,
troisième épouse de Jean Albert II, duc de Mecklenbourg
(... — mariée en 1626 — 7 juillet 1657).

Varenius (August). Monumentum immortalitatis et castrum doloris dominæ Eleonoræ Mariæ, ducis Megapolitanæ, pie placideque in arce Strelitzensi denatæ, etc. *Rostoch*. 1657. *4.*

Rahn (Heinrich). Programma in parentationem illustrissimæ ac celsissimæ principis ac dominæ Eleonoræ Mariæ ex illustrissima Anhaldinorum prosapia prognotæ ducis Megapolitani relictæ viduæ, perscriptum. *Rostoch*. 1657. *4.*

Schmettau (Heinrich). Fürstliches Thränen- und Trauergedächtniss der durchlauchtigsten Fürstin und Frau Eleonore Marie von Anhalt, etc. *Liegn*. 1658. *4.*

Éléonore Marie d'Autriche,
épouse de Charles V, duc de Lorraine.

(**Frizon**, Nicolas). Histoire abrégée de la vie d'Éléonore Marie d'Autriche, épouse de Charles V et du duc Léopold (de Lorraine). *Nancy*. 1725. 8.

Éleuthère (Saint),
évêque de Tournai.

(**Hennebert**, Jean Baptiste Joseph Frédéric). S. Eleuthère, sa vie, ses miracles, sa mort, d'après les meilleures autorités. *Tournai*. 1830. 12. *Ibid*. 1840. 8.

Élie,
prophète juif.

Mayer (Johann Friedrich). Elias corvorum convictor. *Witteb*. 1685. *4.*

Hardt (Hermann v. d.). Les corbeaux d'Élie, oder die Raben Eliæ. *Helmst*. 1709. 8.

Meerheim (Gottfried August). Eliæ facta, fata et visa 1 Reg. XVIII. *Witteb*. 1796. *4.*

Krummacher (Friedrich Wilhelm). Elias der Thesbiter, nach seinem äussern und innern Leben dargestellt. *Elberf*. 1828-33. 3 parts. 8.

(**Korn**, Friedrich). Der Prophet Elias; ein Sonnen-Mythus. *Leipz*. 1857. 8. (Publ. s. l. pseudonyme de F. Noak.)

Berr (Michel). Notice sur le prophète Élie. *Nancy*. 1859. 8.

Elias Levita,
savant juif (vers 1472 — 1542).

Nagel (Johann Andreas Michael). Dissertatio de Elia Levita, Germano. *Altorf*. 1743. *4.* (*D.*)

Elias (Paulus),
carme danois (1480 — 1536).

Olivarius (Christiern). Commentatio historica de vita et scriptis P. Eliæ, carmelitæ, vulgo Povel Vendekaabe, viri in historia reformationis Danicæ notissimi. *Hafn*. 1741. 8. (*D.*)

Elio (Francisco Xavier),
général espagnol (4 mars 1769 — exécuté le 4 sept. 1822).

Gallego (Juan). Defensa por el señor D. V. Elio. *Madr*. 1824. 8.

Eliot (John),
missionnaire anglais.

Geschiedenis van J. Eliot, evangeliebode der Indianen in Noord-Amerika, etc. *Rotterd*. 1842. 8.

Élisabeth (Sainte),
épouse de Louis IV, landgrave de Thuringe (1207 — 19 nov. 1231)..

Chronica S. Elisabethæ, zu teutsch besagend ihr heiliges Leben, etc. *Erfurt*. 1520. *4.*

Weinrich (Jeremias). Mnemosynon panegyricon, i. e. vita, mores, studia ac gesta D. Elisabethæ. *Erford*. 1628. *4.*

Mathieu (Pierre). La principessa santa, o sia vita di S. Elisabetta, figliuola del re d'Ungheria, trad. du franç. par Giovanni Tuilio. *Venez*. 1650. *4.*

Hankins (Henry). Historia de S. Elisabetha, conjuge Ludovici, Thuringiæ landgravii. *Par*. 1632. 8.

History of S. Elizabeth, daughter of the king (Andreas II) of Hungary. *Lond*. 1632. 12.

Steuber (Johann). S. Elisabethæ, Königs in Ungarn Tochter, Landgräfin in Thüringen und Hessen, Leben, Handel und Wandel beschrieben. *Marb*. 1641. 8.

Vallognes (Pierre Apollinaire de). Vie de S. Elisabeth de Hongrie, fille du roi de Hongrie, duchesse de Thuringe et première religieuse du tiers ordre de Saint-François. *Par*. 1645. 8.

Happelius (Johann Balthasar). Diva Elisabetha magnifice coronata. *Marb*. 1645. *4.*

Conradus Marpurgensis. Epistola ad papam (Gregorium IX) de miraculis S. Elisabethæ. *Col. Agr.* 1653. 8.

Homem de Menezes (Jozé). Vida de S. Izabel de Ungaria. *Lisb*. 1671. 16.

Archange (N... N...). Vie de S. Elisabeth, fille d'un roi (André II) de Hongrie. *Par*. 1692. 12. (*Bes.*)

Liebknecht (Johann Georg). Bina Sanctarum Elisabetharum, illustrissimarum sæculi XII et XII testium veritatis evangelicæ. *Giess*. 1724. *4.*

Kurtze Lebensbeschreibung der heiligen Elisabeth, Andreæ Königs in Ungarn und Gertrudis Tochter. *Wien.* 1740. 8.

Pray (Georg). Vita S. Elisabethæ, viduæ landgravii Thuringiæ, necnon B. Margaritæ virginis, etc. *Tyrnav.* 1770. 4.

Hermolaus. Lobrede auf die heilige Elisabeth, königliche Stifterin des Ordens der Elisabetherinnen, etc. *Pressb.* 1792. 8.

Justi (Carl Wilhelm). Elisabeth die Heilige, nach ihren Schicksalen und ihrem Character dargestellt. *Zürch.* 1795. 8. *Giess.* 1811. 8. *Marb.* 1855,-8.

Maetzler (Anton). Lebensgeschichte der heiligen Elisabeth. *Kempten.* 1813. 8.

Darnaut (Vincenz). Leben der heiligen Elisabeth von Thüringen. *Wien.* 1813. 8. *Ibid.* 1824. 12.

Gaertner (Corbian). Die heilige Elisabeth. *Augsb.* 1819. 8.

Mey (Johann Heinrich). Characterzüge, Anekdoten und besondere Lebensumstände der heiligen Elisabeth, während ihres Aufenthalts-auf der Wartburg. *Cassel.* 1822. 8.

Schmerbauch (Michael?). Die heilige Elisabeth. *Erfurt.* 1829. 8. Portrait.

Die heilige Elisabeth. *Coblenz.* 1851. 12.

Schulze (Christian Friedrich). Elisabeth, Herzogin zu Sachsen und Landgräfin von Thüringen. *Gotha.* 1852. 8.

Kubelka (Thomas). Alzbeta svata, landhrabenka durinska. *Prag.* 1853. 8.

Schoppe (Amalie). Leben Elisabeth's der Heiligen. *Gera.* 1854. 8.

Montalembert (Charles de). Vie de S. Élisabeth de Hongrie, duchesse de Thuringe. *Par.* 1836. 8. *(Bes.) Brux.* 1858. 2 vol. 18. Portrait. *Par.* 1839. 8. *Ibid.* 1841. 8. *Brux.* 1846. 2 vol. 18. Portrait. *Par.* 1853. 8. (Cinquième édition.)

Trad. en allem. :
Par Johann Philipp STAEDTLER. *Aach.* 1836. 8. *Ibid.* 1844. 8. *Cöln.* 1853. 16.
(Par Franz Ludwig Carl d'ALNONCOURT.) *Leipz.* 1837. 8.

Trad. en ital. :
Par Niccolò NEGRELLI. *Vienna.* 1838. 8.
Par Carolina SOLARO DELLA MARGHERITA. *Torin.* 1844. 12.

—— Abrégé de l'histoire de S. Élisabeth de Hongrie, etc. *Par.* 1841. 18.

Werfer (Albert). Leben der heiligen Elisabeth von Ungarn, Landgräfin von Thüringen und Hessen. *Regensb.* 1844. 8. Portrait.

Hoffman-Tanska (Clémentine). Vie de S. Élisabeth, duchesse de Thuringe, etc. *Par.* 1846. 12. Trad. en allem. par Johann LAXY. *Gleiwitz.* 1847. 12.

Wenk (Johann Martin). Untersuchung der Frage : ob der hochmüthige Ketzermeister Magister Conrad von Marburg die heilige Elisabeth, seine Schwester, und ihren Gemahl, den regierenden Landgrafen, Ludwig VI, seinen Bruder genennet habe? *Darmst.* 1758. 4.

Élisabeth (Sainte),
épouse de Denis, roi de Portugal (1271 — 1336).

Affonso (Diogo). Vida e milagros de S. Izabel, rainha de Portugal. *Coimbr.* 1560. 4.

Perpinien (Pierre Jean). Historia de vita et moribus B. Elisabethæ, Lusitaniæ reginæ. *Colon.* 1609. 8.

Carillo (Juan). Historia de S. Isabel, infanta de Aragon y reina de Portugal, con el processo y relacion de la canonisacion de la misma. *Zarag.* 1615. 4.

Lopes (Francisco). Redondilhas á canonizaçaõ de S. Izabel. *Lisb.* 1624. Fol.

Macedo (Francisco de Santo Agostinho). Apotheosis S. Elisabethæ, reginæ Lusitaniæ. *Conimb.* 1625. 4.

Fuligatti (Giacomo). Vita S. Elisabethæ, reginæ Portugaliæ. *Rom.* 1625. 8.

Vera y Zuniga (Juan Antonio de). Vida de S. Isabel de Portugal. *Rom.* 1625. 8.

Torres (Juan). Vida y milagros de S. Isabel. *Madr.* 1625. 8.

Gomes (Antonio). Vida de S. Izabel. *Evora.* 1625. Fol.

Coste (Hilarion de). Vita S. Elisabethæ, Lusitaniæ reginæ. *Par.* 1626. 8.

Pereira (Bartholomeu). Oratio in apotheosi S. Elisabethæ, Lusitaniæ reginæ. *Conimbr.* 1626. 4.

Freire (Francisco). De rebus S. Elisabethæ, Lusitanorum reginæ. *Lugd.* 1627. 12.

Short relation of the life, virtues and miracles of S. Elizabeth, called the peace-maker, queen of Portugal. *Lond.* 1628. 12.

Correa de Lacerda (Fernando). Historia da vida da rainha S. Izabel. *Lisb.* 1680. 4.

Isabella, Königin von Portugal, etc. *Passau.* 1850. 8.

Renaud de Rouvray (N... N...). Histoire de S. Elisabeth, reine de Portugal. *Par.* 1841. 32.

Élisabeth,
reine d'Angleterre (7 sept. 1533 — 17 nov. 1558 — 3 avril 1603).

Hake (Hedward). Commemoration of the prosperous and peaceable raigne of our souveraigne Elizabeth. *Lond.* s. d. (1575). 16.

Fletcher (Robert). Epitaph, or briefe lamentation for the late queen Elizabeth, s. l. (*Lond.*) 1603. 4.

Primrose (Diana). Chaine of pearles, or a memoriall of the perless graces and heroick vertues of queen Elizabeth of glorious memory. *Lond.* 1603. 4.

Camden (William). Annales rerum Anglicarum et Hibernicarum regnante Elisabetha. *Lond.* 1615-25. 2 vol. Fol. *Frf.* 1616. 8. *Lugd. Bat.* 1628. 2 vol. 8. *Amst.* 1677. 2 vol. 8. Publ. avec des notes par Thomas HEARNE. *Oxon.* 1717. 5 vol. 8.
Trad. en angl. par Abraham D'ARCIE. *Lond.* 1625. 4. par R. N. GENT. *Lond.* 1630. Fol. *Ibid.* 1635. Fol. *Ibid.* 1675. Fol. *Ibid.* 1688. Fol. Portrait.
Trad. en franç. par Paul de BELLEGENT. *Lond.* 1624. 4. Augment., s. l. t. d'Histoire d'Élisabeth. *Par.* 1627. 4.

Dans (Adolphus van). Eliza, s. de laudibus Elisabethæ, Angliæ reginæ. *Lugd. Bat.* 1619. 12.

Browne (Thomas). History of the life and reign of the famous princesse Elizabeth. *Lond.* 1629. 4. Portrait. *Ibid.* 1638. 8.

Heywood (Thomas). England's Elizabeth, her life and troubles from the cradle to the crown. *Lond.* 1631. 12. *Cambridge.* 1641. 12.

Nauton (Robert). Fragmenta regalia, or observations on the last queen Elizabeth, her times and favorits. *Lond.* 1642. 4. *Ibid.* 1650. 4. Portrait. Publ. s. l. t. de Memoirs of queen Elizabeth's court, par John CAULFIELD. *Lond.* 1814. 4. 21 portraits. publ. par P. W. DODD. *Lond.* 1824. 8. Trad. en franç. par Jean LEPELLETIER. *Rouen.* 1685. 8. *Ibid.* 1700. 12. *Lond.* 1743. 12.

Vita Elisabethæ, Anglorum reginæ. *Lugd. Bat.*, s. l. 12.

Osborne (Francis). Historical memoirs of the reign of Elizabeth and James. *Lond.* 1658. 12. *
* Avec les portraits d'Élisabeth et de Jacques I.

Thomasius (Jacob). Dissertatio de Elisabetha Angliæ regina. *Lips.* 1674. 4.

Monson (William). Particular and exact account of the last 17 years of queen Elizabeth's reign bot military and civil. *Lond.* 1682. Fol.

Clarke (Samuel). History of the glorious life, reign and death of queen Elizabeth. *Lond.* 1682. 12.

Bohun (Edmund). Character of queen Elizabeth. *Lond.* 1693. 8. * Trad. en franç. *La Haye.* 1695. 12.
* Avec les portraits des reines Elisabeth et Marie Stuart.

Secret history of queen Elizabeth and the earl (Robert Devereux) of Essex. *Cologne.* 1695. 12. Trad. en allem. par Christoph Wilhelm GROSKURD. *Frf.* et *Leipz.* 1778. 8.

Leti (Gregorio). Historia o vero vita di Elisabetta, regina d'Inghilterra. *Amst.* 1693. 2 vol. 12. *Ibid.* 1703. 2 vol. 12.
Trad. en allem. *Hamb.* 1706. 8.
Trad. en franç. *Amst.* 1694. 2 vol. 12.
Trad. en holland. *Amst.* 1698. 2 vol. 12. *Ibid.* 1749. 2 vol. 8.

Winwood (Ralph). Memorials of affairs of state in the reigns of queen Elizabeth and king James I, publ. par Edward SAWYER. *Lond.* 1725. 3 vol. Fol. Portrait.

Birch (Thomas). Memoirs of the reign of queen Elisabeth from the year 1581 till her death. *Lond.* 1754. 2 vol. 4.

(**Luchet**, Jean Pierre Louis de). Essais sur les principaux événements de l'histoire de l'Europe, contenant des considérations politiques et historiques sur les règnes d'Elisabeth et de Philippe II. *Lond.* (*Par.*) 1766. 2 vol. 8.

Keralio (Louise Félicité **Guinement** de). Histoire d'Élisabeth, reine d'Angleterre, etc., s. l. (*Par.*) 1786-89. 5 vol. 8. Trad. en allem. (par Dorothea Margarethe LIEBESKIND et Heinrich WOERZER.) *Berl.* 1789-93. 6 vol. 8. Abrégée. *Wien.* 1801. 8.

Archenholz (Johann Wilhelm v.). Histoire d'Élisabeth, reine d'Angleterre. *Berl.* 1798. 8. (Trad. de l'allemand par Wilhelm MILA).

(**Poelitz**, Carl Heinrich Ludwig). Elisabeth, Königin von England, etc. *Leipz.* 1803. 8.

Regierungsgeschichte der Königin Elisabeth, nach Hume. *Tübing.* 1805. 8.

Aikin (Lucy). Memoirs of the court of queen Elizabeth. *Lond.* 1818. 2 vol. 8. *Ibid.* 1825. 2 vol. 8. *Ibid.* 1826. 2 vol. 8. Portrait. (7e édition.)
Trad. en allem. par Gottfried Wilhelm BECKER. *Halberst.* 1819. 2 vol. 8.
Trad. en holland. *Amst.* 1821. 2 vol. 8. Portrait.

Raumer (Friedrich v.). Die Königinnen Elisabeth von England und Maria von Schottland. *Leipz.* 1836. 8. Portrait. Trad. en holland. *Gravenh.* 1838. 8. Portrait.

Wright (Thomas). Queen Elizabeth and her times; a series of original letters, comprising inedited private correspondence of the lord Burleigh, the great-earl (Robert Dudley) of Leycester, etc. *Lond.* 1838. 2 vol. 8.

Soames (Henry). Elizabethan religious history. *Lond.* 1839. 8.

Taylor (W... C...). Romantic biography of the age of queen Elizabeth, etc. *Lond.* 1842. 2 vol. 8. 2 portraits.

Abbott (Jacob). Life of Elizabeth, queen of England. *Lond.* 1849. 8.

Hayward (John). Annals of the first four years of the reign of queen Elizabeth, edited by John Bruce. *Lond.* 1849. 4.

Tarweld (Mathilde). Histoire d'Élisabeth, reine d'Angleterre. *Plancy (Aube.)* 1852 (?). 12.

Townshend (Heywood). Historical collection of the proceedings of the four last parliaments of queen Elizabeth, with the history of those times. *Lond.* 1680. Fol.

Forbes (Patrick). A full view of the public transactions in the reign of queen Elizabeth. *Lond.* 1740-41. 2 vol. Fol.

Murdin (William). Collection of the state-papers relating the affairs in the reign of queen Elizabeth from the year 1571 to 1596. *Lond.* 1760. Fol.

Nichols (John). Progresses and publics processions of queen Elizabeth. *Lond.* 1788-1805. 3 vol. 4.

Reniger (Michael). De Pii V et Gregorii XIII furoribus contra Elizabetham, reginam Angliæ. *Lond.* 1582. 16.

Aske (James). Elizabetha triumphans : conteyning the damned practizes that the divelish popes of Rome have used ever sithence her Highnesse (queen Elizabeth) first comming to the crowne, etc. *Lond.* 1588. 4.

Brutum fulmen, or the bull of pope Pius V, concerning the damnation, excommunication and deposition of queen Elizabeth, by Thomas, lord bishop of Lincoln ; item the bull of Paul III, containing the damnation of Henry VIII. *Lond.* 1681. 4.

Comp. BURGHLEY (William Cecil, lord), ESSEX (Robert Devereux, earl of), LEYCESTER (Robert Dudley, earl of), MELVIL of HALHIL (James) et PARRY (William.)

Élisabeth Petrowna,
impératrice de Russie (29 déc. 1709 — 1741 — 5 janvier 1762).

(**Staehlin-Storcksburg**, Jacob v.). Krönungsgeschichte der Kaiserin Elisabeth. *Sanct-Petersb.* 1744. Fol. (Trad. du russe.)

(**Haven**, Pehr von). Nye og forberede Efterrätninger om det Russiske Rige. *Kjoebenh.* 1747. 8.

Lomonossov (Michail Wassiljewith). Pancegyricus Elisabethæ imperatricis Russiorum. *Petrop.* 1749. 4.

Merkwürdige Geschichte Elisabeth der Ersten, Kaiserin aller Reussen, s. l. 1759. 4.

(**Harro Harring**, Paul). Chronique scandaleuse des Petersburger Hofes seit den Zeiten der Kaiserin Elisabeth. *Fürth.* (*Leipz.*) 1832. 2 vol. 8. (Abrég. et contin. par August KAISER.) *Leipz.* 1843. 8.

Wiedemeyer (A...). Die Regierung der Kaiserin Elisabeth Petrowna. *Sanct-Petersb.* 1834. 2 vol. 8.

Élisabeth d'Autriche,
épouse de Charles IX, roi de France (5 juin 1554 — 26 nov. 1570 — 22 janvier 1592).

Pinart (Louis). Véritable discours du mariage de très-haut, très-puissant et très-chrétien roi Charles IX, et de la très-excellente et vertueuse princesse, madame Elisabeth, fille de l'empereur Maximilien II, fait et célébré à Mézières le 26me jour de novembre 1570. *Par.* 1570. Fol.

Masson (Jean Papire). Discours des choses qui se sont passées à la réception de la reine et mariage de Charles IX. *Par.* 1574. 8.

Sommaire discours de la vie de la reine Isabelle, fille de l'empereur Maximilien. *Par.* 1592. 8.

Élisabeth de Bourbon,

Froussard (N... N...). Vita di Elisabetta di Borbone, principessa di Francia. *Lucca.* 1830. 8.

Élisabeth de Brandebourg,
épouse d'Éric, duc de Brunswick (... 1510 — mariée en 1525 — 25 mai 1558).

Havemann (Wilhelm). Elisabeth, Herzogin von Braunschweig-Lüneburg, geborene Markgräfin von Brandenburg. Beitrag zur Reformations-und Sittengeschichte des XVI Jahrhunderts. *Götting.* 1839. 8.

Élisabeth de Danemark,
première épouse d'Ulric, duc de Mecklembourg (... — mariée en 1586 — 15 oct. 1586).

Caselius (Johann). Oratio de laude Elisabethæ Danicæ quæ fuit uxor Magni et Ulrici episcoporum Sverinensium. *Rostoch.* 1586. 4.

Chytraeus (David). Parentatio habita Elisabethæ Cimbricæ, Ulrici ducis conjugi. *Rostoch.* 1586. 4. Trad. en allem. *Rostoch.* 1587. 4.

Oemichen (Franz). Christliches tugendreiches Leben und seelige Freudenfarth aus diesem Jammerthal der durchlauchtigsten Fürstin und Frau Elisabeth, etc. *Rostoch.* 1586. 4.

Élisabeth Farnese,
épouse de Philippe V, roi d'Espagne (25 oct. 1692 — mariée le 15 août 1714 — ... 1766).

Memoirs of Elizabeth Farnese. *Lond.* 1746. 8. Trad. en allem. s. c. t. Geschichte der verwittibten Königin von Spanien, etc. *Frf.* 1748. 8.

Élisabeth de France,
épouse de Philippe II, roi d'Espagne († 1568).

Vigor (Simon). Oraison funèbre d'Élisabeth de France (fille de Henri II), reine d'Espagne. *Par.* 1568. 8.

Tombeau de la très-haute, très-puissante et très-catholique princesse madame Elisabeth de France. *Par.* 1569. 4. (En plusieurs langues).

Lopez (Juan). Historia y relacion verdadera de la enfermedad, felicissimo transito y sumptuosissimas exequias de la serenissima reina de España, Donna Isabella de Valois. *Madr.* 1569. 8.

Élisabeth de France, voy. **Isabelle de France.**

Élisabeth de Hesse,
deuxième épouse de Jean Albert II, duc de Mecklembourg (janvier 1626).

Neuberg (Gottlieb). Leichpredigt auf die durchlauchtigste Fürstin und Frau Elisabeth, Herzogin von Mecklenburg, des durchlauchtigsten Fürsten Johann Albert's II Frau Gemahlin. *Güstrow.* 1626. 4.

Laurenberg (Peter). Panegyricus exequialis consecratus memoriæ Elisabethæ Hassiacæ, ducis Joannis Alberti II conjugis. *Gustrow.* 1626. 4.

Élisabeth de Hohenzollern.

Goeschel (Johann Georg). Elisabeth, Churfürstin zu Brandenburg, nebst ihrer Tochter und Enkelin gleichen Namens, etc. *Berl.* 1840. 8.

Elisabeth, erste Churfürstin von Brandenburg aus dem Hause Hohenzollern. *Berl.* 1848. 8.

Élisabeth Charlotte de Bavière,
seconde femme de Philippe, duc d'Orléans (27 mai 1652 — 8 déc. 1722).

Orléans (Élisabeth Charlotte de Bavière, duchesse d'). Fragments des lettres originales écrites au duc Antoine Ulrich de B(avière) et à madame la princesse de Galles (Caroline, née princesse d'Ansbach) de 1715 à 1720.

Par. 1788. 2 vol. 12. Publ. s. c. t. Mélanges historiques, anecdotiques et critiques sur la fin du règne de Louis XIV et le commencement du règne de Louis XV. *Par.* 1807. 8. Réimpr. s. c. t. Mémoires sur la cour de Louis XIV et de la régence, etc. (par Nicolas de Monmerqué et Alexandre Schubhart). *Par.* 1822. 8. Précéd. d'une notice sur l'auteur de ces Mémoires, par Filippo Busoni. *Par.* 1832. 8. *

Trad. en allem. s. c. t. Ancedoten vom französischen Hofe, etc. *Strasb.* (*Braunschw.*) 1789. 8. Publ. s. l. t. de *Bekenntnisse*, etc. *Danz.* 1791. 8.

Trad. en angl. *Lond.* 1798. 2 vol. 12.

* Ces fragments, qui paraissent authentiques, furent attribués lors de leur publication à Gabriel Senac de Meilhan ; mais on a su depuis que Joseph de Maimieux a été l'éditeur de ces mémoires, traduits de l'allemand.

Sohuetz (Friedrich Carl Julius). Leben und Character der Herzogin Elisabeth Charlotte von Orléans, etc. *Leipz.* 1820. 8.

Saint-Géry de Magnas (N... N...). Discours prononcé dans l'église de Saint-Denis en présentant le corps de Madame (la duchesse d'Orléans). *Par.* 1725. 4. (Non mentionné par Quérard).

Cathalan (Pierre ?). Oraison funèbre de madame Élisabeth Charlotte, palatine de Bavière, duchesse douairière d'Orléans. *Par.* 1723. 4. Portrait. (Omis par Quérard.) — (*Lv.*)

Élisabeth Philippine Marie Hélène de France,
sœur de Louis XVI, roi de France (3 mai 1764 — guillotinée le 19 mai 1794).

(**Ferrand**, Antoine de). Éloge funèbre d'Élisabeth Philippine Marie Hélène, sœur de Louis XVI, ci-devant roi des Français. *Ratisb.* 1795. 8. (Corrig. et augment. par Aimé Guillon, s. l. et s. d. (*Lyon.* 1795.) 8.

—— Éloge historique de madame Elisabeth de France, suivi de plusieurs lettres de cette princesse. *Par.* 1814. 8. Portrait. (*Lv.*)

Guénard (madame). Histoire de madame Élisabeth de France, sœur de Louis XVI, avec des détails sur ce qui s'est passé dans l'intérieur des châteaux de Versailles et des Tuileries, et ce qui lui est arrivé de plus remarquable pendant sa détention au Temple, etc. *Par.* 1802. 2 vol. 12.

(**Parisot**, N... N...). Vie de madame Élisabeth de France. *Par.* 1814. 8..
Notice biographique sur madame Élisabeth, sœur du roi. *Par.* 1814. 8. (Signée L... S...e.)

Chauveau-Lagarde (Nicolas). Note historique sur le procès de Marie Antoinette d'Autriche, reine de France, et de madame Elisabeth au tribunal révolutionnaire. *Par.* 1816. 8.

Magnier (N... N...). Les deux saintes du sang royal des Bourbons, ou esquisse d'un parallèle religieux et historique entre la bienheureuse Isabelle de France, sœur de saint Louis, et madame Elisabeth de France, sœur de Louis XVI. *Par.* 1814. 12.

Monrocq (N... N...). Parallèle de madame Élisabeth de France, sœur de LL. MM. Louis XVI et Louis XVIII, avec sainte Elisabeth de Hongrie. *Par.* 1815. 12. (*Lv.*) (2e édition.)

Élisabeth Christine de Brunswick-Wolfenbuttel,
épouse de Charles VI, empereur d'Allemagne (28 avril 1691 — mariée le 23 avril 1708 — 21 déc. 1750).

Laet (Jacques de). Oratio funebris in laudem Elisabethæ Christinæ Brunsvicensis, romanæ imperatricis, etc. *Brux.* 1751. Fol.

Haeberlin (Franz Dominik). Trauerrede auf die Kaiserin Elisabeth Christina. *Hannov.* 1751. Fol.
Symbola heroica in exequiis Elisabethæ Christinæ. *Brux.* 1751. Fol.

Hoeck (Wilhelm). Anton Ulrich und Elisabeth Christine von Braunschweig-Lüneburg-Wolfenbüttel. Darstellung ihres Uebertritts zur römischen Kirche. *Wolfenb.* 1845. 8.

Élisabeth Christine de Brunswick-Wolfenbuttel,
épouse de Frédéric II, roi de Prusse (8 nov. 1715 — mariée en 1733 — 13 janvier 1797).

Hahnke (Friedrich Wilhelm M... v.). Elisabeth Christine, Königin von Preussen, Gemahlin Friedrich's des Grossen. *Berl.* 1848. 8.

Élisabeth Stuart,
épouse de Frédéric V, comte Palatin et roi de Bohème (1596 — mariée en 1613 — 13 février 1662).

Benger (Elizabeth Ogilvy). Memoirs of Elizabeth Stuart, queen of Bohemia, daughter to king James I. *Lond.* 1825. 2 vol. 8.

Soeltl (Johann Michael). Elisabeth Stuart, Gemahlin Friedrich's V von der Pfalz, Königs von Böhmen. *Hamb.* 1840. 2 vol. 12. *

* Cet ouvrage porte aussi le titre : *Der Religionskrieg*, etc.

Élisabeth de Suède,
fiancée de Henri III, roi de France.

Fant, (Erik Michael). Dissertatio de Elisabethæ, principis Sveciæ, cum Galliæ rege Henrico III destinato conjugio. *Upsal.* 1797. 8.

Élisabeth de Lorraine,
épouse du roi de Sardaigne.

Séguy (Joseph). Oraison funèbre d'Élisabeth de Lorraine, reine de Sardaigne. *Par.* 1748. 4.

Élise Wilhelmine de Bade.

Wolff (Johann Wilhelm Gottlieb). Elise Wilhelmine, geborene Prinzessin von Baden. *Helmst.* 1804. 8.

Elisif Eriksdotter,
Suédoise.

Hallman (Johan Gustaf). Elisif Eriksdotter till hennes Lefvernes-Händelser under Rim beskrifven, med bifogade Anmärkningar. *Stockh.* 1752. 4. *Stregnäs.* 1817. 8.

Ellemer (Jan Karel),
pédagogue (?) hollandais (... — guillotiné le 22 mars 1813).

Hespel (Hendrik van den). Leven en sterven van J. K. Ellemer, etc. *Middelb.* 1813. 8. (*P.*)

Ellenberger (Friedrich Wilhelm),
théologien allemand (1729 — 7 janvier 1768).

Hirschfeld (Christian Cajus Lorenz). Ehrengedächtniss des Herrn F. W. Ellenberger von Zinnendorf. *Halle.* 1768. 4.

Eller (Elias),
chef de la secte des Zioniles (1690 — 1750).

Gräuel der Verwüstung an heiliger Stätte, oder Geheimnisse und Bosheit der Ronsdorfer Secte. *Frf.* et *Leipz.* 1750. 4.

Knevel (Werner). Geheimnisse der Bosheit der Ellerianischen Secte. *Marb.* 1751. 2 vol. 8.

Volkhaus (Johann). Ronsdorf's gerechte Sache wider die Generalsynode von Jülich, Berg und Mark und verläumderische Zeugen. *Düsseld.* 1757. 8.

Engel (Johann Adolph). Versuch einer Geschichte der religiösen Schwärmerei im Grossherzogthum Berg. *Schwelm.* 1826. 8.

Eller (M... M...),
savant juif.

Heimbuerger (Heinrich Christian). M. M. Eller, weiland Doctor der Philosophie und Rabbiner zu Celle, nach seinem Leben und Wirken kurz geschildert, etc. *Celle.* 1848. 8.

Ellger (Christoph Gottlieb),
théologien allemand.

Jary (Johann Samuel). Der in dem Ruhm eines unverletzten Gewissens sterbende Priester. (Denkschrift auf C. G. Ellger). *Zittau.* 1761. Fol.

Elliot (Anne),
écrivain anglaise.

Murphy (Arthur). Memoirs of the life and writings of miss A. Elliot. *Lond.* 1769. 12.

Elliot (John),
théologien anglo-américain.

Mather (Cotton). Life and death of M. J. Elliot, who was the first preacher of the Gospel to the Indians in America. *Lond.* 1691. 4. *Ibid.* 1694. 12.

Elliot (John),
médecin anglais (1747 — 22 juillet 1782).

Account of the life and death of J. Elliot. *Lond.* 1787. 4.

Elliott (Ebenezer),
poète anglais (17 mars 1781 — 1er déc. 1849).

Watkins (John). Life, poetry and letters of E. Elliott, with an abstract of his politics. *Lond.* 1850. 8.

Searle (January). Life, character and genius of E. Elliot. *Lond.* 1850. 18.
—— Memoirs of E. Elliot, the Corn-Law-Rhymer, with criticisms upon his writings. *Huddersfield.* 1852. 8.

Elliott (Jesse D...).
Biographical notice of J. D. Elliott. *Philad.* 1835. 12.

Ellis (Mary),
Anglo-américaine.
Ellis (William). Life of M. Ellis, his wife. *Boston.* 1856. 12.

Elliston (Robert William),
acteur anglais (7 avril 1774 — 7 juillet 1831).
Raymond (George). Memoirs of Elliston (1774-1810). *Lond.* 1844-45. 2 vol. 8.

Ellrod (Hermann August),
philologue allemand (22 sept. 1709 — 5 juillet 1760).
Pfeiffer (Joachim Ehrenfried). Funeralien auf H. A. Ellrod. *Bair.* 1760. 8.
Lang (Lorenz Johann Jacob). Oratio panegyrica piis manibus H. A. Ellrodi dicta. *Baruth.* 1760. Fol.

Ellwood (Thomas),
quaker anglais (1639 — 1er mars 1713).
History of the life of T. Ellwood. *Lond.* 1714. 8.

Élophe (Saint).
Aperçu au point de vue de l'histoire et de la tradition sur la famille, la vie, les travaux et le martyre de S. Elophe. *Chaumont.* 1850. 12.

Éloy (Saint),
évêque de Noyon (vers 588 — 1er déc. 659).
Dadon. Vita S. Eligii.
Trad. en espagn. par Francisco VALDERABENO. *Madr.* 1640. 4.
Trad. en franç. par Louis de MONTIGNY. *Par.* 1626. 8. *Ibid.* 1693. 8.
Trad. en ital. *Rome.* 1629. 4.
Vida y muerte de S. Eloy (Elegius). *Madr.* 1640. 4.
Vida de S. Eloy, obispo de Noyon. *Cordov.* 1727. 8.
Palacios (Ramon). Vida y muerte de S. Eloy, obispo de Noyons, abogado y patron de los plateros, etc. *Madr.* 1773. 4.
Études historiques, littéraires et artistiques sur le VIIe siècle : Vie de S. Eloy, évêque de Noyon, par Saint OUEN, évêque de Rouen, trad. par Charles BARTHÉLÉMY. *Par.* 1847. 8.
Vie de S. Eloy, évêque de Noyon et de Tournai, écrite par Saint Ouen, évêque de Rouen, trad. et annotée par N... N... PARENTY. *Plancy.* (*Aube.*) 1852. 12. *Tournai.* 1853. 12.

Elsacker (Pierre van),
médecin hollandais (28 mars 1725 — 31 juillet 1798).
Coninck (Joseph de). Notice historique sur Pierre van Elsacker. *Boom.* 1848. 8.

Elsevier,
imprimeurs hollandais.
(**Adry**, Jean Félicissime). Notice sur les imprimeurs de la famille des Elzeviers. *Par.* 1806. 8. (Extrait très-rare du *Magasin encyclopédique.*)
(**Bérard**, Auguste Simon Louis). Essai bibliographique sur les éditions des Elzeviers les plus précieuses et les plus recherchées, précédé d'une notice sur ces imprimeurs célèbres. *Par.* 1822. 8.
Jacob (J... L... C .). Bonaventuur en Abraham Elzevier. Kleine letterkundige bijdrage, s. l. (*S'Hage.*) 1841. 12.
—— Notices bibliographiques sur Louis Elzevier de Leyde et son fils Louis le jeune, libraire à la Haye. *La Haye.* 1845. 18. (Extrait du *Jaarboekje voor den boekhandel.*)
(**Pieters**, Charles). Analyse des matériaux les plus utiles, pour de futurs annales de l'imprimerie des Elzeviers. *Gand.* 1843. 8. (Tiré à 50 exemplaires.)
Rammelman-Elsevier (Willem Jan Christian). Uitkomsten van een onderzoek omtrent de Elseviers. *Utrecht.* 1845. 8. (Pièce qui n'a pas été mise dans le commerce.)
De Reume (Auguste). Recherches historiques sur L. Elsevier et ses six fils, etc. *Anvers.* 1846. 8. (Extrait des *Annales de l'Académie d'archéologie de Belgique.*)

De Reume (Auguste). Recherches historiques, généalogiques et bibliographiques sur les Elsevier. *Brux.* 1847. 8. Portrait.
Even (Edward van). De Elzeviers te Leuven in de XVIe eeuw. *Gand.* s. d. 8. (Tiré à part à très-petit nombre.)
(**Motteley**, Charles). Aperçu sur les erreurs de la Bibliographie spéciale des Elzevirs et de leurs annexes, avec quelques découvertes curieuses sur la typographie hollandaise et belge du XVIe siècle. *Par.* 1847. 18. (Réimpr. avec quelques additions par Auguste DE REUME. *Brux.* 1848. 18.) *
* La première édition, publ. sous les lettres initiales Ch. M..., a été tirée à 200 exemplaires, ainsi que la réimpression qui porte le nom de MOTTELEY.
De Reume (Auguste). Généalogie de la noble famille Elsevier. *Brux.* 1850. 8. (Tiré à 50 exemplaires.)
Dodt van Flensburg (J... J...). Over de Elzeviers, Lodewijk den vader en Lodewijk den zoon, en Joost Elsevier, boekverkooper te Utrecht, omtreeks 1600. *Utrecht.* 1851. 8.
Pieters (Charles). Annales de l'imprimerie elsevirienne, ou histoire de la famille des Elseviers et de ses éditions. *Gand.* 1852. 8. *
* Tous ces ouvrages se trouvent dans la curieuse bibliothèque de M. le capitaine A. DE REUME, à Bruxelles.

Elsheimer ou **Eltzheimer** (Adam),
peintre allemand (1574 — 1620).
Passavant (Johann David). A. Elsheimer, Maler aus Frankfurt am Main. *Frf.* 1847. 8. Portrait.

Elsholz (Johann Sigismund),
médecin allemand (1623 — 19 février 1688).
Boediker (N... N...). Ehrengedächtniss J. S. Elsholzen's. *Berl.* 1688. Fol.

Elverfeld (Carl Gotthard),
théologien courlandais (25 sept. 1756 — 7 sept. 1819).
(**Elverfeld**, Carl Johann Friedrich). Feyer des Andenkens von C. G. Elverfeld, weiland Probst der Grobinschen Diöcese und Assessor des kurländischen Consistorii, etc. *Mitau.* 1820. 8.

Elvering (Gabriel),
théologien esthlandais (21 déc. 1625 — 18 juillet 1670).
Salemann (Joachim). Κειμηλιον Davidicum, oder David's Kleinod und Seelenschatz bey der Leichbestattung des Herrn Magisters G. Elvering. *Reval,* s. d. (1670.) 4.

Elvius (Petrus),
mathématicien suédois (... — 1719).
Toerner (Fabian). Laudatio funebris P. Elvii. *Upsal.* 1719. 4. (*D.*)

Elvius (Pehr),
mathématicien suédois (..août 1710 — 27 sept. 1749).
Celsius (Olof). Åminnelse-Tal öfver P. Elvius. *Upsal.* 1749. 8.
Dalin (Olof). Åminnelse-Tal öfver P. Elvius. *Stockh.* 1750. 8.

Elwes (John),
homme d'État anglais (vers 1714 — 26 nov. 1789).
Topham (Edward). Life of the late J. Elwes. *Lond.* 1790. 8. *Ibid.* 1791. *Ibid.* 1805. (Chacune de ces éditions est ornée de son portrait.)

Elzéar de Sabran (Saint).
Binet (Étienne). Vie de S. Elzéar de Sabran et de la bienheureuse Delphine, sa femme. *Par.* 1622. 12. *Ibid.* 1629. 12. *Ibid.* 1725. 12. Trad. en angl. *Lond.* 1638. 8.

Elzéar de Sabran (le comte Louis Marie),
littérateur français († sept. 1846).
Gay (Sophie). Le comte L. M. Elzéar de Sabran, poëte et littérateur, etc. *Par.* 1846. 8. (Extrait du *Nécrologe universel du XIXe siècle.*)

Elzéar de Vire,
capucin français.
Lechevalier (Joseph). Vie d'Elzéar de Vire, clerc, capucin, fondateur du couvent des capucins de Vire, et de la mère Elisabeth de Sainte-Anne, son épouse, depuis l'ordre de Citeaux. *Caen.* 1696. 8.

Emaldi (Tommaso Antonio),
cardinal italien.
Fabri (Giuseppe Maria). Orazione per la morte di monsignor T. Emaldi, s. l. et s. d. (*Faenza.*) 8.

Capozzi (Francesco). Vita di Mgr. T. A. Emaldi, Lughese. *Rom.* 1840. 8.

Emden (Jacob Israel),
rabbin juif (1698 — 1776).
Dubno (Salomon). Trauerlied über das Hinscheiden J. Emden's. *Berl.* 1776. 8.

Émérigon (Balthazar Marie),
jurisconsulte français (4 déc. 1716 — 2 avril 1784).
Cresp (N... N...). Notice sur la vie et les travaux de B. M. Emérigon. *Aix.* 1840. 8. Portrait.

Emery (Jacques André),
théologien suisse (27 août 1732 — 28 avril 1811).
Picot (Michel Joseph Pierre). Notice sur la vie et les écrits de l'abbé J. A. Emery, supérieur du séminaire de S. Sulpice. *Par.* 1811. 8.
Biographie du prêtre et professeur Emery, s. l. 1842. 8. Portrait.

Emidio (Santo),
évêque d'Ascoli.
Appiani (Paolo Antonio). Vita di S. Emidio, primo vescovo d'Ascoli e martire. *Rom.* 1702. 4. *Ibid.* 1704. 4. *Ascoli.* 1852. 4.
Andreucci (Andrea Gieronimo). Compendio della vita del glorioso martire di Cristo S. Emidio, vescovo e protettore d'Ascoli. *Rom.*, s. d. (1729.) 12.
Levis (Giacomo Eugenio de). Veri fasti del glorioso S. Emidio, primo vescovo d'Ascoli e martire, protettore nei terremoti. *Torin.* 1809. 4.

Emiliani (Gieronimo),
fondateur de la congrégation des Somasques (1481 — 8 février 1537).
Turtura (Agostino). De vita H. Æmiliani, congregationis Somaschæ fundatoris, libri IV. *Mediol.* 1620. 12.

Emma ,
fille de Charlemagne, épouse d'Eginhard.
(**Omeis** , Magnus Daniel). Die in Eginhard verliebte Emma, s. l. 1680. 12. *
* Publ. sous le pseudonyme de DaMOn , Mitglied des Pegnesischen Blumenordens.
Relatio in Eginhardi et Emmæ, Caroli M. filiæ, amoribus. *Norimb.* 1817. 8.
Dahl (Johann Conrad). Über Eginhard und Emma. *Darmst.* 1817. 8.
Schlegler (Franz). Kritische Untersuchung des Lebens Eginhard's, Kanzlers Carl's des Grossen und Ludwig's des Frommen , mit besonderer Rücksicht der Frage : War Emma oder Imma, seine Gemahlin , eine Tochter Carl's des Grossen oder nicht ? *Bamb.* 1856. 8.

Emmanuel le Grand ,
roi de Portugal (31 mai 1469 — 1495 — 13 déc. 1521).
Goës (Damiano de). Chronica do felicissimo rey D. Emmanuel. *Lisb.* 1566-67. Fol. Avec des notes par Joaõ Bautista Lavanha. *Lisb.* 1619. Fol. *Ibid.* 1729. Réimprim. avec la « Chronica do principe D. Joaõ II, etc. » *Coimbra.* 1790. 2 vol. 4.
Osorio (Hieronimo). De rebus Emmanuelis regis Lusitaniæ virtute et auspicio gestis libri XII. *Ulyssip.* 1571. Fol. Publ. par Johann Matalius Metellus. *Col. Agr.* 1574. 8. *Ibid.* 1575. 8. *Ibid.* 1576. 8. *Ibid.* 1581. 8. *Ibid.* 1586. 8. *Antw.* 1595. 12. *Col. Agr.* 1597. 4. *Ibid.* 1603. 8.
Trad. en allem. s. e. t. Emmanuel, König von Portugal (par Jacob Dominikus). *Leipz.* 1795. 8.
Trad. en angl. par James Gibbs. *Lond.* 1752. 2 vol. 8.
Trad. en franç. s. e. t. Histoire de Portugal depuis l'an 1496 jusqu'en 1578, par S(imon) G(oulart). *Genève.* 1581. Fol. *Par.* 1587. 8.
Trad. en holland. par F. V. H... *Rotterd.* 1663. 2 vol. 12.
Trad. en portug. par Fray Manoel do Nascimento. *Lisb.* 1804-06. 3 vol. 8.

Emmanuel Philibert ,
duc de Savoie (8 juillet 1528 — 1553 — 30 août 1580).
Tonsi (Giovanni). Vita Emmanuelis Philiberti, Allobrogum ducis et Subalpinorum principis. *Torin.* 1596. Fol. *Mediol.* 1602. 4.
(**Bruslé de Montplainchamp**, Jean Chrétien). Histoire d'Emmanuel Philibert, duc de Savoie, gouverneur général de la Belgique. *Amst.* 1692. 8.
Ducros (J... G...). Histoire d'Emmanuel Philibert, duc de Savoie, suivie de la description du monument que

le roi Charles Albert lui a fait élever sur la place de S. Charles à Turin, précédée d'une notice sur le règne de Charles le Bon. *Par.* 1838. 8.
Fortis (N... N... de). Notice sur la statue équestre d'Emmanuel Philibert, duc de Savoie, surnommé Tête de Fer ou le prince à cent yeux. *Par.* 1838. 8.

Emmeric (Saint),
duc de Hongrie.
Nadasi (Janos). Vita S. Emerici. *Poson.* 1644. Fol.
Tarnoczy (István). Princeps angelicus, s. vita S. Emerici paucis elogiis expressa. *Vienn.* 1680. 8.
Pray (Georg). Dissertationes historico-criticæ de SS. Salomone rege et Emerico duce Hungariæ. *Poson.* 1774. 4.

Emméran (Saint),
évêque de Ratisbonne.
Vogl (Cœlestin). Mausoleum , oder herrliches Grab des bayerischen Apostels und Blutzeugen S. Emmerani, etc. *Straubing.* 1662. 12.
Strauss (Franz Joseph). Leben und Leiden des heiligen Emmeran, Apostels in Baiern und Bischofs zu Regensburg. *Regensb.* 1850. 8. Portrait.

Emmerich (Anna Catharina),
visionnaire allemande.
Druffel (Friedrich Ferdinand). Aechte Nachricht über die seltenen Erscheinungen bei der Jungfrau A. C. Emmerich zu Dülmen. *Dorsten.* 1815. 8.
Bodde (Johann Bernhard). Bericht über die Erscheinungen bei der A. C. Emmerich, etc. *Dorsten.* 1818. 8.
—— Sendschreiben an B. A. B. Rensing, worin derselbe einer Theilnahme an der Erkünstelung der Wundmale der Jungfrau Emmerich nicht beschuldigt , das Wundersame der Wundmale aber standhaft verneinet wird. *Hamm.* 1819. 8.
Boenninghausen (Carl Maria Friedrich). Geschichte und vorläufige Resultate der Untersuchung oder die Erscheinungen an der ehemaligen Nonne A. C. Emmerich zu Dülmen. *Hamm.* 1819. 8. Supplém. *Ibid.* 1820. 8.
Lutterbeck (T...). Untersuchung, die Nonne (Anne Catharina Emmerich) in Dülmen betreffend. *Münst.* 1818. 8.
Relation des faits miraculeux concernant la révérende mère Emmerich, religieuse du couvent de Dulmen en Westphalie. *Par.* 1820. 8.

Emmerich (Valentin Franz v.).
Leuschner (Johann Christian). Memoria V. Emrici. *Hirschb.* 1771. 4.

Emmet (Robert),
jurisconsulte irlandais (vers 1780 — exécuté le 20 sept. 1803).
Madden (R... R...). Life and times of R. Emmet, Esq. *Dubl.* 1847. 8.

Emmet (Thomas Addis),
jurisconsulte irlandais (1763 — 14 nov. 1827).
Mitchill (Samuel). Discours on the life and character of T. A. Emmet. *Edinb.* 1828. 8. *New-York.* 1828. 8.

Emmius (Ubbo),
historien frison (15 déc. 1547 — 9 sept. 1625).
(**Mulerius** , Nicolaus). Elogium U. Emmii , s. narratio brevis de ortu , vita , scriptis et morte ejusdem , ab amico contexta. *Groning.* 1628. 4. (D.)

Emo (Angelo),
dernier amiral de la république de Venise (3 janvier 1731 — 1er mars 1792).
Bregolini (Ubaldo). Orazione ne' funerali di A. Emo, procuratore di S. Marco, capitano straordinario delle navi. *Venez.* 1792. 8. Trad. en lat. *Venez.* 1792. 8.
Parma (N... N...). Discorso funebre recitato in Malta nella chiesa de' cavalieri gerosolimitani li 19 aprile 1792 in occasione di trasportar da essa alla reggia veneta nave la Fama l'illustre spoglia del cavalier procurator A. Emo. *Venez.*, s. d. (1792). 8.
Elogio di A. Emo. *Venez.* 1792. 8.
Rossi (N... N...). Lettera sopra un monumento d'A. Emo, recentemente modellato, dall' illustre scultore Canova. *Bassan.* 1795. 8.
(**Meneghelli** , Antonio Maria). Di A. Emo e delle sue gesta. *Padov.* 1856. 8.

Empecinado (Juan Martin **Diez**, surnommé **el**),
général espagnol (1775 — pendu le 19 août 1825).

Apuntes de la vida y hechos militares del brigadier D. J. M. Diez el Empecinado. *Madr.* 1814. 8. *Ibid.* 1820. 8. *Ibid.* 1856. 8. Trad. en angl. *Lond.* 1823. 8.

Biografia de D. J. M. el Empecinado. *Madr.* 1843. 52.

Empédocles,
philosophe grec (vers 450 avant J. C.).

Neumann (Johann Georg). Programma de Empedocle philosopho. *Wittab.* 1690. Fol.

(**Olearius,** Georg Philipp). Programma de morte Empedoclis. *Lips.* 1733. Fol.

Harles (Gottlieb Christoph). Programmata IV de Empedocle, num ille merito possit magiæ accusari. *Erlang.* 1788-90. Fol.

Sturtz (Friedrich Wilhelm). Empedocles Agrigentinus; de vita et philosophia ejus. *Lips.* 1806. 8.

Scinà (Domenico). Memorie sulla vita e filosofia di Empedocle, Gergentino. *Palerm.* 1813. 2 vol. 8. *Milan.* 1856. 16.

Lommatzsch (Bernhard Heinrich Carl). Die Weisheit des Empedocles nach ihren Quellen und deren Auslegung, etc. *Berl.* 1830. 8.

Bergk (Theodor). Commentatio de procœmio Empedoclis. *Berol.* 1839. 4.

Empereur (Constantin l'),
orientaliste hollandais (16 juillet 1591 — 1er juillet 1648).

Trigland (Jacob). Oratio funebris in obitum C. l'Empereur ab Obwijk. *Lugd. Bat.* 1648. Fol.

Emporagius (Erik),
évêque de Stregnes († 1674).

Colldén (Olav Johan). Vita E. Emporagii, episcopi Streguensis. *Lund.* 1810. 8.

Emser (Hieronymus),
théologien allemand (26 mars 1477 — 8 nov. 1527).

Waldau (Georg Ernst). Nachricht von H. Emser's Leben und Schriften, etc. *Ansb. et Nürnb.* 1783. 8. (*D.*)

Encke (Georg Friedrich),
théologien allemand.

Mueller (N... N...) et **Nielsen** (Nicolaus). Begräbnissfeier des verewigten Hauptpastors G. F. Encke, etc. *Eutin.* 1852. 8.

Encontre (Daniel),
mathématicien français (1762 — 16 sept. 1818).

Juillerat-Chasseur (N... N...). Notice sur la vie et les écrits de D. Encontre. *Par.* 1821. 8. (*Bes.*)

Endemann (Samuel),
théologien allemand (18 mars 1728 — 31 mai 1789).

Curtius (Michael Conrad). Memoria S. Endemanni, sacræ litteraturæ doctoris et professoris primarii. *Marb.* 1789. 4. (*L.*)

    ● **Endor** (Sorcière d'),
personnage biblique.

Gerhard (Johann Ernst). Tractatus sistens spectrum Endoreum. *Jenæ.* 1664. 4. *Ibid.* 1722. 4. (7e édition.)

Buddeus (Johann Franz). Dissertatio de pythonissa Endorea. *Jenæ.* 1727. 4.

Waehner (Andreas Georg). Commentatio de Endorensi præstigiatrice. *Goetting.* 1738. 4.

Nadt (Johann Philipp Conrad). Disquisitio de magis corumque operibus nec non de pythonissa Endorea. *Halæ.* 1743. 8.

Andreae (Johann Heinrich). Dissertatio de pythonissa Hendorea. *Franeq.* 1747. 4.

Schmersahl (Elias Friedrich). Natürliche Erklärung der Geschichte Saul's mit der Betrügerin zu Endor. *Hannov.* 1751. 4.

Bynch (Josias Leopold). Disputatio de magis ægyptiacis et pythonissa Endorea. *Hafn.* 1768. 8.

Endovélico,
divinité espagnole.

Reinesius (Thomas). Commentatio parergica de deo Endovellico ex inscriptionibus in villa Vizosa (c'est-à-dire Viseo) Lusitaniæ repertis. *Altenb.* 1637. 4.

Pastor (Perez). Disertacion sobre el dios Endovélico, y noticias de otras deidades gentilicias de la España antigua. *Madr.* 1760. 4.

Endress (Philippe Antoine Christophe),
naturaliste français.

Gay (Jacques). Notice sur P. A. C. Endress. *Par.* 1852. 8.

Endter (Johann Martin Friedrich),
jurisconsulte allemand (26 février 1764 — 23 déc. 1800).

Panzer (Johann Friedrich Heinrich). Denkmahl der Freundschaft dem verewigten J. M. F. Endter errichtet. *Nürnb.* 1801. 4.

Énée de Gaza,
philosophe grec du ve siècle après J. C.

Wernsdorf (Gregor Gottlieb). Disputatio de Ænea Gazæo. *Naumb.* 1817. 4.

Eneman (Michel),
philologue suédois (1er février 1676 — 25 nov. 1714).

Benzelius (Erik Erici). Laudatio funebris M. Enemanni. *Upsal.* 1715. 4.

Engau (Johann Rudolf),
jurisconsulte allemand (28 avril 1708 — 18 janvier 1755).

Jenichen (Gottlieb August). Elogium divis manibus J. R. Engavii consecratum. *Jen.* 1755. 4.

Engel (Caroline Florence).

Crabot (abbé). Vie édifiante de C. F. Engel, enfant de l'ouvroir de l'immaculée Conception, dirigé par les sœurs de la Charité, rue Neuve-Saint-Roch, 9. *Melun.* 1852. 18.

Engel (Johann Jacob),
poëte allemand (11 sept. 1741 — 28 juin 1802).

Nicolai (Friedrich). Gedächtnissschrift auf J. J. Engel. *Berl. et Stett.* 1806. 8. Portrait. (*D.*)

Engel v. Langwies,
épouse du colonel suisse Florian Engel.

Lebensbeschreibung der Witwe des Obristen Florian Engel von Langwies in Bündlen, geborene Egli. *Zürch.* 1822. 8. Augm. s. c. t. Die Schweizer Amazone. Abenteuer, Reisen und Kreuzzüge einer Schweizerin durch Frankreich, die Niederlande, Aegypten, Spanien, etc., mit der französischen Armee unter Napoleon. *Sanct-Gall.* 1825. 8. (Biographie écrite par elle-même.)

Engelbert, Graf v. **Mont** (Saint),
archevêque de Cologne (1185 — assassiné en 1227).

Gelen (Ægidius). Vindex libertatis ecclesiasticæ et martyr S. Engelbertus, archiepiscopus Coloniensis. *Colon.* 1633. 4. Portrait.

Heisterbach (Cæsarius v.). De vita et passione S. Engelberti. *Col. Agr.* 1633. 4.

Gebauer (Christian August). Legende des heiligen Engelbertus, Erzbischofs und Gründers des Domes zu Coeln, nebst Abbildung des Domes zu Coeln nach dem Plane des Stifters. *Coeln.* 1818. 12.

Manz (Heinrich). Die Isenburg, oder Friedrich (Graf) v. Isenburg und Engelbert der Heilige; historische Skizze. *Dortmund.* 1856. 8.

Ficker (Julius). Engelbert der Heilige, Erzbischof von Coeln und Reichsverweser (1216-25). *Coeln.* 1853. 8.

Engelbrecht-Engelbrechtson,
administrateur de Suède au xve siècle (assassiné le 4 mai 1436).

Fant (Erik Michael). Dissertatio de Engelbrechto, Engelbrechti filio, armigero, regni Sueciæ capitaneo. *Lund.* 1801. 8.

Palm (Johan Jakob). Dissertatio de meritis Engelbrechti. *Lund.* 1802. 8.

Engelbrecht (Hermann Heinrich v.),
jurisconsulte allemand (27 juin 1709 — 4 mars 1760).

(**Daehnert,** Johann Carl). Lebensbeschreibung H. H. v. Engelbrecht's. *Greifsw.* 1760. 4.

Engelbrecht (Johann),
visionnaire allemand (1599—1642).

(**Egard,** Paul). Leben J. Engelbrecht's, s. l. 1684. 8. Leben und Beruf H. Engelbrecht's. *Hannov.* 1768. 8.

Engelbrecht (Johann Wilhelm),
jurisconsulte allemand (15 janvier 1674 — 12 déc. 1729).

(**Treuer,** Gottlieb Samuel). Programma academicum in funere J. G. Engelbrechtii. *Helmst.* 1729. 4.

Memoria J. G. Engelbrecht. *Helmst.* 1729. 4. (*D.*)

Engelcken (Hermann Christoph),
théologien allemand (9 juin 1679 — 2 janvier 1742).

Aepinus (Franz Albert). Programma in funere H. C. Engelcken. *Rostoch.* 1742. Fol.

Becker (Johann Heinrich). Programma in H. C. Engelkenii exequiis. *Rostoch.* 1742. Fol.

Engelhard (Nicolaus),
savant suisse (3 sept. 1696 — 10 juillet 1764).
Schroeder (Ludwig Conrad). Programma de vita et scriptis N. Engelhardi, s. l. et s. d. 8.

Engelhart (Leonhard),
pédagogue allemand (.. déc. 1526 — 23 août 1602).
Crusius (Martin). Oratio funebris de vita et morte L. Engelharti, in pædagogio Tubingensi academiæ professoris, deinde in schola Stuttgardensi pædagogarchæ. *Tubing.* 1603. 4.

Engelmann (Georg),
théologien allemand (3 nov. 1648 — 3 juillet 1710).
Frietsche (Johann Ehrenfried). Kurze Nachricht von Herrn G. Engelmann, erstem Diaconus zu Wiegandsthal und Meffersdorf. *Laub.* 1758. 4.

Engelmann (Carl Ludwig),
démagogue allemand.
Engelmann (Carl Ludwig). Die Gewalt der Umstände, oder Geschichte meiner Flucht, Verhaftung und zweijährigen Gefangenschaft auf der Citadelle Magdeburg. *Bresl.* 1802. 8.

Engelschall (Bernhard),
magistrat allemand.
Programma academicum in exequias B. Engelschall. *Lips.* 1662. 4. (*D.*)

Engelschall (Carl Gottfried),
confesseur de la cour de Saxe.
Starck (Martin Simon). Lehre und Leben C. G. Engelschall's. *Dresd.* 1738. 4. (*D.*)

Enghien (seigneurs d').
Colins (Pierre). Histoire des seigneurs d'Enghien de la maison de Luxembourg. *Mons.* 1634. 4.

Enghien (Louis Antoine Henri de **Bourbon**, duc d'),
dernier rejeton du grand Condé (2 août 1772 — fusillé le 21 mars 1804).
(**Marguerit**, N... N... de). De l'assassinat de M. le duc d'Enghien et de la justification de M. de Caulaincourt. *Par.* 1814. 8. *Orl.* et *Par.* 1824. 8.
Firmas-Periés (N... N...). Notice historique sur L. A. H. de Bourbon-Condé, duc d'Enghien, suivie de son oraison funèbre, prononcée par l'abbé de **Bouvens**. *Par.* 1814. 8.
Maquart (Antoine François Nicolas). Éloge de L. A. H. de Bourbon-Condé, duc d'Enghien, prince du sang royal de France. *Par.* 1817. 8. (*Lv.*)
Guillaume (F... J... L...). Éloge du duc d'Enghien. *Par.* 1818. 8.
(**Dupin**, André Marie Jean Jacques). Pièces judiciaires et historiques relatives au procès du duc d'Enghien, avec le journal de ce prince depuis l'instant de son arrestation. *Par.* 1823. 8. Trad. en allem. *Leipz.*, s. d. (1824.) 8.
Bouvens (N... N... de). Oraison funèbre de L. A. H. de Bourbon-Condé, duc d'Enghien. *Par.* 1824. 8. (*Lv.*)
(**Dion**, comte de). Eloge funèbre de S. A. R. Mgr. le duc d'Enghien. *Lond.* 1824. 8.
Bilderdijk (Willem). Op den moord van den hertog d'Enghien. *Leyd.* 1824. 8.
Boudard, de l'**Hérault** (André). Mémoires, lettres et pièces authentiques touchant la vie et la mort de S. A. R. Mgr. le duc d'Enghien. *Par.* 1823. 8. *Brux.* 1823. 12. Portrait.
Mémoires historiques sur la catastrophe du duc d'Enghien. *Par.* 1824. 8.
Gautier du Var (Isidore Marie Brignolles). Conduite de Bonaparte relativement aux assassinats de Mgr. le duc d'Enghien et du marquis (Louis) de Frotté. *Par.* 1823. 8.
Roux de Laborie (Anatole). Eloge du duc d'Enghien. *Par.* 1827. 8. (Couronné par la Société royale des bonnes-lettres.)
Flayol (Victor Alphonse). Éloge du duc d'Enghien. *Par.* 1827. 8.
Ulin de la Ponneraye (N... N...). Éloge du duc d'Enghien. *Par.* 1827. 8.
Choulot (N... N... de). Mémoires et voyages du duc d'Enghien, précédés d'une notice sur sa vie et sa mort. *Moulins.* 1841. 8. 2 portraits.
Nougarède de Fayet (Augustin). Recherches historiques sur le procès et la condamnation du duc d'Enghien. *Par.* 1844. 2 vol. 8. *Ibid.* 1847. 2 vol. 8.
Saint-Hilaire (Emile Marco de). Le duc d'Enghien ;

épisode du temps du consulat. *Par.* 1844. 12. *Brux.* 1844. 18.

Enim (Joseph),
aventurier arménien.
Life and adventures of J. Enim, an Armenian. *Lond.* 1792. 8. (Cet ouvrage n'a pas été mis dans le commerce.)

Ennery (Marchand),
rabbin du Consistoire des Israélites de France.
Aron (Arnaud). Éloge funèbre de M. M. Ennery, grand rabbin du Consistoire central des Israélites de France. *Strasb.* 1852. 8.

Ennery (N... N..., comte d'),
gouverneur des Antilles françaises (vers 1730 — vers 1786).
Lamardelle (Guillaume Pierre François de). Éloge du comte d'Ennery, s. l. 1789. 8.

Ennius (Quintus),
poète latin (240 — 200 avant J. C.).
Sagittarius (Caspar). Commentatio de vita et scriptis Q. Ennii. *Altenb.* 1672. 8.
Franckenau (Georg Franck v.). Dissertatio de morbo Q. Ennii poetæ, sive podagra ex vino. *Witteb.* 1694. 4.
Forelius (Hendrik). Dissertatio de Q. Ennio poeta. *Upsal.* 1707. 8.
Angelis (Domenico de). Dissertazione della patria d'Ennio. *Firenz.* 1712. 8.
Kreidenmann (Wilhelm Friedrich). Oratio de Q. Ennio. *Jenæ.* 1754. 4.

Enoch,
patriarche juif (3378 avant J. C.).
Brussel (J... B...). Dissertatio de patriarcha Enoch. *Lugd. Bat.* 1709. 4.
Hauptmann (Johann Gottfried). Programma de Henocho astronomo. *Geræ.* 1774. 4.

Euse, voy. **Varnhagen v. Ense.**

Enslin (Johann Christian Friedrich),
théologien allemand.
Klemm (Johann Christian). Denkmal der Liebe bei dem Grabe des Magisters J. C. F. Enslin, Pfarrers zu Bempflingen. *Tübing.* 1796. 8.

Enzio,
roi de Sardaigne, fils naturel de l'empereur Frédéric II (vers 1224 — 14 mars 1272).
Petracchi (Celestino). Vita di Arrigo di Svevia, rè di Sardegna, volgarmente Enzio chiamato. *Ferrar.* 1750. 8.
Koeler (Johann David). Commentatio historica de Entio s. Henrico, Friderici II imperatoris notho, rege Sardiniæ, S. J. R. per Italiam vicario et admiralio. *Goetting.* 1757. 4.
Muench (Ernst Joseph Hermann). König Enzius. *Ludwigsb.* 1827. 8.

Eobanus, voy. **Hesse.**

Éon de Beaumont (Charles Geneviève Louise Auguste André Timothée d'),
personnage romanesque (5 oct. 1728 — 21 mai 1810).
Fortelle * (N... N... de la). Vie militaire, politique et privée de mademoiselle C. G. L. A. A. T. d'Éon de Beaumont, écuyer, chevalier, ci-devant docteur en droit, avocat, censeur royal pour l'histoire et les belles-lettres, envoyée en Russie, etc., et connue jusqu'en 1777 sous le nom de chevalier d'Éon. *Par.* 1779. 8. (*P.*)
   * Le véritable nom de l'auteur est Peyraud de Beaussol.
(**Hoff**, Heinrich Georg). Merkwürdiges Leben des ehemaligen Ritter's von Éon. *Frf.* et *Leipz.* 1780. 8.
Gaillardet (Frédéric). Mémoires du chevalier d'Éon. *Par.* 1836. 2 vol. 8. Trad. en allem. par Eduard Baerckmeier. *Braunschw.* 1837. 2 vol. 8.

Eosander (Zacharias),
théologien (?) suédois.
Baeng (Pehr). Concio funebris in obitum Z. Eosandri. *Aboæ.* 1688. 4.

Épaminondas,
général des Thébains (tué le 4 juillet 363 avant J. C.).
Weitz (N... N...). Epaminondas Thebanus, omnium Græciæ ducum præstantissimus. *Jenæ:* 1621. 8.
Sanchez (Juan Mateo). Vida de Epaminondas, principe Thebano, escrita por el texto de Æmilio Paulo, etc. *Valenc.* 1632. 4.
Ekerman (Peter). Dissertatio de pugna Leuctrica, imperatore Epaminonda, fortissime pugnata (371 avant J. C.). *Upsal.* 1763. 4.

Norrmann (Laurens). Epaminondas Thebanus. *Upsal.* 1693. 8.

Seran de la Tour (N... N...). Histoire d'Épaminondas, pour servir de suite aux Hommes illustres de Plutarque. *Par.* 1739. 12. *Leyde.* 1741. 8. *Par.* 1752. 12.

Meissner (August Gottlieb). Epaminondas; eine Biographie. *Prag.* 1798-1801. 2 vol. 8.

Cadeen (J... S...). Dissertatio de rebus gestis Epaminondæ. *Lund.* 1801. 8.

Matthes (Hendrik Justus). Dissertatio literaria de Epaminonda. *Lugd. Bat.* 1830. 4.

Bauch (Eduard). Epaminondas und Theben's Kampf um die Hegemonie. *Bresl.* 1834. 8.

Épée (Charles Michel de l'),
instituteur des sourds-muets (25 nov. 1712 — 23 déc. 1789).

Fauchet (Claude). Oraison funèbre de l'abbé de l'Épée, prêtre, avocat au parlement, etc. (*Par.*) 1790. 8.

Bazot (Etienne François). Eloge historique de l'abbé de l'Epée, fondateur de l'institution des sourds-muets. *Par.* 1819. 8. *Ibid.* 1820. 8. *Ibid.* 1821. 8. Portrait.

Bébian (Roche Ambroise Auguste). Éloge de C. M. de l'Epée. *Par.* et *Bayonne.* 1824. 8. (Couronné par l'Académie des sciences.)

Aléa (J... M... d'). Eloge de l'abbé de l'Épée. *Par.* et *Bayonne.* 1824. 8. (Trad. de l'espagnol.)

Morel (Etienne). Notice biographique sur l'abbé de l'Épée. *Par.* 1833. 8.

Berthier (Ferdinand). L'abbé de l'Epée, sa vie, son apostolat, ses travaux, sa lutte et ses succès, avec l'historique des monuments, etc. *Par.* 1852. 8. Portrait.

Ephraim Syrius,
docteur de l'Église († vers 378).

Hoyer (Michael). Liber de vita Sancti Ephræmo Syri, scriptoris vetusti. *Duaci.* 1640. 12.

Tenzel (Wilhelm Ernst). Dissertatio de Ephræmo Syro. *Arnstad.* 1685. 4.

Vockerodt (Gottfried). Programma de Ephræmo Syro. *Gothæ.* 1710. 4. (*D.*)

Coler (Johann Christoph). Disquisitio critica de Ephræmo et Joanne Damasceno, Syris. *Witteb.* 1714. 4. (*D.*)

Lengerke (Cæsar v.). Commentatio critica de Ephræmo Syro scripturæ sacræ interprete. *Halæ.* 1828. 4.

Ephraim (Heymann Veitel),
monnayeur de Frédéric II, roi de Prusse.

Der gerechtfertigte Ephraim, oder Nachrichten über den Zustand des sächsischen Finanzwesens, etc., s. l. 1758. 4. Trad. en franç. *Erlang.* 1758. 12.

Gedanken über den gerechtfertigten Ephraim. *Burg-Friedberg.* 1758. 4.

Ephrem* (Marie),
trappiste français (13 mars 1814 — 16 juillet 1842).

Vie du P. M. Ephrem, ou histoire d'un moine de nos jours. *Avign.* 1842. 12. *Clerm. Ferr.* 1844. 12.

* Son nom de famille était Vincent Joseph Mathieu Fraxas.

Ephrem (Marie),
trappiste française, sœur du précédent (9 nov. 1815 — ...).

Notice sur la mère M. Ephrem (Ferrer), religieuse trappiste au monastère de Notre-Dame de toute consolation de la Trappe de Lyon. *Par.* 1844. 12. *Clerm. Ferr.* 1846. 12.

Épicharme,
poète et philosophe grec au Ve siècle avant J. C.

Harless (Hermann). De Epicharmo. *Essen.* 1822. 8.

Tiritto (Luigi). Saggio storico della vita di Epicarmo. *Palerm.* 1856. 8.

Épictète,
philosophe phrygien (50 — 117 après J. C.).

Boileau (Gilles). Vie d'Épictète et sa philosophie. *Par.* 1655. 12. *Ibid.* 1657. 12.
Trad. en allem. *Leipz.* et *Goerl.* 1747. 8.
Trad. en angl. par John Davies. *Lond.* 1670. 12.

Schwertner (Johann David). Idea philosophiæ Epicteticæ. *Lips.* 1681. 4.

Heumann (Christian August). Commentatio de philosophia Epicteti. *Jenæ.* 1703. 4.

Rossal (Michael). Disquisitio de Epicteto philosopho stoico. *Groning.* 1708. 8.

Mueller (Daniel). Programma de Epicteti christianismo. *Chemnic.* 1724. Fol.

Suero (Johann Josias). Über den Epiktet und seine Lampe. *Brandenb.* 1758. 8.

(**Tolomas**, Charles Pierre Xavier). Discours sur la philosophie d'Epictète, etc. *Par.* 1760. 12.

Beyer (Johann Friedrich). Über Epiktet und sein Handbuch der stoischen Moral, in biographischer und kritischer Hinsicht. *Marb.* 1795. 8.

Vita di Epitetto filosofo. *Ancona.* 1797. 12.

Épicure,
philosophe grec (342 — 270 avant J. C.).

Gassendi (Pierre). Animadversiones de vita et moribus placitisque Epicuri libri VIII. *Lugd.* 1647. 4. *Hag. Com.* 1654. 4. *Lugd.* 1675. Fol.

Zander (Carl Friedrich). Dissertatio historica de Epicuro. *Witteb.* 1670. 4.

Arnkiel (Trogill). Dissertatio de Epicuri philosophia et schola. *Kilon.* 1671. 4.

Durondel (Jacques). Vie d'Épicure. *Par.* 1679. 12. *La Haye.* 1686. 12. Trad. en lat. *Amst.* 1695. 12.

Peringer (Gustaf). Dissertatio de Epicuro. *Upsal.* 1685. 4.

Lagerloef (Peter). Dissertatio de philosophia Epicuri. *Upsal.* 1697. 4.

Stockhausen (Johann Christian). Epikur als Kenner und Freund der schönen Wissenschaften, wider seine Ankläger vertheidigt. *Helmst.* 1751. 4.

Vies d'Epicure, de Platon et Pythagore, recueillies de divers auteurs et surtout de Diogène Laërce, par M... *Amst.* 1752. 12.

Zimmermann (Franz Anton). Vita et doctrina Epicuri, dissertatione inaugurali examinata. *Heibelb.* 1783. 4.

Warnekros (Heinrich Ehrenfried). Apologie und Leben Epicur's. *Greifsw.* 1795. 8.

Épiménide,
philosophe grec († vers l'an 598 avant J. C.).

Celsius (Olof). Dissertatio de Epimenide. *Upsal.* 1705. 8.

Gottschalck (Johann Caspar). Dissertatio de Epimenide propheta ad cap. I, 12, ad Titum. *Altorf.* 1714. 4.

Grabener (Christian Gottfried). Dissertatio de Epimenide, Athenarum lustratore. *Missn.* 1742. 4.

Sommelius (Gustaf). Dissertatio de Epimenide et Cretensibus. *Lund.* 1776. 8.

Heinrich (Carl Friedrich). Epimenides aus Creta. Kritisch-historische Zusammenstellung aus Bruchstücken des Alterthums. *Leipz.* 1801. 8.

Épinac (Pierre d'),
archevêque de Lyon (10 mai 1540 — 9 janvier 1599).

Péricaud (Antoine). Notice historique sur P. d'Épinac, archevêque de Lyon sous Henri III et Henri IV. *Lyon*, s. d. (1829). 8. (Tiré à 100 exemplaires.)

Épinay (Louise Florence Pétronille d'),
bel-esprit française (vers 1726 — 17 avril 1783).

(**Brunet**, N... N...). Mémoires et correspondance de madame d'Epinay. *Par.* 1818. 5 vol. 8.

(**Musset-Pathay**, Victor Donatien de). Anecdotes inédites pour faire suite aux mémoires de madame d'Epinay, précédées de l'examen de ces mémoires. *Par.* 1818. 8.

Conséquences médiates des révélations privées de madame d'Epinay. *Par.* 1818. 8.

Épiphane (Saint),
archevêque de Salamine (310 — 403).

(**Gervaise**, François Armand). Histoire de la vie de S. Epiphane, archevêque de Salamine et docteur de l'Eglise, où l'on voit ce qui s'est passé de plus curieux et de plus intéressant dans l'Eglise depuis l'an 310 jusqu'en 403. *Par.* 1738. 4. (*D.*)

(**Carpanelli**, Pietro). Epifanio, vescovo santo nel secolo v; Luitprand, vescovo e storico nel secolo x; biografie. *Pavia.* 1843. 8.

Episcopius* (Simon),
théologien hollandais (1583 — 4 avril 1643).

Limborch (Philipp van). Leven van S. Episcopius. *Amst.* 1693. 4. (*Ld.*) Trad. en latin. *Amst.* 1695. 8. *Ibid.* 1701. 8. (*D.*) *Ibid.* 1709. 8. *Lips.* 1770. 8.

* Son nom de famille était Biscanor.

Konijnenburg (Jan). Laudatio S. Episcopii. *Amst.* 1791. 4. Trad. en holland. *Amst.* 1791. 8.

Eppendorf,
dynastie allemande.

Tangl (Carl). Die Grafen, Markgrafen und Herzoge aus dem Hause Eppenstein. *Wien.* 1851. 8.

Eppendorp (Heinrich v.),
savant allemand († 1553).

Saxe (Christoph). Commentarius de H. Eppendorpio. *Lips.* 1745. 4.

Eprémesnil (Jean Jacques **Duval** d'),
homme d'État français (1746 — guillotiné le 23 avril 1794).

Discours et opinions de M. d'Eprémesnil, précédés d'une notice sur sa vie. *Par.* 1823. 8.

Erard (Marie Thérèse),
religieuse française.

Vie de M. T. Erard, supérieure du monastère de Notre-Dame du Refuge à Nancy. *Nancy.* 1704. 12. (*Bes.*)

Érasistrate,
médecin grec (vers 300 avant J. C.).

Hieronymi (Johann Friedrich Heinrich). Dissertatio exhibens Erasistrati Erasistrateorumque historia. *Jenæ.* 1790. 8.

Érasme,
évêque de Strasbourg.

Sturm (Johann). Epistolæ aliquot de morte Erasmi, Argentinensis episcopi. *Argent.* 1569. 4. (*D.*)

Érasme (Desiderius),
savant hollandais (28 oct. 1467 — 12 juillet 1536).

Winman (Nicolaus). Epitaphium D. Erasmi Roterdami; carmen item querelum de eodem Erasmo Jacobi Schoenstetteri. *Norimb.* 1537. 4. (*L.*)

Nausea (Fridericus). Oratio funebris D. Erasmi. *Par.* 1537. 8. (*D.*)

Calckreuter (Bartholomæus). Oratio de vita Erasmi Roterodamensis. *Witteb.* 1537. 8. (*D.*) *Argent.* 1605. 8.

Merula (Paul). Vita D. Erasmi ex ipsius manu fideliter representata. *Lugd. Bat.* 1607. 4. (*D.*)

(**Scriverius,** Petrus). D. Erasmi vita, partim ab ipsomet Erasmo, partim ab amicis æqualibus fideliter descripta. *Lugd. Bat.* 1615. 12. (*D.*) *Ibid.* 1642. 12. *Ibid.* 1649. 12. (*D.*)

La Bizardière (Michel David de). Histoire d'Érasme, sa vie, ses mœurs, sa mort et sa religion. *Par.* 1721. 12. (*D.*)

Knight (Samuel). Life of Erasmus, more particularly that part of it, which he spent in England. *Cambr.* 1726. 8. Portrait. (*D.*) Trad. en allem. par Theodor Arnold. *Leipz.* 1736. 8. (*D.*)

Ekerman (Peter). Merita Erasmi Roterodami in literas humaniores et eloquentiam. *Upsal.* 1743. 4.

Lévesque de Burigny (Jean). Histoire de la vie et des ouvrages d'Érasme. *Par.* 1757. 2 vol. 12. (*D.* et *Lv.*) Trad. en allem. par Heinrich Philipp Conrad Henke. *Halle.* 1782. 2 vol. 8. (*D.*)

(**Jortin,** John). Life of Erasmus. *Lond.* 1758-60. 2 vol. 4. *Ibid.* 1806-08. 3 vol. 8. Portrait.

(**Gaudin,** Johann). Leben des Erasmus von Rotterdam. *Zürch.* 1789. 8. (Assez rare.)

(**Hess,** Salomon). Erasmus von Rotterdam nach seinem Leben und seinen Schriften. *Zürch.* 1790. 2 vol. 8.

(**Wagner,** Gottlieb Heinrich Adolph). Leben des D. Erasmus, (publiée par Johann Friedrich Wilhelm Fischer). *Leipz.* 1802. 8. Portrait.

Laycey (A...). Life of Erasmus, abridged from the larger work of Dr. Jortin. *Lond.* 1805. 8.

Pabst tot Bingerden (R... W... J... van). Lofrede op D. Erasmus, s. l. et s. d. (*Amst.* 1812.) 8.

Butler (Charles). Life of Erasmus, etc. *Lond.* 1825. 8.

Mueller (Adolph). Leben des Erasmus von Rotterdam. *Hamb.* 1828. 8. (Ouvrage couronné.) — (*D.*) Trad. en holland. *Rotterd.* 1832. 8.

Huët (P... J... L...). Drie brieven aan eenen vriend over een hoogduitsch werk : Leven van Erasmus door Adolf Mueller, s. l. et s. d. (*Amst.* 1829.) 4.

Gaye (Johannes). Disquisitionis de vita D. Erasmi specimen. *Kilon.* 1829. 4.

Thomaeus (Jöran Jakob). Lefvernesbeskrivelse om Erasmus från Rotterdam. *Christianstad.* 1830. 8.

Eck (Carel Fransen van). Oratio de D. Erasmi in doctri-

nam moralem meritis, publ. par A... van Eck. *Davent.* 1831. 8.

Ram (Pierre François Xavier de). Notice sur les rapports d'Erasme avec Damien de Goes et sur son secrétaire Lambert Coomans de Turnhout. *Louvain.* 1842. 8.

Péricaud (Antoine). Erasme dans ses rapports avec Lyon. *Lyon.* 1842. 8.

Erbach (Grafen v.),
famille allemande.

Schneider (D...). Historie und Stamm-Tafel des hochgräflichen Hauses Erbach, mit Vorrede von G... M... Ludolf. *Frf.* 1736. Fol.

Luck (Johann Philipp Wilhelm). Historische Genealogie des reichsgräflichen Hauses Erbach. *Frf.* 1786. Fol.

Erbach (Franz, Graf zu),
homme d'État allemand († 1823).

Willenbuecher (J... W...). Rede am Sarge des Grafen F. zu Erbach, etc., nebst Nachrichten aus dem Leben des Vollendeten. *Darmst.* 1823. 8.

Erckert (Johann Stephan v.),
jurisconsulte allemand.

Lang (Lorenz Johann Jacob). Leben des geheimen Raths J. S. v. Erckert. *Erlang.* 1767. Fol.

Ercks (Christian Albrecht),
historien allemand.

Rasche (Johann Christoph). Leben des Hennebergischen Geschichtsschreibers C. A. Ercks. *Meining.* 1761. 4.

Ercolani (Cesare),
littérateur italien.

Coleti (Giovanni Domenico). Memorie istoriche intorno alla vita del cavaliere C. Ercolani. *Venez.* 1776. 4.

Ercolani (conte Filippo),
homme d'État italien.

Cavriani (Federico). Elogio del conte senatore F. Ercolani. *Milan.* 1811. 8.

Erdelyi (Joseph),
savant hongrois.

Dianovsky (János). Vindiciæ J. Erdelii. *Vacii* et *Pesth.* 1789. 8.

Erdödy (Gróf Emmerich),
homme d'État hongrois († 1690).

Despotovich (Ladislaus). Panegyris pro funere comitis E. Erdödy, tavernicorum regis per Hungariam magistri dicta. *Tyrnav.*, s. d. (vers 1690.) 4.

Erdödy (Eva Zsuzsánna, Gräfin),
épouse de Janos Lippay († 1669).

Keri (János). Piis manibus E. S. comitissæ ab Erdöd, Joannis Lippay consortis adornata laudatio, s. l. et s. d. (1669). 4.

Erdödy (Gróf Gabor Antal),
évêque de Gran († 1744).

Argus oculatus, s. comes G. Erdödy, episcopus Agriensis, in utriusque reipublicæ commune emolumentum vigilantissima festa D. Gabrieli archangelo luce centum autorum sententiis celebratum. *Poson.* 1733. 8.

Dessöffy (Ferencz Xaver Jobus). Historia comitis G. Erdödy, episcopi Agriensis, etc., compendio concinnata. *Cassov.* 1745. 8.

Auer (Leopold). Venatio lugubris. Gyászos Vadászat, halotti beszéd Gróf Erdödy G. A., Egri Püspök eltemettetésékor. *Kaschau.* 1745. 4.

Erdödy (Gróf Gergeli),
homme d'État hongrois († 1669).

Keri (János). Virtus post fata superstes G. comitis Erdödy, præsidii Kaproncensis capitanei, elogio funebri proposita, s. l. et s. d. (1669). 4.

Erdödy (Gróf György),
homme d'État hongrois.

Ludányi (Niklós). Obsequium clientelare pro munere onomastico excellentissimo D. G. Erdödy, cameræ regiæ aulæ Hungaricæ præsidi oblatum. *Poson.* 1732. 4.

Erdödy (Gróf János Ferencz),
général hongrois.

Rota nativitatis in morte J. F. comitis Erdödy, etc., colonelli et supremi capitanei, etc., panegyrico sermone exposita. *Græc.* 1694. 4.

Erdödy (Ladislaus Adam, Gróf),
évêque de Neutra († .. oct. 1736).

Schwachotzy (Benedict). Næniæ comiti L. A. Erdödy, episcopo Nitriensi et Hungariæ cancellario vita functo, etc., persolutæ, continentes symbola et orationem funebrem. *Poson.* 1756. Fol.

Imago trium clarissimorum ecclesiæ luminum : cardinalis Emerici Csáky, cardinalis Michaelis Friderici ab Althan , et L. A. Erdödy, episcopi Nitriensis. *Cassov.* 1738. 12.

Erdödy (Gróf Thomas),
général hongrois.

Heroes Hungariæ. *Tyrnav.* 1743. 8. *
   * Contenant l'éloge historique du comte T. Erdödy.

Erdmannsdorf (Friedrich Wilhelm v.),
écrivain allemand (18 mai 1736 — 9 mars 1800).

Rode (August). Leben F. W. v. Erdmannsdorf's. *Dess.* 1801. 8.

Erffurth (Simon),
théologien allemand.

Schieferdecker (Johann). Göttlicher und gütlicher Liebes-Zug. Leichenpredigt auf S. Erffurth, nebst dessen Lebenslauf. *Weissenf.*, s. d. 4. (D.)

Erhard (Saint),
évêque de Ratisbonne.

Enhueber (Johann Baptist). Dissertatio critica de patria, ætate et episcopatu S. Erhardi. *Ratisb.* 1770. 4.

Erhard (Johann Benjamin),
médecin-philosophe allemand (5 février 1766 — 28 nov. 1827).

Varnhagen v. Ense (Carl August). Denkwürdigkeiten des Philosophen und Arztes J. B. Erhard. *Stuttg.* et *Tübing.* 1830. 8.

Eric IV, surnommé **Plogpenning,**
roi de Danemark (mis à mort en 1250).

Molbech (Christiern). Kong Erik Plogpennings Historie. *Kjoebenh.* 1821. 8.

Eric VII, dit **le Victorieux,**
roi de Suède (917 — 940).

Toerner (Fabian). Dissertatio de Erico Victorioso. *Upsal.* 1716. 8.

Georgi (Carl Friedrich). Dissertatio historica de numero Ericorum regum Sueciæ. *Upsal.* 1761. 4.

Neikter (Jacob Frederick). Dissertatio de Erico Upsaliensi, rege Sueciæ. *Upsal.* 1800. 8.

— — Dissertatio de Dania ab Erico Victorioso subjugata. *Upsal.* 1808. 8.

Eric VIII,
roi de Danemark (... — 1286 — 1319).

Werlauff (Erich Christian). Beskrivelse over Kong Erik Menveds og Dronning Ingeborgs Gravminde i Ringsted Kirke. *Kjoebenh.* 1815. 4.

Eric IX, surnommé **le Saint,**
roi de Suède (élu en 1152 — vers 1160).

(**Erland** , Israël). Vita S. Erici (IX) regis Sueciæ ejusdem miracula , avec des notes par Johan SCHEFFER. *Holm.* 1675. 8.

Toerner (Fabian). Dissertatio de Erico IX sive Sancto. *Upsal.* 1712. 8.

Wallin (Johan Olof). Dissertatio de expeditione regis Erici Sancti in Fenniam mota. *Upsal.* 1819. 8.

Eric XIV,
roi de Suède (15 déc. 1533 — 1560 — déposé le 29 sept. 1568 — 26 février 1577).

Weber (Immanuel). Singularia quædam potissimum anecdota ad historiam Erici XIV Sueciæ regis spectantia. *Giess.* 1711. 4. (L.)

Celsius (Olof). Konung Eriks Historia. *Stockh.* 1774. 8.
Trad. en allém. avec des notes par Johann Georg Peter MOELLER. *Flensb.* 1777. 8.
Trad. en franç. par Edme Jacques GENEST. *Par.* 1777. 2 vol. 12.

Fischer (Christian August). Biographie unglücklicher (wahnsinniger) Könige. *Königsb.* 1797. 8. *Ibid.* 8. *
   * Contenant l'histoire d'Eric XIV et de Charles VI, roi de France.

Erich (Christoph),
diplomate allemand.

Weizer (Johann). Vita C. Erici (legati principis Saxoniæ). *Witteb.* 1578. 8. (D.)

Erich ou **Ericius** (Johann),
jurisconsulte allemand († 1583).

(**Zeidler,** Carl Sebastian). Vita J. Ericii, JCti Norimbergensis. *Norimb.* 1709. 8.

Erich (Johann Peter),
littérateur allemand.

Eckhard (Johann Friedrich). Über J. P. Erich, gelehrten Schriftsteller zu Eisenach. *Eisen.* 1789. 4.

Ericeira (Francisco Xavier **de Menezes,** conde da),
homme d'État portugais (29 janvier 1673 — 21 déc. 1743).

Rangel de Macedo (Diogo). Oraçaõ funebre do conde da Ericeira. *Coimbra.* 1744. 4.

Freire de Montarroio Mascarenhas (Jozé). Oraçaõ funebre do conde da Ericeira. *Lisb.* 1746. 4.

Barboza (Jozé). Elogio do IIII conde da Ericeira. *Lisb.* 1785. 4.

Erigena (Joannes **Scotus**),
philosophe écossais (assassiné en 886).

Hjort (Peder). J. Scotus Erigena, oder von dem Ursprung einer christlichen Philosophie und ihrem heiligen Berufe. *Kopenh.* 1823. 8.

Staudenmaier (Franz Anton). J. Scotus Erigena und die Wissenschaft seiner Zeit. *Frf.* 1834. 8.

Taillandier (René). Scot Erigène et la philosophie scholastique. *Strasb.* et *Par.* 1843. 8.

Commentatio de J. Scoto Erigena. *Bonn.* 1845. 8.

Erinne,
poète grec (vers l'an 603 avant J. C.).

Richter (Franz Wilhelm). Sappho und Erinna nach ihrem Leben beschrieben, etc. *Quedlinb.* 1833. 8.

Malzow (Sergius). Dissertatio de Erinnæ Lesbiæ vita ac reliquiis. *Petersb.* 1836. 8.

Erizzo (Francesco),
doge de Venise (vers 1561 — 1631 — 1645).

Heins (Johannes). Elogium serenissimo principi F. Erizzo, duci Venetiarum, etc. *Venet.* 1651. 4.

Trevisano (Marco). Vita di F. Erizzo, principe di Venezia. *Venez.* 1651. 4.

Erizzo (Niccolò),
procurateur de Saint-Marc.

Gennari (Giuseppe). Orazione delle lodi di F. Erizzo, procuratore di San Marco. *Venez.* 1767. 4.

Erlach (Franz Ludwig v.),
avoyer de la ville de Berne (1575 — 20 avril 1651).

Weidmann (Emmanuel). Oratio funebris in consulem F. L. ab Erlach cum ejus biographia, s. l. *(Bern.)* 1651. 4.

Justa exequalia in obitum F. L. ab Erlach, etc. *Bern.* 1652. 4.

Erlach (Hieronymus v.),
avoyer de la ville de Berne (1667 — 23 février 1748).

Zehender (Johann Jacob). Ehrengedächtniss des Herrn H. v. Erlach, Herrn zu Hindelback, Urtenen, Baeriswyl und Mattstetten , Generals und Ritters , Schultheissen der Stadt und Republik Bern. *Bern.* 1748. Fol.

Erlach (Johann Ludwig v.),
maréchal de France (1595 — 1650).

Gernler (Lucas). Leichenpredigt auf den General J. L. v. Erlach. *Basel.* 1650. 4.

Erlach (Albert v.). Mémoires historiques concernant M. le général d'Erlach, gouverneur de Brisack , pour servir à l'histoire de la guerre de trente ans , et des règnes de Louis XIII et de Louis XIV. *Yverd.* 1784. 4 vol. 12.

Erlach (Rudolph v.),
chevalier suisse (assassiné en 1360).

Ritter R. v. Erlach und die Schlacht bei Laupen im Jahre 1339. (21 juillet). *Bern.* 1849. 8.

Erland ou **Erlandsen** (Jacob),
archevêque de Lund et primat de Danemark († vers 1280).

Joergensen (Simon). Historia contentionis regum Daniæ Christophori I , Erici VI et VII cum archiepiscopis J. Erlandi et Joannis Grand. *Hafn.* 1774. 8.

Erlandson (Israël),
évêque de Westeras.

(**Reuterdahl** , Hendrik). I. Erlandson , Biskop i Westeräs. *Lund.* 1850. 4.

Erlinger (Georg),
imprimeur allemand († 1542).

Heller (Joseph). Leben G. Erlinger's, Buchdruckers und Formschneiders zu Bamberg. *Bamb.* 1837. 8.

Erman (Jean Pierre),
théologien français (1733 — 11 août 1814).

Buttmann (Philipp). Denkschrift auf Herrn Erman, Vater. *Berl.* 1814. 4.

Erman (Paul),
littérateur français.

Du Bois Reymond (Emil). Gedächtnissrede auf P. Erman, etc. *Berl.* 1853. 4.

Ermine,
ascétique française (vers 1336 —.. août 1396).

Morel (Jean). Les merveilles de la vie, des combats et victoires d'Ermine, citoyenne de Reims, publ. par Jacques de Foigny. *Reims.* 1648. 4.

Ernecourt (Alberte Barbe d'.), plus connue sous le nom de madame **de Saint-Balmont**,
femme militaire française (vers 1608 — 22 mai 1660).

Vernon (Jean Marie de). L'amazone chrétienne, ou les aventures de madame de Saint-Balmont. *Par.* 1678. 12.

(**Desbillons**, François Joseph Terrasse). Histoire de la vie et des exploits militaires d'A. B. d'Ernecourt, connue sous le nom de madame de Saint-Balmont. *Liége* 1773. 8. *Mannh.* 1773. 8.

Ernest d'Autriche,
gouverneur de la Belgique (15 juin 1553 — 20 février 1595).

Delrio (Martin Antoine). Historia belgica, s. commentarii rerum in Belgio gestarum sub comite (Petro Ernesto) Mansfeldio, archiduce Ernesto et præcipue Petro Henriquez, comite Fontano (Fuentes); accedunt Ambrosii Spinolæ victoriæ. *Col. Agr.* 1611. 4. (Publ. sous le pseudonyme de Rolandus Mirtæus.)

Ernest,
électeur de Saxe (25 mars 1465 — 26 août 1486).

Lauterbeck (Georg). Oration von Herzog Ernsten. *Frf.* 1563. 8.

Stuebel (Johann Jacob). Programma de Ernesto, electore Saxoniæ, etc. *Misn.* 1715. Fol.

Weisse (Christian Heinrich). Dissertatio de Ernesti, Saxoniæ electoris, virtutibus. *Altenb.* 1727. Fol.

Schumacher (Heinrich August). Programma de cura Dei præpotentis prorsus singulari in Ernestum, electorem Saxoniæ. *Lips.* 1743. 4.

Ernest le Confesseur,
duc de Brunswick-Lunebourg (26 juin 1497 — 11 janvier 1546).

(**Bertram**, Johann Georg). Leben Ernesti, Herzogs zu Braunschweig und Lüneburg und in diesen Landen ersten Beschirmers des protestantischen Glaubens. *Braunschw.* 1719. 8.

Guden (Heinrich Philipp). Dissertatio de Ernesto, duce Brunswicensi et Lüneburgensi, principe sapienti, pio, forti, felici, Augustanæ confessionis assertore et vindice. *Goetting.* 1730. 4.

Heimbuerger (Heinrich Christian). Ernst der Bekenner, Herzog von Braunschweig und Lüneburg. *Celle.* 1839. 8.

Ernest I, surnommé **le Pieux**,
duc de Saxe-Gotha (24 déc. 1601 — 26 mars 1675).

Eyring (Elias Martin). Vita Ernesti Pii, ducis Saxoniæ. *Lips.* 1704. 8. (Bes.) *Ibid.* 1710. 8.

Teissier (Antoine). Vie d'Ernest le Pieux, duc de Saxe. *Berl.* 1707. 12. *Halle.* 1741. 8. *Ibid.* 1752. 12. (Omis par Quérard.)

    Trad. en allem. *Quedlinb.* 1783. 8.

    Trad. en ital. par Johann Balthasar Groepler. *Halle.* 1756. 8.

Cyprian (Ernst Salomon). Consecratio Ernesti Pii, Saxoniæ ducis. *Gothæ.* 1729. Fol.

Chladen (Johann Martin). Programma in obitum ducis Ernesti : de principe doctore. *Coburg.* 1745. Fol.

Gelbke (Johann Heinrich). Herzog Ernst I, genannt der Fromme, als Mensch und Regent. *Gotha.* 1810. 3 vol. 8. Portrait.

Redenbacher (Wilhelm). Ernst der Fromme, Herzog von Gotha. *Dresd.* 1851. 8. Portrait.

Ernest II (Louis),
duc de Saxe-Gotha (1745 — 1772 — 20 avril 1804).

Matthiæ (August). Oratio in sacris parentalibus gymnasii Altenburgensis in memoriam L. Ernesti II. *Lips.* 1804. 4.

Ernst II, Herzog von Sachsen-Gotha. *Weim.* 1806. 8.

Nicolai (Carl). Ernst II, Herzog von Sachsen-Gotha und Altenburg. *Arnst.* 1820. 8.

Denkwürdigkeiten aus dem Leben Ernst's II, Herzogs zu Sachsen-Gotha und Altenburg. *Gotha*, s. d. 8.

Ernest III,
duc de Saxe-Cobourg-Gotha (2 janvier 1784 — 12 nov. 1826 — 29 janvier 1844).

Wuestemann (Ernst Friedrich). Oratio memoriæ serenissimi principis Ernesti III, ducis Saxoniæ, principis Coburgensium et Gothanorum. *Gothæ.* 1844. 4.

Kahlhorst (A...), S. A. Ernest III, duc de Saxe-Cobourg et Gotha. *Par.* 1846. 8. (Extrait du *Nécrologe universel du XIXᵉ siècle*.)

Ernest Auguste,
électeur de Hanovre (10 nov. 1629 — 28 janvier 1698).

Malortie (C... E... v.). Der Hannover'sche Hof unter dem Churfürsten Ernst August und der Churfürstin Sophie. *Hannov.* 1847. 8. Portrait de l'électeur.

Ernest Auguste,
roi de Hanovre (5 juin 1771 — 20 juin 1837 — 18 nov. 1851).

Ernst August, König von Hannover, und seine Zeit. Gedenkbuch für jeden Hannoveraner. *Quedlinb.* 1852. 8.

Ernest Auguste,
duc de Saxe-Weimar et Eisenach.

Geschichte Ernst August's, Herzogs zu Sachsen-Weimar und Eisenach. *Erfurt.* 1749. 8.

Ernesti (Johann August),
critique allemand (4 août 1707 — 11 sept. 1781).

Haubold (Christian Gottfried). Gedächtnisspredigt auf Dr. J. A. Ernesti. *Leipz.* 1781. 8.

Ernesti (August Wilhelm). Memoria J. A. Ernesti. *Lips.* 1781. Fol. Trad. en allem. par Carl Gottfried Kuettner. *Leipz.* 1782. 8. (D.)

Neumann (Johann Friedrich). Oratio de J. A. Ernestio ejusque meritis, etc. *Gorlic.* 1782-83. 4. (D.)

(**Feller**, Wilhelm Abraham). J. A. Ernesti's Verdienste um die Theologie. *Berl.* 1783. 8. (D.)

Vogel (Emil Ferdinand). Oratio de J. A. Ernestii meritis in jurisprudentiam. *Lips.* 1829. 8. (D.)

Ernesti (Johann Heinrich),
théologien allemand (1652 — 16 oct. 1729).

Weiss (Christian). Leichenpredigt auf J. H. Ernesti, nebst dessen Lebenslauf. *Leipz.* 1729. Fol. (D.)

Ernesti (Johann Heinrich Martin),
jurisconsulte allemand.

Ernesti (Johann Heinrich Martin). Denkwürdigkeiten aus dem öffentlichen und verborgenen Leben des Verfassers. *Berl.* 1825. 8. (D.)

Ernesti (Sophie Friederike),
dame allemande.

Ernesti (Johann Christian Gottlieb). Leben der Frau S. F. Ernesti. *Leipz.* 1782. 8.

Ernst (Ernst),
jurisconsulte allemand.

Lesser (Friedrich Christian). Leben E. Ernst's. *Nordhaus.* 1751. 4. (D.)

Ernst (Jean Gérard Joseph),
jurisconsulte belge (12 oct. 1782 — 6 oct. 1842).

Ram (Pierre François Xavier de). Discours prononcé, etc., sur la tombe de M. J. G. J. Ernst, professeur ordinaire à la Faculté de droit. *Louvain*, s. d. (1842). 8.

Ernsting (Arthur Conrad),
médecin allemand (1709 — 11 sept. 1768).

Funccius (Johann Nicolaus). Eucharistica memoria A. C. Ernstingii, phil. ac med. doct. *Rintel.* 1769. 4.

Erpenius (Thomas),
orientaliste hollandais (7 sept. 1584 — 13 nov. 1624).

Scriverus (Petrus). Manes Erpeniani, quibus accedunt epicedia variorum. *Lugd. Bat.* 1625. 4. (D.)

Vossius (Gerhard Johann). Oratio in obitum T. Erpenii, etc. *Lugd. Bat.* 1625. 4. (D.)

Erpf (Franz Eduard),
magistrat suisse († janvier 1851).

Bernet (Johann Jacob). Kirchliches Wort bei der Bestattungsfeier vom Regierungsrath Dr. F. E. Erpf von Sanct-Gallen. *Sanct-Gall.* 1851. 8.

Erphon (Saint),
évêque de Munster.

Boichhorst (A...). Vita S. Erphonis Mimigartefortensis aut Mimigernefordensis , nunc Monasteriensis episcopi XVII. *Monast.* 1649. 4. Portrait.

Errante (Giuseppe),
peintre italien (1760 — 1821).

Cancellieri (Francesco Girolamo). Memorie intorno alla vita ed alle opere del pittore cavaliere G. Errante di Trapani. *Rom.* 1824. 8.

Errard (N... N... d'),
officier français († 20 déc. 1851).

Moreau (N... N...). Nécrologie. Paroles prononcées sur la tombe du colonel du génie d'Errard, etc. *Par.* 1852. 8. (Extrait du *Spectateur militaire*.)

Erskine (John),
théologien écossais (1721 — 19 janvier 1803).

Wellwood (Henry Moncrieff). Account of the life and writings of J. Erskine, late on of the ministers of Edinburgh. *Edinb.* 1818. 8.

Erskine (Richard),
théologien anglais.

Fraser (D...). Life and diary of the Rev. R. Erskine. *Lond.* 1834. 12.

Ertborn (Florentius Josephus van),
homme d'État hollandais.

Levensberigt van den ridder F. J. van Ertborn , kamerheer van Z. M. den koning der Nederlanden , lid van het koninklijk nederlandsch Instituut, etc. *Utrecht.* 1841. 8.

Erthal (Franz Ludwig, Freiherr v.),
prince-évêque de Wurzbourg (16 sept. 1730 — 14 février 1795).

Limmer. (Gallus Ignaz). Trauerrede auf den Fürst-Bischof F. L. v. Erthal. *Bamb.* 1795. 4.

Berg (F...). Trauerrede bei der Beerdigung Franz Ludwig's des Weisen. *Jena.* 1795. 8.

Biographische Nachricht über Bischof Freiherrn F. L. von und zu Erthal. *Bamb.* 1803. 8.

Sprenke (G... M...). F. L. Freiherr v. Erthal, Fürstbischof zu Bamberg und Würzburg und Herzog in Franken. *Würzb.* 1826. 8.

Bernhard (N... N...). F. L. v. Erthal, Fürstbischof von Bamberg und Würzburg, Herzog von Franken von 1779-1795. Ein Lebensbild, etc. *Tübing.* 1852. 8.

Erwin von Steinbach,
architecte de la cathédrale de Strasbourg († 1318).

Bader (Joseph). Meister Erwin von Steinbach und seine Heimath. *Carlsr.* 1844. 8.

Erxleben (Johann Christian Polycarp),
naturaliste allemand (22 juin 1744 — 19 août 1777).

Kaestner (Abraham Gotthelf). Elogium J. C. P. Erxleben. *Goetting.* 1777. 4.

Erythropel (David Ruprecht),
théologien allemand (30 mars 1653 — 22 déc. 1732).

Menzer (Balthasar). Der im Schluss aufgerichtete Dankaltar einer gesegneten Amts- und Lebens-Walfart, etc. ; errichtet dem Ehrengedächtniss des, etc., Herrn D. R. Erythropel. *Hannov.* 1733. Fol.

Eschenloër (Peter),
chroniqueur allemand († vers 1481).

Kunisch (Johann Gottlieb). Dissertatio de P. Eschenloëro, antiquissimo rerum Vratislaviensium scriptore ejusque commentariis. *Vratisl.* 1826. 4.

Escher (Johann Caspar),
magistrat suisse (15 février 1678 — 23 déc. 1762).

Lob- und Trauerrede auf den Tod des Bürgermeisters J. C. Escher. *Zürch.* 1763. 8.

Wyss (David). Lebensgeschichte J. C. Escher's, Bürgermeisters der Republik Zürich. *Zürch.* 1790. 8.

Escher von der Linth (Johann Conrad),
philanthrope suisse (24 août 1767 — 9 mars 1823).

Hottinger (Johann Jacob). H. C. Escher von der Linth. Characterbild eines Republikaners. *Zürch.* 1852. 8. Portrait.

Eschrich (Johann Christoph),
médecin allemand (vers 1705 — 1734).

Lebensbeschreibung J. C. Eschrich's, s. l. 1735. 8.

Eschstruth (Hans Adolph, Freiherr v.),
musicien allemand (28 janvier 1756 — 30 avril 1792).

Justi (Carl Wilhelm). Dem Andenken H. A. Freiherrn v. Eschstruth gewidmet. *Marb.* 1792. 8.

Escobar (Marina de),
fondatrice de l'ordre de Sainte-Brigitte (1554 — 1633).

Ramires (Andres Pinto). Vida de la V. M. de Escobar. *Madr.* 1672. Fol.

Tanner (Johannes). Dissertatio paraenetico-apologetica in mirabilem vitam B. V. M. de Escobar, VI libris comprehensam a R. P. Ludovico de Ponte. *Prag.* 1672. Fol. *Napol.* 1690. 4.

Hanel (Melchior). Vita venerabilis virginis M. de Escobar Vallisoletanæ. *Prag.* 1672-88. 2 vol. 8. (Trad. de l'espagnol.)

Escloubeau (François d'), voy. **Sourdis.**

Escocez (N... N...),
capucin portugais.

Carneiro (Diogo Gomes). Historia do capuchinho Escocez. *Lisb.* 1657. 12.

Escoiquiz (Juan de),
homme d'État espagnol (1762 — 29 nov. 1820).

Chevalier de Saint-Amand (J... R...). Notice sur le séjour de Son Excellence D. J. d'Escoiquiz dans la ville de Bourges. *Bourg.* 1814. 8.

Esculape,
personnage mythologique.

Sebizius (Johann Albert). Dissertatio philologico-medica de Æsculapio, inventore medicinæ. *Argent.* 1669. 4.(*Lv.*)

Schwarz (Christian Gottlieb). Dissertatio de Æsculapio et Hygea, Diis φιλανθρωποις. *Altorf.* 1725. 4.

Sickler (Franz Carl Ludwig). Über die Hieroglyphen in den Mythen des Aesculap, nebst zwei Abhandlungen über Dædalus. *Meining.* 1819. 4.

Esdre (Jan),
littérateur hollandais (30 juin 1748 — ...).

Pape (C... W...). Iets ter herinnering aan J. Esdre, in zijn leven meester der vrije kunsten, doctor in de wijsbegeerte, etc. *Hertogenb.* 1824. 8.

Ésope,
poète phrygien (vers le milieu du vie siècle avant J. C).

Planuda (Maximus). Vita Æsopi. * *Venet.* 1505. Fol. *Lips.* 1517. 4. *Frf.* 1610. 8. *Venet.* 1709. 8. Trad. en ital. par Giulio Landi. *Venez.* 1545. 8. *Ibid.* 1621. 16. *Ibid.* 1615. 16.
  * Écrite en grec et en latin.

Mendes (Manoel). Vida e fabulas de Esopo. *Evora.* 1603. 12. *Lisb.* 1611. 8. *Ibid.* 1643. 12. *Ibid.* 1675. 8. *Coimbra.* 1703. 8.

Bachet de Méziriac (Claude Gaspard). Vie d'Ésope, tirée des anciens auteurs. *Bourg en Bresse.* 1632. 16. (Très-rare.) *Ibid.* 1646. 16. *Ibid.* 1712. 16.

Æsopi Leben und auserlesene Fabeln. *Nürnb.* 1747. 8.

Freytag (Friedrich Gotthelf). Dissertatio de narratione Maximi Planudæ de insigni Æsopi deformitate. *Lips.*, s. d. (1717). 4. (*Lv.*)

Grauert (Wilhelm Heinrich). Dissertatio de Æsopo et fabulis Æsopicis. *Bonn.* 1825. 8.

Westermann (Anton). Vita Æsopi, etc. *Brunsvig.* 1845. 8.

Esparron (Pierre Jean Baptiste),
médecin français.

Ferrus (G...). Notice sur le docteur Esparron. *Par.* 1818. 8.

Espartero (Baldomero),
général espagnol (1793 — ...).

Espartero. Études biographiques nécessaires à l'intelligence des faits qui ont préparé et déterminé la révolution d'Espagne. *Par.* 1841. 18.

Florez (José Segundo). Espartero. Historia de su vida militar y politica y de los grandes sucesos contemporaneos. *Madr.* 1843-44. 3 vol. 8. Portrait.

Vida militar y politica de B. Espartero. *Madr.* 1844. 4.

Espen (Zeger Bernard van),
jurisconsulte hollandais (1646 — 2 oct. 1728).

(**Bellegarde,** Gabriel Dupac de). Vie de M. van Espen. *Louvain.* 1767. 8.

Espence (Claude d'),
théologien français (1511 — 5 oct. 1571).

Barthélemy (Édouard de). Études biographiques sur C. d'Espence, David Blondel et (Nicolas) Perrot d'Ablancourt, nés à Châlons-sur-Marne. *Châl.-s.-M.* 1853. 8.

Esper (Eugen Johann Christoph),
naturaliste allemand (2 juin 1742 — 27 juillet 1810).

Bertholdt (Leonhard). Gedächtnissrede auf E. J. C. Esper. *Erlang.* 1810. 8.

Espernon (Gabrielle Angélique de **Bourbon**, duchesse d'),
épouse de Jean Louis de Nogaret, duc d'Espernon († 1627).

Hersent (Charles). Éloge funèbre de G. A. de Bourbon, fille naturelle du roi Henri IV, légitimée de France, duchesse de la Valette, première femme de Jean Louis de Nogaret, duc d'Espernon. *Par.* 1627. 12.

Espernon (Jean Louis de **Nogaret**, duc d'),
homme d'État français (.. mai 1554 — 13 janvier 1642).

Girard (Guillaume). Histoire de la vie du duc d'Espernon. *Par.* 1655. Fol. *Rouen.* 1663. 3 vol. 12. *Par.* 1730. 4, ou 4 vol. 12. (P.) *Amst.* (*Par.*) 1736. 4 vol. 12. Trad. en angl. par Charles Cotton. *Lond.* 1670. Fol.

Espinay-Saint-Luc (le marquis **Thien**),
général français (8 nov. 1778 — ...).

Johanet (Auguste). Notice biographique sur M. le marquis Thien d'Espinay-Saint-Luc, maréchal de camp, officier de la Légion d'honneur et de l'ordre royal et militaire de Saint-Louis. *Par.* 1846. 8. Portrait.

Esquirol (Jean Étienne Dominique),
médecin français (4 janvier 1772 — 12 déc. 1840).

(**Leuret**, François). Notice sur M. Esquirol. *Par.* 1841. 8.

Pariset (Étienne). Notice sur M. Esquirol. *Par.* 1841. 8.

Esra (Moses ben),
poète juif du XIIe siècle.

Dukes (Leopold). M. ben Esra aus Granada. Darstellung seines Lebens und literarischen Wirkens, etc. *Alton.* 1839. 8. (Cette biographie n'a pas été mise dans le commerce.) — (*D.*)

Esschius (Nicolaus),
prêtre hollandais.

Leven van N. Esschius, eertyds pastor van het Beggynhof van Diest. *Loven.* 1713. 8. Portrait.

Esschen (N... N... van),
médecin belge (5 mai 1805 — 18 janvier 1838).

Ram (Pierre François Xavier de). Discours prononcé sur la tombe de M. le professeur van Esschen. *Louvain.* 1838. 8.

Essenius (Andreas),
théologien hollandais (3 février 1618 — 18 mai 1677).

Voët (Jan). Oratio funebris in obitum A. Essenii. *Ultraj.* 1677. 4. (*D.*)

Essex (Robert **Devereux**, earl of),
favori d'Élisabeth, reine d'Angleterre (10 nov. 1567 — décapité le 25 février 1601).

Histoire de la vie et mort du comte d'Essex, s. l. 1617. 12.

Recherche et découverte du cruel assassinat du comte d'Essex, s. l. 1684. 8.

Inquisitio et detectio horribilis homicidii comitis de Essex, s. l. et s. d. (Ecrit en angl. et en holland.)

Secret history of the most renowned queen Elizabeth and R. Devereux, earl of Essex. *Cologne.* 1689. 12. *Ibid.* 1695. 8.

Braddon (Lawrence). 'Essex's innocency and honour vindicated. *Lond.* 1690. 4.

Clarendon (Edward Hyde of). The characters of R. earl of Essex and George, duke of Buckingham. *Lond.* 1700. 8.

Memoirs of the life of R. Devereux, earl of Essex. *Lond.* 1755. 8.

Lescène Desmaisons (Jacques). Histoire secrète des amours d'Elisabeth, reine d'Angleterre, et du comte d'Essex. *Lond.* et *Par.* 1787. 8. Trad. en allem. (par B..., Oexlin). *Schaffhaus.* 1787. 8.

Devereux (Walter Bourchier). Lives and letters of the Devereux, earls of Essex, in the reigns of Elizabeth,

James I and Charles I (1540-1646.) *Lond.* 1853. 2 vol. 8.

Essex (Robert **Devereux**, earl of),
homme d'État anglais, fils du précédent (1592 — 14 sept. 1646).

Vines (Richard). The hearse of R. earl of Essex. Sermon funeral, etc. *Lond.* 1646. 4. Portrait.

Evans (Daniel). Justa honoria, or funeral rites in honour of R. earl of Essex. *Lond.* 1646. 4. (Pièce en vers.)

Codrington (Robert). Life and death of the illustrious R. earl of Essex. *Lond.* 1646. 4.

Esslair (Ferdinand),
comédien allemand (2 février 1772 — 10 nov. 1840).

Chezy (Wilhelmine Christiane v.). Esslair in Wien. 1824. 8.

(**Draexler**, Carl Ferdinand). Esslair in Prag. Kritische Beleuchtung seiner Gastdarstellungen auf der Prager Bühne im April 1826, nebst einem Anhange, des Künstler's Lebensumstände enthaltend. *Prag.* 1826. 8. (Publ. s. l. pseudonyme de Manfred.)

Estaing (François d'),
évêque de Rhodes (6 janvier 1462 — 1er nov. 1529).

(**Lebeau**, Jean Baptiste). La vie et les actions de F. d'Estaing, évêque de Rhodez. *Clerm.* 1655. 4.

Lacarry (Gilles). Breviculum de vita F. de Stanno. *Claram.* 1660. 8.

Bion de Marlavagne (A...). Histoire du bienheureux F. d'Estaing, évêque et comte de Rhodez. *Rhodez.* 1839. 12.

Este,
dynastie italienne.

Giraldi (Giovanni Battista). De Ferrara et Atestinis principibus commentariolus. *Ferrara.* 1556. 4. Trad. en ital. par Ludovico Domenichi. *Venez.* 1597. 8.

Pigna (Giovanni Battista). Istoria de' principi d'Este. *Ferrara.* 1570. Fol. *Venez.* 1572. 4.

   Trad. en allem. par Tiburtius Daevfelden. *Mainz.* 1580. Fol.

   Trad. en lat. par Giovanni Barone. *Ferrar.* 1585. Fol. *Ibid.* 1596. Fol.

Falletti (Girolamo). Genealogia degli principi Estensi. *Frf.* 1581. Fol.

Berni (Francesco). Memorie degli eroi della casa d'Este che ebbero il dominio in Ferrara. *Ferrara.* 1640. Fol.

(**Crawfurd**, N... N...). History of the house of Este, from the time of Forrestus to the death of Alphonsus, the last duke of Ferrara. *Lond.* 1681. 8.

Este (Ippolito I da),
cardinal italien (25 août 1509 — 2 déc. 1572).

Vita del cardinale J. da Este, scritta da un anonimo. *Milan.* 1843. 8.

Esteller (Juan Bautista),
général espagnol (assassiné le 6 mars 1838).

Esteller (Alejandro). Biografia del desgraciado general D. J. B. Esteller. *Madr.* 1843. 8.

Estève (Eugène Martin François),
jésuite français (26 mars 1807 — 1er juillet 1848).

Notice sur la vie et la mort du P. E. M. F. Estève, prêtre de la compagnie de Jésus, missionnaire de la Chine. *Par.* 1849. 12.

Esther,
épouse d'Ahasver (Artaxerxe-Longuemain).

Huepeden (Johann Heinrich). Historia sacra de Esthera, Asiæ regina. *Goetting.* 1736. 4.

Niccolai (Alfonso). L' Ester, dissertazione. *Firenz.* 1765. 4.

Baumgarten (Michael). Commentatio historico-critica de fide libri Estheræ. *Halæ.* 1839. 8.

Estienne (famille des),
imprimeurs français.

Almeloveen (Theodor Janssen ab). Dissertatio epistolica de vitis Stephanorum, celebrium typographorum, etc. *Amst.* 1683. 8.

Maittaire (Michel). Stephanorum historia, vitas ipsorum ac libros complectens, etc. *Lond.* 1709. 8.

Renouard (Antoine Auguste). Annales de l'imprimerie des Estienne, ou Histoire de la famille des Estienne et de ses éditions. *Par.* 1843. 8.

Estienne (Robert),
imprimeur français (1503 — 7 sept. 1559).

Crapelet (G... A...). R. Estienne, premier de ce nom, né à Paris, etc., mort à Genève. *Par.* 1839. 4.

—— R. Estienne, imprimeur royal, et le roi François I. Nouvelles recherches sur l'état des lettres et de l'imprimerie au XVIᵉ siècle. *Par.* 1839. 8.

Estienne (Jérôme),
minime français.

Rians (Pierre de). Vie du R. P. J. d'Estienne, minime, *Aix.*, s. d. (1714). 12. (Omis par Quérard.)

Estor (Johann Georg),
jurisconsulte allemand (9 juillet 1699 — 25 oct. 1773).

Hofmann (Johann Andreas). Programma in obitum J. G. Estoris, cancellarii universitatis Marburgensis, vitæ ejus curriculum continens. *Marb.* 1773. Fol.

Curtius (Michael Conrad). Oratio funebris piis manibus J. G. Estoris habita. *Marb.* 1773. Fol.

Estorff (Herrn v.),
famille allemande.

Burmeister (Johann). Genealogia familiæ Estorfiorum. *Hamb.* 1616. Fol.

Estourmel (Joseph Marie **Creton**, comte d'),
littérateur français (1783 — 13 déc. 1852).

P... (P...). Le comte d'Estourmel. *Par.* 1853. 8. (Extrait du *Bulletin du bibliophile*.)

Estouteville (Guillaume d'),
cardinal-archevêque de Rouen (1403 — 22 déc. 1483).

Roux de Laborie (Antoine Athanase). Éloge du cardinal d'Estouteville. *Par.* 1788. 8. (Couronné par l'Académie de Rouen.)

Jullien (N... N...). Éloge de G. d'Estouteville, cardinal-archevêque de Rouen. *Par.* 1788. 8.

Estrades (Godefroid, comte d'),
maréchal de France (1607 — 26 février 1686).

Estrades (Godefroy d'). Lettres, mémoires et négociations depuis 1663 jusqu'en 1668, publ. par Jean Aymon. *Brux.* (*La Haye*). 1709. 5 vol. 12. Contin. jusqu'en 1677 et publ. par Prosper Marchand. *Lond.* (*La Haye*.) 1743. 9 vol. 12.

Estrées (François Annibal, duc d'),
diplomate français (1573 — 5 mai 1670).

Estrées (François Annibal d'). Mémoires de la régence de Marie de Médicis (depuis 1610 jusqu'en 1621). *Par.* 1666. 12.

Chassebras (Jean). Éloge historique de F. A., duc d'Estrées, ambassadeur extraordinaire à Rome. *Par.* 1687. 8.

Estrées, duchesse de **Beaufort** (Gabrielle d'),
l'une des maitresses de Henri IV (vers 1571 — 10 avril 1599).

Amours de Henri IV avec ses lettres galantes à la duchesse de Beaufort et à la marquise (Catherine Henriette de Balsac d'Entragues) de Verneuil. *Amst.* 1754. 2 vol. 12. Trad. en allem. *Leipz.* 1790. 8.

Colau (Pierre). La belle Gabrielle, ou les amours de Henri IV, suivis de lettres de ces deux amants, de poésies du roi de France et de notes historiques. *Par.* 1815. 18. *Ibid.* 1816. 18.

(**Lamothe-Langon**, Etienne Léon de). Mémoires de G. d'Estrées, duchesse de Beaufort. *Par.* 1829. 2 vol. 8.

Estrées (Jean d'),
grand-maître de l'artillerie de France (1486 — 1571).

(**La Treille**, François de). Discours des villes et châteaux, forteresses battues, assaillies, prises sous J. d'Estrées. *Par.* 1563. Fol. * (Réimprim. en 1712 sous la date de 1563.)
* Publ. sous les lettres initiales de F. D. L. T.

Estrées (Victor Marie d'),
maréchal de France (30 nov. 1660 — 28 déc. 1737).

Biet (René). Éloge de M. le maréchal d'Estrées, s. l. 1739. 8.

Estrup (Hektor Frederik Janson),
littérateur danois.

Suhr (Johannes Søren). Etatsraad H. F. J. Estrups Minde. *Kjoebenh.* 1847. 8.

Eszterházy v. Galantha,
famille hongroise.

Trophæum nobilissimæ ac antiquissimæ domus Estorasianæ, in tres divisum partes. *Vienn.* 1700. Fol. (Les éloges ont été composés par Paul Ritter.)

Eszterházianæ gentis illustres heroës in utraque republica sacra et profana, belli et pacis artibus omni ævo clarissimæ, etc. *Tyrnav.* 1728. Fol.

Eszterházy (Gróf Ferencz),
homme d'État hongrois.

W... (T... E...). Trauerrede auf den w(ürdigen) Br(uder) F. Eszterházy v. Galantha, ungarisch-siebenbürgischen Hofkanzler, etc. *Wien.* 1785. 8.

Eszterházy (Gróf György),
général hongrois.

Fides in regem et patriam, s. G. de Esztoras ad Nicopolim gloriosa morte sublatus, nuper in scena exhibitus. *Tyrnav.* 1727. 8.

Eszterházy (Gróf Imre),
archevêque de Gran.

Fischer (Leopold). Rühmwürdigste Thaten für Gott und das apostolische Reich, des Grafen E. Eszterházy, Erzbischofens zu Gran, bey dessen Leichbesingenuss (!) durch eine kurtze Erzehlung vorgetragen. *Presb.* 1746. Fol.

(**Tapoltsányi**, György). Exuviæ E. a comitibus Eszterházy, episcopi Nitriensis, etc. *Strigon.* 1765. Fol.

Eszterházy (Gróf Jósef),
homme d'État hongrois (1682 — 1754).

Kolb (Stephan). Die gegen Gott, dem (!) König und dem (!) Königreich bis in den Tod beständige und dreyfach gekrönte Treu; bey J. Grafen Eszterházy's, judicis curiæ, Leichenbesinguiss, etc. *Pressb.* 1748. Fol.

Kolinovics (Gabriel). Posthuma memoria comitis J. Eszterházy, Dalmatiæ, Croatiæ et Slavoniæ proregis, per Hungariam curiæ regiæ judicis et campi mareschalli, serie chronologica libris IV complexa. *Tyrnav.* 1754. 4. Portrait.

Czécsi de Nemes-Ocsa (Ignaz). Posthuma memoria J. Eszterházii de Galantha, perpetui comitis de Trakno, regnorum Dalmatiæ, Croatiæ et Slavoniæ proregis, etc. *Tyrnav.* 1754. 4.

Eszterházy (Nicolaus),
palatin de Hongrie.

Keresztes (István). Oratio funebris in exequiis N. Eszterházy, Hungariæ palatini, etc. *Vienn.* 1645. 4.

Heroës Hungariæ. *Tyrnav.* 1743. 8. *
* On y trouve la biographie de N. Eszterházy.

Eszterházy v. Galantha (Fürst Pál),
paladin de Hongrie (8 sept. 1635 — 26 mars 1713).

Marckl (Matthias). Le dernier adieu, i. e. Ultimatum Vale oder Letztes Behüt Dich Gott dem Fürsten P. Eszterházy Palatino. *Wien.* 1714. Fol. Portrait.

Eszterházy (Fürst Pál Antal),
feld-maréchal hongrois (1762).

Primes (Georg). Trauer- und Trost-Rede über den Tod des Fürsten P. A. Eszterházy, Feldmarschalls, des Königreichs Ungarn Obrist-Kämmerers, etc. *Oedenb.* 1762. Fol.

Eszterházy (Pál Laszlo),
évêque de Cinq-Églises.

Applausus testis honoribus C. P. L. Eszterházy, Quinque-Ecclesiensis episcopi, etc. *Zagrab.* 1780. 4. *
* Poème contenant l'histoire de la race Eszterházy.

Étienne (Saint),
premier roi de Hongrie (997 — 15 août 1038).

Tarnóczy (István). Idea coronata, s. vita S. Stephani I, regis tenui calamo adumbrata. *Vienn.* 1680. 8.

Fekete (Imre). Divus Stephanus, Hungariæ apostolus dictione panegyrica celebratus. *Tyrnav.* 1743. 4.

Heroës Hungariæ. *Tyrnav.* 1743. 8. (Contenant l'éloge de S. Etienne.)

Stilling (Johann). Vita S. Stephani, regis Hungariæ. *Jaurin.* 1747. Fol. *Budæ.* 1767. Fol.

Pray (Georg). Dissertatio historico-critica de sacra dextra divi Stephani I, primi Hungariæ regis. *Vinob.* 1771. 4.

Nédeczky (Ferencz). D. Stephanus, Hungariæ rex apostolusque, etc., panegyrica oratione laudatus. *Tyrnav.* 1748. 4.

Balasko (Ferencz). Majestaticus solennis cursus lunæ plenæ gratia; seu delatio a republica ex insula Ragusina S. Stephani manus dexteræ incorruptæ, quæ ab anno 1090 ad annum 1526 in Hungaria, extra regnum vero Ragusæ ultra duo sæcula detenta fuit, inde ad Budensis urbis residentiam regiam 1771 delata, etc. *Budæ.* 1771. Fol.

Gondola (Joseph Franz). Lobrede von der unversehrten rechten Hand des heiligen Stephanus, als dieselbe zur öffentlichen Verehrung in der Schlosskirche der Stadt Ofen übersetzt worden im Jahre 1771. *Pressb.* 1771. Fol.

Pittroff (Franz). Rede an dem feyerlichen Gedächtnisstage von der Erfindung (!) der rechten Hand des heiligen Stephanus, etc. *Pesth.* 1773. 4.

Vita primi Hungarorum regis apostolici S. Stephani, etc. *Poson., s. d.* (1781.) 8.

Foerderer (Berthold). Lobrede auf den heiligen Stephan, ersten König und Apostel Ungerlandes, etc. *Ofen.* 1790. 8.

Dolbopf (Franz). Lob- und Sittenrede auf den heiligen Stephan, Erzmärtyrer, etc. *Ofen.* 1793. 8.

Simon (Matthias). Supplementum ad dissertationem Georgii Pray de sacra dextra S. Stephani, etc. *Vacii.* 1797. 8.

Jony (Johann). Schediasma historico-juridicum de auspicio regio Stephani primi Hungarorum apostoli. *Jenæ.* 1717. 4. *Ibid.* 1786. 4.

Étienne de Muret (Saint),
fondateur de l'ordre de Grammont (vers 1046 — 1124).

Frémont (Charles). La vie, la mort et les miracles de S. Etienne, confesseur, fondateur de l'ordre de Grammont, dit vulgairement des Bons-Hommes. *Dijon.* 1647. 8.

Étienne (Saint),
archidiacre de Sion à Paris.

Doublet (Jacques). Vie de S. Étienne, grand-archidiacre de Sion, contenant les singularités de S. Etienne des Grès. *Par.* 1648. 8.

Étienne (Saint),

Ihre (Johan). Dissertatio de S. Stephano, primo Helsingorum apostolo. *Upsal.* 1748. 8.

Étienne (Saint), voy. Harding.

Étienne,
duc de Bavière (1347 — 1392).

Fessmaier (Johann Georg). Stephan der Aeltere, Herzog von Baiern, wegen des Verlustes der Grafschaft Tyrol gegen Johannes v. Müller vertheidigt. *Münch.* 1805. 8.

Étienne,
dernier roi de Bosnie.

Witezowitch (Paul). Bosnia captiva, s. regnum et interitus Stephani ultimi Bosniæ regis. *Tyrnav.* 1712. 4.

Étienne,
archiduc d'Autriche et palatin de Hongrie.

Langsdorff (E... v.). Erzherzog Stephan, Palatin von Ungarn, und über die Verflechtung der Geschicke Ungarn's mit den Geschicken Deutschland's. *Stuttg.*1848. 8.

Étienne,
premier duc de Deux-Ponts.

Heintz (Philipp Casimir). Pfalzgraf Stephan, erster Herzog von Pfalz-Zweibrücken. Beitrag zur Geschichte des baierschen Regentenhauses. *Münch.* 1827. 4.

Étienne (père), voy. Malmy (Pierre François de Paule).

Étienne (Charles Guillaume),
poëte français (5 janvier 1778 — 13 mars 1845).

(Hannotin, Émile). Notice biographique sur M. Étienne, pair de France, membre de l'Académie française, etc. *Bar-le-Duc.* 1845. 12.

Notice nécrologique sur la vie et les travaux politiques et littéraires de M. Etienne. *Par.* 1846. 8. (*Lv.*)

Thiessé (Léon). M. Etienne. Essai biographique et littéraire. *Par.* 1833. 8. Portrait.

Procès d'Étienne. *Par.* 1810-12. 3 vol. 12. *

* Procès à cause d'une de ses comédies intitulée : *Les Deux gendres*, plagiat d'une vieille pièce connue sous le titre de *Conaxa ou les Gendres dupés.*

Étigny (Antoine Mégret d'),
intendant d'Auch et de Pau (1720 — . . août 1767).

Recueil de pièces pour servir à l'histoire de M. d'Étigny, intendant en Navarre, etc. *Par.* 1826. 8.

Étoile (Pierre de l'),
homme d'État français (vers 1546 — 8 oct. 1611).

Étoile (Pierre de l'). Journal des choses mémorables advenues durant le règne de Henri III, roi de France et de Pologne, ou Mémoires pour servir à l'histoire de France (depuis 1574 jusqu'en 1589 ; publ. par Louis Servin), s. l. (*Par.*) 1621. 4 et 8. (Réimprim. par Jacques Le Duchat et Denis Godefroy). *Cologne.* 1720. 4 vol. 8. Publ. s. l. t. de Journal de Henri III, (par Nicolas Lenglet-Dufresnoy). *La Haye.* (*Par.*) 1744. 5 vol. 8. (Avec des notes par Nicolas de Monmerqué). *Par.* 1826. 5 vol. 8.

Ettmueller (Michael),
médecin allemand (26 mai 1644 — 9 mars 1683).

(Feller, Joachim). Programma academicum in M. Ettmuellerii funere. *Lips.* 1683. Fol. (*D.*)

Ettmueller (Michael Ernst),
médecin allemand, fils du précédent (26 août 1673 — 25 sept. 1732).

(Jenichen, Gottlieb Friedrich). Programma academicum in M. E. Ettmuelleri funere. *Lips.* 1732. Fol. (*D.*)

Eucher (Saint),
évêque de Lyon († 454).

Antelmi (Joseph). Dissertatio sur S. Eucher, évêque de Lyon, publ. par Charles Antelmi. *Par.* 1726. 4.

Euclide,
premier archonte d'Athènes.

Scheibe (C... F...). Die olygarchische Umwälzung zu Athen, am Ende des Peloponnesischen Krieges, und das Archontat des Euklides. *Leipz.* 1842. 8.

Euclide,
mathématicien grec (vers l'an 308 avant J. C.).

Schmidt (Johann Andreas). Dissertatio de Euclide geometra. *Jenæ.* 1685. 4.

Reyher (Samuel). Dissertatio historico-mathematica de Euclide. *Kilon.* 1693. 4.

Bose (Georg Matthias). Schediasma litterarium, quo contenta *Elementorum* Euclidis enunciat, et simul de variis editionibus post Fabricium nonnulla disserit. *Lips.* 1737. 4.

Gutenaecker (Joseph). Über die griechischen Mathematiker überhaupt und über Euklid ins Besondere. *Würzb.* 1827. 4.

Euclide de Mégare,
philosophe grec (contemporain de Socrate).

Ferrari (Giovanni Antonio). Euclides catholicus. *Par.* 1667. 4. (Rare.)

Eudes (Jean),
missionnaire français (14 nov. 1601 — 19 août 1680).

(Montigny, N... N... de). Vie du P. J. Eudes, missionnaire apostolique, instituteur de la congrégation de Jésus et de Marie, etc. *Par.* 1827. 12.

Eudoxe,
mathématicien grec (vers l'an 375 avant J. C.).

Boehmer (Justus Christoph). Dissertatio de Eudòxo, mathematico, medico et legislatore. *Helmst.* 1713. 4.

Euenos Parius (deux de ce nom),
poëtes grecs (l'un vers l'an 412, l'autre vers l'an 250 avant J. C.).

Wagner (Friedrich Wilhelm). Dissertatio de Euenis, poëtis elegiacis, eorumque carminibus. *Vratisl.* 1838. 8.

Schreiber (F...). Disputatio de Euenis Pariis, poëtis elegiacis. *Gotting.* 1839. 8.

Euffreducci (Ludovico),
gentilhomme italien.

Minicis (Gaëtano de). Biografia di L. Euffreducci, signore di Fermo. *Rom.* 1840. 8. Portrait.

Eugène III,
pape, successeur de Lucius II (élu 1145 — 8 juillet 1154).

Delannes (Jean). Histoire du pontificat d'Eugène III. *Nancy.* 1737. 2 vol. 12. (*Bcs.*)

Eugène (François de Savoie, appelé le prince),
généralissime des armées autrichiennes (18 oct. 1663 — 21 avril 1736).

Ristretto o sia compendio de' fatti del signor prencipe (!) Eugenio di Savoia, etc. *Milan.* 1707. 12. *Ibid.* 1711. 12.

Artanville (N... N... d'). Mémoires pour servir à l'histoire du prince Eugène de Savoie. *La Haye.* 1710. 2 vol. 12.
Massuet (Pierre). Vie du prince Eugène de Savoie. *Amst.* 1714. 8. *Ibid.* 1736. 12.
(**Varo de Bàgyon,** Mihály). Idea invicti Martis Austriaci, s. gloriosissimus cæsareï exercitus campi dux princeps Eugenius, dictione panegyrica celebratus. *Claudiop.* 1716. 12.
Reiffenstuel (Ignaz). Göttlicher Nebel-Sieg, welchen abermahl die unüberwindlichen Kayserlichen Waffen unter heldenmüthigster Anführung Prinzen Eugenii von Savoyen, etc., den 16ten August 1717 wider den Türckischen Erbfeind bey der Hauptfestung Belgrad erfochten, etc. *Wien.* 1717. 4.
(**Tricaud,** Anthelme de). Campagnes de M. le prince Eugène en Hongrie, et des généraux vénitiens dans la Morée, pendant les années 1716 et 1717, s. l. (*Lyon*). 1718. 2 vol. 12.
Kazy (István). Magnus pacis vindex Eugenius, Sabaudiæ dux, victoriis clarus, etc. *Tyrnav.* 1719. 12.
Dumont (Jean). Histoire militaire du prince Eugène de Savoie, du duc de Marlborough et du prince de Nassau-Frise. *La Haye.* 1729-43. 3 vol. Fol. Trad. en holland. s. c. t. Oorlogskundige beschrijving van de veldslagen en belegeringen der drie vorstelijke hoogeden, etc. *Gravenh.* 1728-29. 2 vol. Fol. (Ouvrage très-recherché.)
Eugenius nummis illustratus. Leben und Thaten des Prinzen Eugenii, etc. *Nürnb.* 1736. 8. Portrait.
(**Schnabel,** Johann Georg). Lebens- Helden- und Todes-Geschichte Eugenii Francisci von Savoyen. *Stolberg.* 1736. 8.
Campbell (John). Military history of the prince Eugène and the duke (John Churchill) of Marlborough. *Lond.* 1736. 2 vol. Fol.
Vryer (Abraham de). Historie van Eugenius, prins van Savoyen. *Amst.* 1737. 3 vol. 8. *Delft.* 1737. 4 vol. 8.
Haynóczi (Daniel). Laudatio funebris, qua Eugenium Franciscum Sabaudiæ et Pedemontii ducem, etc., gloria rerum pace belloque gestarum immortalem, etc., solenni exsequiarum pompa prosecutus est. *Vienn.* 1737. 4. (Portrait.)
Storia di F. Eugenio principe di Savoia. *Venez.* 1737. 8.
Sonderbare Nachrichten von dem Leben und Thaten des grossen Feld-Herrn Eugenii, Herzogs von Savoyen, etc. *Nürnb.* 1738. 8. Portrait.
(**Sanvitale,** Jacopo). Vita e accampamenti del principe Eugenio di Savoia. *Venez.* 1738-39. 4.
Leven van prins Eugenius van Savoyen. *Amst.* 1739. 4 vol. 8.
C... (M... L... C... D...). Histoire de F. Eugène, duc de Savoie. *Lond.* 1739. 2 vol. 8.
(**Mauvillon,** Eléazar). Histoire du prince F. Eugène de Savoie. *Amst.* 1740. 5 vol. 12. *Vienne.* 1755. 5 vol. 12. *Ibid.* 1770. 5 vol. 12. *Ibid.* 1777. 5 vol. 12. *Ibid.* 1790. 5 vol. 12.
Ferrari (Guido). De rebus gestis Eugenii, principis Sabaudiæ, bello Pannonico. *Rom.* 1747. 4. *Mediol.* 1748. 8. *Hag. Com.* 1749. 8. *Tyrnav.* 1750. 8. *Milan.* 1753. 8. *Frib. Brisg.* 1762. 8. *Tyrnav.* 1765. 8. Trad. en ital. par N... N... SAVI. *Tyrnav.* 1754. 8.
Eckardt (Friedrich v.). Leben des Prinzen Eugen von Savoyen. *Prag.* 1779. 8.
Aubriet (Antoine). Vie du prince Eugène de Savoie. *Par.* 1780. 8. Trad. en allem. par Carl GEIB. *Speier.* 1826. 8.
Taubmann (Ferdinand). Feldzüge Carl's (V.) Herzogs von Lothringen, Ludwig's Markgrafen von Baden, Eugen's Prinzen von Savoyen gegen die Pforte, etc. *Wien.* 1788. 8. (Trad. du français.)
Storia del principe Eugenio di Savoia. *Torin.* 1789. 5 volumes. 12.
Pezzl (Johann). Leben und Thaten des Prinzen Eugen von Savoyen. *Wien.* 1791. 8.
Ligne (Charles Joseph de). Vie du prince Eugène de Savoie, généralissime des armées autrichiennes. *Weimar.* 1809. 8. *Ibid.* 1810. 8. Portrait. *Par.* 1810. 8. Trad. en angl. (par Frederik SCHOBERL). *Lond.* 1811. 8.
Albéri (Eugenio). La guerra d'Italia del principe Eugenio di Savoia. *Torin.* 1831. 8.

Zimmermann (Wilhelm). Prinz Eugen, der edle Ritter, und seine Zeit. *Stuttg.* 1838. 8.
Kausler (Friedrich v.). Leben des Prinzen Eugen von Savoyen, hauptsächlich aus dem militärischen Gesichtspuncte, mit Noten vom Grafen BISMARK. *Freiburg.* 1838-39. 2 vol. 8. Trad. en ital. *Monaco.* 1840. 2 vol. 8.
Silorata (Pietro Barnabò). Elogio storico del principe Eugenio di Savoia-Carignano. *Torin.* 1842. 8. Portrait.

Militärische Correspondenz des Prinzen Eugen von Savoyen. Band I (1694-1702), publ. par F... HELLER. *Wien.* 1848. 8. Portrait.

Passionei (Domenico). Orazione in morte di Francesco Eugenio, principe di Savoia. *Padov.* 1737. Fol. *Rom.* 1738. 4.

Eugène (Frédéric Charles Paul),
duc de Wurtemberg (8 janvier 1788 — ...).

Eugen v. Würtemberg. Erinnerungen aus dem Feldzuge des Jahres 1812 in Russland, etc. *Bresl.* 1846. 8.

Eugène de Beauharnais, voy. **Beauharnais** (Eugène de).

Eugénie (Sainte).
Rivière (Jules de la) Vie de S. Eugénie. *Par.* 1853. 8.

Eugénie, comtesse de Montijo,
épouse de Napoléon III, empereur des Français (5 mai 1826 — mariée le 29 janvier 1853 — ...).

Mariage de S. M. Napoléon III, empereur des Français, avec la comtesse de Montijo, duchesse de Teba; suivi de la description des cérémonies qui ont eu lieu aux Tuileries et à Notre-Dame les 29 et 30 janvier. *Par.* 1853. 8.
Mariage de S. M. Napoléon III et de l'impératrice Eugénie de Guzman, le 30 janvier 1853, à Notre-Dame. *Par.* 1853. 32.
Histoire de S. M. Napoléon III, empereur des Français, suivie d'une notice sur S. M. l'impératrice Eugénie. *Par.* 1853. 18.
Notice biographique sur l'impératrice des Français et sur la reine Hortense, mère de Napoléon III. *Par.* 1853. 4.

Euhemerus,
historien grec.
Lundblad (Johan). Programmata II de Euhemero. *Lund.* 1804. 8.

Eulenbeck (Wolfgang),
jurisconsulte allemand du XVIe siècle.
Meisner (Bartholomæus). Leichpredigt bei dem Begrebnus W. Eylenbeck's. *Dresd.* 1597. 4. (D.)
Schoettgen (Christian). Lebens-Beschreibung Herrn W. Eulenbeck's, der Rechten Doctoris und churfürstlichen Hofraths. *Dresd.* 1740. 4. (D.)

Euler (Leonhard),
géomètre suisse (15 avril 1707 — 7 sept. 1783).
Fuss (Nicolas). Éloge de M. L. Euler, avec une liste complète de ses ouvrages. *Saint-Pétersb.* 1783. 4. Trad. en allem. *Basel.* 1786. 8. (D.)
Condorcet (Marie Jean Antoine Nicolas Caritat de). Éloge de M. Euler. *Strasb.* 1786. 8.
L. Euler, als Apologet des Christenthums. *Basel.* 1851. 4.

Eumène,
grammairien et rhéteur romain (261 — vers 340).
Girault (Claude Xavier). Notice sur Eumène et les écoles moëniennes d'Autun, etc. *Par.* 1812. 8.

Eumène de Cardie,
secrétaire de Philippe, roi de Macédoine († 317 avant J. C.).
Geer (Bartholomæus Jacob de). Specimen historicum de Eumene Cardiano a cæteris Alexandri Magni ducibus rite distinguendo. *Ultraj.* 1838. 8.

Eunape,
philosophe grec du IVe siècle après J. C.
Cousin (Victor). Eunape, pour servir à l'histoire de la philosophie d'Alexandrie. *Par.* 1827. 8.

Eunome,
évêque de Cyzique (vers 360).
Klose (Carl Rudolph Wilhelm). Geschichte und Lehre des Eunomius. *Kiel.* 1833. 8.

Euphemos,
personnage mythologique.

Vater (Friedrich). Triton und Euphemos, oder die Argonauten in Libyen. Eine mythologische Abhandlung. *Kasan.* 1849. 8.

Euphorion,
poëte grec (vers l'an 220 avant J. C.).

Meinecke (August). Dissertatio de Euphorionis Chalcidensis vita et scriptis. *Gedan.* 1823. 8. (*P.*)
—— Analecta Alexandrina, s. commentatio de Euphorione Chalcidensi, Rhiano Cretensi, Alexandro Ætolo, Parthenio Nicæno. *Berol.* 1843. 8.

Euphrosyne,
martyre grecque (?).

Goetz (Andreas). Brevis historia de vita, fatis ac morte Euphrosyne, virginis Alexandrinæ. *Altorf.* 1755. 4.

Eupolis,
poëte grec (446 — 412 avant J. C.).

Lucas (Carl Wilhelm). Cratinus et Eupolis. *Bonn.* 1826. 8.
Raspe (Gustav Carl Heinrich). Commentatio de Eupolidis δῆμοις ac πολέσιν. *Lips.* 1832. 8.
Toeppel (Joachim). Commentatio de Eupolidis adulatoribus. *Lips.* 1846. 18.
Stiévenart (J... H...). Étude sur le poëte comique Eupolis. *Dijon.* 1850. 8.

Euripide,
poëte grecque du premier ordre (480 — 406 avant J. C.).

Hauptmann (Johann Gottfried). Programma de Euripide. *Geræ.* 1743. 4.
Bake (Jan). Commentatio de principum tragicorum meritis, præsertim Euripidis. *Lugd. Bat.* 1815. 4.
Mueller (Eduard). Euripides deorum popularium contemtor. *Vratisl.* 1826. 8.
Schneither (J... A...). Disputatio de Euripide philosopho. *Groning.* 1828. 8.
Reuter (F... J... H...). Dissertatio de Æschylo, Sophocle et Euripide, poetis tragicis, quatenus inter se diversi suam quisque ætatem effinxerint. *Aug. Vindel.* 1831. 4.
Bartsch (Heinrich). Dissertatio de Euripide Iphigeniæ Aulidensis auctore. *Berol.* 1838. 8.
Zirndorfer (Hermann). Disputatio de chronologia fabularum Euripidearum. *Marb.* 1839. 8. (Couronné par l'université de Marbourg.)
Hasse (C...). Euripidis, poetæ tragici, philosophia, etc. *Magdeb.* 1843. 4.
Stallbaum (Gottfried). Commentatio de persona Euripidis in *Ranis* Aristophanis. *Lips.* 1843. 4.
Hense (C... C...). Dissertatio de Euripidis persona apud Aristophanem particula. *Halberst.* 1845. 4.
Lapaume (J...). De Euripidis vita et fabulis dissertatio. *Par.* 1848. 8.

Eusèbe (Pamphile),
évêque de Césarée (267 — 338).

Ernesti (Johann Christoph). Diatribe I et II de Eusebio Pamphili, episcopo Cæsariensi. *Witteb.* 1688. 4. *Ibid.* 1689. 4. (*D.*) *Ibid.* 1703. 4. (*D.*)
Moeller (Jens). Dissertatio de fide Eusebii Cæsariensis, in rebus christianis enarrandis. *Hafn.* 1813. 8.
Danz (Johann Traugott Lebrecht). Dissertatio de Eusebio Cæsariensi historiæ ecclesiasticæ scriptore ejusque fide historica, recte æstimanda. *Jenæ.* 1815. 8.
Kestner (Christian August). Commentatio de Eusebii historiæ ecclesiasticæ auctoris auctoritate et fide diplomatica s. de ejus fontibus et ratione, quibus usus est. *Goetting.* 1816. 4.
Reuterdahl (Henrick). De fontibus historiæ ecclesiasticæ Eusebianæ Part. IV. *Lund.* 1826. 8.
Haenell (Carl Wilhelm). Commentatio de Eusebio Cæsariensi, religionis christianæ defensore. *Goetting.* 1843. 8.

Eusèbe (Saint).
Breve vita di S. Eusebio, nobile Cremonese, etc. *Cremon.* 1843. 8.

Eusèbe d'Édesse,
évêque d'Emesa († 360).

Thilo (Johann Carl). Über die Schriften des Eusebius von Emesa. *Halle.* 1852. 8.

Eustache (Saint),
martyr au commencement du ii° siècle.

Mancini (Giovanni Battista). Vie de S. Eustache, martyr, trad. de l'ital. par N... N... de *Saint-Michel. Par.* 1647. 8.

Eustachio (Bartolommeo),
médecin-anatomiste italien († 1574).

Gentili (Giovanni Carlo). Elogio di B. Eustachio. *Macerat.* 1857. 8.

Eustelle (Sainte).

Briand (Joseph). Notice sur S. Eustelle, vierge et martyre. *Saintes.* 1837. 12.

Eustelle (Marie), voy. **Harpin** (Marie **Eustelle**).

Eustochia,
religieuse italienne.

Cordara (Giulio Cesare). Vita della B. Eustochia, monaca Padovana. *Rom.* 1769. 4. (2e édition.)

Eutrope (Saint),
premier évêque de Saintonge.

Briand (Joseph). Notice historique sur S. Eutrope, apôtre, premier évêque et martyr de Saintonge. *Saintes.* 1846. 12. *Ibid.* 1849. 12.
Notice sur S. Eutrope, son tombeau et la découverte, qui en a été faite le 19 mai 1843. *La Rochelle.* 1846. 12.

Eutrope (Flavius),
historien romain († vers l'an 370 après J. C.).

Moller (Daniel Wilhelm). Disputatio circularis de F. Eutropio. *Altorf.* 1685. 4. (*Lv.*)

Eutyches,
hérésiarque du ve siècle.

Meister (Joachim). Oratio de Eutyche et ejus erroris sectatoribus. *Gorlic.* 1585. 4.
Althusius (Theodor). Historia Eutychiana. *Lips.* 1659. 4.
Wegner (Gottfried). De Eutycheismo, Lutheranis theologis sæpe et falso et injuste imputato. *Regiom.* 1699. 4.
Salig (Christian August). Tractatus de Eutychianismo ante Eutychen. *Guelpherb.* 1723. 4.

Evagre, surnommé le Scholastique,
philosophe grec du vie siècle après J. C.

Woog (Carl Christian). Historiola de Synesio episcopo et Evagrio philosopho; græce et latine. *Lips.* 1758. 4.

Evain (le baron N... N...),
général belge (13 août 1775 — 25 mai 1852).

Éè général baron Evain. Funérailles. Biographie. *Par.* 1852. 8.

Evans (Christmas),
théologien anglais (?).

Stephen (David Rhys). Memoirs of the late C. Evans, of Wales. *Lond.* 1846. 12.

Evans (James **Harrington**),
théologien anglais.

Evans (James Joyce). Memoirs and remains of the Rev. J. Harrington Evans, late minister of John Street chapel. *Lond.* 1852. 8.

Evasio (Saint),
évêque d'Asti.

Irico (Giovanni Andrea). De S. Evasio, Astensium primo episcopo et martyre, Casalensis urbis patrono, dissertatio historico-critica. *Mediol.* 1748. 4.

Ève,
mère du genre humain.

Doude (Frans). Dissertatio de impositione nominis Evæ. *Lugd. Bat.* 1710. 4.
Reinhard (Christian Tobias Ephraim). Untersuchung der Frage : Ob unsere ersten Urältern, Adam und Eva, einen Nabel gehabt? *Berl.* 1755. 8. *Frf.* et *Leipz.* 1755. 8.

Ève de Liége,
religieuse belge.

Précis de la vie de la bienheureuse Ève, recluse de S. Martin. *Liége.* 1762. 8. Portrait.
Bertholet (N... N...). Vie de S. Julienne et de la bienheureuse Eve, ou histoire de l'institution de la Fête-Dieu. *Liége.* 1846. 8 et 12.
Geschichte der Einsetzung der Frohnleichnamsfestes mit

dem Leben der heiligen Julianne und Eve als der ersten Verkündigerinnen desselben, etc. *Passau*. 1846. 12. *Ibid.* 1853. 12.

Evelyn (John),
littérateur anglais (1620 — 27 février 1706).

Memoirs illustrative of the life and writings of J. Evelyn, Esq. comprising his diary from 1641 to 1705, etc. *Lond.* 1818. 2 vol. 4. *Ibid.* 1819. 2 vol. 4. *Ibid.* 1828. 5 vol. 8.

Diary and correspondence of J. Evelyn; to which is subjoined the private correspondence between king Charles I and sir Edward Nicholas, and between sir Edward Hyde, afterwards earl of Clarendon, and sir Richard Browne, edited from the original Mss. at Wotton, by William Bray. *Lond.* 1850. 4 vol. 8. *Ibid.* 1853. 4 vol. 8.

Everard (Saint).

Buzelin (Jean). Histoire de la famille de S. Everard, comte, marquis, duc de Frioule, beau-fils de Louys le Débonnaire, empereur, espoux de la B. princesse Gisle, père du roi et empereur Bérengaire, etc., fondateur de la très-célèbre abbaye des chanoines réguliers de Cisoin (*sic!*), etc. *Douai*. 1637. 4.

Evensson (D...),
littérateur suédois.

Sivers (Heinrich Jacob). Elogium Evenssonianum, eller D. Evenssons Lefverne. *Norrköp.* 1750. 8.

Everett (John),
criminel anglais.

Genuine narrative of the memorable life and actions of J. Everett (executed at Tyburn), s. l. (*Lond.*) 1750. 8.

Évers (Charles Joseph, baron),
général belge (8 mai 1773 — 9 mai 1818).

Notice biographique sur le général Évers. *Brux.*, s. d. 8. (Extrait de la *Revue militaire belge*, orné de son portrait.)

Evertsen (Cornelisz),
amiral hollandais, frère du suivant (tué le 15 juillet 1666),
et
. Evertsen (Jan),
amiral hollandais († 4 août 1666).

Jonge (J... C... de). Vie des amiraux de Zélande J. et C. Evertsen. *Leyde.* 1817. 8. Trad. en holland. par lui-même. *S'Gravenh.* 1820. 8. 2 portraits. (*Bx.* et *Ld.*)

Evieu (Jacques de Cordon d'),
chevalier de Malte.

Calemard (Marc Antoine). Histoire de la vie du F. J. de Cordon d'Evieu, chevalier de l'ordre de Saint-Jean de Jérusalem et commandeur. *Lyon.* 1663. 4.

Evresie (Sainte).

Coronini v. Cronberg (Rudolph). Ragguaglio storico della vita e del martirio di S. Evresia. *Goerz.* 1771. 8.

Ewald (Georg Heinrich August v.),
orientaliste allemand (16 nov. 1803 — ...).

Wex (Carl). Professor Ewald. als Punier gewürdigt. *Schwerin* et *Rostock.* 1843. 8. (*D.*)

Ewald (Johannes),
poète danois (18 nov. 1743 — 17 mars 1781).

Molbech (Christian). J. Ewalds Levnet med Bidrag til hans Digtervaerkers Historie og Charakteristik. *Kjoebenh.* 1831. 8.

Ewing (Greville),
théologien anglais.

Memoir of G. Ewing, minister of the Gospel, Glasgow, by his daughter. *Lond.* 1843. 8. *Ibid.* 1847. 8. Portrait.

Exelmans (Remi Joseph Isidore),
maréchal de France (13 nov. 1775 — 21 juillet 1851).

Nollet-Fabert (Jules). Notice sur M. le maréchal Exelmans, 1775-1851. *Bar-le-Duc.* 1851. 8.
—— Le maréchal R. J. I. Exelmans. *Nancy.* 1855. 8. (Extrait de la *Lorraine militaire*.)

Exmouth (Edward Pellew, viscount),
amiral anglais (19 avril 1757 — 23 janvier 1833).

Osler (Edward). Life of admiral viscount Exmouth, etc. *Lond.* 1835. 8. *Ibid.* 1841. 8. Portrait.

Expilly (Claude),
jurisconsulte français (21 déc. 1561 — 25 juillet 1636).

Boniel de Cathillon (Antoine). Vie de C. Expilly, président à mortier au parlement de Grenoble. *Grenoble.* 1660. 4.

Martin (Jean Claude). Histoire et vie de C. Expilly, chevalier, conseiller du roi, etc., et président au parlement de Grenoble. *Grenoble.* 1803. 8. (*Lv.*)

Exsurperance (Julius),
historien romain († 424 après J. C.).

Moller (Daniel Wilhelm). Dissertatio de Julio s. Lucio . Exsuperantio. *Norimb.* 1726. 4.

Exupère (Saint),
patron de Bayeux.

Masson (Jean). Vie de S. Exupère, patron de la ville de Bayeux. *Par.* 1627. 8.

Greppo (J... G... H...). Notice sur le corps de S. Exupère, martyr, donné par S. S. Grégoire XVI à l'œuvre de la propagation de la foi. *Lyon.* 1859. 8.

Eybler (Joseph v.),
musicien allemand (8 février 1764 — ...).

Schmidt (August). Denksteine. Biographien von Ignaz Ritter v. Seyfried, J. Edlen v. Eybler, Ignaz Franz Edlen v. Mosel, Wolfgang Amadeus Mozart (Sohn) Hieronymus Payer, Johann Gänsbacher, Joseph Weigl, Thaddäus, Grafen Amadé v. Várkony. *Wien.* 1848. 8. Avec le portrait de chacun de ces artistes.

Eychelberg (H... C... v.),
littérateur allemand.

Rein (A... G...). Solemnia manibus viri H. E. de Eychelberg sacra. *Geræ.* 1821. 8.

Eyck (Hubert van),
peintre belge (1366 — 1426),
et
Eyck (Jan van),
peintre belge, frère du précédent (vers 1390 — .. juin 1440).

Waagen (Gustav Friedrich). Über H. und J. van Eyck. *Bresl.* 1822. 8. Trad. en franc. s. c. t. Notice sur le chef-d'œuvre des frères van Eyck, par Liévin Amand Marie de Bast. *Gand.* 1825. 8.

Carton (Charles). Les trois frères van Eyck; Jean Hemling (Hans Memling). Notes sur ces artistes. *Bruges.* 1848. 8. Avec 2 planches. (*Bx.*)

Eynard (Ennemond),
médecin français (10 août 1749 — 5 mai 1837).

Potton (Antoine). Notice sur E. Eynard, docteur en médecine, membre de l'Académie des sciences, arts et lettres de Lyon. *Lyon.* 1837. 8.

Eyraud (N... N...),
prêtre français.

Pestre (N... N...). Notice biographique sur M. l'abbé Eyraud, aumônier des religieuses de Saint-Dominique, autrement dit de la mère Agnès du Puy. *Puy.* 1849. 8.

Eyring (Elias Martin),
théologien allemand (17 oct. 1673 — 15 oct. 1739).

Simon (Friedrich Theodor Eusebius). Ein rechtschaffener Liebhaber der Wahrheit und des Friedens, oder Lebensbeschreibung des Superintendenten E. M. Eyring zu Rodach. *Dresd.* 1759. 4. (*D.*)

Eysson (Henrik),
médecin hollandais.

Mensinga (Johan). Oratio funebris in excessum H. Eyssonii. *Groning.* 1690. 4. (*Cp.*)

Eysson (Rudolph),
médecin hollandais du XVIIe siècle († 1706).

Isinck (Adam Mensinga). Oratio funebris in obitum R. Eyssonii. *Groning.* 1706. 4. (*D.*)

Eytzinger (Michael),
historien allemand au XVIe siècle.

Reiffenberg (Frédéric Auguste Ferdinand Thomas de). Notice sur M. d'Eytzing, historien des troubles de la Belgique, au XVIe siècle. *Brux.*, s. d. (1858). 8. (*Bx.*)

Ézéchias,
roi des Juifs (746 — 698 avant J. C.).

Michaelis (Johann Heinrich). Disputatio de rege Ezechia, ecclesiæ Israeliticæ s. Judaicæ reformatore. *Halæ.* 1718. 4.

Réflexions sur la vie et les temps d'Ézéchias. *Par.* 1851. 8.

Ezéchiel,
prophète juif.

Boerner (Christoph Friedrich). Dissertatio de Ezechiele propheta ejusque vaticiniis. *Lips.* 1719. 4.
Walter (F... A...). Dissertatio de Ezechiele βιβλιοφαγω, Ezech. III. 3 *Brem.* 1720. 4.

Ezzelini,
dynastia italienne.

Verci (Giovanni Battista). Storia degli Ezzelini. *Bassan.* 1779. 3 vol. 8. *Venez.* 1844. 3 vol. 12.

Ezzelino III, surnommé le Féroce,
tyran de Padoue (1194 — 1250).

Gerardo * (Pietro). Vita e gesta d'Ezzelino da Romano III, tiranno da Padova. *Venez.* 1543. 8. *Ibid.* 1544. 8. *Ibid.* 1552. 8. (*Bes.*) *Ibid.* 1560. 8. Trad. en franç. par François Cortaud. *Par.* 1644. 12.
  * Le véritable nom de l'auteur était Rolandino.
Grossi (Francesco). Istoria d'Ezzelino III da Romano. *Vicenz.* 1610. 8. *Venez.* 1622. 8.

F

Fabas (Jean de),
guerrier français (1560 — 29 juillet 1654).

Barthélemy (Anatole de). Études sur les guerres civiles du xvi⁰ et xvii⁰ siècle : J. de Fabas, vicomte de Castets (1560-1654). *Saint-Brieuc.* 1852 ou 1853. 8. *
  * Réimpression d'un article intitulé *Les deux Fabas*, inséré dans la *Bibliothèque de l'École des Chartes.*

Fabbri (Vincenzo),
prêtre italien (vers 1775 — 14 avril 1825).

Morini (Giorgio Antonio). Elogio funebre di V. Fabbri. *Faenza.* 1826. 8.

Fabbris (Carlo Alvise),
peintre italien.

Zabeo (Prosdocimo). Memoria intorno la vita ed opere del pittore C. A. Fabbris. *Padov.* 1816. 8.

Fabbroni, voy. **Fabroni.**

Faber (August Samuel),
pédagogue allemand.

Memoria A. S. Faber. *Budiss.* 1781. Fol. (*D.*)

Faber (Felix),
voyageur suisse (1441 — 14 mars 1502).

Haeberlin (Franz Dominik). Dissertatio historica, sistens vitam, itinera et scripta F. F. Fabri, monachi prædicatorii conventus Ulmani. *Goetting.* 1742. 4. (*D.*)

Faber (Hans Jacob),
magistrat allemand (18 février 1665 — 15 nov. 1729).

Fabricius (Johann Albert). Memoria J. J. Fabri, consulis reipublicæ Hamburgensis, etc. *Hamb.* 1729. Fol.

Faber * (Johann),
évêque de Vienne († 12 juin 1541).

(**Halius,** Johann Prasinus). Threnologia in et de obitu J. Fabri, episcopi Viennensis. *Vienn.* 1541. 4.
Kettner (Carl Ernst). Dissertatio de J. Fabri, episcopi Viennensis, adversarii Lutheri, vita et scriptis. *Lips.* 1737. 4. (*D.* et *Lv.*)
  * Son nom de famille était Fridzalin.

Faber (Salomon),
poète belge.

Diegerick (J...). S. Faber, poète yprois. Lettre à M. l'abbé C. Carton. *Bruges.* 1852. 8.

Faber (Samuel),
pédagogue allemand (3 mars 1657 — 10 avril 1716).

Riederer (Friedrich). Porträt eines getreuen Schullehrers in der Person S. Faber's. *Leipz.* 1716. Fol.

Faber (Sebastian),
jurisconsulte allemand (1564 — 7 déc. 1624).

Rauscher (Johann Martin). Oratio funebris in obitum S. Fabri, procancellarii Wirtembergensis. *Tubing.* 1625. 4.

Faber (Siegmund),
théologien allemand (18 mars 1599 — 12 mars 1669).

Will (Johann Leonhard). Leichenpredigt auf Herrn V. Faber, Stadtpfarrer in Hersbruck. *Altd.* 1669. 4.

Faber (Timæus),
jurisconsulte hollandais († 19 sept. 1623).

Bouricius (Hector). Oratio funebris in obitum T. Fabri JCti. *Franeq.* 1625. 4.

Faber (Zachaeus),
théologien allemand (30 sept. 1583 — 12 déc. 1632).

Mueller (Daniel). Programmata III de Z. Fabro, ephoro Chemnicensi. *Chemn.* 1715-16. Fol.

Fabert (Abraham),
maréchal de France (11 oct. 1599 — 17 mai 1662).

(**Courtilz de Sandras,** Gatien). Histoire du maréchal A. Fabert. *Amst.* 1697. 12. *Rouen.* 1698. 12.
Barre (Joseph). Vie du maréchal Fabert. *Par.* 1752. 2 vol. 12.
Duhamel (Dominique Nicolas Hyacinthe Louis Bardou). Mémoire historique sur le maréchal Fabert. *Metz.* 1779. 8. (Omis par Quérard.)
(**Bégin,** Émile Auguste). Éloge du maréchal Fabert, etc. *Metz.* 1837. 8. (Couronné par l'Académie royale de Metz.)
Altmayer (Nicolas). Éloge du maréchal Fabert, etc. *Metz.* 1838. 8.
Vie militaire du maréchal Fabert. *Metz.* 1842. 12. (Extrait de la *Biographie de la Moselle,* publ. par Émile Auguste Bégin.)

Fabi (Carlo Maria),
évêque d'Amélia (24 nov. 1744 — 31 mars 1798).

Fabi Montani (Francesco). Elogio storico di C. M. Fabi, vescovo di Amelia. *Rom.* 1843. 8.

Fabius Maximus Cunctator (Quintus),
consul de Rome († 204 avant J. C.).

Lagerloef (Peter). Dissertatio de Q. Fabio Maximo Cunctatore. *Upsal.* 1693. 8.

Fabius Pictor (Quintus),
historien romain (vers l'an 200 avant J. C.).

Moller (Daniel Wilhelm). Disputatio circularis de Q. Fabio Pictore. *Altorf.* 1690. 4.
Whiste (M... R...). Dissertatio de Fabio Pictore ceterisque Fabiis historicis. *Hafn.* 1832. 8.
Baumgart (Expeditus). Dissertatio de Q. Fabio Pictore, antiquissimo Romanorum historico. *Glogav.* (*Vratisl.*) 1842. 8.

Fabre (Jean),
marin (?) français,

Roger (Alexandre). Notice nécrologique sur J. Fabre, ancien quartier-maître du cinquième arrondissement maritime. *Par.* 1812. 8.

Fabre (Jean Joseph Augustin),
médecin français (1798 — 18 février 1829).

Cavalier (Jean). Notice historique sur J. J. A. Fabre. *Par.* 1829. 8.

Fabre (Marie Jacques Joseph Victorin),
littérateur français (19 juillet 1785 — 29 mai 1831).

Sabbatier (J...). Notice sur V. Fabre. *Paris.* 1832. 8.

Fabre (Pierre Jean),
médecin français du xvii⁰ siècle.

Desbarreaux-Bernard (Tibulle). Notice bibliographique sur P. Fabre, médecin à Toulouse au xvii⁰ siècle, avec quelques aperçus sur le spagyrisme. *Toulouse.* 1847. 8.

Fabre des Essarts (Marie Auguste),
évêque de Blois (26 août 1794 — 20 oct. 1850).

Pornin (N... N...). Oraison funèbre de Mgr. M. A. Fabre des Essarts, évêque de Blois, etc. *Blois.* 1851. 8.
Notice biographique sur Mgr. Fabre des Essarts, évêque de Blois. *Blois.* 1851. 8.

Fabri (Johann Ernst Ehregott),
géographe allemand (16 mai 1755 — 30 mai 1827).

Fabri (Ernst Wilhelm). Memoria J. E. E. Fabri. *Norimb.* 1827. 4. (*D.*)

Fabricio (Girolamo),
médecin italien (1537 — 23 mai 1619).

Thuilius (Joannis). Memoria H. Fabricii ab Aquapendente. *Patav.* 1619. 4.

Salvadori (Luciano). Notitiæ historico-scientificæ de H. Fabricio ab Aquapendente. *Patav.* 1857. 8.

Fabricius,
famille allemande.

Fabricius (Johann Albert). Centuria Fabriciorum scriptis clarorum, qui jam diem obierunt. *Hamb.* 1709. 8. (*D.*)

Fabricius (Andreas),
théologien allemand au xvie siècle.

Porta (Conrad). Oratio de vita et sorte A. Fabricii, pastoris Islebensis. *Witteb.* 1584. 8. (*D.*)

Fabricius (Caspar),
magistrat allemand.

Senator cordatus et munificus, h. e. memoria C. Fabricii, Aurimontani proconsulis. *Liegnic.* 1674. 4.

Fabricius (Franz),
littérateur allemand (vers 1526 — 25 mars 1573).

Andreae (Johann Heinrich). Programma de F. Fabricio, Marcodurano. *Heidelb.* 1763. 4.

Fabricius (Frans),
théologien hollandais (10 avril 1663 — 27 juillet 1738).

Honert (Jan van den). Oratio de vita et obitu F. Fabricii. *Lugd. Bat.* 1738. 4. Trad. en holland. par Henrik Stocnius. *Leyd.* 1758. 4. (*Lv.*)

Fabricius (Georg),
historien allemand (24 avril 1516 — 13 juillet 1571).

Bersmann (Gregor). Querela de obitu G. Fabricii, ludi illustrissimi Misenæ magistri. *Lips.* 1571. 4. (*L.*)

Schreber (Johann David). Vita G. Fabricii, Chemnicensis, e monumentis ipsius litterariis, epistolisque MSC. nce non aliorum, qui ejusdem cum Fabricio ætatis fuerunt, doctorum virorum libris eruta. *Lips.* 1717. 8. (*D.*)

Baumgarten-Crusius (Detlev Carl Wilhelm). Programma de G. Fabricii vita et scriptis. *Missn.* 1839. 8. Portrait.

Fabricius (Georg Andreas),
pédagogue allemand.

Heumann (Christoph August). Programmata III de vita et scriptis G. A. Fabricii. *Goetting.* 1727-29. 4.

Fabricius (Jacob),
théologien allemand (19 juillet 1593 — 11 août 1654).

Micraelius (Joachim). Oratio funebris in obitum J. Fabricii. *Stettin.* 1654. 4. (*D.*)

—— Programma ad justa J. Fabricio facienda. *Stettin.* 1654. 4. (*D.*)

Tscherning (Andreas). Panegyricus dicatus ac dictus memoriæ et honori D. J. Fabricii. *Rostoch.* 1654. Fol.

Fabricius (Jacob),
médecin allemand (28 août 1576 — 16 août 1672).

Gratulatio amicorum J. Fabricio summam arte medica laurum consecuto. *Jenæ.* 1702. 4. (*D.*)

Fabricius (Johann),
théologien allemand (18 août 1560 — 20 janvier 1637).

Ferber (Johann). Leichpredigt auf Herrn Magister J. Fabricius, Prediger zu Sanct-Sebald. *Nürnb.* 1637. 4.

Fabricius (Johann),
théologien allemand (31 mars 1618 — 26 avril 1676).

Feuerlein (Conrad). Leichpredigt auf Herrn J. Fabricius, Prediger zu St. Marien, etc. *Nürnb.* 1676. 4.

Durrius (Johann Conrad). Memoria J. Fabricii. *Altorf.* 1676. 8.

Fabricius (Johann),
théologien allemand (11 février 1644 — 29 janvier 1729).

P(etersen) J(ohann) W(ilhelm). Programma academiæ Helmstadiensis in J. Fabricii obitum. *Helmst.* 1729. 4.

Fabricius (Johann Albert),
bibliographe allemand (11 nov. 1668 — 30 mars 1736).

Reimarus (Hermann Samuel). Monumentum doloris de obitu J. A. Fabricii, in gymnasio Hamburgensi professoris. *Hamb.* 1736. Fol. (*L.*)

—— Commentarius de vita et scriptis J. A. Fabricii. *Hamb.* 1737. 8. Portrait. (*D.*)

Fabricius (Johann Baptist),
mathématicien allemand.

Rinder (Melchior). Elegia funebris nativitatem, vitam et obitum J. B. Fabricii, civis et arithmetici Norimbergensis primarii, complectens. *Norimb.* 1626. 8.

Fabricius (Johann Georg),
médecin allemand (23 sept. 1593 — 18 nov. 1668).

Krauss (Sebastian Jacob). Leichpredigt auf Herrn Dr. J. G. Fabricius, etc. *Altd.* 1668. 4.

Fabricius (Johann Ludwig),
théologien suisse (29 juillet 1632 — 1er février 1697).

Heidegger (Johann Heinrich). Historia vitæ et obitus J. L. Fabricii. *Tigur.* 1698. 4.

Fabricius (Rudolph Anton),
philologue allemand (1689 — 10 février 1772).

(**Wernsdorf**, Johann Christian). Memoria R. A. Fabricii. *Helmst.* 1772. 4.

Fabricius (Theodosius),
théologien allemand (11 août 1560 — 7 août 1597).

Lesser (Friedrich Christian). Leben des (Superintendenten) T. Fabricii. *Nordhaus.* 1750. 4. (*D.*)

Fabricius (Thomas),
jurisconsulte allemand († 1594).

Pelargus (Christoph). Oratio in T. Fabricii funere. *Frf.* 1594. 4.

Benckendorf (Martin). Programma in funere T. Fabricii. *Frf.* 1594. 4.

Fabricius (Werner),
musicien allemand (10 avril 1633 — 9 janvier 1679).

Thilo (Johann). Musica Davidica. Leichenrede auf W. Fabricius, Chori Musici Director, nebst dessen Lebenslauff. *Leipz.* 1679. 4.

Fabricius (v. **Hilden**), voy. **Hilden**.

Fabrizio (Tommaso),
prêtre italien.

Garuffi (Giuseppe Malatesta). Il sole tramontato, o vero orazione funebre nell' esequie solenni del P. T. Fabrizio. *Rimini.* 1674. 4.

Fabro (Antonio),
homme d'État piémontais.

Durandi (Jacopo). Elogio del presidente A. Fabro. *Torin.* 1781. 8.

Fabro (Pietro), voy. **Favre** (Pierre).

Fabroni (Carlo Agostino),
cardinal italien (1651 — 19 sept. 1729).

Orazione funebre in morte dell' eminentissimo cardinale C. A. Fabroni. *Firenz.* 1729. 4. (*P.*)

Fabroni (Giovanni Valentino Matteo),
savant italien (10 février 1752 — 17 déc. 1822).

Fabroni Pelli (Giuseppe). Biografia del cavaliere commendatore G. Fabroni. *Pisa.* 1857. 8.

Fabroni Pelli (Teresa),
touriste italienne (15 février 1763 — .. oct. 1811).

(**Rosini**, Giovanni). Elogio di T. Pelli Fabroni. *Pisa.* 1814. 8. (*P.*)

Fabrot (Charles Annibal),
jurisconsulte français (1580 — 16 janvier 1659).

Giraud (Charles). Notice sur la vie de C. A. Fabrot. *Aix.* 1833. 8.

Fabry (Hyacinthe),
homme d'État belge (13 déc. 1758 — 13 janvier 1851).

(**Capitaine**, Ulysse). Notice sur H. Fabry, dernier représentant politique de l'ancien pays de Liége. *Liége.* 1851. 18.

Fabry (Jacques Joseph),
magistrat belge (1721 — 11 février 1797).

Renard (D... M...). Discours prononcé, etc., sur la tombe du citoyen Fabry. *Liége*, s. d. (1797.) 12.

Faccini (Bartolommeo et Girolamo),
peintres italiens du xvie siècle.

(**Baruffaldi**, Girolamo). Vita di Niccolò Roselli e di B. e G. Faccini, pittori (publ. avec des notes par Giovanni Peretti). *Venez.* 1850. 8.

Facciolati (Jacopo),
philosophe italien (4 janvier 1682 — 25 août 1769).

Ferrari (Giovanni Battista). Vita J. Facciolati. *Patav.* 1799. 8.

Gennari (Giuseppe). Vita di J. Facciolati. *Padov.* 1818. 4.

Natusch (Carl). Narratio de J. Facciolato grammatico. *Dresd.* 1836. 8. (*D.*)

      Facilides (Christoph Siegmund),
          théologien allemand.

Mueller (Daniel). Prolusio de C. S. Facilide, pastore Franckenbergensi. *Chemnic.* 1758. Fol. (*D.*)

      Factor (Pedro Nicolas),
          franciscain espagnol.

Moreno (Christoral). Libro de la vida y obras maravillosas del P. P. N. Factor. *Barcelon.* 1618. 4. (*Bes.*)

      Faërno (Gabriello),
          poète italien du xvie siècle († 17 nov. 1561).

Kroon (Jan Hendrik). Commentatio de fabulis (latinis) G. Faërnii. *Lugd. Batav.* 1824. 8. (*Ld.*)

      Faesch ou **Fesch,**
          famille suisse.

Gesammelte Nachrichten von der Familie Faesch oder Fesch in Basel, aus welcher der Cardinal (Joseph) Fesch abstammt. *Regensb.* 1806. 8.

      Facsch (Johann Jacob),
          jurisconsulte suisse (1er oct. 1570 — 20 février 1652).

Holtermann (Arnold Moritz). Historia vitæ et mortis J. J. Feschii. *Basil.* 1652. 4.

      Faessler (Johann Georg),
          militaire suisse.

Des Sergeanten J. G. Fässler, aus Ober-Uzwyl, Militair-Schicksale und Reisen nach Griechenland, Aegypten und dem gelobten Lande. *Sanct-Gall. et Bern.* 1848. 8. (Autobiographie.)

      Fagel (Gaspar),
          grand pensionnaire des Provinces-Unies des Pays-Bas (1629 — 15 déc. 1688).

Lenting (L... E...). Specimen historico-politicum de G. Fagelio consiliario. *Ultraj.* 1849. 8.

      Faggot (Jakob),
          savant suédois (23 mars 1699 — 28 février 1777).

Nicander (Hendrik). Åminnelse-Tal öfver K. Vet. Academiens framledne Ledamot, Herr J. Faggot. *Stockh.* 1778. 8.

      Fagiuoli (Giovanni Battista),
          poète italien (24 juin 1660 — 12 juillet 1742).

Giulianelli (Andrea Pietro). Orazione funerale in morte di G. B. Fagiuoli. *Firenz.* 1743. 4.

      Fagius * (Paul),
          théologien allemand (1504 — 12 nov. 1549).

De vita, obitu, combustione et restitutione Martini Buceri et P. Fagii. *Argent.* 1562. 8.

Feuerlin (Jacob Wilhelm) et **Seyfried** (Christian). Tentamen historicum de vita et meritis P. Fagii. *Altorf.* 1736. 4. (*D.* et *Lv.*)

    * Son nom de famille était Buchlein.

      Fagnani (Giulio Carlo),
          géomètre italien (1690 — vers 1760).

Manciani (Giuseppe). Elogi storici di Federigo Commandino, Guido Ubaldo del Monte Feltro e G. C. Fagnani. *Pesaro.* 1828. 12.

      Fagon (Gui Crescent),
          médecin-botaniste français (11 mai 1638 — 11 mars 1718).

Jussieu (Antoine de). Éloge de M. Fagon, avec l'histoire du jardin royal de Paris, etc. *Par.* 1718. 4. (*P.*)

      Faille (Jacob Baart de la),
          mathématicien hollandais (20 juillet 1757 — .. avril 1825).

Swinderen (Theodorus van). Aanspraak, etc., na den dood van professor de la Faille, s. l. et s. d. (*Groning.* 1825.) 8.

      Fain (Agathon Jean François, baron),
          homme d'État français (11 janvier 1778 — 14 sept. 1836).

Fain (Agathon Jean François). Manuscrit de l'an III (1794-95), contenant les premières transactions de l'Europe avec la république française et le tableau des derniers événements du régime conventionnel, etc. *Par.* 1828. 8. Trad. en allem. *Leipz.* 1829. 8.
—— Manuscrit de 1812, contenant le précis des événements de cette année, pour servir à l'histoire de Napoléon. *Par.* 1827. 2 vol. 8.

Trad. en allem. :
    Par Ernst Klein et Heinrich Adolph Schuemberg. *Leipz.* 1823. 2 vol. 8.
    Par Gustav Jacobs. *Gotha.* 1832. 12.
—— Manuscrit de 1814, trouvé dans les voitures impériales prises à Waterloo, contenant l'histoire des derniers six mois du règne de Napoléon. *Par.* 1823. 8. *Berl.* 1823. 8. *Par.* 1824. 8. *Ibid.* 1825. 8.

Trad. en allem. :
    Par un anonyme. *Berl.* 1823. 8.
    Par N... N... Schuetze. *Frf.* 1825. 8.

      Faini (Diamante Medaglia),
          poète italienne († 13 juin 1770).

Pontara (Giuseppe). Vita della signora Faini. *Salò.* 1774. 4.

Brognoli (Antonio). Elogio storico di D. Faini. *Bresc.* 1785. 8.

      Fairfax (Ferdinand, lord),
          général anglais († 1 mars 1647).

Elogie, or eulogie on the obits of F. lord Fairfax. *Lond.* 1648. Fol.

      Fairfax (Thomas, lord),
          général anglais (1611 — 12 février 1671).

Short memorials of T. lord Fairfax. *Lond.* 1699. 8. (Composé par lui-même.)

Bell (Richard). Fairfax correspondence. — Memorials of the civil war, comprising the correspondence of the Fairfax family, with the most distinguished personnages, engaged in that memorable contest, etc. *Lond.* 1849. 2 vol. 8.

Sprigge (Joshua). Anglia rediviva. England's recovery, being the history of the motions, actions and successes of the army under the immediate conduct of His Excellency S. T. Fairfax, knigt, capitain-general of all the parliaments forces in England. *Lond.* 1647. Fol. Portrait.

Horn (Georg). Brittischer Maccabaeus, oder von T. Fairfax, des englischen Generals, Kriegs-Expedition, s. l. 1668. 12. (Peu commun.)

      Falck (Anton Reinhart),
          diplomate hollandais (19 mars 1773 — 16 mars 1843).

Reiffenberg (Frédéric Auguste Ferdinand Thomas de). Quelques mots sur feu A. R. Falck, ancien ministre des Pays-Bas. *Brux.* 1844. 12. (*Bx.*) Trad. en holland. s. e. t. Hulde aan de nagedachtenis, etc., par Jacques Louis Kesteloot. *Gent.* 1844. 8. Portrait. (*Bx.*)

Quetelet (Lambert Adolphe Jacques). Hommage à la mémoire de l'ambassadeur A. R. Falck. *Brux.* 1844. 12. Portrait. (*Bx.*)

      Falck (Michael),
          philosophe allemand (8 oct. 1622 — 19 sept. 1676).

Simon (Joachim). Leichpredigt über M. Falcken. *Danz.* 1676. 4. (*Cp.*)

      Falck (Nicolaus),
          jurisconsulte allemand (25 nov. 1784 — 5 mai 1850).

Zur Erinnerung an N. Falck, Professor des Rechts in Kiel. *Kiel.* 1851. 8.

      Falcke (Nathaniel),
          théologien allemand (11 oct. 1663 — 18 août 1693).

Roeser (Johann Georg). Programma in N. Falckii funere. *Gedan.* 1693. Fol.

      Falckenburg (Adriaan),
          médecin hollandais († 1650).

Boxhorn (Marcus Zuërius). Oratio funebris in excessum A. Falcoburgii. *Lugd. Bat.* 1650. 4. (*D.*)

      Falckner (Friedrich Michael),
          jurisconsulte allemand.

(**Kapp**, Johann Erhard). Programma in F. M. Falckneri memoriam. *Lips.* 1757. Fol. (*D.*)

      Falckner (Johann Friedrich),
          jurisconsulte allemand (31 août 1643 — 18 janvier 1703).

(**Cyprian**, Johann). Programma in funere J. F. Falckneri. *Lips.* 1703. Fol.

      Falconet (Camille),
          médecin français (4 mars 1671 — 8 février 1762).

Lebeau (Charles). Éloge historique de M. Falconet, médecin. *Par.* 1762. 4. Portrait. (*P.*)

Falconet (Étienne Maurice),
sculpteur français (1716 — 24 janvier 1791).

Robin (Jean Baptiste Claude). Éloge de M. Falconet, sculpteur, s. l. 1791. 8. (Tiré à très-petit nombre.)

Falconet (Fleury),
architecte français.

Farfouillon (Jacques). Éloge funèbre de F. Falconet, décédé vice-président de la Société académique d'architecture. *Lyon*. 1850. 8.

Falconieri (Alessio),
l'un des sept fondateurs de l'ordre des servites.

Lorenzini (Francesco Maria). Vita del V. P. A. Falconieri. *Rom*. 1719. 4.

Falconieri (Giulietta),
servite italienne, nièce du précédent (1270 — 1341).

Lorenzini (Francesco Maria). Vita de la B. G. Falconieri. *Rom*. 1757. 4.

Falieri (Marino),
doge de Venise (élu le 11 sept. 1354 — décapité le 17 avril 1355).

Ronteix (Eugène). M. Falieri. Épisode de l'histoire de Venise. *Par*. 1829. 8.

Falk (Johannes Daniel),
poète allemand (1770 — 14 février 1826).

Falkiana, d. i. Züge und Thatsachen aus dem Leben des Dichters J. Falk. *Hamb*. 1811. 8.

Doering (Heinrich). Lebensumrisse von Carl August. Grossherzog von Sachsen-Weimar, von (Justus) Moeser, Falk, (Johann Gottlieb) Seume, (Georg Christoph) Lichtenberg und (Friedrich v.) Matthisson. *Quedlinb*. 1840. 12.

Falk (Peter Aloys),
magistrat suisse († .. août 1851).

Kaiser (Gallus). Worte der Erinnerung an den Regierungsrath P. A. Falk, etc., gesprochen bei dessen Beerdigungsfeier. *Sanct-Gall*. 1851. 8.

Falkenberg (Melker),
homme d'État suédois (18 juin 1722 — 21 mars 1795).

Liljestråle (Joachim Wilhelm). Åminnelse-Tal öfver M. Falkenberg. *Stockh*. 1795. 8.

Lundblad (Johan Fredrik). Panegyricus divo M. Falkenbergio dictus. *Lund*. 1797. 8.

Falkenburg (Engelbert, Graf v.),
archevêque de Cologne (... — 1261 — 1272).

Hamm (Gerhard Ernst). E. comes a Falkenburg, Coleniensium et Ubio-Agrippensium archiepiscopus. *Col. Agr*. 1771. 8.

Ettmueller (Ludwig). Pfaffentrug und Bürgerzwist, oder die Coelner Erzbischöfe Conrad von Hochstetten und E. v. Falkenburg. *Zürch*. 1842. 8.

Falkenskjold (Seneca Otto),
colonel danois (15 avril 1738 — 30 sept. 1820).

Falkenskjold (Seneca Otto). Mémoires, etc., avec une notice préliminaire sur la vie de l'auteur par Philippe «Sécrétan. *Par*. 1826. 8.

Falkland (Letice, viscountess),
dame anglaise.

Parson (Joshua Duncan). The holy life and death of the lady L. viscountess Falkland. *Lond*. 1653. 12. (Troisième édition ornée de son portrait.)

Falle (Estele),
religieuse française.

Züge aus dem Leben der E. Falle, geb. Chabraud, gewesenen Pfarrerin zu Calmont in Süd-Frankreich. *Nürnb*. 1829. 8. *Ibid*. 1836. 8.

Fallopio (Gabriello),
anatomiste italien (1523 — 9 oct. 1562).

Zamoyski (Jan Sarius). Oratio in funere G. Fallopii. *Patav*. 1562. 4. (*P*.)

Fallot (Charles Guillaume Antoine),
voy. **Laurillard-Fallot**.

Fallot (George Frédéric),
prêtre français.

Notice sur le ministère et sur les funérailles de G. F. Fallot, pasteur d'Audincourt. *Montbéliard*. 1859. 8. (*Bes*.)

Fallot (Gustave),
littérateur français (17 nov. 1807 — 6 juillet 1836).

Guérard (B...). Notice nécrologique sur G. Fallot, sous-bibliothécaire de l'Institut, s. l. et s. d. 8.

Ackermann (Paul). Notice biographique sur G. Fallot, s. l. et s. d. (*Par*. 1836). 8.

Falloux du Coudray (le comte Guillaume Frédéric de),
magistrat français (... — 16 février 1850).

Saint-Maurice Cabany (Charles Édouard). Notice nécrologique sur le comte G. E. de Falloux du Coudray, ancien capitaine, ancien maire de Bourg d'Iré (Maine-et-Loire), chevalier de Saint-Louis, mort à Angers. *Par*. 1851. 8. (Extrait du *Nécrologe universel du xixe siècle*.)

Falster (Christian),
poète danois (1er janvier 1690 — ... 1752).

Hansen (Jens). Programmata II de vita et rebus gestis C. Falsteri. *Ripis*. 1769-71. 8.

Famars (Jacob de),
homme d'État hollandais (... — juillet 1703).

Touillieu (Pierre de). Oratio funebris in obitum J. de Famars. *Ultraj*. 1703. Fol.

Tilborg (Nicolaus). Oratio funebris in obitum J. de Famars, olim Guilielmo III, Britanniæ regi a rationibus Friderici III, Borussiæ monarchæ a consiliis aulicis, etc. *Traj. ad Rhen*., s. d. (1703). 4. (*Ld*.)

Famars (Jan Jacob de),
jurisconsulte hollandais.

Pagenstecher (Heinrich Theodor). Oratio in funere J. J. de Famars. *Amst*. 1721. 4.

Fanna (Antonio),
musicien italien (1793 — 15 mars 1845).

(**Negri**, Pasquale). Cenni biografici sopra A. Fanna, nato in Venezia, etc. *Venez*. 1845. 8.

Fannius (Cajus),
historien romain (vers l'an 140 avant J. C.).

Moller (Daniel Wilhelm). Disputatio circularis de C. Fannio. *Altorf*. 1693. 4. *Norimb*. 1725. 4.

Fanshaw (Richard),
diplomate anglais (1607 — 16 juin 1666).

Original letters of sir R. Fanshaw during his embassies in Spain and Portugal. *Lond*. 1702. 8. Portrait.

Original letters and negociations of sir R. Fanshaw, the earl of Sandwich, the earl of Sunderland and sir William Godolphin, wherein divers matters between the three crowns of England, Spain and Portugal from the year 1663 to 1678, etc. *Lond*. 1724. 2 vol. 8.

Fanshaw (lady),
épouse du précédent.

Memoirs of lady Fanshaw, wife of the Right. Hon. sir Richard Fanshaw, etc. *Lond*. 1829. 8. (Ecrits par elle-même et publ. par Nicolas Harris NICOLAS.)

Fanzago (Francesco),
médecin italien.

Spongia (Giovanni Filippo). Memoriale storico di F. Fanzago, nobile e medico Padovano, del suo secolo e de suoi scritti. *Padov*. 1838. 8. Portrait.

Fanzago (Pietro),
médecin italien.

Notizie storiche intorno a P. Fanzago e ad alcuni altri individui di questa famiglia, etc. *Padov*. 1855. 8.

Fardeau (Urbain Jean),
chirurgien français (28 janvier 1766 — 22 février 1844).

Barthélemy de Saumur (N... N...). Notice biographique du docteur U. Fardeau, ex-chirurgien major des armées, etc. *Par*. 1846. 8.

Fardella (Giovanni Battista),
général italien (29 juillet 1762 — 4 nov. 1836).

Mortillaro (Vincenzo). Biografia del tenente generale G. B. Fardella. *Palerm*. 1856. 8.

Fardella (Michele),
savant italien.

Mancuso (Giuseppe). Elogio storico del cavaliere M. Fardella. *Palerm*. 1859. 8.

Fardella (Serafino),
franciscain italien.

Rajati (Francesco). Vita di F. S. Fardella, Palermitano, dell' ordine della stritta osservanza di S. Francesco. *Palerm*. 1656 (?) 4.

Fare (Sainte),
abbesse de Farmoutier (+ vers l'an 655).

Chétardie (Louise de la). Vie de S. Fare. *Par.*, s. d.
(1609). 12.

Regnault (Robert). Vie et miracles de S. Fare. *Par.*
1626. 8.

Carcat (Augustin). Vie de S. Fare, avec une suite des
abbesses de l'abbaye de Farmoutier. *Par.* 1629. 8.

Vaillant (Françoise Fare de). L'Eboriac aux poëtes
français, pour chanter en leurs vers la vie et les miracles de S. Fare. *Par.* 1629. 8.

Fare (de la), voy. **La Fare** (Charles Auguste,
marquis de).

Farel (Guillaume),
l'un des réformateurs de la Suisse (1489 — 1565).

(**Ancillon**, David). Idée du fidèle ministre de Jésus
Christ, ou la vie de G. Farel. *Amst.* 1691. 12. (*D.*)

Kirchhofer (Melchior). Leben W. Farel's. *Zürch.* 1831-
33. 2 vol. 8.

Schmidt (Charles). Études sur Farel. *Strasb.* 1834. 4.
(Non mentionné par Quérard.)

Chenevière (Charles). Farel, (Antoine) Froment, (Pierre)
Viret, réformateurs religieux. *Genève.* 1835. 8.

Goguel (G...). Vie de G. Farel, réformateur. *Valence.*
1841. 8 et 12. Portrait.

Sayous (A...). Études littéraires sur les écrivains français de la Réformation, tome I, Farel, Calvin, Viret,
Théodore de Bèze. *Par.* et *Genève.* 1841. 8.

Farensbach (Georg),
homme d'État polonais.

Hilchen (David). Vita illustris et magnifici herois G.
Farensbach, palatini olim Vendensis, eidemque stemma.
Zamoscii. 1609. 4. Publ. par Gustav v. Bergmann. *Ruyni.*
1803. 8. (*Ptg.*)

Fargues (Jean Joseph **de Méallet,** comte de),
homme d'État français (19 déc. 1776 — 23 avril 1818).

Notice nécrologique sur M. le comte Fargues, maire de
Lyon, s. l. et s. d. (*Lyon.* 1818.) 8.

Faria (Antonio de),
prêtre portugais.

Monteiro (Manoel). Elogio funebre do P. A. de Faria.
Lisb. 1746. 4.

Faria y Sousa (Manoel de),
historien portugais (18 mars 1590 — 3 juin 1649).

Moreno Porcel (Francisco). Retrato de M. de Faria y
Sousa, contiene una relacion de su vida, un catalogo
de sus escritos y un sumario de sus elogios, etc. *Lisb.*
1755. Fol.

Farina (Antonio),
prêtre italien (+ 28 sept. 1839).

Farina * (Antonio). Brevi cenni della vita del fu arciprete A. Farina da Ceneda. *Vicenz.* 1840. 8.
* Petit-fils du défunt.

Farina (Giovanni),
criminel italien.

Véritable récit de l'exécution de J. Farina, Napolitain,
dans la ville de Genève pour crime de sodomie. *Genèv.*
1648. 4.

Farinelli (Carlo **Broschi**),
chanteur italien (24 janvier 1705 — 5 juillet 1782).

Sacchi (Giovenalio). Vita del cavaliere C. Broschi, detto
Farinelli. *Venez.* 1784. 4. (*P.*)

Farini (Domenico Antonio),
littérateur italien (25 février 1777 — 31 déc. 1834).

Commentario sulla vita di D. A. Farini da Russi. *Par.*
1844. 8. (*P.*)

Farini (Giovanni),
mathématicien italien (10 avril 1778 — 25 déc. 1822).

Santini (Giovanni). Orazione funebre in morte di G.
Farini. *Padov.* 1823. 8.

Farmer (Charles),
théologien anglais.

Ward (William). Life of the Rev. C. Farmer. *Lond.*
1801. 12.

Farmer (Hugh),
théologien anglais (1714 — 6 février 1787).

Dodson (Michael). Memoirs of the life and writings of
the Rev. H. Farmer, etc. *Lond.* 1805. 8.

1

Farnese (Alessandro),
troisième duc de Parme et Plaisance (1552 — 2 déc. 1592).

Dondini (Guglielmo). De rebus in Gallia gestis ab Alexandro Farnesio, supremo Belgii praefecto. *Rom.* 1671. 4.
Ibid. 1675. Fol.

(**Bruslé de Montplainchamp**, Jean Chrétien). Histoire
d'Alexandre de Farnèse, duc de Parme et de Plaisance,
gouverneur de la Belgique. *Amst.* 1692. 12.

Bird (Friedrich Ludwig Heinrich). Alexander Farnese.
Historisch-romantische Darstellung aus der Zeit des
Abfalls der Niederlande von Spanien. *Elberf.* 1828. 8.

Farnese (Alessandro),
cardinal-archevêque d'Avignon (1520 — 2 mars 1589).

Leoni (Giovanni Battista). Orazione funebre per il cardinale Farnese. *Rom.* 1589. 4.

Magnus (Petrus). Oratio in funere A. Farnesii cardinalis. *Rom.* 1589. 4.

Farnese (Pietro Luigi),
premier duc de Parme et de Plaisance (1493 — 1545 — assassiné
le 10 sept. 1547).

Litta (Pompeo). Vita di Pier Luigi Farnese, duca di
Parma, Piacenza e Guastalla. *Milan.* 1821. 8.

Affò (Ireneo). Vita di Pier Luigi Farnese, etc. *Milan.*
1821. 8.

Farren, countess **of Derby** (Elizabeth),
actrice anglaise (1759 — 23 avril 1829).

Arbiter * (Petronius). Memoirs of the present countess
of Derby, including anecdotes of several distinguished
persons. *Lond.*, s. d. (1797.) 4.
* Nom déguisé.

Farrill, voy. **O Farrill** (Gonzalo).

Fars (vicomtesse de),
dame française.

Fars (vicomtesse de). Mémoires sur Charles X, sa cour,
ses ministres. *Par.* 1832. 2 vol. 8.

Farsetti,
famille italienne.

Farsetti (Tommaso Giuseppe). Notizie della famiglia
Farsetti, con l'albero e le vite di sei uomini illustri, etc.
Cosmopoli, s. d. (*Venez.* 1778.) 4. (Tiré à très-petit
nombre.)

Farsetti (Antonio Francesco et Maffeo Niccolò),
savants italiens.

Morelli (Jacopo). Notizie della famiglia Farsetti. *Cosmopoli.* (*Venez.* 1778.) 4. (Très-rare.)

Farsetti (Filippo).
littérateur italien (13 janvier 1703 — 25 sept. 1774).

Paravia (Pietro Alessandro). Orazione delle lodi dell'
abate F. Farsetti, patrizio veneziano, etc. *Venez.* 1829. 8.

Fasch (Augustin Heinrich),
médecin allemand (19 février 1639 — 22 janvier 1690).

Baier (Johann Wilhelm). Programma in A. H. Faschii
funere. *Jenae.* 1690. Fol.

Fasch (Carl Friedrich Christian),
musicien allemand (18 nov. 1736 — 3 août 1800).

Zelter (Carl Friedrich). Biographie von C. F. Fasch.
Berl. 1801. 4. Portrait.

Faselt (Christian),
théologien allemand.

Gilbert (Christian). Evangelischer Priester-Glaube.
Leichenpredigt auf C. Faselt. *Meiss.* 1693. Fol. (*D.*)

Fasola (Francesco),
anatomiste italien.

Ramati (Giuseppe). Cenni biografici intorno a F. Fasola. *Novara.* 1834. 8.

Fassin (Nicolas Henri Joseph de),
peintre belge (20 avril 1728 — 21 janvier 1811).

Hulst (Félix van). Biographie de N. H. J. de Fassin. *Liége.*
1857. 8. Portrait. (Extrait de la *Revue de Liége.*)—(*Lv.*)

Fasting (Claus),
littérateur norvégien (1746 — 1791).

Brun (Johan Nordahl). Mindetale over Raadmand Fasting. *Berg.* 1792. 8.

Fatlin (N... N...),
prêtre allemand.

Schreiber (Christoph). Magister Fatlin, zweiter Stifter
der sogenannten Karthause bei Freiburg (im Breis-
gau). *Freib.*, s. d. 4.

Fauche-Borel (Louis),
négociateur suisse (12 avril 1762 — 4 sept. 1829).

Fauche-Borel (Louis). Précis historique des différentes missions dans lesquelles M. L. Fauche-Borel a été employé pour la cause de la monarchie. *Par.* 1815. 8. (Opuscule peu connu et assez recherché.)

Lombard de Langres (N... N...). Mémoire pour L. Fauche-Borel contre Charles Perlet, ancien journaliste. *Par.* 1816. 4 et 8.

Fauche-Borel (Louis). Mémoires. *Par.* 1828. 4 vol. 8. Portrait.

Faucher (César et Constantin),
frères jumeaux français (12 sept. 1760 * — 27 sept. 1815).

Faucher (Casimir). Procès des frères Faucher, de la Réole, morts en 1815 victimes de la fureur des partis. *Bord.* et *Par.* 1850. 8.
* Et non le 20 mars 1759, comme le disent quelques biographes.

Fauchet (Claude),
député à la Convention nationale (1744 — guillotiné le 31 oct. 1793).

(Jarry, Pierre François Théophile). L'abbé Fauchet, peint par lui-même et ses crimes dévoilés. *Jersey.* 1791. 8. *
* Cette pièce, accomp. de son portrait, a été publ. s. l. pseudonyme de VALNÉROS.

—— Vie de l'abbé Fauchet. *Par.* 1791. 8. *
* Publ. également sous le pseudonyme de VALNÉROS.

(Trébutien , G... S...). Notes sur C. Fauchet, évêque constitutionnel et député du Calvados à l'Assemblée législative et à la Convention nationale. *Caen.* 1842. 8. (Tiré à 152 exemplaires.)

Faucheux (N... N...),
prêtre français († 1er février 1853).

Christophe (abbé). Oraison funèbre prononcée sur la tombe de l'abbé Faucheux, curé de Leschelles. *Vervins.* 1853. 8.

Faujas de Saint-Fond (Barthélemi),
géologue français (17 mai 1741 — 18 juillet 1819).

Freycinet (Louis de). Essai sur la vie, les opinions et les ouvrages de B. Faujas de Saint-Fond. *Valence.* 1820. 4.

Faukelius (Hermannus),
littérateur hollandais.

Borsius (J...). H. Faukelius, zijn leven, karakter en letterkundige verdiensten, s. l. et s. d. (*Leid.* 1844.) 8. Portrait. *(Ld.)*

Faulcon (Marie Félix),
homme d'État français (14 août 1758 — 31 janvier 1843).

Faulcon (Marie Félix). Extraits de mon journal, dédiés aux manes de Mirabeau. *Par.* 1791. 8.

Bourgnon de Layre (baron). M. M. F. Faulcon, ancien président du corps législatif, correspondant de l'Institut, officier de la Légion d'honneur, etc. *Par.* 1846. 8. (Extrait du *Nécrologe universel du* xixe *siècle.*)

Faulhaber (Johann),
officier allemand (4 juin 1635 — assassiné le 31 mars 1700).

Beck (Michael). Leichenpredigt bei dem Tode J. Faulhaber's, Artillerie-Hauptmanns und Zeugwarts in Ulm. *Ulm.* 1700. 4.

Faunus,
personnage mythologique.

Motty (Marcellin). Dissertatio de Fauno et Fauna s. Bona Dea ejusque mysteriis. *Berol.* 1840. 8.

Fauque, plus connue s. l. nom de madame **Vaucluse** (Mademoiselle),
auteur française († vers 1780).

Fauque de Vaucluse (mademoiselle). Mémoire de madame F(auque) de la C(épèdes) contre M. C. (Celesia, ministre de la république de Gênes). *Lond.* 1758. 8. (Tiré à très-petit nombre.)

Faure (Charles),
prêtre français (1594 — 4 nov. 1644).

(Lallemant, Jacques). Vie du P. Faure, abbé de Sainte-Geneviève. *Par.* 1698. 4.

Faure (Louis Joseph),
jurisconsulte français (3 mars 1760 — 5 juin 1837).

Danjan (Cyprien). Discours prononcé aux obsèques de M. Faure, conseiller à la cour de cassation. *Par.* 1837. 8.

Fauriel (Jean),
historien français (vers 1776 — 14 juillet 1844).

Guigniaut (Jean Dominique). Discours prononcé aux funérailles de M. Fauriel. *Par.* 1844. 4.

Fauris, voy. **Saint-Vincens** (Jules François Paul).

Faust (Johannes),
soi-disant magicien allemand (vers la fin du xve siècle).

Historia von Dr. J. Fausten, dem weytbeschreyten Zauberer vnd Schwartzkünstler. *Frf.* 1588. 8. *(D.)*

Historie von Dr. J. Fausti, des ausbündigen Zauberers und Schwartzkünstlers, Teufelischer Verschreibung, vnchristlichem Leben vnd Wandel, seltzamen Abenthewern vnd mit vielen Stükken gemehret, s. l. 1589. 8.

(Cayet, Victor Palma-). Histoire prodigieuse et lamentable de J. Faust, magicien, avec son testament et sa mort épouvantable. *Par.* 1598. 12. *Ibid.* 1603. 12. *Rouen.* 1604. 12. *Ibid.* 1616. 12. *Par.* 1616. 12. *Ibid.* 1622. 12. *Rouen.* 1666. 12. *Par.* 1667. 12. *Ibid.* 1673. 12. *Amst.* 1674. 12. *Cologne.* (Brux.) 1712. 12. *(D.)*

Historische Remarquen über Dr. Faust's geführtes Leben und dessen Ausgang. *Zwick.*, s. d. 4. *(D.)*

History of the damnable life and deserved death of Dr. J. Faustus, s. l. et s. d. 4.

Black staer of Dr. J. Faust. *Lond.* 1592. 4.

Warachtige historie van Faustus. *Emeric.* 1592. 4.

Widmann (Georg Rudolph). Wahrhaftige Historien von den grewlichen vnd abschewlichen Sünden vnd Lastern, auch von vielen wunderbarlichen vnd seltzamen abentheuern : So Doctor J. Faustus, Ein weitberuffener Schwartzkünstler und Ertzzauberer durch seine Schwartzkunst biss an seinen erschrecklichen End hat getrieben, etc. *Hamb.* 1593. 3 part. 4.

The second report of Dr. J. Faustus, containing his appearances and the deed of Wagner, written by an english gentleman student in Wittenberg, Abel Jeffes for Cuthbert-Bury. *Lond.* 1594. 4. *Ibid.* 1828. 8.

Carchesius (Martin). Historia o doktorovi J. Faustovi, carodejniku. *Praze.* 1612. 12.

(Pfitzer, Johann Nicolaus). Das ärgerliche Leben und schreckliche Ende des vielberüchtigten Ertz-Schwartzkünstlers Dr. J. Fausti, erstlich vor mehr vielen Jahren fleissig beschrieben von Georg Rudolph Widmann, jetzo aufs Neue übersehen und mit Erinnerungen, Fragen und Geschichten vermehret. *Nürnb.* 1674. 8. *(D.) Ibid.* 1681. 8. *Ibid.* 1685. 8. *Ibid.* 1695. 8. *(D.) Ibid.* 1711. 8. *Ibid.* 1717. 8. *(D.) Ibid.* 1726. 8. *Reutling.* 1834. 8. *(D.)*

Neumann (Johann Georg). Disquisitio historica de Fausto præstigiatore, vulgo Dr. Faust. *Witteb.* 1683. 4. *(D.) Ibid.* 1693. 4. *(D.) Ibid.* 1711. 4. *Ibid.* 1743. 4. *(D.)* Trad. en allem. s. c. t. Curieuse Betrachtungen des sogenannten Dr. Faustus, par M... M... *Dresd.* et *Leipz.* 1702. 8. *(D.)*

Wagner (Christoph). Leben Fausten's. *Berl.* 1714. 8. *(D.)*

Weiss (Christian Daniel). Dissertatiuncula de doctore quem vocant J. Fausto, circuli Wittembergensis olim habitatore. *Altenb.* 1728. Fol.

Mountfort (William). Life and death of doctor Faustus, with the humours of Harlequin and Scaramouch, as acted at the theaters. *Lond.* 1735. 8. *
* Cette pièce, ornée du portrait de Faust, est peu commune, même en Angleterre.

(Koehler, Johann Friedrich). Historisch-kritische Untersuchungen über das Leben und die Thaten des Landfahrers Dr. J. Faust's, des Cagliostro seiner Zeit. *Leipz.* 1791. 8. *(D.)*

Faust's Leben, Thaten und Höllenfahrt. *Carlsr.* 1792. 8.

Leven van Dr. Faustus. *Amst.* 1804. 8.

Marbach (Oswald). Leben, Thaten und Höllenfahrt des berufenen Zauberers und Schwarzkünstlers Dr. J. Faust. *Leipz.*, s. d. (1840). 12.

Duentzer (Heinrich). Die Sage vom Dr. J. Faust. *Stuttg.* 1846. 12.

Peter (Franz). Literatur der Faustsage bis Ende des Jahres 1848. *Leipz.* 1849. 8. Contin. jusqu'à la fin de l'année 1850. *Leipz.* 1851. 8.

Faustine,
épouse de Marc-Aurèle, empereur romain.

Hoffmann (Johann). Programma de Faustina, Marci Aurelii Antonini philosophi conjuge. *Erford.* 1709. 4.

Faustino (Giuseppe),
savant italien du xvie siècle.

Cenni biografici intorno a G. Faustino da Vicenza, del secolo xv. *Venez.* 1836. 8.

Fauvelet de Bourienne (Louis Antoine),
secrétaire de l'empereur Napoléon (9 juillet 1769 — 7 février 1834).

Fauvelet de Bourienne (Louis Antoine). Mémoires sur Napoléon, le directoire, le consulat, l'empire et la restauration (rédig. par Charles Maxime de VILLE-MAREST). *Par.* 1829-30. 10 vol. 8. (*Lv.*) *Stuttg.* 1830. 11 vol. 16.
　　Trad. en allem. *Stuttg.* 1829-31. 8 vol. 8. *Leipz.* 1829-30. 10 vol. 8.
　　Trad. en angl. *Edinb.* 1831. 3 vol. 16. *Philad.* 1832. 8 vol. 8. *Lond.* 1836. 4 vol. 8. *New-York.* 1843. 2 vol. 18.
　　Trad. en russe par S... de CHAPLET. *Saint-Pétersb.* 1834-38. 10 vol. 8.

B(ulos) A(ntoine). Bourienne et ses erreurs volontaires et involontaires. *Par.* 1830. 2 vol. 8. Trad. en allem. *Leipz.* 1830. 2 vol. 8.

(**Stein**, Carl v.). Herr v. Bourienne und (Dominik Ernst v.) Sahla. *Frf.* 1830. 8.

Favart (Charles Simon),
auteur français (13 nov. 1710 — 12 mai 1792).

Favart (Charles Simon). Mémoires et correspondance littéraire, dramatique et anecdotique, (publ. par A... P... C.., FAVART et Henri François DUMOLARD). *Par.* 1808. 3 vol. 8. (*P. et Lv.*)

Favelet (Jean François),
médecin belge (18 avril 1674 — 30 juin 1743).

Notice sur J. F. Favelet, docteur et professeur en médecine. *Louvain.* 1841. 12.

Favorinus Arelatensis,
philosophe romain au IIe siècle après J.-C.).

Porthan (Henrik Gabriel). Dissertatio de Favorino, philosopho academico. *Aboæ.* 1789. 8.

Marres (J... L...). Dissertatio de Favorini Arelatensis vita, studiis, scriptis. *Traj. ad Rhen.* 1853. 8.

Favorinus, voy. **Guarino.**

Favre (Antoine),
jurisconsulte piémontais (4 oct. 1557 — 28 février 1624).

Anet (N... N...). Éloge d'A. Favre. *Chambéry.* 1829. 4. (Omis par Quérard.)

Favre (Jean Claude),
médecin français (1778 — 5 février 1845).

(**Hénon**, J... L...). Notice sur J. C. Favre, médecin vétérinaire. *Lyon.* 1845. 8.

Favre (Pierre),
jésuite italien (1506 — 1er août 1546).

Orlandini (Niccolò). Vita P. Fabri, qui primus fuit sociorum B. Ignatii Loyolæ, societatis Jesu. *Rom.* 1615. Fol. *Lugd.* 1617. 8. Portrait. Réimpr. s. c. t. Forma sacerdotis apostolici, etc. *Dilling.* 1647. 8. (*D.*)
　　Trad. en franç. *Bordeaux.* 1618. 12.
　　Trad. en ital. par Terencio ALCIATO. * *Rom.* 1629. 8. *Bolog.*, s. d. 16. (*D.*)
* Publ. s. l. pseudonyme d'Emilio TACITO.

Faydit de Tersac (N...-N...),
prêtre français.

Vignères (N... N... de). Éloge funèbre de M. Faydit de Tersac, curé de Saint-Sulpice. *Par.* 1789. 4.

Faye, seigneur d'**Espeisses** (Jacques),
jurisconsulte français (.. janvier 1543 — 30 sept. 1590).

Faye de Brys (Edouard). Trois magistrats français du xvie siècle. Etudes historiques (Antoine Duprat, Guy du Faur de Pibrac, J. Faye d'Espeisses). *Par.* 1844. 8. *
* La vie de J. Faye remplit les pages 159-211.

Faypoult (Guillaume Marie),
homme d'État français (1752 — 25 oct. 1817).

Notice biographique sur M. G. M. Faypoult, s. l. et s. d. (*Par.* 1817.) 8. (Extrait des *Annales politiques, morales et littéraires.*)

Fazzini (Lorenzo),
physicien italien (17 janvier 1787 — 4 mai 1837).

Taddei (Emilio). Elogio storico di L. Fazzini. *Napol.* 1837. 8.

Fea (Carlo),
archéologue italien (2 février 1753 — 18 mars 1834).

(**C... A...**). Cenni biografici di C. Fea. *Rom.* 1834. 4.

Febris,
personnage mythologique.

Matthaeis (G... de). Sul culto reso da gli antichi Romani alla dea Febre dissertazione. *Rom.* 1814. 8. (*Bes.*)

Fébronie (Sainte),
martyre grecque(?)

Baltus (Jean François). Vie de S. Fébronie, vierge et martyre , trad. du grec en franç. avec des remarques. *Dijon.* 1721. 12 , publ. par J... F... B... *Avign.* 1750. 12. Trad en ital. *Rom.* 1752. 12.

Febvre, voy. **Lefebvre.**

Fecht (Johann),
théologien allemand (25 déc. 1636 — 5 mai 1716).

Krakewitz (Albert Joachim v.). Programma academicum ad exequias J. Fechtii, continens vitam ejus et scripta. *Rostoch.* 1716. 4. (*D.*)

Delineatio vitæ J. Fechtii, theologiæ professoris primarii. *Rostoch.* 1716. 4.

Feddersen (Jacob Friedrich),
théologien allemand (31 juin 1736 — 31 déc. 1788).

Wolfrath (Friedrich Wilhelm). Leben und Character J. F. Feddersen's. *Lemgo.* 1780. 8. *Halle.* 1790. 8.

Feddersen (Johann (?) Gerhard),
théologien (?) danois.

Moeller (Olaus Heinrich). Genealogische Tabellen und Nachrichten von J. G. Feddersen's Vorfahren und Nachkommen. *Flensb.* 1773. Fol.

Fedele (Cassandra),
poète italienne (1465 — 1567).

(**Tomasini**, Filippo). Vita della signora C. Fedele. *Padov.* 1636. 8.

Vitæ virorum eruditorum ut et Helenæ Cornaræ et C. Fidelis. *Vratisl.* 1711. 4.

Petrettini (Maria). Vita di C. Fedele. *Venez.* 1814. 8.

Feder (Johann Georg Heinrich),
philosophe allemand (15 mai 1740 — 22 mai 1821).

Oertel (Georg Christoph). De vita et fatis J. G. H. Federi in universitate Goettingensi professoris. *Neostad.* et *Norimb.* 1789. 4.

Feder (Johann Georg). J. G. H. Feder's Leben , Natur und Grundsätze. *Leipz.* 1825. 8.

Federici (Giovanni Battista Camillo **Viassolo**),
poète italien (9 avril 1749 — 23 déc. 1802).

Neymayr (Antonio). Notizie biografiche e litterarie sul commediografo C. Federici. *Venez.* 1858. 8. (Tiré à 200 exemplaires.)

Fédor II Alexiewitsch,
czar de Russie (8 juin 1661 — 1676 — 27 avril 1682).

Berch (W...). Die Regierung des Czaren Feodor Alexiewitsch und Geschichte des ersten Aufstandes der Strelitzen. *Sanct-Petersb.* 1835. 2 vol. 8.

Fée (Laurent Antoine Apollinaire),
botaniste français (7 nov. 1789 — ...).

Liste méthodique des ouvrages publiés par le professeur Fée. *Strasb.* 1846. 8. (*Lv.*)

Fehmel (Amandus Gotthold),
théologien allemand (30 juillet 1688 — 22 juillet 1721).

Programma academicum memoriæ A. G. Fehmelii. *Hildburgh.* 1721. Fol. (*D.*)

Otto (Johann Christoph). Panegyricus in memoriam A. G. Fehmelii. *Hildburgh.* 1721. Fol. (*D.*)

Feitama (Sijbrand),
poète hollandais (.. déc. 1694 — 13 juin 1758).

Kruyff (Jan de). Leven van S. Feitama. *Leyd.* 1782. 8. Portrait.

Feith (Rhynvis),
poète hollandais du premier ordre (7 février 1753 — 8 février 1824).

Hulde aan de nagedachtenis van Mr. R. Feith, door J... A... OOSTKAMP, A... WISFELWEY en A... H... E... BOURDEAU. *Zwolle.* 1825. 8.

Gedenkzuil voor Mr. R. Feith. *Leeuward.* 1825. 8. Port.

Loots (Cornelis). Hulde aan de nagedachtenis van Mr. R. Feith, s. l. et s. d. 8.

Hulde aan Mr. R. Feith, ter gelegenheid der inwijding van deszelfs gedenktekken, etc. *Zwolle.* 1826. 8.

Fekete v. Galantha (Gróf Gergely),
homme d'État hongrois († 1788).

Schaffrath (Leopold). Trauerrede auf den Hinschied (!) des Grafen G. Fekete v. Galantha, Obergespanns der Arader Gespannschaft und gewesenen Obristlandrichters. *Pesth.* 1788. 4. Trad. en lat. par Carl Koppi. *Pesth.* 1788. 4.

Szerdahelyi (György Aloysius). Elegia de funere comitis G. Fekete, judicis curiæ. *Budæ.* 1788. 4.

Feldkirchen, voy. **Bernhardt** (Bartholomaeus).

Féletz (Charles Marie **Dorimont de**),
membre de l'Académie française [3 janvier 1767 — 11 février 1850].

Saint-Marc-Girardin. Discours prononcé aux funérailles de M. de Felletz (sic !) Par. 1850. 4.

Delpit (Martial). Notice sur M. de Féletz, de l'Académie française. *Périgueux.* 1852. 8. (Extrait du *Moniteur universel*.)

Villemain (Abel). De M. de Féletz et de quelques salons de son temps. *Par.* 1852. 8. (Extrait de la *Revue contemporaine*.)

Feliciani (Florenzia),
épouse de Giuseppe Balsamo, conte di Cagliostro.

Saggio storico sopra Cagliostro e sua moglie (F. Feliciani). *Cosmopoli* (?). 1790. 8.

Félix,
procurateur des Juifs.

Walch (Christian Wilhelm Franz). Dissertatio de Felice, Judæorum procuratore Act. XXIV. *Jenæ.* 1747. 4.

Félix II,
anti-pape (élu en 356 — 22 nov. 365).

Paoli (Pietro Antonio). Di S. Felice II, papa e martire, dissertazioni, etc. *Rom.* 1790. 4.

Félix (Saint),
évêque de Nantes (512 — 584).

Histoire de S. Félix, seizième évêque de Nantes. *Nant.* 1843. 18.

Félix de Cantalice (Saint),
capucin italien († 1587).

Rubeis (Angelo Maria de). Vita di S. Felice di Cantalico. *Rom.* 1712. 8. Trad. en allem. *München.* 1713. 8. Portrait.

Abrégé de la vie de S. Félix de Cantalice. *Par.* 1713. 12. (*Bes.*) Trad. en portug. par Francisco Ferrao de Castelo-Branco. *Lisb.* 1716. 8.

Félix (Rachel),
actrice française du premier ordre (24 mars 1820 — ...).

La jeune Rachel et la vieille comédie. *Par.* 1838 (?). 8. Portrait.

B(ulé) (A...). Mlle Rachel et l'avenir du théâtre français. *Par.* 1839. 8. Portrait. *Brux.* 1839. 18. Portrait.

(**Rabot** , Pierre). Notices biographiques sur Mlles (Virginie) Déjazet et Rachel (Félix). *Lyon.* 1843. 8.

Maurice (Charles). La vérité-Rachel. *Par.* 1850. 8.

Chambrun (C... A... de). Mlle Rachel; ses succès, ses défauts. *Par.* 1853. 16.

Fellenberg (Philipp Emmanuel v.),
philanthrope suisse (1771 — 21 nov. 1844).

Rochholz (Ernst). Gespräche über E. v. Fellenberg und seine Zeit. *Burgsdorf.* 1854. 8.

Hamm (Wilhelm). P. E. v. Fellenberg's Leben und Wirken, etc. *Bern.* 1845. 8.

Fellens (Hippolyte),
théologien français (1831 — 11 avril 1853).

Louis (abbé). Pieux souvenir, ou courte notice sur la vie et sur les derniers moments d'H. Fellens, élève en théologie au grand séminaire de Soissons, pieusement décédé dans cet établissement. *Soiss.* 1853. 8.

Feller (François Xavier de),
jésuite belge (18 août 1735 — 23 mai 1802).

(**Desdoyarts,** P... J...). Notice sur la vie et les ouvrages de M. l'abbé Feller. *Liège,* an IX (1802.) 8. *Ibid.* 1810. 8. Portrait.

Précis historique sur la vie et les ouvrages de l'abbé de Feller. *Louvain.* 1824. 8.

Feller (Gottfried),
théologien allemand (24 janvier 1674 — 26 février 1733).

Gregorius (Johann Friedrich). Trost unter dem Kreuze

auf den Tod des Pastoris primarii G. Feller. *Camenz.* 1733. Fol.

Feller (Joachim),
savant allemand (30 nov. 1628 — 5 avril 1691).

Lehmann (Georg). Concio funebris germanica in obitum J. Felleri, cum curriculo vitæ, etc. *Lips.* 1691. 4. (Composé en allem.) — (*D.*)

Felsner (Johann Georg),
théologien allemand.

Berättelse om J. G. Felsner, Pastor i Olmütz. *Nykioep.* 1774. 8.

Feltre (Henri Jacques Guillaume **Clarke,** duc de),
maréchal de France (17 oct. 1765 — 28 oct. 1818).

Saint-Aulaire (Édouard **Beaupoil de**). Oraison funèbre de M. le duc de Feltre, pair et maréchal de France, ex-ministre de la guerre. *Par.* 1818. 8. * (*Lv.*)

* La publication de ce pamphlet fut la cause de deux duels et, par suite, celle de la mort de son auteur.

Tabarié (vicomte). Observations sur l'oraison funèbre de M. le duc de Feltre, publiée par M. Beaupoil de Saint-Aulaire. *Par.* 1819. 8. (*Lv.*)

Feltz (Johann Heinrich),
jurisconsulte alsacien.

Lorenz (Johann Michael). Programma in funere J. H. Feltzii. *Argent.* 1727. Fol.

Fend (Melchior),
médecin allemand (1486 — 8 nov. 1564).

Quentin (Johann Ludolph). Commentatio historico-epistolica de vita et meritis M. Fendii, etc. *Helmst.* 1750. 4.

Feneberg (Johann Michael),
théologien allemand (9 février 1751 — 12 oct. 1812).

Sailer (Johann Michael). Aus J. M. Feneberg's Leben. *Münch.* 1814. 8. Portrait.

Fénelon (François **Salignac de Lamotte-**),
archevêque de Cambrai (6 août 1651 — 7 janvier 1715).

(**Ramsay,** André Michel de). Histoire de la vie et des ouvrages de F. Salignac de Lamotte-Fénelon. *La Haye.* 1723. 12. Portrait. (*D.*) *Brux.* 1724. 12. *La Haye.* 1726. 12. *Amst.* 1727. 12. Portrait. (*D.*) *La Haye* 1737. 12. *Amst.* 1740. 12. *Ibid.* 1747. 12. (*D.*)

Trad. en allem. *Coblenz.* 1826. 8.

Trad. en angl. *Lond.* 1723. 8.

Loen (Johann Michael v.). Das Bild eines weisen Mannes und eines wahren Christen am Hofe in dem Leben des Erzbischofs Fénelon. *Frf.* 1743. 8.

Laharpe (Jean François de). Éloge de F. Salignac de Lamotte-Fénelon. *Par.* 1771. 8. (Couronné par l'Académie française.) *Copenh.* 1771. 8. (*D.*)

Doigny du Ponceau (N... N...). Eloge de Fénelon. *Par.* 1771. 8.

Maury (Jean Siffrein). Éloge de Fénelon. *Par.* 1771. 8.

(**Masson de Pezay,** N... N...). Eloge de Fénelon. *Par.* 1771. 8.

(**Chas,** Jean). Nouvelle vie de Fénelon. *Par.* 1788. 12. (*D.*)

(**Cordier de Saint-Firmin,** Edmond). Essai sur l'éloge de F. de Salignac de la Mothe-Fénelon, etc. *Par.* 1791. 8.

(**Dumolard** , N... N...). Éloge de Fénelon. *Cambrai* , s. d. (1804.) 8.

Bausset (Louis François de). Histoire de Fénelon. *Par.* 1808. 3 vol. 8. (*D.*) *Versaill.* 1817. 3 vol. 8. Portrait. *Ibid.* 1821. 4 vol. 8. *Ibid.* 1823. 4 vol. 12.

Trad. en allem. par Johann Michael Feder. *Würzb.* 1811-12. 3 vol. 8.

Trad. en angl. par William Mudford. *Lond.* 1810. 2 vol. 8.

(**Tabaraud,** Mathieu Mathurin). Lettre à M. de Bausset, etc., pour servir de supplément à son Histoire de Fénelon. *Par.* 1809. 8.

Butler (Charles). Life of Fenelon, archbishop of Cambray. *Lond.* 1810. 8. *Ibid.* 1819. 8.

Lemaire (Henri). Vie de Fénelon. *Par.* 1826. 18.

Beuchot (Adrien Jean Quentin). Notice sur Fénelon, suivie d'une liste chronologique de ses écrits. *Lyon* 1829. 8. *Ibid.* 1831. 8.

Fénelon. *Strasb.* 1838. 8. *

* Notice biographique écrite en allem.

Roy (J... J... E...). Histoire de Fénélon, archevêque de Cambrai. *Tours.* 1842. 12.

M... Histoire littéraire de Fénélon, ou Revue historique et analytique de ses ouvrages, pour servir de complément à son histoire et aux différentes éditions de ses œuvres. *Lyon.* 1843. 8.

Célarier (Antonin). Histoire de Fénélon. *Par.* 1844. 18.

Bellivier (Louis Diogène). Historique de la lutte de (Jacques Bénigne) Bossuet et de Fénélon sur le Quiétisme. Thèse. *Montaub.* 1850. 8.

Werfer (Albert). Leben des F. Fénélon, Erzbischofs von Cambrai. *Schaffhaus.* 1852. 8.

(**Le Glay**, André). Notice sur le monument élevé à Fénélon dans l'église cathédrale de Cambrai, s. l. et s. d. (*Cambr.* 1826.) 12.

Fenestella (Lucius),
historien et poëte romain († vers l'an 21 après J. C.).

Mercklin (Ludwig). Dissertatio de Fenestella historico et poeta. *Dorpat.* 1844. 8.

Poeth (Joseph). Dissertatio philologica de Fenestella historiarum scriptore et carminum. *Bonn.* 1849. 8.

Fennell (James).
Apology for the life of J. Fennell, written by himself. *Philad.* 1814. 8.

Feo e Torres (Luiz de Motta),
amiral portugais (16 mars 1769 — 26 mars 1823).

Feo Cardozo de Castellanobranco (J... C...). Memorias contendo a biographia do vice-almirante L. de Motta Feo e Torres , a historia dos governadores e capitaens generaes de Angola , desde 1575 ate 1825 , etc. *Par.* 1825. 8.

Feraud ou Ferraud (Nicolas),
député à la Convention nationale (1764 — tué le 1er prairial an III).

Louvel (Jean Baptiste). Deux discours pour célébrer la mémoire du représentant Feraud , assassiné dans ses fonctions. *Par.* , s. d. 8.

Ferdinand I,
empereur d'Allemagne (10 mars 1503 — 24 février 1558 — 25 juillet 1564).

Herold (Basilius Joannis). Oratio in obitum Ferdinandi I imperatoris. *Frf.* 1564. 4.

Forgács (Ferencz). Oratio in funere, etc., imperatoris Ferdinandi, etc., habita in templo D. Stephani. *Vienn.* 1565. 4.

Ulloa (Alfonso de). Vita del imperatore Ferdinando I. *Venez.* 1565. 4.

Dolce (Lodovico). Vita di Ferdinando I. *Venez.* 1566. 4. *Ibid.* 1568. 4.

Hoere (Johann Gottfried). Programma de Romanorum rege Ferdinando, pacis Augustanæ conciliatore. *Misen.* 1755. Fol.

Ekerman (Peter). Aureolum imperatoris Ferdinandi I symbolum : *Fiat justitia aut pereat mundus.* *Upsal.* 1766. 4.

Rost (C... H...). Dissertatio de Ferdinando I, Smalcaldici belli socio. *Lips.* 1789. 4.

Buchholtz (Franz Bernhard). Geschichte der Regierung Ferdinand's I. *Wien.* 1830-41. 10 vol. 8.

Jockell (Johann Baptist). Geschichte der Regierung König Ferdinand's I, etc. *Wien.* 1842-43. 2 vol. 8. (Extrait de l'ouvrage de Buchholtz.)

Ferdinand II,
empereur d'Allemagne (9 juillet 1578 — 29 août 1619 — 23 février 1637).

Matenez (Johann Friedrich). De parentela, electione-et coronatione Ferdinandi II in regem Romanorum libri III. *Col. Agr.* 1621. 4.

Lemire (Aubert). De bello Bohemico Ferdinand II cæsaris liber. *Lugd. Bat.* 1621. 12. *Col. Agr.* 1622. 8.

Bell (Nicolaus). Oesterreichischer Lorbeerkranz, d. i. warhafftige historische Beschreibung aller denkwürdigen Sachen unter der Regierung der Kayser Matthiæ und Ferdinandi II, von 1617 bis 1625. *Frf.* 1625. Fol.

—— Kriegs- und Friedenshandlung Ferdinandi II und III, von 1625-1640. *Frf.* 1640. Fol.

Pietro-Santa (Silvestro). Oratio funebris dum justa exequiarum Ferdinando II, Austriaco electo imperatori persolverentur. *Rom.* 1657. 4.

Relation des gottseligsten Ableibens (!) Ferdinandi des Andern, etc. *Wien.* 1637. 4.

Lamormain (Guillaume **Germeau de**). Ferdinandi II Romanorum imperatoris virtutes. *Vienn.* 1638. 4. *Antwerp.* 1638. 24. *Col. Agr.* 1639. 4. *Tyrnav.* 1739. 4.

Trad. en allem. par Johann Jacob Curtzius. *Wien.* 1639. 4.

Trad. en espagn. *Madr.* 1640. 4.

Trad. en franç. par Jean Leurechon. *Par.* 1638. 4.

Trad. en ital. par Johann Jacob Curtzius. *Vienn.* 1638. 4.

Pellicer de Salas y Tovar (José). Virtudes y vida espiritual del emperador Ferdinando II. *Zaragoç.* 1640. 8.

Khevenhueller (Franz Christoph v.). Annales Ferdinandei ab anno 1598 usque ad annum 1639 , oder wahrhafte Beschreibung Kaiser Ferdinand's II. *Regensb.* 1640-44. 8 vol. Fol. * *Leipz.* 1716-26. 10 vol. Fol.

* La première édition, tirée à 40 exemplaires, est extrêmement rare.

Vida y hechos del emperador Fernando II. *Barcinon.* 1648. 8.

Weber (Immanuel). Sylloge rerum præcipuarum tempore Ferdinandi II in Europa gestarum. *Giess.* 1715. 4.

Virtutes regiæ divi Ferdinandi II anno ejusdem obitus sæculari, debitæ pietatis ergo, metro adumbratæ. *Græc.* 1737. 8.

Runde (Justus Friedrich). Ferdinandeische Jahrbücher. *Leipz.* 1778-81. 4 vol. 8. (Extrait de l'ouvrage de Khevenhueller.)

Zimmermann (Johann Nepomuk). Pribehova královstvi ceského za panováni Ferdinanda II. *Praze.* 1820. 2 vol. 8.

Nelk (Teophil). Die Zierde der Fürsten im 17ten Jahrhundert, oder die Tugenden Ferdinand's II, römischen Kaisers. *Landsh.* 1834. 8. Portrait.

Silbert (Johann Peter). Ferdinand II, römischer Kaiser und seine Zeit, etc. *Wien.* 1836. 8.

Hurter (Friedrich). Geschichte Kaiser Ferdinand's II und seiner Eltern bis zu dessen Krönung in Frankfurt. Personen-Haus- und Landes- Geschichte ; mit vielen eigenhändigen Briefen Kaiser Ferdinand's und seiner Mutter, der Erzherzog Maria. *Schaffhaus.* 1850-53. 4 vol. 8.

Helbig (Carl Gustav). Der Kaiser Ferdinand (II) und Herzog (Albrecht) v. Friedland während des Winters 1633-34; mit Wallenstein's Horoscope von (Johann) Keppler. *Dresd.* 1852. 8.

De conventu Ferdinandi II imperatoris Ratisbonæ anno 1630. *Lond.* 1852. 4.

Ferdinand III,
empereur d'Allemagne (13 juillet 1608 — 23 février 1637 — 23 mai 1657).

Wassenberg (Everhard). Panegyricus sacratissimo imperatori Ferdinandi III dictus, singularem horum bellorum omnium hujusque pacis faciem cum parenesi ad Germanos, pro communi patria, libertate gloria tuenda, repræsentans. *Col. Agr.* 1647. 12.

Avancini (Niccolò). Sapientia terrarum cœlique potens, s. panegyricus funebris ad solennes exsequias Ferdinandi III. *Vienn.* 1657. Fol.

Rudawsky (Laurentius Johann). Lugubris panegyricus in solennibus exequiis Ferdinandi III , etc. *Vienn.* 1657. Fol.

Reichenberger (Maximilian). Ferdinandus III pius et justus, etc., oratione funebri laudatus. *Prag.* 1657. 4.

Engel (Arnold). Oratio funebris post obitum augustissimi imperatoris Ferdinandi III. *Prag.* 1657. 4.

Gualdo-Priorato (Galeazzo). Historia di Ferdinando III imperatore. *Vienn.* 1672. 2 vol. Fol. Portraits.

Asterius (Justus). Examen comitiorum Ratisbonensium, s. disquisitio politica de nupera electione Ferdinandi III in regem Romanorum. *Hanov.* 1637. 4.

Ostermann (Peter). Legitima corona Romana Ferdinando III imposita, s. anacrysis examinis comitiorum Ratisbonensium Justi Asterii. *Hanov.* 1640. 4.

Ferdinand I,
empereur d'Autriche (19 avril 1793 — 2 mars 1835 — abdiquant le 2 déc. 1848 — ...).

Schimmer (Carl August). Ferdinand I , Kaiser von

Oesterreich, dessen Leben und Wirken bis zu seiner Thronentsagung. *Wien.* 1849. 8. Portrait.

Ferdinand,
roi d'Aragon (1410 — 1418).

Valla (Lorenzo). Historiarum Ferdinandi, regis Aragoniæ, libri III. *Rom.* 1520. 4. Publ. avec des notes par Pierre GILLES. *Par.* 1521. 4. *Ibid.* 1528. Fol. *Vratislav.* 1546. 8. *Frf.* 1603. Fol.

Ferdinand I,
roi de Castille et de Léon (... — 1035 — 1065).

Sandoval (Prudentius de). Historia de los reyes de Castilla y de Leon : D. Fernando I, D. Sancho IV, D. Alonso VI, Doña Urraca y D. Alonso VII. *Pamplona.* 1615. Fol. *Ibid.* 1634. Fol. *Madr.* 1792. 2 vol. 4.

Ferdinand III, dit le Saint,
roi de Castille et de Léon (vers 1200 — 1217 — 30 mai 1252).

Herrera (Miguel de). Cronica del rey Fernando III, etc. *Vallad.* 1554. Fol.

Rodrigo Ximenes de Toledo. Coronica del santo rey D. Fernando III, sacada de la libreria de la iglesia de Sevilla. *Medin. del Campo.* 1567. Fol. *Ibid.* 1568. Fol. *Sevilla.* 1639. Fol.

Pineda (Juan de). El rey santo D. Fernando III, que gano a Sevilla y a toda la Andaluzia ; memorial de sù santitad y heroicas virtudes. *Sevilla.* 1627. Fol.

Vergara (Hippolyto de). Vida, excelencias y hechos milagrozos del santo rey de España D. Fernando III, etc. *Ossaña.* 1629. 8. *Ibid.* 1650. 8.

Nunez de Castro (Alphonso). Vida de S. Fernando III, rey de Castilla y Leon, etc. *Madr.* 1673. 4.

Laureti (Michel Angelo). Historia del glorioso D. Fernando III il Santo, re delle Spagne. *Napol.* 1680. 2 vol. 4.

Papebroch (Daniel). Acta vitæ S. Ferdinandi III, regis Castellæ et Legionis, cum posthuma illius gloria et historia S. crucis Caravacanæ, etc. *Antw.* 1684. 8.

Bayao (Joze Pereyra). Historia de S. Fernando (III), rey de Castella. *Lisb.* 1728. 4. (Echappé aux recherches de Meusel.)

Florez (Henrique). Elogias del S. rey D. Fernando III, etc. *Madr.* 1754. 4.

(**Ligny**, François de). Vie de S. Fernando III, roi de Castille et de Léon. *Par.* 1759. 12.

Levens van den H. Eduard, belyder, koning van Engeland, en van den H. Ferdinand (III) van Spanje. *Tournai.* 1852. 52.

Ferdinand IV, surnommé l'Ajourné,
roi de Castille et de Léon (6 déc. 1285 — 1295 — 17 sept. 1312).

Herrera (Miguel de). Cronica del rey D. Fernando IV. *Vallad.* 1554. Fol.

Ferdinand V,
roi de Castille et de Léon (10 mars 1452 — 1474 — 23 janvier 1516).

Bravo (Juan). Sumario de los reyes catolicos D. Fernando y Doña Isabel. *Toled.* 1564. 4. (Très-rare.)

Marineus (Lucius). Sumario de la vida y hechos de los catolicos reyes D. Fernando y Doña Isabel, trad. du lat. par Juan de MOLINA. *Madr.* 1587. 8.

Pulgar (Fernandez de). Rerum a Fernando et Elizabe Hispaniarum felicissimis regibus gestarum decades II, nec non belli Navarriensis libri II. *Granat.* 1545. Fol. *Ibid.* 1558. Fol. Trad. en espagn. s. c. t. Cronica, etc. *Valladol.* 1565. Fol. *Zarag.* 1567. Fol. *Valenc.* 1780. Fol.

Zurita (Hieronymo). Historia del rey D. Hernando el Catholico, de los empresas y ligas de Italia. *Zarag.* 1580. 2 vol. Fol.

(**Gracian**, Balthasar). El politico D. Fernando el Catholico. *Zarag.* 1641. 12. *Amst.* 1659. 12.
Trad. en allem. par Daniel Caspar v. LOHENSTEIN. *Bresl.* 1676. 12.
Trad. en franç. s. c. t. Réflexions politiques sur les plus grands princes et particulièrement sur Ferdinand le Catholique (par Etienne de SILHOUETTE). *Par.* 1720. 12. *Ibid.* 1750. 12. *Amst.* 1751. 12.
Trad. s. c. t. Le politique de D. Ferdinand le Catholique, par Joseph de COURBEVILLE. *Par.* 1732. 12.

Mayoralgo (Juan Velasquez). Perfecta raçon de estado, deducido de los hechos del rey D. Fernando el Catholico, etc., contra los politicos atheistas; con las memorias augustas y panegyris del mismo rey D. Fernando, por Francisco de SAMANIEGO. *Mexico.* 1646. 4.

Varillas (Antoine de). Le politique de Ferdinand le Catholique, roi d'Espagne. *Amst.* 1688. 3 vol. 12.

(**Mignot**, Vincent). Histoire des rois catholiques Ferdinand et Isabelle. *Par.* 1766. 2 vol. 12.

Becker (Gotthelf Wilhelm Rupert). Geschichte der Regierung Ferdinand's des Katholischen. *Prag.* 1790-91. 2 vol. 8.

Prescott (William H...). History of Fernand and Isabella of Spain. *Boston.* 1838. 3 vol. 8. *Lond.* 1839. 3 vol. 8. *Ibid.* 1849. 3 vol. 8.
Trad. en allem. *Leipz.* 1840. 3 vol. 8. *Ibid.* 1843. 2 vol. 8.
Trad. en espagn. par Pedro LARROYA. *Madr.* 1844. 4 vol. 8.

Ferdinand VII,
roi d'Espagne (13 oct. 1784 — 1814 — 29 sept. 1833).

Mora (J... J...). Memorias para la vida de Fernando VII. *Lond.* 1823. 8.

Trabajos extraordinarios del restaurador (Ferdinand VII) *Madr.* 1823. 4.

Ensayo imparcial sobre el gobierno del rey D. Fernando VII. *Par.* 1824. 8.

Quin (Michael John). Memoirs of the life of Fernand VII. *Lond.* 1824. 8.
Trad. en allem. par Franz RITTER. *Stuttg.* 1824. 8.
Trad. en espagn. par Joaquin Garcia XIMENEZ. *Madr.* 1840. 8.
Trad. en franç. par G... H... *Par.* 1824. 8.

Custine (Robert de). L'Espagne sous Ferdinand VII. *Par.* 1837. 2 vol. 8. *Brux.* 1838. 2 vol. 8. *Par.* 1838. 4 vol. 12.

Historia de la vida y reinado de D. Fernando VII de España, etc. *Madr.* 1842. 3 vol. 4.

Escoiquiz (Juan). Idea sencilla de las razones que motivaron el viage del rey D. Fernando VII a Bayona. *Madr.* 1814. 8.
Trad. en allem. *Wien.* 1816. 8.
Trad. en franç. s. c. t. Exposition sincère, etc., par J... M... de CARNERERO. *Toulouse.* 1814. 8.
Trad. s. c. t. Exposé des motifs, etc. Augment. de notices historiques sur D. Juan Escoiquiz (par Antoine Joseph BAUAND). *Par.* 1816. 8.
Trad. en ital. *Firenz.* 1815. 8.

Cevallos (Pedro de). Observaciones sobre la obra de D. Juan Escoquiz intitulada : *Idea sencilla*, etc. *Madr.* 1814. 8.

La vérité sur les événements qui ont eu lieu en Espagne depuis la maladie du roi Ferdinand VII. *La Haye.* 1833. 8.

Des intrigues politiques qui ont préparé le triomphe de la révolution en Espagne. *Par.* 1834. 8. (Trad. de l'espagnol.)

Ferdinand (Saint),
fils de Jean I, roi de Portugal (29 sept. 1402 — 5 juillet 1443).

Ramos (Hieronymo). Chronica dos feitos, vida e morte do iffante S. D. Fernando que morreo em Fees. *Lisb.* 1577. 8.

—— Historia de la vida de los dos religiosos infantes de Portugal, D. Fernando, hijo del rey D. Juan I de Portugal, y de la infanta Donna Juana, hija del rey D. Alonso el V. *Medin. del Campo.* 1595. 4.

Ferdinand I,
roi de Naples (vers 1424 — 1458 — 25 janvier 1494).

Pontano (Giovanni Gioviano). Historiæ Neapolitanæ libri VI ab anno 1458 ad annum 1494. *Roterd.* 1617. 8. Trad. en ital. par un anonyme. *Venez.* 1524. 8. Par Giacomo MAURO. *Napol.* 1590. 4.

Porzio (Camillo). Congiura de' baroni di Napoli contro Ferdinando I, dopo l' anno 1480 sino al 1487. *Rom.* 1565. 4. *Lucca.* 1816. 8. *Pisa.* 1818, 8.

Ferdinand IV (I),
roi des Deux-Siciles (12 janvier 1751 — 1759 — 3 janvier 1825).

Züge aus dem öffentlichen und Privatleben Ferdinand's (IV), vormals Königs von Neapel. *Coeln.* 1808. 8.

Taddei (Emmanuele). Orazione funebre per le solenni esequie del re Ferdinando I di Borbone. *Napol.* 1825. 4.

Avellino (Francesco Maria). Delle lodi di Ferdinando, etc. *Napol.* 1825. 4.

Ferdinand II (Charles),
roi des Deux-Siciles (12 janvier 1810 — 10 nov. 1830 — ...).

Dalmas (Albert de). Le roi de Naples, sa vie, ses actes, sa politique. *Par*. 1851. 8.

Chatenet (Gustave). Le roi de Naples devant l'opinion publique. *Par*. 1851. 8.

Ferdinand I de Médicis,
grand-duc de Toscane (1549 — 1587 — 7 février 1609).

Buonmattei (Benedetto). Orazione in morte del serenissimo D. Ferdinando I Medici, granduca III di Toscana. *Firenz*. 1609. 4.

Talenti (Crisostomo). Orazione alla morte del serenissimo Ferdinando Medici, granduca di Toscana, recitata in S. Trinità nelle sue esequie. *Firenz*. 1609. 4.

Minerbetti (Cosimo). Oratio de laudibus serenissimi Ferdinandi de Medicis ; magni ducis Etruriæ III. *Florent*. 1609. 4.

Giraldi (Giuliano). Delle lodi di Ferdinando I Medicis, granduca di Toscana, orazione recitata nell' Accademia della Crusca. *Firenz*. 1609. 4.

Cintoletta (Curzio). Oratio habita Pisis in funere Ferdinandi I Medicis, magni ducis Etruriæ III. *Pisis*. 1609. 4.

Orazione funerale recitata , etc., nel duomo di Prato nelle esequie di Ferdinando Medici, granduca III di Toscana. *Siena*. 1609. 4. (Très-rare.)

Ferdinand II de Médicis,
grand-duc de Toscane (14 juillet 1610 — 28 février 1621 — 23 mai 1670).

Campani (Francesco). La celesta Flora per la nascità del gran principe Ferdinando (II). *Firenz*. 1610. 4.

Gaudenzio (Paganino). In natalem diem serenissimi Etruriæ magni ducis Ferdinandi II qui incidit in festum S. Bonaventuræ narratio. *Florent*. 1650. 4.

Casini (Lucantonio). Amor vittorioso nelle nozze dell' A. S. di Toscana Ferdinando II e Vittoria della Rovere. *Braccian*. 1635. 4. (Poëme très-rare.)

Perucci (Francesco). Glorie Toscane, elogio epitalamico nelle reali nozze de' SS. granduchi Ferdinando II Medici e Vittoria della Rovere. *Reggio*. 1635. 4. (Extrêmement rare.)

Minozzi (Pietro Francesco). La Musa festeggiante, epitalamio nelle nozze di Ferdinando II e Vittoria della Rovere. *Pisa*. 1636. 4.

Natini (Raffaello). Imeneo vittorioso nelle reali nozze di Ferdinando II e Vittoria della Rovere ; epitalamio. *Firenz*. 1637. 4.

Adimari (Alessandro). Epitalamio nelle nozze di Ferdinando II, granduca di Toscana, con la serenissima Vittoria della Rovere. *Firenz*. 1637. 4.

Bardi (Ferdinando). Descrizione delle feste celebrate in Firenze in congiuntura delle reali nozze de' serenissimi sposi Ferdinando II, granduca di Toscana , e Vittoria della Rovere, principessa d' Urbino. *Firenz*. 1657. 4.

Coppola (Giovanni Carlo). Nozze degli Dei. Favola rappresentata nelle nozze di Ferdinando II e Vittoria della Rovere. *Firenz*. 1637. 4.

Francini (Giovanni Antonio). Tempio dell' immortalità, epitalamio per le nozze e le feste del serenissimo Ferdinando II e della serenissima Vittoria della Rovere. *Firenz*. 1637. 4.

Rondinelli (Francesco). Relazione delle nozze dei Dei, etc. *Firenz*. 1657. 4.

Costa (Margherita). Istoria del viaggio d'Alemagna del serenissimo granduca di Toscana Ferdinando II (depuis le 23 février jusqu'au 14 juillet 1628). *Venez*., s. d. 4.

Baffico (Giovanni Francesco). Apparato funerale nell' esequie del serenissimo Ferdinando II, etc. *Livorn*. 1670. 4.

Mancini (Manfredi). Esequie del serenissimo Ferdinando II, etc. *Firenz*. 1670. 4.

Nomi (Federigo). Orazione fatta in Pisa per la morte del serenissimo Ferdinando II. *Lucca*. 1671. 8.

Rucellai (Luigi). Orazione funerale per la morte de serenissimo Ferdinando II, etc. *Firenz*. 1671. 4.

Gualdo-Priorato (Galeazzo). Relazione della citta di

Fiorenza e del granducato di Toscana sotto il regnante granduca Ferdinando II. *Colon*. 1668. 12.

Macigni (Manfredo). Descrizione dell' esequie di Ferdinando II, etc. *Firenz*. 1671. 4.

Ferdinand III,
grand-duc de Toscane (6 mai 1769 — 2 juillet 1790 — 17 juin 1824).

Gonnelli (Giovanni). Elogio di Ferdinando III, granduca di Toscana. *Firenz*. 1824. 8.

Ferdinand,
duc de Brunswick-Lunebourg (11 janvier 1721 — 3 avril 1792).

Denkwürdigkeiten Ferdinand's, Herzogs zu Braunschweig. *Goth*. 1761. 8.

(Roggert, N... N...). Historisches Gemälde vom Herzog Ferdinand von Braunschweig-Wolfenbüttel. *Wolfenb*. 1785. 8.

Entwurf des Lebens Herzog Ferdinand's von Braunschweig. *Berl*. 1792. 8.

(Ecker v. Eckhofen, Johann Jacob). Ferdinand Alcides, Herzog zu Braunschweig-Lüneburg. *Braunschw*. 1793. 8.

Mauvillon (Jacob v.). Geschichte Ferdinand's, Herzogs von Braunschweig-Lüneburg, obersten Befehlshabers des Königs (Georgs III) von Grossbritannien. *Leipz*. 1794. 2 vol. 8.

(Schaper, Carl v.). Vie militaire du maréchal prince Ferdinand, duc de Brunswick et de Lunebourg, pendant la guerre de sept ans en Westphalie. *Magdeb*. et *Nuremb*. 1796-98. 2 vol. 8.

Ferdinand Albert,
duc de Brunswick-Bevern (1636 — 1687).

Ferdinand Albrecht's Herzogs von Braunschweig-Bevern, des Wunderlichen, wunderliche Begebenheiten. *Bevern*. 1678-80. 2 vol. 4.

Ferdinand d'Autriche,
archiduc-cardinal.

Aedo (Diego de). Viaje del infante cardinal D. Fernando d'Austria. *Amber*. 1635. 4. *Oxf*. 1674. Fol.

Puteanus (Erycius). Purpura Austriaca, Ferdinandi Hispaniæ infantis imaginem repræsentans. *Antw*. 1635. 4.

Courvoisier (Jean Jacques). Le prince immortel, ou la vie de Don Ferdinand d'Autriche. *Anv*. 1642. 4.

Ferdinand de Bavière,
évêque de Liége.

Polain (Mathieu Lambert). La joyeuse entrée de Ferdinand de Bavière à Liége (1615), s. l. et s. d. (*Liége*.) 8.

Ferdinand Marie,
duc de Bavière (1651 — 1679).

Lipowsky (Felix Joseph). Des Ferdinand Maria, in Ober- und Nieder-Baiern, auch der Oberpfalz Herzogs, Pfalzgrafens bei Rhein, etc. Landgrafens zu Leuchtenberg, etc. Lebens- und Regierungs-Geschichte, etc. *Münch*. 1831. 8.

Ferdinand, duc de Wurtemberg,
feld-maréchal d'Autriche (22 oct. 1763 — 20 janvier 1834).

Schels (Johann Baptist). Biographie des Herzogs Ferdinand von Würtemberg, kaiserlich-österreichischen Feldmarschalls. *Wien*. 1841. 16.

Ferdoucy ou **Firdousi** (Abel-Cacem-Mansour), poëte persan (vers 917 — 1020).

Wallenburg (Jacob v.). Notice sur le *Shâh-nâmeh* de Ferdoussi, etc., ouvrage posthume, précédé de la biographie de l'auteur, publ. par A... de BIANCHI. *Vienne*. 1810. 8. (*Lv.*)

Férey (N... N...),
jurisconsulte français († 5 juillet 1807).

Bellart (Nicolas François). Éloge de M. Férey. *Par*. 1810. 8.

Dupin (André Marie Jean Jacques). Tronchet, Férey, Pothier. *Par*. 1810. 8. *

* Éloge de ces trois avocats en forme de dialogue.

Fergen (Heinrich),
théologien allemand.

Ludwig (Jacob Benedict). Leichenpredigt auf H. Fergen, nebst dessen Lebenslauf. *Gotha*. 1708. Fol. (*D*.)

Fergola (Niccolò),
mathématicien italien (1753 — 1824).

Flanti (N... N...). Elogio di N. Fergola. *Napol*. 1824. 4.

Ventura (Gioachimo). Elogio funebre di N. Fergola. *Milan.* 1825. 8.

Ferguson (Robert),
poëte écossais (vers 1751 — 16 octobre 1774).

Irving (David). Life of R. Ferguson, with a critique on his works. *Glasg.* 1799. 12. (Non mentionné par Lowndes.)

Feria (Anna **Ponce de Leon**, condesa de la),
religieuse espagnole.

Roa (Martin de). Vida de D. A. Ponce de Leon, condesa de Feria, monja en Santa Clara de Montilla. *Cordova.* 1604. 4. *Sevilla.* 1615. 4.

Ferlon (chevalier de),
diplomate français.

Mémoires du chevalier de Ferlon, pour rendre compte de ses négociations depuis 1656 jusqu'en 1661 (en Suède). *Par.* 1681. 2 vol. 8.

Fermat (Pierre de),
mathématicien français (1608 — 12 janvier 1665).

Genty (Louis). Influence de Fermat sur son siècle. *Orléans* et *Par.* 1784. 8.

Fermor (Wilhelm, Graf v.),
général livonien (28 sept. 1704 — 8 février 1771).

Gadebusch (Friedrich Conrad). Versuch einer Lebensbeschreibung des Grafen W. v. Fermor. *Reval.* 1773. 8.

Fernandes (N... N...),
cordelier portugais.

Magnien (Charles). Vie du parfait religieux dans le cloître et dans la cour, le Père Fernandes, Portugais, cordelier observatin, confesseur de la reine Anne d'Autriche (épouse de Louis XIII). *Par.* 1654. 8.

Fernow (Carl Ludwig),
littérateur allemand (19 nov. 1763 — 4 déc. 1808).

(**Boettiger,** Carl August). Necrolog auf C. L. Fernow. s. l. et s. d. 8. (*D.*)

Schopenhauer (Johanna). C. L. Fernow's Leben. *Tübing.* 1810. 8. Portrait. (*D.*)

Ferracina (Bartolommeo),
mécanicien italien (18 août 1692 — 24 janvier 1777).

Memmo (Francesco). Vita e machine di B. Ferracina. *Venez.* 1754. 4. Portrait.

Verci (Giovanni Battista). Elogio storico del famoso ingegnere B. Ferracina. *Venez.* 1777. 8.

Ferrand-Beaufort (mademoiselle de),
religieuse française.

Porte de Saint-Martin (Antoine de la). Vie de madame la conseillère de Ferrand-Beaufort. *Par.* 1650. 8. *

* Le Père Lelong, dans sa *Bibliothèque historique de la France* (page 63, n° 1482), cite le même ouvrage sous ce titre : *Idée de la véritable dévotion en la vie de mademoiselle de Beaufort,* etc.

Ferrar (Nicholas),
savant anglais (23 février 1592 — 5 nov. 1637).

Peckard (Peter). Memoirs of the life of N. Ferrar. *Cambridge.* 1790. 8. Portrait.

Ferrari (Bartolommeo),
sculpteur italien (18 juillet 1780 — 8 février 1844).

Zanotti (Francesco). Delle lodi di B. Ferrari, scultore. *Venez.* 1844. 4.

Ferrari (Gaudenzio),
peintre italien (1484 — 1550).

Bordiga (Gaudenzio). Notizie intorno alla vita e alle opere di G. Ferrari, pittore e plasticatore. *Milan.* 1821. 4. Portrait.

Ferrari (Luigi Giacinto),
jésuite italien.

Coppa (N... N...). Breve ragguaglio della vita e morte di L. G. Ferrari. *Milan.* 1755. 8.

Ferrari (Luigi Maria Bartolommeo),
mathématicien italien (5 juin 1747 — 19 mai 1820).

Elogio del professore B. Ferrari. *Milan.* 1844. 8.

Ferrari (Tommaso Maria),
cardinal italien.

Concina (Daniello). De vita et rebus gestis P. T. M. Ferrari, S. R. E. cardinalis. *Rom.* 1755. 4.

Ferrer (Vicente),
dominicain espagnol (23 janvier 1357 — 5 avril 1419).

Diago (Francesco). Historia de la vida, milagros y

muerte de S. V. Ferrer, etc. *Barcelon.* 1600. 4. (Très-rare.)

Gabaston (Juan de). Vida de S. V. Ferrer. *Valancia.* 1614. 4.

Cinza (Diogo Pires). Vida, martirio e ultima tresladaçaõ de S. Vicente. *Lisb.* 1620. 8.

Guyard (Bernard). Vie de S. V. Ferrier. *Par.* 1654. 12. (*Bes.*)

Persio (Orazio). Vita di S. Ferrerio. *Trani.* 1634. 4.

Grappi (Domenico). Vita di S.V. Ferrerio. *Napol.* 1669. 4.

Valdecebro (Andrès Ferrer). Historia de la vida maravillosa y admirable del segundo Pablo, apostel de Valencia, S. V. Ferrer. *Madr.* 1682. 4. *Ibid.* 1740. 4.

Coelho (Domingos Lopez). Historia da prodigiosa e admiravel vida de S. V. Ferrer. *Lisb.* 1713. 4.

Rossignol (Jean Joseph). Vie de S. V. Ferrier, s. l. et s. d. 8.

Pontero (Alberto). Vita di S. V. Ferrerio. *Napol.* 1731. 4. *Ibid.* 1735. 4.

Ferrarini (Giuseppe Maria Felice). Ragguaglio istorico della vita di S. V. Ferreri. *Milan.* 1732. 4.

Serio (Domenico). Riflessi sulla vita e speciale virtù di S. V. Ferrerio. *Napol.* 1739. 4.

Fuessi (Pius). Ferrerius Sz. Vintze élete és csuda tételi, etc. *Sopronban.* 1749. 8.

Zycie S. W. Ferreryusza. *Krakow.* 1750. 4.

Heller (Ludwig). V. Ferrer (Ferrerius) nach seinem Leben und Wirken dargestellt. *Berl.* 1850. 8.

Hohenthal-Staedteln (Wilhelm v.). Dissertatio de V. Ferrerio confessore. *Lips.* 1839. 8. (*L.*)

Donin (Ludwig). Kurze Lebensgeschichte des heiligen V. Ferrerius aus dem Prediger-Orden. *Wien.* 1843. 12.

Ferrer (Vincent Joseph Mathieu), voy. **Ephrem** (Marie).

Ferreras (Juan de),
historien espagnol (7 juin 1652 — 14 avril 1735).

Nasarre y Ferriz (Blas Antonio). Elogio historico de D. J. de Ferreras. *Madr.* 1735. 4. (*D.*)

Ferrère (Philippe),
jurisconsulte français (2 oct. 1767 — 14 janvier 1815).

Bretenet (François). Éloge historique de P. Ferrère. *Bordeaux.* 1843. 8.

Ferrero della Marmora (Carlo Emmanuele, marchese),
gentilhomme italien.

Sommario nella causa tra il marchese C. E. Ferrero, della Marmora contro Carlotta Rafelis de Saint-Sauveur. *Torin.* 1754. 8.

Ferrers (Lawrence Shirley, earl),
homme d'État anglais.

Memoirs of the life of L. earl Ferrers, viscount Tamworth. *Lond.* 1760. 8. Portrait.

Ferri (Baldassare),
chanteur italien (1611 — 8 sept. 1680).

Conestabile (Giovanni Carlo). Notizie biografiche di B. Ferri, musico celebratissimo (di Perugia). *Perug.* 1846. 8.

Ferri (Girolamo),
littérateur italien (5 février 1713 — 27 juin 1786).

Barichevich (Adam). Vita di G. Ferri. *Pavia.* 1790. 8.

Ferrich (Giorgio),
évêque de Mercana et de Trebigne.

Chersa (Tommaso). Della vita e delle opere di monsignore G. Ferrich, discorso. *Ragus.* 1824. 8.

Ferrino (Bartolommeo),
Italien.

Lolli (Alberto). Oratione nella morte di B. Ferrino. *Venez.* 1547. 4. (*P.*)

Ferroux (Étienne Joseph),
député à la Convention nationale (25 avril 1751 — 12 mai 1834).

Testament politique de M. Ferroux, ex-conventionnel. *Besanç.* 1829. 8. (*Bes.*)

Fersen (Fredrik Axel, Grefve v.),
diplomate suédois.

Rosenstein (Nils v.). Åminnelse-Tal öfver Grefve F. A. v. Fersen. *Stockh.* 1794. 8.

Fersch (Friedrich Ferdinand),
théologien allemand (26 juin 1756 — ...).

Dieffenbach (Johann Philipp). Amts-Jubelfeier des

Geheimen Kirchenraths F. F. Fertsch zu Burg-Friedberg. *Giess.* 1828. 8.

Ferus, voy. Wild.

Férussac (Jean Baptiste Louis d'Audebard, baron de),
naturaliste français (30 juin 1745 — ...1815).

Férussac (André Étienne Just Pascal Joseph François
d'Audebard de). Notice analytique sur les travaux de
Férussac. *Par.* 1824. 4. *
* Cette notice n'a pas été destinée au commerce. Une note supplé-
mentaire a été publiée la même année.

Fesch ou Faesch (Joseph),
cardinal-archevêque de Lyon (3 janvier 1763 — 13 mai 1839).

Über die Ernennung des Cardinals Fesch zum Coadju-
tator des Fürsten Primas (Dalberg von Frankfurt).
Erlang. 1806. 8.

Lyonnet (N... N...). Le cardinal Fesch, archevêque de
Lyon, primat des Gaules, etc. Fragments biographiques, politiques et religieux pour servir à l'histoire
contemporaine. *Lyon et Par.* 1841. 2 vol. 8. Portrait.

Vérité sur le cardinal Fesch, ou réflexions d'un ancien
vicaire général de Lyon sur l'histoire de Son Eminence, par M. l'abbé Lyonnet. *Lyon et Par.* 1842. 8.

Défense de la vérité sur le cardinal Fesch et sur l'administration apostolique de Lyon. *Lyon.* 1843. 8.

Fessin (Pierre Joseph),
littérateur français (14 sept. 1774 — 20 avril 1852).

Alkan aîné (M...). Notice sur P. J. Fessin, fondeur en
caractères, poëte et homme de lettres, etc. *Par.* 1855.
8. (Extrait du *Bulletin du bibliophile.*)

Fessler (Ignaz Aurelius),
historien hongrois (3 juillet 1756 — 15 déc. 1839).

Fessler (Ignaz Aurelius). Rückblicke auf meine 70jäh-
rige Pilgerschaft. *Bresl.* 1824-26. 2 vol. 8. (*D.*) Trad.
en holland. par Willem van Volkom. *Breda.* 1828. 8.

Rhode (Johann Georg). Nachrichten von dem Leben
I. A. Fessler's, s. l. et s. d. 8. (*D.*)

Fest (Johann Samuel),
théologien allemand (28 février 1754 — 16 nov. 1796).

Fest (Johann Samuel). Biographische Nachrichten und
Bemerkungen über sich selbst, herausgegeb. von Christian Victor Kindervater. *Leipz.* 1797. 8. Portrait.

Fétis (François Joseph),
musicographe belge (25 mars 1784 — ...).

Busset (François Charles). M. Fétis mis à la portée de
tout le monde, etc. *Par.* 1838. 8.

Gollmick (Carl Heinrich). Herr Fétis, Vorstand des
Brüsseler Conservatoriums, als Mensch, Kritiker,
Theoretiker und Componist, nach dem französischen
Originale der musikalische Zeitschrift *Diapason*.
Leipz. 1852. 8.

Fetzer (Magnus),
jurisconsulte allemand (14 déc. 1614 — 15 février 1692).

Feuerlein (Conrad). Leichpredigt auf Herrn M. Fetzer,
JCtum, etc. *Nürnb.* 1692. 4.

Feuardent (François),
cordelier français (.. déc. 1539 — 1er janvier 1610).

Rouanne (Jean de). Panegyricus Fevardentinus, s. F.
Fevardentii, ordinis S. Francisci, theologiæ doctoris.
Par. 1615. 4.

Feuchère (Jean),
peintre français.

Janin (Jules). J. Feuchère. *Par.* 1853. 8. (Notice tirée
à part à très-petit nombre.)

Feuerbach (Paul Johann Anselme v.),
jurisconsulte allemand (14 nov. 1775 — 29 mai 1833).

A. Ritter v. Feuerbach's, weiland königlich bayerischen
Staatsraths und Appellationsgerichts-Präsidenten Leben und Wirken, aus seinen ungedruckten Briefen und
Tagebüchern, Vorträgen und Denkschriften veröffent-
licht von seinem Sohne, Ludwig Feuerbach. *Leipz.*
1852. 2 vol. 8. Portrait.

Feuerborn (Justus),
théologien allemand (13 nov. 1587 — 6 février 1656).

Dieterich (Johann Conrad). Programma in funere J.
Fewrbornii. *Giess.* 1656. 4.

Feuerlein (Conrad),
théologien allemand (28 nov. 1629 — 28 mai 1704).

Beck (Thomas). Leichpredigt auf Herrn C. Feuerlein, etc. *Nürnb.* 1704. 4.

Feuerlein (Georg Christoph),
médecin allemand (15 juillet 1695 — 25 mai 1756).

Junkheim (Johann Zacharias Leonhard). Gedächtnisspredigt auf den Hofrath und Hofmedicus Dr. G. C. Feuerlein. *Goetting.* 1756. 4..

Feuerlein (Johann Conrad),
théologien allemand (5 janvier 1656 — 3 mars 1718).

Ehren-Gedächtniss des J. C. Feuerlein, enthaltend : 1)
des Seeligen von ihm selbst aufgesetzten Lebenslauf, 2)
einige ausführliche Nachrichten von dessen öffentlichen
Schriften, etc., s. l. et s. d. (*Nördling.* 1718. 4.) — (*D.*)

Feuillade (Louis, duc de la),
maréchal de France (1673 — 28 janvier 1725).

(**Courtilz de Sandras**, Gatien). Histoire du maréchal
duc de la Feuillade, nouvelle galante et historique. *Amst.*
(*Rouen.*) 1713. 12.

Feuquières (Antoine de Pas, marquis de),
général français, petit-fils du suivant (16 avril 1648 — 27 janvier 1711).

Feuquières (Antoine de Pas de). Mémoires contenant
ses maximes sur la guerre. *Amst.* 1731. 4. *Lond.* (*Par.*)
1736. 4. *Ibid.* 1740. 4 vol. 12. *Par.* 1770. 4 vol. 4, ou
4 vol. 12. Trad. en allem. *Berl.* 1786. 4 vol. 8.

Feuquières (Isaac Manassé de Pas, marquis de),
négociateur français (1er juin 1590 — 14 mars 1640).

Feuquières (Manassé de Pas de). Lettres et négociations d'Allemagne en 1633 et 1634. *Lond.* 1736. 4, ou
2 vol. 8. (Publ. avec la vie de l'auteur par Gabriel
Louis Calabre Pérau.) *Par.* 1753. 3 vol. 12.

Feustking (Johann Heinrich),
théologien allemand (7 mars 1672 — 23 mars 1713).

Planer (Johann Andreas). Panegyricus J. H. Feustkin-
gio dictus. *Witteb.* 1714. Fol.

Berger (Johann Gottfried). Programma in funere J. H.
Feustkingii. *Witteb.* 1714. Fol. (*D.*)

Féval (Paul),
littérateur français (29 sept. 1817 — ...).

Robin (Charles). Biographie de P. Féval. *Par.* 1848.
8. Portrait. (Extrait de la *Galerie des gens de lettres au
XIXe siècle.*)

Févret (Jacques),
théologien français (+ 1694).

Bourrée (Edme Bernard). Vie de J. Févret, bachelier en
théologie, prêtre du séminaire de Dijon. *Lyon.* 1698. 12.

Févret de Fontette (Charles Marie),
bibliographe français (14 avril 1710 — 16 février 1772).

Barbeau de la Bruyère (Jean Louis). Vie de Févret
de Fontette. *Par.* 1775. 2 vol. 8.

Févret de Saint-Mémin (N... N...),
littérateur français.

Guignard (Philippe). Notice historique sur la vie et les
travaux de M. Févret de Saint-Mémin. *Dijon.* 1853. 8.
(Extrait des *Mémoires de l'Académie de Dijon.*)

Feylisch,
famille allemande.

Pfuntalius (M... M...). Analecta historica de origine,
patria, dignitate, virtutibus et rebus gestis nobilium a
Feilitsch. *Curiæ Var.* 1626. 4.

Feylisch (Moritz von). Genealogisch - historische Beschreibung des altadelichen Geschlechts derer von Feylisch, s. l. 1795. Fol.

Fiacre (Saint),
ermite irlandais (608 — 30 août 670).

Pirou (Dom). Vie de S. Fiacre. *Par.* 1636. 12.

Ansart (André Joseph). Histoire de S. Fiacre. *Par.*
1782. 12.

(**Guiot**, Joseph André). Abrégé de la vie du vénérable
frère Fiacre, contenant plusieurs traits d'histoire et
faits remarquables arrivés sous les règnes de Louis XIII
et Louis XIV, ceux aussi relatifs à son ordre et à sa
maison, sous Louis XV, Louis XVI et Napoléon. *Par.*
1805. 8.

Leben des heiligen Beichtigers und Einsiedlers Fia-
crius, etc. *Prag.* 1848. 8.

Fialetti (Rosa),
religieuse italienne.

Patuzzi (Giovanni Vincenzo). Vita della venerabile R.
Fialetti. *Venez.* 1740. 4.

Fialho (Jozé),
évêque de …

Almeida (Manoel Angelo de). Sermaõ das exequiãs do bispo D. J. Fialho. *Lisb.* 1742. *4.*

Bravo (Joaõ Luiz). Panegyrico funebre de D. Fr. J. Fialho. *Lisb.* 1748. *4.*

Fiard (Jean Baptiste),
démonographe français (28 nov. 1736 — 30 sept. 1818).

Amanton (Claude Nicolas). Notice sur l'abbé Fiard, prêtre du diocèse de Dijon. *Par.* 1819. 8. (Extrait du *Journal de Dijon.*) — (*Lv.*)

Fiard (Thomas Marie Louis),
médecin français (1797 — 7 janvier 1853).

L… (T… de). Notice sur M. le docteur Fiard. *Par.* 1853. 8. (Extrait des *Archives des hommes du jour.*)

Fich ou Fytche (William),
capucin anglais (vers 1562 — 1611).

Life of W. Fich. *Douai.* 1625. *4.* Portrait.

Fichard (Johann),
jurisconsulte allemand (1512 — 7 juin 1581).

(Fichard, Raimund Pius). Epicedia in obitum J. Fichardii. *Frf.* 1582. 8. (*D.*)

Fichte (Johann Gottlieb),
philosophe allemand du premier ordre (19 mai 1762 — 29 janv. 1814).

Fichte (Immanuel Hermann). J. G. Fichte's Leben und literarischer Briefwechsel. *Stuttg.* 1830. 2 vol. 8. Portrait. (*D.*)

Beyer (Carl). Zu Fichte's Gedächtniss. *Ansb.* 1835. 8.

Smith (William). Memoir of J. G. Fichte. *Boston.* 1846. 8. *Lond.* 1848. 8.

Busse (Wilhelm). J. G. Fichte und seine Beziehung zur Gegenwart des deutschen Volkes. *Halle.* 1848-49. 2 volumes 8.

Leben des Philosophen und Professors J. G. Fichte. *Bautzen.* 1831. 16.

Fichtner (Johann Georg),
jurisconsulte allemand (20 déc. 1673 — 10 nov. 1729).

Schwarz (Christian Gottlieb). Programma ad exequias D. J. G. Fichtneri, rectoris magnifici. *Altorf.* 1729. *4.*

Fichtner (Johann Moritz),
jurisconsulte allemand, fils du précédent (23 déc. 1703 — 26 août 1748).

Schwarz (Christian Gottlieb). Programma ad funus J. M. Fichtneri, JCti. *Altorf.* 1749. Fol.

Ficino (Marsilio),
philosophe italien (19 oct. 1433 — 1er oct. 1499).

Bandini (Angelo Maria). Commentarius de vita M. Ficini. *Pisis.* 1771. 8. Portrait. (*D.*)

Ficquelmont (Louis Graf),
homme d'État allemand.

Ficquelmont (Louis v.). Aufklärungen über die Zeit vom 28 März bis zum 4 Mai 1848. *Leipz.* 1850. 8. (2e édition.)

Fidèle de Sigmaringue (Saint),
capucin allemand (1577 — 24 avril 1622).

Montifontanus (Lucas). Leben und Marter des Capuziners P. Fidelis von Sigmaringen. *Constanz.* 1674. 12.

Daniel de Paris. Abrégé de la vie du B. P. Fidèle de Sigmaringa. *Par.* 1751. 12. (*Bes.*)

Ajofrin (Francisco de). Compendio de la vita y virtudes del abogado de los pobres , S. Fidel de Sigmaringa , capuchino, proto-martir de la sagrada congregacion de Propaganda Fide, egemplo de abogados y dechado de jurisconsultos. *Madr.* 1786. 8.

(**Waitzenegger,** Franz Joseph). Fidelis von Sigmaringen, etc. *Augsb.* 1826. 8. *Ibid.* 1831. *Ibid.* 1835. 8. (6e édition.)

Schick (J… G…). Leben des heiligen Fidelis von Sigmaringen. *Schaffhaus.* 1852. 8.

Fiedler (Christlieb),
théologien allemand.

Meissner (Christoph). Leichenpredigt auf C. Fiedler. *Dresd.* 1770. 4. (*D.*)

Fiedler (Ferdinand Ambrosius),
théologien allemand (16 oct. 1737 — 26 juin 1780).

Aepinus (Angelus Johann Daniel). Richtige und bestätigte Nachricht von des weiland Proselyten F. A. Fiedler's Lebensgeschichte und Schicksale in Mecklenburg. *Rostock.* 1783. 8.

Fiedler (Johann Gottfried),
théologien allemand (+ 11 juin 1776).

Vogler (Georg Friedrich). Denkschrift auf Magister J. G. Fiedler, Pastor und Superintendenten in Colditz. *Dresd.* 1780. *4.*

Field (Richard),
théologien anglais (1561 — 21 nov. 1616).

Field (Nathaniel). Some short memorials concerning the life of Dr. R. Field. *Lond.* 1716-17. 8.

Fielding (Henry),
poëte anglais (22 avril 1707 — 8 oct. 1754).

Watson (William). Life of H. Fielding, with observations on his character and writings. *Lond.* 1808. 8. (Non mentionné par Lowndes.)

Scott (Walter). Fielding und Smollet; zwei Biographien, aus dem Englischen übersetzt von Wilhelm Adolph **Lindau**. *Leipz.* 1824. 8. (*D.*)

Fiennes (Robert de),
connétable de France (1320 — 1384).

Garnier (Edmond). Notice sur R. de Fiennes, connétable de France. *Par.* 1852. 8. (Extrait de la *Bibliothèque de l'École des chartes.*)

Fierlant (Simon de),
homme d'État belge.

Pauwels (Frans). Oratio in exequiis S. de Fierlant, Brabantiæ cancellarii. *Col. Agr.* 1686. *4.*

Fiesca (Tommasa),
religieuse italienne.

Soprani (Raffaele). Vita di suor T. Fiesca e della beata Caterina Fiesca Adorna. *Genov.* 1667. *4.*

Fieschi (Joseph Marie),
assassin corse (1790 — guillotiné le 19 février 1836).

Relation de l'attentat du 28 juillet 1835, suivie de détails historiques sur Fieschi. *Par.* 1835. 8.

Procès de Fieschi. *Par.* 1836. 3 vol. 8. Trad. en ital. *Foligno.* 1836. 3 vol. 12.

Fieschi und seine Mitangeklagten (Morey, Pépin, Boireau et Bescher). Genaue actenmässige Schilderung der blutigen That vom 28 Juli 1835, etc., nebst einem Lebensabriss des Marschalls Mortier , Herzogs von Treviso. *Leipz.* 1836. 8. (Cinq portraits.)

Levensbijzonderheden van Fieschi, etc., gevolgd van een berigt over vrouw Petit en Ninna Lassave. *Utrecht.* 1836. 8.

Fiesco, voy. **Lavagna** (Giovanni Luigi de' Fieschi, conte di).

Fiesole (Giovanni Angelo da),
peintre italien (1387 — 1455).

Vasari (Giorgio). Life of G. A. da Fiesole, translated from the Italian by Giovanni Aubrey **Bezzi**. *Lond.* 1850. *4.*

Fieubet (Thomas de),
conseiller d'État français (1626 — 10 sept. 1694).

Anselme (Antoine). Oraison funèbre de T. Fieubet, etc. *Par.* 1695. *4.*
* La *Biographie universelle* de **Michaud** le nomme Gaspard ; le P. **Lelong** lui donne le prénom de Thomas.

Figueras Carpi (Pedro de),
prêtre espagnol.

Figueras Carpi (Juan de). Compendio historico de la vida y martirio de D. F. P. de Figueras Carpi, *Venez.* 1642. *4.*

Figueras, marques de la Constantia (Francisco),
général espagnol.

Biografia del general D. F. Figueras, marques de la Constantia. *Madr.* 1851. *4.*

Filangieri (Gaëtano),
publiciste italien (18 août 1752 — 21 juillet 1788).

Tommasi (Donato). Elogio storico del cavaliere G. Filangieri. *Napol.* 1788. 8. (*P.*) Trad. en allem. par Friedrich **Muenter**. *Ansb.* 1790. 8. (*D.*)

Carnevali (Eutimio). Vita del cavaliere G. Filangieri, s. l. et s. d. Fol. Portrait.

Bianchetti (Giuseppe). Elogio di G. Filangieri. *Venez.* 1819. *4.*

Filelfo (Francesco),
philologue italien (25 juillet 1398 — 31 juillet 1483).

Meucci (Niccolò Stanislao). F. Philelphi vita. *Florent.* 1741. 8.

Rosmini (Carlo de). Vita di F. Filelfo da Tolentino. *Milan.* 1808. 3 vol. *4.* 2 portraits. (*P.*)

Filibert (Saint).

Michaud (N... N...). Vie de S. Filibert, fondateur des monastères de Jumiéges et de Noirmoutier. *Paris.* 1817 (?). 12.

Fillastre (Guillaume),
bénédictin français (1634 — 1706).

Cochet (Jean Benoît Désiré). Notice sur la vie et les écrits de G. Fillastre, bénédictin de Fécamps. *Rouen.* 1841. 8.

Fillipucci (Gabriello),
cardinal italien († 21 juillet 1724).

Crescimbeni (Giovanni Maria). Vita di monsignore G. Fillipucci, Maceratense. *Rom.* 1724. *4. Ibid.* 1735. *4.* (*D.*)

Filomena (Santa),
martyre romaine.

Gatteschi (Stanislao). Memorie interno al martirio e culto della vergine S. Filomela, ed all' invenzione e traslazione del di lei sacro corpo. *Novara.* 1835. 18.

Filumena, ou le tyran Dioclétien vaincu par une jeune vierge de treize ans. *Clerm. Ferr.* 1844. 52.

Filoni (Seraphino),
jurisconsulte italien.

Rossi (Giuseppe Luigi). Elogio funebre dell' avvocato dottore S. Filoni. *Bologn.* 1804. 8.

Fincke (Thomas),
médecin et astronome danois (6 janvier 1561 — 26 avril 1656).

Ostenfeld (Christiern). Oratio in obitum T. Finckii. *Hafn.* 1656. *4.*

Finckelthaus (Lorenz),
jurisconsulte allemand († 11 mars 1606).

Goetze (Georg Heinrich). Memoria L. Finckelthusii. *Lubec.* 1723. 8. (*D.*)

Finckelthaus (Sigismund),
jurisconsulte allemand († 12 août 1644).

(**Rappolt**, Friedrich). Programma academicum in S. Finckelthusii funere. *Lips.* 1674. 4.

Finé (Oronce),
mathématicien français (1494 — 6 oct. 1555).

Fargaeus (Thomas). O. Finæi, regii mathematicorum apud Lutetiam professoris, tumulus. *Par.* 1555. 4. (En franç., grec et latin.) — (*P.*)

Finelius (Johann Christian Friedrich),
théologien allemand du XIXe siècle.

Kurze Lebensskizze des Dr. theologiæ J. C. F. Finelius, weiland Professors und Superintendenten zu Greifswald. *Anclam.* 1847. 8.

Finiguerra (Maso ou Tommaso di),
sculpteur italien du XVe siècle.

Rumohr (Carl Friedrich v.). Untersuchung der Gründe für die Annahme, dass Maso di Finiguerra Erfinder des Handgriffs sei, gestochene Metallplatten auf genetztes Papier abzudrucken. *Leipz.* 1841. 8.

Finke (Thomas), voy. **Fincke.**

Finkler (Friedrich Ernst),
jurisconsulte allemand (16 mars 1664 — 22 oct. 1736).

Feuerlin (Conrad Friedrich). Leichpredigt auf Herrn F. E. Finkler, Consulenten der freien Reichsstadt Nürnberg. *Nürnb.* 1736. Fol.

Finley (Robert),
théologien anglo-américain.

Brown (Isaac V...). Memoirs of the Rev. R. Finley, DD. president of Franklin college, Georgia, etc. *New-Brunswick.* 1819. 8.

Fioravante Righi (Andrea di),
jurisconsulte italien (1770 — 12 janvier 1844).

(**Bresciani**, Carlo). Elogio dell' avvocato A. di Fioravante Righi. *Veron.* 1845. 8.

Firmian (Carl Joseph, Graf v.),
gouverneur de Milan (1716 — 20 juillet 1782).

Frisi (Paolo). Elogio di Tito Pomponio Attico. *Milan.* 1780. 8. *

Gerhardo d'Arco (Giovanni Battista). Elogio di conte di Firmian. *Mantov.* 1783. 4.

Villa (Angelo Teodoro). C. comitis Firmiani vita. *Milan.* 1783. 4. (*Cp.*)

* Éloge allégorique du comte de Firmian.

Firmicus (Maternus Julius),
écrivain romain (vers l'an 306 avant J. C.).

Hertz (Johann Michael Daniel). Dissertatio de J. Firmico Materno ejusque imprimis de errore profanarum religionum libello. *Hafn.* 1817. 8.

Firmin (Saint).

Cassel (Johann Philipp). Dissertatio historico-ecclesiastica, qua S. Firminus ex diplomate Bremensi illustratur. *Brem.* 1767. 4. (*D.*)

Firmin (Thomas),
philanthrope anglais (1630 — 20 déc. 1697).

Life of Mr. T. Firmin, late citizen of London; with a sermon on the occasion of his death. *Lond.* 1698. 8. (Extrêmement rare.)

Cornish (Joseph). Life of Mr. T. Firmin, citizen of London. *Lond.* 1780. 8. (Omis par Lowndes.)

Fischenich (Bartholomaeus),
jurisconsulte allemand († 1831).

Hennes (Johann Heinrich). Andenken an B. Fischenich, meist aus Briefen Friedrich v. Schiller's und Charlotten's v. Schiller. *Stuttg.* 1841. 8. *
* Contenant beaucoup de particularités relatives à la vie privée de Frédéric Schiller et de son épouse.

Fischer,
famille allemande.

Meier (Joachim). De claris Fischeris. *Goetting.* 1695. 4.

Ziegler (Melchior Friedrich). De claris Fischeris. *Vratislav.* 1714. Fol.

Krause (Johann Christian). De claris Fischeris, s. l. 1717. 4.

Hoffmann (Gottlob). Von gelehrten Fischern. *Liegnitz.* 1780. 4.

Fischer (Benjamin),
médecin allemand (3 oct. 1653 — 30 oct. 1695).

Depkin (Liborius). Seligkeit der Gläubigen. Leichenpredigt auf B. Fischer. *Riga.* 1697. 4.

Fischer (Christian August);
publiciste allemand (29 août 1771 — 14 avril 1829).

Fischer (Christian August). Geschichte seiner Amtsführung und Entlassung in Würzburg, publ. par Hermann Eckard. *Leipz.* 1818. 8. (*D.*)

Fischer (Christoph Carl),
théologien allemand (11 déc. 1713 — 24 janvier 1776).

Hevelke (Johann Andreas). Leichpredigt auf den Consistorialrath und Senior Fischer. *Thorn.* 1776. Fol.

Fischer (Gottlob Eusebius),
théologien allemand.

Fischer (Gottlob Eusebius). Die Wunder meines Lebens. Selbstbiographie. *Neustadt.* 1834. 8.

Fischer (Johann Friedrich),
philologue allemand (10 oct. 1724 — 11 oct. 1799).

Kuinoel (Christian Gottlieb). Narratio de J. F. Fischero, etc. *Lips.* 1800. 8.

Kindervater (Christian Victor). Über J. F. Fischer, als Schulmann. *Leipz.* 1801. 8. (*D.*)

Fischer (Johann Wilhelm),
théologien allemand.

Fischer (Friedrich Richard). Zum Gedächtnisse des Consistorialraths, etc., J. W. Fischer. *Bresl.* 1850. 8.

Fischer (Philipp),
médecin allemand (1er mai 1744 — 2 août 1800).

Niederhuber (Carl Joseph). Elogium piis manibus P. Fischeri, etc. *Landishut.* 1800. *4.*

Fisher (John),
cardinal-évêque de Rochester (1459 — décapité le 22 juin 1535).

Bayly (Thomas). Life and death of J. Fisher, bishop of Rochester. *Lond.* 1655. 12. Portrait.

Hall (Richard). Life of J. Fisher, bishop of Rochester. *Lond.* 1759. 12. Portrait.

Lewis (John). Life of J. Fisher, bishop of Rochester, with the life of Lewis, by himself, etc., publ. par Theodore Williams. *Oxf.*, s. d. 2 vol. 8.

Histoire de J. Fisher, cardinal-évêque de Rochester. *Lille.* 1847. 18. *Ibid.* 1852. 18.

Fisk (Pliny),
missionnaire américain (1792 — 1826).

Bond (Alvan). Memoirs of P. Fisk, missionary to Palestine. *Boston.* 1828. 12. Trad. en allem. *Erlang.* 1833. 8.

Fisk (Wilbur),
théologien anglo-américain.
Holdish (Joseph). Life of W. Fisk, D. D., first president
of the Wesleyan university. *New-York*. 1842. 8.

Fitter (Adam),
jésuite hongrois.
Memoria posthuma trium insignium ex Hungarica societate Jesu virorum (A. Fitter, Andreæ Sigrai et Pauli Kolosvári). *Tyrnav*. 1749. 8.

Fitz-Gerald (Edward, lord),
homme d'État irlandais (15 oct. 1763 — assassiné le 4 juin 1798).
Moore (Thomas). Memoirs of lord E. Fitz-Gerald. *Lond*.
1829. 2 vol. 8. *Ibid*. 1831. 2 vol. 8. *Par*. 1831. 12.
—— Life and death of lord Fitz-Gerald, the epicurean.
Lond. 1830. 8. *New-York*. 1831. 2 vol. 12.

Fitzmann (Gabriel),
théologien allemand.
Seelen (Johann Heinrich v.). Memoria G. Fitzmanni,
pastoris Travemundani. *Lubec*. 1719. Fol.

Fitzner (Erdmann),
criminel allemand.
Schueck (Carl Leopold). E. Fitzner's Leben und Ende.
Merkwürdige Criminalgeschichte neuester Zeit. *Wohlau*.
1848. 8.

Fitz-Walter, lord of **Woodham** (Robert),
homme d'État anglais.
History of R. Fitz-Walter, lord of Woodham, with some
account of his fair daughter Matilda, with the merry
custom of the Flitch of Bacon, s. l. et s. d. 4.

Fix (Théodore),
littérateur français (1809 — 31 juillet 1846).
Fix (Théobald). Notice biographique sur M. T. Fix. *Par*.,
s. d. (1846.) 8.

Fixlmillner (Placidus),
astronome allemand (28 mai 1721 — 27 août 1791).
Epistola funebris in obitum P. Fixlmillner. *Kremsmünst*.
1791. 4.

Fizès (Antoine),
médecin français (1690 — 14 août 1765).
Estève (Louis). La vie et les principes de M. A. Fizès.
Montpell. 1765. 8.

Flach (Jacob),
mathématicien allemand (4 nov. 1537 — 21 juillet 1611).
Justa funebria J. Flachio et programma academicum Zacchariæ Brændelii. *Jenæ*. 1613. 4. (D.)

Flach (Sigismund),
jurisconsulte alsacien (+ 1er déc. 1629).
Bitsch (Caspar). Oratio parentalis de vita et obitu S.
Flachii. *Argent*. 1630. 4.

Flacius (Matthias), voy. **Francowitz**.

Flaget (N... N...),
évêque de Bardstown et de Louisville (7 nov. 1763 — 11 février 1850).
Monseigneur Flaget, évêque de Bardstown et de Louisville. Sa vie, son esprit, ses vertus, par le prêtre qui
accompagnait le prélat pendant les voyages qu'il fit
en Europe pour l'œuvre de la propagation de la foi.
Par. 1851. 8. Portrait.
Greliche (Henry). Essai sur la vie et les travaux de
Mgr. Flaget, évêque de Bardstown et de Louisville,
aux Etats-Unis d'Amérique. *Clermont*. 1851. 12. Port.

Flajani (Giuseppe),
chirurgien italien (1741 — 1er août 1808).
Elogio de G. Flajani. *Rom*. 1808. 12.

Flamant (Pierre René),
médecin français (29 avril 1762 — 7 juillet 1833).
Varlet (D... M...). Éloge historique de P. R. Flamant.
Saint-Dié. 1833. 8.

Flamel (Nicolas),
alchimiste français (+ 22 mars 1418).
(Villain) (É(tienne) F(rançois)). Histoire critique de
N. Flamel et de Pernelle, sa femme. *Par*. 1761. 12.
(*Lv*.)
(**Lenz**, Johann Christoph). Sammlung merkwürdiger
Begebenheiten unterschiedlicher Adepten und ihrer
philosophischen Tinctur, nebst der Geschichte des
N. Flamelli (!). *Hildburgh*. 1780. 8.

Bernard (Auguste). Maison de N. Flamel, rue de Montmorency, 51, à Paris. *Par*. 1852. 8. (Extrait des
Mémoires de la Société des antiquaires de France.)

Flamini (Michele),
peintre italien.
Brocchi (Giuseppe). Vita del B. M. Flamini. *Firenz*.
1761. 4.

Flaminio (Marco Antonio),
théologien italien (1498 — 18 février 1550).
Neander (August). Erinnerung an M. A. Flaminio und
das Aufkeimen der Reformation in Italien. *Berl*. 1837. 8.

Flamininus (Titus Quinctius),
consul romain.
Jongh (M... A... de). Disputatio de T. Q. Flaminino.
Traj. ad Rhen. 1843. 8.

Flamma (Paolo),
prêtre italien.
Galatti (Antonio). Elogio funebre dell' abate P. Flamma
da Messina. *Messin*. 1837. 8.

Flamsteed (John),
astronome anglais (19 août 1646 — 31 déc. 1719*).
Biot (Jean Baptiste). Notice sur J. Flamsteed. *Par*.
1827. 8.
Baily (Francis). Account of the R. J. Flamsteed, first
royal astronomer. *Lond*. 1835. 4. (Ouvrage publié par
ordre de l'Amirauté et imprimé aux frais de l'Etat.)
Supplément. *Ibid*. 1837. 4. (*Bæ*.)
Whewell (William). (Isaac) Newton and Flamsteed.
Cambridge. 1836. 8. (*Bæ*.)
* Ou selon d'autres le 18 janvier 1720.

Flangini (Ludovico),
patriarche de Venise (26 juillet 1733 — 29 sept. 1804).
Luciani (N... N...). Oratio in funere cardinalis L. Flangini. *Venet*. 1804. 4.

Flatters * (N... N...),
sculpteur-statuaire hollandais (?) (18 nov. 1784 — 19 août 1845).
Leclerc (A...). Flatters, sculpteur-statuaire. *Par*. 1845.
8. (Extrait du *Nécrologe universel du* xixe *siècle*.)
* Mort à l'hôpital de Beaujon à Paris.

Flaubert (Achille Cléophas),
chirurgien français (15 nov. 1784 — 15 janvier 1846).
Védie (Athanase) Notice biographique sur M. Flaubert,
chirurgien en chef à l'Hôtel-Dieu de Rouen. *Rouen*.
1847. 8.

Flavio (Giovanni Cristofano),
imprimeur italien.
Manni (Domenico Maria). Notizie di G. C. Flavio,
stampatore in Lovanio. *Lucca*. 1764. 8.

Flechère, voy. **La Flechère** (Jean Guillaume de).

Fléchier (Esprit),
évêque de Nimes (10 juin 1632 — 16 février 1710).
Juillard du Jarry (Laurent). Oraison funèbre d'E. Fléchier, évêque de Nimes. *Par*. 1710. 4. (Omis par
Quérard.)
Trinquelague (Charles François). Éloge d'E. Fléchier,
évêque de Nimes. *Nim. et Par*. 1777. 8. (Couronné
par l'Académie de Nimes.)

Fleegen (Johann),
théologien hollandais.
Seelen (Johann Heinrich v.). Memoria J. Fleegen, pastoris Kalckhorstensis. *Lubec*. 1750. Fol.

Fleischer (Christian Friedrich),
littérateur (?) allemand.
Memoria C. F. Fleischeri. *Fridericost*. 1784. 4. (D.)

Fleischer (Esaias),
théologien danois.
E. Fleischers Liv- og Levnetsbeskrivelse, af ham selv
skrevet og udgivet. *Kjoebenh*. 1785. 8.

Fleischer (Johan Seckman),
homme d'État danois (15 déc. 1702 — ... 1789).
Etatsraad J. S. Fleischers Efterrettninger om sine Forfaedre
og sig selv. *Kjoebenh*. 1788. 8. (Espèce de Mémoires écrits par lui-même.)

Fleischmann (Johann Friedrich),
médecin allemand (25 déc. 1715 — 22 juin 1742).
Schwarz (Christian Gottlieb). Programma ad funus J.
F. Fleischmanni, medicinæ doctoris. *Altorf*. 1742. Fol.

Fleisteden (Peter),
théologien allemand (brûlé vif le 28 sept. 1529).

Adolph Clarenbach's und P. Fleisteden's Martyrerthum, wie dieselben zu Cöln verbrannt worden sind. *Schwelm.* 1829. 8.

Flekeles (Elias),
rabbin juif (1754 — 1826).

Spitz (J... G...). Lebensgeschichte E. Flekeles. *Prag.* 1827. 8. (Ecrit en hébreu.)

Fleming (Caleb),
théologien anglais (1698 — 21 juillet 1779).

Palmer (John). Sermon occasioned by the death of the Rev. C. Fleming, D. D. *Lond.* 1779. 8.

Fleming (Friherre C... H...),
homme d'État norvégien.

Selander (A... L...). Tale vid Friherre C. H. Flemings Graf. *Fredhald.* 1814. 4.

Fleming (Laurens),
homme d'État suédois.

Wallin (Georg). Concio in funere L. Fleming, senatoris regii, etc. *Holm.* 1699. 4.

Flemming,
famille allemande.

Schmidt (Johann Friedrich). Genealogia Flemmingiana, oder genealogische Ausführung der Flemminge in Hinterpommern. *Stargard.* 1705. Fol.

Flemming (Jacob Heinrich, Graf v.),
homme d'État allemand (3 mars 1667 — 30 avril 1728).

(Ranft, Michael). Leben und Thaten des chursächsischen Staatsministers und General-Feldmarschalls J. H. Grafen v. Flemming, nebst einer Nachricht von den beyden Cabinetsministern Graf v. Vitzthum und Watzdorf. *Naumb.* et *Zeitz.* 1732. 8.

Flemming (Paul),
poète allemand (17 janvier 1609 — 2 avril 1640).

Varnhagen v. Ense (Carl August). P. Flemming. — Friedrich (Rudolph Ludwig Freiherr) v. Canitz. — Johann v. Besser. *Berl.* 1826. 8. *

* Formant le quatrième volume de son ouvrage intitulé : *Biographische Denkmale.*

Schmitt (Karl). P. Flemming nach seiner literargeschichtlichen Bedeutung dargestellt. *Marb.* 1831. 8.

Fletcher, surnommé **of Saltoun** (Andrew),
homme d'État écossais (1653 — 1716).

Buchan (David Stewart Erskine of). Essays on the lives and writings of Fletcher of Saltoun and the poet (James) Thomson, etc. *Lond.* 1792. 8. Portrait.

Fletcher (Joseph),
théologien anglais.

Fletcher junior (Joseph). Memoirs of the life and correspondence of the late Rev. J. Fletcher. *Lond.* 1846. 8. Portrait.

Fleur (Sainte),
religieuse française.

Mesplède (Louis). Vie de la bienheureuse vierge Fleur, religieuse de l'ordre de S. Jean de Jérusalem. *Par.* 1625. 8.

Leblanc (César). Vie de S. Fleur. *Toulouse.* 1649. 4.

Fleury (André Hercule de),
cardinal et premier ministre de Louis XV (22 juin 1653 — 29 janvier 1743).

Bataille (François Joseph). Éloge historique de M. le cardinal A. H. de Fleury, ministre d'Etat sous Louis XV. *Strasb.* 1757. 8. (Omis par Quérard.)

Frey de Neuville (Charles). Oraison funèbre de S. E. Mgr. le cardinal A. H. Fleury. *Par.* 1743. 4. (*Lv.*)
Trad. en allem. *Quedlinb.* et *Leipz.* 1743. 4.
Trad. en ital. *Venez.* 1747. 8.

Vicaire (Philippe). Oraison funèbre du cardinal A. H. de Fleury, etc. *Caen.* 1743. 4. (Non mentionné par Quérard.)

Hoey (M... van). Lettres et négociations pour servir à l'histoire de la vie du cardinal de Fleury. *Lond.* 1745. 8.

Leben des Cardinals A. H. Fleury. *Freiburg.* 1743. 8.

Nachrichten von dem Leben und der Verwaltung des Cardinals Fleury, nebst einigen merkwürdigen Umständen von dem Fall des Siegelbewahrers Chauvelin. *Hamb.* 1744. 8.

(Morénas, François). Parallèle du ministère du cardinal

(Armand Duplessis de) Richelieu et du cardinal de Fleury. *Avign.* 1745. 12. (*Lv.*)

Fleury (Claude),
écrivain ecclésiastique français (6 déc. 1640 — 14 juillet 1723).

Simonetti (Christian Ernst). Der Character eines Geschichtsschreibers in dem Leben und aus den Schriften des Abbts C. Fleury. *Goetting.* 1746. 4. (*D.*)

Lebret (Johann Friedrich). Dissertatio de C. Fleuryo, Gallo-catholico an acatholico. *Tubing.* 1800. 4.

Jaeger (Christian Friedrich Philipp). Notice sur C. Fleury, considéré comme historien de l'Eglise. *Strasb.* 1847. 8.

Fleury (Joseph Abraham **Bénard,** dit),
comédien français (1750 — 1824).

Mémoires de Fleury, publ. par Jean Pierre **Laffitte.** *Par.* 1855-57. 6. vol. 8.

Fleury (L...),
médecin français.

Exposé des titres et des travaux de M. le docteur Fleury. *Par.* 1852. 4.

Fleury de Chaboulon (Pierre Antoine Édouard, baron),
secrétaire privé de l'empereur Napoléon (1779 — ...).

Fleury de Chaboulon (Pierre Antoine Édouard). Mémoires pour servir à l'histoire de la vie privée, du retour et du règne de Napoléon en 1815. *Lond.* 1819. 2. vol. 8. *Ibid.* (*Leipz.*) 1820. 2 vol. 8. *Hamb.* 1820. 4 vol. 12. *Brux.* 1820. 2 vol. 8. Trad. en allem. (par Johann Adam **Bergk**). *Leipz.* 1820. 2 vol. 8. *Ibid.* 1821. 2 vol. 8.

Flocke (Heinrich),
théologien allemand (vers 1602 — 24 sept. 1680).

Schroeder (Johann). Propemptica in felicissimum discessum H. Flockenii, ad S. Rembertum Bremanorum pastoris. *Brem.* 1680. 4.

Floderus (Johann),
philologue suédois.

Rosenstein (Carl v.). Lefnadsbeskrifning öfver J. Floderus. *Stockh.* 1796. 8.

Floderus (Pehr),
théologien suédois.

Humble (Gustaf Adolph). Likpredikan öfver Prosten P. Floderus i Skatelöf. *Stockh.* 1741. 8.

Floercke (Gottfried),
jurisconsulte allemand.

Triller (Daniel Wilhelm). Memoria G. Floerckii. *Witteb.* 1751. Fol. (*D.*)

Flor (Johann Matthias),
théologien allemand.

Flor (Johann Michael). Meine Lebensgeschichte, etc. *Heide.* 1791. 8.

Florent (Saint),
ermite français.

Bridoul (Toussaint). Vie de S. Florent, prêtre. *Liége.* 1653. 8.

La Sauvagère (N... N... de). Recueil de dissertations ou recherches historiques et critiques sur le temps où vivait le solitaire S. Florent au mont Glonne en Anjou, etc., etc. *Par.* 1776. 8. (*P.*)

Florentinus,
jurisconsulte romain.

Jaspis (Christian Gottfried). Commentatiuncula de Florentino ejusque eleganti doctrina. *Chemnic.* 1755. 4. (*D.*)

Walch (Carl Friedrich). Programma de philosophia Florentini JCti. *Jenæ.* 1754. 4.

Mathews (Johann Thibou). Dissertatio, etc., de Florentino JCto ejusque VII prioribus institutionum. *Lugd. Bat.* 1801. 4. (*D.*)

Vervenne (M... C...). Dissertatio de Florentini JCti libris VI posterioribus institutionum. *Lugd. Bat.* 1857. 8.

Florez (Francisco Henriquez),
historien espagnol (14 février 1701 — 5 mai 1773 *).

Risco (M...). El R. P. F. H. Florez, vindicado de la vindicador de la Cantabria, D. Hipolyto de Ozaeta. *Madr.* 1779. 4.

Mendez (Francisco). Noticias de la vida y escritos de del P. F. H. Florez. *Madr.* 1780. 4. Portrait. (*Cp.*)

* Ou selon d'autres biographes le 20 août 1773.

Florian (Jean Pierre Claris de),
poëte français (6 mars 1755 — 13 sept. 1794).

Rosny (Antoine Joseph Nicolas de). Vie de Florian. *Par.*,
an v (1779). 18. (*Lv.*)

—— Eloge de Florian. *Par.* 1812. 8.

Lacretelle (Charles Joseph). Eloge de Florian. *Par.*
1812. 8.

Jauffret (Louis François). Éloge de Florian. *Par.* 1812.
8. (Non mentionné par Quérard.)

Viancin (Charles François). Eloge de Florian. *Besanç.*
1833. 8. (Couronné par l'Académie royale du Gard.)

Florio (Daniello),
poëte italien (1710 — 1789).

Florio (Francesco). Elogio funebre del conte D. Florio.
Udine. 1790. 4.

Florio (Francesco),
historien italien, frère du précédent (5 janvier 1705 — 13 mars 1791).

Braida (Pietro). Orazione in morte di monsignor F.
Florio, proposto della metropolitana d' Udine. *Bassan.*
1792. 8.

Fabroni (Angelo). Elogio storico di monsignor F. Florio,
proposto della metropolitana d' Udine. *Venez.* 1792. 8.

—— F. et D. Floriorum fratuense vitæ. *Firenz.* 1795. 4.

Florio (Giovanni Agostino),
littérateur italien.

Bonafous (Mathieu). Éloge historique de J. A. Florio.
Turin. 1844. 8.

Floris I et II,
comtes de Culemborg.

Schotel (Gilles Dionysius Jacobus). Floris I en II van
Pallant, graven van Culemborg. *Arnh.* 1846. 8. Portraits. (*Ld.*)

Floris V,
comte de Hollande (... — 1256 — tué en 1296).

(**Graebe** , D...). Verhandeling over Graaf Floris V en
zijne regering , uit echte bronnen voorgesteld. *Amst.*
1836. 4. (Couronné par l'Institut royal d'Amsterdam.)
(*Ld.*)

Floris (Joachim v.).

Hahn (Christoph Ulrich). Geschichte der Pasagier, Joachim's von Floris, Amalrich's von Bona und anderer
verwandten Secten, etc. *Stuttg.* 1850. 8.

Florman (Arved Henrik),
médecin (?) suédois.

Retzius (Anders Adolf). Biographi över Professorn och
Ridder Dr. A. H. Florman. *Stockh.* 1838. 8.

Florus (Lucius Annæus Julius),
historien latin (107 — 138 après J. C.).

Hausotter (Christian Heinrich). Dissertatio de suspecta
Flori fide. *Lugd. Bat.* 1747. 4.

Heinze (Johann Michael). Commentatio de Floro non
historico sed rhetore. *Vimar.* 1787. 4.

Titze (Franz Nicolaus). De epitomes rerum Romanarum
quæ sub nomine L. A. Flori seu Senecæ fertur, ætate
probabilissima, vero auctore operis antiqua forma quæstionum novarum libri III. *Lincii.* 1804. 8.

Gossrau (N... N...). Programma de Flori qua vixerit
ætate. *Quedlinb.* 1837. 4.

Fludd (Robert), ·
médecin anglais (1574 — 8 sept. 1637).

Praetorius (Christian Gottlieb). Variæ variorum de philosophia Fluddiana sententiæ. *Witteb.* 1715. 4. (*D.*)

Flurl (Matthias v.),
géologue allemand (5 février 1756 — 27 juillet 1823).

Weiller (Cajetan v.). Lebens-Skizze des M. v. Flurl.
Münch. 1824. 8. (*D.*)

Fochi (Guglielmo),
prêtre italien.

Spinola (Gaëtano). Orazione nella morte del P. F. G.
Fochi, Piemontese, dell' ordine de' predicatori, inqui-
sitore di Bologna. *Bologn.* 1660. 4.

Fodéré (Joseph Benoit *),
médecin italien (15 février 1764 — 4 février 1835).

Mottard (Antoine?). Notice historique sur la vie et les
travaux du professeur Fodéré. *Chambery.* 1843. 4.

* C'est à tort que la *France littéraire* de M. Quérard lui donne les prénoms de François Emmanuel et le fait naître le 8 janvier.

Roux (Pierre Martin). Éloge historique de F. E. Fodéré,
l'un des fondateurs de la Société royale de médecine de
Marseille. *Mars.* 1843. 8.

Ducros de Sixt (L...). Notice historique sur la vie et
les travaux du docteur Fodéré. *Par.* 1845. 8.

Foelkersamb (Melchior v.),
homme d'État courlandais (15 janvier 1601 — 27 sept. 1665).

Hoernick (Johann). Vita M. a Foelkersamb, ducis Cur-
landiæ cancellarii. *Rigæ.* 1667. Fol.

Foerster (Carl August),
poëte allemand (3 avril 1784 — 18 déc. 1841).

Foerster (Ludwig?). Biographische und literarische
Skizzen aus dem Leben und der Zeit C. Foerster's.
Dresd. 1846. 8. (*D.*)

Foerster (Elias),
jurisconsulte allemand (18 juillet 1567 — 14 février 1625).

Heider (Wolfgang). Oratio de vita et morte E. Foersteri,
comitum palat. Cæs. et ducum Sax. Altenburg. cancellarii. *Jenæ.* 1625. 4.

Foerster (Johann),
théologien allemand (25 déc. 1576 — 17 nov. 1613).

Bertram (Nicolaus). Leichenpredigt auf J. Foerster.
Eisleb. 1614. 4. (*D.*)

Foertsch (Michael),
théologien allemand (24 juillet 1654 — 24 avril 1724).

K(oecher) (J(ohann) C(hristoph). Vita, scripta et merita
M. Foertschii, theologiæ doctoris et professoris Jenen-
sis. *Jenæ.* 1723. 4. (*D.*)

Foès (Anuce),
médecin français (1528 — 8 nov. 1595).

Percy (Pierre François). Éloge historique d'A. Foès.
Par. 1812. 8. (Extrait du *Magasin encyclopédique.*)

Willaume (Ambroise Mathis Louis). Notice sur A. Foès.
Metz. 1823. 8.

Fogel (Martin),
médecin allemand (1634 — 22 oct. 1675).

Kirsten (Michael). Programma in funere M. Fogelii,
professoris primarii in gymnasio Hamburgensi. *Hamb.*
1675. 4. (*L.*)

Foggini (Pietro Francesco),
préfet de la bibliothèque du Vatican (1713 — 31 mai 1783 *).

Elogio storico di P. F. Foggini. *Firenz.* 1784. 8.

* C'est par erreur que quelques biographes le font mourir le 2 juin
de la même année.

Fohmann (Vicenz),
anatomiste allemand (5 avril 1794 — 23 sept. 1837).

Morren (Charles François Antoine). Notice sur la vie et
les travaux de V. Fohmann. *Brux.* 1851 (?). 12.

Fohr (Carl Philipp),
peintre allemand (1795 — 1818).

Dieffenbach (Johann Philipp). Leben des Malers C.
Fohr. *Darmst.* 1823. 8.

Foix (Germaine de),
épouse de Jean, margrave de Brandebourg.

Erman (Jean Pierre). Recherches historiques sur le
mariage de Jean de Brandebourg avec G. de Foix.
Berl. 1788. 8. (Echappé aux recherches de Quérard.)

Foix (Paul de),
archevêque de Toulouse (1528 — .. mai 1584).

Muret (Marc Antoine). Oratio in funere P. Foxii, archiepiscopi Tolosani , regis Galliarum oratoris , etc. *Par.*
1584. 8. Trad. en franc. par lui-même. *Par.* 1584. 8.

Mauléon (Auger de). Lettres de messire P. de Foix,
archevêque de Toloze et ambassadeur pour le roi
(Henri III) auprès du pape Grégoire XIII. *Par.* 1628. 4.

Foix (Suzanne Henriette de),
dame française.

Belsunce de Castel-Moron (Henri François Xavier).
Abrégé de la vie de S. H. de Foix. *Agen.* 1707. 12.

Fokke (Arend),
poëte hollandais (3 juillet 1755 — 15 nov. 1812).

Fokke (Arend). Het leven is een droom , met eene
schets van het karakter en leven van den auteur. *Amst.*
1814. 8.

Levensschets en letterkundige verdiensten van A. Fokke
(getrokken uit eene Lykrede door Hendrik Sommen-
hausen), s. l. et s. d. (*Amst.* 1815.) 8. (Extrait du
Konst- en Letterbode.) — (*Ld.*)

Folard (Jean Charles de),
tacticien français (13 février 1669 — 23 mars 1752).
Mémoires pour servir à l'histoire de M. le chevalier de
Folard. *Ratisb.* (*Par.*) 1753. 12.

Folcho ou **Folque** (François),
théologien français.
Réfutation du libelle diffamatoire au fait de l'exécution
de F. Folque. *Annecy.* 1645. 4. *Bern.* 1644. 4. Trad.
en allem. *Bern.* 1644. 4.

Folengo * (Teofilo),
poète italien (8 nov. 1491 — 9 déc. 1544).
Dalmistro (Angelo). Elogio di T. Folengo, il migliore
poeta de' Maccheronici. *Venez.* 1803. 8.
  * Plus connu sous le nom de Merlino Cocajo.

Foligno (Angelica di),
écrivain mystique italienne (+ 4 janvier 1309).
Biancone (J...). Vie spirituelle d'A. de Foligni, gentil-
femme italienne. *Par.* 1604. 12.

Follen (Carl),
poète allemand (3 sept. 1795 — 15 janvier 1840).
Follen (Eliza Lee). Life of C. Follen. *Boston.* 1843. 8.

Follenius (Wilhelm),
théologien allemand (+ 3 nov. 1850).
Nitzsch (Carl Johann). Mahn- und Trostwort am Grabe
des, etc., zu Duisburg entschlafenen Superintendenten
Dr. Follenius. *Duisb.* 1851. 8.

Folli (Francesco),
médecin italien (3 mai 1624 — ... 1685).
Durazzini (Antonio Francesco). Elogio storico della
vita di F. Folli, s. l. et s. d. 8. (Peu commun.)

Foncemagne (Étienne Laurent de),
historien français (1694 — 26 sept. 1779).
Chabanon (Michel Paul Guy de). Eloge de M. de Foncemagne. *Par.* 1780. 4.

Fonk (Peter Anton),
connu par son fameux procès (+ 9 août 1832).
Bischoff (Johann Nicolaus). P. A. Fonk und Christian
Hammacher, der Richter und die Riesen-Assisen zu
Trier in den Jahren 1820 vor dem offenen, redlichen,
deutschen Geschworenengericht der Vernunft, Wahrheit und Gerechtigkeit. *Dresd.* 1823-24. 2 vol. 8.
P. A. Fonk; getreue Darstellung seines Processes, publ.
par C... v. F... *Braunschw.* 1823. 8.

Fonseca Soarès (Antonio da),
théologien portugais (25 juin 1631 — 20 oct. 1682).
Godinho (Manoel). Vida de F. A. Das Chagas. *Lisb.*
1687. 4. *Ibid.* 1728. 4.

Fontaine, voy. **La Fontaine** (Jean).

Fontaine (Jean Baptiste de la),
général français.
Courtilz de Sandras (Gatien de). Mémoires de messire
J. B. de la Fontaine, seigneur de Savoie et de Fontenay, inspecteur général des armées du roi (contenant ses
aventures depuis 1636 jusqu'en 1697). *Cologne.* 1699.
2 vol. 8. *Ibid.* 1701. 2 vol. 8.

Fontaine (Louise Antoine).
Histoire de L. A. Fontaine, condamnée à être attachée au
carcan ayant deux chapeaux comme bigamie, à être
marquée à la fleur du lis. *Par.* 1788. 8. (*P.*)

Fontaine (Louise Eugénie de),
religieuse de la Visitation de Sainte-Marie (+ 1694).
(**Duplessis**, Jacqueline Marie). Vie de L. E. de Fontaine,
quatrième supérieure de la Visitation de Paris. *Par.*
1696. 12. (*Bes.*)

Fontaine (Jean Mathias),
graveur français (1791 — 10 oct. 1853).
Funérailles de M. Fontaine. Discours prononcés sur sa
tombe par MM. Lebas, Gauthier et Donaldson. *Par.*
1853. 8.

Fontaines (Pierre de),
bailli de Vermandois au xiiie siècle
Hardouin (Henri). Notice sur P. de Fontaines. *Amiens.*
1841. 8.

Fontana (Felice),
naturaliste tyrolien (15 avril 1730 — 9 mars 1805).
Mangili (Giuseppe). Elogio della vita di F. Fontana.
Pavia. 1812. 8. *Milan.* 1813. 8. 8.

Fontana (Giovanni),
littérateur italien.
Lachini (Mauro). Vita di G. Fontana. *Venez.* 1716. 8.

Fontana (Gregorio),
mathématicien tyrolien (7 déc. 1735 — 24 août 1803).
Savioli (Giovanni Battista). Elogio di G. Fontana. *Pavia.* 1804. 8.

Fontanella (Francesco),
orientaliste italien (28 juin 1768 — 22 mars 1827).
Vita di F. Fontanella, prete Veneziano. *Venez.* 1825. 8.
(Composé par lui-même.)

Fontanelli (Achille),
maréchal d'Autriche.
Jacopetti (N... N...). Biografia del conte A. Fontanelli,
generale di divisione, ministro della guerra e marina
del regno d'Italia, etc. *Milan.* 1843. 8. Portrait.

Fontanes (Louis de),
membre de l'Académie française (6 mars 1757 — 17 mars 1821).
Vieillard (Pierre Ange). Notice sur M. de Fontanes.
Par. 1858. 8.

Fontanges (Marie Angélique Scoraille **de Roussille**,
duchesse de),
l'une des maîtresses de Louis XIV (1661 — 28 juin 1681).
Gacon-Dufour (Marie Jeanne). Mémoires et anecdotes
secrètes, galantes, historiques et inédites sur mesdames
de la Vallière, de Montespan, de Fontanges et de Maintenon. *Par.* 1807. 2 vol. 8.
Craufurd (Quentin). Notice sur mesdames de la Vallière, de Montespan, de Fontanges et de Maintenon, etc.
Par. 1818. 8.

Fontanini (Giusto),
archevêque d'Ancyre (30 oct. 1666 — 17 avril 1736).
Fontanini (Domenico). Memorie della vita di monsignor
G. Fontanini, arcivescovo di Ancira, etc. *Venez.* 1755. 4.

Fontenay (Gaspar François **Belon** de),
littérateur français.
(**Gain de Montagnac**, Louis Laurent Joseph). Éloge
historique de G. F. Belon de Fontenay, etc. *Nevers et
Par.* 1770. 8.

Fontenelle (Bernard **le Bovier** ou mieux
le Bouyer de),
philosophe français (11 février 1657 — 9 janvier 1757).
Trublet (Nicolas Charles Joseph). Mémoires pour servir
à l'histoire de la vie et des ouvrages de M. de Fonte-
nelle. *Amst.* 1759. 12. *Ibid.* 1761. 12. (*D.* et *Lv.*)
Lecat (Claude Nicolas). Éloge de B. Fontenelle. *Rouen.*
1759. 8.
(**Deslyons**, N... N...). Éloge de B. le Bovier de Fonte-
nelle. *Liège.* 1783. 8.
Garat (Dominique Joseph). Éloge de B. de Fontenelle.
Par. 1784. 8. (Couronné par l'Académie française.)
Voiron (N... N...). Eloge de Fontenelle. *Amst.* 1784. 8.
Leroy (N... N...). Eloge de B. de Fontenelle. *Par.*
1784. 8.
(**Flers**, N... N... de). Éloge de Fontenelle, s. l. 1784. 8.

Foote (Samuel),
auteur et acteur anglais (1719 — 21 oct. 1777).
Life of S. Foote. *Lond.* 1788. 8. Portrait.
Cooke (William). Memoirs of S. Foote, etc. *Lond.* 1805.
3 vol. 12.

Foppa (Giuseppe),
jurisconsulte italien.
Memorie storiche della vita di G. Foppa, Veneziano, già
primo protocollista di consiglio di questo I. R. tribunale
criminale. *Venez.* 1840. 8. (Autobiographie.)

Foppens (Jean François),
bibliographe belge (17 nov. 1689 — 16 juillet 1761).
Reiffenberg (Frédéric Auguste Ferdinand Thomas de).
Notice sur J. F. Foppens, s. l. et s. d. (*Brux.*) 8. (Extrait des *Bulletins de l'Académie de Bruxelles*.)

Forbes (John),
capucin anglais (1570 — 1606).
Life of J. Forbes, Douai 1625. 4. Portrait.

Forbes (Patrick),
évêque d'Aberdeen (1564 — 1635).
Funerals of P. Forbes of Corsé, bishop of Aberdeene.
Aberdeen. 1635. 4. Portrait.

Funeral sermons, orations, epitaphs and other pieces on the death of the Right Rev. P. Forbes, with a biographical memoir and notes by Charles Francis SHAND. *Edinb.* 1843. 8.

Forbin (Claude, comte),
chef d'escadre des armées navales de France (1656 — 4 mars 1733).

Forbin (Claude de). Mémoires (depuis 1675 jusqu'en 1710,-publ. par Simon REBOULET). *Amst.* 1730. 2 vol. 12. *Ibid.* 1740. 2 vol. 12.

Vie du comte de Forbin, chef d'escadre des armées navales de France. *Avign.* 1812. 18.

Forbin-Janson (N... N...),
évêque de ...

Lacordaire (Henri Dominique). Éloge funèbre de Mgr. Forbin-Janson. *Par.* ... 8.

Forbonnais (François **Véron** de),
écrivain français (3 oct. 1722 — 20 sept. 1800).

Éloge historique de F. Véron de Forbonnais (!), associé de l'Institut national de France, etc. *Mans*, an IX (1800.) 8.

Delisle de Sales (Claude Isoard). Vie littéraire de V. Forbonnais. *Par.* 1801. 8. (*P.* et *Lv.*)

Forcalquier (Guillaume, comte de).

Colombi (Jean). Guillelmus junior, Forcalquerii comes. *Lugd.* 1664. Fol.

Force (Jacques **Nompar de Caumont**, duc de la),
maréchal de France (vers 1559 — 10 mai 1652).

Mémoires authentiques de J. Nompar de Caumont, duc de la Force, maréchal de France, et de ses deux fils, le marquis de Montpouillau et de Castelnaut, etc., recueillis, etc., par le marquis de LAGRANGE. *Par.* 1843. 4 vol. 8.

Forcellini (Egidio),
philologue italien (26 août 1688 — 4 avril 1768).

Ferrari (Giovanni Battista). Vita A. Forcellini. *Padov.* 1792. 4.

Forcellini (Marco Antonio),
poète italien (1711 — 1794).

Franceschi (Antonio). Biografia di M. A. Forcellini. *Trevis.* 1837. 8.

Ford (William),
théologien anglais (1736 — 26 janvier 1783).

Addington (Anthony). Sermon on the death of W. Ford. *Lond.* 1783. 8.

Forerius (Petrus), voy. **Fourier** (Pierre).

Forgács (Grof Simon),
général hongrois (vers 1530 — 24 sept. 1598).

Heroës Hungariæ. *Tyrnav.* 1743. 8. (Contenant l'éloge du comte S. Forgács.)

Forlenze (Giuseppe Niccolò Blasio),
oculiste italien (.. mai 1751 — 22 juillet 1833).

Stadler (J...). Notice sur le célèbre oculiste J. Forlenze. *Par.* 1833. 8.

Forman (Simon),
astrologue anglais (1552 — 12 sept. 1611).

Halliwell (John Orchard). Autobiography and personal diary of Dr. S. Forman, the celebrated astrologer, from 1552 to 1602; from unpublished manuscripts. *Lond.* 1849. 4.

Formey (Jean Henri Samuel),
littérateur français (31 mai 1711 — 8 mars 1797).

Formey (Jean Henri Samuel). Souvenirs d'un citoyen. *Berl.* 1789. 2 vol. 8. *Ibid.* 1797. 2 vol. 8.

Formose,
pape, successeur d'Étienne V (élu le 19 sept. 891 — 4 avril 896).

Biel (H... W...). Fragmenta historicæ de Formosæ papæ exuviis. *Witteb.* 1716. 4.

Fornari (Chiara Isabella),
religieuse italienne.

Costadoni (Giovanni Domenico Anselmo). Memorie della vita e delle virtu della serva di Dio S. C. I. Fornari, Romana. *Venez.* 1768. 8.

Fornari (Maria Vittoria),
institutrice des annonciades célestes (1562 — 15 déc. 1617).

Melzi (Ferdinando). Vita della matre M. V. Fornari. Trad. en franç. par Ferdinand GUYON. *Lyon.* 1631. 8.

Spinola (Fabio Ambrogio). Vita M. V. Fornari. *Genov.* 1640. 4. Trad. en franç. *Par.* 1662. 4.

Formaroli (Domenico),
prêtre italien.

Ganassini (Angelo). Vitæ illustrium sacerdotum Aloysii Alberghini e D. Fornarolii. *Veron.* 1833. 8.

Fornelius (Lars),
poète suédois (1606 — 8 juillet 1673).

Lénstroem (Carl Johan). L. Fornelius, Sveriges förste Aesthetiker. Litterär-historisk Undersökning. *Upsal.* 1858. 8.

Forni (Domenico),
philanthrope italien.

Rubani (Francesco). Memorie sulla vita di D. Forni, fondatore dell' orfanotrofio de' maschi in Bagnocavallo, *Bagnocav.* 1844. 8.

Forni (Luigi),
médecin italien.

Rignon (E...). Del medico L. Forni e de' suoi scritti. *Torin.* 1841. 8.

Fornier de Fénerols (Jacques Marguerite Étienne),
général français (28 déc. 1761 — tué le 26 déc. 1806).

Alès d'Anduse (N... N... d'). Oraison funèbre de M. J. M. E. Fornier de Fénerols, général de brigade, etc., s. l. et s. d. (*Par.* 1807.) 4.

Forrer (Johann?),
magistrat suisse.

Necrolog von J. Forrer, Militär-Inspector des Cantons Sanct-Gallen. *Sanct-Gall.* 1833. 8.

Forsing (Erik),
homme d'État suédois.

Tammelinus (Gabriel). Likpredikan öfver E. Forsing. *Aboæ.* 1687. 4.

Forssius (Sigfrid Aron),
physicien suédois († 1637).

Loenbom (Samuel). Lefvernes-Beskrifning öfver S. A. Forssius. *Stockh.* 1772. 8.

Forster (Elias),
jurisconsulte allemand (18 juillet 1576 — 14 février 1625).

Heider (Wolfgang). Oratio parentalis de vita et morte H. Forsteri. *Jenæ.* 1625. 4.

Forster (Johann),
théologien allemand (25 déc. 1676 — 17 nov. 1613).

Bismarck (Johann). Oratio de vita et rebus gestis J. Forsteri. *Halæ.* 1614. 4.

Nachricht von dem Leben J. Forster's, Professor's zu Wittenberg. *Nürnb.* 1773. 8.

Forster (Johann Georg),
médecin allemand (26 nov. 1754 — 11 janvier 1794).

Gervinus (Georg Gottfried). J. G. Forster, etc. *Leipz.* 1843. 12.

Forstmann (Gustav),
théologien allemand (... — 11 sept. 1853).

Wortmann (Carl August). Gedächtniss-Predigt, etc., auf den, etc., entschlafenen Pfarrer zu Duisburg, Herrn G. Forstmann. *Duisb.* 1853. 8.

Forstner (Christoph),
jurisconsulte allemand (1598 — 28 déc. 1667).

Boecler (Johann Heinrich). Elogium C. Forstneri. *Argent.* 1669. 4. (*Cp.*)

Forsyth (John Hamilton),
théologien anglais.

Wilson (Edward). Memoir of the late Rev. J. H. Forsyth, curate of Weston Super Mure, Somerset, and afterwards minister of Dowry chapel, etc., with a selection of his sermons. *Lond.* 1850. 8. *Ibid.* 1851. 8. 3e édition. Portrait.

Fortia d'Urban (Agricole Joseph François Xavier Pierre Esprit Simon Paul Antoine, marquis de),
historien français (18 février 1756 — 3 août 1843).

Biographie de M. le marquis Fortia d'Urban. *Par.* 1828. 8. (Extrait du *Biographie*.)

Hoffmanns (N... N... de). Bibliographie des ouvrages composés ou traduits, publiés ou édités par M. le marquis de Fortia d'Urban. *Par.* 1840. 8.

Ripert-Monclar (N... N... de). Essai sur la vie et les

ouvrages de M. le marquis de Fortia d'Urban, membre de l'Institut. *Par.* 1840. 8.

Reiffenberg (Frédéric Auguste Ferdinand Thomas de). Notice sur le marquis A. J. F. X. P. E. S. P. A. de Fortia d'Urban. *Brux.* 1844. 18. (*Bx.*)

Fortiguerri (Niccolò),
plus connu sous le nom de Carteromaco , poète italien
(1674 — 17 février 1735).

Ciampi (Sebastiano). Memorie di N. Fortiguerri, istitutore del Liceo et del Collegio Fortiguerri di Pistoja nel secolo XV. *Pisa.* 1813. 8.

Fortiguerri (Scipione),
plus connu sous le nom de Carteromaco , savant italien
(4 février 1466 — 16 oct. 1515).

Ciampi (Sebastiano). Memorie di S. Carteromaco. *Pisa.* 1811. 8.

Fortin de la Hoquette (Hardouin),
archevêque de Sens († 1715).

Huerne (Abbé). Oraison funèbre de Mgr. H. Fortin de la Hoquette, archevêque de Sens. *Par.* 1716. 4.

Fortis (Giovanni Battista, dit Alberto),
littérateur italien (1740 — 21 oct. 1803).

Amoretti (Carlo). Elogio letterario d' A. Fortis. *Veron.* 1809. 4. Portrait.

Fortuna,
personnage mythologique.

Olearius (Georg Philipp). Dissertatio de Fortuna populi Romani. *Lips.* 1713. 4.

Walch (Carl Friedrich). Commentatio de Fortuna reduce. *Jenæ.* 1751. 4.

Schellenberg (Johann Anton Philipp). Commentatio historico-philosophica de Fortuna dea Græcorum veterum et Romanorum. *Wetzlar.* 1782. 4.

Fortunato (Santo)
évêque de Lecce.

Ferrari (Jacopo Antonio). Vita S. Fortunati martyris, Lyciensium episcopi. *Lecce.* 1657. 8.

Fortunato da Rovigo (Fra),
botaniste italien du XVIIe siècle.

Gaiter (Luigi). Elogio di Fra Fortunato da Rovigo , infermiere cappuccino del secolo XVII. *Veron.* 1840. 8.

Fortunatus (Johann).

Schuetze (Eustachius Friedrich). Programma de vita et meritis M. J. Fortunati. *Wernigerod.* 1735. 4.

Forzadura (Agostino),
grand-prieur de Lombardie.

Esequie fatte in Padova al grand prior di Lombardia F. A. Forzadura. *Padov.* 1665. Fol.

Forzoni-Accolti (Pietro Andrea),
littérateur (?) italien.

Salvini (Antonio Maria). Orazione funerale delle lodi di P. A. Forzoni-Accolti. *Firenz.* 1720. 4.

Foscari (Alvise),
patriarche de Venise († 1758).

Depouthez (N... N...). Oratio in funere M. Foscari, patriarchæ Venetiarum. *Venet.* 1758. 8.

Foscari (Alvise Paolo),
procurateur de S. Marc.

Zabeo (Prosdocimo). Orazione scritta pe' solenni funerali di monsignor A. P. Foscari, primicerio di S. Marco. *Venez.* s. d. (vers 1822.) 8.

Foscari (Francesco),
doge de Venise (élu le 15 avril 1423 — .. oct. 1457).

Cornaro (Flaminio). Opuscula quatuor quibus illustrantur gesta B. F. Foscari, ducis Venetiarum, Andreæ Donati equitis, etc. *Venez.* 1758. 4.

Foscari (Francesco),
homme d'État italien (30 déc. 1704 — 17 déc. 1790).

Solari (Antonio). Elogio storico di F. Foscari. *Venez.* 1791. 8.

Foscarini (Girolamo),
homme d'État italien.

Rossi (Francesco). Vita di G. Foscarini. *Venez.* 1659. 4.

Foscarini (Jacopo),
procurateur de S. Marc.

(**Ridolfi Sforza**, Bartolommeo). Vita di J. Foscarini,

cavaliere e procuratore di S. Marco. *Venez.* 1624. 8. *Ibid.* 1745. 4. (*P.*)

Foscarini (Marco),
doge de Venise (30 janvier 1696 — élu le 28 mai 1762 — 30 mars 1763).

Michelessi (Domenico). Laudatio in funere serenissimi principis M. Fuscareni, etc. *Venet.* 1763. 4.

Arnaldi (Lodovico). Orazione funerale in onore del doge M. Foscarini. *Venez.* 1763. 4.

Foschini (Antonio),
architecte italien (14 juin 1741 — 14 déc. 1813).

Cicognara (Leopoldo). Orazione in morte dell' architetto Ferrarese A. Foschini. *Ferrara.* 1814. 8.

Foscolo,
famille vénitienne.

Cicogna (Emmanuele Antonio). Notizie intorno alla famiglia Veneta patrizia de' Foscolo. *Venez.* 1842. 8.

Foscolo (Leonardo),
général italien.

Vernino (Alessandro). Istoria delle guerre di Dalmazia sotto il generalato di L. Foscolo, dall' anno 1644 al 1648, libri II. *Venez.* 1648. 8.

Foscolo (Niccolò Ugo),
poète italien (1773 — 5 oct. 1827).

Pecchio (Giuseppe). Vita di U. Foscolo. *Lugan.* 1830. 8. *Ibid.* 1833. 12.

Bozzoli (Giuseppe). Questi pochi cenni sulla vita e sulle opere di U. Foscolo. *Ferrara*, s. d. (1836.) 8.

Fossati (Giuseppe),
littérateur italien.

Meneghelli (Antonio Maria). Elogio funebre di G. Fossati. *Venez.* 1812. 8.

Fossé (Pierre Thomas du),
historien français (1634 — 4 nov. 1698).

Mémoires de M. P. T., seigneur du Fossé, écuyer, contenant l'histoire de sa vie et plusieurs particularités (depuis 1643 jusqu'en 1698). *Utrecht.* 1739. 12.

Fossombroni (Giacinto),
savant italien (3 déc. 1722 — 19 janvier 1801).

Angelucci (Giulio Anastasio). Delle lodi di G. Fossombroni. *Pisa.* 1816. 8.

Fossombroni (il conte Vittorio),
homme d'État italien (15 sept. 1754 — 13 avril 1844).

Saint-Maurice Cabany (Charles Édouard). Le comte V. Fossombroni, lieutenant général, ministre de la guerre et ministre des affaires étrangères en Toscane, ancien sénateur, etc. *Par.* 1845. 8. (Extrait du *Nécrologe universel du XIXe siècle.*)

Foster (John),
théologien anglais.

Sheppard (John). Life and correspondence of J. Foster, with a memoir by John Edward RYLAND. *Lond.* 1846. 2 vol. 8. Portrait. *New-York.* 1846. 2 vol. *Lond.* 1848. 2 vol. 8.

Foster (Michael),
jurisconsulte anglais (1689 — 7 nov. 1763).

Dodson (Michael). Life of sir M. Foster, knight, some time on of the judges of the Court of King's Bench and recorder of Bristol. *Lond.* 1811. 8.

Fothergill (John),
médecin anglais (8 mars 1712 — 26 déc. 1780).

Thompson (Gilbert). Memoirs of the life of J. Fothergill. *Lond.* 1782. 8.

Lettsom (John Coakley). Some account of the late Dr. J. Fothergill. *Lond.* 1783. 8.

Fouché, duc d'Otrante (Joseph),
homme d'État français (29 mai 1763 — 28 déc. 1820).

Notice biographique sur le général (Lazare Nicolas Marguerite) Carnot et le duc d'Otrante. *Par.* 1814. 4.

Mémoire historique sur Fouché (de Nantes), maintenant duc d'Otrante, par un Anglais. *Par.* 1815. 8.

Sept mois de la vie de Fouché de Nantes. *Par.* 1816. 12. Trad. en ital. *Zurigo.* 1816. 12.

Aus dem Leben J. Fouché, Herzogs von Otranto. *Leipz.*

et *Altenb.* 1816. 8. Trad. en franç. *Amst.* et *Lond.* 1816. 8.

Précis de la vie publique du duc d'Otrante. *Lond.* 1816. 8.

Sketch of the public life of the duke of Otranto. *Lond.* 1816. 8. (*P.*)

(**Serieys**, Antoine). Fouché de Nantes, sa vie privée, politique et morale, depuis son entrée à la Convention jusqu'à ce jour. *Par.* 1816. 12. Trad. en holland. *Zalt-Bomm.* 1820. 8. Portrait.

Mémoires de la vie publique de M. Fouché, duc d'Otrante, contenant sa correspondance avec Napoléon, Murat, le comte d'Artois, le duc de Wellington, le prince Blücher, S. M. Louis XVIII, le comte de Blacas, etc. *Par.* 1819. 8.

Denkwürdigkeiten aus dem öffentlichen Leben J. Fouché, Herzogs van Otranto. *Gotha.* 1819. 8.

Le duc d'Otrante. Mémoire écrit de L(inz) en janv. 1820, par M. F... (Favre?) *Par.*, s. d. (vers 1820.) 8.

Vie de Fouché, duc d'Otrante, ex-ministre de la police, depuis son entrée à la Convention nationale jusqu'à sa mort. *Par.* 1821. 12. Portrait.

(**Beauchamps**, Alphonse de). Mémoires de J. Fouché, duc d'Otrante, ancien ministre de la police générale de France. *Par.* 1824. 2 vol. 8. *Brux.* 1825. 2 vol. 8. Port.
Trad. en allem. par Georg DAMDMANN. *Darmst.* 1825. 2 vol. 12.
Trad. en angl. *Boston.* 1824. 8.

Sarrazin (Jean). Examen des mémoires de Fouché, duc d'Otrante, ancien ministre de la police de France, etc. *Brux.* 1844. 8.

Desmarest (N... N...). Témoignages historiques, ou quinze ans de la haute police sous Napoléon. *Par.* 1833. 8.

Foucher d'Obsonville (N... N...),
agronome français (1734 — 14 janvier 1802).

Carangeot (A...). Notice historique sur la vie et les ouvrages du citoyen Foucher d'Obsonville, membre de la Société d'agriculture à Meaux. *Meaux*, an XI (1802). 8. (*Lv.*)

Fougeroux (François Xavier),
philanthrope français (3 nov. 1773 — 13 nov. 1838).

(**Paccard**, Jean Edme). F. X. Fougeroux. *Par.* 1838. 8.

Gossin (N... N...). Notice sur la vie de M. F. X. Fougeroux. *Par.* 1838. 8.

Fougnies (Gustave Adolphe Joseph),
particulier belge (30 mai 1829 — assassiné le 20 nov. 1850).

Notice biographique sur G. A. J. Fougnies. *Mons.* 1851. 8. Portrait.

Fouilloux (Jacques du),
littérateur français.

M*** (P...). Notice généalogique, biographique et littéraire sur J. du Fouilloux, gentilhomme poitevin, auteur d'un célèbre traité de vénerie; suivie de la Bibliographie raisonnée de cet ouvrage et accompagnée de notes sur les écrivains théreutiques du Poitou, etc. *Poitiers.* 1853. 8. (Extrait des *Mémoires de la Société des antiquaires de l'Ouest.*)

Foullon (Jean Érard),
historien belge (1609 — 25 oct. 1668).

Polain (Mathieu Lambert). Esquisses biographiques de l'ancien pays de Liége : J. E. Foullon, J(ean) G(uillaume) Brixhe, Denis Coppée. *Gand.* 1857. 8. *Liége.* 1857. 8. (Extrait de la *Revue belge.*)

Foulon (Joseph François),
homme d'État français (1715 — massacré le 22 juillet 1789).

La vie, la mort et les miracles de M. Foulon, s. l. et s. d. (*Par.* 1789.) 8. (*Lv.*)

Tod und Wunderthaten Foulon's. *Marb.* 1798. 8.

Fouqué (Heinrich August, Baron de la **Motte**-),
général allemand d'origine hollandaise (1698 — 2 mai 1774).

Mémoires du baron de la Motte-Fouqué, général d'infanterie, dans lesquels on a inséré sa correspondance avec Frédéric II. *Berl.* 1788. 2 vol. 8.

Fouqué (Friedrich de la **Motte**-). Lebensbeschreibung

des königlich preussischen Generals der Infanterie H. A. Baron de la Motte-Fouqué. *Berl.* 1824. 8.

Fouqué (Friedrich, Baron de la **Motte**-),
poète allemand (12 février 1777 — ...).

Fouqué (Friedrich de la **Motte**-). Lebensgeschichte, aufgezeichnet durch sich selbst. *Halle.* 1840. 8. (*D.*)

Fouquet (Charles Louis Auguste), voy. **Belle-Isle.**

Fouquet (Henri),
médecin français (1727 — 10 oct. 1806).

Dumas (Charles Louis). Éloge de H. Fouquet. *Montpell.* 1807. 4.

Baumes (Jean Baptiste Théodore). Éloge de H. Fouquet. *Montpell.* 1808. 4.

Fouquet (Nicolas),
surintendant des finances sous Louis XIV (1615 — 23 mars 1680).

(**Pellisson-Fontanier**, Paul). Recueil des défenses de M. Fouquet, s. l. (*Amst.*) 1665-68. 15 vol. 12.

(**Paroletti**, Modesto). Sur la mort du surintendant Fouquet, notices recueillies à Pignerol. *Turin.* 1812. 4.

Fouquier d'Hérouel (Antoine Éloi Jean Baptiste),
officier français (30 mars 1784 — 17 juin 1852).

Germain (Félix). Biographie de M. Fouquier d'Hérouel, ancien officier supérieur de cavalerie, etc., membre du sénat et président du Comice agricole de Saint-Quentin. *Saint-Quent.* 1852. 8.

Fouquier (Pierre Éloi),
médecin français (16 juillet 1776 — 30 oct. 1850).

Requin (A... P...). Notice sur M. Fouquier. *Par.* 1852. 8.

Fouquier-Tinville (Antoine Quintin),
accusateur public au tribunal révolutionnaire (1747 — guillotiné le 7 mai 1795).

Mémoire pour A. Q. Fouquier, ex-accusateur public près le tribunal révolutionnaire établi à Paris, et rendu volontairement à la Conciergerie le jour du décret qui ordonne son arrestation. *Par.*, s. d. (1794.) 4.

Fourcaud (Jean Baptiste),
ornithologiste français (4 mai 1719 — 4 août 1775).

Girault (Claude Xavier). Notices sur l'ingénieur Didier, sur le P. Fourcaud, ornithologiste, sur dom Merle, bénédictin. *Dijon.* 1816. 8.

Fourcroy (Antoine François, comte de),
chimiste français (15 juin 1755 — 16 déc. 1809).

Cuvier (George Léopold Chrétien Frédéric). Éloge historique de M. le comte Fourcroy. *Par.* 1811. 8. (Extrait du *Magasin encyclopédique*.)

Palisot de Beauvois (Ambroise Marie François Joseph). Éloge historique de M. A. F. Fourcroy, conseiller d'État. *Par.* 1811. 4.

Cattaneo (Antonio). Cenni su la vita di A. F. Fourcroy. *Milan.* 1859. 4. Portrait.

Fourdinier (Amable Jacques Célestin),
théologien français (31 août 1788 — 5 janvier 1845).

Barande (L...). M. l'abbé Fourdinier, supérieur de la congrégation et du séminaire du Saint-Esprit, protonotaire apostolique. *Par.* 1845. 8. (Extrait du *Nécrologe universel du XIXe siècle.*)

Fourier (François Charles Marie),
fondateur de la théorie sociétaire (7 avril 1768 — 10 oct. 1837).

Gatti de Gamond (Madame). Histoire de la vie et du système de C. Fourier. *Par.* 1858. 8. *Brux.* 1843. 18.

Pellarin (Charles). Notice sur C. Fourier, sa vie et sa théorie d'association. *Besanç.* 1838. 8. (*Bes.*) *Par.* 1839. 12. *Ibid.* 1849. 12. Trad. en angl. *New-York.* 1848. 12.

Czynski (Jean). Notice biographique sur C. Fourier. *Par.* 1839. 32. Publ. par S... BLANC. *Par.* 1840. 32.

Hennequin (Victor). Théorie de C. Fourier, etc. *Besanç.* 1847. 8.

Le sept avril. Banquets commémoratifs de la naissance de C. Fourier. *Par.* 1844. 18.

Fourier (Jean Baptiste Joseph, baron),
physicien français (21 mars 1768 — 16 mai 1830).

Vieilh de Boisjoslin (Claude Augustin). Notice biographique sur M. le baron Fourier. *Par.* 1850. 8.

Fourier (Pierre),
réformateur des chanoines réguliers de Lorraine (15 nov. 1565 — 9 nov. 1640).

Bedel (Jean). Vie du R. P. P. Fourier, dit vulgairement le Père de Mataincourt, réformateur et général des chanoines réguliers de la congrégation de Notre Sauveur, etc. *Par.* 1645. 8. *Pont-à-Mouss.* 1656. 4. (*Bes.*) *Ibid.* 1664. 12. *Par.* 1666. 12. (*D.*) *Ibid.* 1668. 12. *Toul.* 1675. 12. (*Bes.*) *Par.* 1678. 12. *Ibid.* 1687. 12. Trad. en lat. par Dominik Bissel. *Aug. Vind.* 1668. 8.

Bouette de Blémure (Jacqueline). Vie de P. Fourier de Mataincourt. *Caen.* 1678. 12. *Ibid.* 1687. 12.

Gallet (N... N...). Abrégé de la vie de P. Fourier. *Besanç.* 1750. 12. (*Bes.*)

Imago boni parochi, s. acta parochialia P. Forerii. *Nancy.* 1731. 8.

(Friant, N... N...). Vie ou éloge historique du bienheureux P. Fourier, dit vulgairement le Père de Mataincourt, etc. *Nancy.* 1746. 2 vol. 12. (*Bes.*)

(Dhangest, N... N...). Esprit de P. Fourier. *Lunéville.* 1787. 2 vol. 8. (*Bes.*)

G... (A... M... D...). Vie du bienheureux P. Fourier, réformateur des chanoines réguliers de la congrégation de Notre-Sauveur, instituteur des religieuses de la congrégation de Notre-Dame. *Par.* 1838. 12.

Pillard (Héloïse). Vie du bienheureux P. Fourier, curé de Mataincourt. *Par.* 1839. 8.

Bazelaire (Edouard de). Le bienheureux P. Fourier, curé réformateur, etc. *Par.* 1846. 8. Trad. en angl. s. c. t. Life of the blessed P. Fourier, etc. *Lond.* 1850. 18.

Etzinger (Anton). Leben des seligen P. Forcrius. *Sulzb.* 1847. 8.

Chapia (abbé). Histoire du B. P. Fourier, curé de Mataincourt, instituteur de la congrégation de Notre-Dame, réformateur et général de la congrégation de Notre-Sauveur, tome I. *Nancy et Par.* 1850. 8. Portrait.
—— Vie du B. P. Fourier, fondateur de la congrégation de Notre-Dame. *Par.* 1855. 12.

Lacordaire (Henri Dominique). Panégyrique du B. P. Fourier, etc. *Par.* 1853. 8. *Brux.* 1853. 8.

Fourmont (Étienne),
orientaliste français (1683 — 18 déc. 1745).

Guignes (Joseph de). Abrégé de la vie d'É. Fourmont, avec la notice de ses ouvrages. *Par.* 1747. 4.

Fournel (Jean François),
jurisconsulte français (1745 — 21 juillet 1820).

Clugny (François de). Éloge de Fournel. *Par.* 1820. 12. (Non mentionné par Quérard.)

Fournerot (Louis),
prêtre français.

Auger (N... N...). Notice sur la vie de deux serviteurs de Dieu, Pierre Godot et L. Fournerot, prêtres du diocèse de Troyes. *Plancy.* (*Aube.*) 1850. 18. (Tiré à petit nombre.)

Fournier (Françoise),
ursuline française.

Vie de F. Fournier. *Par.* 1685. 12.

Fournier (Hugues),
jurisconsulte français († 1525).

Amanton (Claude Nicolas). Lettres sur trois Lyonnais, premiers présidents au parlement de Bourgogne dans le xvie siècle, de 1505 à 1551 (Humbert de Villeneuve, H. Fournier et Claude Paterin). *Lyon.* 1826. 8.

Cochard (Nicolas François). Lettre à M. Amanton, au sujet de ses Lettres sur les trois Lyonnais. *Lyon.* 1827. 8.

Fournier de la Contamine (Marie Nicolas),
évêque de Montpellier (27 déc. 1760 — 29 déc. 1834).

Dupery (N... N...). Notice historique sur Mgr. M. N. Fournier de la Contamine, évêque de Montpellier. *Montpell.* 1835. 8.

Fox (Charles James),
homme d'État anglais (24 janvier 1748 — 13 sept. 1806).

Moir (John). History of the life and public services of Mr. Fox. *Lond.* 1778. 8.

History of the political life and public services, as a senator and a statesman, of the Right Hon. C. J. Fox. *Lond.* 1783. 8.

Aspland (Robert). The fall of eminent man in critical periods, etc. Sermon on the death of Mr. Fox. *Lond.* 1806. 8.

Belsham (Thomas). Discourse occasioned by the death of the Right Hon. C. J. Fox. *Lond.* 1806.

Walpole (B... C...). Recollections of the life of C. J. Fox. *Lond.* 1806. 12. Portrait de Fox en buste. *New-York.* 1807. 12.

Fell (Ralph). Memoirs of the public life of the Right Hon. C. J. Fox. *Lond.* 1808. 4.
Trad. en allem. *Leipz.* 1808. 8.
Trad. en franç. par Jean Martinet. *Par.* 1808. 8. (*Lv.*)
Trad. en ital. *Milan.* 1816. 12.
Compendio della vita di Fox. *Mantov.* 1808. 8. *
* Cet écrit nous paraît un abrégé de l'ouvrage précédent.

Mant (Richard). Some particulars of the character of the late C. J. Fox. *Lond.* 1809. 8.

Parr (Samuel). Character of the late C. J. Fox. *Par.* 1809. 2 vol. 8. (Publ. s. l. pseudonyme de Philopatris Varvicensis.)

Trotter (John Bernard). Memoirs of the latter years of the Right Hon. C. J. Fox, with an appendix. *Lond.* 1811. 8. *Baltim.* 1812. 8. *New-York.* 1812. 8.

Age of (William) Pitt and Fox. *Lond.* 1846. 5 vol. 8.

Fox (George),
fondateur de la secte des quakers (1624 — 16 janvier 1690).

Journal or historical account of the life, travels and sufferings of G. Fox, s. l. 1691. *Lond.* 1694. Fol. *Ibid.* 1709. 2 vol. 8. *Ibid.* 1765. Fol.

Marsh (Josiah). Popular life of G. Fox, the first of the Quakers. *Lond.* 1847. 8. *Philad.* 1848. 8.

Memoir of the life, travels and gospel labours of G. Fox. *Lond.* 1850. 8. (*Mch.*)

Fox (Henry Watson),
missionnaire anglais.

Life of the Rev. H. W. Fox, missionary at Masuliputam. *Lond.* 1850. 8. (2e édition.)

Fox (Georges Townsend). Memoir of the Rev. H. W. Fox, missionary to the Teloogoo people, with a preface by H... V... Elliot. *Lond.* 1850. 8. *Ibid.* 1851. 8.

Fox (Maria),
dame anglaise.

Memoirs of M. Fox, late of Tottenham, consisting chiefly of extracts from her journal and correspondence. *Lond.* 1846. 8.

Fox (Stephen),
homme d'État anglais.

Memoirs of the life of sir S. Fox, knight, from his first entrance upon the stage of actions, under the lord Piercy, till his decease. *Lond.* 1717. 8.

Foy (Maximilien Sébastien),
général français (3 février 1775 — 28 nov. 1825).

Vérités historiques et politiques sur M. le général comte Foy, par le chevalier Kikiki, son ancien condisciple. *Par.* 1824. 8.

Bucher (A...). Oraison funèbre du lieutenant général Foy, membre de la chambre des députés. *Par.* 1825. 8.

Debraux (Paul Émile). La France au tombeau du général Foy. Messénienne, précédée d'une notice historique sur la vie et les derniers moments de cet illustre citoyen. *Par.* 1825. 8.

Lacroix (Paul). Éloge historique du lieutenant général Foy. *Par.* 1825. 18. Portrait.

(Cuisin, Jean Pierre). Vie militaire, politique et anecdotique du général Foy. *Par.* 1825. 12. Portrait.

(Vidal, Félix). Vie militaire et politique du général Foy. *Par.* 1826. 18. Portrait. Trad. en allem. *Stuttg.* 1825. 8. Portrait.

Levensschets van den generaal Foy, met eene beschouwing van zijne hoedanigheden als redenaar. *Delft.* 1825. 8. Portrait.

L... (V...). Biographie du général Foy. *Noyon.* 1852. 8.

Colombel (Évariste). Le général Foy. Études parlementaires. *Par. et Nant.* 1853. 8.

Stoeber (Ehrenfried). Festlichkeiten, dem General Foy zu Ehren, während seines Aufenthaltes in Strasburg. *Strasb.* 1811. 8. Trad. en franç. *Strasb.* 1811. 8.

Stoeber (D... E...). Le général Foy en Alsace. *Par.* 1826. 8. Trad. en allem. *Strasb.* 1826. 8.

Fracassini (Antonio),
médecin italien (18 oct. 1709 — 5 juin 1777).

Betti (Zaccaria). Elogio del dottore A. Fracassini, medico-fisico. *Veron.* 1777. 4.

Fracastoro (Girolamo),
médecin et poète italien (1483 — 8 août 1553).
Mencke (Friedrich Otto). Commentatio de vita, moribus, scriptis meritisque in omne litterarum genus prorsus singularibus H. Fracastorii, Veronensis, Italorum. seculi xvi nobilissimi, medici præstantissimi. *Lips.* 1731. 4. Portrait. (*D., P. et Lv.*)
Intorno alla casa di G. Fracastoro (in Verona). *Veron.* 1842. 8.

Fra Diavolo, voy. **Pozza** (Michele).

Fraggianni (Niccolò),
jurisconsulte italien (25 avril 1686 — 9 avril 1763).
Serrao (Giovanni Andrea). De vita et scriptis N. Fraggiannii commentarius. *Napol.* 1763. 8. (Peu commun.)

Fraissinet (Madame),
improvisatrice française.
(Deschamps, Théophile). Madame Fraissinet et l'improvisation. *Par.* 1852. 8.

Frambour (Saint),
prêtre français.
Vie de S. Frambour, religieux de l'abbaye de Saint-Memin, s. l. et s. d. 12.

Francardi (Giulia),
poète (?) italienne.
Bianchetti (Giuseppe). Vita di G. Francardi. *Venez.* 1826. 2 vol. 12.

France (Marie Thérèse de),
fille de Louis XVI, roi de France.
Madame M. T. de France, fille de Louis XVI. Relation du voyage de Varennes et récit de sa captivité à la tour du Temple, écrits par elle-même, précédés d'une notice par Amédée de **Pastoret**. *Par.* 1852. 8.

Franceschetti (Domenico Cesare),
général corse (1776 — 1835).
Franceschetti (Domenico Cesare). Mémoires sur les événements qui ont précédé la mort de Joachim I, roi des Deux-Siciles, suivis de la correspondance privée de ce général avec la reine, comtesse de Lipano. *Par.* 1826. 8. Supplément, etc. *Par.* 1829. 8. Trad. en allem. *Darmst.* 1826. 12.

Franceschi (Giacomo),
médecin italien (+ 21 nov. 1838).
In morte del professore G. Franceschi. *Lucca.* 1839. 8.

Franceschi (Giovanni),
littérateur italien.
Costadoni (Giovanni Domenico Anselmo). Memorie della vita e dello spirito dell' abate G. Franceschi, patrizio Veneziano. *Venez.* 1746. 8.

Francesconi (Daniele),
philologue italien (1er mars 1761 — 17 nov. 1835).
Federici (Fortunato). Notizie intorno la vita e gli studj dell' abate D. Francesconi. *Venez.* 1836. 8.

Franchetti (Francesco),
prêtre italien.
(Santinelli, Stanislao). Vita del servitore di Dio F. Franchetti, novizio della congregazione de' chierici regolari di Somasca. *Rom.* 1727. 8.

Francheville (Catherine de),
religieuse française.
(Champion, Pierre). Vie des saints fondateurs des maisons de retraite, monsieur (Louis Eudes) Kerlivio, le P. Vincent Hudi et mademoiselle de Francheville. *Nant.* 1698. 12. (*Bes.*) *
* Publ. s. l. pseudonyme de P. de Promaric.

Franchi, conte di **Pont** (Giuseppe),
homme d'État italien (6 avril 1768 — .. avril 1825).
Sclopis (Federigo). Notizie intorno alla vita di G. Franchi, conte di Pont. *Torin.* 1825. 8.

Franchi Lucchese (Antonio),
peintre italien (1634 — 1709).
Bartolozzi (Sebastiano Benedetto). Vita di A. Franchi Lucchese, pittore Fiorentino. *Firenz.* 1754. 4.

Franchimont v. Frankenfeld (Nicolaus),
médecin bohème (+ 23 février 1684).
Loew (Johann Franz). Anatomia protomedici, s. oratio funebris in N. Franchimontium. *Prag.* 1684. 4.

Franchini (Pietro),
mathématicien italien (24 avril 1768 — 26 janvier 1837).
Barsotti (Giovanni). Nelle esequie fatte al P. Franchini. *Lucca.* 1857. 8.

Franchot (Charles François),
magistrat français (30 juin 1778 — se donnant la mort le 5 mars 1845).
Saint-Maurice Cabany (Charles Édouard). M. Franchot, membre du conseil général du département de la Meuse et juge de paix du canton d'Ancerville. *Par.* 1845. 8. (Extrait du *Nécrologe universel du xixe siècle*.)

Francia (Jose Gaspard Rodriguez da),
dictateur du Paraguay (1763 — 20 sept. 1840).
Robertson (J... P... et W... P...). Life of Dr. Francia, dictator of Paraguay. ... Trad. en allem. par N:... N... Le Petit. *Quedlinb.* 1839. 3 vol. 12.
Rengger (J... A...) et **Longchamp** (N... N...). Essai historique sur la révolution du Paraguay et le gouvernement du docteur Francia. *Par.* 1827. 8. *Stuttg.* 1829. 16.
Trad. en allem. *Stuttg.* 1827. 8.
Trad. en espagn. par J... G... Pagès. *Par.* 1828. 12.
Trad. en ital. s. c. t. Il dottore Francia e il Paraguay. *Milan.* 1827. 12.

Francisei,
famille allemande.
Stiller (Franz). Academia Franciscorum, s. dissertatio de Franciscis litteratis. *Brem.*, s. d. 4. (*D.*)

Francisci (Erasmus),
littérateur allemand (19 nov. 1627 — 12 déc. 1694).
Feuerlein (Johann Conrad). Leichpredigt auf Herrn E. Francisci. *Nürnb.* 1697. Fol.
Dessler (Wolfgang Christoph). Lobrede auf Herrn E. Francisci. *Nürnb.* 1697. Fol.
Plitz (Johann Stephan). Neueröffnete Schaubühne eines rechtschaffenen christlichen und hochgelehrten Gemüths nach dem Leben E. Francisci. *Leipz.* 1702. 4.
Francisci (Erasmus). Verzeichniss seiner bisher gedruckten Schriften, etc. *Nürnb.* 1691. 8. (*D.*)

Franck (Caspar),
théologien allemand (2 nov. 1543 — 12 mai 1584).
Hunger (Albert). Oratio in exequiis C. Franck, professoris Ingolstadiensis et ad D. Mauritum ibidem parochi. *Ingolst.* 1585. 4.
Turner (Robert). Oratio funebris in obitu C. Franci, theologiæ professoris. *Ingolst.* 1585. 4.
Vischer (Bartholomæus). Oratio funebris in C. Francum. *Ingolst.* 1585. 8.

Francke (August Hermann),
créateur de la maison des orphelins à Halle (12 mars 1663 — 8 juin 1727).
Francke (Johann Georg). Leichen-Predigt auf A. H. Francke. *Halle.* 1727. Fol. (*D.*)
(Langensee, A...). Gedächtniss-Predigt auf A. H. Francke. *Halle.* 1727. Fol. (*D.*)
Schwentzel (Johann Ulrich). Abdankungs-Rede bei dem Leich-Begängniss A. H. Francke's. *Halle.* 1727. Fol. (*D.*)
Anton (Paul). Gedächtniss-Predigt auf A. H. Francke. *Halle.* 1727. Fol. (*D.*)
Breithaupt (Joachim Justus). Lectio paraenetica super obitu A. H. Franckii. *Halæ.* 1727. Fol. (*D.*)
Ludewig (Johann Peter v.). Memoria Frankiana. *Halæ.* 1727. 4. (*D.*)
Alberti (Michael). Monumentum A. H. Franckio positum. *Halæ.* 1727. Fol. (*D.*) Trad. en allem. *Halle.* 1727. Fol. (*D.*)
Kurze, jedoch gründliche Nachricht von dem Lebens-Lauffe A. H. Francke's. *Büding.* 1728. 8. (*D.*)
Niemeyer (August Hermann). Übersicht von A. H. Francken's Leben und Verdiensten um Erziehung und Schulwesen, etc. *Halle.* 1788. 8. (*D.*)
Biographie A. H. Francke's, Stifters des Waisenhauses zu Halle. *Chemn.* 1823. 8.
Guericke (Heinrich Ernst Ferdinand). Über A. H. Francke. Denkschrift zur Säcularfeier seines Todes. *Halle.* 1827. 8. (*D.*)
Trad. en suéd. par Johan Gustaf Hebbe. *Jönköping.* 1843. 8.
Trad. en dan. par Jacob Andreas Lindemann. *Christiania.* 1856. 8. *Bergen.* 1845. 8.

Memoirs of the life of A. H. Francke. *Philadelph.* 1851. 8.

Leo (Gottlob Eduard). Leben A. H. Francke's, Stifters des Waisenhauses zu Halle, etc. *Zwickau.* 1848. 8.

Schulze (Johann Ludwig), KNAPP (Georg Christian) und NIEMEYER (August Hermann). A. H. Francke's Stiftungen zum Besten vaterloser Waisen. *Halle.* 1792-98. 3 vol. 8.

(Niemeyer, August Hermann). Die Francke'schen Stiftungen in ihrem Ursprunge, Fortgange und gegenwärtigen Zustande. *Halle.* 1819. 4.

Hesekiel (Christoph Friedrich). Aktenmässiger Bericht über das dem Gründer des Halle'schen Waisenhauses, A. H. Francke, errichtete Denkmal, nebst einer chronologischen Darstellung seines Lebens und Wirkens, etc. *Halle.* 1830. 8.

Francke (Elias),
pédagogue allemand (28 février 1656 — 4 mars 1727).

Petzolt (Ludwig Christian). Magistri E. Francke, gymnasii Mansfeldensis quod Islebiæ floret, per XLIV annos, summe dextri ac laudabiliter meriti, vita. *Nordhus.*, s. d. (1754.) 8. *(D.)*

Francke (Gotthilf August),
pédagogue allemand (29 mars 1696 — 2 sept. 1769).

Knapp (Johann Georg). Denkmal der Liebe, gesetzt dem Dr. G. A. Francke. *Halle.* 1770. 4. *(D.)*

Francke (Gregor),
théologien allemand (10 déc. 1585 — 2 janvier 1651).

Heinsius (Martin). Leichenpredigt auf G. Francke, nebst beigefügtem Lebenslauf. *Frf. a. d. O.* 1651. 4. *(D.)*

Sbaszyn (Stanislaus v.). Memoria G. Franci. *Frf. ad. Viadr.* 1651. 4.

Becmann (Friedrich). Programma in G. Franci obitum. *Frf. ad. Viadr.* 1651. 4.

Francke (Johann),
jurisconsulte allemand (+ 18 juin 1677).

Sturm (Sigismund). Schöner und herrlicher Regenten-Nagel. Leich-Predigt auf J. Francke. *Guben.* 1678. 4. *(D.)*

Franckenstein (Christian Friedrich),
historien allemand (20 août 1621 — ... 1679).

Lehmann (Georg). Inscriptio Franckensteiniana, oder Leichen-Predigt auf C. F. Franckenstein. *Leipz.* 1679. Fol. *(D.)*

(Feller, Joachim). Programma academicum in C. F. Franckensteinii funere. *Leipz.* 1679. Fol.

Francœur (Louis Benjamin),
mathématicien français (16 août 1773 — 15 déc. 1849).

(Jomard, Edme François). Discours sur la vie et les travaux de L. B. Francœur, etc. *Par.* 1851. 8. Port.

François d'Assise (Saint),
instituteur de l'ordre des Franciscains (1182 — 4 oct. 1226).

Bonaventura (Santo). Vita del glorioso serafico S. Francesco. *Milan.* 1477. Fol. *Venez.* 1598. 4. *Ibid.* 1719. 8. Trad. en angl. *Douai.* 1610. 8.

Chronicles of S. Francis and the Friar Memoirs. *Saint-Omer.* 1618. 4.

Vitale (Salvatore). Teatro serafico delle stimmate di S. Francesco d'Assisi. *Firenz.* 1629. 4.

Hay (John). Vita et opera S. Francisci Assisatis. *Par.* 1644. 4.

Chevanes (Jacques Auguste de). Vie de S. François d'Assise. *Dijon.* 1676. 4.

Autun (Jacques d'). Vie de S. François d'Assise. *Dijon.* 1676. 4. *(Bes.)*

Chalippe (François Candide). Vie de S. François d'Assise. *Par.* 1727. 4. *Ibid.* 1729. 4. *(Bes.) Ibid.* 1736. 2 vol. 12. *Avign.* 1824. 3 vol. 12. *Ibid.* 1841. 3 vol. 12.

Silva de Moraes (Manoel da). Vida de S. Francisco de Assis. *Lisb.* 1727. 4.

Poisson (Pierre). Panégyrique de S. François d'Assise, etc. *Par.* 1732. 4.

Joannes de Luca Venetus. Oratio de laudibus divi Francisci Assisatis. *Rom.* 1742. 4.

Potenza (Domenico). Orazione in lode di S. Francesco d'Assisi. *Messin.* 1773. 8.

Papini (Niccolò). Storia di S. Francesco di Assisi, opera critica. *Foligno.* 1825-27. 2 vol. 4.

Pfister (Johann Georg). Der heilige Franciscus von Assisi im Widerspruch mit der Welt. *Münch.* 1825. 8.

Goerres (Joseph). Der heilige Franz von Assisi, ein Troubadour. *Strasb.* 1826. 8.

(Haid, Herenæus). Leben und Regel des heiligen Franz von Assis. *Münch.* 1828-29. 2 vol. 8.

Maetzler (Anton). Lebensgeschichte des heiligen Franciscus von Assisi. *Augsb.* 1834. 8.

Vogt (Eduard). Der heilige Franciscus von Assisi ; biographischer Versuch. *Tübing* 1840. 8. Portrait.

Chavin de Malan (François Emile). Histoire de S. François-d'Assise (1182-1226). *Par.* 1841. 8. Portrait. *(P.)* Trad. en allem. *Münch.* 1842. 8. *Ibid.* 1844. 8.

Visschers (Pieter). De H. Franciscus van Assisi. *Bruss.* 1842. 12.

Delécluze (Étienne Jean). Grégoire VII , S. François d'Assise, S. Thomas d'Aquin. *Par.* 1844. 2 vol. 8.

Petit (N... N...). Histoire de S. François d'Assise, instituteur de l'ordre des frères mineurs. *Lille.* 1855. 12. (5e édition.)

Morin (François). S. François d'Assise et les Franciscains (1182-1226). *Par.* 1855. 12.

Boverius (Zaccharias). De vera habitus forma a Francisco instituta demonstrationes XI. *Col. Agr.* 1640. 12. (Avec beaucoup de gravures.)

Steyrer (Philipp Jacob). Disquisitio historica, an S. Franciscus Assisius fuerit homo insanus et fanaticus, adversus hagiomachos Lipsienses. *Frib.Brisgov.*1779. 8. Der heilige Franz v. Assis war kein Narr, wie die Herren Spittler und Zimmermann glauben, s. l. 1794. 8.

(Renoult, N... N...). Les aventures de la Madone et de François d'Assise. *Amst.* 1701. 8. Trad. en allem. *Coeln.* 1736. 8.

Crescimbeni (Guglielmo). Origine e propagazione dei falsi racconti sul corpo e sepolcro di S. Francesco d'Assisi. *Foligno.* 1823. 4. *

<small>* Ouvrage curieux et devenu rare.</small>

François de Borgia, voy. Borgia (Francesco).

François de Jérôme,
jésuite missionnaire italien (19 déc. 1642 — 11 mai 1716).

Stradiotti (Carlo). Della vita di Francesco di Geronimo, della compagnia di Gesù, libri. II. *Napol.* 1719. 4. Portrait.

Bagnati (Simeone). Vita del servo di Dio Francesco di Geronimo, della compagnia di Gesù. *Napol.* 1725. 4.

Bonis (Carlo de). Vita di Francesco di Geronimo, della compagnia di Gesù. *Napol.* 1747. 4. Portrait.

Muzzarelli (Alfonso). Su la vita di Francesco di Girolamo. *Rom.* 1806. 8.

Oddi (Longaro degli). Vita del B. Francesco di Girolamo. *Rom.* 1806. 4.

Castelli (Raimondo). Elogio sacro del B. Francesco di Girolamo. *Cagliari.* 1808. 8.

Cuvelier (J...). Leben des heiligen Franciscus v. Hieronymo. *Coeln.* 1809. 8.

François-de Paul (Saint),
instituteur de l'ordre des Minimes(27 mai 1416 — 2 avril 1507).

Passarello (Gaspare). Vita del glorioso confessore S. Francesco di Paolo. *Napol.* 1573. 8.

Reggio (Paolo). Vita di S. Francesco de Paolo. *Napol.* 1581. 8.

Chappot (Jean). Vie et miracles de S. François de Paul. *Nancy.* 1621. 8.

Duvivier (Claude). Vie et miracles de S. François de Paul, instituteur de l'ordre des Pères Minimes. *Douai.* 1622. 8. *Rouen.* 1630. 8. *Ibid.* 1640. 8.

Victons (François). Vita S. Francisci de Paula, institutoris ordinis Minimorum. *Rom.* 1625. 8. *Par.* 1627. 8. Trad. en franc., s. c. t. Abrégé de la vie de S. François de Paul. *Par.* 1625. 8. Trad. en ital. par FRANCESCO A SAN SEVERIANO. *Genov.*, s. d. 8.

Toscani (Isidoro). Della vita, miracoli ed istituto di

S. Francesco de Paolo, fondatore de' Minimi. *Rom.*
1648. 4. *Napol.* 1675. 4. *Mediol.* 1712. 4.

Preste (Francesco). Insignior thaumaturgi solis zodia-
cus. Divo Francisco a Paulo Minimorum patriarchæ
elogium. *Rom.* 1648. 12.

Pinedo (Matteo). Compendio della vida de S. Francisco
de Paula. *Madr.* 1651. 4.

Coste (Hilarion de). Portrait en petit de S. François de
Paul, instituteur et fondateur de l'ordre des Minimes,
ou abrégé de sa vie, mort et miracles. *Par.* 1655. 4.

Prado (Juan de). Prodigiosa vida y admirable muerte
de S. Francisco de Paulo. *Malaga.* 1669. Fol.

Dondé (Antoine). Figures et abrégé de la vie, de la mort
et des miracles de S. François de Paul. *Par.* 1671.
Fol. * (*Bes.*)

   * Avec les portraits de quelques personnages de son ordre signalés
en piété.

Preste (Francesco). Elogio di S. Francesco di Paolo.
Rom. 1672. 8.

Maggliolo (Bartolommeo). Vita di S. Francesco di Paolo.
Genov. 1678. 4.

Giry (François de). Dissertatio chronologica de sententia communi anni natalis et ætatis Francisci de Paula.
Par. 1680. 8.

Leben des heiligen und grossen Patriarchen Franz de
Paula, Stifter des Ordens Minimorum. *Sulzb.* 1686. 4.
(Orné de beaucoup de gravures.)

Giry (François de). Vie de S. François de Paule, fondateur
de l'ordre des Minimes. *Par.* 1699. 12. (*Bes.*)

Perrimezzi (Giuseppe Maria). Vita S. Francisci de Paula,
ordinis Minimorum institutoris, notis et dissertationibus
illustrata. *Rom.* 1707. 2 vol. 4.

Wunderthätiger Lebenslauff dess Heiligen und grossen
Patriarchen Francisci de Paula, Stüfflers (!) des heili-
gen Ordens Minimorum, etc. *Naudeck in der Au, nächst
München.* 1724. 4. Portrait.

Leven van den H. Franciscus de Paula, stichter van het
orden der Minimen. *Bruss.* 1758. 12.

Oliveira (Filippo de). Elogios sacros de S. Francisco de
Paula. *Lisb.* 1743. 8.

François I (Étienne),
empereur d'Allemagne (8 déc. 1708 — 1747 — 8 août 1765).

Moser (Johann Jacob). Einleitung in die Staatshistorie
Deutschlands unter Franz I. *Frf.* 1755. 8.

Maister (G...). Panegyricus Francisci et Mariæ Theresiæ. *Vindob.* 1736. Fol.

Fritz (Andreas). Trauer- und Lobrede auf Franz I, Römischen Kaiser. *Wien.* 1765. Fol.

Wurz (Ignaz). Trauerrede auf Kaiser Franz I. *Wien.*
1765. Fol.

Sailer (Sebastian). Trauerrede auf Franciscus I, Römischen Kaiser. *Augsb.* 1765. Fol.

Schunn (Andreas). Lob Franz des Ersten, weiland
Römischen Kaisers. *Hermannst.* 1765. Fol.

Roy (Ferencz). Trauer- und Lobrede auf Franciscus I,
Kayser und Mitherrscher von Ungarn, etc. *Presb.*
1765. Fol.

Heckhel (Andreas). Trauerrede auf den schmerzlichen
Hintritt Francisci I, weiland Römischen Kaisers. *Wien.*
1765. Fol.

Granelli (Giovanni). Orazione all' augusta memoria di
Francesco I, imperatore eletto, etc., il giorno 18 agosto
1765. *Bologn.* 1765. Fol.

Agudi (Pasquale). Orazione nelle solenni esequie dell'
imperatore Francesco I. *Milan.* 1765. 4.

Nélis (Corneille François de). Oratio in funere Francisci I, imperatoris cæsaris augusti. *Lovan.* 1765. 8.

Felmer (Martin). Panegyricus Francisci I, imperatoris
augusti. *Cibinii.* 1765. Fol.

Purmann (Johann Georg). Panegyricus gloriosissimæ
memoriæ divi Francisci I, Romani imperatoris dictus.
Frf. 1765. Fol.

Lipenyei (János). Princeps maximus az az Ferencz Istvan I, Romai Császár és Corregens; beszéd. *Budan.*
1765. Fol.

Roth (Carl). Oratio funebris Augusti Romanorum imperatoris ac Hungariæ corregentis Francisci I piis manibus, etc., persoluta. *Tyrnav.*, s. d. 1765. Fol.

Le Chapelain (Charles Jean Baptiste). Oraison funèbre
de François I, empereur, etc. *Liège.* 1765. 4. ..

(Seyfart , Johann Friedrich). Lebens- und Regierungsgeschichte Kaiser Franz des Ersten, etc. *Nürnb.*
1766. 8.

François I (Joseph Charles),
empereur d'Autriche (12 fév. 1768 — 1er mars 1792 — 2 mars 1835).

Characterzüge von Franz II. *Wien.* 1797. 4. *Ofen.*
1798. 4.

Luca (Ignaz de). Merkwürdige Epochen unter der Regierung Kaisers Franz II. *Wien.* 1798. 4. *

   * Cet ouvrage n'est pas terminé.

Milbiller (Joseph). Geschichte des deutschen Reichs
unter Franz II bis zu seiner (!) Auflösung. *Ulm.*
1807. 8.

(**Mueller,** Adam Heinrich). Franz I, Kaiser von Oesterreich. *Leipz.* 1815. 8.

Meynert (Hermann). Franz II und sein Zeitalter. *Leipz.*
1834. 8. Portrait.

Zipser (Christian August). Franz I , Kaiser von Oesterreich, geehrt im Tode wie im Leben, etc. *Stuttg.*
1836. 8.

Authentische Beiträge zur Geschichte des Lebens und
der Regierung Franz II. *Stuttg.* 1837. 8.

Der Kaiserstaat Oesterreich unter der Regierung Kaisers
Franz I und der Staatsverwaltung des Fürsten Metternich. *Stuttg.* 1841. 8.

Schoepfer v. Rodishain (Carl). Beiträge zur Characteristik Franz II in Anecdoten und Characterzügen.
Nordhaus. 1842. 8.

Kaiser Franz I und seine Zeit. *Brüssel.* (?) 1846. 8.

(**Hormayer,** Joseph v.). Kaiser Franz I und Metternich.
Leipz., 1848. 8. (OEuvre posthume.)

Franciscëische Curiosa, oder ganz besondere Denkwürdigkeiten aus der Lebens- und Regierungs-Periode des
Kaisers Franz II. *Wien.* 1849. 8.

Beiträge zur Characteristik und Regierungsgeschichte
Kaiser Joseph's II, Leopold's II und Franz's II. *Par.*
im 8. Jahre der Republik. Réimpr. s. c. t. Die Jacobiner in Wien. *Stuttg.* 1841. 8.

Rückerinnerung während der Wahl und Krönung
Franz II. *Frf.* 1792. 4..

Krönung des Königs Franz II in Prag. *Prag.* 1792. 8.

Weissenbach (Aloys). Einzug des Kaisers Franz I in
Wien, im Juni 1814. *Wien,* s. d. (1814.) Fol.

Bruschi (N... N...). Orazione funerale per le solenni
esequie di S. M. Francesco I, imperatore d'Austria, etc.
Vienn. 1835. 8.

François I,
roi de France (12 sept. 1494 — 1er janvier 1515 — 31 mars 1547).

Dolet (Étienne). Francisci Valesii, Gallorum regis, facta
ab anno 1513 ad annum 1539. *Lugd.* 1539. 4. Trad. en
franç. s. c. t. Gestes de François I, etc. *Lyon.* 1540. 4.
Ibid. 1543. 8. *Par.* 1546. 8.

Chroniques de France abrégées, contenant les vaillances
et prouesses du noble roi François I, depuis le commencement de son règne jusqu'à l'an 1544. *Par.*
1544. 4.

Ferron (Arnoul de). De gestis Gallorum libri IX a
Carolo VIII ad Francisci I mortem. *Par.* 1550. 8.

Langey (Martin du Bellay de). Mémoires contenant
le discours de plusieurs choses advenues au royaume
de France depuis l'an 1513 jusqu'au trépas du roi
François I, publ. par René du BELLAY. *Par.* 1569. Fol.
Ibid. 1570. 8. *Ibid.* 1571. 8. *Heidelb.* 1571. 8. *Par.*
1572. 8. *Rochelles.* 1573. 8. *Par.* 1582. Fol. *Ibid.* 1586.
8. *Ibid.* 1588. 8. *Genève.* 1594. 8. Réimpr. avec les
« Mémoires de Louise de Savoye » et publ. par Claude
Fraïfçois LAMBERT. *Par.* 1753. 7 vol. 12. Trad. en lat.
par Hugo SURÆUS. *Frf.* 1574. Fol.

Matthieu (Pierre). Histoire de France sous les règnes
de François I , Henri II , François II , Charles IX ,
Henri III, Henri IV et Louis XIII et des choses les plus
mémorables advenues depuis cent ans. *Par.* 1631.
2 vol. Fol.

Varillas (Antoine). Histoire de François I. *La Haye.*
1684. 2 vol. 8. *Par.* 1685. 2 vol. 4 (*Bes.*) ou 3 vol. 12.
La Haye. 1686. 3 vol. 12.

Lussan (Marguerite de). Mémoires de la cour de Fran-

çois I, avec des notes par Claude Joseph Chéron de
Boismorand. *Lond.* (*Par.*) 1748. 5 vol. 12. (*Bes.*)

Norgren (Johan Magnus). Dissertatio de Francisco I,
rege Gallim. *Lund.* 1754. 4.

Gaillard (Gabriel Henri). Histoire de François I. *Par.*
1767-68. 8 vol. 12. (*Bes.*) *Ibid.* 1769. 8 vol. 12. *Ibid.*
1818. 5 vol. 8. *Ibid.* 1819. 4 vol. 8. Trad. en allem.
par Johann Nicolaus Meinhard et Matthias Theodor
Christoph Mittelstedt. *Braunschw.* 1767-69. 4 vol. 8.

(**Goezmann**, N... N...). Histoire politique des grandes
querelles entre François I et Charles V. *Par.* 1777.
2 vol. 8. (*Bes.*)

Herrmann (August Lebrecht). Franz I, König von
Frankreich. Sittengemälde aus dem 16ten Jahrhundert. *Leipz.* 1824. 8.

Roederer (Pierre Louis). Louis XII et François I. *Par.*
1825. 2 vol. 8.

Maraize (Sophie de). Histoire de François I, surnommé
le restaurateur des lettres. *Par.* 1850. 12.

Bacon (James). Life of Francis I. *Lond.* 1852. 8. (Omis
par Lowndes.)

Capefigue (Baptiste Honoré Raymond). François I et la
renaissance. *Par.* 1844. 4 vol. 8.

Gournerie (Eugène de la). Histoire de François I et de
la renaissance. *Tours* et *Par.* 1847. 8. *Ibid.* 1851. 8.

Pardoe (Miss). Court and reign of Francis I, king of
France. *Lond.* 1849. 2 vol. 8. *Ibid.* 1850. 2 vol. 8.

François I et sa cour. Portraits, jugements et anecdotes
(1515-1547). *Par.* 1852. 12.

Bosquet (N... N...). Vie de François I, roi de France.
Rennes. 1855. 12.

Pellisson-Fontanier (Paul). Histoire et parallèle de
Charles V, empereur et roi d'Espagne, et de François I,
roi de France. *Par.* 1707. 12. *Ibid.* 1750. 12.

Ordre du sacre et couronnement du roi François I.
Rheims. 1515. 8.

Ordonnance faite à l'entrée du roi François I, dans sa
ville de Milan. *Par.* 1515. 8.

Forme du traité fait entre François I et Maximilien
Sforze, duc de Milan. *Par.* 1516. 8.

Moyne (Pasquier le) (dit le Moyne sans froc). Couronnement de François I, voyage et conquête du duché de
Milan. *Par.* 1519. 4. *Ibid.* 1520. 4.

Ballada (Ottavio). Pavia assediata da Francesco I, l'anno
1524 con la sua prigione seguita li 24 febr. 1525. *Par.*
1524. 4.

Taegius (Franciscus). De obsidione urbis Ticinensis s.
Papiensis et de captivitate Francisci I. *Papiœ.* 1523. 4.
12. *Colon.* 1525. 12 ; publ. par Bernard Petz. *Norimb.*
1763. 4. Trad. en ital. par Francesco Cambiagi. *Cremon.*
1655. 4.

Defensio Francisci I, adversus imperatorem, auctorem
duelli prorogati. *Par.* 1528. 4.

Roeser (Johann Peter Michael). Disputatio de victo
Galliæ rege captoque Francisco I a Carolo V. *Baruth.*
1694. 4.

Schelle (Johann Christian). Dissertatio de Francisco I,
Galliæ rege pacta cum Carolo V, imperatore ob redi-
mendam captivitatem inita adspernante. *Lips.* 1697. 4.

Sandoval (Prudenzio de) y **Cabrera** (Luis de). Historia
captivitatis Francisci I, Galliarum regis, nec non vitæ
Caroli V, in monasterio, cum relatione vitæ mortisque
Caroli infantis Philippi II, regis Hispaniæ, filii. (Trad.
de l'espagnol en latin par Adam Ebert.) *Mediol.* 1715.
8. (*Bes.*)

Rey (N... N...). Histoire de la captivité de François I.
Par. 1857. 8.

Champollion-Figeac (Aimé). Captivité du roi François I. *Par.* 1847. 4.

Apologia Madritiæ conventionis inter Franciscum I et
Carolum V. *Par.* 1526. 4.

Wesele-Scholten (Benjamin Pieter van). Dissertatio
de fœdere Madritano, quod Franciscus I rex cum Carolo V imperatore captivus fecit. *Amst.* 1784. 4. (Peu
commun.)

Traité de la paix perpétuelle accordée entre le très-chrétien roi de France et le très-puissant roi d'Angleterre
(Henri VIII), publié à Paris le mardi 27 août. *Par.*
1527. 16.

Maron (Eugène). François I et Soliman le Grand. Premières relations de la France et de la Turquie. (Fragment d'histoire diplomatique.) *Par.* 1855. 8.

Ribier (G....). Lettres et mémoires d'État, des rois,
des princes, ambassadeurs et autres ministres sous
les règnes de François I, Henri II et François II. *Par.*
1666. 2 vol. Fol.

Genin (François). Nouvelles lettres de la reine de Navarre
adressées au roi François I, son frère. *Par.* 1842. 8.

Faits et dits mémorables de plusieurs grands personnages
et seigneurs français, et des choses rares et secrètes advenues en France sous François I, Henri II, François II
et Charles IX. *Par.* 1565. 4.

Duchastel (Pierre). Oratio in funere Francisci, regis
Francorum. *Par.* 1547. 4.

Trad. en franç. par Jean Martin. *Par.* 1547. 4.
(*Bes.*)

Trad. en ital. *Venez.* 1547. 4.

Galland (Pierre). Oratio in funere Francisci I, Francorum regis, etc. *Par.* 1547. 4. (*Lv.*) Trad. en franç.
Par. 1547. 4.

Vida (Girolamo). Orazione funebre nella morte di Francesco I. *Padov.* 1583. 4.

François II,
roi de France (19 janvier 1544 — 10 juillet 1559 — 5 déc. 1560).

Recueil de choses mémorables faites et passées pour le
fait de la religion et état de ce royaume, depuis la mort
de Henri II, jusqu'au commencement des troubles en
1565. *Strasb.* 1565-66. 5 vol. 16. Publ. s. c. t. Mémoires
du prince Louis de Condé, par Denis François Secousse.
La Haye. 1743-45. 6 vol. 4.

Castelnau (Michel de). Mémoires, contenant les choses
remarquables sous les roys François II et Charles IX
depuis l'an 1559 jusqu'au 8 août 1570; publ. par Jacques de Castelnau. *Par.* 1621. 4. Augment. par Jean
le Laboureur. *Par.* 1659. 2 vol. Fol. Corrig. et augm.
(par Jean Godefroy). *Brux.* 1731. 3 vol. Fol. Trad. en
angl. par N... N... Kelly. *Lond.* 1724. Fol.

Davila (Enrico Caterino). Historia delle guerre civili di
Francia nelle quale si contengono le operazioni di qua-
tro re, Francesco II, Carlo IX, Henrico III ed Henrico IV,
cognominato il Grande (depuis 1559 jusqu'en 1598).
Venez. 1630. 4. *Ibid.* 1634. 4. *Ibid.* 1638. 4. *Lione.*
1641. 4. *Venez.* 1642. 4. *Par.* 1644. Fol. *Venet.* 1646.
Fol. *Ibid.* 1660. 4. *Ibid.* 1662. 4. *Ibid.* 1670. 4. *Ibid.*
1676. 4. Publ. par Apostolo Zeno. *Venez.* 1733. Fol.
Lond. 1755. 2 vol. 4. *Ibid.* 1801. 8 vol. 8. *Milan.* 1807.
6 vol. 8. *Ibid.* 1825. 6 vol. 8.

Trad. en allem. par Bernhard Reith. *Leipz.* 1792-93.
5 vol. 8. *Wien.* 1817. 5 vol. 8.

Trad. en angl. :
Par William Aylesbury. *Lond.* 1647. Fol.
Par Elias Farneworth. *Lond.* 1757. 2 vol. 4.

Trad. en espagn. par Basilio Varen de Soto. *Madr.*
1651. Fol. *Ibid.* 1659. Fol. *Ibid.* 1675. Fol. *Am-
beres.* 1686. Fol.

Trad. en franç. :
Par Jean Baudouin. *Par.* 1642. Fol. *Ibid.* 1644.
Fol. *Ibid.* 1647. 2 vol. 4. *Ibid.* 1657. 2 vol. 4.
Ibid. 1666. 4 vol. 12.
(Par Edme Mallet.) *Amst.* (*Par.*) 1757. 5 vol. 4.

Trad. en lat. par Pietro Francesco Cornazano. *Rom.*
1735-48. 3 vol. 4.

Tortora (Omero). Historia di Francia, nelle quale si
contengono le cose avvenute sotto Francesco II, Carlo IX, Enrico III et Enrico IV. *Venez.* 1619. 5 vol. 4.

Varillas (Antoine). Histoire de François II. *Amst.*
1695. 4.

Anderson (Walter). History of France during the reigns
of Francis II and Charles IX. *Lond.* 1769-82. 5 vol. 4.

(**Arconville**, Marie Geneviève Charlotte **Thiroux** d').
Histoire de François II, suivie d'une dissertation trad.
de l'italien de Michel Suriano, ambassadeur de Venise

en France, sur l'état de ce royaume à l'avénement de Charles IX au trône. *Par.* 1785. 2 vol. 12. (*Bes.*)

Tillet (Jean du). Traité pour la majorité du roi de France (François II) contre le légitime conseil malicieusement inventé par les rebelles. *Par.* 1559. 4.

Hermann (August Lebrecht). Frankreichs Religions- und Bürgerkriege im 16. Jahrhundert. *Leipz.* 1828. 8.
Duncan (John). The religious wars of France, from the accession of Henry II to the peace of Vervins. *Lond.* 1840. 8.

Tumultus Ambosianus, h. e. historia hujus tumultus, qui nuper in Gallia ad oppidum Ambosianum propter Guysiorum principum gubernationem a nobilitate Gallia excitatus est mense Martio 1560, s. l. 1560. 4. Trad. en franç. s. c. Advertissement et complainte au peuple français. *Strasb.* 1560. 12.

Planche (Étienne Regnier de la). Histoire de l'estat de France, tant de la république que de la religion sous le règne de François II, s. l. 1576. 8.

François II,
duc de Bretagne.

Notice sur le tombeau de François II, duc de Bretagne, par Michel Columb (1507), placé dans l'église cathédrale de Nantes. *Nant.* 1859. 8. (Extrait de l'ouvrage : *Nantes au* xix⁰ *siècle*, rédigé par MM. Guépin et Bo-namy.)

François I,
duc de Lorraine (... — 1544 — 1545).

Boullay (Edmond du). La vie et le trespas des deux princes Antoine I et François I, ducs de Lorraine, etc. *Metz.* 1547. 4.

(**Valincour**, Jean Baptiste Henri du **Trouset** de). Vie de François de Lorraine, duc de Guise. *Par.* 1681. 12.

François I de Médicis,
grand-duc de Toscane (25 mars 1541 — 19 oct. 1587).

Renieri (Antonio). Hymenæus in Francisci Medicis et Joannæ Austriacæ Etruriæ principum nuptiis. *Florent.* 1565. 4.
Angelio da Barga (Pietro). Epithalamium in nuptias Francisci Medicis, Florentinorum et Senensium principis, et Johannæ Austriacæ, Ferdinandi I imperatoris filiæ. *Florent.* 1566. 4. (Extrêmement rare.)
Guadagni (Giovanni). Laudatio in nuptias Francisci Medicis et serenissimæ Joannæ Austriacæ. *Florent.* 1568. 4. (Presque aussi rare que le poëme précédent.)
Gualterotti (Raffaello). Feste fatte in Firenze nelle nozze del serenissimo D. Francesco de Medici, etc., e della serenissima sua consorte Bianca Capello. *Firenz.* 1579. 4.
Sorbedio (Antonio Maria). Carmen in nuptias serenissimorum Francisci et Blancæ, Etruriæ ducum. *Ravenn.* 1579. 4.

Ammirato (Scipione). Orazione in morte di Francesco, granduca di Toscana. *Firenz.* 1587. 4.
Giacomini (Lorenzo). Orazione delle lodi di Francesco de Medici, etc. *Firenz.* 1587. 4.
Angelio da Barga (Pietro). Oratio in funere Francisci Medicis, magni ducis Etruriæ. *Florent.* 1587. 4.
Bocchi (Francesco). Oratio de laudibus Francisci Medicis, magni ducis Etruriæ. *Florent.* 1587. 4.
Compagni (Giovanni). Laudatio in obitum serenissimi Francisci Medicis, etc. *Florent.* 1587. 4.
Rossetti (Prospero). Oratio in funere Francisci Medicis, etc. *Florent.* 1587. 4.
Zucca (Francesco). In magni Hetruriæ ducis Francisci Medicis funus carmina lugubria. *Florent.* 1587. 4.

(**Soderini**, Giovanni Vittorio). Breve descrizione della pompe funerale fatte nell' esequie del serenissimo D. Francesco de' Medici, etc. *Firenz.* 1587. 4.
Strozzi (Giovanni Battista). Esequie del serenissimo D. Francesco de' Medici, etc. *Firenz.* 1587. 4.
Relazione delle solenni e pompose esequie fatte in Fiorenza nella morte del serenissimo Francesco de' Medici. *Rom.* 1587. 4.
Luigi da San Francesco. Discorso funerale nella morte del granduca di Toscana, Francesco de' Medici, etc. *Napol.* 1588. 4. (Excessivement rare.)

François I,
duc de Modène (5 sept. 1610 — 13 oct. 1658).

Gamberti (Domenico). Idea principis christiani, s. historia Francisci I, ducis Mutinensis. *Mutin.* 1659. Fol.
Mattioli (Ercole). Orazione in morte di Francesco I d'Este, duca di Modena. *Moden.* 1659. 4.

François (Pierre Alexandre),
général français (3 mai 1791 — 20 avril 1851).

Hiard (Tiburce). P. A. François, général de brigade, commandeur de la Légion d'honneur, etc. *Par.* 1852. 8. (Extrait du *Nécrologe universel du* xix⁰ *siècle*.)

François de Neufchâteau (Nicolas Louis, comte),
homme d'État français (17 oct. 1752 — 10 janvier 1828).

(**Cubières de Palmezeaux**, Michel). Essai historique sur la vie et les écrits de François (de Neufchâteau). *Par.*, an vii (1799). 8. (*Lv.*)
Féletz (Charles Marie Dorimont de). Discours aux funérailles de M. le comte François de Neufchâteau. *Par.* 1828. 4.
Silvestre (Augustin François de). Notice biographique sur N. L. François de Neufchâteau. *Par.* 1828. 8.
Bonnelier (Hippolyte). Mémoires sur François de Neufchâteau. *Par.* 1829. 8.
(**Lamouroux**, M... J...). Notice historique et littéraire sur la vie et les écrits du comte François de Neufchâteau. *Par.* 1843. 8. (Tiré à 100 exemplaires.)

Françoise (Sainte),
institutrice de la congrégation des Oblates (1384 — 9 mars 1440).

Penia ou Penna? (Francesco). Vita della S. Francisca...
Trad. en franç. :
Par Michel d'Emé. *Douai.* 1608. 12.
Par Charles Lambert. *Rouen.* 1609. 8.
Riedhofer (Corbinian Anton). Die heilige Francisca Romana. *Salzb.* 1822. 12.
Bussierre (Marie Théodore de). Vie de S. Françoise Romaine, fondatrice des Oblates de Tor di Specchio, précédée d'une introduction de la mystique chrétienne. *Par.* 1848. 8.

Françoise d'Alençon,
fille de René, duc d'Alençon.

Sainte-Marthe (Charles de). Oraison funèbre de Françoise d'Alençon, duchesse de Beaumont, douairière de Vendomois et de Longueville. *Par.* 1550. 8.

Françoise d'Amboise,
épouse de Pierre II, duc de Bretagne (1427 — mariée en 1442 — 4 nov. 1485).

Barrin (Jean). Vie de la bienheureuse Françoise d'Amboise, femme du duc de Bretagne, Pierre II. *Rennes.* (*Brux.*) 1704. 12.

Françoise de Bourbon,
épouse de Charles Emmanuel II, duc de Savoie.

Morozzo (Francesco). Breve raconto della vita e morte di madama reale Francesca di Borbon, duchessa di Savoia. *Torin.* 1664. 8.

Francowitz (Matthias Flach),
plus connu sous le nom de Flacius Illyricus, théologien illyrien (3 mars 1521 — 11 mars 1575).

Heldelin (Caspar). Christliche Predigt über der Leiche M. Flacii, Illyrici, weyland getreuen Dieners und Märtyrers Jesu Christi, etc., s. l. 1575. 4. (*D.*)
Sonntag (Christian). Dissertatio de præcipuorum quorundam theologorum seculi xvi et xvii, Lutheri, Melanchthonis, Flacii, Chemnitii, Tarnovii, Gerhardi, eruditione, in ecclesiam meritis et scriptis. *Altorf.* 1710. 4.
Ritter (Johann Balthasar). Leben und Tod M. Flacii Illyrici. *Frf.* et *Leipz.* 1725. 8. *Ibid.* 1727. 8. Portrait. (*D.*)
Heimburg (Ernst August Heinrich). Oratio de M. Flacio Illyrico, professore olim Jenensi fortissimo atque acerrimo theologiæ Lutheranæ propagatore. *Jenæ.* 1843. 8.
Twesten (August). M. Flacius Illyricus. Vorlesung mit autobiographischen Beilagen und einer Abhandlung über Philipp Melanchthon's Verhalten zum Interim, von Hermann Rossel. *Berl.* 1844. 8.

Francucci (Innocenzo),
peintre italien.

Papotti (Tommaso). Elogio di I. Francucci, imitatore glorioso del divino Raffaelo. *Imola.* 1840. 8.

Frangipane (Ottavio Fraja),
prêtre italien.
De-Vera (Carlo Maria). Elogio storico del P. abate
O. Fraja Frangipane, prefetto dell' archivio di Monte
Cassino. *Mont. Cass.* 1844. 4.

Frangipani (Franz Christoph , Graf v.),
magnat hongrois († exécuté le 30 avril 1671).
Vera et deducta descriptio criminalium processuum et
secuti supplicii in tres reos comites Francisci de Nadasdi, Petri a Zriny et F. C. Frangipani. *Vienn.* 1671.
Fol. Trad. en ital. *Vienn.* 1671. Fol.
Beschreibung, wie es mit denen Criminal-Processen und
darauf erfolgten Executionen wider die drei Grafen
Franz Nadasdi , Peter Zriny und F. C. Frangepan (!)
hergegangen, etc. *Nürnb.* 1671. 4.

Frank (Johann Peter v.),
médecin allemand (19 mars 1745 — 24 avril 1821).
Biographie des Dr. J. P. Frank, von ihm selbst geschrieben. *Wien.* 1802. 8. Portrait. Trad. en ital. *Milan.*
1802. 8. Contin. jusqu'en 1821 par Francesco TANTINI.
Pisa. 1822. 8.

Frank (Sebastian),
visionnaire allemand du xvie siècle († vers 1545).
Wald (Samuel Gottlieb). Dissertatio de vita, scriptis et
systemate mystico S. Franki. *Erlang.* 1793. 4.
Am Ende (Christian Carl). Kleine Nachlese zu den
vielen unvollständigen Nachrichten von S. Frank's
Leben , mit Fortsetzungen. *Nürnb.* 1796-99. 3 part.
4. *(D.)*

Franke (David),
théologien allemand (vers 1681 — 21 juillet 1756).
Lebenslauf D. Franke's. *Güstrow.* 1758. 8. Portrait. *(Cp.)*

Franke (Heinrich Gottlieb),
jurisconsulte allemand (10 août 1705 — 14 sept. 1781).
Eck (Johann Georg). Dissertatio de vita H. G. Frankii.
Lips. 1782. 4. *(D.)*

Frankenberg (Abraham v.),
théologien allemand (24 juin 1593 — 25 juin 1652).
Scheffler (Johann). Ehrengedächtniss des weiland A. v.
Frankenberg. *Oels.* 1652. 4.

Frankenberg (Jan Hendrik Graef van),
archevêque de Malines.
Leben und Character Frankenberg's. *Berl.* 1789. 8.
Voorvallen , daeden , etc., van J. H. Graef van Frankenberg, aerts-bisschop van Mechelen. *Breda.* 1804. 8.
Theiner (Augustin). Der Cardinal J. H. v. Frankenberg,
Erzbischof von Mecheln, Primas von Belgien, und sein
Kampf für die Freiheit der Kirche und die bischöfli-
chen Seminarien unter Joseph II. *Freib. im Breisg.*
1850. 8. Trad. en franç. par Paul de GESLIN. *Louvain.*
1852. 8.

Frankenberg (Sylvius v.),
jurisconsulte allemand.
Pagendarm (Johann Gerhard). Leichpredigt auf die
Gedächtniss - Solennien einer hohen adeligen Person ,
Herrn S. v. Frankenberg und Ludwigsdorf, Raths des
Herzogs von Würtemberg-Oels und Senioris provin-
cialis. *Brest.* 1726. Fol.

Franklin (Benjamin),
homme d'État anglo-américain (6 janv. 1706 — 17 avril 1790).
Franklin (Benjamin). Memoirs of his life.
Trad. en allem. par Gottfried August BUENGER. *Berl.*
1792. 8.
Trad. en franç. (par Esprit Antoine GIBELIN). *Par.*
1791. 8. Par Jean Henri CASTÉRA. *Par.*, an VI
(1798.) 2 vol. 8. Portrait. *(D.)* Par William Tem-
ple FRANKLIN. *Par.* 1818. 2 vol. 8. (Par Antoine
Charles RENOUARD). *Par.* 1828. 2 vol. 18.
Trad. en ital. par Giovanni TAMASSIA. *Bergam.*
1830. 8.
Fauchet (Claude). Éloge civique de B. Franklin. *Par.*
1791. 4.
(**Condorcet** , Marie Jean Antoine Nicolas **Caritat** de).
Eloge de Franklin. *Par.* 1791. 8.*
* Avec les portraits de Franklin et de Washington.
Milon (C...). Denkwürdigkeiten zur Geschichte B. Fran-
klin's. *Sanct-Petersb.* 1793. 8. *(D.)*

1

Selter (Johann Christian). Lebensbeschreibung B. Fran-
klin's. *Berl.* 1797. 8.
Bauer (Johann Christoph August). Franklin und Was-
hington. *
* Formant le huitième volume de l'ouvrage « Unterhaltende Anec-
doten aus dem achtzehnten Jahrhundert », *Berl.* 1803-06. 8 vol. 8.
Reddingius (W... G...). Leven van B. Franklin.
Groning. 1813. 8.
Life of B. Franklin. *Carlsr.* 1818. 8.
B. Franklin's Tagebuch, entworfen 1730 und hundert
Jahre später als Denkmal für die Nachwelt ans Licht
gestellt. *Eschweg.* 1830. 8.
Weems (M... L...). Life of B. Franklin. *Philadelph.*
1833. 8.
Kell (Julius). Lebensbeschreibung B. Franklin's, des
thatkräftigen Mannes und freisinnigen Volksfreun-
des, etc. *Leipz.* 1843. 8. *Ibid.* 1847. 8. Portrait.
Schmaltz (Carl). Leben B. Franklin's. *Leipz.* 1840. 8.
Sparks (Jared). Life of B. Franklin. *Boston.* 1844. 8.
Farine (Charles). B. Franklin ; etc., d'après les docu-
ments authentiques recueillis dans ses œuvres pos-
thumes et dans ses papiers de famille. *Tours.* 1847. 12.
Portrait.
Pictorial life of B. Franklin. *Philadelph.* 1847. 8.
Holley (O... L...). Life of B. Franklin. *New-York.*
1848. 8.
Autobiography of B. Franklin, with a narrative of his
public life and services, publ. par Henri HASTINGS
WELD. *Philadelph.* 1849. 8.
Ruprecht (Theodor). B. Franklin's Leben. *Leipz.*
1853. 8.
Bettziech-Beta (Heinrich). B. Franklin. Sein Leben ,
Denken und Wirken. *Leipz.* 1853. 18.

Santon (J...). Merkwürdiges Gespräch zwischen Franklin und (George) Washington. *Königsb.* 1815. 8.

Franklin (John),
navigateur anglais.
Simmonds (P... L...). Sir J. Franklin and the Arctic
regions. *Lond.* 1852. 12. *Ibid.* 1853. 12. 3e édition.

Franklin (William),
gouverneur de New-Jersey.
Whitehead (William A...). Biographical sketch of W.
Franklin, governor of (New-Jersey), from 1763 to 1776,
s. l. *(New-Jersey.)* 1848. 8.

Franqueville (Pierre de),
sculpteur français.
Duthilloeul (Hippolyte Romain Joseph). Éloge de P. de
Franqueville , premier statuaire des rois Henri IV et
Louis XIII. *Cambr.* 1821. 4. *
* Cet éloge , orné de son portrait, a été couronné par la Société d'é-
mulation de Cambrai.

Frantz (Jean),
magistrat français (.... — 14 déc. 1818).
Discours français prononcés , etc., à l'occasion du décès
de M. J. Frantz, conseiller de préfecture, etc. *Strasb.*,
s. d. (1818.) 8.

Frantz ou **Frantze** (Wolfgang),
théologien allemand (1564 — 26 oct. 1628).
(**Buchner** , August). Programma in funere W. Franzii.
Witteb. 1628. 4.
Roeber (Paul). Leichenpredigt bei W. Frantz'ens Be-
gängniss, nebst dessen Lebenslauf. *Witteb.* 1629. 4.
Neumann (Johann Georg). Programma de vita W.
Frantzii. *Witteb.* 1709. 4. *(D.)*

Frantzke (George),
jurisconsulte allemand (15 avril 1594 — 15 janvier 1659).
Hancke (Martin). Panegyricus in memoriam G. Frantz-
kii. *Gothœ.* 1660. 4.
Acker (Johann Heinrich). Vita et fata G. Frantzkii,
JCti et cancellarii Gothani, cum præfatione Burchardi
Gottliebi STRAUVII de illustribus Saxoniæ cancellariis.
Lips. 1714. 8. *(D.)*
Thierbach (Johann Gottlieb). Elogium G. Frantzkii.
Guben. 1767. Fol. *(D.)*
Leuschner (Johann Christian). Erneuerung des Anden-
kens des berühmten G. Frantzken, vormaligen Kanz-
lers des Herzogs Ernst des Frommen zu Gotha. *Brest.*
1784. 4.

Franz (Agnes),
poète allemande (8 mars 1795 — ...).

A. Franz. Lebensskizze, etc. *Bresl.* 1846. 8. Portrait.

Franzén (Frans Michael),
évêque de Wexio (9 février 1772 — 15 août 1847).

Mellin (Gustaf Henrik). Minnes-Tal öfver F. M. Franzén, etc. *Stockh.* 1847. 8.

Frapolli (Luigi),
homme d'État italien.

Memorie di L. Frapolli. *Basil.* 1851. 8. *

* Ce titre n'est pas exact.

Frauenburg (Johann Gerhard),
jurisconsulte allemand (17 nov. 1589 — 29 oct. 1630).

Poemer (Hector). Dissertatio de vita et morte J. G. Frauenburgeri, consiliarii et professoris Norici. *Altorf.* 1631. 4.

Frauenlob (Heinrich),
troubadour allemand († 1317).

Vogt (Nicolaus). Heinrich Frauenlob. *Frf.* 1792. 8.

Frayssinous (Denis Antoine Luc),
évêque d'Hermopolis (9 mai 1765 — 12 déc. 1841).

Henrion (baron). Notice sur la vie de Mgr. Frayssinous. *Par.* 1842. 8.
—— Vie de Mgr. Frayssinous, évêque d'Hermopolis. *Par.* 1844. 2 vol. 8. Portrait.
Éloge de Mgr. Frayssinous, évêque d'Hermopolis. *Bord.* 1850. 8.
Collombet (François Zénon). Étude sur Frayssinous. *Lyon.* 1853. 8. (Extrait de la *Revue du Lyonnais*.)

Freder (Johannes),
hymnographe allemand († 1562).

Chytraeus (David). Oratio de vita J. Frederi, Senioris, superintendentis ecclesiæ Wismariensis. *Rostoch.* 1591. 8. (*D.*)
Mohnike (Gottlieb). Des J. Frederus Leben und geistliche Gesänge. *Strals.* 1837-1840. 3 parts. 4. (*D.*)

Frédéric I, surnommé **Barberousse**,
empereur d'Allemagne (1121 — 9 mars 1152 — 10 juin 1190).

Otto Freisingensis. De rebus gestis Friderici I libri II, publ. par Johann Cuspinian. *Vindob.* 1515. Fol.
Adelphus (J...). Barbarossa, oder wahrhafftige Beschreibung des Lebens und der Geschichten Kayser Friedrich's I, genannt Rothbart. *Schaffh.* 1530. 8. *Strasb.* 1550. Fol. *Frf.* 1535. 8.
Bartoli (Cosmo). Vita di Federigo Barbarossa, imperatore Romano. *Firenz.* 1556. 8. *Venez.* 1567. 4. *Firenz.* 1586. 4. *Venez.* 1607. 4. *Milan.* 1819. 16. *Ibid.* 1829. 12. Portrait.
Guentherus (Ligurinus, s. de rebus gestis Friderici I libri X. *Basil.* 1569. Fol. *Heidelb.* 1812. 8.
Crusius (Martin). Oratio de imperatore Barbarossa. *Frf.* 1593. 4.
Weihenmaier (Elias). Dissertationes II de Friderico Ænobarbo. *Witteb.* 1689. 4.
Buenau (Heinrich v.). Probe einer genauen und umständlichen Teutschen Kayser- und Reichs-Historie, oder Leben und Thaten Friedrich's I. *Leipz.* 1722. 4.
Burchard (Johann). Historia Friderici I imperatoris, ducis Suecorum, et parentelæ suæ, publ. avec des notes par Georg Anton Christmann. *Ulm.* 1790. 4.
Kortuem (Friedrich). Kaiser Friedrich I mit seinen Freunden und Feinden. Geschichtlicher Versuch. *Aarau.* 1818. 8.
Ring (Carl Ludwig). Kaiser Friedrich I im Kampfe gegen Papst Alexander III. Historischer Versuch zur Aufklärung einiger bisher bezweifelten Thatumstände im Leben dieser beiden um die Weltherrschaft streitenden Zeitgenossen. *Stuttg.* 1835. 8.
Leben Kaiser Friedrich's des Rothbarts. *Berl.* 1837. 12.
Schoenbuth (Ottmar F... H...). Historia vom Kaiser Friedrich mit dem rothen Barte, von den Wälschen genannt Barbarossa, welcher im Kyffhäuser-Berg auf Erlösung harrt, etc. *Reutling.* 1849. 8.
Massmann (Hans Ferdinand). Kaiser Friedrich im Kyffhäuser, etc. *Quedlinb.* 1850. 8.
Sebire (François Antoine). Etude historique. Les partis

au moyen âge. Les Guelfes et les Gibelins. Les Noirs et les Blancs.—Frédéric II. Manfred. Conradin. Charles d'Anjou. Charles de Valois. Dante Alighieri. *Par.* 1853. 8.

Remus (Georg). Dissertatio qua commentum esse, calcasse collum imperatoris Friderici Alexandrum III, pontificem Romanum, ostenditur. *Norimb.* 1625. 4.
Hoffmann (Jeremias). Dissertatio historica de tyrannicá ignominia, quam Friderico Ænobarbo intulit Alexander III. *Witteb.* 1661. 4.
Artopæus (Johann Daniel). Dissertatio num Alexander III Fridericum Barbarossam pedibus calcaverit? *Lips.* 1673. 4.
Liebhard (Ludwig). Apologia pro Friderico I, quem a Romano pontifice pedibus conculatum esse nonnulli scribunt. *Baruth.* 1686. 4. *Altorf.* 1722. 4.
Haynovius (Michael). Dissertatio de Friderico I imperatore ab Alexandro III papa pede conculato. *Regiom.* 1688. 4.
May (Johann Baptist). Disquisitio de imperatore Friderico I ab Alexandro pontifice pede conculato. *Kilon.* 1701. 4. *Ibid.* 1729. 4.
Heumann (Christoph August). Dissertatio de Friderico Barbarossa, a papa (Alexandro III) non calcato. *Isenac.* 1710. 4.

Voigt (Johannes). Geschichte des Lombardenbundes und seines Kampfes mit Kaiser Friedrich I. *Königsb.* 1818. 8.

Cantelori (Felice). Narratio concordiæ inter Alexandrum III et Fridericum I Venetiis confirmatæ. *Par.* 1652. 4.

Hundeshagen (Bernhard). Kaiser Friedrich Barbarossa's Pallast in der Burg zu Gelnhausen. Urkunde vom Adel der Hohenstaufen und der Kunstbildung ihrer Zeit. *Mainz.* 1819. Fol.

Frédéric II,
empereur d'Allemagne, petit-fils du précédent (26 déc. 1194 — 1218 — 13 déc. 1250).

Funk (Carl Wilhelm Ferdinand). Geschichte Kaiser Friedrich's II. *Züllich.* 1791. 8.
Kolb (Georg Friedrich). Kaiser Friedrich II der Hohenstauffe. *Speier.*, s. d. (vers 1830.) 8.
Hoefler (Constantin). Kaiser Friedrich II. Beitrag zur Berichtigung der Ansichten über den Sturz der Hohenstauffen. *Münch.* 1844. 8.

Cisner (Nicolaus). Oratio de Friderico II, imperatore Romano. *Argent.* 1608. 4.
Schmutzer (Johann Gottfried). Dissertatio de Friderici II imperatoris in rem litterariam meritis. *Lips.* 1740. 4.

Historia de expeditione Friderici (II) imperatoris, edita a quodam clerico, qui eidem interfuit, nomine Ansberto, publ. avec des notes par Joseph Dobrowsky. *Prag.* 1826. 8.

Frédéric III, dit le **Pacifique**, *
empereur d'Allemagne (21 sept. 1415 — 1439 — 19 août 1493).

Piccolomini (Eneo Silvio) (Pio II). Historia rerum Friderici III, avec des notes de Johann Heinrich Boecler, publ. par Johann Georg Kulpis. *Argent.* 1685. Fol.

* Les historiens, qui regardent Frédéric III le Beau (voir le suivant), comme empereur, nomment celui-ci Frédéric IV.

Grunbeck (Joseph). Lebensbeschreibung Kaiser Friedrich's III, publ. par Johann Jacob Moser. *Tübing.* 1721. 8.
Chmel (Joseph). Beiträge zur Geschichte Kaiser Friedrich's IV. *Linz.* 1852. 4.
—— Geschichte Kaiser Friedrich's III und seines Sohnes Maximilian I. *Hamb.* 1840. 4.
—— Regesta chronologico-diplomatica Friderici III. *Vindob.* 1839-40. 2 vol. 4.

Boehmer (Georg Wilhelm). Kaiser Friedrich III. Entwurf einer Magna Charta für Deutschland, oder die Re-

formation dieses Kaisers vom Jahre 1441. *Goetting.*
1818. 8.

Mueller (Johann Jacob). Reichstags-Theatrum, wie solches unter Kayser Friedrich III von 1440-1493 gestanden. *Jena.* 1713. Fol.

Kurz (Franz Seraphim). Oesterreich unter Kaiser Friedrich IV. *Wien.* 1812. 2 vol. 8. Portrait.

Lambecius (Peter). Diarium sacri itineris Cellensis. *Vindob.* 1666. 4.

Wilisch (Christian Friedrich). Programma de symbolo imperatoris Friederici III : A. E. I. O. U. *Altenb.* 1716. 4. *

Schwarz (Christian Gottlieb). Epistola de imperatoris Friderici III symbolo elementario A. E. I. O. U. *Altorf.* 1716. Fol.

* Cette devise signifie : *Austriacorum Est Imperari Orbi Universo.* Le fameux savant Petrus LAMBICIUS donne dans son ouvrage : *Diarium sacri itineris Cellensis,* plus que 360 différentes interprétations de ces cinq voyelles.

Frédéric III, surnommé **le Beau**,
archiduc d'Autriche (1286 — 1308 — 13 janvier 1330).

Duellius (Raimund). Fridericus Pulcher Austriacus. *Norimb.* 1733. 4.

Koeler (Johann David). Voluntarium imperii consortium inter Fridericum (III) Austriacum et Ludovicum Bavarum ex pacto de anno 1525 adstructum. *Altorf.* 1733. 4. *Frf.* 1735. Fol.

Frédéric I,
premier roi de Prusse (12 juillet 1657 — 20 avril 1688 — 25 fév. 1713).

Abel (Caspar). Lineamenta prima historiæ Friderici regis (Borussiæ). *Halberst.* 1714. 4.

Gundling (Jacob Paul v.). Geschichte und Thaten Friedrich's I, Königs von Preussen. *Halle.* 1713. 8.

Mittag (Johann Georg). Geschichte Friedrich's I, Königs von Preussen. *Bautz.* 1734. 8.

Guetthern (J... H...). Leben und Thaten Friedrich's I, Königs von Preussen. *Bresl.* 1750. 4. Portrait. Trad. en angl. *Lond.* 1759. 8.

Pufendorf (Samuel v.). De rebus gestis Friderici III, publ. par Ewald Friedrich v. HERTZBERG. *Berol.* 1784. Fol.

Hennert (Carl Wilhelm). Denkwürdigkeiten zur Geschichte des Brandenburgischen Hauses unter Churfürst Friedrich III. *Berl.* 1790. 4.

Horn (Franz). Friedrich III, Churfürst von Brandenburg, erster König in Preussen. *Berl.* 1816. 8.

Hahn (Werner). Friedrich I, König in Preussen, im Jahre 1851, dem einhundertfünfzigjährigen Königreiche. *Berl.* 1851. 8. Portrait.

Erman (Jean Pierre). Oratio panegyrica Friderici I *Berol.* 1790. 8.

Frédéric II, surnommé **le Grand,**
roi de Prusse (24 janvier 1712 — 31 mai 1740 — 17 août 1787).

(**Frédéric II**). Mémoires pour servir à l'histoire de la maison de Brandebourg. *Berl.* et *la Haye.* 1751. 4.
—— Mémoires sur mon règne. *Berl.* 1789. 5 vol. 8. Réimprim. s. c. t. Histoire de mon temps. *Berl.* 1826. 2 vol. 8.
Trad. en allem. *Berl.* 1789. 5 vol. 8.
Trad. en angl. par Thomas HOLCROFT. *Lond.* 1789. 2 vol. 8.

Merkwürdiger Regierungsantritt Friedrich's II. *Frf.* et *Leipz.* 1741-44. 2 vol. 8.

Foerster. (N... N...). Leben und Thaten Friedrich's II. *Bresl.* 1746. 8.

(**Muralt,** Béat Louis de). Histoire de Frédéric le Grand. *Frf.* et *Leipz.* 1757. 2 vol. 12.

(**Adelung,** Johann Christian). Denkwürdigkeiten Friedrich's des Grossen, s. l. (*Gotha.*) 1757-60. 9 vol. 18.

Helden- Staats- und Lebensgeschichte des Königs in Preussen, Friedrich's II. *Frf.* et *Leipz.* 1758-64. 7 volumes 8.

(**Seyfart,** Johann Friedrich). Lebens- und Regierungsgeschichte Friedrich's des Andern, Königs in Preussen. *Frf.* et *Leipz.* 1759-70. 9 vol. 8.

(**Hoerschelmann**, Friedrich Ludwig Anton). Staats- und Lebensgeschichte Friedrich's II, König in Preussen. *Frf.* et *Leipz.* 1761-63. 5 vol. 8.

Geheime Zeitgeschichte des Weltweisen zu Sanssouci, s. l. 1762. 8.

(**Voltaire,** François Marie **Arouet de**). Friedrich's des Grossen Privatleben, etc. *Leipz.* 1784. 8. (Trad. du français.)

Lebens- und Regierungsgeschichte Friedrich's des Grossen. *Leipz.* 1784-88. 5 vol. 8.

Hammerdoerfer (Carl). Leben Friedrich's II, des Grossen. *Leipz.* 1786. 8. *Ibid.* 1787. 8. Portrait. Trad. en en franç. par N... N... THYRION *. *Par.* 1787. 8.

* Le véritable nom de ce traducteur est Emmanuel BROSSELARD.

Knueppeln (Julius Friedrich). Dem Andenken König Friedrich's des Einzigen gewidmet, s. l. (*Berl.*) 1786. *Ibid.* 1789. 8.

Pajon de Moncets (Louis Ésaïe). Oraison funèbre de très-haut, très-puissant et très-excellent prince Frédéric II, roi de Prusse. *Berl.* 1786. 8. (Omis par Quérard.)

Guy Daudanger (Charles de). Discours adressé à monseigneur de Béville à l'occasion de la mort du roi de Prusse (Frédéric II). *Neuchât.* 1786. 8. (Quérard ne fait pas mention de ce discours.)

Laureau (N... N...). Eloge du roi de Prusse (Frédéric II). *Par.* 1787. 8.

(**Guibert,** Jacques Antoine Hippolyte de). Éloge du roi de Prusse. *Lond.* (*Par.*) 1787. 8. (*Bes.*) *Berl.* 1787. 12.
Trad. en allem. :
Par Johann Nepomuck BISCHOFF. *Leipz.* 1787. 8.
Par Johann Friedrich ZOELLNER. *Berl.* 1788. 8.
Trad. en espagn. par Francisco Antonio de ESCARTIN. *Madr.* 1787. 8.
Trad. en ital. par Giuseppe CAPECELATRO et publ. par Wilhelm DOROW. *Berl.* 1831. 8.

Wagner (Heinrich Leopold). Elogium Friderici II, s. l. 1787. 8.

Meister (Johann Christian Friedrich). Lobrede auf Friedrich II. *Brest.* et *Brieg.* 1787. 8.

Schulz (Joachim Christoph Friedrich). Friedrich der Grosse. Versuch eines historischen Gemäldes. *Weimar.* 1786-87. 3 parts. 8.

Fischer (Friedrich Christoph Jonathan). Geschichte Friedrich's II. *Görl.* 1787. 2 vol. 8. Trad. en holland. *Leyd.* 1798. 2 vol. 8.

Bucquoy (Erdmann Friedrich). Leben und Ende Friedrich's des Einzigen. *Bresl.* 1787-91. 4 vol. 8. *Ibid.* 1790-92. 4 vol. 8.

Bourdais (Sébastien Frédéric). Portrait de Frédéric le Grand. *Berl.* 1788. 8. Trad. en allem. s. c. t. Schilderung, etc. (par Samuel Heinrich CATEL). *Berl.* 1788. 8.

Grimoard (Philippe Henri de). Tableau historique et militaire de la vie et du règne de Frédéric le Grand. *Lond.* et *Par.* 1788. 8.

Ligne (Charles Joseph de). Mémoires sur le roi de Prusse, Frédéric le Grand. *Berl.* et *Libau.* 1788. 8.

Mirabeau (Honoré Gabriel Victor **Riquetti de**). De la monarchie prussienne sous Frédéric le Grand, etc. *Lond.* (*Par.*) 1788. 4 vol. 8. Trad. en allem. par Jacob v. MAUVILLON. *Braunschw.* 1793-95. 4 vol. 8.

Zimmermann (Johann Georg v.). Über Friedrich den Grossen und dessen Unterredung mit ihm kurz vor seinem Tode. *Berl.* 1788. 8. *Carlsr.* 1788. 8.

Buesching (Anton Friedrich). Character Friedrich's II. *Halle.* 1788. 8.
Trad. en franç. par N... N... D'ARNEX. *Bern.* 1788. 8. (*Bes.*)
Trad. en holland. *Zalt-Bommel.* 1788. 8.

(**Denina,** Carlo). Essai sur la vie et le règne de Frédéric II. *Turin.* 1788. 8. *Berl.* 1788. 8. Trad. en holland. *Amst.* 1789. 8.

(**Laveaux,** Jean Charles **Thiébault de**). Vie de Frédéric II, roi de Prusse. *Strasb.* 1788. 7 vol. 8. Portrait.* (*Bes.*) Trad. en angl. *Lond.* 1789. 2 vol. 8.

* Les trois derniers volumes sont intitulés : *Lettres sur la vie et le règne de Frédéric II.*

Towers (Joseph). Memoirs of the life and reign of Frederick II. *Lond.* 1788. 2 vol. 8.

Calzada (M... B... de). Vida de Federico II, rey de Prussia. *Madr.* 1788. 4 vol. 4.

Papst (Johann Georg Friedrich). Leben Friedrich's II, etc. *Nürnb.* 1788-89. 2 vol. 8. Portrait.

Mursinna (Friedrich Samuel). Regierung Friedrich's des Grossen. *Halle.* 1788-90. 8 vol. 8.

Geissler (Adam Friedrich). Lebens-, Regierungs- und Thatengeschichte Friedrich's des Grossen. *Leipz.* 1788-91. 4 parts. 8.

(**Roeder**, Johann Ulrich). De rebus gestis Friderici M., *Hildburgh.* 1788-91. 4 vol. 8.

(**Formey**, Jean Henri Samuel). Souvenirs d'un citoyen. *Berl.* 1789. 2 vol. 8. *Ibid.* 1797. 2 vol. 8.

(**Stein**, Christian Gottfried Daniel). Characteristik Friedrich's II. *Berl.* 1789. 5 vol. 8.

Storia di Frederico II. *Vienna.* 1789. 4 vol. 8.

André (C... C...). Friedrich's des Einzigen Characteristik. *Berl.* 1790. 8.

Zimmermann (Johann Georg v.). Fragmente über Friedrich den Grossen, zur Geschichte seines Lebens, seiner Regierung und seines Characters. *Leipz.* 1790. 5 vol. 8. Trad. en franc. (par Jean Baptiste MERCIER). *Lausan.* et *Par.* 1790. 8.

Freimüthige Anmerkungen über des Herrn Ritters v. Zimmermann's *Fragmente über Friedrich den Grossen.* *Berl.* 1792. 2 vol. 8.

Mueller (Justus Conrad). Skizze eines Gemäldes von Friedrich dem Grossen. *Goetting.* 1792. 8.

Dantal (Carl). Friedrich der Einzige in seinen Privat- und litterarischen Stunden. *Elbing.* 1792. 8. Trad. en franc. *Berl.* 1792. 8.

Mursinna (Friedrich Samuel). Leben Friedrich's II, Königs von Preussen. *Halle.* 1794. 8.

(**Funke**, Carl Philipp). Leben und Character Friedrich's II. *Berl.* 1794. 8. *Ibid.* 1808. 8.*

* Publ. s. l. pseudonyme de J. C. FRRISS.

Knueppeln (Julius Friedrich). König Friedrich der Einzige in seinem Privat- und öffentlichen Leben. *Hamb.* 1795. 8.

Garve (Christian). Fragmente zur Schilderung des Geistes, Characters und der Regierung Friedrich's II. *Bresl.* 1798. 2 vol. 8. *Ibid.* 1801. 2 vol. 8.

Riemer (Johann Andreas). Friedrich's des Einzigen Leben. *Zittau.* 1799. 4.

Struve (Johann Christian v.). Fridericus II, Borussorum rex. *Ratisb.* 1800. 4.

Jenisch (Daniel). Denkschrift auf Friedrich II. *Bresl.* 1801. 8.

Wuertzer (Heinrich). Characteristik Friedrich's II, Königs zu Preussen. *Chemnitz.* 1801. 8. Augm. *Leipz.* 1816. 8.

Thiébault (Dieudonné). Mes souvenirs de vingt ans de séjour à Berlin, ou Frédéric le Grand, sa famille, sa cour, son gouvernement, son académie, ses écoles et ses amis. littéraires et philosophes. *Par.* 1804. 5 vol. 8. (*Bes.*) *Ibid.* 1808. 5 vol. 8. Revus par Anne Henri DAMPMARTIN. *Par.* 1813. 4 vol. 8. *Ibid.* 1827. 5 vol. 8.* Trad. en allem. *Leipz.* 1828. 2 vol. 8.

Trad. en angl. s. c. t. Original anecdotes of Frederick II. *Lond.* 1805. 2 vol. 8. *Philad.* 1806. 8.

* Chacune de ces deux dernières éditions est accomp. de 2 portraits.

Krause (Carl Heinrich). Lebensgeschichte Friedrich's II, etc. *Freyberg.* 1805. 8.

Sternagel (Johann Georg). Leben Friedrich's II. *Bresl.* 1806. 8.

Schoening (N... N...). Schilderung des Privatlebens Friedrich's II. *Berl.* 1808. 8.

Mueller (Adam Heinrich). Drei Vorlesungen über König Friedrich II und die Natur, Würde und Bestimmung der Preussischen Monarchie. *Berl.* 1810. 8.

Pflaum (Johann Christoph Ludwig). Friedrich der Grosse. *Stuttg.* 1815. 8. *

* Formant le 3e volume de l'ouvrage *Lebensbeschreibungen merkwürdiger Maenner.*

Buesching (Anton Friedrich). Beiträge zur Regierungsgeschichte Friedrich's des Grossen. *Leipz.* 1816. 8.

Krieger (Johann Friedrich). Leben und Thaten Friedrich's des Einzigen, etc., in einer Reihe von Kupferstichen und Holzschnitten. *Halberst.* 1817. 8.

Tschucke (Carl Friedrich). Handbuch der Geschichte Friedrich's II, des Grossen, des Einzigen, als Prinz, Regent, Feldherr und Privatmann. *Berl.* 1818. 2 vol. 8. 2 portraits.

Neumann (Carl Georg). E. M. Arndt's Urtheil über Friedrich den Grossen beleuchtet. *Berl.* 1820. 8.

Seidl (Carl v.). Friedrich der Grosse und seine Gegner. *Frf.* et *Gotha.* 1819-20. 4 vol. 8.

—— Beleuchtung manchen Tadels Friedrich's des Grossen, etc. *Liegn.* 1821. 8.

Foerster (Friedrich). Friedrich's des Grossen Jugendjahre, Bildung und Geist, etc., nebst einer Übersicht der Regierung Friedrich Wilhelm's I. *Berl.* 1822. 8.

Friedrich's des Grossen Biographie. *Chemnitz.* 1823. 8. Portrait.

Kolb (Georg Friedrich). Leben Friedrich's des Einzigen. *Speier.* 1828-29. 5 vol. 12. * *Ibid.* 1840. 4 vol. 12. Port.

* Le dernier volume porte pour titre : *Friedrich II und Napoleon.*

Foerster (Lebrecht Günther). Portrait Friedrich's des Grossen. *Berl.* 1829. 8. Trad. en suéd. *Christiansstadt.* 1833. 12.

Paganel (Camille). Histoire de Frédéric le Grand. *Par.* 1830. 2 vol. 8.

Dover (lord). Life of Frederick II. *Lond.* 1832. 2 vol. 8. Portrait. *New-York.* 1852. 2 vol. 18. *Lond.* 1840. 2 vol. 8. Trad. en franc. par A... ENOT et précéd. d'une introduction par Adolphe BOSSANGE. *Par.* 1834. 3 vol. 12.

Preuss (Johann David Erdmann). Friedrich der Grosse. Lebensgeschichte, etc. *Berl.* 1832-35. 9 vol. 8.

—— Lebensgeschichte des grossen Königs Friedrich von Preussen. *Berl.* 1834. 2 vol. 8. Portrait. *Ibid.* 1857. 2 vol. 8.

Muechler (Carl). Friedrich der Grosse. Zur richtigen Würdigung seines Geistes und Herzens, enthaltend einzelne Scenen, Anecdoten, schriftliche und mündliche Aeusserungen von ihm aus seiner Jugendzeit bis zu seinem Tode. *Berl.* 1834. 8. *Ibid.* 1837. 8.

Ernesti (Johann Heinrich Martin). Friedrich der Grosse; Vergangenheit, Gegenwart und Zukunft. *Meiss.* 1835. 8. Portrait.

Chauber (Theodor). Friedrich der Grosse, König von Preussen ; sein Leben und Wirken, nebst einer gedrängten Geschichte des siebenjührigen Krieges. *Stuttg.* 1835. 8. *Ibid.* 1837. 8. 5 portraits.

Roedenbeck (Carl Heinrich Siegfried). Beiträge zur Erläuterung der Lebensbeschreibungen Friedrich Wilhelm's I und Friedrich's II. *Berl.* 1836. 8.

Bielefeld (N... N... v.). Friedrich der Grosse und sein Hof, oder so war es vor hundert Jahren, in vertrauten Briefen, geschrieben von 1738-60. *Bresl.* 1838. 2 vol. 8.

Muechler (Carl). Scenen aus dem Leben Fredrich's des Grossen und seines Bruders, des Prinzen Heinrich's von Preussen. *Berl.* 1836. 8. Portrait du roi.

Posthumus * (Theodor). Friedrich's Jugendjahre. Beitrag zur Gedächtnissfeier des Helden. *Berl.* 1840. 8. *Ibid.* 1841. 8.

* Auteur déguisé.

Eylert (Friedrich Rulemann). Leben Friedrich's des Grossen. *Hamb.* 1840. 8.

Aefner (R...). Friedrich der Grosse, dargestellt nach den besten Quellen. *Magdeb.* 1840. 2 vol. 8.*

* Publ. s. l. n. de A... E... FERN.

Foerster (Friedrich). Leben und Thaten Friedrich's des Grossen. *Meiss.* 1840-42. 2 vol. 8. Portraits.

Preuss (Johann David Erdmann). Friedrich's des Grossen Jugend und Thronbesteigung ; eine Jubelschrift. *Berl.* 1840. 8.

Koeppen (Carl Friedrich). Friedrich der Grosse und seine Wiedersacher ; eine Jubelschrift. *Leipz.* 1840. 8.

Reiche (Carl Friedrich). Friedrich der Grosse und seine Zeit. *Leipz.* 1840. 4. 24 portraits. Trad. en dan. par A... J... HOEST. *Kjöbenh.* 1841. 8.

West (Theodor). Friedrich der Grosse. *Berl.* 1840. 4.

Buerkner (Robert). Lebens- und Regierungsgeschichte Friedrich's des Grossen. *Bresl.* 1840. 8.

Kugler (Franz). Geschichte Friedrich's des Grossen. *Leipz.* 1841. 8. *Ibid.* 1847. 8.

Trad. en angl. par Edward Alexander MORIARTY. *Lond.* 1844. 8.

Trad. en russe par N... N... KONI. *St. Peterb.* 1843. 8.

Wuttke (Heinrich). Persönliche Gefahren Friedrich's des Grossen im ersten schlesischen Kriege. *Leipz.* 1841. 8.

Campbell (Thomas). Frederick the Great and his times. *Lond.* 1841. 2 vol. 8. Augment. s. c. t. Court and times of Frederick II. *Lond.* 1843. 4 vol. 8.

Roedenbeck (Carl Heinrich Siegfried). Tagebuch oder Geschichtskalender aus Friedrich's des Grossen Regentenleben. *Berl.* 1842. 3 vol. 8.

Hense (Carl Conrad). Friedrich der Grosse. Kurze Darstellung des Lebens, Characters und der Thaten des grossen Königs. *Brandenb.* 1845. 8. *Berl.* 1851. 8.

Raumer (Friedrich v.). Rede zur Gedächtnissfeier Friedrich's II. *Berl.* 1847. 4.

Kutzen (Joseph). Friedrich der Grosse und sein Heer in den Tagen der Schlacht bei Leuthen (5 December 1757), nebst einer umfassenden Darstellung der Letztern. *Bresl.* 1851. 8.

Becker (Friedrich). Geschichte Friedrich's des Grossen, mit dem Standbilde Friedrich's von Rauch, etc. *Berl.* 1851. 8.

Festenberg (G... A...). Friedrich II, Preussen's Ruhm und Ehre, als Erinnerung an den 51ten Mai 1851. *Berl.* 1851. 16.

Zur Erinnerung an Friedrich den Grossen. *Berl.* 1851. 8.

Warnery (Charles Emmanuel de). Campagnes de Frédéric II, roi de Prusse, de 1756 à 1762. *Vienne.* 1788. 8. Trad. en allem. *Hannov.* 1791. 2 vol. 8.

Mueller (L...). Geschichte der Kriege Friedrich's des Grossen. Trad. en espagn. par Francisco Paterno. *Malaga.* 1789. 4. (Très-rare.)

Jomini (Henri de). Histoire critique et militaire des guerres de Frédéric II. *Par.* 1811. 3 vol. 8. *Brux.* 1840. 2 vol. 8. Trad. en allem. par E... v. Voelderndorf. *Tübing.* 1812. 4 vol. 12.

Kuester (Carl Daniel). Lebensrettungen Friedrich's des Grossen im siebenjährigen Kriege und besonders vom Hochverrath des Baron v. Warkotsch, etc. *Berl.* 1792. 8. *Ibid.* 1797. 8.

(**Krickende**, Johann Samuel). Beleuchtung der bisherigen und besonders der Küster'schen Darstellung der Warkotschen Verrätherei gegen König Friedrich II. *Grottkau.* 1792. 8.

Wolf (C... M...). Friedrich's des Grossen staatsrechtliche Grundsätze. Beitrag zur hundertjährigen Feier seiner Thronbesteigung. *Berl.* 1840. 8.

Tralles (Balthasar Ludwig). Aufrichtige Erzählung seiner mit Friedrich dem Grossen gehaltenen Unterredungen. *Bresl.* 1789. 8.

Hertzberg (Ewald Friedrich v.). Historische Nachricht von dem letzten Lebensjahre König Friedrich's II, s. l. et s. d. 8.

Nachricht vom Tode Friedrich's II. *Berl.* 1786. 8.

(**Vocke**, N... N...). Die letzten Lebenstage Friedrich's II, nebst einer Skizze von seinen Thaten und seinem Character. *Berl.* 1787. 8.

Friedrich's Testament vom 8. Januar 1769. *Berl.* 1792. 8.

Lexicon aller Anstössigkeiten und Prahlereien, welche in den zu Berlin in 15 Bänden erschienenen Schriften Friedrich's des Grossen vorkommen. *Prag.* 1790. 8. (Peu commun.)

(**Schroeckh**, Samuel Jacob). Friedrich II im Elysium. *Leipz.* 1786. 8. *Ibid.* 1790. 8.

Friedrich II als Schriftsteller im Elysium. *Constantinop.* (*Augsb.*) 1790. 8.

Friedrich II und Mirabeau. Dialog im Elysium. *Leipz.* 1793. 8.

Sangerhausen (Christoph Friedrich). Minos, s. de rebus gestis Friderici II apud inferos. *Lips.* 1797-99. 2 vol. 8. *Ibid.* 1809. 2 vol. 8. Trad. en allem. *Brem.* 1798. 8.

Butenschoen (Johann Friedrich). Caesar, Cato und Friedrich v. Preussen. *Heidelb.* 1789. 8.

Gillies (John). View of the reign of Frederick II, with a parallel between that prince and Philip II of Macedon. *Lond.* 1789. 8. *Ibid.* 1809. 8. Trad. en allem. par Christian Garve. *Berl.* 1791. 8.

Sangerhausen (Christoph Friedrich). Fridericus II Julio Cæsari Romano comparatus. *Hal.* 1791. 8.

Minutoli-Menu (Heinrich Carl v.). Friedrich und Napoleon. *Berl.* 1840. 8. Portrait.

Goertz (E... C... A... v.). Wer war grösser : Friedrich der Grosse oder Napoleon? Vergleichende Schilderung dieser grossen Männer als Mensch, Held, Staatsmann und Fürst. *Quedlinb.* 1840. 6 vol. 8.

Preuss (Johann David Erdmann). Ist Friedrich der Grosse irreligiös gewesen? Geschichtliche Abhandlung. *Berl.* 1832. 8.

— — Friedrich der Grosse als Schriftsteller, etc. *Berl.* 1857. 8.

— — Ergänzungsheft zum vorhergehenden Werke. *Berl.* 1838. 8.

— — Friedrich der Grosse mit seinen Verwandten und Freunden. *Berl.* 1838. 8.

Friedrich der Grosse als Kenner und Dilettant auf dem Gebiete der Tonkunst. *Potsd.* 1847. 8.

Schulthess (Robert). Friedrich (II) und Voltaire in ihrem persönlichen und literarischen Wechselverhältnisse ; literar-historische Skizze. *Nordhaus.* 1850. 8.

(**Diebitsch**, Carl Friedrich Wilhelm v.). Zeit- und Geschäfts-Eintheilung König Friedrich's II, auf Befehl Kaiser Paul's I entworfen. *St. Petersb.* 1800. 8. *Ibid.* 1802. 8.

Buri (Ernst Carl Ludwig Ysenburg v.). Anecdoten aus den Leben Friedrich's des Grossen. *Neuwied.* 1787-88. 2 vol. 8.

Nicolai (Friedrich). Anecdoten von Friedrich II und seiner Umgebung. *Berl. et Stett.* 1788-92: 6 parts. 8.

Hildebrandt (Johann Andreas Christoph). Anecdoten und Characterzüge aus dem Leben Friedrich's II. *Halberst. et Leipz.* 1829-33. 6 vol. 12. Portrait.

Meyer (Franz). Anecdoten von Friedrich dem Grossen: *Quedlinb.* 1840. 8.

Jeleni (Ludwig). Anecdoten und Characterzüge aus dem Leben Friedrich's II, Königs von Preussen. *Berl.* 1841. 8.

Fleischer (August Albrecht Gottfried). Leben einiger Staatsminister Friedrich's II. *Magdeb.* 1766. 4.

Foerster (Friedrich). Denkmal Friedrich's des Grossen. *Berl.* 1837. Fol.

Frédéric I,
premier électeur de Brandebourg (20 sept. 1372 — 1411 — 21 sept. 1440).

Gundling (Jacob Paul v.). Leben und Thaten Friedrich's I, Churfürsten zu Brandenburg. *Halle.* 1715. 8.

Reinhard (Johann Paul). Panegyricus memoriæ Friderici marchionis Brandenburgici. *Erlang.* 1763. Fol. Trad. en allem. s. c. t. Character des durchlauchtigsten Friedrich, etc., par Johann Georg Friedrich Papst. *Nürnb. et Altorf.* 1783. 4.

Rochow (C... F... L... v.). Friedrich, erster Churfürst von Brandenburg, aus dem Fürstenhause der Hohenzollern. *Berl.* 1840. 8.

Franklin (Otto). Die deutsche Politik Friedrich's I, Kurfürsten von Brandenburg. *Berl.* 1851. 8. (Ouvrage couronné.)

Frédéric II,
électeur de Brandebourg (9 nov. 1413 — 21 sept. 1440 — 10 février 1471).

Gundling (Jacob Paul v.). Leben und Thaten Friedrich's des Andern, Churfürsten zu Brandenburg. *Berl. et Potsd.* 1725. 8. *Ibid.* 1733. 8.

Frédéric I,
roi de Danemark (3 sept. 1470 — 14 avril 1523 — 3 avril 1533).

Scepper (Cornelius). Responsio ad emissos contra Christianum II Lubecensium articulos, quibus suscepti adversus eum belli rationem præscribunt, s. l. 1524. 4.

— — Responsio illustrissimi domini Christierni, quibus rationem belli adversus cum suscepti illustrissimus Holsatiæ dux Fridericus illius patruus reddere conatur itemque rationem et cur eundem expulerit et regnis et ducatibus spoliarit, subjungit. *Hafn.* 1524. 4.

Svave (Peder). Responsio ad Christierni patruelis calumnias. *Hafn.* 1524. 4.

Frédéric II,
roi de Danemark (30 juin 1534 — 1er janvier 1559 — 4 avril 1588).

Hanck (J... H... T...). Kong Frederik II og Oluf Bagger. *Odense.* 1837. 8.

Rantzau (Hendrik). Descriptio pompæ funebris habitæ Roschildæ in exequiis Friderici II. *Hamb.* 1588. 4.

Wolff (Jacob). Oratio de vita et morte Friderici II. *Rostoch.* 1588. 4.

Knopf (Christoph). Concio funebris in obitum Friderici II. *Hafn.* 1588. 4. *Witteb.* 1589. 4.

Lauridsen (Anders). Oratio de vita et morte Friderici II. *Hafn.* 1588. 8.

Slangerup (Hans Olsen). Oratio funebris in obitum regis Friderici II. *Hafn.* 1588. 8. Trad. en dan. par Niels Hansen Saxild. *Kjoebenh.* 1589. 8.

Vedel (Anders Soerensen). Ligpraediken over Kong Frederik II, tillegemed Chronologie over hvad sig i hans Regjeringstid haver tildraget. *Kjoebenh.* 1588. 4.

Zweyerley Bericht und Verzeichniss von König Friedrich's II Todt und Begräbniss. *Leipz.* 1588. 4.

Arctander (Nicolaus). Exsequiæ Friderici II, regis Daniæ. *Hafn.* 1590. 4.

Resen (Peder Hansön). Kong Frederik den Andens Krönike. *Kjoebenh.* 1680. Fol.

Lorentsen (Johan). Das preiswürdigste Gedächtniss des Königs Friedrich II. *Kopenh.* 1693. 4.

Pontanus (Johan Isachsen). Vita Friderici II regis Daniæ, publ. par Georg Krysing. *Flensb.* 1735. 4.

Kellinghusen (Christian). Warhafftig und kurzes Verzeichniss des Krieges, welchen König Friedrich II anno 1559 wider die Dithmarsen geführet. *Strasb.* 1569. 4. Trad. en lat. *Basil.* 1570. 8. *Argent.* 1574. 8.*
* Publ. sous le nom latinisé de Cilicius.

Ens (Caspar). Rerum Danicarum Friderici II gestarum historia, bellum Dithmarsicum et Suevicum complectens. *Frf.* 1593. Fol.

Molbech (Christian). Historie om Ditmarsker-krigen Aar 1500, og Ditmarskens Erobring under Kong Frederik II, med en historiske Udsigt over Ditmarkersfolkets Vilkaar in aeldre Tider. *Kjoebenh.* 1813. 8.

Frédéric III,
roi de Danemark (18 mars 1609 — 28 février 1648 — 9 février 1670).

Wandal (Hans). Memoria gloriosa regis Friderici III, oratio funebris. *Hafn.* 1670. 4.

Bartholinus (Berthel). Laudatio funebris in Fridericum III. *Hafn.* 1670. Fol.

Foss (Matthias). Atrata Pallas, s. oratio in excessum Friderici III. *Hafn.* 1670. Fol.

Nyerup (Rasmus). Eftérretninger om Kong Friderik III. *Kjoebenh.* 1817. 8.

Spittler (Ludwig Timotheus v.). Geschichte der dänischen Revolution im Jahre 1660. *Berl.* 1796. 8.

Gruene (J... P...). Revolutionen in Danmark i Aaret 1660. *Kjoebenh.* 1840. 8.

Beringius (Vitus). Dissertatio de bello Dano-Anglico. *Par.* 1622. 4.

Manley (Roger). History of the late wars in Denmark, from 1657 to 1660. *Lond.* 1670. Fol.

Frédéric IV,
roi de Danemark (11 oct. 1671 — 25 août 1699 — 21 oct. 1730).

Getreuer (Christian Peter). Journal over Kong Frederiks IV Regjering. *Kjoebenh.* 1720. 4.

Holberg (Ludwig). Oratio parentalis in obitum Friderici IV. *Hafn.* 1747. 8.

Bussaeus (Anders). Kong Frideriks IV Dagregister. *Kjoebenh.* 1770. 8. Trad. en allem. *Kopenh.* 1773. 8.

Hoyer (Andreas). Leben und Geschichte König Friedrich's IV. *Hafn.* 1732. 8.

Bussaeus (Anders). Leben oder historisches Tageregister der vornehmsten Begebenheiten Friedrich's IV. *Kopenh.* 1782. 8.

Riegels (Niels Detlev). Udkast til fjerde Fredericks Historie. *Kjoebenh.* 1795. 2 vol. 8.

Hoyer (Andreas). König Friedrich's IV glorwürdigstes Leben. *Kopenh.* 1829. 2 vol. 8.

Frédéric V,
roi de Danemark (31 mars 1723 — 6 août 1746 — 14 janvier 1766).

Mascov (Elias). Discursus panegyricus de Friderico V. *Hafn.* 1755. 4.

With (Niels Randulph). Klagetale over Kong Friderik V. *Kjoebenh.* 1766. 8.

Wivet (Friderik Wilhelm). Soergetal over Kong Friderik V. *Kjoebenh.* 1766. 4.

Gunnerus (Johann Ernst). Klagetale over Kong Friderik V. *Trondh.* 1766. 8.

Gutfeldt (Peder). Ligpraediken over Kong Friderik V. *Hadersl.* 1766. 4.

Arentz (Michael Stub). Ligpraediken over Kong Friderik V. *Berg.* 1767. 4.

Mourier (Frédéric Moïse). Oraison funèbre de Frédéric V, roi de Danemark. *Copenh.* 1766. 4. * Trad. en allem. par Christian Friderik Jacobi. *Kjoebenh.* 1766. 4.
* C'est par erreur que Quérard attribue cet éloge à Ferdinand Louis Mourier.

Merle (Noë). Oraison funèbre de Frédéric V, roi de Danemark. *Alton.* 1766. 8. (Non mentionné par Quérard.)

Herbart (Johann Michael). Trauerrede auf Friedrich V, König von Dänemark. *Oldenb.* 1766. 4.

Stresow (Conrad Friedrich). Gedächtnisspredigt auf König Friedrich V. *Flensb.* 1766. 8.

Baden (Gustaf Ludvig). Frederik V Regjerings Aarbog. *Kjoebenh.* 1832. 8.

Hersleb (Peder). Reden bei der Salbung Friedrich's V. *Schlesw.* 1766. 8.

Frédéric VI,
roi de Danemark (28 janvier 1768 — 13 mars 1808 — 3 déc. 1839).

Thorkelin (Grim Johnson). Sketch of the character of His Royal Highness the prince of Denmarc. *Lond.* 1791. 8.

Trad. en allem. par Elias Caspar Reichard. *Flensburg.* 1793. 8.

Trad. en dan. par Christian Friedrich Schneider. *Kjoebenh.* 1793. 8.

Bang (Oluf Lundt). Mindetale over Kong Frederik VI, etc. *Kjoebenh.* 1840. 8.

Falk (Niels N...). Gedächtnissrede bei der Todtenfeier König Frederik's VI, etc. *Kiel.* 1840. 8.

Giessing (Hans Peder). Kong Frederik VI Regjerings Historie. *Kjoebenh.* 1849-50. 2 vol. 8. Trad. en allem. s. c. t. Zur Regierungsgeschichte Friedrich's VI, Königs von Dänemark, etc., par G... F... v. Jenssen-Tusch. *Kiel.* 1851. 2 vol. 8.

Klausen (Gottlieb Ernst). Feier des ersten Jahresfestes Sr. Majestät Friedrich's VI. *Alton.* 1809. 8.

Dahlmann (Friedrich Christoph). Oratio natalitiis Friderici VI celebrandis. *Schlesw.* 1820. 4.

Muenter (Friedrich). Kong Frederik VI og Drohning Marie Sophie Frederikes Salvings-Akt. *Kjoebenh.* 1818. Fol.

Mengershausen (Franz Andreas v.). Etwas über Friedrich, Dänemarks Kronprinz, als Krieger. *Kopenh.* 1788. 8.

Frédéric I,
roi de Suède (28 avril 1676 — 1720 — 25 mars 1751).

(**Fassmann**, David). Lebensbeschreibung Friedrich's I, Königs von Schweden, s. l. 1736. 8.

Funccius (Johann Nicolaus). Oratio funebris augustis manibus Friderici I, regis Succium, etc., dicta. *Marb.* 1751. 4.

Porte (Jacques André). Sermon funèbre sur la mort de Frédéric, roi de Suède, landgrave de Hesse, etc. *Frf.* 1751. 4.

Éloge historique de Frédéric, roi de Suède, landgrave de Hesse. *Cassel.* 1751. 4.

(**Arkenholtz**, Johann). Leben und Ehrengedächtniss Friedrich's I, Königs von Schweden. *Cassel.* 1752. Fol.

Ristel (A... F...). Charactere und Anecdoten vom schwedischen Hofe. *Braunschw.* 1790. 8.

Mayer (Andreas). Oratio de Friderici I Sueciæ regis meritis in universam mathesin. *Gryphisw.* 1742. 4.

Frédéric I (Guillaume Charles),
premier roi de Wurtemberg (6 nov. 1754 — 23 déc. 1797 — 30 oct. 1816).

Friedrich, König von Würtemberg. *Leipz.* 1817. 8. *Ibid.* 1819. 8.

Frédéric,
margrave de Brandebourg.

Flessa (Johann Adam). Programma in nominalia et in natalitia Friderici, marggravii Brandenburgici. *Baruth.* 1730. Fol.

Chladen (Johann Martin). Programma in natalitia Friderici marggravii. *Erlang.* 1740. Fol.

—— Quædam in laudem Friderici marggravii ejusque conjugis. *Erlang.* 1751. 8.

Kiesling (Johann Rudolph). Gedächtnisspredigt auf Friedrich, Markgrafen zu Brandenburg. *Erlang.* 1763. Fol.

Frédéric,
duc de Brunswick (... — 1373 — assassiné en 1400).

Meibom (Heinrich). Dissertatio de Friderici, ducis Brunsuicensis et Lyneburgensis, in imperatorem Romanum electione et misera cæde. *Helmst.* 1682. 4.

Steinbrueck (Heinrich Philipp). Disquisitio de Friderico, duce Brunsvicensi ac Luneburgensi, anno 1400 haud procul Fritzlaria cæso, avec préface de Æmilius Ludwig Homberck zu Vach. *Marb.* 1743. 4.

Hellfeld (Bernhard Gottlieb Huldreich v.). Dissertatio de Friderico, duce Brunsvicensi ac Luneburgico, ad imperatoris dignitatem destinato. *Jenæ.* 1777. 4.

Frédéric,
landgrave de Hesse.

Amato (Anello d'). Panegirico con aliquanti scherzi di poesia per la gran vittoria di sei galeoni riportata dalla squadra delle galere della religione Gerosolimitana sotto la condotta del principe Federigo, landgravio di Hassia. *Messina.* 1649. 4.

Meier (Dietrich). Panegyris Friderici Hassiæ landgravii carmine heroico decantata. *Bremæ.* 1706. 4.

Frédéric,
cardinal-landgrave de Hesse.

Personalia oder Lebenslauf weiland Friedrich's, Cardinals und Landgrafens von Hessen. *Schweidnitz.* 1682. Fol.

Frédéric I, surnommé **le Belliqueux,**
premier électeur de Saxe (29 mars 1369 — 1411 — 4 janvier 1428).

Kundtmann (Sylvester). Kurze Beschreibung der zwölf Churfürsten von 1423-1656 (depuis Frédéric le Belliqueux jusqu'au règne de Jean George II). *Rudolst.* 1670. 12.

Hahn (Johann Georg). Dissertatio de electoratu Friderici Bellicosi. *Lips.* 1678. 4.

Mencke (Johann Burchard). Dissertatio de electoratu Saxoniæ Friderico Bellicoso jure meritoque collato. *Lips.* 1709. 4.

Huebner (Christian). Dissertatio : Fridericus Bellicosus, academiæ Lipsiensis fundator, historice descriptus. *Halæ.* 1709. 4.

Horn (Johann Gottlieb). Lebens- und Heldengeschichte Friedrich's des Streitbaren, Churfürstens zu Sachsen. *Leipz.* 1733. 4.

Schumacher (Heinrich August). Programma de documentis providentiæ divinæ in Fridericum Bellicosum. *Lips.* 1741. 4.

Gottsched (Johann Christoph). Zwei Lobschriften auf Churfürst Friedrich den Streitbaren und Churfürst August den Gütigen. *Leipz.* 1746. 4.

Sagittarius (Paul Martin). Programma de loco sepulchrali Friderici Bellicosi. *Altenb.* 1673. 4.

Moerlin (Johann Gottfried). Programma de loco sepulchrali Friderici I Bellicosi. *Altenb.* 1733. Fol.

Frédéric II, dit **le Pacifique,**
électeur de Saxe (24 août 1411 — 4 janvier 1428 — 7 sept. 1464).

Schumacher (Heinrich August). Programma de signis providentiæ divinæ in Fridericum Placidum Saxoniæ electorem evidentissimis. *Lips.* 1742. 4.

Leben Friedrich's des Sanftmüthigen, Churfürsten zu Sachsen. *Dresd.* 1776. 8.

Frédéric III, surnommé **le Sage,**
électeur de Saxe (17 janvier 1463 — 1486 — 5 mai 1525).

Melanchthon (Philipp). Oratio de Friderico (III), duce Saxoniæ electore. *Witteb.* 1551. 8.

Rosinus (Johann). Exemplum pietatis illustris, s. vitæ Friderici III, Joannis et Joannis Friderici, electorum Saxoniæ. *Jenæ.* 1596. 4. *Ibid.* 1602. 4. *Ibid.* 1611. 4.

Major (Elias). Bonus princeps in Friderico III Sapiente. *Witteb.* 1646. 4.

Schurzfleisch (Conrad Samuel).. Fridericus III Sapiens, elector Saxoniæ. *Witteb.* 1674. 4. *Ibid.* 1682. 4.

Sagittarius (Paul). Dissertatio de comitis palatini Cæsarei dignitate ab imperatore Maximiliano I Friderico III Sapienti, electori Saxoniæ, collata. *Altenb.* 1678. 4.

Loescher (Valentin Ernst). Defensio Friderici Sapientis, Saxoniæ electoris, contra Pallavicini, Maimburgii, Varillasii aliorumque calumnias, etc. *Witteb.* 1697. 4.

Becker (Hermann). Fridericus Sapiens, elector Saxoniæ et academiæ Vitebergensis fundator. *Witteb.* 1702. 4.

Griebner (Michael Heinrich). Programma de titulo Friderici Sapientis Præfectus Prætorio. *Witteb.* 1709. 4.

Mencke (Heinrich Otto). Dissertatio de Friderico III Sapiente, vicario imperii. *Lips.* 1712. 4.

Stuss (Johann Heinrich). Fridericus Sapiens in Friderico III, duce Saxoniæ. *Gothæ.* 1730. 4.

Buder (Christian Gottlieb). Programma de Friderico III historiarum patrono et propagatore. *Jenæ.* 1731. 4.

Gleichmann (Johann Zacharias). Einige historische Merkwürdigkeiten von Churfürst Friedrich III Sapiente. *Frf.* 1733. 4.

Schumacher (Heinrich August). Programma de curæ ac providentiæ Dei immortalis signis in Fridericum III. *Lips.* 1745. 4.

Ekerman (Peter). Dissertatio de Friderico Sapiente, Saxoniæ electore, de reformatione Lutheri immortaliter merito. *Upsal.* 1761. 4.

Leben Friedrich's des Weisen, Churfürsten von Sachsen. *Dresd.* 1776. 8.

Faselius (Johann Adolph Leopold). Friedrich der Weise und Johann der Beständige, Churfürsten von Sachsen. *Eisenach.* 1800. 8.

Tutzschmann (M... M...). Friedrich der Weise, Churfürst von Sachsen. Lebensbild aus dem Zeitalter der Reformation, etc. *Grimma.* 1848. 8. Portrait.

Schwarz (Friedrich Immanuel). Dissertatio de consilio Friderici Sapientis deserendi Martinum Lutherum. *Lips.* 1761. 4.

Kiesewetter (Ernst Gottlieb v.). Iter Friderici III electoris Hierosolymitanum a Luca Cranachio in tabula lignea depictum. *Witteb.* 1767. 4.

Weber (Immanuel). Oratio de veritate somnii Friderici (III), Saxoniæ septemviri Sapientis. *Witteb.* 1717. 4.

Frédéric I, dit **le Victorieux,**
électeur palatin (1er août 1425 — 1454 — 12 déc. 1476).

Trithemius (Johann). Res gestæ Friderici Palatini, electoris ejus nominis primi, victoriosi vulgo dicti, publ. par Martin Freher. *Heidelb.* 1602. 4.

Hachenberg (Paul). Historia de vita et rebus gestis Friderici I, electoris Palatini, vulgo dicti gloriosi, etc., publ. par Johann Philipp Kuchenbecker. *Jenæ et Lips.* 1759. 4.

(**Kremer,** Christoph Jacob). Geschichte des Churfürsten Friedrich's I von der Pfalz. *Frf.* 1765. 2 vol. 8. *Mannh.* 1766. 2 vol. 4.

Croll (Georg Christian). Laudatio Friderici I, principis Palatini. *Manhem.* 1767. 4.

Frédéric II, surnommé **le Sage,**
électeur palatin (9 déc. 1483 — 1544 — 26 février 1556).

Leodius (Hubert Thomas). Annalium de vita et rebus gestis illustrissimi principis Friderici II, electoris Palatini, libri XIV. *Frf.* 1624. 4. *Ibid.* 1665. 4. Trad. en allem. s. c. t. Spiegel des Humors grosser Potentaten, par Hartmann Myricianus. *Schleusing.* 1625. 8. Réimprim. s. c. t. Beschreibung von der Regierung des Pfalzgrafen Friedrich's II. *Leipz.* 1634. 4.

Soiter de Vinda (Melchior). De bello Pannonico per Fridericum (II) Palatinum gesto. *Aug. Vind.* 1558. 4.

Frédéric III, dit **le Pieux,**
électeur palatin (14 février 1515 — 1559 — 26 oct. 1576).

Bouquin (Pierre). Oratio de vita et morte Friderici III, comitis palatini, electoris. *Heidelb.* 1577. 4. *Lugd.,* s. d. 4.

Roding (Wilhelm). Oratio funebris habita in laudem Friderici III. *Heidelb.* 1577. 4.

Frédéric V,
électeur palatin et roi de Bohême (16 août 1596 — 1610 —
19 nov. 1632).

Lebensgeschichte der weiland durchlauchtigsten Churfürsten in der Pfalz, Friedrich's V, Carl Ludwig's und
Carl's V. *Coeln.* 1693. 12.

Koeler (Johann David). Dissertatio de Friderico V,
comite Palatino, Rheni et electore regnum Bohemiæ
affectante. *Altorf.* 1716. 4.

Lipowsky (Felix Joseph). Friedrich V, Churfürst von
der Pfalz und König von Böhmen, etc. *Münch.* 1824. 8.
Portrait.

Sickler (Friedrich Carl Ludwig). Friedrich V, geborener Churfürst von der Pfalz. *Hildburgh.* 1835. 4.

Friderici V iter Anglicum et pompa nuptialis splendidis-
sima, oder Pfälzische Reise und Heirath (Friedrich's V
und der Elisabeth Stuart). *Heidelb.* 1613. 4.

Ens (Caspar). De nuptiis Friderici V Palatini et Elisabethæ Angelicæ. *Heidelb.* 1613. 4.

Forbes (John). Genethliaca Friderici V et Elisabethæ
Angliæ. *Heidelb.* 1614. 4.

Marriage of the two great princes Frederick and Elizabeth. *Lond.* 1614. 4. .

Harrison (John). Account of the departure of Frederick.
king of Bohemia, from Heidelberg to Prague, to take
the crown of that kingdom. *Dordrecht.* 1619. 4.

Achts-Erklärungen wider Pfalzgraf Friedrichen V, s. l.
1621. 4.

Secretissima instructio Friderici V, comitis Palatini.
Hag. Com. 1632. 4.

Frédéric,
duc de Wurtemberg (1558 — 1593 — 1608).

Osiander (Andreas). Oratio funebris de Friderico, duce
Wirtembergiæ. *Tubing.* 1608. 4.

Actus solennis Anglo-Wirtembergicus, quo Angliæ societatis regium ordinum Garterium ab anglica legatione
accepit illustrissimus dux Wirtembergensis Fridericus.
Stuttg. 1604. 8.

Cellius (Erhard). Eques auratus Anglo-Wirtembergicus.
Stuttg. 1605. 4.

Frédéric,
duc de Mecklembourg-Schwerin.

Trendelenburg (Adolph Friedrich). Oratio duci re-
gnanti Mecklenburgico (Friderico) dicta. *Butzow.*
1773. 4.

Witte (C... S...). Aehnliche Gesinnungen und Thaten
der Herzoge Ulrich und Friedrich (von Mecklenburg).
Schwerin. 1766. 8.

Frédéric III,
burggrave de Nuremberg.

Seidel (Johann Christian). De meritis Friderici, burggravii Norimbergensis, in Sigismundum, regem Hungariæ. *Baruth.* 1731. Fol.

Erman (Jean Pierre). Tableau généalogique des descendants du burggrave de Nuremberg, Frédéric, auquel
remontent en ligne directe presque toutes les maisons
régnantes de l'Europe. *Berl.* 1795. 8.

Riedel (A... F...). Graf Rudolph von Habsburg und Burggraf Friedrich (III) von Nürnberg, in ihren Beziehungen zu einander, etc. *Berl.* 1853. 4.

Schoenhuth (Ottmar II... F...). Friedrich III, Burggraf von Nürnberg, Graf von Zollern, der treue Freund
und Rathgeber König Rudolf's von Habsburg, oder
Hohenzollern und Habsburg im Bunde, etc. *Oehringen.*
1854. 8.

Frédéric I, surnommé le Mordu,
landgrave de Thuringue (16 nov. 1257 — 1291 — 26 avril 1324).

Garzoni (Giovanni). De rebus Saxoniæ, Thuringiæ, Li-
bonotriæ, Misniæ et Lusatiæ libri II. *Basil.* 1518. 4.
Trad. en allem., s. c. t. Chronica Friderici I, Landgrafen in Thüringen, par Heinrich v. LINDENAU. *Nürnb.*
1546. 4. *Ibid.* 1550. 4.

Melanchthon (Philipp). Oratio de Friderico landgravio
Thuringiæ et marchione Misniæ, cujus fuit a matre

(Elisabetha) admorsa gena. *Willeb.* 1554. 8. *Ibid.* 1624.
8. Trad. en allem. par Georg LAUTERBECK. *Frf.* 1565. 8.

Phthiriander (Franciscus). Historica narratio memorabilis pugnæ et victoriæ illustrissimi principis Friderici cum admorsa gena, cognomento Magnanimi, marchionis Misniæ, landgravii Thyrigetarum. *Lips.* 1583.
4. *

* Poème historique extrêmement rare.

Alberti (Valentin). Dissertatio de Friderico Forti s. Admorso. *Lips.* 1675. 4.

Sagittarius (Paul Martin). Programma de cæde ab
Alberto I, imperatore, Friderico Admorso Altenburgi
destinata. *Altenb.* 1677. 4.

Gschwend (Adam ?). Programma de die emortuali Friderici Admorsi. *Eisenberg.* 1697. Fol.

Loeber (Gotthilf Fridemann). Dissertatio de titulo comitis Palatini Saxoniæ in litteris Friderici Admorsi.
Jenæ. 1743. 4.

Mittendorf (Gustav). Dissertatio de Friderici Thurin-
gorum landgravii et Misniæ marchionis vita et regno.
Hannov. 1844. 8.

Frédéric Adolphe,
comte de Holstein.

Holm (J... A... L...). Frederik Adolph, Greve of Holstein; biographisk Fremstilling. *Kjoebenh.* 1844. 8.

Frédéric Auguste (roi de Pologne),
voy. **Auguste II**, dit **le Fort.** '

Frédéric Auguste I, surnommé le Juste,
premier roi de Saxe (23 déc. 1750 — 17 sept. 1763 — 5 mai 1827).

Magen (Ernst Christoph Burchard). Friedrich August,
Churfürst von Sachsen, Wohlthäter seines Volks.
Leipz. 1800. 8.

Weisse (Christian Ernst). Geschichte Friedrich August's,
Königs von Sachsen, bis zum Posener Frieden. *Leipz.*
1812. 8. Portrait.

Friedrich August der Gerechte, als Vater seines Volks
und deutscher Fürst; historische Skizze. *Leipz.* 1814. 8.

Friedrich August, König von Sachsen, und sein Volk im
Jahre 1813. *Frf.* 1814. 8.

(**Bergk**, Johann Adam). Friedrich August und sein Benehmen in den neuesten Zeiten. *Leipz.* 1813. 8.

Beck (Christian Daniel). Programma : Decennia quin-
quennalia Friderici Augusti, Justi, Constantis, etc.
Lips. 1818. 4.

Jaspis (Lebrecht Siegmund). Brevis narratio de Friderici Augusti, regis Saxoniæ, virtutibus atque meritis.
Dresd. 1818. 8.

(**Becker**, Gottfried Wilhelm). Friedrich August der
Gerechte, König von Sachsen, sein Leben und Wirken
in allen Verhältnissen. *Leipz.* 1818. 8. Portrait..

—— Friedrich August's des Gerechten fünfzigjährige Regierung. *Leipz.* 1818. 8. Portrait.

Kurzgefasste Lebens- und Regierungsgeschichte Friedrich August's I, zur Erinnerung an dessen 50 jähriges
Regierungs-Jubiläum. *Oschatz.* 1818. 8.

Herrmann (August Lebrecht). Leben Friedrich August's des Gerechten. *Dresd.* 1827. 8. Portrait.

Jaspis (Lebrecht Siegmund). Imago Friderici Augusti,
Saxoniæ patris, die 5 maji anno 1827 pie defuncti.
Dresd. 1827. 8.

Lebens- und Regentengeschichte Friedrich August's I von
Sachsen. *Ilmenau.* 1827. 8. Portrait.

Lebensbeschreibung Friedrich August's, Königs von
Sachsen. *Gotha.* 1828. 8.

Bibra (G... N... v.). Der sächsische Staat im Lichte der
Regierung Sr. Majestät des Königs Friedrich August's
des Gerechten dargestellt. *Dresd.* 1828. 8.

Mittheilungen aus dem Leben und Wirken des Königs
von Sachsen, Friedrich August's des Gerechten. *Leipz.*
1829. 8.

Poelitz (Carl Heinrich Ludwig). Die Regierung Friedrich August's I von Sachsen. *Leipz.* 1830. 2 vol. 8.

(**Dietrich**, Ewald Christian Victor). Blicke auf das Leben, die Zeit und Regierung Friedrich August's des
Gerechten, etc. *Dresd.* 1843. 8. Portrait.

Hofmann (Carl Julius). Lebensgemälde Friedrich Au-
gust's des Gerechten, etc., nebst Beschreibung seines
Ehrendenkmals im Zwinger zu Dresden und seiner
Weihe am 7. Juni 1843. *Dresd.* 1843. 8.

Nachricht von der feierlichen Erbhuldigung Friedrich August's des Gerechten zu Leipzig am 2. Mai 1769. *Leipz.* 1827. 8.

Beschreibung der Feierlichkeiten bei der am 20. December 1806 erfolgten Ausrufung der Königswürde, etc. Friedrich August's. *Leipz.* 1807. 8.

Feierlichkeiten und Beleuchtung in Leipzig bei Annahme der Königswürde des Königs von Sachsen am 1. Januar 1807. *Leipz.* 1807. 8.

(**Engelhardt**, Carl August). Die drei hohen Festtage des Friedens und der Königswürde Sachsens, am 16. 20. und 21. December 1806. *Mühlberg.* 1807. 8.

Pannach (Carl Gottlieb). Beschreibung der Feierlichkeiten bei der Rückkehr des Königs (Friedrich August's) von Warschau. *Dresd.* 1808. 8.

Geheime Geschichte der Theilung Sachsens, etc. *Treuenfels.* 1818. 8.

Frédéric-Charles,
tuteur d'Eberhard Louis, duc de Wurtemberg (... — 1677 — 1693).

Harprecht (Ferdinand Christoph). Hercules Wirtembergicus. *Tubing.* 1699. Fol.

Frédéric Chrétien,
électeur de Saxe (5 sept. 1723 — 5 oct. 1763 — 17 déc. 1763).

Ernesti (Johann August). Oratio inter solemnia exequiarum serenissimi Friderici Christiani, electoris Saxoniæ. *Lips.* 1764. Fol. Trad. en allem. par l'auteur luimême. *Leipz.* 1763. 8.

Gottsched (Johann Christoph). Friedrich Christian, der unvergessliche Churfürst zu Sachsen. *Leipz.* 1764. 8.

Engelhardt (A... M...). Friedrich Christian, Churfürst von Sachsen; biographischer Entwurf, etc. *Dresd.* 1828. 4.

Frédéric Chrétien,
dernier margrave de Bayreith († 20 janvier 1769).

Lang (Lorenz Johann Jacob). Memoria Friderici Christiani, marggravii Brandenburgici (fondateur de l'université d'Erlangue). *Erlang.* 1769. Fol.

Frédéric François,
grand-duc de Mecklembourg-Schwerin (10 déc. 1746 — .. mars 1837).

Stedingk (J... C... F...). Gedächtnissrede bei der kirchlichen Todesfeier des Grossherzogs von Mecklenburg-Schwerin, Friedrich Franz, etc. *Parchim* et *Ludwigsl.* 1837. 8.

Frédéric Guillaume le Grand,
électeur de Brandebourg (6 février 1620 — 1er déc. 1640 — 29 avril 1688).

Pufendorf (Samuel v.). De rebus gestis Friderici Wilhelmi M. libri XIX. *Berol.* 1695. Fol. *Lips.* et *Berol.* 1753. Fol.

(**Gundling**, Jacob Paul v.). Leben und Thaten Friedrich Wilhelm's des Grossen. *Berl.* 1710. 8.

Seyler (G... D...). Leben und Thaten Friedrich Wilhelm's des Grossen, s. l. et s. d. 8.

Kuester (Carl Daniel). Das ruhmwürdige Jugendleben des grossen Churfürsten Friedrich Wilhelm in den Jahren 1620-40. *Berl.* 1791. 8.

Horn (Franz). Leben Friedrich Wilhelm's des Grossen, nebst Andeutungen über die spätere Geschichte des preussischen Staats vom Jahre 1688 bis 1814. *Berl.* 1814. 8.

Schubert (Friedrich Wilhelm). Preussens erstes politisches Auftreten unter dem Churfürsten Friedrich Wilhelm dem Grossen. *Königsb.* 1825. 8.

Orlich (Leopold v.). Friedrich Wilhelm, der grosse Kurfürst zu Brandenburg, als Christ. *Berl.* 1836. 8. Portrait.

Stuhr (Peder Feddersen). Geschichte der See- und Colonialmacht des grossen Kurfürsten Friedrich Wilhelm von Brandenburg, in der Ostsee, auf der Küste von Guinea und auf den Inseln Argum und Sanct-Thomas. *Berl.* 1839. 8.

(**Raumer**, G... W... v.). Friedrich Wilhelm's, des grossen Kurfürsten von Brandenburg, Kinderjahre. *Berl.* 1850. 8.

Hirsch (S...). Erinnerungen an den grossen Kurfürsten (Friedrich Wilhelm) und an seine Gemahlin, Louise von Oranien, etc. *Berl.* 1852. 8.

Preuss (Johann David Erdmann). Der grosse Kurfürst

und Kurfürst Friedrich Eisenzahn. Historische Erinnerungen bei Gelegenheit ihrer Thronjubelfeier. *Berl.* 1840. 8.

(**Kuester**, Carl Daniel). Krankheit und Todesbereitung Friedrich Wilhelm's des Grossen, Churfürsten zu Brandenburg. *Magdeb.* 1788. 8.

Erman (Jean Pierre). Monument séculaire consacré à la mémoire de Frédéric Guillaume le Grand. *Berl.* 1788. 8. (Omis par Quérard.)

Frédéric Guillaume I,
roi de Prusse (15 août 1688 — 25 février 1713 — 31 mai 1740).

Hoffmann (Christian Gottfried). Programma de Friderico Wilhelmo, Borussiæ rege, optimi legislatoris exemplo. *Frf.* 1730. 4.

(**Fassmann**, David). Leben und Thaten Friederici Wilhelmi, Königs von Preussen, Churfürsten von Brandenburg. *Hamb.* 1735-40. 2 vol. 8. Portrait.

Withof (Johann Hildebrand). Idea magni principis, s. oratio panegyrica in obitum serenissimi regis Borussiæ, Friderici Wilhelmi. *Duisb.* 1740. Fol.

(**Mauvillon**, Eléazar). Histoire de Frédéric Guillaume I, roi de Prusse. *Amst.* 1741. 4, ou 2 vol. 12. * (*Bes.*) Trad. en angl. par William PHELPS. *Lond.* 1750. 8.
  * Attribué souvent à Antoine Auguste BRUZEN DE LA MARTINIÈRE.

(**Hering**, Georg Carl). Kurzgefasste Lebens- und Regierungs-Geschichte König Friedrich Wilhelm's (I), etc. *Berl.* 1743. 12. Portrait.

Histoire de Frédéric Guillaume, roi de Prusse. *Berl.* 1738. 8.

Lebensgeschichte Friedrich Wilhelm's, Königs von Preussen. *Frf.* et *Leipz.* 1735. 8.

Oelrichs (Johann Carl Conrad). Dissertatio de Friderico Wilhelmo, Borussiæ rege, etc., doctore juris. *Berol.* 1765. 4.

(**Benckendorf**, C... F... v.). Characterzüge aus dem Leben König Friedrich Wilhelm's I. *Berl.* 1787-89. 8.

Morgenstern (Salomon Jacob). Über Friedrich Wilhelm I, s. l. 1793. 8.

Cramer (Friedrich). Zur Geschichte Friedrich Wilhelm's I und Friedrich's II, Könige von Preussen. *Hamb.* 1829. 8. *Leipz.* 1833. 8.

Foerster (Friedrich). Friedrich Wilhelm I, König von Preussen. *Potsd.* 1834-35. 2 vol. 8. *Ibid.* 1859. 2 vol. 8. Portraits.

Frédéric Guillaume II,
roi de Prusse (25 sept. 1744 — 17 août 1786 — 16 nov. 1797).

Cranz (August Friedrich). Friedrich's II vollendete und Friedrich Wilhelm's II beginnende Regierungs-Epoche. *Hamb.* et *Alton.* 1786. 8.

Westphal (Ernst Christian). Der Vater des Vaterlandes. Gemälde von Friedrich Wilhelm II. *Halle.* 1787. 4.

(**Mirabeau**, Honoré Gabriel Victor **Riquetti** de). Histoire secrète de la cour de Berlin. *Lond.* 1788. 2 vol. 8. (*Bes.*) Trad. en allem. *Leipz.* 1789. 8.

(**Schmidt**, Valentin Heinrich). Abriss der Lebens- und Regierungsgeschichte Friedrich Wilhelm's II, Königs von Preussen. *Berl.* 1798. 8. Portrait.

Kosmann (Johann Wilhelm Andreas). Leben und Thaten Friedrich Wilhelm's II. *Berl.* 1798. 8.

Friedrich Wilhelm II. Versuch einer Darstellung seines Lebens. *Leipz.* 1798. 8.

Ségur (Louis Philippe de). Histoire des principaux événements du règne de Frédéric Guillaume II. *Par.* 1800. 3 vol. 8. (*Bes.*) *Ibid.* 1801. 8. Portrait. *Ibid.* 1805. 2 vol. 8. *Ibid.* 1822. 3 vol. 8. Trad. en allem. *Leipz.* 1801. 8.

Dampmartin (Anne Henri). Quelques traits de la vie privée de Frédéric Guillaume II, roi de Prusse. *Par.* 1811. 8. (*Bes.*)

Steiner (Anton). Der erste Feldzug Friedrich Wilhelm's II. *Bresl.* 1790. 8.

Hermbstaedt (Siegmund Friedrich). Beitrag zur Geschichte der Krankheit und der letzten Tage König Friedrich Wilhelm's II von Preussen. *Berl.* 1798. 8.

Die letzten Tage Friedrich Wilhelm's II, Königs von Preussen. *Leipz.* 1798. 8.

Harles (Gottlieb Christoph). Laudatio funebris honori

et memoriæ regis Friderici Guilielmi II. *Erlang.* 1798. Fol.

Frédéric Guillaume III,
roi de Prusse (3 août 1770 — 16 nov. 1797 — 7 juin 1840).

Just (Carl Alexander Heinrich). Über Friedrich Wilhelm III. *Frf.* 1798. 8.

Liebmann (Friedrich). Friedrich Wilhelm III, König von Preussen. Regenten- und Charactergemälde. 1. Theil. 1797-1809. *Aachen.* 1851. 8. *

* Cette histoire n'est pas terminée.

Recueil des traits caractéristiques pour servir à l'histoire de Frédéric Guillaume III. *Par.* 1808. 8. Trad. en allem. s. c. t. Characteristik Friedrich Wilhelm's III und der bedeutendsten Personen an seinem Hofe. *Leipz.* et *Bresl.* 1808. 8.

Massenbach (August Ludwig v.). Historische Denkwürdigkeiten zur Geschichte des Verfalls des preussischen Staats seit dem Jahre 1794, nebst einem Tagebuch über den Feldzug von 1806. *Leipz.* 1809. 2 vol. 8.

Perrin-Parnajon (Charles). Berlin und Potsdam, oder die Könige von Preussen, deren Minister und übrige Umgebungen im 18. und 19. Jahrhundert. *Germanien.* (*Leipz.*) 1812. 8.

(**Benzenberg**, Johann Friedrich). Friedrich Wilhelm III. *Leipz.* 1821. 8.

Leutsch (Carl Christian v.). Geschichte des preussischen Staats unter Friedrich Wilhelm III. *Berl.* 1825. 8.

Schets van het leven en de regering van Frederik Wilem III, konig van Pruissen. *Franck.* 1851. 8. Portrait.

Stillfried-Rattonitz (R... v.). Friedrich Wilhelm III, das Wappen seines Reichs und die Stammbürg seiner Väter. *Berl.* 1853. 4.

Beumer (P... J...). Erinnerungen an Friedrich Wilhelm III, den Standhaften, den Frommen, den Gerechten. Kurze Lebensbeschreibung des grossen Heldenkönigs für Preussen's Volk. *Wesel.* 1840. 8. Port.

Hense (Carl Conrad). Friedrich Wilhelm III und die berühmtesten Männer des preussischen Staats unter seiner Regierung. *Sangerhaus.* 1840. 8. Portrait.

Schoepfer v. Rodishain (Carl). Friedrich Wilhelm III und sein Zeitalter; biographisch-historisches Gemälde. *Nordhaus.* 1840. 8.

Eylert (Friedrich Ruleman). Zur Gedächtnissfeier des hochseligen Königs von Preussen; drei Reden. *Berl.* et *Potsd.* 1840. 8.

Mueller (Vincenz). König Friedrich Wilhelm III und Preussen unter seiner Regierung. *Coeln.* 1840. 8.

Leben Friedrich Wilhelm's III. *Mohrung.* 1841. 8.

Hippel (T... G... v.). Beiträge zur Characteristik Friedrich Wilhelm's III. *Bromb.* 1841. 8.

Vormbaum (Friedrich). Friedrich Wilhelm III, König von Preussen, der Gerechte und Weise, etc. *Leipz.* 1841. 8.

Weyl (Louis). Lebens- und Regierungs-Geschichte Friedrich Wilhelm's III. *Berl.* 1841. 8. Portrait.

Burckhardt (Eduard). Geschichte Friedrich Wilhelm's III. *Merseb.* 1841. 8. Portrait.

Gedrängte Lebensbeschreibung Friedrich Wilhelm's III. *Glogau.* 1841. 8. Portrait.

Kretzschmer (Johann Carl). Friedrich Wilhelm III, sein Leben, sein Wirken und seine Zeit. *Danz.* 1841-42. 2 vol. 8. 8 portraits.

Cohnfeld (Adalbert). Ausführliche Lebens- und Regierungsgeschichte Friedrich Wilhelm's III. *Berl.* 1841-42. 5 vol. 8.

Benicken (Friedrich Wilhem). Friedrich Wilhelm III. *Quedlinb.* 1842. 2 vol. 8.

Kloeden (Carl Friedrich). Lebens- und Regierungsgeschichte Friedrich Wilhelm's III. *Berl.* 1842. 8.

Eylert (Friedrich Ruleman). Characterzüge und historische Fragmente aus dem Leben Friedrich Wilhelm's III. *Magdeb.* 1842-44. 5 vol. 8.
   Trad. en angl. s. c. t. The religious life and opinions of Frederick William III, par Jonathan Birch. *Lond.* 1844. 8.
   Trad. en holland. par A... H... van der Hoeve. *Amst.* 1846-48. 5 vol. 8.

Minutoli (Heinrich Carl v.). Beiträge zu einer künftigen Biographie Friedrich Wilhelm's III, so wie einiger Staatsdiener und Beamten seiner nächsten Umgebung. *Berl.* 1844. 8.

Bruck (M... R...). Leben Friedrich Wilhelm's III, Königs von Preussen. *Hamb.* 1848. 16.

Hahn (Werner). Friedrich Wilhelm III und Louise, König und Königin von Preussen. 217 Erzählungen aus ihrer Zeit und ihrem Leben. *Berl.* 1850. 8.

Schulz (Albert). König Friedrich Wilhelm III, der Gerechte. Seine Zeit, sein Leben und sein Wirken; biographisches Gemälde. *Berl.* 1851. 8.

Stahl (Friedrich Julius). Friedrich Wilhelm III. Gedächtnissrede, etc. *Berl.* 1853. 16.

Lehnert (Johann Heinrich). Leben Friedrich Wilhelm's III in Paretz, etc. *Potsd.* 1845. 8.

Venedey (Jacob). Preussen und das Preussenthum. *Mannh.* 1859. 8. *

* Ouvrage confisqué par la police prussienne.

Athanasia. Denkmal der persönlichen Zusammenkunft Kaiser Alexander's mit Friedrich Wilhelm III. *Leipz.* 1802. 8. *

* Publ. s. l. pseudonyme de Fillicrat.

Mueller (Adam Heinrich). Rückkehr des Königs (Friedrich Wilhelm's III) in seine Hauptstadt. *Berl.* 1809. 8.

Frédéric Guillaume IV,
roi de Prusse (15 oct. 1795 — 7 juin 1840 — ...).

Beschreibung der Feierlichkeiten, welche bei der Vermählung des Kronprinzen von Preussen mit der Prinzessin Elisabeth von Baiern stattgefunden, etc. *Berl.* 1824. 8.

Scheibler (Maximilian Friedrich). Preussens Wünsche bei der zu Berlin am 29 Nov. 1823 gefeierten Vermählung des Kronprinzen Friedrich Wilhelm von Preussen mit der Prinzessin Elisabeth Ludovika von Baiern ausgesprochen. *Frf.* 1824. 8.

Foerster (Friedrich). Vollständige Beschreibung aller Feste und Huldigungen, welche in den Königreichen Preussen und Baiern zur Vermählungsfeier des Kronprinzen Friedrich Wilhelm von Preussen und der Prinzessin Elisa Ludowica von Baiern stattgefunden haben. *Berl.* 1834. 4. *

* Avec le portrait de ladite princesse.

Strauss (David Friedrich). Der Romantiker auf dem Throne der Cæsaren (Julianus Apostata). *Mannh.* 1847. 8. *

* Histoire satirique de la vie de Frédéric Guillaume IV, supprimée rigoureusement en Prusse, par ordre du gouvernement.

Francke (Arthur). Friedrich Wilhelm IV. Eine Schrift für das deutsche Volk. *Berl.* 1850. 16.

Zimmermann (A...). Kurze Übersicht der Hauptmomente in der Regierung Friedrich Wilhelm's IV bis zum 18ten März 1848. *Berl.* 1851. 8.

Preussens Huldigung an den König Friedrich Wilhelm IV. *Leipz.* 1840. 8.

(**Favarger**, François Auguste). Relation du séjour de LL. MM. le roi de Prusse, dans leur principauté de Neuchâtel et Valangin. *Neuchât.* 1842. 8. *

* Avec les portraits du roi et de la reine.

Urlichs (C... L...). Oratio de Friderici Guilielmi IV in Germaniæ concordiam meritis. *Gryphisw.* 1849. 8. Trad. en allem. *Greifsw.* 1849. 8.

Frédéric Guillaume,
duc de Brunswick-Lunebourg (9 oct. 1771 — 1786 — 16 juin 1815).

Roemer (Johann Ludwig). Friedrich Wilhelm, Herzog von Braunschweig, als Mensch in treuen Zügen aus seinem Gemälde. *Braunschw.* 1816. 8.

(**Venturini**, Carl Heinrich Georg). Ehre und Wahrheit für Friedrich Wilhelm, den verewigten Herzog von Braunschweig-Lüneburg; biographische Skizze. *Leipz.* 1816. 8.

Schneidawind (Franz Joseph Adolph). Der Feldzug des Herzogs Friedrich Wilhelm von Braunschweig und seines schwarzen Corps in Jahre 1809. *Darmst.* 1851. 8.

Wolff (Heinrich Wilhelm Justus). Friedrich Wilhelms, Herzogs von Braunschweig, erster und zweiter Einzug in seine Haupstadt. *Helmst.* 1814. 8.

Wiedeburg (Friedrich August). Fest der glücklichen Zurückkunft Sr. Durchlaucht des Herrn Friedrich Wilhelm, Herzogs zu Braunschweig. *Helmst.* 1814. 8.

Frédéric Guillaume I,
duc de Saxe-Cobourg.

Gruner (Johann Gerhard). Geschichte Friedrich Wilhelm's I. *Coburg*. 1791. 8.

Frédéric Guillaume II,
duc de Saxe-Cobourg.

Gruner (Johann Gerhard). Biographie Friedrich Wilhelm's II. *Coburg*. 1789. 8.

Frédérique Louise Wilhelmine de Prusse,
épouse de Guillaume I, roi des Pays-Bas (18 nov. 1774 —
mariée le 1er oct. 1791 — 12 oct. 1837).

Dermout (J... J...). Kerkelijke rede ter gedachtenis van H. M. Frederika Louisa Wilhelmina, koningin der Nederlanden. *S'Gravenh*. 1837. 8. (*Ld*.)
— Trad. en allem. par E... G... LAGEMANS. *Berl.* (*Haag ?*). 1837. 8. (*Ld.*)
— Trad. en angl. by John MARSHALL. *Hague*. 1837 8. (*Ld*.)
— Trad. en franç. *La Haye*. 1837. 8. (*Ld*.)

Robidé van der Aa (C... P...). Frederika Louisa Wilhelmina van Pruissen, eerste koningin der Nederlanden. als een voorbeeld ter navolging aangeprezen. *Amst.* 1838. 8. Portrait. (*Ld*.)

Frédérique Sophie Wilhelmine de Prusse,
épouse de Frédéric, margrave de Bayreith (31 juillet 1709 —
mariée le 20 nov. 1731 — ... 1758).

Mémoires de Frédérique Sophie Wilhelmine, margravine de Bayreith, sœur de Frédéric le Grand, depuis l'année 1706 jusqu'en 1742, écrits de sa main. *Brunsw*. 1810. 2 vol. 8. *Ibid.* 1821. 2 vol. 8. *Ibid.* 1846. 2 vol. 8. Trad. en allem. *Tübing*. 1810-11. 2 vol. 8. *Braunschw*. 1846. 2 vol. 8.

Chladen (Johann Martin). Programmata II ad natalia Fridericiæ Sophiæ Wilhelminæ. *Erlang*. 1749-53. Fol.
— — Quædam in laudem Friderici margravii ejusque conjugis. *Erlang*. 1751. 8.
— — Programma in obitum Fridericiæ Sophiæ Wilhelminæ : de matre patriæ literata, etc. *Erlang*. 1758. 8.

Fregose (Federigo),
cardinal-archevêque de Salerno (vers 1480 — 13 juillet 1541).

Sadoletti (Jacopo). Homilia de obitu F. cardinalis Fregosii. *Lugd*. 1541. 4.

Freiesleben (Johann Friedrich v.),
jurisconsulte allemand (20 oct. 1690 — 1er sept. 1770).

Hauptmann (Johann Gottfried). Das Bild eines würdigen Canzlar's. Zum Andenken des Canzlars v. Freiesleben. *Gera*. 1770. Fol.

Freiligrath (Ferdinand),
poète allemand (17 juin 1810 — ...).

H... (J... C...). Der Dichter F. Freiligrath, angeklagt durch *Die Todten an die Lebende* die Bürger aufgereizt zu haben, sich gegen die landesherrliche Macht zu bewaffnen und die bestehende Verfassung umzustürzen ; nach den am 5. Oct. 1848 zu Düsseldorf stattgehabten Assisenverhandlungen. *Düsseld.* 1848. 8.

Freinsheim (Johann),
philologue allemand (16 nov. 1608 — 30 oct. 1660).

Freinsheim (Abraham). Laudatio posthuma J. Freinshemii. *Heidelb.* 1661. 4. Portrait. (*D*.) *Frf.* 1679. 8.

Freire (Agostinho Jozé),
homme d'État portugais (28 août 1780 — assassiné le 4 nov. 1836).

Resumo historico da vida e tragico fine de A. J. Freire. *Lisb.* 1837. 8.

Freire (Gomes),
savant portugais.

Teixeira (Domingos). Vida da G. Freire, etc. *Lisb.* 1724-27. 2 vol. 8.

Freisleben (Jacob),
théologien allemand († 9 avril 1657).

Heckel (Johann Friedrich). Memoria Freislebiana. *Gera*. 1664. 4. (*D*.)

Frejus, voy. **Fry.**

Fremery (N... C... de),
littérateur hollandais.

Bouman (Hendrik). Oratio in memoriam F. S. Alexander, N. C. de Fremery et J. F. L. Schroeder. *Traj. ad Rhen.* 1843. 8. (*Ld.*)

Frémicourt (Henri Eugène Richard),
magistrat français († en février 1806).

Farez (N... N...). Oraison funèbre d'H. E. R. Frémicourt, président du conseil d'arrondissement, membre du conseil municipal et de la commission des secours publics. *Cambrai*. 1806. 8.

Fréminville (Christophe Paulin de la **Poix,**
chevalier de),
archéologue français (1786 — 11 janvier ou juin 1848).

Depping (Georg Bernhard). Notice sur la vie et les travaux de Fréminville , associé-correspondant de la Société des antiquaires de France. *Par.* 1850. 16.

Fremiot (André),
archevêque de Bourges (1573 — 13 mai 1641).

Nardot (François Jean). Discours d'honneur à la mémoire d'A. Fremiot. *Dijon*. 1641. 4.

Frentzel (Johann),
poète-lauréat allemand (8 mai 1609 — 24 avril 1674).

(**Rappolt**, Friedrich). Programma academicum ad exequias J. Frentzelii. *Lips.* 1674. 4. (*D*.)

Frenzel (Johann Christoph),
théologien allemand.

(**Frenzel**, Johann Abraham Gottlieb). Lebensumstände des Pfarrers in Schoenau, J. C. Frenzel, nebst einigen Nachrichten von dessen Vorfahren. *Bautz*. 1796. 4.

Freret (Nicolas),
savant français (15 février 1688 — 8 mars 1749).

Champollion-Figeac (Aimé). Vie de N. Freret. *Par.* 1825. 8. (*Lv*.)

Fréron (Élie Catherine),
littérateur français (1719 — 10 mars 1776).

Nisard (Charles). Les ennemis de (François Marie Arouet de) Voltaire: (Pierre François Guyot) Desfontaines, Fréron et (Laurent Angliviel de la) Beaumelle. *Par.* 1853. 8.

Fréron (Louis Stanislas),
député à la Convention nationale, fils du précédent (1757 — 1802).

Fréron (Louis Stanislas). Mémoire historique sur la réaction royale et sur les massacres du Midi, 1re partie. *
Par. 1796. 8. *Ibid.* 1824. 8.
* Il n'en a point paru d'autre.

Isnard à Fréron, s. l. (*Par.*), an IV (1796). 8. *
* Réponse à la brochure précédente.

Fresenius (Johann Friedrich),
théologien allemand (27 janvier 1717 — 12 février 1783).

Fresenius (Friedrich Anton). Lebenslauf aus Kindespflicht, oder Schicksale und Tod J. F. Fresenii. *Hersfeld*. 1789. 8.

Fresenius (Johann Philipp),
théologien allemand (22 oct. 1705 — 4 juillet 1761).

Griesbach (Conrad Caspar). Leichenpredigt auf Dr. J. P. Fresenium. *Frf.* 1761. Fol.

J. P. Fresenii Lefnads-Omstaendigheter. *Stockh.* 1774. 8.

Fresnel (Augustin Jean),
physicien français (10 mai 1788 — 14 juillet 1827).

Puiseux (L...) et **Charles** (E...). Notice sur (François de) Malherbe, (Pierre Simon de) la Place, (Pierre) Varignon, (Guillaume François) Rouelle, (Louis Nicolas) Vauquelin, (Victor Collet) Descotils, Fresnel et (Jules Sébastien César) Dumont d'Urville. *Caen*. 1847. 12.

Fréteau (Jean Marie Nicolas),
médecin français (1763 — 9 avril 1823).

Priou (Jean Baptiste). Éloge historique de J. M. N. Fréteau, docteur en médecine. *Nant*. 1823. 4.

Freudweiler (Heinrich),
peintre suisse (1755 — 1795).

Meyer (Johann Heinrich). H. Freudweiler. Beitrag zu den Biographien Schweizer Künstler. *Zürch*. 1796. 8. Portrait.

Fréville (Jean Baptiste Maximilien **Villót,** baron de),
pair de France (6 mars 1773 — 29 nov. 1847).

Saint-Aulaire (Louis Beaupoil de). Éloge de M. le baron de Fréville, pair de France, conseiller d'État, etc. *Par.* 1848. 8.

Frewen (N... N...),
archevêque de York.

Just and plain vindication of the late Dr. Frewen, lordarchbishop of York and lord-almoner to king Charles II. *Lond.* 1743. 8.

Frey (Johann Caecilius),
médecin allemand (vers 1580 — 1er août 1631).

Gaffarelli (Jacques). Lachrymæ sacræ in obitum J. C. Frey. *Par.* 1631. 4. (*P.*)

Wedekind (Rudolph). Diatribe de J. C. Freii philosophia Druidum, ejusque vita et opusculis. *Goetting.* 1760. 4. (*D.*)

Frey (Johann Jacob),
philologue suisse (6 juin 1606 — 21 août 1636).

Tossanus (Daniel). Oratio panegyrica in obitum J. J. Basil. *Basil.* 1636. 4.

Frey (Johann Ludwig),
théologien suisse (16 nov. 1682 — 28 février 1759).

Beck (Jacob Christoph). Oratio funebris de vita et meritis J. L. Frey. *Basil.* 1760. 4.

Frey (Joseph Samuel C... F...),
philologue juif.

Narrative of the Rev. J. S. C. F. Frey, minister of the Gospel to the Jews. *Lond.* 1813. 8.

Freyberg (Ludwig v.),
évêque de Constance (?).

Walchner (Carl). Bischof Otto v. Sonnenberg und L. v. Freyberg. Beitrag zur Geschichte des Bisthums Constanz. *Const.* 1818. 8.

Freycinet (Louis Claude de **Saulses** de),
marin français (7 août 1779 — 18 août 1842).

Roquette (N... N...). Notices historiques sur M. Henri et L. Freycinet, s. l. et s. d. (*Par.* 1840). 8.

Grille (François). L. de Freycinet, sa vie de savant et de marin, ses voyages, ses ouvrages, ses lettres, son caractère et sa mort, avec des notes de Gabriel LAFOND. *Par.* 1853. 18. (*Lv.*)

Freycinet (Louis Henri de **Saulses**, baron de),
contre-amiral français, frère ainé du précédent
(31 déc. 1777 — 21 mars 1840).

Fleury (E... J...). Notice biographique de M. L. H. de Saulses, baron de Freycinet, contre-amiral, commandant de la Légion d'honneur, etc. *Rochefort.* 1852. 8.

Freylinghausen (Gottfried Anastasius),
théologien allemand (12 oct. 1718 — 18 février 1785).

Schulze (Johann Ludwig). Denkmahl der Liebe und Hochachtung dem Herrn G. G. Freylinghausen gestiftet. *Halle.* 1786. 4. (*D.*)

Niemeyer (August Hermann). Leben und Character des Dr. G. A. Freylinghausen. *Halle.* 1786. 4.

Freyre (Manuel),
général espagnol (vers 1765 — 1834).

Apologia del general D. M. Freyre. *Madr.* 1820. 8.
Defensa del general D. M. Freyre. *Madr.* 1820. 8.

Freystein (Johann),
jurisconsulte allemand.

Cundisius (Matthias). Leich-Predigt bei dem Begräbniss J. Freystein's. *Dresd.* 1609. 4. (*D.*)

Freytag (Friedrich Gotthelf),
pédagogue allemand (18 nov. 1687 — 9 juillet 1761).

Mueller (Daniel). Gedächtnissschrift auf den seeligen Herrn F. G. Freytag. *Dresd.* 1763. 4.

Freywaldt (Georg v.),
jurisconsulte allemand (10 sept. 1587 — 7 oct. 1641).

Hunnius (Ægidius). Leichen-Predigt auf G. v. Freywaldt. *Altenb.* 1642. 4. (*D.*)

Frezeau de la Frezelière (Charles Madeleine),
évêque de la Rochelle († 1703).

Ragot (François). Oraison funèbre de C. M. Frezeau de la Frezelière. *La Roch.* 1703. 4. (Non mentionné par Quérard.)

Tardif (N... N...). Éloge de C. M. Frezeau de la Frezelière. *Par.* 1705. 4. (Omis par Quérard.)

Frick (Albrecht Philipp),
jurisconsulte allemand (28 avril 1733 — 21 mars 1798).

Wiedeburg (Friedrich August). Memoria A. P. Frickii, etc. *Helmst.* 1798. 4.

Frick (Johannes),
philosophe allemand (17 oct. 1634 — 18 sept. 1689).

Strohmeyer (Carl Ludwig). Leichenpredigt bei dem Tode Mag. J. Frick's. *Ulm.* 1689. 4.

Friderici (Johann),
théologien allemand.

Friderici (Johann Christlieb). Programma ad memoriam J. Friderici. *Jenæ.* 1726. Fol. (*D.*)

Friderici (Valentin),
philologue allemand (23 avril 1630 — 28 avril 1702).

(**Cyprian**, Johann). Programma in V. Friderici funere. *Lips.* 1702. Fol. (*L.*)

Friede (Johann Jacob),
théologien alsacien.

Obrecht (Ulrich). Programma ad funus J. J. Fridii. *Argent.* 1677. 4.

Friedemann (Carl),
littérateur allemand.

Leben C. Friedemann's. *Frf.* 1783. 8.

Friederich (Johann Andreas),
jurisconsulte allemand (26 février 1758 — 5 déc. 1800).

Leuchs (Johann Georg). Dr. J. A. Friederich, reichsstädtisch-nürnbergischer Advocat, etc. *Nürnb.* 1802. 4.

Friederici (Michael),
théologien allemand (28 juillet 1686 — 28 janvier 1761).

Bruckmayer (Carl Gottfried). Lebenslauf des Magisters M. Friederici, Pastors in Wittgendorf. *Zittau.* 1761. Fol.

Friedrich (Johann),
philologue allemand (7 oct. 1563 — 8 déc. 1629).

Schneider (Andreas). Oratio funebris in memoriam J. Fridrichi. *Lips.* 1629. 4.

Hoepner (Johann). Concio funebris germanica, cum curriculo vitæ J. Fridrichi. *Lips.* 1629. 4. (*D.*)

Fries (Bengt Fredrik),
savant suédois (24 août 1799 — 7 avril 1839).

Pettersson (A... Z...). Rede beim Begräbnisse des Professors, etc., B. F. Fries. *Stockh.* 1859. 8.

Fries (Jacob Friedrich),
philosophe allemand (23 août 1773 — ... août 1843).

Klopfleisch (Christian). Rede am Grabe des Herrn Dr. J. F. Fries, etc. *Jena.* 1843. 8.

Friese (Abraham),
théologien allemand (20 août 1570 — 13 mai 1627).

Friese (Paul). MNHMA, s. Statua, d. i. Ehrengedächtniss aufgerichtet dem A. Friesio, der obern Pfarrkirche zu Liegnitz Pastori. *Görl.* 1627. 4.

Friese (Martin Friedrich),
médecin allemand (20 sept. 1632 — 14 août 1700).

(**Cyprian**, Johann). Programma academicum in M. F. Friesii funere. *Lips.* 1700. Fol. (*D.*)

Friese (Otto Heinrich),
littérateur allemand.

Berger (Johann Wilhelm v.). Elogium O. H. Frisii. *Lips.* 1718. 4.

Frigimelica (Francesco),
médecin italien (13 janvier 1491 — 1er avril 1558).

Morigia (?) (Marco Antonio). Orazione nella morte di F. Frigimelica. *Venez.* 1558. 4. (*P.*)

Frignani (Angelo),
réfugié italien.

Frignani (Angelo). La mia pazza nelle carceri. Memorie. *Par.* 1839. 12.

Friis de Borreby (Christiern),
homme d'État danois.

Aslacus (Conrad). Oratio in obitum C. Frisii de Borreby. *Hafn.* 1616. 4.

Janus (Matthias). Oratio funebris in obitum C. Frisii de Borrreby cancellarii. *Hafn.* 1617. 4.

Friis de Kragerup (Christian),
homme d'État danois.

Resen (Hans Hansen). Oratio in obitum C. Friis de Kragerup. *Hafn.* 1640. 4.

Frings (Caspar),
théologien allemand.

Leben und letzte Schrift des seligen C. Frings, Licenciaten der Theologie und Professors der Kirchengeschichte an dem Seminarium Theodorianum in Paderdorn. *Münst.* 1851. 8.

Frisch (Johann Christian),
littérateur allemand.

Frisch (Samuel Gottlob). Biographische Nachricht über J. C. Frisch. *Freiburg.* 1805. 4.

Frisch (Johann Leonhard),
théologien allemand (24 nov. 1604 — 30 nov. 1673).

Spoerl (Samuel). Leichpredigt auf Herrn J. L. Frisch, Prediger bey Sanct-Egidien. *Sulzb.* 1673. 4.

Frisch (Johann Leonhard),
philologue allemand (19 mars 1666 — 21 mars 1743).

Wippel (Johann Jacob). Leben des weiland berühmten Rectors am Gymnasium zum grauen Kloster in Berlin, J. L. Frisch. *Berl.* 1744. 4. (*D.*)

Frischherz (Johann), ,
- magistrat suisse (décapité le 5 mars 1640)..

Fetscherin (B... R...). Prozess des am 5ten März 1640 vor dem Rathhause in Bern enthaupteten Teutsch-Seckelmeisters J. Frischherz, neu nach den Quellen bearbeitet. *Bern.* (*Zürch.*) 1849. 8.

Frischlin (Nicodemus),
philologue allemand (22 sept. 1547 — 29 nov. 1590).

Frischlin (Jacob). N. Frischlinus redivivus. *Argent.* 1599. 8.

Pflueger (Georg). Vita N. Frischlini, Balingensis, comitis Palatini Cæsarei, poetæ laureati, viri clarissimi, cui adhærescunt vita Rudolphi Agricolæ, Joannis Capnionis et Erasmi Roterodami. *Argent.* 1601. 8. *Ibid.* 1603. 8. (*D.*)

Lange (Carl Heinrich). N. Frischlinus, vita, fama, scriptis ac vitæ exitu memorabilis. *Jenæ.* 1725. 4. (*D.*) Avec préface de Johann Lorenz Mosheim. *Brunsv.* et *Lips.* 1727. 4. (*D.* et *Lv.*)

Conz (Carl Philipp). N. Frischlin, der unglückliche Würtembergische Gelehrte und Dichter. *Frf.* et *Leipz.* 1781. 8. *Königsb.* 1792. 8. (*D.*)

Frischmuth (Johann),
philologue allemand (1619 — 19 août 1687).

Purgold (Johann Simon). Oratio in honorem et memoriam J. Frischmuthi. *Jenæ.* 1698. 4. (*D.*)

Frisi (Paolo),
mathématicien et physicien italien (13 avril 1728 — 22 nov. 1784).

Jacquier (François). Elogio accademico del celebre matematico signor abate Prisi. *Venez.* 1786. 8.

Verri (Pietro). Memorie appartenenti alla vita ed agli studj del signor D. P. Frisi. *Milan.* 1787. 4. Portrait.

Frisich (Joachim),
jurisconsulte allemand (3 avril 1638 — 26 juillet 1684).

Witte (Henning). Memoria J. Frisichii. *Rigæ.* 1684. 4.

Frith (Mary),
dame anglaise (1586 — 1659).

Life of M. Frith, nick-named Moll Cutpurse. *Lond.* 1662. 12. Portrait. (Extrémement rare.)

Fritsch (Ahasver),
jurisconsulte allemand (16 déc. 1629 — 24 août 1701).

A. Fritschii scripta varia, tam sacra, quam politica hactenus edita. *Ratisb.* 1686. 4. Augm., s. c. t. Catalogus scriptorum suorum tam sacrorum quam profanorum latinorum. *Leipz.* 1692. 12. *

* Ce savant a composé deux cents opuscules, dont soixante-quatre, écrits en latin, concernent pour la plupart la jurisprudence; les cent trente-six autres sont des livres ascétiques ou de morale; cent sont écrits en allemand, et trente-six en latin.

Fritsch (Johann Heinrich),
théologien allemand (3 février 1772 — 11 avril 1829).

Becker (Albrecht Gerhard). Erinnerungen an Dr. J. H. Fritsch, vormaligen königlich preussischen Superintendenten der Diöcese Quedlinburg und Ober-Prediger zu Sanct-Benedicti daselbst; nebst Erinnerungen aus dessen häuslichem Leben von Sophie Faitsch, geb. Haupt. *Quedlinb.* 1837. 8. Portrait.

Fritsche (Friedrich Gotthelf),
théologien allemand († .. janvier 1851).

Sachse (Christian Friedrich Heinrich) et **Hempel** (Heinrich Ferdinand). Reden bei der Beerdigung des verewigten Dr. F. G. Fritsche, Consistorialraths, General-Superintendenten, etc. *Altenb.* 1851. 8.

Fritze (Johann Gottlieb),
médecin allemand (9 janvier 1740 — 11 avril 1793).

Walch (Albert Georg). Programma in memoriam J. T. Fritzii. *Schleusing.* 1759. 4. (*D.*)

Frobenius (Johann),
théologien allemand († 30 oct. 1553).

Guden (Gottlieb Friedrich). Erneuertes Denkmal des

---

um die Reformation der Stadt Lauban hochverdienten Theologi J. Frobenii. *Leipz.* 1743. 8. (*D.*)

Frobenius (Johannes),
imprimeur suisse du xve siècle.

De Reume (Auguste). Notes sur quelques imprimeurs étrangers : Jean Froben. *Brux.* 1849. 8. (Tiré à 40 exemplaires.)

Frobes (Johann Nicolaus),
philosophe allemand (7 janvier 1701 — 11 sept. 1756).

Wernsdorf (Johann Christian). Schediasma de vita, meritis et scriptis J. N. Frobesii, math. et philos. P. P. O. *Witteb.* 1756. 4.

Froebel (Friedrich),
pédagogue allemand (21 avril 1782 — 21 juin 1852).

Middendorff (Wilhelm). F. Froebel's letztes Geburtsfest, letzte Lebenstage, Begräbnissfeier, etc. *Liebenstein.* 1852. 8.

Kuehne (Carl Gustav). Froebel's Tod und der Fortbestand seiner Lehre. *Liebenstein.* 1852. 4.

Froelich (Erasmus),
jésuite allemand (2 oct. 1700 — 7 juillet 1758).

Oetter (Samuel Wilhelm). Lebensgeschichte des berühmten Pater E. Froelich. *Nürnb.* 1773. 4. (*D.*)

Froelich (Johann Christian),
jurisconsulte allemand.

Seelen (Johann Heinrich v.). Memoria J. C. Froelich, J. U. D. *Lubec.* 1743. Fol.

Froelich (Johann von Gott),
pédagogue allemand († 1849).

Spengel (Leonhard). Denkrede auf J. v. G. Froelich, Rector des alten Gymnasiums zu München, etc. *Münch.* 1849. 4.

Froereisen (Johann Leonhard),
théologien alsacien (1694 — 13 janvier 1761).

Wieger (Johann). Programma academicum in memoriam J. L. Froereisenii. *Argent.* 1725. Fol. (*D.*)

Froeschel (Sebastian),
théologien allemand (24 février 1497 — 20 déc. 1570).

Lemeiger (Albinus). Scriptum propositum in funere S. Froeschelii, una cum ejusdem epitaphio. *Witteb.* 1571. 4.

(**Usleber**, Friedrich August). Curieuse Nachricht von dem Leben S. Froeschel's, eines der ältesten Diener des heiligen Evangelii zu Wittenberg. *Leipz.* 1722. 8. Portrait. (*D.*)

Froissart (Jean),
historien et poète belge (vers 1333 — vers 1400).

Johnes (Thomas). Memoirs of the life of sir J. Froissart, with an essay on his works and a criticism on his history, translated from the French of Mr. de Lacurne de Sainte Palaye. *Lond.* 1801. 8. * *Hafod.* 1810. 4. **

* L'original français est imprimé dans les Mémoires de l'Académie des inscriptions, tomes X et XIV.

** Avec une description du manuscrit de la Chronique, l'un des trésors les plus rares de la bibliothèque de Breslau. Lors de la prise de cette ville par les Français en 1806, les Silésiens pensèrent bien qu'on leur demanderait ce beau et célèbre manuscrit, et mirent à son intention un article dans la capitulation, pour que la bibliothèque publique fût respectée.

Lucas (Henri). Notice sur la vie et les ouvrages de J. Froissart, grand chroniqueur du xive siècle. *Berl.* 1849. 4.

Kervyn de Lettenhove (Joseph). Froissart, Édouard III et le comte de Salisbury. *Brux.* 1853. 8. (Extrait des *Bulletins de l'Académie royale de Belgique.*)

Froment (Antoine),
théologien français (1509 — ...).

Chenevière (Charles). (Guillaume) Farel, Froment, (Pierre) Viret, réformateurs religieux. *Genève.* 1835. 8.

Frommann (Johann Ulrich),
théologien allemand († 1715).

Hochstetter (Andreas Adam). Concio funebris in J. U. Frommanni obitum, germanice scripta, et Programma funebre academicum. *Tubing.* 1715. 4. (*D.*)

Fromond (Giovanni Claudio),
physicien italien (4 février 1703 — 29 avril 1765).

Bianchi (Isidoro). Elogio storico del P. D. G. C. Fromond, pubblico professore nell' università di Pisa. *Cremon.* 1781. 4.

Fronteau (Jean),
théologien français (1614 — 17 avril 1662).

(**Lallemant**, Pierre). J. Frontonis, canonici regularis congregationis Gallicanæ Sanctæ Genovefæ et universitatis Parisiensis cancellarii memoria, etc. *Par.* 1665. 4. (*D.*)

Fronto (Marcus Cornelius),
orateur romain (l'un des maîtres de Marc-Aurèle).

Freytag (Friedrich Gotthelf). Programma de M. C. Frontone. *Numburg.* 1752. Fol.

Eichstaedt (Heinrich Carl Abraham). C. Frontonis operum nuper in lucem protractorum notitia et specimen. *Jenæ.* 1816. Fol.

Roth (Carl Johann Friedrich v.). Bemerkungen über die Schriften des M. C. Fronto und über das Zeitalter der Antonine. *Nürnb.* 1817. 4.

Fronzoni (Domenico Antonio),
prêtre italien.

Belzoppi (Ignazio). Elogio funebre dell' arciprete D. A. Fronzoni. *Imola.* 1855. 12.

Froschhauer (Christoph),
imprimeur suisse († 1er avril 1564).

Voegelin (Salomon). C. Froschhauer, erster berühmter Buchdrucker in Zürich, nach seinem Leben und Wirken, etc. *Zürch.* 1840. 4.

Frotho I,
roi mythique de Danemark.

Fog (Lorents). Disputatio de lucta regis Frothonis I, cum dracone, thesauro incubante. *Hafn.* 1686. 4.

Frotté (Louis, marquis de),
chef des royalistes de la Normandie (vers 1755 — fusillé le 29 janv. 1800).

Gautier du Var (Isidore Marie Brignolles). Conduite de Bonaparte relativement aux assassinats de Mgr. le duc d'Enghien et du marquis de Frotté. *Par.* 1825. 8.

Froullay-Tessé (Charles Louis de),
évêque du Mans (1687 — 30 janvier 1767).

Leconte (N... N...). Oraison funèbre de C. Louis de Froullay-Tessé, évêque de Mans. *Mans.* 1767. 8. (Non mentionné par Quérard.)

Fruch (Johann),
théologien suisse.

Scheitlin (Peter). Denkmal gesetzt meinem Tochtermanne, J. Früh, Pfarrer in Herisau. Grundzüge seines Lebens und Schicksals. *Sanct-Gall.* 1843. 8.

Fruehauf (Christian),
pédagogue hongrois (13 mars 1713 — 4 juillet 1779).

Richter (Daniel). Der nützlich gewesene und des Andenkens würdige Schulmann. Gedächtnisschrift auf C. Frühauf. *Zittau.* 1779. Fol.

Frugoni (Carlo Innocenzo),
poète italien (21 nov. 1692 — 20 déc. 1768).

Salandri (Pellegrino). Elogio storico di C. I. Frugoni. *Mantov.* 1769. 4.

Cerati (Antonio). Elogio di Frugoni. *Parma.* 1776. 8.

Frullani (Giuliano).
mathématicien italien (1795 — 25 mai 1834).

(**Rosini**, Giovanni). Biografia del cavaliere G. Frullani, membro dei XL della Società italiana.*Pisa.* 1835. 8. Port.

Frundsberg (Georg),
général allemand (24 sept. 1443 — 20 oct. 1528).

Reisner (Adam). Scriptus de vita et rebus gestis G. et Casparis Frundsbergiorum, dominorum in Mundelheim, qui ordines in exercitu cæsareo Caroli V adversus pontificem Clementem VII ducebant. *Frf.* 1568. Fol. Trad. en allem. 1572. Fol. *Ibid.* 1599. Fol.

Bartholdt (Friedrich Wilhelm). G. v. Frundsberg, oder das deutsche Kriegshandwerk zur Zeit der Reformation. *Hamb.* 1855. 8. Portrait.

Fry ou Frejus,
savant anglais.

Schleusner (Johann Friedrich). Programmata III pro Frejo Anglo. *Witteb.* 1808-09. 4. (*D.*)

Henrici (Johann Christian). Programmata IV-VI pro Frejo Anglo. *Witteb.* 1810. 4. (*D.*)

Langguth (Christian August). Programma VII pro Frejo Anglo. *Witteb.* 1812. 8. (*D.*)

Fry (Elizabeth),
philanthrope anglaise (21 mai 1780 — 13 oct. 1845).

Timpson (Thomas). Memoirs of Mrs. Fry, including a

history of her labours in promoting the reformation of female prisoners and the improvement of british seamen, with a biographical sketch of her brother, J. J. Gurney, Esq. *Lond.* 1846. 12. Portrait. *Ibid.* 1847. 12. (Trad. de l'angl.)

Mollet (J... E...). Esquisse de la vie d'É. Fry. *Amst.* 1846. 8.

Züge aus dem Leben der E. Fry. *Frf.* 1847. 8.

Memoirs of the life of E. Fry, with extracts from her journals and letters. *Lond.* 1848. 2 vol. 8. * Trad. en allem. s. c. t. Leben und Denkwürdigkeiten der Frau Fry. *Hamb.* 1848. 8. Portrait.

  * Publ. par deux de ses filles.–On y trouve le portrait de madame Fry.

Chavannes (Herminie). Vie d'É. Fry, extraite des Mémoires publiés par deux de ses filles, et enrichie de matériaux inédits. *Par.* 1852. 8. Portrait.

Geldart (Thomas). Beispiele der Menschenliebe. Skizzen aus dem Leben des Sir Thomas Fowell Buxton, Joseph John Gurney und der E. Fry. *Leipz.* 1853. 8. (Trad. de l'angl.)

Fryxell (Anders),
historien suédois (7 février 1795 — ...).

A. Fryxell, såsom politisk och historisk Skriftställare, etc. *Stockh.* 1846. 12.

Fualdès (Antoine Bernardin de),
magistrat français (10 juin 1761 — assassiné le 18 mars 1817).

(**Latouche**, Henri de). Histoire et procès complet des prévenus de l'assassinat de M. de Fualdès. *Par.* 1818. 2 vol. 8.

Thierry (J...). Histoire de l'horrible assassinat commis sur la personne de M. de Fualdès, avec des détails curieux et exacts sur les principaux prévenus qui ont figuré dans cette cause célèbre. *Par.* 1818. 18.

Kobbe (Peter Ludwig Christian v.). Fualdes angebliche Ermordung. Nähere Beleuchtung des merkwürdigsten Criminalfalls unseres Jahrhunderts. *Celle.* 1831. 8.

Fuchs.

Lauterbach (Samuel Abraham). Historische Nachrichten von einigen Vornehmen und Gelehrten, welche den Geschlechtsnamen Fuchs führten. *Breslau.* 1785. 4.

Fuchs (Andreas),
théologien allemand († 1646).

Programma academicum ad exequias A. Fuchsii. *Lips.* 1646. 4. (*D.*)

Carpzov (Johann Benedict). Morientium euphrasia. — Leichenpredigt auf A. Fuchs. *Leipz.* 1646. 4. (*D.*)

Fuchs (Johann Friedrich),
médecin allemand († 8 août 1828).

Vogel (Christian Daniel). J. F. Fuchs, nach seinem Leben dargestellt. *Herborn.* 1825. 8.

Fuchs (Leonhard),
médecin-botaniste allemand (17 janvier 1501 — 10 mai 1566).

Hizler (Georg). Oratio de vita et morte L. Fuchsii. *Tubing.* 1566. 4. (*D.* et *P.*)

Lorenz (Carl). Dissertatio inauguralis medica de L. Fuchs. *Berol.* 1846. 8.

Fuchs (Paul, Freiherr v.),
homme d'État allemand (15 déc. 1640 — 7 août 1704).

Jablonsky (Johann Theodor). Leichenpredigt und Lobrede auf P. Freiherrn v. Fuchs. *Berl.* 1704. Fol.

Fuchs (Remacle *),
botaniste belge († 21 déc. 1587).

Morren (Charles François Antoine). Quelques fleurs de Fuchsia sur la tombe d'un père de la botanique belge, R. Fuchs (de Limbourg), mort à Liége. *Brux.*, s. d. 8. (Extrait des *Bulletins de l'Académie royale de Belgique.*)

  * M. Morren présume que la jolie plante qui porte le nom de *Fuchsia* a été baptisée ainsi en l'honneur de ce botaniste belge; mais il a grandement tort ; c'est Leonhard Fuchs, d'après lequel elle a reçu son nom.

Fuchs (Samuel),
philosophe allemand (27 nov. 1588 — ... 1630).

Thilo (Valentin). Oratio in obitum S. Fuchsii. *Regiom.* 1630. 4.

Fuchte (Johann van),
théologien hollandais (26 nov. 1569 — 25 nov. 1622).

Programma academicum in J. a Fuchte obitum. *Helmst.* 1622. 4. (*D.*)

Fuelleborn (Georg Gustav),
philosophe allemand (2 mars 1769 — 16 février 1803).
Schummel (Johann Gottlieb). Gedächtnissrede auf den Professor G. G. Fülleborn. *Brest.* 1803. 8.
— — (Christian) Garve und Fülleborn, etc. *Bresl.* 1804. 8, 2 portraits.

Fuentes (Pedro Henriquez),
général espagnol (18 sept. 1560 — 19 mars 1643).
Delrio (Martin Antoine). Historia belgica, s. commentarii rerum in Belgio gestarum sub comite (Petro Ernesto) Mansfeldio, archiduce Ernesto et præcipue P. H. comite Fontano (Fuentes), accedunt Ambrosii Spinolæ victoriæ. *Col. Agr.* 1611. 4. *
. * Publ. s. l. nom de Rolandus Mirtaus Oxatius, anagramme du sien

Fuerer der Aeltere (Christoph),
jurisconsulte allemand.
Lochner (Georg Wolfgang Carl). Aus dem Leben C. Fuerer's des Aeltern. *Nürnb.* 1836. 8.

Fuerer (Georg Sigismund),
sénateur de la ville de Nuremberg († 1677).
Wagenseil (Johann Christoph). Solennia pietatis divis manibus G. S. Fuereri in academia Altorfiana præstita. *Norimb.* 1677. 4. (D.)
Arnold (Christoph). Memoria Fuereriana, s. laudatio funebris G. S. Fuereri. *Norimb.* 1677. 4.

Fuerstenau (Johanna Gerhard),
magistrat allemand.
Gesner (Johann Georg). Lebensbeschreibung des Senators J. G. Fuerstenau. *Lübeck.* 1764. Fol.
Overbeck (Johann Daniel). Memoria vitæ J. G. Fuerstenau, reipublicæ Lubecensis senatoris. *Lubec.* 1764. Fol.

Fuerstenberg (Fürsten v.),
famille allemande.
Muench (Ernst Joseph Hermann). Geschichte des Hauses und Landes Fürstenberg, etc. *Aachen* et *Leipz.* 1829-31. 3 vol. 8. 5 portraits.

Fuerstenberg (Carl Egon, Fürst v.),
homme d'État allemand (7 mai 1729 — 11 juillet 1786).
(Hermannsdorf, Hermann v.). Versuch einer Biographie C. E. Fürsten v. Fürstenberg. *Dresd.* 1788. 4.

Fuerstenberg (Ferdinand v.),
évêque de Munster (21 oct. 1626 — 26 juin 1683).
Beaune (Jacques de la). In obitum celsissimi S. R. J. comitis F. de Furstenberg, episcopi Monasteriensis et Paderbornensis carmen, s. monumentum Paderbornensibus monumentis ab eo exstructis adjungendum. *Par.* 1684. 4.
Frizon (Léonard). Furstembergiana libri IV. *Burdig.* 1684. 12.

Fuerstenberg (Franz Egon, Freiherr v.),
prince-évêque de Hildesheim (... — 11 août 1825).
Merz (F... J...). Trauerrede auf F. Egon, Freiherrn v. Fürstenberg, Fürstbischof von Hildesheim und Paderborn. *Hannov.* 1825. 8.

Fuerstenberg (Friedrich Wilhelm Franz, Freiherr v.),
homme d'État allemand (7 août 1729 — 16 sept. 1801).
Soeckeland (Bernhard). Umgestaltung des Münsterschen Gymnasiums durch den Minister F. Freiherrn v. Fuerstenberg, nebst Nachrichten über ihn. Programm. *Münst.* 1828. 8.
Esser (Wilhelm). F. v. Fuerstenberg's Leben und Wirken, etc. *Münst.* 1842. 8. Portrait.

Fuerstenberg (Wilhelm, Fürst v.).
Wolfgang (C...). Tractatus de principis Fuerstenbergii detentione, s. l. (*Vindob.*) 1674. 4.
Lettres et autres pièces concernant l'enlèvement du prince G. de Furstenberg. *Brux.* 1674. 12.

Fuerstenberg (Wilhelm Egon v.),
cardinal-évêque de Strasbourg (1629 — 10 avril 1704).
Le Prevost (Pierre Robert). Oraison funèbre de G. E. de Furstenberg, etc. *Par.* 1705. 4.

Puessel (Martin),
théologien allemand (1566 — 13 mars 1626).
Neuberger (Gottlieb). Descriptio vitæ et obitus M. Fusselii. *Cassel.* 1629. 4. (D.)

Fuessli (Johann Heinrich),
littérateur suisse (18 déc. 1744 — 26 déc. 1832).
Necrolog denkwürdiger Schweizer (Paul Usteri, Johann

Gottfried Ebel, J. H. Fuessli *, Johann Caspar Horner), *Zürch.* 1827. 8.
* J. H. Fuessli, Altrathsherr on Zürich, von seinem Freunde Ignaz Heinrich Wassenzuno (pages 174-201).

Fuger (Michael),
rose-croix allemand.
Authentische Geschichte des Bruders Gordian (Dr. M. Fuger) eines vorgeblichen Abgesandten des hohen Ordens der Rosenkreuzer, etc., aus dessen eigenen Briefen (publ. par Johann Michael Melchinger). *Cosmopoli.* (*Stuttg.*) 1789. 8.

Fugger,
famille allemande.
Contrafehe (!) derer Herren Fugger und Frauen Fuggerin zu Augsburg. *Augsb.* 1620. Fol.
Pinacotheca Fuggerorum, S. R. J. comitum ac baronum in Kierchperg (!) et Weissenborn. *Ulm.* 1754. 4. *
* Renferment 139 portraits de cette célèbre famille. Ouvrage curieux et intéressant surtout pour les costumes des xvie et xviie siècles.
Veith (Franz Anton). De Fuggerorum gentibus in litterarum rem meritis. *Aug. Vind.* 1790. 8.

Fuhrmann (Johann),
médecin livonien (12 oct. 1628 — 23 avril 1704).
Wilde (Jacob). Programma ad exequias J. Fuhrmanni, etc. *Rigæ.* 1704. 4.

Fuiren (Georg),
médecin danois (31 mai 1581 — 25 nov. 1628).
Rhumann (Wolfgang). Programma academicum in G. Fuirenii obitum. *Hafn.* 1627. 4.

Fuiren (Hendrik),
naturaliste danois, fils du précédent (31 mai 1614 — 8 janvier 1659).
Bartholinus (Thomas). Oratio in H. Fuirenii obitum. *Hafn.* 1659. 4. (D.)

Fulcran (Saint),
évêque de Lodève († 1006).
(**Bosquet**, François). Vie de S. Fulcran, évêque de Lodève. *Par.* 1651. 8.

Fulda (Friedrich Carl),
philologue allemand (13 sept. 1724 — 11 déc. 1788).
Graeter (Friedrich David). Über Fulda's Leben, Studien, etc. *Ludwigsb.* 1831. 8. (D.)

Fullen (Bernard),
jurisconsulte hollandais.
Coetier (Willem). Laudatio funebris in memoriam B. Fullenii. *Franeq.* 1708. Fol. (D.)

Fuller (Thomas),
historien anglais (1608 — 13 août 1661).
Life and death of that reverend divine and excellent historian T. Fuller. *Oxf.* 1662. 8. (D.) *Lond.* 1705. 8. Portrait.
Russell (A... T...). Memorials of the life and works of T. Fuller. *Lond.* 1845. 8. Portrait.

Fuller (William),
gentilhomme anglais.
Life of W. Fuller, gentleman, written by his own hand. *Lond.* 1701. 2 vol. 8. (D.)

Fuller, marchesa Ossoli (Sarah Margaret),
touriste anglo-américaine († vers 1850).
Memoirs of S. M. Fuller, marchesa Ossoli (publ. par Ralph Waldo Emerson et William Henry Channing). *Lond.* 1852. 3 vol. 8.

Fulton (Robert),
inventeur des bateaux à vapeur (vers 1767 — 24 février 1815).
Colden (Cadwallader D...). Memoirs of the life of R. Fulton, comprising some account of the invention, progress and etablishment of Steam-Boats. *New-York.* 1817. 8.
Montgéry (N... N... de). Notice sur la vie et les travaux de R. Fulton. *Par.* 1825. 8. (Tiré à 100 exemplaires.)

Funccius ou Funck (Johann Nicolaus),
historien allemand (29 mars 1693 — 26 déc. 1777).
Programma funebre in J. N. Funccii obitum. *Marb.* 1777. 4.

Funk (Gottfried Benedict),
pédagogue allemand (29 nov. 1734 — 18 juin 1814).
Koch (Johann Friedrich Wilhelm). Standrede am Sarge des, etc., entschlafenen G. B. Funk, Rectors der Domschule zu Magdeburg. *Magdeb.* 1814. 8.

Fuoco (Sofia),
danseuse espagnole.
Biografia de la bailadora S. Fuoco. *Madr.* 1850. 8. *
* Ce titre n'est pas tout à fait exact.

Furetière (Antoine),
poète français (1620 — 14 mai 1688).
Fureticriana. *Lyon.* 1696. 12. *Brux.* 1696. 12. *Par.* 1708.
12. Trad. en holland. *Amst.* 1711. 8.

Furgole (Jean Baptiste),
jurisconsulte français (24 oct. 1690 — .. mai 1781).
(**Bernadeau**, Pierre). Vies, portraits et parallèles des
jurisconsultes (Jean) Domat, Furgole et (Robert Joseph)
Pothier. *Eleuthérop.* (*Bord.*) 1798. 12.

Furietti (Giuseppe Alessandro),
cardinal italien (1685 — 14 janvier 1764).
Galliccioli (Giovanni Battista). Memorie della vita del
cardinale G. A. Furietti. *Lucca.* 1790. 8.

Furlanetto * (Bonaventura),
musicien italien (17 mai 1738 — 6 avril 1817).
Caffi (Francesco). Narrazione della vita e del comporre
di B. Furlanetto, detto Musin, Veneziano, maëstro di
cappella ducale di S. Marco. *Venez.* 1820. 8. Portrait.
* Quelques biographes le nomment par erreur FURIALETTO.

Fursy (Saint).
Mignon (N... N...). Histoire de la vie de S. Fursy,
avec les vies de S. Foillan et de S. Oultain, ses frères.
Péronne. 1715. 12.

Furtado (Abraham),
président du grand Sanhédrin des Israélites français (1756 —
29 janvier 1817).
Berr (Michel). Éloge de M. A. Furtado, l'un des ad-
joints de Bordeaux. *Par.* 1817. 8.

Furtenbach (Joseph),
architecte allemand (30 déc. 1591 — 17 janvier 1667).
Roth (Johannes). Leichpredigt bey dem Tode J. Furtenbach's. *Ulm.* 1667. 4.

Furtenbach (Joseph),
peintre allemand, fils du précédent (7 nov. 1632 — 8 mars 1655).
Manner (Johann Jacob). Leichenrede bey dem Tode
J. Furtenbach's des Jüngern. *Ulm.* 1655. 4.

Fusco (Giovanni Battista),
littérateur italien.
Aula (Salvatore). Vita di G. B. Fusco. *Napol.* 1761. 8.

Fusco (Giuseppe).
Liguori (Ottavio). Orazione in morte di D. G. Fusco.
Napol. 1705. 8.

Fusconi (Lorenzo),
poète italien (15 août 1726 — 4 août 1814).
Spreti (Camillo). Elogio a L. Fusconi, Ravennate. *Lugo.*
1819. 8.

Fusi ou **Fuzy** (Antoine),
prêtre français du xviie siècle.
Banqueroute de M. A. Fuzy, naguère devenu apostat à
Genève. *Lyon.* 1619. 8. (*D.*)
Déclaration et décret de la Sorbonne de Paris contre
les impiétés d'A. Fusi. *Par.* 1619. 8.
Vie de messire A. Fusi, maintenant apostat. *Par.* 1619. 8.
Arrêt de la cour du parlement du 21 juillet 1612 contre
messire A. Fusi. *Par.* 1620. 8.
Monitorium ad A. Fusi hæreticum. *Par.* 1620. 8.

G

Gabbiani (Antonio Domenico),
peintre italien (13 février 1652 — ... 1726).
Hugford (Ignacio Enrico). Vita di A. D. Gabbiani,
pittore Fiorentino. *Firenz.* 1762. Fol. et 4.

Gabelsberger (Franz Xaver),
sténographe allemand (9 février 1789 — 4 janvier 1849).
Anders (J...). F. X. Gabelsberger und seine Verdienste
um die Stenographie. *Berl.* 1851. 12.

Gabert (Adolph),
pédagogue allemand.
Curtze (Carl Wilhelm Heinrich). Dr. A. Gabert; biographischer Versuch. *Mengeringhausen.* 1843. 8.

Gabin (Saint).
Alby (Henri). Vie de S. Gabin, martyr. *Lyon.* 1624. 12.

Gabler (Johann Philipp),
théologien allemand (4 juin 1753 — 17 février 1826).
Schroeter (Wilhelm). Erinnerungen an Dr; J. P. Gabler, gewesenen ersten Lehrer der Theologie. *Jena.*
1824. 8.

Gabrieli (Giovanni),
musicien italien († 1612).
Winterfeld (Carl Georg August Vivigens v.). J. Gabrieli und seine Zeitalter; zur Geschichte der Blüthe
heiligen Gesanges im 16. Jahrhunderte und der ersten
Entwickelung der Hauptformen unserer heiligen Tonkunst, etc. *Berl.* 1834. 2 vol. 4.

Gabrini (Francesco),
prêtre italien († 24 juillet 1784).
Gabrini (Tommaso Maria). Ragguaglio della morte seguita nella città di Sora del P. F. Gabrini, parocco
della città di Anagni. *Rom.* 1784. Fol.

Gabrini (Tommaso Maria),
littérateur italien (15 oct. 1726 — 19 nov. 1808).
Cancellieri (Francesco Girolamo). Elogio del P. T. M.
Gabrini, s. l. et s. d. (*Rom.*) 16. (*D.*)

Gacé, voy. **Matignon** (Charles Auguste, comte de).

Gaches (Jacques),
partisan de la réforme de l'Église (14 janvier 1558 — 14 nov. 1612).
Raffy (Casimir). Gaches et ses mémoires (encore inédits). *Toulouse.* 1845. 8.

Gacon * (François),
poète français (16 février 1667 — 15 nov. 1725).
Passeron (J... S...). F. Gacon et Jean Baptiste Rousseau.
Lyon. 1834. 8.
* Surnommé *le poète sans fard.*

Gaddi,
famille italienne.
Gaddi (Jacopo de'). Trattato istorico della famiglia de'
Gaddi. *Padov.* 1642. 4.

Gadelius (Erik),
médecin-chirurgien suédois (16 juillet 1778 — 2 février 1827).
Trafvenfelt (Carl). Åminnelse- Tal öfver Läkaren Dr.
E. Gadelius. *Stockh.* 1828. 8.

Gaehler (Caspard Siegfried),
magistrat danois (... — 2 janvier 1825).
Schmidt (N... N...). Andenken an den Conferenzrath
und Bürgermeister Gaehler. *Alton.* 1825. 8. Portrait.

Gaensbacher (Johann Baptist),
musicien allemand (28 mai 1778 — vers 1842).
Schmidt (August). Denksteine. Biographien von Ignaz
Ritter v. Seyfried, Johann Edlen v. Eybler, Ignaz
Franz Edlen v. Mosel, Wolfgang Amadeus Mozart (Sohn)
Hieronymus Payr, J. Gänsbacher, Joseph Weigel,
Thaddäus, Grafen Amadé v. Várkony. *Wien.* 1848. 8.
(Avec les portraits de chacun de ces artistes.)

Gaer (J... F... van de),
Hollandais.
Snyders (Jan Adriaan) et **Bonnier-Hellyer** (L...). Re-
devoeringen gehouden by gelegenheyd van het overly-
den der heeren F. J. L. Delin en J. F. van de Gaer.
Antwerp. 1821. 8. (*Ld.*)

Gaertner (Andreas),
mécanicien allemand (1654 — 1727).
Marperger (Paul Jacob). Gaertneriana, oder A. Gaertner's Leben und verfertigte Kunstwerke. *Dresd.*, s. d.
4. (*D.*)

Gaertner (Joseph),
botaniste allemand du premier ordre (12 mars 1732 — 14 juill. 1791).
Deleuze (Joseph Philippe François). Éloge de J. Gaert-

ner... * Trad. en allem., s. c. t. Über das Leben und die Werke J. Gaertner's und Johann Hedwig's. *Stuttg.* 1805 (?) 8.

* Inséré dans les *Annales du musée d'histoire naturelle*, tome II, pages 392 et suiv. *Par.* 1803. 8.

Gaëtano de Thiene (San),

l'un des fondateurs de l'ordre des Théatins (1480 — 7 août 1547).

Castaldi (Giovanni Battista). Vita di S. Gaëtano. *Moden.* 1612. 4. *Veron.* 1619. 4.

Caraccioli (Giovanni Battista). B. Cajetani et sociorum vitæ. *Col. Agr.* 1612. 4. *Pisis.* 1758. 4.

Nigroni (Giulio). Dissertatio historica de S. Ignatio, societatis Jesu fundatore, et B. Cajetano Thienæo, institutore ordinis clericorum regularium. *Col. Agr.* 1650. 4. *Neapol.* 1651. 4.

Palma (Domenico de). B. Cajetani Thienæi, clericorum regularium fundatoris, gesta anagrammatibus descripta. *Neapol.* 1652. 8.

Pepe (Steffano). Vita del B. Gaëtano Tiene, fondatore della religione de' chierici regolari. *Rom.* 1656. 4. *Venez.* 1662. 12.

    Trad. en allem. par N. N. Weicusel. *Münch.* 1671. 8. Portrait.

    Trad. en latin. *Monach.* 1661. 4.

Charpy de Sainte-Croix (N... N...). Vie de S. Gaëtan de Thiene, fondateur des clercs réguliers. *Par.* 1657. 4. *(Bes.)*

Pepe (Steffano). De miraculis S. Cajetani. *Straubing.* 1662. 4.

Calasibeta (Manuel). Vida de S. Cayetano Tiene. *Madr.* 1671. 4.

Fonseca (Manoel da). Vida de S. Caetano. *Lisb.* 1673. 4.

(Bernard, D...). Vie de S. Gaëtan de Thienne. *Par.* 1698. 12. *(Bes.)*

Argote (Jeronymo Contador de). Vida y milagros de S. Caetano de Thiene. *Lisb.* 1722. 4. Supplément. *Ibid.* 1745. 4.

Fenati (Lodovico Antonio). Orazione panegirica in lodi di S. Gaëtano di Tiene. *Bologn.* 1748. 4.

Pagano (Domenico). Vita di S. Gaëtano. *Napol.* 1749. 4.

Zinelli (Giovanni Maria). Vita di S. Gaëtano di Thiene. *Venez.* 1753. 4.

Hofmann (Donatus). Lobrede auf den heiligen Cajetanus. *Münch.* 1755. 8.

Sommario della vita del patriarca S. Gaëtano. *Lugan.* 1763. 8.

Tracy (Bernard **Destutt de**). Vie de S. Gaëtan de Thiene, instituteur des Théatins, et des autres saints de la même congrégation, avec des remarques historiques sur l'établissement des Théatins en France. *Par.* 1774. 12. *(Bes.)*

Ventura (Gioachimo). Discorso sulle influenze dello zelo di S. Gaëtano Tiene, fondatore delle chierici Rv. Teatini nella universale rinnovazione religiosa del secolo xvi. *Napol.* 1824. 8.

Cittardella-Vigodarzere (Andrea). Delle lodi di S. Gaëtano Tiene. *Padov.* 1845. 8.

Gaëtano (Cesare),

jésuite italien.

Perdiccaro (Giuseppe). Vita del P. C. Gaëtano, della compagnia di Giesù....

    Trad. en flamand par François l'Hermite. *Antwerp.* 1670. 8.

    Trad. en latin par le même. *Antwerp.* 1670. 8.

Gaëtano (Francesco),

jésuite italien.

Gaëtano (Alfonso). Vita di F. Gaëtano, della compagnia di Giesù. *Palerm.* 1637. 12. *Bologn.* 1649. 12.

    Trad. en franç. par Toussaint Bridoul. *Lille.* 1644. 12.

    Trad. en latin par Melchior Hanel. *Prag.* 1668. 12.

Gaëte (Martin Michel Charles Gaudin, duc de),

homme d'État français (19 janvier 1756 — 5 nov. 1841).

Gaëte (Martin Michel Charles Gaudin, duc de). Mémoires, souvenirs, opinions et écrits. *Par.* 1826. 2 vol. 8.

Portalis (Auguste). Essai sur la vie et l'administration du duc de Gaëte, ministre des finances sous l'empire. *Par.* 1842. 8. Portrait.

1

Gagelin (François Isidore),

missionnaire français (5 mai 1799 — exécuté le 16 oct. 1833).

(Pérennès, François). Vie de l'abbé Gagelin, missionnaire de la Cochinchine et martyr. *Besanç.* 1836. 12. Portrait. *(Bes.)*

Jacquenet (J... B... S...). Vie de M. l'abbé Gagelin, missionnaire apostolique et martyr. *Par.* 1850. 12. (Couronné par l'Académie de Besançon.)

Gagern (Fritz, Freiherr),

aventurier allemand.

Heufelder (Ferdinand). F. Freiherr v. Gagern, Pseudo-Commissarius der deutschen Reichsgewalt, oder die kühnen Griffe. Episode aus der Zeit des ersten deutschen Parlaments. *Leipz.* 1849. 8.

Gagern (Heinrich Wilhelm August v.),

homme d'État allemand (20 août 1799 — ...).

H. v. Gagern ; ein öffentlicher Character. *Stuttg.* et *Tübing.* 1848. 8.

Schuecking (Levin). H. v. Gagern ; ein Lichtbild. *Coeln.* 1849. 8.

Duncker (Max). H. v. Gagern ; biographische Skizze. *Leipz.* 1850. 8. * Portrait.

* Formant la troisième livraison de l'ouvrage *Die Maenner der Gegenwart.*

Gagini (Antonio),

sculpteur et architecte italien (vers 1480 — 17 nov. 1571).

Gallo (Agostino). Elogio storico di A. Gagino, scultore ed architetto Palermitano. *Palerm.* 1821. 8.

Gahn (Johan Gottlieb),

chimiste suédois (19 août 1745 — 8 déc. 1818).

Jaerta (Hans). Åminnelse-Tal öfver J. G. Gahn. *Stockh.* 1832. 8.

Gahrlieb v. d. Muehlen (Gustav Caesar),

médecin suédois (1630 — 1717).

Oelrichs (Johann Carl Conrad). Nachricht von dem Leben und den Schriften des Dr. G. C. Gahrlieb v. d. Muehlen, etc. *Greifsw.* 1769. 4. *(D.)*

Gaillard (Louis Auguste),

colonel français (.. avril 1771 — assassiné le .. oct. 1830 ?).

Précis historique de la vie de M. Gaillard, chevalier de la Légion d'honneur, lieutenant-colonel, commandant la place de Louvain. *Nancy.* 1831. 8.

Gainsborough (Thomas),

peintre anglais (1727 — 2 août 1788).

Pratt (Robert). Sketch of the life and paintings of T. Gainsborough. *Lond.* 1788. 8. (Omis par Lowndes.)

Gairal (Jean André),

jurisconsulte français (6 janvier 1763 — 25 nov. 1834).

Marie (Auguste). Éloge de J. A. Gairal, ancien bâtonnier de l'ordre des avocats de Paris. *Par.* 1835. 8.

Gajoni (Pietro Antonio),

médecin italien.

Memoria della vita e degli studj del protomedico P. A. Gajoni. *Bresc.* 1834. 8.

Gajus ou Cajus (Titius),

jurisconsulte romain (contemporain d'Adrien et de Marc-Aurèle).

Westrik (J... V...). Dissertatio de Gaji institutionibus et fragmentis Vatican. *Lugd. Bat.* 1826. 8.

Ysselmoude (M... B... van). Dissertatio de Gaji legis actionibus. *Traj. ad Rhen.* 1840. 4.

Galand (Agnès),

dominicaine française (+ 1634).

Vie d'Agnès (Galand) de Jésus, de l'ordre de S. Dominique au monastère de Langeac, avec l'abrégé de la vie de Françoise des Séraphins, prieure de Saint-Thomas d'Arquin à Paris († 1660). *Au Puy.* 1666. 4.

Galanti (Luigi Maria),

géographe italien (1er janvier 1765 — 31 mars 1836).

Filipponi (Alfonso). Elogio di L. Galanti, s. l. et s. d. *(Napol.* 1838.) 8.

Galantini (Ippolito),

prêtre italien.

Bottari (Giovanni). Vita del B. I. Galantini. *Rom.* 1757. 12.

Sorgenti (Francesco). Vita del B. I. Galantini. *Firenz.* 1825. 8.

Marsella (Domenico Antonio). Commentarius de B. H.

58

Galantinio, auctore sodalitatis doctrinæ christianæ in urbe Florentiæ. *Rom.* 1826. 8.

Galard de Terraube (Victorine),
religieuse française (16 oct. 1798 — 8 février 1836).

Vie de V. Galard de Terraube, décédée en odeur de sainteté. *Par.* 1837. 12. *Ibid.* 1840. 12. *Ibid.* 1843. 12. *Ibid.* 1853. 12.

Galassi (Francesco Maria),
prêtre italien.

Ansidei (Reginaldo). Delle lodi di F. M. Galassi, monaco Cassinese. *Perug.* 1792. 8.

Galaup de Chasteuil (François),
ermite français (19 août 1586 — 15 mai 1644).

Marchetty (François). Vie de M. (Galaup) de Chasteuil, célèbre solitaire au Mont-Liban. *Aix.* 1658. 12. * *Par.* 1666. 12. Portrait. **

* Cette première édition, revue par Antoine Arnauld, parut s. c. t. Le solitaire provençal au Mont-Liban, etc.

** Extrêmement rare parce que, le magasin de l'imprimeur ayant été brûlé, presque toute l'édition fut détruite.

Augéri (Gaspar). Vie de Galaup de Chasteuil, solitaire provençal. *Aix.* 1671. 12.

Galba (Servius Sulpitius),
empereur romain (4 avant J. C.— proclamé le 9 juin 68 — 16 janvier 69).

Buchner (August). Oratio de principatu Galbæ. *Witteb.* 1635. 4.

Walther (Daniel). Dissertatio de Galba imperatore. *Jenæ.* 1689. 4.

Buttstett (Johann Andreas). Betrachtungen über die Staatsfehler des römischen Kaisers Galba. *Coburg.* 1756-57. 2 parts. 4.

Horn (Franz). Historische Gemälde : Galba, Otho und Vitellius. *Berl.* 1812. 8.

Galbois (N... N..., baron de),
général français (17 mai 1778 — ...).

Molinari (G... de). Le lieutenant général, baron de Galbois. *Par.* 1842. 8. (Extrait de la *Revue générale biographique, politique et littéraire.*)

Galen (Christoph Bernhard v.),
prince-évêque de Munster (15 oct. 1600 — 19 sept. 1678).

V... (S... v.). Historische Erzählung vom Leben und Kriege C. B. v. Galen, Bischofs von Münster. *Amst.* 1678. 12.

Trad. en angl. *Lond.* 1680. 12. Portrait.

Trad. en franç. par Pierre le Lorrain Vallemont. *Rouen.* 1679. 12. *Leyde.* 1679. 12. *Cologn.* 1681. 12. Trad. en holland. *Amst.* 1678. 12.

Alphen (Johann v.). Decade de vita et rebus gestis Christophori Bernardi, episcopi et principis Monasteriensis, tome I. *Coesfeld.* 1694. 8. tome II. *Monast.* 1703. 8. Trad. en allem. par Johann Ludwig Oblich. *Elberf.* 1786. 8. (Par Sebastian Kunz.) *Münst.* 1790. 8. *Ulm.* 1804. 8. Portrait.

Springer (Johann Christoph Erich v.). B. v. Galen und Bernhard v. Mallinkrot. *Münst.* 1773. 8.

Lebensgeschichte C. B. v. Galen, Bischofs von Münster. *Hildesh.* 1787. 8.

Molkenbuhr (Marcellus). Vita C. B. a Galen, Monasteriensis ab anno 1650 usque ad 1678 episcopi. *Paderb.* 1796. 8.

Wiens (Eberhard). Sammlung fragmentarischer Nachrichten über C. B. v. Galen, Fürst-Bischof von Münster. *Münst.* 1834. 8.

Depping (Georg Bernhard). Geschichte des Krieges der Münsterer und Coelner, im Bündnisse mit Frankreich, gegen Holland, in den Jahren 1672-74. *Münst.* 1840. 8.

Galen (Johann van),
amiral hollandais (1600 — 15 mars 1653).

Leven en bedryf van den admiral J. van Galen, s. l. et s. d. 8.

Oostkamp (J... A...). Leven, daden en lotgevallen van den kommandeur J. van Galen. *Devent.* 1850. 8. Port.

Galenus (Claudius),
médecin grec (131 — 201).

(Milich, Jacob). De vita Galeni, ejusque libris et interpretibus. *Basil.* 1562. Fol.

Werner (Abraham). Oratio de vita Galeni. *Witteb.* 1570. 8.

Fumanelli (Antonio). De vita et moribus Galeni. *Tigur.* 1577. Fol. *Par.* 1580 (?). Fol. *Magdeb.* 1592. Fol.

Eustachio (Giovanni Martino). Dissertatio de Galeni vita. *Napol.* 1577. 4.

Labbe (Philipp). Elogium chronologicum C. Galeni. *Par.* 1660. 12.

Cruvelius (Georg Ernst). Vita et scripta C. Galeni. *Hamb.* 1682. 8.

Gartemann (J... G...). C. Galenus. *Pesth.* 1832. 8.

Galeote (Matheo Perez),
théologien espagnol († 1728).

Sandoval (Juan de). Oracion funebre en las exequias a la memoria de M. P. Galeote. *Salam.* 1728. 4. (*D.*)

Galeron (Frédéric),
savant français (6 juillet 1794 — 14 juillet 1838).

Travers (Julien). Notice biographique sur F. Galeron. *Falaise.* 1840. 8. Portrait.

Galiani (Ferdinando),
littérateur italien (2 déc. 1728 — 30 oct. 1787).

(**Diodati,** Luigi). Vita dell' abate F. Galiani, regio consigliere. *Napol.* 1788. 8. (*D.*)

Galiffe (Jean),
magistrat suisse (1703 — 12 juillet 1766).

Éloge de J. Galiffe, syndic de Genève. *Genève.* 1766. 8.

Galigaï (Leonora), voy. **Ancre** (maréchal d').

Galilei (Galileo),
créateur de la philosophie expérimentale (18 février 1564 — 8 janvier 1642).

Campanella (Tomaso). Apologia pro Galileo, mathematico Florentino, ubi disquiritur, utrum ratio philosophandi, quam Galileus celebrat, faveat sacris scripturis an adversetur. *Fef.* 1622. 4. (*D.*)

Frisi (Paolo). Elogio del Galileo. *Livorn.* 1775. 8. (*D.* et *P.*) Trad. en franç. s. c. t. Essai sur la vie et les découvertes de G. Galilei, par Albert Jérôme Floncel. *Par.* 1776. 12.

Andrès (Giovanni). Saggio de la filosofia di Galileo. *Mantov.* 1776. 8.

Jagemann (Christoph Joseph). Geschichte des Lebens und der Schriften des G. Galilei. *Weim.* 1784. 8. *Ibid.* 1787. 8. Portrait. (*D.*)

Nelli (Giovanni Battista Claudio de). Vita e commercio letterario di G. Galilei. *Losanna.* (*Firenz.*) 1793. 2 vol. 4. 2 portraits.

Venturi (Giovanni Battista). Memorie e lettere inedite finora e dispersi di G. Galilei. *Moden.* 1818-21. 2 vol. 4.

(**Gamba,** Bartolommeo). Vita di G. Galilei ed alcune lettere familiari. *Venez.* 1826. 12. *

* C'est un abrégé de l'ouvrage de Nelli.

Libri (Gugliemo). Histoire de la vie et des œuvres de G. Galilei. *Par.* 1841. 8 (?).

Trad. en allem. par Friedrich Wilhelm Canové. *Siegen* et *Wiesb.* 1842. 8.

Trad. en ital. *Milan.* 1841. 8.

Brewster (David). Lives of Galileo (Galilei), Tycho (de) Brahe and (John) Kepler, the martyrs of science. *Lond.* 1841. 12.

Cattaneo (Antonio). Cenni su la vita di G. Galilei. *Milan.* 1843. 4. Portrait.

Galin (Pierre),
fondateur d'une école de musique (1786 — 31 août 1821).

Notice sur la vie et les travaux de P. Galin, etc. *Par.* 1852. 8.

Gallot d'Acier (François *),
capitaine français (1516 — tué en 1544).

Saliat (Pierre). Vita F. Galioti Acierii, turmarum ductoris et fabrorum machinarumque bellicarum in Gallia præfecti. *Par.* 1549. 4. (*Bes.*)

* Le P. Jacques Lelong le nomme Pizbel.

Galiotte de Genovillac (N... N...),
réformatrice des religieuses de l'ordre de Malte († 1618).

Acquin de S. Joseph (Thomas d'). Vie de la mère Galiotte de Genovillac, réformatrice des religieuses de l'ordre de Malte en France. *Par.* 1633. 8.

Galitzin (N... N...),
littérateur français (1766 — 1840).

Notice sur l'abbé Galitzin. *Par.* 1842. 8.

Gall (Johann Joseph),
phrénologue allemand (9 mars 1758 — 22 août 1828).
Vrolik (Geraard). Het leerstelsel van J. Gall geschetst and opgehelderd. *Amst.* 1804. 8.
Bjoern (Christian). Historiske Efterretninger om Dr. Gall og hans Organlaere. *Odense.* 1810. 8.
Gall (Joseph Anton),
évêque de Linz (26 mars 1748 — 18 juin 1807).
Biographische Nachricht von J. A. Gall, Bischof in Linz. *Linz.* 1808. 8.
Provence (Joseph). Biographie des Bischofs J. A. Gall zu Linz. *Linz.* 1808. 8.
Gallait (Louis),
peintre belge (24 oct. 1810 — ...).
Teichlein (A...). L. Gallait und die Malerei in Deutschland. Eine Episode aus der modernen Kunstgeschichte, etc. *Münch.* 1853. 8.
Galland (Antoine),
orientaliste français (1646 — 17 février 1715).
Galoppe d'Onquaire (N... N...). Inauguration du monument d'A. Galland (à Rollot), etc. *Montdid.* 1851. 8. (*Lv.*)
Gallarati (Girolamo),
évêque d'Alexandrie.
Mazio (Giovanni Maria). Laudatio funebris in mortem H. Gallarati Mediolanensis, episcopi Alessandriæ. *Ticini.* 1574. 8. (*P.*)
Gallaudet (Thomas Henry),
théologien anglo-américain.
Barnard (Henry). Discourse in commemoration of the life, character and services of the Rev. T. H. Gallaudet. *Hartford.* 1852. 8. (*Bæ.*)
Gallemant (Jacques),
théologien français († 1630).
Gallemant (Placide). Vie du vénérable prêtre de J. C. M. J. Gallemant, docteur en théologie de la Faculté de Paris, premier supérieur des carmélites en France, etc. *Par.* 1653. 4.
Trou (abbé). L'Homme-Dieu, ou la vie de J. Gallemant. *Par. et Lyon.* 1853. 4.
Gallenberg (Grafen v.),
famille allemande.
Schoenleben (Johann Ludwig). Genealogia familiæ comitum et dominorum de Gallenberg. *Laibach.* 1680. Fol.
Galletti (Pietro Luigi),
bénédictin italien (1724 — 13 déc. 1790).
Notizie spettanti alla vita di P. L. Galletti, monaco benedettino, dipoi vescovo di Cirene. *Rom.* 1795. 8.
Galliadi (Giovanni Battista),
peintre italien († 1811).
(**Giordani**, Pietro). Esequie di G. B. Galliadi, pittore di Sant' Arcangelo. *Cesena.* 1811. 8.
Galliccioli (Giovanni Battista),
archéologue italien (1733 — 1806).
Moschini (Giovanni Antonio). Della vita e degli scritti dell' abate G. B. Galliccioli. *Venez.* 1806. 8.
Meneghelli (Antonio Maria). Elogio funebre del professore Galliccioli. *Venez.* 1806. 8.
Gallitzin (princesse Amélie de),
philosophe allemande (28 août 1748 — 7 avril 1806).
Katerkamp (Theodor). Denkwürdigkeiten aus dem Leben der Fürstin A. v. Gallitzin, geb. Gräfin v. Schmettau ; mit besonderer Rücksicht auf ihre nächsten Verhindungen : (Franz) Hemsterhuys, (Franz, Freiherr v.) Fürstenberg , (Bernhard) Overberg und Stolberg. *Münst.* 1828. 8. *Ibid.* 1839. 8. Portraits. Trad. en franç. *Namur.* 1842. 12. Portrait.
Gallois (Thomas Alexandre Marie Esprit François de Paule),
contre-amiral français (5 avril 1783 — 4 avril 1840).
Biographie du contre-amiral Gallois. *Toulon.* 1840. 8.
Galluppi (Pasquale),
philosophe italien.
Curci (Carlo Maria). Elogio funebre di P. Galluppi. *Milan.* 1847. 8.
Gallus (Cajus Vibius Trebonianus),
empereur d'Orient.
Blumeyer (Johann Heinrich). Programma de fatis Galli, imperatoris orientalis. *Hannov.* 1714. 4.

Gallus (Cajus Cornelius),
poëte romain (?)
Nicolas (Alexandre). De la vie et des ouvrages de C. C. Gallus. Thèse, etc. *Par.* 1852. 8.
Gallus (Cornelius Aquilius),
jurisconsulte romain.
Heineccius (Johann Gottlieb). Oratio de C. A. Gallo, JCto celeberrimo. *Frf. ad Viadr.*, s. d. (1731). 4. (*D.*)
Gallus (Nicolaus),
théologien allemand (1516 — 1570).
Rosinus (Johann). Oratio de vita et obitu N. Galli, s. l. et s. d. (*Naumb.* 1599.) 4. (*D.*)
Bergner (Gottfried). Programma de biga theologorum seculi XVI : Nicolao Glossenio et N. Gallo. *Magdeb.* 1720. 4.
Gallus (Philipp), voy. **Hahn.**
Gallus (Saint),
apôtre de la Suisse († vers 630).
Strabo (Walafridus). De vita S. Galli libri II, publ. par Melchior **Goldast.** *Frf.* 1661. Fol.
Haid (Herenæus). Das Licht des Evangelium's Jesu Christi in und durch S. Gallus, Apostel der Schweiz , sammt einer heiligen Reliquie desselben. *Sanct-Gall.* 1814. 8.
Rettberg (Friedrich Wilhelm). Observationes ad vitam S. Galli spectantes. *Marb.* 1842. 4.
Greith (Carl). Der heilige Gallus , der Apostel Allemanniens , und seine Glaubenslehre gegenüber den Deutschkirchlern und ihren Irrthümern. Predigt. *Sanct-Gall.* 1845. 8.
Galluzzi (Francesco Maria),
jésuite italien († 1731).
Memmi (Giovanni Battista). Vita del P. F. M. Galluzzi. *Rom.* 1734. 8. (*D.*) Trad. en lat. *Ingolst.* 1739. 8.
Gallyuff (Jósef),
évêque d'Agram (1786).
Wohlgemuth (Philipp). Oratio parentalis in solemnes exequias J. Gallyuff, episcopi Zagrabiensis. *Zagrab.*, s. d. (1786.) 4.
(**Pongrátz**, István). Elegia lugubris super inopinato fato J. Gallyuff, episcopi Zagrabiensis. *Zagrab.* , s. d. (1786.) 8.
Sebastianovich (Ferencz). Ecloga in obitum Daphnidis dum J. Gallyuff, episcopo olim Zagrabiensi, capitulum parentaret. *Zagrab.* 1786. 4.
Galotti (chevaliers),
famille italienne.
Morawetz (Franz). Genealogisches Fragment eines adeligen aus dem Königreiche Neapel nach Mähren gekommenen Geschlechtes der Ritter v. Galotti. *Brünn.* 1790. 8.
Galotti (Antonio),
officier italien.
Vecchiarelli (S(cipione?). Mémoires de A. Galotti, officier napolitain, condamné trois fois à mort, écrits par lui-même. *Par.* 1831. 8. (Trad. de l'ital.)
Galt (John),
littérateur écossais (2 mai 1779 — 11 avril 1839).
Autobiography of J. Galt. *Lund.* 1833. 8.
Galvani (Luigi),
physicien italien (9 sept. 1737 — 4 déc. 1798).
Alibert (Jean Louis). Eloges de (Lazaro) Spallanzani, de Galvani, de (Pierre) Roussel et de (Marie François Xavier) Bichat. *Par.* 1806. 8.
Gamaliel.
Graun (Caspar Heinrich). Dissertatio, historiam Gamalielis, cognomine Senis, explicans. *Witteb.* 1687. 4. (*D.*)
Gamba (Bartolommeo),
bibliographe italien (16 mai 1766 — 3 mai 1841).
Gamba (Bartolommeo). Narrazione della vita e delle opere di lui, publ. par Emilio de **Tipaldo.** *Bologn.* 1841. 8.
Caffi (Francesco). Narrazione della vita e delle opere di B. Gamba, Bassanese, etc. *Venez.* 1841. 8.
Neymayr (Antonio). Memoria di B. Gamba. *Venez.* 1846. 8.
Gambacorti (Pietro),
fondateur de la congrégation des « Romiti di San Girolamo ».
Bonucci (Antonio Maria). Istoria della vita e miracoli

del B. P. Gambacorti , fondatore della congregazione de' Romiti di S. Girolamo. *Rom.* 1716. Fol. (Très-rare.)

Bajomez (Jean Martin). Histoire de la vie et miracles du B. P. Gambacurti (!) de Pise, fondateur de la con-grégation des ermites de l'ordre de S. Jérôme , avec celles des vénérables Jacques Lion (de Fumay), Alexis le Noir (de Mézières), du très-vertueux frère Jean Buffet (de Hargniès), tous religieux du couvent de Divers-Mont. *Bouillon.* 1772. 12. *

    * Cette histoire n'est qu'une simple traduction de l'ouvrage précé-dent de Bonucci.

Gambara (Giuseppe),
jurisconsulte italien (4 déc. 1767 – 21 août 1829).

Schiassi (Filippo). Cenno biografico intorno la vita di G. Gambara. *Bologn.* 1829. 8.

Azzolini (Tommaso). Notizie intorno la vita dell' avvo-cato G. Gambara. *Bologn.* 1831. 8.

Gambara (Lattanzio),
peintre italien (1542 – 1574).

Cristiani (Federico Niccolò). Memorie storiche della vita e delle pitture di L. Gambara, Bresciano. *Bresc.* 1807. 8. Portrait.

Gambara (Veronica),
poète italienne (30 nov. 1485 – .. 1550).

Rizzardi (N... N...). Rime, lettere e vita di V. Gam-bara. *Bresc.* 1769. 8.

Gambara Costa (Paola),
religieuse italienne.

Fra Diodato. Idea di una non men santa che nobile dama, estratta della vita della venerabile P. Gambara-Costa. *Venez.* 1760. 4.

Rolland (N... N...). Vita e venerazione della B. P. Gambara-Costa del terz' ordine di S. Francesco. *Torin.* 1765. 8.

Gambart (Adrien),
missionnaire français (1600 – 1668).

Abrégé de la vie d'A. Gambart, prêtre missionnaire. *Par.* 1670. 12.

Gambart (Jean Félix Adolphe),
astronome français (.. mai 1800 – 23 juillet 1836).

Arago (François Dominique). Notice sur M. Gambart. *Par.* 1836. 8.

Gambera (Giovanni Tommaso),
prêtre italien.

Ragguaglio della vita del prete G. T. Gambera. *Torin.* 1765. 8.

Gambrivius ou Gambrinus,
roi mythique de Flandre.

Coremans (Victor Amadeus). Notes concernant la tra-dition de Gambrivius, roi mythique de Flandre et de Brabant, s. l. et s. d. (*Brux.*) 8. (Extrait du *Compte rendu de la commission royale d'histoire.*)

Gandoger de Foigny (Pierre Louis),
anatomiste français (6 août 1732 – 5 août 1776).

Éloge de P. L. Gandoger de Foigny. *Nancy.* 1770. 8.

Gandolfi (Bartolommeo),
médecin-physicien italien (24 février 1753 – 10 mai 1824).

Morichini (Domenico Pino). Necrologia del professore B. Gandolfi. *Rom.* 1824. 8.

Gandolfi (Gaëtano),
peintre italien (30 août 1734 – 30 juin 1802).

Grilli (Giovanni Battista). Orazione nelle solenni ese-quie celebrate in Bologna a G. Gandolfi, pittore. *Bologn.* 1802. 8.

Gandon (James),
architecte irlandais.

Life of J. Gandon, etc., architect, with original notices of contemporary artists and fragments of essays from materials, collected and arranged by his son, James Gan-don , published by Thomas J... Mulvany. *Dubl.* 1846. 8. Portrait.

Ganges (Anne Élisabeth de Rossan, marquise de),
dame française (1636 – assassinée en 1666).

Histoire de la mort de la marquise de Ganges. *Par.* 1667. 4.

Récit de la mort tragique de madame la marquise de Ganges, empoisonnée et massacrée par l'abbé et le che-valier de Ganges, ses beaux-frères, avec l'arrêt du par-lement contre les coupables. *Par.* 1668. 4.

Fortia-d'Urban (Agricole de). Histoire de la marquise de Ganges. *Par.* 1810. 12.

Gangwolf (Johann Jacob),
théologien allemand.

Schmid (Johann Christoph). Reden am Grabe J. J. Gangwolf's. *Ulm.* 1795. 8. *Ibid.* 1802. 8.

Gans (Eduard),
jurisconsulte allemand (22 mars 1798 – 5 mars 1839).

Marheineke (Philipp Conrad). Rede am Grabe des Pro-fessors Dr. Gans, etc. *Berl.* 1859. 8.

Ganser (Benno),
moine allemand (1728 – 5 août 1778).

Vacchieri (Carl Albrecht). Rede zum Andenken B. Gan-ser's und Michael Stein's. *Münch.* 1780. 4. (D.)

Gansfort, voy. Wessel.

Ganymède,
personnage mythologique.

Bonsdorff (Johan). Dissertatio de Ganymede vivente in Olympum surrepto. *Aboæ.* 1815. 8.

Ganz (Jakob),
prêtre suisse.

J. Ganz, gewesenen Vikars auf Staufberg, Jugendjahre, s. l. 1819-20. 2 vol. 8. (Biographie composée par lui-même.)

Garasse (François),
jésuite français (1585 – 14 juin 1631).

Jugement et censure du livre de la doctrine curieuse. *Par.* 1623. 8. (D.)

Garasse (François). Apologie pour son livre contre les athéistes et libertins de notre siècle, et response aux censures et calomnies de l'autheur anonyme. *Par.* 1624. 8. (D.)

Garat (Dominique Joseph),
homme d'État français (8 sept. 1749 – 9 déc. 1833).

Villenave (Mathieu Guillaume Thérèse). Notice sur la vie et les écrits de D. J. Garat. *Par.*, s. d. (1834.) 8.

Marrast (Armand). Notice sur D. J. Garat. *Par.* 1838. 8.

Garat (Jean),
prêtre français.

(**Roche**, Léonard). Le portrait fidèle des abbés et autres supérieurs réguliers dans la vie de J. Garat, abbé de la Chancelade. *Par.* 1691. 4.

Garattoni (Gasparo),
philologue italien (1743 – 13 février 1817).

Strocchi (Dionigi). Commentarius de vita et scriptis C. Garattonii. *Bologn.* 1818. 8.

Garau (Raimondo),
jurisconsulte italien (.. janv. 1767 – 3 février 1824).

Caboni (N... N...). Elogio accademico di D. R. Garau. *Torin.* 1825. 8.

Garaye (Claude Toussaint Marot, comte de la),
philanthrope français (27 oct. 1675 – 2 juillet 1757).

E... (D... V... C...). Les époux charitables, ou vies de M. le comte et de madame la comtesse de la Garaye. *Rennes.* 1782. 12.

Cathernos (B...). Vie de M. de la Garaye et de madame de Pont-Briand , sa sœur. *Saint-Malo* et *Dinan.* 1798. 8. (Omis par Quérard.)

Garbero (Anna).

Cenni biografici sopra A. Garbero, che senza nutrimento di sorta compiti or sono due anni vive in Racconigi, sua patria. *Milan.* 1828. 16.

Garcæus (Johann),
théologien allemand (1531 – 22 janvier 1574).

Balthasar (Jacob Heinrich v.). Vita J. Garcæi, theologiæ professoris. *Gryphisw.* 1753. 4.

Zachariæ (Gottlieb Traugott). Novæ additiones ad vitas J. Garcæi utriusque, s. l. 1759. 8.

Garcia Suelto, voy. Suelto (Tomas Garzia).

Garcilaso de la Vega,
poète espagnol du premier ordre (vers 1503 – .. nov. 1536).

Navarrete (Eustaquio Fernandez de). Vida del celebre poeta Garcilaso de la Vega. *Madr.* 1850. 8. Portrait.

Garde (Reine),
poète française.

Lalande (Julien). Notice biographique et littéraire sur R. Garde, couturière, à Aix en Provence. (Préface de ses *Essais poétiques.*) *Par.* 1851. 18.

Gardel (Marie Élisabeth Anne **Houbert**),
danseuse française (8 avril 1770 — 13 mai 1833).
Amanton (Claude Nicolas). Notice sur madame Gardel. *Dijon*. 1835. 8.

Gardie (Gustaf Adolph, Greve de la),
homme d'État suédois (10 déc. 1647 — 5 mars 1695).
Braun (Laurentius). Oratio in mausoleum illustrissimi D. comitis G. A. de la Gardie, cancellarii Aboænsis academiæ. *Aboæ*. 1695. Fol.

Gardie (Jacob, Greve de la),
maréchal de Suède (1583 — 13 nov. 1652).
Emporagius (Erik Gabriel). Concio funebris in obitum J. de la Gardie, comitis, regii senatoris, mareschalli supremi, etc. *Holm*. 1652. 4.
Scheffer (Johan). Oratio funebris in obitum illustrissimi D. J. de la Gardie, comitis in Leckōo, regni Sueciæ archistrategi. *Upsal*. 1652. 4.

Gardie (Jacob August, Greve de la),
homme d'État suédois.
Lindemann (Erik). Inscriptio sepulchralis in obitum comitis J. A. de la Gardie. *Argent*. 1662. Fol.
Scheffer (Johan). Memoria J. A. et Joannes Caroli de la Gardie, comitum in Leckōo. *Upsal*. 1662. 4.

Gardie (Pontus, Greve de la),
feld-maréchal de Suède († 5 nov. 1585).
(**Oernhielm**, Claudius). Vita illustrissimi herois P. de la Gardie, exercituum Sueciæ supremi campi ducis *Lips*. 1690. 4.
Lundblad (Johan Fredrik). * Trad. en allem. s. c. t. Leben Axel Oxenstierna's und P. de la Gardie, par Friedrich Wilhelm v. Schubert. *Strals*. 1851. 8.
* Formant le 2ᵉ volume de l'ouvrage *Scensk Plutarch*.

Gardie (Louis, Greve de la),
fils du suivant.
Aurivillius (Christophorus). Oratio funebris in obitum illustrissimi D. L. de la Gardie, etc. *Holm*. 1674. 4. (Poëme épique.)

Gardie (Magnus Gabriel, Greve de la),
grand chancelier de Suède (1622 — 26 avril 1686).
Brodinus (Andreas). Panegyricus illustrissimo comiti, M. G. de la Gardie, regni cancellario consecratum. *Upsal*. 1663. Fol.

Gardiner (James),
colonel écossais (1687 — tué en 1745).
Doddridge (Philip). Memoirs of colonel J. Gardiner, slain at Preston-Pans 1745. *Lond*. 1796. 8.
—— Some remarkable passages in the life of the Hon. colonel J. Gardiner, with an appendix relating to the ancient family of the Monroes of Fowlis. *Lond*. 1807. 12.

Gardiner (Richard),
littérateur anglais (1723 — 1782).
Memoirs of the life and writings of R. Gardiner, or Dick Merry Fellow *, etc. *Kearsley*. 1782. 8.
* Nom supposé de R. Gardiner.

Garembert (N... N...),
prêtre belge.
(**Villiers**, Charles Louis de). Histoire du vénérable serviteur de Dieu Garembert. *Cambrai*. 1769. 8.

Garibald,
premier roi des Bavares.
Mederer (Johann Nepomuk). Dissertatio de Garibaldo, duce Bavariæ ex Agilolfingis primo. *Ingolst*. 1772. 4.
Pallhausen (Vincenz Pall v.). Garibald, erster König Bojariens, und seine Tochter Theodolinde. erste König in Italien, oder die Urgeschichte der Bayern. *Münch*., s. d. (1810). 4 et 8. Supplément. *Ibid*. 1815. 8.

Garibaldi (Giuseppe),
l'un des chefs de la révolution romaine.
Cuneo (Carlo Borromeo). Biografia di G. Garibaldi. *Torin*. 1850. 4.
Brizi (N... N...). Le bande Garibaldini a San Marino. Racconto historico. *Arezzo*. 1850. 8.

Garin (Juan),
prêtre espagnol.
Historia verdadera de la vida de F. J. Garin y de la penitencia, que hizo en la montaña de Monserrate. *Barcelon*. 1778. 4.

Garmann (Christian Friedrich),
médecin allemand (19 janvier 1640 — 15 juillet 1708).
Mueller (Daniel). Programma ad laudes Chemnicii et C. F. Garmanni. *Chemn*. 1719. Fol. (*D*.)

Garnerin (André Jacques),
ex-commissaire de la république française (1770 — 18 août 1823).
Garnerin (André Jacques). Voyage et captivité du citoyen Garnerin, prisonnier d'État en Autriche. *Par*. 1797. 8.

Garnet (Henry),
jésuite anglais, complice de la conjuration des poudres (1555 — pendu le 3 mai 1606).
Lettre écrite en latin et datée : « Bruxellæ, 4 julii, » sur les derniers jours et la mort du jésuite H. Garnet, qui fut pendu et écartelé le 3 mai 1606 à Londres, s. l. et s. d. Fol. (Rare.)
Eudæmonius Cydonius. Ad actionem proditoriam Eduardi Coqui apologia pro R. P. Garneto Anglo. *Col. Agr*. 1610. 12. (Très-rare.)
Process Garnet's, Superiors der Jesuiten in England, und seiner Mitschuldigen, oder die Pulververschwörung im Jahre 1605. *Jena*. 1828. 8.

Garneyrin (Malachie de),
théologien français.
Inguimbert (Malachie). Vita di M. de Garneyrin. *Rom*. 1728. 8. (*D*.)

Garnier (Athanase),
littérateur français (1767 — 16 février 1837).
(**Garnier**, Athanase). La cour de Hollande sous Louis Bonaparte. *Par*. et *Amst*. 1825. 8. Augment. s. e. t. Mémoires sur la cour de Louis Bonaparte et sur la Hollande. *Par*. 1828. 8. (Non mentionné par Quérard.)

Garnier (François Xavier Paul),
député français (1793 — ...).
Notice biographique sur M. F. X. P. Garnier. *Par*. 1846. 8. (*Lv*.)

Garnier (Germain, marquis),
homme d'État français (8 nov. 1754 — 4 oct. 1821.)
Dacier (Bon Joseph). Notice sur la vie et les ouvrages de M. le marquis Garnier. *Par*. 1822. 8.

Garnier (Jean Guillaume),
mathématicien français (13 sept. 1766 — 20 déc. 1840).
Quetelet (Lambert Adolphe Jacques). Notice sur J. G. Garnier, membre de l'Académie. *Brux*. 1841. 12. *
* La majeure partie de cette notice a été composée par Garnier lui-même.

Garnier-Pagès (Étienne Joseph Louis),
homme d'État français (27 déc. 1801 — 24 juin 1841).
(**Loménie**, Louis de). M. Garnier-Pagès, par un homme de rien. *Par*. 1840. 12.
Sarrut (Germain) et **Saint-Edme** (B...). Biographie de Garnier-Pagès, suivie des discours prononcés sur sa tombe par MM. Arago, Bastide, Lesseps, Blaize, Dupoty, Marlet, Duthoy, et du convoi par Alphonse Esquirol. *Par*. 1841. 8.
Histoire populaire de Garnier-Pagès. *Par*. 1841. 8.

Garon (Louis),
théologien suisse (vers 1580 — vers 1631).
(**Péricaud**, Antoine). Notice sur L. Garon et la fête du cheval Fol , suivie des stances sur l'ancienne confrérie du Saint-Esprit, fondée en la chapelle du Pont du Rhône à Lyon, etc. *Lyon*. 1837. 8.
* Cette notice, tirée à 25 exemplaires, est souvent attribuée à Jean Louis Antoine Costa.

Garrick (David),
auteur et acteur anglais (20 février 1716 — 19 janvier 1779).
D. Garrick, der englische Schauspieler. *Kopenh*. 1771. 8. Trad. en franç. *Copenh*. 1771. 8.
Davies (Thomas). Memoirs of the life of D. Garrick. *Lond*. 1780. 2 vol. 8. Portrait. *Ibid*. 1781. 2 vol. 8. Portrait. *Ibid*. 1784. 2 vol. 8. Publ. par Stephen Jones. *Lond*. 1808. 2 vol. 8. Trad. en allem. *Leipz*. 1782. 2 vol. 8.
Murphy (Arthur). Life of D. Garrick, Esq. containing anecdotes of his contemporaries. *Lond*. 1801. 2 vol. 8. Portrait. Trad. en franç. par Jean Etienne François Marignié. *Par*., an IX (1801). 12. Portrait. (*P*.)
(**Sticotti**, Antonio Fabio). Garrick, ou les acteurs anglais, ouvrage contenant des observations sur l'art dramatique, sur l'art de la représensation et le jeu des

acteurs, avec des notes historiques et critiques, etc. *Par.* 1769. 8. (Trad. de l'anglais.)

Blasis (Carlo). Biografia di D. Garrick. *Milan.* 1840. 8.

Garth (Helvich),
théologien allemand (18 déc. 1579 — 5 déc. 1619).

Lipach (David). Klag-und Trauer-Predigt über den Abschied des H. Garth, nebst beigefügtem Lebenslauf. *Leipz.* 1619. 4. (*D.*)

Gartner (Herman Treschow),
médecin danois (1785 — 4 avril 1827).

Rahlff (Georg). Memoria H. Treschow Gartneri, etc. *Hafn.* 1828. 8.

Garve (Christian),
philosophe allemand (7 janvier 1742 — 1er déc. 1798).

Manso (Johann Caspar Friedrich). Garve nach seinem schriftstellerischen Character. *Bresl.* 1799. 8. (*D.*)

Schelle (Carl Gottlieb). Briefe über Garve's Schriften und Philosophie. *Leipz.* 1800. 8. (*D.*)

Dittmar (Siegmund Gottfried). Erinnerungen aus meinem Umgange mit Garve; nebst einigen Bemerkungen über dessen Leben und Character. *Berl.* 1801. 8.

Garzetti (Giovanni Battista),
historien italien.

Vita di G. B. Garzetti, Trentino. *Roveret.* 1840. Fol.

Garzia de Paredes (Diego de),
général espagnol (.. mai 1466 — 1530).

Vargas (Tomas Tamajo de). Vida de D. Garzia de Paredes y relacion breve de su tiempo. *Madr.* 1621. 4.

Garzoni (Girolamo),

Ercolani (Cesare?). La morte in pretensione. Orazione nelle pompe funerali di G. Garzoni, morto nell' espugnazione delle trincere di Negroponte. *Venez.* 1698. 4.

Garzoni (Pietro),
historiographe de la république de Venise (vers 1692 — vers 1719).

Bellomo (Pietro?). Elogio di P. Garzoni. *Venez.*, s. d. (1817.) 8.

Gaschon (N... N...),
missionnaire français.

Grivel (N... N...). Le P. Gaschon, missionnaire d'Auvergne. *Clerm.-Ferr.* 1852. 8.

Gascoigne (George),
poëte anglais (+ le 7 oct. 1577).

Whestone (George). Remembrance of the wel-imployed life and godly end of G. Gascoigne, Esq. *Lond.* 1577. 4. (Opuscule très-rare.) *Brist.* 1815. 4. (Tiré à 100 exempl.)

Gaspari (Gasparo),
prêtre italien (+ 30 juillet 1834).

(**Emilj**, Pietro degli). Notizie del conte G. Gaspari, Veronese. *Veron.* 1837. 8.

Gaspari (Giovanni Battista de'),
membre de l'Université de Vienne (1702 — 28 oct. 1768).

Della vita, degli studj e degli scritti di G. B. de Gaspari, Trentino. *Venez.* 1770. 8. (*P.*)

Gassendi (Jean Jacques Basilien, comte de),
général français (18 déc. 1748 — 14 déc. 1828).

Amanton (Claude Nicolas). Notice nécrologique sur M. le comte de Gassendi. *Dijon.* 1828. 8. (Extrait du *Journal de Dijon*.) — (*Lv.*)

Gassendi (Pierre),
polyhistorien français (22 janvier 1592 — 14 oct. 1655).

Sorbière (Samuel de). Dissertatio de vita et moribus P. Gassendi. *Frf.* 1679. 8.

(**Bougerel**, Joseph). Vie de P. Gassendi. *Par.* 1757. 12. (*D.* et *Lv.*)

(**Lavarde**, Jacques Philippe de). Lettre critique et historique à l'auteur de la Vie de P. Gassendi. *Par.* 1757. 12. (*D.*)

Meno (Paul Antoine). Éloge de P. Gassendi. *Mars.* 1767. 12. (Couronné par l'Académie de Marseille.)—(*P.*)

Camburat (N... N... de). Abrégé de la vie et du système de P. Gassendi. *Bouillon* et *Par.* 1770. 12.

Études sur la vie et les œuvres de P. Gassendi. *Digne.* 1851. 8.

Gasser (Johann Ludwig),
médecin allemand.

Crantz (Heinrich Joachim Nepomuk). Laudatio funebris J. L. Gasseri. *Vindob.* 1765. Fol.

Gasser (Simon Peter),
jurisconsulte allemand (13 mai 1676 — 22 nov. 1745).

Wideburg (Friedrich). Elogium S. P. Gasseri. *Halæ.* 1746. Fol.

Gassion (Jean de),
maréchal de France (20 août 1609 — 2 oct. 1647).

Renaudot (Théophraste). Récit véritable de la vie et la mort du maréchal J. de Gassion. *Par.* et *Orléans.* 1647. 4.

Portrait ou abrégé de la vie du maréchal de Gassion. *Par.* 1665. 12. (*P.*)

Pure (Michel de). Vie de J. Gassion, maréchal de France, depuis l'an 1609 jusqu'à sa mort. *Par.* 1673. 4 vol. 12. (*P.*) Augm. s. c. t. Histoire du maréchal de Gassion. *Amst.* 1696. 4 vol. 12.

Moline (Pierre Louis). Éloge historique de J. de Gassion. *Par.* 1766. 8.

Gassner (Johann Joseph),
soi-disant thaumaturge et exorciste tyrolien (20 août 1727 — 4 avril 1779).

Lebensbeschreibung des hochwürdigen und hochgelahrten Herrn J. J. Gassner, nebst einem Anhange von merkwürdigen Heilungen und Factis aus dem Ellwangischen Protocoll. *Augsb.* 1775. 8.

Ehrenrettung des S. J. Herrn J. J. Gassner und seiner in Deutschland und mit Aufsehens machenden Teufelsbeschwörungen, s. l. 1775. 8.

Die aufgedeckten Gassner'schen Wundercuren aus authenticen Urkunden beleuchtet, s. l. 1775. 8.

Semler (Johann Salomon). Sammlung von Briefen und Aufsätzen über die Gassner'schen und Schroepfer'schen Geisterbeschwörungen. *Halle.* 1775. 8. *Ibid.* 1776. 2 parts. 8.

Gastaldy (Jean Baptiste Joseph),
médecin français (1741 — 22 déc. 1805 *).

Grimod de la Reynière (Alexandre Balthasar Laurent). Nécrologie gourmande. Notice biographique sur le docteur Gastaldy. *Par.* 1806. 32. (Extrait de la IVe année de l'*Almanach des Gourmands,* tiré à part à 12 exempl.)

   * Et non en janvier 1806, comme le disent quelques biographes.

Gasté (Léonard Fulcran),
médecin français (3 mai 1791 — 31 juillet 1846).

Cazalas (L...). Éloge de L. F. Gasté, médecin en chef de l'armée d'Afrique, etc. *Metz.* 1847. 8.

Gastel (Johann Georg),
jurisconsulte allemand.

Programma academicum pro exuviis J. G. Gastelii. *Lips.* 1679. 4. (*D.*)

Gastine (Auguste),
bibliophile français (1795 — 21 juillet 1852).

Boitel (Léon). Notice sur A. Gastine. *Lyon.* 1852. 8.

Gataker (Thomas),
théologien anglais (4 sept. 1574 — 27 juin 1654).

Life of T. Gataker. *Lond.* 1655. 4. (Omis par Lowndes.)

Gatteaux (Nicolas Marie),
graveur français (!751 — 24 juin 1832).

Miel (Edme François Antoine). Notice sur N. M. Gatteaux, graveur en médailles. *Par.* 1832. 8.

Gatterer (Johann Christoph),
historien allemand (23 juillet 1727 — 5 avril 1799).

Heyne (Christian Gottlob). Elogium J. C. Gattereri, etc. *Goetting.* 1799. 4. (*D.*)

(**Eichhorn**, Johann Gottfried). J. C. Gatterer; biographische Skizze. *Goetting.* 1800. 8.

Gatti (Serafino),
archéologue italien (28 oct. 1771 — 5 janvier 1834).

Muzzarelli (Carlo Emmanuele). Notizie intorno la vita e le opere di S. Gatti. *Rom.* 1835. 4.

Gattinara (Mercurino Arborio de),
cardinal et chancelier de Charles-Quint (1465 — 5 juin 1530).

Hane (Philipp Friedrich). Memoria M. Arborci de Gattinara, imperatori Carolo V a litteris et consiliis sanctioribus. *Kilon.* 1728. 4.

Ekerman (Peter). Dissertatio de M. Gattinara, doctrinæ per Lutherum repurgandæ faventissimo. *Upsal.* 1761. 4.

Denina (Carlo). Elogio storico di M. de Gattinara. *Tarin.* 1782. 8.

Gattoni (Giulio Cesare),
littérateur italien.

Giovio (Giovanni Battista). Articolo storico intorno alla vita ed ai studj del canonico G. C. Gattoni. *Milan.* 1808. 8.

Gaubius (Hieronymus David),
médecin allemand (24 février 1705 — 29 nov. 1780).

Bleuland (Jan). Oratio, qua memoria H. D. Gaubii cum omnibus, tum præsertim medicinæ studiosis commendatur. *Hardervici.* 1792. 4. Trad. en allem. par Johann Heinrich Schelles. *Stendal.* 1794. 8.

Gauch (Jacob),
pédagogue allemand.

Programma academicum ad honores funebres J. Gauchii. *Lips.* 1690. Fol. (*D.*)

Gaudenzi (Pellegrino),
littérateur italien (vers 1749 — 27 juin 1784).

Meneghelli (Antonio Maria). Elogio storico di P. Gaudenzi. *Venez.* 1811. 8.

Gaudenzio (San),
premier évêque de Novara.

Bagliotti (Giuseppe Maria). Vita di S. Gaudenzio, primo vescovo di Novara. *Venez.* 1678. 8.
Prina (Girolamo Antonio). Trionfo di S. Gaudenzio, primo vescovo e protettore della città di Novara. *Milan.* 1711. 4.

Gauderic (Saint).

Histoire de S. Gauderic, confesseur, contenant sa naissance, sa vie et ses miracles. *Perpignan.* 1716. 12. (Rare.)

Gaudichaud-Beaupré (Charles),
voyageur français (4 sept. 1789 — ...).

(**Pascallet**, E...). Notice biographique sur M. Gaudichaud-Beaupré, membre de l'Institut. *Par.* 1844. 8. (2ᵉ édition.)

Gaudin (Martin Michel Charles), voy. **Gaëte.**

Gaudon (Pernelle),
dame française connue par sa haute piété.

Gabriel de Saint-Esprit. Vie de P. Gaudon, Moulinoise, où l'on voit les grands avantages accordés aux femmes. *Moulins.* 1650. 8.

Gaudlitz (Gottlieb),
théologien allemand (17 nov. 1694 — 20 février 1745).

(**Kapp**, Johann Erhard). Programma academicum ad concionem funebrem Th. Gaudlitzii. *Lips.* 1755. Fol. (*D.*)

Gaudy (Franz Bernhard Heinrich Wilhelm, Freiherr),
poète allemand (19 avril 1800 — 5 février 1840).

Mueller (Arthur). F. Freiherrn Gaudy's Leben. *Berl.* 1844. 16. (Tiré à part à très-petit nombre.)

Gaufridy (Jacques de),
jurisconsulte français (+ 10 juillet 1684).

Emplois de Gaufridy, président à mortier au parlement de Provence. *Aix.* 1687. 12. Portrait.
Mouan (N... N...). Biographie du président J. de Gaufridy. *Aix.* 1852. 8. Portrait. (Extrait des *Mémoires de l'Académie d'Aix.*)

Gaufridy (Louis),
soi-disant sorcier français (brûlé vif le 30 avril 1611).

Confession faite par messire L. Gaufridy, prêtre en l'église des Accoules, de Marseille, prince des magiciens, etc. *Aix.* 1611. 8.
Historie eines Geistlichen in Frankreich, Namens L. Gaufredi (!), welcher wegen beschuldigter Zauberey und unter dem Schein der Heiligkeit getriebenen Unzucht, etc., durch das Parlament in Provence am Leben gestraffet worden, etc. *Frf.* et *Leipz.* 1741. 8.

Gault (Jean Baptiste),
évêque de Marseille (1595 — 23 mars 1643).

Augéry (Gaspard). Tableau du vrai prélat, le R. P. en Dieu J. B. Gault, etc. *Aix.* 1643. 8.
(**Bausset**, Pierre de). Tableau de la vie et de la mort de J. B. Gault, évêque de Marseille. *Par.* 1643. 8.
(**Senault**, Jean François). Vie de J. B. Gault, évêque de Marseille. *Par.* 1647. 8.
Puget de la Serre (Jean). Vie de J. B. Gault. *Par.* 1648. Fol.
Marchetty (François de). Vie de messire J. B. Gault, évêque de Marseille. *Par.* 1649. 4. *Marseille.* 1650. 8.
J. B. Gault, évêque de Marseille; son épiscopat et ses funérailles. *Marseille.* 1857. 12.

Gaultier (Aloysius Édouard Camille),
pédagogue français (vers 1745 — 19 sept. 1818).

Demoyencourt (François). Discours sur la vie et les ouvrages de l'abbé Gaultier, vice-président de la Société pour l'instruction élémentaire. *Par.* 1843. 8.

Gaupp (Eberhard et Jacob),
magistrats suisses.

Veith (Wilhelm). Einige characteristische Züge zum Gemählde der Herren J. und E. Gaupp, von Schaffhausen, s. l. 1797. 8.

Gaussoin (Auguste),
musicien belge (4 juillet 1814 — ... 1846).

M*** (L...). A. Gaussoin; notice nécrologique. *Liége.* 1846. 8. (Extrait de la *Revue de Liége.*)

Gautherin (François Marie),
magistrat français (30 juin 1780 — 21 nov. 1849).

Notice sur F. M. Gautherin. *Par.* 1852. 16.

Gauthier (Louis Philibert Auguste),
médecin français (24 mai 1792 — 22 nov. 1851).

Fraisse (Charles). Notice historique sur le docteur L. P. A. Gauthier. *Lyon.* 1852. 8.

Gautier (Ambroise George Joseph),
jurisconsulte français (1776 — 23 janvier 1829).

Dupin (André Marie Jean Jacques). Notice sur la vie d'A. G. J. Gautier. *Par.* 1829. 8. (Tiré à petit nombre.)

Gautieri (Giuseppe),
inspecteur général des forêts (5 juillet 1769 — 23 février 1833).

Gené (Giuseppe). Necrologia di G. Gautieri. *Milan.* 1833. 8.

Gautron (Madeleine),
bénédictine française.

(**Passavant**, Jean). Vie de M. Gautron, religieuse de la Fidélité. *Saumur.* 1689. 12.

Gauvain (Mansuy),
sculpteur français.

Lepage (Henri). Biographie artistique : M. Gauvain. *Nancy.* 1851. 8.

Gavazzeni (Rosa),
dame italienne.

(**Gavazzeni**, Domenico). Brevi memorie intorno alla vita di R. Gavazzeni, etc. *Lodi.* 1843. 16.

Gavazzi (Giuseppe?),
prêtre italien.

Life of father Gavazzi. *Lond.* 1851. 8.

Gavelius (Peder),
jurisconsulte suédois (1601 — 1645).

Likpredikan öfver Dr. P. Gavelius. *Stockh.* 1645. 4.

Gaveston, earl of Cornwal (Percy),
mignon d'Édouard II, roi d'Angleterre (exécuté en 1325).

(**Boucher**, Jean). Histoire tragique de P. de Gaverston (!), jadis le mignon d'Edouard II, roi d'Angleterre, tirée des chroniques de Thomas Valsinghan (Walsingham), s. l. (*Par.*) 1588. 8. (*Bes.*)
Life and death of P. Gaveston, earl of Cornwall, s. l. (*Lond.*) 1740. 8.

Gaviniès (Pierre),
musicien français (26 mai 1726 — 10 sept. 1800).

Salm-Dyck (Constance Marie Pipelet de). Éloge historique de P. Gaviniès. *Par.* 1802. 16. (Omis par Quérard.)
Fayolle (François Joseph Marie). Notices sur Corelli, Tartini, Gaviniès, Pugnani et Viotti. *Par.* 1810. 8. 5 portraits.

Gay (John),
poète anglais (1688 — 4 déc. 1732 *).

Coxe (William). Life of J. Gay. *Salisb.* 1769. 12.
* Quelques biographes le font mourir le 11 nov. de la même année.

Gay (Joseph Jean Pascal),
architecte français (14 avril 1775 — 16 mai 1832).

Richard (François). Notice sur J. J. P. Gay. *Lyon.* 1832. 8.

Gayant,
personnage populaire.

Quenson (N... N...). Gayant, ou le géant de Douai, sa famille et sa procession. *Douai.* 1839. 8.

Gay-Lussac (Joseph Louis),
chimiste français (6 déc. 1778 — 9 mai 1850).
Arago (Dominique François). Discours prononcé aux funérailles de M. Gay-Lussac. *Par.* 1850. 4.
Gardeur Le Brun (N... N...). Notice sur M. Gay-Lussac. *Châlons.* 1851. 8.

Gazæus (Æneas), voy. **Enée de Gaza.**

Gebauer (Christian Samuel),
médecin allemand.
Reinhard (Johann Paul). Memoria D. C. S. Gebaueri, medecinæ professoris. *Erlang.* 1764. Fol.

Gebauer (Georg Christian),
jurisconsulte et philologue allemand (26 oct. 1690 — 27 janvier 1773).
(Heyne, Christian Gottloh). Programma de vita et meritis beati G. C. Gebaueri. *Goetting.* 1773. Fol.
Goeschen (Johann Friedrich Ludwig). Vita G. C. Gebaueri. *Goetting.* 1857. 4.

Gebauer (Johann Justus),
libraire allemand.
Die vornehmsten Lebensumstände und der persönliche Character J. J. Gebauer's. *Halle.* 1772. Fol. Portrait.

Gebauer (Tobias Ehrenfried),
théologien allemand († 16 juin 1781).
Lange (Samuel Gotthold). Einige Umstände aus der bemerkenswerthen Lebensgeschichte T. E. Gebauer's, Diaconus in Liegnitz, s. I. 1781. 4.

Gebhard Truchsess v. Waldburg,
archevêque de Cologne (1577 — 11 mai 1601).
Ausschreiben und Bericht Churfürsten Gebhards zu Cölln , warum wir uns zu Beschützung unser Lande und Person in weitere Kriegsrüstung zu begeben genothdränget worden. *Cölln.* 1583. 4.
Isselt (Michael van). Libri IV de bello Coloniensi ab electione Gebhardi Truchsessii usque ad recuperatam ab Ernesto duce Bavariæ Westphaliam. *Col. Agr.* 1584. 8. *Ibid.* 1620. 8.
Commentatio brevis de causa Coloniensis archiepiscopi Gebhardi contra causam pontificis Romani, cum apologetico Caroli V contra Clementem VII. *Col. Agr.* 1588. 4.
Koeler (Johann David). Dissertatio de actis et fatis Gebhardii Truchsessii, archiepiscopi et electoris Coloniensis infausti mariti. *Altorf.* 1745. 4. Portrait. (*Lv.*)
Joecher (Christian Gottlieb). Supplementum historiæ Gebhardi Truchsessii. *Lips.* 1751. 4.
Gebhard Truchsess v. Waldburg, Churfürst von Coeln, oder die astrologischen Fürsten. *Frf.* 1792. 2 vol. 8. (Plus roman que pure histoire.)

Gebhard der Heilige,
évêque de Constance.
Maetzler (Anton). Lebensgeschichte des heiligen Gebhard, Bischofs von Constanz. *Bregenz.* 1813. 8.

Gebhard,
dernier comte de Hirschberg.
Stein (Michael). Historische Nachricht von Gebhard, dem letzten Grafen von Hirschberg. *Münch.* (vers 1775.) 4. 2 portraits.

Gebhard (Johann),
philologue allemand (8 février 1592 — 3 oct. 1632).
Gebhard (Andreas). Vita J. Gebhardi. *Groning.* 1633. 4. *Frf.* 1677. 8.
Andreæ (Johann Heinrich). Dissertatio de J. Gebhardo. *Heidelb.* 1768. 4. Augment. *Ibid.* 1780. 4.

Gebhardi (Brandanus),
théologien allemand (1704 — 19 juin 1784).
Groskurd (Christian Heinrich). Gedächtnissrede auf den weiland hochwürdigen Herrn B. Gebhardi, Dr. der Theologie und Superintendenten zu Stralsund. *Strals.* 1785. 8.

Gebhardt (Georg Christoph),
mathématicien allemand (9 janvier 1667 — 19 déc. 1693).
Stolterfoht (Johann Jacob). Trauerrede auf G. C. Gebhardi. *Greifsw.* 1694. 4.

Gebhardt (Heinrich),
jurisconsulte allemand († 1653).
Zopff (Johann Caspar). Leichenpredigt und Lebenslauf des Dr. H. Gebhardt, genannt Wesener. *Gera.* 1655. 4. (*D.*)

Gebhardt (Hiob Christian),
médecin allemand.
Hahn (Hermann Joachim). Kurtze Beschreibung des Lebens-Lauffes H. C. Gebhardt's. *Dresd.* 1716. 4. (*D.*)

Gebirol (Salomon Ibn),
poëte juif.
Dukes (Leopold). Ehrensäulen und Denksteine zu einem künftigen Pantheon hebräischer Dichter und Dichtungen : S. Ibn Gebirol und Jehuda Alcharisi. *Wien.* 1837. 8.

Gebsattel (D... J... , Reichsfreiherr v.),
évêque de Siga (vers 1721 — 12 juillet 1788).
Berg (Franz). Trauerrede am Grabe des Reichsfreiherrn D. J. Gebsattel, Bischofs zu Siga und Weihbischofs zu Würzburg. *Würzb.* 1788. 4.

Ged (William),
imprimeur écossais († 19 oct. 1749).
Nichols (John). Biographical memoirs of W. Ged ; including a particular account of his progress in the art of black-printing. *Lond.* 1781. 8. *Newcastle.* 1819. 8.

Gedda (G...),
colonel suédois.
Loewenhjelm (Carl Axel). Åminnelse- Tal öfver Ofverste G. Gedda. *Stockh.* 1807. 8.

Geddes (Alexander),
prêtre écossais (4 sept. 1737 — 26 février 1802).
Good (John Mason). Memoirs of the life and writings of A. Geddes. *Lond.* 1803. 8.

Gedicke (Friedrich),
philologue allemand (15 janvier 1754 — 2 mai 1803).
Jenisch (Daniel). Einige Worte zum Andenken des Oberconsistorialraths Gedicke. *Berl.* 1803. 8.
Schmidt (Valentin Heinrich). F. Gedicke ; ein biographischer Versuch. *Gotha.* 1803. 8. (*D.*)
Horn (Franz). F. Gedicke's Biographie. *Berl.* 1808. 8.

Gedicke (Ludwig Friedrich Gottlieb Ernst),
pédagogue allemand.
Koerber (Gottlieb Wilhelm). Monumentum pietatis L. F. T. E. Gedicke positum. *Vratisl.* 1791. Fol. (*D.*)

Geefs (Joseph),
statuaire belge.
Hoogeveen-Sterck (L... van). Hulde aen den beeldhouwer J. Geefs, vervaerdiger van het borst-en standbeeld van Z. M. Willem II, koning der Nederlanden. *Antwerp.* 1844. 8. (Pièce en vers.) — (*Ld.*)

Geer (Carl de),
naturaliste suédois (10 février 1720 — 8 mars 1778).
Bergmann (Tobern). Åminnelse- Tal öfver Friherre C. de Geer. *Stockh.* 1779. 8.

Geer (Lodewijck),
industriel hollandais (17 nov. 1587 — 19 juillet 1652).
Burén (N... N...). Åreminne öfver L. de Geer. *Linköping.* 1790. 8. Portrait.
Geer (Ludovicus de). Commentarii de gente de Geeriana. *Holm.* 1816. 8.
Franzén (Frans Michael). Åminnelse-Tal öfver L. de Geer. *Stockh...* 8.
L. de Geer. *Amst.* 1854. 8.
L. de Geer. Bijdrage tot de handelsgeschiedenis van Amsterdam, in de zeventiende eeuw. *S'Gravenh.* 1854. 8.
L. de Geer. Notice historique, 1587-1652. *Brux.* 1847. 8.

Gehlen (Adolph Ferdinand),
chimiste allemand (5 sept. 1775 — 15 juillet 1815).
Grabesfeyer bei der Beerdigung unseres unvergesslichen Gehlen. *Münch*, s. d. (1815.) 8. (*D.*)

Gehler (Johann Wilhelm),
jurisconsulte allemand (29 avril 1696 — 29 avril 1765).
Giese (Gottlieb Christian). Lebensumstände des weiland Herrn Dr. J. W. Gehler, Consulis emeriti in Goerlitz, nebst einigen Nachrichten von Bartholomæo Sculteto, Consulis zu Goerlitz. *Goerl.* 1765. 4.

Gehler (Michael),
médecin allemand (4 oct. 1587 — 2 mars 1619).
Knauth (Christian). Commentatio de præstantia Gehlerorum gentis. *Gorlic.* 1736. 4.
— — Ehrenreich Gedächtniss derer Gehler. *Goerl.* 1775. 4.

Gehr (Johann Adam),
théologien allemand.

(**Kapp**, Johann Erhard). Programma academicum in memoriam J. A. Gehrii. *Lips.* 1743. Fol. (*D*.)

Geier (Johann Christian),
théologien allemand.

Dicelius (Hieronymus). Jani templum in memoriam J. C. Geieri. *Lips.* 1701. Fol. (*D*.)
Wilisch (Christian Gotthelf). Memoria J. C. Geieri. *Lips.* 1717. 4. (*D*.)
Lehmann (Johann Christian). Memoria J. C. Geieri. *Lips.* 1722. 4. (*D*.)
Kapp (Johann Erhard). Programma ad orationem memoriæ J. C. Geieri sacram, etc. *Lips.* 1743. (*D*.)

Geier (Martin),
théologien allemand (24 avril 1614 — 22 août 1681).

Green (Georg). Der sächsische Paulus. Leichenpredigt auf M. Geier. *Dresd.* 1680. Fol. (*D*.)
Scharf (Johann Friedrich). Memoria M. Geieri, oratione publica celebrata. *Witteb.* 1682. 4. (*D*.)

Geiger (Christoph Friedrich),
philosophe allemand (23 mars 1712 — 7 sept. 1767).

Hofmann (J... A...). Programma in obitum C. F. Geigeri. *Marb.* 1767. 4.
Duysing (Heinrich Otto). Programma ad orationem funebrem C. F. Geigeri. *Marb.* 1767. 4.

Geiger (Franz),
théologien suisse (?).

(**Widmer**, Joseph). Der seelige Chorherr F. Geiger. Laute aus dessen Leben. *Luzern.* 1843. 8.

Geiger (Johann Anton),
jurisconsulte allemand (20 janvier 1638 — 6 juin 1685).

Pihringer (Christian). Leichpredigt auf Herrn J. A. Geiger, JCtum und Professorem zu Altdorf. *Altd.* 1685. 4.

Geiger (Johann Burkhard),
jurisconsulte allemand (5 février 1743 — 12 sept. 1809).

Berthold (Leonhard). Gedächtnisspredigt auf J. B. Geiger. *Erlang.* 1809. 8.
Harless (Gottlieb Christoph). Memoria J. B. Geigeri. *Erlang.* 1809. 8.

Geiger (Philipp Lorenz),
pharmacien allemand (29 août 1785 — 19 janvier 1836).

Sembenini (Giovanni Battista). Notizie biografiche intorno F. L. Geiger, etc. *Veron.* 1838. 8.

Geijer (Erik Gustaf),
historien suédois (12 janvier 1783 — 23 avril 1847).

Minnesfest öfver E. G. Geijer. *Stockh.* 1847. 8. *
    * Contenant une notice biographique sur Geijer, écrite par Wilhelm **Thar.**
Malmstroem (B... E...). Minnestal öfver E. G. Geijer. *Upsal.* 1848. 8.
Ploug (Carl). E. G. Geijers Minnesteckning. *Kjoebenh.* 1848. 8.

Geiler v. Keysersberg (Johann),
théologien suisse (16 mars 1445 — 10 mars 1510).

(**Wimpheling**, Jacob). Planctus et lamentatio in J. Keisersbergii mortem, cum aliquali vitæ suæ descriptione et quorundam epitaphis. *Oppenh.* 1510. 4.
Oberlin (Jeremias Jacob). Dissertatio de J. Geileri, Cæsareomontani, vulgo dicti v. Keysersberg, scriptis Germanicis. *Argent.* 1786. 4.
Ammon (Friedrich Wilhelm Philipp v.). Leben, Lehren und Predigten Geiler's von Kaisersberg. *Erlang.* 1826. 8.
Weick (Wilderich). Geiler's Leben und Schriften in einer Auswahl. *Frf.* 1829. 3 vol. 8.
Stoeber (August). Essai historique et littéraire sur la vie et les écrits de J. Geiler de Kaisersberg. *Strasb.* 1834. 4.

Geisa ou Geyza,
premier roi de Hongrie.

Pelcz (János). Ungarn unter Geisa. *Oedenb.* 1789. 8.
—— Hungaria sub Geyza, s. historia de rebus Geyzæ, ultimi ducis et primi regis Hungariæ, commentatio. *Sempron.* 1769. 8.

Geisler (Friedrich),
bibliographe allemand (26 oct. 1636 — 11 avril 1679).

(**Feller**, Joachim). Programma in F. Geisleri funere. *Lips.* 1679. 4.

1

Geisler (Johann Daniel),
théologien allemand (30 avril 1680 — 7 février 1760).

Donat (Samuel Gottlieb). Andenken des Magisters J. D. Geissler, Pastoris primarii in Görlitz. *Görl.* 1768. 4. (*D*.)

Geissel (Johannes v.),
cardinal-archevêque de Cologne.

Elvenich (Peter Joseph). Pius IX, die Hermesianer und der Erzbischof v. Geissel, etc. *Brest.* 1848. 8.

Gélase II,
pape, succédant à Pascal II (élu le 25 janvier 1118 — 20 janvier 1119).

Cajetano (Constantino) Gelasii papa II vita a Pandulpho Pisano conscripta, commentariis illustrata. *Rom.* 1638. 4.

Gelasinus (Caspar),
philosophe allemand (?).

Cygnersky (Johann). Vita C. Gelasini. *Cracov.* 1637. 4.

Gelbricht (C... J...),
théologien allemand.

Gelbricht (C... F...). Commentatio theologica in memoriam optimi patris C. J. Gelbricht. *Altorf.* 1815. 8.

Gelder (Jacob de),
mathématicien hollandais.

Lynden van Hemmen (F... G... van). Aanteekeningen op de memorie van den hoogleeraar J. de Gelder. *S'Gravenh.* et *Amsterd.* 1822. 8.

Gelée (Claude), plus connu sous le nom de
Claude Lorrain,
peintre français du premier ordre (1600 — 21 nov. 1682).

Voiart (Jacques Philippe). Éloge historique de C. Gelée, dit le Claude Lorrain. *Nancy.* 1839. 8. (Omis par Quérard.)
Foa (Eugénie). Le petit pâtissier, ou C. Gelée, dit Lorrain. *Par.* 1841. 32.

Gelen (Ægidius),
historiographe allemand (vers 1630).

Greck (P... de). Leben und Wirken von Æ. Gelen aus Kempen, dem letzten Historiographen des Erzstiftes Cöln, mit Bezug auf seinen Bruder Johann und ihr Zeitalter, *Cöln.* 1835. 8. 2 portraits.

Gelenius (Jonas),
pédagogue hongrois († 19 sept. 1727).

Hausen (Christian August). Leichenpredigt auf J. Gelenium, nebst dessen Lebenslauf. *Dresd.* 1727. Fol. (*D*.)
Zeiske (Johann Gottfried). Bildniss des an ausnehmender Gelehrsamkeit und Tugend wohledlen J. Gelenii. *Dresd.*, s. d. (1728). 4. (*D*.)

Geller (Matthias),
pédagogue allemand (8 déc. 1573 — 15 nov. 1620).

Cnapius (Joachim). Laudatio funebris M. Gelleri. *Altorf.* 1620. 4.

Gellert (Christian Fürchtegott),
poète allemand (4 juillet 1715 — 13 déc. 1769).

Zu Gellert's Gedächtniss. *Leipz.* 1770. 8.
Gellert's vortrefflicher Character. *Leipz.* 1770. 8.
Hermes (Johann Timotheus). An Herrn Professor Ramler, Gellert's Tod betreffend. *Leipz.* 1770. 8. (*D*.)
Ernesti (Johann August). Elogium viri clarissimi et amplissimi C. F. Gellerti. *Lips.* 1770. 4. (*D*.)
Alber (Johann Christoph). Programma de Gellerto, Germanorum scriptore classico. *Luneb.* 1770. 4.
Choffin (David Stephan). Monument érigé à l'honneur de M. le professeur Gellert. *Leipz.* 1770. 4. (*D*.) Trad. en allem. *Bert.* 1770. 4.
Franz (Johann Georg Friedrich). Über das Leben und den Character Gellert's. *Leipz.* 1771. 8.
Cramer (Johann Andreas). C. F. Gellert's Leben und Briefe. *Leipz.* 1774. 2 vol. 8.
    Trad. en angl. par mistress **Douglas.** *Lond.* 1805. 3 vol. 8. *Ibid.* 1810. 3 vol. 12.
    Trad. en dan. par Peder Topp **Wandal.** *Kjoebenh.* 1776. 8.
    Trad. en franç. par Marie Élisabeth Bouée de La **Fite.** * *Utrecht.* 1775. 3 vol. 8.
    * Publ. s. l. lettres initiales M. D. L. F.
    Trad. en suéd. par Anders **Norberg.** *Stockh.* 1779. 8.
Doering (Heinrich). Leben C. F. Gellert's. *Greiz.* 1833. 2 vol. 8. (*D*.)

59

Leo (Gottlieb Eduard). Das fromme Leben C. F. Gellert's. *Dresd.* 1845. 8. Augment. *Dresd.* 1846. 8.
Kurzer Abriss des Lebens C. F. Gellert's. *Strasb.* 1850. 8.

Gellert (Christlieb Ehregott),
naturaliste allemand, frère du précédent (11 août 1713 — 13 mai 1795).
Koehler (Alexander Wilhelm). Standrede am Sarge C. E. Gellert's. *Freyb.* 1795. 4. (*D.*)

Gelli (Giovanni Battista),
poète italien (1498 — 1563).
Capri (Michele). Orazione nella morte di G. B. Gelli. *Firenz.* 1563. 4. (*P.*)

Gelmetti-(Domenico),
littérateur italien.
Tinelli (Giovanni). Elogio storico di D. Gelmetti. *Mantov.* 1811. 8.

Gelon,
tyran de Syracuse (... — 485 — 478 avant J. C.).
Hardenbergh (W... H... van). Dissertatio de Gelone, Syracusarum tyranno. *Traj. ad Rhen.* 1841. 4.

Gémiste, surnommé **Pléthon** (George),
philosophe grec du xve siècle.
Gass (Wilhelm). Gennadius und Pletho, oder Aristotelismus und Platonismus in der griechischen Kirche. *Bresl.* 1844. 8.

Gemma Frisius (Reinerus),
mathématicien hollandais (vers 1500 — 25 mai 1555).
Ekama (Carel). Verhandling over Gemma Frisius, den eersten grondlegger tot het bepalen van de lengte op zee, s. l. et s. d. 4.

Gemmingen (Eberhard Friedrich, Freiherr v.),
homme d'État allemand (5 nov. 1726 — 19 janvier 1791).
Kazner (Johann Friedrich August). Materialien zu einem Denkmale E. F. Freiherrn v. Gemmingen. *Frf.* 1791. 8.
(**Huber**, Johann Ludwig). Denkmahl des herzoglich würtembergischen Praesidenten der Regierung, E. Freiherrn v. Gemmingen. *Stuttg.* 1794. 4.

Gence (Jean Baptiste Modeste),
littérateur français (15 juin 1755 — 17 avril 1840).
Villenave (Mathieu Guillaume Thérèse). Éloge de M. Gence. *Par.* 1840. 12.

Generali (Pietro),
compositeur italien (4 oct. 1783 — 3 nov. 1832).
Piccoli (Costantino). Elogio del maestro di cappella P. Generali. *Novara.* 1833. 8.

Geneviève (Sainte),
patronne de Paris (vers l'an 423 — 3 janvier 512).
Histoire de S. Geneviève, prise et recherchée des vieux livres (par Pierre Le Juge). *Par.* 1586. 16. *Ibid.* 1588. 8. *Ibid.* 1630. 8.
Gautier (Jean). Histoire de S. Geneviève. *Par.* 1620. 12.
Beurrier (Paul). Vie de S. Geneviève. *Par.* 1641. 8.
Lallemant (Pierre). Eloge ou abrégé de la vie de S. Geneviève. *Par.* 1660. 8. *Ibid.* 1663. 8. *Ibid.* 1667. 8.
Staudacher (Michael). Leben und Geschichten der heiligen Genovefa. *Dilling.* 1660. 12.
Vita S. Genovefæ, virginis Parisensis in Gallia, scripta anno 530 ab auctore anonymo, publ. par Pierre Charpentier. *Par.* 1697. 12.
Trad. en franç. par Pierre Lallemant. *Par.* 1663. 12. Par Claude de Moulinet. *Par.* 1685. 12.
.* Attribuée à Salvius ou selon d'autres à Genesius.
Charpentier (Pierre). Histoire du tombeau de S. Geneviève. *Par.* 1697. 8.
Coimbra (Manoel de). Vida de S. Genoveva, etc. *Lisb.* 1712. 12.
Wallin (Georg). De S. Genovefa, Parisiorum et totius Galliæ patrona. *Witteb.* 1723. 4.
(**Maugras**, Jean François). Vie de S. Geneviève. *Par.* 1725. 12.
La Roche (Jean Baptiste Louis de). Panégyrique de S. Geneviève. *Par.* 1737. 4.
Massinot (N... N...). Abrégé de la vie de S. Geneviève, s. l. 1756. 12.
Joubert (N... N...). Éloge historique et moral de S. Geneviève, s. l. 1783. 12.
(**Voisins**, François Amable de). Abrégé de la vie de S. Geneviève, patronne de la ville de Paris et de toute la France. *Par.*, an xiii (1805). 12.

Riepenhausen (Franz et Johann). Leben und Tod der heiligen Genovefa, etc. *Frf.* 1806. Fol.
Geschichte der heiligen Genovefa. *Wien.* 1809. 8.
Lemaire (Henri). Vie de S. Geneviève, patronne de Paris, modèle des jeunes personnes. *Par.* 1812. 18. *Ibid.* 1816. 18. *Ibid.* 1824. 18.-
Le Nain de Tillemont (Louis Sébastien). Vie de S. Geneviève, vierge, patronne de Paris. *Par...* Précédée d'une notice sur toutes les vies de S. Geneviève, qui ont paru jusqu'à ce jour. *Par.* 1823. 12. *Ibid.* 1825. 12.
Brun (mademoiselle). Vie de S. Geneviève, patronne de Paris. *Par.* 1839. 18.
Girard (N... N...). Histoire de S. Geneviève. *Par.* 1840. 32.
Saintyves (P... M... B...). Vie de S. Geneviève, patronne de Paris et du royaume de France. *Par.* 1845. 8.
Notice historique sur S. Geneviève et sur son culte en France depuis sa mort jusqu'à nos jours. *Versailles.* 1845. 12.
Levens dan de H. Clotildis, koningin van Frankryk, en van de H. Genoveva, patroones van Parys. *Tournai.* 1852. 52.
Vie de S. Geneviève, patronne de Paris et de toute la France, etc. *Par.* 1852. 12.
S... (D...). Vie de S. Geneviève, patronne de Paris. *Tours.* 1852. 8.
Barthélémy (J...). Vie de S. Geneviève, patronne de Paris. *Par.* 1852. 18.
Lestang (Victor de). Histoire de S. Geneviève, patronne de Paris, d'après les historiens anciens et modernes les plus accrédités. *Par.* 1853. 12. (Une demi-feuille.)

Antiquitez et remarques sur la châsse de S. Geneviève, avec les descentes d'icelle châsse. *Par.* 1623. 8.

Geneviève de Brabant (Sainte),
épouse de Siffrid; palatin d'Offending (✝ vers 750).
Cerisiers (René de). L'innocence reconnue, ou vie de S. Geneviève de Brabant. *Par.* 1635. 4. *Ibid.* 1640. 4. *Ibid.* 1645. 12. *Ibid.* 1647. 12.
Trad. en espagn. *Valladol.* 1815. 8.
Trad. en flamand s. c. t. De H. Nederlandsche Susanna, ofte leven van de H. princesse Genoveva, huysvrauwe van den doorluchtigsten palatine Sigfridus, par Carel van den Heucke. *Antw.* 1635. 8. *Ypre.* 1645. 6. *Ghant.* 1713. 12. *Antw.*, s. d. 12. *Ibid.* 1758. 8.
Schmid (Christoph). Die heilige Genovefa. *Augsb.* 1829. 8.
Manet (F... G... P... B...). Vie édifiante de S. Geneviève des Bois, princesse de Brabant. *Saint-Malo.* 1829. 18. (3e édition.)
Barcelona (Juan Bautista). Historia de Genoveva de Brabante. *Madr.* 1851. 8. (Avec une figure.)
Pécatier (Adolphe). Histoire de Geneviève de Brabant. *Par.* 1845. 18. *Ibid.* 1851. 18. *Ibid.* 1853. 18.
Cochem (Martin v.). Die heilige Genoveva, Pfalzgräfin am Rhein, oder Herzogin von Brabant, oder sieben Jahre des äussersten Elendes in öder Wildniss, etc. *Passau.* 1844. 8. *Ibid.* 1853. 8.

Génévois (Anne, comte de).
(**Preschac**, A... de). Histoire d'A., comte de Génévois et de mademoiselle d'Anjou. *Par.* 1680. 8.

Genghis-Khan,
empereur mogol (vers 1163 — 24 août 1227).
Pétis de la Croix (François). Histoire du grand Genghis-Khan, premier empereur des anciens Mogols et Tartares. *Par.* 1710. 12.
Gaubil (Antoine). Histoire de Gentchiscan et de toute la dynastie des Mougous, ses successeurs, conquérants de la Chine. *Par.* 1739. 4.
Ranking (John). Historical researches on the wars and sports of the Mogols and Romans, (containing the life of Genghis-Khan, Khan Kublai and Tamerlane). *Lond.* 1826. 4.

Gengoul (Saint).
Vie de S. Gengoul. *Bourg.* 1844. 18.

Geninges (Edmund),
prêtre anglais (✝ 10 nov. 1591).
Life and death of M. E. Geninges, priest, crowned with

martyrdome at London , etc. *Saint - Omer.* 1614. 4. Portrait.

Genlis (Stephanie Félicité **Ducrest de Saint-Aubin,** comtesse de) ,
auteur française (25 janvier 1746 — 31 déc. 1831).

Mémoires inédits de madame la comtesse de Genlis sur le XVIIIᵉ siècle et sur la révolution française. *Par.* 1825. 10 vol. 8.
     Trad. en allem. par Auguste v. Faurax, née Kleist. *Leipz.* 1826. 8 vol. 8. 2 portraits de madame de Genlis.
     Trad. en angl. *Lond.* 1827. 10 vol. 8.
Sévelinges (Charles Louis de). Madame la comtesse de Genlis, peinte en miniature, ou abrégé critique de ses Mémoires. *Par.* 1826. 12.

Précis de la conduite de madame de Genlis depuis la révolution, etc. *Hamb.* 1796. 12.

Pierquin de Gembloux (Claude Charles). Discours prononcé sur la tombe de madame de Genlis. *Par.* 1831. 8.

Cousin d'Avallon (Charles Yves). Genlisiana. *Par.* 1820. 12.

Gennade de Marseille,
philosophe grec (florissant vers la fin du Vᵉ siècle).

Gass (Wilhelm). Gennadius und Pletho, oder Aristotelismus und Platonismus in der griechischen Kirche. *Bresl.* 1844. 8.

— **Gennari** (Cesare),
peintre italien (1641 — 11 février 1688).

Vittorio (Giovanni Antonio). Espressioni di ossequiosa condoglianza nei publici funerali di C. Gennari, pittore Bolognese. *Bologn.* 1668. 8. Portrait.

Gennari (Giuseppe),
littérateur italien (1721 — 31 déc. 1800).

Caldani (Floriano). Elogio funebre di G. Gennari. *Padov.* 1801. 8. (Tiré à part à très-petit nombre.)

Gennaro (San), voy. **Janvier** (Saint).

Gennaro (Giuseppe Aurelio de'),
jurisconsulte italien (1701 — 8 sept. 1761).

Spiriti (Salvatore). Elogio storico di G. A. de' Gennaro. *Napol.* 1762. 8. Portrait.

Gennep (André),
médecin belge (vers 1485 — 10 février 1568).

Nève (Félix). Notice sur la vie et les travaux de Jean Campensis et de A. Gennep, professeurs d'hébreu au collège des trois langues à Louvain. *Louvain.* 1845. 12. *Ibid.* 1850. 8.

Genod (N... N...),
jurisconsulte français.

Monnot-Arbilleur (N... N...). Éloge historique de M. Genod, conseiller à la cour royale à Besançon. *Besanç.* 1827. 8.

Genod (Michel Philibert),
peintre français (20 sept. 1796 — ...).

Boitel (Léon). Artistes lyonnais contemporains : Genod, s. l. et s. d. (*Lyon*, 1852). 8.

Genoude (Antoine Eugène de),
publiciste français (1792 — 17 avril 1849).

(Crétineau-Joly, Jean). Histoire de M. de Genoude et de *la Gazette de France. Par.* 1843. 8.
Biographie de M. de Genoude. *Par.* 1844. 8.
F... (M...). Biographie de M. de Genoude; suivie d'une Histoire de *la Gazette de France,* par Alfred Nettement. 1846. 12.

Genovesi (Antonio),
philosophe italien (1ᵉʳ nov. 1712 — 22 sept. 1769).

Pecchia (Carlo). Elogio funebre dell' abate A. Genovesi. *Napol.* 1769. 8.

(Galanti, Giuseppe Maria). Elogio storico del signor abate A. Genovesi, professore di economia civile nell' università di Napoli. *Firenz.* 1772. 8. (*P.*) *Venez.* 1774. 8. (*D.*) *Firenz.* 1781. 8.

Gensel (Johann Adam),
médecin transylvanien.

Hoffmann (Johann Moritz). Memoria viri nobilissimi

J. A. Genselii, civitatis Soproniensis physici, posteritati dicata, s. l. et s. d. (*Sopron.*) 4.

Gensfleisch, voy. **Guttenberg.**

Gensreff (Abraham),
théologien allemand († 1ᵉʳ sept. 1637).

Wagner (Balthasar). Leichenpredigt auf A. Gensreff, nebst denen Personalibus. *Friburg.* 1637. 4.

Gentil (Jean Baptiste Joseph),
militaire français (25 juin 1726 — 15 février 1799).

Gentil (N... N...). Précis sur J. B. J. Gentil, ancien colonel d'infanterie. *Par.* 1814. 8. (Non mentionné par Quérard.)

Gentile da Fabriano,
peintre italien du XVᵉ siècle.

Benedetti (Pompeo). Memorie pittoriche delle opere di maëstro Gentile da Fabriano. *Pesar.* 1830. 8.

Gentile da Foligno,
médecin italien du XIVᵉ siècle († 12 juin 1348).

Girolami (Giuseppe). Discorso storico-critico sopra Gentile da Foligno, medico illustre del secolo XIV. *Napol.* 1844. 8.

Gentili (Scipione),
jurisconsulte italien (.. mai 1563 — 7 août 1616).

Koenig (Georg). Leichpredigt auf S. Gentilis. *Nürnb.* 1617. 4.
Piccart (Michael). Laudatio funebris S. Gentilis. *Norimb.* 1617. 4. *Frf.* 1676. 8.
Montechiari (Giuseppe). Elogio storico di S. Gentili. *Macerat.* 1816. 8. (*D.*)

Gentilis (Giovanni Valentino),
hérésiarque italien (décapité le 7 sept. 1366).

Aretius (Bénédict). V. Gentilis, teterrimi hæretici, impietatum et triplicis perfidiæ ac perjurii explicatio ex actis publicis senatus Geneviensis. *Genev.* 1567. 4. Trad. en angl. par N... N... Suerlock. *Lond.* 1696. 8.

Gentil-Muiron (Nicolas Joseph),
magistrat français (vers 1748 — 1828).

Notice sur Gentil-Muiron, ancien maire de Lille. *Lille.* 1850. 4. Portrait.

Gentini (Fabrizio),
religieux italien.

Giliblo (Alfonso). In funere F. Gentinii ex congregatione B. Virginis Annunciatæ oratio. *Ferrar.* 1591. 4. (*P.*)

Gentius (Georg),
orientaliste allemand (1618 — 1687).

Beyer (August). Historia vitæ, fatorum atque meritorum G. Gentii, Dhama-Saxonis, consiliarii electorala Saxoniæ, viri linguarum tum orientalium tum occidentalium peritissimi, litterati infelicissimi. *Dresd.* et *Lips.* 1733. 8. (*D.*)

Gentz (Friedrich v.),
publiciste allemand (8 sept. 1764 — 9 juin 1832).

Gentz (Friedrich v.). Mémoires et lettres inédits, publ. par Gustav Schlesier. *Stuttg.* 1841. 8.

Geoffrin (Marie Thérèse),
bel esprit française (2 juin 1699 — .. oct. 1777).

(Thomas, Antoine Léonard). A la mémoire de madame G(eoffrin). *Par.* 1777. 8.
(Morellet, André). Portrait de madame Geoffrin. *Amst.* et *Par.* 1777. 8. (Publ. s. l. lettres de M. L. M.) — (*P.*)
Éloges de madame Geoffrin. *Par.* 1812. 8. *
     * Recueil des éloges d'Antoine Thomas, de Jean Lerond d'Alembert et d'André Morellet.

Geoffroy (Julien Louis),
critique français (1743 — 26 février 1814).

Passeron (J... S...). Observations sur le caractère et le talent de feu Geoffroy, rédacteur de la partie des spectacles dans le feuilleton de l'ancien *Journal de l'empire.* Lyon. 1826. 8.

Geoffroy Saint-Hilaire (Étienne),
naturaliste français (15 avril 1772 — 20 juin 1844).

Mersseman (Jacques Olivier Marie de). Geoffroy Saint-Hilaire, son caractère, ses découvertes, s. l. (*Bruges.*) 1844. 8.
Enfance et première jeunesse d'É. Geoffroy Saint-Hilaire (1772-1793). *Par.* 1845. 8.
Geoffroy Saint-Hilaire (Isidore). Vie, travaux et doc-

trine scientifique d'E. Geoffroy Saint-Hilaire. *Strasb.* et *Par.* 1847. 8. (*Lv.*) *Ibid.* 1847. 12. *

* Chacune de ces deux éditions est accomp. de son portrait.

Geoffroy de Villeneuve (René Claude), médecin français.

Mérat (François Victor). Notice sur R. C. Geoffroy de Villeneuve, médecin de l'Hôtel-Dieu, membre de l'Académie royale de médecine, etc. *Par.* 1831. 8.

Georg (Johann Michael), homme d'État allemand (16 sept. 1740 — 14 juin 1796).

Georg (Friedrich Adam). Monument für meinen Vater. Lebensbeschreibung J. M. Georg's. *Erlang.* 1797. 4. (*P.*)

George (Saint), patron de l'Angleterre (martyr sous Dioclétien).

Martyrdom of S. George of Cappadocia, titular patron of England and of the most noble order of the Garter. *Lond.* 1614. 4.

Heylin (Peter). Historie of that famous saint and souldier of Jesus Christ, S. George of Cappadocia. *Lond.* 1631. 4. * *Ibid.* 1633. 4.

* Avec le portrait d'Édouard III et de Charles I, rois d'Angleterre.

History of that famous saint and soldier S. George of Cappadocia. *Lond.* 1661. 4. *

* Pamphlet relatif à l'ouvrage précédent.

Finicchiari (Lorenzo). Le glorie del gran martire di Santa Chiesa S. Giorgio. *Palerm.* 1658. 4.

Argananti (Domenico). Il cavalier trionfante, panegirico dell' illustre martire S. Giorgio. *Messin.* 1660. 4.

History of S. George, the institution of the noble order of the Garter and a catalogue of all the knights until 1661. *Lond.* 1661. 4.

Lowick (Thomas). History of the life and martyrdom of S. George, etc. *Lond.* 1664. 4. *

* Écrit en vers et dédié au roi Charles II.

Paschius (Johann). Dissertatio de beato Georgio, martyre. *Witteb.* 1685. 4.

Frick (Conrad Daniel). Dissertatio de S. Georgio, equite et martyre. *Lips.* 1693. 4.

Neu (Johann Christian). Dissertatio de equite S. Georgio. *Tubing.* 1716. 4.

Hempel (Johann Balthasar). Ausführliche Nachricht von dem heiligen Ritter Georgio und dem, was von ihm den Namen führet (als Orden, Klöster, Münzen, Gemälde), insonderheit aber von dem Gestifte Sanct Jürgens bei Hamburg. *Hamb.* 1722. 8.

Milner (John). Historical and critical inquiry into the existence and character of S. George, patron of England, of the order of the Garter and of the Antiquarian Society. *Lond.* 1795. 8.

George I (Louis), roi d'Angleterre (28 mai 1660 — 12 août 1714 — 11 juin 1727).

Historical account of George Lewis (king George I), containing his genealogy, life, etc. *Lancast.* 1714. 8. Port.

Annals of king George I. *Lond.* 1716-21. 6 vol. 8.

Annals of king George I. *Lond.* 1717-18. 2 vol. 8.

Leyser (Polycarp). Augustissimus et potentissimus rex Georgius Magnus majoribus suis major, solenni in panegyrico expositus. *Helmst.* 1725. Fol.

Treuer (Gottlieb Samuel). Lobrede auf König Georg I von Grossbritannien. *Wolfenb.* 1725. 4.

Ker of Kersland (John). Mémoires (pour servir à l'histoire du règne de George I). *Rotterd.* 1726-28. 3 vol. 4. Trad. en allem. *Hamb.* 1734. 4.

Pufendorf (Esaias). Vita et res gestæ divi Georgii I, regis Magnæ Britanniæ, ducis Brunsvicensis et Luneburgensis. *Cellis.* 1728. Fol.

(**Limiers**, Philippe Henri). Mémoires du règne de George I. *La Haye.* 1729-31. 5 vol. 8.

Review of the reigns of George I and II, by a Lady. *Berwick.* 1792. 2 vol. 12.

(**Suffolk**, duke of). Ceremonial for the reception of His Majesty upon his arrival from Holland to his kingdom of Great Britain. *Lond.* 1714. Fol.

Relation der Reise König Georg's I von Hannover nach London, und dessen englische Krönung. *Hamb.* 1714. 8.

Nachricht von den englischen Krönungen, sonderlich Georgi I im Jahre 1715, s. l. et s. d. (1715.) 8.

Mattheson (Johann). Neu entdekte Grossbritannische Hauptverrätherey, nebst dem umständlichen Befehl der Herren Deputirten, welche das Unterhaus zur Befragung des bekannten (Advokaten) Christoph Layer und Anderer ernennen wollen. *Hamb.* 1723. 4. (Trad. de l'anglais.)

Meyern (Johann. Georg v.). Betrachtung einiger Umstände bei dem Tode des grossen Friedeusstifters der europäischen Welt, Herrn Georg's I, Königs von Grossbritannien. *Hannov.* 1727. Fol.

George II (Auguste), roi d'Angleterre (30 oct. ou 9 nov. 1683 — 26 juin 1727 — 25 oct. 1760).

Form of the proceedings to the royal coronation of king George II and queen Caroline, the 11th of october, s. l. (*Lond.*) 1727. Fol.

Solemnities at the coronation of king George II, s. l. et s. d. (1727.) 8.

Particular account of the solemnities used at the coronations of king George II and queen Caroline. *Lond.* 1761. 8.

Hempel (Christian Friedrich). Denkwürdige Lebensbeschreibung Seiner jetzt regierenden königlichen Majestät von Gross-Britannien, Georg's II, etc. *Frf.* et *Leipz.* 1749. 8. *

* Publ. s. l. pseudonyme de D... H... v. Finsterwald.

Leben Georg's II, Königs in Grossbritannien. *Erfurt* et *Gotha.* 1756. 8.

Review of the reign of George, in which a new light is thrown on the transactions and the effects of ministerial influence are traced and laid open. *Lond.* 1761. 8.

Staats- und Lebensgeschichte Georg's II. *Frf.* et *Leipz.* 1761. 8.

(**Targe**, Jean Baptiste). Histoire d'Angleterre depuis le traité d'Aix-la-Chapelle (1748) jusqu'en 1763. *Par.* 1764. 5 vol. 12.

Regierung Georg's II. *Leipz.* 1776. 8.

Review of the reigns of George I and II, by a Lady. *Berwick.* 1792. 2 vol. 12.

Walpole of Oxford (Horace). Memoirs of the last ten years of the reign of George II. *Lond.* 1822. 4, avec des notes par Denis Le Marchant. *Lond.* 1844. 2 vol. 8. Trad. en franç. par Anne Jean Philippe Cohen. *Par.* 1823. 2 vol. 8.

Hervey (John). Memoirs of the reign of George II, from his accession to the death of queen Caroline, publ. par John William Croker. *Lond.* 1848. 2 vol. 8. Port.

Henderson (Andrew). Edinburgh history of the rebellion in the years 1745 and 1746, with the manifests of the pretender and his son. *Edinb.* 1747. 8. *Lond.* 1755. 8.

Graham (Dougal). Impartial history of the rise, progress and extinction of the late rebellion in Britain (1745-46). *Glasg.* 1767. 12. *Ibid.* 1774. 12. *Ibid.* 1787. 12. *Falkirk.* 1812. 12. (9e édition.) Trad. en franç. s. c. t. Mémoires, etc., par Jacques Gaudin. *Par.* 1768. 2 vol. 12.

Home (John). History of the rebellion in the year 1745. *Lond.* 1802. 4.

Johnstone (chevalier de). History of the rebellion in 1745 and 1746. *Lond.* 1820. 4. *Ibid.* 1822. 8.

Rolt (Richard). Impartial representation of the conduct of the several powers of Europe engaged in the last general war, etc., from 1739 to the conclusion of the general treaty of pacification at Aix-la-Chapelle in 1748. *Lond.* 1750. 4 vol. 8. *Ibid.* 1754. 4 vol. 8.

Ceremonial of the interment of king George II, on Tuesday the 11 day of november, s. l. 1760. Fol.

George III (Guillaume Frédéric), roi d'Angleterre (24 mai 1738 — 25 oct. 1760 — 29 janvier 1820).

Account of the ceremonies observed at the coronation of George III and queen Charlotte, on Tuesday, the 22 day of september. *Lond.* 1761. 4.

Form of proceeding to the coronation of king George III and queen Charlotte. *Lond.* 1761. Fol.

Form and order of the service and ceremonies in the coronation of king George III and queen Charlotte. *Lond.* 1761. 4.

Macferlane (Robert). History of the reign of George III, king of Great-Britain, 1760-96. *Lond.* 1770-96. 2 vol. 8.
Geschichte der zweiten Decade der Regierung Georg's III, vom Schlusse der dritten Session des 15. Parlaments 1770 bis zu Ende der letzten Session des 14. Parlaments 1780, trad. de l'angl. (par Albrecht Wittenberg). *Hamb.* 1784. 8.
Ausführliche Geschichte der Regierung Georg's III. *Hamb.* 1789. 2 vol. 8.
Esquisse du règne de George III (1780-91). *Par.* 1791. 8.
Skizzen aus der Regierung Georg's III von 1780-90, trad. de l'angl. (par Dorothea Margaretha Liebeskind). *Hannov.* 1791. 8.
Belsham (William). Memoirs of the reign of George III. *Lond.* 1795. 4 vol. 8.
Adolphus (John). History of England from the accession of king George III to 1783. *Lond.* 1802. 2 vol. 8. *Ibid.* 1805. 5 vol. 8. *Ibid.* 1817. 3 vol. 8. Contin. jusqu'à la mort de George III. *Lond.* 1840-42. 6 vol. 8. Trad. en allem. *Leipz.* 1808-15. 2 vol. 8.
Dutton (Thomas). Sketch of the character of George III. *Lond.* 1802. 8. (Omis par Lowndes.)
Bisset (Robert). History of the reign of George III. *Lond.* 1803. 6 vol. 8. *Ibid.* 1825. 6 vol. 8.
Campbell (Thomas). Annals of Great-Britain from the accession of George III to the peace of Amiens (1802). *Edinb.* 1807. 3 vol. 8.
Hunter (William). Vindication of the reign of George III. *Lond.* 1811. 8.
Brée (R... F...). Sermon on the death of his late most gracious Majesty George III, king of Great-Britain. *Boul.-sur-Mer.* 1820. 8.
George III, his court and family. *Lond.* 1820. 2 vol. 8. 18 portraits. Trad. en allem. (par F... B... v. Bibra). *Hannov.* 1820. 5 vol. 8.
Aikin (John). Annals of the reign of king George III from its commencement to the general peace in 1815. *Lond.* 1820. 2 vol. 8.
    Trad. en franç. par Jean Baptiste Bénigne Eyriès et Charles Theremin. *Par.* 1820. 3 vol. 8.
    Trad. en ital. par Giuseppe Barbieri. *Milan.* 1825. 5 vol. 12.
Scott (R...). History of England during the reign of George III. *Lond.* 1820. 5 vol. 8.
Jones (William). History of England during the reign of king George III. *Lond.* 1825. 5 vol. 8.
Hughes (T... S...). History of England from the accession of George III, 1760 to 1835. *Lond.* 1836. 7 vol. 8.
Brougham (Henry). Historial sketch of statesmen, who flourished in the time of George III. *Lond.* 1839. 8. *Par.* 1839. 8. Trad. en allem. *Pforzh.* 1839-1840. 2 vol. 8.
Walpole (Horace). Memoirs of the reign of king George III. now first published from the original Mss., edited with notes and illustrations by Denis Le Marchant. *Lond.* 1850-51. 4 vol. 8.
Buckingham and **Chandos** (duke of). Memoirs of the court and cabinet of George III, from original family documents. *Lond.* 1855. 2 vol. 8. Portraits.

Verborgene Geheimnisse, oder Briefe zwischen dem Schuhmacher Boot und Georg III. *Nürnb.* 1782. 8.

George IV (Frédéric Auguste),
roi d'Angleterre (12 août 1762 — 29 janvier 1820 — 26 juin 1830).

Form and order of the service and of the ceremonies in the coronation of king George IV. *Lond.* 1821. 4.
Ceremonial of the coronation of king George IV in the abbey of St. Peters. *Westminster.* 1824. 4.

Schets van het leven en de regering van George IV, koning van Grootbritannie. *Franek.* 1850. 16.
Cobbett (William). Regency and reign of George IV. *Lond.* 1850-34. 2 vol. 8.
Wallace (William). Memoirs of the life and reign of George IV. *Lond.* 1831-32. 3 vol. 12.
Diary illustrative of the times of George IV, interspersed with original letters from the late queen Charlotte and

from various other distinguished persons. *Par.* 1838. 2 vol. 8.
Diary of the times of George IV (stated to be by lady Charlotte Bury, miss Sheridan and John Galt), edited by John Galt. *Lond.* 1858-59. 4 vol. 8.
Croly (George). Personal history of George IV. *Lond.* 1841. 2 vol. 8. Portrait.
Geheime Geschichte des Hofes, des Ministeriums und der Zeiten Georg's IV, etc., trad. de l'angl. par A... Kretzschman. *Grimma.* 1847. 8.

George III,
prince d'Anhalt (13 août 1507 — 17 oct 1553).

Camerarius (Joachim). Narratio de Georgio, principe Anhaltino. *Lips.* 1696. 8.
Moehring (Gottfried Victor). Dissertatio de divo Anhaltinorum principe Georgio. *Witteb.* 1704. 4.
Kuester (Georg Gottfried). Programma de divo Georgio, principe Anhaltino. *Berol.* 1730. 4.
Pfannenberg (Friedrich). Georg III, Fürst zu Anhalt, Domprobst zu Magdeburg und Meissen und Coadjutor zu Merseburg. *Berl.* 1830. 8.
Camerarius (Joachim). Georg, der Gottselige, Fürst zu Anhalt. Eine Characterschilderung aus dem Zeitalter der Reformation. Nach den beigefügten lateinischen Texte in deutscher Sprache, mit geschichtlichen Anmerkungen und Erläuterungen aus Fürst Georg's Schriften, herausgegeben von Wilhelm Schubert. *Zerbst.* 1854. 8.
(**Lindner**, H...). Aus dem Leben des evangelischen Glaubenshelden Fürst Georg zu Anhalt, Domprobstes zu Magdeburg und Meissen. *Zerbst.* 1853. 8.
Clauss (Conrad Herman). Georg III der Fromme, Fürst zu Anhalt, Graf zu Ascanien, Herr zu Zerbst und Bernburg, Domprobst zu Magdeburg und Meissen. Ein biographischer Abriss. *Zwickau.* 1855. 4.

George, surnommé le Riche,
duc de Bavière.

Wahre Geschichtserzählung der nach Absterben Herzog Georg's des Reichen entstandenen Kriege. *Münch.* 1791. Fol.
(**Popp**, Friedrich). Anmerkungen über die sogenannte wahre Geschichtserzählung der nach Absterben Georg's des Reichen in Baiern entstandenen Krieges wegen Nürnberg. *Nürnb.* 1792. 8.
Loewenthal (Felix Adam v.). Geschichte des Bayerisch-Landshut'schen Erbfolgekriegs nach dem Tode Herzog Georg's des Reichen. *Münch.* 1792. 4.

George le Pieux,
margrave de Brandebourg (4 mars 1484 — 27 déc. 1543).

Lilien (Caspar v.). Divus Georgius, margravius Brandenburgensis. *Baruth.* 1684. 4.
Schuelin (Johann Heinrich). Leben und Geschichte Georg's des Frommen, Markgrafen zu Brandenburg. *Frf. et Leipz.* 1729. 8.

George I,
landgrave de Hesse († 1596).

(**Wenck**, Helfrecht Bernhard). Georg I, Landgraf von Hessen; biographische Skizze, herausgegeben von Johann Wilhelm Christian Steiner. *Darmst.* 1829. 8.

George,
duc de Saxe.

Schulze (Adolph Moritz). Georg und Luther, oder Ehrenrettung des Herzogs Georg von Sachsen. Beitrag zur Geschichte der Reformation. *Leipz.* 1834. 8.

George Frédéric Charles,
margrave de Brandebourg.

Seidel (Johann Christian). Programma de Georgio Friderico Carolo, Deo prospiciente, semper florente, deque virtute ac dignitate domuum Brandenburgicæ et Curianæ. *Baruth.* 1731. 4.
(**Flessa**, Johann Adam). Memoria Georgii Friderici Caroli, marggravii Brandenburgici. *Baruth.* 1735. Fol.

George Guillaume,
margrave de Brandebourg (3 nov. 1595 — 3 déc. 1640).

Seidel (Johann Christian). Memoria Georgii Wilhelmi, marchionis Brandenburgici. *Baruth.* 1727. Fol.

George Guillaume,
duc de Brunswick-Lunebourg (16 janvier 1624 — 28 août 1705).

Heimbuerger (Heinrich Christian). Georg Wilhelm,

Herzog von Braunschweig und Lüneburg; ein Lebens- und Zeitbild, etc. *Celle.* 1852. 8.

George Podiebrad,
roi de Bohême (1458 — 1471).

Heldenthaten des böhmischen Königs Georg, aus dem Hause Podiebrad. *Prag.* 1792. 8.

George (David), voy. **Jorisz** (David).

Georgel (Jean François),
jésuite français (29 janvier 1731 — 14 nov. 1813).

P(seaume) (É(tienne)). Notice sur feu M. l'abbé Georgel, ancien vicaire de M. le cardinal de Rohan, chargé d'affaires et secrétaire d'ambassade à Vienne. *Par.* 1817. 8.

Georges (Dominique),
prêtre français (1613 — 8 nov. 1693).

Buffier (Claude). Vie de D. Georges, abbé de Val-Ri- cher. *Par.* 1694. 12. *Ibid.* 1696. 12. *(Bes.)*

Georges-Weymer (Marguerite),
actrice française (1788 — ...).

Boullault (M... J...). Conjuration de mademoiselle (Ca- therine Joséphine Rafin, dite) Duchesnois contre ma- demoiselle Georges-Weymer, pour lui ravir la cou- ronne, etc. *Par.* 1803. 8.

Georget (Stanislas Henri),
prêtre français.

Cochard (N... N...). Notice biographique sur l'abbé S. H. Georget. *Poitiers.* 1853. 12.

Georgius Cyprius,
patriarche de Constantinople.

Rubeis (Giovanni Francesco de). Vita Georgii. *Venet.* 1753. 4. *(D.)*

Georgius Trapezuntius, voy. **Trapezuntius.**

Gerald (Saint).

Borgia (Alessandro). Vita di S. Geraldo. *Velletri.* 1698. 8.

Gérando (Joseph Marie de), voy. **Dégérando.**

Gerard (Saint),
évêque hongrois.

Batthyányi (Ignaz v.). Acta et scripta S. Gerardi, epis- copi Csanadiensis, cum serie episcoporum Csanadien- sium. *Caroloburg.* 1790. 8.

Gérard (Balthasar),
assassin du prince Guillaume d'Orange (1558 — écartelé le 24 juillet 1584).

Historie B. Gerardt, alias Serach, die den tyran van 't Nederlandt, den prins van Orangie, doorschoten heeft, s. l. 1584. 4.

Le glorieux et triomphant martyre de B. Gérard, advenu en la ville de Delft. *Douai.* 1584. 12. (Très-rare.)

B. Gherardi Borgondi morte e costanza per haver am- mazzato il principe d'Orange. *Rom.* 1584. 8.

B... (T... G... A... V...). In honorem inclyti herois, B. Gerardi, tyrannidis Auraicæ fortissimi vindicis, carmen, quo et Gulielmi Nassavii principis Auraici cædes et percussoris tormenta breviter enarrantur. *Lovan.* 1588. 8. (Extrêmement rare.)

Muse Toscane di diversi, nobilissimi ingegni per Ghe- rardo Borgogno. *Bergam.* 1594. 8.

Gérard Thom ou **Tenque,**
instituteur et premier grand-maître de l'ordre de S. Jean de Jérusalem (1040 — 1121).

Haitze (Joseph de). Histoire du bienheureux Gérard Tenque de Martigues, fondateur de l'ordre de S. Jean de Jérusalem. *Aix.* 1750. 12.

Arbaud (Damase). Dissertation historique sur le B. Gérard Tenque, fondateur de l'ordre des Hospitaliers. *Digne.* 1851. 8.

Gérard (François),
jurisconsulte français.

Segla (G... de). Histoire tragique et arrest de la cour du parlement de Tholose contre Pierre Arrias Bur- deus, religieux augustin, maistre F. Gérard, conseil- ler, damoiselle Violente de Bast et autres. *Par.* 1613. 8.

Gérard (François),
peintre français (1770 — 12 janvier 1837).

Lenormant (Charles). F. Gérard, peintre d'histoire. Essai de biographie et de critique. *Par.* 1846. 8. *Ibid.* 1847. 8.

Gérard (François Antoine),
statuaire français.

Notice sur la vie et les ouvrages de Gérard, statuaire, s. l. et s. d. *(Par.)* 8.

Gérard (Joris Joseph),
historien belge (2 avril 1734 — 4 juin 1814).

Voisin (Auguste). Notice sur J. Gérard, premier secré- taire de l'Académie royale des sciences et belles-lettres de Bruxelles. *Brux.* 1836. 12. Trad. en flamand par le même. *Gent.* 1837. 18.

Gérard (Maurice Étienne),
maréchal de France (4 avril 1773 — 17 avril 1852).

Nollet-Fabert (Jules). Notice sur le maréchal Gérard. *Nancy.* 1852. 8. (Extrait de la *Lorraine militaire.*)

Gérard (N... N...),
médecin français († 25 avril 1830).

Varlet (D... M...). Éloge funèbre du docteur Gérard, médecin titulaire de l'hospice, membre du conseil municipal de la ville de Saint-Dié, etc. *Strasb.* 1830. 8.

Gérard (N... N...),
général français.

Merson (Ernest). Siége de Soissons. Épisode de la vie militaire de M. le général de division Gérard. *Nant.* 1830. 8.

Gerardi (Luigi),
jurisconsulte italien († 7 février 1839).

Zambelli (Pietro). Memorie intorno alla vita dell' av- vocato L. Gerardi. *Bresc.* 1841. 8. *

* Cette notice n'a pas été mise dans le commerce.

Gerardo (Saint),
martyr italien.

Wion (Arnold). Vita S. Gerardi, e Veneta familia de Sagredo, martyris et Hungarorum apostoli. *Venet.* 1597. 4.

Géraud (Saint),
fondateur de la ville d'Aurillac.

Odon de Cluny (Saint). Vita S. Geraudii, comitis Au- rillacensis. *Par.* 1614. Fol. Trad. en franç. par M... (Compaing). *Aurillac.* 1715. 8.

Delzons (N... N...). Notice historique sur S. Géraud, fondateur de la ville et du monastère d'Aurillac. *Clerm. Ferr.* 1845. 8.

Gerber (Friedrich Gottlieb),
jurisconsulte allemand.

Gerber (Christian Gottlieb). Christliche Lebens-Tage und seelige Todes-Stunde F. G. Gerber's. *Pirna.* 1759. 4. *(D.)*

Gerbert (pape), voy. **Sylvestre II.**

Gerbert (Martin),
théologien allemand (13 août 1720 — 13 mai 1793).

Weiss (Johann Baptist). Trauerrede auf den verstor- benen Fürst-Abbt M. Gerbert zu Sanct-Blasien. *Sanct- Blas.* 1793. 4.

Gerbi (Raniero),
savant italien (16 juillet 1763 — 20 déc. 1839).

(**Pacinotti,** Luigi). Biografia del cavaliere professore R. Gerbi, presidente generale della prima riunione degli scienziati italiani, s. l. *(Pisa.)* 1840. 8.

Gercken (Georg Heinrich),
jurisconsulte allemand.

Seelen (Johann Heinrich v.). Memoria G. H. Gercken, senatoris. *Lubec.* 1744. Fol. Trad. en allem. *Lübeck.* 1744. Fol.

Gercken (Thomas Friedrich),
jurisconsulte allemand.

Seelen (Johann Heinrich v.). Memoria T. F. Gercken, J. H. D. *Lubec.* 1743. Fol.

Gerdes (Joachim),
jurisconsulte et philologue allemand.

Doebelius (Johann Jacob). Programma in funere J. Ger- desii. *Rostoch.* 1668. 4.

Gerdil (Giacinto Sigismondo),
cardinal italien (23 juin 1718 — 12 août 1802).

Grandi (Antonio Maria). Orazione funebre del cardinal G. S. Gerdil. *Macerat.* 1802. 4.

Fontana (Francesco Ludovico). Elogio letterario del cardinal G. S. Gerdil. *Rom.* 1802. 4. Trad. en franç. par Pierre d'Hesmivy d'Auriseau. *Rom.* 1802. 8. (*Lv.* et *Bes.*)

Geret (Christoph Heinrich),
théologien allemand (27 janvier 1686 — 8 juillet 1757).
Centner (Gottfried). Memoria C. H. Gereti. *Thorun.*
1757. Fol.

Gergonne (N... N...),
recteur de l'Académie de Montpellier.
M. Gergonne. *Montpell.* 1844. 8.

Gerhard (Anna Maria),
épouse de Paul Gerhardt.
Langbecker (Emmanuel Christian Gottlieb). Kurze
Lebensgeschichte der A. M. Gerhard, des geistlichen
Liederdichters Paul Gerhard frommer Gattin, etc.
Berl. 1842. 8.

Gerhard (David Gottfried),
théologien allemand.
Gerhard (David Gottfried). Leben, von ihm selbst beschrieben und nach seinem Tode herausgegeben. *Berl.*
1812. 8. (*D.*)

Gerhard (Ephraim),
jurisconsulte allemand (3 juin 1682 — 21 août 1718).
Schwarz (Christian Gottlieb). Programma ad exsequias
Dr. E. Gerhardi, JCti. *Altorf.* 1718. Fol.

Gerhard (Hieronymus),
jurisconsulte allemand (31 déc. 1518 — 12 mai 1574).
Liebler (Georg). Oratio funebris de vita, studiis, moribus, rebus gestis et morte H. Gerhardi. *Tubing.* 1575.
4. (*D.*)

Gerhard (Johann),
théologien allemand (17 oct. 1582 — 17 août 1637).
Major (Johann). Concio funebris germanica in obitum
J. Gerhardi ; Johann HIMMEL, Programma academicum
in ejusdem funere ; Johann Michael DILHERR, Laudatio
funebris J. Gerhardi. *Jenæ.* 1637. 4. (*D.*)
Schneider (Michael). Oratio in obitum J. Gerhardi.
Witteb. 1637. 4.
Fewrborn (Justus). Oratio parentalis in obitum J.
Gerhardi. *Marb.* 1658. 4. (*D.*)
Fischer (Erdmann Rudolph). Vita J. Gerhardi, etc.
Lips. 1723. 8. (*D.*)
Historia ecclesiastica seculi XVII in vita J. Gerhardi, ex
monumentis maximam partem nondum editis et ex
bibliotheca Gothana depromptis illustrata. *Lips.* 1727.
8. (*D.*)

Gerhard (Johann Ernst),
théologien allemand (15 déc. 1621 — 24 février 1668).
Schroeter (Ernst Friedrich). Programma in funere J.
E. Gerhardi. *Jenæ.* 1668. 4.
Wende (Georg). Trium admirandorum recensione J.
E. Gerhardo justa personalia. *Budiss.* 1671. 4. (*D.*)
Praetorius (Johann). Memoria justi, s. panegyricus,
carmen, inscriptiones in memoriam J. E. Gerhardi.
Susat. 1673. Fol.

Gerhard (Paul),
hymnographe allemand (1607 — 27 mai ou 7 juin 1676).
Wimmer (Gabriel). Leben P. Gerhard's. *Altenb.* 1723. 8.
(**Tidemann**, Franz). Auswahl aus P. Gerhard's Lie-
dern, nebst einer Nachricht aus seinem Leben. *Brem.*
1817. 8. *Ibid.* 1828. 8.
Roth (Ernst Gottlieb). P. Gerhard, nach seinem Leben
und Wirken, aus zum Theil noch ungedruckten Nach-
richten dargestellt. *Leipz.* 1829. 8. (*D.*) *Lübben.* 1852. 8.
Trepte (E... W... H...). P. Gerhard, biographische
Skizze. *Delitzsch.* 1829. 8.
Schulz (Otto). P. Gerhard und der grosse Churfürst, etc.
Berl. 1841. 8.
Langbecker (Emmanuel Christian Gottlieb). P. Ger-
hard's Leben und Lieder. *Berl.* 1841. 8. Portrait.
Wildenhahn (August). P. Gerhard ; kirchengeschicht-
liches Lebensbild aus der Zeit des grossen Churfürsten.
Leipz. 1845. 2 vol. 8. (*D.*) *Ibid.* 1850. 2 vol. 8.
Trad. en angl. par Mrs. STANLEY CARR. *Lond.* 1846.
2 vol. 8. *Ibid.* 1847. 2 vol. 12.
Trad. en holland. par R... P... VERBEEK. *Utrecht.*
1847. 2 vol. 8. Portrait.
Strauss (Victor). Leben des P. Gerhardt (!). *Bielef.* 1845.
8. *Ibid.* 1850. 8.
Becker (Carl). P. Gerhard, der treue Kämpfer und Dulder für die lutherische Kirche. *Schneidemühl et Bresl.*
1852. 8.

Géricault (Jean Louis André Théodore),
peintre français (25 sept. 1791 — 18 janvier 1824).
Batissier (Louis). Sur Géricault. *Par.*, s. l. et s. d. 8.
Blanc (Charles). Géricault. *Par.*, s. d. 8.
Coquatrix (Émile). Géricault, prose et vers. *Rouen.*
1846. 12.

Gericke (Christian Wilhelm),
missionnaire allemand.
Vormbaum (Reinhold). C. W. Gericke, evangelischer
Missionar in Cudelur und Madras, Christoph Samuel
John, evangelischer Missionar in Trankebar, und Joseph Daniel Jaenicke, evangelischer Missionar in Tanjour. *Düsseld.* 1852. 8.

Gericke (Johann Moritz Heinrich),
jurisconsulte allemand (7 oct. .... — 21 déc. 1826).
Hipp (Carl Friedrich). Narratio de vita J. M. H. Gericke.
J. U. L. et philosophiæ practicæ in gymnasio Hamburgensium academico. *Hamb.* 1829. 4. (*L.*)

Gericke (Peter),
médecin allemand (4 avril 1693 — 8 oct. 1750).
Carpzov (Johann Benedict). Memoria P. Gerike. *Lips.*
1750. 4.

Gerlach (Benjamin Gottlieb),
philologue allemand (1698 — 18 juin 1756).
Friderici (Christian Anton). Commentatio de IV Ger-
lacis. *Mühlh.* 1759. 4.

Gerlach (Melchior),
pédagogue allemand (22 juillet 1562 — 14 février 1616).
Schadaeus (Abraham). Oratio memoriæ et bonæ famæ
Mag. M. Gerlachii, P. L. scholæ Budissinæ atque gymnasii Zittaviensis rectoris. *Gorlic.* 1625. 4.
Gerlach (Melchior). Elogia et elegiæ funebres in memoriam sui patris Mag. M. Gerlachii, etc. *Gorlic.* 1625. 4.

Gerlach (Stephan),
théologien allemand (26 déc. 1546 — 30 janvier 1612).
Hafenreffer (Matthias). Oratio funebris in obitum S.
Gerlachii. *Tubing.* 1614. 4. (*D.*)

Gerling (Christian Ludwig),
théologien allemand († 13 janvier 1801).
Klefecker (Bernhard). Ein Wort zum Andenken C.
L. Gerling's. *Hamb.* 1801. 8.

Germain (Saint),
évêque de Paris († 21 mai 576).
Duplessy (N... N...). Histoire de S. Germain. *Par.*
1841. 52.

Germain (Saint),
évêque d'Auxerre († 31 juillet 448).
Viole (Daniel Georg). La vie et les miracles de S. Germain, évêque d'Auxerre, avec un catalogue des hommes
illustres de la ville et du diocèse (d'Auxerre). *Par.*
1754. 4.

Germanicus (Cæsar),
fils de Claudius Drusus Néro (16 après J. C.).
Lagerloef (Peter). Vita C. Germanici. *Upsal.* 1698. 8.
Cellarius (Christoph). Dissertatio de C. Germanico, Ti-
berii filio, Augusti nepote. *Halæ.* 1704. 4.
Schoepflin (Johann Daniel). Oratio, qua sistitur Ger-
manicus, rarum principis ad spem imperii nati exem-
plar. *Argent.* 1717. 4.
(**Beaufort**, Louis de). Histoire de C. Germanicus.
Leyde. 1741. 8. *
* Publ. sous les lettres de L. D. B.
C. Germanicus. *Stendal.* 1796. 8.
Hoffmann (Friedrich). Die vier Feldzüge des Germani-
cus in Deutschland. *Götting.* 1816. 4.
Hillebrand (Joseph). Germanicus. *Frf.* 1817. 2 vol. 8.
Wietersheim (Eduard v.). Der Feldzug des Germanicus
an der Weser im Jahre 16 nach Christi Geburt. *Leipz.*
1850. 4.

Gerner (Henrik),
marin danois (1742 — 27 déc. 1787).
Malling (Ove). Tal til Erindring om H. Gerner. *Kjoebenh.*
1787. 8.

Gerner (Lucas),
théologien suisse (19 août 1626 — 9 février 1675).
Werenfels (Peter). Icon theologi eximii, s. narratio historica vitæ et obitus L. Gerneri. *Basil.* 1676. 4.

Géron,
premier margrave de Lusatie († 965).

Hecht (Georg). Programmata II de Gerone, primo Lusatiæ marchione, non duce. *Witteb.* 1719-20. 4.

Leutsch (Carl Christian v.). Markgraf Gero. Beitrag zum Verständniss der deutschen Reichsgeschichte unter den Ottonen, so wie der Geschichten von Brandenburg, Meissen und Thüringen, etc. *Leipz.* 1828. 8.

Géron,
archevêque de Magdebourg (... — 1012 — 1024).

Handschke (A...). Dissertatio de Geronis, archiepiscopi Magdeburgensis vita, rebus gestis et laudibus. *Magdeb.* 1625. 4.

Gerry (Elbridge),
littérateur anglo-américain.

Austin (James Thomas). Life of E. Gerry. *Boston.* 1828. 8.

Gersdorf (Freiherren v.),
famille allemande.

Seidel (Friedrich). Ehren- und Tugendschild des Geschlechts derer v. Gersdorf. *Ulm.* 1671. 4.

Pietschmann (Christian). Memoriæ familiæ Gersdorfianorum quædam. *Gorlicii.* 1706. 4.

Gersdorf (Ernst Christian August, Freiherr v.),
homme d'État allemand.

Stichling (Gustav Theodor). E. C. A. Freiherr v. Gersdorf, Weimar'scher Staatsminister, nach seinem Leben und Wirken geschildert. *Weim.* 1853. 8.

Gersdorf (N... N... v.).

Leben des Schlesischen Freiherrn v. Gersdorf. *Chemnitz.* 1761. 8.

Gersen (Jean),
abbé de S. Étienne de Verceil, soi-disant auteur de l'ouvrage de *Imitatione Christi.*

Cajetanus (Constantinus). Pro J. Gersen, librorum de *Imitatione Christi* authore, adversus Henricum Roswedum, s. l. 1618. 12.

Launoy (Jean de). Dissertatio continens judicium de auctore librorum de *Imitatione Christi. Par.* 1649. 8. *Ibid.* 1650. 8. *Ibid.* 1663. 4.

Quatremaire (Jean Robert). J. Gersen, Vercellensis ordinis S. Benedicti abbas, librorum de *Imitatione Christi* author assertus. *Par.* 1649. 8.

— — J. Gersen, etc., author librorum de *Imitatione Christi* iterum assertus. *Par.* 1649. 8.

Erhard (Thomas). Polycrates Gersenensis contra scutum Kempense, s. apologia pro J. Gersene contra Eusebium Amort. *Aug. Vind.* 1729. 12.

Valsecchi (Virginio). G. Gersen, abate dell' ordine di S. Benedetto, sostenuto autore de' libri *dell' Imitazione di Giesù Cristo. Firenz.* 1724. 8. Portrait. (*D.*)

Canabaco (Joannes de). Pro authore IV librorum de *Imitatione Christi* recenter detectus : J. Gersen, s. l. 1760. 8.

Maerz (Angelus). Dissertatio critica qua libri IV de *Imitatione Christi* J. Gersen, abbati Vercellensi, postliminio vindicantur. *Frising.* 1760. 4.

Gerson (Georg Hartog),
médecin allemand du xixe siècle.

Wort der Erinnerung an Dr. G. H. Gerson. *Hamb.* 1845. 8.

Gerson (Jean **Charlier** de),
chancelier de l'université de Paris (14 déc. 1363 — 12 juillet 1429).

Verney (Étienne). J. Charlerius de Gerson in tumulo gloriosus. *Lyon.* 1644. 4.

Valgrave (François). Argumentum chronologicum contra Kempensem, quo Thomam a Kempis non fuisse nec esse potuisse auctorem librorum de *Imitatione Christi* vindicatum. *Par.* 1650. 8. (*D.*)

(**Géry**, André Guillaume de). Dissertation sur le véritable auteur du livre de *l'Imitation de Jésus-Christ,* pour servir de réponse à celle de l'abbé Vallart. *Par.* 1758. 12.

Kraus (Johann Baptist). Basis firma ædificii Gersoniani, a Francisco Delfau et Joanne Mabillon, monachis benedictinis, anno 1674 et 1677 posita. *Ratisb.* 1762. 8.

— — Documenta historica ex chronico Windeshemensi ord. can. reg. auctore, Joanne Ruschio, et ex chronico Montis sanctæ Agnetis auctore Thoma a Kempis, quibus ostenditur, Thomam a Kempis libelli de *Imita-*

tione Christi auctorem dici non debere. *Ratisb.* 1762. 8.

Bedaceta (Sabino). Saggio dell' operetta intitolata *de Imitatione Christi,* volgarmente attribuita a Tommaso da Kempis, con una dissertazione sopra l' autore della medesima, etc. *Bresc.* 1762. 4. Augment. 1763. 8.

Ghesquière de Raemsdonck (Joseph). Dissertation sur l'auteur du livre intitulé de *l'Imitation de Jésus-Christ,* publ. par Barthélemy **Mercier de Saint-Léger.** *Verceil.* (*Par.*) 1775. 12.

Barbier (Antoine Alexandre). Dissertation sur soixante traductions françaises de *l'Imitation de Jésus-Christ,* suivie des considérations sur la question relative à l'auteur de *l'Imitation,* publ. par Jean Baptiste Modeste **Gence,** s. l. et s. d. (*Par.* 1812). 12. (*Lv.*)

Engelhardt (Johann Georg Veit). Commentatio de Gersone mystico. *Erlang.* 1822. 4.

Silbert (Johann Peter). Gersen, Gerson oder Kempis, oder : Welcher ist der Verfasser des Buchs *von der Nachfolge Christi?* *Wien.* 1828. 8.

Grégory (G... de). Mémoire sur le véritable auteur du livre intitulé de *l'Imitation de Jésus-Christ,* rev. et publ. par Jean Denis de **Lanjuinais.** *Par.* 1827. 8. (Épuisé et très-recherché.) Trad. en allem. par Johann Baptist **Weigl.** *Sulzb.* 1832. 8. (*D.*)

L'Écuy (Jean Baptiste). Essai sur la vie de J. Gerson, chancelier de l'église et de l'université de Paris, sur sa doctrine, ses écrits et sur les événements de son temps, auxquels il a pris part. *Par.* 1832. 2 vol. 8. (*Lv.*)

Gence (Jean Baptiste Modeste). Nouvelles considérations sur l'auteur et le livre de *l'Imitation de Jésus-Christ,* ou résumé des faits qui ont terminé la restitution de ce livre à Gerson. *Par.* 1832. 8.

— — Le vrai portrait du vénérable docteur Gerson, et un manuscrit précieux qui s'y rattache, etc. *Par.* 1833. 8.

— — J. Gerson restitué et expliqué par lui-même. *Par.* 1837. 8.

Leroy (Onésime). Études sur les mystères, monuments historiques et littéraires, la plupart inconnus, et sur divers manuscrits de J. Gerson, y compris le texte primitif français de *l'Imitation de Jésus-Christ. Par.* 1837. 8.

Faugère (Prosper). Éloge de J. Gerson, chancelier de l'église et de l'université de Paris. *Par.* 1838. 8.

Dupré-Lasalle (N... N...). Éloge de J. Gerson, etc. *Par.* 1838. 4. (Écrit couronné.)

Schmidt (Charles). Essai sur J. Gerson, chancelier de l'université et de l'église de Paris. *Par.* 1839. 8.

Leroy (Onésime). (Pierre) Corneille et Gerson dans *l'Imitation de Jésus-Christ. Par.* 1841. 8.

Smith (John Spencer). Collectanea Gersoniana, ou recueil d'études, de recherches et de correspondances littéraires, ayant trait au problème bibliographique de l'origine de *l'Imitation de Jésus-Christ. Caen et Par.* 1843. 8. *

* On y trouve un catalogue de 238 éditions de l'*Imitation,* qui ont parues en France depuis 1812 jusqu'en 1841 inclusivement.

Thomassy (Raymond). J. Gerson, chancelier de Notre-Dame et de l'université de Paris. *Par.* 1844. 12.

Julia de Cazères (N... N...). Dernier mot sur Gerson, auteur de *l'Imitation de Jésus-Christ. Par.* 1845. 8.

Malou (Jean Baptiste). Recherches historiques et critiques sur le véritable auteur du livre de *l'Imitation de Jésus-Christ.* Examen des droits de Thomas à Kempis, de Gerson et de (Jean) Gersen, avec une réponse aux derniers adversaires de Thomas à Kempis : MM. Napione, Cancellieri, de Grégory, Gence, Daunou, Onésime Leroy et Thomassy, etc. *Louvain.* 1848. 8.

Darmès (N... N...). Projet de monument à la mémoire du chancelier Gerson. *Lyon.* 1844. Fol.

Gerstenberger (Marcus),
jurisconsulte allemand (1553 — 22 août 1613).

Hoe v. Hoenegg (Matthias). Leichenpredigt auf M. Gerstenberger, nebst dessen Lebenslauf. *Leipz.* 1613. 4. (*D.*)

Gerstmann (Sebastian),
jurisconsulte allemand (24 juin 1542 — 15 nov. 1601).

Pelargus (Christoph). Oratio in funere S. Gerstmanni. *Frf.* 1601. 4.

Gertsner (Franz Joseph, Ritter v.),
mathématicien allemand (23 février 1756 — 25 juin 1831).
Bolzano (Bernhard). Leben des F. J. Ritter v. Gerstner. *Prag.* 1837. 8. (*D.*)

Gertrude (Sainte),
fille de Pepin de Landen, patronne du Brabant (626 — 17 mars 659).
Ryckel van Oorbeeck (Joseph Geldolphus). Vita S. Gertrudis, abbatissæ Nivellensis, Brabantiæ tutelaris; narrationes historicæ. *Lovan.* 1632. 4. *Brux.* 1657. 4.

Gertrude (Sainte),
abbesse de l'ordre de S. Benoît († 1334).
Landsberg ou **Lansperg** (Giovanni). Vita della B. vergine Gertruda. *Venez.* 1602. 4. *Ibid.* 1633. 4. Trad. en allem. par Michael SINTZEL. *Regensb.* 1847-48. 3 vol. 8.
Rebreviettes (Guillaume de). Image de la noblesse de S. Gertrude et de ses parents. *Par.* 1642. 8.
Canteleu (Nicolas). Insinuationes pietatis , s. vita S. Gertrudis virginis et abbatissæ S. Benedicti. *Par.* 1662. 12. Publ. par Laurent CLÉMENT. *Salisburg.* 1662. 12.
Andrada (Alonso de). Vida de la gloriosa S. Gertrudis, de la orden del glorioso patriarca S. Benito. *Madr.* 1663. 4.
Mège (Joseph). La vie et révélations de S. Gertrude, vierge et abbesse de l'ordre de Saint-Benoît. *Par.* 1671. 8. (*Bes.*)
Leben und Offenbarungen der heiligen Jungfrau Gertrudis, S. Benedicti Ordens, Abdissin des Klosters Helpede bey Eisleben. *Coeln.* 1674. 8.
Joao dos Prazeres. Epitome da vida de S. Gertrudes. *Lisb.* 1696. 8. *Ibid.* 1728. 4.
Bonucci (Antonio Maria). S. Gertrude vergina la magna, descritta in IV parti della storia della sua vita ed esposta in un panegirico. *Rom.* 1710. 8. *Venez.*, s. d. 12.
Leben der heiligen Gertrud. *Münch.* 1814. 8.

Gervaisais (le marquis Nicolas Marie Louis **Magon de**),
littérateur français (17 juin 1765 — 29 déc. 1838).
Damas Hinard (M...). Un prophète inconnu. Prédictions, jugements et conseils par M. le marquis de la Gervaisais. *Par.* 1850. 12.

Gervasoni (Marianna),
religieuse italienne.
Costadoni (Giovanni Domenico Anselmo). Relazione della vita e delle virtù di D. M. Gervasoni di Milano, monaca Camaldolense. *Faënza.* 1769. 8.

Gervinus (Georg Gottfried),
littérateur allemand.
Gervinus und seine politischen Überzeugungen; ein biographischer Beitrag. *Leipz.* 1853. 8.
Der Prozess Gervinus. Verhandlungen vor dem Grossherz. Badischen Oberamt Heidelberg und dem Grossherz. Hofgericht des Unterrhein-Kreises zu Mannheim, etc., mitgetheilt von Wilhelm BESELER. *Braunschw.* 1855. 2 vol. 8.

Gerwig (Maria Barbara),
empoisonneuse allemande.
Wernert (Philipp J...). Prozess gegen M. B. Gerwig, von Maugenhardt, angeklagt wegen Giftmords. Verhandelt den 13. 14. und 15. Dec. 1852 vor dem Schwurgerichtshofe des Oberrhein-Kreises. *Freiburg im Breisg.* 1853. 16.

Géry (Saint),
Choquez (Romain). Abrégé de la vie et miracles du glorieux S. Géry. *Tournai.* 1662. 4.

Géryon,
personnage mythologique.
Witte (Jean Joseph Antoine Marie de). Étude du mythe de Géryon. *Par.* 1841. 8. (*Bx.*)

Gesenius (Friedrich Heinrich Wilhelm),
hébraïsant allemand (3 février 1786 — .. oct. 1842).
Gesenius; Erinnerung für seine Freunde. *Berl.* 1842. 8.

Gesenius (Johann Joachim),
pédagogue allemand (1644 — 17 juin 1675).
Programma academicum ad exequias J. J. Gesenii. *Lips.* 1675. 4. (*D.*)

Gesius ou **Goesius** (Gottfried),
théologien allemand (9 août 1608 — 2 sept. 1679).
Reiser (Anton). Memoria G. Goesii, in templo Hamburgensi Nicolaitano pastoris, etc. *Hamb.* 1679. 4. (*D.* et *L.*)

Gesner (Conrad),
médecin suisse (26 mars 1516 — 13 déc. 1565).
Simler (Josias). Vita clarissimi philosophi et medici excellentissimi C. Gesneri. *Tigur.* 1566. 4. (*D.* et *P.*) Trad. en allem. *Leipz.* et *Zittau.* 1711. 8. (*D.*)
Hanhart (Johann). C. Gesner. Beitrag zur Geschichte des wissenschaftlichen Strebens und der Glaubensverbesserung im sechszehnten Jahrhundert. *Winterthur.* 1824. 8. (*D.*)

Gesner (Johann),
mathématicien suisse (28 mars 1704 — 6 mai 1790).
Hirzel (Hans Caspar). Denkrede auf J. Gesner. *Zürch.* 1790. 8. Portrait. (*D.*)
Wolf (Rudolph). J. Gesner, Freund und Zeitgenosse von Haller und Linné , nach seinem Leben und Wirken dargestellt. *Zürch.* 1846. 4. Portrait. (*D.*)

Gesner (Johann Matthias),
savant allemand (9 avril 1691 — 3 août 1761).
(**Michaelis** , Johann David). Memoria J. M. Gesneri. *Goetting.* 1761. Fol.
Baumeister (Friedrich Christian). Oratio J. M. Gesneri memoriæ. *Goerlic.* 1762. 4.
Ernesti (Johann August). Narratio de J. M. Gesnero. *Lips.* 1762. 4. (*D.*)
—— Elogium J. M. Gesneri. *Halæ.* 1787. 8.

Gesner (Salomon),
théologien suisse (7 nov. 1559 — 7 février 1605).
Mylius (Georg). Leichen-Predigt bei der Leich-Begängniss des S. Gesner. *Leipz.* 1605. 4. (*D.*)
Hutter (Leonhard). Oratio parentalis de vita et obitu S. Gesneri. *Witteb.* 1605. 4. (*D.*)
Neumann (Johann Georg). Programma de S. Gesnero. *Witteb.* 1704. 4.

Gesner (Salomon),
poëte suisse (1er avril 1730 — 2 mars 1783).
Bertola (Aurelio de' Giorgi). Elogio di S. Gesner. *Pavia.* 1789. 8. (*D.*) *Berl.* 1790. 8. Trad. en allem. *Zürch.* 1789. 8. *Goerl.* 1794. 8. (*D.*)
Meyer (Johann Heinrich). Denkmal S. Gesner's in Zürich, dargestellt in einem Kupferstich in Quarto. *Zürch.* 1790. 8.
Hottinger (Johann Jacob). S. Gesner. *Bregenz.* 1793. 8. Portrait. *Zürch.* 1796. 8. Portrait. (*D.*) Trad. en franç. (par Johann Heinrich MEISTER.) *Zurich.* 1799. 12. Port.
Mordani (Filippo). Elogio storico di S. Gesner. *Bologn.* 1840. 8.

Gessi (Lanfranco),
jurisconsulte italien du xvie siècle.
Ghinassi (Domenico). Discorso delle lodi di L. Gessi, Lughese , celeberrimo giureconsulto del secolo xvi. *Bologn.* 1858.

Geta (Publius Septimius),
empereur romain (élu 211 — assassiné le 27 février 212 après J. C.).
Musgrave (William). Geta Britannicus , avec des notes par Isaac CASAUBONUS, Janus GRUTER et Claude SAUMAISE. *Lond.* 1716. 8.

Geuder (Anton),
jurisconsulte allemand († .. mars 1604).
Hainlein (Andreas). Leichpredigt auf Herrn A. Geuder, ältern geheimen Rath zu Nürnberg. *Amberg.* 1611. 4.

Geuns (Steven Jan van),
médecin hollandais (1767 — 16 mai 1795).
Heringa (Jodocus). Redevoering ter gedachtnisse van S. J. van Geuns. *Utrecht.* 1796. 8. Portrait.
(**Kluit**, Pieter Willem Provo) et (**Troulja**, A... J...). Iets ter nagedachtenis van S. J. van Geuns. *Utrecht.* 1795. 8. Portrait.

Geuss (Joachim Michael),
mathématicien danois (23 août 1745 — 29 nov. 1786).
Malling (Ove). Mindetale over J. M. Geuss. *Kjoebenh.* 1786. 8. Trad. en allem. par Friedrich EKKARD. *Copenh.* 1787. 8.

Gévaudon (N... N...),
membre de la chambre des députés († 1826).
Pons (André). Éloge funèbre de l'honorable M. Gévaudon, ancien député. *Par.* 1826. 8.

Gezelius (Johann),
évêque d'Abo (3 février 1615 — 20 janvier 1690).
Wanoch (Andreas). Oratio parentalis in J. Gezelium,

episcopum Aboënsem eminentissimum, s. l. (*Aboœ.*) 1600. 4.

Achrelius (Daniel Erik). Oratio in exequias excéllentissimi S. S. theologiæ doctoris et episcopi Aboënsium J. Gezelii. *Aboœ.* 1690. 4.

Lund (David). Memoria reverendissimi episcopi J. Gezelii, carmine elegiaco, confecta. *Aboœ.* 1690. 4.

Procopæus (Christiernus). Bonus episcopus propositus in concione funebri Fennica super obitum J. Gezelii, episcopi Aboënsis. *Aboœ.* 1690. 4.

Hasselquist (Anders). Johannes Baptista redivivus, s. concio suecica in funus reverendissimi episcopi J. Gezelii. *Aboœ.* 1690. 4.

Humble (Gustaf Adolph). Likpredikan öfver Biskopen J. Gezelius. *Stockh.* 1718. 8.

Juslenius (Daniel). Piæ pia memoria vitæ reverendissimi episcopi doctoris J. Gezelii, s. l. (*Holm.*) 1719. 4.

Tengstroem (Johan Jacob). Biskopen i Åbo Stift J. Gezelii den äldres Minne. *Abo.* 1825. 8.

Ghedini (Ferdinando Antonio), poëte italien (1684 — 1767).

Grilli (Giovanni Battista). Orazione delle lodi di F. A. Ghedini, poëta lirico Bolognese. *Bologn.* 1820. 8.

Gherardi (Raffaelo), savant italien.

Coltellini (Agostino). Orazione in morte di R. Gherardi. *Firenz.* 1638. 4. (*P.*)

Gherardo Cremonese, littérateur italien du XIIᵉ siècle.

Boncompagni (Baldassaro). Della vita e delle opere di Gherardo Cremonese, traduttore del secolo duodecimo, e di Gherardo da Sabbionetta, astronomo del secolo decimoterzo. *Rom.* 1851. 4.

Ghiacetti (Paolo), littérateur italien.

Fontius (Bartholomæus). Vita P. Ghiacetti. *Frf.* 1621. 8.

Ghiberti (Lorenzo), sculpteur italien (vers 1378 — vers 1456).

Gonnelli (Giuseppe). Elogio di L. Ghiberti, etc. *Firenz.* 1822. 8.

Ghigny (le baron Étienne), général belge (vers 1770 — se suicidant le 2 déc. 1844).

Nécrologie : le général Ghigny, s. l. et s. d. (*Brux.* 1845.) 8. Portrait. (Extrait de l'*Album national.*)

Ghirardelli (N... N...), prêtre italien.

Meneghelli (Antonio Maria). Elogio funebre dell' abate Ghirardelli. *Padov.* 1825. 8.

Ghislain (Saint), prêtre belge.

(Simon, Jacques). Vie de S. Ghislain, fondateur et premier abbé de la celle des apostres S. Oeure et S. Paul. *Mons.* 1686. 18.

Marlier (Jérôme). Abrégé de la vie de S. Ghislain. *Mons.* 1690. 18.

Ghislieri, famille italienne.

Jacobilli (Luigi). Vite del santissimo sommo pontefice Pio V, del B. Bonaparte, della B. Filippa, e degli servi di Dio P. Paolo, uno de' quattro istitutori de' Teatini, e del P. D. Francesco, riformatore ed ampliatore della congregazione di S. Salvatore di Bologna, tutti cinque della famiglia Ghisliera, con un' elogio genealogico sopra 112 huomini illustri de' Ghislieri. *Foligno.* 1661. 4.

Giacobini (Benedetto), prêtre italien.

Muratori (Lodovico Antonio). Vita dell' umile servo di Dio B. Giacobini, proposto di Varallo. *Padov.* 1747. 4.

Giacomelli (Michel Angelo), littérateur italien (11 sept. 1695 — 17 avril 1774).

Matani (Antonio Maria). Elogio storico di M. A. Giacomelli. *Pisa.* 1773. 8.

Giacomini Tebalducci Malespini, voy. **Tebalducci Malespini** (Antonio **Giacomini**).

Giampaolo (Paolo Nicola), agronome italien (11 sept. 1757 — 14 janvier 1832).

Robertis (Giuseppe de). Elogio storico di P. F. Giampaolo. *Napol.* 1833. 8.

Gianetti (Michel Angelo), médecin italien (8 août 1743 — 19 mai 1796).

Palloni (Gaëtano). Elogio di M. A. Gianetti, s. l. (*Firenz.*) 1797. 8. Portrait.

Gianni (Lorenzo), prêtre italien.

Rossi (Giuseppe Maria). Vita del venerabile L. Gianni, decano Fiorentino. *Firenz.* 1725. 8.

Giannini (Giuseppe), médecin italien (9 février 1773 — 18 déc 1818).

Acerbi (Enrico). Elogio di G. Giannini. *Milan.* 1819. 8.

Giannone (Pietro), historien italien (7 mai 1676 — 7 mars 1748).

(Panzini, Ferdinando). Vita di P. Giannone. *Palmira.* (*Lucca.*) 1765. 4. *

* Quelques bibliographes attribuent cet ouvrage à Michele Vaccini.

Lebret (Johann Friedrich). Abjuratio D. P. Jannonii ab eo sponte facta Taurini in carcere, sito ad portam Padanam, die 4. aprilis 1738. *Erlang.* 1763. 4. (*D.*)

Giannotti (Silvestro), artiste italien.

Crespi (Luigi). Vita di S. Giannotti, Lucchese, intagliatore e statuario in legno. *Bolog.* 1770. 8.

Gibbon (Edward), historien anglais (27 avril 1737 — 16 janvier 1794).

Gibbon (Edward). Memoirs of his life and writings, composed by himself, publ. avec des notes par John Sheffield. *Lond.* 1799. 8.

Trad. en allem. *Leipz.* 1797. 8. Portrait. *Ibid.* 1801. 8. Portrait.

Trad. en franç. (par Jean Étienne François Marignié). *Par.*, an VIII (1798). 2 vol. 8.

Trad. en ital. *Milan.* 1825. 8.

Milman (Henry Hart). Life of E. Gibbon, with selects from his correspondence. *Lond.* 1839. 8. *Par.* 1840. 8. Portrait.

Christophe (Jean Baptiste). Étude sur l'historien Gibbon. *Lyon.* 1852. 8.

Gibelli (Lorenzo), musicien italien († 1811).

Pancaldi (C...). Vita di D. Gibelli, celebre contrappuntista e cantore. *Bologn.* 1830. 8.

Gibert (Jean Pierre), canoniste français (1660 — 2 nov. 1736).

Goujet (Claude Pierre). Éloge de J. P. Gibert, célèbre canoniste. *Par.* 1736. 4. *

* Cet éloge, cité dans la *Biographie universelle* de Michaud, est omis par Quérard.

Bougerel (Joseph). Éloge de M. Gibert. *Par.* 1757. 8.

Giberti (Giovanni Matteo), évêque de Vérone (1495 — 30 déc. 1543).

Castiglione (Angelo). Orazione funebre del vescovo G. M. Giberti. *Veron.* 1543. 4.

Fumani (Adamo). Oratio funebris in obitum J. M. Giberti. *Veron.* 1543. 4.

Gichtel (Johann Georg), visionnaire allemand (14 mars 1638 — 21 janvier 1710).

Reinbeck (Johann Gustav). Nachricht von Gichtel's Lebenslauf und Lehren u. s. w. *Berl.* 1732. 16. (*D.*)

Giech (Carl Ludwig, Graf v.), homme d'État allemand.

Reichard (Elias Caspar). Programma funebre in obitum C. L. comitis de Giech. *Brunsw.* 1752. Fol.

Gielnovius (Ladislaus), prêtre polonais.

Morawski (Vincenz). Lucerna perfectionis christianæ, s. vita B. Gielnovii, etc. qui natus in oppido Gielnow vixit et virtutibus floruit in ordine fratrum Minorum de Observantia, etc. *Varsov.* 1633. 4.

Gifford (Guillaume), archevêque de Reims († 1629).

Marlot (Guillaume). Oraison funèbre de Gabriel de Sainte-Marie (G. Gifford), archevêque de Reims. *Reims.* 1629. 4.

Maupas du Tour (Charles Cauchon de). Discours funèbre sur l'archevêque de Reims, Gabriel de Sainte-Marie. *Reims.* 1629. 8.

♦ **Gigas** * (Johann),
pédagogue allemand (22 février 1514 — 12 juillet 1581).
Nachricht von dem Leben des ersten Rectoris zu Schulpforte, J. Gigantis, s. l. 1740. 4.
* Son nom de famille était Riese.

Gigli (Girolamo),
poète italien (14 oct. 1660 — 4 janvier 1722).
(**Corsetti** , Francesco). Vita di G. Gigli, Sanese, detto frà gli Arcadi Amaranto Scitiadico. *Firenz.* 1746. 4. Portrait. * (D. et P.)
* Publ. s. l. pseudonyme de Onesbio Agteo.

Gigli (Maria Elisabetta) ,
capucine italienne (18 janvier 1629 — 8 oct. 1697).
Pini (Giuseppe). Vita della venerabil serva di Dio suor M. E. Gigli, Lucchese, cappuccina nel celebre monistero (!) di S. Carlo in Piacenza. *Parma.* 1702. 4.

Gilbert (Joseph),
théologien anglais.
Biographical sketch of the Rev. J. Gilbert, by his widow; with recollections of his discourses of his closing years, from notes at the time, by one of his sons. *Lond.* 1853. 8.

Gilbert (Ludwig Wilhelm),
physicien allemand (12 août 1769 — 7 mars 1824).
Choulant (Ludwig). L. W. Gilbert's Leben und Wirken, s. l. (*Dresd.*) 1825. 8. (D.)

Gilbert (Nicolas) ,
cordelier français († 1532).
Niquet (Honorat). Vie du R. P. N. Gilbert. *Par.* 1655. 8.

Gilbert (Nicolas Joseph Laurent),
poète français (1751 — 12 nov. 1780).
Pinard (N... N...). Gilbert, ou le poëte malheureux. - *Tours.* 1840. 12. *Ibid.* 1841. 12. *Ibid.* 1842. 12. *Ibid.* 1843. 12. *
* La première édition ne porte pas le nom de l'auteur.

Gilbert des Héris (Rose Françoise) ,
dame française connue par sa haute piété
(29 janvier 1760 — 6 janvier 1840).
Michou (N... N...). Vie de R. F. Gilbert des Héris, morte en odeur de sainteté. *Par.* 1841. 8.

Gilbert de Voisins (Pierre Paul Alexandre, comte),
pair de France (23 avril 1773 — 20 avril 1843).
Langlois (Louis). Notice biographique sur M. le comte Gilbert de Voisins, pair de France, conseiller à la cour de cassation. *Par.* 1843. 8.

Gilibert (Jean Emmanuel),
médecin français (21 juin 1741 — 2 sept. 1814).
Sainte-Marie (Étienne). Éloge historique de J. E. Gilibert, médecin à Lyon. *Lyon.* 1814. 4.
Mollet (Joseph). Eloge historique de J. E. Gilibert, membre titulaire de l'Académie de Lyon. *Lyon.* 1816. 8.

Gilioli (Giovanni Tommaso),
littérateur italien.
Verduccioli (Felice). In obitum J. T. Gilioli lacrymæ subitariæ. *Perus.* 1656. 4.

Gilles de Chin de Barlaymont,
seigneur belge du XIIIᵉ siècle.
(**Delmotte**, Henri Florent). Recherches historiques sur Gilles, seigneur de Chin, et le dragon. *Mons.* (*Brux.*) 1825. 8. (Omis par Quérard.)
Fumière (Louis). Gilles de Chin et le dragon, ou l'épopée montoise. *Mons,* s. d. (1848.) 8.

Gillet (Hélène),
dame française (exécutée le 12 mai 1625).
(**Peignot**, Gabriel). Histoire d'H. Gillet, ou relation d'un événement extraordinaire et tragique, survenu à Dijon dans le XVIIᵉ siècle, etc. *Dijon.* 1829. 8. (Rare.)

Gillet (Jean Claude Michel),
jurisconsulte français (7 mars 1759 — ... 1810).
Challan (Antoine Didier de). Éloge historique de M. le chevalier Gillet, maître en la cour des comptes, s. l. et s. d. (*Versailles.* 1811.) 8. *
* Échappé aux recherches de Quérard. Même le nom de Gillet ne se trouve pas dans la *France littéraire.*

Gillies (R... P...),
littérateur anglais.
Gillies (R... P...). Memoirs of a literary veteran, including sketches and anecdotes of the most distinguished characters from 1794 to 1849. *Lond.* 1851. 3 vol. 8.

Gillot (Claude) ,
peintre français (1673 — 1722).
Latouche (N... N... de). Notices biographiques sur C. Gillot et sur Paul Ponce Antoine Robert, peintres, avec des notes de Aubin Louis MILLIN et Claude Nicolas AMANTON. *Dôle.* 1810. 8. (Extrait du *Magasin encyclopédique.*)

Gillray (James),
peintre caricaturiste anglais (1750 — 1815).
Wright (Thomas) et **Evans** (R... H...). Gillray and his caricatures; an historical and descriptive account of the works of J. Gillray, comprising a political and humourous history of the latter part of the reign of George III. *Lond.* 1851. 8.

Gilly (David Friedrich),
architecte allemand (7 janvier 1748 — 3 août 1800).
Levezow (Conrad v.). Denkschrift auf D. Gilly. *Berl.* 1801. 4.

Gilpin (Bernard),
théologien anglais (1517 — 1583).
Carleton (George). Vita B. Gilpini, viri sanctissimi famaque apud Anglos celeberrimi. *Lond.* 1628. 4. *Ibid.* 1636. 18. Trad. en angl. *Lond.* 1629. 4. *Ibid.* 1636. 12.
Gilpin (William). Life of B. Gilpin. 1753. 8. Portrait. Réimpr. par Edward IRVING. *Glasgow.* 1824. 8.

Gilpin (William),
littérateur anglais (vers 1724 — 5 avril 1804).
Memoir of the late Rev. W. Gilpin, with extracts from his writings on *Picturesque Beauty* and a review of his other works and drawings, by an admiror of his character and genius. *Lymington.* (*Lond.*) 1851. 8. Portrait.

Gils (Anthonius van),
théologien hollandais.
Wilmer (N... N...). Lijkrede op de plegtige uitvaart van den uitmuntenen, zeer eerwaarden hooggeleerden heer, den heere A. van Gils. *Leuven,* s. d. 8.

Gimbernat (Antonio de),
Espagnol.
Sucincta noticia del S. D. A. de Gimbernat, primer cirujano de Camera. *Barcelon.* 1828. 4. (P.)

Ginguené (Pierre Louis),
littérateur français (25 avril 1748 — 16 nov. 1816).
Chalmel (Jean Louis). (Dominique Joseph) Garat et Ginguené, membres de la commission de l'instruction publique, intrigants et dilapidateurs. *Paris*, an III (1795). 8. *
* Pamphlet atrabilaire.

Garat (Dominique Joseph). Notice sur la vie et les ouvrages de P. L. Ginguené. *Par.* 1817. 8. (Tiré à part à très-petit nombre.)

Gini (Maria Angela),
religieuse italienne.
Politi (Alessandro). Vita della venerabile serva di Dio suor M. A. Gini. *Firenz.* 1758. 4.

Ginori Lisci (Leopoldo Carlo),
homme d'État italien († 18 mars 1837).
Notizie biografiche intorno al marchese L. C. Ginori Lisci. *Firenz.* 1837. 8.

Gioachimo, surnommé **le Prophète**,
religieux de l'ordre de Citeaux (1130 — 30 mars 1202).
Greco (Giacomo). Vita dell' abate Gioachimo. *Cosenza.* 1612. 4.
Lauro (Gregorio). Apologia e vita di Gioachimo abate. *Napol.* 1660. 8.
(**Gervaise** , François Armand). Histoire de l'abbé Joachim, surnommé le Prophète , religieux de l'ordre de Citeaux , fondateur de la congrégation de Flore en Italie. *Par.* 1745. 2 vol. 12.

Gioberti (Vincenzo),
littérateur italien (5 avril 1801 — 26 oct. 1852).
Massari (Giuseppe). Vita di V. Gioberti. *Firenz.* 1848. 8. Trad. en franç., s. e. t. Notice sur V. Gioberti,

associé de l'Académie royale (de Bruxelles). *Brux.* 1853. 8. (*Bx.*)

Morpurgo (Vittore). V. Gioberti; notice nécrologique. *Par.* 1852. 8. (Extrait du journal *la Presse.*)

Cerise (N... N...). V. Gioberti. *Par.* 1853. 8. (Extrait du *Journal des Débats.*)

Giocondo (Fra Giovanni),
architecte italien (vers 1435 — vers 1530).

Tipaldo (Emilio de). Elogio di Fra G. Giocondo. *Venez.* 1840. 8.

Gioëni (Giuseppe),
naturaliste italien (12 mai 1747 — 6 déc. 1822).

Alessi (Giuseppe). Elogio del cavaliere G. Gioëni, professore di storia naturale nella università degli studii di Catania. *Palerm.* 1824. 8. (*Cp.*)

Gioffredo (Mario Gaëtano),
architecte italien (14 mai 1718 — 8 mars 1785).

Carlini (Niccolò Antonio). Elogium M. C. Gioffredi. *Neapol.* 1785. 4.

Rocco (Benedetto). Elogio storico di M. G. Gioffredo. *Napol.* 1785. 8.

Gioja (Melchiorre),
économiste italien (27 sept. 1767 — 2 janvier 1829).

Sacchi (Giuseppe). Memoria sulla vita di M. Gioja. *Milan.* 1829. 8.

Romagnosi (Giovanni Domenico). Elogio storico di M. Gioja. *Milan.* 1829. 8. Portrait.

Bettini (Filippo). Cenni intorno alla vita ed alle opere di M. Gioja. *Parma.* 1843. 16.

Giorgi (Alessandro),
poète italien (11 sept. 1747 — 14 juillet 1779).

Vannetti (Clementino). Commentarius de vita A. Georgii, etc. *Senis.* 1779. 8.

Giorgi (Antonio Agostino),
littérateur italien (1711 — 4 mai 1797).

Fontani (Francesco). Elogio del P. Giorgi, Alessandrino. *Firenz.* 1798. 4.

Giorgi (Giacomo Antonio de'),
jurisconsulte italien.

(**Mantelli**, Cristofero). Cenni sulla vita e sulle opere del giureconsulto G. A. de' Giorgi. *Alessandr.* 1853. 8. Port.

Giorgi (Giuseppe),
chirurgien italien.

Colla (Alessandro). Biografia del celebre professore cavaliere G. Giorgi da Imola. *Lugo.* 1838. 8.

Giorgi Pierfranceschi (Pacifico),
gentilhomme italien († 19 juin 1837).

(**Lockmann**, Antonio). Elogio funebre di P. Giorgi Pierfranceschi, nobile Mondoviese. *Pergola.* 1837. 8.

Giovanna Maria della Croce, voy. **Jeanne de la Croix.**

Giovanelli (Federigo Maria),
patriarche de Venise († 1800).

Cuccetti (Vincenzo?). Orazione funerale in occasione delle solenni esequie per F. M. Giovanelli, patriarca di Venezia. *Venez.* 1800. 8.

Piva (N... N...). Tributo di venerazione alla santa memoria di F. M. Giovanelli, patriarca di Venezia. *Venez.* 1800. 8.

Marinovich (N... N...). Elogio funebre di monsignor F. M. Giovanelli, patriarca di Venezia. *Venez.* 1800. 8.

Elogio di F. M. Giovanelli, patriarca di Venezia. *Venez.* 1800. 8.

Giovanelli (Giovanni Andrea),
homme d'État italien.

Chiaramonti (Giovanni Battista). Elogio storico del conte G. A. Giovanelli, senatore veneto, capitano e vice-podestà di Brescia. *Bresc.* 1767. 8.

Giovanni (Giovanni di),
grand prieur de Messine.

Pica (Carlo Maria). Morte trionfata della pietà e dal valore dell' illustrissimo D. G. di Giovanni, gran priore di Messina. *Messin.* 1700. 4.

Giovene (Giuseppe Maria),
naturaliste italien (23 janvier 1753 — 2 janvier 1837).

Tripaldi (Andrea). Elogio funebre del canonico arciprete G. M. Giovene. *Napol.* 1837. 8.

Gioja (Giovanni). Elogio funebre dell' illustre arciprete G. M. Giovene. *Napol.* 1837. 8.

Giovio (Benedetto),
historien italien, (frère du suivant (1471 — 1544).

Giovio (Giovanni Battista). Elogio di B. Giovio. *Moden.* 1784. 8. (*P.*)

Giovio, plus connu sous le nom de **Jove** (Paolo), historien italien (19 avril 1483 — 11 déc. 1552).

Giovio (Giovanni Battista). Elogio di monsignor P. Giovio lo storico. *Moden.* 1778. 8. (*P.*)

Giovio il giovane (Paolo),
évêque de Nocera (vers 1530 — 1585).

Giovio (Giovanni Battista). Elogio di monsignor P. Giovio il giovane. *Moden.* 1785. 8. (*P.*)

Girac (François Bareau de),
évêque de Rennes (1732 — 29 nov. 1820).

Notice sur M. F. Bareau de Girac, évêque de Rennes. *Rennes.* 1821. 8.

Giraldi (Lilio Gregorio),
poète italien (14 juin 1479 — ... 1552).

Frizzoli (Lorenzo). De vita et operibus L. G. Giraldi dialogismus. *Venet.* 1553. 8.

Girard (Étienne),
financier français (24 mai 1750 — 26 sept. 1831).

Simpson (Stephen). Biography of E. Girard. *Philadelph.* 1832. 8.

Last will of E. Girard. *Philadelph.* 1859. 8.

Girard (François Narcisse),
médecin-vétérinaire français (29 mars 1796 — 22 oct. 1825).

Bouley (N... N...). Notice nécrologique sur F. N. Girard, professeur à l'école vétérinaire d'Alfort. *Par.* 1825. 8.

Girard (Grégoire),
jésuite suisse.

Naville (Ernest). Notice biographique sur le P. Girard. *Par.* 1850. 8.

Severus (P...). G. Girard; ein Character- und Lebensbild. *Sanct-Gall.* 1853. 8.

Girard (Jean Baptiste),
jésuite français (vers 1680 — 4 juillet 1733).

Recueil général de pièces concernant le procès entre la demoiselle (Catherine) Cadière, de la ville de Toulon, et le P. Girard, jésuite, recteur du séminaire royal de la marine de ladite ville. *La Haye.* 1731. 2 vol. Fol. ou 8 vol. 12. * (*Bes.*) Trad. en allem. *Coeln.* 1752. 8.

Memorie voor vader J. B. Girard tegen Maria Catharina Cadière. *Amst.* 1731. 8.

Le jésuite Girard et sa pénitente C. Cadière, s. l. 1752. 8.

La sainte d'Ollioules, ou éclaircissements sur le rapport mystérieux entre le P. Girard et la demoiselle Cadière. *Par.* 1752. 8.

* Quelques exemplaires de l'édition in-fol. sont accompagnés de gravures obscènes.

Girard (Philippe de),
inventeur de la filature mécanique du lin (... — 27 août 1845).

(**Deschamps**, Émile). P. de Girard, inventeur de la filature mécanique du lin. *Versaill.* 1850. 8.

(**Rampal**, Benjamin). Notice sur P. de Girard, inventeur de la filature mécanique du lin, etc. *Par.* 1831. 8.

Deschamps (Emile). Notice biographique sur le chevalier P. de Girard, inventeur de la filature mécanique du lin. *Par.* 1853. 8.

(**Chapsal**, C...). P. de Girard. *Par.* 1853. 8. (Extrait du *Musée universel.*)

Girardel (Pierre),
dominicain français.

(**Girardel**, François). Vie de P. Girardel, de l'ordre des Frères Prêcheurs, etc. *Langres.* 1682. 12. *

* Le P. Lelong attribue cette vie à JACQUES DE SAINT-DOMINIQUE.

Girardi (Giovanni),
jésuite italien.

Bono (Michele del). Predica domestica in lode del Fratel G. Girardi della compagnia di Giesù. *Palerm.* 1742. 4.

Girardin (Cécile Stanislas Xavier, comte de),
homme d'État français (19 janvier 1762 — 27 février 1827).

Girardin (Cécile Stanislas Xavier de). Discours, journal et souvenirs. *Par.* 1828. 4 vol. 8.

Lameth (Alexandre de). Discours prononcé sur la tombe de Girardin. *Par.* 1827. 8.

Vatout (Jean dit Julien). Hommage à la mémoire de S. Girardin, 1er mars 1827. *Par.* 1827. 8.

Girardin (Émile de),
publiciste français (22 juin 1806 —...).

Forest (Pierre). Biographie d'É. de Girardin. *Par.* 1842. 8. (Extrait de la *Revue générale biographique, politique et littéraire.*)

(**Garon**, N... N...). É. de Girardin et Cavaignac ou la guerre à un homme. *Par.*, s. d. (1848). 18.

Larcher (L... J...). E. de Girardin; son enfance, son instruction, ses débuts dans la vie, ses travaux, sa conduite politique, ses duels; la calomnie, la cupidité; sa physionomie, ses habitudes, son caractère, etc. *Par.* 1849. 16. (*Lv.*)

Guerre à l'apostasie, ou M. É. de Girardin, peint par lui-même. *Par.* 1850. 12. (*Lv.*)

Girardon (François),
sculpteur français (1630 * — 1er sept. 1715).

Corrard de Breban (N... N...). Notice sur la vie et les œuvres de F. Girardon, de Troyes, sculpteur ordinaire du roi, etc. *Par.* 1850. 8. *Troyes.* 1850. 8. (Tiré à 250 exemplaires.)
* Ou selon d'autres biographies en 1627.

Giraud (il conte Giovanni),
poëte italien (28 oct. 1776 — 1er oct. 1834).

Montanari (Giuseppe Ignazio). Necrologia di G. Giraud. *Bologn.* 1834. 8. (Tiré à part à très-petit nombre.)

Giraud (Pierre),
archevêque de Cambrai (11 août 1791 — 14 avril 1850).

Lefebvre (Charles Aimé). Éloge funèbre de Son Éminence Mgr. P. Giraud, cardinal-prêtre de la sainte Eglise romaine, du titre de Sainte-Marie de la Paix, archevêque de Cambrai. *Cambr.* 1850. 8.

Faber * (Jean Paul). Biographie du cardinal Giraud, archevêque de Cambrai, avec un essai analytique et des extraits de ses principaux ouvrages, suivie d'une notice sur Mgr. Regnier, évêque d'Angoulême. *Cambr.* 1850. 8. Portrait de Giraud.
* Son véritable nom est Charles Aimé LETTEVAE.

Delarfeul (François). Biographie du cardinal P. Giraud, archevêque de Cambrai. *Riom.* 1851. 8.

Capelle (N... N...). Vie du cardinal P. Giraud, archevêque de Cambrai. *Lille* et *Par.* 1852. 8. Portrait.

Girault (Claude Xavier),
littérateur français (13 avril 1764 — 5 nov. 1823).

Amanton (Claude Nicolas). Notice sur C. X. Girault, ancien magistrat, etc., suivie de la liste de ses ouvrages. *Dijon* et *Par.* 1823. 8. (*Lv.*)

Girault, baron de **Martigny** (François Félix),
militaire français (1770 — tué en 1809).

Girault (Claude Xavier). Précis historique sur F. F. Girault, baron de Martigny, colonel des dragons, officier de la Légion d'honneur. *Dôle.* 1826. 8. (Opuscule posthume.)

Girault-Duvivier (Charles Pierre),
philologue français (13 juillet 1765 — 11 mars 1832).

Eckard (Jean). Notice sur Girault-Duvivier, auteur de la *Grammaire des grammaires*. *Par.* 1836. 8. (Tiré à part à 50 exemplaires.)

Girod (Ferdinand Désiré),
prêtre belge (12 oct. 1803 — 14 juillet 1850).

Cornet-Auquier (H...). Notice sur la vie et les travaux de F. D. Girod, pasteur à Liége. *Brux.* 1851. 8. Portrait.

Girod (Pierre François Xavier),
médecin français (1735 — 5 sept. 1783).

Vicq-D'Azir (Félix). Éloge de Girod. *Par.*, s. d. 8. (*Bes.*)

Girodet-Triosson * (Anne Louis),
peintre français (5 janvier 1767 — 9 déc. 1824).

Salm-Dyck (Constance Marie de). Sur Girodet, s. l. et s. d. (*Par.* 1825). 8.

Coupin (Pierre Antoine). Notice nécrologique sur la vie et les ouvrages de Girodet, peintre d'histoire. *Par.* 1825. 8. Portrait.

Quatremère de Quincy (Antoine Chrysostôme). Éloge de Girodet. *Par.* 1825. 4.
* Son nom de famil'e est Girodet de Roussy.

Girolamo da Palermo,
prêtre italien.

Frazzetta (Michele). Vita, virtù e miracoli del venerabile servo di Dio D. Girolamo da Palermo, canonico della cattedrale della città di Palermo. *Palermo.* 1681. 4.

Girouard (N... N...),
sculpteur français (vers 1657 — 1720).

Auber (C...). Notice sur Girouard, sculpteur poitevin, s. l. et s. d. (*Poitiers.*) 8. (Extrait des *Mémoires de la société des antiquaires de l'Ouest.*)

Giroust (François),
musicien français (9 avril 1730 — 28 août 1799).

Beaumont-d'Avantois * (Marie Françoise de). Éloge historique de F. Giroust. *Versailles.* 1799. 8.
* C'était la veuve de F. Giroust.

Giroux (N... N...),
jurisconsulte français.

Recueil des pièces, imprimés et manuscrits, concernant le procès du président Giroux et de la dame Baillet et complices. *Par.* 1636-1653. Fol.

(**Cerisier**, René de). L'illustre Amalasonthe. *Par.* 1645. 2 vol. 12. *
* Cet ouvrage, concernant le procès du président Giroux et de la dame Baillet, porte au frontispice le nom du sieur Dufrontaines.

Giry (Françoisde),
minime français (15 sept. 1635 — 20 nov. 1688).

Raffron (Claude). Vie de F. de Giry. *Par.* 1691. 12.

Gisèle (Sainte),
épouse de S. Étienne I, roi de Hongrie.

Virtutes coronatæ : S. reginæ Hungariæ sanctitate conspicuæ (Gisela S. Stephani, Beatrix Andreæ II et Eleonora Leopoldi I conjux) panegyricis celebratæ. *Cassov.* 1720. 12.

Roka (János). Passavio vindicatus et animadversionibus illustratus piissimæ protoreginæ Hungariæ Giselæ tumulus. *Poson.* 1776. 8.

—— Protectus adversum (Geo.) Prayanas infestationes piissimæ protoreginæ Hungariæ Giselæ Passaviensis tumulus. *Poson.* 1778. 4.

—— Leben der seligen Gisela, ersten ungarischen Königin. *Wien.* 1779. 8.

Gismondi (Carlo Giuseppe),
mineralogiste italien (4 nov. 1762 — 22 nov. 1824).

Morichini (Domenico Pino). Necrologia del professore Gismondi. *Rom.* 1825. 8.

Gisquet (N... N...),
préfet de police de Paris (14 juillet 1792 — ...).

Gisquet (N... N...). Mémoires. *Par.* 1854. 4 vol. 8. *Brux.* 1841. 6 vol. 18.

Gissler (Nils),
médecin suédois (22 février 1715 — 19 nov. 1771).

Schoenberg (Anders). Åminnelse-Tal öfver Dr. N. Gissler. *Stockh.* 1772. 8.

Giuliani (Veronica),
capucine italienne.

Vita della venerabile serva di Dio suor V. Giuliani, cappucina. *Venez.* 1764. 8.

Salvadori (Felice Maria) Compendio della vita di S. V. Giuliani. *Rom.* 1803. 8. *Firenz.* 1839. 8. Portrait. Trad. en espagn. *Madr.* 1808. 4.

Compendio della vita di S. V. Giuliani, abbadessa delle cappucine, etc. *Milan.* 1859. 16. Portrait.

Breve ristretto della vita di S. V. Giuliani di Mercatello, abbadessa delle capucine di Città di Castello. *Genov.* 1839. 16. Portrait.

Giuliano (San),
patron contre la goutte.

Bonucci (Antonio Maria). Istoria del martirio di S. Giuliano Alessandrino, avvocato de' podagrosi. *Rom.* 1711. 8.

Giustiniani (Bernardo),
procurateur de S. Marc (6 janvier 1408 — 10 mars 1489).

Stella (Antonio). B. Justiniani, patritii Veneti, senatorii equestris procuratoriique ordinis viri amplissimi vita. *Venez.* 1553. 8. (*P.*)

Giustiniani (Eufemia),
religieuse italienne.

Memorie della vita della B. E. Giustiniana, monaca Benedettina. *Venez.* 1788. 8.

Giustiniani (Girolamo),
magistrat italien.

Orazione detta in nome della città di Padova a G. Giustiniani, capitano e vice-podestà nel termine del suo reggimento. *Padov.* 1795. 8.

Giustiniani (Girolamo Ascanio),
gentilhomme italien.

Cicogna (Emmanuele Antonio). Cenni storici intorno a G. A. Giustiniani, patrizio Veneto. *Venez.* 1833. 8.

Giustiniani (Giulio),
évêque d'Ajaccio.

Giustiniani (Carlo Fabrizio). Vita di monsignor G. Giustiniani, vescovo d' Ajaccio. *Rom.* 1667. 4.

Giustiniani (Lorenzo),
premier patriarche de Venise (1380 — 8 janvier 1465).

Giustiniani (Bernardo). Sancti L. Justiniani, protopatriarchæ Venetiarum, vita. *Venet.* 1475. 4. (*D.*) *Rom.* 1690. 4. (*D.*) *Patav.* 1691. 4. *Venez.* 1712. 4.

Zancharoli (Basilio). B. L. Justiniani, protopatriarchæ Venetæ, elogium. *Venet.* 1555. 4.

Rosa (Daniello). Summorum pontificum, illustrium virorum piorumque patrum de B. L. Justiniani, Venetiarum patriarcha, vita, sanctitate ac miraculis testimoniorum centuria. *Venez.* 1614. 4.

Pietralata (N... N...). Vita de B. L. Giustiniani, primo patriarca di Venezia. *Rom.* 1647. 4.

Scanabeoi (N... N...). Il Faro d' Adria, o vero vita del B. L. Giustiniani, primo patriarca di Venezia. *Venez.* 1676. 8.

Giustiniani (Bernardo). Notizie istoriche dell' origine vita, santità e canonizzazione di S. L. Giustiniani. *Colon.* 1693. 4.

Maffei (N... N...). Vita di S. L. Giustiniani, primo patriarca di Venezia. *Venez.* 1819. 8. (Extrait de l'ouvrage de Bernardo Giustiniani.)

Silbert (Johann Peter). Leben des heiligen L. Justiniani. *Regensb.* et *Landsh.* 1836. 8. Portrait.

Giustiniani (Marco Antonio),
doge de Venise (... — élu en 1684 — 29 mars 1688).

Palazzi (Giovanni). Vita M. A. Justiniani, Venetorum serenissimi ducis. *Venet.* 1688. Fol.

Giustiniani (Niccolò),
prêtre italien.

Gennari (Giuseppe). Notizie del B. N. Giustiniani, monaco di S. Niccolò del Lido. *Padov.* 1794. 4.

Notizie spettanti al B. N. Giustiniani, monaco di S. Niccolò del Lido. *Venez.* 1845. 8.

Giustiniani (Paolo),
camaldule italien.

Fiori (N... N...). Vita del B. P. Giustiniani, institutore della congregazione de' P. P. Eremiti Camaldolensi di S. Romualdo, detta di Santa Corona. *Rom.* 1724. 4.

Giusto (Saint),
patron de Trieste.

Mainati (Giuseppe). Vita e martirio di S. Giusto e di altri santi protettori di Trieste. *Venez.* 1816. 8.

Givry (Anne d'Escars de),
cardinal-archevêque de Trèves († 1612).

Valladier (André). Épitaphe panégyrique sur la vie, les mœurs et la mort d'A. d'Escars, dit cardinal de Givry. *Par.* 1612. 8.

Gjaedda (Hans),
théologien suédois († 1670 — 17 janvier 1725).

Schroeder (Hans). Likpredikan öfver Prosten i Norköping H. Gjaedda. *Norköp.* 1725. 8.

Gjöe (Falco),
homme d'État danois.

Rosenkrants (Jacob). Laudatio funebris F. Gjöe. *Hafn.* 1660. Fol.

Gjöe (Marcus),
homme d'État danois (21 nov. 1635 — ... 1698).

Wandal (Hans). Pia memoria M. Gjöe. *Hafn.* 1698. Fol.

Lenthe (Christian de). Programma de vita et laudibus M. Gjöe. *Hafn.* 1698. Fol.

Jespersen (Peder). Likpraediken over M. Gjöe. *Kjoebenh.* 1698. Fol.

Glaeser (Christian Gottlob),
médecin allemand (... — 9 sept. 1801).

Zachariæ (Carl Salomon). C. G. Glaeser. *Wittenb.* 1801. 8. (*D.*)

Glareanus (Heinrich Loriti),
poète lauréat suisse (1488 — 28 mars ou mai 1563).

Castner (Jodocus). Epicedion et epigrammata quædam funebria de obitu H. Loriti Glareani. *Basil.* 1563. 4. (*D.*)

Schreiber (Heinrich). H. Loriti Glareanus, gekrönter Dichter, Philolog und Mathematiker aus dem 16. Jahrhundert, etc. *Freib.* (*im Breisg.*) 1837. 4.

Glasenapp (Caspar Otto v.),
feld-maréchal de Prusse († 1747).

Linsingen (Adolph Ernst v.). Standrede bey dem Leichenbegängniss des königlich preussischen Generalfeldmarschalls C. O. v. Glasenapp. *Berl.* 1747. 4.

Glaser (Carl Friedrich Wilhelm),
chimiste allemand (23 déc. 1776 — 1er juillet 1806).

(**Veillodter**, Valentin Carl). C. F. W. Glaser, hochfürstlich Loewenheim-Werthheim'scher Geheimer Hofund Regierungsrath; biographische Skizze, s. l. (*Nürnb.*) 1806. 8.

Glaser (Friedrich),
théologien allemand (1556 — 11 mai 1615).

Brast (Caspar). Leichenpredigt auf F. Glaser. *Gera.* 1616. 4. (*D.*)

Glaser (Johann Heinrich),
médecin suisse († 5 février 1675).

Pariz de Papa (Franz). Oratio panegyrica J. H. Glaseri. *Basil.* 1675. 4.

Glaser (Theophil),
théologien allemand (1553 — 2 mars 1603).

Schlegel (Christian). Lebensbeschreibung Mag. T. Glaser's, in der Ordnung des dritten vom Anfang der Reformation in Dressden (!) gewesenen Superintendentis. *Dresd.* 1698. 8. (*D.*)

Glatz (Jacob),
théologien hongrois (17 nov. 1776 — 25 sept. 1831).

Wenrich (Johann Georg). J. Glatz; biographische Skizze. *Wien.* 1834. 12. Portrait.

Glauch (Andreas),
théologien allemand (17 avril 1637 — 11 juillet 1681).

(**Feller**, Joachim). Programma in A. Glauchii funere. *Lips.* 1681. 4. (*D.*)

Carpzov (Johann Benedict). Leichenpredigt und Lebenslauf des Archidiaconus A. Glauch. *Leipz.* 1684. 4. (*D.*)

Glayre (Pierre Maurice),
homme d'État suisse (1743 — 1819).

Miéville (Antoine). Oraison funèbre de P. M. Glayre. *Lausan.* 1819. 8.

Gleditsch (Johann Gottlieb),
botaniste allemand (5 février 1714 — 5 oct. 1786).

Willdenow (Carl Ludwig) et **Usteri** (Paul). Beiträge zur Biographie des verstorbenen Dr. J. G. Gleditsch. *Zürch.* 1790. 8. Portrait.

Gleich (Johann Andreas),
théologien allemand (30 sept. 1666 — 1er août 1734).

Marperger (Bernhard Walter). Gedächtnisspredigt auf J. A. Gleich. *Dresd.*, s. d. (1734.) Fol. (*D.*)

Behrisch (Christian Gottfried). Gedächtnissschrift auf J. A. Gleich. *Dresd.* 1734. 4. (*D.*)

Wernsdorf (Gottlieb). Programma academicum de vita J. A. Gleichii. *Wittcb.* (1734.) 4. (*D.*)

Krause (Johann Gottlieb). Programma academicum in memoriam J. A. Gleichii. *Lips.* 1735. 4. (*D.*)

Simon (Friedrich Theodor Eusebius). Oratio parentalis memoriæ J. A. Gleichii, theologi Dresdensis consecrata. *Dresd.* 1735. Fol.

Gleichen (Grafen v.),
famille allemande.

Peckenstein (Ludwig). Gleichische Chronica, worinnen der Grafen v. Gleichen, Spiegelberg und Pyrmont, Herren zu Trouve, Ankunfft von Anno Christi 450 angezogen. *Jena.* 1607. Fol. Trad. en lat. *Jenæ.* 1608. Fol.

Gleichen (Carl Heinrich, Baron v.),
littérateur allemand.

Gleichen (Carl Heinrich v.). Denkwürdigkeiten; eine

Reihe aus seiner Feder geflossenen Aufsätze über Personen und Verhältnisse aus der zweiten Hälfte des 18. Jahrhunderts. *Leipz.* 1847. 8.

Gleichen (Ludwig, Graf v.),
chevalier allemand du xIIIe siècle.

Griesheim (Heinrich Christoph v.). Beschreibung des langwierigen Gefängniss L. Grafens zu Gleichen.*Erfurt.* 1642. Fol.

Thüringischer Robinson, oder L. Grafens v. Gleichen besondere Aventuren. *Leipz.* 1725. 8.

Gleichmann (Johann Zacharias). Die gerettete Ehre der türkischen Prinzessin, welche sich mit dem Grafen v. Gleichen, Ludovico, nach seiner Erlösung aus der türkischen Sclaverei vermählt hat, welche bey ihrer Unschuld der Herr Hofrath v. Falckenstein in dem zehnten Theil seiner *Analectorum Thuringo - Nordgaviensium* zu einer Maitresse dieses Grafen machen wollen. *Frf. et Leipz.* 1745. 4. *

* Publ. sous le pseudonyme de FRIDENANDUS.

Muth (Placidus). Disquisitio historico-critica in bigamiam comitis a L. Gleichen, cujus monumentum est in ecclesia S. Petri Erfordiæ. *Erford.* 1788. 4.

Hellbach (Johann Christian v.). Historische Nachricht von den thüring'schen Bergschlössern Gleichen, Mühlberg und Wachsenburg, ihren Besitzern und Bewohnern, nebst einer Erzählung der Sagen und Begebenheiten des zweiweibigen Grafen v. Gleichen. *Erfurt.* 1802. 8.

Doering (Heinrich). Der Graf v. Gleichen, nebst einem historisch-kritischen Anhange und einer anatomischen Beschreibung der neuerlich aufgegrabenen Gebeine, von G... H... THILOW. *Gotha.* 1836. 8.

Thilow (G... H...). Beschreibung des Grabes und der Gebeine des Grafen Ernst III (!) v. Gleichen und derer seiner beiden Weiber, etc. *Gotha.* 1836. 8.

Gleichen, genannt **Russworm** (Friedrich Wilhelm), naturaliste allemand (14 janvier 1717 — 16 juin 1783).

Weickard (Melchior Adam). Biographie des F. W. v. Gleichen, genannt Russworm, s. l. (*Nürnb.*) 1783. 8. Portrait. (*D.*)

Gleim (Johann Wilhelm Ludwig), poète allemand (2 avril 1719 — 18 février 1803).

Koerte (Wilhelm). Leben J. W. L. Gleim's, aus seinen Schriften und Briefen. *Halberst.* 1811. 8. (*D.*)

Glenorchy (Willielma, viscountess), dame anglaise.

Jones (J... T...). Life of the Right Hon. W. viscountess Glenorchy, containing extracts from her diary and correspondence. *Edinb.* 1846. 8.

Gloeckner (Hieronymus Georg), philosophe allemand (+ 5 février 1757).

Programma H. G. Gloeckneri. *Lips.* 1757. Fol. (*D.*)

Glover (Richard), poète anglais (1712 — 27 nov. 1785).

(**Duppa**, Richard). Memoirs of a celebrated literary and political character, from the resignation of sir Robert Walpole, in 1742, to the establishment of lord Chatham's second administration. *Lond.* 1814. 8.

Gloxinus (David), jurisconsulte allemand (1597 — 26 février 1671).

Nottelmann (Hermann). Programma in funere D. D. Gloxini. *Lubec.* 1671. 4.

Seelen (Johann Heinrich v.). Commentatio historica de D. Gloxino, viro illustri reipublicæ Lubecensis ad pacificationem Westphalicam legato. *Lubec.* 1748. 4. (*D.*)

Gluck (Christoph v.), musicien allemand du premier ordre (4 juillet 1714 — 17 nov. 1787).

Riedel (Friedrich Justus). Über die Musik des Ritters C. v. Gluck, etc. *Wien.* 1775. 8.

(**Le Blond**, Gaspard **Michel** dit). Mémoires pour servir à l'histoire de la révolution opérée dans la musique par M. le chevalier Gluck. *Naples et Par.* 1781. 8. Portrait.

(**Siegmeyer**, Johann Gottlieb). Über den Ritter Gluck und seine Werke. *Berl.* 1828. 8. Portrait.

Miel (Edme François Antoine). Notice sur C. Gluck, s. l. (*Par.*) 1840. 8.

(**Solié**, N... N...). Études biographiques, anecdotiques et esthétiques sur les compositeurs qui ont illustré la scène française : Gluck. *Ancenis.* 1853. 12.

Glutz (Carl Ambrosius v.), théologien suisse.

Widmer (Joseph). Züge aus dem Leben des Abtes C. A. v. Glutz. *Luzern.* 1826. 8.

Gmelin (Johann Georg), botaniste allemand (12 juin 1709 — 20 mai 1755).

Kurze Nachricht von dem Leben und den Reisen J. G. Gmelin's. *Goetting.*, s. d. (1730.) 8. (*D.*)

Gneisenau (August Neidhard, Graf v.), feld-maréchal de Prusse (28 oct. 1760 — 24 août 1831).

(**Lischke**, Christian Gottlieb). A. Gneisenau's Urne. *Hirschberg.* 1832. 8. Portrait.

Gobert (N... N...), général français.

Exposé de la conduite du général Gobert. *Par.* 1793. 8. (Écrit par lui-même.)

Gockel (Balthasar), théologien allemand (17 nov. 1581 — 31 oct. 1656).

Honold (Jacob). Leichpredigt bey dem Tode Magister's B. Gockel's, etc. *Ulm.* 1656. 4.

Goclenius (Conrad), philologue belge (1455 — 25 janvier 1535).

Nannius (Petrus). Funebris oratio habita pro mortuo C. Goclenio. *Lovan.* 1542. 4. (*Cp.*)

Goclenius (Rudolph), philosophe allemand (1er mars 1547 — 8 juin 1628).

Loriseca (Wolgang). Panegyricus R. Goclenio recitatus. *Marb.* 1629. 4.

Godeau (Antoine), évêque de Vence (1605 — 21 avril 1672).

Tourtoureau (François). Oraison funèbre d'A. Godeau, évêque de Vence. *Avign.* 1678. 8.

Speroni degli Alvarotti (Arnoldo). Vita di A. Godeau, vescovo di Vence. *Venez.* 1761. 4.

Godefroid de Bouillon, voy. **Bouillon.**

Godefroy (Étienne Noël), agronome français (23 avril 1795 — 28 juillet 1847).

Jeannin (François). É. N. Godefroy, ancien notaire, etc., économiste et agronome distingué, etc. *Par.* 1851. 8. (Extrait du *Nécrologe universel du XIXe siècle.*)

Godefroy (Jacques), jurisconsulte suisse (13 sept. 1587 — 24 juin 1652).

Joch (Johann Georg). Programma de meritis jurisconsultorum, speciatim J. Gothofredi, in historiam ecclesiasticam. *Erford.* 1722. 4.

Heim (J... H... van der). Dissertatio de Gothofredi meritis in restituendis XII tabularum legibus. *Lugd. Bat.* 1825. 4.

Godefroy (Jean), graveur français (1771 — 3 sept. 1839).

Notice sur Godefroy. *Par.* 1841. 8.

Godeleine (Sainte).

Vie de S. Godeleine, née à Wierre-Effroy, en Boulonnais, etc. *Boulogne.* 1845. 18.

Godelieve (Sainte), martyre belge.

Sollier (Jean Baptiste). Acta S. Godelevæ, virginis et martyris, patronæ Ghistellensium. *Antw.* 1720. 4.

Leven van de H. Godelieve. *Brugge*, s. d. (1770.) 8.

De Baecker (Louis). Histoire de S. Godelieve. *Bruges.* 1849. 4. (*Bx.*)

Godescard (Jean François), littérateur français (30 mars 1728 — 23 août 1801).

(**Lambert**, N... N...). Notice sur la vie et les écrits de M. Godescard, s. l. et s. d. (1802.) 4.

Godet (Victor Emmanuel), jurisconsulte belge (23 juillet 1805 — 27 février 1844).

Nypels (J... S... G...). Notice historique sur V. E. Godet. *Liége.* 1844. 8.

Godet des Marais (Paul), évêque de Chartres (1647 — 26 sept. 1709).

Le Prevost (Pierre Robert). Oraison funèbre de P. Godet des Marais. *Par.* 1710. 4.

Espitalier (Jean). Le prélat accompli, ou abrégé de la vie et des vertus pastorales de P. Godet des Marais, contenant le tombeau héroïque, hiéroglyphique et anagrammatique de cet auguste prince de l'Eglise. *Chartres.* 1714. 4. (Non mentionné par Quérard.)

Godewijck (Margareta),
poëte (?) hollandaise.

Schotel (Gilles Dionysius Jacob). M. Godewijck, s. l. et s. d. (*Dordr*. 1841.) 8. (*Ld*.)

. **Godfrey** (Edmond **Bury**),
jurisconsulte anglais (1623 — 1678).

Memoirs of the life and death of sir E. Bury Godfrey. *Lond*. 1682. 12. Portrait.

Godolphin (N... N...),
dame anglaise.

Evelyn (John). Life of Mrs. Godolphin, publ. par SAMUEL, lord-bishop of Oxford. *Lond*. 1848. 8.

Godot (Pierre),
prêtre français.

Auger (N... N...). Notice sur la vie de deux serviteurs de Dieu, P. Godot et Louis Fournerot, prêtres du diocèse de Troyes. *Plancy* (*Aube*.) 1850. 18. (Tiré à petit nombre.)

Godoy, duque de **Alcudia**, principe de **la Paz** (Manuel),
homme d'État espagnol (12 mai 1767 — 7 oct. 1851).

Cuenta dada de la vida politica de D. M. Godoy, principe de la Paz, ó sean memorias criticas y apologeticas par la historio del reinado del Señor D. Carlos IV de Borbon. *Madr*. 1836-42. 6 vol. 8. *Ibid*. 1842. 6 vol. 8.

Trad. en allem. :
Par August DIEZMANN. *Leipz*. 1836-38. 4 vol. 8. 6 portraits.
Par Friedrich Heinrich UNGEWITTER. *Berl*. 1836. 2 vol. 8.
Trad. en angl. *Lond*. 1836-38. 5 vol. 8.
Trad. en franç. par J... G... D'ESMÉNARD. *Par*. 1836-58. 5 vol. 8. *Brux*. 1836-38. 5 vol. 18.

Ovilo y Utero (Manuel). Vida politica y militar de D. M. Godoy, principe de la Paz. *Madr*. 1845. 4.

Goebel (Johann Heinrich Erdmann),
philologue allemand (10 oct. 1732 — 7 août 1795).

Georgi (Wilhelm Gottlieb). Ein Wort des verdientesten Lobes am Grabe des Herrn J. H. E. Goebel, Rectors in Lauban. *Merseb*. 1795. 8.

Goebel (Johann Wilhelm v.),
jurisconsulte allemand (23 mars 1683 — 6 mars 1745).

Breithaupt (Christian). Programma in obitum J. G. de Goebel. *Helmst*. 1745. 4.

Goebel (Théobald Daniel Carl),
aventurier allemand du XIXᵉ siècle.

Leben und Treiben des berüchtigten T. D. C. Goebel, auch Baron v. Goebler und Dr. med. Werner genannt, und die Ergebnisse der im Jahre 1839 zu Mainz gegen ihn und seine Mitschuldigen geführten peinlichen Untersuchung, dargestellt von einem Juristen. *Mainz*. 1840. 8. Portrait.

Goeckel (Christian Zaccharias),
jurisconsulte allemand.

Chladen (Johann Martin). Memoria C. Z. Goeckel. *Erlang*. 1756. 4.

Goeddaeus (Johannes),
jurisconsulte allemand (8 déc. 1555 — 5 janvier 1632).

Kornmann (Johannes). Oratio parentalis in honorem J. Goeddaei, JCti. *Marb*. 1652. 4.

Goeddaeus (Johann),
jurisconsulte allemand (13 déc. 1651 — 29 avril 1719).

Schmick (Johann Hermann). Oratio funebris in obitum J. Goeddaei. *Marb*. 1719. 4.

Goelnitz (Bartholomaeus),
jurisconsulte allemand.

Hoepner (Johann). Leichenpredigt auf B. Goelnitz und dessen Lebenslauf, nebst Friedrich LEIONITZ's Programmate funebri. *Lips*. 1636. 4.

Goenner (Nicolaus Thaddaeus v.),
jurisconsulte allemand (18 déc. 1764 — 19 avril 1827).

Jaeck (Heinrich Joachim). N. T. v. Goenner's Biographie, etc. *Erlang*. 1813. 8. (D.) *Ibid*. 1814. 8.

Goepp (Johann Jacob),
theologien alsacien.

Villenave (Mathieu Guillaume Thérèse). Notice sur

J. J. Goepp, pasteur de l'église consistoriale de la confession d'Augsbourg, à Paris, s. l. et s. d. 8.

Goeppert (Eduard),
littérateur (?) allemand.

Goeppert (Eduard). Fünf Jahre aus meinem Leben. Zeitbild aus den letzten dreissig Jahren. *Wohlau*. 1851. 8.

Goergel (Arthur),
général hongrois (5 février 1818 — ...).

Goergei (Arthur). Mein Leben und Wirken in Ungarn in den Jahren 1848 und 1849. *Leipz*. 1852. 2 vol. 8.

Wiesner (A... C...). Ungarn's Fall und Goergey's Verrath, etc. *Zürch*. 1849. 8.

Horn (J... E...). A. Goergey, Obercommandant der ungarischen Armee. Beitrag zur Geschichte der ungarischen Revolution. *Leipz*. 1850. 8.

Wolff (Sigismund). A.. Goergey, eine Characteristik. *Leipz*. 1850. 8.

Goergey's Förräderi. Afslöjadt af Ludvig Kossuth. *Götheborg*. 1850. 8.

Kmety (Georg). A. Goergei's Leben und Wirken in Ungarn beurtheilt. *Lond*. (*Leipz*.) 1853. 8. *
 * C'est une amère critique des mémoires de Goergei, mentionnés ci-dessus.

Szemere (Bartholomaeus). Graf Ludwig Batthyányi, A. Goergei , Ludwig Kossuth. Politische Characterskizzen aus dem ungarischen Freiheitskriege. *Hamb*. 1853. 8.

Goering (Christian),
jurisconsulte allemand.

Programma academicum ad exequias C. Goeringii. *Lips*. 1682. Fol. (*D*.)

Goertz (Carl Wilhelm Friedrich),
agronome allemand.

Hoffmann (N... N...). Erinnerung an C. W. F. Goeriz, Dr. der Staatswissenschaft und ordentlichen Professor der Land- und Forstwirthschaft zu Tübingen. *Tübing*. 1853. 8.

Goerlitz (Emilie, Gräfin v.),
assassinée le 13 juin 1847 par Jacob Stauff.

Buchner (Carl). Die Gräfin v. Goerlitz in Darmstadt, ihr Tod und der Angelegenheit weiterer Verlauf. *Frf*. 1847. 8.

Graff (N... N...). Die Todesart der halb verbrannt gefundenen Gräfin v. Goerlitz ; medicinisch-gerichtliche Verhandlungen, etc. *Erlang*. 1850. 8.

Goerres (Jacob Joseph v.),
publiciste allemand (25 janvier 1776 — 29 janvier 1848).

J. v. Goerres ; Skizze seines Lebens. *Regensb*. 1848. 8. Portrait.

Brunner (Sebastian). Einige Stunden bei Goerres. *Regensb*. 1848. 8. (2ᵉ édition.)

Goerres als Verfasser des *rothen Blattes* und des *Rübezahl's*, gegenwärtig Redacteur des *Rheinischen Merkurs*, oder der rheinische Januskopf. *Wiesbad*. 1815. 8.

Goertz (Grafen v.),
famille illyrienne.

Coronini v. Cronberg (Rudolph). Tentamen genealogico-chronologicum comitum et rerum Goritiæ. *Vindob*. 1752. 8. *Ibid*. 1759. 8.

Goertz (Georg Heinrich, baron v. **Schlitz**, genannt v.),
ministre suédois (décapité le 2 mars 1719).

Nyrén (Carl). Baron Goertz' Lefverne. *Götheb*. 1758. 8. *
 * Traduction d'un ouvrage dont nous ignorons le titre original.

(**Moser**, Franz Carl v.). Rettung der Ehre und Unschuld des schwedischen Ministers v. Schlitz, genannt v. Goertz, s. l. 1776. 8. *Hamb*. 1791. 8.

Disquisitio de justo (Caroli comitis) Gyllenborgii et Goertzii arresto, etc. *Frf*. et *Lips*. 1717. 4.

Goertz (Johann Eustach, Graf v.),
homme d'État allemand (1737 — 7 août 1821).

Goertz (Johann Eustach v.). Mémoires et actes authentiques relatifs aux négociations qui ont précédé le partage de la Pologne. *Weimar*. 1810. 8. (Non mentionné par Quérard.)

— — Mémoire historique, relatif aux négociations qui

eurent lieu en 1778 pour la succession de Bavière (publ. par François BARBÉ-MARBOIS). *Par.* 1812. 8. *Frf.* 1812. 8.

Historische und politische Denkwürdigkeiten des Grafen v. Goertz. *Stuttg.* 1827. 2 vol. 8.

Goes, voy. **Gesius** (Gottfried).

Goetghebuer (François Joseph), architecte belge (6 janvier 1798 — 26 juillet 1836).

(**Serrure**, Constant Philippe). Nécrologie. F. J. Goetghebuer, s. l. et s. d. 8.

Goethals, famille belge.

Saint-Allais (N... N... de). Esquisses biographiques sur la maison de Goethals. *Par.* 1835. 8. Portrait. *(Ld.)*

L'Evêque de la Basse Moûturie (N... N...). Esquisses biographiques, extraites des Tablettes généalogiques de la maison de Goethals. *Par.* 1837. 8. *(Ld.)*

Taffard (Philippe). Esquisses biographiques sur la maison Goethals, mises en vers. *Par.* 1838. 8.
* Avec 13 portraits de différents membres de cette famille et avec celui de l'auteur de l'ouvrage.

Goethals (Ambroise Charles Guislain), théologien belge (14 mai 1761 — 27 avril 1836).

V... (K...). Monument érigé à la mémoire de Josse et A. Goethals (dans la cathédrale de Saint-Bavon, à Gand). *Gand.* 1842. 8. (Extrait du *Messager des sciences historiques.*)

Goethals (André), prêtre belge (15 février 1710).

Schellinck (Théodore). Notice biographique sur A. Goethals, prélat du monastère de Waerschoot. *Gand.* 1851. 8.

Goethals (Égide), médecin belge (25 juillet 1500 — 10 avril 1570).

Schellinck (Théodore). Notice biographique sur É. Goethals. *Gand.* 1852. 8.

Goethals * (Henri), théologien belge (vers 1118 — 8 sept. 1293).

Notice sur Henri de Gand, fameux dans les annales ecclésiastiques et dans la république des lettres. *Gand.* 1828. 8. Portrait.

Huet (François). Recherches historiques et critiques sur la vie, les ouvrages et la doctrine de Henri (Goethals) de Gand, surnommé *le Docteur solennel. Gand* et *Par.* 1838. 8. Portrait.

Goethals (Félix Victor). Recherches historiques et critiques sur Henri de Gand. *Brux.* 1838. 8. Portrait.

Description du sépulcre Goethals en l'église Saint-Pin, à Tournai, suivie de la biographie de H. Goethals, dit de Gand. *Tournai.* 1845. 8.
* Plus connu sous le nom de HENRI DE GAND, surnommé le Docteur solennel.

Goethals (Hendrik), homme d'État belge (1359 — 14 déc. 1433).

(**Schellinck**, Théodore). Notice sur H. Goethals, célèbre dans l'histoire de l'Eglise et dans les annales diplomatiques, par un amateur de l'histoire de sa patrie. *Gand.* 1829. 8.

Goethals (Josse), théologien belge (7 sept. 1662 — 15 déc. 1742).

V... (K...). Monument élevé à la mémoire de J. et Ambroise (Charles Guislain) Goethals (dans la cathédrale de Saint-Bavon, à Gand). *Gand.* 1842. 8. (Extrait du *Messager des sciences historiques.*)

Goethals-Vercruyse (Jacques Joseph Ignace Hyacinthe), historien belge (12 août 1759 — 6 sept. 1838).

Voisin (Auguste). Notice biographique et littéraire sur J. Goethals-Vercruyse. *Brux.* 1839. 12.

Goethe (Johann Wolfgang v.), poète allemand du premier ordre (28 août 1749 — 22 mars 1833).

Goethe (Johann Wolfgang v.). Aus meinem Leben. Dichtung und Wahrheit. *Tübing.* 1811-12. 5 vol. 8.
Trad. en angl. :
Par Parke GODWIN. *Lond.* 1847. 2 vol. 8.
Par John OXENFORD. *Lond.* 1848. 8.
Par A... J... MORRISON. *Lond.* 1849. 2 vol. 12.
Trad. en franç. s. c. t. Mémoires de Goethe, par N... N... AUBERT DE VITRY. *Par.* 1823. 2 vol. 8. Portrait.

(**Varnhagen v. Ense**, Carl August). Goethe in den Zeugnissen der Mitlebenden. *Berl.* 1823. 8. *(D.)*

Glover * (Francis). Goethe als Mensch und Schriftsteller. *Braunschw.* 1823. 8. *(D.)*
* Le véritable nom de l'auteur est Carl KOKENY.

Nicolovius (Alfred). Über Goethe; literarische und artistische Nachrichten. *Leipz.* 1828. 8. * *(D.)*
* Accomp. des silhouettes du père et de la mère de Goethe.

Doering (Heinrich). Goethe's Leben. *Weim.* 1828. 8. Augm. *Weim.* 1833. 8.

Falk (Johannes). Goethe aus näherm persönlichen Umgange dargestellt. *Leipz.* 1832. 12.

Eichstaedt (Heinrich Carl Abraham). Oratio Goethii memoriæ. *Jenæ.* 1832. 4.

Mueller (Carl Wilhelm). Goethe's letzte literarische Thätigkeit. *Jena.* 1823. 8. *(D.)*

Mueller (Friedrich v.). Goethe in seiner practischen Wirksamkeit. *Weim.* 1832. 8. *(D.)*
—— Goethe in seiner ästhetischen Eigenthümlichkeit. Zweiter Beitrag zu seiner Charakteristik. *Weim.* 1832. 8.

Sendtner (Jacob). Goethe, seine Zeit und die unserige. *Münch.* 1832. 8. *(D.)*

Das Büchlein von Goethe. Andeutungen zum bessern Verständniss seines Lebens und Wirkens. *Penig.* 1832. 8. *(D.)*

Morgenstern (Carl). J. W. Goethe. *Sanct-Petersb.* 1833. 8.

Vogel (Carl). Goethe in amtlichen Verhältnissen, etc. *Jena.* 1834. 8.

Voss (Heinrich). Mittheilungen über Goethe und Schiller in Briefen, herausgegeb. von Abraham Voss. *Heidelb.* 1834. 8. *(D.)*

(**Rehfues**, August Wilhelm). Goethe und sein Jahrhundert. *Jena.* 1835. 8. *(D.)*

Marmier (Xavier). Etudes sur Goethe. *Strasb.* 1835. 8.

Gutzkow (Carl). Über Goethe im Wendepuncte zweier Jahrhunderte. *Berl.* 1836. 12.

Eckermann (Johann Peter). Gespräche mit Goethe in den letzten Jahren seines Lebens (1823-32). *Leipz.* et *Magdeb.* 1836-48. 3 vol. 8.

Duentzer (Heinrich). Goethe als Dramatiker. *Leipz.* 1837. 8. *(D.)*

Pfeiffer (Freimund). Goethe und Klopstock. *Leipz.* 1840. 8. *(D.)*

Fouqué (Friedrich de la Motte). Goethe und Einer seiner Bewunderer. *Berl.* 1840. 8.

Riemer (Friedrich). Mittheilungen über Goethe. *Berl.* 1841. 2 vol. 8. *(D.)*

Viehoff (Heinrich). Goethe's Leben. *Stuttg.* 1847. 4 vol. 8. *Ibid.* 1848. 2 vol. 16. Portrait. *Ibid.* 1853. 4 vol. 8.

Rudloff (Friedrich Wilhelm). Shakespeare, Schiller and Goethe relatively considered. *Lond.* 1848. 12.

Schaefer (Johann Wilhelm). J. W. Goethe's Leben. *Brem.* 1850-51. 2 vol. 8.

Yxem (Friedrich). Über Goethe's Character. *Berl.* 1851. 4. (Dissertation tirée à très-petit nombre.)

Clemens (A...). Goethe als Naturforscher, etc. *Frf.* 1841. 8.

Weisse (Christian Heinrich). Einleitende Worte zur Säcularfeier der Geburt Goethe's, etc. *Leipz.* 1849. 8.

Duentzer (Heinrich). Studien zu Goethe's Werken. *Elberf.* et *Iserlohn.* 1849. 8.

Goethe in Berlin. Erinnerungsblätter zur Feier seines hundertjährigen Geburtsfestes am 28. August 1849. *Berl.* 1849. 8.

Wenig (Christian). Zum 28. August 1849, dem hundertjährigen Geburtsfeste Goethe's. Denkschrift auf denselben in seiner welthistorischen Bedeutung, etc. *Weim.* 1849. 16.

Assmann (Wilhelm). Goethe's Verdienste um unsere nationale Entwickelung, etc. *Leipz.* 1849. 8.

Appell (J... W...). Das Haus mit den drei Leiern, etc. *Frf.* 1849. 8.

Weissmann (H...). Aus Goethe's Knabenzeit (1737-1750). *Frf.* 1846. 8.

Freieisen (Johann Christoph). Die beiden Friederiken in Sesenheim. *Zürch*. 1838. 8. *(D.)*

Naeke (August Ferdinand). Wallfahrt nach Sesenheim, publ. par Carl August VARNHAGEN V. ENSE. *Berl.* 1840. 16.

Pfeiffer (Freimund). Goethe's Friederike. *Leipz.* 1841. 8. *(D.)*

Merz (Julius). Goethe von 1770 bis 1773 , oder seine Beziehungen zu Friederike (Brion) von Sesenheim und Werther's Lotte (Charlotte Kestner). *Nürnb.* 1850. 8.

Hoffmann (J... L...). Goethe's Dichterwerth, für einen gebildeten Leserkreis geschildert. *Nürnb.* 1851. 8.

Lehmann (Johann August O... L...). Goethe's Sprache und ihr (!) Geist. *Berl.* 1852. 8.

Hettner (Hermann). Goethe und Schiller in ihrem Verhältniss zur romantischen Schule. *Braunschw.* 1850. 8.

Saupe (Ernst Julius). Die Schiller-Goethe'schen XENIEN erläutert. *Leipz.* 1852. 8.

Duentzer (Heinrich). Freundesbilder aus Goethe's Leben. Studien zum Leben des Dichters. *Leipz.* 1853. 8.

Sklower (S...). Entrevue de Napoléon I et de Goethe (au congrès d'Erfurth en 1809), suivie de notes et de commentaires. *Lille*. 1853. 12. *

* La première édition de format in-8o n'a été tirée qu'à 10 exemplaires de luxe.

Vogel (Carl). Die letzte Krankheit Goethe's, etc., nebst einer Nachschrift von Christoph Wilhelm HUFGLAND. *Berl.* 1833. 8.

Roehr (Johann Friedrich). Trauerworte bei Goethe's Bestattung am 26. März 1832 gesprochen. *Weim.* 1832. 8.

Die Goethe-Literatur in Deutschland. Vollständiger Catalog sämmtlicher in Deutschland erschienenen Werke J. W. Goethe's, sowohl Gesammt-als Einzel-Ausgaben, aller (darauf) bezüglichen Erläuterungs- und Ergänzungs-Schriften, wie endlich aller mit ihm in irgend einer Beziehung stehenden sonstigen literarischen Erscheinungen von 1773 bis 1851. *Cassel.* 1852. 8.

Goetten (Gabriel Wilhelm), théologien allemand (4 déc. 1708 — .. août 1781).

Saalfeld (Jacob Christoph). Boettcher und Goetten, Stifter des hannöverischen Schullehrer-Gymnasii ; zwei biographische Versuche. *Hannov.* 1802. 8.

Goetz (Georg Ernst), théologien allemand (31 janvier 1737 — 24 déc. 1807).

Grabrede G. E. Goetz's, nebst einigen Zügen aus dem Leben und Character des Vollendeten. *Stuttg.* 1808. 8.

Goetz (Johann Nicolaus), poète allemand (9 juillet 1721 — 4 nov. 1781).

Voss (Johann Heinrich). Kritische Briefe über Goetz und (Carl Wilhelm) Ramler. *Mannh.* 1809. 8.

Goetze (Georg), théologien allemand (11 juin 1633 — 3 avril 1699).

Schubart (Georg). Programma in funere G. Goetzii. *Jenæ*. 1699. Fol.

Goetze (Georg Heinrich), théologien allemand (11 août 1667 — 25 avril 1728).

Seelen (Johann Heinrich v.). Memoria G. H. Goetzii, sacræ theologiæ doctoris et ecclesiæ Lubecensis superintendentis. *Lubec.* 1728. 4. *(D.)*

Hoefer (Adolph Christoph). Elogium Goetzianum, s. oratio in laudem G. H. Goetzii. *Lubec.* 1728. 4. *(D.)*
— — Oratio funebris in memoriam G. H. Goetzii. *Witteb.* 1728. 4. *(D.)*

Goetze (Johann August Ephraim), naturaliste allemand (28 mai 1731 — 27 juin 1793).

Cramer (Heinrich Matthias August). Zum Andenken des Pastors Goetze in Quedlinburg. *Leipz.* 1793. 8.

Goetze (Johann Melchior), théologien allemand (16 oct. 1717 — 19 mai 1786).

Schlosser (Johann Ludwig). Nachricht an das Publikum, J. M. Goetze betreffend. *Hamb.* 1770. 8.
J. M. Goetzen's pflichtmässige Rettung seiner Unschuld und Ehre. *Hamb.* 1778. 8. (Ecrit par lui-mème.)

St(eineck) (J... C... M...). Wahrhafte Nachricht von dem Leben des Herrn J. M. Goetze. *Hamb.* 1786. 8. *(D.)*

(Bahrdt, Christian Friedrich). Standrede am Grabe J. M. Goetzen's. *Berl.* 1786. 8.

Goez (Joseph Franz, Freiherr v.), peintre allemand (1754 — 16 sept. 1816).

Kraemer (Bernhard August). J. F. Freiherr v. Goez ; biographisches Fragment. *Regensb.* 1816. 8.

Gog et Magog, personnages mythologiques.

Alberti (A... M...). Dissertatio de Gog et Magog. *Gryphisw.* 1695. 4.

Molander (Samuel). Stimuli investigandi in Gog et Magog Ezech. XXXIV. v. 59. *Aboæ.* 1768. 8.

Gogreve (Hermann), théologien allemand.

Ontrup (Godehard). Denkmal auf das Grab des weiland hochehrwürdigen Herrn Capellans H. Gogreve. Leichenrede und Biographie des Verstorbenen. *Goslar.* 1815. 8.

Goguet (Antoine Yves), jurisconsulte français (18 janvier 1716 — 2 mai 1758).

Éloge de A. Y. Goguet. *Par.* 1758. 8. (Extrait de l'*Année littéraire*, tiré à part à un très-petit nombre d'exempl.)

Gohier (Antoine), prêtre français (... — 1er mars 1832).

Hugot (Victor ?). Vie d'A. Gohier, clerc tonsuré, mort au séminaire de Bayeux. *Caen.* 1853. 18. (2e édition.)

Gohier (Louis Jérôme), dernier président du Directoire de la république française (1746 — 29 mai 1830).

Gohier (Louis Jérôme). Mémoires. *Par.* 1824. 2 vol. 8. Portrait. *(Bes.)*
Notice nécrologique sur L. J. Gohier, etc. *Par.* 1850. 8.

Gohr (Herren v.), famille allemande.

Seyfart (Johann Friedrich). Historisch-genealogische Beschreibung des hochadeligen Geschlechts v. Gohr. *Weissenf.* 1769. 8.

Goldast (Melchior), historien suisse (6 janvier 1576 — 11 août 1635).

Senckenberg (Heinrich Christian). Memoria M. Goldasti Haiminsfeldii, ubi ejus origo, res præclare in litteris gestæ, fata, obitus, scripta denique, ex fide dignissimis, maxime vero manuscriptis, fontibus enarrantur. *Frf. et Lips.* 1730. Fol.

Froriep (Justus Friedrich). Beiträge zu der Lebensgeschichte des Publicisten Goldast. *Buckeb.* 1789. 4.

Goldberg (Johann Peter), missionnaire allemand (28 sept. 1780 — 15 janvier 1848).

Hausmeister (Johann August). Züge aus dem Leben und Wirken des seligen J. P. Goldberg, Missionar unter Israel. *Basel.* 1848. 8.

Goldhorn (Johann David), théologien allemand (12 sept. 1774 — 23 oct. 1836).

Gedächtnissfeier J. D. Goldhorn's, etc. *Budiss.* 1837. 8. *(D.)*

Goldhorn (David Johann Heinrich). J. D. Goldhorn, Doctor und ordentlicher Professor der Theologie und Pastor an der Nicolaikirche zu Leipzig; biographischer Versuch. *Halle.* 1837. 8.

Goldner (Georg Ludwig), pédagogue allemand.

Programma illustris collegii Ruthenei in G. L. Goldneri funere. *Geræ.* 1741. Fol. *(D.)*

Hauptmann (Johann Gottfried). Vita G. L. Goldneri. *Geræ.* 1741. Fol.

Goldoni (Carlo), poète italien du premier ordre (1707 — 8 janvier 1793).

Goldoni (Carlo). Memorie intorno alla sua vita, scritte da lui medesimo. *Venez.* 1788. 2 vol. 8. *Padov.* 1811. 2 vol. 8. *Prato.* 1822. 3 vol. 8. *Venez.* 1825. 4 vol. 8. Trad. en allem. par Georg SCHATZ. *Leipz.* 1788-89. 3 vol. 8. Portrait. *(D.)*
Trad. en angl. par John BLACK. *Lond.* 1815. 2 vol. 8. Trad. en franç. *Par.* 1787. 3 vol. 8. Portrait. *Lond.* 1814. 2 vol. 8. *(P.)* Précédés d'une notice sur la

comédie italienne au xvie siècle et sur Goldoni par N... N... Moreau. *Par.* 1825. 2 vol. 8.

Gherardini (Giovanni). Vita di C. Goldoni. *Milan.* 1821. 8.

Carrer (Luigi). Saggio su la vita e su le opere di C. Goldoni. *Venez.* 1824. 3 vol. 8.

Gavi (Domenico). Della vita di C. Goldoni e delle sue commedie lezioni IV. *Milan.* 1826. 12.

Menegbezzi (Ferdinando). Memorie istoriche, apologetiche e critiche della vita e delle opere di C. Goldoni. *Milan.* 1827. 16.

Goldsmith (Oliver),
littérateur anglais (29 nov. 1728 — 4 avril 1774).[1]

Mudfort (William). Life of O. Goldsmith and a critical examination of his writings. *Lond.* 1804. 12. (Omis par Lowndes.)

Montemont (Albert). Notice sur la vie et les ouvrages d'O. Goldsmith, s. l. et s. d. (*Par.*) 8. (Tiré à part à très-petit nombre.)

Prior (James). Life of O. Goldsmith. *Lond.* 1837. 2 vol. 8. Port. (*P.*) *Philadelph.* 1837. 2 vol. 8. *Lond.* 1848. 2 vol. 8.

Forster (John). Life and adventures of O. Goldsmith; biography in four books. *Lond.* 1848. 8.

Irving (Washington). Goldsmith, a biography. *Lond.* 1850. 12.

Golembiewski (J...),
soldat polonais.

Kubalski (N... A...). Le vétéran des vétérans sous les armes, où vie de J. Colembenski *, qui compte cent quinze ans de service actif. *Par.* 1843. 8.
* Ce nom est corrompu.

Golius (Jacob),
orientaliste hollandais (1596 — 28 sept. 1667).

Gronovius (Johann Friedrich). Laudatio funebris J. Golii. *Lugd. Bat.* 1668. 4.

Goltzius (Hubert),
numismate hollandais (30 oct. 1526 — 24 mars 1583).

Hulst (Félix van). H. Goltzius. *Liége.* 1846. 8. Portrait. (Extrait de la *Revue de Liége.*) — (*Lv.*)

Gombert (Saint).

Binet (Étienne). La vie et les vertus de S. Gombert, issu de la maison royale de France, et la vie de S. Berthe, sa femme, fondatrice du Val d'Avenay. *Pont-à-Mouss.* 1625. 12.

Gomer,
fils de Japhet.

Zentgrav (Johann Joachim). Dissertatio de Gomero Japheti primogenito, Germanæ gentis conditore. *Witteb.* 1685. 4.

Gondi,
famille italienne.

Corbinelli (Giacomo). Histoire généalogique de la maison de Gondi. *Par.* 1705. 2 vol. 4.

Gondi (Jérôme de),
... français.

Duval (Jean Baptiste). Apothéose, ou oraison funèbre de J. de Gondi. *Par.* 1604. 8. (Assez rare.)

Gondi (Marie Catherine Antoinette de),
religieuse française.

(Lallouette, Ambroise). Abrégé de la vie de la vénérable mère M. C. A. de Gondi, supérieure générale du Calvaire, s. l. (*Par.*) 1717. 12.

Gondi, seigneur de la Tour (Charles),
général des galères.

Beauxalmis (Thomas). Oraison funèbre de C. de Gondy, seigneur de la Tour. *Par.* 1579. 4.

Gondi (Pierre de),
cardinal-archevêque de Paris (+ 1616).

Bénévent (Jérôme de). Harangue funèbre de P. cardinal de Gondi. *Par.* 1616. 8.

Tarinô (Giovanni). Laudatio funebris cardinalis P. de Gondi. *Par.* 1616. 4.

Goudola (Giovanni di Francesco),
poète italien (1588 — 1638).

Appendini (Francesco Maria). Memoria sulla vita e su gli scritti di G. F. Gondola. *Ragus.* 1857. 8.

Goudrin (Louis Henri de),
archevêque de Sens (1620 — 20 sept. 1674).

Chaumont (Jacques). Oraison funèbre de L. H. de Gondrin. *Sens.* 1675. 4.

Thorentier (Jacques). Harangue funèbre de L. H. de Gondrin. *Toulouse.* 1675. 4.

Gonella (Pietro),
farceur italien.

Vita di P. Gonella, buffone. *Carpi.* 1762. 8.

Gonne (Johann Gottlieb),
jurisconsulte allemand (24 juin 1713 — 24 février 1758).

Chladen (Johann Martin). Memoria J. G. Gonne, utriusque juris professoris. *Erlang.* 1758. 4.

Gonnet (N... N...),
prêtre français.

Notice sur M. Gonnet, curé d'Arfeuilles, chanoine titulaire du diocèse de Moulins, fondateur du petit séminaire d'Arfeuilles. *Moulins.* 1847. 8. Portrait.

Gonod (Benoît),
littérateur français (vers 1756 — 14 février 1849).

Hommage rendu à la mémoire de M. B. Gonod, professeur de rhétorique au lycée de Clermont, bibliothécaire de la ville, vice-président de l'Académie de Clermont et chevalier de la Légion d'honneur. *Clerm.-Ferr.* 1849. 8.

Bedel (Alexandre). Eloge historique de B. Gonod, etc. *Clerm.* 1850. 8. Portrait.

Delarfeul (François). Biographie de B. Gonod, professeur de rhétorique, bibliothécaire, président de l'Académie de Clermont, etc. *Riom.* 1852. 8.

Gonsalve, voy. **Cordova** (Gonzalo Fernandes).

Gonthier (François Auguste Alphonse),
théologien suisse (21 déc. 1773 — 26 mai 1835).

Vulliémin (Louis). Notice sur F. A. Gonthier, ministre du S. Evangile. *Genève* et *Par.* 1858. 12. Portrait. Trad. en holland. *Amst.* 1841. 12. Portrait.
Mittheilungen aus dem Leben des evangelischen Pfarrers F. A. A. Gonthier. *Frf.* 1858. 8. *
* Cet ouvrage nous paraît une traduction de la notice précédente.

Gonthier (Johann),
médecin allemand (1487 — 4 oct. 1574).

Calaminus * (Georg). Vita clarissimi doctissimique viri J. Guinterii Andernaci, medici celeberrimi, heroico carmine conscripta. *Argent.* 1575. 4.
* Le véritable nom de l'auteur est Rosinus.

Hérissant (Louis Antoine Prosper). Eloge historique de J. Gonthier d'Andernach, médecin ordinaire de François I, avec un catalogue raisonné de ses ouvrages. *Par.* 1765. 12. * (*P.*)
* Discours qui a remporté le prix proposé par la Faculté de médecine à Paris.

Gonzaga (Alessandro Andrea de),
aventurier italien (1er nov. 1799 — ...).

(Ferraris, Aimé). Esquisse biographique de S. A. S. le prince A. de Gonzaga, prince de l'empire romain et de Castiglione, duc de Mantoue, de Guastalla, de Sabionetto et de Solferino, marquis de Medole, etc. *Turin* et *Par.* 1844. 8. Portrait.
Dépouillements des pièces justificatives établissant l'état civil du prince A. A. de Gonzague-Mantoue, comte de Murzinowski. *Par.* 1852. 4.

(De Reume, Auguste). La famille des Gonzague et l'ordre de la Rédemption du Précieux-Sang, s. l. et s. d. (*Brux.* 1852.) 8. *
* Cette notice, extraite du *Journal de la Renaissance* et tirée à 20 exemplaires, concerne le fameux aventurier qui, depuis quinze ans, se faisait passer pour le dernier rejeton de la famille des Gonzague, se nommait Alexandre de Gonzague-Murzinowski. Il a été condamné, pour escroquerie, par le tribunal correctionnel de la Seine, à Paris, à trois ans de prison et à 3,000 francs d'amende.

Gonzaga (Carlo),
gentilhomme italien.

Majestas et honor illustrissimi domini C. Gonzagæ comitis in Zywiec. *Cracov.* 1752. Fol.

Gonzaga (Ferrante),
premier duc de Molfetta (1506 — 15 nov. 1557).

Ulloa (Alfonso de). Vita del gran capitano D. F. Gonzaga. *Venez.* 1563. 4.

Gosellini (Giuliano). Vita del principe F. Gonzaga, governatore di Milano. *Milan.* 1574. 4. *Venez.* 1579. 4. (*P.*) *Pisa.* 1821. 8.

Gonzaga (Francesco),
évêque de Mantoue (vers 1540 — 6 janvier 1566).

Donesmondi (Ippolito). Vita di F. Gonzaga, vescovo di Mantova. *Venez.* 1625. 4.

Gonzaga (Linzia, Olympia et Gridonia di),
religieuses italiennes.

Lebensbeschreibung der ehrwürdigen Schwestern L., O. und G. von Gonzaga, Stifterinnen des Collegiums der Jungfrauen Jesu in Castiglione delle Riviere. *Wien.* 1841. 8. (Trad. de l'ital.)

Gonzaga (Vespasiano?),
homme d'État italien.

Affò (Ireneo). Vita di V. Gonzaga, detto Rodomonte, principe del sacro Romano impero. *Parm.* 1780. 4. (*P.*)

Gonzague (Anne de),
plus connue sous le nom de princesse palatine, épouse d'Édouard, comte palatin du Rhin (vers 1616 — 6 juillet 1684).

(**Senac de Meilhan,** (Gabriel). Mémoires d'Anne de Gonzague, princesse palatine. *Lond.* et *Par.* 1786. 12. *Ibid.* 1789. 12.

Gonzague (Marie Louise de),
épouse de Vladislas IV, roi de Pologne.
(vers 1612 — mariée en 1645 — 10 mai 1667).

Le Laboureur (Jean). Histoire et relation du voyage de la reine de Pologne, Marie de Gonzague, et de son mariage avec le roi Vladislas IV, etc. *Par.* 1648. 4. (Rare et curieux.)

Gonzague (Saint Louis de),
jésuite italien (9 mars 1568 — 21 juin 1591).

Pica (Giovanni Carlo). Orazione fatta il giorno della morte del B. Luigi Gonzaga. *Rom.* 1609. 4.

Cepari (Virgilio). Vita B. Aloysii Gonzagæ libris III comprehensa, (trad. de l'italien par Jean Honaton). *Col. Agr.* 1608. 8. (*D.*) *Antw.* 1609. 8. (*D.*) *Vicenz.* 1615. 8. *Col. Agr.* 1624. 8. *Ibid.* 1629. 8. *Rom.* 1765. 8.
Trad. en allem. *Augsb.* 1770. 8.
Trad. en angl. *Par.* 1657. 8. Portrait.
Trad. en franç. par Antoine de Balinghem. *Douai.* 1608. 8. *Lyon.* 1609. 12. Par N. N. Galpin. *Par.* 1788. 12. (*Bes.*)
Trad. en holland. par Leonardus de Fraye. *Antw.* 1615. 8. Portrait.
Trad. en ital. *Rom.* 1722. 8. (*D.*) *Milan.* 1728. 8. (*D.*)

Alvares (Jeronymo). Vida do B. Luiz de Gonzaga. *Lisb.* 1610. 4. *
* Il existe des traductions espagnole, française et latine.

Binet (Étienne). Vie de S. Ignace et de S. F. Xavier, des BB. L. de Gonzaga et Stanislas Kotska. *Par.* 1622. 12.

Dorléans (Pierre Josephe). Vie du bienheureux Louis de Gonzague. *Par.* 1685. 12. *Tours.* 1685. 12. (*D.*) *Par.* 1712. 12. *Liège.* 1727. 12. Augment. *Par.* 1727. 12. (*Bes.*) *Par.* 1728. 12. Trad. en angl. par John Panting. *Saint-Omer.* 1761. 12.

Marchetti (Annibale). De rebus gestis Aloysii Gonzagæ. *Florent.* 1687. 4. (*D.*)
Miroir de l'innocence dans un abrégé de la vie de Louis de Gonzaga. *Porentrui.* 1715. 12.

Cassani (Juan). Vida, virtudes y milagros de S. Luis Gonzaga. *Madr.* 1726. 8. (*D.*)
Vita di S. Luigi Gonzaga, protettore speciale della gioventù. *Torin.* 1776. 8.

(**Brockmann,** Johann Heinrich). Leben des heiligen Aloysius (von Gonzaga). *Münst.* 1798.'8. *Ibid.* 1820. 8.*
* La seconde édition porte le nom de l'auteur.

Wildt (Joseph). Leben aus dem Leben des heiligen Aloysius. *Münst.* 1821. 8.

Buchfelner (Simon). Leben des heiligen Aloysius von Gonzaga, als Vorbild der Unschuld. *Augsb.* 1823. 8.

(**Rotermundt,** J... A...). Lebensgeschichte des heiligen Aloysius (von Gonzaga). *Regensb.* 1824. 4. *Ibid.* 1827. 12.

Giroust (Jacques). Vie de S. Louis de Gonzague. *Montbel.* 1826. 18.

Schmid (Franz Alexius). Der heilige Jüngling Aloysius (von Gonzaga). *Grätz.* 1827. 8. (5° édition.)

Pfister (Johann Georg). Leben des heiligen Aloysius von Gonzaga, etc. *Würzb.* 1827. 8.
Leben des heiligen Aloysius von Gonzaga, etc. *Coblenz.* 1831. 12.

Gasser (Johann' Michael). Der heilige Aloysius Gonzaga, der Jugend zur Nachfolge dargestellt. *Botzen.* 1831. 12. *Ibid.* 1833. 12.

Cesari (Antonio). Vita di S. Luigi Gonzaga. *Venez.* 1856. 8.

(**Titeu,** Frédéric). Vie nouvelle de S. Louis de Gonzague. *Par.* 1840. 18. *
* Publ. s. le pseudonyme de T. Delacroix.

Paolini (Angelo). L' innocente penitente. Elogio a S. Luigi Gonzaga, etc. *Cremon.* 1844. 8.

Gillet (R...). Vie pratique de S. Louis de Gonzague. *Lille.* 1846. 8. Portrait.

Gonzague (N... N...),
trappiste français ?

Perrodin (abbé). Le pieux ermite, ou vie de Gonzague, religieux trappiste, mort à Lhuis (département de l'Ain). *Lyon.* 1858. 8.

Gonzalez (Fernando),
homme d'État espagnol.

Historia del conde F. Gonzalez. *Alcala.* 1584. Fol.

Gonzenbach (Barbara Elisabeth),
dame suisse, connue par sa haute piété.

Würde und Schönheit der weiblichen Tugend in dem Bild der Frau B. E. Gonzenbach, geborenen Zollikofer. *Sanct-Gall.* 1778. 8.

Gonzenbach (Carl August),
homme d'État suisse.

Gonzenbach (A...). Biographische Skizze über Herrn Praesidenten C. A. Gonzenbach, von Sanct-Gallen. *Sanct-Gall.* 1853. 8. Portrait.

Gooch (Elizabeth Sarah **Villa Real**),
auteur anglaise.

Life of Mrs. E. S. Gooch. *Lond.* 1792. 3 vol. 8. (Biographie composée par elle-même.)

Good (John Mason),
médecin anglais (1764 — 2 janvier 1827).

Gregory (Olinthus). Memoirs of the life, writings and character of the late J. M. Good, M. D. *Lond.* 1828. 8. Portrait.

Goodwin (John),
théologien anglais (1593 — 1665).

Jackson (Thomas). Life of J. Goodwin, s. l. et s. d. 8.

Goossens (Louis),
magistrat belge (15 déc. 1796 — 18 avril 1851).

Rastoul de Mongeot (Alphonse). L. Goossens, avocat, membre du conseil provincial de Brabant, et bourgmestre de Tirlemont; notice nécrologique. *Brux.* 1851. 8. Portrait.

Gorcy (Pierre Christophe),
médecin français (19 mars 1758 — 16 déc. 1826).

Chaumas (Jean Baptiste François Octavien). Éloge de P. C. Gorcy. *Metz.* 1827. 8.

Gordien, surnommé **l'Africain** (Marcus Antonius),
Gordien, dit **le Jeune** (Marcus Antonius),
Gordien, surnommé **le Pieux** (Marcus Antonius),
empereurs romains.

Dubos (Jean Baptiste). Histoire des quatre Gordiens, prouvée et illustrée par les médailles. *Par.* 1695. 12.

Galland (Antoine). Lettre touchant l'histoire des quatre Gordiens, etc. *Par.* 1696. 12.

Cuper (Gisbert). Historia trium Gordianorum. *Devent.* 1697. 8.

Dubos (Jean Baptiste). Pro quatuor Gordianorum historia vindiciæ. *Par.* 1700. 12.

Baumann (J... M...). Divus Gordianus, s. de vita et constitutionibus Marci Antonii Gordiani III imperatoris. *Lips.* 1792-93. 4.

Gordon,
famille écossaise.

Gordon (C... A...). Concise history of the ancient and illustrious house of Gordon, etc. *Aberdeen.* 1754. 12. (Peu commun, même en Angleterre.)

Gordon (Éléonore Marie **Brault**),
l'une des maîtresses de Napoléon III (6 sept. 1808 — 11 mars 1849).

Ginoux (Edmond de). Biographie de madame E. Gordon, s. l. et s. d. (*Montpell.* 1843.) 8.

Gordon (George, lord),
homme d'État anglais (19 déc. 1750 — 1er nov. 1793).

Watson (Robert). Life of lord G. Gordon, with a philosophical review of his political conduct. *Lond.* 1795. 8.

Gordon (John),
homme d'État écossais.

Memoirs of J. Gordon of Glencat. *Lond.* 1755. 8. (Écrit par lui-même.)

Gordon (Patrik),
général écossais (31 mai 1635 — 29 nov. 1699).

Tagebuch des Generals P. Gordon, während seiner Kriegsdienste unter den Polen und Schweden vom Jahre 1655 bis 1661 und seines Aufenthaltes in Russland von 1661 bis 1699, herausgegeb. von M... A... Obolenski et M... C... Posselt. *Moskau et Sanct-Petersb.* 1849-53. 3 vol. 8.

Gorge (Henri Joseph),
industriel belge (12 février 1774 — 22 août 1832).

Rozand (Louis). M. H. J. de Gorge, sénateur belge, célèbre industriel, propriétaire des usines et mines du Grand-Hornu, près Mons. *Par.* 1845. 8. (Extrait du *Nécrologe universel du xixe siècle.*)

Gorgias de Léonte,
sophiste grec (485 — 382 avant J. C.).

Hauptmann (Johann Gottfried). Dissertatio de Gorgiæ Leontini vita et scriptis. *Geræ.* 1751. 4.

Schoenborn (Carl). Dissertatio de authentia declamationum, quæ Gorgiæ Leontini nomine extant. *Vratisl.* 1826. 4.

Foss (Heinrich Eduard). Commentatio de Gorgia Leontino. *Halæ.* 1828. 8.

Garofalo (Luigi). Discorsi intorno Gorgia Leontino. *Palerm.* 1831. 8.

Gorm ou **Gormon**, surnommé **le Vieux,**
roi de Danemark (vers 840 — 935).

Torfæus (Thormod). Dissertatio historico-chronologicocritica de tribus potentissimis Daniæ regibus, Gormone Grandævo, Haraldo Cærulidente et Svenone Furcatæ Barbæ. *Hafn.*, s. d. 4.

Gormann (Andreas Immanuel),
théologien allemand.

Meissner (Christoph). Denkmahl auf A. I. Gormann. *Friedrichst.* 1763. 4. (*D.*)

Gosiewsky (Vincenz Corvin),
Polonais.

Welawski (Michael). Victor et victus V. C. Gosiewsky, etc. *Moschov.* 1691. 4.

Goslinga (Sicco de),
homme d'État hollandais.

Wesseling (Pieter). Oratio funebris in memoriam S. a Goslinga. *Franeq.* 1732. Fol.

Leeuwen (Jan van). Herinnering aan S. van Goslinga als krijgs- en staatsman. *Workum.* 1844. 8. (*Ld.*)

Gossec (François Joseph),
compositeur belge (17 janvier 1734 — 16 février 1829).

Hédouin (Pierre). Gossec, sa vie et ses ouvrages. *Valencien.* 1852. 8. Portrait.

Gossner (Ulrich),
théologien allemand (11 juillet 1806 — 10 mai 1834).

Erinnerungen au U. Gossner, herausgegeb. von einem Freunde des Verewigten, etc. *Sulzbach.* 1856. 8.

Got (Jacques François Alexis),
homme d'État français (14 nov. 1763 — 29 déc. 1846).

Mercier (J...). J. F. A. Got, ancien membre du conseil des Cinq-Cents, ancien procureur impérial près le tribunal de Mortagne, ancien membre du conseil général de l'Orne, etc. *Par.* 1851. 8. (Extrait du *Nécrologe universel du xixe siècle.*)

Gotescalc (autrement nommé **Fulgence**),
hérésiarque allemand (vers l'an 806 — 868).

Usher (James). Historia Gotheschalchi et hæresis prædestinatianæ. *Dubl.* 1631. 4. * *Ibid.* 1639. 4. *Hanov.* 1662. 8.

  * On a prétendu que c'était le premier livre latin imprimé en Irlande.

Roeber (Paul). Disputatio de Godeschalci erroribus olim damnatis. *Witteb.* 1646. 4.

Mauguin (Gilbert). Historia controversiæ Gothescalcanæ. *Par.* 1650. 2 vol. 4.

Cellot (Louis). Historia Gotheschalchi prædestinatiani et accurata controversiæ per eum revocatæ disputatio. *Par.* 1655. Fol.

Siber (Urban Gottfried). Historia Godeschalcorum. *Lips.* 1712. 4.

Gambs (Chrétien Hermann). Vie et doctrine de Godescalc. Thèse, etc. *Strasb.* 1837. 4.

Gothofredus, voy. **Godefroy.**

Gotter (Gustav Adolph, Graf v.),
homme d'État allemand (26 mars 1692 — 28 mai 1762).

Formey (Jean Henri Samuel). Éloges de MM. les comtes (Henri) de Podewils et de Gotter, etc. *Berl.* 1763. 8.

Gotter (Johann Christian),
théologien allemand (+ 4 nov. 1677).

Duerrfeld (Tobias). Concio funebris et curriculum vitæ J. C. Gotteri (germanice); Georg Hess, Oratio latina in ejusdem obitum. *Gothæ.* 1678. 4. (*D.*)

Gottfried (Gesche Margarethe),
empoisonneuse allemande (6 mars 1785 — exécutée le 21 avril 1831).

Weissenburg (N... N...). Geschichte der berüchtigten Bremer Giftmischerin G. M. Gottfried, geb. Timm, und ausführliche Erzählung ihrer schauderhaften Unthaten, etc. *Leipz.* 1829. 8. Trad. en holland. *Amst.* 1830. 8.

Bangsel (Eduard). Lebensgeschichte der in Bremen hingerichteten Giftmischerin G. M. Gottfried, geb. Timm. *Danz.* 1831. 8.

Feilner (Franz). General-Geschichte der fürchterlichsten Giftmischerin G. M. Gottfried, geb. Timm. *Brem.* 1831. 8.

Die Giftmischerin Witwe Gottfried in Bremen. Amtliche Mittheilungen. *Berl.* 1831. 8.

Voget (Friedrich Ludwig). Lebensgeschichte der Giftmörderin G. M. Gottfried, geborenen Timm. *Brem.* 1831. 2 vol. 8. Augment. *Augsb.* 1831. 2 vol. 8. Portrait.

Tomsa (Franc Bohumil). Popsání zivota ukrutne vrazedlnice M. Gese. *Praze.* 1831. 8.

Gottl (Vincenzo Lodovico),
cardinal italien (1664 — 18 sept. 1742).

(Riccini, Tommaso Agostino). Commentarius de vita et studiis V. L. Gottii, cardinalis, Bononiensis, ordinis Prædicatorum. *Rom.* 1742. 4 et 8.

Gottschalk, voy. **Gotescalc.**

Gottschalek (Caspar),
théologien allemand.

Brendel (Johann). Leich-Predigt auf C. Gottschalck. *Zerbst.* 1594. 4. (*D.*)

Gottsched (Johann Christoph),
littérateur allemand (2 février 1700 — 12 déc. 1766).

Denkmal der seltenen Verdienste des Herrn Professors Gottsched, s. l. 1746. 8.

Ernesti (Johann August). Memoria J. C. Gottschedii. *Lips.* 1767. Fol. (*D.*)

Meister (Leonhard). Characteristik deutscher Dichter. *Zürch.* 1787. 2 vol. 8. *

  * Le dernier volume contient la vie et le portrait de Gottsched.

Danzel (Theodor Wilhelm). Gottsched und seine Zeit. Auszüge aus seinem Briefwechsel, nebst einem Anhange : Anmerkungen zu Klopstock's Gelehrtenrepublik von Daniel Wilhelm Triller. *Leipz.* 1848. 8.

Gottsched (Louise Adelgunde Victorie),
femme du précédent (11 avril 1713 — 26 juin 1762).

Leben der Frau L. A. V. Gottschedin, etc. *Leipz.* 1763. 8.

Formey (Jean Henri Samuel). Eloge de madame Gottsched (née Kulmus). *Berl.* 1767. 8.

Gottwald,
famille allemande.

Hoffmann (Gottlob). Historische Nachricht von dem alten evangelischen Predigergeschlechte Gottwald. *Liegnitz.* 1780. 4.

Gouan (Antoine),
médecin-botaniste français (15 nov. 1733 — 1er sept. 1821).

Amoreux (Pierre Joseph). Notice historique sur A. Gouan, etc. *Par.* 1822. 8.

Gouandour (Charles de),
théologien français (23 sept. 1640 — 7 mars 1684).

Robin (Saint-Germain). Le charitable pasteur représenté dans la vie de messire C. de Gouandour, recteur d'Inzinzac, diocèse de Vannes. *Vannes.* 1693. 12.

Gouault (le chevalier de),
officier français (fusillé en 1814).
Discours prononcé à l'occasion de la mort de M. le chevalier de Gouault, s. l. et s. d. 8.

Goudan (Justus),
religieux hollandais.
(**Eligius**, G...). Vita et martyrium B. J. Goudani Cartusiani in Hollandia. *Brux.* 1624. 4. (Ouvrage assez rare.)

Gouges (Olympe de),
l'une des héroïnes de la révolution française (vers 1755 — guillotinée le 5 nov. 1793).
Testament politique d'O. de Gouges, s. l. et s. d. (*Par.* 1793.) 8.

Goujet (Claude Pierre),
littérateur français (19 oct. 1697 — 1er février 1767).
Goujet (Claude Pierre). Mémoires historiques et littéraires sur sa vie, publ. par Pierre BARRAL. *La Haye.* (*Par.*) 1767. 12.
Dagues de Clairfontaine (Simon Antoine Charles). Essai sur la mort de l'abbé Goujet. *Par.* 1767. 12.

Goujon (Jean Marie Claude Alexandre),
député à la Convention nationale (13 avril 1766 — se suicidant le . . . 1795).
Défense du représentant du peuple Goujon, député par le département de Seine-et-Oise, s. l. et s. d. 8. (Écrit par lui-même.)

Goulart (Simon),
historien français (1543 — 3 février 1628).
Tronchin (Théodore). Oratio funebris S. Goulartii, Sylvanectini, in ecclesia Genevensi pastoris. *Genev.* 1628. 4.

Goulin (Jean),
médecin français (10 février 1728 — 1er mai 1779).
Sue (Pierre). Mémoire historique, littéraire et critique sur la vie et les ouvrages tant imprimés que manuscrits de J. Goulin, professeur de l'école de médecine. *Par.* an VIII (1799). 12. (P.)

Gounon (Jean Laurent Pascal de),
prêtre français (28 mars 1763 — 2 février 1838).
Précis historique sur la vie et la mort de M. l'abbé de Gounon, curé de la paroisse de la Daurade, chanoine honoraire de l'église métropolitaine de Toulouse. *Toulouse.* 1859. 8.

Goupilleau de Fontenay, dit le Dragon
(Jean François),
député à la Convention nationale (25 juillet 1753 — 11 oct. 1823).
Dugast-Matifeux (Charles). Notice sur Goupilleau de Fontenay, membre de la Convention nationale. *Fontenay.* 1848. 8.

Gourdan (Simon),
prêtre français (24 mars 1646 — 10 mai 1729).
(**Gervaise**, François Armand). Histoire du vénérable P. S. Gourdan, chanoine de Saint-Victor. *Par.* 1735. 12. (*Bes.*)

Gourdiat (Pierre),
prêtre français (..janvier 1764 — 25 mars 1845).
Barande (Louis). P. Gourdiat, curé de l'église Saint-Polycarpe de Lyon, chanoine de la primatiale, etc. *Par.* 1847. 8. (Extrait du *Nécrologe universel du* XIXe *siècle*.)

Gourgaud (baron Gaspard),
général français (14 sept. 1783 — ...).
Gourgaud (Gaspard). Mémoires pour servir à l'histoire de France sous Napoléon, écrits à Sainte-Hélène, etc. *Par.* 1822. 8 vol. 8. Augment. de chapitres inédits. *Ibid.* 1830. 9 vol. 18.
Abrég. et trad. en allem. s. c. t. Geschichte Napoleon's. *Quedlinb.* 1828. 4 vol. 16.
Trad. en espagn. par J... C... PAGÈS. *Par.* 1825. 6 vol. 12.

Gournay (Marie **Lejars** de),
auteur française (1566 — 13 juillet 1645).
Feugère (Léon). Anciens auteurs français : Mademoiselle de Gournay. Étude sur sa vie et ses ouvrages. *Par.* 1853. 8.

Gourville (Jean **Hérauld**, sieur de),
financier français (11 juillet 1625 — ... 1703).
Gourville (Jean Hérauld de). Mémoires contenant les

affaires auxquelles il a été employé par la cour depuis 1642 jusqu'en 1678 (publiés par mademoiselle de la BUSSIÈRE). *Par.* 1724. 2 vol. 12. *Ibid.* 1781. 2 vol. 12.

Gouvion (Jean Baptiste),
général français(... — tué le 11 juin 1792).
Mulot (François Valentin). Oraison funèbre de J. B. Gouvion, maréchal de camp. *Par.*, an IV (1792). 8.

Gouvion-Saint-Cyr (Laurent, marquis de),
maréchal de France (13 avril 1764 — 17 mars 1830).
Gouvion-Saint-Cyr (Laurent de). Journal des opérations de l'armée de Catalogne en 1808 et 1809, sous le commandement du général Gouvion-Saint-Cyr, ou matériaux pour servir à l'histoire de la guerre d'Espagne. *Par.* 1821. 8. Trad. en allem. par Franz Xaver RIGEL. *Rastatt.* 1824. 8.
—— Mémoires sur les campagnes des armées du Rhin et Moselle, depuis 1792 jusqu'à la paix de Campo-Formio. *Par.* 1829. 4 vol. 8.
—— Mémoires pour servir à l'histoire militaire sous le directoire, le consulat et l'empire. *Par.* 1831. 4 vol. 8.
Nollet-Fabert (Jules). Le maréchal Gouvion-Saint-Cyr. *Nancy.* 1853. 8. (Extrait de la *Lorraine militaire*.)

Gouz de Gerland (Bénigne le),
historien français (1695 — 17 mars 1774).
Maret (Hughes). Éloge de M. le Gouz de Gerland. *Dijon.* 1774. 4.

Gouz de la Berchère (Jean Baptiste le),
jurisconsulte français.
Vignier (Jérôme). Oraison funèbre de J. B. le Gouz de la Berchère, premier président du parlement de Bourgogne. *Dijon.* 1652. 4.

Gower (John),
poète anglais (vers 1320 — 1402).
Todd (Henry John). Illustrations of the lives and writings of Gower and (Geoffrey) Chaucer. *Lond.* 1810. 8.

Gowrie (John Ruthwen, earl of),
conspirateur écossais.
Narratio de execrabili et nefanda fratrum Ruvenorum conjuratione. *Edinb.* 1601. 4.
The earl of Gourrie's conspiracy, etc. *Lond.* 1603. 4.
Discourse of the unnaturale and vile conspiracy attempted by J. earl of Gowrie and his brother, against His Majesty's person (Jacques VI) at Saint-Johnstoun upon the 5. August 1600. *Lond.* 1660. 4. Réimpr. avec des notes par David DALRYMPLE. *Lond.* 1757. 12.
Mackenzie of Cromarty (George). Historical account of the conspiracy by the earls of Gowry, and Robert Longan of Restalrig against king James VI, with a vindication of Robert III and all his descendants from the imputation of bastardy. *Edinb.* 1713. 8.
Scott (James). History of the life and death of J. earl of Gowrie, with preliminary dissertations and many new and interesting details of the Gowrie conspiracy. *Edinb.* 1818. 8. Tiré à 150 exemplaires.
(**Stenius**, Simon). Narratio de conspiratione a comite Govriae contra Jacobum ejus nominis sextum, serenissimum Scotorum regem, Perthi anno 1600 intentata. *Heidelb.* 1601. 4. *

* Nous présumons que cet écrit; extrêmement rare même en Allemagne, n'est qu'une réimpression de la narration citée ci-dessus.

Panton (A...). Dissertation on that portion of Scotish history, termed the Gowrie conspiracy. *Lond.* 1812. 8.

Goyder (Thomas),
prêtre anglais.
Goyder (David George). Biographical sketch of the life of the Rev. T. Goyder. *Ipswich.* 1851. 12.

Goyon-Matignon,
famille française.
Notice historique sur la famille de Goyon-Matignon. *Par.* 1853. 8.

Gozzadina (Bitisia),
jurisconsulte italienne du XVIe siècle.
Macchiavelli (Antonio). Dissertatio de doctoratu Gozzadinæ. *Bonon.* 1722. 4.

Gozzatini (Nanni),
homme d'État italien.
Bombace (Gaspard). Istoria memorabile di Bologna,

ristretta nelle vite di tre uomini illustri : A. Lambertacci, N. Gozzatini e Galeazzo Marescotti. *Bologn.* 1666. 8.

Gozzi (Carlo),
poète italien (1722 — 4 avril 1806).

Gozzi (Carlo). Memorie inutile della sua vita. *Venez.* 1797. 3 vol. 8. (*P.*) Trad. en franç. par Paul de Musset. *Par.* 1848. 12.

Gozzi (Gasparo),
littérateur italien (20 déc. 1713 — 26 déc. 1786).

Fanzago (Francesco). Orazione funerale in morte di G. Gozzi. *Venez.* 1786. 8.

— — Vita di G. Gozzi. *Venez...*

Pindemonte (Ippolito). Elogio del conte G. Gozzi. *Venez.* 1787. 8.

Gherardini (Giovanni). Vita di G. Gozzi. *Milan.* 1821. 8.

Gamba (Bartolommeo). Notizie intorno alle edizione delle opere di G. Gozzi. *Venez.* 1824. 16.

Meneghelli (Antonio Maria). Del monumento eretto a G. Gozzi, etc. *Padov.* 1836. 8.

Gozzone (Deodato a),
chevalier de Malte.

D. a Gozzone, ordinis S. Johannis Hierosolymitani pestiferi draconis Rhodensis interfector, symbolum Christi servatoris adumbratum sub ipso sepulchri Dominici apparatu, et melodramate adornatum. *Prag.* 1734. 4. Trad. en allem. *Prag.* 1754. 4.

Graaf (Willem Jacob van de),
peintre hollandais (1736 — 18...).

Lauts (U... G...). W. J. van de Graaf, s. l. et s. d. (*Utrecht.* 1843.) 8. (*Ld.*)

Grabbe (Christian),
poète allemand (11 déc. 1801 — 12 sept. 1836).

Duller (Eduard). C. Grabbe's Leben. *Düsseld.* 1838. 8. *
* Appendice au drame *Hermannschlacht* de Grabbe.

Ziegler (Carl). Biographie C. Grabbe's. *Hannov.* 1848. 8.

Grabener (Christian Gottfried),
pédagogue allemand, fils du suivant (15 avril 1714 — 30 nov. 1778).

Ehrengedächtniss dem C. G. Grabener errichtet. *Naumb.* 1779. 4. (*D.*)

Grabener (Theophil),
pédagogue allemand (3 nov. 1685 — 15 avril 1750).

Grabener (Christian Gottfried). Evocationum divinarum in vita desideratissimi parentis Mag. T. Grabeneri, rectoris quondam illustris Afranei, notatio. *Dresd.* et *Lips.* 1751. 4.

Gracchanus (Junius),
historien romain.

Mercklin (Ludwig). Commentatio de J. Gracchano, part. I et II. *Dorpat.* 1840-41. 8.

Hertz (Martin). De Luciis Cinciis, etc., adjecta est de M. J. Gracchano disputatio. *Berol.* 1842. 8.

Gracian (Hieronymo),
littérateur espagnol (1545 — 1614).

Marmol (Andres de). Excelencias, vida y trabajos del P. Fr. G. Gracian de la Madre di Dios, Carmelita. *Valladolid.* 1619. 4.

Gracques,
conjurateurs romains (134 — 131 avant J. C.).

Andreas (Samuel). Dissertationes II de Gracchis, s. hominibus seditiosis in republica Romana. *Marb.* 1676. 4.

Lagerloef (Peter). Dissertatio de tumultu Gracchano. *Upsal.* 1693. 8.

Crell (Heinrich Christian). Elogium et character Tiberii et Caji Gracchorum, incomparabilis fratrum paris. *Lips.* 1727. 4.

Hegewisch (Dietrich Hermann). Geschichte der Gracchischen Unruhen in der römischen Republik. *Hamb.* 1801. 8.

Verschwörung der Gracchen. *Leipz.* 1803. 8.

Heeren (Arnold Hermann Ludwig). Tiberius und Cajus Gracchus... Trad. en holland. par P... J... Steenbergen van Goon. *Leeuward.* 1821. 8.

Broemmel (F...). Dissertatio, qua demonstratur, bella civilia Romanorum legibus Gracchorum agrariis falso imputari. *Halæ.* 1822. 4.

Reiff (H... C...). Geschichte der römischen Bürgerkriege vom Anfange der Gracchischen Unruhen bis zur Alleinherrschaft des Augustus. *Berl.* 1823. 2 vol. 8.

Tutor (Julius). Sempronius Gracchus, gerechtfertigt durch sich selbst, etc. *Zweibrück.* 1832. 8.

Ahrens (E... A... J...). Rechtfertigung des Tiberius Sempronius Gracchus. *Coblenz.* 1833. 8.

— — Die drei Volkstribunen Tiberius Gracchus, Marcus Livius Drusus und Publius Sulpicius, nach ihren politischen Bestrebungen dargestellt. *Leipz.* 1836. 8.

Gerlach (Franz Dorotheus). Tiberius und Cajus Gracchus; historischer Vortrag. *Basel.* 1843. 8.

Nitzsch (C... W...). Die Gracchen und ihre nächsten Vorgänger; vier Bücher römischer Geschichte. *Berl.* 1847.*8.

Lundenius (Anders Carl Gustaf). Disputatio de Tiberio Sempronio Graccho. *Helsingfors.* 1849. 8.

Gradenigo,
famille italienne.

Vita di tre personnaggi illustri della famiglia Gradenigo, bene meriti della letteratura nel. secolo XVIII. *Venez.* 1819. 8.

Gradenigo (Giovanni),
l'un des disciples de S. Romuald.

Azioni del B. G. Gradenigo, discepolo di S. Romoaldo. *Venez.* 1731. 4.

Gradenigo (Giovanni Agostino),
évêque de Ceneda (10 juillet 1725 — 16 mars 1774).

Doglioni (Lucio). Elogio storico di G. A. Gradenigo, vescovo di Ceneda. *Bellun.* 1774. 8.

Gradenigo (Giovanni Girolamo),
archevêque d'Udine (19 février 1708 — 30 juin 1786).

Belgrado (Giacomo). Orazione per li funerali celebrati del capitolo metropolitano d' Udine all' arcivescovo G. G. Gradenigo. *Udine.* 1786. 4.

Sbraglio (Gasparo di). Orazione funebre in onore di G. G. Gradenigo. *Udine.* 1787. 4.

Graeberg af Hemsœ (Jacob),
littérateur danois.

Catalogo delle opere in otto diversi lingue publicate dal conte Gräberg af Hemsœ. *Firenz.* 1857. 12.

Graebner (David v.),
médecin allemand (23 avril 1655 — 21 janvier 1737).

Stieff (Johann Ernst). Epistola gratulatoria ad D. v. Graebner, continens ejusdem vitam. *Vratisl.* 1754. 4.

Graefe (Carl Ferdinand v.),
chirurgien allemand d'origine polonaise (8 mars 1787 — 4 juillet 1840).

Michaelis (H... S...). C. F. v. Graefe in seinem dreissigjährigen Wirken für Staat und Wissenschaft. *Berl.* 1840. 8.

Graefe (Nicolaus),
théologien allemand.

Roeber (Paul Philipp). Leichenpredigt auf N. Graefe. *Freiberg.* 1672. 4. (*D.*)

Graefenhahn (Wolfgang Ludwig), .
philologue allemand (12 avril 1718 — 5 mai 1767).

Lang (Lorenz Johann Jacob). Epicedium in funus W. L. Graefenhahn. *Erlang.* 1767. Fol.

Graeven (Alexander),
théologien courlandais (12 août 1679 — 26 août 1746).

Hesselberg (Johann Friedrich). Denkmal der Ehrerbietung und Liebe dem weiland hochehrwürdigen und hochgelahrten Herrn Superintendenten A. Graeven errichtet. *Königsb.* 1747. Fol.

Graevius (Gottfried),
jurisconsulte allemand.

Cyprian (Johann). Programma in G. Graevii memoriam. *Lips.* 1719. Fol.

Carpzov (Johann Gottlieb). Gedächtniss-Predigt auf G. Graevius. *Leipz.* 1719. Fol. (*D.*)

Schuldiges Ehren-Gedächtniss G. Graeven's. *Leipz.* 1725. Fol. (*D.*)

Graevius (Johann Georg),
philologue allemand (29 janvier 1632 — 11 janvier 1703).

Burmann (Pieter). Oratio funebris in J. G. Graevii obitum. *Ultraj.* 1703. 4. (*D.*)

Graf ou **Grav** (Johann),
pédagogue allemand (5 déc. 1595 — 2 août 1644).

Gundermann (Johann). Leichpredigt auf Herrn J. Grafen, Rectorem des Gymnasii Egidiani. *Nürnb.* 1644. 4.

Graffan, dit Quatre-Taillons,
brigand français.

Vie du fameux brigand Graffan, dit Quatre-Taillons,

avec des détails de son arrestation et de sa mort. *Par.* 1831. 8.

Graffen (Friedrich v.),
magistrat allemand.

Gurlitt (Johann Gottfried). Vita F. a Graffen. *Hamb.* 1824. 4.

Graffman (Hans),
théologien suédois (14 avril 1748 — 30 janvier 1828).

Holmstroem (H... O...). Minne af Dom-Prosten Dr. H. Graffman. *Strengnäs.* 1828. 8.

Graham (Isabella),
auteur anglaise.

Memoirs of I. Graham. *New-York.* 1817. 12. Trad. en franç. s. c. t. Vie de madame I. Graham, par mademoiselle CHABAUD-LATOUR. *Par.* 1830. 18.

Graham (Mary Jane).

Bridges (Charles). Memoirs of miss M. J. Graham, etc. *Lond.* 1846. 8. * *New-York.* 1849. 8.
    * 5e édition ornée de son portrait.

Grainville (Jean Baptiste Christophe),
littérateur français (15 mars 1760 — 19 déc. 1805).

Lebailly (Antoine François). Notice sur les ouvrages de feu Grainville. *Par.* 1806. 8.

Gralath (Daniel),
magistrat allemand (1708 — 1767).

Sendel (Christian). Lebrede auf den Herrn Bürgermeister D. Gralath. *Danzig.* 1768. 8.

Gram (Jens),
historiographe danois (28 oct. 1685 — 19 février 1748).

Moeller (Jens). H. Grams Levnet og Fortjenester. *Kjoebenh.* 1810. 8.

Gramann (Heinrich),
magistrat allemand.

Programma academicum ad funus H. Gramanni. *Lips.* 1639. 4. (*D.*)

Gramont (Antoine, duc de),
maréchal de France (vers 1604 — 12 juillet 1678).

Gramont (Antoine de). Mémoires depuis 1621 jusqu'en 1673 (publ. par son fils). *Par.* 1716. 2 vol. 12. *Ibid.* 1718. 8. Trad. en angl. *Lond.* 1718. 8.
—— Mémoires contenant diverses particularités de l'élection de l'empereur Léopold I. *Francheville.* 1742. 8. (Ouvrage posthume.)

Duprat (N... N...). Portrait et éloge du maréchal A. de Gramont. *Par.* 1664. 4.

Lebensbeschreibung des Marschalls v. Gramont. *Halle.* 1746. 8.

Gramont (comtesse de),
religieuse française (... — 16 janvier 1836).

Notice. sur la vie de madame la comtesse de Gramont, née de Boisgelin, religieuse du sacré cœur et supérieure de la maison du Mans. *Par.* 1836. 8.

Gramont (Philibert, comte de),
homme d'État français (1632 — 10 janvier 1707).

(**Hamilton**, Antony). Mémoires de la vie du comte (Philibert) de Gramont, contenant particulièrement l'histoire amoureuse de la cour d'Angleterre sous le règne de Charles II. *Roterd.* 1711. 12. *Cologne.* 1713. 12. *Ibid.* 1715. 12. *Roterd.* 1716. 8. *La Haye.* 1731. 12. *Ibid.* 1741. 12. Avec des notes et des éclaircissements nécessaires par Horazio WALPOLE. *Strawsbury-Hill.* 1763. 4. ¹ *Ibid.* 1772. 4. ² *Lond.* (*Par.*) 1781. 2 vol. 18. *Lond.* 1785. 4. ³ *Par.* 1783. 5 vol. 18. *Lond.*, s. d. (1792.) 4. ⁴ *Ibid.* 1812. 4. *Par.* 1812. ⁵ *Par.* 1812. 2 vol. 18 ⁶. Précédés d'une notice sur la vie et les ouvrages d'Antoine Hamilton, par Louis Simon AUGER. *Par.* 1815. 3 vol. 16. *Ibid.* 1815. 2 vol. 12. *Ibid.* 1819. 2 vol. 18. *Ibid.* 1820. 2 vol. 12. *Ibid.* 1823. 2 vol. 52. *Ibid.* 1825. 8 ⁷; publ. avec des notes historiques et une nouvelle notice par l'auteur par A... LESOUND. *Par.* 1826. 2 vol. 52. Réimpr. par Louis Simon AUGER. *Par.* 1828. 8.
¹ Édition révoquée en doute par M. Brunet.
² Édition tirée à 100 exemplaires et ornée de 3 portraits.
³ Avec 4 portraits.
⁴ Illustr. de 78 portraits ; il existe quelques exemplaires in-fol.
⁵ Accompagn. de 64 portraits.
⁶ Avec 8 portraits.
⁷ Cette édition, dont il n'a été tiré que 93 exemplaires, est extraite des Œuvres d'Hamilton, publ. par Jean Baptiste CHAMPAGNAC.

Trad. en allem. *Leipz.* 1833. 8 et 16.
Trad. en angl. :
Par Abel BOYER. *Lond.* 1714. 8. *Ibid.* 1760. 12.
(Par N... N... MADDISON). *Lond.* 1792. 4. *Ibid.* 1809. 5 vol. 8. *Ibid.* 1811. 2 vol. 4.

Granada (Luis de),
dominicain espagnol (1509 — 31 déc. 1588).

Marieta (Juan de). Vida del venerable P. F. L. de Granada. *Madr.* 1604. Fol.

Diago (Francisco). Historia de la vida exemplar, libros y muerte del insigne y celebre maestro F. L. de Granada. *Barcelon.* 1605. 8.

Munoz (Luis). Vida y virtudes del venerable varon el Padre maestro F. L. de Granada. *Madr.* 1639. 4.

Grand (Jens),
archevêque de Roeskilde.

Noernissum (Jens Soerensen). Historie om Erkebiskop J. Grand, og Catalogus over Roeskilde Bisper. *Kjoebenh.* 1656. 8. *Ibid.* 1690. 8.

Grande (Juan),
prêtre espagnol.

Leben des ehrwürdigen J. Grande, mit dem Beinamen DER SUENDER, aus dem Orden des heiligen Johann von Gott (Barmherzige Brüder); in Kürze Zusammengefasst von einem Religiosen desselben Ordens. *Bresl.* 1852. 8. (Trad. de l'ital.)

Grandi (Guido),
mathématicien italien (1er oct. 1671 — 4 juillet 1742).

(**Lami**, Giovanni). Memorie per servire alla vita dell'abate G. Grandi. *Mass.* 1742. 4. (*D.*)

(**Ortes**, Giovanni Mario). Vita del P. D. G. Grandi, abate Camaldolese. *Venez.* 1744. 8. (*D.*)

Bandini (Angelo Maria). G. Grandi, abatis Camaldulensis et mathematici præstantissimi, elogium. *Florent.* 1745. 8.

Grandidier (Philippe André),
historien français (9 nov. 1752 — 11 oct. 1787).

(**Grappin**, Pierre Philippe). Éloge historique de M. l'abbé Grandidier. *Strasb.* (1788.) 12.

Spach (Louis). Eloge de Grandidier. *Colmar.* 1851. 8.

Grandier (Urbain),
curé de Loudun († brûlé vif le 8 août 1634).

L'ombre d'U. Grandier de Loudun ; sa rencontre et conférence avec (Louis) Gaufridy en l'autre monde, s. l. 1634.

La démonomanie de Loudun, qui montre la véritable possession des religieuses ursulines et autres séculières, s. l. 1634. 8.

Sortie des sept démons qui possédaient les ursulines de Loudun, s. l. 1634. 4.

(**Aubin**, N... N...). Cruels effets de la vengeance du cardinal de Richelieu, ou histoire des diables de Loudun et du supplice du curé U. Grandier. *Amst.* 1693. 12. Réimprim. s. c. t. Histoire des diables de Loudun, ou de la possession des religieuses ursulines et de la condamnation et du supplice d'U. Grandier. *Amst.* 1716. 12. *Ibid.* 1752. 12. Publ. s. c. t. Histoire d'U. Grandier condamné comme magicien, etc. *Amst.* 1755. 12.

Lamenardaye (Jean Baptiste de). Examen et discussion critique de l'*Histoire des diables de Loudun*, ou de la possession des religieuses ursulines et de la condamnation d'U. Grandier. *Par.* 1747. 12. * *Liége.* 1749. 12.
    * On trouve, dans la préface, pag. xv et suiv., une notice assez étendue des ouvrages imprimés et manuscrits qui a contre cette prétendue possession.

Extrait des registres de la commission pour le jugement du procès criminel fait à U. Grandier, convaincu de crime de magie, etc. *Poitiers.* 1634. 8.

Factum pour M. U. Grandier, etc., sur la possession des religieuses ursulines de Loudun, etc., s. l. 1634. 8.

Interrogatoire de M. U. Grandier, avec les confrontations des religieuses possédées. *Par.* 1634. 8.

Récit véritable de ce qui s'est passé, à Loudun, contre M. U. Grandier. *Par.* 1634. 8.

Tranquille (Père). Véritable relation des justes procédures, observées au fait de la possession des ursulines de Loudun et au procès de M. U. Grandier. *Par.* 1634. 12.

Grandmange (N... N...),
géomètre français (10 juin 1835 — ...).
Michelot (N... N...). Rapport sur le jeune Grandmange, né sans bras ni jambes, à Epinal (Vosges). *Par.* 1853. 8.

Grandson (Othon II de),
évêque de Bâle.
Bel (Carl Andreas). Programma de Ottone II Granseio, Basileensi episcopo, cædis Alberti I, Romanorum regis, participe; disquisitio historica. *Lips.* 1762. 4.

Grandville (Jean Ignace Isidore **Gérard**, dit),
peintre français du premier ordre (15 sept. 1803 — 17 mars 1847).
Nollet-Fabert (Jules). Éloge historique de J. I. I. Grandville. *Anvers.* 1853. 8.
Clogenson (S...). J. I. Grandville. *Alençon.* 1853. 8.
(Extrait de l'*Athenæum français*, tiré à part à 20 exemplaires seulement.)

Granet (François),
littérateur français (1692 — 2 avril 1741).
Granier (Charles François). Elogium F. Granet. *Par.* 1744. 12.

Grange (Adélaïde Édouard **Le Lièvre**, marquis de la),
membre de l'Institut.
(**Steins**, Édouard de). Notice biographique sur M. le marquis de la Grange, sénateur, membre de l'Institut. *Par.* 1852. 8. (Extrait du *Panthéon biographique universel*.)

Grange (François de la),
maréchal de France.
Neufchaises (J... de). Oraison funèbre de F. de la Grange, maréchal de France. *Bourges.* 1618. 8.

Granger (Paul Jean),
jésuite français.
Dufour d'Astafort (J...). Vie de P. J. Granger, de la compagnie de Jésus, mort à 26 ans au collège de Brugelette. *Par.* 1851. 8. Portrait.

Grangier (Pompone),
homme d'État français.
Dresser (Matthias). Programma academicum ad exequias P. Grangerii. *Lips.* 1591. 4. (D.)

Grant (Asahel),
missionnaire anglo-américain.
Life of A. Grant, missionary to Nestorians. *New-York.* 18... 8.

Granvelle (Antoine **Perrenot** de),
cardinal et ministre espagnol d'origine française (20 août 1517 — 21 sept. 1586).
Saccus (Joannes). Oratio funebris de laudibus A. Perrenotti cardinalis Granvellani, etc. *Antwerp.* 1586. 8. (Excessivement rare.) — (*Bes.*)
(**Lévesque**, Prosper). Mémoires pour servir à l'histoire du cardinal A. Perrenot de Granvelle. *Par.* 1753. 2 vol. 12. (*Bes.*)
(**Courchetet d'Esnans**, Luc). Histoire du cardinal de Granvelle, archevêque de Besançon, vice-roi de Navarre et premier ministre de l'empereur Charles-Quint et de Philippe II. *Par.* 1761. 12. Portrait. (*Bes.*) *Brux.* 1784. 2 vol. 12. (*Bes.*)
(**Grappin**, Pierre Philippe). Mémoire historique où l'on essaye de prouver que le cardinal de Granvelle n'eut point de part aux troubles des Pays-Bas dans le XVIᵉ siècle. *Besanç.* 1788. 8.
Gerlache (Étienne Constantin de). Philippe II et Granvelle. *Brux.* 1842. 8.

Granyer (Claude de),
prince-évêque de Genève († 1602).
Constantin (Boniface). Vie de C. de Granyer, prince et évêque de Genève. *Lyon.* 1640. 4.
Vie de Mgr. C. de Granyer, évêque et prince de Genève. *Annecy.* 1836. 18.

Grapius (Zaccharias),
philologue allemand (6 oct. 1671 — 11 février 1713).
Stein (Matthias). Programma in funere Z. Grapii, in quo plenior vitæ ejus narratio exhibetur. *Rostoch.* 1713. 4. (D.)

Grappin (Pierre Philippe),
bénédictin français (1er février 1738 — 20 nov. 1833).
Weiss (Charles). Notice sur Dom Grappin, s. l. et s. d. (*Besanç.*) 8. (Extrait des *Mémoires de l'Académie de Besançon.*)

Graser (Conrad),
pédagogue allemand († 29 août 1630).
Oratio in obitum C. Graseri. *Thorun.* 1650. 4. (D.)

Gras-Préville (le marquis),
député français.
Tisseron (N... N...) et **Quincy** (N... N... de). Notice historique sur M. le marquis de Gras-Préville, chevalier de Saint-Louis, député de Tarascon. *Par.* 1845. 8. (Extrait des *Fastes parlementaires*.)

Grass (Johann Georg),
théologien allemand.
Zwinger (Theodor). Concio funebris J. G. Grassii. *Basil.* 1650. 4.

Grassalkovics (Anton, Fürst),
homme d'État hongrois.
Balasko (Ferencz). Opus exiguum honori A. principis Grassalkovits oratorie et metrice deductum. *Budæ.* 1749. Fol.

Grasse-Tilly (François Joseph Paul, comte de),
amiral français (1723 — 11 janvier 1788).
Notice biographique sur l'amiral comte de Grasse. *Par.* 1840. 8.
* Publ. par Alexandre François Auguste de GRASSE, fils de l'amiral.

Grasser (Johann Jacob),
théologien suisse (21 février 1579 — 21 mars 1627).
Mueller (Georg). Oratio funebris de vita atque obitu J. J. Grasseri. *Basil.* 1627. 4.

Grasseri (Giovanni Battista),
poète italien.
Vannetti (Clementino). Commentariolum de J. B. Grasserio. *Moden.* 1790. 8.

Grata (Sainte),
patronne de la ville de Bergamo.
Tassis (Maria Anna). Vita di S. Grata, vergine, regina nella Germania, poi principessa di Bergamo e protettrice della medesima città. *Padov.* 1723. 4. Portrait.

Grataroli (Guglielmo),
médecin italien (1516 — 17 avril 1568).
(**Galliccioli**, Giovanni Battista). Della vita, degli studj e degli scritti di G. Grataroli. *Bergam.* 1788. 8. Portrait.

Grataroli (Pietro Antonio),
littérateur italien.
Memorie ultime di P. A. Grataroli, coi documenti della di lui morte. *Venez.* 1797. 12.

Grattanus, voy. **Graziani**.

Grattan (Henry),
littérateur irlandais (vers 1750 — 14 mai 1820).
Grattan , le fils (Henry). Memoirs of the life and times of the Right Hon. H. Grattan. *Lond.* 1846. 5 vol. 8.
Davis (Thomas). Life of the Hon. H. J. Philpot Curran, and a memoir of the life of the Right Hon. H. Grattan, publ. par D... O... MADDEN. *Dubl.* 1846. 18.

Graul (Jacob Andreas),
philologue allemand.
Programma academicum ad exequias J. A. Grauli. *Lips.* 1633. Fol. (D.)

Graun (Carl Gottlieb),
théologien allemand.
Meissner (Christoph). Gedächtnissschrift auf C. G. Graun. *Friedrichst.* 1758. 4. (D.)

Graun (Wolfgang Heinrich),
théologien allemand.
Kretzschmar (Christoph). Gedächtnissschrift auf W. H. Graun. *Friedrichst.* 1757. 4. (D.)

Graupitz (Balthasar Benjamin),
jurisconsulte allemand.
Schmidt (Bernhard). Labsal in Todesqual. Gedächtnissschrift auf B. B. Graupitz. *Dresd.* 1675. 4. (D.)

Grautoff (Johann),
théologien allemand.
Overbeck (Johann Daniel). Lebensgeschichte J. Grautoff's, Predigers an Sanct-Mariae. *Lübeck.* 1757. Fol.

Gravina (Giovanni Vincenzo),
jurisconsulte italien (20 janvier 1664 — 6 janvier 1718).
Serrao (Giovanni Andrea). Commentarius de vita et scriptis J. V. Gravinæ. *Rom.* 1758. 4. (P.)

Meneghelli (Antonio Maria). Elogio funebre di G. V. Gravina. *Venez.* 1815. 8.
Valdrigi (Francesco). Elogio storico di G. V. Gravina. *Milan.* 1816. 8.

Gravius (Hendrick),
théologien hollandais.
Jansson (Jacob). Oratio funebris in laudem H. Gravii, sacræ theologiæ doctoris. *Lovan.* 1691. 4.

Gravius, voy. Greaves.

Grawer (Albrecht),
théologien allemand (3 avril 1575 — 30 nov. 1617).
Schwanengel (Samuel). Justa funebria A. Graweri. *Vinar.* 1619. 4.

Grawitz (Charles),
prêtre français (1804 — ...).
Rolland (Alexandre). Notice sur M. C. Grawitz. *Montpell.* 1855. 8.

Gray (Elizabeth),
épouse d'Édouard IV, roi d'Angleterre.
Sampson (Thomas). Fortunes fashion, pourtrayed in the troubles of lady E. Gray, wife to Edward IV. *Lond.* 1615. 4.

Gray ou Grey (Jane),
arrière-petite-fille de Henri VII, roi d'Angleterre (vers 1537 — exécutée le 12 février 1554).
(Florio, Michelangelo). Historia della vita e della morte de l' illustrissima signora G. Graia, già regina eletta e publicata d' Inghilterra e delle cose accedute in quel regno dopo la morte del rè Edoardo VI, s. l. (*Londra.*) 1607. 8. (Très-rare.)
Life, death and actions of the most chaste and learned lady J. Gray. *Lond.* 1615. 4.
Banks (John). The innocent usurper, or the death of lady J. Gray. *Lond.* 1694. 4.
Some account of the lady Gray, daughter of the duke of Suffolk, etc. *Lond.* 1708. 8.
Life, character and death of the lady J. Gray. *Lond.* 1714. 8.
Laird (Francis Charles). Lady J. Gray and her times. *Lond.*, s. d. 12. *
* Publ. s. l. pseudonyme de George Howard.
Marcliffe (Theophilus). Life of lady J. Grey and lord Guilford Dudley, her husband. *Lond.* 1806. 12. (Non mentionné par Lowndes.)
Harris (Nicholas). Memoirs and literary remains of lady J. Gray. *Lond.* 1825. 8. *Ibid.* 1832. 8.

Graydon (Alexander),
homme d'État anglo-américain.
Graydon (Alexander). Memoirs of my own times, with reminiscences of the men and events of the revolution, publ. par John Stockton LITELL. *Philadelph.* 1846. 8. *Ibid.* 1848. 8.

Graziadei (Ercole),
jurisconsulte italien.
Fenati (Lodovico Antonio). Orazione funebre per la morte del chiarissimo signor avvocato E. Graziadei. *Ferrar.* 1766. 4.

Graziosi (Giuseppe),
théologien italien (... — 22 août 1847).
Ventura (Gioachimo). Orazione funerale in G. Graziosi. *Rom.* 1847. 8.
Trad. en allem. s. c. t. Bild eines wahren Priesters, par F... LOHINSEN, s. l. (*Oppeln.*) 1848. 8.
Trad. en franç. s. c. t. Le modèle du prêtre ; éloge funèbre de J. Graziosi, chanoine de l'archibasilique de Latran, par Félix CLAVÉ. *Par.* 1848. 18.

Greatrakes (Valentin),
charlatan irlandais (14 février 1628 — vers 1685).
(Lloyd, D...). Wonders no miracles, etc. *Lond.* 1666. 4.

Greaves ou Gravius (John),
mathématicien anglais (1602 — 8 oct. 1652).
Smith (Thomas). Vita J. Gravii, in qua de illius studiis, itineribus in Italiam, ad Constantinopolim et in Ægyptum susceptis, et libris editis ineditisque, fuse disseritur. *Lond.* 1699. 4.

Grebel (Félix),
gouverneur de Suisse.
Lavater (Johann Caspar). Der glücklich besiegte Landvogt F. Grebel. *Arnh.* 1769. 12. *Ibid.* 1775. 8. -

Green (Ashbel),
théologien anglo-américain.
Green (Ashbel). Autobiography, continued and edited by J... H... JONES. *New-York.* 1849. 8.

Green (Georg Sigismund),
théologien allemand.
Guden (Gottlob Friedrich). Gedächtnissschrift auf G. S. Green. *Dresd.* 1734. 4. (*D.*)
Beil (Johann Gabriel). Programmata V de vita J. S. Greenii. *Chemnic.* 1741. Fol.

Greene (Nathaniel),
général anglo-américain (vers 1741 — 19 juin 1786).
Caldwell (Charles). Life and campaign of major general N. Greene. *Philadelph.* 1819. 8.
Johnson (William). Sketch of the life and correspondence of N. Greene, major general of the army of the United-States in the war of the revolution. *Charlestown.* 1822. 2 vol. 4. (*Lv.*)
Greene (George William). Life of N. Greene. *Bost.* 1846. 8.

Grégoire I, surnommé le Grand,
pape, successeur de Pélage II (vers 542 — élu en 590 — 12 mars 604).
Zype (Hendrik van den). S. Gregorius M. primus ejus nominis pontificum romanorum, ex nobilissima et antiquissima in ecclesia Dei familia benedictina oriundus. *Col. Agr.* 1611. 8. *Ypres.* 1611. 8.
Maimbourg (Louis). Histoire du pontificat de S. Grégoire le Grand. *Par.* 1687. 4. *La Haye.* 1706. 2 vol. 12.
Sainte-Marthe (Denis de). Histoire de S. Grégoire le Grand, pape et docteur de l'Eglise, tirée principalement de ses ouvrages. *Rouen.* 1697. 4. Portrait. (*Bes.*)
Bonucci (Antonio Maria). Istoria del beato Gregorio. *Rom.* 1711. 4.
Stute (Johann Peter). Gregorius M. papa Lutheranus. *Lips.* 1715. 4.
Wietrowsky (Maximilian). Historia de gestis præcipuis in pontificatu S. Gregorii M. et S. Leonis M. Vetero. *Prag.* 1726-30. 2 vol. Fol. ou 4 vol. 12.
Gradenigo (Giovanni). S. Gregorius M. pontifex maximus a criminationibus Casimiri Oudini vindicatus. *Rom.* 1755. 8.
Pozzo (Francesco dal). Istoria della vita e del pontificato di S. Gregorio magno, papa e dottore della Chiesa. *Rom.* 1758. 4.
Mirus (August Georg). De Gregorio M. et festo quod ita dicitur Gregorii, prolusio I et II. *Helmst.* 1768. 4.
Wiggers (Gustav Friedrich). Commentatio de Gregorio M. ejusque placitis anthropologicis. *Rostoch.* 1838. 4.
Bianchi-Giovini (Antonio). Pontificato di S. Gregorio il Grande. *Milan.* 1844. 8.
Lau (Georg Johann Thomas). Gregor der Grosse nach seinem Leben und seiner Lehre geschildert. *Leipz.* 1845. 8.
Marggraff (Eberhard Waldemar). Dissertatio historica de Gregorii I M. vita. *Berol.* 1845. 8.
Pfahler (Georg). Gregor der Grosse und seine Zeit. *Frf.* 1853. 2 vol. 8.

Grégoire II (Saint),
pape, successeur de Constantin (élu le 19 mai 715 — 2 février 731).
Hilgens (Bernhard Joseph). Commentatio de Gregorii II P. M. in seditione inter Italiæ populos adversus Leonem Isaurum imperatorem excitata negotio. *Col. Agr.* 1849. 4.

Grégoire IV,
pape, succédant à Valentin (élu le 5 déc. 827 — 25 janvier 844).
Blasio (Vincenzo). Oratio de felici Gregorii IV pontificatu. *Rom.* 1591. 4.

Grégoire VII,
pape, successeur d'Alexandre II (vers 1020 — élu le 22 avril 1073 — 25 mai 1085).
Benno (cardinal). Life of Hildebrand, called Gregory VII, trad. du latin en anglais par Thomas SWINERTON. *Lond.* 1555. 4 et 12.
Paulus Bernriedensis. Commentarius de vita Gregorii VII, pontificis maximi, publ. par Jacob GRETSER. *Ingolst.* 1610. 4.
Raumburger (Anton). Dissertatio de Gregorio VII, vulgo Hildebrando. *Witteb.* 1690. 4.
L'avocat du diable, ou mémoires historiques et critiques sur la vie et sur la légende du pape Grégoire VII. *Saint-Pourçain.* 1743. 5 vol. 12. (*Bes.*)

Crusius (Christian August). Dissertatio de Gregorio VII. *Witteb.* 1760. 4.

Pereira de Figueiredo (Antonio). Dissertatio de gestis et scriptis Gregorii VII adversus Henricum IV imperatorem. *Ulyssip.* 1769. 4. *Vienn.* 1770. 8. *Ibid.* 1773. 8.

Gatterer (Johann Christoph). Memoria sæculi Hildebrandini renovata. *Goetting.* 1782. 8.

Ehrenrettung Papst Gregor's VII. *Pressb.* 1786. 8. *Augsb.* 1796. 8.

Muzzarelli (Alfonso). Gregorio VII. *Foligno.* 1789. 8. Trad. en franç. *Avign.* 1826. 12.

Gaab (Johann Friedrich). Apologie Gregor's VII. *Tübing.* 1792. 8.

Voigt (Johannes). Dissertatio de Gregorio VII. *Halæ.* 1812. 8.

—— Hildebrand, als Papst Gregor VII, und sein Zetalter. *Weim.* 1815. 2 vol. 8. *Wien.* 1819. 2 vol. 8. Augment. *Weim.* 1846. 2 vol. 8.
Trad. en franç. par A.∴ JAGER. *Par.* 1837. 2 vol. 8.
Trad. en ital. s. c. t. Storia di papa Gregorio VII e de' suoi contemporanei, par Francesco VERGANI. *Milan.* 1840. 8.

Spittler (Ludwig Timotheus v.). Geschichte der Hierarchie von Gregor VII bis auf die Zeit der Reformation, herausgegeb. von C... MUELLER. *Hamb.* 1827. 4.

Griesley (Roger). Life and pontificate of Gregory VII. *Lond.* 1829. 8. *Ibid.* 1852. 8. (Omis par Lowndes.)

Verenet (L... F...). Commentatio de commentatione quam subiit hierarchia romana auctore Gregorio VII. *Ultraj.* 1852. 4.

Madelaine (Victor de la). Le pontificat de Grégoire VII. *Brux.* 1837. 2 vol. 8.

Vidaillan (A... de). Vie de Grégoire VII. *Par.* 1837. 2 vol. 8.

Sonstral (Jan Hendrik). Gregoor VII, of de strijd tusschen kerk en staat in de XIe eeuw. *Amst.* 1858. 2 vol. 8.

Bowden (John William). Life and pontificate of Gregory VII. *Lond.* 1840. 2 vol. 8.

Cassander (Georg). Das Zeitalter Hildebrand's (Gregor's VII), für und gegen ihn. *Darmst.* 1842. 8.

Delécluze (Etienne Jean). Grégoire VII — S. François d'Assise — Thomas d'Aquin. *Par.* 1844. 2 vol. 8.

Soeltl (Johann Michael). Gregor VII. *Leipz.* 1847. 8.

Frantin (François). Grégoire VII et Henri IV; fragment historique, etc. *Dijon.* 1849. 12.

Jorry (N... N...). Histoire du pape Grégoire VII (1073-1085). *Par.* (*Arras*). 1850. 18. Portrait.

Flessa (Johann Adam). De dictatibus pontificis romani Gregorii VII. *Baruth.* 1726. Fol.

Select history of the loose and incestuous loves of pope Gregory VII, commonly call'd Hildebrand, and of the cardinal de Richelieu. *Lond.* 1722. 12.

Grégoire X,
pape, succédant à Clément IV (élu le 1er sept. 1271 — 10 janvier 1276).

Campi (Pietro Maria). Vita Gregorii X. *Rom.* 1663. 4.

Bonucci (Antonio Maria). Istoria del pontefice ottimo massimo il Beato Gregorio X, descritta in III libri. *Rom.* 1711. 4. Portrait.

Fontaines (Charles Louis). Dissertation historique et critique pour fixer l'époque de l'entrevue du pape Grégoire X et de l'empereur Rodolphe de Habsbourg à Lausanne. *Fribourg.* 1791. 8.

Grégoire XI, *
pape, successeur d'Urbain V (1329 — 30 sept. 1370 — 27 mars 1378).

Vitrac (Jean Baptiste). Éloge de Grégoire XI. *Limog.* 1779. 8.
* C'est le dernier pape que la France ait donné à l'Église.

Grégoire XIII,
pape, succédant à Pie V (7 janvier 1502 — élu le 14 mai 1572 — 10 avril 1585).

Tucci. (Steffano). Oratio in exequiis Gregorii XIII. *Par.* 1585. 8.

Oration or funerall sermon, uttered at Roome, at the buriall of the holy father Gregorie the XIII, s. l. 1585. 16. (Extrêmement rare.)

Ciappi (Marco Antonio). Compendio dell' croiche azione e santa vita di Gregorio XIII. *Rom.* 1591. 4. *Ibid.* 1596. 4.

Bompiano (Ignazio). Historia pontificatus Gregorii XIII. *Rom.* 1655. 12. *Diling.* 1685. 8.

Maffei (Giovanni Pietro). Annali di Gregorio XIII. *Rom.* 1742. 2 vol. 4.

Vidaillan (A... de). Vie de Grégoire XIII. *Par.* 1840. 8.

Grégoire XV,
pape, succédant à Paul V (vers 1553 — élu le 9 février 1621 — 8 juillet 1623).

Fernandes (Bento). Oratio funebris Gregorii XV. *Ulyssip.* 1625. 4.

Grégoire XVI,
pape, successeur de Pie VIII (18 sept. 1765 — 2 février 1831 — 1er juin 1846).

Aus dem Leben Gregor's XVI; mit Anmerkungen von A... P... *Wien.* 1851. 4.

M... (G...). Cenni cronologici sul sommo pontefice Gregorio XVI. *Venez.* 1837. 8. Portrait.

(**Mortemart**, N...N... de). Notice historique sur le souverain pontife Grégoire XVI. *Par.* 1843. 8.

Greith (Carl). Gregor XVI, sein Leben und sein Wirken. Trauerrede u. s. w. *Sanct-Gall.* 1846. 8.

Berg (Friedrich). Die verwaiste Christenheit am Grabe ihres Oberhirten, des Papstes Gregor XVI. *Augsb.* 1846. 8. Portrait.

Zarbl (Johann Baptist). Trauerrede auf den Tod Gregor's XVI. *Regensb.* 1846. 8.

Broix (N... N...). Trauerrede auf den Tod Gregor's XVI. *Coeln.* 1846. 8.

Manavit (A...). Notice historique sur Grégoire XVI. *Par.* 1846. 8.

Wagner (Bernhard). Papst Gregor XVI, sein Leben und sein Pontificat. *Sulzbach.* 1846. 8. Portrait.

Palma (Giovanni Battista). In funere Gregorii XVI, pontificis maximi, oratio. *Rom.* 1846. 8.

T... (S... N...). Vida de Gregorio XVI y anales de su pontificado, especialmente en sus relaciones con la iglesia española. *Madr.* 1846. 8. *Ibid.* 1847. 8. Port.

Grégoire de Saint-Loup,
martyr français.

Vie et martyre du R. P. Grégoire de Saint-Loup, etc. *Bâle.* 1797. 8.

Grégoire de Nazianze (Saint),
archevêque de Constantinople (vers 328 — 389).

Lechner (Jacob). Oratio de Gregorio Nazianzeno. *Witteb.* 1558. 8.

Hermant (Godefroy). Vie de S. Grégoire de Nazianze. *Par.* 1675. 4. (D.)

Theodulus. Laudatio Gregorio Nazianzeni. *Upsal.* 1693. 4. (D.)

Schubart (Johann Gottfried). Dissertatio de Gregorio Nazianzeno, cognomine theologo. *Giess.* 1721. 4.

Ullmann (Carl). Gregorius von Nazianz, der Theologe. Beitrag zur Kirchen-und Dogmengeschichte des vierten Jahrhunderts. *Darmst.* 1825. 8. (D.) Trad. en holland. *Rotterd.* 1828. 2 vol. 12.

Grégoire de Nysse (Saint),
évêque de Nysse (vers 332 — vers 400).

Rupp (Julius). Gregor's, des Bischofs von Nyssa, Leben und Meinungen, etc. *Leipz.* 1834. 8.

Heyns (S... P...). Disputatio historico-theologica de Gregorio Nysseno. *Lugd. Bat.* 1855. 4.

Grégoire, surnommé **le Thaumaturge** (Saint),
évêque de Néocésarée († 17 nov. 271).

Pallavicini (Niccolò Maria). Vita Gregorii Thaumaturgi. *Rom.* 1644. 8.

Boye (Johann Ludwig). Dissertatio historica de S. Gregorio Thaumaturgo, episcopo Neocæsariensi. *Jenæ.* 1709. 4. (D.)

Prilessky (Johann Baptist). Acta et scripta SS. Gregorii Neocæsariensis, Dionysii Alexandrini et Methodii Lycii. *Cassov.* 1766. 8.

Grégoire de Tours (Saint),
évêque de Tours (539 — 27 nov. 593).

(**Billardon de Sauvigny**, Étienne Louis). Vie de S. Grégoire de Tours. *Par.* 1785. 8. (Omis par Quérard.)

Kries (Carl Wilhelm). Dissertatio de Gregorii Turonensis episcopi vita et scriptis. *Vratisl.* 1859. 8.
Loebell (Johann Wilhelm). Gregor von Tours und seine Zeit. *Leipz.* 1859. 8. (*D.*)

Prioux (Stanislas). Grégoire de Tours au concile de Braine. *Par.* 1847. 8.

Grégoire,
archevêque de Gran († 1298).

Schier (Xystus). Gregorius Lodomerii archiepiscopi Strigonensis sub anno 1298 defuncti, legitimus successor vindicatus et illustratus. *Vienn.* 1768. 4.

Grégoire (Henri, comte de),
évêque de Blois (4 déc. 1750 — 28 avril 1831).

Grégoire (Henri). Mémoires, etc., précédés d'une notice historique sur l'auteur, par Hippolyte CARNOT. *Par.* 1857. 2 vol. 8. (*Bes.*)

Énard (Jean Baptiste). L'abbé Grégoire jugé par lui-même. *Par.* 1814. 8. *
* Libelle virulent.

Mazerat (N... N...). Notice biographique sur H. Grégoire. *Grenoble.* 1819. 8.
Lavaud (Jean). Notice sur H. Grégoire, ancien curé d'Embermesnil, etc. *Par.* 1819. 8.
Notice biographique sur M. Grégoire, ancien évêque de Blois, s. l. et s. d. (*Par.* 1819.) 8.
Antiromanus (Christian). Der sterbende Grégoire und der verdammende Erzbischof von Paris. *Neust. a. d. Orla.* 1831. 8. (*D.*)
Krueger (Gustav). H. Grégoire, Bischof von Blois und Haupt des constitutionellen Clerus in Frankreich, nach seinen eigenen Denkwürdigkeiten geschildert ; mit Vorrede von Carl HASE. *Leipz.* 1838. 8. (*D.*)

Cousin d'Avallon (Charles Yves). Grégoriana, ou résumé général de la conduite, des actions et des écrits du comte Grégoire. *Par.* 1821. 1.

Gregorio (Emmanuele de),
cardinal italien.

Barluzzi (Giulio). Elogio storico del cardinale E. de Gregorio. *Rom.* 1840. 8. Portrait.

Gregorius (Friedrich Quirin),
théologien allemand.

(**Cyprian**, Johann). Programma academicum ad funus F. Q. Gregorii. *Lips.* 1715. Fol. (*D.*)

Gregorius (Johann Friedrich),
théologien allemand (19 mars 1697 — 28 sept. 1761).

Mag. J. F. Gregorius, Lehrer des evangelischen Zions zu Rothenburg. *Lauban.* 1753. 4.

Gregorj (Jean Charles),
jurisconsulte corse (4 mars 1797 — 27 mai 1852).

Boissieu (Alphonse de). Notice sur la vie et les travaux de J. C. Gregorj, conseiller à la cour d'appel de Lyon, président de l'Académie des sciences, lettres et arts, etc. *Lyon.* 1852. 8.

Greiffenclaes (Georg Friedrich),
archevêque de Mayence.

(**Pietra-Santa**, Silvestro). Racconto dell' elezzione di monsignore G. F. Greiffenclaes in arcivescovo e principe elettore di Moganza. *Liegi.* 1626. 4.

Grellet-Dumazeau (Jean Baptiste Michel),
jurisconsulte français (10 juin 1777 — 25 avril 1852).

Gay de Vernon (N... N...). Notice sur M. Grellet-Dumazeau, conseiller à la cour d'appel de Limoges. *Limog.* 1852. 8.

Grellmann (Heinrich Moritz Gottlieb),
historien allemand (7 déc. 1756 — 13 oct. 1804).

Buhle (Johann Gottlieb). Memoria H. M. G. Grellmanni. *Moscuæ.* 1805. 8.

Grénier (Paul),
général français (29 janvier 1768 — 18 avril 1827).

Sicard (François). Précis historique sur M. le comte Grénier, lieutenant général des armées du roi. *Metz.* 1828. 8. Portrait.
Bégin (Emile Auguste). Vie militaire du comte Grénier, lieutenant général. *Metz.* 1830. 8.

Grentz ou **Grenz** (Adam),
théologien allemand (28 mars 1770 — 22 avril 1773).

Am Ende (Johann Joachim Gottlieb). Leichen- und Gedächtniss-Predigt auf A. Grentz. *Dresd.* 1773. 4. (*D.*)

Grenus (Jacques),
littérateur suisse (vers 1760 — 1818).

Desonnaz (J...). Histoire de la conspiration de Grenus, etc. *Genève.* 1794. 8.

Grenville (William **Wyndham**, lord),
homme d'État anglais (25 oct. 1759 — 12 janvier 1834).

The Grenville Papers, from the archives at Stowe, including Mr. Grenville's political diary, edited by William John SMITH. *Lond.* 1852. 2 vol. 8.

Greser (Daniel),
théologien allemand (6 déc. 1504 — 29 sept. 1591).

Greser (Daniel). Historia und Beschreibung des ganzen Laufs und Lebens, wie ich mein Curriculum vitæ vom 1504 Jare an bis ins jetzo laufende 1585 Jar zusammengebracht. *Dresd.*, s. d. (1586.) 4. (*D.*)
Historie von Ankunft, Leben und Wandel, auch zeitlichem Hintritt D. Greser's, des andern evangelischen Pfarrers und Superintendentis zu Dresden. *Dresd.* 1678. 4. (*D.*)
Schlegel (Christian). Lebens-Beschreibung Herrn D. Greser's, in der Ordnung des Andern von Anfang der Reformation, in Dressden (!) gewesenen Superintendenten. *Dresd.* 1698. 8. Portrait.

Gresset (Jean Baptiste Louis),
poète français (1709 — 16 juin 1777).

(**Daire**, Louis François). Vie de M. Gresset. *Par.* 1779. 12. (Publ. sous les lettres de L. D.)
(**Diannyère**, Antoine). Eloge de Gresset, de l'Académie française et de celle de Berlin. *Berl. et Par.* 1784. 8.
(**Robespierre**, Maximilien). Eloge de Gresset. *Londr.* et *Par.* 1785. 8. * (*P.*)
* Cette pièce, publiée sous la lettre M..., est rare et recherchée à cause du nom de son auteur.
(**Mérard de Saint-Just**, Simon Pierre). Éloge de J. B. Gresset. *Lond.* et *Par.* 1785. 12.
(**Bailly**, Jean Sylvain). Eloge de Gresset. *Genève.* 1785. 8.
Noël (François Joseph). Eloge de Gresset. *Lond.* et *Par.* 1786. 8.
Giroust (N... N...). Éloge de Gresset. *Par.* 1786. 8.
Cayrol (Louis Nicolas Jean Jacques de). Essai historique sur la vie et les ouvrages de Gresset. *Amiens* et *Par.* 1845. 2 vol. 8. Portrait.

Gresham (Thomas),
fondateur du collège de son nom (1518 — 21 nov. 1579).

Account of the rise, progress and foundation of Gresham college, with the life of sir T. Gresham. *Lond.* 1707. 4.
Ward (John). Life of the professors of Gresham college, to which is prefixed the life of sir T. Gresham, etc. *Lond.* 1740. Fol. Portrait.
Burgon (J... W...). Life and times of sir T. Gresham. *Lond.* 1839. 2 vol. 8. Portrait.

Grétry (André Ernest Modeste),
musicien belge du premier ordre (11 février 1741 — 24 sept. 1813).

Lebreton (Joachim). Notice historique sur la vie et les ouvrages d'A. E. Grétry. *Par.* 1814. 4.
Grétry en famille, ou anecdotes littéraires et musicales relatives à ce célèbre compositeur, précédées de son oraison funèbre par (Jean Nicolas) BOUILLY, rédigées et publiées par André Joseph GRÉTRY (neveu). *Par.* 1815. 12. Portrait.
Hulst (Félix van). Grétry. *Liége.* 1842. 8. Portrait. (*Lv.*)
Gerlache (Etienne Constantin de). Essai sur Grétry. *Brux.* 1844. 8.

Polain (Mathieu Lambert). A toutes les gloires de l'ancien pays de Liége. Inauguration de la statue de Grétry, 18 juillet 1842, s. l. (*Liége.*) 1842. 8.
Henaux (Etienne). La statue de Grétry. *Liége.* 1842. 8. (Écrit en vers.)

Gretsch (Nicolaï),
littérateur russe (7 août 1787 — ...)

Koenig (Heinrich Joseph). Gretsch und die russische Literatur in Deutschland. *Hanau.* 1846. 8.

Greuze (Jean Baptiste),
peintre français (1726 — 21 mars 1805).

Lecarpentier (C... L... F...). Notice sur Greuze, peintre de l'école française, s. l. et s. d. (*Rouen* 1805.) 8.

Valory (Caroline **Tochon** de). Greuze , ou l'accordée de village, etc., précédée d'une notice sur Greuze et ses ouvrages. *Par.* 1813. 8.

Greve (Arnold),
théologien allemand (8 juillet 1700 — 18 nov. 1754).

Schetelig (Johann Andreas Gottfried). Nachricht von dem Leben und den Schriften des Archidiaconus Greve in Hamburg. *Hamb.* 1757. 8. (*D.*)

Greve ou **Grevius** (Egbert Johan),
orientaliste hollandais (4 sept. 1754 — 13 août 1798).

Lotze (A... A...). Laudatio E. J. Grevii. *Lugd. Bat.* 1815. 8.

Greve (Peter),
jurisconsulte allemand.

Buesch (Johann Georg). Vita, merita, mores consulis P. Grevii. *Hamb.* 1784. Fol.

Grey (Jeanne), voy. **Gray** (Jane).

Gribeauval (Jean Baptiste **Vaquette** de),
général français (15 sept. 1715 — 9 mai 1789).

(**Passac**, Philibert Jérôme **Gaucher** de). Précis sur M. de Gribeauval, premier inspecteur de l'artillerie de France. *Par.* 1816. 8.

Griebner (Daniel),
théologien allemand (31 août 1645 — 6 janvier 1685).

(**Feller**, Joachim). Programma academicum in D. Griebneri funere. *Lips.* 1685. Fol. (*L.*)

Griebner (Michael Heinrich),
jurisconsulte allemand (14 oct. 1682 — 19 février 1734).

(**Jenichen**, Gottlieb Friedrich). Programma academicum in M. H. Griebneri funere, cum catalogo ejus scriptorum. *Lips.* 1734. Fol. (*D.*)

Kapp (Johann Erhard). Memoria M. H. Griebneri, juris professoris. *Lips.* 1734. 4.

Rechenberg (Carl Otto). Oratio parentalis M. H. Griebnero dicta. *Lips.*, s. d. (1735.) Fol. (*D.*)

Griesbach (Johann Jacob),
théologien allemand (4 janvier 1745 — 24 mars 1812).

Koethe (Friedrich August). Gedächtnissrede auf J. J. Griesbach, nebst einer Skizze seines Lebens. *Jena.* 1812. 8. (*D.*)

Augusti (Johann Christian Wilhelm). Über J. J. Griesbach's Verdienste. *Bresl.* 1812. 8. (*D.*)

Eichstaedt (Heinrich Carl Abraham). J. J. Griesbachii et Christiani Caroli Erhardi Schmidii vitarum parallelarum commentatio. *Jenæ.* 1813. 8.

Grieshammer (Christoph Heinrich),
pédagogue allemand (13 janvier 1712 — 12 nov. 1783).

Oertel (Georg Christoph). Memoria M. C. H. Grieshammeri conrectoris. *Norimb.* 1784. 4.

Griet (Barthélemy de **Donadieu** de),
évêque de Comminges († 1637).

Molinier (Étienne). Vie de B. de Donadieu de Griet. *Par.* 1639. 8.

Griffenfeld * (Peder Greve af),
homme d'État danois (27 août 1635 — 11 mai 1699).

Harder (Henrik). Panegyris heroica in P. Griffenfeld. *Hafn.* 1675. Fol.
* Son nom de famille était SCHUMACHER.

Rothe . (Caspar Peter). Griffenfeldts Liv og Levnet. *Kjoebenh.* 1745. 4. *Ibid.* 1748. 8. Portrait. Trad. en allem. *Copenh.* et *Frf.* 1753. 8.

Hofman (Tycho de). Mémoires du comte Griffenfeld, de l'amiral général (Cort Siversen) Adeler et du viceamiral (Peder Wessel) Tordenskiold. *Copenh.* 1746. 4. Trad. en dan. par Christian LIUNGE. *Kjoebenh.* 1778. 4.

Schoenau (Friedrich Christian). Historiske og critiske Betaenkninger over Griffenfelds Liv og Levnet: *Kjoebenh.* 1749. 8. *
* Publ. s. l. pseudonyme de PHILANDER VON DER LINDE.

Baden (Gustav Ludvig). P. Greve af Griffenfeldts Fortjenester af Kongehus og Faedreneland. *Kjoebenh.* 1808. 8.

Wolf (Odin). Liv og Levnets Beskrivelse af P. Greve Griffenfeld. *Kjoebenh.* 1820. 4. *
* Ce titre n'est pas tout à fait exact.

Grev P. Griffenfelds Levnet. *Christiania.* 1843. 16. Port.

Giessing (Hans Peder). Griffenfeld ; en historisk Fremstilling, etc. *Kjoebenh.* 1846. 8.

Griffet (Henri),
jésuite français (1698 — 22 février 1771).

Éloge du R. P. H. Griffet de la compagnie de Jésus. *Par.* 1771. 8. (Extrait de l'*Année littéraire.*)

Griffith (William),
littérateur anglais.

M'Cleland (John). Memoir of the late W. Griffith, s. l. s. d. 8.

Grignon de Montfort (Louis Marie),
prêtre français (23 ou selon d'autres le 31 janv. 1673 — 28 avril 1716).

(**Grandet** , Joseph). Vie de messire L. M. Grignon de Montfort, missionnaire apostolique. *Nant.* 1724. 12.

Picot de Clorivière (Pierre Joseph). Vie de L. M. Grignon de Montfort, missionnaire apostolique, etc. *Saint-Malo.* 1785. 12.

Vie du vénérable serviteur de Dieu L. M. Grignon de Montfort, missionnaire apostolique et instituteur de la congrégation des missionnaires du Saint-Esprit. *Par.* 1839. 8. Portrait.

Grigny (Achille),
général français (1767 — 1806).

Grigny (Achille). Exposé de ma conduite et des motifs de ma suspension, s. l. et s. d. 8.

Duplantier (Victor). Notice en forme d'éloge sur le général de brigade A. Grigny , mort glorieusement pour son prince et sa patrie sous les murs de Gaëte. *Mont-de-Marsan.* 1806. 8.

Grill (Adolf Ulrik),
littérateur suédois.

Silfverstolpe (Axel Gabriel). Åminnelse- Tal öfver, Herr A. U. Grill. *Stockh.* 1798. 8.

Grill (Claes),
financier suédois (1704 — 1767).

Kryger (Johan Fredrik). Åminnelse- Tal öfver C. Grill. *Stockh.* 1768. 8.

Norberg (Anders). Åreminne öfver Directorn C. Grill. *Stockh.* 1774. 8.

Grillo Cattaneo (Niccolò),
poète italien (26 août 1759 — 22 juillet 1834).

Notizia del vita e delle opere del marchese N. Grillo Cattaneo. *Genov.* 1834. 4.

Grim (Johann Caspar),
médecin allemand.

Denk-und Ehrenmahl J. C. Grim's. *Leipz.* 1728. Fol. (*D.*)

Grimaldi (Agostino),
chevalier de Malte.

Idea del cavaliere Gerosolimitano mostrata nella vita di F. A. Grimaldi e Rosso. *Messin.* 1662. 4.

Grimaldi (Francesco Antonio),
historien italien (vers 1741 — .. février 1784).

Delfico (Melchiorre). Elogio storico di F. A. Grimaldi, assessore del real ministero di guerra. *Napol.* 1784. 4.

Grimaldi (Gabriello),
prêtre italien.

Bertolazzi (Paolo). Elogio dell' abate G. Grimaldi. *Lucca.* 1837. 8.

Grimaldi (Girolamo),
cardinal-archevêque d'Aix (1597 — 4 nov. 1685).

Thoron d'Artignoles (N... N...). Oraison funèbre du cardinal J. Grimaldi. *Aix.* 1686. 12.

Grimaldi (Girolamo),
cardinal-légat à Bologne (15 nov. 1674 — 17 nov. 1733).

Scarselli (Flaminio). Relazione del funerale celebrato in Bologna alla memoria del cardinale Grimaldi. *Bologn.* 1733. 4.

Grimaldi (Niccolò),
cardinal italien (vers 1769 — 12 janvier 1845).

Saint-Maurice Cabany (Charles Édouard). Le cardinal, comte N. Grimaldi, premier légat de la province de Forli , jurisconsulte distingué. *Par.* 1845. 8. (Extrait du *Nécrologe universel du XIXe siècle.*)

Grimani (Elisabetta),
épouse de Ludovico Manini, dernier doge de Venise († 1792).

Bellini (N... N...). Elisabethæ Grimani, Ludovici Manini conjugis Venetiarum ducis, funere recurrente laudatio. *Venet.* 1792. 8.

Grimm (Friedrich Melchior, Freiherr v.),
littérateur allemand (26 déc. 1723 — 19 nov. ou déc. 1807).

Grimm (Friedrich Melchior v.) et **Diderot** (Denis). Correspondance littéraire, philosophique et critique, adressée à un souverain d'Allemagne. *Par.* 1812-13. 16 vol. 8. * Publ. s. l. t. de Mémoires historiques, littéraires et anecdotiques. *Lond.* 1814. 7 vol. 8. (Revues par Jules TASCHEREAU.) *Par.* 1829. 15 vol. 12. Trad. en allem. *Brandenb.* 1820-23. 2 vol. 8.
   * Comprenant l'histoire de la littérature française de 1753 à 1790.

Grimming (K... L...),
théologien hollandais.

Van de Putte (F...). Leven van K. L. Grimming, pastor van Caester. *Brugge.* 1849. 8.

Grimod de la Reynière (Alexandre Balthazar Laurent),
littérateur français (20 nov. 1758 — 8 janvier 1838).

Oettinger (Eduard Maria). Un Agathopède de l'empire, ou essai sur la vie et les travaux gastronomico-littéraires de M. Grimod de la Reynière. *Brux.* 1854. 12. (Tiré à 200 exemplaires, dont 12 sur papier rose.)

Grimshaw (William),
théologien anglais.

Newton (John). Memoirs of the life of W. Grimshaw, minister of Haworth, in the West-Reding of the county of York. *Lond.* 1800. 8.

Grindal (Edmund),
archevêque de Canterbéry (1519 — 6 juillet 1583).

Strype (John). History of the life and actions of E. Grindal, archbishop of Canterbury. *Lond.* 1710. Fol. Portrait. *Oxf.* 1821. 8. (Tiré seulement à 50 exemplaires.)

Grindberger (Leonhard),
bénédictin allemand (1519 — 6 juillet 1583).

Janitsch (Æmilius). Biographie L. Grindberger's, Abts zu Goettweih. *Wien.* 1828. 8.

Gringoire (Pierre),
poète français du xvie siècle († vers 1548).

Lepage (Henri). P. Gringoire. Extrait d'études sur le théâtre en Lorraine. *Nancy.* 1849. 12.

Gripenhjelm (Edmund),
homme d'État suédois.

Ehrenstedt (Samuel). Officium excellentissimi domini E. Gripenhielm, senatoris regii, exequiis destinatum. *Upsal.* 1676. Fol.

Gritti (Francesco),
littérateur italien.

(**Perlini**, Giovanni Antonio). Cenni intorno alla vita ed alle opere di F. Gritti, P(atrizio) V(eneto). *Venez.* 1815. 8.

Meneghelli (Antonio Maria). Compendio della vita e delle opere di F. Gritti. *Venez.* 1815. 8.

Gritti (Niccolò Andrea),
doge de Venise.

Barbarigo (Niccolò). N. A. Gritti principis Venetiarum vita, publ. par Jacopo MORELLI. *Venet.* 1793. 8. (*Bes.*)

Grobon (Michel),
peintre français (1770 — 2 sept. 1853).

Richard (Fleury). Notice biographique sur M. Grobon, s. l. et s. d. (*Lyon.* 1853.) 8.

Boitel (Léon). Nécrologie de M. Grobon. *Lyon.* 1853. 8. (Extrait de la *Revue du Lyonnais.*)

Grodecz (Melchior),
jésuite hongrois.

Virtus purpurata athletarum Cassoviensium, s. trium martyrum, Marci Crisini, canonici Strigoniensis, Stephani Pongrácz, soc. Jesu, M. Grodeczii vita et mors gloriosa. *Cassov.* 1743. 12.

Groegaard (Hans Jacob),
théologien norvégien.

Neumann (Jacob). H. J. Groegaard. Mindeskrift. *Berg.* 1856. *4.*

Groening (Peter),
théologien allemand.

Werner (Daniel Gottfried). Hundertjähriges Ehren-Gedächtniss P. Groening's. *Stargard.* 1753. *4.* (D.)

Groësbeck (Gérard, baron de),
cardinal prince-évêque de Liège (vers 1516 — élu 1564 — 29 déc. 1580).

Burton (abbé). Précis historique sur G. de Groësbeck.

Cambrai. 1785. 8. (Couronné par la Société d'émulation de Cambrai.)

Groetzsch (Johann Wilhelm),
théologien allemand (1688 — 17 juillet 1752).

Meissner (Christoph). Gedächtnissschrift auf J. W. Groetzsch. *Dresd.* 1752. *4.* (D.)

Grognier (Louis Furcy),
vétérinaire français (20 avril 1775 — 7 oct. 1837).

Magne (J... H...). Notice historique sur L. F. Grognier, professeur à l'école vétérinaire de Lyon. *Lyon.* 1859. 8.

Grohmann (Carl Ferdinand Daniel),
auteur et acteur allemand (1758 — .. février 1794).

Collins (Georg). Am Sarge seines unaussprechlich geliebten Grohmann's. *Riga.* 1749. 8.

Grolmann (Carl Ludwig Wilhelm v.),
homme d'État allemand (23 juillet 1775 — 14 février 1829).

Dilthey (Julius Friedrich Carl). Oratio, qua Caroli de Wreden et C. de Grolmann, etc., memoriam commendavit. *Darmst.* 1829. *4.*

Gromann (Regina Dorothea),
dame allemande.

Lang (Lorenz Johann Jacob). Denkmal der Kammerräthin R. D. Gromann, geb. Cramer. *Erlang.* 1763. Fol.

Gronov (Johann Friedrich),
littérateur allemand (8 sept. 1611 — 28 déc. 1671).

(**Wilckens**, Nicolaus). Leben des berühmten J. F. Gronovii. *Hamb.* 1723. 8. (D.)

Groote (Geraard),
fondateur de l'Institut des frères de la vie commune (1340 — 1384).

Delprat (G... H... M...). Verhandeling over de broederschap van G. Groote, en over den invloed der Fraterhuizen op den wetenschappelijken en goddienstelijken toestand, voornamelijk van de Nederlanden, na de xive eeuw. *Utrecht.* 1830. 8.

Baehring (Bernhard). G. Groote und Florentius, die Stifter der Brüderschaft vom gemeinsamen Leben. *Hamb.* 1849. 12.

Gropper (Johann),
cardinal allemand (1501 — 14 mars 1559).

Stute (Johann Peter). Susatum purpuratum, s. vita J. Gropperi, cardinalis, dissertatione proposita. *Lips.* 1713. *4.* (D. et Lv.)

Gros (Antoine Jean),
peintre français (16 mars 1771 — se suicidant le 25 juin 1835).

Delestre (Jean Baptiste). Discours prononcé sur la tombe de Gros. *Par.* 1835. 8.

Notice nécrologique : Gros, s. l. et s. d. (*Par.* 1835.) 8. Portrait.

Blanc (Charles). Étude sur Gros. *Par.*, s. d. 8.

Delestre (Jean Baptiste). Gros et ses ouvrages, ou mémoires historiques sur la vie et les ouvrages de ce célèbre artiste. *Par.* 1845. 8.

Gros (Augustine),
épouse du précédent (10 oct. 1789 — 5 janvier 1842).

Notice sur madame A. Dufresne, veuve d'Antoine Jean Gros, le peintre de Jaffa. *Par.* 1842. 8.

Gros (Carl Heinrich v.),
jurisconsulte allemand (1765 — 1842).

Schmidtlein (Eduard Joseph). Vita C. H. Grosii. *Erlang.* 1843. *4.*

Grosgebaur (Gottlieb),
théologien allemand (24 nov. 1627 — 8 juillet 1661).

Bodock (Lorenz). Programma in T. Grosgebauri funere. *Rostoch.* 1661. *4.*

Groshenning (Andreas),
théologien allemand (11 sept. 1590 — 27 déc. 1625).

Lindemann (Thomas). Programma academicum in A. Groshenningii funere. *Rostoch.* 1625. *4.*

Grosley (Pierre Jean),
historien français (18 nov. 1718 — 4 nov. 1785).

Simon (Édouard Thomas). Notice sur la vie et les ouvrages de Grosley, s. l. 1786. 12.

Vie de Grosley, écrite en partie par lui-même, * continuée et publiée par M. l'abbé MAYDIEU. *Lond.* et *Par.* 1787. 8. (P.)
   * Il n'y a de Grosley que les 144 premières pages qui ne vont que jusqu'en 1757.

Gross (Donatus),
théologien allemand.

Gerlach (Benjamin Gottlieb). Dissertatio de vita D. Grossii. *Muhlhus.* 1755. 4. (*D.*) *Zittav.* 1744. Fol.

Gross (Johann Gottfried),
publiciste allemand (8 oct. 1703 — 12 juillet 1768).

(**Reinhard**, Johann Paul). Memoria J. G. Grossii. *Erlang.* 1768. Fol.

(**Will**, Georg Andreas). Lebensbeschreibung, des sehr berühmt gewordenen Hofrathes J. G. Gross, gewesenen Erlanger Zeitungsschreibers. *Nürnb.* 1788. 8.

Bandel (Joseph Anton v.). Leichenrede über den sogenannten Erlanger J. G. Gross. *Bamb.* 1755. 4. (Pamphlet satirique.)
Entrevue extraordinaire zwischen zweien Zeitungsschreibern, dem sogenannten J. G. Gross und dem stummen Advokaten Joseph Anton v. Bandel. *Eisenach.* 1755. 4.

Grossard (Jean Charles),
médecin français du XVIIIᵉ siècle.

Caillau (Jean Marie). Éloge de J. C. Grossard. *Bordeaux.* 1800. 8.

Grosse (Jacob),
théologien allemand (8 janvier 1592 — 14 sept. 1652).

Gesius (Gottfried). Rühmlicher Lebenslauff J. Grossen's, der Pfarrkirchen zu St. Catharinae in Hamburg Pastoris. *Hamb.* 1652. 4.

Grosser (Samuel),
philologue allemand (18 février 1664 — 24 juin 1736).

Wohlverdientes Denk- und Ehrenmahl S. Grosser's, des Goerlitzschen Gymnasii Rectoris. *Goerl.* 1756. Fol. Portrait.

Schael (Gottfried Benjamin). Wohlverdientes Ruhm-, Denk-, Dank- und Ehren-Mal bey dem tödtlichen Hintritt Mag. S. Grosser's, Rectoris des Gymnasii zu Goerlitz. *Hanau.* 1756. Fol.

Schultes (Georg Bernhard). Ehrengedächtniss S. Grosser's. *Goerl.* 1757. Fol.

Baumeister (Friedrich Christian). Memoria S. Grosseri, rectoris gymnasii Gorlicensis. *Gorlic.* 1757. Fol.

Grosshain (Georg),
théologien allemand.

Binder (Caspar). Diatriba historico-ecclesiastica de vita et meritis G. Grosshainii, etc. *Jenæ.* 1724. 4. (*D.*)

Grossinger (Franz Rudolph),
rose-croix hongrois.

Wadzeck (Friedrich). Leben und Schicksale des berüchtigten F. R. von Grossing, eigentlich Franz Matthäus Grossinger genannt, (aus Komorn gebürtig), nebst der Geschichte und Bekanntmachung der Geheimnisse des Rosenordens. *Frf.* et *Leipz.* 1789. 8.

Grossmann, née **Hartmann** (Caroline Sophie Auguste),
actrice allemande (1752 — 28 mars 1784).

N(eefe) C(hristian) G(ottlob). C. Grossmann; biographische Skizze. *Goetting.* 1784. 8. Portrait.

Grossmann (Daniel Heinrich),
théologien allemand (12 juillet 1726 — 2 juillet 1798).

Laudien (Gottfried). Rede bey dem Sarge des Herrn D. H. Grossmann, etc. *Königsb.* 1798. 8.

Grosteste Des Mahis * (Marin),
prêtre français (22 déc. 1649 — 16 oct. 1694).

Prousteau (Guillaume). Epistola de obitu et virtutibus M. Grosstetêe (!) Des Mahis, diaconi et canonici Aurelianensis. *Aurel.* 1695. 12.
Abrégé de la vie de feu M. Des Mahis, chanoine d'Orléans. *Orléans*, s. d. 16. (*P.*)

    * C'est par erreur que nous avons placé ce prêtre sous le nom de DENAHIS (page 407).

Grote (Johann),
magistrat livonien.

Hoernick (Adam Gottfried). Ehren-Crone des weiland Herrn J. Grote, ältesten Bürgermeisters der Stadt Riga, etc. *Riga.* 1752. Fol.

Grothe (Andreas),
théologien allemand.

Kempe (Zacharias). Leichpredigt bei der Begräbniss des A. Grothenii gehalten. *Erfurt.* 1598. 4. (*D.*)

Grotius * (Hugo),
jurisconsulte hollandais (10 avril 1583 — 28 août 1645).

Barksdale (Clement). Life of H. Grotius. *Lond.* 1652. 12. (Très-rare.)
    * Son nom de famille était Huig de Groot.

Vita Grotii. *Lugd. Bat.* 1704.

Schudt (Johann Jacob). Vita H. Grotii. *Frf.* 1722. 8.

(**Lehmann**, Peter Ambrosius). H. Grotii, Belgarum phœnicis, manes ab iniquiis obtractionibus vindicati. *Delph. Bat.* (*Lips.*) 1727. 2 vol. 8. Portrait. (*Ld.*)

Brandt (Caspar). Historie van het leven des heeren H. de Groot. Contin. par Adriaan van CATTENBURGH. *Dordr.* et *Amst.* 1727. 2 vol. Fol. Portrait. (*Ld.*) *Ibid.* 1752. 2 vol. Fol. (*D.*)

Léveique de Burigny (Jean). Vie de H. Grotius. *Par.* 1750. 2 vol. 12. (*P.*) *Par.* 1752. 2 vol. 8. (*D.*) Augm. *Amst.* 1754. 4, ou 2 vol. 12. (*D.*)
    Trad. en allem. *Leipz.* 1755. 8. (*D.*)
    Trad. en angl. *Lond.* 1754. 8.

Leven van H. de Groot. *Amst.* 1771. 8. Portrait. *Ibid.* 1785. 8.

Het uitmuntend karakter en de zonderlijke lotgevallen van H. de Groot, herdagt bij de beschouwing van Loevestein. *Amst.* 1772. 4. (*Ld.*)

Seegaar (Karel). Oratio de H. Grotio, illustri humanorum et divinorum N. T. scriptorum interprete. *Ultraj.* 1785. 4.

Klinkhamer (Jan). Leven van H. de Groot, getrokken uit de voornaamste historieschrijvers en dichters. *Amst.* 1785. 8.

Lundblad (Johan Fredrik). Dissertatio de vita H. Grotii. *Lundæ.* 1796. 4. (*Cp.*)

Cras (Hendrik Constant). Laudatio H. Grotii. *Amst.* 1796. 8. Portrait. (Couronné par l'Académie de Stockholm.) — (*Lv.*)

Luden (Heinrich). H. Grotius, nach seinen Schicksalen und Schriften dargestellt. *Berl.* 1806. 8. (*D.*) Trad. en holland. *Leeuward.* 1830. 8.

Oudemans (A... C...). Het leven en de lotgevallen van H. de Groot. *Amst.* 1824. 8. Portrait.

Butler (Charles). Life of H. Grotius. *Lond.* 1826. 8.

Vries (Jeronymo de). H. de Groot en Maria van Reigersbergen (l'épouse de Hughues). *Amst.* 1827. 8. (*Ld.*)

Voorst (J... van). Over de letterkundige verdiensten van H. de Groot. *Amst.* 1826, 4.

Jongh (J... O... de). Dissertatio de Grotiana doctrina de jure criminali. *Sylvæduc.* 1827. 8.

Riet (J... van). Dissertatio de H. Grotii in jure criminali meritis. *Lugd. Bat.* 1829. 8.

Laurentius (Jan). H. Grotius papizans. *Amst.* 1830. 8.

Dodt van Flensburg (J... J...). Letterkundig berigt omtrent de briefwisseling van H. de Groot, s. l. et s. d. (1832).

Koenen (H... J...). H. Grotius en zijne godgeleerdheid, s. l. et s. d. (*Amst.* 1837.) 4. (*Ld.*)

Seisen (J... D...). Nicolaus Methonensis, Anselmus Cantuarensis, H. Grotius, quod ad satisfactionis doctrinam a singulis excogitatam, inter se comparati. *Heidelb.* 1858. 4.

Vollenhoven (Lodewijk). Broeders gevangenisse. Dagboek van Willem de Groot, * betreffend het verblijf van zijnen broeder Hugo op Loevestein, etc. *Hage.* 1842. 8.
    * Guillaume Grotius, né en 1597, est mort en 1662.

Creuzer (Georg Friedrich). (Martin) Luther, 1483-1546 und Grotius, 1583-1645; oder Glaube und Wissenschaft. *Heidelb.* 1846. 8.

Hardouin (Henri). Fragments d'un essai sur la vie et les ouvrages de H. Grotius (H. de Groot). *Par.* 1852. 8. (Extr. de *l'Investigateur*, journal de l'Institut histor.)

Schumann (Heinrich Georg). H. Grotius perduellionis absolutus. *Witteb.* 1725. 4.

Gratama (Hendrik). Disputatio, qua H. Grotii memoria vindicatur ab inconstantiæ ac viciositatis maculam in quæstione fœnebri ipsi injustam. *Groning.* 1820. 8.

Grotto * (Luigi),
poète italien (1531 — 13 déc. 1585).

Grotto (Ludovico). Vita di L. Grotto, il Cieco d'Adria. *Venez.* 1769. 8.
    * Plus connu s. l. n. de CIECO D'ADRIA (l'aveugle d'Adria).

Grotto (Giuseppe). Descrizione della vita di L. Grotto. *Venez.* 1777. 8. Portrait.

Grouchy (Emmanuel, marquis de),
maréchal de France (23 oct. 1766 — ...).

Pascallet (E...). Biographie du maréchal marquis de Grouchy. *Par.* 1842. 8. (Extrait du *Biographe universel.*)

Groulart (Claude),
jurisconsulte français (1551 — 1er déc. 1607).

Roënne (Jean). Oratio in C. Grulartii, in supremo Normanniæ senatu præsidis, obitum. *Par.* 1608. 8.

Grube (Friedrich Wilhelm),
voyageur allemand.

Grube (Elisabeth). F. W. Grube und seine Reise nach China und Indien. *Crefeld.* 1848. 8.

Gruber (Augustin),
archevêque de Salzbourg.

Schumann v. Mannsegg (Ignaz). Geschichte des Lebens des weiland Herrn A. Gruber, Erzbischofs von Salzburg, etc. *Salzb.* 1836. 8. Portrait.

Gruebel (Christian),
pédagogue allemand (24 déc. 1642 — 14 déc. 1715).

Buenemann (Johann Ludolph). Programma funebre in Mag. C. Gruebelii funere. *Mindœ.* 1715. Fol.

Gruenberg (G...),
flûtiste allemand.

Leben und Reisen des erblindeten Flötenspielers G. Gruenberg; Behufs Sicherung seiner und der Seinigen bürgerlichen Existenz, etc. *Hannov.* 1834. 8.

Gruenefeldt (Heinrich),
jurisconsulte allemand.

Programma in funere H. Gruenefeldt. *Helmst.* 1619. 4.
Strube (Heinrich Julius). Leichenpredigt auf H. Gruenefeldt. *Helmst.* 1619. 4.

Gruener (Johann),
théologien allemand.

Programma funebre J. Grueneri. *Gerœ.* 1730. Fol. (D.)

Gruenewald (Martin),
théologien allemand (26 avril 1664 — 2 avril 1716).

Lochner (Johann Nicolaus). Gedächtnissschrift auf M. Gruenewald. *Dresd.* 1716. 4. (D.)

Gruhl (Elias),
jurisconsulte allemand.

Gedächtniss-Schrift auf E. Gruhl. *Dresd.* 1725. 4. (D.)

Grulich (Adam ou Adolph Bogislav),
théologien allemand (4 avril 1730 — 29 juillet 1798).

A. B. Grulich, gewesener Superintendent zu Neustadt an der Orla. Beitrag zur Characteristik der Geistlichen. *Ronneb.* (*Zwick.*) 1799. 8.

Grumbach (Argula v.),
dame allemande du xvie siècle.

, **Schreber** (Johann David). Memoria A. Grumbach, e gente Stauffiana. *Numburg.* 1750. Fol.
Lipowsky (Felix Joseph). A. v. Grumbach, geborene Freiin v. Stauffen; eine mit Urkunden belegte Abhandlung. *Münch.* 1801. 4.
Pistorius (Hermann Alexander). Frau A. v. Grumbach, geborene v. Stauffen, und ihr Kampf mit der Universität zu Ingolstadt. *Magdeb.* 1845. 8.

Grumbach (Marquard v.),
chevalier allemand du xiie siècle.

(**Montag**, Eugen). De milite nobili et ingenio sæculi xi et xii, una cum vindiciis M. de Grumbach, dynastæ. *Norimb.* 1794. 8.

Grumbach (N... N...).

Jaeck (Heinrich Joachim). Abt Grumbach und seine zu Bamberg ehelich erzeugte Tochter Innocentia Grumbach, etc. *Bamb.* 1827. 8.

Grumbach (Wilhelm v.),
assassin de Melchior v. Zobel, évêque de Wurzbourg (1503 — écartelé le 13 avril 1567).

W. v. Grumbach, Landfriedensbrecher, Fürstenmörder und Aechter. Geschichte aus dem sechszehnten Jahrhunderte. *Leipz.* 1795. 8.

Grumet de Montpié (Jean Louis),
jurisconsulte français du xviiie siècle.

Guillemot (Pierre). Biographie du Bugey : l'abbé Grumet. *Bourg.* 1847. 4.

Grundell (Arvid),
théologien suédois.

Benzelius (Jacob). Likpredikan öfver Prosten og Landvetter A. Grundell. *Götheb.* 1744. 4.

Grundgreiffer (Christian Heinrich),
jurisconsulte allemand.

Seelen (Johann Heinrich v.). Memoria C. H. Grundgreiffer, J. U. D. *Lubec.* 1744. Fol.

Grundig (Christoph Gottlieb),
théologien allemand (5 sept. 1707 — 9 août 1780).

Denkmal C. G. Grundig's. *Freiberg.* 1781. 4. (D.)

Grundith (Johann Peter),
théologien (?) danois.

Wellejus (Andreas). Oratio de vita et morte J. P. Grundith. *Hafn.* 1571. 8.

Grundmann (Carl Friedrich),
pédagogue allemand.

C. F. Grundmann, Pastor zu Kloschwitz bei Plauen, etc. *Dresd.* 1851. 8.

Gruner (Christoph),
théologien allemand (21 déc. 1557 — ... 1606).

Wolf (Paul). Leichenpredigt bey dem Begräbniss C. Gruneri. *Eisleb.* 1606. 4. (D.)

Gruner (Ernst Friedrich),
littérateur allemand.

Briegleb (Johann Christian). Memoria E. F. Gruneri. *Coburg.* 1787. 4.

Gruner (Johann Gerhard),
historien allemand (15 février 1734 — 1er juillet 1790).

Facius (Johann Friedrich). Memoria J. G. Gruneri. *Coburg.* 1791. 4.

Gruner (Vincenz),
théologien allemand du xve siècle.

Teuchler (Caspar). Schediasma de V. Grunero. *Martisb.* 1709. 4.

Grupello (Gabriel de),
sculpteur belge (22 mai 1644 — 20 juin 1730).

Reiffenberg (Frédéric Auguste Ferdinand Thomas de). Mémoire sur le sculpteur belge G. de Grupello, s. l. et s. d. (*Brux.* 1848.) 8. (*Bx.*)

Gruter * (Jan),
savant hollandais (3 déc. 1560 — 20 déc. 1627).

Flayder (Friedrich Hermann). Vita, mors et opera J. Gruteri. *Tubing.* 1628. 12. (D.)
Stida (Ernst). J. Gruteri de la Gruytère manes novis threnodiarum alloquiis collectis salutati. *Erphord.* 1628. 12. (D.)
Venator (Balthasar). Panegyricus J. Grutero scriptus. *Genev.* 1631. 4. (D.)
Hulst (Félix van). Jean Gruytère. *Liége.* 1847. 8. Portrait. (Extrait de la *Revue de Liéga.*) — (*Lv.*)

* Son véritable nom est GRUYTÈRE.

Grynaeus (Johann Jacob),
théologien suisse (1er oct. 1540 — 30 août 1617).

Brunn (Johann Jacob). Vir sanctus et incomparabilis, h. e. vita et mors J. J. Grynæi ex variis ipsius scriptis collecta, etc. *Basil.* 1618. 4. (D.)
Jezler (Johann). Epicedion in obitum J. J. Grynæi. *Basil.* 1618. 4.

Grynaeus (Samuel),
théologien suisse (21 sept. 1595 — 1er mars 1658).

Pauli (Adrian). Fides viva, perseverans in fide nati, in fide servati, in fide denati, plurimum reverendi, clarissimi D. M. S. Grynæi. *Basil.* 1658. 4.

Gryphius (Andreas),
poëte allemand (2 oct. 1616 — 16 juillet 1664).

Knorr (Caspar). Gedächtniss A. Gryphii. *Bresl.* 1665. 8. (D.)
Pirscher (Sigmund). Epigramma, i. e. letztes Ehrengedächtniss A. Gryphii, s. l. (*Bresl.*) 1665. 8. (D.)
Stosch (Balthasar Sigmund v.). Lust- und Ehren-, auch Danck- und Denck-Säule bei Leichbestattung A. Gryphii, s. l. 1665. 4. (D.)
Leubscher (Johann Theodor). Schediasma de claris Gryphiis. *Brieg.* 1702. 4. (D.) Supplém; *Vratisl.* 1704. 8. *

* Contenant une notice biographique de trente écrivains et autres personnages connus sous le nom de Greiff, Gryph ou Gryphius.

Gruendler (Johann). Erneuertes Andenken des A. Gryphius, weiland Syndicus der Landstände im Fürstenthum Glogau. *Glog.* 1804. *4.*

Herrmann (Julius). Über A. Gryphius; literar-historischer Versuch. *Leipz.* 1851. 8.

Gryphius (Christian),
pédagogue allemand, fils du précédent (29 sept. 1649 — 6 mars 1706).

Stieff (Christian). Epistola ad Joannem Godofredum Baronem de obitu C. Gryphii, rectoris gymnasii Mariæ Magdalenæ. *Vratisl.* 1706. Fol.

Gschray (Johann Michael),
général allemand du XVIIIe siècle.

Leben des preussischen General-Majors v. Gschray, nebst Nachrichten von Herrn v. Thürriegel. *Berl.* et *Frf.* 1765. 8.

Guadagni (Francesco),
poète italien (1769 — .. nov. 1837).

Fabi Montani (Francesco). Vita dell' avvocato F. Guadagni. *Rom.* 1838. 8.

Guadagnini (Giovanni Battista),
théologien italien (1722 — 21 mars 1806).

Caldani (Floriano). Memorie sulla vita e sulle opere di G. Guadagnini, arciprete di Cividate in Val Camonica. *Padov.* 1808. 8.

Guanzati (Luigi),
prêtre italien.

Cenni intorno alla vita ed agli studii del R° P. L. Guanzati, chierico regolare di S. Paolo. *Milan.* 1836. 8.

Guarino di Verona,
philologue italien († 1557).

Rosmini (Carlo de'). Vita e disciplina di Guarino Veronese e de' suoi discepoli. *Bresc.* 1805-06. 3 vol. 8.

Guarnieri (Luigi),
prêtre italien.

Rizzi (Angelo). Discorso nelle solenni esequie del molto reverendo D. L. Guarnieri, vicario nella chiesa di S. Giobbe. *Venez.* 1836. 8.

Guazzesi (Lorenzo),
littérateur italien (26 janvier 1708 — 10 sept. 1764).

Giudici (Giovanni Francesco). Elogio del cavaliere L. Guazzesi. *Lucca.* 1765. 4.

Gude (Friedrich),
théologien allemand (1er déc. 1669 — 6 mars 1753).

Seidel (Samuel). Lebensgeschichte M. F. Guden's, Pastoris primarii in Lauban. *Lauban.* 1753. 4.

Gude (Gottlob Friedrich). Denkmal auf F. Guden. *Lauban.* 1753. Fol. (*D.*)

Gude (Gottlob Friedrich),
théologien allemand, fils du précédent (26 août 1701 — 20 juin 1756).

(Meissner, Christian Gottfried). Gedächtnissschrift auf den Pastor primarius Mag. G. F. Guden. *Lauban.* 1756. Fol.

Gudin de la Brenellerie (Paul Philippe),
littérateur français (6 juin 1738 — ... 1812).

Notice sur Gudin. *Par.* 1812. 8. (Publ. par sa veuve.)

(**Dupont de Nemours**, Pierre Samuel). Notice sur M. Gudin de la Brenellerie, correspondant de l'Institut, membre de plusieurs académies de France. *Par.* 1812. 8. (Extrait du *Mercure de France*, tiré à part à 200 exemplaires non destinés au commerce.)

Gudule (Sainte),
patronne de la ville de Bruxelles.

(**Ruth d'Ans**, Paul Ernest). Vie de S. Gudule, vierge, patronne de l'église collégiale et de la ville de Bruxelles. *Brux.* 1703. 8. *Ibid.* 1838. 32.

Guébriant (Jean Baptiste **Budes**, comte de),
maréchal de France (2 février 1602 — 24 nov. 1643).

Grillié (Nicolas). Oraison funèbre au service solennel, etc., pour l'enterrement de M. J. B. Budes, comte et maréchal de Guébriant. *Par.* 1645. 4. *Ibid.* 1657. 4. (*P.*)

Le Laboureur (Jean). Histoire de J. B. Budes, comte de Guébriant, maréchal de France, contenant le récit de tout ce qui s'est passé en Allemagne dans les guerres des couronnes de France et de Suède et des États alliés contre la maison d'Autriche. *Par.* 1657. Fol. (*P.*)

1

Guegler (Aloys),
théologien suisse († 23 février 1827).

Greith (Carl). Rede bei der Trauerfeier zu Ehren A. Guegler's. *Luzern.* 1827. 8.

Schiffmann (Joseph Laurentius). Lebensgeschichte des Chorherrn und Professors A. Guegler. *Augsb.* 1833. 2 vol. 8.

Guenderode (Friedrich Maximilian, Freiherr v.),
littérateur allemand.

Bagge (Ehregott Wilhelm Gottlieb). Kurze Lebensbeschreibung des verstorbenen Freiherrn F. M. v. Guenderode. *Frf.* 1825. 8.

Guenther v. Schwarzburg,
empereur d'Allemagne (empoisonné le 14 juin 1349).

Heckel (Johann Friedrich). Programma de Gunthero Schwarzburgico, Romanorum imperatore. *Rudolst.* 1685. Fol.

Fritsch (Ahasverus). Guntherus Schwarzburgicus, imperator Romanus, post Ludovicum IV anno 1349 electus. *Jenæ.* 1672. 4. Publ. par Johann Christian Schubarth. *Lips.* 1721. 4.

(**Eyben**, Hulderich van). Syntagma historicum de Gunthero Schwarzburgico. *Wezlar.* 1695. 4. *Ibid.* 1703. 4.

Weber (Immanuel). Kurzgefasstes Memoire vom Leben und Thaten Guntheri Bellicosi, Grafen von Schwarzburg, Herrn zu Arnstadt, etc. *Giess.* et *Frf.* 1720. 8.

Hesse (Johann Ludwig). Über den Character Kaiser Guenther's. *Rudolst.* 1784. 8.

Hoffmann (F... Lorenz). Guenther von Schwarzburg. *Rudolst.* 1819. 12.

Guenther (Carl Ehrenfried),
pédagogue allemand († 29 mars 1826).

Koerner (Johann David). Programma in memoriam C. E. Guentheri, *Olsnic.* 1833. 4.

Guenther (Daniel Erhard),
médecin allemand († 11 août 1834).

Necrolog über den Professor Dr. D. E. Guenther, etc. *Duisb.* 1835. 8. Portrait.

Guenther (Friedrich Christian),
jurisconsulte allemand.

Tschirpe (Johann Christoph). Leben und Character des Hofraths F. C. Guenther zu Cahla. *Jena.* 1775. 8.

Guenther (Johann Arnold),
jurisconsulte allemand (9 avril 1755 — 20 août 1805).

Wagenseil (Christian Jacob). Zum Andenken J. A. Guenther's, Senators in Hamburg. *Kempten.* 1806. 8.

Meyer (Friedrich Johann Lorenz v.). J. A. Guenther, *Hamb.* 1810. 8.

Guenther (Johann Christian),
poète allemand (8 avril 1695 — 15 mars 1723).

Guenther (Johann Christian). Lebens- und Reisebeschreibung, welche er selbst mit poetischer Feder entworfen. *Schweidnitz u. Leipz.* 1732. 8. (*D.*)

J. C. Guenther's curieuses Leben in Versen. *Bresl.* 1738. 8.

Leben und Schriften J. C. Guenther's. *Bresl.* 1758. 8.

Steinbach (Christian Ernst). Lebensbeschreibung des berühmten Schlesischen Dichters J. C. Guenther. *Bresl.* 1739. 8. (Publ. s. l. pseudonyme de Siebrand.)

Doering (Moritz Wilhelm). J. C. Guenther. Beitrag zur teutschen Literatur-Geschichte. *Freiberg.* 1831. 4. (*D.*)

Hoffmann v. Fallersleben (Heinrich). J. C. Guenther; literar-historischer Versuch, etc. *Bresl.* 1832. 8.

Guenther (Johann Gottlieb),
théologien allemand.

Carpzov (Johann Gottlieb). Leichen-Predigt auf J. G. Guenther. *Leipz.* 1714. Fol. (*D.*)

Guenther (N... N... v.),
général allemand.

Boyen (Hermann v.). Erinnerungen aus dem Leben des königlich preussischen Generallieutenants Freiherrn v. Guenther. *Berl.* 1834. 8.

Guentz (Justus Gottfried),
médecin allemand (1er mars 1714 — 22 juin 1754).

Ernesti (Johann August). Elogium J. G. Guenzii. *Lips.* 1754. Fol. (*L.*)

Bose (Ernst Gottlieb). Panegyricus memoriæ J. G. Guenzii dicatus. *Lips.* 1755. 4. (*D.*)

Guépin (Charles Joseph),
    prêtre français.

Chesneau (François). Oraison funèbre de feu M. C. J. Guépin, ancien curé de Douai, fondateur de la communauté des sœurs de S. François, dites sœurs des Récollets. *Angers.* 1852. 8.

Guerchy (Claude Louis François de **Regnier,** comte de),
    homme d'État français (1715 — 1767).

Oudot (N... N...). Éloge funèbre du très-haut et très-puissant seigneur C. L. F. de Regnier, comte de Guerchy, marquis de Nangis, etc. *Sens.* 1768. 4. (*Lv.*)

Guercino, voy. **Barbieri** (Giovanni Francesco).

Guéretterie (René Jean Sébastien **Bréteau** de la),
    prêtre français.

Ollivier (N... N...). Vie de M. R. J. S. Breteau de la Guéretterie. *Rennes.* 1853. 8.
    * Cet écrit, ayant paru après l'impression de la lettre B de notre ouvrage, a été placé sous la lettre G.

Guérin * (Armande Gresinde Claire Élisabeth **Béjart**),
    épouse de Jean Baptiste Poquelin Molière (1645 — mariée le 20 février 1662 — 30 nov. 1700).

Les intrigues de Molière et celles de sa femme, s. l. et s. d. 12.

(**Boudin,** madame.). La fameuse comédienne, ou histoire de la Guérin, auparavant femme et veuve de Molière. *Frf.* 1688. 12.

(**Fortia d'Urban,** Agricole de). Dissertation sur la femme de Molière. *Par.* 1824. 8.
    * Guérin était le nom de son deuxième époux, qui l'avait mariée le 31 mai 1677.

Guérin (Juste),
    évêque de Genève (1578 — 3 nov. 1645).

Arpaud (Maurice). Vie de Mgr. D. J. Guérin, religieux Barnabite, de la congrégation de S. Paul, evesque de Genève. *Annecy.* 1678. 12.

Guérin (Pierre Narcisse),
    peintre français (13 mai 1774 —... 1833).

Relation d'un repas offert à M. Guérin par ses élèves. *Rom.* (?) 1816. 8.

Gueriteau (Robert),
    théologien français (+ 1644).

Cousturier (Philippe de). Vie de R. Gueriteau, curé de Sainte-Croix de Mante. *Par.* 1631. 8. Portrait. (*D.*)

Guerle (Jean Nicolas Marie),
    littérateur français (15 janvier 1766 — ...).

Guerle (Charles Heguin de). Notice sur la vie et les ouvrages de J. N. M. de Guerle, professeur d'éloquence française à la Faculté des lettres, etc. *Par.* 1825. 8.

Guerra (Francesco),
    jurisconsulte italien.

Biografia dell' avvocato F. Guerra, presidente del tribunale di appello in Macerata. *Macerat.* 1844. 8.

Guerrapain (Claude Thomas),
    agronome français (21 déc. 1754 — 17 mars 1821).

Bedor (Henri). Notice nécrologique sur C. T. Guerrapain. *Troyes.* 1822. 8. (Omis par Quérard.)

Guerrazzi (Francesco Domenico),
    littérateur italien.

Memorie di F. D. Guerrazzi. *Firenz.* 1848. 8. (Écrit par lui-même.)

Guerrier (N... N...),
    prêtre français.

Micolon (N... N...). Éloge du P. Guerrier, prêtre de l'Oratoire, s. l. (*Clerm.*) 1773. 12.

Guerry-Champneuf (Jacques),
    jurisconsulte français (23 oct. 1788 — 15 avril 1852).

Auber (C...). Biographie Poitevine : M. Guerry-Champneuf, avocat du barreau à Poitiers. *Poitiers.* 1852. 8.

Guertier (Nicolaus),
    théologien suisse (8 déc. 1654 — 28 sept. 1711).

Waeyen (Jan van der). Oratio funebris in N. Guertleri obitum, s. l. (*Franeq.*) 1711. 4. (*D.*)

Guesclin (Bertrand du), voy. **Duguesclin.**

Guetzlaff (Carl),
    missionnaire allemand (8 juillet 1803 — 9 août 1851).

Schmidt (Carl Christian). Lebensbeschreibungen merk-

würdiger evangelischer Missionäre. *Leipz.* 1847. 2 vol. 12 *. Trad. en suéd. s. c. t. C. Guetzlaff, Chinesarnes Apostel, etc. *Stockh.* 1847. 8.
    * Le deuxième volume contient la vie de C. Guetzlaff.

C. Guetzlaff, der Missionär der Chinesen. *Duisb.* 1850. 8. Portrait. (2e édition.)

Guevara (Diego **Ladron de**),
    évêque de Quito.

Peralta y Barnuevo (Pedro de). Imagen politica del excelentissimo señor D. D. Ladron y Guevara, obispo de Quito, governador y capitan general del Peru, Terra firma y Chile. *Lima.* 1714. 4.

Guglielmini (Domenico),
    hydraulicien italien (27 sept. 1655 — 12 juillet 1710).

Vita di D. Guglielmini. *Milan.* 1821. 8.

Gugolz (Heinrich),
    suicidé suisse (+ 21 juillet 1844).

Schulthess (G...). Der Familien- und Selbstmord des H. Gugolz, von Horgen, geschehen zu Dällikon am 21. Heumonat 1844, etc. *Zürch.* 1844. 8.

Guhr (Carl Wilhelm Ferdinand),
    musicien allemand (30 oct. 1787 — 23 juillet 1848).

Gollmick (Carl). C. Guhr. Necrolog. *Frf.* 1849. 8.

Guibal (Nicolas),
    peintre français (29 nov. 1725 — 3 nov. 1784).

Nast (Johann Jacob Heinrich). Programma in obitum N. Guibalii, pictoris primarii et artium professoris. *Stuttg.* 1784. 4.

Guibert,
    abbé de Gembloux.

Reiffenberg (Frédéric Auguste Ferdinand Thomas de). Notice sur Guibert, abbé de Gembloux. *Brux.*, s. d. 8.

Guibert (Jacques Antoine Hippolyte, comte de),
    poète français (12 nov. 1743 — 16 mai 1790).

(**Toulongeon,** François Emmanuel de). Éloge véridique de F. Apolline (!) de Guibert. *Par.* 1790. 8.

Bardin (Étienne Alexandre). Notice historique sur J. A. H. Guibert, né à Montauban, etc. *Par.* 1836. 8.

Guiard-Marigny (G... R.:. G...),
    jurisconsulte français (+ 4 janvier 1827).

Doublet de Boisthibault (François Jules). Notice historique sur M. G. R. G. Guiard-Marigny, etc., président du tribunal civil de Dreux. *Evreux.* 1827. 8.

Guicciardini (Francesco),
    historien italien (16 mars 1482 — 8 mai 1540).

Fiorentini (Remigio). Vita di F. Guicciardini. *Venez.* 1560. 4.

Rosini (Giovanni). Saggio sulle azioni e sulle opere di F. Guicciardini. *Pisa.* 1820. 8. (*P.*)

Guichebet (Pierre Philibert),
    poète français (20 déc. 1736 — ...).

Moyria (Gabriel de). Notice biographique et littéraire sur l'abbé Guichebet. *Bourg.* 1824. 8. *Ibid.* 1854. 8. (Tiré à 20 exemplaires seulement.)

Guichenon (Samuel),
    historien français (1607 — 8 sept. 1664).

Le Duc (Philibert). Testament de Guichenon, précédé d'une notice biographique et suivi d'une généalogie. *Bourg.* 1850. 12.

Guidi (Carlo Alessandro),
    poète italien (1650 — 12 juin 1712).

Turroni (Girolamo). Elogio storico di C. A. Guidi. *Pavia.* 1827. 8.

Guidi (Niccolò),
    littérateur italien.

Cavalieri (Gioseffo Antonio). Vita del canonico N. Guidi, s. l. 1802. 8.

Guidi (Sebastiano, conte de'),
    médecin italien.

Romani (Francesco). Cenno biografico del conte S. de' Guidi, introduttore della omiopatia in Francia. *Napol.* 1837. 12. (*D.*)

Rocco (Emmanuele). Sul cenno biografico, etc., scritta da F. Romani, s. l. et s. d. (*Napol.* 1838.) 8.

(**Arquillière,** N... N...). Esquisse biographique du comte S. des Guidi, introducteur de l'homœopathie en France. *Nantes.* 1847. 8.

Guido di Arezzo,
moine musicien italien (vers 995 — vers 1040).

Angeloni (Luigi). Dissertazione sopra la vita, le opere ed il sapere di Guido d'Arezzo, restauratore della scienza e dell' arte musica. *Par.* 1811. 8. (*P.* et *Lv.*)

Kiesewetter (Raphael Georg v.). Guido von Arezzo; sein Leben und Wirken, etc. *Leipz.* 1840. 4.

Guidon,
comte de Flandre.

Van der Burch (Lambert). Guidonis comitis Flandriæ vita, varii successus et tristis tandem excitus. *Ultraj.* 1615. 8.

Guidon (Saint),
patron contre la dyssenterie.

Gooris (J...). Abrégé de la vie et des miracles de S. Guidon, confesseur, patron contre la dyssenterie, etc. *Brux.*, s. d. (1702). 12. Portrait.

Guigou (Jean Joseph Pierre),
évêque d'Angoulême (1er déc. 1767 — 6 mai 1842).

Michon (J... H...). Vie de J. J. P. Guigou, évêque d'Angoulême, précédée de la chronique des évêques d'Angoulême. *Angoul.* 1844. 8. Portrait.

Guilandin (Melchior),
médecin allemand (vers 1520 — 25 déc. 1589).

Pisanski (Georg Christoph). Nachricht von dem gelehrten Königsberger M. Guilandin. *Königsb.* 1785. 4.

Guild (William),
fondateur de l'hôpital de la Trinité d'Aberdeen.

Schireffs (James). Inquiry into the life, writings and character of W. Guild, on of the chaplains in ordinary to Charles I and founder of the Trinity hospital at Aberdeen, etc. *Lond.* 1799. 8. (Non mentionné par Lowndes.)

Guilielmus (Janus),
poète allemand (1555 — 1584).

Seelen (Johann Heinrich v.). Dissertatio de J. Gulielmi, Lubecensis philosophi et poetæ, eximiis in litteras humaniores meritis. *Lubec.* 1723. 4. (*D.*)

Guillard (Claude),
agronome (?) français (15 février 1776 — 4 janvier 1845).

Grandperret (C... L...). Notice sur M. C. Guillard, inspecteur émérite de l'Académie de Lyon. *Lyon.* 1845. 8.

Guillaume le Conquérant ou **le Bâtard,**
duc de Normandie et roi d'Angleterre (1027 — 1066 — 8 sept. 1087).

Hayward (John). Lives of three Normans, kings of England, William I, William II, Henrie I. *Lond.* 1613. 4.

Eudemare (François d'). Histoire excellente et héroïque de Guillaume le Bâtard, jadis roy d'Angleterre et duc de Normandie. *Rouen.* 1626. 12. Augment. *Ibid.* 1629. 12.

La Dangie de Rauchie (Mathieu de). Apologie pour la défense de Guillaume le Conquérant, duc de Normandie, fondateur de deux abbayes de Caen. *Caen,* s. d. 8.

Paris (Mathieu). Historia major a Guilielmo Conquestatore ad ultimum annum Henrici III, Angliæ regis, (jusqu'en 1135). *Lond.* 1640. Fol. *Par.* 1644. Fol. *Ibid.* 1684. Fol.

Clarke (Samuel). Life and death of William the Conqueror. *Lond.* 1660. 4. *Ibid.* 1671. 4.

Clavigny (Jacques de **la Mariouse de**). Vie de Guillaume le Conquérant, duc de Normandie et roi d'Angleterre. *Bayeux.* 1675. 12. (Peu commun.)

(**Prévost d'Exiles,** Antoine François). Histoire de Guillaume le Conquérant. *Par.* 1742. 2 vol. 8. *Ibid.* 1751. 2 vol. 8. (Assez romanesque.)

Haeberlin (Franz Dominik). Dissertatio genealogicocritica de familia augusta Wilhelmi Conquestatoris. *Goetting.* 1745. 4.

Henderson (Andrew). Life of William the Conqueror, duke of Normandy and king of England. *Lond.* 1764. 8.

Saunier (Pierre Maurice). Vie de Guillaume, duc de Normandie. *Par.* 1804. 24. (Omis par Quérard.)

Roscoe (Thomas). Life of William the Conqueror. *Lond.* 1848. 8.

Abbott (Jacob). Life of William the Conqueror. *Lond.* 1850. 12.

Jullien (Charles). Histoire abrégée de Guillaume le Conquérant. *Falaise,* s. d. (1851). 8.

Guillaume II, surnommé **le Roux,** [*]
duc de Normandie et roi d'Angleterre (1056 — 1087 — 2 août 1100).

Hayward (John). Lives of three Normans, kings of England, William I, William II, Henrie I. *Lond.* 1613. 4.
[*] Ainsi nommé à cause de la couleur de ses cheveux.

Guillaume (Henri) III,
stadhouder de Hollande et roi d'Angleterre (14 oct. 1650 — 13 février 1689 — 16 mars 1702).

History of William, prince of Orange, and the ancient history of Nassau. *Lond.* 1688. 4.

(**Neuville,** N... N... de). Histoire de Guillaume III, roi de la Grande-Bretagne. *Amst.* 1689. 12. *Ibid.* 1692. 12.

Véritable portrait de Guillaume Henri de Nassau, nouvel Absalon, nouvel Hérode, nouvel Cromwell, nouvel Néron. *Brux.* 1689. 8. [*]
[*] Fameuse satire attribuée à Antoine Arnauld.

Apologie contre un infame libelle intitulé *Véritable portrait,* etc. *La Haye.* 1689. 12.

Historical account of the memorable actions of the prince (William) of Orange. *Lond.* 1689. 12. Portrait.

Roza (Duarte Lopez). Panegyrico do Guilielmo III. *Amst.* 1690. 4.

Leam (Manoel de). Retrato de Guilherme III. *Haya.* 1691. 4.

(**Chevalier,** Nicolas). Histoire de Guillaume III, roi d'Angleterre, par médailles. *Amst.* 1692. Fol.

Ludewig (Johann Peter v.). Historia principatus Araunionensis et fata ejus novissima sub Guilielmo III. *Halæ.* 1694. 4.

Pritz (Johann Georg). Curiöser Geschichts-Kalender Wilhelmi III, Königs in Gross-Britannien. *Leipz.* 1698. 8.

Touillieu (Pierre de). Laudatio funebris Guilielmi III. *Amst.* 1702. Fol.

Graevius (Johann Georg). Oratio in obitum Guilielmi III Magnæ Britanniæ regis. *Traj. Batav.* 1702. Fol. (Rare.)

Bruine (Florentius de). Leven en dood van Willem III. *Utrecht.* 1702. 4.

Glorious life and heroic actions of William III. *Lond.* 1702. 8.

(**Boyer,** Abel). History of king William III, king of England. *Lond.* 1702. 3 vol. 8.

Histoire de Guillaume III, depuis sa naissance jusqu'à sa mort. *Amst.* 1703. 2 vol. 12.

Mémoires pour servir à l'histoire de Guillaume Henri de Nassau, prince d'Orange, roi d'Angleterre. *Par.* 1703. 4.

Montanus (Arnold). Leven en oorlogsdaden van Willem Hendrik III. *Amst.* 1703. 8.

Samson (Pierre Antoine). Histoire de Guillaume III, prince d'Orange, depuis roi d'Angleterre, etc. *La Haye.* 1703-04. 3 vol. 12.

Life of William III, king of England. *Lond.* 1703. 8.

Macki (Jean). Mémoires contenant principalement les caractères de la cour d'Angleterre sous les règnes de Guillaume III et de la reine Anne. *La Haye.* 1733. 8. (Trad. de l'anglais.)

Ralph (John). History of England during the reign of king William III, queen Anne and king George I. *Lond.* 1746-49. 2 vol. Fol.

History of the life and reign of king William III. *Dubl.* 1747. 4 vol. 12. Portrait.

Harris (Walter). History of the life and reign of William Henry, prince of Nassau and Orange, king of England. *Dubl.* 1749. Fol.

Sommelius (Johan Reinhold). Dissertatio de charactere Wilhelmi III, regis Magnæ Britanniæ. *Lund.* 1790. 8.

Trevor (Arthur). Life and times of William III, king of England and stadholder of Holland. *Lond.* 1835-36. 2 vol. 8. Portrait.

Ryan (John). Life of William III, king of Great-Britain and Ireland, etc. *Dubl.* 1836. 8.

Collot d'Escury van Heynenoord (Hendrik). Willem III beschouwd als staatsman en krijgsheld. *Amst.* 1839. 8.

Vernon (James). Court and times of William III, avec introduction et notes par George Payne Rainsford James. *Lond.* 1841. 3 vol. 8. Portraits.

Goldschmidt (Ferdinand). Histoire politique de Guillaume III, etc. *Par.* 1847. 8.

Sirtema de Grovestins (N... N...). Guillaume III,

défenseur et soutien de l'indépendance de l'Europe contre la puissance de Louis XIV. *Par.* 1831. 8.

Mémoires concernant la campagne de trois rois, Louis XIV, Jacques II et Guillaume III, faite en l'an 1692. *Cologne.* 1692. 12.

Expedition of His Highness the prince (William) of Orange for England. *Lond.* 1688. 4.

Guertler (Nicolaus). Panegyricus de Wilhelmi III Magnæ Britanniæ regis expeditione Hiberna. *Amst.* 1690. Fol.

Relation de la procédure criminelle contre Robert Charnock, Edward King et Thomas Key, convaincus d'avoir conspiré contre la vie de Guillaume III. *La Haye.* 1696. 12.

Hogendorp (Willem v.). Disputatio historico-politica de Guilielmo III, principe Arausiaco, libertatis Europæ contra dominationem Gallicam vindice. *Lugd. Bat.* 1819. 8. (*Ld.*)

Suermondt (Willem). Specimen historico-politicum de causis, quibus Guilielmus III, Arausionis et Nassaviæ princeps, tam diu a majorum dignitatibus exclusus fuerit. *Lugd. Bat.* 1834. 8. (*Ld.*)

Thomassen a Thuessink van der Hoop (E... L...). Dissertatio de Guilielmi III agendi ratione in rerum Anglicarum mutatione. *Groning.* 1839. 8. (*Ld.*)

Collection of State-Tracts, published on occasion of the last revolution in 1688 and during the reign of king William III. *Lond.* 1705-07. 3 vol. Fol.

Original letters from king William III to king Charles II, lord Arlington, etc. *Lond.* 1704. 8.

Guillaume IV,
roi d'Angleterre (21 août 1765 — 26 juin 1830 — 20 juin 1837).

Gleich (Friedrich). Geschichte Wilhelm's IV, Königs von England, und Ludwig Philipp's, Königs der Franzosen. *Leipz.* 1830. 8. *

* Traduction d'un ouvrage français, accomp. de 2 portraits.

Guillaume I,
roi de Wurtemberg (17 sept. 1781 — 30 oct. 1816 — ...).

Koestlin (Christian Reinhold). Wilhelm I, König von Würtemberg, und die Entwickelung der Würtembergischen Verfassung vor und unter seiner Regierung. *Stuttg.* 1839. 8. Portrait.

Guillaume,
duc de Bavière.

Wilhelm, Herzog in Bayern; biographische Darstellung aus der Zeit seines öffentlichen Lebens und Wirkens. *Bamb.* 1858. 8. Portrait.

Guillaume IV,
duc de Bavière (1493 — 1511 — 1550).

Zettel (Wolfgang). Vita, facta et res gestæ Wilhelmi IV ducis Bavariæ, comitis palatini Rheni, etc. *Ingolst.* 1571. 8.

Guillaume V,
duc de Bavière (29 sept. 1548 — 1579 — abdiquant 1597 — 7 février 1626).

Trojano (M... di). Vermählungsfeier des Herzogs Wilhelm V von Baiern mit Renata, Tochter des Herzogs Franz I von Lothringen im Jahre 1568; aus dem Italienischen übersetzt durch F... WUERTHMANN. *Münch.* 1842. 8.

Guillaume I,
électeur de Hesse-Cassel (3 janvier 1743 — 31 oct. 1785 — 27 février 1821).

Wiederhold (Bernhard Wilhelm v.). Über den glücklichen Regierungsantritt Wilhelm's IX. *Marb.* 1785. 4.

(**Hundeshagen**, Johann Balthasar). Über Wilhelm IX, Landgrafen zu Hessen, und dessen ersten sechs Regierungsjahre. *Offenbach.* 1792. 8.

(**Appel**, David v.). Beschreibung der Feierlichkeiten, welche bei Wilhelm's I Antritt zur Churwürde vorgegangen sind. *Cassel.* 1797. 8.

Rommel (Christoph v.). Wilhelm I, Churfürst von Hes-

sen. Übersicht seines öffentlichen Lebens. *Cassel.* 1822. 8.

(**Appel**, David v.). Beschreibung der Feierlichkeiten, welche bei der Vermählung des Erbprinzen von Hessen-Cassel (Wilhelm) mit der Prinzessin Auguste von Preussen in Berlin und beim Einzuge in Cassel vorgegangen sind. *Cassel.* 1797. 8.

Guillaume II,
électeur de Hesse-Cassel (28 juillet 1777 — 27 février 1821 — 20 nov. 1847).

Horn (Johann v.). Verschwörung gegen den Churfürsten Wilhelm II von Hessen-Cassel, nach ihrer Geschichte und Strafwürdigkeit dargestellt. *Ilmenau.* 1824. 8.

— Diplomatischer Bericht über die revolutionären Drohbriefe, welche bei dem churfürstlichen Hoflager zu Cassel eingegangen. *Zerbst.* 1826. 12.

Guillaume VI,
landgrave de Hesse-Cassel (1629 — 1650 — 1663).

Kornmann (Johann Hartmann). Theodosius II redivivus in Hassia, s. panegyricus Theodosii II Augusti et serenissimi principis ac dominis Guilelmi VI, Hassiæ landgravii. *Marb.* 1663. 4.

Guillaume VIII,
landgrave de Hesse-Cassel (1682 — 1751 — 31 janvier 1760).

Geiger (Christoph Friedrich). Oratio funebris consecrandæ memoriæ Guilielmi VIII, Hassiæ landgravii. *Marb.* 1761. Fol.

Kock (Johann Philipp). Leichenrede auf Wilhelm VIII, Landgrafen zu Hessen. *Hanau.* 1762. 8.

Guillaume II,
comte de Hollande (vers 1228 — 1235 — élu empereur d'Allemagne le 7 oct. 1247 — ... 1256).

Meerman van Dalem (Jan). Geschiedenis van graaf Willem van Holland, roomsch koning. *S'Gravenh.* 1783-97. 3 vol. 8. (*Ld.*)

— Trad. en allem. (par Hieronymus Christoph Wilhelm ESCHENBACH). *Leipz.* 1787-88. 2 vol. 8. *

— Trad. en franç. *La Haye.* 1784-97. 3 vol. 8.
* Cette traduction n'est pas terminée.

Guillaume I de Nassau, prince d'Orange,
fondateur de la république de Hollande (16 avril 1533 — assassiné le 10 juillet 1584).

Meursius (Jan). Guilielmus Auriacus, s. de rebus ab eo gestis. *Lond.* 1621. 4. *Amst.* 1658. 4.

(**Neuville**, N... N... de). Histoire de Guillaume I, prince d'Orange, avec les actions les plus remarquables de Guillaume III, roi de la Grande-Bretagne. *Amst.* 1689. 8.

(**Beaufort**, L... F... de). Leven van Willem I, prins van Oranje, graaf van Nassauw. *Leyd.* 1732. 3 vol. 12. (*Ld.*)

The patriot, being a dramatic history of the life and death of William I, prince of Orange, founder of the republick of Holland. *Lond.* 1756. 4.

Amelot de la Houssaye (Abraham Nicolas). Histoire de Philippe Guillaume de Nassau, prince d'Orange, et d'Éléonore Charlotte de Bourbon, sa femme, avec des notes politiques et critiques sur la maison des princes d'Orange (publ. par Pierre Jacques SEPHER). *Lond.* (*Par.*) 1754. 2 vol. 12.

Spandaw (Hazo Albert). Lofrede op Willem den Eersten, prins van Oranje. *Groning.* 1821. 8. (*Ld.*)

Engelberts Gerrits (G...). Leven, bedrijven en lotgevallen van Willem I, prins van Oranje. *Amst.* 1827. 8. Portrait.

Ard'huin (N... N...). Histoire de Guillaume de Nassau. *Brux.* 1828. 12. Portrait.

Mahon (Eugène). Guillaume le Taciturne (prince d'Orange, comte de Nassau, etc.). 1553-84. *Par. et Reims.* 1852. 18.

Champagnac (Jean Baptiste). Guillaume le Taciturne et sa dynastie. Histoire des Pays-Bas (Hollande et Belgique), depuis le xvie siècle jusqu'à nos jours. *Par.* 1851. 8.

P... (N...). Von Einzug, Hochzeit und Freude des Hertzogs Wilhelm von Uranien und Fräuleins Anna, Churfürsten Moritzen's Tochter, s. l. 1561. 4. (En vers.)

Brun (Blasius). Lobspruch Herzog Wilhelm's von Oranien und Fräulein Anna, s. l. 1561. 4.

Horst (Jan Jakob van der). Het huwelijk van Willem

van Oranje met Anna van Saxen, historisch-kritisch onderzocht. *Amst.* 1851. 8.

Bakhuizen van den Brink (R... C...). Het huwelijk van Willem van Oranje met Anna van Saxen, historisch-kritisch onderzocht. *Amst.* 1853. 8.

Le rénart (!) découvert (Guillaume le Taciturne). *Mons.* 1580. 4.

Decretum banni et proscriptionis contra Wilhelmum Nassovicum. *Madr.* 1580. 4.

Apologie ou défense du prince d'Orange contre le ban et l'édit publié par le roi (Philippe II) d'Espaigne (15 mars 1580), s. l. (*Leyde.*) 1581. 4.
    Trad. en holland. *Hage.* 1581. 4. *Leyd.* 1652. 12. *Leeuw.* 1746. 8. (*Ld.*)— (Publ. avec des notes par G... van HASSELT). *Arnhem.* 1789. 8. (*Ld.*)
    Trad. en lat., s. l. (*Lugd. Bat.*) 1581. 4. *Antw.* 1587. 4.

Clarius (Joannes). Ode in Guilielmum a Nassau, regis catholici in inferiori Germania vasallum, perduellem et ecclesiæ Christi hostem gravissimum. *Montib.* 1581. 8.

Claer bewijs dat den prins van Orangien de oorsake ende eersten oorspronck is gheweest van dese langduerighe allende ende tweedrachticheyt, s. l. 1582. 8.

Jaureguy (Juan). Bref recueil de l'assassinat commis en la personne du prince (Guillaume) d'Orange. *Antw.* 1582. 8. Trad. en flamand par Karel Nvs. *Antwerp.* 1849. 8.

Discours sur la blessure de Mgr. le prince d'Orange, s. l. 1582. 4. (Fort rare.)

True report of the lamentable death of William of Nassawe, prince of Orange, who was trayterouslie slayne with a dagge, in his own courte, by Balthazar Serack (c'est-à-dire Gérard). *Middelb.* 1584. 8.

Corte verhael van de moort ghedaen aen de persoone van de prins van Orangien, s. l. 1584. 4. (Extrêmement rare.)

Hogendorp (D... v.) Disputatio historico-juridica de Gulielmi I, principis Arausiæ, liberi cultus divini liberæque conscientiæ vindicis, juribus in summum imperium in comitatu Hollandiæ. *Lugd. Bat.* 1822. 8. (*Ld.*)

Broes (Willem). Willem I in betrekking tot de scheuring der 17 vereenigde nederlandsche gewesten provincien in de XVIe eeuw. *Amst.* 1851. 8.

Gordon (A...). Dissertatio de potestate Gulielmi, Hollandiæ sub Philippo II gubernatoris. *Lugd. Bat.* 1855. 8. (*Ld.*)

Reepmaker (J... C...). Dissertatio historico-politica de Guilielmo I Arausiaco libertatis religiosæ defensore. *Lugd. Bat.* 1843. 8. (*Ld.*)

Gachard (Louis Prosper). Correspondance de Guillaume le Taciturne, prince d'Orange, etc., suivie de pièces inédites sur l'assassinat de ce prince et sur les récompenses accordées par Philippe II à la famille de Balthazar Gérard. *Brux.* 1847-48. 4 vol. 8. (*Bx.*)

Guillaume IV d'Orange (Charles Henri Friso), stadhouder de Hollande (1er sept. 1711 — 22 oct. 1751).

Leven van Willem IV, prins van Oranje, en van zijne gemalinne, Anna van Brunswijk-Luneburg. *Amst.*, s. d. (vers 1750.) 4.

L(aar) (C... van). Leven van Willem IV, prins van Orange. *Amst.* 1752. 8. (*Ld.*)

Wesseling (Pieter). Oratio in obitum serenissimi principis Wilhelmi Caroli Friderici Frisonis totius fœderati Belgii præfecti, etc. *Traject. ad Rhen.* 1752. Fol. (*Ld.*)

Seel (Wilhelm Heinrich). Lob- und Gedächtniss - Rede auf Wilhelm Carl Heinrich Friso, Prinzen van Oranien, Erbstatthalter, etc. *Herborn.* 1752. 4.

Diplomatische Staats- und Lebensgeschichte des Prinzen Wilhelm Carl Heinrich Friso von Nassau-Oranien. *Halle.* 1752. 8.

(**Zwier van Haren**, Anno). Lijkreden over Willem IV, prins van Orange. *Leeuward.* 1766. 8. Avec préface (de H... J... KOENEN). *Amst.* 1832. 8. (*Ld.*)

Haverkamp (J...). Leven van Willem IV, erfstadhouder. *Amst.*, s. d. 8. *Ibid.* 1788. 8.

Teding van Berkhout (J... J...). Dissertatio historico-politica de mutata a Guilielmo IV regiminis forma in

reipublicæ fœderati Belgii provinciis post rerum conversionem anni 1747, etc. *Amst.* 1859. 8. (*Ld.*)

Histoire du différend entre les États de Zélande et le prince Guillaume Charles Henri Friso au sujet du marquisat de Veere et de Flessingue. *Lond.* 1742. 4.

Guillaume V d'Orange, stadhouder de Hollande (8 mars 1748 — 9 avril 1806).

Reitz (Johann Jacob). Panegyricus Guilielmi V. *Traject. ad Rhen.* 1766. Fol.

Geschiedenis van Willem V, prins van Oranje. *Rotterd.* 1802-03. 2 vol. 8.

Le Francq de Berkey (J...). Lijkgedachtenis van den prins Willem V. *Amst.* 1806. 8. Portrait.

Aa (C... van der). Geschiedenis van het leven, karakter en lotgevallen van Willem V, prins von Orange en Nassau. *Franek.* 1810. 8. Portrait.

Bol (Jan van der). Lofrede op Willem V, prins van Oranje-Nassau. *Breda.* 1818. 8. Portrait.

Guillaume I d'Orange, roi des Pays-Bas (24 août 1772 — 1815 — abdiquant le 7 oct. 1840 — 12 déc. 1843).

(**Arnoldi**, Johann v.). Wilhelm I von Oranien, König der Niederlande. *Leipz.* 1817. 8. Trad. en holland. par Théodore Olivier SCHILPEROORT. *Zutphen.* 1818. 8. Port. *Rotterd.* 1821. 8.

Schets van het leven en de regering van Z. M. Willem I, koning der Nederlanden. *Franek.* 1850. 16.

Vandermeulen (Jean Baptiste). Willem, ingedrongen koning der Nederlanden; aenleyding gevende tot den opstand der Belgen in 1830. *Brux.* 1841. 8.

Willem I en zijne regering. *Hage.* 1842. 8.

Groen van Prinsterer (G...). Redevoering over Willem I, etc. *Amst.* 1843. 8. (*Ld.*)

Dermout (J... J...). Kerkelijke rede'ter gedachtenis van Z. M. Willem Frederik, graaf van Nassau, koning der Nederlanden, etc. *S'Gravenh.* 1844. 8. (*Ld.*)

Engelberts Gerrits (G...). Het leven en de regering van Willem I, koning der Nederlanden. *Amst.* 1844. 8.

Zeemann (Henrik). Het leven, de krijgsbedrijven en de regering van Z. M. Willem I, koning der Nederlanden. *Amst.* 1844. 8.

Boot (C... H... B...). Encomium Gulielmi I, etc. *S'Gravenh.* 1848. 8. *

    * Écrit qui n'a pas été mis dans le commerce.

Guillaume II d'Orange, roi des Pays-Bas (6 déc. 1792 — 7 oct. 1840 — 17 mars 1849).

Bosscha (Jan van). Leven van Willem II, koning der Nederlanden. *S'Gravenh.* 1849. 8.

Abbink (Jan. Jacob).Leven van koning Willem II, zijn overlijden en plegtige begrafenis. *Amst.* 1849. 8. Portrait.

Hemkes (N... N...). Leven van Willem II, koning der Nederlanden, prins van Oranje-Nassau, groot-hertog van Limburg, etc. *Voorburg.* 1850. 8. Portrait.

Engelberts Gerrits (G...). Gedenkboek der inhuldiging van Z. M. Willem II. *Haarl.* 1841. 8. Portrait.

Guillaume de Normandie, surnommé **Cliton,** quinzième comte de Flandre († 1128).

(**Givenchy**, Louis de). Notice historique sur Guillaume de Normandie, surnommé Cliton, etc. *Saint-Omer.* 1841. 8.

Piers (Henri). G. Cliton à Saint-Omer. *Aire.* 1841. 8.

Guillaume d'Ypres ou **de Loo.**

Smet (Joseph Jean de). Notice sur Guillaume d'Ypres ou de Loo et les compagnies franches du Brabant et de la Flandre au moyen âge. *Brux.* 1842. 4.

Guillaume l'Ermite (Saint), duc de Poitou († 28 mai 812).

Vaha (Guilielmus de). Vita S. Guilielmi, comitis Pictavorum et eremitæ. *Lond.* 1653. 12.

Cavalcanti (Guglielmo). Vita di S. Guilielmo Eremita, duca d'Aquitania e conte di Poitu. *Firenz.* 1605. 4. Trad. en franç. par Roger GIRARD. *Par.* 1606. 12.

Gioachano a Monte Falisco. La penitenza trionfante nelle vita di S. Guilemo Eremita, duca d'Aquitania e conte di Poitiers. *Rom.* 1700. 4.

Guillaume (Saint),
duc d'Aquitaine (1099 — 1156).

Alberti (P... L...). Vita di S. Guglielmo magno, duca d'Aquitania. *Siena.* 1770. 4.

Depéry (Jean Irénée). Vie de S. Guillaume, berger, puis abbé de Calme, paroisse d'Eygliers. *Gap.* 1853. 12.

Hay (Samson). De veritate vitæ et ordinis divi Guilelmi, quondam Aquitanorum et Pictienum principis, s. l. et s. d. 8.

Guillaume Adolphe,
prince de Brunswick-Wolfenbüttel-Oels (1745 — 1771).

Jerusalem (Johann Friedrich Wilhelm). Entwurf von dem Character und Leben des Prinzen Wilhelm Adolph von Braunschweig. *Berl.* 1771. 4. Portrait.

Guillaume,
prince de Schwarzbourg.

Lindner (Johann Gottlieb). Oratio ad memoriam Wilhelmi principis Schwarzburgici. *Arnstad.* 1766. Fol.

Guillaume VII, de Juliers,
comte de Juliers.

Schoepflin (Johann Daniel). Dissertatio de Gulielmo VII, Juliaci comite, marchione, duce, s. l. et s. d. (*Monach.* 1761.) 4.

Perneel (J...). Une page détachée de l'histoire de Flandre (1301 à 1328) ou l'époque héroïque de Bruges. Guillaume de Juliers, Philippe de Thiette, Jean de Namur, Jean Borluut, le sire d'Arkel, Guillaume van Saeftingen, Breydel, De Koninck, Zannekin. *Bruges.* 1850. 8.

Guillaume Charles,
duc de Wurtemberg (1674 — 1677).

Pregizer (Johann Ulrich). Vita Wilhelmi Ludovici, ducis Wurtembergensis. *Tubing.* 1677. Fol.

Wagner (Tobias). Memoria Wilhelmi Ludovici, etc. *Tubing.* 1677. Fol.

Guillaume George Frédéric d'Orange,
prince de Nassau.

Willem George Frederik, prins van Oranje en Nassau. *Rotterd.* 1806. 8.

Arnoldi (Johann von). Leven en karakterschetsen van Willem George Frederik, prins van Oranje en Nassau. *Rotterd.* 1821. 8. *
* Extrait de l'ouvrage intitulé : « Geschichte der Oranien-Nassauischen Laender und ihrer Regenten» v. *Hadamar.* 1799-1819. 3 vol. 8.

Guillaume (Jean François Marie),
jurisconsulte français (1766 — 28 mars 1848).

Notice sur M. J. F. M. Guillaume, s. l. et s. d. (*Lyon.* 1850.) 8.

Guillemin (N... N...),
médecin français.

Bonfils (Jean François). Éloge de feu M. Guillemin, docteur en médecine de Nancy. *Nancy.* 1800. 8.

Guillemin (Antoine),
naturaliste français.

Lasègue (Antoine). Notice sur la vie et les travaux de A. Guillemin. *Par.* 1842. 8. Portrait.

Guilleminot (Anne ou Armand Charles, comte),
général français (2 mars 1774 — .. mars 1840).

Bis (Hippolyte). Le général Guilleminot ; esquisse historique. *Par.* 1842. 8. Portrait.

Guillerault (Jules),
littérateur (?) français († 7 janvier 1825).

Raimbert-Bauregard (N... N...). Souvenirs sur J. Guillerault, mort à Chartres. *Par.* 1825. 8.

Guilleri (les trois frères),
fameux brigands français (exécutés en 1608).

Prise et lamentation du capitaine Guilleri. *Par.* 1608. 8.

Histoire de la vie, grandes voleries et subtilités de Guilleri et de ses compagnons, de leur fin lamentable et malheureuse. *Troyes.* 1728. 12.

Guillery (Hippolyte),
ingénieur français (16 août 1793 — 22 mars 1849).

(Chapelié, J... J... E...). Notice sur H. Guillery, ingénieur en chef des ponts et chaussées, secrétaire de la commission des Annales des travaux publics. *Brux.* 1849. 8. (*Bx.*)

Guillet (Benoit),
prêtre piémontais (2 juin 1759 — 7 nov. 1812).

Depommier (N... N...). Vie de B. Guillet, premier supérieur du séminaire de Chambéry. *Chambéry.* 1844. 4.

Guillimann * (Franz),
historien suisse († vers 1633).

Gassler (Franz). Abhandlung über F. Guillimann's Leben und Schriften. *Wien.* 1783. 8.
* Son véritable nom était VUILLEMIN.

Guillotin (Joseph Ignace),
médecin français, inventeur de la guillotine,
(28 mai 1738 — 26 mai 1814).

Bourru (Edme Claude). Éloge funèbre du docteur Guillotin. *Par.* 1814. 8.

R... P... Etude biographique sur Guillotin. *Par.* 1851. 8.

Guimard-Despréaux (Marie Madeleine),
danseuse française (10 oct. 1743 — 4 mai 1816).

Lafon (Mary). Mademoiselle Guimard, ou la première danseuse de l'Opéra en 1776. *Par.* 1840. 8. *
* Plus roman que simple histoire.

Guinand (Pierre Louis),
opticien suisse (1748 — 14 février 1824).

Some account of the late M. Guinand and the important discovery made by him. *Lond.* 1825. 8. (Omis par Lowndes.)

Guinter (Hieronymus),
jurisconsulte allemand († 1607).

Weinrich (Georg). Leichenpredigt bei H. Guinter's Begräbniss, nebst dessen Lebenslauf, etc. *Leipz.* 1607. 4.

Guisan (N... N...).

Eynard (Charles). Le chevalier Guisan, sa vie et ses travaux à la Guyane. *Par. et Genève.* 1844. 12.

Guiscard (Robert),
duc de Calabre (vers 1015 — 17 juillet 1085).

Lucca (Bartolomeo da). Genealogia R. Ghiscardi, etc. *Saragossa.* 1578. Fol.

Malaterra (Gioffredo). R. Viscardi (!) Calabriæ ducis, et Rogerii, ejus fratis, rerum gestarum libri IV, *Cæsaraugust.* 1578. 4.

Guise (ducs de),
famille lorraine.

Bouillé (René de). Histoire des ducs de Guise. *Par.* 1849. 2 vol. 8.

Guise (Élisabeth d'Orléans, duchesse de),
épouse de Louis Joseph, dernier duc de Guise (vers 1654 mariée en 1667 — 17 mars 1696).

Noé (Pierre de la). Oraison funèbre de la duchesse de Guise, Elisabeth d'Orléans (fille de Gaston, duc d'Orléans.) *Par.* 1697. 4.

Mareschaux (N... N...). Oraison funèbre de la duchesse de Guise, etc. *Par.* 1697. 12.

Mortagne (Dorothée de). Oraison funèbre de la duchesse de Guise, Elisabeth d'Orléans. *Par.* 1697. 12.

Guise (François de Lorraine, duc de),
fils de Claude, premier duc de Guise (1519 — assassiné le 15 février 1563).

Carle (Lancelot de). Recueil de plusieurs propos que tint François de Lorraine, duc de Guise, lieutenant général pour le roi. *Par.* 1563. 8. Trad. en latin. *Par.* 1563. 8.

—— Oratio funebris in obitum Francisci Lotharingii ducis Guisiæ. *Par.* 1563. 8. Trad. en franç. par Jean de Foigny. *Reims.* 1563. 8.

Lehongre (Jacques). Oraison funèbre de François de Lorraine, duc de Guise. *Par.* 1563. 8.

—— Vie et trépas de François de Lorraine, duc de Guise. *Par.* 1563. 8.

Masson (Jean Papire). Vita Claudii et Francisci primorum Guisiæ ducum. *Par.* 1577. 4. *Ibid.* 1614. 8.

(Valincourt, Jean Baptiste Henri du Trousset de). Vie de François de Lorraine, duc de Guise. *Par.* 1668. 12. Trad. en angl. *Lond.* 1681. 12.

Guise (Henri I de Lorraine, duc de),
surnommé le Balafré (31 déc. 1550 — assassiné le 23 déc. 1588).

(Brie, N... N...). Histoire du duc (Henri) de Lorraine, dit le Balafré. *Par.* 1694. 12. *
* Histoire romanesque.

Davila (Enrico Caterino). La sera di S. Bartolommeo e la morte del duca di Guisa. *Venez.* 1828. 12. Portrait.

Guise (Louis de Lorraine, duc de),
cardinal-archevêque de Reims, frère du précédent,
(1555 — assassiné le 24 déc. 1588).

Discours déplorable du meurtre et assassinat commis en la ville de Blois, en la personne de Henri de Lorraine, duc de Guise, le vendredi 23 déc. 1588. *Par.* 1589. 8.

Particularités notables, concernant l'assassinat et massacre de M. le duc (Henri) de Guise et de M. le cardinal (Louis) son frère. *Châlons*. 1589. 8.

Portrait et description du massacre, commis au cabinet et par l'autorité du roi (Henri III) en la personne de Henri de Lorraine, magnanime duc de Guise, protecteur et défenseur de l'Eglise catholique, s. l. 1589. 8.

Cruauté plus que barbare, infidèlement perpétrée par Henri de Valois, ennemi des catholiques du royaume de France, en la personne de M. le cardinal (Louis) de Guise, archevêque-duc de Reims, s.-l. 1589. 8.

Martyre des deux frères, contenant les particularités les plus notables des massacres et assassinats commis en les personnes du cardinal (Louis) et du duc (Henri) de Guise. *Par.* 1589. 8.*

   * L'auteur anonyme trouva dans le nom de Henri de Valois l'anagramme de *Vilain Herodes*.

Récompense du tyran de la France et porte-bannière d'Angleterre, Henri de Valois, envers le cardinal et le duc de Guise. *Par.* 1589. 8.

Déclaration du roi (Henri III) sur la mort des duc et cardinal de Guise, du 31 déc. 1588, s. l. 1588. 8.

Réponse faite à Henri de Valois sur son innocence prétendue sur la mort de MM. de Guise, s. l. 1589. 8.

Remontrance faite par madame de Nemours (mère de ces deux frères assassinés) à Henri de Valois, avec la réponse de Henri de Valois, s. l. 1589. 8.

Requeste présentée à MM. de la cour de parlement de Paris par madame la duchesse de Guise pour les informer du massacre et assassinat commis en la personne de M. le duc (Henri) de Guise. *Par.* 1589. 8.

Arrêts de la cour souveraine des pairs de France donnés contre les meurtriers et assassins de MM. le cardinal et le duc de Guise, du 31 janvier 1589. *Par.* 1589. 8.

Proposition faite au saint-père le pape Sixte V au consistoire tenu à Rome le 27 janvier 1589, sur le sacrilége et assassinat commis en la personne du cardinal (Louis) de Guise, s. l. 1589. 8.

Harangue faite au consistoire à MM. les cardinaux par S. S. le pape sur la mort du cardinal (Louis) de Guise, avec le texte latin du 6 février 1589. *Par.* 1589. 8. *

   * La Bibliothèque historique de la France — tome II, num. 18804, et tome IV au supplément — contient la liste de 105 ouvrages qui parurent dans la même année pour justifier les Guise.

Guise (Henri II de Lorraine, duc de),
      général français (1614 — 1664).

Saincton (N... N...). Mémoire de M. le duc de Guise, contenant son entreprise sur le royaume de Naples, jusqu'à sa prison. *Par.* 1668. 4. *Ibid.* 1681. 12.

Guise (Louis III de Lorraine, de),
      cardinal-archevêque de Reims (1575 — 21 juin 1621).

Sainte-Marie ou de **Gifford** (Gabriel de). Oraison funèbre de Louis (III) de Lorraine, cardinal de Guise. *Reims.* 1621. 12.

Chavyneau (André). La mort généreuse d'un prince chrétien, tirée sur les dernières actions et paroles du cardinal (Louis III de Lorraine) de Guise. *Par.* 1623. 12.

Maupas (Henri de). Discours funèbre du cardinal Louis de Lorraine. *Reims.* 1629. 8.

Marlot (Guillaume). Oraison funèbre de Louis de Lorraine, cardinal de Guise. *Reims.* 1629. 4.

Guiton (Jean),
      magistrat français.]

Callot (Pierre Simon). J. Guiton, dernier maire de l'ancienne communauté de la Rochelle, 1628; sa famille, sa naissance; ses actions comme citoyen, comme amiral des Rochelais; sa mairie, siége de la Rochelle; ce qu'il devient après la reddition de la ville; sa mort; ses descendants. *La Rochelle.* 1847. 8.

Guitton (Joseph André),
      évêque de Poitiers.

Degreteau (A...). Vie de Mgr. J. A. Guitton, évêque de Poitiers. *Angoulême.* 1850. 12.

Guizot (François Pierre Guillaume),
      homme d'État français (4 oct. 1787 — ...).

Doisy (Martin). Coup d'œil sur la vie publique de M. F. Guizot. *Par.* 1850. 8.

Histoire peu française de lord F. Guizot, ministre des étrangers en France. *Par.* 1842. 18. *

   * Satire confisquée par la police de Paris.

Deschères (Thomas). Biographie de M. Guizot. *Par.* 1842. 8.

Dairnwoell (Georges). Histoire de MM. (Adolphe) Thiers et Guizot. *Par.* 1842. 8.

(**Loménie**, Louis de). M. Guizot, par un homme de rien. *Par.* 1844. 12.

Marchal (Charles). Lord Guizot, sa politique et son voyage à Londres. *Par.* 1844. 32.

Les cent-quatre péchés de M. Thiers, les dix vertus de M. Guizot, les cent-dix nouveaux députés, les quinze jours de session. *Par.* 1846. 8.

(**Verneuil**, Victor). M. Guizot, par un homme du peuple. *Par.* 1846. 8.

Biographie de M. Guizot. *Par.* 1847. 8.

Nisard (Théodore). Les crimes politiques de Guizot. *Par.* 1848. 8.

Gainet (N... N...). Études critiques sur les travaux historiques de M. Guizot. *Par.* 1851. 8.

Guldberg (Ove Hoegh),
      homme d'État danois (1er sept. 1731 — ... 1808).

Giessing (Hans Peder). Struensee og Guldberg, eller 2de Revolutioner ved het danske Hof; historisk Skildring. *Kjoebenh.* 1848. 12.

Gulden, dit **Fiorino** (Heinrich Wilhelm),
      musicien allemand.

(**Reichardt**, Johann Friedrich). Leben H. W. Gulden's, des berühmten Tonkünstlers, genannt Fiorino. *Berl.* 1779. 8. *

   * Cette biographie n'est pas terminée.

Guler v. Wyneck (Johann),
      colonel suisse.

Sprecher v. Berneck (Fortunat). Christlich Leben und selig Sterben des theuern Helden und treuen Vaters des Vaterlandes, Herrn Obersten J. Guler von Wyneck. *Chur.* 1637. 4. Portrait. *Ibid.* 1819. 8.

(**Valentin**, N... N...). Ehrenrettung J. v. Guler's wider den ehrverletzenden Angriff des Bündtnerischen Liederdichters. *Chur.* 1781. 12.

Gulleghem (Siger de),
      théologien belge du xiiie siècle.

Kervyn de Lettenhove (Joseph). S. de Gulleghem, docteur en théologie de l'Université de Paris au xiiie siècle. *Brux.* 1853. 8. (Extrait des *Bulletins de l'Académie royale de Belgique*.)

Gummarus (Saint),
      patron de la ville de Lierre.

Leven, deughden en mirakelen van den edelen ridder ende glorieuzen belyder, den H. Gummarus. *Antwerp.* 1774. 18.

Kortbondig verhael des levens van den H. Gummarus, patroon der stad Lier. *Lier*, s. d. 24.

Gumoëns (N... E... F... van),
      colonel hollandais († 29 déc. 1832).

(**Thellung van Courtlary**, V... E...). Levensschets van N. E. F. van Gumoëns, kolonel by den generalen staf in nederlandschen dienst, etc. *Breda.* 1833. 8. Trad. en allem. *Bern.* 1835. 8. Portrait.

Gundermann (Christoph),
      théologien allemand.

Klage, als C. Gundermann den 15. November 1591 zu Leipzig in das Schloss Pleissenburg gefenglich geführet worden, s.-l. (*Leipz.*) 1591. 4. (*D.*)

Gundlach (Johann),
      philosophe allemand (10 déc. 1763 — 16 février 1819).

Wagner (Carl Franz Christian). Memoria J. Gundlachii. *Marb.* 1819. 4.

Gundling (Jacob Paul, Freiherr v.),
      historien allemand (19 août 1673 — 11 avril 1731).

Parentation, wie sie von D... F... gehalten worden, als man Freiherrn v. Gundling beerdigt. *Potsd.* 1731. 4. (*D.*)

(**Koenig**, Anton Balthasar). Leben und Thaten J. P. Freiherrn von Gundlings, eines höchst seltenen und abenteuerlichen Mannes. *Berl.* 1795. 8. *

   * Avec le portrait de ce fou en titre d'office qui fut enterré dans un baril à vin.

Gundling (Nicolaus Hieronymus),
      jurisconsulte allemand, frère du précédent (25 février 1671 — 9 déc. 1729).

Rambach (Johann Jacob). Leichenpredigt auf N. H. Gundling. *Halle.* 1729. 8. (*D.*)

Schneider (Johann Friedmann). Programma academicum ad cæremonias in funere N. H. Gundlingii. *Halæ*, s. d. (1729.) Fol. *(D.)*

Wideburg (Friedrich). Memoria N. H. Gundlingii. *Halæ*. 1729. 4.

Neubauer (Ernst Friedrich). Gedächtnissrede, etc. , bei der Beerdigung N. H. Gundling's. *Giess.* 1730. Fol. et 4. *Ibid.* 1732. 8.

H(empel) (Christian Friedrich). N. H. Gundling's umständliches Leben und Schriften, etc. *Frf. et Leipz.*, s. d. (1736.) 4. *(D.)*

Sincerus* (Jacob). Sendschreiben wegen C. F. H(empel's) Leben N. H. Gundlingii. *Hamb. et Bresl.* 1737. 4. *(D.)*
    * Nom déguisé.

Gunn (Walter),
    missionnaire anglo-américain.

Lintner (G... A...). Memoir of the Rev. W. Gunn, late missionnary in India of the evangelical Lutherian church in the United-States. *Albany.* 1852. 18.

Gunnerus (Johann Ernst),
    évêque de Drontheim (26 février 1718 — 23 sept. 1773).

Schoening (Gerhard). Lovtale over Doctor og Professor J. E. Gunnerus. *Trondhjem.* 1774. 8.

Gunnlaugus,
    poëte danois.

Vita Gunnlaugi Vermilinguis et Rafnis poetæ. *Hafn.* 1775. 4.

Guntherus,
    ermite allemand.

Roenick (J... T...). Dissertatio de Gunthero eremita. *Goetting.* 1739. 4.

Gunzo,
    savant italien du xᵉ siècle.

Gatterer (Johann Christoph). Commentatio de Gunzone Italo, qui seculo x in Germania pariter atque in Italia eruditionis laude floruit. *Norimb.* 1756. 4. *(D.)*

Gurney (Joseph John),
    littérateur anglais (2 août 1788 — 4 janvier 1847).

Alexander (John). Sermon on the death of J. J. Gurney, Esq. *Lond.* 1847. 8.

Barton (Bernard). Memorial of J. J. Gurney. *Lond.* 1847. 4.

Geldart (Thomas). Beispiele der Menschenliebe. Skizzen aus dem Leben des Sir Thomas Fowell Buxton, J. J. Gurney und der Elizabeth Fry. *Leipz.* 1853. 8. (Trad. de l'anglais.)

Gusikow * (Michel Joseph),
    musicien polonais (2 sept. 1806 — 21 oct. 1837).

Schlesinger (Siegmund). J. Gusikow und dessen Holz und Stroh-Instrument ; ein biographisch-artistischer Beitrag zur richtigen Würdigung dieser ausserordentlichen Erscheinung. *Wien.* 1838. 8.
    * Et pas Gutsikow, comme le nomment quelques biographes.

Gusmao (Alexandre de),
    diplomate portugais.

Martins de Araujo (Miguel). Elogio de A. de Gusmam. *Lisb.* 1754. 4.

Gusset (Jacob),
    médecin (?) hollandais.

Eysson (Rudolph). Oratio de vita et morte J. Gussetii. *Groning.* 1705. 4. *(Cp.)*

Gustave,
    fils d'Eric XIV, roi de Suède.

Lundblad (Johan Fredrik). Dissertatio de Gustavo Erici XIV filio. *Lund.* 1799. 8. *Ibid.* 1808. 8.

Gustave I Wasa,
    roi de Suède (12 mai 1496 — 1523 — 29 sept. 1560).

Tegel (Erik Georg). De vita et rebus gestis Gustavi I. *Holm.* 1620. Fol.

Joerenson (Erik). Historia Gustavi I. *Stockh.* 1622. Fol. (Ecrit en suédois.)

Kempenskioeld (Samuel). Historiæ Gustavi I libri V. *Stregnes.* 1629. 8. *Ibid.* 1648. 12.

Girs (Ægidius). Konung Gustaf's I och Konung Eriks XIV Chroenikor. *Stockh.* 1670. 4.

Grubb (Christopher Laurens). Breviarium Gustavianum. *Lincop.* 1671. 4. (En suédois.)

Caumont de La Force (Charlotte Rose). Gustave Wasa. *Lyon.* 1689. 2 vol. 12. *
    * Plus roman que pure histoire.

Celsius (Olaf). Konung Gustafs I Historia. *Stockh.* 1746-53. 2 vol. 8. *Ibid.* 1792. 2 vol. 8. Trad. en allem. *Kopenh.* 1749-54. 2 vol. 8.

Sivers (Heinrich Jacob). Merkwürdige Züge aus der Geschichte Gustav's I. (Trad. du suédois par Johann Friedrich Bagge.) *Lübeck.* 1775. 8.

Hultén (Andreas). Oratio (metrica) de Gustavis Sueciæ regibus. *Gryphisw.* 1793. 4.

Hagemeister (Johann Gottfried). Gustav Wasa , oder Revolutionsgeschichte in Schweden, etc. *Berl.* 1795. 8. *Ibid.* 1802. 8.

Archenholz (Johann Wilhelm v.). Geschichte Gustav Wasa's, Königs von Schweden. *Tübing.* 1801. 2 vol. 8. Trad. en franç. par Catherine Jean Ferdinand Giraud de Propriac. *Par.* 1803. 2 vol. 8.

Fryxell (Anders). Gustaf I och Erik XIV. *Stockh.* 1828. 8. *Ibid.* 1831. 8. *Ibid.* 1853. 8. *
    * Formant le troisième volume de son ouvrage *Beraettelser ur Svenska Historien.*

—— Leben und Thaten Gustav's I Wasa, Königs von Schweden, trad. du suédois par G... v. Ekendahl. *Neust. a. d. Orla.* 1831. 8.

King Gustavus Vasa ; his adventures and exploits , with extracts from his correspondence and chronicles of his reign. *Lond.* 1852. 8. Portrait.

Bielke (N... A...). Oratio panegyrica de meritis Gustavi I in patriam. *Upsal.* 1759. 4.

Brahe (Erik). Oratio de Gustavo I Suecorum rege a summa miseria turpissimaque servitute patriam suam liberante. *Upsal.* 1740. 8.

Hassel (Henrik). Oratio de meritis Gustavianæ familiæ in patriam. *Aboæ.* 1746. 8.

Hydrén (Laurens). Dissertatio de meritis regis Gustavi I in ecclesiam Suecanam. *Upsal.* 1755. 8.

Bratt (Andreas). Dissertatio de meritis Gustavi I in religionem et literas. *Gryphisw.* 1804. 8.

Franzén (Frans Michael). Comparatio historica Gustavi I regis Sueciæ cum Henrico VII Angliæ rege. *Aboæ.* 1805. 8.

Roemer (R... C... H...). Specimen historico-theologicum de Gustavo I rerum sacrarum in Suecia , sæculo xvi, instauratore. *Traj. ad Rhen.* 1840. 8. *(Ld.)*

Gustave II Adolphe,
    roi de Suède (9 déc. 1594 — 8 nov. 1611 — tué le 6 nov. 1632).

Denukrois (Elias). Panegyricus in laudem Gustavi Adolphi, Suecorum, Gothorum et Vandalorum regis. *August.* *Trinobant.* 1629. 4.

Fornelius (Laurentius). De Gustavi Adolphi regis rebus heroicis in bello ac pace gestis. *Upsal.* 1631. Fol.

Michael (M...). Agnaten und Stammlinien Gustav Adolph's. *Nürnb.* 1632. 4.

Panegyricus Gustavi Adolphi, Sueciæ regis. *Cygn.* 1632. 4.

Skytte (Lars). Oratio de excessu luctuosissimo divi Gustavi Magni, Suecorum, Gothorum , etc. , regis. *Holm.* 1632. Fol.

Huswedel (Johannes). Laudatio funebris in obitum divi Gustavi Adolphi, regis Sueciæ. *Rostoch.* 1632. 4.

Loccenius (Johan). Oratio de Gustavi Adolphi regis virtutibus togatis et militaribus vere heroicis. *Upsal.* 1632. 4.

—— Oratio memoriæ divi Gustavi Adolphi Magni. *Upsal.* 1634. 4.

Kruus (Jan Jakob). Laudatio funebris Gustavi Magni, Suecorum regis. *Lugd. Bat.* 1634. Fol.

Skytte (Bengt). Oratio in excessum Gustavi Magni. *Lugd. Bat.* 1635. Fol.

Janda (Matej). Památka nesmrtelna Gustava Adolfa, krale Swedského. *Praze.* 1632. 12.

Danckwerth (Caspar). Historie van Gustavus Adolphus. *Amst.* 1642. Fol.

Pons de Castelvi (Fabricio). Gustavo Adolfo, rey de Suecia, vencedor y vencido en Alemania. *Madr.* 1648. 4.

Jaches (Johan Jacob). Summi principis Gustavi (Adolphi) Magni virtutes. *Witteb.* 1679. 4.

Widekind (Johann). Historiæ Gustavi Adolphi Magni sexennium. *Holm.* 1680. Fol. (Ecrit en suédois.)

Weber (Immanuel). Dissertatio de Gustavo Adolpho, rege Suecorum. *Giess.* 1703. 4.

Heylmann (P... L...). Gustavus Adolphus. *Frf.* 1703. 4.

Mittag (Johann Gottfried). Wunderwürdiges Leben und Thaten Gustav Adolph's des Grossen, Königs in Schweden, avec préface de Martin SCHMEITZEL. *Halle.* 1740. 8.

Jungendres (Sebastian Jacob). Memorabilia Gustavi Magni ejusque filiæ Christinæ, regum Suecorum. *Frf.* et *Lips.* 1750. 4.

Harte (Walter). History of the life of Gustavus Adolphus, king of Sweden, surnamed the Great. *Lond.* 1759. 2 vol. 4. *Ibid.* 1767. 2 vol. 8. *Ibid.* 1807. 2 vol. 8. *Ibid.* 1857. 2 vol. 8. Trad. en allem. par Georg Heinrich MARTINI, avec préface de Johann Gottlob BOEHME. *Leipz.* 1761. 2 vol. 4.

(**Mauvillon**, Eléazar). Histoire de Gustave Adolphe, roi de Suède. *Amst.* 1764. 4, ou 4 vol. 12. Trad. en allem. *Bresl.* 1795. 2 vol. 8.

Gustaf Adolfs egenhaendigt foerfattade historia öfver sig sjelf, del I. *Stockh.* 1775. 8. *Ibid.* 1780. 8.

Berch (Carl Reinhold). Kort Utkast till Konung Gustaf Adolf och hans Gemals Lefvernesbeskrifning, etc. *Stockh.* 1788. 8.

Grimoard (Philippe Henri de). Histoire des conquêtes de Gustave Adolphe, roi de Suède, en Allemagne, ou campagnes de ce monarque en 1630, 1631 et 1632. *Stockh.* 1782. Fol. *Neufchât.* 1789. 3 vol. 8.

Vogt (Nicolaus). Gustav Adolph, König von Schweden, etc. *Frf.* 1790. 2 vol. 8.

Hallenberg (Jonas). Svea Rikes Historia under Konung Gustaf Adolfs Regering. *Stockh.* 1790-96. 5 vol. 8.

Ruehs (Christian Friedrich). Erinnerungen an Gustav Adolph, enthaltend seine eigenhändige Einleitung zur Geschichte seines Lebens und G... A... WECKHERLIN's Ebenbild Gustav Adolph's. *Halle.* 1806. 8.

Rango (Friedrich Ludwig). Gustav Adolph der Grosse, König von Schweden. *Leipz.* 1824. 8. *Ronneb.* 1832. 8. *Ibid.* 1833. 8. *

    * Chacune de ces éditions est ornée de son portrait.

Fryxell (Anders). Gustaf II Adolph. *Stockh.* 1833. 8. *Ibid.* 1835. 8. *

    Trad. en allem. par Tinette HOMBERG. *Leipz.* 1842. 2 vol. 8.

    Trad. en franç. par Mlle R... du PUGET. *Par.* 1847. 2 vol. 8.

    Trad. en holland. par A... RADIJS. *Utrecht.* 1845. 2 vol. 8.

    * Formant le sixième volume de son ouvrage *Beraettelser ur Svenska Historien.*

Arnholtz (N... N...). Gustaf Adolphs Deeltagelse i Tredivaars-Krigen. *Kjoebenh.* 1834. 8.

Gfroerer (A... F...). Geschichte Gustav Adolph's, Königs von Schweden, und seiner Zeit. *Stuttg.* 1835-57. 2 vol. 8. Portrait. *Ibid.* 1852. 8. (3e édition.) Trad. en suéd. *Stockh.* 1856-58. 5 vol. 12.

Hollings (J... F...). Life of Gustavus Adolphus, surnamed the Great, king of Sweden. *Lond.* 1838. 12. Portrait.

Schoeneichen (Wilhelm) et **Schreck** (Ludwig). Schwedens Heldenkönige : Gustav II Adolph und Carl XIV Johann, geschildert in Zügen aus ihrem Leben. *Leipz.* 1859. 8.

Kossarski (Ludwig). Geschichte Gustav Adolph's. *Berl.* 1841. 8.

Flathe (Ludwig). Gustav Adolph und der dreissigjährige Krieg. *Dresd.* 1841. 16 parts. 16. Portraits.

Gustavi Adolphi Suecorum regis memoria, ex Joannis Valentini ANDREÆ elogiis, publ. par Georg Friedrich Heinrich RHEINWALD. *Berol.* 1844. 8.

Koenig (Carl Bernhard). Gustav Adolph, König von Schweden. *Magdeb.* 1844. 8.

Sparfeld (Eduard). Gustav Adolph, König von Schweden ; ein Volksbuch. *Leipz.* 1845. 8.

Eigentliche und wahrhafte Beschreibung der siegreichen Victori, welche Königliche Majestät zu Schweden zum andern Mal bei Lützen, zwei Meil Wegs von Leipzig, wider die Ligistische Armee, mit grosser Verwundung und Darsetzung Ihrer K. Majestät Leibs und Lebens erhalten, geschehen den 6 Nov. im Jahre 1632. *Leipz.* 1652. 8.

Histoire du progrès des armes du roi de Suède (Gustave Adolphe) en Allemagne, avec la bataille de Leipzig

    1

(1632), par un gentilhomme du camp de Gustave Adolphe. *Par.* 1632. 8.

Lungwitz (Matthias). Dreifacher Schwedischer Lorbeerkrantz Gustavi Adolphi. *Leipz.* 1635. 2 vol. 4.

.   Trad. en franç. s. c. t. Histoire de Gustave Adolphe, par N... N..., de PRADE. *Par.* 1693. 8. *Amst.* 1695. 8.

    Trad. en holland. s. c. t. Leven en bedrijf van Gustavus Adolphus. *Leyd.* 1698. 8.

Jollivetus (Evertus). Fulmen in aquilam, seu Gustavi Magni, generosissimi Suecorum, Gothorum, Vandalorum regis, etc., bellum Suecco-Germanicum ; heroicopoliticum poema. *Par.* 1636. *Lips.* 1832. 8.

Chemnitz (Boguslaus Philipp v.). Königlich Schwedischer in Deutschland geführter Krieg. Vol. I. *Stett.* 1648. Fol. Vol. II. *Stockh.* 1653. Fol.

Garisolius (Andreas). Adolphidos, s. de bello Germanico quod Gustavus (II) Adolphus gessit. *Montalbani.* 1649. 4.

Landsberg (Pieter). Gustavi Magni bellum Germanicum. *Rotterd.* 1652. 12.

Pufendorf (Samuel). Commentariorum de rebus Suecicis libri XXVI ab expeditione Gustavi Adolphi in Germaniam ad abdicationem usque Christinæ. *Ultraj.* 1686. Fol. *Frf.* 1707. Fol.

Dufresne de Francheville (N... N...). Histoire des dernières campagnes et négociations de Gustave Adolphe en Allemagne. *Berl.* 1772. 4. Trad. en allem. *Goetting.* 1794. 2 vol. 8.

(**Buelow**, Adam Heinrich Dietrich v.). Gustav Adolph in Deutschland ; kritische Geschichte seiner Feldzüge. *Berl.* 1808. 2 vol. 8.

Moench (Hans). Nachruf zur Jubelfeier der Augsburgischen Confession und der Landung Gustav Adolph's in Pommern ; eine Rede. *Strals.* 1851. 8.

Moser (Friedrich Salomon). Gustav Adolph, der Beschützer protestantischer Religion und deutscher Freiheit, etc. *Leipz.* 1832. 8. Portrait.

Gustav Adolph, König von Schweden, der Retter Deutschlands, der Märtyrer protestantischer Glaubensfreiheit, etc. *Meiss.* 1832. 8. Portrait.

(**Roessler**, Carl Gottfried). Erinnerungen an Gustav Adolph, gefallen in der Schlacht bei Lützen, etc. *Merseb.* 1832. 8. Portrait.

Kreyssig (Johann Gottlieb). Memoria Gustavi Adolphi, Sueciæ regis, Germaniæ liberatoris, etc., in pugna ad Lucenam commissa occisi, etc. *Misen.* 1832. 8.

Philippi (F... E... F...). Tod Gustav Adolph's von Schweden in der Schlacht bei Lützen, etc. *Leipz.* 1832. 8. Portrait.

Blixen (A...). Tal öfver Konung Gustaf II Adolph. *Stockh.* 1833. 8.

Geijer (Erik Gustaf). Tal wid Jubelfesten till the Store Gustaf Adolphs Minne. *Upsal.* 1833. 8.

Gustaf Adolfs Minnefest firad i Carlstad. *Carlst.* 1833. 8.

Hungerkhausen (Heinrich v.). Epaminondas und Gustav Adolph ; eine Parallele. *Nürnb.* 1813. 8.

Grauert (Wilhelm Heinrich). Gustavus Adolphus rex Suecorum comparatus cum Epaminonda Thebano. *Monast.* 1833. 4. (*L.*)

Wallin (Georg). Dissertationes III de gladio Gustavi Adolphi magici. *Upsal.* 1728-29. 8.

Glafey (Adam Friedrich). Dissertatio de gladio quocum Gustavus Adolphus, rex Sueciæ, in prœlio Luzensi occubuit. *Lips.* 1749. 4.

New star of the Nord shining upon Gustavus Adolphus. *Lond.* 1632. 4. 2 portraits.

Brahe (Tyge). Propheticall conclusion of the new and much admired starre of the North. 1372. *Lond.* 1632. 4. *

    * Curieux traité concernant Gustave Adolphe ; on y trouve le portrait du roi et celui de l'auteur.

Henckelius (Balthazar). De somnio regis Gustavi Adolphi. *Holm.* 1631. 8.

    44

Dufresne de Francheville (N... N...). La mort de Gustave Adolphe, présentée sous un point de vue militaire, qui rend à cette mort tous les caractères d'héroïsme que lui ôtent ceux qui prétendent que le monarque suédois est mort de la main d'un traître. *Bresl.* 1799. *4.*

Lettres et mémoires de Gustave Adolphe, de ses ministres et de ses généraux, sur les guerres des Suédois en Pologne et en Allemagne, depuis 1625 jusqu'en 1632, etc., (publ. par Philippe Henri de GAIMOARD). *Par.* 1790. 8.

Zober (Ernst Heinrich). Ungedruckte Briefe Albrecht's von Wallenstein und Gustav Adolph's des Grossen, Königs von Schweden. *Strals.* 1850. 8.

Gustave III,
roi de Suède (24 janvier 1746 — 12 février 1771 — 29 mars 1792).

Dahl (Christopher). Program till Parentationes öfver Konung Gustaf III. *Upsal.* 1792. 8.

Lundblad (Johan Fredrik). Oratio in memoriam regis Gustavi III. *Holm.,* s. d. (1792.) 8.

Lubersao (marquis de). Hommage religieux, politique et funèbre à la mémoire de Léopold II et de Gustave III. *Coblenz.* 1792. 8.

(Becattini, Francesco). Storia del regno e della vita di Gustavo III. *Venez.* 1792. 4 vol. 8.

Posselt (Ernst Ludwig). Geschichte Gustav's III, Königs der Schweden und Gothen. *Carlsr.* 1792. 8. *Strasb.* 1795. 8.

Trad. en franç. par J(acques) L(ouis) M(ANGET). *Par.* 1807. 8.

Trad. en suéd. par Johan Jakob HEDRÉN. *Linköp.* 1810. 8. *Stockh.* 1819. 8.

Geisler (Adam Friedrich). Leben des Königs von Schweden, Gustav's III. *Leipz.* 1793. 2 vol. 8.

Gustav III, König von Schweden. *Chemnitz.* 1793. 2 vol. 8. Portrait.

Oxenstiern (Johan Gabriel). Åminnelse-Tal öfver Konung Gustaf III. *Stockh.* 1793. 8. Trad. en allem. par Caspar Gabriel GROENING. *Leipz.* 1793. 8.

Geschichte Gustav's III, Königs von Schweden, von einem schwedischen Offizier. (Contin. par Adam Heinrich Dietrich v. BUELOW.) *Frf.* et *Leipz.* 1806-10. 3 volumes 8.

Aguila (C... J... E... d'). Histoire des événements mémorables du règne de Gustave III. *Par.* 1807. 3 vol. 8. Réimp. s. c. t. Histoire du règne de Gustave III. *Par.* 1815. 2 vol. 8.

Histoire abrégée ou portrait historique de Gustave III, roi de Suède, s. l. et s. d. 8.

Schroederheim (Elis). Anteckningar till Konung Gustaf's III historia. *Stockh.* 1851. 8.

Michelessi (Domenico). Lettera a monsignore Visconti, arcivescovo d'Efeso, sopra la rivoluzione di Suezia, succeduta il di 19 Agosto 1772. *Stockh.* 1773. 8. *Greifsw.* 1773. 8. Trad. en allem. par Johann Georg Peter MOELLER. *Greifsw.* 1773. 8.

Sheridan (Charles Francis). History of the late revolution in Sweden. *Lond.* 1778. 8. Trad. en allem. (par Carl Christian Balthasar KOCH). *Berl.* 1778. 8. Trad. en franç. (par Jean Marie BRUYSET). *Lond.* (Lyon.) 1783. 8.

Lescène Desmaisons (Jacques). Histoire de la dernière révolution de Suède. *Par.* 1781. 12. *Amst.* 1782. 12. *Lond.* 1784. 8. *Par.* 1791. 12.

(Fischer, Johann Heinrich). Nachricht von der Ermordung des Königs von Schweden (Gustav's III), s. l. (Braunschw.) 1792. 8. *
* Avec une silhouette de son assassin Anckarstroem.

(Lehndorf-Bandels, August Adolph Leopold v.). Gustav's III Tod. *Hamb.* 1793. 8.

(Artaud de Montor, Alexandre François). Histoire de l'assassinat de Gustave III, roi de Suède, par un officier polonais, témoin oculaire. *Par.,* an V (1797.) 8. Port.

Correspondance entre le prince Gustave de Suède et le comte de Scheffer, s. l. 1772. 8. Trad. en allem. par Thomas Heinrich GADEBUSCH. *Greifsw.* 1772. 8.

Personalien bei dem Begräbnisse des Königs von Schweden. *Greifsw.* 1792. 4. (Trad. du suédois.)

Charactere und Anecdoten vom schwedischen Hofe (unter Gustav III), aus dem Englischen übersetzt von August Ferdinand LUEDER. *Braunschw.* 1790. 8.

Gustave IV Adolphe,
roi de Suède (1er nov. 1778 — 29 mars 1792 — détrôné le 13 mars 1809 — 7 février 1837).

Hoest (Jens Kragh). Kort Udsigt over Gustafs IV Levnet og Regjering. *Kjoebenh.* 1808. 8.
—— Kort Udsigt over Gustav IV des sidste Regjeringstid. *Kjoebenh.* 1809. 8.

Historisk Tafla af f. d. Konung Gustaf IV Adolphs sednaste Regeringsaar. *Stockh.* 1810. 8.

Rahbek (Knud Lyne). Historisk Skildring of Sverrigs Konge Gustaf IV Adolphs seneste Regjeringsaar. *Kjoebenh.* 1810-11. 3 vol. 8.
Trad. en allem. *Hamb.* 1810-11. 2 vol. 8.
Abrég. et trad. en angl. *Lond.* 1812. 8.

Arndt (Ernst Moritz). Schwedische Geschichten unter Gustav III, vorzüglich aber unter Gustav IV Adolph. *Leipz.* 1839. 8.

Mémorial du colonel Gustafsson. *Leipz.* 1829. 8. (Écrit par l'ex-roi lui-même.) Trad. en allem. par Friedrich GLEICH. *Leipz.* 1829. 8.

La journée du 13 mars 1809, ou les faits essentiels de la révolution de 1809. *St.-Gall.* 1853. 8. *
Trad. en allem. *St.-Gall.* 1853. 8.
Trad. en dan. par Erich Christian MONRATH. *Kjoebenh.* 1853. 16.
* Morceau d'autobiographie.

Anecdoten, den Besuch des Königs (Gustav IV Adolph's) in Petersburg, so wie seine fehlgeschlagene Verbindung mit der Grossfürstin Alexandra (Paulowna) betreffend, etc. *Stockh.* (?) 1809. 8.

Gusztinyi (István),
évêque de Neutra.

Hiros (Samuel). Oratio de laudibus I. Gusztinyi, episcopi Nitriensis, etc. *Poson.* 1777. Fol.

Gutenberg (Johann **Gensfleisch**),
inventeur de l'imprimerie (1400 — 24 février 1468).

Koeler (Johann David). Ehrenrettung J. Gutenberg's. *Leipz.* 1740. 4.

Oberlin (Jérémie Jacques). Essai d'annales sur la vie de J. Gutenberg. *Strasb.,* an IX (1801.) 8. Portrait. *Ibid.* 1840. 8.

Fischer (Gotthelf). Essai sur les monuments typographiques de J. Gutenberg, Mayençais. *Mayence.* 1802. 4. 1840. 8.

Née de la Rochelle (Jean François). Éloge historique de J. Gensfleisch, dit Gutenberg. *Par.* 1811. 8. Port.

Dahl (Johann Conrad). Die Buchdruckerkunst, erfunden von J. Gutenberg, verbessert und zur Vervollkommnung gebracht durch Peter Schoeffer von Gernsheim. *Mainz.* 1852. 8.

Kreyssig (Johann Gottlieb) et **Diller** (Eduard August). Memoria J. Gutenbergii, artis typographicæ inventoris, etc. *Misen.* 1840. 4.

Stadelmann (Johann Christian Friedrich). Memoria J. Gutenberg, artis typographicæ inventoris, etc. *Dessav.* 1840. Fol.

Schulz (Otto August). Gutenberg, oder Geschichte der Buchdruckerkunst, vor ihrem Ursprung bis zur Gegenwart, etc. *Leipz.* 1840. 8.

Schmidt (Charles). Nouveaux détails sur la vie de Gutenberg. *Strasb.* 1841. 8.

Faccio (Domenico). Notizie storico-critico-tipografico-bibliografiche di Gutenberg, Fust et Schoeffer, primi inventori della stampa. *Padov.* 1844. 8.

Winaricky (Carol). J. de Gutenberg, né en 1412 à Kuttenberg en Bohême, bachelier ès-arts à l'université de Prague, promu le 18 novembre 1445, inventeur de l'imprimerie à Mayence en 1450, traduit de l'allemand * par Jean de CARRO. *Brux.* 1847. 12.
* L'original allemand est resté manuscrit.

Lamartine (Alphonse de). Gutenberg, inventeur de l'imprimerie (1400-1460). *Par.* 1853. 8. (Extrait de la revue *le Civilisateur.*)

Mueller (Niclas). Beschreibung des Festes, dem Andenken des Erfinders der Buchdruckerkunst, J. Gensfleisch zum Gutenberg, gefeiert zu Mainz am 4. October
1825. *Mainz.* 1825. 8.

Luchet (Auguste). Récit de l'inauguration de la statue
de Gutenberg, et les fêtes données par la ville de Strasbourg les 24, 25 et 26 juin 1840. *Par.* 1840. 32.

Guthry (Henry),
évêque de Dunkeld.

Memoirs of H. Guthry, bishop of Dunkeld. *Lond.* 1702.
8. *Glasg.* 1747. 12.

Gutierez (Martino),
jésuite espagnol.

Nieremberg (Juan Eusebio). Vita M. Gutierez. *Ment-
essœ.* 1659. 4.

Gutschmidt (Christian Gotthelf, Freiherr v.),
homme d'État allemand (12 déc. 1721 — 30 déc. 1798).

(**Hohenthal**, Peter Carl Wilhelm v.). Lebensbeschreibung des kursächsischen geheimen Cabinetsministers
Freiherrn v. Gutschmidt. *Gotha.* 1803. 8.

Guttadauro (Emilio),
naturaliste italien.

Tornabene (Francesco). Biografia del P. E. Guttadauro.
Catania. 1839. 8.

Guttenberg (Carl Theodorich v.),
prêtre allemand.

Weyermann (Georg Fredrich). Trauerrede auf C. T. v.
Guttenberg, Domprobsten zu Bamberg. *Bamb.* 1794. 4.

Guttenstein (Grafen v.),
famille bohème.

Balbinus (Aloys Bohuslaus). Origines illustrissimorum
comitum de Guttenstein, ubi refertur vita B. Hroznatæ,
martyris ordinis Præmonstratensium. *Prag.* 1665. Fol.

Gutteridge (Joseph),
littérateur anglais.

Steane (Edward). Memoir of the life of J. Gutteridge,
Esq. *Lond.* 1850. 8.

Gutzkow (Carl Ferdinand),
littérateur allemand (17 mars 1811 — ...).

Hoff (Heinrich). C. Gutzkow und die Gutzkowgraphie;
ein gemüthliches Literaturbild, etc. *Mannh.* 1839. 8.

Guyard (Laurent),
statuaire français (1723 — 1788).

Varney (Jean Baptiste). Notice historique sur L.
Guyard. *Chaumont.* 1806. 8. (Non mentionné par Quérard.)

Guyart (Marie), *
institutrice des ursulines (18 oct. 1599 — 30 avril 1672).

Martin (Claude). Vie de vénérable mère Marie de l'Incarnation. *Par.* 1677. 4.

Charlevoix (François Xavier de). Vie de la mère Marie
de l'Incarnation. *Par.* 1724. 8. *Ibid.* 1725. 4.

    * Plus connue sous le nom de MARIE DE L'INCARNATION.

Guyon (Jeanne **Bouvier de la Motte**),
dame française (1648 — 9 juin 1717).

Vie de madame Guyon, écrite par elle-même. *Cologne.*
1720. 3 vol. 8. *

   Trad. en allem. par un anonyme. *Frf.* 1727. 8.

   Par Henriette v. MONTENGLAUT. *Berl.* 1826. 3 vol. 8.

   Trad. en angl. par Thomas Dighby BROOKE. *Lond.*
   1806. 8.

    * Attribué très-souvent à l'abbé de BRIOS.

Hermes (Carl). Züge aus dem Leben der Frau Guyon,
Zeitgenossin und Freundin Fénélon's. *Magdeb.* 1843. 8.

Upham (Thomas Charles). Life and religious opinions
and experience of madame de la Motte Guyon, together
with some account of the personal history and religious
opinions of Fénélon, archbishop of Cambray. *New-
York.* 1848. 2 vol. 8. 2 portraits.

Guyon de Montlivault (Casimir Marie Victor),
homme d'État français (10 août 1770 — 10 avril 1846).

Senneville (Théodore de). Le comte C. M. V. Guyon
de Montlivault, ancien conseiller d'Etat, ancien préfet
des Vosges, etc. *Par.* 1846. 8. (Extrait du *Nécrologe
universel du XIXe siècle.*)

Guyot (Henrik Daniel),
théologien hollandais (25 nov. 1753 — 10 janvier 1828).

Lulofs (B... H...). Gedenkrede op wijlen H. D. Guyot.
Groning. 1828. 8. Portrait.

Guyot (Thomas),
littérateur français du XVIe siècle.

Barbier (Antoine Alexandre). Notice sur la vie et les
ouvrages de T. Guyot, traducteur français du XVIe siècle. *Par.* 1813. 8. (Extrait du *Magasin encyclopédique.*)

Guyse (Jacques de),
historien belge († 6 février 1399).

Aubenas (Adolphe). Première et seconde lettres sur J. de
Guyse, annaliste du Hainaut. *Par.* 1839. 2 vol. 8.

Guzzetta (Giorgio),
prêtre italien.

D'Angelo (Giovanni). Vita del P. G. Guzzetta. *Palerm.*
1798. 4.

Gwynn (Eleanor),
l'une des maîtresses de Charles II, roi d'Angleterre († 1687).

Memoirs of the life of Nell * Gwinn, misstress to king
Charles II. *Lond.* 1752. 8.

Cunningham (Peter). Story of Nell Gwyn and the
sayings of king Charles II. *Lond.* 1852. 8.

    * Abbréviation du prénom d'Éléonore.

Gyges,
personnage mythologique.

Cyprian (Ernst Salomon). Dissertatio de annulo Gygis.
Coburg. 1707. 4.

Gyldenloeve (Christian, Greve),
homme d'État danois.

Trellund (Hans). Laudatio funebris comitis C. Gyldenloeve. *Hafn.* 1707. Fol.

Gyldenstjerne (Erik **Hardenberg**),
homme d'État danois.

Resen (Hans). Ligpraediken over E. Hardenberg Gyldenstjerne. *Malmoe.* 1667. 4.

Gyllenanckar (Gabriel),
homme d'État suédois.

Isogaeus (Simon). Concio in funere generosissimi D. G.
Gyllenanckar, dicasterii Holmensis vicepræsidis. *Holm.*
1703. 4.

Gyllenborg (Carl, Grefve),
homme d'État suédois (11 mars 1679 — 9 déc. 1746).

Ihre (Johan). Oratio in memoriam C. Gyllenborg. *Upsal.*
1747. 8.

Lagerbring (Sven). Oratio in funere C. Gyllenborg.
Lund. 1747. 8.

Disquisitio de justo Gyllenborgii et (Georgii Henrici)
Goertzii arresto, etc. *Frf. et Lips.* 1717. 4.

Gyllenborg (Henning Adolph, Grefve),
homme d'État suédois (13 juin 1713 — 19 nov. 1775).

Schoenberg (Anders). Åminnelse-Tal öfver Riks-Rädet Grefve H. A. Gyllenborg. *Stockh.* 1779. 8.

Gyllenhjelm (Carl Carlsson),
amiral suédois (1572 — 9 mars 1650).

Svenonius (Enewold). Octo beatitudines in funere C.
Gyllenhjelm, expositæ carmine hebraico, chaldaico,
syriaco, arabico, græco, latino, germano, fennico, cum
explicatione suecica. *Upsal.* 1651. 8.

Lehnberg (Magnus). Åreminne öfver Riks-Rådet och
Riks-Amiral C. C. Gyllenhjelm, etc. *Stockh.* 1789. 8.
(Eloge couronné par l'Académie de Stockholm.)

Gyllenstierna (Erik),
homme d'État suédois.

Gartman (Johan). Elogium posthumum illustrissimi D.
E. Gyllenstierna, regni Sueciæ senatoris et dicasterii
Aboënsis præsidis. *Holm.* 1658. 4.

Gyllenstierna (Erik Carlsson),
feld-maréchal de Suède (22 avril 1723 — 17 mai 1799).

Neikter (Jakob Fredrik). Oratio in obitum E. C. Gyllenstierna. *Upsal.* 1809. 8.

Gyllenstierna (Johan),
homme d'État suédois.

Skoug (Olaus Jonæ). Concio funebris in obitum D. J.
Gyllenstierna, liberi baronis in Lündholmen. *Holm.*
1658. 4.

Gyllenstierna (Nils),
homme d'État (?) suédois.

Loenbom (Samuel). Lefvernesbeskrifning öfver N. Gyllenstierna. *Stockh.* 1775. 8.

Gyllenstolpe (Michael Wexionius),
jurisconsulte suédois.

Baeng (Pehr). Concio funebris in obitum M. Gyllenstolpe, dicasterii Aboënsis adsessoris. *Aboæ*. 1671. *4.* (Écrit en suédois.)

Gyrowetz (Adalbert),
musicien allemand (19 février 1763 — vers 1850).

Biographie, von ihm selbst geschrieben. *Wien*. 1848. 8.

Gysclcers-Thys (Barthélemy Joseph François Corneille),
littérateur belge (28 juillet 1761 — 17 mars 1843).

De Reume (Auguste). Notice sur M. Gysclcers-Thys, archiviste de la ville de Malines. *Brux*. et *Leipz*. 1849. 8. Portrait. (Tiré à 50 exemplaires.)

Gyulai (Gróf István),
feld-maréchal hongrois.

Intze (Ferencz Lisznyai). Halotti tanitaso Gróf Gyulai I. *Nagy-Enyedin*. 1771. *4.*

Gyulai (Gróf Kata),
Hongrois.

Szathmári (Mihály). Halotti beszéd Gróf Gyulai K., s. l. 1733. *4.*

Kamarási (Pál). Halotti tamitaso Gróf Gyulai, s. l. 1733. *4.*

Gyulai (Gróf Lájos),
homme d'État hongrois.

Intze (István Lisznyai). Halotti beszéd Gróf Gyulai L. *Kolosvar*. 1775. *4.*

Herepei (István). Halotti tanitaso Gróf Gyulai L. *Kolosvar*. 1775. *4.*

H

Haagenstad (Ole),
homme d'État norwégien.

Wergeland (Henrik). Storthingsmanden, Gudbrandsdoelen O. Haagenstad, skildret. *Christiania*. 1842. 8. Portrait.

Haan (Carel de),
théologien hollandais (16 août 1530 — 28 janvier 1616).

Molhuysen (P... C...). Carolus Gallus, of De Haan. *Arnhem*. 1848. 8.

Haartman (Johan),
médecin suédois (19 sept. 1725 — 29 déc. 1787).

Hagstroem (Anders Johan). Åminnelse-Tal öfver Professor och Ridder af K. Wasa-Orden, Herr D. J. Haartman. *Abo*. 1790. 8.

Haas (Carl Franz Lubert),
historien allemand (12 août 1722 — 29 oct. 1789).

Curtius (Michael Conrad). Memoria C. F. L. Haas. *Marb*. 1789. *4*. (L.)

Habakuk,
prophète juif (vers 3300).

Baeumlein (Wilhelm). Commentatio de Habacuci vaticiniis. *Heilbr*. 1840. *4*.

Delitzsch (Franz). Commentarius de Habacuci prophetæ vita atque ætate, cum diatriba de Pseudo-Dorothei et Pseudo-Epiphanii vitis prophetarum. *Lips*. 1842. 8.

Haberkorn (Peter),
théologien allemand (9 mai 1604 — 26 avril 1676).

(Schertzer, Johann Adam). Programma, continens orationem funebrem in P. Haberkorni obitum et memoriam. *Lips*. 1677. Fol.

Haberland (Johann August Friedrich),
théologien allemand.

(Haberland, Friedrich Erst). J. A. F. Haberland's kurze Lebensgeschichte und Characterschilderung. *Jena*. 1797. 8.

Habermann (Johann Friedrich),
théologien allemand.

Eyring (Elias Martin). Denkschrift auf J. F. Habermann. *Dresd*. 1735. *4*. (D.)

Habermann (Wilhelm David),
médecin allemand.

Burgmann (Jacob). Programma in funere G. D. Habermanni. *Rostoch*. 1713. *4.*

Habichhorst (Andreas Daniel),
théologien allemand (vers 1634 — 30 août 1704).

Klein (Johann). Funus A. D. Habichhorsti. *Rostoch*. 1704. *4*. (D.)

Quistorp (Johann Nicolaus). Programma academicum in obitum A. D. Habichhorsti. *Rostoch*. 1704. *4*.

Habsbourg (Grafen v.),
dynastie allemande.

Tschudi (Dominik). Origo et genealogia gloriosissimorum comitum de Hapsburg (!), monasterii Murensis, ordinis S. Benedicti in Helvetia, fundatorum, etc. *Constant*. 1651. 8.

Dominicus Murensis. Origo et genealogia comitum de Habsburg. *Vratisl*. 1713. 8. (Ouvrage peu commun.)

Herrgott (Marquard). Genealogia diplomatica augustæ gentis Habsburgicæ, etc. *Vindob*. 1737-38. 2 vol. Fol.

—— Monumenta augustæ domus Austriacæ, tom. I, cum auctuario diplomatum Austriacorum. *Vindob*. 1750. Fol.

—— Numotheca principum Austriæ, ex gazis aulæ Cæsareæ potissimum instructa, etc. *Friburg*. 1752-54. 2 vol. Fol. *

    * C'est la suite de l'ouvrage précédent.

—— Pinacotheca principum Austriæ, etc. *Vindob*. 1760. Fol.

Roepell (Richard). Die Grafen v. Habsburg. Abhandlung über Genealogie und Besitzthum dieses Geschlechts bis zur Thronbesteigung Rudolph's im Jahre 1273. *Halle*. 1852. 8. (Couronné par l'université de Halle.)

Hach (Johann Friedrich),
jurisconsulte allemand (vers 1770 — 29 mars 1851).

Hach (H... W...). Mittheilungen aus dem Leben des Ober-Appellationsraths D. J. F. Hach, etc. *Lübeck*. 1852. 8.

Hachette * (Jeanne),
héroïne française du xve siècle.

Histoire de J. Hachette, ou l'héroïne de Beauvais. Détails sûr la fête du 6 juillet 1851. *Par*. 1851. Fol. (Une demi-feuille.)

    * Les historiens ne sont pas d'accord sur le véritable nom de cette héroïne : elle est désignée tantôt sous celui de Jeanne Fouquet ou Fourquet, tantôt sous celui de Jeanne Lainé. Le surnom de Jeanne Hachette (ainsi nommée à cause d'une hachette qu'elle portait au siège de Beauvais en 1472) a prévalu.

Hachette (Jean Pierre Nicolas),
agronome français (6 mai 1769 — 15 janvier 1834).

Silvestre (François Augustin de). Discours sur la tombe de M. Hachette. *Par*. 1834. 8.

Notice sur J. P. N. Hachette, membre correspondant de l'Académie. *Brux*. 1836. 12.

Hackel (Anton),
musicien allemand (11 avril 1799 — .. nov. 1846).

Weigl (Franz Xaver). Erinnerung an A. Hackel. *Wien*. 1847. 8.

Hackelmann (Leopold),
jurisconsulte allemand (1563 — 11 nov. 1619).

Walther (Balthasar). Parentatio in honorem et memoriam L. Hackelmanni JCti, etc. *Lips*. 1619. *4*.

Hacker (Johann Georg August),
théologien allemand (24 janvier 1762 — 21 février 1823).

Frisch (Samuel Gottlob). Zum Andenken D. J. G. A. Hacker's. *Dresd*. 1825. 8. Portrait. (D.)

Hackert (Philipp),
peintre allemand (15 sept. 1737 — 28 avril 1807).

Goethe (Johann Wolfgang v.). Biographie P. Hackert's. *Stuttg*. 1811. 8.

Hacklinger (Augustin),
théologien allemand du xixe siècle.

Erinnerungen an den Domcapitular A. Hacklinger, Dr. der Philosophie. *Münch*. 1851. 8.

Hadelin (Saint),
patron de Visé († 669).

Abrégé de la vie de S. Hadelin, patron de la ville de Visé. *Liége*. 1788. 8. (Peu commun.)

Hadorphius (Johan);
archéologue suédois (6 mai 1630 — 12 juillet 1693).

Dal (Nicolaus). Specimen biographicum de antiquariis Sueciæ, in quo J. Hadorphii, Eliæ Brenneri et Islandorum curæ enarrantur. *Holm.* 1724. 4. Portrait.

Hadrianus, voy. **Adrien**.

Hadvig (?),
duc des Souabes.

Boehme (Johann Gottlob). Dissertatio de Hadvig, Suevorum duce, vicario imperii. *Lips.* 1734. 4. (*L.*)

Haeberl (Simon v.),
médecin allemand.

Wenzl (Johann Baptist v.). Umriss der Lebens- und letzten Krankheits-Geschichte S. v. Haeberl's, k. bayerschen Ober-Medicinalrathes, etc. *Münch.* 1833. 8. Port.

Haeberli (Johann Rudolph),
magistrat suisse.

Vogel (F...). J. R. Haeberli in seinem Wirken als Kanzleibeamter und in seinen übrigen Verhältnissen ; biographischer Versuch. *Zürch.* 1840. 8.

Haemmerlin, se disant **Malleolus** (Felix),
jurisconsulte suisse (1389 — 1457).

Reber (Balthasar). F. Haemmerlin von Zürich, etc. *Zürch.* 1846. 8. Portrait.

Haendel (Georg Friedrich),
compositeur allemand du premier ordre (24 février 1684 — 17 avril 1759).

(**Mainwaring**, John). Memoirs of the life of the late G. F. Handel (!),to which is added a catalogue of his works and observations upon them. *Lond.* 1760. 8. Portrait.

Mattheson (Johann). G. F. Haendel's Lebensbeschreibung, nebst einem Verzeichnisse seiner Ausübungswerke und deren Beurtheilung. *Hamb.* 1761. 8. Port.

(**Burney**, Charles). Life of G. F. Haendel. *Lond.* 1784. 8. Trad. en allem. (par Johann Jacob ESCHENBURG.) *Berl.* et *Stett.* 1785. 4.

Reichardt (Johann Friedrich). G. F. Haendel's Jugend. *Berl.* 1785. 8.

Coxe (William). Anecdotes of G. F. Haendel and John Christopher Smith. *Lond.* 1799. 4. 2 portraits.

Weissbeck (Johann Michael). Der grosse Musikus G. F. Haendel im Universalruhme, etc. *Nürnb.* 1803. 4.

Foerstemann (Carl Eduard). G. F. Haendel's Stammbaum, etc. *Leipz.* 1844. Fol.

Haendel (Gottfried),
prêtre allemand.

Quenstedt (Johann Andreas). Programma in funere G. Haendelii, concionatoris aulici marchionis Brand. *Onoldb. Witteb.* 1677. 4.

Haerleman (Carl),
architecte suédois (27 août 1700 — 9 février 1753).

Tessin (Carl Gustaf). Åreminne öfver C. Haerleman. *Stockh.* 1753. 8. Trad. en allem., s. c. t. Gedächtnissrede, etc., par Johann Carl DAHNERT. *Greifsw.* 1753. 8.

Hoepken (Anders Johan v.). Tal öfver Friherren Haerleman. *Stockh.* 1753. 8.

Haert (Hendrik Anna Victoria van der),
peintre belge (26 juillet 1790 — 8 oct. 1846).

Even (Edward van). Levensberigt van H. A. V. van der Haert. *Diest.* 1847. 8.

Haeslein (Johann Heinrich),
linguiste allemand (1er février 1737 — 24 oct. 1796).

Mueller (Christian Gottlieb). Denkmal der Freundschaft dem verewigten J. H. Haeslein. *Nürnb.* 1796. 4.

Hafenreffer (Matthias),
théologien allemand (24 juin 1561 — 22 oct. 1619).

Lansius (Thomas). Monumentum amicitiæ M. Hafenreffero consecratum. *Tubing.* 1620. 4.

Haferung (Johann Caspar),
théologien allemand (14 février 1669 — 17 mai 1744).

Weidler (Johann Friedrich). Programma (ad exequias J. C. Haferungii). *Witteb.* 1744. Fol.

Haffner (Isaac),
médecin alsacien.

Lebensbeschreibung von Dr. J. Haffner. *Strasb.* 1833. 8.

Hâfiz (Mohammed-Chems-Eddin),
poëte persan (vers 1390).

Herbin (Augustin François Julien). Notice sur Hâfiz. *Par.* 1806. 12.

Vullers (Johann August). Vitæ poetarum Persicorum ; ex Daulet-Schahi historia poetarum excerptæ. Fasciculus I : Hâfizi Schirazensis vitam tenens. *Giessæ.* 1839. 8.

Hafner (Siegmund),
philanthrope allemand.

Huber (Franz Xaver). Zum Andenken des seligen Menschenfreundes S. Hafner von Imbachhausen. *Salzb.* 1787. 8.

Hage (Johannes),
publiciste danois († 14 sept. 1837).

Bloch (Soeren Niclas Johan). Mindetale over Overlaeren Hage. *Kjoebenh.* 1837. 8.

Broendsted (Peder Oluf). Tale ved J. Hages Joerdefaerd. *Kjoebenh.* 1837. 8.

Gad (Peder Christian Stenersen). Tale ved J. Hages Joerdefaerd. *Kjoebenh.* 1837. 8.

Hagedorn (Friedrich v.),
poëte allemand (23 avril 1708 — 28 oct. 1754).

Eschenburg (Johann Joachim). F. v. Hagedorn's Werke. *Hamb.* 1800. 5 vol. 8. *

* Le quatrième volume contient une notice sur la vie et la mort, les monuments et les portraits de Hagedorn.

Hagemann (Theodor),
jurisconsulte allemand (14 mars 1761 — 14 mai 1827).

Boedeker (E... F... W...). Hagemann's Andenken, enthaltend biographische Nachrichten, Beschreibung der Jubelfeier, etc. *Hannov.*, s. d. 8.

Hagen Adelstan,
roi de Norwège.

Hagerup (Ejler). Om Hagen Adelstans Fostre. *Kjoebenh.* 1811. 8.

Hagen,
famille allemande.

Beweis, dass die Geschlechter derer von Hagen ursprünglich von Einem Urahnherrn und Stammvater herkommen. *Berl.* 1758. 4.

Hagen (Christoph v.),
jurisconsulte allemand (1596 — vers 1635).

Schuetze (Nicolaus). Programma in obitum C. v. Hagen. *Rostoch.* 1635. 4.

Hagen (Friedrich Caspar),
littérateur allemand.

(**Ellrod**, German August). Memoria F. C. Hagen. *Baruth.* 1741. Fol.

Hagen (Joachim Heinrich),
savant allemand (10 nov. 1648 — 10 mai 1693).

Raethel (Wolfgang Christoph). Memoria M. J. H. Hagen, professoris. *Baruth.* 1693. Fol.

Hagen (Johann Philipp),
médecin allemand (27 janvier 1734 — 13 déc. 1792).

Hagen (Johann Philipp). Biographie, von ihm selbst aufgesetzt und herausgegeben von Johann Christian STARK. *Jena.* 1794. 8. Portrait. (D.)

Hager (Johann Georg),
pédagogue allemand (24 mars 1709 — 17 août 1777).

Rothe (Johann Gottfried). Memoria J. G. Hageri. *Chemnic.* 1777. 4. (D.)

Hager (Joseph),
orientaliste allemand (30 avril 1757 — ... 1819).

(**Klaproth**, Julius). Leichenstein auf dem Grabe der chinesischen Gelehrsamkeit des J. Hager, s. l. et s. d. 8. (D.)

Hagstroemer (Anders Johan),
médecin suédois (8 sept. 1753 — 8 mars 1830).

Pontin (Magnus Martin af). Åminnelse-Tal öfver Medicinal-Rädet A. J. Hagstroemer. *Stockh.* 1833. 8.

Hahn (Grafen v.),
famille allemande.

Lisch (G... C... F...). Geschichte und Urkunden des (gräflichen) Geschlechts Hahn, 1 vol. (jusqu'en 1299). *Schwer.* et *Rostock.* 1844. 8.

Hahn (August Johann v.),
homme d'État allemand (21 février 1723 — 18 avril 1788).
Drais (Carl Wilhelm Ludwig v.). Lebensbeschreibung des Geheimenraths, etc. A. J. v. Hahn. *Durlach.* 1788. 8.
* Ce titre n'est pas exact.

Hahn (Christian Gottfried),
jurisconsulte (?) allemand.
(**Kapp**, Johann Erhard). Memoria C. G. Hahn. *Lips.* 1747. Fol. (*L.*)

Hahn (Gottlieb Hermann),
théologien allemand.
Mockwitz (Johann Christian). Denkschrift auf G. H. Hahn. *Friedrichst.* 1780. 4. (*D.*)

Hahn (Heinrich),
jurisconsulte allemand (28 août 1605 — 5 ou 25 avril 1668).
Programma academicum in H. Hahnii funere. *Helmst.* 1668. 4.

Hahn (Hermann Joachim),
théologien allemand (1678 — 1726).
Loescher (Valentin Ernst). Leichenpredigt auf H. J. Hahn. *Dresd.* 1726. 4. Portrait. (*D.*)
Picoander (N... N...). Der Meuchelmord des Mag. H. J. Hahn. *Leipz.* 1726. 4.
Manzel (Johann Christoph). Ausführliche Nachricht von dem Leben und Tode H. J. Hahn's. *Dresd.* 1727. 4. (*D.*)

Hahn (Johann Christoph),
théologien allemand (7 nov. 1637 — 11 janvier 1687).
(**Feller**, Joachim). Programma academicum in J. C. Hahnii funere. *Lips.* 1687. Fol. (*L.*)

Hahn (Johann Gottfried v.),
médecin allemand (18 janvier 1694 — 30 avril 1753).
Burg (Johann Friedrich). J. G. v. Hahn's Lebensbeschreibung. *Bresl.* 1755. Fol.

Hahn (Simon Friedrich),
historiographe allemand (28 juillet 1692 — 18 février 1729).
Hahn (Johann Friedrich Christoph). Schediasma de vita, moribus, libris et institutis D. S. F. Hahnii. *Magd.* 1729. 4. (*D.*)

Hahnemann (Christian Friedrich Samuel),
médecin allemand, créateur de l'école homœopathique
(10 avril 1755 — 4 juillet 1843).
(**Kahleis**, Jacob Gottfried Benjamin). Homœopathische Gurkenmonate, oder Hahnemann's, des Homœopathen, Leben und letzte Thaten. *Halle.* 1826. 8. (Publ. s. l. pseudonyme de K. H. ELIAS.)
Viro illustri medicinæ homœopaticæ auctori, S. Hahnemanno M. D., faustum illum diem quo ante hos quinquaginta annos Erlangæ summis in medicina et chirurgia honoribus rite ornatus est amici et medici methodo homœopathicæ addicti pie læte congratulantur die X Augusti 1829, inest : dissertatio de indole et fatis artis homœopathice medendi, simul vita inventoris breviter enarratur. *Merseb.*, s. d. (1829.) 4. *
* Attribué par quelques-uns à Friedrich RUNNEL, par d'autres à Wilhelm STAPPY.
Muehlenthor (Johann). Leben und Streben S. Hahnemann's, des Erfinders und Begründers der homœopathischen Irrlehre. *Potsd.* 1834. 8. Portrait.
Guanciali (Quinto). Hahnemannus, s. de homœopathia nova medica scientia libri VIII. *Neap.* 1840. 8.
Trinks (Carl Friedrich). S. Hahnemann's Verdienste um die Heilwissenschaft, etc. *Leipz.* 1843. 8.
Notice sur Hahnemann, fondateur de la médecine homœopathique. *Nant.* 1843. 8.
Brunnow (Ernst v.). Ein Blick auf Hahnemann und die Homœopathie. *Leipz.* 1844. 8. (*D.*)

Hahnemanniana. *Berl.* 1850. 8.

Hallbronner ou **Heilbronner** (Jacob),
théologien allemand (15 août 1548 — 6 nov. 1619).
Thummius (Theodor). Peregrinatio et vitæ cursus J. Hailbronneri, succincta oratione enarratus. *Tubing.* 1619. 4.

Hallbronner ou **Heilbronner** (Philipp),
théologien allemand, frère du précédent (30 juin 1546 — 17 avr. 1616).
Cleminius (Georg). Parentalia P. Heilbronnero facta. *Ulm.* 1616. 4.

Hain (Johann Gottfried),
jurisconsulte allemand (19 nov. 1718 — 7 mai 1809).
Hecht (Friedrich August). Nachricht von den Lebensumständen J. G. Hain's. *Freyb.* 1809. 4: (*D.*)

Hainam (Richard),
brigand anglais.
Life of R. Hainam. *Lond.* 1656. 4.

Haizinger-Neumann, née **Morstadt** (Amalie),
actrice allemande (vers 1798 — ...).
Erinnerungsblätter aus dem Leben und Künstlerwirken der Frau A. Haizinger. *Carlsr.* et *Baden.* 1856. 8.

Hakansson (Anders af),
homme d'État suédois (23 déc. 1749 — 10 avril 1813).
Adlerbeth (Gudmund Göran). Tal öfver Presidenten A. af Hakansson. *Stockh.* 1813. 8.

Hakem.
Wackerbarth (August Joseph Ludwig v.). Vergleichung zwischen Hakem und Nero. *Goetting.* 1793. 8.

Hakius (Johann Conrad),
pédagogue allemand.
Volborth (Johann Carl). Elogium J. C. Hakii, rectoris nuper Nordhusani. *Francohus.* 1772. 4.

Haldan ou **Halfdan**, surnommé **le Noir**,
roi de Suède (841 — 863).
Thorarinus (Erich). Historia de Haldano Nigro, rege Oplandorum in Norwegia. *Hafn.* 1658. 4.

Haldane (Alexander),
et
Haldane (Robert),
littérateurs anglais.
Memoirs of the lives of R. and A. Haldane. *Lond.* 1852. 2 vol. 8. *Ibid.* 1853. 2 vol. 8.

Haldorsen (Bjarne),
pédagogue islandais († 1772).
Jacobsen (Haldor). B. Haldorsens ,Levnet. *Kjoebenh.* 1777. 8.

Haldin (Oluf),
théologien suédois.
Humble (Gustaf Adolph). Likpredikan öfver Kyrkoherden i Riddarholmen O. Haldin. *Stockh.* 1715. 8.

Hale (David),
Anglo-américain.
Thompson (Joseph P...). Memoir of D. Hale. *New-York.* 1850. 12.

Hale (Matthew),
jurisconsulte anglais (1er nov. 1609 — 25 déc. 1676).
Burnet (Gilbert). Life and death of M. Hale. *Lond.* 1682. 12. Portrait. (*D.*) Augment. s. c. t. Lives of M. Hale and the earl of Rochester, with characters of archbishop (Robert) Leighton, the Hon. Robert Boyle, queen Mary and other eminent persons, etc., avec des notes par John JEBB. *Lond.* 1858. 8. Trad. en franç. (par N... N... DUMESNIL.) *Amst.* 1688. 12. (*D.*)
Baxter (Richard). Additionnal notes on the life and death of sir M. Hale. *Lond.* 1682. 12.
Williams (J... B...). Memoirs of the life, character and writings of sir M. Hale, knight, lord chief justice of England. *Lond.* 1835. 8.

Halem (Gerhard Anton v.),
littérateur allemand (2 mars 1752 — 4 janvier 1819).
G. A. v. Halem's Selbstbiographie, nebst einer Sammlung von Briefen an ihn, etc., bearbeitet von seinem Bruder Ludwig Wilhelm Christian v. HALEM und herausgegeb. von Christian Friedrich STRACKERJAN. *Oldenb.* 1840. 8. Portrait.

Halen (Herman van),
théologien hollandais († 1701).
Burmann (Pieter). Oratio funebris in obitum H. van Halen. *Ultraj.* 1704. 4. (*D.*)

Halen (Juan van),
général espagnol (16 février 1790 — ...).
Halen (Juan van). Relacion de su cautividad en los calabozos de la inquisicion, su evasion y emigracion, *Par.* 1827. 2 vol. 8.
Trad. en allem. s. c. t. Denkwürdigkeiten, etc. *Stuttg.* 1828. 2 vol. 8.

Trad. en angl. s. c. t. Narrative, etc. *Lond.* 1827. 2 vol. 8.

Trad. en franç. s. l. t. de Mémoires, etc., (publ. par Charles ROGIER.) *Brux.* 1827. 2 vol. 12. *Par.* 1827. 2 vol. 8.

Halenius (Engelbert),
évêque de Skara (8 oct. 1700 — 14 février 1767).

Schroeder (Joergen). Likpredikan öfver Biskopen E. Halenius, med Personalier. *Skara.* 1767. 8.

Siberg (Anders). Oratio parentalis in obitum E. Halenii. *Holm.* (?). 1768. 8.

Hales (Alexander), dit **le Docteur infaillible**, théologien anglais († 1er sept. 1245).

Hager (Johann Georg). Dissertatio de doctore irrefragibili, A. Alesio, s. de Hales. *Chemnic.* 1751. 4.

Hales (John),
théologien anglais (1584 — 19 mai 1656).

(**Desmaizeaux**, Pierre). Historical and critical account of the life and writings of the ever memorable J. Hales, fellow of Eton-college and Canon of Windsor. *Lond.* 1719. 8.

Halévy (Jacques Fromental),
compositeur français du premier ordre (27 mai 1799 — ...).

Ebers (Johann Jacob Heinrich). (Ludwig) Spohr und Halévy und die neueste Kirchen- und Opern-Musik. *Bresl.* 1857. 8.

Halifax (Charles **Montague**, earl of),
poëte anglais (16 avril 1661 — 19 mai 1715).

Life and miscellaneous works of C. marquess of Halifax. *Lond.* 1715. 8. Portrait.

Halket (lady),
dame anglaise.

Life of lady Halket. *Edinb.* 1701. 4. Portrait.

Hall (John),
brigand anglais.

Memoirs of the right villainous J. Hall, the late famous and notorious robber, penned from his mouth some time before his death. *Lond.* 1708. 8. *Ibid.* 1714. 8.

Hall (Joseph),
évêque d'Exeter et de Norwich (1er juillet 1574—8 sept. 1656).

Pratt (Josiah). Account of the life and sufferings of J. Hall. *Lond.* 1808. 8.

Hall (P... W...).

Récit de la maladie et de la mort de P. W. Hall, âgé de 15 ans. *Toulouse.* 1850. 18.

Hall (Robert),
théologien anglais (.. mai 1764 — 21 février 1831).

Morris (John William). Biographical recollections of the Rev. R. Hall, etc. *Lond.* 1846. 12. (2e édition accomp. de son portrait.)

Gregory (Olinthus). Memoir of R. Hall; with an essay on his character and writings, by John FORSTER. *Lond.* 1850. 12.

Hallbauer (Friedrich Andreas),
théologien allemand (13 sept. 1692 — 1er mars 1750).

Wideburg (Johann Bernhard). Versuch ad justa F. A. Hallbauero solvenda. *Jenae.* 1750. Fol. (D.)

Hallé (Jean Noël),
médecin français (6 janvier 1754 — 11 février 1822).

Desgenettes (René Nicolas Dufriche). Éloge de M. Hallé. *Par.* 1823. 8.

Dubois, d'Amiens (François). Éloge de M. J. N. Hallé. *Par.* 1852. 8. *

* Suivi de la liste des 27 ouvrages publiés par J. N. Hallé.

Hallé (Pierre);
jurisconsulte français (8 sept. 1611 — 27 déc. 1689).

Loy (Michel de). Elogium clarissimi viri P. Hallé, regii sacrorum canonum professoris, s. l. et s. d. (*Par.*) 8.

Laet (Daniel). Elogium P. Hallaei. *Amst.* 1692. 8.

Hallenberg (Jonas),
historien suédois (7 nov. 1748 — 30 oct. 1834).

Schroeder (Johann Henrik). Åminnelse-Tal öfver J. Hallenberg. *Upsal.* 1838. 8.

Haller (Albrecht v.),
médecin suisse (16 oct. 1708 — 12 déc. 1777).

Breitinger (Johann Jacob). Vertheidigung der Schweizerischen Muse Dr. A. Haller's. *Zürch.* 1744. 8.

Zimmermann (Johann Georg). Leben des Herrn v. Haller. *Zürch.* 1755. 8. (D.)

Baldinger (Ernst Gottfried). Oratio in laudes meritorum A. de Haller, nuper pie defuncti, etc. *Goetting.* 1778. 4.

Heyne (Christian Gottlob). Elogium in consensu solenni a. d. XIV febr. 1778 A. de Haller, regiæ scientiarum societatis Goettingensis præsidis. *Goetting.* 1778. 4.

Tscharner (Vincenz Bernhard v.). Lobrede auf Herrn A. v. Haller. *Bern.* 1778. 8. Portrait. (D.) Trad. en franç. *Bern.* 1778. 8.

Balthazar (Joseph Anton Felix v.). Lobrede auf Herrn A. v. Haller, Herrn v. Goumoens, le Jux und Eclagnens, Ritter des k. schwedischen Nordsternordens, etc. *Basel.* 1778. 8.

(**Senebier**, Jean). Éloge historique de M. A. de Haller, avec un catalogue complet de ses œuvres. *Genève.* 1778. 8. (D.)

Luchet (Jean Pierre Louis de **Laroche** de). Éloge de M. A. de Haller. *Cassel.* 1778. 8.

(**Lamberg**, Maximilien de). Epoques raisonnées sur la vie d'A. de Haller. *Leipz.* 1778. 8. (D.)

Senfft (Andreas Adolph). Annua magni Halleri memoria. *Ulm.* 1779. 4.

In morte del grande A. di Haller. *Padov.* 1780. 8.

Staeudlin (Gotthold Friedrich). A. v. Haller. *Tübing.* 1780. 8. (Poëme en 3 chants.)

Henry (Thomas). Memoirs of Dr. A. Haller. *Warringt.* 1783. 12.

Biographie d'A. Haller. *Par.* 1845. 8.

Haller (Berthold),
réformateur suisse (1492 — 26 février 1536).

Kirchhofer (Melchior). B. Haller, oder die Reformation in Bern. *Zürch.* 1828. 8.

Haller (Carl Ludwig v.),
littérateur suisse.

Haller (Carl Ludwig v.). Lettre à sa famille pour lui déclarer son retour à l'Église catholique, apostolique et romaine. *Par.* 1821. 8. * Trad. en allem. *Strasb.* 1821. 8.

* Réimprimé cinq fois la même année.

Hallermund (Grafen v.),
famille allemande.

Wolf (Johann). Versuch, die Geschichte der Grafen v. Hallermund und der Stadt Eldagsen zu erläutern. *Hannov.* 1815. 4.

Hallervord (Johann),
bibliographe allemand (1645 — 20 août 1676).

Pisanski (Georg Christoph). Des J. Hallervord's Verdienste um die Gelehrten-Historie. *Königsb.* 1779. 4.

Hallette (Alexis),
industriel français (.. avril 1788 — .. juillet 1846).

P... (A...). A. Hallette. Funérailles et biographie, s. l. et s. d. (*Arras.* 1846.) 8.

Halley (James),
astronome (?) anglais.

Arnot (William). Memoir of the late J. Halley. *Glasg.* 1850. 12. (3e édition.)

Hallez (Germain Joseph),
peintre belge (18 juillet 1769 — ... 1840).

Fumière (Louis). Notice biographique sur G. J. Hallez, s. l. et s. d. (*Brux.*) 8. * *Mons.* 1859. **

* Extrait de la *Revue de Bruxelles*, tiré à part à 33 exemplaires pour les élèves de Hallez.
** Édition considérablement augmentée.

Haloander (Gregor),
jurisconsulte allemand († vers 1531).

Hausfritz (Georg Lorenz). Commentatio sistens memoriam G. Haloandri, JCti et instauratoris jurisprudentiæ, commentationis historica renovatam. *Norimb.* 1756. 8. (D.)

Halyburton (Thomas),
théologien écossais.

Memoirs of the Rev. T. Halyburton. *Edinb.* ... 8. Trad. en franç. s. c. t. Vie de T. Halyburton, ministre du saint Evangile. *Par.* 1850. 12.

Hamaker (Henrick Arent),
orientaliste hollandais (25 février 1789 — 7 oct. 1835).

Bake (J...). Oratio de H. A. Hamakero, s. l. et s. d. (*Lugd. Bat.* 1835.) 12. (*Ld.*)

(**Bergman**, J... T...). Levensschets van H. A. Hamaker, s. l. et s. d. (*Nijmeg.* 1856.) 8. (*Ld.*)

Juynboll (Theodor Willem Jan). Oratio de H. A. Hamaker, studii litterarum in patria nostra vindice præclaro. *Franeq.* 1856. 4. (*Ld.*)

Hamann (Johann Georg),
littérateur allemand (27 août 1730 — 21 juin 1788).

Herbst (Ferdinand). J. G. Hamann; Friedrich Heinrich Jacobi. *Leipz.* 1830. 8. *
  * Formant le premier volume de son ouvrage *Bibliothek christlicher Denker.*

Hamberger (Adolph Friedrich),
médecin allemand, fils du suivant (14 mars 1727 — 3 février 1750).

Blasch (Johann Christian). Rühmlicher Lebenswandel A. F. Hamberger's. *Jenæ.* 1750. Fol. (*L.*)

Hamberger (Georg Eberhard),
médecin et physicien allemand (21 déc. 1697 — 22 juillet 1755).

Blasch (Johann Christian). Leben des Herrn Hofraths und Professors G. E. Hamberger, etc. *Jena.* 1758. 8. (*D.*)

Hamberger (Lorenz Andreas),
jurisconsulte allemand (22 janvier 1690 — 19 mai 1718).

Strebel (Johann Sigismund). Narratio de vita L. A. Hambergeri JCti. *Ansp.* 1758. 8.

Hambraeus (Jonas),
orientaliste suédois (.. nov. 1588 — ...).

Ekerman (Peter). Dissertationes II de meritis ac fatis Mag. J. Hambræi Helsingi, doctoris juris canonici, nec non professoris linguarum orientalium Parisiensis. *Upsal.* 1743. 4.

Hamelmann (Hermann),
théologien allemand (1525 — 27 juin 1595).

Leuckfeld (Johann Georg). Historia Hamelmanni, oder historische Nachricht von dem Leben, Bedienungen und Schriften H. Hamelmanni. *Quedlinb.* 1720. 4. (*D.*) *Ibid.* 1727. 4.

Rauschenbusch (A... E...). Bilder westphälischer Theologen. I. Theil. H. Hamelmann's. Beitrag zur westphälischen Reformationsgeschichte. *Schwelm.* 1830. 8.

Hamilton (Alexander),

Buddingh (S... A...). Lijkrede gehouden ter gelegenheid van den dood van A. Hamilton, etc. *Amst.* 1856. 8. (Trad. de l'anglais.) — (*Ld.*)

Hamilton (Alexander),
général anglo-américain (... — .. juillet 1804).

Mason (John Monk). Oration on general A. Hamilton. *New-York.* 1804. 8.

Coleman (William). Collection of the facts and documents relative to the death of major-general A. Hamilton, with orations, sermons and eulogies. *New-York.* 1804. 8. (*P.*)

Hamilton (Elizabeth),
auteur anglaise (+ 23 juillet 1816).

Benger (Elizabeth Ogilvie). Memoirs, etc., of the late Mrs. E. Hamilton. *Lond.* 1818. 2 vol. 8. Portrait.

Hamilton (Emma Lyon),
amie de lord Nelson (vers 1760 ✝ 16 janvier 1815).

Memoirs of lady E. Hamilton. *Lond.* 1815. 8. Trad. en franç. *Par.* 1816. 8. Portrait.

Geschichte der Lady Hamilton, mit Bezug auf mehrere merkwürdige Zeitgenossen derselben. *Jena.* 1816. 8. *
  * Traduction libre de l'ouvrage précédent.

Hamilton (James, duke of),
homme d'État anglais (1606 — exécuté en 1649).

(**Nedham**, Marchant). Digitus Dei, or God's justice upon treachery and treason, exemplified in the life and death of the late J., duke of Hamilton. *Lond.* 1649. 4.

Hamilton and Brandon (James, duke of),
homme d'État anglais (+ 1712).

Memoirs of the life and family of J., duke of Hamilton. *Lond.* 1717. 8.

Memoirs of J., late duke of Hamilton. *Lond.* 1742. 8. Portrait.

Hamilton (Gustaf Wathier, Grefve),
homme d'État suédois (5 juillet 1783 — 8 déc. 1835).

Minnesord vid Grefve G. Wathier Hamiltons graf. *Stockh.* 1835. 8.

Hamilton (Richard Winter),
Anglais.

Stowell (William Henry). Memoir of the life of R. Winter Hamilton, D. D. LL. D. *Lond.* 1850. 8. Portrait.

Hammarskoeld (Lorenzo),
littérateur suédois (7 avril 1787 — 15 oct. 1827).

Minnen af L. Hammarskoeld. *Stockh.* 1827. 8. *
  * Contenant l'oraison funèbre prononcée par Johan Jakob Uzoréx et sa nécrologie par P... A... Sonrés.

Hammarskoeld (Peder Michelson),
colonel suédois (... — 12 avril 1642).

Fant (Erik Michael). Vita Hammarskoeld. *Upsal.* 1807. 8.

Hammond (Henry),
évêque de Worcester (26 août 1605 — 25 avril 1660).

Fell (John). Life of Dr. H. Hammond. *Lond.* 1661. 8. (*D.*) *Ibid.* 1662. 8.

Hampden (John),
homme d'État anglais (1594 — 24 juin 1643).

Paquis (N... N...). Vie de Hampden, etc. *Par.* 1830. 8.

Nugent-Grenville (George). Some memorials of J. Hampden, his party and his times. *Lond.* 1831. 2 vol. 8.

D'Israeli (Isaac). Eliot, Hampden and Prym. *Lond.* 1832. 8.

Venedey (Jacob). J. Hampden, oder die Lehre vom gesetzlichen Widerstande. *Belle-Vue bei Constanz.* 1843. 8.

Hampden (N... N...),
évêque de Hereford.

Jebb (R...). Report of the case of the Right Rev. D. Hampden, D. D. lord-bishop elect of Hereford, in Hereford cathedral, the ecclesiastical courts and the Queen's Bench. *Lond.* 1849. 8.

Hanapi (Niccolò),

Montorio (Serafino). Summa virtutum et vitiorum N. Hanapi. *Neapol.* 1711. 4.

Hanapier (Jacques),
théologien belge.

Koenen (H... J...). J. Hanapier, s. l. et s. d. (*Amst.* 1846.) 8. (*Ld.*)

Hanchin (Jean),
archevêque de Malines.

Bernaerts (Jean). Oratio in funere J. Hanchini, secundi Mechliniensium archiepiscopi. *Lovan.* 1589. 12.

Hand (Ferdinand Gotthelf),
philologue allemand (15 février 1786 — 14 mars 1851).

Queck (Gustav). F. G. Hand nach seinem Leben und Wirken dargestellt; nebst Auszügen aus Briefen von Heyne, Carus, Passow, G. Hermann und Andern, nebst der Grabrede des Geheimen-Kirchenraths Schwanz. *Jena.* 1852. 8.

Handerla (Ferencz),
philosophe hongrois (+ 1783).

Szerdahelyi (Georg Aloys). Memoria F. Handerla, in universitate Budensi philosophiæ professoris. *Budæ.* 1783. 8.

Hane de Steenhuyse (le comte Constantin Joseph Marie Ghislain d'),
général belge (.. nov. 1790 — 18 sept. 1850).

Le bâtard et le grand seigneur. Histoire véritable avec pièces authentiques à l'appui; dédié à M. le comte d'Hane de Steenhuyse, général de brigade, etc. *Gand.* 1858. 8. *
  * Cet écrit est une accusation de la part de son fils naturel, Constant Donneaux.

Donneaux (Constant). Noblesse oblige. Première lettre adressée à Sa Majesté Léopold I, roi des Belges. *Brux.* 1847. 8.

Hiard (Tiburce). Le comte C. J. M. G. d'Hane de Steenhuyse, lieutenant général, ancien commandant supérieur du régiment des guides, etc., s. l. et s. d. (*Par.* 1852.) 8. (Extrait du *Nécrologe universel du xix⁹ siècle.*)

Haneveer (Johanna),
parricide hollandaise.

Heusden (C... J... van). J. Haneveer (te Breda), eene vadermoorderes; iets uit de geschiedenis der lijfstraffelijke regtspleging, s. l. et s. d. (*Rotterd.* 1839.) 8. (Extrait du journal *de Fakkel.*) — (*Ld.*)

Hanger (George),
colonel anglais.

Life, adventures and opinions of colonel G. Hanger (afterwards lord Coleraine), written by himself. *Lond.* 1801. 2 vol. 8. Trad. en allem. *Leipz.* 1802. 8. Avec des notes. *Berl.* 1802. 2 vol. 8.

Hanke (Martin),
philologue allemand (.15 février 1633 — 24 avril 1709).

Naumann (Caspar). Martinalia Christiana , s. concio funebris in obitum M. Hanckii, cum curriculo vitæ ejusdem, germanice. *Vratisl.* 1710. Fol.

Kranz (Gottlieb). Monumentum M. Hanckii, stilo lapidari scriptum. *Vratisl.* 1718. 4.

Hannecken (Meno),
théologien allemand (1er mars 1595 — 17 février 1673).

Nottelmann (Hermann). Oratio funebris in memoriam M. Hannekenii. *Lubec.*, s. d. (1673). 4. (D.)

Tribbechovius (Adam). Memoria M. Hannekenii. *Lubec.* 1673. 4. (Cp.)

Rudrauff (Kilian). Luctus academiæ Gissenæ super obitum M. Hannekenii. *Lubec.* 1673. 4. (Cp.)

Hannecken (Meno Paul),
médecin allemand.

Seelen (Johann Heinrich v.). Memoria M. P. Hannekenii, medicinæ doctoris. *Lubec.* 1729. Fol.

Hannibal, voy. **Annibal**.

Hanov (Michael Christoph),
philosophe allemand (18 déc. 1695 — 21 sept. 1773).

Titius (Johann Daniel). Laudatio M. C. Hanovii, cum vita illius Gottliebo WERNSDORFIO auctore.*Witteb.* 1776. 4. (D.)

Hanselmann (Christian Ernst),
historien allemand (8 juillet 1698 — 26 août 1775).

Zapf (Georg Wilhelm). Leben, Character und Schriften C. E. Hanselmann's. *Augsb.* 1776. 8. Portrait. (D.)

Hansen (Albert),
évêque d'Aarhuus († 1593).

Ahrends (Friderik). Mindetal over Biskop Hansen. *Kjoebenh.* 1811. 8.

Hansen (Christian),
colonel danois (7 février 1727 — ... 1803).

C. Hansens Liv og Levnet, etc. *Kjoebenh.* 1791. 8.

Hanstein (Freiherren v.),
famille allemande.

Nachricht von dem hochfreiherrlichen Geschlecht von Hanstein. *Hamb.* 1775. Fol.

Hanstein (Gottfried August Ludwig),
théologien allemand (7 sept. 1761 — 25 février 1821).

(**Wilmsen**, Friedrich Philipp). Denkmal der Liebe, geweiht dem ehemaligen Probst G. A. L. Hanstein. *Berl.* 1821. 8.

Hantschmann (Urban),
jurisconsulte allemand.

Anesorg (Christian). Laurea, nobilitas et comitiva U. Hantschmanni JCti, consiliarii electoris Saxoniæ. *Lips.* 1611. 4. (D.)

Hanway (Jonas),
touriste anglais (12 août 1712 — 5 sept. 1786).

Pugh (John). Remarkable occurences in the life of J. Hanway, Esq. *Lond.* 1787. 8. *Ibid.* 1788. 8. (Non mentionné par Lowndes.)

Hanykir (Anton),
prêtre bohème.

Pohan (W... A...). Zivotopis velebného P. A. Hanykire, zakladatele ustavu dedictvi sv. Jana Nepomukého. *Praze.* 1841. 8.

Happach (Johann Casimir),
théologien allemand (1726 — 11 août 1783).

Briegleb (Johann Christian). Vitæ Happachianæ memoria. *Coburg.* 1785. 4.

Harald II, surnommé **Blaatand** (à la dent bleue),
roi de Danemark (911 — 935 — tué le 1er nov. 985).

Lysholm (Christopher). Programma de Haraldo Gormonide. *Soræ.* 1768. 4.

Paludan–Mueller (C...). Om Harald Blaatands Lovgivning ; en hermeneutisk Undersögelse. *Odense.* 1832. 8. (Ld.)

1

Harbart (Burchardt),
théologien allemand (1546 — 17 février 1614).

(**Dresser**, Matthias). Programma academicum in B. Harbarti funere. *Lips.* 1614. Fol. (L.)

Harboe (Ludwig),
évêque de Drontheim (13 août 1709 — 15 juin 1783).

Baden (Jacob). Laudatio funebris L. Harboe dicta. *Hafn.* 1784. 4.

Harbonnier,
famille belge.

Namur (A...). Notice sur la famille Harbonnier et la seigneurie de Cobréville. *Anvers.* 1852. 8.

Harcourt, surnommé **Cadet la Perle** (Henri de Lorraine, comte d'),
général français (20 mars 1601 — 25 juillet 1666).

Cerisiers (René de). Le héros français, ou l'idée d'un grand capitaine. *Par.* 1645. 4. Trad. en espagn. par Gaspar SALAS. *Barcelon.* 1646. 4.

Macedo (Francisco de Santo-Agostinho). Laurus Harcurtica. *Par.* 1648. 4. *Ulyssip.* 1683. 8.

Harcourt, comte de Beuvron (Louis Charles de),
maréchal de camp français († 1717).

Helyot (Alexis). Oraison funèbre de L. C. de Harcourt, comte de Beuvron, etc. *Rouen.* 1717. 4.

Harcourt, comte de Croisy (Odet de),
maréchal de camp français.

Marcel (Guillaume). Oraison funèbre d'O. de Harcourt, comte de Croisy. *Caen.* 1602. 4.

Hardenberg (Albrecht),
théologien allemand du XVIe siècle.

(**Wagner**, Elias). D. A. Hardenberg's im Dom zu Bremen geführtes Lehramt. *Brem.* 1779. 4.

Hardenberg (Herren v.),
famille allemande.

Wolf (Johann). Geschichte des Geschlechts v. Hardenberg. *Goetting.* 1823-24. 2 vol. 8.

Hardenberg (Carl August, Fürst v.),
grand-chancelier de Prusse (31 mai 1750 — 27 nov. 1822).

(**Benzenberg**, Johann Friedrich). Die Verwaltung des Staatskanzlers Fürsten v. Hardenberg. *Leipz.* 1820. 8. *Ibid.* 1821. 8.

Hennings (Wilhelm). Biographie des Fürsten und Staatskanzlers v. Hardenberg. *Frf.* et *Gotha.* 1824. 4. Portrait.

Mémoires d'un homme d'État. *Par.* 1827. 2 vol. 8. Trad. en allem. *Leipz.* 1828. 2 vol. 8.

Klose (Carl Ludwig). Leben C. A. Fürsten v. Hardenberg's , königlich preussischen Staatskanzlers. *Halle.* 1851. 8. Portrait.

Harder (T... G...),

Wilde (Friedrich Wilhelm). Gedächtnisspredigt auf T. G. Harder. *Halle.* 1812. 8.

Harding (Saint Stephan),
principal fondateur de l'ordre de Citeaux (1066 — 28 mars 1134).

Dalgairns (John Dobrée). Life of S. S. Harding , etc. publ. par John Henry NEWMAN. *Lond.* 1844. 8. Trad. en franç. :
Par E... V(IGNONET). *Par.* 1846. 12. Portrait.
Par Mélanie van BIERVLIET. *Tournai.* 1846. 8.

Collombet (François Zénon). Vie de S. E. Harding. Compte rendu. *Lyon.* 1846. 8.

Hardt (Anton Julius von der),
orientaliste allemand (13 nov. 1707 — 27 juin 1785).

Wernsdorff (Johann Christian). Memoria A. J. v. d. Hardt, obiter e priscis litteris declaratur senectus aquilæ. *Helmst.* 1786. 4.

Hardt (Hermann von der),
philologue allemand (15 nov. 1660 — 28 février 1746).

Breithaupt (Christian). Programma in obitum H. v. d. Hardt, de ejus vita et scriptis. *Helmst.* 1746. 4. (D.)

Hardwicke (Philip **Yorke**, earl of),
chancelier d'Angleterre (vers 1720 — 1790).

Cooksey (Richard). Essay on the life and character of J. lord Somers, baron of Evesham; also sketch of an essay on the life and character of P. earl of Hardwicke. *Worcest.* 1791. 4.

Harris (George). Life of lord chancellor Hardwicke, with selections from his correspondence, diaries, speeches and judgments. *Lond.* 1847. 3 vol. 8.

Hardy (Thomas),
conspirateur anglais.

Ramsay (William). Trial of T. Hardy for high treason. *Lond.* 1794. 8.

Sibly (Manoah). Genuine trial of T. Hardy for high treason at the Old-Bailey from 28 oct. to 5 nov. 1794. *Lond.* 1795. 2 vol. 8.

Newton (John). Trial at large of T. Hardy for high treason, etc. *Lond.* 1794. 12.

Harel (Charles),
chimiste français (vers 1773 — 16 février 1853).

Mège (Jean Baptiste). Discours prononcé sur la tombe de C. Harel. *Par.* 1853. 8.

Harl (Johann Paul),
philosophe allemand (9 juillet 1773 — se suicidant ... 1842).

J. P. Harl ; biographische Skizze. *Nürnb.* 1811. 4. (*B.*)

Scheppler (Franz Joseph Carl). Biographie des J. P. Harl, etc. *Nürnb.* 1812. 8. (*D.*)

Harlay (Achille de),
homme d'État français (7 mars 1536 — 23 oct. 1616). '

La Vallée (Jacques de). Discours sur la vie, actions et mort du président de Harlay. *Par.* 1616. 8. (*P.*)

Ruault (Jean). Universitatis Parisiensis lachrymæ tumulo A. Harlæi, principis senatus, effusæ. *Par.* 1616. 4. (*P.* et *Lv.*)

Harlay (Catherine de),
dame française.

La Vallée (Jacques de). Histoire de C. de Harlay, dame de la Meilleraye. *Par.* 1616. 8.

Harlay (Charlotte de),
religieuse française († 1662).

Oraison funèbre de C. de Harlay, abbesse de Sainte-Perrine. *Par.* 1662. 4.

Harlay II (Charlotte de),
religieuse française, nièce de la précédente († 1688).

Philippe (Antoine). Oraison funèbre de C. de Harlay, abbesse de Sainte-Perrine. *Par.* 1688. 4.

Harlay de Chanvallon (François),
archevêque de Paris (1625 — 6 août 1695).

Gaillard (Honoré). Oraison funèbre de Mgr. illustrissime et révérendissime F. de Harlay de Chanvallon, archevêque de Paris, duc et pair de France, etc. *Par.* 1695. 4.

Legendre (Louis). Éloge de F. de Harlay, archevêque de Paris. *Par.* 1695. 8. (*P.*)
—— De vita F. de Harlay, Rothomagensis primum, deinde Parisiensis archiepiscopi, libri VI. *Par.* 1720. 4. (*D.*)

Harles (Gottlieb Christoph),
philologue allemand (21 juin 1738 — 2 nov. 1815).

Harles (Johann Christian Friedrich). Vita viri dum viveret amplissimi T. C. Harles. *Erlang.* 1818. 4. (*D.*)

Harmand, dit de la **Meuse** (Jean Baptiste),
député à la Convention nationale (10 nov. 1751 — 24 février 1816).

Harmand (Jean Baptiste). Anecdotes relatives à quelques personnes et à plusieurs événements remarquables de la révolution. *Par.* 1814. 8. (Espèce de mémoires.)

Harms (Klaus),
théologien holstein (25 mai 1778 — ...).

C. Harms' Lebensbeschreibung, verfasset von ihm selbst, etc. *Kiel.* 1851. 8. Portrait.

Harpin (Marie Eustelle),
auteur française († 29 juin 1842).

Notice sur la vie de Marie Eustelle (Harpin), morte à Saint-Pallais de Sainte, diocèse de la Rochelle. *Lyon.* 1843. 8.

Harpocrates,
personnage mythologique.

Cuper (Gisbert). Harpocrates, s. explicatio imagunculæ argenteæ perantiquæ, quæ in figuram Harpocratis formata repræsentat solem, etc. *Amst.* 1676. 12. *Traj. ad Rhen.* 1687. 4. * *Ibid.* 1694. 4.
* La deuxième édition contient également une dissertation sur les Mélanophores, par Étienne Lemoine.

Harpprecht (Johann),
jurisconsulte allemand (11-janvier 1560 — 18 sept. 1638).

Lansius (Thomas). Harprechtus suprema laudatione celebratus. *Tubing.* 1840. 4. (*D.*)

Harrach (Ernst Albrecht, Graf v.),
cardinal-archevêque de Prague (4 nov. 1598 — 15 oct. 1667).

Todtfeller (Christoph). Oratio in exequiis cardinalis E. comitis ab Harrach. *Prag.* 1667. Fol.

Harrach (Ferdinand Bonaventura, Graf v.),
diplomate allemand (1637 — 15 juin 1706).

Harrach (Ferdinand Bonaventura v.). Mémoires et négociations secrètes, contenant ce qui s'est passé de plus secret et de plus remarquable sous le règne de Charles II (roi d'Espagne), depuis 1693 jusqu'au premier traité de partage, publ. par M... DE LA TORRE. *La Haye.* 1720. 2 vol. 12. *Ibid.* 1755. 2 vol. 12.

Harrach (Franz Anton, Graf v.),
archevêque de Salzbourg (4 oct. 1665 — 18 juillet 1727).

Mayr (Coelestin). Wunsch des Gerechten, in einer Trauerrede zu Ehren des Erzbischoff's von Salzburg, F. A. v. Harrach. *Salzb.* 1727. Fol.

Harrach (Friedrich August Gervasius, Graf v.),
homme d'État allemand (18 juin 1696 — 4 juin 1749).

Scheyb (Franz Christoph). Lobrede auf F. Grafen v. Harrach. *Wien.* 1750. 4.

Harris (James),
philosophe anglais (1709 — 22 déc. 1780).

Boulard (Antoine Marie Henri). Notices sur le président (Jacques Auguste) de Thou et sur J. Harris, auteur de l'*Hermes. Par.* 1818. 8. (Trad. de l'anglais.) (*Lv.*)

Harris (lord ...).
général anglais.

Lushington (S... R...). Life and services of general lord Harris, during his campains in America, the West Indies and India. *Lond.* 1845. 8. (2e édition.)

Harris (Robert),
philologue anglais.

D... (W...). Life and death of R. Harris, late president of Trinity college in Oxford. *Lond.* 1660. 8. (*D.*)

Harrison (William Henry);
général anglo-américain.

Dawson (Moses). Life and services of major general W. H. Harrison. *Cincinnati.* 1824. 8.

Hall (James). Memoir of the public services of W. H. Harrison of Ohio. *Philad.* 1836. 12.
Life of W. H. Harrison. *Boston.* 1839. 8.

Burr (S... J...). Life and times of W. H. Harrison. *New-York.* 1840. 12.

Potter (Horatio). Sermon on the death of general Harrison, s. l. 1841. 12.
Funeral ceremonies in commemoration of the death of general W. H. Harrison, with the oration by Theodore FRELINGHUYSEN. *New-York.* 1841. 8.

Harscher (Matthias),
médecin suisse (1591 — 1651).

Burcard (Johann Friedrich). Oratio panegyrica in obitum M. Harscher, medicinæ doctoris et philosophiæ moralis professoris. *Basil.* 1651. 4.

Harsdoerfer (Georg Philipp),
poète allemand (1er nov. 1607 — 22 sept. 1658).

Holtzschuher (Veit Georg). Memoria eruditæ nobilitatis G. P. Harsdorferi. *Norimb.* 1659. 4. (*D.*)

Widmann (Andreas Georg). Vitæ curriculum G. P. Harsdorferi, etc. *Altorf.* 1707. 4. (*D.*)

Hartenkeil (Johann Jacob),
médecin allemand (28 janvier 1761 — 25 mai 1808).

Weissenbach (Aloys). Biographische Skizze von J. J. Hartenkeil. *Salzb.* 1808. 8.

Hartig (Franz de Paula Anton, Graf v.),
homme d'État allemand (29 août 1758 — 1er mai 1797).

Biographie des Grafen F. v. Hartig. *Wien.* 1799. 8.

Hartley (William),
conspirateur anglais.

True report of the indictment, conviction, condemnation and execution of John Weldon, W. Hartley and Robert Sutton, for high treason, s. l. (*Lond.*) 1588. 4.

Hartmann,
évêque de Brixen († 1164).

Puell (Philipp Nerius). Geschichte des unter die Heiligen versetzten Bischofs Hartmann von Brixen. *Brix.* 1764. 8.

Der heilige Hartmann, Probst zu Kloster-Neuburg, dann Bischof zu Brixen. *Wien.* 1854. 8.

Hartmann (Andreas),
théologien allemand.

Wilhelm (Christian). Programma academicum ad deductionem funeris A. Hartmanni. *Frf.* 1600. 4. (*D.*)

Hartmann (Carl Friedrich),
historien allemand.

Lehmann (Johann Georg Christian). Vita C. F. Hartmanni. *Hamb.* 1829. 4. (*D.*)

Hartmann (Israel),
pédagogue allemand.

Volkening (J...). J. Hartmann, der Waisenschullehrer in Ludwigsburg. Versuch einer Lebensskizze, meist nach Tagebüchern und Briefen. *Bielef.* 1851. 8.

Hartmann (Joachim),
théologien allemand (1er janvier 1715 — 6 nov. 1795).

Hartmann (Johann Dietrich). Geschichte des Lebens, Characters, der Meinungen und Schriften seines Vaters J. Hartmann. *Hamb.* 1798. 8. (*D.*)

Hartmann (Johann Adolph),
historien allemand (10 mars 1680 — 30 oct. 1744).

Kirchmeier (Johann Sigismund). Programma funebre in obitum J. A. Hartmanni. *Marb.* 1744. 4.

Hartmann (Johann Gottlieb),
philologue allemand.

Letztes Ehrengedächtniss Mag. J. G. Hartmann's. *Naumb.*, s. d. (1716.) Fol. (*D.*)

Hartmann (Johann Melchior),
philologue allemand (20 février 1764 — 16 février 1827).

Wagner (Carl Franz Christian). Memoria J. M. Hartmanni, etc. *Marb.* 1827. 4. (*D.*)

Hartmann (Melchior Philipp),
médecin allemand (25 mars 1685 — 6 nov. 1765).

Pisanski (Georg Christoph). Leben des Dr. und Professors der Arzeneygelahrtheit M. P. Hartmann. *Königsb.* 1765. 4.

Hartmann (Philipp Carl),
médecin allemand (20 janvier 1733 — 5 mars 1830).

Holger (Philipp Alexander v.). P. C. Hartmann, der Mensch, Arzt und Philosoph; aus seinen Werken geschildert. *Wien.* 1851. 8.

Harttrampft (Johann Valentin),
médecin allemand.

Andenken bey dem Absterben J. V. Harttrampft's. *Leipz.* 1755. 4. (*D.*)

Hartung (Johann),
philologue allemand (1505 — 16 juin 1579).

Moller (Wolfgang). Oratio in funere J. Hartungi, ludi illustris Silusiæ (?) magistri. *Smalcald.* 1581. 4.

Hartung (Johann Christoph),
Allemand.

Lindner (Johann Gottlieb). Memoria domini J. C. Hartungi. *Arnst.* 1770. 4.

Hartung (Johann Ephraim),
théologien allemand.

Berger (Johann Wilhelm). Boni sacerdotis persona in exemplo J. E. Hartungii. *Lips.* 1729. 4.

Hartung (Otto Bernhard),
empoisonneur allemand.

B. Hartung; ein Criminalprozess aus der Gegenwart. *Magdeb.* 1853. 8.

Prozess gegen den Kaufmann O. B. Hartung zu Magdeburg wegen zwiefachen Mordes (durch Vergiftung), verhandelt vor dem k. Schwurgerichte daselbst am 3. und 4. März. *Magdeb.* 1853. 8.

Hartung (Valentin),
théologien allemand du xvie siècle.

Martyr (Christian). Ware Historia, wie V. Paccus (i. d. Hartung) ein Tod vnnd end genommen, etc. *Leipz.* 1558. 4. (*D.*)

Harvey (William),
médecin anglais (2 avril 1578 — 3 juin 1658).

Brocklesby (Richard). Eulogium medicum, s. oratio anniversarii Harvejani. *Lond.* 1760. 4.

Duncan (Andrew). Oratio de laudibus G. Harveji. *Lond.* 1778. 8. (Omis par Lowndes.)

Hase (Johann Matthias),
mathématicien allemand (14 janvier 1684 — 24 sept. 1742).

Haferung (Johann Caspar). Programma academicum ad exequias J. M. Hasii. *Witteb.* 1742. Fol. (*D.*)

Hasenclever (Pieter),
industriel allemand (24 nov. 1716 — 13 juillet 1793).

Lebensbeschreibung P. Hasenclever's. *Landsh.* 1794. 8. *Hirschb.* 1796. 8.

Hasenhut (Anton),
comédien allemand (1766 — vers 1844).

Hadatsch (Franz Johann). Launen des Schicksals, oder Scenen aus dem Leben und der theatralischen Laufbahn des Schauspielers A. Hasenhut. *Wien.* 1834. 12. Portrait.

Hasenkamp (Hermann Gottfried),
théologien allemand († 12 août 1834).

Gedächtnissfeier des, etc., selig entschlafenen H. G. Hasenkamp, weiland Pastors der evangelischen Gemeinde zu Vegesack. *Brem.* 1854. 8.

Hasse (Johann Adolph),
compositeur allemand (25 mars 1699 — 23 déc. 1783).

Kandler (Franz Sales). Cenni storico-critici intorno alla vita ed alle opere del celebre compositore G. A. Hasse, detto il Sassone. *Venez.* 1820. 8. *Napol.* 1821. 12.

Hasse (Johann Sigismund),
jurisconsulte allemand.

Programma academicum ad exequias J. S. Hassii. *Lips.* 1663. 4. (*D.*)

Hassel (Henrik),
théologien suédois (12 nov. 1700 — 18 août 1776).

Porthan (Henrik Gabriel). Oratio funebris in memoriam H. Hassel. *Aboæ* (?). 1778. 8.

Hasselquist (Fredrick),
botaniste suédois (3 janvier * 1722 — 9 février 1752).

Baeck (Abraham). Äminnelse-Tal öfver F. Hasselquist. *Stockh.* 1758. 8.

* La *Biographie universelle* le fait naître le 14 janvier de la même année; c'est une erreur.

Hasselt (André Constant van),
poète belge (1806 — ...).

(**Michiels**, Alfred). Manufacture de plagiats, sous le patronage du gouvernement belge, dirigée par M. A. van Hasselt. *Brux.* 1847. 8.

Hassen (Martin),
philosophe allemand (27 juillet 1677 — 9 février 1750).

Langguth (Georg August). Programma academicum ad exequias M. Hassenii. *Witteb.* 1750. Fol. (*D.*)

Hassenpflug (Hans Daniel),
homme d'État allemand.

Oetker (Friedrich). Minister Hassenpflug und die kurhessische Volksvertretung; ein Wort an die öffentliche Meinung. *Cassel.* 1850. 8. *

* Ouvrage confisqué par la police de Cassel.

Hassenstein v. Lobkowitz (Bohuslav),
savant bohème († 10 nov. 1510).

Heumann (Christoph August). Programma de B. Hassenstenii nomine atque ingenio. *Frf.* et *Lips.* 1717. 4.

Coler (Johann Christoph). Dissertatio de vita summisque in rem litterariam meritis B. Hassensteinii, liberi baronis Lobcovicii. *Witteb.* 1719. 4. (*D.*) *Ibid.* 1721. 4. (*D.*)

Cornova (Ignaz). Der grosse Böhme B. v. Lobkowitz und zu Hassenstein, nach seinen eigenen Schriften geschildert. *Prag.* 1808. 8.

Hassert (Wilhelm),
théologien allemand.

(**Cyprian**, (Johann). Programma academicum in G. Hasserti obitum. *Lips.* 1713. Fol.

Hastenpflug (Johann Conrad),
théologien allemand (1695 — 14 juillet 1763).

Piderit (Johann Rudolph Anton). Leichenrede auf den Tod des ersten reformirten Predigers zu Marburg J. C. Hastenpflug. *Marb.* 1763. 4.

Hastings (Warren),
gouverneur anglais du Bengale (6 déc. 1732 — 22 août 1818).

Basquin (Anthony). Authentic memoirs of W. Hastings, Esq. late governor of Bengal, with structures on the menagement of his impeachment. *Lond.* 1793. 8.

Gleig (G... R...). Memoirs of the Right Hon. W. Hastings, late governer general of India, including his journals and letters, etc. *Lond.* 1841. 3 vol. 8. Portrait.

Burke (Edmond). Articles of charge of high crimes against W. Hastings. *Lond.* 1786. 8.

Soulès (François). Procès de W. Hastings, écuyer, ci-devant gouverneur général du Bengale. *Par.* 1788. 8. (Trad. de l'anglais).

Haering (Wilhelm). W. Hastings. Vortrag, etc. *Berl.* 1844. 8.

Tagebuch des Prozesses des Hauses der Gemeinen gegen W. Hastings. *Weissenb.* 1789. 8. * (Trad. de l'anglais par Albrecht Friedrich LEMP.)

* Ce procès monstre, qui dura sept ans, lui coûta 71,080 livres sterlings (1,777,075 francs) de frais.

Hatto II,
archevêque de Mayence du IXe siècle.

Lilienthal (Michael). Dissertatio de fabula, qua Hatto II, archiepiscopus Moguntinus, a muribus corrosus vulgo circumfertur. *Jenæ.* 1707. 4.

Volland (Erdmann Wilhelm). Dissertatio de Hattone II, archiepiscopo Moguntino. *Lips.* 1783. 4.

Hatton (Christopher),
homme d'État anglais (✝ 1597).

Nicolas (Harris). Memoirs of the life and times of sir C. Hatton, K. G. vice-camberlain and lord-chancellor to queen Elizabeth, etc. *Lond.* 1847. 8.

Hauber (Johann),
théologien allemand (9 nov. 1572 — 1er oct. 1620).

Pregizer (Johann Ulrich). Amicitiæ et memoriæ monumentum J. Haubero consecratum. *Tubing.* 1621. 4. (D.)

Haubold (Christian Gottlieb),
jurisconsulte allemand (4 nov. 1766 — 24 mars 1824).

Otto (Carl Eduard). Necrolog des Domherrn Dr. Haubold. *Leipz.* 1824. 8. (D.)

(Friederici, Christian Gottlieb Eduard). Lebensbeschreibung des Domherrn Dr. Haubold. *Ilmen.* 1826. 8. (Publ. s. l. lettres de E. F. sen.) — (D.)

Stoeckhardt (Hermann Robert). Hauboldi splendidissimi inter jurisconsultos recentiores philologi merita; oratio in solennibus publicis, etc. *Petropoli.* 1847. 4.

Hauch (Adam Wilhelm v.),
naturaliste danois (26 sept. 26 sept. 1755 — vers 1836).

Paulli (Just Henrich). Soergetale over A. W. Hauch, etc. *Kjoebenh.* 1836. 8.

Schoenberg (Albrecht v.). Necrolog over A. W. v. Hauch, s. l. (*Kjoebenh.*) 1838. 8.

Haucourt (Adrien Augustin Almaric, comte de **Mailly**, marquis de **Merle** et de),
pair de France.

Saint-Maurice Cabany (Charles Édouard). A. A. A. comte de Mailly, marquis de Merle et de Haucourt, ancien pair de France, ancien lieutenant colonel de cavalerie, ancien aide de camp du duc de Berry et du duc de Bordeaux, etc. *Par.* 1850. 8. (Extrait du *Nécrologe universel du xixe siècle.*)

Hauer (Heinrich),
philanthrope allemand.

H. Hauer's Selbstbiographie. *Quedlinb.* 1834. 8. *Ibid.* 1836. 8. *

* Ces deux éditions sont accomp. de son portrait.

Haug (Lodewijk Frederik Christiaan),
militaire hollandais (... — 1834).

(Geisweit van der Netten, C... A...). Necrologie (van) Mr. L. F. C. Haug, hoogleeraar in de geschied- en aardrijkskunde, etc., s. l. et s. d. (*Breda.* 1833.) 8. (Extrait du *Militairen Spectator*, publ. sous la lettre initiale N***.) — (Ld.)

Haugwitz (Christian Heinrich Carl, Graf v.),
homme d'État allemand (11 juin 1758 — 19 février 1832).

Haugwitz (Christian Heinrich Carl v.). Fragment des mémoires inédits du comte de Haugwitz. *Jena.* 1837. 8.

Minutoli (Heinrich Carl v.). Der Graf v. Haugwitz und Job v. Witzleben, etc. *Berl.* 1844. 8.

Haultepenne (Louis Nicolas Ghislain, baron de),
homme d'État belge (10 déc. 1774 — 4 avril 1841).

Stassart (Goswin Joseph Augustin de). Notice sur L. N. G. baron de Haultepenne. *Brux.* 1849. 8. (*Bx.*)

Haumet (Jean Pierre Joseph),
prêtre français (26 février 1798 — 23 sept. 1851).

(Vieillard, P... A...). Nécrologie. Notice sur J. P. J. Haumet, curé de la paroisse de Sainte-Marguerite. *Par.* 1851. 8.

(Dubuy, François Victor). Notice biographique sur M. Haumet, ancien curé de Sainte-Marguerite et chanoine de l'église métropolitaine de Paris. *Par.* 1852. 8. Portrait.

Haunold (Hans Sigismund v.),
naturaliste allemand (28 mars 1634 — 16 avril 1710).

Schröer (Johann). Gedächtnisssäule des H. S. v. Haunold, s. l. 1710. Fol.

Haupt (Ernst Friedrich),
jurisconsulte allemand.

Lindemann (Friedrich). Memoria E. F. Hauptii. *Zittav.* 1845. 4. (D.)

Hauptmann (Johann Gottfried),
pédagogue allemand (19 oct. 1712 — 21 oct. 1782).

Programma funebre in obitum J. G. Hauptmanni. *Geræ.* 1782. Fol.

Zeibich (Heinrich August). Scripta J. G. Hauptmanni. *Geræ.* 1783. Fol.

Hauschild (Christian),
théologien allemand (9 oct. 1693 — 13 février 1759).

Moeckel (Johann Erhard). Ein mit dem Schilde des Glaubens ritterlich streitender und siegreich überwindender Lehrer. (Denkschrift auf C. Hauschild.) *Dresd.* 1759. 4. (D.)

Hausdorf (Urban Gottlieb),
théologien allemand (21 février 1685 — 17 avril 1762).

Richter (Adolph Daniel). Leichenpredigt auf U. G. Hausdorf. *Zittau.* 1762. Fol. (D.)

Hause dit la Clairvoyante de Prevorst (Friederike),
visionnaire allemande.

Stiegler (J... E... A...). Drei Visionairinnen 1) F. Hause, genannt die Seherin von Prevorst; 2) Mademoiselle De Bellère de Tronchoy, appelée communément Sœur Louise, eine Nonne des siebenzehnten Jahrhunderts; 3) Maria Ruebel, die Hellseherin in Langenberg, etc. *Kreuznach.* 1837. 8.

Hausen (Carl Renatus),
historien allemand (18 mars 1740 — 20 sept. 1805).

Fuhrmann (Georg Gottlieb). Leben, Thaten und Character des Professors C. R. Hausen, etc. *Deutschland.* (*Frf. a. d. O.*) 1772. 8. (D.)

Hauser (Caspar),
enfant trouvé (30 avril 1812 — tué le 14 déc. 1833).

Merker (N... N...). C. Hauser, nicht unwahrscheinlich ein Betrüger. *Berl.* 1850. 8.

— — Nachrichten über C. Hauser, aus authentischen Quellen, nebst Betrachtungen über deren Beweiskraft für die Einkerkerungsgeschichte dieses Jünglings. *Berl.* 1851. 8.

Feuerbach (Paul Johann Anselm v.). Einige wichtige Actenstücke, den unglücklichen Findling C. Hauser betreffend. *Berl.* 1851. 8.

— — C. Hauser. Beispiel eines Verbrechens am Seelenleben des Menschen. *Ansb.* 1852. 8. Portrait.
  Trad. en angl. *Boston.* 1852. 12.
  Trad. en holland. *Amst.* 1833. 8.

Merker (N... N...). Einige Betrachtungen über die von Herrn v. Feuerbach geschilderte Geschichte C. Hauser's; enthaltend den Beweis, dass im neunzehnten Jahrhundert der Glaube an Wunder und Mährchen nicht erloschen ist. *Berl.* 1853. 4.

Giehrl (Rudolph). * C. Hauser, der ehrliche Findling, als Widerlegung der Merkerschen Schrift *C. Hauser, nicht unwahrscheinlich ein Betrüger.* *Nürnb.* 1850. 8. Portrait.

* Le véritable nom de l'auteur est Heinrich RAISER.

Vorläufige Mittheilungen über C. Hauser den Findling. *Nürnb.*, s. d. 12. Portrait.

B... (A...). Schutzworte für den Nürnberger Findling C. Hauser gegen die Schrift des Polizeiraths Merker. *Berl.* 1830. 8. Portrait.

Skizze der bis jetzt bekannten Lebensmomente des merkwürdigen Findlings C. Hauser in Nürnberg. *Kempt.* 1830. 8. Portrait.

Schmidt v. Luebeck (Georg Philipp). Über C. Hauser. *Altona.* 1831-32. 2 part. 8.

Daumer (Friedrich). Mittheilungen über C. Hauser. *Nürnb.* 1832. 2 parts. 8.

·Life of C. Hauser. *Lond.* 1833. 12. Portrait.

Frey (J... M...). Geheimnissvolle Geschichte des C. Hauser; seine Erziehung, Verfolgung und Ermordung, etc. *Berl.* 1834. 8. Trad. en polon. *Bresl.* 1834. 8.

Heidenreich (Friedrich Wilhelm). C. Hauser's Verwundung, Krankheit, Leichenöffnung. *Berl.* 1834. 8.

C. Hauser ou l'homme mystérieux ; notice sur cet infortuné, etc. *Lyon.* 1834. 8.

Bijdragen tot de geschiedenis van K. Hauser. *Amst.* 1834. 8.

Fuhrmann (Heinrich). C. Hauser; beobachtet und dargestellt in der letzten Zeit seines Lebens von seinem Religionslehrer und Beichtvater. *Ansbach.* 1834. 8. Trad. en holland. *Amst.* 1834. 8.

—— Trauerrede bei der am 20 December erfolgten Beerdigung des am 14. desselben Monats meuchlings ermordeten C. Hauser. *Ellwangen.* 1834. 8.

Ausführlicher Lebens-Abriss des berühmten Findlings C. Hauser, während seiner Gefangenschaft in Nürnberg, nebst einer Abhandlung über seinen Tod. *Ellwangen.* 1834. 8.

Wichtige Aufklärungen über C. Hauser's Geschichte, durch den Grafen Stanhope dem Polizeirath Merker mitgetheilt. *Berl.* 1834. 8.

Zimmermann (Johann Michael). C. Hauser in physiologischen, psychologischen und pathogenisch-pathologischen Untersuchungen beurtheilt. *Nürnb.* 1834. 8.

A(rco?) (W... C... Gr(af v.). C. Hauser. *Regensb.* et *Münch.* 1837-39. 2 vol. 8.

Singer (Georg Friedrich). Leben C. Hauser's, oder Beschreibung seines Wandels von seinem Beginn bis zu seinem Grabe. *Regensb.* 1834. 8.

Stanhope (lord). Materialien zur Geschichte C. Hauser's. *Heidelb.* 1835. 8.

(Seiler, Sebastion). C. Hauser, der Thronerbe Badens. *Par.* (*Bern.*) 1847. 8. * (3e édition.) Trad. en holland. *S'Gravenh.* 1848. 8.

    * Cet ouvrage, ayant fait sensation, fut confisqué par le gouvernement du grand-duc de Bade.

Hausmann (Jean Michel),   industriel alsacien (4 février 1749 — 16 déc. 1824).

Beck (Jean Jacques). Discours prononcé à la mémoire de M. J. M. Hausmann. *Strasb.* 1824. 8.

Hausmann (Lorenz),   jurisconsulte allemand.

Seelen (Johann Heinrich v.). Memoria L. Hausmanni, J. U. D. *Lubec.* 1743. Fol.

Hausmann (Nicolaus),   théologien allemand (vers 1479 — 1er sept. 1538).

Moller (Samuel). Memoria N. Hausmanni. *Friberg.* 1729. 4. (D.)

—— Programma de N. Hausmanno. *Friberg.* 1745. 4. (D.)

Haussmann (Johann Friedrich),   pédagogue allemand.

.Meissner (Christoph). Denkschrift auf J. F. Haussmann. *Friedrichst.* 1761. 4. (D.)

Hausswald (Johann Friedrich),   jurisconsulte allemand.

Schwencke (Christian Gotthelf). Gedächtnissschrift auf J. F. Hausswald. *Friedrichst.* 1761. 4. (D.)

Hautefort, duchesse de Schomberg (Marie de),   confidente d'Anne d'Autriche, reine de France   (vers 1616 — 1er août 1691).

(Adry, Jean Félicissime). Histoire de Vittoria Accorambona, duchesse de Bracciano, avec la vie de madame de Hautefort, duchesse de Schomberg, par une de ses

amies (madame de MONTMORENCY-LUYNES). *Dampierre.* 1800. 4. *Par.* 1807. 12. * (P.)
    * Publ. s. l. lettres initiales J. F. A. Y.

Hauterive (Alexandre Maurice Blanc de Lanautte, comte d'),   diplomate français (14 avril 1754 — 28 juillet 1830).

Artaud de Montor (Alexandre François). Histoire de la vie et des travaux politiques du comte d'Hauterive, comprenant une grande partie des actes de la diplomatie française, depuis 1784 jusqu'en 1830. *Par.* 1839. 8. *

    * Deuxième édition. La première de la même année n'a pas été mise en vente.

Haute-Serre (Antoine Dadin de),   jurisconsulte français (1644 — 1682).

Vie d'A. Dadin de Haute-Serre, jurisconsulte de Cahors. *Par.* 1718. 12. (Ouvrage non terminé.)

Hautpoul (le marquis Marie Constant d'),   général français (1780 — 1853).

Fleury (marquis de). Discours prononcé sur la tombe de M. le marquis d'Hautpoul. *Par.* 1853. 8.

Hautpoul-Salette (Jean Joseph Ange d'),   général français (1754 — 7 février 1807).

(Bergasse, Nicolas). Éloge historique du général d'Hautpoul, inspecteur général de cavalerie. *Par.* 1807. 8. Portrait.

Haüy (René Just),   minéralogiste français (28 février 1743 — 3 juin 1822).

Configliachi (Luigi). Memorie intorno alla vita ed alle opere dei due naturalisti (Abraham Gottlieb) Werner e Haüy. *Padov.* 1827. 8.

Havet (Armand Étienne Maurice),   médecin français (1795 — 1er juillet 1820).

Marquis (Alexandre Louis). Notice nécrologique sur A. E. M. Havet, naturaliste, voyageur du gouvernement français, mort à Madagascar. *Par.* 1823. 8.

Hawker (John),   théologien anglais.

Reminiscences of the ministry of the late Rev. J. Hawker, with a memoir of his life. *Lond.* 1831. 12.

Hawkes (Mrs.).

Cecil (Catherine). Memoirs of Mrs. Hawkes, late of Islington, including remarks on conversation and extracts from sermons and letters of the late Rev. Richard Cecil. *Lond.* 1830. 8. (4e édition.)

Haxo (N... N...),   législateur français.

Cherier (N... N...). Discours prononcé à l'occasion de la mort de M. Haxo, membre du corps législatif. *Par.* 1810. 8.

Haxo (François Nicolas Benoît, baron),   général français (24 juin 1774 — 25 juin 1838).

Mengin (G...). Notice nécrologique sur le lieutenant général baron Haxo. *Par.* 1838. 8. *
    * Tiré à très-petit nombre.

Haxthausen (Herren v.),   famille allemande.

Moeller (Olaus Heinrich). Historisch-genealogische Nachrichten von dem Geschlecht v. Haxthausen. *Schlesw.* 1784. Fol.

Haydn (Johann Michael),   musicien allemand, frère cadet du suivant (14 sept. 1737 — 10 août 1806).

Biographische Skizze von M. Haydn. *Salzb.* 1808. 8. Portrait.

Haydn (Joseph),   compositeur allemand du premier ordre (31 mars 1732 — 31 mai 1809).

Mayer (Johann Simon). Brevi notizie istoriche della vita e delle opere di G. Haydn. *Bergam.* 1809. 8.

Dies (Albert Christoph). J. Haydn's Biographie, nach mündlichen Erzählungen desselben entworfen und herausgegeben. *Wien.* 1810. 8. Portrait.

Griesinger (Georg August). Biographische Notizen über J. Haydn. *Leipz.* 1810. 8. (D.)

(Arnold, Ignaz Ferdinand). J. Haydn ; kurze Biographie und ästhetische Darstellung seiner Werke, etc. *Erfurt.* 1810. 8.

Framery (Nicolas Étienne). Notice sur J. Haydn, contenant quelques particularités de sa vie privée, etc. *Par.* 1810. 8.

Lebreton (Joachim). Notice historique sur la vie et les

ouvrages de J. Haydn. *Par.* 1810. 4: * Trad. en portug. *Rio-Jan.* 1820. 8.
* Cette notice n'est, pour ainsi dire, qu'une traduction de l'ouvrage de G. A. Griesinger.

Kinker (Jan). Ter nagedachtenis van J. Haydn. *Amst.* 1810. 8.

Carpani (Giuseppe). Le Haydine, ovvero lettere su la vita e le opere del celebre maëstro G. Haydn. *Milan.* 1812. 8. (*P.*) *Padov.* 1823. 8. Portrait. Trad. en franç. par D... *Monde. Par.* 1838. 8.

Essai historique sur la vie de J. Haydn, ancien maître de chapelle du prince Esterhazy, etc. *Strasb.* 1812. 8. (Tiré à 500 exemplaires.)

(**Beyle**, Louis Alexandre César de). Vie de Haydn, (Wolfgang Amadeus) Mozart et (Pierre) Métastase. *Par.* 1817. 8. * Trad. en angl. *Lond.* 1817. 8. *Prov.* 1820. 12. *Boston.* 1839. 12.
* Publ. s. le pseudonyme de Bombet.

Gambara (Carlo Antonio). Haydn coronato in Elicona; poemetto. *Bresc.* 1819. 8.

Grosser (J... E...). Biographische Notizen über J. Haydn; nebst einer kleinen Sammlung interessanter Anecdoten und Erzählungen, grösstentheils aus dem Leben berühmter Tonkünstler und ihrer Kunstverwandten. *Hirschb.* 1826. 8.

Haydon (Benjamin Robert),
peintre anglais (1786 — se suicidant le 22 juin 1846).
Autobiography and journals of the late B. R. Haydon, historical-painter, publ. par mistress HAYDON. *Lond.* 1847. 8.
Autobiography of B. R. Haydon, historical-painter, edited and continued to the time of his death from his own journals, by Tom TAYLOR. *Lond.* 1853. 3 vol. 8.

Hayez (François Marcel),
imprimeur belge.
Exposé succinct des persécutions qu'a essuyées F. M. Hayez, imprimeur-libraire à Bruxelles, et sa famille, pendant le temps de la révolution belgique, s. l. (*Brux.*) 1791. 8. (Écrit par lui-même.)

Haygerloch (Graf Albert),
religieux allemand († 1311).
Huefnagl (Michael). Leben des seeligen A. Graffen v. Haygerloch aus Schwaben, Prioris des Klosters Obernaltaich. *Straubing.* 1699. 8.

Hayley (William),
écrivain anglais (.. oct. 1746 — 11 nov. 1820).
Memoirs of the life and writings of W. Hayley, Esq., written by himself. *Lond.* 1823. 2 vol. 4.

Haymann (Christoph),
théologien allemand (15 août 1709 — 7 juin 1783).
Weisse (Christian Friedrich). Ehrendenkmahl Mag. C. Haymann's, Superintendenten zu Meissen. *Meiss.* 1783. Fol.

Haymon,
évêque de Halberstadt.
Anton (Paul). Exercitatio historico-theologica de vita et doctrina Haymonis, episcopi Halberstadiensis. *Halæ.* 1700. 4. *Ibid.* 1703. 4. (*D.*)
Derling (Christian Gottfried). Commentatio historica de Haymone, episcopo Halberstadiensi. *Helmst.* 1747. 4.

Haymon, voy. **Aymon.**

Haynau (Julius Jacob, Freiherr v.), *
général allemand (1786 — 14 mars 1853).
(**Schoenhals**, Freiherr v.). Biografie (?) des k. k. Feldzeugmeisters J. Freiherrn v. Haynau, von einem seiner Waffengefährten. *Gratz.* 1853. 8. (5e édition.)
* Bâtard de l'électeur Guillaume I de Hesse-Cassel et de madame de Lindenthal.

Haynemann (Christian),
théologien allemand.
Starck (Martin Simon). Gedächtnissschrift auf C. Haynemann. *Dresd.* 1735. 4. (*D.*)

Haynes (Joseph),
comédien anglais.
(**Brown**, Thomas). Life of the famous comedian J. Haynes, containing his comical exploits and adventures. *Lond.* 1781. 8.

Haynes (Lemuel),
Anglo-américain.
Cooley (T... M...). Life of L. Haynes. *New-York.* 1857. 12.

Haynin et de **Louvegnies** (Jean, seigneur de),
chevalier belge du xve siècle.
Mémoires de messire J., seigneur de Haynin et de Louvegnies, chevalier. 1465-77. *Mons.* 1842. 2 vol. 8.

Haynóczi (Daniel),
pédagogue hongrois († 1747).
Deccard (Johann Christoph). Suppremi officii munus quo D. Haynoczio, gymnasii Soproniensis rectori, justa solvit. *Jenæ.* 1747. 4.
Oertel (Johann Gottfried). Die wohl und mit Ruhm vor Gott abgelegte Rechnung eines zur Ruhe gehenden Schulmannes bey volkreicher Leichenbestattung Herrn D. Haynoczi, evangelischer Schulen Rectoris in Oedenburg. *Jena.* 1747. 4.

Hazart (Corneille),
jésuite belge (29 oct. 1617 —...– 1688).
Straeten (Edmond van der). Notice sur C. Hazart, controversiste de la compagnie de Jésus, natif d'Audenarde. *Auden.* 1851. 8.

Hazon (Jacques Albert),
médecin français (1708 — 1779).
Desessartz (Jean Charles). Éloge de J. A. Hazon. *Par.* 1779. 4.

Hearne (Thomas),
antiquaire anglais (1678 — 21 juin 1735).
Impartial memorials of the life and writings of T. Hearne, by several hands. *Lond.* 1736. Portrait.
Life of M. T. Haerne. *Oxf.* 1772. 8. Portrait.

Hebel (Johann Peter),
poëte allemand (11 mai 1760 — 22 sept. 1826).
Schultheiss (Johann Georg). Leben J. P. Hebel's. *Heidelb.* 1831. 8.

Hebenstreit (Johann Christian),
théologien allemand (27 avril 1686 — 6 déc. 1756).
Programma academicum ad exequias J. C. Hebenstreitii. *Lips.* 1756. Fol. (*D.*)
Ernesti (Johann August). Memoria J. C. Hebenstreitii, theologiæ doctoris. *Lips.* 1756. 4. (*L.*)
Teller (Wilhelm Abraham). Elogium J. C. Hebenstreitii. *Helmst.* 1762. 4.

Hebenstreit (Johann Ernst),
médecin allemand, fils du précédent (15 janvier 1701 — 5 déc. 1757).
Hebenstreit (Johann Ernst). Palæologia therapiæ, etc., publ. avec la vie de l'auteur par Christian Gottfried GRUNER. *Halæ.* 1779. 8.
Ernesti (Johann August). Memoria J. E. Hebenstreitii. *Lips.* 1759. Fol. (*L.*)

Heber (Reginald),
évêque de Calcutta (21 avril 1783 — 3 avril 1826).
(**Heber**, Amaly Shipley). Life of R. Heber. *Lond.* 1830. 4, ou 2 vol. 8.
Krohn (Friedrich). Heber's Leben und Nachrichten über Indien. *Berl.* 1831. 2 vol. 8. Portrait.
Chambre (J...). Bishop Heber and Indian missions. *Lond.* 1848 (?). 8.

Hébert (Jacques René),
substitut du procureur-syndic de Paris (vers 1755 — guillotiné le 24 mars 1794).
Procès instruit et jugé au tribunal révolutionnaire contre Hébert et consorts. *Par.,* an II. 8.
Vie privée et politique de J. Hébert, auteur du *Père Duchène. Par.,* an II (1794). 8. (*Lv.*)
Max (N... N...). Charactcrbilder der französischen Revolution (Anacharsis) Clootz, Hébert, (Gracchus) Babeuf. *Leipz.* 1848. 12.

Hécart (Jacques Joseph Antoine),
littérateur français (24 mars 1755 — 19 nov. 1838).
Biographie valenciennoise : J. J. A. Hécart, s. l. et s. d. (*Valencien.*) 8. Portrait. (Notice tirée à très-peu d'exemplaires.)

Hecht (Joachim),
théologien allemand (1615 — 13 février 1676).
Programma scholasticum ad exequias J. Hechtii. *Luneb.* 1676. 4. (*D.*)
Buno (Johann). Ehrengedächtniss auf J. Hecht. *Lüneb.* 1676. 4. (*D.*)

Hechtel (Johann Caspar),
littérateur allemand (1er mai 1771 — 20 déc. 1799).
Veillodter (Valentin Carl). Denkmahl auf J. C. Hechtel. *Nürnb.* 1800. 4.

Hecke (Engelbert Théophile van),
médecin belge (19 juillet 1809 — ...).
Le docteur van Hecke, docteur en médecine et littérateur,
s. l. et s. d. (*Par.* 1846.) 8. (Extrait des *Archives historiques.*)

Heckenstaller (Joseph Jacob v.),
prêtre allemand.
Schwaebl (Franz Xaver). Lebensskizze des Herrn J. J.
v. Heckenstaller, Decans der Metropolitankirche München-Freising, etc. *Landsh.* 1833. 8.

Hecker (Andreas Jacob),
pédagogue allemand (... — 25 juillet 1819).
Kuester (Samuel Christian Gottfried). Predigt auf A. J.
Hecker. *Berl.* 1819. 8.

Hecker (Friedrich Carl Franz),
démagogue allemand (28 sept. 1811 — ...).
B...l...r (Eduard). Hecker, der Mann des Volkes. Rückblick auf sein parlamentarisches Wirken von 1842-44.
Villingen. 1848. 8.

Hecker (Johann Julius),
théologien allemand (1693 — 25 juin 1768).
Ehrengedächtniss des weiland hochwürdigen und hochgelahrten Herrn J. J. Hecker, gewesenen königlich preussischen Consistorialraths, etc. *Berl.* 1769. 8. (*D.*)

Heckewelder (John),
théologien (?) anglo-américain.
Rondthaler (Edward). Life of J. Heckewelder, edited by
Henri COATES. *Philad.* 1847. 12.

Heckhel (Thomas),
jurisconsulte allemand.
Programma academicum ad funus T. Heckhelii. *Lips.*
1674. 4. (*D.*)

Hecking (Gottfried),
pédagogue allemand (7 juillet 1687 — 6 juin 1773).
Mertens (Hieronymus Andreas). Ad sacra funeralia in
honorem G. Heckingii. *Aug. Vind.* 1773. Fol.

Hecquet (Philippe),
médecin français (11 février 1661 — 11 avril 1737).
(**Lefebvre de Saint-Marc**, Charles Hugues). Vie de
P. Hecquet, docteur régent, etc.; avec un catalogue
raisonné de ses ouvrages. *Par.* 1740. 8. (*D.* et *Lv.*)

Hector,
personnage mythologique.
Heller (Ludwig). Programmata II de Hectore Homeri.
Aug. Vind. 1806-07. 4.

Hectot (Alexandre),
pharmacien français (6 janvier 1769 — 17 oct. 1843).
Rostaing (N... N... de). Notice sur J. A. Hectot. *Nantes.*
1852. 8.

Hedlinger (Johann Carl),
médailleur suisse (28 mars 1691 — 14 mars 1771).
(**Haid**, N... N...). Nachricht von J. C. Hedlinger's Leben
und Medaillen. *Nürnb.* 1780. 8.

Hedluf (Heinrich Gottfried),
hymnologue allemand (7 mars 1748 — 24 janvier 1785).
Giese (Gottlieb Christian). Lebensgeschichte Herrn H.
G. Hedluf's. *Goerl.* 1785. 8.

Hedwig (Johann),
médecin transylvanien (8 déc. 1730 — 7 février 1799).
Deleuze (Joseph Philippe François). Über das Leben
und die Werke Joseph Gaertner's und J. Hedwig's.
Stuttg. 1805. 8. *
* La notice originale se trouve dans les *Annales du Muséum d'histoire
naturelle* (t. II, p. 392 et 451). *Par.* 1803.

Hedwige (Sainte),
épouse de Henri II, duc de Pologne et de Silésie (1174 — 15 oct. 1243).
Vita B. Hedwigis. *Vratisl.* 1504. 4. *Ibid.* 1631. 4.
Grosse Legende der heiligsten Frauen S. Hedwigis. *Bresl.*
1504. Fol. Augment. s. c. t. Tugendreiches Leben und
fürtreffliche Wunderthaten vor, bei und nach dem
Ableben der hochheiligen und hochmächtigen Himmelsfürstin Hedwigis, unserer gnädigsten Schutzfrauen
und allgemeinen Mutter aller Bedürftigen. *Bresl.* 1686. 4.
Zeidler (Matthias). Das Leben und die Wunderwerke
der heiligen Hedwigis. *Glatz.* 1686. 8.
Rimpler (Martin Florus). Patrocinale Silesiæ et Polo-

niæ, s. discursus prædicabiles honori serenissimæ Poloniæ et Silesiæ ducissæ S. Hedwigi magnæ, pauperum
patronæ et afflictorum matris sacrati. *Norimb.* 1697. 4.
Regent (Carl). Exempel der Schlesier, oder Vorstellung
der vornehmsten Tugenden S. Hedwigis, etc. *Neisse.*
1723. 8.
Goerlich (Franz Xaver). Leben der heiligen Hedwig,
Herzogin von Schlesien, als Andenken an die 600 jährige Jubelfeier ihres seligen Todes, etc. *Bresl.* 1843. 8.

Hedwige de Danemark,
épouse de Christian II, électeur de Saxe (mariée en 1602 — 1641).
Lyser (Polycarp). Ehrenpredigt beym Beylager Christian's II und der Prinzessin Hedwig von Dänemark.
Dresd. 1602. 4.
Striegenitz (Gregor). Glückwünschung zu Ehren Churfürstens Christiani II und dessen Braut Hedwigen, vom
königlichen Stamm aus Dennemark. *Leipz.* 1602. 4.
Kurtzer Bericht von Heirath und Beilager Churfürst Christiani II. *Dresd.* 1602. 4.
Kurtze, doch ausführliche Relation vom Beylager Churfürst Christian's II. *Jena.* 1603. 4.

Mauckisch (Israel). Epicedion, cum domina Hedwig,
electoris Christiani vidua, mausoleo Freibergæ inferretur. *Freib.* 1641. 4.

Heekeren (J... van),
médecin hollandais.
(**Palm**, Jan Hendrik van der). Korte schets bevattende
eenige levensbijzonderheden, betrekkelijk wijlen den
med. doct. J. van Heekeren, in leven commissaris tot
de zaken van de geneeskundige staatsregeling, s. l. et
s. d. (*Amst.*, vers 1802.) 8. (*Ld.*)

Heelu (Jan van),
poète hollandais.
Carbasius (N...). Voorlezing over J. van Heelu en zijn
gedicht : *De slag van Woeringen. Amst.* 1854. 8. (*Ld.*)

Heemskerk (Jacob van),
amiral hollandais († 25 avril 1607).
Engelberts Gerrits (G...). Leven en daden der zeehelden J. van Heemskerk en Pieter Pauluz Hein. *Amst.*
1825. 8. 2 portraits.

Heemskerk (Johan van),
historien hollandais.
Harderwijk (J... van). Redevoering over M. J. van
Heemskerk, bijzonder als prozaschrijver, aangetoond
uit zijne *Batavische Arcadia*, etc., s. l. et s. d. (*Amst.*
1841.) 8. (Extrait des *Vaderlandsche Letteroefeningen*.) — (*Ld.*)

Heemskerk (Martin van),
peintre hollandais (1498 — 1574).
Meyer (H... A...). Heemskerk. *Amst.* 1847. 8. (Poëme
historique.)

Heerbrand (Jacob),
théologien allemand (12 août 1521 — 22 mai 1600).
Cellius (Erhard). Oratio de vita et morte J. Heerbrandi,
in academia Tubingensi theologiæ professoris. *Tubing.*
1601. 4.

Heerbrand (Valentin),
théologien allemand.
Geier (Martin). Leichpredigt auf V. Heerbrand. *Dresd.*
1674. 4. (*D.*)

Heeremiet (Hendrik?),
littérateur hollandais.
Trieper (Jan Hendrik). Lofrede op H. Heeremiet. *Amst.*
1825. 8.

Heeren (Arnold Hermann Ludwig),
historien allemand (25 oct. 1760 — 7 mars 1842).
Geel (Jacob). Levensschets van A. H. L. Heeren. *Delft.*
1822. 8.
Hoeck (Carl). A. H. L. Heeren; Gedächtnissrede, etc.
Goetting. 1843. 4. (*D.*)

Heering (Christian),
visionnaire allemand.
Suesse (Johann Gabriel). Umständliche Nachricht von
dem sogenannten Prossener Manne, C. Heering, eines
Elbfischers und Innwohners in Prossen bey Königstein,
seine seit etlichen zwanzig Jahren bekannt gewordene
Erscheinungen und Voraussagungen betreffend, etc.
Dresd. et *Leipz.* 1772. 8. (*D.*)

Heermann (David),
théologien allemand (3 déc. 1655 — 31 oct. 1720).

Heermann (Gotthold). Lebenslauf Mag. D. Heermann's, Pfarrers in Troitzschendorf. *Goerl.* 1720. 4.

Heermann (Johann),
poète allemand (11 oct. 1585 — 27 février 1647).

Heermann (Johann David). Neues Ehrengedächtniss J. Heermann's, etc. *Glogau.* 1759. 8. (*D.*)

Heffter (Johann Carl),
médecin allemand (25 sept. 1722 — 25 sept. 1786).

Jary (Johann Samuel). Die wahre Grösse eines Arztes, etc. *Lauban.* 1766. 4. (*D.*)

Geisler (Johann Gottlieb). Cineribus viri experientissimi J. C. Helfter, medecinæ doctoris Zittaviensis, etc. *Lips.* 1786. 8.

Hegardt (Martin),
théologien suédois (2 février 1685 — 4 avril 1732).

Papke (S...). Likpredikan öfver M. Hegardt. *Lund.* 1732. 8.

Nehrman (D...). Parentation öfver M. Hegardt. *Lund.* 1732. 8.

Ehrenstråle (David). Oratio parentalis in memoriam M. Hegardt, theologiæ doctoris atque professoris primarii et archi-præpositi Lundensis. *Lund.* 1732. 4.

Hegel (Georg Wilhelm Friedrich),
philosophe allemand du premier ordre (27 août 1770 — 14 nov. 1831).

Goeschel (Carl Friedrich). Hegel und seine Zeit. *Berl.* 1832. 8. (*D.*) Trad. en suéd. par Carl Julius Lénstaoem. *Stockh.* 1837. 8.

Rosenkranz (Carl). G. W. F. Hegel's Leben. *Berl.* 1844. 8. Portrait. (*D.*)

—— Aus Hegel's Leben. *Leipz.* 1843. 8.

Hégésippe,
historien grec du iiie siècle († vers 180).

Allemand–Lavigerie (Charles). De Hegesippo disquisitio historica. *Par.* et *Lyon.* 1850. 8.

Heggelin (Ignaz Valentin),
théologien allemand (1er janvier 1738 — 1er mai 1801).

Sailer (Johann Michael). An Heggelin's Freunde. Ein Denkmal des Verblichenen. *Münch.* 1803. 8.

—— Nachtrag zu Heggelin's Biographie. *Augsb.* 1804. 8.

Hegi (Franz),
graveur suisse du xviiie siècle.

Neujahrsblatt der Künstlergesellschaft in Zürich für 1851, enthaltend das Leben des Zeichners und Kupferstechers F. Hegi von Zürch. *Zürch.* 1851. 4. Portrait.

Hegi (Johannes),
Suisse.

Ehrengedächtniss Herrn J. Hegi. *Zürch.* 1680. 4.

Hegner (Ulrich),
littérateur suisse (1759 — 3 janvier 1840).

Schellenberg–Biedermann (E...). Erinnerungen an U. Hegner. *Zürch* et *Winterth.* 1843. 16.

Heher (Georg Achatius),
jurisconsulte allemand (30 déc. 1601 — 22 mars 1667).

Stuss (Johann Heinrich). Commentatio de vita et meritis G. A. Heheri, Ernesti Pii ad pacem Westphalicam legati. *Gothæ.* 1749. 4. (*D.*)

Heiberg (Peder Anders),
publiciste norvégien (16 nov. 1758 — 30 avril 1841 *).

Heiberg (Peder Andreas). Tre Aar i Bergen ; autobiografisk Episode. *Drammen.* 1829. 8.

—— Erindringer af min politiske, selskabelige og litteraere Vandel i Frankrig. *Christiania.* 1830. 8. Portrait.

* Et non en 1838, comme le présument quelques biographes.

Heidegger (Johann Conrad),
homme d'Etat suisse (1710 — 2 mai 1778).

Hirzel (Hans Caspar). Denkrede auf J. C. Heidegger, Bürgermeister der Republik Zürich. *Zürch.* 1778. 8.

Balthasar (Joseph Anton Felix v.). Lobrede auf J. C. Heidegger, etc. *Basel.* 1778. 8. (*D.*)

Heidegger (Johann Heinrich),
théologien suisse (1er juillet 1633 — 28 janvier 1698).

Heidegger (Johann Heinrich). Historia vitæ suæ, (publ. par Johann Caspar Hofmeisten). *Tigur.* 1698. 4. (*D.*)

Heidenreich (Daniel),
jurisconsulte allemand.

Programma academicum ad funus D. Heidenreichii. *Lips.* 1651. 4. (*D.*)

Heidenreich (Lorenz),
théologien allemand (vers 1472 — 1er avril 1557).

C(arpzov) (J(ohann) B(enedict). Memoria Heidenreichiana, oder historischer Bericht von dem Leben, Lehre, Wandel, Reformation und Aemtern des Mag. L. Heidenreich, ersten evangelischen Predigers zu Zittau, nebst dessen Kindern Esaiæ und Johannes Heidenreich's. *Leipz.* 1717. 8. * (*D.*)

* Plusieurs bibliographes attribuent cette pièce à Gottfried Hozscu.

Heider (Daniel),
jurisconsulte allemand (13 sept. 1572 — 1er février 1647).

Schoepperlin (Johann Friedrich). Prolusio scholastica ad vitam D. Heideri JCti. *Nordling.* 1765. 4.

Heider (Wolfgang),
philosophe allemand (14 déc. 1558 — 10 août 1626).

Gerhard (Johann). Oratio de vita et obitu W. Heideri. *Jenæ.* 1627. 4. (*D.*)

Weitz (Johann). Laudatio funebris W. Heideri. *Jenæ.* 1627. 4.

Heidfeld (Justus Heinrich),
théologien allemand.

Nethenus (Matthias). Oratio in memoriam et laudem J. H. Heidfeldii. *Herborn.* 1678. Fol.

Heige (Peter),
médecin allemand.

Hoë v. Hoënegg (Matthias). Leichenpredigt auf P. Heigius, nebst dessen Lebenslauf. *Leipz.* 1635. 4.

Heiland ou Heyland (Enoch),
jurisconsulte allemand († 15 mai 1669).

(Kromayer, Hieronymus). Programma academicum in E. Heilandi funere. *Lips.* 1669. 4. (*L.*)

Heiland (Samuel),
savant suisse (7 juillet 1533 — ... 1592).

Cellius (Erhard). Oratio de vita et morte S. Heilandi. *Tubing.* 1592. 4. Portrait.

Heilmann (Johann David),
helléniste allemand (13 janvier 1727 — 22 février 1764).

Heyne (Christian Gottlob). Memoria J. D. Heilmanni. *Goetting.* 1764. Fol.

Heilsbach (Agnes van).

Leven en de deughden van de weerdighe A. van Heilsbach. *Antwerp.* 1691. 4.

Heim (Ernst Ludwig),
médecin allemand (22 juillet 1747 — 15 sept. 1834).

Kessler (Georg Wilhelm). Nachrichten von dem Leben, etc., E. L. Heim's. *Berl.* 1822. 8. *Ibid.* 1823. 8. (*D.*)

—— Leben des königlich preussischen Geheimenrathes und Doctors der Arzeneiwissenschaft E. L. Heim. *Leipz.* 1835. 2 vol. 12.

—— Der alte Heim. Leben und Wirken E. L. Heim's, etc. *Leipz.* 1846. 8. Portrait. (*D.*)

Heimbach (Carl Wilhelm Ernst),
pédagogue allemand.

De vita et virtutibus C. G. E. Heimbachii. *Leucopetræ.* 1801. 4. (*D.*)

Heimburg (Herren v.),
famille allemande.

Meibomius (Heinrich). De illustris Heimburgicæ gentis origine et progressu epistola. *Helmst.* 1683. Fol.

Heimburg (Gregorius v.),
jurisconsulte allemand du xve siècle († .. août 1472).

Ballenstedt (Johann Arnold). Vitæ G. de Heimburg, JCti, D. principumque diversorum, nec non reipublicæ Norimbergensis consiliarii , brevis narratio. *Helmst.* 1737. 4. (*D.*)

Heimburg (Johann Caspar),
jurisconsulte allemand (14 sept. 1702 — 18 nov. 1773).

Tschirpe (Johann Christoph). Leben und Character des Herrn Geheimen Hofraths J. C. Heimburg. *Jena.* 1774. 8. (*D.*)

Hein (Pieter Paulaz),
amiral hollandais (1570 — 18 juin 1629).

Engelberts Gerrits (G...). Leven en daden der zee-helden Jacob van Heemskerk en P. P. Hein. *Amst.* 1825. 8. 2 portraits.

Hein (Stephan),
philologue allemand (vers 1590 — 2 juin 1643).

Programma academicum ad exequias S. Heinii. *Rostoch.* 1643. 4. (*D.*)

Heindorf (Johann Friedrich),
pédagogue allemand (26 oct. 1730 — 25 nov. 1796).

Gedicke (Friedrich). Zum Andenken des verstorbenen Professors J. F. Heindorf. *Berl.* 1797. 8.

Heine (Bernhard),
médecin allemand (20 août 1800 — 31 juillet 1846).

Vassarotti (N... N...). B. Heine, docteur en médecine, chef de l'Institut orthopédique de Wurzbourg et professeur de physiologie expérimentale à l'université de cette ville, etc. *Par.* 1847. 8. (Extrait du *Nécrologe universel du XIXe siècle.*)

Heine (Heinrich),
poète allemand du premier ordre (12 déc. 1799 * — ...).

Stephani (Maximilian Joseph). H. Heine und ein Blick auf unsere Zeit. *Halle.* 1834. 8.

Boerne (Ludwig). Urtheil über H. Heine, etc. *Frf.* 1840. 12.
* Ou selon d'autres biographes le 1er janvier 1800.

Heine (Johann Georg),
médecin allemand (1770 — 1838).

Heine (Johann). Physio-pathologische Studien aus dem ärztlichen Leben von Vater und Sohn. Gedächtnissschrift für J. G. Heine den Orthopäden. *Stuttg.* et *Tübing.* 1842. 8.

Heine (Salomon),
banquier allemand (1767 — 23 déc. 1844).

Mendelssohn (Joseph). S. Heine. Blätter der Würdigung und Erinnerung. *Hamb.* 1845. 8.

Pascheles (Wolf). Leben und Wirken S. Heine's. — Necrolog des Wiener Grosshändlers Hermann Tedesco. —.Vermächtniss des Portugiesischen Israeliten Thomas de Pinto. *Prag.* 1845. 8.

Heineccius ou **Heinecke** (Johann Michael),
théologien allemand (12 déc. 1674 — 11 sept. 1722).

Schmidt (Johann Andreas). Programma inaugurale, in qua vita J. M. Heineccii ab ipso scripta sistitur. *Helmst.* 1729. 4.

Heinefetter (Kathinka),
chanteuse allemande.

Affaire Caumartin. Accusation d'homicide volontaire sur la personne de M. Aimé Sirey. *Brux.* 1843. 8.

Der Prozess Caumartin-Sirey-Heinefetter ; von einem Augenzeugen. *Leipz.* 1843. 8.

Heineken (Christian Heinrich),
génie précoce allemand (6 février 1721 — 27 juin 1725).

Behm (Ernst Leopold Friedrich). Commentatio de rarissimo præcocis ingenii exemplo, C. H. Heineken. *Lubec.* 1725. 4.

(Seelen, Johann Heinrich v.). Merkwürdiges Ehrengedächtniss von dem Leben und Tode des Lübeck'schen (Wunder) Kindes C. H. Heineken. *Hamb.* 1726. 8. (*D.*)

Schoeneich (Christian v.). Leben, Thaten, Reisen und Tod eines sehr klugen und sehr artigen vierjährigen Kindes C. H. Heineken aus Lübeck. *Lübeck.* 1736. 8. *Goetting.* 1779. 8. (*D.*)

Heinitz (Anton Friedrich, Freiherr v.),
homme d'État allemand (14 mai 1724 — 15 mai 1802).

Gerhardt (Carl Abraham). Gedächtnissrede auf den Staatsminister v. Heinitz. *Berl.* 1803. 8.

Heinitz (Samuel),
théologien allemand (1606 — 1636).

Melingus (N... N...). Laudatio funebris M. S. Heinitzii, superintendentis Olsnensis. *Olsnæ.* 1636. 4.

Heinlin (Johann Jacob),
théologien allemand (21 déc. 1588 — 15 sept. 1660).

Hesenthaler (Magnus). Laudatio suprema J. J. Heinlini, præsulis Bebenhusani. *Tubing.* 1661. 4. (*D.*)

Raith (Balthasar). Infulata virtus J. J. Heinlini, *Tubing.* 1661. 4. (*D.*)

1

Heinold (Johann Jacob),
théologien allemand (23 janvier 1703 — 6 août 1758).

(Fresenius, Johann Philipp). Leben J. J. Heinold's. *Frf.* 1759. 8.

Heinrich, voy. **Henri.**

Heinrici (Daniel),
théologien allemand (5 avril 1615 — 15 mars 1666).

(Kromayer, Hieronymus). Programma academicum in D. Heinrici funere. *Lips.* 1666. 4. (*L.*)

Heinrici (Tobias),
jurisconsulte allemand.

Programma academicum ad honores funebres T. Heinrici. *Lips.* 1676. 4. (*D.*)

Heins (E...),
littérateur (?) allemand.

Erinnerungen an E. Heins. *Bonn.* 1851. 8.

Heinsius (Anton),
grand pensionnaire de Hollande (vers 1641 — 3 août 1720).

Heim (A... J... van der). Dissertatio historico-politica de A. Heinsio, consiliario. *Lugd. Bat.* 1834. 8. (*Ld.*)

Heinsius (Daniel),
philologue hollandais (1580 — 25 février 1665).

Thysius (Anton). Oratio funebris in D. Heinsii obitum. *Lugd. Bat.* 1665. 4. (*D.*)

Heinsius (Gottfried),
mathématicien allemand (.. avril 1709 — 21 mai 1769).

Ernesti (Johann August). Elogium G. Heinsii, mathematum professoris. *Lips.* 1769. Fol. (*D.*)

Heinsius (Johann Sigismund),
théologien allemand (9 avril 1694 — 25 août 1766).

Wichmannshausen (Rudolph Friedrich v.). Gedächtnissschrift auf J. S. Heinsius. *Friedrichst.* 1766. 4. (*D.*)

Heinsius (Martin),
théologien allemand (vers 1611 — 9 mai 1667).

Luedeck (Johann Christoph). Leichenpredigt auf M. Heinsius. *Frf. a. d. O.* 1667. 4. (*D.*)

Heinsius (Nicolaus),
philologue hollandais, fils de Daniel H. (29 juill. 1620 — 7 oct. 1681).

Burmann (Pieter). Commentarius de vita N. Heinsii. *Harling.* 1742. 4.

Heintz (Georg),
jurisconsulte allemand (17 mars 1644 — 24 août 1683).

(Feller, Joachim). Programma academicum in G. Heintzii funere. *Lips.* 1685. Fol. (*L.*)

Heise (Georg Arnold),
jurisconsulte allemand (... — 6 février 1851).

Bippen (Wilhelm v.). G. A. Heise (Präsident des Oberappellationsgerichts in Lübeck). Mittheilungen aus dessen Leben. *Halle.* 1852. 8.

Heise (Johann Arnold),
jurisconsulte allemand (5 février 1747 — 5 mars 1834).

Petersen (Christian). Memoria viri amplissimi J. A. Heise, J. U. D. magnifici nuper consulis civitatis Hamburgensis, etc. *Hamb.* 1835. Fol.

Heister (Elias Friedrich),
médecin allemand, fils du suivant († 11 nov. 1740).

Kipping (Johann Wolfgang). Allocutio ad Laurentium Heisterum de obitu, etc., E. F. Heisteri, medicinæ doctoris. *Helmst.* 1740. (*Lv.*)

Supremum honoris et amoris officium nobilissimo ac amplissimo viro D. E. F. Heistero, etc. *Helmst.* 1740. (*Lv.*)

Heister (Lorenz),
médecin allemand (19 sept. 1683 — 18 avril 1758).

Leporin (Christian Polycarp). Ausführlicher Bericht von Leben und Schriften des durch ganz Europa berühmten Dr. L. Heisteri. *Quedlinb.* 1725. 4. Portrait. (*D.* et *Lv.*)

Meelbaum (A... C...). Leichen-Predigt auf Dr. L. Heister. *Helmst.* 1758. Fol.

(Wernsdorff, Johann Christian). Memoria L. Heisteri. *Helmst.* 1758. Fol. Portrait.

Leben und Ehrengedächtnis des Dr. L. Heister. *Helmst.* 1759. Fol.

Heisterbach (Cæsarius v.),
prêtre allemand du XIIIe siècle (vers 1222).

Kaufmann (Alexander). C. v. Heisterbach. Beitrag zur Culturgeschichte des zwölften und dreizehnten Jahrhunderts. *Coeln.* 1850. 8.

46

Hekate,
personnage mythologique.

Rabnaeus (Johann Friedrich). Dissertatio de Hecate. *Gryphisw.* 1703. 4.

(**Koeppen**, Peter v.). Die dreigestaltige Hekate und ihre Rollen bei den Mysterien. *Wien.* 1823. 4.

Hekatæus,
géographe grec (vers 490 avant J. C.).

Ukert (F... A...). Untersuchungen über die Geographie des Hekatæus (von Milet). *Weim.* 1814. 8.

Hekuba,
personnage mythologique.

Kinderling (Johann Friedrich). Hekuba und Cleopatra. *Berl.* 1804. 8.

Helberg (Andreas Hermann),
médecin allemand.

Hinckelmann (Abraham). Ἐπιτάφιος in funere Dr. A. H. Helbergii, philosophiæ et medicinæ doctoris. *Lubec.* 1685. Fol.

Held ou **Helt** (Adolf),
théologien allemand du xııe siècle.

Pratje (Johann Heinrich). Historische Nachricht von A. Held's Leben, Schicksale, Schriften und Irrthümern. *Stade.* 1754-56. 3 parts. 4.

Held (Friedrich Wilhelm Alexander),
soi-disant pédagogue allemand.

Kelch (G... C...). Held's Biographie. *Berl.* 1848. 8.

Held (Georg),
jurisconsulte allemand (28 déc. 1644 — 25 sept. 1716).

Edzard (Georg Eliezer). Elogium G. Held, J. U. L., reipublicæ Hamburgensis senatoris primi. *Hamb.* 1716. Fol. (*L.*)

Held (Hans v.),
littérateur allemand.

Varnhagen von der Ense (Carl August). H. v. Held; preussisches Charakterbild. *Berl.* 1845. 8. Portrait.

Hélène,
personnage mythique.

Hoff (F... B... H... v.). Dissertatio de mytho Helenæ Euripideæ. *Lugd. Bat.* 1840. 8.

Hélène,
mère de l'empereur Constantin le Grand († 18 août 321 après J. C.).

Tola (Agostino). Corona de los triumphos de los santos del reyno de Sardeña, en el qual se prueba con algunas breves y succintas raziones, que S. Elena, madre del emperador Constantino Magno, fue Sarda. *Rom.* 1653. 4.

Hartmann (Johann Adolph). Dissertatio historica de Helena, Constantini M. imperatoris matre. *Marb.* 1733. 4.

Leben der heiligen Kaiserin Helena, etc. *Coeln.* 1852. 8.

Hélène de Mecklembourg,
épouse du duc Ferdinand d'Orléans (24 janvier 1814 — mariée le 30 mai 1837 — ...).

Notice historique sur la princesse Hélène de Mecklembourg, etc. *Par.* 1857. Fol.

Helfenstein (Heinrich, Graf v.).

Curtz (Albert). Thalamus funebris, s. funebria H. comitis in Helfenstein. *Dilling.* 1627. 12.

Helle (Thomas),
prêtre français.

Couppey (N... N...). Recherches historiques concernant T. Helie de Biville, connu communément sous le nom du bienheureux Thomas. *Cherbourg.* 1843. 8.

Heling (Georg Ernst),
théologien allemand.

D... (J... C...). Lebenslauf des G. E. Heling. *Königsb.* 1758. 4. (*D.*)

Heling (Moritz),
théologien allemand (21 sept. 1522 — 2 oct. 1595).

Zeltner (Gustav Georg). Dissertatio historica de vita et studiis M. Helingi, ad D. Sebald per annos XL antistitis Norimbergensis. *Altorf.* 1714. 4. Portrait. (*D.*)

—— Historiæ Norimbergensis ecclesiæ notabilior pericope in M. Helingii vita et fatis. *Altorf.* 1715. 4. Port. (*D.*)

Hellogabalus (Marcus Aurelius Antoninus),
empereur romain (vers 204 — 218 — assassiné le 11 mars 222).

Valsecchi (Virginio). Dissertatio historico-chronologica

de Marci Aurelii Antonini Elagabili tribunitia potestate. *Florent.* 1711. 4.

Torre (Filippo della). Dissertatio apologetica de annis imperii Marci Aurelii Antonini Elagabili et de initio imperii ac duobus consulatibus Justini junioris. *Patav.* 1713. 4.

Meyer (Charles Joseph). Héliogabale et Alexandre Sévère. *Par.* 1777. 8. (*Bes.*) Trad. en allem. *Münst.* 1779. 8.

(**Chaussard**, Jean Baptiste Publicola). Héliogabale, ou esquisse morale de la dissolution romaine sous les empereurs. *Par.*, an xi (1803). 8. (*Bes.*)

Hellanicus Lesbius,
historien grec (vers 494 — 411 avant J. C.).

Preller (Ludwig). Dissertatio de Hellanico Lesbio historico. *Dorpat.* 1840. 4.

Hellebaut (Jean Baptiste),
jurisconsulte hollandais (?).

Schrant (Johann Matthias). Hulde aan de nagedachtenis van J. B. Hellebaut. *Gent.* 1819. 8.

Heller (Johann Christoph),
théologien allemand.

Chladen (Johann Martin). Memoria J. C. Heller, theologiæ cultoris. *Erlang.* 1750. 4.

Heller (Ludwig),
pédagogue allemand (... — 28 août 1827).

Doederlein (Johann Christoph). Memoria L. Helleri. *Erlang.* 1827. 4. (*D.*)

Heller (Peter v.),
évêque de Cythère.

Stemler (Christoph Gotthelf). Lebensbeschreibung Peters, Bischofs zu Cythere und Suffragans zu Meissen, aus dem Geschlechte der Heller. *Leipz.* 1765. 8.

Heller, Edler v. **Hellersberg** (Carl Sebastian),
jurisconsulte allemand (... — 5 juin 1818).

Fessmaier (Johann Georg). Grundzüge zur Lebensbeschreibung des C. S. (Heller) Edlen v. Hellersberg. *Landsh.* 1819. 8.

Hellstadius (Johan Thore),
jurisconsulte (?) suédois.

Knoes (Olof Andersson). Lefvernes-Beskrifning om Dr. Johan Loccenius och Dr. J. T. Hellstadius. *Stockh.* 1807. 8.

Helmbold (Ludwig),
théologien allemand (13 janvier 1532 — 12 août 1598).

Thilo (Wilhelm). L. Helmbold nach seinem Leben und Dichten; zur Vergegenwärtigung evangelisch-geistlichen Werdens und Wirkens, so wie zur Ergänzung der Literatur- Kirchen- Schul- und Sitten-Geschichte im Jahrhundert der Reformation. *Berl.* 1851. 8.

Helmer (Lucas Heinrich),
jurisconsulte allemand.

Reimarus (Hermann Samuel). Dignus longiore vita L. H. Helmerus, J. U. D. *Hamb.* 1760. Fol.

Helmers (Jan Frederik),
poëte hollandais (1767 — 26 février 1813).

Hulde toegebragt aan de nagedachtenis van J. F. Helmers, door G... J... Meijer, M... C... van Hall, Hendrik Harmen Klijn en B... Klijn (publ. par P... G... Witsen-Geysbeek). *Hage.* 1815. 8.

Klijn (Hendrik Harmen). J. F. Helmers, geschetst in eene redevoering, etc., s. l. et s. d. (*Amst.* 1815.) 8. (Extrait de l'éloge précédent.)

Helmfeldt (Simon Grundel),
feld-maréchal de Suède (1617 — tué le 14 juillet 1677).

Svebilius (Olof). Likpredikan öfver Riks-Rådet och Fältmarskalken Friherrn S. G. Helmfeldt, med Personalier. *Stockh.* 1677. 8.

Aurivillius (Erik). Oratio funebris in obitum illustrissimi D. S. G. Helmfeldt, senatoris regni et campi-mareschalli. *Holm.* 1678. Fol.

Brehmer (Christian Jakob). Oratio in laudes S. G. Helmfeldt. *Upsal.* 1726. 8.

Helmoldus,
historien slave du xııe siècle.

Moller (Johann). Diatriba historico-critica de Helmoldo, presbytero in Wagria Bosoviensi, ejusque chronico

Slavorum, hujusque continuatoribus et editionibus. *Lubec.* 1702. 4. (*D.* et *Lv.*)

Helmont (Jean Baptiste van),
médecin belge (1577 — 30 déc. 1644).

Loos (Johann Jacob). Biographie des J. B. van Helmont. *Heidelb.* 1807. 8.

Poultier d'Elmotte (François Martin). Essai philosophique et critique sur la vie et les ouvrages de J. B. van Helmont, de Bruxelles. *Brux.*, s. d. (1817.) 8. (Omis par Quérard.)

Caillau (Jean Marie). Mémoire sur van Helmont et ses écrits. *Bord.* 1819. 8.

Rixner (Thaddaeus Anselm) et **Siber** (Thaddaeus). J. B. Helmont. *Sulzb.* 1826. 8. Portrait. *
   * Formant le 7e livre de l'ouvrage *Leben und Lehrmeinungen berühmter Physiker*, etc.

Fraenkel (Dietrich Heinrich). Dissertatio : vita et opiniones Helmontii. *Lips.* 1837. 4. (*D.* et *L.*)

Meisens (Henri). Extrait d'une leçon professée à l'école de médecine vétérinaire et d'agriculture de l'Etat. *Brux.* 1848. 8. *
   * Contenant un aperçu des travaux chimiques de J. B. van Helmont.

Helmreichen (Virgil v.),
voyageur allemand.

Sonnleithner (Heinrich v.). Skizze über den österreichischen Reisenden V. v. Helmreichen. *Wien.* 1832. 8.

Helms (Adam),
théologien allemand (18 juillet 1579 — 28 mai 1653).

Meier (Sebastian). Programma in A. Helmsii funere. *Lips.* 1653. 4.

Helmstaedt (Ravan v.),
évêque de Spire.

Lang (Carl). Ravan von Helmstädt, Bischof von Speyer. *Frf.* 1793. 8. *
   * Formant la troisième année de l'ouvrage *Historischer Almanach*, oder *Taschenbuch für den deutschen Adel.*

Héloïse, voy. **Abelard.**

Helvétius (Claude Adrien),
philosophe français (.. janvier 1715 — 26 déc. 1771).

(**Chastellux**, François Jean). Éloge de M. Helvétius, s. l. et s. d. (1771.) 12.

(**Duclos**, Charles Pinot). Essai sur la vie et les ouvrages d'Helvétius. ... * Trad. en allem. (par Heinrich August Otto **Reichard**). *Gotha.* 1773. 8. (*D.*)
   * Se trouve à la tête du poème *le Bonheur. Lond.* (*Amst.*) 1773. 8.

Mudford (William). Life of Helvetius. *Lond.* 1807. 8.

Lemontey (Pierre Edouard). Notice sur C. A. Helvétius. *Par.* 1823. 8.

Damiron (Nicolas ?). Mémoire sur Helvétius. *Par.* 1853. 8.

Helvicus ou **Helwich** (Christoph),
théologien allemand (26 déc. 1581 — 20 sept. 1617).

Neubauer (Ernst Friedrich). Oratio funebris in obitum D. C. Helvici. *Giess.* 1618. 4.

Winckelmann (Johann). Oratio funebris in obitum Dr. C. Helvici, etc. *Giess.* 1618. 4.

Helwing (Franz),
jurisconsulte allemand.

Hofmann (Friedrich). Oratio parentalis F. Helwingio, patricio Elbingensi, juris candidati, Bloesii in Gallia defuncto, habita. *Elbing.* 1653. 4. (*D.*)

Hélyot (Marie d'),
religieuse française.

(**Crasset**, Jean). Vie de madame Hélyot. *Par.* 1683. 8. *Ibid.* 1697. 8. * Trad. en allem. s. c. t. Leben und hoher Tugend-Wandel der adeligen Frau M. Helyot, etc. *Augsb.* 1761. 8.
   * Plusieurs fois réimprimé.

Hemans (Felicia Dorothy),
poète anglaise (25 sept. 1794 — 16 mai 1835).

Chorley (Henry Francis). Memorials of the life of F. Hemans. *New-York.* 1836. 2 vol. 12.

Memoirs of F. Hemans, by his sister. *Edinb.* 1839. 12. *Philadelph.* 1840. 12.

Hembyze, surnommé **Jonkheer Jan** (Jan van), démagogue belge (1513 — décapité le 4 août 1584).

Voisin (Auguste). J. van Hembyze. *Gand.* 1834. 8. Portrait. (Extrait du *Messager des sciences et des arts.*)

Hemert (Julia van),
philanthrope hollandaise.

Levensbijzonderheden van J. van Hemert, of godsvereering, deugd, huwelijksliefde, menschenlievendheid en vriendschap. *Zalt-Bommel.* 1830. 8.

Hemery (Clément).

Hemery (Clément). Souvenirs de 1792 et 1794. *Cambray.* 1832. 8.

Hempel (Sebastian),
théologien (?) allemand.

Micraelius (Johann). Monumentum S. Hempelio erectum. *Stettin.* 1659. 4. (*D.*)

Hemricourt (Jacques de),
historien belge (1233 — 18 déc. 1403).

Henaux (Ferdinand). Biographie des historiens belges : Hemricourt. *Gand.* 1841. 8. (Extrait du *Messager des sciences historiques de Belgique.*)

Hemsterhuijs (Frans),
philosophe hollandais, fils du suivant (1722 — .. juin 1790).

Crane (J... W... de). Bijzonderheden, de familie Hemsterhuijs betreffende. *Leyd.* 1827. 8.

Ottema (Jean Gérard). Commentatio ad quæstionem litterariam de in tractanda philosophia F. Hemsterhusii meritis. *Lovan.* 1827. 4.

Tijdeman (P... H...). Proeve eener lofrede op F. Hemsterhuijs. *Leid.* 1834. 8. (*Ld.*)

Meyboom (Ludwig Susan Pieter). Commentatio theologico-philosophica de F. Hemsterhusii meritis, etc. *Groning.* 1840. 8. (Couronné par l'Académie de Groningue.)

Hemsterhuijs (Tiberius),
helléniste hollandais (1er février 1685 * — 7 avril 1766).

Ruhnken (David). Elogium T. Hemsterhusii. *Lugd. Bat.* 1768. 4. *Ibid.* 1789. 8. (*P.*) *Ibid.* 1824. 8. (*D.*)

Rinck (Friedrich Theodor). T. Hemsterhuys und David Ruhnken; biographischer Abriss ihres Lebens. *Königsb.* 1801. 8.
   * Ou selon d'autres biographes le 9 janvier.

Henaux (Étienne Joseph),
poète belge (2 janvier 1818 — 15 nov. 1843).

Colson (Henri). Notice nécrologique sur É. Henaux. *Liège.* 1843. 8. Portrait.

Stassart (Goswin Joseph Augustin de). Notice sur É. J. Henaux, s. l. et s. d. (*Brux.*) 1844. 8. (Extrait du *Trésor national.*)

Henckel v. Donnersmarck (Victor Amadaeus, Reichsgraf),
général allemand (15 sept. 1727 — 30 janvier 1793).

Meyer (N... N... v.). Standrede bei dem Sarge seiner Excellenz des Herrn Reichsgrafen Henckel v. Donnersmarck, Gouverneurs von Königsberg, etc. *Königsb.*, s. d. (1793.) 8.

Militärischer Nachlass des königlich preussischen General-Lieutenants, Gouverneurs von Königsberg und General-Inspecteurs der ostpreussischen Infanterie V. A. Grafen Henckel v. Donnersmarck, herausgegeb. von Carl **Zabeler**. *Zerbst.* 1846. 8. *
   * Cet ouvrage, orné d'une silhouette du comte Henckel, contient sa biographie.

Henckel v. Donnersmarck (Wilhelm Ludwig Victor, Graf),
général allemand (30 oct. 1775 — 24 juillet 1849).

Henckel v. Donnersmarck (Wilhelm Ludwig Victor). Erinnerungen aus meinem Leben. *Zerbst.* 1846. 8.

Hendel-Schuetz, née **Schueler** (Johanna Henriette Sophie),
actrice allemande (1770 — vers 1849).

J. H. S. Hendel-Schuetz, geb. Schueler, über die mimischen Darstellungen und Declamatorien derselben zu Leipzig. *Leipz.* 1810. 8.

Schuetz (Friedrich Carl Julius). Blumenlese aus dem Stammbuche der deutschen mimischen Künstlerin Hendel-Schuetz. *Leipz.* 1815. 8.

—— Henriette Hendel-Schuetz geschetst, benevens het leven. *Amst.* 1816. 8.

Henderson (John),
auteur et acteur anglais (1746 — 3 nov. 1785).

Genuine narrative of the life and theatrical transactions of Mr. J. Henderson, commonly called the Bath Roscius. *Lond.* 1777. 8.

Harley (George D...). Monody on the death of J. Henderson. *Lond.* 1787. 4.

Hengebach (Grafen v.),
famille allemande.
Quix (Christian). Die Grafen v. Hengebach. *Aachen.* 1859. 8.

Henich (Johann),
théologien allemand (1616 — 27 juin 1671).
Henckel (Johann Otto). Programma in J. Henichii funere. *Rintel.* 1671. 4.

Henke (Adolph Christian Heinrich),
médecin allemand (12 avril 1775 — 8 août 1843).
Wagner (Rudolph). Erinnerungen an Dr. A. Henke, Hofrath und Professor in Erlangen; biographische Skizze. *Erlang.* 1844. 8. Portrait. *(D.)*

Henke (Ferdinand Carl August),
théologien allemand (26 août 1748 — 1er janvier 1786).
Kuester (Elieser Gottfried). Characterzüge des Pastors Henke. *Braunschw.* 1786. 8.

Henke (Heinrich Philipp Conrad),
théologien allemand (3 juillet 1752 — 2 mai 1809).
Bollmann (Georg Carl) et **Wolff** (Heinrich Wilhelm Justus). H. P. C. Henke. Denkwürdigkeiten aus seinem Leben und Erinnerungen an seine Verdienste. *Helmst.* 1816. 8. Portrait. *(D.)*

Henne (Johann Ludwig),
physicien allemand.
Schneider (Gottlieb Sigismund). Gedächtnissschrift auf J. L. Henne. *Friedrichst.* 1772. 4. *(D.)*

Hennepin (Louis),
voyageur belge du xviie siècle.
Hulit (Félix van). Notice sur le Père Hennepin, d'Ath. *Liége.* 1845. 8. (Extrait de la *Revue de Liége.*) — *(Lv.)*

Hennequin (Jean),
économiste français du xvie siècle († 12 janvier 1579).
Heuschling (Xavier). Notice sur les anciens économistes financiers de la France : J. Hennequin et son *Guidon général des finances*. *Par.* 1855. 8. (Extrait du *Bulletin des sciences et travaux de l'Académie des sciences morales et politiques*.)

Hennequin (Joseph),
jurisconsulte français (11 avril 1778 — 31 oct. 1837).
Peigne (Jean Baptiste). Notice biographique et littéraire sur M. J. Hennequin. *Clerm.* 1843. 8.

Hennequin (Jean François),
homme d'État belge (19 oct. 1772 — 26 oct. 1846).
(**Capitaine**, Félix). Notice nécrologique sur J. F. Hennequin, membre du congrès national, gouverneur et sénateur de la province de Limbourg. *Liége.* 1846. 8..

Henniges (Heinrich v.),
publiciste allemand (5 sept. 1645 — 26 août 1711).
Strebel (Johann Samuel). Programmata II de vita et elogio H. ab Henniges. *Anspach.* 1757-58. 4.

Henninges (Johann),
théologien allemand (24 déc. 1668 — 28 nov. 1746).
Breithaupt (Christian). Memoria J. Henninges, sacræ theologiæ doctoris, etc. *Helmst.* 1746. 4.

Hennig Brabant,
magistrat allemand.
Strombeck (Friedrich Carl v.). Henning Brabant, Bürgerhauptmann der Stadt Braunschweig, und seine Zeitgenossen, etc. *Braunschw.* 1829. 8.

Hennuyer (Jean le),
évêque et comte de Lisieux (1497 — 12 mars 1578).
Recherches historiques et critiques sur J. le Hennuyer, etc. *Lisieux.* 1842. 8.
(**Dubois**, Louis). De la conduite de J. le Hennuyer en 1572. *Par.* 1843. 8.

Henri I, surnommé **l'Oiseleur**,
empereur d'Allemagne (876 — 919 — 2 juin 936).
Brotuff (Ernst). Historie von Kayser Heinrich I, Herzogen zu Westphalen, Engern, Thüringen, Hessen und Herr zu Braunschweig und Tangerode, etc. *Leipz.* 1556. 4.
Mansfeld (Ernst v.). Oratio continens historiam Henrici I Saxoniæ Aucupis imperatoris. *Frf.* 1580. 4.
Vogel (Jacob). Poetische Beschreibung der Ungarischen Schlacht Henrici Aucupis bei Merseburg. *Jena.* 1626.4.

Dieterich (Johann Conrad). Historia Henrici Aucupis. *Giess.* 1663. 4.
Artzberger (Johann Friedrich). Disputatio de Henrico Aucupe imperatore. *Witteb.* 1675. 4.
Huelse (Conrad). Dissertatio de Henrico Aucupe Hunnorum prope Martisburgum victore. *Lips.* 1686. 4.
Gundling (Nicolaus Hieronymus). Liber de Henrico Aucupe, Franciæ orientalis Saxonumque rege. *Halæ.* 1711. 4.
Ludewig (Johann Peter). Henricus Auceps, historia anceps. *Halæ.* 1713. 4.
Doppert (Johann). Programma : Henricus Auceps Saxo. *Schneeb.* 1715. 4.
Geschichte König Heinrich's I und Kaiser Otto des Grossen, nach den Annalen Wittekind's von Korbei, (trad. du lat. par Christian Salomon **Poellmacher**). *Dresd.* et *Leipz.* 1790. 4.
Lemey (Andreas). Annales diplomatici Henrici I, Germaniæ regis. *Monach.* 1792. 4.
Treitschke (Georg Carl). Heinrich I, König der Deutschen, und seine Gemahlin Mathildis. *Leipz.* 1814. 8.
Burckhardt (Eduard). Dissertatio de Henrico I, Germanorum rege. *Lips.* 1851. 4. *(L.)*

Arndt (Gottfriedt August). Dissertatio quibus causis commotus Henricus I, rex Germanorum, Misenam urbem condiderit. *Lips.* 1776. 4.

Henri II,
empereur d'Allemagne (972 — 1002 — 13 juillet 1024).
Vita et legenda Henrici et Cunegundis. *Bamb.* 1511. 8.
Gretser (Jacob), S. Henricus et S. Kunigundis. *Ingolst.* 1611. 4.
Neu (Johann Christian). Themata de Henrico II Germanorum imperatore. *Tubing.* 1707. 4.
Feltz (Johann Heinrich). Historiæ Henrici Sancti selecta quædam capita. *Argent.* 1712. 4. *Ibid.* 1714. 4.
Crammer (Anton). Admiranda vita S. Henrici et S. Cunegundis, Bojariæ ducum. *Aug. Vind.* 1770. 8.
Rion (J...). Das heilige Kaiserpaar, oder Leben und Thaten des heiligen Heinrich's und der heiligen Kunigunde. *Bamb.* 1832. 8.

Otto (F... G...). Dissertatio historica de Henrico II, Germanorum imperator, in artes litterasque meritis. *Bonn.* 1848. 4.

Balemann (Heinrich). Dissertatio de symbolo Henrici II imperatoris : *Ne quid nimis. Groning.* 1701. 4.

Brenner (Franz). Kaiser Heinrich der Heilige und König Maximilian Joseph, in Bezug auf Bamberg's kirchliche Verfassung. *Bamb.* 1818. 4.

Henri III, dit **le Noir**,
empereur d'Allemagne (20 oct. 1017 — 1026 — 5 oct. 1056).
Neu (Johann Christian). Themata quædam selectiora de Henrico III Nigro dicto. *Tubing.* 1718. 4.
Scholliner (Hermann). Observationes ad quædam Henricorum II, III et IV, Germaniæ regum et imperatorum, aliaque diplomata. *Ingolst.* 1790. 4.

Henri IV,
empereur d'Allemagne (11 nov. 1050 — 5 oct. 1056 — 7 août 1106).
Aventinus (Joannes). Vita et epistolæ Henrici IV. *Aug. Vind.* 1518. 4.
Stumpf (Jacob). Historie Kayser Heinrich's IV. *Zürch.* 1556. Fol.
Gerbod v. Reichersberg. Syntagma de Henrico IV et Henrico V imperatoribus et de Gregorio VII pontifice, publ. par Jacob **Gretser**. *Ingolst.* 1611. 4.
Goldast (Melchior). Replicatio pro sacra Cæsarea Majestate et imperii ordinibus adversus Jacobi Gretseri crimina læsæ majestatis, cum apologiis pro Henrico IV adversus Gregorium VII. *Hannov.* 1611. 4.
Schubart (Georg). Dissertatio exhibens Henricum IV exemplum turbatæ reipublicæ. *Jenæ.* 1680. 4. *Halæ.* 1727. 4.
Mascov (Johann Jacob). Commentarii de rebus imperii Romano-Germanici sub Henrico IV et Henrico V. *Lips.* 1748. 4.
Leben und Tod Kaiser Heinrich's IV. *Dessau.* 1784. 8.
Soeltl (Johann Michael). Heinrich IV, Kaiser und König der Deutschen. *Münch.* 1823. 8.

Henri V,
empereur d'Allemagne (8 janvier 1081 — 7 août 1106 — 22 mai 1125).

Gerhod v. Reichersberg. Syntagma de Henrico IV et Henrico V imperatoribus et de Gregorio pontifice, publ. par Jacob GRETSER. *Ingolst.* 1611. 4.

Mascov (Johann Jacob). Commentarii de rebus imperii Romano-Germanici sub Henrico IV et Henrico V. *Lips.* 1748. 8.

Gervais (Eduard). Geschichte Deutschlands unter der Regierung Kaiser Heinrich's V und Lothar's II. *Leipz.* 1842. 2 vol. 8.

Henri VI,
empereur d'Allemagne (27 janvier 1165 — 1190 — 28 sept. 1197).

Scocco-Cala (Francesco de). Istoria dei Suevi nel conquisto dei regni di Napoli e di Sicilia per l' imperatore Enrico VI. *Napol.* 1660. Fol. (Extrêmement rare.)

Rechenberg (Adam). Panegyricus Henrico VI habitus. *Lips.* 1698. Fol.

Schwarz (Christian Gottlieb). Dissertatio de Henrici VI imperatoris romana eaque ignominiosa coronatione. *Altorf.* 1737. 4.

Hoffmann (Georg Daniel). Judicia eruditorum et opuscula historicorum longe gravissimorum comitis KRYSERLINGII, Joannis Danielis RITTERI, Christiani Ludovici SCHEIDII, Joannis Friderici JOACHIMI de Henrico VI, Germaniæ imperatore. *Heilbr.* 1757. 4.

Jaeger (Wolfgang). Geschichte Kaiser Heinrich's VI. *Nürnb.* et *Altorf.* 1790. 8. *Ibid.* 1793. 8.

Ficker (Julius). Dissertatio historica de Henrici VI imperatoris conatu electiciam regum in imperio romanogermanico successionem in hereditariam mutandi. *Bonn.* 1849. 8.

Henri VII,
empereur d'Allemagne (1262 — 29 nov. 1308 — 24 août 1313).

Vecerius (Conradus). Libellus de rebus gestis Henrici VII. *Hagenoæ.* 1531. 8.

Mussati (Alberto). Historia augusta Henrici VII. *Venet.* 1656. Fol. (Extrêmement rare.)

Gundling (Jacob Paul v.). Geschichte und Thaten Kayser Heinrich's VII. *Halle.* 1719. 8.

Koeler (Johann David). Familia augusta Lucembergensis. *Altorf.* 1722. 4.

Ritter (Johann Daniel). Commentatio de electione Henrici VII in regem Romanorum. *Witteb.* 1753. 4.

Barthold (Friedrich Wilhelm). Der Römerzug König Heinrich's von Lützelburg. *Königsb.* 1830-31. 2 vol. 8.

Doenniges (Wilhelm). Acta Henrici VII imperatoris Romanorum et monumenta quædam alia medii ævi, etc. *Berol.* 1839-40. 2 vol. 4.

—— Geschichte des deutschen Kaiserreichs im 14ten Jahrhundert, von Heinrich VII bis auf den Tod Carl's IV (1308-1378). *Berl.* 1841. *

* Portant aussi le titre : *Kritik der Quellen für die Geschichte Heinrich's VII.*

Dieffenbach (Martin). Dissertatio de vero mortis genere, quo Henricus VII obiit. *Frf.* 1685. 4.

Roeser (Johann Peter Michael). Dissertatio de Henrico VII venenata eucharistia in ipso festo assumptionis B. Mariæ tentato. *Baruth.* 1690. 4.

Henri I,
roi d'Angleterre (1068 — 1101 — 1er déc. 1135).

Eadmerus Cantuarensis. Historia sui seculi sub Gulielmis I et II et Henrico I, Angliæ regibus, ab anno 1066 usque ad annum 1122, publ. par John SELDEN. *Lond.* 1623. Fol.

Haywarde (John). Lives of three Normans, kings of England, William I, William II, Henrie I. *Lond.* 1613. 4.

Henri II,
roi d'Angleterre (3 mars 1133 — 19 déc. 1154 — 6 juin 1189).

Life of Henry II, king of England. *Lond.* 1642. 4.

Lyttleton (George). History of the life of king Henry II. *Lond.* 1767. 4 vol. 4. *Dubl.* 1768. 4 vol. 8. *Lond.* 1772. 5 vol. 8. *Ibid.* 1777. 6 vol. 8.

Berington (Joseph). History of the reign of Henry II and of Richard and John, his sons. *Birmingh.* 1790. 4. *Basil.* 1793. 3 vol. 8.

Henri III,
roi d'Angleterre (1er oct. 1206 — 18 oct. 1216 — 15 nov. 1272).

(**Cotton,** Robert). Short view of the long life and reign of Henry III. *Lond.* 1627. 4.

Troublesome life and reign of king Henry III. *Lond.* 1642. 4.

Prynne (William). Lives of king John, Henry III and Edward I. *Lond.* 1670. Fol.

Chamberlaine (Edward). The late warre parallel'd, or a brief relation of the five years civil warres of Henry III, king of England. *Lond.* 1660. 4.

Henri IV,
roi d'Angleterre (1367 — 1399 — 20 mars 1413).

Haywarde (John). Life and reign of king Henry IV. *Lond.* 1599. 4. *Ibid.* 1627. 4.

Henri V,
roi d'Angleterre (1388 — 20 mars 1413 — 31 août 1422).

Goodwin (Thomas). History of the reign of king Henry V. *Lond.* 1604. Fol. Portrait.

Titus Livius Forojuliensis. Vita Henrici V, etc., publ. par Thomas HEARNE. *Oxon.* 1711. 8. *Ibid.* 1716. 8.

Elmham (Thomas de). Vita et gesta Henrici V, Anglorum regis, etc., publ. par Thomas HEARNE. *Oxon.* 1727. 8.

Luders (Alexander). Essay on the character of Henry V, when prince of Wales. *Lond.* 1813. 8. (Non mentionné par Lowndes.)

Tytler (Patrick Fraser). Henry of Monmouth, or memoirs on the life and character of Henry V as prince of Wales and king of England. *Lond.* 1838. 2 vol. 8.

The famous victories of Henry V, containing the honourable battle of Agin-Court. *Lond.* 1598. 4. *Ibid.* 1617. 4.

Henri VI,
roi d'Angleterre (6 déc. 1421 — 31 mars 1422 — 14 avril 1471).

Life and reign of king Henry VI. *Lond.* 1712. 8.

Henri VII,
roi d'Angleterre (1456 — 22 août 1485 — 22 avril 1509).

Fletwood (William). Elenchus annalium regum Eduardi IV, Eduardi V, Richardi III, Henrici VII et Henrici VIII. *Lond.* 1597. 12.

Aleyn (Charles). Historie of Henrie, of that name the seventh king of England, with that famed bataille upon Redmore, near Bosworth. *Lond.* 1638. 8.

Bacon de Verulam (Francis). Historia regni Henrici VII. *Lugd. Bat.* 1642. 12. *Ibid.* 1647. 12. *Amst.* 1662. 12.
Trad. en angl. *Lond.* 1650. 4.
Trad. en franç. *Bruges.* 1724. 8.

Marsollier (Jacques). Histoire de Henry VII, roi d'Angleterre, surnommé le Sage ou le Salomon de l'Angleterre. *Par.* 1697. 8. *Ibid.* 1700. 8. *Ibid.* 1725. 2 vol. 12. *Ibid.* 1757. 2 vol. 12.

Hutton (William). The battle of Bosworth field between Richard III and Henry, earl of Richmond (1485). *Birmingh.* 1788. 8. Publ. par John NICHOLS. *Lond.* 1813. 8.

Astle (Thomas). The will of king Henry VII. *Lond.* 1775. 4. *Ibid.* 1789. 4.

Henri VIII,
roi d'Angleterre (28 juin 1491 — 22 avril 1509 — 28 janvier 1547).

Godwin (Francis). Rerum Anglicarum Henrico VIII, Edwardo VI et Maria regnantibus annales. *Lond.* 1616. Fol. *Ibid.* 1628. 4. *Hag. Comit.* 1653. 12.
Trad. en angl. par Morgan GODWYN. * *Lond.* 1630. Fol. *Ibid.* 1676. Fol.
Trad. en franç. par N... N... de LOIGNY. *Par.* 1647. 4.

* C'est par erreur que sous Édouard VI l'auteur de cette traduction a été nommé Michel Godwin.

Herbert of Cherbury (Edward). Life and reign of king Henry VIII. *Lond.* 1649. Fol. Portrait. *Ibid.* 1666. Fol. *Ibid.* 1672. Fol. *Ibid.* 1683. Fol. Portrait. *Ibid.* 1740. 4.

History of king Henry VIII, with a compendium of the life and reign of Edward VI. *Lond.* 1682. 12.

Voss (Christian Daniel). Historische Gemälde. *Leipz.* 1792-93. 4 vol. 8. *

* Les deux premiers volumes contiennent l'histoire de Henri VIII et de sa famille.

Turner (Sharon). History of the reign of Henry VIII, comprising the political history of the commencement of the english reformation. *Lond.* 1826. 4. *Ibid.* 1827. 2 vol. 8. *Ibid.* 1828. 2 vol. 8.

Thomson (A...T...). Memoirs of the court of Henry VIII.

Lond. 1826. 2 vol. 8. Portrait. Trad. en allem. (par Gottfried Wilhelm Becker). *Leipz.* 1827. 8.

Tytler (Patrick Fraser). Life of king Henry VIII, etc., including an historical view of his reign, etc. *Édinb.* 1836. 8.

Audin (J... M...). Histoire de Henri VIII et du schisme d'Angleterre. *Par.* 1847. 2 vol. 8. Portrait. *Louvain.* 1847. 2 vol. 8. *Par.* 1850. 2 vol. 8.

Acta curiæ Romanæ in causa matrimoniali cum Catharina Regia. *Lond.*, s. d. (1850). 16.

Fisher (John). De causa matrimonii Angliæ regis (Henrici VIII) cum Catharina Aragonensi Liber. *Alcala*, s. d. 4. *Compluti.* 1530. 4.

Determinations of the moste famous academies of Italy and France, that it is so vulefull for a man to marie his brothers wyfe, that the pope (Jules II) hath no power to dispence therewith. *Lond.* 1531. 4.

Scotus (Joannes). Quæstio de matrimonio serenissimæ reginæ Angliæ nunque incudine subtilissimi. *Neapol.* 1551. 4.

Able (Thomas). De non dissolvendo Henrici et Catharinæ (Aragonicæ) matrimonio. *Lond.* 1538. 4.

> * L'auteur de ce traité, soutenant l'indissolubilité du mariage de Henri avec Catherine, fut condamné à être étranglé, éventré et écartelé. Cette terrible sentence a été exécutée à Smithfield le 30 juillet 1540.

Gomes (Alvaro). De conjugio regis Angliæ (Henrici VIII) cum relicta fratris sui. *Ulyssip.* 1531. 4.

Grillandari (Giovanni Battista). Repudio della regina d'Inghilterra. *Bologn.* 1558. 4.

Legrand (Joachim). Histoire du divorce de Henri VIII et de Catherine d'Aragon, avec la défense de (Antoine) Sander. *Par.* 1688. 3 vol. 12.

Kirschgart (Heinrich). Dissertatio de Henrici VIII, regis Angliæ, cum fratris vidua matrimonio. *Jenæ.* 1701. 4.

(**Raynal**, Thomas Guillaume François). Histoire du divorce de Henri VIII, roi d'Angleterre, et de Catherine d'Aragon. *Par.* 1763. 12. *Amst.* (*Par.*) 1766. 12. *Amst.* 1773. 12. *

> * Quelques bibliographes attribuent cette histoire à Augustin Simon Isailu ; mais c'est M. Barbier qui la revendique à Raynal.

Asma (Thomas). De divortio Henrici VIII regis Angliæ cum Catharina Aragonica. *Lugd. Bat.* 1787. 4.

Boehme (Johann Gottlob). Dissertatio de Henrico VIII, Angliæ rege, imperium Romanum post obitum Maximiliani I affectante. *Lips.* 1756. 4.

Chaloner (Thomas). De republica Anglorum instauranda libri X; huc accessit in laudem Henrici VIII carmen panegyricum, etc. *Lond.* 1560. 4. *Ibid.* 1579. 4.

Nicolas (Nicolas Harris). The privy purse expenses of king Henry VIII from November 1529 to December 1532, etc. *Lond.* 1827. 8.

Declaration, containing the just causes of the warre of Henry VIII with the Scottis and his right and title to the souverayntie of Scotlande. *Lond.* 1542. 4.

Love letters from king Henry VIII to Anne Boleyn, and two letters from Anne Boleyn to cardinal (Thomas) Wolsey, with her last to Henry VIII. *Lond.* 1714. 8. Trad. en franç. et précéd. d'une notice historique sur Anne Boleyn. *Par.* : . . . . (Portrait de Henri et d'Anne Boleyn.)

Nuntius à mortuis, h. e. colloquium inter manes Henrici VIII et Caroli I. *Par.* 1657. 4. Trad. en angl. *Lond.* 1658. 4.

The will of king Henry VIII, etc. *Lond.* 1793. 4.

Henri II,
roi de Castille et de Léon (1333 — 1368 — 29 mai 1379).

Ayala (Pedro Lopez de). Cronica de los reyes D. Pedro I, D. Enrique II, D. Juan I y D. Enrique III. *Sevilla.* 1495. Fol. *Pampl.* 1591. Fol. Augment. par Eugenio de Llaguno y Amirola. *Madr.* 1779-80. 2 vol. 4.

Zurita (Geronimo). Enmiendas y advertencias a las Coronicas de los reyes de Castilla, D. Pedro I, D. Enrique II, D. Juan I y D. Enrique III que escrivio D. Pe-

dro Lopez de Ayala, publ. par Diego José Dormer. *Zarag.* 1683. 4.

Henri III,
roi de Castille et de Léon (vers 1380 — 8 oct. 1390 — 25 déc. 1406).

Davila (Gonzales). Historia de la vida y hechos del rey D. Henrique III de Castilla, inclito en religion y justicia. *Madr.* 1638. Fol.

Henri IV,
roi de Castille et de Léon (1423 — 1454 — 12 déc. 1474).

(**Force**, Charlotte Rose de Caumont de la). Histoire secrète des amours de Henri IV, roi de Castille, surnommé l'Impuissant. *Par.* 1695. 12. *Villefranche.* 1696. 12. *Cologne.* 1716. 12. *La Haye.* 1736. 12. Trad. en allem. *Strals.* et *Berl.* 1731. 8.

Castillo (D... E... del). Cronica del rey D. Enrique IV. *Madr.* 1787. 4.

(**Schmieder**, Heinrich Gottlieb). Der schwache König. Scenen aus der Geschichte König Heinrich's IV von Castilien. *Gotha.* 1786-88. 3 vol. 8.

(**Meynier**, Johann Heinrich). Geheime Nachrichten von der Hochzeitsnacht Heinrich's des Unvermögenden von Castilien und ihre Folgen. *Nürnb.* et *Leipz.* 1790. 8.

Henri II,
roi de France (31 mars 1518 — 31 mars 1547 — 10 juillet 1559).

Faits et gestes du très-chrestien roy de France Henry II. *Par.* 1550. 16. *Valois.* 1556. 8.

Paradin (Guillaume). Histoire de notre temps, depuis l'avènement de François I à la couronne jusqu'en 1550. *Lyon.* 1554. 12. *Par.* 1556. 16. *Lyon.* 1558. 12.

—— Continuation de l'histoire de notre temps, depuis l'année 1550 jusqu'en 1556. *Lyon.* 1556. Fol. *Par.* 1575. 8.

Voisin de la Popelinière (Lancelot). Histoire de France, etc., depuis l'an 1550 jusqu'en 1577. *La Rochelle.* 1572-81. 2 vol. Fol. *Par.* 1582. 4 vol. 8. *La Rochelle.* 4 vol. 8.

Le Frère de Laval (Jean) et **Piguerre** (Paul Émile de). Histoire de France, etc., sous les règnes de Henry II, François II, Charles IX et Henry III. *Par.* 1582. Fol.

Cormier (Thomas). Rerum in Gallia Henrici II gestarum libri V. *Par.* 1584. 4.

(**Serres**, Jean de). Recueil de choses mémorables advenues en France sous Henry II, François II, Charles IX et Henry III, depuis l'an 1547 jusqu'en 1589, s. l. 1589. 8. *Nîmes.* 1594. 8. Contin. jusqu'en 1597. *Dordr.* 1598. 8; s. l. (*Genève*). 1603. 8. *Leyde.* 1645. 8.

Varillas (Antoine). Histoire de Henri II, roy de France. *Par.* 1692. 4. *Amst.* 1693. 2 vol. 12.

Lussan (Marguerite de). Annales de la cour de Henri II, avec des notes par Claude Joseph Chéron de Boismorand. *Par.* 1749. 2 vol. 12.

Lambert (Claude François). Histoire et règne de Henri II, roi de France. *Par.* 1755. 2 vol. 12.

Le sacre et le couronnement du roi Henri II. *Par.* 1548. 8.

Rabutin (François). Commentaires sur les faits des dernières guerres en la Gaule belgique, entre Henry II roy de France et Charles V empereur, depuis l'an 1551 jusqu'en 1554. *Par.* 1554. 8. Contin. jusqu'en 1558. *Par.* 1559. 8. Contin. jusqu'en 1562. *Par.* 1574. 8.

(**La Place**, Pierre de). Commentaires de l'estat de la religion et république sous les rois Henry II, François II et Charles IX, s. l. 1565. 8.

(**Serres**, Jean de). Commentariolum de statu religionis et reipublicæ regibus Henrico II, ad illius quidem regni finem, Francisco II et Carolo IX. *Par.* 1570. 8. *Ibid.* 1571. 8. *Ibid.* 1672. 8. *Ibid.* 1577. 8. *Ibid.* 1589. 8. *Lugd. Bat.* 1590. 8.

Copie de la publication de la trève faite entre Henry II, Charles V et Philippe, roi d'Espagne. *Lyon.* 1555. 8.

Marillac (Charles de). Discours sur la rupture de la trève en 1556. *Par.* 1557. 8.

La Rovère (Jérôme de). Deux sermons funèbres ès obsèques et enterrement du roy Henry II de France. *Par.* 1559. 4.

Vezov (Jean). Déploration et oraison funèbre sur le trespas du roy Henry II. *Par.* 1559. 4.

Dubois (Jacques). Pleurs tragiques de la vertu pour le trespas du roy de France, le très-chrestien Henry II de ce nom, avec son épitaphe. *Par.* 1559. 8.

Habert (François). Regrets et tristes lamentations sur le trespas du très-chrestien roy Henry II. *Par.* 1559. 8. (En forme de dialogue.)

Bellay (Joachim du). Tumulus Henrici II, etc. *Par.* 1559. 4. (En franç. et en lat.)

Pascal (Pierre). Henrici II elogium, effigies et tumulus. *Par.* 1560. Fol. et 8.

    Trad. en espagn. par Garcias de SYLVA. *Par.* 1560. Fol.

    Trad. en franç. par Lancelot CARLE. *Lyon.* 1560. 8.

    Trad. en ital. par Antonio CARACCIOLI. *Par.* 1560. Fol.

Uttenhovius (Carl). Epitaphium in mortem Henrici II. *Par.* 1560. 4. (Composé en douze langues.)

Henri III,
roi de Pologne et de France (19 sept. 1551 — 30 mai 1574 — assassiné le 1er août 1589).

(**Barnaud**, Nicolas). Cabinet du roi de France, dans lequel il y a trois perles précieuses, par les moyens desquelles S. M. s'en va le premier monarque du monde et ses sujets du tout soulagés. *Par.* 1581. 8. (*Bes.*)

Montaud (N... de). Miroir des Français, ou estat du royaume de France sous Henry III. *Par.* 1582. 8.

Estoile (Pierre de l'). Journal des choses mémorables advenues durant le règne de Henry III, roi de France et de Pologne, ou mémoires pour servir à l'histoire de France (depuis 1574 jusqu'en 1589); publié par Louis SERVIN), s. l. (*Par.*) 1621. 4 et 8. (Réimprim. par Jacques LE DUCHAT et Denis GODEFROY). *Cologne.* 1720. 2 vol. 4 (*Bes.*) ou 4 vol. 8. Publ. s. l. t. de *Journal de Henri III* (par Nicolas LENGLET-DUFRESNOY). *La Haye.* (*Par.*) 1744. 5 vol. 8. (*Bes.*) — (Avec des notes par Nicolas de MONMERQUÉ). *Par.* 1826. 5 vol. 8. Recueil de diverses pièces, servant à l'histoire de Henry III. *Cologne.* 1663. 12. (*Bes.*) *Ibid.* 1666. 12. (*Bes.*) *Ibid.* 1693. 12. *Ibid.* 1699. 2 vol. 12. Avec des notes par Jacques LE DUCHAT. *Cologne.* 1706. 2 vol. 12.

(**Rossant**, André de). Les mœurs, humeurs et comportements de Henry de Valois, etc. *Par.* 1589. 8. (*Bes.*)

(**Boucher**, Jean). La vie et les faits notables de Henry de Valois, où sont contenus les trahisons, perfidies, sacrilèges, exactions, cruautés et hontes de cet hypocrite et apostat, ennemy de la religion catholique. *Par.* 1589. 8. (*Bes.*)

Dupleix (Scipion). Histoire de Henry III. *Par.* 1620. Fol. (*Bes.*)

Novellieri (Guglielmo Alessandro de). Historia delle rivoluzioni di Francia sotto Henrico III. *Venez.* 1623. 4.

Sossius (Guillaume). De vita Henrici III libri IX. *Par.* 1628. 8.

Varillas (Antoine). Histoire de Henri III. *Par.* 1694. 5 vol. 4. (*Bes.*) ou 6 vol. 12. *La Haye.* 1694. 5 vol. 12.

Freytag (Christian). Historia Gallica Valesiana, Henrici III et Francisci Andini. *Frf.* et *Lips.* 1703. 4.

Anderson (William). History of France, from the commencement of the reign of Henry III to the general peace of Munster (1574-1648). *Lond.* 1775-82. 5 vol. 4.

Garden (John). History of Henry III, king of France. *Lond.* 1783. 8.

(**Billardon de Sauvigny**, Edme Louis). Histoire de Henri III, roi de France. *Par.* 1788. 8.

Dufau (P... A...). Histoire du règne de Henri III. *Par.* 1820. 2 vol. 12.

Mézeray (François Eudes de?). Histoire de France sous le règne de Henri III. *Par.* 1849. 5 vol. 8. Plusieurs portraits.

Chanollet (Robert de). Henrici Poloniæ regis nuper electi triumphus, quo Lutetiæ exceptus est. *Par.* 1573. 4. (*Bes.*)

Montluc (Jean de). De illustrissimo Andium duce in regnum Polonicon allegando, s. l. 1573. 12. *Lusiniani.* 1574. 12.

—┐ Harangue à la noblesse de Pologne prononcée le 10 avril 1573 en l'assemblée tenue en Varsovie, pour l'élection du nouveau roy, après le décès de Sigismond-Auguste; et seconde harangue faite et prononcée en

l'assemblée des états de Pologne le 26 avril 1573. *Par.* 1573. 8.

Montluc (Jean de). Élection du roi Henry III, roi de Pologne. *Par.* 1574. 4.

Discours sur l'histoire des Polonais jusqu'à l'élection de Henry, duc d'Anjou, plus les voix données et remonstrances faites de compétiteurs au royaume de Pologne pour l'élection de ce roy. *Par.* 1573. 8.

Pavillon (Nicolas). Discours sur l'histoire des Polonais en l'élection du duc d'Anjou. *Lyon.* 1573. 8.

Manolesso (Emilio). La fausta e felice elettione in rè di Polonia di Henrico de Valois. *Venez.* 1573. 4.

Choisnyn (Jean). Discours au vray de ce qui s'est passé pour l'entière négociation de l'élection du roy de Pologne. *Par.* 1574. 8. *Lusignan.* 1574. 12.

Honneur, et triomphes faits au roy de Pologne, tant par les princes allemands, en son voyage, que par ses sujets à sa réception. *Par.* 1574. 8.

Entrée, sacre et couronnement de Henry, roy de Pologne, le tout fait à Cracovie au mois de février 1574. *Par.* 1574. 8.

Porcacchi (Tommaso). Le attioni d' Errigio III, rè di Francia et IV di Polonia. *Venez.* 1574. 4.

Lucangèli (Niccolò). Successi del viaggio d' Enrico III della sua partita di Cracovia fino all' arrivo in Torino. *Venez.* 1574. 4.

Statius (Achilles). Sermo de electione et profectione Henrici regis Poloniæ. *Rom.* 1574. 4.

Rescius (Stanislaus). De rebus in electione, profectione, coronatione Henrici regis Poloniæ in Gallia et in Polonia gestis. *Rom.* 1574. 8.

Ordre de la réception et entrée de Henry de Valois, roy de France et Pologne, en la riche et florissante ville de Venise. *Lyon.* 1574. 12.

Arrivée du roy en France et la réception de Sa Majesté par la royne sa mère, avec un sommaire discours des principales choses survenues depuis son partement de Venise, le 27 juillet. *Par.* 1574. 8.

Feux de joie faits à Paris pour l'arrivée du roy de France. *Par.* 1574. 8.

Édit du roi pour la pacification de ce royaume le 14 mai 1576. *Orléans.* 1576. 8. *Lyon.* 1576. 8.

Ebouf (George). Notable et sommaire discours des affaires de France depuis l'édit de pacification fait au mois de mai 1576, contenant les artifices dont les ennemis du repos de France ont usé pour abolir le dernier édit de pacification et introduire plus grands troubles que jamais. *Rheims.* 1577. 8. Trad. en lat. s. c. t. Narratio rerum in Gallia gestarum a promulgato pacis edicto anno 1576. *Canthyrii.* 1577. 8.

Notable propos et remonstrance faits par le très-chrestien roi de France et de Pologne, à tous les princes, cardinaux, seigneurs et gentilshommes, en l'assemblée de ses Etats le 6 décembre 1576, en la ville de Blois. *Par.* 1578. 8.

Discours véritable de ce qui est advenu aux états tenus à Blois. *Par.* 1589. 8.

(**Vitet**, Louis). Les états de Blois, ou la mort de MM. de Guise; scènes historiques, décembre 1588. *Par.* 1828. 8.

Boullée (Aimé). Les états de Blois (1588-89). *Lyon.* 1844. 8.

(**Goulart**, Simon). Recueil contenant les choses les plus mémorables advenues sous la Ligue depuis l'an 1576 jusqu'en 1590. *Par.* 1590-99. 6 vol. 8. *Genève.* 1602. 6 vol. 8. Réimprim. s. c. t. Mémoires de la Sainte Ligue, etc., augment. de notes (par Claude Pierre GOUJET). *Amst.* (*Par.*) 1758. 6 vol. 4.

Maimbourg (Louis). Histoire de la Ligue. *Par.* 1683. 4, ou 2 vol. 12. *Ibid.* 1686. 2 vol. 4. Trad. en angl. *Lond.* 1684. 4.

Anquetil du Perron (Louis Pierre). Esprit de la Ligue, ou histoire politique des troubles de France, pendant le XVIe et le XVIIe siècle. *Par.* 1767. 5 vol. 12. * *Ibid.* 1771. 5 vol. 12. *Ibid.* 1783. 5 vol. 12. *Ibid.* 1797. 5 volumes 12. *Ibid.* 1818. 2 vol. 8. *Ibid.* 1825. 4 vol. 18.

* La première édition ne porte pas le nom de l'auteur.

Mignet (François Auguste Alexis). Histoire de la Ligue et du règne de Henri IV. *Par.* 1829. 5 vol. 8.

(**Boucher**, Jean). De justa Henrici III abdicatione e Francorum regno libri IV. *Par.* 1589. 8. (*Bes.*) *Lugd.* 1590. 8.

Assassinat et parricide commis en la personne de Henry III, le 1er août 1589, ensemble les dernières paroles de Sa Majesté, touchant l'obéissance due à Henri de Bourbon, roi de Navarre, lequel il déclare son vrai et légitime successeur à la couronne de France. *Par.* 1589. 8.

(**Bourgoin**, Edme). Discours véritable de l'étrange et subite mort de Henry de Valois, advenue par permission divine, lui étant à Saint-Cloud, ayant assiégé la ville de Paris, le mardi 1er août 1589. *Lyon et Troyes.* 1589. 8. (*Bes.*)

Discours aux François sur l'admirable accident de la mort de Henry de Valois, naguères roi de France, s. l. et s. d. (1589.) 8.

Avertissement au vrai discours de ce qui est advenu à Pont-Saint-Cloud, touchant la mort de Henry de Valois. *Par.* 1589. 8.

Effets épouvantables de l'excommunication de Henry de Valois et de Henry de Navarre, où est contenue au vrai l'histoire de la mort de Henry de Valois, et que Henry de Navarre est incapable de la couronne de France. *Par.* 1589. 8.

Histoire admirable des faits et gestes de Henry de Valois comparés en tous points avec ceux de Louis le Fainéant et la misérable fin de l'un et de l'autre, avec un nouveau et fatal anagramme du nom dudit Henry de Valois. *Par.* 1589. 8.

Akakia (Martin). Panegyricus Henrico Valesio regi dictus. *Par.* 1578. 4.

Peleus (Julianus). Panégyrique funèbre de Henry III. *Par.* 1603. 8.

Sorcelleries de Henry de Valois, et les oblations qu'il faisait au diable dans le bois de Vincennes, etc. *Par.* 1589. 12. (Fort rare.)

Charmes et caractères de sorcellerie de Henry de Valois, trouvés en la maison de Miron, son premier médecin. *Par.* 1589. 8.

Isle des Hermaphrodites, nouvellement découverte, avec les mœurs, lois, costumes et ordonnances des habitants d'icelle, s. l. et s. d. 16. *Brux.* 1724. 8. *

* Satire persiflant les mœurs de la cour de Henri III.

Fatalité de Saint-Cloud, ou justification des Jacobins sur l'assassinat de Henry III, s. l. (*Louvain.*) 1674. Fol. (*Par.*) 1674. Fol.

(**Godefroy**, Jean). Véritable fatalité de Saint-Cloud, s. d. 1715. 8.

Lettre de l'évêque de Mans (C. d'Angenne) avec la réponse à elle faite par un docteur en théologie (Jean Boucher) en laquelle est répondu à ces deux doutes : Si on peut suivre en sûreté de conscience le parti du roi de Navarre et le reconnaître pour roi ; et si l'acte de Jacques Clément doit être approuvé en conscience, et s'il est louable, ou non? *Par.* 1589. 8.

Lettre du cardinal de Montalto (Alexandre Peretti), écrite par le commandement de Sixte V, au Conseil général de l'union sur la mort de Henri III (en ital. et en franç.) du 26 août 1589. *Par.* 1589. 8.

Harangue prononcée par notre saint père le pape (Sixte V) en plein consistoire et en l'assemblée des cardinaux, le 2 septembre 1589, contenant le jugement de Sa Sainteté touchant la mort du feu Henry de Valois et l'acte du frère Jacques Clément ; en lat. et en franç. *Par.* 1590. 8.

Fulminante pour le très-grand et très-chrétien prince, feu Henry III, contre Sixte V, soi-disant pape de Rome, et les rebelles de France. s. l. 1589. 8.

Francus (Jacob) et **Memmius** (Conrad). Jehova vindex, sive de rebus Gallicis narratio prima. *Lips.* 1589. 4. *Brem.* 1590. 4.

—— Commentatio altera, complectens ea, quæ post Guisios fratres et post regem interfectum contigerunt. *Brem.* 1590. 4.

Bulla Sixti V contra Henricum III. *Par.* 1589. 8. Trad. en franç. *Par.* 1589. 8.

Avertissement aux catholiques sur la bulle de notre saint père le pape (Sixte V) touchant l'excommunication de Henry de Valois, avec plusieurs exemples de punitions étranges et merveilleux jugements de Dieu sur les excommuniés. *Par.* 1589. 8.

Sentence contre Henry de Valois, ses complices, adhérants et fauteurs, selon les saints canons de l'Eglise, bulle et constitution de Boniface VIII, faite il y a 500 ans, contre ceux qui osent attenter sur la personne de messieurs les cardinaux. *Par.* 1589. 8.

Lavallée du Maine (Jean de). Apologie de la révolte des François contre Henry III. *Par.* 1589. 8.

Vitet (Louis). Mort de Henri III (1er août 1589). *Par.* 1829. 8. *Brux.* 1829. 12.

Testament de Henry de Valois. *Par.* 1589. 8.

Henri IV, surnommé **le Grand**,

roi de France (13 déc. 1553 — 2 août 1589 — assassiné le 14 mai 1610).

Estoile (Pierre de l'). Journal du règne de Henri IV, roi de France et de Henry de Navarre. *Par.* 1732. 2 vol. 8.; avec des notes par C. B. A. (Nicolas LENGLET-DUFRESNOY). *La Haye.* (*Par.*) 1741-44. 5 vol. 8. (*Bes.*)

Skory (Edmund). Extract out of the history of the last king Henry IV. *Lond.* 1610. 4.

Boutrays (Raoul). De rebus in Gallia et toto pene orbe gestis, ab anno 1594 ad ann. 1610 commentariorum libri XVI. *Par.* 1610. 2 vol. 8.

—— Henrici Magni vita. *Par.* 1611. 8. Trad. en franç. s. c. t. Histoire de Henri IV (par Antoine SÉRIEYS). *Par.* 1816. 8.

Bénévent (Jérôme de). Discours des faits héroïques de Henri le Grand, en forme de panégyrique. *Par.* 1611. 8.

Heroyk life and deplorable death of Henry IV. *Lond.* 1612. 4.

(**Peleus**, Julianus). Histoire de la vie et des faits de Henri le Grand jusqu'en 1595. *Par.* 1613-16. 4 vol. 8. (*Bes.*)

Legrain (Jean Baptiste). Décade contenant la vie et les gestes de Henri le Grand. *Par.* 1614. Fol. *Rouen.* 1633. 4.

Sossius (Guillaume). De vita Henrici M. libri IV. *Par.* 1622. 8. Trad. en franç. par Jean TOURNER. *Par.* 1624. 8.

Morisot (Claude Bartholomé). Henricus Magnus. *Lugd. Bat.* 1624. 8. *Genevæ.* 1627. 12.

Matthieu (Pierre). Histoire de choses mémorables arrivées sous le règne de Henri le Grand. *Par.* 1624. 8.

Hooft (Pieter Corneliszoon). Historie van het leven en bedrijf van Hendrijk den Grooten. *Amst.* 1626. Fol. *Ibid.* 1638. 4. *Ibid.* 1652. 12. *Ibid.* 1661. 12. *Ibid.* 1664. 12.

Dupleix (Scipion). Histoire de Henri le Grand. *Par.* 1632. Fol. 1635. Fol. *Ibid.* 1639. Fol.

Sommaire de la vie de Henri IV, (publié par N... N... VIGNOLLE). *Par.* 1636. 8.

Péréfixe (Hardouin de Beaumont de). * Histoire du roi Henri le Grand. *Par.* 1661. 4. *Amst.* 1661. 12. *Par.* 1662. 4 et 12. *Amst.* 1662. 8. *Ibid.* 1664. 12. *Ibid.* 1674. 12. *Ibid.* 1678. 12. (*Bes.*) *Par.* 1681. 12. *Ibid.* 1749. 2 vol. 12. *Ibid.* 1767. 2 vol. 12. (*Bes.*) *Toulouse.* 1782. 12. *Par.* 1816. 8. *Ibid.* 1817. 12; avec des notes par François Guillaume Jean Stanislas ANDRIEUX. *Par.* 1822. 8. *Ibid.* 1823. 12. *Ibid.* 1824. 12. *Ibid.* 1825. 12. *Ibid.* 1827. 12.

* On a voulu ravir à Péréfixe la gloire de cette production : des critiques ont prétendu qu'il avait emprunté la plume de MÉZERAY ; d'autres ont assuré que le véritable auteur était François AYRAT, confesseur de Louis XIV ; mais tous leurs efforts ont été impuissants.

Trad. en allem. *Leipz.* 1669. 4 ; par Johann Christoph KIND. *Altemb.* 1753. 8. *Tübing.* 1792. 8.

Trad. en angl. par J... D... *Lond.* 1663. 8. *Ibid.* 1670. 8. *Ibid.* 1672. *Ibid.* 1679. 8. Par M... LE MOINE. *Par.* 1785. 8.

Trad. en holland. par Jean DULARD. *Harling.* 1679. 8. *Amst.* 1682. 2 vol. 4.

Dullaart (A...). Historie van Hendrijk de Groote. *Haarl.* 1678. 8. Portrait.

History of Henry IV, surnam'd the Great. *Lond.* 1692. 8.

Bury (Richard de). Histoire de la vie de Henri IV. *Par.* 1765. 2 vol. *4. Ibid.* 1766. 4 vol. 42. * Portrait *(Bes.) Ibid.* 1767. 4 vol. 12. *Ibid.* 1769. 4 vol. 12. *Ibid.* 1779. 4 vol. 12.

> * Les deux premières éditions portent p. t. « Vie héroïque et privée de Henri IV. »

Examen de la nouvelle Histoire de Henri IV de M. de Bury, par M. le marquis DE BURY. * *Genève.* 1768. 8.

> * L'auteur de cette critique, assez mordante, est VOLTAIRE.

Gjoerwell (Carl Christopherson). Lefvernes Beskrifning om Henrik IV, Konung i Frankrike. *Stockh.* 1768. 8.

(**Prault** , Louis Laurent). Esprit de Henri IV, ou anecdotes les plus intéressantes, traits sublimes, reparties ingénieuses et quelques lettres de ce prince. *Par.* 1770. 12. *Ibid.* 1775. 12. *(Bes.)*

Laroche (N... N... de). Règne de Henri IV. Chronologie locale des événements du règne depuis 1589 jusqu'en 1610. *Par.* 1783. 4.

Le Clerc (Nicolas Gabriel). Portrait de Henri IV. *Par.* 1783. 12. *(Bes.)*

(**Berthevin** , N... N...). Henri IV, peint par lui-même, dans deux discours : l'un à l'assemblée de Rouen, en 1596, l'autre aux députés de Beauvais en 1594. *Par.* 1787. 8. *(Bes.)*

Wraxall (Nathaniel William). History of France from 1574 to 1610. *Lond.* 1795. 3 vol. *4. Ibid.* 1814. 6 vol. 12.

(**Dominikus** , Jacob). Heinrich IV, König von Frankreich und Navarra. *Zürch.* 1798. 2 vol. 8. *Ibid.* 1818. 3 vol. 8.

Dugour (Antoine Jeudy). Histoire publique et secrète de Henri IV. *Par.* 1790. 8. *Ibid.* 1804. 8.

(**Musset-Pathay** , Victor Donatien de). Vie militaire et privée de Henri IV. * *Par.* 1803. 8.

> * Cet ouvrage est précédé d'une notice sur Corisande de Guiche, et d'un précis des amours de Henri IV, avec des notes historiques.

Volleau dit **Revel** (Victor Adolphe). Fastes de Henri IV, surnommé le Grand, contenant l'histoire de la vie de ce prince, ses bons mots, saillies et reparties heureuses, ses correspondances tant avec ses maitresses qu'avec ses amis, etc. *Par.* 1815. 8.

Foissey (Hyacinthe). Caractère et vertus de Henri IV. *Par.* 1817. 8. *Ibid.* 1818. 8.

(**Vergani** , Paolo). Discussion historique sur un point intéressant de la vie de Henri IV. *Par.* 1818. 8.

Chesnel (Adolphe de). Notice sur Henri IV et sur la conservation du berceau de ce prince pendant les troubles de la France. *Par.* 1818. 8.

Dufau (P... A...). Histoire du règne de Henri IV. *Par.* 1821. 4 vol. 12.

Gervais (Paul). Esprit du roi Henri le Grand. *Par.* 1822. 12. Portrait. *(Bes.)*

Becker (Gottfried Wilhelm). Heinrich IV, etc. Stammvater der Bourbons, etc. *Leipz.* 1823. 8.

(**Rougemont** , N... N... de). Trente années de la vie de Henri IV, son séjour et celui de sa sœur à Nérac. *Par.* 1826. 8. *

> * Tiré à petit nombre et non mis en vente.

Mignet (François Auguste Alexis). Histoire de la Ligue et du règne de Henri IV. *Par.* 1829. 5 vol. 8.

Capefigue (Baptiste Honoré Raymond). Histoire de la réforme, de la Ligue et du règne de Henri IV. *Par.* 1834. 2 vol. *4. Par.* 1835. 8 vol. 8.

Cantù (Ignazio). Caratteri storici per servire di illustrazione al regno di Enrico IV e di Luigi XIII. *Milan.* 1835. 2 vol. 12.

Elix (N... N...). Leben , Thaten und Schicksale Heinrich's IV. *Berl.*, s. d. (vers 1840.) 8.

Nogent (N... N... de). Histoire de Henri IV. *Par.* 1843. 18.

Sapt (N... N... de). Éloge de Henri le Grand, etc. *Lyon* et *Par.* 1768. 8.

Gaillard (Gabriel Henri). Éloge de Henri IV. *La Rochelle* et *Par.* 1769. 8. (Ouvrage couronné.)

Laharpe (Jean François de). Eloge historique de Henri IV. *Par.* 1769. 8.

(**Siméon** , Joseph Jérôme). Éloge de Henri IV, etc. *Aix.* et *Par.* 1769. 8.

(**Bacon** , N... N...). Panégyrique de Henri le Grand, ou

éloge historique de Henri IV. *Lond.* (*Par.*) 1769. 12. *(Bes.)*

Villette (Charles de). Éloge historique de Henri IV. *Par.* 1770. 8.

(**Navailles-Poeyferre** , Jean Baptiste Xavier Montault de *). Eloge historique de Henri IV. *Par.* 1776. 8.

> * Il y a des exemplaires , datés de Pau, qui portent le nom de l'auteur.

Canaye de Fresne (Philippe). Lettres et ambassades en Suisse et Italie depuis le 18 septembre 1601 jusqu'au 20 septembre 1607, publ. par Robert (REGNAULT). *Par.* 1635-36. 3 vol. Fol.

Bongars (Jacques). Epistolæ. *Lugd. Bat.* 1647. 12. *Argent.* 1660. 12. Trad. en franç. s. c. t. Lettres écrites en diverses négociations importantes depuis l'an 1589 jusqu'en 1598, par Claude Oronce Finé de BRIANVILLE. *Par.* 1668. 2 vol. 12. *Ibid.* 1680. 2 vol. 12. *Ibid.* 1694. 2 vol. 12. *La Haye.* 1695. 2 vol. 12.

Valois, duc d'Angoulème (Charles de). Mémoires très-particuliers pour servir à l'histoire des règnes de Henri III et de Henri IV, publ. par Jacques BINEAU. *Par.* 1662. 12. *Ibid.* 1667. 12.

Tallemant des Réaux (Gédéon). Historiettes ou mémoires pour servir à l'histoire du xviie siècle, etc., publ. avec des notes par Nicolas de MONMERQUÉ , René Charles Hippolyte de CHATEAUGIRON et Jules Antoine TASCHEREAU. *Par.* 1834-36. 6 vol. 8. *Brux.* 1835. 6 vol. 8. *Par.* 1840. 10 tomes en 5 vol. 12. (Orné de 10 port.)

(**Malingre**, Claude). Recueil tiré des registres de la cour de parlement, contenant ce qui s'est passé concernant les troubles qui commencèrent en l'an 1588 et ce qui fut fait en l'an 1594. *Par.* 1652. 4.

Cayet (Pierre Victor Palma). Chronologie novénaire, contenant l'histoire de la guerre sous le règne de Henry IV et les choses les plus mémorables advenues par tout le monde depuis 1589 jusqu'à la paix faite à Vervins en juin 1598 entre Henry IV et Philippe II, roi d'Espagne. *Par.* 1608. 3 vol. 8.

—— Chronologie septénaire ou histoire de la paix entre les rois de France et d'Espagne, contenant les choses les plus mémorables, étc., depuis le commencement de l'an 1598 jusqu'à la fin de l'an 1604. *Par.* 1604. 4. *Ibid.* 1605. 4. *Ibid.* 1607. 8, s. l. 1612. 8.

Censura Facultatis theologiæ Parisiensis in librum inscriptum *Chronologie septénaire. Par.* 1610. 8.

Cayet (Pierre Victor Palma). Défense contre la prétendue censure de la *Chronologie septénaire*, s. l. 1610. 8.

(**Matthieu** , Pierre). Histoire des derniers troubles de France sous les règnes de Henry III et de Henry IV, depuis les premiers mouvements de la Ligue (en 1585) jusqu'à la clôture des états de Blois en 1589, en quatre livres. *Lyon.* 1594. 8. *Par.* 1597. 8. *(Bes.) Ibid.* 1599. 8. *Lyon.* 1694. 8. Cinquième livre , contenant les troubles de 1589 jusqu'au siége de la Fère en 1591, s. l. (*Genève*) 1591. 8. *Ibid.* 1600. 8. *Lyon.* 1606. 8. *Ibid.* 1610. 8. *Par.* 1613. 8. *Ibid.* 1622. 4. S. l. 1699. 8. Trad. en ital. :

> Par Guglielmo Alessandro de NOVILLIERI. *Venez.* 1623. 4.

> Par Alessandro GENESIO. *Venez.* 1628. 4.

—— Histoire de France et des choses mémorables ès provinces étrangères durant sept années de paix du règne de Henri IV depuis 1598 jusqu'en 1604. *Par.* 1602. 2 vol. *4. Ibid.* 1606. 2 vol. 4. *Rouen.* 1615. 2 vol. 8. *Ibid.* 1624. 2 vol. 8. Trad. en ital. par Alessandro GENESIO. *Venez.* 1624. 4.

Fay d'Espesses (Charles). Mémoires de plusieurs choses considérables advenues en France, depuis le commencement de 1607, où finit l'histoire de Jacques de Thou, jusqu'en 1609. *Par.* 1634. 8.

Déclaration du roi, confirmative d'autre déclaration par lui faite à son avénement à la couronne, de vouloir maintenir et conserver la religion catholique, apostolique et romaine, du 4 juillet 1591, s. l. 1591. 8.

Bonosius (Thomas). Centuriæ in excommunicationem Sixti V contra Henricum Borbonicum. *Frf.* 1592. 4.

Banchi (Serafino). Apologie contre les jugements téméraires de ceux qui ont pensé conserver la religion catholique en faisant assassiner le très-chrétien roi de France. *Par.* 1596. 8.

Batilly (Denys **Lebey** de). Traité de l'origine des anciens assassins porte-couteaux ; avec quelques exemples de leurs attentats et homicides en personnes d'aucuns roys, princes et seigneurs de la chrestienté, s. l. 1603. 8.

(Pithou, Pierre). De justa et canonica abdicatione Henrici IV. *Par.* 1594. 8. Trad. en franç. *Par.* 1595. 8.
Acta legationis ducis Nivernensis pro Henrico IV ad Clementem VIII, pontificem romanum. *Frf.* 1594. 8.
Discours de la légation du duc (Louis de Gonzague) de Nevers pour Henri IV, vers le pape Clément VIII. *Par.* 1594. *Nevers.* 1595. 8.
Mucante (Giovanni Paolo). Relatione della reconciliatione, assolutione et beneditione di Henrico IV fatta da Clemente VIII, 17 di settembre 1595. *Viterbo.* 1595. 4. Trad. en franç. s. c. t. Discours des saintes cérémonies faites à Rome pour la réconciliation, absolution et bénédiction de Henri IV, par N... N... de Tronchy. *Lyon.* 1596. 8.
Botereus (Joannis). Brevis narratio quomodo Henricus IV ex hæretico catholicus factus humiliter apud Clementem VIII per legatos egerit. *Col. Agr.* 1596. 4.
Rechenberg (Adam). Disputatio de Henrici IV absolutione romana. *Lips.* 1684. 4.

Déclaration de la volonté du roy sur l'ouverture de la guerre contre le roy d'Espagne, du 17 janvier 1595. *Par.* 1595. 8.
Pontaymeri (Alexandre de). Discours d'estat sur la nécessité et les moyens de faire la guerre à l'Espagne. *Par.* 1595. 8.

Jeannin (Pierre). Mémoires et négociations sur la trêve des Pays-Bas. *Par.* 1656. Fol. *Amst.* 1659. 2 vol. 12. *Ibid.* 1696. 2 vol. 12.
Bellièvre (Pompone de) et **Brulart de Sillery** (Nicolas). Mémoires contenant un journal concernant la négociation de la paix traitée à Vervins l'an 1598, entre Henry IV, roi de France, Philippe II, roi d'Espagne, et Charles Emmanuel, duc de Savoye. *Par.* 1660. 2 vol. 12. *Ibid.* 1676. 2 vol. 12. *La Haye.* 1690. 2 vol. 12. *Ibid.* 1696. 2 vol. 12. *Par.* 1700. 2 vol. 12. *La Haye.* 1726. 2 vol. 12.

Traité du mariage de Henry IV avec la princesse de Florence, Marie de Médicis ; des ambassadeurs de part et d'autre, de son heureuse arrivée en France, à Marseille (en 1600) et ses entrées en Avignon et Lyon ; puis la conspiration, prison, jugement et mort du duc de Biron (en 1602), avec un sommaire de sa vie, et pareillement le procès de Jean l'Hoste, avec la généalogie de la maison de Médicis. *Rouen.* 1610. 8.

Discours de l'entrée faicte par le très-haut et très-puissant prince Henry IV, roy de France et de Navarre, et la très-illustre princesse Marie de Médicis, la royne son épouse, en leur ville de Caën au mois de septembre 1603, s. l. 1603. 8. *Par.* 1842. 8.

Totze (Eobald). Die allgemeine christliche Republik, nach den Entwürfen Heinrich's IV und Anderer dargestellt. *Götting.* 1752. 8. *Ibid.* 1763. 8.

Hurville (S... d'). Henrici M. Anagrammata quinquaginta. *Par.* 1612. 4.

Satyre Ménipée de la vertu du Catholicon d'Espagne, et de la tenue des estats de Paris, en 1593, par MM. de la sainte Union *. *Tours.* 1593. 12. *(Bes.) Par.* 1594. 8. *(Bes.)*, s. l. 1599. 12. 1600. 12. 1604. 16. 1612. 12. 1624. 12. 1649. 12. *Ratisb.* (*Brux.*) 1664. 12. *(Bes.)* *Ibid.* 1677. 12. Avec notes par Jacques Le Duchat. *Ra-*

tisb. (*Brux.*) 1696. 12. *Ibid.* 1699. 8. Publ. par Jean Godefroy. *Ratisb.* (*Brux.*) 1709. 3 vol. 8. *Ratisb.* (*Rouen.*) 1711. 3-vol. 8. Publ. par Prosper Marchand. *Ratisb.* 1726. 3 vol. 8. *Ibid.* 1752. 3 vol. 8. Réimprim. avec un commentaire historique, littéraire et philologique par Charles Nodier. *Par.* 1823. 2 vol. 8. *(Bes.)*
* La première idée de cette satire appartient à Pierre Leroy, mais elle a été terminée par le fameux Pierre Pithou. Les autres collaborateurs ont été Jacques Gillot, Florent Chrestien, Nicolas Rapin, Sillet Durand et Jean Passerat. Les curieux trouvent d'autres détails sur la satyre M. dans la Bibliothèque historique de France, publiée par Févret de Fontette, nos 19451 et suiv.

Barclay (Jean). Argenis. * *Par.* 1621. 8. *Ibid.* 1622. 8. *Ibid.* 1623. 8. *Aug. Trev.* 1623. 8. *Par.* 1625. 8. *Lugd. Bat.* 1627. 12. *Ibid.* 1630. 12. *Frf.* 1630. 8. *Lugd. Bat.* 1634. 12. *Ibid.* 1637. 12. *Amst.* 1642. 12. *Ibid.* 1655. 12. *Ibid.* 1659. 12. *Berl.* 1659. 12. *Lugd. Bat.* 1659. 8. *Lips.* 1659. 12. *Lugd. Bat.* 1662. 8. *Ibid.* 1664. 8. *Amst.* 1671. 12. *Cantab.* 1673.. 8. *Norimb.* 1679. 12. *Ibid.* 1693. 12. *Ibid.* 1703. 12. Publ. par Johann Winkelmann. *Norimb.* 1769. 8.
* Roman historique et politique, qui peint les amours et les intrigues du règne de Henri III et de Henri IV sous de noms empruntés.

Trad. en allem. :
  Par Martin Opitz. *Bresl.* 1626. 8. *Ibid.* 1631. 8. *Amst.* 1644. 8.
  Par un anonyme. *Augsb.* 1770. 2 vol. 12.
  (Par Johann Christian Ludwig Haken). *Berl.* 1794-95. 2 vol. 8.

Trad. en angl. :
  Par Kingsmill Long. *Lond.* 1625. Fol. *Ibid.* 1634. 4.
  Par Robert Le Grys. *Lond.* 1628. 8.

Trad. en dan. par Hans Paus. *Kjoebenh.* 1749. 3 vol. 8.

Trad. en espagn. par José Pellicer de Salas. *Madr.* 1626. 8.

Trad. en franç. :
  (Par Pierre du Ryer). *Par.* 1623. 8. *Ibid.* 1626. 2 vol. 12. *Amst.* 1644. 2 vol. 12.
  Par Louis Pierre de L(ongue). *Par.* 1728. 2 vol. 12.
  Par N... N... Josse. *Chartres.* 1732. 3 vol. 12.
  Par N... N... Savin. *Par.* 1771. 2 vol. 12. *Ibid.* 1776. 2 vol.-8.

Trad. en holland. par J... H... Glazemaker. *Amst.* 1643. 8. *Ibid.* 1680. 8.

Trad. en hongrois :
  Par Sandor Boér. *Kolosvarott.* 1792. 8.
  Par Antal Fejér. *Egerben.* 1792. 2 vol. 8.

Trad. en ital. par Francesco Pona. *Venez.* 1625. 8. *
* Ebert cite une traduction polonaise et suédoise, mais sans indication de lieu ni date d'impression.

Abbatia (Bernard). Prognosticon sur le mariage de Henry (IV), roi de Navarre, et de Marguerite de France, son épouse. *Par.* 1572. 12. *
* Cette pièce est tellement rare qu'elle n'est citée par aucune autre bibliographie et qu'elle n'a pas même été connue des auteurs de la Bibliothèque historique de la France.

(Conti , Louise Marguerite de **Guise**, princesse de). Histoire des amours du grand Alcandre (Henry IV), avec un recueil de quelques actions et paroles mémorables de ce roi. *Cologne.* 1667. 12. *Leyde.* 1667. 12. *Cologne.* 1756. 12. Réimpr. s. c. t. Amours du grand Alcandre. *Par.* 1786. 2 vol. 12.
Les amours de Henri IV, ses lettres galantes à la duchesse (Gabrielle d'Estrée) de Beaufort et à la marquise de Verneuil. *Amst.* 1754. 2 vol. 12. Trad. en allem. *Leipz.* 1790. 8.
Lettres de Henri IV à Corizande d'Andoins, comtesse de Guiche, sa maitresse. *Amst.* et *Par.* 1789. 12.

Bandole (Antoine de). Parallèle de (Jules) César et de Henry IV. *Par.* 1615. 8.
(Brizard, Gabriel). De l'amour de Henri IV pour les lettres. *Par.* 1786. 18. *(Bes.)*

Arnoux (Jean). Discours des somptueuses funérailles de Henry le Grand, avec son éloge funèbre. *Tournon.* 1610. 4. *(Bes.)*
(Perisse, N... N...). La sanglante chemise de Henry le Grand, s. l. *(Par.)* 1610. 8. *(Bes.)*
Lamentable discours upon the parricide and assassination committed on Henry the Fourth. *Lond.* 1610. 4.

(**Matthieu**, Pierre). Histoire de la mort déplorable de Henry IV. *Par.* 1612. 8. (*Bes.*) *Ibid.* 1613. 8. (*Bes.*)

(**Home**, David). L'assassinat du roi (Henri IV), ou maximes du Vieil de la Montagne, s. .l. (*Par.*) 1614. 8. (*Bes.*)

Soupirs de la France sur la mort de Henry IV, etc. *Par.* 1610. 8.

(**Aultry**, Jean d'). Larmes sur la mémoire de Henry le Grand. *Par.* 1610. 8.

Séguier (Jacques). Oraison funèbre aux obsèques de Henry le Grand. *Par.* 1610. 8.

Cospean (Philippe de). Oraison funèbre aux obsèques de Henry le Grand. *Par.* 1610. 8.

Fenoeillet (Pierre). Discours funèbre sur la mort de Henry le Grand. *Par.* 1610. 8.

Berthaud (Jean). Discours funèbre sur la mort du feu roy (Henri IV). *Par.* 1610. 8.

Petrini (François Jean). Harangue funèbre aux obsèques de Henry le Grand. *Par.* 1610. 8.

Suares (Jacques). Sermon funèbre fait aux obsèques de Henry IV. *Par.* 1610. 8.

Thibault (Dominique). Oraison funèbre au service de Henry IV. *Par.* 1610. 8.

Deslandes (François Noël). Harangue funèbre au service de Henry IV. *Par.* 1610. 8. Trad. en ital. par Francesco FASSARDI. *Par.* 1610. 8.

Valladier (André). Harangue funèbre de Henry le Grand. *Par.* 1610. 8.

Latrecy (Denys). Oraison funèbre faite aux obsèques de Henry IV. *Par.* 1610. 8.

Saussaye (Charles de la). Oraison funèbre aux obsèques de Henry IV. *Par.* 1610. 8.

Amour (Pierre d'). Oraison funèbre sur le trespas de Henry le Grand. *Par.* 1610. 8.

Bonnet (Guillaume). Oraison funèbre aux obsèques de Henry IV. *Par.* 1610. 8.

Beraudière (François de la). Oraison funèbre au service de Henry le Grand. *Par.* 1610. 8.

Poncet (Louis). Discours funèbre sur la mort de Henry IV. *Par.* 1610. 8.

Raemond (Charles de). Regrets funèbres sur la mort de Henry IV. *Par.* 1610. 8.

Manfredi (Ottavio). Orazione funebre nella morte di Enrico IV. *Lione.* 1610. 4.

Venturi (Francesco). Oratio in funere Henrici IV. *Par.* 1610. 4.

Ens (Caspar). Elogium duplex funebre et historicum Henrici IV. *Col. Agr.* 1611. 4.

Richeome (Louis). Justa funebria Henrico Magno, Galliarum regi, ex Gallico in Latinum versa a Nicolao CAUSSIN. *Antwerp.* 1613. 4.

Stender (Christian Daniel). Dissertatio de nomine Henrici regibus Galliæ infausto. *Lips.* 1717. 4. (Très-curieux.)

Henri (V) de France,
comte de Chambord, duc de Bordeaux (29 sept. 1820 — …).

Chazet (René Alissan de). La nuit et la journée du 29 septembre 1820. Naissance du duc de Bordeaux. *Par.* 1820. 8. (*Bes.*).

—— Relation des fêtes données par la ville de Paris, etc., à l'occasion de la naissance du duc de Bordeaux. *Par.* 1822. 12. (*Bes.*)

Recherches et doutes sur la naissance du duc de Bordeaux (Henri V), établis d'après la partie officielle du *Moniteur* et d'après les journaux de l'époque. *Par.* 1834. 8. (*Lv.*)

Loyau de Lacy (A...). Henri de France. *Par.* 1831. 18.

(**Chazet**, René Alissan de). Vie anecdotique de Henri Charles Ferdinand Marie Dieudonné d'Artois, duc de Bordeaux, depuis sa naissance jusqu'à ce jour. *Par.* 1832. 8. Portrait.

(**Bonald**, Louis Gabriel Ambroise de). Henri l'exilé. *Par.* 1832. 8.

(**Thomassin**, N... N...). Henri, duc de Bordeaux, ou choix d'anecdotes sur la vie de ce prince. *Par.* 1832. 8. Henri de Bourbon. *Marseille.* 1839. 12. (Extrait de la *Gazette de France*.)

Lefranc (Alexandre Émile). Vie de Henri de France. *Saint-Omer.* 1839. 18.

Muret (Théodore). Vie populaire de Henri de France. *Par.* 1840. 18. Cont. jusqu'au mariage de ce prince. *Par.* 1847. 18. *Ibid.* 1849. 18.

Nettement (Alfred). Point de vue providentiel de l'histoire de Henri de Bourbon. *Par.* 1841. 8.

Scharff v. **Scharffenstein** (Hermann). Heinrich V. *Zürch.* 1849. 8.

Fitjac (Xavier de). Histoire du comte de Chambord, Henri de France, etc. *Par.* 1849. 52.

Anne (Théodore). M. le comte de Chambord à Wiesbade. *Par.* 1850. 8.

Henri-Christophe,
roi d'Haïti (6 oct. 1767 — se tua le 15 août 1820 *).

Limonade (comte de). Relation des glorieux événements qui ont porté LL. MM. RR. sur le trône d'Haïti, suivie de l'histoire du couronnement et du sacre du roi Henri I et de la reine Marie Louise. *Cap Henry.* 1811. 8. (Extrêmement rare.)

<small>* La *Biographia universelle*, qui le fait naître en 1768, dit qu'il se donna la mort le 13 octobre ; c'est une erreur.</small>

Vastey (Pompée Valentin de). Essai sur les causes de la révolution et des guerres civiles d'Haïti, etc. *Sans-Souci.* (Port-au-Prince.) 1819. 12. *

<small>* L'auteur de cet ouvrage, tiré seulement à 100 exemplaires, était le chancelier du roi Henri I.</small>

Saint-Remy des Cayes (Joseph). Essai sur Henri-Christophe, général haïtien. *Par.* 1859. 8.

Henri XI, surnommé le Lion,
duc de Bavière et de Saxe (1129 — 6 août 1195).

Geradus Stederburgensis. Historia de Henrici Leonis, Bojariæ et Saxoniæ ducis, postremis gestis beatoque discessu, publ. avec des notes par Heinrich MEIBOMIUS. *Helmst.* 1614. 4. *Ibid.* 1669. 4.

Chytraeus (David). Oratio continens historiam Henrici Leonis. *Witteb.* 1555. 8.

Reineccius (Reiner). Historia Henrici Leonis, ducis Saxoniæ et Bavariæ, excerpta de annalibus Helmoldi, Arnoldi et Saxonia Kranzii. *Frf.* 1557. Fol.

Schurzfleisch (Conrad Samuel). Dissertatio de Henrico Leone. *Witteb.* 1675. 4.

Meyer (Joachim). Leben, Thaten und Tod Heinrich's des Leuen, s. l. (*Leipz.*) 1694. 4.

Hecht (Gottfried). Dissertatio de Henrici Guelfi, Bojariæ et Saxoniæ ducis, insignibus gentilitiis. *Witteb.* 1710. 4. *Ibid.* 1716. 4.

Marcard (Johann Heinrich). Programma de historiæ imprimis patriæ necessitate in factis et fatis Henrici Leonis. *Cellæ.* 1720. 4.

Erath (Anton Udalrich). Schediasma de ficta Henrici Superbi, Bojariæ et Saxoniæ ducis, superbia, ejusdemque vera magnanimitate. *Guelpherb.* 1731. 4.

Eckard (Tobias). Henrici Leonis auctoritas circa sacra in constituendis et confirmandis episcopis. *Guelpherb.* 1732. 4.

Scherz (Johann Georg). Commentatio Friderici I imperatoris judicium de Henrico Leone considerans. *Lips.* 1749. 4.

Pleske (Peter). Dissertatio de patrimonio Henrici Leonis. *Goetting.* 1752. 4.

Finger (Tobias). Insignia Henrici Leonis. *Witteb.* 1752. 8.

Boehme (Johann Gottlieb). De Henrico Leone nunquam comite palatino Saxoniæ. *Lips.* 1758. 4.

Patje (Christian Ludwig Albrecht). Recherches historiques et philosophiques sur les causes de la grandeur et des revers de Henri le Lion. *Hannov.* 1786. 8. Trad. en allem. par Friedrich August JOHN. *Regensb.* 1786. 8.

Boettiger (Carl Wilhelm). Dissertatio de Henrico Leone, reipublicæ christianæ per Germaniam septentrionalem statore et propagatore a contumeliis et injuriis sacerdotum vindicato. *Lips.* 1817. 4.

—— Heinrich der Löwe, Herzog von Sachsen und Baiern. *Hannov.* 1818. 8.

Schmidt (Johann Heinrich). Commentatio de Henrici Leonis, ducis Saxoniæ et Bavariæ, itinere Hierosolymitano. *Helmst.* 1711. 4.

Henri IX, dit le Magnanime,
duc de Bavière (... — 1126 — 1139).

Holzinger (Aquilin). Berichtigung einer höchst wichtigen Stelle in der Lebensgeschichte Heinrich's IX oder des Grossmüthigen, Herzogs in Baiern. *Münch.*, s. d. (1808.) *4.*

Henri, surnommé **le Riche**,
duc de Bavière (1386 — 1393 — 1450).

Thiersch (Bernhard). Vervehmung des Herzogs Heinrich des Reichen von Baiern durch die heimliche Acht in Westphalen;.vollständiger Vehmprocess, etc. *Essen.* 1855. *8.*

Henri I,
duc de Brabant († 1235).

Ram (Pierre François Xavier de). Notice sur un fragment de la chronique rimée de Jean d'Outremeuse, relatif à la mort de Henri I, duc de Brabant. *Brux.* 1852. *8.*

Henri III, dit **le Débonnaire**,
duc de Brabant (1192 — 28 février 1261).

Smits (Amilcar). Notice historique sur Henri III, dit le Débonnaire, duc de Brabant et de Lothier, marquis du Saint-Empire, comte de Louvain, Daelhem, de Boulogne, etc., suivie de la biographie de Louis Alexis Raoux. *Brux.* 1843. *18.* (*Bx.*)

Henri le Jeune,
duc de Brunswick-Lunebourg (10 nov. 1489 — 12 juin 1568).

Elster (Wilhelm). Characteristik Heinrich's des Jüngern, Herzogs zu Braunschweig und Lüneburg. *Marb.*1848. *8.*

Henri,
duc de Glocester († 1660).

Epicedia in obitum Henrici ducis Glocestrensis. *Oxon.* 1660. *4.*

Threni Cantabrigienses in funere duorum principum Henrici Glocestrensis et Mariæ Arausionensis. *Cantab.* 1661. *4.*

M... (T...). Short view of the life of Henry, duke of Gloucester, and of Mary, princesse of Orange. *Lond.*1661.*12.*

Henri de Gueldre,
évêque de Liége (tué en 1283).

M(oulan), (Charles). Histoire d'un évêque de Liége (Henri de Gueldre) et des premiers bourgmestres, élus par le peuple de cette ville. *Liége.* 1855. *8.*

Henri II,
duc de Longueville.

Bouhours (Dominique). Relation de la mort de Henri II, duc de Longueville. *Par.* 1663. *4.*

Henri,
comte de Luxembourg.

Neyen (N... N...) Henri, fils du comte Conrad I, a-t-il été comte régnant de Luxembourg? s. l. 1846. *8.*

Henri II, surnommé **le Débonnaire**,
duc de Lorraine (1563 — 14 mai 1608 — 31 juillet 1624).

Sauvage (Jean). La vie et la mort de Henri II le Débonnaire, duc de Lorraine. *Par.* 1626. *8.*

Henri I l'Illustre,
margrave de Misnie (... — 1230 — 15 février 1288).

Horn (Johann Gottlieb). Princeps ex majoribus serenissimi et potentissimi domus Saxonicæ felicissimus perinde gloriosissimus Henricus, cognomento Illustris, etc. *Frf. et Lips.* 1726. *4.*

Liebe (Christian Siegmund). Zufällige Nachlese zu Heinrich's des Erlauchten Lebensbeschreibung. *Altenb.*, s. d. (1751.) *4.*

Wenck (Friedrich August Wilhelm). Commentatio de Henrico I, Misniæ et Lusatiæ marchione. *Lips.*1798. *4.*

Tittmann (Friedrich Wilhelm). Geschichte Heinrich's des Erlauchten, Markgrafen zu Meissen und im Osterlande, und Darstellung der Zustände in seinen Landen. *Dresd.* et *Leipz.* 1845. 2 vol. *8.* (*D.* et *L.*)

Schoettgen (Christian). Programma de prudentia Henrici Illustris tempore interregni magni exhibita. *Dresd.* 1741. *4.*

Petrus de Pretio. Adhortatio ad Henricum Illustrem, publ. par Friedrich Christoph Schmincke. *Lugd. Batav.* 1745. *4.*

Henri le Pieux,
duc de Saxe (1473 — 1541).

Nobbe (Carl Friedrich August). Heinrich der Fromme.

Beitrag zur sächsischen Reformationsjubelfeier im Jahre 1839, etc. *Leipz.* 1839. *8.* Portrait. (*L.*)

Henri II, surnommé **le Pieux**,
duc de Pologne et de Silésie († 9 avril 1241).

Schulz (Chrysostomus). Monumentum gratitudinis Henrico II sive Pio, Silesiæ duci, erectum. *Vratisl.*1641.*4.*

Alberti (Valentin). Prœlium Ligniccnse a duce Henrico Pio cum Tartaris commissum. *Lips.* 1664. *4.*

Victima amoris pro religione et patria, Henricus Pius contra impios Tartaros fortiter decertando, gloriose occumbens, s. l. 1737. *4.*

Latzke (E... G...). Disputatio de primis Tartarorum vestigiis victricibus, Silesiæ funestis. *Guelpherb.*1650.*4.*

Lucae (Johann). Von der Tartarenschlacht (1241). *Brieg.* 1654. *4.*

Adolphi (Christoph). Wahlstädtisches Denk- und Dankmahl. *Jauer.* 1720. *4.*

Stief (Christian). Actus von der Tartarschlacht. *Bresl.* 1724. *4.*

Boehm (Christoph). Von der tartarischen Schlacht. *Liegn.* 1740. Fol.

Hensel (Gottfried). Fünfhundertjähriges Kriegs- und Friedens-Gedächtniss der Tartarenschlacht. *Hirschb.* 1742. Fol.

Volkelt (Johann Gottlieb). Ausführliche Nachricht von der Tartarischen Schlacht, welche im 1241sten Jahre bei Wahlstadt vorgefallen ist. *Liegn.* 1770. *8.*

Kunisch (Johann Gottlieb). Herzog Heinrich II von Niederschlesien, urkundlich dargestellt, nebst zwei Abbildungen des Grabmals Herzog Heinrich's II in der Sanct-Vincenz-Kirche zu Breslau. *Bresl.* 1834. *4.*

Henri de Portugal,
fils de Jean I, roi de Portugal (1394 — 13 nov. 1463).

(**Freire**, Franzisco Jozé). Vida do iffante D. Henrique. *Lisb.* 1758. *4.* *

Trad. en franç. par Antoine de Cournand. *Lisb.* (*Par.*) 1780-81. 2 vol. *12.*

Trad. en allem. s. c. t. Geschichte der ersten portugiesischen Entdeckungen unter Dom Heinrich dem Seefahrer. *Halle.* 1783. *8.*

* Publ. s. l. pseudonyme de Candido.

Henri de Prusse,
frère de Frédéric le Grand (18 janvier 1726 — 3 août 1802).

Schilderung des Privatlebens des Prinzen Heinrich von Preussen in Rheinsberg. *Leipz.* 1784. *8.*

Guyton (N... N...). Vie privée d'un homme célèbre, ou détails des loisirs du prince Henri de Prusse dans sa retraite de Reinsberg. *Véropolis.* (*Par.*) 1784. *8*, et *18.* *

* On a faussement attribué cet ouvrage à Mirabeau.

Du Verryer (N... N...). Éloge de M. le prince Henri de Prusse, s. l. et s. d. (*Par.* 1788.) *12.*

(**Bouillé du Chariol**, Louis Joseph Amour de). Vie politique, privée et militaire du prince Henri de Prusse. *Par.* 1809. *8.*

Anecdoten und Characterzüge aus dem Leben des Prinzen Heinrich von Preussen. *Goetting.* 1805-04. 4 parts. *8.*

Henri Raspo,
landgrave de Thuringue († 17 février 1247).

Sagittarius (Caspar). Gründlicher Bericht von Landgraf Heinrich's in Thüringen römischer Königswahl. *Jena.* 1694. *4.*

Horn (Caspar Heinrich). Programma de titulo procuratoris Germaniæ Henrici Rasponis. *Witteb.* 1711. *4.*

Grabener (Christian Gottfried). Programma de Henrico Raspone. *Misn.* 1742. *4.*

Gruner (Johann Friedrich). Programma de Henrici Raspe, landgravii Thuringiæ et comitis palatini Saxoniæ, in regem Romanorum electione, rebus in imperio gestis et vitæ exitu, s. l. 1756. *4.*

Henri Frédéric de Galles,
fils de Jacques I, roi d'Angleterre (1594 — 1612).

True accompt of the baptism of Henry Frederick, prince of Scotland, and now prince of Wales. *Lond.* 1603. *4.* *Ibid.* 1687. *8.* *Edinb.* 1703. *4.* *Ibid.* 1743. *8.*

Luctus posthumus erga defunctum illustrissimum Henricum Walliæ principem. *Oxon.* 1612. *4.*

Justa Oxoniensium in obitum Henrici principis Walliæ. *Lond.* 1612. *4.*

Epicedium Cantabrigiense in obitum Henrici illustrissimi principis Walliæ. *Cantab*. 1612. 4.

Funerals of the high and mighty prince Henry of Wales. *Lond*. 1613. 4.

Birch (Thomas). Life of Henry, prince of Wales. *Lond*. 1760. 8. *Dubl*. 1760. 8.

Henri II, surnommé **Jasomirgott**, premier duc d'Autriche (1141 — 1177).

Versuch einer Lebensgeschichte Heinrich's II Jasomirgott, nebst Nachrichten von der Burg Medeling in Oesterreich. *Wien*. 1819. 8.

Henri Jules, duc de Brunswick (15 oct. 1554 — 20 juillet 1613).

Diephold (Rudolph). Oratio de Henrico Julio Guelphio principe. *Helmst*. 1613. 4.

Ludewig (Friedrich August). Heinrich Julius, Herzog zu Braunschweig und Lüneburg. *Helmst*. 1833. 8.

Henri II, archevêque-électeur de Mayence (... — 1284 — 1288).

Schunk (Johann Peter). Lebensbeschreibung des Erzbischofs und Kurfürsten Heinrich's II oder des Nudipes Antistes. *Mainz*. 1812. 8.

Henri Félix, archevêque de Mayence (1142 — 1153).

Lefebvre (Philippe). Histoire d'Henri Félix, archevêque de Mayence. *Par*. 1762. 8.

Henri de Gand, voy. **Goethals** (Henri).

Henri de Zuetphen, martyr holsatien.

Muhl (Heinrich). Oratio de vita et gestis Henrici Zutphaniensis, martyris Dithmarsici. *Kilon*. 1714. 4.

Rotermundt (Heinrich Wilhelm). Nachricht von dem Leben und den Schicksalen des Bremischen Evangelisten Heinrich von Zutphen. *Stade*. 1792. 4.

Schetelig (G... C... W...). Nachricht über das dem Andenken Heinrich's von Zutphen am 26. Juni 1830 auf dem Heider Begräbnissplatze errichtete Monument ; voran eine Lebensbeschreibung des Märtyrers. *Alton*. 1830. 8. (Avec 3 gravures.)

Harms (Claus). Den Bloodtüngen för unsen glooben, Henrick van Zuetphen, syn saak, arbeid, lyde un dood in Ditmarschen. *Kiel*. 1817. 8.

Herwerden (C... H... van). Aandenken aan Hendrik van Zutphen onder zijne landgenooten vernieuwd. *Groning*. 1840. 8. (*Ld*.)

Henriet (Georg Heinrich), théologien allemand.

Henrici (Wilhelm). Leben des weiland Superintendenten und ersten Predigers an der Marktkirche zu Goslar, Dr, G. H. Henrici. *Goslar*. 1852. 8.

Henriette Anne d'Angleterre, première épouse de Philippe de France, duc d'Orléans (16 juin 1644 — mariée en 1661 — empoisonnée le 29 juin 1670).

Narré simple et très-véritable de quelques circonstances arrivées à la dernière maladie de madame la duchesse d'Orléans, contre la fausseté de quelques écrits et imprimés sur ce sujet, s. l. et s. d. 4.

Lacrymæ Cantabrigienses in obitum Henriettæ Caroli I, regis et martyris filiæ, ducissæ Aurelianensis. *Cantabrig*. 1670. 4.

Feuillet (Nicolas). Récit de ce qui s'est passé à la mort chrétienne dé Henriette Anne d'Angleterre, duchesse d'Orléans. *Par*. 1686. 4.

Lafayette (Marie Magdalène de). Histoire de madame Henriette d'Angleterre, première femme de Philippe de France, duc d'Orléans. *Amst*. 1720. 12. Réimpr. par Anaïs de Raucou Bazin. *Par*. 1852. 8.

Henriette Marie de France, épouse de Charles I, roi d'Angleterre (1609 — 10 sept. 1669).

History of Henrietta Maria, queen of England. *Lond*. 1660. 8. Portrait. *Ibid*. 1669. 12. *Ibid*. 1672. 12. Portrait. *Ibid*. 1685. 12.

Bossuet (Jacques Bénigne). Oraison funèbre de Henriette Marie de France (troisième fille de Henri IV et de Marie de Médicis). *Par*. 1670. 4.

Fayre (François). Oraison funèbre de Henriette Marie, reine d'Angleterre. *Par*. 1670. 4.

Senault (Jean François). Oraison funèbre de Henriette Marie, épouse de Charles I. *Par*. 1670. 4.

Memoirs of the life and death of Henrietta Maria of Bourbon , queen to Charles I. *Lond*. 1671. 12.

C... (C...). Histoire de Henriette Marie, épouse de Charles I, reine d'Angleterre. *Par*. 1690. 8. *Brux*. 1693. 8. *Par*. 1720. 8. Portrait.

Henrion (Christophe), général français (4 nov. 1772 — 2 nov. 1850).

Nollet-Fabert (Jules). Le général Henrion. *Nancy*. 1852. 8. Portrait. (Extrait de la *Lorraine militaire*.)

Henrion de Pansey (Pierre Paul Nicolas, baron), jurisconsulte français (26 mars 1742 — 23 avril 1829).

Rozet (Louis). Notice historique sur la vie et les ouvrages de M. le baron Henrion de Pansey, premier président de la cour de cassation. *Par*. 1829. 8.

Bernard (Louis Désiré). Notice sur la vie et les œuvres de M. le premier président Henrion de Pansey. *Par*. 1829. 8.

Taillandier (Alphonse Honoré). Notice nécrologique sur M. Henrion de Pansey, etc. *Par*., s. d. (1829.) 8.

Fargues (Edouard). Henrion de Pansey ; éloge historique, etc. 1837. 8.

Henry, cordonnier français († 1666).

Le Vachet (Jean Antoine). L'artisan chrétien, ou la vie du bon Henry, maître cordonnier, instituteur et supérieur des frères cordonniers et tailleurs. *Par*. 1670. 12.

Henry (Matthew), théologien anglais (1662 — 1714),

Life and death of M. Henry. *Lond*. 1696. 8. *Ibid*. 1699. 8. *Ibid*. 1712. 8. Portrait.

T(ong) (W(illiam). Account of the life and death of the late Rev. M. Henry. *Lond*. 1716. 8. Portrait. (*D*.)

Henry (Noël Étienne), chimiste français (26 nov. 1769 — 30 juillet 1832).

Silvestre (Augustin François de). Notice biographique sur M. Henry. *Par*. 1833. 8.

Henry (Patrick), homme d'État anglo-américain (29 mai 1736 — 6 juin 1797).

Wirt (William). Sketches of the life and character of P. Henry. *Philad*. 1817. 8. *Ibid*. 1818. 8. *Ibid*. 1831. 8. *Ibid*. 1838. 8.

Henry (Philip), théologien anglais ; père de Matthew Henry.

Henry (Matthew). Life and death of M. P. Henry. *Lond*. 1696. 8. *Ibid*. 1699. 8. *Ibid*. 1712. 8. Portrait.

Bates (William). Account of the life and death of P. Henry. *Lond*. 1699. 8. Portrait. (*D*.)

Life and times of P. Henry. *New-York*. 1849. 16.

Henry de Richeprey (Jean François), naturaliste français (1751 — 1787).

Essai biographique sur Henry de Richeprey. *Cahors*. 1833. 8. (Couronné par la Société royale d'agriculture de Paris.)

Henschel (Elias), médecin allemand († 20 août 1839).

(**Davidson**, Anselm). Dr. E. Henschel in seinem Leben und fünfzigjährigen Wirken als Arzt und Geburtshelfer. *Bresl*. 1837. 8.

Hensler (Philipp Gabriel), médecin allemand (11 déc. 1733 — 31 déc. 1805).

Heinrich (Carl Friedrich). Memoria P. G. Hensleri. *Kilon*. 1806. 4. (*D*.)

Hentsch (Johann Jacob), mathématicien allemand (24 janvier 1723 — 15 juillet 1764).

Wernsdorf (Johann Christian). Memoria J. J. Hentschii, professoris mathematum. *Helmst*. 1767. 4.

Hentschel (Michael Martin), médecin allemand.

Seelen (Johann Heinrich v.). Memoria M. M. Hentschel, medicinæ doctoris. *Lubec*. 1722. Fol.

Henzi ou **Hentzy** (Samuel Gottlieb Rudolph), théologien suisse (7 sept. 1794 — 1er février 1829).

Sartorius (Ernst Wilhelm Christian). Memoria S. T. R. Henzi. *Dorpat*. 1829. 4.

Hepburn (John), général écossais (?)

Grant (James). Memoirs and adventures of sir J. Hepburn, knight, colonel of the Scots brigade in Sweden, governor of Munich and marshall of France under Louis XIII. *Edinb*. et *Lond*. 1851. 8.

Héraclide de Pont,
philosophe grec (vers 318 avant J. C.).

Roulez (Joseph Emmanuel Ghislain). Commentatio de vita et scriptis Heraclidæ Pontici. *Lovan.* 1828. 4. (Couronné par l'université de Louvain.)

Deswert (Eugène). Dissertatio de vita et scriptis Heraclidis Pontici. *Lovan.* 1830. 8. (*Bx.*)

Polsberw (Heinrich Ludwig). Specimen I de rebus Heracleæ Pontici libri VI. *Brandenb.* 1833. 8.

Héraclide de Tarente,
médecin grec.

Kuehn (Carl Gottlieb). Specimina III de Heraclide Tarentino. *Lips.* 1823. 8. (*L.*)

Héraclius,
empereur d'Orient (vers 575 — 610 — 11 février 641).

Pisides (Georgius). Carmen complectens expeditionem Heraclii bellicam contra Chosroën, Persarum regem. *Rom.* 1777. Fol.

Héraclite d'Éphèse,
philosophe grec (vers 503 avant J. C.).

Bonitius (Johann). Dissertationes IV de Heraclito Ephesio. *Schneeb.* 1695. 4.

Upmarck (Johan). Dissertatio de Heraclito Ephesiorum philosopho. *Upsal.* 1710. 8.

Menz (Friedrich). Programma de Heraclito Ephesio. *Lips.* 1756. 4.

(**Glatigny**, Gabriel de). Mémoires sur la vie du philosophe Héraclite. *Par.*, s. d. (1739.) 8. (Extrait de ses *OEuvres posthumes.*)

Heras (Bartolomé Maria de las),
homme d'État américain.

Larriva (J... J... de). Elogio del señor B. M. de las Heras, etc. *Lima.* 1815. 12. (Peu commun, même en Amérique.)

Hérauguière (Charles),
gouverneur de Breda au xvie siècle.

Lefebvre (Charles Aimé). Biographie cambresienne. Le capitaine C. Héraguière, gouverneur de Breda. *Cambrai.* 1850. 8. (Extrait des *Mémoires de la Société d'émulation de Cambrai.*)

Herbart (Johann Michael),
pédagogue allemand (27 août 1703 — 2 août 1768).

Gramberg (Gerhard Anton). J. M. Herbart. Versuch einer Biographie. *Oldenb.* 1789. 8.

Herberger (Valerius),
théologien allemand (21 avril 1562 — 18 mai 1627).

Preibisius (Valentin). Gaudium Herbergerianum, s. concio funebris germanica in V. Herbergeri obitum, cum ejusdem vitæ curriculo. *Lips.* 1628. 4. (*D.*)

Statuæ honoris et amoris ad monumentum V. Herbergeri ab amicis erectæ, s. l. et s. d. (*Lips.* 1628.) 4. (*D.*)

Lauterbach (Samuel Friedrich). Vita, fama et fata V. Herbergeri, oder das merkwürdige Leben, guter Nachruhm und seliger Abschied V. Herberger's, Predigers zu Fraustadt in Gross-Polen. *Leipz.* 1708. 8. (*D.*)

Klopsch (Christian David). Leben V. Herberger's. *Berl.* 1840. 8.

Ledderhose (Carl Friedrich). Leben V. Herberger's, Predigers am Kripplein Christi zu Fraustadt in Polen. *Bielef.* 1851. 8.

Herberstein (Grafen v.),
famille allemande.

Naso (Ephraim Ignaz). Monumentum historico-panegyricum tam antiqui quam gloriosi stemmatis equitum, etc., ab Herberstein. *Vratisl.* 1680. Fol.

Kumar (Joseph August). Geschichte der Burg und Familie Herberstein. *Wien.* 1817. 3 vol. 8.

Herberstein (Sigismund, Freiherr v.),
diplomate allemand (23 août 1487 — 28 mars 1566).

Sambucus (Johannes). Epistola et epitaphia de obitu magnifici herois ac baronis S. ab Herberstein, etc. *Aug. Vind.* 1566. 4.

Gebauer (Georg Christian). Programma quo viri generosissimi Burch. Chr. Behr, equitis Luneburgensis, solemnia inauguralia indicit. *Goetting.* 1738. 4. (*D.*) *
* Cet écrit contient une notice biographique sur S. de Herberstein.

Adelung (Friedrich·). S. Freiherr v. Herberstein, mit

besonderer Rücksicht auf seine Reisen in Russland. *Sanct-Petersb.* 1818. 8. Portrait. (*D.*)

Herbert (George),
poëte anglais (+ 1635).

Walton (Izaak). Life of G. Herbert. *Lond.* 1670. 12. Portrait.

Herbert (George),
théologien anglo-américain.

Life and writings of the Rev. G. Herbert, etc. *Boston.* 1852. 16.

Herbert of Cherbury (Edward, lord),
homme d'État anglais (1581 — 20 août 1648).

Life of E. lord Herbert of Cherbury, written by himself. *Strawberry-Hill.* 1764. 4. * *Lond.* 1770. 4. *Ibid.* 1778. 4. *Ibid.* 1792. 4. Avec préface de Walter Scott. *Edinb.* 1809. 8. *Lond.* 1826. 8.
* Tiré à 200 exemplaires et orné de son portrait, comme les deux éditions suivantes.

Grundig (Christian Gottlieb). Geschichte und wahre Beschaffenheit derer heutigen Deisten und Freydenker, worinnen besonders von dem Leben, Schriften, Nachfolgern und Gegnern des Lord E. Herbert v. Cherbury gehandelt wird. *Coethen.* 1748. 8. (*D.*)

Herbipolita (Conrad),
poëte allemand du xiiie siècle.

Oberlin (Jérémie Jacques). Diatribe de Conrado Herbipolita, vulgo Meister Kuonze von Würzburg, seculi xiii Phonasco germanico. *Argent.* 1784. 4.

Herbst (Ferdinand),
théologien allemand.

Aus dem Leben eines Priesters (F. Herbst's). *Augsb.* 1844. 8.

Hercolani (Filippo),
archéologue italien.

Cavriani (Federico). Elogio del senatore F. Hercolani. *Milan.* 1811. 4.

Hercolani (Napoleone).

Cesini (N... N...). Elogio del principe augusto N. Hercolani. *Rom.* 1840. 8.

Hercule,
personnage mythologique.

Upmarck (Johan). Dissertatio de duodecim laboribus Herculis. *Upsal.* 1710. 8.

Zeibich (Heinrich August). Programma de Hercule ex ceti visceribus tertio die prorumpente. *Geræ.* 1760. 4.

Buttmann (Philipp Carl). Über den Mythus des Herakles. *Berl.* 1810. 8.

Le Prévost d'Iray (Chrétien Simon). L'Hercule thébain. *Par.* 1817. 8. *
* Extrêmement rare. Silvestre de Sacy assure qu'il n'existe qu'un seul exemplaire.

Uwarow (Sergius). Examen critique de la fable d'Hercule. *Saint-Pétersb.* 1820. 4.

Hagen (E... A...). Dissertatio de Herculis laboribus. *Regiom.* 1827. 4.

Heffter (Moritz Wilhelm). Der Gottesdienst auf Rhodus im Alterthume : der Heraklesdienst zu Lindus. *Zerbst.* 1827. 8.

Hartung (Johann Adam). Programm über den römischen Hercules, etc. *Erlang.* 1855. 4.

Hercule d'Este,
duc de Ferrare et de Modène (1534 — 3 oct. 1559).

Buonaccorsi (Giovanni Battista). De laudibus Herculis II Estensis, Ferrariæ ducis. *Venet.* 1555. 4.

Herder (Felix),
théologien suisse (31 janvier 1741 — 22 janvier 1819).

Denkmal auf F. Herder. *Zürch.* 1810. 8. (Écrit par son fils.)

Herder (Johann Gottfried v.),
historien allemand (25 août 1744 — 18 déc. 1803).

Zunckel (Johann Gottfried). Gedächtnissrede am Grabe des, etc., J. G. v. Herder. *Weim.* 1803. 8. (*D.*)

Danz (Johann Traugott Lebrecht). Characteristik J. G. v. Herder's, herausgegeb. van Johann Gottfried Gruber. *Leipz.* 1805. 8. (*D.*)

Herderiana. d. i. Züge und Thatsachen aus dem Leben des Dichters J. G. v. Herder. *Hamb.* 1811. 8. (*D.*)

Herder (Maria Caroline v.). Erinnerungen aus J. G. v.

Herder's Leben, herausgegeb. von Johann Georg MUEL-LER. *Stuttg.* 1820. 2 vol. 8. (*D.*)

Ring (Carl Ludwig). Herder's Leben. *Carlsr.* 1822. 8.

Doering (Heinrich). Herder's Leben, nebst gedrängter Übersicht seiner Werke. *Weim.* 1824. 8. Portrait.

Moennich (Wilhelm Bernhard). J. G. Herder. Vortrag gehalten am 200jährigen Stiftungsfeste des Blumenordens zu Nürnberg. *Erlang.* 1844. 8.

Rosenkranz (Carl). Rede zur Secularfeier Herder's, etc. *Königsb.* 1844. 8. (*D.*)

Lengerke (Caesar v.). Herder. Gedächtnisswort bei Herder's Säcularfeier in Königsberg, etc. *Königsb.* 1844. 8.

Herder (Emil Gottfried v.). J. G. v. Herder's Lebensbild und chronologisch-geordneter Briefwechsel, etc. *Erlang.* 1846-47. 3 vol. 8.

Heinsius (J... G...). Herder, nach seinem Leben und Wirken. Rede, etc. *Berl.* 1847. 4.

Kopp (Louis Gustave). Etude sur Herder, considéré principalement comme théologien. Thèse. *Strasb.* 1852. 8.

Heresbach (Conrad),
savant allemand (vers 1500 — 14 oct. 1576).

Schweitzer (August Gottfried). Dissertatio de C. Heresbachii vita et scriptis. *Bonn.* 1849. 8. (*L.*)

Herholdt (Johan Daniel),
médecin danois (10 juillet 1764 — 18 février 1836).

Schoenberg (Albrecht v.). Necrolog over J. D. Herholdt. *Kjoebenh.* 1836. 8.

—— Mindetale over Etatsraad Dr. J. D. Herholdt. *Kjoebenh.* 1859. 8.

Héribert II de Vermandois.

Gallois (Étienne). La Champagne et les derniers Carlovingiens. Luttes des derniers Carlovingiens et des premiers Capétiens. Intervention des archevêques de Reims dans cette lutte. Héribert II de Vermandois et sa maison. *Par.* 1855. 8.

Herillos,
philosophe grec.

Saal (Nicolaus). Commentatio de Aristone Chio et Herillo Carthaginiensi, Stoicis. *Colon.* 1852. 4.

Hering (Daniel Gottlieb),
théologien allemand (1er déc. 1722 — 21 août 1807).

Wunster (Johann Benjamin). Rede am Sarge des Consistorialraths Dr. D. G. Hering. *Bresl.* 1807. 8.

Hering (Carl Heinrich). Lebensbeschreibung D. G. Hering's. *Leipz.* 1807. 8. (*D.*)

Hering, voy. **Heering** (Christian).

Heringa (Jodocus),
théologien hollandais (... — 19 janvier 1840).

Stronck (C... W...). Lijkrede over den hoogleeraar eerweerdigen heer J. Heringa, Eliza'szoon, doctor en professor van de godgeleerdheid te Utrecht. *Dordr.* 1840. 8. (*Ld.*)

J. Heringa, een biographische schets. *Utrecht.* 1840. 8. (*Ld.*)

Herinnering aan J. Heringa, Eliza'szoon, door eenen zijner leerlingen. *Utrecht.* 1840. 8.

Bouman (Hermannus). J. Heringa, Eliza'szoon, als voorganger der christelijke gemeente geschetst in eene leerrede. *Utrecht.* 1840. 8. (*Ld.*)

—— J. Heringa, Eliza'szoon, als voorstander van het vaderland en deszelfs heilzame instellingen, etc., geschetst. *Utrecht.* 1840. 8. Portrait. (*Ld.*)

Heriot (George),
fondateur de l'hôpital d'Edimbourg.

(Steven, William). Memoir of G. Heriot, jeweller to king James IV, with an historical account of the hospital founded by him in Edinburgh. *Edinb.* 1822. 8. (*P.*) *Ibid.* 1845. 8. (*Ld.*)

Hérissant (Louis Antoine Prosper),
médecin français (27 juillet 1745 — 10 août 1769).

(Goulin, Jean). Eloge de L. A. P. Hérissant, membre de l'Académie de Béziers, etc., s. l. 1769. 8.

(Coquereau, Charles Jacques Louis). Eloge de L. A. P. Hérissant. *Par.* 1771. 8. (Tiré à part à très-petit nombre.)

Hérissant (Louis Théodore),
littérateur français, frère du précédent (7 juin 1743 — 20 mars 1811).

Barbier (Antoine Alexandre). Notice sur la vie et les

ouvrages de L. T. Hérissant. *Par.* 1812. 8. (Extrait du *Magasin encyclopédique.*)

Herkules, voy. Hercule.

Herlosssohn (Georg Carl Reginald),
poète allemand (1er sept. 1804 — 10 déc. 1849).

(Thomas , Theodor). C. Herlosssohn ; biographische Skizze. *Leipz.* 1850. 8. Portrait. *

* Cette notice, destinée comme cadeau aux amis du défunt, n'a pas été mise dans le commerce.

Hermagoras,
orateur grec.

Piderit (Carl Wilhelm). Dissertatio de Hermagora rhetore. *Hersfeld.* 1839. 4.

Hermann der Cherusker, voy. Arminius.

Hermann III,
margrave de Bade.

Sachs (Johann Christian). Programm von dem Leben Hermann's III, Markgrafens zu Baden. *Carlsr.* 1739. 4.

Hermann,
comte de Hainaut.

Smet (Joseph Jean de). Quo jure Hermannus, maritus comitissæ Richildis, comes Hannoniæ fuerit, suone an jure uxoris ? *Brux.* 1787. 4. (Mémoire couronné par l'Académie de Bruxelles.)

Lesbroussart (Jean Baptiste). Mémoire sur cette question : à quel titre le comte Hermann, époux de la comtesse Richilde, fut-il comte de Hainaut ? *Brux.* 1828. 4. (Echappé aux recherches de Quérard.)

Hermann,
comte palatin du Rhin († 939).

Schoepf (Carl Friedrich). Historisch-diplomatische Betrachtungen über Pfalzgraf Hermann, etc. *Lauterbach.* 1764. 8.

Spiess (Philipp Ernst). Beweis, dass Pfalzgraf Hermann bei Rhein, der sonst den Zunamen von Stahleck hatte, ein geborener Graf von Hochstätt in Ostfranken gewesen ist. *Münch.* 1792. 4.

Hermann,
duc de Saxe.

Wedekind (A... C...). Hermann, Herzog von Sachsen. Erste Vorarbeit zur Geschichte des Königreichs Hannover. *Lüneb.* 1817. 8.

Hermann II, Graf v. Wied,
archevêque de Cologne (1036 — 11 février 1056).

Binterim (Anton Joseph). Hermann II , Erzbischof von Coeln, aus authentischen Urkunden dargestellt, als Erzkanzler des heiligen apostolischen Stuhles und als Cardinal-Priester an der Johanniskirche, etc. *Düsseld.* 1851. 8.

Hennes (Johann Heinrich). Hermann II, Erzbischof von Coeln. *Mainz.* 1851. 8.

Hermann III, Graf v. Wied,
archevêque de Cologne (1515 — 1552).

Decker (M...). Hermann v. Wied, Erzbischof und Churfürst von Cöln, etc. ; Beitrag zur Kirchengeschichte des sechszehnten Jahrhunderts. *Cöln.* 1840. 8.

Hermann Joseph (Saint),
prémontré allemand.

Waghenaer (Petrus de). B. Hermanni Josephi, canonici et presbyteri Steinfeldiensis ordinis Præmonstratensium, vita metrica. *Col. Agr.* 1636. 8.

Leben und Wunderwerk des heiligen Hermann Joseph, Priesters der Præmonstratenser-Abtei Steinfeld , Coelnischen Diöces. *Cöln.* 1748. 8.

Hermann (Daniel),
poète allemand (vers 1530 — 29 déc. 1601).

Pisanski (Georg Christoph). Nachricht von dem preussischen Dichter D. Hermann. *Danz.* 1758. 4.

Hermann (Gottlieb),
littérateur allemand.

Mueller (Daniel). Programma de vita G. Hermanni. *Chemnic.* 1753. Fol.

Hermann (Jean),
naturaliste alsacien (31 déc. 1738 — 4 oct. 1800).

Lauth (Thomas). Vita J. Hermann, professoris medicinæ et historiæ naturalis. *Argent.* 1802. 8.

Hermann. (Johann Gottfried Jacob),
philologue allemand du premier ordre (28 nov. 1772 — 31 déc. 1848).
Jahn (Otto). G. Hermann. Gedächtnissrede. *Leipz.*
1849. 8. (*L.*)
Ameis (Carl Friedrich). G. Hermann's pädagogischer
Einfluss. Beitrag zur Characteristik des altclassischen
Humanisten. *Jena.* 1850. 8. (*L.*)
Hermann (Michael),
théologien allemand (24 janvier 1593 — 13 janvier 1669).
Gebhardi (Johann). Laudatio funebris M. Hermanni.
Vratisl. 1669. 4.
Hermann (Paul),
médecin allemand (1646 — 29 janvier 1695).
Bidloo (Gottfried). Oratio in funere P. Hermanni. *Lugd.*
Bat. 1695. 4.
Hermann von Lehnin (Frater),
soi-disant prophète allemand du xiiie siècle.
Hermann von Lehnin. Vaticinium metricum, publ. par
un anonyme. *Lichtenthal.* 1725. 4. S. l. 1741. 4. *Berl.*
1743. 8. *Wien.* 1745. 8. *Berl.* 1746. 8. *Brem.* 1738. 8.
Leipz. 1807. 8. *Par.* 1827. 8. *Ibid.* 1850. 8. *
  * Contenant en 100 vers latins la soi-disant prédiction du sort de la
  maison électorale de Brandebourg.
W... (C...). Widerlegung der Prophezeihungen des Fra-
ters Hermann von Lehnin , von einem Erforscher der
Wahrheit. *Frf.* et *Leipz.* 1746. 8.
Frater Hermann, von den Schicksalen des Klosters Lehnin
und des Hauses Brandenburg. Prophezeihung aus dem
13. Jahrhundert. *Düsseld.* 1807. 8. Augment. *Ibid.*
1808. 8.
Hermann von Lehnin , der durch die alte und neueste
Geschichte bewährte Prophet des Hauses Brandenburg.
Frf. et *Leipz.* 1808. 8.
Schmidt (Valentin Heinrich). Weissagung des Mönchs
Hermann von Lehnin über die Mark Brandenburg und
ihre Regenten , oder wast ist an ihr Wahres und Un-
wahres? etc. *Berl.* 1820. 8.
Bouverot (Louis de). Extrait d'un manuscrit relatif
à la prophétie du frère Hermann de Lehnin (!) *Brux.*
1846. 18.
Hundert Prophezeihungen über die Schicksale Preussens
und seiner Regenten, welche im 13. Jahrhundert vom
Bruder Hermann im Kloster Lehnin niedergeschrieben
und von denen 92 , wie historisch nachgewiesen wird,
wunderbarerweise eingetroffen sind, etc. *Berl.* 1848. 8.
Boost (Johann Adam). Die Geschichte und die Propheten,
die wahren Schlüssel zu den Pforten der Zukunft, oder
Weissagungen des Mönchs Hermann zu Lehnin über
Preussen und jene des Benedictiners David Speer zu
Benedictbeuern über Baiern. *Augsb.* 1848. 8.
Hermann's von Lehnin höchst denkwürdige Weissagung
über Preussen's ältere und neuere Geschichte , von
1322 bis 2000, bisher buchstäblich eingetroffen und
eben in der Entwickelung begriffen. *Brem.* 1848. 8.
Rennew (Arnold). Frater Hermann's Weissagungen über
die Schicksale des Hauses Brandenburg, mit besonderer Rücksicht der religiösen Wirren unserer Neu-
zeit, etc. *Münst.* 1848. 8.
Gieseler (Johann Carl Ludwig). Die Lehnin'sche Weissagung gegen das Haus Hohenzollern , als ein Gedicht
des Abts von Huysburg, Nicolaus von Zitzwitz , aus
dem Jahre 1692 nachgewiesen , erklärt und in Hinsicht auf Veranlassung und Zweck beleuchtet. *Erfurt.*
1849. 8.
—— Über die Lehnin'sche Weissagung. *Goetting.* 1850. 12.
Roesch (Eduard). Hermann's von Lehnin Weissagung
über das Haus Brandenburg (nach dem Exemplare aus
der Abtei Benedictbeuern), historisch und kritisch
zum erstenmale vollständig entwickelt. *Stuttg.* 1850. 32.
Wolff (Otto). Die berühmte Lehninische Weissagung
über die Schicksale der Mark Brandenburg und des
Hauses Hohenzollern , deren Entstehung, Verfasser,
Bekanntwerdung, Bedeutung und Inhalt, wie auch die
darüber aufgestellten ältern und neuern Hypothesen,
historisch-kritisch beleuchtet, gewürdigt und erklärt.
Grünberg. 1850. 8. *
  * L'auteur attribue ces prétendues prophéties du frère Hermann à
  Andreas Frohn.
Guhrauer (Gottschalk Eduard). Die Weissagung von
Lehnin ; eine Monographie. *Bresl.* 1850. 8.

Hermanric,
roi des Ostrogoths.
Porthan (Henrik Gabriel). Dissertatio de imperio Her-
manrici Ostro-Gothorum regis. *Aboæ.* 1792. 8.
Hermansson (Johan),
littérateur suédois (23 sept. 1679 — 9 février 1737).
Frondin (Elias). Parentation öfver Professoren J. Her-
mansson. *Upsal.* 1737. 8.
Hermansson (Matthaeus, Grefve),
homme d'État suédois.
Lehnberg (Magnus). Åreminne öfver Riks-Rådet, Grefve
M. Hermansson. *Stockh.* 1791. 8.
Hermant (Godefroid),
théologien français (6 février 1617 — 11 juillet 1690).
Baillet (Adrien). Vie de G. Hermant. *Par.* 1717. 12.
Hermeland (Saint),
fondateur de l'abbaye d'Indre († 25 mars 720).
S. Hermeland , fondateur et premier abbé d'Aindre , au
diocèse de Nantes, etc. Légende de sa vie, authenticité
de ses reliques et mandement pour leur translation, etc.
Nant. 1849. 8. *
  * Traduction d'une biographie latine, écrite peu de temps après la
  mort de ce saint.
Hermelin (Samuel Gustaf),
patriote suédois (4 avril 1744 — 4 mars 1820).
Haellstroem (Carl Peter). Biographi öfver Bergs-Rådet
Friherren S. G. Hermelin. *Stockh.* 1821. 8.
Herménégilde (Saint),
prince des Visigoths.
(**Jarry,** Pierre François Théophile). Sur S. Herménégilde,
patron de l'ordre militaire institué par Ferdinand VII,
s. l. (*Par.*) 1817. 8.
Hermes (Georg),
théologien allemand (22 avril 1775 — 26 mai 1831).
Esser (Wilhelm). Denkschrift auf G. Hermes. *Cöln.*
1832. 8.
Elvenich (Peter Joseph). Acta Hermesiana quæ complu-
ribus G. Hermesii libris a Gregorio XVI, P. S. per literas apostolicas damnatis, etc. *Goetting.* 1836. 8.
Hermes (Johann August), .
théologien allemand (24 août 1736 — 6 janvier 1822).
Fritsch (Johann Heinrich). Einige Worte bei der Beerdigung des J. A. Hermes, etc., gesprochen. *Quedlinb.*
1822. 8.
—— J. A. Hermes, nach seinem Leben, Character und
Wirken dargestellt. *Quedlinb.* et *Leipz.* 1827. 8. Port.
Hermès Trismegistus,
philosophe magicien (1500 avant J. C.).
Ursinus (Johann Heinrich). Exercitatio de Mercurio Tris-
megisto ejusque scriptis. *Norimb.* 1661. 8.
Roeser (Johann Georg). Dissertatio de Hermete Trisme-
gisto, litterarum inventore. *Witteb.* 1686. 4.
Colberg (Ehregott Daniel). Commentatio de libris anti-
quitatem mentientibus, Sibyllarum, Hermetis, Zoroas-
tris. *Gryphisw.* 1694. 8.
Wedel (Georg Wolfgang). Dissertatio de tabula Hermetis
smaragdina. *Jenæ.* 1704. 4.
Baumgarten-Crusius (Ludwig Friedrich Otto). Disser-
tatio de librorum Hermeticorum origine atque indole.
Jenæ. 1827. 4.
Hermodore,
philosophe grec.
Menz (Friedrich). Programma de Hermodoro Ephesio.
Lips. 1736. 4.
Gratama (Seerp). Oratio de Hermodoro Ephesio, vero XII
tabularum auctore. *Groning.* 1817. 4.
Hermogènes,
hérésiarque du iie siècle.
Boehmer (Wilhelm). Hermogenes Africanus, de moribus ejus, præcipue dogmaticis opinionibus. *Sund.*
1832. 8.
Hermogènes,
orateur romain.
Rébitté (D...). De Hermogene atque in universum de
scriptarum a technicis apud Græcos artium utilitate
vel inutilitate disquisitio. *Par.* 1845. 8.

Hermotimus Clazomenius.

Denzinger (Ignaz). Commentatio de Hermotimo Clazomenio. *Leodii.* 1825. 8.

Hern ou Hirn (François),
évêque de Tournai.

(Hoverlant de Bauvelaere, Adrien Marie). Histoire de F. Hern, le cinquante-cinquième évêque de Tournai. *Tournai.* 1820. 8. (Non mentionné par Quérard.)

Hernquist (Pehr),
naturaliste suédois (8 mai 1726 — 18 déc. 1818).

Wallin (Joseph). Minne af P. Hernquist, Professor och Lector. *Skara.* 1818. 8. Portrait.

Tidén (L...). Åreminne öfver P. Hernquist. *Stockh.* 1818. 8. Portrait.

Héron d'Alexandrie,
mécanicien grec (vers 210 avant J. C.).

Wagner (Rudolph Christian). Dissertatio de Heronis, Alexandrini, vita, scriptis et quibusdam inventis. *Helmst.* 1714. 4.

Hérode le Grand,
roi de Judée (27 avant — 1er après J. C.).

Saumaise (Claude). Epistola super Herode infanticida. *Antw.* 1648. 8.

Noldius (Christian). Historia Idumæa, s. de vita et gestis Herodum diatriba. *Franeq.* 1660. 12.

Garcæus (Johann). Narratio de infanticidio Herodis Magni et ejusdem genealogia. *Witteb.* 1665. 8.

Hamberger (Georg Ludwig). Dissertationes historicæ II de rebus Herodis M. *Witteb.* 1675. 4.

Cellarius (Christoph). Disputatio, qua Flavii Josephi de Herodibus historia a Νοέτίας suscipione contra Joannem Harduinum adseritur, etc. *Halæ.* 1696. 4. Augment. *Halæ.* 1700. 4. *Lips.* 1712. 8.

Abel (Caspar). Disquisitio historica de Herodis M. genere, non Idumæo, sed Judaico. *Halberst.* 1701. 4.

Schlipalius (Johann Christoph). Dissertatio de Herode Magno. *Witteb.* 1711. 4.

Berger (Johann Wilhelm). Dissertatio de Herode Magno, rege inserviente. *Witteb.* 1740. 8.

Ernesti (Johann August). Disputatio historico-critica de Lucæ et Josephi in morte Herodis Agrippæ consensu. *Lips.* 1745. 4. *Ibid.* 1761. 4.

Ansaldi (Casto Innocente). Herodiani infanticidii vindiciæ. *Bresc.* 1757. 4.

Schlosser (Ludwig Wilhelm). Geschichte der Familie des Herodes. Merkwürdiger Abschnitt aus der alten Geschichte, etc. *Leipz.* 1818. 8.

Hérodien,
grammairien grec (238 après J. C.).

Wettin (August). Commentatio de Herodiano grammatico. *Halæ.* 1842. 8.

Hérodien,
historien grec.

Leisner (Johann Friedrich). Prolusio de Herodiano historico. *Lips.* 1761. 4.

Hérodote,
historien grec (484 — vers 400 avant J. C.).

Gemler (Johann Heinrich). Dissertatio sistens bigas historicorum Græcorum, Herodoti atque Thucydidis. *Basil.* 1742. 4.

Bouhier (Jean). Recherches et dissertations sur Hérodote, etc. *Dijon.* 1746. 4.

Wesseling (Pieter). Dissertatio Herodotea. *Traj. ad Rhen.* 1758. 8.

(Bonnaud, Jean Baptiste). Hérodote, historien du peuple hébreu sans le savoir, etc. *La Haye* et *Marseille.* 1785. 8. *Ibid.* 1786. 12. *Liége.* 1790. 12.

Creuzer (Georg Friedrich). Herodot und Thucydides, etc. *Leipz.* 1798. 8. *Ibid.* 1803. 8.

Palmberg (Pehr Magnus). Dissertatio de Herodoto, Homeri imitatore. *Upsal.* 1819. 8.

Dahlmann (Friedrich Christoph). Herodot, aus seinem Buche sein Leben. *Alton.* 1824. * Trad. en angl. par G... V... Cox. *Lond.* 1845. 12.

    * Formant le 2e volume de son ouvrage *Forschungen aus dem Gebiete der Geschichte.*

Heyse (N... N...). Dissertatio de Herodoti vita et itineribus. *Berol.* 1826. 4.

Marle (H... H... van). Dissertatio historica de fide Herodoti a Plutarcho rejecta. *Lugd. Bat.* 1826. 4.

Stadelmann (Christian Friedrich). Programmata III de Herodoto ejusque dialecto. *Dessav.* 1850-55. 4.

Blum (Carl Ludwig). Herodot und Ktesias, die frühesten Geschichtsforscher des Orients. *Heidelb.* 1856. 12.

Ley (F...). De tempore, quo Herodotus mortem obiit. *Colon. Agr.* 1856. 8.

Bonnell (C... W... E...). De Thucydide et Herodoto quæstionum historicarum specimen. *Berol.* 1851. 4.

Hérold (Jacob Martin),
théologien allemand (16 février 1737 — 24 nov. 1782).

Wolf (M... L...). Kanzelrede bey der Beerdigung J. M. Herold's. *Sanct-Petersb.* 1782. 4.

Hérophile,
médecin grec (vers 304 avant J. C.).

Marx (Carl Friedrich Heinrich). Commentatio de Herophili, celeberrimi medici, vita, scriptis atque in medicina meritis. *Goetting.* 1840. 4.

Herpfer (Johann Christoph),
jurisconsulte allemand (19 nov. 1583 — 5 février 1654).

Beer (Martin). Leichpredigt auf Herrn Dr. J. C. Herpfer. *Nürnb.* 1654. 4.

Herras ou Herradis von Landsberg,
abbesse de Hohenberg au xiie siècle.

Engelhardt (Christian Moritz). Herras von Landsberg, Aebtissin zu Hohenberg, und ihr Werk *Hortus Deliciarum.* Beitrag zur Geschichte der Wissenschaften, Literatur und Kunst des Mittelalters. *Stuttg.* 1818. 12. Port.

Herrmann (Johann),
poète allemand.

Herrmann (Johann David). Ehrengedächtniss des Schlesischen Liederdichters J. Herrmann, weiland Pfarrers zu Köben an der Oder, etc. *Glogau.* 1759. 8.

Herrnschmid (Johann Daniel),
théologien allemand.

Callenberg (Johann Heinrich). Illustramenta vitæ J. D. Herrnschmidii. *Halæ.* 1755. 4.

Hersan (Jacques François),
médecin français (1758 — 5 déc. 1809).

Desbordeaux (Pierre François Frédéric). Éloge de J. F. Hersan. *Caen.* 1809. 12. (Non mentionné par Quérard.)

Le Boucher (N... N...). Notice biographique sur M. Hersan, docteur en médecine, etc. *Caen*, s. d. (1810). 12.

Herschel (Friedrich Wilhelm),
astronome allemand (15 nov. 1733 — 25 août 1822).

Krafft (Johann Georg Friedrich). Kurze Nachrichten von dem berühmten Astronomen Herschel, etc. *Bayreuth.* 1787. 4. (D.)

Arago (Dominique François). Analyse de la vie et des travaux de sir W. Herschel. *Par.* 1843. 18.

Hersleb (Jacob),
théologien danois (26 avril 1672 — ... 1758).

Rosenvinge (Peder Kaasboel). Christeling Ligpraediken over Provst J. Hersleb. *Trondhjem.* 1758. 4.

Hersleb (Peder),
évêque de Christiania (25 mars 1689 — ... 1757).

Programma academicum in obitum P. Hersleb. *Hafn.* 1757. Fol.

Anchersen (Hans Peder). In obitum P. Herslebii, episcopi Siellandi. *Hafn.* 1757. 4.

Harboe (Ludvig). Episcopus numinis igne calefactus in persona P. Herslebii, episcopi Seelandi, repraesentatus oratione synodali. *Hafn.* 1757. 4. Trad. en dan. par C... M... ROTTBOELL et publ. par N... ROENNING. *Kjoebenh.* 1758. 4.

Hertha,
personnage mythologique.

Barth (Christian Carl). Hertha und die Religion der Weltmutter im alten Teutschland. *Augsb.* 1828. 8.

Hertius ou Herz (Johann Christoph),
médecin allemand.

Hilchen (Ludwig Heinrich Leo). Sermo parentalis memoriæ J. C. Hertii, consiliarii et archiatri, dicatus. *Giess.* 1731. Fol.

1

Hertzberg ou **Herzberg** (Ewald Friedrich, Graf v.),
homme d'État allemand (2 sept. 1725 — 27 mai 1795).

Weddigen (Peter Florentin). Fragmente aus dem Leben des Grafen E. F. v. Hertzberg. *Frf.* 1796. 8.

Posselt (Ernst Ludwig). E. F. Graf v. Hertzberg. *Tübing.* 1798. 8.

Biographie des Grafen E. F. v. Hertzberg. *Chemnitz.* 1796. 8. *Ibid.* 1823. 8. Portrait.

Politisches Register über die gesammelten Schriften des Grafen v. Hertzberg, etc. *Frf.* 1798. 8. *(D.)*

Hertzveld (H... J...),
rabbin hollandais.

Waterman (J...). Uitboezeming bij het graf van H. J. Hertzveld, in leven opper-rabbijn in het sijnagogaal ressort van Overijssel en Drenthe. *Amst.* 1846. 8.

Hervas, marquis **d'Almenara** (José Martinez),
diplomate espagnol (.. juillet 1760 — .. sept. 1830).

Defensa de D. J. M. de Hervas contra la accusacion de deslealtad, etc. *Par.* 1814. 8. *Cadiz.* 1815. 8. Trad. en franç. par Jean Baptiste ESMÉNARD. *Par.* 1814. 8.

Hervey (James),
théologien anglais (1714 — 25 déc. 1758).

Brown (John). Life and character of J. Hervey. *Lond.* 1822. 8.

Cole (John). Herveiana, or graphic and litterary sketches of the life and writings of the Rev. J. Hervey. *Scarborough.* 1822-26. 5 parts. 8.

Hervey (John, lord),
homme d'État anglais.

Hervey (John). Memoirs of the reign of George II, from his accession to the death of queen Caroline, publ. par John William CROKER. *Lond.* 1848. 2 vol. 8.
* Avec le portrait de George II.

Hervey (William),
diplomate anglais.

B... (N... N... de). Notice nécrologique sur lord W. Hervey, etc. *Par.* 1850. 8.

Hervin (Jean),
bénédictin belge († 1704).

Stassart (Goswin Joseph Augustin de). Notice sur dom Hervin, religieux bénédictin de la congrégation de S. Maur. *Namur.* 1851. 8.

Herwart v. Hohenburg (Johann David),
chancelier de Bavière († 15 janvier 1622).

Neuhofer (Jeremias). De vita et meritis in rem evangelicam patriæ J. D. Herwarti. *Aug. Vindel.* 1749. 4. *(D.)*

Herwegh (Georg),
poète allemand (31 mai 1817 — ...).

Lipp (Friedrich). G. Herwegh's viertägige Irr-und Wanderfahrt mit der Pariser deutsch-demokratischen Legion in Deutschland und deren Ende durch die Würtemberger bei Dossenbach, etc. *Stuttg.* 1850. 8.

Hervyn de Nevèle (Pierre Antoine),
agronome belge (18 sept. 1753 — 15 mars 1824).

Silvestre (Augustin François de). Notice biographique sur M. Hervyn de Nevèle. *Par.* 1824. 8. (Extrait des *Mémoires de la Société royale d'agriculture.*)

Herz, née **De Lemos** (Henriette),
bel-esprit allemand (5 sept. 1764 — 22 oct. 1847).

Fuerst (Julius). H. Herz, ihr Leben und ihre Erinnerungen. *Berl.* 1850. 8. Portrait.

Un salon de Berlin. Madame H. Herz. *Par.* 1853. 8. (Extrait de la *Revue de Paris*, signé : Guillaume DEPPING.)

Herzberg, voy. **Hertzberg** (Ewald Friedrich, Graf v.).

Herzog (Bernard),
littérateur allemand.

Croll (Georg Christian). Memorabilia de B. Herzog. *Bipont.* 1768. 4.

Heshusius (Anton Günther),
philosophe allemand (6 janvier 1683 — 14 juin 1700).

(**Cyprian**, Johann). Programma academicum in A. F. Heshusii funere. *Lips.* 1700. Fol. *(D.)*

Heshusius (Tilemann),
théologien allemand (3 nov. 1527 — 25 déc. 1588).

Leuckfeldt (Johann Georg). Historia Heshusiana, oder

---

historische Nachricht von dem Leben, Bedienungen und Schriften Dr. T. Heshusii. *Quedlinb.* 1716. 4. *(D.)*

Hésiode,
poète grec (vers 950 avant J. C.).

Muenter (Johann David Albert). Programmata III de Hesiodi ætate et Εργοις. *Goetting.* 1755-55. 4.

Ekerman (Emanuel). Dissertatio historica de patria Hesiodi, ex ipsius poematis illustrata. *Upsal.* 1761. 8.

Lami (Giovanni). Saggio delle delizie dei dotti e degli eruditi, risguardante le vite e gli scritti dei due primi grandi uomini dell' antichità, Esiodo ed Omero, publ. avec des notes par Giuseppe RICCI. *Firenz.* 1775. 8.

Knoes (Gustaf). Programma de Hesiodo. *Upsal.* 1812. 8.

Bender (J...). Morum doctrinæ apud Hesiodum initia. *Bonn.* 1840. 8.

Hess (Franz Anton),
théologien allemand.

Merkwürdige Züge aus dem Berufsleben des hochwürdigen Herrn F. A. Hess, ehemaligen Hülfspriesters in Legau. *Augsb.* 1816. 8.

Hess (Johann),
théologien allemand (.. sept. 1490 — 6 janvier 1547).

Kolde (Carl Adolph Julius). Dr. J. Hess, der schlesische Reformator. *Bresl.* 1847. 8. Portrait.

Hess (Johann Felix),
théologien suisse (1743 — 4 mars 1768).

Lavater (Johann Caspar). Denkmal auf J. F. Hess. *Zürch.* 1774. 8.

Hess (Johann Jacob),
théologien suisse (21 oct. 1741 — 29 mai 1828).

Gessner (Georg). J. J. Hess, voorgesteld in eenige omtrekken van zijn leven en werkzaamheid. *Leyd.* 1830. 8. *(Ld.)*

Escher (Heinrich). J. J. Hess, Doctor der Theologie und Antistes der Zürcherischen Kirche. Skizze seines Lebens und seiner Ansichten, etc. *Zürch.* 1837. 8. *(D.)*

Hess (Ludwig),
peintre suisse (16 oct. 1760 — 13 avril 1800).

Meyer (Ludwig). Biographie von L. Hess, Landschaftsmaler, nebst Angabe seiner Blätter. *Zürch.* 1800. 8. Portrait.

Neujahrsblatt der Künstlergesellschaft in Zürich für 1844; enthaltend : Lebensbeschreibung von Dr. Hess und Dr. (Ludwig) Meyer, seine Söhne und Enkel aus Zürich. *Zürich.* 1844. 4. 5 portraits.

Hesse (Friedrich Carl Heinrich),
médecin allemand (1768 — 7 août 1812).

Grave (Carl Ludwig). Dr. F. C. H. Hesse ; Denkschrift. *Riga.* 1812. 8.

Hesse (Helius Eobanus),
poète allemand (6 janvier 1488 — 5 oct. 1540).

Camerarius (Joachim). Narratio de H. E. Hesso. *Norimb.* 1553. 8. *(D.)* *Lips.* 1696. 8. *(D.)* Publ. par Johann Gottlieb KREYSSIG. *Misen.* 1843. 8. Portrait. *(D.)*

Ayrmann (Christoph Friedrich). Programma de H. E. ortu et nomine. *Giess.* 1759. 4. *(D. et Lv.)*

—— Dissertatio altera de H. E. Hessi nomine et conjugio. *Giess.* 1740. 4. *(D.)*

Ekerman (Peter). Dissertatio de H. E. Hesso ejusque sodalitio literato. *Upsal.* 1761. 4.

Lossius (Caspar Friedrich). H. E. Hesse und seine Zeitgenossen. *Gotha.* 1797. 8. *(D.)*

Kuenoel (Christian Gottlieb). Oratio de E. Hessi in bonas literas meritis. *Giess.* 1801. 4. *(D.)*

Hessel (Damian),
brigand allemand.

D. Hessel und seine Spiessgesellen. *Mainz.* 1812. 8.

(**Blussé**, A... G...). D. Hessel en zijne roofgezellen. *Dordrecht.* 1812. 8.

Hesselink (Geraard),
théologien hollandais (1755 — 1811).

Koopmans (Rinse). Hulde aan G. Hesselink. *Amst.* 1812. 8.

Hessclius (Johan),
médecin suédois (1687 — 10 avril 1752).

Moerk (Jakob Henrik). Åminnelse-Tal öfver Assessoren Dr. J. Hesselius. *Stockh.* 1752. 8.

Hessellus (Peter),
théologien allemand (15 déc. 1639 — 28 déc. 1677).

Mag. P. Hesselii, Pastoris zum Pesthoffe (in Hamburg), Lebenslauff, s. l. et s. d. (*Hamb.* vers 1677.) 8. (*L.*)

Hessen-Homburg (Philipp, Landgraf v.),
feld-maréchal d'Autriche (11 mars 1779 — 15 déc. 1846).

Gebler (Wilhelm). Denkwürdigkeiten aus dem Leben des Feldmarschalls Landgrafen P. v. Hessen-Homburg, etc. *Wien.* 1848. 8.

Hesslén (Nils),
évêque de Lund (2 sept. 1728 — ... 1811).

Faxe (Vilhelm). Likpredikan öfver Biskopen N. Hesslén. *Lund.* 1811. 8.

Hésychius de Milet,
historien grec du vi[e] siècle.

Thorschmidt (Justus Christian). Commentatio de Hesychio Milesio, illustri Christiano multis dubio, item de clavis Hesychiis. *Witteb.* 1716. 4.

Hetzer (Hieronymus Gottlieb),
jurisconsulte allemand.

Programma academicum ad funus H. G. Hetzeri. *Lips.* 1725. Fol. (*D.*)

Hetzer (Ludwig),
théologien suisse (exécuté en 1529).

Blaurer (Thomas). Wie L. Hetzer zu Constantz mit dem Schwert gericht, uss diesem Zyt abgescheiden ist. *Strasb.* 1529. 4.

Heubner (Heinrich Leonhard),
théologien allemand (2 juin 1780 — ... 1853).

Dr. H. L. Heubner; Nekrolog von einem seiner ehemaligen Schüler. *Berl.* 1853. 8.
Zum Gedächtniss Dr. H. L. Heubner's, etc. *Wittenb.* 1853. 8.

Heubner (Otto Leonhard),
jurisconsulte allemand (17 janvier 1812 — ...).

Sparfeld (Eduard). O. L. Heubner und seine Selbstvertheidigung über seine Theilnahme an den Vorfällen zu Dresden im Mai 1849, etc. *Zwick.* 1850. 8. *

* Heubner, l'un des trois membres du gouvernement provisoire établi à Dresde, fut condamné à la peine de mort, commuée par le roi de Saxe en prison à perpétuité.

Heucher (Johann Heinrich v.),
médecin allemand (1677 — 1739).

Programma academicum ad funus J. H. de Heucher. *Witteb.* 1739. Fol. (*D.*)

Heugh (Hugh),
Anglais.

Macgill (Hamilton M...). Life of H. Heugh. D. D. *Lond.* 1850. 2 vol. 8. *Ibid.* 1852. 2 vol. 8.

Heule (Walter van),
magistrat hollandais du xiiie siècle.

Mussely-Boudewyn (N... N...). W. van Heude, raedsheer der kastelny van Kortryk in de xiii eeuw. *Courtrai.* 1853. 12. Portrait.

Heumann (Christoph August),
littérateur allemand (3 août 1681 — 1er mai 1764).

Heyne (Christian Gottlob). Memoria C. A. Heumanni. *Goetting.* 1764. Fol. (*D.*)
Cassius (Georg Andreas). Ausführliche Lebensbeschreibung des um die gelehrte Welt hochverdienten Herrn Dr. C. A. Heumann, etc. *Cassel* et *Marb.* 1768. 8. (*D.*)

Heumann v. Teutschenbrunn (Johann),
jurisconsulte allemand (11 février 1711 — 29 sept. 1760).

Nagel (Johann Andreas Michael). Memoria J. Heumanni. *Altorf.* 1760. Fol.

Heunburg (Grafen v.),
famille allemande.

Froelich (Erasmus). Genealogiæ Sounekiorum comitum Cilejæ et comitum de Heunburg specimina II. *Vienn.* 1755. 4.

Heures,
personnages mythologiques.

Heimbach (Carl Wilhelm Ernst). Dissertatio de Horis. *Lips.* 1788. 4.

Heurlin (Samuel),
théologien suédois (1er janvier 1753 — 11 déc. 1835).

Lindgrén (Nils). S. Heurlins Lefnad. *Wexioe.* 1836. 8.

Heuschling (Étienne),
philosophe belge (6 avril 1762 — 29 août 1847).

Néve (Félix). É. Heuschling et les derniers temps de

l'enseignement de l'hébreu au collège des trois langues. *Lauvain.* 1848. 12.

Heusde (Philip Willem van),
philologue hollandais (17 juin 1778 — 28 juillet 1839).

Star Numan (Charles). Ter nagedachtenis van P. W. van Heusde. *Groning.* 1839. 8.
Goudoever (Antonius van). Sermo funebris P. G. van Heusde, s. l. et s. d. (1839.) 8.
Kist (Nicolaus Christian). Memoria Heusdii. *Lugd. Bat.* 1839. 8. (*Ld.*)
Pareau (Lodewijk Gerard). Over van Heusde's gelukkig vorming van toekomstige theologen. *Groning.* 1839. 8.
Royaards (Herman Johan). P. W. van Heusde, geschetst als geschiedkundige en als paedagoog tot de godgeleerdheid. *Utrecht.* 1840. 8.
Stoeckfeld (Gerhard). Andenken an den grossen hochberühmten Professor P. W. van Heusde. *Aach.* 1840. 8.
Rovers (Jacob Adolf Carl). Memoria Heusdii. *Traj. ad Rhen.* 1841. 8.
Roulez (Joseph Emmanuel Ghislain). Notice biographique sur P. G. van Heusde, docteur en philosophie, en lettres et en droit, professeur à l'université d'Utrecht, etc. *Brux.* 1841. 12.

Heusden (Jacob van),
théologien hollandais.

Sprenger van Eijk (Jan Jacob). J. van Heusden, etc., in zijn verdienstelijk leven geschetst. *Rotterd.* 1842. 8.

Heusinger (Friedrich),
pédagogue allemand (28 sept. 1722 — 26 oct. 1757).

Exequiæ F. Heusingeri, etc. *Isenac.* 1757. Fol. (*D.*)
Schumacher (Carl Wilhelm). Imago vitæ F. Heusingeri. *Jenæ.* 1758. 4. (*D.*)

Heusinger (Gottlieb Hieronymus Werner),
théologien allemand.

Heusinger (Edmund). G. H. W. Heusinger von Waldegge, weiland Prediger zu Grossen-Nenndorf in der Grafschaft Schaumburg, in seinem Leben und Wirken dargestellt. *Hannov.* 1853. 8.

Heusinger (Johann Michael),
philologue allemand (24 août 1690 — 24 février 1851).

Toepfer (Friedrich August). Justa viri J. M. Heusingeri, gymnasii Isnacensis directoris. *Jenæ.* 1751. 4.
—— J. M. Heusingeri opuscula varia cum ejusdem vita. *Nordling.* 1778. 8.

Heuvick (Gaspar),
peintre belge († 1606).

Vandermeersch (D... J...). G. Heuvick, Jean Snellinck et Simon de Pape, peintres belges, et quelques-unes de leurs productions. *Gand.* 1845. 8. (Extrait du *Messager des sciences historiques.*)

Hevelius (Johann),
astronome allemand (28 janvier 1611 — 28 janvier 1687).

Lengnich (Carl Benjamin). Hevelius, oder Anecdoten und Nachrichten zur Geschichte dieses grossen Mannes. *Danz.* 1780. 8. (*D.*)
Blech (Ephraim Philipp). Rede bei der Gedächtnissfeier Hevelii. *Danz.* 1787. 4. (*D.*)
Westphal (Johann Heinrich). Leben, Studien und Schriften des Astronomen J. Hevelius. *Königsb.* 1820. 8. (*D.*)

Hewitson (William Henry),
théologien écossais.

Baillie (John). Mémoir of the Rev. W. H. Hewitson, late minister of the free church of Scotland. *Lond.* 1851. 8.

Hey (William),
littérateur anglais.

Pearson (John). Life of W. Hey, Esq. *Lond.* 1822. 8. Portrait.

Heydanus (Abraham),
théologien hollandais (10 août 1597 — 15 oct. 1678).

Hermann (Isaac). Genuinus pietatis Heidaneæ genius. *Lugd. Bat.* 1669. 4.
Wittich (Christoph). Oratio funebris in obitum A. Heydani. *Lugd. Bat.* 1679. 4.

Heyde (Johann Daniel),
pédagogue allemand (27 avril 1714 — 12 août 1785).

Schuetze (Theodor Johann Abraham). Funus J. D. Heydii. *Geræ.* 1785. Fol. (*D.*)

Heyde (Sebald),
théologien allemand.

Zeltner (Gustav Georg). Kurze Erläuterung der Nürnbergischen Schul- und Reformationsgeschichte aus dem Leben und den Schriften des berühmten S. Heyden. *Nürnb.* 1752. 4.

Heydenreich (Carl Heinrich),
philosophe allemand (19 février 1764 — 26 avril 1601).

Schelle (Carl Gottlob). Characteristik C. H. Heydenreich's. *Leipz.* 1802. 8. Portrait. (*L.*)

Wohlfahrt (Johann Georg). Die letzten Lebensjahre C. H. Heydenreich's, etc. *Altenb.* 1802. 8.

Heydenreich (David Elias),
jurisconsulte allemand (21 janvier 1638 — 6 juin 1688).

Liebler (Johann Bernhard). Lebensbeschreibung D. E. Heydenreich's, fürstlich sächsisch - weissenfelsischen Appellations- und Consistorialraths, etc. *Leipz.* 1722. 4.

Heydenreich (Ludwig Heinrich),
jurisconsulte allemand.

Ehren-Gedächtniss L. H. Heydenreich's. *Weim.* 1725. 4. (*D.*)

Heyland, voy. **Helland.**

Heylin ou **Heylyn** (Peter),
théologien anglais (29 nov. 1600 — 8 mai 1663).

Vernon (George). Life of the learned and reverend Dr. P. Heylyn. *Lond.* 1682. 12.

Barnard (John). Theologo-historicus, or the life of P. Heylin, etc. *Lond.* 1683. 8. (*D.*)

Heyling (Peter),
linguiste allemand du XVIIe siècle.

Michaelis (Johann Heinrich). Sonderbarer Lebenslauff P. Heyling's, aus Lübeck, und dessen Reise nach Egypten, etc. *Halle.* 1724. 8. (*D.*)

Heym (Gotthold),
théologien suisse du XIXe siècle.

Das letzte Lebensjahr des jungen Theologen G. Heym, etc. *Zürch.* 1842. 8.

Heymann (Veit),
jurisconsulte allemand (+ 1631).

Boehme (Johann). Oratio parentalis de vita et morte V. Heymanni, consulis Dresdensis. *Dresd.* 1631. 4.

Heyne (Christian Gottlob),
savant allemand (25 sept. 1729 — 14 juillet 1812).

Nachricht von den Feierlichkeiten bei der Beerdigung des Herrn C. G. Heyne, mit zwei Beilagen von Friedrich Eduard BENEKE und... POTT. *Goetting.* 1812. 4. (*L.*)

Becher (Friedrich Liebegott). Programma ad memoriam C. G. Heynii. *Chemnic.* 1812. 4. (*D.*)

Heeren (Arnold Hermann Ludwig). C. G. Heyne, biographisch dargestellt. *Goetting.* 1812. 4. (*D.*)

Assen (C... J... van). Hulde aan C. G. Heyne. *Amst.* 1816. 8.

Heynlin, surnommé **a Lapide** (Johannes),
chartreux suisse du XVe siècle.

Fischer (F...). J. Heynlin, genannt a Lapide; akademischer Vortrag. *Basel.* 1851. 8.

Heywood (Oliver),
théologien anglais (1629 — 1702).

Fawcett (John). Life of the Rev. O. Heywood, with historical sketches of the times in which he lived, etc. *Lond.* 1798. 12.

Hiaerne (G... A...),
savant suédois.

Lundblad (Johan Fredrik). Panegyricus G. A. Hiaerne, academiæ (Holmensis) cancellario dictus. *Stockh.* 1809. 8.

Hiéroclès,
philosophe grec (vers l'an 450 après J. C.).

Dacier (André). Vie de Hiéroclès. *Par.* 1706. 8.

Hiéron II,
roi de Syracuse (+ 215 avant J. C.).

Gaay Fortman (J... C... H... de). Dissertatio de Hierone Hieroclis filio Syracusano. *Zwolle.* 1835. 8.

Hieron (John),
théologien anglais.

Porter (Robert). Life of J. Hieron, with the characters

and memorials of 10 other worthy ministers of Jesus Christ. *Lond.* 1691. 4.

Hieronymus, voy. **Jérôme** (Saint).

Hilbert (Pierre François),
officier belge.

Un scandale. Affaire de Tiecken-Hilbert, anciens officiers de cavalerie. Accusation de pédérastie. Justification d'Hilbert. *Brux.* 1852. 8.

Hilchen (David v.),
homme d'État polonais (1561 — 4 juin 1610).

Vita D. ab Hilchen, secretarii regis Poloniæ (Sigismundi III) et notarii terrestris Vendensis, publ. par Gustav v. BERGMANN. *Ruyni (in Livon.)* 1803. 8.

Hildanus, voy. **Hilden** (Wilhelm Fabricius).

Hildebert de Tours, voy. **Hugues de S. Victor.**

Hildebrand, voy. **Grégoire VII.**

Hildebrand (Conrad),
jurisconsulte allemand (+ 18 août 1757).

Nahmmacher (Conrad). Sempiternæ memoriæ viri illustris C. Hildebrand, S. ducis Megapolitano-Strelitii consiliarii, cancellarii intimi, etc. *Helmst.* 1757. 4.

Hildebrand (Friedrich),
pédagogue allemand.

Riedel (Johann Christoph). Leben des Mag. F. Hildebrand. *Nordhaus.* 1768. 8.

Hildebrand (Heinrich),
jurisconsulte allemand (13 mars 1668 — 27 juin 1729).

Fichtner (Johann Georg). Programma in funere H. Hildebrandi, cum catalogo scriptorum ejusdem. *Altorf.* 1729. Fol.

Schwarz (Christian Gottlieb). Programma ad exequias H. Hildebrandi, JCti. *Altorf.* 1729. Fol.

Hildebrand (Joachim),
théologien allemand (10 nov. 1623 — 25 oct. 1691).

Einem (Johann Justus von). Commentarius de vita et scriptis J. Hildebrandi. *Helmst.* 1742. 4.

Hildebrandt (Georg Friedrich),
médecin-anatomiste allemand (5 juillet 1764 — 23 mars 1816).

Hohnbaum (Carl). G. F. Hildebrandt's Leben und letzte Krankheit. *Erlang.* 1816. 8. Portrait.

Hildegarde (Sainte),
l'une des épouses de Charlemagne.

Cochem (Martin v.). Hildegardis, die Heilige, zweimal unschuldig zum Tode verurtheilt, oder Ursprung und Erbauung der Kirchen und Klöster Kempten und Aachen, etc. *Passau.* 1844. 8. *Ibid.* 1853. 8.

Hildegarde (Sainte),
fondatrice du monastère du mont S. Rupert (+ 1178).

Chladen (Martin). Dissertatio de visionibus S. Hildegardis. *Wittob.* 1716. 4.

Meiners (Christoph). Dissertatio de S. Hildegardis vita, scriptis et meritis. *Goetting.* 1793. 4.

Dahl (Johann Conrad). Die heilige Hildegardis; historische Abhandlung. *Mainz.* 1832. 8.

Reuss (F... A...). Commentatio historica de libris physicis S. Hildegardis. *Wirceb.* 1835. 8.

Hilden (Wilhelm Fabricius v.),
médecin allemand (25 juin 1560 — 17 février 1634).

Leporin (Christian Polycarp). Leben des vortrefflichen W. F. von Hilden, etc. *Quedlinb.* 1722. 4. (*D. et Lv.*)

Hildesley (Mark),
évêque de Sodor et Man (9 déc. 1698 — 30 nov. 1772).

Butler (Weeden). Memoirs of M. Hildesley, D. D. lordbishop of Sodor and Man and master of Sherburn hospital, etc. *Lond.* 1799. 8.

Hill (Fanny),
dame anglaise.

Memoirs of F. Hill. *Lond.* 1750. 12.

Hill (George),
théologien anglais.

Cook (George). Life of the late G. Hill, principal of St. Mary's College, St. Andrews. *Lond.* 1816. 8.

Hill (Isaac),
homme d'État anglo-américain (6 avril 1788 — ...).

Biography of I. Hill of New-Hampshire. *Concord.* 1835. 18. (*Lv.*)

Hill (John),
médecin anglais (vers 1717 — 22 nov. 1775).
Short account of the life, writings and character of the late sir J. Hill. *Edinb.* 1779. 8.

Hill (Rowland),
théologien anglais (23 août 1745 — 11 avril 1833).
Sidney (Edward). Life of the Rev. R. Hill. *Lond.* 1854. 8. *New.* 1840. 12. *Lond.* 1846. 8. (Quatrième édition ornée de son portrait.) Trad. en allem. par L... J... **Werner**, avec préface de Johann Christian Friedrich **Burk**. *Stuttg.* 1841. 8. Portrait.
Sherman (Janus). Memorial of the late Rev. R. Hill, chiefly consisting of anecdotes illustrative of his character and labours. *Lond.* 1851. 18.

Hill (Rowland, lord viscount),
général anglais (11 août 1772 — 10 déc. 1842).
Sidney (Edward). Life of lord R. Hill. *Lond.* 1845. 8.

Hille (Martin van),
chirurgien belge (1633 — 1706).
Broeckx (Charles). Notice sur M. van Hille, licencié en médecine de l'université de Louvain, professeur à l'école de chirurgie d'Anvers, ancien chirurgien militaire, etc. *Anvers.* 1851. 8. Portrait.

Hillel,
docteur juif (vers 100 avant J. C.).
Geiger (Gottfried Engelhard). Commentatio brevis de Hillele et Schammai, antiquis sectarum Judaicarum conditoribus. *Altorf.* 1707. 4.

Hiller (Johann Adam),
musicien allemand (25 déc. 1728 — 16 juin 1804).
Neumann (Carl). J. A. Hiller; bescheidene Würdigung seiner Verdienste als Mensch, Künstler und Schulmann, etc. *Leipz.* 1804. 8.

Hilliger (Johann Wilhelm),
philologue allemand (3 août 1643 — .. sept. 1705).
Mueller (Daniel). Programmata III de vita J. G. Hilligeri. *Chemnic.* 1724-27. Fol.

Hilliger (Oswald),
jurisconsulte allemand (20 déc. 1583 — 25 mars 1619).
Major (Johann). Leichen- und Gedächtniss-Predigt auf O. Hilliger, nebst dessen Lebensbild. *Jena.* 1619. 4.
Agricola (Johann Jacob). Oratio funebris in honorem ac memoriam JCti O. Hilligeri. *Jenæ.* 1619. 4.

Hillinger (Johann),
jurisconsulte allemand.
Thilo (Gottfried). Notarius sub imagine J. Hillingeri, notarii Cæsarei, Aurimontani proconsulis, s. l. 1665. 4.

Hilner (Johann Christoph),
théologien allemand.
Grabener (Christian Gottfried). Lebensbeschreibung J. C. Hilner's, etc. *Dresd.*, s. d. (1745.) 4. (D.)

Hilscher (Balthasar),
théologien allemand (1er avril 1595 — 13 sept. 1630).
Leuschner (Johann Christian). Das Andenken Mag. B. Hilscher's, eines vormals rechtschaffenen und verdienstvollen Lehrers zu Leipzig. *Bresl.* 1785.

Hilscher (Paul Christian),
théologien allemand (15 mars 1666 — 3 août 1730).
Grabener (Theophil). Leben P. C. Hilscher's. *Dresd.* 1730. 4. (D.)
Tettelbach (Gottfried). Lob- und Gedächtnissschrift P. C. Hilscher's. *Dresd.* 1730. 4. (D.)
Loescher (Valentin Ernst). Leichenpredigt auf P. C. Hilscher, nebst dessen Lebenslauf, etc. *Dresd.* 1733. Fol. (D.)

Hiltenius (Johann),
franciscain allemand († 1502).
Goetze (Georg Heinrich). Observationes historico-theologicæ de J. Hiltenio. *Lubec.* 1706. 4.

Hiltrude (Sainte),
patronne de Liessies (?).
Vonderlyk leven van de H. maghet Hiltrudis, patronersse van Liessies. *Louvain.* 1770. 8.

Himly (Carl Gustav),
médecin allemand (30 avril 1772 — 22 mars 1837).
Necrolog des Hofraths und Professors Dr. C. Himly. *Hannov.* 1838. 8.

Himmel (Friedrich Heinrich),
musicien allemand (20 nov. 1765 — 8 juin 1814).
(**Arnold**, Ignaz Ferdinand). F. H. Himmel's kurze Biographie und ästhetische Darstellung seiner Werke. *Erfurt*, s. d. (1816.) 8. Portrait.

Hincmar,
archevêque de Reims († 882).
Gess (Wolfgang Friedrich). Merkwürdigkeiten aus dem Leben und den Schriften Hincmar's, Erzbischofs von Rheims, mit Vorrede von Georg Jacob **Planck**. *Goetting.* 1806. 8.

Hindbeck (Olof),
théologien suédois.
Benzelius (Jacob). Likpredikan öfver Prosten i Querrestad O. Hindbeck. *Lund.* 1729. 4.

Hinderickx (Jean Martin),
statuaire belge (26 mai 1744 — 10 août 1777).
Lambin (Jean Jacques). J. M. Hinderickx. *Gand.* 1858. 8. (Extrait du *Messager des sciences et des arts de Belgique.*)

Hinderwell (Thomas),
historien anglais.
Cole (John). Memoir of the life, writings and character of the late T. Hinderwell, Esq. author of the *History and Antiquities of Scarborough. Scarb.* 1826. (Tiré à 250 exemplaires in-8o et à 18 exemplaires in-4o.)

Hintelmann (Ludwig),
jurisconsulte livonien (1578 — 1643).
Ludenius (Lorenz). Elogium L. Hintelmanni, J. U. D. s. parentatio carmine heroici illi habita. *Dorpat.* 1647. 4.

Hiouen-Thsang,
voyageur chinois du VIIe siècle.
Hoei-li et **Yien-Thsang**. Histoire de la vie de Hiouen-Thsang et de ses voyages dans l'Inde, depuis l'an 629 jusqu'en 645, trad. du chinois par Stanislas **Julien**. *Par.* 1853. 8.

Hipparque,
fils de Pisistrate.
Muenter (Gottlieb Ludolph). Dissertatio epistolica de Hipparcho, Pisistrati filio. *Hildesiæ.* 1746. 4.

Hipparque,
astronome grec († 125 avant J. C.).
Schmidt (Johann Andreas). Dissertatio historico-mathematica de Hipparcho, Theone Alexandrino et docta Hypatia. *Jenæ.* 1689. 4.

Hippe (Fabian),
physicien allemand.
Becker (Cornelius), Leichpredigt bei Begräbniss F. Hippe's. *Leipz.* 1599. 8. (D.)

Hippel (Theodor Gottlieb v.),
littérateur allemand (31 janvier 1741 — 23 avril 1796).
(**Borowski**, Ludwig Ernst). Über das Autorschicksal des Verfassers des Buchs *Ueber die Ehe*, etc. *Königsb.* 1797. 8.
Biographie T. G. v. Hippel's, zum Theil von ihm selbst verfasst. *Gotha.* 1800. 8. Portrait.
Keber (Wilhelm Gottlieb). Nachrichten und Bemerkungen, den geheimen Kriegsrath v. Hippel betreffend. *Königsb.* 1802. 8. Portrait.

Hippo,
philosophe grec.
Uebrig (Wilhelm). Dissertatio de Hippone Atheo. *Giess.* 1848. 4.

Hippocrate,
médecin grec du premier ordre (460 — 372 avant J. C.).
Hermann (Johann). Oratio de vita et familia Hippocratis. *Witteb.* 1560. 8.
Garbicius (Matthias). Oratio de vita, moribus, doctrina et professione Hippocratis Coi. *Tubing.* 1564. 8.
Ulmi (Marco Antonio). Hippocrates medicus. *Bonon.* 1603. 4.
Goldner (Georg Ludwig). Dissertatio de medicinæ origine et medicorum principe Hippocrate. *Geræ.* 1721. Fol.
Swalm (Jan). Oratio de Hippocrate. *Delphis.* 1734. 4.
Mouchy (Salomon de). Oratio in laudem Hippocratis. *Goud.* 1735. 4.

Legallois (César). Recherches chronologiques sur Hippocrate. *Par.* 1804. 8.

Boulet (Jean Baptiste). Dubitationes de Hippocratis vita, patria, genealogia, forsan mythologicis, et de quibusdam ejus libris multo antiquioribus, quam vulgo creditur. *Par.*, an XII (1804). 4.

Moreau de la Sarthe (Jacques Louis). Notice sur Hippocrate. *Par.* 1810. 12.

Houdart (M... S...). Quelques réflexions sur Hippocrate. *Par.* 1821. 4. (Non mentionné par Quérard.)

Boisseau (François Gabriel). Notice historique et critique sur la vie, les écrits et la doctrine d'Hippocrate. *Par.* 1823. 8. (Tiré à très-petit nombre.)

Wuelfke (Georg Nicolaus). Brevis disquisitio de Hippocrate Hippocrateisque monumentis. *Kilon.* 1823. 4.

Dornier (Aimé Antoine). Notices sur la vie et les actions d'Hippocrate, envisagée sous un point de vue philosophique et moral, etc. *Par.* 1827. 8.

Commandeur (Jan). Specimen inaugurale de Hippocrate, veræ medecinæ instauratore, optimo naturæ observatore, rite colendo. *Lugd. Bat.* 1832. 8.

Lindenmayer (Emmerich). Hippocrates homo, philosophus, medicus. *Pesth.* 1832. 8.

Woerl (Leopold). Magni Hippocratis secundi vita et scripta; dissertatio. *Friburg.* 1833. 8.

Houdart (M... S...). Études historiques et critiques sur la vie et la doctrine d'Hippocrate, etc. *Par.* 1836. 8. *Ibid.* 1840. 8.

Oettinger (Albert). Hippocratis vita, philosophia et ars medica. *Berol.* 1836. 8.

Marcus (Carl Friedrich). Dissertatio de vita Hippocratis. *Wirceb.* 1858. 8.

Schmidt (Johann Andreas). Theologia Hippocratis. *Helmst.* 1691. 4. *Ibid.* 1714. 4.

Goelicke (Andreas Ottomar). Oratio, qua Hippocrates ab atheismi crimine nuper ei imputato absolvitur. *Hall.* 1713. 8.

— Defensio pro Hippocrate, entheo, opposita declarationi sententiæ de atheismo Hippocratis a Nicolao Hieronymo Gundlingio denuo suscepta. *Duisb.* 1714. 4.

Triller (Daniel Wilhelm). Hippocrates atheismi falso accusatus. *Rudolst.* 1719. 8.

Sprengel (Curt). Apologie des Hippocrates und seiner Grundsätze. *Leipz.* 1789-92. 2 vol. 8.

Barthez (Paul Joseph). Discours sur le génie d'Hippocrate. *Montpell.* 1801. 8.

Wolph (Caspar). Catalogus veterum et recentium scriptorum in Hippocratis opera. *Sangall.* 1584. 8.

Wasse (Nicolas). Dissertatio de variis operum Hippocratis editionibus. *Lond.* 1722. 4.

Fischer (Johann Heinrich). Dissertatio de Hippocrate, ejus scriptis eorumque editionibus. *Coburg.* 1777. 4.

Preu (Paul Sigmund Carl). Dissertatio de interpretibus Hippocratis græcis. *Altorf.* 1795. 8.

Hippolyte,
  fils de Thésée.

Most (Eduard). Dissertatio mythologica de Hippolyto, Thesei filio. *Marb.* 1840. 8.

Hippolyte (Saint),
  évêque et martyre du IIIe siècle.

Heumann (Christoph August). Dissertatio, in qua docetur, anid et qualis episcopus fuerit S. Hippolytus, seculi III scriptor ecclesiasticus. *Goetting.* 1737. 4. (D.)

Haenell (Carl Wilhelm). Commentatio historico-critica de Hippolyto episcopo tertii seculi scriptore. *Goetting.* 1838. 8.

Kimmel (Ernst Julius). Dissertatio de Hippolyti vita et scriptis. *Jenæ.* 1839. 8.

Bunsen (Christian Carl Josias). Hippolytus and his age, or doctrine and practice of the church of Rome under Commodus and Alexander Severus, etc. *Lond.* 1851. 3 vol. 8.

Tayler (William Elfe). Hippolytus and the Christian Church of the third century. *Lond.* 1853. 8.

Doellinger (Ignaz). Hippolytus und Kallistus, oder die römische Kirche in der ersten Hälfte des dritten Jahrhunderts, etc. *Regensb.* 1853. 8.

Hirschbach (Wolfgang),
  jurisconsulte allemand.

Meissner (Balthasar). Leichenpredigt auf W. Hirschbach, nebst dessen Lebenslauf, etc. *Wittenb.* 1620. 4.

Hirschel (Leon Elias),
  médecin allemand († déc. 1772).

Mendel (Levin). Dem Andenken L. E. Hirschel's gewidmet. *Berl.* 1773. 4.

Hirzel (Bernhard),
  orientaliste suisse (1807 — .. juin 1847).

Hirzel (Bernhard). Mein Antheil an den Ereignissen des 6 Sept. 1839. *Zürch.* 1859. 8.

Hirzel I (Hans Caspar),
  médecin-poète suisse (21 mars 1725 — 19 février 1803).

Hirzel (Salomon). Denkmal der Liebe und Freundschaft, seinem verewigten Bruder, Dr. H. C. Hirzel, und seinen beiden Freunden Ulrich und Schinz geweiht. *Zürch.* 1804. 8.

Hirzel II (Hans Caspar),
  médecin suisse (3 sept. 1751 — 10 juillet 1817).

Wirz (August Heinrich). Leben H. C. Hirzel's. *Zürch.* 1818. 4.

Hirzel (Heinrich),
  théologien suisse († nov. 1843).

Blass (Johann Heinrich). Predigt zum Gedächtniss des Herrn Pastors H. Hirzel, etc., nebst den an dessen Grabe gehaltenen Reden. *Leipz.* 1843. 8. (L.)

Hirzel (Regula),
  dame suisse († 1er avril 1794).

Lavater (Johann Caspar). An die Aeltern Hirzel; am Abende des Begräbnisses ihrer einzigen Tochter Regula. *Zürch.*, s. d. (1794.) 8. Portrait.

Hitzig (Julius Eduard),
  littérateur allemand (26 mars 1780 — 27 nov. 1849).

Kugler (Franz). Zur Erinnerung an E. J. Hitzig. *Berl.* 1850. 8.

Hiù (Candida),
  religieuse chinoise (vers 1610 — 1680).

Histoire d'une dame chrétienne de la Chine (C. Hiù). *Par.* 1688. 12.
  Trad. en espagn. par José ALCAREZ. *Madr.* 1691. 8.
  Trad. en flamand par Philippe COUPLET. *Antwerp.* 1694. 8. Portrait.

Hjelmstjerne (Henrik de),
  jurisconsulte danois (1er janvier 1715 — 19 juillet 1780).

Jacobi (Christian Frederik). Sœrgetal over H. Hjelmstjerne. *Kjoebenh.* 1780. 8.

Hjort (Peder),
  jurisconsulte danois.

Trojel (Hans). Etatsraad P. Hjorts Levnet. *Kjoebenh.* 1709. 4.

Hjortberg (Gustaf Fredrik),
  théologien suédois.

Schoenberg (Anders). Åminnelse-Tal öfver Prosten G. F. Hjortberg. *Stockh.* 1776. 8.

Hjorter (Olof),
  astronome suédois (1696 — 25 avril 1750).

Wargentin (Pehr Wilhelm). Åminnelse-Tal öfver O. Hjorter. *Stockh.* 1751. 8.

Hlaváts (Augustinus),
  jésuite hongrois.

Radlinger (Johann). Epicedium parentale A. Hlaváts, e societate Jesu. *Pesth.* 1789. 8.

Hobart (John Henry),
  évêque de New-York († sept. 1830).

Onderdonk (Benjamin Thomas). Sermon at the funeral of the Right Rev. J. H. Hobart, bishop, etc. *New-York.* 1830. 8.

Hobbes (Thomas),
  philosophe anglais (5 avril 1588 — 4 oct. 1679).

Hobbes (Thomas). Vita ejus, carmine ab ipso expressa. *Lond.* 1679. 4. *Ibid.* 1680. Fol. (P.) Trad. en vers angl. *Lond.* 1690. Fol.

(**Blackburn**, Richard). T. Hobbes, Angli Malmesburiensis philosophi, vita. *Carlopol.* (*Lond.*) 1681. 8. (D.) *Ibid.* 1682. 4. Portrait. (D.)

Mencke (Otto). Dissertatio de T. Hobbesii epicureismo. *Lips.* 1668. 4. (*L.*)

Hoburg (Christian),
mystique-allemand (23 juillet 1607 — 29 oct. 1675).

Hoburg (Philipp). Lebens-Lauff des sogenannten Schwärmers C. Hoburg, s. l. 1692. 8. *Ibid.* 1693. 8. *Ibid.* 1694. 8. *Ibid.* 1698. 8. *Ibid.* 1711. 8. Portrait. (*D.*) *Ibid.* 1714. 8.

Hoche (Lazare),
général français (24 février 1768 — 15 sept. 1797).

Dubroca (Louis). Éloge funèbre du général Hoche. *Par.*, an vi (1797). 8.

Révellière-Lépeaux (Louis Marie). Discours prononcé à la cérémonie funèbre exécutée en mémoire du général Hoche, au Champ de Mars. *Par.* 1797. 8.

Latapy (N... N...). Eloge de Hoche, général en chef de l'armée de Sambre-et-Meuse, s. l. et s. d., an vi (1797). 8.

Mandar (Théophile). Eloge funèbre de Hoche, etc. *Par.*, an vi (1797). 8.

Daunou (Pierre Claude François). Éloge du général Hoche. *Par.* 1798. 8.

Privat (Jean François). Notes historiques sur la vie morale, politique et militaire du général Hoche. *Strasb.* 1798. 8. *Metz*, an vii (1798). 18.

Rousselin (Omer Charles Alexandre). Vie de L. Hoche, général des armées de la république française. *Par.* 1798. 8. *Ibid.* 1798. 2 vol. 8. Portrait. (*P.*) Suivie d'une notice sur le général Chérin et du *Vieillard d'Ancenis*, poëme de Marie Joseph Chénier sur la mort du général Hoche. *Par.*, an viii (1799). 12. Portrait.

Vie et pensées du général Hoche. *Berne*, s. d. 8.

(Heinzmann, Johann Georg). Leben Hoche's, Ober-Generals der Nordarmee. *Bern.*, s. d. 8.

Abel (Johann Joseph). Geschichte der Krankheit und des Todes des im Sept. 1797 zu Wetzlar verstorbenen französischen Obergenerals L. Hoche. *Frf.* 1798. 8.

Modèle du guerrier républicain : Vie de Hoche. *Berne.* 1799. 8. Portrait.

General Hoche; Scenen aus seinem Leben und seiner Zeit. *Leipz.* 1835. 8.

Champrobert (Pierre de). Notice historique sur L. Hoche, le pacificateur de la Vendée. *Par.* 1840. 18. Portrait. (*Lv.*)

Dourille (Henri). Histoire de L. Hoche. *Par.* 1844. 12. Portrait.

Bergounioux (E...). Essai sur la vie de L. Hoche, etc. *Par.* 1852. 8. *
* * Cet ouvrage n'a été tiré qu'à 250 exemplaires, dont 100 seulement se trouvent dans le commerce.

Hochelsen (Johann Georg),
orientaliste allemand (1677 — 21 janvier 1712).

Stief (Christian). Trauerrede bey dem Tode Mag. J. G. Hocheisen's. *Bresl.* 1712. Fol.

Hochmann (Johann),
jurisconsulte allemand.

Bocer (Heinrich). Oratio de ortu, vitæ gradibus et discessu J. Hochmanni. *Tubing.* 1604. 4.

Schopper (Jacob). Oratio funebris de vita et obitu J. Hochmanni. *Tubing.* 1605. 4.

Hochstetten (Conrad v.),
archevêque de Cologne (1238 — 1261).

Hamm (Gerhard Ernst). C. ab Hochsteden, comes Coloniensis et Ubio-Agrippensium archiepiscopus. *Col. Agr.* 1771. 8.

Ettmueller (Ludwig). Pfaffentrug und Bürgerzwist, oder die Coelner Erzbischöfe C. v. Hochstetten und Engelbert v. Falkenburg. *Zürch.* 1842. 8.

Burckhardt (Jacob). C. v. Hochstaden, Erzbischof v. Coeln und Gründer des Coelner Doms (1238-1261). *Bonn.* 1843. 8.

Hochstetter (Johann Friedrich),
théologien allemand.

Bengel (Johann Albrecht). Leichenpredigt auf Dr. J. F. Hochstetter, General-Superintendent und Propst des Klosters Denkendorf. *Stuttg.* 1720. 4.

Hocker (Johann Ludwig),
théologien allemand.

Hocker (Johann Ludwig). Lebensbeschreibung, von ihm selbst aufgesetzt und bis zu seinem Tode fortgeführt von Johann Ludwig Heydenreich. *Schwabach.* 1749. 8.

Hodieu (N... N...),
industriel (?) français.

Obsèques de M. Hodieu, s. l. et s. d. (*Lyon*). 8. (Extrait du *Cri du peuple.*)

Hoë v. Hoënegg (Matthias),
théologien allemand (24 février 1580 — 4 mars 1645).

Irmisch (Gottlieb Friedrich). Andenken M. Hoë v. Hoënegg's. *Plauen.* 1746. 4.

Taubner (Johann Carl Friedrich). Memoria viri olim celeberrimi M. Hoë ab Hoënegg refricata et a variis calumniis vindicata. *Dresd.* 1792. 4. (*D.*)

Hoekschen ,
faction hollandaise.

Tijdeman (H... W...). Verhandeling over de Hoeksche en Kabeljaauwsche partijschappen. *Leid.* 1815. 8.

Jonge (J... C... de). Verhandeling over den oorsprong der Hoeksche en Kabeljaauwsche twisten. *Leyd.* 1817. 8. (*Ld.*)

Moreau (C... A...). Dissertatio de factionibus *Hoekschen* en *Kabeljau.* *Lovan.* 1829. 4.

Hoeflich (Georg Christian),
littérateur allemand.

(Flessa, Johann Adam). Memoria G. C. Hoeflich. *Baruth.* 1725. Fol.

Hoeflich (Gottlieb Friedrich),
littérateur allemand.

Flessa (Johann Adam). Memoria T. F. Hoeflich. *Baruth.* 1726. Fol.

Hoegh (Hans Joergen Christian),
théologien danois (1737 — 1805).

Roenne (Bone Falch). Ligpraediken over Provst H. J. C. Hoegh. *Kjoebenh.* 1805. 8.

Hoelland (Ole Pedersen),
brigand norvégien.

Levnetsloeb Livsslaven O. P. Hoelland. *Christiania.* 1835. 8. Portrait.

Hoelderlin (Johann Christian Friedrich),
poëte allemand (29 mars 1770 — 7 juin 1843 *).

Jung (Alexander). F. Hoelderlin und seine Werke ; mit besonderer Beziehung auf die Gegenwart. *Stuttg.* 1848. 8.

Hallensleben (Friedrich). Beiträge zur Characteristik Hoelderlin's. *Arnstadt.* 1849. 8.
* * Et non en 1836, comme l'avancent plusieurs biographes.

Hoelling (Johann Conrad Stephan),
théologien allemand.

Farenholtz (Daniel). Leichenpredigt auf J. C. S. Hoelling, nebst dessen Lebenslauf. *Hildesh.* 1733. Fol. (*D.*)

Hoelty (Ludwig Heinrich Christoph),
poëte allemand (21 déc. 1748 — 1er sept. 1776).

Miller (Johann Martin). Etwas über Hoelty's Character. *Augsb.* 1776. 8.

Hoenn (Georg, Paul),
jurisconsulte allemand (12 juin 1662 — 21 mars 1747).

Chladen (Johann Martin). Memoria D. G. P. Hoenn, juris-professoris. *Coburg.* 1747. 4.

Hoensbroeck (César Constantin, comte de),
prince-évêque de Liége (élu en 1784 — 3 juin 1792).

Exposé des griefs de la nation liégeoise, etc., contre l'évêque Hoensbroeck et le chapitre de la cathédrale, qui ont voulu introduire le régime despotique dans le gouvernement du pays. *Liége.* 1790. 4. (Peu commun.)

Hoepfner (Heinrich),
théologien allemand (29 nov. 1582 — 10 juin 1642).

(Leibnitz, Friedrich). Programma academicum in H. Hoepfneri funere. *Lips.* 1642. 4. (*L.*)

Weber (Ananias). Hoepfnerus angelicus, s. oratio parentalis H. Hoepfneri. *Lips.* 1642. 4. (*L.*)

Wernsdorf (Gottlieb). Commentatio historica de vita et scriptis H. Hoepfneri. *Lips.* et *Holm.* 1759. 4. (*D.*)

Hoepfner (Ludwig Julius Friedrich),
jurisconsulte allemand (3 nov. 1743 — 2 avril 1797).

Wenck (Helfrecht Bernhard). Leben und Character des verstorbenen L. J. F. Hoepfner. *Frf.* 1797. 4. Port. (*D.*)

Hoepken (Anders Johan v.),
homme d'État suédois (11 avril 1712 — 9 mai 1789).

Gyldenstolpe (Nils Philip). Åminnelse-Tal öfver A. J. v. Hoepken. *Stockh.* 1789. 8.

Fant (Erik Michael). Åminnelse-Tal öfver A. J. v. Hoepken. *Upsal.* 1789. 8.

Schroederheim (Elis). Åminnelse-Tal öfver A. J. v. Hoepken. *Stockh.* 1790. 8.

Hoepner (Johann),
théologien allemand (22 février 1582 — 4 juillet 1645).

(**Leibnitz**, Friedrich). Programma academicum in J. Hoepneri funere. *Lips.* 1645. 4. (*D.*)

Mueller (Johann Immanuel). Gründliche Nachricht von dem Leben und den Schriften J. Hoepner's, zum Druck befördert durch Gottlieb August Jenichen. *Leipz.* 1741. 4. (*D.*)

Hoerberg (Pehr),
peintre suédois (31 janvier 1746 — 10 février 1816).

Mäleren P. Hoerberg's Lefvernesbeskrifning. *Upsal.* 1817. 8. Portrait. (Ecrit par lui-même et publ. par Pehr Daniel Amadeus Atterbom.) Trad. en allem. par Carl Schildenern. *Greifsw.* 1819. 8.

Molbech (Christian). Leben und Kunst des schwedischen Malers P. Hoerberg, trad. du dan. par Georg Fries. *Kopenh.* 1819. 8.

Hoerner (Otto Friedrich),
théologien allemand (6 janvier 1746 — 28 déc. 1781).

Heckel (Johann Christoph). Kurze Lebensgeschichte O. F. Hoerner's, Diacons zum Heiligen Kreuz. *Augsb.* 1782. 8. *Ibid.* 1784. 4.

Hoernick ou **Hornicus** (David),
philosophe livonien (1665 — 10 février 1697).

Moeller (Johann Paul). Programma ad exequiarum honores Mag. D. Horniceo exsolvendas. *Rigæ.* 1697. 4.

Hoeschellus (David),
pédagogue allemand (14 avril 1556 — 20 sept. 1617).

Brucker (Jacob). Dissertatio episiolica de meritis in rem litterariam, præcipue Græcam, D. Hoeschelii. *Aug. Vind.* 1738. 4. (*Cp.*)

Hofacker (Carl Christoph),
jurisconsulte allemand (26 février 1749 — 20 avril 1793).

(**Abel**, Jacob Friedrich). Über das Leben und den Character Hofacker's. *Tübing.* 1793. 8.

Hofacker (Ludwig),
théologien allemand.

Knapp (Albert). Leben und Character L. Hofacker's, Predigers zu Rielinghausen in Würtemberg. *Stuttg.* .... Trad. en holland. *Amst.* 1848. 8.

Hofer (Andreas),
chef des insurgés tyroliens (22 nov. 1767 — fusillé le 20 janv. 1810).

Leben und Thaten des ehemaligen Tyroler Insurgenten-Chefs A. Hofer. *Berl.* 1810. 8.

A. Hofer und die Tyroler Insurrection in Jahre 1809, etc. *Münch.* 1811. 8. Portrait.

(**Hormayr**, Joseph v.). Geschichte A. Hofer's, Sandwirths aus Passeyr, Ober-Anführers der Tyroler im Kriege 1809, etc. *Leipz.* 1817. 8.

(**Wiese**, L...). Leben des Sandwirths A. Hofer, Ober-Anführers der Tyroler in ihrer glorreichen Schlacht von 1809. *Leipz.* 1839. 8.

(**Becker**, Gottfried Wilhelm). A. Hofer und der Freiheitskampf in Tyrol im Jahre 1809. *Leipz.* 1842. 3 vol. 12.

Doering (Heinrich). Geschichte des Aufstandes in Tyrol unter A. Hofer. *Hamb.* 1842. 8.

Weber (Beda). A. Hofer und das Jahr 1809, mit besonderer Rücksicht auf Passeier's Theilnahme am Kampfe. *Innsbr.* 1852. 8.

Weidinger (Carl). A. Hofer und seine Kampfgenossen, oder die Geschichte Tirol's im Jahre 1809, etc. *Leipz.* 1853. 8.

Schoenhuth (Ottmar F... H...). A. Hofer, der treue Commandant in Tirol, und seine braven Genossen, etc. *Reutling.* 1853. 8.

Roegal (Anton). Rede bei der feierlichen Einweihung des Denkmals für A. Edlen v. Hofer, etc. *Innsbr.* 1834. 8. Portrait.

Hoffbauer (Clemens Maria),
religieux allemand.

Poesl (Friedrich). C. M. Hoffbauer, der erste deutsche Redemptorist, in seinem Leben und Wirken, etc. *Regensb.* et *Luzern.* 1844. 8. Portrait.

Hoffer (Johann Bernhard),
jurisconsulte allemand (17 nov. 1728 — 1er oct. 1792).

Jaeger (Wolfgang). Programma ad funus J. B. Hofferi, P. P. *Altorf.* 1792. Fol.

Hoffman, née **Tanska** (Clémentine),
auteur polonaise (1798 — vers 1846).

Deux femmes célèbres. Tome I. Madame du Châtelet. Thomas Campanella. Tome II. Madame Hoffman-Tanska. *Par.* 1846. 2 vol. 8.

Hoffmann (Christian Friedrich),
jurisconsulte allemand.

Hoffmann (Johann Wilhelm). Monumentum C. F. Hoffmanno positum. *Frf. ad Viadr.* 1735. Fol. (*D.*)

Hoffmann (Ernst Theodor Amadeus ou mieux Wilhelm),
littérateur allemand (24 janvier 1776 — 25 juin 1822).

(**Hitzig**, Julius Eduard). Aus E. T. W. Hoffmann's Leben und Nachlasse. *Berl.* 1823. 2 vol. 8. (*D.*)

Funck (Z...). * Aus dem Leben zweier Dichter : E. T. W. Hoffmann's und Friedrich Gottlieb Wetzel's. *Leipz.* 1836. 8.
* Le véritable nom de l'auteur est Carl Friedrich Kunz.

Hoffmann (Friedrich),
pédagogue allemand.

Henning (Joachim). Memoria viri clarissimi F. Hoffmanni, magistri Hamburgensis. *Hamb.* 1667. 4. (*L.*)

Hoffmann (Friedrich),
médecin allemand (19 février 1660 — 12 nov. 1742).

Schulze (Johann Heinrich). Vita F. Hoffmanni. *Halæ.* 1730. 4.

Baldinger (Ernst Gottfried). Programma de F. Hoffmanni et Herm. Boerhavii meritis in medicinam practicam. *Lips.* 1772. 4.

Loven (N... H...). Dissertatio de F. Hoffmanno ejusque medicina rationali systematica. *Lund.* 1846. 4.

Conspectus dissertationum, librorum omniumque scriptorum, quæ ab anno 1681 usque ad annum 1729 editorum a F. Hoffmanno, s. l. (*Halæ*) 1729. 4. (*D.*)

Hoffmann (Gottfried),
pédagogue allemand (5 déc. 1658 — 1er oct. 1721).

Didascophilus *. Lebensbeschreibung G. Hoffmann's, Rectors des Gymnasiums zu Zittau, etc. *Budiss.* 1721. 8. Portrait. (*D.*)
* Auteur pseudonyme.

Hoffmann (Jacob Wilhelm),
jurisconsulte allemand.

Chladen (Johann Martin). Memoria J. W. Hoffmanni professoris. *Erlang.* 1752. 8.

Hoffmann (Johann),
théologien allemand.

Hoffmann (Johann Gottlieb). Schediasma historicum de J. Hoffmanno, primo academiæ Lipsiensis auctore et professore. *Lips.* 1710. 4. (*L.*)

Hoffmann (Johann Basilius),
pédagogue allemand.

Dommerich (Johann Christoph). Supremum officium in obitum convectoris J. B. Hoffmanni. *Guelpherb.* 1748. 4. (*D.*)

Hoffmann (Johann Wilhelm),
jurisconsulte allemand.

Berger (Johann Wilhelm). Programma academicum in J. G. Hoffmanni funere. *Witteb.* 1739. Fol.

Guden (Gottlob Friedrich). Vita J. G. Hoffmanni, juris utriusque doctoris. *Lips.* 1742. 4. Portrait. (*D.*)

Hoffmann (Joseph),
peintre allemand.

Wallraf (Ferdinand Franz). Trauerrede auf den Geschichtsmaler J. Hoffmann. *Coeln.* 1812. 8.

Hoffmann (Leopold Aloys),
publiciste allemand (1748 — 2 sept. 1806).

Hoffmann (Leopold Aloys). Höchst wichtige Erinnerungen über Angelegenheiten unseres Zeitalters. *Wien.* 1795-96. 2 vol. 8. *
* Ouvrage confisqué par la police autrichienne.

Alxinger (Johann Baptist v.). Anti-Hoffmann. *Wien.* 1792. 2 parts. 8.

Huber (Franz Xaver). Kann ein Schriftsteller wie Hoffmann Einfluss auf die öffentliche Stimmung haben? *Wien.* 1792. 8.

Hoffmann, dit von Fallersleben * (August Heinrich),
poëte allemand (2 avril 1798 — ...).
Levensschets van A. H. Hoffmann von Fallersleben,
s. l. et s. d. (vers 1858.) 8. (*Ld.*)
* Nom emprunté à son lieu natal.

Zehn Actenstücke über die Amtsentsetzung des Professors Hoffmann von Fallersleben. *Mannh.* 1843. 8. (Publ. par lui-même.)
Hoffmann v. Hoffmannswaldau (Christian),
poëte allemand (25 déc. 1618 — 18 avril 1679).
Lohenstein (Daniel Caspar v.). Lobrede bei des Herrn C. Hoffmann v. Hoffmannswaldau's Leichenbegängniss. *Bresl.* 1679. 8.

Hoflaender (Carl Gottlieb),
théologien allemand.
Gensler (Wilhelm August Friedrich). In memoriam viri magnifici C. G. Hoflaenderi. *Coburg.* 1820. 8.
Hofland, née **Wreaks** (Barbara),
auteur anglaise (+ 9 nov. 1844).
Ramsay (Thomas). Life and literary remains of B. Hofland, author of *Son of a Genius*, *Patience*, *Decision*, etc. *Lond.* 1849. 12.
Hofman (Hans de),
littérateur danois (10 juillet 1713 — ... 1793).
Hasse (Laurids). Ligtale over H. de Hofman. *Frideric.* 1793. 8.
Hofman (Tycho de),
jurisconsulte danois (15 déc. 1714 — 14 février 1754).
Scherewien (Carl Leopold v.). Leben des T. v. Hofman. *Kopenh.* 1784. 8.
Hofmann (Caspar),
médecin allemand (9 nov. 1572 — 3 nov. 1648).
Bruno (Jacob Pancratius). Oratio de vita, moribus et scriptis C. Hofmanni, etc. *Curiæ Varisc.* 1661. 12. *Lips.* 1664. 12. *Ibid.* 1678. 12.
Gerlach (Benjamin Gottlieb). Epistola de vita C. Hofmanni. *Mulhus.* 1736. 4.
Hofmann (Carl Friedrich),
théologien allemand (10 août 1738 — 13 juillet 1772).
Hiller (Johann Friedrich). Memoria C. F. Hofmanni. *Witteb.* 1772. 4.
Hofmann (Carl Moritz),
jurisconsulte allemand (20 sept. 1665 — 24 mai 1738).
Schwarz (Christian Gottlieb). Programma ad exequias C. M. Hofmanni, J. U. D. *Altorf.* 1738. Fol.
Hofmann (Christian Gottfried),
jurisconsulte allemand (8 nov. 1692 — 1er sept. 1735).
Hofmann (Johann Wilhelm). Laudatio funebris in obitum fratris C. G. Hofmanni. *Frf.* 1755. Fol.
Hofmann (Christoph Gottlieb),
théologien allemand (11 oct. 1731 — 21 février 1772).
Kurzgefasste Lebensgeschichte C. G. Hofmann's, etc. *Nürnb.* 1772. 8.
Hofmann (Daniel),
médecin allemand (25 nov. 1695 — 3 avril 1752).
Programma funebre in memoriam D. Hofmanni. *Tubing.* 1752. 4.
Hofmann (Georg Jeremias),
théologien allemand (10 nov. 1670 — 14 août 1732).
Herdegen (Johann). Leichpredigt aus Herrn Prediger und Professor G. J. Hofmann. *Nürnb.* 1753. Fol.
Hofmann (Johann Andreas),
jurisconsulte allemand (4 sept. 1716 — 16 mai 1795).
Curtius (Michael Conrad). Memoria J. A. Hofmanni. *Marb.* 1795. 4. (*Lv.*)
Hofmann (Johann Gottlieb),
pédagogue allemand.
Abriss des Lebens und Wirkens J. G. Hofmann's. *Leipz.* 1822. 8. (*D.*)
Hofmann (Johann Jacob),
jurisconsulte suisse.
Brandmueller (Jacob). Oratio funebris in luctuosissimum obitum J. J. Hofmanni, J. U. D. *Basil.* 1644. 4.

Hofmann (Melchior),
anabaptiste alsacien du XVIe siècle.
Krohn (Berthold Nicolaus). Geschichte der fanatischen und enthusiastischen Wiedertäufer, vornemlich in Nieder-Deutschland : M. Hofmann und die Secte der Hofmannianer. *Leipz.* 1759. 8.
Herrmann (Gustave). Essai sur la vie et les écrits de M. Hofmann. Thèse. *Strasb.* 1852. 8.
Hofmann ou Hoffmann (Moritz),
médecin allemand (20 sept. 1621 — 22 avril 1698).
(**Omeis**, Magnus Daniel). Memoria M. Hofmanni, medici Altorfensis. *Altorf.* 1699. Fol. Portrait.
Kornhardt (Johann Gottlieb). Nachricht von M. Hofmann. *Berl.* 1737. 4.
Hofmann (Paul),
théologien allemand (31 oct. 1630 — 18 mars 1704).
Weiss (Gottfried). Leichen-Sermon auf P. Hofmann. *Thorn.* 1704. Fol. (*D.*)
Hofmann (Paul Gottlieb),
théologien allemand.
Richter (Adam Daniel). Programma ad exequias P. G. Hofmanni. *Annaberg.* 1748. Fol. (*D.*)
Hofstede (Pieter),
théologien hollandais.
Ter gedachtnis voor P. Hofstede. *Amst.* 1786. 8.
Nassau (H... J...). M. P. Hofstede, etc., in zijn leven en werken. *Koeverden.* 1840. 8. Portrait.
Hogarth (William),
peintre anglais du premier ordre (vers 1697 — 26 oct. 1764).
(**Trusler**, John). Hogarth moralized, being a complete edition of Hogarth's works, etc. *Lond.* 1768. 8.
Nichols (John). Biographical anecdotes of W. Hogarth, with a catalogue of his works, chronologically arranged. *Lond.* 1781. 8. *Ibid.* 1782. 8. *Ibid.* 1785. 8. Trad. et abrég. en allem. (par August Wilhelm **Cassen**). *Leipz.* 1783. 8. Portrait.
Ireland (John). Hogarth illustrated. *Lond.* 1791-98. 3 vol. 8.
—— Graphic illustrations of Hogarth. *Lond.* 1794-99. 4 vol. 8.
Lichtenberg (Georg Christoph). Erklärungen der Hogarth'sen Kupferstiche, mit verkleinerten Copien derselben von **Riepenhausen**. *Goetting.* 1794-1831. 13 livraisons. 8.
Cook (George?). Hogarth restored, with commentaries. *Lond.* 1802. 2 vol. 8. Suivi de « Clavis Hogarthiana ». *Lond.* 1808. 3 vol. 8.
Nichols (John). Clavis Hogarthiana. *Lond.* 1817. 8.
Hogendorp (Gijsbert Karel, grave van),
homme d'État hollandais (27 oct. 1762 — 5 août 1834).
Vreede (G... W...). Iets bij de dood van G. K., grave van Hogendorp. *Gorinch.* 1834. 8. (*Ld.*)
Hogendorp (Thierry, grave van),
général hollandais, frère aîné du précédent (1761 — vers 1830).
Mémoire du général comte de Hogendorp, pour servir de réfutation des bruits injurieux et des calomnies répandus contre lui dans les gazettes, journaux et pamphlets, pendant qu'il était gouverneur de Hambourg, lors du dernier blocus de cette place, etc. *Amst.*, *la Haye*, *Brux.* et *Hamb.* 1814. 8.
Hohberg (Grafen v.),
famille allemande.
Familia comitum ab Hohberg, s. l. et s. d. Fol.
Hohenburg (Grafen v.),
famille allemande.
Ried (Thomas). Genealogisch-diplomatische Geschichte der Grafen v. Hohenburg, Markgrafen auf der Nordgau, etc. *Regensb.* 1802. 4.
—— Zweite Abhandlung über die Grafen v. Hohenburg. *Regensb.* 1814. 4.
Hohenhausen (Carl v.),
poëte allemand (1815 — se suicidant en 1833).
Hohenhausen (Leopold v.). C. von Hohenhausen. Untergang eines Jünglings von 18 Jahren, zur Beherzigung für Eltern, Erzieher, Religionslehrer und Aerzte. *Braunschw.* 1836. 8. 2 portraits.
Hohenheim, voy. **Paracelse.**

Hohenlohe (Fürsten v.),
famille allemande.
Struve (Burkhard Gotthelf). Origines et elogia Hoën-loica. *Jenæ.* 1710. 4.

Hohenlohe (Gottfried, Graf v.).
Maurer (Johann Georg). Merkwürdige Lebensbeschrei-bung Herrn G. von und zu Hohenlohe, als preisswürdi-gen Stammvaters und Stifter's der in seinen resp. reichs-fürstlichen und gräflichen Nachkommen noch blühen-den Hohenlohe'schen Hauptlinie, etc. *Frf.* 1748. 4.

Hohenlohe (Heinrich v.),
grand-maître de l'ordre teutonique (... — 1245 — 1252).
Hofmann (Johann Daniel). Programma de H. de Ho-henlohe , magistro ordinis teutonici generali ac rebus sub illo gestis. *Elbing.* 1757. 4.

Hohenlohe-Waldenburg-Schillingsfürst
(Judith, Fürstin),
mère du suivant.
Hohenlohe-Waldenburg-Schillingsfürst (Leopold Alexander v.). Biographie und christliche Züge aus dem Leben und Character der Fürstin J. v. Hohenlohe-Waldenburg-Schillingsfürst , geb. Baronesse v. Re-viczki. *Regensb.* 1858. 8. Portrait.

Hohenlohe-Waldenburg-Schilligsfürst
(Leopold Alexander, Fürst v.),
soi-disant thaumaturge allemand (17 août 1793 — 14 nov. 1849).
Schneider (Johann Joseph). Fürst A. v. Hohenlohe und Carl Sigismund Richter, oder der Wunderdoctor zu Rouen in Schlesien, etc. *Frf.* 1821. 8.
Baur (Franz Nicolaus). Wahre und kurze Beschreibung der merkwürdigen Ereignisse und wohlthätigen heili-gen Handlungen des Fürsten A. v. Hohenlohe. *Würzb.* 1821-22. 2 parts. 8. Trad. en holland. *Bosch.* 1825. 8.
(**Arco**, Carl v.). Unpartheiische Prüfung über die Wun-derheilungen des Fürsten Hohenlohe und des Martin Michel. *Würzb.* 1822. 8.
—— Schreiben an F. v. Spaun über die Schrift *Die Thau-maturgen des 19. Jahrhunderts.* *Münch.* 1822. 8.
Ansichten von den Heilungen des Fürsten Hohenlohe. *Nürnb.* 1822. 8.
Gratz (Aloys). Briefe über die Wunderheilungen des Fürsten v. Hohenlohe. *Mainz.* 1822. 8.
Onymus (Adam Joseph). Meine Ansichten von den wun-derbaren Heilungen, welche der Fürst A. v. Hohen-lohe in Würzburg vollbracht hat. *Würzb.* 1822. 8. Trad. en franç., s. c. t. Réflexions sur les guérisons miracu-leuses opérées à Wurtzbourg par le prince A. de Hohen-lohe. *Anvers.* 1822. 8.
Scharold (Carl Gottfried). Briefe über Würzburg (über die Wunderheilungen des Fürsten A. v. Hohenlohe). *Würzb.* 1822. 8.
—— Lebensgeschichte des Fürsten A. v. Hohenlohe-Schillingsfürst. *Würzb.* 1822. 8. Portrait. *Ibid.* 1824. 8.
Quintessenz aus Anfang, Mitte und Ende der Wunder-cur-Versuche, welche zu Würzburg und Bamberg durch Michel Martin , Bauer von Wittichhausen, und durch Seine Hochwürden und Durchlaucht den Domherrn , Vicariatsrath und Prinzen A. v. Hohenlohe-Schillings-fürst unternommen worden sind. *Leipz.* 1822. 8. Port.
Zenger (Cassiodor Franz Joseph). Vertrautes Gespräch über die vom Fürsten A. v. Hohenlohe bewirkten Hei-lungen. *Sulzb.* 1823. 8.
Miracle said to have been wrought by prince Hohenlohe in Ireland , on Monday the 9th of June 1823. *Lond.* 1823. 8.
(**Doyle**, John). Nachricht von dem Wunder des Fürsten Hohenlohe an Miss Mac' Lalor von Rosskilton. *Bamb.* 1823. 8. *

* Cet ouvrage nous paraît être une traduction de l'écrit précédent.

Pachtler (G... M...). Biographische Notizen über seine Durchlaucht den hochseligen Prinzen A. zu Hohenlohe-Waldenburg-Schillingsfürst , Bischof von Sardica, etc. *Augsb.* 1850. 8. Portrait.
Vie du prince A. de Hohenlohe, etc. *Lille.* 1851. 8. Por-trait.

Hohenlohe (Sigismund , Graf).
Wibel (Johann Christian). Lebensgeschichte des Grafen S. v. Hohenlohe, sammt dessen *Creutzbüchlein.* *Frf.* et *Leipz.* 1748. 4.

Hohenstauffen,
dynastie allemande (1138 — 1254).
Koeler (Johann David). Genealogia familiæ augustæ Stauffensis. *Altorf.* 1741. 4.
Woelker (Georg Friedrich). Genealogia familiæ augustæ Stauffensis, ex diplomatibus et optimis scriptis. *Altorf.* 1787. 4.
Ammermueller (Johann Friedrich). Hohenstauffen, oder Ursprung und Geschichte der schwäbischen Herzoge und Kaiser aus diesem Hause. *Stuttg.* 1805. 8. *Gmünd.* 1815. 4.
Baumeister (Johann Sebastian). Gallerie der Familien-bilder des Hauses der Hohenstauffen. *Gmünd.* 1811. 4. 11 portraits.
Raumer (Friedrich v.). Geschichte der Hohenstauffen und ihrer Zeit. *Leipz.* 1824-26. 6 vol. 8. *Ibid.* 1840. 6 vol. 8. *

* Illustré de 12 portraits ; il existe aussi une édition in-4o.

Zimmermann (Wilhelm). Die Hohenstauffen, oder der Kampf der Monarchie gegen Papst und republikanische Freiheit ; historisches Denkmal. *Stuttg.* 1840. 8.
Cherrier (C... de). Histoire des luttes des papes et des empereurs de la maison de Souabe, de ses causes et de ses effets, ou tableau de la domination des princes de Hohenstauffe dans le royaume des Deux-Siciles jusqu'à la mort de Conradin. *Par.* 1841-44. 2 vol. 8.

Hohenthal (Peter Carl Wilhelm , Graf v.),
jurisconsulte allemand (20 avril 1764 — 15 janvier 1825).
(**Lindner**, Johann Wilhelm Siegmund). Graf P. C. W. v. Hohenthal. Darstellung seines Lebens und seiner Handlungsweise. *Ilmenau.* 1827. 8. (L.)

Hohenzollern-Hechingen (Friedrich Franz Xavier, Prinz zu),
feld-maréchal d'Autriche (21 mai 1757 — ... 1844).
Smola (Carl v.). Leben des Feldmarschalls Prinzen F. F. X. zu Hohenzollern-Hechingen. *Wien.* 1845. 8.

Hoier (Elias),
théologien allemand.
Epigraphium viri E. Hoieri, pastoris ecclesiæ Stroppensis. *Vratisl.* 1675. 4.

Hoim (Otto v.),
jurisconsulte allemand.
Caselius (Johann). Oratio memoriæ et honori O. ab Hoim. *Helmst.* 1604. 4. (D.)

Hoja (Johann , Graf v.).
Walrand, Graf v. Mœrs, Bischof, und J. Graf v. Hoja, Protector zu Münster. *Münst.* 1798. 8.

Hok (Hans Christian, Freiherr v.).
Ehrendenkmal dem H. C. Freiherrn von Hok und Thomas-waldau errichtet. *Glogau.* 1778. 4.

Holbach (Paul Heinrich Dietrich, Freiherr v.),
philosophe allemand (vers 1723 — 21 janvier 1789).
Damiron (Nicolas?). Mémoire sur Thierry d'Holbach, etc. *Par.* 1851. 8.

Holbein (Hans),
peintre suisse du premier ordre (1497 * — 1554).
Hegner (Ulrich). H. Holbein der Jüngere. *Berl.* 1827. 8. Portrait.
Rumohr (Carl Friedrich v.). H. Holbein der Jüngere in seinem Verhältniss zum deutschen Formschnittwesen. *Leipz.* 1850. 8.

* Et non en 1495, comme le disent à tort quelques biographes.

Holberg (Ludvig),
poëte norvégien du premier ordre (6 nov. 1684 — 27 janvier 1754).
Holberg (Ludvig). Vita sua in epistolis descripta. Trad. en allem. et accomp. de notes. *Kopenh.* et *Leipz.* 1745. 8. Portrait. (D.) *Flensb.* 1774. 8. Trad. en dan. par Thomas Georg Knoo. *Bergen.* 1741. 8.
Lysholm (Christopher). Oratio funebris in L. Holber-gium. *Hafn.* 1754. 4.
Wandal (Peder Topp). Levensbeschrijving van L. Hol-berg. *Amst.* 1765. 8. (Trad. du dan.)
Rahbek (Knud Lyne). Om L. Holberg som Lystspil-digter og om hans Lystspil. *Kjöbenh.* 1815-16. 2 vol. 8.
Werlauff (Erich Christian). Historiske Antegnelser til L. Holbergs Lystspil. *Kjöbenh.* 1858. 8.

Holcroft (Thomas),
auteur et acteur anglais (10 déc. 1745 * — 23 mars 1809).

Memoirs of the late T. Holcroft, written by himself and continued to the time of his death, etc. *Lond.* 1816. 3 vol. 8. Portrait. Réimprim. (par William HAZLITT). *Lond.* 1852. 8. (*Cp.*)
* Et non le 22 déc. 1744, comme l'indiquent plusieurs dictionnaires biographiques.

Holewein (Johann),
théologien allemand.

Moller (Samuel). Memoria J. Holeweinii. *Freiberg.* 1607. 4. (*D.*)

Holger Danske, voy. **Ogier le Danois.**

Holk (Hans),
littérateur danois.

Prahl (Niels). H. Holks Levnetsloeb. *Kjoebenh.* 1783. 8.

Holl (Elias),
architecte allemand (vers 1863 — 1736).

Wagenseil (Christian Jacob). E. Holl, Baumeister zu Augsburg ; biographische Skizze. *Augsb.* 1818. 8. Port.

Holland (Henry Richard **Vassal** *, lord),
homme d'État anglais (23 nov. 1773 — 22 oct. 1840).

Holland (Henry Richard). Foreign reminiscences , edited by his son, Henry Edward HOLLAND. *Lond.* 1851. 8.

—— Memoirs of the Whig party, during my time, edited by Henry Edward HOLLAND. *Lond.* 1854. 2 vol. 8.

Moylon (N... N...). Opinions of lord Holland, as recorded in the journal of the house of lords, from 1797 to 1840. *Lond.* 1841. 8.
* Ce nom appartenait à l'épouse de lord Holland. Ses enfants ont pris le nom de leur grand-père Steffen Fox.

Hollar (Wensel),
graveur bohême (1607 — 28 mars 1677).

Vertue (George). Description of the works of the ingenious delineator and engraver V. Hollar, with some account of his life. *Lond.* 1745. 4. *Ibid.* 1759. 4. *
* Cet ouvrage, orné de son portrait, est omis par Lowndes.

Parthey (Gustav). W. Hollar. Beschreibendes Verzeichniss seiner Kupferstiche. *Bert.* 1853. 8.

Holleben (N... N... v.),
homme d'État allemand.

Hoerschelmann (Friedrich Ludwig Anton). Leben des Geheimen Raths v. Holleben. *Frf.* et *Leipz.* 1772. 8.

Holley (Horace),
littérateur anglo-américain.

Caldwell (Charles). Discourse on the genius and character of the Rev. H. Holley, L. L. D. late president of Transylvania university. *Boston.* 1828. 8.

Hollis (Thomas Brand),
touriste anglais (14 avril 1720 — 1er janvier 1784).

(Disney, John). Memoirs of T. B. Hollis, Esq. *Lond.* 1808. 4.

Hollmann (Johann),
théologien allemand.

Pratje (Johann Heinrich). Sendschreiben von J. Hollmann's, ersten lutherischen Predigers zu Stade, Leben. *Stade.* 1755. 4.

Holm (Peder),
théologien danois (6 juin 1706 — ... 1777).

Schlegel (Johann Heinrich). Oratio in memoriam P. Holmii. *Hafn.* 1778. 4. Trad. en dan. par Rasmus NYERUP. *Kjoebenh.* 1779. 4.

Holm (Povel),
pédagogue danois (1704 — 1785).

Tauber (Johan Henrik). Amindelsetale over P. P. Holm. *Odense.* 1785. 8.

Holmboe (Hans Peder),
théologien norvégien.

Jacobsen (Jacob). Sognepraest H. P. Holmboes Liv og Virksomhed. Mindeskrift. *Toensberg.* 1842. 8.

Holopherne,
général du roi Nabuchodonosor.

Artopaeus (Johann Christoph). Dissertatio, utrum narratio de Juditha et Holopherne historia sit an epopœia? *Argent.* 1700. 4.

Holst (J... J... van),
Hollandais.

(Bergman, J... T...). Levensschets van B. A. Nauta en van J. J. van Holst, s. l. et s. d. (*Haart.* 1835.) 8. (Extrait du *Konst-en Letterbode.*) — (*Ld.*)

Holstein (Johan Georg).
Lebenslauff J. G. Holstein's. *Kopenh.* 1727. Fol.

Holstein (Johan Ludvig, Grev af),
homme d'État danois (1694 — 29 janvier 1763).

Hjelmstjerne (Henrik de). Lovtale over Grev J. L. af Holstein. *Kjoebenh.* 1766. 8.

Holstenius (Lucas),
philologue allemand (1596 — 2 février 1661).

(Wilkens, Nicolaus). Leben des gelehrten L. Holstenii, protonotarii apostolici, S. Petri Basilicæ canonici et bibliothecæ Vaticanæ custodis. *Hamb.* 1723. 8. (*D.*)

Holt (John),
jurisconsulte anglais du XVIIIe siècle.

Life of the Right Hon. sir J. Holt, knight, lord-chief-justice of the Kings-Bench. *Lond.* 1764. 8.

Holtei (Carl Eduard v.),
auteur allemand (24 janvier 1797 — ...).

Holtei (Carl v.). Vierzig Jahre. *Bert.* 1843-46. 8 vol. 8.

Holtze (Georg v.),
magistrat allemand (17 mars 1696 — 12 mars 1673).

Kirsten (Michael). Programma in obitum G. von Holtze J. U. L. et senatoris primi reipublicæ Hamburgensis. *Hamb.* 1673. Fol.

Holtzmann (Friedrich),
théologien allemand (1621 — 18 juin 1676).

Richter (Georg). Concio funebris et curriculum vitæ F. Holtzmanni, germanice. *Chemnic.* 1676. 4. (*D.*)

Mueller (Daniel). Programma de vita F. Holtzmanni. *Chemnic.* 1721. Fol.

Holzhauser (Bartholomæus),
théologien allemand (1613 — 1658).

Biographia venerabilis servi Dei B. Holzhauseri , vitæ communis clericorum secularium restauratoris, etc. *Mogunt.* 1737. 8. *Bamb.* 1784. 8. *Ibid.* 1799. 8.

Buchfelner (Simon). Lebensgeschichte des ehrwürdigen B. Holzhauser. *Münch.* 1827. 8.

B. Holzhauser's Lebensgeschichte, etc., aus dem Lateinischen übersetzt von L... CLARUS. *Regensb.* 1849. 2 volumes 8. *
* Traduction libre de l'ouvrage cité ci-dessus.

Werfer (Albert). Lebensgeschichte des B. Holzhauser, Weltpriesters. *Schaffhaus.* 1853. 8.

(Viguier, Pierre François). Véritable prophétie du vénérable Holzhauser. *Par.* 1815. 12. *
* Publ. sous la lettre initiale V.

Holzinger (Benedict),
pédagogue allemand (25 juin 1753 — 25 mars 1822).

Mall (Sebastian). Rede auf B. Holzinger. *Landsh.* 1822. 8.

Holzschuher (Christoph Sigmund),
littérateur allemand (30 nov. 1729 — 12 oct. 1779).

Meierlein (Conrad). Ehrengedächtniss C. S. Holzschuher's. *Nürnb.* 1782. Fol. Portrait.

Hombergk zu Vach (Æmilius Ludwig),
jurisconsulte allemand (15 mars 1720 — 21 juillet 1783).

Curtius (Michael Conrad). Memoria Æ. L. Hombergkii zu Vach. *Marb.* 1783. 4. (*D.* et *L.*)

Hombergk zu Vach (Johann Friedrich),
jurisconsulte allemand (13 avril 1673 — 20 février 1748).

Koenig (Johann Carl). Programma in obitum J. F. Hombergk zu Vach, vicecancellarii academiæ Marburgensis. *Marb.* 1748. Fol.

Duysing (Heinrich Otto). Oratio piis manibus procancellarii J. F. Hombergk zu Vach dicata. *Marb.* 1748. Fol. (*L.*)

Hombline (Sainte),
sœur de S. Bernard.

Waustry (Bonaventure). Vie de S. Hombline, sœur de S. Bernard, religieuse de Citeaux. *Louvain.* 1633. 8.

Homburg (Johann),
philosophe allemand (vers 1602 — 21 mai 1656).

Programma academicum in J. Homburgi funere. *Helmst.* 1656. 4. (*D.*)

Home, lord **Kames** (Henry),
jurisconsulte anglais (1696 — 27 déc. 1782).
Tytler lord **Woodhouselee** (Alexander Fraser). Memoirs of the life and writings of the Hon. H. Home, lord Kames, on of the senators of the college of justice in Scotland, with a supplement. *Edinb.* 1807-10. 2 volumes 4. Portrait. (*P.*)

Homelius (Andreas),
jurisconsulte allemand.
Schmuck (Vincenz). Leichenpredigt auf A. Homel, nebst dessen Lebenslauff und Matthias Dæssen's Programm. *Leipz.* 1607. 4. (*L.*)

Homelius ou **Homilius** (Johann),
mathématicien allemand (1518 — 4 juillet 1562).
Camerarius (Joachim). Oratio, in qua copiosa mentio fit dignitate et doctrina præstantissimi viri J. Homilii, mathematici. *Lips.* 1563. 8. (*L.*)
Staehlin-Storcksburg (Jacob v.). Lobrede auf J. Homel, Kaiser Carl's V Hofmathematikus. *Memming.* 1728. 4.

Homère,
poète grec (né vers l'an 884 avant J. C.).
Allacci (Leone). De patria Homeri liber, etc. *Lugd.* 1640. 8.
Paschius (Johann). Dissertatio de poetarum principe Homero. *Rostoch.* 1687. 4.
Kuester (Ludolph). Historia critica Homeri, in qua de scriptis ejus tam deperditis, quam exstantibus, spuriis et genuinis, etc. *Frf. ad Viadr.* 1696. 8.
Brendel (Adam). Dissertatio de Homero medico. *Witteb.* 1700. 4.
Celsius (Olof). Dissertatio de Homeri vita et scriptis. *Upsal.* 1714. 8.
Asp (Matthias). Disputationes de Homero. *Upsal.* 1714. 8.
Schmutzer (Johann Gottfried). Programma de Homero cunucho. *Lips.* 1753. 4.
Blackwell (Thomas). Enquiry into the life and writings of Homer. *Lond.* 1755. 8. *Ibid.* 1736. 8. *Ibid.* 1752. 8. *Ibid.* 1757. 8.
Lami (Giovanni). Saggio delle delizie dei dotti e degli eruditi, risguardante le vite e gli scritti dei due primi grandi uomini dell' antichità, Esiodo ed Omero, publ. par Giuseppe Ricci. *Firenz.* 1775. 8.
Koeppen (Johann Heinrich Justus). Über Homer's Leben und Gesänge. *Hannov.* 1788. 8. Trad. en holland. *Leyd.* 1820. 8.
Turr (J... E...). Homerus en zijne schriften. *Amst.* 1810. 8. Portrait. (*Ld.*)
Franceson (Charles François). Essais sur la question, si Homère a écrit ses ouvrages et si les grands poëmes de l'Iliade et de l'Odyssée, qu'on lui attribue vulgairement, sont en entier de lui seul. *Berl.* 1818. 12.
Evertsz (U... A...). Dissertatio de Homeri auctoritate apud jurisconsultos Romanos. *Leovard.* 1819. 8.
(**Lechevalier**, Jean Baptiste). Ulysse-Homère, ou le véritable auteur de l'Iliade et de l'Odyssée, par Constantin Koliades. *Par.* 1819. Fol. (Avec le portrait de l'auteur.) Trad. en angl. *Lond.* 1829. 12. (Omis par Lowndes.)
Schubarth (Carl Ernst). Ideen über Homer und sein Zeitalter. *Bresl.* 1821. 8.
Wuerth (Johann Franz Xaver). Dissertatio de Homericorum poematum origine, compositione et ad formandum Græcorum animum, momento. *Leod.* 1821. 8.
Dissertation on the age of Homer, s. l. (*Lond.*) 1823. 8.
Pettretini (Giovanni). Orazione intorno ad Omero ed a Dante. *Padov.* 1824. 4.
Thiersch (Bernhard). Das Zeitalter des Homer. *Halberst.* 1824. 8.
Fortia d'Urban (Agricole de). Homère et ses écrits. *Par.* 1832. 8.
Nitzsch (Gregor Wilhelm). Meletematum de historia Homeri fasciculi II. Programma II sententiæ veterum de Homeri patria et ætate. *Kilon.* 1834. 4.
Juste (Edouard). Dissertation sur l'origine des poëmes attribués à Homère. *Brux.* 1849. 8. (*Bx.*)
Lamartine (Alphonse de). Homère. *Par.* 1852. 8. Portrait. (Extrait du journal *le Civilisateur.*)

Naegelsbach (Carl Friedrich). Die homerische Theologie in ihrem Zusammenhange dargestellt. *Nürnb.* 1840. 8.

Dankowsky (Gregor). Homerus slavicis dialectis cognata lingua scripsit. *Presburg.* 1829-50. 2 parts. 8.

Lichtenstein (Anton August Heinrich). Num liber Jobi cum Odyssea Homeri comparari possit. *Helmst.* 1773. 4.

Hommaire de Hell (Ignace Xavier Morand),
géographe français (24 nov. 1812 — 29 août 1848).
La Roquette (N... N... de). Notice nécrologique sur M. Hommaire de Hell, membre des sociétés de géographie et de géologie, etc., voyageur français, mort en Perse. *Par.* 1850. 8.

Hommel (Carl Ferdinand),
jurisconsulte allemand (6 janvier 1722 — 16 mai 1781).
Roessig (Carl Gottlieb). Vita C. F. Hommelii. *Baruth.* 1782. 4.
(**Ernesti**, August Wilhelm). Memoria C. F. Hommelii. *Lips.* 1783. Fol. (*D. et L.*)

Hommel (Ferdinand August),
jurisconsulte allemand (11 février 1697 — 16 février 1765).
(**Ernesti**, Johann August). Memoria F. A. Hommelii. *Lips.* 1765. Fol. (*D.*)

Hommer (Joseph v.),
évêque de Trier († 1839).
Arnoldi (Wilhelm). Trauerrede auf J. v. Hommer, Bischof von Trier. *Trier.* 1839. 8.

Hondedæus (Joannes Vincentius),
jurisconsulte italien († 17 février 1603).
Bonucci (Marco Antonio). Oratio in funere J. V. Hondedæi. *Perus.* 1603. 4. (*Cp.*)

Honert (Jan van den),
théologien hollandais († 1758).
Lulofs (Jan). Oratio funebris in obitum J. van den Honert. *Lugd. Bat.* 1758. 4. (*Cp.*)

Honesti (Maria Antonietta),
religieuse italienne.
Vita della reverenda madre M. A. Honesti di Savoia, della riforma Cisterciense, prima superiora del nuovo monastero di S. Bernardo, fondato in Lione, detto la Madonna della divina Providenza. *Bologn.* 1653. 4.

Honigberger (Johann Martin),
voyageur hongrois.
Ackersdijck (J...). J. M. Honigberger, s. l. et s. d. (*Haarl.* 1856.) 8. (Extrait du *Konst- en Letterbode.*) — (*Ld.*)

Honore (Sainte).
Miorcec de Kerdanet (Daniel Louis). Notice sur S. Honore de Lesneven. *Brest.* 1853. 8.

Honorius I,
pape, successeur de Boniface V (élu le 14 mai 626 — 12 oct. 638).
Marchese (Francesco). Clypeus fortium, s. vindiciæ Honorii papæ. *Rom.* 1680. 4.
Siena (L...). Dissertazione in difesa di Onorio papa. *Sinigaglia.* 1744. 4.
Bartoli (Giovanni Battista). Apologia pro Honorio I, Romano pontifice. *Feltri.* 1752. 4.
Holzklau (Thomas). Dissertatio de Honorio I pontifice in causa fidei contra Monothelitas. *Wirceb.* 1762. 4.
Ughi (Pietro Antonio Maria). De Honorio I, pontifice maximo. *Bonon.* 1784. 8. 2 portraits.

Hoobrouck, baron d'Asper (Constant Ghislain Charles van),
général belge (27 déc. 1754 — 6 juillet 1809).
Kerchove d'Exaerde (François Antoine Maximilien de). Biographie de C. van Hoobrouck, baron d'Asper, feldmaréchal au service d'Autriche, s. l. et s. d. (*Anvers.* 1848.) 8.
Stassart (Goswin Joseph Augustin de). Notice sur van Hoobrouck, baron d'Asper, général au service d'Autriche. *Brux.* 1851. 8. (*Lv.*)

Hoocker (Thomas),
théologien anglo-américain.
Mather (Colton). Lives of John Colton, John Norton, John Wilson and John Davenport of Boston, and of T. Hoocker, pastor of Hartford. *New-York.* 1695. 12.

Hooft (Pieter Corneliszoon),
poëte hollandais du premier ordre (16 mars 1581 — 21 mai 1647).
Brandt (Geerard). Oratio funebris C. Hooftii, satrapœ Mudani. *Amst.* 1648. 4.
Kruyff (Jan de). Lofreden of P. C. Hooft. *Leyd.* 1810. 8. Portrait.
Koning (Jacob). Geschiedenis van het slot te Muiden, en Hoofts leven op het zelve. *Amst.* 1827. 8.
Heusde (Andreas Cornelis van). Commentatio litteraria de Hooftio cum Tacito comparato. *Groning.* 1838. 4. (*Bes.*)
(**Pan, J...**). Iets over de afbeeldingen van P. C. Hooft, s. l. et s. d. (*Haarl.* 1847.) 8. (Extrait du *Konst-en Letterbode.*) — (*Ld.*)

Hoogeveen (Geraard Aemilius van),
magistrat hollandais.
Vita G. A. van Hoogeveen, loci cognominis domini academiæ, quæ est Leidæ, et ejusdem urbis syndici. *Lugd. Bat.* 1666. Fol. Portrait.

Hoogvliet (Arnoldus),
poëte hollandais (3 juillet 1687 — 17 oct. 1763).
Kruyff (Jan de). Leven van A. Hoogvliet. *Leyd.* 1782. 8. Portrait.
Terpstra (Willem). Oratio de A. Hoogvlietio, poeta epico, etc. *Arnhem.* 1816. 8.

Hoogvliet (Janus Marius),
philosophe hollandais.
Suringar (W... H... D...). Commentariolum de vita J. M. Hoogvliet, philosophiæ theor. Mag. Lit. hum. Doct. gymnasii Delf. rectoris, s. l. et s. d. (*Amst.* 1838.) 8. (*Ld.*)

Hook (Theodore Edward),
littérateur anglais (22 sept. 1788 — 24 août 1841).
Barham (R... H... Dalton). Life and remains of T. Hook. *Lond.* 1849. 2 vol. 8. 2 portraits. *Ibid.* 1853. 2 vol. 8.
Life of T. Hook ; from the *Quarterly Review*. *Lond.* 1852. 8.

Hooker (Joseph Dalton),
botaniste anglais.
Testimonials in favour of J. D. Hooker. *Edinb.* 1845. 8.

Hooker (Richard),
théologien anglais (vers 1554 — 9 nov. 1600).
(**Walton**, Izaak). Life of R. Hooker, the author of the *Learned Books of the laws of ecclesiastical Polity*. *Lond.* 1665. 8. (*D.*)

Hoon (N... N... de),
architecte belge (2 mai 1774 — 22 mai 1850).
(**Goetghebuer,** Pierre Joseph). Den architect De Hoon, s. l. et s. d. (*Gand.* 1850.) 12.

Hoop (Adriaan van der),
poëte hollandais (+ 4 nov. 1841).
Meyer (G... de). Gedachtenisrede en wijlen den Nederlandschen dichter A. van der Hoop jun. *Rotterd.* 1842. 8.

Hoorebeke (J... F... van),
naturaliste belge.
Voisin (Auguste). Notice historique sur M. J. F. van Hoorebeke. *Brux.*, s. d. 8.

Hope (Adrian John).
Episode of A. J. Hope's life. *Strasb.* 1842. 8.

Hope (John),
médecin anglais (10 mai 1725 — 10 nov. 1786).
Duncan (Andrew). Account of the life, writings and character of the late Dr. J. Hope. *Edinb.* 1789. 8. (Non mentionné par Lowndes.)

Hôpital (Michel de l'), voy. **L'Hôpital.**

Hoppe (Christian),
théologien allemand (11 juillet 1633 — 10 avril 1689).
Salemann (Joachim). Christliche Trauer- und Trost-Gedanken, etc., bey christlicher Leichbegängniss des Herrn Mag. C. Hoppe, Predigers an Sanct-Olai Kirchen. *Reval.* 1689. 4.

Hoppe (David Heinrich),
botaniste allemand (15 déc. 1760 — 1er août 1846).
(**Martius,** Carl Friedrich Philipp v.) et (**Fuernrohr,** August Emmanuel). Dr. D. H. Hoppe's Jubelfeier. *Regensb.* 1845. 4. Portrait.

Hoppe (Joachim),
jurisconsulte allemand (8 mars 1656 — 4 février 1712).
Schuetze (N... N...). Leichen-Predigt auf J. Hoppen. *Danz.* 1715. Fol.

Hoppenstedt (August Ludwig),
abbé de Loccum (+ 25 avril 1830).
Knauer (August Wilhelm). L. Hoppenstedt's Leben und Wirken, etc. *Hannov.* 1831. 8. (*D.*)

Hopper (Isaac Thomas),
... anglais.
Child (L... Maria). True life of I. T. Hopper. *Lond.* 1853. 8.

Horace Flaccus (Quintus),
poëte romain du premier ordre (65 — 9 avant J. C.).
Masson (Jean). Vita Q. Horatii Flacci, ordine chronologico sic delineata, ut vice sit commentarii historico-critici in plurima et præcipua poetæ carmina, quæ veris redduntur annis. *Lugd. Bat.* 1708. 8.
Bidermann (Johann Gottlieb). De Horatio musico, etc. *Freiberg.*, s. d. (1768.) 8.
Koefoed (Hans). Disputatio de vita et moribus Horatii. *Hafn.* 1790. 8.
Ommeren (Richard van). Q. Horatius Flaccus als mensch en als burger van Rome beschouwd. *Amst.* 1789. 8. Trad. en allemand. par Georg Ludwig WALCH. *Leipz.* 1802. 8.
Wallin (Johan Olav). Dissertatio de Q. Horatio Flacco lyrico. *Upsal.* 1804. 8.
Seitz (Georg Friedrich). Q. Horatius Flaccus nach seinem Leben und seinen Dichtungen ; biographische Abhandlung. *Nürnb.* 1815. 8.
Oswald (N... N...). Leben , Character und Philosophie des Horaz. *Leipz.* et *Par.* 1833. 8. (Ecrit en forme de dialogue.)
Hanow (Rudolph). Ist Horatius ein kleiner Dichter ? Beitrag zur Characteristik desselben. *Halle.* 1838. 4.
Feldbusch (Felix Sebastian). Dissertatio de Q. Horatio Flacco non adulatore. *Heidelb.* 1859. 8.
Walckenaer (Charles Athanase de). Histoire de la vie et des poésies d'Horace. *Par.* 1840. 2 vol. 8. Port. (*Lv.*)
Vannucci (Atto). Vita di Q. Orazio Flacco. *Prato.* 1841. 12.
Teuffel (Wilhelm Sigmund). Characteristik des Horaz. Beitrag zur Literaturgeschichte. *Leipz.* 1842. 8.
—— Horaz ; literar-historische Übersicht. *Tübing.* 1843. 8.
Weber (Wilhelm Ernst). Q. Horatius Flaccus als Mensch und Dichter, etc. *Jena.* 1844. 8.
Lysander (Albrecht T...). De Q. Horatio Flacco homine ac poeta commentatio; programmata III. *Lund.* 1848. 4.
Grotefend (Georg Friedrich). Die schriftstellerische Laufbahn des Horatius. *Hannov.* 1850. 8.
Murray (John). Horatian criticism, or original views of passages in the life and writings of the poet-philosopher of Venusia, etc. *Lond.* 1851. 8.
Jacob (Friedrich). Horaz und seine Freunde. *Berl.* 1852. 8.
Milman (Henry Hart). Life of Q. Horatius Flaccus. *Lond.* 1854. 8. (Edition illustrée.)

Neuhaus (Wendelin). Bibliotheca Horatiana, s. syllabus Q. Horatii interpretationum, versionum ab anno 1470 ad annum 1770. *Lips.* 1775. 8. (*L.*)

Horæ, voy. **Heures.**

Horbius (Johann Heinrich),
théologien allemand (1645 — 1695).
Muenchhausen (N... N...). Ehren-Rettung wegen der dem Pastor J. Horbius unterschobenen Unthaten, s. l. 1693. 4.
Aufrichtige Fürstellung des Ursprungs der Hamburgischen Unruhen, s. l. 1694. 4.
Acta Hamburgensia in der Horbischen Sache. *Alton.* 1695. 8.
Hinkelmann (Abraham). Vom wahren Ursprunge der Hamburgischen Unruhe, s. l. et s. d. (1695.) 8.

Horch (Heinrich),
théologien allemand (vers 1652 — 1729).
Haas (Carl Franz Lubert). Lebensbeschreibung des berühmten Dr. H. Horch, ehemaligen öffentlichen Lehrers der Gottesgelahrtheit zu Herborn, aus Hessen. *Cassel.* 1769. 8. Portrait. (*D.*)

Horja,
insurgent transylvanien.

Horja und Klotska, Oberhaupt und Rathgeber der Aufrührer und Siebenbürgen; physiognomische Skizze, historisch und characteristisch behandelt, nebst der Geschichte dieses Aufruhrs, etc. *Karlsburg et Hermannst.* 1785. 8. *
* Accomp. d'une silhouette de l'un et de l'autre.

Kurze Geschichte der Rebellion in Siebenbürgen, etc. *Strasb.* 1785. 8. *
* On y trouve les silhouettes de Horja et de Klotska.

Horlemann (Christian),
pédagogue allemand.

Programma academicum ad exequias C. Horlemanni. *Lips.* 1667. 4. (D.)

Hormayr-Hortenburg (Joseph, Freiherr v.),
historien allemand (20 janvier 1782 — 5 nov. 1848).

Biographische Züge aus dem Leben deutscher Männer (J., Freiherr v. Hormayr-Hortenburg). *Leipz.* 1815. 8. (*Lv.*)

Horn (Caspar Heinrich),
jurisconsulte allemand (7 février 1657 — 6 février 1718).

Haferung (Johann Caspar). Concio funebris Germanica cum curriculo vitæ germanico C. H. Hornii; Joannis Guilielmi JANI Oratio funebris latina; Adami BRENDELII Programma academicum. *Dresd.* 1718. Fol. (D.)

Horn (Franz),
littérateur allemand (31 juillet 1781 — 19 juillet 1837).

F. Horn; biographisches Denkmal, etc. *Leipz.* 1859. 8. Portrait. (*D.*)

Horn (Georg),
historien allemand (1620 — 1670).

Doerffler (Ludwig Johann). Symbolæ ad vitam G. Hornii. *Baruth.* 1728. 4. (D.)

Flessa (Johann Adam). Dissertatio de vita G. Hornii, Kemnato-Palatini, professoris olim academiæ Lugdunensis in Batavis. *Baruth.* 1758. 4.

Horn (Gustaf Carlsson, Grefve),
général suédois (23 oct. 1592 — 10 mai 1657).

Florander (N... N...). Encomium militiæ Hornianæ. *Upsal.* 1648. 8.

Emporagius (Erik Gabriel). Likpredikan öfver Grefve G. C. Horn, med Personalier. *Stockh.* 1660. 4.

Horn (Gustaf Christierson),
homme d'État suédois (6 avril 1601 — 14 juin 1639).

Orelius (Olaus). Oratio parentalis in obitum G. C. Horn. *Upsal.* 1659. 4.

Mathiaes (Johan). Likpredikan öfver Hofmarskalken G. C. Horn. *Stockh.* 1641. 4.

Horn (Heinrich),
théologien allemand.

Schuetze (Eustachius Friedrich). Programm von den Verdiensten H. Horn's, eines Zeugen der Wahrheit. *Wernigerode.* 1750. 4.

Horn (Immanuel),
théologien allemand (26 juillet 1652 — 9 mars 1714).

(**Cyprian**, Johann). Programma academicum in funere I. Hornii. *Lips.* 1714. Fol. (L.)

Carpzov (Johann Gottlieb). Leichenrede auf I. Horn. *Leipz.* 1714. Fol. (D.)

Horn (Michael Heinrich),
médecin allemand (vers 1623 — 16 oct. 1681).

(**Feller**, Joachim). Programma ad M. H. Hornii exequias. *Lips.* 1681. 4. (L.)

Horne (George),
évêque de Norwich (1730 — 17 janvier 1792).

Jones (William). Memoirs of the life, studies and writings of the Right Rev. G. Horne, late lord-bishop of Norwich. *Lond.* 1795. 8.

Horne (Jan van),
médecin hollandais (vers 1620 — 13 janvier 1670).

Drelincourt (Charles). Oratio de J. van Horne natalibus, vita, instituto et e vivis excessu. *Lugd. Bat.* 1670. 4.

Horner (Francis),
littérateur anglais.

Horner (Leonard). Memoirs and correspondence of the late F. Horner. *Lond.* 1843. 2 vol. 8. Portrait.

Memoirs of F. Horner, with selections from his correspondence. *Edinb.* 1849. 12.

Horner (Johann Caspar),
Suisse.

Necrolog denkwürdiger Schweizer (Paul USTERI, Johann Gottfried EBEL, Johann Heinrich FUESSLI, J. C. HORNER *). *Zürch.* 1837. 8.
* L'esquisse de sa vie est composée par Heinrich Escher.

Horne-Tooke (John),
philologue anglais (1736 — 1812).

Blanchard (John). Trial of J. Horne-Tooke for high treason, at the Old Bailey. *Lond.* 1795. 2 vol. 8.

Reid (William Hamilton). Memoirs of the public life of J. Horne-Tooke, Esq. *Lond.* 1812. 8.

Stephens (Alexander). Memoirs of J. Horne-Tooke, interspersed with original documents. *Lond.* 1813. 2 vol. 8. (P.)

Graham (John A...). Memoir of J. Horne-Took and his identity with Junius. *New-York.* 1827. 8.

Hornejus (Conrad),
théologien allemand (25 nov. 1590 — 26 sept. 1649).

Fabricius (Statius). Programma academicum in funere C. Hornei. *Helmst.* 1649. 4. (D.)

Scheurl (Heinrich Julius). Natalis academiæ Juliæ LXXIII cum parentatione in honorem theologi incomparabilis C. Hornei celebratus. *Guelpherb.* 1649. 4. (D.)

Schrader (Christoph). Oratio in obitum C. Hornei. *Helmst.* 1656. 4. (D.)

Horneck (Ottocar v.), voy. **Ottokar v. Horneck.**

Hornes (Guillaume de),
conspirateur belge (décapité le 8 nov. 1580).

Pointz et articles des charges proposées contre G. de Hornes, seigneur de Heze, avecq la sentence criminelle et capitale sur icelles rendue. *Mons.* 1580. 12. (Très-rare.)

Hornig ou **Hoernig** (Peter),
jurisconsulte allemand.

Programma academicum ad exequias P. Hornigii. *Lips.* 1662. 4. (D.)

Hornschuch (Johann),
helléniste allemand (1601 — 24 sept. 1663).

(**Kromayer**, Hieronymus). Programma academicum in J. Hornschuchii funere. *Lips.* 1663. 4. (D. et L.)

Hornung (Johann),
philologue esthonien († 1715).

Ahrens (Eduard). J. Hornung, der Schöpfer unserer Esthnischen Kirchensprache; zur Ehrenrettung des Unterdrückten. *Reval.* 1845. 8.

Horst (Gregor).

Reineccius (Reiner). Vita G. Horstii. *Lips.* 1595. 8. (L.)

Horst (Gregor),
médecin allemand (5 nov. 1578 — 9 août 1636).

Dieterich (Johann Daniel). Oratio funebris G. Horstii, medicinæ doctoris Ulmensis. *Ulm.* 1656. 4.

Horst (Gregor),
médecin allemand, fils du précédent (20 sept. 1626 — 31 mai 1661).

Eberken (Johannes). Leichpredigt bey dem Tode Dr. G. Horst's. *Ulm.* 1661. 4.

Horst (Johann Friedrich to der),
militaire allemand.

Horst (Johann Friedrich to der). Geschichtliche Darstellung meiner dreissigjährigen Dienstverhältnisse im Hamburgischen Militär. *Schleswig.* 1823. 8.

Horstius (Johann Nicolaus),
savant allemand.

Opitz (Johann Carl). Commemorabilia de M. J. N. Horstio, docto Westphalo, ejusdem aliquamdiu collega Martino Nesselio, poeta laureato cæsareo. *Mind.* 1752. 4.

Horstius (Jacob Merlo), voy. **Merlo-Horstius.**

Hortense,
fille de l'orateur Quintus Hortensius.

Eck (Johann Georg). Über die Hortensia. *Leipz.* 1771. 4.

Hortense de Beauharnais,
épouse de Louis, roi de Hollande (10 avril 1783 — 5 oct. 1837).

La reine Hortense en Italie, en France et en Angleterre, pendant l'année 1831. *Par.* 1833. 8. (Extrait des mémoires écrits par elle-même.)

Trad. en allem. :
(Par Ludwig v. ALVENSLEBEN.) *Leipz.* 1834. 8.
Par Friedrich Ludwig LINDNER. *Stuttg.* 1834. 8.

Cochelet (mademoiselle). Mémoires sur la reine Hortense et la famille impériale (rédigés par Frédéric LACROIX). *Par.* 1836. 4 vol. 8. *Brux.* 1837. 4 vol. 18.

Nicolai (Joseph). Gedächtnissrede bei erfolgtem Ableben der Frau Herzogin von Saint-Leu. *Constanz.* 1837. 8.

Lagarde (comte de). Esquisse biographique sur la reine Hortense, etc. *Par.* 1853. 4.

Notice biographique sur l'impératrice des Français et sur la reine Hortense, mère de Napoléon III. *Par.* 1853. 4.

Hortensius (Quintus),
orateur romain (contemporain de Cicéron).

Ekerman (Peter). Dissertatio de Hortensio, principe eloquentiæ. *Upsal.* 1742. 4.

Luzac (Louis Gaspard). Specimen historico-juridicum de Q. Hortensio oratore, Ciceronis æmulo. *Lugd. Bat.* 1810. 8. *(D.)*

Linsén (J... G...) et **Gadolin** (G... W...). Dissertatio de Hortensio oratore, Ciceronis æmulo. *Aboæ.* 1822. 4.

Horuk,
corsaire algérien.

Wiens (Eberhard). Leben der Korsaren Horuk und Hairadin Barbarossa, als Vervollständigung der Schrift des Verfassers « Kaiser Carl's V Unternehmungen gegen die Raubstaaten Tunis, Algier und Mehedia. » *Münst.* 1844. 8. Portrait de ces deux corsaires.

Hoseas,
prophète juif.

Friderici (Jeremias). Dissertatio de Hosea et ejusdem vaticinio. *Lips.* 1715. 4.

Stellwag (Georg Christoph). Dissertatio de uxore et liberis Hoseæ. *Jenæ.* 1736. 4.

Hosius (Stanislaus),
cardinal-évêque de Warmie (1504 — 5 août 1579).

(Rescius, Stanislaus). Vita D. S. Hosii, Poloni, S. R. cardinalis et episcopi Warmiensis. *Rom.* 1587. 8. *(D.)* *Olivæ.* 1690. 8. *(D.)* Trad. en allemand par Johann Baptist FICKLER. *Ingolst.* 1591. 4.

Treter (Thomas). Theatrum virtutum D. cardinalis S. Hosii, S. R. E. majoris pœnitentiæ et episcopi Warmiensis. *Rom.* 1587. 8. *Ibid.* 1588. 4.

Ernesti (August Wilhelm). Disputatio historico-critica qua Hosium concilio Nicæno non præsedisse ostenditur. *Lips.* 1758. 4. *(D.)*

Hospital, voy. L'Hôpital.

Hospital (Elisabeth et Catherine de).

Bericht, wie es der Fraw E. v. Hospital vnd ihrer Schwoester Fraw C. v. Hospital, nach den Aussage der Ihrigen von Arth zu Schweitz in Gefangenschaft vnd zu Mayland in der Inquisition bis auf ihre wundersamme Erledigung und glückliche Ankunfft zu Zürich ergangen, s. l. et s. d. 4.

Hossart (Philippe),
théologien belge (9 mai 1741 — ... 1792).

Fumière (Louis). Notice sur l'abbé Hossart, auteur d'une *Histoire ecclésiastique du Hainaut.* *Mons.* 1847. 8.

Hossche (Sidronius de),
poète belge (1596 — 4 sept. 1653).

Hulst (Félix van). Notice sur le P. de Hossche (Sidronius Hosschius), à l'occasion du monument que l'on se dispose à lui élever à Merckem, Flandre occidentale. *Liège.* 1844. 8. (Extrait de la *Revue de Liège.*) — *(Lv.)*

Duyse (Prudens van). Véritable portrait de S. Hosschius. *Brug.* 1845. 8. Portrait.

Hossbach (Peter Wilhelm Heinrich),
théologien allemand (20 février 1784 — 7 avril 1846).

Marot (S...) et **Kober** (A...). Rede am Sarge und Predigt zum Gedächtnis des selig entschlafenen Pastors an der neuen Kirche zu Berlin, Doctors der Gottesgelahrtheit und Consistorialraths P. W. H. Hossbach. *Berl.* 1846. 8.

Hotmann (François),
jurisconsulte français (23 août 1524 — 15 février 1590).

Nevelet d'Ossche (Pierre). Elogium F. Hottomanni,

JCti summa viri illius sæculorum memoria dignissimi vitæ capita continens. *Frf.* 1595. 4. *(P. et Lv.)* *Hanov.* 1613. 12.

Moller (Daniel Wilhelm). Disputatio circularis de F. Hotmanno. *Altorf.* 1695. 4. *(D. et Lv.)*

Dareste (Rodolphe). Essai sur F. Hotmann. *Par.* 1850. 8.

Hottinger (Johann Heinrich),
orientaliste suisse (10 mars 1620 — 5 juin 1667).

Raumer (Ephraim Jonathan). In acerbum et luctuosissimum obitum J. H. Hottingeri lamentatio. *Tigur.* 1667. Fol.

Heidegger (Johann Heinrich). Oratio funebris J. H. Hottingeri. *Tigur.* 1671. 4.

—— Historia vitæ et obitus J. H. Hottingeri. *Tigur.* 1667. 8.

Hahn (Gottlieb Hermann). Untersuchung, ob des gelehrten Hottinger's wirkliche Lebensgefahr, in welche er sich, um die Seinigen zu erretten, begeben, strafbar oder verantwortlich sei. *Wittenb.* 1742. 4. *(D.)*

Hottinger I (Johann Jacob),
théologien suisse.

Lavater (Johann Jacob). Oratio inauguralis, quæ præmissa brevi icone theologi, describitur vita J. J. Hottingeri. *Tigur.* 1736. 4. (Avec un catalogue de ses écrits.) — *(D.)*

Hottinger II (Johann Jacob),
théologien suisse (1750 — 4 février 1819).

Bremi (Johann Heinrich). Denkrede auf Herrn J. J. Hottinger. *Zürch.* 1820. 8.

Hotze (David * v.),
général suisse (vers 1740 — tué le 25 sept. 1799).

Faesi (Johann Conrad). Kurze Lebensbeschreibung des k. k. General-Feldmarschall-Lieutenants D. v. Hotze. *Zürch.* 1799. 4. Augment. *Ibid.* 1800. 4.
* La *Biographie universelle* de Michaud le nomme Jean Conrad.

Hotze (Friedrich, Freiherr v.), _
maréchal d'Autriche.

J. C. Hotz, später Friedrich, Freiherr v. Hotze, k. k. Feldmarschall-Lieutenant; von dem Verfasser der *Kriegerischen Ereignisse in Italien* (Freiherrn v. SCHOENHALS). *Zürch.* 1853. 8.

Houbigant (Charles François),
théologien français (1686 — 31 oct. 1783).

(Adry, Jean Félicissime). Notice sur la vie et les ouvrages, tant imprimés que manuscrits, du P. C. F. Houbigant, de l'Oratoire. *Par.* 1806. 8.

Houchard (Jean Nicolas),
général français (1740 — guillotiné le 17 nov. 1793).

Houchard (N... N...). Notice historique et justificative sur la vie militaire du général Houchard. *Strasb.* 1809. 8. (Non mentionné par Quérard.)

Houdencourt, voy. Mothe-Houdencourt
(Philippe de la).

Houdin (Robert),
prestidigitateur français.

Hatin (Eugène). Biographie de R. Houdin. *Par.* 1852. 16.

Houel (Jean Pierre Louis Laurent),
peintre-graveur français (1735 — 14 nov. 1813).

Lecarpentier (C... L...). Notice nécrologique sur J. P. Houel. *Rouen.* 1813. 8. (Extrait du *Magasin encyclopédique,* tiré à part à très-petit nombre.)

Houette (Marie de Sainte Victoire),
religieuse française.

La vie et les vertus de la sœur M. de Sainte Victoire Houette, supérieure au monastère de Notre-Dame de Charité de Tours. *Tours.* 1853. 12.

Hough (John),
évêque de Worcester (1651 — 1743).

Wilmot (John). Life of Dr. J. Hough, bishop of Worcester. *Lond.* 1812. 4.

Houssaye (Arsène),
littérateur français (26 mars 1815 — ...).

Perrier (Jules). Un entrepreneur de littérature. *Sceaux.* 1847. 8. *
* Pamphlet contre M. A. Houssaye comme plagiaire d'Alfred Michiels.

Houssaye (Arsène). Un martyr littéraire ; touchantes révélations. *Par.*, s. d. (1847). 8. *

     * Réfutation de l'écrit précédent.

Michiels (Alfred). Nouvelles fourberies de Scapin (A. Houssaye). *Par.* 1847. 8.

Robin (Charles). Biographie d'A. Houssaye. *Par.* 1848. 8. Portrait. (Extrait de la *Galerie des gens de lettres au* xixe *siècle*).

Clément de Ris (L...). Portraits à la plume : Alfred de Musset, Henri Murger, Octave Feuillet, Alphonse Karr, A. Houssaye , Prosper Mérimée , Théophile Gautier, Saint-Marc Girardin, Honoré de Balzac, etc. *Par.* 1853. 12.

Houtman (Frederik de),
voyageur hollandais du xviie siècle.

Bodel-Nijenhuis (J... T...). Over het leven en de letterkundige verdiensten van F. de Houtman, s. l. et s. d. (*Dordr.* 1854.) 8. (*Ld.*)

Hoven (Friedrich Wilhelm v.),
médecin allemand.

Biographie des königlich baierschen Ober-Medicinalraths, etc. Dr. F. W. v. Hoven, Ehrenbürgers von Nürnberg, (écrite par lui-même et publ. par N... N... MERKEL). *Nürnb.* 1840. 8. Portrait.

Hoverlant de Beauwelaere (Adrien Alexandre Marie),
littérateur belge * (9 mars 1758 — 8 sept. 1840).

. (**Chalon**, Renier). Notice biographique sur messire Hoverlant de Beauwelaere. *Brux.* 1846. 8. **

     * Cet écrivain excentrique s'est fait connaître par l'*Histoire de Tournai*, publiée en 117 volumes.
     ** Publ. s. l. pseudonyme du comte R. C. de FORTIAS.

Hovius (Matthias),
archevêque de Malines (1542 — 20 mai 1620).

Beyerlinck (Laurens). Oratio in funere M. Hovii, tertii archiepiscopi Mechliniensis. *Antwerp.* 1620. 4.

Howard (Charles), voy. Carlisle.

Howard (John),
philanthrope anglais (1726 — 20 janvier 1790).

Aikin (John). View of the character and public services of the late J. Howard, Esq. *Lond.* 1792. 8.

Trad. en allem. par Johann Georg Christian FICK. *Gera.* 1796. 8. (*D.*)

Trad. en franç. par A(ntoine) M(arie) H(enri) B(ou-LARD). *Par.*, an v (1796). 12. (*Lv.*)

Brown (James Baldwin). Memoirs of the public and private life of J. Howard the Philantropist. *Lond.* 1818. 8.

Dixon (Hepworth). J. Howard and the prison world of Europa, from original and authentic documents. *Lond.* 1849. 12. *Ibid.* 1850. 12.

Field (John). Life of J. Howard, with comments on his character and philanthropic labours. *Lond.* 1850. 8.

Rochefoucauld-Liancourt (Gaëtan de la). Vie de J. Howard. *Beauv.* 1851. 8.

Howard (William).

Milner (Joseph). Some remarkable passages in the life of W. Howard. *Lond.* 1785. 8.

Howe (John),
théologien anglais (1630 — 1720 *).

Rogers (Henry). Life and character of J. Howe, with an analysis of his writings. *Lond.* 1856. 8.

     * C'est à tort que la *Biographie universelle* le fait mourir en 1705.

Howe (Richard, lord),
amiral anglais (1722 — 5 août 1799).

Mason (George). Life of R., earl Howe. *Lond.* 1803. 8.

Barrow (John). Life of lord Howe, admiral of the British fleet. *Lond.* 1838. 8.

Narrative of the proceedings of His Majesty Fleet under the command of earl Howe from the 2d of may to the 2d of june 1795. *Lond.* 1796. 4.

Howen (Otto Hermann von der),
homme d'État courlandais (13 nov. 1740 — 15 juin 1806).

Schoppingk (Dietrich Ernst v.). Etwas aus der Lebensgeschichte des Herrn von Howen, russisch-kaiserlichen Geheimen-Raths, ehemaligen herzoglich curländischen Oberraths. *Basel.* (*Dresd.*) 1796. 8.

Hoyois (Henri Joseph),
imprimeur belge (20 sept. 1773 — 9 oct. 1841).

Mathieu (Adolphe Charles Ghislain). Notice sur H. J.

Hoyois, imprimeur-éditeur, libraire à Mons. *Mons*, s. d. (1842). 8. (Tiré à très-petit nombre d'exemplaires numérotés à la presse.)

Hrabanus Maurus,
archevêque de Mayence (776 — 4 février 856).

Buddeus (Johann Franz). Dissertatio de vita et doctrina Hrabani Magnentii Mauri. *Jenæ.* 1724. 4.

Schwarz (Friedrich Heinrich Christian). Commentatio de Rhabano Mauro, primo Germaniæ præceptore. *Heidelb.* 1811. 4.

Dahl (Johann Conrad). Leben und Schriften des Erzbischofs Rabanus Maurus von Mainz. *Fulda.* 1828. 8.

Bach (Nicolaus). Rhabanus Maurus, der Schöpfer des deutschen Schulwesens. *Fulda.* 1835. 4.

Kunstmann (Friedrich). Hrabanus Magnentius Maurus; historische Monographie. *Mainz.* 1841. 8. Portrait. (*D.*)

Hroswitha,
religieuse de l'abbaye de Gandersheim (xie siècle).

Wuestemann (Justin Elias). Geschichte der Roswitha, eines Stiftsfräuleins von Gandersheim. *Leipz.* 1758. 8.

Freytag (Gustav). Dissertatio de Hrosuitha poetria. *Vratisl.* 1839. 8. .

Hoffmann v. Fallersleben (August Heinrich). Dissertatio de Roswithæ vita et scriptis. *Vratisl.* 1839. 8.

Schotel (Gilles Dionysius Jacobus). Iets over Hrosuite, s. l. et s. d. (*Haarl.* 1841.) 8. (Extrait du *Konst-en Letterbode.*) — (*Ld.*)

Hroznata (Sainte),
martyre bohémienne.

Balbinus (Aloys Bohuslaus). Origines illustrissimorum comitum de Guttenstein, ubi refertur vita B. Hroznatæ, martyris ordinis Præmonstratensium. *Prag.* 1665. Fol.

Huau (Louis François),
ingénieur français (29 mai 1808 — 17 janvier 1832).

Saint-Maurice Cabany (Charles Édouard). L. F. Huau, ingénieur-mécanicien, membre de l'Athénée des arts, etc. *Par.* 1853. 8. (Extrait du *Nécrologe universel du* xixe *siècle.*)

Huber (Anton),
missionnaire allemand.

(**Sailer**, Franz Xaver). Leben und Wirken des Paters A. Huber, gewöhnlichhin der *Todtengräber* genannt, Missionspriester und Feldkaplan. *Innsbr.* 1850. 8. Portrait.

Huber (François),
naturaliste suisse (2 juillet 1750 — 22 déc. 1831).

Decandolle (Augustin Pyrame). Notice sur la vie et les écrits de F. Huber. *Genève.* 1832. 8. (*P.*)

Huber (Johann Ludwig),
poëte allemand (4 mars 1723 — 30 sept. 1800).

Huber (Johann Ludwig). Etwas von meinem Lebenslaufe und etwas von meiner Musse auf der Festung. Beitrag zur der selbst erlebten Geschichte meines Vaterlandes. *Stuttg.* 1798. 8.

Huber (Samuel),
théologien suisse (vers 1548 — 25 mars 1624).

Mauritius (Joachim). Christliche Leichenpredigt auf S. Huber'n. *Goslar.* 1624. 4.

Bosseck (Johann). Dissertatio de Huberianismo falso nobis imputato. *Witteb.* 1704. 4.

Goetze (Georg Heinrich). Acta Huberiana. *Lubec.* 1707. 4.

Schmidt (Johann Andreas). Dissertatio historica de S. Huberi vita, fatis et doctrina. *Helmst.* 1708. 4. (*D.*)

Huber (Ulrich),
jurisconsulte hollandais (13 mars 1636 — 8 nov. 1694).

Vitringa (Campegius). Oratio in excessum U. Huber. *Franeq.* 1694. Fol.

Hubert (Saint),
évêque de Liége (708 — 723).

Roberti (Jean). Historia S. Huberti, principis Aquitani, Arduennæ apostoli, magni thaumaturgi, ultimi Tungrensis et primi Leodiensis episcopi, ejusdemque urbis conditoris. *Luxemb.* 1621. 4. (*Bes.*)

Vie et miracles de S. Hubert. *Rouen.* 1704. 12.

Leben des heiligen Hubertus. *Luxemb.* 1722. 12. *Coeln.* 1762. 8.

(**Willemaers** , Pieter). Vita S. Huberti. *Brux.* 1730. 4.

Abrégé de la vie et miracles de S. Hubert, patron des Ardennes. *Namur.* 1802. 8.

Vie du grand S. Hubert, fondateur et premier évêque de la noble cité de Liége, s. l. 1839. 12.

Fétis (Edouard). Légende de S. Hubert, précédée d'une préface bibliographique et d'une introduction historique. *Brux.* 1846. 12, avec planches. (*Bx.*)

Prioux (Stanislas). S. Hubert, apôtre des Ardennes, patron des chasseurs. *Par.* 1853. 18.

Hubertinus,
littérateur italien du xive siècle.

Fischer (Johann Christian). Dissertatio de Hubertino, clerico Crescentinati, elegantiorum litterarum seculi xiv in Italia instauratore. *Jenæ.* 1759. 4. (*D.*)

Hubin (Jean Hubert),
poëte belge (16 juillet 1764 — 12 février 1833).

(**Loumyer,** Jean François Nicolas). Notice sur J. H. Hubin. *Brux.*, s. d. (1831.) 8.

Hubmayr (Balthasar),
anabaptiste suisse (brûlé vif le 10 mars 1528).

Faber (Johann). Ursach, warumb der Widerteuffer Patron und erster Anfenger (!) Dr. B. Hubmayr, etc., zu Wienn (!) verbrennet sey, s. l. et s. d. (*Wien.* 1528.) 4. *Dresd.* 1528. 4.

Hubmeier (Hippolyt).

Heumann (Christoph August). Programma de vita et scriptis H. Hubmeieri. *Goetting.* 1729. 4.

Huby (Vincent),
jésuite français (15 août 1608 — 22 mars 1693).

(**Champion,** Pierre). Vie des saints fondateurs des maisons de retraite, M. (Louis Eudes de) Kerlivio, le père V. Hubi et mademoiselle (Catherine) de Francheville. *Nantes.* 1698. 12. * (*Bes.*)

* Publ. s. l, pseudonyme de P. de Prouarie.

Hucbald,
moine-musicien belge (840 — 930).

Coussemaker (Edmond de). Mémoire sur Hucbald et sur ses traités de musique. *Par.* 1841. 4. (*Bx.*)

Huddart (Joseph),
marin anglais (1742 — 1816).

Memoir of the late captain J. Huddart, s. l. 1821. 4. (Assez rare.)

Huddeghem (Robert Emmanuel André Ghislain **Hélias** d'),
magistrat belge (... — 31 janvier 1851).

(**Kervyn de Volkaersbeke,** Philippe). R. Hélias d'Huddeghem. *Gand.* 1851. 8. Portrait.

Hude (Bernhard Heinrich von der),
théologien allemand.

Seelen (Johann Heinrich v.). Memoria B. H. v. d. Hude, pastoris Mariani. *Lubec.* 1750. Fol. Trad. en allem. *Lübeck.* 1750. Fol.

Hudson Lowe (William),
général irlandais, gouverneur de Sainte-Hélène (1770 — 10 janvier 1844).

Forsyth (William). True account of the captivity of Napoleon at St. Helena, from the letters and correspondence of the late lieutenant-general sir Hudson Lowe and other authentic sources, not before made public. *Lond.* 1853. 3 vol. 8. Portrait.

Trad. en allem. *Hamb.* 1853. 8.

· Trad. en franç. *Par.* 1853. 4 vol. 8. *

* Enrichi de près de 200 pièces justificatives, entièrement inédites.

Hue (baron François),
valet de chambre de Louis XVI (18 nov. 1757 — 18 janvier 1819).

Hue (François). Dernières années et de la vie de Louis XVI. *Lond.* 1806. 8. *Par.* 1814. 8. *Ibid.* 1816. 8. (*P.*) Trad. en angl. *Lond.* 1806. 8.

Chavard (N... N...). M. Hue, peint par lui-même, ou lettres autographes de ce modèle de la fidélité, etc. *Par.* 1824. 8.

Hue de Caligny (Jean Anténor),
ingénieur français (1660 — 1741),

et

Hue de Caligny-Langrune (Hercule),
frère du précédent (1665 — 1721).

Augoyat (Antoine Marie). Notice historique sur les ingénieurs Hue de Caligny. *Par.* 1859. 8.

Huebens (Jacob),
jurisconsulte allemand.

Seelen (Johann Heinrich v.). Memoria J. Huebens, consulis (Lubecensis). *Lubec.* 1731. Fol.

Huebler (Daniel Gotthold Joseph),
pédagogue allemand (15 sept. 1734 — 4 avril 1805).

Biedermann (Johann Gottfried). Characteristische Skizze des Dr. D. G. J. Huebler. *Freyb.* 1805. 8. Portrait. (*D.*)

Flade (Christian Gottlieb). Erinnerungen an Dr. D. G. J. Huebler. *Freyb.* 1805. 8. (*D.*)

— — Nachrichten über des Correctors Huebler Leben, Character und Schriften. *Freyb.* 1806. 8. (*D. et L.*)

Hecht (Friedrich August). Einige Nachrichten von den frühern Lebensumständen D. G. J. Huebler's. *Freyb.* 1805. 4. (*D.*)

— — Einige Nachrichten von den Verdiensten D. G. J. Huebler's. *Freyb.* 1806. 8. 3 parts. 4. (*D.*)

Flade (Christian Gottlieb). Leben, Verdienste, Character nebst Schriften des Correctors Huebler zu Freiberg. *Freyb.* 1807. 8. (*L.*)

Huebner (Christian Gotthelf),
jurisconsulte allemand (15 mars 1772 — 16 mai 1808).

Eichstaedt (Carl Heinrich Abraham). Narratio de C. G. Huebnero. *Jenæ.* 1808. Fol.

Huebner (Johann),
pédagogue allemand (17 mars 1668 — 21 mai 1731).

Eckarth (Friedrich). Lebenslauf J. Huebner's, Rectors in Hamburg. *Hamb.* 1731. 4.

Huebner (Johannes),
pédagogue allemand (16 avril 1668 — 21 mai 1731).

Fabricius (Johann Albert). Elogium funebre J. Huebneri, Johannæi Hamburgensis rectoris celeberrimi. *Hamb.* 1751. Fol. (*L.*)

Huebner (Matthias),
jurisconsulte allemand (vers 1572 — 23 avril 1614).

Leichpredigt auf Herrn Dr. M. Huebner. *Nürnb.* 1615. 4.

Huellmann (Carl Dietrich),
historien allemand (16 sept. 1765 — vers 1845).

Delbrueck (Ferdinand). Zum Gedächtnisse C. D. Huellmann's. *Berl.* 1846. 8.

Huelsemann (Johann),
théologien allemand (26 nov. 1602 — 13 juin 1661).

(**Kromayer,** Hieronymus). Programma academicum in J. Huelsemanni funere. *Lips.* 1661. 4. (*D.*)

Barthels (Conrad). Begängnüs-Predigt am Tage des Begräbens J. Huelsemann's. *Leipz.* 1661. 4. (*D.*)

Geier (Martin). Concio funebris et vitæ curriculum J. Huelsemanni. *Lips.* 1661. 4. (*D.*)

Schwertner (David). Panegyricus parentalis J. Huelsemanno dicatus. *Lips.*, s. d. (1662.) 4. (*D.*)

Deutschmann (Johann). Moses theologorum, s. J. Huelsemannus celebratus. *Witteb.* 1665. 4. (*D.*)

Huet (madame),
bibliomane belge († 1851).

Capitaine (Ulysse). Madame veuve Huet, bibliomane liégeoise. *Brux.*, s. d. (1852.) 8. (Extrait du *Bulletin du bibliophile belge*, tiré à part à 25 exemplaires.)

Huet (Pierre),
militaire français.

Quesné (Jacques Salbigoton). P. Huet, ancien militaire, âgé de cent quinze ans, résidant à Paris, ou détails fournis par lui-même sur sa personne. *Par.* 1820. 8. Augment. *Ibid.* 1824. 8. (*Lv.*)

Huet (Pierre Daniel),
évêque d'Avranches (8 février 1630 — 26 janvier 1721).

Huet (Pierre Daniel). Commentarius de rebus ad eum pertinentibus, publ. par Albert Henri Sallengre. *Amst.* 1718. 12. (*D.*)

Trad. en angl. par John Aikin. *Lond.* 1810. 2 vol. 8. (*P.*)
Trad. en franç. s. l. t. de Mémoires, par Charles Nisard. *Par.* 1853. 8.

Bartholmèss (Christian). Huet, évêque d'Avranches, ou le scepticisme théologique. *Par.* 1850. 8.

Saint-Maurice (Charles Edouard). Éloge de D. Huet. *Par.* 1850. 8.

(**Olivet,** Joseph Thoulier d'). Huetiana, ou pensées diverses de Huet, avec l'éloge de cet évêque. *Amst.* 1703.

12. *Par.* 1722. 12. *Amst.* 1723. 12. Augment. *Par.* 1725. 12. *Amst.* 1853. 12.

Huet de Froberville (Claude Jean Baptiste),
littérateur français (3 oct. 1752 — 21 déc. 1838).

Vergnaud-Romagnesi (Charles François). Notice historique et biographique sur M. C. J. B. Huet de Froberville. *Orléans.* 1859. 8.

Huett (Albrecht),
théologien transylvanien.

Henrich (Daniel). Erinnerungen an A. Huett, etc. *Hermannst.* 1847. 8.

Hufeland (Christoph Wilhelm v.),
médecin allemand (12 août 1762 — 25 août 1836).

Sachs (Johann Jacob). C. W. Hufeland. Rückblicke auf das 70jährige Leben und Wirken, etc. *Berl.* 1832. 8.

Augustin (Friedrich Ludwig). Dr. C. W. Hufeland's Leben und Wirken für Wissenschaft, Staat und Menschheit. *Potsd.* 1857. 8. Portrait.

Stourdza (Alexandre de). C. W. Hufeland ; esquisse de sa vie et de sa mort chrétiennes. *Berl.* 1857. 8. (*D.*)
(Notice échappée aux recherches de Quérard.)

Hufnagel (Johann Peter),
théologien allemand.

Merz (G... J...). Gedächtnisspredigt auf den Hingang J. P. Hufnagel's , Doctors der Theologie , etc. *Hanau.* 1851. 8.

Hufnagel (Wilhelm Friedrich),
théologien allemand (15 juin 1754 — 20 mars 1830).

W. F. Hufnagel's Lebensbeschreibung. *Erlang.* 1791. 8.

Stricker (Wilhelm). Erinnerungsblätter an W. F. Hufnagel, etc. *Frf.* 1851. 8.

Hug (Heinrich) ,
patriote suisse (tué le 3 août 1831).

Erinnerungen an den im Kampfe der Basellandschaft gefallenen Dr. H. Hug von Zürich. *Liestal.* 1834. 8.

Hug (Johann Leonhard),
théologien allemand (1er juin 1765 — 11 mars 1846) :

Maier (Adalbert). Gedächtnissrede auf J. L. Hug, Doctor der Theologie, Professor, etc. *Freib. im Breisg.* 1847. 4. (*Bx.*)

Hugenpoth (Johann Hermann),
théologien allemand.

Crell (Christoph Friedrich). Laudatio funebris J. H. Hugenpoth. *Duisb.* 1676. 4.

Hugo (Charles Louis),
théologien français (1667 — 2 août 1739).

Blanpain (Jean). Jugement des écrits de M. Hugo. *Nancy.* 1736. 8.

Hugo (Gustav Wilhelm),
jurisconsulte allemand (23 nov. 1764 — 15 sept. 1844).

Eyssenhardt (Heinrich). Zur Erinnerung an G. Hugo. Beitrag zur Geschichte der Rechtswissenschaft. *Berl.* 1845. 8.

Hugo (Joseph Léopold Sigisbert, comte),
général français (15 nov. 1773 — 30 janvier 1828).

Hugo (Joseph Léopold Sigisbert). Mémoires. *Par.* 1823. 3 vol. 8.

Nollet-Fabert (Jules). Le général J. L. S. Hugo. *Nancy.* 1833. 8. Portrait. (Extrait de la *Lorraine militaire.*)

Hugo (Victor Marie),
poète français du premier ordre, fils du précédent (26 février 1803 — ...).

(**Loménie** , Louis de). M. V. Hugo , par un homme de rien. *Par.* 1843. 12.

Raoul (Louis Vincent). L'anti-Hugo. *Brux.* 1844. 8.

Dessoffy (Gustave). Discours sur la vie littéraire de V. Hugo. *Par.* 1846. 8.

Robin (Charles). Biographie de V. Hugo. *Par.* 1848. 8. Portrait. (Extrait de la *Galerie des gens de lettres au xixᵉ siècle.*)

(**Mirecourt** , Eugène de). V. Hugo. *Par.* 1854. 32. Portrait. *
* Cette biographie fait partie de l'ouvrage *les Contemporains.*

Hugo von Trymberg ,
poète allemand du xⅢⁱᵉ siècle.

Oetter (Samuel Wilhelm). Commentatio de poetis quibusdam medii ævi teutonicis , imprimis de Hugone Trienberga, Franco, ejusque satira vulgo *Renner* dicta. *Erlang.* 1747. 4.

Huguenin (Ulric),
général belge (2 février 1755 — 7 nov. 1833).

Notice sur le général major Huguenin, membre de l'Académie. *Brux.* 1836. 12. (*Bx.*)

Hugues Capet ,
chef de la troisième race des rois de France
(vers 939 — sacré le 3 juillet 987 — 24 oct. 996).

Zampini (Matteo). Tractatus de origine et atavis Hugonis Capeti. *Par.* 1581. 8.

Traité de l'origine de Hugues Capet, s. l. 1585. 12. *
* L'auteur le fait descendre de Wittekind ; hypothèse assez ridicule.

Saint-Julien Baleure (Pierre de). Paradoxe, néanmoins discours véritable de l'origine et l'extraction de Hugues Capet. *Par.* 1585. 8.

(**Vignier** , Nicolas). De la noblesse, ancienneté et mérites d'honneur de la troisième maison de France. *Par.* 1587. 8.

Guyart (Jean). Traité de l'origine, ancienne noblesse et droits royaux de Hugues Capet. *Tours.* 1590. 4.

Elbène (Alphonse d'). De gente et familia Hugonis Capeti , origine justoque progressu ad familiam regiam. *Lugd.* 1595. 8. *Ibid.* 1605. 8.

Thiard (Pontus de). De genealogia Hugonis', cognomento Capeti. *Par.* 1596. 8. Trad. en franç. s. c. t. Extrait de la généalogie de Hugues Capet. *Par.* 1597. 8.

Espernon (Jean Baptiste Gaston d'). Histoire de la véritable origine de la troisième race des roys de France. *Par.* 1680. 12. Avec préface par Jean Leroys de Prade. *Par.* 1683. 12.

Jourdan (Adrien). Critique de l'origine de l'auguste maison de France. *Par.* 1683. 12.

(**Saint-Marthe**, Pierre Scévole de). Remarques sur le livre du P. Jourdan et sur l'origine de la maison de France du duc d'Espernon. *Par.* 1684. 12.

(**Roth**, Johann Ferdinand). Geschichte der Thronbesteigung Hugo Capet's , des Stammvaters des letzten Königs von Frankreich, etc. *Nürnb.* 1794. 8.

Devismes (Jacques François Laurent). Hugues Capet ; fragment historique. *Laon.* 1804. 8.

Capefigue (Baptiste Honoré Raymond). Hugues Capet et la troisième race (des rois de France) jusqu'à Philippe Auguste (depuis 987-1180). *Par.* 1836. 4 vol. 8.

Remy (Alexandre). Hugues Capet. Leçon d'histoire au *Constitutionnel.* *Par.* 1853. 8.

Lacarry (Gilles). Dissertatio de primo et ultimo anno regis Hugonis Capeti, atque de anno mortis Roberti, ejus filii. *Claramont.* 1680. 4.

Hugues de Provence ,
roi d'Italie (926-947).

Vollhart (Carl Ludwig). Dissertatio, sistens Hugonem, comitem Arelatensem, regem Italiæ. *Lips.* 1738. 4. (*L.*)

Hugues de Saint-Victor ,
religieux hollandais († le 3 février 1140).

Derling (Christian Gottfried). Dissertatio de Hugone a S. Victore, comite Blanckenburgensi. *Helmst.* 1745. 4. (*D.*)

Liebner (Albrecht). Hugo von Sanct-Victor und die theologische Richtung seiner Zeit. *Leipz.* 1832. 8. (*D.* et *L.*)

Huguet de Massillia * (le comte),
zoologiste français.

Menissier (N... N...). Biographie de M. le comte (!) Huguet de Massillia, etc., naturaliste. Notice particulière sur M. Charles (son associé), etc. *Par.* 1852. 8.
* Ce monsieur s'est anobli lui-même. Massillia est la traduction de sa ville natale *Marseille.*

Hugy (Abraham),
moine suisse (1663 — 1727).

Delisle (Joseph). Vie de M. Hugi , calviniste converti, ci-devant capitaine dans le régiment de Sparre. *Nancy.* 1751. 12. (Non mentionné par Quérard.)

Huhn (Christian Gottfried),
théologien allemand.

(**Kapp**, Johann Erhard). Programma academicum in C. G. Huhnii funere. *Lips.* 1747. Fol. (*D.* et *L.*)

Huidekoper (Jan),
Hollandais.

Kaiser (Frans). Levensberigt van J. Huidekoper, s. l. et s. d. (*Nijmeg.* 1837.) 8, (*Ld.*)

Huisseau (Isaac d'),
théologien français (vers 1620 — 1690).
Les dernières heures de M. d'Huisseau. *Saumur.* 1672.
12. *(D.)*

Huk de Werbenwak,
trouvère français du xiiiᵉ siècle.
Ring (Maximilien de). Huk de Werbenwak, trouvère
du xiiᵉ siècle. *Colmar.* 1852. 8. (Extrait de la *Revue
d'Alsace.*)

Hull (William),
général anglo-américain.
Defence of brigadier general W. Hull before the general
Court Martial. *Boston.* 1814. 12. (Ecrit par lui-même.)
Forbes (N... N...). Report of the trial of brigadier ge-
neral W. Hull, commanding the Northwestern army of
the United States, by a Court Martial, held at Al-
bany, etc. *New-York.* 1814. 8.
Campbell (Maria). Life and services of general W. Hull.
New-York. 1848. 8.

Hullin (Pierre Auguste, comte de),
général français d'origine suisse (6 sept. 1758 — 11 janvier 1841).
Hullin (Pierre Auguste de). Explications offertes aux
hommes impartiaux, au sujet de la commission militaire instituée en l'an xii pour juger le duc d'Enghien.
Par. 1823. 8. *
  * Il établissait dans cet écrit que l'enlèvement, suivi de la mort du
duc d'Enghien, avait été exécuté par les ordres du prince de Talleyrand, alors ministre des affaires extérieures.

Hulot (Étienne),
général français (15 février 1774 — 23 sept. 1850).
(Adelswaerd, N... N... d'). Article nécrologique sur le
général de division Hulot, décédé à Nancy. *Nancy.*
1850. 8.

Hulpe (Saint),
martyr allemand (?)
Cassel (Johann Philipp). Nachricht von dem Märtyrer
S. Hulpe. *Brem.* 1765. 4.

Hulshoff (Allard),
théologien hollandais (20 mai 1734 — ...).
Vos (Willem de). Leven en character van A. Hulshoff.
Amst. 1795. 8.

Hulshoff (Willem van Osterwijk),
théologien hollandais, fils du précédent (6 mars 1771 — 17 mai 1795).
Koopmans (Rinse). Iets over den schrijver van de *Geschiedenis van Jozef*, (W. van Osterwijk Hulshoff), s. l.
et s. d. *(Amst.* 1796.) 16.

Hulsius (Anton),
théologien hollandais (vers 1595 — 27 février 1685).
Spanheim (Friedrich). A. Hulsius oratione funebri
laudatus. *Lugd. Bat.* 1685. 4.

Hulsius (L...),
voyageur.
Asher (A...). Bibliographical essay on the collection of
voyages and travels edited and published by L. Hulsius
and his successors. *Lond.* 1839. 8.

Hulsius (Paul),
théologien hollandais, fils d'Antoine (25 déc. 1653 — 14 oct. 1712).
Pagenstecher (Alexander Arnold). P. Hulsius, sermone parentali laudatus. *Groning.* 1712. 4. *(D.)*

Hulthem (Charles Joseph Emmanuel van),
bibliomane belge (17 avril 1764 — 16 déc. 1832).
Verbeeck (N... N...). Quelques mots prononcés (le 19 dé-
cembre 1832) sur la tombe de C. van Hulthem. *Gand.*
1832. 8.
Smagghe (E...). Discours funèbre, etc., à l'occasion
de la mort de M. C. van Hulthem, etc. *Gand.* 1832. 8.
Reiffenberg (Frédéric Auguste Ferdinand Thomas de).
Notice sur C. J. E. van Hulthem. *Brux.* 1835. 12.
(Voisin, Auguste). Notice biographique et littéraire sur
C. van Hulthem. *Gand.* 1857. 8. Portrait. *(D.)*
C(ornelissen) (Egide Norbert). Monument élevé à la mé-
moire de van Hulthem, à Gand. *Gand.* 1844. 8. Port.
Morren (Charles François Antoine). A la mémoire de
C. J. E. van Hulthem, s. l. et s. d. *(Liége.* 1853.) 8.
Portrait.

Humbert I, surnommé aux **Blanches Mains**),
duc et fondateur de la maison de Savoie (vers 1020 — vers 1048).
Vignet (N... N...). Mémoire sur Humbert aux Blanches
Mains. *Chambéry.* 1828. 8. (Omis par Quérard.)
Vite de' beati Umberto e Bonifacio di Savoia. *Torin.* 1839. 8.

Humbert II,
dernier dauphin du Viennois (1312 — 1333 — 22 mai 1355).
Desponts (Claude) et **Rossignol** (Jean Étienne). Trans-
actions d'Humbert (II) dauphin du Viennois, prince de
Briançonnois. *Grenoble.* 1644. Fol.
Allard (Guy). Histoire de Humbert II, dauphin du
Viennois. *Grenoble.* 1688. 12.

Humble (C... A...),
évêque de...
Osander (Olof). Likpredikan öfver Biskopen Dr. G. A.
Humble. *Stockh.* 1742. 8.

Humblot (François),
minime français († 1612).
Derniers soupirs d'une âme religieuse, tirée sur l'heureuse et pieuse mort de F. Humblot. *Par.* 1615. 8.

Humboldt (Carl Wilhelm, Freiherr v.),
homme d'État allemand (24 janvier 1767 — 8 avril 1835).
Hossbach (Johann Wilhelm). Worte am Grabe W. v.
Humboldt's, etc. *Berl.* 1835. 8.
Schlesier (Gustav). Erinnerungen an W. v. Humboldt.
Stuttg. 1843-45. 2 vol. 8. *(D.)* Avec le nouveau titre :
W. v. Humboldt's Leben. *Stuttg.* 1848. 2 vol. 8.
Maier (Elisa). W. v. Humboldt. Lichtstrahlen aus sei-
nen Briefen an eine Freundin, an Frau (Caroline) v.
Wolzogen, Schiller, Georg Forster und F(riedrich)
A(ugust) Wolf, mit einer Biographie (W. v.) Hum-
boldt's. *Leipz.* 1850. 8. *Ibid.* 1852. 8.

Humboldt (Friedrich Heinrich Alexander, Freiherr v.),
naturaliste allemand du premier ordre (14 sept. 1769 — ...).
Hoeven (C... Pruys van der). A. v. Humboldt, inter-
pres naturæ. *Lugd. Bat.* 1845. 8.
Kletke (Hermann). A. v. Humboldt; biographisches
Denkmal. *Leipz.* 1851. 8. Portrait. *Ibid.* 1852. 8. Port.
Bauer (Julietta). Lives of the brothers Humboldt,
Alexander and William. *Lond.* 1852. 8.

Hume (David),
philosophe et historien écossais (26 avril 1711 — 25 août 1776).
Life of D. Hume, written by himself, publ. par Adam
Smith. *Lond.* 1777. 12. Supplém. *Lond.* 1789. 12.
  Trad. en franç. par Jean Baptiste Antoine Suard.
  Par. 1777. 12. *(P.)*
  Trad. en lat. *Lond.* 1787. 4.

(Brenner, Johann Gottfried). Das Genie des Herrn
Hume, oder Sammlung der vorzüglichsten Grundsätze
dieses Philosophen. *Leipz.* 1774. 8. *(D.)*
(Pratt, Robert). Apology for the life and writings of
D. Hume. *Lond.* 1777. 12.
Dalrymple (David). D. Humi, Scoti summi apud suos
philosophi, de vita sua liber singularis. *Edinb.* 1787. 4.
Curious particulars and genuine anecdotes respecting the
late lord Chesterfield and D. Hume. *Lond.* 1788. 12.
Ritchie (Thomas Edward). Account of the life and wri-
tings of D. Hume, Esq. *Lond.* 1807. 8.
Zschiesche (Carl). Commentatio de Humio sceptico.
Halæ. 1855. 8.
Burton (John Hill). Life and correspondence of D.
Hume. *Edinb.* 1846. 2 vol. 8. Portrait. *(D.) Lond.* 1850.
2 vol. 8.

Humelius (Johann Heinrich),
théologien suisse.
Otho (Johann Heinrich). Oratio funebris in obitum J.
H. Humelii, decani Bernensis. *Bern.* 1675. 4. *(D.)*

Humerus (Bonde),
théologien suédois (25 février 1659 — 7 août 1727).
Benzelius (Jakob). Likpredikan öfver Domprosten i Lund,
Dr. B. Humerus. *Lund.* 1727. 4.

Humières (Charles d'),
gouverneur en Picardie († 1595).
Hays (Jean). Oraison funèbre de C. d'Humières, lieutenant au gouvernement de Picardie. *Rouen.* 1595. 8.

Hummel (Bernhard Friedrich),
littérateur allemand (14 déc. 1725 — 4 mars 1791).
Jaeger (Wolfgang). Programma in funus B. F. Hum-
melii, rectoris scholæ Altorfinæ. *Altorf.* 1791. Fol.

Hummel (Georg),
pédagogue allemand.
Glauch (Andreas). Leichpredigt auf G. Hummel. *Merseb.*
1676. 4. *(D.)*

Hummel (Jacob),
théologien suédois.

Benzelius (Jakob). Likpredikan öfver Prosten i Halmstad Mag. J. Hummel. *Goetheb.* 1759. 4.

Hummel (Johann Heinrich), voy. **Humellus.**

Hummitzsch (Johanna Dorothea) ,
soi-disant thaumaturge allemande.

Geschichte der Wunderthäterin **J. D.** Hummitzsch in Schoenborn. *Naumb.* 1817. 8.

Humphreys (Alexander).

Swinton (Archibald). Trial of A. Humphreys. *Edinb.* 1839. 8.

Hunczovsky (Johann) ,
médecin allemand (25 mai 1752 — 4 avril 1798).

Schmidt (Johann Adam). Rede zum Andenken des k. k. Raths und Professors J. Hunczovsky. *Wien.* 1798. 4.

Hund (Wiguleus) ,
historien allemand (22 juillet 1514 — 18 février 1588).

Koehler (Johann Tobias). Nachricht von dem Leben und Schriften W. Hund's, fürstlich bayerschen Geheimen Raths, etc. *Goetting.* 1750. 4. (*D.*)

Hundt (Magnus) ,
théologien allemand († 1519).

Platner (Johann Zaccharias). Programma de M. Hundt, tabularum anatomicarum, ut videtur , auctore. *Lips.* 1734. 4. (*D.* et *L.*)

Hunégonde (Sainte) ,
religieuse française.

Laugier-Lamanon (N... N...). Vie de S. Hunégonde, abbesse d'Homblières en Vermandois. *Saint-Quent.* 1847. 12.

Hunger (Carl Gottlieb) ,
théologien allemand.

Hecht (Friedrich August). Solemnia semisecularia C. G. Hungeri. *Freiberg.* 1789. 4. (*D.*)

Hunkler (N... N...),
littérateur français.

Fritsch (N... N...). Biographie de M. le chanoine Hunkler, mort curé cantonal à Wasselonne. *Colmar.* 1855. 8. (Extrait de la *Revue d'Alsace*.)

Hunnius (Aegidius) ,
théologien allemand (21 déc. 1550 — 4 avril 1603).

Programma academicum in A. Hunnii. *Witteb.* 1603. 4. (*D.*)

Gesner (Salomon). Leichenpredigt auf A. Hunnius, nebst dessen Lebenslauf. *Wittenb.* 1603. 4. (*D.*)

Hutter (Leonhard). Threnologia de vita, rebus gestis et obitu A. Hunnii. *Witteb.* 1603. 4. (*D.*)

Mulmann (Johann). Hyperaspistes pro divo A. Hunnio. *Lips.* 1608. 4.

Neumann (Johann Georg). Programma de vita A. Hunnii. *Witteb.* 1704. 4.

Hunnius (Christian Wilhelm) ,
théologien allemand.

Funebria ante funebria , oder von ihm selbst gehaltene Leichensermon und beschriebener Lebenslauf. *Bresl.* 1718. 4.

Hunnius (Nicolaus) ,
théologien allemand, fils d'Aegidius (11 juillet 1585 — 1er oct. 1643).

Meier (Sebastian). Oratio funebris de vita et præclaris in ecclesiam meritis N. Hunnii. *Lubec.* 1643. 4. (*D.*)

Sircks (Michael). Leichenpredigt auf N. Hunnius, nebst dessen deutschen Lebenslauf. *Lübeck.* 1643. 4. (*D.*)

Heller (Ludwig). N. Hunnius, sein Leben und Wirken. Beitrag zur Kirchengeschichte des 17. Jahrhunderts, etc. *Lübeck.* 1843. 8.

Hunold, dit **Menantes** (Christian Friedrich),
poète allemand (1680 — 16 août 1721).

(Wedel, N... N...). Geheime Nachrichten und Briefe von Herrn Menantes Leben und Schriften. *Cöln.* 1731. 8. Portrait.

Hunt (James Henry Leigh),
littérateur anglais (19 oct. 1784 — ...).

Hunt (Leigh). Autobiography, with reminiscences of friends and contemporaries. *Lond.* 1850. 3 vol. 8.

Hunter (John) ,
chirurgien anglais (24 juillet 1725 — 16 oct. 1793).

Foot (Jesse). Life of J. Hunter. *Lond.* 1794. 8. (*D.*)

Adams (Joseph). Memoirs of the life and doctrines of late J. Hunter, founder of the Hunterian Museum at the royal college of surgeons. *Lond.* 1816. 8. *Ibid.* 1818. 8.

Hunter (William),
médecin anglais (23 mai 1718 — 15 mars 1783).

Simmons (Samuel Fort). Account of the life and writings of the late W. Hunter. *Lond.* 1783. 8. (*P.*)

Huntington (Elizabeth **Stanley,** countess of) ,
dame anglaise († 1633).

F... (J...). Sermon preached at the funeral of the countess of Huntington, s. l. (*Lond.*) 1635. 4. Portrait.

Huntington (Robert) ,
évêque de Raphoë (en Irlande) — (1636 — 2 sept. 1701).

Smith (Thomas). Dissertatio de vita, studiis, peregrinationibus et obitu R. Huntingtoni. *Lond.* 1704. 8.

—— R. Huntingtonis vita et epistolæ. *Lond.* 1707. 8.

Huntington (Selina **Shirley,** countess of) ,
dame anglaise (vers 1728 — 1791).

Life and times of the countess of Huntington. *Lond.* 1840. 2 vol. 8. *Ibid.* 1844. 2 vol. 8.

Huntington (Susan) ,
dame anglo-américaine.

Wisner (B... B...). Memoirs of Mrs. S. Huntington. *Boston.* 1826. 12.

Huntington (William **Hunt,** connu sous le nom de) ,
théologien anglais (1774 — 1813).

Courtier (Peter L...). Memoirs of the life of the Rev. W. Huntington. *Lond.* 1813. 8. (Omis par Lowndes.)

Hunyadi (Johannes Corvinus) ,
homme d'État hongrois (vers 1400 — 10 sept. 1456).

Bayer (Johann David). Dissertatio historica de J. Huniadis s. Corvini, Hungariæ gubernatoris, ortu et nativitate. *Jenæ.* 1708. 4.

Csernovits (Ferentz). Columen orbis christiani J. Hunniades victoriis de Ottomannica potentia clarissimus, epico carmine celebratus. *Tyrnav.* 1724. 12.

Heroës Hungariæ. *Tyrnav.* 1743. 8. *

* Contenant l'éloge de Jean Hunyade.

Bessenyei (Györgi). Hunyadi János élete es viselt dolgai. *Bétsben.* 1788. 8.

Desericius (Joseph Innocienz). Disquisitio critica dissertationis historicæ Baiero-Besserianæ de ortu et nativitate J. de Hunyad. *Pesth.* 1826. 4.

Fejér (György). Genus, incunabula et virtus J. Corvini de Hunyad, regni Hungariæ gubernatoris, argumentis criticis illustrata. *Budæ.* 1844. 8.

Hunyadi (László) ,
général hongrois (décapité le 16 mars 1457).

Nagy (Ferentz). Hunyadi László Történetei ugymint élete es halála, etc. *Poson.* 1793. 8.

Huon de Bordeaux,
pair de France.

Histoire de Huon de Bordeaux, pair de France, contenant ses faits et actions héroïques. *Troyes*, s. d. (1726.) 4.

Huot (Jean Jacques Nicolas) ,
géographe français (1790 — 19 mai 1845).

Hardouin Michelin (N... N...). M. J. J. N. Huot, conservateur de la bibliothèque de Versailles, continuateur de Malte-Brun, l'un des membres fondateurs de la Société géologique de France, etc. *Par.* 1845. 8. (Extrait du *Nécrologe universel du XIXᵉ siècle*.)

(——) Notice lue, etc., à l'occasion du décès de M. (J. J. N.) Huot, l'un des membres de la Société géologique de France. *Par.* 1845. 8. (Extrait des *Bulletins* de cette Société.)

Huot (Paul). La vie et les œuvres de J. J. N. Huot, continuateur de Malte-Brun, conservateur de la bibliothèque de Versailles. *Versaill.* 1846. 8.

Hupfauer (Paul) ,
bibliographe allemand (24 février 1747 — 14 juin 1808).

Schrank (Franz v. Paula). Dem Andenken P. Hupfauer's. *Landsh.* 1808. 4.

Hupfer (Johann),
pédagogue allemand.

Programma quo vita J. Hupferi exponitur. *Weissenburg.* 1752. Fol. (D.)

Hurault de Sorbée (N... N...),
général français.

(**Pichot**, Amédée). Biographie du général Hurault de Sorbée. *Par.* 1850. 8.

Hurnisch (Johanna Dorothea),
chirurgienne allemande.

Sillig (Johann Friedrich). Bericht über die Wundärztin J. D. Hurnisch in Schoenborn. *Leipz.* 1817. 8.

Hurter (Friedrich),
théologien suisse (1786 — ...).

(**Hurter**, Friedrich). Der Antistes Hurter in Schaffhausen und seine sogenannten Amtsbrüder. *Schaffh.* 1840. 8.
—— Geburt und Wiedergeburt. Erinnerungen aus meinem Leben. *Schaffh.* 1845. 8.

Buergli (Johann Jacob). Kurze Skizze der Verdienste des Antistes und Decanus Hurter, nebst Widerlegung einiger Verdächtigungen. *Schaffh.* 1840. 8.
Zehender (J... C...). Antistes Hurter und seine verunglimpften Amtsbrüder. *Schaffh.* 1840. 8.
Saint-Chéron (Alexandre de). La vie, les travaux et la conversion de F. Hurter, ex-président du consistoire de Schaffhouse. *Par.* 1844. 18. Trad. en ital. par G... G... *Firenz.* 1845. 8.

Husanus (Gustav Adolph),
jurisconsulte allemand.

(**Feller**, Joachim). Programma in G. A. Husani funere. *Lips.* 1689. Fol. (L.)

Huss (Johannes),
hérésiarque bohémien (6 juillet 1373 — brûlé vif le 15 juillet 1415).

Zivot M. J. Husi a M. Jeronyma. *Praze.* 1525. 8.
History und Geschicht von J. Hussen, s. l. 1529. 8.
Cochlaeus (Johann). Warhafftige Historia vom Magister J. Huss, von anfang seiner newen Sect biss zum ende seines Lebens. *Leipz.* 1547. 8. (D.)
J. Hussi et Hieronymi Pragensis historia et monumenta. *Norimb.* 1558. 2 vol. Fol.
Salius (Aegidius). De J. Husso. *Jenæ.* 1566. Fol.
Bilansky (Jan Trojan). Zivot M. J. Husi, sv. cloweka, jenz jest upalen v Konstanci pro pravdu bozi. *Praze.* 1597. 8. (Excessivement rare.)
Horzovinus (Samuel Martin). Hussius et Lutherus, i. e. collatio historica duorum fortissimorum J. C. militum, Mag. J. Hussii, Bohemi, et Doct. Martini Lutheri, Germani, etc. *Prag.* 1618. 8. (Extrêmement rare.) *Witteb.* 1717. 8.
Walpurger (Christoph). Hussius redivivus, d. i. gründliche und eigentliche Beschreibung aller Handlungen in Sachen Hussens. *Gera.* 1623. 4. Augment. s. c. t. Hussus combustus, non convictus. *Geræ.* 1624. 4.
Theobaldus (Zaccharias). De vita et doctrina J. Hussi. *Frf.* 1626. Fol.
Werner (Johann). J. Huss, martyr, historice descriptus. *Lips.* 1671. 4. (D.)
Seyfried (Wilhelm). Dissertatio historica de vita J. Hussi, martyris. *Jenæ.* 1698. 4. (D.) *Ibid.* 1711. 4. (D.) *Ibid.* 1729. 4. (D.) Accomp. de notes par Johann Christoph Mylius. *Jenæ.* 1744. 4. (D.)
Esberg (Johan). J. Hussus Bohemus levi penicillo delineatus. *Upsal.* 1699. 8. (D.)
Curieuser Geschichts-Kalender des J. Hussi, darinnen sein Leben und Wandel, etc., von anno 1413 bis anno 1417 vorgestellet wird. *Brem.* 1699. 8. (D.)
Mayer (Johann). Commentatio de concordia J. Hussi et Martini Lutheri in præcipuis fidei capitibus. *Gryphisw.* 1701. 4.
Zahradka (Johannes). J. Huss damnatus, ad trutinam polemicam revocatus, s. J. Hussi a concilio Constantiensi et Martino V summo pontifice damnati articuli per X controversias expensi et refutati. *Prag.* 1741. 8.
Kaiser (Nicolaus). B. J. Hussii martyrium. *Curiæ.* 1769. 4.
Gilpin (William). Lives of John Wiclef and of the most eminent of his disciples, lord Cobham, J. Huss, Jerome of Prague and Zisca. *Lond.* 1765. 8. Trad. en allem. (par Christian Friedrich Duttenhofer). *Frf.* et *Leipz.* 1769. 8. (Bes.)

Leben des J. Huss, eines bekannten Reformatoren, welcher hundert Jahre vor Luthero gelebt hat. *Kempt.* 1773. 8. (Traduction abrégée de l'ouvrage précédent.)
J... (W... H...). Leben, Lehre, Wandel und Tod des im Jahre 1415 lebendig verbrannten J. Huss. *Rom.* (*Prag.*) 1784. 8.
(**Buerger**, N... N...). Leben des J. Huss. *Lindau.* 1784. 8. *Ibid.* 1792. 8. (Bes.)
Zitte (Augustin). Lebensbeschreibung des Magisters J. Huss v. Hussinecz. *Prag.* 1786. 8. Portrait. (P.)
(**Tischer**, Johann Friedrich Wilhelm.) J. Huss's Leben. *Leipz.* 1798. 8. (D.) *Ibid.* 1804. 8. Trad. en holland. par G... H... *Reichc. Rotterd.* 1800. 8. Portrait.
Neander (August). Züge aus dem Leben des unvergesslichen J. Huss. *Berl.* 1819. 8.
Cappenberg (Adolph). Dissertatio historico-dogmatica, utrum Hussi doctrina fuerit hæretica et merita ab ecclesia catholica anathemate præscripta, nec ne? *Monast.* 1834. 8.
Zuern (Alexander Bernhard). J. Huss auf dem Consilio (!) zu Costnitz; nebst einem Anhange, enthaltend Hussens denkwürdige Briefe, geschrieben während seiner Gefangenschaft. *Leipz.* 1856. 8.
Horst (D... G... van der). Dissertatio de Hussi vita præsertimque illius condemnati causis. *Lugd. Bat.* 1837. 8. (Ld.)
J. Huss; vom Verfasser des *Armin. Amberg,* 1839. 8.
Magister J. Huss, der Vorbote der Kirchenverbesserung, oder der Tod für Wahrheit und Christenthum. *Darmst.* 1839. 8. (D.)
Bayerle (G...). J. Huss und das Concilium zu Costnitz. *Düsseld.* 1842. 8.
Vom Leben und Wirken, von der Gefangennehmung, Verurtheilung und Verbrennung des Märtyrers J. Huss. *Schaffh.* 1844. 8.
Bonnechose (François Paul Émile de). Les réformateurs avant la réforme, xve siècle : Gerson, J. Huss et le concile de Constance. *Par.* 1844. 2 vol. 8. *Ibid.* 1853. 2 vol. 8. Trad. en allem. *Leipz.* 1847. 8. Portrait.
Wendt (Robert). Geschichte von Huss und den Hussiten. *Magdeb.* 1845. 8.
Lommel (Georg). J. Huss. *Giess.* 1847. 8. (Troisième édition.)
Helfert (Joseph Alexander). Huss und Hieronymus (von Prag). Studie. *Prag.* 1853. 8.
Daum (Hermann). Magister J. Huss. Weckruf für die deutschen Protestanten. *Tangermünde.* 1853. 8.

Pogius Fiorentinus. J. Hussen's letzte Tage und Feuertod, in Sendbriefen an L. Nicolai. *Constanz.* 1523. 4. *Reutling.* 1846. 8 et 16. Publ. par J... G... Munder. *Stuttg.* 1847. 8.

Eiselein (Josua). Begründeter Aufweis des Platzes bei der Stadt Constanz, auf welchem J. Huss und Hieronymus von Prag in den Jahren 1415 und 1416 verbrannt worden. *Constanz.* 1847. 12.

Husson (Henri Marie),
médecin français (1772 — 13 avril 1853).

Bricheteau (N... N...). Notice sur H. M. Husson, médecin de l'Hôtel-Dieu et du collège Louis le Grand, membre de l'Académie de médecine. *Par.* 1853. 8. (Extrait de la *Gazette des hôpitaux.*)

Husundel (Johann),
théologien allemand.

(**Ehrmann**, Theophil Friedrich). Merkwürdige Lebensgeschichte J. Husuadel's, weiland Pfarrers zu Mauren in Württemberg. *Stuttg.* 1795. 8.

Hutcheson (Francis),
philosophe irlandais (8 août 1694 — ... 1747).

Faille (Jacob Baart de la). Dissertatio de vita et scriptis F. Hutchesoni. *Groning.* 1812. 8.

Hutchlus (John),
historien anglais (1698 — 21 juin 1773).

Bingham (George). Biographical anecdotes of the Rev. J. Hutchins. *Lond.* 1785. 4. Augment. *Ibid.* 1801. 4. Portrait.

Hutchinson (N... N...),
gouverneur de Nottingham.

Hutchinson (Lucy). Memoirs of the life of colonel Hutchinson, with original anecdotes of many of his contemporaires, etc., to which is prefixed the life of Mrs. (Lucy) Hutchinson, written by herself. *Lond.* 1806. 4. *Ibid.* 1808. 4. *Ibid.* 1810. 2 vol. 8. *Ibid.* 1822. 2 vol. 8. *Ibid.* 1846. 8. Portrait. Trad. en franç. *Par.* 1823. 2 vol. 8.

Hutchinson (John Hely),
coaccusé du comte Marie Chamas de Lavalette
(1787 — 12 sept. 1851).

Dupin (André Marie Jean Jacques). Procès des trois Anglais Robert Thomas Wilson, J. Ely (!) Hutchinson et Michel Bruce, accusés d'avoir facilité l'évasion de Lavalette, etc. *Par.* 1816. 8. 5 portraits.

Huth (Caspar Jacob),
théologien allemand (25 déc. 1711 — 14 sept. 1760).

Reinhard (Johann Paul). Memoria D. C. J. Huth, theologiæ professoris. *Erlang.* 1760. 4.

Hutten (Franz Christoph v.),
cardinal-évêque de Spire (1706 — 20 avril 1770).

Seelmann (-Andreas). Lob- und Trauer-Rede auf den Cardinal F. C. v. Hutten, Bischoff zu Speyer. *Bruchsal. (Mannh.)* 1770. 4.

Hutten (Ulrich v.),
chevalier-poète allemand (20 avril 1488 — 31 août 1523).

_ **Hutten** (Ulrich v.). Epistola ad Bilibaldum Pirckheymer vitæ suæ rationem exponens. *Aug. Vind.* 1518. 4. *(D.)*

Burckhard (Jacob). Commentarius de fatis et meritis U. de Hutten, cui complures hujus epistolæ et alia ingenii ejus monumenta integra sunt inserta. *Guelpherb.* 1717-23. 3 vol. 8. Portrait. *(D. et Bes.)*

Christ (Johann Friedrich). Commentatio de moribus, scriptis et imaginibus U. ab Hutten, equitis Germanici, *Hal. Magdeb.* 1727. 4. *(D. et Lv.)*

Weislinger (Johann Nicolaus). Huttenus delarvatus, d. i. Nachricht von dem Autor der *Epistolæ obscurorum virorum*, U. v. Hutten, etc. *Constanz* et *Augsb.* 1730. 8.

Ruprecht (Johann). Programma de meritis et gloria U. de Hutten. *Altorf.* 1756. Fol.

Eckerman (Peter). Dissertatio U. de Hutten adumbrans. Pars I. *Upsal.* 1762. 4. Pars II. *Ibid.* 1764. 8.

(**Schubart**, Ludwig). U. v. Hutten. *Leipz.* 1791. 8. Portrait. *(D. et Bes.)*

Meiners (Christoph). Leben des U. v. Hutten. *Zürch.* 1797. 8. *(Bes.)*

Panzer (Georg Wolfgang Franz). U. v. Hutten in literarischer Hinsicht. *Nürnb.* 1798. 8. *(D.)*

(**Wagner**, Gottlieb Heinrich Adolph). U. v. Hutten's Leben, (publ. par Johann Friedrich Wilhelm Tischer). *Leipz.* 1803. 8. Portrait. *(D.)*

U. v. Hutten und dessen Zeitalter, nebst dessen Reden gegen Ulrich, Herzog von Württemberg. *Giess.* 1813. 8.

Mohnicke (Gottlieb Christian Friedrich). U. v. Hutten's Jugendleben, etc. *Greifsw.* 1816. 8. *(D.)*

(**Schubart**, Ludwig). Leben und Character U. v. Hutten's. *Leipz.* 1816. 8.

Wagenseil (Christian Jacob). U. v. Hutten. *Leipz.* 1817. 8.

— — U. v. Hutten, nach seinem Leben, seinem Character und seinen Schriften geschildert. *Nürnb.* 1823. 8. Portrait. *(D.)*

Buerck (August). U. v. Hutten, der Ritter, der Gelehrte der Dichter, der Kämpfer für deutsche Freiheit. *Dresd.* et *Leipz.* 1846. 8. Portrait.

Zeller (J...). U. de Hutten, sa vie, ses œuvres, son temps. *Rennes* et *Par.* 1849. 8.

Chauffour-Kestner (Victor). Études sur les réformateurs du XVIᵉ siècle. *Par.* 1853. 2 vol. 18. *

* Le premier volume contient la vie d'U. v. Hutten, le second celle d'Ulrich Zwingli.

────────

Stolz (Johann Jacob). U. v. Hutten gegen Desiderius Erasmus und Desiderius Erasmus gegen U. v. Hutten, zwei Streitschriften aus dem 16ten Jahrhundert. *Aarau.* 1813. 8. *(D.)*

Kieser (Carl). Der Streit zwischen U. v. Hutten und Erasmus v. Rotterdam. Beitrag zur Characteristik U. v. Hutten's und seiner literarischen Zeitgenossen. *Mainz.* 1823. 8.

Hutter (Leonhard),
théologien allemand (1563 — 23 oct. 1616).

Meissner (Balthasar). Oratio parentalis de vita et obitu L. Hutteri. *Witteb.* 1617. 4.

Neumann (Johann Georg). Programma de vita L. Hutteri. *Witteb.* 1706. 4.

Jani (Daniel Friedrich). Commentatio de L. Huttero ejusque compendio theologico, s. l. et s. d. 8. *(D.)*

Hutton (William),
archéologue anglais.

Life of W. Hutton, stationer of Birmingham, to which is subjoined the history of his family, written by himself and published by his daughter (Catharina Hutton). *Lond.* 1816. 8. *Ibid.* 1841. 4

Huvé (Jean Jacques Marie),
architecte français (28 avril 1783 — 22 déc. 1852).

Funérailles de M. Huvé. Discours prononcé par D... Raoul-Rochette. *Par.* 1852. 4.

Lenormand (Charles). Notice biographique sur J. J. M. Huvé, architecte, membre de l'Institut. *Par.* 1853. 8.

Huybrecht (N... N...),
colonel belge.

Précis de la vie militaire du lieutenant colonel Huybrecht, pour servir de première réponse à ses ennemis. *Brux.* 1836. 8.

Hyde (Edward), voy. **Clarendon.**

Huydecoper (Balthasar),
poète hollandais (1740 — 21 sept. 1778).

Schotel (Gilles Dionysius Jacobus). Commentatio de B. Huydecoperi in linguam literasque Belgicas meritis. *Lugd. Batav.* 1830. 4. *(Ld.)*

Huygens (Christian),
physicien hollandais, fils du suivant (14 avril 1629 — 8 juillet 1695).

Peerlkamp (Pieter Hofman). Annotatio in vitam C. Hugenii. *Harlem.* 1821. 8.

Lemans (M...). Levensbeschrijving van C. Huijgens. s. l. et s. d. 8.

Huygens (Constantijn),
poète hollandais (4 sept. 1596 — ... 1687).

Huijgens (Constantijn). De vita propria sermones. . . . (Autobiographie écrite en vers.) Trad. en holland. par Adriaan Loosjes. *Haarl.* 1817. 8. *(Ld.)* *Amst.* 1821. 8. Portrait.

(**Schinkel**, A... D...). Bijdrage tot de kennis van het karakter van C. Huijgens, etc. *S'Gravenh.* 1842. 8. *(Ld.)*

Huyvetter (Joan d'),
archéologue belge (27 sept. 1770 — 11 nov. 1833).

Voisin (Auguste). Notice sur le cabinet d'antiquités nationales de feu M. J. d'Huyvetter. *Gand.* 1854. 8. Portrait. (Extrait du *Messager des sciences et des arts.*)

Huzard (Jean Baptiste),
agronome français (3 nov. 1755 — 30 nov. 1838).

Notices biographiques sur J. B. Huzard, membre de l'Institut royal de France, de l'Académie royale de médecine, de la Société royale et centrale d'agriculture, par François Augustin de Silvestre et François Victor Mérat. *Par.* 1839. 8.

Rainard (N... N...). Éloge de M. Huzard, inspecteur général des écoles royales vétérinaires, etc. *Lyon.* 1839. 8.

Hyacinthe (Saint),
patron de Pologne.

Bzovius (Abraham). Propago D. Hyacinthi Thaumaturgi Poloni, s. de rebus præclare gestis in provincia Poloniæ ordinis prædicatorum commentarius. *Venet.* 1606. 4.

Kort begryp van het leven en de mirakelen van den H. Hyacinthus. *Bruss.* 1641. 12.

Fridrychowicz (Dominicus). S. Hyacinthus, principalis Poloniæ patronus. *Cracov.* 1687. Fol.

(**Chodykiewicz**, Clemens). Vita di S. Giacinto dell' ordine de' predicatori, etc. *Venez.* 1749. 8.

Hyde (Alvin),
théologien anglo-américain.

Memoir of the Rev. A. Hyde. *Boston.* 1855. 8.

Hyder-Ali,
chef des Mahrattes (vers 1718 — 7 déc. 1782).

Abrégé de l'histoire d'Hyder-Ali. *Par.* 1780. 12.

(**Maître de la Tour**, N... N...). Histoire d'Hayder-Ali

Khan, nabab bahádèr, roi des Canarins, etc., souba de Seira , dayva du Mayssour , souverain des empires du Cherequi et du Calicut, nabab du Benguelour, etc., ou nouveaux mémoires sur l'Inde. *Par.* 1785. 2 vol. 12. *
Trad. en allem. avec des notes par Matthias Christian SPRENGEL. *Halle.* 1784-86. 2 vol. 8. *Weim.* 1801. 2 vol. 8.
* Publ. s. l. lettres M. D. L. T.

Robson (Francis), Life of Hyder Aly Khan, etc. *Lond.* 1786. 8. Trad. en franç. *Par.* 1787. 12.
Michaud (Joseph). Histoire du progrès et de la chute de l'empire de Mysore sous les règnes de Hyder-Ali et de Tippoo-Saïb. *Par.*, an ix (1801.) 2 vol. 8.

Hygn (Peder),
évêque d'Aarhuus.
Programma academicum in obitum episcopis Aarhusiensis P. Hygæ. *Hafn.* 1764. Fol.

Hyginus (Cajus Julius),
mythographe romain.
Bunte (Christian Bernhard). Dissertatio de C. J. Hygini, Augusti liberti, vita et scriptis. *Marb.* 1846. 8.

Hylander (Sven),
littérateur suédois (3 déc. 1797 — 19 avril 1825).
Reuterdahl (Henrik). Minnestal öfver Akad. Adjuncten Mag. S. Hylander. *Lund.* 1826. 8.

Hyménée,
personnage mythologique.
Koehler (Johann Bernhard). Eclogæ archæologicæ de Hymenæo et Talassione, diis Græcorum ac Romanorum nuptialibus. *Lubec.* 1757. 4.

Hypatia,
philosophe grecque.
Schmidt (Johann Andreas). Dissertatio historica-mathematica de Hipparcho, Theone Alexandrino et docta Hypatia. *Jenæ.* 1689. 4.
Wernsdorf (Johann Christian). Disputationes IV de Hypatia, philosopha Alexandrina. *Lips.* 1747-48. 4. (*L.*)

Hyperides,
orateur grec.
Kiessling (Friedrich Wilhelm). Commentatio de Hyperide, oratore Attico. *Hildburgh.* 1857. 4.

Hyperius (Andreas Gerhard),
théologien hollandais (16 mai 1511 — 1er février 1564).
Orthius (Wigand). Oratio de vita ac obitu clarissimi viri gravissimique theologi A. Hyperii. *Marb.* 1564. 4. (*D.*)
Wille (Wilhelm). Programma de A. Hyperio, Hassorum theologo, ejusdemque scholarum mediarum, quas gymnasia vocamus , instituendarum primo consilio. *Hersf.* 1788. 4.

I

Ibas,
évêque d'Edesse († 457).
Meisner (Johann Christian). Dissertatio de Iba Edesseno. *Witteb.* 1718. 4. (*D.*)

Ibn-Haukal,
géographe arabe.
Uijlenbroek (Pieter Johannes). Dissertatio de Ibn-Haukalo geographo, etc. *Lugd. Bat.* 1822. 4.

Ickstadt (Johann Adam Freiherr v.),
jurisconsulte allemand (6 janvier 1702 — 17 août 1776).
Schubart (Christian Friedrich Daniel). Leben des Freiherrn v. Ickstadt. *Ulm.* 1776. 8. Portrait.
Toerring zu Seefeld (Anton Clemens v.). Verlust eines weisen Mannes, beim Hintritt des Freiherrn v. Ickstadt. *Münch.*, s. d. (1776.) 4.

Ida de Saxe.
Mueller (August Wilhelm). Ihre Hoheit die Herzogin Ida von Sachsen-Weimar-Eisenach , geb. Prinzessin von Sachsen - Meiningen ; eine Lebenskizze. *Weim.* 1852. 8.

Ide, comtesse de Boulogne.
(Haignère, D...). Vie de la bienheureuse Ide, comtesse de Boulogne , trad. du latin des Bollandistes, etc. *Boulogne-sur-Mer.* 1852. 18.

Iffland (August Wilhelm),
comédien allemand du premier ordre (19 avril 1759 — 22 sept. 1814).
Iffland (August Wilhelm). Meine theatralische Laufbahn. *Leipz.* 1798. 8. Trad. en franç. s. c. t. Mémoires, (par Louis Benoît PICARD). *Par.* 1823. 8.

Formey (Johann Ludwig). A. W. Iffland's Krankheitsgeschichte. *Berl.* 1814. 8.
Vita di A. G. Iffland. *Treviso.* 1829. 12.
(Kunz, Carl Friedrich). Aus dem Leben zweier Schauspieler : Iffland's und (Daniel Ludwig) Devrient's. *Leipz.* 1838. 8. *
* Publ. s. l. pseudonyme de Z. FUNCK.

Becker (Gottfried Wilhelm). Briefe über Iffland in Leipzig. *Leipz.* 1804. 8.
Iffland in Hamburg. Aufnahme , Hierseyn und Abschied, nebst Zergliederung seiner hier gespielten Gastrollen. *Hamb.* 1806. 8.

Ignace (Saint),
évêque d'Antioche et martyr († 10 déc. 107).
Beyer (Christoph). Dissertationes II de Ignatio, veritatis confessore et martyre. *Lips.* 1722. 4. (*D.* et *L.*)

Coëtlosquet (comte de). Vie de S. Ignace, évêque d'Antioche, et de S. Polycarpe, évêque de Smyrne, martyrs. *Metz.* 1852. 12.

Ignace (Saint),
patriarche de Constantinople (799 — 23 oct. 877).
Nicetas (David). Vita S. Ignatii, archiepiscopi Constantinopolitani, écrite en grec et traduite en latin par Matthias RADER. *Ingolst.* 1604. 4.
(Maultrot, Gabriel Nicolas). Histoire de S. Ignace, patriarche de Constantinople , et de Photius, usurpateur de son siége, s. l. 1791. 8.

Ignace de Loyola (Saint),
fondateur de l'ordre des jésuites (1491 — 28 juillet 1556).
Ribadeneira (Pedro). Vida de S. Ignacio. *Madr.* 1670. 8. Trad. en allem. (par Ferdinand ALBER). *Ingolst.* 1590. 4. *Ibid.* 1614. 4.
  Trad. en ital. (par Gabriello GIOLITO DE' FERRARI). *Venez.* 1586. 4.
  Trad. en lat. *Neap.* 1572. 8. *Venet.* 1586. 4. *Antw.* 1587. 8. *Ibid.* 1588. 8. *Col. Agr.* 1602. 8. *Par.* 1602. 12.
Maffei (Giovanni Pietro). De vita et moribus S. Ignatii Loyolæ libri III. *Rom.* 1584. 4. *Venez.* 1585. 4. *Col. Agr.* 1585. 8. *Ibid.* 1593. Fol. *Antw.* 1605. 8. *Par.* 1641. 8. *Lugd.* 1638. 8. *Venet.* 1685. 2 vol. 12. *Milan.* 1702. 12. Publ. par Giuseppe Rocco VULPIO. *Bergam.* 1727. 4. *Bergam.* 1747. 2 vol. 8. *Veron.* 1837. 8. Trad. en franç. par Michel d'ESNE DE BETENCOURT. *Douai.* 1594. 8. (*Bes.*)
(Stein, Christian). Vita Ignatii Loyolæ, s. l. 1598. 8. *
* Publ. s. l. pseudonyme de Simo LITHUS.
Gretser (Jacob). Apologia I pro vita S. Ignatii. *Ingolst.* 1599. 8.
 —— Apologia II pro vita S. Ignatii. *Ingolst.* 1601. 8.
 —— Apologia III pro vita S. Ignatii. *Ingolst.* 1604. 8.
Vie de S. Ignace et des pères Jacques Lainez et François Borgia. *Tournai.* 1615. 4.
Stein (Christian). Triumphus jesuiticus, etc., de Ignatii Loyolæ vita et miraculis adversus Jacobum Gretserum. *Frf.* 1615. 8.
Bombino (Pietro Paolo). Vita S. Ignatii. *Neapol.* 1615. 8. *Rom.* 1622. 4.
Life of Ignatius Loyola. *Lond.* 1616. 12.
Walpole (Michael). Life of S. Ignatius. *Saint-Omer.* 1617. 12. *Ibid.* 1620. 12.
Ferus * (Georg). Vita S. Ignatii Loyolæ et S. Francisci Xaverii. *Prag.* 1617. 12. *Ibid.* 1629. 12.
* Le véritable nom de l'auteur est PLACEM.

Vita S. Ignatii, societatis Jesu fundatoris. *Ingolst.* 1622. 8.

Mayr (Georg). Vita S. P. Ignatii Loyolæ latino-græca ex hispanica, quam Caspar *Quatremont* latine reddidit *Aug. Vind.* 1616. 12.

—— Vita S. Ignatii centum imaginibus expressa. *Aug. Vind.* 1622. 4.

Diez (Miguel de los). Vida y muerte santa del glorioso patriarca S. Ignacio de Loyola, fundador de la compañia de JHS. *Madr.* 1619. 8.

Lopes (Francisco). O soldado da gloria S. Ignacio. *Lisb.* 1622. Fol.

Binet (Etienne). Vie de S. Ignace et de S. François Xavier, des BB. Louis de Gonzague et Stanislas Kotska. *Par.* 1622. 12.

Bidermann (Jacob). Ignatius, s. de vita et gloria Ignatii Loyolæ, societatis Jesu conditoris, libri III. *Dilling.* 1625. 12. *Rom.* 1634. 16. *Antw.* 1635. 16.

Smidt (Franciscus de). La gloire de notre S. P. Ignace, fondateur de la compagnie de Jesus. *Anvers.* 1628. 24. (Trad. du latin.)

Nigroni (Giulio). Dissertatio historica de S. Ignatio, societatis Jesu fundatore, et de B. Cajetano Thiæneo, institutore ordinis clericorum regularium. *Col. Agr.* 1630. 4. *Neap.* 1631. 4.

Arcones (Andres Lucas de). Vida de S. Ignacio de Loyola, fundador de la compañia de Jesus. *Granad.* 1633. 4.

La Misma (A... L... de). Vida de S. Ignacio de Loyola. *Granad.* 1633. 4.

(**Halkett**, John). Loyola. *Lond.* 1648. 12.

Bartoli (Daniello). De vita et instituto S. Ignatii libri V. *Rom.* 1650. Fol.

Trad. en franç. *Par.* 1843. 2 vol. 8.

Trad. en ital. *Rom.* 1659. Fol. *Venez.* 1735. 4. Portrait. *Torin.* 1825. 2 vol. 8. Portrait. *Milan.* 1834. 8. *Bresc.* 1838. 5 vol. 12.

Trad. en lat. par Louis JANIN. *Lugd.* 1665. 4. (*Bes.*)

Pistorius (Georg). S. Ignatius Loyola, oder Lobpredigt von dessen Tugenden und heroischen Thaten. *Dilling.* 1651. 4.

Smidt (Franciscus de). Leven van den H. Ignatius de Loyola, patriarch ende fondateur van de societeyt Jesu. *Antw.* 1654. 8. (Trad. de l'espagnol.)

Monteiro (Manoel). Compendio da vida de S. Ignacio. *Lisb.* 1660. 16.

Kastel (Georg). Compendium vitarum S. P. Ignatii et Xaverii. *Prag.* 1667. 12. *

* Publ. s. l. nom latinisé de CASTULUS.

Bussières (Jean de). Vie de S. Ignace de Loyola. *Lyon.* 1670. 12. (*Bes.*)

Todtfeller (Christoph). Der fromme Wolff, oder Lobpredigt vom heiligen Ignatius de Loyola. *Prag.* 1677. 4.

(**Bouhours**, Dominique). Vie de S. Ignace, fondateur de la compagnie de Jésus. *Par.* 1679. 4 et 12. *Ibid.* 1680. 12. *Ibid.* 1692. 12. (*Bes.*) *Ibid.* 1758. 12. *Avign.* 1821. 2 vol. 12. *Ibid.* 1821. 12. *Par.* 1825. 2 vol. 12. *Ibid.* 1822. *Besanç.* 1826. 2 vol. 12. Trad. en allem. par Albert v. HAZA-RADLITZ. *Wien.* 1835. 8.

Coret (Jacques). Vie de S. Ignace de Loyola. *Namur.* 1679. 4.

Nolarci (Vincenzo). Vita di S. Ignazio. *Venez.* 1680. 4. Vita Ignatii de Loyola. *Venet.* 1681. 8.

Garcia (Francisco). Vida, virtudes y milagros de S. Ignacio de Loyola. *Madr.* 1685. 4.

Nossius (Christoph). Compendium vitæ S. P. Ignatii. *Prag.* 1690. 8.

Pottu (Nicolaus). Dreifache Glory des heiligen Vatters Ignatii, der Societät Jesu Stifters. *Mainz.* 1710. 8.

Matos (Francisco de). Vida de S. Ignacio. *Lisb.* 1718. Fol.

Nieberlein (Johann Adam). Lobrede auf den heiligen Ignatz. *Eichstädt.* 1721. 4.

(**Hane**, Philipp Friedrich). Leben und Thaten Ignatii Loyolæ. *Rostock.* 1721. 8. *Ibid.* 1723. 8.

Rasiel de Selva * (Hercule). Histoire de l'admirable Dom Inigo de Guipuscoa, etc. *La Haye.* 1736. 2 vol. 8. *Ibid.* 1738. 2 vol. 12. *Ibid.* 1764. 2 vol. 12. (*Bes.*) Trad. en angl. s. c. t. The spiritual Don Quixote, etc. *Lond.* 1745. 12.

* Le véritable nom de l'auteur est QUESNEL DE DIEPPE, ou selon d'autres biographes Charles LEVIER.

Mariani (Antonio Francesco). Vita del padre santissimo Ignazio de Loyola, etc. *Bologna.* 1741. 4. Portrait. *Parma.* 1796. 8. *Venez.* 1845. 24.

Eszterházy (Pál). Szent Ignátz, etc. *Nagy-Szombotb.* 1756. 4.

Wunderbare Geschichte des heiligen Ignatius von Loyola. *Freistadt.* 1765. 8.

Irowsky (Johann). Cultus S. Ignatii de Loyola, fundatoris societatis Jesu, etc. *Prag.* 1771. 8.

Borgo (Carlo). Orazione in lode di S. Ignazio de Loyola. *Monaco.* 1785. 8. *Torin.* 1787. 8. (3e édition.)

(**Wolfter**, Peter). Leben und Thaten des heiligen Ignatius von Loyola. *Germanien.* 1788. 8.

Biographie des heiligen Ignaz von Loyola. *Chemnitz.* 1801. 8. Portrait.

Frank (Wilhelm). Ignaz von Loyola's wunderbares Leben und Abenteuer, etc. *Leipz.* 1802. 2 vol. 8.

Geiss (Johann Baptist). Lebensgeschichte des heiligen Ignaz von Loyola. *Chemnitz.* 1804. 8.

Borgo (Carlo). Orazione in lode di S. Ignazio. *Piacenz.* 1804. 12.

Dewora (Victor Joseph). Ignaz von Loyola und Franz von Xavier, oder die wahre Denk- und Handlungsweise der Jesuiten. *Coblenz.* 1816. 8.

Venini (Ignazio). Panegirico inedito di S. Ignazio di Loyola. *Rom.* 1817. 8.

Ignatius van Loyola, stichter van de orde der Jesuiten. *Leeuward.* 1827. 8.

Elleborizon (?) (Nicolaus Jeremias Nepomuk). Leben und Thaten des heiligen Ignatius von Loyola. *Speyer.* 1834. 8.

Leben des heiligen Ignaz von Loyola. *Schweidnitz.* 1840. 8. Portrait.

Charra (Eugène). Vie d'Ignace de Loyola, fondateur des jésuites. *Strasb.* 1840. 4.

Du Thairel (chevalier). S. Ignace de Loyola, chevalier de la très-sainte Vierge, fondateur de l'ordre des jésuites. *Par.* 1844. 8.

Bruehl (Moritz). Geschichte des heiligen Ignatius von Loyola und der Gesellschaft Jesu. *Würzb.* 1845. 8.

Genelli (Christoph). Leben des heiligen Ignatius von Loyola, Stifters des Gesellschaft Jesu. *Innsbr.* 1848. 8.

Taylor (Isaac). Loyola and the jesuitism in its rudiments. *Lond.* 1849. 8.

Rau (Heribert). Ignatius Loyola und der Orden der Jesuiten ; geschichtlicher Vortrag. *Mannh.* (*Worms*). 1851. 8.

Weissenbach (Joseph Anton). Frage : Liesse sich Ignaz von Loyola nicht aus dem Register der Heiligen schaffen ? *Augsb.* 1789. 8.

Ihre (Johan),

linguiste suédois (3 mars 1707 — 26 nov. 1780).

Floderus (Johan). Parentation öfver J. Ihre. *Upsal.* 1781. 8.

Ihre (Thomas),

théologien suédois (3 sept. 1659 — 11 mars 1720).

Rudén (Torsten). Trognas Sköld och Seger. Likpredikan öfver Theologiæ Lectorn i Linköping, Domprosten T. Ihre. *Linköp.* 1720. 8.

Toerner (J... L...). Post funera virtus et fama manet viri T. Ihre. *Lincop.* 1720. 8.

Ildephonse (Saint),

archevêque de Tolède (607 — 669).

Salazar de Mendoza (Pedro). El glorioso doctor S. Idefonso, arcobispo de Toledo, s. illius vita. *Toledo.* 1618. 4.

Mayans y Siscar (Gregorio). Vida de S. Ildefonso, arzobispo de la santa iglesia de Toledo. *Valenc.* 1727. 12. (*D.*)

Ilgen (Carl David),

théologien allemand (26 février 1763 — 17 sept. 1834).

Krafft (Friedrich Carl). Vita C. D. Ilgenii. *Altenburg.* 1837. 8. Portrait.

Stern (Reinhard). Narratio de C. D. Ilgenio, scholæ provincialis Portensis olim rectore. *Hammonæ.* 1839. 8.

N... (W...). Ilgeniana. Erinnerungen an Dr. C. D. Ilgen, Rector der Schule zu Pforte, insbesondere an dessen Reden in Erholungsstunden. *Leipz.* 1853. 8.

Illésházy (Gróf Josef),
homme d'État hongrois.

Hoffmann (Michael). Laudatio funebris comiti J. Illésházy, emerito judici curiæ regiæ, inclytæ comitatus Trenchinensis et Liptoviensis perpetuo supremo comiti, etc., dicta, etc., *Tyrnav.* 1766. Fol.

Csepelényi (Ferencz). Concio funebris in exequiis excellentissimi comitis, **J. Illésházy**, etc. *Tyrnav.*, s. d. Fol.

Imbert (Fleury),
médecin français (1796 — 25 déc. 1851).

Duchêne de Givors (N... N...). Le docteur Imbert et ses théories médico-philosophiques. *Lyon.* 1853. 8.

Candy (C...). Eloge historique de F. Imbert, chirurgien en chef de l'hospice de la Charité, médecin de l'Hôtel-Dieu. *Lyon.* 1853. 8.

Imbert (Guillaume),
littérateur français (vers 1743 — 19 mai 1803).

Imbert (Guillaume). Correspondance historique, politique et littéraire, ou mémoires pour servir à l'histoire des cours, des sociétés et de la littérature en France, depuis la mort de Louis XV. *Lond.* (*Maestricht.*) 1787-90. 18 vol. 12. *

* Cette correspondance a beaucoup de rapport avec les *Mémoires secrets* de BACHAUMONT.

Imbert (Jacques Jean Baptiste),
théologien français (11 mai 1767 — 24 mars 1841).

Notice sur la vie de M. Imbert, chanoine honoraire de la cathédrale d'Autun, doyen du chapitre et curé de la cathédrale de Nevers. *Nevers.* 1841. 8.

Imfeld (Meinrad),
magistrat suisse.

M. Imfeld und die Regierung von Oberwalden. Spiegel und Bild. *Zürch.* 1831. 8.

Imhof (Andreas),
magistrat allemand.

Praetorius (Paul). Epicedion in pium obitum A. Imhof, duumviri primarii, etc. *Norimb.* 1579. 4.

Immermann (Carl),
poète allemand (24 avril 1796 — 25 août 1840).

Immermann (Carl). Memorabilien. *Hamb.* 1840-1843. 3 vol. 8.

Freiligrath (Ferdinand). C. Immermann. Blätter der Erinnerung an ihn. *Stuttg.* 1842. 8. Portrait.

Imperiali (Giovanni Giacomo),
doge de Gênes (... — 1615 — 1617).

Grillo (Angelo). Elogio di G. G. Imperiali, duca di Genova. *Venez.* 1618. 4.

Imperiali (Giuseppe Renato),
cardinal italien (1651 — 4 janvier 1737).

Chiapponi (Giustiniano). Legazione del cardinale G. R. Imperiali a Carlo III, rè delle Spagne, nell' anno 1711. *Rom.* 1712. 4.

Inchofer * (Melchior),
jésuite allemand (1584 — 28 sept. 1648).

Kneschke (Johann Gottlieb). Dissertatio de autore libelli *De monarchia Solipsorum.* *Zittav.* 1811. 4. *Halæ.* 1812. 8.

* C'est un des écrivains à qui l'on attribue la satire allégorique du gouvernement des jésuites. D'après l'opinion d'autres bibliographes cet écrit appartient à Giulio Clemente SCOTTI. — L'auteur donne aux jésuites le sobriquet de *Solipses*, comme taxés de ne songer qu'à eux-mêmes : *soli-ipsi*. — La première édition de cet ouvrage parut sous le pseudonyme de Lucius Cornelius EUSORÆUS, *Venise.* 1645. 12, sans nom d'imprimeur.

Ingeborg ou **Ingelburge**,
épouse de Philippe-Auguste, roi de France (... — mariée en 1193 — 1236).

Engelstoft (Laurids). Philip August, Konge i Frankerig, og Ingeborg, Prindsesse af Danmark. *Kjoebenh.* 1801. 8.

Schultz (Johann Matthias). Philipp August, König von Frankreich, und Ingeborg, Prinzessin von Dänemark, etc. *Kiel.* 1804. 8. *

* Traduction libre de l'ouvrage précédent, avec le portrait de Philippe-Auguste et celui de la princesse Ingeborg.

Ingham (Richard),
théologien anglais.

Memoir of the Rev. R. Ingham, pastor of the General Baptist Church (Belper, Derbyshire), to which is appended a brief memorial of miss Ingham. *Sheffield.* 1846. 18.

Inghen ou **Ingenuus** (Marsilius),
premier recteur de l'université de Heidelberg (... — 20 août 1396).

Wundt (Carl Casimir). Programma de M. ab Inghen, primo universitatis Heidelbergensis rectore. *Heidelb.* 1775. 4.

Ingold (Franz Rudolph),
littérateur alsacien.

(**Boecler**, Johann Heinrich). Laudatio posthuma qua F. R. Ingoldii memoriam honoravit academia. *Argent.* 1642. 4. Portrait. (*D.*)

Ingrassia (Giovanni Filippo),
médecin italien (1511 — 6 nov. 1580).

Spedalieri (Archangelo). Elogio storico di G. F. Ingrassia, celebre medico ed anatomico siciliano. *Milan.* 1817. 8. Portrait.

Ingres (Jean Auguste),
peintre français du premier ordre (1781 — ...).

(**Laurent**, Jan). M. Ingres, peintre et martyr, s. l. et s. d. (*Par.*, vers 1842.) 8. *

* Extrait du *Plutarque drolatique.* Satire sanglante extrêmement rare et presque introuvable aujourd'hui.

(**Lomenie**, Louis de). M. Ingres, par un homme de rien. *Par.* 1842. 12.

(**Mercey**, Frédéric). Peintres et sculpteurs modernes. I. Ingres. *Par.* 1846. 12. *

* Extrait de la *Revue des Deux-Mondes*, publ. s. l. pseudonyme de F... DE LA GENEVAIS.

Inguimbert (Joseph Dominique Malachie),
évêque de Carpentras (24 août 1683 — 6 sept. 1757).

Seguin de Pazzis (Maxime). Eloge en forme de notice historique de M. d'Inguimbert. *Carpentr.*, an XIII (1805). 8. (*Bes.*)

Vitalis (Hyacinthe d'Olivier). Notice historique sur la vie de M. d'Inguimbert. *Carpentr.* 1812. 4. Portrait.

Innocent II,
pape, successeur d'Honorius II (élu le 14 février 1130 — 13 sept. 1143).

Delannes (Jean). Histoire du pontificat du pape Innocent II. *Par.* 1741. 12. (*Bes.*)

Hartmann (Johann Adolph). Vita Innocentii II, pontificis Romani. *Marb.* 1744. 4.

Innocent III,
pape, succédant à Célestin III (élu le 8 janvier 1198 — 16 juillet 1216).

Lessmann (Daniel). Papst Innocenz III und Fürst Michael Glinski. *Berl.* 1831. 8.

Rottengatter (Adalbert Theodor v.). Res ab Innocente III papa gestæ. *Vratisl.* 1831. 8.

Hurter (Friedrich). Geschichte Innocenz III. *Elingen.* 1835. 2 vol. 8. *Hamb.* 1836-42. 4 vol. 8. Portrait.
Trad. en franç. par Alexandre DE SAINT-CHÉRON et Jean Baptiste HAIDER. *Par.* 1858-43. 4 vol. 8. Port.
Trad. en ital. par Cesare ROVIDA. *Milan.* 1859-42. 4 vol. 8. Portrait.

Waibel (Alois Adalbert). Papst Innocentius III; eine der denkwürdigsten Lebensgeschichten. *Augsb.* et *Lindau.* 1845. 8. *Ibid.* 1853. 8. *

* Extrait de l'ouvrage précédent.

Jorry (N... N...). Histoire du pape Innocent III. *Plancy* (*Aube*). 1852. 12. Portrait.

Innocent IV,
pape, successeur de Célestin IV (élu le 24 juin 1243 — 7 déc. 1254).

Pansa ,(Paolo). Vita del gran pontefice Innocenzo IV. *Venez.* 1598. 4. *Napol.* 1601. 4.

Hartmann (Johann Adolph). Dissertatio de vita Innocentii IV, pontifici Romano. *Marb.* 1758. 4.

Innocent VIII,
pape, succédant à Sixte IV (élu le 24 août 1482 — 25 juillet 1492).

Vialardo (Francesco Maria). Istoria delle vite de' sommi pontefici Innocenzo VIII, Bonifazio IX e del cardinale Innocenzo Cibo. *Venez.* 1613. Fol.

Serdonati (Francesco). Vita e fatti d'Innocenzo VIII. papa CCXVI. *Milan.* 1829. 8.

Innocent X,
pape, successeur d'Urbain VIII (élu le 15 sept. 1644 — 7 janvier 1655).

Rossteuscher (Johann Christoph). Historia Innocentii X. *Witteb.* 1676. 4.

Innocent XI,
pape, succédant à Clément X (élu le 10 sept. 1676 — 12 août 1689).

Macedo (Francisco de Santo-Agostinho). Panegyricus Innocentio XI. *Patav.* 1677. Fol.

Francisco da Natividade. Oração funeral de Innocentio XI. *Lisb.* 1689. 4.

1

Buonamici (Filippo). De vita et rebus gestis Innocentii XI. *Rom.* 1776. 8. Trad. en allem. *Ulm.* 1791. 8.

Innocent XII,
pape, successeur d'Alexandre VIII (13 mars 1615 — élu le 12 juillet 1691 — 7 sept. 1700).

Giannettasio (Niccolò Partenio). Panegyricus in funere Innocentii XII, P. M. dictus. *Neapol.* 1700. 8.

Innocent XIII,
pape, succédant à Clément XI (15 mai 1655 — élu en 1721 — 6 mars 1724).

Gruber (Johann Daniel). Programma de Innocentio XIII pontifice M. deque hodierna facie antiquissimæ familiæ Comitatensis. *Halæ.* 1721. 4.

Tricaud (Anthelme). Relation de la mort du feu pape (Innocent XIII) et du conclave assemblé pour l'élection de Benoît XIII, son successeur. *Nancy (Lyon.)* 1724. 12.

Leben Pabst Innocentii XIII. *Coeln.* 1724. 4.

Ion Chius,
poëte grec (vers l'an 451 avant J. C.).

Nieberding (Carl). De Ionis Chii vita, moribus et studiis doctrinæ, etc. *Lips.* 1836. 8. (*L.*)

Koepke (E... S...). Dissertatio de Ionis Chii poëtæ vita et fragmentis. *Berol.* 1836. 8.

Iphicrate,
général athénien.

Rehdantz (Carl). Vitæ Iphicratis, Chabriæ, Timothei, Atheniensium. *Berol.* 1845. 4.

Iphigénie,
fille d'Agamemnon.

Walter (Franz Ulrich). Dissertatio de Iphigenia a patre Agamemnone Dianæ immolanda ; von der Historie, dass Agamemnon habe seine Tochter Iphigeniam der Dianæ zu Ehren aufopfern sollen. *Hersfeld.* 1737. 4.

Irène,
impératrice de Constantinople (vers 752 — 9 août 803).

(**Mignot,** Vincent). Histoire de l'impératrice Irène. *Amst.* (*Par.*) 1762. 12. (*Bes.*) Trad. en allem. *Leipz.* 1763. 8. (*L.*)

Irène,
épouse de Philippe de Souabe, empereur d'Allemagne.

Crusius (Martin). Oratio de regina Romana Augusta Irena, vel Maria Græca, Philippi Suevi quondam cæsaris uxore clarissima. *Tubing.* 1593. 4. *Ibid.* 1597. 4.

Irène (Sainte),
patronne de la ville de Lecce.

Beatillo (Antonio). Storia della vita, morte, miracoli e della traslazione di S. Irena, vergine e martire da Tessalonica, protettrice della città di Lecco. *Napol.* 1609. 4.

Irénée (Saint),
évêque de Lyon (vers 140 — vers 202).

Dodwell (Henry). Dissertationes in Irenæum. *Oxon.* 1689. 8.

Deyling (Salomon). Irenæus, evangelicæ veritatis confessor ac testis a Renati Massueti pravis explicationibus vindicatus. *Lips.* 1721. 4. (*D.*)

(**Gervaise,** François Armand). Vie de S. Irénée, second évêque de Lyon, docteur de l'Eglise et martyr. *Par.* 1723. 2 vol. 12. * (*Bes.* et *D.*)
* Quelques bibliographes attribuent cet ouvrage au libraire-éditeur Basois.

Prilessky (Johann Baptist). Acta et scripta S. Irenæi episcopi et martyris. *Cassov.* 1765. 8.

Stieren (Adolph). Commentatio historico-critica de Irenæi adversus hæreses operis fontibus, indole, doctrina et dignitate. *Goetting.* 1836. 4. (Opuscule couronné par l'Académie de Goettingue.)

Prat (J... M...). Histoire de S. Irénée, docteur de l'Eglise, martyr et second évêque de Lyon. *Lyon.* 1843. 8. Trad. en allem. par Johann Nepomuk OISCHINGER. *Regensb.* 1846. 8.

Irmengarde,
épouse de Hermann IV, margrave de Bade.

Sachs (Johann Christian). Kurze Beantwortung der Frage, ob des Markgrafen Hermann's IV von Baden Gemahlin, Irmengard, Herzog Heinrich's des Schönen oder Langen älteste Prinzessin gewesen sei? *Carlsr.* 1760. 4.

Irmine (Sainte),
religieuse allemande.

Leben der heiligen Aebtissin Irmina, Stifterin des Gotteshauses zu Oehren in Trier. *Trier.* 1842. 8.

Liehs (Anton Joseph). Lebensgeschichte der heiligen Irmina, Stifterin der Hospitaliterinnen in Trier, etc. *Trier.* 1851. 8. Portrait.

Irmisch (Gottlieb Wilhelm),
pédagogue allemand (30 sept. 1732 — 9 avril 1794).

Hand (Johann Christian). Memoria G. W. Irmischii, rectoris scholæ Plaviensis. *Plav.* 1790. Fol.

Irnham (Simon, lord),
homme d'État anglais..

Jenkinson (Charles). Life of S., lord Irnham. *Lond.* 1766. 8. Portrait.

Irnhovius (Willem),
savant hollandais.

Burmann (Frans). Oratio funebris in obitum G. Irnhovii. *Traj. ad Rhen.* 1700. 4.

Irving (Edward),
théologien écossais (15 août 1792 — 7 déc. 1834).

Biographical sketch of the Rev. E. Irving. *Lond.* 1835. 8.

Hohl (Michael). Bruchstücke aus dem Leben und den Schriften E. Irving's, gewesenen Predigers an der schottischen Nationalkirche in London. *Sanct-Gall.* 1859. 8. Portrait. *Ibid.* 1850. 8. Portrait.

Lehmann (G... W...). Über die Irvingianer. *Hamb.* 1853. 12.

Isaac II l'Ange,
empereur de Constantinople (1185 — 1204).

Tafel (T... L... F...). Michaelis Acominati, Athenarum metropolitæ, panegyricus Isaaco Angelo post Andronicum Comnenum regno pulsum dictus Constantinopoli. *Tubing.* 1846. 4.

Isaac (Daniel),
théologien anglais.

Everett (James). The polemic divine, or memoirs of the life, writings and opinions of the Rev. D. Isaac. *Lond.* 1851. 8.

Isabeau de Bavière,
épouse de Charles VI, roi de France (1371 — 30 sept. 1435).

Sommaire discours de la reine Isabelle de Bavière, reine douairière de France, s. l. 1592. 8.

Dumas (Alexandre). Isabeau de Bavière. *Par.* 1853. 2 vol. 8. *Brux.*, 1858. 2 vol. 18. (Plus roman que pure histoire.) Trad. en allem. par Ludwig v. ALVENSLEBEN. *Leipz.* 1833. 2 vol. 8.

Lochner (Georg Wolfgang Carl). Geschichtliche Studien.— I. König Ludwig's des Bayern Zug gegen Herrieden im Jahre 1316. II. Isabella's von Bayern Verheirathung mit König Carl VI von Frankreich. III. Aus dem Leben Christoph Fuerer's des Aeltern. *Nürnb.* 1836. 8.

Isabelle, voy. **Élisabeth.**

Isabelle d'Angoulème,
épouse d'Édouard II, roi d'Angleterre (1292 — 1308 — 22 août 1358).

Saint-Surin (madame de). Isabelle d'Angoulème, avec un précis sur les reines d'Angleterre et une notice sur l'Aquitaine. *Tours.* 1847. 8. Portrait.

Isabelle de Bourbon,
épouse de Philippe IV, roi d'Espagne (22 nov. 1602 — mariée le 18 oct. 1615 — 6 oct. 1644).

José de la Justicia. Aparato funebre en las exequias de la reina Doña Isabel de Borbon. *Madr.* 1644. 4.

Michele (F...). Vida de Isabel de Borbon, reina de España. *Sarag.* 1644. 4.

———

Articles du mariage de D. Philippe d'Espagne et de madame Elisabeth de France, arrêtés le 20 août 1612. *Par.* 1615.

Isabelle II,
reine d'Espagne (10 oct. 1830 — proclamée reine le 2 oct. 1833 — déclarée majeure le 8 nov. 1843).

Miraflores (N... N... de). Memorias para escribir la historia contemporanea de los siete primeros annos del reinado de Isabel II. *Madr.* 1843-44. 2 vol. 8.

Burgos (Javier de). Anales del reinado de Doña Isabella II. *Madr.* 1850-52. 6 vol. 4.

Isabelle de Castille,
épouse de Ferdinand V, roi d'Espagne (1450 — 20 nov. 1504).

Bravo (Juan). Sumario de los reyes catolicos D. Fernando y Doña Isabel. *Toled.* 1564. 4. (Très-rare.)

Molina (Juan de). Sumario de la vida y hechos de los catolicos reyes D. Fernando y Doña Isabel. *Madr.* 1587. 8.

Marineus (Lucius). Sumario de la vida y hechos de los

catolicos reyes D. Fernando y Doña Isabel, trad. du latin par Juan de Molina. *Madr.* 1587. 8.

Pulgar (Fernandez de). Rerum a Ferdinando et Elisabe , Hispaniarum felicissimis regibus, gestarum decades II, nec non belli Navarriensis libri II. *Granat.* 1545. Fol. *Ibid.* 1558. Fol. Trad. en espagn. s. c. t. Cronica, etc. *Valladol.* 1565. Fol. *Zarag.* 1567. Fol. *Valenc.* 1780. Fol.

Zurita (Hieronymo). Historia del rey D. Hernando el Catholico , de los empresas y ligas de Italia. *Zarag.* 1580. 2 vol. Fol.

(**Gracian**, Balthasar). El politico D. Fernando el Catholico. *Zarag.* 1641. 12. *Amst.* 1659. 12.

    Trad. en allem. par Daniel Caspar v. Lohenstein. *Bresl.* 1676. 12.

    Trad. en franç. s. c. t. Réflexions politiques sur les plus grands princes et particulièrement sur Ferdinand le Catholique, (par Etienne de Silhouette). *Par.* 1720. 4. *Ibid.* 1730. 12. *Amst.* 1731. 12.

    Trad. s. c. t. Le politique D. Ferdinand le Catholique, par Joseph de Courbeville. *Par.* 1732. 12.

Mayoralgo (Juan Velasquez). Perfecta raçon de estado, deducido de los hechos del rey D. Fernando el Catholico, etc., contra los politicos atheistas; con las memorias augustas y panegyris del mismo rey D. Fernando, por Francisco de Samaniego. *Mexico.* 1646. 4.

Varillas (Antoine). La politique Ferdinand le Catholique, roi d'Espagne. *Amst.* 1688. 3 vol. 12.

(**Mignot** , Vincent). Histoire des rois catholiques Ferdinand et Isabelle. *Par.* 1766. 2 vol. 12.

Becker (Gotthelf Wilhelm Rupert). Geschichte der Regierung Ferdinand's des Katholischen. *Prag.* 1790-91. 2 vol. 8.

Clemencin (Diego). Elogio de la reina catolica Doña Isabel, con varias illustraciones sobre su reinado. *Madr.* 1821. 4. Portrait. Trad. en franç. s. c. t. Précis historique sur la reine catholique Isabelle, par François Amanton. *Par.* 1847. 8. Portrait. (*Lv.*)

Prescott (William Henry). History of Ferdinand and Isabella of Spain. *Boston.* 1838. 3 vol. 8. *Lond.* 1839. 5 vol. 8. *Ibid.* 1849. 3 vol. 8.

    Trad. en allem. *Leipz.* 1840. 3 vol. 8. *Ibid.* 1843. 2 vol. 8.

    Trad. en espagn. par Pedro Sabau y Larroya. *Madr.* 1844. 4 vol. 8.

Anita (George). Memoirs of queen Isabella of Castille, etc., edited with an introduction and notes by miss Pardoe. *Lond.* 1850. 8.

Isabelle de France,
fille de Louis VIII, roi de France.

Rouillard (Sébastien). La sainte mère, ou vie de S. Isabelle de France, sœur de S. Louis, fondatrice de l'abbaye de Longchamps. *Par.* 1618. 8.

Caussin (Nicolas). Vie neutre des filles dévotes , qui font état de n'être mariées ni religieuses, ou la vie de S. Isabelle de France. *Par.* 1644. 12. *Ibid.* 1647. 8.

Le Couturier (Nicolas Jérôme). Vie d'Isabelle de France. *Par.* 1772. 8.

Magnier (N... N...). Les deux saintes du sang royal des Bourbons, ou esquisse d'un parallèle religieux et historique entre la bienheureuse Isabelle de France , sœur de S. Louis, et madame Elisabeth de France, sœur de Louis XVI. *Par.* 1814. 12.

Daniélo (N... N...). Vie de madame Isabelle , sœur de S. Louis, fondatrice de l'abbaye de Longchamps, avec une description historique de la fête de Longchamps. *Par.* 1840. 12.

Martonne (Alfred de). Isabelle de France. *Par.* 1848. 18.

Isabelle de France,
fille de Charles IX, roi de France († 1577).

Sorbin (Arnaud). Oraison funèbre d'Isabeau de France, fille de Charles IX (et d'Elisabeth d'Autriche). *Par.* 1577. 8.

Isabelle * Claire Eugénie d'Autriche,
fille de Philippe II, épouse de l'archiduc Albert, gouverneur des Pays-Bas (1566 — mariée en 1598 — 1er déc. 1633).

Chappuisot (Claude). Laudatio funebris Isabellæ, principis Belgarum. *Brux.* 1634. 8. Trad. en franç. *Brux.* 1635. 8.

    * Assistant au fameux siège d'Ostende elle jura, dit-on, de ne point changer de linge qu'elle ne fût maitresse de cette place; comme le siège dura trois ans, trois mois et trois jours, le linge qu'elle

---

porta acquit cette couleur fauve qui de son nom est depuis appelée *couleur isabelle.*

Wachtendonck (Jan van). Oratio funebris principis Isabellæ. *Brux.* 1634. 4.

Vernulaeus (Nicolaus). Elogia oratoria Alberti Pii, Isabellæ, Ambrosii Spinolæ, Caroli comitis Bucquoii, Joannis comitis Tillii, etc. *Lovan.* 1634. 8.

Capronius (Franciscus). Laudatio funebris Isabellæ. *Brux.* 1634. 4.

Lemire (Aubert). Serenissimæ principis Isabellæ laudatio funebris. *Antw.* 1634. 4.

Ryckel van Oorbeeck (Joseph Geldolph van). Justa funebria principi Isabellæ persolvenda, etc. *Lovan.* 1634. 4.

D'Ave (Anton). Oratio in obitum principis Isabellæ. *Lovan.* 1634. 4.

Puteanus (Eryceus). Idea heroica principis in exemplum Isabellæ. *Lovan.* 1634. 4.

Juan de la Madre de Dios. Sermon en las honras de la serenissima señora Isabel, infanta di España. *Bruss.* 1634. 4.

Tristan (N... N...). La peinture de la sérénissime princesse Isabelle. *Anvers.* 1634. 4.

Serre (Jean Puget de la). Mausolée érigé à la mémoire immortelle de la princesse Isabelle, gouvernante des Pays-Bas. *Brux.* 1634. Fol. (*Bes.*)

Courvoisier (Jean Jacques). Le sacré mausolée de la princesse Isabelle Claire Eugénie. *Brux.* 1634. 8. (*Bes.*)

Lisola (François de). Harangue funèbre sur la mort de la sérénissime princesse Isabelle Claire Eugénie, infante d'Espagne. *Besanç.* 1634. 4. (*Bes.*).

Waulde (G...). Harangue funèbre aux obsèques de madame Isabelle Claire Eugénie, infante d'Espagne. *Mons*, s. d. (1634.) 12.

(**Dubois**, Charles). Histoire d'Albert et d'Isabelle. *Brux.* 1847. 12. *

    * Publ. s. l. lettres initiales C. D.

Reiffenberg (Frédéric Auguste Ferdinand Thomas de). Itinéraire de l'archiduc Albert, de la reine d'Espagne, Marguerite , et de l'infante Isabelle en 1599 et 1600. *Brux.* 1841. 8. (Extrait des *Nouveaux Mémoires de l'Académie de Bruxelles.*) — (*Bx.*)

Isabelle de Parme,
épouse de Joseph II, empereur d'Allemagne.

Oertel (Georg Christoph). In auspicatissimas nuptias Josephi Austriaci et Isabellæ Borbonicæ. *Vindob.* 1760. 4.

Isabelle de Savoie.

Dorléans (Pierre Joseph). Vie de Marie de Savoie et de l'infante Isabelle, sa fille. *Par.* 1696. 12. *Ibid.* 1697. 12.

Isaeus,
orateur grec.

Liebmann (J... A...). De Isaei vita et scriptis commentatio, etc. *Halæ.* 1831. 4.

Jenike (Eduard). Observationes in Isaeum. *Lips.* 1838. 8.

Isebalde (Saint),
abbé de Duynen.

Hove (Nivardus van). Leven, mirakelen ende wonderlyke vindinge van het heyligen en ongeschonden lichaem van S. Isebaldus, derden abt van de vermaerde abdye van Duynen. *Brugge*, s. d. (1686.) 8. *Ibid.* 1751. 12.

Vie du B. Isebalde Vandergracht, abbé des Dunes, s. l. 1714. 8. Portrait.

Iselin (Isaac),
philosophe suisse (17 mars 1728 — 15 juin 1782).

Hirzel (Salomon). Denkmal, I. Iselin gewidmet. *Basel.* 1782. 8. (*D.*)

Schlosser (Johann Georg). Rede auf I. Iselin. *Basel.* 1783. 8. (*D.*)

Iselin (Jacob Christoph),
jurisconsulte suisse (12 juin 1681 — 13 avril 1737).

Iselin (Johann Rudolph). Laudatio funebris consecrandæ memoriæ viri incomparabilis, plurimum venerandi ac singularis eruditionis laude celebratissimi J. C. Iselini, etc. *Basil.* 1739. Fol.

Isenburg (Diether v.),
archevêque-électeur de Mayence (1454 — 1482).

Helwich (Georg). Narratio de dissidio Moguntinensi inter duos archiepiscopos Moguntinos, Dietericum Isenburgensem et Adolphum Nassoviensem. *Mogunt.* 1715. 8.

(**Schwarz**, N... N...). D. v. Isenburg, Erzbischof und Churfürst von Mainz. *Leipz.* 1789. 2 vol. 8.

Isenburg (Friedrich, Graf v.),
<small>assassin d'Engelbert, archevêque de Cologne.</small>

Manz (Heinrich). Die Isenburg, oder F. v. Isenburg und Engelbert der Heilige; historische Skizze. *Dortmund.* 1836. 8.

Isenflamm (Jacob Friedrich),
<small>médecin allemand (21 sept. 1726 – 23 février 1793).</small>

Harles (Gottlieb Christoph). Memoria J. F. Isenflamm. *Erlang.* 1793. 4.

Isernia (Andrea da),
<small>jurisconsulte italien (vers 1480 – assassiné le 11 oct. 1555).</small>

Hagemann (Theodor). Über das Leben des A. von Isernia. *Goetting.* 1786. 8.

Isidore (Saint),
<small>patron des laboureurs.</small>

(**Cachet**, Jean). Vie de S. Isidore, patron des laboureurs, et de la bienheureuse Marie Cabeça, sa femme. *Verdun.* 1631. 12. *

<small>* Traduction d'un ouvrage espagnol, composé par Hieronymo de Quintana.</small>

Cerracchini (L... G...). Vita di S. Isidoro agricoltore, etc. *Firenz.* 1727. 8.

Isidore de Peluse (Saint),
<small>ermite grec († vers 440).</small>

Heumann (Christoph August). Dissertatio de Isidoro Pelusiota et ejus epistolis, quas maximam partem fictitias esse demonstratur. *Goetting.* 1737. 4. (*D.*)

Niemeyer (Hermann Agathon). Dissertatio de Isidoro Pelusiota. *Halæ.* 1825. 4.

Isidore de Séville,
<small>historien des Goths (vers l'an 570 – 4 avril 636).</small>

Roesler (Christian Friedrich). Dissertatio : Isidori historia Gothorum, Vandalorum, Suevorum. *Tubing.* 1803. 4.

Isis,
<small>personnage mythologique.</small>

Pignoria (Lorenzo). Mensa Isiaca. *Venet.* 1605. 4. *Frf.* 1608. 4. *Amst.* 1669. 4.

Roth (Eberhard Rudolph). Dissertatio de Osiride, Iside, Horo ac Typhone, diis olim Ægyptiis. *Jenæ.* 1671. 4.

Bashuysen (Heinrich Jacob van). Programma de Iside, magna Dearum matre. *Servest.* 1719. 4.

Boehme (Johann Gottlieb). Dissertationes II de Iside, Suevis olim culta. *Lips.* 1748-49. 4. (*L.* et *Ld.*)

Boulage (Thomas Pascal). Des mystères d'Isis. *Par.* 1820. 8.

Deal (J... N...). Dissertation sur les Parisii ou Parisiens et sur le culte d'Isis chez les Gaulois. *Par.* 1828. 8.

Reichel (August Carl). Dissertatio de Isidis apud Romanos cultu. *Berol.* 1849. 8.

Hasselt (G... van). Ampulla Isidis Ægyptiacæ. *Ultraj.* 1777. 8.

Isoard (J... E...),
<small>prêtre français.</small>

Payan (Jean Baptiste). Vie de J. E. Isoard, missionnaire apostolique. *Briançc.* 1833. 12.

Isocrate,
<small>orateur grec (436 – 338 avant J. C.).</small>

Ekerman (Peter). Isocrates pater eloquentiæ. *Upsal.* 1743. 4.

Schirach (Gottlob Benedict). Dissertationes II de vita et genere scribendi Isocratis, etc. *Halæ.* 1765. 4.

Bilmark (Johan). Dissertatio de Isocrate oratore græco. *Aboæ.* 1798. 4.

Leloup (Pierre Jean). Commentatio de Isocrate. *Bonn.* 1825. 8.

Pfund (Johann Georg). Programma de Isocratis vita et scriptis. *Berol.* 1833. 4.

Baumgarten - Crusius (Detlev Carl Wilhelm). Programma de oratoribus Græcis, maxime Isocrate, egregiis institutionis publicæ magistris. *Misn.* 1833. 4.

Mang (Anton). Programma de Isocratis ingenio et præstantia. *Neoburgi.* 1833. 4.

Lichtenauer (A...). Programma de Isocrate. *Landsh.* 1843. 4.

Isogaeus (Simon),
<small>théologien suédois (8 déc. 1643 – 4 déc. 1709).</small>

Barchius (Nicolaus). Likpredikan öfver S. Isogaeus. *Stockh.* 1710. 8.

Isolani (Ercole),
<small>prêtre italien.</small>

Barbieri (Giuseppe). Memorie della vita di E. Isolani, prete. *Venez.* 1761. 8.

Isolani (Jacopo),
<small>cardinal italien (... – 19 février 1431).</small>

Petracchi (Celestino). Vita di messer J. Isolani, cardinale. *Lucca.* 1762. 8.

Isotta Malatesti da Rimini,
<small>maîtresse de Sigismondo Pandolfo, seigneur de Rimini († 1450).</small>

Mazzucchelli (Giovanni Maria). Notizie intorno Isotta da Rimini. *Bresc.* 1756. 4. *Ibid.* 1759. 8. Portrait.

Israel (Georg),
<small>théologien slave.</small>

Lochner (Georg Wolfgang Carl). Entstehung und erste Schicksale der Brüdergemeinde in Böhmen und Mähren, und Leben des G. Israel, ersten Aeltesten der Brüdergemeinde in Grosspolen. Beitrag zur slavischen Kirchengeschichte. *Nürnb.* 1832. 8.

* **Isselhorst** (Gotthard Arnold),
<small>jurisconsulte allemand († 1765).</small>

Gesner (Johann Georg). Lebensbeschreibung des Consuls G. A. Isselhorst. *Lübeck.* 1765. Fol.

Overbeck (Johann Daniel). Memoria G. A. Isselhorst, JCti et consulis Lubecensis. *Lubec.* 1765. Fol.

Ittig (Gottfried Nicolaus),
<small>jurisconsulte allemand (4 août 1645 – 22 août 1710).</small>

(**Cyprian**, Johann). Programma in funere G. N. Ittigii. *Lips.* 1710. Fol. (*L.*)

Ittig (Johann),
<small>médecin allemand (8 oct. 1607 – 21 juillet 1676).</small>

(**Rappolt**, Friedrich). Programma academicum in J. Ittigii funere. *Lips.* 1676. 4. (*L.*)

Ittig (Thomas),
<small>théologien allemand, fils du précédent (31 oct. 1643 – 7 avril 1710).</small>

(**Cyprian**, Johann). Programma academicum in funere T. Ittigii. *Lips.* 1710. Fol. (*L.*)

Kern (Johann Friedrich). Dissertatio epistolica de vita, obitu scriptisque T. Ittigii. *Lips.* 1710. 4. (*D.* et *Lv.*)

Boerner (Christian Friedrich). Oratio in memoriam T. Ittigii, S. T. D. et P. P. O., ecclesiæ Lipsiensis superintendentis. *Lips.* 1711. 4. (*L.*)

Iturbide (Augustin de),
<small>empereur du Mexique (1784 – 18 mai 1822 – exécuté le 19 juill. 1834).</small>

Quin (John). A statement of some of the principal events in the public life of A. de Iturbide, written by himself. *Lond.* 1824. 8.

    Trad. en allem. s. c, t. Iturbide's Denkwürdigkeiten. *Leipz.* 1824. 8.

    Trad. en franç. par Jacques Théodore Parisot. *Par.* 1824. 8.

    Trad. en holland. Franck. 1825. 8.

(**Soulier**, N... N...). Catastrophe de D. A. de Yturbide. *Par.* 1825. 8. (Omis par Quérard.) Trad. en espagn. *Par.* 1825. 8.

Itzstein (Johann Adam v.),
<small>homme d'État allemand (18 sept. 1775 – ...).</small>

Hoffmann v. Fallersleben (August Heinrich). A. v. Itzstein. *Frf.* 1848. 8.

Ivell (John),
<small>évêque de Salisbury.</small>

Humphredus (Laurentius). J. Ivelli Angli, episcopi Sarishuriensis, vita et mors ejusque veræ doctrinæ defensio. *Lond.* 1573. 4. (Rare.)

Iwan IV Wasiljewitsch, dit le **Terrible**,
<small>premier czar de Russie (1534 – 26 mars 1584).</small>

Etliche Historien von des Grossfürsten in der Moscha Iwan Basilidis grausamer Tyrannei. *Speier.* 1582. 4.

Oderborn (Paul). Joannis Basilidis Magni Moschoviæ ducis vita III libris conscripta. *Witteb.* 1586. 4 et 8. (Rare et recherché.) Trad. en allem. par Heinrich Raetel. *Goerl.* 1588. 4. (*L.*) *Ibid.* 1596. 4. Par Christian Kuehne. *Erfurt.* 1698. 8.

(**Treuer**, Gottlieb Samuel). Apologia pro Joanne Basilide IV, magno duce Moscoviæ tyrannidis vulgo falso insimulato. *Vienn.* 1711. 4. (*L.*)

Frondin (Elias). Dissertatio de magno Moscovitarum duce, Johanne Basilide IV, tyrannorum principe. *Upsal.* 1758. 4.

Schtscherbatow (Michaïl). Tzarstwennaja Knigha, etc. (Livre des czars, ou annales sur le règne de Jean Wasiljewitsch). *Petersb.* 1769. 4.

Ciampi (Sebastiano). Esame critico con documenti inediti della storia di Ivan Wasiliewitsch. *Firenz.* 1827. 8.

Iwan V Alexiéwitsch,
empereur de Russie (1661 — 1682 — 29 août 1696).

Schleissing (Georg Adam). Der beyden Czaren Iwan und Peter Alexiewitsch, nebst deren Schwester Sophia dreifach geführter Regimentsstab. *Zittau.* 1694. 8.

Sumarokoff (Alexander Petrowitsch). Der erste und wichtigste Aufstand der Strelitzen in Moskau im Jahre 1682, trad. du russe en allem. (par Johann Gottfried **Arndt.**) *Riga.* 1772. 8.

Iwan VI,
empereur de Russie (20 août 1740 — assassiné le 5 juillet 1764).

(**Mauvillon**, Éléazar). Histoire de la vie, du règne et du détrônement d'Iwan VI, assassiné en 1764. *Lond.* 1766. 12.

Elmén (Carl). Nâgra underrättelser om Ryska Keisarne Ivan VI, Peter III och Paul I. *Stockh.* 1810. 8.

J

Jablonowski (Stanislaus),
général polonais (1631 — 1702).

(**Jonsac**, N... N... de). Histoire de S. Jablonowski. *Leipz.* 1775-76. 4 vol. 4. *
* C'est à tort que Beinsius et quelques autres bibliognostes allemands attribuent cet ouvrage à Gabriel François Coyer.

Jacchæus (Gilbert),
médecin hollandais.

Vorstius (Adolph). Oratio funebris in obitum G. Jacchæi. *Lugd. Bat.* 1628. 4. (*Lv.*)

Jackson (Andrew),
président des États-Unis (15 mars 1767 — 8 juin 1845).

Waldo (Samuel Putnam). Life of general A. Jackson. *Hartford.* 1820. 8.

Eaton (John Henry). Life of A. Jackson. *Philadelph.* 1824. 8. *Ibid.* 1851. 12. *Ibid.* 1834. 12. *Ibid.* 1857. 12. Trad. en allem. par G... F... J... **Jaeger.** *Philadelph.* 1857. 8. Portrait.

Civil and military history of general A. Jackson, by an American officer. *New-York.* 1825. 8.

(**Warden**, David Bailie). Notice biographique sur le général Jackson. *Par.* 1829. 8. (Non mentionné par Quérard.)

Downing (John). Life of A. Jackson. *Philad.* 1834. 8. Portrait.

Cobbett (William). Life of A. Jackson. *New-York.* 1834. 18.

Bouis (Amédée Théodore). Biographie du général A. Jackson. *Par.* 1841. 8. *Ibid.* 1842. 8. *
* La première édition ne porte pas le nom de l'auteur; la seconde est ornée du portrait de Jackson.

(**Loménie**, Louis de). Le général Jackson, par un homme de rien. *Par.* 1843. 12.

Life of A. Jackson, by one of his supporters. *New-York.* 1843. 12. Portrait.

Waage (Friedrich). Die Todtenfeier des Helden. Rede zum Gedächtnisse A. Jackson's, etc. *Philad.* 1845. 8.

Funeral ceremonies in commemoration of the death of general A. Jackson, with the oration by B... F... **Butler.** *New-York.* 1845. 8.

Pictorial life of general A. Jackson. *Philad.* 1846. 12.

Dusenbery (R... M...). Monument to the memory of A. Jackson, containing 25 eulogies and sermons on his death. *Nashua.* 1846. 8.

Jenkins (John S...). Life of A. Jackson, with Bancroft's Eulogy. *Auburn.* 1847. 12. *Ibid.* 1850. 12. *Buffalo.* 1851. 12. (6e édition ornée de son portrait.)

Correspondence between general A. Jackson and John Charles Calhoun, president and vice-president of the United States, etc. *Washingt.* 1831. 8.

Jackson (John),
théologien anglais (1686 — 12 mai 1763).

Memoirs of the life and writings of J. Jackson. *Lond.* 1764. 8.

Jacob, voy. Jacques.
Jacobea, voy. Jacqueline.
Jacobellus ou Jacobus de Misa,
théologien bohème († 1429).

Martini (Johann Christoph). Dissertatio de Jacobo de

Miso, vulgo Jacobello, primo eucharistici calicis per ecclesias Bohemicas vindice. *Altorf.* 1753. 4.

Jacobetti (Giacomo),
philosophe italien.

Franzoni (Sebastiano). Epistola de vita et studiis J. Jacobetti. *Venet.* 1758. 8.

Jacobi (Christian Friedrich),
théologien allemand (16 nov. 1755 — 18 juin 1821).

Oettler (Christoph Heinrich Immanuel). Kurze Nachricht über die wichtigste Lebensumstände des Hofpredigers Jacobi. *Dresd.* 1821. 4. (*D.*)

Jacobi (Friedrich Heinrich),
philosophe allemand (25 janvier 1743 — 10 mars 1819).

F. H. Jacobi, nach seinem Leben, Lehren und Wirken dargestellt von Friedrich v. **Schlichtegroll,** Cajetan v. **Weiller** und Friedrich **Thiersch.** *Münch.* 1819. 8. (*D.*)

Herbst (Ferdinand). Johann Georg Hamann; F. H. Jacobi. *Leipz.* 1830. 8. *
* Formant le premier volume de son ouvrage *Bibliothek christlicher Denker.*

Kuhn (Johannes). Jacobi und die Philosophie seiner Zeit, etc. *Mainz.* 1834. 8. (*D.*)

Deycks (Ferdinand). F. H. Jacobi im Verhältniss zu seinen Zeitgenossen, besonders zu Goethe. Beitrag zur Entwickelungsgeschichte der neuern deutschen Literatur. *Frf.* 1849. 8.

Fricker (Hermann). Die Philosophie des F. H. Jacobi, nach Disciplinen bearbeitet und kritisch beleuchtet. *Augsb.* 1854. 8.

Jacobi (Johann Georg),
théologien allemand (2 sept. 1740 — 4 janvier 1814).

Rotteck (Carl v.). Gedächtnissrede auf J. G. Jacobi. *Freib.* 1814. 8.

Jacobs (Friedrich Christian Wilhelm),
philologue allemand 6 oct. 1764 — 30 mars 1847).

Jacobs (Friedrich Christian Wilhelm). Personalien. *Leipz.* 1840. 8. *Ibid.* 1847. 8. *
* Espèce de mémoires accomp. de son portrait.

Wuestemann (Ernst Friedrich). F. Jacobsii laudatio. *Gotha.* 1849. 8.

Jacobs (Gijsbert),
poète hollandais.

Wassenbergh (Everhard) et **Reddingius** (Geraard Benthem). Narratio de vita et carminibus G. Jacobs. *Franeq.* 1793. 8. (*Cp.*)

Jacobs (Jean Corneille),
médecin belge (6 nov. 1759 — ... 1826).

Avoine (Pierre Joseph d'). Notice sur J. C. Jacobs, docteur en médecine, etc. *Malin.* 1850. 8.

Jacobsoen (Laurids),
évêque d'Ocense (1600 — 20 août 1663).

Veile (Laurids Christen). Ligpraediken over Doctorn L. Jacobsoen, Biskop i Fyen. *Kjoebenh.* 1664. 4.

Jacobson (Louis Levi),
Danois (?).

Eschricht (D... F...). Éloge de L. L. Jacobson. *Copenh.* 1844. 8.

Jacobus.

Christgau (Martin Georg). Programma de Jacobi, comitis Purliliarum, rebus. *Frf. ad Viadr.* 1742. 4.

Jacobus (Magdalius),
dominicain hollandais du XVIᵉ siècle.

Seelen (Johann Heinrich v.). Commentatio de M. Jacobi, Gandensis, laboribus biblicis, corrigendæ in primis versioni latinæ vulgatæ impensis. *Lubec.* 1728. 4.

Jacotot (Joseph),
linguiste français (4 mars 1770 — 30 juillet 1840).

Guyard (Auguste). Jacotot et sa méthode. *Par.* 1840. 8.

Wurm (Christian Friedrich). (James) Hamilton und Jacotot. Ein Beitrag zur Geschichte der neuesten Reform des Sprachunterrichts. *Hamb.* 1831. 8.

Jacquard (Joseph Marie),
industriel français (7 juillet 1752 — 7 août 1834).

Grognier (Louis Furcy). Notice sur J. M. Jacquard. *Lyon.* 1856. 8.

Fortis (N... N... de). Éloge historique de Jacquard, suivi d'une notice sur la statue élevée à Lyon à sa mémoire, etc. *Lyon.* 1838. 8.

Jacquemont (Victor),
naturaliste français (6 août 1801 — 7 déc. 1832).

Warren (N... N... de). La vie et les œuvres de V. Jacquemont; discours de réception à l'Académie de Stanislas, etc. *Nancy.* 1852. 8.

Jacqueline de Bade,
épouse de Jean Guillaume III, duc de Juliers (1558 — mariée le 16 juillet 1585 — assassinée le .. sept. 1597).

Haupt (Theodor v.). Jacoba, Herzogin von Jülich, geb. Markgräfin von Baden; biographische Skizze. *Coblenz.* 1820. 8. Portraits.

Original-Denkwürdigkeiten eines Zeitgenossen am Hofe Johann Wilhelm's III, Herzogs von Jülich-Cleve-Berg, nebst einem Anhange, etc., betreffend den Process der Herzogin Jacobe. *Düsseld.* 1834. 8.

Graminæus (D...). Beschreibung der fürstlichen Hochzeit Herzog (Johann) Wilhelm's von Gülich (!) mit Jacobæa von Baden, gehalten zu Düsseldorf am 16. July 1585, s. l. et s. d. Fol. (Ouvrage peu commun.)

Jacqueline de Bavière,
comtesse de Hollande (1400 — 1417 — 8 oct. 1436).

Overstraten (Adriaen van). Jacoba van Beijeren, in V boeken. *Amst.* 1790. 8.

Siegenbeek (Matthys). De eer van (Jan) Wagenaar als geschiedschrijver, en die van Jacoba van Beijeren, tegen (Willem) Bilderdijk in zijne « Geschiedenis des Vaderlands » verdedigd. *Haarl.* 1835. 8. *(Ld.)*

Particularités curieuses sur Jacqueline de Bavière, comtesse du Hainaut. *Mons.* 1838. 8.

(Lauts, U... G...). Vrouw Jakoba van Beijeren en Albrecht Beiling, s. l. et s. d. (*Arnhem.* 1859.) 8. *(Ld.)*

Jacquemet-Bonnefont (François),
horticulteur français (1789 — 12 oct. 1849).

Rousselon (N... N...). Notice biographique sur M. F. Jacquemet-Bonnefont, d'Annonay. *Par.* 1850. 8.

Jacquemin, dit Loupoigne (Charles François *),
officier belge (18 mars 1761 — tué le 24 juillet 1799).

B*. Vie privée et politique de Jacquemin, dit Cousin Charles de Loupoigne, chef de brigands dans les neuf départements réunis. *Brux.*, an VIII. 8.

  * Plusieurs biographes lui donnent les prénoms de Charles Joseph et le font mourir le 30 juillet de la même année.

Jacques,
fils du patriarche Abraham.

Pijne (Jacob). Dissertatio de scala Jacobi. *Lugd. Bat.* 1710. 4. (Une des plus jolies éditions des Elseviers.)

Jacques I, ou V comme roi d'Écosse,
roi d'Angleterre (19 juin 1566 — 3 avril 1603 — 6 avril 1625).

Rosa (Thomas). Idæa s. Jacobi M. Britanniæ regis virtutibus et ornamentis dilucid. enarratio. *Lond.* 1608. 8.

Histoire de Jacques V, roy d'Écosse, ensemble l'histoire déplorable de la belle Duglas, vray miroir de constance et de chasteté. *Par.* 1621. 12.

Brooke (Fulke Greville). The five years of king James, or the condition of the state of England and the relation it had to other provinces. *Lond.* 1643. 4.

Memoirs of the reign of king James. *Lond.* 1648. 8.

W(eldon) (A(nthony)). The court and character of king James. *Lond.* 1630. 12. *Ibid.* 1651. 12. Portrait.

Vindication in answer to a pamphlet intituled : *The court and character of king James. Lond.* 1650. 12.

Narrative history of James I. *Lond.* 1651. 4.

Wilson (Arthur). History of Great-Britain, being the life and reign of king James. *Lond.* 1653. Fol. Portrait.

Sanderson (William). Compleat history of the lives and reigns of Mary, queen of Scots, and her son James VI of Scotland. *Lond.* 1656. Fol. * *Ibid.* 1658. Fol. **

  * Orné du portrait de Marie Stuart et de son fils Jacques.
  ** Avec le portrait de William Sanderson.

(Raleigh, Carew). Observations upon a book intituled *Compleat history*, by a lover of the truth. *Lond.* 1656. 4.

Osborne (Francis). Historical memoirs on the reign of Elizabeth and James. *Lond.* 1658. 12. *
  * Avec le portrait d'Élisabeth et celui de Jacques.

Historical memoirs, or the reigns of queen Elizabeth and king James. *Lond.* 1658. 12.

Frankland (Thomas). Annals of king James and king Charles I (from 1612 to 1642). *Lond.* 1681. Fol.

Secret history of king James I and king Charles I. *Lond.* 1692. 12.

Harris (William). Historical and critical account of the life and writings of king James I. *Lond.* 1753. 8.

Gjoerwell (Carl Christophersson). Konung Jacobs I i England Regering. *Stockh.* 1756. 8.

Dalrymple of Hailes (David). Memorials and letters relating to the history of Britain in the reign of James I. *Lond.* 1762. 8.

Walter (C... S...). Character Jacob's I, Königs von Grossbritannien. *Stettin.* 1777. 8.

History and life of king James I, written towards the latter part of the 16th century, (publ. par Malcolm LAING). *Edinb.* 1804. 8. Réimprim. par Thomas THOMSON. *Edinb.* 1825. 4.

Secret history of the court of king James I, publ. avec des notes par Walter SCOTT. *Edinb.* 1811. 2 vol. 8.

D'Israëli (Isaac). Inquiry into the literary and political character of James I. *Lond.* 1816. 8.

Aikin (Lucy). Memoirs of the court of king James I. *Lond.* 1822. 2 vol. 8. Portrait. Trad. en holland. *Amst.* 1825. 2 vol. 8. Portrait.

Nichols (John). Progresses, processions and festivities of king James I. *Lond.* 1828. 5 vol. 4.

Camden (William). Actio in Henricum Garnetum et ceteros pulverariæ conjurationis in regem Jacobum complices. *Lond.* 1607. 4.

De quorundam Anglorum contra regem (Jacobum) conjuratione discursus. *Lond.* 1607. 4.

Narratio de prodigiosa a Jesuitis et conjuratis in Jacobum, Angliæ regem, intentata conjuratione. *Lugd. Bat.* 1607. 4.

Species conjurationis pulveris commentariorum. *Lond.* 1609. 4. Trad. en allem. *Frf.* 1607. 4.

Eudæmonius Cydonius. Ad actionem proditoriam Eduardi Coqui apologia pro R. P. Garneto. *Colon.* *Agr.* 1610. 12. (Très-rare.)

Meyer (W...). Descriptio conjurationis Anglicæ pulverariæ. *Basil.* 1610. 8.

Abbot (Robert). Antologia adversus apologiam Eudæmonii Cydonii jesuitæ pro Henrico Garneto, jesuita proditore. *Lond.* 1613. 4.

Relation of the proceedings against the traiterous jesuites Henry Garnet and his confederates. *Lond.* 1616. 8.

Salis (Johann v.). De proditione Anglica pyreopulverea. *Basil.* 1617. 8.

Barclay (Jean). Series patefacti divinitus parricidii inter maximum regem regnumque Britanniæ cogitati et instructi nonis novembr. MDCV illo ipso novembri scripta. *Amst.* 1664. 12. *
  * Satire publ. s. l. pseudonyme de Euphormio LUSINUS.

History of the gunn-powder-treason. *Lond.* 1678. 4.

The gunn-powder-treason. *Lond.* 1679. 4.

Moebius (Johann). Dissertatio de conspiratione pulveraria. *Lips.* 1687. 4.

Roth (Christian August). Dissertatio historica de conspiratione sulphurea in Anglia. *Lips.* 1709. 4.

James I. Apologia pro juramento fidelitatis, cum Pauli V duobus brevibus et epistola (Roberti) Bellarmini. *Lond.* 1608. 8.

Bellarmino (Roberto). Anti-apologia pro juramento fidelitatis. *Colon.* 1608. 8. (Publ. s. l. pseudonyme de Matthias Tortus.)

Becanus (Martin). Refutatio turturæ Torti. *Mogunt.* 1610. 8.

—— Controversia Anglicana de potestate regis et pontificis. *Mogunt.* 1612. 8.

Tooker (William). Duellum cum Becano refutante Apologia Jacobi regis. *Heidelb.* 1611. 8.

Wake (Isaac). Rex platonicus, s. de potentissimi principis Jacobi Britanniæ regis ad academiam Oxonii adventu 27 aug. 1605; accedit ejusdem oratio funebris. *Oxon.* 1625. 12. *Ibid.* 1627. 18. *Ibid.* 1638. 12. *Ibid.* 1663. 12.

King (John). Cenotaphium Jacobi. *Oxon.* 1625. 4.

Jacques II,
roi d'Angleterre (14 oct. 1633 — 6 février 1685 — détrôné le 23 février 1689 — 16 sept. 1701).

Short view of the life and actions of the most illustrious James, duke of York, together with his character. *Lond.* 1660. 4. Portrait.

Historical account of the life and actions of the duke of York (James). *Lond.* 1683. 8. Portrait.

Sandford (Francis). History of the coronation of James II. *Lond.* 1687. Fol.

History of James II. *Lond.* 1689. 8. Portrait.

Quadriennium Jacobi, or history of the reign of king James II. *Lond.* 1689. 12.

Burton (Richard). History of the late king James II. *Lond.* 1693. 8.

Histoire de Jacques II, roy d'Angleterre, s. l. 1696. 8.

Histoire abrégée du roy Jacques II, jusqu'à sa mort. *Par.* 1701. 4.

Jones (David). Life of James II. *Lond.* 1702. 8.

Memoirs of James II, containing an account of the last XII years of his life. *Lond.* 1702. 8.

(Lamberty, Guillaume de). Mémoires de la dernière révolution d'Angleterre, contenant l'abdication de Jacques II à la couronne, et ce qui s'est passé depuis 1685 jusqu'à la fin de 1689. *La Haye.* 1702. 2 vol. 12.

Sanders (Francis). Abrégé de la vie de Jacques II, tiré d'un écrit anglais par François Bretonneau. *Par.* 1703. 12. Trad. en ital. *Ferrara.* 1704. 8.

Pious sentiments of James II. *Lond.* 1704. 12.

(Duplessis, Michel Toussaint Chrétien). Histoire de Jacques II, roi de la Grande-Bretagne. *Brux.* 1740. 12.

Lonsdale (William Lowther of). Memoirs of the reign of James II. *York.* 1808. 4.

Fox (Charles James). History of the early part of the reign of James II. (Publ. par Henry Richard Holland.) *Lond.* 1808. 4.

Trad. en allem. par Dietrich Wilhelm Soltau. *Hamb.* 1810. 8.

Trad. en franç. (par Bartholomée Philippe d'Andrezel). *Par.* 1809. 2 vol. 8.

Remarks on Fox's *History of James II. Lond.* 1808. 8.

Rose (George). Observations on the historical work of Fox. *Lond.* 1809. 4.

Heywood (Samuel). Vindication of Fox's *History of James II. Lond.* 1811. 4.

Clarke (James Stanier). Life of James II, king of England. *Lond.* 1816. 2 vol. 4. Trad. en franç. par Anne Jean Philippe Louis Cohen. *Par.* 1819. 4 vol. 12.

Memoirs of James II, king of England. *Lond.* 1821. 2 vol. 8. Portrait.

Boulay de la Meurthe (Antoine Jacques Claude Joseph). Tableau politique des règnes de Charles II et de Jacques II, derniers rois de la maison de Stuart. *Par.* 1822. 2 vol. 8.

Carrel (Armand). Histoire de la contre-révolution en Angleterre sous Charles II et Jacques II. *Par.* 1827. 8. Portrait. *Brux.* 1836. 8. Portrait.

Court of Saint-Germain, or secret history of king James II and queen Mary, s. l. 1695. 8.

Geschichte der projectirten Landung in England König Jacob's II. *Berl.* 1796. 8.

Aquino (Carlo d'). Sacra exequalia in funere Jacobi II Magnæ Britanniæ regis. *Rom.* 1702. Fol.

Rouquette (Henry Emmanuel de). Funeral oration on the death of James II. *Lond.* 1703. 4.

Berkeley (George Monck). Literary relics, containing original letters from king Charles II, king James II, the queen of Bohemia, Berkeley, Addison, Steele, Congreve, the duke of Ormond and bishop Rundle, to which is prefixed an inquiry into the life of dean (Jonathan) Swift. *Lond.* 1789. 8.

Jacques I, surnommé le Conquérant,
roi d'Aragon (2 février 1204 — 1213 — 27 juillet 1276).

Chronica ò commentari de Jaume, rey de Aragon. *Valenc.* 1557. Fol.

Muntaner (Ramon). Chronica ò descripcion dels fets y hazanyes del inclyt rey Jaume I, rey d'Arago, de Mallorques y de Valencia, compte de Barcelona y de Muntpessier (Montpellier). *Valenc.* 1668. Fol. *Barcel.* 1562. Fol. Trad. en espagn. *Barcel.* 1595. Fol.

Miedes (Bernardo Gomez de). De vita et rebus gestis Jacobi I, regis Aragonum, cognomento Expugnatoris, libri XX. *Valent.* 1592. Fol. Trad. en espagn. s. e. t. Historia del rey D. Jaime de Aragon. *Valenc.* 1584. Fol.

Tornamira de Soto (Juan). Sumario de la vida y hazañosos hechos del rey D. Jaime I de Aragon, llamado el conquistador. *Pamplon.* 1622. 8. *Valenc.* 1806. 2 vol. Portrait.

Jacques, surnommé le Sage,
margrave de Bade (15 mars 1407 — ... 1453).

Pistorius (Johann). De vita et morte Jacobi, marchionis Badensis, orationes II. *Col. Agr.* 1591. 4.

Jacques Frédéric Édouard,
fils aîné de Jacques II, prétendant anglais (10 juin 1688 — 1er janvier 1766).

(Durey de Morsan, Joseph Marie). Histoire du prétendant Jacques Edouard, s. l. 1763. 12.

Mattei (A... H...). Oratio in funere Jacobi III, Magnæ Britanniæ regis. *Rom.* 1766. Fol.

Raccolta da' solenni funerali in Roma, per la morte della Maèsta di Giacomo III, rè della Gran Bretagna. *Rom.* 1766. 4.

M(ichabelles) (Carl Friedrich). Merkwürdige Geburts- und Lebensgeschichte Jacob Friedrich Eduard's aus dem Hause Stuart, prätendirten Königs von Grossbritannien, s. l. (Nürnb.) 1766. 8.

Jacquier (François),
mathématicien français (7 juin 1711 — 3 juillet 1788).

Ceruti (Giacinto). Elogio funebre di F. Jacquier. *Rom.* 1789. 8.

Avanzo (Giovanni Battista). Elogio del celebre padre Jacquier. *Rom.* 1790. 8.

Jacquin (Nicolas Joseph),
botaniste hollandais (16 février 1727 — 24 oct. 1817).

Raimann (Johann Nepomuk v.). Rede zur Gedächtnissfeier des Freiherrn N. J. Jacquin. *Wien.* 1818. 4. (D.)

Jaeger (Johann Christoph),
jurisconsulte allemand († 1676).

(Feller, Joachim). Programma academicum ad justa sepulcralia J. C. Jaegeri. *Lips.* 1676. 4. (D., L. et Lv.)

Jaeger (Wolfgang),
historien allemand (22 déc. 1734 — 30 mai 1795).

Programma funebre in obitum W. Jaegeri. *Altorf.* 1795. Fol.

Jaenicke (Joseph Daniel),
missionnaire allemand.

Vormbaum (Reinhold). Christoph Wilhelm Gericke, evangelischer Missionar in Cudelur und Madras, Christoph Samuel John, evangelischer Missionar in Trankebar, und J. D. Jaenicke, evangelischer Missionar in Tanjour. *Düsseld.* 1852. 8.

Jaenisch (Johann),
médecin allemand (1er nov. 1636 — ... 1707).

Preuss (Gottfried Benjamin). Memoria Jænischiana, etc., d. i. Ehrengedächtniss des Herrn Dr. J. Jaenisch. *Bresl.* 1714. 4.

Jaeschke (Gottlob Benjamin),
philosophe allemand (3 juillet 1762 — 1er sept. 1842).

Morgenstern (Carl). Dr. G. B. Jaeschke, Universitäts-Senior, emeritirter Professor, Staatsrath und Ritter;

Cathedralvortrag gehalten am Sarge des Verewigten. *Dorpat*. 1845. 8.

Jahangueier,
emperour de Bombay.

Memoirs of the emperor Jahangueier, written by himself and translated from a persian manuscript by David Paice. *Lond.* 1829. 4.

Jahn (Johann),
théologien allemand (18 juin 1750 — 16 août 1816).

Vindiciæ J. Jahn. *Lips*. 1822. 8. (*L*.)

Jahn (Johann Wilhelm),
théologien allemand.

Wernsdorf (Gottlieb). Theosebia christiania : Leichenpredigt auf J. W. Jahn. *Wittenb*. 1725. Fol. (*D*.)
Haferung (Johann Caspar). Lessus J. G. Jano dictus. *Witteb.*, s. d. (1755). Fol. (*D*.)

Jahr (Friedrich Wilhelm),
théologien allemand († 13 déc. 1755).

Boehmer (Georg Rudolph). Programma academicum in funere F. G. Jahrii. *Witteb*. 1756. Fol. (*D*.)

Jaillot (Bernard Antoine),
géographe français († 16 juillet 1749).

Arcère (Louis Étienne). Éloge historique de Jaillot. *La Rochelle*. 1750. 4.

Jais (Aegidius),
théologien allemand (17 mars 1750 — 22 déc. 1822).

(Deinl, Friedrich). A. Jais, nach Geist und Leben geschildert von einem seiner Freunde. *Regensb*. 1821. 8. *Augsb*. 1825. 8. *Regensb*. 1855. 8. Portrait.
Riedhofer (Corbinian Anton). Kleine Nachlese zu A. Jais's Biographie. *Augsb*. 1826. 8.
Reiter (Matthias Simon). Nachtrag biographischer und schriftstellerischer Notizen zu A. Jais's Geist und Leben, etc. *Salzb*. 1828. 8. Portrait.

Jamblique,
philosophe syrien au IIIe siècle après J. C.

Hebenstreit (Georg Ernst). Dissertatio de Jamblichi, philosophi Syri, doctrina, christianæ religioni, quam imitari studet, noxia. *Lips*. 1764. 4. (*L*.)

Jamet (Pierre François),
fondateur de l'école des sourds-muets de Caen (12 sept. 1762 — 12 janvier 1845).

Jamet (N... N...). Notice sur la vie de P. F. Jamet, prêtre, fondateur de l'école des sourds-muets et supérieur de la communauté du Bon-Pasteur de Caen, etc. *Caen*. 1847. 8.

Jamin (Nicolas),
bénédictin français (vers 1730 — 9 février 1782).

Peignot (Gabriel). Notice sur la vie et les ouvrages de Dom N. Jamin, religieux bénédictin de la congrégation de Saint-Maur. *Dijon*. 1825. 12.

Jamin, marquis de Bermuy (Jean Baptiste Auguste Marie),
général français (1771 — tué à Waterloo en 1815).

Nollet-Fabert (Jules). Le général Jamin. *Nancy*. 1855. 8. (Extrait de la *Lorraine militaire*.)

Jamme (Alexandre Auguste),
jurisconsulte français (1736 — 1818).

Tajan (N... N...). Éloge d'A. A. Jamme. *Toulouse*. 1819. 8. (Extrait du *Recueil des Jeux floraux*.)

Janeway (John),
théologien anglais.

Janeway (James). Invisibles relaties demonstrated in the holy life and triumphant death of J. Janeway, fellow of kings college in Cambridge. *Lond*. 1678. 8. (Omis par Lowndes.) — (*D*.)

Jani (Heinrich Christoph),
historien allemand.

Cellarius (Justus). Abbildung des flüchtigen Lebens : Leichenpredigt auf H. C. Jani. *Helmst*. 1684. 4. (*D*.)

Janin (Jules Gabriel),
littérateur français (11 déc. 1804 — ...).

Le critique J. Janin et le dramaturge Alexandre Dumas, à propos de *Mesdemoiselles de Saint-Cyr*. Extrait du *Journal des Débats* et de la *Presse*, etc. *Par*. 1845. 12. (Deuxième édition.)

Pyat (Félix). Marie Joseph Chénier et le prince des critiques. *Par*. 1844. 8.
* Virulent libelle lancé contre Jules Janin.

M. J. Janin jugé par lui-même. Pourvoi en cassation de M. Félix Pyat. *Par*. 1844. 8.

Janin de Combe-Blanche (Jean),
oculiste français (11 juin 1731 — .. juin 1811).

Delandine (Antoine François). Discours prononcé, etc., sur la tombe de M. Janin de Combe-Blanche, au cimetière de la Guillotière, près Lyon. *Lyon*. 1811. 8. (Non mentionné par Quérard.)
Pointe (Jean Pierre). Éloge de J. Janin de Combe-Blanche, maître en chirurgie. *Lyon*. 1825. 8.

Jankovitz de Jezenicze (Antoine Stanislas Nicolas Pierre Fourrier de),
homme d'État français (1763 — 6 juin 1847).

Jonquières (Raoul de). A. S. N. P. F. de Jankovitz de Jezenicze, ancien député et ancien préfet (par intérim) de la Meurthe, etc. *Par*. 1847. 8. (Extrait du *Nécrologe universel du* XIXe *siècle*.)

Jannes et Jambres,
magiciens d'Égypte.

Zentgrav (Johann Joachim). Disputatio historica de Janne et Jambre, celeberrimis Ægyptiorum magis. *Witteb*. 1669. 4.
Grot (J...). Dissertatio de Janne et Jambre. *Hafn*. 1701. 4.
Michaelis (Johann Georg). Commentatio de Janne et Jambre. *Halæ*. 1747. 4.

Janow (Matthias von),
théologien bohême.

Zitte (Augustin). Lebensbeschreibung der drei ausgezeichnetsten Vorläufer des berühmten Johannes Huss : Conrad Stickna, Johannes Milicz und M. v. Janow; nebst kurzer Übersicht der böhmischen Religionsgeschichte bis auf seine (Hussen's) Zeit. *Prag*. 1786. 8.

Jansen (Cornelius)*,
premier évêque de Gand (1510 — 10 avril 1576).

Serrao (Gaspar). Historia evangelica C. Jansenii, Gandavensis episcopi. *Col. Agr.* 1590. 8.
* Il ne faut pas confondre l'évêque de Gand avec l'évêque d'Ypres, qui porte le même nom.

Jansen (Cornelius),
évêque d'Ypres (28 oct. 1585 — 6 mai 1638).

Lapide (Joannes a). Laudatio funebris C. Jansenii, Iprensium episcopi. *Lovan*. 1641. 4.
Le Brun (Louis). Dissertationes III de C. Jansenii vita et morte. *Traj. ad Rhen.* 1694. 4.
Leydecker (Melchior). Historiæ Jansenismi libri VI, quibus de C. Jansenii vita, morte et dogmatibus disseritur. *Traj. ad Rhen.* 1695. 8. (*D*.)
Frick (Johann). Übersetzung der *Bulla Unigenitus* und Einleitung zur Historie des C. Jansenii. *Ulm*. 1717. 4.
(Heeser, Jan). Historisch verhaal van de geboorte, leven, leere en dood van C. Jansenius, s. l. (*Amst*.) 1727. 12. (*D*.)

Istoria del Giansenismo. *Rom*. 1745. 8.
(Colonia, Dominique de). Dictionnaire des livres jansénistes, ou qui favorisent le jansénisme. *Anvers*. 1752-56. 4 vol. 12.

Janson (Arsène de), voy. Rosemberg

Janssens (N... N...),
musicien belge.

Notice sur le compositeur Janssens. *Brux*. 1841. 12. (Extrait de la *Revue de Bruxelles*.)

Janssens (François Joseph),
sculpteur belge (25 janvier 1744 — 22 déc. 1816).

Popeliers (T... L... H...). Biographie du sculpteur F. J. Janssens. *Brux*. 1843. 8. (Extrait du *Trésor national*.)

Jantet (Antoine Frédéric Xavier),
mathématicien français (6 mars 1747 — ... 1805).

Nécrologie d'A. F. X. Jantet. *Besanç*. 1805. 8. (*Bes*.)
Requet (abbé). Notice nécrologique sur l'abbé Jantet. *Besanç*. 1805. 8. (Non mentionné par Quérard.)

Jantke (Johann Jacob),
médecin allemand (30 janvier 1687 — 22 mars 1765).
(**Nagel**, Johann Andreas Michael). Programma funebre in exequias J. J. Jantkii. *Altorf.* 1768. Fol.

Janus,
personnage mythologique.
Boze (Claude Gros de). Dissertation sur le Janus des anciens, etc. *Par.* 1705. 12.
Huebler (Friedrich Balthasar). Dissertatio de Jano ejusque templo. *Altorf.* 1702. 4.
Gregorius (Immanuel Friedrich). Programma de Jani cultu apud veteros Romanos. *Lauban.* 1752. 4.
—— Programma de Agonalibus, Jano sacris. *Lauban.* 1734. 4.

Janvier (Saint),
évêque de Bénévent, patron de Naples (décapité le 19 sept. 305).
Ornano (Antonio). Historia verdadera de los sacros martyros Gavino, Protho y Januario. *Sassari.* 1626. 8.
Tutini (Camillo). Memorie della vita, miracoli et culto di S. Gennaro. *Napol.* 1633. 4. *Ibid.* 1710. 8.
Vipera (Mario de). De vera D. Januarii patria. *Napol.* 1633. 8.
Bilotta (Ottavio). Istorico discorso sopra la patria di S. Gianuario martire. *Rom.* 1636. 4.
Wernsdorf (Gottlieb). Dissertatio de sanguinis S. Januarii fluxu miraculoso et inde oriundo apud Neapolitanos cultu. *Witteb.* 1710. 4.
Falcone (Niccolò Carminio). Vita e martirio di S. Gennaro. *Napol.* 1713. Fol.
Putignani (Giovanni Domenico). De redivivo sanguine D. Januarii, episcopi et martyris. *Napol.* 1723. 2 vol. 4.
Vita (Giovanni de). De S. Januarii patria. *Rom.* 1761. 4.
Passionei (Benedetto). Orazione in lode di S. Gennaro, vescovo et martire. *Napol.* 1786. 8.

Janville (Louis François Pierre **Louvel de**),
magistrat français (1745 — 29 juillet 1808).
Laird (Pierre Aimé). Notice sur M. de Janville, ancien conseiller au parlement et président de la chambre des comptes de Rouen, président du conseil général du département du Calvados, ancien maire de Caen, etc. *Caen.* 1819. 8.

Japlex ou **Japiks** (Gijsbert),
poëte hollandais.
Reddingius (Geraard Benthem). Dissertatio de vita G. Jacobi filii et ejusdem carminibus cum poetis antiquis collatis. *Franeq.* 1793. 4. (Extrêmement rare.)
Halbertsma (J... H...). Hulde aan G. Japiks. *Leeuward.* 1827. 2 parts. 8.

Jaquelot (Isaac),
théologien français (16 déc. 1647 — 20 oct. 1708).
Durand (David). Vie d'I. Jaquelot. *Lond.* 1785. 8.

Jardin * (Thomas Du),
dominicain hollandais (1653 — 15 juin 1733).
Moulaert (N... N...). Notice sur le R. P. T. Du Jardin, dominicain, docteur en théologie de l'université de Louvain. *Louv.* 1854. 18.
* Nous plaçons sous la lettre J. cette notice parue après l'impression de la lettre D. de notre bibliographie.

Jardon (Antoine François),
général belge (3 février 1768 — 13 août 1809).
Siter (Charles). Notes historiques pour servir à l'éloge funèbre du général Jardon. *Verviers.* 1809. 8.
Hulst (Félix van). Le général Jardon. *Liége.* 1844. 8. Portrait. (Extrait de la *Revue de Liége.*) — (*Lv.*)

Jarratt (Devereux),
pédagogue anglo-américain.
Life of D. Jarratt, rector of Bath Parish, Dinwiddie county, Virginia, written by himself. *Baltim.* 1806. 12.

Jarriges (Jean Pandolphe de),
littérateur français.
Éloge de M. de Jarriges. *Berl.* 1778. 8. (*D.*)

Jary (Johann Samuel),
théologien allemand (2 avril 1735 — 15 janvier 1792).
Sintenis (Carl Heinrich). Der beste Trost des öffentlichen Schulmann's im Tode, etc. Denkschrift auf J. S. Jary. *Zittau.* 1792. Fol.

Jason,
prince de Phères (410 avant J. C.)
Hamming (L...). Dissertatio de Jasone, Pherarum tyranne. *Ultraj.* 1828. 8.

Jaspis (Georg Siegmund),
théologien allemand († 16 février 1823).
Kreussler (Heinrich Gottlieb). Denkmal der Liebe und Achtung, errichtet dem verewigten Herrn Archidiaconus Mag. G. S. Jaspis. *Leipz.* 1823. 8. (*L.*)

Jaulmes (Louis),
prêtre français.
Farjat (François). Biographie de L. Jaulmes. *Par.* 1849. 18.

Jaureguy (Juan),
connu par son attentat contre Guillaume I, prince d'Orange, (massacré en 1582).
J. Jaureguy. Bref recueil de l'assassinat commis en la personne du prince (Guillaume) d'Orange. *Anvers.* 1582. 8.
Nys (Karel). Verhael van den aenslag gedaen door J. Jaureguy op het leven van prins Willem van Oranje. *Antw.* 1849. 12.

Javolenus (Priscus),
jurisconsulte romain.
Jenichen (Gottlieb August). Dissertatio de Prisco Javoleno, JCto incomparabili et præcipuo sæculi sui ornamento. *Lips.* 1734. 4. (*D., L.* et *Lv.*)
Hennert (Gottlieb August). Dissertatio, etc., continens spicilegia de Javoleno, etc. *Traj. ad Rhen.* 1768. 4. (*D.*)
Lindner (Johann Gottlieb). Prolusio de Javoleno Prisco JCto ad Plin. VI epist. 15. *Arnstad.* 1770. 4.

Javon (Alexandre Sylvain),
magistrat français (1er mars 1799 — 13 nov. 1843).
Gossin (N... N...). Éloge de M. A. S. Javon, membre et secrétaire de la Société charitable de Saint-Régis de Paris. *Par.* 1843. 8.
Lauras (N... N...). Notice sur M. A. S. Javon, ancien magistrat. *Par.* 1844. 8.

Javorsky (Stephan),
sectaire russe vers le milieu du XVIIe siècle.
Buddeus (Johann Franz). Apologia pro ecclesia Lutherana contra calumnias S. Javorskii. *Jenæ.* 1728. 4.

Jay (John).
Renwick (James). Lives of J. Jay and Alexander Hamilton. *New-York.* 1840. 18.

Jay (Louis Joseph),
dessinateur français (8 mars 1755 — 17 juillet 1836).
Colomb (R...). Notice biographique sur M. Jay, fondateur et ancien conservateur du musée de Grenoble. *Par.* 1836. 8.

Jean-Baptiste,
précurseur de Jésus-Christ (assassiné l'an 32 de l'ère chrétienne).
Razzi (Silvestro). Vita di Maria Vergine e di S. Giovanni Battista. *Firenz.* 1577. 4.
Rohden (Ludwig v.). Johannes der Täufer in seinem Leben und Wirken dargestellt nach den Zeugnissen der heiligen Schrift. *Lübeck.* 1838. 8.
Frank (A... A...). Johannes der Täufer. *Eisleb.* 1841. 8.

(**Piénud**, Jean). Dissertations sur la prison de S. Jean-Baptiste et sur la dernière pàque de Jésus-Christ. *Par.* 1690. 12. (Assez rare et curieux.)

Jean l'Évangéliste (Saint),
l'un des douze apôtres (7 — 101 après J. C.).
Beneden (Laurentius van). Het leven ende deughden van S. Jean Evangeliste. *Bruss.* 1639. 12.
Kircher (Heinrich). Prophetia apocalyptica S. Joannis apostoli explicata. *Col. Agr.* 1676. 2 tomes en 1 vol. 4.
Hervé (Daniel). Apocalypsis beati Joannis apostoli explanatio historica. *Lugd.* 1684. 4.

Jean de la Croix (Saint),
fondateur de l'ordre des carmes déchaussés (1542 — 14 déc. 1591).
Beschreibung dess heiligen Lebens, Wandels, etc., Joannis de la Cruz. *Coeln.* 1625. 8.
Joseph de Jesus-Maria. Historia de la vida y virtudes del venerable P. F. Juan de la Cruz, primer religioso de la reformacion de los descalzos de N. Señora del Carmen. *Bruss.* 1628. 4. *Ibid.* 1632. 4.
Jérôme de Saint-Joseph. Tableau racourcy de la vie du bienheureux père Jean de la Croix, fidelle coadjuteur de S.-Thérèse. *Brux.* 1674. 4. Portrait.
Marcos de San-Francisco. Sumario de la vida, virtudes y milagros del B. P. Fr. Juan de la Cruz, primer del-

calzo de la sagrada reformata de la orden profetica de N. Señoro del Carmen, etc. *Lovayna.* 1675. 12.

Correa de Lacerda (Fernando). Historia da vida de S. Joaõ da Cruz. *Lisb.* 1680. 4.

Bayao (Jozé Pereyra). Vida de S. Joaõ da Cruz. *Lisb.* 1727. 12.

Dosithée de Saint-Alexis. Vie de S. Jean de la Croix. *Par.* 1727; 2 vol. 4. *

* Cet ouvrage fut écrit à l'occasion de la canonisation du saint par le pape Benoît XIII.

Vanzelle (Blaise). Vie de S. Jean de la Croix. *Tournai.* 1727. 12. *

* L'auteur de cet ouvrage est plus connu s. l. nom du Père Honoré de Sainte-Marie.

Duret (Pierre Claude). Vie de S. Jean de la Croix. *Lyon.* 1727. 12.

Jean de Dieu (Saint),
fondateur de l'ordre de la Charité (1495 — 8 mars 1550).

Castro (Francisco de). Miraculosa vida y santas obras del B. Juan de Dios, fundador de la religion que cura enfermos. *Granad.* 1588. 8. *Ibid.* 1615. 8. *Burgos.* 1621. 4. Trad. en ital. par Giovanni Francesco Bondini. *Firenz.* 1589. 8. Par Agostino Disseholio. *Torin.* 1611. 8.

Govea (Antonio de). Vida y muerte del bendito P. Juan de Dios, fundador de la orden de la Hospitalidad de los pobres enfermos. *Madr.* 1624. 4. Augment. s. c. t. Historia de la vida, muerte y milagros del glorioso patriarca y padre de los pobres S. Juan de Dios, publ. par Antonio de Moura. *Madr.* 1632. 4. *Cadiz.* 1647. 4. *Madr.* 1669. 4. *Ibid.* 1672. 4. Trad. en ital. par Bernardo Pandolfo. *Napol.* 1631. 4.

Barreto Landim (Francisco). Panegyrico da vida de S. Joaõ de Deos. *Lisb.* 1640. 8.

Loyac (Jean de). Vie du bienheureux Jean de Dieu; institution et progrez de son ordre religieux. *Par.* 1666. 4.

(Girard de Villethierry, J...). Vie de S. Jean de Dieu, instituteur et patriache des religieux de la Charité. *Par.* 1691. 4. Portrait.

Ceva (Tommaso). Vita di S. Giovanni di Dio, padre de' poveri e fondatore del sacro ordine dell' ospitalità dei padri Fate-bene-Fratelli. *Milan.* 1691. 12. *Genova*, s. d. 12. *Milan.* 1714. 12. *Ibid.* 1838. 12. *Ibid.* 1848. 16.

Leben und Wunderwerk des seligen Johannes Dei, Stifters des heiligen Ordens der barmherzigen Brüder. *Augsb.* 1671. 4. Portrait.

Bonucci (Antonio Maria). Idea della carità, ovvero S Giovanni di Dio, fondatore del sagro ordine dell' ospitalità, descritto in un breve ragguaglio della sua ammirabile vita. *Rom.* 1705. 12.

Leben und Wunderthaten des wundersamen heiligen Joannis von Gott, Stifters und Patriarchens des heiligen Ordens der Hospitalität oder sogenannten barmherzigen Brüder, aus dem Latein. übersetzt von Paterno Perlea. *Wien.* 1757. 8. Portrait.

Wasserburger (Franz Patricius). Leben des heiligen Johannes de Deo. 1767. 8.

Vita di S. Giovanni di Dio, fondatore dell' ordine de Fate-bene-Fratelli. *Milan.* 1841. 12.

Tropadour (Marc). Histoire de S. Jean de Dieu. *Par.* 1844. 8. Portrait.

Jean (Gonzalez) de Sahagun (Saint),
religieux espagnol de l'ordre de S. Augustin.

Antolinez (Agostino). Vida de S. Juan de Sahayon (!) *Salamanc.* 1605. 8.

Mariz (Pedro de). Historia do B. F. Joaõ de Sahagun, patron Salmantino. *Lisb.* 1609. 4.

(Maigret, Georges). Vie du bienheureux Jean de Sahagun, de l'ordre des frères ermites de S. Augustin, canonisé par N. S. P. le pape Clément VIII. *Tournai.* 1610. 12. Trad. en lat. par Nicaise Bax. *Antw.* 1625. 12.

Osorio (Agostinho). Vida de S. Juan de Sahagun. *Barcel.* 1614. 4.

Castellobranco (Simaõ de). Vida, virtudes y milagros del P. F. Juan de Sahagun. *Madr.* 1669. 4.

Bosquet (Louis). Vie de S. Jean de Sahagun, autrement nommé Jean de S. Facond, religieux de l'ordre de S. Augustin, nouvellement canonisé par le pape Alexandre VII. *Toulouse.* 1691. 12. *

* Extrait d'un ouvrage espagnol dont nous ignorons le titre et le nom de l'auteur.

Robine (François Nicolas). Vie de S. Jean (Gonzalès) de Sahagun. *Par.* 1692. 12. *(Bes.)*

Jean II,
pape, succédant à Hormisdas (élu le 23 janvier 533 — 18 mai 535).

Miller (Johann Peter). Papa Romanus Ariani regis in religionis causa legatus atque hinc ordinandæ tolerantiæ sequester. *Ulm.* 1765. 4.

Jean XXI,
pape, successeur d'Adrien V (élu le 13 sept. 1276—16 mai 1277).

Koehler (Johann Tobias). Vollständige Nachricht vom Papst Johann XXI, welcher unter dem Namen Petrus Hispanus als ein gelehrter Arzt bekannt ist. *Goetting.* 1760. 4. *

* C'est par erreur que l'auteur le qualifie de médecin. Il confond Jean XXI avec Jean XXII qui se faisait connaitre par son *Thesaurus pauperum* (Recueil de remèdes imprimé à Lyon en 1525).

Jean XXIII,
pape, successeur d'Alexandre V (élu le 14 mai 1410 — 22 nov. 1419).

Niem (Theodor v.). De rebus gestis Johannis XXIII pontificis Romani liber. *Frf.* 1620. 4.

Jean II Comnène,
empereur de Constantinople (1088 — proclamé le 15 août 1118 — 8 avril 1143).

Sinnamus (Johannes). Compendium de rebus gestis Joannis et Manuelis Comneni, publ. en grec et en latin par Charles Dufresne du Cange. *Par.* 1670. Fol.

Mini (Luigi). Glorie cadute dell' antichissima ed augustissima famiglia Comnena. *Venez.* 1623. Fol. *Ibid.* 1663. Fol. *Ibid.* 1669. Fol.

Wilken (Friedrich). Commentatio: rerum ab Alexio I, Joanne, Manuele et Alexio II Comnenis Romanorum Byzantinorum imperatoribus gestarum libri IV. *Heidelb.* 1812. 4.(Avec le portrait de Jean Comnène.)

Rannusio (Paolo). Historia de bello Constantinopolitano et imperatorum Comnenis per Gallos et Venetos restitutis. *Venez.* 1584. 4. *Ibid.* 1634. Fol. Trad. en ital. par Girolamo Rannusio. *Venez.* 1604. Fol. *Ibid.* 1628. Fol.

Jean sans Terre,
roi d'Angleterre (1166 — 1199 — 17 oct. 1216).

Prynne (William). Lives of king John, Henry III and Edward I. *Lond.* 1670. Fol.

Boullay (N... N...). Histoire de Jean sans Terre. *Rouen.* 1756. 2 vol. 12.

Berington (Joseph). History of Henry II and of Richard (Cœur de Lion) and John, his sons. *Birmingh.* 1790. 4. *Basil.* 1793. 3 vol. 8. Trad. en franç. (seulement l'histoire de Jean) par Théodore Pein. *Par.* 1821. 8.

Green (Valentine). Account of the discovery of the body of king John in the cathedral-church of Worcester. *Lond.* 1797. 4.

Jean l'Aveugle,
roi de Bohême (1295 — 1310 — 25 août 1346).

Lenz (Pierre Adelbert). Jean l'Aveugle, roi de Bohême, comte de Luxembourg, marquis d'Arlon; esquisse biographique. *Gand.* 1839. 8. Portrait.

Jean II,
roi de Castille et de Léon (14 janvier 1404 — 1406 — 20 août 1454).

Gomez de Ciudad Real (Ferdinand). Centon epistolario, escrito al muy poderoso rey D. Juan II. *Burgos.* 1499. Fol. (Excessivement rare.) *Ibid.* 1600. 4.

Perez de Guzman (Ferdinando). Cronica del rey D. Juan II, corrigée par Lorenzo Galindez de Carvajal. *Logrono.* 1517. Fol. *Sevilla.* 1543. Fol. *Pampl.* 1590. Fol.

Chaintreau (N... N... du). Histoire de D. Jean II, roy de Castille. *Par.* 1622. 8. *Ibid.* 1640. 8.

Puente (José Martinez de la). Epitome de la cronica del rey D. Juan II de Castilla. *Madr.* 1678. Fol.

Ebert (Adolph). Historia Johannis II, Castellæ regis, usque ad pugnam Olmedum commissum enarrata. *Goetting.* 1844. 8.

Jean,
roi de Danemark (1455 — 1481 — 1513).

(Svaninge, Hans). Chronicon, s. historia Joannis regis Daniæ. *Hafn.* 1560. 4. *Ibid.* 1597. 4. *

* Publ. s. l. pseudonyme de Petrus Parvus Rosæfontanus.

Becker (Peder Willemoës). Dissertatio de rebus inter Joannem et Christianum II, Daniæ reges, ac Ludovicum XII et Jacobum IV. Galliæ Scotiæque regis anno 1511-1514 actis. *Hafn.* 1835. 8.

Jean,
roi de France (26 avril 1319 — 22 août 1350 — 8 avril 1364).

Choisy (François Timoléon de). Histoire de Philippe de Valois et du roi Jean. *Par.* 1688. 4. *Amst.* 1688. 12. *Par.* 1730. 12.

Monmerqué (Nicolas de). Dissertation historique sur Jean I, roi de France et de Navarre. *Par.* 1844. 8.

Jean II,
roi de Hongrie.

Chanadi (Demetrius). Historia de vita et morte universaque fortunæ alea illustris principis ac domini Joannis II, regis Hungariæ, etc. *Debrecin.* 1577. 4. (Très-rare.)

Zermegh (Johann). Historia rerum gestarum inter Ferdinandum et Joannem Ungariæ reges usque ad ipsius Joannis obitum. *Amst.* 1662. 12.

Jean I,
roi de Portugal (2 avril 1357 — 1385 — 14 août 1433).

Lopes (Fernando). Chronica del rey D. João I de boa memoria, etc. *Lisb.* 1644. 3 vol. Fol. *
  * Le troisième volume est une continuation écrite par Gomez Joao de Zurara.

Leao (Duarte Nunes de). Chronicas del rey D. João de gloriosa memoria o primeiro deste nome, e dos reys de Portugal o decimo, e as dos reys D. Duarte e D. Affonso V. *Lisb.* 1643. Fol.

Menezes y Ericeira (Ferdinando de). Vida y accoens del rey D. João I. *Lisb.* 1677. 4.

Suares da Sylva (Jozé). Memorias para a historia de Portugal, que comprehende o governo del rey D. João I do anno 1383 até o anno de 1433. *Lisb.* 1730-1734. 4 vol. 4.

Monteiro (Manoel). Joannes Portugaliæ reges. *Ulissip.* 1742. Fol. *
  * Contenant la vie de Jean I, Jean II, Jean III, Jean IV et Jean V.

Jean II,
roi de Portugal (3 mai 1455 — 1481 — 25 oct. 1495).

Resende (Garzia de). Livro que tracta da vida e grandissimas virtudes e bondadas, magnanimo esforço, excellentes costumes e manhas e muy raros feitos do christianissimo, muito alto e muito poderozo principe el rey D. João II. *Evora.* 1554. Fol. * *Lisb.* 1596. Fol. *Ibid.* 1607. Fol. *Ibid.* 1622. Fol.
  * Une des plus grands raretés de la littérature portugaise.

Goës (Damiano de). Chronica do principe D. João rey, que foy destes reynos segundo do nome, etc. *Lisb.* 1567. 8. *Ibid.* 1724. 8.

Ferreyra de Sampayo (Chrystofero). Vida y hechos del principe perfecto D. Juan, rey de Portugal, II deste nombre. *Madr.* 1626. 4. Trad. en franç. *Lyon.* 1670. 8.

Vasconcellos (Augustino Manuel de). Vida y acciones del rey D. Juan II, decimo terceiro rey de Portugal. *Madr.* 1639. 4. Trad. en franç. *Par.* 1641. 8.

Tellez da Sylva y Alegrete (Manoel). De rebus gestis Joannis II, Lusitanorum regis optimi principis nuncupati. *Ulyssip.* 1689. 4. *Hag. Com.* 1712. 4.

Jean III,
roi de Portugal (6 juin 1502 — 19 mars 1521 — 10 juin 1557).

Andrada (Francisco de). Chronica de muito alto e muito poderoso rey destes reynos de Portugal D. João III. *Lisb.* 1613. Fol. *Coimbra.* 1796. 4 vol. 4.

Castilho (Antonio de). Elogio del rey D. João de Portugal terceiro do nome. *Lisb.* 1653. Fol.

Jean IV,
roi de Portugal (19 mars 1604 — 3 déc. 1640 — 6 nov. 1656).

Leitao da Silva (Francisco). Relacaõ da morte e enterro del rey D. João IV. *Lisb.* 1656. 4.

Peixoto (João Correa). Oracaõ funebre del rey D. João IV. *Coimbra.* 1657. 4.

Jean V,
roi de Portugal (22 oct. 1689 — 9 déc. 1706 — 31 juillet 1750).

Lima (Luiz Cajetano de). Epigrammata, quibus aliquot augustissimi Lusitanorum regis Joannis V memoriæ produntur. *Ulyssip.* 1750. 8. *
  * Contenant 100 inscriptions en l'honneur de Jean V.

Faria Cordeiro de Vasconcellos de Saa (João Chrysostomo de). Epicedio á morte do senhor rey João V. *Lisb.* 1750. 4.

Antonio de Santa Anna. Oraçaõ funebre do senhor rey D. João V. *Lisb.* 1750. 4.

Souza Coutinho (Francisco Innocencio de). Elogio funebre do senhor rey D. João V. *Lisb.* 1750. 4.

Antonio da Graça. Oraçaõ funebre nas exequias do senhor rey D. João V. *Lisb.* 1750. 4.

Oliveira (Filippe de). Oraçaõ funebre do senhor rey D. João V. *Lisb.* 1750. 4.

Pina e Mello (Francisco de). Oraçaõ funebre del rey D. João V. *Lisb.* 1750. 4.

Silva (Francisco Xavier da). Elogio funebre del rey D. João V. *Lisb.* 1750. 4.
  — — Exequias do exequias o senhor D. João V. *Lisb.* 1753. 4.

Costa Mascarenhas (Ignacio Manoel da). Oraçaõ funebre do senhor rey D. João V. *Lisb.* 1751. Fol.

Chevalier (João). Relaçaõ das exequias do senhor rey D. João V. *Lisb.* 1751. 4.

Borges de Barros (João). Relaçaõ das honras funebres do senhor rey D. João V. *Lisb.* 1753. Fol.

Aleixo de Santo Antonio. Oraçaõ funebre do senhor rey D. João V. *Lisb.* 1754. 4.

Anecdoten aus dem Leben Johannes V, Königs von Portugal. *Frf.* 1780. 8. (Trad. du franç.)

Jean VI,
roi de Portugal (13 mai 1767 — 20 mars 1816 — 10 mars 1826).

Geschichte Johannes VI, Königs von Portugal, etc. *Stuttg.* 1828. 8.

Johann VI, König von Portugal. *Leipz.* 1827. 8. (*L.*)

Jean III Sobieski,
roi de Pologne (2 janvier 1624 — 20 mai 1674 — 17 juin 1696).

Linden (V... de). Leven van Jan Sobieski, konung van Polen, etc. *Amst.* 1685. 4.

Schultz (Johann). Joanni III, Poloniæ regi, panegyris habita. *Gedani.* 1694. 4. (*L.*)

Aquino (Carlo d'). Oratio in funere Joannis III, Poloniæ regis, magnæ Lithuaniæ ducis. *Rom.* 1697. 4.

Alerac (Charles d'). Anecdotes de Pologne, ou mémoires secrets du règne de Jean III Sobieski. *Par.* 1698. 2 vol. 8. *Amst.* 1699. 2 vol. 8. Trad. en angl. s. c. t. Polish manuscripts, etc. *Lond.* 1700. 8.
  — — Mémoires du chevalier de Beaujeu. *Amst.* 1700. 12. *
  * Suite de l'ouvrage précédent.

Chruscinski (N... N...). Clypeus Joannis III, regis Poloniarum, chronologica descriptione presentatus. *Brigæ.* 1717. Fol.

Kobielski (Franz). Mowana pogrzbic nayiasnicys monarchow Augusta II, Jana III, Maryi Kazimiry, etc. *Krakow.* 1754. (*L.*)

Coyer (Gabriel François). Histoire de Jean Sobieski, roi de Pologne. *Varsov.* (*Par.*) 1761. 2 vol. 12. *Leipz.* 1761. 3 vol. 12. Abrég. et trad. en allem. *Leipz.* 1762. 8. *Ibid.* 1786. 8.

Palmer (Alicia Tindal). Authentic memoirs of the life of John Sobieski, king of Poland. *Lond.* 1815. 8.

Salvandy (Narcisse Achille de). Histoire de Pologne avant et sous le roi Jean Sobieski. *Par.* 1829. 3 vol. 8. *Leipz.* 1830. 3 vol. 8. Trad. en allem. *Stuttg.* 1829. 3 vol. 8.

Rogalski (Leon). Dzieje Jana III Sobieskiego, krola polskiego, wielkiego ksciecia litewskiego. *Warszaw.* 1847. 8. Portrait.

Lettres du roi de Pologne, Jean Sobieski, à la reine Marie Casimire (de la Grange d'Arquien) sa femme, pendant la campagne de Vienne, trad. du polon. par le comte PLATER et publ. par Narcisse Achille de SALVANDY. *Par.* 1826. 8. Portrait du roi. Trad. en allem. par Ferdinand OECHSLE. *Heilbronn.* 1827. 8.

Jean sans Peur,
duc de Bourgogne (28 mai 1371 — assassiné le 10 sept. 1419).

Swygenhoven (Charles van). Quelques considérations sur les ossements et particulièrement sur le crâne de Jean sans Peur, duc de Bourgogne, s. l. et s. d. (*Brux.*) 8. (Extrait des *Bulletins de l'Académie royale de Belgique.*)

Jean le Bel,
chroniqueur belge.

Polain (Mathieu Lambert). Notice sur Jean le Bel. *Brux.* 1830. 8.
—— Nouveaux éclaircissements sur Jean le Bel. *Brux.* 1852. 8.

Jean I, dit le Victorieux,
duc de Brabant (1250 — 14 mai 1294).

Henne (Alexandre). Jean I, dit le Victorieux. *Brux.* 1843. 8. (Extrait du *Trésor national.*)

Heelu (Jean van). Rymkronyk, betreffende den slag van Woeringen, uitgegeven met ophelderingen en aenteekeningen van Jan Frans Willems. *Bruss.* 1836. 4. .
Wyn (Henrik van). Letter- en geschiedkundige aenteekeningen op de *Rymkronyk* van J. van Heelu. *Gravenh.* 1840. 4. (OEuvre posthume.)
(**Dongelberge**, Henri Charles van). Prœlium Woeringanum (4 juin 1288). *Brux.* 1641. Fol. (Imitation en hexamètres du poëme de J. van Heelu.)
(**Langendonck**, Joannes Michiel van). Prœlium Woeringanum, ofte strydt ende slach van Woeringen, tuschen Jan I, hertog van Lotryk en Brabant ende markgraaf des H. Ryck, en Walerand, hertogh van Limborch. *Loven*, s. d. 8. (publ. s. l. lettres J. M. V. L. S. D. S. L. c'est-à-dire Joannes Michiel van Langendonck, secretaris der stad Leuven.)
Aschenberg (Wilhelm). Beschreibung der Schlacht von Woeringen. *Dortmund.* 1803. 8. (Extrait du *Taschenbuch für bildende und historische Kunst*, tiré à part à quelques exemplaires.) Trad. en flamand par François Rens. *Gent.* 1838. 8.
Voisin (Auguste). La bataille de Woeringen, récit historique. *Brux.* 1836. 8. *Ibid.* 1839. 8. (*Ld.*)

Jean III, surnommé le Triomphant,
duc de Brabant († 15 5 déc. 1355).

Lambin (Jean Jacques). Eeuwigduerende verbond tusschen Jan den III, hertog van Brabant, en Lodewyk den I, grave van Vlaenderen. *Ypre*, s. d. (1832.) 8.

Jean III,
roi de Suède et de Pologne (1537 — 1568 — ...).

Girs (Aegidius). Johan III's Chrönika, publ. avec des notes historiques par Anders Anton v. Sizernman. *Stockh.* 1745. 4.
Fryxell (Anders). Johan III och Sigismund. *Stockh.* 1830. 8. *Ibid.* 1832. 8. *Ibid.* 1837. 8. *
* Formant le sixième volume de son ouvrage *Berätttelser ur Svenska Historien.*

Jean I,
margrave de Brandebourg (1221 — 4 avril 1266).

(**Wegener**, W... G...). Lebensgeschichte des Markgrafen Johannes von Brandenburg, Landesfürsten in der Neumark, zu Küstrin. *Berl.* 1827. 4.
Riedel (Adolph Friedrich). Die Mark Brandenburg im Jahre 1250, oder historische Beschreibung der Brandenburgischen Länder und ihrer politischen und kirchlichen Verhältnisse um diese Zeit. *Berl.* 1831. 2 vol. 8. (Ouvrage couronné.)

Erman (Jean Pierre). Recherches historiques sur le mariage de Jean de Brandebourg avec Germaine de Foix. *Berl.* 1788. 8. (Non mentionné par Quérard.)

Jean II Cicéron,
margrave de Brandebourg (1455 — 9 janvier 1499).

Ecker v. Eckhofen (Johann Joseph Carl). Johann Cicero und Joachim Nestor, Churfürsten von Brandenburg, etc. *Berl.* 1793. 8.

Jean, surnommé le Constant,
électeur de Saxe (30 juin 1468 — 1525 — 16 août 1532).

Melanchthon (Philipp). Oratio de illustrissimo et optimo principe Joanne, electore Saxoniæ, recitata a Laurentio Lindemann. *Witteb.* 1550. 4. Trad. en allem. par Georg Lauterbeck. *Frf.* 1563. 8.
Stuebel (Johann Jacob). Programmata III de Joanne Constante. *Misen.* 1719. Fol.
Jani (Daniel Friedrich). Memoria Joannis, ducis et electoris Saxoniæ, Constantis cognomine, instaurata. *Lips.* 1730. 8.
Jagemann (Carl Franz Anton). Lebensbeschreibung der Churfürsten zu Sachsen, Johann des Standhaften und Johann des Beständigen, Churfürsten von Sachsen. *Eisenach.* 1800. 8.

Leben des Churfürsten Johann des Beständigen von Sachsen. *Leipz.* 1805. 8.

Calovius (Abraham). Discussio mendacissimæ relationis ad conciliandum odium et totale exterminium Augustanam confessionem, etc., de litteris Joannis (Constantis), electoris Saxoniæ, ad. duces Bavaricos, de morte ac testamento et ultimæ voluntatis ejus declaratione de exterminandis Lutheranis et ad Romanam religionem et ecclesiam reducenda Saxonia confictis. *Witteb.* 1643. 8.
Brueckner (Hieronymus). Gründliche Vorstellung von Johannis Constantis evangelischem Tode. *Jena.* 1679. 4. *Meining.* 1681. 4.
Schmeizel (Martin). Dissertatio, an Joannes Constans, elector Saxoniæ, ante obitum, relicto Lutheranorum coetu, in castra pontificum transiverit. *Jenæ.* 1718. 8. *Halæ.* 1741. 4.
Hertel (Christian Friedrich). Diatribe historica de Joannis Constantis in Augustanam confessionem meritis singularibus. *Jenæ.* 1750. 4.
Arndt (Gottfried August). Joannem Constantem et Joannem Fridericum, Saxoniæ electores, nequaquam religionis causa oppugnasse creationem Ferdinandi I, regis Romani. *Lips.* 1780. 4.

Jean Frédéric I, dit le Magnanime,
électeur de Saxe (30 juin 1503.— 16 août 1532 — déposé 1547 — 3 mars 1554).

(**Baumann**, Hans). Gründliche Anzeigung und Berichte, wie, wenn und wo Johann Friedrich, gewesener Churfürst von Sachsen, ist gefangen worden. *Leipz.* 1547. 4. (Assez rare.)

Schosser (Johann). Epicedion de morte inclyti herois Joannis Friderici. *Erford.* 1554. 4.
Osius (Hieronymus). Elogia de morte Joannis Friderici I. *Witteb.* 1554. 4.
Stigelius (Johann). Bericht, wie Churfürst Johann Friedrich zu Sachsen gestorben. *Jena.* 1554. 4.
Ambsdorf (Nicolaus v.). Nachrichten vom Absterben des Churfürsten Johann Friedrich, nebst einer Leichenpredigt. *Jena.* 1554. 4.
Menius (Justus). Leichpredigt auf Churfürst Johann Friedrich. *Jena.* 1554. 4.
Mylius (Georg). Epicedion cum quibusdam epitaphiis Joannis Fridericii, nati electoris Saxoniæ. *Lips.* 1555.'8.
Grundmann (Paul). Rühmliche und herrliche Testimonia und Lobsprüche, so Churfürst Johann Friedrich nachgerühmt worden, nebst Lorenz Lindemann's Oration auf Churfürst Johann Friedrich. *Lingnic.* 1595. 8.
Sthelinus (Anton). Oratio de illustrissimo principe Joanne Friderico, duce Saxoniæ, nato electore, veræ et inviolatæ doctrinæ de filio Dei adsertore invictissimo. *Jenæ.* 1595. 4.
Hosemann (Abraham). Historia von Churfürst Johann Friedrich's Geburt, Heirat, Helden-Tugenden, ritterlichen Thaten, Heerzügen, Feldschlachten, Leben und Absterben. *Liegn.* 1596. 4. (Poëme historique.)
Stybarus (Thomas). Leben Herzog Johann Friedrich's. *Leipz.* 1602. 8.
Sagittarius (Caspar). Historia Joannis Friderici, electoris Saxoniæ, pii, magnanimi, constantis, inclyti, etc. *Jenæ.* 1678. 4. *Halæ.* 1715. 4. *Jenæ.* 1759. 4.
Boerner (Christian Friedrich). Programma de Joanne Friderico, electore Saxoniæ. *Lips.* 1747. 4.
Schumacher (Heinrich August). De divinæ providentiæ documentis in Joannem Fridericum Magnanimum. *Lips.* 1747. 4.
Gregorius (Immanuel Friedrich). Der prophetische Geist Johann Friedrich's des Grossmüthigen, Churfürstens zu Sachsen. *Lauban.* 1753. 4.
Weichselfelde (Johann Michael). Leben Johann Friedrich's des Grossmüthigen. *Frf.* 1754. 8.
Buder (Christian). Nachricht von der Belehnung Churfürst Johann Friedrich's zu Sachsen. *Jena.* 1755. 4.

Mueller (Johann Gottfried). Jugendliche Geschichte des verewigten Churfürstens und Herzogens zu Sachsen, Johann Friedrich des Grossmüthigen. *Jena.* 1765. 4.
Boehme (Johann Gottlieb). Prolusio de Joanne Fride-

rico principe electore Saxoniæ, summo historiarum patrono. *Lips.* 1775. 4.

Faselius (Johann Adam Leopold). Versuch einer Lebensgeschichte Johann Friedrich's des Grossmüthigen. *Weissenf.* 1799. 8.

Walter (Gottlieb). Verbesserung der sächsischen Historie in fünf Umständen der Vermählung Johann Friedrich's, Churfürstens zu Sachsen. *Jena.* 1704. 4.

Ziegler (Christian Friedrich). Felix infelicissimi prœlii Joannis Friderici, novemviri Saxonici, cum imperatore Carolo V, ad Muhlbergum (24 avril 1547) commissi eventus. *Witteb.* 1776. 4.

Jean Frédéric II,
électeur de Saxe (8 mars 1529 — 3 mars 1554 — 9 mai 1595).

Mueller (Joachim). Leichpredigt und Begengniss Herrn Johann Friedrich's II, Herzogs zu Sachsen. *Wittenb.* 1595. 4.

Sartorius (Johann). Leichenpredigt beym Begräbniss Herzog Johann Friedrich's II, s. l. 1596. 4.

Wilcke (Andreas). Oratio de vita et morte illustrissimi principis Joannis Friderici II. *Smalcald.* 1597. 4. *Jenœ.* 1605. 4.

Jean George VI,
électeur de Brandebourg (11 sept. 1525 — 8 janvier 1598).

Gundling (Jacob Paul v.). Auszug churbrandenburgischer Geschichten Joachim's I, Joachim's II und Johann Georg's• VI, bei Gelegenheit der Lebensbeschreibung Lamberti Distelmeyer's. *Berl.* 1722. 8.

Hartung (August). Joachim II und sein Sohn Johann Georg VI; historisches Gemälde aus der Brandenburgischen Geschichte. *Leipz.* 1798. 8.

Hausen (Carl Renatus). Von der Bildung des Churfürsten Johann Georg auf der hiesigen (Frankfurter) Universität. *Frf.* 1803. 8.

Jean George I,
électeur de Saxe (5 mars 1584 — 23 juin 1611 — 8 oct. 1656).

Balduin (Friedrich). Oratio in honorem Joannis Georgii I, clectoris Saxoniæ. *Witteb.* 1622. 4.

Volgnadt (Caspar). Prosopographia chronologica de curriculo vitæ rerumque gestarum memorabilium Joannis Georgii I, electoris Saxoniæ. *Lips.* 1636. 4. (Poëme historique.)

Buchner (August). Panegyricus Joanni Georgio, electori Saxoniæ, dicatus. *Witteb.* 1646. Fol.

Finckelthaus (Gottfried). Votum devotum festo natalium Joannis Georgii, electoris Saxoniæ, sacratum. *Lips.* 1647. Fol.

Strauch (Johann). Panegyricus secularis Joanni Georgio I, etc., dicatus. *Lips.* 1652. Fol. Trad. en allem. par Christian Friedrich Frankenstein. *Leipz.* 1652. Fol.

Thomasius (Jacob). Programma de laudibus Joannis Georgii I, etc. *Lips.* 1652. 4.

Lungwitz (Matthias). Admiranda divina Saxonica, s. opera ecclesiastica et politica, quibus Deus exornavit Joannem Georgium, electorem Saxoniæ. *Lips.* 1652. 4. (Ouvrage composé en allem.)

Heinrici (Daniel). Panegyricus in Joannem Georgium, etc. *Lips.* 1653. Fol.

Funeralia Churfürst Johann Georgens I zu Sachsen. *Dresd.* 1657. Fol.

Buchner (August). Panegyricus divo Joanni Georgio, pio, felici, magnanimo, constanti, dictus. *Witteb.* 1657. Fol. *Ibid.* 1667. Fol. *Dresd.* 1682. Trad. en allem. par Johann Sebastian Mitternacht. *Gera.* 1664. 8.

Huelsemann (Johann). Idea boni principis, expressa in educatione, pietate, prudentia, clementia, morte Joannis Georgii. *Lips.* 1657. Fol. Trad. en allem. *Leipz.* 1657. Fol.

Lyser (Christian). Oratio de felicitate Joannis Georgii I. *Witteb.* 1657. Fol. Trad. en allem. *Wittenb.* 1657. Fol.

Calovius (Abraham). Ehrengedächtniss Johann Georgens, Churfürstens von Sachsen. *Witteb.* 1657. 4.

Weller (Jacob). Chur-Sächsische Ehren-Cron, d. i. Churfürsten Johann Georg's I zu Sachsen kurtzbeschriebener Lebens-Lauff. *Dresd.* 1657. 4.

Funcke (Christian). Panegyricus divis manibus Joannis Georgii I. *Freib.* 1657. Fol.

Reichenbach (Christian Ernst). Oratio funebris in obitum Johannis Georgii. *Mulhus.* 1657. 4.

Tackius (Johann). Oratio, s. memoria Joannis Georgii I, electoris Saxoniæ, gloriose feliciterque gestarum. *Giess.* 1657. Fol.

Bertram (Caspar). Kleines Chur-Sächsisches Johann-Georgen-Chronicon. *Jena.* 1657. 4.

Schertlin (Philipp Ludwig). Pyramis Augusto-Saxonica, d. i. christliche Parentation und Lob Churfürst Johann Georgens I. *Dresd.* 1657. Fol.

Seeligmann (Gottlieb Friedrich). Dissertatio de vita Joannis Georgii I. *Lips.* 1676. 4.

Bremer (August). Defensio Joannis Georgii contra Jacobum Thomasium. *Frf.* et *Lips.* 1725. 8.

Schumacher (Heinrich August). De Joanne Georgio I, divini nominis providentia in multis periculis et gravissimis tempestatibus bellicis conservato. *Lips.* 1757. 4.

Francke (Heinrich Gottlieb). Programma de Joanne Georgio I, electore Saxoniæ, summa cura conservandi puritatem doctrinæ evangelicæ. *Lips.* 1778. 4.

Diemer (Heinrich August Christian Daniel). Joannes Georgius I, elector Saxoniæ, et Fridericus Augustus I, rex Poloniæ, rei judiciariæ legislatores. *Lips.* 1804. 8.

Mueller (Carl August). Kurfürst Johann Georg I, seine Familie und sein Hof, etc. Beitrag zur Kriegs- und Sitten-Geschichte des 17ten Jahrhunderts. *Dresd.* 1838. 8. (*D.* et *L.*)

Jean George II,
électeur de Saxe (31 mai 1613 — 8 oct. 1656 — 22 août 1680).

Steger (Thomas). Acclamatio Joanni Georgio II electori Saxoniæ dicta. *Lips.* 1657. Fol.

Heinrici (Daniel). Panegyricus Joanni Georgio II dictus. *Lips.* 1657. Fol. Trad. en allem. *Leipz.* 1657. Fol.

Dietrich (Johann Theodor). Oratio in auspicatissimum regimen Joannis Georgii II. *Giess.* 1657. Fol.

Rappolt (Friedrich). Panegyricus Joanni Georgio II scriptus. *Lips.* 1657. Fol. (Ecrit en vers.) Trad. en allem. *Lips.* 1657. Fol.

Thomasius (Jacob). Programma de laudibus Joannis Georgii II. *Lips.* 1663. 4.

Starck (Christian Heinrich). Ensis electorius Joannis Georgii II. *Lips.* 1663. 4.

Schurzfleisch (Conrad Samuel). Oratio panegyrica in climactericum magnum Joannis Georgii II. *Witteb.* 1675. Fol. *Ibid.* 1697. 4. Trad. en allem. *Witteb.* 1675. Fol.

Alberti (Valentin). Panegyris Joanni Georgio II dicta. *Lips.* 1676. Fol.

—— Ensifer pacifer Joannes Georgius II. *Lips.* 1679. Fol. •

     • Ouvrage écrit en lat. et en allem.

Carpzov (Johann Benedict). Justa funebria electori Joanni Georgio II dicta. *Erf.* 1680. Fol.

Kirchmaier (Georg Caspar). Panegyricus funebris Joanni Georgio II habitus. *Witteb.* 1680. Fol.

Buechner (Friedrich Christian). Pietatis monumentum Joanni Georgio II consecratum. *Witteb.* 1680. Fol.

Knoerr (Johann Jeremias). Panegyricus Joanni Georgio II, etc., dictus. *Misen.*, s. d. (1680.) Fol. (En vers.)

Koeber (Johann Friedrich). Programma in obitum Joannis Georgii II. *Gerœ.* 1680. 4.

Waechtler (Christfried). Oratio de immortalitate boni legislatoris in Joanne Georgio. *Witteb.* 1680. 8.

Stockmann (August Cornelius). Programma : elector Joannes Georgius II, Saxoniæ et Lusatiæ legislator. *Lips.* 1789. 4.

Jean George III,
électeur de Saxe (20 juin 1647 — 22 août 1680 — 12 sept. 1691).

Kuehlewein (Christian Ludwig). Oratio panegyrica laudi Joannis Georgi III dicata. *Lips.* 1674. Fol.

Griendl von Ach (Johann Franz). Pyramis, oder sinnreiche Ehrenseule auf Churfürst Johann Georg III. *Dresd.* 1681. 4.

Funeralia Churfürstens Johann George's III. *Dresd.* 1691. Fol.

Der in Trauer-Cypressen verkleidete Chur-Sächsische Rauten-Crantz, oder des durchlauchtigen und tapfern Churfürsten zu Sachsen Johann Georg's III Geburt, Leben, Kriegs-Thaten und hoher Todesfall, s. l. 1691. 4.

Kirchmaier (Georg Caspar). Panegyricus in excessum Joannis Georgii III. *Witteb.* 1691. Fol.

Wedig (Johann Hieronymus v.). Panegyricus Joanni Georgio III dictus. *Witteb.* 1691. Fol.

Alberti (Valentin). Mauritius alter, s. Joannes Geor-

gius III, elector Saxoniæ, magnanimus, fortis, invictus, heros maximus, pater patriæ optimus. *Lips.* 1691. Fol.
Liebe (Tobias). Æternæ laudum pyramides Joanni Georgio III erectæ. *Freiberg.* 1691. Fol.
Rinck (Eucharius Gottlieb). Panegyricus divis manibus Joannis Georgii III dictus. *Attorf.* 1692. Fol.
Koeber(Johann Friedrich). Germanicus alter, s. Achilles Joannes Georgius III dissertatione qualicunque descriptus. *Geræ.* 1692. Fol.

Aufrichtige und unpartheyische Relation von der Victoria der Christen beym Entsatz der Stadt Wien gegen die Türken, den 2. Sept. 1683, zu Vertheidigung der Sächsischen Tapferkeit, s. l. et s. d. 4.
Koeber (Johann Friedrich). Fides intemerata et constans ducum ac electorum Saxoniæ in imperatores; oratio de Viennensi obsidione feliciter soluta. *Geræ.* 1685. Fol.
Kirchmaier (Georg Caspar). Epicinia Saxonico-Augusta, s. panegyricus gratulatorius Joanni Georgio III forti, felici, quandoque reduci a Vienna liberata et fugatis barbaris dictus. *Witteb.* 1683. Fol.
Feuerlein (Johann Christoph). Saxo hero, i. e. Joannis Georgii III res contra Turcam in obsidione Viennensi 1683 gestæ, etc. *Geræ.* 1683. Fol.
Staupitz (Christoph Heinrich v.). Memoranda Leonis Saxonici victoria contra Turcas delineata. *Lips.* 1684. 4.
—— Gloria Joannis Georgii III in Viennensi victoria parta. *Lips.* 1684. 4.

Jean George IV,
électeur de Saxe (18 oct. 1668 — 12 sept. 1691 — 27 avril 1694).
Zimmermann (Christian). Klag- und Trostrede beym Todesfall Johann Georg's IV. *Dresd.* 1994. Fol.
Liebe (Tobias). Castrum doloris D. Joannis Georgii IV manibus, etc., erectum. *Dresd.*, s. d. (1694.) Fol.
Alberti (Valentin). Immaturitas annorum et consiliorum senectus in Joanne Georgio IV deplorata. *Lips.* 1694. Fol.
Bonitz (Johann). Programma piis manibus Joannis Georgii IV scriptum. *Schneeb.* 1694. 4.
Martini (Werner Theodor). Panegyricus Joanni Georgii IV dictus. *Witteb.* 1694. Fol.

Sincerus (J...). Sonderbares Sendschreiben an A. Waremundem, betreffend den unvermutheten Todesfall Churfürsten Johann Georg's IV und die Succession Friderici Augusti. *Wittenb.* 1694. 4.

Jean Casimir V,
roi de Pologne (1609 — 29 mai 1648 — abdiquant le 16 sept. 1669 — 16 déc. 1672).
Pastorius v. Hirtenberg (Joachim). Bellum Scythico-Cosacicum, s. de conjuratione Tartarorum, Cosacorum et plebis Russicæ a Joanne Casimiro, rege Poloniæ, profligata. *Dant.* 1652. 4. *Ibid.* 1659. 4.
Linage de Vauciennes (N... N...). Origine véritable du soulèvement des Cosaques contre la Pologne. *Par.* 1674. 4.
Kojalowicz (A... Wijuck). De rebus gestis anno 1648 et sequenti contra Cosacos Zaparavios rebelles. *Wilnæ.* 1751. 4.
Radawsky (Laurenz Johann). Historiarum Poloniæ ab excessu Vladislai IV ad pacem Olivanam (5 mai 1660), s. annales regni Joannis Casimiri, Poloniæ Succiæque regis, ab anno 1648 ad annum usque 1660, contin. jusqu'en 1668 et publ. par Lorenz MIZLER v. KOLOF. *Warsaw.* 1766. Fol.

Grauert (Wilhelm Heinrich). Die Thronentsagung des Königs Johann Casimir von Polen und die Wahl seines Nachfolgers (Michael); nach einer bisher unbekannten Quelle und den Geschichtsschreibern jener Zeit. *Wien.* 1851. 8.

Wassenbergh (Everhard). Joannis Casimiri, Poloniarum et Succiæ principis, carcer gallicus. *Dantis.* 1644. 4.

Jean Casimir,
duc de Saxe-Cobourg (1564 — 1584 — 1633).
Libanius (Andreas). Oratio natalitia prima et secunda in genethliacis Joannis Casimiri, ducis Saxoniæ. *Coburg.* 1609-10. 4.
Gerhard (Johann). Oratio funebris in Joannem Casimi-

rum, ducem Saxo-Coburgensem. *Jenæ.* 1634. 4. (Écrit en allem. et en lat.)
Frommann (Andreas). Monumentum Casimirianum duci Joanni Casimiro positum. *Coburg.* 1632. 4.
Gruner (Johann Gerhard). Geschichte Johann Casimir's, Herzogs zu Sachsen. *Coburg.* 1787. 8.

Jean Casimir,
tuteur de Frédéric IV, électeur palatin (7 mars 1543 — 1583 — 6 janvier 1592).
Carmina funebria in obitum luctuosissimum illustrissimi et fortissimi principis Joannis Casimiri, comitis palatini ad Rhenum, ducis Bavariæ, tutoris et electorii Palatinatus administratoris fidelissimi. *Neapol. Casimiriana.* 1592. 4.
Kimedoncio (Jacob). Oratio lugubris memoriæ illustrissimi principis et domini Joannis Casimiri, comitis palatini Rheni, etc. *Heidelb.* 1592. 4.
Melissus (Paul). Parentalia in obitum Joannis Casimiri, comitis palatini ad Rhenum. *Heidelb.* 1592. 4.
Junius (Franciscus). Ecloga in obitum principis illustrissimi Joannis Casimiri, comitis palatini. *Heidelb.* 1592. 4.
Reuter (Quirin). Oratio de vita et morte Joannis Casimiri, palatini Rheni, ducis Bavariæ. *Heidelb.* 1592. 4.

Jean François,
évêque de Bâle.
Eigentliche und ausführliche Relation, wie Johann Franz, Bischoff zu Basel, den 18. bis den 22. Octobris dieses 1655ten Jahres die Gesandten von den 7 Catholischen Orten in Erneuerung der Bündnuss aufgenommen, s. l. 1655. 4.

Jean Frédéric,
duc de Wurtemberg (1608 — 18 juillet 1628).
Oettinger (Christoph?). Beschreibung der fürstlichen Hochzeit und Beylagers Johann Friedrich's, Herzogs zu Würtemberg und Teck, mit der Markgräfin Barbara Sophia zu Brandenburg. *Stuttg.* 1610. Fol.

Threni Wurtembergici, s. orationes funebres in obitum serenissimi ac celsissimi principis ac domini D. Joannis Friderici, ducis Wurtembergensis, Stuttgardiæ pie defuncti. *Tubing.* 1629. 4.

Jean Guillaume III,
duc de Juliers, Clèves et Berg.
Original-Denkwürdigkeiten eines Zeitgenossen am Hofe Johann Wilhelm's III, Herzogs von Jülich-Cleve-Berg, nebst einem Anhange, etc., betreffend den Process der Prinzessin Jacobe (von Baden). *Düsseld.* 1854. 8.
Graminæus (D...). Beschreibung der fürstlichen Hochzeit Herzogs Wilhelm von Gülich(!) mit Jacobnea von Baden, gehalten zu Düsseldorf am 16. July 1585, s. l. et s. d. Fol. (Ouvrage assez rare.)

Jean Guillaume de Saxe,
fils de Jean Frédéric I, électeur de Saxe.
Heshusius (Tilemann). Oratio de vita, gubernatione, et felici obitu Joannis Wilhelmi, ducis Saxoniæ. *Regiom.* 1575. 4.
Lipsius (Justus). Oratio in funere illustrissimi Joannis Guilielmi, ducis Saxoniæ. *Jenæ.* 1577. 8. *Ibid.* 1601. 4. *Halæ.* 1602. 4.
Reudenius (Ambrosius). Oratio de vita Joannis Wilhelmi, ducis Saxoniæ. *Jenæ.* 1603. 4.

Jean d'Autriche,
fils naturel de l'empereur Charles-Quint, gouverneur des Pays-Bas (25 février 1540 — 1er oct. 1578).
Costiol (Hieronimo de). Cronica del principe Don Juan de Austria. *Barcelon.* 1572. 8. (Très-rare.)
Hammen y Leon (Lorenzo van der). Historia del Don Juan de Austria, desde el año 1545 hasta la sua muerte en 1578. *Madr.* 1627. 4.
(**Brulsé de Montplainchamp**, Jean Chrétien). Histoire de Don Juan d'Autriche, fils naturel de l'empereur Charles-Quint. *Amst.* 1690. 12. *Ibid.* 1693. 12.
Leven van Don Jan van Ostenrijk. *Leyd.* 1757. 12. *Ibid.* 1740. 8.
Dumesnil (Alexis). Histoire de Don Juan d'Autriche. *Par.* 1826. 8. *Brux.* 1827. 8. *Par.* 1828. 8.

Jean d'Autriche,
fils naturel de Philippe IV, roi d'Espagne (1629 — 17 sept. 1679).
Bremundano (Francisco Fabro). Historia de la vida y hechos de Don Juan d'Austria. *Zaragoz.* 1673. Fol.

Leti (Gregorio). Vita di Don Giovanni d'Austria. *Colon.* 1686. 12.

Relation des différends arrivés en Espagne entre Don Juan d'Autriche et le cardinal Nitard. *Par.* 1677. 2 vol. 12. (Livre rare et curieux.)

Jean Baptiste Joseph d'Autriche,
archiduc d'Autriche, ci-devant vicaire de l'empire allemand
(20 janvier 1782 — ...).

Frank (Julius). Erzherzog Johann von Oesterreich, der deutsche Reichsverweser, und sein bisheriges Verhältniss zum deutschen Volke, etc. *Leipz.* 1848. 8.

Frey (A...). Kurzer Lebensabriss des Reichsverwesers Erzherzogs Johann von Oesterreich. *Nürnb.* 1848. 12.

Lyser (Johann Peter). Erzherzog Johann, der Freund des Volkes; biographische Skizze. *Wien.* 1848. 8.*

* Avec son portrait et celui de son épouse, Anne baronne de Brandhof, morganatiquement unis.

Schimmer (Carl August). Leben des Erzherzogs Johann, deutschen Reichsverwesers. *Mainz.* 1849. 8.

Schneidewind (Franz Joseph Adolph). Leben des Erzherzogs Johann von Oesterreich; mit besonderer Berücksichtigung der Feldzüge dieses Prinzen in den Jahren 1800, 1805, 1809 und 1813. *Schaffh.* 1849. 8.

Das Büchlein vom Erzherzog Johann. *Leipz.* 1849. 16.

Jean de Bavière, surnommé **Jean sans Pitié**,
comte du Hainaut, évêque de Liége (vers 1372 — 5 janv. 1424).

Lacroix (Augustin). Épisode du règne de Jean de Bavière, surnommé Jean sans Pitié, élu de Liége, etc. (1406). *Mons.* 1841. 8. (Tiré seulement à 50 exempl.)

Polain (Mathieu Lambert). Jean sans Pitié, ou la bataille d'Othée (1408), s. l. et s. d. (*Liége.*) 8.

Jean de Leyde, voy. **Bockelson.**

Jean d'Outremeuse, voy. **Outremeuse**
(Jean **Des Prez**, dit d').

Jean de Venloo,
fondeur belge du xve siècle.

Schaepkens (Alexandre). Jean de Venloo, fondeur du xve siècle. *Gand.* 1851. 8. (Extrait du *Messager des sciences et des arts de Belgique.*)

Jean de Vienne,
évêque de Bâle.

Quiquerez (Antoine). Jean de Vienne, ou l'évêché de Bâle au. xive siècle. *Porentrui.* 1856. 8. (*Bes.*) S. l. et s. d. (*Berne et Coire.* 1837.) 8. (Omis par Quérard.)

Jean Paul, voy. **Kauffmann** (Jean Paul).

Jean Paul, voy. **Richter** (Johann Paul Friedrich).

Jeanne de la Croix,
franciscaine espagnole.

Daca (Antonio). Historia, vida y milagros, extasis, revelaciones de la sor Juana de la Cruz, de la tercera orden de nuestro serafico P. S. Francisco. *Madr.* 1614. 4. Trad. en allem. *Münch.* 1623. 12.

Leven ende mirakelen van Joanna de la Croix. *Bruss.* 1625. 12. (Caractères gothiques.)

(**Weber**, Beda). Giovanni Maria della Croce und ihre Zeit. Lebensgemälde aus dem 17. Jahrhundert. *Regensb.* 1846. 8.

Jeanne de Constantinople,
comtesse de Flandre et du Hainaut (1193 — 1244).

Leglay (Édouard). Histoire de Jeanne de Constantinople, comtesse de Flandre et du Hainaut. *Lille.* 1841. 8.

Mersseman (Jacques Olivier Marie de). Etudes historiques sur Jeanne de Constantinople, comtesse de Flandre et du Hainaut. *Bruges.* 1841. 8.

Ram (Pierre François Xavier de). Particularités concernant les règnes des ducs de Brabant, Jeanne et Wenceslas. *Brux.* 1852. 8.

Jeanne de Flandre.

Lesbroussart (Jean Baptiste). Précis historique sur Jeanne de Flandre, mère de Jean IV, duc de Bretagne, surnommé le Conquérant. *Brux.* 1820. 8.

Jeanne 1,
reine de Naples (1343 — assassinée le 12 mai 1382).

(**Mignot**, Vincent). Histoire de Jeanne I, reine de Naples, comtesse de Piémont. *La Haye.* (*Par.*) 1764. 12.

Historical life of Joanna of Sicily, queen of Naples. *Lond.* 1824. 2 vol. 12. Trad. en allem. par Caroline STILLE. *Brem.* 1850. 8.

Crivelli (Domenico). Della prima e della seconda Giovanna, regine di Napoli. *Padov.* 1852. 12.

Jeanne II,
reine de Naples (1368 — 6 août 1414 — 2 février 1435).

(**Guyot**, Alexandre Toussaint). Histoire des reines Jeanne I et de Jeanne II, reines de Naples et de Sicile. *Par.* 1700. 12.

Platen (August v.). Geschichte des Königreichs Neapel von 1414 bis 1443. *Frf.* 1833. 8.

Jeanne d'Autriche,
première épouse de François I de Médicis, grand-duc de Toscane
(24 janvier 1547 — mariée en 1565 — 6 avril 1578).

Renieri (Antonio). Hymenæus in Francisci Medicis et Joannæ Austriacæ Etruriæ principum nuptiis. *Florent.* 1565. 4.

Angelio da Barga (Pietro). Epithalamium in nuptias Francisci Medicis, Florentinorum et Senensium principis, et Johannæ Austriacæ, Ferdinandi I imperatoris filiæ. *Florent.* 1566. 4. (Extrêmement rare.)

Vettori (Pietro). Liber de laudibus Joannæ Austriacæ, natæ reginæ Ungariæ et Bohemiæ. *Florent.* 1566. 4.

Guadagni (Giovanni). Laudatio in nuptias Francisci Medicis et serenissimæ Joannæ Austriacæ. *Florent.* 1568. 4. (Presque aussi rare que le poëme de Pietro Angelio da Barga.)

Adriani (Giovanni Battista). Oratio habita in funere Johannæ Austriacæ, uxoris Francisci I, magni ducis Etruriæ. *Florent.* 1578. 4.

Bocchi (Francesco). Oratio de laudibus Joannæ Austriæ, quæ, regina nata Ungariæ et Boemiæ, in matrimonio Francisci Medicis magni ducis Etruriæ Florentiæ infelici partu mortem obiit. *Florent.* 1578. 4.

Gini (Leonardo). Oratio in funere serenissimæ Joannæ serenissimi Francisci Medicis Magni ducis Etruriæ uxoris, etc. *Senis.* 1578. 4.

Lottini (Giovanni Angelo). Orazione funerale, etc., per consolare ogni animo pietoso dell' immatura e dannosa morte della serenissima Giovanna d' Austria, etc. *Firenze.* 1578. 4.

Razzi (Silvano). Ecloga della santa vita e morte della regina Giovanna d' Austria, granduchessa di Toscana. *Firenz.* 1578. 8. *Ibid.* 1588. 8. *Ibid.* 1608. 8. *Ibid.* 1622. 8.

Jeanne de France ou de Valois (Sainte),
première épouse de Louis XII, roi de France
(1464 — mariée en 1476 — 4 févr. 1505).

Vita B. Joannæ Valesiæ, Ludovici XII uxoris, fundatricis ordinis Annunciatarum B. Mariæ Virginis. *Antw.* 1524. Fol.

Magistri (Yves). Vie de Jeanne, reine de France, et de Marguerite de Lorraine. *Bourges.* 1585. 8.

Miracles qui se font au tombeau de la bienheureuse Jeanne de France, en l'église des Annonciades de Bourges. *Par.* 1615. 8.

Instructio et censura sacræ theologiæ doctorum Lovaniensium pro canonisatione B. Joannæ Valesiæ. *Lovan.* 1624. 4.

Doni d'Attichy (Louis). Tableau de la vie de la bienheureuse Jeanne de France. *Par.* 1625. 8. Augment. s. c. t. Histoire de la bienheureuse Jeanne de France de Valois. *Par.* 1644. 4. *Ibid.* 1664. Fol.

Manero (Pedro). Vida de la serenissima señora D. Joanna de Valois, reina de Francia. *Madr.* 1654. 4.

Guast (Paulin du). Vie de S. Jeanne. *Bourges.* 1666. 8.

Bony (Louis de). Vie de la bienheureuse Jeanne de France. *Par.* 1684. 8.

Mareuil (Pierre de). Vie de la vénérable servante de Dieu, l'illustre et sérénissime princesse Jeanne de Valois, reine de France, etc. *Par.* 1741. 12.

Boeck (N... N... de). Heylig leven, wondere deughden en schoone mirakelen van de H. Joanna de Valois, koniginne van Vrankryk. *Bruss.* 1752. 8. (Rare.)

Leven van de heylige Joanna van Valois, koningin van Vrankryk. *Rousselare.* 1840. 18.

Pierquin de Gembloux (Claude Charles). Histoire de Jeanne de Valois, duchesse d'Orléans et de Berri, reine de France, fondatrice de l'ordre des Annonciades. *Par.* 1842. 8.

Trouvé (baron). Anne de Beaujeu, Jeanne de France et Anne de Bretagne. Esquisse des xve et xvie siècles. *Batignolles.* 1853. 8.

Jeanne de Portugal,
fille d'Alphonse V, roi de Portugal.

Dias (Nicolas). Vida da serenissima princeza D. Joanna, filha del rey D. Affonso V. *Lisb.* 1586. 8. *Ibid.* 1594. 8. Augment. par Luiz de CASTANHE DA RAPOZO. *Lisb.* 1674. 8.

Roman (Hieronymo). Historia de la vida de los dos religiosos infantes de Portugal, D. Fernando, hijo del rey D. Juan I de Portugal, y de la infanta Donna Juana, hija del rey D. Alonso V. *Medin. del Camp.* 1595. 4.

Correa de Lacerda (Fernando). Virtuoza vida da serenissima princeza S. Joanna. *Lisb.* 1674. 4.

Vita della B. Giovanna principessa di Portogallo, dell' ordine di S. Domenico, chiamata comunemente la santa principessa. *Rom.* 1844. 12.

Jeanne la Papesse,
personnage fabuleux.

Pour :

Vergerio (Pietro Paolo). Istoria di papa Giovanni VIII, che fu femina, s. l. 1556. 8. (Peu commun.)

Fabri . (N... N...). Papa mulier, s. de papa Joanne VIII fœmina. *Witteb.* 1609. 8. (Pièce assez rare.)

Serarius (Nicolaus). Tractatus de Joanna papissa. *Col. Agr.* 1614. 8.

Johanna papissa toto orbi manifestata. *Oppenh.* 1616. 8.

Montagne (J... de). La papesse Jeanne, ou dialogue entre un protestant et un papiste, prouvant, qu'elle a été pape de Rome, trad. de l'angl. d'Alexandre COOKE. *Sedan.* 1633. 8.

Grim (E...). Pauselicke Heiligkeit, dat is : catholick ende authentick vertoogh, dat Johannes, gemeenlick paus Jutte genoemt, een vrouwe geweest is. *Wesel.* 1636. 8.

Ehinger (Elias). Dissertatio de papa mulieri, s. de papa Joanna VIII, s. l. 1641. 4. *Aug. Vind.* 1724. 12.

Capellus (Rudolph). Discursus historicus de Joanna VIII papissa. *Giess.* 1635. 4.

Maresius (Samuel). Joanna papissa restituta. *Groning.* 1658. 8.

Historia Joannis VIII, romani pontificis. *Helmst.* 1662. 4. *Lugd. Bat.* 1677. 12.

Voetius (Gisbert). Spicilegium ad disceptationem historicam de papissa Joanna. *Ultraj.* 1669. 4.

Lehmann (Johann). Infelix puerpera Joannes VIII pontifex dissertatione historica exhibita. *Witteb.* 1669. 4.

Artopaeus (Johann Daniel). Dissertatio de Joanna VIII papissa. *Lips.* 1673. 4.

Present for a papist, or the life and death of pope Joan. *Lond.* 1675. 8.

Päpstlich Kindbett, oder Zeugniss, dass Pabst Johann VIII eine Weibsperson gewesen. *Münch.* 1678. 4. (Très-rare.)

Haendel (Christoph Christian). Dissertatio de Joanne VIII pontifice optimo maximo, qui fœmina fuit sexum mentita. *Witteb.* 1699. 4.

Leven van Johanna, paus van Rome, onder den naam van Johannes VIII. *Amst.* 1722. 4.

Rydelius (Magnus). Dissertatio de pontifice Johanne VIII. *Lund.* 1723. 8.

Oeder (Georg Ludwig). Epistola ad G. G. Zeltnerum, qua mulierem inter Leonem IV et Benedictum III papatu Romano functam, idoneis rationibus asseritur. *Soabac.* 1735. 4. (Publ. s. l. pseudonyme de Sincerus PISTOPHILUS.)

Hinlänglicher Beweis, dass ehedessen eine Weibesperson, Namens Gilberta , insgemein Pabst Agnese genannt, unter dem Nahmen Pabst Johann VIII den Stuhl Petri wirklich besessen und verunehret habe, s. l. 1741. 8.

Surprising history of pope Joan. *Lond.* 1744. 8.

Gleichmann (Johann Zaccharias). Wahrheit der Geschichte von der Päbstin Johanna, wider die Recension des Herrn Dr. Heumann in Goettingen. *Frf.* et *Leipz.* 1744. 4.

Kist (Nicolaus Christian). De pausin Joanna, aanwijzing dat hare geschiedenis niet gesloten is, s. l. et s. d. (*Leid.* 1844.) 8. (*Ld.*)

—— Een woord an Wensing over zijn geschrift wegens de pausin Joanna. *Leid.* 1845. 8. (*Ld.*)

Contre :

Scherer (Georg). Gründlicher Bericht , ob es wahr sey , dass auff ein Zeit ein Bapst zu Rom schwanger gewesen und ein Kind gebohren habe. *Wien.* 1584. 4. *Ingolst.* 1584. 4. Trad. en ital. par Niccolò PIERIO. *Venez.* 1586. 12. *Milan.* 1586. 12. (Très-rare et très-recherché.)

(**Witekind** , Hermann). Jesuitas pontificis maximi Romani emissarios falso et frustra negare papam Joannem VIII fuisse meretricem, s. l. 1588. 4. Trad. en allem., s. l. 1598. 4.

Raymond ou **Roemound** (J... C... F...). Erreur populaire de la papesse Jeanne. *Bord.* 1588. 8. *Ibid.* 1592. 8. *Ibid.* 1594. 8. *Lyon.* 1595. 8. (*Bes.*) *Par.* 1599. 4. *Bord.* 1602. 8. *Cambrai.* 1613. 8. Trad. en lat. par J... C... FLORIMOND. *Bord.* 1601. 8. *Col. Agr.* 1614. 8.

Whitaker (G...). De papa Romano et papissa Romana. *Oppenh.* 1612. 8.

Anatomy of pope Joan. *Lond.* 1624. 12.

Allacci (Leone). Fabulæ de Joanna papissa confutatio ex monumentis græcis. *Rom.* 1650. 4. Augment. par Barthold NIHUSIUS. *Col. Agr.* 1645. 8. (*Bes.*)

Salle (Jean de la). Confutatio Joannæ papissæ. *Lovan.* 1633. 8.

Stalenus (Joannes). Papissa monstrosa et mera fabula. *Col. Agr.* 1639. 8.

Blondel (David). Familier éclaircissement de la question, si une femme a été assise au siége papal de Rome entre Léon IV et Benoit III. *Amst.* 1649. 8. (*Bes.*) Trad. en holland. *Amst.* 1650. 8. Trad. en lat. *Amst.* 1657. 12. (*Bes.*)

Cognard (N... N...). Traité contre l'éclaircissement donné par David Blondel en la question, si une femme a été assise au siége papal de Rome. *Saum.* 1655. 8. (*Bes.*)

Historia Joannis VIII virum primo simulantis, postea sexum suum partu in publica via edito prodentis, etc. *Helmst.* 1662. 4. *Lugd. Bat.* 1677. 12.

Chifflet (Jean). Judicium de fabula Joannæ papissæ. *Antw.* 1666. 4.

Spanheim (Frédéric).Disquisitio historica de papa fœmina inter Leonem IV et Benedictum III. *Lugd. Bat.* 1691. 8.

(**Lenfant**, Jacques). Histoire de la papesse Jeanne, tirée de la dissertation de M. F. Spanheim. *Cologne.* 1694. 8. Avec des notes par Alphonse des VIGNOLES. *La Haye.* 1720. 8. *Ibid.* 1736. 2 vol. 12. (*Bes.*) Trad. en allem. *Frf.* et *Leipz.* 1737. 2 vol. 8.

Heumann (Christoph August). Dissertatio de origine vera traditionis falsæ de Joanna papissa. *Goetting.* 1739. 4. *Ibid.* 1741. 4.

Blasco (Carlo). Diatriba de Joanna papissa, s. de ejus fabulæ origine. *Neap.* 1778. 8.

Geschichte der Päpstin Johanna. *Leipz.* 1788. 8.

(**Wolf**, Peter Paul). Über die Wahrscheinlichkeit der Existenz der Päpstin Johanna ; historische Untersuchung. *Regensb.* 1809. 8.

Die Päpstin Johanna ; keine wahre Geschichte. *Mainz.* 1821. 8.

Ciampi (Sebastiano). Disamina sull' opinione del Boccaccio sulla papessa Giovanna. *Firenz.* 1828. 8.

Smets (Wilhelm). Das Mährchen von der Päpstin Johanna. *Coeln.* 1829. 12. Avec un appendice sur la primatie de S. Pierre. *Coeln.* 1835. 8.

Bianchi-Giovini (Antonio). Esame critico degli atti e documenti della papessa Giovanna. *Milan.* 1845. 18.

Wensing (J... H...). De verhandeling van N. C. Kist nagelezen en getoetst. *S'Gravenh.* 1845. 2 parts. 8. (*Ld.*)

Jeanne d'Arc, surnommée **la Pucelle d'Orléans**,
héroïne française (1410 — brûlée vive le 24 mai 1431).

Varanus (Valerandus). De gestis Joannæ virginis egregiæ libri IV versu heroico. *Par.* 1516. 4.

Miroir des femmes vertueuses, où est la patience de Griseldis, ou l'histoire de la Pucelle d'Orléans. *Orl.* 1547. 4.

Historia della Donzella de Orleans y de sus grandes hechos , sacados de la Chronica real , por un cavallero discreto, embiado por embaxador de Castilla en Francia por los reyes Fernando y Isabel. *Burgos.* 1557. 4. *Ibid.* 1562. 4. (Très-rare.)

Histoire admirable de Jeanne la Pucelle. *Lyon.* 1560. 8.

Micqueau (Jean Louis). Aureliæ urbis memorabilis ab Anglis obsidio, anno 1428 , et Joannæ, virginis Lotharingiæ, res gestæ. *Aurel.* 1560. 8. *Par.* 1560. 12. *Ibid.* 1651. 12.

(**Tripault**, Léon). Joannæ Darciæ, obsidionis Aurelianæ liberatricis, res gestæ, imago et judicium. *Les Cases*, pourtraict et jugement de Jeanne d'Arc, dicte la Pucelle d'Orléans. *Orléans.* 1585. 8. Portrait. (Fort rare.)

Beroalde de Verville (François de). La Pucelle d'Orléans restituée. *Tours.* 1599. 12. (*Bes.*)

Goldast (Melchior). Sibylla Francica. *Ursellis*. 1606. 4. *
* Recueil de traités relatifs à cette héroïne, composés par des auteurs contemporains de Jeanne d'Arc.

Joly (Claude). Puellæ Aurelianensis causa adversariis orationibus disceptata. *Par*. 1609. 8. (*Bes.*)

Livre de la Pucelle, native de Lorraine, et le jugement et comme elle fut brûlée au viel marché à Rouen. *Rouen*. 1610. 8.

(**Masson**, Jean Papire). Histoire mémorable de Jeanne d'Arc, appelée la Pucelle, extraite du procès de sa condamnation et des dépositions des témoins ouïs pour sa justification, en 1455. *Par*. 1612. 8. (*Bes.*)

Discours sommaire, tant du nom et des armes, que de la naissance et parenté de la Pucelle d'Orléans et de ses frères. *Par*. 1612. 8. *Ibid.* 1633. 4.

Hordal (Jean). Historia heroinæ nobilissimæ Joannæ d'Arc, Lotharingicæ, vulgo Aurelianensis Puellæ, etc. *Pontimussi*. 1612. 4. (*Bes.*)

(**Tripault**, Léon). La vie et la mort de la Pucelle d'Orléans. *Lyon*. 1619. 12.

Vernulaeus (Nicolaus). Joanna Darcia, vulgo Puella Aurelianensis. *Lovan*. 1629. 8. (Excessivement rare.)

Guyon (Symphorien). La Parthénie Orléanoise, ou histoire mémorable de la ville d'Orléans, assiégée par les Anglais et délivrée par une vierge envoyée de Dieu. *Orléans*. 1653. 8. (Peu commun.)

Buerger (Christian Amos). Dissertatio de Puella Aurelianensi. *Schneeberg*. 1686. 4.

Barrois (Étienne). Histoire mémorable du siége de la ville d'Orléans par les Anglais, commencée le 12 octobre 1428 et levé le 8 mai 1429, par la valeur de Jeanne d'Arc, dite la Pucelle d'Orléans, enrichie de la vie de Jeanne d'Orléans, du comte de Dunois et de Longueville. *Orléans*. 1739. 8.

Polluche (Daniel). Problème historique sur la Pucelle d'Orléans. *Orléans*. 1749. 8.

Trolle (Arvid). Dissertatio historica de Joanna Puella Aurelianensi, gallice vocata Jeanne d'Arc, ou la Pucelle d'Orléans. *Lond. Suev.* 1751. 4.

Hetting (Christian). Disputatio de Puella Aurelianensi. *Hafn.* 1758. 4.

Lenglet du Fresnoy (Nicolas). Histoire de Jeanne d'Arc, vierge, héroïne et martyre d'Etat. *Par*. 1753. 3 vol. 12. *Amst.* 1759. 3 vol. 12. (*Bes.*)

(**Marolles**, Claude de). Discours sur la Pucelle d'Orléans et sur la délivrance d'Orléans. *Orléans*. 1759. 12.

Loiseau (N... N...). Discours sur la révolution opérée dans la monarchie française par la Pucelle d'Orléans, etc. *Orléans*. 1764. 12.

Colas-Guyenne (Jean François). Discours sur la Pucelle d'Orléans. *Orléans*. 1766. 8.

Gjoerwell (Carl Christophersson). Lefvernes Beskrifning om Johanna d'Arc. *Stockh*. 1767. 8.

Luchet (Jean Pierre Louis de Laroche de). Dissertation sur Jeanne d'Arc, vulgairement nommée la Pucelle d'Orléans. *Par*. 1776. 8.

(**Géry**, André Guillaume de). Éloge de Jeanne d'Arc, dite la Pucelle. *Par*. 1779. 12.

Averdy (Clément Charles François de l'). Notices sur la vie de la Pucelle d'Orléans. *Par*. 1790. 4. *
* Ce recueil, échappé aux recherches de Quérard, contient des extraits de 38 manuscrits relatifs à la condamnation et à la réhabilitation de la Pucelle d'Orléans.

Guilbert (Philippe Jacques Étienne Vincent). Éloge historique de Jeanne d'Arc, accompagné de notes historiques relatives à cette héroïne. *Rouen*. 1801. 8.

Schlegel (Friedrich v.). Geschichte der Jungfrau von Orleans, aus alten französischen Quellen, nebst einem Anhange von David Hume. *Berl*. 1802. 8.

Chaussard (Jean Baptiste Publicola). Jeanne d'Arc, recueil historique et complet. *Orl*. 1806. 2 vol. 8. * (*Bes.*)
* A la fin de ce recueil se trouve une liste de 400 ouvrages concernant la vie de Jeanne d'Arc.

Graves (George Ann). Memoirs of Joan of Arc. *Lond*. 1812. 12. *
* Traduction libre de l'ouvrage de M. Lenglet du Fresnoy, mentionné plus haut.

Berriat Saint-Prix (Jacques). Jeanne d'Arc, ou coup d'œil sur les révolutions au temps de Charles VI et Charles VII. *Par*. 1817. 8.

Lebrun de Charmettes (Philippe Alexandre). Histoire de Jeanne d'Arc, surnommée la Pucelle d'Orléans, etc.

Par. 1817. 4 vol. 8. (Avec 8 gravures.) — (*Bes.*) Trad. en allem. par Friedrich de la Motte Fouqué. *Berl*. 1826. 2 vol. 8.

Lemaire (Henri). Vie de Jeanne d'Arc, surnommée la Pucelle d'Orléans. *Par*. 1818. 12.

Caze (Pierre). La vérité sur l'histoire de Jeanne d'Arc, ou éclaircissements sur son origine. *Par*. 1819. 2 volumes 8.

Die Jungfrau von Orleans; treue Schilderung der Begebenheiten dieses unglücklichen Opfers des Fanatismus und der Politik, etc. *Bresl*. 1820. 8.

Jollois (N... N...). Histoire abrégée de la vie et des exploits de Jeanne d'Arc, surnommée la Pucelle d'Orléans. *Par*. 1821. Fol. (Avec 12 gravures.)

Haldat (Claude Nicolas Alexandre de). Eloge de Jeanne d'Arc, Pucelle d'Orléans. *Neuchâtel*. 1821. 8.

Relation de la fête inaugurale célébrée à Domremy, le 10 septembre 1820, en l'honneur de Jeanne d'Arc. *Rouen*. 1821. 8.

Feutrier (François Jean Hyacinthe). Éloge historique et religieux de Jeanne d'Arc, pour l'anniversaire de la délivrance d'Orléans, le 8 mai 1429. *Orléans*. 1823. 8.

Delort (Joseph). Essai critique sur l'histoire de Charles VII, d'Agnès Sorel et de Jeanne d'Arc. *Par*. 1823. 8.

(**Ireland**, William Henry). Memoirs of Jeanne d'Arc, surnamed la Pucelle d'Orléans. *Lond*. 1824. 2 vol. 8.

Dubois (François Noël Alexandre). Notice historique sur Jeanne d'Arc et les monuments érigés à Orléans en son honneur. *Orléans*; s. d. (1824.) 8.

Longin (N... N...). Eloge de Jeanne d'Arc pour l'anniversaire de la délivrance d'Orléans, le 8 mai 1429, etc. *Par*. 1825. 8.

Girod (Claude Jean). Éloge de Jeanne d'Arc, etc. *Orléans*. 1826. 8.

Quatremère de Roissy (Jean Nicolas). Jeanne d'Arc. *Par*. 1827. 8.

Buchon (Jean Alexandre). Chronique et procès de la Pucelle d'Orléans. *Par*. 1828. 8.

Morisset (E...). Eloge de Jeanne d'Arc, etc. *Orléans*. 1829. 8. *Blois*. 1829. 8.

Roy (J... J... E...). Jeanne d'Arc, la Pucelle d'Orléans. *Par*. 1835. 8.
Trad. en allem. *Leipz*...
Trad. en espagn. par M...? y. D... *Barcelon*. 1841. 8.

Goerres (Guido). Die Jungfrau von Orleans, mit Vorrede von Joseph Goerres. *Regensb*. 1834. 8.
Trad. en franç. par Léon Boré. *Brux*. 1840. 8. *Par*. 1843. 8.
Trad. en ital. *Milan*. 1858. 8.

Nelk (Theophil). Die Jungfrau von Orleans, etc. *Regensb*. 1855. 8. * Portrait.
* Le véritable nom de l'auteur est Waitzel.

Michaud (L... G...) et **Poujoulat** (G...). Notice sur Jeanne d'Arc, surnommée la Pucelle d'Orléans. *Par*. 1837. 8.

Crapelet (Charles). Jeanne d'Arc. *Par*. 1840. 8.

Monblis * (N... N...). Histoire de Jeanne d'Arc, surnommée la Pucelle d'Orléans. *Lille*. 1841. 18.
* Pseudonyme de Simon Blocquel.

Celliez (Alexandrine). Vie de Jeanne d'Arc, etc. *Par*. 1841. 18.

Sermet (N... N...). Jeanne d'Arc, ou l'héroïne du xve siècle. *Par*. 1841. 18.

Anna Marie. Jeanne d'Arc. *Par*. 1841. 2 vol. 8. *
* Le vrai nom de l'auteur est Émilie d'Hauterelle.

Quicherat (Jules). Procès de condamnation et de réhabilitation de Jeanne d'Arc, dite la Pucelle d'Orléans. *Par*. 1841-42. 2 vol. 8.

Meneghelli (Antonio Maria). Giovanna d'Arc. *Padov*. 1841. 8.

Histoire de Jeanne d'Arc. *Par*. 1842. 18.

Attel de Lutange (T... F... D... d'). L'Héroïne d'Orléans, etc., avec une carte de tous les lieux cités dans cet ouvrage et un plan de la ville d'Orléans à l'époque de sa délivrance par Jeanne d'Arc. *Par*. 1844. 3 vol. 8.

Pie (E...). Eloge de Jeanne d'Arc. *Orléans*, s. d. (vers 1846.) 8.

Barthélemy de Beauregard (Jean). Histoire de Jeanne d'Arc, d'après les chroniques contemporaines, les recherches des modernes et plusieurs documents nouveaux, etc. *Par*. 1847. 2 vol. 8. *
* Ouvrage suivi d'une liste de près de 1,200 articles indiquant tout ce qui a été publié sur la Pucelle d'Orléans.

Liebelt (Carl). Dziewica Orleanska ustep dziejów Francyi. *Posnan*. 1847. 8. Trad. en allem. *Berl.* 1848. 8.

Evans (R... M...). Story of Joan of Arc. *Lond.* 1847. 8. (Deuxième édition.)

Poujoulat (G...). Mémoires concernant la Pucelle d'Orléans. *Par.* 1847. 8.

Fronton du Duc (N... N...). Histoire tragique de Jeanne d'Arc. Analyse par M. Claude Nicolas Alexandre de Haldat. *Nancy*. 1847. 8.

Haldat (Claude Nicolas Alexandre de). Examen critique de l'histoire de Jeanne d'Arc, suivi de la relation de la fête célébrée à Domremy en 1820, et de mémoires sur la maison de Jacques d'Arc et sur sa descendance. *Nancy* et *Par.* 1850. 8. Portrait de la Pucelle.

Quicherat (Jules). Aperçus nouveaux sur l'histoire de Jeanne d'Arc. *Par.* 1850. 8.

Porchat (Jean Jacques). La vie et la mort de Jeanne d'Arc, racontées à la jeunesse. *Par.* 1852. 18.

Beaussire (N... N...). Histoire de Jeanne d'Arc, *Plancy*. (Aube.) 1852. 12.

Lamartine (Alphonse de). Jeanne d'Arc. *Brux.* 1852. 18. (Extrait du journal *le Civilisateur*.)

Michelet (Jules). Jeanne d'Arc. (1412-1432.) *Par.* 1853. 12.

Mont-Louis (René de). Jeanne d'Arc, ou l'héroïne de Vaucouleurs, suivi d'autres épisodes. *Limoges* et *Par.* 1853. 8.

Clément (Pierre?). Vie de Jeanne d'Arc. *Rouen*. 1853. 8.

Favre (Louis). Duguesclin et Jeanne d'Arc, ou la France aux XIVe et XVe siècles; récits historiques d'après les chroniques de l'époque. *Niort* et *Par.* 1853. 8.

Lepage (Henri). Jeanne d'Arc est-elle Lorraine? *Nancy*. 1852. 8. (Extrait des *Mémoires de l'Académie de Stanislas.*)

Renard (Athanase). Jeanne d'Arc était-elle Française? Réponse au (précédent) mémoire de M. Henri Lepage. *Chaumont*. 1853. 8.

Jeannin (Pierre),
homme d'État français (1540 — 31 oct. 1622).

Jeannin (Pierre). Mémoires et négociations sur la trêve des Pays-Bas. *Par.* 1656. Fol. *Amst.* 1659. 2 vol. 12. *Ibid.* 1696. 4 vol. 12. Publ. s. c. t. Négociations diplomatiques et politiques, etc. *Par.* 1819. 3 vol. 8. Port.

(**Saumaise**, Pierre). Éloge sur la vie du très-illustre seigneur messire P. Jeannin, s. l. et s. d. (*Dijon*. 1623.) 4.

Guyton de Morveau (Louis Bernard). Éloge du président Jeannin. *Dijon*. 1766. 8.

Jebb (John),
évêque de Limerick (27 sept. 1775 — 7 déc. 1833).

Forster (Charles). Life of J. Jebb, late bishop of Limerick. *Lond.* 1857. 8. *Ibid.* 1859. 8. Port. *Ibid.* 1851. 8.

Jefferson (Thomas),
président des États-Unis (2 avril 1743 — 4 juillet 1826).

Jefferson (Thomas). Memoirs and correspondence. *Lond.* 1828-29. 3 vol. 8. Publ. par Randolph Jefferson. *New-York*. 1850. 3 vol. 8.

Carpenter (T... C...). Memoirs of T. Jefferson, s. l. (*Philadelph.*) 1809. 2 vol. 8. (Mémoires apocryphes.)

Cushing (Caleb). Eulogy of John Adams and T. Jefferson. *Cambridge.* 1826. 8. (P.)

Duer (William Alexander). Eulogy on (John) Adams and Jefferson. *Albany*. 1826. 8.

Mitchill (Samuel Latham). Discourse on the character and services of T. Jefferson, more especially as a promoter of natural and physical science. *New-York*. 1826. 8.

Biddle (Nicholas). Eulogy on T. Jefferson. *Philadelph.* 1827. 8.

Lemesle (Charles). Éloge de T. Jefferson. *Par.* 1827. 8. (Tiré seulement à 100 exemplaires.)

Lee (Henry). Observations on T. Jefferson's writings. *New-York.* 1852. 8.

Rayner (B... L...). Life of T. Jefferson. *New-York*. 1832. 8. *Boston*. 1834. 8.

Linn (William). Life of T. Jefferson. *Mobile*. 1835. 12.

Tucker (George). Life of T. Jefferson. *Lond.* 1856. 2 vol. 8. *Philad.* 1837. 2 vol. 8.

Dwight (Theodore). Character of T. Jefferson, as shown by his writings. *Boston*. 1859. 12.

Jefferys (George, lord),
lord-chancelier anglais († le 18 avril 1689).

The bloody assizes, or a compleat history of the life of G. lord Jefferies (!), from his birth to this present time. *Lond.* 1689. 4.

Merciful assizes, or a panegyric on the late lord Jefferys hanging so many in the West. *Lond.* 1701. 8.

Life and character of lord chancellor Jefferies. *Lond.* 1725. 8. *Ibid.* 1764. 8.

Woolrych (Humphry William). Memoirs of the life of Jefferys, some time lord-high-chancellor of London. *Lond.* 1827. 8.

Jeffrey (Francis, lord),
jurisconsulte écossais (30 oct. 1773 — 26 janvier 1850).

Cockburn (lord). Life of lord Jeffrey, with a selection from his correspondence. *Edinb.* 1852. 2 vol. 8.

Jégado (Hélène),
empoisonneuse française.

Procès d'H. Jégado, accusée de nombreux empoisonnements, etc. *Rennes*. 1851. 18.

Jéhin (N... N...),
prêtre belge.

Histoire de la vingt et unième persécution de l'abbé Jéhin. *Liége*. 1786. 12.

Jehova,
Dieu du peuple hébreu.

Amama (Sixtinus). Dissertatio de nomine Dei tetragrammato. *Franeq.* 1620. 8.

Fabricius (Johann). Dissertatio philologica de nomine Jehovah. *Dantisci*. 1636. 4.

Lillieblad (Gustaf Peringer v.). Dissertatio de glorioso et reverendo nomine dei tetragrammato Jehova. *Upsal.* 1682. 4.

Bauer (Adolph Caspar). Disputatio de Jehova Elohim provisore et vitæ socialis consultatore ex Gen. II. 18. *Witteb.* 1687. 4.

Montin (Anders). Disputatio de nomine dei proprio et sanctissimo Jehovah. *Upsal.* 1700. 8.

Reland (Hadrian). Decas exercitationum philologicarum de vera pronuntiatione nominis Jehova. *Ultraj.* 1705. 8.

Meier (Johann Georg). D. Lectio nominis tetragrammatis Jehova examinata. *Witteb.* 1725. 4.

Crusius (Christian August). Commentationes II de vera eaque relativa nominis tetragrammatis significatione. *Lips.* 1758. 4.

Malani (Giuseppe). Commentarius criticus de Dei nomine juxta Hebræos. *Lucca*. 1767. 4.

Brendel (Lorenz). War Jehova bei den Hebräern bloss ein Nationalgott? *Landsh.* 1826. 8.

Esra (Rabbi Abraham ben). Sepher Haschem, oder das Buch über den vierbuchstabigen Namen Gottes, mit Commentar nebst Einleitung von G... H... Lippmann. *Fulda*. 1834. 8.

Landauer (H... M...). Jehova und Elohim oder Begriff dieser Gottesnamen bei den alten Hebräern. *Stuttg.* et *Augsb.* 1856. 8.

Gambier (S... J...). The seven titles of Jehova. Course of lectures, etc. *Lond.* 1853. 12.

Jehuda Alcharisi,
poëte juif.

Dukes (Leopold). Ehrensäulen und Denksteine zu einem künftigen Pantheon hebräischer Dichter und Dichtungen, etc. *Wien*. 1837. 8. *

* Contenant la vie de Jehuda Alcharisi.

Jeitteles (Jonas),
médecin allemand (15 mai 1735 — 18 avril 1806).

Jeitteles (Ignaz). Biographische Skizze des Dr. J. Jeitteles. *Prag.* 1806. 8.

Jelky (András),
aventurier hongrois.

Geschichte des Herrn A. Jelky, eines gebohrnen Ungars, etc. *Ofen* et *Pressb.* 1784. 8. Trad. en hongr. par István Sandon. *Györött.* 1791. 8.

Jellachich de Buzin (Joseph Freiherr),
général autrichien (16 oct. 1801 — ...).

Le général-feldzeugmestre, baron Jellachich de Busin, ban de Croatie, d'Esclavonie et de Dalmatie. *Par.* 1852. 4.

Jellenz (Franz Xaver),
jurisconsulte allemand (26 nov. 1749 — 19 avril 1805).
Todtenfeyer des Herrn F. X. Jellenz. *Innsbr.* 1803. 8.

Jellinck (Hermann),
publiciste allemand (1823 — fusillé le 23 nov. 1848).
Lehmann (Emil). H. Jellinck; zur Erinnerung. *Leipz.* 1848. 8.

Jemgumer-Closter (Johann Lorenz v.),
jurisconsulte allemand.
Jemgumer-Closter (Friedrich Lorenz v.). Epistola gratulatoria ad F. E. Bruckmannum, qua simul vitam patris sui describit. *Guelpherb.* 1749. 4. (*D.*)

Jena (Gottfried v.),
jurisconsulte allemand (20 nov. 1624 — 8 janvier 1703).
Anton (Paul). Programma in obitum G. de Jena. *Halæ.* 1703. Fol.
Witte (J... E...). Epistola ad Paulum Fuchsium de vita et morte G. de Jena. *Halæ.* 1703. Fol.

Jenichen (Gottlieb Friedrich),
philosophe allemand.
[**Kapp**, Johann Erhard). Programma academicum in funere G. F. Jenichen. *Lips.* 1755. Fol. (*D.* et *L.*)

Jeningen (Philipp),
jésuite allemand.
Pergmayr (Joseph). Vita P. P. Jeningen. *Ingolst.* 1703. 4.
Hauser (Wilhelm). Leben und Tugenden des apostolischen Dieners Gottes-P. Jeuingen. *Dilling.* 1706. 8.

Jenisch (Paul),
théologien allemand (1551 — 12 nov. 1612).
Niederstedler (Michael). Leichpredigt beym Begräbniss P. Jenisch's. *Leipz.* 1613. 4. (*D.* et *L.*)
Jenisch, Edler v. **Lauberzell** (Matthias v.).
Schnapper (Abraham). Ehrengedächtniss M. v. Jenisch, Edlen v. Lauberzell. *Ulm.* 1770. 4.

Jenkins (Leoline),
diplomate anglais (1622 — 1685).
Wynne (William). Life of sir L. Jenkins. *Lond.* 1724. 2 vol. Fol. Portrait.

Jenner (Edward),
médecin anglais, inventeur de la vaccination (17 mai 1749 — 26 janvier 1823).
Lettsom (John Coakley). Memoir of E. Jenner. . . Trad. en franç. par Joseph Dufour. *Par.* 1811. 8. (*Lv.*)
Wanlop (Jakob Johannes). Hulde aan E. Jenner. *Rotterd.* 1812. 8.
Breggen-Corux (Franciscus van der). Festviering ter huldiging van E. Jenner, etc. *Amst.* 1823. 8.
Valentin (Louis). Notice historique sur le docteur Jenner, auteur de la découverte de la vaccine. *Nanc.* 1823. 4. (*Lv.*) Augm. Nancy et Par. 1824. 8. *Anvers.* 1824. 8.
Dupau (Jean Amédée). Notice historique sur le docteur E. Jenner. *Par.* 1824. 8. Portrait.
Baron (John). Life and correspondence of E. Jenner. *Lond.* 1827. 8. *Ibid.* 1852. 2 vol. 8.
Bousquet (N... N...). Éloge d'E. Jenner. *Par.* 1848. 8.

Jennings (Edmund),
jésuite anglais (1567 — 1591).
Life of E. Jennings. *Saint-Omer.* 1614. 8.

Jennings (John),
homme d'État suédois (1729 — 1773).
Sandels (Samuel). Åminnelse-Tal öfver J. Jennings. *Stockh.* 1775. 8.

Jenson (Nicolas),
imprimeur français (vers 1420 — 1483).
Sardini (Giovanni). Esame su i principj della francesa ed italiana tipografia, ovvero storia critica di N. Jenson. *Lucca.* 1796-98. 3 vol. Fol. *

* On y trouve la liste des ouvrages imprimés par Jenson depuis 1471-1481 à Venise, où il s'était établi. Le pape Sixte IV l'avait décoré du titre honorifique de comte palatin.

Jephthé,
l'un des juges du peuple hébreu (vers 1188 avant J. C.).
Messerschmid (Christian). Disputatio de voto Jephthæo. *Witteb.* 1665. 4.
Schudt (Johann Jacob). Vita Jephthæ, fortissimi He-

bræorum imperatoris fato, facto, voto insignis, etc. *Frf.* 1701. 4.
Benzel (Heinrich). Dissertatio de voto Jephthæ incruento. *Frf.* et Lips. 1732. 4.
Vestenburgh (J...). Oratio ostendens, Jephthen non immolavisse filiam. *Amst.* 1755. 4.
Bernhold (Johann Balthasar). Commentatio de voto per Jiphthachum nuncupato. *Altorf.* 1740. 4.
Georgi (Christian Sigmund). Dissertatio de voto Jephthæ. *Witteb.* 1751. 4.
Walraven (Diderich Adriaan). Dissertatio de voto Jephthæ. *Groning.* 1755. 4.
Dresde (Friedrich Wilhelm). Votum Jephthæ ex antiquitate judaica illustratum. *Lips.* 1767. 4.
Über Jephtha und sein Gelübde. *Dresd.* 1778. 8.

Jerdan (William),
publiciste anglais.
Autobiography of W. Jerdan, within the space of the last forty years editor of the *Sun Newspaper* and afterwards of the *Literary Gazette*, with his literary, political and social reminiscences and correspondence, including most of the eminent persons, who have flourished in the present century. *Lond.* 1852-53. 6 volumes 8.

Jérémie,
prophète juif (630 — 590 avant J. C.).
Opitz (Johann Heinrich). Dissertatio de Jeremia inter prophetas majores primo. *Lips.* 1704. 4.
Michaelis (Christian Benedict). Dissertatio de Jeremia et vaticinio ejus. *Halæ.* 1712. 4.
Uhlich (Johann August). Dissertatio de vaticiniis sacris, separatim de Jeremia. *Dresd.* 1797. 4.
Knobel (August). Dissertatio de Jeremia chaldaizante. *Vratisl.* 1831. 4.
Kueper (August). Jeremias librorum sacrorum interpres atque vindex. *Berol.* 1837. 8.
Naegelsbach (Eduard). Der Prophet Jeremias und Babylon ; exegetisch-kritische Abhandlung. *Erlang.* 1850. 8.

Jerndorff (Just Ulrik),
peintre danois (30 déc. 1806 — 27 oct. 1847).
Starklof (Ludwig). J. U. Jerndorff ; Characterbild. *Oldenb.* 1848. 8.

Jernfelt (Crispin Olofsohn),
théologien danois (5 juillet 1650 — 3 nov. 1695).
Moberg (Olav). Programma in exequiis C. Jernfelt. *Dorpat.* 1695. Fol.

Jerocades (Antonio),
littérateur italien (1er sept. 1738 — 18 nov. 1805).
Elogio funebre di A. Jerocades. *Napol.* 1806. 8.

Jérôme (Saint),
docteur de l'Église (vers 340 — 30 sept. 420).
Erasmus (Desiderius). Vita doctoris Hieronymi. *Basil.* 1519. 4. (*D.*)
Lasséré (Louis). Vie de Mgr. S. Hierosme, avec les vies de madame S. Paule et de Mgr. S. Louis (IX). *Par.* 1529. 4. *Ibid.* 1559. 4. *Ibid.* 1541. 4. *Ibid.* 1588. 4.
Stigelius (Johann). Oratio de vita D. Hieronymi Stridonensis. *Witteb.* 1546. 8.
Siguenza (José de). Vida de S. Geronimo, doctor de la santa iglesia. *Madr.* 1595. 4. *Ibid.* 1600-1610. 2 vol. Fol. (*D.*)
Cermelli (Agostino). Vita primi et maximi doctoris ecclesiæ S. Hieronymi. *Ferrar.* 1648. 4.
Martianay (Jean). Vie de S. Jérôme, prêtre solitaire, docteur de l'Église, etc. *Par.* 1706. 4. (*Bes.*)
Dolci (Sebastiano). Maximus Hieronymus vitæ suæ scriptor, s. de moribus, doctrina et rebus gestis S. Hieronymi Stridonensis commentarius ex ipsismet ejus operibus decerptus, editus, illustratus. *Ancon.* 1758. 4.
(**Engelstoft**, Laurids). Commentatio historico-critica, in qua sistitur Hieronymus Stridonensis interpres, criticus , exegeta, apologeta, historicus; doctor, monachus. *Hafn.* 1797. 8.
(**Fournier de Pescay**, Gustave François). Éloge de S. Jérôme. *Par.* 1817. 12.
Luciani (Michelangelo). Orazione in lode di S. Girolamo, dottore massimo. *Rom.*, s. d. (1833.) 4.
Collombet (François Zénon). Histoire de la vie, des ou-

vrages et des doctrines de S. Jérôme, moine, prêtre et docteur de l'Eglise au ivᵉ siècle. *Lyon.* 1846. 2 vol. 8. Trad. en allem. par Friedrich LAUCHBAT et A... KNOLL. *Rottweil.* 1846.

Stancovich (Pietro). Della patria di S. Girolamo: *Venez.* 1824. 8.

Capor (Giovanni). Della patria di S. Girolamo, risposta al canonico P. Stancovich. *Zara.* 1831. 8.

Appendini (Francesco Maria). Esame critico della quistione intorno alla patria di S. Girolamo, libri IV. *Zara.* 1833. 8.

Jérôme de Prague *,
contemporain de Jean Huss (brûlé vif le 26 mai 1416).

Joannis Hussi et Hieronymi Pragensis historia et monumenta. *Norimb.* 1558. 2 vol. Fol.

Valecius (Simon). Zivot a skonáni slavného M. Jeronyma. *Praze.* 1898. 8. *Ibid.* 1611. 8.

(**Wagner**, Gottlob Heinrich Anton). Leben des Hieronymus von Prag, herausgegeben von Johann Friedrich Wilhelm TISCHER. *Leipz.* 1803. 8.

Heller (Ludwig). Hieronymus von Prag. *Lübeck.* 1835. 8.

Helfert (Joseph Alexander). (Johannes) Huss und Hieronymus (von Prag); Studie. *Prag.* 1853. 8.

Eiselen (Josua). Begründeter Aufweis des Platzes bei der Stadt Constanz, auf welchem Johannes Huss und Hieronymus von Prag in den Jahren 1415 und 1416 verbrannt worden. *Constanz.* 1847. 8.
* Son nom de famille était FAULFISCH.

Jérôme,
archevêque de Salzbourg.

Gaertner (Corbian). Lebensgeschichte des hochwürdigsten Fürsten und Herrn Erzbischofs Hieronymus zu Salzburg. *Salzb.* 1812. 8.

Jérôme Emiliani, voy. **Emiliani** (Gieronimo).

Jérôme Bonaparte,
ex-roi de Westphalie (15 nov. 1784 —...).

Rommel (Christoph). Faustum Hieronymi Napoleonis I, regis Westphaliæ, etc. *Marb.* 1808. 4.

Geheime Geschichte des ehemaligen westphälischen Hofes zu Cassel. *Sanct-Petersb.* (*Hamb.*) 1814. 2 vol. 8.

Cabalen und Liebes-Intrigen einiger Damen am ehemaligen westphälischen Hofe zu Cassel. *Deutschland.* 1815. 2 vol. 8.

Die französische Garküche an der Fulda, oder neuestes Gemälde der Residenzstadt Cassel, wie sie noch im Jahre 1813 war. *Sanct-Petersb.* (*Hamb.*) 1814. 8.

(**Lombard de Langres**, Vincent). Le royaume de Westphalie, Jérôme Bonaparte, sa cour, ses favoris et ses ministres. *Par.* 1820. 8.

Oettinger (Eduard Maria). König Jérôme (Napoleon) und sein Capri. Historisch-humoristischer Roman. *Dresd.* 1852. 3 vol. 8. *
* C'est à cause de ce roman historique que l'auteur fut expulsé du territoire français par Napoléon III. — Capri est le château de Napoleonhoche, où l'ex-roi de Westphalie s'amusait au milieu de ses favorites.

Le général Jérôme Napoléon Bonaparte, gouverneur des Invalides, ancien roi de Westphalie. *Vaugirard.* 1850. 8.

Du Chasse (Albert). Opérations du neuvième corps de la grande armée de Silésie, sous le commandement en chef de S. A. I. le prince Jérôme Napoléon, 1806 et 1807. *Par.* 1851. 2 vol. 8.

Jérôme (François de),
jésuite italien.

Stradiotti (Carlo). Della vita del P. Francesco di Geronimo, della campagnia de Giesù, libri II. *Venez.* 1719. 4.

Jerre (Nicolaus),
jurisconsulte allemand (19 nov. 1603 — 2 août 1678).

Anckelmann (Eberhard). Programma in funere N. Jerre, J. U. L., reipublicæ Hamburgensis consulis. *Hamb.* 1678. 4. (*L.*)

Jerusalem (Johann Friedrich Wilhelm),
théologien allemand (22 nov. 1709 — 2 sept. 1789).

Lebensgeschichte des seeligen J. F. W. Jerusalem, weiland Vice-Consistorial-Praesidenten und Abts des Klos-

ters Riddagshausen zu Braunschweig, von einem seiner Verehrer, s. l. (*Alton.*) 1790. 8.

Emperius (Johann Ferdinand Friedrich). Jerusalem's letzte Lebenstage. *Leipz.* 1790. 8. (*D.* et *L.*) Trad. en holland. *Haarl.* 1791. 8.

Jervis (John), voy. **Saint-Vincent** (John Jervis, carl of).

Jésaias,
prophète juif.

Michaelis (Johann Heinrich). Dissertatio de Jesaia propheta ejusque vaticinio. *Halæ.* 1712. 4.

Liebmann (J... A...). Commentatio de Jesaëi vita et scriptis. *Halæ.* 1851. 4.

Jesse (John Heneage),
littérateur anglais.

Jesse (John Heneage). Memoirs of the court of England during the reign of Stuarts. *Lond.* 1839-40. 4 vol. 8. 4 portraits.

—— Memoirs of the court of England, from the revolution 1688 to the death of George II. *Lond.* 1843. 3 vol. 8. 5 portraits.

Jessenius (Friedrich),
théologien allemand (15 février 1613 — ... 1677).

Franck (Christoph). Programma academicum ad exequias F. Jessenii. *Kilon.* 1677. 4. (*D.*)

Jésus-Christ,
sauveur du monde (25 déc. an 12 du consulat d'Auguste).

Steyer (Sylvester). Historia genealogica Jesu Christi. *Frf.* 1594. Fol.

Gomar (François). De genealogia Jesu Christi. *Groning.* 1631. 12.

Vossius (Geraard Jan). De genealogia et annis Christi. *Amst.* 1641. 4.

Van den Cruyce (Jean Baptiste). Genealogia Jesu Christi per mundi ætates versu deducta. *Antw.* 1654. 8. (Orné de 7 gravures).

Tesauro (Emmanuele). De genealogia Christi salvatoris. *Mediol.* 1661. Fol.

Chemnitz (Martin). Genealogia Christi. *Magdeb.* 1699. 4.

Lange (Johann Michael). De genealogia Christi ex patribus secundum carnem. *Altorf.* 1702. 4.

Baumgarten (Siegmund Jacob). De genealogia Jesu Christi. *Halæ.* 1749. 4. Trad. en allem. *Halle.* 1754. 8.

Duerr (Paul Caspar). Genealogia Jesu, etc. *Goetting.* 1778. 8.

(**Walther**, Ernst Johann Conrad). Versuch eines schriftmässigen Beweises, dass Joseph der wahre Vater Christi sei. *Berl.* 1791. 8.

Oertel (Eucharius Ferdinand Christian). Anti-Josephismus, oder Kritik über eines Ungenannten *Schriftmässigen Beweis*, etc. *Germanien.* 1792. 8.

(**Hasse**, Johann Gottfried). Dissertationes II in quibus probatur, Josephum verum ac genuinum Jesu patrem ex S. S. non fuisse. *Regiom.* 1792. 4.

Mileman (François). Bewys, dat Christus waerlyk uyt de maegd Maria geboren is. *Antw.* 1661. 12.

Rennenberg (Johann Christoph). Dissertatio de Jesu Christo Dei et Mariæ filio. *Jenæ.* 1695. 4.

Serry (Giacinto). Exercitationes historico-critico-polemicæ de Christo ejusque virgine matre. *Venet.* 1719. 4.

(**Pierquin**, Jean). Dissertation physico-théologique touchant la conception de Jésus-Christ dans le sein de la Vierge Marie, sa mère, et sur un tableau de Jésus-Christ, qu'on appelle *la sainte face. Amst.* (*Par.*) 1742. 12. *
* Publ. s. les lettres : M. P. C. D. C.

Oosterzee (Jan Jacob van). Disputatio theologica de Jesu e virgine Maria nato. *Traj. ad Rhen.* 1840. 8.

Koenigsmann (Bernhard Ludwig). Prolusio de patria Jesu Christi. *Slesvig.* 1807. 4.

Brezzi (George). Essai historique et critique sur les parents de Jésus-Christ. *Strasb.* 1839. 4.

Suslyga (Laurentius). Disputatio theologica de anno ortus et mortis Jesu Christi. *Græcii.* 1605. 4.

Keppler (Johann). Commentatio de Jesu Christi vero anno natalitio. *Frf.* 1606. 4. *Ibid.* 1614. 4.

Bynaeus (Antonius). De natali Jesu Christi die libri II. *Amst.* 1689. 4.

Lenoble (Eustache). Dissertation chronologique de l'année de naissance de Jésus-Christ. *Par.* 1693. 4.

Till (Salomon v.). Dissertatio de anno, mense et die natali Jesu Christi. *Lugd. Bat.* 1700. 4. *Lond.* 1714. 4. Avec préface par Johann Georg WALCH. *Jenæ.* 1740. 8.

Magnan (Dominique). Problema de anno nativitatis Christi. *Rom.* 1772. 8. *Ibid.* 1774. 4.

Ubland (Ludwig Joseph). Dissertatio historico-chronologica, Christum anno ante ærem vulgarem 4 exeunte natum esse, contra Domenicum Magnanum demonstrans. *Tubing.* 1775. 4.

Koerner (Johann Georg). Dissertatio de die natali servatoris. *Lips.* 1778. 4.

(**Horix**, Johann Baptist). Observationes historico-chronologicæ de annis Christi salvatoris. *Mogunt.* 1789. 8.

Michaeler (Carl Joseph). Ueber das Geburts- und Sterbejahr Jesu Christi, etc. *Wien.* 1796-97. 2 vol. 8.

Muenter (Friedrich). Der Stern der Weisen : Untersuchung über das Geburtsjahr Christi. *Kopenh.* 1827. 8.

Feldhoff (A...). Ueber die Jahre der Geburt und Auferstehung unsers Herrn und Heilands, etc. *Frf.* 1852. 8.

Ludolphus Carthusianus ou de **Saxonia**. Vita Jesu Christi. *Argent.* 1474. 2 vol. 4. *Norimb.* 1478. Fol. *Par.* 1511. Fol. *Lugd.* 1514. 4.

Das Leben Jesu (nach dem heiligen Bonaventura). *Nürnb.* 1514. 8. (Très-rare.)

Filicaja (Ludovico). Vita del nostro salvator Jesu Christo. *Venez.* 1548. 4.

Miré (Louis). Vie de Jésus-Christ. *Par.* 1555. 16.

Tauler (Johannes). Exercitia super vita et passione salvatoris nostri Jesu Christi. *Par.* 1561. 8.

Ciremberg (Joachim). Historia Jesu Christi. *Regiom.* 1571. 8.

Walasser (Adam). Leben Jesu Christi. *Dilling.* 1576. 8. *Augsb.* 1755. 8.

Buisson (Jean du). Historia et harmonia evangelica, s. vita Jesu Christi ex quatuor evangelistis in unum caput congesta. *Rom.* 1576. 12. *Lugd. Bat.* 1693. 12.

Adrichomius (Christian). Vita Jesu Christi ex quatuor evangelistis breviter contexta. *Antw.* 1578. 12.

Stingel (Jeremias). Historie des Lebens, Leidens und Sterbens Jesu Christi. *Coburg.* 1590. 4.

Wirth (Georg). Vita vel evangelium Jesu Christi, Dei et Mariæ filii, salvatoris mundi, ex quatuor evangelistis conscriptum. *Frf.* 1594. Fol. (Extrêmement rare.)

Rebello (Joaõ). Vida de Jesu Christo Senhor Nosso. *Evora.* 1602. 4.

Ricci (Bartolommeo). Vita D. N. Jesu Christi, ex verbis evangeliorum in ipsismet concinnata. *Rom.* 1607. 4. (Avec 162 figures.)

Lubbert (Sibrand). De Jesu Christo servatore, h. e. cur et qua ratione Jesus Christus noster servator sit, libri IV. *Franeq.* 1611. 4. (Fort rare.)

Palma (Jonas Germundi). Synopsis historiæ Jesu Christi. *Holm.* 1614. 8.

Borghese (J...). Vitæ Jesu Christi mysteria. *Antw.* 1622. 8. (Avec 76 gravures.)

Santorelli (Antonio). Vita di Gesù Cristo e di Maria Vergine. *Rom.* 1625. 4. Trad. en allem. s. c. t. Leben und Leiden des unsterblichen Sohnes Gottes. *Augsb.* 1776. 8.

Montereul (Bernardin de). Vie du sauveur du monde, etc. *Par.* 1637. 4. 4. *Ibid.* 1639. 6 vol. 8. *Ibid.* 1651. 5 vol. 8. *Ibid.* 1696. 5 vol. 8. *Ibid.* 1741. 5 vol. 12.

Sass (Niels). Historie des Leydens und Sterbens Jesu Christi. *Kopenh.* 1657. 4.

Louis de Dieu. Historia Christi. *Lugd. Bat.* 1639. 4. *

    * Cet ouvrage, écrit en persan et en latin, est une des plus grandes curiosités bibliographiques.

Taylor (Jeremy). Life of Christ. *Lond.* 1652. Fol.

Jean de Paris. Margarita evangelica, s. Jesu Christi D. N. vita. *Antw.* 1657. 4.

Stanyhurst (William). Dei immortalis in corpore mortali patientis historia, etc. *Antw.* 1660. 8. *Ibid.* 1664. 8. *Ibid.* 1669. 8. *Campodun.* 1674. 8. *Ibid.* 1677. 8. *Col.*

Agr. 1681. 12. *Ibid.* 1694. 8. *Ibid.* 1706. 8. *Ibid.* 1744. 8.

Trad. en allem. :
     Par Marcus ESCHENLOHER. *Würzb.* 1722. 8. *Kempt.* 1743. 8.
     Par un anonyme. *Augsb.* 1756. 8. *Ibid.* 1777. 8.

Trad. en espagn. par D... S..., P... DE BERGUIZAS. *Par.* 1836. 12. (4e édition.)

Trad. en flam. *Antw.* 1714. 12. *Ibid.* 1770. 2 vol. 8.

Trad. en hongr. par Ferencz OZOLYI. *Poson.* 1722. 4.

Trad. en polon. par Krzysztof ZAWISZ. *Wilnie.* 1721. 4.

Borja (Francisco de). Oraciones y meditaciones de la vida de Jesu Christo. *Bruss.* 1661. 4.

Avancini (Niccolò). Vita et doctrina Jesu Christi ex quatuor evangelistis collecta, etc. *Vienn. Austr.* 1665. 12. *Ibid.* 1667. 12. *Ibid.* 1673. 12. *Col. Agr.* 1674. 12. *Ibid.* 1678. 12. *Ibid.* 1689. 12. *Antw.* 1693. 12. *Par.* 1695. 12. *Passav., s. d.* (vers 1718.) 12. *Antw.* 1735. 12. *Gand.* 1835. 12. *Venet.* 1837. 12. *Gand.* 1838. 12. *Mutin.* 1838. 2 vol. 16.

Trad. en allem. *Duderstadt.* 1672. 2 vol. 12. *Coeln.* 1751. 2 vol. 12. *Wien,* s. d. 2 vol. 8.
     Par Joseph Anton FEICHTENBEINER. *Augsb.* 1820-21. 2 vol. 8.

Par un anonyme. *Münst.* 1850. 16.

Trad. en flamand, par H... J... DE NEWPORT. *Antw.* 1743. 8.

Trad. en franç. :
     Par Baudouin DESRUELLES. *Douai.* 1671. 12. *Par.* 1672. 12. *Douai.* 1677. 12. *Par.* 1679. 12. *Douai.* 1713. 12.
     Par Pierre Nicolas VANBLOTAQUE, plus connu sous le nom de SAINT-PARD. *Par.* 1773. 12.

Trad. en hongr. par András ILLYÉS. *Nagy-Szombathan.* 1690. 8. *Ibid.* 1759. 8.

Trad. en ital. *Torino.* 1854. 2 vol. 16.

Gumppenberg (Wilhelm). Jesus, vir dolorosus, Mariæ matris dolorosæ filius. *Monach.* 1672. 4.

Letourneux (Nicolas). Histoire de la vie de N. S. Jésus-Christ. *Par.* 1678. Trad. en ital. *Rom.* 1757. 8.

Cochem (Martin v.). Leben Jesu Christi. *Frf.* 1681. 8. (Peu commun.)

Masini (Antonio di Paolo). Vita di Gesù Christo, della sua santa madre, de gli apostoli e di altri santi. *Milan.* 1681. 4.

Nachtenhoefer (Caspar Friedrich). Leidens- und Sterbens-Geschichte Jesu Christi. *Coburg.* 1685. 8. (Composé en vers.)

Bagge (Fredrik). Disputatio synodalis de Jesu Christo deo homine. *Gotheb.* 1688. 4.

Saint-Réal (César **Vichard** de). Vie de Jésus-Christ. *Par.* 1689. 8.

Cochem (Martin v.). Das grosse Leben Jesu Christi. *Münch.* 1701. 4.

Huldric ou **Ulrich** (Johann Jacob). Historia Jeschuæ Nazareni, (écrite en hébreu et en latin). *Lugd. Bat.* 1705. 8.

Bagge (Fredrik). Curriculum vitæ Christi a nativitate ad sepulturam. *Gotheb.* 1708. 12.

Butini (Pietro). Histoire de la vie de Jésus-Christ. *Genève.* 1710. 8.

Ridderus (Frans). Leven van Jezus Christus. *Amst.* 1714. 8.

Martins (Joaõ). Orações e meditacões da vida de Jesus Christo. *Lisb.* 1716. 8. *

    * Cet ouvrage nous paraît être une traduction de l'écrit de Francisco de BORJA, mentionné plus haut.

Reading (William). History of the life of Jesus Christ and of the holy apostles. *Lond.* 1716. 8.

Kempis (Thomas a). De vita et passione Jesu Christi, ex manuscripto bibliothecæ Societatis Jesu Paderbornensis. *Colon. Agr.* 1717. 8.

Offerhaus (Leonhard). Dissertatio de vita salvatoris privata et publica. *Groning.* 1719. 4.

Calmet (Augustin). Histoire de la vie et miracles de Jésus-Christ. *Brux.* 1721. 12.

Croiset (Jean). Vie de N. S. Jésus-Christ, tirée des quatre évangélistes, et celle de la très-sainte Vierge. *Lyon* et *Par.* 1723. 12. *Ibid.* 1726. 12. *Ibid.* 1752. 12. *Ibid.* 1738. 12. *Ibid.* 1822. 12.

Trad. en allem. par un anonyme. *Ingolst.* 1738. 8.

Par Wilhelm REITHMEIER. *Straubing.* 1844. 8. *
Trad. en ital. *Padov.* 1755. 12.

* Cette traduction contient seulement la vie de Jésus-Christ et non celle de la S. Vierge.

Koecher (Johann Christoph). Historia Jesu Christi e scriptoribus profanis. *Jenœ.* 1726. 8.

Kate (Lambert ten). Leven van Onzen Heiland Jezus Christus in-een-getrokken uit eene nieuwe overeenstemming der vier evangelisten. *Amst.* 1732. 4.

Driessen (Anton). Jesus nascens, patiens et moriens, resurgens , in cœlum adscendens et ad dextrum patris sedens, spiritum sanctum effundens. *Groning.* 1752. 4.

Francken (Aegidius). Geschiedenisse van het lijden van Jezus. *Dordrecht.* 1740. 2 vol. 4. (2e édition.)

(Potin , N... N....). Histoire de la vie de N. S. Jésus-Christ, selon les quatre évangélistes. *Par.* 1745. 18.

Hebenstreit (Johann Ernst). Vita Christi descripta. *Lips.* 1751. 4.

Castro (Joaô Baptista de). Vida de Jesu Christo. *Lisb.* 1751. 4.

Dickow (Lorenz). Leben Jesu nach dem Fleisch aus den Zeugnissen der Feinde Jesu. *Liegn.* 1755. 8. *

* Cet ouvrage n'est pas terminé.

Bogatzky (Carl Heinrich v.). Das Leben Jesu Christi auf Erden. *Halle.* 1754. 8.

Masini (Carlo). Vita di N. S. Gesù Cristo. *Rom.* 1759. 8. *Milan.* 1857. 2 vol. 16.

(Tricalet , Pierre Joseph). Précis historique de la vie de Jésus-Christ, de sa doctrine , de ses miracles et de l'établissement de son église. *Par.* 1760. 12. *Ibid.* 1777. 12.

Kirkerup (Johann). Lebensgeschichte des Weltheilandes Jesu Christi ; aus den Schriften der vier Evangelisten. *Hamb.* 1763. 8.

(Hinueber, Georg Heinrich). Kurzer Begriff des Lebens Jesu. *Frf.* 1763. 8.

Grisôt (Jean Urbain). Histoire de la vie publique de Jésus-Christ, etc. *Besanç.*, s. d. (1765.) 2 vol. 12.

—— Histoire de la sainte jeunesse de Jésus-Christ, tirée de l'évangile, etc. *Besanç.*, s. d. (1769.) 2 vol. 12.

—— Histoire de la vie souffrante et glorieuse de Jésus-Christ, dès la dernière pâque jusqu'à son ascension, etc. *Besanç.*, s. d. (1770.) 2 parts. 12. *

* Ces trois ouvrages de Grisot ont été souvent réimprimés.

Hess (Johann Jacob). Geschichte der drei letzten Lebensjahre Jesu. *Leipz.* 1768. 2 vol. 8. Nebst dessen Jugendgeschichte. *Zürch.* 1774. 2 vol. 8. Augment. s. c. t. Lebensgeschichte Jesu. *Zürch.* 1781. 2 vol. 8. *Ibid.* 1823. 5 vol. 8. (8e édition.)

Hunter (David). Observations on the history of Jesus Christ. *Lond.* 1770. 2 vol. 8.

Holbach (Paul Heinrich Dietrich v.). Histoire critique de Jésus-Christ, ou analyse raisonnée des évangiles. *Lond.* 1770. 8. *Amst.* 1778. 8. Trad. en angl. *Edinb.* 1799. 8. *Lond.* 1813. 8.

Bahrdt (Johann Friedrich). Die ganze Lebensgeschichte Jesu Christi nach der Zeitrechnung, etc. , der vier Evangelisten. *Leipz.* 1772. 8.

Craigh (William). Essay on the life of Jesus Christ. *Lond.*, s. d. 8. Trad. en allem. *Zürch.* 1775. 8.

Ligny (François de). Histoire de la vie de N. S. Jésus-Christ , depuis son incarnation jusqu'à son ascension , etc. *Avign.* 1774. 5 vol. 8. Publ. par Alexandre Joseph BASSINET. *Par.* 1802-04. 4 vol. 8. *Ibid.* 1825. 2 vol. 8. *Ibid.* 1825. 5 vol. 12. *Avign.* 1825. 5 vol. 12. *Lyon.* 1829. 2 vol. 12. *Ibid.* 1850. 2 vol. 8. *Par.* 1850. 5 vol. 12. *Ibid.* 1855. 2 vol. 12. Trad. en allem. *Wien.* 1843. 8.

Roos (Magnus Friedrich). Lehre und Lebensgeschichte des Sohnes Gottes nach den vier Evangelisten. *Tübing.* 1776. 2 vol. 8.

(Kleuker, Johann Friedrich). Menschlicher Versuch über den Sohn Gottes und die Menschen. *Brem.* 1776. 8. *Ulm.* 1795. 8. *

* La deuxième édition porte le nom de l'auteur.

Geschichte unsers Herrn und Heilands nach den vier Evangelisten. *Barby.* 1780.

Werner (A... O...). Jesus in Talmude. *Stadæ.* 1781. 4.

Harwood (Edward). Leben und Character Jesu Christi. *Leipz.* 1781. 8. (Trad. de l'angl.)

Petersen (Balthasar). Leben und Leiden, Tod und Auferstehung , sammt der Himmelfahrt Jesu Christi des Heilands. *Husum.* 1781-83. 4 vol. 8.

Dutour (Etienne François). Vita Christi et concordia evangelistarum. *Riom.* 1782. 12. *Mogunt.* 1784. 12. *Riom.* 1820. 12. Trad. en franç. par l'auteur lui-même. *Par.* 1787. 12.

Mutschelle (Sebastian). Geschichte Jesu nach den vier Evangelisten. *Münch.* 1784. 8. *Ibid.* 1806. 8.

Sextro (Heinrich Philipp). Abriss der Geschichte Jesu, etc. *Götting.* 1785. 4.

Hoppenstedt (Wilhelm Johann Julius). Jesus und seine Zeitgenossen. *Hannov.* 1784-86. 5 vol. 8.

Cramer (Heinrich Matthias August). Lebensgeschichte. Jesu von Nazareth. *Leipz.* 1787. 8.

(Bahrdt, Carl Friedrich). Fata et res gestœ Jesu Christi ex quatuor evangeliis. *Berol.* 1787. 8.

Compans (N... N...). Histoire de la vie de Jésus-Christ. *Par.* 1788. 2 vol. 12.

Marx (Johann Hermann). Versuch einer Geschichte Jesu von Nazareth. *Münst.* 1789. 8. *Ibid.* 1850. 8. (10e édition.)

Bergen (Heinrich Christian). Denkwürdigkeiten aus dem Leben Jesu nach den vier Evangelisten. *Giess.* 1789-91. 2 vol. 8.

Belknap (Jeremy). Dissertations on the character, death and resurrection of Jesus Christ and the evidence of his gospel, etc. *Boston.* 1795. 8.

(Braun, Heinrich). Leben und Leiden Jesu Christi mit den Worten der heiligen Evangelisten, etc. *Augsb.* 1796. 8.

Herder (Johann Gottfried). Vom Erlöser des Menschen nach den drei ersten Evangelisten. *Riga.* 1796. 8.

Harwood (Thomas). Sacred history of the life of Jesus Christ, illustrative of the harmony of the four evangelists. *Lond.* 1798. 12.

Tisset (François Barnabé). Abrégé des principaux événements de la vie de Jésus-Christ, ou pot-pourri sacré à l'usage des fidèles croyants, amateurs du Nouveau Testament. *Par.*, an IV (1798). 8. (Rare et curieux.)

(Vermehren, Johann Bernhard). Jesus von Nazareth, wie er lebte und lehrte, nach den Berichten der Evangelisten. *Halle.* 1799. 8.

White (Joseph). Diatessaron, s. integra historia Jesu Christi ex quatuor evangeliis. *Oxon.* 1800. 8.

(Sintenis, Christian Friedrich). Scenen aus dem Leben. Jesu, zur Bildung eines edlen und grossen Characters. *Zerbst.* 1800. 2 vol. 8.

(Venturini, Carl Heinrich Georg). Natürliche Geschichte des grossen Propheten von Nazareth, *Bethlehem.* (*Kopenh.*) 1800-02. 5 vol. 8. *Ibid.* 1806. 4 vol. 8.

Hacker (Joachim Bernhard Nicolaus). Jesus, der Weise von Nazareth, ein Ideal aller denkbaren Grösse. *Leipz.* 1801. 2 vol. 8.

Meister (Leonhard). Jesus von Nazareth, sein Leben und Geist, etc. *Basel.* 1802. 8.

Keller (Johann Jacob). Leben Jesu nach den vier Evangelisten, etc. *Stuttg.* 1802. 8.

(Mosneron, Jean). Vie du législateur des chrétiens, sans lacune et sans miracles. *Par.*, an X (1805). 8. (Publ. s. les lettres initiales J. M.)

Horn (Georg Leonhard). Lebensgeschichte Jesu nach den drei ersten Evangelisten, etc. *Nürnb.* 1803-05. 5 vol. 8.

Eckartshausen (Carl v.). Christus unter den Menschen; Christus der grösste Held im Kampfe, der grösste Dulder im Leiden. *Münch.* 1804. 8.

Meyer (Johann Andreas Georg). Versuch einer Vertheidigung und Erläuterung der Geschichte Jesu und der Apostel, aus griechischen und römischen Profanscribenten. *Hannov.* 1805. 8.

Sebastiani (August). Denkwürdigkeiten aus dem Leben Jesu nach den vier Evangelisten zusammengestellt, etc. *Coblenz, et Leipz.* 1806. 8.

Hummer (Franz). Leben Jesu nach der Harmonie der Evangelisten. *Wien.* 1807. 5 vol. 8.

Perponcher (Willem Emmerius de). Leven van Jezus en zijne leer. *Utrecht.* 1808. 8.

Schrant (Johann Matthias). Het leven van Jezus vertedigd. *Amst.* 1809. 8.

Bauriegel (Johann Christoph). Leben Jesu und seiner Apostel. *Neust.* 1810. 8. *Ibid.* 1821. 8.

Stolberg (Friedrich Leopold v.). Geschichte der Religion Jesu Christi. *Hamb.* 1811-18. 15 vol. 8. Abrég. et trad. en ital. s. c. t. Vita e dottrina di Gesù Cristo, etc., par Carlo ANTICI. *Milan.* 1828. 5 vol. 12.

Opitz (Ernst August). Versuch einer pragmatisch erzählten Geschichte Jesu von seiner Geburt bis zur öffentlichen Ausbreitung seiner Lehre. *Zerbst.* 1812. 8.

Angus (William). Life of our lord and saviour Jesus Christus. *Glasgow.* 1812. 12.

Greiling (Johann Christoph). Leben Jesu von Nazareth. *Halle.* 1813. 8.

Marsella (Domenico Antonio). Vita e dottrina di Gesù Cristo. *Rom.* 1814. 8.

Jacobi (Johann Adolph). Geschichte Jesu für denkende und gemüthvolle Leser. *Gotha.* 1817. 8. *Sondershaus.* 1819. 8.

Planck (Georg Jacob). Geschichte des Christenthums in der Periode seiner Einführung in die Welt durch Jesus und die Apostel. *Goetting.* 1818. 2 vol. 8.

Bodent (August). Die erste und die heiligste Geschichte der Menschheit, Jesus Christus, etc. *Gmünd.* 1818-22. 4 vol. 8.

Leonhard (Johann Michael). Lebensgeschichte Jesu, mit lehrreichen Bemerkungen und sittlichen Anwendungen. *Wien.* 1818. 8.

Kuester (Samuel Christian Gottfried). Jesus Christus, der Sohn Gottes, in seiner Wirksamkeit auf Erden dargestellt. *Berl.* 1819. 8. *Ibid.* 1821. 8.

Pflaum (Ludwig). Leben Jesu, für Geist und Herz evangelisch dargestellt. *Nürnb.* 1819. 8.

Mueller (Heinrich). Jesus, wie er lebte und lehrte, etc. *Quedlinb.* 1820. 8.

Hufnagel (Eduard Heinrich Carl Wilhelm). Leben Jesu von Nazareth. *Frf.* 1820. 2 vol. 8.

Lieberkuehn (Samuel). Leben Jesu Christi. . . . Trad. en indien par David ZEISBERGER. *New-York.* 1821. 8.

Jais (Aegydius). Jesus und seine heilige Kirche. Lebens- und Kirchengeschichte. *Gratz.* 1821. 8.

(Schmidt, Peter). Leben Jesu und der Heiligen. *Wien.* 1822. 2 vol. 8. *Ibid.* 1826. 2 vol. 8.

Jais (Aegydius). Jesu Christi Lebens- und Leidensgeschichte. *Gratz.* 1823. 8.

Bundschuh (Carl v.). Betrachtungen über Leben, Lehre und Thaten Jesu. *Prag.* 1824. 8.

Schrant (Johann Matthias). Leven van Jezus Christus. *Amst.* 1824. 8.

—— Bijzonderheden uit het leven van Jezus Christus. *Zalt-Bommel.* 1825. 8.

Valverde (Pedro Fernandez). Vie de Jésus-Christ, dieu-homme, trad. de l'espagn. par l'abbé BEAUIEN. *Angers.* 1825. 5 vol. 8. *Ibid.* 1828. 5 vol. 8.

Trento (Francesco). Compendio della vita di Gesù Cristo. *Udine.* 1825. 8.

Pertusati (Francesco). Storia della vita di Gesù Cristo, dedotta dai quatri evangeli. *Milan.* 1826. 5 vol. 12.

Pfister (Johann Georg). Leben und Lehre Jesu Christi in der einfachen Sprache der Evangelisten. *Würzb.* 1826. 8.

Buchfelner (Simon). Leben und Leiden unsers Herrn und Heilands, etc. *Münch.* 1826. 8.

Nevel (Quirin). Leben Jesu Christi unsers Herrn, nach der Harmonie der vier Evangelisten. *Aachen.* 1826. 2 vol. 8.

(Oudoul, Jean François Hilaire). Vie de Jésus-Christ d'après la concorde évangélique, etc. *Par.* 1827. 5 vol. 52.

Paulus (Heinrich Eberhard Gottlob). Leben Jesu als Grundlage einer reinen Geschichte des Urchristenthums, etc. *Heidelb.* 1828. 2 vol. 8.

Hase (Carl August). Leben Jesu. *Leipz.* 1829. 8. *Ibid.* 1835. 8. *Ibid.* 1840. 8. Trad. en dan. par Peder Ludvig MOELLER. *Kjoebenh.* 1839. 8.

Cesari (Antonio). Vita di Gesù Cristo. *Milan.* 1829. 6 vol. 12.

Stephani (Heinrich). Leben Jesu nach Matthäus, etc. *Magdeb.* 1830. 8.

Onymus (Adam Joseph). Leben und Lehre Jesu nach Matthäus, Marcus und Lucas. *Sulzb.* 1831. 8.

Marina (Martinez). Historia de la vida de nuestro señor Jesu Christo, etc. *Zarag.* 1832. 4 vol. 4.

Wagner (Ehregott Friedrich). Apologie der wunderbaren Thaten und Schicksale Jesu Christi. *Leipz.* 1833. 8.

Kuechler (Carl Gustav). Vita Jesu Christi. *Lips.* 1835. 8.

Strauss (David Friedrich). Das Leben Jesu, kritisch dargestellt. *Tübing.* 1835. 2 vol. 8. *Ibid.* 1837. 2 vol. 8. *Ibid.* 1839. 2 vol. 8.

Trad. en angl. *Lond.* 1846. 5 vol. 8.

Trad. en dan. par Friderich SCHALDEMOSE. *Kjoebenh.* 1842. 2 vol. 8.

Trad. en franç. par N... N... LITTRÉ. *Par.* 1839-40. 2 vol. 8.

Trad. en holland. *Groning.* 1842-43. 2 vol. 8.

Trad. en suéd: par Lars Johan HIERTA. *Stockh.* 1841. 3 vol. 8.

Laienworte über die Hegel-Straussische Christologie. *Zürch.* 1836. 8.

Harless (Gottlieb Christoph Adolph). Die kritische Bearbeitung des *Lebens Jesu* vom Dr. David Friedrich Strauss nach ihrem wissenschaftlichen Werthe beurtheilt. *Erlang.* 1836. 8.

Gelpke (F... L...). Das Unhaltbare der Ansicht des *Lebens Jesu* nach David Strauss, etc. *Grimma.* 1836. 8.

Vaihinger (Johann Georg). Über die Widersprüche, in welche sich die mythische Auffassung der Evangelien verwickelt. Sendschreiben an Dr. D. Strauss. *Stuttg.* 1836. 8.

Klaiber (Christoph Benjamin). Bemerkungen über das *Leben Jesu*, kritisch bearbeitet von David Strauss. *Stuttg.* 1836. 8.

Sack (Carl Heinrich). Bemerkungen über den Standpunct der Schrift das *Leben Jesu*, etc. *Bonn.* 1836. 8.

Kottmeier (Eberhard David Wilhelm Bernhard). Dissertatio quid de periculo, Jesu Christi historiam mythice interpretandi, nuper facto, judicandum sit. *Brem.* 1836. 4.

Hoffmann (Wilhelm). Das *Leben Jesu*, kritisch bearbeitet von David Strauss, geprüft für Theologen und Nicht-Theologen. *Stuttg.* 1836. 8. *Ibid.* 1839. 8.

Neander (August). Erklärung nebst dem auf höhere Veranlassung von ihm verfassten Gutachten über das Buch des Dr. Strauss. *Berl.* 1836. 8.

Eschenmayer (Christoph Adolph). Über den Ischariothismus unserer Tage. Zugabe zu dem *Leben Jesu* von David Strauss. *Tübing.* 1836. 8.

Grulich (Friedrich Joseph). Beruhigende Betrachtung über den neuesten Versuch, das Leben Jesu in eine Sage zu verwandeln. *Leipz.* 1836. 8.

Lange (Johann Peter). Ueber den geschichtlichen Character der kanonischen Evangelien, insbesondere der Kindheitsgeschichte Jesu, mit Beziehung auf das *Leben Jesu* von David Strauss. *Duisb.* 1836. 8.

Krug (Wilhelm Traugott). Über altes und neues Christenthum, mit Hinblick auf Ammon's *Fortbildung des Christenthum's* und Strauss's *Leben Jesu*. *Leipz.* 1836. 8.

Theile (Carl Gottfried Wilhelm). Zur Biographie Jesu, etc. *Leipz.* 1837. 8.

Osiander (Johann Ernst). Apologie des Lebens Jesu gegen die neuesten Versuche, es in Mythen aufzulösen. *Tübing.* 1837. 8.

Wilcke (Wilhelm Ferdinand). Tradition und Mythe. Beitrag zur Kritik der kanonischen Evangelien und insbesondere zur Würdigung des mythischen Idealismus im *Leben Jesu* von David Strauss. *Leipz.* 1837. 8.

George (Johann Friedrich Leopold). Mythe und Sage, etc. *Berl.* 1837. 8.

Tholuck (August). Die Glaubwürdigkeit der evangelischen Geschichte, zugleich eine Kritik des *Lebens Jesu* von David Strauss. *Hamb.* 1837. 8.

Mack (Matthias Joseph). Bericht über David Strauss's kritische Bearbeitung des *Lebens Jesu*. *Tübing.* 1837. 2 vol. 8.

Hartmann (Julius). Leben Jesu nach den Evangelisten geschichtlich dargestellt, etc. *Stuttg.* 1837. 2 vol. 8.

Neander (August). Leben Jesu Christi in seinem geschichtlichen Zusammenhange und seiner geschichtlichen Entwickelung. *Hamb.* 1837. 8. *Ibid.* 1838. 8. *Ibid.* 1839. 8.

Schaller (Julius). Der historische Christus und die Philosophie. *Leipz.* 1838. 8.

Marheincke (Philipp Conrad). Betrachtungen über das Leben und die Lehre des Welterlösers, etc. *Berl.* 1838. 8.

Ullmann (Carl). Historisch oder mythisch? Beitrag zur Beantwortung der gegenwärtigen Lebensfrage der Theologen. *Hamb.* 1838. 8.

Hagel (Maurus). Strauss's *Leben Jesu* aus dem Standpuncte des Katholicismus betrachtet. *Kempt.* 1839. 8.

Krabbe (Otto). Vorlesungen über das Leben Jesu mit Rücksicht auf das *Leben Jesu* von David Strauss. *Hamb.* 1839. 8.

Boeckel (Johann Gottfried Adolph). Leben Jesu, etc. *Berl.* 1839. 2 vol. 8.

Hirscher (Johann Baptist. v.). Geschichte Jesu Christi, des Sohnes Gottes und Weltheilands. *Tübing.* 1839. 8. *Ibid.* 1840. 8.

Hug (Johann Leonhard). Gutachten über das *Leben Jesu*, kritisch bearbeitet von David Strauss. *Freib.* (im *Breisg.*) 1840. 8.

Zeisler (A... F... G...). Leben Jesu nach den vier Evangelien. *Gera.* 1840. 8.

Smet (Cornelius Hendrik). Leven van Onzen Heer Jesus Christus. *Bruss.* 1841. 8.

Genoude (Antoine de). Vie de Jésus-Christ. *Par.* 1841. 2 vol. 8.

Rémy (A...). Études sur Jésus-Christ. *Par.* 1841. 8.

Ammon (Christoph Friedrich v.). Geschichte des Lebens Jesu. *Leipz.* 1842. 2 vol. 8.

Schorch (F... E...). Leben Jesu. *Leipz.* 1842. 8.

Krane (Carl). Das Buch Jesu, oder das Leben Jesu von Nazareth, im Lichte der neuesten wissenschaftlichen Forschungen dargestellt, etc. *Cassel.* 1830. 8. *Ibid.* 1853. 8.

Kolthoff (Ernst Wilhelm). Vita Jesu Christi, a Paulo apostolo adumbrata; commentatio. *Hafn.* 1852. 8.

Brispot (N... N...). Vie de N. S. Jésus-Christ, écrite par les quatre évangélistes. *Brux.* 1852-54. Fol.

Hulpiau (Jean). Het leven van O. H. Jesus Christ, getrokken uit de vier HH. evangelisten, zamengevoed in eene evangelische geschiedenis. *Gand.* 1853. 8.

Geschichte des Rabbi Jeschua ben Jossef Hanootzri, genannt Jesus Christus, etc. *Alton.* 1853. 8.

Sepp (Johann Nepomuck). Leben Jesu Christi; mit einer speculativen Abhandlung von Joseph v. **Goerres**. *Regensb.* 1853. 8. (2e édition.)

Lachèze (Pierre). Vie de N. S. Jésus-Christ, ou l'évangile dans son unité. *Par.* 1853. 8. (Illustré de 56 gravures en acier.)

Foote (A... L... R...). Incidents in the life of our saviour, illustrative of is divine character and mission. *Lond.* 1853. 8.

Picard de Saint-Adon (François). Histoire suivie et chronologique des voyages de Jésus-Christ. *Par.* 1740. 12.

Kiesling (Johann Rudolph). Commentatio de Jesu Nazareno ingrata patria exule. *Lips.* 1741. 4.

Voyages de Jésus-Christ. *Par.* 1837. 8. Trad. en allem. par Johann August Friedrich **Schmidt**. *Ilmenau.* 1838. 8.

Goes (Willem). Pilatus judex. *Hag. Com.* 1677. 4. *Ibid.* 1681. 4.

Roemer (Jan). Proeve eener regtsgeleerde verdediging van de onschuld van Jezus Christus. *Leyd.* 1820. 8.

Mounier (Pierre Jean Jacques). Commentatio de Pontii Pilati in causa servatoris agendi ratione. *Lugd. Bat.* 1825. 8.

Dupin (André Marie Jean Jacques). Jésus devant Caïphe et Pilate. *Par.* 1829. 8.

Effner (Theodor Anton). Das merkwürdigste Ereigniss der Welt, oder die Kreuzigung Jesu Christi; historisch-kritischer Versuch. *Nürnb.* 1818. 8.

Wesseling (Pieter). Adnotationes historico-criticæ ad historiam sepulcri et sepulturæ Jesu Christi. *Traj. ad Rhen.* 1761. 4.

Plessing (Johann Friedrich). Über Golgatha und Christi Grab; historisch-kritischer Versuch. *Halle.* 1789. 8.

Scholz (Johann Matthias August). Commentatio de Golgathæ et Jesu Christi sepulcri situ. *Bonn.* 1825. 4.

Ditton (Humphry). Discourse concerning the resurrection of Jesus Christ. *Lond.* 1712. 8.

(Hess, Johann Heinrich). Die Auferstehungsgeschichte (gegen Gotthold Ephraim Lessing vertheidigt). *Braunschw.* 1777. 8.

Plessing (Johann Friedrich). Die Auferstehungsge-

---

schichte unsers Herrn Jesu Christi aufs Neue betrachtet. *Wernigerode.* 1785. 2 vol. 8. *Halle:* 1789. 2 vol. 8.

Less (Gottfried). Die Auferstehungsgeschichte Jesu Christi nach den vier Evangelisten. *Goetting.* 1799. 8.

Otterbein (Johann Georg). Commentatio de ascensione Jesu Christi in cœlum aspectabili modo facta. *Duisb.* 1802. 8.

Ammon (Christoph Friedrich). Dissertatio de vera Jesu Christi publice fato functi revivescentia. *Erlang.*1808.4.

Fluegge (Christian Wilhelm). Die Himmelfahrt Jesu. *Hannov.* 1808. 8.

Weichert (Heinrich Gottlob Leopold). Dissertatio de fide historica narrationis librorum sacrorum de Christo in cœlum sublato hujusque eventus necessitate. *Witteb.* 1811. 4.

Fogtmann (Nicolai). Commentatio de Jesu Christi adscensu in cœlum. *Hafn.* 1826. 8.

Druemel (Johann Heinrich). Meditation von der rechten Zeit des Leidens und Auferstehens Jesu Christi. *Frf.* 1744. 4. Augment. s. c. t. Ausführung des Beweises, dass Christus an einem Mittwochen gestorben. *Regensb.* 1746. 4.

Schaefer (Jacob Christian). Schriftmässiger Beweis, dass Christus an keiner Mittwoche, wie Herr Drümel vorgiebt, sondern an einem Freitage gestorben. *Regensb.* 1746. 4. Publ. par Christian **Schoettgen**. *Leipz.* 1746. 4.

Sinhold (Johann Nicolaus). Kurze Untersuchung des wahren und eigentlichen Sterbetages, unsers theuersten Erlösers und Heilands Jesu-Christi. *Frf.* 1746. 4.

Druemel (Johann Heinrich). Fortsetzung des Beweises, dass Christus an einer Mittwoche gestorben. *Frf.*1747.4.

Specht (Johann). Untersuchung der Zeit, wann Jesus zu seinem Leiden gegangen, bey Gelegenheit des Druemel'schen Streits von dem Todestag Jesu, herausgegeb. von Carl Christian Hirsch. *Nürnb.* 1748. 4.

Gruner (Carl Friedrich Ferdinand). Commentatio de Jesu Christi morte vera. *Jenæ.* 1800. 8. Augment. s. c. t. Commentatio antiquaria medica de Jesu Christi morte vera non simulato; acced. Christiani Godefredi **Gauneri** Vindiciæ mortis Jesus Christi veræ et Hermanni **Conringii** Discursus de Jesu Christi cruente sudore et morte ejus repentina, de aqua et sanguine ejus demortui latere jam effluentibus. *Halæ.* 1805. 8.

Schmidtmann (Ludwig Joseph). Einleuchtende medicinisch-philosophische Beweise, dass Jesus Christus, nach der an ihm vollzogenen Kreuzigung, nicht von einer tod-ähnlichen Ohnmacht befallen gewesen, sondern wahrhaft gestorben und darauf von den Todten wieder aufgestanden sei, etc. *Osnabrück.* 1850. 8.

Wichtige historische Enthüllungen über die wirkliche Todesart Jesu; nach einem alten zu Alexandrien gefundenen Manuscripte von einem Zeitgenossen aus dem heiligen Orden der Essenäer. *Leipz.* 1849. 12. (3e édition.)

(**Bertholdi,** Hermann). Historische Enthüllungen über die wirklichen Ereignisse der Geburt und Jugend Jesu, etc. Nachtrag zu den Enthüllungen über die Todesart Jesu. *Leipz.* 1849. 18.

(——) Jesus der Essäer, oder die Religion der Zukunft. *Leipz.* 1849. 18.

Brennecke (Jacob Andreas). Biblischer Beweis, dass Jesus nach seinem Auferstehen noch 27 Jahre leibhaftig auf Erden gelebt, etc. *Lüneb.* 1819. 8.

Wuest (Julius Oscar). Essai sur la doctrine de Jésus-Christ concernant le mosaïsme. *Strasb.* 1839. 8.

Buob (Auguste Charles). De la personne de Jésus-Christ d'après ses biographes les plus récents. *Strasb.* 1840. 4.

Braun (Johann Wilhelm Joseph). Commentatio de Tiberii Christum in deorum numerum referendi consilio. *Bonn.* 1834. 8.

Sartorius (C... F...). Disquisitio historico-theologica causarum, cur Christus scripti nihil reliquerit. *Basil.* 1817. 8.

Giesecke (Johann Christian). Beantwortung der Frage : warum hat Jesus Christus über sich und seine Religion nichts Schriftliches hinterlassen? *Lüneb.* 1824. 8.

Tinga (E...). Oratio de Jesu Christo doctore δεοδιδακτω, minime Esseno. *Groning.* 1805. 4.

Reiske (Johann). Dissertatio de lingua vernacula Jesu Christi. *Jenæ.* 1670. 4.
Klaeden (Jacob). Dissertatio de lingua Jesu Christi vernacula. *Witteb.* 1739. 4.
Diodati (Domenico). Exercitatio de Christo græce loquente, etc. *Napol.* 1767. 8.
Rossi (Giovanni Bernardo de'). Dissertazione della lingua propria di Cristo. *Parma.* 1772. 4.

Reiske (Johann). Exercitatio de imaginibus Jesu Christi. *Jenæ.* 1672. 8. *Ibid.* 1685. 4.
(**Peignot**, Gabriel). Recherches historiques sur la personne (et les portraits) de Jésus-Christ, sur celle de Marie, sur deux généalogies du sauveur et de sa famille, etc. *Dijon.* 1829. 8.
Grimm (Wilhelm). Die Sage vom Ursprunge der Christusbilder. *Berl.* 1843. 4.

Maniacuzzi (Niccolò). De sacra imagine sanctissimi salvatoris in palatio Lateranensi. *Rom.* 1709. 4.

Historia translationis tunicæ Jesu Christi de Hungaria ad inclytam civitatem Coloniensem ad monasterium Albarum dominicarum. *Col. Agr.*, s. d. (1474). 4. (Ouvrage de la plus grande rareté.)
Marx (J... B...). Tunica Christi Domini Augustam Trevirorum ex Hierosolyma translata. *Mogunt.* 1655. 4.*
* Pièce en vers ornée du portrait de l'empereur Constantin le Grand.
Zeibich (Christoph Heinrich). Programma de vestibus Christi. *Witteb.* 1757. 4.
Hommer (Joseph v.). Geschichte des heiligen Rockes unseres Heilands, etc. *Trier.* 1844. 8.
Gildemeister (J...) et **Sybel** (H... v.). Der heilige Rock zu Trier und die zwanzig andern heiligen ungenähten Röcke ; historische Untersuchung. *Düsseld.* 1844. 8. *Ibid.* 1845. 8. (3e édition.)
—— Die Advokaten des Trierer Rockes zur Ruhe verwiesen. *Düsseld.* 1845. 3 parts. 8.
Marx (J...). Die Ausstellung des heiligen Rocks in der Domkirche zu Trier im Herbste 1844. *Trier.* 1845. 8.
—— Geschichte des heiligen Rocks in der Domkirche zu Trier. *Trier*, s. d. (1845). 8. Trad. en franç. par Charles WAYNANTS. *Metz.* 1845. 12. *Brux.* 1845. 12.
Hansen (Vincenz). Actenmässige Darstellung wunderbarer Heilungen bei der Ausstellung des heiligen Rocks zu Trier im Jahre 1844. *Trier.* 1845. 8.
Clemens (N... N...). Der heilige Rock zu Trier und die protestantische Kritik. *Coblenz.* 1845. 8.

(**Gerberon,** Gabriel). Histoire de la robe sans couture de N. S. Jésus-Christ, qui est révérée dans l'église du monastère des religieux bénédictins d'Argenteuil, etc. *Par.* 1677. 12. (Rare.) *Beauv.* 1703. 12. *Ibid.* 1706. 12. *Par.* 1713. 12. *Ibid.* 1724. 12. *Ibid.* 1745. 12.

Lipsius (Justus). De cruce. *Antw.* 1595. 8. (Avec beaucoup de gravures.) *Brunsw.* 1640. 8.
Gretser (Jacob). De cruce Christi et rebus ad eam pertinentibus. *Ingolst.* 1598. 4.
Bosio (Jacopo). La trionfante e gloriosa croce. *Rom.* 1610. Fol. (Avec beaucoup de gravures sur bois.)
Bartholinus (Thomas). De cruce Christi. *Vesaliæ.* 1675. 12.

Escher (J... P...). Dissertatio de Jesu Christi miraculis. *Groning.* 1841. 8.

Jésus Sirach,
moraliste juif.

Tetens (Peder). Disquisitio continens quasdam disquisitiones in sapientiam Jesu Siracidis. *Hafn.* 1779. 8.
Sonntag (Carl Gottlob). Dissertatio de Jesu Siracidæ, ecclesiastico non libro, sed libri farragine. *Rigæ.* 1792. 4.
Gilse (S... van). Commentatio de libris sapientiæ qui Jesus Sirachidis nomine inscribuntur. *Groning.* 1831. 8.

Joanny (Jean Bernard **Brisebarre,** se nommant), acteur français du premier ordre (2 juillet 1775 — ...).
Joanny (Jean Bernard **Brisebarre**). Biographie véridique, ou histoire d'un pauvre acteur. *Par.* 1845. 8.
(Autobiographie écrite en vers.)
—— Ma confession. *Par.* 1846. 8. (En vers.)

(**Manne,** Edmond de). Parallèle de (François Joseph) Talma et de Joanny. *Par.*, s. d. (1822). 8.

Joachim I Nestor,
électeur de Brandebourg (21 février 1484 — 1499 — 11 juillet 1535).

Ecker v. Eckhofen (Johann Joseph Carl). Johann Cicero und Joachim Nestor, Churfürsten von Brandenburg, etc. *Berl.* 1793. 8.

Struve (Burchard Gotthelf). Dissertatio de Joachimo Nestore, comitatus Rupinensis restauratore. *Jenæ.* 1711. 4.
Flessa (Johann Adam). Programma de Joachimo I, electore Brandenburgico, criminis magiæ falso suspecto. *Baruth.* 1731. Fol.

Heydemann (Ludwig Eduard). Die Elemente der Joachimischen Constitution vom Jahre 1527. Beitrag zur Entwickelungsgeschichte des deutschen Rechts. *Berl.* 1841. 8.

Joachim II Hector,
électeur de Brandebourg (9 janvier 1505 — 11 juillet 1535 —
3 janvier 1571).

Hildesheim (F...). Vitæ Joachimi II electoris et Joannis, marchionis Brandenburgensis. *Frf. ad Viadr.* 1592. 4.
Gundling (Jacob Paul v.) Auszug churbrandenburgischer Geschichten, Joachim's I, Joachim's II und Johann Georg's VI, bei Gelegenheit der Lebensbeschreibung Lamberti Distelmeyer's. *Halle.* 1722. 8.
Hartung (August). Joachim II (Hector) und sein Sohn Johann Georg VI; historisches Gemälde aus der Brandenburgischen Geschichte. *Leipz.* 1798. 8.

Schladebach (Julius). Übertritt des Churfürsten Joachim II von Brandenburg zur lutherischen Kirche am 1 Nov. 1559; historischer Versuch zur dritten Säcularfeier dieser merkwürdigen Begebenheit. *Leipz.* 1840. 8.

Joachimus, voy. **Gioachimo.**

Joannes Damascenus, voy. **Damascenus.**

Joannes Regiomontanus, voy. **Regiomontanus.**

Joas,
roi des Juifs (878 — 826 avant J. C.).

Reime (Heinrich Gottlieb). Harmonia vitarum Joasi et Amaziæ, regum Judæ, nec non Jehu, Jehoachasi atque Joasi, regum Israel. *Jenæ.* 1718. 4.

Job,
patriarche juif.

Spanheim (Friedrich Jan). Historia Jobi. *Genev.* 1670. 4.
Stemler (David). Programma de Jobo theologo tentationibus probato. *Lips.* 1746. 4.
Weickmann (J... S...). Jobus resurrectionis non typus sed professor. *Witteb.* 1758. 4.

Job (Sebastian Franz),
prêtre allemand (20 janvier 1767 — 13 février 1834).

(**Ziegler,** Gregor Thomas). Züge und Schilderungen aus dem Leben des seligen S. F. Job, k. k. Hofkaplans und Beichtvaters J. M. der Kaiserin und Königin Carolina Augusta von Oesterreich. *Linz*, 1835. 8. Portrait.

Jobez (Emmanuel),
membre de la chambre des députés (1775 — 9 oct. 1828).

Navand (N... N...). A la mémoire de M. Jobez, de Morez (Jura), membre de la chambre des députés, mort à Lons-le-Saulnier, etc. *Saint-Claude.* 1829. 8.

Joch (Gerhard),
évêque de Naumbourg.

Braun (Christian Heinrich). Dissertatio de G. Jochio, Numburgensi quondam episcopo. *Jenæ.* 1766. 4.

Joch (Johann Georg),
théologien allemand.

Berger (Johann Wilhelm). De dictis factisque morientium ad exemplum referendis in memoriam J. G. Jochii. *Lips.* 1751. 4. (L.)

Jocrisse,
personnage poétique.
Lorin (Théodore). Essai sur l'origine des noms de Polichinelle et d'Arlequin, suivi d'un essai sur le personnage de Jocrisse. *Soissons.* 1844. 12.

Jocundus, voy. **Giocondo.**

Jodelle (Étienne),
poète français (1532 — .. juillet 1573).
Aubigné (Théodore Agrippa d'). Vers funèbres sur la mort d'E. Jodelle. *Par.* 1574. 4.

Jodocus,
margrave de Moravie (proclamé empereur d'Allemagne en 1410 — 8 janvier 1411).
Koeler (Johann David). Vindiciæ electionis dubiæ Jodoci, Moraviæ marchionis, contra Sigismundum. *Altorf.* 1726. 4.

Joecher (Christian Gottlieb),
littérateur allemand (25 juillet 1694 — 10 mai 1758).
Ernesti (Johann August). Memoria C. G. Joecheri. *Lips.* 1758. Fol. (*D.* et *L.*)

Joël,
prophète juif.
Conz (Carl Philipp). Dissertatio de charactere poetico Joëlis, etc. *Tubing.* 1783. 4.
Coelln (Daniel Heinrich Conrad v.). Dissertatio de Joëlis prophetæ ætate. *Marb.* 1811. 4.

Joguet (Charles),
prêtre français.
(**Claresy**, Jean.) C. Joguet, natif du Crest-vollant-en-Faucigny. *Par.* 1851. 8.

Johann, voy. **Jean.**

Johann von Leyden, voy. **Bockelson** (Jan).

Johann v. Luxemburg, voy. **Jean l'Aveugle.**

John of Salisbury,
théologien anglais au xiie siècle († 1180).
Reuter (Hermann). Johannes v. Salisbury; zur Geschichte der christlichen Wissenschaft im zwölften Jahrhundert. *Berl.* 1842. 8.

John (Christoph Samuel),
missionnaire allemand.
Vormbaum (Reinhold). Christoph Wilhelm Gericke, evangelischer Missionar in Cudelur und Madras, C. S. John, evangelischer Missionar in Trankebar, und Joseph Daniel Jaenicke, evangelischer Missionar in Tanjour. *Düsseld.* 1852. 8.

John (Johann Sigismund),
théologien allemand († 11 déc. 1821).
Lebensgeschichte des J. S. John, Superintendenten zu Landshut. *Jauer.* 1822. 8.

Johnsen (John),
naturaliste norvégien.
Soelvesen (Svend). Sysselmand J. Johnsens Levnet. *Kjoebenh.* 1769. 8.

Johnsen (Sten),
évêque de Hole (30 août 1660 — ... 1739).
Thorleifsen (John). Ligpraediken over Biskop S. Johnsen. *Holum.* 1741. 4.

Johnson (James),
médecin (?) anglais.
Johnson (Henry James). Sketch of the life and writings of the late Dr. J. Johnson. *Lond.* 1846. 8. Portrait.

Johnson, plus connue sous le nom de **Stella** (Esther),
amante de Jonathan Swift (13 mars 1681 — 27 janvier 1727).
Wilde (W... R...). The closing years of dean Swift, with an appendix, etc., and some remarks on Stella. *Dubl.* 1849. 8.

Johnson (Richard M...),
colonel anglo-américain.
Authentic biography of colonel R. M. Johnson. *Boston.* 1854. 12.

Johnson (Samuel),
littérateur anglais (18 sept. 1709 — 13 déc. 1784).
Life of S. Johnson, with occasional remarks on his writings, an authentic copy of his will, a catalogue of his works and a fac-simile of his hand writing, to which is added Johnsoniana. *Lond.* 1785. 12.
Piozzi (Hester Lynch). Anecdotes of Dr. S. Johnson during the last twenty years of his life. *Lond.* 1786. 8. (*D.*)

Towers (Joseph). Essai on the life, character and writings of Dr. Johnson. *Lond.* 1786. 8.
Courtenay (John). Poetical review of the literary and moral character of the late S. Johnson, with notes. *Lond.* 1786. 4.
Hawkins (John). Life of S. Johnson. *Lond.* 1787. 8.
Boswell (James). Life of S. Johnson. *Lond.* 1791. 2 vol. 4. Portrait. (*D.*) Avec un supplém. *Lond.* 1793. 3 vol. 8. Publ. par Edmund **Malone**. *Lond.* 1799. 4 vol. 8. *Ibid.* 1804. 4 vol. 8. *Ibid.* 1807. 4 vol. 8. *Ibid.* 1811. 5 vol. 18. *Ibid.* 1824. 4 vol. 8. *Oxf.* 1826. 4 vol. 8. *Lond.* 1830. 4 vol. 16. *Boston.* 1833. 2 vol. 8. *Lond.* 1835. 10 vol. 16. *New-York.* 1857. 2 vol. 8. *Lond.* 1839. 10 vol. 12. Portrait. (Publ. par John William **Croker**.) *Ibid.* 1847. 8. Portrait. *Ibid.* 1850. 8. Trad. en allem. (par Dorothea Margaretha **Liebeskind**). *Koenigsb.* 1797. 8. *
* Cette traduction n'est pas terminée.
Character of Dr. S. Johnson; with illustrations from Mrs. Piozzi, sir John Hawkins and James Boswell. *Lond.* 1792. 8.
Murphy (Arthur). Essay on the life and genius of S. Johnson. *Lond.* 1793. 8. (*D.*)
Anderson (Robert). Life of S. Johnson, with critical observations on his works. *Lond.* 1795. 8.
Mudford (William). Critical inquiry into Dr. Johnson's writings. *Lond.* 1802. 8.
Servois (Jean Pierre). Notice sur la vie et les ouvrages du docteur S. Johnson. *Cambrai.* 1823. 8. (*Lv.* et *Bes.*)
Michiels (Alfred). S. Johnson. *Brux.* 1845. 8. (Extrait du *Trésor national.*)
Russell (J...F...). Life of Dr. S. Johnson. *Lond.* 1847. 12.
Dr. Johnson, his religious life and his death. *Lond.* 1850. 8.

Johnsoniana, or a collection of bonmots, etc., by Dr. Johnson and others. *Lond.* 1776. 12.
Mery (John). Witticisms, anecdotes, jests and sayings of Dr. S. Johnson. *Lond.* 1797. 8.

Johnson (Samuel),
théologien anglo-américain.
Chandler (Thomas Bradbury). Life of S. Johnson, D. D. first president of Columbia college. *New-York.* 1805. 12.

Johnstone (Ann),
dame écossaise.
Memoir of the late Mrs. A. Johnstone. *Edinb.* 1846. 8.

Joinville (François Ferdinand Philippe Louis Marie d'**Orléans,** prince de),
troisième fils de Louis-Philippe, roi des Français (14 oct. 1818 — ...).
(**Gallet,** Bénédict). M. de Joinville. Être ou n'être pas? *Par.* 1851. 18.
Guéronnière (A... de la). Portraits politiques contemporains. Le prince de Joinville. *Par.* 1852. 8.

Joinville (Jean, sire de),
chroniqueur français (vers 1224 — vers 1317).
Chezjean (Antoine). Notice historique sur J. sire de Joinville, sénéchal de Champagne. *Chaumont.* 1853. 8.
Fériel (J...). J. sire de Joinville, sénéchal de Champagne. *Chaumont.* 1853. 8. (Extrait de l'*Echo de la Haute-Marne.*)

Jollois (Jean Baptiste Prosper),
littérateur français (17 août 1778 — 25 juin 1842).
Maury (Alfred). Notice sur la vie et les ouvrages de J. B. P. Jollois. *Par.* 1846. 8.

Joly (Bénigne),
prêtre français (22 août 1644 — 9 déc. 1694).
(**Beaugendre,** François Antoine). Vie de messire B. Joly, prêtre, chanoine de Saint-Estienne de Dijon, fondateur des religieuses hospitalières. *Par.* 1700. 8.

Joly (Claude),
prêtre français (1607 — 1700).
Legendre (Louis). Elogium C. Joly, præcentoris et canonici, nec non officialis Parisiensis. *Par.* 1700. 8.

Joly, baron de **Blaisy** (George),
jurisconsulte français.
(**Joly,** Antoine). Abrégé de la vie de G. Joly, baron de Blaisy, président au parlement de Bourgogne. *Par.* 1678. 4.

Joly (Guy),
secrétaire et confident du cardinal de Retz.
Joly (Guy). Mémoires contenant l'histoire de la régence

d'Anne d'Autriche et des premières années de la majorité de Louis XIV, depuis 1648 jusqu'en 1665; avec les
intrigues du cardinal de Retz à la cour. *Amst.* 1718.
2 vol. 12. (*P.*) *Genève.* 1777. 2 vol. 12. (*Bes.*) Trad. en
angl. par Edward Taylor. *Lond.* 1776. 3 vol. 12.

Joly (Marie Élisabeth),
actrice française (3 avril 1761 — 5 mai 1798).

Dulomboy * (N... F... R... F...). Aux mânes de Marie
Elisabeth Joly, artiste célèbre du Théâtre-Français.
Par., an vii (1799.) 12. Portrait. (*P.*)
* L'auteur était le mari de l'actrice.

Jomelli (Niccolò),
compositeur italien du premier ordre (1714 — 28 août 1774).

Mattei (Saverio). Elogio di N. Jomelli, ossia il progresso
della poesia e musica teatrale. *Colle.* 1785. 8.
Alfieri (Pietro). Notizie biografiche di N. Jomelli di
Aversa, nel regno di Napoli, sommo compositore di
musica. *Rom.* 1845. 8.

Jonas,
prophète juif.

Duvignon (Jacques). Dissertatio de Jona typo Christi
prophetico. *Lugd. Bat.* 1716. 4.
Hardt (Hermann von der). Programma de rebus Jonæ.
Helmst. 1719. 4.
Nagel (Johann Christian). Dissertatio historico-theologica de mirabili fuga prophetæ Jonæ. *Halæ.* 1731. 4.
Piper (Theophil Cœlestin). Historia Jonæ a recent. conatibus vindicata. *Gryphisw.* 1786. 4.
Dereser (Thaddæus). Sendungsgeschichte des propheten Jonas, kritisch untersucht und von Widersprüchen
gereinigt. *Bonn.* 1786. 4.
Reindl (Georg Carl). Sendung des Propheten Jonas
nach Ninive; exegetisch-historisch-theologischer Versuch. *Bamb.* 1826. 8. *Ibid.* 1831. 8.

Jonas (Justus),
théologien allemand (5 juin 1493 — 9 oct. 1555).

Reinhard (Lorenz). Commentatio historico-theologica
de vita et obitu Justi Jonæ, theologi magnis in Christi
ecclesiam meritis celeberrimi, et B. Lutheri in emen-
dandis sacris adjutoris et socii laborum fidelissimi.
Altenb. 1731. 8. (*D.*)
Ekerman-(Peter). Vita et acta Dr. J. Jonæ, Luthero in
opere reformationis, conjunctissimi. *Upsal.* 1761. 4.
Knapp (Georg Christian). Narratio de Justo Jona, theologo Wittebergensi atque Halensi, conditæque ab eo
evangelicæ Halensis ecclesiæ primordiis. *Halæ.* 1817.
4. Portrait. (*D.*) *Ibid.* 1823. 8.

Jonathan.

Winer (Georg Benedict). Specimen I de Jonathanis in
Pentateuchum paraphrasi chaldaica. *Erlang.* 1823. 4.
(*D.*)
Peterson (Julius Heinrich). De duabus Pentateuchi pa-
raphrasibus chaldaicis, partic. I de indole par2phra-
seos, quæ Jonathanis esse dicitur. *Berol.* 1829. 8.

Jones (David S...),
Anglo-américain.

Memorial of the late Hon. D. S. Jones; with an appendix
containing notices of the Jones family of Queens Country. *New-York.* 1849. 4.

Jones (John Paul),
amiral anglo-américain (1736 — .. juillet 1792).

Waldo (Samuel.Putnam). Biographical sketches of dis-
tinguished American naval heroes : commodore Nicholas
Biddle, J. P. Jones, Edward Preble and Alexander
Murray. *Hartford.* 1823. 8.
(**Becker**, Gottfried Wilhelm). J. P. Jones, der kühne
Seemann und Gründer der amerikanischen Marine, etc.
Leipz. 1826. 8. *Ibid.* 1828. 8. (Publ. s. l. lettre R.)
Het leven van J. P. Jones, etc. *Groning.* 1829. 8.
Life and correspondence of J. P. Jones. *New - York.*
1830. 8.
Sherbourne (John Henry). Life and character of J. P.
Jones, captain in the United States navy during the
revolutionnary war. *Washingt.* 1835. 2 vol. 8. *Lond.*
1831. 2 vol. 8.
Mackenzie (Alexander S...). Life of J. P. Jones. *Boston.*
1841. 2 vol. 8. *New-York.* 1843. 2 vol. 16.
Simms (William Georges). Life of J. P. Jones. *New-
York.* 1845. 12.

Hamilton (James). Life of rear admiral J. P. Jones.
Philadelph. 1848. 12. Portrait.

Jones (Rebecca),
dame anglo-américaine.

Memorials of R. Jones, compiled by William John Allin-
son. *Philadelph.* 1830. 8. (2e édition.)

Jones (Thomas),
théologien anglais.

Owen (John). Memoir of the Rev. T. Jones, late rector
of Creaton, Northamptonshire. *Lond.* 1831. 12. *Ibid.*
1853. 12.

Jones (William),
jurisconsulte anglais (28 sept. 1746 — 27 avril 1794).

Phillpotts (Henry). Laudatio G. Jones, equitis aurati.
Oxon. 1801. 4. (Éloge couronné.) — (*D.*)
Teignmouth (John Shore). Memoirs of the life, writings
and correspondence of sir W. Jones. *Lond.* 1804. 4.
Ibid. 1806. 2 vol. 8. Portrait. *Ibid.* 1837. 2 vol. 8.
Hamaker (Henrick Arent). Oratio de vita et meritis
G. Jonesii. *Lugd. Bat.* 1822. 4. (*Ld.*)
Autobiography of the late W. Jones, publ. par son fils.
Lond. 1846. 8.

Jones (William),
théologien anglais.

Rymer (Richard). Memoirs of the life, ministry and character of the Rev. W. Jones, late Wesleyan minister;
etc. *Lond.* 1843. 8.

Jonge (J... C... de),
historien hollandais (9 mai 1793 — 12 juin 1853).

S(terckx) (Adrien). Notice sur M. J. C. de Jonghe. *Brux.*
1853. 8. (Extrait du *Bulletin du Bibliophile belge.*)

Jonson (Benjamin),
poète anglais (11 juin 1574 — 6 août 1637).

(**Duppa**, Brian). Jonsons Virbios, or the memory of Ben *
Jonson revived. *Lond.* 1638. 4. (Recueil de vers en
l'honneur de ce poëte.)
B. Jonson's jests, or the wits pocket companion, s. l.
(*Lond.*) 1713. 12.
Chetwood (William Rufus). Memoirs of the life B. Jon-
son. *Lond.* 1756. 12.
Baudissin (Wolf Heinrich Friedrich v.). B. Jonson und
seine Schule, mit Anmerkungen und einem histori-
schen Überblick über die Geschichte der englischen
Bühne. *Leipz.* 1836. 2 vol. 8. (*L.*)
Schmidt (Alexander). Essay on the life and dramatic
writings of B. Jonson. *Danz.* 1847. 4.
* Ben est l'abréviation du prénom Benjamin.

Jonston (Johann),
médecin allemand.

Thomae (Elias). Lampas perenni lucida : Leichrede auf
J. Jonston. *Brieg.* 1678. Fol. (*D.*)

Joram,
roi des Juifs (889 — 885 avant J. C.).

Reime (Heinrich Gottlieb). Harmonia vitæ Jorami, nec
non decem tribuum regum Achasiæ et Jorami. *Jenæ.*
1713. 4.
Detharding (Georg). Dissertatio de morbo regis Jorami.
Rostoch. 1731. 4.

Jorand (Jean Baptiste Joseph),
peintre français (1788 — ...).

Depping (Georg Bernhard). Notice sur la vie et les travaux de J. B. J. Jorand, membre résidant de la Société
des antiquaires de France. *Par.* 1852. 18. (Extrait de
l'*Annuaire* de cette société.)

Jordaens (Jacques),
peintre belge (1594 — 18 oct. 1678).

(**Cornelissen**, Égide Norbert). Tombeau de Jordaens.
Gand. 1830. 8. (*Ld.*)
Alvin (Louis). J. Jordaens. *Brux.* 1844. 8. Portrait.
(Extrait des *Belges illustres*.)

Jordan (Camille),
député français (11 janvier 1771 — 19 mai 1821).

C. Jordan, député du Rhône, à ses commettants sur la
révolution du 18 fructidor. *Hamb.* 1798. 8.
(**Dufrénoy**, madame). Notice biographique sur C. Jordan. *Par.* 1821. 8.
Ballanche (Pierre Simon). Éloge de C. Jordan. *Lyon.*
1823. 8.

Jordan (Dora),
actrice anglaise, maîtresse de Guillaume IV, roi d'Angleterre.
Boaden (James). Life of D. Jordan. *Lond.* 1831. 2 vol. 8.

Jordan (Sylvester),
publiciste allemand (30 déc. 1792 — ...).
Trinks (Eduard) et **Julius** (Gustav). S. Jordan's, des Marburger Gefangenen, Leben und Leiden. *Leipz.* 1845. 8. Portrait, (D.)

Jordy (Nicolas Louis),
général français (14 sept. 1758 — 7 juin 1825).
Nollet-Fabert (Jules). Le général N. L. Jordy. *Nancy.* 1852. 8. Portrait. (Extrait de la *Lorraine militaire.*)

Joris (Saint).
Coster (N... N...). Leven van den heyligen Joris, patron der gulden broederen, etc. *Antwerp.* 1590. 8.

Jorisz (David),
hérétique hollandais (1501 — 26 août 1556).
D. Georgii Holandi heresiarchæ vita et doctrina, quamdiu Basileæ fuit, tum quid post ejus mortem cum cadavere, libris ac reliqua ejus familia actum sit. *Basil.* 1559. 4. (Très-rare.) — (*D.* et *Lv.*) *Witteb.* 1559. 4. (*D.*) *Antw.* 1560. 4. (*D.*) *Amst.* 1560. 8.
Trad. en allem. *Basel.* 1559. 4. (*D.*) *Regensb.* 1560. 4. (*D.*) *Basel.* 1596. 8. *Ulm.* 1717. 8.
Trad. en franç. *Bâle.* 1560. 4. *Lausanne.* 1560. 4.
Tegen Bericht oft een laster en schandboeksen geintituleert D. Joris ut Holland des Erzkäzers waerachtige historie synes levens und verferischen leer, s. l. 1559. 12; s. l. 1584. 12.
Emmius (Ubbo). Grondelicke onderrichtinge van de leere en de geest des hoofdketters D. Joris, etc., s. l. 1597. 8. (*D.*) *Middelb.* 1598. 8. *Ibid.* 1599. 8.
Huygelmumzoom (Andreas). Widerlegung der groben, unverschämten und greiflichen Lügen des Ubbo Emmen, etc., von ihm in Druck ausgegeben wider das Leben und die Lehre des D. Jorissoon, etc., s. l. 1600. 12. *
* Attribué souvent à Bernhard Knachr, beau-fils de David Jorisz.
Stolterfoht (Jacob). Hystoria von D. Geörgen oder Joris, einem heyllosen Mann und gotteslästerlichen Ertzketzer. *Lübeck.* 1635. 4.
Blesdyk (Nicolaus). Historia vitæ, doctrinæ ac rerum gestarum D. Georgii hæresiarchæ. *Daventr.* 1642. 4. (*D.*)
Jessen (Friedrich). Aufgedeckte Larve D. Georgii. *Kiel.* 1670. 4. (*D.*)
Kurzer Auszug von des berufenen Ketzers D. Georgi oder Joris Lehr und Leben, s. l. 1699. 8. (*D.*) s. l. 1704. 8. Portrait. (*D.*)
Zeidler (Carl Gottlob). Historia D. Georgii ejusque asseclarum. *Lips.* 1701. 4. (*D.* et *L.*)

Jornandès,
historien des Goths, évêque de Ravenne (vers l'an 1552).
Moller (Daniel Wilhelm). Disputatio circularis de Jornando. *Altorf.* 1690. 4. (*D.* et *Lv.*)
Freudensprung (Sebastian). Commentatio de Jornande sive Jordano ejusque libellorum natalibus. *Monach.* 1837. 4.

Jorrand (Louis),
député à la Convention nationale (9 août 1756 — 12 juin 1845).
Mercier (J...). M. L. Jorrand, ex-conventionnel, ancien membre du conseil des cinq-cents et du conseil général du département de la Creuse, ancien maire d'Ahun. *Par.* 1846. 8. (Extrait du *Nécrologe universel du* XIXᵉ *siècle.*)

Jortin (John),
théologien anglais (23 oct. 1698 — 5 sept. 1770).
Disney (John). Memoirs of the life and writings of J. Jortin. *Lond.* 1792. 8.

Josaphat,
roi des Juifs (914 — 889 avant J. C.).
Reime (Heinrich Gottlieb). Harmonia vitæ Jehoschaphato, regis Judæ. *Jenæ.* 1713. 4.
—— Dissertatio de Jehoschaphato, Judæ rege, regis Israelitici in imperio socio. *Jenæ.* 1714. 4.
—— Dissertatio de numero annorum regiminis Jehoschaphati. *Jenæ.* 1714. 4.

Joseph,
vice-roi d'Égypte (1525 — 1415 avant J. C.).
Erpenius (Thomas). Historia Josephi patriarchæ ex Alcorano. *Lugd. Bat.* 1617. 4.
Die Zeit des Fürstenhauss Joseph's, etc. Lebens-und Re-

gierungsgeschichte des Vice-Re Joseph's, seiner Kinder und Kindskinder. *Augsb.* 1691. 12. (Avec gravures.)
Hoppe (E...). Dissertatio de philosophia Josephi, proregis Ægypti. *Helmst.* 1706. 4.
Jester (Friedrich Christian). Commentatio de juramento Josephi per vitam Pharaonis. *Regiom.* 1731. 4.
Review of the moral and political life and administration of the patriarch Joseph. *Lond.* 1743. 12.
Burckhard (Johann Balthasar). Oratio de criminibus Josepho patriarchæ a Morgano impactis. *Basil.* 1746. 4.
Ansaldi (Casto Innocente). Dissertatio : Josephi Ægypti olim proregis religio a criminationibus Basnagii vindicata. *Brix.* 1747. 8.
Trigland (Jacob). Dissertatio de Josepho patriarcha in sacri bovis hieroglyphico ab Ægyptiis adorato. *Lugd. Bat.* 1750. 4.
Piderit (Johann Rudolph Anton). Programmata II de titulo et nomine Josephi patriarchæ in Ægypto. *Cassel.* 1769. 4.
Heuser (Johann Albrecht). Dissertatio non inhumaniter sed prudentissime Josephum cum fratribus fecisse. *Halæ.* 1773. 4.
Kuechler (Carl Christian). Commentatio de causa, quare Josephus patrem non ante de se certiorem reddiderit, quam fratres in Ægyptum venissent. *Leucopet.* 1797. 4.
Der aegyptische Joseph als Cameralist und Plusmacher dargestellt. *Kairo (Leipz.).* 1805. 8.
Paur (Joseph Valentin). Geschichte des aegyptischen Joseph. *Linz.* 1822. 8.
Thur (M...). Joseph in Aegypten unter dem Schutze der göttlichen Vorsehung. *Leipz.* 1825. 8.
Der aegyptische Joseph als Vorbild der erhabensten Tugenden. *Augsb.* 1831. 8.

Joseph (Saint),
époux de Marie, mère de J. C.
Soto (F... Andres de). Leven van den H. Joseph, bruydegom van Onser Lieven Vrouwen. *Bruss.* 1628. 12.
Clisorius (Thomas). Lob und Wunderwerke des heiligen Joseph's. *Coeln.* 1666. 12.

Joseph,
empereur d'Allemagne (26 juillet 1678 — 5 mai 1705 — 17 avril 1711).
Leucht (Christian Leonhard). Austria S. R. J. conjux, s. electio et coronatio Josephi I. *Augsb.* 1691. Fol. *
* Cet ouvrage, écrit en allemand, a été publié s. l. pseudonyme de Cassander Tucatius.
Comazzi (Giovanni Battista). Coronazione del rè dell' Ungaria, Giuseppe. *Vienna.* 1697. 8.
Brean (Franz Xaver). Leich- und Lob- Rede des Kaysers Josephi I, etc. *Wien.* 1711. Fol.
Reifenstuell (Ignaz). Reichsherrschende Bildsäule, etc., Kaysers Josephi I. *Wien.* 1711. Fol.
Pfeiffersberg (Carl). Kaiser Joseph I von unsterblicher Tugend, etc., in einer Leichpredigt vorgestellet. *Wien.* 1711. Fol.
Mausoleum Joseph's I, etc. *Wien.* 1711. Fol.
Hansiz (Paul). Panegyricus divo Josepho I dictus. *Viennæ.* 1711. Fol.
Lange (Gottfried). Leben und Thaten des Kaysers Josephi I, sammt der einer seiner Regierung vorgefallenen Reichshistorie. *Leipz.* 1712. 8.
(**Rinck**, Eucharius Gottlieb). Joseph's, des Sieghafften Kaysers, Leben und Thaten. *Coeln.* 1712. 2 vol. 8.
(**Zschackwitz**, Johann Ehrenfried). Leben und Thaten Josephi I. *Leipz.* 1712. 8.
S... (C... M... G...). Ausführliche, niemals gedrückte (!) Geschichten, die sich unter der merkwürdigen Regierung Kaysers Josephi I zugetragen, worinnen besonders dessen Leben und Thaten vorgestellet werden. *Freyb. (im Breisg.)* 1727. 8.
Moser (Johann Jacob). Probe einer Staatshistorie unter der Regierung Kaiser Joseph's I. *Züllichau.* 1738. 8.
Wagner (Franz). Historia Josephi I cæsaris augusti felicis. *Viennæ.* 1745. Fol.
Herchenhahn (Johann Christian). Geschichte der Regierung Kaiser Joseph's I. *Leipz.* 1786-89. 2 vol. 8.

Jaeger (Johann Wolfgang). Defensio imperatoris I contra curiæ Romanæ bullas. *Tubing.* 1709. 4.

Joseph II,
empereur d'Allemagne (13 mars 1741 — 18 août 1765 — 20 février 1790).
(**Semmel**, Adam Gottlieb). Ehrengedächtniss der römi-

schen Königswahl und Krönung Joseph's II. *Augsb.* 1765. 12. Portrait.

Seitz (Philipp Jacob Nepomuck). Vollständiges Diarium der Wahl Joseph's II. *Mainz.* 1770. Fol.

Joseph II. *Augsb.* 1772. 4.

(Lippe-Weissenfeld, Carl Christian v. d.). Joseph II geschildert. *Lemgo.* 1772. 4. *Leipz.* 1775. 8. *

* La première édition ne porte pas le nom de l'auteur.

Lanjuinais (Joseph de). Le monarque accompli, ou prodiges de bonté, de savoir et de sagesse, qui font l'éloge de S. M. I. Joseph II, etc. *Lausanne.* 1774. 8. *Ibid.* 1777. 8. *Ibid.* 1780. 8.

Rossi (Joseph de). Notices intéressantes sur S. M. I. Joseph II, ou collection de quelques matériaux propres à fixer les opinions sur ce grand prince, etc., *Amst.* et *Par.* 1777. 8. *

* Une des plus grandes curiosités bibliographiques. J'ai vu un exemplaire de cet opuscule portant, de la main de l'auteur, la note suivante : « Il n'y a de cet ouvrage que ce seul et unique exemplaire; tous les autres, par raisons ou circonstances particulières, ont été perdus ou supprimés. C'est par ce motif que, lorsque S. M. I. vint ici en dernier lieu (Paris), madame de Rossi crut faire une chose agréable à la reine (Marie Antoinette) en lui présentant un exemplaire pour le faire passer à son auguste frère » (Note communiquée par M Gustave Fallot, sous-bibliothécaire de l'Institut, à M. Quérard).

Kluepfel (Engelbert). Panegyricus Josepho II dicatus. *Frib. Brisg.* 1779. Fol.

Geisler (Adam). Skizzen aus dem Leben und Character Joseph's II. *Halle.* 1785-91. 15 vol. 8.

(Seybold, David Christian). Joseph II; eine Skizze. *Leipz.* (*Strasb.*) 1786. 8.

Versuch über die Regierung Joseph's II. Kleine Staatsschrift von einem Ungar, s. l. 1788. 8.

Ludwig (Johannes). Zwei Gedächtnisspredigten auf den Tod Joseph's II. *Ulm.* 1790. 8.

Schneider (Eulogius). Trauerrede auf Joseph II. *Wetzlar.* 1790. 8.

Schmoelder (Friedrich Theodor). Gedächtnissrede auf den Tod Joseph's II. *Amst.* 1790. 8.

Brambilla (Johann Alexander v.). Rede auf den Tod Kaiser Joseph's II. *Wien.* 1790. 4.

Trenck (Friedrich v. d.). Trauerrede und patriotische Gedanken bey dem Grabe Joseph's II, römischen Kaisers, s. l. 1790. 8.

Oehler (Joseph). Kurze Lebensbeschreibung Kaiser Joseph's II. *Wien.* 1790. 12.

Joseph II. Schattenriss gezeichnet von einem Ausländer. *Frf.* 1790. 8.

Meusel (Johann Georg). Über Kaiser Joseph II, etc. *Leipz.* 1790. 8.

Armbruster (Johann Michael). Joseph II; ein Denkmal. *Wien.* 1790. 4.

Caronni (Felice). Orazione funebre per Giuseppe II, imperatore. *Vienn.* 1790. 4. Trad. en franç. (par N... N... Czepellack). *Vienn.* 1790. 4. (Omis par Quérard.)

Raisp (Anton). Tropæum Josephi II, Romanorum imperatoris, etc. *Zagrab.*, s. d. (vers 1790). 8.

Gengha (Annibale). Oratio in funere Josephi II, cæsaris imperatoris. *Rom.* 1790. 4.

Korber v. Korborn (Gregor Norbert). Laudatio funebris divi Josephi II imperatoris, etc. *Brunn.* 1790. 8.

Purmann (Johann Georg). Panegyricus divo Josepho II dictus. *Frf.* 1790. Fol.

Tham (Karel). Popsáni zivota Josefa II, slavné pameti. *Praze.* 1790. 8.

Kramerius (W... M...). Ksaft aneb posledni vule Josefa II. *Praze.* 1790. 8.

Caraccioli (Louis Antoine de). Vie de Joseph II, empereur d'Allemagne, etc. *Amst.* 1790. 8.

Trad. en allem. (par Gottlieb Benjamin Reichel.) *Leipz.* 1791. 8.

Trad. en holland. *Utrecht.* 1790. 8. Portrait.

Die Regierung Kaiser Joseph's II. *Leipz.* 1790. 8.

Pezzl (Johann). Characteristik Joseph's II; historisch-biographische Skizze. *Wien.* 1790. 8. *Ibid.* 1803. 8. *Ibid.* 1805. 8. *Ibid.* 1807. 8. *Ibid.* 8. Portrait.

Huebner (Lorenz). Lebensgeschichte Joseph's II, oder Rosen auf dessen Grab. *Salzb.* 1790. 2 vol. 8.

(Gaum, Johann Friedrich). Leben Joseph's II, bis an seinen Tod. *Ulm.* 1790. 8.

Leben Joseph's II, des unermüdeten Kaisers der Deutschen, etc. *Klagenf.* 1790. 8.

Skizzen der Lebensbeschreibung Kaiser Joseph's II. *Wien.* 1790. 8.

Vita e fatti di Giuseppe II, etc. *Lugano.* 1790. 2 vol. 8.

Hermstaedt (Johann Adolph). Kaiser Joseph's Leben und Tod. *Hersfeld.* 1791. 8.

Joseph II; noch eine biographische Skizze. *Wien.* 1791. 8.

Jenisch (Daniel). Divis manibus Josephi II. Lapidarische Inschrift nach der deutschen Uebersetzung von G... S... Fischer. *Berl.* 1791. 8.

Plachy (Andreas). Piis manibus Josephi II. *Budæ.* 1791. 8. (Chant funèbre.)

Bourrit (Pierre Marc Isaac). Oraison funèbre de l'empereur Joseph II. *Constance.* 1792. 8.

Huber (Franz Xaver). Geschichte Kaiser Joseph's II, römischen Kaysers und Königs von Ungarn. *Wien.* 1792. 2 vol. 8.

Keizer Joseph II als vorst en wijsgeer. *Amst.* 1792. 8.

Ungar (Carl). Joseph II, Vater des Vaterlands. *Prag.* 1793. 8.

Wolf (Peter Philipp). Geschichte der Veränderungen in dem religiösen, kirchlichen und wissenschaftlichen Zustande der österreichischen Staaten unter der Regierung Joseph's II. *Zürch.* 1793. 8.

Leben und Geschichte Kaiser Joseph's II. *Wien.* 1801. 5 vol. 8.

Cornova (Ignaz). Leben Joseph's II, römischen Kaisers, *Prag.* 1802. 8.

(Rioust, N...). Joseph II, empereur d'Allemagne, peint par lui-même, avec un précis sur la vie de ce prince. *Par.* 1816. 2 vol. 8. * *Brux.* 1823. 8. Portrait.

* Publ. s. l. lettres M. R.

Paganel (Camille). Histoire de Joseph II, empereur d'Allemagne. *Par.* 1843. 8. *Milan.* 1843. 8. *Par.* 1853. 8.

Trad. en allem. par Friedrich Koehler. *Leipz.* 1844. 2 vol. 12.

Trad. en ital. :

Par Giovanni Agrati. *Milan.* 1843. 2 vol. 18.

Par Gaetano Barbieri. *Milan.* 1844. 2 vol. 8.

Burckhardt (Eduard). Kaiser Joseph II in seinem Leben und Wirken. *Meiss.* 1855. 2 vol. 8.

Gross-Hoffinger (Anton Johann). Lebens- und Regierungsgeschichte Joseph's II und Gemälde seiner Zeit. *Stuttg.* 1835-57. 4 vol. 8. Portraits.

Ramshorn (Carl). Kaiser Joseph II und seine Zeit. *Leipz.* 1845. 8. Portraits.

Juste (Théodore). Histoire du règne de l'empereur Joseph II et de la révolution belge en 1790. *Brux.* 1845-46. 2 vol. 18.

Heyne (C... T...). Geschichte Kaiser Joseph's II. *Leipz.* 1848. 2 vol. 8.

Ille (E...). Kaiser Joseph II. *Münch.* 1850. 8.

Watteroth (Heinrich Joseph). Kosmopolitische Betrachtungen über das erste Regierungsjahr Joseph's II. *Wien.* 1783. 8.

Joseph's II (unter dem Namen des Grafen v. Falkenstein) unternommene Reisen. *Leipz.* 1778. 8.

(Geisler, Adam). Joseph's II in den Jahren 1780 und 1781 unternommene zweite und dritte Reise. *Halle.* 1781. 8.

Anecdoten und Characterzüge aus dem Leben Joseph's II. *Leipz.* 1789. 2 parts. 8.

Anecdoten und Characterzüge Kaiser Joseph's II, nebst einer Skizze seines Lebens. *Wien.* 1790-91. 3 parts. 8.

Buri (Ernst Carl Ludwig Ysenburg v.). Anecdoten aus dem Leben Kaiser Joseph's II. *Ehrenbreitenstein.* 1790-91. 4 parts. 8.

(Wende, Johann Christian). Merkwürdige Scene aus dem Leben Joseph's II und Pius VI. *Wien.* 1782. 8. *Marb.* 1782. 8.

Joseph II und Friedrich II; Beide auf dem Krankenbette. *Wien.* 1791. 8.

Joseph II und Friedrich II; nebst Anecdoten und Anmerkungen aus Beider Leben, etc. *Mannh.* 1803. 8.

Joseph's II Ankunft im Elysium und Unterredung mit Friedrich II. *Berl.* 1790. 8.

(Schroeckh, Samuel Jacob). Joseph II im Elysium. *Leipz.* 1790. 8.

Joseph's II Briefe. *Leipz.* 1822. 8. Trad. en franç. *Par.* 1822. 8.

Zauner (Franz). Denkmal, Joseph II errichtet, erklärt von Joseph ELLMAUER. *Wien.* 1807. 8.

Joseph Napoléon Bonaparte,
roi d'Espagne (7 janvier 1767 — 10 juin 1807 — 28 juillet 1844).

Mémoires et correspondance politique et militaire du roi Joseph, publ., annot. et mis en ordre par Albert DU CASSE. *Par.* 1853-54. 8 vol. 8.

Hugo (Jean Abel). Précis historique des événements qui ont conduit Joseph Napoléon sur le trône d'Espagne. *Par.* 1823. 8.

(**Belmontet**, N... N...). Biographie de Joseph Napoléon Bonaparte (comte de Survilliers). Lettre politique à la chambre des députés de 1850. *Par.* 1852. 8.

Biographical sketch of Joseph Napoleon Buonaparte. *Lond.* 1833. 8.

Joseph Emmanuel,
roi de Portugal (6 juin 1714 — 3 juillet 1750 — 23 février 1777).

Leben Joseph Emmanuel's, Königs von Portugal. *Nürnb.* 1778. 8.

Édit du roi pour avoir connaissance et révélation des auteurs et complices d'une conjuration formée contre sa personne (le 3 septembre 1758), avec le procès-verbal et la sentence au sujet des conjurés déjà exécutés. *Amst.* 1759. 8.

Der Portugiesische Hochverrath und Prozess der verurtheilten und hingerichteten Personen, wie ihn der Hof selbst öffentlich bekannt machen liess, nebst dem Decret des Cardinals Saldanha. *Frf.*, s. d. (1759.) 8.

Nouvelles intéressantes au sujet de l'attentat commis le 3 sept. 1758 sur le roi de Portugal. *Venise* (?) 1758. 8. Trad. en ital. par Francesco GRISELINI. *Venez.* 1760. 8.

Histoire de la dernière conjuration de Lisbonne, à laquelle on a joint deux pièces instructives, la première intitulée : la république des jésuites ou le Paraguay renversé ; la seconde : un décret du cardinal Saldanha pour la réforme des jésuites du Portugal. *Frf.* 1759. 8. (Trad. du portug.)

Sammlung merkwürdiger Nachrichten und Briefe, den in Frankreich und Portugal vorgehabten Königsmord betreffend. *Frf.* et *Leipz.* 1760. 4.

Olfers (Ignaz Friedrich M... v.). Über den Mordversuch gegen den König Joseph von Portugal am 3 Sept. 1758; historische Untersuchung. *Berl.* 1838. 4.

Memoirs of the court of Portugal and of the administration of the count of Oeyras. *Lond.* 1767. 8. Trad. en allem. *Frf.* (*Goetting.*) 1768. 8.

Josèphe (Flavius),
historien juif (37 — 69).

Tilmannus (G...). F. Josephi vita. *Par.* 1548. 8. (Extrêmement rare.)

F. Josephi de vita sua liber, græce, recensuit et notas adjecit Henricus Philippus Conradus HENKE. *Brunsv.* 1786. 8. (*D.*) Trad. en allem. par N... N... FRIESE, avec préface de Franz OBERTHUER. *Altorf.* 1806. 8.

Eckhard (Johann Friedrich). Biographie des berühmten jüdischen Geschichtsschreibers F. Josephus. *Leipz.* 1785. 8. (*D.* et *L.*)

Hoevell (G... R... van). F. Josephi vita. *Traj. ad Rhen.* 1833. 8.

Arnold (Christoph). Testimonium Flavianum, s. epistolæ XXX de F. Josephi testimonio quod Christo tribuit. *Norimb.* 1661. 12.

Brinch (Peter). Examen historiæ F. Josephi ; dissertatio. *Hannov.* 1701. 4.

Daubuz (Charles). Pro testimonio F. Josephi de Jesu Christo libri II. *Lond.* 1706. 8.

Csech (Joseph). In F. Josephi testimonium de Christo. *Frf. ad Viadr.* 1715. 4.

Wokenius (Franz). Dissertatio de usu, qui ex Josepho ejusque dictione ad illustrissimas S. S. literas et singillatim N. T. hauriri potest. *Sedin.* 1720. 4.

Freytag (Friedrich Gotthelf). Programma, quo codicem MS. F. Josephi bibliothecæ Portensis describit. *Numb.* 1727. 4.

Steuber (Christian Georg). Disquisitio de scriptis F. Josephi et fide, quam merentur. *Rintel.* 1754. 4.

Krebs (Johann Tobias). Observationes in Novum Testamentum e F. Josepho. *Lips.* 1755. 8.

Serenius (Jacob). Gesammelte Zeugnisse der Heiden und vornemlich des F. Josephus von Jesus Christus. *Goetting.* 1758. 8. (Trad. du suédois.)

Zopf (Johann Heinrich). Programm : Erörterung der Frage, ob des Josephus merkwürdiges Zeugniss von Jesus Christus ächt oder untergeschoben sci ? *Essen.* 1759. 4.

Kreussler (Ignaz). Illustre F. Josephi Judæi testimonium de Christo, a nota suspectæ fidei vindicatum. *Bamb.* 1770. 4.

Ress (Johann Heinrich). Über des F. Josephus Erwähnung von Christo. *Braunschw.* 1775. 8.

Knittel (Franz Anton). Neue Kritiken über das weltberühmte Zeugniss des alten Juden F. Josephus von Jesu Christo. *Braunschw.* et *Hildesh.* 1779. 4.

Bryant (James). Vindicæ Flavianæ, or a vindication of the testimony given by Josephus concerning our saviour Jesus Christ. *Lond.* 1780. 8.

Less (Gottfried). Prolusiones II super Josephi testimonio de Christo. *Goetting.* 1781. 4.

(**Tychsen**, Theodor Christian). Programma de Josephi autoritate et usu in explicandis libris sacris V. T. *Goetting.* 1786. 4.

Bretschneider (Carl Gottlieb). Capita theologiæ Judæorum dogmaticæ e F. Josephi scriptis collecta ; accessit παρεργον super Josephi de Jesu Christo testimonio. *Lips.* 1812. 8.

Eichstaedt (Heinrich Carl Abraham). Flaviani de Jesu Christo testimonii authentia, quo jure nuper sit defensa. *Jenæ.* 1813. 4.

Boehmert (Carl Friedrich). Über des Josephus Zeugniss von Christo. *Leipz.* 1823. 8.

Strittenberg (J... M...). Dissertatio historico-critica de testimonio de Jesu Christo F. Josephi. *Lund.* 1824. 4.

Korb (Wilhelm Friedrich). Anti-Carus, nebst Bemerkungen über das Zeugniss Josephi von Jesus Christus. *Leipz.* 1831. 8.

Schoedel (Friedrich Hermann). F. Josephus de Jesu Christo testatus. *Lips.* 1840. 8.

Eichstaedt (Heinrich Carl Abraham). Quæstiones VI super Flaviano de Jesu Christo testimonio auctuarium. *Jenæ.* 1841. 4.

Chasles (Philarète). De l'autorité historique de F. Josèphe. *Par.* 1841. 8.

Joseph-ben-Jehoudah,
poète juif du XIIIᵉ siècle.

Munk (Salomon). Notice sur Joseph-ben-Jehoudah ou Aboul Hadjadj Yousouf Yah'ja al Sabti al Magherbi, disciple de Maimonide. *Par.* 1842. 8. (P.)

Joseph de Copertino (Saint),
thaumaturge et soi-disant prophète italien (17 juin 1603 — 18 sept. 1663).

Compendio della vita, virtù e miracoli del B. Giuseppe di Copertino, sacerdote professo dell' ordine de' minori conventuali di S. Francesco. *Rom.* 1753. 8. *Ibid.* 1767. 4.

Leben des heiligen Joseph von Copertin. *Coeln.* 1753. 8. *Ibid.* 1767. 8.

Bernini (Domenico). Vita di S. Giuseppe de Copertino, sacerdote dell' ordine de' minori conventuali. *Rom.* 1767. 4. Portrait.

Abrégé de la vie de S. Joseph de Copertin. *Liége.* 1768. 12.

Heylig leven, wondere deugden en schone mirakelen van den H. Josephus van Cupertino (!). *Bruss.* 1768. 8.

Viguier (Pierre François). S. Joseph de Copertino, etc., béatifié par Benoit XIV et canonisé par Clément XIII, etc. *Par.* 1820. 12.

Joseph de Leonisse,
capucin italien (1556 — 4 février 1612).

Nayers (Pierre de). Vie du bienheureux Joseph de Leonisse, capucin. *Avign.* 1757. 16. Trad. en allem. *Coeln.* 1758. 12.

Abrégé de la vie et des miracles du bienheureux P. Joseph de Leonissa, religieux profès de l'ordre des FF. mineurs capucins, prédicateur, gardien et missionnaire apostolique, mis au nombre des bienheureux par N. S. P. le pape Clément XII, le 22 de juin 1737. *Luxemb.* 1758. 16.

Joseph (François Leclerc du Tremblay, plus
connu sous le nom de Père),
capucin, favori du cardinal duc de Richelieu (4 nov. 1577 — 18 déc. 1638).

(**Angers**, François d'). Vita et acta R. P. J. Leclerc, capucini. *Par.* 1645. 12.

Vie de J. Leclerc, capucin, commissaire général de toutes les missions. *Par.* 1645. 4.
Macé (Jean). Oraison funèbre du R. P. J. Leclerc, capucin. *Par.* 1649. 4.
Richard (René). Histoire de la vie du P. J. Leclerc du Tremblay, capucin, employé par Louis XIII dans les affaires d'Etat, instituteur des filles du Calvaire. *Par.* 1702. 2 vol. 12. *Genève.* (*Bes.*) 1704. 2 vol. 12.
Le véritable P. Joseph, capucin, contenant l'histoire anecdote du cardinal de Richelieu. *Saint-Jean de Maurienne.* (*Par.*) 1704. 12. (*Bes.*) *Ibid.* 1750. 2 vol. 12.
(**Richard**, René.) Réponse au livre intitulé *Le véritable P. Joseph*, etc. *Par.* 1704. 12.

Joséphine de Beauharnais,
première épouse de Napoléon, empereur des Français (24 juin 1763 — mariée le 9 mars 1796 — séparée le 16 déc. 1809 — 29 mai 1814).

(**Bornschein**, Johann Ernst). Leben der Madame Bonaparte, Gemahlin des ersten Consuls. *Gera*, s. d. (1803.) 8.
Leben der Madame Bonaparte, Gemahlin des ersten Kaisers der Franzosen. *Pirna.* 1804. 8. Portrait.
Leven van mevrouw Bonaparte. *Zutphen.* 1804. 8. Port.
Barral (Louis Mathieu de). Discours prononcé dans l'église paroissiale de Ruel, aux obsèques de l'impératrice Joséphine, le 2 juin 1814. *Par.* 1814. 8.
Trente années de la vie de Joséphine, impératrice des Français. *Par.* 1814. 8.
C... (F... F...). La vie et la mort de feu l'impératrice Joséphine, première femme de Napoléon Bonaparte. *Par.* 1814. 4.
(**Regnault-Warin**, Jean Baptiste Joseph Innocent Philadelphe). Mémoires et correspondance de l'impératrice Joséphine. *Par.* 1819. 8.
Normand (Marie Anne Le). Mémoires historiques et secrets de Joséphine (Marie Rose Tascher de la Pagerie), première épouse de Napoléon Bonaparte. *Par.* 1820. 2 vol. 8. (*Lv.*) *Ibid.* 1827. 3 vol. 8.
   Trad. en allem. par August BLUMENROEDER. *Ilmenau.* 1822. 8.
   Trad. en angl. par James M... HOWARD. *Philadelph.* 1848. 2 vol. 12.
Ducrest (mademoiselle). Mémoires sur l'impératrice Joséphine et ses contemporains. *Par.* 1850. 4 vol. 8. Trad. en russe. *Sanct-Petersb.* 1854. 4 vol. 8.
Avrillon (madame). Mémoires sur la vie privée de l'impératrice Joséphine, sa famille et sa cour. *Par.* 1831. 2 vol. 8. (*Lv.*) Trad. en allem. *Quedlinb.* 1834. 2 vol. 12.
Memes (J... S...). Memoirs of empress Joséphine. *Edinb.* 1831. 16. *New-York.* 1832. 18.
Garriga y Baucis (José). Vida privada de la emperatriz Josefina, su familia y su corte, etc. *Valencia.* 1836. 8. Port. (Extrait des *Mémoires de madame d'Avrillon.*)
Dibelius (Babette). Denkwürdigkeiten zur Geschichte der Kaiserin Joséphine. *Hannov.* 1845. 8.
Richards (N... N...). Histoire de l'impératrice Joséphine. *Par.* 1849. 12.
Abbott (John S... G...). History of the empress Joséphine. *New-York.* 1851. 16. Portrait.
Headley (P... C...). Life of the empress Joséphine, first wife of Napoleon. *Auburn.* 1852. 12.
Barrault-Roullon (C... H...). L'impératrice Joséphine et la famille Beauharnais; notice. *Par.* 1852. 8.

Het huwelijk van Napoleon en Josephine. *Amst.* 1814. 24.
Firmas-Periès (N... N... de). La bigamie de Napoléon. *Par.* 1815. 8.
Du divorce de Napoléon Bonaparte avec Joséphine, veuve Beauharnais. *Par.* 1815. 8.

Lettres de Napoléon à Joséphine pendant la première campagne d'Italie, le consulat et l'empire, et lettres de Joséphine à Napoléon et à sa fille (Hortense). *Par.* 1853. 2 vol. 8. *Berl.* 1833. 2 vol. 12. *Brux.* 1833. 2 vol. 8.
   Trad. en allem. :
   Par Eduard Maria OETTINGER. *Berl.* 1833. 16.
   Par Lebrecht Günther FOERSTER. *Quedlinb.* 1833. 2 vol. 12.
   Par Heinrich ELSNER. *Stuttg.* 1838-39. 2 vol. 8.
   Trad. en russe par A... TIMOFEJEW. *Saint-Pétersb.* 1834. 2 vol. 8.

Joséphine Ferdinandine de Bourbon,
infante d'Espagne.

Giell y Rente (José). Defensa legal de la serenissima señora infanta donna Josefa Fernanda de Borbon. *Par.* 1853. 4.

Josse (Saint),
prince de Bretagne († 13 déc. 669).

Abelly (Louis). Vie de S. Josse, prince de Bretagne. *Par.* 1666. 12. (*Des.*) *Abbeville.* 1814. 18. *Montreuil.* 1851. 12.

Josias, prince de **Saxe-Cobourg**, voy. **Sachsen-Coburg** (Friedrich Josias, Prinz v.).

Josué,
chef du peuple hébreu.

Hercklitz (Valentin Gottfried). Dissertatio quod Hercules idem sit ac Josua. *Lips.* 1706. 4. (*L.*)

Jouannet (François René Bénit Vatar),
littérateur français (31 déc. 1765 — 18 avril 1845).

Lamothe (L... de). Jouannet, sa vie et ses écrits. *Bord.* 1847. 4.
Lapouyade (Jean François). Essai sur la vie et les travaux de F. R. B. Vatar Jouannet, correspondant de l'Institut de France, bibliothécaire de la ville de Bordeaux. *La Réole.* 1848. 8.

Joubert (Barthélemi Catherine),
général en chef de l'armée d'Italie (14 avril 1769 — 16 août 1799).

Cornet (du Loiret). Discours prononcé à l'occasion de la mort du général Joubert. *Par.*, an VII (1799). 8.
Moreau (de l'Yonne). Discours prononcé sur la mort du général Joubert, s. l. et s. d. (*Par.* 1799.) 8.
Savary (de Maine-et-Loire). Discours sur la résolution relative à la célébration d'une fête publique à la mémoire du général Joubert, s. l. et s. d. (*Par.* 1799.) 8.
Mathieu (N... N...). Rapport sur les honneurs à rendre à la mémoire du général Joubert, s. l. et s. d. (*Par.* 1799.) 8.
Éloge funèbre du général Joubert, s. l. et s. d. (*Par.*, an VII.) 8.
Garat (Dominique Joseph). Éloge funèbre de Joubert. *Par.* 1799. 8.
Riboud (Thomas Philibert). Éloge du général Joubert. *Par.* 1799. 8. (Non mentionné par Quérard.)
Sonthonax (Léger Félicité). Éloge de Joubert. *Par.* 1799. 8.
Régnier (N... N...). Éloge du général Joubert. *Pont-de-Vaux*, an VII (1799). 8.
Guilbert (Philippe Jacques Étienne Vincent). Notice sur la vie de Joubert, général en chef de l'armée d'Italie. *Rouen.* 1799. 12.
Lalande (Jérôme Joseph Le François de la). Sur le général Joubert. *Par.* 1799. 8.
Lavallée (Joseph). Éloge du général Joubert. *Par.* 1800. 8.
Ordinaire (Casimir). Biographie du général Joubert et Stances au pied de sa statue le jour de son inauguration sur une des places publiques de Pont-de-Vaux, le 22 juillet 1852. *Mâcon.* 1852. 8.

Joubert (Joseph),
littérateur français (6 mai 1754 — 4 mai 1824).

Pensées, essais, maximes et correspondance de J. Joubert, précédés d'une notice sur sa vie, son caractère et ses travaux, par Paul RAYNAL. *Par.* 1849. 2 vol. 8.

Joubert (A...). Notice sur J. Joubert, ancien inspecteur général de l'université. *Par.* 1824. 8.

Joubert (Laurent),
médecin français (16 déc. 1529 — 21 oct. 1583).

Broussonnet (Jean Louis Victor). Notice sur L. Joubert, professeur et chancelier de l'université de médecine de Montpellier. *Montpell.*, s. d. 8. Portrait. (Omis par Quérard.)
Amoreux (Pierre Joseph). Notice historique et bibliographique sur la vie et les ouvrages de L. Joubert. *Montpell.* 1814. 8. Portrait.

Jouffroy d'Abbans (Claude François Dorothée, marquis de),
inventeur des pyroscapes (vers 1751 — 1832).

Mignet (François Auguste Alexis). Notice historique sur la vie et les travaux de M. Jouffroy. *Par.* 1853. 8.

Jouffroy (Jean de),
    cardinal d'Alby (vers 1412 — 24 nov. 1473).
Grappin (Pierre Philippe). Éloge historique de J. Jouffroy, cardinal d'Alby. *Besanç.* 1785. 12. (*Bes.*)
Jourdain Brechillet (Anselme Louis Bernard),
    médecin français (28 nov. 1734 — 7 janvier 1816).
Duval (J... R...). Notice historique sur la vie et les ouvrages de M. Jourdain. *Par.* 1816. 8.
        Jourdan (Athanase Jean Léger),
    jurisconsulte français (29 juin 1791 — 27 août 1826).
Taillandier (Alphonse Honoré). Notice nécrologique sur M. Jourdan. *Par.* 1826. 8.
        Jourdan (Jean Baptiste, comte),
    maréchal de France (29 avril 1762 — 24 nov. 1833).
Jourdan (Jean Baptiste). Opérations de l'armée du Danube, sous les ordres du maréchal Jourdan. *Par.* 1799. 8.

Le général Jourdan dévoilé aux yeux du peuple et traité comme il le mérite, s. l. et s. d. 8. (Pamphlet signé L(ENOIS?))
Fririon (N... N...). Discours prononcé sur la tombe de M. le maréchal Jourdan, s. l. et s. d. (*Par.* 1833.) 8.
Michaud (L... G...). Notices historiques sur le maréchal Jourdan, les généraux (comte Adolphe Frédéric) Kalckreuth et (Charles Jennings) Kilmaine, s. l. et s. d. 8. (Extrait du tome LXVIII de la *Biographie universelle.*)
     Jourdan, surnommé **Coupe-tête** (Mathieu **Jouve**),
    montagnard français (1749 — guillotiné le 27 mai 1794).
S... (C...). Jourdan Coupe-tête et les massacres de la glacière d'Avignon, ou résumé complet de l'histoire et des exploits du plus grand des montagnards. *Par.* 1849. 16.
        Jourdan (Sainte Colombe),
    prêtre français.
Poisson (Pierre). Oraison funèbre de S. C. Jourdan, aumônier de l'hôpital de Bourg en Bresse. *Bourg.* 1707. 4. (Échappé aux recherches de Quérard.)
     Jourgniac Saint-Méard * (François),
    officier français (1745 — 1827).
Jourgniac Saint-Méard (François). Mon agonie de trente-huit heures, ou récit de ce qui m'est arrivé, de ce que j'ai vu et entendu pendant ma détention dans la prison de l'abbaye Saint-Germain, depuis le 22 août jusqu'au 4 septembre 1792. *Par.* 1792. 8. (Très-rare.) *Ibid.* 1806. 8. *Ibid.* 1814. 8. (21e édition.)
    * On lui avait donné le titre de président de la Société universelle des Gobe-Mouches.
         Jousse (Daniel),
    jurisconsulte français (10 février 1704 — 21 août 1781).
Mantellier (P...). Éloge de Jousse. *Orléans.* 1847. 8.
       Jouy (Victor Joseph **Étienne** * de),
    littérateur français du premier ordre (1764 * — 4 sept. 1846).
Patin (Henri). Discours aux obsèques de M. de Jouy, (membre de l'Institut). *Par.* 1846. 8. (Extrait du *Journal des Débats*, tiré à part à très-petit nombre d'exempl.)
    * Étienne est le nom patronymique et Jouy est celui du lieu natal de cet écrivain. Quérard le fait naître par erreur en 1769.
      Jovellanos (Gaspar Melchor de),
    homme d'État espagnol (5 janvier 1744 — 27 nov. 1811).
Antillon (Isidro). Noticias historicas de D. G. M. de Jovellanos. *Palma.* 1812. 4.
Cean-Bermudez (Juan Agustin). Memorias para la vida del excelentissimo señor G. M. Jovellanos y noticias analiticas de sus obras. *Madr.* 1814. 8. Trad. en franç. *Par.* 1825. 8.
          Jovien,
    empereur romain (... — 23 juillet 363 — 17 février 364).
Schenkel (Lambert Thomas). Histori Joviani. *Prag.* 1617. 4.
La Bletterie (Jean Philippe René de). Histoire de l'empereur Jovien. *Par.* 1748. 2 vol. 12. *Amst.* 1750. 2 vol. 12. *Par.* 1776. 8.
        Jovius, voy. **Giovio.**
        Joyeuse (Anne, duc de),
    amiral de France (vers 1561 — tué le 20 oct. 1587).
Bref discours des faits les plus mémorables et de la mort de Mgr. A. duc de Joyeuse, s. l. 1588. 12. *
    * Attribué à Guillaume Ross.
        Joyeuse (François de),
    cardinal-archevêque de Rouen (24 juin 1562 — 27 août 1615).
Vallée (Philippe). Discours funèbre sur la mort de Mgr. le cardinal de Joyeuse. *Par.* 1615. 8.

Bénévent (Jérôme de). Harangue funèbre consacrée à l'heureuse mémoire de l'illustrissime cardinal de Joyeuse. *Par.* 1616. 8.
(Monstreuil, Jean de). Oraison funèbre de Mgr. le cardinal de Joyeuse, archevêque de Rouen, doyen du sacré collège. *Par.* 1616. 8.
Aubery (Antoine). Histoire du cardinal de Joyeuse, avec plusieurs mémoires, lettres, dépêches, ambassades, relations et autres pièces. *Par.* 1654. Fol.
        Joyeuse * (Henri, duc de),
    capucin et maréchal de France (1567 — 27 sept. 1608).
Humblot (François). Oraison funèbre du R. P. Ange de Joyeuse, provincial des capucins. *Lyon.* 1608. 8. (Peu commun.)
Tableau de la mort posté sur l'heureuse fin du R. P. Ange de Joyeuse. *Tours.* 1608. 8.
Masson (Jean Papire). Elogium H. Joyosæ, ordinis capucinorum. *Par.* 1611. 8. (P.)
Brousse (Jacques). Vie du P. Ange de Joyeuse, capucin. *Par.* 1621. 8.
Callières (Jacques de). Le courtisan prédestiné, ou le duc de Joyeuse, capucin. *Par.* 1661. 8. *Ibid.* 1672. 8. *Ibid.* 1682. 8.
    * Connu dans sa jeunesse sous le nom de comte du Bouchage et ensuite sous celui de Père Ange de Joyeuse.
     Juan d'Autriche, voy. **Jean d'Autriche.**
         Juba II,
    roi de Mauritanie († vers l'an 24 après J. C.).
Plagge (Wenceslaus). De Juba II, rege Mauretaniæ, dissertatio philologica. *Monast.* 1849. 8.
        Jubin ou **Gébuin** * (Saint),
    archevêque de Lyon († 18 avril 1082).
Cholleton (N... N...). Notice sur la vie et la translation des reliques de S. Jubin, archevêque de Lyon, s. l. et s. d. (*Lyon.* 1824.) 8.
Durand (Jean Baptiste). Notice sur S. Jubin, archevêque de Lyon, avec une dissertation sur l'authenticité de son corps et de son tombeau, etc. *Lyon.* 1826. 12.
Péricaud (Antoine). Notice historique sur S. Jubin, archevêque de Lyon. *Lyon.* 1826. 8. (Tiré à 100 exempl.)
    * Gébuin est le dernier des archevêques de Lyon qui ait été reconnu publiquement comme saint.
        Judas Ischariote *,
    l'un des douze apôtres.
Ribitius (Johannes). Disputatio, an Judas cœnæ Domini interfuerit. *Basil.* 1555. 8.
    * Ainsi nommé du lieu de sa naissance, ASTOTH.
Hebenstreit (Johann Friedrich). Dissertatio de Juda Ischarioth. *Witteb.* 1712. 4.
Ray (Johann Wilhelm). Anmerkungen über das Betragen und den Character des Judas Ischarioth. *Lemgo.* 1773. 8. (Trad. de l'anglais.)
Philipp (Johann Christian). Eigene Gedanken über den Verräther Judas, oder Vorstellung, wie unser Erlöser den Judas unter die Apostel habe aufnehmen und wie Judas an ihm zum Verräther habe werden können. *Naumb.* 1754. 8.
Oldendorp (Justus Christian). Conjecturæ de Juda Iscariothe in templo a Judæis occiso. *Hannov.* 1754. 4.
Zandt (Carl Gabriel). Commentatio de Juda proditore, Simonis Bethaniensis filio. *Lips.* 1769. 4.
Schollmeyer (Gustav). Jesus und Judas; historisch-kritischer Versuch. *Lüneb.* 1856. 8.
        Judas Thaddée,
    l'un des douze apôtres († vers l'an 80).
Quade (Michael Friedrich). Programma in epistolas et vitam Judæ. *Gryphisw.* 1709. 4.
Seelen (Johann Heinrich v.). Judas antifanaticus, s. observationes ad nonnullæ epistolarum Judæ loca, etc. *Lubec.* 1732. 4.
Gemelli (Ludovico). Panegirico di Juda Taddeo. *Napol.* 1793. 8. (Rare et curieux.)
Dahl (Johann Christian Wilhelm). Commentatio de αὐθεντια epistolarum Petrinæ posterioris et Judæ. *Rostoch.* 1807. 4.
Jessien (Adolph). Commentatio critica de authentia epistolarum Judæ. *Lips.* 1821. 8.
        Judas de Galilée,
    sectaire juif.
Schulze (Ernst August). Dissertatio de Juda Galilæo ejusque secta. *Frf. ad Viadr.* 1761. 4.

Judel (René François),
médecin français.

Beunaiche de la Corbière (Jean Baptiste). Éloge funèbre de R. F. Judel, docteur en médecine, ex-membre
du conseil des anciens. *Par.* 1828. 8.

Judith,
héroïne de l'histoire sacrée (vers 690 avant J. C.).

Schroeder (Benedict Georg). Oratio de Juditha Holofer-
nem in castris interficiente. *Lubec.* 1662. 4.

Montfaucon (Bernard de). Traité de la vérité de l'histoire de Judith. *Par.* 1692. 12.

Artopæus (Johann Christoph). Dissertatio, utrum narratio de Juditha et Holopherne historia sit an epopeia ?
Argent. 1700. 4.

(**Gibert**, Joseph Balthasar). Dissertation sur l'histoire
de Judith, dans laquelle on prouve que cette histoire
n'est arrivée qu'après la captivité de Babylone. *Par.*
1739. 8.

Niccolai (Alfonso). La Giuditta ; dissertazione. *Firenz.*
1765. 4.

Judith,
seconde épouse de Louis le Débonnaire, empereur d'Allemagne
(mariée en 819 — 848).

Gebauer (Georg Christian). Elogium historicum Judi-
thæ Augustæ Franciæ, uxoris secundæ Ludovici Pii.
Lips. 1720. 4.

Judith,
épouse d'Ethelred, roi de Wessex (vers 842 — mariée le 1er oct. 856).

Marchal (J...). De la fuite de Judith, reine douairière
de Westsex, avec le comte Baudouin (I), et de l'inféodation du marquisat de la Flandre, s. l. et s. d. (*Brux.*
1847.) 8. (Extrait des *Bulletins de l'Académie royale
de Belgique.*)

Judson (Adoniram),
théologien anglo-américain.

Clement (James). Life of the Rev. A. Judson, missionary to Burmah. *Auburn.* 1850. 12.

Hague (William). Life and character of A. Judson, etc.
Boston. 1851. 8.

Wayland (Francis). Memoir of the life and labours of
the Rev. A. Judson. *Lond.* 1853. 2 vol. 8.

Judson (Ann),
missionnaire anglaise, l'une des trois épouses du précédent.

Knowles (James David). Memoir of Mrs. Ann Harriet (?)
Judson, late missionary to Burmah. *Boston.* 1829. 12.
Ibid. 1845. 18.

Hennicke (F... A... E...). A. Judson, die Dienerin des
Herrn in Burmah; biographische Skizze. *Leipz.* 1840. 8.
Trad. en holland. *Amst.* 1842. 8.

Judson (Sarah),
missionnaire anglaise, épouse d'Adoniram (22 déc. 1789 — 24 oct. 1826).

Umrisse von den wichtigsten Lebensschicksalen der Frau
Judson, im Dienste der Mission im Birmanischen Reiche,
trad. du franç. par Johannes ROTHEN. *Basel.* 1848. 8.

Forester (Fanny). Memoir of S. Judson, member of the
American mission to Burmah, précédé d'une notice in-
troductive de E... D... UNDERHILL. *Lond.* 1849. 12.

Stuart (Arabella W...). Lives of the three Mrs. Judson,
wives of the Rev. Dr. Judson. *Auburn.* 1850. 12.

Juegert (Franz),
jurisconsulte allemand.

Tafinger (Friedrich Wilhelm). Programma de F. Juegert, JCto. *Tubing.* 1764. 4.

Juel (Jens),
amiral danois.

Syv (Peder). Lovskrift over J. Juels og Niels Juels ry-
giske Soetog. *Kjoebenh.* 1677. 4.

—— Aereminde over J. Juel. *Kjoebenh.* 1700. 4.

Juel (Just),
amiral danois.

Jonge (Niels). Viceadmiral J. Juels Liv og Levnetsbeskrivelse. *Kjoebenh.* 1755. 8. Trad. en allem. par Christian Gottlob MENGEL. *Kopenh.* 1756. 8.

Juel (Niels),
général danois (8 mai 1629 — 8 avril 1697).

Jespersen (Peder). Ligpraediken over N. Juel. *Kjoebenh.* 1699. Fol.

Gjöe (Marcus). Ligtale over N. Juel, publ. par Caspar
Peter ROTHE. *Kjoebenh.* 1753. 8.

Hagerup (Matthias). Ligtale over N. Juel. *Kjoebenh.*
1795. 8.

Garde (Hans Georg). N. Juel. *Kjoebenh.* 1842. 12.
N. Juel og hans Samtid; historisk Maleri fra Midten af det
17de Aarhundrede. *Kjoebenh.* 1847-48. 2 vol. 8. Trad.
en allem. *Leipz.* 1848. 2 vol. 12.

Juenger (Christian Friedrich),
pédagogue allemand (26 juin * 1724 — 17 sept. 1794).

Hecht (Friedrich August). Programma funebre : Pietas
in virum C. F. Juengerum declarata. *Freyberg.* 1794. 4.
* Ou selon d'autres biographes le 27 mai.

Juge de Saint-Martin (Jacques Joseph),
agronome français (16 sept. 1743 — 29 janvier 1824).

Ardant (N... N...). Notice nécrologique sur Juge de
Saint-Martin. *Limog.* 1824. 8.

Alluau (N... N...). Essai historique sur J. J. Juge de
Saint-Martin. *Limog.* 1827. 8.

Juglar (Joseph),
médecin français (vers 1779 — 2 juin 1843).

Relation des obsèques de M. J. Juglar, docteur en médecine de la faculté de Paris. *Par.* 1843. 8.

Juif errant,
personnage fabuleux.

Wunderlicher Bericht von einem Juden aus Jerusalem
bürtig und Ahasverus genannt, welcher fürgiebt, er sei
bei Kreuzigung Christi gewesen. *Leipz.* 1602. 4.

Dudulæus (Chrysostomus). Wahrhafftige Contrafactur
Aller Gestalt und Massen zu sehen diese Bildniss von
einem Juden von Jerusalem , Ahasverus genannt, etc.
Augsb. 1619. 4., s. l. 1634. 8., s. l. 1661. 8.

Relation oder kurtzer Bericht von zween Zeugen des Leidens unsers geliebten Heylandes Jesu Christi, deren
einer ein Heide, der Andere ein Jüd., s. l. 1645. 4.

(**Hadeck**, Johann Georg). Relation eines Waldbruders,
mit Namen Ahasverus, ein Jude, welcher bei der Creut-
zigung des Herrn Christi gewesen und von da annoch
herumb wallen und leben soll., s. l. 1684., 4, s. l. 1697. 4.

Niemann (Sebastian). De duobus testibus vivis passionis Christi. *Jenæ.* 1668. 4.

Thilo (Gottfried). Meletema historicum de Judæo immortali. *Witteb.* 1668. 4. *Ibid.* 1671. 4.

Schulz (Christian). Dissertatio historica de Judæo non
mortali, vulgo vom Ewigen Juden. *Regiom.* 1689. 4.
Ibid. 1693. 4. *Ibid.* 1698. 4. *Ibid.* 1711. 4.

Historische Nachricht von dem ewigen Juden, worin, dass
derselbe niemahls in rerum natura gewesen, gründlich
gezeiget wird. *Frf.* et *Leipz.* 1723. 4.

Histoire admirable du Juif errant, lequel depuis l'an 33
jusqu'à l'heure présente ne fait que marcher. *Bruges,*
s. d. 12. *Rouen.* 1731. 4.

Anton (Carl). Dissertatio, in qua lepidam fabulam ab Judæo immortali examinatur. *Helmst.* 1756. 4. *Ibid.* 1760. 4.

Ducos (Luis Fris). Historia del Judio errante. *Madr.*
1819. 8.

Graesse (Johann Georg Theodor). Die Sage vom ewigen
Juden, historisch entwickelt, mit verwandten Mythen
verglichen und kritisch beleuchtet. *Dresd.* et *Leipz.*
1844. 8.

(**Brunet**, Gustave). Notice historique et bibliographique
sur la légende du Juif errant. *Bord.* et *Par.* 1845. 12.
(Tiré à 50 exemplaires.)

Coremans (Victor Amedeus). La Licorne et le Juif
errant. Notes et idées touchant l'histoire de ces deux
traditions. *Brux.* 1845. 8.

Schoenhuth (Ottmar F... H...). Ahasverus, der ewige
Jude; eine wunderbare und gar erbauliche Historie, etc.
Reutling. 1849. 8.

Juigné (Antoine Éléonore Léon **Leclerc de**),
archevêque de Paris (2 nov. 1728 — 19 mars 1811).

Jalabert (Jean François Joseph). Oraison funèbre de
monseigneur A. E. L. Leclerc de Juigné, ancien archevêque de Paris, chanoine du chapitre impérial de Saint-
Denis, comte de l'empire, etc. *Par.* 1811. 4.

Lambert (Louis Amable Victor). Vie de messire A. É. Leclerc de Juigné, archevêque de Paris , duc et pair de
France et ancien évêque de Châlons-sur-Marne. *Par.*
1821. 12. (*Lv.*) *Ibid.* 1823. 8. Portrait. (*Lv.*)

Julia-Fontenelle (Jean Simon Étienne),
médecin français (18 oct. 1780 — .. février 1842).

Julia-Fontenelle (Henri). Notice sur M. Julia-Fontenelle. *Par.* 1843. 8. (*Lv.*)

Juliane Marie,
épouse de Frédéric V, roi de Danemark.

Ascanius (Peder). Oratio panegyrica in thalamos Friderici V et Julianæ Mariæ, etc. *Hafn.* 1752. 4.

Jules II,
pape, successeur de Pie III (élu le 1er nov. 1503 — 23 février 1513).

Vie du pape Jules II, grand ennemi du bon roi Louis XII et des François, etc. *Par.* 1615. 8. (Trad. du latin de Publio Fausto ANDRELINI.) — (*Bes.*)

Jules,
duc de Brunswick (29 janvier 1528 — 1568 — 3 mai 1589).

Algermann (Franz). Leben des Herzogs Julius von Braunschweig-Lüneburg, herausgegeb. von Friedrich Carl v. STROMBECK. *Helmst.* 1823. 4. Portrait.

Julianus (Salvius),
jurisconsulte romain.

Heineccius (Johann Gottlieb). Programma de S. Juliano, jurisconsultorum sua ætate coryphæo. *Halæ.* 1733. 4. (*D. et Lv.*)

Julien, surnommé **l'Apostat** (Flavius Claudius), empereur romain (6 nov. 331 — 361 — 27 juillet 363).

Madsen (Mogens). Oratio de Juliano Apostata. *Hafn.* 1605. 4.

Gaudenzio (Paganino). Liber de philosophica cognitione Juliani imperatoris. *Par.* 1641. 4.

Johnson (Samuel). Julian the Apostate, or an account of his life and the primitive Christians behavior towards him, etc. *Lond.* 1682. 8. Trad. en franç., s. l. 1688. 12.
—— Julian's arts to undermine and exstirpate Christianity. *Lond.* 1689. 8.

Triumph of Christianity, or the life of Claudius Flavius Julianus the Apostate. *Lond.* 1683. 8.

Rechenberg (Adam). Dissertatio de Juliani imperatoris apostasia. *Lips.* 1684. 8.

Ludewig (Johann Peter v.). Dissertatio de edicto Juliani contra philosophos christianos. *Halæ.* 1702. 4. *Ibid.* 1717. 4. *Ibid.* 1740. 4.

Weidener (Johann Joachim). Dissertationes II de Juliano per ullam orthodoxorum culpam Apostata. *Rostoch.* 1702. 4.
—— Dissertationes II de Juliano ex historicis genuinis vere Apostata. *Rostoch.* 1703. 4.

Bellman (Johan Arent). Julianus Apostata, olim imperator Romanus, exercitio philosophico adumbratus. *Upsal.* 1708. 8.

Ens (Johann). Oratio de persecutione Juliani. *Ultraj.* 1720. 4.

La Bletterie (Jean Philippe René de). Vie de Julien l'empereur (en VI livres). 1635. 12. * (*Bes.*) *Amst.* 1735. 12. *Par.* 1746. 12. *Ibid.* 1748. 2 vol. 12. *Ibid.* 1776. 12. *Reims.* 1810. 12.
Trad. en allem. par un anonyme. *Berl.* 1757. 8.
Par Johann Gebhard PFEIL. *Frf.* et *Leipz.* 1752. 8.
Trad. en angl. (par William BOWYER). *Lond.* 1746. 8.
Trad. en holland. *Utrecht* et *Rotterd.* 1793. 8.

Gude (Gottlieb Friedrich). Commentatio de artibus Juliani, paganam superstitionem instaurandi. *Jenæ.* 1739. 4.

Heumann (Christoph August). Dissertatio, in qua fabula de Juliani voce extrema *vicisti Galilæe* certis argumentis confutatur, ejusque origo in apricum profertur. *Goetting.* 1740. 4.

Desvoeux (A...). Life and character of Julian the Apostate. *Dubl.* 1746.8. (Echappé aux recherches de Lowndes.)

Warburton (William). Julian, or a discourse concerning the earthquake and fiery eruption, which defeated that emperors attempt to rebuild the temple of Jerusalem. *Lond.* 1750. 8. *Ibid.* 1751. 8.
Trad. en allem. *Gotha.* 1754. 8.
Trad. en franç. (par Guillaume MAZÉAS). *Par.* 1754. 2 vol. 12. (*Bes.*)

Mueller (Johann Samuel). Prolusiones II de rationalismo Juliani, minime rationali. *Hamb.* 1756. Fol. Trad. en allem. s. c. t. Abhandlung vom Kaiser Julianus, etc. *Hamb.* 1752. 4.

Pfeil (Johann Gebhard). Der göttlich besiegte Julian. *Gotha.* 1754. 8. *
* Cet ouvrage nous paraît être une simple traduction de l'ouvrage indiqué plus haut sous le nom de LA BLETTERIE.

Eckhard (Johann Friedrich). Programma de criminatione interfecti Juliani a christianis. *Isenac.* 1763. 4.

Argens (Jean Baptiste de Boyer d'). Défense du paganisme par l'empereur Julien. *Berl.* 1764. 8. *Ibid.* 1767. 8.

Meyer (Georg Friedrich). Beurtheilung der Betrachtungen des Herrn Marquis v. Argens über den Kaiser Julian. *Halle.* 1764. 8.

Crichton (Wilhelm). Betrachtungen über Kaiser Julian's Abfall von der christlichen Religion und dessen Vertheidigung des Heidenthums. *Halle.* 1765. 8.

Kluit (Adrian). Oratio pro imperatore Juliano Apostata. *Medioburg.* 1769. 4.

Krebs (Johann Tobias). Prolusio de argumentis pro veritate religionis christianæ ex Juliani reliquiis. *Grimm.* 1770. 4.

Einert (Christian Gottlob). Commentationum ad constitutiones Juliani imperatoris specimina II. *Lips.* 1771. 4.

Henke (Heinrich Philipp Conrad). Programma de theologia Juliani imperatoris philosophi. *Helmst.* 1778. 4.

Ongaroni (Francesco). De Juliani religione et gestis, deque templi Hierosolymitani instauratione, ab eodem Juliano attentata et divinitus impedita. *Mediol.* 1778. 4.

Cramer (J... C... L...). Programma de inconstanti Juliani imperatoris adversus Christianos clementia. *Thorun.* 1791. 4.

Wiggers (Gustav Friedrich). Dissertatio de Juliano Apostata, religionis christianæ et christianorum persecutore. *Rostoch.* 1810. 4.

Muecke (Samuel Traugott). Dissertatio de Juliano imperatore scholis Christianorum infesto, etc. *Schleusing.* 1811. 4.

Neander (August). Über Kaiser Julian und sein Zeitalter. *Heidelb.* 1812. 8. Trad. en angl. s. c. t. The emperor Julian and his generation; and historical picture, par G... V... Cox. *Lond.* 1850. 12.

Jondot (Etienne). Histoire de l'empereur Julien, etc. *Par.* 1817. 2 vol. 8. (*Bes.*)

Herwerden (C... H... van). Commentatio de Juliano imperatore religionis christianæ hoste eodemque vindice. *Lugd. Bat.* 1827. 4.

Koerner (Julius). Kaiser Julian der Abtrünnige, oder die traurigen Folgen der Verunstaltung des reinen Christenthums. *Schneeb.* 1850. 8.

Schulze (H...). Dissertatio de philosophia et moribus Juliani Apostatæ. *Stralsund.* 1839. 4.

Scheler (August). De Juliani Apostatæ ea vitæ parte, quæ precessit imperium, dissertatio. *Aug. Vind.* 1839. 8.

Faehne (C... P...). Specimen narrationis de Juliani Augusti in Asia rebus gestis usque ad bellum Persicum. *Budiss.* 1840. 4.

Horkel (Johann). Emendationes Julianeæ. *Berol.* 1841. 8.

Teuffel (Wilhelm Sigismund). Dissertatio de Juliano imperatore Christianismi contemptore et osore. *Tubing.* 1844. 8.

Desjardins (Abel). L'empereur Julien; thèse, etc. *Par.* 1845. 8.

Duculot (N... N...). De la restauration néoplatonicienne du polythéisme sous l'empereur Julien. *Louv.* 1848. 8.

Julien (Pierre),
statuaire français (1731 — 17 déc. 1804).

Lebreton (Joachim). Notice historique sur la vie et les ouvrages de P. Julien, statuaire, de l'ancienne Académie de peinture et de sculpture. *Par.* au XIV (1805). 8. (Echappé aux recherches de Quérard.)

Julien (Jean Joseph),
jurisconsulte français (10 oct. 1704 — 25 mars 1789).

Mottet (Alphonse). Éloge de J. J. Julien. *Aix.* 1852. 8.

Julienne (Sainte),
religieuse belge (1193 — 1258).

Bertholet (Jean). Vies de S. Julienne et de la bienheureuse Eve, ou histoire de l'institution de la Fête-Dieu. *Liége.* 1646. 4. *Ibid.* 1765. 4. *Ibid.* 1846. 4. (Avec 17 gravures.) *Ibid.* 1846. 12 et 18. Portrait. Trad. en flam. *Hasselt.* 1846. 12.

Noüe (Arsène de). Vie de S. Julienne de Rétinne. *Liége.* 1846. 12.

La Fête-Dieu, S. Julienne et l'église S. Martin (à Liége), esquisses historiques, etc. *Liége.* 1846. 12. Portrait.

Notice sur S. Julienne. *Par.* 1846. 52. Portrait.

Vies de S. Julienne et de la bienheureuse Eve, ou histoire de l'institution de la Fête-Dieu, etc. *Liége,* s. d. (1846.) 8. (Seulement 7 pages.)

Complainte historique du jubilé, comprenant la vie très-circonstanciée de S. Julienne et tout ce qui a rapport à l'institution de la Fête du Saint - Sacrement. *Liége,* s. d. (1846.) 52.

Deschamps (Victor). Le plus beau souvenir de l'histoire de Liége. 1246-1846. *Liége.* 1846. 12. Trad. en flam. *Luik.* 1846. 18.

Chavin de Malan (Émile). Jubilé de Liége, 1246-1846. S. Julienne et la Fête-Dieu. *Par.* 1846. 4. Portrait.

Luik en het feest van het lichaem en het bloed des Heeren, met de levens van de heilige Juliana en de hoogzalige Eva. *Luik.* 1846. 4. Portrait. Trad. en. allem. *Lüttich.* 1846. 4. Portrait.

Geschichte der Einsetzung des Frohnleichnamsfestes, mit dem Leben der heiligen Julianne und Eva, als der ersten Verkündigerinnen desselben, etc. *Passau.* 1846. 12. *Ibid.* 1853. 12.

Julius (Michael),
théologien allemand (1531 — 27 déc. 1605).

Wilke (Andreas). Oratio funebris in obitum M. Julii. *Erford.* 1606. 4. (*D.*)

Jullian (Pierre Louis Pascal de),
l'un des agents de Fouché.

Souvenirs de ma vie, depuis 1774 jusqu'en 1814. *Par.* 1815. 8. (*Lv.*)

* Publ. s. les lettres initiales M. de J...

Jullien (Auguste Étienne),
littérateur français (15 sept. 1779 — 22 février 1845).

Jullien (Auguste). A. É. Jullien, intendant militaire en retraite, poète et littérateur, officier de la Légion d'honneur, chevalier de Saint-Louis. *Par.* 1847. 8. (Extrait du *Nécrologe universel du xixe siècle.*)

Jullien dit de Paris (Marc Antoine),
littérateur français (10 mars 1775 — 28 oct. 1848).

Notice biographique sur M. A. Jullien, de Paris, sous-intendant militaire. *Par.* 1851. 8. (Extrait de la *Biographie universelle et portative des Contemporains.*)

Boileau d'Auxy (L...). Biographie de M. Jullien, de Paris. *Par.* 1842. 8. (Extrait de la *Revue générale biographique, politique et littéraire.*)

Jullien de Courcelles (Jean Baptiste Pierrier),
magistrat français (14 sept. 1759 — 24 juillet 1834).

Notice sur la vie et les ouvrages de M. de Courcelles, s. l. et s. d. (*Par.* 1835.) 8.

Juncker (Christian),
pédagogue allemand (16 oct. 1668 — 19 juin 1714).

Ehrengedächtniss C. Juncker's, in welchem dessen Gelehrsamkeit, Leben und Tod entworfen, etc. *Schleusing.* (1714.) 4. (*D.*)

Gellius (Johann Gideon). Epistola ad Joannem Albertum Fabricium de morte et scriptis C. Junckeri. *Dresd.* 1714. 4. (*D.* et *L.*)

Jung (Joachim),
philosophe allemand (22 oct. 1587 — 23 sept. 1657).

Vogel (Martin). Historia vitæ et mortis J. Jungii. *Hamb.* 1657. 4. *Argent.* 1638. 4.

Guhrauer (Gottschalk Eduard). Commentatio historico-litteraria de J. Jungio. *Vratisl.* 1846. 8.

—— J. Jungius und sein Zeitalter. *Stuttg.* et *Tübing.* 1851. 8.

Jungermann (Caspar),
jurisconsulte allemand.

Schmuck (Vincenz). Leichenpredigt auf C. Jungermann, nebst dessen Lebenslauf und Matthias **Dresser's** Programmate academico. *Leipz.* 1606. 4. (*L.*)

Jungermann (Ludwig),
médecin-botaniste allemand (4 juillet 1572 — 8 juin 1653).

Koenig (Georg). Leichenpredigt auf Herrn Dr. L. Jungermann. *Alld.* 1653. 4.

Trew (Abdias). Programma in L. Jungermanni funere. *Altorf.* 1653. 4.

Junghans (N... N...),
théologien norvégien.

(**Lampe**, Johann Friedrich). Lyktale over Junghans, Sognepraest til Skjerstad. *Tromsoe.* 1843. 8.

Jungmann (Josef Jacob),
littérateur bohème (16 juillet 1773 — 14 nov. 1847).

Celakovsky (Ladislaus). Dodávky ke slovniku J. Jungmanna. *Praze.* 1850. 4.

Jungmann (Justus),
savant allemand.

Otto (Georg). Oratio funebris in obitum J. Jungmanni. *Cassel.* 1668. 4.

Jung-Stilling (Johann Heinrich),
littérateur allemand (12 sept. 1740 — 2 avril 1817).

Jung (Johann Heinrich). H. Stilling's Jugend, Jünglingsjahre, Wanderschaft und häusliches Leben. *Berl.* 1777-79. 3 vol. 8. Augment. s. c. t. Lebensbeschreibung J. H. Jung's. *Berl.* 1806. 5 vol. 8.

Schwarz (Friedrich Heinrich Christian). Jung-Stilling's Alter. *Heidelb.* 1817. 8. *

* Ce supplément, formant le sixième volume de la précédente autobiographie, est orné de son portrait.

Worte der Erinnerung an J. H. Jung, genannt Stilling. *Nürnb.* 1818. 8. (*D.*)

Wright (John). Life of H. Stilling; abridged by Samuel **Jackson**. *Lond.* 1847. 24.

J. H. Jung, mit dem Schriftellernamen Heinrich Stilling. *Leipz.* 1851. 8.

Junius,
publiciste pseudonyme anglais du xviiie siècle.

Junius's letters, (publ. depuis le 21 janvier 1769 jusqu'au 21 janvier 1771 dans le *Public Advertiser*). *Lond.* 1771. 8. *Ibid.* 1796. 2 vol. 12. *Ibid.* 1810. 8. *Ibid.* 1813. 4. Avec des notes par **Atticus Secundus**. *Edinb.* 1822. 8.

    Trad. en allem. par Arnold **Ruge**. *Leipz.* 1847. 8.   *Ibid.* 1848. 12.

    Trad. en franç. :
      (Par Jean Baptiste **Varney**). *Par.* 1791. 2 vol. 8.
      Par Jacques Théodore **Parisot**. *Par.* 1823. 2 vol. 8.

(**Thickness**, Philip). Junius discovered. *Lond.* 1789. 8. *

* L'auteur attribue les lettres de Junius à John Horne Tooke.

Chalmers (George). Appendix to the Supplemental Apology, being the documents for the opinion, that Mr. Hugh Boyd was the writer of Junius. *Lond.* 1800. 8.

Reasons for rejecting the presumptive evidence of Mr. John Almon, that Mr. Hugh Boyd was the writer of Junius. *Lond.* 1806. 2 vol. 8.

Attempt to prove the major-general Charles Lee, of the American army, the author of Junius. *Lond.* 1808. 8.

Roche (John). Inquiry concerning the author of the letters of Junius, in which it is proved, by internal as well as direct and satisfactory evidence, that they were written by the Right Hon. Edmund Burke. *Lond.* 1813. 8.

(**Taylor**, John). Discovery of the author of the letters of Junius. *Lond.* 1813. 8. *

* Attribuant les lettres de Junius à sir Philipp Francis.

Girdlestone (Thomas). Facts tending to prove, that general (Charles) Lee was the author of Junius. *Lond.* 1813. 8.

Duppa (Richard). Memoirs by a celebrated literary and political character (Richard Glover). *Lond.* 1813. 8.

Inquiry into the author of the Letters of Junius. *Lond.* 1814. 8.

Sequel of an attempt to discover Junius. *Lond.* 1815. 8.

Letters to a Nobleman, proving the late prime minister (the duke of Portland) to have been Junius. *Lond.* 1816. 8.

Busby (Thomas). Arguments and facts proving, that the letters of Junius were written by John Lewis Delolme. *Lond.* 1816. 8.

(**Taylor**, John). The identity of Junius with a distinguished living character established. *Lond.* 1816. 8.

Chalmers (George). The author of Junius ascertained. *Lond.* 1817. 8.

Wilmot Serres (Olivier). Junius S. Philip Francis denied, etc. *Lond.* 1817. 8.

Blakeway (J... B...). Attempt to ascertain the author of Junius' letters. *Lond.* 1817. 8.

The author of Junius discovered in the person of the celebrated lord Chesterfield. *Lond.* 1821. 8.

The claims of sir Philip Francis refuted, with a supplement to Junius discovered. *Lond.* 1823. 8.

Coventry (George). Critical inquiry regarding the real author of the letters of Junius, proving them to have been written by lord viscount Sackville. *Lond.* 1825. 8.

Graham (John A...). Memoir of John Horne Tooke and his identity with Junius. *New-York.* 1827. 8.

Taylor (John). Identity of Junius with sir Philip Francis. *New-York.* 1828. 8.

Junius unmasked. Boston. 1828. 8. *
* Revendiquant l'honneur pour lord Sackville.

Jaques (John). History of Junius and his works, and a review of the controversy respecting the identity of Junius, with an appendix, containing portraits and sketches by Junius. *Lond.* 1844. 8. *
* Pour lord Sackville.

Britton (John). The authorship of the Letters of Junius elucidated, with a biographical sketch of colonel Barré. *Lond.* 1848. 8. *
. * Accomp. d'un portrait du prétendu auteur de ces lettres, le colonel Barré.

Dwarris (Fortunatus). Some new facts and a suggested new theory, as to the authorship of the Letters of Junius. *Lond.* 1850. 8. *
* L'auteur se déclare pour Philip Francis.

Cramp (William). Junius and his works. *Lond.* 1851. 8. *
* Il suppose que lord Chesterfield soit l'auteur de ces lettres.

Junius (Adriaan),
médecin hollandais (1er juillet 1511 — 16 juin 1575).

Scheltema (Pieter). Diatribe in H. Junii vitam, ingenium, familiam, merita literaria. *Amst.* 1836. 8. Portrait. *(Ld.)*

Junius (Friedrich August),
jurisconsulte allemand (18 août 1718 — 2 avril 1768).

Ernesti (Johann August). Programma academicum in memoriam F. A. Junii. *Lips.* 1768. Fol. *(D.)*

Junius * (Franciscus),
théologien français (1er mai 1545 — 13 oct. 1602).

F. Junii vita ab ipso conscripta, in lucem vero edita a Paulo MERULA. *Lugd. Bat.* 1595. 4. *(D.)*

Gomar (François). Oratio funebris in obitum F. Junii, Biturigis, etc. *Lugd. Bat.* 1602. 4.
* Son nom de famille était Dujon.

Junius (Ulrich),
mathématicien allemand (17 oct. 1670 — 26 mars 1726).

(**Jenichen**, Gottlieb Friedrich). Programma academicum ad exuvias U. Junii, etc. *Lips.* 1726. Fol. *(D. et L.)*

Junker (Johann),
médecin allemand (23 déc. 1679 — 25 oct. 1759).

Meier (Georg Friedrich). Programma funebre in obitum J. Junkeri. *Halæ.* 1759. 4.

Junkheim (Johann Zacharias Leonhard),
théologien allemand (8 sept. 1729 — 17 août 1790).

Seiler (Georg Friedrich). Junkheim's Character und Verdienste. *Erlang.* 1790. 8.

Junot, voy. **Abrantès.**

Jupiter Ammon,
personnage mythologique.

Strauch (Ægidius). Dissertatio de Jove Hammone. *Witteb.* 1669. 4.

Olivier (René). Dissertation sur Jupiter Ammon. *Par.* 1756. 4. (Non mentionné par Quérard.)

Huellmann (Carl Dietrich). Dissertatio historico-critica de Jove Hammone. *Regiom.* 1811. 4.

David (Eméric). Jupiter. Recherches sur ce dieu, sur son culte et sur les monuments qui le représentent. *Par.* 1833. 2 vol. 8.

Schmidthenner (Christian Jacob). Syntagma de Jove Hammone. *Weilburg.* 1840. 4.

Juret (François),
littérateur français (1553 — 21 déc. 1626).

Amanton (Claude Nicolas). Note sur F. Juret, Dijonnais. *Dijon.* 1813. 8.

Jussieu (Adrien de),
botaniste français (1791 — .. juillet 1853).

Funérailles de M. A. de Jussieu. Discours prononcés sur sa tombe par Adolphe BRONGNIART, C. DUMÉRIL, M. DE-CAISNE et Milne EDWARDS. *Par.* 1853. 4.

Jussieu (Antoine Laurent de),
botaniste français, père du précédent (12 avril 1748 — 17 sept. 1836).

Notice biographique sur A. L. Jussieu, s. l. et s. d. (Lyon. 1800.) 8. Portrait. (Extrait du journal *Le Midi industrieux, savant, moral et littéraire.*)

Brongniart (Adolphe Théodore). Notice historique sur A. L. de Jussieu. *Par.* 1837. 8. Portrait.

Flourens (Pierre). Éloge historique d'A. L. de Jussieu. *Par.* 1838. 4.

(Carl) Linnaeus and Jussieu, or the rise and progress of systematic botany. *Lond.* 1845 (?). 8.

Just (Carl Philipp),
syndic de la ville de Zittau (29 janvier 1708 — 16 mai 1767).

Richter (Adam Daniel). Der getröstete Muth eines Gerechten in seinem Tode, oder Denkschrift auf C. P. Just, Syndicus und Scholarchen des Gymnasiums zu Zittau. *Zittau.* 1787. Fol.

Just (Justus Coelestin?),
jurisconsulte allemand († 21 mars 1822).

Loew (Johann Adolph). Characterschilderung des königlich preussischen Ober-Regierungsraths Just. *Halle.* 1825. 8. Portrait.

Juste (Théodore),
historien belge (13 février 1818 — ...).

(**Potvin**, Charles). M. T. Juste, chevalier de l'ordre de Léopold. *Brux.* 1852. 8.

Justi (Carl Wilhelm),
théologien allemand (14 janvier 1767 — 7 août 1846).

Henke (Ernst Ludwig Theodor). Memoria C. G. Justi, philosophiæ et theologiæ doctoris et professoris cœtus Luther. per Hassiam superiorem superintendentis, etc. *Marb.* 1847. 4. *(L.)*

Justi (Leonhard Johann Carl),
théologien allemand (5 déc. 1753 — 12 mai 1800).

Curtius (Michael Conrad). Memoria L. J. C. Justi. *Goetting.* 1800. 4. *(L.)*

Justi (Philipp Conrad),
théologien allemand (10 février 1728 — 25 mai 1782).

Engelschall (Joseph Friedrich). Leben und Character des Herrn P. C. Justi, ehemaligen Oberpfarrers bei der Stadtkirche zu Marburg. *Marb.* 1819. 8.

Justin,
empereur d'Orient (565 — 578).

Menander. Historiarum libri VIII (depuis 560 — 582) publ. par Carlo CANTOCLARI: *Par.* 1609. 8. Avec le texte grec. *Par.* 1648. Fol.

Theophanes Byzantius. Historiarum libri X (567 — 577.) publ. en grec par David HOESCHELIUS. *Aug. Vind.* 1601. Fol.
Trad. en latin :
Par Andreas SCHOTT. *Genev.* 1615. Fol. *Rothomag.* 1653. Fol.
Par Philippe LABBE. *Par.* 1647. Fol.

Justin (Saint),
philosophe et martyr (décapité vers 165).

Halloix (Pierre). Vita et documenta S. Justini, philosophi et martyris, etc. *Duaci.* 1622. 8. *(D.)*

Schmidt (Johann Andreas). Programma de theologia Justini martyris morali. *Helmst.* 1698. 4. *(D.)*

Rau (Joachim Justus). Diatribe historico-philosophica de philosophia S. S. Patrum Justini martyris et Athenagoræ. *Jenæ.* 1735. 4. *(D.)*

Reuchlin (Johann Jacob). Dissertationes III de doctrina Justini martyris. *Argent.* 1747. 4.

Gratianus (Philipp Christoph). Dissertatio de memorabilibus Justini martyris historicis atque dogmaticis. *Tubing.* 1766. 4.

Seiler (Georg Friedrich). Christologia Justini martyris. *Erlang.* 1775. 4.

Oberthuer (Franz). Dissertatio, exponens S. Justini de præcipuis religionis dogmatibus sententiam. *Wirceb.* 1777. 8.

Tamburini (Pietro). Analisi delle apologie di S. Giustino martire, etc. *Pavia.* 1792. 8.

Zastrau (Daniel Friedrich). Dissertatio de Justini martyris studiis biblicis. *Vratisl.* 1852. 8.

Kaye (John). Some account of the life and writings of Justin martyr. *Lond.* 1836. 8. *Ibid.* 1853. 8.

Junius (Franz Johann Jacob Albert). Dissertatio de Justino Martyre Apologeta adversus Ethnicos. *Lugd. Bat.* 1836. 8.

Semisch (Carl). Justin der Märtyrer; kirchen- und dogmengeschichtliche Monographie. *Bresl.* 1840-42. 2 vol. 8.

Otto (Johann Christian Theodor). Dissertatio de Justini martyris scriptis et doctrina. *Jenæ.* 1841. 8.

Volkmar (G...). Über Justin den Märtyrer und sein Verhältniss zu unsern Evangelien ; ein Programm. *Zürch.* 1855. 8.

Justine (Sainte),
martyre italienne.

Martis (Antonio). Vida y milagros de las santas virgines Justa, Justina y Enedina, etc. *Sassari.* 1616. 8. Trad. en latin. *Neapol.* 1756. 8.

Pignoria (Lorenzo). Vita di S. Giustina vergine e protomartire Padovana. *Padov.* 1626. 4.

Justinien,
empereur d'Orient (11 mai 483 — 527 — 27 janvier 565).

Procopius Cæsareensis. Historiarum sui temporis libri VIII, publ. par David Hoeschelius. *Aug. Vind.* 1607. Fol. Réimprim. par Claude Maltrete. *Par.* 1662. Fol.
    Trad. en allem. par Peter Friedrich Kanngiesser. *Greifsw.* 1827-51. 4 vol. 8.
    Trad. en angl. par Henry Holcroft. *Lond.* 1653. Fol.
    Trad. en franç. par Guillaume Paradin. *Lyon.* 1578. 8.
—— Anecdota, s. historia arcana Justiniani, publ. par Niccolò Alemanni. *Lugd. Bat.* 1614. Fol. *Ibid.* 1623. 8. Réimprim. par Johann Eichel. *Helmst.* 1654. 4. *Col. Agr.* 1669. Avec des notes par Claude Maltrete. *Par.* 1663. Fol. Publ. par Johann Conrad Orelli. *Lips.* 1827. 8.
    Trad. en allem. (par Johann Paul Reinhard.) *Erlang.* 1753. 8.
    Trad. en angl. *Lond.* 1674. 8.

Baldi (Bernardino). Difesa di Procopio contro le calunnie di Flavio Biondi, con alcuni considerazioni intorno al luogho, ove segui la giornata fra Totila e Narsete. *Venez.* 1627. 4. *Urbino.* 1627. 4.

Trivorius (Gabriel). Observationes apologeticæ adversus quosdam jurisconsultos et Procopii *Anecdota. Par.* 1651. 4.

Myrinæus (Agathias). De rebus gestis imperatoris Justiniani libri V (depuis 552 jusqu'en 559) publ. en grec et en latin par Bonaventura Vulcanius. *Lugd. Bat.* 1594. Fol. *Par.* 1660. Fol.

Balduinus (Franciscus). Justinianus, s. de jure novo commentariorum libri IV. *Basil.* 1560. 8. *Argent.* 1591. 8. *Genev.* 1596. 8. *Halæ.* 1728. 8.

Perrin (Gilles). Vita Justiniani. *Par.* 1576. 8. *Frf.* et *Lips.* 1710. 8.

Corvinus de Beldern (Arnold). Imperator Justinianus magnus, catholicus, augustus, triumphator. *Mogunt.* 1618. 12. *Vindob.* 1766. 12.

Rivinus (Thomas). Defensio Justiniani. *Lond.* 1626. 8. *Frf.* 1628. 8. Publ. par Johann Eichel. *Helmst.* 1654. 4.

Guinet (François). Justinianus M. *Par.* 1628. 8.

Gaudenzio (Paganini). Gloria Justiniani imperatoris vindicata. *Florent.* 1639. 4.

Rango (Conrad Tiburtius). Vita Justiniani imperatoris. *Frf. ad Viadr.* 1661. 12.

Vogel (Hermann). Dissertatio de Justiniano. *Witteb.* 1672. 4.

Schurzfleisch (Conrad Samuel). Dissertatio de Justiniano orthodoxo. *Witteb.* 1682. 4.

Doppert (Johann). Selectiora ex Justiniani M. historia. *Schneeb.* 1714. 4.

Wieling (Abraham). Schediasma de Justiniano et Theodora Augustis. *Franeq.* 1729. 8.

Ludewig (Johann Peter v.). Vita Justiniani M. atque

Theodoræ Augustorum, nec non Triboniani, etc. *Halæ.* 1731. 4.

Schwarz (Gottfried). Imperator Cæsar Justinianus M. Slavicæ genti vindicatus. Schediasma historico-philogicum, etc., s. l. et s. d. (*Witteb.* 1742). 4.

Merkelbach (C... M...). Dissertatio de Justiniano legislatore. *Groning.* 1767. 4.

Invernizzi (Filippo). De rebus gestis Justiniani M. *Rom.* 1785. 8.

Bruckner (Wilhelm Hieronymus). Programma de quæstione, an Justinianus imperator recte usurpaverit titulos Germanici et Alemannici ? *Jenæ.* 1709. 4.

Chifflet (Jean). Apologetica dissertatio de juris utriusque architectis Justiniano, Triboniano, Gratiano et Raimundo. *Antw.* 1651. 4.

Lyser (Polycarp). Dissertatio de iis, quæ Justiniano in proœmio Institutionum imperite supposita. *Helmst.* 1727. 4.

Leyser (Augustin v.). Defensio Justiniani contra obtrectatores. *Witteb.* 1748. 4.

Mascamp (Heinrich). Dissertatio de Justiniani patria. *Duisb.* 1708. 4.

Hoffmann (Conrad Philipp). De patria Justiniani dissertatio. *Regiomont.* 1718. 4.

Sturm (Gottlieb). Justinianus in definiendo jure naturali et distinguendis juribus summus artifex. *Witteb.* 1733.

Engelstoft (Laurids). Commentatio de re Byzantinorum militari sub Justiniano. *Hafn.* 1808. 8.

Justinus (Marcus Justinianus),
historien romain au IIIe *siècle après J. C..*

Moller (Daniel Wilhelm). Disputatio circularis de Justino. *Altorf.* 1684. 4. (*Lv.*)

Zembsch (Theodor Christian). Justinus Trogi Pompeji epitomator, etc. *Lips.* 1804. 8.

Rzesinsky (Johann Heinrich Stephan). Commentatio de Justino, Trogi Pompeji epitomatore, etc. *Cracov.* 1826. 8.

Jutta (Sainte).

Kaendler (Christian Gottlieb). Dissertatio de vita S. Juttæ de Sangershausen. *Lips.* 1704. 4.

Juvénal (Decius Junius),
poëte romain (38 — 120).

Francke (Johann Valentin). Examen criticum D. J. Juvenalis vitæ. *Alton.* et *Lips.* 1820. 8.
—— Programma de vita D. J. Juvenalis quæstio altera. *Dorpat.* 1827. Fol.

(Bauer, Ludwig). Kritische Bemerkungen über einige Nachrichten aus dem Leben Juvenal's. *Regensb.* 1835. 8.

Voelker (Carl Christian Conrad). Juvenal, Lebens- und Characterbild aus der römischen Kaiserzeit. *Elberf.* 1851. 8.

Juvencus (Cajus Vettius Aquilinus),
poëte romain au IVe *siècle* (contemporain de Constantin le Grand).

Gebser (Adolph Rudolph). Dissertatio de C. V. A. Juvenci vita et scriptis. *Jenæ.* 1827. 8.

Juvin (Saint),

Pierquin (Jean). Vie de S. Juvin, ermite et confesseur. *Nancy.* 1732. 8.

K

Kaas (Niels),
homme d'État (1535 — 19 mai 1594).

Folder (Erik Nielsen). Exegesis virtutum et rerum gestarum N. Kaasii cancellarii. *Hafn.* 1580. 4.

Slangerup (Hans Olsen). Oratio de vita et morte N. Kaasii. *Hafn.* 1594. 8. *
    * Publ. s. l. nom latinisé de Joannis Olaus Slangendorfius.

Winstrup (Peder Jensen). Ligpraediken over N. Kaas. *Kjoebenh.* 1594. 8.

Lomeier (N... N...). Narratio de obitu N. Caas, domini in Tarup, etc. *Lips.*, s. d. (vers 1594.) 4.

Calundanus (Johannes). Descriptio vitæ et mortis N. Kaasii. *Salmur.* 1657. 8.

Kaarsemaker (Lieven J...),
magistrat hollandais (19 avril 1528 — ... 1613).

Camphuysen (A...). Redevoering over L. J. Kaarsemaker. *Zierikzee.* 1773. 8.

Kabeljau,
faction hollandaise.

Tijdeman (H... W...). Verhandeling over de Hoeksche en Kabeljaauwsche partijschappen. *Leyd.* 1815. 8.

Jonge (J... C... de). Verhandeling over den oorsprong der Hoeksche en Kabeljaauwsche twisten. *Leyd.* 1817. 8. (*Ld.*)

Moreau (C... A...). Dissertatio de factionibus *Hoekschen* et *Kabeljau.* Lovan. 1829. 4.

Kadelbach (Christian Friedrich),
médecin allemand (6 juin 1733 — 8 mars 1797).

Leune (Johann Carl Friedrich). Über die Verdienste des verewigten Dr. Kadelbach, ausübenden Arztes in Leipzig. *Leipz.* 1797. 8. (*L.*)

Kaden (Michael v.),
magistrat allemand du xvie siècle.

Will (Georg Andreas). Memoria M. de Kaden, syndici Norimbergensis et legati. *Altorf.* 1773. 4.

Kadlubek (Wincenty),
évêque de Cracovie († le 8 mars 1223).

Staravolski (Simon). Vita et miracula servi Dei V. Kadlubkonis episcopi. *Cracov.* 1642. 4. (*D.*)

Ossolinski (Joseph Maximilian). V. Kadlubek, historisch-kritischer Beitrag zur slawischen Literatur, trad. du polon. par Samuel Gottlieb Linde. *Warsch.* 1822. 8. Portrait. (*D.*)

Kaehler (Märten),
médecin suédois.

Faxe (Arvid). Åminnelse-Tal öfver Admiralitets Medicus M. Kaehler i Carlskrona. *Carlsk.* 1774. 8.

Kaehre (Truls ou Troilus),
voyageur suédois (1600 — 16 juillet 1672).

Svebilius (Olav). Likpredikan öfver T. Kaehre. *Stockh.* 1672. 8.

Widikind (Johan). Epitaphium T. Kaehre. *Holm.* 1672. 8.

Kaemmerer (Johann Jacob),
théologien alsacien.

Schilderung der neufränkischen Apostel Eulogius Schneider, J. J. Kämmerer, Thaddæus Anton Dereser und Carl Franz Schwind in Strasburg, s. l. 1792. 8.

Kaes (Johann Jacob),
jurisconsulte allemand.

Programma academicum ad justorum solemnia manibus J. J. Kaesii persolvenda. *Lips.* 1705. Fol. (*D. et L.*)

Kaeser (Leonhard ou Bernhard),
théologien allemand.

Kaiser (Nicolaus). Vivicomburium B. martyris L. Cæsaris, gloriosum divinæ gratiæ spectaculum. *Curiæ.* 1770. 4.

Kaess (Christoph),
théologien allemand.

Zum Andenken an C. Kaess, weiland Pfarrer in Diedelsheim. *Heidelb.* 1844. 8.

Kaestner (Abraham Gotthelf),
mathématicien allemand (27 sept. 1719 — 20 juin 1800).

Vita A. G. Kaestneri, magistri semisecularis. *Lips.* 1787. 8. (Écrit par lui-même.) — (*L.*)

Kirsten (Johann Friedrich). De notione viri, doctrina et eruditione eminentis constituenda, A. G. Kaestnero semisecularis magisterii felicitatem gratulatur. *Goetting.* 1787. 8.

Heyne (Christian Gottlob). Elogium A. G. Kaestneri, s. l. et s. d. (*Goetting.* 1801.) 4. (*D. et L.*)

Kahle, surnommé **Fresskahle** (Jacob),
glouton allemand (vers 1671 — 1750).

Frenzel (N... N...). Dissertatio de polyphago et allotriophago Wittenbergensi. *Wittenb.* 1757. 4.

Kahler (Johann),
théologien allemand (20 janvier 1649 — 17 mai 1729).

Funccius (Johann Nicolaus). Oratio in memoriam J. Kahleri. *Rintel.* 1729. Fol.

Kahrel (Hermann Friedrich),
jurisconsulte allemand (10 déc. 1719 — 14 déc. 1787).

Curtius (Michael Conrad). Memoria H. F. Kahrel. *Marb.* 1787. Fol. (*L.*)

Kain,
assassin de son frère Abel.

Deutschmann (J... G...). Dissertatio de Kaino a Deo injustæ iræ convicto, ad Genes. 4. 7. *Jenæ.* 1727. 4.

Kaiser (Nicolaus),
théologien allemand (8 nov. 1734 — 14 mars 1800).

Kaiser (Gottlieb Philipp Christian). In obitum patris dilectissimi N. Kaiseri. *Curiæ.* 1800. Fol. Trad. en allem. *Hof.* 1800. 4.

Kaiser (Peter Leopold),
évêque de Mayence.

Lennig (A... F...). Trauerrede auf P. L. Kaiser, Bischof von Mainz. *Mainz.* 1849. 4.

Kalb (Charlotte v.),
bel-esprit allemande.

Koepke (Ernst). C. v. Kalb und ihre Beziehungen zu Schiller und Goethe. *Berl.* 1852. 8.

Kalckreuth (Friedrich Adolph, Graf),
feld-maréchal de Prusse (22 février 1737 — 10 juin 1818 *).

Michaud (L... G...). Notices historiques sur le maréchal (Jean Baptiste) Jourdan et les généraux Kalckreuth et (Charles Jennings) Kilmaine. *Par.*, s. d. 8. (Extrait du tome LXVIII de la *Biographie universelle.*)
* C'est par erreur que Michaud le fait mourir *sept* ans plus tard, le 4 nov. 1825.

Kalckreutth (Georg, Freiherr v.),
général allemand.

Grell (Caspar). Trauer- und Lobrede über den tödtlichen Hintritt G., Freiherrn v. Kalckreutt (!), k. k. Generalen der Cavallerie. *Oedenb.*, s. d. (1763.) 4.

Kalkbrenner (Friedrich Wilhelm Michael),
pianiste allemand (1788 — 10 juin 1849).

Boivin (Louis). Kalkbrenner. *Par.* 1842. 8. (Extrait de la *Revue générale biographique, politique et littéraire.*)

Kall (Abraham),
théologien danois (9 sept. 1677 — 9 août 1757).

Mayer (Johann Andreas). Letztes Liebes- und Ehren-Denkmahl dem Mag. A. Kall aufgerichtet. *Flensb.*1756.4.

Kallisthenes, voy. **Callistène.**

Kallistus.

Doellinger (Jonaz). Hippolytus und Kallistus, oder die römische Kirche in der ersten Hälfte der dritten Jahrhunderts, etc. *Regensb.* 1853. 7.

Kallundborg (Hans Peder),
pédagogue danois (1605 — 1669).

Ryge (Andreas Nicolai). J. P. Calundani Levnet. *Kjoebenh.* 1759. 4.

Kalm (Pehr),
naturaliste suédois (.. mars 1716 — 16 nov. 1779).

Odhelius (Johan Lorentz). Åminnelse-Tal öfver Professoren P. Kalm. *Stockh.* 1780. 4.

Kalmeter (Henrik),
magistrat suédois (20 août 1693 — 24 déc. 1750).

Berch (Anders). Åminnelse-Tal öfver Commerce-Rådet H. Kalmeter. *Stockh.* 1750. 8.

Kalsenius (Anders),
évêque de Westeras (1er nov. 1688 — 24 déc. 1750).

Herwegh (Daniel). Åminnelse-Tal öfver Biskopen A. Kalsenius. *Westerås.* 1751. 4 et 8.

Kaltenbach (Johann Georg),
théologien allemand.

Ledderhose (Carl Friedrich). Erinnerungen aus dem Leben J. G. Kaltenbach's, Pfarrers zu Mönchweiler, auf dem Schwarzwalde. *Strasb.* 1839. 8. Augment. *Heidelb.* 1843. 8.

Kaltwasser (Johann Friedrich),
pédagogue allemand († 16 août 1813).

Oratio in memoriam J. F. Kaltwasseri, s. l. et s. d. (*Gothæ.* 1813.) 8. (*D.*)

Kamecke (A... C... v.),
homme d'État allemand.

Elsner (Jacob). Leichenrede bey dem Absterben A. C. v. Kamecke's gehalten. *Berl.* 1728. 8.

Kames, voy. **Home** (Henry).

Kampen (Nikolaas Godfried van),
historien hollandais (15 mai 1776 — 14 mars 1839).

Uitvaart van den hoogleeraar N. G. van Kampen, s. l. et s. d. (*Amst.* 1859.) 8. (*Ld.*)

(**Brink** , D... J... W... van den). N. G. van Kampen, geschetst als mensch en geleerde. *Leid.* 1839. 8. *(Ld.)*

Muller (Samuel). Levens- en karakterschets van N. G. van Kampen. *Haarl.* et *Leid.* 1840. 8. Portrait. *(Ld.)*

Kamphuizen (Dirk Rafelsz), poëte hollandais (1586 — 9 juillet 1626).

Koopmans (Rinse). Kamphuizen als mensch en als dichter geschetst. *Amst.* 1805. 8.

Kannengiesser (Lueders), théologien allemand (3 avril 1631 — 12 mars 1680).

Dares (Johann). Leichenpredigt bey der Beerdigung L. Kannengiesser's, nebst dessen Lebenslauf. *Zerbst.* 1680. Fol. *(D.)*

Kant (Immanuel), philosophe allemand du premier ordre (22 avril 1724 — 12 fév. 1804).

I. Kant's Biographie. *Leipz.* 1804. 3 vol. 8.

Borowski (Ludwig Ernst). Darstellung des Lebens und Characters I. Kant's, von Kant selbst revidirt. *Königsb.* 1804. 8. *(D.)*

Jachmann (Reinhard Bernhard). I. Kant, geschildert in Briefen an einen Freund. *Königsb.* 1804. 8. *(D.)*

Wasianski (Ernst August Christian). I. Kant in seinen letzten Lebensjahren. *Königsb.* 1804. 8. *(D.)*

Bouterwek (Friedrich). I. Kant, ein Denkmal. *Hamb.* 1804. 8. *(D.)*

(**Hasse**, Johann Gottfried). Letzte Aeusserungen Kant's, von einem seiner Tischgenossen. *Königsb.* 1804. 8.

Aeusserungen über Kant, seinen Character und seine Meinungen, von einem billigen Verehrer seiner Verdienste, s. l. 1804. 8.

Wald (Samuel Gottlieb). Beiträge zur Biographie Kant's. *Königsb.* 1804. 8.

Grohmann (Johann Christian August). Dem Andenken Kant's. *Berl.* 1804. 8. *(D.)*

Moerlin (Friedrich August). Kant's Todtenfeier. *Altenb.* 1804. 4. *(D.)*

Rinck (Friedrich Theodor). Ansichten aus I. Kant's Leben. *Königsb.* 1805. 8.

I. Kant's Gedächtnissfeier zu Königsberg am 22. April 1811. *Königsb.* 1811. 8. Portrait. *(D.)*

Kolbe (N... N...). Dissertatio de Kantio philosopho. *Berol.* 1840. 4.

Schubert (Friedrich Wilhelm). I. Kant's Biographie, zum grossen Theil aus handschriftlichen Nachrichten. *Leipz.* 1842. 8. Portrait. *(D.)*

Saintes (Amand). Histoire de la vie et de la philosophie de Kant. *Par.* 1844. 8. Portrait.

Kant und seine Tischgenossen; aus dem Nachlasse des jüngsten derselben, des Geheimen Ober-Regierungs-rathes Dr. Christian Friedrich Reuscu. *Königsb.* 1849. 8.

Wannowsky (Stephan). Commentatio de I. Kantio veritatis religionis christianæ in foro rationis humanæ non accusatore sed vindice. *Regiom.* 1806. 8.

Kapodistrias, voy. **Capodistrias.**

Kapp (Johann Erhard), philosophe allemand (23 mars 1696 — 7 mars 1756).

Frauendorf (Johann Christian). Monument sur la mort de feu M. J. E. Kapp. *Leipz.* 1756. 4. *(D. et L.)*

Kapp (Johann Georg Christian), philosophe allemand (1798 — ...).

Dr. C. Kapp und seine literarischen Leistungen. Beitrag zur Literargeschichte des neunzehnten Jahrhunderts. *Leipz.* et *Mannh.* 1839. 8. *(D. et L.)*

Kappeyne van de Coppello (Johannes), pédagogue hollandais (vers 1790 — 27 avril 1833).

Roijen (Hermanus van). Bij ter aarde bestelling van J. Kappeyne van de Coppello, s. l. et s. d. *(S'Gravenh.* 1833.) 8.

Bax (Caspar). Laudatio viri doctissimi J. Kappeyne van Coppello, philosophiæ theor. magistri, literarum humaniorum doctoris, gymnasii Haganæ rectoris. *Hag. Com.* 1833. 8.

Karger (N... N...), prêtre allemand.

Bewundernswürdige Begebenheit, welche sich zwischen zwei geistlichen Personen zugetragen ; mit gerichtlichen Acten, s. l. 1746. 8. 2 portraits.[*]

[*] Karger et Arnst se ressemblaient tellement que l'un a été poursuivi pour l'autre.

Karneades, voy. **Carnéade.**

Károlyi (Gróf Antál), homme d'État hongrois.

Hannulik (Johann Chrysostomus). Ode in obitum comitis A. Károlyi, cum inscriptionibus ad molem funebrem. *Vienn.* 1791. 8.

Károlyi (Sándor), feld-maréchal hongrois.

A. Károlyi, generalis campi mareschalli, posthumi honores, somnio poetico expressi. *Cassov.* 1744. 8.

Karr (Alphonse), littérateur français (1808 — ...).

Clément de Ris (L...). Portraits à la plume : Alfred de Musset, Henri Murger, Octave Feuillet, A. Karr, Arsène Houssaye, Prosper Mérimée, Théophile Gautier, Saint-Marc Girardin, Honoré de Balzac, Denis Diderot, Rodolphe Topffer (!) etc. *Par.* 1853. 12.

Kastenholtz (Johann Andreas), théologien hongrois († 1724).

Deccard (Johann Christoph). Laudatio funebris viri sanctitate summopere reverendi D. J. A. Kastenholtz, civitatis Semproniensis cœtui evangel. *Ratisb.*, s. d. Fol.

Rumy (Samuel). Der an seinem priesterlichen Schmuck zu dem Altar Gottes trettende (!) Priester, bey ansehnlicher Leichbestattung des Herrn J. A. Kastenholtz, evangelischen Predigers in Oedenburg, in einer Trauerrede vorgestellet. *Regensb.*, s. d. (1724). Fol.

Pilgram (Johann Sigismund). Eines evangelischen Predigers hohe Amts-Würde in einer Leichenpredigt bey Beerdigung des Herrn J. A. Kastenholtz, etc. *Regensb.* 1724. Fol.

Katona (István), historien hongrois (13 déc. 1732 — 17 août 1811).

Fejér (György). Memoria S. Katonæ. *Pesth.* 1812. 8.

Kauffmann (Angelica), peintre suisse (30 oct. 1741 — 5 nov. 1807).

Rossi (Giovanni Gherardo de'). Vita di A. Kauffmann, pittrice. *Firenz.* 1810. 8. Portrait. *(P.)* Trad. en allem. par A... WEINHART. *Bregenz.* 1814. 8. Portrait.

Konijnenburg (Jan). Kunstverdiensten van A. Kauffmann en Raphael. *Amst.* 1810. 8. Portrait.

Wailly (Armand François Léon de). A. Kauffmann. *Par.* 1858. 2 vol. 8. (Roman historique.)

Kauffmann (Jean Paul), comédien français (1801 — 1841).

Biographie de Jean Paul (Kauffmann). *Toulouse.* 1841. 8.

Kauffungen (Conrad ou Kunz v.), chevalier allemand (décapité le 14 juillet 1445).

Eberhard (Caspar). Predigt vom sächsischen Prinzenraub. *Altenb.* 1609. 4. *Wittenb.* 1609. 4.

Steuerlein (Johann). Warhafftige Geschicht, wie Churfürst Friedrich's II beede junge Herrlein, Hertzog Ernst und Hertzog Albrecht, aus dem Schloss Altenburg durch Cuntzen v. Kauffungen 1455 gestolen und wieder errettet worden. *Schleusing.* 1610. 4. (Histoire rimée.)

Lindner (Balthasar). Historia de abductis ex arce Altenburgica duobus principibus adolescentulis Ernesto et Alberto a C. Kauffungo. *Frf.* 1610. 4.

Tuerkiss (Damian). Wunderliche Historie von der Entführung Ernesti und Alberti. *Wittenb.* 1631. 4. (Ecrit en vers.)

Svevus (Gottfried). Dissertatio de plagio Kauffungiano anno 1455 commisso. *Witteb.* 1655. 4.

Sagittarius (Paul Martin). Programma de plagio C. Kauffungii. *Altenb.* 1674. 4.

Hattenbach (Johann Georg). Dissertatio de plagio Kauffungensi. *Jenæ.* 1686. 4.

Rechenberg (Adam). Dissertatio de rapta Ernesti et Alberti. *Lips.* 1690. 4.

Hoffmann (Johann). Programma de plagio fratrum Ernesti et Alberti, ducum Saxoniæ. *Sondersh.* 1691. 4.

Derer beyden Chur-Sächsischen Printzen von C. v. Kauffung 1455 vollbrachte Entführung und desselben Lohn, s. l. 1697. 4, s. l. 1726. 4.

Vulpius (Johann). Plagium Kauffungense, d. i. der Churfürstlich Sächsischen Prinzen durch C. v. Kauffung geschehenen Entführung aus dem Schloss zu Altenburg. *Weissenf.* 1704. 4.

Kuntze (Peter). C. Kauffungus, vulgo Kuntz v. Kauffungen, raptor principum. *Witteb.* 1712. 4.

—— C. Kauffungus ejusdem socii ad supplicia tracti. *Witteb.* 1712. 4. *Ibid.* 1717. 4.

Mirus (Adam Erdmann). Atrox factum C. Kauffungi. *Zittav.* 1725. Fol.

Mueller (Daniel). Programma de veritate C. Kauffungii raptus. *Chemnic.* 1734. Fol.

Schoettgen (Christian). Memoria plagii Kauffungiani. *Dresd.* 1736. 4.

Triller (Daniel Wilhelm). Sächsischer Prinzenraub. *Frf.* 1743. 8. (Poëme historique.)

Nachlese vom sächsischen Prinzenraub. *Erfurt.* 1751. 8.

Ranisch (Salomon). Wunderbare Spuren der göttlichen Vorschung aus dem verhinderten Rauben der Sächsischen Prinzen. *Altenb.* 1755. 8.

Wilisch (Christian Gotthelf). Dreihundertjähriges Gedächtniss der im Monat Julius 1455 geschehenen Befreiung der entführten Prinzen Ernst und Albrecht. *Freyberg.* 1755. 8.

(Warlich, August Rudolph). Geschichte des chursächsischen Edelmanns und Prinzenräubers K. v. Kauffungen. *Goetting.* 1786-88. 2 parts. 8.

Schreiter (Christoph). Geschichte des (sächsischen) Prinzenraubes, etc. *Leipz.* 1804. 8.

Gast (Johann Friedrich). Geschichte des sächsischen Prinzenraubes. *Zwickau.* 1823. 4. 50 portraits.

Bratfisch (A...). Entführung der chursächsischen Prinzen Ernst und Albert durch den Ritter K. v. Kauffungen aus dem Residenzschlosse zu Altenburg in der Nacht vom 7. bis 8. Juli 1455. *Altenb.* 1843. 8.

Kaufmann (Johann),
théologien allemand (19 oct. 1566 — 3 mai 1616).

Zeltner (Gustav Georg). Dissertatio de J. Kaufmanni vita et meritis. *Altorf.* 1722. 4. Portrait. (D.)

Kaulitz (Michael),
médecin allemand.

Eckhard (Tobias). Memoria M. Kaulitzii. *Quedlinb.* 1667. Fol.

Kaunitz (Wenzel Anton, Fürst v.),
ministre autrichien (2 février 1711 — 27 juin 1794).

Obermayer (Franz Anton). Trauer am Grabe des, etc. W. A. Fürsten v. Kaunitz, etc. *Wien.* 1794. Fol.

Kausch (Johann Jacob),
Allemand.

J. J. Kausch's Schicksale (von ihm selbst aufgesetzt). *Leipz.* 1797. 8.

Kayser (Johann Friedrich),
jurisconsulte allemand (11 avril 1685 — 5 déc. 1751).

Jenichen (Gottlieb August). Programma funebre honori J. F. Kayseri, JCti, Giessensis, consecratum, in quo de vita et scriptis ejus disseritur. *Giess.* 1751. Fol.

Kazinczi (Ferencz),
historien hongrois (27 oct. 1759 — 22 août 1831).

Kazinczi (Ferencz). Pályám' emlékezete. *Széphalom.* 1828. 8. (Autobiographie tirée à part à très-petit nombre d'exemplaires.)

Kean (Edmund),
acteur anglais (4 nov. 1787 — 15 mai 1833). ·

(Cornwall, Barry). Life of E. Kean. *Lond.* 1835. 8. *New-York.* 1835. 12. Trad. en allem. par Georg Lorz. *Hamb.* 1836. 8.

Proctor (B... W...). Life of E. Keane (!). *New-York.* 1835. 12.

Keats (John),
poète anglais (vers 1795 — 1821).

Milnes (Richard Monckton). Life, letters and literary remains of J. Keats. *Lond.* 1848. 2 vol. 8. Portrait. *New-York.* 1848. 12. *Ibid.* 1852. 2 vol. 8.

Keck (Bartholomæus),
jurisconsulte allemand.

(Pfeifer, Johann Gottlieb). Programma academicum ad B. Keckii exequias. *Lips.* 1719. Fol. (D. et L.)

Keene (Theophilus), .
acteur anglais.

Memoirs of the life of Mr. T. Keene, the late eminent tragedian. *Lond.* 1718. 8.

Keglevich (Gróf Peter),
homme d'État hongrois († 1665).

Keri (János). Lugubris panegyricus in exequiis P. Keglevich ejusque filii Ladislai, etc., s. l. et s. d. 4.

Keil (N... N...),
théologien allemand.

Keil's Biographie, von ihm selbst aufgesetzt. *Leipz.* 1796. 8. (L.)

Keimann (Christian),
pédagogue bohême (27 février 1607 — 13 janvier 1662).

Weise (Christian). Parentatio memoriæ C. Keimanni, rectoris Zittaviensis. *Zittav.* 1689. 4. (D.)

Keith,
famille écossaise.

Buchan (Peter). Account of the family of Keith, earls marischals of Scotland, and of the attainted Scotish noblemen, who lost their titles and estats in 1715 and 1745, for their adherence to the Stuart cause. *Peterhead.* 1820. 12.

Keith (George),
plus connu sous le nom de milord Marshall, général écossais (1685 — 25 mai 1778).

(Alembert, Jean Lerond d'). Éloge de milord Maréchal. *Berl.* 1779. 8.

Keith (James),
maréchal de Prusse (11 juin 1696 — 11 oct. 1758).

Henderson (Andrew). Memoirs of the life and actions of J. Keith, field-mareshal in the Prussian armies. *Lond.* 1759. 8. (Ouvrage omis par Lowndes.) Trad. en suédois (par Samuel Loenbom). *Stockh.* 1761. 8.

Formey (Jean Henri Samuel). Eloges de MM. les maréchaux (Curt Christophe) Schwerin et Keith, et de M. de Viereck, s. l. (Berl.) 1760. 8.

Varnhagen v. Ense (Carl August). Leben des Feldmarschalls J. Keith. *Berl.* 1844. 8.

Keith (Robert Murray),
diplomate anglais.

Keith (Robert Murray). Memoirs and correspondence, official and familiar; with a memoir of queen Carolina Matilda, of Denmark, and an account of the revolution there in 1772, publ. par mistress Gillespie Smyth. *Lond.* 1849. 2 vol. 8.

Kell (Julius),
pédagogue allemand.

Zille (Moritz Alexander). J. Kell. Lebensskizze, herausgegeb. von A... Lanski. *Grimma* et *Leipz.* 1850. 12.

Keller (Franz Xaver),
jurisconsulte suisse.

Mueller (Thaddæus). Zum Andenken des seligen F. X. Keller, Schultheissen zu Luzern. *Luzern.* 1816. 8.

Andres (J...). Aus dem Leben von F. X. Keller, Schultheissen des Cantons Luzern. *Uri.* 1825. 4.

Keller (Johann Baptist v.),
évêque de Rottenburg.

J. B. v. Keller, erster Bischof von Rottenburg; biographische Skizze, etc., aus den Papieren eines Verstorbenen herausgeg. von Wilhelm Binder. *Regensb.* 1848. 8.

Kellermann, duc de Valmy (François Christophe),
maréchal de France (30 mai 1735 — 12 sept. 1820).

Exposé de la conduite de Kellermann depuis l'année 1790 jusqu'à l'époque de son arrestation au 18 octobre 1793, s. l. et s. d. 8.

Kellermann (François Christophe). Réponse aux chefs d'accusation portés contre lui, s. l. et s. d. 4.

Salve (J... G... P... de). Fragments historiques sur M. le maréchal de Kellermann. *Par.* 1807. 8. (Lv.)

Botidoux (N... N... de). Esquisse de la carrière militaire de F. C. de Kellermann, duc de Valmy, pair et maréchal de France. *Par.* 1817. 8. (Non mentionné par Quérard.) — (Lv.)

Solignac (Général). La mort du général Kellermann, duc de Valmy, surnommé le brave des braves, l'un des premiers soldats de la république. *Par.* 1855. 8.

Kellermann (Georg),
évêque de Munster (1774 — 29 mars 1847).

Zur Erinnerung an den hochwürdigen Herrn Dr. G. Kellermann, Domkapitular, erwählten Bischof von Münster. *Münst.* 1847. 8.

Kellgren (Johan Henrik),
poète suédois (1er déc. 1751 — 20 avril 1795).

Rosenstein (Nils v.). J. H. Kellgrens Lefnad. *Stockh.* 1796. 8. (Tiré à très-petit nombre.)

Kellin (Carl) ,
théologien suédois (7 mai 1683 — ... 1728).
Aurivillius (Magnus Pehr). Likpredikan öfver C. Kellin. *Stockh.* 1729. 8.

Kellinus (C...),
théologien allemand.
Lose (J... H...). Dissertatio de C. Kellino, ordinis prædicatorum in conventu Coloniensi priore infess. Megalandri Lutheri hoste. *Helmst.* 1749. 4.

Kellner (Henrich Wilhelm),
jurisconsulte allemand.
Spener (Philipp Jacob). Leichenprédigt auf H. W. Kellner. *Frf.* 1684. 4. (D.)

Kellner (Heinrich et Julius),
jurisconsultes allemands.
Prætorius (Bernhard). Oratio funebris in obitum fratrum H. Kellneri, reipublicæ Francofurtensis syndici, et J. Kellneri, in eadem republica viri meritissimi. *Frf.* 1589. 4.

Kelly (Michael),
chanteur et compositeur irlandais (1764 — 9 oct. 1826).
Kelly (Michael). Reminiscences of the Kings Theatre, etc., including a period of nearly half a century, with original anecdotes of many distinguished personages political, literary and musical. *Lond.* 1826. 2 vol. 8. *New-York.* 1826. 2 vol. 12.

Kemble (John Philip),
auteur et acteur anglais (1er février 1757 — 26 février 1823).
An authentic narrative of J. P. Kemble's retirement from the stage. *Lond.* 1817. 8. (P.)
Boaden (James). Memoirs of the life of J. P. Kemble, Esq., including a history of the stage from the time of (David) Garrick to the present period. *Lond.* 1825. 2 vol. 8. Portrait. (P.)

Kemp (Jan Thomas van der),
théologien hollandais.
Levensberigt van J. T. van der Kemp. *Groning.* 1831. 8.

Kemper (Jan Melchior),
jurisconsulte hollandais (26 avril 1776 — 20 juillet 1824).
Siegenbeek (Matthys). Memoria J. M. Kemperi. *Lugd. Bat.* 1824. 8. (Ld.)
Hulde aan de nagedachtenis van Mr. J. M. Kemper. *Rotterd.* 1824. 8.
Klijn (Hendrik Harmen) et **Palm** (Jan Hendrik van der). Nagedachtenis van J. M. Kemper gevierd. *Amst.* 1825. 8. (Ld.) Trad. en franç. par Victor Deflinne. *Tournai.* 1825. 8. (Ld.)
Star Numan (Charles). J. M. Kemper als Nederlandsch staatsman geschetst, etc. *Amst.* 1840. 8.

Kempis (Johann),
homme d'État allemand au xviiie siècle.
Coremans (Victor Amadeus). Notice sur les Éphémérides de J. Kempis, dernier secrétaire d'État de l'Allemagne et du Nord. *Brux.* 1844. 8.

Kempis * (Thomas a),
chanoine régulier du Mont Saint-Agnès (1379 — 1471).
Fronteau (Jean). Thomas a Kempis vindicatus, etc. *Par.* 1641. 8. *Ibid.* 1649. 8. (La première édition est anonyme.)
—— Refutatio eorum qui contra Thomæ Kempensis vindicias scripsere : D. Quatremère, D. Lannoy, etc., in qua sustinetur evictio fraudis, etc. *Par.* 1650. 8.
—— Argumenta duo nova, primum Theophili Eustathii, alterum J. Frontonis, avec préface de Gabriel Naudé. *Par.* 1651. 8.
 * Son nom de famille était Baxxxxlxix.
Heser (Georg). Vita et syllabus omnium operum Thomæ a Kempis, ab auctore anonymo sed coævo conscripta. *Ingolst.* 1650. 12. *Par.* 1651. 8.
(**Brewer**, Heinrich). Viri vitæ sanctimonia et doctrinæ fama eximii Thomæ a Kempis biographia proque ipsius libris IV *de Imitatione Christi* apologia. *Aquisgr.* 1676. 8. (D.) *Ibid.* 1681. 8.
(**Grancolas**, Jean). Dissertation sur l'auteur de l'*Imitation de Jésus-Christ*, s. l. 1729. 12.
Bedaceta (Sabino). Saggio dell' operetta intitolata *de Imitatione Christi*, volgarmente attribuita a Tommaso da Kempis, con una dissertazione sopra l' autore della medesima, etc. *Bresc.* 1762. 4. Augm. *Ibid.* 1763. 8.

1

Zuniga (Giovanni Antonio). Vita venerabilis servi Dei Thomæ a Kempis, ex antiquis et recentibus documentis juncta crisi collecta. *Venet.* 1762. 8. Portrait.
Lebensgeschichte des Thomas von Kempis, etc. *Barmen.* 1829. 8.
Cesarini (Emidio). Notizie della vita di Tommaso da Kempis. *Macerat.* 1835. 12.
Hoffmann (Charles). T. a Kempis et ses écrits. *Strasb.* 1848. 8.
Baehring (Bernhard). Thomas von Kempen, der Prediger der *Nachfolge Christi*, nach seinem äussern und innern Leben dargestellt. *Berl.* 1849. 8.

Rosweyde (Heribert). Vindiciæ Kempenses pro libello Thomæ a Kempis *de Imitatione Christi* adversus Constantinum Cajetanum. *Antw.* 1621. 8.
Thomas a Kempis vindicatus: *Par.* 1641. 8.
Carr (Thomas). Kempis a se ipso restitutus. *Par.* 1655. 12.
Heser (Georg). Dioptra Kempensis, qua Thomas a Kempis demonstratur verus autor librorum IV *de Imitatione Christi.* *Ingolst.* 1659. 12. *
 * L'auteur de cet opuscule est le premier qui ait donné la connaissance détaillée d'une multitude d'éditions et d'un grand nombre de traductions de l'*Imitation* des xvie et xviie siècles.
—— Obeliscus Kempensis auctori librorum IV *de Imitatione Christi* positus. *Monach.* 1669. 12.
Amort (Eusebius). Plena informatio de statu totius controversiæ quæ de authore libelli de *Imitatione Christi* inter Thomæ Kempensis et Joannis Gersenii patronos agitatur. *Aug. Vind.* 1725. 8. (D.)
—— Polycrates Gersensis exauthoratus, s. causa Kempensis victrix post apologiam Erhardi. *Monach.* 1729. 8.
—— Deductio critica, qua moraliter certum redditur venerabilem Thomam Kempensem librorum *de Imitatione Christi* authorem esse. *Aug. Vind.* 1761. 4.
—— Moralis certitudo pro Ven. Thoma Kempensi contra exceptiones novi Gersenistæ Ratisbonensis ex 70 testibus coævis et ex 20 formular. manuscriptorum vindicata. *Aug. Vind.* 1764. 4.
Silbert (Johann Peter). Gersen, Gerson und Kempis, oder ist Einer von diesen Dreien der Verfasser der vier Bücher von der *Nachfolge Christi?* *Wien.* 1828. 8.
(**Carton**, Charles). Preuves que l'*Imitation de Jésus-Christ* a été composée à Bruges, etc. *Brug.* 1844. 8.
Malou (Jean Baptiste). Recherches historiques et critiques sur le véritable auteur du livre de l'*Imitation de Jésus-Christ*. Examen des droits de T. à Kempis, de Gerson et de Gersen, avec une réponse aux derniers adversaires de T. à Kempis : MM. Napione, Cancellieri, de Grégory, Gence, Daunou, Onésime Leroy et Thomassy, etc. *Louvain.* 1848. 8.

Barbier (Antoine Alexandre). Dissertation sur soixante traductions françaises de l'*Imitation de Jésus-Christ*, suivie des considérations sur la question relative à l'auteur de l'*Imitation*; publ. par Jean Baptiste Modeste Gence, s. l. et s. d. (*Par.* 1812.) 12. (Lv.)

Ken (Thomas),
évêque de Bath (1637 — 9 mars 1710).
Hawkins (William). Short account of the life of T. Ken, bishop of Bath and Wells. *Lond.* 1713. 8. Portrait.
Bowles (William Lisle). Life of T. Ken, deprived bishop of Bath and Wells, including some account of the fortunes of Morley, bishop of Winchester. *Salisb.* 1830. 2 vol. 8.
Life of T. Ken, bishop of Bath and Wells, by a Layman. *Lond.* 1851. 8. Portrait.

Kendeffi, Gróf **Malomviz** (Alexius),
jurisconsulte hongrois.
Consiliarius sapiens singulari animi lenitate, rara prorsus clementia et inusitata mansuetudine præditus, s. comes A. Kendeffi. *Claudiopol.* 1783. 8. *
 * Poème funèbre précédé d'une esquisse biographique.

Kennedy (Ildephons) ,
physicien écossais (1721 — 11 avril 1804).
Westenrieder (Lorenz v.). Academische Rede auf J. Kennedy. *Münch.* 1804. 4.

Kennet (White) ,
évêque de Peterborough (10 août 1660 — 19 déc. 1728).
Life of Dr. W. Kennet, etc. *Lond.* 1730. 8. (D.)

Kent (Edward Augustus, duke of),
père de Victoria, reine d'Angleterre (2 nov. 1767 — 23 janvier 1820).
Neale (Erskine). Life of His Royal Highness Edward, duke of Kent. *Lond.* 1850. 8. Portrait.

Kent (James),
jurisconsulte anglo-américain (†.. avril 1848).
Duer (John). Discourse on the life, character and public services of J. Kent, late chancellor of the State of New-York, etc. *New-York.* 1848. 8. Portrait.

Kenyon (Lloyd, lord),
homme d'État anglais (1732 — 5 avril 1802).
Sketch of the life and character of lord Kenyon, late lord chief justice of the court of King's Bench. *Lond.* 1802. 8.

Kephalides (Johann Gottlieb),
théologien allemand.
Lebensbeschreibung J. G. Kephalides, weiland Predigers der evangelischen Gemeinde zu Heidersdorf, von ihm selbst verfasst und herausgegeben von Ludwig Wachler. *Bresl.* 1818. 8. (*D.*)
Lebensbeschreibung des Pastors J. G. Kephalides. *Berl.* 1844. 12. *
* Écrit par lui-même.

Kepler (Johann),
astronome allemand (27 déc. 1571 — 5 nov. 1630).
Junius (Ulrich). Programma, etc., elogium J. Kepleri continens. *Lips.* 1710. 4. (*L.*)
— — Dissertatio de principe mathematicorum J. Keplero in scriptis editis atque ineditis. *Lips.* 1711. 4. (*D. et L.*)
Ruemelin (Johann Heinrich). Vita Kepleri, s. l. 1770. 4.
Staeudlin (Christian Friedrich). Narratio de J. Kepleri theologia et religione. *Goetting.* 1794. 4.
Small (Robert). Account of the astronomical discoveries of J. Kepler. *Lond.* 1804. 8.
Breitschwert (J... L... C... v.). J. Kepler's Leben und Wirken nach neuerlich aufgefundenen Manuscripten. *Stuttg.* 1831. 8. (*D.*)
Reuschle (N... N...). Biographische Skizze : J. Kepler, der Würtemberger. *Stuttg.* 1841. 4. (*D.*)
Brewster (David). Lives of Galileo (Galilei), Tycho (de) Brahe and Kepler, the martyrs of science. *Lond.* 1841. 12.
J. Kepler, kaiserlicher Mathematiker, etc. *Regensb.* 1842. 4. Portrait.

Ostertag (Johann Philipp). Programm : Kepler's Monument in Regensburg, etc. *Regensb.* 1786. 4.
Heinrich (Peter Placentius). Monumentum Keplero dedicatum Ratisbonæ die 27 decembris anno 1808. *Ratisb.* 1809. Fol.

Kepler (Paul),
littérateur suédois.
Hjaerne (Urban). Delineatio mortis in funere P. Kepleri. *Upsal.* 1664. Fol. *
* Écrit en suéd. en vers héroïques.

Keppel (Augustus, viscount),
amiral anglais (2 avril 1725 — 2 oct. 1786).
Keppel (Thomas). Life of A. viscount Keppel, admiral of the White and first lord of the admiralty in 1782-83. *Lond.* 1842. 2 vol. 8. Portrait.

Procès de l'amiral A. Keppel. *Amst.* 1769. 8.

Keppel (Bernhardus),
théologien hollandais (12 nov. 1685 — 21 mai 1756).
Witt (C... de). Eer en leer van den heer B. Keppel verdedigd. *Amst.* 1746. 8.

Ker of **Kersland** (John),
négociateur écossais du xviiiᵉ siècle.
Kersland (John Ker of). Memoirs and secret negociations. *Lond.* 1726. 3 vol. 8.
Trad. en allem. *Hamb.* 1734. 4.
Trad. en franç. *Rotterd.* 1726-28. 3 vol. 8.
Castrations of Ker's Memoirs taken from the original Mss., s. l. (*Lond.*) 1727. 8.

Kercado (madame de),
philanthrope française.
Villenave (Mathieu Guillaume Thérèse). Notice sur madame de Kercado, institutrice des enfants délaissés. *Par.* 1808. 8.

Kerchelich (Balthasar Adam),
théologien croate.
Kallafatich (Vincenz). Oratio parentalis in obitum B. A. Kerchelich, canonici Zagrabiensis. *Zagrab.* 1778. 4.

Kerckhove (Jan Polyander van den),
théologien hollandais (26 mars 1568 — 4 février 1646).
Spanheim (Frédéric). Oratio funebris in excessum nobilissimi theologi J. P. a Kerckhove. *Lugd. Bat.* 1646. Fol. (*Lv.*)

Kerckhove-Varent (Joseph Romain Louis, vicomte de),
médecin belge (3 sept. 1789 — ...).
Van der Heyden (N... J...). Extrait du Nobiliaire de Belgique, concernant la famille de Kerckhove-Varent, et contenant la biographie du vicomte J. R. L. de Kerckhove-Varent. *Anvers.* 1853. 8.

Keresztesi (Samuel),
homme d'État hongrois.
Koelescheri v. Kéresch-Eer (Samuel). Consiliarius principe dignus, in funeralibus exequiis illustrissimi domini S. Keresztesi, de Nagy Megyer, S. C. R. M. in inclyto Transylvaniæ gubernio regio consiliarii intimi, etc. *Cibin.* 1707. 4.

Kergariou (Joseph François René Marie Pierre, comte de),
pair de France (23 février 1779 — 15 juin 1849).
Saint-Maurice Cabany (Charles Édouard). Notice nécrologique sur J. F. R. M. P., comte de Kergariou, ancien pair de France, etc., mort à Grandville, etc. *Par.* 1851. 8. (Extrait du *Nécrologe universel du xixᵉ siècle*.)
Saulfay de l'Aistre (Théodore). Eloge de M. le comte de Kergariou, ancien pair de France, etc., président d'honneur de la Société archéologique des Côtes-du-Nord, etc. *Saint-Brieuc.* 1851. 8.

Kerguélen-Trémarec (Yves Joseph de),
marin français (13 février 1734 * — 3 mars 1797).
Précis de l'affaire du sieur de Kerguélen, décoré de la croix de S. Louis et ci-devant capitaine de vaisseau. *Par.* 1792. 8. (Justification écrite par lui-même.)
* Et non en 1745, comme l'indique la dixièmᵉ édition du *Conversations-Lexicon.*

Kerlivio (Louis Eudes),
prêtre français († 1685).
(**Champion**, Pierre). Vie des saints fondateurs des maisons de retraite : M. Kerlivio, le P. Vincent Hubi et mademoiselle (Catherine) de Francheville. *Nantes.* 1698. 12. (*Bes.*) *
* Publ. s. l. pseudonyme de P. de Pronasie.
Vie de L. E. de Kerlivio, natif de Hennebond, prêtre, grand-vicaire de Rennes. *Troyes.* 1702. 12.

Kernell (Pehr Ulrik),
littérateur suédois (9 avril 1797 — 30 mars 1824).
Atterbom (Pehr Daniel Amadeus). Minnesord öfver P. U. Kernell. *Upsal.* 1824. 8. *Ibid.* 1825. 8.
Sondén (Pehr Adolf). Minne af P. Kernell, Contractsprost och Kyrkoherden i Åsbo. *Linköp.* 1842. 8.

Kerovan, voy. **Kirwan** (Francis).

Kerssenbroick (Herman),
historien allemand du xviᵉ siècle.
Menz (Friedrich). Programma de H. a Kerssenbroick historia belli Anabaptistarum Monasteriensis manuscripta. *Lips.* 1744. 4. (*D. et L.*)

Kersteman (F... L...),
jurisconsulte hollandais.
Leven van F. L. Kersteman. *Amst.* 1792. 2 vol. 8.

Kerstlingerode (Herren v.),
famille allemande.
Heise (N... N...). Kerstlingerödische Denkwürdigkeiten, worin der Herren v. Kerstlingerode Ursprung, Wachsthum, etc., abgefasset ist. *Frf.* 1724. 8.

Kesler (Andreas),
théologien allemand (17 juillet 1595 — 15 mai 1643).
Hagelgans (Johann Heinrich). Fama posthuma Kesleri, s. oratio parentalis de ejus vita et obitu. *Coburg.* 1643. 4. (*D.*)

Kessels (Matthaeus),
sculpteur belge (20 mai 1784 — 3 mars 1836 *).
Gerardi (Filippo). Vita di M. Kessels. *Rom*. 1857. 8.
(**Albitès, A... C...**). Notice sur la vie et les ouvrages de Kessels, sculpteur belge, suivie du catalogue de ses ouvrages, etc. *Brux.* 1857. 8.
* Et non en 1830, comme l'indique la dixième édition du *Conversa-tions-Lexicon.*

Kessler (Georg Adam),
théologien allemand.
Dieffenbach (Johann Philipp). Dem Andenken G. A. Kessler's. *Friedberg*. 1827. 8.

Kessler (Georg Wilhelm),
jurisconsulte allemand.
Leben des königlich preussischen Wirklichen Geheimen Rathes G. W. Kessler, Biographen Ernst Ludwig Heim's. Aus seinem hinterlassenen Papieren. *Leipz.* 1853. 8. Portrait.

Kessler (Johann),
théologien suisse (1502 — 17 mars 1574).
Bernet (Johann Jacob). J. Kessler, genannt Ahenarius, Bürger und Reformator von Sanct-Gallen. *Sanct-Gall.* 1826. 8. Portrait.

Kesteloot (Jacques Louis),
médecin belge (9 oct. 1778 — 5 juillet 1852).
Snellaert (Ferdinand Augustin). Notice sur J. L. Kesteloot, membre de l'Académie de Belgique. *Brux.* 1852. 12. Portrait.

Kestner (Heinrich Ernst),
jurisconsulte allemand (23 juin 1671 — 5 juillet 1723).
Programma academicum in obitum H. E. Kestneri. *Rintel.* 1723. Fol.

Ketch (John),
bourreau de Londres.
Denkwürdigkeiten und Geständnisse der Scharfrichters zu London; aus dem Englischen übersetzt von Ferdinand v. BIEDENFELD. *Weim.* 1840. 8. Portrait.

Ketelhodt * (Carl Gerth v.),
jurisconsulte allemand (3 oct. 1738 — 14 janvier 1814).
Schwarz (Christian Wilhelm). Lebens- und Character-züge des Herrn C. G. v. Ketelhodt. *Rudolst. et Leipz.* 1801. 4.
* C'est par erreur que plusieurs biographes le nomment KETELHOLDT.

Ketelhodt (Ludwig v.),
voyageur allemand († 1762).
Walther (Ludwig Albrecht). Monumentum honoris domino L. de Ketelhodt, in Batavia Indica anno 1762 mortuo, sacratum. *Rudolstad.* 1763. Fol.

Kettler (Johann Friedrich v.),
jurisconsulte allemand.
Funccius (Johann Nicolaus). Oratio funebris beatis manibus J. F. de Kettler, etc. *Rintel.* 1736. 4.

Kettlewell (John),
pédagogue anglais (10 mars 1653 — 12 avril 1695).
Hickes (George) and **Nelson** (Robert). Memoirs of the life of J. Kettlewell, sometime fellow of Lincoln college in Oxford and vicar of Coles-Hill in Warwickshire. *Lond.* 1718. 8. Portrait.

Kettner (Friedrich),
théologien allemand (24 sept. 1645 — 14 sept. 1680).
(**Feller**, Joachim). Programma academicum in F. Kettneri obitum. *Lips.* 1680. 4. (*D.* et *L.*)

Kettner (Friedrich Ernst),
théologien allemand, fils du précédent (21 janvier 1671 — 21 juillet 1722).
Eckhard (Tobias). Vita F. E. Kettneri. *Quedlinb.* 1822. 4. (*D.*) *Ibid.* 1723. 4. Portrait. (*D.*)

Ketzmann (Johann),
pédagogue allemand (13 juillet 1487 — 23 août 1542).
Zeltner (Gustav Georg). Sendschreiben von dem merkwürdigen Leben J. Ketzmann's, ersten evangelischen Rectoris der Schule zu Sanct-Lorenzen in Nürnberg. *Frf.* et *Leipz.* 1734. 4.

Keuffel (Georg Gottfried),
jurisconsulte allemand (1698 — 24 nov. 1771).
Wernsdorf (Johann Christian). Memoria G. G. Keuffelii. *Helmst.* 1771. 4.

Keverberg de Kessel (le baron Charles Louis Guillaume Joseph de),
historien belge (13 mars 1768 — 30 nov. 1842).
Quetelet (Lambert Adolphe Jacques). Notice sur le baron de Keverberg de Kessel. *Brux.* 1842. 12. (*Bx.*)

Kexler (Simon),
mathématicien suédois (29 déc. 1602 — 22 mars 1669).
Miltopœus (Martin). Oratio funebris in obitum M. S. Kexleri. *Aboæ.* 1669. 4.

Keyser (Lienhart),
prêtre allemand.
Historie des Leydens vnd Sterbens L. Keyser's, Pfarrers zu Waytzenkirchen, zu Passau verurtheilt und zu Scherding verbrannt, s. l. 1527. 4. (Très-rare.)

Keyser (Peter),
jurisconsulte allemand.
Programma academicum ad exequias P. Keyseri. *Lips.* 1676. 4. (*D.* et *L.*)

Keysère (Arnaud de),
imprimeur belge du xve siècle.
Vandermeersch (D... J...). Inductions historiques sur A. de Keysère, imprimeur à Audenarde, de 1479 à 1482. *Gand.* 1841. 8.

Keysere (Pierre de),
imprimeur belge du xve siècle.
Vandermeersch (P... C...). Recherches sur la vie et les travaux de P. de Keysère, imprimeur à Paris, de 1473 à 1479. *Gand.* 1845. 8.

Keyserlingk (Hermann v.),
philosophe allemand.
Keyserlingk (Hermann v.). Denkwürdigkeiten eines Philosophen, oder Erinnerungen und Begebnisse aus meinem seitherigen Leben. *Alton.* 1858. 8. (*D.*)

Keysersberg, voy. **Geiler**.

Khang-hi,
empereur de la Chine (1653 — 1661 — 1723).
Bouvet (Joachim). Portrait historique de Khang-hi, empereur de la Chine. *Par.* 1697. 12. Trad. en angl. s. c. t. Life of Cang-hy, etc. *Lond.* 1699. 8.

Kheberitsch (Johann Christian),
transylvanien († 1726).
Buchholtz (Georg). Adorea posthuma viventis post funera virtutis in perennaturæ memoriæ momentum, dum D. J. C. Kheberitsch de Hosszuret spiritum Salvatori reddidit. *Leutschov.* 1726. Fol.

Khevenhueller (Ludwig Andreas, Graf v.),
feldmaréchal d'Autriche (7 nov. 1683 — 26 janvier 1744).
Geschichte und Thaten L. A. Grafen v. Khevenhüller's, Feldmarschalls, commandirenden Generals in Slavonien und Syrmien. *Brest.* et *Leipz.* 1744. 8. Portrait.

Khlesl (Melchior),
cardinal allemand (1553 — .. sept. 1630).
Cardinal Clesel's Verbrechen, umbd desswegen er von König Ferdinando, etc., in die Verhafftung genommen, s. l. 1643. 4.
Sgambati (Scipione). Oratio funebris in exequiis cardinalis Clesellii. *Vienn.* 1631. 4.
Clesel's Lebenslauff. *Marb.* 1694. 4.
Hammer v. Purgstall (Joseph). Leben des Cardinals M. Khlesl. *Wien.* 1847-51. 4 vol. 8. Portrait. (*L.*)

Khun (Johann),
mathématicien allemand (18 avril 1619 — 20 mars 1676).
(**Rappolt**, Friedrich), Programma academicum in funus J. Khunii. *Lips.* 1676. 4. (*D.* et *L.*)

Khun (Johann Caspar),
savant alsacien.
Schoepflin (Johann Daniel). Oratio in memoriam J. C. Khunii. *Argent.* 1720. 4.

Kickx (Jean),
botaniste belge (1772 — 1831).
Marchal (J...). Notice sur M. Kickx. *Brux.* 1831. 4. (*Bx.*)
Morren (Charles François Antoine). Notice sur J. Kickx. *Par.* 1852. 12.

Kielmeyer (Carl Friedrich v.),
naturaliste allemand (22 oct. 1765 — 24 sept. 1844).
Martius (Carl Friedrich Philipp v.). Denkrede auf C. F. v. Kielmeyer, etc. *Münch.* 1845. 4.
Jaeger (G...). Ehrengedächtniss des königlich Württembergischen Staatsraths v. Kielmeyer. *Bonn.* 1845. 8.

Kien-Long,
empereur de la Chine (1710 — 1735 — 11 février 1799).
Breitenbauch (Georg August v.). Lebensgeschichte des sinesischen Kaisers Kien-Long, etc. *Leipz.* 1787. 8.
Fortia d'Urban (Agricole de). Discours sur l'empereur Kien-Long. *Par.* 1841. 8.
Kienmann (Hermann Nicolaus),
médecin allemand.
Overbeck (Johann Daniel). Memoria H. Kienmann, medicinæ doctoris. *Lubec.* 1770. Fol.
Kiesling (Johann Rudolph),
théologien allemand (21 oct. 1706 — 17 avril 1778).
Harles (Gottlieb Christoph). Memoria J. R. Kieslingii. *Erlang.* 1778. Fol.
Kiessling (Johann),
théologien allemand (28 juin 1663 — 12 juin 1715).
Valther (David Christian). Lebensbeschreibung J. Kiessling's. *Dresd.* 1715. 4. (D.)
Kiessling (Johann Tobias),
prêtre allemand (3 nov. 1742 — 27 février 1824).
Züge aus dem Leben des seligen J. T. Kiessling sen. in Nürnberg, etc., nebst beigefügter Grab-Rede und Verklärung. *Nürnb.* 1824. 8. *Ibid.* 1856. 8.
Schuberth (Gotthilf Heinrich v.). J. T. Kiessling und einige seiner Freunde, nach ihrem Leben und Wirken. *Leipz.* 1850. 8.
Kiffin (William).
Life and approaching death of W. Kiffin. *Lond.* 1659. 4.
Kilbourn,
famille anglo-américaine.
Kilbourn (Payne Kenyon). History and genealogy of the Kilbourn family in the United States and Canada, from 1635 to the present time, etc. *Hartford.* 1845. 8.
Kilchsperger (Johann Heinrich),
magistrat suisse (1726 — 1805).
Hirzel (Salomon). Denkmal H. Kilchsperger's. *Zürch.* 1805. 8.
Kilda (Saint).
Macaulay (G...). Histoire de S. Kilda. *Par.* 1782. 12.
Kilian (Saint),
martyr irlandais († juillet 689).
Gropp (Ignaz). Lebensbeschreibung des heiligen Kiliani, Colonati und Tolnomi. *Würzb.* 1738. 4.
Kreusler (Christian Wilhelm). Programma de divo Kiliano, Corbacensium quondam patrono. *Corbaci.* 1777. 4.
Rion (J...). Leben und Tod des heiligen Kilian. *Aschaffenb.* 1833. 8.
Kilinski (Raphael),
prêtre polonais (?).
Bigoni (Angelo). Vita del venerabile servo di dio P. R. Kilinski, minore conventuale. *Rom.* 1845. 8. Portrait.
Kilmaine (Charles Jennings),
général irlandais (vers 1750 — 15 déc. 1799).
Michaud (L... G...). Notices historiques sur le maréchal (Jean Baptiste) Jourdan et les généraux (Frédéric Adolphe comte) Kalckreuth et Kilmaine. *Par.*, s. d. 8. (Extrait du tome LXVIII de la *Biographie universelle.*)
Kilmarnock (William **Boyde**, earl of),
shérif de Londres.
Life of the earl of Kilmarnock, with the proceedings against him, his behaviouron, and after his trial. *Lond.* 1746. 8. Portrait.
Foster (James). Account of the behaviour of the late earl of Kilmarnock. *Lond.* 1746. 8.
Review of Mr. James Foster's Account of the behaviour of the late earl of Kilmarnock. *Lond.* 1746. 8.
The Westminster Scholar corrected, or a defence of Mr. Foster's Account, etc. *Lond.* 1746. 8.
Vindication of the Rev. Mr. Foster's Account, etc. *Lond.* 1746. 8.
The whole proceedingis in the house of peers upon the indictments against W. earl of Kilmarnock, George earl of Cromartie and Arthur lord Balmerino, for high treason in levying war against his majesty. *Lond.* 1746. Fol.
By authority of the sheriffs : account of the behaviour of W. late earl of Kilmarnock and Arth. lord Balmerino, from the time of their being delivered into the custody

of the sheriffs in London to the time of their execution. *Lond.* 1746. Fol.
Memoirs of the lives and families of the lords Kilmarnock, Cromartie and Balmerino. *Lond.* 1746. 8.
Case relating to the property of W. late earl of Kilmarnock. *Lond.* 1751. Fol.
Moore (R...). Account of the lord Kilmarnock and Balmerino. *Lond.*, s. d. 8.
Kindsvatter (Caspar),
numismate allemand (... — 23 mai 1784).
Will (Georg Andreas). Denkmal bei dem Tode C. Kindsvatter's. *Altd.* 1784. Fol.
Kingo (Thomas),
évêque de Fyen (15 déc. 1634 — 14 oct. 1703).
Deichman (Bartholomaeus). Ligpraediken over Biskop Kingo. *Odense.* 1704. Fol.
Heiberg (A... C... L...). T. Kingo, Biskop i Fyen; en Levnetsbeskrivelse. *Odense.* 1852. 8.
Kingston (Elizabeth **Chudleigh**, dutchess of),
dame anglaise connue par ses aventures (1720 — 28 août 1788).
The case of the dutchess of Kingston. *Lond.*, s. d. (1776.) 8.
The Kingston cause impartially stated and fully considered, etc. *Lond.* 1776. 8.
A plain state of the case of the dutchess of Kingston, with considerations. *Lond.* 1776. 4.
The trial of the dutchess of Kingston, before the house of peers. *Lond.* (1776.) Fol. *
* Imprimé par ordre de la cour des pairs.
The whole of the evidence on the trial of E. dutchess of Kingston. *Lond.* 1776. Fol.
Authentic detail of particulars relative to the late dutchess of Kingston. *Lond.* 1788. 8.
Life and memoirs of E. Chudleigh, afterwards Mrs. Hervey and countess of Bristol, commonly called dutchess of Kingston. *Lond.* 1789. 4. Portrait. Trad. en allem. (par Johann Jacob Carl TIMAEUS). *Hamb.* 1789. 8.
Lettre à madame L*** sur ce qui a précédé et suivi la mort d'E. Chudleigh, autrement duchesse de Kingston. *Lond.* 1789. 8.
Histoire de la vie et des aventures de la duchesse de Kingston. *Lond.* 1789. 8.
Whitehead (Thomas). Original anecdotes of the late duke of Kingston and miss Chudleigh, alias Mrs. Harvey, alias countess of Bristol, alias dutchess of Kingston. *Lond.* 1792. 8.
(Guénard, madame). La duchesse de Kingston, ou mémoires d'une Anglaise célèbre. *Par.* 1813. 4 vol. 12. *
* Cet ouvrage, défiguré par un coloris plus romanesque qu'historique, a été publié s. l. pseudonyme de FAVENOLLES.
Kinkel (Gottfried),
poète allemand (11 août 1815 — ...).
Strodtmann (Adolph). G. Kinkel. Wahrheit ohne Dichtung; biographisches Skizzenbuch. *Hamb.* 1850. 8.
G. Kinkel's Lebensgeschichte bis zu seiner Errettung aus dem Gefängnisse zu Spandau. *Hamb.* 1851. 12.

Process-Verhandlungen gegen G. Kinkel und Genossen zu Cocln 29 April bis 2 Mai 1850, etc. *Bonn.* 1850. 8.

Kinsbergen (Jan Henrik van),
amiral hollandais (1er mai 1735 — 22 mai 1819).
Hoefhamer (A...). Oratio funebris J. H. van Kinsbergen. *Amst.* 1819. 4.
Hall (M... C... van). Leven en karakter van den admiraal jonkheer J. H. van Kinsbergen, etc. *Amst.* 1841. 8. Portrait. Bijvoegselen, etc. *Amst.* 1843. 8. (Ld.)
Kipping (Heinrich),
philologue allemand (vers 1623 — 26 février 1678).
Heeren (Heinrich Erhard). Oratio de H. Kippingio, egregio boni præceptoris exemplo, scholæque regiæ Bremensis ornamento quondam longe splendidissimo. *Brem.* 1755. 4. (D. et Lv.)
Kipping (Johann Georg Albrecht),
théologien allemand (18 oct. 1728 — 13 février 1763).
Wernsdorf (Johann Christian). Memoria J. G. A. Kippingii, professoris philosophiæ. *Helmst.* 1763. 4.
Kipping (Johann Wolfgang),
jurisconsulte allemand (2 avril 1695 — 2 février 1747).
Haeberlin (Franz Dominik). Programma in funere J. G. Kippingii. *Helmst.* 1747. 4.

Kirchbach (Peter),
théologien allemand (vers 1590 — 12 mars 1638).

Zimmermann (Daniel). Leichenpredigt auf P. Kirchbach, nebst dessen Lebenslauf. *Zwickau*. 1638. 4.

Kircheisen (C... D...),
jurisconsulte allemand.

Klein (Johann Gottlieb). Erinnerung an C. D. Kircheisen, königlich preussischen geheimen Kriegsrath zu Berlin. *Berl*. 1821. 8.

Kircher (Athanasius),
jésuite allemand (2 mai 1602 — 30 oct. ou selon d'autres 28 nov. 1680).

Kircher (Athanasius). Epistolarum fasciculus, publ. par Hieronymus Ambrosius LANGMANTEL. *Aug. Vind.* 1684. 8. *

    * On y trouve, pages 65 et suivantes, une esquisse de sa vie.

Kirchhof (Johann Gottfried),
médecin allemand (12 avril 1697 — 24 janvier 1771).

Gregorius (Immanuel Friedrich). Lebensgeschichte des Herrn Dr. J. G. Kirchhof, Medicinae Practici und Stadtphysici zu Lauban. *Lauban*. 1771. 8.

Kirchhoff (Anton),
pédagogue allemand.

Programma academicum in funere A. Kirchhoffii. *Lips*. 1640. 4. (*D. et L.*)

Kirchmaier (Georg Caspar),
chimiste allemand (1635 — 28 sept. 1700).

Schurzfleisch (Conrad Samuel). Programma in funere G. C. Kirchmaieri. *Witteb*. 1700. Fol.

Kirchmaier (Georg Wilhelm),
helléniste allemand.

Rivinus (Andreas Florian). Programma academicum de vita et memoria G. G. Kirchmaieri. *Lips*. 1739. Fol. (*D.*)

Kirchmaier (Sebastian),
théologien allemand (1641 — 16 oct. 1700).

Planer (Johann Andreas). Panegyricus in S. Kirchmaieri honores. *Witteb*. 1791. 4. (*D.*)

Kirchmann (Johann),
archéologue allemand (18 janvier 1575 — 20 mars 1643).

Stolterfoth (Jacob). Oratio funebris in memoriam J. Kirchmanni. *Lubec*. 1643. 4. (*D.*)

Westphal (Johann Friedrich). Oratio posthuma, in qua sistitur comparatio inter J. Kirchmannum et Joannem Henricum a Seelen. *Lubec*. 1755. 4. (*D.*)

Kirchmeier (Johann Christian),
théologien allemand (1674 — 15 mars 1743).

Hartmann (Johann Adolph). Oratio funebris in obitum J. C. Kirchmeieri, sacræ theologiæ doctoris et professoris. *Marb*. 1743. 4. (*D.*)

Kirchmeier (Johann Sigismund),
théologien allemand (4 janvier 1674 — 23 avril 1749).

Duysing (Heinrich Otto). Parentalia manibus J. S. Kirchmeieri dicta. *Marb*. 1749. Fol. (*D.*)

Duysing (Justin Gerhard'). Programma in funere J. S. Kirchmeieri, doct. et prof. theologiæ. *Marb*. 1749. Fol.

Kirkaldy (William),
homme d'État écossais (vers 1518 — décapité en 1570).

Memoirs and adventures of sir W. Kirkaldy of Grange, knight, commander of french horse, lord of the secret council and governor of the castle of Edinburgh for Mary, queen of Scots. *Edinb*. 1849. 8.

Kirkland (Samuel),
théologien anglo-américain.

Lathrop (Samuel K...). Life of the Rev. S. Kirkland. *Boston*. 1848. 8. (Extrait de l'*American Biography*, publ. par Jared SPARKS.)

Kirsten (Johann Jacob),
médecin allemand (18 mai 1710 — 4 janvier 1765).

(Nagel, Johann Andreas Michael). Programma funebre J. J. Kirstenii. *Altorf*. 1765. fol.

Kirsten (Michael),
médecin-philologue allemand (25 janvier 1620 — 2 mars 1678).

Placcius (Vincenz). Corona gymnastica in funus M. Kirstenii, medicinæ doctoris, etc. *Hamb*. 1678. 4. (*L.*)

Kirsten (Peter),
médecin allemand (25 déc. 1577 — 8 avril 1640).

Loccenius (Johan). Oratio funebris in obitum P. Kirstenii. *Upsal*. 1640. 4.

Kirwan (Francis),
évêque de Allen.

Lynch (John). Pii antistitis icon, s. de vita et morte Rev. D. F. Kerovani, Alladensis episcopi. *Mactovii*. 1669. 12. Portrait.

Kisfaludy (Karoly),
poète hongrois (19 mars 1790 — 11 nov. 1830).

Schedel (Franz). Kisfaludy K. élete. *Budapesth*. 1832. 8.

Kist (Ewaldus),
théologien hollandais.

Hulde aan de nagedachtenis van E. Kist, toegebragt door B... F... TIJDEMAN, J... KISSELIUS en Jan SCHOUTEN. *Dordrecht*. 1823. 8. Portrait. (*Ld.*)

(Kist, Nicolaus Christian). E. Kist, s. l. et s. d. (*S'Gravenh*. 1836.) 8. (*Ld.*)

Kistemaker (Johann Hyacinth),
philologue allemand (15 août 1754 — 2 mars 1834).

Neuhaus (Franz). Leben und Wirken des verstorbenen Professors J. H. Kistemaker. *Münst*. 1834. 8.

Kitaibel (Paul),
médecin-botaniste hongrois (3 février 1757 — 13 déc. 1818).

Haliczky (Andreas). Memoria viri immortali laude digni (P. Kitaibel) e sepulcro in lucem revocata. *Budæ*. 1826. 4.

Kittel (Johann Gottlieb),
théologien allemand (25 août 1709 — vers 1780).

Kittel (Friedrich Erdmann). Ehrengedächtniss Herrn J. G. Kittel's, Diaconus in Goedau. *Loebau*. 1781. 4.

Kjellman (Anders),
théologien suédois.

Munthe (Sven Hansson). Likpredikan öfver Kyrkoherden i Burlöf A. Kjellman. *Lund*. 1776. 8.

Klaj ou **Clajus** (Johann),
poète allemand (vers 1533 — 11 avril 1592).

Goldhagen (Johann Eustachius). Leben des Mag. J. Claji. *Nordhaus*. 1751. 4.

Klapka (György),
général hongrois (7 avril 1820 — ...).

Klapka (György). Memoiren. *Leipz*. 1850. 8.

—— Der Nationalkrieg in Ungarn und Siebenbürgen. *Leipz*. 1851. 2 vol. 8.

Klar (Aloys),
philosophe bohème (25 avril 1763 — 25 mars 1833).

Weinoldt (Franz). Krátka zpráva o životy a blahocinném pusobenj A. Klara, doktora ve filosofii, etc. *Praze*. 1834. 8.

—— Denkwürdigkeiten aus dem Leben A. Klar's, etc. *Prag et Leitmeritz*. 1835. 8. (*D.*)

Klaus (David),
paysan allemand (1718 — 2 juillet 1793).

Streithorst (Johann Werner). D. Klaus. Denkmal eines Weisen im groben Gewande. *Halberst*. 1793. 8. *Ibid*. 1797. 8.

—— D. Klaus. Sittenbuch für gute Leute in allen Ständen. *Halberst*. 1796. 8. *Ibid*. 1799. 8.

Klausenburger (Martin),
jurisconsulte transylvanien († 24 sept. 1643).

Meder (Peter). Lessus in luctuosum discessum D. M. Klausenburgeri, Mediensis consulis. *Coron*. 1644. 4.

Klausing (Heinrich),
théologien allemand (28 déc. 1675 — 2 oct. 1745).

(Kapp, Johann Ernst). Programma academicum ad exequias H. Klausingii. *Lips*. 1745. Fol. (*D. et L.*)

Kléber (Jean Baptiste),
général français (9 mars 1753 — assassiné le 14 juin 1800).

Hannus-Tuppin (N... N...). Oraison funèbre de Kléber, général en chef de l'armée en Orient, s. l. et s. d. (*Bar-sur-Ornin*, an ix.) 12.

Garat (Joseph Dominique). Éloge funèbre des généraux Kléber et Desaix. *Par*., an VIII (1800.) 8.

Couret de Villeneuve (Louis Philippe). Éloge funèbre de Kléber, général en chef de l'armée française en Orient. *Gand*, s. d. (an IX.) 8.

Héricourt (Lubert de). Vie du général Kléber. *Par*., an VII (1800.) 8. (*P*.)

(Cousin d'Avallon, Charles Yves). Histoire des généraux Kléber et Desaix. *Par*., an IX (1802.) 12. * (*Lv.*)

    * Orné du portrait de Desaix.

Barrois (Édouard). Notice biographique sur le général Kléber. *Strasb.* 1839. 8. (Extrait de la *Revue d'Alsace.*)

Le Turc et le militaire français. Dialogue sur l'expédition d'Egypte et l'analyse des dépêches de Menou, relatives à l'assassinat du général Kléber, commandant en chef l'armée d'Orient, s. l. et s. d. 8. *

   * Pamphlet virulent contre le général Bonaparte. Cette pièce très-curieuse et excessivement rare est signée *Bernard*, ancien militaire. A la fin de ce libelle se trouve un *Vaudeville nouveau* avec un refrain très-obscène.

Recueil de pièces relatives à la procédure de l'assassin de Kléber. *Caire*, an VIII (1800). 8.

Kleberger, dit l'**Homme de la Roche** (Johann),
   philanthrope allemand (1486 — 6 sept. 1546).
Marnas (N... N...). Notice sur J. Cléberg (!) vulgairement appelé l'Homme de la Roche ; rédigée d'après le vœu de l'administration des hôpitaux de Lyon. *Lyon*, s. d. (1820.) 8.
Cochard (François Nicolas). L'Homme de la Roche. *Lyon*, s. d. (1827.) 8.
Précis historique sur J. Kléberger, surnommé le bon Allemand et vulgairement appelé l'Homme de la Roche. *Lyon.* 1842. 4.
Nouveaux documents sur J. Kléberger, surnommé le bon Allemand. *Lyon.* 1843. 8.
Notice sur J. Kléberger, le bon Allemand, vulgairement appelé l'Homme de la Roche, (au sujet de l'inauguration du 16 septembre 1819). *Lyon.* 1849. Fol. et 4.

Kleemann (Christian Friedrich Carl),
   peintre-naturaliste allemand (16 août 1735 — 2 janvier 1789).
Kurzgefasste Lebensgeschichte des berühmten Miniaturmalers Herrn C. F. C. Kleemann, s. l. et s. d. (*Altd.*) 4. Portrait.

Klefeker (Johann),
   magistrat allemand (14 août 1698 — 2 nov. 1775).
Noelting (Johann Heinrich Vincenz). Vita J. Klefekeri, syndici Hamburgensis, etc. *Hamb.* 1775. Fol.
Klefeker (Johann Matthias),
   théologien allemand († 1782).
Thiess (Johann Otto). Dem Andenken J. Klefeker's gewidmet. *Hamb.* 1786. 8.

Klein (Anton v.),
   littérateur allemand (1748 — 5 déc. 1810).
Literarisches Leben des königlich baierschen Geheimen Rathes Ritters A. v. Klein, etc. *Wiesbad.* 1818. 8. (*D.*)

Klein (Ernst Ferdinand),
   jurisconsulte allemand (1743 — 18 mars 1810).
E. F. Klein's Selbstbiographie, herausgegeb. von M... L... LOEWE. *Berl.* 1810. 8. Portrait.

Klein (Jacob Theodor),
   naturaliste allemand (1685 — 27 février 1759).
Sendel (Christian). Lobrede auf Herrn J. T. Klein, ältesten Secretarius der Stadt Danzig. *Danz.* 1759. 8.

Klein (Johann Adam),
   peintre-graveur allemand (24 nov. 1792 — ...).
Verzeichniss der von J. A. Klein, Maler und Kupferstecher, gezeichneten und radirten Blätter (vom Jahre 1805 bis 1846). *Stuttg.* 1853. 8.

Klein (Joseph),
   théologien allemand.
B... (P... W...). J. Klein, Generalvicarius des Erzbisthums München und Freysingen. *Landsh.* 1825. 8.

Kleinarts ou **Clénard** (Nicolas),
   philologue belge (5 déc. 1495 — ... 1542).
Callenberg (Johann Heinrich). Conatus N. Clenardi, circa Muhammedanorum ad Christum conversionem descripti. *Halæ.* 1742. 8.
Notice sur N. Cleynarts, de Diest; son enseignement, ses œuvres et ses ouvrages. *Louvain.* 1844. 12.

Kleindinst (Bartholomæus),
   jésuite allemand.
Menchusius (Jacob). Oratio funebris de vita et obitu B. Kleindinst. *Dilling.* 1561. 4.

Kleinert (Adolph Friedrich),
   théologien allemand († 12 mars 1834).
Walter (Julius). Dr. A. F. Kleinert, Professor in Dorpat, geschildert. *Riga.* 1834. 8.

Kleinmayern (Johann Franz Thaddæus v.),
   jurisconsulte allemand.
F(elner) (J(ohann). Leben des geheimen Cabinets- und

Staatsraths, Praesidenten der obersten Justizstelle und Landstandes im Churfürstenthume Salzburg, J. F. T. v. Kleinmayern, Verfassers der *Nachrichten von Juvavia. Wien.* 1848. 8.

Kleinschmid (Philipp Heinrich),
   jurisconsulte allemand.
Funccius (Johann Nicolaus). Programma in obitum P. H. Kleinschmidii, professoris juris. *Marb.* 1751. Fol.

Kleinschrod (Gallus Aloysius v.),
   jurisconsulte allemand (6 janvier 1762 — 17 nov. 1824).
Lebensmomente des G. A. v. Kleinschrod, dessen Verehrern und Freunden gewidmet. *Aschaffenb.* 1826. 4. (*L.*)

Kleinwaechter (Valentin),
   pédagogue allemand (11 déc. 1607 — 29 janvier 1661).
Primke (Christian). Monumentum literarium quod V. Kleinwaechtero, Magdalenæi rectori, posuit, etc. *Liegnic.*, s. d. 4.

Kleist (Ewald Christian v.),
   poète allemand (3 mai 1715 — 24 mai 1759).
(**Nicolai,** Friedrich). Ehrengedächtniss E. C. v. Kleist's. *Berl.* 1759. 8. *Ibid.* 1760. 4. Portrait.
Aereminde over den beroemte Preusiska Major og Digter E. C. v. Kleist. *Kjoebenh.*, s. d. 8.

Kleist (Heinrich v.),
   poète allemand (10 oct. 1776 — se suicidant le 21 nov. 1811). ↙
Buelow (Eduard v.). H. v. Kleist's Leben und Briefe. *Berl.* 1848. 8. Portrait.

Klenze (Leo, Ritter v.),
   architecte allemand (1784 — ...).
Wiegmann (R...). Ritter L. v. Klenze und unsere Kunst. *Düsseld.* 1839. 12.

Kléon,
   démagogue grec († 422 avant J. C.).
Wendt (N... N...). Pericles und Kleon. Beitrag zur politischen Entwickelungsgeschichte Athen's. *Posen.* 1836. 8.
Hasselbach (Heinrich). Über Kleon. *Marb.* 1844. 8.
Voswinkel (Friedrich). Dissertatio historica de Cleone demagogo. *Bonn.* 1847. 8.

Klerk (Reinier de),
   homme d'État hollandais.
Huysers (A...). Leven van R. de Klerk, gouverneur-generaal van Neerlands Indien. *Amst.* 1787. 8. *Utrecht.* 1788. 8. (*Ld.*)

Klessen (Johann),
   théologien allemand.
Werthern (Johann Friedrich v.). Gedächtniss-Predigt auf J. Klessen. *Erfurt.* 1720. Fol. (*D.*)

Kletschke (Andreas),
   théologien allemand.
Vogelhaupt (Nicolaus). Leichen-Sermon auf A. Kletschke. *Jena.* 1675. 4. (*D.*)

Kleuker (Johann Friedrich),
   mythologue allemand (27 oct. 1749 — 3 mai 1827 *). *
Ratjen (H...). J. F. Kleuker und Briefe seiner Freunde, etc. *Götting.* 1842. 8.
   * Ou selon d'autres biographes le 1er juin de la même année.

Klewiz (Wilhelm Anton v.),
   homme d'État allemand.
(**Burchardt,** N... N...). Zur Erinnerung an das fünfzig-jährige Amtsjubiläum S. E. des königlich preussischen wirklichen Geheimen Staatsministers, etc., Herrn Dr. W. A. v. Klewiz, etc. *Magdeb.*, s. d. (vers 1833). 4. *
   * On y trouve une esquisse de sa vie, écrite par lui-même, et son portrait.

Klingberg (Henrich Matthias Wilhelm),
   médecin danois (17 août 1774 — vers 1835).
Schoenberg (Albrecht v.). Necrolog of H. M. W. Klingberg. *Kjoebenh.* 1835. 8.

Klingenstierna (Samuel),
   mathématicien suédois (18 août 1698 — 28 oct. 1785).
Mathematiquens Foerlust wid tilfälle af S. Klingenstierna. *Stockh.* 1766. 4. (*D.*)
Stroemer (Martin). Åminnelse-Tal öfver S. Klingenstierna. *Stockh.* 1785. 8.

Klingmann (Philipp),
   acteur allemand (30 nov. 1762 — 5 nov. 1824).
Butenop (C... H...). Biographie des Schauspielers P. Klingmann, s. l. (*Wien.*) 1825. 8.

Klint (Gustaf af),
amiral suédois.
Kryger (Johan Fredrik). Åminnelse-Tal öfver Admiralen G. v. Klint. *Stockh.*, s. d. 8.
Klinteberg (Wilhelm af),
homme d'État suédois (22 mars 1759 — 19 juin 1829).
Gullander (Anders). Åminnelse-Tal öfver Landshöfding W. af Klinteberg. *Lund.* 1829. 8.
Klisthenes,
démagogue grec (510 avant J. C.).
Voemel (Johann Thedor). Über des Atheners Klisthenes Staatsveränderung. *Frf.* 1838. 8.
Klobusitzky de Zéttény (Gróf Ferencz Xaver),
archevêque de Colocza († 1760).
Pintér (Joseph). Laudatio funebris F. X. e comitibus Klobusitzky de Zéttény, Colocensis et Bachiensis ecclesiarum canonice unitarum archiepiscopi. *Budæ*, s. d. (1760.) Fol.
Klopstock (Friedrich Gottlieb),
poète allemand du premier ordre (2 juillet 1724 — 14 mars 1803).
(**Cramer**, Carl Friedrich). Klopstock. Er und über ihn. *Hamb.* 1782-93. 5 vol. 8.
Meyer (Friedrich Johann Lorenz v.). Klopstock's Gedächtnissfeier 1803. *Hamb.* 1803. 4. Portrait.
Klopstock's Todtenfeier. *Hamb.* 1804. 4. Portrait.
Sachse (Johann Friedrich). Klopstock und seine Verdienste. *Hamb.* 1804. 8.
Thiess (Johann Otto). F. G. Klopstock, wie er seit einem halben Jahrhundert als Dichter auf die Nation und als Schriftsteller auf die Literatur gewirkt hat. *Alton.* 1803. 8. (*D.*)
Dacier (Bon Joseph). Éloge de Klopstock. *Par.* 1805. 8. Trad. en allem. (par Friedrich Johann Lorenz v. MEYER). *Hamb.* 1805. 8.
Schmidt (Klamer). Klopstock und seine Freunde. *Halberst.* 1810. 2 vol. 8.
Morgenstern (Carl v.). Klopstock als vaterländischer Dichter. *Dorp.* 1814. 4. (*D.*)
Jordan (Camille). Essai sur Klopstock. *Par.*, s. d. (vers 1816.) 8.
Biographie Klopstock's. *Quedlinb.* 1817. 8. Portrait.
Jacobsen (Friedrich Johann). Denkrede auf Klopstock. *Alton.* 1817. 8.
Moltke (Frederik Ludvig). Ara D. M. F. G. Klopstock, etc. *Alton.* 1818. 4.
Trad. en allem. :
(Par Carl REINHARD). *Alton.* 1818. 4. *Ibid.* 1821. 8.
Par Gerhard Anton von HALEM. *Leipz.* 1819. 4.
Klopstock als Mensch und als Dichter. Einiges aus der Geschichte seines Lebens und seines Wirkens, zur hundertjährigen Feier seines Geburtsfestes. *Naumb.* 1824. 24.
Klopstock. Denkmal zur Säcularfeier seines Geburtstages. *Quedlinb.* 1824. 8. Portrait.
Lucas (Christian Theodor Ludwig). Über Klopstock's dichterisches Wesen und Wirken. *Königsb.* 1824. 8. (*D.*)
Klopstock's hundertjähriges Ehrengedächtniss, gefeiert in seiner Vaterstadt (Quedlinburg) am 2. Juli 1824. *Quedlinb.* 1824. 8. 2 portraits.
Dietrich (Gerhard August). Klopstock's hundertjährige Geburtsfeier. *Leipz.* 1824. 12.
(**Giesebrecht**, Carl Heinrich Ludwig). Klopstock's Jahrhundertfeier, veranstaltet von der Berliner Gesellschaft für deutsche Sprache. *Berl.* 1825. 8.
Egestorf (G... H... C...). Denkschrift auf Klopstock's hundertjährigen Geburtstag. *Hamb.* 1825. 8.
Doering (Heinrich). Leben Klopstock's. *Weim.* 1825. 8.
Boehringer (August). Zur Feier der Einweihung von Klopstock's Denkmal im Brühle bei Quedlinburg, am 7. Juli 1831. *Quedlinb.* 1831. 8.
Gruber (Johann Gottfried). Klopstock's Leben. *Leipz.* 1832. 8.
Mauri (Achille). Di Klopstock e della *Messiade*. *Milan.* 1832. 12.
Klopstock (F... G...). Solemnia secularia F. T. Klopstockii. *Numburg.* 1839. 8.
Tolhausen (Alexander). Klopstock, Lessing and Wieland. Treatise on German literature. *Lond.* 1848. 8.

Doering (Heinrich). F. G. Klopstock's Biographie. *Jena.* 1853. 16. *
* Formant le 6e volume du recueil *Biographien deutscher Classiker*, publ. par H. Doering.
Moerikofer (J... C...). Klopstock in Zürich im Jahre 1750-1751. *Zürch.* 1851. 8.
Klose,
famille allemande.
Hanse (Matthias). Schediasma de claris Closiis. *Vratisl.* 1709. 4.
Klosner (Cosmas Damian),
médecin allemand (1722 — 12 février 1794).
Leveling (Heinrich Marcus). Memoria D. Klosneri. *Ingolst.* 1794. 4.
Klotska,
insurgé transylvanien.
Horja und Klotska, Oberhaupt und Rathgeber der Aufrührer in Siebenbürgen; physiognomische Skizze, historisch und characteristisch behandelt, nebst der Geschichte dieses Aufruhrs. *Karlsburg* et *Hermannst.* 1785. 8. (Avec les silhouettes de ces deux conspirateurs.)
Kurze Geschichte der Rebellion in Siebenbürgen, etc. *Strasb.* 1785. 8. (Accomp. des silhouettes de Horja et de Klotska.)
Klotz (Christian Adolph),
littérateur allemand (13 nov. 1738 — 31 déc. 1771).
Hausen (Carl Renatus). Leben und Character C. A. Klotzen's. *Halle.* 1772. 8. Portrait. (*D.*)
Leben, Thaten und Character des Herrn C. R. Hausen, als eine nöthige Beilage zu dem Leben des Herrn Klotz von eben diesem Verfasser, s. l. (*Halle.*) 1772. 8.
Über das vom Herrn Professor Hausen entworfene Leben des Herrn Geheimenrathes Klotz. *Halberst.* 1772. 8.
Murr (Christoph Gottlieb v.). Denkmal zur Ehre des seligen C. A. Klotz. *Frf.* et *Leipz.* 1772. 8.
Mangelsdorf (Carl Ehregott). Vita et memoria C. A. Klotzii. *Halæ.* 1772. 8. Portrait. (*D.*)
Kluepfel (Johann Andreas Engelbert),
théologien allemand (18 janvier 1733 — 5 juillet 1811).
Hug (Johann Leonhard v.). Elogium E. Kluepfelii, etc. *Friburg.* et *Constant.* 1811. 8. (*D.*)
Klug (David),
théologien allemand (18 avril 1618 — 24 avril 1688).
Buettner (Daniel). Epitaphium D. Klugii, ad D. Catharinæ Hamburgensis pastoris primarii, etc. *Hamb.* 1688. 4. (*L.*)
Kluge (Johann Daniel),
littérateur allemand (5 mai 1739 — 30 août 1797).
Schubart (Gottlob). Biographie J. D. Kluge's. *Zerbst.* 1798. 8.
Kluyskens (Joseph François),
médecin belge (9 sept. 1771 — 24 oct. 1843).
Guislain (Joseph). Mort du professeur Kluyskens. *Gand.* 1843. 8. Portrait.
Verbeeck (N... N...). Notice biographique sur J. F. Kluyskens. *Brux.* 1844. 8.
Knape (Nils),
amiral suédois.
Bagge (Fredrik). Likpredikan öfver Amiral Lieutenanten N. Knape. *Götheb.* 1711. 4.
Knapp (Georg Christian),
théologien allemand (17 sept. 1753 — 14 oct. 1825).
Niemeyer (August Hermann). Epicedien, dem Andenken G. C. Knapp's, königlichen Consistorialraths, etc., gewidmet. *Halle.* 1825. 8.
Knapp (Johann Georg),
théologien allemand (1705 — 30 juillet 1771).
Niemeyer (David Gottlieb). Das würdige Bild J. G. Knapp's. *Halle.* 1771. 4. (*D.*)
Freylinghausen (Gottlieb Anastasius). Wohlverdientes Ehrengedächtniss, gestiftet dem Herrn Dr. J. G. Knapp. *Halle.* 1772. 4. Portrait. (*D.*)
Noesselt (Johann August). Memoria J. G. Knappii. *Halæ.* 1772. 4.
Knauth (Christian),
théologien allemand (19 déc. 1706 — 7 janvier 1784).
(**G(iese)**, G(ottlieb) C(hristian)). Lebensgeschichte des Pfarrers C. Knauth. *Goerl.* 1784. 4.

Knauth (Johann),
théologien allemand.
Loescher (Valentin Ernst). Leich-Predigt auf J. Knauth.
Dresd. 1716. Fol. (*D.*)
Knauth (Theodor),
théologien allemand (9 nov. 1682 — 6 mai 1738).
Gronau (Hermann). Leichenpredigt auf T. Knauth. *Berl.*
1738. 4.
Knebel (Carl Ludwig v.),
littérateur allemand (30 nov. 1744 — 23 février 1834).
Schwarz (J... C... E...). Zur Erinnerung an C. L. v. Kne-
bel. Rede an seinem Grabe gesprochen. *Jena.* 1834. 8.
Kneller ou **Kniller** (Gottfried),
peintre allemand (1648 — 19 oct. 1723 *).
Ackermann (W... A...). Der Portraitmaler Sir Gode-
frey Kniller im Verhältniss zur Kunstbildung seiner
Zeit dargestellt. *Lübeck.* 1845. 8.
* Et non en 1726, comme l'indiquent plusieurs biographes.
Kneschke (Johann Gottfried),
pédagogue allemand (2 déc. 1766 — 15 mai 1825).
Hirt (Heinrich Adolph). Zum Andenken an J. G.
Kneschke. Kurze Nachricht über das Leben des Verstor-
benen. *Zittau.* 1825. Fol. (*D.*)
Lindemann (Johann Friedrich). Gedächtnissschrift auf
J. G. Kneschke. *Zittau.* 1825. Fol.
Knibb (William),
missionnaire anglais.
Hinton (John Howard). Memoirs of W. Knibb, missio-
nary in Jamaica. *Lond.* 1847. 8. *Ibid.* 1849. 8. Portrait.
Ibid. 1852. 8. Portrait.
Knigge (Adolph Franz Friedrich Ludwig, Freiherr v.),
littérateur allemand (16 oct. 1752 — 6 mai 1796).
Knigge (Adolph Franz Friedrich Ludwig v.). Der Ro-
man meines Lebens. *Frf.* 1805. 2 vol. 8. (*D.*)
Kurze Biographie des Freiherrn A. v. Knigge. *Hannov.*
1825. 8.
Goedeke (Carl). A. Freiherr v. Knigge; sein Leben und
Blicke in die Zeit. *Hannov.* 1844. 12.
Knigthon (William),
intendant de George IV, roi d'Angleterre.
Memoirs of sir W. Knighton, (keeper of the privy purse
of George IV). *Lond.* 1838. 8. *Philad.* 1838. 8. (Publ.
par son épouse.)
Knipperdolling (Bernhard),
l'un des chefs des anabaptistes (exécuté le 23 janvier 1536).
Portrait de Knipperdoling (!) par Quentin Matsys. *Gand.*
1858. 8. *
* Cette pièce, extraite du *Messager des sciences et des arts* et accompagnée du portrait de Knipperdolling, peint par Quentin Matsys,
contient une notice biographique sur ce peintre belge.
Kniprode (Winrich v.),
grand-maître de l'ordre Teutonique (... — élu 1351 — 1382).
Pisanski (Georg Christoph). De meritis in Prussiam
V. a Kniprode, supremi ordinis Teutonici magistri,
scholarum Prussicarum antiquissimi patroni. *Regiom.*
1753. 4.
Knips Macoppe (Alessandro),
médecin italien (10 déc. 1662 — 10 août 1744).
Scanagathus (Nicolaus). Commentariolum de A. Knips
Macoppe, etc. *Patav.* 1745. 4. Portrait. (*D.*)
Knoeringen (Johann Egolph v.),
évêque d'Augsbourg.
Schmidt (Ignaz Dominik Cyriacus). Panegyris in laudem
reverendissimi ac celsissimi principis episcopi Augus-
tani, J. E. a Knoeringen, fundatoris bibliothecæ academicæ Ingolstadiensis. *Ingolst.* 1745. 4. *Ibid.* 1764. 4.
Knoes (Anders Olofsson),
théologien suédois (3 février 1721 — 29 mai 1799).
Knoes (Olof Andersson). Lessus ad tumulum patris di-
lectissimi, desideratissimi A. Knoes. *Scaræ.* 1799. 8.
Knoes (Carl Johan),
théologien suédois (10 déc. 1767 — 10 mai 1835).
Kjellander (Johan). Christelig Likpredikan öfver Domprosten i Skara, Theologiæ Professoren da Dr. J. C.
Knoes Jordfästades. *Stockh.* 1835. 4.
Knoller (Martin),
peintre allemand (8 nov. 1725 — 24 juillet 1804).
Clausen (Enrico). Memorie della vita e delle opere di
M. Knoller. *Milan.* 1858. 8.

Knollis (Hansard),
théologien anglais.
Life of the Rev. H. Knollis. *Lond.* 1692. 8. Portrait.
Knorr (Martin),
mathématicien allemand.
(**Cyprian**, Johann). Programma in M. Knorrii funere.
Lips. 1699. Fol. (*L.*)
Knorre (Carl Gottlieb),
jurisconsulte allemand (22 juillet 1696 — 14 sept. 1753).
Programma funebre in obitum C. G. Knorrii. *Halæ.*
1753. Fol.
Knox (John),
réformateur écossais (1505 — 24 nov. 1572).
Smeton (Thomas). Vita J. Knoxi, Scoti theologi. *Edinb.*
1579. 4. (Rare.)
M' Crie (Thomas). Life of J. Knox, containing illustra-
tions of the history of the reformation in Scotland, etc.
Edinb. 1812. 2 vol. 8. *Ibid.* 1813. 2 vol. 8. *New-York.*
1813. 2 vol. 8. *Edinb.* 1814. 2 vol. 8. *Ibid.* 1818. 2 vol.
8. *Ibid.* 1839. 8. 2 portraits.
Trad. en allem. avec préface de Gottlieb Jacob Planck.
Goetting. 1817. 8. *
* Ce n'est qu'un abrégé de l'ouvrage original.
Trad. en holland. par G... J... Cramer von Baumgar-
ten. *Groning.* 1818. 2 vol. 8.
Niemeyer (Johann Christian Ludwig). Leben des J.
Knox und der beiden Marien, Mutter und Tochter.
Leipz. 1824. 8. (Avec le portrait de Jean Knox.)
Knudsen (Hans Christian),
comédien danois (4 mars 1763 — 4 mars 1816).
Rahbek (Knud Lyne). Kongelige Skuespiller og Dane-
brogsmand H. C. Knudsen, publ. par J... L... Beeken.
Kjoebenh. 1816. 8.
Foersom (Peder). Mindeord over H. C. Knudsen. *Kjoe-*
benh. 1816. 8.
Knudsen (Valdemar),
archevêque de Brême (1182 — 1215).
Crone (A...). V. Knudsen, Biskop i Sleswig og Erkebis-
kop i Bremen; historisk Skildring. *Odense.* 1848. 8.
Knuepfer (Sebastian),
musicien allemand (6 sept. 1633 — ... 1676).
Programma de laude musicæ in honorem S. Knuepfer,
philologi eximii, musicique celeberrimi chori item musici directoris et cantoris ad D. Thomæ bene meritissimi. *Lips.* 1676. 4. (*D.* et *L.*)
Kob (Johann),
jurisconsulte allemand (10 avril 1590 — 30 janvier 1661).
Weinmann (Johann). Leichpredigt auf Herrn Doctor
und Professor J. Koben. *Nürnb.* 1661. 4.
Kobbe (Christian August Theodor v.),
littérateur allemand (1798 — 22 février 1845).
Kobbe (Christian August Theodor v.). Humoristische
Erinnerungen aus meinem academischen Leben in Heidelberg und Kiel in den Jahren 1817-1819. *Brem.*
1840. 2 vol. 12.
Stahr (Adolph). T. v. Kobbe; ein Denkstein. *Oldenb.*
1845. 8.
Kobell (Ferdinand),
peintre-graveur allemand (1740 — 1799).
Stengel (Stephan v.). Catalogue raisonné des estampes
de F. Kobell. *Nuremb.* 1822. 8.
Kober (Ludwig),
cretin allemand.
Krauss (August). Der Cretin vor Gericht. L. Kober, von
Tübingen, wegen Tödtung seiner beiden Eltern und
seiner Schwester verurtheilt. Beitrag zur Kunde des
cretinischen Stumpfsinns für Gerichtsärzte, Richter
und Psychologen, etc. *Tübing.* 1835. 8.
Koberwein (S... F...),
comédien allemand.
Koberwein (S... F...). Meine Biographie. *Bresl.* 1805. 8.
Koburger (Anton),
imprimeur allemand du XVᵉ siècle (+ 1513).
(**Waldau**, Georg Ernst). Lebensbeschreibung A. Koburger's, eines der ersten Buchdrucker Deutschlands.
Dresd. et *Leipz.* 1786. 8. (*L.*)

Koch (Christian),
théologien allemand.

Koch (Johann Christian). Leben C. Koch's. *Budiss.* 1727. 8.

Koch (Christian Martin),
médecin allemand (1752 — 22 février 1803).

Clarus (Johann Christian August). Memoria C. M. Kochii. *Lips.* 1837. 8. (*L.*)

Koch (Christoph Wilhelm v.),
historien et publiciste alsacien (9 mai 1737 — 25 oct. 1813).

Schweighaeuser (Jean George). Vie de C. G. Koch, chevalier de la Légion d'honneur, professeur d'histoire et de droit public à l'ancienne université de Strasbourg. *Strasb.*, s. d. 8. (*D.*)

Koch (Cornelius Dietrich),
théologien allemand (2 juin 1676 — 25 oct. 1724).

Programma academicum ad exequias C.D.Kochii. *Helmst.* 1724. 4. (*D.*)

Koch (Franz Paul),
musicien allemand (1761 — ...).

Geissler (G... D...). Biographie F. P. Koch's, des Mundharmonicaspieler's. *Augsb.* 1793. 8.

Koch (Johann Friedrich Wilhelm),
théologien allemand (1759 — 3 mars 1831).

Arndt (Friedrich). Gedächtnisspredigt auf den Herrn Consistorialrath Dr. J. F. W. Koch. *Magdeb.* 1831. 8.

Koch (Julius August),
philosophe allemand (✝ 21 oct. 1817).

Boeckel (Ernst Gottfried Adolph). J. A. Koch. Vorlesung zum Andenken an den Verstorbenen. *Danz.* 1819.8.

Koch (Siegfried Gottlieb), voy. **Eckardt.**

Koch (Wilhelm Daniel Joseph),
médecin-botaniste allemand (5 mars 1771 — 14 nov. 1849).

Doederlein (Ludwig). Worte am Grabe des Herrn W. D. J. Koch, Doctors der Medecin, etc., Professors der Botanik, etc. *Erlang.* 1849. 4. (*L.*)

Kock (Petrus Stephanus),
historien hollandais.

Kesteloot (Jacques Louis). P. S. Kock. *Gent.*, s. d. (1842.) 8.

Kodicil v. Tulechova (Peter),
astronome bohême (1590).

Dobrensky (Venceslav). Pohrebni památka P. Codicilla z Tulechova, akademie Prazské rektora. *Praze.* 1890. 4.

Koegler (Johann Christoph),
littérateur allemand.

Chladen (Johann Martin). Memoria J. C. Koegleri. *Erlang.* 1749. Fol.

Koehler (Carl Friedrich),
jurisconsulte allemand.

Programma academicum in exequias C. F. Koehleri. *Jenæ.* 1723. Fol. (*D.*)

Koehler (Georg Friedrich),
théologien allemand.

Valther (David Christian). Preiswürdiger Köhlerglaube. Denkschrift auf G. F. Koehler. *Dresd.* 1721. 4. (*D.*)

Koehler (Georg Nicolaus),
théologien (?) allemand.

Gesner (Johann Matthias). Memoria G. N. Koehleri. *Goetting.* 1744. 4.

Koehler (Heinrich),
philosophe allemand (1685 — 22 juin 1737).

Baumeister (Friedrich Christian). Memoria H. Koehleri. *Lips.* 1757. 4. (*L.*)

Koehler (Heinrich Carl Ernst v.),
archéologue allemand.

Morgenstern (Carl). H. C. E. Koehler ; zur Erinnerung an den Verewigten. *Sanct-Petersb.* 1839. 4. Portrait.

Koeler (Johann David),
historien allemand (18 janvier 1684 — 10 mars 1755).

Gesner (Johann Matthias). Memoria J. D. Koeleri. *Goetting.* 1755. Fol. (*D.*)

Koeleseri (Samuel),
théologien transylvanien.

Brabeum vitæ et rerum gestarum S. Koeleseri, eloquiorum divinorum in ecclesia Debrecinensi dispensatoris, etc. *Debrec.* 1685. 4.

Koelling (Johann Gottlieb),
pédagogue allemand (13 juin 1788 — ...).

Leben J. G. Koelling's, sonst Hirtens zu Nieder-Letzte, jetzt Schullehrers in Zerbst. *Zerbst.* 1823. 8. Augment. *Ibid.* 1825. 8. (Ecrit par lui-même.)

Koelpin (Alexander),
médecin danois (31 août 1739 — 18 nov. 1801).

Koelpin II (Alexander). Leben und Character des Justizraths Dr. A. Koelpin. *Kopenh.* 1810. 8.

Koen (Gijsbert),
jurisconsulte hollandais.

Cannegieter (Herman). Programma de G. Koenio, s. l. et s. d. (*Amst.* 1840.) 8. (*Ld.*)

Koen (Jan Pieterszoon),
homme d'État hollandais au xviiie siècle.

Engelberts Gerrits (G...). Leven en daden van J. P. Koen, gouverneur generaal in de Oost-Indiën. *Amst.* 1825. 8. Portrait.

Serière (N... N... de). Lofrede op J. P. Koen, gouverneur general over Nederlandsche Indie, van den jare 1618 tot 1629. *Batavia.* 1826. 8.

Koellin (Conrad),
prêtre allemand (vers 1480 — 26 août 1536).

Haeberlin (Franz Dominik). Dissertatio de C. Koellino ordinis prædicatorum. *Hannov.* 1749. 4.

Koellner (Wilhelm),
missionnaire allemand.

Nitsch (Friedrich). Züge aus dem Leben W. Koellner's. *Bielef.* 1851. 8.

Koenig (Dietrich August),
jurisconsulte allemand (... — 1810).

Althof (J... C...). D. A. Koenig, fürstlich-lippe'scher Canzler, in seinem Leben und Wirken dargestellt. *Rinteln.* 1836. 8.

Koenig (Georg),
théologien allemand (2 février 1590 — 10 sept. 1654).

Weinmann (Johann). Leichenpredigt auf Herrn Doctor und Professor G. Koenig. *Nürnb.* 1654. 4.

Hoffmann (Moritz). Programma academicum ad exequias G. Koenigii. *Altorf.* 1654. 4. (*D.*)

Duerr (Johann Conrad). Oratio funebris in obitum Dr. G. Koenigii. *Altorf.* 1655. 4.

Koenig (Georg Ludwig).

G. L. Koenig ; einige Worte der Erinnerung an den Verewigten von einem seiner Schüler. *Oldenb.* 1849. 8.

Koenig (Heinrich Joseph),
littérateur allemand (19 mars 1790 — ...).

(Gretsch, Nicolai). H. König und seine Lügen. Seitenstück zu *Nic.* Gretsch und die russische Literatur in *Deutschland. Hamb.* 1840. 8.

Koenig (Johann Carl),
jurisconsulte allemand (10 mars 1705 — 24 déc. 1753).

Wiedeburg (Friedrich). Programma funebre : pietatis officium memoriæ J. C. Koenig publice præstitum. *Halæ.* 1755. Fol.

Koenig (Reinhard),
historien allemand.

Bierling (Conrad Friedrich Ernst). Dissertatio epistolica de R. Koenigii, primi historici et politici Rinteliensis, vita et meritis. *Rintel.* 1753. 4.

Koenigk (Johann Christian),
jurisconsulte allemand.

(Kapp, Johann Erhard). Programma academicum in J. C. Koenigkii funere. *Lips.* 1756. Fol. (*D.* et *L.*)

Koenigshoven (Jacob Twinger v.),
chroniqueur alsacien (1348 — 27 déc. 1420).

Oberlin (Jérémie Jacques). Dissertatio de J. Twingero Regiovillano, vulgo J. von Koenigshoven. *Argent.*1789. 4. (*D.*)

Koenigsmark (Carl Johann, Graf v.),
gentilhomme allemand.

Tryal and condemnation of George Borosky, alias Boratzi, Christopher Vraats and John Stern for the barbarous murder of Thomas Thynn, Esq. in Pall-Mall; together with the tryal of C. J. count Conigsmark (!) as accessory before the facto of the same murder. *Lond.* 1682. 8.

Koenigsmark (Johan Christopher, Grefve v.),
maréchal suédois (25 février 1600 — 20 février 1663).

(Frangipani, Giulio Torquato). Eterna gloria magni

J. C. Koenigsmarkii, herois, comitis, belli ducis, senatoris, gubernatoris, etc., s. l. (*Antw.*) 1663. Fol. *Holm.* 1664. Fol.

Leben und Thaten des Generals v. Koenigsmark. *Stockh.* 1728. 8.

Koenigsmark (Maria Aurora, Gräfin v.),
fille du précédent, maitresse d'Auguste, électeur de Saxe
(1668 * — 16 février 1728).

Gloxin (C... D...). M. A., Gräfin v. Koenigsmark. *Berl.* 1797. 8. (Romanesque.) Trad. en suéd. s. c. t. Svenska Grefvinnan A. Konigsmark Kärlekshändelser med K. August i Polen. *Stockh.* 1814. 8.
* C'est à tort que plusieurs biographes la font naître en 1673.

Cramer (Friedrich). Biographische Nachrichten von der Gräfin M. A. v. Koenigsmark. *Quedlinb.* 1833. 8.
—— Denkwürdigkeiten der Gräfin M. A. v. Koenigsmark und der Königsmark'schen Familie, etc. *Leipz.* 1856. 2 vol. 8. Portrait. (*D. L.* et *P.*)

Corvin-Wiersbitzki (Otto v.). M. A. Gräfin v. Koenigsmark. *Leipz.* 1848. 8. *
* Formant la première livraison de la galerie : *Biographien historisch-berühmter Maitressen.*

Koenigsmark (Philipp Christoph, Graf v.),
favori de Sophie Dorothée, épouse de George 1, roi d'Angleterre
(1662 — assassiné en 1694).

Palmblad (Wilhelm Frederick). Briefwechsel des Grafen P. C. v. Königsmark und der Prinzessin Sophie Dorothea von Celle. *Leipz.* 1847. 8.

Koeppe (Adam),
théologien allemand.

Stein (Johann Friedrich). Aufgedeckte Greuel in den Schriften eines Predigers in der Uckermark, Namens A. Koeppe. *Leipz.* 1755. 4. (*L.*)

Koeppen (Johann Gerhard),
théologien allemand († 29 mars 1813).

Koeppen (Friedrich). Leben meines Vaters J. G. Koeppen. *Lüneb.* 1813. 8.

Koeppen (Johann Heinrich Justus),
philologue allemand (15 nov. 1755 — 9 nov. 1791).

(**Suestermann**, Anton Ulrich Ludwig). J. H. J. Koeppen's Biographie. *Hannov.* 1793. 8. Portrait.

Koeppen (Nicolaus),
orientaliste allemand.

Scheffel (Christian Stephan). Programma academicum in funere N. Koeppenii. *Gryphisw.* 1759. Fol. (*D.*)

Koerber (Gottfried Wilhelm),
pédagogue allemand († 16 nov. 1827).

Balsam (C... A...). Oratio de vita G. G. Koerberi. *Hirschberg.* 1829. 8. Portrait.

Koerber (Johann),
pédagogue allemand.

Oertel (Georg Christoph). De vita J. Koerberi rectoris. *Norimb.* 1764. 4.

Koerber (Johann Christoph),
musicien allemand († 13 février 1713).

Schmidt (Andreas). Die lobwürdige Instrumentalmusik in einer Trauer- und Standrede vorgestellt, als Herr J. C. Koerber, Stadtmusicus in Berlin, begraben wurde. *Berl.* 1713. Fol.

Koerner (Carl Theodor),
poète allemand (23 sept. 1791 — tué le 26 août 1813).

Lehmann (Friedrich Wilhelm). Lebensbeschreibung und Todtenfeier C. T. Koerner's. *Halle.* 1819. 8.

Erhard (Heinrich August). T. Koerner's Leben, nebst einer ausführlichen Beurtheilung seiner Schriften. *Arnstadt.* 1821. 8.

Koerner (Johann Gottfried),
théologien allemand (16 sept. 1726 — 4 janvier 1785).

(**Ernesti**, August Wilhelm). Memoria J. G. Koerneri. *Lips.* 1785. Fol. (*D.* et *L.*)

Koes ou **Kosius** (Friedrich),
mathématicien allemand (9 juillet 1684 — 25 juillet 1766).

(**Christiani**, Wilhelm Ernst). Memoria F. Kosii. *Kilon.* 1767. 4.

Koeselitz (Gottfried Reinhold),
théologien allemand (4 août 1691 — 2 janvier 1754).

Kolditz (August Gottlob Friedrich). Trauer- und Trostschrift auf das Absterben des Herrn Hof-, Regierungs-

und Consistorial-Raths Dr. G. R. Koeselitz. *Zerbst.* 1754. 4.

Koestlin (Carl Heinrich),
médecin allemand (23 avril 1755 — 8 sept. 1783).

Drueck (Friedrich Ferdinand). Programma in obitum C. H. Koestlin. *Tubing.* 1783. 4.

Koethen (Johann Heinrich),
théologien allemand (... — .. mars 1748).

Stemler (Johann Christian). Die grossen Vortheile der Knechte des Herrn, etc. Leichenpredigt bey dem Begräbnisse des Pastors J. H. Koethen. *Hof.* 1748. 4.

Kofod (Oluf),
magistrat danois.

Petersen (Laurids). Ligpraediken over O. Kofod, Borgemester i Ysted. *Ysted.* 1656. 4.

Koháry (Gróf István),
général hongrois (12 mars 1648 — ... 1731).

Kázy (Ferencz). Posthuma memoria, res pace belloque gestas comitis S. Koháry, curiæ regiæ judicis primi, complectens. *Tyrnav.* 1732. 12.

Kohl (Andreas v.),
jurisconsulte allemand (14 nov. 1568 — 17 juin 1655).

Mueller (Johann Christoph). Programma de vita A. Kohlii. *Zittav.* 1788. Fol.

Kohl (Ludwig),
dessinateur allemand (14 avril 1746 — 18 juin 1821).

Wilfling (Ignaz Richard). Necrolog L. Kohl's, k. k. öffentlichen Lehrers der Zeichenkunst. *Prag.* 1822. 8.

Kohlbrenner (Johann Franz Seraphin, Edler v.),
financier allemand (17 oct. 1728 — 4 juin 1783).

Westenrieder (Lorenz). Leben des J. F. S., Edlen von Kohlbrenner, churfürstlich wirklichen Hofkammerraths und Commercienraths. *Münch.* 1783. 8. Portrait. (*D.*)

Kohlbrenner, wie er war, oder Anmerkungen und Anecdoten zu dem vom Herrn Professor Westenrieder verfassten Leben des J. F. S., Edlen von Kohlbrenner, s. l. (*Münch.*) 1783. 8.

Kohler (Christen et Hieronymus),
sectaires suisses (le dernier fût brûlé vif le 16 janvier 1753).

Kyburz (Abraham). Das entdeckte Geheimniss der Bosheit·in der Brüggler Secte. Erster Theil, Allwo gehandelt wird von ihrem Ursprung, von den auffgeworffenen zween Zeugen und derselben Weissagungen und Wundern, von ihren schädlichen Lehren und schädlichen Thaten, Landverweisung und wieder neu angestellten Unfugen. Item von den groben Ausbrüchen dieser Secte in Ehebruch und Mordthaten, insonderheit des C. und H. Kohler greuliche Lasterthaten und des Letzten Gefangennehmung, Todesurtheil und letzte Stunden, auch eine schriftmässige Widerlegung aller ihrer Meinungen, Irrthümer und Lehren. *Zürch.* 1753. 8.
——— Zweyter Theil : Darinn, nebst denen acht im ersten Theil angezeigten Capiteln, noch eint (!) und andere merkwürdige Particularitäten von den (beiden) Kohlern und ihren Anhängern zum Vorschein kommen. *Zürch.* 1753. 8.

Sigfried (Isaac). Lebens-Abspruch oder letzte Rede an den H. Kohler von Brügglen, etc., als Anhang zu dem *Entdeckten Geheimniss.* *Zürch.* 1753. 8.

Obrigkeitliche Nachrichten der betriegerischen Irrlehr und Verführungen C. und H. Kohler's, etc. *Biel.* 1753. 4.

Kohlhaas (Hans Michel),
maquignon allemand (1521 — décapité en ...).

Nachrichten von Hans Kohlhasen, einem Befehder der chursächsischen Lande. *Berl.* 1818. 8. Portrait.

Kohlreif (Gottfried),
théologien allemand (30 sept. 1676 * — 13 août 1750).

Kohlreif (Christoph Gotthilf). Lebenslauf des Consistorialraths G. Kohlreif. *Ratzeburg.* 1750. Fol.

Seelen (Hermann v.). Programma funebre in obitum G. Kohlreif. *Lubec.* 1750. Fol.
* Ou selon d'autres le 11 oct. 1674.

Kohn (Benjamin),
littérateur juif.

Horowitz (L...). B. Kohn. Nationalgemälde aus dem Judenthume. *Pressb.* 1847. 8.

Kohres (Troilius),
homme d'État suédois.

Swebilius (Olaus Georgius). Concio funebris in obitum T. Kohres, senatoris urbis Stockholmensis. *Holm.* 1672. 4.

Kohsen (Johann),
théologien esthlandais (23 avril 1628 — 23 nov. 1680).

Schwabe (Johann). Spirituale microscopium, oder Leichenpredigt auf J. Kohsen. *Reval.* 1681. 4.

Kolbe (Carl Wilhelm),
littérateur allemand (20 nov. 1757 — 13 janvier 1835).

Kolbe (Carl Wilhelm). Mein Lebenslauf und mein Wirken im Fache der Sprache und Kunst. *Berl.* 1825. 8.

Kolbe (Peter),
voyageur allemand (10 oct. 1675 — 31 déc. 1726).

Oertel (Georg Christoph). Dissertatio de vita, fatis et meritis P. Kolbii. *Baruth.* 1758. 4.

Koller de Nagy-Mánya (Ignaz),
évêque de Wesprim.

Róka (János). Vita J. Koller de Nagy-Mánya, episcopi Wesprimensis. *Poson.* 1775. 8. Trad. en allem. *Pressb.* 1776. 8.

Kolli (baron),
homme d'État italien.

Mémoires du baron Kolli et de la reine d'Étrurie. *Par.* 1823. 8.

Kollin v. Choterina (Matthæus),
philologue bohème du xvie siècle.

Ruffer (Wojtech). Kámen památni, postaweny M. M. Kollinowi. *Praze.* 1831. 8.

Hanka (Wenceslav). J. Palæologus i památnik M. Kolinu z Choteriny. *Praze.* 1843. 4.

Semler (Johannes). Animadversiones in monumentum sepulchrale, quod M. Collino a Jacobo Palæologo erectum in magno collegio Pragensi conspicitur. *Prag.* 1757. 8.

Kollonits (Gróf Leopold),
cardinal-archevêque de Gran (16 oct. 1631 — 21 janvier 1707).

Kellerhaus (Heinrich). Ehrensäule aus den vornehmsten Tugenden des Herrn Cardinals L. v. Kolloniz (!), Erzbischofs zu Gran, des heiligen Johannis Hierosolymitani Ordens Priori, etc. *Wien.* 1767. Fol.

Sellenitsch (Jósef). Oratio funebris, s. lumen perpetuum ad urnam sepulchralem cardinalis L. e comitibus de Kolloñitsch, archiepiscopi Strigoniensis. *Vienn.* 1707. Fol.

Echo laudum et luctuum ad tumulum cardinalis L. v. Kolloniez persolutorum in bivertice Parnassi colle repercussa. *Vienn.* 1707. 12.

Kolosvári (Pál),
jésuite hongrois.

Memoria posthuma trium insignium ex Hungarica societate Jesu virorum (Adam Fitter, Andreas Sigrai et P. Kolosvári). *Tyrnav.* 1749. 8.

Kolowrat (Grafen v.),
famille bohème.

Diesbach (Johann). Syntagma Kolowrateum. *Prag.* 1767. 8.

Kolowrat-Krakowsky (Philipp, Graf v.),
gentilhomme bohème.

(Steinsberg, N... N... v.). Process und Vertheidigung des Grafen P. Krakowsky, als Beitrag zu den Prälatenkniffen in Oesterreich. *Amst.* (*Berl.*) 1783. 8. (Rare.)

Kombst (Gustav),
littérateur allemand.

Kombst (Gustav). Erinnerungen aus meinem Leben. *Leipz.* 1848. 8.

Konhard (Johann Heinrich),
jurisconsulte allemand.

Programma academicum ad funus J. H. Konhardi. *Lips.* 1727. Fol. (*D.* et *L.*)

Kontski (Apollinaire de),
virtuose polonais du premier ordre (2 juillet 1826 — ...).

Dupuy (Justin). Notice sur A. de Kontski, sa naissance, sa vie, ses œuvres, ses études et ses succès jusqu'à ces jours. *Bordeaux.* 1847. 8. (3e édition.)

Koopmans (Rinse Klaasses),
littérateur hollandais (6 mars 1770 — ... 1827).

Muller (Samuel) en **Vries** (Jeronimo de). Hulde aan R. Koopmans. *Amst.* 1827. 8. *

   * Le premier a écrit le sermon funèbre pages 1-56, le second a composé l'éloge de R. Koopmans, pages 57-138.

Kopacsy (Joseph),
archevêque de Gran (30 mai 1775 — 27 déc. 1847).

Saint-Maurice Cabany (Charles Édouard). Notice historique sur monseigneur J. Kopacsy, prince primat du royaume de Hongrie, légat-né du saint siége, archevêque de Gran, conseiller secret d'Etat, etc. *Par.* 1852. 8. (Extrait du *Nécrologe universel du XIXe siècle.*)

Kopernik (Nicolaus), voy. **Copernicus.**

Kopp (Balthasar),
théologien allemand. (4 sept. 1595 — 3 déc. 1667).

Emmerling (Michael). Leichenpredigt auf B. Kopp. *Eisleb.* 1667. 4. (*D.*)

Kopp (Carl Philipp),
jurisconsulte allemand (15 avril 1728 — 6 oct. 1777).

Luchet (Jean Pierre Louis de Laroche de). Éloge de M. C. P. Kopp. *Cassel.* 1777. 8.

Ungewitter (Christoph Gerhard). Züge aus dem Leben des verstorbenen Geheimenraths C. P. Kopp. *Goetting.* 1778. 4. (*D.*)

Kopp (Fridolin),
prince-abbé de Muro († 17 août 1757).

Heer (Rustenius). Anonymus Murensis (abbas F. Kopp) denunciatus et ad locum suum restitutus, etc. *Friburg.* 1755. 4.

Kopp (Johann Adam),
jurisconsulte allemand (22 mars 1698 — 5 avril 1748).

Hastenpflug (Johann Conrad). Trauer-Rede bey der Gruft des H. Vice-Kanzlers J. A. Kopp. *Marb.* 1748. 4.

Koenig (Johann Carl). Programma in obitum J. A. Koppii, vicecancellarii regiminis. *Marb.* 1748. 4.

Koppe (Johann Benjamin),
théologien allemand (10 août 1750 — 12 février 1791).

(Hoppenstedt, August Ludwig). Über den verstorbenen J. B. Koppe; biographisches Fragment. *Hannov.* 1791. 8. (*D.*)

J. B. Koppe; biographisches Gemälde. *Leipz.* 1791. 8. (*L.*)

Korais (Adamantios ou Diamant),
savant grec (27 avril 1748 — 6 avril 1833).

Βιος Ἀ. Κοραῆ συγγραφεῖς παρὰ τοῦ ἰδίου. *Par.* 1833. 8. *
   * Biographie écrite par lui-même.

Sinner (Louis de). Notice sur la vie et les écrits de D. Coray. *Par.* 1837. 8. Trad. en allem. avec des additions par Conrad Ott. *Zürch.* 1837. 8.

Peiker (P...). Βιος Α. Κοραῆ. *Bresl.* 1849. 8.

Kordenbusch v. Buschenau (Georg Friedrich),
médecin allemand (15 août 1731 — 3 avril 1802).

Birkner (Johann Paul). Opfer der Freunschaft, dem Andenken G. F. v. Kordenbusch's. *Nürnb.* 1802. 4.

Korfey (Friedrich),
jurisconsulte allemand.

Volckmar (Johannes). Leichen-Rede bey Beerdigung F. Korfey, J. U. D. hochgräflich Rantzovischen Raths und Syndici des hochadelichen Convents Utersen. *Glückstadt.* 1696. Fol.

Korff (Carl Nicolaus v.),
homme d'État livonien (28 juin 1748 — 11 février 1814).

Bilterling (Georg Siegmund). Rede vor dem Sarge des Geheimenraths C. N. v. Korff. *Mietau.* 1814. 8.

Korff (Nicolaus Friedrich v.),
général courlandais.

Grot (Joachim Christian). Leichenpredigt auf den General N. F. v. Korff. *Sanct-Petersb.* 1766. 4.

Korn (Gallus),
dominicain allemand.

Held (Johann Georg Friedrich). Nachricht von G. Korn's, Dominicanermönchs, Leben und Schriften. *Nürnb.* 1802. 8.

Korner (Hermann),
dominicain allemand au xve siècle.

Waitz (Georg). Über H. Korner und die Lübecker Chronicken. *Goetting.* 1851. 4.

Kornis (Gróf Zsigmond),
homme d'État hongrois.

Bucsi (Antal). Laus posthuma III gubernatoris Daciæ S. e comitibus Kornis de Göncz-Ruszka. *Claudiopol.* 1732. 12.

Kortholt (Christian),
théologien allemand (5 janvier 1633 — 1er avril 1694).

Lindemann (Joachim). Memoria theologi vere christiani in C. Kortholto. *Rostoch.* 1694. 4. (*D.*)
Syllabus scriptorum C. Kortholti hujusque editorum. *Kilon.* 1694. 4.

Kortholt (Christian),
théologien allemand, petit-fils du précédent
(30 mars 1709 — 21 sept. 1751).

Ayrer (Georg Heinrich). Memoria C. Kortholti, s. l. (*Goetting.*) 1751. Fol. (*D.*)

Kortholt (Franz Justus),
vice-chancelier de l'université de Giesse
(30 janvier 1711 — 11 février 1771).

Memoria F. J. Kortholti. *Giess.* 1771. Fol.

Schwarz (Johann Georg Gottlieb). Leben des Herrn F. J. Kortholt, Vicekanzlers zu Giessen. *Giess.* 1771. 4.

Kosciuszko (Tadeusz),
général polonais (1746 ou selon d'autres biographes 1753 — 15 oct. 1817).

Jullien (Marc Antoine). Notice biographique sur T. Kosciuszko. *Par.* 1818. 8.

(Low, Alexandre de). Essai historique sur T. Kosciuszko. *Par.* 1820. 8.

Fayot (Alfred). Notice sur la vie de T. Kosciuszko. *Par.* 1828. 8. * *Ibid.* 1824. 8.
* La première édition a été publiée sans nom d'auteur.

Falkenstein (Carl). T. Kosciuszko nach seinem öffentlichen und häuslichen Leben geschildert. *Leipz.* 1827. 8. (*L.*) Augm. *Ibid.* 1834. 8. Portrait.
Trad. en franç. par Charles Fonsten. *Par.* 1839. 8. Portrait.
Trad. en polon. *Radom.* 1830. 8. *Wroslaw.* 1831. 8.

Chodzko (Léonard). Biographie du général Kosciuszko. *Fontainebl.* 1837. 12. Portrait.

Michelet (Jules). Kosciuszko, legenda democratyczna, trad. du franç. par Xawery Godebeski. *Par.* 1851. 8.

Kosegarten (Bernhard Christian),
théologien allemand (7 mai 1722 — 17 juin 1803).

Kosegarten (Friedrich Franz). Amts-Jubelfeier B. C. Kosegarten's, nebst einer Skizze seines Lebens, etc. *Wismar.* 1801. 8.

Kosegarten (Ludwig Gotthard),
poète allemand (1er février 1758 — 26 oct. 1818).

Kosegarten (Ludwig Gotthard). Geschichte meines fünfzigsten Lebensjahres. *Leipz.* 1816. 8. (*D.*)

Kanngiesser (Peter Friedrich). Zum Andenken an Dr. L. G. Kosegarten. *Greifsw.* 1819. 8.

Kossuth (Lájos),
homme d'État hongrois (16 sept. 1802 — ...).

Kossuth (Ludwig). Die Katastrophe in Ungarn. Originalbericht. *Leipz.* 1849. 8.

L. **Kossuth**, Dictator von Ungarn, als Staatsmann und Redner. *Mannh.* 1849. 16.

L. **Kossuth** unter dem Secirmesser eines Schwarzgelben. *Leipz.* 1849. 8.

Levitschnigg (Heinrich v.). Kossuth und seine Bannerschaft. *Wien.* 1849. 8.

Horn * (J... E...). L. Kossuth, 1) als Agitator, 2) als Minister. *Leipz.* 1851. 8. Portrait.
* Le véritable nom de l'auteur est Einhorn.

Pridham (Charles). Kossuth and Magyar land, or personal adventures during the war in Hungary. *Lond.* 1851. 8.

Authentic life of His Excellency L. Kossuth, governor of Hungary, etc. *Lond.* 1851. 8.

Kossuth, his career, character and companions. *Lond.* 1851. 12.

Massingberd (Algeron). Kossuth and the Hungarian question; a letter. *Lond.* 1851. 8.

Kossuth and his times, by the Author of *Revelations of Russia. Lond.* 1851. 8.

L. **Kossuth** and the last revolutions in Hungary and Transylvanie; containing a detailed biography of the leader of the Magyar movement. *Lond.* 1851. 8.

Smith (John Toulmin). Kossuth, Esterhazy and Batthyanyi, being answers to aspersions contained in Letters published in the *Times*, and a vindication of Kossuth. *Lond.* 1852. 8.

Headley (P... C...). Life of Louis Kossuth, governor of Hungary; with notices of the distinguished men and scenes of the Hungarian revolution, and an introduction by Horace Greeley. *Auburn.* 1852. 12. Portrait.
— — Kossuth and his generals. *Buffalo.* 1852. 12.

(**Alvensleben**, Ludwig v.). Kossuth nach der Capitulation von Vilagos, seine Flucht nach der Türkei und sein Aufenthalt alldort. Verhandlungen über seine Freilassung, seine Reise von Kiutahia nach England und sein dortiger Aufenthalt bis zur Einschiffung nach Amerika. *Weim.* 1852. 8. Portrait.

Kossuth in England. Beitrag sur Geschichte unserer Zeit. *Grimma.* 1852. 8.

Szemere (Bartholomæus). Graf Ludwig Batthyanyi, Arthur Goergei, L. Kossuth. Politische Characterskizzen aus dem ungarischen Freiheitskriege. *Hamb.* 1853. 8.

Kossuth et (Joseph) Bem. *Par.* 1855. 12.

L. **Kossuth**. Speeches in England, with a brief sketch of his life. *Lond.* 1851. 12. Trad. en allem. *Braunsw.* 1851. 16.

Koster (Laurens Janszoon),
prétendu inventeur de l'art typographique (1370 — 1439).

Scriverius (L...). Laurecrans voor L. Koster van Haarlem, eerste vinder van de boekdrukkery. *Haarl.* 1628. 4.

Meerman (Geraard). Origines typographicæ. *Hag. Comit.* 1765. 2 vol. 4.

Koning (Jacob). Verhandeling over den oorsprong, de uitvinding, verbetering en volmaking der boekdrukkunst. *Haarl.* 1816. 8.

Renouard (Antoine Augustin). Notice sur L. Coster, etc. *Par.* 1818. 8.

Lehne (Johann Friedrich Franz). Einige Bemerkungen über das Unternehmen der gelehrten Gesellschaft zu Haarlem, ihrer Stadt die Ehre der Erfindung der Buchdruckerkunst zu ertrotzen. *Mainz.* 1823. 8.

Loosjes (Vincent). Gedenkschriften wegens het vierde eeuwgetijde van de uitvinding der boekdrukkunst door L. J. Koster, van stadswege gevierd te Haarlem, den 10 en 11 julij 1823. *Haarl.* 1824. 8. Portrait.

L. J. **Koster**. Aanmerkingen op de gedenkschriften wegens het vierde eeuwgetijde van de uitvinding der boekdrukkunst. *S'Gravenh.* 1824. 8.

Lehne (Johann Friedrich Franz). Historische Prüfung der Ansprüche, welche die Stadt Haarlem auf den Ruhm der Erfindung der Buchdruckerkunst macht. *Mainz.* 1827. 8.

Scheltema (Jacob). Levensschets van L. J. Koster. *Haarl.* 1834. 8.

Westreenen van Tijlandt (W... J... H... J...). Iets over de afbeeldingen van L. Coster. *Amst.* 1847. 8.

(Vries, A... de). Lotgevallen van Costers woning. *Haarl.* 1851. 8.
— — Hedendaagsche voorstellingen van Coster en der uitwinding van der drukkerij in Frankrijk. *Amst.* 1853. 8.

Kotska (Stanislaus),
jésuite polonais (1550 — 15 août 1568).

Sacchini (Francesco). Vita S. Kotskæ Poloni e societate Jesu. *Ingolst.* 1609. 8. *Ibid.* 1611. 8. *Colon.* 1616. 12. (*D.*) *Monach.* 1650. Trad. en ital. *Rom.* 1620. 16.

Binet (Etienne). Vie de S. Ignace et de S. F. Xavier, des BB. L. de Gonzague et de S. Kotska. *Par.* 1622. 12.

Bartoli (Daniello). Della vita e miracoli del B. S. Kotska. *Rom.* 1670. 8. *Milan.* 1674. 24. Trad. en polon. par Woyciech Tylkowski. *Wilnie.* 1674. 4.

Dorléans (Pierre Joseph). Vie du bienheureux S. Kotska. *Par.* 1672. 12. *Tours.* 1684. 12. *Par.* 1712. 12. *Liége.* 1727. 12. *Par.* 1727. 12. (*Bes.*) *Ibid.* 1752. 8.

(**Tluczynski**, Ignacy). Lilia Nieba y Ziemi wdzieczna to jest zywot S. S. Kotska. *Krakow.* 1673. 12.

Cepari (Virgilio). Vita del beato P. S. Kotska, s. l. et s. d. 8. Trad. en franç. (par N... N... Loriquet). *Par.* 1816. 12. *Brux.* 1816. 12. Portrait. *Par.* 1818. 18. *Ibid.* 1820. 12. *Avign.* 1824. 12. *Le Mans.* 1825. 18.

Vita S. S. Kotskæ, S. J. Viennensis olim academici, 100 symbolis illustrata. *Vienn.* 1715. 8.

Cassani (José). Vida, virtudes y milagros de S. S. Kotska, de la compañia de Jesus. *Madr.* 1715. 8.

Zettl (Paul). Philosophia sacra, s. vita S. S. Kotskæ. *Dilling.* 1715. 4. *Ingolst.* 1727. 8.

Compendium vitæ, virtutum et miraculorum necnon actorum in causa canonisationis B. S. Kotskæ. *Rom.* 1726. Fol.

Galuzzi (Francesco Maria). Vita di S. S. Kotska. *Rom.* 1727. 8.

Vita S. S. Kotskæ emblematibus illustrata. *Dilling,* 1727. 4. *Vratislav.* 1731. 8.

Nuove considerazioni sopra la vita di S. S. Kotska. *Rom.* 1728. 8.

Pletz (Joseph). Weg zur wahren Glückseligkeit, oder Leben des heiligen S. Kotska. *Wien.* 1827. 8.

Bartoli (Daniello). Compendio della vita di S. S. Kotska. *Milan.* 1834. 12. *Veron.* 1845. 16. *

    * Ce n'est qu'un abrégé de l'ouvrage du même auteur, mentionné page 904.

Pascale (Salvatore). Kurze Lebensgeschichte des heiligen S. Kotska, etc., trad. de l'ital. par Carl v. Welsersheimb. *Wien.* 1841. 12. 2 portraits.

Blanche (A... de). Vie de S. S. Kotska, etc. *Par.* 1844. 12. *Liége.* 1848. 18.

Kottannerin (Helene).

Aus den Denkwürdigkeiten der H. Kottannerin. 1439-1440, (publ. par Stephan Endlicher.) *Leipz.* 1846. 8. (*D.* et *L.*)

Kottwitz (Herren v.),
    famille allemande.

Leupold (Benjamin). Von dem Alter, Ruhm und Religion des uralten Geschlechts derer von Kottwitz. *Liegnitz.* 1771. 4. *Ibid.* 1780. 4.

Kotzebue (August Friedrich Ferdinand v.),
    auteur dramatique allemand (3 mai 1761 — assassiné le 23 mars 1819).

Kotzebue (August v.). Das merkwürdigste Jahr meines Lebens. *Berl.* 1801. 2 vol. 8. *Ibid.* 1802. 2 vol. 8. *Ibid.* 1803. 2 vol. 8.

Trad. en angl. par Benjamin Beresford. *Lond.* 1802. 3 vol. 12.

Trad. en franç. :
    Par Catherine Ferdinand Joseph G(irard) de P(nopiac). *Par.* 1802. 2 vol. 8. 2 portraits.
    Par un anonyme. *Par.*, an x (1802.) 2 vol. 18.

—— Erinnerungen aus Paris im Jahre 1804. *Berl.* 1804. 8.

Über und an Herrn v. Kotzebue. *Hannov.* 1792. 8.

(**Plumptre**, Anne). Sketch of the life and literary career of A. v. Kotzebue, etc., to which is subjoined an appendix, including a general abstract of his works. *Lond.* 1800. 8.

(**Geiser**, Johann Daniel Christian). A. v. Kotzebue als Knabe, Jüngling, Mann, Schriftsteller und Exulant. *Bresl.* 1802. 8. Portrait. (*D.*)

Kotzebue's Selbstbiographie. *Wien.* 1811. 8. (Apocryphe.)

(**Becker**, Gottfried Wilhelm). Kotzebue. Skizze seines Lebens und Wirkens. *Leipz.* 1819. 8. (*D.*)

Kotzebue's ausführliche Lebensbeschreibung, aus seinen eigenen Schriften dargestellt und bis zu seinem Tode fortgeführt. *Cöln.* 1819. 8. Trad. en holland. *Amst.* 1820. 8. Portrait.

Kotzebue's Leben, Wirken und tragisches Ende ; biographische Skizze. *Frf.* 1819. 8.

Kotzebue's Tod, am 23 März 1819, s. l. et s. d. (*Dresd.* 1819.) 8. Portrait.

Kotzebue, aus seinen eigenen schriftlichen Mittheilungen wahrhaft und treu dargestellt von einem seiner Jugendfreunde. *Weim.* 1819. 8. (*D.*)

(**Rabe**, N... N...). Der vertheidigte Kotzebue, oder letzter gelungener Versuch, die Werke des besagten Mannes gleichsam zu entschuldigen, s. l. et s. d. (*Leipz.* 1819.) 8.

Kotzebue's vollständige Biographie, oder Leben, Thaten, Schicksale und trauriges Ende des grossen deutschen Dichters. *Leipz.*, s. d. (1819.) 8.

(**Nicolai**, Carl). Kotzebue's literarisches und politisches Wirken. *Tobolsk.* (*Leipz.*) 1819. 8. (*D.*) Trad. en angl. *Lond.* 1819. 12.

Vita di F. A. di Kotzebue. *Padov.* 1819. 8. *Venez.* 1828. 12. Portrait.

Levensschets van A. v. Kotzebue. *Hage.* 1819. 8. Portrait.

Hundt-Radowsky (Johann v.). A. v. Kotzebue's Ermordung, in Hinsicht ihrer Ursachen und ihrer wechselseitigen literarischen Folgen für Deutschland betrachtet. *Berl.* 1819. 8.

Steffens (Heinrich). Über A. v. Kotzebue's Ermordung. *Bresl.* 1819. 8. (*D.*)

Fouqué (Friedrich de la Motte). Der Mord A. v. Kotzebue's. Freundes Ruf an Deutschlands Jugend. *Berl.* 1819. 8. (*D.*)

(**Cramer**, Friedrich). Leben A. v. Kotzebue's. *Leipz.* 1820. 8. (*D.*)

Somerhausen (Henri). Coup d'œil critique et historique sur la vie et les productions de Kotzebue. *Brux.* 1820. 8. Portrait.

Noch acht Beiträge zur Geschichte A. v. Kotzebue's und Carl Sand's. *Mühlhaus.* 1821. 8. (*D.*)

Doering (Heinrich). A. v. Kotzebue's Leben. *Weim.* 1830. 12. Portrait. (*D.*)

Kotzebuana, oder Anecdoten und Characterzüge aus A. v. Kotzebue's Leben, nebst den lustigen Schwänken, Bonmots, etc., über und aus seinem Leben. *Hamb.* 1809. 8.

(**Schlegel**, August Wilhelm v.). Ehrenpforte und Triumphbogen für den Theater-Präsidenten v. Kotzebue bei seiner gehofften Rückkehr ins Vaterland. *Braunschw.* 1801. *

    * Satire assez lourde, accomp. d'un morceau de musique.

Kaffka (Johann Christoph). Interessante Beiträge zu den nöthigen Erläuterungen über Kotzebue's merkwürdigstes Jahr seines Lebens. *Leipz.* 1803. 8.

Koye ou **Colen** (Andreas).

Brever (Johann). Memoria Coieniana, ex officio et animo celebrata. *Rigæ Livon.* 1654. 4.

Krabbe (Friderik Michael),
    homme d'État danois (28 mai 1725 — ... 1796).

Geheimeraad F. M. Krabbes Levnets-Beskrivelse. *Kjoebenh.* 1795. 8. (Ecrit par lui-même.)

Krackruegge (Goswin),
    démagogue allemand.

Schrader (Friedrich). G. Krackrügge und sein Process ; geschichtliche Darstellung. *Jena.* 1849. 8.

Krafft (Friedrich Wilhelm),
    théologien allemand (9 août 1712 — 19 nov. 1758).

Leben und Schriften Herrn F. W. Krafft's. *Leipz.* 1759. 8.

Wernsdorf (Gottlieb). Ehrengedächtniss des seligen Dr. F. W. Krafft. *Wittenb.* 1760. 8.

Krafft (Georg Wolfgang),
    mathématicien allemand (15 juillet 1701 — 12 juin 1754).

Schott (Christoph Friedrich). Oratio in memoriam G. W. Krafftii. *Tubing.* 1754. 4.

Krafft (Ulrich v.),
    jurisconsulte allemand († 11 avril 1516).

Veesenmeyer (Georg). Von U. Krafft's Leben, Verdiensten und Schriften. *Ulm.* 1802. 4.

Kraft (Johann Georg),
    théologien allemand (8 juin 1740 — 2 juillet 1772).

Harles (Gottlieb Christoph). Memoria J. G. Kraftii. *Erlang.* 1772. 4.

Kraft (Johann Georg Friedrich),
    mathématicien allemand (24 mars 1751 — 8 juin 1795).

Lang (Lorenz Johann Jacob). Programma de vita, fatis et meritis J. G. F. Kraftii. *Baruth.* 1795. 4.

Kraft (Johann Wilhelm),
    théologien allemand (11 mars 1696 — 25 nov. 1767).

Hofmann (Johann Andreas). Programma funebre in obitum J. G. Kraftii. *Marb.* 1767. Fol.

Krag (Nicolaus),
    homme d'État danois.

Matthiae (Jacob). Concio funebris in obitum N. Kragii, senatoris regii, etc. *Aarhus.* 1651. 4.

Krain (Andreas v.),
    archevêque de Bâle (... — 1482 — 1484).

Burckhardt (Jacob). Erzbischof Adreas v. Krain und der letzte Concilsversuch in Basel. *Basel.* 1852. 8.

Krakewitz (Barthold v.),
théologien allemand (1582 — 7 nov. 1642).

Stypmann (Franz). Programma in B. Krakewitzii funere. *Gryphisw.* 1642. *4.*

Krako.
Geschichtliche Darstellung des Kampfes zwischen Hans Dollinger und Krako im Jahre 950 zu Regensburg. *Regensb.* 1814. 8.

Kramer (Johann Georg),
gentilhomme hongrois.

Haynóczi (Daniel). Oratio funebris J. G. Kramero, nobili Hungarico ex illustri Brassayorum gente, senatori Sopronicnsi dicta, s. l. 1742. *4.*

Kramm (Friedrich),
jurisconsulte allemand.
Programma academicum ad exequias F. Krammii. *Lips.* 1672. *4.* (*D. et L.*)

Kramsch (Johann Gottlob),
théologien allemand (24 sept. 1704 — 13 août 1763).

(Giese, Gottlieb Christian). Mag. J. G. Kramschen's Lebensbeschreibung. *Goerl.* 1776. *4.*

Kranewitter (Carl Friedrich),
pédagogue allemand (25 déc. 1695 — 10 mars 1748).

Schmidt (Johann Joachim). Memoria viri clarissimi atquo doctissimi C. F. Kranewitteri, etc. *Itefeld.* 1748. *4.*

Kranewitter (Johann),
pédagogue allemand.

Mueller (Daniel). Programma de vita J. Kranewitteri. *Chemnic.* 1724. Fol.

Krantz (Albert),
historien allemand (+ 7 déc. 1517).

(Wilkens, Nicolaus). Leben des D. A. Krantz, etc. *Hamb.* 1722. 8. (*D.*) *Ibid.* 1729. 8. (*D.*)

Krarup (Christian Johan Lodberg),
pédagogue danois (25 juin 1765 — 2 oct. 1820).

Frost (P... N...). Soergetale over C. J. L. Krarup. *Kjoebenh.* 1820. 8.

Krasicki (le comte Xavier de **Siecin**),
général polonais au service de France (10 juillet 1775 — 25 avril 1844).

Thierry (François). M. le comte X. de Siecin Krasicki, comte polonais, général de brigade dans l'armée française, etc. *Par.* 1846. 8. (Extrait du *Nécrologe universel du* xixᵉ *siècle.*)

Kraus (Christian Jacob),
économiste allemand (27 juillet 1753 — 25 août 1807).

Boeckel (Ernst Gottfried Adolph). Todtenfeier des Professors C. J. Kraus. *Königsb.* 1807. 8.

Voigt (Johannes). Leben des Professors C. J. Kraus. *Königsb.* 1819. 8. (*D.*)

Kraus (Georg Melchior),
peintre-graveur allemand (28 juillet 1733 — 5 nov. 1806).

Bertuch (Friedrich Justus). Biographie von G. M. Kraus. Maler und Kupferstecher. *Weim.* 1807. 8. Portrait.

Kraus (Johann Baptist),
théologien allemand (12 janvier 1700 — 14 juin 1762).

Petri (N... N...). Ehrengedächtniss des Prälaten Johann Baptist (Kraus) von Sanct-Emmeran. *Regensb.* 1762. Fol.

Kraus (Joseph Martin),
musicien allemand (20 juin 1756 — 15 déc. 1792).
Biographie öfver J. M. Kraus. *Stockh.* 1833. 8.

Krause (Carl Christian Friedrich),
philosophe allemand (9 mai 1781 — 27 sept. 1832).

Lindemann (H... S...). Übersichtliche Darstellung des Lebens und der Wissenschaftslehre C. C. F. Krause's und dessen Standpunctes zur Freimaurer-Brüderschaft. *Münch.* 1839. 8.

Krause (Christian Friedrich),
théologien allemand (29 juillet 1683 — vers 1760).

Meissner (Christoph). Denkschrift auf C. F. Krause. *Friedrichst.* 1765. *4.* (*D.*)

Krause (Johann Gottlieb),
philologue allemand (13 mai 1648 — 13 août 1736).

Kirchmaier (Georg Wilhelm). Programma academicum ad exequias J. G. Krausii. *Witteb.* 1736. Fol. (*D.*)

Krauseneck (Wilhelm v.),
général allemand (13 oct. 1775 — 2 nov. 1850).
Der General der Infanterie v. Krauseneck ; ein Lebensbild. *Berl.* 1851. 8. Portrait.

Krausold (Friedrich),
jurisconsulte allemand.

Sittig (Johann Conrad). Trauer- und Gedächtniss-Predigt auf F. Krausold. *Merseb.* 1703. Fol. Portrait. (*D.*)

Krauss (Johann Werner),
théologien allemand (8 oct. 1690 — ... 1772).

Olpe (Christian Friedrich). Denkschrift auf J. W. Kraus. *Friedrichst.* 1772. *4.* (*D.*)

Krautvogel (David),
théologien allemand.

Moller (Samuel). Programma scholasticum de D. Krautvogelio. *Freiberg.* 1734. *4.* (*D.*)
—— Memoria D. Krautvogelii, s. l. (*Freiberg.*) 1745. *4.* (*D.*)

Kraljenhoff (Corneille Rodolphe Théodore, baron),
général hollandais (vers 1758 — 24 nov. 1840).
Eigen levensschets van wijlen den luitnant generaal baron Kraijenhoff, (publ. par H...W... Tijdeman), s. l. et s. d. (*Amst.* 1841.) 8. (*Ld.*)

Tijdeman (H... W...). Levensbijzonderheden van den luitnant generaal baron C. R. T. Kraijenhoff. *Nijmeg.* 1844. 8. (*Ld.*)

Kraz (Johann Caspar),
théologien allemand (+ 12 janvier 1737).

Ortmann (Franz). De vita et pretiosa morte V. P. J. C. Craz, ex agri Juliacensis oppido Golzheim, ac sociorum ejus fidei christianæ odio in regno Tunkini obtruncatorum, etc. *Aug. Vind.* 1770. 8.

Krebs (Johann Tobias),
pédagogue allemand (16 déc. 1718 — 16 mars 1782).

Muecke (Johann Heinrich). Elogium J. T. Krebsii. *Lips.* 1786. 8. (*D. et L.*)

Krebs (Lorenz),
jurisconsulte allemand.

Leyser (Polycarp). Leichpredigt auf L. Krebs. *Leipz.* 1632. *4.* (*D. et L.*)

Kregel (Johann Caspar),
théologien allemand (7 oct. 1687 — 12 déc. 1725).
Programma academicum ad concionem J. C. Kregelii. *Lips.* 1725. Fol. (*D. et L.*)

Kregel v. Sternbach (Carl Friedrich).
(**Rosenmueller**, Johann Georg). Programma ad memoriam Kregelio-Sternbachianam. *Lips.* 1790. *4.* (*D. et L.*)

(Bortz, Georg Joachim?). Programma ad memoriam Kregelio-Sternbachianam. *Lips.* 1795. *4.* (*D. et L.*)

Kregel v. Sternbach (Johann Ernst),
jurisconsulte allemand.

Gesner (Johann Mathias). Vita J. E. Kregel S. J. equitis de Sternbach. *Lips.* 1752. Fol. (*L.*)

Kreittmayr * (Aloys Wiguleus Xavier, Freiherr v.),
jurisconsulte allemand (14 déc. 1705 — 27 oct. 1790).

Kalb (J... A...). Biographie des kurfürstlich baierschen Staatskanzlers A. W. Freiherrn v. Kreittmayr. *Münch.* 1825. 8.

    * Le *Conversations-Lexicon* le nomme Kreitwaysr ; c'est une erreur.

Leben und Wirken des A. W. X., Freiherrn v. Kreittmayr, churbaierschen geheimen Staatskanzlers und obersten Lehenprobstes. *Münch.* 1843. 8. *

    * Ouvrage orné d'une gravure représentant son monument, érigé à Munich.

Krell, voy. **Crell** (Nicolaus).

Krentzheim (Leonhard),
théologien allemand (16 sept. 1532 — 12 déc. 1598).

Herberger (Valerius). Christliche Leich-Vermahnung bei dem Begräbnisse des L. Krentzheim. *Liegn.* 1599. *4.*

Mosemann (Johann Christoph). Dissertatio de vita et doctrina L. Krentzheimii. *Witteb.* 1699. *4.* (*D.*)

Kress (Johann Paul),
jurisconsulte allemand (27 février 1678 — 22 nov. 1741).

Schlaeger (Julius Carl). Trauerrede auf J. P. Kress. *Helmst.* 1741. Fol.

Breithaupt (Christian). Memoria J. P. Kressii, JCtorum ordinarii. *Helmst.* 1741. *4.*

Kress v. Kressenstein (Anton),
jurisconsulte allemand (3 février 1478 — 7 sept. 1513).

Scheurl (Christoph). Commentarius de vita et obitu Rev. P. A. Kressen, J. U. D., præpositi Norimbergensis in collegio S. Laurentii. *Norimb.* 1515. 4. (Extrêmement rare.)

Kress v. Kressenstein (Jobst Christoph),
jurisconsulte allemand (8 janvier 1597 — 7 juin 1663).

Limburger (Peter). Leichpredigt auf Herrn J. C. Kress v. Kressenstein, Septemvir und Scholarchen, etc. *Nürnb.* 1663. 4.

Duerr (Johann Conrad). Laudatio funebris in J. C. Kressum a Kressenstein. *Norimb.* 1663. 4. (*D.*)

Kretzschmar (Christoph),
pédagogue allemand.

Mueller (David Traugott). Gedächtnisschrift auf C. Kretzschmar. *Friedrichst.* 1765. 4. (*D.*)

Kriegel (Abraham),
littérateur allemand (28 avril 1691 — 23 mai 1759).

Kriegel (Christian August). Trauriges, doch schuldiges Denkmal der kindlichen Liebe und Hochachtung, errichtet dem Mag. A. Kriegel. *Leipz.*, s. d. (1759.) 4. (*L.*)

Kriegk (Georg Nicolaus),
pédagogue allemand (19 nov. 1676 — 2 août 1730).

Riedel (Johann Martin). Commentatio de vita et scriptis G. N. Kriegkii, rectoris. *Ilefeld.* 1732. 4. (*D.*)

Kries (Friedrich),
physicien allemand (18 oct. 1768 — ...).

Jacobs (Friedrich). Viro illustri F. Kriesio, Thorunensi, ordinis Ernestini equiti, etc. *Gothæ.* 1840. 8.

Kries (Johann Albinus),
pédagogue allemand (15 août 1716 — 22 février 1785).

Memoria J. A. Kriesii. *Thorun.* 1785. Fol. (*D.*)

Krinagoras,
poëte grec.

Geist (Eduard). Krinagoras von Mytilene; eine Abhandlung. *Giess.* 1849. 8.

Krinecky v. Ronov (Jindrich),
chevalier bohême.

Slovak Trnavsky (Wenzeslav). Kazáni pohrebni nad telem p. J. Krineckého z Ronova. *Praze.* 1603. 8.

Kripner (Johann Sigismund),
orientaliste allemand (10 juin 1710 — 7 février 1750).

Funebris luctus prorectoris Academiæ (Erlangensis) magnifici viri, maxime reverendi et excellentissimi domini J. S. Kripneri, etc. *Erlang.* 1750. Fol.

Chladen (Johann Martin). Memoria J. S. Kripner. *Erlang.* 1750. Fol.

Krivesius (Gottfried).

Jaenichen (Peter). Oratio in G. Krivesii laudem. *Jenæ.* 1623. 4.

Brohm (C... F... A...). Memoria G. Krivesii. *Berol.*, s. d. 4.

Krodo,
personnage mythologique.

Delius (Christian Heinrich). Versuch über die Geschichte der Harzburg und den Götzen Krodo. *Halberst.* 1827. 8.

Kroeger (Carl),
théologien suédois (1711 — 3 juillet 1773).

Hellman (Anders). Likpredikan och Personalier öfver C. Kroeger. *Stockh.* 1775. 4.

Kroeger (Johann Detlev.),
théologien allemand (19 juin 1714 — 10 février 1754).

Seelen (Johann Heinrich v.). Memoria J. D. Kroeger. *Lubec.* 1754. Fol.

Krogh (Christian),
Norvégien († .. mai 1833).

Wergeland (Henrik). Tale ved Afslocringen af C. Kroghs Minde, etc. *Christiania.* 1853. 8.

Krohn (Hermann),
jurisconsulte allemand.

Krohn (Hermann Georg). Ehrengedächtniss Herrn H. Krohn's, J. U. D. und Lübeck'schen Consulenten. *Lübeck.* 1750. Fol.

Seelen (Johann Heinrich v.). Memoria H. Krohn, J. U. L. *Lubec.* 1750. Fol.

Krohn (Hermann Georg),
jurisconsulte allemand (5 avril 1705 — 15 mai 1756).

Overbeck (Johann Daniel). Leben und Verdienste H. G. Krohn's, beyder Rechte Doctors und Syndici. *Lübeck.* 1756. Fol.

Seelen (Johann Heinrich v.). Memoria H. G. Krohn, etc. *Lubec.* 1756. Fol.

Krom (Johannes Hermannus),
théologien hollandais (8 mars 1768 — vers 1828).

La Lau (Jan). De nagedachtenis van J. H. Krom gehuldigd. *Delft.* 1828. 8.

Kromayer (Hieronymus),
théologien allemand (18 janvier 1610 — 3 juin 1670).

Zimmermann (Matthias). Leichpredigt auf H. Kromayer. *Leipz.* 1670. 4. (*D.*)

Lehmann (Georg). Immergrünende Ehrenkrone. Leichpredigt auf H. Kromayer. *Leipz.* 1670. 4. (*D.*)

(**Thomasius**, Jacob). Programma academicum in H. Kromayeri funere. *Lips.* 1670. 4. (*D. et L.*)

Moebius (Georg). Fama posthuma, sive oratio parentalis in obitum H. Kromayeri. *Lips.* 1671. 4. (*L.*)

Schertzer (Johann Adolph). Programma ad orationem in obitum H. Kromayeri. *Lips.* 1671. 4. (*L.*)

Kromayer (Johann),
théologien allemand (8 déc. 1576 — 13 juillet 1643).

Chemnitz (Christian). Oratio parentalis in memoriam J. Kromayeri. *Jenæ.* 1648. 4.

Krombholz (Vincenz Julius, Edler v.),
médecin allemand (20 déc. 1783 — vers 1844).

Bolzano (Bernhard). Dr. V. J. v. Krombholz, nach seinem Leben und Wirken geschildert. *Prag.* 1845. 4. Portrait.

Kronemann (Christian Wilhelm, Freiherr v.),
soi-disant adepte allemand (pendu en 1686).

Fickenscher (Georg Wolfgang August). Geschichte des angeblichen Goldmachers C. W. Baron v. Kronemann. *Nürnb.* 1800. 8. Portrait.

Kruedener, née **Vietinghoff** (Juliane, Freifrau v.),
illuminée livonienne (11 nov. 1766 — 13 déc. 1824).

Der lebendige Glaube des Evangeliums, dargestellt in dem öffentlichen Leben der Frau v. Krüdener, s. l. (*Ulm.*) 1817. 8. (Ecrit par elle-même.)

Über Frau v. Krüdener und ihren religiösen Sinn und Wandel. *Sigmaring.* 1817. 8.

Sur madame de Krudener. en réponse à l'article sur cette dame et contre M. de Bonald, inséré dans le *Journal de Paris* du 30 mai (1817). *Par.* 1817. 8. *
* Notice signée Marionié.

Frau v. Krüdener in der Schweiz. *Helvetien.* 1817. 8.

(**Voith**, N... N...). Winke der Wahrheitsliebe, die Frau v. Krüdener betreffend. *Schaffhaus.* 1817. 8.

Burdach (Christian Gottfried Heinrich). Frau v. Krüdener und der Geist der Zeit. *Leipz.* 1818. 8.

Meisel (August Heinrich). Frau v. Krüdener geschildert. *Leipz* 1818. 8.

Krug (Wilhelm Traugott). Gespräch unter vier Augen mit Frau v. Krüdener. *Leipz.* 1818. 8.

Brescius (Carl Friedrich) et **Spieker** (Christian Wilhelm). Beiträge zu einer Characteristik der Frau v. Krüdener. *Berl.* 1818. 8.

Thou (Adèle de). Notice sur madame de Krudener. *Genève.* 1827. 8.

Eynard (Charles). Vie de madame de Krudener. *Par.* 1849. 2 vol. 8.

Kruegelstein (Friedrich),
pédagogue allemand (... — 4 oct. 1849).

Wuestemann (Ernst Friedrich). Oratio in memoriam F. Kruegelsteinii, etc. *Gothæ.* 1849. 8.

Krueger (Johann Gottlob),
médecin allemand (15 juin 1715 — 6 oct. 1759).

Wernsdorf (Johann Christian). Memoria J. G. Krugeri. *Witteb.* 1759. 4. (*L.*)

Krug (Wilhelm Traugott),
philosophe allemand (22 juin 1770 — 13 janvier 1842).

Krug (Wilhelm Traugott). Meine Lebensreise, in sechs Stationen. *Leipz.* 1825. 8. *Ibid.* 1842. 8. * (*D. et L.*)
* Publ. sous le pseudonyme de Uracus.

—— Leipziger Freuden und Leiden in Jahre 1830, oder

das merkwürdigste Jahr meines Lebens. *Leipz.* 1831. 8. (*D. et L.*)

Vogel (Emil Ferdinand). Dr. W. T. Krug, in drei vertraulichen Briefen an einen Freund im Auslande biographisch-literarisch geschildert. *Neustadt a. d. Orla.* 1844. 16. (*L.*)

Krumbholtz (Christian),
théologien allemand (1663 — 3 déc. 1725).

Feind (Bernhard). Abgenöthigte sanfftmüthige Züchtigung zur Warnung und Besserung des Predigers zu St. Peter in Hamburg, C. Krumbholtz. *Leipz.* 1707. 4. (*L.*)

— — Der sich selbst zum Tode verurtheilende Dr. C. Krumbholtz. *Leipz.* 1708. 4. (*L.*)

Peinliche Klage des Rechtens in Inquisitionssachen contra Dr. C. Krumbholtz, Gefangenen und Inquisiten. (*Hamb.*) 1709. 4.

Nöthige und auf wahrhafte Facta beruhende Anmerkungen über die publicirte peinliche Klage gegen Dr. C. Krumbholtz, s. l. 1709. 4.

Protocollum et Acta in peinlichen Sachen Fiscalis in Criminalibus ex officio inquirentis und Adklägers contra C. Krumbholtz ; auf Befehl der hohen Kaiserlichen Commission zum Drucke befördert. *Hamb.* 1711. Fol.

Clodius (Christian). Programma de extremis fatis Dr. C. Krumbholtzii. *Annæb.* 1733. 4. (*D.*)

— — Programma alterum in ultimis fatis, morbo, morte et sepultura C. Krumbholtzii. *Cygn.* 1742. 4.

Krummacher (Friedrich Adolph),
poëte allemand (13 juillet 1768 — 14 avril 1845).

Moeller (A... W...). F. A. Krummacher und seine Freunde. Briefe und Lebensnachrichten. *Brem.* 1849. 2 vol. 8. (Avec le portrait de Krummacher et celui de son épouse.)

Krummacher (Gottfried Daniel),
théologien allemand (1er avril 1774 — 30 janvier 1837).

Krummacher (Friedrich Wilhelm). G. D. Krummacher's Leben. *Elberf.* 1838. 8.

Kruse (Laurids),
poëte danois (6 sept. 1778 — 8 février 1839).

Kruse (Laurids). Erinnerungen aus meinem Leben, trad. du manuscrit danois et publ. par Knud Lyne RAHBEK. *Leipz.* 1829. 2 vol. 8. (*L.*)

Krussina v. Schwamberg,
famille bohème.

Rulik (J...). Historické wypsáni rodu panuv Krussinuv ze Schwamberka. *Praze.* 1806. 8.

Kryger (Johan Fredrik),
littérateur suédois (26 août 1707 — 16 février 1777).

Runeberg (Edvard Fredrik). Åminnelse-Tal öfver Commerce-Rådet J. F. Kryger. *Stockh.* 1780. 8.

Kryloff (Iwan Andrejewitch),
fabuliste russe du premier ordre (2 février 1768 — 9 nov. 1844 *).

Bougeault (Alfred). Kryloff ou le La Fontaine russe, sa vie et ses fables. *Par.* 1852. 8.

* Le *Conversations-Lexicon* le fait mourir le 11 avril de la même année.

Ktesias,
médecin-historien grec (vers 400 avant J. C.).

Osiander (Carl Nicolaus). Programmata III de Ctesia. *Stuttg.* 1818-21. 4.

Rettig (H... C... M...). Ktesiæ Knidii vita. *Hannov.* 1827. 8.

Blum (Carl Ludwig). Herodot und Ktesias, die frühesten Geschichtsschreiber des Orients. *Heidelb.* 1836. 12.

Kubelius (Johann),
pédagogue allemand.

Programma in J. Kubelii obitum. *Halberst.* 1721. 8.

Kuechel (Lorenz Walther),
théologien allemand.

Veesenmeyer (Georg). Nachricht von Dr. L. W. Kuechel. *Ulm.* 1806. 8.

Kuechler (Christian Friedrich),
théologien allemand (4 sept. 1723 — 19 déc. 1795).

Kuechler (Carl Christian). Narratio de C. F. Kuechlero, Lipsiensi, A. A. M. ecclesiæ, quæ est Neapoli ad Orilam, nuper archidiaconi præclarissime merito, etc. *Leucopet.* 1795. 8. (*D.*)

Kuechler (Johann Caspar),
médecin allemand (8 janvier 1674 — 4 février 1746).

(**Kapp,** Johann Erhard). Programma academicum in J. C. Kuechleri. *Lips.* 1746. Fol. (*D. et L.*)

Kuegelgen (Gerhard v.),
peintre allemand (25 janvier 1772 — assassiné le 27 mars 1820).

Hasse (Friedrich Christian August). Leben G. v. Kügelgen ; nebst einigen Nachrichten von dem Leben des kaiserlich russischen Cabinetsmalers Carl v. Kügelgen's * (Zwillingsbruders G. v. Kügelgen). *Leipz.* 1824. 8. Portrait. (*L.*)

* Charles mourut le 9 janvier 1832.

Kuehlewein (Friedrich),
jurisconsulte allemand.

(**Kromayer,** Hieronymus). Programma ad exequias F. Kuehlewein. *Lips.* 1663. 4. (*L.*)

Kuehne (N... N...),
théologien allemand.

Zoellner (Johann Friedrich). Gedächtnisspredigt auf den verstorbenen Pfarrer Kuehne, nebst dessen Lebenslauf. *Berl.* 1789. 8.

Kuenigl (Johann, Graf v.),
prince-évêque de Brixe.

Kuenigl (Ludwig Thomas Philipp v.). Biographie des J. Grafen v. Kuenigl, Fürst-Bischofs zu Brixen. *Innsbr.* 1838. 8.

Kuensburg (A... D... L..., Freifrau v.),
dame allemande.

Lang (Lorenz Johann Jacob). Leben der Freifrau A. D. L. v. Kuensburg, geb. v. Bothmer. *Erlang.* 1776. Fol.

Kuepper (Jacobus),
soi-disant thaumaturge allemand.

Jacobi (E...). Der Leinweber J. Kuepper als Wahrsager, Armseelen-Erlöser, Schatzheber, Stifter eines sogenannten heiligen Bundes und einstiger Papst. Beitrag zu den Geheimnissen von Coeln. *Coeln.* 1850. 8.

Kuester (Georg Gottfried),
historien allemand (1695 — 28 mars 1776).

Keller (J... L...). Leben G. G. Kuester's. *Potsd.* 1768. 8.

Kuester (Samuel Christian),
théologien allemand (30 juillet 1730 — 4 mai 1797).

Kuester (Samuel Christian Gottfried). Predigt zum Gedächtniss Herrn S. C. Kuester's. *Berl.* 1797. 8.

Kuester (Samuel Christian Gottfried),
théologien allemand.

Pelkmann (F... S...). Predigt zur Gedächtnissfeier des entschlafenen Dr. S. C. G. Kuester. *Berl.* 1858. 8.

Kuestner (Carl Theodor v.),
dramaturge allemand (26 nov. 1784 — ...).

Kuestner (Carl Theodor v.). Vierunddreissig Jahre meiner Theaterleitung in Leipzig, Darmstadt, München und Berlin. Zur Geschichte und Statistik des Theaters. *Leipz.* 1853. 8.

Kuestner (Christian Wilhelm),
jurisconsulte allemand (13 février 1721 — 18 février 1785).

Ernesti (August Wilhelm). Memoria C. G. Kuestneri. *Lips.* 1786. Fol. (*L.*)

Kuhl (Heinrich),
naturaliste allemand (17 sept. 1797 — 14 sept. 1821).

Swinderen (Theodor van). Bijdragen tot eene schets van het leven, het karakter en de verdiensten van wijlen Dr. H. Kuhl. *Groning.* 1822. 12.

Kuhl (Johann Andreas),
théologien (?) allemand.

Chladen (Johann Martin). Memoria J. A. Kuhl. *Erlang.* 1750. 8.

Kuhlen (N... N... v. d.).

Kuhlen (A... v. d.). Merkwürdiges aus dem Leben, den letzten Stunden und Character meines seligen Vaters. *Wesel,* s. d. 8.

Kuhlmann (Quirin),
visionnaire allemand (25 février 1651 — brûlé vif le 4 oct. 1689).

Z... (A...). Historisch verhaal van Q. Kuhlmanns 21 levendige hoofdgetuijgen, welke alle door inspraken, gesichten, openbaringen van wegen zijner beroeping onderwesen zijn van julij 1674 tot julij 1685. *Amst.* 1685. 8.

Wernsdorf (Gottlieb). Dissertatio de fanaticis Silesiorum et speciatim de Q. Kuhlmanno. *Witteb.* 1698. 4. *Ibid.* 1718. 4.

Kuhnau (Johann),
musicien allemand (.. avril 1667 — 25 juin 1722).

Herzog (Ernst Wilhelm). Memoria beate defuncti directoris chori musici Lipsiensis, J. Kuhnau, polyhistoris musici. *Lips.* 1722. 4. (*D.* et *L.*)

Kulas (David Samuel),
médecin allemand (24 juin 1699 — 22 nov. 1743).

Gude (Gottlob Friedrich). Dr. D. S. Kulasens wohlverdientes Denkmal, etc. *Goert.* 1744. 4.

Kulenkamp (Nicolaus),
industriel allemand (1710 — 21 nov. 1793).

Denecken (Arnold Gerhard). Über den Character des Herrn N. Kulenkamp in Bremen, etc. *Brem.* 1815. 12.

Kún (Grófne Borbára),
dame hongroise.

Solymosi (Mihály). Halotti Orátzió Grófne Kun B. *Kolosvar.* 1720. 4.

Kamarási (György). Halotti Tanitáso Grófne Kun B. *Kolosvar.* 1720. 4.

Kunad (Andreas),
théologien allemand (18 mars 1677 — 17 avril 1746).

Dienemann (Johann Ludwig). Vita A. Kunadi, superintendentis Islebiæ. *Isleb.* 1746. Fol.

Kunad (Polycarp),
théologien allemand (20 nov. 1668 — 6 avril 1724).

Loescher (Valentin Ernst). Leichenpredigt auf P. Kunad, Diaconus der Kreuzkirche zu Dresden, nebst dessen Lebenslauf. *Dresd.* 1724. Fol. (*D.*)

Kuncewitz (Joseph),
archevêque de Plocz.

Susza (Jakub). Cursus vitæ et certamen martyrii J. Cuncewicii, archiepiscopi Polocensis, etc. *Rom.* 1665. 4. (*D.*)

Kundmann,
famille allemande.

Stief (Christian). Kundmannisches Geschlecht und Ehrengedächtniss. *Brieg.* 1733. Fol.

Kunigunde, voy. **Cunégonde.**

Kunkel (Johann Christian),
théologien allemand (20 juillet 1674 — 8 juillet 1737).

Kunkel (Johann Daniel). Denkmal der kindlichen Treue, aufgerichtet seinem seligen Vater J. C. Kunkel, Pastor Primarius in Loebau, durch eine kurze Gedächtnissrede, nebst dessen Lebenslauf, etc. *Loebau.* 1757. Fol.

Kunz von der Rosen,
fou favori de l'empereur Maximilien I.

Kunz von der Rosen, Kaiser Maximilian's I lustiger Rath. Beitrag zur Geschichte der Hofnarren. *Münch.* 1841. 16. Portrait.

Kupetzki (Johann),
peintre hongrois (1667 — 4 juin 1740).

(**Fuessli**, Johann Caspar). Leben Georg Philipp Rugendas' und J. Kupetzki's. *Zürch.* 1758. 4. 2 portraits.

Kupfer (Christian Gotthelf),
théologien allemand (... — 19 août 1816).

Philipp (Johann Christian). Ehrengedächtniss des Dr. C. G. Kupfer. *Leipz.* 1815. 8. (*D.* et *L.*)

Kurland (Anna Charlotte Dorothea, Herzogin von),
épouse de Pierre Biron, duc de Courlande (3 février 1761 — mariée le 6 nov. 1779 — 20 août 1821).

(**Cruse**, Carl Wilhelm). Gedächtnissfeier dem Andenken der Herzogin Dorothea von Curland geweiht. *Dresd.*, s. d. (1822.) 8.

Schink (Johann Friedrich). Gedächtnissfeier der verewigten Herzogin von Kurland und Sagan. *Altenb.* 1822. 8.

Tiedge (Christoph August). Anna Charlotte Dorothea, letzte Herzogin von Kurland. *Leipz.* 1823. 8.

Kutusoff, prince **Smolenskoi** (Michail Laurionowitsch Golenitscheff),
feld-maréchal de Russie (5 sept. 1745 — 28 avril 1813).

Morgenstern (Carl v.). Zwei Reden am Sarge des General-Feldmarschalls Fürsten Kutusow-Smolenskoi. *Dorpat.* 1814. 4. (*L.*)

Mikaïlovsky-Danilevsky (Alexander?). Vie du feldmaréchal Koutouzoff, trad. du russe par A... Fizelier. *Saint-Pétersb.* 1850. 8. Portrait.

Kutzer ou **Kuetzer** (Joachim),
théologien allemand.

Koepken (David Heinrich). Dissertatio de Rostochiensium proto-evangelista, qui fuit Mag. J. Kutzerus. *Rostoch.* 1702. 4. (*D.*)

Kuwasseg (Carlo),
peintre illyrien (1803 — ...).

Cottreau (Jean Baptiste Hughues Nelson). Une vie d'artiste. Essai biographique sur C. Kuwasseg, peintre, etc. *Par.* 1845. 4. * (*Lv.*)

* Cette vie, publ. s. l. pseudonyme de J. B. H. Nelson, est accomp. du portrait de C. Kuwasseg.

—— Appendice à la précédente notice. *Par.* 1845. 8.

Kuijper (Jacob),
peintre hollandais (29 juin 1761 — 19 mai 1808).

**De gedachtenis van wijlen den heer J. Kuijper, lid van het koninklijk Instituut, plegtig gevierd (bevattende eene lijkrede door Martinus Stuart, etc.) *Amst.* 1808. 8. Portrait.

Kyau (Freiherren v.),
famille allemande.

Floessel (Johann Traugott). Sammlung einiger historischen, kritischen und genealogischen Nachrichten von dem uralten, verdienstvollen, hochadeligen und hochfreyherrlichen Geschlechte v. Kyau. *Zittau.* 1764. Fol.

Kyau (Friedrich Wilhelm, Freiherr v.),
fou en titre d'office (6 mai 1654 — 19 janvier 1733).

Cregander (N... N...). Merkwürdiges Leben und Thaten des Freiherrn F. W. v. Kyau, *Cöln.* 1743. 2 vol. 8. Portrait. *Ibid.* 1750-51. 3 vol. 8. *Leipz.* 1773. 3 vol. 8. *Cöln.* 1785. 2 vol. 8.

Wilhelmi (August). F. W. v. Kyau's Leben und lustige Einfälle. *Leipz.* 1797. 8.

—— Kyau's Leben und Schwänke. *Leipz.* 1800. 8.

Kyber (Martin),
théologien allemand.

Meissner (Christoph). Denkschrift auf M. Kyber. *Friedrichst.* 1754. 4. (*D.*)

Kyburg (Grafen v.),
famille allemande.

Pipitz (Franz Ernst). Die Grafen von Kyburg. *Leipz.* 1839. 8. (Avec deux tablettes généalogiques.)

Kymæus (Johann),
théologien allemand (1498 — 1552).

Hartmann (Johann Adolph). Dissertatio de vita J. Kymæi, theologi, primi inter Hassiæ reformatores non postremi, et superintendentis Cassellani tertii. *Marb.* 1728. 4. (*Cp.* et *D.*)

Kypselus,
tyran de Corinthe (vers 660 avant J. C.).

Heyne (Christian Gottlob). Über den Kasten des Kypselus. *Goetting.* 1770. 4.

Ciampi (Sebastiano). Descrizione della cassa di Cipselo. *Pisa.* 1814. 8.

L

Laan (Pieter),
théologien hollandais (20 déc. 1696 — 4 avril 1743).

Conradi (Petrus). Oratio funebris in memoriam P. Laan. *Franeq.* 1743. 4.

Laar (Friedrich),
théologien allemand (10 avril 1792 — 24 juin 1827).

Buddeberg (Wilhelm). F. Laar; biographische Skizze. *Essen.* 1842. 8.

Labadie (Jean),
fanatique français (13 février 1610 — 13 février 1674).

Les justes éloges du sieur J. de Labadie. *Cologne.* 1668.
12. (*D.*)

Galbanum jésuitique, ou quintessence de la sublime théologie de l'archi-coâcre J. de la Badie. *Cologne.* 1668. 12.

Histoire curieuse de la vie, de la conduite et des vrais sentiments du sieur J. de Labadie, dont le nom et la réputation font tant de bruit parmi les gens de bien. *La Haye.* 1670. 8. (*D.*)

Abbildung und Beschreibung des Lebens und der Lehre des J. de Labadie, s. l. 1672. 4. (*D.*)

Labadye (Jean Baptiste Auguste),
architecte français (26 avril 1777 — 31 déc. 1850).

Saint-Maurice Cabany (Charles Édouard). J. B. A. Labadye, architecte-professeur, membre du jury d'architecture à l'école nationale des beaux-arts, chevalier de l'ordre du mérite du Lion d'Holstein-Limbourg. * *Par.* 1851. 8. (Extrait du *Nécrologe universel du XIXᵉ siècle.*)
  * C'est une de ces décorations qui appartiennent à la catégorie des ordres apocryphes.

La Barre (René **Laurens**, seigneur de).
jurisconsulte français.

Pillet (Victor Évremont). Le président La Barre. *Bayeux.* 1852. 8.

Labarruque (Antoine Germain),
pharmacien français (29 mai 1777 — vers 1850).

Chevallier (A...). Notice biographique sur A. G. Labarruque. *Par.* 1851. 4.

Labat (Pierre Daniel),
bénédictin français (1725 — 10 avril 1803).

Brial (Michel Jean Joseph). Éloge historique de Dom D. Labat, religieux bénédictin. *Par.*, s. d. (vers 1803.) 8. *
  * Cet écrit n'a pas été mis dans le commerce.

Labaume (Eugène),
colonel français (1783 — 8 février 1849).

L(abaume) (Caroline). Note biographique sur E. Labaume, colonel d'état-major, officier de la Légion d'honneur, chevalier de Saint-Louis, chevalier de la couronne de fer, etc. *Par.* 1849. 8. (*Lv.*)

Labbé (L... A... N...),
agronome français.

Delafond (O...). Notice nécrologique sur L.A. N. Labbé. *Par.* 1852. 8.

Labbe (Philippe),
jésuite français (10 juillet 1607 — 25 mars 1667).

Catalogus librorum omnium quos hactenus in lucem emisit aut sub prælo habet, P. Labbe, ab amico * collectus et editus. *Par.* 1656. 4. *Ibid.* 1662. 4.
  * Cet ami de Labbe est lui-même, selon le P. Nicéron.

Labé (Louise **Charly**),
plus connue sous le nom de la Belle Cordière, poète française
(1526 — .. mars 1566).

Ruolz (Charles Joseph de). Discours sur la personne et les ouvrages de L. Labé. *Lyon.* 1750. 8. (Omis par Quérard.)

(**Bréghot du Lut,** Claude). Octobre sur la rue Belle Cordière à Lyon, contenant quelques renseignements sur L. Labé et Charles Bordes. *Lyon.* 1828. 8.

G(onon) (P... M...). Documents historiques sur la vie et les mœurs de L. Labé. *Lyon.* 1844. 8. Portrait.

Labédoyère, voy. **Bédoyère** (Charles Angélique **Huchet,** comte de la),

Labelle (Pierre),
prêtre français.

Grand (Jean Claude). Vie de P. Labelle, curé d'Arc en Barrois. *Dijon.* 1754. 12. (*Bes.*)

Labeo (Antistius), voy. **Antistius Labeo.**

Labillardière (Jacques Julien **Houton** de),
botaniste français (23 oct. 1755 — 8 janvier 1834).

Flourens (Pierre). Éloges historiques de René Louiche Desfontaines et de J. J. de Labillardière. *Par.* 1837. 4.

Labitte (Charles),
médecin français (vers 1815 — 19 sept. 1845).

Tissot (Pierre François). Quelques paroles prononcées sur la tombe de C. Labitte, professeur de la Faculté. *Par.* 1845. 4.

Lablée (Jacques),
littérateur français (26 août 1751 — vers 1841).

Biographie de J. Lablée, ancien chef d'administrations ci-

viles et militaires, doyen des hommes de lettres, etc. *Par.* 1838. 8.

Laborde (Jean Benjamin de),
premier valet de chambre de Louis XV (5 sept. 1734 — guillotiné le 22 juillet 1794).

Mellinet (C...). Notice sur J. B. de Laborde. *Nantes.* 1859. 8.

Laborie (Jean Baptiste Pierre),
médecin français (1797 — 23 nov. 1823).

Pierquin de Gembloux (Claude Charles). Notice nécrologique sur Laborie. *Montpell.* 1823. 8.

Labouderie (Jean),
archéologue français (13 février 1776 — 2 mai 1849).

Gilbert (N... N...). Notice sur la vie et les travaux de l'abbé J. Labouderie, membre honoraire de la Société des antiquaires de France. *Par.* 1851. 18.

Labouisse-Rochefort (Jean Pierre Jacques Auguste de),
poète français (4 juillet 1778 — 22 février 1852).

Labouisse-Rochefort. Trente ans de ma vie (de 1795 à 1826), ou mémoires politiques et littéraires. *Par.* 1845-47. 8 vol. 4.

Labouisse-Rochefort (Jeanne Michelle Marie Bonne Eléonore de),
philanthrope française (8 oct. 1782 — 3 juin 1834 ?).

Nayral (Magloire). Notice biographique et littéraire sur madame E. de Labouisse-Rochefort. *Castres.* 1834. 8.

Labourdonnaye (Arthur Charles Esprit, marquis de),
homme d'État français (29 janvier 1785 — 11 avril 1844).

Larochejaquelein (Henri de). Notice nécrologique sur M. le marquis A. de Labourdonnaye. *Par.*, s. d. (1844.) 8.

Saint-Maurice Cabany (Charles Édouard). A. C. E. marquis de la Bourdonnaye, maréchal de camp, ancien député du Morbihan, etc. *Par.* 1847. 8. (Extrait du *Nécrologe universel du XIXᵉ siècle.*)

Labourdonnaye (Bertrand François **Mahé** de),
gouverneur des îles de France et de Bourbon
(11 février 1699 — 9 sept. 1753).

Mémoires, contenant une relation exacte des Indes et de la prise de Madras, s. l. 1750. 4; s. l. 1751. 4 vol. 12. *
  * Écrit par lui-même.

Mémoires historiques de B. F. Mahé de Labourdonnaye, recueillis et publiés par son petit-fils (Louis Charles **Mahé de Labourdonnaye**). *Par.* 1827. 8. Portrait de l'auteur.

Labrador (Isidro),
patron de la ville de Madrid.

Cruz (N... N... de la). Vida de S. Isidro Labrador, patron de Madrid, adjunta la de su esposa S. Maria de la Cabeza. *Madr.* 1790. 4.

Labrador (Pedro Gomez **Havelo,** marques de),
homme d'État espagnol.

Mélanges sur la vie privée et publique du marquis de Labrador, écrits par lui-même et renfermant une revue de la politique de l'Europe depuis 1798 jusqu'au mois d'octobre 1849 et des révélations sur le congrès de Vienne. *Par.* 1849. 8.

Memorias de D. P. G. Havelo, marques de Labrador. *Par.* 1850. 8.

Labre (Benoît Joseph),
personnage remarquable par sa pauvreté évangélique
(26 mars 1748 — 16 avril 1783).

Marconi (Giuseppe). Vida del venerabile P. B. G. Labre. *Rom.* 1783. 8.

  Trad. en allem. *Augsb.* 1787. 8. *Coeln,* s. d. 8.

  Trad. en franç. :
    Par Jean Baptiste M(ontmignon). *Par.* 1784. 12.
    (Par Marie Maximin Harel.) *Par.* 1784. 12.
    (Par Pierre Joseph André Roubaud.) *Par.* 1784. 12.
    Par un anonyme. *Limoges.* 1852. 12.

Alegiani (Giovanni Battista). Ristretto della vita e morte del servo di Dio B. G. Labre. *Rom.* 1785. 8. Trad. en franç. s. c. t. Histoire abrégée, etc. *Rom.* et *Lyon.* 1784. 12.

Mini (Americo). Il pellegrino in terra e cittadino della città di Dio e de' Santi, o sia vera immagine dello spirito del servo di Dio B. G. Labre. *Rom.* 1786. 12.

Wonderbaer leven van den dienaer Goeds B. J. Labre, waer bygevoegt zyn alle mirakelen. *Antwerp.* 1796. 12. Portrait.

Coltraro (Antonio Maria). Vita del venerabile servo di Dio B. G. Labre. *Rom.* 1807. 8. Portrait.

Éloge historique de B. J. Labre. *Avign.*, s. d. 8.

Life of the venerable servant of God B. J. Labre. *Lond.* 1850. 12. Trad. en allem. par Friedrich Poesl. *Regensb.* 1855. 8.

Labrousse (Clotilde Suzanne **Courcelles** de),
visionnaire française (8 mai 1741 — ... 1821).

Prophéties de mademoiselle S. de Labrousse, concernant la révolution française, suivies d'une prédiction qui annonce la fin du monde (pour 1899). *Par.* 1790. 8.

Pontard (N... N...). Précis de la vie de S. de Labrousse, s. l. et s. d. (*Bordeaux.* 1797.) 8.

Lacaille, voy. **Caille** (Nicolas Louis de la).

Lacenaire * (Pierre François),
assassin français (1800 — guillotiné le 9 janvier 1836).

Mémoires, révélations et poésies de Lacenaire, écrits par lui-même à la Conciergerie. *Par.* 1836. 2 vol. 8. Port.

   * Son nom de famille était GAILLARD.

Procès complet de Lacenaire et de ses complices, imprimé sur les épreuves corrigées de sa main, etc. *Par.* 1835. 8. (Extrait de *l'Observateur des Tribunaux.*)

D... (A...). Vie, crimes et procès de Lacenaire et de ses complices. *Par.* 1836. 18.

Labruyère, voy. **Bruyère** (Jean de la).

Lacépède (Bernard Germain Étienne de la **Ville-sur-Illon**, comte de),
naturaliste française (26 déc. 1756 — 6 oct. 1825).

Virey (Julien Joseph). Discours prononcé sur la tombe de B. G. E. de la Ville-sur-Illon, comte de Lacépède, associé libre de l'Académie royale de médecine. *Par.* 1825. 4.

(**Amalric**, N... N... d'). Notice historique sur la vie et les ouvrages de M. le comte de Lacépède, s. l. et s. d. (*Par.* 1825.) 8.

Julia de Fontenelle (Jean Simon Étienne). Notice sur M. de Lacépède. *Par.* 1825. 8.

Villenave (Mathieu Guillaume Thérèse). Éloge historique de M. le comte de Lacépède. *Par.* 1826. 8.

La Chabeaussière (Ange Étienne Xavier **Poisson** de),
littérateur français (4 déc. 1752 — 10 sept. 1820).

La Chabeaussière (Ange Étienne Xavier **Poisson** de). Les huit mois d'un détenu aux Madelonettes, s. l. et s. d. 8.

Lachaise (François **d'Aix** de),
jésuite français (25 août 1624 — 20 janvier 1709).

Histoire particulière du P. La Chaize (!), jésuite et confesseur du roi Louis XIV. *Colog.* 1693. 8. (*D.*) *Ibid.* 1694-95. 2 vol. 12. * *Ibid.* 1696. 2 vol. 12. *Ibid.* 1719. 2 vol. 12. Portrait. (*D.*)

   Trad. en allem. *Coeln.* 1694. 8. (*D.*)

   Trad. s. c. t. Jesuitenliebe und Jesuitenränke, oder scandalöse Anecdoten aus dem Leben, etc. *Schweinfurt.* 1792. 2 vol. 8.

   * La deuxième partie est très-rare.

Jean danse mieux que Pierre, Pierre danse mieux que Jean, ils dansent bien tous deux. *Tetonville.* (*Cologne.*) 1719. 4 part. 8. (*D.*) *

   * Histoire satirique de la vie du fameux confesseur de Louis XIV.

Lachiver (François),
évêque de Rennes (?) († .. février 1619).

Camart (Gilles). Oratio habita in funere F. Lachiver, Rhedonensis episcopi. *Rennes.* 1619. 8. (Peu commun.)

Lachmann (Carl),
philologue allemand (4 mars 1793 — 13 mars 1851).

Grimm (Jacob). Rede auf Lachmann, etc. *Berl.* 1851. 4.

Hertz (Martin). K. Lachmann ; eine Biographie. *Berl.* 1851. 8.

Lackemacher (Johann Gottfried),
orientaliste allemand (17 nov. 1695 — 16 mars 1736).

Frobes (Johann Nicolaus). Programma in funere J. G. Lakemacheri. *Helmst.* 1736. 4.

Lackington (James),
libraire anglais (vers 1746 — vers 1810).

Memoirs of the first forty-five years of the life of J. Lackington, bookseller, written by himself. *Lond.* 1791. 8. Portrait. *Ibid.* 1792. 2. Trad. en allem. s. c. t.

Anecdoten des Buchhändlers und frühern Schustergesellen J. Lackington. *Hamb.* 1795. 8. Portrait.

Lackner (Christoph),
jurisconsulte hongrois au XVIIᵉ siècle.

Friedel (Johann). C. Lackneri, consulis Soproniensis, vitæ curriculum. *Ratisb.* 1714. 4.

Laclos (Pierre Ambroise François **Choderlos** de),
général français (1741 — 5 oct. 1803).

Pariset (Étienne). Notice sur le général Choderlos de Laclos, s. l. et s. d. 8.

Biographische Nachrichten von Laclos, französischem Artillerie-General. *Frf. a. d. O.* 1804. 8.

La Colonie (Jean Martin de),
maréchal de camp français (1674 — 26 nov. 1759).

La Colonie (Jean Martin de). Mémoires contenant les événements de la guerre depuis le siége de Namur, en 1692, jusqu'à la bataille de Bellegarde, en 1717. *Brux.* (*Blois.*) 1737. 2 vol. 12. *Utrecht.* 1738. 3 vol. 12. *Frf.* (*Bordeaux.*) 1750. 2 vol. 12.

Lacombe,
prêtre français (... — 9 juin 1852).

(**Dupuy**, Justin). M. l'abbé Lacombe, vicaire général honoraire et supérieur du petit séminaire de Bordeaux. *Bordeaux.* 1852. 8.

Lacordaire (Jean Baptiste Henri Dominique),
prêtre français (12 mars 1802 — ...).

(**Loménie**, Louis de). Le P. Lacordaire, par un homme de rien. *Par.* 1844. 12.

Notice biographique sur le R. P. Lacordaire. *Lyon.* 1843. 12.

Lorain (Pierre). Biographie historique du R. P. Lacordaire. *Louvain* et *Par.* 1847. 8. Portrait. *Brux.* 1848. 8. Portrait.

Lacoste (Jean),
jurisconsulte français (1560 — 13 août 1637).

Davezan (Jean). Elogium J. a Costa, J. U. D. *Par.* 1637. 4.

Lacoste (Jean Baptiste),
jurisconsulte français.

Routhier (N... N...). Éloge funèbre prononcé sur la tombe de M. Lacoste, avocat aux conseils du roi et à la cour de cassation. *Par.* 1838. 8.

Lacour (Didier de),
fondateur des congrégations de Saint-Vannes et de Saint-Maur (1550 — 14 nov. 1623).

(**Haudiquier**, Charles Michel.) Histoire du vénérable Dom D. de Lacour, réformateur des bénédictins de Lorraine et de France. *Par.* 1725. 12. *Ibid.* 1772. 8.

Lacretelle (Pierre Louis),
jurisconsulte français (1751 — 5 sept. 1824).

Parent-Réal (Joseph). Notice nécrologique sur P. L. Lacretelle, membre de l'Institut. *Par.* 1825. 8. (Extrait de la *Revue encyclopédique.*)

Lacroix (Antoine de),
prêtre français (1708 — 1781).

Deschamps (N... N...). Extrait de l'éloge de feu M. l'abbé de la Croix, obéancier de Saint-Just, s. l. et s. d. (*Lyon.* 1786.) 8. (Tirage à part du *Journal de Lyon.*)

Lacroix (Françoise de),
religieuse française.

(**Pin**, N... N...). Vie de la mère F. de Lacroix, institutrice des religieuses hospitalières de la Charité de Notre-Dame. *Par.* 1745. 12.

Lacroix (Joseph Noël),
prêtre français (31 janvier 1746 — 24 juin 1813).

Vie de M. Lacroix, chanoine titulaire de Bordeaux, ancien supérieur du grand séminaire, suivie d'une notice sur M. (Julien) Barault, chanoine, fondateur de l'œuvre des bons livres. *Bordeaux.* 1848. 8.

Lacroze (Mathurin **Veyssière** de),
orientaliste français (4 déc. 1661 — 21 mai 1739).

Jordan (Charles Étienne). Histoire de la vie et des ouvrages de M. de Lacroze. *Amst.* 1741. 8. (*D.*)

Lactance (Lucius Cœlius Firmianus),
orateur romain du IVᵉ siècle.

Ekerman (Peter). Dissertatio de Lactantio, Cicerone christiano. *Upsal.* 1754. 4.

Jacob (Charles Frédéric). Lactance, considéré comme apologiste ; thèse. *Strasb.* 1848. 8.

Lacuée, comte de **Cessac** (Jean Gérard de),
général français (4 nov. 1752 — 18 juin 1841).

Aldéguier (Flavien d'). Éloge historique du lieutenant général, pair de France, J. G. de Lacuée, comte de Cessac. *Toulouse*. 1845. 8.

Lacy (Luis de),
général espagnol (11 janvier 1755 — fusillé le 5 juillet 1817).

Causa criminal formada en Barcelona contra el heroe de la libertad española, D. L. de Lacy. *Barcel*. 1820. 8.

Latamondi (A... de). Notas historicas de la explosion prematura del proyecto de D. L. de Lacy. *Barcel*. 1820. 8.

Ladislas I, surnommé **le Saint,**
roi de Hongrie (1041 — 1080 — 8 juillet 1095).

Vinczi (Andras). S. Ladislaus, Hungariæ rex, regni sui anima. *Vienn*. 1656. 4.

Ungienszki (Simon). Historia vitæ S. Ladislai, regis Hungariæ. *Vilnæ*. 1664. 4.

Tarnóczi (István). Rex admirabilis, s. vita S. Ladislai, regis Hungariæ, historico-politica. *Vienn*. 1681. 8. *Ibid*. 1683. 8.

Pálffy (János Ferdinand). David Hungariæ, s. D. Ladislaus regali fortitudine inclytus, panegyrica dictione celebratus. *Vienn*. 1678. 4.

Eszterházy (Gabor). Hungariæ triumphans, s. S. Ladislaus, rex Hungariæ, victoriosus, etc., panegyrice laudatus, etc. *Vienn*. 1689. 4. Portrait.

Csáky (Imre). S. Ladislaus bis rex, s. Hungariæ et sui moderator. *Vindob*. 1690. 4.

Popovich (Johann Baptist). Panegyricus D. Ladislao, Hungariæ regi, dictus. *Vienn*. 1738. Fol.

Batthyányi (Joseph). Panegyricus D. Ladislao regi Hungariæ dictus in metropolitana ecclesia S. Stephani. *Vienn*. 1746. Fol.

Patachich (Adam). Divus Stephanus, primus Hungariæ rex· etc., panegyrica dictione celebratus. *Poson*., §. d. (1764.) 4.

Pray (Georg). Dissertatio historico-critica de S. Ladislao, Hungariæ rege. *Poson*. 1774. 4.

—— Diatribe in dissertationem historico-criticam de S. Ladislao, Hungariæ rege, ab Antonio Ganoczy conscriptam. *Poson*. et *Cassov*. 1777. 4.

Gánóczy (Anton v.). Dissertatio historico-critica de S. Ladislao, Hungariæ rege, fundatore episcopatus Varadinensis. *Vindob*. 1775. 4.

—— Dispunctatio diatribæ a Georgio Pray in dissertationem de S. Ladislao. *Varadin*. 1781. 4.

Ladoucette (Jean Charles François, baron),
archéologue français (4 oct. 1772 — 19 mars 1848).

Duverger (J...). Le baron Ladoucette. *Par*. 1842. 8. (Extrait de la *Revue générale biographique, politique et littéraire*.)

Beaulieu (N... N...). Notice sur la vie et les travaux de J. C. F., baron Ladoucette, membre honoraire de la Société des antiquaires de France. *Par*. 1848. 8.

Stassart (Goswin Joseph Augustin de). Notice sur J. C. F., baron Ladoucette, associé de l'Académie royale de Belgique. *Brux*. 1848. 12. (*Lv*.)

Dottin (Henri). Notice biographique sur M. Ladoucette, membre honoraire de l'Athénée du Beauvaisis. *Beauv*. 1849. 8.

Chevandier (Eugène). Notice biographique sur le baron de Ladoucette, membre de la Société nationale et centrale d'agriculture, etc. *Par*. 1853. 8.

Ladulås,
roi de Suède.

Groenwall (Anders). Dissertatio de rege Magno Ladulås. *Upsal*. 1731. 4.

Laelius (Lorenz),
théologien allemand (15 avril 1572 — 26 juillet 1634).

Junkheim (Johann Zacharias Leonhard). Programmata IV de vita et scriptis L. Laelii. *Goetting*. 1762-64. 4.

Laelius Sapiens (Cajus),
consul romain (140 avant J.-C.).

Hana (Hendrik). Dissertatio de C. Laelio Sapiente. *Lugd. Bat*. 1852. 8.

Laemmel (Heinrich Simon v.),
banquier bohème (28 août 1766 — 29 avril 1845).

Leroux (B...). M. H. S. de Laëmel (!), banquier israélite,

mort à Vienne (Autriche), etc. *Par*. 1846. 8. (Extrait du *Nécrologe universel du* xixe *siècle*.)

Laennec (René Théophile Hyacinthe),
médecin français (17 février 1781 — 13 août 1826).

Bayle (Antoine Laurent Jessé). Notice historique sur R. T. H. Laennec. *Par*. 1826. 8.

Pariset (Etienne). Eloge de M. Laennec. *Par*. 1840. 8.

Laensbergh (Mathieu),
soi-disant prophète belge, au xviie siècle.

Henaux (Ferdinand). M. Laensbergh. *Brux*. 1846. 8. *

   * Extrait du *Bibliophile belge*, tiré à très-petit nombre d'exemplaires.

Lætus (Julius Pomponius),
savant italien (1425 — 21 mai 1497).

Sabellicus (Marcus Antonius). Vita P. Læti. *Argent*. 1510. 4.

Lævius,
poète romain.

Weichert (August). Commentationes II de Lævio poeta ejusque carminum reliquiis. *Grimm*. 1826-27. 4.

Wuellner (Friedrich). Programma de Lævio poeta. *Recklingshus*. 1830. 4.

La Fare (Charles Auguste, marquis· de),
poète français (1644 — 1722).

(**La Fare**, Charles Auguste de). Mémoires et réflexions sur les principaux événements du règne de Louis XIV. *Rotterd*. 1715. 8. *Amst*. (*Par*.) 1754. 12. *

   * Publ. s. l. lettres M. L. M. D. L. F.

Lafarge (Marie **Cappelle**, veuve),
empoisonneuse française (vers 1815 — 14 sept. 1852).

Mémoires de M. Cappelle, veuve Lafarge, écrits par elle-même. *Par*. 1841-42. 4 vol. 8. *Brux*. 1842. 4 vol. 18. Trad. en allem. *Leipz*. 1841. 2 vol. 8. Trad. en angl. *Philadelph*. 1842-43. 3 vol. 12.

Lafarge (Marie). Heures de prison. *Par*. 1855. 12. (Espèce de mémoires ou de confession.)

Procès de madame Lafarge (cour d'assises de la Corrèze). *Par*. 1840. 8. Portrait. *Brux*. 1840. 2 vol. 18. Portrait.

Temme (J... D... H...) et **Noerner** (G... A...). Der Process Lafarge. *Berl*. 1841. 8.

Histoire de M. Cappelle, veuve Lafarge. *Par*. 1845. 18.

Lafayette (François de),
évêque de Limoges.

(**Devoyon**, Joseph). Éloge historique de M. F. de Lafayette, évêque de Limoges. *Limog*. 1771. 8.

Lafayette (Marie Madeleine **Ploche de Lavergne,** comtesse de),
auteur française (1632 — 1693).

(**Mayeur de Saint-Paul**, François Marie). Madame de Lafayette. *Par*. 1814. 24.

Lemontey (Pierre Edouard). Notice sur madame de Lafayette et mesdemoiselles Deshoulières. *Par*. 1822. 8.

Lafayette (Marie Jean Paul Roch Gilbert **de Motier,** marquis de),
général français (6 sept. 1757 — 20 mai 1834).

Mémoires, correspondance et manuscrits du général Lafayette, publ. par sa famille. *Par*. 1837-38. 6 vol. 8. *Brux*. 1838. 3 vol. 8.
Trad. en allem. :
   Par Eduard Brinkmeier. *Braunschw*. 1837. 3 vol. 8.
   Par. A... Neurohr. *Freib*. 1837. 8. *
Trad. en angl. *Lond*. 1837. 3 vol. 8. Portrait.
Trad. en ital. *Milan*. 1840. 3 vol. 18.

   * Cette traduction n'est point terminée.

Notice historique sur M. le marquis de Lafayette, etc. *Par*. 1789. 8. (*Lv*.)

Vie impartiale, politique, militaire et domestique du marquis de Lafayette, général des Bleuets. *Par*. 1790. 8. Portrait.

Vie publique et privée de M. le marquis de Lafayette, avec des détails sur l'affaire du 6 octobre (1790), etc., s. l. 1791. 8.

Rivarol (Antoine de). De la vie politique, de la fuite et de la capture de M. Lafayette. *Liége*. 1792. 8. *

   * Lafayette est appelé le général Mourafx.

Lafayette als Staatsmann, Krieger und als Mensch, trad. du franç. (par Heinrich Julius Ludwig v. Rohr), avec préface de Johann Reinhold Forster. *Magdeb*. 1794. 8.

Historical sketches of the life of general Lafayette. *New-York*. 1824..12.

Wain (Robert). Life the marquis of Lafayette. *Philadelph*. 1825. 8. Portrait.

Regnault-Warin (Jean Baptiste Joseph Innocent Philadelphe). Mémoires pour servir à la vie du général Lafayette et à l'histoire de l'Assemblée constituante. *Par*. 1824. 2 vol. 8. * Trad. en allem. *Stuttg*. 1824. 2 vol. 8.
    * Cette histoire n'est point terminée.
—— Notice sur le général Lafayette. *Par*. 1831. 8.

Notice historique sur M. de Lafayette, général en chef de toutes les gardes nationales en France. *Brux*. 1850. 32. Portrait.

Chateauneuf (Agricole de). Le général Lafayette. Mémoires authentiques. *Par*. 1831. 8.

Histoire complète de la vie du général Lafayette. *Par*. 1831. 8. Portrait.

Story of the life of Lafayette. *Lond*. 1832. 8.

Sarrans (Bernard). Lafayette et la révolution de 1830. Histoire des choses et des hommes de juillet. *Par*. 1832. 2 vol. 8. Augment. *Ibid*. 1832. 2 vol. 8.
    Trad. en allem. *Hamb*. 1832. 2 vol. 8. *Stuttg*. 1832. 2 vol. 8.
    Trad. en angl. *Lond*. 1832. 2 vol. 8. *Boston*. 1833. 2 vol. 12.

Gigault (de **Labédollière**) (Émile). Vie politique de M. P. J. G. Mottié (!), marquis de Lafayette. *Par*. 1833. 8.

Adams (John Quincy). Oration on the life and character of G. Motier de Lafayette. *Washingt*. 1834. 8. (*P. et Lv.*)

Discours et faits mémorables du général Lafayette. *Par*. 1834. 3 vol. 8.

Notice historique sur le général Lafayette, mort à Paris, etc. *Lyon*. 1834. 8.

Vie de Lafayette. *Nantes*. 1834. 8.

Vie du général Lafayette. *Lyon*. 1834. Fol. 5 portraits.

Vie du général Lafayette, sa conduite privée et politique, depuis l'insurrection américaine jusques et compris la révolution de 1830. *Par*. 1834. 8.

Vie de Lafayette avant, pendant et après la révolution de juillet 1830. *Par*. 1834. 8. *
    * Édition populaire tirée à 100,000 exemplaires.

Mort du général Lafayette et notice sur sa vie. *Rouen*. 1834. 8.

Cloquet (Jules). Souvenirs de la vie privée du général Lafayette. *Par*. 1835. 8. Portrait. Trad. en angl. *Lond*. 1835. 8. *New-York*. 1836. 2 vol. 12.

Boullée (Aimé). Notice sur le général Lafayette. *Lyon*. 1841. 8.

Mack (E...). Life of G. Motier de Lafayette, etc., general in the american and french revolutions, the competitor and friend of (George) Washington, the champion of american independence, etc. *Ithaka* (*New-York*). 1841. 12.

(**Loménie**, Louis de). M. de Lafayette, par un homme de rien. *Par*. 1842. 12.

Pictorial life of general Lafayette. *Philadelph*. 1847. 12.

Cutter (William). Life of general Lafayette. *New-York*. 1849. 12.

Headley (P... C...). Life of Lafayette, marquis of France and general in the United-States army. *Auburn*. 1851. 12.

Regnault-Warin (Jean Baptiste Joseph Innocent Philadelphe). Histoire du général Lafayette en Amérique, précédée d'une notice sur sa vie. *Par*. 1852. 8. Trad. en suéd. *Skara*. 1835. 8.

Levasseur (A...). Lafayette en Amérique, en 1824 et 1825, ou journal d'un voyage aux Etats-Unis. *Par*. 1829. 2 vol. 8.

Laffitte (Jacques),
    ministre français (24 oct. 1767 — 26 mai 1844).

(**Loménie**, Louis de). M. Laffitte, par un homme de rien. *Par*. 1842. 12.

Souvenirs de J. Laffitte, racontés par lui-même et puisés aux sources les plus authentiques. *Par*. 1844. 3 vol. 8. J. Laffitte, mort le 26 mai 1844. *Par*. 1844. 12.

Esquisse biographique et populaire sur J. Laffitte. *Par*. 1844. 52. Suivie des discours de MM. Garnier-Pagès et Jacques Arago. *Par*. 1844. 52.

Vie de M. J. Laffitte, ancien président du conseil des ministres, etc. *Par*. 1844. 18.

Lafitte (Jean Baptiste),
Serrières (Sébastien). Éloge de J. B. Lafitte. *Nancy*. 1809. 8.

Lafitte (Louis),
    dessinateur français (15 nov. 1770 — 3 août 1828).
Duchesne (Jean). Notice sur la vie et les ouvrages de M. L. Lafitte, s. l. et s. d. (*Par*. 1828.) 8.

La Flechère (Jean Guillaume de),
    théologien suisse (1729 — 24 avril 1785).
Vie de La Flechère, curé de Madeley. *Lausanne*. 1825. 8.

La Flechère (Mary),
    épouse du précédent.
Moore (Henry). Vie de M. de La Flechère, femme du R. Jean Guillaume de la Flechère, pasteur de Madeley en Angleterre. *Par*. 1850. 8. (Trad. de l'angl. sur la cinquième édition.)

Lafon (Pierre),
    acteur français (13 sept. 1773 — 10 mai 1846).
Saint-Maurice Cabany (Charles Édouard). Notice nécrologique sur P. Lafon, ancien sociétaire de la Comédie française, etc. *Par*. 1846. 8. (Extrait du *Nécrologe universel du xixe siècle*.)

Lafontaine (August Heinrich Julius),
    poète allemand (10 oct. 1759 — 20 avril 1831).
Gruber (Johann Gottfried). A. Lafontaine's Leben und Wirken. *Halle*. 1833. 8. Portrait. (D.) Trad. en holland. *Groning*. 1835. 8. Portrait.

Lafontaine (Jean de),
    poète français (8 juillet 1621 — 13 avril 1695).
Vie de Lafontaine. *Copenh*. 1758. 8. (D.)

Chamfort (Sébastien Roch Nicolas). Éloge de Lafontaine. *Par*. 1774. 8. (Ouvrage qui a remporté le prix de l'Académie de Marseille.)

Laharpe (Jean François de). Éloge de Lafontaine. *Par*. 1774. 8.

(**Naigeon**, Jacques André). Éloge de Lafontaine, *Bouillon*. 1775. 8. (D.)

—— Notice sur la vie et les ouvrages de Lafontaine. *Dijon* et *Par*. 1793. 8. Portrait. (P.)

Marais (Mathieu). Histoire de la vie et des ouvrages de Lafontaine, (publ. par Simon Cuardon de la Rochette). *Par*. 1811. 18.

Darin (Lauridus Magnus). Dissertatio de vita et scriptis J. de Lafontaine. *Lund*. 1811. 8.

Solvet (P... L...). Etudes sur Lafontaine, ou notes et excursions littéraires sur ses fables. *Par*. 1812. 8. (*Lv.*)

Walckenaër (Charles Athanase de). Histoire de la vie et des ouvrages de J. de Lafontaine. *Par*. 1820. 8. (*P. et Lv.*) *Ibid*. 1821. 2 vol. 18. Portrait. *Ibid*. 1824. 8. (*P.*)

Renaudes (N... N... des). Notice sur la vie de J. de Lafontaine. *Par*. 1852. 8.

Marty Laveaux (Charles). Essai sur la langue de Lafontaine. *Par*. 1853. 8. (Extrait de la *Bibliothèque de l'École des chartes*.)

Barbier (Antoine Alexandre). Notice des principales éditions des fables et des œuvres de J. de Lafontaine, s. l. et s. d. (*Par*. 1825.) 8. (Tiré à 100 exemplaires.)

Lafontan (Antoine de),
    homme d'État français (21 février 1759 — 24 déc. 1843).
La Faye (Prosper). M. A. de Lafontan, président de chambre à la cour royale d'Agen, etc. *Par*. 1846. 8. (Extrait du *Nécrologe universel du xixe siècle*.)

Lafontenelle de Vaudoré (Armand Désiré de),
    littérateur français (24 avril 1784 — 12 février 1847).
Indication des principales publications historiques de M. de Lafontenelle de Vaudoré. *Par*. 1839. 8.

Lagache (M...).
Lagache (M...). Tableau de ma vie. *Par*. 1812. 8.
    * Cette autobiographie n'a pas été mise dans le commerce.

Lagalla (Giulio Cesare),
    philosophe italien (1571 — 15 mars 1624).
Allacci (Leone). Vita J. C. Lagallæ, philosophi Romani. *Par*. 1644. 8. (Rare et curieux.) *Lond*. 1704. 4.

Lagaraye (Claude Toussaint **Marot** de),
    gentilhomme breton (25 oct. 1675 — 2 juillet 1755).
Carron (Guy Toussaint Jules). Les époux charitables, ou vie du comte et de la comtesse de Lagaraye. *Rennes*. 1782. 8. *Ibid*. 1787. 12.

La-Gasca y Segura (Mariano),
botaniste espagnol.

Yanez y Girona (Agustin). Elogio historico de. D. M.
La-Gasca y Segura, comendador de la órden americana
de Isabel la Católica, presidente de la junta de profe-
sores del museo de ciencias naturales, director y primer catedrático del jardin botanico de Madrid, etc.
Barcel. 1842. 8. *Madr.* 1843. 8. Portrait.

Lagerbring (Carl),
homme d'État suédois (2 mai 1751 — 14 mars 1822).

Wirsén (G... F...). Tal öfver C. Lagerbring. *Stockh.*
1822. 8.

Lagerbring (Sven),
historien suédois (24 février 1707 — 5 déc. 1787).

Wollin (Christian). Parentation öfver S. Lagerbring.
Lund. 1788. 8.

Lagerheim (Carl Erik),
homme d'État suédois (28 juillet 1742 — 21 déc. 1813).

Rosenblad (R... M...). Åminnelse-Tal öfver Presidenten C. E. Lagerheim. *Stockh.* 1814. 8.

Lagerloef (Pehr),
historiographe suédois (4 nov. 1648 — 7 janvier 1699).

Normann (Laurids). Laudatio funebris in P. Lagerloef.
Upsal. 1699. 4.

Aelf (Samuel). Företal och Appendices till P. Lager-
loefs Orationes. *Upsal.* 1700. 8.

Lagerstierna (Johan Hermann),
littérateur suédois.

Isogæus (Simon). Concio in funere J. H. Lagerstierna.
Holm. 1689. 4.

Lagerstroem (Magnus),
homme d'État suédois (16 déc. 1691 — 5 juillet 1759).

Kryger (Johan Fredrik). Åminnelse-Tal öfver M. Lagerstroem. *Stockh.* 1760. 8.

Laghi (Antonio),
poëte italien (2 juin 1728 — 11 janvier 1811).

Montanari (Bernardo). Commentarius de vita et scriptis A. Laghi. *Faenza.* 1812. 8. Trad. en ital. par Giuseppe Ignazio MONTANARI. *Rom.* 1834. 8.

Lago (Lançarote do),
prêtre (?) portugais.

Silva (Antonio da). Historia notavel da vida de D. L.
do Lago. *Lisb.* 1746. 8.

Lagomarsini (Girolamo),
jésuite italien (1698 — 18 mai 1773).

Parthenius (Josephus Marianus). De vita et studiis H.
Lagomarsini, S. J., commentarius, augm. par Francesco CARRARA et publ. par Vincenzo GIORGI. *Venet.*
1801. 8. (P.)

Lagowski (Peter),
colonel polonais.

Notice sur la vie du colonel P. Lagowski. *Par.* 1845. 8.

Lagrange (François de),
représentant du peuple.

Notice biographique sur la vie et les travaux politiques
de M. F. Lagrange, représentant du Gers à l'Assemblée
nationale, etc. *Par.* 1850. 8.

Lagrange (Joseph Louis),
géomètre italien (25 janvier 1736 — 10 avril 1813).

Virey (Julien Joseph) et **Potel** (François André).
Précis historique sur la vie et la mort de J. L. Lagrange. *Par.* 1813. 4.

Cossali (Pietro). Elogio di G. L. Lagrange. *Padov.*
1813. 8.

Magistrini (Giovanni Battista). Discorso in lode di Lagrange. *Bologn.* 1819. 4.

Lagrenée (Louis Jean François),
peintre français (30 déc. 1724 — 19 juin 1805).

Renou (N...). Notice chronologique sur Lagrenée l'ainé,
s. l. et s. d. (*Par.* 1815.) 8.

Lagrenée (Théodore de),
homme d'État français.

Notice biographique sur la vie et les travaux politiques
de M. T. de Lagrenée, ancien ambassadeur, pair de
France, représentant du département de la Somme.
Par. 1850. 8.

Laguette de Mornay (Eugène Amédée Jules Frédéric),
officier français (1780 — 19 mai 1845).

Senneville (Théodore de). M. E. A. J. F. Laguette de
Mornay, ancien officier d'artillerie de la garde impériale, ancien député du département de l'Ain, etc. *Par.*
1846. 8. (Extrait du *Nécrologe universel du xixe siècle.*)

Lahalle (Jean Baptiste),
médecin français (1776 — 6 mai 1843).

Lesaing (N... N...). Éloge historique de J. B. Lahalle,
docteur en médecine. *Nancy.* 1844. 8.

Laharpe (Amédée Emmanuel),
général français (1754 — 1793).

Laharpe (Frédéric César de). Notice sur le général
Laharpe, autrement dit M. de Yens. *Par.* 1795. 8.

Laharpe (Frédéric César de),
général suisse (1754 — 30 mars 1838).

(**Gingins-Pillichody**, N... N... de). Vie politique de
M. le colonel F. C. de Laharpe, s. l. 1815. 8. (Pamphlet
biographique.)
Biographie de M. F. C. de Laharpe, etc., s. l. 1818. 8. (D.)

Monnard (Charles). Notice biographique sur le général
F. C. de Laharpe. *Lausanne, Genève* et *Par.* 1838. 8.
(*Bes.*)

Laharpe (Jean François de),
littérateur français (20 nov. 1739 — 11 février 1803).

Chazet (René Alissan de). Éloge de Laharpe. *Par.*
1805. 8.

Mely-Janin (Jean Marie). Vie de Laharpe. *Par.* 1813. 12.

(**Serieys**, Antoine). Laharpe peint par lui-même; ouvrage contenant des détails inconnus sur sa conversion,
sur son exil à Corbeil en 1800, etc. *Par.* 1817. 12.

Peignot (Gabriel). Recherches historiques, littéraires
et bibliographiques sur la vie et les ouvrages de Laharpe. *Dijon.* 1820. 12.

Saint-Surin (N... N... de). Notice sur Laharpe, suivie
de pièces justificatives. *Par.* 1822. 8. Portrait. (*Lv.*)

Thiessé (Léon). Notice historique sur la vie et les ouvrages de J. F. de Laharpe. *Par.* 1827. 8.

Esprit de J. F. de Laharpe, de l'Académie française, avec
une notice sur cet académicien. *Par.* 1814. 12.

La Hure (Louis Joseph, baron),
général belge (29 déc. 1767 — ...).

Delmotte (Henri Florent). Notice sur le général La
Hure. *Liége.* 1835. 8. (Tiré seulement à 50 exemplaires.)

Lainné (Pierre),
prêtre français (28 nov. 1740 — 13 février 1816).

Pinard (Claude). P. Lainné, modèle de la vie chrétienne
et sacerdotale. *Par.* 1847. 8. *Tours.* 1851. 12.

Lainez (Alexandre),
poëte belge (vers 1650 — 18 avril 1710).

Stassart (Goswin Joseph Augustin de). Le poëte Lainez;
notice, s. l. et s. d. 8. (Extrait des *Bulletins de l'Académie royale de Belgique.*) — (*Lv.*)

Soirées bruxelloises. Etudes critiques et biographiques
sur (Jean Théodore Hubert) Weustenraad, (Blaise
Henri de Corte, baron de) Walef, Lainez * et M. Antoine Clesse. *Brux.* 1854. 18.

* L'étude sur A. Lainez (page 171-203) est signée : Alphonse GILMAN.

Lainez (Jacques), voy. **Laynez**.

Laïs,
courtisane grecque (vers l'an 420 avant J. C.).

(**Gouz de Gerland**, Bénigne le). Histoire de Laïs, courtisane grecque, avec des anecdotes sur quelques philosophes de son temps. *Par.* 1756. 12.

Laisné de Villevêque (Gabriel Jacques),
magistrat français (vers 1768 — 24 janvier 1851).

Vergnaud-Romagnesi (Charles François). Biographie
de M. Laisné de Villevêque. *Orléans.* 1851. 8.

Lakanal (Joseph),
député à la Convention nationale (14 juillet 1762 — ... 1844).

Exposé sommaire des travaux de J. Lakanal, ex-membre
de la Convention nationale et du conseil des cinq-cents,
pour sauver, durant la révolution, les sciences, les lettres, et ceux qui les honoraient par leurs travaux. *Par.*
1838. 8.

Geoffroy Saint-Hilaire (Isidore). Lakanal, sa vie, ses
travaux à la Convention et au conseil des cinq-cents.
Par. 1849. 8.

Lalaing (comtes de),
famille belge.

(**Lalaing**, Henriette de). Maldeghem la Loyale. *Brux.*
1849. 8. (Cet écrit n'a pas été mis dans le commerce.)

Lalain ou **Lalaing** (Jacques de),
surnommé le bon chevalier (vers 1421 — tué le 3 juillet 1453).

Châtelain (George). Histoire du bon chevalier messire
J. de Lalain, frère et compagnon de l'ordre de la Toi-
son d'or, publ. par Jules CHIFFLET. *Brux.* 1634. 4.

Lalain ou **Lalaing** (Simon de),
oncle du précédent.

Deyn (P... J... de). Heldenmoed van S. de Lalaing, de
stad Oudenaarde verwerende in 1452. *Bruss.* 1824. 8.

Lalande (N... N... de),
prêtre français (... — 23 janvier 1772).

(**Ameline**, N... N...). Vie de M. de Lalande, curé de
Grigny, dans le diocèse de Paris, mort en odeur de
sainteté. *Par.* 1773. 12. (*Bes.*)

Lalande (Joseph Jérôme Le-François de),
astronome français du premier ordre (11 juillet 1732 — 4 avril 1807).

Salm (Constance Marie Pipelet de). Éloge historique de
M. de Lalande. *Par.* 1810. 8. (Extrait du *Magasin encyclopédique.*)

Lallemant (Louis),
jésuite français (1578 — 1635).

(**Champion**, Pierre de). Vie et doctrine spirituelle du
P. Lallement, de la compagnie de Jésus. *Par.* 1694. 12.
Lyon. 1735. 12. (*Bes.*) Réimpr. s. c. t. La doctrine spi-
rituelle du P. Lallement. *Avign.* 1826. 12.

Lallemant (Pierre),
chancelier de l'université de Paris (1622 — 18 février 1673).

(**Tetelète**, Philibert). Religiosissimi doctrinaque et eloquentia clarissimi viri P. Lallemantii, prioris S. Genovefæ et universitatis Parisiensis cancellarii, memoria.
Par. 1679. 4. (*D.*)

Gaudin (Jacques). Elogium, s. vitæ synopsis P. Lallemantii, prioris S. Genovefæ et universitatis Parisiensis
cancellarii. *Par.* 1679. 4. (*P.*)

Lally-Tolendal (Thomas Arthur, comte de),
général français (1702 — exécuté le 9 mai 1766).

Memoirs of count Lally, with an account of his trial, condemnation and execution. *Lond.* 1766. 8.

Lally-Tolendal (Trophime Gérard, marquis de),
homme d'État français, fils du précédent (5 mars 1751 — 11 mars 1830).

Mounier (Claude Philippe Édouard). Discours prononcé
à l'occasion de la mort de M. le marquis de Lally-Tolendal. *Par.* 1830. 8.

Laloy (Pierre Antoine),
littérateur français (16 janvier 1749 — 5 mars 1846).

(**Jolibois**, Émile). Notice sur P. A. Laloy, ancien député de la Haute-Marne pendant la révolution. *Colmar.*
1847. 8.

Lamanon (Robert de **Paul**, chevalier de),
naturaliste français (1752 — massacré le 10 déc. 1787).

Ponce (N... N...). Éloge de Lamanon, s. l. et s. d. 8.

La Marche (Jean François de),
évêque de Saint-Pol de Léon (1729 — 25 nov. 1806).

Du Châtellier (N... N...). Oraison funèbre de l'illustrissime et révérendissime Mgr. J. F. de la Marche, évêque
et comte de Léon, etc. *Lond.* 1807. 8.

Lamarche (Vincent),
dominicain belge (27 avril 1780 — 2 juillet 1849).

(**Nève**, Émile). Notice sur le R. P. V. Lamarche, de l'ordre de Saint-Dominique. *Tirlemont.* 1850. 8.

Lamarque (Maximilien, comte),
général français (22 juillet 1770 — 1er juin 1832).

Mémoires et souvenirs du général M. Lamarque, publ. par
sa famille. *Par.* 1835-36. 3 vol. 8.

Mort du général Lamarque et ses derniers vœux pour la
France. Détail exact de sa vie civile, militaire et politique et le jour et heure de son convoi. *Par.* 1832. 4.

Notice sur la vie du général Lamarque. *Par.* 1832. 4.

P... (J... P...). Vie politique et militaire du général Lamarque, suivie de détails sur les funérailles et les troubles qui en ont été le résultat. *Par.* 1832. 18. Portrait.

Lamartine (Alphonse de **Prat** de),
poète et homme d'État français (21 oct. 1790 — ...).

Lamartine (Alphonse de). Trois mois au pouvoir. *Par.*
1848. 8. Trad. en allem. par N... N... ROTH. *Leipz.*
1848. 12.

(**Loménie**, Louis de). M. de Lamartine, par un homme
de rien. *Par.* 1842. 12.

Chapuys-Montlaville (N... N...). Lamartine. Sa vie publique et privée. *Par.* 1843. 8. Portrait.

Bécot (Joseph). M. de Lamartine, orateur. *Par.* 1843. 8.

Barranchin (N... N...). M. de Lamartine apprécié comme
homme politique. Lettre adressé au député de Mâcon,
etc. *Par.* 1847. 8. (*Lv.*)

Rastoul de Mongeot (Alphonse). Lamartine, poète,
orateur, historien, homme d'État. *Brux.* 1848. 12.
Trad. en allem. par Wilhelm SCHWAN. *Paderb.* 1848. 12.

Frensdorff (Emile). Lamartine. *Berl.* 1848. 8.

Cormenin (Louis Marie de la Haye de). Lamartine et le
gouvernement provisoire. *Par.* 1848. 12. Trad. en angl.
Lond. 1848. 52.

Lurine (Louis). Histoire poétique et politique de M. A.
de Lamartine. *Par.* 1848. 12.

Kneppelhout (Jan). Lamartine. *Amst.* 1848. 8.

Robin (Charles). Biographie de Lamartine, membre du
gouvernement provisoire. *Par.* 1848. 8. Portrait. (Extrait de la *Galerie des gens de lettres au XIXe siècle.*)

(**Barrillot**, N... N...). Lamartine devant le tribunal du
peuple, par un républicain de la veille. *Par.* 1848. 8.

M... (J... M...). Lamartine et la république. *Bordeaux.*
1848. 8.

Lamartine, président de la république. *Par.* 1848. 8.

Die rationnelle Politik Lamartine's, von ihm selbst entwickelt in einem Schreiben an den Director der *Revue
européenne* vom 20 Sept. 1831, etc. *Braunschw.* 1848. 8.

Lamartine de Prat (madame de),
dame française, mère du précédent († 1829).

Boullée (Aimé). Notice nécrologique sur madame de Lamartine de Prat. *Mâcon.* 1829. 8.

Lamb (Charles),
littérateur anglais (10 février 1775 — 27 déc. 1834).

Talfourd (Thomas Noon). Letters of Charles Lamb, with
a sketch of his life. *Lond.* 1837. 2 vol. 8. *Ibid.* 1850. 12.

Lamb (John),
général anglo-américain.

Leake (Isaac Quincy). Memoir of the life and times of
general J. Lamb, an officier of the revolution, etc.
Albany. 1850. 8.

Lamballe (Marie Thérèse Louise **de Savoie-
Carignan**, princesse de),
surintendante de la reine Marie Antoinette (8 sept. 1749 —
assassinée le 2 sept. 1792).

Lamballe (Marie Thérèse Louise de Savoie-Carignan,
princesse de). Mémoires relatifs à la famille royale de
France pendant la révolution, publiés par une dame
de qualité (Catherine HYDE, marquise de GOVION-BRO-
GLIO-SOLARI), attachée au service confidentiel de cette
infortunée princesse. *Par.* 1826. 2 vol. 8. Portrait.

Guénard (madame). Mémoires historiques de Marie Thérèse Louise de Carignan, princesse de Lamballe, une
des principales victimes immolées dans les horribles
journées des 2 et 3 sept. 1792. *Par.* 1801. 4 vol. 12.
Ibid. 1815. 4 vol. 18.

Gassier (Jean Marie). Vie de madame la princesse de
Lamballe, avec plusieurs anecdotes relatives à la famille de Penthièvre, etc. *Par.* 1814. 8. *Ibid.* 1815. 18.

Lambecius (Peter),
historiographe allemand (13 avril 1628 — 3 avril 1680).

(**Wilkens**, Nicolas). Leben des gelehrten P. Lambecii,
S. C. M. (Leopoldi) consiliarii, historiographi et biblio-
thecarii. *Hamb.* 1724. 8. Portrait. (*D.*)

Vangerow (Wilhelm Gottlieb). Commentatio historico-
critica de P. Lambecii in bibliothecam cæsaream Vin-
dobonensem meritis. *Halæ.* 1764. 4. (*D.*)

Catalogus librorum, quos P. Lambecius composuit et in
lucem edidit ab anno ætatis XIX usque ad annum XIV
(c'est-à-dire depuis 1647 jusqu'en 1673). *Vindob.* 1673.
4. (*D.*)

Lambel (Alexandre Jean Maximin de **Label,** comte de),
général français (20 août 1771 — 23 juin 1851).

Bastien (N... N...). Nécrologie. Le général Lambel.
Nancy. 1851. 8. (Extrait du *Courrier de Nancy,* tiré à
part à petit nombre.)

Nollet–Fabert (Jules). Le général de Lambel. *Nancy.*
1852. 8. Portrait. (Extrait de la *Lorraine militaire.*)

Lamberg (Grafen v.),
famille allemande.

Mayer (Joseph). Vollkommener Adel des hochfürstlichen
und gräflichen Hauses von Lamberg. *Wien.* 1709. Fol.

Lamberg (Franz Philipp, Graf),
feld-maréchal d'Autriche (30 nov. 1791 — assassiné le 28 sept. 1848).

Saint-Maurice Cabany (Charles Édouard). Le lieutenant feld-maréchal, comte P. F. de Lamberg, baron de
Ortenegg et Ortenstein, etc., généralissime de toutes
les troupes autrichiennes en Hongrie, etc., assassiné à
Pesth. *Par.* 1853. 8.* (Extrait du *Nécrologe universel du
xixᵉ siècle.*)
  * Cette notice le fait naître le 21 octobre 1791; c'est une erreur.

Lamberg (Joseph Maximilian, Graf v.),
littérateur allemand (24 nov. 1729 — 23 juin 1792).

Lamberg (Joseph Maximilian v.). Mémorial d'un mon-
dain. *Au Cap corse (Vienne.)* 1774. 12. (Peu commun.)

Lambert (Saint),
évêque de Maestricht (vers 640 — assassiné le 17 sept. 708).

De Tello (N... N...). Vie de S. Lambert, évêque de
Tongres et patron de Liége. *Liége.* 1622. 8.

Roberti (Jean). Vita S. Lamberti, martyris, episcopi
Tungrensis, Leodiensis civitatis. *Lugd. Bat.* 1633. 8.
(Rare.) Trad. en franç. par Alard LENOY. *Liége.* 1634.12.

Dubosc-Montandré (N... N...). Vie de S. Lambert,
évêque de Liége, ou le courtisan chrétien immolé en
victime d'État à la passion de la cour. *Liége.* 1637. 4.

Sluse (René François Walter de). De tempore et causa
martyrii B. Lamberti, Tungrensis episcopi, diatriba
chronologica et historica. *Leod.* 1679. 8.

Ring (Maximilien de). S. Lambert, évêque de Tongres.
Gand. 1847. 8. Portrait. (Extrait du *Messager des
sciences historiques.*)

Visschers (Pieter). Levensschets van den H. Lambertus,
bisschop van Maestricht, martelaer en beschermhei-
ligen van Luik, apostel der Nederlanden, etc. *Mechelen,*
s. d. (vers 1848.) 8.

Lambert (Saint),
abbé de Chézery.

Depéry (Jean Irénée). Notice sur S. Lambert et S. Roland, abbés de Chézery en Jura. *Bourg.* 1834. 8.

Lambert d'Aschaffenbourg,
- chroniqueur allemand († vers 1100).

(Piderit, Franz Carl Theodor). Commentatio brevis de
Schafnaburgensi, monacho Hersfeldensi, rerum Germa-
nicarum sæculi xi scriptore locupletissimo. *Hersf.*
1828. 4.

Lambert (François),
théologien français (1487 — 16 avril 1530).

Baum (Johann Wilhelm). F. Lambert von Avignon nach
seinem Leben und den gleichzeitigen Quellen dargestellt. *Strasb.* et *Par.* 1840. 8.

Lambert (Johann Heinrich),
philosophe alsacien (29 août 1728 — 25 sept. 1777).

Huber (Daniel). J. H. Lambert nach seinem Leben und
Wirken. *Basel.* 1829. 8. Portrait.

Lambert (Josse),
poète belge au xviᵉ siècle.

Voisin (Auguste). Notice littéraire et bibliographique
sur les travaux de J. Lambert, imprimeur, graveur,
poëte et grammairien gantois du xviᵉ siècle. *Gand.*
1842. 8.

Lambertazzi (Antonio de),
guerrier italien.

Bombace (Gaspare). Istoria dei fatti di A. Lambertacci (!), Bolognese. *Bologn.* 1642. 4.

Lamberti (Antonio Maria),
littérateur italien.

Cenni sulla vita di A. M. Lamberti, scritti da lui medesimo. *Venez.* 1847. 8.

Lamberty (Guillaume de *),
diplomate suisse (vers 1660 — 1742).

(Lamberty, Guillaume de). Mémoires de la dernière révolution d'Angleterre, contenant l'abdication de Jacques II à la couronne, et ce qui s'est passé depuis 1685
jusqu'à la fin de 1689. *La Haye.* 1702. 2 vol. 12.
—— Mémoires pour servir à l'histoire du xviiᵉ siècle.
La Haye. 1735-40. 14 vol. 4.
  * Quérard lui donne les prénoms L... B... T...; c'est une erreur.

Lambesc (Charles Eugène comte de **Brionne,**
prince de),
grand-écuyer de Louis XVI (25 sept. 1751 — 21 nov. 1825).

Procès du prince de Lambesc (devant le Châtelet). *Par.*
1790. 8.

Lambin (Jean Jacques),
historien belge (vers 1765 — 17 janvier 1841).

Van de Putte (F...). Biographie de J. J. Lambin, archiviste de la ville d'Ypres, membre de la Société
d'émulation de Bruges, etc. *Brug.* 1841. 8.

Lambrechts (Charles Joseph Mathieu),
homme d'État belge (20 nov. 1753 — 4 août 1823).

Notice biographique trouvée dans les papiers de M. le
comte de Lambrechts et publiée par son héritier (Charles
d'OUTREPONT). *Par.* 1823. 8.

Hulst (Félix van). Notice sur C. J. M. Lambrechts. *Liége.*
1835. 8. Portrait.

Lambrechtsen van Ritthem (Nicolaas Cornelis),
homme d'État hollandais (29 février 1752 — ... 1823).

Citters (A... C... van). Lofrede op den edel wel geboren
heer N. C. Lambrechtsen (van Ritthem). *Middelb.*
1824. 8.

Lambruschini (Giovanni Battista),
cardinal-évêque d'Orvieto.

Gazola (Carlo). Vita di S. E. il reverendissimo monsignore G. B. Lambruschini, vescovo di Orvieto. *Orvieto.*
1841. 8.

Lamennais (Hugues Félicité **Robert,** dit de),
écrivain ecclésiastique français (19 juin 1782 — ...).

Wrindts (N... N...). Les erreurs de l'abbé de Lamennais. *Brux.* 1832. 8. (Omis par Quérard.)

Guillon (Nicolas Silvestre). Histoire de la nouvelle héré-
sie du xixᵉ siècle, ou réfutation complète du système et
de tous les ouvrages de M. l'abbé de Lamennais. *Par.*
1834. 3 vol.

Robinet (Edmond). Études et notice biographique sur
M. de Lamennais. *Par.* 1835. 8.

(Nobili, Annesio). Biografia dell' abate F. de Lamennais, s. l. (*Pesaro.*) 1835. 8.

Lahaye (A... H... de). Notice biographique sur M. de
Lamennais, s. l. (*Par.*) 1838. 8.

(Loménie, Louis de). M. de Lamennais, par un homme
de rien. *Par.* 1840. 12.

(Barbier, Hippolyte). Biographie de M. l'abbé de Lamennais, par un solitaire. *Par.* 1841. 18.

Madrolle (Antoine Marie). Histoire secrète de l'apostasie
de l'abbé de Lamennais. *Par.* 1843. 8.

Gioberti (Vincenzo): Lettre sur les doctrines philosophiques et politiques de M. de Lamennais. *Par.* 1843.
18. *Brux.* 1843. 18.

Cortés y Sexti (Cayetano). Ensayo critico sobre Lammen-
nais y sus libros. *Madr.* 1846. 8. (Omis par Quérard.)

Quérard (Joseph Marie). Notice bibliographique des ouvrages de M. de Lamennais, de leurs réfutations, de
leurs apologies et des biographies de cet écrivain. *Par.*
1849. 8. (Extrait des *Supercheries littéraires,* tiré à part
à petit nombre.)

Lameth (Alexandre de),
homme d'État français (28 oct. 1760 — 12 mars 1829),
et

Lameth (Charles de),
frère aîné du précédent (5 oct. 1757 — 28 déc. 1832).

Lameth (Théodore de). Observations relatives à des notices qui se trouvent dans la *Biographie universelle*
(tome LX) sur ses frères C. et A. de Lameth. *Par.*
1843. 8.

Lami (Bernard),
prêtre de l'Oratoire (.. juin 1645 — 27 janv. 1715).

Poté (Jean). Éloges historiques (de Pierre Belon, du
P. Marin Mersenne, de B. Lami et celui du P. Bouvet).
Le Mans. 1817. 8.

Lami (Giovanni),
littérateur italien (8 février 1697 — 6 février 1770).

Fontani (Francesco). Elogio e memorie per servire alla vita del dottore G. Lami. *Firenz.* 1789. 4.

Lamoignon (Guillaume de),
jurisconsulte français (1617 — 10 déc. 1677).

Fléchier (Esprit). Oraison funèbre de M. le président de Lamoignon. *Par.* 1677. 4.

Colon (Bernard). Oratio funebris in G. Lamoignonii obitum. *Par.* 1678. 4. (*Lv.*)

La Monnoye (Bernard de),
poète français (15 juin 1641 — 15 oct. 1728).

Girault (Claude Xavier). Particularités inédites ou peu connues sur La Monnoye, (Claude Prosper Jolyot de) Crébillon et (Alexis) Piron , avec les notes de Claude Nicolas AMANTON. *Dijon.* 1822. 8.

Peignot (Gabriel). Nouvelles recherches littéraires, chronologiques et philologiques sur la vie et les ouvrages de B. de La Monnoye, etc. *Dijon.* 1852. 8. (Tiré à 100 exemplaires, accomp. de son portrait.) — (*Bes.*)

Lamorielère (Christophe Léon Louis **Juchault** de),
général français (5 février 1806 — ...).

Notice sur le général de Lamoricière. *Par.* 1846. 8.

Lamorlière (Natalis de),
littérateur français.

Berville (Saint-Albin). Éloge de M. N. de Lamorlière. *Amiens.* 1844. 8.

La Mothe Le Vayer, voy. **Mothe Le Vayer** (François de la).

Lamothe (Alexis et Delphinée),
jurisconsultes français.

Faurié (Edmond). Éloges des frères Lamothe, avocats au parlement de Bordeaux, etc. *Bordeaux.* 1850. 8.

Lamotte-Houdard (Charles Antoine de),
colonel français (1773 — ...).

(Le Fevre Deumier, J...). Célébrités d'autrefois. Essais biographiques et littéraires. *Par.* 1853. 18. *
* Contenant des notices biographiques sur Antoine de RIVAROL, Jean Siffren MAURY, Carloman de RULHIÈRE, François Joachim de BEANIS, Jean Sylvain BAILLY et LAMOTTE-HOUDARD.

Lamotte de Lapeyrouse (N... N...),
général français.

Chérias (Jules). Histoire du général Lamotte de Lapeyrouse, commandant du Guipuscoa à l'époque de la régence , et chef de l'expédition envoyée au secours de Stanislas, roi de Pologne. *Gap.* 1842. 8.

Lamourous (Marie Thérèse Charlotte de),
fondatrice de la maison de miséricorde à Bordeaux (1er nov. 1754 — 12 oct. 1836).

Pouget (N... N...). Vie de mademoiselle de Lamourous, dite la bonne mère, fondatrice et première supérieure de la maison de miséricorde à Bordeaux. *Lyon et Par.* 1844. 12. Portrait. *Ibid.* 1853. 12. Portrait. Trad. en allem. *Innsbr.* 1853. 8. Portrait.

D... (madame). Miséricorde et providence, ou principaux traits de la vie de mademoiselle de Lamourous. *Lille.* 1846. 2 vol. 18. Portrait.

Lamouroux (Jean Vincent François),
naturaliste français (3 mai 1779 — 16 mars 1825).

Lamouroux (Justin Pierre). Notice biographique sur J. V. F. Lamouroux. *Par.* 1829. 8.

Lampadius * (Heinrich),
théologien allemand (1503 — 12 nov. 1583).

Gasmer (Johann). Oratio de vita et obitu H. Lampadii, in qua simul ecclesiæ Brunsvicensis ab idolomaniis papisticis repurgatæ initia et progressus exponuntur, accessit Melchioris NEOFANH catalogus omnium ministrorum ecclesiæ Brunsvicensis. *Hamb.* 1588. 4. *Ibid.* 1590. 8. (*D.*)
* Son véritable nom est LAMPE.

Zahn (Zacchanias). Odarum libellus de vita et obitu H. Lampadii sexaginta versuum generibus scriptus. *Lemgov.* 1590. 8. (*D.*)

Hessenmueller (Carl). H. Lampe, der erste evangelische Prediger in der Stadt Braunschweig; ein auf Quellenstudium beruhender Beitrag zur Reformationsgeschichte der Stadt Braunschweig. *Braunschw.* 1852. 8.

1

Lampadius (Jacob),
jurisconsulte allemand (1593 — 10 mars 1649).

Schuetze (Gottfried). Memoria J. Lampadii, JCti, ex autographo renovata. *Alton.* 1758. 4.

Lamprecht (Philipp Caspar),
jurisconsulte allemand.

Overbeck (Johann Daniel). Leben und Verdienste P. C. Lamprecht's, beider Doctors und Herrn des (Lübecker) Raths. *Lübeck.* 1757. Fol.

Lampredi (Giovanni Maria),
jurisconsulte italien (6 avril 1732 — 17 mars 1793).

(Banucci, Pietro.) Elogio del avvocato G. M. Lampredi, professore di diritto pubblico nell' università di Pisa. *Firenz.* 1793. 8. *
* G. Melzi, l'auteur du *Dizionario di opere anonime e pseudonime di scrittori Italiani* (Milan. 1848-52. 2 vol. 8), attribue cet éloge anonyme à Raimondo LIONSI.

Lampridius (Ælius),
historien romain au IVe siècle.

Moller (Daniel Wilhelm). Disputatio circularis de A. Lampridio. *Altorf.* 1688. 4. (*Lv.*)

Lampuguana Rò (Cornelia),
dame italienne.

Vita e morte di C. Lampugnana Rò. *Pavia.* 1624. 4.

Lamuraille (Henri),
H. Lamuraille und Henriette Boissy. Geheimes Aktenstück aus dem Vendéekriege. *Weissenf.* et *Leipz.* 1796. 8.

Lana-Terzi * (Francesco),
jésuite italien (13 déc. 1631 — 26 févr. 1687).

Chiaramonti (Giovanni Battista). Notizie intorno alla vita del P. F. Lana. *Brescia.* 1765 (?) 8.
* Les détracteurs de Montgolfier ont prétendu que Lana-Terzi est l'auteur de la découverte des aérostats et que Montgolfier avait puisé la même idée dans les ouvrages du jésuite italien.

Lanbiot (Pierre),
chirurgien belge (1649 — 1728).

Meyer (Isaac Joseph de). Notice sur P. Lanbiot, chirurgien pensionnaire de l'hôpital de la ville et du franc de Bruges. *Bruges.* 1846. 8. Portrait.

Lancastre,
dynastie anglaise.

Hall (Edward). The union of the two noble and illustrate families of Lancastre and York. *Lond.* 1548. Fol. *Ibid.* 1550. Fol. * Réimprimé s. c. t. Chronicle containing the history of England during the reign of Henry IV and the succeding monarchs to the end of the reign of Henry VIII. *Lond.* 1809. 4.
* Cette édition fut prohibée par décret du parlement d'Angleterre.

Biondi (Giovanni Francesco). Historia delle guerre civili d' Inghilterra tra le due case di Lancastro ed Yorc, sotto il rè Ricardo II sin' all' Arrigo VII (1399-1485). *Venez.* 1637-1647. 3 vol. 4.

Trad. en allem. par Wilhelm von STUBENBERG. *Nürnb.* 1650-1656. 2 vol. 4.

Trad. en angl. par Henry of MONMOUTH. *Lond.* 1641-46. 2 vol. Fol.

Rosemont (Jean Baptiste **Dumesnil** de). Histoire des guerres civiles d'Angleterre entre les maisons de Lancastre et de York. *Amst.* 1690. 2 vol. 12. (Traduction abrégée de l'ouvrage précédent.)

Roberts (Emma). Memoirs of the rival houses of York and Lancastre, historical and biographical. *Lond.* 1827. 2 vol. 8. Portrait d'Elisabeth d'York.

Lancastro (Pedro de),
cardinal portugais.

Lima (Francisco de). Sermaõ funebre do cardeal Lancastro. *Lisb.* 1693. 4.

Barboza (Jozé). Elogio do D. P. de Lancastro. *Lisb.* 1741. 4.

Lancisi (Giovanni Maria),
médecin italien (26 oct. 1654 — 20 janvier 1720).

Oliva (Giovanni). Brevis dissertatio de morte J. M. Lancisii. *Rom.* 1720. 8.

Crescimbeni (Giovanni Maria). Vita di G. M. Lancisi, medico di papa Clemente XI. *Rom.* 1721. 4. Port. (*D.*)

Lancitius (Nicolaus),
jésuite polonais (vers 1575 — 16 mars 1652).

Balbinus (Aloys Bohuslaw). Vita V. P. N. Lanceitii S. J. compendiosius primum à Casimiro Vuyk KOJA-

LOWICZ scripta. *Prag.* 1690. 8. Trad. en allem. *Münch.* 1701. 8.

Lanckisch (Friedrich),
libraire allemand (12 mars 1618 — 22 oct. 1669).

(**Kromayer,** Hieronymus). Programma academicum in F. Lanckisii exequiis. *Lips.* 1669. 4. (*L.*)

Lançon (Nicolas François),
jurisconsulte français (17 mai 1694 — 6 mars 1767).

Duhamel (Dominique Nicolas Hyacinthe Bardou). Mémoire historique sur M. Lançon, maître échevin de Metz. *Metz.* 1779. 8.

Lancret (Nicolas),
peintre français (1690 — 14 sept. 1743).

(**Balot de Sovot,** N... N...). Éloge de Lancret, peintre du roi. *Par.* 1743. 12. (*P.*)

Blanc (Charles). Les peintres des fêtes galantes. *Par.* 1853. 32. *

 * Contenant des notices biographiques sur Antoine WATTEAU, N. LANCRET, Jean Baptiste PATER et François BOUCHER.

Landbeck (Georg Wolfgang Bernhard),
théologien allemand (31 août 1683 — ... 1763).

Oertel (Georg Christoph). Programma in obitum G. W. B. Landbeckii, superintendentis Rudenhusani. *Neost. ad Ais.* 1763. 4.

Lander (Richard),
voyageur anglais (8 février 1804 — 6 février 1834).

Laird (Mac Gregor) et **Oldfield** (R... A... K...). Narrative of an expedition into the interior of Africa, etc., in 1832, 1833 and 1834. *Lond.* 1835. 2 vol. 8.

Landi (Gasparo),
peintre italien (6 janvier 1756 — 28 février 1830).

Masini (Cesare). Elogio storico del cavaliere G. Landi, pittore Piacentino. *Rom.* 1841. 8.

Laudo (Girolamo),
magistrat italien.

Aldreghetti (Antonio Luigi). Ricompense di onore dovute alle virtù di G. Lando, podestà di Padova. *Padov.*, s. d. (1627.) 8.

Lando (Giovanni),
procurateur de Saint-Marc.

Contareni (Antonio). Orazione funebre nei funerali in Este alla memoria di G. Lando. *Padov.* 1707. 4.

Landolphe (Jean François),
marin français (5 février 1747 — 13 juillet 1825).

Mémoires du capitaine Landolphe, contenant l'histoire de ses voyages pendant trente-six ans aux côtes d'Afrique et aux deux Amériques, rédigés, etc., par Jacques Salbigoton QUESNÉ. *Par.* 1823. 2 vol. 8. Portrait. (*Lv.*)

Landolt (Salomon),
peintre suisse (10 déc. 1741 — 26 nov. 1818).

Hess (David). S. Landolt. Characterbild nach dem Leben. *Zürch.* 1821. 8. Portrait.

Landon (Lætitia Elizabeth),
poète anglaise (vers 1804 — 16 oct. 1838).

Blanchard (Laman). Life and correspondence of L. E. L(andon). *Lond.* 1839-40. 3 vol. 8.

Landrade (Sainte),
fondatrice de l'abbaye de Munster-Bilsen.

Desbayons (Thomas). La princesse solitaire, ou la vie de S. Landrade, fondatrice de l'abbaye de Munster-Beliso, plus l'amour divin, ou la vie de S. Amour, patron dudit lieu, etc. *Liége.* 1663. 8. Portrait de S. Landrade et de S. Amour.

Landt (J...),
théologien hollandais.

Mulder (G... J...). Herinneringen omtrent J. Landt. *Rotterd.* 1830. 8.

Laneau (René),
bénédictin français (vers 1773 — 27 oct. 1753).

Hervin (Jean). Lettre circulaire au sujet de la mort de Dom R. Laneau , supérieur général de la congrégation de Saint-Maur. *Par.* 1754. 4.

Landremont (N... N...),
général français.

Exposé de la conduite de Landremont, général en chef de l'armée du Rhin. *Par.*, s. d. 4.

Lanfranc,
archevêque de Cantorbéry (vers 1005 — 28 mai 1089).

Achery (Jean Luc d'). La vie et les œuvres du bien-

heureux Lanfranc, archevêque de Cantorbéry. *Par.* 1648. Fol.

Charma (A...). Lanfranc. Notice biographique, littéraire et philosophique. *Caen et Par.* 1849. 8.

Lanfranchi (Francesco),
homme d'État italien.

Regis (Francesco). Laudatio F. Lanfranchi comitis Ronsicci. *Turin.* 1789. 4.

Lang (Carl Heinrich, Ritter v.),
historien allemand (7 juillet 1764 — 26 mars 1835).

Lang (Carl Heinrich v.). Memoiren. *Braunschw.* 1842. 8. (*D.*)

Lang (Constantin),
littérateur allemand.

Lang (Georg Heinrich). Bemerkungen zur Lebensgeschichte C. Lang's. *Oetting.* 1770. 4.

Lang (Johann),
théologien (?) allemand.

Lang (Georg Heinrich). Lebenslauf J. Lang's. *Wallerstein.* 1775. 4.

Lang (Lorenz Johann Jacob),
littérateur allemand (10 mai 1731 — 18 sept. 1801).

Oertel (Christoph Augustin). Programma de vita, fatis ac meritis L. J. J. Langii. *Baruth.* 1801. 4.

Lang (Philipp),
camérier de l'empereur Rodolphe II.

Hurter (Friedrich). P. Lang, Kammerdiener Kaiser Rudolph's II ; eine Criminalgeschichte aus dem Anfange des siebzehnten Jahrhunderts. *Schaffhaus.* 1851. 8.

Langbecker (Emanuel Christian Gottlieb),
poète allemand.

Schaeffer (G...). Leben des Liederdichters E. C. G. Langbecker, Hofstaats-Secretärs des Prinzen Waldemar von Preussen. *Berl.* 1845. 8.

Langbein (Johann Christian),
théologien allemand (25 août 1687 — 1er août 1760).

Schwenke (Christian Gotthold). Gedächtnissschrift auf J. C. Langbein. *Friedrichst.* 1760. 4. (*D.*)

Lange (Abraham),
théologien allemand (1565 — 20 déc. 1615).

Avianus (Christian). Oratio funebris de vita, studiis, officiis ecclesiasticis , conjugio, singularibus Dei donis et virtutibus, nec non felici ex hac vita discessu A. Langii. *Jenæ.* 1616. 4.

Lange (Andreas),
jurisconsulte allemand (1679 — 30 oct. 1713).

Goetze (Georg Heinrich). Letztes Ehren-Gedächtniss dem Autori der *Introductio in notitiam legum nauticarum,* etc., gestiftet. *Lübeck.* 1714. 8. (*D.*)

Lange (Carl Heinrich),
théologien allemand (9 sept. 1703 — 17 février 1753).

Seelen (Johann Heinrich v.). Memoria M. C. H. Langii. *Lubec.* 1753. Fol.

Lange (Christian),
théologien allemand (2 déc. 1585 — 7 mai 1657).

(**Kromayer,** Hieronymus). Programma academicum in C. Langii funere. *Lips.* 1657. 4. (*D. et L.*)

Roeber (Paul Philipp). Oratio in obitum C. Langii. *Witteb.* 1658. 4.

Kromayer (Hieronymus). Justa D. C. Langio soluta. *Lips.* 1658. 4. (*L.*)

Lange (Christian),
médecin allemand, fils du précédent (9 mai 1619 — 24 mars 1662).

(**Kromayer,** Hieronymus). Programma academicum in C. Langii funere. *Lips.* 1662. 4. (*L.*)

Lange (Christian),
pédagogue allemand.

Wohlgeführter Lebenswandel C. Lange's. *Dresd.* 1725. 4. (*D.*)

Lange (Christian Johann),
médecin allemand, fils du précédent (5 juin 1655 — 29 avril 1701).

(**Cyprian,** Johann). Programma academicum ad supremum honoris officium C. J. Langio præstandum. *Lips.* 1701. Fol. (*D. et L.*)

Lange (Joachim),
philologue allemand (26 oct. 1670 — 7 mai 1744).

J. Lange's Lebenslauf, von ihm selbst verfasset, etc. *Halle et Leipz.* 1744. 8. (*D. et L.*)

Lange (Joachim Heinrich),
théologien allemand.

Werner (Daniel Gottfried). Monumentum honoris J. H. Langii in memoriam erectum. *Stargard.* 1737. Fol. (*D.*)

Lange (Johann),
médecin-botaniste allemand (1485 — 21 juin 1565).

Hartmann (Peter Immanuel). Dissertatio de J. Langii, medici Leobergensis olim celeberrimi, studiis botanicis. *Halæ.* 1774. 4.

Lange (Johann Christoph),
théologien allemand (25 juin 1691 — 14 juin 1758).

Hahn (Gottlieb Hermann). Gedächtnissschrift auf J. C. Lange. *Friedrichst.* 1758. 4. (*D.*)

Lange (Johann Gotthelf). Lebenslauf meines seligen Vaters J. C. Lange. *Budissin.* 1758. 4.

Lange (Johann Gottfried),
pédagogue allemand.

Dienemann (Gotthelf Johann Ludwig). Programma in memoriam J. G. Langii. *Isleb.* 1747. 4. (*D.*)

Lange (Johann Gotthelf),
théologien allemand (16 sept. 1733 — 28 sept. 1785).

Nestler (Carl Christoph). Lebensbeschreibung J. G. Lange's und Johann Gotthelf Boehmer's. *Bauzen.* 1785. 8. (*D.*)

Lange (Johann Wilhelm),
philosophe allemand.

Thulemar (Heinrich Johann Hermann). Monumentum honoris eo tempore, quo J. G. Langius summos in philosophia honores in academia Fridericiana acceperit, positum. *Halæ.* 1746. 4. (*D.*)

Lange (Joseph),
comédien allemand (1er avril 1751 — 18 sept. 1831).

Biographie des J. Lange, k. k. Hofschauspielers. *Wien.* 1808. 8. Portrait.

Lange (Nicolaus),
théologien allemand (11 nov. 1659 — 19 mai 1720).

(**Pfannenberg**, N... N...). Erbauliche Lebensgeschichte des N. Lange, ehemaligen Superintendenten zu Brandenburg. *Berl.* 1850. 8.

Lange (Rudolph v.),
chanoine de Münster (1438 — 25 déc. 1519).

Hamelmann (Hermann). Oratio de R. Langio, primo per Germaniam poeta et restauratore linguæ latinæ in Westphalia. *Lemgov.* 1580. 8.

Hardt (Hermann von der). Memoria secularis R. Langii. *Helmst.* 1719. 4. (*D.*)

Winiewski (Franz). Memoria R. de Longen, ecclesiæ cathedralis Monasteriensis canonici. *Monast.* 1849. 4.

Lange (Samuel),
théologien allemand (18 février 1618 — 16 sept. 1667).

(**Kromayer,** Hieronymus). Programma academicum ad exequias S. Langii. *Lips.* 1667. 4. (*D.* et *L.*)

Schertzer (Johann Adolph). Programma academicum ad orationem in obitum S. Langii. *Lips.* 1667. 4. (*D.* et *L.*)

Langelius (Olaus),
savant suédois.

Rydelius (Anders). Memoria O. Langelii. *Lincoep.* 1717. 4.

Langenbeck (Conrad Johann Martin),
médecin-anatomiste allemand (5 déc. 1776 * — 23 janvier 1851).

Saint-Maurice Cabany (Charles Édouard). C. J. M. Langenbeck, docteur en médecine, professeur d'anatomie et de chirurgie à l'université de Goettingue, chirurgien en chef de l'armée hanovrienne. *Par.* 1852. 8. (Extrait du *Nécrologe universel du XIXe siècle.*)
* Et non en 1778, comme le dit son biographe.

Langer.

Runge (Christian). Programma de triga Langerorum Bolkenhainensium. *Vratisl.* 1741. 4.

Langer (Johann),
théologien allemand (1484 — 1548).

Schlegel (Christian). Initia reformationis Coburgensis in vita J. Langeri, primi superintendentis et pastoris hujus urbis evangelici, descripta. *Gothæ.* 1717. 4. *Ibid.* 1722. 4. (*D.*)
—— Observations ad vitam J. Langeri.*Gothæ.*1724.4.(*D.*)

Langermann (Johann Gottfried),
médecin allemand (8 août 1768 — 5 sept. 1832).

Ideler (Carl Wilhelm). Langermann und Stahl als Begründer der Seelenheilkunde dargestellt. *Berl.* 1855. 8.

Langermann (N... N...),
général polonais (27 oct. 1791 — ...).

Opitz (Friedrich). Mittheilungen aus dem Leben des ehemaligen polnischen, jetzt belgischen Generals Langermann. *Güstrow.* 1854. 8. Portrait.

Langeron (Charles d'**Andrault**, comte de),
maréchal de camp français.

Anjou (Jean d'). Tableau de l'homme fort. Panégyrique sur la vie et le trépas du comte de Langeron, maréchal des camps et des armées du roi. *Par.* et *Nevers.* 1645. 4.

Langevoigt (Georg),
théologien allemand († 11 nov. 1575).

Mueller (Daniel). Programma de vita G. Langevoigt. *Chemnic.* 1715. Fol. (*D.*)

Langey (Martin du **Bellay** de),
général français († 1559).

Langey (Martin du Bellay de). Mémoires contenant le discours de plusieurs choses advenues au royaume de France depuis l'an 1513 jusqu'au trépas du roy François I (1547), publ. par René du **Bellay**. *Par.* 1569. Fol. *Ibid.* 1570. 8. *Ibid.* 1571. 8. *Heidelberg.* 1571. 8. *Par.* 1572. 8. *La Rochelle.* 1575. 8. *Par.* 1585. Fol. *Ibid.* 1586. 8. *Ibid.* 1588. 8. *Genève.* 1594. 8. Réimpr. avec les *Mémoires de Louise de Savoye* et publ. par Claude François **Lambert.** *Par.* 1753. 7 vol. 12. Trad. en lat. par Hugo **Suræus.** *Frf.* 1574. Fol.

Langhans (Johannes),
jurisconsulte allemand (22 février 1639 — 22 mars 1721).

Fabricius (Johann Albert). Elogium J. Langhans, J. U. D., senatoris Hamburgensis et protoscholarchæ. *Hamb.* 1721. Fol. (*L.*)

Langhe (Charles de),
historien belge au XVIe siècle.

Hulst (Félix van). C. de Langhe (Carolus Langius) et Lievin Vanderbeke (Lævinus Torrentius). *Liége.* 1846. 8. (Extrait de la *Revue de Liége.*)

Langle (Pierre de),
évêque de Boulogne (1644 — 12 avril 1724).

Gaultier (Jean Baptiste). Relation de ce qui s'est passé durant la maladie et la mort de M. de Langle, évêque de Boulogne, s. l. 1724. 4.

Langlès (Louis Mathieu),
orientaliste français (23 août 1763 — 28 janvier 1825 *).

(**Remusat,** Jean Pierre Abel). Notice sur la vie et les ouvrages de L. M. Langlès. *Par.* 1825. 8. (Publ. sous les lettres initiales A. R.)
* Et non en 1824, comme l'indique le *Conversations-Lexicon.*

Langley (Gilbert),
littérateur anglais.

Life and adventures of G. Langley, written by himself. *Lond.* 1740. 8.

Langlois (Eustache Hyacinthe),
archéologue français (3 août 1777 — 20 sept. 1837).

Richard (Charles). Notice nécrologique sur E. H. Langlois. *Rouen.* 1838. 8. Portrait.

Gilbert (N... N...). Notice biographique sur M. Langlois. *Par.* 1859. 8.

Langren (Michel Florent van),
mathématicien belge au XVIIe siècle.

Marchal (Joseph). Notice sur M. F. van Langren, cosmographe et mathématicien des archidues Albert et Isabelle et ensuite de Philippe IV. *Brux.* 1852. 8.

Languet (Hubert),
écrivain politique français (1518 — 30 sept. 1581).

(**La Marre,** Philibert de). H. Langueti, Burgundi, legati et consiliarii Saxonici, vita, publ. par Johann Peter v. **Ludewig.** *Halæ.* 1700. 12. Portrait. (*D.* et *P.*)

Chevreul (Henri). Etude sur le XVIe siècle : H. Languet. *Par.* 1852. 8. Portrait.

Lani (Georg),
pédagogue hongrois (1646 — vers 1700).

(**Cyprian,** Johann). Programma academiæ Lipsiensis in G. Lanii funere. *Lips.* 1701. Fol. (*D.* et *L.*)

Lanjuinais (Jean Denis, comte de),
jurisconsulte français (12 mars 1753 — 13 janvier 1827).

Dupin (André Marie Jean Jacques). Dissertation sur la vie et les ouvrages de (Robert Joseph) Pothier ; suivie de trois notices sur Michel l'Hôpital, Denis Talon et Lanjuinais. *Par.* 1827. 12. (*Lv.*)

Mounier (Claude Philippe Edouard). Éloge historique de J. D. de Lanjuinais. *Par.*, s. d. 8. Portrait.

Jullien, de Paris (Marc Antoine). Notice sur M. le comte Lanjuinais, s. l. et s. d. 8. (Extrait de la *Revue encyclopédique*.)

Berr (Michel). Notice biographique sur le comte Lanjuinais. *Par.* 1827. 8. (Échappé aux recherches de Quérard.)

Lanjuinais (Victor de). Notice historique sur J. D. de Lanjuinais. *Par.* 1832. 8.

Massabiau (Jean Antoine François). Éloge sur Lanjuinais. *Rennes.* 1849. 8.

   Lankisch (Johann Heinrich),
   jurisconsulte allemand (14 juin 1663 — 16 oct. 1732).

Bucher (Samuel Friedrich). Programma in obitum J. H. von Lankisch, J. U. D. *Witteb.* 1752. Fol.

   Lannes, voy. **Montebello** (Jean Lannes, duc de).

   Lannoy (François Ferdinand de),
   maréchal de camp français (1732 — 20 janvier 1790).

Soreau (Jean Baptiste). Notice sur F. F. de Lannoy. *Par.*, an IX (1801). 8. (Non mentionné par Quérard.)

   La Noë-Ménard (Jean de),
   prêtre français (23 sept. 1650 — 15 avril 1717).

(Gourmeaux, Jean). Vie de M. de La Noë-Ménard, prêtre du diocèse de Nantes, directeur du séminaire de Nantes, mort en odeur de sainteté. *Brux.*-(*Par.*) 1754. 12. (*Bes.*)

   Lanoix (Jean Baptiste),
   pharmacien français (16 mars 1740 — 20 juillet 1845).

Pointe (Jean Pierre). Notice biographique sur J. B. Lanoix. *Lyon.* 1845. 8.

   Lanoue (Jeanne de),
   fondatrice de l'hospice de la Providence de Saumur (1666 —
   16 août 1736).

Macé (J... A...). Vie de J. de Lanoue, fondatrice de l'hospice de la Providence de Saumur et de la congrégation des sœurs de sainte Anne, servantes des pauvres. *Saumur.* 1845. 12. Portrait.

   Lansberg, voy. **Laensberg** (Mathieu).

   Lansius (Thomas),
   jurisconsulte allemand (16 février 1577 — 22 déc. 1657).

Hesenthaler (Magnus). Cineres T. Lansii, sive oratio de vita ejus beatoque excessu. *Tubing.* 1637. 4. (*D.*)

Caldenbach (Christoph). Panegyricus memoriæ ac honori T. Lansii dictus. *Tubing.* 1658. 4. (*D.*)

   Lantara (Simon Mathurin),
   peintre français (1745 — 22 déc. 1778).

Chavignerie (Émile B... de la). Recherches historiques, biographiques et littéraires sur le peintre Lantara, avec la liste de ses ouvrages, etc., et une lettre apologétique de M. Couder. *Par.* 1852. 8. Portrait.

   Lantingshausen (Jacob Albrecht, Freiherr v.),
   général courlandais au service de Suède (4 nov. 1699 — 6 déc. 1769).

Gyllenstolpe (Edvard). Åreminne öfver J. A. v. Lantinghausen. *Stockh.* 1771. 8.

Schoenberg (Anders). Minnesskrift öfver Ståthållaren J. A. Friherrn v. Lantingshausen. *Stockh.* 1771. 8.

   Lanusse (François de),
   général français (3 nov. 1772 —...),
   et
   Lanusse (Pierre Robert, baron de),
   général français, frère du précédent (21 nov. 1768 —...).

Pascal (Adrien). Biographies du lieutenant général de Lanusse et du lieutenant général baron de Lanusse, extrait des *Bulletins de la grande armée*, etc. *Par.* 1843. 8.

   Lanuza (Aloyz),
   jésuite polonais.

Puteo (Andreas de). Vita A. de Lanuza jesuitæ. *Neapol.* 1679. 4.

Modzelewski (Zachariasz). Wezel swiety abo swiatobliwy zywot wielkiego slugi Bozego A. Lanuza, kaplana S. J. *Wilnie.* 1691. 4.

   Lanuza (Luigi),
   jésuite italien.

Frazzetta (Michele). Vita e virtù del venerabile servo

di Dio L. Lanuza, della compagnia di-Giesù. *Palerm.* 1677. 4. *Ibid.* 1708. 8.

Alberti (Domenico Stanislao). Compendio della vita e virtù del venerabile servo di Dio P. L. la Nuza (!), della compagnia di Giesù. *Palerm.* 1692. 8.

   Lanuza (Miguel Bautista),
   jurisconsulte espagnol (... — 1659).

Sousa (Manuel Faria de). El gran justicia de Aragon : D. M. B. Lanuza. *Madr.* 1650. 4.

   Lanzi (Luigi),
   jésuite italien (1732 — 31 mars 1810).

Boni (Onofrio). Elogio dell' abate L. Lanzi, tratto dalle sue opere. *Firenz.* 1814. 4. *Pisa.* 1816. 12.

Boni (Mauro). Saggio di studj del P. L. Lanzi. *Venez.* 1815. 8.

Zannoni (Giovanni Battista). Elogio storico di L. Lanzi. *Firenz.*, s. d. 8.

Cappi (Alessandro). Biografia di L. Lanzi. *Forli.* 1840. 8. Portrait.

   Lao-Tseu,
   philosophe chinois au VIe siècle avant J. C.

Remusat (Jean Pierre Abel). Mémoire sur la vie et les opinions de Lao-Tseu, philosophe chinois, etc., qui a professé les opinions communément attribuées à Pythagore, à Platon et à leurs disciples. *Par.* 1829. 4.

   Lapara de Fieux (Louis),
   général français (24 sept. 1651 — tué le 15 avril 1706).

Augoyat (Antoine Marie). Notice historique sur le lieutenant général Lapara de Fieux et sur les siéges dont il a dirigé en chef les attaques et particulièrement sur celui de Barcelone en 1697, etc. *Par.* 1839. 8.

   Laparelli (Francesco),
   officier italien (5 avril 1521 — 26 oct. 1570).

Venuti (Filippo de'). Vita del capitano F. Laparelli da Cortona. *Livorn.* 1761. 4. Portrait.

   Laparelli (Veronica),
   religieuse italienne.

Bonucci (Antonio Maria). Istoria della vita e virtù della venerabile serva di Dio V. Laparelli. *Rom.* 1714. 4.

   Lapeyronie, voy. **Peyronie** (François Gigot de la).

   Lapeyrouse (Jean François Galaup de),
   navigateur français (1741 — vers 1788).

Vinaty (Jean Antoine). Eloge de Lapeyrouse. *Par.* 1823. 8. (Couronné par l'Académie des Jeux floraux de Toulouse.)

   La Peyrouse (Philippe Picot, baron de),
   naturaliste français (20 oct. 1774 — 18 oct. 1818).

Decampe (Louis Antoine). Eloge de M. le baron Picot de la Peyrouse, chevalier de l'ordre royal de la Légion d'honneur, etc. *Toulouse.* 1819. 8.

   Lapi (Niccolò de').

Turotti (Felice). Intorno a N. de' Lapi, ovvero i Palleschi e i Piagnoni di Massimo (Taparelli) d' Azeglio, ragionamenti storici ed illustrativi per maggiore intelligenza di questo romanzo. *Milan.* 1842. 16.

   Lapide (Cornelius a),
   jésuite hollandais (vers 1566 — 12 mars 1637).

Goetze (Georg Heinrich). Exercitatio theologica de C. a Lapide commentariis in scripturam sacram. *Lips.* 1699. 4. (*D.* et *L.*)

   Laplace (Pierre Simon, marquis de),
   astronome français du premier ordre (28 mars 1749 — 5 mars 1827).

Poisson (Simon Denis). Funérailles de M. le marquis de Laplace. *Par.* 1827. 4. *

   * Contenant les discours funèbres composés par S. D. Poisson et
   Jean Baptiste Biot.

Puiseux (L...) et **Charles** (E...). Notices sur (François de) Malherbe, Laplace, (Pierre) Varignon, (Guillaume François) Rouelle, (Louis Nicolas) Vauquelin, (Victor Collet) Descotils, (Augustin Jean) Fresnel et (Jules Sébastien César) Dumont d'Urville. *Caen.* 1847. 12.

   Lapo da Castiglionchio,
   canoniste italien (... — 27 juin 1381).

Mehus (Lorenzo). Ser Lapo da Castiglionchio. Epistola o sia ragionamento, colla vita del medesimo. *Bologn.* 1753. 4.

   La Porte (Hippolyte, marquis de),
   littérateur français (1771 — 29 février 1832).

(Laurentie, N... N...). Notice nécrologique sur M. H. de La Porte. *Par.* 1852. 8.

Laporte (Madeleine de),
abbesse de Chelles.

Senault (Jean François). Oraison funèbre de M. de Laporte, abbesse de Chelles. *Par.* 1671. 4.

La Porte (Pierre de),
premier valet de chambre de Louis XIV (1621 — 13 nov. 1680).

La Porte (Pierre de). Mémoires contenant plusieurs particularités des règnes de Louis XIII et de Louis XIV. *Genève.* 1756. 12. Trad. en allem. s. c. t. Geschichte des Herrn de La Porte, etc. *Kopenh.* 1766. 8.

Laporte du Theil, voy. **Porte du Theil** (François Jean Gabriel **de la**).

Lapoype (Jean François de),
général français (31 mai 1758 — 27 janvier 1851).

(Rogniat, Ferdinand **Calvet** de). Biographie et obsèques du général de Lapoype. *Lyon.* 1851. 8.

Lappe (Nicolaus),
théologien allemand (20 oct. 1582 — 8 nov. 1663).

Robst (Johann Andreas). Merkwürdiges Leben des ehemaligen Superintendenten zu Arnstadt, Mag. N. Lappe. *Jena.* 1753. 8. Portrait. (*D.*)

Larabit (N... N...),
député français.

Notice sur M. Larabit. *Par.* 1852. 8.

Larat (Mathieu),
médecin français.

Pichausel (Pierre). Essai biographique sur M. Larat, docteur en médecine, etc. *Bordeaux.* 1817. 8.

Larauza (Jean Louis),
littérateur français (7 mars 1793 — 29 sept. 1825).

Patin (Henri). Notice biographique sur J. L. Larauza. *Par.* 1826. 8. (Extrait de la *Revue encyclopédique*.)

Larber (Antonio Niccolò Alvaro),
médecin italien (12 mars 1739 — 15 février 1813).

Larber (Giovanni). Istorica notizia sopra la vita e le opere di A. Larber. *Bassan.* 1825. 8.

Larcher (Pierre Henri),
archéologue français (12 oct. 1726 — 22 déc. 1812).

(Boissonade, Jean François). Notice sur la vie et les écrits de feu M. Larcher. *Par.* 1813. (Extrait du catalogue de la bibliothèque de Larcher.)

Lardeyret (Gabriel),
criminel français (28 février 1796 — ...).

Vie de Lardeyret, dictée par lui-même à l'éditeur. *Digne.* 1859. 8.

Lardner (Nathanael),
théologien anglais (6 juin 1684 — 24 juillet 1768).

Memoirs of the life and writings of the late Rev. N. Lardner. *Lond.* 1769. 8.

Largentier (Denis de),
prêtre français († 1624).

Laroche (Laurent de). Laudatio funebris D. de Largentier, abbatis Clarevallensis. *Luxemb.* 1624. 4.

Lariboisière (Elisa **Roy**, comtesse de),
philanthrope française (22 janvier 1794 — 27 déc. 1851).

Saint-Maurice Cabany (Charles Édouard). Madame la comtesse de Lariboisière, etc. *Par.* 1853. 8. (Extrait du *Nécrologe universel du XIXe siècle.*)

Larnac (François),
littérateur français (20 juillet 1760 — ...).

Larnac (Émile). Notice biographique sur F. Larnac, homme de lettres. *Nîmes.* 1841. 8. *

* Cette notice, écrite par le fils du défunt, n'indique pas la date de sa mort.

Larned (Sylvester),
théologien anglo-américain.

Gurley (R... R...). Life and eloquence of S. Larned. *New-York.* 1844. 12.

Larochefoucauld, voy. **Rochefoucauld**.

La Rochejaquelein, voy. **Rochejaquelein**.

La Roncière (Émile Clément de),
officier français, connu par son procès (1804 — ...).

Procès La Roncière. *Par.* 1835. 8. *Brux.* 1835. 18. (Avec le portrait de La Roncière et celui de mademoiselle de Morell.)

Berryer (Pierre Antoine). Process und Verurtheilung des Lieutenant E. de La Roncière vor den Assissen zu Paris , angeklagt und überwiesen der empörendsten , nächtlichen Misshandlungen an der Person des sechszehnjährigen Fräuleins Marie von Morell, trad. du franç. par J. M. **Faby**. *Berl.* 1835. 8. *

* Avec les 2 portraits de La Roncière et de Mlle Marie de Morell.

Merkwürdiger Process des E. C. von La Roncière, Lieutenant im 1ten französischen Uhlanen-Regiment , etc. *Quedlinb.* 1836. 2 vol. 12.

Matthaei (Carl Christian). Medicinisch-psychologisches Gutachten über die Verurtheilung des Lieutenants E. de La Roncière vor den Assisen in Paris im Jahre 1835, etc. *Hannov.* 1836. 8.

Laroue (N... N... de),
prêtre français († .. oct. 1815).

Labouderie (Jean). Oraison funèbre de M. de Laroue, archiprêtre de Notre-Dame, etc. *Par.* 1815. 8. (*Lv.*)

Larra (Mariano José de),
poète espagnol (26 mars 1809 — se suicida le 13 février 1837).

Cortés y Sixti (Cayetano). Vida de Figaro (M. J. de Larra.) *Madr.* 1847. 8. (Tiré à part à petit nombre.)

Larreillet (Pierre Adolphe),
ingénieur français (29 mars 1805 — 15 janvier 1843).

Dive (J... H...). Notice nécrologique sur M. A. Larreillet. *Mont-de-Marsan.* 1843. 8.

Larrey (Jean Dominique),
chirurgien français du premier ordre (8 janvier 1766 — 22 juillet 1842 *).

(Loménie, Louis de). Le baron Larrey, par un homme de rien. *Par.* 1840. 12.

* Le *Conversations-Lexicon* le fait naître en 1768 et mourir le 25 juillet ; ce sont deux erreurs.

Pertus (Guillaume Casimir). A la mémoire du baron Larrey. Panégyrique en vers, etc. *Par.* 1842. 8.

Saint-Amour (Jules). Notice nécrologique sur M. le baron J. D. Larrey, membre de l'Institut, etc. *Calais et Par.* 1844. 8. Portrait.

Compte rendu des travaux de la commission de souscription pour le monument de Larrey, etc. *Par.* 1850. 8. (Avec la planche représentant le monument.)

Raciborski (A...). Inauguration du monument Larrey, dans la cour du Val-de-Grâce le 8 août 1850. Discours prononcé au nom des chirurgiens et des invalides polonais. *Par.* 1850. 8.

Sabbatier (J...). Quelques mots sur la statue de Larrey, œuvre de David (d'Angers). *Riom.* 1850. 8.

Monument à la mémoire du baron Larrey, érigé dans la cour d'honneur du Val-de-Grâce le 8 août 1850. *Par.* 1851. 4.

La Ruelle (Sébastien),
bourgmestre de Liége au XVIIe siècle (assassiné le 16 avril 1637).

Histoire tragique (!) ou relation véritable de tout ce qui se passa au tragicque banquet Warfuséen, lors de l'assassinat commis sur le sieur S. La Ruelle, de glorieuse mémoire. *Liége.* 1637. 4.

Voix du peuple liégeoy, etc. *Liége.* 1637. 4. (Fort rare.)

Polain (Mathieu Lambert). Le banquet de Warfusée, ou le meurtre de S. La Ruelle. *Liége.* 1836. 8. *

* Avec une gravure représentant La Ruelle mort, étendu sur un lit.

Gachet (Émile). La Ruelle et le pays de Liége , 1634-1638, s. l. et s. d. 8.

Levae (Adolphe). Nouveaux détails sur le banquet de Warfusée. *Brux.* 1841. 12. (Extrait de la *Revue de Bruxelles.*)

Lasalle (Adrien Nicolas),
maréchal de camp français.

Tableau de la vie militaire d'A. N. Lasalle, maréchal de camp le 1er avril 1791, depuis commandant de la province de l'ouest de S. Domingue et deux fois gouverneur général des Isles sous le vent, s. l. et s. d. (*Par.* 1792.) 8.

Lasalle (Antoine Charles Louis **Collinet**, comte de),
général français (10 mai 1775 — tué le 6 juillet 1809).

Bégin (Émile Auguste). Vie militaire du comte de Lasalle. *Metz.* 1850. 8.

Pigault-Lebrun (Guillaume Charles Antoine). Éloge historique du général de Lasalle. *Par.* 1852. 4. (Edition illustrée.)

Lasalle (François Antoine),
philosophe français (1754 — 21 nov. 1821).
Gence (Jean Baptiste Modeste). Notice biographique et littéraire du philosophe français A. Lasalle, ancien officier de marine, auteur de la *Balance naturelle* et de la *Mécanique morale* et commentateur des œuvres philosophiques et historiques de Bacon (de Verulamo). *Par.* 1857. 8. (*Bes.*)

Lasalle (Jean Baptiste de),
fondateur des écoles chrétiennes (1651 — 7 avril 1719).
(**Pontis**, N... N.., de). Vie de J. B. de Lasalle. *Rouen.* 1753. 2 vol. 4. * (*Bes.*)
   * Attribué par d'autres bibliographes à l'abbé **Bus**.
Garreau (Jean Claude). Vie de messire J. B. de Lasalle. *Par.* 1750. 8. *Rouen.* 1760. 2 vol. 12. (*Bes.*) *Par.* 1825. 2 vol. 12. Portrait.
Resbecq (A... Fontaine de). Vie de J. B. de Lasalle. *Par.* 1838. 18.
Le véritable ami de l'enfance, ou abrégé de la vie et des vertus de J. B. de Lasalle. *Par.* 1838. 18.
(**Durozoir**, Charles). L'abbé de Lasalle et l'institut des frères des écoles chrétiennes depuis 1651 jusqu'en 1842. *Par.* 1842. 18.
Challamel (Augustin). S. Vincent de Paul et le vénérable J. B. de Lasalle, fondateur de l'institut des frères des écoles chrétiennes. *Par.* 1853. •
Lecuyer (J... L... Victor). Eloge de J. B. Lasalle, fondateur de l'institut des frères des écoles chrétiennes. *Reims.* 1853. 8. (Pièce en vers, couronnée par l'Académie de Reims.)

Lascaris,
famille grecque.
(**Pozzo**, Giulio dal). Imperialis gentis Lascaris genealogia. *Veron.* 1636. 4. Trad. en ital. par l'auteur lui-même. *Milan.* 1671. 4.

Lascaris (Constantin),
savant grec († 1493).
Villemain (Abel François). Lascaris, ou les Grecs du quinzième siècle ; suivi d'un essai historique sur l'état des Grecs depuis la conquête musulmane jusqu'à nos jours. *Par.* 1825. 2 vol. 18. Augmenté d'un essai sur les romans grecs. *Par.* 1825. 2 vol. 18.
Trad. en allem. *Strasb.* et *Par.* 1826. 2 vol. 12.
Trad. en espagn. *Par.* 1826. 5 vol. 18.

Las Cases (Emmanuel Auguste Dieudonné, comte de),
homme d'État français (1766 — 15 mai 1842).
Mémoires d'E. A. D., comte de Las Cases, communiqués par lui-même, contenant l'histoire de sa vie, etc. *Par.* 1819. 8.

Lascelles (Edward),
littérateur (?) écossais.
Scenes from the life of E. Lascelles, etc. *Dublin.* 1857. 2 vol. 8.

Lasco (Johann von),
évêque de Wesprim († 13 janvier 1560).
Bertram (Johann Friedrich). Historia critica J. a Lasco. *Aurici.* 1733. 4. (*D.*)
Harboe (Ludwig). Historiske Efterretninger om J. a Lasco, etc. *Kjoebenh.* 1753. 4. Trad. en allem. par Christian Gottlieb **Mengel**. *Kopenh.* et *Leipz.* 1758. 8. Portrait. (*D.* et *L.*)

Lascy ou **Lacy** (Joseph Franz Moritz, Reichsgraf v.),
feld-maréchal d'Autriche (21 oct. 1725 — 24 nov. 1801).
Huldigung dargebracht der Wahrheit und den Manen des Herrn Feldmarschalls Grafen von Lascy. *Zürch.* 1802. 8.

La Sena (Pietro),
jurisconsulte italien (1590 — 3 sept. 1636).
Buccardi (Giovanni Jacopo).Vita P. La Senæ.*Rom.*1637.8.

La Serna Santander, voy. **Serna y Santander** (Carlos Antonio de la),

Lasius (Lorenz Otto),
philologue allemand (31 déc. 1675 — 20 sept. 1750).
Lasius (Lorenz Otto). Eigene Lebensbeschreibung. *Sorau.* 1730. 8. Portrait. (*D.*)

Lassave (Nina),
maîtresse de Fieschi.
N. Lassave; esquisse biographique, accompagnée du fac-simile d'une lettre de (Joseph Marie) Fieschi. *Par.* 1836. 8.

Levensbijzonderheden van (Joseph Marie) Fieschi, gevolgd van een berigt over vrouw Petit en N. Lassave. *Utrecht.* 1836. 8.

Lassay (Armand Léon de **Madaillan de Lesparre**, marquis de),
gouverneur de la Bresse et du Bugey (1652 — 21 février 1738).
Lassay (Armand Léon de **Madaillan de Lesparre** de). Recueil de différentes choses. *Par.* 1727. 4. * Réimpr., s. l. titre de *Mémoires du marquis de Lassay*, par Gabriel Louis Calabre **Pérau**.*Lausanne.*(*Par.*)1756. 4, ou 4 vol.8.
   * La première édition, n'ayant été tirée qu'à un petit nombre d'exemplaires, est très-rare ; la seconde, quoique plus complète, n'est pas recherchée.
Pâris (Paulin). Le marquis de Lassay et l'hôtel de Lassay. *Par.* 1848. 8.

Lassay (Reine de **Madaillan de Lesparre**, marquise de),
dame française, épouse du précédent.
Fresneau (N... N...). Oraison funèbre de madame la marquise de Lassay. *Par.* 1763. 4.

Lassberg (Friedrich v.),
jurisconsulte allemand (13 mai 1798 — 30 juin 1838).
Erinnerung an F. v. Lassberg. Kurze Darstellung seines Lebens und Wirkens, etc. *Stuttg.* 1840. 4. Portrait.

Lassenius (Johann),
théologien allemand (26 avril 1636 — 29 août 1692).
Bartholinus (Caspar). Programma academicum in J. Lassenii obitum. *Hafn.* 1692. 4. (*D.*)
Leben und Tod J. Lassenii, s. l. 1695. 8. (*D.*)

Lassis (N... N...),
médecin français (21 oct. 1772 — 21 juillet 1835).
Chargé (Alexandre). Notice nécrologique sur le docteur Lassis, membre de l'Académie royale de médecine de Paris, ancien médecin en chef de divers hôpitaux, etc. *Marseille.* 1836. 8.

Lasso ou **Lassus** * (Orlando),
musicien belge (vers 1520 — 3 juin 1595).
Delmotte (Henri Florent). Notice biographique sur R. Delattre, connu sous le nom d'O. de Lassus. *Valenc.*, s. d. (1856). 8. Portrait. Trad. en allem. par S... W... **Deun**. *Berl.* 1857. 8. Portrait.
Mathieu (Adolphe Charles Ghislain). Roland de Lattre. *Mons.* 1838. 18. Ibid. 1840. 8. Réimpr. s. c. t. Biographie, etc. *Mons.* 1851. 8. Portrait.
Kist (F... C...). Levensgeschiedenis van O. de Lassus. *S'Gravenh.* 1841. 8. Portrait.
Aman (N... N...). O. Lasso et Jean Mielich à la cour d'Albert à Munich, trad. de l'allem. par Jean Baptiste **Bivort**, s. l. et s. d. (*Mons.*) 8.
   * Son véritable nom est Roland de **Lattre**.

Lassone (Joseph Marie François),
médecin français (1717 — 8 oct. 1788).
Vicq d'Azyr (Félix). Éloge de J. M. F. Lassone. *Par.* 1789. 4.

Lassus (Pierre),
chirurgien français (11 avril 1741 — 17 mars 1807).
Sue (Pierre). Éloge historique de P. Lassus. *Par.*1808. 8.

Lastesio ou **Dalle Aste** (Natale),
littérateur italien (1707 — 21 juin 1792).
Morelli (Jacopo). Vita di N. Lastesio. *Bassan.* 1805. 8.

Lasus d'Hermione,
poëte-musicien grec au vie siècle avant J. C.
Schneidewin (Friedrich Wilhelm). Commentatio de Laso Hermionensi. *Goetting.* 1842. 4.

Lasteyrie-Dusaillant (Charles Philibert, comte de),
agronome français (4 nov. 1759 — 1. nov. 1849).
Jomard (Edme François). Discours sur la vie et les travaux de C. P. de Lasteyrie, etc. *Par.* 1850. 8. Portrait.
Rousselon (N... N...). Notice biographique et nécrologique sur M. C. de Lasteyrie, membre fondateur de la Société centrale d'horticulture de France. *Par.* 1850. 8.
Dupin (Charles). Eloge de M. le comte C. de Lasteyrie. *Par.* 1853. 8.

Latané (Pierre),
médecin français (1658 — 16 juillet 1726).
Melchior (Albert Wilhelm). Oratio funebris in P. Latané obitum. *Franeq.* 1726. Fol.

Latermann (Johann),
théologien allemand (1620 — 1682).
Fischer (Erdmann Rudolph). Memoria J. Latermanni,

famosi magis ob doctrinæ et morum corruptelas, quam
famigeranti theologiæ doctoris. *Coburg*. 1762. 4.

Latimer (Hughes),
évêque de Worcester (1475 — brûlé vif le 16 sept. 1555).

Ridley (Nicholas). Certein conferences betwene D. Nicholas Rydley, late bysshoppe of London, and Mr.
H. Latymer, bisshop of Worcester, during the tyme of
theyr emprysonments. *Lond.* 1856. 16. *Ibid.* 1574. 16.

Gilpin (William). Life of H. Latimer, bishop of Worcester. *Lond.* 1755. 8. *Ibid.* 1780. 8.

Latini (Niccolò),
peintre italien.

Una pittura di Filippino Lippi in Prato, e cenni storici
di due pittori Pratensi (N. Latini e Michele Tosini).
Prato. 1840. 8.

Latomus (Johann),
théologien allemand (+ 16 sept. 1595).

Martini (Leonhard). Elogia, in qua continetur vita J.
Latomi. *Halæ*. 1595. 4.

Latouche (Henri de),
littérateur français (2 février 1785 * — vers 1852).

F... (P...). H. de Latouche. *Sceaux*. 1853. 8. (Notice et
analyse des ouvrages de cet écrivain.)
* Et non en 1790, comme le présume le *Conversations-Lexicon*.

Latour,
famille belge.

Flacchio (N... N...). Généalogie de la maison de Latour. *Brux.* 1719. 3 vol. Fol.

Latour (Maximilien de **Baillet**, comte de),
feld-maréchal belge au service d'Autriche (1737 — 22 juillet 1806).

Soudain de Niederwerth (Charles). M. de Baillet,
comte de Latour. *Brux.*, s. d. 8. (Extrait du *Panthéon
national ou les Belges illustres.*)

Latour (Theodor **Baillet**, Graf de),
feld-maréchal d'Autriche (15 juin 1780 — assassiné le 6 nov. 1848).

Veith (Johann Emanuel). Das Werk der Sühnung. Rede
vor dem Seelenamte für den weiland k. k. Kriegsmi-
nister und Feldzeugmeister T. Grafen Baillet de Latour, etc. *Wien.* 1849. 8.

Erinnerungen an den k. k. Feldzeugmeister und Kriegs-
minister T. Grafen Baillet v. Latour. *Gratz.* 1849. 8.

Ergebnisse der von dem k. k. Militärgerichte geführten
Untersuchung wider die Mörder des k. k. Kriegs-
Ministers, General-Feldzeugmeisters T. Grafen Baillet
de Latour. *Wien.* 1850. 8.

Latour (Frédéric Maurice de), voy. **Tour** (Frédéric
Maurice de la).

Latour (Maurice Quintin de), voy. **Tour** (Maurice
Quintin de la).

Latour d'Auvergne, voy. **Tour d'Auvergne**
(Théophile Malo de la).

Latour d'Auvergne (le comte Godefroi de),
officier français (... — 29 août 1832).

Sanson (Alphonse). Discours improvisé sur la tombe
de G. de Latour d'Auvergne. *Par.* 1852. 8.

Latour-Foissac (Philippe François de),
général français (11 juillet 1750 — 5 février 1804).

Foissac-Latour dévoilé, ou notice sur la conduite de cet
ex-général dans le conseil de défense et de l'administration militaire de la place de Mantoue. *Par.*, s. d.
(1800.) 8. (*Lv.*)

Latour-Maubourg (Marie Victor Nicolas de **Fay**,
marquis de),
général français (22 mai 1768 — 11 nov. 1850).

(**Sala**, A...) Le général de Maubourg. *Par.* 1850. 8.

Latreille (Pierre André),
naturaliste français (29 nov. 1762 — 6 février 1833).

Audouin (Victor). Discours prononcé sur la tombe de
M. Latreille, etc. *Par.* 1853. 12.

Latude, voy. **Masers de Latude** (Henri).

Lau (Theodor Ludwig),
philosophe allemand (15 juin 1670 — 8 février 1740).

Lau (Theodor Ludwig). Palingenesia parentum suorum,
(in qua et multa de vita propria continetur). *Alton.*
1736. 4. (*D.*)

Laubmair (Andreas),
jurisconsulte allemand (1538 — 19 août 1604).

Bayer (Andreas). Oratio funebris in obitum A. Laubmair. *Tubing.* 1604. 4.

Laubmeyer (Johann Christian),
médecin allemand (18 avril 1718 — 13 nov. 1765).

Pisanski (Georg Christoph). Leben des Doctors und
Professors der Arzeneygelahrtheit J. C. Laubmeyer.
Königsb. 1765. Fol.

Laud (William),
archevêque de Cantorbéry (7 oct. 1573 — décapité le 16 janv. 1645).

Prynne (William). Breviate of the life of W. Laud,
extracted for the most part out of his owne diary.
Lond. 1644. 4. Portrait.

W... (E...). Life and death of W. Laud, archbishop of
Canterbury. *Lond.* 1645. 4. Portrait.

Heylin (Peter). Cyprianus Anglicus, or history of the
life and death of W. Laud. *Lond.* 1668. 8. *Ibid.* 1671.
Fol. *Dubl.* 1719. Fol.

(**Wharton**, Henry.) Troubles and tryal of the most
reverend father in God and blessed martyr, W. Laud,
to which is prefixed the diary of his own life, etc.
Lond. 1695-1700. 2 vol. Fol.

Lawson (John Parker). Life and times of W. Laud,
lord archbishop of Canterbury. *Lond.* 1829. 8. Port.

Laudon ou **Loudon** (Gideon Ernst, Baron v.),
généralissime des armées autrichiennes (5 mars 1716 — 14 juillet 1790).

Richter (Christoph Gottlieb). Die Bücher Laudon, eines
der obersten Feldhauptleute , etc., der Kaiserin Marie
Theresia. *Brünn*. 1762. 8. (Publ. s. l. pseudonyme de
Lux Ascher.)

(**Krsowitz**, F... T... v.) Laudon's Leben und Heldenthaten. *Wien*. 1788. 2 vol. 8. *Ofen.* 1789. 2 vol. 8.
Portrait. (Augment. par Franz Xaver Huber.) *Salzb.*
1790. 2 vol. 8. *Kempt.* 1790. 8.

Kramerius (W... M...). Laudonouv zivot a jeho hrdin-
sti cinové. *Praze.* 1789. 8. Portrait.

Tolnay (F... G...). Laudon's Ehrendenkmal, etc., s. l.
et s. d. (*Temesvar*, vers 1790.) 8.

Bube (Wilhelm v.) Am Grabe Laudon's. *Gratz.* 1790. 8.

Trenck (Friedrich von der). Denkmahl und Trauerrede
bei dem Grabe des Feldmarschalls Laudon. *Ofen* et
Wien. 1790. 8.

Pezzl (Johann). Lebensgeschichte Laudon's. *Wien.* 1790.
8. Portrait.

Vie du feld-maréchal baron de Loudon. *Luxemb.* 1792.
8. Portrait. *Vienne*. 1792. Portrait. *
* Ce n'est qu'une simple traduction de l'ouvrage de J. Pezzl.

Laudon's Leben, Heldenthaten und Tod. *Coeln.* 1792. 8.

Leven en heldendaden van G. E. vryheer van Loudon.
Gent. 1792. 8.

(**Hartenkeil**, Johann Jacob.) Über Laudon's Krankheit und Tod, s. l. (*Salzb.*) 1792. 8.

Beccatini (Francesco). Storia, accampamenti e militari
operazioni del feld - maresciallo di Loudon. *Triest.*
1793. 8. (Peu commun.)

Lauffer (Jacob),
théologien suisse (25 juillet 1688 — 26 février 1734).

Huerner (Gabriel). Oratio funebris in obitum J. Lauf-
feri, professoris humaniarum litterarum. *Bern.* 1734. 4.

Laugier (André),
chimiste français (1er août 1770 — .. avril 1832).

Robiquet (Pierre Jean). Notice historique sur A. Laugier, ancien directeur de l'école de pharmacie, etc.
Par. 1832. 8.

Lauhn (Anna Lucia),
dame allemande.

Lauhn (Bernard Friedrich Rudolph). Annæ Luciæ paullo
ante suæ matronæ sanctissimæ vitæ curriculum, etc.
Lips. 1771. 4. Portrait. (*L.*)

Laukhard (Friedrich Christian),
littérateur allemand (1758 — 28 avril 1832).

Leben und Schicksale F. C. Laukhard's, von ihm selbst
beschreiben *Halle*. 1792. 2 vol. 8.

Begebenheiten während des Feldzugs gegen die Neufran-
ken. *Leipz.* 1796-1801. 2 vol. 8. (Pour servir de suite
à l'autobiographie précédente.)

Bemerkungen und Erfahrungen, etc. *Leipz.* 1802. 8. (Formant la suite des mémoires de cet auteur.)

Lauhn (Friedrich Wilhelm),
jurisconsulte allemand.

Koehler (Georg Friedrich). Lebens-Lauff F. W. Lauhn's.
Dresd. 1717. 4. (*D.*)

Laumans (Joannes Baptiste),
sculpteur belge.

Visschers (Pieter). Aen de achtbare jongelingen. J. B. Laumans en Felix Suetendael. *Antwerp.*, s. d. 8.

Launoy (Jean de),
théologien français (21 déc. 1603 — 10 mars 1678).

S... (A... A... D...). * Elogium J. Launoii, Coutantiensis, Parisiensis theologi. *Lond.* 1685. 12. (*D.*)
* C'est Antoine *Arnauld*, docteur de Sorbonne, qui s'est caché sous ce voile tétragramme.

Reiser (Anton). J. Launoius, theologus et Sorbonista Parisiensis, testis et confessor veritatis evangelico-catholicæ, in potioribus fidei capitibus controversis, vindicatus. *Amst.* 1685. 4. *
* Sévèrement défendu à Paris par arrêt du conseil du 4 juin 1685.

Laurbechius (Petrus),
évêque de Vibourg (10 août 1628 — 16 avril 1705).

Helsing (Georg). Likpredikan öfver Biskopen P. Laurbechius. *Abo.* 1703. 4.

Juslenius (Gabriel). Exequiæ academicæ in funus reverendissimi episcopi P. Laurbechii. *Aboæ.* 1705. 4.

Hahn (Pehr). Programma in obitum P. Laurbechii. *Aboæ.* 1705. 4.

Laure, voy. **Noves** (Laura di).

Laurens (Gabriel),
théologien suédois.

Menander (Carl Frederik). Åminnelse-Tal öfver Theologiæ Doctoren G. Laurens. *Stockh.* 1755. 8.

Laurent-Justinien, voy. **Giustiniani** (Lorenzo).

Laurent (Saint),
martyr au IIIe siècle.

Mader (Joachim Johann). Dissertatio de S. Laurentio martyre. *Helmst.* 1688. 4.

Lorenz (Johann Michael). Dissertatio de Laurentio martyre. *Argent.* 1724. 4.

Laurent (Saint),
archevêque de Dublin.

Guignon (Pierre). La vie et les miracles de S. Laurent, archevêque de Dublin. *Rouen.* 1652. 8.

Laurent de Brindes,
supérieur général de l'ordre des capucins (1559 — 22 juillet 1619).

Voltaggio (Angelo Maria). Vita del B. P. Lorenzo de Brindisi. *Rom.* 1717. 4. Trad. en franç. (par Paul de Noyers). *Par.* 1717. 12.

Coccalius (Bonaventura) **et Radkersburgo** (Ernesto da). Ristretto istorico della vita, virtù e miracoli del B. Lorenzo da Brindisi, generale dell' ordine de' cappuccini. *Rom.* 1783. 4. Portrait.

Compendio de la vita del B. Lorenzo da Brandisi, generale dell' ordine de' cappucini. *Rom.* 1783. 8. (*P.*)

(Maïeul, Esprit Joseph.) Vie du bienheureux Laurent de Brindes, général des capucins. *Avign.* 1784. 12. (*Bes.*) *Par.* 1787. 12.

(Fontaines, Charles Louis.) Éloge du bienheureux Laurent de Brindes. *Fribourg.* 1784. 8.

Rink (Joseph Aloys). Lobrede auf den seligen Lorenz Brindisi. *Augsb.* 1784. 8.

Torre (Bernardo della). Opera sacra sulla vita del B. Lorenzo da Brindisi. *Napol.* 1802. 8.

Laurent de Médicis, surnommé **le Magnifique**,
duc de Florence (1er janvier 1448 — 3 déc. 1469 — 7 avril 1492).

Bienato (Aurelio). Oratio in funere Laurentii Medice (!) Napoli habita, s. l. et s. d. 4.

Masson (Jean Papire). Vita Laurentii Medicis. *Par.* 1587. 4. (Extrêmement rare.)

Valori (Niccolò). Laurentii Medicei vita, publ. par Lorenzo Mehus. *Florent.* 1749. 4. (*D.*) Trad. en franç. (par Claude Pierre Goujet). *Par.* 1761. 12. (*Bes.*)

Fabroni (Angelo). Laurentii Medicis Magnifici vita. *Pisis.* 1784. 2 vol. 4. (*P.* et *Bes.*) Trad. en franç. par Joseph Accarias de Serionne. *Berl.* (*Pisa.*) 1791. 8.

Roscoe (William). Life of Lorenzo de' Medici, called the Magnificent. *Liverp.* 1795. 2 vol. 4. *Lond.* 1796. 2 vol. 4. *Ibid.* 1797. 2 vol. 4. *Basil.* 1799. 4 vol. 8. (*Bes.*) *Lond.* 1800. 3 vol. 8.
Trad. en allem. par Kurt Sprengel. *Berl.* 1787. 8.
Trad. en franç. par François Thurot. *Par.*, an IV (1796). 2 vol. 8.
Trad. en holland. *Leeuward.* 1831. 8.

Trad. en ital. par Gaetano Mecherini. *Pisa.* 1799. 4 vol. 8.

Pozzetti (Pompilio). Dissertazioni due sopra alcuni passi della vita di Lorenzo da' Medici, scritta da Guglielmo Roscoe. *Bologn.* 1810. 8.

Roscoe (William). Illustrations historical and critical of Lorenzo de Medici, etc. *Lond.* 1822. 4. Trad. en ital. par V(incenzio) P(ecchioli). *Firenz.* 1823. 2 vol. 8.

Waller (E...). Dissertatio de Cosmo, Petro et Laurentio Mediceis, libertatis Florentinæ oppressoribus. *Lugd. Bat.* 1829. 8.

Saunier (Jean Louis). Vie littéraire de Laurent de Médicis. *Berl.* 1828. 8. (Omis par Quérard.)

Laurent (Jean Martin),
augustin français.

(Latour du Pin, Jacques François René de). Éloge historique du R. P. J. M. Laurent, augustin. *Par.* 1758. 12. *
* La *Bibliothèque historique de la France* attribue cet éloge au P. Hyacinthe de Montargon.

Laurentius v. Adlersheim (Matthias Andreas),
jurisconsulte allemand (vers 1618 — 22 juillet 1683).

(Feller, Joachim). Programma in M. A. Laurentii ab Adlershelmio funere. *Lips.* 1683. Fol. (*L.*)

Laurentius I (Paul),
théologien allemand (30 mars 1554 — 24 janvier 1624).

Hoë v. Hoenegg (Matthias). Leichenpredigt auf P. Laurentius. *Dresd.* 1624. 4. (*D.*)

Laurentius II (Paul),
théologien allemand (1559 — 24 février 1624).

Schlegel (Christian). Lebens-Beschreibung P. Laurentii, der heiligen Schrift weitberühmten Doctoris, churfürstlichen Consistorial- und Kirchenraths, etc. *Dresd.* 1698. 8. Portrait. (*D.*)

Laurenzana (Egidio di),
franciscain italien.

Laurenzana (Bonaventura di). Vita del B. E. di Laurenzana, dell' ordine de' fratri minori osservanti di S. Francesco, etc. *Napol.* 1647. 8.

Laurillard (Charles Léopold),
zoologiste français (21 janvier 1783 — 27 janvier 1853).

Nécrologie de M. Laurillard. *Par.* 1853. 8.

Laurillard-Fallot (Charles Guillaume Antoine),
officier belge (10 février 1787 — 18 sept. 1842).

Stassart (Goswin Joseph Augustin de). Notice sur C. G. A. Laurillard-Fallot, major du génie et professeur à l'école militaire. *Brux.* 1844. 8.

Lauri (Vincenzo),
cardinal italien (vers 1522 — 12 janvier 1592).

Trittoni (Ruggiero). Vita V. Laurei, cardinalis Montis-Regalis. *Bonon.* 1599. 4. (Fort rare.)

Laussel (François Auguste),
procureur de la commune de Lyon (15 juin 1757 — ...).

Défense de F. A. Laussel, procureur de la commune de Lyon, et de son épouse, Elisabeth Pomier, accusés au tribunal révolutionnaire, s. l. et s. d. (*Lyon.* 1792.) 8. (Très-rare.)

Lautensack (Paul),
fanatique allemand (1478 — 1558).

Zeltner (Gustav Georg). Schediasma historico-theologicum de P. Lautensack, fanatici Norimbergensis, fatis et placitis, etc. *Altorf.* 1716. 4. Portrait. (*D.*, *L. et P.*)

Lauterbach,
savants allemands.

Fuchs (Gottlieb). Historische Nachricht von berühmten und gelehrten Lauterbachen. *Berl.* 1765. 4. (*D.*)

Lauterbach (Johann),
poète allemand (16 juin 1531 — 11 oct. 1593).

Lauterbach (Samuel Abraham). Nachrichten von dem Leben und Tode J. Lauterbach's. *Bresl.* 1761. Fol.

Lauterbach (Ulrich Heinrich v.),
homme d'État allemand.

(Purrucker, Johann). Memoria U. H. a Lauterbach, ministri status intimi, etc. *Baruth.* 1704. Fol.

Lauterbach (Wolfgang Adam),
jurisconsulte allemand (vers 1618 — 18 août 1678).

Hesenthaler (Magnus). Effigies Lauterbachiana, s. virtutum strictura ex W. A. Lauterbachii vita et obitu repræsentata. *Stuttg.* 1681. Fol.

Lauters (Paul),
dessinateur belge (16 juillet 1806 — ...).

Voisin (Auguste). P. Lauters. *Gand.* 1838. 8.

Lauth (Ernest Alexandre),
médecin alsacien (14 avril 1803 — ... 1837).

Ehrmann (C... H...), Éloge historique d'E. A. Lauth, etc. *Strasb.* 1837. 4.

Lauth (Thomas),
médecin alsacien, père du précédent (19 août 1758 — 16 sept. 1826).

Masuyer (Marie Gabriel). Éloge historique de M. T. Lauth, docteur en médecine, professeur à l'école spéciale de médecine de Strasbourg. *Strasb.* 1827. 4.

Lautour du Châtel (Louis),
jurisconsulte français (1676 — 1758).

Lautour (Pierre Jacques). Vie de M. Lautour du Châtel, avocat au parlement de Normandie, contenant une notice de ses ouvrages et quelques particularités sur la vie de (François Eudes de) Mézeray, *Amst.* (*Par.*) 1758. 12.

Lauzun (Antonin **Nompar de Caumont,** duc de),
favori de mademoiselle de Montpensier (vers 1632 — 19 nov. 1723).

Delort (Joseph). Histoire de la détention de Fouquet, de (Paul) Pellisson (Fontanier) et de Lauzun, suivie de celle des philosophes et des gens de lettres à la Bastille et à Vincennes, etc. *Par.* 1829. 3 vol. 8.

Lauzun (Armand Louis **Gontaut,** duc de),
général français (13 avril 1747 — guillotiné le 31 déc. 1793).

Lauzun (Armand Louis **Gontaut** de). Mémoires (publ. par Charles Jean BARROIS). *Par.* 1821. 8. *Ibid.* 1822. 2 vol. 18.

Lavagna (Giovanni Luigi de' **Fieschi,** comte di),
chef de la conspiration contre la république génoise († 2 janvier 1547).

Camerarius (Joachim). Narrationes II facinorum atrocium. *Lips.* 1568. 8.

Foglietta (Ugone). Conjuratio J. L. Flisci. *Rom.* 1577. 4. *Genuæ.* 1587. 4. (P.)

Gosellini (Giuliano). Congiura di G. L. Fiesco contro la repubblica di Genova. *Milan.* 1585. 4. (P.)

Campanaccio (Giacomo. Maria). Genuensis reipublicæ motus a J. L. Flisco excitatus. *Bonon.* 1588. 4.

Mascardi (Agostino). Congiura del conte G. L. de Fieschi. *Venez.* 1627. 8. *Ibid.* 1629. 8. *Anvers.* 1629. 4.* *Milan.* 1629. 8. *Venez.* 1637. 4. *Bologn.* 1639. 4. *Rom.* 1647. 24. *Venez.* 1820. 8.

    Trad. en angl. par Hugh HARE. *Lond.* 1693. 8.

    Trad. en espagn. par Antonio VASQUEZ. *Madr.* 1640. 8.

    Trad. en franç. :

    Par N... N... FONTENAY SAINTE-GENEVIÈVE. *Par.* 1639. 4. *Ibid.* 1682. 12.

    Par Jean François Paul de GONDY-RETZ. *Cologne.* 1665. 12. *Par.* 1826. 16.

    * Cette édition nous paraît la même que la précédente.

Gregorj (Jean Charles). André Doria et J. L. dei Fieschi. *Lyon.* 1847. 8.

Laval (N... N... de),
évêque de Québec.

(**La Tour,** Bertrand de). Mémoires sur la vie de M. de Laval, évêque de Québec, s. l. 1762. 4.*

    * Tome premier et unique d'un ouvrage non terminé.

Laval (N... N..., comte de),
amiral français.

Ordre funèbre triomphant et pompe pitoyable tenue à l'enterrement de feu M. le comte de Laval, amiral et lieutenant général de Bretagne. *Angers.* 1551. 4.

Lavalette (Émilie de **Beauharnais,** comtesse),
épouse du suivant.

Mercier (N... N...). Madame Lavalette, nièce de Joséphine (de Beauharnais). *Par.* 1839. 8.

Lavalette (Marie **Chamans,** comte),
homme d'État français (1769 — 15 février 1830).

Mémoires et souvenirs de M. Chamans, comte Lavalette, (publ. par sa famille.) *Par.* 1831. 2 vol. 8. *Ibid.* 1841. 2 vol. 8. Trad. en allem. par Ludwig v. ALVENSLEBEN. *Leipz.* 1831. 2 vol. 8.

Lavalette au comité de salut public de la Convention nationale. *Par.*, an II. 8.

Note du général Lavalette en réponse à la dénonciation de Bourdon de l'Oise, s. l. et s. d. (*Lille*, an II.) 8.

Procès de M. M. Chamans de Lavalette, grand officier de la Légion d'honneur, précédé d'une notice historique sur la carrière civile et militaire de M. de Lavalette. *Par.* 1814. 8.

Procès de M. M. Chamans de Lavalette, sa condamnation à la peine de mort, confirmée par la cour de cassation. *Par.* 1814. 4.

Détails sur l'évasion de M. M. Chamans de Lavalette de la prison de la Conciergerie. *Par.* 1814. 4.

Vie politique et militaire de M. Chamans de Lavalette, ancien aide de camp de Bonaparte et ex-directeur des postes, condamné à mort le 10 novembre 1815 et évadé des prisons de la Conciergerie le 20 décembre 1815. *Par.* 1816. 12. *Lille.* 1816. 12.

Documents historiques sur M. le comte Lavalette, ancien directeur général des postes. *Par.* 1830. 8.

Schneidawind (Franz Joseph Adolph). Lavalette's, Reichsgrafen, Adjutanten, dann Staatsraths und General-Postdirectors des Kaisers Napoleon, wunderbare Rettung vom Henkertode durch die Liebe und Aufopferung seiner Gattin Emilie, einer gebornen Beauharnais. *Münch.* 1853. 12.

Lavalette. *Par.* 1852. 4.

La Vallière, voy. **Vallière** (Louise Françoise de **La Baume Le Blanc,** duchesse de la).

Lavater (Anna),
dame suisse.

Gesner (Georg). Wahre Züge aus dem Leben einer Stillen im Lande (A. Lavater). *Winterthur.* 1817. 8. Portrait.

Lavater (Heinrich),
théologien suisse.

Tomann (Johann Peter). Parentatio commemorationi et honori H. Lavateri. *Basil.* 1623. 4.

Hottinger (Salomon). Vita et obitus H. Lavateri, s. l. 1690. 4.

Lavater (Johann Caspar),
théologien suisse (15 nov. 1741 — 2 janvier 1801).

(**Nebe,** Johann August). J. C. Lavater; über ihn und seine Schriften. *Leipz.* 1801. 8. (D.)

Hess (Salomon). Etwas zum Andenken Lavater's. Leichenrede, etc. *Zürch.* 1801. 8.

Haller (Carl Ludwig v.). Denkmal auf J. C. Lavater. *Weim.* 1801. 8. (D.)

Stroehlin (Friedrich Jacob). Lavatero, pastori ecclesiæ Tigurinæ celeberrimo, etc., pie defuncto parentatio. *Stuttg.* 1801. 4.

Meister (Jacob Heinrich). J. C. Lavater; biographische Skizze. *Zürch.* 1802. 8. Portrait.

Gessner (Georg). J. C. Lavater's Lebensbeschreibung. *Winterth.* 1802. 3 vol. 8. Trad. en holland. *Hage.* 1803. 4 vol. 8. *Amst.* 1811. 4 vol. 8.

Iets ter gedachtenis van J. C. Lavater. *Amst.* 1803. 8.

Moens (A... M...). Iets ter gedachtenis van J. C. Lavater. *Groning.* 1804. 8.

Jung (Franz Wilhelm). Erinnerungen an J. C. Lavater. *Frf.* 1812. 8.

Herbst (Ferdinand Ignaz). J. C. Lavater nach seinem Leben, Lehren und Wirken dargestellt. *Ansb.* 1832. 8.

Hegner (Ulrich). Beiträge zur nähern Kenntniss und wahren Darstellung J. C. Lavater's. *Leipz.* 1836. 12.

Heisch (P... J...). Memoirs and correspondence of J. C. Lavater. *Lond.* 1842. 18.

Nuescheler (Felix). Lavater als Freund der Vernunft dargestellt. *Zürch.* 1801. 8.

Haller (Carl Ludwig v.). Lavater als Menschenfreund; Nachtrag zu dessen Denkmal. *Zürch.* 1801. 8.

Schulthess (Johann Georg). J. C. Lavater der Dichter. *Zürch.* 1801. 8.

Tobler (Johann Conrad). Lavater als Wahrheitslehrer und Menschenfreund. *Winterth.* 1801. 8.

Zapf (Georg Wilhelm). Zum Andenken über Herrn J. C. Lavater's Aufenthalt in Augsburg, etc. *Augsb.*, s. d. (1778.) 8. Portrait.

Reichardt (Johann Friedrich). Schreiben an den Grafen (Gabriel Honoré Riquetti) v. Mirabeau, Lavater betreffend. *Hamb.* et *Berl.* 1786. 8.

Lappenberg(Samuel Christian). Apologie des Herrn J. C. Lavater, dessen Schwärmerei, Catholicismus und des durch ihn in Bremen eingeführten Magnetismus, nebst einem Anhange von einigen noch ungedruckten Briefen von und an J. C. Lavater, herausgegeb. von Jocosus Gerontodidascalus SENIUS. *Brem., Frf., Hamb.* et *Leipz.* 1787. 8.

Buchdrucker (C... F...). J. C. Lavater in Reigenwald. *Nürnb.* 1802. 8.

(Coelln, Ludwig Friedrich August v.). Briefe über die neue Secte Lavaterianismus. *Hannov.* 1792. 8.
(Ewald, Johann Ludwig). Briefe über den neuen Sectennamen Lavaterianismus. *Hannov.* 1793. 8.

Schulthess (Johann Georg). Denkmal auf J. G. Lavater. *Zürch.* 1811. 8.

Laveaux (Jean Charles **Thibault** de),
littérateur français (17 nov. 1749 — 15 mars 1827).
Portrait de Laveaux, rédacteur du Journal dit *de la Montagne*, s. l. et s. d. 8.
Réponse de J. C. Laveaux à un écrit anonyme intitulé : *Portrait de Laveaux*, s. l. et s. d. 8.

Laverne (Jacques),
magistrat français.
Baudot aîné (N... N...). Mort de J. Laverne, ancien maire de Dijon ; anecdote historique. *Par.* 1814. 8. (Extrait du *Magasin encyclopédique.*)

Laville de Mirmont (N... N...),
littérateur français (17 avril 1783 —.. sept. 1845).
Janin (Jules). M. de Laville de Mirmont, inspecteur général des prisons, maître des requêtes au conseil d'État, en service extraordinaire, ancien secrétaire du conseil des ministres, etc. *Par.* 1846. 8. (Extrait du *Nécrologe universel du XIXᵉ siècle.*)

Lavinius.
Zumpt (Carl Timotheus). De Lavinio et Laurentibus Lavinatibus commentatio epigraphica. *Berol.* 1845. 4.

Lavoisier (Antoine Laurent),
chimiste français du premier ordre (26 août 1743 — guillotiné le 8 mai 1794).
(Lalande, Joseph Jérôme **Le François** de). Notice sur la vie et les ouvrages de Lavoisier, etc. *Par.*, an IV (1796). 8. (*P.*)
(Mulot, François Valentin). Notice sur la vie et les travaux de Lavoisier, précédée d'un discours sur les funérailles, etc. *Par.*, an IV (1796). 8.
Fourcroy (Antoine François). Notice sur la vie et les travaux de Lavoisier, s. l. et s. d. (*Par.* 1796.) 8.
Kiréevsky (N... N...). Histoire des législateurs chimistes : Lavoisier — (Claude Louis) Berthollet — Humphry Davy. *Frf.* 1845. 8.

Lavoul (Joseph),
prêtre italien.
Vaullet (M...). La charité parfaite, ou la vie du R. P. J. Lavoul, archiprêtre de Thônes. *Anneci.* 1835. 18. (Echappé aux recherches de Quérard.)

Lavry (Charles Adolphe Joseph),
littérateur belge (17 oct. 1817 — 2 juillet 1850).
(Bemmel, Eugène van). Notice sur la vie et les ouvrages de C. A. J. Lavry. *Brux.* 1850. 18. (Publ. s. l. lettres initiales E. V. B.)

Lavy (Philippe),
magistrat italien († 28 août 1851).
Saint-Maurice Cabany (Charles Édouard). Notice nécrologique sur le chevalier P. Lavy, ancien directeur de l'hôtel des monnaies de Turin, etc. *Par.* 1852. 8. (Extrait du *Nécrologe universel du XIXᵉ siècle.*)

Law (John),
contrôleur général des finances sous la régence de Philippe d'Orléans (16 avril 1671 — 29 mars 1729).
Histoire du prince Papyrius, surnommé Pille-argent, s. l. et s. d. 12. (Biographie satirique de J. Law.)
Marmont de Hautchamp (Barthélemy). Histoire du système des finances sous la minorité de Louis XV, pendant les années 1719 et 1720 ; précédée d'un abrégé de la vie du régent (Philippe, duc d'Orléans) et de Law. *La Haye.* 1739. 5 vol. 8.
Law of Lauriston (John). Sketch on the life and pro-

jects of J. Law, comptroller general of the finances in France. *Lond.* et *Edinb.* 1791. 4.
Kosegarten (Johann Gottfried Ludwig). Commentatio exhibens historiam criticam principiorum quæ J. Law Scotus et Philippus, dux Aurelianensis, regni Franco-Gallici vicarius, in tractandis debitis publicis secuti sunt. *Goetting.* 1815. 8.
Wood (John Philip). Memoirs of the life of J. Law. *Edinb.* 1824. 12. Portrait. *Lond.* 1826. 8.
Vial (Théodore). J. Law et le système du papier-monnaie de 1716, préconisé de nos jours. *Par.* 1849. 8.
Cochut (A...). Law, son système et son époque (1716-29). *Par.* 1853. 12.
Heymann (J...). Law und sein System. Beitrag zur Finanzgeschichte. *Münch.* 1853. 8.

Law (William),
théologien anglais.
Tighe (Richard). Account of the life and writings the late Rev. W. Law. *Lond.* 1813. 8.

Lawrence (Isaac),
Anglo-américain.
Pease (Frederik S...). Genealogy of the ancestors and posterity of J. Lawrence. *Albany.* 1848. 8.

Lawrence (James),
officier anglo-américain.
Biography of captain J. Lawrence. U. S. N. with an account of the action between the Chesapeake and Shanon. *New-Brunswick.* 1813. 18.

Lawrence (Thomas),
peintre anglais (9 mai 1769 * — 7 janvier 1830).
Williams (D... E...). Life and correspondence of sir T. Lawrence, knight, president of the royal academy, etc. *Lond.* 1831. 3 vol. 8. Portrait.
Feuillet de Conches (François). Notice historique sur sir T. Lawrence. *Par.* 1847. 8. (Extrait de la *Biographie universelle* de Michaud, tiré à part.)
　* Ou selon d'autres biographes le 13 avril de la même année.

Lay (Johann Ulrich),
théologien allemand.
Lebensbeschreibung des J. U. Lay's, Pfarrers zu Dunstelkingen, Dechanten zu Neresheim. *Nördling.* 1826. 8.

Laya (Jean Louis),
poète français (4 déc. 1761 — 25 août 1833).
Notice biographique sur J. L. Laya. *Par.* 1833. 8.

Layens (Mathieu de),
architecte belge (vers 1410 — vers 1495).
Even (Edward van). Notice sur M. de Layens, l'architecte de la ville de Louvain. *Louv.*, s. d. (1848.) 8. (Extrait du journal *l'Écho de Louvain*, tiré à part à trèspetit nombre d'exemplaires.)

Laynez (Diego),
deuxième général des jésuites (1512 — 19 janvier 1565).
Ribadeneira (Pedro). Vida del P. V. D. Laynez. *Col. Agr.* 1604. 4.
　Trad. en franç. par Michel d'ESNE DE BETTANCOURT. *Douai.* 1597. 8. (*Bes.*)
　Trad. en lat. par Andreas SCHOTT. *Col. Agr.* 1604. 12. (Avec le portrait de Jacques LAYNEZ et celui d'Alphonse SALMERON.) — (*D.*)
Solier.(François). Vie du R. P. J. Laynez. *Par.* 1599. 8.
Rainaldi (Francesco). Vita di J. Laynez. *Rom.* 1672. 8. (Publ. sous le pseudonyme de Francesco DALARINI.)

Layritz (Johann Christoph),
théologien allemand (17 février 1654 — 30 mai 1731).
Weiss (Johann Adam). Memoria J. C. Layritz, superintendentis Vonsideliensis. *Baruth.* 1731. Fol.

Layritz (Johann Christoph),
jurisconsulte allemand, fils du précédent (16 sept. 1686 — 9 juin 1742).
Ellrod (Hermann August). Memoria J. C. Layritz. *Baruth.* 1742. 4.

Layriz (Johann Georg),
théologien allemand (15 juillet 1647 — 4 avril 1716).
Raetel (Wolfgang Christoph). Programma de vita, fatis et meritis J. G. Layriz, superintendentis. *Neostad.* 1722-24. 5 parts. Fol.

Layriz (Paul Eugen),
pédagogue allemand (13 nov. 1707 — 3 août 1788).
Oertel (Georg Christoph). Programma de vita, fatis ac

meritis P. E. Layrizii, rectoris quondam de schola Neostadiensi optime meriti. *Norimb.* 1777. 4. (*D.*)

Oertel (Georg Christoph). Supplementum memoriæ Layricianæ. *Norimb.* 1778. 4. (*D.*)

Laz ou **Lazius** (Wolfgang) ;
médecin-historien allemand (31 oct. 1514 — 19 juillet 1565).

Cornarius (Diomedes). Oratio in funere W. Lazii, Viennensis, S. C. M. consiliarii et historici. *Vienn.* 1565. 4. (*D.*)

Lázár (Gróf Imre),
homme d'État hongrois († 1761).

Kóvásznai (Sándor). Oratio funebris in obitum comitis I. Lázár. *Szebenben.* 1761. 4.

Dobolyi (Filep Samuel). Halotti beszéd Gróf Lázár I. *Szebenben.* 1761. 4.

Málnási (Lászsló). Halotti Predikatzió Gróf Lázár I. *Szebenben.* 1761. 4.

Intze (István). Halotti Orátzió Gróf Lázár I. *Szebenben.* 1761. 4.

Lázár (János). Saltus naturæ in præmatura morte E. comitis Lázár deflcti a patre carmine lugubri. *Vindob.* 1762. 8.

Lazarus,
frère de Marie et de Marthe de Béthanie.

Wildschut (Didericus Henricus). Over den dood en de opwekking van Lazarus. *Amst.* 1827. 8.

Lazowsky (Michel ?),
démagogue polonais (1793).

Procès-verbal de l'ouverture du citoyen Lazowsky, s. l. et s. d. (*Par.* 1793.) 4.

Destournelles (N... N...). Discours sur la mort de Lazowsky, etc., s. l. et s. d. (*Par.* 1793.) 8.

Lazzara (Giovanni Niccolò),
chevalier de Malte (1744 — 11 février 1833).

Meneghelli (Antonio Maria). G. N. Lazzara, cavaliere di P. Giovanni di Gierusaleme, e suoi opere. *Padov.* 1833. 4. Portrait.

Lazzarelli (Giovanni Francesco),
poëte italien (1621 — 1694).

(Rangiasci, Sebastiano). Vita di G. F. Lazzarelli, autore della *Cicceide,* etc. *Perug.* 1779. 8.

Lazzarini (Giovanni Andrea),
peintre et poëte italien (19 nov. 1710 — 7 sept. 1801).

Montanari (Giuseppe Ignazio). Biografia del canonico G. A. Lazzarini, *Pesarese. Rom.* 1836. 16.

Lazzarini (Gregorio),
peintre italien (1655 — 1730).

Canal (Vincenzo da). Vita di G. Lazzarini. *Venez.* 1809. 4. Portrait. (Tiré à très-petit nombre.)

Lazzari, voy. **Bramante** (Donato Lazzari).

Lazzaro,
peintre italien.

Baldi (Lazzaro). Breve compendio della vita e morte di S. Lazzaro, monaco ed insigne pittore. *Rom.* 1681. 16. *Ibid.* 1715. 16. *Ibid.* 1788. 16.

Cicognara (Leopoldo). Vita di S. Lazzaro, monaco e pittore, preceduta da alcune observazioni sulla bibliomania. *Bresc.* 1807. 8.

Leade (Jane),
mystique anglaise (1623 — 19 août 1704).

Jaeger (Johann Wolfgang). Dissertatio de J. Leadeæ vita, visionibus ac doctrinis. *Tubing.* 1712. 4. *Ibid.* 1716. 4.

Leake (John),
amiral anglais (1656 — 1er août 1719).

Leake (Stephan Martin). Life of sir J. Leake, who flourished during the reign of William III and queen Anne and was distinguished by the appellation of the *brave and fortunate admiral. Lond.* 1750. 8. (Tiré seulement à 50 exemplaires.)

Lebeau (Charles),
historien français (16 oct. 1701 — 13 mars 1778).

Dupuis (Charles François). Éloge de C. Lebeau. *Par.* 1779. 8. (Extrait des *Mémoires de l'Académie française.*)

Lebeau (Jean Louis Joseph),
homme d'État belge (2 janvier 1794 — ...).

(Loménie, Louis de). M. Lebeau, par un homme de rien. *Par.* 1844. 12.

Le Berryais (René),
agronome français (31 mai 1722 — 7 janvier 1807).

Lair (Pierre Aimé). Notice sur M. Le Berryais, collaborateur de Duhamel-Dumonceau, etc. *Caen.* 1808. 8.

Le Berton de Balfontaine (Jacques Denis Louis),
colonel français (25 août 1754 — 19 juillet 1846).

Hiard (Tiburce). J. D. L. Le Berton de Balfontaine, colonel, ancien aide de camp du maréchal Masséna, etc. *Par.* 1847. 8. (Extrait du *Nécrologe universel du xixe siècle.*)

Lebeuf (Jean),
historien français (1687 — 10 avril 1760).

Lebeau (Charles). Éloge de J. Lebeuf. *Par.* 1761. 4. (Extrait des *Mémoires de l'Académie française.*)

Leblanc (Guillaume),
évêque de Toulon (vers 1520 — 1568).

Leblanc * (Guillaume). Discours sur le déloyal assassinat entrepris sur la personne de G. Leblanc et inopinément découvert le 27 septembre 1576, s. l. 1577. 12. (Très-rare.)
    * C'est le neveu de l'évêque.

Leblanc (Guillaume),
évêque de Vence (1561 — 21 nov. 1601).

Saint-Sixt (Charles de). Consolations sur le trépas de G. Leblanc. *Aix.* 1601. 8.

Leblanc de Castillon (Jean François André),
magistrat français (9 mars 1719 — 24 février 1800).

(Hesmivy d'Auribeau, Pierre d'). Notice biographique sur J. F. A. Leblanc de Castillon. *Par.* 1829. 4.

Leblanc de Guillet (Antoine Blanc, dit),
poëte français (2 mars 1730 — 2 juillet 1799).

Maherault (Jean François René). Notice sur A. Leblanc, membre de l'Institut. *Par.,* an viii (1799.) 8.

Leblus (Antoine Jacques),
médecin belge (1805 — 2 janvier 1851).

Broeckx (Charles). Nécrologie : A. J. Leblus, docteur en médecine, etc. *Anvers.* 1851. 8.

Lebon (Joseph),
député à la Convention nationale (1765 — guillotiné le 5 oct. 1795).

Lettres de J. Lebon à sa femme, pendant les quatorze mois de prison qui ont précédé sa mort, avec une préface historique par son fils Emile LEBON, *Châlons-sur-Saône.* 1845. 8. *Par.* 1848. 8.

Quelques lettres de J. Lebon, antérieures à sa carrière politique (1788-1791), publiées par Emile LEBON. *Châlons-sur-Saône.* 1853. 8. *
    * Formant la suite aux lettres précédentes.

Liberté, égalité, fraternité, vérité; impartialité. La société populaire et révolutionnaire de Cambrai à tous les bons citoyens, aux vrais républicains. *Cambrai,* an ii (1794.) 4. *
    * Une apologie de Joseph Lebon , dénoncé au sein de la Convention par Leblond et Gouffroy. A la fin de cet opuscule se trouve un cul de lampe avec ces mots : *Mort aux tyrans !*

(Gouffroy, N... N...). Secrets de J. Lebon et de ses complices. *Par.,* an iii (1794.) 8.

Mongey (N... N...) et **Poirier** (N... N...). Atrocités commises envers les citoyennes ci-devant détenues dans la maison d'arrêt, à Arras, par Joseph Lebon et ses adhérents. *Par.,* an iii. 8.

Le Boucq (Simon),
historien français (15 juin 1591 — 1er déc. 1657.)

Dinaux (Arthur). Notice historique et bibliographique sur S. Le Boucq, prévôt et historien de Valenciennes. *Valenc.* 184.. 8. Portrait.

Lebreton (Jacques Alexandre Exapère),
médecin français (1784 — ...).

Notice sur M. le docteur J. A. E. Lebreton, membre de l'Académie royale de médecine, s. l. et s. d. 8. (Écrit par lui-même.)

Lebrun, duc de Plaisance (Charles François),
pair de France (19 mars 1739 — 14 juin 1824).

Marie Dumesnil (Ange Benjamin). Mémoires sur le prince Lebrun, duc de Plaisance, et sur les événements auxquels il prit part sous les parlements, la révolution, le consulat et l'empire. *Par.* 1828. 8.

Lebrun de Plaisance (Charles). Opinions, rapports et choix d'écrits politiques de C. F. Lebrun, duc de Plaisance, précédés d'une notice biographique. * *Par.* 1828. 8.

* Cette notice, accomp. de son portrait, est signée Valette.

Lebrun, née **Vigée** (Marie Louise Élisabeth), peintre française (16 avril 1755 — 30 mars 1842).

Lebrun (Jean Baptiste Pierre). Précis historique de la vie de la citoyenne Lebrun, peintre. *Par.*, an II (1801).*

* Mise sur la liste des émigrés, elle en fut bientôt après rayée, grâce à cette réclamation adressée par son mari à la Convention nationale.

Lebrun (Marie Louise Élisabeth). Souvenirs de ma vie. *Par.* 1835. 5 vol. 8. Portrait. (*P.* et *Lv.*)

Lebrun, surnommé **Pindare** (Ponce Denis **d'Écouchard**), poëte français du premier ordre (10 août 1729 — 31 août 1807 *).

Chénier (Marie Joseph). Discours prononcé aux funérailles de M. Lebrun. *Par.* 1807. 8.

Notice sur la vie et les ouvrages du poëte Lebrun, s. l. et s. d. (*Par.* vers 1807.) 8.

* Ou selon d'autres biographes le 2 sept. de la même année.

Lebzelter (Nicolaus), jurisconsulte allemand.

(**Leibnitz**, Friedrich). Programma in funere N. Lebzelteri. *Lips.* 1649. 4. (*D.* et *L.*)

Lecamus, voy. **Camus** (Étienne Le),

Le Canu (L... R...), médecin français.

Notice sur les travaux de M. L. R. Le Canu, docteur en médecine, etc. *Par.* 1852. 8.

Lecarlier (Marie Jean François Philibert), député à la Convention nationale.

Demonceaux (P... J...). Au conseil des anciens sur la mort du représentant du peuple Lecarlier. *Par.*, s. d. 8.

Lecat (Claude Nicolas), chirurgien français (6 sept. 1700 — 20 août 1768).

Valentin (Louis Antoine). Éloge de M. Lecat. *Lond.* (*Par.*) 1769. 8.

Laisement (Charles Louis Denis **Ballière** de). Éloge de Lecat, docteur en médecine. *Rouen.* 1769. 8.

Le Chanteur (Jean Pierre), commissaire de la marine française (5 avril 1760 — 14 février 1846).

Thierry (Édouard). Notice sur M. Le Chanteur, commissaire principal de la marine, suivie d'actes inédits relatifs aux siéges de Flessingue et d'Anvers, en 1809 et 1814. *Cherbourg.* 1848. 8.

Le Chaptois (Guillaume François), prêtre français (14 mai 1755 — ... 1846).

V... (E...). Brève notice sur M. Le Chaptois, aumônier de l'hôpital d'Avranches. *Avranches.* 1846. 8.

Lechevalier (Jean Baptiste), conservateur de la bibliothèque de Sainte-Geneviève (1er juillet 1752 — 2 juillet 1836).

Noël (N... N...). Notice sur la vie et les ouvrages de feu M. J. B. Lechevalier, etc. *Par.* 1840. 8. (*Lv.*)

Lechla (Gotthelf Ehrenfried), théologien allemand (2 déc. 1694 — 15 juin 1750).

(**Kapp**, Johann Erhard). Programma in G. E. Lechlæ memoriam. *Lips.* 1750. Fol. (*D.* et *L.*)

Leclerc (Alix), religieuse française.

Vie d'A. Leclerc, fondatrice, première mère et religieuse de l'ordre de la congrégation de Notre-Dame, contenant la relation d'icelle. *Nancy.* 1604. 4.

Leclerc (Jean), théologien suisse (1er mars 1657 — 8 janvier 1736).

Vita J. Clerici. *Amst.* 1711. 8. Portrait. (*D.*)

Éloge historique de J. Leclerc. *Amst.* 1736. 8. (*D.*) Trad. en allem. *Gotha.* 1761. 8.

Wetstein (Johann Jacob). Oratio funebris in obitum viri celeberrimi J. Clerici, philosophiæ et historiæ ecclesiasticæ inter remonstrantes, professoris. *Basil.* 1736. 4. (Trad. en holland. avec une préface par Nicolaus Christian Kist.) *Amst.* 1756. 8.

Hoeven (Abraham des Amorie van der). Dissertationes II de J. Clerici et Philippo a Limborch, etc. *Amst.* 1843. 8.

Burmann (Pieter). Le Gazetier menteur, ou M. Leclerc convaincu de mensonge et calomnie. *Utrecht.* 1710. 8. (*D.*)

Leclerc (Jean Baptiste), jurisconsulte français († 17 avril 1850).

Richard (Antoine). Vie de J. B. Leclerc d'Aubigny, avocat, membre de plusieurs sociétés savantes. *Meaux.* 1851. 12.

Leclerc (Louise), religieuse française (1783 — 17 mars 1850).

Marquet (J...). Vie de sœur L. Leclerc, supérieure provinciale des établissements de la congrégation de la direction chrétienne en Algérie, et spécialement chargée de la direction de l'hospice civil de Constantine. *Nancy.* 1850. 12.

Leclerc (Sébastien), graveur français (1637 — 25 oct. 1714).

Vallemont (Pierre Lorrain). Éloge de M. Leclerc, dessinateur et graveur du roi, avec le catalogue de ses ouvrages. *Par.* 1715. 12.

Jombert (Charles Antoine). Catalogue raisonné de l'œuvre de M. Leclerc, avec la vie de cet artiste. *Par.* 1774. 2 vol. 8.

Leclerc de Beauberon (Nicolas François), théologien français (1714 — 4 déc. 1790).

Lair (Pierre Aimé). Notice sur M. Leclerc de Beauberon. *Caen.* 1813. 8.

Leclerc de Coulennes (Joseph Ignace), prêtre français.

Bondonnet (François). Vie du vénérable J. I. Leclerc de Coulennes, chanoine de l'église cathédrale du Mans. *Le Mans.* 1694. 12.

Leclerc-Dupuy (L... J...?), poëte français.

Lalande (Joseph Jérôme **Le François** de). Éloge de Leclerc-Dupuy. *Par.* 1795. 8. (Peu commun.)

Leclerc de la Forest (Antoine), théologien et jurisconsulte français (1563 — 23 janvier 1628).

Provensal de la Forest (Louis). Le séculier parfait, ou discours de la vie et de la mort de ce grand contemplatif A. Leclerc, sieur de la Forest, écuyer. *Par.* 1644. 8.

Sanson (Jacques). Récit des vertus d'A. Leclerc de la Forest, avocat au parlement de Paris. *Par.* 1647. 8.

Leclerc-Puiseux (Victor Emmanuel), général français (17 mars 1772 — 2 nov. 1802).

Bonnevie (Pierre Étienne). Éloge funèbre de V. E. Leclerc-Puiseux, général en chef de l'armée de St-Domingue et capitaine général de cette colonie, s. l. et s. d. *Lyon.* (1803.) 8.

Cérémonie funèbre célébrée à Besançon le 20 ventôse an XI à la mémoire du général Leclerc, beau-frère du premier consul (Bonaparte), mort à St-Domingue, s. l. et s. d. (*Besanç.*, an XI.) 8.

Leclerc-Thouin (Oscar), botaniste français (18 mars 1798 — 5 janvier 1845).

Bailly de Merlieux (C...). Notice nécrologique de M. O. Leclerc-Thouin. *Par.* 1845. 8. (Extrait des *Annales de la Société d'horticulture de Paris.*)

Le Clercqz (Gabriel Charles), médecin belge (16 mars 1644 — ...).

Broeckx (Charles). Notice sur G. Le Clercqz, conseiller, médecin du roi d'Espagne, Louis XIV. *Anvers.* 1850. 8.

Lecocq (Charles), littérateur belge.

Hennebert (Jean Baptiste Joseph Frédéric). Notice biographique et bibliographique sur feu M. C. Lecocq, de Tournai. *Tournai.* 1849. 8.

Lecouvreur (Adrienne), actrice française du premier ordre (1690 — 20 mars 1730).

Winck (d'Allainval) (George). Lettre à milord *** sur (Michel) Baron et demoiselle Le Couvreur, où l'on trouve plusieurs particularités théâtrales. *Par.* 1750. 12. (Assez rare.)

Ledain (Olivier), voy. **Olivier le Diable.**

Ledeganck (Karel Lodewijk), poëte hollandais (9 nov. 1805 — 19 mars 1847).

Hulde aen de nagedachtenis van K. L. Ledeganck, etc. *Gent.* 1847. 8.

Heremans (J... F... J...). Levensschets van den dichter K. L. Ledeganck. *Antw.* 1847. 8.

Ledesma (Juan de),
prêtre espagnol au xviie siècle.
Vida y virtudes del P. J. de Ledesma, que murio en Mexico. *Mexico.* 1636. 4.

Ledochowski (le comte Timothée),
colonel polonais (vers 1796 — 17 juillet 1846).
Hiard (Tiburce). Le comte T. Ledochowski, colonel au service impérial d'Autriche, ancien chambellan de S. A. I. l'archiduc François Charles, etc. *Par.* 1847. 8. (Extrait du *Nécrologe universel du xixe siècle.*)

Ledru (Hilaire),
peintre français (1769 — 1er mai 1840).
Berthoud (Samuel Henri). Notice biographique sur H. Ledru, peintre de genre. *Par.* 1843. 8.

Ledru-Rollin (Philippe),
homme d'État français (vers 1807 — ...).
Gallois (Napoléon). Vie politique de Ledru-Rollin. *Par.* 1850. 12.
Biographie de Cavaignac, Lamartine, Ledru-Rollin, Louis Napoléon Bonaparte et Raspail, par Pierre, Paul et Jean Baptiste, apôtres. *Gand.* 1850. 18.
Ledru-Rollin und der 13 Juni (1848). *Berl.* 1850. 12.

Leduc (N... N...),
prêtre français († 1er sept. 1852).
Notice biographique sur M. l'abbé Leduc, chanoine honoraire de Tours. *Tours.* 1853. 8.

Ledyard (John),
voyageur anglo-américain (1751 — 17 janvier 1789).
Spark (Jared). Memoirs of the life and travels of J. Ledyard, from his journals and correspondence. *Lond.* 1828. 8.

Lee (Arthur),
homme d'État anglo-américain.
Lee (Richard Henry). Life of A. Lee. *Boston.* 1829. 2 vol. 8.

Lee (Charles),
général anglais (vers 1730 — 2 oct. 1782).
(**Langworthy**, Edward). Memoirs of the life of the late C. Lee, esq. lieutenant colonel of the regiment, with his political and military essays, etc. *Lond.* 1792. 8. *Ibid.* 1797. 8.
Proceedings of the general court martial, held at Brunswick, in the state of New-Jersey, for the trial of major general Lee, 4 july 1778. *Cooperstown.* 1823. 8.

Lee (Richard Henry),
homme d'État anglo-américain (20 janvier 1732 — 19 juin 1794).
Lee * (Richard Henry). Memoirs of the privat and public life of R. H. Lee. *Philadelph.* 1825. 2 vol. 8.
* Petit-fils de cet homme d'État.

Leeuwenhoeck (Anthonij van),
naturaliste hollandais (24 oct. 1632 — 24 août 1723).
Haastert (Isaac van). A. van Leeuwenhoeck, vereerend herdacht in eene korte levensschets en lofdicht. *Delft.* 1825. 8.
Halbertsma (Hiddo). Dissertatio historico-medica de A. Leeuwenhoeckii meritis in quasdam partes anatomiæ microscopicæ. *Daventr.* 1843. 8.
Fleck (Frederik le Sueur). Dissertatio historico-medica de A. Leeuwenhoeckii meritis in quasdam partes anatomiæ microscopicæ. *Lugd. Batav.* 1843. 8. *
* On ne doit pas confondre cette dissertation avec la précédente; celle de Halbertsma a 70 pages et celle de Fleck n'en a que 44.

Lefebvre (Isaac),
jurisconsulte française (1648 — 14 juin 1702).
Histoire des souffrances et de la mort du fidèle confesseur I. Lefebvre. *Rotterd.* 1703. 8.
Gessner (Heinrich). Merckwürdige Beschreibung von zweyen bis in Tod getreuen Bekennern der Evangelischen Wahrheit, Mr. I. Lefebvre von Chatelchignon (!), etc., und M. Ludwigs de Marolles, königlichen Raths und Pfandhalters in der Vogtei S. Mainchoult (!) in Champagnien, etc. *Zürch.* 1709. 8. *
* Traduction de l'ouvrage précédent et de celui qui se trouve mentionné sous le nom de Louis de Marolles.

Lefebvre dit d'Étaples (Jacques),
théologien français (1455 — 1536).
Graf (Charles Henry). Essai sur la vie et les écrits de J. Lefebvre d'Étaples. *Strasb.* 1842. 8.

Lefebvre, duc de Dantzick (François Joseph),
maréchal de France (25 oct. 1755 — 14 sept. 1820).
Suchet d'Albuféra (Louis Gabriel). Discours prononcé

à l'occasion de la mort de M. le maréchal, duc de Dantzick. *Par.* 1821. 8.

Lefebvre de Cheverus (Jean Louis Anne Madeleine de),
cardinal-archevêque de Bordeaux (28 janvier 1768 — 19 juillet 1836).
Villenave (Mathieu Guillaume Thérèse). Éloge de M. le cardinal de Cheverus, archevêque de Bordeaux. *Par.* 1837. 8.
(**Huen-Dubourg**, Jean). Vie du cardinal de Cheverus, archevêque de Bordeaux. *Par.* 1838. 8. * *Ibid.* 1848. 8. Portrait. *Ibid.* 1842. 12. Portrait. *Ibid.* 1850. 12.
Trad. en angl. :
Par N... N... **Walsh.** *Philadelph.* 1839. 8.
Par John **Stewart.** *Boston.* 1840. 8.
Trad. en ital. *Udine.* 1843. 16.
* La *Biographie universelle* de Michaud attribue cet ouvrage, qui a remporté le prix Monthyon, à M. Hanon.

Espic (Jean Baptiste). Le cardinal de Cheverus. *Bordeaux.* 1841. 8. Portrait. (Poëme historique.)
Le cardinal de Cheverus. *Laval.* 1844. 8.
Egron (A...). Vie abrégée du cardinal de Cheverus, archevêque de Bordeaux. *Lille.* 1846. 18.

Lefebvre de Corbinière (Jean François),
pédagogue français.
Crouzet (Pierre). Éloge funèbre de J. F. Lefebvre de Corbinière, administrateur du Prytanée, etc. *Par.,* an xii (1803). 8. (*Lv.*)

Lefèvre (Jacques),
théologien français (... — 1er juillet 1716).
Encontre (Adolphe). Essai sur la vie et les ouvrages de J. Lefèvre. *Strasb.* 1839. 4.

Lefèvre (Tannegui),
humaniste français (1615 — 11 sept. 1672).
Graverol (François). Mémoires pour servir à la vie de T. Lefèvre. *Par.* 1686. 12.

Le Fèvre (Johann Philipp),
magistrat allemand.
Overbeck (Johann Daniel). Leben J. P. Le Fèvre, Herrn des Raths der freien Stadt Lübeck. *Lübeck.* 1755. Fol.

Lefèvre (Nicolas),
philologue français (2 juin 1544 — 3 nov. 1612).
Discours funèbre sur le trépas de M. N. Lefèvre, précepteur de Louis XIII, par un religieux feuillant. *Par.* 1612. 8. (*P.*)

Le Forestier de Villeneuve (Marie Antoine Julien),
colonel français (12 avril 1783 — 9 janvier 1846).
Jonquières (Raoul de). M. A. J. Le Forestier de Villeneuve, lieutenant colonel d'artillerie en retraite, ancien sous-directeur de l'artillerie à Cette et à Perpignan, chevalier de Saint-Louis et de la Légion d'honneur. *Par.* 1852. 8. (Extrait du *Nécrologe universel du* xixe *siècle.*)

Lefort (François Jacques),
général et amiral de Russie d'origine suisse (1656 — 11 mars 1699).
Basseville (Nicolas Jean **Hugou** de). Précis historique sur la vie et les exploits de F. Lefort, citoyen de Genève, général et grand amiral de Russie. *Genève et Par.* 1785. 8.
Golikow (Iwan). Lebensbeschreibung Lefort's und Gordon's. *Sanct-Petersb.* 1800. 2 vol. 8. (Écrit en russe.)

Lefranc (Denis François),
prêtre français (vers 1759 — 25 avril 1793).
Allent (Pierre Alexandre Joseph). Notice sur le Père Lefranc. *Saint-Omer.* 1819. 8.

Legentil de la Galaisière (Guillaume Joseph Hyacinthe Jean Baptiste),
astronome français (12 sept. 1725 — 22 oct. 1792).
Cassini (Jean Dominique). Éloge de M. Legentil. *Par.* 1810. 8. (Omis par Quérard.) — (*P.* et *Lv.*)

Léger (Saint),
évêque d'Autun (vers 616 — décapité le 2 oct. 678)..
Pitra (Jean Baptiste). Histoire de S. Léger, évêque d'Autun et martyr de l'Église des Francs au viie siècle. *Par.* 1846. 8.

Léger (Claude).
Bouvais (J... B... C... M... de). Éloge funèbre de messire C. Léger. *Malines.* 1781. 8.

Legget (Samuel).

Vindication of S. Legget, late president of the Franklin Bank. *New-York.* 1831. 8.

Leggues (Esther de),
dame française connue par sa haute piété.

Doremet (Jacques). Histoire de la vie d'E. de Leggues, fille naturelle de S. Malo. *Saint-Malo.* 1622. 8.

Legnani (Stefano),
peintre italien (1640 — 1715).

Corazzi (Ercole). Elogio storico di S. Legnani. *Bologn.* 1720. 8.

Legoupils (N... N...),
prêtre français.

Notice nécrologique sur M. l'abbé Legoupils, curé de Cherbourg, chanoine du diocèse de Coutances. *Cherbourg.* 1851. 8.

Legouvé (Gabriel Marie Jean Baptiste),
poète français (23 juin 1764 — 20 oct. 1814).

Lemercier (Népomucène Louis). Funérailles de M. Legouvé, (discours prononcé sur sa tombe). *Par.* 1814. 4.

Legoux de la Berchère (Charles),
archevêque de Narbonne.

Maboul (Jacques). Oraison funèbre de C. Legoux de la Berchère, archevêque de Narbonne, s. l. et s. d. 4.

Legoux de la Berchère (Jean Baptiste),
jurisconsulte français.

Vignier (Jérôme). Oraison funèbre de J. B. Legoux de la Berchère, premier président du parlement de Bourgogne. *Dijon.* 1632. 4.

Legoux de la Berchère (Pierre),
jurisconsulte français.

M... (F... F...). Éloge funèbre de P. Legoux de la Berchère, premier président du parlement de Bourgogne, puis de Dauphiné. *Grenoble.* 1654. 4.

Legouz de Gerland, voy. **Gouz de Gerland.**

Legovello, dit **Quériolet** (Pierre),
prêtre français (14 juillet 1602 — 8 oct. 1660).

Dominique de Sainte-Catherine. Vie de P. Legovello de Quériolet, prêtre, ancien conseiller au parlement de Bretagne. *Par.* 1663. 16. *Ibid.* 1665. 12. *Ibid.* 1677. 12. *Lyon.* 1690. 12. *

* Cette dernière édition a paru sous ce nouveau titre *Le grand pécheur converti*, etc.

Collet (Pierre). Vie de P. Legovello, dit de Quériolet. *Saint-Malo.* 1771. 12.

Legrand (Claude Just Alexandre),
général français (23 février 1762 — 8 janvier 1815).

Devilly (Louis Jean Baptiste). Notice historique sur le général Legrand. *Metz.* 1822. 8.

Legrand (Joachim),
historien français (6 février 1653 — 30 avril 1733).

(**Bougerel**, Joseph). Éloge historique de M. Legrand. *Par.* 1755. 12. (Tiré à part à très-petit nombre.)

Legras (Louise de **Marillac**),
fondatrice des sœurs grises (1591 — 15 mars 1662).

(**Gobillon**, Nicolas). Vie de la vénérable L. de Marillac-Legras, fondatrice des filles de la Charité, servante des pauvres. *Par.* 1676. 12. (*Bes.*) Revue et augmentée par Pierre **Collet**. *Ibid.* 1769. 12. (Non mentionné par Quérard.)—(*Lv.*) Trad. en espagn. par Rafael de **Llinas** y de **Magarola**. *Barcel.* 1792. 8.

Notice sur mademoiselle Legras. *Par.* 1846. 12.

Legrelle d'Hanis (Louis Jean François),
philanthrope belge (20 janvier 1817 — 15 mai 1852).

Morren (Charles François Antoine). Biographie de L. J. F. Legrelle d'Hanis, d'Anvers, s. l. et s. d. (*Liége.* 1853.) 8. Portrait.

Legris-Duval (René Michel),
théologien français (16 août 1765 — 28 janvier 1819).

(**Picot**, Michel Joseph Pierre). Notice sur M. l'abbé Legris-Duval, prédicateur ordinaire du roi. *Par.* 1819. 8.

Legroing la Romagère (Mathias),
évêque du diocèse de Saint-Brieuc (5 déc. 1756 — 19 février 1841).

Garaby (N... N..., de). Vie de Mgr. Legroing la Romagère, etc.; suivie d'une notice sur M. (Jacques Jean Pierre) Lemée, son successeur. *Saint-Brieuc.* 1841. 12.

Lehennuyer (Jean), voy. **Hennuyer** (Jean le).

Lehmann (Christian),
théologien allemand (2 déc. 1642 — 28 oct. 1723).

Kuehne (Samuel Bernhard). Leichenpredigt auf C. Lehmann, nebst dessen Lebenslauf. *Freyb.* 1723. Fol. (*D.*)

Moller (Samuel). Vita C. Lehmanni, oratione parentali exposita. *Freyb.* 1724. Fol. (*D.*)

Grabener (Theophil). Dr. C. Lehmann's, weiland Pastoris primarii und Superintendenten in Freyberg, göttliche Führungen, deren er vom Anfang seines Lebens bis zu seinem, im hohen Alter erfolgten Ende gar sonderlich genossen, etc. *Dresd.* 1725. 4.

Lehmann (Christian Ehrenfried),
littérateur (?) allemand.

Grabener (Theophil). Vita C. E. Lehmanni. *Chemnic.* 1712. 4.

Lehmann (Christoph),
historien allemand (1568 — 1638).

Baur (Erhard Christoph). Leben des berühmten C. Lehmann, nebst vielen unbekannten und geheimen Nachrichten. *Frf.* 1756. 8. (*D.*)

Lehmann (Constantin Ambrosius),
théologien allemand (12 juillet 1638 — 20 juin 1718).

Fabricius (Johann Albert). Vita C. A. Lehmanni, per 58 annos ecclesiasticæ et archidiaconi Doblinensis et diœceseos Oschazianæ senioris, etc. *Hamb.* 1718. 4. (*D.*)

Goetze (Georg Heinrich). Gedächtnissschrift auf C. A. Lehmann. *Hamb.* 1719. 4. (*D.*)

Lehmann (David Theodosius),
littérateur allemand (19 mars 1686 — 19 février 1715.)

Grabener (Theophil). Vita D. T. Lehmanni. *Chemnic.* 1715. 4.

Jani (Johann Wilhelm). Oratio in funere D. T. Lehmanni, in academia Vitebergensi poëseos P. P. *Chemnic.* 1715. 8. Portrait. (*D.*)-

Lehmann (Georg),
théologien allemand (9 sept. 1616 — 16 mars 1699).

(**Cyprian**, Johann). Programma academicum in funere G. Lehmanni. *Lips.* 1699. Fol. (*D.* et *L.*)

Lehmann (Johann Christian),
médecin allemand (18 juin 1675 — 13 janvier 1739).

(**Kapp**, Johann Erhard). Programma academicum in J. C. Lehmanni funere. *Lips.* 1759. Fol. (*D.* et *L.*)

Lehmann (Johann Jacob),
philosophe allemand (1683 — 29 nov. 1740).

Walch (Johann Georg). Programma in obitum J. J. Lehmanni. *Jenæ.* 1741. Fol.

Lehmann (Johann Siegfried),
jurisconsulte allemand (1634 — 1675).

Grebenitz (Elias). Programma funebre in obitum J. S. Lehmanni. *Frf. ad Viadr.* 1675. 4.

Lehmann (Salomon Gotthelf),
théologien allemand.

Koehler (Georg Friedrich). Portrait und Lebenslauff S. G. Lehmann's. *Dresd.* 1718. 4. (*D.*)

Lehnberg (Magnus),
évêque de Linkoping (22 mai 1758 — 9 déc. 1808).

Cassel (C... G...). Åminnelse-Tal öfver Biskopen M. Lehnberg. *Stockh.* 1809. 8.

Rosenstein (Nils v.). Lefnadsbeskrifning öfver Biskopen M. Lehnberg. *Stockh.* 1809. 8.

Lehndorf (N... N... Oberburggraf v.),
homme d'État allemand.

Boetticher (Jacob Gottlieb Isaac). Leben des Oberburggrafen v. Lehndorf, s. l. 1783. 8.

Lehr (Leopold Franz Friedrich),
théologien allemand (3 sept. 1709 — 26 janvier 1744).

G(iese) (Gottlieb) C(hristian). Leben und Lieder L. F. F. Lehr's, ehemaligen Diacons in Coethen. *Leipz.* et *Goerl.* 1746. 8. (*D.* et *L.*)

Ledderhose (Carl Friedrich). Leben des L. F. F. Lehr, mit seinen Liedern. *Schaffhaus.* 1850. 8.

Leibnitz (Friedrich),
philosophe allemand, père du suivant (1597 — 5 sept. 1652).

(**Kromayer**, Hieronymus). Programma academicum in F. Leibnitii obitum. *Lips.* 1652. 4. (*L.*)

Leibnitz (Gottfried Wilhelm, Freiherr v.),
philosophe allemand du premier ordre (6 juillet 1646 — 14 nov. 1716).

Fontenelle (Bernard de). Lebensbeschreibung G. W. v. Leibnitz's. *Amst.* 1720. 8. (Trad. du franç.) — (*D.*)

Ludovici (Carl Günther). Ausführlicher Entwurf einer ausführlichen Historie der Leibnitz'schen Philosophie. *Leipz.* 1737. 2 vol. 8.

Lamprecht (Jacob Friedrick). Leben des Freiherrn G. W. v. Leibnitz. *Berl.* 1740. 4. Portrait. (*D.*) Trad. en ital. et augment. des notes par Giuseppe BANSOTTI. *Rom.* 1787. 8.

Jaucourt (Louis). Vie de Leibnitz. *Par.* 1760. 12. Trad. en allem. par Hans Ernst v. TEUBERN. *Leipz.* 1760. 8.

Foerster (Johann Christian). Charactere dreier Weltweisen, Leibnitzen's, Wolf's und Baumgarten's. *Halle.* 1765. 8.

(**Bailly**, Jean Sylvain). Éloge de Leibnitz. *Par.* 1769. 4. *Ibid.* 1770. 8. (Couronné par l'Académie des sciences et belles-lettres de Berlin.)

Kaestner (Abraham Gotthelf). Lobschrift auf G. W. v. Leibnitz. *Altenb.* 1769. 8. (*D.*)

Emery (Jacques André). Esprit de Leibnitz. *Lyon.* 1772. 12.

Schlueter (C...). Leben Leibnitz's, etc. *Leipz.* 1785. 8.

Hissmann (Michael). Versuch über das Leben des Freiherrn v. Leibnitz. *Münst.* 1783. 8.

Eberhard (Johann August). Characteristik des Freiherrn v. Leibnitz. *Leipz.* 1817. 8. Portrait.

Guhrauer (Gottschalk Eduard). G. W. v. Leibnitz. Biographie. *Bresl.* 1845. 2 vol. 8. Portrait. (*D.*)

Mackie (John M...). Life of G. W. Leibnitz. *Boston.* 1845. 8. (Ce n'est qu'une traduction de l'ouvrage précédent.)

Vogel (Emil Ferdinand). G. W. v. Leibnitz, biographische Federzeichnung. *Leipz.* 1846. 8. (*D.*)

Hasse (Friedrich Christian August). Erinnerung an F. W. Freiherr v. Leibnitz. *Leipz.* 1846. 8.

Schilling (G...). Leibnitz als Denker. *Leipz.* 1846. 8.

Gerhardt (J...). G. W. v. Leibnitz, dargestellt, s. l. 1848. 4.

Schulze (A... F...). Über die Entdeckung, dass Leibnitz ein Katholik gewesen sei. *Goetting.* 1827. 8.

Leicester (Robert **Dudley**, earl of),
favori d'Élisabeth, reine d'Angleterre (1531 — 4 sept. 1588).

Eickius (Arnold). Elogium R. comitis Leycestrii, cum elogio Philippi Sidnei. *Ultraj.* 1582. 4.

Discours de la vie abominable du milord de Leicester. *Par.* 1595. 8.

Drake (James). Secret memoirs of R. Dudley, earl of Leycester. *Lond.* 1706. 8.

(**Jebb**, Samuel). Life of the earl of Leicester. *Lond.* 1727. 8. Portrait.

Bijleveld (F... P...). Dissertatio historico-juridica de comite Leicestrio, quondam confœderatis Belgii regionibus præfecto. *Lugd. Bat.* 1819. 8. (*Ld.*)

Vertooch ende remonstrantie by R. Grave v. Leycester ghedaen aen den staeten generalen den 7 september 1587. *Dordr.* 1587. 4.

Beijerman (Hendrik). Oldenbarneveldt, de staten van Holland en Leycester in 1585 en 1586, etc. *Devent.* 1847. 8.

Scheltema (Pieter). De graaf van Leicester te Amsterdam, in de jaren 1586 en 1587. *Amst.* 1851. 8.

Leich (Johann Heinrich),
philologue allemand (6 mars 1720 — 10 mai 1750).

Memoria J. H. Leichii, immatura morte defuncti, programmate funebri conservata. *Lips.* 1751. Fol. (*D.* et *L.*)

Leicher (F... P...),
capitaine hollandais.

Leicher (Thomas). Leven en lotgevallen van F. P. Leicher, Oost-Indisch pionnier-kapitein, etc. *Groning.* 1843. 8.

Leidenfrost (Johann Gottlob),
médecin allemand (24 nov. 1715 — 2 déc. 1794).

Borheck (August Christian). Memoria J. G. Leidenfrostii. *Duisb.* 1794. 4.

Moeller (Anton Wilhelm Peter). Über Leben, Character und Verdienste J. G. Leidenfrost's. *Duisb.* 1795. 8.

Leidrade,
archevêque de Lyon († le 28 déc. 816).

Péricaud (Antoine). Notice sur Leidrade, archevêque de Lyon. *Lyon.* 1825. 8. (Tiré à un très-petit nombre d'exemplaires.)

Leigh (Samuel),
théologien anglais.

Strachan (Alexander). Remarkable incidents in the life of the Rev. S. Leigh. *Lond.* 1853. 8.

Leighton (Robert),
archevêque de Glasgow (1613 — 1er février 1684).

Wilson (William). Selections from the works of archbishop Leighton, with a sketch of his life. *Edinb.* 1746. 8. *Lond.* 1758. 8. Portrait.

Jerment (George). Remains of the life of R. Leighton. *Lond.* 1808. 8. *Ibid.* 1814. 8.

Pearson (John Norman). Life of R. Leighton, archbishop of Glasgow. *Lond.* 1832. 8. Portrait. Trad. en allem. s. c. t. Züge aus dem Leben des schottischen Erzbischofs, etc. *Basel.* 1834. 8. Portrait.

R. Leighton, ein apostolischer Mann in einer stürmisch bewegten Zeit. *Berl.* 1854. 8.

Leighton (William B...),
théologien (?) anglo-américain.

Narrative of the life and sufferings of W. B. Leighton. *Boston.* 1840. 18.

Leiningen (Grafen v.),
famille allemande.

Weise (Christian). Genealogia comitum Leiningensium. *Leucopetræ.* 1677. 4. *Coburg.* 1696. 8.

Leisentritt v. Julisberg (Johann),
théologien allemand (18 avril 1520 — 23 nov. 1586).

Codicius (Johann). Elegia de J. Leisentritio, Olomucensi, in collegiatæ ecclesiæ Budissinensis decanum electo, s. l. 1559. 8.

Ruperti (Gregor). Oratio funebris in obitum J. Leisentritii (a Julisberg). *Budiss.* 1586. 4. (*D.*)

Leisten (Joachim),
philosophe allemand (17 janvier 1630 — ... 1707).

Weidling (Christian). Programma academicum ad exequias J. Leistenii. *Lips.* 1707. Fol. (*D.* et *L.*)

Leitao (Francisco Xavier),
médecin portugais.

Machado (Diogo Barboza). Elogio funebre do F. X. Leitaõ. *Lisb.* 1755. 4.

Menezes (Francisco Xavier de). Elogio funebre do doutor F. X. Leitaõ. *Lisb.* 1740. 4.

Lejau (Jean),
prêtre français († 1631).

Hubert (Nicolas). Oraison funèbre de J. Lejau, doyen de l'église d'Évreux. *Evreux.* 1631. 8.

Lejay (Nicolas),
jurisconsulte français († 1640).

Pelleprat (Pierre). Oratio funebris in obitum N. Jaji. *Par.* 1641. 4.

Lejeune (Claude),
compositeur belge (1550 — 1611).

Bouton (Ernest). Esquisse biographique et bibliographique sur C. Lejeune, natif de Valenciennes, surnommé le Phénix des musiciens, compositeur de la musique de la chambre des rois Henri III et Henri IV. *Valenc.* 1846. 8.

Lejeune (Jean),
plus connu sous le nom de Père l'Aveugle, prêtre français (1592 — 19 août 1672).

Rubens (Gabriel). Discours funèbre sur la vie et la mort du R. P. Lejeune, prêtre de l'Oratoire, appelé communément l'Aveugle. *Limog.* 1676. 8. Abrégé de la vie, etc. *Par.* 1677. 8. *Toulouse.* 1679. 8.

Tabaraud (Mathieu Mathurin). Vie du P. Lejeune, dit le Père l'Aveugle, prêtre de l'Oratoire. *Limog.* 1850. 8.

Le Jolis de Villiers (Victor),
jurisconsulte français (13 mars 1790 — 1er janvier 1847).

Senneville (Théodore de). V. Le Jolis de Villiers, conseiller à la cour royale de Caen, etc. *Par.* 1847. 8. (Extrait du *Nécrologe universel du XIXe siècle.*)

Lejonankar (Gustaf Fredrik),
vice-amiral suédois (19 mai 1686 — 29 février 1756).

Hoegstroem (Pehr). Äminnelse-Tal öfver Vice-Amiralen G. F. Lejonankar. *Stockh.* 1756. 8.

Lekain (Henri Louis),
comédien français du premier ordre (14 avril 1728 — 8 février 1778).

Mémoires de H. Lekain, publiés par son fils aîné. *Par.* 1801. 8. Portrait.

Molé (François René). Notice sur les Mémoires de Lekain. *Par.* 1801. 8.

Lekain dans sa jeunesse, ou détail historique de ses premières années. *Par.* 1816. 8. (Ecrit par lui-même.)

Talma (François Joseph). Mémoire sur Lekain et sur l'art dramatique, etc. *Brux.* 1827. 8.

Leleu (N... N...),
prêtre français.

La vie et la mort du R. P. Leleu, missionnaire du diocèse de Vannes. *Nantes.* 1850. 16.

Lelewel (Joachim),
historien polonais (21 mars 1786 — ...).

Chodzko (Léonard). Notice biographique sur J. Lelewel. *Par.* 1834. 8. (Quatrième édition ornée de son port.)

Le Lieur (Jacques),
poète français au XVIe siècle.

Jolimont (T... de). Notice historique sur la vie et les œuvres de J. Le Lieur, poëte normand du XVIe siècle, en son temps conseiller-échevin de la ville de Rouen, secrétaire et notaire du roi, etc. *Rouen.* 1847. 8.

Lelièvre, dit **Chevallier** (Pierre Étienne Gabriel), *
criminel espagnol (1785 — décapité le 29 janvier 1821).

Procès de Lelièvre, dit Chevallier. *Lyon.* 1820. 8.

Boullée (Aimé). Notice sur Lelièvre, dit Chevallier, s. l. 1821. 8.

* Quatre fois marié, il avait empoisonné ses quatre femmes.

Lellis (Camillo de),
fondateur des clercs réguliers pour le service des malades (25 mai 1550 — 14 juillet 1614).

Cicatelli (Sanzio). Vita del P. C. de Lellis, fondatore de' cherici regolari ministri degli infermi. *Napol.* 1620. 4. *Viterb.* 1712. 4.

Trad. en latin par Pierre HALLOIX. *Antw.* 1632. 8.

Trad. en portug. par Salvador MARTINIANO. *Lisb.* 1747. 4.

Alberti (Giovanni Andrea). Oratio panegyrica de V. P. C. de Lellis, fundatore ministrorum infirmium. *Genov.* 1647. 4.

Rossi (Giovanni Battista). Vita C. de Lellis, fundatoris ordinis clericorum regularium. *Rom.* 1631. 12.

Munoz (Luis). Vida y virtudes del V. P. C. de Lellis, fundador de los clericos reglares, ministros de los enfermos, que llaman Agonizantes. *Madr.* 1652. 8.

Ristretto cronologica della vita di S. C. de Lellis, fondatore dei cherici regolari ministri degli infermi. *Rom.* 1846. 18.

Porro (Ignazio). Vita di S. C. de Lellis, fondatore de CC. RR. ministri degli infermi. *Torino.* 1846. 8.

Meslé (N... N...). Vie de S. C. de Lelis (!), etc. *Rennes.* 1850. 8.

Lelorgne d'Ideville (le baron N... N...),
Français (4 oct. 1780 — 30 mai 1852).

Notice nécrologique sur M. Lelorgne d'Ideville. *Par.* 1852. 4. (Notice lithographiée, signée P... R...)

Lelijveld (Frans et P... J...),
jurisconsultes hollandais.

(**Bergman** , J... T...). Levensberigt van F. en P. J. Lelijveld, s. l. et s. d. (*Nijmeg.* 1857.) 8. (*Ld.*)

Lemaire (Isaac),
navigateur belge (vers 1550 — 22 janvier 1617).

Chotin (A... G...). Notice sur I. Lemaire, hydrographe et navigateur, s. l. et s. d. 8.

Lemaire (Jean François),
mathématicien belge (7 août 1797 — 31 oct. 1852).

De Cuyper (A... C...). Notice sur J. F. Lemaire, professeur à l'université de Liége. *Liége.* 1853. 8.

Lemaire (Nicolas Éloi),
philologue français (1er déc. 1767 — 3 oct. 1832).

Notice sur N. E. Lemaire, éditeur des *Classiques latins*,

et sur le monument élevé à sa mémoire (à Triancourt). *Par.* 1842. 8.

Lemaire (N... N...),
prêtre français.

Pellerin (N... N...). Éloge funèbre de M. l'abbé Lemaire. *Orléans.* 1827. 8.

Lemaire (N... N...),
assassin français.

Procès de Lemaire, de Clermont, se disant Poulain de Beauregard, s. l. et s. d. 6 cahiers. 8.

Mémoires sur la vie de Lemaire, de Clermont, écrits par lui-même en prison, pour faire suite au *Procès*, etc., s. l. et s. d. 8. Portrait.

Lemaire (Philippe Joseph Henri),
statuaire français (9 janvier 1798 — ...).

Martin (Adolphe). Notice historique sur H. Lemaire, statuaire valenciennois, grand'croix de Rome, etc., membre de l'Institut. *Valenc.* 1847. 8.

Lemaistre (Antoine),
jurisconsulte français (2 mai 1608 — 4 nov. 1658).

Dupin (Philippe Simon). Notice sur A. Lemaistre. *Par.* 1822. 8.

Lemare (Pierre Alexandre),
littérateur français (2 février 1766 — 18 déc. 1835).

Bayard de La Vingtrie (N... N...). Notice nécrologique sur P. A. Lemare (du Jura). *Par.* 1836. 8.

Lembke (Johann),
médecin allemand.

Scheffel (Christian Stephan). Programma in obitum J. Lembke, medicinæ professoris primarii. *Gryphisw.* 1746. Fol.

Lemée (Jacques Jean Pierre),
évêque du diocèse de Saint-Brieuc (23 juin 1794 — ...).

Garaby (N... N... de). Vie de Mgr. (Mathias) Legraing la Romagère, évêque du diocèse de Saint-Brieuc; suivie d'une notice sur M. Lemée, son successeur. *Saint-Brieuc.* 1841. 12.

Lemene (Francesco, conte di),
poète italien (19 février 1634 — 24 juillet 1704).

Ceva (Tommaso). Memorie di alcune virtù del signor conte F. di Lemene, etc. *Milan.* 1706. 12. *Ibid.* 1718. 8. (*P.*)

Lémery (Nicolas),
médecin-chimiste français (17 nov. 1645 — 19 juin 1715).

Cap (Paul Antoine). Éloge de N. Lémery, chimiste du XVIIe siècle. *Rouen.* 1838. 8. *Par.* 1839. 8. (Couronné par l'Académie de Rouen.)

Tonnet (Joseph). Notice sur N. Lémery. *Niort.* 1844. 8.

Lemire (Jean), voy. **Mirœus** (Joannes).

Lemmermann (Joachim),
jurisconsulte allemand (18 sept. 1662 — 28 mars 1704).

Edzard (Georg Eliezer). Supremum officium memoriæ meritisque J. Lemmermanni, reipublicæ Hamburgensis consulis. *Hamb.* 1704. 4. (*L.*)

Lemnius ou **Lemnens** (Livinus),
médecin hollandais (1505 — 1er juillet 1568).

Harderwijck (K... J... P...). Iets over L. Lemnius, s. l. et s. d. (*Zierikzee.* 1843.) 8. (*Ld.*)

Lemnius * (Simon),
poëte suisse (vers 1515 — 24 nov. 1550).

Strobel (Georg Theodor). Leben und Schriften S. Lemnii. *Nürnb.* et *Altd.* 1792. 8. (*D.*)

† Son nom de famille était LEMCHEN.

Lemonnier (Anicet Charles Gabriel),
peintre français (6 juin 1743 — 17 août 1824).

(**Lemonnier**, Anicet Henri.) Notice historique sur la vie et les ouvrages de A. C. G. Lemonnier, peintre d'histoire. *Par.* 1824. 8.

Lemonnier (Guillaume Antoine),
auteur français (1721 — 4 avril 1797).

Mulot (François Valentin). Notice sur la vie de G. A. Lemonnier. *Par.* 1797. 8. (Echappé aux recherches de Quérard.)

Lemonnier (Louis Guillaume),
médecin-botaniste français (1717 — 3 sept. 1799).

Challan (Antoine Didier de). Essai historique sur la vie de L. G. Lemonnier, médecin du roi. *Versailles*, an VIII (1800). 8.

Lemontey (Pierre Édouard),
historien français (14 juin 1762 — 26 juin 1826).
Villemain (Abel François). Funérailles de M. Lemontey; discours, etc. *Par.* 1826. 4.
(**Passeron**, J... S...). Notice sur Lemontey, s. l. et s. d. (*Lyon.* 1827.) 8. (Extrait des *Archives du Rhône*, publ. sous la lettre Z.)

Lemot (le baron François Frédéric),
statuaire français (4 nov. 1771 — 6 mai 1827).
Quatremère de Quincy (Antoine Chrysostôme). Funérailles de M. le baron Lemot. *Par.* 1827. 4.
Passeron (J... S...). Notice sur Lemot, s. l. et s. d. (*Lyon.* 1827.) 8. (Extrait des *Archives du Rhône.*)

Lenæus (Johannes Canuti),
archevêque d'Upsala (29 nov. 1573 — 23 avril 1669).
Scheffer (Johan). Memoria J. C. Lenæi, archiepiscopi Upsaliensis. *Upsal.* 1669. 4.

Lenæus (Knut Nilsson),
théologien suédois (25 oct. 1688 — 22 janvier 1776).
Holmquist (Anders). Likpredikan öfver Prosten K. N. Lenæus. *Wexioe.* 1776. 8.

Lenain (Louis et Antoine, frères),
peintres français au xvie siècle.
Champfleury (N... N...). Essai sur la vie et l'œuvre des Lenain, peintres laonnois. *Par.* et *Laon.* 1850. 8. Portraits.

Lenain (Pierre),
historien français (25 mars 1640 — 12 déc. 1713).
(**Arnaudin**, N... N... d'). Vie de Dom P. Lenain, religieux et ancien sous-prieur de la Trappe. *Par.* 1715. 12.

Lenau * (Nicolaus),
poète allemand (13 août 1802 — 22 août 1850).
Horn (Uffo). N. Lenau, seine Ansichten und Tendenzen. *Hamb.* 1838. 12.
Opitz (Theodor). N. Lenau. Ausführliche Characteristik des Dichters nach seinen Werken. *Leipz.* 1850. 8.
Frankl (Ludwig August). Zu Lenau's Biographie. *Wien.* 1854. 8.
* Son véritable nom est NIEMBACH V. STREHLENAU.

Lenclos (Ninon de),
courtisane française (15 mai 1616 — 17 oct. 1706).
(**Bret**, A...). Mémoires sur la vie de N. de Lenclos. *Par.* 1750. 12. (P.) *Amst.* 1775. 12. (P.)
Trad. en allem. *Leipz.* 1754. 8.
Trad. en ital. *Bologn.* 1818. 18.
(**Douxmenil**, N... N...). Mémoires et lettres pour servir à l'histoire de la vie de mademoiselle de Lenclos. *Rotterd.* 1751. 12. (P.)
Damours (Louis). Lettres de N. de Lenclos au marquis de Sévigné, augmentées de sa vie. *Amst.* 1752. 2 vol. 12. Enrichies de notes historiques (par N... N... Guyot des Herbières et Auguste de Labouisse) et terminées par l'histoire de Marion de Lorme, amie intime de Ninon, (rédigées par Louis de Laborde). *Par.* 1800. 3 vol. 18. *Ibid.* 1806. 2 vol. 12.
Trad. en allem. *Leipz.* 1755. 8.
Trad. en angl. *Lond.* 1761. 2 vol. 12.
Trad. en holland. *Hage.* 1793. 8.
Ségur (Alexandre Joseph Pierre de). Correspondance secrète entre N. de Lenclos, le marquis de Villarceaux et madame de M(aintenon). *Par.* 1789. 8, ou 2 vol. 12. *Ibid.* 1797. 2 vol. 18. *Ibid.*, an xiii (1805). 8. (Ouvrage apocryphe.)
N. de Lenclos. *Chemnitz.* 1823. 8. Portrait.
Quatremère de Roissy (Jean Nicolas). Histoire de N. de Lenclos, suivie d'une notice sur madame de Cornuel. *Par.* 1824. 18.

Lenfant (Alexandre Charles Anne?),
jésuite français (6 sept. 1726 — massacré le 3 sept. 1792).
Mémoires du P. Lenfant pendant la révolution française de 1790 à 1792. *Par.* 1834. 2 vol. 8.

Lengercke (Peter v.),
jurisconsulte allemand (18 juin 1651 — .. nov. 1709).
Winckler (Johann Friedrich). Memoria P. a Lengercke, J. U. L. reipublicæ Hamburgensis consulis. *Hamb.* 1709. 4. (L.)

Lenglet du Fresnoy (Nicolas),
historien et bibliognoste français (5 oct. 1674 — 16 janvier 1755).
(**Michault**, Jean Bernard). Mémoires pour servir à l'histoire de la vie et des ouvrages de M. l'abbé Lenglet du Fresnoy. *Lond.* et *Par.* 1761. 12. (P.)

Lennep (David Jacob van),
philologue hollandais (15 juillet 1774 — 10 février 1853).
Koenen (H... J...). Lijkrede op D. J. van Lennep. *Amst.* 1853. 8.

Lenobletz (Michel),
missionnaire français (29 sept. 1577 — 5 mai 1652).
(**Verjus**, Antoine de). Vie de M. Lenobletz, prêtre et missionnaire en Bretagne. *Par.* 1666. 8. *Ibid.* 1668. 8. Réimpr. par N... N... TRESVAUX. *Lyon* 'et *Par.* 1836. 2 vol. 8.

Lenoir (Françoise Radegonde),
religieuse française († 1791).
Labiche de Reignefort (N... N...). Vie de la vénérable sœur F. R. Le Noir, morte en odeur de sainteté au couvent de la visitation de S. Marie de Limoges, etc. *Par.* 1818. 8.

Lenoir (Jean Charles Pierre),
lieutenant de police de Paris (1732 — 1807).
Apologie de M. Lenoir, s. l. (*Par.*) 1789. 8. *
* Pamphlet virulent accomp. de deux gravures singulières.

Lenoir (Richard),
industriel français au xixe siècle.
R. Lenoir, s. l. et s. d. (*Par.*) 8.

Lenormand (Marie Anne), voy. **Normand** (Marie Anne le).

Lens (André Corneille),
peintre belge (31 mars 1739 — 30 mars 1822).
Stassart (Goswin Joseph Augustin de). A. C. Lens. *Liége.* 1846. 8. (Extrait de la *Revue de Liége.*)

Lensi (Antonio),
poète italien (1769 — 1839).
Roti (Giustino). Elogio accademico di A. Lensi, Tifernate. *Castello.* 1840. 8.

Lenthe (Christian de),
jurisconsulte danois (29 mars 1649 — ... 1725).
Gram (Hans). Memoria C. de Lenthe. *Hafn.* 1728. Fol.

Lenten (Theodor),
jurisconsulte danois.
Foss (Matthias). Vitæ curriculum T. Lentenii. *Hafn.* 1668. Fol. (D.)

Lentin (Lebrecht Friedrich Benjamin),
médecin allemand (11 avril 1736 — 26 déc. 1804).
Sachse (Johann David Wilhelm). Leben L. F. B. Lentin's. *Leipz.* 1808. 8. (L.)

Lentulus (Robert Scipio),
général suisse (28 avril 1714 — 26 déc. 1786).
(**Haller**, Friedrich Ludwig). Leben des Generallieutenants R. S. Lentulus. *Bern.* 1786. 8. Trad. en franç. par N... N... HEDELHOFER. *Genève* et *Lausan.* 1787. 8. Revue et augmentée. *Bern.* 1788. 8. Portrait.

Lentz (Johann),
jurisconsulte allemand († 1627).
Roeber (Paul). Leichenpredigt über J. Lentz, nebst dessen Lebenslauf und August Buchner's Programm. *Wittenb.* 1627. 4.

Lentz (Samuel), voy. **Lenz** (Samuel).

Lenz, née **Harmens** (Augusta Helena v.),
dame courlandaise.
Grave (Carl Ludwig). Todes-Feier der Collegien-Räthin A. H. v. Lenz, geb. v. Harmens, etc. *Riga*, s. d. (1820.) 8. *
* Cet éloge n'a pas été mis dans le commerce.

Lenz (Carl Gotthold),
philologue allemand (16 juin 1763 — 27 mars 1809).
Doering (Friedrich Wilhelm). Oratio in memoriam C. G. Lenzii. *Gothæ.* 1809. 8.
Lenz (Christian Ludwig). Particuli III de vita C. G. Lenzii ejusque majorum quorundam. *Vimar.* 1810-15. 3 parts. 8. (D.)

Lenz (Christian Friedrich),
théologien allemand (8 sept. 1692 — 10 juillet 1755).
Memoria C. F. Lenzii. *Geræ.* 1755. Fol. (D.)

Lenz (Jacob Michael Reinhold),
poëte allemand (12 janvier 1750 — 24 mai 1792).
Stoeber (August). Der Dichter Lenz und Friederike (Brion) von Sesenheim, etc. *Basel.* 1842. 8. Portrait. *(D.)*

Lenz (Samuel),
jurisconsulte allemand (8 mars 1686 — 1760 ?).
Huch (Ernst Ludwig Daniel). Des Hof- und Regierungsauch Witthums-Raths S. Lenzen's Leben und Schriften. *Coethen* et *Dess.* 1758. 4. *(D.)*

Leo (Heinrich),
historien allemand (19 mars 1799 — ...).
Meyen (Eduard). H. Leo, der verhallerte Pietist. Ein Literaturbrief, allen Schülern Hegel's gewidmet. *Leipz.* 1839. 8.

Leo (Johann Christian),
théologien allemand (16 août 1687 — 22 juin 1743).
Schumann (Gottfried August). Programma in memoriam J. C. Leonis. *Leucopetræ.* 1743. Fol. *(D.)*

Leo (Mariano di),
poëte italien au xviiie siècle.
Jorio (Filippo de). Elogio storico-critico dell' abate M. di Leo, illustre filologo e poeta del secolo xviii. *Napol.* s. d. (vers 1835.) 8.

Léodegar (Saint).
Leben des heiligen Leodegar. *Luzern.* 1853. 12.

Léon I, surnommé **le Grand,**
pape, successeur de Sixte III (élu le 29 sept. 440 — 10 nov. 461).
Bertazzoli (Gabriello). Vita di S. Leone I, e di Attila, flagello di Dio. *Mantov.* 1614. 4.
Dumoulin (Pierre). Vie et religion de deux bons papes, Léon I et Grégoire I. *Sedan.* 1650. 8.
Maimbourg (Louis). Histoire du pontificat de S. Léon le Grand. *Par.* 1687. 4. *(Bes.) La Haye.* 1687. 12.
Arendt (Wilhelm Amadeus). Leo der Grosse und seine Zeit. *Mainz.* 1835. 8.
Perthel (Eduard). Papst Leo's I Leben und Lehren. *Jena.* 1843. 8.
Saint-Chéron (Alexandre de). Histoire du pontificat de S. Léon le Grand et de son siècle. *Par.* 1845 - 46. 2 vol. 8. Trad. en ital. *Milan.* 1846. 2 vol. 8.

Léon III,
pape, succédant à Adrien I (élu le 26 sept. 795 — 11 juin 816).
Faber (Johann Georg). Dissertatio de Leone III, papa Romano. *Tubing.* 1748. 4.

**Léon IX * ** (Saint),
pape, successeur de Damase II (vers 1002 — élu le 11 février 1049 — 19 avril 1054).
Vita Leonis IX papæ. *Par.* 1615. 8.
Hunkler (Thomas Franz Xaver). Leo IX und seine Zeit. *Mainz.* 1851. 8. Portrait.
    * La légende raconte qu'à l'heure de sa mort toutes les cloches de l'univers sonnèrent d'elles-mêmes.

Léon X,
pape, succédant à Jules II (11 déc. 1475 — 11 mars 1513 — 1er déc. 1521).
Giovio (Paolo). De vita Leonis X, pontificis maximi, libri IV, his accesserunt Hadriani VI pontificis et Pompei Columnæ cardinalis vitæ. *Florent.* 1549. Fol. *(Bes.) Ibid.* 1651. Fol.
Trad. en franç. (par Michel de Pure). *Par.* 1675. 12. *(Bes.)*
Trad. en ital. par Ludovico Domenicui. *Firenz.* 1551. 8. *(Bes.)*
Mamachi (Tommaso Maria). De laudibus Leonis X. *Rom.* 1741. 8.
B... (D...). Vie des papes Alexandre VI et Léon X. *Lond.* 1751. 12.
Ekerman (Peter). Dissertatio de Leone X, papa Romano, vitiis virtutibusque sat nobilitato. *Upsal.* 1762. 4.
Renazzi (Filippo Maria). Laudatio funebris Leonis X, pontificis maximi. *Rom.* 1793. 8.
Tamagna (Giuseppe). Pontificis maximi Leonis X laudatio funebris. *Rom.* 1794. 8.
Fabroni (Angelo). Leonis X, pontificis maximi, vita. *Pisa.* 1797. 4. *(Bes.)*
Roscoe (William). Life and pontificate of Leo X. *Liverpool.* 1805. 4 vol. 4. *Lond.* 1806. 6 vol. 8. *Ibid.* 1840. 8.
Trad. en allem. par Andreas Friedrich Gottlieb Glaser, avec des notes de Heinrich Philipp Conrad Henke. *Leipz.* 1806-08. 3 vol. 8. *Wien.* 1818. 3 vol. 8.

Trad. en franç. par Pierre François Henry. *Par.* 1808. 4 vol. 8. *(Bes.) Ibid.* 1813. 4 vol. 8.
Trad. en holland. *Haarl.* 1808. 4 vol. 8. *Amst.* 1811. 4 vol. 8.
Trad. en ital. par Luigi Bossi. *Milan.* 1816. 2 vol. 8.
Audin (J... M... V...). Histoire de Léon X. *Par.* 1844. 2 vol. 8. Trad. en allem. par F... M... Bura. *Augsb.* 1846. 2 vol. 8.
Biéchy (A...). Tableau du siècle de Léon X. *Limog.* 1844. 8.
Life and times of Leo X. *Lond.* 1850. 8.

Garriod (Hector de). De la légitimité du portrait de Léon X, attaquée dans le douzième volume du *Musée Bourbon*. Réponse à M. le commandeur Niccolini. *Firenz.* s. d. (1848.) 8.

Léon XII,
pape, successeur de Pie VII (2 août 1760 — élu le 28 sept. 1823 — 10 février 1829).
Elogio de' sommi pontefici Leone XII e Pio VIII. *Rom.* 1829. 8. Portraits.
Rudoni (Pietro). Leone XII e Pio VIII. *Milan.* 1829. 8.
Berg (Friedrich). Trauerrede auf Leo XII. *Münst.* 1829. 8.
Dewora (Victor Joseph). Trauerrede auf Leo XII. *Münst.* 1829. 8.
Schmid (Christoph). Trauerrede auf Leo XII. *Augsb.* 1829. 8.
Zur dankfeiernden Erinnerung an das Leben und Wirken Leo's XII. *Augsb.* 1829. 8.
Leo XII ; Abriss seines Lebens, etc. *Augsb.* 1829. 8.
Lebensbeschreibung des heiligen Vaters Leo XII. *Wien.* 1829. 12.
Artaud de Montor (Alexandre François). Histoire du pape Léon XII. *Par.* 1843. 2 vol. 8.
Peruzzi (Agostino). Oratio de laudibus Leonis XII pontificis maximi. *Ferrar.* 1844. Fol.

Léon, conde de **Belascoáin** (Diego),
général espagnol (1804 — fusillé le 15 oct. 1840).
Massa y Sanguinetti (Carlos). Vida militar y politica de D. Leon, primer conde de Belascoain. *Madr.* 1843. 8. Portrait.

Léonard (Saint).
Kort begryp van het stigtende leven van den H. Leonardus. *Loven.* 1829. 12.
Oroux (N... N...). Histoire de la vie de S. Léonard de Limousin. *Par.* 1851. 12.

Léonard * Autier,
coiffeur de la reine Marie Antoinette († 1819).
Souvenirs de Léonard, coiffeur de la reine Marie Antoinette, (rédigés et publ. par Gustave Levavasseur). *Par.* 1838. 4 vol. 8.
    * Plus connu sous son prénom de Léonard. Ces souvenirs ne sont qu'un tissu de mensonges et de plates calomnies.

Leonardi (Domenico),
littérateur italien.
Irico (Giovanni Andrea). Oratio habita in laudem D. Leonardi. *Mediol.* 1751. 8.

Leonardi (Giovanni),
fondateur de la congrégation des clercs réguliers de la mère de Dieu (1541 — 8 oct. 1609).
Maracci (Ludovico). Vita del R. P. G. Leonardi, etc. *Rom.* 1673. 4.
Erra (Carlo Antonio). Vita del R. P. G. Leonardi. *Milan.* 1759. 8.

Leonardo da Vinci, voy. **Vinci.**

Leonbruno (Lorenzo),
peintre italien (1489 — vers 1537).
Prandi (Girolamo). Notizie storiche spettanti la vita e le opere di L. Leonbruno, insigne pittore Mantovano. *Mantov.* 1825. 8. *Ibid.* 1840. 8. Portrait.

Léonce (Saint),
évêque de Fréjus († 1er déc. 432).
Dufour (Louis). S. Leontius, episcopus et martyr, suis Forojuliensibus restitutus. *Avign.* 1658. 8.

Léonce d'Antioche,
patrice d'Orient (mis à mort en 488 après J. C.).
Kiesling (Johann Rudolph). Dissertatio de Leontio Antiocheno, doxologiæ ecclesiasticæ hoste. *Erlang.* 1762. 4.

Leonhardt (Johann Gottfried),
médecin allemand (18 juin 1746 — 11 janvier 1823).
Flemming (Ludwig Ferdinand Fürchtegott). De vita
et meritis J. G. Leonhardi. *Dresd.* 1825. 8. (*D.*)

Leoni (Benedetto),
cappucin italien.
Scarfo (Giovanni Crisostomo). Elogio del P. B. Leoni da
Seminara, cappucino. *Napol.* 1715. 12.

Léonidas,
roi de Sparte (vers 490 avant J. C.).
Ekerman (Peter). Dissertatio de virtute Leonidæ cum
Persis ad Thermopylas depugnantis. *Upsal.* 1762. 4.

Léonie R... (Pierrette Françoise Charlotte),
auteur française (31 août 1801 — 6 sept. 1828).
Vie de Léonie. *Lyon.* 1842. 12.

Leopardi (Giacomo , conte),
poète et philologue italien (28 juin 1798 — 14 juin 1837).
(**Montanari**, Giuseppe Ignazio). Biografia del conte G.
Leopardi. *Rom.* 1838. 8. Portrait.

Léopold IV (Saint),
margrave d'Autriche (29 sept. 1073 — 1096 — 15 nov. 1136).
Polzmann (Benedict). Compendium vitæ ac miraculorum S. Leopoldi, sexti marchionis Austriæ cognomento
Pii, qui a domino nostro Innocentio P. M. anno 1484
est canonizatus. *In monasterio Neuburg.* 1591. 4.
Pez (Hieronymus). Historia S. Leopoldi, Austriæ marchionis. *Vindob.* 1747. Fol. Trad. en allem. s. c. t. Leben und Wunderthaten, etc., par Martin Knopf. *Wien.*
1756. 4.
Lang (Lorenz). Der heilige Leopold. *Reutling.* 1833. 8.
Leopold der Heilige, Schutzpatron von Oesterreich, etc.
Wien. 1835. 8.

Veith (Johann Emmanuel). Das Fest des heiligen Leopold. *Wien.* 1834. 8.

Léopold I,
empereur d'Allemagne (9 juin 1640 — 18 juillet 1658 — 5 mai 1705).
Pastorius (Johann August). Laurus actorum publicorum, annis 1657 et 1658 emissorum, electionem Leopoldi I præcipue spectantium. *Frf.* 1658. 4.
— — Europäischer neuer deutscher Florus. *Frf.* 1659-61.
4 vol. 12.
Gualdo-Priorato (Galeazzo). Istoria di Leopoldo cesare, che contiene le cose più memorabile successe in
Europa dall' 1656 sino al 1670. *Vienn.* 1670-74. 3 vol.
Fol.
P... (D... M... G...). Admirables efectos de la providen-
cia succedidos en la vida y imperio de Leopoldo I (ab
anno 1657-1687). *Milan.* 1696. 2 vol. Fol. *Amber.*
1716. 2 vol. Fol.
Comazzi (Giovanni Battista). Istoria di Leopoldo I.
Vienn. 1697. 8. (Extrait de l'ouvrage précédent.)
Zabanius (Isaac). Majestätischer Ehrenthron des glor-
würdigsten Kaysers Leopoldi Magni. *Hermannst.* 1699. 4.
Schenckel (Johann Adam). Vollständiges Lebens-Dia-
rium dess Allerdurchlauchtigsten, etc., Kaysers Leopoldi I , Der Gross-Thaten und Regierungs-Verrich-
tungen, etc. *Wien.* 1702. 2 vol. 8. Portrait.
Leopold I , Römischen Kaysers, Apotheose, s. l. 1703.
Fol.
Bildnuss (!) des Kaysers Leopoldi des Grossen mit dem
letzten Lebens- und Pensel-Zug durch den Schatten
des Todes aus der Zeit und dem zeitlichen Vorbild
abgerissen bey dem Leichgepräng zu Prag. *Prag.* 1705.
Fol.
Spindler (Joseph). Betrübtes Liebs-Andenken Dero, etc.,
weyland Römischen Kayserlichen Majestät Leopoldi.
Grätz. 1703. 4.
Mausoleum augustis manibus Leopoldi I imperatoris, etc.,
erectum. *Græcii.* 1705. 4.
Hansitz (Paul). Panegyricus ad solennes exequias Leo-
poldi I, imperatoris et Hungariæ regis, virtutibus, meritis, victoriis et ipso obitu vere magni. *Vienn.* 1705.
Fol.
Stieff (Anton). Augustissimis manibus Leopoldi I pane-
gyricus. *Græcii.* 1705. 4.
Woelker (Franz). Laudatio funebris Leopoldi I. *Prag.*
1705. 8.
Grosser (Samuel). Oratio in memoriam Leopoldi M. Ro-
mani imperatoris. *Goerlic.* 1705. 4.

Bonaventuri (Tommaso). Esequie dell' imperatore Leo-
poldo I. *Firenz.* 1705. 4.
Martelle (Giovanni Maria). Orazione funerale delle lodi
dell' imperatore Leopoldo I. *Firenz.* 1705. 4.
Life of Leopold, late emperor of Germany. *Lond.* 1706. 8.
Schulz (Gottfried). Nachruf der Ehren, oder historische
Lob- und Gedenk-Rede auf Leopold I. *Bresl.* 1706. 4.
Mencke (Johann Burchard). Leben und Thaten Kayser
Leopold's I. *Leipz.* 1707. 8. *Ibid.* 1710. 8.
Kaiser Leopold's Leben. *Leipz.* 1708. 2 vol. 8.
(**Rinck**, Eucharius Gottlieb). Leben und Thaten Leo-
pold's des Grossen. *Coeln.* 1708. 2 vol. 8. *Leipz.* 1713.
2 vol. 8.
Reina (Carlo Giuseppe Maria). Vita ed imperio di Leo-
poldo I. *Milan.* 1710. 8.
Roncaglia (C...). Vita di Leopoldo imperatore. *Lucca.*
1718. 4.
Wagner (Franz). Historia Leopoldi M., Cæsaris Augusti.
Aug. Vind. 1719-31. 2 vol. Fol. Portrait.
Histoire de Léopold (I), empereur de l'Occident, conte-
nant ce qui s'est passé de plus remarquable, etc., de-
puis 1658 jusqu'au 5 mai 1705. *La Haye.* 1739. 8.
Hauff (Johann Gottlieb). Denkwürdigkeiten aus dem
Leben Kaiser Leopold's I. *Tübing.* 1812. 8.

Contarini (Carlo). Istoria della guerra di Leopoldo I e
de' principi collegiati contro il Turco dall' anno 1683.
sino alla pace. *Venez.* 1710. 2 vol. 4.

Léopold II,
empereur d'Allemagne (5 mai 1747 — 20 février 1790 —
1er mars 1792).
Skizze der Lebensbeschreibung Leopold's II. *Prag, Bud-
weis* et *Leipz.* 1790. 8.
Oehler (Joseph). Skizze der Lebensbeschreibung Leo-
pold's II. *Wien.* 1790. 8.
(**Keresztury**, Joseph.) Leopoldus II in campo Rákós.
Visio Eleutherii Pannonii, s. l. 1790. 8. Trad. en
hongr. *Posonyb.* 1790. 8.
Leben Leopold's II, bis auf seine Krönung zum Könige
von Böhmen. *Prag.* 1791. 8.
Foucault (N... N... de). Histoire de Léopold , duc de
Lorraine et de Bar, père de l'empereur François II.
Brux. 1791. 8. (Non mentionné par Quérard.)
Hilchenbach (Carl Wilhelm). Gedächtniss-Predigt auf
den Tod Kaiser Leopold's II. *Wien.* 1792. 8.
Trentschánszky (Ignaz). Rede bey dem höchst schmerz-
lichen Hintritt Leopold's II, etc. *Pressb.* 1792. 8.
Waldau (Georg Ernst). Gedächtnissschrift auf Kaiser
Leopold II. *Nürnb.* 1792. 8.
Justel (Joseph Aloys). Gedächtnissrede auf den Tod
Kaiser Leopold's II. *Grätz.* 1792. 8.
Oratio pro Leopoldo II rege ab Hungaris proceribus et
nobilibus accusato , anno 1792 elucubrata , s. l. et
s. d. 8.
Raffay (Emmerich Carl). Oratio parentalis augustis
manibus Leopoldi II, etc. *Zagrab.* 1792. 4.
Strnadt (Anton). Oratio funebris Leopoldo II dicta.
Prag. 1792. Fol.
Verneda (Francesco Saverio). Oratio funebris ad solem-
nas exequias Leopoldi II, Romanorum imperatoris et
Hungariæ regis, etc. *Flumine (Fiume).* 1792. Fol.
(**Sartori**, Joseph v.) Leopoldinische Annalen. Beitrag
zur Regierungsgeschichte Kaiser Leopold's II. *Augsb.*
1792. 2 vol. 8.
Alxinger (Johann Baptist v.). Über Leopold II. *Berl.*
1792. 8.
Biographie Kaiser Leopold's II. *Wien.* 1792. 8.
Characteristik Leopold's II. *Wien.* 1792. 8.
Hegrad (Friedrich). Versuch einer kurzen Lebensge-
schichte Leopold's II bis zu dessen Absterben. *Prag.*
1792. 8.
Kiefhaber (Johann Carl Siegmund). Dem Andenken Kai-
ser Leopold's II, etc., nebst Beschreibung der Trauer-
Ceremonien, etc., in Nürnberg. *Nürnb.* 1792. 8.
Musterhaftes und wohlthätiges Leben Kaiser Leopold's II.
Dresd. 1792. 8.
(**Fischer** , Christian August). Leopold II ; philosophi-
sche Rhapsodie. *Germanien.* (*Leipz.*) 1792. 4. Portrait.
(**Haeberl**, Franz Xaver.) Über Kaiser Leopold's II
Krankheit und Tod. *Germanien.* 1792. 8.

Purmann (Johann Georg). Panegyricus imperatori Leopoldo II dictus. *Frf.* 1792. 8.

Bondi (Camillo). Orazione funebre nelle solenni esequie dell' augustissimo imperatore Leopoldo II. *Mantov.* 1792. 4.

Wackerbarth (August Joseph Ludwig). Parallele zwischen Leopold II und Albrecht II. *Leipz.* 1798. 8.

Milbiller (Joseph). Geschichte der Deutschen unter der Regierung Joseph's II und Leopold's II. *Ulm.* 1806. 8.

Beiträge zur Characteristik und Regierungs-Geschichte Kaiser Joseph's II, Leopold's II und Franz's II. *Paris* im viii. Jahre der Republik. Réimp. s. c. t. Die Jacobiner in Wien (par Franz Ernst Pipitz). *Stuttg.* 1841. 8.

Schels (Johann Baptist). Leopold II. Geschichte Oesterreichs unter seiner Regierung, 1790-1792. *Wien.* -1857. 8. *

    * Formant le dixième volume de son ouvrage *Geschichte der Laender des oesterreichischen Kaiserstaats.*

Lenhart (Joseph). Ein Wort an die Menschheit Europens über den plötzlichen Tod Leopold's II. *Quedlinb.* 1792. 8.

Fürstenfest oder Beschreibung der Feierlichkeit bei Gegenwart Leopold's II, Friedrich Wilhelm's II, etc., in Pillnitz 1791. *Dresd.* 1791. 5 parts. 8.

Léopold I (George Chrétien Frédéric),
roi des Belges (16 déc. 1790 — élu le 4 juin 1831 — ...).

(**Collin de Plancy**, J... S...). Histoire de Léopold I, roi des Belges. *Brux.* 1855. 8. Portrait. *Ibid.* 1856. 18. Portrait.

Levensbeschryving van Leopoldus, eersten koning der Belgen. *Bruss.* 1856. 12.

Sarrut (Germain) et **Saint-Edme** (B...). Biographie de Léopold I, roi des Belges. *Par.* 1840. 8. (Extrait de la *Biographie des hommes du jour.*)

Dabfontaine-Deum (N... N...). Histoire de Léopold I, roi des Belges. *Brux.* 1846. 8. Portrait.

Rastoul de Mongeot (Alphonse). Léopold I, roi des Belges, sa vie militaire et politique. *Brux.* et *Leipz.* 1850. 8. Portrait.

Léopold I,
duc de Lorraine (11 sept. 1079 — 1690 — 27 mars 1729).

Segaud (Guillaume de). Oraison funèbre de Léopold I, duc de Lorraine. *Nancy.* 1729. 4.

Alliot (François). Relation de la pompe funèbre de Léopold I. *Nancy.* 1730. 4. (Echappé aux recherches de Quérard.)

Leben Leopold's I, Herzogs von Lothringen. *Wien.* 1783. 4.

Léopold I, dit le Vieux de Dessau,
duc d'Anhalt-Dessau (3 juillet 1676 — 1693 — 7 avril 1747).

(**Ranft**, Michael). Leben und Thaten Leopold's I, etc. *Leipz.* 1741. 8. *Ibid.* 1743. 8. *Ibid.* 1750. 8.

Varnhagen v. Ense (Carl August). Fürst Leopold von Anhalt-Dessau. *Berl.* 1824. 8. *

    * Formant le 3e volume de son ouvrage *Biographische Denkmale.*

Jeleni (L...). Leben und Thaten des alten Dessauers. *Berl.* 1841. 8.

Leopold III Friedrich Franz,
duc d'Anhalt-Dessau (10 août 1740 — 20 oct. 1758 — 9 août 1817).

Gleim (Johann Bernhard). Erinnerungen aus dem Leben Leopold Friedrich Franz, etc. *Halle.* 1822. 8. Portrait.

Lindner (Heinrich). Leopold Friedrich Franz, Herzog und Fürst zu Anhalt. *Dessau.* 1840. 4. Portrait.

Baege (Ludwig). Fürstengrösse. Einige Züge aus dem Leben des hochseligen Herzogs Leopold Friedrich Franz zu Anhalt. *Dessau.* 1840. 8.

Reil (Friedrich). Leopold Friedrich Franz, der Vater des Vaterlandes. Bruchstücke aus einem grössern Werke über sein Wesen und Wirken. *Dessau.* 1844. 8.

—— Leopold Friedrich Franz, Herzog und Fürst von Anhalt-Dessau. etc. *Dessau.* 1845. 8.

Léopold Guillaume d'Autriche,
gouverneur des Pays-Bas.

Lancellotus (Lucas). Cento virgilianus rerum a Leopoldo Guilelmo in Belgio gerendarum praeludium, s. l. 1648. 4. (*Bes.*)

Avancini (Niccolò). Leopoldi Guilielmi, archiducis Austriae, principis pace et bello inclyti, virtutes et gesta.

Antw. 1665. 4. (*Bes.*) Trad. en franç. par Henri Dex. Lille. 1667. 4.

Leopold (Maximilian Julius),
prince de Brunswick (10 oct. 1752 — 27 avril 1785).

Eggers (Christian Ulrich Detlev v.). Gedächtnissrede auf Maximilian Julius Leopold, Herzog zu Braunschweig. *Kopenh.* 1785. 8.

Wegener (Carl Friedrich). Trauerrede auf den Tod des Herzogs Leopold von Braunschweig. *Berl.* 1785. 8.

—— Lebensbeschreibung des Herzogs Maximilian Julius Leopold von Braunschweig. *Berl.* et *Elbing.* 1785. 8.

Hausen (Carl Renatus). Biographie des Herzogs Maximilian Julius Leopold von Braunschweig, etc. *Frf. a. d. O.* 1785. 8.

Feddersen (Jacob Friedrich). Maximilian Julius Leopold, Herzog zu Braunschweig. *Halle.* 1785. 8.

From (Nathan Friedrich). Herzog Leopold zu Braunschweig, der Menschenfreund. *Berl.* 1785. 8. Supplém. *Ibid.* 1787. 8.

Geisler (Adam Friedrich). Leben und Character Herzog Leopold's von Braunschweig-Lüneburg. *Leipz.* 1786. 8. Portrait.

(**Klein**, Ernst Friedrich). Denkmal des Herzogs Leopold von Braunschweig. *Berl.* et *Frf. a. d. O.* 1787. 4.

Jerusalem (Johann Friedrich Wilhelm). Glaubensbekentniss des Prinzen Maximilian Julius Leopold von Braunschweig. *Braunschw.* 1787. 8.

Leopold (Achilles Daniel),
jurisconsulte allemand (11 juin 1691 — 11 mars 1753).

Seelen (Johann Henrich v.). Memoria A. D. Leopoldi, J. U. D. et comitis palatini caesarei. *Lubec.* 1722. Fol.

—— Praeclarissimum coeci eruditi exemplum, quod in viro nobilissimo consultissimo et doctissimo D. A. D. Leopoldo, J. U. D. admiratus est, etc. *Lubec.* 1755. 4.

Leopold (Carl Gustaf af),
poëte suédois (2 avril 1756 — 3 mai 1829).

Skjoeldebrand (Anders Fredrik). Tal vid C. G. af Leopolds graf. *Stockh.* 1829. 8.

Pontin (Magnus af). Minne af C. G. Leopold. *Stockh.* 1850. 8.

Ehrenstroem (Marianne d'). Notice biographique sur M. de Leopold. *Stockh.* 1858. 8. Portrait.

Leopold (Johann Friedrich),
médecin allemand (1676 — 4 mai 1711).

Suantenius (Enoch). Memoria J. F. Leopoldi. *Lubec.* 1711. Fol.

Léotade * (Frère),
prêtre français († 1855).

Amilhau (A...). Histoire du procès du frère Léotade, composée d'après la procédure authentique et les débats publics, etc. *Toulouse.* 1850. 8.

Procès de Louis Bonafous, en religion frère Léotade, accusé du double crime de viol et d'assassinat sur la personne de la jeune Cécile Combettes, condamné aux travaux forcés à perpétuité, par la cour d'assises de la Haute-Garonne, etc. *Brux.*, s. d. (1850.) 8. *

    * Avec le portrait de Louis Bonafous et celui de Cécile Combettes, assassinée le 15 avril 1847.

Cazeneuve (N... N...). Abrégé historique de l'affaire Léotade. *Toulouse.* 1853. 8.

    * Son nom de famille est BONAFOUS.

Leo-Wolf (Wilhelm),
médecin allemand († 26 avril 1850).

Zur Erinnerung an den, etc., verstorbenen Dr. W. Leo-Wolf. *Hamb.* 1851. 8.

Lepeletier d'Aunay (le comte Louis Charles),
Français (27 juin 1773 — ...).

Tisseron (N... N...). Notice historique sur M. le comte Lepeletier d'Aunay. *Par.* 1845. 8.

Lepelletier, comte de Saint-Fargeau (Louis Michel),
député à la Convention nationale (29 mai 1760 — assassiné le 21 janvier 1793).

Discours sur la mort de Lepelletier. *Par.*, s. d. (1793.) 8.

Villenave (Mathieu Guillaume Thérèse). Discours funèbre à la mémoire de M. Lepelletier. *Nantes*, an ii (1793.) 8.

Vanel (N... N...). Oraison funèbre de M. Lepelletier. *Aurillac*, s. d. (1793.) 8.

Bourgeois (N... N...). Oraison funèbre de M. Lepelletier. *Sens.* 1793. 8.

Tobie (N... N...). Éloge historique de M. Lepelletier. *Par.* 1793. 8.

Chaisneau (Charles). Éloge de M. Lepelletier, prononcé dans le temple de la Raison à Auxerre. *Auxerre,* s. d. (1793.) 8.

Lepelletier (Félix). Vie de M. Lepelletier, s. l. (*Par.*) 1793. 8.

Crassous (Paulin). Éloge funèbre de Lepelletier et de (Jean Paul) Marat, à l'occasion de la fête de ces deux martyrs de la liberté, s. l. (*Par.*) 1809. 8.

Le Picart (François), théologien français.

Coste (Hilarion de). Le parfait ecclésiastique, ou la vie de F. Le Picart, docteur de Paris, etc. *Par.* 1658. 8.

Lepidus (Marcus Æmilius), triumvir romain (+ 77 avant J. C.).

Schaller (Jacob). Dissertatio de M. Lepido, s. bono consiliario sub malo principe. *Argent.* 1651. 4.

Le Pouillon de Boblaye (Émile), géologue français (16 nov. 1792 — 4 déc. 1843).

Rozet (N... N...). Notice sur la vie et les travaux du commandant E. Le Pouillon de Boblaye. *Par.* 1845. 8.

Lepoyvre (Marie), religieuse belge.

Prevost (H...). La vie exemplaire de quatre abbesses : M. Lepoyvre, Barbe Blocquel, Pétronille Roels et Louise de Barbaize, décédées avec opinion de saincteté. *Liége.* 1656. 4.

Lequieu (Antoine), jacobin français (+ 1676).

Escudier (François d'). Vie d'Antoine (Lequieu) du Saint-Sacrement, jacobin, instituteur de l'ordre du Saint-Sacrement. *Lyon.* 1677. 12.

Archange Gabriel de l'Annonciation. Vie d'A. Le Quieu, etc. *Avign.* 1682. 2 vol. 8.

Lerche (Johann Jacob), médecin allemand (27 déc. 1708 — 23 mars 1780).

Lerche (Johann Jacob). Lebens- und Reise-Gechichte, herausgegeb. mit Anmerkungen von Anton Friedrich BUESCHING. *Halle.* 1791. 8.

Leroux (François), franciscain français (1696).

Lachère (François). Laus funerea F. Le Roux, s. l. 1697. 4.

Leroux (Pierre), socialiste français (1798 — ...).

Marchal (Joseph). Révélations édifiantes sur P. J. Proudhon et P. Leroux. *Brux.* 1850. 8.

Leroy (Aimé Nicolas), littérateur français (11 février 1793 — 21 mars 1848).

Dinaux (Arthur). Notice sur A. N. Leroy, bibliothécaire de la ville de Valenciennes. *Valenc.,* s. d. (1848.) 8. *Mons.* 1849. 8.

Leroy (Jacques Agathange), médecin français (1734 — 11 février 1812).

(**Ferrier,** N... N...). Notice biographique sur le docteur J. Leroy. *Par.* 1812. 8. *
* Cette notice n'a pas été mise dans le commerce.

Leroy (Julien), horloger français (1686 — 1759).

Le Prévost d'Exmes (François). J. Le Roy, s. l. et s. d. 8.

Leroy d'Étioles (Jean Jacques Joseph), médecin français (5 avril 1798 — ...).

Dubois (Louis). Le docteur Leroy d'Étioles. *Par.* 1842. 8. (Extrait de la *Revue générale biographique, politique et littéraire.*)

Leroy de Saint-Arnaud (Jacques), maréchal de France (20 août 1801 — ...).

(**Charras,** colonel). Les trois maréchaux : MM. de Saint-Arnaud, Magnan et Castellane. *Brux.* 1851. 18. Trad. en allem. *Hamb.* 1853. 8.

(**Duperrel Sainte-Marie,** N... N...). M. le général Leroy de Saint-Arnaud, ministre de la guerre. *Par.* 1852. 8. (Extrait de *la Renommée.*)

Le Royer (Jeanne), religieuse française (24 janvier 1732 — 15 août 1798).

(**Genest,** N... N...). Vie et révélations de la sœur Jeanne de la Nativité, religieuse converse au couvent des urbanistes de Fougères. *Par.* 1818. 3 vol. 12. *Ibid.* 1819. 4 vol. 4. Portrait.

Lersner (Friedrich Maximilian v.), jurisconsulte allemand (20 février 1697 — 8 mars 1753).

Fresenius (Johann Philipp). Plötzliche Todesfälle als Erweckungsmittel für die Lebendigen ; bey Beerdigung des Schöffen F. M. v. Lersner vorgestellt. *Frf.* 1753. 4.

Lerssner (Philipp Christian), jurisconsulte allemand.

Spener (Philipp Jacob). Leichpredigt auf P. C. Lerssner. *Frf.* 1684. 4. (D.)

Léry (François Joseph **Chausse-Gros** de), général français (11 sept. 1754 — ... 1824).

Léry (N... N... de). Notice historique sur le lieutenant général vicomte de Léry. *Par.* 1824. 8.

Lesage (Alain René), auteur français (8 mai 1668 — 17 nov. 1747).

Beuchot (Adrien Jean Quentin). Notice sur la vie et les ouvrages de Lesage. *Par.* 1820. 12.

Malitourne (Armand). Éloge de Lesage. *Par.* 1822. 4. (Couronné par l'Académie française.)

Patin (Henri). Éloge de Lesage, etc. *Par.* 1822. 4. *
* Discours qui a partagé le prix décerné par l'Académie française.

Girardin (Saint-Marc). Éloge de Lesage. *Par.* 1822. 8.

Audiffret (Jean Baptiste). Notice historique sur Lesage. *Par.* 1822. 8.

Lesage (Georges Louis), mathématicien suisse (13 juin 1724 — 9 nov. * 1803).

Prevost (Pierre). Notice de la vie et des écrits de G. L. Lesage (de Genève), membre de l'Institut de Bologne et de beaucoup de sociétés savantes, etc. *Genève et Par.* 1805. 8.
* Ou selon d'autres biographes le 20 du même mois.

Lescallier (Daniel), homme d'État français (4 nov. 1743 — .. mai 1822).

Notice sur la vie et les travaux de M. L(escallier), ancien conseiller d'État, etc. *Par.* 1820. 8. (Écrit par lui-même.)

Lescalopier (Anne), épouse de Gaspard Thuillier.

Gaffarelli (Jacques). Nænia in obitum A. Lescalopier, conjugis C. Thuillerii, legati regis Galliarum ad Venetam rempublicam. *Venet.* 1633. 4. (Rare.)

Leschke (Johann Gottfried), théologien allemand.

Hilscher (Paul Christian). Leichen-Predigt auf J. G. Leschke. *Dresd.* 1698. Fol. (D.)

Leschnert (Johann Gottfried), pédagogue allemand.

Schmerbauch (Gottlieb Heinrich). Elogium J. G. Leschnerti. *Lubben.* 1756. 4. (D.)

L'Escluse * (Charles de), botaniste belge (19 février 1526 — 4 avril 1609).

Vorstius (Everhard). Oratio funebris in obitum C. Clusii. *Atrebat.* (*Antw.*) 1611. 4.

Morren (Charles François Antoine). A la mémoire de C. de L'Escluse, un des pères de la botanique, de l'horticulture et des sciences naturelles en Belgique, s. l. et s. d. (*Liége.* 1853.) 8. Portrait.
* Plus connu sous le nom latinisé de CLUSIUS.

Lescuyer (Marie Françoise), religieuse française (+ 1668).

Senault (Jean François). Oraison funèbre de M. F. Lescuyer, abbesse du Lys. *Par.* 1606. 4.

Lesdiguières (François de **Bonne,** duc de), dernier connétable de France (+ 28 sept. 1626).

Brenier (Claude). Oraison funèbre de F. de Bonne, duc de Lesdiguières, connétable de France. *Grenobl.* 1626. 12.

Videl (Louis). Histoire du duc de Lesdiguières, contenant sa vie avec plusieurs choses mémorables servant à l'histoire générale depuis l'an 1543 jusqu'à sa mort. *Par.* 1638. Fol. *Grenoble.* 1649. 8. *Par.* 1666. 2 vol. 12.

Martin (Jean Claude). Histoire abrégée de la vie de F.

de Bonne, pair et dernier connétable de France, etc. *Grenob.* 1802. 8.

Lesdiguières (François **de Bonne**, duc de),
gouverneur du Dauphiné († 1677).
Brassac (Laurent Bartholomée de). Oraison funèbre de F., duc de Lesdiguières, pair de France, gouverneur et lieutenant général du Dauphiné. *Grenoble.* 1677. 12.

Le Sergent (Charlotte),
bénédictine française.
(**Blémur**, Jacqueline **Brouet** de). Abrégé de la vie de la V. M. C. Le Sergent, dite *de Saint-Jean l'Evangéliste*, religieuse de l'abbaye de Montmartre. *Par.* 1683. 12.

Leschevin de Précour (Philippe Xavier),
littérateur français (16 nov. 1771 — 6 juin 1814).
Amanton (Claude Nicolas). Notice nécrologique sur P. X. Leschevin de Précour, commissaire en chef des poudres et salpêtres à Dijon. *Dijon.* 1814. 8. Additions, *Ibid.* 1814. 8.

Lesguillon (N... N...),
poète français.
Deville (Frédéric). Notice biographique sur M. Lesguillon, poète, romancier et auteur dramatique. *Par.* 1853. 8. (Extrait de la *Revue générale biographique, politique et littéraire.*)

Leske (Nathanael Gottfried),
économiste allemand (22 oct. 1751 — 25 nov. 1786).
L(oeper) (C... P... G...). Etwas zur Lebensgeschichte des Herrn N. G. Leske, Professors der Cameralwissenschaften zu Marburg. *Leipz.* 1787. 8.

Lesparre (Florimont de),
gentilhomme français.
Rabanis (J...). Notice sur F., sire de Lesparre, suivie d'un précis historique sur cette seigneurie. *Bordeaux.* 1843. 8.

Lespinasse (Julie Jeanne Éléonore de),
auteur française (1732 — 23 mai 1776).
Lettres de mademoiselle de Lespinasse, avec une notice biographique par Jules **Janin**. *Par.* 1848. 8.

Less (Gottfried),
théologien allemand (31 janvier 1736 — 28 août 1797).
(**Holscher**, Johann Conrad Achatz). G. Less; biographisches Fragment. *Hannov.* 1797. 8. (*D.*)

Lesser (Friedrich Christian),
naturaliste allemand (29 janvier 1692 — 17 sept. 1754).
Lesser (Friedrich Christian). Eigene Nachricht von seinen grössern und kleinern Schriften. *Nordhaus.* 1746. 8. (*D.*) *Ibid.* 1751. (*D.*)

Lesser (Johann Philipp Friedrich). Nachricht von dem Leben und den Schriften F. C. Lesser's. *Nordhaus.* 1755. 4. (*D.*)

Lessi (Giovanni),
jurisconsulte italien (4 août 1743 — 12 oct. 1817).
Fontani (Francesco). Elogio del dottore G. Lessi. *Firenz.* 1818. 8.

Lessing (Gotthold Ephraim),
poète allemand du premier ordre (22 janvier 1729 — 15 février 1781).
Schuetz (Christian Gottfried). Über G. E. Lessing's Genie und Schriften. *Halle.* 1782. 8. (*D.*)
Grossmann (Gustav Friedrich Wilhelm). Lessing's Denkmal, etc. *Hannov.* 1791. 8.
Lessing (Carl Gottlieb). G. E. Lessing's Leben nebst seinem literarischen Nachlasse. *Berl.* 1793. 3 vol. 8. (*D.*)
Schink (Johann Friedrich). Characteristik G. E. Lessing's. *Berl.* 1825. 8. Portrait.
Graeve (Heinrich Gottlob). G. E. Lessing's Lebensgeschichte, oder Lessing als Mensch dargestellt; nebst einer Beschreibung der am Säcular-Geburtsfeste des Gefeierten in seiner Vaterstadt Camenz veranstalteten Feierlichkeiten. *Leipz.* et *Camenz.* 1829. 8. Port. (*D.*)
Wingolf (N... N...). Dem Andenken G. E. Lessing's an seinem hundertjährigen Geburtstage. *Leipz.* 1829. 8.
Sachs (Ludwig Wilhelm). Einiges zur Erinnerung an Lessing. *Berl.* 1839. 8. (*D.*)
Diller (Eduard August). Erinnerungen an G. E. Lessing, Zögling der Landesschule zu Meissen. *Meiss.* 1841. 8. (*D.*)
Tolhausen (Alexander). Klopstock, Lessing and Wieland. Treatise on German literature. *Lond.* 1848. 12.

Petri (Victor Friedrich Lebrecht). Gedächtnissrede zur Todtenfeier Lessing's am 15 Febr. *Braunschw.* 1838. 8.
Danzel (Theodor Wilhelm). G. E. Lessing, sein Leben und seine Werke, etc. *Leipz.* 1850-53. 2 vol. 8. *
  * Le deuxième volume a été publié, après la mort de M. Danzel, par Gottschalk Eduard Guhrauer.
Doering (Heinrich). G. E. Lessing's Biographie. *Jena.* 1853. 16. *
  * Formant le quatrième volume de la collection : *Biographien deutscher Classiker.*

M(eissner) (August Gottlieb). Lope de Vega, Lessing und Pastor Richter. Anecdote aus der Unterwelt. *Leipz.* 1782. 8. (*L.*)

Die Lessing-Literatur in Deutschland. Vollständiger Catalog sämmtlicher in Deutschland erschienenen Werke G. E. Lessing's, sowohl Gesammt- als Einzel-Ausgaben, aller bezüglichen Erläuterungs- und Ergänzungs-Schriften, wie endlich aller mit ihm in irgend einer Beziehung stehenden sonstigen literarischen Erscheinungen von 1750 bis Ende 1851. 8. *Cassel.* 1852. 8.

Lessing (Johann Gottfried),
théologien allemand, père du précédent (24 nov. 1593 — 22 août 1770).
Voigt (Johann Friedrich). Primæ lineolæ vitæ a J. G. Lessingio actæ. *Budiss.* 1768. 4. (*D.*)

Lessing (Ludwig),
étudiant allemand (assassiné le 3 nov. 1834).
Der Mord von L. Lessing, etc. *Zürch.* 1837. 8.
Schauberg (Joseph). Actenmässige Darstellung der über die Ermordung des Studenten L. Lessing, aus Freienwalde in Preussen, beim Criminalgerichte des Cantons Zürich geführten Untersuchung. *Zürch.* 1837. 8.

Lessius * (Leonard),
jésuite belge (1er oct. 1554 — 15 janvier 1623).
Courtois (Thomas). De vita et moribus R. P. L. Lessii, e Societate Jesu theologi. *Brux.* 1640. 8. Portrait. (*P.*) *Par.* 1644. 16.
  * Son nom de famille était Leys.

Lesson (René Primevère),
chimiste français (20 mars 1794 — ... avril 1849).
Lefèvre (Amédée). Éloge historique de R. P. Lesson, premier pharmacien en chef de la marine, professeur de chimie et de physique médicale au port de Rochefort, etc. *Rochef.* 1850. 8.

Lestiboudois (Themistocle),
médecin français (1797 — ...).
Ouvrages publiés par M. T. Lestiboudois. *Par.* 1852. 8.

Lestonac (Jeanne de),
fondatrice des religieuses de la congrégation de Notre-Dame (1556 — 2 février 1640).
Abrégé de la vie de madame J. de Lestonac, fondatrice de l'ordre religieux de Notre-Dame. *Toulouse.* 1646. 4.
François (N... N...). Vie de la vénérable mère J. de Lestonac. *Toulouse.* 1671. 4.
Beaufils (Guillaume). Vie de la vénérable mère J. de Lestonac, fondatrice de l'ordre des religieuses de Notre-Dame. *Toulouse.* 1714. 12.
Abrégé de la vie de madame J. de Lestonac, etc. *Bordeaux.* 1843. 8.
Extrait de la vie de madame J. de Lestonac, etc. *Bordeaux.* 1843. 8.

Lestrange (Louis Henri Augustin de),
trappiste français (1754 — 16 juillet 1827).
(**Guerbes**, N... N...). Vie de Dom A. de Lestrange, abbé de la Trappe. *Par.* 1829. 12.

Lesueur (Eustache),
peintre français du premier ordre (1617 — 1655).
Vitet (Louis). E. Lesueur. *Par.* 1841. 8. *Brux.* 1841, 18.
Blanc (Charles). Etude sur E. Lesueur. *Par.* 1845. 8. (Extrait de l'*Histoire des peintres français.*)
Dussieux (L...). Nouvelles recherches sur la vie et les ouvrages d'E. Lesueur, avec un catalogue des dessins de Lesueur, par Anatole **Montaiglon**. *Par.* 1852. 8.
Vitet (Louis). E. Lesueur, sa vie et ses œuvres. *Par.* 1853. 8.

Lesueur (Guillaume Benoît),
prêtre français († 26 février 1850).
Séléque (N... N...). Éloge funèbre de messire G. B. Lesueur, curé de Saint-Patrice, etc. *Rouen.* 1850. 8.

Lesur * (Charles Louis),
historien français (24 août 1770 — 1er oct. 1849).
Pillet (Fabien). Notice biographique sur M. Lesur. *Par.*
1849. 8. (Extrait du *Moniteur.*)
Pécheur (abbé). Biographie de C. L. Lesur, homme de
lettres, ancien historiographe au ministère des affaires
étrangères. *Laon.* 1852. 8. Portrait.
  * L'ouvrage le plus connu de cet écrivain est son *Annuaire historique*,
collection précieuse commencée en 1817 et continuée jusqu'à sa
mort.

Lesurques (Joseph),
victime de la justice française (1763 — exécuté le 30 oct. 1796).
Salgues (Jacques Barthélemy). Notice sur la vie et la
mort de J. Lesurques. *Par.* 1821. 8.
Notice sur Lesurques, condamné par erreur, en 1796, par
le tribunal criminel de Versailles et exécuté postérieure-
ment à la découverte de son innocence. *Nancy.*
1850. 8.

Lesurre (Jacques Pierre Joseph),
théologien français (1er oct. 1763 — 7 juillet 1844).
(**Tresvaux du Fraval** , N... N...). Notice sur M. l'abbé
Lesurre. *Par.* 1850. 8.

Letchworth (Thomas),
théologien anglais.
Matthews (William). Life and character of T. Letchworth. *Lond.* 1786. 12.

Letellier (Michel),
homme d'État français (19 avril 1603 — 28 oct. 1685).
Bossuet (Jacques Bénigne). Oraison funèbre de M. Le-
tellier , chancelier de France (sous Louis XIV). *Par.*
1686. 4.
Fléchier (Esprit). Oraison funèbre de M. Letellier. *Par.*
1686. 4.
Maboul (Jacques). Discours funèbre sur le trépas de
M. Letellier. *Par.* 1686. 4.
Hersan (Marc Antoine). Oratio in recenti funere M. Le-
tellier. *Par.* 1686. 4. Trad. en franç. par Noël Bos-
QUILLON. *Par.* 1688. 4.

Letellier, voy. **Louvois** (Michel François **Letellier**,
marquis de).

Letouf, baron de **Sirot** (Claude de),
général français (+ 1652).
Mémoires et vie de C. de Letouf, baron de Sirot. *Par.*
1683. 12.

Letronne (Jean Antoine),
archéologue français (25 janvier 1787 — 15 déc. 1848).
(**Longpérier** , Adrien de). Notice sur J. A. Letronne ,
membre de l'Institut , et discours prononcés à ses funérailles, etc. *Par.* 1849. 12.
(**Maury**, Alfred). Notice sur M. Letronne. *Par.* 1849. 8.
Wailly (Natalis de). Notice sur M. Letronne. *Par.*
1849. 8.
Garnier (Edmond). Notice sur M. Letronne. *Par.* 1850.
8. Portrait.
Walckenaër (Charles Athanase de). Notice sur la vie et
les ouvrages de M. Letronne. *Par.* 1850. 4.

Lettsom (John Coakley),
médecin anglais (1747 — 1er nov. 1815).
Pettigrew (Thomas Joseph). Memoirs of the life and
writings of the late Dr. Lettsom. *Lond.* 1817. 3 vol. 8.

Letzner (Johann),
théologien allemand.
Einem (Johann Justus von). Vita J. Letzneri. *Magdeb.*
1728. 8. (*D.*)

Leu (Joseph),
magistrat suisse (1er juillet 1800 — assassiné le 19 juillet 1845).
Ammann (Wilhelm). Voruntersuchungsacten und die
Verhöre mit Jacob Mueller , von Stechenrain im Can-
ton Luzern, diejenigen mit dessen Ehefrau und dessen
Mutter in Betreff des an dem Rathsherrn J. Leu began-
genen Mordes. *Zürch.* 1846. 8.
—— Die Criminal-Prozedur gegen Jacob Mueller , von
Stechenrain im Canton Luzern , Mörder des seligen
Herrn Grossraths J. Leu, von Ebersol, in populärer
Darstellung. *Zürch.* 1846. 8. (Portrait de Leu et celui
de son assassin.) Trad. en franç. *Zurich.* 1846. 8.
Acten der Criminal-Prozedur gegen Jacob Müller, von Ste-
chenrain, und Mitschuldige wegen Tödtung des Raths-
herrn J. Leu, von Ebersol, wörtlich getreu abgedruckt.
Zürch. 1846. 8.

Ackermann (Joseph). J. Leu, von Ebersol , und sein
Kampf für Gott und Vaterland. *Luzern.* 1846. 8. Port.
Pfyffer (Casimir). Meine Betheiligung an der Rathsherrn
Leu'schen Mordgeschichte. *Zürch.* 1846. 8. Portrait.
——Nachtrag zur vorhergehenden Schrift.*Zürch.* 1848. 8.

Leuchtenberg (Landgrafen v.),
famille allemande.
Brenner (Johann Baptist). Die Landgrafen von Leuchtenberg, historisch-genealogisch erläutert.*Rothenb. a. d.
Tauber.* 1834. 8.
Wittmann (Michael (?). Geschichte der Landgrafen
von Leuchtenberg. *Münch.* 1851-52. 3 vol. 8.

Leuchtenberg (Eugène, duc de), voy. **Beauharnais**
(Eugène de).

Leuckfeld (Johann Georg),
historien allemand (4 juillet 1668 — 24 avril 1726).
Eckhard (Tobias). Lebensbeschreibung J. Leuckfeld's,
s. l. (*Quedlinb.*) 1727. 4. (*D.*)

Leuenburger (Nicolaus),
démagogue suisse.
Schaedelin (P... J... J...). C. Leuenburger; historisches Drama in vier Abtheilungen. *Bern.* 1857. 8. *
  * Biographie dramatique accomp. de notes historiques et ornée de
son portrait.

Leupold (Jacob),
mathématicien allemand (25 juillet 1675 — 12 janvier 1727).
Tettelbach (Gottfried). Lebensbeschreibung und Gedächtniss - Schrift auf J. Leupold. *Dresd.* 1735. 4. (*D.*)

Leuret (François),
médecin français (30 déc. 1797 — 6 janvier 1851).
Trélat (Ulysse). Notice sur F. Leuret, médecin en chef
à l'hospice de Bicêtre. *Par.* 1851. 8.
Hequet (Charles). Notice biographique sur la vie et
les travaux du docteur Leuret , médecin en chef de
l'hospice d'aliénés de Bicêtre. *Nancy.* 1852. 12.

Leusden (Johann),
philologue hollandais (26 avril 1624 — 30 sept. 1699).
Vries (Gerhard de). Oratio funebris in obitum J. Leus-
denii. *Traj. ad Rhen.* 1699. 4. (*D.*)

Leutinger (Nicolaus),
historien allemand (1547 — .. avril 1612).
Kuester (Georg Gottfried). Vita N. Leutingeri. *Berol.*
1727. 8.

Le Vachet (Jean Antoine),
prêtre français (vers 1603 — 1681).
Richard (René). Histoire de la vie de M. J. A. Le Vachet , prêtre , instituteur des sœurs de l'Union chrétienne. *Par.* 1692. 12. (*Bes.*)

Levasseur (Jean Charles),
graveur français (21 oct. 1734 — .. nov. 1816).
Bidou (Charles François). Discours prononcé sur la
tombe de J. C. Levasseur, doyen des graveurs du roi,
s. l. et s. d. (*Par.* 1816.) 8.

Levasseur, dit **de la Sarthe** (René),
député à la Convention nationale (1747 — 18 sept. 1834).
Trait de barbarie reproché à Levasseur de la Sarthe, s. l.
et s. d. (*Par.*) 4.
Levasseur de la Sarthe, représentant du peuple, à ses
concitoyens, s. l. et s. d. (*Par.*) 4.
Notice historique sur R. Levasseur (de la Sarthe), député
à la Convention nationale, s. l. et s. d. (*Par.* 1834.) 8.
Portrait.
(**Roche**, Achille.) Mémoires de R. Levasseur (de la
Sarthe), ex-conventionnel. *Par.* 1829. 2 vol. 8. Portrait.

Levassor (Pierre),
acteur français (.. janvier 1808 — ...).
(**Rabot** , Pierre.) Notice biographique sur M. Levassor,
s. l. (*Lyon.*) 1843. 8. Portrait.

Levati (Giuseppe),
peintre italien (19 mars 1739 — 28 déc. 1828).
Fumagalli (Ignazio). Elogio storico di G. Levati, pittore prospettivista. *Milan.* 1856. 8.

Leveneur (Alexis Paul Michel),
général français (29 sept. 1746 — 26 mai 1833).
Leveneur (Alexis Paul Michel). Notes relatives aux
trahisons de Dumouriez et à mon évasion de l'armée,
s. l. et s. d. (Mémoire fort rare et très-curieux.)

Lévêque (Pierre),
mathématicien français (3 sept. 1746 — 16 oct. 1814).
Delambre (Jean Baptiste Joseph). Éloge de P. Lévêque. *Par.* 1816. 4.

Lévesque (Alexandre François Narcisse),
littérateur français (23 mai 1756 — 23 janvier 1844).
Funérailles de M. A. F. N. Lévesque, etc. *Douai.* 1844. 8. Portrait.

Lévesque (François),
prêtre français († 1684).
Bignon (Jean Paul). Vie de F. Lévesque, prêtre de l'Oratoire, s. l. (*Par.*) 1684. 12.

Lévesque de Pouilly (Louis Jean),
littérateur français (1691 — 4 mars 1750).
Saulx (Pierre de). Éloge historique de M. de Pouilly, lieutenant des habitants de la ville de Reims. *Reims.* 1751. 4. (*Lv.*)

Léviathan,
monstre talmudique.
Kirchmaier (Georg Caspar). Dissertatio de Behemoth et Leviathan. *Witteb.* 1660. 4.
Baier (Johann Wilhelm). Dissertatio de Behemoth et de Leviathan, elephas et balæna, e Job. 40. 41. *Altorf.* 1708. 4.

Lévis (Pierre Marc Gaston, duc de),
pair de France (7 mars 1764 — 15 février 1830).
Lévis (Pierre Marc Gaston de). Souvenirs et portraits depuis 1780 jusqu'en 1789. *Par.* 1813. 8. Augment. d'articles supprimés par la censure de Bonaparte. *Par.* 1814. 8. *Ibid.* 1815. 8. *
* Les augmentations remplissent les pages 265 à 328.

Levita * (Elias),
rabbin italien (vers 1472 — 1549).
Nagel (Johann Andreas Michael). Dissertatio de E. Levita Germano. *Altorf.* 1745. 4. (*D.*)
Oertel (Georg Christoph). Vita E. Levitæ, Germani. *Norimb.* 1776. 4.
— — Animadversiones quædam in vitas M. Petri Kolbii, Simonis Marii et E. Levitæ. *Norimb.* 1780. 4.
Hirt (Johann Friedrich). Memoria sæcularis textia E. Levitæ, etc. *Jenæ.* 1777. 4. (*L.*)
* Son véritable nom était Elia Levi Ben-Ascura.

Levrier (Antoine Joseph),
jurisconsulte français (5 avril 1756 — 30 avril 1833).
Notice biographique sur M. Levrier, ancien lieutenant général au bailliage de Meulan. *Bourg.* 1823. 8. (Tiré seulement à 100 exemplaires.)

Lévy (A...),
mathématicien français (1794 — 1841).
Quetelet (Lambert Adolphe Jacques). Notice sur A. Lévy. *Par.* 1844. 12. (*Bx.*)

Lewenhaupt (Adam Ludvig, Grefve),
(1659 — 12 février 1719.)
Lewenhaupt (Adam Ludwig). Enväldets skadeliga påfölyder och aggets bittra frukter, tydeligen afskildrade uti den Berättelse, etc., uti dess Fängenskap i Ryssland sammanfattat. *Stockh.* 1757. 4.

Possiet (Johan). Personalier öfver Grefve A. L. Lewenhaupt. *Stockh.* 1724. 8.

Lewenhaupt (Carl Magnus, Grefve),
homme d'État suédois.
Stiernhööf (Georg Hircinius). Fatalis vitæ humanæ cursus sub persona viatoris vitam et mortem quasi viæ suæ duces per prosopopœiam inducentis, adumbratus in memoriam illustrissimi comitis C. M. Lewenhaupt. *Holm.* 1654. Fol.

Lewes (Charles Lee),
comédien anglais au xviii siècle.
Memoirs of C. L. Lewes, written by himself. *Lond.* 1805. 4 vol. 12.

Lewis (Matthew Gregory),
poète anglais (9 juillet 1775 — 14 mai 1818).
Life and correspondence of M. G. Lewis, etc. *Lond.* 1839. 2 vol. 8. Portrait.

Lewis (Thomas),
théologien anglais.
Memoir of the Rev. T. Lewis, of Islington. *Lond.* 1853. 12.

Leyde (vicomtes de).
Stroobant (Corneille). Notice généalogique sur les vicomtes de Leyde. *Anvers.* 1850. 8.

Leyde (Lucas **Dammesz**, dit **Lucas** de),
peintre-graveur hollandais du premier ordre (1494 — 1533).
Bartsch (Adam v.). Catalogue raisonné de toutes les estampes qui forment l'œuvre de Lucas de Leyde. *Vienne.* 1798. 8.

Leyden (John),
poète anglais.
Morton (John). Poetical remains of the late Dr. J. Leyden, with memoirs of his life. *Lond.* 1819. 8.

Leyden (Johann von), voy. **Jean de Leyde.**

Leyen (F... H... von der),
jurisconsulte allemand.
Leyen (Gustav Franz von der). H. F. von der Leyen, wie er war und starb. *Aachen.* 1853. 8.

Leyonhufvud (Canut),
officier suédois.
Norlind (Daniel). Concio in funere liberi baronis C. Leyonhufvud, Axelii filii, generalis militiæ adjutoris. *Holm.* 1702. Fol.

Leyonhufvud (Knut),
homme d'État suédois (28 nov. 1730 — 19 oct. 1816).
Oxenstierna (Johan Gabriel). Åminnelse-Tal öfver Kammarherren K. Leyonhufvud. *Stockh.* 1817. 8.

Leyonmarck (Gustaf Adolph),
homme d'État suédois (6 sept. 1734 — 4 mai 1815).
Adlerbeth (Gudmund Göran). Åminnelse-Tal öfver Vicepresidenten G. A. Leyonmarck. *Stockh.* 1817. 8.

Leyris (Amédée du),
poète français.
Dottin (Henri). Étude sur A. du Leyris. *Beauv.* 1844. 8. (Extrait des *Bulletins de l'Athénée du Beauvaisis.*)

Leyser, voy. **Lyser.**

Leyser (Augustin v.),
jurisconsulte allemand (18 oct. 1683 — 3 mai 1752).
Baermann (Georg Friedrich). Programma de vita A. de Leyser. *Witteb.*, s. l. Fol. (*D.*)
Crusius (Christian). Memoria A. de Leyser. *Witteb.* 1752. Fol.

Leyva (Virginia Maria),
religieuse italienne.
Scrissio * (N... N...). Cenni intorno alla vita di suor V. M. Leyva, detta la signora di Monza. *Milan.* 1856. 16. Portrait.
* Pseudonyme de Lena Perpenti.

Leyzaldi (Giustina),
dame italienne au xviii siècle.
Sonzogno (Lorenzo). Donna G. Leyzaldi. Processo milanese del secolo xvii ; racconto. *Milan.*, s. d. (1858.) 16.

Lezurier de la Martel (Louis Geneviève, baron),
officier français (25 mai 1765 — ... 1844).
M. le baron L. G. Lezurier de la Martel, officier de la Légion d'honneur. *Par.* 1845. 8.

Lhéritier de Brutelle (Charles Louis),
botaniste français (1746 — assassiné le 16 avril 1800).
Guyot Desherbiers (Claude Antoine). Notice historique sur C. Lhéritier, etc. *Par.*, s. d. (an IX.) 8.

L'Herminier (Félix Louis),
naturaliste français (18 mai 1779 — 26 oct. 1833).
(**Guibourt**, N... N...). Notice sur F. L. L'Herminier. *Par.* 1854. 8.

L'Hôpital (Michel de),
homme d'État français (1505 — 13 mars 1573).
L'Hôpital (Michel de). Mémoires, contenant plusieurs traités de paix, apanages, mariages, reconnaissances, depuis l'an 1228 jusqu'en 1557. *Cologne.* 1572. 2 vol. 12.

(**Lévesque de Pouilly**, Louis Jean). Vie du chancelier M. de L'Hôpital. *Lond.* (*Par.*) 1764. 12. Portrait. (*D.* et *Lv.*)
Vie de M. de L'Hôpital, chancelier sous Charles IX. *Amst.* 1767. 8.
Bourgeois (N... N...). Éloge historique du chancelier de L'Hôpital. *La Rochelle.* 1776. 8.
(**Guibert**, Jacques Antoine Hippolyte de). Éloge historique de M. de L'Hôpital, s. l. 1777. 8.

Montyon (Antoine Jean Baptiste **Auger** de). Éloge du chancelier de L'Hôpital. *Par.* 1777. 8.

Perreau (Jean André). Eloge du chancelier de L'Hôpital. *Par.* 1777. 8.

Regnaud de Paris (Pierre Étienne). Éloge du chancelier de L'Hôpital. *Par.* 1777. 8.

Remy (Joseph Honoré). Eloge de M. de L'Hôpital. *Par.* 1777. 8. (Couronné par l'Académie française.) — (*P.*)

Talbert (François Xavier). Eloge du chancelier M. de L'Hôpital. *Besanç.*, s. d. (1777.) 8. (Couronné par l'Académie de Toulouse.)

(Pechmeja, Jean de). Éloge de M. de L'Hôpital, chancelier de France. *Par.* 1777. 8.

(Bruny, N... N... de). Eloge de M. de L'Hôpital. *Lond.* (*Par.*) 1777. 8.*

   * Avec cette épigraphe.: *Vitam impendere vero.* JUVEN., sat. IV.

Garat (Dominique Joseph). Éloge historique de M. de L'Hôpital. *Par.* 1778. 8.

Goyon d'Arsac (Guillaume Henri Charles). Éloge du chancelier M. de L'Hôpital. *Montauban.* 1782. 12.

(Turpin, François René). Vie du chancelier de L'Hôpital. *Par.* 1789. 8. (Extrait de la *Vie des hommes illustres du tiers état.*)

Bernardi (Joseph Éléazar Dominique). Essai sur la vie et les écrits de M. de L'Hôpital. *Par.* 1807. 8. (*D. et Lv.*)

Butler (Charles). Essay on the life of M. de L'Hôpital, chancellor of France. *Lond.* 1814. 8. (*P.*)

Irmischer (Johann Conrad). Dissertatio historico-litteraria de M. Hospitalio, cancellario gallico. *Erlang.* 1827. 8. (*D.*)

Dupin (André Marie Jean Jacques). Dissertation sur la vie et les ouvrages de (Robert Joseph) Pothier ; suivie de trois notices sur M. de L'Hôpital, Denis Talon et (Jean Denis de) Lanjuinais. *Par.* 1827. 12.

Cresson (M...). Éloge historique du chancelier M. de L'Hôpital, etc. *Par.* 1850. 8.

L'Hospital (Raymond),
    chef des Anglomanes (4 février 1749 — 10 juin 1816).

L'Hospital (J... E...). Notice historique sur R. L'Hospital. *Bordeaux.* 1817. 8. (Tiré seulement à 25 exemplaires.)

Liancourt (Jeanne de **Schomberg**, duchesse de),
    dame française connue par sa haute piété (1600 — 14 juin 1674).

Boileau (Jean Jacques). Vie de madame de Liancourt. *Par.* 1698. 12. *Ibid.* 1779. 12.

Libanius,
    orateur grec (314 — vers 393 après J. C.).

Berger (Johann Wilhelm). Disputationes VI de Libanio. *Witteb.* 1696-98. 4. (*Lv.*)

Petersen (Frederik Christian). Commentationum de Libanio sophista part. IV. *Hafn.* 1827-28. 4.

Libens (Johan),
    théologien belge (6 mai 1675 — 15 mai 1747).

V(an) E(ven) (Edward). Levensberigt van Dr. J. Libens, Diestenaer, religieus van het ordre van den H. Augustinus en professor by de faculteit der godgeleerdheyd van de hoogeschool van Leuven. *Diest.* 1845. 18.

Libényi (János),
    connu par son attentat sur François Joseph, empereur d'Autriche (8 déc. 1831 — pendu le 26 février 1853).

Das Attentat auf S. M. Kaiser Franz Josef am 18 Februar 1853. Vollständige und authentische Schilderung des entsetzlichen Ereignisses und der darüber gepflogenen Untersuchungen. *Wien.* 1853. 8. (Avec le portrait de Joseph ETTENREICH, qui a sauvé la vie de l'empereur.)

Liberatore (Raffaele),
    publiciste italien (23 oct. 1787 — 2 mai 1843).

Rocco (Emmanuele). Notizie biografiche di R. Liberatore. *Napol.* 1845. 8.

Del Re (Giuseppe). Elogio di R. Liberatore. *Napol.* 1845. 8.

Libère (Saint),
    pape, successeur de S. Jules (élu le 24 mai 352 — 24 sept. 366).

Corgne (Pierre). Dissertation critique et historique sur le pape Libère, dans laquelle on fait voir qu'il n'est jamais tombé. *Par.* 1726. 12. Revue (par Jean Joseph LANGUET DE LA VILLENEUVE DE GERGY.) *Ibid.* 1736. 12.

Liberi, dit **Libertino** (Pietro) ,
    peintre italien (1605 — 1687).

Gualdo - Priorato (Galeazzo). Vita del cavaliere P. Liberi, pittore Padovano , réimprimée par Leonardo TAISSINO. *Vicenz.* 1818. 8.

Liberio (San).

Corsini (Edoardo). Notizie istoriche intorno a S. Liberio sepolto e venerato nella cattedrale della citta di Ancona. *Ancona.* 1764. 4.

Libermann (N... N...),
    prêtre français.

(Pitra, F... J... B...). Notice sur M. Libermann, supérieur de la congrégation du Saint-Esprit et de l'immaculée conception de Marie. *Par.* 1852. 8.

Libert (Saint),
    martyr belge.

Gurnez (J... A... de). Vita et martyrium S. Liberti Malinatis et Mechliniensium principum Adonis et Elisæ filii. *Mechlin.* 1639. 4. (Peu commun.)

Libert (Étienne Joseph),
    jardinier belge (1771 — vers 1844).

Hulst (Félix van). Notice sur É. J. Libert. *Liége.* 1845. 8. (*Lv.*)

Liborius (Saint).

Torelli (Ludovico). Vita di S. Liborio, vescovo Cenomatense. *Bologn.* 1647. 12.

Liborius (Saint),
    patron de l'église de Paderborn († 836).

Bolland (Jean). Vita S. Liborii, episcopi, calculo laborantium patroni. *Antw.* 1648. 8.

Strunck (Michael). De vita, reliquiis et beneficiis S. Liborii, episcopi Paderanæ urbis et dioecesis. *Paderb.* 1736. 8.

Geschichtliche Erinnerung bei dem tausendjährigen Liborius-Jubelfeste. *Paderb.* 1836. 8.

Gosler (Friedrich Henricus). Der heilige Liborius, der 1000jährige Patron der Kirche zu Paderborn. Denkmal zur Feier des 1000jährigen Jubiläums im Jahre 1836. *Münst.* 1836. 8.

Libri (Guglielmo Brutus Icilius Timoléon),
    mathématicien italien (2 janvier 1803 — ...).

Libri (Guillaume). Lettre à M. de Falloux, etc., contenant le récit d'une odieuse persécution et le jugement porté sur cette persécution par les hommes les plus compétents, etc. *Par.* 1849. 8. *
    * L'auteur de cette défense a été accusé d'une spoliation des bibliothèques et des archives de la France.

Lamporecchi (Raineri). Mémoire sur la persécution qu'on fait souffrir en France à M. Libri. *Lond.* 1850. 8.

Liceti (Fortunio),
    médecin italien (3 oct. 1577 — 17 mai 1657).

Allacci (Leone). Licetus carmine græco jambico expressus ac latinis jambicis redditus a Guidone de SOUVIGNY. *Rom.* 1641. 4. (*D.* et *P.*)

Lichnowsky (Felix Maria Vincenz Andreas, Fürst v.),
    homme d'État allemand (5 avril 1814 — assassiné le 18 sept. 1848).

(Lichnowsky, Felix v.). Erinnerungen aus den Jahren 1837-39. *Frf.* 1841-43. 2 vol. 8.

(——) Portugals Erinnerungen aus dem Jahre 1842. *Mainz.* 1843. 8.

Heuser (Otto Ludwig). Die Ermordung der Reichstags-Abgeordneten Generals v. Auerswald und Fürsten Lichnowsky zu Frankfurt am Main ; zugleich als Beitrag zu der strafrechtlichen Lehre vom Complott, etc. *Cassel.* 1850. 8.

Koestlin (Carl Reinhold). Auerswald und Lichnowsky ; ein Zeitbild, nach den Akten des Appellations-Gerichtes zu Frankfurt am Main. *Tübing.* 1850. 8.

Lichtenau (Wilhelmine, Gräfin v.),
    l'une des maitresses de Frédéric Guillaume II, roi de Prusse (1754 — 9 juin 1820).

Geheime Papiere der Gräfin v. Lichtenau. *Leipz.* 1798. 8.

Bekenntnisse der Gräfin v. Lichtenau, ehemaligen Madame Rietz. *Koeth.* 1798. 2 parts. 8.

(Bandemer, Susanna v.). Biographische Skizze der Madame Rietz, jetzigen Gräfin v. Lichtenau. *Frf. a. M.* 1798. 8. Trad. en holland. s. c. t. Levensgeschiedenis der Gravin van Lichtenau. *Zutphen.* 1798. 8. Portrait.

Empfindsame Reise der Prinzessin Ananas nach der Festung Glogau, s. l. 1799. 8. *
* Satire sur la comtesse de Lichtenau.

Baranius (A... W...). Versuch einer Biographie der Gräfin v. Lichtenau. *Lindau* et *Leipz.* 1800. 8.
Unpartheiisches Verhör der Gräfin Lichtenau, aus schriftlichen Urkunden gezogen vom Mann mit der rothen Mütze, s. l. 1800. 12. (Omis par tous les bibliographes allemands.)
(Holbein, Franz Ignaz v.). Apologie der Gräfin v. Lichtenau, von ihr selbst entworfen, (publiée par Johann Gottlieb Schummel). *Leipz.* et *Gera.* 1809. 2 vol. 8.
Mémoires de la comtesse de Lichtenau. *Par.* 1809. 3 vol. 8. *Lond.* 1809. 2 vol. 12.

Lichtenberg (Georg Christoph),
physicien allemand (1er juillet 1742 — 24 février 1799).

Kaestner (Abraham Gotthelf). Elogium G. C. Lichtenberg. *Goetting.* 1799. 4.
Doering (Heinrich). Lebensumrisse von Carl August, Grossherzog von Sachsen-Weimar, von (Justus) Moeser, (Johann Daniel) Falk, (Johann Gottlieb) Seume, Lichtenberg und (Friedrich) v. Matthison. *Quedlinb.* 1840. 12.

Lichtenberg (Gerhard de),
homme d'État danois.

Frimodt (Niels). Parentation over G. de Lichtenberg. *Soroe.* 1763. 4.
Tetens (Peder). Soergetal over Etatsraad G. de Lichtenberg. *Soroe.* 1763. 8.

Lichtervelde (Joseph François, comte de),
agronome belge (27 juin 1772 — 18 sept. 1840).

Morren (Charles François Antoine). A la mémoire de J. F. comte de Lichtervelde, s. l. et s. d. (*Liége.* 1853.) 8. Portrait.

Lichtner (Johann Christoph),
philosophe allemand (vers 1626 — 9 juin 1687).

Programma academicum ad justa exequalia J. C. Lichtneri. *Lips.* 1687. Fol. (*D.*)

Lichtscheid (Ferdinand Helfreich),
théologien allemand (12 nov. 1661 — 23 février 1707).

Ancillon (Charles). Histoire de la vie et de la mort de feu M. Lichtscheid. *Berl.* 1713. 8. (*D.*)

Lichtwehr (Magnus Gottfried),
poète allemand (30 janvier 1719 — 7 juillet 1783).

Eichholz (Friedrich Wilhelm). Leben und Verdienste M. G. Lichtwehr's, etc. *Halberst.* 1784. 8. (*D.*)

Licinio Regillo, surnommé **le Pordenone**
(Giovanni Antonio),
peintre italien (1483 — 1540).

(Mantica, Urbano Valentinis). Una periodo della vita di G. A. Licinio, detto il Pordenone. *Udine.* 1836. 8. *
* Cette brochure, tirée à un très-petit nombre d'exemplaires, est fort rare, même en Italie, et très-recherchée.

Licinius,
empereur romain (307 — 323).

Frommann (Erhard Andreas). Programma de philosophis a Licinio imperatore excruciatis. *Coburg.* 1763. 4.

Licinius Calvus (Cajus),
orateur et poète romain (82 — 48 avant J. C.).

Weichert (August). Commentatio de C. Licinio Calvo, oratore et poeta. *Grimm.* 1823. 4.

Liddel (Duncan),
médecin écossais (1561 — 1613).

Sketch of the life of Dr. D. Liddel, of Aberdeen, professor of mathematics and of medecine in the university of Helmstädt, s. l. et s. d. 4.

Lidén (Johan Henrik),
philosophe suédois (5 janvier 1741 — 23 avril 1793).

Wallin (L... P...). Åminnelse-Tal öfver J. H. Lidén. *Lund.* 1797. 8.
Eck (Johann Georg). J. H. Lidén. Beitrag zur Gelehrtengeschichte Schwedens. *Leipz.* 1800. 8. (*D.*)

Lidner (Bengt),
poète suédois (16 mars 1759 — 4 janvier 1793).

Franzén (Frans Michael). Minne af B. Lidner. *Stockh.* 1841. 8.

Lidwine (Sainte *),
vierge hollandaise au xve siècle.

Brugmans (Johannes). Vita S. Lidwinæ virginis. *Schiedam.* 1498. 4. Trad. en franç. *Besanç.* 1840. 12.
* Son corps fût brûlé, par les protestants, à Schiedam.

Lié (Saint),
solitaire français.

Vie de S. Lié, confesseur. *Charleville.* 1675. 8.
Proust (Claude). Vie de S. Lié, solitaire dans la Beauce. *Orléans.* 1694. 8.

Liebezeit (Georg Sigismund),
médecin hongrois.

Haynóczi (Daniel). Oratio funebris ad laudes G. S. Liebezeit, nobilis Hungarici, marchionis Brandeburgo-Byruthini archiatri. *Sempron.*, s. d. (1739.) 4.

Liebler (Georg),
philosophe allemand (3 oct. 1524 — 30 janvier 1600).

Ziegler (Michael). Oratio de vita et morte G. Liebleri. *Tubing.* 1601. 4.

Liebrecht (Johann Matthias),
théologien allemand († 1776).

Schuchmacher (Otto Christian). Nachricht von dem Leben, Character und der Amtsführung des seeligen J. M. Liebrecht's, gewesenen Predigers zu S. Michaelis in Hamburg. *Hamb.* 1777. 4.

Liechtenstein (Grafen und Fürsten),
famille allemande.

Tilly (Heinrich v.). Isagoge chronologica Liechtensteiniæ gentis, etc. *Ingolst.* 1651. Fol.

Liechtenstein (Carl , Fürst v.),
prince-évêque d'Olmutz († 1691).

Gruensklee (Johann). Panegyricus funebris celsissimo principi C. de Liechtenstein , episcopo Olomucensi. *Olomuc.* 1691. Fol.

Liechtenstein (Ulrich v.),
poète allemand au xiiie siècle.

Frauendienst, oder Geschichte und Liebe des Ritters und Sängers U. v. Liechtenstein, von ihm selbst beschrieben, etc., publ. par Ludwig Tieck. *Stuttg.* et *Tübing.* 1812. 8. (*D.*)

Liechtenstein (Joseph Wenzel, Fürst v.),
feld-maréchal d'Autriche (10 août 1696 — 10 février 1772).

Premlechner (Johann Baptist). Panegyricus principi J. W. Liechtensteinio. *Vienn.* 1772. 8.
Pezzl (Johann). Lebensbeschreibung des Grafen (Raimodo) Montecuculi, W. Liechtenstein's und (Ignaz v.) Born's. *Wien.* 1792. 8.

Liechtenstern (Joseph Marx, Freiherr v.),
historien allemand (12 février 1765 — 10 oct. 1828).

Materialen zu einer Biographie des Freiherrn J. M. v. Liechtenstern. *Schneeb.* 1828. 8. (*D.*)

Liechtstein (Georg Philipp),
théologien allemand.

Spener (Philipp Jacob). Leichenpredigt auf G. P. Liechtstein. *Frf.* 1682. 4. (*D.*)

Liedert (Jacob Heinrich),
philanthrope allemand (1697 — 1775 ?).

Pisanski (Georg Christoph). Leben, Character und Verdienste des Commerz- und Stadtraths J. H. Liedert. *Königsb.* 1776. 4.

Lieutaud (Joseph),
médecin français (21 juin 1703 — 6 déc. 1780).

Lasservolle (N... N...). Éloge historique de M. Lieutaud. *Par.* 1781. 4.

Lieven (Carl , Fürst),
homme d'État russe (22 février 1767 — 12 janvier 1845).

Busch (Friedrich). Fürst C. Lieven und die kaiserliche Universität Dorpat unter seiner Oberleitung. *Dorp.* et *Leipz.* 1846. 4. (*L.*)

Lieven (Charlotte Margarethe, Fürstin),
mère du précédent (1748 — 7 mars 1828).

Uwarow (Sergius). Hommage à madame la princesse de Lieven. *Saint-Pétersb.* 1829. 8.

Lieven (Johann Heinrich , Graf v.),
général livonien au service de Suède (1670 — 1733).

Schroederheim (Elis). Tal öfver Riks-Rådet och Riks-Marskalken, Grefve H. H. Lieven. *Stockh.* 1781. 8.

Liezhelmer (Johann August),
théologien allemand.

Horbe (Johann Heinrich). Predigt bey Leich-Begangnuss des J. A. Liezheimer. *Frf.* 1684. 4.

Lightfood (John),
orientaliste anglais (29 mars 1602 — 6 déo. 1675).

Brevis descriptio vitæ J. Lightfooti. *Ultraj.* 1699. Fol.

Ligier (N... N...),
acteur français.

Plessis (Emmanuel du). M. Ligier (de la Comédie-Française). *Par.* 1842. 8. (Extrait de la *Revue générale biographique, politique et littéraire.*)
(**Darthenay**, N... N...). Biographie dramatique : Ligier. *Par.* 1852. 8.

Ligne (princes de),
famille belge.

Pascallet (É...). Notice historique sur la maison de Ligne. *Par.* 1844. 8.

Ligne (Charles Joseph, prince de),
feld-maréchal d'Autriche (23 mai 1723 — 13 déc. 1814).

(**Soubiran**, Jean François). Biographie du prince C. de Ligne. *Dresd.* 1807. 8. Portrait. (Omis par Quérard.)
Reiffenberg (Frédéric Auguste Ferdinand Thomas de). Le feld-maréchal prince de Ligne. *Brux.* 1846. 4. *Ibid.* 1850. 8. Portrait. (Extrait des *Nouveaux mémoires de l'Académie royale de Belgique.*)

Liguori (Alfonso Maria de),
fondateur de la congrégation du très-saint Rédempteur
(26 sept. 1696 — 1er août 1787).

Marsella (Domenico Antonio). Vita del B. A. M. de' Liguori, fondatore della congregazione del S. Redentore. *Rom.* 1814. 14. *Ibid.* 1816. 8.
Giattini (Vincenzo Antonio). Vita del B. A. M. Liguori, fondatore della congregazione del S. Redentore. *Rom.* 1815. 4. *Napol.* 1817. 4. *Ibid.* 1828. 12. *Monza.* 1819. 12. Portrait. *Torin.* 1830. 12. *Venez.* 1836. 2 vol. 12. Trad. en allem. *Wien.* 1835. 8.
Alessandro (Giovanni Francesco). Orazione in lode del B. A. de' Liguori. *Catanzaro.* 1817. 8.
(**Gousset**, N... N...). Riflessioni sulla santità e dottrina del B. A. de-Liguori. *Monza.* 1827. 12.
Cavedoni (Pietro). Orazione panegirica del B. A. M. de Liguori. *Moden.* 1827. 12. *Monza.* 1828. 12.
Jeancard (M...). Vie du bienheureux A. Liguori. *Louv.* 1829. 8. *Lyon.* 1834. 12. Trad. en allem. (par Michael HARINGER). *Regensb.* 1840. 8. Portrait.
Passy (Anton). Umrisse des Lebens und Todes des seligen A. M. Liguori. *Augsb.* 1832. 12. Portrait.
Compagnoni (Pietro). Breve cenno sulla santità e dottrina del B. A. M. Liguori. *Lugo.* 1832. 8.
— — Orazioni al B. A. M. Liguori. *Lugo.* 1833. 8.
Verdier (Jean Baptiste Antoine). Le modèle des évêques et des prêtres. Vie de S. A. M. de Liguori, évêque de S. Agathe-des-Goths et fondateur de la congrégation du très-saint Rédempteur. *Clerm. Ferrand.* 1854. 18.
Kloth (Gregorius). Leben des heiligen A. M. Liguori, Bischofs v. S. Agatha der Gothen und Stifters der Versammlung des allerheiligsten Erlösers. *Aachen.* 1855. 8. Portrait.
Korten inhoud van het leven des H. A. M. de Liguori, stichter der vergadering des allerheiligsten Verloosers, etc. *Mechel.* 1859. 18. Portrait.
Abrégé de la vie de S. A. de Liguori, fondateur de la congrégation du très-saint Rédempteur. *Malin.* 1859. 18. Portrait.
Tannoja (Antonio Maria). Mémoires sur la vie et l'institut de S. A. M. de Liguori, etc. *Par.* 1841. 3 vol. 8.
Gillet (R...). Vie pratique de S. A. de Liguori. *Lille.* 1842. 12. *Ibid.* 1849. 12.
Life of S. A. M. de Liguori, bishop of S. Agatha, etc. *Lond.* 1848. 2 vol. 8. Portrait.
Noticias sobre la vida y escritos de S. A. Liguori, obispo que fué de S. Agata de Goti, etc. *Madr.* 1849. 8. (Trad. de l'ital.)
Schick (J... G...). Leben des heiligen A. M. v. Liguori, Stifters des Redemptoristenordens. *Schaffhaus.* 1853. 8.*

* Le même ouvrage contient, en outre, la vie du P. Friedrich SPEE, de la compagnie de Jésus, écrite par Albert WERFER.

Lilgenau (Andreas Christian , Freiherr v.),
littérateur allemand.

Reithofer (Dionysius Franz de Paula). Biographie des Freiherrn A. v. Lilgenau. Beitrag zur baierschen Gelehrten- und Schulgeschichte, etc. *Münch.* 1817. 8.

Lilienthal (Theodor Christian),
théologien allemand (8 oct. 1717 — 17 mars 1782).

Pisanski (Georg Christoph). Promeritum honoris monumentum D. T. C. Lilienthalio sacratum. *Regiom.* 1782. Fol.

Liljencrantz (Johan),
homme d'État suédois (20 août 1730 — 22 janvier 1815).

Silfverstolpe (Axel Gabriel). J. Liljencrantz's Begrafnis. *Stockh.* 1815. 8.
Schulz v. Schulzenheim (David). Åminnelse-Tal öfver Riks-Rädet J. Liljencrantz. *Stockh.* 1815. 8.

Lillichoek (Jacob),
homme d'État suédois.

Lindemann (Erik). Inscriptio sepulchralis in obitum D. J. Lillichök, liberi baronis in Naerpis. *Holm.* 1658. Fol.

Lilljenberg (Johan Georg, Grefve),
homme d'État suédois (3 août 1719 — 26 avril 1798).

Sifverstolpe (Axel Gabriel). Minne af Grefve J. G. Lilljenberg. *Stockh.* 1798. 8.
Adlerbeth (Gudmund Göran). Åminnelse-Tal öfver Presidenten J. G. Lilljenberg. *Stockh.* 1798. 8.

Lilly (William),
astrologue anglais (1602 — 9 juin 1681).

Burman (Charles). Life of those eminent antiquaries Elias Ashmole and W. Lilly, etc. *Lond.* 1774. 8.

Lima (Francisco de),
évêque de Pernambuco.

Pilar (Bartholomeu do). Exequias do illustrissimo D. F. de Lima, III bispo de Pernambuco. *Lisb.* 1707. 4.

Limborch (Philipp van),
théologien hollandais (19 juin 1633 — 30 avril 1712).

Leclerc (Jean). Oratio funebris in obitum P. a Limborch, sacræ theologiæ apud remonstrantes professoris. *Amst.* 1712. 4. (*D.*)
Hoeven (Abraham den Amorie van der). Dissertationes II de Joanne Clerico et P. a Limborch , etc. *Amst.* 1843. 8. (*P.*)

Limburg Brouwer (Pieter van),
poète hollandais (20 février 1795 — 21 juin 1847).

Sijbrandi (Karel). Ter nagedachtenis van P. van Limbourg Brouwer, s. l. et d. 8.
Huber (C... U... J...). P. van Limburg Brouwer vooral in zijnen jeugdigen leeftijd geschetst. *Groning.* 1848. 4.
Notice sur P. van Limbourg Brouwer, associé de l'Académie royale de Belgique. *Brux.* 1848. 12.

Limburger (Martin),
théologien allemand (27 janvier 1637 — 7 février 1692).

Geuder (Johann). Leichpredigt auf Herrn Mag. M. Limburger, Pfarrer zu Kraftshof. *Nürnb.* 1692. 4.

Limnaeus (Johannes),
jurisconsulte allemand (5 janvier 1592 — 13 mai 1665).

Strebel (Johann Sigmund). Leben und Schriften des ehemals berühmten Staatslehrers J. Limnaeus. *Onolzbach.* 1741. 8.

Limoges (Jean Maximilien de),
jurisconsulte français.

Marchand (Artus le). Oraison funèbre de J. M. de Limoges, président en la chambre des requêtes du parlement de Rouen. *Rouen.* 1606. 8.

Linacre (Thomas),
médecin anglais (1460 — 20 oct. 1524).

Barth (Michael). Oratio de T. Linacro, Britanno. *Lips.* 1560. 8. (*L.*)

Linage de Vauciennes (N... N...),
négociateur français.

Linage de Vauciennes (N... N...). Mémoires de ce qui s'est passé en Suède et aux provinces voisines depuis 1645 jusqu'en 1655, tirés des dépêches de M. Chanut, ambassadeur de France (en Suède). *Cologne.* 1667. 3 vol. 12. *Par.* 1675. 3 vol. 12.

Linares (Filippo),
poète (?) italien.

Iscrizione, biografia e carme in morte di F. Linares. *Palerm.* 1859. 16. *

* Cette notice, accomp. de son portrait, a été composée par ses fils Antonino, Vincenzo et Gaetano LINARES.

Linck (Georg Heinrich),
jurisconsulte allemand (1er nov. 1692 — 20 mai 1739).

Schwarz (Christian Gottlieb). Programma ad funus Dr. G. H. Linckii, JCti. *Altorf.* 1739. Fol.

Linck (Heinrich Friedrich),
botaniste allemand (2 février 1769 — 1er janvier 1851).

Martius (Carl Friedrich Philipp v.). Denkrede auf H. F. Linck, etc. *Münch.* 1851. 4.

Lind (Jenny),
cantatrice suédoise (6 oct. 1820 —...).

J. Lind, die schwedische Nachtigall; biographische Skizze. *Hamb.* 1845. 8. Portrait.

(**Becher**, Julius Alfred). J. Lind. Skizze ihres Lebens und ihrer Künstler-Laufbahn, etc. *Wien.* 1846. 4. Port. Augment. *Ibid.* 1847. *

* La seconde édition porte le nom de l'auteur.

(**Lyser**, Johann Peter). G(iacomo) Meyerbeer und J. Lind. Fragmente aus dem Tagebuche eines alten Musikers. *Wien.* 1847. 8.

Memoir of J. Lind. *Lond.* 1847. 8. Portrait.

Review of the performances of mademoiselle J. Lind, during her engagement at Her Majesty's Theatre, etc., with a notice of her life. *Lond.* 1847. 8.

J. Lind. Skildring af hannes Lefnad. *Stockh.* 1848. 8.

Linda (Michael),
théologien allemand.

Reinbard (Michael Heinrich). Memoria M. Lindæ. *Torgav.* 1759. 4. (*D.*)

Lindano (San).

Rhò (Giovanni). Vita di S. Lindano, abate Benedettino. *Rom.* 1641. 4.

Lindanus (David),
historien flamand.

Duyse (Prudens van). Levensschets van D. Lindanus. *Gand.* 1850. 8.

Lindblom (Jakob Axelsson),
archevêque d'Upsala (27 juillet 1746 — 15 février 1819).

Hedborn (Samuel Johan). Åminnelse-Tal öfver Erke-Biskopen Dr. J. A. Lindblom. *Stockh.* 1819. 8.

Een (Carl Johan). Åminnelse-Tal öfver Erke-Biskopen Dr. J. A. Lindblom. *Upsal.* 1821. 8.

Lindblom (Nils),
savant suédois.

Nordmark (Zacharias). Åminnelse-Tal öfver Professorn N. Lindblom. *Stockh.*, s. d. 8.

Lindcreutz (Anders),
homme d'État suédois.

Hoepken (Anders Johan v.). Tal öfver Presidenten A. Lindcreutz. *Stockh.* 1744. 8.

Linde (Samuel Gottlieb v.),
philologue allemand (28 avril 1771 — 15 août 1847).

(**Koeppen**, Peter v.). S. G. Linde; biographische Skizze. *Wien.* 1823. 8. (*D.*)

Saint-Maurice Cabany (Charles Édouard). S. T. de Linde, célèbre lexicographe polonais *, docteur en philosophie, gentilhomme polonais, citoyen de Thorn, ancien recteur du lycée de Varsovie, etc. *Par.* 1853. 8. Portrait. (Extrait du *Nécrologe universel du XIXe siècle.*)

* Né à Thorn, il appartient par sa naissance à la nation allemande. Le *Conversations-Lexicon* le fait mourir le 8 août.

Lindemann (Cyriacus),
pédagogue allemand (1516 — 1568).

Dinckel (Johann). Oratio de C. Lindemanno, publ. par Cyriacus SNEEGASS. *Erford.* 1595. 8.

Lindemann (Joachim),
théologien allemand (7 avril 1662 — 14 déc. 1698).

Habichhorst (Andreas Daniel). Programma, etc., de vita J. Lindemanni. *Rostoch.* 1698. 4.

Lindemann (Thomas),
jurisconsulte allemand (1576 — 14 mars 1632).

Hein (Albert). Programma academicum in T. Lindemanni funere. *Rostoch.* 1652. 4.

Linden (Jan Antonides van der),
médecin hollandais (13 janvier 1609 — 5 mars 1664).

Coccius (Johann). Oratio in J. A. van der Linden funere. *Lugd. Bat.* 1664. 4.

Lindenberg (Gottlieb Friedrich),
jurisconsulte allemand.

Seelen (Johann Heinrich v.). Memoria G. F. Lindenbergii, J. U. L. *Lubec.* 1749. Fol. (*D.*)

Lindenberg (Peter),
poète allemand couronné (1562 — 1596).

Possel (Johann). Oratio de vita, studiis, itineribus, scriptis et laboribus clarissimi viri historici ac poetæ quondam excellentis P. Lindenbergii. *Rostoch.* 1604. 4.

Lindenbrog (Erpold),
historien compilateur allemand (1540 — 1616),

Lindenbrog (Heinrich),
bibliographe, fils du précédent (10 février 1570 — 15 juillet 1642),

Lindenbrog (Friedrich),
jurisconsulte, frère du précédent (vers 1575 — 9 sept. 1748).

(**Wilkens**, Nicolaus). Leben der berühmten Lindenbrogiorum, nebst einer Nachricht vom Leben Geverhard Elmenhorst's, Joachim Meursius, Elias Putsch und Cornelius Dale. *Hamb.* 1723. 8. Portrait de Frédéric Lindenbrog. (*D.*)

Lindholtz (August Simon),
jurisconsulte allemand (✝ 28 déc. 1743).

Seelen (Johann Heinrich v.). Memoria A. S. Lindholtz, J. U. D. et consulis. *Lubec.* 1744. Fol.

Lindner (David),
jurisconsulte allemand (16 avril 1626 — 4 juillet 1683).

(**Feller**, Joachim). Programma academicum in D. Lindneri funeri. *Lips.* 1685. Fol. (*L.*)

Lindner (Gottlob),
pédagogue allemand (7 sept. 1658 — 5 juin 1737).

Goessel (Johann Heinrich). Letztes Ehren- und Denkmahl bey dem Absterben M. G. Lindner's, Rectors zu Camenz. *Camenz.* 1737. Fol.

Lindner (Johann Gottlieb),
pédagogue allemand (17 mars 1726 — 18 déc. 1811).

J. G. Lindner's Selbstbiographie, herausgegeb. von Johann Christoph HELLBACH. *Arnstadt.* 1812. 8.

Lindner (Philipp Jacob),
jurisconsulte allemand.

Programma academicum ad exequias P. J. Lindneri. *Lips.* 1665. 4. (*D.* et *L.*)

Lindsay, voy. **Crawford**.

Lindsay,
famille anglaise.

Lindsay (lord). Lives of the Lindsays, or a memoir of the houses of Crawford and Balcarres, etc. *Lond.* 1849. 5 vol. 8.

Lindsay (Elizabeth),
dame anglaise.

Greville (Charlotte D...). Memoirs of the E. Lindsay, avec préface de James HAMILTON. *Lond.* 1849. 18. *Ibid.* 1850. 18.

Lindsay (Theophilus),
théologien anglais (1723 — 1808).

Aspland (Robert). Sermon on the death of the Rev. T. Lindsay. *Lond.* 1808. 8.

Belsham (Thomas). Sermon occasioned by the death of the Rev. T. Lindsay, with a biographical memoir. *Lond.* 1808. 8.

Bransby (James Hews). The christian heros. Sermon preached on the death of the Rev. T. Lindsay. *Lond.* 1808. 8.

Belsham (Thomas). Memoirs of the late Rev. T. Lindsay, with a brief analysis of his works. *Lond.* 1812. 8.

Lindschoeld (Erik),
homme d'État suédois (2 février 1634 — 11 juin 1690).

Aelf (Erik Pehr). Programmata V de vita et meritis E. Lindschoeld. *Lund.* 1788-1791. 8.

Ling (Pehr Henrik),
poète suédois (15 nov. 1776 — 3 mai 1839).

L... (J...). Lefnadstecking af P. H. Ling. *Stockh.* 1852. 8.

Lingke (Johann Theodor),
théologien allemand (21 nov. 1720 — 10 avril 1802).

Lingke (G... J...). Memoria dilectissimi patris J. T. Lingkii. *Torgav.* 1802. 4.

Linguet (Simon Nicolas Henri),
historien français (14 juillet 1736 — guillotiné le 27 juin 1794).

(**Devérité**, Louis Alexandre). Notice pour servir à l'histoire de la vie et des écrits de S. N. H. Linguet. *Liége.*
1781. 8. Augment. *Ibid.* 1782. 8.

— — Qu'est-ce que Linguet ? s. l. (*Par.*) 1790. 8. (Pamphlet très-rare.)

Essai sur la vie et les gestes d'Ariste (Linguet), s. l.
(*Par.*) 1789. 8. (*Bes.*)

(**Gardaz**, François Marie). Essai sur la vie et sur les ouvrages de Linguet, etc. *Lyon.* 1809. 8. (*P.*)

Cousin d'Avalon (Charles Yves). Linguetiana, ou recueil des reparties ingénieuses et bons mots de cet auteur, etc. *Par.* 1801. 18.

Link (Gottlieb Christian Carl),
jurisconsulte allemand (3 déc. 1757 — 10 nov. 1798).

Leuchs (Johann Georg). G. C. C. Link, reichsstädtisch-nürnbergischer Advocat. *Nürnb.* 1799. 4.

Link (Georg Heinrich),
jurisconsulte allemand (1er nov. 1692 — 20 mai 1739).

Programmá funebre in obitum G. H. Linkii. *Altorf.* 1739. Fol.

Linnard (Anna Jane).

Baird (Robert). Vie d'A. J. Linnard, précédée d'une introduction par Théodore FRELINGHUISEN, etc. *Par.* 1840. 12. Trad. en allem. *Hamb.* 1847. 12.

Linné (Carl),
naturaliste suédois du premier ordre (24 mai 1707 — 10 janvier 1778).

Baeck (Abraham). Åminnelse-Tal öfver Herr C. v. Linné. *Stockh.* 1778. 8. Trad. en allem. *Stockh.* et *Upsal.* 1779. 12. (*D.*)

Pulteney (Richard). General view of the writings of sir C. Linnæus par William George MATON. *Lond.* 1781. 4. With memoirs of Rich. Pulteney. *Lond.* 1788. 4. *Ibid.* 1805. 4. Trad. en franç. par Aubin Louis MILLIN. *Lond.* (*Par.*) 1789. 2 vol. 8. (*D.*)

(**Schulz v. Schulzenheim**, David). Grifte-Tal öfver Herr C. v. Linné. *Upsal.* 1784. 8. Trad. en allem. par Christian Heinrich REICHEL. *Leipz.* 1784. 8.

Hedin (Sven Anders). Dissertatio, quid Linnæo patri debeat medicina. *Upsal.* 1784. 8.

Saint-Amans (Jean Florimond BOUDON de). Éloge de Linné. *Agen.* 1786. 8. *Ibid.* 1791. 8.

Stoever (Dietrich Johann Heinrich). Leben des Ritters C. v. Linné, nebst biographischer Nachricht seines Sohnes, des Professors Carl v. Linné, nebst einem vollständigen Verzeichniss der Schriften des Erstern. *Hamb.* 1792. 2 vol. 8. (*D.*) Trad. en angl. par Joseph TRAPP. *Lond.* 1794. 8. (*P.*)

Pasta (Giuseppe). Elogio del celebre botanico C. Linné. *Bergam.* 1802. 8.

Hedin (Sven Anders). Minne af C. v. Linné, fader och son. *Stockh.* 1808. 2 parts 8. 2 portraits.

Marquis (Alexandre Louis). Éloge de Linné. *Rouen.* 1817. 8.

Afzelius (Adam). Egenhandiga Anteckningar af C. Linnæus om sig sjelf. *Stockh.* 1823. 4. Trad. en allem. par Carl Lappe, avec préface de Carl Asmus RUDOLPHI. *Berl.* 1826. 8. Portrait.

Celebration af flushing of the birthday of Linnæus. *New-York.* 1824. 8.

Agardh (Carl Adolph). Antiquitates Linnæanæ, etc. *Lund.* 1826. Fol.

Sketch of the life of Linnæus. *Lond.* 1827. 18.

Fée (Antoine Laurent Apollinaire). Vie de Linné, rédigée sur les documents autographes laissés par ce grand homme, etc. *Par.* 1832. 8. Portrait. (*D.* et *Lv.*)

Fischer v. Waldheim (Gotthelf). Fête séculaire de C. Linné, célébrée par la société impériale des naturalistes de Moscou. *Moscou.* 1835. 8.

Fuernrohr (Auguste Emmanuel). Gedächtnissrede zur hundertjährigen Jubelfeier der Doctorpromotion C. Linné's, s. l. et s. d. (*Regensb.* 1835). 8.

Cattaneo (Antonio). Cenni su la vita di C. Linné. *Milan.* 1858. 4. Portrait.

Brignoli (Giovanni). Discorso per l' inaugurazione del busto di Carlo Linneo. *Moden.* 1843. 8.

Linnæus and (Antoine Laurent de) Jussieu, or the rise and progress of systematic botany. *Lond.* 1843. (?) 8.

Linné II (Carl v.),
fils du précédent, botaniste suédois (20 janvier 1741 — 1er nov. 1783).

Hedin (Sven Anders). Minne af Herr C. v. Linné d. yngre. *Stockh.* 1784. 8. *
* Cet éloge, écrit en vers, est orné de son portrait.

— — Minne af C. v. Linné, fader och son. *Stockh.* 1808. 2 parts 8. 2 portraits.

Linner (Martin),
frère morave (1703 — 26 février 1733).

Etwas von der gesegneten und Gnadenvollen Amst-Führung des Seeligen Aeltesten der Gemeine J. C. in der Herrnhut, M. Linner's, eines Bäckers, etc. *Tübing.* 1753. 12.

Linschoten (Jan Huigen van),
voyageur hollandais (1563 — 1633).

Lauts (U... G...). J. H. van Linschoten, s. l. et s. d. (*Amst.* 1843.) 8. (*Ld.*)

Linsingen (Herren v.),
famille allemande.

Linsingen (Adolph Ernst v.). Geschlechtsfolge der uralten ritterlichen und stiftsmässigen Familie v. Linsingen. *Erfurt.* 1774. Fol.

Linus,
poëte grec avant Homère.

Berger (Johann Wilhelm). Dissertationes III de Lino. *Witteb.* 1707-08. 4. (*D.*)

Hauptmann (Johann Gottfried). Prolusio de Lino. *Geræ.* 1760. 4.

Ambrosch (Julius Athanasius). Dissertatio de Lino. *Berol.* 1829. 4.

Lio (Antonio),
diplomate italien.

Storia della detenzione di A. Lio nella Torre del Tempio in Parigi. *Venez.* 1814. 12. *
* L'auteur de ce morceau d'autobiographie était en 1797 secrétaire de la légation de Venise à Paris.

Lionne (Artus de),
évêque de Gap.

Oraison funèbre d'A. de Lionne, par le prieur de Charmes. *Grenoble.* 1675. 4.

Lipenius (Johann Martin),
jurisconsulte allemand.

Seelen (Johann Heinrich v.). Memoria J. M. Lipenii, J. U. D. *Lubec.* 1758. Fol.

Lipenius (Martin),
bibliographe allemand (9 nov. 1630 — 6 nov. 1692).

Seelen (Johann Heinrich v.). Vita M. Lipenii, publ. avec des notes par Gottlob August JENICHEN. *Lips.* 1737. Fol. (*D.* et *L.*)

Lipenius (Theodor Martin),
jurisconsulte allemand.

Overbeck (Johann Daniel). Leben T. M. Lipenius. *Lübeck.* 1756. Fol.

Seelen (Johann Heinrich v.). Memoria T. M. Lipenii, etc. *Lubec.* 1756. Fol.

Lipowsky (Anton Johann),
jurisconsulte allemand (28 nov. 1723 — 19 oct. 1780).

Westenrieder (Lorenz). Rede zum Andenken an A. J. Lipowsky. *Münch.* 1781. 4. Portrait.

Lippai de Zombor (Gergely),
évêque hongrois au XVIIe siècle.

Lustra quinque G. Lippai de Zombor, archiepiscopi Strigoniensis (ab anno 1642 ad annum usque 1665). *Tyrnav.* 1722. 12.

Lippe (Henriette-Louise, Gräfin v. Callenberg zur),
poète allemande (11 février 1745 — 19 février 1799).

Leben der in Christo entschlafenen Gräfin H. L. zur Lippe, geb. Gräfin von Callenberg. *Grimma.* 1800. 8. *
* Biographie écrite par son époux ; on y trouve le portrait de la comtesse.

Lippi (Filippino),
peintre italien (vers 1412 — 1469).

Una pittura di F. Lippi in Prato e cenni storici di due pittori Pratensi (Niccolò Latini e Michele Tosini). *Prato.* 1840. 8.

Lips (Johann Heinrich),
peintre-graveur suisse (1758 — 5 mai 1817).

(**Veith**, Johann Wilhelm). H. Lips. *Zürch.* 1817. 8.

Lipsius (Justus),
philologue belge du premier ordre (18 oct. 1547 — 24 mars 1606).

Courselle (Gérard de). Oratio in J. Lipsii funere, etc. *Lovan.* 1606. 8.

Lernutus (Janus). Epicedia, sive funus Lipsianum. *Antw.* 1607. 4.

Puteanus (Van der Putten) (Erycius). Lipsiomnema anniversarium, sive J. Lipsii laudatio funebris. *Antw.* 1607. 4.

Lemire (Aubert). Vita J. Lipsii, sapientiæ et litterarum antistitis. *Antw.* 1606. 8. *Ibid.* 1609. 8. (*D.*)
J. Lipsii fama posthuma. *Antw.* 1613. 4.

Sagittarius (Caspar). Dissertatio de J. Lipsio, deque libris ejusdem politicis. *Jenæ.* 1689. 4. (*D.*)

Heinze (Johann Michael). Commentatio de J. Lipsio, professore Jenensi. *Witteb.* 1773. 4.

Reiffenberg (Frédéric Auguste Ferdinand Thomas de). Commentarius de J. Lipsii vita et scriptis. *Brux.* 1823. 4. (Ouvrage couronné par l'Académie de Bruxelles.)
Vie de J. Lipse. *Brux.* 1858. 32.

Even (Edward van). J. Lipsius als vaderlander. *Leuven.* 1849. 8.

Nisard (Charles). Le triumvirat littéraire au xvie siècle. J. Lipse, Joseph Scaliger et Isaac Casaubon. *Par.* 1852. 8.

Ram (Pierre François Xavier de). Discours prononcé à Isque le 28 juin 1853, à l'occasion de l'inauguration du monument consacré à la mémoire de J. Lipse. *Louvain*, s. d. (1853.) 12.

Thomson (Georg). Vindex veritatis adversus J. Lipsium. *Alcmar.* 1606. 4.

Lipstorp (Clemens Samuel),
magistrat allemand.

Schaffshausen (Paul). Vita C. M. Lipstorpii, consulis. *Hamb.* 1750. Fol.

Lipstorp (Daniel),
jurisconsulte allemand (1631 — 1684).

Hinckelmann (Abraham). Επιταφιος in funere D. P. Lipstorpii, JCti et polyhistoris meritissimi. *Lubec.* 1684. Fol.

Lis (Charles Auguste),
musicien belge (1784 — 28 juin 1845).

Mornay (Arthur de). M. C. A. Lis, compositeur de musique, mort à Bruxelles. *Par.* 1846. 8. (Extrait du *Nécrologe universel du xixe siècle.*)

Lisfranc de Saint-Martin (Jacques),
chirurgien français.

Couturier (Louis Auguste). Biographie de J. Lisfranc de Saint-Martin, chirurgien en chef de la Pitié. *Lyon.* 1852. 8.

Lischwitz (Johann Christoph),
médecin danois.

Programma academicum ad exequias J. C. Lischwitzii. *Kilon.* 1743. 4. (*D.*)

Liscow (Christian Ludwig),
auteur allemand (26 avril 1701 — 30 oct. 1760).

Helbig (Carl Gustav). C. L. Liscow. Beitrag zur Literatur- und Cultur-Geschichte des achtzehnten Jahrhunderts. *Dresd.* 1844. 8. (*D.*)
Lisch (G... C... F...). C. L. Liscow's Leben. *Rostock.* 1845. 8.

Lisle (J... G... Semple),
officier anglais.

Lisle (J... G... Semple). Memoirs of his life, containing a faithful narrative of his alternate vicissitudes of splendor and misfortune, etc. *Lond.* 1799. 8. (Omis par Lowndes.)

List (Friedrich),
économiste allemand (6 août 1789 — se suicidant le 30 nov. 1846).

F. List, ein Vorläufer und ein Opfer für das Vaterland. Gedenkbüchlein für das deutsche Volk. *Stuttg.* 1851. 8.

Liszt (Franz),
musicien hongrois (22 oct. 1811 — ...).

Kossarski (Julius). F. Liszt; Skizze. *Berl.* 1842. 8.
Rellstab (Ludwig). F. Liszt. Beurtheilungen, Berichte, Lebensskizze. *Berl.* 1842. 8.
Christern (C... W...). F. Liszt, nach seinem Leben und Wirken. *Hamb.* et *Leipz.*, s. d. 12. Portrait.

Notice biographique sur F. Liszt, etc. *Par.* 1843. 8.
Schilling (Gustav). F. Liszt; sein Leben und Wirken aus nächster Beschauung dargestellt. *Stuttg.* 1844. 8. Portrait.
Kempe (Friedrich). F. Liszt — Richard Wagner. Aphoristische Memoiren und biographische Rhapsodien. Beitrag zur Kunstgeschichte, etc. *Eisleben.* 1852. 8.

Litaud (Étienne),
prêtre français.

(**Maillard**, Jean). Vie d'É. Litaud, curé de l'hôpital de Saint-Didier, et père des pauvres. *Par.* 1687. 12.
* Il y a des exemplaires qui portent pour titre : Vie de M. Litaud, prêtre, le modèle des ecclésiastiques et père des pauvres, s. l. et s. d. 12.

Lithmann (Carl),
théologien suédois.

Malmberg (Pehr). Oratio in honorem doctoris C. Lithmanni. *Stregnes.* 1675. 4.

Lithner (Sven),
théologien suédois.

Halenius (Engelbert). Likpredikan öfver Kyrkoherden i Odensäker S. Lithner. *Upsal.* 1754. 8.

Litoin (N... N...),
prêtre français.

Travers (Nicolas). Vie de Litoin, curé de Saint-Saturnin de Nantes, s. l. (*Nantes.*) 1729. 12.

Litta (Lorenzo),
archevêque de Milan.

Puricelli (Giovanni Pietro). L. Littæ civis et archiepiscopi Mediolanensis vita et res gestæ. *Mediol.* 1655. 4. *Ibid.* 1794. 8.

Litta Biumi (Pompeo),
homme d'État italien (24 sept. 1781 — 17 août 1852).

Saint-Maurice Cabany (Charles Édouard). Notice nécrologique sur le comte P. Litta Biumi, ancien major d'artillerie en retraite, membre du gouvernement provisoire et ministre de la guerre de Lombardie, en 1848, auteur de l'*Histoire des maisons nobles de l'Italie.* (Écrit en italien.) *Par.* 1853. 8. (Extrait du *Nécrologe universel du xixe siècle.*)

Liverati (Carlo Ernesto),
savant italien.

Missirini (Melchiorre). Biografia di C. E. Liverati. *Firenz.* 1844. 8.

Liverpool (Robert Banks Jenkinson, earl of),
homme d'État anglais (7 juin 1770 — 4 déc. 1828).

Memoirs of the public life and administration of the earl of Liverpool. *Lond.* 1827. 8.

Livia Drusilla ou **Julia Augusta**,
épouse de Tibère Claudius Néron et de l'empereur Auguste
(† 29 après J. C.).

Koehler (Johann David). Dissertatio de Livia Augusta. *Altorf.* 1715. 4.

Livingston (Edward),
homme d'État anglo-américain (1764 — 23 mai 1836).

Taillandier (Alphonse Honoré). Notice nécrologique sur M. Livingston, ministre plénipotentiaire des États-Unis en France. *Par.* 1856. 8.

Livingston (William),
gouverneur de New-Jersey (1723 — 1790).

Sedgwick (Theodore). Memoirs of W. Livingston. *New-York.* 1833. 8.

Livingston (John),
théologien écossais (1603 — 9 août 1672).

Gunn (Alexander). Memoirs of J. Livingston. *New-York.* 1829. 8.
Brief historical relation of the life of J. Livingston, minister of the Gospel, written by himself during his banishment in Holland for the cause of Christ, publ. avec des notes par Thomas Houston. *Lond.* 1848. 12.

Livinus (Saint).

Programma de S. Livino, episcopo, martyre et poeta seculi vii. *Goetting.* 1813. 4.

Livius (Titus), voy. **Tite-Live.**

Livizzani (Ercole),
graveur italien.

Meneghelli (Antonio Maria). Cenni di E. Livizzani e de' suoi intagli. *Padov.* 1838. 8.

Livron-Bourbonne (Scholastique Gabrielle de), bénédictine française († 1662).
Matthieu (François). La grande réparatrice. Discours funèbre de S. G. de Livron-Bourbonne, abbesse de Juvigny, prononcé à l'anniversaire de la même. *Dijon*. 1663. 4.

Livyn (Claes), théologien suédois.
Benzelius (Ericus Erici). Likpredikan öfver Prosten C. Livyn. *Stockh*. 1752. 4.

Llauder (Manuel), général espagnol.
Memorias documentadas del teniente general D. M. Llauder, marqués del Valle de Rivas, etc. *Madr*. 1844. 8.

Llórente (Juan Antonio), historien espagnol (30 mai 1756 — 5 février 1823).
Llorente (Juan Antonio). Noticia biografica o memorias para la historia de su vida. *Par*. 1818. 12.
Mahul (Alphonse Jacques). Notice biographique sur Don J. A. Llorente. *Par*. 1823. 8. Portrait. (Extrait de l'*Annuaire nécrologique*.)

Lobau (George **Mouton**, comte de), maréchal de France (21 février 1770 — 27 nov. 1838).
Rouval (Antoine Achille J...). Vie du maréchal comte de Lobau. *Par*. 1838. 8.
Nécrologie : le maréchal Lobau, commandant en chef des gardes nationales de la Seine. *Par*. 1838. 8.
Nouvelle notice historique sur la vie et la mort du comte de Lobau, et sur toutes les campagnes de cet illustre guerrier sous l'empereur Napoléon. *Par*. 1838. 12.
Anecdotes de la vie militaire et politique du maréchal comte de Lobau, etc. *Par*. 1839. Trad. en ital. par Luigi MASIERI. *Milan*. 1839. 18. Portrait.
Ségur (Pierre Philippe de). Éloge historique de M. le maréchal comte de Lobau. *Par*. 1859. 8.
Nollet-Fabert (Jules). Le maréchal Mouton, comte de Lobau. *Nancy*. 1852. 8. Portrait. (Extrait de la *Lorraine militaire*.)

Lobel-(Mathias de), botaniste belge (1538 — 3 mars 1616):
Morren (Charles François Antoine). Notice biographique sur M. de L'Obel, s. l. et s. d. (*Brux*. 1853.) 8. Portrait.

Lobeck (David), théologien allemand.
Bacmeister (Lucas). Oratio in memoriam D. Lobeckii. *Rostoch*. 1603. 4. (*D*.)

Lobkowitz (Georg Popel v.), homme d'État bohème (décapité le 24 mai 1609).
Codomanus (Philaretes Amyntas). Apologia pro G. Popelio barone de Lobkowitz, regni Bojohæmiæ quondam supremo aulæ præfecto, post ab imperatore Rudolpho II, Hungariæ ac Bojohæmiæ rege, per XII annos contra jus fasque carcere adtento, etc. *Dicæopoli*. 1606. 8. *
* Apologie écrite par M. de Lobkowitz lui-même à la suite de laquelle il fut décapité.
Sixt v. Lerchenfelsz (Jan). Kazáni nad mrtvym telem wrozeného pana P. z Lobkovic. *Praze*. 1609. 4.

Lobkowitz (Johann), voy. **Caramuele.**
Lobkowitz (Bohuslav), voy. **Hassenstein.**

Lobstein (Johann Friedrich), anatomiste alsacien (30 mai 1736 — 11 oct. 1784).
Lobstein (Johann Michael). Denkmal der Liebe, seinem Bruder J. F. Lobstein errichtet. *Strassb*. 1784. 4.
Schurer (Jacob Ludwig). Memoria viri nobilissimi J. F. Lobsteinii, medecinæ doctoris et professoris. *Argent*. 1785. Fol.
Vic-d'Azyr (Félix). Éloge de J. F. Lobstein. *Par*. 1786. 4.

Lobwasser (Ambrosius), jurisconsulte allemand (4 avril 1515 — 27 nov. 1587).
Leuffer (Laurentius). Leichenpredigt, gehalten bei dem Begräbniss A. Lobwasser's. *Königsb*. 1587. 4.

Locamer (Georg David), jurisconsulte (?) allemand.
Tabor (Johann Otto). Memoria Bitschio-Locameriana, s. vita Caspari Bitschii et G. D. Locamerii. *Argent*. 1673. 4.

Locatelli (Giovanni Battista), médecin (?) italien.
Pallazzini (Giovanni). Memorie sulla vita di G. A. Locatelli. *Bergam*. 1834. 8.

Loccenius (Johan), historien holsatien (13 mars 1598 — 27 juillet 1677).
Steuch (Matthias). Memoria J. Loccenii. *Upsal*. 1678. 8.
Norcoeping * (Andreas). Oratio funebris in obitum J. Loccenii. *Holm*. 1678. Fol.
* Le véritable nom de l'auteur est Anders NORDENHIELM.
Knoes (Olof Andersson). Lefvernes-Beskrifning om Dr. J. Loccenius och Dr. J. Thore Hellstadius. *Stockh*. 1807. 8.

Lochau (Henning), jurisconsulte allemand (30 avril 1664 — 21 mars 1722).
Richey (Michael). Programma de vita et obitu H. Lochavii, J. U. L. et reipublicæ Hamburgensis senatoris. *Hamb*. 1722. 4. (*L*.)

Locher, surnommé **Philomusus** (Jacob), poète allemand couronné (vers 1470 — 4 déc. 1528).
Zapf (Georg Wilhelm). J. Locher, genannt Philomusus, in biographischer und litterarischer Hinsicht. Beitrag zur Erläuterung der Gelehrtengeschichte Baierns und Schwabens. *Nürnb*. 1803. 8. Portrait. (*D*.)

Locherer (Johann Nepomuk), théologien allemand († 26 février 1837).
Riffel (Caspar). Trauerrede auf Professor J. N. Locherer, etc. *Mainz*. 1837. 8.

Lochner (Jacob Hieronymus), théologien allemand (1er mars 1649 — 26 juillet 1700).
Mente (Ulrich). Funebria D. J. H. Lochneri. *Brem*. 1701. Fol.

Lochner (Johann Philipp Christoph), littérateur allemand (12 déc. 1779 — 23 avril 1803).
Panzer (Georg Wolfgang Franz). J. P. C. Lochner; biographische Skizze. *Nürnb*. 1804. 4.

Lochner (Michael Friedrich), médecin allemand (28 janvier 1662 — 10 oct. 1720).
Reusch (Erhard). Memoria M. F. Lochneri, s. l. et s. d. 4. Portrait. (*D*.)

Locke (John), philosophe anglais (29 août 1632 — 28 oct. 1704).
Leclerc (Jean). Éloge historique de feu M. Locke. *Amst*. 1711. 8.
Trad. en allem. par Friedrich GLADOW. *Halle*. 1720. 8. (*D*.) *Ibid*. 1755. 8. (*D*.)
Trad. en angl. *Lond*. 1713. 8. *Ibid*. 1714. Fol.
Memoirs of the life and writings of Mr. J. Locke. *Lond*. 1742. 8. Portrait.
Mellring (Johan Gustaf). Merita J. Lockii in philosophiam. *Upsal*. 1792. 8.
Liljenroth (Franz). Dissertatio vitam J. Lockii exponens. *Lund*. 1793. 8. (*Cp*.)
King (lord). Life of J. Locke, with extracts from his correspondence, journals and common-place-book. *Lond*. 1829. 4.
Laboulaye (Edouard). Locke, législateur de la Caroline. *Batignolles*. 1850. 8.

Lockwood (John D...), Anglo-américain.
Binghampton (Peter L...). Memoir of J. D. Lockwood. *New-York*. 1852. 18.

Lodi (Emmanuele), évêque d'Udine (13 août 1770 — ... 1845).
Bandini (Pietro). Elogio funebre di monsignore E. Lodi, vescovo di Udine. *Udine*. 1845. 8. Portrait.

Lodibert (N... N...), médecin français.
Faure (N... N...). Notice nécrologique sur M. le docteur Lodibert, médecin major de première classe à l'hôtel national des Invalides, accomp. du discours prononcé sur sa tombe par N... N... HUTIN. *Par*. 1852. 8.

Lodtmann (Carl Gerhard Wilhelm), jurisconsulte allemand (16 déc. 1720 — 5 janvier 1755).
Carpzov (Johann Benedict). Memoria C. G. Lodtmanni. *Helmst*. 1755. 4.

Loeber (Christian), théologien allemand (2 février 1683 — 26 déc. 1747).
Fischer (Johann Christian). Dissertatio epistolica de vita et meritis C. Loeberi. *Jenæ*. 1742. 4. (*D*.)
Langhuss (Christian Daniel). Gedächtnisspredigt auf C. Loeber. *Altenb*. 1748. Fol. (*D*.)

Loeber (Gotthelf Friedemann),
théologien allemand (22 oct. 1722 — 22 août 1799).

Brendel (Georg Christian). Memoria G. F. Loeberi.
Iseberg. 1800. 4. (*D.*)

Loeffs (·Rudolf),
imprimeur hollandais au xve siècle.

Even (Edward van). R. Loeffs, drukker te Bommel,
1491, s. l. et s. d. (*Utrecht.* 1853.) 8.

Loefwenskjöld (Salomon, Friherre),
homme d'État suédois (+ .. mars 1850).

Beskow (Bernhard v.). Tal hållet i Sanct-Jakobs-Kyrka
öfver En af Rikets Herrar, etc., Friherre S. v. Loefwenskjöld, etc. *Stockh.* 1850. 8.

Loeffler (Simon),
théologien allemand (+ 1674).

(**Rappolt**, Friedrich). Programma in S. Loeffleri funere. *Lips.* 1674. 4. (*L.*)

Mayer (Johann Ulrich). Leichenpredigt auf S. Loeffler,
nebst dessen Lebenslauf. *Leipz.* 1674. 4. (*D.*)

Loeper (Johann Wilhelm),
théologien allemand.

Bartholdi (Adolph Gideon). Programma ad exequias
J. G. Loeperi. *Sundii.* 1752. Fol. (*D.*)

Loerenz (Johann Baptist),
théologien hongrois.

Czoerfux (Ferentz). Oratio funebris in obitum J. B.
Loerenz, parochi Köhalomiensis, etc. *Sopron.* 1793. 8.

Loescher (Caspar),
théologien allemand (8 mai 1636 — 11 juin ou juillet 1718).

Wernsdorf (Gottlieb). Concio funebris germanica et
vitæ curriculum C. Loescheri; Martin CHLADENIUS, Oratio parentalis et programma funebre academicum, etc.
Witteb. 1718. Fol. Portrait.

Loescher (Christian Wilhelm),
jurisconsulte allemand.

Zeiske (Johann Gottfried). Gedächtniss-Schrift auf C.
W. Loescher. *Dresd.* 1746. 4. (*D.*)

Loescher (Johann Gotthelf),
médecin allemand, fils du précédent.

Mueller (Daniel). Programma de vita M. G. Loescheri.
Chemnic. 1751. Fol.

Loescher (Valentin Ernst),
théologien allemand, fils de Caspar L. (28 déc. 1672 ou 8 janv. 1673
— 8 février 1749).

Wendler (Johann Christoph). Dissertatio de V. E. Loescheri meritis in ecclesiam et litteras. *Jenæ.* 1720. 8.
(*D.*)

Hermann (Johann Gottfried). Gedächtnisspredigt auf
V. E. Loescher. *Dresd.* 1749. Fol. Portrait. (*D.*)

Starck (Martin Simon). Gedächtnissschrift auf V. E
Loescher. *Dresd.*, s. d. (vers 1750). 4. (*D.*)

Langguth (Georg August). Programma in memoriam
V. E. Loescheri. *Witteb.* 1750. Fol. (*D.*)

Freyberg (Carl Daniel). Supremum officium V. E.
Loeschero persolutum. *Lips.* 1753. 4. (*L.*)

Engelhardt (Moritz v.). V. E. Loescher, nach seinem
Leben und Wirken dargestellt. *Dorpat.* 1853. 8.

Loess (Johann Christian),
théologien allemand.

Withof (Johann Hildebrand). Oratio funebris in obitum J. C. Loessii, theologiæ doctoris et professoris.
Vesal. 1743. 4.

Loevendahl (Ulrich Friedrich Valdemar, Graf v.),
maréchal de France (6 avril 1700 — 27 mai 1755).

Rothe (Carl Christian). Grev V. Loevendals Liv og Levnet og Bedrifter. *Kjoebenh.* 1750. 12.

(·**Ranft**, Michael). Leben und Thaten des Grafen von
Löwenthal (!) und der Herzoge (Adrien Maurice) von
Noailles und Richelieu. *Leipz.* 1754. 8. (*L.* et *P.*)

Loevenoern (Poul),
contre-amiral danois (11 août 1751 — 16 mars 1826).

Giessing (Hans Peder). P. Loevenoern; en historisk
Fremstilling, etc. *Kjoebenh.* 1817. 12.

Loew (Andreas),
médecin hongrois (+ 1710).

Russ (Johann Christoph). Unsterbliches Denckmahl auf
A. Loew, Physicus in Oedenburg, etc. *Regensb.*, s. d.
(vers 1710.) Fol.

Serpelius (Christian). Religio medici vere christiani, bey
solennem Leichen-Conduct des Dr. A. Loew, etc. *Regensb.*, s. d. (1710.) Fol.

Loew (Johann Adam),
théologien allemand (1710 — 19 janvier 1775).

Geissler (Johann Gottfried). Andenken an J. A. Loew,
herzoglich sächsischen Consistorialrath, etc. *Gotha.*
1775. 4.

Loewen (Herren v.),
famille allemande.

Loewen (Christian Balthasar von). Gründliche Nachricht,
wann und wie das uralte Geschlecht derer von Löwen
entsprossen. *Guben.* 1661. Fol.

Loewenberg (Raimund Anton Leopold v.),
jurisconsulte allemand.

Arnold (Johann Georg). Memoria R. A. L. a Loewenberg,
consiliarii intimi. *Baruth.* 1715. Fol.

Loewenhaupt (Carl Emil, Graf v.),
général suédois (1692 — décapité le 15 août 1743).

Geschichte und Thaten des Grafen C. E. v. Loewenhaupt,
nebst einer kurzen Geschichte von der Hinrichtung des
Grafen v. Buddenbrock. *Alton.* 1744. 8.

Loewenhjelm (Carl Gustaf, Grefve),
homme d'État suédois (5 janvier 1701 — 7 mars 1768).

Schoenberg (Anders). Åminnelse-Tal öfver Riks-Rådet,
Grefve C. G. Loewenhjelm. *Stockh.* 1775. 8.

Loewenstein-Werthheim (Grafen v.),
famille allemande.

Genealogia illustrium dominorum comitum in Loewenstein-Werthheim, etc. *Frf.* 1624. 4. (Avec plusieurs
portraits en taille douce.)

Kremer (Christoph Jacob). Abhandlung von den Grafen v. Loewenstein, ältern und mittlern Geschlechts.
Münch. 1765. 4.

Klueber (Johann Ludwig). Eheliche Abstammung des
fürstlichen Hauses Loewenstein-Werthheim von dem
Churfürsten Friedrich dem Siegreichen von der Pfalz,
und dessen Nachfolgerecht in dem Stammländern des
Hauses Wittelsbach, herausgegeb. von J... MUELHENS.
Frf. 1857. 8.

Loewis of Menar (Andreas v.),
agronome russe (24 déc. 1777 — vers 1845).

Blum (Carl Ludwig). Ein Bild aus den Ostsee-Provinzen,
oder A. v. Loewis of Menar. *Berl.* 1846. 8.

Loffredo, principe di **Cardito** (Sigismondo).

Liguori (Ottavio). Orazione in morte di S. Loffredo,
principe di Cárdito. *Napol.* 1705. 8.

Loftus (Bartholomew),
théologien anglais.

Sowden (Benjamin Choyce). Sermon at the funeral of
the Rev. B. Loftus. *Lond.* 1751. 4.

Logan (James),
littérateur écossais (1748 — 28 déc. 1788).

Armstad (Wilson). Memoirs of J. Logan, a distingui-
hed scholar and christian legislator. *Lond.* 1852. 8.

Lohdius (Carl Friedrich),
théologien allemand (13 déc. 1748 — 31 juillet 1809).

Cramer (J... J... H...). Memoria C. F. Lohdii. *Dresd.*
1811. 4. (*L.*)

Lohelius (Johann),
archevêque de Prague (1549 — 2 nov. 1622).

Dlabacz (Gottfried Johann). Leben des frommen Prager
Erzbischofs J. Lohelius. *Prag.* 1794. 8.

Lohenstein (Daniel Caspar v.),
poète allemand (25 janvier 1635 — 28 avril 1683).

Passow (W... A...). D. C. v. Lohenstein, seine Trauer-
spiele und seine Sprache. *Meining.* 1852. 4.

Lohmann (Johanna Elisabeth),
visionnaire allemande.

Mueller (Gottlieb). Gründliche Nachricht von einer begeisterten Weibsperson J. E. Lohmann, von Gorsdorf
in Anhalt-Dessau. *Witten.* 1759-60. 2 parts. 8.

Das bezauberte Bauermägdchen, oder Geschichte der J. E.
Lohmannin. *Bresl.* 1760. 8.

Alethaeus Adeisidaemon. Versuch einer unpartheii-
schen Widerlegung Herrn Gottlieb Mueller's Nachricht
von J. E. Lohmannin. *Leipz.* 1760. 8.

Herzog (Heinrich August). Anmerkungen und Bedenk-
lichkeiten über die von G. Mueller in Druck gegebne

Nachricht von einer begeisterten Weibsperson J. E. Lohmannin. *Wolffenb.* et *Braunschw.*, s. d. (vers 1760.) 4.

Lohmann (Johann Daniel),
théologien allemand.

Koken (Johann Carl). Ehrengedächtniss Herrn J. D. Lohmann's, Pastoris zu Sanct-Lamberti. *Hildesh.* 1760. Fol.

Lohmueller (Johann),
théologien livonien.

Taubenheim (Gustav Reinhold). Programm zur dritten Secularfeier der Augsburgischen Confession. Einiges aus dem Leben des Mag. J. Lohmueller. Beitrag zur Reformationsgeschichte Livland's. *Riga.* 1830. 4.

Loiseau (Jean Simon),
jurisconsulte français (10 mai 1776 — 17 déc. 1823).

Dupin (André Marie Jean Jacques). Notice sur M. Loiseau. *Par.* 1824. 8.

Loisel ou **Loysel** (Antoine),
jurisconsulte français (1536 — 1617).

(**Joly**, Claude). Clarissimorum virorum A. et Vidi Loisellorum, patris et filii, vitæ. *Par.* 1643. 8. (*D.*)
Barreau de Paris : Eloge d'A. Loysel, etc. *Par.* 1832. 8.

Loiseleur-Deslongchamps (Auguste Louis Armand),
orientaliste français (14 août 1805 — 10 janvier 1840).

(**Dubeux**, Louis). Notices nécrologiques sur A. L. A. Loiseleur-Deslongchamps, etc. *Par.* 1845. 8. Portrait.

Loiseleur-Deslongchamps (N... N...),
botaniste français.

Leclerc (Louis). Éloge de M. Loiseleur-Deslongchamps, considéré dans les services qu'il a rendus à l'art séricole. *Par.* 1851. 8. (Couronné par la Société séricole.)

Loitron (Jean Baptiste),
botaniste français (19 nov. 1784 — 1er nov. 1839).

Notice biographique sur J. B. Loitron. *Reims.* 1842. 8.

Lokman,
fabuliste arabe.

Schudt (Johann Jacob). Dissertatio de Locmanno, Arabum mythologo. *Jenæ.* 1691. 4.

Le Prévost d'Exmes (François). Vie de Locman et de Pilpai. *Par.* 1784. 12.

Wuestenfeld (Heinrich Ferdinand). Dissertatio de Locmanno. *Goetting.* 1832. 4.

Lolli (Antonio),
violoniste italien (vers 1740 — 1802).

Rangoni (Giovanni Battista). Saggio sul gusto della musica, col carattere de' tre celebri suonatori di violino (Pietro) Nardini, Lolli e (Gaetano) Pugnani. *Livorn.* 1790. 8.

Lombard (Jean Louis),
littérateur français (23 août 1723 — 1er avril 1794).

Amanton (Claude Nicolas). Recherches biographiques sur le professeur d'artillerie J. L. Lombard. *Dijon* et *Par.* 1802. 8. (*Lv.*)

Lombard (Lambert),
peintre-architecte belge (1506 — 1565).

Lampsonius (Dominicus). L. Lombardi pictoris Leodiensis celeberrimi vita. *Brug. Fland.* 1565. 8.

Lombardi (Alfonso),
sculpteur italien.

Baruffaldi (Girolamo). Vita di A. Lombardi, scultore Ferrarese. *Bologn.* 1839. 8.

Loménie de Brienne (Étienne Charles de),
cardinal-archevêque de Sens (.. nov. 1727 — 17 février 1794).

Jamme (Alexandre Auguste). Éloge historique de Mgr de Loménie de Brienne, ancien archevêque de Toulouse, archevêque de Sens, s. l. (*Toulouse*) et s. d. 8.

Loménie, comte de **Brienne** (Henri Auguste de),
homme d'État français (1594 — 1666).

Loménie-Brienne (Henri Auguste de). Mémoires contenant les événements les plus remarquables du règne de Louis XIII et de Louis XIV, jusqu'à la mort du cardinal (Jules) Mazarin (1661), avec des notes (par Jean François Bernard). *Amst.* 1719. 3 vol. 12. *Ibid.* 1723. 3 vol. 12.

Sénault (Jean François). Oraison funèbre de H. A. de

Loménie, comte de Brienne, ministre et secrétaire d'Etat (sous Louis XIV). *Par.* 1667. 4.

Loménie, comte de Brienne (Louis Henri de),
prisonnier d'État sous Louis XIV, fils du précédent (1635 — 17 avril 1698).

Loménie-Brienne (Louis Henri de). Mémoires contenant plusieurs particularités importantes et curieuses, etc., depuis l'an 1643 jusqu'en 1682 inclusivement. *Par.* 1720. 2 vol. 12.

Mémoires inédits de L. H. de Loménie, comte de Brienne, par Jean François Barrière. *Par.* 1828. 2 vol. 8. (*Lv.*)

Lomer (Georg),
théologien allemand (.. nov. 1637 — 17 nov. 1681).

Laub (Georg). Leichenpredigt auf Diaconus G. Lomer. *Augsb.* 1681. 4.

Lommatzsch (C... G...),
théologien allemand.

Lommatzsch (Carl Heinrich Gottfried). Kurze Lebensbeschreibung meines Vaters (C. G. Lommatzsch), etc. *Leipz.* 1795. 8. (*L.*)

Lomonossow (Michail Wassiljewitsch),
poète russe du premier ordre (1711 — 4 avril 1765).

Geitlin (Gabriel). Dissertatio de meritis litterariis M. W. Lomonossovii. *Helsingfors.* 1829. 2 parts. 4. (*L.*)

Londonio (Carlo Giuseppe),
littérateur italien (1780 — 10 août 1845).

Mauri (Achille). Notizie su la vita e gli scritti del cavaliere C. G. Londonio, presidente dell' J. R. Accademia di belle arti. *Milan.* 1845. 8.

Long (Elizabeth),
dame anglaise.

Memoir of the late Mrs. E. Long of Clapham Park; with interesting notices of her pious ancestry, descendants of the proto-martyr John Rogers. *Lond.* 1848. 8.

Longanesi (Stefano),
philosophe italien (28 nov. 1778 — 1er sept. 1811).

Vaccolini (Domenico). Elogio funebre di S. Longanesi. *Bologn.* (?) 1811. 8.

Pozzetti (Pompilio). Della vita e degli studi di S. Longanesi breve commentario. *Bologn.* 1812. 8. Portrait.

Longhi (Giuseppe),
graveur italien (13 oct. 1766 — 2 janvier 1831).

Sacchi (Defendente). Biografia di G. Longhi, con un cenno dei funerali celebrate, etc. *Milan.* 1831. 8. Port.

Longhena (Francesco). Notizie biografiche di G. Longhi. *Milan.* 1831. 8.

Beretta (Giuseppe). Commentario della vita, delle opere ed opinioni del cavaliere G. Longhi. *Milan.* 1857. 8. Portrait.

Longinus (Cajus Cassius),
jurisconsulte romain (vers l'an 60 après J. C.).

Steenwinkel (Jan). Dissertatio historico-juridica de C. C. Longino. *Lugd. Bat.* 1778. 4. (*D.*)

Longinus (Dionysius),
l'un des précepteurs de l'empereur Marc-Aurèle (213 — 275).

Ekerman (Peter). Dissertatio de D. Longino Cassio ejusque in excelsa oratione præceptis. *Upsal.* 1750. 4.

Ruhnken (David). Dissertatio de vita et scriptis Longini. *Lugd. Bat.* 1776. 4.

Longo (Antonio),
littérateur italien.

Memorie della vita di A. Longo, Viniziano; scritte da lui medesimo, aumentata di molte aneddoti e di notizie curiose che riguardano la vita di Teresa Depetris Venier, di Francesco Albergati Capacelli, di Alessandro Pepoli, di Carlo Spinola, dell' abate Carlo Testa, di Giambattista Armani, dell' abate Tribolato e dei migliori suoi inediti scritti. *Venez.* 1820. 4 vol. 8. *Este.* 1843. 5 vol. 8.

Longobardi (Niccolò),
jésuite italien (1563 — 11 déc. 1655).

Perrimezzi (Giuseppe Maria). Vita di Fra N. di Longobardi. *Rom.* 1715. 4.

Endrerio (Eustachio). Vita venerabilis servi Dei N. de Longobardo, laici dicti ordinis. *Rom.* 1720. 12.

Longolinus (Christophorus), voy. **Longueil.**

Longolius (Paul Daniel),
historien allemand (1er nov. 1704 — 24 février 1779).

Kirsch (Georg Wilhelm). Programm von dem Geschlecht

des verstorbenen Magisters P. D. Longolius, Hofischen Rectors. *Hof.* 1779. 4.

Kirsch (Georg Wilhelm). Vier Programme von P. D. Longolii Leben. *Hof.* 1779-81. 4.

Longuell (Christophe de),
littérateur belge (vers 1490 — 11 sept. 1522).

Vita C. Longolii. *Lond.* 1704. 4.

Longueville (Anne Geneviève de **Bourbon-Condé**,
duchesse de),
dame française (29 août 1619 — 15 avril 1679).

(**Bourgoing de Villefore**, François Joseph). Vie de madame la duchesse de Longueville. *Par.* 1758. 8. *Amst.* 1759. 2 vol. 12. (*P. et Bes.*)

Cousin (Victor). Madame de Longueville. Nouvelles études sur les femmes illustres et la société du XVIIᵉ siècle. La jeunesse de madame. la duchesse de Longueville. *Par.* 1853. 8. *Brux.* 1853. 8.

Longueville (Henri II, duc de),
homme d'État français (1595 — 1663).

La mort de M. le duc de Longueville. *Par.* 1663. 12. (*P.*)

Loon (Folkert Nicolaas van),
ingénieur hollandais.

Eekhoff (Willem). Levensschets van F. N. van Loon, friesch scheepsbouw- en werktuigkundige, s. l. et s. d. (*Leeuward.* 1841.) Fol. (Extrait du *Leeuwarden Courant.*) — (*Ld.*)

Loosjes (Adriaan),
poète hollandais (13 mai 1761 — 28 février 1818).

Bloemen op het graf van A. Loosjes, met eene levensschets. *Amst.* 1818. 8.

Hulde aan de nagedachtenis van A. Loosjes, door Pieter Hoffmann PEERLKAMP, C... de KONING, A... van der WILLIGEN en Hendrik MEIJER. *Haarl.* 1818. 8.

Loosjes (Petrus),
littérateur (?) hollandais.

(**Loosjes**, Adriaan). Levensberigt van P. Loosjes, s. l. et s. d. 8. (Extrait du *Konst- en Letterbode*.) — (*Ld.*)

Loots (Cornelis),
poète hollandais (6 juin 1764 — .. oct. 1834).

Ter nagedachtenis van C. Loots, door H... HAAKMANN, M... C... van HALL, Jan KINKER, Hendrik Harmen KLIJN, J... van WALRÉ, Hendrik TOLLENS. *Amst.* 1835. 8. *

* La première pièce est écrite en prose ; les cinq autres sont composées en vers.

Lope (Feliz), voy. **Vega**.

Loperana (Ignazio de),
jésuite espagnol.

Abad (Agustin). Vida de D. I. de Loperana, seminarista en el real seminario de nobles de la compañia de Jesus de Calatayud. *Calat.* 1763. 8.

Lopez (Estanislao),
général espagnol.

Noticias biograficas del excelentissimo señor gobernador y capitan general de la provincia de Santa-Fe, brigadier E. Lopez. *Buenos-Ayres.* 1850. 8.

Lopez (Gregorio),
prêtre espagnol (1542 — 1596).

Ramon (Alonso). Vida del siervo di Diòs G. Lopez. *Madr.* 1617. 8. *Ibid.* 1650. 8.

Losa (Francisco). Vida que hizo el siervo de Dios G. Lopez en algunos lugares de la Nueva España particularmente en Santa-Fe. *Sevilla.* 1618. 8. *Madr.* 1648. 4. *Ibid.* 1649. 4. *Ibid.* 1674. 4. *Sevilla.* 1678. 4. Trad. en franç. par Robert ARNAULD D'ANDILLY. *Par.* 1643. 8. *Ibid.* 1674. 8. (*D. et Bes.*)

Correa (Pedro Lobo). Vida de G. Lopez. *Lisb.* 1675. 8.

Argaiz (Gregorio de). Vida y escritos del venerable varron G. Lopez. *Madr.* 1678. 4. (*D.*)

Lopez (José Severo),
médecin espagnol.

Suelto (Tomaso Garcias). Elogio del celebre medico J. S. Lopez. *Madr.* 1810. 8.

Lopez (Melchor),
prêtre espagnol.

Diego de la Concepcion. Oracion panegyrica en la muerte de Fr. M. Lopez de Jesu, etc. *Mexico.* 1700. 4.

Lopez (Miguel),
prêtre espagnol.

Centol (Gaspar). Relacion de la vida, virtudes, muerte y entierro del siervo de Dios Mossen M. Lopez Grez Navarro, vicario de Roteva en el reino de Valencia. *Pampelon.* 1606. 8.

Lopes de Laure (Manoel Caetano),
Portugais.

Costa de Barboza (Fernando Antonio da). Elogio de M. C. Lopes de Laure. *Lisb.* 1754. 4.

Lorain (Charles),
(.. avril 1762 — 24 août 1839),
et

Lorain (Pierre Charles Eugène),
fils du précédent (2 juillet 1795 — .. sept. 1837).

Notice nécrologique sur Lorain, père et fils. *Par.* 1841. 4.

Loré (Willem),
littérateur hollandais.

Ypes (Nicolaus). Oratio funebris in obitum G. Lorei. *Franeq.* 1744. Fol.

Crane (Jan Willem de). Levensschets van W. Loré. *Franek.* 1855. 8.

Loredano,
famille vénitienne.

Finotti (Emilio). Oratio de illustrissimæ Lauretanorum familiæ origine atque præclarissimis laudibus. *Utini.* 1631. 4.

Loredano (Francesco),
doge de Venise (élu en 1752 — 1762).

Lastesio ou **Dalle Laste** (Natale). Laudatio in funere serenissimi principis F. Lauredani. *Venez.* 1762. 4.

Loredano (Giovanni Francesco),
littérateur italien (28 février 1606 — 13 août 1661).

Il Loredano. Panegyrico in ottava rima a G. F. Loredano, nobile Veneto. *Venez.* 1634. 4.

Brunacci (Gaudenzio). Vita di G. F. Loredano, senatore veneto. *Venez.* 1662. 12.

Lupis (Antonio). Vita di G. F. Loredano, senator veneto. *Venez.* 1663. 4. (*D.*)

Loredano (Polo),
littérateur italien au XVIᵉ siècle.

Cavalli (Giovanni Antonio). Orazione a P. Loredano, capitanio di Bergamo. *Bergam.* 1587. 4.

Lorente (Juan),
martyr espagnol.

Laina y Rozas (N... N...). Historia de los santos martires J. Lorente de Cetina y Pedro de Dueñas. *Cordob.* 1803. 8.

Lorenz (Johann Michael),
théologien alsacien (16 juin 1692 — 13 août 1752).

Programma academicum in obitum J. M. Lorenzii. *Argent.* 1752. Fol.

Lorenz (Joseph Adam),
médecin alsacien (19 janvier 1734 — 22 février 1801).

Percy (Pierre François). Éloge funèbre de J. A. Lorenz. *Par.* 1801. 8.

(**Coste**, Jean François). Éloge de J. A. Lorenz, médecin en chef de l'armée du Rhin, etc , s. l. et s. d. (*Strasb. et Par.* 1801.) 8.

Lorenz (Siegmund Friedrich),
théologien alsacien (20 mars 1727 — 2 oct. 1783).

(**Lorenz**, Johann Michael). Memoria fratris optimi S. F. Lorenzii, etc. *Argent.* 1784. 4.

Lorenzi (Bartolommeo),
improvisateur italien (4 juin 1732 — 11 février 1822).

Montanari (Benassù). Elogio dell' abate B. Lorenzi. *Veron.* 1823. 8. (*Bes.*).

Del Bene (Benedetto). Elogio dell' abate B. Lorenzi. *Veron.* 1823. 4.

Lorenzi (Constantino),
littérateur italien.

Elogium C. Lorenzii. *Roveret.* 1822. 8.

Lorenzo da Brindisi, voy. **Laurent de Brindes**.

Lorenzoni (Antonio),
médecin italien († 30 sept. 1840).

Fagian (Orazio). Elogio funebre al dottore A. Lorenzoni. *Vicenz.* 1840. 8.

Loret (Jean)*,
journaliste et poëte français († .. avril 1665).

Pézet (N... N...). Recherches sur l'origine des journaux et esquisse historique sur J. Loret, de Carentan, poëte et journaliste. *Bayeux.* 1849. 8.
* Connu par sa *Gazette burlesque en vers.*

Lorge (Anne Antoinette Éléonore **de Jaucourt,**
duchesse de),
dame française († 3 mars 1853).

Madame la duchesse de Lorge. *Par.* 1853. 8.

Lorges et **de Quintin** (Gui Alphons **Durfort,**
comte de),
maréchal de France († 22 oct. 1703).

Anselme (Antoine). Oraison funèbre de G. Durfort, comte de Lorges et de Quintin. *Par.* 1703. 4. (Quérard ne fait pas mention de cet écrit.)

Lorichius II (Johann),
jurisconsulte allemand (tué en juillet 1569).

Lonicerus (Philipp). Oratio funebris in obitum J. Lorichii secundi. *Frf.* 1571. 4. (*Cp.*)

Loriot (Pierre),
jurisconsulte français († vers 1580).

Haase (Carl Heinrich). Nonnulla de P. Loriotto, JCto in academia Lipsiensi olim celeberrimo. *Lips.* 1812. 8. (*L.*)

Loriquet (Jean Nicolaus),
jésuite français (5 août 1760 — 21 juin 1845).

Vie du R. P. Loriquet, de la compagnie de Jésus, etc. *Par.* 1845. 12. Portrait.
Le R. P. Loriquet, sa vie et ses écrits. *Par.* 1847. 8.

Loriti, voy. **Glareanus** (Heinrich Loriti).

Lork (Josias),
théologien danois (3 janvier 1723 — 8 février 1785).

Schoenhejder (Johann Christian). Predigt zum Andenken des Pastors J. Lork. *Kopenh.* 1785. 8.

Lorrain (Claude), voy. **Gelée** (Claude).

Lorraine (Anne Charlotte de),
religieuse française.

Bexon (Gabriel Léopold Charles Amé). Oraison funèbre d'A. C. de Lorraine, abbesse de Remiremont. *Nancy.* 1773. 4.

Lorraine (Anne Marie de),
religieuse française.

Cosme de Saint-Michel. Oraison funèbre d'A. M. de Lorraine, abbesse du Pont aux Dames. *Par.* 1685. 4.

Lorraine d'Harcourt (Armande Henriette de),
bénédictine française.

Duguet (André). Oraison funèbre d'A. H. de Lorraine d'Harcourt, abbesse de Notre-Dame de Soissons. *Par.* 1684. 4.

Lorraine (Charles de),
cardinal-archevêque de Reims (1525 — 1574).

Légende de Charles, cardinal de Lorraine de la maison de Guise. *Reims.* 1576. 8.
Boucher (Nicolas). Oraison funèbre du cardinal Charles de Lorraine. *Par.* 1577. 8. Augment. s. c. t. Caroli Lotharingii cardinalis, et Francisci ducis Guisii litteræ et arma. *Par.* 1577. 4.
Conjonction des lettres et armes des deux frères, princes lorrains, etc., par Jacques **Tigeou**. *Reims.* 1579. 4.
Perin (Léonard). Oraisons funèbres sur le trépas de Charles III, duc de Lorraine, et de Charles, cardinal de Lorraine, évêque de Metz et de Strasbourg, son fils. *Pont-à-Mouss.* 1608. 8.
Paris (Louis). Études sur Charles, cardinal de Lorraine. *Reims.* 1845. 8.
Guillemin (N... N...). Le cardinal de Lorraine, son influence politique et religieuse. *Reims.* 1845. 8.

Lorraine (Charles de),
évêque de Verdun (1592 — 28 avril 1631).

Condé (Nicolas de). Vie du R. P. C. de Lorraine. *Par.* 1652. 12.
Laubrussel (Ignace de). Vie de C. de Lorraine. *Nancy.* 1733. 12.

Lorraine (Diane de),
épouse du duc de Luxembourg († 16 mai 1585).

Magnicourt (Nicolas de). Déploration du trespas de très-illustre princesse, dame D. de Lorraine, duchesse

de Piney, laquelle trespassa en son château de Pougy, etc. *Troyes.* 1853. 8. *
* Réimpression d'une pièce en vers de l'an 1585, tirée seulement à 17 exemplaires.

Lorraine (François de), voy. **Guise.**

Lorraine, prince **de Joinville** (François de).

Morlaix * (Joseph de). Discours funèbre de F. de Lorraine, prince de Joinville. *Par.* 1640. 4.
* Son nom de famille est Joseph de Quaxvy.

Lanfredini (Girolamo). Descrizione delle esequie fatte in Firenze a F. di Lorena, principe di Gionvilla. *Firenz.* 1640. Fol.

Lorraine, duc **de Guise** (Claude de),
cardinal-archevêque de Narbonne († 1550).

Duboullay (Edmond). Le catholique enterrement de Claude, cardinal de Lorraine. *Par.* 1550. 8.
Gaillaud (Claude). Oraison funèbre de Claude de Lorraine, duc de Guise. *Par.* 1550. 8.
Doré (Pierre). Discours funèbre de Claude de Lorraine, duc de Guise. *Par.* 1550. 8.
Masson (Jean Papire). Vita Claudii et Francisci primorum Guisiæ ducum. *Par.* 1577. 4. *Ibid.* 1614. 8.

Lorraine (Louise de),
bénédictine française.

Bourgeois (Jean). Histoire de la vie et de la mort de L. de Lorraine, abbesse de Saint-Pierre de Reims. *Reims.* 1623. 8.

Lorraine (Louise de),
capucine française.

Garde (N... N...). La Judith de ce temps, ou la vie de L. de Lorraine, capucine à Douai, sous le nom de Claire Françoise de Nancy. *Mons.* 1641. 4.

Lorraine (Marie de),
religieuse française († 1627).

Boulanger (André). Oraison funèbre de M. de Lorraine, abbesse de Chelles. *Par.* 1627. 8.

Lortet, née **Richard** (Clémence),
botaniste française (17 sept. 1772 — 15 avril 1835).

Roffavier (N... N...). Notice sur madame Lortet, membre de la Société linnéenne de Lyon. *Lyon.* 1835. 8.

Lortzing (Gustav Albert),
musicien allemand (23 oct. 1803 — 21 janvier 1851).

Dueringer (Philipp Jacob). A. Lortzing's Leben und Werke. *Leipz.* 1851. 8. Portrait.
Meyer (Charles). Notice nécrologique sur G. A. Lortzing, compositeur de musique, etc. *Par.* 1852. 8. (Extrait du *Nécrologe universel du* XIXe *siècle.*)

Lory, père et fils (G...),
peintres suisses.

Neujahrsblatt der Künstlergesellschaft in Zürich für 1848, enthaltend u. A : Lebensabriss und Characteristik der Landschaftsmaler G. Lory, Vater, und G. Lory, Sohn, von Bern, etc. *Zürch.* 1848. 4. Portraits du père et du fils.

Loschi (Ludovico),
évêque de Plaisance.

Marzolini (Raffaele). Orazione funebre per l'illustrissimo e reverendissimo monsignore D. L. Loschi, vescovo di Piacenza. *Piacenza.* 1837. 8.

Loskioeld (Erik),
jurisconsulte suédois († 1707).

Ritz (Jacob). Lyk-Sermon öfver Adsessoren E. Loskioeld. *Abo.* 1707. 4.
Juslenius (Daniel). Justæ laudes assessoris dicasterii Aboensis, E. Loskioeld, oratione funebri decantati. *Aboæ.* 1707. 4.

Los Rios (Ango Fernandez de),
homme d'État espagnol (1er mars 1778 — 11 février 1851).

Saint-Maurice Cabany (Charles Édouard). A. F. de Los Rios, ancien membre de la haute cour de justice d'Espagne et ancien membre et vice-président de la chambre des députés du royaume, etc. *Par.* 1853. 8. (Extrait du *Nécrologe universel du* XIXe *siècle.*)

Lossius (Caspar Friedrich),
théologien allemand (31 janvier 1768 — 26 mars 1817).

Mueller (Hieronymus). C. F. Lossius, etc., biographisch dargestellt. *Gotha.* 1819. 8. Portrait.

Lossius (Georg),
jurisconsulte allemand.

Kirsten (Michael). Programma in funere D. G. Lossii, JCti Hamburgensis. *Hamb.* 1676. 4. (*L.*)

Lossius (Lucas),
philologue allemand (18 oct. 1508 — 8 juillet 1582).

Bacmeister (Lucas). Oratio de L. Lossio, in qua etiam mentio sit Urbani Rhegii, Hermanni Tulichii, aliorumque in urbe Luneburga præstantium virorum. *Rostoch.* 1586. 4. (*Cph.*)

Lostius (Conrad),
jurisconsulte allemand au xve siècle.

Koepken (David Heinrich). Memoria C. Lostii, Wismariensis J. U. D. et ab annum 1485 ad annum 1503 episcopi Suerinensis, ex fide dignissimis monumentis duabus disputationibus renovata. *Rostoch.* 1707. 4. (*D.*)

Lostolfe (Henri de),
évêque de Bazas († 1645).

Godeau (Antoine). Oraison funèbre de H. de Lostolfe, etc. *Par.* 1646. 4.

Loth,
personnage biblique.

Baumann (Heinrich). Dissertatio de statua salis * ad Genes. XIX. 26. *Witteb.* 1666. 4. *Ibid.* 1674. 4.

Pfeiffer (Johann Philipp). Dissertatio de statua salis in quam conversa fuit uxor Lothi. *Regiom.* 1670. 4.

Saubert (Johann). Dissertatio de statua salis et Lothi egressu ex Sodoma. *Helmst.* 1674. 4.

Constant (David). De uxore Lothi, de rubo ardente et serpente æneo. *Lausan.* 1693. 4.

Wallstenius (Johan Christiern). Disputatio de statua salis. *Aboæ.* 1704. 8.

Fischer (Johann Ludwig). Dissertatio de statua salaria ex Genes. XIX. *Gedan.* 1709. 4.

Masius (Hector Gottfried). Recensio de uxore Lothi in statuam salis convertita. *Hafn.* 1720. 4.

* La femme de Loth s'appelait *Édith*. Benjamin de Tudèle, le voyageur juif, se vante d'avoir vu la statue d'Edith en au xive siècle, et il remarque que , si quelque étranger en enlève un morceau , la statue se reforme aussitôt, comme si rien n'eût été dégradé. La Layer, observant que la statue *suait et souffrait ses fleurs*, raconte dans son *Histoire des spectres* qu'elle se trouve à deux lieues de la mer Morte, qui occupe la place où fut Sodome.

Lothaire II,
empereur d'Allemagne (1075 — 1125 — 3 déc. 1137).

Narratio de electione Lotharii ducis Saxoniæ in imperatorem. *Lips.* 1720. Fol.

Mueller (Daniel). Programma de Lothario, imperatore Saxonico, autore Chemnicii. *Chemnic.* 1726. Fol.

Mascov (Johann Jacob). Commentarii de rebus imperii Romano-Germanici sub Lothario II et Conrado III. *Lips.* 1755. 8.

Gervais (Eduard). Geschichte Deutschlands unter der Regierung Kaiser Heinrich's V und Lothar's II. *Leipz.* 1842. 2 vol. 8.

Jaffé (N... N...). Geschichte des deutschen Reiches unter Lothar von Sachsen. *Berl.* 1843. 8. (Ouvrage couronné.)

Panten (Æmilius). Commentarii de rebus a Lothario II gestis. Pars I. Res in Germania Henrico V imperatore et Lothario duce Saxoniæ gestas. *Berol.* 1845. 8.

Lothaire II,
roi de France (941 — 954 — 2 mars 986).

Borgnet (Adolphe). Le divorce du roi Lothaire II et de la reine Theutberge, s. l. et s. d. 8. (*Bx.*)

Lotich (Johann),
jurisconsulte allemand (1625 — 25 mars 1650).

(**Mehlbaum,** Johann). Programma academicum in funere J. Lotichii. *Helmst.* 1630. 4. (*D.*)

Lotich II (Peter),
médecin et poète allemand (2 nov. 1528 — 7 nov. 1560).

Hagen (Johann). Vita P. Lotichii Secundi. *Lips.* 1586. 8. *Ibid.* 1594. 12. (*D.* et *L.*) *Ibid.* 1603. 8.

Quell (Christian Friedrich). Programma de carminibus bucolicis P. Lotichii Secundi. *Dresd.* 1767. 4. (*D.*)

Lotti (Antonio),
compositeur italien.

Caffi (Francesco). Lettera ad E. A. Cicogna intorno alla vita ed al comporre di A. Lotti, maëstro di cappella di S. Marco di Venezia. *Venez.* 1835. 8.

Lottin (Antoine Prosper),
littérateur-libraire français (22 oct. 1733 — assassiné en 1812).

B(oulard) (A(ntoine) M(arie) H(enri)). Notice nécrologique sur la vie et les ouvrages de M. Lottin, ancien libraire, s. l. et s. d. (*Par.*, vers 1812.) 8.

Louis le Débonnaire,
empereur d'Allemagne et roi de France (778 — 814 — 20 juin 840).

Letzner (Jacob). Chronica und historische Beschreibung des Lebens, der Händel und Thaten Keyser's Ludovici Pii. *Hildesh.* 1604. 4.

Hallwachs (Johann Michael). Dissertatio rerum Ludovici II imperatoris. *Tubing.* 1730. 4.

Walch (Christian Wilhelm Franz). Dissertatio historica de pietate Ludovici Pii. *Jenæ.* 1748. 8.

Funk (Friedrich). Ludwig der Fromme. Geschichte der Auflösung des grossen Frankenreichs. *Frf.* 1832. 8.

Frantin (J... M... F...). Louis le Pieux et son siècle. *Par.* 1840. 2 vol. 8.

Schwarz (C...). Der Brüderkrieg Ludwig's des Frommen und der Vertrag von Verdun (843). *Fulda.* 1843. 4.

Louis IV, surnommé **l'Enfant,**
empereur d'Allemagne (893 — 900 — 21 janvier 912).

Gatterer (Johann Christoph). Programma de Ludovico IV Infante, Germaniæ rege impubere. *Goetting.* 1759. 4.

Louis IV *, ou mieux **Louis V le Bavarois,**
empereur d'Allemagne (1286 — 1314 — 11 oct. 1347).

Herwart v. Hohenburg (Johann David). Ludovicus IV defensus contra Abrahamum Bzovium. *Monach.* 1618. 4.

* Il s'intitulait Louis IV parce qu'il ne comptait pas Louis l'Enfant au nombre des empereurs.

Burgundus (Nicolaus). Historia Bavarica, s... Ludovicus IV ac ejus vita et res gestæ, etc. *Ingolst.* 1636. 4. *Amst.* 1645. 4. Publ. par J... C... BOEHMER. *Helmst.* 1705. 4.

Buddæus (Johann Franz). Dissertatio de Ludovico IV, imperatore Romano. *Jenæ.* 1689. 4.

Sterr (Caspar). Ludwig der Bayer, Kaiser der Deutschen und Römer. *Münch.* 1811. 8. *Ibid.* 1814. 8.

Mannert (Conrad). Kaiser Ludwig IV. *Landsh.* 1812. 8. (Ouvrage couronné.)

Zirngibl (Roman Joseph). Ludwig des Bayers Lebensgeschichte. *Münch.* 1812. 8.

Kotzebue (August Friedrich Ferdinand v.). Geschichte Kaiser Ludwig's IV. *Riga.* 1812. 8.

Schlett (Joseph). Biographie von Kaiser Ludwig dem Bayer. *Sulzb.* 1822. 8.

Scherz (Johann Georg). Dissertatio de turbis in imperio R. G. ex electione Ludovici Bavarici et Friderici Austriaci ortis. *Argent.* 1711. 4.

Koeler (Johann David). Voluntarium imperii consortium inter Fridericum Austriacum et Ludovicum Bavarum ex pacto de anno 1525 adstructum. *Altorf.* 1735. 4.

Lipowsky (Anton Johann). Historische Prüfung der Frage : ob Kaiser Ludwig IV mit seinem Gegenkaiser, Friedrich dem Schönen von Oesterreich, das deutsche Reich gemeinschaftlich beherrscht habe. *Münch.* 1799. 8. (Tiré à très-petit nombre.)

Lochner (Georg Wolfgang Carl). König Ludwig des Bayers Zug gegen Herrieden im Jahre 1516. *Nürnb.* 1836. 8.

— — Kaiser Ludwig der Bayer und die Stadt Nürnberg. *Nürnb.* 1840. 8.

Mann (Carl Christian v.). Kaiser Ludwig IV und Maximilian I; historische Parallele. *Münch.* 1807. 8.

Mussinan (Joseph Anton v.). Ludwig der Bayer und das Jahr 1809. *Straubing.* 1809. 8. 2 portraits.

Louis I,
roi d'Espagne (25 août 1707 — 17 janvier 1724 — 31 août 1724).

Mongin (Edme). Oraison funèbre de Louis I, roi d'Espagne et des Indes. *Par.* 1725. 4.

(**Ranft,** Michael.) Merkwürdige Lebens- und Regierungs-Geschichte Ludovici I, Königs von Spanien. *Leipz.* 1728. 8. *

* Attribué souvent à Justus Gottfried RANFT.

Louis VI, surnommé **le Gros**,
roi de France (1078 — 1108 — 1er août 1137).

Levrier (Antoine Joseph). Mémoire sur un trait de la vie de Louis VI. *Par.* 1810. 8. (Omis par Quérard.)

Louis IX, dit **le Saint**,
roi de France (25 avril 1215 — 8 nov. 1226 — 25 août 1270).

Joinville (Jean de). Histoire et chronique de très-chrestien roy S. Loys IX du nom et XLIV de France, publ. par Antoine Pierre de RIEUX. *Poitiers*. 1547. 4. *Ibid.* 1561. 4. *Genève*. 1596. 12. *Par.* 1596. 4. *Ibid.* 1609. 12. Avec des notes par Claude MÉNARD. *Par.* 1617. 4. *Ibid.* 1666. 12. Publ. par Charles DUFRESNE DU CANGE. *Par.* 1668. Fol. Avec des notes par Jean Baptiste MELOT et Jean CAPPERONNIER. *Par.* 1761. Fol. Réimp. par Paul GRAVAIS. *Par.* 1822. 8. Précédé d'une notice historique sur Jean de JOINVILLE. *Par.* 1826. 8. Publ. par l'abbé MILLAULT. *Par.* 1853. 8.
Trad. en angl. par Thomas JOHNES. *Hafod*. 1807. 2 vol. 4.
Trad. en espagn. :
Par Jayme LEDEL. *Toled.* 1657. Fol.
Par José CORNIDE DE SAAVEDRA. *Madr.* 1794. 4.

(Matthieu, Pierre.) Histoire de S. Louis. *Par.* 1618. 8. Trad. en ital. par Giovanni Battista PARCUI. *Venez.* 1638. 4. Portrait.

Sacré (François de). Vie de S. Louis, en vers. *Par.* 1619. 8.

Rousselet (George Étienne). Les lys sacrés , ou parallèle du lys de S. Louis et des autres roys de France. *Lyon.* 1631. 4.

Ribadeneira (Pedro). Vie de S. Louis. *Par.* 1641. 4.

Forget (Louis). Vertus et triomphes de S. Louis. *Tours.* 1647. 12.

Promontois (N... N...). Vie de S. Louis. *Par.* 1650. 4.

Roca (conte de la). La mexor lis de Francia, ò discorso sobra la vida de S. Luis IX, rey de Francia, trad. de l'ital. par Antonio de Mon. *Leon.* 1655. 4.

Vernon (Jean Marie de). Le roi très-chrestien, ou la vie de S. Louis. *Par.* 1662. 4.

La sainte vie et les hauts faits de Monseigneur S. Louis. *Par.* 1666. 8.

Varillas (Antoine). La minorité de S. Louis , avec l'histoire de Louis XI et de Henri II. *La Haye.* 1685. 12. *Amst.* 1687. 12. *Par.* 1689. 4.

Filleau de la Chaise (Jean). Histoire de la vie de S. Louis. *Par.* 1688. 2 vol. 4. *Brux.* 1688. 2 vol. 12.

Choisy (François Timoléon de). Vie de S. Louis. *Par.* 1689. 4. *Ibid.* 1690. 4.

Stilting (Janus). Acta sancta Ludovici Francorum regis illustrata commentario et notationibus. *Antw.* 1741. Fol.

Bury (Richard de). Histoire de S. Louis, avec un abrégé de l'histoire des croisades. *Par.* 1775. 2 vol. 12.

Manuel (Louis Pierre). Coup d'œil philosophique sur le règne de S. Louis. *Damiette.* (*Par.*) 1786. 8.

(Hess, Johann Carl.) Ludwig der Heilige, König von Frankreich. *Frf.* 1788. 2 vol. 8.

Gervais (Paul). Histoire de S. Louis. *Par.* 1822. 8. Port.

Caillot (Antoine). Vie de S. Louis, roi de France. *Par.* 1822. 12.

Prévault * (Henri). Vie de S. Louis, roi de France. *Lille.* 1827. 2 vol. 18. *Ibid.* 1829. 2 vol. 18. *Ibid.* 1840. 2 vol. 18.
* Son véritable nom est Henri BAUS-LAVAIGNE.

Bleton (Jean François). Vie de S. Louis, roi de France. *Lyon* et *Par.* 1828. 18.

Villeneuve-Bargemont (Louis François de). Histoire de S. Louis, roi de France. *Par.* 1836. 5 vol. 8.

Le Nain de Tillemont (Louis Sébastien). Vie de S. Louis, etc., publ. par J... de GAULLE. *Par.* 1847-51. 6 vol. 8.

Scholten (H...C...). Geschichte Ludwig's IX des Heiligen, Königs von Frankreich. *Münst.* 1850-51. 5 vol. 8. Portrait.

Porchat (Jean Jacques). Vie de S. Louis, racontée à la jeunesse. *Par.* 1852. 18.

Biéchy (Amand). S. Louis, ou la France au XIIIe siècle. *Limog.* 1852. 8.

Cracco (P... D...). Geschiedenis van den heiligen Ludovicus, koning van Frankryk, IXten van den naem. *Tournai.* 1852. 8.

Vie de S. Louis, roi de France. *Limog.* et *Par.* 1853. 12. Portrait.

Mignan (A...). Vie de S. Louis, roi de France. *Rouen.* 1853. 12. Portrait.

Walsh (Théobald). S. Louis et son siècle. *Tours.* 1853. 8. (Deuxième édition.)

Feuilleret (H...). Taillebourg et S. Louis. Histoire de l'expédition de Louis IX en Saintonge (1242). *Par.* 1851. 16. (Deuxième édition.)

Longolius (Christophorus). Oratio de laudibus S. Ludovici. *Par.* 1510. 4.

Clichtoveus (Jodocus). Oratio de S. Ludovici laudibus. *Par.* 1516. 4.

Desgroux (Pierre). Oratio de D. Ludovici præconiis. *Par.* 1519. 4.

Macé (Jean). Panégyrique de S. Louis, roi de France. *Rom.* 1648. 4. Trad. en ital. par Jean MARQUIER. *Rom.* 1648. 4.

Mongin (Edme). Panégyrique de S. Louis , roi de France. *Par.* 1701. 8.

Ragon (Jean Baptiste). Panégyrique de S. Louis, s. l. (*Lyon*) 1750. 4.

Carrelet de Rosay (Barthélemy). Panégyrique de S. Louis. *Par.* 1755. 8.

Griffet (Henri). Panégyrique de S. Louis, s. l. (*Par.*) 1743. 4.

Poulle (Nicolas Louis). Panégyrique de S. Louis , s. l. (*Par.*) 1748. 4.

Bourlet de Vauxcelles (Simon Jérôme). Panégyrique de S. Louis, s. l. (*Par.*) 1761. 8.

Bassinet (Alexandre Joseph). Panégyrique de S. Louis, s. l. (*Par.*) 1763. 8.

Le Cren (abbé). Panégyrique de S. Louis. *Saint-Brieuc.* 1765. 8.

Vammale (Antoine **Brès** de). Panégyrique de S. Louis, s. l. (*Toulouse*.) 1766. 8.

Maury (Jean Siffren). Panégyrique de S. Louis. *Par.* 1772. 8.

Talbert (François Xavier). Panégyrique de S. Louis, roi de France, etc. *Par.* 1779. 12.

Sauvigny (Edme Louis **Billardon** de). Panégyrique de S. Louis. *Par.* 1780. 8.

Boulogne (Étienne Antoine). Panégyrique de S. Louis. *Par.* 1782.

Macquart (Jean Nicolas). Éloge de S. Louis. *Reims.* 1816. 4.

Labouderie (Jean). Panégyrique de S. Louis, roi de France. *Par.* 1824. 8. (*Lv.*)

Lilgenau (Andreas Christian v.). Seelengrösse Ludwig's IX, Königs von Frankreich, etc. *Passau.* 1850. 8.

Tarallo (Pietro). Sul dubbio che il cuore di S. Luigi esistesse in Monreale o in Parigi. *Palerm.* 1843. 8.

Serra di Falco (duca). Sulla reliquia del cuore di S. Luigi. *Palerm.* 1843. 4.

Dubeux (Louis). Description relative au cœur de S. Louis. *Par.* 1843. 8.

Paris (Paulin). Sur le cœur de S. Louis. *Par.* 1843. 8. (Extrait des *Mémoires de l'Institut.*)

Letronne (Jean Antoine). Examen critique du prétendu cœur de S. Louis. *Par.* 1844. 8.

Berger de Xivrey (Jules). Dernières observations sur la polémique relative au cœur de S. Louis. *Par.* 1844. 8.

Louis XI,
roi de France (3 juillet 1423 — 22 juillet 1461 — 30 août 1483).

(Troyes, Jean de). Chronique de Loys de Valois, feu roy de France , XI de ce nom , avec plusieurs autres histoires advenues tant dans ce royaume comme ès voisins, depuis l'an 1461 jusqu'en 1483, s. l. et s. d. Fol. * Réimprim. s. c. t. Chronique Martinienne. *Par.* 1500. Fol. *Par.* 1529. Fol. *Ibid.* 1558. 8. *Ibid.* 1611. 8. *Ibid.* 1620. 4. (*Bes.*)
* Cet ouvrage , plus connu s. l. nom de *Chronique scandaleuse*, est souvent attribué à Dom HESSELIN.

Comines (Philippe de). Mémoires contenant les choses advenues durant le règne de Louis XI, tant en France, Bourgogne, Flandres, Artois, Angleterre, qu'Espagne et autres lieux , publ. par Jean DE SELVE. *Par.* 1523. Fol. *Ibid.* 1524. Fol. *Ibid.* 1525. Fol. *Lyon.* 1526. Fol.

Réimprim. s. c. t. Mémoires, contenant les principaux faits et gestes de Louis XI et de Charles VIII, son fils, depuis l'an 1464 jusqu'en 1498. *Par.* 1528. Fol. *Ibid.* 1529. Fol. *Ibid.* 1539. 8. *Ibid.* 1543. 8. *Ibid.* 1546. 8. *Ibid.*, 1549. Fol. *Ibid.* 1551. 16. Avec des notes par Denis Sauvage. *Par.* 1552. Fol. *(Bes.) Lyon.* 1559. Fol. *Par.* 1561. Fol. *Ibid.* 1572. 16. *Ibid.* 1576. 16. *Ibid.* 1580. Fol. *Anvers.* 1596. 12. *Rouen.* 1603. 12. *Par.* 1610. Fol. *Ibid.* 1615. 12. *Ibid.* 1615. Fol. *Rouen.* 1634. 12. *Leyde.* 1648. 12. *(Bes.) Par.* 1661. 12. Augment. par Denis Godefroy. *Par.* 1649. Fol. Avec des notes par Théodore Godefroy. *La Haye.* 1682. 2 vol. 8. *Brux.* 1706. 3 vol. 8. *Ibid.* 1714. 4 vol. 8. *Ibid.* 1723. 5 vol. 12. *(Bes.)* Publ. par Nicolas Lenglet du Fresnoy. *Lond.* et *Par.* 1747. 4 vol. 4. *(Bes.)* Réimpr. par mademoi-selle Dupont. *Par.* 1843. 3 vol. 8.

Trad. en allem. :
    Par Caspar Hedion, avec préface par Michel Beuther. *Strasb.* 1551. 4. *Ibid.* 1566. Fol. *Frf.* 1580. Fol. *Ibid.* 1625. Fol.
    Par Michael Klosemann. *Frf.* 1643. 8.
    Par Nicolaus Driesch. *Trier.* 1853. 8.

Trad. en angl. par Thomas Danet. *Lond.* 1596. Fol. *Ibid.* 1600. 4. *Ibid.* 1614. Fol. *Ibid.* 1674. Fol. Por-trait. Avec des notes par N... N... Uvedale. *Lond.* 1712. 2 vol. 8. *Ibid.* 1723. 2 vol. 8.

Trad. en espagn. par Juan Vitrian. *Amber.* 1643. Fol. *(Bes.) Ibid.* 1663. Fol. *Ibid.* 1713. 2 vol. Fol.

Trad. en holland. :
    Par Cornelius Kvel. *Antw.* 1578. 8. *Delft.* 1612. 8. *Haarl.* 1646. 8. *Leeuward.* 1665. 8.
    Par Frans de Haes. *Amst.* 1757. 8.

Trad. en ital. :
    Par Nicolas Reince. *Venez.* 1544. 8. *(Bes.) Milan.* 1610. 3 vol. 8. *(Bes.)*
    Par Lorenzo Conti. *Genov.* 1594. 4. *Milano.* 1601. 8. *Bresc.* 1612. 4. *Venez.* 1613. 4. *Ibid.* 1640. 4.

Trad. en lat. :
    Par Joannes Sleidanus. *Argent.* 1545. 4. *(Bes.) Par.* 1545. 8. *(Bes.) Ibid.* 1560. 16. *Ibid.* 1568. 16. *Frf.* 1578. 8. *Hanov.* 1606. 12. *Cassel.* 1638. 8. *Lugd. Bat.* 1640. 12. *Amst.* 1648. 12. *Ibid.* 1656. 12.
    Par Caspar Barth. *Frf.* 1629. 8.

Abrégé des faits, dignes de mémoire, du roy Louis XI. *Par.* 1558. 8.

(Matthieu, Pierre). Histoire de Louis XI et des choses mémorables advenues en Europe durant les 22 années de son règne. *Par.* 1610. Fol. *Ibid.* 1628. Fol.
    Trad. en angl. par Edward Grimeston. *Lond.* 1614. Fol.
    Trad. en ital. par Girolamo Canini. *Venez.* 1628. 4.
Beaucaire de Péguillon (Belcarius) (François). Rerum Gallicarum commentarii ab anno Chr. 1461 usque ad annum 1580. *Lugd.* 1625. Fol.
Naudé (Gabriel). Additions à l'histoire de Louis XI. *Par.* 1630. 8. *(Bes.)* Avec des notes par Denis Godefroy. *Brux.* 1713. 8.
Hermite de Souliers (Tristan l'). Cabinet du roi Louis XI, ou plusieurs fragments, lettres et intrigues du règne de ce monarque. *Par.* 1661. 12.
Varillas (Antoine). Histoire de Louis XI. *Par.* 1686. 2 vol. 4, ou 2 vol. 12. *Ibid.* 1689. 2 vol. 4 *(Bes.)* ou 4 vol. 12. *La Haye.* 1689. 4 vol. 12.
Duclos (Charles Pinot). Histoire de Louis XI. *Par.* 1745. 4 vol. 12. *(Bes.) Ibid.* 1746. 4 vol. 12. *Amst.* 1746. 3 vol. 12. *La Haye.* 1750. 3 vol. 8. Trad. en angl. *Lond.* 1747. 2 vol. 8.
(Baudot de Juilly, Nicolas). Histoire du règne de Louis XI. *Par.* 1755. 6 vol. 12. (Publ. s. l. nom de Mar-guerite de Lussan.) — *(Bes.)*
Dumesnil (Alexis). Règne de Louis XI. *Par.* 1811. 8. *Ibid.* 1819. 8.
Liskenne (François Charles). Histoire de Louis XI. *Par.* 1830. 2 vol. 8. Portrait.
Ségur (Philippe Paul). Histoire de Louis XI. *Par.* 1830. 8.
    Trad. en allem. :
    Par Friedrich Wilhelm Suckau et Johann Christian Wagner. *Frf.* 1831. 8.
    Par Ludwig Hoffmann. *Leipz.* 1831. 8.

Louyrette (M...) et **Croye** (R... de). Louis XI et le Plessis-lès-Tours. *Tours.* 1841. 8.

Michelet (Jules). Louis XI et Charles le Téméraire (1461-1477). *Par.* 1853. 12.

(Brizard, Gabriel). Discours historique sur le caractère et la politique de Louis XI. *Par.* 1786. 8. *Ibid.* 1791. 8.

Divers traités, contrats, testaments et autres actes rela-tifs aux Mémoires de Philippe de Comines. *La Haye.* 1682. 8.

Remontrances faites au roi Louis XI sur les priviléges de l'Eglise gallicane et les plaintes du peuple. *Par.* 1561. 8.

Louis XII, surnommé **le père du peuple**,
roi de France (27 juin 1462 — 7 avril 1498 — 1er janvier 1515).

Seyssel (Claude de). Louanges du roy Louis XII. *Par.* 1508. 4. Augment. s. c. t. Histoire singulière de Louis XII. *Par.* 1508. 8. Avec des notes par Denis Sau-vage. *Par.* 1587. 8. *Ibid.* 1615. 4.
Auton (Jean d'). Histoire de Louis XII depuis l'an 1566 jusqu'en 1508. *Par.* 1615. 4. Publ. par Théodore Go-defroy. *Par.* 1620. 4. *(Bes.)*
Histoire de Louis XII et des choses advenues de son règne, par Claude de Seyssel, Jean d'Auton et autres auteurs contemporains, publ. par Théodore Godefroy. *Par.* 1615. 4.
Saint-Gelais (Jean de). Histoire de Louis XII, père du peuple, publ. par Théodore Godefroy. *Par.* 1622. 4. *(Bes.)*
Varillas (Antoine). Histoire de Louis XII. *Par.* 1688. 4. *La Haye.* 1688. 3 vol. 4. *(Bes.)*
(Tailhé, Jacques). Histoire de Louis XII. *Milan et Par.* 1755. 3 vol. 12. *(Bes.)*
M(ehégan) (madame de). Tableau du siècle de Louis XII. *Amst.* 1769. 12.
Auffray (Jean). Louis XII, surnommé le père du peu-ple, dont le présent règne nous rappelle le souvenir. *Par.* 1775. 8.
Cordier de Saint-Firmin (Edmond). Éloge de Louis XII, s. l. *(Par.)* 1778. 8.
Reganhac (N... N... **Valet** de). Éloge de Louis XII, père du peuple, s. l. 1782. 8.
Florian (Jean Pierre Claris de). Éloge de Louis XII, roi de France. *Par.* 1785. 8.
Goyon d'Arsac (Guillaume Henri Charles de). Éloge de Louis XII, roi de France. *Montauban.* 1785. 12.
Pétis de Lacroix (François). Éloge historique de Louis XII. *Par.* 1786. 8. (Non mentionné par Quérard.)
Langlois (Jean Thomas). Éloge de Louis XII. *Brux., Par.* et *Vers.* 1786. 8.
Barral (Antoine Ignace). Éloge historique de Louis XII, père du peuple. *Par.* 1786. 8.
Ginguené (Pierre Louis). Éloge de Louis XII, père du peuple. *Par.* 1788. 8.
Maydieu (Jean). Éloge de Louis XII. *Par.* 1788. 8.
Noël (François Joseph). Éloge de Louis XII, roi de France, surnommé le père du peuple. *Par.* 1788. 8.
(Papion du Château, Jacques François). Éloge de Louis XII, surnommé le père du peuple. *Par.* 1789. 8. (Publ. s. la lettre P***.)
Delaroche (A... L...). Histoire de Louis XII, roi de France. *Par.* 1817. 12. 2 portraits.
Masselin (J... G...). Histoire de Louis XII, roi de France, etc. *Par.* 1822. 12.
Roederer (Pierre Louis). Mémoires pour servir a une nouvelle histoire de Louis XII et de François I. *Par.* 1825. 2 vol. 8. *Ibid.* 1834. 2 vol. 8.

Champier (Symphorien). Trophæum Gallorum eorum-dem complectens historiam de ingressu Ludovici XII in urbem Genuam. *Lugd.* 1507. 4. Trad. en franç. s. c. t. Triomphes de Louis XII, etc. *Lyon.* 1509. 4.
Seyssel (Claude de). La victoire de Louis XII contre les Venetiens, et la bataille d'Agnadel en Lombardie, en 1508. *Par.* 1510. 4.
Mocenigo (Andrea). De bello Cameracensi, quod Veneti cum quatuor regibus, cum Helvetiis et tota Italia ges-serunt ab anno 1505 usque ad annum 1508, libri VI. *Venet.* 1525. 8. Trad. en ital. s. c. t. Guerra di Cam-

brai, etc., par Andrea ARRIVABENE, Venez. 1544. 8. Ibid. 1560. 8.

Coccinius (Michael). De rebus gestis in Italia annis 1511 et 1512, s. de bello Maximiliani imperatoris et Ludovici XII, regis Francorum, cum Venetis gesto. Basil. 1544. 8.

Fiori (Giorgio). De bello Italico et de rebus Gallorum præclare gestis sub Carolo VIII et Ludovico XII, libri XII. Par. 1613. 4.

(**Dubos**, Jean Baptiste). Histoire de la ligue faite à Cambray en 1508, entre Jules II, pape, Maximilien I, empereur, Louis XII, roy de France, Ferdinand V, roy d'Aragon , et tous les princes d'Italie contre la république de Venise. Par. 1709. 2 vol. 12. La Haye. 1710. 2 vol. 12. Par. 1728. 2 vol. 12. Ibid. 1785. 2 vol. 12. Trad. en ital. Aversa. 1718. 4.

Auton (Jean d'). Entrevue de Louis XII, roy de France, et de Ferdinand (V), roy d'Aragon, à Savone, l'an 1507, publ. par Théodore GODEFROY. Par. 1613. 4.

Lettres du roi Louis XII et du cardinal (George) d'Amboise, écrites depuis l'an 1504 jusqu'en 1514, publ. par Jean GODEFROY. Brux. 1712. 4 vol. 8.

Épître au nom d'illustre dame, Madame Marie, reine douairière de France, qu'elle a écrite au roy d'Angleterre, Henri VIII, son frère, touchant le trépas du roy Louis XII, son époux. Par. 1515. 4.

Ordre qui fut tenu aux obsèques de Louis XII. Par. 1515. 8.

Lussan (Marguerite de). Anecdotes secrètes des règnes de Charles VIII et de Louis XII. Par. 1741. 8. La Haye. 1741. 12.

Louis XIII, dit le **Juste**,
roi de France (27 sept. 1601 — 14 mai 1610 — 14 mai 1643).

Malingre (Claude). Histoire universelle de ce qui s'est passé ès années 1619 et 1620. Par. 1621. 8.
—— Intrigues et guerres civiles de France en 1620, 1621 et 1622. Par. 1622. 2 vol. 8.
—— Histoire générale des guerres et mouvements arrivés en divers Etats du monde sous le règne de Louis XIII. Par. 1658. 2 vol. 8.
(——) Journal de Louis XIII, ou histoire journalière du règne de Louis XIII depuis 1610 jusqu'à sa mort (1545). Par. 1646. 2 vol. 8.

Loisel (Charles). Trésor de l'histoire générale de tout ce qui s'est passé en France sous le règne de Louis XIII depuis l'an 1610 jusqu'en 1626. Par. 1626. 8.

Aulberoche (Pierre d'). Gesta Henrici IV et Ludovici XIII, regum Francorum. Par. 1626. 8.

Histoire du règne de Louis XIII. Par. 1633. 4 vol. 8.

Bernard (Charles). Histoire des guerres de Louis XIII contre les rebelles religionnaires. Par. 1633. Fol. (Tiré seulement à 25 exemplaires.)
—— Histoire de Louis XIII. Par. 1646. 2 vol. Fol. (Bes.)

Dupleix (Scipion). Histoire de Louis le Juste. Par. 1635-48. 2 vol. fol. (Bes.)

Gramond (Gabriel Bartholomé de). Ludovicus XIII, s. annales Galliæ ab excessu Henrici IV, etc. Par. 1641. Fol. Augment. s. c. t. Historiarum Galliæ ab excessu Henrici IV libri XVIII (jusqu'en 1629). Tolos. 1643. Fol. Amst. 1653. 8. Mogunt. 1673. 8. (Bes.) Frf. et Leipz. 1674. 8. Amst. 1699. 8.

Mayne de Chabans (Louis de). Histoire des guerres des Huguenots, faites en France sous le règne de Louis XIII. Par. 1654. 4. Ibid. 1665. 2 vol. 12.

(**Oronville**, Jean d', surnommé **Cabaret**). Histoire de la vie, faits héroïques et voyages de Louis XIII. Par. 1612. 8. (Bes.)

(**Malingre**, Claude). Histoire de Louis XIII. Par. 1616. 4. (Bes.)

Legrain (Baptiste). Décade commençant l'histoire de Louis XIII. Par. 1619. Fol. (Bes.)

Charpy de Sainte-Croix (Nicolas). Le juste prince, ou le miroir des princes en la vie de Louis XIII. Par. 1658. 4.

Cerisiers (René de). Réflexions chrestiennes et politiques

sur la vie de Henri le Grand et de Louis le Juste. Par. 1642. 12. (Bes.)

Danes (Jean). Règne de Louis XIII, donné pour exemple et pour instruction à son fils. Par. 1644. 4.

Howell (James). Lustra Ludovici, or the life of Lewis XIII and of his cardinal de Richelieu. Lond. 1646. Fol.

Juglar (Aloys). Vita et virtutes Ludovici Justi, centum elogiis explicata. Lugd. 1648. 4.

Roncoveri (Alessandro). Storia del regno di Luigi XIII il Giusto. Lione. 1691. 4.

Vassor (Michel le). Histoire du règne de Louis XIII. Amst. 1700-11. 25 vol. 12. (Bes.) Trad. en holland. Hage. 1701. 4 vol. 8.

Ellies du Pin (Louis). Histoire de Louis XIII (jusqu'en 1629). Par. 1716. 4 vol. 12.

(**Lecointe**, Jacques). Histoire du règne de Louis XIII. Par. 1716-17. 7 vol. 12.

Ray de Saint-Geniès (Jacques Marie). Histoire du règne de Louis XIII. Par. 1756. 2 vol. 12.

Griffet (Henri). Histoire du règne de Louis XIII. Par. 1757-58. 3 vol. 4. (Bes.)

Bury (Richard de). Histoire de Louis XIII. Par. 1768. 4 vol. 12.

Roux-Laborie (Anatole). Discours sur le caractère moral et politique de Louis XIV. Par. 1850. 8. (Couronné par la Société royale des bonnes lettres.)

Bazin (Anaïs de **Raucou**). Histoire de France sous le règne de Louis XIII. Par. 1837. 8. *

* Ouvrage qui a obtenu de l'Académie française le prix fondé par le baron Gobert.

Vialart de Saint-Paul (Charles). Mémoires du ministère du cardinal de Richelieu. Par. 1649. Fol. Ibid. 1650. 2 vol. 12. Leyde. 1651. 4 vol. 8. Ibid. 1664. 3 volumes 12. Par. 1665. 3 vol. 12. Ibid. 1670. 3 vol. 12. Amst. 1671. 3 vol. 12.

Arrêt du parlement contre les Mémoires du ministère du cardinal de Richelieu, du 11 mai 1650. Par. 1650. 4.

Bourdeilles de Montrésor (Claude de). Mémoires contenant diverses pièces durant le ministère du cardinal de Richelieu, la relation de M. de Fontrailles, et les affaires de MM. le comte de Soissons, duc de Guise et de Bouillon. Cologne. 1663. 2 vol. 12. Leyde. 1665. 2 volumes 12. Cologne. 1723. 2 vol. 12.

Courtilz de Sandras (Gatien). Mémoires contenant ce qui s'est passé de plus particulier sous le ministère du cardinal de Richelieu et du cardinal de Mazarin. Cologne. 1667. 8. Ibid. 1687. 12. La Haye. 1688. 12. Ibid. 1693. 12. Ibid. 1696. 12.

Deageant de Saint-Marcellin (G...). Mémoires contenant plusieurs choses particulières depuis les dernières années du règne de Henri IV jusqu'au commencement du ministère du cardinal de Richelieu. Grenoble. 1668. 12.

Orléans (Gaston d'). Mémoires contenant tout ce qui s'est passé depuis l'an 1608 jusqu'en 1636, publ. par Étienne Algay de MARTIGNAC. Amst. 1685. 12. Par. 1685. 12.

Richelieu (Armand du Plessis de). Lettres où l'on voit la politique et le secret de ses négociations. Cologne. 1695. 2 vol. 12. Lyon. 1696. 2 vol. 12. Par. 1696. 2 vol. 12.

Motteville (Françoise **Bertaud** de). Mémoires pour servir à l'histoire de Louis XIII et de la reine Anne d'Autriche, mère de Louis XIV. Amst. 1717. 12. Augment. Amst. 1723. 5 vol. 12. Par. 1736. 6 vol. 12. Amst. (Par.) 1739. 6 vol. 12. Amst. 1650. 6 vol. 12. Maestricht. 1782. 6 vol. 12. Par. 1822-25. 11 vol. 18.

Todière (N... N...). Louis XIII et Richelieu. Tours. 1851. 12. Ibid. 1852. 12.

Déclaration du roy Louis XIII, par laquelle il met le royaume de France sous la protection de la sainte Vierge, du 10 février 1638. Par. 1638. 8.

Macedo (Francisco de Santo Agostinho de). Statua equestris Ludovici XIII. Par. 1641. 4. Ulyssip. 1683. 4.
—— Sermaõ nas honras de Luiz XIII. Lisb. 1643. 4.

Gon (Guillaume). Discours sur la mort de Louis XIII. Lyon. 1643. 8.

Châteaunières d'Allagrain (N... N...). Mausolée royal, ou éloge funèbre de Louis le Juste. *Par.* 1643. *4.*

Ranconis (Charles François de). Discours funèbre panégyrique sur la mort du roi Louis XIII. *Par.* 1643. *4.*

Javersay (N... N... de). Eloge funèbre et le tombeau royal de Louis XIII. *Par.* 1643. *4.*

Condé (Nicolas de). Oraison funèbre de Louis XIII. *Par.* 1643. *4.*

Bouhier (Balthazard Bernard). Oraison funèbre de Louis le Juste, etc. *Par.* 1643. *8.*

Mazure (Nicolas). Harangue funèbre de Louis le Juste, etc. *Par.* 1643. *4.*

Conchet (Charles). Etendue du règne de Louis le Juste. *Lyon.* 1643. *4.*

Hersent (Charles). Le sacré monument dédié à la mémoire de Louis le Juste, compris en trois discours, etc. *Par.* 1643. *8.*

Isnard (Jacques). Clio Gallica, s. Ludovici XIII tumulus. *Par.* 1643. *4.*

Malty (Emmanuele). Eloquia regia Ludovici XIII Justi, etc. *Rom.*, s. d. (1643.) 8.

Soares de Vilhegas (Francisco). Oracion funebre de Louys XIII. *Par.* 1643. *4.*

Strozzi (Niccolò). Orazione in morte di Luigi XIII, re di Francia. *Firenz.* 1643. *4.*

Godeau (Antoine). Oraison funèbre sur la mort de Louis XIII, dit le Juste. *Par.* 1644. *4.* Réimprim. par A(ntoine) M(arie) H(enri) B(oulard). *Par.* 1824. 8. (*Lv.*)

Valdory (Guillaume de). Anecdotes du ministère du cardinal de Richelieu et du règne de Louis XIII, avec quelques particularités du commencement de la régence d'Anne d'Autriche (épouse de Louis XIII). *Amst.* 1717. 2 vol. 12.

Codicilles de Louis XIII. *Par.* 1643. 3 vol. 24.

Louis XIV, surnommé le Grand,

roi de France (5 sept. 1638 —14 mai 1643 — 1er sept. 1715).

Alary (François). Prophétie du comte Bombast, etc., sur la naissance miraculeuse de Louis le Grand, etc. *Par.* 1701. 12.

Leti (Gregorio). Monarchia universale del re Ludovico XIV. *Amst.* 1688. 2 vol. 12. Trad. en franç. *Amst.* 1689. 2 vol. 12.

Histoire du roy Louis le Grand. *Par.* 1691. Fol. (Assez rare.)

Riencourt (N... N... de). La monarchie française, ou l'histoire de Louis XIV. *Par.* 1693. 2 vol. 12. Augment. par Thomas Corneille. *Par.* 1697. 3 vol. 12.

Legendre (Louis). Essai de l'histoire de Louis le Grand. *Par.* 1697. 12.

Bussy-Rabutin (Roger de). Histoire abrégée du roi (Louis XIV). *Par.* 1699. 12. *Amst.* 1700. 12.

Casoni (Filippo). Historia di Ludovico il Grande, (depuis 1638 jusqu'en 1674). *Milan.* 1706. *4.* Contin. jusqu'à l'an 1706. *Milan.* 1722. 3 vol. *4.*

Leben Ludwig's XIV, Königs von Frankreich, s. l. 1708. 8.

(Rinck, Eucharius Gottlieb). Ludwig's XIV, Königs in Frankreich, wunderwürdiges Leben, oder Steigen und Fall. *Frf.* et *Leipz.* 1708. 8. *
    * Cet ouvrage nous parut être le même que le précédent.

La Bizardière (Michel David de). Histoire de Louis le Grand, depuis le commencement de son règne jusqu'en 1710. *Par.* 1712. 12.

Life and history of Lewis XIV. *Lond.* 1716. 8 vol. 8.

(Limiers, Henri Philippe de). Histoire du règne de Louis XIV. *Amst.* 1717. 2 vol. 12. *Rouen.* 1720. 2 vol. 8.*
    * Publ. s. l. lettres initiales H. P. D. L. D. E. D.

Larrey (Isaac de). Histoire de France sous le règne de Louis XIV. *Amst.* 1718. 3 vol. *4.* (Retouchée et augment. de notes par Louis François Joseph de la Barre.) *Rotterd.* (*Par.*) 1719-33. 9 vol. 12.

Quincy (Charles Sevin de). Histoire militaire du règne de Louis le Grand. *Par.* 1726. 8 vol. *4.* (Dédié à Louis XV.)

Bruzen de la Martinière (Antoine Auguste). Histoire de la vie et du règne de Louis XIV (depuis 1648 jusqu'en 1715). *La Haye.* 1740-44. 5 vol. *4.* Publ. par Charles de Lahode. *Bâle.* 1744. 6 vol. *4.*

(Reboulet, Simon). Histoire du règne de Louis XIV,

(depuis 1643 jusqu'en 1715). *Avign.* 1742-44. 3 vol. *4.* Portraits. *Amst.* 1759. 9 vol. 12.

History of the life and reign of Lewis XIV. *Lond.* 1744. 3 vol. 8.

Pellisson-Fontanier (Paul). Histoire de Louis XIV, depuis la mort du cardinal de Mazarin (9 mars 1661) jusqu'à la paix de Nimègue (10 août 1778), (publ. par Jean Baptiste le Mascrier). *Par.* 1749. 3 vol. 12.

(Arbaud, Louis Claude Gaspard Jérôme). Abrégé de l'histoire de Louis XIV. *Brux.* 1752. 12.

Voltaire (François Marie Arouet de). Siècle de Louis XIV. *Berl.* 1752. 2 vol. 12. * Publ. par Dufaesne de Francueville. *La Haye.* 1753. 5 vol. 12. *Metz.* 1753. 3 vol. 12. *Dresd.* 1753. 2 vol. 12. *Frf.* 1754. 3 vol. 12. *Par.* 1754. 4 vol. 12. Augment. d'un précis du siècle de Louis XV. *Genève.* 1768. 4 vol. 8. *Par.* 1768. 4 vol. 8. *Dresd.* 1777. 2 vol. 8. *Bern.* 1781. 3 vol. 8. Publ. par Stéphanie Félicité Ducrest de Genlis. *Par.* 1820. 3 vol. 12.
    * Ouvrage condamné par décrets de la cour de Rome.

Trad. en allem. (par Dorothea Henriette v. Runkel). *Dresd.* 1752. 2 vol. 8. *Ibid.* 1770. 2 vol. 8. *Ibid.* 1778. 2 vol. 8.

Trad. en angl. *Lond.* 1753. 2 vol. 8.

Beaumelle (Laurent Angliviel de la). Additions et corrections au *Siècle de Louis XIV. Berl.* 1753. 12.

Voltaire (François Marie Arouet de). Supplément au *Siècle de Louis XIV. Dresd.* 1753. 12.

Beaumelle (Laurent Angliviel de la). Réponse au *Supplément au Siècle de Louis XIV. Colmar.* 1754. 12.

Bolingbroke (Henry Saint-John of). Siècle politique de Louis XIV. *Dresd.* 1754. 2 vol. 12. *Sieclopol.* (*Par.*) 1754. 2 vol. 12.

Ray de Saint-Geniés (Jacques Marie). Histoire militaire du règne de Louis le Grand (depuis 1643 jusqu'en 1715). *Par.* 1755. 3 vol. 12.

Anquetil-Duperron (Louis Pierre). Louis XIV, sa cour et le régent (Philippe duc d'Orléans). *Par.* 1789. 4 vol. 8. *Ibid.* 1795. 5 vol. 12. *Ibid.* 1819. 2 vol. 8.

(Lavallée, Joseph). Tableau philosophique du règne de Louis XIV, ou Louis XIV jugé par un Français libre, *Strasb.* 1790. 8.

Trad. en allem. par August Friedrich Ferdinand v. Kotzebue. *Strasb.* 1791. 8.

Trad. en ital. par Luigi Masieri. *Milan.* 1844. 2 vol. 18.

Noël (François Joseph). Nouveau siècle de Louis XIV, ou anecdotes du règne et de la cour de ce prince, etc. *Par.* 1793. 4 vol. 8.

Bauer (Johann Christian August). Ludwig XIV, König von Frankreich. *Leipz.* 1803. 8. *Ibid.* 1806. 8. *
    * Formant le troisième volume de son ouvrage Anecdoten aus dem achtzehnten Jahrhundert.

(Joly de Bévy, Louis Philibert Joseph). Sur Louis XIV. *Dijon.* 1820. 8. *
    * Apologie de ce monarque.

Buttafuoco (Gaetano). Regno e corte di Luigi XIV. *Milan.* 1836. 32.

Capefigue (Baptiste Honoré Raymond). Louis XIV, son gouvernement et ses relations diplomatiques avec l'Europe. *Par.* 1837. 6 vol. 8.

James (George Payne Rainsford). Life and times of Louis XIV. *Lond.* 1839. 4 vol. 8.

Gabourd (Amédée). Histoire de Louis XIV. *Tours.* 1844. 8. *Ibid.* 1851. 8.

Dumas (Alexandre). Louis XIV et son siècle. *Par.* 1844-45. 2 vol. 8.

Bensley (B...). Louis XIV and his contemporaries. *Lond.* 1843. 8.

Pardoe (miss). Louis XIV and the court of France in the 17th century. *Lond.* 1847. 3 vol. 8. *
    * Deuxième édition d'un tissu romanesque.

Clément (Pierre). Le gouvernement de Louis XIV, ou la cour, l'administration, les finances et le commerce de 1683 à 1689. Etudes historiques, faisant suite à l'*Histoire de la vie et de l'administration de Colbert*, du même auteur. *Par.* 1848. 8.

Louis XIV et sa cour. Portraits, jugements et anecdotes, extraits littéralement des mémoires authentiques du duc de Saint-Simon (1694-1715). *Par.* 1853. 12.

Loc-Maria (comte de). Histoire de Louis XIV. *Par.* 1853. 2 vol. 8. Portrait.

Borgnet (Adolphe). Louis XIV et la Belgique (1659-1668.) *Brux.* 1847. 8.

Heldring (O... G...). De overtogt van Lodewijk XIV over den Rhijn, s. l. et s. d. (*Arnhem.* 1856.) 8. (*Ld.*)

Lemontey (Pierre Édouard). Essai sur l'établissement monarchique de Louis XIV et sur les altérations qu'il éprouva pendant la vie de ce prince. *Par.* 1818. 8. Trad. en allem. (par C... Eduard Ring). *Leipz.* 1830. 8.

Duclos (Charles **Pinot**). Mémoires secrets sur les règnes de Louis XIV, la régence et le règne de Louis XV, (publ. par Claude Sixte Sautreau de Marsy.) *Par.* 1790-91. 2 vol. 8. Augment. par Jean Louis Giraud Soulavie. *Par.* 1792. 3 vol. 8.
Trad. en allem. :
Par un anonyme. *Leipz.* 1792. 2 vol. 8.
Par Ludwig Ferdinand Huber.*Berl.* 1792-93. 3 vol. 8.

Journal de la cour de Louis XIV depuis 1684 jusqu'en 1715. *Lond.* 1770. 12.

Barrière (F...). La cour et la ville sous Louis XIV et Louis XV. *Par.* 1830. 8.

Bussy-Rabutin (Roger de). Histoire amoureuse des Gaules. *Liège.* 1666. 12. S. l. 1696. 12. *Par.* et *Amst.* 1754. 5 vol. 12. *Par.* 1823. 4 vol. 32.
Amours des dames illustres de France sous le règne de Louis XIV. *Cologne,* s. d. 2 vol. 12.
La France galante, ou histoire amoureuse de la cour. *Cologne.* 1688. 12. *Ibid.* 1696. 12. *Ibid.* 1712. 12.

(**Guénard**, madame). Histoire des amours de Louis XIV. *Par.* 1808. 5 vol. 12. (Publ. s. l. pseudonyme de A... L... de Boissy.) Trad. en allem. *Alton.* 1857. 2 vol. 8.
Comp. Fontanges (Marie Angélique Scoraille de Roussille, duchesse de), Maintenon (Françoise d'Aubigné, marquise de), Montespan (Françoise Athénaïs Rochechouart de Mortemart, marquise de) et Vallière (Louise Françoise de la Baume le Blanc, duchesse de la).

Peignot (Gabriel). Documents authentiques et détails curieux sur les dépenses de Louis XIV en bâtiments et en châteaux royaux, en gratifications et pensions accordées aux savants, gens de lettres et artistes. *Par.* 1827. 8. Portrait. (Tiré à 300 exemplaires.)

Lettres de Louis XIV aux princes de l'Europe, à ses généraux, ses ministres, publ. par N... N... Rose, avec des notes par N... N... Morelly. *Frf.* et *Par.* 1755. 2 vol. 16.
Mémoires de Louis XIV, écrits par lui-même, composés pour le Grand-Dauphin, son fils, etc., mis en ordre et publ. par Jean Louis Marie de Gain-Montagnac. *Par.* 1805. 2 vol. 8.
OEuvres de Louis XIV, publ. par Philippe Antoine Grouvelle et Philippe Henri de Grimoard. *Par.* 1806. 6 vol. 8. Portrait.
Pensées de Louis XIV, ou maximes de gouvernement et réflexions sur le métier de roi. *Par.* 1824. 8. (Extrait de ses *Mémoires.*)

(**Mailly**, Jean Baptiste). Entretiens de Louis XIV et de madame de Maintenon sur leurs mariages. *Marseille.* 1701. 12. (Très-rare.)

Lefèvre de Fontenay (N... N...). Journal historique de la dernière maladie, de la mort et des obsèques de Louis XIV. *Par.* 1715. 12.
Relation abrégée de ce qui s'est passé à la mort de Louis XIV, etc., s. l. (*Par.*) 1715. 4.
Scarromancie, ou compliment de Paul Scarron à Louis XIV à son arrivée aux Enfers, s. l. 1715. 12.

Monistrol (Chrysostôme de). Oraison funèbre de Louis XIV, roi de France et de Navarre. *Bourg-en-Bresse.* 1715. 4.

Laguille (Louis). Oraison funèbre de Louis XIV, etc. *Strasb.* 1715. 4.

Mongin (Edme). Oraison funèbre de Louis XIV, etc. *Par.* 1716. 4.

Thuillier (Vincent). Tumulus Ludovici, s. l. 1716. 12.*
* Biographie satirique de ce roi.

(**Quesnot de la Chesnée**, Jean Jacques). Parallèle de Philippe II et Louis XIV. *Cologne.* 1709. 12. *
* Publ. sous les lettres initiales du nom de l'auteur (J. J. Q.).

Confession réciproque. Dialogue entre Louis XIV et le Père Lachaise, (son confesseur). *Cologne.* 1694. 12.

Menestrier (Claude François). Histoire du règne de Louis le Grand, par les médailles, emblèmes, devises, etc. *Par.* 1691. Fol. *Ibid.* 1693. Fol.
Médailles sur les principaux événements du règne de Louis XIV avec des explications historiques. *Par.* 1702. 4.

Boze (Claude **Gros** de). Histoire métallique de Louis XVI. *Par.* 1723. Fol.
Comp. Arnauld d'Andilly (Antoine), Bouillon (Frédéric Maurice de la Tour d'Auvergne, duc de), Chavagnac (Gaspard, comte de), Choisy (François Timoléon de), Choupfes (Aimard, marquis de), Duguay-Trouin (René), Estrades (Godefroid, comte d'), Gonville (Jean Hérauld de), Gramont (Antoine, duc de), La Colonie (Jean Martin de), La Fare (Charles Auguste, marquis de), Jolly (Guy), La Porte (Pierre de), Louësin, comte de Brienne (Henri Auguste et Louis Henri), Mancini, duchesse de Mazarin (Hortense), Mancini, princesse de Colonna (Marie), Montpensier (Anne Marie Louise, duchesse de), Motteville (Françoise Bertaud de), Nemours (Marie d'Orléans, duchesse de), Noailles (Adrien Maurice, duc de), Orléans (Charlotte Elisabeth, duchesse d'), Puységur (Jacques de Chastenet, vicomte de), Retz (Jean François Paul de Gondi-), Richelieu (Louis François Armand, duc de), Rustaing de Saint-Jory, Saint-Simon (Louis de Rouvroi, duc de), Talon (Omer), Tavannes (Jacques de Saulx, vicomte de), Tessé (René de Froulay, comte de), Tourville (Anne Hilarion de Costentin, comte de), et Trémoille, prince de Tarente (Henri Charles de).

Louis XV, dit **le Bien-aimé**, roi de France (15 février 1710 — 1er sept. 1715 — 10 mai 1774).

Massiac (Gabriel de). Faits mémorables des guerres et des révolutions de l'Europe depuis 1672 jusqu'en 1721. *Toulouse.* 1721. 8.

(**Piossens**, chevalier de). Mémoires de la régence de S. A. R. Monseigneur le duc Philippe d'Orléans durant la minorité de Louis XV. *La Haye* (Rouen.) 1729-53. 2 vol. 12. (Publ. par Nicolas Lenglet du Fresnoy.) *La Haye.* 1736. 3 vol. 12. (Bes.) *Amst.* 1749. 5 vol. 12. *
* Continué jusqu'à la mort de Philippe d'Orléans.

Journal historique, ou fastes du règne de Louis XV, surnommé le Bien-aimé. *Par.* 1766. 2 vol. 12.
Mémoires du règne de Louis XV. *Par.* 1780-91. 2 vol. 8.

Massillon (Jean Baptiste). Mémoires de la minorité de Louis XV, publ. par Jean Louis Giraud Soulavie. *Par.* 1792. 8. (Bes.) *Ibid.* 1803. 8. Trad. en allem. *Greiz.* 1794. 8.

Lemontey (Pierre Édouard). Histoire de la régence (de Philippe d'Orléans) et de la minorité de Louis XV. *Par.* 1832. 2 vol. 8.

Barbier (Edmond Jean François). Journal historique et anecdotique du règne de Louis XV, (depuis 1718 jusqu'à la fin de l'année 1762), publ. par N... N... de la Villegille. *Par.* 1847-55. 4 vol. 8.

Glafey (Euchaire Charles Frédéric). Abrégé de la vie de Louis XV, roi de France et de Navarre, expliquée par des médailles. *Leipz.* 1749. Fol. *
* Quérard ne fait pas mention de cet ouvrage.

Voltaire (François Marie Arouet de). Précis du siècle de Louis XV. *Genève.* 1770. 12. *Dresd.* 1770. 2 vol. 12.
Trad. en allem. *Frf.* et *Leipz.* 1770. 2 vol. 8.
Trad. en angl. *Lond.* 1770. 8.

Arnoux-Laffrey * (N... N...). Vie privée de Louis XV, ou principaux événements, particularités et anecdotes de son règne. *Lond.* (*Lyon.*) 1781. 4 vol. 8. (Bes.)
Trad. en allem. s. c. t. Geschichte des Privatlebens Ludwig's XV, etc. (par Carl Friedrich Trost). *Leipz.* 1781-85. 5 vol. 8.
Trad. en angl. par John Obadiah Justamond. *Lond.* 1781. 4 vol. 8.
* Son véritable nom est Mouffle d'Angerville.

(**Bouffonidor**, N... N...). Fastes de Louis XV, de ses ministres, maîtresses, généraux et autres notables personnages de son règne. *Villefranche.* 1782. 2 vol. 12.
Trad. en allem. s. c. t. Jahrbücher Ludwig's XV. *Leipz.* 1785. 8.

Fantin-Desodoards (Antoine Étienne Nicolas). Nouvel abrégé chronologique de l'histoire de France, depuis la mort de Louis XIV (1715) jusqu'à la paix de Versailles (1783). *Par.* 1788. 2 vol. 12. *Ibid.* 1807. 2 vol. 8. Contin. jusqu'au retour de Louis XVIII. *Ibid.* 1820. 4.
— — Histoire de France, depuis la mort de Louis XIV jusqu'à la paix de Versailles. *Par.* 1789. 8 vol. 12.

Fantin-Desodoards (Antoine Étienne Nicolas). Louis XV et Louis XIV. *Par.*, an VI (1798). 5 vol. 8.

Marquez (Pierre). Siècle de Louis XV, contenant les événements qui ont eu lieu en France et dans le reste de l'Europe pendant les 59 années du règne de ce monarque, publ. par P... A... L... MATON (DE LA VARENNE). *Par.* 1796. 2 vol. 8. *

    * Cet ouvrage n'est autre chose que la Vie privée de Louis XV, composée par MOUFFLE D'ANGERVILLE (voy. page 1010) et retouchée par l'éditeur.

Leroy (Charles George). Portraits historiques de Louis XV et de madame de Pompadour. *Par.* 1802. 8.

Bauer (Johann Christian August). Ludwig XV, König von Frankreich. *Leipz.* 1804. 8. *

    * Formant le 6e volume de son ouvrage *Unterhaltende Anecdoten aus dem achtzehnten Jahrhundert.*

Lacretelle (Pierre Louis). Histoire de France pendant le XVIIIe siècle. *Par.* 1808-09. 5 vol. 8. *Ibid.* 1830. 6 vol. 8. (5e édition.) Trad. en allem. *Berl.* 1810. 2 vol. 8.

Capefigue (Baptiste Honoré Raymond). Louis XV et la société du XVIIIe siècle. *Par.* 1842. 4 vol. 8.

Tocqueville (Alexis de). Histoire philosophique du règne de Louis XV. *Par.* 1845. 8.

Dagues de Clairfontaine (Simon Antoine Charles). Anecdotes historiques, morales et littéraires du règne de Louis XV, s. l. 1767. 12.
Anecdotes diverses des règnes de Louis XIV, Louis XV et Louis XVI. *Par.* 1790. 2 vol. 8.

Boisjourdain (N... N...). Mélanges historiques, satiriques et anecdotiques sur les règnes de Louis XIV et de Louis XV. *Par.* 1807. 3 vol. 8. (*Bes.*)

Gosmond de Vernon (N... N...). Les glorieuses campagnes de Louis XV, depuis 1744 jusqu'en 1748, s. l. (*Par.*) 1751. 4. *Ibid.* 1753. Fol.

Dumortous (N... N...). Histoire des conquêtes de Louis XV, s. l. 1750. Fol.
Campagnes de Louis XV, ou tableau des expéditions militaires des Français sous le règne de ce monarque, *Par.* 1789. 2 vol. Fol.

Vauvilliers (Jean François). Ludovico XV regi Galliarum dilectissimo laudatio funebris, etc. *Par.* 1774. 4. (*Lv.*) Trad. en franc. *Par.* 1774. 4. (*Lv.*)

(**Voltaire**, François Marie Arouet de). Éloge funèbre de Louis XV. *Ferney* et *Berl.* 1774. 8. (Publ. s. l. pseudonyme de CHAMBON.)

Denis (François Xavier). Éloge funèbre de Louis XV, s. l. 1774. 4.

Marquez (Pierre). Éloge funèbre de Louis XV, etc., s. l. (*Toulouse.*) 1774. 12.

Lezay-Marnezia (Charles Gaspard). Oraison funèbre de Louis XV, roi de France et de Navarre, surnommé le Bien-aimé. *Lyon* et *Par.* 1774. 4.

Torné (Pierre Anastase). Oraison funèbre de Louis XV. *Tarbes.* 1774. 4.

Barthélemy (Régis François). Oraison funèbre de Louis XV. *Grenoble.* 1774. 8.

Baer (Frédéric Charles). Oraison funèbre de Louis XV, roi de France et de Navarre. *Strasb.* 1774. 4.

Bourlet de Vauxcelles (Simon Jérôme). Oraison funèbre de Louis XV. *Par.* 1774. 4.

Vammale (Antoine Brès de). Oraison funèbre de Louis XV, etc. *Toulouse.* 1774. 8.

(**Caraccioli**, Louis Antoine de). Dialogue entre le siècle de Louis XIV et le siècle de Louis XV. *La Haye.* 1751. 12.

Eggers (Christian Ulrich Detlev v.). Characteristik der Regierung Ludwig's XV. *Kopenh.* 1799. 8.

Schoepflin (Johann Daniel). Panegyricus Ludovico XV secundum imperii semisæculum ingresso dictus. *Argent.* 1766. Fol.

Vie privée des maitresses, ministres et courtisans de Louis XV et des intendants et flatteurs de Louis XV, s. l. 1790. 8.

Patte (Pierre). Monuments érigés en France à la gloire de Louis XV, etc. *Par.* 1765. Fol.

    Comp. les Mémoires de CHOISEUL-STAINVILLE (Étienne François, duc de), DUBAUSSAY (madame), MAUREPAS (Jean Frédéric Phelippeaux, comte de), MONTGON (Charles Alexandre), MOREAU (Jacques Nicolas), VILLARS (Louis Hector, duc de), etc., etc.

Louis XVI,
roi de France (23 août 1754 — 10 mai 1774 — guillotiné le 21 janvier 1793).

(**Georgel**, Jean François.) Mémoires pour servir à l'histoire des événements de la fin du XVIIIe siècle, (depuis 1760 jusqu'en 1806). *Par.* 1817. 6 vol. 8. *Ibid.* 1820. 6 vol. 8.

Campan (Jeanne Louise Henriette Genest). Mémoires sur la vie privée de Marie Antoinette, reine de France et de Navarre, suivis des souvenirs et anecdotes historiques sur les règnes de Louis XIV, Louis XV et Louis XVI. *Par.* 1822. 3 vol. 8. *Ibid.* 1823. 4 vol. 8. Accomp. d'une notice sur madame Campan, par Jean François BARRIÈRE. *Par.* 1849. 12.
    Trad. en allem. *Bresl.* 1824. 3 vol. 8.
    Trad. en angl. *Lond.* 1823. 2 vol. 8.
    Trad. en holland. *Amst.* 1824. 3 vol. 8.

Aubier (N... N... d'). Observations sur les Mémoires de madame Campan. *Par.* 1823. 8.
Mémoires de la baronne d'Oberkirch sur la cour de Louis XVI et la société française avant 1789, publ. par le comte de MONTBRISON. *Par.* 1853. 2 vol. 8. *Brux.* 1854. 2 vol. 18.

Regnault-Warin (Jean Baptiste Joseph Innocent Philadelphe). Siècle de Louis XVI. *Par.* 1761. 12. (Non terminé.)

(**Jones**, John Paul). Vie de Louis XVI. *Lond.* 1774. 8. *

    * Publ. s. l. pseudonyme du prince BURLIABELO.

Anecdotes du règne de Louis XVI. *Par.* 1776. 12.
Anecdotes diverses des règnes de Louis XIV, Louis XV et Louis XVI. *Par.* 1790. 2 vol. 8.

(**Michaelis**, Christian August.) Leben Ludwig's XVI, Königs von Frankreich. *Par.* (*Zittau.*) 1790. 8. (Trad. du franc.)
Anecdotes du règne de Louis XVI. *Par.* 1791. 6 vol. 12.
Leben- und Regierungsgeschichte Ludwig's XVI. *Prag.* 1792. 2 vol. 8.
Anecdoten und Characterzüge aus dem Leben Ludwig's XVI. *Berl.* 1793-95. 8 vol. 8.
Lebens- und Regierungsgeschichte Ludwig's XVI. *Hamb.* 1793-95. 3 vol. 8.
Leben und Gesinnungen Ludwig's XVI, Königs von Frankreich. *Ulm.* 1793. 8.
Leben und Leiden Ludwig's XVI, Königs von Frankreich. *Frf.* 1793. 8.
Leben und Märtyrerthum Ludwig's XVI. *Hof.*, s. d. (1793.) 8.

(**Dreissig**, Christian Friedrich.) Leben, Character und Enthauptung Ludwig's XVI. *Halle.* 1793. 8. Portrait.
Pragmatische Übersicht der Lebens- und Todes-Scenen Ludwig's XVI. *Braunschw.* 1793. 8.
Ludwig XVI, letzter König der Frauken. *Danz.* 1793. 8.
Die zwei königlichen Märtyrer, oder Characteristik Carl's I, Königs von England, und Ludwig's XVI, Königs von Frankreich. *Heilbr.* 1793. 8.

Girtanner (Christoph). Schilderung des häuslichen Lebens, des Characters und der Regierung Ludwig's XVI. *Berl.* 1793. 8. Trad. en holland. *Utrecht.* 1794. 8.

Fenouillot (Jean). Précis historique de Louis XVI et de son martyre, suivi du précis historique de l'horrible assassinat de son auguste épouse. *Neufchât.* 1793. 8. *Besanc.* 1821. 8. (Échappé aux recherches de Quérard.) (*Bes.*)

Limon (Geoffroy de). La vie et le martyre de Louis XVI, etc., avec un examen du décret régicide. *Ratisb.* 1793. 4. *Brux.* 1793. 8. *Lond.* 1793. 8.
    Trad. en allem. (par Johann Jacob Meno VALETT). *Hof.* 1793. 8. *Frf.* 1795. 8.
    Trad. en ital. *Assissi.* 1793. 8.

Rulik (J...). Zivot Ludvíka XVI, krále francouzského. *Praze.* 1793. 8. Portrait.
Histoire et anecdotes de la révolution française, depuis l'avénement de Louis XVI jusqu'à la fin de l'année 1790. *Amst.* 1794. 2 vol. 12. Trad. en allem. *Frf.* 1794. 2 vol. 8.
Storia di Luigi XVI, suo processo e sua morte. *Triest.* 1794. 8.

Pithoud (N... N...). La vie et la mort de Louis Capet, dit de Bourbon, seizième du nom et dernier roi de France, et celle d'Antoinette d'Autriche, sa femme. *Par.*, an ii. 8. (Libelle violent contre le roi et la reine.)

Gifford (John). Reign of Lewis XVI and complete history of the french revolution. *Lond.* 1794. 4.

—— Narrative of the transactions personally relating to Lewis XVI from 20 june 1791 to 21 january 1793. *Lond.* 1793. 4.

Street (Thomas George). History of the reign of Lewis XVI, king of France. *Lond.* 1795. 8. (Cet ouvrage n'est pas terminé.)

Bertrand de Molleville (Antoine François). Mémoires secrets pour faire suite à la dernière année de Louis XVI. *Par.* 1797. 3 vol. 8. *Frf.* 1799. 3 vol. 8. Réimpr. s. c. t. Mémoires particuliers pour servir à l'histoire de la fin du règne de Louis XVI. *Par.* 1816. 2 vol. 8, *Ibid.* 1823. 2 vol. 8. (*Bes.*)

Trad. en allem. *Goetting.* 1798. 2 vol. 8.

Trad. en angl. (par Robert Charles DALLAS). *Lond.* 1797. 3 vol. 8.

(**Proyart**, Liévain Bonaventure). Louis XVI détrôné avant d'être roi, ou tableau des causes nécessitantes de la révolution française et de l'ébranlement de tous les trônes. *Lond.* 1800. 8. (*Bes.*) *Par.* 1803. 8. *Ibid.* 1818. 8. *Offenbach.* 1814. 8. Trad. en allem. *Washingt.* (?) 1804. 8.

(**Babié de Bercenay**, François.) Vie de Louis XVI. *Par.* 1800. 2 vol. 8.

(——) Louis XVI et ses vertus, aux prises avec la perversité de son siècle. *Par.* 1805. 5 vol. 8. *Ibid.* 1808. 5 vol. 8. (*Bes.*) *Ibid.* 1819. 5 vol. 8. *

* L'ouvrage fut saisi et l'auteur enfermé à Bicêtre.

Soulavie (Jean Louis Giraud). Mémoires historiques et politiques du règne de Louis XVI, depuis son mariage jusqu'à sa mort. *Par.*, an x (1802). 6 vol. 8.

Charactere und Anecdoten aus Soulavie's Denkwürdigkeiten der Regierung Ludwig's XVI. *Fürth.* 1802. 8.

(**Babié de Bercenay**, François). Louis XVI, peint par lui-même, ou correspondance et autres écrits de ce monarque, précédés d'une notice sur sa vie. *Par.* 1807. 8. (*Bes.*)

Gassier (Jean Marie). Vie de Louis XVI, roi de France et de Navarre. *Par.* 1814. 18.

Antoine (de **Saint-Gervais**) (A...). Vie publique et privée de Louis XVI. *Par.* 1815. 8. Portrait.

Lenormand (N... N...). Discours historique sur la mort de Louis XVI et sur les événements politiques qui l'ont précédée. *Par.* 1816. 8.

Durdent (René Jean). Histoire de Louis XVI. *Par.* 1816. 8. *Ibid.* 1817. 8.

Moulières (A... J... **Raup** de). Le roi martyre. Esquisse du portrait de Louis XVI. *Par.* 1816. 8.

Saint-Prosper (Antoine Jean **Cassé** de). Martyrologe royal. Vie de Louis XVI. *Par.* 1821. 18.

Lemaire (Henri). Histoire de France depuis la mort de Louis XVI jusqu'au 1er août 1821. *Par.* 1822. 3 vol. 8.

Bouvet de Cressé (Auguste Jean Baptiste). Histoire de Louis XVI, roi de France et de Navarre. *Par.* 1823. 12.

Prévault (Henri). Vie de Louis XVI, suivie de notices intéressantes sur les augustes victimes du Temple. *Lille.* 1827. 2 vol. 8. *Ibid.* 1829. 2 vol. 18. *Ibid.* 1844. 2 vol. 18. * (6e édition accomp. de son portrait.)

* Le véritable nom de l'auteur est Henri BRUN-LAVAINNE.

(**Duchâtellier**, N... N...). La mort de Louis XVI; scènes historiques. *Par.* 1828. 8.

Berthe de Bournisseaux (Pierre Victor Jean). Histoire de Louis XVI, depuis 1774 jusqu'au 21 janvier 1793. *Par.* 1829. 4 vol. 8.

Carron (Guido). Compendio della vita di Luigi XVI, rè di Francia. *Reggio.* 1829. 16.

Falloux (N... N... de). Louis XVI. *Par.* 1840. 8. *Ibid.* 1855. 12.

Droz (François). Histoire de Louis XVI pendant les années où l'on pouvait prévenir ou diriger la révolution française. *Par.* 1840. 2 vol. 8. *Ibid.* 1846. 8. Trad. en ital. par Carlo MAYEROFFER. *Milan.* 1840. 8.

(**Hennequin**, J... F... G...). Notice historique sur Louis XVI. *Par.* 1841. 8. Portrait. (*Lv.*)

Capefigue (Baptiste Honoré Raymond). Louis XVI, son administration et ses relations diplomatiques avec l'Europe. *Par.* 1844. 4 vol. 8.

Tocqueville (Alexis de). Coup d'œil sur le règne de Louis XVI, depuis son avénement à la couronne jusqu'à la séance royale du 23 juin 1789, etc. *Par.* 1847. 8. *Ibid.* 1850. 8.

Dumas (Alexandre). Louis XVI. *Par.* 1850. 2 vol. 8.

Histoire du départ du roi (le 21 juin 1791), des événements qui l'ont précédé et suivi, avec le recueil de pièces justificatives, le rapport de sept comités réunis, les opinions de MM. Péthion, Salles, Barnave, Duport, etc. *Par.* 1791. 8. (*Bes.*)

Moustier (François Melchior de). Relation du voyage de S. M. Louis XVI, lors de son départ pour Montmédy et de son arrestation à Varennes. *Par.* 1815. 8. (*Bes.*)

Valory (François Florent de). Précis historique du voyage entrepris par S. M. Louis XVI, le 21 juin 1791, de l'arrestation de la famille royale à Varennes et de son retour à Paris. *Par.* 1815. 8. (*Bes.*)

Choiseul (duc de). Relation du départ de Louis XVI le 21 juin 1791. *Par.* 1822. 8. (*Bes.*)

Goguelat (N... N... de). Mémoires sur les événements relatifs au voyage de Louis XVI à Varennes. *Par.* 1823. 8. (*Bes.*) Trad. en allem. *Washington.* (*Leipz.*) 1804. 8.

Desèze (Raymond). Histoire de l'événement de Varennes au 21 juin 1791. *Par.* 1843. 8.

Neveu-Lemaire (G...). Arrestation de Louis XVI. *Saint-Ménéhould.* 1843. 8.

Bimbenet (E...). Relation fidèle de la fuite de Louis XVI et de sa famille à Varennes. *Par.* 1844. 8.

Hue (François). Dernières années du règne et de la vie de Louis XVI. *Lond.* 1794. 8. *Par.* 1814 8. *Ibid.* 1816. 8. (*Bes.*) Trad. en angl. (par Robert Charles DALLAS. *Lond.* 1806. 8.

Cléry (Jean Baptiste Cant **Hanet**-). Journal de ce qui s'est passé à la Tour du Temple pendant la captivité de Louis XVI (rédigé par N... N..., MARIALA). *Lond.* 1798. 8. (*Bes.*) *Vienne.* 1798. 8. *Par.* 1799. 8. * *Vienne.* 1812. 8. *Par.* 1814. 12. *Ibid.* 1816. 12. 4 portraits.

Trad. en allem. *Hamb.* 1798. 8. *Ibid.* 1812. 8.

Trad. en angl. (par Robert Charles DALLAS. *Lond.* 1798. 8.

Trad. en holland. *Rotterd.* 1800. 8.

* Imprimé clandestinement et publié par Joseph MICHAUD.

Loizerolles (N... N... de). Captivité de saint Louis II, contenant les journées du 5 et 6 oct. 1789, des 20 juin et 6 août 1792 et du 21 janvier 1793, etc. *Par.* 1815. 8.

Edgeworth de Firmont (Henry Essex). Memoirs, containing his narrative of the last hours of Louis XVI; publ. par Charles Sneyd EDGEWORTH. *Lond.* 1816. 8.

(**Sévelinges**, Charles Louis de). Histoire de la captivité de Louis XVI et de la famille royale, tant à la tour du Temple qu'à la Conciergerie, etc. *Par.* 1817. 8.

Ducos (Luis Fris). Relacion circunstanciada de cuanto tuvo que sufrir el desgraciado y virtuoso Luis XVI durante todo el tiempo de su prision en la torre del Temple, hasta el dia 21 de enero de 1793, etc. *Madr.*, s. d. 12.

(**Bigot de Sainte-Croix**, L... C...). Histoire de la conspiration du 10 août 1792. *Lond.* 1793. 8.

Lindet (Jean Baptiste Robert). Rapport sur les crimes de Louis XVI. *Par.* 1792. 8.

Trad. en allem. par Albrecht WITTENBERG. *Hamb.* 1793. 8.

Trad. en anglais. *Lond.* 1794. 8.

Necker (Jacques). Réflexions présentées à la nation française sur le procès intenté à Louis XVI, s. l. 1792. 8. *Brunsw.* 1793. 8. Trad. en holland. *Amst.* 1793. 8.

Malouet (Pierre Victor). Défense de Louis XVI, s. l. (*Par.*) 1792. 8.

Cazalès (Jacques Antoine Marie de). Défense de Louis XVI; discussion de toutes les charges connues à l'époque du 14 novembre 1792. *Lond.* 1792. 8.

Regnaud de Paris (Pierre Etienne). Défense pour Louis XVI, etc. *Par.* 1792. 8. *Ibid.* 1814. 8.

Lally-Tollendal (Trophime Gérard de). Plaidoyer pour Louis XVI. *Lond.* 1793. 8. Trad. en allem. *Leipz.* 1794. 8.

Desèze (Raymond). Défense de Louis XVI, prononcée à

la barre de la Convention nationale le mercredi 26 déc. 1792. *Par.* 1793. 8.
Trad. en allem. (par Rudolph HOMMEL). *Leipz.* 1793. 8.
Trad. en dan. par N... N... VAN HAVEN. *Kjoebenh.* 1793. 8.
Trad. en ital. *Reggio.* 1850. 16.
(**Dugour,** Antoine Jeudy-). Mémoire justificatif pour Louis XVI. *Par.* 1793. 8. * (*Bes.*)
Trad. en allem. (par Christian Andreas BEHR). *Gera.* 1794. 8.
Trad. en holland. *Rotterd.* 1801. 8.
* Cet écrit extrêmement rare, même en France, est omis par Quérard.
— — Collection des meilleurs ouvrages qui ont été publiés pour la défense de Louis XVI. *Par.* 1793. 2 vol. 8.
Fennel (William). Detronisation of Louis XVI. *Lond.* 1793. 8. (Non mentionné par Lowndes.) Trad. en allem. *Berl.* 1793. 8.
Gin (Pierre Louis Claude). Plaidoyer en faveur de Louis XVI (adressé à Bertrand Barère le 22 déc. 1792). *Bâle.* 1793. 8.
Léopold (N... N...). Mémoire justificatif de Louis XVI. *Par.* 1814. 8.
Bellanger (N... N...). Défense de S. M. Louis XVI, faite en janvier 1793, distribuée nuitamment par l'auteur et copiée sur le seul exemplaire qu'il ait pu trouver dans un dépôt des pièces du temps. *Par.* 1816. 8.

Robespierre (Maximilien). Opinion dans le procès du roi, s. l. 1792. 8.
Saint-Just (Antoine Louis Léon de). Opinion concernant le jugement de Louis XVI, s. l. 1792. 8.
Marat (Jean Paul). Opinion sur le jugement de l'ex-monarque. *Par.* 1792. 8.
Couthon (George). Opinion sur le procès de Louis Capet. *Par.* 1792. 8.
Barère de Vieuzac (Bertrand). Opinion sur le jugement de Louis XVI. *Par.* 1792. 8.
Debry (Jean Antoine). Opinion sur les questions élevées dans l'affaire de Louis, ci-devant roi des Français, s. l. (*Par.*) 1792. 8.
Carra (Jean Louis). Opinion sur le jugement de Capet, ci-devant roi des Français, s. l. et s. d. (*Par.* 1792.) 8. (Imprimé par ordre de la Convention nationale.)
— — Discours contre la défense de Louis Capet, dernier roi des Français, s. l. et s. d. (*Par.* 1793.) 8.
Louvet (Pierre Florent). Opinion sur l'affaire du ci-devant roi, s. l. 1792. 8.
Péthion de Villeneuve (Jérôme). Opinion sur l'affaire du roi, s. l. 1792. 8.
Manuel (Louis Pierre). Opinion de M. Manuel qui n'aime point les rois (sur le procès de Louis XVI), s. l. 1792. 8.
Oudot (Charles François). Opinion sur le procès de Louis XVI, s. l. 1792. 8.
Daunou (Pierre Claude François). Trois discours sur le procès de Louis XVI. *Par.* 1792. 8.
Nioche (Pierre Claude). Opinion dans le procès du roi. *Par.* 1792. 8.
Pointe (Noël). Opinion dans le procès du roi, s. l. 1792. 8.
Portiez (Louis). Opinion dans le procès du roi, s. l. 1792. 8.
Ricord (Jean François). Opinion dans le procès du roi, s. l. 1792. 8.
Riston (N... N...). Opinion sur le procès du ci-devant roi Louis XVI, s. l. 1792. 8.
Prunelle de Lière (Auguste de). Opinion dans le procès de Louis XVI, s. l. 1792. 8.
Robert (Pierre François Joseph). Opinion concernant le jugement de Louis XVI, s. l. 1792. 8.
Camus (Armand Gaston). Opinion dans le procès de Louis XVI. *Par.* 1792. 8.
Rouzet de Folmon (Jacques Marie). Opinion concernant le jugement de Louis XVI, séance du 13 nov. 1792; imprimée par ordre de la Convention nationale, s. l. 1792. 8.
Pons (Philippe Laurent). Opinion dans le procès du roi. *Par.* 1792. 8.
Prost (Claude Charles). Discours sur le jugement de Louis XVI, s. l. (*Par.*) 1792. 8.
— — Opinion sur l'inviolabilité de Louis XVI, imprimée

par ordre de la Convention nationale, s. l. (*Par.*) 1792. 8.
Grégoire (Henri). Opinion concernant le jugement de Louis XVI, séance du 15 novembre 1792, s. l. et s. d. (*Par.* 1792.) 8. (Imprimé par ordre de la Convention nationale.)
Vadier (Marc Guillaume Alexis). Opinion dans le procès du roi, s. l. 1792. 8.
Penières (Jean Auguste). Opinion dans l'affaire du roi, s. l. 1792. 8.
Morisson (Charles François Gabriel). Opinion concernant le jugement de Louis XVI, prononcé le 13 nov. 1792, s. l. 1792. 8.
Brissot de Warville (Jean Pierre). Discours sur le procès de Louis XVI, s. l. 1792. 8.
Guadet (Marguerite Elie). Opinion sur le jugement de Louis, ci-devant roi des Français, s. l. 1792. 8.
Paganel (Pierre). Opinion sur le jugement du ci-devant roi, s. l. 1792. 8.
Raffron (N... N...). Sentiment sur le jugement de Louis XVI, s. l. 1792. 8.
Dalmas (Joseph Benoît). Réflexions sur le procès de Louis XVI, s. l. 1792. 8.
Mellinet (N... N...). Discours sur la question suivante : Louis XVI peut-il être jugé ? S. l. 1792. 8. (Imprimé par ordre de la Convention nationale.)

(**Jauffret**, Louis François). Histoire impartiale du procès de Louis XVI, ci-devant roi des Français. *Par.* 1792-93. 8 vol. 8. *Lausan.* 1793. 8 vol. 8.
Procès de Louis XVI, ou collection complète des opinions, discours et mémoires des membres de la Convention nationale sur les crimes de Louis XVI. *Par.*, an III. 9 vol. 8.
Le pour et le contre. Recueil complet des opinions prononcées à l'Assemblée conventionnelle dans le procès de Louis XVI. *Par.* 1793. 7 vol. 8.
Trapp (Joseph). Proceedings of the french national Convention on the trial of Louis XVI, late king of France. *Lond.* 1793. 8.
(**Sourdat**, N... N...). Vues générales sur le procès de Louis XVI, s. l. 1793. 8.
Gallais (Jean Pierre). Appel à la postérité sur le jugement du roi, s. l. 1793. 8. * *Ibid.* 1814. 8. (4e édition.)
* La première édition est anonyme. Le libraire, qui la vendait (Weber), fut arrêté et guillotiné pour n'avoir pas voulu nommer l'auteur.

Liste comparative des cinq appels nominaux faits dans les séances des 15, 16, 17, 18 et 19 janvier 1793 sur le procès de Louis XVI, avec les déclarations que les députés ont fait à chacune des séances, etc. *Par.* 1793. 8.
Abstimmungen sämmtlicher Mitglieder des französischen National-Convents über das Endurtheil Ludwig's XVI. s. l. (*Nürnb.*) 1793. 8.
Drei wichtige Actenstücke des Processes gegen Ludwig XVI, trad. du franç. par Albrecht WITTENBERG. *Hamb.* 1793. 8.
Processgeschichte, Verfolgung und Tod Ludwig's XVI. *Wien.* 1793. 8.
Ludwig XVI vor Teutschlands Richterstuhl, oder Gemälde aller Gräuel und Misshandlungen, die dieser unglückliche König erduldet hat. *Chemnitz.* 1793. 8.
Posselt (Ernst Ludwig). Unpartheiische, vollständige und actenmässige Geschichte des peinlichen Processes gegen Ludwig XVI. *Strasb.* 1793. 2 vol. 8.
— — Des Process gegen Ludwig XVI und dessen Gemahlin (Marie Antoinette). *Nürnb.* 1802. 8.
Vigée (Louis Jean Baptiste Etienne). Procès et mort de Louis XVI. *Par.* 1814. 8.
Méjan (Maurice). Histoire du procès de Louis XVI. *Par.* 1814. 2 vol. 8. (Dédié à Louis XVIII.)
Huet de Guerville (N... N...). Opinion sur le procès de Louis XVI. *Rouen.* 1815. 8.
Dessain (Louis). Réflexions sur la mort de Louis XVI. *Par.* 1815. 8.
(**Moulières**, A... J... Raup de). Le livre rouge ou notice historique sur le procès fait par les deux chambres du parlement d'Angleterre aux meurtriers de Charles I, suivi du tableau des juges de Louis XVI, etc. *Par.* 1816. 8.

Bauer (Bruno). Der Process Ludwig's XVI und der 21. Januar 1793. *Charlottenb.* 1844. 8.

Séguin (Auguste). Considérations sur la mort de Louis XVI, pour servir à la béatification et canonisation de ce saint roi. *Montpell.* 1829. 8.

Leardi (Paolo). Oratio in funere Ludovici XVI, Galliæ et Navarræ regis christianissimi, etc. *Rom.* 1793. 4. *Aug. Vind.* 1794. 4. Trad. en franç. par Pierre Hesmivy d'Auribeau. *Rom.* 1793. 12. (*Lv.*)

Lévis (Pierre Marc Gaston de). Oraison funèbre de Louis XVI, s..l. (*Lond.*) 1793. 8.

Milner (John). Funeral oration delivered on occasion of the murder of Louis XVI. *Lond.* 1793. 8.

Montjoie, Christophe Félix Louis **Ventre de Latouloubre**, plus connu sous le nom de **Galart de**). Éloge historique et funèbre de Louis XVI. *Neufchât.* 1796. 8.* (*Bes.*) *Par.* 1814. 8.
　　Trad. en allem. *Leipz.* 1798. 8.
　　Trad. en holland. *Amst.* 1815. 8.
　　* La première édition ne porte pas le nom de l'auteur.

(**Proyart**, Liévain Bonaventure.) Éloge historique de Louis XVI. *Manh.* 1799. 8. *Ibid.* 1805. 8.

Forest (Jean Brunot). Éloge historique et funèbre de Louis XVI, etc. *Toulouse.* 1813. 8. (*Lv.*)

Siret (Pierre Hubert Christophe). Éloge funèbre de Louis XVI, roi de France et de Navarre. *Par.* 1814. 8. (*Lv.*)

Lamy (Claude). Panégyrique de Louis XVI. *Clermont.* 1814. 8.

Bouillon-Petit (N...). Oraison funèbre de Louis XVI. *Par.* 1814. 12. (*Lv.*)

Bertier (N... N...). Oraison funèbre de Louis XVI, roi de France et de Navarre. *Par.* 1814. 8.

Anot (Pierre Nicolas). Oraison funèbre de Louis XVI. *Reims.* 1814. 4.

Franchi (C... F...). Oraison funèbre de Louis XVI, de Marie Antoinette, de Louis XVIII et de madame Elisabeth. *Cuire* (près Lyon). 1814. 12. (*Lv.*)

Mathey (Edme Claude). Oraison funèbre de Louis XVI du nom, etc. *Beaune.* 1814. 8. (*Lv.*)

Normand (N... N...). Oraison funèbre de S. M. Louis XVI, etc. *Tours*, s. d. (1814.) 12. (*Lv.*)

Baudard (N... N...). Oraison funèbre de Louis XVI, etc. *Evreux.* 1814. 8. (*Lv.*)

Jaunet (N... N...). Oraison funèbre de Louis XVI, son testament en vers et quelques autres écrits analogues à l'heureux retour des Bourbons. *Nantes.* 1814. 8.

Quélen (Hyacinthe Louis de). Oraison funèbre de Louis XVI, prononcée à Saint-Sulpice et à Saint-Roch. *Par.* 1814. 8. (*Lv.*)

Jamme (Alexandre Auguste). Éloge de Louis XVI, roi de France et de Navarre. *Toulouse.* 1814. 4. *Ibid.* 1815. 4. *Ibid.* 1815. 4. (*Lv.*)

Port de Guy (N... N...). Éloge de Louis XVI. *Toulouse.* 1815. 8. (*Lv.*)

Arnaud (N... N...). Éloge funèbre de S. M. Louis XVI, roi de France et de Navarre. *Par.* 1815. 12. (*Lv.*)

Cazaintre (N... N...). Oraison funèbre du roi-martyr Louis XVI, roi de France et de Navarre. *Toulouse.* 1815. 8.

Paradis (Léonard). Oraison funèbre de Louis XVI, etc. *Par.* 1815. 8.

Mermet (Louis François Emmanuel). Éloge de Louis XVI, de glorieuse mémoire, roi de France et de Navarre, proclamé en 1798 le « restaurateur de la liberté française » et mis à mort le 21 janvier 1793 par une faction impie, digne à jamais de l'exécration de tous les peuples. *Lons-le-Saulnier.* 1815. 8. (*Lv.*)

N*** (V... de). Éloge de Louis XVI, roi de France et de Navarre. *Par.* 1816. 12. (*Lv.*)

Villefort (N... N... de). Oraison funèbre de Louis XVI, roi de France et de Navarre. *Par.* 1816. 12. (*Lv.*)

(**Mignon**, André). Aux mânes de Louis XVI et de Marie Antoinette, ou recueil authentique de discours, opinions, observations de MM. de Sèze (!), de Châteaubriant (!), de Cazes, de Lally-Tollendal, Marcellus, et autres pièces qui ont paru en faveur de leur justification, etc. *Par.* 1816. 18.

Amilhau (Pierre Claude). Éloge de Louis XVI, roi de France et de Navarre. *Toulouse.* 1817. 8. (*Lv.*)

Boulogne (Étienne Antoine). Oraison funèbre de Louis XVI, prononcée dans l'église de Saint-Denis, le 21 janvier 1815. *Par.* 1817. 8. (*Lv.*)

Soumet (Alexandre). Oraison funèbre de Louis XVI. *Toulouse* et *Par.* 1817. 8.

Verninac (N... N...). Éloge historique de Louis XVI, etc. *Par.* 1825. 8.

(**Babié de Bercenay**, François). Correspondance politique et confidentielle inédite de Louis XVI avec ses frères et plusieurs personnes célèbres, pendant les dernières années de son règne et jusqu'à sa mort, etc. *Par.* 1803. 2 vol. 8. Trad. en angl. par Helen Maria Williams. *Lond.* 1803. 3 vol. 12.

(**Pujoulx**, Jean Baptiste). Louis XVI peint par lui-même, ou correspondance et autres écrits de ce monarque, précédés d'une notice sur la vie de ce prince, avec des notes historiques sur sa correspondance et ses autres écrits. *Par.* 1817. 8.

Séguin (Auguste). Les actes du martyre de Louis XVI, roi de France et de Navarre, recueillis et mis en ordre d'après les témoins oculaires; suivis de la correspondance particulière de ce monarque. *Par.* 1837. 8. Port.

Testament de Louis XVI et lettre de Marie Antoinette à sa sœur. *Par.* 1816. 8. *Montpell.* 1816. 8. *Boul.-sur-Mer.* 1816. 12. *Lyon.* 1816. 8. *Par.* 1817. 8. *Ibid.* 1822. 8. *Ibid.* 1823. 8. *Nantes.* 1824. 12. *Toulouse.* 1824. 8. *Par.* 1828. 18.

Raynal (Antoine). Hommage offert à la mémoire de Louis XVI. Projet d'un monument à élever aux mânes de Louis XVI dans la plaine de Saint-Denis, près Paris. *Par.* 1824. Fol.

Louis XVII *,
dauphin de France (27 mars 1785 — 8 juin 1795).

* Nous avons placé sous ce nom tous les écrits concernant la vie du véritable dauphin (mort dans la tour du Temple le 8 juin 1795) et tous les ouvrages relatifs aux personnes qui ont tenté de se faire passer pour Louis XVII. C'est pourquoi l'on trouve ici l'histoire de tous les faux dauphins.

Les derniers régicides, ou Madame Élisabeth et Louis XVII. *Lond.* 1796. 8.

Antoine (de **Saint-Gervais**) (A...). Vie du jeune Louis XVII. *Par.* 1815. 18. *Ibid.* 1824. 18. Portrait.

Eckard (Jean). Mémoires historiques sur Louis XVII, roi de France et de Navarre, avec des notes et des pièces justificatives, suivis de fragments historiques recueillis au Temple par M. de Turgy. *Par.* 1816. 8. *Ibid.* 1817. 8. Portrait. *Ibid.* 1818. 8. Portrait de Louis XVII.

Ch... (M...). Louis XVII, roi de France et de Navarre, sa vie et ses infortunes. *Par.* 1816. 8.

Despréaux (Simien). Louis XVII. Ouvrage fait sur des arrêtés originaux, des procès-verbaux et les dépositions des témoins oculaires. *Par.* 1816. 12.

Thomas (A... F... V...). Histoire du véritable Louis XVII, suivie de preuves morales et historiques de la mort de Louis XVII. *Par.* 1827. 8.

Eckard (Jean). L'enlèvement et l'existence actuelle de Louis XVII, démontrés chimériques. *Par.* 1831. 8.

Antoine (de **Saint-Gervais**) (A...). Preuves authentiques de la mort du jeune Louis XVII; détails sur ses derniers moments; pièces justificatives et réfutation des mémoires du soi-disant duc de Normandie, fils de Louis XVI. *Par.* 1831. 8.

Eckard (Jean). Un dernier mot sur Louis XVII et observations en ce qui concerne ce prince. *Par.* 1832. 8.
—— Remarques sur un écrit posthume de (Jacques) Peuchet, intitulé : Recherches pour l'exhumation du corps de Louis XVII, etc. *Par.* 1833. 8. (Tiré à 100 exemplaires et accomp. d'un portrait du véritable Louis XVII.)

Lecointe (Paul). Les mensonges politiques, ou révélation des mystères du Masque de fer et de Louis XVII. *Par.* 1847. 12.

Beauchesne (A... de). Louis XVII, sa vie, son agonie, sa mort; captivité de la famille royale au Temple, etc. *Par.* 1852. 2 vol. 8. Portraits. *Brux.* 1853. 2 vol. 8. Portraits.
　　Trad. en allem. par Friedrich Cossmann. *Elberf.* 1853. 2 vol. 8.
　　Trad. en angl. par William Hazlitt. *Lond.* 1855. 2 vol. 8.

Procédure complète de Mathurin Bruneau, se disant Charles de Navarre et fils de Louis XVI, etc. *Lille*, s. d. (1818). 8. * Portrait.

* Ce soi-disant dauphin , sabotier de profession, fut condamné, le 28 février 1828, à 7 ans de prison, par le tribunal correctionnel de Rouen.

Apparition d'un nouveau prétendu dauphin, se disant fils de Louis XVI. *Par.* 1851. 8. *

* Ce prétendu dauphin est l'horloger Carl Wilhelm Naundorff, né en 1785, à Potsdam, mort le 10 août 1845 à Delft.

Fortin (N... N...). L'existence de Louis XVII prouvée par les faits et par les prophéties et réponse aux brochures de MM. (A... Antoine) de Saint-Gervais et (Jean) Eckard. *Par.* 1832. 8. (Pour Naundorff.)

Morin de Guérivière (A... J...).. Quelques souvenirs destinés à servir de complément aux preuves de l'existence du duc de Normandie. *Par.* 1832. 8. (En faveur de Naundorff.)

Le duc de Normandie. *Par.* 1832. 8. (Écrit par un des acolytes du prétendu dauphin Naundorff.)

Lettre de Charles Louis, duc de Normandie (Naundorff) à Louis-Philippe, roi des Français. *Par.* 1834. 8.

Louis XVII lebt! Memoiren Carl Louis, Herzogs der Normandie, legitimen Königs von Frankreich , von seinem Eintritt in den Tempel bis auf die neueste Zeit, etc. *Leipz.* 1835. 12.

Gozzoli (Antonio). Oui, c'est le fils de Louis XVI ! *Par.* 1836. 8. (En faveur de Naundorff.)

Vie du véritable fils de Louis XVI, duc de Normandie. *Par.* 1836. 8. (Écrit par Naundorff lui-même.)

Morel de Saint-Didier (A...). Le dernier fils de Louis XVI. *Par.* 1836. 8.

Gruau de la Barre (N... N...) et **Laprade** (Xavier). Motifs de conviction sur l'existence du duc de Normandie. *Par.* 1836. 8.

(———) Abrégé de l'histoire des infortunes du dauphin (Naundorff), depuis l'époque où il a été enlevé du Temple jusqu'au moment de son arrestation par le gouvernement de Louis Philippe et de son expulsion en Angleterre. *Lond.* 1836. 8. Portrait de Naundorff.

Thomas (A... F... V...). Naundorff, ou Mémoire à consulter sur l'intrigue des deux derniers faux Louis XVII, suivi des jugements et condamnations d'Ervagault, sous le consulat, de Mathurin Bruneau, sous la restauration, et du baron de Richemont, sous le gouvernement actuel. *Par.* 1837. 8.

Tenper (Charles de). Réponse au pamphlet : Mémoire à consulter, etc., de M. A. F. V. Thomas. *Par.* 1838. 8.

Morin de Guérivière (A... J...). Cinq années d'intrigues dévoilées, s. l. et s. d. (*Par.* 1839.) 8.

Déclaration relative au personnage se prétendant duc de Normandie, fils de Louis XVI, connu sous le nom de Naundorff, résidant à Londres. *Par.* 1841. 4.

Gruau de la Barre (N... N...). Intrigues dévoilées, ou Louis XVII, dernier roi légitime de France, décédé à Delft le 10 août 1845. *Rotterd.* 1846-48. 2 vol. 8.

Labreli de Fontaine (N... N...). Révélation sur l'existence de Louis XVII, duc de Normandie. *Par.* 1851. 8.*

* Champion d'un autre prétendu dauphin se nommant baron de Richemont. Le véritable nom de cet imposteur est Claude Perrin (né le 7 sept. 1786, mort vers 1852). C'est par erreur que M. Gisquet, dans ses Mémoires (*Par.* 1834. 4 vol. 8.), le nomme Henri Ethelbert Louis Hector Hassay.

——— Nouvelles révélations sur l'enlèvement et l'existence du duc de Normandie, fils de Louis XVI. *Par.* 1852. 8. (Pour le soi-disant baron de Richemont.)

Déclaration de M. Chamblant, ingénieur-opticien, demeurant à Paris, rue Mazarine, numéro 48, par laquelle il reconnaît le fils de Louis XVI, dans la personne de M. le baron de Richemont, s. l. et s. d. (*Par.* 1839.) 8.

(**Hébert**, Henri). Mémoire d'un contemporain, que la révolution française fit orphelin en 1793 et qu'elle raya du nombre des vivants en 1795, etc. *Par.* 1843. 8.

Biographie de Charles Louis de France, ex-duc de Normandie, fils de Louis XVI, connu sous le nom de l'exbaron de Richemont, tirée des Mémoires d'un contemporain, etc. *Par.* 1848. 12. *Ibid.* 1849. 12.

La vérité sur le fils de Louis XVI, connu sous le nom de M. l'ex-baron de Richemont, suivi d'une. *Grenoble.* 1849. 8.

La Salette (H... N... de). L'ex-baron Richemont, fils de Louis XVI. *Par.* 1849. 8. (Extrait de la *Revue catholique.*)

Biographie de Charles Louis de France, ex-baron de Richemont. *Par.* 1849. 8.

Claravali del Curso (L...). Vie de Mgr. le duc de Normandie, fils de Louis XVI et de Marie-Antoinette, roi et reine de France, que la révolution fit orphelin en 1793 et qu'elle raya du nombre des vivants en 1795, connu dans le monde sous le nom de M. l'ex-baron de Richemont. *Par.* (*Lyon*). 1850. 8.

Ludwig XVII noch am Leben! Versuch, die Identität des in Amerika lebenden Indianer-Missionärs Eleazar Williams mit dem todtgeglaubten Sohne Ludwig's XVI nachzuweisen. *Dessau.* 1853. 8. Avec le portrait de Williams.

Louis XVIII, surnommé **le Désiré**, roi de France (17 nov. 1755 — 5 mai 1814 — 16 sept. 1824).

Lacretelle (Charles Joseph de). Histoire de France depuis la restauration. *Par.* 1829-36. 4 vol. 8.

Morin (Charles Maurice). Révélations des faits importants qui ont préparé ou suivi les restaurations de 1814 et 1815, etc. *Par.* 1830. 8.

Carné (L... de). Essai sur l'histoire de la restauration. *Par.* 1855. 2 vol. 8.

Lubis (N... N...). Histoire de la restauration de 1814 à 1830. *Par.* 1840. 3 vol. 8.

Capefigue (Baptiste Honoré Raymond). Histoire de la restauration et des causes qui ont amené la chute de la branche aînée des Bourbons. *Par.* 1841. 8.

Dollé (Frédéric). Histoire des six restaurations de France. *Par.* 1842. 8. *Ibid.* 1843. 18.

Delandine de Saint-Esprit (Jérôme). Histoire de la restauration (1814-1850). *Par.* 1844. 12.

Vaulabelle (Achille de). Chute de l'empire. Histoire des deux restaurations jusqu'à la chute de Charles X en 1830. *Par.* 1845. 3 vol. 8. (Le premier volume est anonyme.)

Vie secrète et politique de Louis Stanislas Xavier, Monsieur, frère de Louis XVI. *Par.* 1790. 8. (*Lv.*)

Durdent (René Jean). Cent-dix jours du règne de Louis XVIII, ou tableau historique des événements politiques et militaires depuis le 20 mars jusqu'au 8 juillet 1815. *Par.* 1815. 8.

(**Bray**, François Gabriel de). Le règne de Louis XVIII comparé à la dictature de Napoléon. *Par.* 1815. 8.

(**Malte-Brun**, Conrad). Apologie de Louis XVIII. *Par.* 1815. 8. Précédé d'un mot relatif aux circonstances. *Par.* 1815. 8.

Antoine (de **Saint-Gervais**) (A...). Histoire de S. M. Louis XVIII, surnommé le Désiré, depuis sa naissance jusqu'au traité de paix de 1815. *Par.* 1816. 8. Portrait.

Peignot (Gabriel). Précis chronologique du règne de Louis XVIII. *Par.* 1816. 8.

Patris de Breuil (Louis Marie). Éloge de Louis XVIII, roi de France. *Par.* 1816. 12. (*Lv.* et *Bes.*)

Beauchamp (Alphonse de). Vie de Louis XVIII. *Par.* 1821. 8. *Ibid.* 1824. 8. *Ibid.* 1825. 2 vol. 8.

Bouvet de Cressé (Auguste Jean Baptiste). Précis du règne de Louis XVIII. *Par.* 1822. 8. (Extrait des *Tablettes universelles.*)

——— Éloge historique de Louis XVIII, surnommé le Désiré, roi de France et de Navarre. *Par.* 1824. 8.

Durozoir (Charles). Louis XVIII à ses derniers moments, etc., suivi d'un précis anecdotique et chronologique sur Louis XVIII et Charles X, etc. *Par.* 1824. 12.

Fulvy (Philibert Louis **Orry** de). Louis XVIII, sa vie, ses derniers moments et sa mort. *Par.* 1824. 12. *Ibid.* 1825. 12.

Barbet (L... R...). Règne de Louis XVIII, ou histoire politique et générale de l'Europe depuis la restauration, etc. *Par.* 1825. 2 vol. 8.

S(ainte) H(ilaire) E(mile) M(arco) (de). Louis XVIII, sa vie, ses derniers moments et sa mort. *Par.* 1825. 12. (*Bes.*)

Decampe (Louis Antoine). Éloge historique de Louis XVIII, roi de France et de Navarre. *Toulouse.* 1826. 8.

Kobbe (Peter v.). Geschichte Frankreichs unter Ludwig XVIII und Carl X. *Coeln.* 1831. 8.

Mémoires d'une femme de qualité sur Louis XVIII, sa cour et son règne. *Par.* 1829-30. 4 vol. 8. *Stuttg.* 1850. 4 vol. 12. Trad. en allem. par Carl SCHALL. *Bresl.* 1829-31. 4 vol. 8.

D... (duc de.). Mémoires de Louis XVIII. *Par.* 1852. 12 vol. 8. * Trad. en allem. par Carl Wilhelm SCHIEB-LER et Ludwig v. ALVENSLEBEN. *Leipz.* 1852. 6 vol. 8.
* Attribué à A. F. de la Rochefoucault, duc de DOUDEAUVILLE.

C... (S...). Louis XVIII, assassin de Louis XVI et fléau de la France, etc. *Par.* 1816. 8.

Châteaubriand (François Auguste René de). Le roi est mort, vive le roi! *Par.* 1824. 8. Trad. en angl. *Par.* 1824. 8.

Loizerolles (N... N... de). Funérailles de Louis XVIII à l'abbaye royale de Saint-Denis. *Par.* 1824. 8.

Frayssinous (Denis Antoine Luc). Oraison funèbre de très-haut, très-puissant et très-excellent prince Louis XVIII, roi de France et de Navarre. *Par.* 1824. 4 et 8. (*Lv.*)

Bouvens (N... N... de). Oraison funèbre de très-haut, très-puissant et très-excellent prince Louis XVIII, roi de France et de Navarre. *Par.* 1824. 8. (*Lv.*)

Lambert (Louis Amable Victor). Oraison funèbre de Louis XVIII, roi de France et de Navarre. *Par.* 1824. 8.

Bonnevie (Pierre Etienne). Oraison funèbre de Louis XVIII. *Lyon.* 1824. 8. (*Lv.*)

Breton (Louis Jacques). Oraison funèbre de très-haut, très-puissant et très-excellent prince Louis XVIII, roi de France et de Navarre, etc. *Angers.* 1824. 8.

Bigault d'Harcourt (N... N...). Oraison funèbre de S. M. Louis XVIII, roi de France et de Navarre. *Mans.* 1824. 8.

Lambert (N... N...). Oraison funèbre de très-haut, très-puissant et très-excellent prince Louis XVIII, roi de France et de Navarre. *Poitiers.* 1824. 8.

Beck (Johann Jacob). Oraison funèbre de S. M. Louis XVIII, roi de France et de Navarre. *Strasb.* 1824. 8.

Liautard (N... N...). Eloge funèbre de très-haut, très-puissant et très-excellent prince Louis XVIII, roi de France et de Navarre. *Par.* 1824. 8. *Ibid.* 1825. 8. (*Lv.*)

Bermejo (Antonio Garcia). Oracion funeral de Luis XVIII, rey cristianissimo de Francia y de Navarra. *Madr.* 1824. 4. (Avec la traduction française.) — (*Lv.*)

Savy (N... N...). Oraison funèbre de Louis XVIII. *Toulouse*, s. d. (1825). 8. (*Lv.*)

Naudin (V... F...). Oraison funèbre de très-haut, très-puissant et très-excellent prince Louis XVIII, roi de France et de Navarre. *Angers.* 1825. 8.

Orré (N... N...). Oraison funèbre, etc., à l'occasion de la mort de Louis XVIII, trad. en franç. par Pierre Victor Jean BERTHE DE BOURNISSEAUX. *Par.* 1826. 8.

Manuscrit inédit de Louis XVIII, précédé d'un examen sur sa vie politique, par Martin DOISY. *Par.* 1839. 8. Portrait de Louis XVIII.

(Louis XVIII). Relation des derniers événements de la captivité de Monsieur, frère du roi, et de sa délivrance, par M. le comte (Antoine Louis François) d'Avaray, le 21 juin 1791. *Par.* 1823. 8. * Trad. en allem. *Halle.* 1825. 8.
* C'est le même ouvrage qui parut s. c. t. Relation d'un voyage à Bruxelles et à Coblentz (en 1791), etc. Cette relation fut plusieurs fois réimprimée.

(Montgellaz, Fanny Burnier-). Louis XVIII et Napoléon dans les Champs-Elysées. *Par.* 1825. 8.

Louis,
fils de Louis XV, roi de France (4 sept. 1729 — 20 déc. 1765).

Boulogne (Étienne Antoine). Oraison funèbre de Louis, dauphin de France et de Navarre. *Par.* 1765. 8.

Maury (Jean Siffrein). Eloge funèbre de Mgr. le dauphin (Louis). *Sens.* 1766. 12.

Thomas (Antoine Léonard). Eloge du feu Mgr. le dauphin (Louis) de France. *Par.* 1766. 8. *Lausanne.* 1767. 12.

Villiers (Marc Albert de). Vie de Louis, dauphin de France. *Par.* 1769. 12.

Proyart (Liévain Bonaventure). Vie du dauphin (Louis), père de Louis XVI, etc. *Par.* 1777. 2 vol. 12. *Ibid.* 1780. 2 vol. 12. *Lyon* et *Par.* 1782. 2 vol. 12. *Par.*

1819. 2 vol. 12. *Avign.* 1821. 12. *Par.* 1822. 12. *Ibid.* 1825. 12. *Ibid.* 1826. 12. *Lyon.* 1830. 12. *Ibid.* 1834. 12.

(Griffet, Henri.) Mémoires pour servir à l'histoire de Louis, dauphin de France, etc. (publ. par Yves Mathurin Marie de QUERBŒUF). *Par.* 1777. 2 vol. 8.

(Proyart, Liévain Bonaventure.) Eloge historique de Louis, dauphin de France, père de Louis XVI. *Par.* 1780. 12.

(Lottin, Antoine Prosper.) Éloge de Mgr. le dauphin (Louis), père du roi. *Amst.* et *Par.* 1780. 8. (Publ. s. l. pseudonyme de SAINT-FAUSTE.)

Boulogne (Etienne Antoine). Eloge historique de Louis, dauphin de France, père de Louis XVI. *Par.* 1781. 8.

Cerutti (Giuseppe Antonio Gioachimo). A la mémoire auguste de feu Mgr. le dauphin, s. l. et s. d. (*Par.* 1789.) 8.

Durozoir (Charles). Le dauphin, fils de Louis XV et père du roi (Louis XVI), sa famille et ses enfants, etc. *Par.* 1815. 12. Portrait.

(Vauguyon, Antoine Paul Jacques de **Quélen** de la). Portrait du feu Mgr. le dauphin (Louis), publ. par Charles DUROZOIR. *Par.* 1816. 8.

Louis I (Charles Auguste),
roi de Bavière (25 août 1786 — 13 oct. 1825 — abdiquant le 20 mars 1848— ...).

Ludwig I, König von Bayern, und sein Wirken für Staat, Wissenschaft und Kunst, etc. *Leipz.* 1855. 8.

Ritter (Franz v.). Beiträge zur Regierungs-Geschichte König Ludwig's I von Bayern. *Münch.* 1855. 8. *
* Cet ouvrage n'est pas encore terminé.

Louis II, duc de **Bourbon,** surnommé **le Bon,**
(vers 1337 — 19 août 1410).

Masson (Jean Baptiste). Histoire de la vie, faits héroïques et voyages de très-valeureux prince Louis, troisième duc de Bourbon. *Par.* 1612. 8. (Fort rare.)

Louis Ernest,
duc de Brunswick-Lunebourg (25 sept. 1718 — 12 mai 1788).

Leben des Herzogs Ludwig Ernst von Braunschweig-Wolfenbüttel. *Berl.* 1787. 2 parts. 8.

Schloezer (August Ludwig). Ludwig Ernst, Herzog zu Braunschweig und Lüneburg; actenmässiger Bericht. *Götting.* 1786. 8. *Ibid.* 1787. 8. Trad. en franç. par E... JÉRÔME. *Gotha.* 1788. 2 vol. 8.

Louis,
landgrave de Hesse-Cassel.

Kayser (Johann Friedrich). Oratio de auspicatissimo regimine serenissimi principis Ludovici, Hassiæ landgravii. *Giess.* 1740. 4.

Louis, surnommé **le Pacifique,**
landgrave de Hesse-Cassel.

(Guenderode, Friedrich Justus v.). Ludwig der Friedsame, Landgraf zu Hessen. Bruchstück aus der vaterländischen Geschichte. *Frf.* 1784. 8.

Louis,
grand-duc de Hesse-Darmstadt (14 juin 1753—4 avril 1790—6 avril 1830).

Rinck (Georg). Ludwig I, Grossherzog von Hessen, als Förderer kirchlicher Interessen. Zur hundertjährigen Gedächtnissfeier seiner Geburt. *Darmst.* 1855. 8.

Steiner (N... N...). Ludwig I, Grossherzog von Hessen-Darmstadt, nach seinem Leben und Wirken. *Offenbach.* 1842. 8. (Ce titre n'est pas exact.)

Louis II,
grand-duc de Hesse-Darmstadt (26 déc. 1777 — 6 avril 1830 — 16 juin 1848).

Kerckhove (Joseph Romain Louis de). Quelques mots à la mémoire de S. A. R. le grand-duc de Hesse, Louis II. *Anvers.* 1848. 8.

Saint-Maurice Cabany (Charles Édouard). Notice nécrologique sur S. A. R. Louis II, grand-duc de Hesse-Darmstadt, etc. *Par.* 1850. 8. (Extrait du *Nécrologe universel du XIXe siècle.*)

Louis, dit **le Barbu,**
duc d'Ingolstadt.

Lang (Carl Heinrich v.). Geschichte Ludwig's des Bärtigen, Herzogs von Ingolstadt. *Nürnb.* 1821. 8.

Louis VI, surnommé **le Facile,**
électeur palatin (4 juillet 1539 — 1576 — 12 oct. 1583).

Kirchner (Thomas?). Oratio de vita et morte Ludovici, comitis palatini et electoris. *Heidelb.* 1584. 4.

Louis I, dit le Barbu,
landgrave de Thuringe († vers 1039).

Hartmann (Johann Adolph). Oratio de Ludovici Barbati, primi Thuringiæ et Hassiæ landgraviorum patris, natalibus, rebusque gestis, adnexa ejus historiæ Hassiacæ pars I, s. l. et s. d. (1726.) 8.

Gleichmann (Johann Zaccharias). Erneuertes siebenhundertjähriges Gedächtniss des für (!) 700 Jahren, nemlich anno 1039, in Thüringen sich festgesetzten Graf Ludovici Barbati oder Ludwigs mit dem Barte, als eines Stammvaters der Landgrafen in Thüringen. *Leipz.* 1759. 4. (Publ. sous le pseudonyme de VARIAMANDUS.)

Louis, surnommé le Saint,
landgrave de Thuringe.

Leben des heiligen Ludwig, Landgrafen in Thüringen, Gemahls der heiligen Elisabeth, nach der lateinischen Urschrift übersetzt von Friedrich KOEDIZ, herausgegeb. von H... RUECKERT. *Leipz.* 1851. 8.

Louis II, dit le Sauteur,
landgrave de Thuringe (1042 — 1123).

Vulpius (Johann). Ludwig der Springer, zweiter Graf in Thüringen. *Altenb.* 1713. 4.

Reinhard (Conrad Friedrich). Commentatio in qua fabula de Ludovici II, Thuringiæ comitis, ex arce Gibichensteinensi saltu indeque tributo ipsi cognomento Salii vulgo Springers refellitur. *Halæ* et *Lips.* 1726. 4. (L.) *Halæ.* 1732. 4. *Ibid.* 1757. 4. (L.)

Louis IV,
landgrave de Thuringe.

Leben Ludwig des Eisernen. *Dresd.* 1776. 8.

Louis le Pieux,
duc de Wurtemberg (28 déc. 1368 — ... 1593).

Frischlin (Nicodemus). .De nuptiis Ludovici Wirtembergici, cum illustrissima principe Ursula marchionissæ Badensis. *Tubing.* 1577. 4. (En vers.)

Leichenpredigt Ludwig's, Herzogs zu Würtemberg, etc. *Tübing.* 1593. 4.

Heerbrand (Jacob). Oratio funebris de vita et obitu Ludovici, ducis Wurtembergicæ. *Tubing.* 1593. 4. (*Bes.*)

Louis Guillaume I,
margrave de Bade (8 avril 1655 — 4 janvier 1707).

Ligne (Charles Joseph de). Mémoires sur les campagnes du prince de Bade en Hongrie et sur le Rhin, etc. *Dresd.* 1795. 2 vol. 8.

Roeder-Diersburg (Philippe v.). Feldzüge des kaiserlichen General-Lieutenants Ludwig Wilhelm von Baden-Baden wider die Türken; aus seinem bis jetzt noch unbenutzten Manuscripte und aus dem Nachlasse des Markgrafen Hermann von Baden. *Carlsr.* 1839. 8.

Louis Guillaume,
landgrave de Hesse-Cassel.

Breidenstein (N... N...). Gedächtnisspredigt auf den weiland durchlauchtigsten Fürsten und Herrn, Herrn Ludwig Wilhelm, souveränen Landgrafen zu Hessen, nebst Personalien des hohen Vollendeten. *Frf.* 1839. 4.

Louis I,
comte de Flandre.

Lambin (Jean Jacques). Eeuwigduerende verbond tusschen Jan den III, hertog van Brabant, en Lodewyk den I, grave van Vlaenderen. *Ypre,* s. d. 8.

Louis Eugène,
duc de Wurtemberg (6 janv. 1731 — 24 oct. 1793 — 20 mai 1795).

(Schwab, Johann Christoph.) Vertheidigung des Herzogs Ludwig Eugen von Württemberg gegen den *Genius der Zeit.* *Tübing.* 1798. 8. Supplément. *Ibid.* 1798. 8.

Louis Bonaparte (comte de **Saint-Leu**),
roi de Hollande (2 sept. 1778 — roi depuis le 24 mai 1806 — abdiquant le 1er juillet 1810 — 25 juillet 1846).

Bonaparte (Louis). Documents historiques et réflexions sur le gouvernement de la Hollande. *Lond.* 1821. 3 vol. 8. *Brux.* 1821. 3 vol. 8.
Trad. en allem. *Dresd.* 1821. 8.
Trad. en holland. *Amst.* 1821. 3 vol. 8.

De monarchale regering van het koningrijk Holland onder Lodewijk Napoleon. *Amst.* 1808. 8.

Strick van Linschoten (J...). Eleuterophilos. *Germanien.* (?) 1818. 8. *
* Contenant un tableau satirique de la cour de Louis Bonaparte.

(**Garnier,** Athanase.) La cour de Hollande sous Louis Bonaparte. *Par.* et *Amst.* 1823. 8. Augment. s. c. t.
Mémoires sur la cour de Louis Bonaparte et sur la Hollande. *Par.* 1828. 8. (Ouvrage échappé aux recherches de Quérard.).

Biographie de Louis Bonaparte. *Par.* 1836. 8.

Funérailles du feu roi Louis Napoléon Bonaparte et de son fils ainé Louis Napoléon ; relation officielle. *Par.* 1847. 8.

Les secrets de Saint-Leu. Notice curieuse sur ce château et ses propriétaires, etc., et sur la mort du prince de Condé. *Par.* 1851. 8.

Louis Napoléon Bonaparte, voy. Napoléon III.

Louis Philippe I,
roi des Français (6 oct. 1773 — élu le 9 août 1830 — abdiquant le 24 février 1848 — 26 août 1850).

Saint-Hilaire (Émile Marco de). Vie anecdotique de S. A. R. monseigneur le duc (Louis Philippe) d'Orléans, premier prince du sang, etc. *Par.* 1826. 18.
Mémorial des pensées et actions de Louis Philippe I. *Par.* 1850. 8.

Pons (Pierre). Voilà l'homme! Précis de la vie politique et militaire de Louis Philippe d'Orléans. *Par.* 1830. 8.

Geschichtliche Darstellung des Hauses Orleans, etc. *Dessau.* 1830. 8.

Gleich (Friedrich). Geschichte Wilhelm's IV, Königs von England, und Ludwig Philipp's, Königs der Franzosen. *Leipz.* 1830. 8. 2 portraits.

Ludwig Philipp I, König der Franzosen. Abriss der merkwürdigsten Ereignisse aus dem Leben dieses Fürsten, nebst dem Geschlechtsregister des Hauses Bourbon, etc. *Kiel.* 1830. 8.

Ludwig Philipp I, König der Franzosen ; biographische Skizze, etc. *Leipz.* 1830. 8. Portrait.

Un an de la vie de Louis Philippe I, écrit par lui-même, ou journal authentique du duc de Chartres depuis 1790 jusqu'en 1791. *Par.* 1831. 8.

Schets van het leven en de regering van Lodewijk Philippus I, koning der Franschen. *Franek.* 1831. 8.

Malastrie (N... N...). Histoire de France depuis l'avénement de Louis Philippe jusqu'à présent. *Par.* 1837. 2 vol. 8.

Buerck (August). Ludwig Philipp, König der Franzosen, und seine Familie. *Weim.* 1839. 8. Portrait. Trad. en holland. par Geraard BRANDT-MAAS. *Zalt-Bommel.* 1840. 8.

Birch (Christian). Ludwig Philipp, König der Franzosen. Darstellung seines Lebens und Wirkens. *Stuttg.* 1841-44. 3 vol. 8. Augment. *Ibid.* 1850. 3 vol. 8.
Trad. en holland. par Gerard BRANDT-MAAS. *Zalt-Bommel.* 1841-45. 3 vol. 8.
Par Daniel VEEGENS. *Haarl.* 1846-47. 3 vol. 8.

Blanc (Louis). Histoire de dix ans (1830-1840). *Par.* 1842. *Brux.* 1847. 2 vol. 8. Portrait de l'auteur.
Trad. en allem. par Theodor CRAMER. *Nürnb.* 1843-...
Par Ludwig BUHL. *Zürch...*
Trad. en ital. par Giovanni Antonio PIUCCO. *Venez.* 1844-46. 8 vol. 12.

Wright (George N...). Life and times of Louis Philippe, king of the French. *Lond.* 1842. 8. *Ibid.* 1844. 8. *Ibid.* 1848. 8. *Ibid.* 1850. 8. (Lv.)

Auriac (E... d'). Louis Philippe, prince et roi. *Par.* 1843. 12.

Decourchant des Sablons (N... N...). Louis Philippe d'Orléans, roi des Français, depuis sa naissance jusqu'à son avénement au trône. *Brux.* 1843. 8. Portrait.

Marchal (Charles). La famille d'Orléans depuis Philippe le Fou jusqu'à Louis Philippe. *Par.* 1844. 8.
Trad. en allem. par August Lebrecht HERMANN. *Grimma.* 1846. 8.

Boudin (Amédée) et **Mouttet** (Félix). Histoire de Louis Philippe, roi des Français. *Par.* 1843. 2 vol. 8.
Trad. en allem. par August DIEZMANN. *Leipz.* 1846-48. 2 vol. 8.
Par Carl GROSSE, avec préface de Friedrich STEGER. *Leipz.* et *Meiss.* 1850. 2 vol. 8.

Boutmy (E...). Epoques mémorables de la vie du roi des Français (Louis Philippe) 1773-1843. *Par.* 1845. 8.

Flobert (A...). Histoire des ducs d'Orléans de la maison de Bourbon (1608-1850). *Par.* 1845-46. 6 vol. 8.

Lopatta (Victor de). Vie anecdotique de Louis Philippe I, roi des Français. *Leipz.* 1846. 12. Portrait.

Wemyss-Jobons (D...). Levensschets van Lodewijk Filips, benevens een volledig verslag der jongste omwenteling in Frankrijk. *Amst.* 1848. 8.

Douglas (Alfred Edward). Life and times of Louis Philippe, ex-king of the French, with an analysis of the three french revolutions. *Lond.* 1848. 12. Portrait.

Poore (Benjamin Perley). History of the rise and fall of Louis Philippe, ex-king of the French. *Boston.* 1848. 12.

Boullée (Aimé). Etudes biographiques sur Louis Philippe I, dernier roi des Français. *Par.* 1849. 8.

Michaud (L... G...). Biographie ou vie publique et privée de Louis Philippe d'Orléans, ex-roi des Français, depuis sa naissance jusqu'à la fin de son règne. *Par.* 1849. 8. Trad. en espagn. *Madr.* 1850. 8.

Regnault (Elias). Histoire de huit ans (1840-1848). *Par.* 1849. 3 vol. 8. Port. (Suite de l'ouvrage de Louis BLANC.)

Dumesnil (Alexis). Portrait de Louis Philippe. *Par...* 8.

O'Kelly (F...). Die letzten Lebensjahre Louis Philipp's, Königs der Franzosen, mit genauen Nachrichten über den Tod des Herzogs von Orleans, über den Besuch der Königin Victoria in Eu, seine Erlebnisse in der Februarrevolution, Abdankung, Flucht, Aufenthalt und Tod auf dem Schlosse Richmond. *Weim.* 1850. 8. Portrait.

Dumas (Alexandre). Histoire de la vie publique et privée du roi Louis Philippe. *Brux.* 1852. 18.

Groiseilliez (François de). Histoire de la chute de Louis Philippe. *Par.* 1852. 8.

Roque (Louis de la). Trois pages de l'histoire de Louis Philippe (l'abdication de Charles X, l'avénement de Louis Philippe et la donation du 7 août). *Par.* 1852. 8.

Thilo (Johann Ludwig Christoph). Ist Ludwig Philipp rechtmässiger König von Frankreich? etc. *Bresl.* 1851. 8. Trad. en franç. *Bresl.* 1851. 8.

Weisse (Christian Hermann). Über die Legitimität der gegenwärtigen französischen Dynastie. *Leipz.* 1852. 12.

(**Flocon**, Ferdinand). Révélation sur le coup de pistolet du 19 novembre 1852, par un des accusés du complot. *Par.* 1852. 8.

Montalivet (Camille **Barchasson** de). Louis Philippe et sa liste civile. *Par.* 1850. 8. *Brux.* 1850. 18.

Abdication de Louis Philippe, racontée par lui-même et publ. par Edouard LEMOINE. *Par.* 1851. 8.

Bricoux (C... F...). Les confessions de Napoléon et de Louis Philippe. *Brux.* 1852. 8.

(**Beuf**, Joseph). A l'ex-sans-culotte Égalité, provisoirement Louis Philippe I, roi des Français par la grâce de... 219 fripons, s. l. et s. d. (*Lyon.* 1834.) 8. (Sale et fougeux libelle.)

Zégue (F...). Crimes du père Égalité et de Louis Philippe, dernier roi des Français. *Par.* 1848. 18.

Crapski (Leopold). Louis XVI et Louis Philippe, ou l'inégalité de la peine de mort. *Bourg.* 1848. 8.

* Libelle politique d'un citoyen polonais exhalant sa mauvaise humeur contre les rois et surtout contre Louis Philippe.

Parent-Aubert (N... N...). Histoire secrète des amours scandaleuses de Louis Philippe, etc. *Par.* 1853. 12. (2e édition. La première parut sans nom d'auteur.)

Dollé (Frédéric). Charlemagne et Louis Philippe. *Par.* 1847. 8.

Louis (Saint), *
évêque de Toulouse (.. février 1275 — 19 août 1298).

Vita S. Ludovici, publiée avec un commentaire par Henricus SEDULIUS. *Antw.* 1602. 8.
Trad. en franç. par le P. ANSELME (Louis Antoine de RUFFI). *Avign.* 1713. 12.
Trad. en ital. :
Par Pasquale CORRETTO. *Montreal.* 1651. 8.
Par Andrea CHIAVENNA. *Veron.* 1658. 4.

* On raconte qu'après sa mort on vit sortir une fleur de sa bouche.

Louis (Joseph Dominique, baron),
ministre français (13 nov. 1775 — 26 août 1837).

Souvenirs sur le baron Louis. *Par.* 1842. 8.

Louise,
épouse de Frédéric V, roi de Danemark.

Hersleb (Peder). Klagepraediken over Dronning Lovise. *Kjøbenh.* 1752. 4.

Anchersen (Hans Peder). Oratio in obitum reginæ Ludovicæ. *Hafn.* 1752. Fol.

Lysholm (Christopher). Sermo funebris in obitum principis Lovisæ. *Soræ.* 1754. 4.

Louise de Lorraine,
épouse de Henri III, roi de France (1554 — mariée le 14 février 1576 — 29 janvier 1601).

Thomas (N... N...). Oraison funèbre de Louise de Lorraine, prononcée à Moulins en Bourbonnais le 13 février 1601. *Par.* 1601. 8.

Gazet (Nicolas). Miroir des veuves, ou la vie et la mort de Louise de Lorraine. *Par.* 1601. 8.

Malet (Antoine). Economie spirituelle et temporelle de la vie et maison, noblesse, et religions des nobles, dressée sur la vie de Louise de Lorraine, etc. *Par.* 1619. 4.

Louise d'Orange,
abbesse de Maubuisson († 1709).

Maboul (Jacques). Oraison funèbre de la princesse électorale Louise Hollandine, palatine de Bavière, abbesse de Maubuisson. *Par.* 1709. 4 et 8.

Mémoires sur la vie et les vertus de la princesse électorale Louise Hollandine, palatine de Bavière, etc. *Par.* 1719. 12.

Louise Amélie de Brunswic-Wolffenbuttel,
épouse de...

Ancillon (Louis Frédéric). Oraison funèbre de très-haute, très-puissante et très-excellente princesse madame Louise-Amélie de Brunswic-Wolffenbuttel, douairière de Prusse. *Berl.* 1780. 8.

Louise Auguste de Mecklenbourg-Strelitz,
épouse de Frédéric Guillaume III, roi de Prusse (10 mars 1766 — mariée le 24 déc. 1793 — 19 juillet 1809).

Louisen's und Friedrich's Ankunft und Vermählung in Berlin, im December 1793. *Berl.* 1794. 8. 2 portraits.

Mueller (Adam Heinrich v.). Zum Gedächtniss der verewigten Königin Louise. *Berl.* 1810. 4.

Louise Auguste Wilhelmine Amalie, Königin von Preussen, ein Denkmal. *Berl.* 1810. 8. Portrait.

Eylert (Friedrich Rulemann). Gedächtnissfeier der Königin Louise von Preussen. *Potsd.* 1812. 8. Portrait.

Authentische Mittheilungen der letzten Lebenstage und Stunden der Königin Louise von Preussen, etc. *Berl.* 1814. 8.

Erinnerung an die verewigte unvergessliche Louise, Königin von Preussen, etc. *Leipz.* 1814. 12.

Louise, Königin von Preussen. *Leipz.* 1814. 8. Portrait.

(**Berg**, Frau v.). Die Königin Louise, der preussischen Nation gewidmet. *Berl.* 1814. 8.

Schink (Johann Friedrich). Louise, Preussens Schutzgeist. *Berl.* 1817. 8.

Courtivron (Antoine Nicolas Philippe **Tanneguy** de). Eloge historique de Louise Auguste de Mecklenbourg-Strelitz, reine de Prusse. *Dijon.* 1818. 8.

Leben der Königin von Preussen, Louise Auguste Wilhelmine Amalie. *Mohrung.* et *Braunsberg.* 1837. 8. Portrait.

Richardson (Charlotte). Memoirs of the private life and opinions of Louisa, queen of Prussia, consort of Frederik William III. *Lond.* 1847. 8. Trad. en allem. *Grimma.* 1848. 8.

Louise Élisabeth de France,
duchesse de Parme.

Poncet de la Rivière (Michel Mathieu). Oraison funèbre de madame Louise Elisabeth de France, infante d'Espagne (fille de Louis XV), duchesse de Parme, de Plaisance et de Guastalla. *Par.* 1760. 4.

Louise Françoise Guzman de Medina-Sidonia,
épouse de Jean IV, roi de Portugal (.... — mariée en 1633 — 1666).

Manoel da Conceiao. Ultimas acçöes da rainha D. Luiza. *Lisb.* 1666. 4.

Louise Henriette de Nassau-Orange,
épouse de Frédéric Guillaume le Grand, électeur de Brandebourg (.... — mariée en 1647 — ...).

Wegfuehrer (Johann). Leben der Kurfürstin Louise,

geborenen Prinzessin von Nassau-Oranien, Gemahlin Friedrich Wilhelm's des Grossen, Kurfürsten zu Brandenburg, etc., treu geschichtlich dargestellt. *Leipz.* 1858. 8.

Hirsch (S...). Erinnerungen an den grossen Kurfürsten (Friedrich Wilhelm) und an seine Gemahlin Louise von Oranien, etc. *Berl.* 1852. 8.

Louise Julienne de Nassau-Orange,
épouse de Frédéric IV, électeur palatin.

Spanheim (Frédéric). Mémoires sur la vie et la mort de Loyse Juliane, électrice palatine (mère de Frédéric V, roi de Bohême). *Leyde.* 1645. 4. (Très-rare.)

Louise Marie de France,
fille de Louis XV (15 juillet 1737 — 23 déc. 1787).

Proyart (Liévain Bonaventure). Vie de Madame Louise de France. *Brux.* 1793. 12. Avec une notice sur la vie de l'auteur; *Lyon* et *Par.* 1818. 2-vol. 12. *Avign.* 1820. 12. *Par.* 1825. 2 vol. 12. Portrait. *Ibid.* 1826. 12. *Lyon.* 1829. 2 vol. 12.

Geschichte des erbaulichen Lebens der Prinzessin Ludovica Maria von Frankreich, Tochter Ludwig's XV und Base Ludwig's XVI, welche als Barfüsserin Carmeliterin zu Saint-Denis gestorben. *Augsb.* 1793. 8.

Louise Marie Thérèse d'Orléans,
épouse de Léopold I, roi des Belges (3 avril 1812 — mariée le 9 août 1832 — 11 oct. 1850).

Dechamps (N... N...). Oraison funèbre de Louise Marie Thérèse d'Orléans, première reine des Belges, etc. *Brux.* 1850. 8. Trad. en flamand. *Gent.* 1850.-8.

Vent (Ernest). Oraison funèbre, etc., en commémoration de la reine des Belges, Louise Marie Thérèse Charlotte Isabelle, princesse d'Orléans. *Brux.* 1850. 8.

De Hauregard (N... N...). Oraison funèbre de S. M. Louise Marie Thérèse Charlotte Isabelle, princesse royale de Bourbon-Orléans, reine des Belges, prononcée, etc., à la cathédrale de Namur, s. l. et s. d. (*Namur.* 1850.) 8.

(**Rastoul de Mongeot**, Alphonse). La reine. Tableau de sa vie et de sa mort. *Brux.* 1850. 8. 8 portraits.

Mort de la reine des Belges; dernier hommage à sa mémoire. *Anvers.* 1850. 12. Portrait.

Bogaerts (Félix). Éloge historique de Sa Majesté Louise Marie, la bien-aimée reine des Belges. *Anvers.* 1850. 8.

Quelques pièces recueillies pour servir à l'histoire de notre reine. *Bruges.* 1850. 8.

Bochart (Eugène). Les cendres de la reine des Belges, s. l. et s. d. (*Brux.*) 1850. 8. Portrait.

(**Chenedollé**, Charles de). Hommage du *Bulletin du Bibliophile belge* à la mémoire de LL. MM. le roi Louis Philippe et la reine des Belges, etc. *Brux.* 1850. 8. (Tiré à 25 exemplaires sur papier bleu.)

Morren (Charles François Antoine). Héliotrope. Immortalité de Louise Marie, fleur déposée sur la tombe de la première reine des Belges, S. M. Louise Marie Thérèse Charlotte Isabelle d'Orléans, en souvenir de ses bienfaits. *Brux.* 1850. 8. Portrait.

(**Rousseau Warrie**, J...). Levensschets der zeer edele, hooggeborene en uytmuntende prinses Ludovica Maria Theresia Carolina Isabella van Bourbon-Orleans, eerste koningin der Belgen, etc. *Gent.* 1850. 8.

Hansse (J... F...). Dood van Louise Marie, koningin der Belgen. S'Hertogenb. 1850. 8.

Schellinck (Théodore). Een engel in den hemel, of leven en dood van H. M. Louise Marie, koningin der Belgen. *Gand.* 1850. 8. Portrait et planches.

Souvenir de S. M. la reine. *Brux.* 1851. 12. (Avec le portrait de la reine et celui du roi.)

Souvenir pieux, ou détails sur la vie et sur la mort de Louise Marie Thérèse Charlotte Isabelle, princesse d'Orléans, première reine des Belges. *Liége.* 1851. 24. Portrait.

(**Roger**, Paul). Vie de Louise Marie d'Orléans, reine des Belges. *Brux.* 1851. 8. Portrait.

(**Renard**, Henri). L'ange des Belges. *Liége.* 1851. 8. (Orné de 6 portraits et de plusieurs planches lithographiées.)

Lepage (Jean Pierre). A la mémoire de S. M. Louise Marie Thérèse Charlotte Isabelle d'Orléans, première reine des Belges. Expression de la douleur publique à l'occasion de sa maladie et de sa mort. *Brux.* 1851. 8. Port.

Funérailles de S. M. Louise Marie Thérèse Charlotte Isabelle, princesse d'Orléans, reine des Belges. Recueil officiel publié sous le patronage du gouvernement. *Brux.* 1851. Fol. Portrait et planches.

Petit de Rosen (Jules). Le tombeau de la première reine des Belges, s. l. et s. d. (*Liége.* 1851.) 8. (Extrait du *Progrès pacifique*.)

(**Meynders**, Gérard Jean Népomucène Bernard). Monument historique et littéraire à l'auguste mémoire de S. M. Louise Marie Charlotte Isabelle d'Orléans, décédée reine des Belges. *Brux.*, s. d. (1852.) 8. Portrait. Trad. en flamand par l'auteur lui-même. *Brux.* 1852. 8. Portrait.

Louise Ulrique de Prusse,
épouse de Adolphe Frédéric, roi de Suède (24 juillet 1720 — mariée le 17 juillet 1744 — 16 juillet 1782).

Clewberg-Edelcrantz (N... N...). Lykpredikan öfver Drottning Louise Ulrike. *Abo.* 1782. 8.

Kort Utkast til Konung Adolf Frederick och dess Gemals Louise Ulrike. *Stockh.* 1788. 8.

Louise de Hesse-Darmstadt,
épouse de Charles Auguste, grand-duc de Saxe-Weimar (30 janv. 1757 mariée en 1775 — 14 février 1830).

Schroeter (Wilhelm). Louise, Grossherzogin von Sachsen-Weimar. *Weim.* 1838. 8.

Loup (Saint), *
évêque de Troyes († 478).

Vie de S. Loup, évêque de Troyes, suivie de celles de S. Jean Chrysostôme et de S. Siméon Stylite, et d'une revue religieuse du v⁰ siècle. *Par.* 1857. 12.

* S. Loup est, par antithèse, le patron des brebis.

Lourdet (N... N...),
hébraïsant français.

Quatremère (Étienne). Notice historique sur la vie et les ouvrages de l'abbé Lourdet, professeur d'hébreu au collége de France. *Epernay*, s. d. 8.

Louriçal (marquez de),
homme d'État portugais.

Barboza (Jozé). Epitome da vida do I marquez de Louriçal. *Lisb.* 1745. 4.

Loustalot (N... N...),
littérateur français.

Précis sur la vie du fameux Loustalot, auteur des *Révolutions de Paris* sous le nom de (Louis) Prudhomme, s. l. et s. d. (*Par.*) 8.

Loutherbourg ou mieux Lutherburg
(Philippe Jacques),
peintre alsacien (30 oct. 1740 — vers 1814).

Notice biographique sur M. Loutherbourg. *Par.*, s. d. (1809.) 8. (Extrait du *Magasin encyclopédique*.)

Louvain (comtes de),
famille belge.

Ernst (Simon Pierre). Mémoires sur les comtes de Louvain, jusqu'à Godefroi le Barbu. Ouvrage posthume publ. par Edouard LAVALLEYE. *Liége.* 1837. 8.

Louvel (Pierre Louis),
assassin du duc de Berri (7 oct. 1783 — guillotiné le 7 juin 1820).

Méjan (Maurice). Histoire du procès de Louvel, etc. *Par.* 1820. 2 vol. 8.

Louvel, Mörder des Herzogs von Berri. Geschichtliche Darstellung dieser Mordthat, etc. *Meissen.* 1820. 8. Portrait.

Louvencourt (Marie Élisabeth de),
religieuse française.

Abrégé de la vie et vertus de mademoiselle M. É. de Louvencourt. *Amiens.* 1779. 12. (*Bes.*)

Louvet de Couvray (Jean Baptiste),
littérateur français (11 juin 1760 — 25 août 1797).

Louvet de Couvray (Jean Baptiste). A la Convention nationale, ou à mes commettants, sur la conspiration du 10 mars. *Par.* 1793. 8.

—— Quelques notices pour l'histoire, et récit de mes dangers depuis le 31 mai 1793. *Par.*, an ii (1793.) 8. *Bâle.* 1796. 8. Publ. s. l. t. de *Mémoires de Jean Baptiste Louvet.* *Par.* 1822. 2 vol. 12. Portrait. Trad. en allem. s. c. t. Louvet, ein Opfer der Blutmenschen. *Alton.* 1793. 8.

Rigaud (Antoine François). Éloge funèbre de J. B. Louvet. *Par.* 1797. 8.

Riouffe (Honoré). Oraison funèbre de J. B. Louvet, ex-représentant du peuple. *Par.*, an vi. (1798.) 4.

Louvois (François Michel Letellier, marquis de),
homme d'État français (18 janvier 1641 — 16 juillet 1691).

Courtilz de Sandras (Gatien de). Testament politique

de F. M. Letellier, marquis de Louvois, ministre d'Etat sous Louis XVI. *Cologne*. 1695. 12.

(**Chamlay** , N... N...). Mémoires, ou essai pour servir à l'histoire de F. M. Letellier, marquis de Louvois, etc. *Amst.* 1740. 8. (Rare.)

Louyet (Paulin Laurent Charles Evalery),
chimiste belge (28 janvier 1818 — 3 mai 1850).

Moreau (N... N...). Funérailles de P. L. C. E. Louyet, professeur de chimie au musée de l'industrie et à l'école vétérinaire de l'Etat. *Brux.* 1850. 8.

Koninck (L... G... de). Notice sur P. L. C. E. Louyet, correspondant de l'Académie. *Brux.* 1851. 18. Portrait.

Lovaletti (Ippolito),
gentilhomme italien.

(**Ferranti**, Marco). Memoria de' benefizii che alla patria arreco il conte I. Lovaletti. *Ravenna*. 1855. 8. Portrait.

Lovat (Matthieu).

Ruggieri (Cesare). Geschichte der durch M. Lovat zu Venedig 1805 an sich selbst vollzogenen Kreuzigung, aus dem Franz. übersetzt von Julius Heinrich Gottlieb Schlegel. *Rudolst.* 1807. 8. *Meining*. 1821. 8.

Lovat (Simon **Fraser**, lord),
partisan des Stuarts (1667 — décapité le 20 avril 1747).

Arbuthnot (Archibald). Life and adventures of S. Fraser , lord Lovat. *Lond.* 1746. 12. Portrait. Trad. en allem. s. c. t. Schicksale in dem Leben S., Lord Lovat's, etc. *Hamb.* 1747. 8.

(**Foster**, James). Memoirs of the life of lord Lovat. *Lond.* 1746. 8. * Trad. en franç. *Amst.* 1747. 12.
* Attribués au lord-président Forbes.

Free examination of a modern romance, intitled Memoirs of the life of lord Lovat. *Lond.* 1746. 8.

Proceedings upon the impeachment of lord Lovat. *Lond.* 1747. Fol.

A candid and impartial account of the life and behaviour of lord Lovat, from the time of his death-warrant was deliver'd to the day of his execution. *Lond.* 1747. 8.

Proceedings upon the impeachment against lord Lovat for high treason. *Lond.* 1747. Fol.

Memoirs of the life of lord Lovat, written by himself in the French language, etc. *Lond.* 1797. 8. (*P.*)

Burton (John Hill). Lives of lord S. Lovat and Duncan Forbes of Culloden. *Lond.* 1846. 8.

Lovejoy (E... P...),
théologien anglo-américain.

Lovejoy (J... C... et O...). Memoirs of the Rev. E. P. Lovejoy. *New-York* (?). 1838. 12.

Lowitz (Tobias),
médecin-chimiste allemand (1757 — 26 nov. 1804).

Scherer (Alexander Nicolaus). Worte der Erinnerung an das Leben und die Verdienste von T. Lowitz. *Sanct.-Petersb.* 1820. 8. (*P.*)

Lowth (Robert),
évêque de Londres (27 nov. 1710 — 3 nov. 1787).

Memoirs of the life and writings of the late Right Rev. R. Lowth, lord bishop of London. *Lond.* 1787. 8.

Loyer (Toussaint),
architecte français (18 avril 1724 — 1er nov. 1807).

Cochet (Claude Ennemond Balthazar). Notice historique sur M. Loyer , architecte , membre de l'Académie de Lyon. *Lyon*, s. d. (1808.) 8.

Loyola, voy. **Ignace** (Saint).

Loysel, voy. **Loisel** (Antoine).

Lozeleur (Pieter),
théologien hollandais.

Dresselhuis (J... ab Utrecht). Historische studiën uit het tijdvak van prins Willem I. — P. Loizeleur des prinsen raad en hofprediker, s. l. et s. d. (*Amst.* 1846.) 8. (Extrait du journal *de Gids*.) — (*Ld.*)

Lubbert (Sibrand),
théologien hollandais (1556 — 10 janvier 1625).

Amama (Sixtinus). Sermo funebris habitus post exequias S. Lubberti. *Franeq.* 1625. 4. (*D.*)

Lubienski (Matthias),
archevêque de Gnése.

Buydecki (Florian). Vita venerabilis servi Dei, M. Lubienski , canonici regularis sancti sepulchri , postea episcopi Chelmensis, tandem Posnaniensis, mox Vladislaviensis et Pomeraniæ, ad extremum archiepiscopi Gnesnensis, legati nati, regni Poloniæ et magni ducatus Lithuaniæ primatis, primique principis virtute et titulis illustrissimi, sanctitate et honoribus celsissimi triginta capitibus comprehensa. *Calissii*. 1752. 4.

Lublink (Joannes),
poëte hollandais (9 février 1736 — 24 nov. 1816).

Westerbaen (Cornelis Willem). Lofrede op J. Lublink, den Jongen. *Amst.* 1817. 8. Portrait. (*Ld.*)

Luc (Saint),
l'un des douze apôtres.

Koehler (Johann Abraham). Dissertatio historica de S. Luca Evangelista. *Lips.* 1698. 4.

Winckler (Johann Dietrich). Dissertatio de Luca Evangelista medico. *Lips.* 1736. 4. (*L.*)

Clausewitz (Benedict Gottlieb). Commentatio de Luca Evangelista, medico, ad Coloss. IV. 14. *Halæ*. 1740. 4.

Koenigsmann (Bernhard Ludwig). Programma de fontibus commentariorum sacrorum qui Lucæ nomen præferunt. *Alton*. 1798. 4.

Festing (G...). Dissertatio de consilio , quo evangelium suum scripsit Lucas. *Upsal.* 1799. 4.

Frisch (Samuel Gottlob). Utrumque Lucæ commentarium de vita, dictis factisque Jesu et apostolorum non tam historicæ simplicitatis, quam artificiosæ tractationis indolem habere. *Freiberg*. 1817. 4.

Schleiermacher (Friedrich). Kritischer Versuch über die Schriften des Lucas. *Berl.* 1817. 8.

Planck (Heinrich). Observationes quædam de Lucæ evangelii analysi critico a Schleiermachero proposita. *Goetting*. 1819. 4.

Schwanbeck (Eugen Alexis). Über die Quellen der Schriften des Lucas. *Darmst.* 1847. 8.

Persio (Ascanio). Historia de imagine Beatæ Mariæ Virginis a S. Luca depicta. *Colon*. 1618. 4.

Gretser (Jacob). Syntagma de imaginibus non manufactis deque aliis a S. Luca pictis. *Par*. 1625. Fol.

Carboni (Francesco). Immagini dipinti da S. Luca , tra quali la nostra nominata S. Maria della Pace (di Venezia). *Venez*. 1678. 12.

Schlichter (Christian Ludwig). Ecloga historica qua fabula pontificum de Luca pictore exploditur, etc. *Halæ*. 1734. 4.

Manni (Domenico Maria), Dell' errore nell' attribuire pitture a S. Luca Evangelista. *Firenz*. 1766. 4.

Luca Santo,
peintre florentin au ixe siècle.

Manni (Domenico Maria). Del vero pittore Luca Santo. *Firenz*. 1764. 8.

Lucadou (Antoine Samuel),
médecin français (9 mai 1745 — vers 1805).

Caillau (Jean Marie). Éloge de A. S. Lucadou , médecin à Bordeaux. *Bord*. 1806. 8.

Lucæ (Samuel Christian),
médecin allemand (30 avril 1787 — 28 mai 1821).

Wagner (Carl Franz Christian). Memoria S. C. Lucæ. *Marb.* 1822. 4. (*D.*)

Lucanus (Johann),
jurisconsulte allemand au xvie siècle.

Possel (Johann). Oratio de J. Lucano, principis Megapolensis cancellario. *Rostoch*. 1562. 8.

Hecht (Gottfried). Programma de J. Lucano, JCto celeberrimo. *Witteb.* 1714. 4.

Lucanus (Marcus Annæus),
poëte italien (38 — 65).

Palmer (Jacob). Apologia pro Lucano. *Lugd. Bat.* 1704. 8.

Meusel (Johann Georg). Dissertationes II de Lucano. *Halæ*. 1767. 4.

Lucaris (Cyrillus),
patriarche de Constantinople au xviie siècle.

Smith (Thomas). Collectanea de C. Lucario. *Lond*. 1707. 8. (*D.*)

Francke (Andreas Sigismund). Dissertatio historica de C. Lucario ejusque pro re Græcorum emendanda certaminibus. *Halæ*. 1724. 4. (*Lv.*)

Barreau de Réolmont (Charles). Essai sur la vie et les travaux de C. Lucaris, patriarche de Constantinople au xviie siècle. Thèse. *Strasb*. 1853. 8.

Lucas (Hippolyte Julien Joseph),
littérateur français (20 déc. 1807 — ...).
Robin (Charles). Biographie de H. Lucas. *Par.* 1848. 8.
Portrait. (Extrait de la *Galerie des gens de lettres du*
XIXᵉ *siècle*.)

Lucas (Ignaz),
musicien allemand (29 avril 1762 — ...).
Erinnerungen aus der Lebensgeschichte des I. Lucas, zur
Jubelfeier seines fünfzigjährigen musikalischen Lebens.
Bresl. 1825. 8.

Lucchesini (Cesare),
Mazzarosa (Antonio). Elogio funebre di C. Lucchesini.
Lucca. 1832. 8.

Lucchesini (Giovanni Vincenzo),
littérateur italien.
Buonamici (Filippo). Oratio in funere J. V. Lucchesini.
Rom. 1745. 8.

Lucchi (Giorgio),
pédagogue italien.
Necrologia di G. Lucchi, prefetto del ginnasio di Trento
Roveret. 1858. 8.

Luce (Sainte).
Payan (Jean Baptiste). Vie de S. Luce. *Brianç.* 1831. 18.

Luce de Lancival (Jean Charles Julien),
poëte français (vers 1767 — 17 août 1810).
Grellet (Hippolyte). Luce de Lancival; notice biographique. *Laon.* 1832. 8.

Luchini (Paolo).
Macedo (Francisco de Santo Agostinho). Oratio funebris
V. P. P. Luchini. *Rom.* 1664. 4.

Luchtmans (Samuel),
Hollandais (... — 15 mai 1813).
(**Tijdeman**, M...). Levensberigt van Mr. S. Luchtmans,
s. l. et s. d. (1812.) 8. (Extrait du *Konst- en Letterbode*.)
(*Ld.*)

Luelaghi, voy. **Luzaghi**.

Luciani (Luciano),
littérateur italien.
Moschini (Giovanni Antonio). Orazione nei funerali di
L. Luciani, arcidiacono. *Venez.* 1831. 8.

Lucich (Paulovich).
Meneghelli (Antonio Maria). Poche paroli su la vita e
gli opere di monsignor P. Lucich. *Padov.* 1841. 8.

Lucie (Sainte), *
martyre sicilienne. *
Polacco (Giorgio). Della triplicata traslazione del corpo
di S. Lucia, trattato. *Venez.* 1617. 4.
Narrazione della traslazione del corpo di S. Lucia, vergine e martire di Siracusa, a Costantinopoli e da Costantinopoli a Venetia a S. Giorgio maggiore, e poi alla
chiesa di S. Lucia, dove riposa. *Venez.* 1626. 4. *Ibid.*
1670. 12. *Ibid.* 1715. 8.
Tauromenitani (N... N...). Acta sincera S. Luciæ, virginis martyris. *Panorm.* 1661. 4.
Veniero (Fabrizio). La sacra Aretusa, o la vergine di
Siragusa, S. Lucia, etc. *Venez.* 1670. 12.
Johannes de Johanne. Acta syncera S. Luciæ. *Panorm.*
1758. 4.
* La légende prétend qu'elle a, comme S. Laurent, le pouvoir d'étein-
dre les incendies.

Lucie da Caltagirone (Sainte).
Previ (Francesco). Vita della B. Lucia Caltagironesa,
religiosa dell' ordine di S. Francesco. *Messin.* 1664. 12.

Luciano, surnommé **del Piombo** (Sebastiano),
peintre italien.
Biagi (Pietro). Memorie storico-critiche intorno alla vita
ed alle opere di Fra S. Luciano, sopranominato del
Piombo. *Venez.* 1826. 4.

Lucien de Samosate,
philosophe grec (120 — 200 après J. C.).
Freuner (Johann Philipp). Theologia athei, seu, qui ita
injuste audit, Luciani. *Jenæ.* 1697. 4.
Gesner (Johann Matthias). Disputatio de ætate et auctore dialogi Lucianei, qui *Philopatris* inscribitur. *Lips.*
1750. 4.
Nonne (Nicolaus). Dissertatio de Luciano, s. quisquis
sit auctor *Philopatris*. *Brem.* 1743. 4.

Versuch über Lucian, *Halle.* 1794. 8..
Tiemann (Johann Christian). Versuch über Lucian's von
Samosata Philosophie und Sprache. *Zerbst.* 1804. 8.
Struve (Eduard Emil). Specimina II de ætate et vita
Luciani. *Goerlic.* 1829-30. Fol.
Jacob (Carl Georg). Characteristik Lucian's von Samo-
sata. *Hamb.* 1852. 8.
Wetzlar (Gottfried). Commentatio, etc., de ætate, vita
scriptisque Luciani Samosatensis. *Marb.* 1834. 8.
Chlebus (Wilhelm). Dissertatio de Luciano philosopho.
Berol. 1838. 8.
Mees (A...). Dissertatio de Luciani studiis et scriptis ju-
venilibus. *Rotterd.* 1841. 8.

Zeibich (Heinrich August). Prolusiones II de Luciano
Christi redemtoris teste. *Geræ.* 1762. 4.
Muecke (Johann Heinrich). De rebus christianorum tes-
timonia ex Luciano. *Lips.* 1789. 4. (*L.*)

Lucifer,
évêque de Cagliari au IVᵉ siècle († 370).
Machin (Ambrogio). Defensio sanctitatis B. Luciferi,
nec non et primatus archiepiscopi Calaritani. *Calari.*
1639. Fol.
Frommann (Erhard Andreas). Dissertatio de Lucifero,
Calaritano olim præsule. *Coburg.* 1767. 4.

Lucilius (Cajus),
poëte latin (148 — 103 avant J. C.).
Sagittarius (Caspar). Vita Livii Andronici, Nævii,
Ennii, C. Lucilii, etc. *Altenb.* 1672. 8.
Petermann (A...). Dissertatio de C. Lucilii vita et car-
minibus. *Vratisl.* 1842. 8.
Heusde (Joachim Adolf Carel van). Epistola, etc., de
C. Lucilio. *Traj. ad Rhen.* 1844. 8.
Gerlach (Franz Dorotheus). C. Lucilius und die römi-
sche Satura. Beitrag zur römischen Literaturgeschichte.
Basel. 1844. 4.

Lucius I,
pape, successeur de S. Corneille (élu le 18 oct. 252 — 4 mars 253).
Muenter (Friedrich). Narratio de Lucio I, episcopo romano. *Hafn.* 1825. 8.

Lucius Aurelius Verus,
empereur romain (130 — 169).
Schurzfleisch (Conrad Samuel). Dissertatio de primis
duobus imperatoribus, Marco Antonio et Lucio
Aurelio Antonino Vero. *Witteb.* 1702. 4.

Lucius (Johann Andreas),
théologien allemand (19 oct. 1625 — 17 janvier 1686).
Schleenstein (Gottfried Nicolaus). Sacra corona J. A.
Lucii. *Witteb.* 1677. Fol. (*D.*)
Green (Georg). Leichen-Sermon auf J. A. Lucius. *Dresd.*
1686. Fol. Portrait. (*D.*)
Schlegel (Christian). Lebens-Beschreibung Herrn J. A.
Lucii, der heiligen Schrift weitberühmten Doctoris und
Kirchenraths, etc. *Dresd.* 1698. 8. Portrait. (*D.*)

Lucius ou **Luz** (G... F...),
théologien allemand.
Schoepperlin (Johann Friedrich). Vita G. F. Lucii,
theologi. *Nordling.* 1766. 4.

Lucius (Johann Gottlieb),
théologien allemand (3 sept. 1665 — 27 avril 1722).
Hahn (Hermann Joachim). Lebenslauff J. G. Lucii.
Dresd. 1722. 4. (*D.*)

Lucius (Ludovicus), voy. **Luz** (Ludwig).

Luckner (Nicolas),
maréchal de France, d'origine allemande (1722 — guillotiné
le 5 janvier 1794).
Reproches faits au maréchal Luckner à la Convention nationale, avec la réponse à ces reproches, s. l. et s. d.
(*Par.* 1793.) 8.

Lucrèce,
dame romaine (se donnant la mort en 509 avant J. C.).
Will (Wolfgang Jacob et Andreas). Stuprum et auto-
chiria Lucretiæ orationibus genuinis enarrata et im-
probata. *Altorf.* 1678. 4.

Lucrèce de Medici,
épouse d'Alphonse II, duc de Ferrare (1542 — mariée en 1560 —
21 avril 1561). *
Varchi (Benedetto). Orazione funerale fatta e recitata

nell' esequie della illustrissima ed eccellentissima signora donna Lucrezia de' Medici, duchessa di Ferrara. *Firenz.* 1561. 4.

Pigna (Giovanni Battista). Oratio in funere Lucretiæ, ducissæ Ferrariæ, etc. *Venez.* 1561. 4.

Lucretius Carus (Titus),
poëte romain (95 — 51 après J. C.).

Schmid (Carl Friedrich). Dissertatio de T. Lucretio Caro. *Lips.* 1768. 4.

Ajason de Grandsange (N... N...). Notice littéraire et bibliographique sur Lucrèce. *Par.* 1829. 4.

Siebelis (Johann). Quæstiones Lucretianæ. *Lips.* 1844. 8.

Legris (Jules). Rome, ses novateurs, ses conservateurs et la monarchie d'Octave Auguste. Etudes historiques sur Lucrèce, Catulle, Virgile, Horace. *Par.* 1846. 8.

Lucullus (Lucius Licinius),
général romain (vers l'an 115 — 49 avant J. C.).

Upmarck (Johan). Dissertatio historica de Lucullo. *Upsal.* 1703. 8.

Ludeman (H... C...),
littérateur hollandais.

Levensgevallen van Dr. H. C. Ludeman. *Amst.* 1757. 8.

Ludewig (Johann),
paysan érudit allemand.

Hoffmann (Christian Gotthelf). Der gelehrte Bauer J. Ludewig aus Costelbaude. *Dresd.* 1756. 8. Portrait.

Ludewig (Johann Peter v.),
jurisconsulte allemand (15ᵉ août 1668 — 7 sept. 1743).

Wiedeburg (Friedrich). Commentarius de vita et scriptis J. P. de Ludewig JCti, nobilis S. R. J. cancellarii ducatus Magdeburgici. *Halæ.* 1757. 8. (*D.*)

Ludger (Saint),
évêque de Munster († 809).

Cincinnus (J...). Vita S. Ludgeri, primi Monasteriensis episcopi. *Col. Agr.* 1515. 8.

Bornstedt (L... v.). Der heilige Ludgerus. *Münster.* 1842. 8.

Ludmilla (Sainte),
épouse de Borziwog, premier duc de Bohême (assassinée vers 921).

Zivot svaté Lidmily, knezny ceské. *Breznic.* 1642. 4.

Kadlinsky (Felix). Zivot svaté Lidmily, mucedlnice i patronky ceské. *Praze.* 1702. 8.

Libertin (Ignaz). Diva Ludmila, vera vidua, to jest : svatá Ludmila, vdova opravdová. *Kuttenberg.* 1720. 4.

Hofmann (Johann Peter). Lebensgeschichte der heiligen Ludmilla, Herzogin der Böhmen ; nebst vierfacher chronologischer Tabelle über die älteste Kirchengeschichte Böhmens. *Pilsen.* 1838. 12. Portrait.

Ludlow (Edmund),
général anglais (vers 1620 — 1693).

Sewel (William). Memoirs of E. Ludlow, with a collection of original papers, and the case of king Charles I. *Vevay.* 1698-99. 3 vol. 8. *Lond.* 1721-22. 3 vol. 8. *Ibid.* 1751. Fol. *Edinb.* 1751. 3 vol. 12. *Lond.* 1771. 4. Port. Trad. en franç. *Amst.* 1699. 2 vol. 8.
Trad. en holland. *Leyde.* 1699. 8.

Ludolf (Georg Melchior v.),
jurisconsulte allemand (2 mars 1667 — 1er février 1740).

Ludolf (Georg Melchior v.). Vita ab ipso scripta, publ. avec préface par Christoph August HEUMANN. *Goetting.* 1740. 8. Portrait. (*D.*)

Ludolf (Job),
orientaliste allemand (15 juin 1624 — 8 avril 1704).

Juncker (Christian). Commentarius de vita, scriptis et meritis J. Ludolfi. *Lips.* 1710. 8. Portrait. (*D.*)

Vockerodt (Gottfried). Memoria J. Ludolfi renovata. *Gothæ.* 1723. 4. (*D.*)

Ludolphe,
duc de Saxe.

Joecher (Johann Christian). Commentatio de Ludolpho, magno duce Saxoniæ. *Lips.* 1756. 4. (*L.*)

Ludovici (Christian),
théologien allemand (3 janvier 1663 — 15 janvier 1732).

(Jenichen, Gottlob Friedrich). Programma academicum in funere C. Ludovici. *Lips.* 1752. Fol. (*D.* et *L.*)

Ludovicus Granatensis,
dominicain espagnol (1504 — 31 déc. 1588).

Diago (Francisco). Ludovici Granatensis vita, itemque tractatus II de mysterio incarnationis filii Dei, etc. *Col. Agr.* 1614. 8. (*D.*)

Félibien (André). Vie du P. Louis de Grenade, de l'ordre des prêcheurs. *Par.* 1668. 12.

Ludovicus,
abbé de Hersfeld.

Beutefering (Johann). Oratio de vita et morte D. Ludovici. *Marb.* 1588. 4. (*D.*)

Ludovicus (Laurentius),
pédagogue allemand (8 août 1536 — 15 avril 1594).

Scultetus (Abraham). Oratio de curriculo et exitu vitæ L. Ludovici, rectoris gymnasii Gorlicensis. *Gorlic.* 1594. 8.

Ludwell (Wilhelm),
jurisconsulte allemand (20 nov. 1589 — 12 sept. 1663).

Weinmann (Johann). Leichpredigt auf Herrn Doctor und Professor W. Ludwell. *Altd.* 1663. 4.

Felwinger (Johann Paul). Programma in G. Ludwelli funere. *Altorf.* 1663. 4.

Cregel (Ernst). Laudatio funebris honori et memoriæ magni JCti W. Ludwell. *Altorf.* 1664. 4.

Ludwig, voy. **Louis.**

Ludwig der Bayer, voy. **Louis IV le Bavarois.**

Ludwig der Fromme, voy. **Louis le Débonnaire.**

Ludwig (Christian Gottlob),
médecin allemand (30 avril 1709 — 7 mai 1773).

Programma academicum in memoriam C. G. Ludwigii. *Lips.* 1774. 4. (*D.* et *L.*)

Ludwig (J... L...)ᵣ
pédagogue allemand.

Ludwig (J... L...). Mein bisheriges Leben und Wirken. Selbstbiographie. *Bamb.* 1850. 8.

Luedemann (Jürgen Ernst),
magistrat allemand.

Overbeck (Johann Daniel). Leben J. E. Luedemann's, Herrn des (Lübecker) Raths. *Lübeck.* 1757. Fol.

Lueder (Johann),
jurisconsulte allemand (1591 — 26 déc. 1633).

Mueller (Paul). Programma in funere J. Luderi. *Helmst.* 1634. 4.

Lueder (Julius Friedrich),
théologien allemand.

Helwing (Christian Friedrich). Die Lueder'schen Verdienste. *Lemgo.* 1750. 4. (*D.*)

Luedeke (C... F... A...),
théologien allemand.

Westermeyer (Franz Bogislaus). Gedächtnisspredigt auf den ersten Domprediger in Magdeburg C. F. A. Luedeke, nebst dessen Lebenslaufe, etc. *Magdeb.* 1810. 8.

Luederwald (Johann Balthasar),
théologien allemand (27 sept. 1722 — 25 août 1796).

Luederwald (Johann Balthasar). Revision einer von ihm durchlebten fünfzigjährigen Periode von 1740-1790. *Helmst.* 1790. 8.

Luening (Ferdinand, Freiherr v.),
évêque de Munster († 1825).

Brockmann (Johann Heinrich). Trauerrede auf den Tod des Bischofs von Münster, Freiherrn F. v. Lüning. *Münst.* 1825. 4.

Luetkemann (Joachim),
théologien allemand (1608 — 18 oct. 1655).

Reitmeyer (Philipp Julius). Nachricht von den Schicksalen, Schriften und Gaben Dr. J. Luetkemann's, mit Anmerkungen von Heinrich Richard MAERTENS. *Braunschw.* 1740. 8. (*D.*)

Luetkemann (Timotheus),
théologien allemand.

Scheffel (Christian Stephan). Programma in funere T. Lutkemanni, superintendentis generalis Pomeraniæ et Rugiæ. *Gryphisw.* 1738. Fol.

Luetkens (Franz Julius),
théologien allemand (21 oct. 1650 — 12 août 1712).

Kuester (Georg Gottfried). Lebensbeschreibung des Dr. F. J. Luetkens. *Salzwedel.* 1727. 4. Portrait. (*D.*)

Luetkens (Peter),
jurisconsulte allemand (2 juin 1636 — 28 août 1717).

Mentzer (Balthasar). Programma in obitum viri magnifici, D. P. Luetkens, J. U. L. et reipublicæ Hamburgensis consulis. *Hamb.* 1717. Fol. (*L.*)

Luettichau (Innocenz Siegfried v.).

Obrecht (Ulrich). Programma ad funus I. S. a Luettichau. *Argent.* 1676. 4.

Luetzow (Ludwig Adolph Wilhelm, Freiherr v.),
officier allemand (18 mai 1782 — 6 déc. 1834).

S... (A...). Geschichte des Luetzow'schen Freicorps. Beitrag zur Kriegsgeschichte der Jahre 1815-14. *Berl.* 1826. 8.

Eiselen (J... F... G...). Geschichte des Luetzow'schen Freicorps. *Halle.* 1841. 8.

Luexdorph (Bolle Willum),
homme d'État danois (24 juillet 1716 — ... 1788).

Jacobi. (Christian Friedrich). Amindelsestale over Luexdorph. *Kjoebenh.* 1788. 8.

Luft (Hans),
imprimeur allemand (1495 — 1584).

Zeltner (Gustav Georg). Kurzgefasste Historie der gedruckten Bibel - Version und anderer Schriften Dr. Martin Luther's in der Beschreibung des Lebens und der Fatorum H. Luft's, berühmten Buchdruckers und Händlers zu Wittenberg. *Nürnb.* et *Altd.* 1727. 4.

Lugenheim (Johann Daniel),
jurisconsulte allemand (7 mars 1747 — 18 mars 1789).

Frank (Johann Friedrich). Denkmal Herrn Dr. J. D. Lugenheim und Herrn Conrad Meierlein im Namen der Gesellschaft des Nürnbergischen Blumen-Ordens errichtet. *Nürnb.* 1789. 4.

Luiken (Jan),
poëte hollandais.

Mabé (Pieter). J. Luiken als mensch en als dichter beschouwd. Eene voorlezing, s. l. et s. d. (*Leyd.* 1829.) 8. (*Ld.*)

Luitgarde,
épouse de Conrad, empereur d'Allemagne.

Schoettgen (Christian). Disquisitio de Luitgardis, Conradi magni uxoris, origine Suevica. *Dresd.* 1740. 4.

Luitpold,
duc de Bavière.

Einzinger v. Einzig (Johann Martin Maximilian). Heraldisch-genealogischer Beweis, dass Herzog Luitpold von Baiern aus carolingischem Geblüt abstamme. *Augsb.* 1785. 8.

Hormayr (Joseph v.). Herzog Luitpold. Gedächtnissrede zum 72. Stiftungsfeste der königlich baierschen Akademie der Wissenschaften am 28. März 1850. *Münch.* 1851. 4.

Luitprand,
évêque de Crémone (vers 922 — vers 973).

Koepke (Rudolph Anastasius). Commentatio historica de vita et scriptis Luitprandi, episcopi Cremonensis, etc. *Berol.* 1842. 8.

Lukins (George),
imposteur anglais.

Norman (Samuel). Anecdotes of G. Lukin, the Yatton demoniac, with a view of the controversy and a refutation of his imposture. *Lond.* 1788. 8.

Lulli (Giovanni Battista),
musicien italien du premier ordre (1633 — 23. mars 1687).

(Sénecé, Antoine Bauderon de). Lettre (supposée) de Clément Marot, touchant ce qui s'est passé à l'arrivée de J. B. Lully aux Champs-Elysées. *Cologne.* 1688. 12. (Peu commun.) *Lyon.* 1825. 8.

Le Prévost d'Exmes (François). Lulli, musicien, s. l. et s. d. 8.

Lulli (Raimondo),
philosophe espagnol (vers 1235 — 26 mars 1315).

Bouvelles (Charles de). Epistola in vitam R. Lullii eremitæ. *Amiens.* 1511. 8. Réimprimée par Jacob BADIUS. ... 1514. 8.

Pax (Nicolao de). Elogium R. Lulli. *Alcala.* 1519. 8.

Mellinus (Nicolaus). Concio de vita R. Lulli. *Majorc.* 1605. 8.

Segui (Jean). Vie de R. Lulle. *Majorq.* 1605. 8.

—— Vida y hechos del admirable dotor y martyr R. Lull, vezino de Mallorca. (Trad. du franç. par Nicolao de PAX.) *Mallorc.* 1606. 8. (*P.*)

Marzal (François). Archielogium vitæ et doctrinæ R. Lulli. *Majorc.* 1645. 4.

Colletet (Guillaume). Vie de R. Lulle. *Par.* 1646. 8.

Perroquet (Antoine). Vie et martyre du docteur illuminé R. Lulle. *Vendôme.* 1667. 8. (*D., P.* et *Bes.*)

Vernon (Jean Marie de). Histoire de la sainteté et de la doctrine de R. Lulle. *Par.* 1668. 12. *

* L'auteur porte à environ trois mille les ouvrages de ce fameux docteur illuminé.

Disertacion historica del culto in memorial del beato R. Lulli. *Mallorca.* 1700. 4.

Manoel do Cenaculo e Villas Boas. Advertencias criticas e apologéticas sobre R. Lullo, etc. *Valença.* 1752. 4.

Loew (N... N...). De vita R. Lulli specimen. *Halæ.* 1850. 8.

Lullin de Châteauvieux (Jacques Frédéric),
agronome suisse (10 mai 1772 — 29 avril 1842).

Notice biographique sur M. Lullin de Châteauvieux. *Par.* 1843. 8.

Lumague, veuve **Polaillon** (Marie de),
fondatrice de l'hôpital de la Providence (29 nov. 1599 — 4 sept. 1657). .

Lebrun (Dominique). Oraison funèbre aux obsèques de la vénérable mère M. de Lumague. *Par.* 1638. 4.

Faydeau (Victor). Vie de madame de Lumague, veuve de M. Polaion, fondatrice de l'hôpital de la Providence. *Par.* 1659. 12.

Vie de madame M. de Lumague, veuve Pollaion. *Par.* 1679. 12.

(Collin, Hyacinthe). Vie de madame de Lumague,veuve Polaillon, institutrice des filles de la Providence. *Par.* 1744. 12. Portrait. (*Bes.*)

Luna (Alvaro de),
connétable d'Espagne (exécuté le 7 juin 1453).

(Castellanos, Antonio de). Cronica de D. A. de Luna, condestable de los reynos de Castilla y de Leon. *Milan.* 1546. Fol. Publ. avec des additions par José Miguel de FLORES. *Madr.* 1784. 4.

Histoire du connétable de Lune, favori de Jean II, roi de Castille et de Léon. *Par.* 1720. 12.

Lund (Carl),
jurisconsulte suédois (8 avril 1638 — 22 février 1715).

Toerner (Fabian). Oratio funebris in C. Lundii obitum. *Upsal.* 1721. 4.

Lund (David),
évêque de Wexioe.

Humble (Gustaf Adolph). Likpredikan öfver Biskopen D. Lund. *Stockh.* 1729. 8.

Osander (Nicolaus). Memoria D. Lundii. *Wexioe.* 1729. 4.

Lundblad (Sven),
évêque de Skara (30 oct. 1776 — 29 avril 1837).

Kjellander (Johan). Likpredikan öfver Biskopen S. Lundblad. *Stockh.* 1838. 8.

Lundy (Benjamin),
touriste anglo-américain († 1839).

(Ames, Julius R...). Life, travels and opinions of B. Lundy. *Philadelph.* 1847. 12. Portrait. (*Lv.*)

Luosi (Giuseppe),
littérateur (?) italien.

Luosi (Giuseppe). Brevi memorie sulla vita e su i fatti suoi. *Milan.* 1831. 12.

Lupi (Mario),
théologien italien (14 mars 1720 — 7 nov. 1789).

Ronchetti (Giuseppe). Memorie intorno la vita e gli scritti di monsignore M. Lupi, canonico primicerio della cattedrale di Bergamo. *Bergam.* 1845. 8.

Lupin auf Illerfeld (Friedrich, Baron v.),
archéologue allemand (11 nov. 1771 — 28 nov. 1845).

Lupin auf Illerfeld (Friedrich v.). Selbstbiographie. *Weim.* 1844. 4 vol. 8. Augment. *Ibid.* 1847. 4 vol. 8. Portrait.

Luppini (Maria Maddalena),
religieuse italienne.

Pica (Basilio). Vita della serva di Dio M. M. Luppini. *Venez.* 1665. 12.

Lushington (S... R...),
homme d'État anglais.

Harris (lord). Life and services of the Right Hon S. R. Lushington. *Lond.* 18... 8.

Lusignan,
famille royale de Chypre.

Eschavannes (E... d'). Notice historique sur la maison de Lusignan, son illustration en Occident et en Orient. *Par.* 1852. 8.

Lusterbourg (Antoine),
médecin français.

Candy (C...). Éloge historique d'A. Lusterbourg, docteur en médecine, ancien médecin de l'Hôtel-Dieu, etc. *Lyon.* 1852. 8.

Lutgarde (Sainte),
(1182—1246.)

Villegas (Bernardo de). Vita de S. Lutgarda. *Madr.* 1625. 4. Trad. en ital. *Venez.* 1661. 4.

Histoire abrégée de la vie de S. Lutgarde, religieuse de l'ordre de Citeaux, etc. *Brux.*, s. d. (1787.) 18. Port

Luther (Hans),
père du suivant.

Keil (Friedrich Siegmund). Leben H. Luther's und seiner Ehefrau Margarethe Lindemannin, des theuern Mannes Gottes M. Luther's gewesener Eltern, etc. *Leipz.* 1752. 4. Portraits.

Luther (Martin),
auteur de la réformation (10 nov. 1483 — 18 février 1546).

Goetze (Georg Heinrich). Bibliothecae Lutheranae specimen, scriptores quosdam apologeticos M. Lutheri doctrinam et famam vindicantes complectens. *Lubec.* 1717. 4.
—— Bibliotheca Lutherana, nonnullos apologeticos de M. Lutheri vita et doctrina asserenda bene meritos exhibens. *Lubec.* 1717. 4. (*D.*)
—— Bibliotheca Lutherana, scriptores praecipuos indicans M. Lutheri vitae actorumque commemorationc insignes. *Lubec.* 1717. 4. (*D.*)

Wimmer (Tobias Abraham). Commentationem de Luthero omnia in omnibus post hoc edendum indicat et de scriptoribus Lutheri vitam illustrantibus fusius in limine tractat. *Witteb.* 1725. 4. (*D.*)

Fabricius (Johann Albert). Centifolium Lutheranum, s. notitia scriptorum omnis generis de M. Luthero ejusque vita, scriptis et reformatione ecclesiae in lucem ab amicis et inimicis editorum. *Hamb.* 1728-50. 2 vol. 8. (*D.*)

Vogel (Ernst Gustav). Bibliotheca biographica Lutherana. Verzeichniss aller Schriften, welche Dr. M. Luther's Leben betreffen. *Halle.* 1851. 8.

Melanchthon (Philipp). Historia de vita et actis M. Lutheri. *Witteb.* 1546. 8. (*D.*) *Hieroford.* 1548. 8. (*D.*) *Witteb.* 1549. 8. (*D.*) *Ibid.* 1555. 8. (*D.*) *Frf.* 1555. 8. S. l. 1557. 8. (*D.*) *Basil.* 1557. 8. *Witteb.* 1700. 4. (*D.*) *Goetting.* 1741. 4. (*D.*) *Ibid.* 1746. 4. *Quedlinb.* 1818. 8. *Vratislav.* 1819. 8. Publ. avec la vie de Philippe Melanchthon par Johann Christian Wilhelm Augusti. *Nordhus.* 1846. 8.
   Trad. en allem. :
   Par Caspar Cruciger. *Witteb.* 1546. 4.
   Par Johann Funk. *Witteb.* 1546. 8.
   Par Matthias Ritter. *Frf.* 1554. 8. *Ibid.* 1557. 8. S. l. 1561. 8. S. l. 1564. 8. (*D.*) *Frf.* 1635. 8.
   Par Friedrich Gottlieb Zimmermann, avec des notes par Dominique Villers et une préface de Gottlieb Johann Planck. *Goetting.* 1813. 8. *Ibid.* 1816. 8.
   Par Friedrich Mayer. *Witteb.* 1846. 8.
   Trad. en angl. *Lond.* 1817. 8.
   Trad. en franç. *Genève.* 1549. 8. (*D.*) *Lyon.* 1562. 12.
   Trad. en suéd. par Nicolaus Bergius. *Stockh.* 1701. 16. (*D.*) *Upsala.* 1768. 8.

Cochlaeus (Johann). Commentaria de actis et scriptis M. Lutheri, etc. *Mogunt.* 1549. Fol. (*D.*) *Par.* 1565. 8. (*D.*) *Colon.* 1568. 8. Trad. en allem. par Johann Christoph Huber. *Ingolst.* 1582. 4. (*D.*) *Dilling.* 1622. 4. (*D.*)

Cruciger (Caspar). Tabulae chronologicae actorum M. Lutheri. *Witteb.* 1553. 4.

Mathesius (Johann). Historia von Dr. M. Luther's An-

fang, Lehr, Leben und Sterben. *Nürnb.* 1565. 4. *Ibid.* 1570. 4. (*D.*) *Ibid.* 1572. 4. *Ibid.* 1576. 4. (*D.*) *Ibid.* 1584. 4. (*D.*) *Ibid.* 1600. 4. (*D.*) *Ibid.* 1608. 4. *Ibid.* 1621. 4. *Leipz.* 1621. 4. (*D.*) *Stettin.* 1663. 4. (*D.*) *Leipz.* 1681. 4. (*D.*) *Güstrow.* 1715. 4. (*D.*) *Frf.* et *Leipz.* 1724. 8. Publ. par N... N... Oehler. *Leipz.* 1806. 8. Réimprim. par Ludwig Achim v. Arnim. *Berl.* 1818. 4. Portrait. Publ. par J... D... Rust, avec préface de August Neander. *Berl.* 1842. 4.

Wigand (Johann). Oratio de doctrina et praecipuis certaminibus M. Lutheri. *Jenae.* 1571. 4. (*D.*)

Selnecker (Nicolaus). Historica narratio et oratio de Dr. M. Luthero. *Lips.* 1575. 8. (*D.*) *Ibid.* 1593. 8. (*D.*) *Witteb.* 1687. 4. (*D.*)

Taillepied (Noël). Histoire de la vie de M. Luther. *Par.* 1577. 8. Avec la vie de Jean Calvin et de Théodore de Bèze. *Douai.* 1616. 8. (*D.*)

Rhodomann (Lorenz). Lutherus, s. expositio vitae M. Lutheri, carmine graeco-heroïco exposita et interpretatione latina reddita. *Ursellis.* 1579. 8. (*D.*)

Seidel (Paul). Historia und Geschichte des ehrwürdigen Vaters Dr. M. Lutheri, etc. *Wittenb.* 1581. 8. (*D.*) *Ibid.* 1581. 4.

Glocerus (Christian). Historia von der Lehre, Leben, Beruf und seeligen Abschied Dr. M. Lutheri. *Strasb.* 1586. 8.

Vega (Immanuel). De M. Lutheri vita et miraculis. *Vilnae.* 1586. 8.

Hebeysen (Valentin). Heldenlied von Dr. M. Luther, oder kurtzer Auszug von Dr. M. Lutheri Historien von 1517-1546, s. l. 1591. 4. S. l. 1601. 4.

Dresser (Matthias). Historia M. Lutheri. *Lips.* 1598. 8. (*D.* et *L.*)

Thummius (Thomas). Historia M. Lutheri. *Tubing.* 1598. 8.

Blaufelder (Johann). Carmen de M. Luthero. *Witteb.* 1599. 4. (*D.*)

Mueller (Georg). Christliche Predigt vom Gedächtniss M. Lutheri. *Wittenb.* 1599. 4.

Hoë v. Hoenegg (Matthias). Christlich Geburth- und Lob-Gedächtniss des theuern Mannes Gottes Lutheri in fünf Predigten. *Leipz.* 1604. 8.

Holstenius (Caspar). Neuer Ehrenschild M. Lutheri. *Lübeck.* 1608. 8.

Schluesselburg (Conrad). Oratio de vita et morte M. Lutheri. *Rostoch.* 1610. 4. (*D.*)

Hoë v. Hoenegg (Matthias). Sanctus thaumasiander et triumphator Lutherus, d. i. Bericht von dem heiligen Wundermanne und wider das Papstthum triumphirende Rüstzeug Gottes Dr. M. Luthero. *Leipz.* 1610. 4. *Ibid.* 1617. 4. (*L.*)

Braecker (Philipp). Schatzkammer Lutheri, aller Geschichten und Schriften Lutheri kurtzer Begriff. *Lauing.* 1613. 4.

Wahrhafftige Beschreibung vom Geschlechte, Geburth, Leben und Abschied Dr. M. Lutheri. *Giess.* 1613. 8.

Hirtzwig (Heinrich). Lutherus, drama infinitos circa ortum et progressum repurgati a se evangelii labores ostendens. *Witteb.* 1617. 8. (*D.*)

Kurtzer Auszug von des M. Lutheri Geburt, lehr, leben und sterben, auss Melanchthonis und Johann Matthesii Beschreibung vitae Lutheri genommen. *Nürnb.* 1617. 4.

Brulovius (Caspar). Carmen heroicum de vita et rebus gestis M. Lutheri. *Argent.* 1617. 4.

Florus (Marcus). Oratio continens panegyricum M. Luthero dictum. *Argent.* 1617. 4.

Ritter (Maximilian). Jubilaeum Lutheranum, d. i. Lutherisches Jubel-Jahr, vom heiligen Leben und heilsamer Lehre weyland Dr. M. Lutheri, etc. *Giess.* 1618. 4.

Croger (Nicolaus). Doxologia, oder Ehren-Gedächtniss M. Lutheri in vier Predigten. *Hamb.* 1618. 8.

Rymelinus (Martin). Oratio de vita M. Lutheri graece habita. *Tubing.* 1618. 4.

Kurtzer Auszug der Historie von Dr. M. Luther's Leben. *Stuttg.* 1618. 8.

Bartholinus (Caspar). Panegyricus de M. Luthero. *Hafn.* 1619. 4.

Rath (Caspar). Gloria M. Lutheri. *Lips.* 1619. 4. (*L.*)

Brerely (John). Life of M. Luther. *St. Omer.* 1624. 4.

Kesler (Andreas). Lutherthum, oder Bericht von M. Luthers Lehr, Reformation, Leben und Sterben. *Coburg.* 1628. 8.

Foerster (Johann). Statua memorialis P. M. Dr. M. Lutheri eruta, h. e. vitæ ipsius curriculum. *Altenb.* 1633. 4.

Hayne (Thomas). Life and death of Dr. M. Luther. *Lond.* 1641. 4. Portrait.

Panthera (Nicolaus). Panegyricus in laudem Dr. M. Lutheri. *Norimb.* 1647. 4.

Bolten (Conrad). M. Lutherus vivomortuus, h. e. de vita, factis et actis M. Lutheri. *Witteb.* 1648. 4. (D.)

Stenger (Nicolaus). Ehren-Gedächtniss M. Lutheri. *Erfurt.* 1648. 4. *Jena.* 1686. 4.

Nuber (Georg). Lutherus redivivus, d. i. die gantze Historie von M. Luthero in zwantzig Predigten. *Stuttg.* 1658. 4. (D.)

Dannhauer (Johann Conrad). Memoria thaumasiandri Lutheri renovata. *Argent.* 1661. 4. (D.)

Moraeus (Christophorus). Oratio metrica vitam et mortem divi M. Lutheri comprehendens. *Aboæ.* 1671. 4.

Sagittarius (Johann Christoph). Abbildung und kurtze Beschreibung des Lebens Dr. M. Lutheri. *Altenb.* 1674. Fol. (D.) *Budiss.*, s. d. 8.

Pettkum (Johann Hieronymus v.). Oratio de vita M. Lutheri. *Hamb.* 1673. Fol.

Warnicke (Melchior). Hollandsche Dr. M. Lutherus. *Amst.* 1678. 4. (D.)

Hennig (Christian). Lebens-Lauff M. Lutheri. *Hamb.* 1679. 4.

Capellus (Rudolph). Δωηγηματιον de Dr. M. Luthero ejusque divino reformationis opere. *Hamb.* 1683. Fol.

Scharf (Johann Friedrich). Dissertatio de M. Luthero reformatore. *Witteb.* 1685. 4.

— — Dissertatio de viro Dei, propheta et apostolo Germaniæ, Helia III, M. Luthero. *Witteb.* 1686. 4.

Bang (Johan Thomas). M. Lutherus sextipartitus: D. M. Luthers Herkomsts, Fadsels, Opkugkelses, Laerdoms, Modgangs og Endeligts Beskrivelse. *Kjoebenh.* 1690. 8. *Ibid.* 1707. 8.

Moeller (Johann Gottlieb). Martinalia sacra, s. vita M. Lutheri. *Rostoch.* 1692. 4. (D.)

— — Memoria Dr. M. Lutheri. *Gryphisw.* 1693. 4. (D.)

Fischer (Johann Georg). Erneuertes Ehren-Gedächtniss M. Lutheri. *Danz.* 1693. 4.

Lieblicher Rosengeruch des unbefleckten Wandels und immerwährenden Namens des weiland theuren Mannes Gottes Dr. M. Lutheri, mit XVI Kupfern und deren Erklärung, nebst einigen Predigten und Reden von und über ihn. *Hamb.* 1693. 4.

Mentzer (Felix Christoph). Potiores Herculis christiani Dr. M. Lutheri labores stilo lapidari delineati. *Lips.* 1696. 4. (D. et L.)

Curieuser Geschichts-Calender Dr. M. Lutheri. *Leipz.* 1697. 8. *Ibid.* 1700. 8. (L.) *Ibid.* 1717. 8. *Ibid.* 1718. 8. (L.) *Ibid.* 1730. 8. (D.)

Bericht von Dr. M. Luthers Geburt und Leben. *Lauban.* 1699. 8.

Juncker (Christian). Vitæ Lutheri et successuum evangelicæ reformationis jubilæorumque evangelica historia nummis CXLV atque iconibus aliquot rarissimis consignata et illustrata. *Norimb.* 1699. 8. (Bes.)

Trad. en allem. *Frf.* et *Leipz.* 1706. 8.

Trad. en holland. par Geraard B(aandt). *S'Gravenhag.* 1707. Fol.

Wolff (Johann). Dissertatio de M. Luthero heroe. *Witteb.* 1699. 4.

Holtzhey (Johann). Dr. M. Luther's richtige Bildervertheilung und wichtige Lebensbeschreibung. *Saalf.* 1700. 4.

Elg (Matthias). Disputatio de M. Luthero heroe. *Aboæ.* 1703. 8.

Moehring (Gottfried Veit). Specimen succinctum de M. Luthero. *Witteb.* 1707. 4. (D.)

Stieber (Georg Friedrich). Leben des Dr. M. Luther's. *Güstrow.* 1710. 8.

Koch (J... M...). Ehren-Gedächtniss M. Luther's, bestehend: 1) in drei Leichenpredigten; 2) in einer Parentation von Melanchthone; 3) in einer kurtzen Beschreibung des Lebens und Absterbens Luther's. *Eisenach.* 1714. 4. (D)

Fischbeck (Christian Michael). Memoria M. Lutheri. *Longosal.* 1715. 4.

(Urlsperger, Samuel). Leben Dr. M. Luther's, wie es anno 1717 von allen Canzeln des Herzogthums abgelesen worden. *Stuttg.* 1717. 4. (D.)

Lange (Joachim). Ehren-Gedächtniss M. Lutheri. *Halle.* 1717. 4. (D.)

Wagener (Gottfried). Memoria M. Lutheri. *Witteb.* 1717. 4.

Kurtze Beschreibung des erbaulichen Lebens Dr. M. Luther's, etc. *Leipz.* 1717. 4. (L.)

Forstmann (Thomas). Vita Dr. M. Lutheri. *Susati.* 1717. 4. (D.)

Schoepffer (Justus). Lutherus non combustus, s. historica narratio de M. Luthero ejusque imagine duplici vice ab igne conservata, avec préface de Martin Chladenius. *Witteb.* 1717. 8. Portrait.

Trad. en allem. *Wittenb.* 1718. 8. (D.)

Avec préface de Johann Samuel Weickhmann. *Wittenb.* et *Zerbst.* 1765. 8. Portrait.

Leben des seligen Mannes Dr. M. Lutheri, etc. *Stuttg.* 1717. 4. (D.)

Zimmermann (Friedrich Gottlieb). Oratio panegyrica M. LVtherI DoctorIs theologI JUstI memoriam exhibens. *Norimb.* 1717. 4.

Seidel (Christian Matthias). Erbauliches Leben Dr. M. Luther's. *Berl.* 1718. 12.

Weindahl (Johann Theodor). Evangelisch-Lutherisches Denkmal. *Dortm.* 1718. 8.

Gensichen (Ernst Gottfried). Gedächtniss des seligen M. Luther's. *Cottbus.* 1718. 4. (D.)

Kort en bondig verhaal van de geboorte, gevallen, leer en levensloop, mitsgaders de begraaffnisse van Dr. M. Lutherus in dichtmaate vorgestelt. *Haarl.* 1718. 4.

Goetze (Georg Heinrich). Propositiones varii argumenti historiam M. Lutheri illustrantes. *Lubec.* 1718. 4.

Colerus (Johann). Lutherus redivivus. *Waldenburg.* 1718. 4.

Wurzer (Heinrich). Lutherus reformator. *Hamb.* 1718. 4.

Goetze (Georg Heinrich). Miscellanea theologica ex historia vitæ actorumque M. Lutheri collecta. *Lubec.* 1719. 4. (D.)

Stoltenau (J... L...). Historia oder Lebens-Lauff M. Lutheri. *Hamb.* 1721. 4.

Grinsius (Martin Nicolaus). M. Lutheri vollständiges Leben mit Chronico oder Jahrbüchlein auserlesener, von selbiger Zeit bis 1721 angemerkter Kirchen-Affairen und Religions-Begebenheiten. *Jena.* 1721. 4. *Eisleb.* 1723. 4. (D.)

Wernsdorf (Gottlieb). Programma de M. Luthero ejusque meritis. *Witteb.* 1726. 4. (D.)

Tschorn (Johann Adolph). Statua honoris in memoriam M. Lutheri extructa. *Guben.* 1727. Fol. (D.)

Flessa (Johann Adolph). Programmata quædam in laudem M. Lutheri, stilo lapidari. *Baruth.* 1727. Fol.

Leben Dr. M. Luther's. *Eisleb.* 1728. 8.

Hiller (Johann Friedrich). Beschreibung der Geburt, Lehre, Lebens und Absterbens M. Lutheri, s. l. 1728. 4.

Celsius (Olof). Dissertatio de B. D. M. Lutheri vita et studiis usque ad tempus reformationis. *Upsal.* 1729. 4.

Gemeinhard (Johann Caspar). Leben Dr. M. Luther's. *Lauban.* 1730. 8.

Einem (Johann Justus v.). Kurtzer Abriss von dem merkwürdigen Leben, herrlichen Verrichtungen und seeligen Absterben Dr. M. Luther's. *Magdeb.* 1730. 8.

Luther (Johann Adolph). Vita M. Lutheri, publ. par Johann Leuchter. *Torgav.* 1730. 4.

Pauw (Andreas) en **Havers** (T... H...). Omstandige leven van den grooten kerckenleeraar en reformateur Dr. M. Lutherus. *Amst.* 1731. 4. *Ibid.* 1736. 4.

Herrenschmidt (Johann Daniel). Vita Dr. M. Lutheri qua externis ejus rationibus breviter tactis, interna præcipue indoles et agendi principium ex vero describitur. *Halæ.* 1742. 8.

Trad. en allem. avec préface de Johann Georg Knapp. *Halle.* 1742. 8. Augment. par Benjamin Lindner. *Saalfeld.* 1743. 8.

Trad. en dan. par Friedrich Christian Schoenau. *Kjoebenh.* 1750. 8.

Moller (Johann Matthias). Leben Dr. M. Luther's. *Erfurt.* 1746. 8.

Bauer (Christian Friedrich). Ehren-Gedächtniss Dr. M. Luthers. *Wittenb.* 1746. 4.

Zeibich (Christian Heinrich). Selecta historiæ vitæ et mortis Dr. M. Lutheri. *Witteb.* 1746. 4. (*D.*)

Leidenfrost (J... H...). Panegyricus pro defuncti M. Lutheri memoria seculari recolenda habita. *Torgav.* 1746. 4.

Weickhmann (Johann Samuel). Gedächtniss des seligen Dr. M. Lutheri. *Wittenb.* 1747. 4.

Moller (Johann Matthias). Leben Dr. M. Luther's, mit Anmerkungen den Einfältigen zum Besten in Frag und Antwort. *Leipz.* 1747. 8.

Hecker (Jacob Christian). Rede auf M. Luther. *Götting.* 1748. 4.

Historia B. Lutheri, oder historische Nachricht von der Geburth, Lehre, Leben und Sterben Dr. M. Luther's, aus Mathesii Historia, Seckendorf's Lutheranismo und andern Authoribus zusammengetragen. *Augsb.* 1748. 8. (*D.*)

Fallini (Giovanni). Notizia della vita ed cresie di M. Lutero, continuata sino alla pace di Westfalia. *Monaco.* 1749. 8. (*D.*)

Walter (Johann Gottlieb). Ergänzte und verbesserte Nachrichten von den letzten Thaten und Lebensgeschichten Dr. M. Luther's. *Jena.* 1749-54. 2 vol. 4. Supplément. *Ibid.* 1756. 4. (*D.*)

Schoenau (Friedrich Christian). Dr. M. Luthers korte dog omstaendelige og opbyggelige Levnetshistorie, tillegemed en udfoerlig Efterretning om Reformationen. *Kjoebenh.* 1751. 4.

Keil (Friedrich Sigismund). M. Luther's merkwürdige Lebensumstände. *Leipz.* 1753. 2 vol. 4. Portrait. (*D. et L.*) Augment. *Ibid.* 1764. 2 vol. 4. (*Bes.*)

Damianus (G... F...). Synopsis vitæ missionis, miraculorum et evangeliorum M. Lutheri et Joannis Calvini, quinque tantum constans capitibus. *Poson.* 1754. 8.

(**Derschau**, Christoph Friedrich v.). Lutheriade. *Aurich* et *Halle.* 1760. 8. (*D.*) *Ibid.* 1797. 8.

Lingke (Johann Theodor). Dr. M. Luther's merwürdige Reisegeschichte. *Leipz.* 1768. 4. (*D.*) *Ibid.* 1791. 8. (*L.*)

Cramer (Johann Andreas). Luther; eine Ode, herausgegeben von J... M... Preisler. *Kopenh.* 1770. 4. (*D.*) *Lübeck.* 1771. 4. (*D.*) *Frf.* et *Leipz.* 1775. 8. (*D.*)

Huebner (Martin). Programma in memoriam M. Lutheri. *Hafn.* 1772. 4.

Kaiser (Nicolaus). Breve encomium M. Lutheri. *Curiæ.* 1773. Fol.

Schroekh (Johann Matthias). Abbildung und Lebensbeschreibung Dr. M. Luther's. *Leipz.* 1773. 8. (*L.*) *Frf.* et *Leipz.* 1779. 8. *Lindau.* 1792. 8. (*Bes.*)
    Trad. en dan. par Hans Joergen Birch. *Kjoebenh.* 1773. 8.
    Trad. en suéd. par J... C... S... *Stockh.* 1774. 8.

Wagenseil (Christian Jacob). Lebensgeschichte Dr. M. Luther's. *Kaufbeuern.* 1782. 8. *Leipz.* 1786. 8. (*L.*)

Steffens (Johann Friedrich Esaias). Abhandlung von der Weisheit der göttlichen Vorsehung in dem Schutze des verfolgten M. Luther. *Stade.* 1784. 4.

Giese (Gottlieb Christian). Lebensgeschichte des seeligen Dr. M. Luther's. *Leipz.* et *Budiss.* 1782-89. 9 parts 4. Contin. (par Johann Hortzschansky). *Goerl.* 1789. 4.

Luther's Leben für Kinder und junge Leute. *Götting.* 1783. 8.

(**Tischer**, Johann Friedrich Wilhelm). Leben, Thaten und Meinungen Dr. M. Luther's. *Leipz.* 1785. 8. *Ibid.* 1784. 8. *Ibid.* 1785. 8. *Ibid.* 1802. 8. (*D.*) *Ibid.* 1818. 8.
    Trad. en angl. (par James Kortz). *Hudson.* (*Amérique.*) 1818. 12.
    Trad. en dan. par Andreas Peter Meden. *Kjoebenh.* 1798. 8.
    Trad. en holland. par Georg Heinrich Reiche. *Utrecht.* 1797. 8.

Plachy (Ondrej). Zivot M. Luthera, etc. *Bistric.* 1791. 8.

Motz (Johann Friedrich Wilhelm). Leben, Meinungen und Schicksale Dr. M. Luther's, etc. *Halle.* 1796. 8. (*D.*)

Wieland (Ernst Carl). Characteristik Dr. M. Luther's. *Chemnitz.* 1801. 8. *Leipz.* 1816. 8.

(**Bornschein**, Eduard). Leben, Meinungen und Thaten M. Luther's, etc. *Leipz.* 1802. 8.

Kutscher (Franz Jacob). M. Luther's Reisen und merkwürdige Schicksale. *Schleswig.* 1802. 8. (*L.*)

Maleville (Pierre Joseph). Discours sur l'influence de la réformation de Luther. *Par.*, an XII (1804.) 8.

Wolfter (Peter). Geschichte Dr. M. Luther's und der durch ihn bewirkten Reformation. *Mannh.* 1806. 8. (*D.* et *L.*)

Holthaus (Peter Heinrich). Beschreibung Dr. M. Luther's. *Schwelm.* 1806. 8. *Essen.* 1816. 8.

Zimmermann (Friedrich Gottlieb). Memoria Dr. M. Lutheri. *Hamb.* 1808. 8. (*D.*) Trad. en suéd. par F... G... Bure. *Stockh.* 1812. 8.

(**Niemeyer**, Christian). M. Luther nach seinem Leben und Wirken, etc. *Halle* et *Berl.* 1812. 8. Portrait. Avec préface de August Hermann Niemeyer. *Ibid.* 1817. 8.

Bower (Alexander). Life of Dr. M. Luther, with an account of the early progress of the reformation. *Lond.* 1813. 8. *Philadelph.* 1824. 8.

Effner (Anton Theodor). M. Luther's Lebensgeschichte. *Augsb.* 1816. 8. (*D.* et *Bes.*)

Fiedler (Carl Johann Georg). M. Luther's Leben und Wirken; zur Erinnerung seiner grossen Verdienste und zur Ermunterung des Reformationsfestes. *Schwerin.* 1817. 8.

Dr. M. Luther. Andenken an das dritte Jubelfest der evangelischen Kirche im Jahre 1817. *Halberst.* 1817. 8.

Mueller (Johann Andreas). Dr. M. Luther's Leben, Meinungen und Thaten. *Nordhaus.* 1817. 8.

Mueller (Heinrich). Dr. M. Luther's Leben und Wirken; zum völligen Verständniss des diessjährigen Jubelfestes der Reformation. *Magdeb.* 1817. 8.

Ukert (Georg Heinrich Albrecht). Dr. M. Luther's Leben, mit einer kurzen Reformationsgeschichte und der Literatur derselben, publ. par Friedrich August Ukert. *Gotha.* 1817. 2 vol. 8. (*D.* et *L.*)

Dr. M. Luther, Wiederhersteller des evangelischen Glaubens; zur 300jährigen Jubelfeier den 31 October 1817. *Braunschw.* 1817. 8.

Harless (Christian Friedrich). Oratio panegyrica in memoriam M. Lutheri. *Erlang.* 1817. 4.

Kuester (Samuel Christian Gottfried). Dr. M. Luther, der Mann Gottes. Reformationsgeschichtliche Darstellung im einfachen Volkston. *Berl.* 1817. 8. *Ibid.* 1826. 8.

Bernhardt (Eduard). Aus M. Luther's Leben und Schriften. *Berl.* 1817. 4. (*D.*)

(**Becker**, Gottfried Wilhelm). M. Luther und seine Zeitgenossen. *Leipz.* 1817. 8. (*L.*)

Aus M. Luther's Leben. *Liegn.* 1817. 8. Portrait.

Sintenis (Johann Gottfried Theodor). Luther's Leben und unsterbliches Verdienst. *Zittau.* 1817. 8. (*D.* et *L.*) *Nürnb.* 1830. 8.

Kurze geschichtliche Darstellung des Lebens, der Schicksale und Thaten Dr. M. Luther's. *Oels.* 1817. 8. Portrait.

Pflaum (Ludwig). Dr. M. Luther's Lebensbeschreibung. *Stuttg.* 1817. 2 vol. 8.

Pfaff (Carl). Denkmal M. Luther's. *Heidelb.* 1817. 8.

Susenbeth (Friedrich Balthasar). Denkwürdigkeiten aus M. Luther's Leben. *Frf.* 1817. 8.

Wilmsen (Friedrich Philipp). Dr. M. Luther, der Reformator; zur Feier des Reformationsfestes im Jahre 1817. *Berl.* 1817. 8. Portrait.

Merkwürdigste Lebensumstände des Dr. M. Luther. *Carlsr.* 1817. 8.

Richter (Carl Rudolph). Geschichte Dr. M. Luther's und der Reformation. *Berl.* 1817. 8. *Ibid.* 1818. 8.

Coch (Friedrich Carl). Dr. M. Luther's Levnetsloeb og Doed. *Kjoebenh.* 1817. 8.

Friederich (Gerhard). Wie Luther lebte und starb. *Frf.* 1817. 8. *Ibid.* 1818. 8. *Ibid.* 1846. 8.

Moser (August). Geschichtskalender aus M. Luther's Leben. *Leipz.* 1817. 8. (*L.*)

Reuss (Georg Jacob Ludwig). Kurze Geschichte Dr. M. Luther's und der Reformation. *Darmst.* 1817. 8.

Boll (Franz Christian). Predigten über Dr. M. Luther's Leben und Wirken. *Neu-Brandenb.* 1817. 8.

Dambmann (Georg Peter). M. Luther. Versuch für den 31 October 1817. *Darmst.* 1817. 8.

Stegmann (Christina Amalia). Luther und seinem Andenken geweiht am Reformationsfeste den 31. October 1817. *Offenb.* 1817. 8.

Jacobi (Johann Adolph). Eichenlaub auf M. Luther's Grab gestreut. *Erfurt.* 1817. 8. *Ibid.* 1818. 8.

Hyneck (J... L...). M. Luther; historisches Gedicht. *Nürnb.* 1817. 8. Portrait.

Peschel (C... W...). Scenen aus M. Luther's Leben, poetisch dargestellt. *Liegn.* 1817. 8.
Henninger (Johann Gottlieb Friedrich). Luther, der Wahrheit Held und Seegen. Harfenton in das Jubel-Concert der evangelisch-protestantischen Kirche bei der Feier des dritten Jubiläums ihrer Befreiung aus der päpstlichen Tyrannei, durch den Dienst des unsterblichen Luther, den 31. October 1817. *Schleiz.* 1817. 8.
Cramer (Johann Andreas). Luther. Ode zur Feier des dritten evangelischen Jubelfestes. *Nürnb.* 1817. 8.
—— Luther und Melanchthon. *Kiel.* 1817. 4.
M. Luther's Leben nach Mathesius. *Nürnb.* 1817. 12. Publ. par N... N... Ebner. *Ibid.* 1833. 8. *Stuttg.* 1841. 8. *Ibid.* 1844. 8. *Ibid.* 1846. 8.
Bredow (Gabriel Gottfried). Luthers Levnet, overs. med en kort Udsigt over den danske Reformationshistorie vid Jens Kragh Hoest. *Kjoebenh.* 1817. 8. Port.
Buhle (C... A...). Luther's und Melanchthon's Leben ; zur Feier und zum Andenken des dritten Jubiläums der Reformation. *Merseb.* et *Leipz.* 1817. 8. Portrait.
Heller (Ludwig). Oratio in memoriam M. Lutheri. *Erlang.* 1818. 4.
Spicker (Christian Wilhelm). Geschichte Dr. M. Luther's und der durch ihn bewirkten Kirchenverbesserung in Teutschland. *Berl.* 1818. 8. (*L.*)
Kurze Lebensbeschreibung Dr. M. Luther's ; zum Andenken an das dritte Reformationsjubiläum. *Leipz.* 1818. 8.
Roehr (Johann Friedrich). Dr. M. Luther's Leben und Wirken, oder kurze Geschichte der Reformation. *Leipz.* 1818. 8. (*L.*)
Aus Luther's Leben, mit dessen Bildniss, der Nachahmung seiner Handschrift und dessen Testament. *Liegn.* 1818. 8.
Kreussler (Heinrich Gottlieb). M. Luther's Andenken in Münzen, nebst Lebensbeschreibungen merkwürdiger Zeitgenossen desselben. *Leipz.* 1818. 8. (*D.* et *L.*)
Riemeyer (Christian). Dr. M. Luther in seinem Leben und Wirken. *Strasb.* 1818. 8.
Mohnike (Gottlieb). Dr. M. Luther's Lebens-Ende von Augenzeugen beschrieben. *Strals.* 1818. 8.
Bergmann (Friedrich). Dr. M. Luther ; kurze Schilderung seines Lebens und Wirkens. *Giessen.* 1819. 8.
Luther's Leben, nebst einer Auswahl seiner kleinern Aufsätze, Briefe und Tischreden. *Nürnb.* 1819. 8.
Riepe (N... N...). Lebensbeschreibung Dr. M. Luther's, nebst Kern- und Kraftstellen aus dessen Schriften. *Elberf.* 1819. 8. Portrait.
Rosenheyn (N... N...). Spuren der Vorsehung in M. Luther's Leben und Wirken, etc. *Memel.* 1819. 8.
Schmitz (Bernhard). Triumph der Wahrheit. Getreue Schilderung aus Dr. M. Luther's Leben und Lehre. *Götting.* 1821. 8.
Kirsch (Carl). M. Luther's kurzgefasste Lebensbeschreibung in gereimten Versen. *Leipz.* 1825. 4. (*L.*)
Mueller (Johann Georg Christoph). Kurzgefasste Geschichte Dr. M. Luther's und seiner Reformation. *Nürnb.* 1828. 8. (10e édition.)
Scheler (Siegmund). Das Reformatorenkleeblatt, oder Luther, (Ulrich) Zwingli und (Johann) Calvin, etc. *Bern.* 1828. 12.
Thiel (Matthias). Dr. M. Luther's Leben, nebst einer kurzen Geschichte der Reformation, etc. *Riga.* 1830. 8. Trad. en lettois par D... G... v. Bergmann. *Riga.* 1830. 8.
Luther's Schatten ; zur Erinnerung an den 31. October 1830. *Dresd.* 1850. 8.
Kreussler (Heinrich Gottlieb). Rückblick auf die Geschichte der Reformation, oder Luther in Leben und That. *Wurzen.* 1830. 8.
Solbrig (Carl Friedrich). Dr. M. Luther als Sohn, Gatte und Reformator. Poesien-Kranz zur 300jährigen Feier der Augsburgischen Confession gewunden. *Leipz.* 1830. 12. (*L.*)
Falk (Johannes). Dr. M. Luther und die Reformation in Volksliedern. *Weim.* 1830. 8.
Dr. M. Luther's Leben und Wirksamkeit. *Stuttg.* 1831. 8.
Kunhardt (Heinrich). M. Lutherus libertatis Christianorum vindex, s. de vita meritisque Lutheri brevis narratio, etc. *Lubec.* 1832. 8.
Bechstein (Ludwig). Luther ; Gedicht. *Frf.* 1834. 8.
Stang (Christian Franz Georg). M. Luther, sein Leben und Wirken. *Stuttg.* 1835. 8. (*D.*)

Latour (Antoine de). M. Luther ; étude historique. *Par.* 1835. 8.
Wurm (Julius). Auszüge aus der Schrift : « Leben Luthers, kritisch bearbeitet von Doctor Casvan , Mexico 1836. » *Stuttg.* 1836. 8.
Pfizer (Gustav). M. Luther's Leben. *Stuttg.* 1836. 8.
Kurze Geschichte Dr. M. Luther's und der Reformation. *Berl.* 1836. 8.
Holzschuber (Heinrich). Luther-Büchlein, handelnd von Gottes Führungen in der Geschichte des Dr. Luther, Johannes Falk, des Martinstiftes zu Erfurt und Luther's verwaiseten Nachkommen, etc. *Nürnb.* 1836. 8.
Ledderhose (Carl Friedrich). M. Luther, nach seinem äussern und innern Leben dargestellt. *Speier.* 1836. 8. Portrait. Trad. en franç. *Strasb.* 1837. 8. Portrait.
Riddle (J... E...). Luther and his times. History of the rise and progress of the german reformation. *Lond.* 1857. 8.
Scott (John). Luther and the lutheran reformation. *Lond.* 1838. 2 vol. 8. (Orné de plusieurs portraits.)
Lublink-Weddik (B... T...). Leben en bedryf van M. Luther. *Amst.* 1838-40. 2 vol. 8. Portrait.
Kretzer (Johann Thomas). M. Luther's Leben und Wirken, etc. *Neuwied.* 1838. 8. (Avec 19 portraits.)
Audin (J... M... V...). Histoire de la vie, des écrits et des doctrines de M. Luther. *Par.* 1839. 2 vol. 8. 2 port. Trad. en allem. par Carl Eggr. *Augsb.* 1843. 2 volumes 8.
Trad. en ital. *Milan.* 1842. 2 vol. 8.
Lee (Hannah). Life and times of M. Luther. *Boston.* 1859. 12.
Durgal (M...). Zivotopis M. Luthera. *Tyrnav.* 1840. 8.
Petersen (Niels Matthias). Dr. M. Luthers Levnet, etc. *Kjoebenh.* 1840. 12.
Clemens-Gerke (Friedrich). Leben Dr. M. Luther's. *Hamb.* 1840. 8.
Haag (E...). Vie de M. Luther. *Valence.* 1840. 18.
Life and times of Dr. M. Luther. *Lond.* 1840. 8.
Luther-Büchlein, oder Dr. M. Luther's Leben durch Schrift und Bild vorgestellt. *Leipz.* 1840. 12. (*L.*) *Ibid.* 1843. 12.
Jaekel (Ernst Theodor). Leben und Wirken Dr. M. Luther's im Lichte unserer Zeit. *Leipz.* 1840-46. 8. (*L.*)
Genthe (Friedrich Wilhelm). Leben und Wirken Dr. M. Luther's im Lichte unserer Zeit. *Leipz.* 1841-42. *Ibid.* 1843-44. 8. (*L.*) Trad. en holland. par J... B... Roll. *Amst.* 1843. 8.
Siebenhaar (Friedrich Otto). Predigten über M. Luther's Leben. *Leipz.* 1843. 8. (*L.*)
Stichert (Franz Otto). Dr. M. Luther's Tod. Ausführliche Darstellung der letzten Lebensumstände, des Endes und Begräbnisses des grossen Reformators. *Annab.* 1843. 8.
Michelet (Jules). Vie de M. Luther. *Par.* 1843. 8. Trad. en angl. par G... H... Smith. *Lond.* 1846. 8. Par William Hazlitt. *Lond.* 1846. 8. Portrait. *New-York.* 1846. 12.
Kies (Ludwig). M. Luther's Leben und Tod. *Heilbr.* 1846. 8.
Foerstemann (Carl Eduard). Dr. M. Luther's Tod und Begräbniss im Jahre 1546, etc. *Nordh.* 1846. 8.
Frommel (G...). Dr. M. Luther's letzte Lebenstage, Krankheit, Tod und Begräbniss, etc. *Basel.* 1846. Portrait.
Meyer (M... C...). Dr. M. Luther's Jugend, Wirken und Ende, etc. *Gotha.* 1846. 8.
Meurer (Moritz). M. Luther's Leben, aus den Quellen erzählt. *Dresd.* 1843-46. 3 vol. 8. (*D.*) Trad. en angl. *New-York.* 1848. 8.
—— M. Luther's letzte Lebenstage, Tod und Begräbniss. *Dresd.* 1846. 8.
Moennich (Wilhelm Bernhard). Dr. M. Luther. *Nürnb.* 1846. 16. Portrait.
Luther's Leben, Wirken und Sterben, in 12 Originalien geschildert von Melanchthon, Luther selbst, Justus Jonas und Andern. *Carlsr.* 1846. 8.
Gentzel (Gottfried). M. Luther's Leben und Sterben, nebst einer vollständigen Geschichte der Reformation, etc. *Berl.* 1846. 8.
Siedenburg (C... D...). Dr. M. Luther's Leben und Wirken, etc. *Oldenb.* 1846. 12. Portrait.

Pasig (Julius Leopold). Dr. M. Luther's letzte Lebenstage, Tod und Begräbniss, etc. *Leipz.* 1846. 8. Portrait du mourant. (*L*.)

Juergens (Carl). M. Luther's Leben, etc. *Leipz.* 1846-47. 3 vol. 8. (*D. et L.*)

Linke (Heinrich Martin). Dr. M. Luther. Das Wichtigste aus seinem Leben und Wirken, grösstentheils nach Mathesius erzählt. *Zwickau.* 1846. 8.

Loeschke (C... J...). Dr. M. Luther's letzte Lebenstage, Tod und Begräbniss, nebst kurzem Überblick über das Wirken des Reformators. *Bresl.* 1846. 12.

Zimmermann (Carl). Vorträge über Dr. M. Luther's Leben und Wirken. *Darmst.* 1846. 8.

Ledderhose (Carl Friedrich). Lutherbüchlein, d. i. wahre Geschichte des Lebens und Todes Dr. M. Luther's, etc. *Heidelb.* 1846. 8.

Dr. M. Luther von der Wiege bis zum Grabe. *Weissenf.* 1846. 8.

Kurze Biographie M. Luther's, mit der Ansicht von Luther's Denkmal in Wittenberg. *Berl.* 1846. 8.

Wolff (Otto). Zum 18. Februar 1846, dem 300. Gedenktage des Todes Dr. M. Luther's, etc. *Grünberg.* 1846. 8. Portrait.

Hessenmueller (Carl). Dr. M. Luther's letztes Wirken, Tod und Begräbniss. *Braunschw.* 1846. 8.

John (G... A...). Getreue und ausführliche Nachricht von Dr. M. Luther's seeligem Abscheiden und christlichem Leichenbegängniss, etc. *Magdeb.* 1846. 12.

Mengert (A... F... C...). Dr. M. Luther's Tod und Leichenbegängniss in den Tagen vom 18-22. Februar 1846, (nebst Johannes Bugenhagen's Leichenpredigt). *Nürnb.* 1846. 8.

Bender (Ludwig). Lutherbuch. Liederkranz dem deutschen Glaubenshelden gewunden. *Siegen.* 1846. 8. Port.

Nessler (S...). Dem Gedächtnisse des Reformators Dr. M. Luther. *Lausanne.* 1846. 4. (Poëme.)

Foerstemann (Ernst Günther). Denkmale, dem Dr. M. Luther von seinen Zeitgenossen errichtet. *Nordhaus.* 1846. 8.

Schmidt (Carl). M. Luther; eine Charakteristik, etc. *Dessau.* 1847. 8.

Ferguson (Robert). Luther, his times, character and works. *Lond.* 1848. 8.

Ratzeberger's handschriftliche Geschichte über Luther und seine Zeit, mit literarischen, kritischen und historischen Anmerkungen zum ersten Male herausgegeb. von Christian Gotthold Neudecker. *Jena.* 1850. 8.

Weydmann (Ludwig). Luther. Character- und Spiegelbild für unsere Zeit. *Hamb. et Gotha.* 1850. 8.

Doellinger (Ignaz). Luther; eine Skizze. *Freib. im Breisg.* 1851. 8.

Sears (Barnas). Luther, his mental and spiritual history, with special reference to its earlier periods and the opening scenes of the reformation. *Lond.* 1850. 12. Port.

Meerten née **Schilperoort** (A... B... van). Leven van M. Luther, etc. *Amst.* 1852. 12. Portrait.

Jander (J...A...). Luther's Leben zur Belehrung und Erbauung erzählt, nebst einer Characteristik Luther's, wie er sich als Prediger des Evangeliums in seinen Schriften darstellt, mit Vorwort von E... Huschke. *Leipz.* 1853. 8.

M. Luther in zijn leven, werken en karakter uit zijne eigene schriften voorgesteld, door den schrijver van *Luthers Politiek*, etc., met een voorwoord van K... S... Thoden van Velzen. *Sneek.* 1853. 8.

Groene (Valentin). Luther und (Johann) Tetzel, oder Lebensgeschichte und Rechtfertigung des Ablasspredigers und Inquisitors Dr. J. Tetzel aus dem Predigerorden. *Soest.* 1853. 8.

Life of M. Luther, the German reformer, in fifty pictures from designs by Gustav Koenig. *Lond.* 1854. 8.

Liebner (Johann Adolph). Über Dr. M. Luther's Lieder und Dichtkunst. *Witten.* 1791. 8.

Rambach (Johann Jacob). Über Luther's Verdienst um den deutschen Kirchengesang. *Hamb.* 1813. 8.

Mueller (Johann Jacob). Dr. M. Luther's Verdienste um die Musik. *Erfurt.* 1817. 8.

Gebauer (Christian August). M. Luther und seine Zeitgenossen als Kirchenlieder-Dichter, nebst Luther's Gedanken über Musik, etc. *Leipz.* 1827. 8.

Boye (W... G... H...). Luther auf dem Reichstage zu Worms, nebst der Geschichte seiner Hin- und Rückreise bis zum Schlosse Wartburg. *Halle.* 1817. 8. *Berl.* 1824. 8.

Moeller (Johann Gottlieb). Dissertatio de nomine Dr. M. Lutheri. *Gryphisw.* 1693. 4.

Boye (Johann Ludwig). Dissertatio de cognomentis M. Luthero, ob reformationem et merita, a piis majoribus inditis. *Durlac.* 1717. 4.

Richter (David). Genealogia Lutherorum, oder historische Erzählung von Dr. M. Luther's Anverwandten, Hochzeitstag und seines adeligen Gemahls Familie, Kindern und Wittwenstand. *Berl. et Leipz.* 1733. 8.

Keil (Friedrich Sigismund). Historische Nachricht von dem Geschlechte und den Nachkommen Dr. M. Luther's. *Leipz.* 1751. 4.

Nobbe (Carl Friedrich August). Stammbaum der Familie des Dr. M. Luther, etc. *Grimma.* 1846. 8.

—— Nachträge und Berichtigungen zu dem Stammbaum der Familie des Dr. M. Luther. *Grimma.* 1848. 8.

Koellin (Conrad). Adversus caninas M. Lutheri nuptias. *Tubing.* 1550. 8.

Jonas (Justus). Schreiben an Johann Friedrich Churfürsten von Sachsen über Dr. M. Luther's letzte Krankheit und Lebensende; nach dem Originalconcepte herausgegeb. von Johann Gottlieb Kreyssig. *Meissen.* 1847. 8.

Berger (Christian Gottlob). Kurze Beschreibung der Merkwürdigkeiten in Eisleben, die sich auf Dr. M. Luther und die Reformation beziehen. *Merseb.* 1817. 8. *Ibid.* 1827. 8.

Schubert (Friedrich Wilhelm v.). Luther's Denkmal in Wittenberg und dessen religiöse Weihe am 3. October 1823. Ansichten, Geschichte, Beschreibung. *Berl.* 1824. 8.

Ortmann (Johann Christian). Möhra, der Stammort Dr. M. Luther's, und die Luthersbuche bei Altenstein und Steinbach. Beitrag zur Lebensgeschichte M. Luther's und seiner Verwandten. *Salzung.* 1844. 8.

Kirchmaier (Georg Wilhelm). Dissertatio de M. Lutheri vultu in imagine Cranachiana. *Witteb.* 1758. 4.

Hagen (Friedrich Heinrich v. d.). Beweis, dass Dr. M. Luther nie existirt hat. *Berl.* 1838. 52. *Ibid.* 1842. 52.

Lutz (Hans),
historien allemand au xvie siècle.

Tagebuch des H. Lutz, aus Augsburg. Beitrag zur Geschichte des Bauern-Krieges im Jahre 1525, mitgetheilt von Benedict Greiff. *Augsb.* 1849. 4.

Lux (Adam),
démagogue allemand (1766 — guillotiné le 4 nov. 1793):

Avis aux citoyens français, par Adam Lux, député extraordinaire de Mayence. *Par.* 1793. 8. (Très-rare.)

Luxembourg (François Henri de **Montmorency**, duc de),
maréchal de France (8 janvier 1628 — 4 janvier 1695).

Larue (Charles de). Oraison funèbre du maréchal duc de Luxembourg. *Par.* 1695. 4.

Romain (Benoît). Oraison funèbre du maréchal H. de Montmorency, duc de Luxembourg. *Toul.* 1699. 8.

Beaurain (Jean de). Histoire militaire du duc de Luxembourg. *La Haye.* (*Par.*) 1756. 4. Trad. en allem. s. c. t. Feldzug des Marschalls v. Luxembourg, etc. (par Georg Friedrich v. Tempelhoff). *Potsd.* 1783. 4.

Mémoires pour servir à l'histoire du maréchal duc de Luxembourg, depuis sa naissance jusqu'à sa mort, écrits par lui-même. *La Haye.* (*Par.*) 1758. 4.

Désormeaux (Joseph Louis Ripault). Histoire du maréchal de Luxembourg, précédée de l'histoire de la maison de Montmorency. *Par.* 1764. 5 vol. 12.

Artoing (Louis). Le maréchal de Luxembourg. *Limog.* 1853. 12.

Histoire des amours du maréchal F. H. de Montmorency, duc de Luxembourg. *Cologne.* 1694. 12.

Decourt (Charles Caton). Relation de la bataille de Fleurus, gagnée par le duc de Luxembourg sur le prince de Waldeck. *Par.* 1690. 4.

Le maréchal de Luxembourg au lit de la mort, tragicomédie en 5 actes. *Cologne.* 1695. 12. (Virulente satire.)

Luxembourg-Ligny (Pierre de),
cardinal-évêque de Metz (20 juillet 1369 — 2 juillet 1387).

Bourey (François Martin de). Vie, mort et miracles de S. P. de Luxembourg. *Par.* 1622. 8. *Lyon.* 1624. 8. Revue par Etienne CARNEAU. *Par.* 1630. 12. *Ibid.* 1645. 24.

Alby (Henry). Vie de S. P. de Luxembourg. *Lyon.* 1626. 12. *Ibid.* 1652. 12.

Bernard (Nicolas). Vie du bienheureux cardinal P. de Luxembourg. *Par.* 1658. 12.
Vie du B. P. de Luxembourg. *Par.* 1650. 12. *Ibid.* 1671. 12. *Avign.* 1777. 12.

(Letourneur, Nicolas). Vie de S. P. de Luxembourg. *Par.* 1681. 12. *
 * Quelques bibliographes attribuent cet ouvrage à Bonaventure BAUDUY.

(Morénas, François). Histoire de la vie, des miracles et du culte de B. P. de Luxembourg. *Luxeuil.* 1766. 12.

Luxembourg, comtes de Martigues (Charles et Sébastien de),
gouverneurs de Bretagne.

Gassion (Hughues). Brief discours de la vie et de la mort de C. et de S. de Luxembourg, frères, comtes de Martigues, et des guerres où ils se sont trouvés. *Nantes.* 1590. 4.

Luynes (Charles d'**Albert**, duc de),
connétable de France (5 août 1578 — 14 déc. 1621).
Recueil des pièces les plus curieuses qui ont été faites pendant le règne du connétable de Luynes. *Par.* 1622. 8. *Ibid.* 1824. 8. *Ibid.* 1628. 8. *Ibid.* 1632. 8.

Totze (Eobald). Don Carlos und Alexei (Petrowitsch); Luynes und (George Villiers, duke of) Buckingham. Versuch in vergleichenden Lebensbeschreibungen. *Greifsw.* 1776.

Luz ou Lucius (Ludwig),
théologien suisse (9 février 1577 — 10 juin 1642).

Zwinger (Theodor). Oratio funebris in obitum L. Lucii, professoris theologiæ. *Basil.* 1642. 4.

Luzac (Élie),
jurisconsulte hollandais (19 oct. 1723 — ... 1796).

Cras (Hendrik Constantin). Berigt wegens het leven en de geschriften van E. Luzac, s. l. et s. d. (*Amst.* 1813.) 8. (Extrait du *Konst- en Letterbode.*) — (*Ld.*) Trad. en franç. s. c. t. Notice sur la vie, etc. *Par.* 1813. 8. (Extrait du *Magasin encyclopédique.*)

Luzaghi (Alessandro),
gentilhomme italien.

Rossignoli (Bernardino). A. Luciaghi epitaphium. *Brix.* 1602. 4. (*P.*)

Hermanni (Ottavio). Vita di A. Luzago. *Bresc.* 1622. 8. Trad. en franç. :
    Par Antoine de BALINGHEM. *Douai.* 1625. 12. Port.
    Par Claude Gaspard BACHET DE MEZERIAC. *Bourg-en-Bresse.* 1628. 12.

Luzzatto (Moses Chajim),
philosophe-poète juif.

Delitzsch (Franz). Vita M. Vitæ Luzzatti. *Lips.* 1857. 8. (Tiré à très-petit nombre.)

Lychnites (Lievin **Jansson**).

Camphuisen (A...). Oratio de L. Janssono Lychnite. *Zieriksee.* 1772. 4.

Lycophron,
poëte grec.

Osiander (Carl Nicolaus). Bemerkungen zu Lycophron. *Stuttg.* 1826. 4.

Lycurgue,
législateur des Lacédémoniens (408 — 328 avant J. C.):

Hauptmann (Johann Gottfried). Commentationes de Lycurgi vita, scriptis et doctrina. *Lips.* 1751. 8. (*L.*)

(Wegelin, Jacob). Politische und moralische Betrachtungen über die spartanische Gesetzgebung des Lycurgus. *Lindau.* 1763. 8.

Mathon de la Cour (Charles Joseph). Par quelles causes et par quels degrés les lois de Lycurgue se sont altérées chez les Lacédémoniens, etc. *Lyon.* 1768. 8.

Vauvillers (Jean François). Examen historique et politique du gouvernement de Sparte, ou lettres sur la législation de Lycurgue, etc. *Par.* 1767. 8.

(Gourcy, N... N... de). Histoire philosophique et politique de la doctrine et des lois de Lycurgue. *Nancy* et *Par.* 1768. (Ouvrage couronné par l'Académie française.)

Weichert (N... A...). Quæstionum Lycurgearum specimen. *Vratisl.* 1844. 4.

Nasulewitch (N... N...). Lycurgos. *Saint-Pétersb.* 1851. 8. (Ouvrage écrit en russe.)

Strigel (A...). Dissertatio de Lycurgi legibus. *Lips.* 1726. 4.

Manso (Johann Caspar Friedrich). Programm : Über die Quellen, aus denen die Kenntniss der Lycurgischen Gesetzgebung geschöpft werden muss. *Bresl.* 1798. 4.

Jesus und Lycurg ; zwei Gemälde, von Lucius Sempronius STEPHITA. * *Berl.* 1784. 8.
  * Nom déguisé.

Lycurgue,
orateur grec.

Nissen (Detlev Andreas Friedrich). Dissertatio de Lycurgi oratoris vita et rebus gestis. *Kilon.* 1833. 8.

Blume (G... A...). Narratio de Lycurgo oratore. *Potsd.* 1834. 4.

Lyderic,
premier comte de Flandre.

Auxiron (Jean d'). Lyderic I, forestier de Flandre, ou philosophie morale de la victoire de nos passions, sur le fond d'une noble histoire. *Lyon.* 1633. 8.

(Vignancourt, N... N... de). Histoire de Lyderic, premier comte de Flandre ; nouvelle historique et galante. *Par.* 1737. 2 vol. 12. (Omis par Quérard.)

Lyman (Théodore),
publiciste anglo-américain.

Whitman (John William). Trial of T. Lyman, in the supreme judicial court, holden at Boston, etc., for an alleged libel on Daniel Webster. *Boston.* 1828. 8.

Lynar (Rochus Friedrich, Graf zu),
homme-d'Etat allemand (16 déc. 1708 — 13 nov. 1781).

(Lynar, Heinrich Casimir Gottlob zu). Lebenslauf des Grafen R. F. zu Lynar, etc. *Leipz.* 1782. 8. (*L.*)

Den hoibaren Greves Hr. R. F., Greve til Lynar Levnetslob, etc. *Odense.* 1787. 8.

Lyncker (Ludwig Jacob Friedrich Wilhelm v.),
général allemand.

Necrolog des grossherzoglich hessischen Generalmajors und Generalquartiermeisters L. J. F. W. v. Lyncker. *Darmst.* 1844. 8.

Lyncker (Nicolaus Christoph, Freiherr v.),
jurisconsulte allemand (2 avril 1643 — 28 mai 1726).

Hallbauer (Friedrich Andreas). Laudes N. C. Lynckeri. *Jenæ.* 1737. Fol.

Hellbach (Johann Christian v.). N. C. Reichsfreiherr v. Lyncker ; biographischer Versuch. *Eisenach.* 1789. 8. (*D.*) *Ibid.* 1795. 8. Portrait.

Lyonnet (Pierre),
naturaliste belge (21 juillet 1707 — 10 janvier 1789).

Marron (Paul Henri). Notice biographique sur P. Lyonnet. *Par.* 1795. 8. (Extrait du *Magasin encyclopédique.*)

Lyonnois (Jean Jacques **Bouvier** de),
littérateur français (1730 — 14 juin 1806).

Pseaume (Étienne). Éloge de M. l'abbé Lyonnois, ci-devant principal de l'université de Nancy. *Nancy.* 1806. 8.

Lysandre,
général lacédémonien († 395 avant J. C.).

Vischer (Wilhelm). Alcibiades und Lysandros. Rede, etc. *Basel.* 1845. 8.

Nitzsch (Otto Heinrich Immanuel). Dissertatio de Lysandro Lacedæmoniorum imperatore. *Bonn.* 1847. 8.

Lysczynski (Casimir),
athée polonais († brûlé vif le 30 mars 1689).

Genaue Relation über den Tod C. Lysczynski's, s. l. 1689. 12. (Peu commun.)

Seyler (Georg Daniel). Acta Lysczynskiana, d. i. ausführliche Nachricht von dem Leben, Schriften und Schicksalen des C. Lysczynski. *Königsb.* 1740. 8. (*D.*)

Ammon (Christoph Friedrich). C. Lysczynski. Beitrag

zur Geschichte des deutschen Atheismus. *Goetting.* 1802. 4. (*D.*)

Lyser (Lucas),
jurisconsulte allemand (vers 1633 — 2 juin 1672).

Feller (Joachim). Programma in obitum L. Lyseri. *Lips.* 1672. 4. (*L.*)

Lehmann (Georg). Leichen-Predigt auf L. Lyser. *Leipz.* 1673. Fol. (*D. et L.*)

Lyser I (Polycarp),
théologien allemand (18 mars 1552 — 22 février 1610).

Hoepfner (Heinrich). Oratio funebris in P. Lyserum. *Lips.* 1610. 4. (*L.*)

Jenisch (Paul). Concio funebris germanica in P. Lyserum, cum curriculo vitæ. *Lips.* 1610. 4. (*D.*)

Hutter (Leonhard). Laudatio funebris in P. Lyserum. *Witteb.* 1610. 4. (*D.*)

Lyser (Polycarp). Officium pietatis quod P. Lysero seniori debuit. *Lips.* 1704. 8. (*L.*)

Rettung der Ehren und Unschuld P. Lyseri, welchen die vermummten, verkappten und unbekannten, als Nicolaus Crellen's Freunde, des Auffruhrs, etc., beschuldiget haben, s. l. 1605. 8.

Lyser II (Polycarp),
théologien allemand, fils du précédent (29 nov. 1586 — 15 janvier 1633).

Hoepfner (Heinrich). Oratio parentalis in obitum P. Lyserum. *Lips.* 1633. 4. (*L.*)

Lyser III (Polycarp),
théologien allemand (1er juillet 1656 — 11 oct. 1725).

Bokelmann (Christian Julius). Leichenpredigt zum Ehren-Gedächtniss P. Lyser's. *Helmst.* 1725. Fol. (*D.*)

Lyser IV (Polycarp),
jurisconsulte allemand, fils du précédent (4 avril 1690 — 7 avril 1728).

Programma academicum in P. Lyseri obitum. *Helmst.* 1728. 4.

Lyser (Wilhelm),
théologien allemand (26 oct. 1592 — 8 février 1649).

Huelsemann (Johann). Leichenpredigt auf W. Lyser, nebst Andreas Sennert's Programm. *Wittenb.* 1649. 4. (*D. et L.*)

Lysias,
orateur grec (458 — 378 avant J. C.).

Franz (Joachim). Dissertatio de Lysia, oratore Attico. *Norimb.* 1828. 4. (Écrit en langue grecque.)

Hoelscher (Ludwig). Dissertatio de Lysiæ oratoris vita et dictione. *Berol.* 1837. 8.

—— Commentatio de vita et scriptis Lysiæ oratoris. *Berol.* 1837. 8.

Lyttelton (George, lord),
homme d'État anglais (17 janvier 1709 — 22 août 1773).

Phillimore (Richard). Memoirs and correspondence of G. lord Lyttelton, from 1734 to 1773. *Lond.* 1845. 2 vol. 8.

M

Maaler (Joshua),
théologien suisse (1529 — 5 juin 1598).

Gualtherus (Rudolph). Vita et obitus J. Maaleri, pastoris Glattfeldensis, carmine heroico expressi. *Tigur.* 1599. 4.

Maassen (Carl Georg),
homme d'État allemand (23 août 1769 — 2 nov. 1834).

Necrolog des königlich preussischen wirklichen Geheimen Staats-und Finanzministers, etc., C. G. Maassen. *Berl.* 1835. 8.

Mabil ou **Mabille** (Pietro Luigi),
jurisconsulte italien (31 août 1752 — 26 février 1836).

Meneghelli (Antonio Maria). Discorso funebre su la morte del professore Mabil. *Padov.* 1836. 8.

Catullo (Tommaso Antonio). Cenni biografici del cavaliere P. L. Mabil, etc. *Padov.* 1836. 8. Portrait.

Mabillon (Jean),
bénédictin français (23 nov. 1632 — 27 déc. 1707).

Boze (Claude **Gros** de). Éloge historique de J. Mabillon. *Par.* 1708. 4. (*D.*)

Ruinart (Thierry). Abrégé de la vie de Dom J. Mabillon, prêtre et religieux de la congrégation de Saint-Maure. *Par.* 1709. 12. Trad. en latin et augment. de notes (par Claude de Vic). *Patav.* 1714. 8. (*D.*)

Laboudérie (Jean). Notice historique sur Dom Mabillon. *Par.*, s. d. (1823.) 8.

Chavin de Meulan (François Émile). Histoire de D. Mabillon et de la congrégation de Saint-Maure. *Par.* 1843. 12.

Mably, surnommé **l'abbé Phocion** (Gabriel **Bonnot** de),
historien français (14 mars 1709 — 23 avril 1785).

Lévesque (Pierre Charles). Éloge historique de l'abbé de Mably, etc. *Par.* 1787. 8.

Brizard (Gabriel). Éloge historique de l'abbé de Mably. *Par.* 1787. 8. *

* Ces deux éloges ont partagé le prix proposé par la duchesse d'Enville.

Barthélemy (Louis). Vie privée de Mably. *Par.* 1791. 8.

Rochery (Paul). Mably. Théories sociales et politiques, etc. *Par.* 1849. 12.

Macaire (Saint),
patriarche d'Antioche (vers l'an 300 — vers 390).

Leven en mirakelen van den H. Macharius. *Gent,* s. d. 8.

Schatteman (Jan). Leven van den H. Macarius. *Gent.* 1623. 12.

Boussu (Gilles Joseph de). Abrégé de la vie toute miraculeuse du glorieux S. Macaire, patriarche d'Antioche. *Mons.* 1749. 18.

Crusius (Magnus). Dissertatio historico-theologica, exhibens notitiam et Θεολογούμενα Macarii Magnitis ex fragmentis hactenus deperditi operis apologetici pro christiana religione adversus gentiles conscripti, depromta. *Goetting.* 1737. 4. (*D.*)

Macarel (Louis Antoine),
homme d'État français (10 janvier 1790 — 18 mars 1851).

Becquerel (N... N...). Notice biographique sur L. A. Macarel, président de section au conseil d'État et membre de la Société nationale et centrale d'agriculture. *Par.* 1852. 8.

Macartney (Georges, earl of),
homme d'État irlandais (14 mai 1737 — 31 mars 1806).

Barrow (John). Some account of the public life and a selection from the unpublished writings of the earl of Macartney. *Lond.* 1807. 2 vol. 4. Portrait.

Macbeth,
roi d'Écosse (1040 — 1057).

Buchan (Peter). Secret history of Macbeth, king of Scotland, with memoirs of the ancient thanes. *Peterhead.* 1828. 8. (Omis par Lowndes.)

Essay on the character of Macbeth. *Lond.* 1846. 8.

Maccabée (Judas et Simon),
grands-prêtres des Juifs (massacrés l'an 160 et 135 avant J. C.).

Celsius (Olof). Dissertatio de Maccabeis. *Upsal.* 1719. 4.

Froelich (Erasmus). Annales compendiarii regum et rerum Syriæ, numis veteribus illustrati, deducti ab obitu Alexandri M. ad Cnæji Pompeji in Syriam adventum. *Vindob.* 1744. Fol. *Ibid.* 1754. Fol.

Wernsdorf (Ernst Friedrich). Programma de fontibus historiæ Syriæ in libris Maccabæorum. *Lips.* 1746. 4.

Froelich (Erasmus). De fontibus historiæ Syriæ in libris Maccabæorum prolusio (Wernsdorfiana) in examen vocata. *Vindob.* 1746. 4.

Wernsdorf (Gottlieb). Commentatio historico-critica de fide historica librorum Maccabaicorum, qua Erasmi Froelichii Annales Syriæ ex instituto examinantur, etc. *Vratisl.* 1747. 4.

Auctoritas utriusque libri Maccabaici canonico-historica

asserta et Frœlichiani Annales Syriæ defensi, etc. *Vindob.* 1749. 4.

Faber (Johann Melchior). Harmonia Maccabæorum, sectiones II. *Onold.* 1794–98. 4.

Bertheau (Carl). Dissertatio de secundo libro Maccabæorum. *Goetting.* 1829. 8. *Ibid.* 1856. 8.

Mac-Caghwel (Hugh),
archevêque d'Armagh.

Fleming (Patrik). Vita R. P. H. Cavelli. *Lovan.* 1626. 4.

Maccarani (Francesco),
naturaliste italien († 15 février 1846).

Moroni (Pietro). Elogio di F. Maccarani. *Bergam.* 1846. 8.

Maccovius * (Johann),
théologien polonais (1588 — 1644).

Cocceji (Johann). Oratio in funere J. Maccovii. *Franeq.* 1644. 4.

 * Son nom originaire était MAKOWSKI.

Macchiavelli (Filippo),
ermite italien.

Paoli (Sebastiano). Vita di F. Macchiavelli, eremita Camaldolense. *Napol.* 1716. Fol.

Macchiavelli (Niccolò),
historien italien (3 mai 1469 — 22 juin 1527).

Weise (Christian). Programma de Macchiavello. *Leucopetræ.* 1670. 4. (D.)

Koeler (Johann David). Missus thesium Macchiavellisticarum, de ipso N. Macchiavello, ejusque scriptis et censuris. *Altorf.* 1714. 4. Publ. par Johann Conrad FEUERLEIN. *Suobaci.* 1742. 4.

Reimar (Hermann Samuel). Dissertatio de Macchiavellismo ante Macchiavellum. *Witteb.* 1719. 4.

Christ (Johann Friedrich). De N. Macchiavello libri III, in quibus de vita et scriptis, item de secta ejus viri, atque in universum de politica nostrorum post instauratus litteras temporum, ex instituto disseritur, etc. *Lips.* et *Halæ.* 1731. 4. (D. et L.)

(Galanti, Giuseppe Maria). Elogio del Macchiavelli. *Napol.* 1779. 8. *Ibid.* 1788. 8.

Ihre (Johan). Dissertatio de politica Macchiavelli. *Holm.* 1743. 4.

Notizie su la vita e gli scritti di N. Macchiavelli. *Firenz.* 1782. 4.

(Baldelli, Giovanni Battista). Elogio di N. Macchiavelli. *Lond.* (Livorno.) 1794. 8. (P.)

Périès (J... V...). Histoire de N. Machiavel. *Par.* 1825. 8. (Tiré à 25 exemplaires, qui n'ont pas été mis dans le commerce.)

Artaud de Montor (Alexandre François). Machiavel, son génie et ses erreurs. *Par.* 1833. 2 vol. 8. Port. (Lv.)

Hohenthal-Staedteln (Wilhelm v.). N. Macchiavelli; geschildert nach Ginguené und Artaud. *Leipz.* 1837. 8.

Paludan-Mueller (Caspar Peter). Undersoegelse om Macchiavelli som Skribent, etc. *Odense.* 1839. 8.

Ebeling (Friedrich Wilhelm). N. di Bernardo de' Macchiavelli's politisches System zum erste Male dargestellt und biographisch, literarisch, historisch und kritisch begründet. *Berl.* 1850. 8.

 Trad. en franç. par V... ARMAND. *Par.* 1852. 8.
 Trad. en polon. *Wratisl.* 1852. 8.

Venedey (Jacob). Macchiavelli, (François Secondat, baron de) Montesquieu, (Jean Jacques) Rousseau. *Berl.* 1850. 8.

Mundt (Theodor). Macchiavelli und der Gang der europäischen Politik. *Leipz.* 1852. 8.

Possevin (Antonio). Judicium de N. Macchiavelli et Joannis Bodini scriptis. *Upsal.* 1600. 8. *Ibid.* 1622. 8.

Home (David). Apologia basilica, s. Macchiaveli ingenium examinatum, s. l. 1626. 4.

Lucchesini (Giovanni Lorenzo). Saggio del sciocchezza di N. Macchiavelli. *Rom.* 1697. 4. *

 * Réfutation des principes politiques du fameux auteur.

(Frédéric II de Prusse.) Anti-Machiavel, ou essai de critique sur *Le prince* de Machiavel, (publié par François Marie Arouet de VOLTAIRE). *La Haye.* 1740. 8. *Amst.* 1740. 8. *Copenh.* 1740. 8. *Goetting.* 1740. 8.

Lond. 1741. 8. *Amst.* 1741. 8. *La Haye.* 1741. 2 vol. 12. *Leipz.* 1742. 8. *La Haye.* 1743. 2 vol. 12.
 Trad. en allem. :
 Par un anonyme. *Goetting.* 1741. 8. '
 Par Friedrich HESS. *Hamb.* 1765. 8.
 Trad. en angl. *Lond.* 1740. 8.
 Trad. en lat. par N... N... ROLOFF. *Amst.* 1743. 8.

(Guillon, Aimé). Machiavel commenté par Napoléon Bonaparte; manuscrit trouvé dans le carrosse de Bonaparte, après la bataille du Mont-Saint-Jean, le 15 juin 1815. *Par.* 1816. 8. Trad. en espagn. *Par.* 1827. 2 vol. 12.

Mazères (N... N... de). De Machiavel et de l'influence de sa doctrine sur les opinions, les mœurs et la politique de la France pendant la révolution. *Par.* 1816. 8. (D.)

Ferrari (J...). Machiavel, juge des révolutions de notre temps. *Par.* 1849. 8.

Macdonald,
famille écossaise.

Historical and genealogical account of the Clan, or the family of Macdonald, from Somerlett, king of the Isles, lord of Argyll and Kintyre, to the present period. *Edinb.* 1819. 8.

Mac Donald (Archibald),
littérateur écossais.

Memoirs of A. Mac Donald of Barisdale, s. l. 1754. 8. Portrait.

Macdonald (John),
théologien écossais.

Tweedie (W... K...). Life of the Rev. J. Macdonald, including selections from his diary and letters. *Lond.* 1849. 8. (2e édition.)

Macer (Æmilius),
poëte romain (contemporain de Virgile).

Boerner (Friedrich). Diatribe de Æ. Macro, ejusque rariore hodie opusculo *de virtutibus herbarum. Lips.* (1754.) 4. (L.)

Machin (John),
théologien anglais.

Burder (George). Life of the Rev. J. Machin, formerley minister of the parish church of Astbury, near Congleton, in Cheshire, avec préface de Charles WOLSELEY. *Lond.* 1799. 12.

Machner (Matthias),
jurisconsulte allemand.

Gebbard (Johann). Epistolicum Machneromnema, i. e. M. Machneri, reipublicæ Vratislawiæ notarii, compendiosa actæ epitome. *Vratisl.* 1662. 4. (D.)

Maciest (Jean Louis),
soldat français.

Brias (N... N...). Discours funèbre du citoyen Maciest fils, mort au champ de bataille, le 5 juillet, dans les vignes de Thouard, s. l. et s. d. (*Par.* 1793.) 12. (Rare.)

Mackintosh (James),
publiciste anglais (24 oct. 1765 — 30 mai 1832).

Mackintosh (Robert James). Memoirs of the life of sir J. Mackintosh. *Lond.* 1836. 2 vol. 8. (D.)

Macklin * (Charles),
comédien irlandais (1er mai 1690 — 11 juillet 1797).

Kirkman (James Thomas). Memoirs of the life of C. Macklin, Esq. *Lond.* 1799. 2 vol. 8. Portrait.
 * Son nom de famille était MACLAUGHLIN.

Cooke (William). Memoirs of C. Macklin. *Lond.* 1804. 8. Portrait.

Mackness (James).

Memorials of J. Mackness, Esq. *Lond.* 1851. 12.

Macland (N... N...),
littérateur anglais.

Dawe (George). Life of Macland. *Lond.* 1807. 8.

Maclean (Rutger),
patriote suédois (27 juillet 1742 — ...)

Bennet (Kiell Christopher). Åminnelse - Tal öfver R. Maclean. *Lund.* 1816. 8.

Maclure (William),
naturaliste anglo-américain.

Morton (Samuel George). Memoir of W. Maclure, Esq.

late president of the academy of natural sciences of Philadelphia. *Philad.*1841. 4. (*Bx.*) Augm. *Ibid.*1841. 8.

Macpherson (Charles),
touriste anglais.

Memoirs of the life and travels of the late C. Macpherson, Esq. in Asia, Africa and America. *Edinb.* 1800. 8. (Ecrits par lui-même.)

Macready (William Charles),
comédien anglais du premier ordre (3 mars 1793 — ...).

Fox (W... J...). W. C. Macready; a biographical sketch, etc. *Lond.* 1851. 8.
Littleton (R... H...). Biography of W. C. Macready, Esq. 1851. 8.

Macrobe (Ambrosius Aurelius Theodosius),
philosophe et grammairien romain (v° siècle après J. C.).

Mahul (Alphonse). Dissertation historique, littéraire et bibliographique sur la vie et les ouvrages de Macrobe. *Par.* 1817. 8. (*P.*)

Mac Sheehy,
famille irlandaise.

De la Ponce (Amédée). Notice généalogique sur la famille Mac Sheehy, anciennement seigneurs de Connello dans la province de Munster en Irlande. *Par.* 1848. 8. (*Lv.*)

Macurdy (Elisha),
théologien anglo-américain.

Elliott (David). Life of the Rev. E. Macurdy, etc. *Alleghany.* 1848. 12.

Macutus (Pomponius),
jurisconsulte français.

Ventimille (Jacques). Vita P. Macuti, senatoris Divionensis cùm tumulo ejusdem. *Par.* 1580. 8.

Maczewski (Johann Jacob),
pédagogue allemand (26 juillet 1718 — ... 1775).

Schlegel (Gottlieb). Rede bey dem Grabe des Probsts Maczewski zu Doblen in Curland. *Mitau.* 1775. 8.

Madai (Carl Otto v.),
jurisconsulte allemand (29 mai 1809 — 4 juin 1849).

Preller (Ludwig). C. O. v. Madai. Zur Erinnerung an ihn für seine Freunde. *Leipz.* 1850. 8.

Madai (David Samuel v.),
numismate hongrois (4 janvier 1709 — 2 juillet 1780).

Niemeyer (Gotthelf Anton). Standrede bei dem Sarge des seeligen Herrn Hofraths v. Madai, zu Benkendorf. *Halle.* 1780. 8.

Madeira (Bento),
prêtre portugais.

Rodriguez (Bento). Oraçaõ funebre de F. B. Madeira, etc. *Lisb.* 1671. 4.

Madelaine Sibylle de Brandebourg,
deuxième épouse de Jean George I, électeur de Saxe (... — mariée en 1607 — 1659).

Funeralia der Churfürstin Magdalena Sibylla zu Sachsen, s. l. (*Dresd.*) 1659. Fol.
Weller (Jacob). Drey Leichpredigten beym Absterben der Frau Churfürstin Magdalena Sibylla. *Dresd.* 1659. 4.

Mader (Joachim Johann),
philologue et bibliographe allemand (7 août 1626 — 17 août 1680).

Ballenstedt (Johann Arnold). Vita J. J. Maderi. *Helmst.* 1700. 8. (*L.*)

Mader (Joseph, Ritter v.),
jurisconsulte allemand (8 sept. 1754 — 25 déc. 1815).

Kalina v. Jaethenstein (Johann Matthias). Biographie des J. Ritter v. Mader. *Prag.* 1818. 8. (*D.*)

Maderni (Luigi Manfredi),
jésuite italien.

(**Grossi,** Carlo). Della vita e dei costumi di L. M. Maderni. *Rovig.* 1845. 18.

Madiaï (N... N...),
martyrs italiens.

La Bible en Toscane, ou épreuves et persécutions des époux Madiaï, condamnés aux galères, avec travaux forcés, pour avoir lu la Bible. *Par.* 1852. 18.
Schuenemann-Pott (Friedrich). Die beiden Madiaï in Florenz und der Fanatismus des religiösen Glaubens, etc. *Lübeck.* 1853. 8.

Madison (James),
président des États-Unis d'Amérique (1758 — 28 juin 1836).

Adams (John Quincy). Eulogy on the life and character of J. Madison, fourth president of the United-States, etc. *Boston.* 1836. 8.

Mæcenas, voy. **Mécène.**

Mæclanus (Lucius Volusius),
jurisconsulte romain († 175 après J. C.).

Wunderlich (Johann). Commentatio de L. V. Mæciano itemque JCto Volusiano. *Hamb.* 1749. 4. (*D.*)

Mælius (Spurius),
conspirateur romain.

Roulez (J...). Le complot de Spurius Mælius, jugé à l'aide d'un fragment récemment découvert de Denis d'Halicarnasse. *Brux.* 1849. 8. (Extrait des *Bulletins de l'Académie royale de Belgique.*)

Maercklin (Christian),
théologien allemand (23 juin 1807 — 18 oct. 1849).

Strauss (David Friedrich). C. Maercklin. Lebens- und Characterbild, etc. *Mannh.* 1851. 8.

Maerlant (Jacques de Coster van),
poëte chroniqueur belge (1235 — 1300).

Labeye (Théodore). Biographie belge : J. van Maerlant. *Liége.* 1857. 8. (Extrait de la *Revue belge.*)
Lauts (U... G...). Iets over J. de Coster van Maerlant. *Utrecht.* 1838. 8.
Willems (Jan Frans). J. van Maerlant. *Gand.* 1858. 8.
Visscher (L... G...). Iets over J. de Coster van Maerlant. *Utrecht.* 1838. 8.

Maës (N... N...),
fondatrice des religieuses de la Pénitence, dites Capucines.

Parenty (N... N...). Vie de madame Maës, née Taffin du Hocquet, nommée en religion sœur Françoise de Saint-Omer, etc. *Lille.* 1842. 18. Portrait.

Maets (Carl van de),
théologien hollandais (25 janvier 1597 — ... 1651).

Hoornbeek (Jan). Oratio funebris in obitum C. van de Maets, theologiæ doctoris. *Ultraj.* 1651. 4. (*Lv.*)

Maets (Carl van de),
médecin et chimiste hollandais (9 août 1641 — 27 janvier 1690).

Hermann (Paul). Oratio funebris in obitum C. van de Maets, medecinæ et chimiæ professoris. *Lugd. Bat.* 1690. 4. (*Cph.* et *Lv.*).

Maettig (Gregorius),
médecin allemand (25 sept. 1585 — 30 mars 1650).

Gumprecht (Martin). Leichenpredigt bey der Leiche Dr. G. Maettigii auf Meschwitz. *Dresd.* 1650. 4.
Jani (Daniel Friedrich). Programma de vita et meritis Dr. Maettigii. *Budiss.* 1740. Fol.
Rost (Christoph Jeremias). Programma de convictu Maettigiano. *Budiss.* 1785. Fol.

Maffei, surnommé **Volaterrano** (Rafaello),
littérateur italien (vers 1443 — 25 janvier 1522).

Falconini (Benedetto). Vita del nobil' huomo e buon servo di Dio R. Maffei, detto il Volaterrano. *Rom.* 1722. 4. (*D.* et *P.*)

Maffei (Scipione),
littérateur italien (1er juin 1675 — 11 février 1755).

Pindemonte (Marco Antonio). Orazione funebre in morte del marchese S. Maffei. *Veron.* 1755. 4. Port. (*D.*)
Pindemonte (Ippolito). Elogio del marchese S. Maffei. *Veron.* 1784. 8.

Magalotti (Lorenzo),
littérateur romain (13 déc. 1637 — 2 mars 1712).

Pozzetti (Pompilio). Elogio storico del conte L. Magalotti. *Firenz.* 1787. 4.

Maganza (Alessandro),
peintre italien (1556 — 1630).

Meneghelli (Antonio Maria). Elogio di A. Maganza, etc. *Venez.* 1845. 8.

Magawly-Cerati de Calvi (Philippe François),
homme d'État italien.

O... (M...). Quelques notices sur le comte P. F. Magawly-Cerati de Calvi, concernant son administration des duchés de Parme, Plaisance et Guastalla, comme ministre d'État, c'est-à-dire depuis le mois d'août 1814 jusqu'au 31 déc. 1816. *Par.* 1846. 8.

Maggi (Carlo Maria),
littérateur italien (8 mai 1630 — 22 avril 1699).

Muratori (Ludovico Antonio). Vita di C. M. Maggi, Milanese. *Milan.* 1700. 12. (*D.*)

Maggi (Cesare),
guerrier italien.

Contile (Luca). Istoria de' fatti di C. Maggi da Napoli, dove si contengono tutte le guerre succedute nel suo tempo in Lombardia ed in altri parti d' Italia. *Pavia.* 1564. 8.

Maggi (Sebastiano),
prêtre italien.

(**Celle**, Giacinto Angelo). Vita del B. S. Maggi, da Brescia, dell' ordine de' predicatori. *Genov.* 1844. 12.

Magio (Alessandro),
jurisconsulte italien au xve siècle.

(**Suman**, Pietro). Memorie intorno la vita di A. Magio. *Bassan.* 1856. 8.

Magliabecchi (Antonio),
bibliographe italien (28 oct. 1633 — 2 juin 1714).

Berrettari (Francesco). Panegyricus A. Magliabechio dicatus. *Massæ.* 1682. 8.

Bertolini (N... N...). Vitæ Joannis Cinelli et A. Magliabecchii, s. l. 1684. 8. (Pièce satirique écrite en vers.)

Salvini (Antonio Maria). Orazione funerale in lode di A. Magliabecchi. *Firenz.* 1715. Fol. Portrait. (*D.*)

Spence (Joseph). Paralell, in the manner of Plutarch, between a best celebrated man of Florence and one scarce ever heard of in England. *Strawberry-Hill.* 1758. 12. *

* C'est un parallèle entre Magliabecchi et Robert Hill, savant anglais

Magnan (Bernard Pierre),
maréchal de France (7 oct. 1791 — ...).

(**Charras**, colonel). Les trois maréchaux : MM. (Jacques Leroy de) Saint-Arnaud, Magnan et Castellanne. *Brux.* 1851. 18. Trad. en allem. *Hamb.* 1853. 8.

Lassagne (Jules). Notice sur le général en chef Magnan *Par.* 1852. 8.

Magnanti (Giovanni),
prêtre italien.

Baldassini (Tommaso). Vita del P. G. Magnanti. *Bologn.* 1681. 4.

Magni (Petrus),
évêque suédois († 1534).

Fant (Erik Michael). Dissertatio .historica de episcopo Ariosiensi P. Magni. *Upsal.* 1793. 8.

Magni (Valeriano),
franciscain italien (1587 — 1661).

Relatio veridica de pio obitu R. P. V. Magni, s. l. (*Argent.?*) 1662. 4.

Magnin (Charles Étienne),
littérateur français (28 nov. 1759 — 12 janvier 1843).

Deschamps (M... B...). Notice sur M. l'abbé Magnin. *Par.* 1843. 8.

Magnocavalli, conte di **Varengo** (Francesco Ottavio),
architecte et poète italien (1707 — 1788).

Ponsiglione (Luigi). Elogio storico del conte F. O. Magnocavalli. *Torin.* 1789. 8.

Magnus (Saint).

Hafner (A...). Lobrede auf den heiligen Magnus. *Augsb.* 1786. 4.

Trafrathshofer (Johann Baptist). Der heilige Magnus, Apostel des Algäus ; nebst Rückblicken auf Gall's und Columban's Leben und auf die wichtigsten Momente in der Christianisirungs-Geschichte unserer Gegenden bis auf die Zeiten des heiligen Magnus. *Kempten.* 1843. 8. Portrait.

Magnus II,
duc de Brunswick-Lunebourg (... — 1358 — 1373).

Havemann (Wilhelm). Magnus II, Herzog zu Braunschweig und Lüneburg ; biographische Skizze. *Lüneb.* 1856. 8.

Magnus (Johannes),
archevêque d'Upsal (19 mars 1488 — 22 mars 1544),
et
Magnus (Olof),
historien suédois, frère du précédent (.. oct. 1490 — 1er août 1588).

Norberg (Anders). Dissertationes II de meritis et fatis J. et O. Magnorum. *Upsal.* 1741-43. 8.

Magnussen (Finn),
archéologue islandais (27 août 1781 — 24 déc. 1847).

Gad (C... P...). Soergetale over Etatsraad, Professor og Geheimearkivar F. Magnussen. *Kjoebenh.* 1847. 8.

Mahmud II,
empereur turc (20 juillet 1785 — 14 nov. 1808 — 1er juillet 1839).

Muench (Ernst Hermann Joseph v.). Mahmud II, Padischah der Osmanen, sein Leben, seine Regierung und seine Reformen, etc. *Stuttg.* 1859. 8. Portrait.

Mahomet,
prophète et législateur des musulmans (10 nov. 570 — 8 juin 632).

Aboulféda (Ismael). De vita et rebus gestis Mohammedis, Moslemiticæ religionis auctoris et imperii Saracenici fundatoris, publ. avec l'original arabe par Jean **Gagnier**. *Oxon.* 1723. Fol.

Cnustinus (Henricus). Von geringem Herkommen, schändlichem Leben und Tod des Türckischen Abgots Machomets und seiner verdamlichen Ler, etc. *Berl.* 1542. 4.

Bibliander * (Theodor). Mahometis Saracenorum principis ejusque successorum, vitæ, doctrina ac ipse Alcoran, etc. *Basil.* 1543. Fol. (Recueil curieux et rare.)
* Son véritable nom est Buchmann.

Cnustinus (Henricus). Mahometische Genealogia, d. i. von Beschreibung, Herkommen und Absterben Machometis, etc. *Berl.* 1596. 4. (*D.*)

Bry (Johann Theodor und Johann Israel de). Vita Mechmeti I, Saracenorum principis, et vaticinia regni Turcici. *Frf.* 1597. 4.

Bedwell (William). Mohammedis imposturæ, etc. *Lond.* 1615. 4. Réimpr. s. c. t. Mahomet unmasced. *Lond.* 1642. 4.

Historie van den oorspronck, geslacht, etc., des grooten valschen propheets Mahomet. *Amst.* 1627. 4.

Schuster (David). Mahomet's und Türcken-Greuel vorgestellt durch eine kurtze historische Entwerfung Mahomet's abschewlichen Lehr, Regiment, Glauben, etc. *Frf.* 1644. 5 parts. 8. Portrait.

Addison (L...). Life of Mahomet. *Oxf.* 1678. 8. (Non mentionné par Lowndes.)

Prideaux (Humphrey). True nature of imposture displayed in the life of Mahomed demonstrated. *Lond.* 1697. 8. *Ibid.* 1723. 8.
Trad. en allem. *Leipz.* 1699. 12.
Trad. en franç. s. c. t. Vie de l'imposteur Mahomet. *Amst.* 1698. 8.
Trad. en holland. *Delft.* 1698. 8. *Ibid.* 1723. 12. *Amst.* 1753. 8.

Sanden (Bernhard v.). Dissertatio de Mohammede, pseudo-propheta, s. l. (*Regiomont.*) 1702. 4.

Boulainvilliers (Henri de). Vie de Mahomet, avec des réflexions sur la religion mahométane et les coutumes des musulmans. *Lond.* 1730. 8. *Amst.* 1751. 8.
Trad. en allem. :
Lemgo. 1747. *Ibid.* 1769. 8.
Avec des notes par Johann August **Mebes**. *Halle.* 1786. 8.
Trad. en ital. *Venez.* 1745. 8.

Erharth (J...). Dissertatio de illustrium ac obscurorum scriptorum erroribus præcipue in historia Mahometi, eorumque caussis. *Memming.* 1731. 8.

Gagnier (Jean). Vie de Mahomet, traduite et compilée de l'Alcoran, (publ. par Samuel **Leclerc**). *Amst.* 1732. 2 vol. 4. *Ibid.* 1748. 5 vol. 12. (*Bes.*) Trad. en allem. par Christian Friedrich Rudolph **Vetterlein**. *Koeth.* 1802-05. 2 vol. 8.

Bréquigny (Louis George **Oudard Feudrix** de). Vie de Mahomet. *Par.* 1754. 12.
Trad. en allem. par Friedrich Theodor **Rink**. *Frf.* 1791. 8.
Trad. en allem. s. c. t. Über die Gründung der Religion und des Reiches Muhammed's (par Heinrich Georg **Hoff**). *Leipz.* 1794. 8.

Turpin (François René). Histoire de la vie de Mahomet, législateur de l'Arabie. *Par.* 1773. 2 vol. *Ibid.* 1780. 3 vol. 12. Trad. en allem. (par Johann Christian Friedrich **Schulz**). *Halle.* 1781. 8.

Nomsz (Joannes). Mohammed, of the hervorming der Arabieren. *Amst.* 1780. 2 vol. 8. (Roman historique.)

Froebing (Johann Christoph). Muhamed, (Thomas) Münzer und (Jan) Bockold, etc. *Hannov.* 1788. 8.

Baccanti (C... V...). Maometto, legislatore degli Arabi e fondatore dell' impero musulmano. *Casalmaggiore.* 1791. 2 vol. 4. (Poëme historique.)

Palm (Jean Henrick van der). Dissertatio de Muhamede, imperii Saracenici conditore. *Lugd. Bat.* 1794. 4.

Dombay (Franz Lorenz v.). Lebensgeschichte des Propheten Mohammed. *Agram.* 1795. 8. (Assez rare.).

Rehbinder (Johann v.). Abul Casem Mohammed. Beitrag zur politischen Menschengeschichte. *Kopenh.* 1799. 8.

Abul Casem Muhamed, der grosse Prophet von Mekka, etc. *Kopenh.* 1802-03. 2 vol. 8.

Hybl (J...). Zivot Mahomeduv. *Praze.* 1804. 8.

Muhamed und seine Religion, etc. *Elberf.* 1806. 8.

Leben Mahomed's. *Wien.* 1808. 8.

Mills (Charles). History of Mohammedanism, comprising the life and character of the Arabian prophet and a succinct account of the empires founded by the Mohammedan arms. *Lond.* 1812. 8. *Ibid.* 1818. 8.

Trad. en franç. :
Par N... N... PARIS. *Par.* 1825. 8.
Par Germain BUISSON. *Guernesey.* 1826. 8.

Rampoldi (Giovanni Battista). Vita di Maometto. *Milan.* 1822. 8.

Higgins (Geoffrey). Mohammed. *Lond.* 1829. 8.

Bush (George.) Life of Mohammed, founder of the religion of Islam. *New-York.* 1850. 8. *Ibid.* 1832. 8. *Ibid.* 1847. 8.

Noel-Desvergers ('A...). Vie de Mahomet. *Par.* 1835. 8. (Traduction libre de l'ouvrage d'ABOULFÉDA. Voy. page 1056.)

Genevay (A...). Mohammet. *Par.* 1838. 12.

Green (Samuel). Life of Mahomet. *Lond.* 1840. 16.

Weil (Gustav). Mohammed der Prophet, sein Leben und seine Lehre. *Stuttg.* 1843. 8. Trad. en holland. par Jan Jacob LION. *Amst.* 1846-47. 2 vol. 12.

Life of Mahommed. *Lond.* 1847. 18.

Clemens-Gerke (Friedrich). Leben Muhammed's. *Hamb.* 1848. 16.

Irving (Washington). Lives of Mahomet and his successors. *Lond.* 1850. 2 vol. 8. *Leipz.* 1850. 8. Trad. en allem. *Leipz.* 1850. 8. *

* Cette traduction , faisant partie de la collection *Historische Haus-bibliothek* , publ. par Friedrich BUELAU, est accomp. du portrait de Mahomet.

Merrick (James L...). Life and religion of Mohammed, as contained in the Sheeáh traditions of the Hyat-ul-Kuloob. *Boston.* 1850. 8. (Trad. du persan.)

Koerber (Philipp). Mohammed der Prophet; historische Erzählung, etc. *Nürnb.* 1851. 8. Portrait.

Sprenger (A...). Life of Mohammed, from original sources. *Lond.* 1852. 8.

Bachelet (T...). Mahomet et les Arabes. *Rouen.* 1853. 8.

Obregon (Luis de). Confutacion del Alcoran y secta Mahometana sacado de los proprios libros, y la vida de Mahomet. *Granad.* 1560. Fol. *

* Une des plus grandes curiosités de la littérature espagnole.

Baudier (Michel). Histoire générale de la religion des Turcs, avec la vie de leur prophète Mahomet et des quatre premiers calives. *Par.* 1636. 8.

Hackspann (Theodor). Fides et leges Mohammedis cum institutionibus Arabicis. *Altorf.* 1646. 4. (Ouvrage peu commun.)

Dannhauer (Johann Conrad). Disputatio de Muhammedanismo. *Lips.* 1660. 4. (L.)

Buettner (David). Beschreibung der gantzen Türkischen Religion und von Mahomet's Leben. *Zwickau.* 1664. 4.

Wallich (Johann Ulrich). Religio Turcica et Mahometis vita, s. l. 1664. 4.

Eccard (Johann Georg). Dissertatio de religione Muhamedica. *Helmst.* 1687. 4.

Reland (Adriaan). Dissertatio de consensu Mohammedanismi et Judaismi. *Traj. ad Rhen.* 1696. 4.

Pitts (Joseph). True and faithful account of the religion and manners of Mohammetans. *Exon.* 1704. 8. *Lond.* 1717. 12. *Ibid.* 1731. 12.

Reland (Adriaan). De religione Mohammedica libri II. *Ultraj.* 1705. 8. *Ibid.* 1717. 4. Trad. en allem. *Hannov.* 1716. 8.

Schwarz (Johann Conrad). De Mohammedi furto sententiarum scripturae sacræ liber unus. *Leipz.* 1711. 8.

Four treatises, concerning the doctrines , discipline and worship of the Mahometans , to which is prefixed the life of Mahomet. *Lond.* 1712. 8.

Mill (David). Oratio de Mohammedanismo e veteribus Hebræorum scriptis magna ex parte composito. *Traj. ad Rhen.* 1718. 4.

Arrhenius (Laurids). Dissertatio de Muhammedanismi ortu et progressu. *Upsal.* 1718. 8.

Rabadan (Mahomet). Mahometanism fully explained, translated from the Spanish and Arabic and illustrated with notes by Joseph MORGAN. *Lond.* 1725-1725. 2 vol. 8.

Cotta (Johann Friedrich), Dissertatio de religione Muhumedica. *Tubing.* 1765. 4.

Kaiser (Nicolaus). Dissertatio de caussis præcipuis propter quas infausta Muhammedis secta ingenti statim incremento aucta fuerit. *Curiæ.* 1771. 4.

Savary (Claude). La morale de Mahomet, ou recueil des plus pures maximes de Mahomet. *Par.* 1784. 18.

Mahommed's Dogmatik und Moral. *Tübing.* 1791. 8.

Kullberg (Daniel). Dissertatio de ingenio Muhammedis. *Lund.* 1793. 8.

Cludius (Hermann Heimart). Muhamed's Religion aus dem Koran dargestellt, erläutert und beurtheilt. *Alton.* 1809. 8.

Oelsner (Conrad Engelbert). Des effets de la religion de Mohammed, pendant les trois premiers siècles de sa fondation , sur l'esprit, les mœurs et le gouvernement des peuples , chez lesquels cette religion s'est établie. *Par.* 1810. 8. (Mémoire couronné par l'Académie française.)
Trad. en allem. *Frf.* 1810. 8.
Trad. en holland. s. c. t. Verhandeling over Mahomet, etc. *Franck.* 1820. 8.

Bernstein (Georg Heinrich). Dissertatio de initiis et originibus religionum in Oriente dispersarum, etc. *Berol.* 1816. 4.

Hamaker (Henrik Arent). Oratio de religione Mohamedica, magno virtutis bellicæ incitamento. *Lugd. Bat.* 1817. 4.

Wiessner (Amadeus). Der Muhamedanismus. Geschichte und Lehre des Islam, nach dem Koran, der Sunna und andern Quellen bearbeitet. *Leipz.* 1823. 8. (L.)

Garcin de Tassy (Joseph Héliodore). Exposition de la foi musulmane. *Par.* 1824. 8.

—— Doctrine et devoirs de la religion musulmane. *Par.* 1825. 8. (Non mentionné par Quérard.)

Neale (W... H...). Mohammedan system of theology, or a compendious survey of the history and doctrines of islamism, contrasted with christianity. *Lond.* 1828. 8.

Forster (Charles). Mahometanism unveiled. *Lond.* 1829. 2 vol. 8.

Taylor (W... C...). History of Mohammedanism and the principal Mahommedan sects. *Lond.* 1851. 8. *Ibid.* 1842. 8. Trad. en allem. (par N... N... FREISLEBEN.) *Leipz.* 1837. 8.

Genthe (Friedrich Wilhelm). De impostura religionum, s. de tribus impostoribus; nach zwei Manuscripten und mit historischen Erläuterungen. *Leipz.* 1833. 8.

Geiger (Abraham). Was hat Mohammed aus dem Judenthume aufgenommen? *Bonn.* 1833. 8. (Dissertation couronnée par l'université de Bonn.)

Doellinger (Johann Joseph Ignaz). Muhammed's Religion nach ihrer innern Entwickelung und ihrem Einflusse auf das Leben der Völker; historische Betrachtung. *Regensb.* 1838. 4. Trad. en ital. par Antonio BIANCHI-GIOVINI. *Milan.* 1848. 8.

Veth (P... J...). Oratio de religionis Islamiticæ ejusque historiæ studio. *Amst.* 1843. 4.

Pavy (Louis Augustin). Du mahométisme. *Alger.* 1853. 8.

———

Esberg (Johan). Historiola Alcorani et fraudum Muhamedis. *Upsal.* 1699. 8.

Mantzel (Joachim). Historia litteraria Alcorani. *Regiom.* 1701. 4.

Boysen (Friedrich Eberhard). Der Koran, oder das Gesetz der Muselmänner, aus dem Arabischen übersetzt und mit einigen Denkwürdigkeiten aus der Geschichte des Propheten und seiner Reformation. *Halle.* 1773. 8. *Ibid.* 1775. 8.

Turpin (François René). Histoire de l'Alcoran, où l'on découvre le système religieux et politique du faux pro-

phète, et les sources où il a puisé sa législation. *Lond.*
et *Par.* 1775. 2 vol. 12.

Augusti (Johann Christian Wilhelm). Der kleine Koran,
oder Übersicht der wichtigsten und lehrreichsten
Stücke des Korans, mit Anmerkungen zur Kenntniss
und Beurtheilung der von Mahomed gestifteten Religion. *Weissenf.* et *Leipz.* 1789. 8. (*L.*)

Sidrén (Jonas). Historiola litteraria Alcorani. *Upsal.*
1792. 8.

Groenewoud (J... C... S...). Oratio de Corano. *Traj. ad
Rhen.* 1843. 8.

Kall (Johann Christian). Programma de uxoribus Mohammedi, ex Hamdalla Persa. *Hafn.* 1742. 4.

Kortholt (Christian). Dissertatio de enthusiasmo Mohammedis. *Goetting.* 1745. 4.

Jordis (Johann Peter). Dissertatio de sepulcro Mohammedis. *Marb.* 1680. 4.

Ludovici (Carl Günther). Dissertatio de paradiso Mo-
hammedano. *Lips.* 1720. 4.

Froereisen (Johann Leonhard). Brevis delineatio impos-
torum magnorum Muhammedis et Zinzendorfii, Muhammedis simiæ. *Argent.* 1747. 4.

Histoire secrète du prophète des Turcs. *Constantinople* (?)
1775. 2 parties 8.

De tribus impostoribus (Mose, Christo et Muhamede),
s. l. 1598. 46 pages. 8. * Trad. en allem. par Carl
ASTER. *Leipz.* 1846. 12.
* Cet opuscule, attribué sans rime et sans raison à l'empereur Frédéric II, à Pierre l'Arétin, à Thomas Campanella, à Arnaud de
Villeneuve, à Guillaume Postel, etc., est extrêmement rare; on
n'en connaît que trois exemplaires. Le premier est cité dans le
catalogue de Crévenna, la second a été vendu 474 francs chez le
duc de la Vallière, en 1784, et le troisième appartenait à M. Antoine Augustin Renouard.

Compendium breve de impostoribus religionum. *Berol.*
1716. 8. *Ibid.* 1721. 8. * *Berl.* (*Giess.*), s. d. (1792.) 8.
* Copie du traité précédent.

La Monnoye (Bernard de). Dissertation sur le livre *de
tribus impostoribus. Rotterd.* 1711. 4.
Réponse à la dissertation de M. de La Monnoye sur le
Traité de tribus impostoribus. La Haye. 1716. 12.
Traité des trois imposteurs. *Frf.* (*Rotterd.*) 1721. 4. *Yverd.*
1768. 12. S. l. 1775. 8. Trad. en espagn. *Lond.* (*Bur-
déos.*) 1823. 8.
* Traduction de la dissertation latine.

(**Mehlig**, Johann Michael). Das erste schlimmste Buch,
oder Abhandlung von der religionslästerlichen Schrift
de tribus impostoribus. Chemnitz. 1764. 8.

Nicolai (P...). De duobus Anti-Christis, Muhamete et
pontifice Romano. *Marb.* 1590. 4. (Excessivement rare.)

Fabricius (Johann). Muhamedis testamentum. *Rostoch.*
1638. 4.

Mahomet II,
empereur turc (24 mars 1430 — 1451 — 3 mai 1481).

Guillet de Saint-George (George). Histoire du règne
de Mahomet II. *Par.* 1682. 2 vol. 12. Trad. en ital. par
Francesco Antonio SORIA. *Napol.* 1788. 8.

Belin de Monterzi (N... N...). Histoire de Mehemet II,
empereur ottoman, trad. du grec et de l'arabe, etc. *Par.*
1764. 2 vol. 12. *
* Publ. s. les lettres B... de M...

Lange (Godefroy). De capta a Mehemet II Constantinopoli narrationes, publ. par Jean Baptiste L'ECUY. *Par.*
1823. 4. (Ouvrage tiré à 60 exemplaires seulement.)

Guazzo (Marco). Istoria delle guerre di Maometto II con
la signoria di Venezia, con il rè di Persia, il rè di
Napoli, Ferdinando, l'assedio di Rhodi, etc. *Venez.*
1545. 8.

Mahomet IV,
empereur turc (2 janvier 1642 — 1649 — déposé le 8 oct. 1687 —
assassiné le 4 janvier 1693).

Devize (N... N...). Histoire de Mahomet IV, déposé en
1687. *Amst.* 1688. 2 vol. 12.

Le Noble (Eustache). Abramulé, ou histoire du détrônement de Mahomet IV, empereur des Turcs. *Par.*
1696. 12. *Amst.* 1697. 12. (Assez romanesque.)

Die beiden vornehmsten Epochen des türkischen Reichs,
etc. *Gera.* 1789. 8. *
* Cet ouvrage porte aussi pour titre : *Geschichte der zwei berühmtesten türkischen Kaiser, Muhammed II und Muhammed IV.*

Bremudano (Francisco Fabro). Floro historico de la
guerra movida por el sultan de los Turcos, Mehemet IV,
contro el augustissimo Leopoldo I, emperador de Romanos, etc. *Madr.* 1684. 4.

Mahomet ben Abdallah,
empereur de Maroc.

Hoest (Joergen). Den marokkanske Kejser Muhamed ben
Abdallah's Historie. *Kjoebenh.* 1791. 8.

Mahomed Ebn Baruta,
voyageur arabe.

Kosegarten (Hans Gottfried Ludwig). Commentatio de
Mohammede Ebn Baruta, Arabe Tingitano, ejusque
itineribus. *Jenæ.* 1818. 4.

Mahy, marquis de Favras (Thomas de),
officier français (1745 — guillotiné le 19 février 1790).

Mémoire justificatif de T. de Mahy de Favras, ou appel
à la postérité et à la cour de révision, par l'auteur des
Réflexions sur le jugement et la mort de M. de Favras.
Par. 1790. 8.

Mahyeuc ou Mayeuc (Yves),
dominicain français (1462 — 20 sept. 1541).

Rechac de Sainte-Marie (Jean Giffre). Vie et actions
mémorables des trois plus signalés religieux en sainteté et en vertu de l'ordre des frères-prêcheurs de la
province de Bretagne, du P. Mahyeuc, d'Alain de la
Roche, du P. (Pierre) Quintin. *Par.* 1644. 12. *Ibid.*
1664. 12.

Mai (Angelo),
cardinal italien (1782 — ...).

Mutti (Pietro Aurelio). Elogio di monsignore A. Mai.
Bergam. 1828. 8.

Maidalchini-Pamfili (Olympia),
maîtresse du pape Innocent X (1594 — 1656).

(**Leti**, Gregorio). Vita della donna O. Maidachini-Pam-
phili, cognata d'Innocenzo X, che governo la chiesa, 1644-
1655, s. l. 1655. 12. (*P.*) *Ragusa.* 1667. 12. S. l. 1698.
8. S. l. 1781. 8. *
Trad. en allem. (par Georg Hermann RICHERZ). *Leipz.*
1783. 8. (*L.*)
Trad. en franç. :
Par (N... N... RENOULT). *Leyd.* 1666. 12. (*Bes.*)
Par (Jean Baptiste JOURDAN). *Par.* 1770. 2 vol. 12.
* La première édition a été publiée sous le pseudonyme de GUALDI.

Delécluze (Étienne Jean). Donna Olympia. *Par.* 1842.
2 vol. 8. (*L.*)

Maignelay (Charlotte Marguerite de Gondy,
marquise de),
dame française, connue par sa haute piété († 1650).

Senault (Jean François). Oraison funèbre de la marquise
de Maignelay. *Par.* 1650. 4.

Rousse (Jean). Elogium C. M. de Gondy, marchionissæ
de Maignelay. *Par.* 1650. 4.

(**Baudran**, Marc de). Vie de C. M. de Gondy, marquise
de Maignelay. *Par.* 1666. 12. *
* Publ. s. l. lettres P. M. C. P. (Père Marc, capucin prédicateur.)

Maier (Friedrich Johann),
pédagogue allemand.

Huber (Fridolin). Biographie des seeligen F. J. Maier,
Schulinspector's zu Rotweil. *Rotw.* 1822. 8.

Maier (Georg Friedrich),
littérateur allemand.

Lange (Samuel Gotthold). Leben G. F. Maier's. *Halle.*
1778. 8.

Malgnan (Emmanuel),
physicien et mathématicien français (17 juillet 1601 — 29 oct. 1676).

Saguens (Jean). De vita, moribus et scriptis E. Maignani, Tolosatis, ordinis minimorum, philosophi atque mathematici præstantissimi elogium. *Tolos.* 1677. 4.

Maignet (Étienne Christophe),
députó à la Convention nationale (9 juillet 1758 — 15 oct. 1834).

Lefebure (Louis Henri). Justice contre Maignet, député à la Convention, destructeur de Bedouin (petite ville dans le midi de la France), s. l. et s. d. 8. *
* Quérard ne fait pas mention de cette brochure.

Maillard (André),
jurisconsulte français.

Apologie de maître A. Maillard, conseiller du roi et maître des requêtes, etc., s. l. 1588. 8.

Maillard (Benoît),
chroniqueur français au xvᵉ siècle.

Bernard (Auguste). Notice sur B. Maillard, chroniqueur lyonnais du xvᵉ siècle, s. l. et s. d. (1840.) 8. (Extrait du *Journal de Montbrison.*)

Maillart du Mesle (Jacques),
homme d'État français (31 oct. 1731 — 9 oct. 1782).

Amanton (Claude Nicolas). Notice historique sur J. Maillart du Mesle, intendant des isles de France et de Bourbon. *Dijon.* 18.. 8. (*Lv.*)

Maillebois (Jean Baptiste François **Desmarets**, marquis de),
maréchal de France (1682 — 7 février 1762).

Leben und Thaten des Marschalls v. Maillebois. *Brem.* 1743. 12. *
* Ce titre n'est pas tout à fait exact.

(**Masson de Pezay**, N... N...). Histoire des campagnes du maréchal de Maillebois, en Italie, pendant les années 1745 et 1746. *Par.* 1775. 3 vol. 4. *
*.Cet ouvrage, assez recherché, est omis par Quérard.

Maillet du Boullay (Charles Nicolas),
littérateur français (6 février 1729 — 13 sept. 1769).

Cotton-des-Houssayes (Jean Baptiste). Éloge historique de M. Maillet du Boullay. *Rouen.* 1770. 8.

Haillet de Couronne (Jean Baptiste Guillaume). Éloge de M. Maillet du Boullay, écuyer, conseiller du roi, etc. *Rouen* et *Par.* 1771. 8.

Mailly (François de),
cardinal-archevêque de Reims (4 mars 1658 — 13 sept. 1721).

Chalippe (François Candide). Oraison funèbre du cardinal de Mailly. *Par.* 1722. 4. (*P.*)

Mailly (N... N... de),
maréchal de France.

Lacroix (J...). Éloge de M. le maréchal de Mailly, précédé d'un coup d'œil sur les principaux événements militaires du règne de Louis XV. *Perpign.*, s. d. 8.

Maimon (Salomon),
philosophe allemand (1753 — 22 nov. 1800).

Maimon (Salomon). Lebensgeschichte, von ihm selbst geschrieben, herausgegeb. von Carl Philipp Moritz. *Berl.* 1792-93. 2 vol. 8. Portrait. (*D.*)

Wolf (Joseph Sabatje). Maimoniana, oder Rhapsodien zur Characteristik Maimon's. *Berl.* 1813. 8. (*D.*) *Ibid.* 1830. 8.

Maimonides * (Moses),
médecin-philosophe juif du premier ordre (vers 1136 — 1209).

Camenz (Erdmann Gottfried). Dissertatio de suspecta Maimonidis in antiquitatibus Judaicis fide. *Witteb.* 1716. 4.
* Plus connu sous le nom de Rabbi Rambam.

Celsius (Olof). Dissertationes II de R. M. Maimonide. *Upsal.* 1727. 8.

Frommann (Erhard Andreas). Dissertatio conferens quædam philosophemata M. Maimonidis cum recentiorum quorundam sententiis. *Altorf.* 1745. 4.

Metzger (Johann Daniel). Programmata nonnulla de Rabbi Mose ben Maimon. *Regiom.* 1791. 4.

Berr (Michel). Notice sur Maimonide, philosophe juif du xiiᵉ siècle. *Par.* 1815. 8.

Lemans (M...). Levensbeschrijving van M. Maimonides. *Amst.* 1815. 8.

Beer (Peter). Leben und Wirken des Rabbi Moses ben Maimon, gewöhnlich Rambam, auch Maimonides genannt. *Prag.* 1834. 8.

Bukofzer (Joseph). Maimonides im Kampf mit seinem neuesten Biographen Peter Beer. *Berl.* 1844. 8.

Stein (Elias). M. Maimonides. *Haag.* 1840. 8.

Geiger (Abraham). Mose ben Maimon; seine Lebensgeschichte. *Bresl.* 1850. 8.

Mainardo, surnommé **Piovano** (Arlotto),
poète italien (+ 1483).

Manni (Domenico Maria). Vita di A. Mainardo. *Venez.* 1763. 8. *
* Cet ouvrage curieux contient les biographies des hommes les plus bizarres, qui sont nés en Toscane, tels que Guccio Imbratta, Calandrino, Burchiello, Gonnella et Piovano Arlotto Mainardo.

Maine (Louis Auguste de **Bourbon**, duc du),
fils naturel de Louis XIV et de madame de Montespan (30 mars 1670 — 14 mai 1736).

Édit du roi Louis XIV, qui appelle à la succession de la couronne de France M. le duc du Maine, M. le comte de Toulouse et leurs descendants mâles, au défaut de tous les princes du sang, du mois de juillet 1714. *Par.* 1714. 4.

Déclaration du roi Louis XIV, par laquelle il donne aux princes duc du Maine, comte de Toulouse et leurs descendants mâles le titre, les honneurs et le rang des princes du sang, du 23 mai 1715. *Par.* 1715. 4.

Édit du roi Louis XV, qui révoque et annule l'édit du mois de juillet 1714 et la déclaration du 23 mai 1715, donné à Paris le 3 juillet 1717. *Par.* 1717. 4.

Mainfroi, voy. **Manfred.**

Maino (Giasone),
jurisconsulte italien (1435 — 22 mars 1519).

Natta (Marco Antonio). Orazione funebre di G. Maino. *Pavia.* 1522. 4.

Maintenon (Françoise d'**Aubigné**, marquise de),
l'une des maitresses de Louis XIV (27 nov. 1635 — 15 avril 1719).

(**Beaumelle**, Louis Angliviel de la). Vie de madame de Maintenon. *Nancy.* (*Frf.*) 1752. 12. *Cologne.* 1753. 12. Trad. en allem. *Hannov.* 1755. 8.
Trad. en allem. *Lond.* 1755-61. 2 vol. 12.

(——) Lettres et mémoires de madame de Maintenon. *Amst.* 1755. 6 vol. 12. *Hamb.* 1756. 12 vol. 12. *Amst.* (*Avign.*) 1757. 15 vol. 12. *La Haye* et *Leyde.* 1757. 15 vol. 12. *
Trad. en allem. *Leipz.* 1757. 4 vol. 8.
Trad. en angl. (par mistress C... **Lennox**). *Lond.* 1757. 5 vol. 8.
* Ces mémoires firent leur auteur à la Bastille.

Caraccioli (Louis Antoine). Vie de madame de Maintenon, institutrice de la royale maison de Saint-Cyr. *Par.* 1786. 8. (*P.*) *Ibid.* 1788. 2 vol. 12. *
* La première édition ne porte pas le nom de l'auteur.

Genlis (Stéphanie Félicité **Ducrest** de). Madame de Maintenon, etc. *Par.* 1806. 8 ou 2 vol. 12.
Trad. en allem. par Carl Ludwig Methusalem **Mueller.** *Leipz.* 1807. 2 vol. 8. (*L.*)
Trad. en holland. *Amst.* 1827. 8.

Regnault-Warin (Jean Baptiste Joseph Innocent Philadelphe). Madame de Maintenon. *Par.* 1806. 4 vol. 8.

(**Suard**, madame). Madame de Maintenon, peinte par elle-même. *Par.* 1810. 12. (*P.*) *Ibid.* 1828. 2 vol. 8.

Quelques réflexions sur madame de Maintenon, sur son caractère, son esprit et son talent, écrites après une lecture de l'ouvrage intitulé : *Madame de Maintenon, peinte par elle-même,* par un ami de l'auteur, s. l. et s. d. 8. (Rare.)

Lafont d'Ausonne (N... N...). Histoire de madame de Maintenon, fondatrice de Saint-Cyr. *Par.* 1814. 2 vol. 8. *Ibid.* 1817. 2 vol. 12. *Ibid.* 1819. 2 vol. 12. Portrait. (*P.*)

(**Craufurd**, Quintin). Notices sur mesdames (Louise Françoise de La Baume Le Blanc, duchesse) de la Vallière, de (Françoise Athénaïs Rochechouart de Mortemart, marquise de) Montespan, de (Marie Angélique Scoraille de Roussille, duchesse) Fontanges et de (Françoise d'Aubigné, marquise de) Maintenon, etc. *Par.* 1818. 8. (Orné de leurs portraits.)

(**Monmerqué**, Nicolas de). Conversations inédites de la marquise de Maintenon, précédées d'une notice sur madame de Maintenon. *Par.* 1828. 18.

Mémoires sur madame de Maintenon, recueillis par les dames de Saint-Cyr. *Par.* 1846. 12.

Noailles (Paul de). Histoire de madame de Maintenon et des principaux événements du règne de Louis XIV. *Par.* 1848. 2 vol. 8. Portrait.

Merlet (Gustave). Étude critique sur la vie de madame de Maintenon, par M. le duc de Noailles. *Douai.* 1852. 8. Portrait.

Héquet .(Gustave). Madame de Maintenon (1635-1719). *Par.* 1853. 16.

François (N... N...). Éloge de madame de Maintenon, discours prononcé à Saint-Cyr. *Par.* 1787. 8.

Castelnau-Murat (Henriette de). Histoire de la courtisane Rhodope. *Loches.* 1708. 12. *
   * A cause de cette satire, non achevée, la comtesse de Murat a été proscrite de la capitale de France.

Mailly (Jean Baptiste). Entretiens de Louis XIV et de madame de Maintenon sur leurs mariages. *Marseille.* 1701. 12. (Opuscule très-rare.)

(Bosselman de Bellemont, N... N...). Maintenoniana, ou choix d'anecdotes tirées des Lettres de madame de Maintenon, etc. *Amst.* (*Par.*) 1773. 8.

Mainville-Fodor (Joséphine),
   chanteuse allemande (1793 — ...).
Unger (Carl). J. Mainville-Fodor. Précis historique sur la vie, etc. *Vienne.* 1823. 8. Portrait.

Maiquez (Isidro),
   acteur espagnol (vers 1766 — 17 mars 1820).
Revilla (José). Vida artistica de D. I. Maiquez, primer actor de los teatros de Madrid. *Madr.* 1843. 8. Portrait.

Maison (Nicolas Joseph , comte),
   maréchal de France (19 déc. 1771 — 13 février 1840).
Broglie (Victor de). Éloge historique du maréchal comte Maison. *Par.* 1842. 8.
Pascal (Adrien). Etudes historiques et critiques au point de vue de l'art de la guerre sur les généraux français : Maréchal Maison. *Par.* 1842. 8.

Maissiat (Michel),
   ingénieur français (19 sept. 1770 — 4 août 1822).
Augoyat (Antoine Marie). Notice sur M. Maissiat, chef d'escadron au corps royal des ingénieurs-géographes militaires, etc., et sur M. Tranchot, capitaine au corps royal du génie. *Par.* 1822. 8.

Maistre (Joseph Marie, comte de),
   philosophe italien (1er avril 1753 — 26 février 1821).
Raymond (Georges Marie). Éloge du comte J. M. de Maistre. *Chambéry.* 1827. 8. (Non mentionné par Quérard.)
Villeneuve-Arifat (Marie Thérèse de). Éloge du comte J. de Maistre. *Toulouse.* 1833. 8.

Maitland (Margaret),
   dame anglaise.
Some passages in the life of Mrs. M. Maitland, of Sunnyside, written by herself. *Lond.* 1849. 3 vol. 8. *Ibid.* 1850. 3 vol. 8. *New-York.* 1851. 3 vol. 12.

Maittaire (Michel),
   bibliognoste français (1668 — 7 août 1747).
Chasles (Philarète). Dissertation on the life and works of M. Maittaire. *Lond.* 1819. 8. (Tiré à 20 exemplaires seulement.)

Majella (Gerardo),
   prêtre italien (6 avril 1726 — 15 oct. 1755).
(Haringer, Michael). Leben des ehrwürdigen Bruders G. Majella, Laienbruders der Congregation des allerheiligsten Erlösers. *Regensb.* 1841. 12. Portrait.
Tannoja (Antonio Maria). Vie du vénérable frère G. Majella, de la congrégation du très-saint rédempteur. *Liège.* 1843. 8. *
   * Cet ouvrage, trad. de l'italien, est accomp. de son portrait.

Majer (Johann Christoph),
   théologien allemand (3 août 1682 — 24 sept. 1769).
(**Troeltsch**, Walfried Daniel v.). Letztes Ehrengedächtniss J. C. Majer's, etc. *Onolzb.* 1769. 4.

Major (Elias),
   pédagogue allemand (vers 1588 — 7 juillet 1669).
Gebhard (Johann). Epicedius sermo in obitum E. Majoris, rectoris Elisabethanei. *Vratisl.*, s. d. (1699). 4. (D.)

Major (Georg),
   théologien allemand (25 avril 1502 — 28 nov. 1574).
Ulenberg (Caspar). Vita et res gestæ Martini Lutheri,

Philippi Melanchthonis, Matthiæ Flacii, (Andreæ) Osiandri et G. Majoris. *Col. Agr.* 1622. 8.

Major (Johann),
   théologien allemand.
Amling (Wolfgang). Leichenpredigt und Lebenslauf Dr. J. Majoris. *Zerbst.* 1600. 4.

Majorien (Julius Valerianus),
   empereur romain d'Occident (457 — mis à mort le 7 mai 461).
Hengel (Jacob van). Specimen historico-literarium de Majoriano. *Lugd. Bat.* 1833. 8.

Majus (Johann Burchard),
   historien allemand (4 février 1652 — 6 nov. 1726).
Programma academicum in funere J. B. Maii. *Kilon.* 1726. Fol.

Majus (Johann Heinrich),
   théologien allemand, frère du précédent (5 février 1653 — 1er sept. 1719).
Programma academicum in J. H. Maii obitum. *Giess.* 1719. 4.
Schupart (Johann Gottfried). Oratio in memoriam J. H. Maii. *Giess.* 1723. Fol.

Makeprang (Jacob),
   médecin danois (10 nov. 1744 — 30 nov. 1789).
Schultz (Ewald). Abdankungsrede am Grabhügel des Herrn J. Makeprang, der Heilkunde Doctor. *Mietau.* 1789. 8.

Makó (Pál),
   mathématicien hongrois (9 juillet 1723 — 19 août 1793).
P. Makó posthumæ memoriæ. *Pestin.* 1793. 8. (Publ. s. l. lettres G. A. C. A. P.)
Kreil (Anton). Einige Züge aus dem Leben und dem Character des nunmehr verewigten P. Makó; seinem Andenken geweihet. *Pesth.* 1793. 8.

Malacarne (Michele Vincenzo Maria),
   médecin italien (28 sept. 1744 — 4 sept. 1816).
Ruggieri (Cesare). Elogio funebre del professore M. V. M. Malacarne. *Venez.* 1817. 8.

Malachie (Saint),
   .archevêque irlandais (1094 — 2 nov. 1148).
Germano (Giovanni). Vita, gesti e predittioni del P. S. Malachia. *Napol.* 1670. 2 vol. 4.
Ménestrier (Claude François). Réfutation des prétendues prophéties de S. Malachie. * *Par.* 1689. 4.
   * Ces prétendues prophéties sur les papes sont l'ouvrage d'un faussaire, Arnold Wion, bénédictin de la congrégation de Monte-Cassino, qui les fabriqua pendant le conclave en 1590.
Moller (Daniel Wilhelm). Dissertatio historica de Malachia, propheta pontificio. *Altorf.* 1706. 4. (D., L. et Lv.)
Leben des heiligen Malachias, Bischofs in Irland, etc., beschreiben vom heiligen Kirchenvater Bernhardus, erstem Abte zu Claraval. *Zug.* 1843. 8. (Trad. du latin.)

Malagrida (Gabriello),
   jésuite italien (1689 — brûlé le 21 sept. 1761).
Norbert (Pierre Parisot). Lettre contenant la relation de l'exécution du P. Malagrida. *Lisb.* 1761. 12.
Platel (N... N...). Relazione della condanna ed esecuzione del gesuita G. Malagrida. *Lisbon.* 1761. 8.
Procès-verbal de condamnation de G. Malagrida, jésuite, par l'inquisition de Portugal. *Amst.* 1762. 8.
Cordaro (Giulio Cesare). Il buon raciocinio dimostrato in due scritti, ossia saggj apologetici sul famoso processo e tragico fine del fù P. G. Malagrida. *Venez.* 1782. 8. *Ibid.* 1784. 8.
Unpartheiische Nachrichten von dem Leben und Tode des Pater G. Malagrida. *Basel.* 1784. 8.

Malaret (Jean François Madeleine, baron de),
   pair de France (8 août 1770 — vers 1846).
Aldéguier (Flavien d'). Notice nécrologique ou éloge historique de M. le baron de Malaret. *Toulouse.* 1846. 8.

Malaspina (N... N...),
   historien italien.
Sulla patria e sull' età del cronografo novalicense Malaspina. *Torton.* 1816. 8.

Malatesta (Battista),
   savante italienne au xve siècle († vers 1455.)
Olivieri (Annibale degli Abbati). Notizie de B. de Montefeltro. *Pesar.* 1787. 8.

Malatesta,
famiglia italiana.

Facciardi (Cristofero). Della prima origine della casa Malatesta. *Rimini*. 1610. 4.

Clementini (Cesare). Raconto istorico della fondazione di Rimini, dell' origine e vite de' Malatesti, libri XV. *Rimini*. 1617-27. 2 vol. 4. (Raro e recherché.)

Malatesta (Roberto),
prêtre italien.

Facciardi (Cristofero). Vita del B. Giovanni, canonico di Rimini, e del B. R. Malatesta, etc. *Rimini*. 1610. 4.

Malaval (Jean),
chirurgien français (2 mars 1669 — 16 juillet 1758).

Louis (Antoine). Éloge de MM. (Pierre) Bassuel, Malaval et (César) Verdier, chirurgiens de Paris et de l'Académie royale de chirurgie. *Par.* 1759. 8.

Malsberg (Gerhard v.),
grand-maître de l'ordre teutonique (... — 1241 — 1244).

Baczko (Ludwig v.). G. v. Malsberg, Grossmeister des deutschen Ordens. *Königsb.* 1806. 8.

Malbeste (Michel Charles),
théologien français (14 mars 1754 — 22 février 1841).

Frappaz (Z...). Vie de M. C. Malbeste, etc., ancien curé de Sainte-Elisabeth. *Par.* 1843. 12. * *Ibid.* 1845. 12. Portrait.

* La première édition est publiée sous les lettres initiales Z. F.

Malchion,
orateur grec au IIIe siècle.

Zeiske (Johann Gottfried). Programma de Malchione, scholastico, divinæ veritatis vindice. *Witteb.* 1753. Fol.

Malcolm III, surnommé **Caumore** ou **Grosse-Tête,**
roi d'Écosse (1057 — tué le 13 nov. 1093).

Pinkerton (John). Inquiry into the history of Scotland, preceding the reign of Malcolm III. *Lond.* 1789. 2 v. 8.

Maldachini, voy. **Maidalchini.**

Maldeghem (Philippe de),
poète belge (vers 1540 — 1611).

Stassart (Goswin Joseph Augustin de). Notice sur le poète P. de Maldeghem, s. l. et s. d. (*Brux.*) 8. (Extrait des *Bulletins de l'Académie royale de Bruxelles.*)

Male (Margareta van),
comtesse de Flandre.

Leven van Philippus den Stouten, hertoch van Bourgonien, ende van Margareta van Male, gravinne van Vlaenderen. *Gent.* 1851. 8.

Male (Joannes Philippus van),
poète belge (1669 — 5 déc. 1735).

Blommaert (Philippe). Leven van J. P. van Male. *Gand*. 1858. 8. (Extrait du *Belgisch Museum.*)

Malebranche (Nicolas),
philosophe français (6 août 1638 — 13 oct. 1715).

Erdmann (Johann Eduard). Malebranche, Spinoza und die Sceptiker und Mystiker des 17ten Jahrhunderts. Darstellung und Kritik ihrer Systeme. *Riga.* 1836. 8.

Retslag (Carl). Dissertatio de Malebranchio philosopho. *Berol.* 1846. 8.

Maléchard (Charles Bernardin Gabriel),
officier français (27 oct. 1792 — 2 nov. 1837 *).

Pointe (Jean Pierre). Éloge historique de C. B. Maléchard, chef d'escadron d'artillerie. *Lyon.* 1838. 8. *Ibid.* 1843. 8.

* Ou selon d'autres biographies le 27 octobre de la même année.

Malesherbes (Chrétien Guillaume **Lamoignon** de),
homme d'État français (16 déc. 1721 — guillotiné le 22 avril 1794).

Lamoignon de Malherbes und Barthélemy ; zwei historische Versuche. *Berl.* 1796. 8.

(**Martainville**, Alphonse Louis Dieudonné). Vie de C. G. Lamoignon de Malesherbes, ancien premier président de la cour des aides, membre de l'Académie, etc. *Par.*, an x (1802). 12. Portrait. (*Lv.*)

(**Delisle de Sales**, Claude Isoard). Malesherbes, ou mémoires sur la vie publique et privée de ce grand homme. *Par.* 1803. 8. (*P.*) Trad. en angl. s. c. t. Life of Lamoignon-Malesherbes, par Edward MANGIN. *Lond.* 1804. 12.

Gaillard (Gabriel Henri). Vie ou éloge historique de

M. de Malesherbes, suivie de la vie du premier président de Lamoignon, son bisaïeul. *Par.* 1805. 8. (*Lv.*)

Dubois (Jean Baptiste). Notice historique sur la vie et les travaux de C. G. de Lamoignon de Malesherbes. *Par.* 1800. 8. (*P.*)

Chas (Pierre). Éloge de Lamoignon-Malesherbes, s. l. (*Par.*) 1808. 8.

Boissy d'Anglas (François Antoine de). Essai sur la vie, les écrits et les opinions de M. de Malesherbes. *Par.* 1819-21. 2 vol 8. (*Lv.*)

Duplessis (Claude Philippe). Éloge de Malesherbes. *Par.* 1820. 8.

Gandouard de Montauré (N... N...). Éloge de Malesherbes, suivi de notes historiques. *Par.* 1821. 8. (*Lv.*)

Bazin (Anaïs de Raucou). Éloge historique de C. G. Lamoignon de Malesherbes. *Par.* 1831. 8. (Couronné par l'Académie française.)

Dupin (André Marie Jean Jacques). Éloge de C. G. Lamoignon de Malesherbes, l'un des quarante de l'Académie française. *Par.* 1841. 8. *Ibid.* 1849. 4. (*Lv.*)

Hutteau (N... N...). Un chapitre de la vie de M. de Malesherbes sur les protestants, etc. *Par.* 1818. 8.

Cousin d'Avallon (Charles Yves). Malesherbiana, ou recueil d'anecdotes et pensées de C. G. Lamoignon de Malesherbes. *Par.*, an x (1802). 12.

Maleszewski (Pierre Paul Jean),
historien polonais (1767 — 18 août 1828).

Maleszewska (Jeanne). Notice sur P. Maleszewski. *Par.* 1829. 8.

Malet (Claude François de),
général français (28 juin 1754 — fusillé le 29 oct. 1812).

Lemare (Pierre Alexandre). Malet, ou coup d'œil sur l'origine, les éléments, le but et les moyens des conjurations formées en 1808 et 1812, par ce général et autres ennemis de la tyrannie. *Par.* 1814. 8. (*Bes.*)

Lafont d'Ausonne (N... N...). Histoire de la conjuration de Malet, avec des détails officiels sur cette affaire. *Par.* 1814. 8. (*Bes.*) — (Omis par Quérard.)

T... (M... L...). Histoire des conspirations de Malet. *Par.* 1815. 8. *

* Cette brochure n'a pas été mise en circulation.

Aubignose (N... N... d'). La conjuration de Mallet (!) contre Napoléon. *Gand.* 1824. 8.

Lahorie (Victor Claude Alexandre **Faneau** de). Éclaircissements historiques sur la conspiration du général Malet. *Par.* 1834. 8.

Dourille (Henri). Histoire de la conspiration du général Malet. *Par.* 1840. 8.

Saint-Hilaire (Emile Marco de). Souvenirs du temps de l'empire. Conspiration de Mallet (!) en 1812 ; étude historique. *Par.* 1841. 8. *Brux.* 1842. 18.

Malfait (Jean Guillaume),
jurisconsulte belge (1698 — 1783).

(**De Vos**, F...). Vie du célèbre jurisconsulte Malfait, décédé à Bruxelles ; son testament, sa mort, son enterrement, etc. *Brux.*, an XII (1804). 8. (Assez rare.)

Malfatti (Faustina),
dame italienne.

Giorgini (Giovanni Battista). Cenni biografici riguardanti la vita e morte di F. Malfatti, nata Gauffier. *Lucca.* 1837. 8.

Malher (N... N...),
général français.

Notice biographique sur le général de division Malher, comte de l'empire, grand officier de la Légion d'honneur et grand-croix du Lion palatin de Bavière. *Metz.* 1852. 8.

Malherbe (François de),
poète français (vers 1555 — 1628).

Racan (Honorat de **Bueil** de). Mémoires pour la vie de Malherbe. *Par.* 1651. 12. *

* Quelques bibliographes citent cet ouvrage, mais plusieurs révoquent en doute son existence.

Roux-Alpheran (N... N...). Recherches biographiques sur Malherbe. *Aix.* 1825. 8.

Puiseux (L...) et **Charles** (E...). Notices sur Malherbe, (Pierre Simon de) La Place, (Pierre) Varignon, (Guillaume François) Rouelle, (Louis Nicolas) Vauquelin,

(Victor Collet) Descotils, (Augustin Jean) Fresnel et (Jules Sébastien César) Dumont d'Urville. *Caen*. 1847. 12.

Gournay (François Antoine de). Malherbe. Recherches sur sa vie et critique de ses œuvres. *Caen*. 1852. 8.

Malibran, née **Garcia** (Maria Felicitas),
cantatrice espagnole du premier ordre (1808 — 23 sept. 1836).
Cenni biografici di madama M. Garcia Malibran. *Venez.* 1835. 8.

Barbieri (Gaetano). Notizie biografiche di M. F. Malibran. *Milan*. 1836. 8. Portrait.
Cenni biografici su madama M. Malibran e il suo secolo. *Lucca*. 1836. 8.

Nathan (John). Life of madame M. Malibran de Beriot. *Lond*. 1836. 12. Trad. en allem. par A... v. Taeskow. *Quedlinb*. 1837. 12.

Merlin (comtesse de). Loisirs d'une femme du monde. *Par*. 1838. 2 vol. 12. Trad. en allem. s. c. t. M. Malibran als Weib und Künstlerin, nebst Characterzügen und Anecdoten aus ihrem Leben. *Leipz*. 1839. 8.

Malle (Pierre Nicolas François),
médecin français (12 février 1805 — ... 1852).
Lévy (Michel). Discours prononcé sur la tombe de M. le docteur Malle. *Par*. 1852. 8.

Malleolus (Félix), voy. **Haemmerlein.**

Mallet (Fredrik),
mathématicien suédois (10 mars 1728 — 27 juin 1797).
Melanderhjelm (Daniel **Melander** af). Åminnelse-Tal öfver F. Mallet. *Stockh*. 1798. 8.

Mallet (Paul Henri),
historien suisse (20 août 1730 — 8 février 1807).
Simonde de Sismondi (Jean Charles Léonard). De la vie et des écrits de P. H. Mallet. *Genève*. 1807. 8. (D.)

Mallet-Dupan (Jacques),
publiciste suisse (1749 — 10 mai 1800).
Mémoires et correspondance de Mallet Du Pan, pour servir à l'histoire de la révolution française, recueillis et mis en ordre par A... Sayous. *Par*. 1851. 2 vol. 8. Trad. en angl. *Lond*. 1852. 2 vol. 8.

Mallier du Houssaye (François),
évêque de Troyes.
Denise (Nicolas). Oraison funèbre de F. Mallet du Houssaye, etc. *Troyes*. 1670. 4.

Malling (Ove),
homme d'État danois (10 déc. 1746 — 17 nov. 1829).
Mynster (Jacob Peter). Soergetal over O. Malling. *Kjoebenh*. 1829. 8.
Fogtmann (Nicolai). Mindetale over Geheime Statsminister O. Malling. *Kjoebenh*. 1830. 8.
Hornemann (Jens Wilken). Mindetale over O. Malling. *Kjoebenh*. 1830. 8.
Mueller (Peter Erasmus). Oratio funebris in memoriam O. Malling. *Hafn*. 1838. 4.

Mallinkrot (Bernhard v.),
évêque de Minden († 7 mars 1664). *
Springer (Johann Christoph Erich v.). Bernhard v. Galen und B. v. Mallinkrot. *Münst*. 1773. 8.
* Et non en 1650, comme l'avancent plusieurs biographes.

Malmesbury (James **Harris,** earl of),
diplomate anglais (20 avril 1746 — 21 nov. 1820).
Diaries and correspondence of J. Harris, first earl of Malmesbury, containing an account of his missions to the cours of Madrid, Frederick the Great, Catherine II, and the Hague, etc. *Lond*. 1842-44. 4 vol. 8. *Ibid*. 1852. 4 vol. 8. *
* Publ. par un de ses petit-fils.

Malmstedt (M... B...),
savant suédois.
Hedrén (Johan Jakob). Memoria professoris M. B. Malmstedt. *Holm*. 1803. 8.

Malmy (Étienne Pierre François de Paule),
fondateur de la Trappe d'Aiguebelle (4 sept. 1744 — 12 avril 1840).
Gaillardin (Casimir). Vie du R. P. É. P. F. de P. Malmy. *Par*. 1840. 12. Portrait.

Malone (Edmond),
littérateur anglais.
Boswell (James). Memoirs of the late E. Malone, Esq. *Lond*. 1814. 8.

Malouin (Paul Jacques),
médecin français (1701 — 31 déc. 1777). *
Desessartz (Jean Charles). Éloge de Malouin. *Par*. 1779. 4.
* Quelques biographes le font mourir le 21 janvier 1778.

Malpighi (Marcello),
médecin-anatomiste italien (10 mars 1628 — 29 nov. 1694).
Festa (M...). Malpighius, sermone illustratus. *Bologn*. 1810. 4.
Atti (Gaëtano). Notizie biografiche della vita di M. Malpighi e di Lorenzo Bellini. *Bologn*. 1847. 4.

Malta Mildahn (N... N...),
pédagogue allemand († 1782).
Borheck (Konrad). Zum Andenken des verstorbenen Subrectoris zu Stralsund, Malta Mildahn. *Strals*. 1785. 4. *
* Publ. sous les lettres initiales K. B.

Malus (Étienne Louis),
physicien français (23 juin 1775 — 23 février 1812).
Funérailles de M. Malus. Discours prononcés sur sa tombe par Jean Baptiste Joseph Delambre et Jean Baptiste Biot. *Par*. 1812. 4.

Malvagna (Maria Giovanna **Speciale,** principessa di),
dame italienne († 1838).
Mereo (Angelo). Elogio funebre per la signora D. M. G. Speciale, principessa di Malvagna. *Palerm*. 1838. 8.

Malvastra (Salvatore),
jurisconsulte italien.
Carbone (Raffaelo). Poche cose in morte del dottore S. Malvastra. *Palerm*. 1836. 12.

Malvezzi (Achille),
savant italien.
Memorie risguardanti il commendatore A. Malvezzi, maestro Rodolfo, detto Aristotele Fioravante. *Moden*. 1825. 8.

Mammante (Saint),
martyr italien.
Metafraste (Simeone). Vita di S. Mammante, volgarmente detto San Mammagio, trad. du lat. par Ludovico Dolce. *Firenz*. 1556. 12.
Breve compendio della vita del glorioso martire S. Mammante. *Venez*. 1781. 12.

Mammé (Saint),
patron de Langres.
Histoire du grand martyr S. Mammé, patron de l'église de Langres, divisée en deux livres; le premier contient sa vie et sa passion, le second les diverses translations de ses reliques. *Par*. 1650. 8.

Man (A... W... H... **Nolthenius** de),
colonel hollandais.
Schotel (Gilles Dionysius Jacobus). Iets over den luitnant-kolonel A. W. H. Nolthenius de Man, s. l. et s. d. (*Breda*. 1842.) 8. (Extrait du journal *Bredasche Courant*.) — (*Ld*.)

Man (M... J... de),
général hollandais.
(**Merkes,** J... G... W...). Levensschets van Z. Exc. den heer luitnant-generaal M. J. de Man. *Breda*. 1838. 8. * (*Ld*.)
* Publ. sous la lettre initiale M.

Manara (Prospero),
littérateur italien (14 avril 1714 — 2 février 1800).
Cerati (Antonio). Elogio di P. Manara. *Parma*. 1801. 8. *
* Publ. sous le pseudonyme de Filandro Cartynss.

Mancera (Leonora **Carreto,** marquesa de),
vice-reine de la Nouvelle Espagne († 1675).
Calderon (Francisco). Sermon en las esequias de donna L. Carreto, marquesa de Mancera, virreyna desta Nueva España. *Mexico*. 1675. 4.

Mancini, duchesse de **Mazarin** (Hortense de),
nièce du cardinal Mazarin (6 juin 1646 — 2 juillet 1699).
Mémoires de M(adame) L(a) D(uchesse) M(ancini). *Cologne*. (*Par*.) 1675. 12. *
Trad. en angl. par N... N... Porter. *Lond*. 1676. 8.
Trad. en ital. *Genov*. 1677. 8.
* Faussement attribués à madame du Ruth et à l'abbé de Saint-Réal; ces Mémoires sont d'Hortense Mancini elle-même.

Mancini, princesse de **Colonna** (Marie),
nièce du cardinal Mazarin (1639 — vers 1715).
Mémoires de M. L. P. M. M. (madame la princesse Marie

Mancini) de Colonne, grande-connétable du royaume de Naples. *Cologne*. 1676. 12. Trad. en ital. *Rom*. 1678. 12. *
* Roman historique assez mauvais.

(**Brémond**, S...). Apologie ou les véritables mémoires de madame M. Mancini, connétable de Colonna, écrits par elle-même. *Leyd*. 1678. 12.

Mancini (Venanzio),
savant italien.

Franco (Niccolò). Oratio in funere D. V. Mancini. *Napol*. 1600. 4.

Mandelli (Fortunato),
camaldule italien.

Barbaro (Francesco). Elogio funebre in morte del Rev. P. D. F. Mandelli, abate di S. Michele di Murano. *Venez*. 1797. 8.

Mandelot (François de),
homme d'État français (20 oct. 1529 — ... 1588).

Discours de la vie, mort et derniers propos de feu monseigneur de Mandelot, avec l'ordre tenu à ses obsèques. *Lyon*. 1588. 4.

Péricaud (Antoine). Notice sur P. de Mandelot, gouverneur et lieutenant général du Lyonnais, Forez et Beaujolais, sous Charles IX et Henri III. *Lyon*. 1828. 8. (Tiré seulement à 100 exemplaires.)

Mander (Karel van),
peintre-poète hollandais (1548 — 11 sept. 1606).

Gheslacht, gheboort, plaets, tijd, leven ende werken van K. van Mander, schilder ende poet, etc. *Amst*. 1624. 8. (*Ld*.)

Manderstroem (Christopher),
poète suédois (13 déc. 1727 — 1er sept. 1788).

Liljeströle (J... W...). Åminnelse-Tal öfver C. Manderstroem. *Stockh*. 1788. 8.

Mandols (demoiselle de),
prétendue possédée française.

Michaëlis (N... N...). Histoire de la possession et conversion d'une pénitente (demoiselle de Mandols) par un magicien. *Par*. et *Douai*. 1613. 8.

Mandrin (Louis),
contrebandier français (roué le 26 mai 1755).

Regley (abbé). Vie de L. Mandrin, s. l. (*Par*.) 1755. 12.
(**Terrier de Cléron**, Joseph). Vie de L. Mandrin depuis sa naissance jusqu'à sa mort, *Dôle*. 1755. 12. Trad. en ital. par Antonio Chiari. *Venez*. 1757. 8.
La Mandrinade, ou histoire curieuse, etc., de la vie de L. Mandrin. *Saint-Géoire*. 1755. 8.
Précis de la vie de L. Mandrin. *Par*. 1755. 4. Trad. en allem. *Jena*. 1758. 8.
Oraison funèbre de messire L. Mandrin, colonel général des faussaires et contrebandiers de France, s. l. et s. d. (*Lyon*. 1755.) 4.
Leben L. Mandrin's, Oberhaupts der Contrebandiers in Frankreich. *Bresl*. 1755. 8.
Testament politique de L. Mandrin. *Genève*. 1756. 8.
Analyse du testament politique de L. Mandrin, s. l. (*Par*.) 1789. 8. *
* Ces deux derniers pamphlets sont dirigés contre les fermiers généraux.

Leben, Thaten, Liebschaften, Verbrechen und Ende L. Mandrin's, etc. *Ilmenau*. 1828. 8.

Mandruzzato (Salvatore),
littérateur italien au xixe siècle.

Galvani (Giovanni Antonio). Sulla vita e sugli scritti di S. Mandruzzato. *Padov*. 1857. 8.

Manès ou **Many**,
fondateur de la secte des manichéens (écorché vif vers l'an 274).

Reichlin v. Meldegg (Carl Alexander). Die Theologie des Magiers Manes und ihr Ursprung. *Frf*. 1825. 8.

Maness,
famille suisse.

Wyss (Georg). Beitrage zur Geschichte der Familie Maness. *Zürch*. 1850. 4.

Maneskoeld (Johan Gustaf),
officier suédois.

Faxe (Arvid). Åminnelse-Tal öfver Ofver-Lieutenant J. G. Maneskoeld. *Carlsk*. 1788. 8.

Manethon,
astrologue grec (263 avant J. C.).

Strobel (Johann Adam). Disquisitio historica, an Manethonis pastores invasores Ægypti fuerint Israelitæ. *Altorf*. 1730. 4.

Baumgarten (Sigismund Jacob). Disputatio, s. examen variarum opinionum de regno posterorum Abrahami in Ægypto. *Halæ*. 1744. 4.

Koenigsmann (Bernhard Ludwig). Prolusio historicocritica : narratio Manethoniana de regibus pastoribus iterum Ægypto excidentibus, etc. *Slevici*. 1799. 4.

Rigler (Friedrich Anton). Commentatio de Manethone astrologo ejusque ἀποτελεσματικῶν libri II. *Col. Agr*. 1828. 4.

Boekh (August). Manetho und die Hundssternperiode. Beitrag zur Geschichte der Pharaonen. *Berl*. 1845. 8.

Fruin (R... J...). Dissertatio historica de Manethone Sebennyta. *Lugd. Bat*. 1847. 8.

Manetti (Braccio),
homme d'État italien.

Coltellini (Agostino). Il ministro d'Iddio e del principe riconosciuto nella vita di B. Manetti, gentiluomo fiorentino. *Firenz*. 1654. 12. (*D*.)

Manetti (Giannozzo),
homme d'État italien (5 juin 1396 — 26 oct. 1459).

Réquier (Jean Baptiste). Vie de G. Manetti, sénateur de Florence. *La Haye*. 1762. 12. (*D*.)

Manfred ou **Manfried**,
roi de Sicile, fils naturel de l'empereur Frédéric II (vers 1234 — 1258 — tué le 26 février 1266).

Cesare (Giuseppe de). Storia di Manfredi, rè di Sicilia e di Puglia. *Napol*. 1837. 2 vol. 8.

Muench (Ernst Joseph Hermann v.). König Manfred. *Stuttg*. 1840. 8.

Riccio (Camillo Minieri). Alcuni studii storici intorno a Manfredi e Corradino della imperiale casa di Hohenstauffen. *Napol*. 1850. 8.

Sebire (François Antoine). Étude historique. Les partis au moyen âge. Les Guelfes et les Gibelins. Les Noirs et les Blancs. Frédéric II. Manfred. Conradin. Charles d'Anjou. Charles de Valois. Dante Alighieri. *Paris*. 1853. 8.

Davanzati (Domenico Forges). Dissertazione sulla seconda moglie del rè Manfredi e su loro figliuoli. *Napol*. 1791. 4.

Manfredi (Eustachio),
géomètre italien (20 sept. 1674 — 15 février 1739).

Zanotti (Giovanni Pietro). Vita di E. Manfredi. *Bologn*. 1745. 4. Portrait. (*D*.)

Manfredini (il marchese Federigo),
homme d'État italien (24 août 1743 — 2 sept. 1829).

Meneghelli (Antonio Maria). Il marchese F. Manfredini e sue gesta. *Padov*. 1834. 8.

Manger (Sebastian Godfried),
savant hollandais.

Mandt (A...). Levensschets van S. G. Manger. *Gorinch*. 1793. 8.

Mangiamele (Vito),
enfant prodige italien.

Marlin (N... N...). Notice sur le jeune V. Mangiamele, s. l. (*Par*.) 1838. 8.

Mangili (Giuseppe),
médecin italien (17 mars 1767 — 8 nov. 1829).

Chiappa (Giovanni del). Necrologia del professore G. Mangili. *Pavia*. 1829. 8.

Salvioni (Agostino). Elogio storico della vita e sugli scritti di G. Mangili. *Bergam*. 1830. 8.

Mangin (Armand de),
officier français (1811 — assassiné le 23 juin 1848).

Saint-Maurice Cabany (Charles Édouard). A. de Mangin, capitaine d'état-major, aide de camp du général de Bréa et du général Damesme, assassiné à la barrière de Fontainebleau à Paris, etc. *Par*. 1853. 8. (Extrait du *Nécrologe universel du xixe siècle*.)

Mangold,
prince-évêque de Bamberg († 1303).

Oesterreicher (Paul). Bambergs Fürst-Bischöfe. Urkundliche Nachrichten von dem Fürst-Bischofe Mangold. *Bamb*., s. d. 8.

Mangold (Christoph Andreas),
médecin allemand (1719 — 2 juillet 1767).

Baldinger (Ernst Gottfried). Ehrengedächtniss des Professors C. A. Mangold. *Jena.* 1767. 4. (*D.*)

Manhes (Charles Antoine, comte),
général français (4 nov. 1777 — ...).

G... (M... de). Notice historique sur M. le lieutenant général C. A., comte Manhes, etc. *Par.* 1819. 8.

Manilius (Marcus),
poète romain (contemporain de l'empereur Auguste).

Jacob (Friedrich). Commentatio de M. Manilio poeta, de ejus nomine, ætate, patria et ingenio. *Lubec.* 1832. 4.

Manin ou Manini,
famille vénitienne.

Tommasini (Francesco). Illustre serie dell' antichissima e nobilissima famiglia Manini. *Vicenz.* 1690. 4.

Manin (Daniele) *,
dictateur de la république de Venise en 1849.

Rovani (Giovanni Vittorio). Memoria storica di D. Manin, presidente e dittatore del governo di Venezia. *Torin.* 1850. 8.

Forge (Anatole de la). Histoire de la république de Venise sous Manin. *Par.* 1852. 2 vol. 8.

* On sait que le dernier doge de Venise appartenait à la même famille Ludovico Manin mourut le 23 oct. 1802.

Manin (Ludovico),
procurateur de Saint-Marc.

Gozzi (Gasparo). Orazione funerale in lode di L. Manin. *Venez.* 1764. 4.

Manlius (Flavius Theodorus),
consul romain au xve siècle.

Rubens (Albert). Dissertatio de vita F. Manlii Theodori, quæstoris sacri palatii, etc. (publ. par Johann Georg GRÆVIUS). *Ultraj.* 1694. 12. (*P.*) Réimpr. par Friedrich PLATNER. *Lips.* 1734. 8. (*L.*)

Manlius Torquatus (Titus),
dictateur romain.

Ekerman (Peter). Dissertatio de T. Manlio Torquato, disciplinæ militaris vindice severissimo. *Upsal.* 1767. 4.

Manar (Miguel),
gentilhomme espagnol.

Cardenas (Juan). Breve relacion de la muerte, vida y virtudes del venerable cavallero D. M. Mañar, vincentelo de Leca, cavallero de la orden de Calatrava. *Sevill.* 1679. 4.

Mann (Auguste Théodore),
littérateur belge d'origine anglaise (vers 1740 — vers 1810).

Reiffenberg (Frédéric Auguste Ferdinand Thomas de). Éloge de l'abbé A. T. Mann, s. l. et s. d. (*Brux.* 1850.) 4.

Manneken-Pis,
représentant allégorique de la bourgeoisie de Bruxelles.

Collin de Plancy (Jacques Auguste Simon). Histoire de Manneken-Pis, racontée par lui-même, etc. *Brux.* 1824. 18. Figure.

Dunart (E...). Histoire de Manneken-Pis, d'après des documents entièrement inédits, suivie d'une notice historique sur la fontaine de Manneken-Pis. *Brux.* 1846. 18. Figures.

Histoire et origine de Manneken-Pis, suivie de l'historique de la place des Martyrs, de l'église de Sainte-Gudule et de l'hôtel de ville. *Brux.* 1849. 18. *Ibid.* 1853. 18. Port.

Mannerheim (Lars August),
jurisconsulte suédois (14 oct. 1749 — 18 mars 1835).

Wahlin (N... N...). Likpredikan öfver Justitie-Ombundsman L. A. Mannerheim. *Stockh.* 1835. 8.

Moerner (Adolf Göran). Åminnelse-Tal öfver Justitie-Ombundsman L. A. Mannerheim. *Stockh.* 1837. 8.

Manni (Domenico Maria),
imprimeur et antiquaire italien (8 avril 1690 — 30 nov. 1788).

Tomitano (Giulio Bernardino). Elogio storico di D. M. Manni. *Venez.* 1789. 4. *

* Suivi du catalogue de ses ouvrages.

Manni (Pietro),
médecin italien (8 oct. 1778 — 10 mars 1839).

Gnoli (Cesare). Breve commentario della vita e delle opere mediche del cavaliere professore P. Manni. *Bologn.* 1859. 8.

Mansart (Jules Hardouin),
architecte français (1645 — 11 mai 1708).

Duchesne (Jean). Notice sur la vie et les ouvrages de J. H. Mansart. *Par.* 1805. 8.

Mansfeld (Grafen v.),
famille allemande.

Zeitler (Christian). Achthundertjähriger aneinanderhangender Stammbaum der Grafen und Herren zu Mansfeld, von 800 bis auf 1703. *Halle.* 1703. 8.

Hoffmann (Christian Gottfried). Ehre des fürst- und gräflichen Hauses Mansfeld und Leben Peter Ernst, Grafen v. Mansfeld. *Leipz.* 1717. 8. (*L.*)

Niemann (L... F...). Geschichte der Grafen v. Mansfeld. *Aschersleb.* 1834. 8.

Mansfeld (Carl, Fürst v.),
général allemand.

Scherer (Georg). Teutsche Oration von denen löblichen Thatten (!) und heroischen Tugenden C. Fürsten v. Mansfeld, Obristen General-Leutten-Ampt des christlichen Heeres in Hungern, etc. *Wien.* 1593. 4.

Gabelmann (Nicolaus). De vita et rebus gestis principis C. Mansfeldensis. *Frf.* 1597. 4. *Ibid.* 1601. 4.

Mansfeld (Ernst, Graf v.),
général allemand, fils naturel du suivant (1585 — 4 ou 20 nov. 1626).

Acta Mansfeldica, oder ritterliche Thaten des Grafen E. v. Mansfeld, s. l. 1624. 4.

Mansfeld (Peter Ernst, Graf v.),
gouverneur des Pays-Bas (20 juillet 1517 — 2 mai 1604).

(Schannat, Claude Jean Frédéric). Histoire du comte de Mansfeld, gouverneur du Luxembourg. *Luxemb.* 1707. 12.

Mansfield (William Murray, lord),
homme d'État écossais (2 mars 1705 — 20 mars 1793).

Holliday (John). Life of W. late carl of Mansfield. *Lond.* 1797. 4.

Mansi (Giovanni Domenico),
archevêque de Lucques (16 février 1692 — 27 sept. 1769).

(Zatta, Antonio). Commentarium de vita et scriptis J. D. Mansi, clerici regularis, archiepiscopi diocœsis Lucensis. *Venez.* 1772. 4. Portrait. (*Bes.*)

Mansion (Colard),
imprimeur belge au xve siècle.

(Praet, Joseph Basile Bernard van). Notice sur C. Mansion, libraire et imprimeur de la ville de Bruges en Flandre, etc. *Par.* 1829. 8. Portrait.

Carton (Charles). C. Mansion et les imprimeurs brugeois du xve siècle. *Brug.* 1848. 8. (*Bx.*)

Manski (J... G...),
touriste allemand.

Manski (J... G...). Leben, Reisen und Schicksale, von ihm selbst beschrieben. *Bresl.* 1803. 8.

Manso (Johann Caspar Friedrich),
historien allemand (26 mai 1759 — 9 juin 1826).

Glocker (Ernst Friedrich). Rede zum Andenken J. C. F. Manso's, etc. *Bresl.* 1826. 8. (*D.*)

Kluge (Friedrich Wilhelm). J. C. F. Manso als Schulmann und Gelehrter. *Bresl.* 1826. 8. (*D.*)

Passow (Franz). Narratio de J. C. F. Mansone. *Vratisl.* 1826. 4. Portrait. (*D.*)

Manso (Johann Siegmund),
pédagogue allemand (29 juin 1731 — 9 mai 1790).

Ricklefs (Friedrich). Erinnerungen aus J. S. Manso's Leben. *Oldenb.* 1796. 8.

Manson, voy. Manzon.

Manstein (Christoph Hermann v.),
général allemand (1er sept. 1711 — tué le 27 juin 1757).

Manstein (Christoph Hermann v.). Historische und politische Nachrichten von Russland aus den Jahren 1727-44. *Leipz.* 1771. 8. Trad. en franç. s. c. t. Memoires, etc., précédés de la vie de l'auteur, par Michel HUBER. *Lyon.* 1772. 2 vol. 8.

Mansveld (Regner van),
philosophe hollandais (21 oct. 1639 — 29 mai 1671).

Graevius (Johann Georg). Oratio funebris in obitum R. a Mansveld, doctoris et professoris in academia Trajectina celeberrimi. *Ultraj.* 1671. 4. (*Lv.*)

Mant (Richard),
évêque de Down et de Connor (12 février 1777 — 2 nov. 1848).

Berens (N... N...). Memoir of the life of bishop Mant. *Lond.* 1849. 12.

Mantegna (Andrea),
peintre-graveur italien (1430 — 1506).
Brandolese (Pietro). Testimonianze intorno alla patavinità di A. Mantegna. *Padov.* 1805. 8.
Gennari (Giuseppe). Notizie intorno alla patria del celebre pittore A. Mantegna. *Padov.* 1829. 8. *Venez.* 1834. 8.

Manteuffel (Otto-Theodor, Freiherr v.),
homme d'État allemand (3 février 1805 — ...).
Hesekiel (Georg). O. T., Freiherr v. Manteuffel; ein preussisches Lebensbild. *Berl.* 1851. 8. Trad. en franç. par l'auteur lui-même (?). *Par.* 1852. 8.

Mantovano (Battista),
poëte italien (17 avril 1448 — 20 mars 1516).
Ambrosi (Florido). Vita di B. Mantovano. *Torin.* 1785. 8.

Mantzel (Johann Christoph),
théologien allemand.(† 27 déc. 1750).
Moeckel (Johann Erhard). Gedächtnissschrift auf J. C. Mantzel. *Dresd.* 1750. 4. (*D.*)

Manuel Comnène,
empereur de Constantinople (1143 — 1180).
Wilken (Friedrich). Commentatio, rerum ab Alexio I, Joanne, Manuele et Alexio II Comnenis Romanorum Byzantinorum imperatoribus gestarum libri IV. *Heidelb.* 1812. 4. Portrait. (*L.*)

Manuel Paléologue,
empereur de Constantinople († 1425).
Berger de Xivrey (Jules). Mémoire sur la vie et les ouvrages de l'empereur Manuel Paléologue. *Par.* 1853. 4. (Extrait des *Mémoires de l'Institut de France, Académie des inscriptions et belles-lettres*.)

Manuel (Jacques Antoine),
homme d'État français (19 déc. 1775 — 27 août 1827).
Fadeville (Théodore). Manuel , jugé par ses actions et ses discours. *Par.* 1824. 8.
(**Ramond de La Croisette**, N... N...). M. Manuel. *Par.* 1824. 12. *
    * Avec cette épigraphe : *Que justice soit faite!*
Notice sur la vie de J. A. Manuel.' *Par.* 1827. 8.
Précis des événements qui ont accompagné les obsèques de J. A. Manuel. *Par.* 1828. 8.

Manuel (Louis Pierre),
député à la Convention nationale (1751 — guillotiné le 15 nov. 1793).
Vie secrète de P. Manuel. *Par.*, an II (1794). 8. (*Lv.*)

Manuel (Nicolaus),
peintre et poëte suisse (1484 — 1530).
Grueneisen (Carl). N. Manuel. Leben und Werke eines Malers und Dichters, Kriegers, Staatsmanns und Reformators im sechszehnten Jahrhundert. *Stuttg.* et *Tübing.* 1837. 8. Portrait.

Manuzio (Aldo Pio),
imprimeur italien (1447 — assassiné vers 1515).
Unger (C... F...). Dissertatio de A. P. Manutii vita meritisque in rem litterariam, publ. avec des notes par Samuel Luther GERET. *Witteb.* 1753. 4. Portrait. (*D.*)
Manni (Domenico Maria). Vita di A. P. Manuzio. *Venez.* 1759. 8.

Manuzio (Paolo),
imprimeur italien, fils du précédent (1512 — 6 avril 1574).
Krause (Johann Gottlieb). Apparatus ad P. Manutii vitam. *Lips.* 1669. 4. (*D.* et *L.*) *Ibid.* 1719. 4.

Manzi (Guglielmo),
archéologue italien (vers 1784 — 1821).
Rossi (Giovanni Gherardo de'). Elogio storico di G. Manzi, etc. *Venez.* 1822. 8. (*P.*)

Manzinelli ou **Mancinelli** (Giulio),
jésuite italien (13 oct. 1537 — 14 août 1618).
Cellesius (C...). Vita magni servi Dei P. J. Mancinelli, trad. de l'ital. par Simon MAYA. *Oenipont.* 1677. 4.

Manzon (Marie Françoise Clarisse **Enjalrand**, dame),
compromise dans l'affaire des assassins de Fualdès (1785 — 4 juin 1826).
Mémoires de madame Manzon, explicatifs de sa conduite dans le procès de l'assassinat de M. Fualdès, écrits par elle-même (et rédig. par Amand RODAT *). *Par.* 1818. 8. Portrait.
    Trad. en allem. :
    Par Carl MUECHLER. *Berl.* 1818. 8. Portrait.
    Par un anonyme. *Wien.* 1818. 8. Portrait.
    * Ou selon d'autres bibliographes par Henri de LATOUCHE.

Manzoni (Alessandro),
poëte italien (1784 — ...).
(**Loménie**, Louis de). M. Manzoni, par un homme de rien. *Par.* 1842. 12.
Sainte-Beuve (Charles Augustin). A. Manzoni; fragment biographique. *Par.* 1845. 8. Trad. en ital. par Camillo LADERCHI. *Ferrar.* 1846. 8.

Manzoni (Antonio),
anatomiste italien (15 sept. 1746 — 19 oct. 1819).
(**Cesari**, Antonio). Commentariolum de vita A. Manzonii, chirurgi philologi. *Veron.* 1845. 8.

Manzoni (Giuseppe),
poëte italien (.. janvier 1742 — .. oct. 1811).
Zabeo (Prosdocimo). Orazione per li solenni funerali dell' abate G. Manzoni, canonico di Nona, gia consultore del Santo Ufficio, etc. *Venez.* 1811. 4.

Map ou **Mapes** (Walter),
poëte anglais à la fin du XIIe siècle.
Phillips (George). W. Map. Ein Beitrag zur Geschichte König Heinrich's II von England und des Lebens an seinem Hofe. *Wien.* 1855. 8.

Maquet (Auguste),
littérateur français (13 sept. 1813 — ...).
Robin (Charles). Biographie d'A. Maquet. *Par.* 1848. 8. Portrait. (Extrait de la *Galerie des gens de lettres au XIXe siècle.*)

Mara (Gertrud Elisabeth),
cantatrice allemande (23 février 1749 — 20 janvier 1833).
Grosheim (Georg Christoph). Leben der Künstlerin Mara. *Cassel.* 1823. 8.

Maran (Guillaume),
jurisconsulte français (vers 1540 — 1621).
Medon (Bernard). Vita G. Marani JCti. *Tolos.* 1679. Fol. (*P.*)

Marat (Jean Paul),
député à la Convention nationale (1744 — assassiné le 13 juillet 1793).
Profession de foi de Marat, l'ami du peuple, adressée aux Français, s. l. et s. d. 8. Trad. en allem. *Leipz.* 1793. 8.

Lebois (N... N...). Détails de l'assassinat de Marat. *Par.* 1793. 8.

Fabre d'Églantine (Philippe François Nazaire). Portrait de Marat. *Par.*, s. d. 12.
Béraud (N... N...). Oraison funèbre de J. P. Marat. *Par.* 1793. 8.
Guiraut (N... N...). Oraison funèbre de Marat. *Par.* 1793. 8.
Vie privée de J. P. Marat, député à la Convention nationale. *Par.*, s. d. 8. (*Lv.*)
Vie criminelle et politique de J. P. Marat, se disant l'Ami du peuple, s. l. et s. d. 8. (*Lv.*)
Marat (Albertine). Réponse aux détracteurs de l'Ami du peuple. *Par.*, s. d. 8.
Maton de La Varenne (P... A... L...). Crimes de Marat et des autres égorgeurs, etc. *Par.* 1794. 8. Trad. en allem. *Chemnitz.* 1795. 8.
(**Scheler**, Eugen Carl Ludwig v.). Interessante Nachricht vom Leben und Tode J. P. Marat's, nebst einer kurzen Geschichte seiner Mörderin Charlotte Corday. *Mannh.* 1793. 8. Portrait.
Crassous (Paulin). Éloge funèbre de Michel Lepelletier (de Saint-Fargeau) et de Marat, à l'occasion de la fête de ces deux martyrs de la liberté, s. l. 1809. 8. *
    * Imprimé sans le consentement du l'auteur.
L'ami du peuple. Skizzen aus Marat's journalistischem Leben. *Hamb.* 1846. 8.
Marat et son éditeur Constant Hilbey * devant la cour d'assises, etc. *Par.* 1847. 8.
    * Constant Hilbey, tailleur démagogue, fut persécuté comme éditeur des écrits du soi-disant *Ami du peuple.*

Dépanthéonisation de Marat, patron des hommes de sang et des terroristes , fondée sur ses crimes, etc. *Par.*, s. d. 8. (Rare.)

Maratti (Carlo),
peintre italien (1625 — 15 déc. 1713).
Bellori (Giovanni Pietro). Vita di C. Maratti pittore, continuata e terminata da' altri. *Rom.* 1732. 4. (*P.*)

Marbach (Johann),
théologien allemand (24 avril 1521 — 17 mars 1581).
Faber (Johann). Leichenpredigt J. Marbachii. *Strassb.*
1612. 4.

Marbode,
roi des Marcomannes.
Koeler (Johann Daniel). Dissertatio de rege Marcoman-
norum Marboduo, Tiberii artibus circumvento. *Altorf.*
1711. 4. *Suobac.* 1742. 4.
Roth (Carl Johann Friedrich v.). Hermann und Marbod.
Stutig. 1817. 8.
Schreiber (Aloys Wilhelm). Marbod und Hermann, oder
der erste deutsche Bund. *Frf.* 1821. 8.
Marbois (François), voy. **Barbé-Marbois.**

Marbot (Antoine),
général français (vers 1750 — 1800).
Rousselin (Omer Charles Alexandre). Notice historique
sur A. Marbot, général divisionnaire, mort à Gênes, etc.,
s. l. 1800. 8.

Marc (Saint), *
un des quatre évangélistes et patron de Venise (mis à mort vers l'an 68).
Bibliander * (Theodor). Vita B. Marci evangelistæ. *Ba-
sil.* 1552. 8.
    * Son nom de famille était Buchmann.
(**Koppe**, Johann Benjamin). Marcus non epitomator
Matthæi. *Goetting.* 1782. 4.
Griesbach (Johann Jacob). Programma, quo probatur
Marci evangelium totum e Matthæi et Lucæ commentariis excerptum esse. *Jenæ.* 1789. 4. Supplément. *Ibid.*
1790. 4.
Giustiniani (Bernardo). De D. M. evangelistæ vita,
translatione et sepulturæ loco , trad. en ital. s. c. t.
Vita di S. Marco, etc., par Giovanni **Stringa.** *Venez.*
1608. 12. *Ibid.* 1610. 12. *Ibid.* 1680. 12.
(**Manin**, Leonardo). Memorie storico-critiche intorno la
vita, traslazione e invenzioni di S. Marco evangelista,
principale protettore di Venezia. *Venez.* 1815. 8.
    * Les Vénitiens prétendent que son corps fut transporté par miracle
dans la chapelle du doge, en 815. D'autres villes, notamment Rei-
chenau en Souabe, se vantent également de posséder le corps de
S. Marc.

Tiepolo (Giovanni). Trattato delle santissime reliquie
ultimamente ritrovate nel santuario della chiesa di S.
Marco. *Venez.* 1617. 4.
Suriano (Andrea). Breve descrizione del sacro tesoro
delle reliquie ritrovate nel santuario della chiesa ducale
di S. Marco nel 1617. *Venez.* 1617. 4.
B... (A... F...). Ragguaglio storico sopra la traslazione
ed apparizione del corpo di S. Marco. *Venez.* 1808. 12.
(**Carli-Rubbi**, Agostino). Dissertazione sopra il corpo
di S. Marco, riposto nella reale patriarcale basilica di
Venezia. *Venez.* 1811. 8.
Cicogna (Emmanuele Antonio). Sullo scoprimento del
corpo di S. Marco evangelista, fatto nella basilica patriarcale di Venezia il giorno 7 maggio 1811. Dissertazione storico-critica. *Venez.* 1811. 8.

Marc (Carl Christiaan Henrick),
médecin hollandais (4 nov. 1771 — 12 janvier 1841).
Reveillé-Parisse (J... H...). Notice nécrologique sur
C. C. H. Marc. *Par.* 1842. 8.

Marca (Pierre de),
archevêque de Paris (24 janvier 1594 — 29 juin 1662).
Baluze (Étienne). Epistola ad Samuelem Sorberium de
vita, rebus gestis et scriptis P. de Marca. *Par.* 1663.
8. (*D.*, *P. et Lv.*)
Doujat (Jean). Oratio funebris P. de Marca. *Par.* 1664. 4.
Bombart (N... N...). Eloge de M. de Marca, archevêque
de Paris. *Par.* 1762. 8. (Couronné par l'Académie de
Pau.)

Marcandier (Roch),
publiciste français.
Fleury (Edmond). Études révolutionnaires : Camille
Desmoulins et R. Marcandier. La presse révolutionnaire. *Par.* 1851. 2 vol. 12.

Marc-Aurèle Antonin, surnommé **le Philosophe,**
empereur romain (26 avril 121 — 7 mars 161 — 17 mars 180).
Wotton (William). History of Rome from the death of
Antonius Pius to the death of Severus Alexander.
Lond. 1701. 8.

Marcus Aurelius Antoninus. De sua vita libri XII,
publ. en grec et en latin par Thomas **Gataker.** *Cantabr.*
1652. 4. *Oxon.* 1704. 4. Avec des notes par Christoph
Wolle. *Lips.* 1729. 8. Publ. par Samuel Friedrich Na-
than Morus. *Lips.* 1774. 8. Publ. par Adamantios Ko-
rais. *Par.* 1816. 8.
    Trad. en allem. par F... **Schulthess.** *Zürch.* 1779. 8.
    Trad. en persan par Joseph v. **Hammer.** *Wien.* 1851. 8.
Vita, gesti, costumi, discorsi e lettere di Marco Aurelio.
Venez. 1572. 8.
Lagerloef (Peter). Dissertatio de Marco Aurelio Anto-
nino philosopho. *Upsal.* 1694. 8.
Crell (Christian Ludwig). Programma de Marco Aurelio
Antonino. *Lips.* 1725. 4. (*L.*)
Hoffmann (Johann Adolph). Leben des römischen Kay-
sers Marc-Aurelius. *Hamb.* 1735. 8.
Wesseling (Pieter). Dissertatio historico-juridica de
Marci Aurelii Antonini vita, gestis, moribus, fatis et
morte. *Ultraj.* 1753. 4.
Gautier de Sibert (N... N...). Vies des empereurs Tite
Antonin le Pieux et de Marc-Aurèle. *Par.* 1769. 12. (*Bes.*)
Bergstraesser (Johann Andreas Benignus). Leben und
Geschichte des Kaisers Marcus Aurelius Antoninus.
Hanau. 1770. 4.
Mahner (Johann Paul). Commentatio de Marco Aurelio
Antonino, constitutionis de civitate universa orbi Ro-
mano datæ auctore, avec préface par Johann Friedrich
Eisenhart. *Halæ.* 1772. 8.
Fessler (Ignaz Aurelius). Marc-Aurel. *Bresl.* 1799. 4 vo-
lumes 8.
Buchholz (Carl August). Marc-Aurel. *Bresl.* 1806. 8.
Massenbach (August Ludwig v.). Marc-Aurel. *Bresl.*
1806. 8. Trad. en holland. par J... G... **Blaauw.** *Leyd.*
1826. 8.
Schlichtegroll (Nathaniel). Über Marc-Aurel's Grösse
als Mensch und Herrscher. *Landsh.* 1813. 4. (Assez rare.)
Eichstaedt (Heinrich Carl Abraham). Exercitationes
Antoninianæ V. *Jenæ.* 1821. 4.
(**Ripault**, Louis Madeleine). Marc-Aurèle, ou histoire
philosophique de l'empereur Marc-Antonin. *Par.* 1820-
21. 4 vol. 8. *Ibid.* 1830. 8.
(**——**) Tite Antonin le Pieux ; résumé historique. Marc
Aurèle Antonin, sommaire historique et fragments re-
latifs à la vie et au règne, à la politique et à la morale
de l'empereur Marc Antonin le Philosophe, etc., s. l.
(*Par.*) 1823. 8. (Abrégé de l'ouvrage précédent.) —
(*Bes.*)
Bach (Nicolaus). De Marco Aurelio Antonino, imperatore philosophante, ex ipsius Commentariis. *Lips.* 1826.
8. (*L.*)

Schurzfleisch (Conrad Samuel). Dissertatio de primis
duobis Augustis, Marco Aurelio Antonino et Lucio Au-
relio Antonino Vero. *Witteb.* 1702. 4.
Koeler (Johann David). Dissertatio de philosophia Marci
Aurelii Antonini in theoria et praxi. *Altorf.* 1717. 4.
Schacher (Quirin Gottfried). Dissertatio critico-politica
de αδιειδαιμονια Marci Antonini imperatoris ac philosophi, etc. *Lips.* 1730. 4.
Rivinus (Andreas Florentius). Singularia Marci Aurelii
Antonini jurisprudentiæ capita. *Lips.* 1752. 4. (*L.*)
Westenberg (Johann Ortwin). Divus Marcus, s. disser-
tationes ad constitutiones Marci Aurelii Antonini im-
peratoris. *Lugd. Bat.* 1735. 4.
Lackmann (Adam Heinrich). Exercitatio academica de
cognomine Philosophi Antoniniani. *Kilon.* 1750. 4.

Marceau (François Séverin **Desgraviers**),
général français (1er mars 1769 — 21 sept. 1796).
Lavallée (Joseph). Éloge historique du général Marceau, mort à Altenkirchen. *Par.* 1797. 8.
Sergent-Marceau (Antoine François). Notice historique sur le général Marceau, mort dans la campagne de
1796. *Milan.* 1820. 8. Portrait. (*Lv.*)
Robert l'aîné (N... N...). Une année de la vie militaire
de Marceau. *Nancy.* 1853. 8.

Marcel II,
pape, successeur de Jules III (1501 — élu le 9 avril 1555 — 3 mai 1555).
Borgo (Lorenzo dal) et **Porcacchi** (Tommaso). Vite
di Marcello II e di Paolo IV. *Venez.* 1578. 8.
Polidori (Pietro). De vita, gestis et moribus Marcelli II,
pontificis maximi, commentarius. *Rom.* 1744. 4. (*Bes.*)

Marcel (Étienne),
prévôt des marchands de Paris (assassiné le 1er août 1358).
Naudet (Joseph). Conjuration d'É. Marcel contre l'autorité royale, ou histoire des états généraux de la France en 1355-1358. *Par*. 1815. 8. (*P*.)

Marcellin (Saint),
pape, successeur de Cajus (élu le 22 déc. 295 — 24 oct. 304).
Oberndorffer (Cœlestin). Dissertatio de S. Marcellino, romano pontifice. *Ratisb*. 1756. 4.

Marcellina (Santa),
religieuse italienne.
(**Rudoni** , Pietro). Compendio storico della vita della gloriosa vergine S. Marcellina, sorella de' SS. Ambrogio e Satiro. *Milan*. 1812. 8.

Marcello,
famille vénitienne.
Cicogna (Emmanuele Antonio). Narrazione intorno alla Veneta patrizia famiglia de' Marcello. *Venez*. 1841. 8.

Marcello (Benedetto),
compositeur italien (24 juillet 1656 — 17 ou 24 juillet 1739).
(**Fontana** , Francesco). Vita di B. Marcello, patrizio Veneto, con l' aggiunta delle risposte alle censure del signor Saverio Mattei, etc. *Venez*. 1788. 8. (*P*.)
Caffi (Francesco). Della vita e del comporre di B. Marcello, patrizio Veneto, sopranominato principe della musica. *Venez*. 1830. 8. (Tiré seulement à 50 exempl.)
(**Crevel de Charlemagne**, N...). Sommaire de la vie et des ouvrages de B. Marcello. *Par*. 1841. 8.

Marcello (Lorenzo),
amiral de la république de Venise († 1656).
Encomium in funere L. Marcelli, Venetæ classis imperatoris. *Venez*. 1656. 4.
Cosmo (Stefano). In funere L. Marcelli, Venetæ classis imperatoris. *Venez*. 1657. 4.

Marcello (Luigi),
savant italien.
Chiaramonti (Giovanni Battista). Notizie intorno alla vita di L. Marcello, patrizio Veneto. *Bresc*., s. d. 8.

Marcello d'Aste,
cardinal italien.
Pandolfini (Ludovico). Ristretto della vita di Marcello, cardinale d' Aste. *Rom*. 1711. 4.

Marcellus,
évêque d'Ancyre († vers 372).
Irgens (Christian Friedrich). Dissertatio de Marcello, Ancyræ episcopo, catalogo hæreticorum eximendo. *Hafn*. 1733. 4.
Vogel (Christian Heinrich). Dissertatio de Marcello, Ancyræ episcopo. *Goetting*. 1757. 4.
Klose (Carl Rudolph Wilhelm). Geschichte und Lehre des Marcellus und Photius. *Hamb*. 1837. 8.

Marcellus Burdigalensis, surnommé **l'Empirique,**
médecin romain sous le règne de Théodose le Grand.
Grimm (Jacob). Über Marcellus Burdigalensis, etc. *Berl*. 1849. 4.

Marcellus,
médecin et poëte grec (1ie siècle après J. C.).
Thorlacius (Birger). Dissertatio : Marcellus Sidetes, sæculi post C. N. secundi medicus idemque poeta. *Hafn*. 1819. 4.
Kuehn (Carl Gottlob). Programmata V de Marcello Sidita. *Lips*. 1834-35. 4. (*D*. et *L*.)

Marcellus (Lucius Ulpius), voy. **Ulpius Marcellus.**

Marcet (Alexandre),
médecin suisse (1770 — 12 oct. 1822).
Notice sur la vie et les ouvrages d'A. Marcet. *Genève*. 1823. 8. (Tiré de la *Bibliothèque universelle de Genève*.)

Marchal (Charles),
pamphlétaire français.
Marchal (Charles). Pourquoi j'ai été républicain, pourquoi je ne le suis plus. *Par*. 1834. 8. *
* On lit sur le titre qu'il est détenu politique à Sainte-Pélagie pour attaques aux institutions républicaines (?).

Marchand (Louis),
musicien français (2 février 1669 — 17 février 1732).
Amanton (Claude Nicolas). Lettre à M. Chardon de la Rochette, contenant des éclaircissements certains sur le véritable lieu de la naissance du célèbre organiste L. Marchand et sur l'âge auquel il est mort. *Dijon*. 1812. 8. (Echappé aux recherches de Quérard.)

Marchand (N... N...),
général français.
Réal (Gustave). Notice sur le général Marchand. *Grenoble*. 1830. 8.

Marchand (N... N...),
missionnaire français.
Jacquenet (J... B... S...). Vie de M. l'abbé Marchand, missionnaire apostolique et martyr. *Par*. 1851. 12. (Couronné par l'Académie des sciences de Besançon.)

Marchant (Nicolas **Damas**, baron),
historien français (11 déc. 1767 — 1er juillet 1833).
Dosquet (Charles). Notice sur M. le baron Marchant. *Metz*. 1834. 8.

Marche (August Christian),
jurisconsulte allemand († 2 juillet 1747).
(**Kapp**, Johann Erhard). Programma funebre in memoriam A. C. Marchii. *Lips*. 1747. Fol. (*D*. et *L*.)

Marcheselli (Antonio),
littérateur italien.
Romani (Giovanni). Memoria elogistica del P. A. Marcheselli, di Casalmaggiore. *Mantov*. 1806. 8.

Marchesi (Luigi),
chanteur italien (vers 1755 — 18 déc. 1829).
Lodi del celebre cantore L. Marchesi. *Torin*. 1792. 8.

Marchetti (Alessandro),
médecin-poëte italien (17 mars 1633 — 6 sept. 1714).
Stecchi (Giovanni Lorenzo). Orazione funerale in lode di A. Marchetti. *Rom*. 1717. 4.
Marchetti (Francesco). Vita di A. Marchetti. *Venez*. 1755. 4.

Marchetti (Franceschino),
gentilhomme italien.
Tondini (Giovanni Battista). Memorie di F. Marchetti degli Angelini, patrizio Bergamasco. *Faenza*. 1795. 8.

Marchi (Francesco de),
ingénieur italien au xviie siècle.
Ventura (Giovanni Battista). Memoria intorno alla vita e alle opere del capitano F. Marchi. *Milan*. 1816. 4. Portrait. (*P*.)

Marci (Cornelius),
théologien allemand (9 juin 1594 — 27 juillet 1646).
Schechs (Jacob Peter). Leichpredigt auf Herrn Mag. C. Marci, Prediger bei Sanct-Lorenzen. *Nürnb*. 1646. 4.
Dietherr (Christoph Ludwig). Laudatio funebris incomparabili theologo C. Marci dicta. *Norimb*. 1646. 4.

Marci (François de),
prévôt de S. Pierre à Louvain († 15 sept. 1791).
Ram (Pierre François Xavier de). Notice sur le prévôt de Marci. *Brux*. 1845. 12. (*Bx*.)

Marci (Johann Christoph),
jurisconsulte allemand (6 août 1614 — 6 sept. 1672).
(**Rappolt**, Friedrich). Programma academicum ad J. C. Marci exequias. *Lips*. 1672. 4. (*D*. et *L*.)

Marcianus (Ælius) ,
jurisconsulte romain.
Oelrichs (Gerhard). Dissertatio historico-juridica de vita, studiis, honoribus et scriptis A. Marciani. *Ultraj*. 1754. 4. (*D*.)

Marcilius (Theodor),
philologue hollandais (1578 — 8 avril 1617).
Valens (Petrus). Elogium T. Marcilii. *Par*. 1620. 4.

Marcinkowski (Karol) ,
médecin polonais au xixe siècle.
Jagielski (Joseph). Leben und Wirken des Dr. C. Marcinkowski, praktischen Arztes, Operateurs und Geburtshelfers in Posen. *Posen*. 1848. 8.

Marcion,
hérésiarque au iie siècle.
Schelling (Friedrich Wilhelm Joseph). Dissertatio de Marcione, epistolarum Pauli emendatore. *Tubing*. 1795. 4.

Marek (Johan),
théologien hollandais (2 janvier 1656 — 30 janvier 1731).
Wessel (Jan). Oratio funebris in obitum J. Marchii. *Lugd. Bat*. 1731. 4. (*Cp*.)

Marcolini (Francesco),
imprimeur-libraire italien au xvie siècle.
Friedlaender (Gottlieb). Le *sorti* di F. Marcolino da

Forli, intitolate *Giardino de' pensieri;* bibliographische Notiz, etc. *Berl.* 1855. 8. (D.)

Marcot (Eustache),
médecin français (1686 — 1755).
Poitevin (Jacques). Éloge d'E. Marcot. *Montpell.* 1771. 12. (Non mentionné par Quérard.)

Marcquis (Guillaume),
médecin belge (11 mai 1604 — ... 1664).
Broeckx (Charles). Éloge de G. Marcquis, docteur en médecine, médecin juré de la ville d'Anvers, etc. *Anvers.* 1845. 8. Portrait.

Marcquix (Lazare),
médecin belge (1571 — 20 déc. 1647).
Broeckx (Charles). Notice sur le docteur L. Marcquix, médecin et ami de P. P. Rubens. *Anvers.* 1851. 8. Portr.

Marculfe,
moine français vers le milieu du VIIe siècle.
Seidensticker (Johann Anton Ludwig). Dissertatio de Marculfinis similibusque formulis, (suivie d'une notice biographique sur Marculfe par C... F... EBER et F... S... PAULI). *Jenæ.* 1815-16. 4.

Marcus (Adelbert Friedrich),
médecin allemand (21 nov. 1753 — 26 avril 1816).
Jaeck (Heinrich Joachim). A. F. Marcus, nach dem Leben und Character geschildert. *Erlang.* 1815. 4.
Speyer (Christian Friedrich) et **Marc** (C... M...). Dr. A. F. Marcus, nach seinem Leben geschildert. *Bamb.* 1817. 8. Portrait. (D.)

Mardonios,
satrape perse († 479 avant J. C.).
Ekerman (Peter). Dissertatio de Mardonio apud Platæas, ductu Aristidis et Pausaniæ, cæso fusoque. *Upsal.* 1762. 4.

Marduel (Jean),
théologien français (1699 — 1787).
Michel (Jean André). Éloge funèbre de messire J. Marduel, docteur de Sorbonne et curé de S. Roch. *Par.* 1787. 4.

Maréchal (George),
chirurgien français (1658 — 13 déc. 1736).
Morand (Sauveur François). Éloge historique de M. Maréchal, premier chirurgien du roi. *Par.* 1737. 4.

Maréchal (Pierre Sylvain),
littérateur français (15 août 1750 — 18 janvier 1803).
Lalande (Joseph Jérôme **Le François de**). Notice sur S. Maréchal, avec des suppléments pour le *Dictionnaire des Athées. Par.* 1803. 8.

Marenzi (Antonio),
évêque de Trieste (20 sept. 1596 — 22 oct. 1662).
(**Jenner**, Luigi de). Del vescovo di Trieste, A. Marenzi, s. l. et s. d. (*Triest.*) 8.

Marescalcus (Nicolaus),
jurisconsulte allemand († 12 juillet 1525).
Schoettgen (Christian). Commentatio de vita N. Marescalci, Thurii. *Dresd.* 1755. 4. (D. et Lv.) Publ. avec des notes par Johann Philipp SCHMID. *Rostoch.* 1752. 4. (D.)

Marescotti (Annibale),
savant italien.
Accarisio (Jacopo). Oratio in funere A. Marescotti. *Bonon.* 1627. 4.

Marescotti (Sainte Giacinta),
franciscaine italienne (1585 — 30 janvier 1640).
Amatis (Francesco Maria de). Vita della reverenda madre suor G. Marescotti, nel monastero di S. Bernardino in Viterbo. *Viterb.* 1642. 8. *Rom.* 1672. 8.
Compendio della vita di G. S. Marescotti, vergine monaca professa del terz' ordine di S. Francesco. *Rom.* 1807. 8.
Deani (Marco Antonio). Panegirico della S. G. Marescotti. *Rom.* 1819. 8.
Vita breve di S. G. Marescotti, dell' ordine di S. Francesco. *Carmagnola.* 1859. 16.
Pommerais (abbé de). Vie de S. H. Marescotti, du tiers ordre de S. François, fondatrice des oblats de Marie. *Sable-sur-Sarthe.* 1852. 16.

Maret, duc de **Bassano** (Hugues Bernard),
homme d'État français (1er mars 1763 — 16 mai 1839).
Recueil de divers articles biographiques sur M. le duc de Bassano. *Par.* 1839. 8. Portrait.

Sor * (Charlotte de). Le duc de Bassano. Souvenirs intimes de la révolution et de l'empire. *Par.* 1843. 2 volumes 8.
  * Son véritable nom est EILLEAUX, née DÉSORMEAUX.

Maret (Jean Philibert),
chirurgien français (1705 — 14 oct. 1780).
Maret (Hughes). Éloge de J. P. Maret, maître de (!) chirurgie à Dijon. *Dijon.* 1781. 8. (P.)

Margnolas (Louis Vincent de),
Français († 3 oct. 1809).
Montagne de Poncins (N... N...) Notice sur M. L. V. de Margnolas, s. l. et s. d. (*Lyon.* 1809.) 8.

Marguerite (Sainte).
Brosse (Louis Gabriel). Vie de S. Marguerite. *Par.* 1669. 12.

Marguerite de Chiaves (Sainte).
Correa de Souza (Gonzalo). Compendio della santa vida di Margarita de Chiaves. *Rom.* 1612. 8.

Marguerite de Cortone (Sainte).
Loddi (Felice). Vida di S. Margherita di Cortona. *Firenz.* 1750. 8.
Mochetti (Vicenzo). Orazione in lode di S. Margherita di Cortona. *Milan.* 1819. 8.

Marguerite de Louvain (Sainte).
Histoire abrégée de la bienheureuse Marguerite de Louvain. *Louvain.* 1726. 12. (Trad. du latin.)

Marguerite d'Ypres (Sainte).
Huvettere (Louis Joseph de). Leven van de heylige Margareta van Ypre ende van de heylige Zegherus, haren biechtvader. *Ypre.* 1622. 4. (Traduit du latin.)

Marguerite d'Hongrie (Sainte),
fille de Béla IV, roi de Hongrie.
Vortreffliches Leben der Seelig Gottgeweihten Jungfrauen Margaritae, etc. *Wien.* 1689. 8.
Illyés (András). Pretiosa Margarita, i. d. vita S. Margaritæ Ungariæ virginis, etc. *Tyrnav.* 1707. 8.
Pray (Georg). Vita S. Elisabethæ, viduæ landgravii Thuringiæ, nec non B. Margaritæ virginis, etc. *Tyrnav.* 1770. 8.
Compendio della vita della B. Margherita d'Ungheria e della vita della B. Bartolommea Bagnesia Fiorentina, vergini dominicani, etc. *Venez.* 1805. 12.

Marguerite d'Anjou,
épouse de Henri VI, roi d'Angleterre (1425 — mariée en 1443 — 25 août 1482).
Baudier (Michel). History of the calamities of Margaret of Anjou, queen of England. *Lond.* 1737. 8.
Prévost d'Exiles (Antoine François). Histoire de Marguerite d'Anjou, reine d'Angleterre. *Amst.* 1741. 2 vol. 12.
  Trad. en allem. par Christoph SCHMIDT-PHISELDECK. *Altenb.* 1785. 8. (L.)
  Trad. en angl. *Lond.* 1755. 2 vol. 12.
  Trad. en holland. *Amst.* 1742. 2 vol. 8.
Strickland (Agnès). Vie de Marguerite d'Anjou, reine d'Angleterre, trad. de l'anglais par madame C... G... *Par.* 1850. 12.

Marguerite d'Autriche,
épouse de Frédéric II, électeur de Saxe († 12 février 1486).
Tentzel (Wilhelm Ernst). Der sächsischen und anderer chur- und fürstlichen, auch kaiserlichen und königlichen Häusser glückseligsten Stamm-Mutter, Frauen Margarethen, Churfürstin zu Sachsen, geborner Erzherzogin zu Oesterreich, wahrhaftiger Todes-Tag. *Gotha.* 1700. 12. (L.)
Wilisch (Christian Friedrich). Dissertatio de Margaretha Austriaca, Friderici II uxore. *Lips.* 1719. 4. (L.)
Schneider (Johann August). Biographische Fragmente von der Churfürstin Margarethe von Oesterreich, der Stammmutter des Hauses Sachsen. *Altenb.* 1801. 8. (L.)

Marguerite d'Autriche,
fille de Maximilien I, empereur d'Allemagne (10 janvier 1480 — 1er déc. 1530).
Lemaire (Jean). Couronne Margaritique. *Lyon.* 1549. Fol.
(**Blondeau de Charnage**, Claude François). Abrégé de l'histoire de Marguerite d'Autriche. *Par.*, s. d. (1764).
Le Glay (André Joseph Ghislain). Correspondance de l'empereur Maximilien I et de Marguerite d'Autriche,

gouvernante des Pays-Bas, depuis 1507 jusqu'en 1519. *Par.* 1820. 2 vol. 8.

Le Glay (André Joseph Ghislain). Maximilien I, empereur d'Allemagne , et Marguerite d'Autriche sa fille ; esquisses biographiques. *Par.* 1829. 8.

Muench (Ernst Joseph Hermann v.). Margarethe von Oesterreich, Oberstatthalterin der Niederlande. Biographie und Nachlass, etc. *Stuttg.* 1833. 8.

Cussinet de Dombes (Pierre François). Essai sur l'histoire de Marguerite d'Autriche et sur le monument de Brou, etc. *Lyon* et *Par.* 1858. 8. *

  * Tiré d'un ancien manuscrit qui se trouvait dans la bibliothèque du couvent, en 1794.

Altmeyer (Jean Jacques). Marguerite d'Autriche, sa vie, sa politique et sa cour. *Liége.* 1840. 8. *Ibid.* 1844. 8.

(Bulckens, François). Notice sur Marguerite d'Autriche, gouvernante des Pays-Bas. *Malin.* 1844. 8.

Avoine (Pierre Joseph d'). Essai historique sur Marguerite d'Autriche. *Anvers.* 1849. 8. Portrait.

Marguerite d'Autriche,
épouse de Philippe III, roi d'Espagne (1584 — mariée en 1599 — 1611).

Vererio (Francesco). Orazione funebre in morte di Margherita d' Austria. *Lecce.* 1611. 4.

Capece (Marco Antonio). Orazione fatta nell' esequie della serenissima Margarita d' Austria. *Bari.* 1611. 4.

Capaccio (Giulio Cesare). Oratio in funere Margaritæ Austriacæ. *Napol.* 1611. 4.

Andries (Josse). Lacrymæ in obitum catholicæ ac potentissimæ Hispaniarum reginæ Margarethæ Austriacæ. *Brux.* 1611. 4.

Pica (Giovanni Carlo). Orazione in morte di Margherita d' Austria, regina di Spagna. *Venez.* 1612. 4.

Albrizzi (Aloisio). Delle lodi di Margherita d' Austria, regina di Spagna. Orazione funebre, etc. *Parma.* 1612. 4.

Matias (Pedro). Exequias de la reyna donna Margarita de Austria. *Mexico.* 1612. 4.

Leon (Martin de). Relacion de las exequias que D. Juan de Mendoza, virrey del Peru, hizo en la muerte de la reyna Margarita. *Lima.* 1612. 4.

Guzman (Diego de). Vida y muerte de Doña Margarita de Austria, reyna de España, esposa del rey D. Felipe III. *Madr.* 1617. 4.

  Trad. en franç. par René GAUTIER. *Lille.* 1621. 8. (Peu commun.)

  Trad. en holland. s. c. t. Historie van Margaretha van Oostenrijk, etc., par Geraard GOES. *Amersfort.* 1619. 4. *Mechel.* 1623. 8.

Marguerite de Bourgogne,
épouse de Guy VIII, comte du Dauphiné.

Vie de Marguerite de Bourgogne, etc., fondatrice du monastère des Hayes, de l'ordre de Citeaux. *Lyon.* 1674. 12.

Marguerite,
reine de Norwége, de Danemark et de Suède (1353 — 1387 — 28 oct. 1412).

Wichmann (C... F...). Margarethe, Dronning til Danmark, Norge og Sverrig. *Kjoebenh.* 1824. 8. (Cp.)

Muenchberg (Friedrich Carl). Historia pragmatica pacti Calmariensis (anno 1597). *Hafn.* 1749. 4.

Granberg (P... A...). Kalmare Unionens Historie. *Stockh.* 1809. 2 vol. 8.

Paludan-Mueller (Caspar Peter). Observationes criticæ in fœdere inter Daniam, Sueciam et Norvegiam auspiciis Margarethæ reginæ icto. *Hafn.* 1840. 8.

Laetus (C... Erasmus M...). Margarethicorum, h. e. de conflictu gothico, in quo Margarethæ, Danorum reginæ, auspiciis Albertus Megapolensis Sueciæ rex captus regnoque exutus est, libri X. *Frf.* 1574. 4. *

  * Poëme dédié à la reine Elisabeth d'Angleterre.

Marguerite d'Écosse (Sainte),
épouse de Malcolm III, roi d'Écosse (1046 — mariée en 1070 — 1093).

Le Febvre (Turrien). Vie de S. Marguerite d'Écosse, reine d'Écosse. *Douai.* 1660. 12.

Marguerite de Flandre,
épouse de Baudouin, comte de Hainaut († 10 février 1279).

Amand (N... N...). Mémoire historique sur les différends qui s'élevèrent entre Jean et Baudouin d'Avesnes

---

et Marguerite de Constantinople , comtesse de Flandre et du Hainaut, leur mère. *Maestr.* et *Brux.* 1794. 8.

Marguerite de France,
épouse de Béla III, roi de Hongrie († 1194).

Schier (Xystus). Dissertatio de Maria Porphyrogeneta sponsa , Anna et Margarita (filia Ludovici junioris) conjugibus reginis Belæ III , Hungariæ regis. *Vindob.* 1770. 8.

Marguerite de France,
épouse d'Emmanuel Philibert, duc de Savoie (5 juin 1523 — mariée en 1559 — 14 sept. 1574).

Sorbin (Arnaud). Oraison funèbre aux obsèques de très-illustre et très-vertueuse princesse Marguerite de France, duchesse de Savoye, etc. *Par.* 1575. 8.

Marguerite de Lorraine,
deuxième épouse de Gaston de France, duc d'Orléans.

Oraison funèbre de Marguerite de Lorraine, seconde femme de Gaston, duc d'Orléans. *Par.* 1627. 4.

Marguerite de Lorraine,
duchesse d'Alençon.

Magistri (Yves). Vie de Marguerite de Lorraine, duchesse d'Alençon. *Bourges.* 1685. 8.

(Hameau, Pierre du). Vie de Marguerite de Lorraine, duchesse d'Alençon , grande-aïeule du roi Louis (XIII) le Juste. *Par.* 1628. 8.

Vie de la bienheureuse Marguerite de Lorraine, religieuse de Sainte-Claire et grande-bisaïeule du roi Louis XIII. *Par.* 1658. 8. *

  * C'est à peu près le même ouvrage que celui qui précède.

Marguerite de Parme,
fille naturelle de l'empereur Charles V, gouvernante des Pays-Bas (1522 — 1586).

Stoeger (Maximilian). Versuch eines Grundrisses der niederländischen Unruhen unter der Herzogin (Margarethe) von Parma und dem Herzog v. Alba. *Münch.* 1808. 8.

Reiffenberg (Frédéric Auguste Ferdinand Thomas de). Correspondance de Marguerite d'Autriche , duchesse de Parme , avec Philippe II , suivie des interrogatoires du comte d'Egmont et de quelques autres pièces. *Brux.* 1842. 8.

Marguerite de Savoie,
dominicaine italienne.

Reynaud (Guillaume). Vie de la bienheureuse Marguerite de Savoie, de l'ordre de S. Dominique. *Par.* 1674. 12,

Marguerite de Valois,
épouse d'Henri d'Albret, roi de Navarre (11 avril 1492 — mariée en 1527 — 21 déc. 1549).

Caumont de la Force (Charlotte Rose). Histoire de Marguerite de Valois, sœur de François I. *Par.* 1696. 2 vol. 8. *Ibid.* 1720. 4 vol. 12. *Ibid.* 1739. 4 vol. 12. (*Bes.*) *Ibid.* 1783. 6 vol. 12.

Castaigne (Jean François Eusèbe). Notice biographique sur Marguerite d'Angoulême, sœur de François I. *Angoulême.* 1837. 8.

Durand (Victor). Marguerite de Valois et la cour de François I. *Par.* 1848. 2 vol. 8.

Leroux de Lincy (N... N...). Essai sur la vie et les ouvrages de Marguerite d'Angoulême, duchesse d'Alençon, reine de Navarre ; précédé d'une notice sur Louise de Savoie , sa mère. *Par.* 1855. 8. (Extrait du 1er volume de l'*Heptaméron*, publ. par LEROUX DE LINCY.)

Marguerite de Valois,
première épouse de Henri IV, roi de France (14 mai 1552 — mariée le 18 août 1572 — 27 mars 1615).

Valois (Marguerite de). Mémoires depuis 1565 jusqu'en 1587, publ. par Auger de MAULÉON. *Par.* 1628. 8. *Ibid.* 1629. 8. *Ibid.* 1642. 4. *Ibid.* 1648. 8. *Ibid.* 1658. 12. *Brux.* 1659. 12. *Par.* 1661. 12. *Brux.* 1662. 12. *Par.* 1666. 12. *Cologne.* 1693. 12. *Goude.* 1694. 12. Avec not. par Théodore GODEFROY. *Liége.* 1712. 8. *La Haye.* 1715. 12. 2 vol. 12. Avec des notes par François GUESSARD. *Par.* 1842. 8.

  Trad. en allem. s. c. t. Geschichte Margarethen's v. Valois, par Friedrich v. SCHLEGEL. *Leipz.* 1803. 8.

  Trad. en espagn. *Madr.* 1646. 8.

Corbin (Jacques). La royne Marguerite, où sont décrites les vertus de cette princesse, avec un raccourci des dames illustres de l'antiquité. *Par.* 1605. 8.

Heureux retour de la reyne Marguerite de Valois. *Par.* 1606. 8.

Arrêt du parlement de Paris en la cause d'entre la reine Marguerite, femme de Henri IV, le duc d'Angoulesme et Pierre Cadot, syndic de créanciers de Catherine de Médicis, pour les comtés de Clermont et d'Auvergne et la baronnie de la Tour. *Par.* 1606. 4.

Discours sur le trépas de la reine Marguerite de Valois, contenant l'abrégé de sa vie. *Par.* 1615. 8.

Mongez (Antoine). Histoire de la reine Marguerite de Valois, première femme du roi Henri IV. *Par.* 1777. 8.

Trad. en allem. *Frf.* 1778. 8.

Trad. en polon. par Julian Ursin NIEMCEWICZ. *Warszaw.* 1781. 2 vol. 12.

Divorce satirique, ou les amours de la reine Marguerite. *Cologne.* 1663. 12. *Ibid.* 1720. 12.

Marguerite Élisabeth de Mecklembourg,
première épouse de Jean Albert II, duc de Mecklembourg († .. janvier 1617).

Rhuel (Johannes). Christliche und kurtze Predigt bey der volkreichen Trauerbegängniss der weiland durchlauchtigsten Fürstin und Frau Margaretha Elisabeth, etc. *Rostock.* 1617. 4.

Lindemann (Thomas). Programma ad parentationem illustrissimæ et celsissimæ principis Margarethæ Elisabethæ, etc. *Rostoch.* 1617. 4.

Simon (Johann). Oratio in funus divæ principis Margarethæ Elisabethæ Megapolitanæ, etc. *Rostoch.* 1617. 4.

Chenoboscus (Florian). Epicedion in obitum Margarethæ Elisabethæ, Joannis Alberti, ducis Megapolitani, conjugis. *Rostoch.* 1617. 4.

Huswedel (Johannes). Laudatio funebris in obitum Margaritæ Elisabethæ, principis Megapolitanæ. *Rostoch.* 1626. 4.

Marguerite Marie Thérèse d'Espagne,
première épouse de Léopold I, empereur d'Allemagne.

Traut (Christoph). Oesterreichische Blum weiss und roth in der Lilien der Unschuld und Rosen der Gottseligkeit abgebildet, d. i. die weiland Margaritha Maria, Römische Kayserin, durch gegenwärtige Klag-Rede vorgestellet. *Wien.* 1673. 4.

Marguerite Louise d'Orléans,
épouse de Cosme III, grand-duc de Toscane (mariée le 19 avril 1661 — 17 sept. 1721).

Le magnifique caroussel fait sur le fleuve de l'Arno à Florence pour le mariage du grand-duc de Cosme III avec Marguerite Louise d'Orléans, fille de Gaston, duc d'Orléans. *Par.* 1664. 32. (Extrêmement rare.)

Marialva (Coutinho, marquez de),
homme d'État portugais.

Correa de Lacerda (Fernando). Panegyrico do marquez de Marialva. *Lisb.* 1674. 4.

Souza Caria (João de). Glorias do marquez de Marialva, etc. *Lisb.* 1737. 4.

Mariana (Juan),
historien espagnol (1537 — 17 février 1624).

Mariana (Juan). De rege et regis institutione libri III. *Toled.* 1599. 4. *Mogunt.* 1605. 8. * Trad. en allem. par Carl RIEDEL. *Darmst.* 1843. 16.

* Ouvrage condamné au feu, par arrêt du 8 juin 1610, parce qu'on a prétendu que Ravaillac, assassin de Henri IV, avait puisé dans cet écrit les principes du régicide.

Arrest oder Endurtheil des Parlaments zu Paris wider das Buch J. Mariana's, welches den 29 May (8 juin) 1610 durch den Scharfrichter vor der Thumbkirche daselbst öffentlich verbrannt worden ; item das Parlamentsurtheil wider François Ravaillac. *Strassb.* 1610. 4.

Tamajo de Vargas (Tomaso). Vida del P. J. Mariana. *Madr.*, s. d. 4.

(**Buchholz**, Friedrich). J. de Mariana, oder Entwickelungsgeschichte eines Jesuiten. *Berl.* 1804. 8.

Leutbecher (J...). Der berühmte Jesuit J. Mariana über den König und dessen Erziehung. *Erlang.* 1830. 8.

Mariano de Aguirra y Mayora (José),
théologien américain.

Necrologia di J. Mariano de Aguirra y Mayora, dean de esta santa iglesia metropolitana. *Lima.* 1835. 16.

Marie, la sainte Vierge,
mère de Jésus-Christ.

BIBLIOGRAPHIE.

Dudinck (Jodocus a). Synopsis bibliothecæ Marianæ, hoc est : recensio authorum qui de beata Maria Virgine scripserunt. *Colon.* 1643. 8.

—— Mundus Marianus, h. e. specificatio omnium mundi locorum, in quibus Virgo miraculose colitur. *Colon.* 1644. 8.

* Malgré l'autorité de Valère André, qui cite ces deux ouvrages dans sa *Bibliotheca Belgica*, la plupart des bibliographes doutent de l'existence de ces livres.

Marracci (Ippolito). Bibliotheca Mariana, alphabetico ordine digesta et in duas partes divisa : qua auctores, qui de Maria Deiparente Virgine scripsere, cum recensione operum, continentur. *Rom.* 1648. 2 vol. 8. *

* L'auteur a dédié son ouvrage à la sainte Vierge. Les deux volumes, dont le premier renferme 848 et le second 693 pages, contiennent une liste alphabétique de tous les auteurs qui ont écrit sur la Mère de Dieu. Le nombre des auteurs, mentionnés par lui, s'élève à environ 3,000 et celui de leurs écrits, imprimés et manuscrits, à 6,000. Néanmoins son ouvrage est loin d'être complet, surtout en ce qui concerne l'iconologie. De plus la plupart des titres sont inexacts et non reproduits dans la langue originale, mais traduits en latin, ce qui altère essentiellement la valeur de cet ouvrage d'ailleurs très-précieux.

—— Polyanthea Mariana. *Colon.* 1683. Fol. *Rom.* 1694. Fol. *Ibid.* 1727. 4. *

* C'est la suite de l'ouvrage précédent, contenant un appendice qui renferme plus de 1,000 noms d'auteurs, omis par lui dans sa *Bibliotheca Mariana*.

Oettinger (Eduard Maria). Iconographia Mariana, oder Versuch einer Literatur der wunderthätigen Marienbilder, geordnet nach alphabetischer Reihenfolge der Orte, in welchen sie verehrt werden ; mit geschichtlichen Anmerkungen. *Leipz.* 1852. 8. *

* Cette bibliographie contient 445 ouvrages concernant le culte des images miraculeuses de la sainte Vierge. Celle que nous donnons ci-après est augmentée de plus de 300 articles.

VIE ET CULTE DE LA SAINTE VIERGE.

Miracoli de la Madona. *Torin.* 1496. 4.

Vita della preciosa Vergine Maria e del suo unico figlio Jesu Christo. *Milan.* 1499. 4.

Aretino (Pietro). Vita di Maria Vergine, s. l. 1540. 8. * *Venez.* 1642. 24.

* Cet ouvrage, rare et recherché, est orné du portrait de l'auteur, gravé sur bois.

Agricola (Georg). Itinerarium beatissimæ Virginis Mariæ, quando fugit in Ægyptum. *Ingolst.* 1560. 4.

Canisius (Peter). De Maria Virgine incomparabili et Dei genitrice, etc. *Ingolst.* 1577. 4. *Ibid.* 1583. Fol. *Par.* 1584. Fol. Trad. en flam. s. c. t. Leven van de gloriose moeder Godts. *Loven.* 1590. 8.

Razzi (Silvestro). Vita di Maria Vergine e di S. Giovanni Battista. *Firenz.* 1577. 4.

Castro (Cristofero de). Historia Deiparæ Virginis. *Compluti.* 1605. 8. *Mogunt.* 1610. 4. Trad. en espagn. par Michel de CASTRO. *Alcala.* 1607. 8.

Bonifacius (Joannes). De divæ Virginis vita et miraculis. *Col. Agr.* 1610. 8.

Lorichius (Jodocus). Triumphus beatæ Mariæ Virginis, matris Dei. *Friburg.* 1610. 4.

Marinelli (Lucrezia). Vita della santissima Vergine Maria, madre di Dio. *Venez.* 1617. 8.

David (P... J...). Pancarpium Marianum. *Antwerp.* 1618. 8.

Le Roy (Alard). Beata Virgo, causa omnium bonorum et nota salutis. *Tornaci.* 1622. 16.

Croix (N... N... de la). Hortulus Marianus, etc. *Duaci.* 1622. 8. *Col. Agr.* 1650. 12. Trad. en franç. s. c. t. Le jardinet de Marie, etc., par N... N... BROUART. *Douai.* 1623. 8.

Sisto (Simeone). Theatrum cultus Mariæ Virginis. *Neapol.* 1624. 4.

Vita beatæ Mariæ Virginis. *Col. Agr.* 1627. 8. (Avec 37 gravures.)

Rosweyde (Heribert). Leven van de heylighe Maghet ende moeder Godts Maria, princesse der Maeghden. *Loven.* 1629. 8. (Avec plusieurs gravures sur bois.)

Balinghem (Antoine de). Ephemeris, s. Kalendarium sanctissimæ Virginis Mariæ. *Duaci.* 1629. 8.

Poirey (François). La triple couronne de la bienheureuse Vierge Marie. *Par.* 1650. 4. *Ibid.* 1655. 4. *Ibid.* 1645. Fol. *Ibid.* 1656. Fol. *Ibid.* 1681. 2 vol. 4. *Ibid.* 1696. 2 vol. 4. *Par.* 1848. 3 vol. 8. Publ. par Prosper Gué-RANGER. *Tournai.* 1849. 5 vol. 12.

Sandaeus * (Maximilian). Maria, luna mystica. *Col. Agr.* 1654. 12.

    * Son nom de famille est VAN DEN SANDT.

—— Maria, sol mysticus. *Col. Agr.* 1636. 12.

—— Maria, mundus mysticus. *Col. Agr.* 1639. 16.

—— Maria, pacificatrix mundi. *Col. Agr.* 1639. 16.

—— Maria, aquila mystica. *Monach.* 1645. 24.

—— Maria magnes et magnetismus Marianus, dissertationibus sex. *Col. Agr.* 1645. 24.

—— Maria, horologium mysticum, s. dissertationes IV de eadem. *Col. Agr.* 1648. 24.

—— Astrologia Mariana, etc. *Col. Agr.* 1650. 12.

—— Maria pentaphylum. *Col. Agr.* 1655. 12.

Gononi (Benedetto). Chronicon sanctissimæ Deiparæ Virginis Mariæ. *Lugd.* 1637. 4.

Gibieuf (Guillaume). La vie et les grandeurs de la très-sainte Vierge Marie, etc. *Par.* 1637. 2 vol. 8.

Colvener (George). Kalendarium sanctissimæ Virginis Mariæ novissimum, ex variis Syrorum, Æthiopum, Græcorum, Latinorum breviariis, meneologiis, martyrologiis et historicis concinnatum. *Duaci.* 1638. 2 vol. 8.

Raynaud (Théophile). Nomenclator Marianus e titulis selectioribus, quibus beata Virgo a SS. Patribus honestatur contextus, cum observationibus et glossario. *Lugd.* 1639. 12. *Rom.* 1649. 12.

Rios (Bartolomeo de los). Hierarchia Mariana. *Antw.* 1641. Fol. *

    * Cet ouvrage, dédié à Philippe IV, roi d'Espagne, est orné de plusieurs planches gravées par Corneille Galle.

Paolucci (Scipione). Hortus Marianus, s. praxes variæ colendi beatissimam Virginem. *Neapol.* 1642. 12.

Raynaud (Théophile). Diptycha Mariana, quibus inanes beatissimæ Virginis prærogativæ, plerisque novis scriptionibus vulgatæ, a probatis et veris apud Patres theologosque receptis, solide et accurate secernuntur. *Gratianop.* 1643. 4. *Lugd.* 1654. 4.

Chrysogoni (Lorenzo). Mundus Marianus, s. Maria speculum mundi archetypi, s. divinitatis. Tom. I, *Vienn. Austr.* 1646. Fol. Tom. II, *Patav.* 1651. Fol. Tom. III, *Aug. Vind.* 1712. Fol. *

    * Ce dernier volume fut publié, après la mort de l'auteur, par le collége des jésuites de Gratz, en Styrie, et dédié à l'empereur Charles VI.

Rios (Bartolommeo de los). Horizon Marianum, s. de excellentiis et virtutibus beatæ Mariæ Virgine et de nomine Mariæ. *Antw.* 1647. Fol.

Wangnereck (Simon). Pietas Mariana Græcorum, etc. *Monach.* 1647. 12.

Hillerin (Jacques de). Les grandeurs de Marie, la sainte Vierge. *Par.* 1648. Fol.

Vignier (Jean). Les attributs de la mère de Dieu. *Lyon.* 1650. 4.

Sebastianus a Matre Anna. Firmamentum symbolicum, in quo Deiparæ elogia, etc. *Lublin.* 1652. 4. (Orné de 50 gravures.)

Hermann (Wolfgang). Mariae Ehrenkräntzlein. *Augsb.* 1652. 12. (Avec plusieurs gravures.)

Fasti Mariani. *Lugd.* 1652. 8.

Raynaud (Théophile). Scapulare Marianum illustratum et defensum. *Par.* 1654. 8.

Joseph de Jesus Maria. Historia de la vida y excelenias de la sacratissima Virgen Maria. *Madr.* 1657. 8.

Labeville (N... de). Hieroglyphica Mariana, s. de sacris imaginibus. *Lovan.* 1660. 8.

Sinte Maria, coninginne des hemels, door eenen Minderbroeder. *Ruremond.* 1662. 8.

Nicquet (Honoré). Nomenclator Marianus, s. nomina sanctissimæ Virginis ex scriptura sanctisque Patribus petita, etc. *Rothomag.* 1664. 4.

(Duvergier de Hauranne, * Jean). Vie de la sainte Vierge, etc. *Lyon.* 1664. 12. *Ibid.* 1688. 12.

    * Cet auteur, plus connu sous le nom de l'abbé de Saint-Cyran, a publié son ouvrage sous le pseudonyme de GRANVAL.

Auriemma (Tommaso). Memoria perpetua della beata Vergine, etc. *Napol.* 1670. 24. *Milan.*, s. d. 12.

Malobiczki (Johann). Diarium Marianum. *Prag.* 1671. 12.

Pexenfelder (M...). Hortus Marianus. *Dilling.* 1682. 4.

Sanden (Bernhard v.). De cultu beatæ Virginis Mariæ et aliorum sanctorum eorumque imaginibus. *Regiomont.* 1689. 4.

Luetzemburg (Dionysius v.). Der grosse Marianische Calender, d. i. Historia von der Jungfrauen Maria. *Augsb.* 1695. 2 vol. 4.

—— Die güldene Legend von Unser Lieben Frauen. Beschreibung des Lebens der allerseeligsten Jungfrau, etc. *Frf.* 1698. 8.

Martin de Saint-Servais. Le glorieux portrait de la toute-auguste mère de Jésus. *Namur.* 1701. 8.

Serry (Hyacinthe). Exercitatio de Christo ejusque Virgine matre. *Venet.* 1719. 4.

Mayr (Franz). Centifolia. Hundert Historiae von dem heiligen Namen Maria. *Münch.* 1723. 4. Gravures.

Theophilander. Nachricht von dem Mariendienst und Wallfahrten zu Marienbildern und Maria-Milch, s. l. 1723. 4.

Ginther (A...). Mater amoris et doloris. *Aug. Vind.* 1726. 4. (Illustré de beaucoup de gravures emblématiques.)

Croiset (Jean). Vie de N. S. Jésus-Christ, tirée des quatre évangélistes, et de la très-sainte Vierge Marie, mère de Dieu, entremêlée de notes historiques et de courtes réflexions morales. *Lyon.* 1726. 8. *Ibid.* 1738. 12. *Ibid.* 1822. 12. *Brux.* 1830. 12. * Trad. en allem. *Ingolst.* 1738. 8.

    * La nouvelle édition renferme seulement la vie de la sainte Vierge et non celle de Jésus-Christ.

Bagnati (Simone). Vita di Maria Vergine, divisa in meditazioni, etc. *Venez.* 1737. 8. (Réimprimé plusieurs fois.)

Mayr (L...). Stammbuch Mariae. Denckwürdige Historien von der Mutter Gottes auf jeden Tag des Jahrs. *Augsb.* 1741. 3 vol. 8.

Pietas quotidiana erga beatissimam Virginem Mariam sine labe conceptam. *Lucern.* 1748. 8.

Lafitau (Pierre François). La vie et les mystères de la très-sainte Vierge. *Par.* 1759. 2 vol. 12.

Trombelli (Giovanni Chrysostomo). Mariæ sanctissimæ vita ac gesta cultusque illi adhibitus. *Bologn.* 1761. 6 vol. 8.

Sandini (Antonio). Historia familiæ sacræ ex antiquis monumentis collata. *Patav.* 1764. 8.

Schmidt (Jacob Friedrich). Leben und Sitten der heiligen Jungfrau Maria. *Gotha.* 1765. 8.

Triumphus Mariæ semper Virginis. *Brux.* 1788. 8.

Duquesne (N... N...). Les grandeurs de Marie, mère de Dieu. *Lyon.* 1817. 2 vol. 8.

Gilles (François Bertrand). Éloge des vertus de la sainte Vierge, etc. *Par.* 1825. 12.

Massini (Carlo). Vita della santissima Vergine Maria. *Milan.* 1850. 12. *Brescia.* 1845. 12. *Torin.* 1844. 16.

Orsini (N... N...). La Vierge. Histoire de la mère de Dieu et de son culte, complétée par les traditions d'Orient, les écrits des saints Pères, etc. *Par.* 1857. 8. *Malin.* 1838. 8. *Par.* 1843. 8. *Brux.* 1845. 8. *Par.* 1850, 2 vol. 12. Trad. en ital. *Milan.* 1839. 18. *Ibid.* 1844. 12.

Silbert (Johann Peter). Leben Marine, der jungfräulichen Mutter Gottes. *Leipz.* 1840. 4. (Illustré de 8 gravures sur acier.)

Égron (A...). Le culte de la sainte Vierge dans toute la catholicité, principalement en France, depuis l'établissement du christianisme jusqu'à nos jours. Etudes religieuses, historiques, artistiques. *Par.* 1842. 8. Trad. en ital. par Luigi MASIERI. *Milan.* 1846. 18.

Guidetti (Bartolommeo). Breve compendio della vita di Maria santissima. *Firenz.* 1843. 8.

Rohrmayer (Michael). Marianisches Wallfahrtsbuch. *Regensb.* 1844. 8.

Genthe (Friedrich Wilhelm). Die Jungfrau Maria, ihre Evangelien und ihre Wunder. Ein Beitrag zur Geschichte des Marien-Cultus. *Halle.* 1852. 8.

Cesare (Bonaventura Amadeo de). Vita della santissima Vergine Maria. *Rom.* 1853. 8. Trad. en franç. par Joseph Antoine BOULLAN. *Colm.* et *Par.* 1854. 16.

Collin de Plancy (Jacques Augustin Simon). Vie de la sainte Vierge, mère de Dieu. *Plancy* et *Par.* 1855. 52. (4e édition.)

Frantz (Claus). Versuch einer Geschichte des Marien-

und Annen-Cultus in der katholischen Kirche. *Halberst.* 1854. 8.

(**Renoult**, N... N...). Les aventures de la Madone et de François d'Assise. *Amst.* 1701. 8. Trad. en allem. *Coeln.* 1736. 8.

Histoire des événements extraordinaires et miraculeux arrivés à Jérusalem à la mort de la sainte Vierge. *Par.* 1802. 8.

Jungius (A...). Dissertatio de sepultura beatæ Mariæ s. I. 1752. 4.

Mor (F...). Dissertatio de infamia Mariæ inter infideles, ad Luc. 11. 55. *Harderov.* 1729. 4.

Lambertini (Prospero). Commentationes historicæ de die natali Jesu Christi matrisque ejus festis, etc. *Patav.* 1751. Fol. *Mogunt.* 1754. 4.

Bissing (A...). Festa Mariana celebriora per annum. *Heidelb.* 1778. 8.

Georges (Etienne). Fêtes de la Vierge Marie; tableau historique, etc. *Lyon.* 1852. 18.

Inchofer (Melchior). Epistola beatæ Mariæ Virginis ad Messanenses; veritas vindicata ac erudite illustrata. *Messin.* 1629. Fol. *Viterbo.* (*Rom.*) 1652. Fol.

Balsamo (Giustiniano). Discorso sopra la favorita lettera della santissima Virgine scritta alla città di Messina. *Messin.* 1646. 4.

Belli (Paolo). Gloria Messanensium, s. de epistola Deiparæ Virginis scripta ad Messanenses dissertatio in II libros distributa. *Messan.* 1647. Fol.

Argananti (Domenico). Le pompe festive celebrate della città di Messina nella solennità della lettera di Maria Virgine a Messinesi. *Messin.* 1659. Fol.

—— Veritiera relazione della sacra lettera scritta della grand Vergine, madre di Dio, alla città di Messina, etc. *Messin.* 1689. 12.

(**Lauri**, Giovanni Battista). De annulo pronubo Deiparæ Virginis, qui Perusiæ asservatur commentarius. *Col. Agr.* 1626. 12.

Notice historique sur la médaille miraculeuse de la très-sainte Vierge. *Par.* 1734. 8.

Ursprung und Wirkungen der wunderbaren Mutter-Gottes-Medaille. *Münst.* 1856. 8.

La medaglia di Maria Vergine immaculata. *Treviso.* 1842. 52.

Durozier (Jean). Regum palladium, s. de felicitate principum, qui sacratissimæ Virginis Mariæ imaginem, cum in pace, tum in bello, venerationis erga supra se gestarunt. *Bonon.* 1644. 12.

Déclaration du roy (Louis XIII), par laquelle il prend la sainte Vierge pour protectrice spéciale de son royaume, le 10 février 1638. *Par.* 1638. 8.

Déclaration du róy (Louis XIV), faite en 1650, en confirmation de celle de Louis XIII. *Par.* 1630. 8.

IMAGES MIRACULEUSES EN GÉNÉRAL.

Locre (Ferry de). Marie Auguste, ou bien discours des louanges, titres, les grandeurs des royaumes, isles, villes, etc., de la mère de Dieu. *Arras.* 1603. 4.

—— Maria Augusta, Virgo Deipara, in VII libros distributa, s. historia, enarratio ac descriptio locorum, imaginum, templorum, etc., divæ Virgini dicatorum. *Atrebat.* 1608. 4. *

Forner (Friedrich). Palma triumphalis miraculorum ecclesiæ catholicæ et imprimis gloriosissimæ Dei Genitricis Virginis Mariæ, quibus ut nunc temporis tam in aede Lauretana, Oettingensi, Eremitana, Sichemiensi, Aspricollensi Dettelbacensi, quam in Weyernensi, ditionis ac territorii imperialis ecclesia Bambergensis, ita passim per totum orbem christianum, India et in orbe novo luculentissime inclarescit, libris V explicata. *Ingolst.* 1621. 4.

Astolfi (Felice). Storia universale degli immagini miracolosi della gloriosissima madre di Dio. *Venez.* 1623. 8.

(**Brunner**, Andreas). Fasti Mariani, cum illustrium divorum imaginibus et elogiis, etc. *Monach.* 1630. 12. *Antw.* 1658. 12. *Ibid.* 1663. 12. *

* La première édition est ornée de gravures.

Gumppenberg (Wilhelm). Idea atlantis Mariani, s. de imaginibus miraculosis beatæ Virginis Mariæ. *Trident.* 1655. 12.

—— Atlas Marianus, s. de imaginibus Deiparæ per orbem christianum miraculosis. IV libris comprehensus, etc., en lat. et en allem. *Monach.* 1657. 2 vol. 12.* *Ibid.* 1659. 2 vol. 8. *Diling.* 1691. 2 vol. 12. Réimprim. par Augustin Sartorius. *Prag.* 1717. 8.

* L'auteur a dédié son ouvrage à l'image miraculeuse de Notre-Dame de Lorette.

—— Atlas Marianus, quo beatæ Virginis Mariæ imaginum miraculosarum origines XII centuriis explicantur. *Monach.* 1672. Fol. *

Trad. en allem. par M... Wartenberg. *Münch.* 1673. 4 vol. 8.

Trad. en ital. par Agostino Zanella. *Veron.* 1840-46. 6 vol. 16.

* C'est l'ouvrage le plus complet, renfermant la description de plus de 1200 images miraculeuses.

Nicquet (Honoré). Iconologia Mariana, s. judicium de imaginibus beatissimæ Virginis, s. I. 1667. 8.

Scherer (H...). Atlas Marianus, s. præcipuæ totius orbis habita imagines et statuæ Mariæ, succincta historia. *Monach.* 1702. 4. (Avec 25 cartes géographiques et les figures des images miraculeuses de la Madone les plus révérées.)

Collin de Plancy (Jacques Augustin Simon). Dictionnaire critique des reliques et des images miraculeuses, précédé d'un essai historique sur le culte des reliques et des images, les guerres des iconoclastes, etc. *Par.* 1821-22. 3 vol. 8. (Assez rare.)

(**Pouget**, abbé). Le mois de Marie historique, ou pèlerinages aux sanctuaires de la mère de Dieu. *Lyon.* 1840. 12. *Tournai.* 1841. 18. *Ibid.* 1852. 8. Figuré.

D... et B... Année de Marie, ou pèlerinages aux sanctuaires de la mère de Dieu, etc. *Tours.* 1842. 2 vol. 8. Avec gravures.

Pouget (abbé). Histoire des principaux sanctuaires de la mère de Dieu. *Lyon.* 1847. 4 vol. 12.

Sivry (Louis de) et **Champagnac** (M...). Dictionnaire géographique, descriptif, archéologique des pèlerinages anciens et modernes et des lieux de dévotion les plus célèbres de l'univers, etc., publ. par l'abbé Migne. *Par.* 1850. 2 vol. 8.

Allemagne.

Der marianische Wallfahrer durch Deutschland, oder Abbildung und Beschreibung der berühmtesten Gnadenbilder Mariae in Deutschland. *Augsb.*, s. d. 12. (Orné de 10 gravures.)

Aragon.

Andres de Ustarroz (Juan Francisco). Cronologia de las imagines aparacidas de Nuestra Señora en el regno de Aragon. *Çaragoza.* 1643. 4.

Belgique.

Wichmans (Augustin). Sabbalismus Marianus. *Antw.* 1628. 4.

—— Brabantia Mariana, tribus libris partita. *Antw.* 1652. 4. *Neap.* 1634. 4. Réimpr. avec des notes par A... Heylen. *Tongerloæ.* 1796. 4. *

* Cette réimpression n'a pas été terminée.

Hergedom (G... van). Diva Virgo candida ordinis Præmonstratensis, mater tutelaris et domina. *Brux.*1650. 4.

(**Dufau**, Jean Baptiste). Le mois de mai sanctifié en Belgique, avec l'historique de la dévotion à Marie dans un de ses principaux sanctuaires en Belgique. *Liége.* 1848. 18. Figure. (2e édition.)

Bohême.

Gutwirth (Melchior). Tempe Bohemiæ, s. famosiores et veræ effigies Deiparæ Virginis, quæ in regno Bohemiæ miraculis clarent. *Prag.* 1663. 12.

Kastel (Georg). Hortulus Mariæ, s. devotiones variæ de beatissima Virgine cum 56 præcipuis provinciæ Bohemiæ miraculosis imaginibus. *Prag.* 1686. 12. *

* Malgré le titre latin, l'ouvrage est composé en allemand.

Brandebourg.

Kloeden (Carl Friedrich). Zur Geschichte der Marien-Verehrung, besonders im letzten Jahrhundert vor der Reformation in der Marck Brandenburg und in der Lausitz. *Berl.* 1840. 8.

France.

Histoire des pèlerinages aux principaux sanctuaires de la mère de Dieu. *Par.* 1840. 18.

(**Posson**, abbé). Les sanctuaires de la mère de Dieu dans les arrondissements de Douai, Lille, Hazebrouck et Dunkerque. *Lille.* 1847. 12.

(——) Les sanctuaires de la mère de Dieu, dans les arrondissements de Cambrai, Valenciennes et Avesnes, suivis d'une notice sur Notre-Dame de Fives, près Lille, et de de Notre-Dame des Affligés, au hameau du Sart, près de Merville. *Lille.* 1848. 12.

Hongrie.

Fontes gratiarum Marianum, s. historica relatio de imaginibus miraculosis per Ungariam. *Claudiopoli.* 1759. 8.

Italie.

Albertis (Giovanni Battista de). De apparitione sanctissimæ Virginis Misericordiæ Saonæ et de ejus miraculosis imaginibus in Italia libri IV. *Genuæ.* 1652. 4.

Riccardi (Antonio). Storia dei santuarii più celebri di Maria santissima, sparsi nel mondo cristiano. *Milan.* 1840-41. 3 vol. 8.

Pologne.

Drewes (Johannes). Methodus peregrinationis menstruæ Marianæ ad imagines Deiparæ per Poloniam et Lituaniam miraculis celebres. *Vilnæ.* 1684. 12.

Sicile.

Cajetano (Ottavio). Ragguagli degli ritratti della santissima Vergine, Nostra Signora, più celebri, che si reveriscono in varie chiese nell' isola di Sicilia, aggiuntavi una breve relazione dell' origine e miracoli di quelli; opera posthuma, transportata nella lingua volgare da un divoto (Tommaso TAMBURINI). *Palerm.* 1666. 4.

Suisse.

Veuillot (Louis). Pèlerinages en Suisse. Einsiedeln, Sachslen, Maria-Stein. *Par.*1841. 8. *Ibid. Brux.*1841. 8.

IMAGES MIRACULEUSES DANS LES COUVENTS.

Hayd (Johann Bonus). Mariale Augustinianum, s. brevis descriptio plusquam sexaginta imaginum beatæ Virginis Mariæ, quæ in nostra religione ut Thaumaturgæ venerantur. *Monach.* 1707. 4. *

  * Contenant la description de plus de soixante images miraculeuses de la sainte Vierge qui se trouvent dans les églises et les couvents de l'ordre de S. Augustin.

Janssen-Boy (Nicolaus). Beneficia F. F. prædicatoribus collata a diva Virgine. *Antw.* 1652. 12.

Choquet (J... H...). Maria Deipara in ordine prædicatorum viscera materna. *Antw.* 1634. Trad. en flam. s. c. t. Moederlyke liefde van Maria, etc. *Loven.*1638. 8.

Pennequin (P...). Prinium societatis Jesu sœculum Deiparæ Virgini Mariæ sacrum: *Atrebat.* 1640. 4.

Bourgeois (P... J...). Societas Jesu Deiparæ Virgini sacra, s. de patrocinio et cultu Deiparæ Virginis ad homines S. J. *Douai.* 1620. 12.

Willemart (Jacob). Historia sacra beatæ Mariæ Virginis de Regula in conventu FF. eremitarum Augustini in provincia Boethica prope Gades. *Colon.* 1685. 8. (Figure.)

Lezena (Juan Battista de). Maria Patrona, s. de singulari sanctissimæ Virginis Mariæ patronatu in Carmelitici ordinis fratres et sodales. *Brux.* 1651. 12.

IMAGES VÉNÉRÉES DANS DIFFÉRENTS LIEUX.

Aerlen (Hollande).

Bueckelius (Joannes). Historie ende mirakelen geschiet tot Aerlen by Helmont door het aenroepen van Onse Lieve Vrouwe. *S'Hertogenb.* 1614. 8.

Aerschot (Belgique).

Kort begryp van de stadt Aerschot, met de beschryvinge van het beeldt der moeder Godts aldaer miraculeuselyck rustende. *Bruss.* 1766. 8.

Afflighem (Belgique).

Kort verhael van den oorspronck van Onse Lieve Vrouw van Affligem. * *Bruss.* 1679. 12.

  * La tradition raconte que S. Bernard, la saluant en ces termes : *Salve, Maria,* elle lui répondit : *Salve, Bernarde!*

Pietra (dom). Notre-Dame d'Affligem. *Louvain.* 1848. 8.

1

Agen (France).

Vincent de Rouen. Histoire de Notre-Dame de Bonenconstre (diocèse d'Agen), ou l'heureuse rencontre du ciel et de la terre en l'invention miraculeuse de l'image de la mère de Dieu, honorée sous ce titre en l'église du tiers ordre de S. François. *Toulouse.* 1642. 8.

Abrégé de l'histoire de Notre-Dame de Bonrencontre, etc. *Agen.* 1842. 12.

Albendorf (Prusse).

Marianischer Ehren- und Gnadenthron zu Albendorf. ~ *Jauer.* 1695. 4.

Erneuerter Marianischer Ehren- und Gnadenthron. *Bresl.* 1731. 4.

Lebhafte Vorstellung des Lebens, Leidens und Sterbens unsers Herrn Seligmachers Jesu-Christi, mit dem Thale Josaphat, wodurch der Bach Cedron fliesst; item die Erscheinung auf dem Berge Thabor, Horeb und Sinai, durch 74 Stationen ganz lebhaft mit anmuthigen Betrachtungen vorgestellt bey dem wunderthätigen Gnadenbilde U. L. Frauen zu Albendorf auf dem Berge Sion der Grafschaft Glatz. *Bresl.* 1788. 8.

Albissola (États sardes).

Storia del santuario di Nostra Signora della Pace in Albissola superiore, composta da un divoto di Maria. *Savona.* 1858. 8.

Alcoa (Espagne).

Relation de l'image de la conception de la Vierge, trouvée dans un oignon à Alcoa en Espagne, trad. de l'espagn. par François ZUTMAN. *Liége.* 1665. 4.

Alet (France).

Dévotion à Notre-Dame d'Alet, s. l. (*Toulouse.*) 1833. 12.

Alsemberg (Belgique).

Laethem (Lucas van). Historie der miraculeuse kerk van Onse Lieve Vrouw van Alsemberghe. *Bruss.* 1643. 12. Trad. en franc. *Brux.*, s. d. (1644.) 12.

Histoire de l'église miraculeuse et de la sainte image de Notre-Dame d'Alzemberg. *Mons.* 1769. 18.

Alt-Buntzlau (Bohême).

Die Ruthe Jesse, welche mitten in dem Königreich Böheim entsprossen, und mit dem durch die Welt ausgebreiteten angenehmsten Geruch geblühet; das ist : kurtzer Bericht von der gnadenreichen und wunderthätigen Bildnus der allerseeligsten Jungfrauen und Mutter Gottes Mariae zu Alt-Buntzlau, etc. *Prag.* 1723. 12.

Alten-Oettingen * (Bavière).

  * L'antique chapelle, autrefois temple païen, fut érigée en église chrétienne l'an 696 par S. Rupertus. L'an 907, cet endroit fut entièrement détruit par les Hongrois, à l'exception de la chapelle de la sainte Vierge.

Eisengrein (Martin). Libellus de sacello divæ Virginis Oettingæ veteris et miraculis, reliquiis et peregrinationibus, item de ecclesia collegiata SS. apostolorum Philippi et Jacobi. *Ingolst.* 1571. 12. *Ibid.* 1601. 12. Trad. en allem. *Ingolst.* 1571. 12.

Schrenck (Balthasar). Hundert herrliche Mirackel zu Alten-Oetting, so von 1604 bis 1613 geschehen. *Ingolst.* 1613. 12.

Irsing (Jacob). Historia divæ Virginis Oettinganæ pars I. *Monach.* 1643. 8.

  Trad. en allem. par l'auteur lui-même. *Münch.* 1662. 2 vol. 8. *Salzb.* 1672. 2 vol. 8.

  Trad. s. c. t. Historia von der weitberühmten Unser Lieben Frauen Capell zu Alten-Oetting in Nieder-Bayern, etc. *Burghausen.* 1758. 8. (8e édition.)

Kuepferle (Gabriel). Zweiter Theil der Historie Unserer Lieben Frau von Alten-Oetting. *Münch.* 1661. 8. *Ibid.* 1664. 8. *Burghaus.* 1740. 8. (9e édition.)

Pepe (Stefano). Istoria e maraviglie della beata Vergine d'Etinga in Baviera. *Monaco.* 1664. 12.

Fortsetzung der Hülff- vnd Gnaden-Zeichen, die Gott durch Fürbitt Seiner wunderbarlichen Mutter vnd Seeligsten Jungfrauen Mariae bey der H. Capell vnd Gottes-Haus Alten-Oetting in Nidern Bayren, von anno 1661, biss 1695, etc., gewürcket hat, beschrieben von einem hochwürdigen Mariophilo. *Münch.* 1698. 8.

Marianischer Treuer, das ist : Bericht der Gnadenzeichen der Mutter Gottes durch ihr gnadenreich Bildnuss von Alten-Oetting zu Train, nächst dem Markt Sigenburg in Ober-Bayrn. *Landsh.* 1714. 8.

Schiloher (Georg). Historie von der göttlichen Gnaden-Mutter zu Alten-Oetting. Dritter Theil. *Münch.* 1728. 8.

Buchfelner (Simon). Geschichte der Verehrung der Jungfrau und Gottesmutter zu Alten-Oetting. *Alten-oetting.* 1826. 8.

M*** (C... et F...). Das Gnadenbild der wunderthätigen heiligen Jungfrau Maria zu Alten-Oetting. *Münch.* 1846. 8.

Geschichte und Beschreibung der Wallfahrtstätte Alten-Oetting, nebst Anhang von Gebeten, Abbildungen, Musikbeilagen, etc. *Münch.*, s. d. 12.

Ancona (États romains).

Testa (Agostino). Per l'aprimento prodigioso degli occhi nell' immagine di Maria, regina di tutti i santi, in Ancona, orazione panegirica. *Albenga.* 1843. 8.

Andechs (Bavière).

Himmel auf Erden. Das ist : Der heilige Berg Andex, so viler Heiligen Gottes Gebainer vnd Reliquien, absonderlich aber dreyer Heiligen von Gott wunderbarlicher Weiss verwandelten Hostien höchst beliebte Ruhestatt vnd Wohnung. Von dessen u. s. v. Wunderwercken, so sich durch gedachte drey wunderwürckenden Hostien, vnd anderen würdigen Heylthumb samb zweyen Miraculosen Mariae-Bildern begeben, etc. *Münch.* 1715. 4.

Anderlecht (Belgique).

Korte historie van Onse Lieve Vrouwe in t' Scheut-Veld tot Anderlecht. *Bruss.*, s. d. 12.

Anvers (Belgique).

Graphæus (Cornelius). Memorabilis conflagratio templi divæ Mariæ Antverpiensis, s. l. 1554.

Looyck (Petrus). Mirakelen van Onse Lieve Vrouwe gheeerd in de kerk van S. Willebrodus te Antwerpen, nu overlanghe gheeert in de Reyzer stract te Antwerpen. *Antw.* 1646.

Gilde van Onze Lieve Vrouw Lo, of kort verhael der instelling en voortzelling van de kapel der H. moeder Godts in de kerk van Onse Lieve Vrouw te Antwerpen. *Antw.* 1853. 8.

Arras (France).

Origine et progrez de la confrérie des Ardens et de la chapelle miraculeuse du Joyau. *Lille.* 1660. 12.

Terninck (Auguste). Notre-Dame du Joyel, ou histoire légendaire et numismatique de la chandelle d'Arras et des cierges qui en ont été tirés. *Arras.* 1853. 4. Figure.

Ardesio (Lombardie).

Calvi (Donato). Delle grandezze della Madonna delle Grazie d'Ardesio, libri III. *Milan.* 1751. 8.

Ardilliers (France).

Histoire de l'origine de Notre-Dame de la fontaine des Ardilliers, près de Saumur en Anjou. *Saumur.* 1648. 8. Augment. *Ibid.* 1656. 8.

Notice sur Notre-Dame des Ardilliers de Saumur. *Saumur.* 1844. 8.

Duvivier (N... N...). Réponse à une Notice sur Notre-Dame des Ardilliers de Saumur. *Saumur.* 1845. 8.

Arlon (Belgique).

Éclaircissement sur l'origine du culte qu'on rend à la sainte Vierge dans l'église des RR. PP. capucins d'Arlon, etc. *Luxemb.* 1740. 8.

Argenteau (Belgique).

(Mercy-Argenteau, F... J... C... M...). La chapelle miraculeuse de Notre-Dame au bois d'Argenteau. *Liége.* 1851. 8. (Tiré à 50 exemplaires seulement.)

Assise (États romains).

Sebaux (abbé). Notice sur Notre-Dame-des-Anges *. Par.* 1854. 32. *Ibid.* 1848. 32. Gravure.

* Une autre image de Notre-Dame-des-Anges est en vénération à Clichy-en-l'Aunois, diocèse de Versailles. (Voy. page 1096.)

Astorga (Espagne).

La santa imagen de la santa Maria de la Cruz. *Astorga.* 1780. 8.

Aubervilliers (France).

Les miracles de Notre-Dame des Vertus, etc. *Par.* 1617. 12.

Aufkirchen (Bavière).

Argumentum Marianæ bonitatis: Gutthaten Gottes durch Maria bei dem Gotthaus Auffkirchen am Wirmsee. *Münch.* 1666. 8. Figure. *

* Gumppenberg raconte qu'un terrible incendie consuma en 1625 l'église, excepté l'image de la sainte Vierge que les flammes n'atteignirent point.

Avignon (France).

Le saint pèlerinage de Notre-Dame des Lumières. *Avign.* 1855. 12.

Baeza (Espagne).

Villava (Juan Francisco de). Discurso de la antiguedad y invencion de la sagrada imagen de Nuestra Señora de la Peña, que se garda en el convento de los frailes minimos de la ciudad de Baeza. *Baeza, s. d.* (vers 1620). 8.

Barweiler (Bavière).

Pickart (J...). Unterricht der uralten Bruderschaft zu Barweiler im Amte Nürnberg, mit Abbildung des Gnadenbildes. *Coeln,* s. d. 12.

Belle-Fontaine (Belgique).

Chifflet (Philippe). Histoire du prieuré de Notre-Dame de Bellefontaine. *Anvers.* 1651. 4.

Puteanus (Erycius). Historia D. Virginis Bellefontanæ in Sequanis, loci ac pietatis descriptio. *Antw.* 1651. 4. *

* Le véritable nom de l'auteur est Henri Dupuy.

Benoisteuze (France).

La vie et les miracles de Nostre-Dame de Benoisteuze. *Verdun.* 1644. 18.

Berdyczow (Pologne).

Ozdoba y obrona Ukrainskich kraiow prze cudowna w Berdyczowskira obrazie Marya Watikanskiemi koronami od Benedykta XIV. Papieza, etc. *Berdycz.* 1765. Fol.

Besançon (France).

Notice historique sur Notre-Dame des Jacobins ou des Dominicains de Besançon. *Besanç.* 1852. 8.

Beth-Aram * (France).

* Les mots béarnais *Beth-Aram* se traduisent par *beau rameau* et de là le nom de Notre-Dame du beau rameau. Cette image fut découverte (l'an 1503, par des bergers qui, voyant une lumière extraordinaire à l'endroit où se trouve à présent le grand autel de la chapelle, y trouvèrent l'image de Notre-Dame.

Marca (Pierre de). Histoire de Notre-Dame de Beth-Aram, dans le Béarn. *Beth-Aram.* 1648. 8.

Menjou (abbé). Notre-Dame du Calvaire de Betharam. *Par.* 1843. 12.

Bevern (Prusse).

Polius (Jacob). Historica descriptio sanctæ Mariæ Beuricensis supra Treviros. *Col. Agr.* 1640. 8.

Biala (Pologne).

Majestas super omnes coronas dignissima coronis in augustissima cœlorum terrarumque imperatrix gloriosissima Deipara Virgo Maria in sua Bialynicensi imagine adorata. *Wilnæ.* 1761. Fol.

Biella (États sardes).

(Gatti, Bassiano). Relatione dell' antichissima divotione della madre di Dio del monte Oroppa di Biella. *Torin.* 1621. 8.

Storia della Madonna d'Oroppa ne' monti della città di Biella nel Piemonte. *Torin.* 1659. 8.

Rocca (Luigi). Il santuario di Nostra Signora d'Oropa. *Torin.* 1840. Fol. (Orné de 12 planches.)

Avogadro (Gustavo). Storia del santuario di Nostra Signora d'Oropa ne' monti di Biella. *Torin.* 1846. 8.

Bochnia (Pologne).

Rosciszewski (Thomasz). Puklerz złoty na obronç obrazow katholickich wystawiony; przy tym łza krwawa obrazu Bochénskiego N. Panny Maryey. *Krakow.* 1659. 4.

Bertutowicz (Stanisław). Lzy krwawey obrazu Bochénskiego N. Panny Maryey. *Krakow.* 1664. 4.

Bogenberg (Bavière).

Haeser (Veit). Libellum de Virgine Thaumaturga Pogenbergensi (!) ejusque miraculis, s. l. 1627. 8.

Ursprung und Herkommen des weitberühmten Gnadenbilds Mariæ Heimbsuchung auf dem Bogen-Berg, Unterlands des Churfürstenthums Bayern, mit hundert wunderthätigen Berichten, etc. *Straub.* 1679. 8. (Rare.)

Kiefl (A...). Der Bogenberg als Grafschaft und Wallfahrt, geschichtlich nachgewiesen. *Landsh.* 1819. 8.

Bois-le-Duc (Hollande).

Alphabetum sodalitatis beatæ Virginis clientibus xenium. *Sylvæd.* 1616. 12.

Zylius (Otto). Historia miraculorum beatæ Mariæ Sylvæducensis, jam ad D. Gaugerici Bruxellam translatæ. *Antw.* 1632. *4.*

Courvoisier (Jean Jacques). Le sacré bocage de Notre-Dame de Bois-le-Duc. * *Brux.* 1646. *4.*

    * Un soldat y trouva, au xve siècle, une vierge miraculeuse en creusant la terre pour y établir un retranchement. Le nom hollandais de ce lieu est *Hertogen-Dosch* (en latin *Buscoducum* ou *Silvæducis*). Cette image, qui se trouvait depuis longtemps à l'église de S. Jacques-sur-Caudenberg à Bruxelles, fut transportée en 1853 à Bois-le-Duc.

Recueil des miracles de Notre-Dame de Bois-le-Duc, actuellement à l'église de Caudenberg (à Bruxelles). *Brux.*, s. d. 12.

Bernaerts (Thomas). Soeten wyngaert ranck of miraekelen van Onse Lieve Vrouwe van 't Hertoghen-Bosch. *Bruss.* 1665. 8.

Bologne (États romains).

Morganti (Belisario). Historia de beatissima Maria Christi matre, Lucæ picta, ex imagine miracula proferente, una cum miraculorum catalogo. *Lucæ.* 1591. *4.*

Titi (Roberto). In sacram Deiparæ Virginis imaginem, quæ in Monte Guardia Bononiæ adjacente asservatur poema. *Bonon.* 1601. 12.

Ferrari (Tommaso). Historia della sacra immagine della beata Vergine Maria in Monte Guardia. *Bologn.* 1610. *4.* Augmentée. *Bologn.* 1614. *4.*

Campeggio (Rodolfo). De imagine beatæ Virginis a S. Luca depicta carmen. *Venet.* 1622. *12.*

Tagliapietra (Ippolito Maria). Miracoli e grazie della beata Vergine del Rosario. *Bologn.* 1640. 8.

Istoria della immagine della beata Vergine di S. Luca. *Bologna.* 1770. 8.

Prospetto istorico dell' immagine di Maria Vergine dipinta dall' evangelista S. Luca. *Bologn.* 1812. 8.

Bork (Pologne).

Mojecki (Raymund). Obraz N. Panny Maryi w Bork nad Tyczynem kazaniem ogłoszony. *Krakow.* 1701. *4.*

Boulogne-sur-Mer (France).

Alphonse (N... N...). Histoire de l'ancienne image de Notre-Dame de Boulogne. * *Boulogne-sur-Mer.* 1634. 12. *Ibid.* 1684. 12.

    * En l'an 1478, Louis XI se présenta comme vassal et feudataire de Notre-Dame de Boulogne devant cette image miraculeuse, lui mit sur la tête un des fleurons de sa couronne royale et la déclara dame souveraine du comté de Boulogne. L'acte de donation dit : Transport de Louis XI à la sainte Vierge Marie de Boulogne du droit et du titre du fief et hommage du comté de Boulogne, dont relève le comte de Saint-Pol, pour être rendu devant l'image de ladite Dame, par ses successeurs.

Le Roy (Antoine). Histoire abrégée de Notre-Dame de Boulogne-sur-Mer, dressée sur plusieurs chartes, histoires, chroniques, titres, registres et mémoriaux de la chambre des comptes de Paris et de Lille en Flandre. *Par.* 1682. 8. *Boulogne.* 1704. 12. Augment. de notes par Pierre Hédouin, etc. *Boulogne.* 1827. 8. *Ibid.* 1830. 8. (Neuvième édit.)

Elbhe (Clément d'). Notre-Dame de Boulogne. *Batignolles.* 1853. 12.

Bourg-en-Bresse (France).

Notice sur le tableau miraculeux de la sainte Vierge, conservé en la paroisse de Bourg-en-Bresse. *Bourg.* 1807. 8.

Perrodin (abbé). Notice sur Notre-Dame de Conches. *Bourg.* 1842. 18.

—— Manuel pour le pèlerinage de Notre-Dame de Conches. *Bourg.* 1842. 18.

Brébières (France).

Notice historique sur Notre-Dame de Brébières. *Amiens.* 1858. 12.

Brescia (Lombardie).

Gusaghi (Cesare). Corona beatæ Virginis Gratiarum Brixiæ, cum fondatione templi et primis miraculis ejusdem, (publ. après la mort de l'auteur et augment. de notes par Romano Ugolini). *Brix.* 1604. 12. (Écrit en italien; le titre est en latin.)

Draga (Alberto). Relatio historica processionis factæ cum imagine beatæ Mariæ Virginis carmelitarum Brixiæ. *Brix.* 1605. 12.

Bruges (Belgique).

Andries (P... J...). Brugge : Maria stadt. *Brugge.* 1634. 12. *Ibid.* 1850. 12.

Taisne (Philippe François). Onse Lieve Vrouwe van

d'abdye van Nieuw Jerusalem, genaemt Spermaillie, tot Brugghe. *Brugghe.* 1666. 12.

Kort verhael van het miraculeus beeld van Onse Lieve Vrouw, berustende in de abdye van Nieuw Jerusalem, gezeyd Spermaillie, binnen Brugge. *Brugge.* 1755. 8. *Ibid.* 1762. 8.

Taisne (Philippe François). Oorspronk en mirakelen van het oudste miraculeus beeld van ons Nederland, genaemd Onse Lieve Vrouw van Potterye, te Brugge. *Brugge.* 1666. 8. *Ibid.* 1764. 8. *Ibid.* 1852. 8.

Histoire de Notre-Dame de la Poterie à Bruges. *Bruges.* 1843. 4. Figure.

Onse Lieve Vrouwe van den Thuyn, in de kerke van S. Walburghe in de stad Brugge. *Brugge,* s. d. (1677). 12.

Oorspronck ende vermaerdheyd der kapelle van Onse Lieve Vrouwe van 't Gasthuys, gezeyd Blindekens, te Brugge. *Brugge.* 1815. 8.

Kort verhael van het marber Maria-beeld te Asschebroeck. *Brugge.* 1805. 12.

Balberghe (J... P... van). Historie en mirakelen van Onse Lieve Vrouwe te Assebroeck. *Brugge.* 1852. 12.

Brünn * (Autriche).

Liebig (Johann). Parthenia gloria augustissimæ cœlorum reginæ Thaumaturgæ Brunensis ad S. Thomam, a S. Luca, ut pie creditur depictæ. *Oppav.* 1752. 12.

    * Non-seulement Bologne, mais aussi Brünn, prétendent que S. Luc soit l'auteur de l'image de la sainte Vierge.

Bruguières (France).

Aubery (Jean Henri). Virgo Bruguericana, s. diva gratiæ conciliatrix. *Tolos.* 1641. *4.*

(**Molinier**, Étienne). Histoire de Notre-Dame de Grâce de Bruguières. *Toulouse.* 1644. 12.

Bruxelles (Belgique).

Melyn (G...). Triumphus beatæ Mariæ Virginis de Bono Successu. *Brux.* 1726. *4.*

Rios (Bartolomeo de los). Histoire de l'image miraculeuse de la très-sainte Vierge Marie sous le titre de Notre-Dame de Bon-Succès, honorée dans l'église des PP. Augustins à Bruxelles. *Tournai.* 1726. 12. Figure.

Historie van de alderheyligste maget en moeder Godts Maria onder den by-naem van Bystant, geëert in haere publieke stadts-capelle, binnen de princelyke stadt Brussel. *Bruss.* 1764. 12.

Byvoegsels tot de historie van Onse Lieve Vrouwe van Bystant. *Bruss.* 1775. 8.

Opheldering der historie van Onse Lieve Vrouwe onder den by-naem van Bystant, etc. *Bruss.* 1791. 8.

Korte beschryving van het beeldt van Onse Lieve Vrouwe ten Vogelensangh in haer capelle tot Brussel. *Bruss.* 1755. 12.

Arcke des verbondts, ofte kort begryp der historie van Onse Lieve Vrouwe geseyt Maria van Pys. *Bruss.* 1759. 12.

Coddron (A... J...). La parfaite dévotion à la sainte Vierge. Histoire de la chapelle de Notre-Dame de Grâce. *Brux.* 1845. 18. Figure.

Seghers (Bartholomé). Den pelgrim van Sonien-Bossche naer Onse Lieve Vrouwe van Jesukens-Eyck, inhoudende den oorspronck, voortganck ende mirakeleuse teecken aldaer geschiet. *Bruss.* 1661. 8. Réimpr. par Charles Devos. *Bruss.* 1772. 8. Publ. par N... N... De Guenst. *Bruss.* 1805. 8.

Confrérie impériale de Notre-Dame des Sept-Douleurs, patronne singulière des femmes enceintes. *Brux.* 1615. 12. (Avec gravures.)

Maess (J...). Histoire de l'image de Notre-Dame du Sablon à Bruxelles. *Brux.*, s. d. 12.

—— Historie van 't beeld van Onse Lieve Vrouwe van Victorie, rustende in de Savel kerke te Brussel. *Bruss.*, s. d. 8.

Discours de l'image de Notre-Dame du Sablon à Bruxelles, s. l. (*Brux.*) 1626. 12.

Histoire de l'image miraculeuse de la glorieuse Vierge Marie, dont le portrait s'honore à Bruxelles dans l'église des Carmes, s. l. et s. d. 16.

Kort begryp van het miraculeus beelt van Onse Lieve Vrouwe van Tranen in de kerk van de PP. carmeliten Discalsen binnen Brussel. *Ypere.* 1709. 12.

Onze Lieve Vrouwe van Loretten, geeerd in de kerke der Eerw. PP. minimen te Brussel, met het kort verhael van de wonderlycke vervoeringe van het H. huysken van Loretto. *Bruss.* 1697. 12. Figure.

Bude, voy. Ofen.

Buernau (Bavière).

Maria zu Neu-Bürnau. Fortsetzung des Berichts von der Marianischen Wallfahrt zu Bürnau in Schwaben am Bodensee. *Constanz.* 1751. Fol.

Buglose * (France).

Histoire de la sainte chapelle et des miracles de Notre-Dame de Buglose. *Bordeaux.* 1726. 12. *Par.* 1844. 12.

  * Notre-Dame de Buglose est vénérée dans la paroisse de Poy-sur-l'Adour, près de la ville de Dax.

Cagliari (États sardes).

Brondo (Antioco). Historia y milagros de Nuestra Señora de Buenayre de la ciudad de Caller. *Caller.* 1595. 2 vol. 12.

Contini (Matteo). Compendio historial de la milagrosa venida de Nuestra Señora de Buenayre a su real convento de mercenarios calzados de la ciudad de Caller, etc. *Napol.* 1704. 16.

Cahusac (France).

Duclos (Jean). Tableau de la miraculeuse chapelle de Notre-Dame de Cahusac, près de Gimont, sous l'autorité de Mgr. l'archevêque d'Auch. *Toulouse.* 1855. 18.

Cambrai (France).

Chiflet (Jean). De sacris inscriptionibus divæ Virginis Cameracensis. *Antw.* 1649. 4.

Brouck (N... N... de). Cambrai délivrée du siége par les faveurs de la très-sainte Vierge de Grâce et par les armes de S. A. I. l'archiduc Léopold Guillaume, le 5 juillet 1649. *Cambrai.* 1650. 4.

Failly (E... J...). Essai archéologique sur l'image miraculeuse de Notre-Dame de Grâce de la cathédrale de Cambrai, et sur la possibilité que saint Luc en soit l'auteur, ainsi que d'autres images de la Vierge Marie, honorées en Grèce, en Italie et en France. *Cambrai.* 1846. 8. (Avec la figure de l'image miraculeuse.)

Capelle (Louis François). Notre-Dame de Cambrai, ou notice sur l'image miraculeuse de Notre-Dame de Grâce, augm. de documents inédits et précédée d'un aperçu sur le culte de la sainte Vierge à Cambrai depuis les premiers temps du christianisme jusqu'en 1852. *Cambrai.* 1852. 8. (3e édition, ornée de la figure de l'image miraculeuse.)

—— Souvenir du quatrième jubilé séculaire de Notre-Dame de Grâce de Cambrai, 1852. Récit complet des fêtes, cérémonies, processions, pèlerinages, etc. *Par.* 1852. 18. (Avec la figure de l'image miraculeuse.)

Cambron (Belgique).

Hautport (Robert de). Les principaulz miracles advenus par l'intercession de la très-glorieuse mère de Dieu ès chapelles de Tongres, Cambron et Chièvres. *Mons.* 1602. 4.

Caoult (Walerand). Miraculorum ad invocationem beatissimæ Virginis Mariæ apud Tungros, Camberones et Servios libri III. *Duaci.* 1606. 12.

Miracles advenuz à l'abbaie de Cambron. *Mons.* 1615. 12.

Waitté (Antoine de). Historia Camberonensis, accedit divæ Lumbisiolanæ s. a Ceraso, juxta Camberonem, historia. *Par.* 1627. 4. (Rare.)

Brasseur (Philippe). Diva Virgo Camberonensis, etc., cum ejusdem divæ triumphi contra hostes anno 1581. *Montib.* 1639. 12.

Histoire des miracles de Notre-Dame de Cambron. *Mons.* 1679. 12.

Histoire admirable de Notre-Dame de Cambron. *Mons.* 1760. 12.

Caravaggio (Lombardie).

Morigia (Paolo). Storia ed origine della Fontana della Madonna di Caravaggio. * *Bergam.* 1642. 12.

  * Invoquée surtout par les femmes que leurs maris accablent de mauvais traitements. C'est pourquoi cette image est connue sous le nom de la *Madonna de' malmaritate.*

Calvi (Donato). Della grandezza della Madonna di Cara-

vaggio libri III. *Brescia.* 1670. 8. *Milan.* 1716. 12. *Treviglio.* 1830. 12.

Compendio dell' origine, continuazione e miracoli del santuario detto della Fontana di Nostra Signora di Caravaggio. *Milan.* 1773. 12.

Carmagnola (États sardes).

Breve ragguaglio della beata Vergine delle Grazie, detta della Bossola, posta sui confini della città di Carmagnola. *Carmagnola.* 1838. 16.

Casentino (Toscane).

Paoli (Antonio). Istoria e miracoli della beata Vergine de Saxe in Casentino. *Firenz.* 1625. 12.

Ceignac (France).

Miracles et merveilles arrivés dans l'église Notre-Dame de Ceignac; sur copie imprimée de 1660. *Par.* 1823. 8.

Châlons-sur-Marne (France).

Histoire abrégée de Notre-Dame de l'Épine, près Châlons-sur-Marne. *Châlons.,* s. d. 12.

Charmaix (France).

(**Bertrand,** Jacques). Diva Virgo Charmensis, nova ejus beneficia et miracula novissima. *Lugd.* 1625. 4.

Orly (François d'). Les merveilles de Notre-Dame du Charmaix en Maurienne. *Besanç.* 1645. 8.

Chelm (Pologne).

Susza (Jakob). Phœnix redivivus. *Zamosc.* 1646. 4.

—— Phœnix iterato redivivus albo, obraz starożytny. Chełmski, Matki Bożey przez cudowne oney przy nim dziela. *Lwow.* 1653. 4.

—— Phœnix tertiato redivivus, s. imago longe vetustissima Virginis matris Chelmensis gloria gratiarum et miraculorum illustrata. *Zamosc.* 1686. 4.

Augustissima cœlorum terrarumque regina Virgo D. Gratiarum Maria in effigie sua Chelmensi, etc. *Wilnæ.* s. d. 4.

Chèvremont (Belgique).

Pèlerinage à Notre-Dame de Chèvremont. *Liége.* 1841. 52. *Ibid.,* s. d. 52.

Chièvres (Belgique).

Les douze Fontaines, ou Notre-Dame de Chièvres. *Mons.* 1641.

Crinon (Quintin). Vray rapport des miracles plus signalez faits à Chièvres à la chapelle qu'on dit Notre-Dame de la Fontaine. *Mons.* 1641.

Bouchy (Philippe). Diva Servia Hanno-Belgico, s. miraculorum ab ea patratorum florilegium. *Leod.* 1654. 4.

Histoire des miracles de Nostre-Dame de la Fontaine en la ville de Chièvres, en Hainaut. *Brux.* 1684. 12.

Abrégé de l'histoire des miracles de Notre-Dame de la Fontaine, honorée en la ville de Chièvres depuis 400 ans. *Mons,* s. d. 18.

Cinq-Églises, voy. Fünfkirchen.

Clichy (France).

Relation et documents nouveaux sur la chapelle de Notre-Dame des Anges de Clichy, s. l. et s. d. *(Par.)* 12.

Coimbre (Portugal).

Leite (Antonio). Historia da aparição e milagres da Virgem da Lapa. *Coimbra.* 1639. 8.

Cologne (Prusse).

Schneidt (F... H...). Beschreibung des Marianischen Gnadenbildleins in der Kirche zu den Oliven zu Coeln. *Coeln.* 1735. 12.

Fulgentius a Sancta Maria. Historie des wunderthätigen Muttergottesbildes unter dem Titel : *Die Königin des Friedens,* zu Coelln, bey den Carmeliterinnen in der Schnurgasse. *Coeln.* 1759. 8.

Copacabana (Pérou).

Ramos Gavilan (Alonso). Historia de la imagen de Nuestra Señora de Copacabana y de la Cruz de Carabuco. *Lima.* 1621. 4.

Valverde (Fernando de). Santuario de Nuestra Señora de Copacabana en el Pirù; poema sacro. *Lima.* 1641. 4.

Andres de San Nicholas. Historia de Nuestra Señora de Copocavana. *Madr.* 1663. 8.

Agostinho de Santa Maria. Compendio das indulgencias de Nossa Senhora de Copacavana. *Lisb.* 1714. 12.

Cordoue (Espagne).

Molina (Fernando de). Historia de la milagrosa imagen

de la Fuensanta * de la ciudad de Cordoba. *Cordob.* s. d. 8.

* Cette Vierge est ainsi nommée parce que ce fut elle-même qui fit connaître à Gonzalvo Garcia la fontaine dont les eaux miraculeuses devaient guérir sa femme et sa fille malades, qui s'y rendirent et furent aussitôt guéries. Près de cette fontaine on trouva l'image de la Madone de couleur brune et revêtue d'une robe dorée.

Granados de los Rios (Chrystophero). Historia de Nuestra Señora de los Remedios de la Fuensanta. *Toled.* 1636. 8.

Granados (Francisco de). Historia de la Virgen de Fuensanta. *Madr.* 1646. 8.

Cortenbosch (Belgique).

Hubert (Adrien). Historia de ortu, progressu et gloria miraculosæ imaginis beatæ Mariæ Virginis Brevissylvæ, vulgo de Cortenbosch dictæ, Leodiensis diœcesis. *Leod.* 1642. 12.

Vanhove (Paul). Histoire et miracles de Notre-Dame de Cortenbosch. *Liége.* 1643. 12.

Lambert (Robert). Diva Virgo de Cortenbosch et ejus miracula. *Leod.* 1636. 12.

Historie en mirakelen van Onze Lieve Vrouwe van Cortenbosch. *Sint-Truyden.* 1790. 12. *Ibid.* 1839. 12.

Mirakelen of wonderdaden door voorbidde van Onze Lieve Vrouw te Cortenbosch geschied. *Sint-Truyden,* s. d. (1848.) 24. Figure.

Histoire de Notre-Dame de Cortenbosch. *Hasselt,* s. d. (1848.) 18.

Courtral (Belgique).

Déclaration de l'origine, antiquité et dignité de l'image miraculeuse de Notre-Dame de l'abbaye de Groeninghe, à laquelle sont joints ses miracles. *Lille.* 1757. 12. *Courtrai.* 1765. 16. Trad. en flam. *Ghendt,* s. d. 12.

Covadonga (Espagne).

Ryckel (Joseph Geldolphus van). Spelunca beatæ Mariæ in Asturiis Hispaniarum montibus. *Brux.* 1655. 4.

Cracovie (Autriche).

Duracz (Jacek). Historya o cudownym obrazie Panny Maryi ktory jest u Karmelitow w Krakowie na Piasku, etc. *Krakow.* 1610. 4.

Grodzinski (Nicolaus). Diva Virgo Cracoviensis Carmelitana in Arenis h. Violeto, toto regno Poloniarum miraculis celeberrima. *Cracov.* 1669. Fol. Trad. en polon. *Krakow.* 1673. Fol.

Czeski (Nicolaus). Violetum Arenense post desolationem revirescens. *Cracov.* 1679. Fol.

Dziewulski (Marcellus). Owoc na Piasku zdarzony N. Maryi Panny Kazanie. *Krakow.* 1718. Fol.

Crea (États sardes).

Andreozzi (Paolo). Compendioso ristretto dell' origine della beata Vergine di Crea in Monferrato. *Asti.* 1683. 12.

Cuneo (États sardes).

Breve ragguaglio della Madonna del Buon rimedio. *Cuneo.* 1859. 4.

Czenstochowa * (Pologne).

* Czenstochowa est situé au croisement des routes de Posnanie à Varsovie ; au pied du Klarenberg, sur lequel se trouve le couvent de S. Paul. Ce couvent renferme une image noire de la Vierge, peinte, dit-on, par S. Luc sur une table de bois de cyprès. Cette image se trouvait primitivement, d'après la tradition, à Constantinople, appartenant à S. Hélène, mère de l'empereur Constantin. De Constantinople la Marie noire fut transportée à Aix-la-Chapelle. Là un duc slave, qui servait sous Charlemagne, l'a reçue en don de l'empereur. D'Aix-la-Chapelle la sainte image fut transférée à Belitz en Galicie, où elle resta jusqu'en 1382. De là elle fut emportée en Silésie par le prince Wladislaw Opolsky, pour la mettre à l'abri des Tartares qui envahissaient ce pays. Wladislaw, époux de S. Hedwige, fit construire une chapelle particulière au Klarenberg, près de Czenstochowa, où cette image trône encore aujourd'hui. Cependant elle n'est pas le seule où la sainte Vierge est représentée ayant la figure noire. La chapelle d'Alten-Oetting, l'église Neumünster à Wurzbourg, le couvent d'Emaus à Prague, l'église de Saint-Pierre à Louvain, l'église de Notre-Dame de Hal, la maison de Lorette et l'église des croisés à Puy-en-Velay, en possèdent également. Dans une église d'Orléans une Marie blanche est placée à côté d'une Marie noire. Les Russes la nomment *Mejeninska Matka Boshia,* c'est-à-dire, *la Mère mauresque de Dieu.* A Wilna aussi on vénère une Marie noire (*Panny Marya Ostrobramska*), ainsi nommée d'après la porte de la ville où elle est placée.

Historia pulchra et stupendis miraculis referta imaginis Mariæ, quo et unde in Clarum Montem Częstochowic et Olsztyn advenerit. *Grachov.* 1523. 8.

Historya obrazu P. Maryi Częstochowskiey. *Krakow.* 1617. 8.

Zymicyusz (Andrzei). Skarbnica Kościoła Jasney Gory Częstochowskiego : w ktorey się zamyka historia o cudownym obrazie Panny Maryey, etc. *Krakow.* 1618. 4.

Zakrzewski (Stanisław). Droga Częstochowska, albo Kazania podrozne o N. Panny Maryey, etc. *Poznan.* 1623. 4.

Bzovius (Abraham). Monile gemmeum divæ Virginis Dei parenti sacrum duodenas virtutes sacrosanctæ Deiparæ totidem laudationibus explicans et viginti quatuor miracula insignia apud iconem ejusdem magnæ matris a D. Luca depictam et apud Polonorum Clarum Montem religione cultam, patrata referens atque repetens. *Venet.* 1624. 4.

Starovolski (Szymon). Diva Claramontana, s. oratio de laudibus beatæ Mariæ Virginis, cujus imaginem D. Lucæ penicillo depictam, apud Czenstochoviam in Claro Monte Poloni circumque vicinæ gentes pie religioseque venerantur. *Cracov.* 1640. Fol.

Goldonowski (Andrzej). Diva Claramontana, s. imaginis ejus origo, translatio, miracula accuratissime conscripta. *Cracov.* 1642. 8.

    Trad. en ital. par Wilhelm Guippenberg. *Rom.* 1671. 4.

    Trad. en polon. *Krakov.* 1642. 8.

Kordecki (Augustin). Nova gigantomachia contra sacram imaginem Deiparæ Virginis a S. Luca depictam et in Monte Claro Czenstochoviensi apud religiosos patres ordinis S. Pauli primi eremitæ, in celeberrimo regni Poloniæ cœnobio, collocatam per Succos. et alios hæreticos excitata. *Cracov.* 1651. 4. *Ibid.* 1655. Fol. *Ibid.* 1657. Fol. *Clari Montis Czenstochoviensis.* 1694. 4. *Ibid.* 1711. 4.

Kobierzycki (Stanisłas). Obsidio Montis Czenstochoviensis Deiparæ imaginis, a D. Luca depictæ, in regno Poloniæ celeberrimæ. *Dantisc.* 1659. 4.

Nieszporkowitz (Ambrosius). Analecta mensæ reginalis, s. historia imaginis odigitriæ divæ Virginis Claramontanæ Mariæ, a D. Luca evangelista in cupressina domus Nazareæ mensa depictæ, origine magnæ, miraculis gratiis admirabilis et amabilis, ex vetustis græcis et latinis tum ex recentioribus authoribus collecta. *Cracov.* 1681. 4. (L'ouvrage est dédié à Jean III Sobieski, roi de Pologne.)

    Trad. en allem. s. c. t. Gnad- und wundervolle Brodsamen, etc., par Xaverius Rotter. *Bresl.* 1750. 4.

    Trad. en polon. s. c. t. Odrobiny z stołie krolewskiego, abo historya o cudownym obrazie N. Panny Maryey Częstochowskiey, etc. *Krakow.* 1683. 4. Publié par Paweł Dolinski. *Czestochow.* 1729. 4. *Ibid.* 1743. 4. *Ibid.* 1757. 4. *Ibid.* 1759. 4.

Matecki (Stanisław Baltazar). Szczęśliwy powrot nieba y ziemi monarchini Maryey w cudownym obrazie od Lukasza S. lowanym, u Graekow z starodawna odigitria nazwanym, etc. *Krakow.* 1691. 4.

Papecki (Cyprian). Oracya kaznodzieyska z cudzey głowy konceptu na przywitanie N. Maryi w cudownym Częstochowskim obrazie na Jasney Gorze. *Krakow.* 1717. Fol.

Relatio de solennissimo et triumphali actu coronationis archithaumaturgæ imaginis beatæ Mariæ Virginis Deiparæ in Claro Monte Częstochoviensi in regno Poloniarum die 8 septembris anno Domini 1717, feliciter peracta et absoluta, s. l. et s. d. (*Czestoch.* 1717.) 4. *Brunsberg.* 1730. 4.

Scislowski (Remigius). Homagium augustissimæ et invictissimæ cœli et terræ imperatrici Poloniarum reginæ clementissimæ in Claro Monte Czenstochoviensi miraculis clarissimæ, ipso inaugurationis solenni die, etc., humiliter præstitum. *Clari Montis.* 1717. Fol.

Rotter (Xaverius). Refugium peccatorum, s. devotus afflictorum recursus ad Thaumaturgam Czenstochoviensem matrem, ibidem jam ab annis trecentis sexaginta septem gratiis ac miraculis clarissimam. *Wratislav.* 1749. 8.

Radlinski (Jacob Paul). Imago thaumaturga beatæ Virginis Mariæ, s. historia imaginis beatæ Virginis Mariæ in Claro Monte Częstochoviensi. *Cracov.* 1756. 4.

Kiedzynski (Anastasius). Mensa Nazarea abunde specialibus indesinentium miraculorum et gratiarum dapibus illiciisque referta et liberaliter cujuscunque conditionis hominibus aperta, s. historia imaginis divæ Claramon-

tanæ a S. Luca evangelista depictæ. *Clara Montis*. 1763. 4.
Geschichte des Abbildes vom Gnadenbilde zu Czensto-
chau, etc. *Wien*. 1831. 8.
Balynski (Michael). Pielgrzymka do Jasney Gory w
Częstochowie. *Warszaw*. 1847. 8. Figure.

Czerwiensk (Pologne).

Papricki (Lukasz). Opisanie cudów N. Panny Maryi w
Czerwiensku, s. l. 1650. 12.

Dadizelle (Belgique).

Huvettère (Louis de). Historie ende mirakelen van
Onse Lieve Vrouwe van Dadizelle. *Ypre*. 1619. 24.
Recueil de l'histoire et des miracles de Notre-Dame de
Dadizelle. *Ypres*. 1629. 18.

Delft (Hollande).

Vosmer (Michael). Diva Virgo et crux Delphica. *Colon*.
1629. 12.

Dendermonde, voy. Termonde.

Dettelbach (Bavière).

Sangrius (Eucharius). Historia celeberrimæ et innu-
meris condecorata miraculis divæ Dettelbacensis imaginis in Franconia Germaniæ inferiori. *Wirceb*. 1607. 4.
Die grosse heilige Wallfahrt des Frankenlandes zur
schmerzhaften Mutter Gottes bei Stadt Dettelbach. *Kit-
zingen* et *Nürnb*. 1840. 8.

Dijon (France).

Bordes (Basile). Histoire de l'image de Notre-Dame
d'Etang. *Dijon*. 1632. 12.
Dejoux (N... N...). Histoire de la découverte de l'image
miraculeuse de Nostre-Dame d'Etang et du culte qu'on lui
a rendu jusqu'à ce jour. *Dijon*. 1726. 18. *Ibid*. 1853. 18.
Figure.

(Gaudrillet, N... N...). Histoire de Notre-Dame de Bon-
Espoir, dont l'image miraculeuse, qui est dans l'église
de Notre-Dame, est en grande vénération dans la ville
de Dijon. *Dijon*. 1775. 8. Réimprim. s. c. t. Histoire de
l'image miraculeuse de Notre-Dame de Bon-Espoir, de
son culte et de la confrérie établie en son honneur dans
l'église paroissiale de Notre-Dame de Dijon. *Dijon*. 1823.
12.

Dinkelsbühl (Prusse).

Des Mariophili von Montcoq curieuse Wallfahrt zu dem
wunderthätigen Marienbild in S. Georgii Pfarrkirche
der Reichs-Statt Dinkelsbühl, s. l. 1712. 8.

Drêche (France).

Mourre (Honoré). Histoire de l'église de Notre-Dame de
la Dresche, contenant son origine et les miracles qui
s'y sont faits. *Albi*. 1671. 12.

Duben (Moravie).

Gihl (Joseph). Pulchra ut luna, electa ut sol, immaculata Virgo Dubensis. *Olomuc*. 1742. 4.

Duffel (Belgique).

Hoeswinkel (Philippe van). Oorspronck, voortganck
ende miraculen van het miraculeus beeld van Onse Lieve
Vrouwe van Duffel. *Antw*. 1644. 18. *Ibid*. 1667. 18.
Mattens (Jean Norbert). Onse Lieve Vrouwe van Duffel
ofte van Goeden Wil; d. i : De wonderheden van Maria
soo in het doen vinden ende hervinden van haer miraculeus beeldt als in t'gunstig uytstorten van wonder-
barre genezen tot Duffel. *Antw*. 1717. 8. Figure.

Eberhardts-Clausen (Prusse).

Mirakel- und Gnaden-Büchlein der wunderthätigen Mutter Jesu zu Eberhardts-Clausen. *Trier*. 1726. 8.

Eessen (Belgique).

Oorspronck der devotie tot de heylighe Maegd Maria in
de kapel te Eessen. *Brugge*. 1842. 12.

Eetal (Bavière).

Wie das wirdig Gotshauss Unser Lieben Frawen zu Eetal
durch Kayser Ludwig IV erbauwet ist worden. *Eetal*,
s. d. (vers 1510.) 8.

Eganting (Bavière).

Angerer (B...). Gnadenvolle Schwitzung eines Vesper-
bildes zu Ober-Pfrämern in der Pfarre Eganting, Bis-
tumb Freysing, mit mehr als 1,000 geschehenen Gnaden. *Münch*. 1718. 8.

Eisenstadt (Hongrie).

Persianisch-Marianisches Gnaden-Brünnl, oder Beschreibung der Wunderthaten der Mutter Gottes auf dem
Calvari-Berg zu Eisenstadt. *Wiener-Neust*. 1752. 8.

Ellwangen (Wurtemberg).

Rauber (Placidus). Diva Virgo Todtmosia, s. Pulcri-
collis, ejus origo, miracula, etc. *Friburg*. 1625. 12.
Marianischer Ehren- und Gnaden-Tempel, oder kurtze
Beschreibung des auf dem Schönenberg nächst Ellwangen stehenden sowohl kleinen Lauretanischen Kirch-
leins, als grossen herrlichen Gottes-Hauses, etc., von
dem 1685 biss auf dieses 1758 Jahr. *Ellwang*., s. d.
(1738). 8.
Kurze Geschichte der berühmten und sehr schönen Wall-
fahrtskirche auf dem Schönenberg bei Ellwangen ; von
einem Verchrer der allerheiligsten Jungfrau. *Schwä-
bisch-Hall*. 1850. 16.

Evreux (France).

Blais (Auguste). Notice historique et archéologique sur
Notre-Dame de la Couture de Bernay, etc. *Evreux*. 1852. 8.

Faenza (États romains).

Castellani (Giulio). De miraculis a diva Maria Faventiæ
profectis. *Bonon*. 1569. 8.
Capalla (Giovanni Maria). Narratio miraculorum imaginis beatissimæ Virginis Mariæ de Igne. *Bonon*. 1596. 4.

Farfa (États romains).

Sulla sacra immagine di Maria Vergine, che si venera
nella chiesa di Farfa e sulla sua coronazione, cenni storici, etc. *Rom*. 1840. 4. Figure.

Ferrière (France).

Morin (Guillaume), Discours des miracles faits en la
chapelle de Notre-Dame de Bethlehem en l'abbaye de
Ferrière, en Gâtinois, etc. *Par*. 1605. 12.
La confrérie royale des roys de France, instituée en la
chapelle de Notre-Dame de Bethlehem de la ville de
Ferrière, en Gâtinois, diocèse de Sens. *Par*. 1621. 12.
Rainssant (Firmin). Les merveilles de Notre-Dame de
Bethlehem de Ferrière. *Par*., s. d. 12.

Florence (Toscane).

Favilla (Cosmo). Historia et miracula sacratissimæ imaginis beatæ Virginis Annunciatæ de Florentia. *Florent*.,
s. d. 8. *

> * L'existence de cet ouvrage, cité par MARACCI, nous paraît dou-
> teuse, parce qu'aucune bibliographie ne le mentionne.

Bocchi (Francesco). Opera sopra l' immagine miracolosa della santissima Nunziata di Firenze, etc. *Firenz*.
1592. 8.
Lottini (Giovanni Angiolo). Scelta d'alcuni miracoli e
grazie della santissima Nunziata di Firenze. *Firenz*.
1619. 4.
La miracolosa immagine della santissima Annunziata di
Firenze ; memorie e miracoli della sua origine fino al
secolo XIX. *Firenz*. 1844. 8.

Imprunetta (Toscane).

Casotti (Giovanni Battista). Memorie istoriche dell'
immagine di Maria Vergine dell' Impruneta. *Firenz*.
1714. 4.

Folgoet (France).

(Le Pumec, Cyrille). Le dévot pèlerinage de Notre-
Dame de Folgoet. *Par*. 1634. 12. *Morlaix*. 1655. 12.
Miorcec de Kerdanet (Daniel Louis). Le pèlerinage de
Notre-Dame de Folgoet. *Rennes*. 1826. 18.

Fontanellato (Parme).

Del santuario di santa Maria del Rosario a Fontanellato,
diocesi di Parma, notizia. *Piacenz*. 1845. 8. (Extrait de
l'ouvrage de Antonio Riccardi, mentionné page 1089.)

Forli (États romains).

Bezzi (Giuliano). Ignis triumphans, s. relatio translationis miraculosæ imaginis beatæ Virginis de Igne, civitatis Foroliviensis protectricis, liber I. *Foroliv*. 1637. 4.

Fourvières, voy. Lyon.

Foy-Notre-Dame (Belgique).

Bouille (Pierre). Histoire de la descouverte et merveilles
de Nostre-Dame de Foy, trouvée en un chesne, près de
la ville de Dinant, pays de Liége, l'an MDCIX. *Liége*.
1620. 12. *Ibid*. 1627. 4. (Très-rare.) *Toul*. 1628. 12.
Augment. *Ibid*. 1666. 12. Trad. en lat. s. c. t. Brevis
et succincta narratio miraculorum Virginis Foyacen-
sis, etc. *Duaci*. 1620. 8.

Susius (Jacob). Oorspronck ende mirakelen van Onse Lieve Vrouwe van Foya. *Leeuw.* 1624. 12. *

   * Ce n'est qu'une traduction de l'ouvrage précédent.

Desmonts (Augustin). Histoire des miracles de Notre-Dame de Foy, etc. *Douai.* 1628. 8.

Actio gratiarum divæ Virginis Mariæ Foyensis prope Dinant, cum beneficiorum ejus enarratione. *Leod.* 1652.12.

Grever (August). Kurz verfasster Ursprung und fernere Geschichte des Marianischen Bildnisses von Foya in Niederlanden. *Znaim.* 1760. 8.

Frascati (États romains).

Casini (Pietro). Memorie del prodigioso movimento degli occhi della sacra immagine di Maria Addolorata nella cattedrale di Frascati. *Rom.* 1817. 8.

Fünfkirchen (Hongrie).

Sigg (Johann Georg). Gründlicher und wahrhafter Bericht von dem wunderbarlichen Ursprung und der Verehrung des Marianischen Gnadenbildes unter dem Titel *Trösterin der Betrübten*, in Wien und in Fünfkirchen. *Fünfkirch.* 1777. 8.

Garaison (France).

Geoffroy (Pierre). Les merveilles de Notre-Dame de Garaison, s. l. 1607. 12. *Toulouse.* 1694. 12.

Aubery (Jean Henri). Diva Virgo Guarazonia. *Tolos.* 1619. 4. Auscis. (*Auch.*) 1650. 4.

Molinier (Etienne). Le lys du val de Garaison, ou l'histoire de Notre-Dame de Garaison, diocèse d'Auch, et des miracles qui s'y sont faits. *Toulouse.* 1646. 12. (Omis par Quérard.)

Suberville (N... N...) Histoire de la chapelle de Garaison, etc. *Toulouse.* 1836. 18.

Genazzano (États romains).

Orgio (Angelo Maria de). Istoriche notizie della prodigiosa apparizione dell' immagine di Maria santissima del Buon Consiglio nella chiesa de' PP. Agostiniani di Genazzano. *Rom.* 1748. 8. Publ. par Andrea Sgariglia. *Foligno.* 1765. 8.

Divoto compendio della storia della prodigiosissima sacra immagine di Maria santissima del Buon Consiglio, portata secondo la pia antica tradizione da Scutari, città della Albania, nella chiesa di S. Agostino di Genazzano, diocesi di Palestrina. *Venez.* 1756. 8. (Quatrième édition.)

Teutscher Auszug der merckwürdigsten Begebenheiten und Wunderen (!) des gnadenreichen Bildnuss Mariæ von guten Rath, etc. *Augsb.* 1757. 8. *

   * Ce n'est qu'un extrait de la première édition de l'ouvrage précédent.

Divoto exercizio da praticarsi in onore di Maria santissima del Buon Consiglio di Genazzano, etc., con alcune annotazioni di Angelo Maria de Orgio. *Rom.* 1757. 12.

Cenni istorici della prodigiosa immagine (di Maria Vergine) del Buon Consiglio di Genazzano. *Carmagnola.* 1835. 8.

Compendio delle notizie storiche della prodigiosissima sacra immagine della beata Vergine del Buon Consiglio posseduta dai' PP. Agostiniani di Genazzano. *Carmagnola.* 1838. 18.

Gênes (États sardes).

Memorie storiche intorno alla miracolosa immagine di Nostra Signora d' Apparizione. *Genov.* 1838. 24.

Compendio storico dell' ammirevole ritrovamento della statua di Nostra Signora della Sacra lettera nell' anno 1783. *Genov.* 1839. 12.

C... (G...). Compendio storico dell' esportazione di Nostra Signora Incoronata. *Genov.* 1840. 8.

Giezin (Bohème).

Lauritsch (Joseph). Primum sæculum divæ Ruthenicæ, s. relatio historica de origine, cultu et beneficiis vetustissimæ Ruthenicæ imaginis Mariæ, matris divinæ, cujus Giezinii Boemorum altero jam sæculo peculiari hyperdulia colitur. *Reginæ Hradecii.* 1741. 4. Trad. en bohème. *Königgratz.* 1743. 4.

Gidel (Pologne).

Trebnic (Jerzy). Historya o cudownym obrazie Panny Mary w Gidlach. *Krakow.* 1636. 4.

Tomasz z Pilzna. Historia obrazu cudownego Panny Maryey Gidzielskiey. *Krakow.* 1645. 4.

Glatz (Prusse).

Miller (Johannes). Beatissimæ Virginis Glacensis historia, d. i. kurtze Beschreibung von dem uralten wunderthätigen Mariabild, welches zu Glatz auf dem hohen Altare in der Pfarrkirchen der Societät Jesu von viel hundert Jahren her zu öffentlicher Verehrung vorgestellet und schon im Jahre 1564 von Ernesto I, Bischof zu Prag, wunderthätig erkläret worden. *Glatz.* 1680. 4.

Hain (David). Palladium Glacense, s. rhythmus germanicus de Thaumaturga Glacensi. *Glacii.* 1717. 4.

Gostyn (Prusse).

Prospekt wesoły z góry Gostyńkiey albo zebranie cudow przy obrazie N. Panny przed Gostyniem. *Poznan.* 1726. 4.

Grace (Belgique).

Le Roy (Allard). Notre-Dame de Grace, ou Notre-Dame de Bon Aller et de Bon Retour. *Liége.* 1631. 12.

Gravelines (France).

Bénéfices et guérisons remarquables faits à l'invocation de Notre-Dame de Foi, à Gravelines. *Saint-Omer.* 1623. 8.

Groeninghe, voy. Courtrai.

Guadelupe, voy. Mexique.

Hal (Belgique).

Lipsius (Justus *). Diva Virgo Hallensis, beneficia ejus et miracula fide atque ordine descripta. *Antw.* 1604. 8. Figure. *Ibid.* 1616. 4. *Ibid.* 1623. 4.

   Trad. en franç. s. c. t, Nostre-Dame de Hau, ses bienfaits et miracles, par L... Dujardin. *Brux.* 1606. 12.

   Par M... Remy. *Brux.* 1661. 12. Figure.

   Par un anonyme s. c. t. Histoire de Notre-Dame de Hal, s. l. (*Mons.*) 1697. 12. *Brux.* 1714. 12.

   Trad. en holland. *Bruss.* 1657. 8. *Halle.* 1714. 8.

   * C'est à la Vierge noire de Hal que l'auteur, guéri par sa grâce d'une mauvaise maladie, avait legué une plume d'argent.

(**Lingelsheim**, Georg Michael). Dissertatio de idolo Hallensi Justi Lipsii mangonis et phaleris ornata. *Heidelb.* 1605. 4.

Cochelet (Anastase). Palæstra honoris divæ Virginis Hallensis, pro Justo Lipsio, adversus dissertationem mentiti idoli Hallensis Anonymi cujusdam hæretici. *Antw.* 1607. 8. (Critique de l'écrit précédent.)

Numan (Philippe). Die heylighe Maghet van Halle, haere weldaen ende mirakelen. *Bruss.* 1607. 12.

Maillard (Claude). Histoire de Notre-Dame de Hal, divisée en trois parties. *Brux.* 1631. 18. Trad. en flam. s. c. t. Pelgrim van Halle, ofte historie van Onse Lieve Vrouwe van Halle, par P... A... Poirdens, *Par.* 1631. 18. *Brux.* 1657. 12. Gravures.

Lambrechts (J...). Wonderen der H. Stadt Halle, uyt Justus Lipsius in Vlaemsche ghedichten.*Brugge.*1682.4.

Discours sur l'histoire de Notre-Dame de Hal. *Mons,* s. d. (1777.) 18.

Historisch verhael der bezonderste mirakelen van Onse Lieve Vrouwe van Halle. *Mechel.* 1816. 12. Figure.

Description historique de Notre-Dame de Hal. *Hal.* 1828. 12.

Hasselt (Belgique).

Jonghen (Hendrik). Marianum Haseletum, s. historia perantiquæ miraculosæ imaginis et capellæ, nec non fraternitatis insignis beatæ Mariæ apud Haseletenses. *Antw.* 1660. 8. Trad. en flam. s. c. t. Onse Lieve Vrouwe van Hasselt, etc., par Pieter Vale. *Antw.* 1660.8.

Verhael van eenige mirakels geschiedt door de voorspraeck van Onse Lieve Vrouwe te Hasselt, etc. *Sint-Truyden.* 1821. 18. Figure.

Korte historie van het mirakuleus beeld van Onse Lieve Vrouw van de Roede van Jesse te Hasselt. *Hasselt.* 1842. 18.

Havré (Belgique).

(**J...**, B...). Histoire de l'origine, progrès et miracles de Nostre-Dame de Bon-Vouloir au duché d'Havré. *Mons.* 1659. 18. (Extrêmement rare.)

Hulst (Belgique).

De antiqua populi devotione erga Virginem Deiparam in capella ad Quercum, juxta Hulst. *Gandav.* 1624. 8.

Cardon (Legier). Van de devotie in de capelle van Onse Lieve Vrouwe ter Eecken by Hulst. *Ghendt.* 1624. 8.

Huy (Belgique).

Ambrosius Huensis. Eburonum Huensium sacrarium eorumque diva Sartensis. *Huy.* 1659. *4.*

Recueil des grâces de la Vierge en son église du Sart-lez-Huy. *Liége.* 1666. 12. *Ibid.* 1842. 12.

Illescas (Espagne).

Navarro (Antonio). Historia y milagros de la Nuestra Señora de la Caridad de Illescas. *Madr.* 1603. *4.*

Innsbruck (Tyrol).

Geschichte des Gnadenbildes in der Sanct-Jacobs-Pfarrkirche zu Innsbruck, etc. *Innsbr.* 1850. 12. *

* Cette image, connue sous le nom de *Maria-Hilf*, est un tableau original peint sur bois par Lucas Cranach.

Ittre (Belgique).

Abrégé de l'origine de Notre-Dame d'Ittre. *Nivelles.* 1789. 8. *Ibid.* 1820. 8. (3e édition, ornée de la figure de la Vierge miraculeuse.)

Itzmal (Mexique).

Licana (Bernardo de). Devocionario de Nuestra Señora de Itzmal ; historia y conquista espiritual de Yucatan, s. l. (*Mexico*). 1633. 8.

Jaen (Espagne).

Bezerra (Antonio). De la descencion de la Virgen santissima Nuestra Señora y de la visita, qui hiço a la iglesia de S. Ilefonso de la ciudad de Jaen en el año mccccxxx y de la milagrosa imagen de la capilla. *Jaen.* 1639. 8.

Jaroslaw (Autriche).

Kwiatkiewicz (Ian). Morze łask y pociech Boleśna Matka Boża Marya, abo cuda y łaski rozne przy obrazie polnym Jarosławskim N. Panny w Kosciele OO. Soc. Jezu złozonym doznaney pilnie zebrane. *Lwow.* 1744. 8.

Kerselaer (Belgique).

Mirakelen van Onse Lieve Vrouwe van Kerselaer. *Ghendt.* 1678. 12.

(**Carlier**, A... J...). Historie van Onse Lieve Vrouwe ten Kerselaer binnen de parochie van Edelaer. *Audenaerde.* 1768. 8. Réimprim. (par Victor De Buck). *Bruss.* 1844. 12.

Kevelaer * (Hollande).

* La madone de Kevelaer est depuis 1642 une des plus vénérées du monde catholique.

P... (A...). Het pelgrimken van Kevelaer. *Kevel.* 1655. 18.

Mirakelen door de voorspraeck van de heylighe Maghet Maria in het dorp Kevelaer. *Kevel.* 1681. 12.

Opkomste ende voortganck der devotie in het dorp van Kevelaer, met de mirakelen aldaer geschiet door de voorspraeck van Maria. *Kevel.*, s. d. (1696). 12. *Ibid.* 1742. 12.

Kort verhael van het zegenpraelen in Kevelaer door de alderheylighste Maget en moeder Godts Maria. *Venloo.* 1742. 12.

Historie van Onse Lieve Vrouwe van Kevelaer. *Gelder.* 1792. 12.

Beschrijving van Kevelaer en van Onse Lieve Vrouw te Gelder, s. l. (*Roermond*). 1792. 12.

Krickelberg (J... H...). Die Wallfahrt nach Kevelaer , etc., geschichtlich dargestellt. *Koeln.* 1842. 8. Trad. en flam. par J... Wirz. *Grave.* 1842. 12.

S... (B...). Maria, die Trösterin der Betrübten, etc., nebst einer Geschichte des Bildes zu Luxemburg und zu Kevelaer. *Luxemb.* 1850. 8.

Kintzweiler (Prusse).

Maria, Mutter des guten Rathes, nach dem Gennazaner Urbild in Kintzweiler, Jülicher Landes, auffgericht, etc. *Coeln.* 1767. 8. Figure.

Koeln, voy. **Cologne.**

Kuttenberg (Bohême).

Jedina (Franz Xaver). Beschreibung der Wallfahrt auf den Kuttenberg in Böhmen. *Prag.* 1820. 8.

Labessay (France).

Apparition miraculeuse de la sainte Vierge à deux petits bergers sur une montagne de la Salette, diocèse de Grenoble. *Par.*, s. d. (1846). 52. Figure.

Apparition de la sainte Vierge à deux enfants sur une montagne de la Salette, canton de Corps, diocèse de Grenoble, s. l. et s. d. (*Par.* 1846.) 18. Figure.

Hecht (Laurenz). Geschichte der Erscheinung der seligen Jungfrau zweien Hirten-Kindern auf dem Berge

von Salette, in Frankreich, den 19. Herbstmonat 1846. *Einsied.* 1847. 18. (Avec les portraits des deux bergers.)

Villecourt (Clément). Nouveau récit de l'apparition de la sainte Vierge sur les montagnes des Alpes, etc. *La Rochelle.* 1848. 8. *Louvain.* 1848. 8. Trad. en flam. *Hasselt.* 1848. 12. Par N... N... Gevaert. *Gent,* s. d. (1854.) 18. Figure.

Arbaud (François). Souvenirs intimes d'un pèlerinage à la Salette, le 19 septembre 1847. *Digne.* 1848. 8.

Histoire de Notre-Dame de la Salette, d'après les documents authentiques publiés jusqu'à ce jour, etc. *Louvain,* s. d.·(1850). 2 vol. 18. *Ibid.* 1850. 2 vol. 18.·Fig.

Rousselot (abbé). Manuel du pèlerin à Notre-Dame de la Salette, etc. *Grenoble.* 1851. 18. *Bruges.* 1852. 18.

(**Des Brulais**, Marie). L'écho de la sainte Montagne visitée par la mère de Dieu, ou un mois de séjour dans la société des petits bergers de la Salette. *Nantes.* 1852. 8. *Tournai.* 1854. 12.

Rousselot (l'abbé). Nouveaux documents sur l'événement de la Salette, ou suite et complément du rapport à Mgr. l'évêque de Grenoble sur l'apparition de la sainte Vierge, du 19 septembre 1846, à deux petits bergers sur une montagne de la Salette, canton de Corps (Isère). *Grenoble.* 1853. 8.

L'événement de la Salette et un pèlerinage à cette sainte montagne, le 19 septembre 1853. *Luçon.* 1853. 18.

Un dernier mot sur la Salette, par un ami de la vérité. *Bourgoin.* 1853. 16.

Laeken * (Belgique).

* En 1623, l'infante Isabelle Claire Eugénie , gouvernante des Pays-Bas, y venait en pèlerinage, accompagnée de toute la cour et de 400 béguines.

Beneden (Laurent van). Historie van de kerke ende machtighe wercken van de soete moeder Godts Maria te Laken. *Bruss.* 1624. 12. *Ibid.* 1630. 12. Trad. en espagn. *Bruss.* 1653. 12.

Gurnez (Antoine). Laca Bruxellense suburbanum cultu ac prodigiis Deiparae celebris a Normannorum temporibus. *Brux.* 1647. 4.

Sanderus (A...). Laca parthenia Mariani cultus antiquitate et miraculorum gloria illustris. *Brux.* 1639. 4. Historie van Onse Lieve Vrouwe van Laeken. *Bruss.* 1694. 12.

(**Hennin**, Quentin). Oorsprongh van de kercke van Laken, opgericht ter eeren van Onse Lieve Vrouw. *Bruss.,* s. d.· (1694.) 12. Trad. en franç. *Brux.* 1694. 12. Fig.

Trophée de la religion catholique après la défaite des infidèles dans les Pays-Bas, par l'empereur Arnulphe, roy de Bavière, l'an 895, érigée (!) à la reine du ciel par deux vierges, sœurs de Hugue, duc de Germanie et de Loraine, enseveli au Lacq sous la ruine des Normans. *Brux.*, s. d. (1694.) 8.

Hennin (Quentin). L'histoire et l'origine de l'église miriculeuse de Lacq. *Brux.* 1791. 8.

Histoire miraculeuse de l'église de Notre-Dame de Laeken, etc. *Brux.* 1850. 18.

Laghetto (États sardes).

Cenni storici sul santuario di Laghetto, etc. *Nizza.* 1838. 8. Trad. en franç. s. e. t. Notice historique, etc. *Nice.* 1843. 12. *Ibid.* 1847. 18.

Landshut (Bavière).

Kurze Darstellung des Hauses Loreto von Nazareth, wie auch des Ursprungs des Klosters und der heiligen Kapelle zu Maria di Loreto nächst Landshut. *Landsh.* 1824. 8.

Lange (Belgique).

De seven wee-en van Onse Lieve Vrouwe in 't Lange. *Antw.* 1623. 12. Figure sur bois.

Laon, voy. **Liesse.**

Laus (France).

Recueil historique des merveilles que Dieu a opérées à Notre-Dame du Laus , près Gap , en Dauphiné , par l'intercession de la sainte Vierge, et des principaux traits de la vie de Benoîte Rencurel, surnommée la bergère du Laus. *Grenoble.* 1636. 12. *Ibid.* 1736. 18. *Avign.* 1803. 12.

Histoire du pèlerinage de Laus.·*Grenoble.* 1636. 12.

Notice historique sur la fondation du sanctuaire et l'établissement du pèlerinage de Notre-Dame du Laus. *Gap.* 1843. 12.

Martel (Auguste). Histoire du sanctuaire de Notre-Dame du Laus (Hautes-Alpes) et de la pieuse bergère qui l'a fondé. *Gap.* 1850. 12.

Maurel (A...). Histoire de Notre-Dame du Laus. *Marseille, s. d.* (1852.) 18. Figure.

Lebbeke, voy. **Termonde.**

Lede (Belgique).

Het mirakuleus beeld van Onze Lieve Vrouw van Lede, gezeyd de Nood Gods. *Saint-Nicolas.* 1845. 12. Figure.

Lemberg (en polonais **Lwow**) (Autriche).

Relacya koronacyi cudownego obrazu Naysw. Maryi Panny na Gorze Rożancowey WW. OO. Dominikanow Prow. Ruskiey. *Lwow.* 1727. 4.

Relatio coronationis Thaumaturgæ imaginis Deiparæ Virginis Mariæ in ecclesia sacratissima corporis Christi et SS. Petri et Pauli apostolorum, Rev. P. Antonio Bremond, generali magistro totius ordinis prædicatorum a conventu generali Leopoliensi oblata. *Leopol.* 1752. 4.

Waxmanski (Hieronymus). Kazanie na koronacya obrazu N. Maryi Panny w Lwowie. *Lwow.* 1752. 4.

Ducha (Szymon). Kazanie miedzy oktawą uroczystey koronacyi N. Panny Maryi. *Lwow.* 1778. 4.

Liedekerke (Belgique).

Kort begryp van de historie ende oorspronck der capelle ende kercke van Onse Lieve Vrouwe Ter Muylen, gelegen in de parochie ende baronie van Liede-kercken. Van het miraculeus beeldt der alderheylighste Maghet ende moeder Godts Maria, het welck aldaer ge-eêrt wordt, etc. *Bruss., s. d.* (1758.) 18. Figure. *

  * La Vierge montée sur un mulet blanc apparait dans un nuage et délivre les seigneurs de Liedekercke de la main des infidèles, pendant la croisade.

Bertholdus a Sancto-Josepho. Verhael van den oorspronck van het oud clooster van Onse Lieve Vrouwe Ter Muylen. *Ghent.* 1685. 12.

Liége (Belgique).

Manigart (N... N...). Diva Leodiensis, consolatrix afflictorum, in S. Remigii templo celebris. *Leod., s. d.* 12.

Dumonin (P...). Sacrarium augustissimæ Deiparæ Virginis Mariæ patriæ Leodiensis. *Leod.* 1618. 4.

(**Jacmart**, Noël). Les merveilles de la glorieuse Vierge Marie, honorée en l'église de S. Séverin à Liége. *Liége.* 1681. 12. (Excessivement rare.)

Liesse (France).

Calvarin (Simon). Histoire de Nostre-Dame de Liesse. *Par.* 1555. 8. *Par.* et *Troyes.* 1602. 12. *Rheims.* 1645. 12.

Les miracles de Nostre-Dame de Liesse et comme elle fut trouvée et nommée. *Par.* 1555. 12. •

Histoire comment l'image de Nostre-Dame de Liesse fut nommée. *Par.* 1557. 8.

Cérisiers (René de). L'image de Nostre-Dame de Liesse, ou son histoire authentique. *Par.* 1602. 12. *Rheims.* 1622. 12. *Ibid.* 1652. 12.

Caoult (Walerand). Historia vera terque admiranda beatæ Virginis Mariæ Exhilaratricis sive Nostræ Dominæ Gaudiorum vulgo Nostre-dame de Liesse dicta apud Picardos. *Duaci.* 1604. 12.

Miracula quæ ad invocationem beatæ Virginis Mariæ in Hannoniam ac Dominam Gaudiorum in Picardia vulgo Notre-Dame de Liesse dictam, effulsere ab anno 1081 ad annum 1603. *Duaci.* 1606. 12.

Le Brun (Claude). Histoire de la belle image de Liesse, dans le diocèse de Laon. *Par.* 1615. 12. *Lyon.* 12.

(**Machault**, G... de). Histoire et miracles de Notre-Dame de Liesse. *Par.* 1617. 12. *Ibid.* 1629. 12.

Duen (Claude) et **Bene** (Claude de). Histoire de Notre-Dame de Liesse. *Par.* 1617. 8.

Gazée (Angelin). Historia imaginis beatissimæ Virginis Lætitiæ seu Exhilaratricis in Gallia. *Colon.* 1651. 12.

Du Moutier (Artus). La piété françoise envers la très-sainte Vierge Marie, mère de Dieu, Notre-Dame de Liesse. *Par.* 1637. 8.

(**Saint-Pérès**, Jean de). Le vray trésor de l'histoire sur le transport miraculeux de l'image de Notre-Dame de Liesse, composée par quatre pèlerins. *Par.* 1647. 4. •

(——) Histoire miraculeuse de Notre-Dame de Liesse, avec l'instruction pour les pèlerins. *Par.* 1648. 12. *Ibid.* 1651. 12. *Ibid.* 1657. 12. *Ibid.* 1661. 12. *Ibid.* 1678. 12. *Ibid.* 1692. 12.

  * Cet ouvrage, extrêmement rare, est dédié à la princesse de Condé.

Villette (Etienne Nicolas). Histoire de l'image miracu-

leuse de Notre-Dame à Laon. *Laon.* 1708. 18. *Ibid.* 1728. 18. Figure. *Ibid.* 1743. 18. *Ibid.* 1769. 18. *Liége.* 1784. 12. Figure. *Reims.* 1817. 18. *Laon.* 1848. 18. *Ibid.* 1855. 18.

Histoire de l'image miraculeuse de Notre-Dame de Liesse, suivie du cantique et du récit du pèlerinage de la duchesse de Berry. *Cambrai et Liesse.* 1821. 16.

Rainprechter (N... N...). Entstehungsgeschichte des wunderthätigen Gnadenbildes Unserer Lieben Frau von Liesse. *Münch.* 1825. 8. (Trad. du français.)

Lille (France).

Vincart (Jean). Beatissima Virgo cancellata in insigni ecclesia collegiata D. Petri Insulæ (Flandrorum) cultu et miraculis celebris. *Insul. Flandr.* 1636. Fol. Trad. en franç. s. c. t. Histoire de Notre-Dame de la Treille, auguste et miraculeuse, dans l'église collégiale de Saint-Pierre, patronne de la ville de Lille, etc. *Tournai.* 1671. 18. *Lille.* 1761. 18. *Ibid.* 1843. 18. Figure.

Froment (Mathilde). Histoire de Notre-Dame de la Treille. *Lille.* 1851. 8.

La dévotion à Notre-Dame de Lorette dont la chapelle est dans l'église des dames de l'Abiette. *Lille.* 1742. 12.

Histoire de Notre-Dame de Saint-André à Lille, s. l. et s. d. (*Lille.* 1661.) 12.

Linde (Prusse).

Clagius (Thomas). Linda Mariana, s. de beata Virgine Lindensi libri V. *Colon. Ubior.* 1639. 8. (Extrêmement rare.)

Gründlicher Bericht von catholischer Verehrung Unserer Lieben Frauen und Gottes-Gebährerin Maria zu derselben Ehre an dem heyligen Ort, *Linde* genannt, grösserer Vermehrung aller Lutherischen, aber sonderlich denen, so dem heyligen Ort *Linde* benachbahret, zu heylsamen Unterricht. *Braunsb.* 1667. 12.

Gnaden-Brunn auf dem Marianischen Paradeiss der zart grünenden Linde entsprossen, etc. *Braunsb.* 1735. 12.

Werner (Ludwig Reinhold von). De scriptis historiam Lindæ Marianæ in Borussia famigeratissimæ illustrantibus. *Custrin.* 1766. 4.

Lisbonne (Portugal).

Brito Alaon (Manoel de). Antiguedade da sagrada imagem de Nossa Senhora de Nazareth, grandezas de seu sitio, casa e jurisdizaon real, sita junto a villa da Paderneira. *Lisb.* 1628. 4. *Ibid.* 1657. 4.

Antonio de San Carlos. Dois sermoës de Nossa Senhora do Valle. *Lisb.* 1682. 4. *Ibid.* 1685. 4.

Francisco de San Thomaz. Epitome de Nossa Senhora do Valle. *Lisb.* 1714. 24.

Antonio de San Carlos. Sermaõ de Nossa Senhora do Desterro. *Lisb.* 1683. 4.

Gusman (Bartholomeu Lourenço de). Sermaõ de Nossa Senhora do Desterro. *Lisb.* 1718. 4.

Costa (Agostinho da). Sermaõ de Nossa Senhora do Monte. *Lisb.* 1686. 4.

Vellozo (Agostinho). Sermaõ de Nossa Senhora da Encarnaçaõ. *Lisb.* 1691. 4.

Agostinho de Santa Maria. Sermaõ de Nossa Senhora da Quietaçaõ. *Lisb.* 1714. 4.

Livry-en-Launoy (France).

Origine et fondation de la chapelle de Notre-Dame-des-Anges dans une forêt de Livry, l'an 1212. *Par.* 1672. 24.

Loewen, voy. **Louvain.**

Lodi (Lombardie).

Cenno storico sacro sulla divozione della beata Vergine della Cintura, che si venera nella chiesa di S. Agnese in Lodi. *Lodi.* 1846. 16.

Lombeek (Belgique).

Paepe (Augustin de). Weldaden door 't voorbidden van de moeder Gods tot Lombeek. *Bruss.* 1701. 12.

Lonigo (Lombardie).

Della Riva (Girolamo). Historia dell' immagine della Madonna di Lonigo, posta nella chiesa altre volte nominata di S. Pietro Lamentose. *Veron., s. d.* 4.

Lorca (Espagne).

Vargas (Alonso de). Relacion votiva o donario de la antiguedad de la imagen de Nuestra Señora de las Huertas, que el rey Don Alonso el Sabio colocò en la iglesia de Lorca. *Granad.* 1625. 4.

Loreo (Venise).

(**Pulli**, N... N...). Cenni sopra la miracolosa immagine di Maria Vergine della Carità, che si venera in Loreo. *Venez.* 1858. 8.

Lorette (États romains).

Riera (Raffaelo). Historia sacrosânctæ domus beatæ Virginis Lauretanæ. *Macerat.* 1573. 4.

Padilla (Francisco. de). Historia de la santa casa de Nuestra Señora de Loreto. *Madr.* 1588. 8.

Torsellino (Horazio). Lauretanæ domus beatæ Virginis historia libri V. *Rom.* 1597. 4. *Mogunt.* 1598. 4. *Ibid.* 1600. 12. *Col. Agr.* 1622. 12: *Venet.* 1715. 8. *Ibid.* 1727. 4.
    Trad. en allem. par B... HUGEN. *Münst.* 1603. 8.
    Trad. en angl. s. c. t. History of the house of Loretto. *Saint-Omer.* 1608. 4.
    Trad. en Madr. par Pierre MALLANTS. *Brugge.* 1666. 12.
    Trad. en franç. s. c. t. Histoire mémorable de Nostre-Dame de Lorette. *Douai.* 1600. 8. *Ibid.* 1720. 12.
    Trad. en ital. *Venez.* 1629. 8.

Richeome (Louis). Le pèlerin de Lorette accomplissant son vœu faict à la glorieuse Vierge Marie. *Arras.* 1604. 8.

Roxas (Juan de). Historia Lauretana de las translaciones, milagros y sucesos de la santa casa de Nuestra Señora de Loreto. *Madr.* 1609. 4.

Galeotti (Giulio Cesare). Historia translationis sanctæ domus beatæ Virginis Lauretanæ. *Macerat.* 1610. 4.

Hortensis (Anselmus Baptista). De miraculis beatæ Virginis Lauretanæ, liber I. *Salamantic.* 1621. 4.

Scaramuccia (Angelita). De sacrosancta domo beatæ Virginis Lauretanæ representatio sacra. *Rom.* 1631. 8. (C'est un poëme écrit en italien.)

Abrégé historique qui contient la description de la sainte maison de Nostre-Dame de Laurette. *Lyon.* 1631. 12.

Serraglio (Scipione). Relazione istorica della santa casa della beata Vergine Maria di Loreto, divisa in libri III. *Macerat.* 1633. 12.

Bouche (Honoré). La sainte Vierge de Laurette, ou histoire des divers transports de la maison de la glorieuse Vierge Marie qui estait en Nazareth, et la description des miracles et des choses merveilleuses qui se trouvent dans cette maison. *Par.* 1646. 8.

Salt (Antonio). Santuario Lauretano de la Virgen Nuestra Señora. *Loret.* 1647. 8.

Bartoli (Baldassaro). Le glorie maestose del santuario di Loreto, con i tesori celesti e venerati di terra santa libri II. *Macerat.* 1690. 4.

Abrégé de l'histoire admirable de Notre-Dame de Lorette. *Mons.* 1696. 18.

Carrocio (Gabriello). Breve historia della origine e translatione della santa casa di Nazaret. *Venez.* 1700. 12. (Figure sur bois.)

Bellman (Johan Arent). Dissertatio de santa casa s. de cubiculo Lauretano. *Upsal.* 1703. 8.

Meuschen (Johann Gerhard). Die Liebe Frau und das heilige Haus zu Loretto. *Frf.* 1703. 8. Figure.

Karg (Johann Friedrich v.). Domus Domini repræsentata in gloriosa Deipara Virgine et in sancta domo Lauretana ad fidelium mores adcommodata, s. l. (*Monach.*?) 1708. 8.

Martorelli (Pietro Valerio). Teatro istorico della santa casa Nazarena della beata Vergine Maria. *Rom.* 1732-35. 5 vol. Fol.

Kort verhael van de wonderlyke en miraculeuse vervoeringen van het heyligh huysken van Loretten. *Antwerp.* 1736. 12.

Abrégé historique qui contient la description de la sainte maison de Nazareth et du sanctuaire de Notre-Dame de Laurette. *Macerat.* 1742. 12. (Trad. de l'italien.)

Notizie della santa casa della gran madre di Dio Maria Vergine, adorata in Loreto. *Ancon.* 1751. 8. *Ibid.* 1755. 8. *Loret.* 1760. 4.

Koller (Joseph Ferdinand Maria). Das Marianische Gnaden- und Wunderhaus Mariae zu Loretto. *Münch.* 1755. 12.

Murri (Vincenzo). Dissertazione critico-istorica sulla identità della santa casa di Nazarette, ora venerata in Loreto. *Loreto.* 1791. 4.

Murri (Vincenzo). Relazione istorica delle prodigiose traslazioni della santa casa di Nazarette, ora venerata in Loreto. *Loreto.* 1808. 8. Trad. en franç. s. c. t. Abrégé historique des translations prodigieuses de la sainte maison de Nazareth, (par Philippe PAGES.) *Lorette.* 1809. 16. *Pesaro.* 1828. 16.

Abrégé de l'admirable et miraculeuse translation de la sainte maison de Lorette, etc. *Brux.* 1810. 12. *Ibid.* 1844. 12.

Leopardi (Monaldi). La santa casa di Loreto; discussioni istoriche e critiche. *Lugano.* 1841. 8. Figure.

(**Veuillot**, Louis). Rom und Loretto, von dem Verfasser der Wallfahrten in der Schweiz, etc., aus den Französischen übersetzt von Franz Xaver STECK. *Tübing.* 1842. 2 vol. 8.

Caillau (A... B...). Histoire critique et religieuse de Notre-Dame de Lorette. *Par.* 1843. 8.

Terwecoren (Edouard). Lorette, ou la translation de la santa casa. *Brux.* 1852. 18.

Los ou **Loos** (France).

Abrégé historique de la chapelle de Notre-Dame de Grâce à Los, près Lille. *Lille.* 1723. 12. *Ibid.* 1770. 12.

Détrez (abbé). La dévotion à Notre-Dame de Grâce, honorée en l'église paroissiale de Los, près Lille. *Lille.* 1852. 12.

Notice sur le pèlerinage à Notre-Dame de Grâce à Loos. *Lille.* 1849. 18.

Louvain (Belgique).

Heimbach (Bernhard). Diva Lovaniensis, s. mira beneficia a Dei parente Lovanii ad aram sibi sacram in æde S. Petri mortalibus impetrata, libri III. *Lovan.* 1665. 4.

Buecken (G... van der). Onse Lieve Vrouwe van Bystand in de kercke van den H. Petrus binnen Loven, met den list der HH. reliquien. *Loven.* 1757. 8.

Piot (Charles). Image de la Vierge * dans l'église de Saint-Pierre à Louvain, s. l. et s. d. (*Gand.*) 8. Figure.
    * Vulgairement nommée Notre-Dame-sous-la-Tour.

Lubbeck (Belgique).

Kort verhael der mirakuleuse stigting van de cappelle van Onse Lieve Vrouwe tot Lubbeeck en der mirakelen aldaer geschied. *Loven,* s. d. 12.

Lublin (Pologne).

Bieykowski (Anton). Kazanie podczas koronacyi obrazu N. Panny Maryi u WW. OO. Dominikanow miane r. 1751, d. 6. Lipca. *Lublin.,* s. d. (1751.) Fol.

Mrowinski (N... N...). Kazanie na dzień koronacyi N. Maryi Panny. *Lublin.* 1776. 8.

Strykowski (Woyciech). Kazanie w oktawę przeniesienia obrazu cudowney N. Panny Maryi z kaplicy Cmentarzowey do Kościoła. *Lwow.,* s. d. 4.

Lucques (Italie).

Franciotti (Cesare). Istoria dell' immagine miracolosa della gloriosissima Vergine Maria de' Miracoli. *Venez.* 1606. 12.

Lüttich, voy. **Liége.**

Luxembourg (Hollande).

Miracles, grâces et guérisons merveilleuses de Notre-Dame de Consolation, en sa chapelle bastie par les PP. de la compagnie de Jésus. *Trèves.* 1640. 8. *Luxemb.* 1640. 8.

Mariæ, matri Jesu, Consolatrici afflictorum, miraculis, clarissimæ, in sacella suburbano PP. societatis Jesu, rhetores Luciliburgenses collegii eorundem patrem absolutis rhetoricis sua nomine Mariano albo inscribenda, etc. *Luxemb.* 1719. 4.

Wiltz (Pierre). Histoire de la chapelle de Notre-Dame de Consolation à Luxembourg. *Luxemb.* 1745. 8.

Histoire de Notre-Dame de Luxembourg, sous le titre de Consolatrice des affligés, dans la chapelle des PP. de la compagnie de Jésus. *Luxemb.* 1769. 8.

Description du jubilé, célébré à Luxembourg en 1781, en l'honneur de Marie, Consolatrice des affligés. *Luxemb.* 1782. 4. Trad. en allem. *Luxemb.* 1782. 4.

Histoire de Notre-Dame de Luxembourg, livre quatrième, ou le jubilé de 1781. *Luxemb.* 1782. 8.

S... (B...). Maria, die Trösterin der Betrübten, etc., nebst einer Geschichte des Bildes zu Luxemburg und zu Kevelaer. *Luxemb.* 1850. 8.

Luz (Portugal).

Soveral (Roque de). Historia do milagroso aparecimento de Nossa Senhora da Luz. *Lisb.* 1610. 4.

Lyon (France).

La montagne sainte de Lyon. *Lyon*. 1755. 8.

Dévotion et confrérie de Notre-Dame de Fourvières. *Lyon*. 1762. 8.

Cahour (A... M...). Notre-Dame de Fourvières. Recherches historiques sur l'autel tutélaire des Lyonnais, etc. *Lyon*. 1838. 8. Figure.

Peyronnet (abbé). Notre-Dame de Fourvières et ses entours, etc. *Lyon*. 1841. 8.

Fourvières au xixe siècle. Tableau des événements principaux survenus à Lyon pendant la moitié de ce siècle, et marques diverses de la protection de la sainte Vierge sur cette ville. *Lyon*. 1855. 12.

Notre-Dame de Fourvières, patronne de la ville de Lyon. Histoire. Poésie. Récits. *Lyon*. 1854. 12.

P... (abbé). Annales historiques de Fourvières. *Lyon*, s. d. 32.

Gonon (Benoît). Histoire et miracles de Nostre-Dame de Bonnes-Nouvelles, aux Célestins de Lyon, ensemble la fondation dudit monastère. *Lyon*. 1639. 12. *

   * Ce livre, extrêmement rare, est orné de la figure de l'image miraculeuse.

Madrid (Espagne).

Villafane (Juan de). Compendio historico de las milagrosas y devotas imagines de la reyna de cielos, etc. *Madr*. 1726. 4. *

   * Cet ouvrage contient non-seulement une description des images miraculeuses de Madrid, mais aussi celle de plusieurs autres qui se trouvent dans les autres villes de l'Espagne.

Hurtado de Mendoza (Juan). Historia de la santissima imagen de Nuestra Señora de Atocha. * *Madr*. 1604. 8.

   * Atocha est le mot corrompu d'Antiochia d'où S. Pierre, ou un de ses disciples, avait apporté la statue de la madone.

Pereda (Francisco de). La patrona de Madrid, Nuestra Señora de Atocha, s. de historia hujus sacræ imaginis. *Pinciæ*. 1604. 4.

Marieta (Juan de), Historia de la santa imagen de Nuestra Señora de Atocha, con la vida del P. F. Juan Hurtado de Mendoza. *Madr*. 1605. 8.

Quintana (Hieronymo de). Historia del origen y antiguedad de la venerabile y milagrosa imagen de Nuestra Señora de Atocha. *Madr*. 1637. Fol.

Cepedes (Gabriel de). Historia de la imagen de Nuestra Señora de Atocha. *Madr*. 1643. 4. *Ibid*. 1654. 4. *Ibid*. 1669. 4.

Ramon (Alonso). Historia y milagros de la imagen de Nuestra Señora de los Remedios de Madrid. *Madr*. 1617. 8.

Torquemada (Fernando de). Aparicion de Nuestra Señora de los Remedios. *Granad*. 1654. 4.

Alfaro (Francisco de). Historia de la imagen de la madre de Dios de los Remedios del convento de Madrid, sus milagros y un panegyrico a la santa imagen. *Napol*. 1669. 8.

Sanz de Rocamora (Andres). Aparecimiento y milagros de la Virgen del Buen Suceso, que esta en la villa de Madrid. *Madr*. 1658. 8.

Ruiz de Altable (José). Historia de la milagrosa imagen de Nuestra Señora del Buen Suceso de Madrid. *Madr*. 1641. 8.

Camargo y Salgado (Fernando de). La Virgen de la Humildad y la humildad de Nuestra Señora. *Madr*. 1634. 8.

Arze (Basilio de). Historia del origen de la miravillosa imagen de la casa de Nuestra Signora (!) de Sopetran. *Madr*. 1615. 8.

Ares (Antonio). Del ilustre origen y grandes excelencias de la misteriosa imagen de Nuestra Señora de la Soledad de Madrid. *Madr*. 1630. 8.

Lorente (José). Memoria sobre el origen, culto y devocion de la Nuestra Señora de la Soledad y su capilla, sita en la calle de la Paloma, etc. *Madr*. 1850. 16.

Maestricht (Hollande).

Sedulius (Henricus). Diva Virgo Mosæ-Trajectensis, s. beneficia ejus et miracula. *Antw*. 1609. 8. Trad. en

flam. s. c. t. T'boek van Onse Lieve Vrouwe van Maestricht, etc., par Cornelis THIELMANS. *Loven*. 1612. 8.

Boeck (P... F... J... de). Historie van Onse Lieve Vrouwe van Maestricht. *Bruss*., s. d. 8.

Beschryvinge van het Marien-beeldt te Maestricht. *Bruss*., s. d. (1755.) 8.

Mailand, voy. Milan.

Malines (Belgique).

Croon (Pierre). Historie van Onse Lieve Vrouwe van Hanswyck, door haer oudt en mirakuleus beeldt binnen Mechelen vermaert. *Mechel*. 1670. 8. *Ibid*. 1676. 8.

Siré (Pierre). Hanswyck ende het wonderdadigh beeld van de alder-heylighste Maget ende moeder Godts Maria, certydts buiten, nu binnen Mechelen voorgestelt. *Denderm*. 1758. 8. Figure.

Praeltryn van den jubilé van Onze Lieve Vrouwen van Hanswyck. *Mechel*. 1813. 12.

Description de la cavalcade et jubilé de Notre-Dame de Hanswyck en 1838. *Malin*. 1838. 8. Orné de gravures.

Het bondelken van myrrhe en de broederschap van Onse Lieve Vrouwe van de VII Wecen in de kerk van Onse Lieve Vrouwe over de Dyle te Mechelen. *Mechel*. 1692. 12. Planches.

Manosque (France).

Colombi (Jean). Diva Virgo Romigeria s. Manuascensis. *Lugdun*. 1638. 12.

—— Notre-Dame de Manosque en Provence. *Lyon*. 1638. 12.

Mantoue (Lombardie).

Carracia (Archangelo). De miraculis a Deo patratis per quandam beatæ Virginis imaginem, quæ servatur Mantuæ in monasterio S. Vincentii, ordinis prædicatorum. *Brix*. 1602. 4.

Donesmondi (Ippolito). Istoria dell' immagine della beata Vergine Maria della Grazia di Mantova. *Casale*. 1603. 4.

Marchiennes-au-Pont (Belgique).

(**Bouille**, Pierre). Histoire de Notre-Dame de Miséricorde, honorée chez les religieuses carmélites de Marchiennes-au-Pont. *Liège*. 1641. 12.

Maria Buchen (Bavière).

Hoefling (Georg). Beschreibung und Geschichte der Wallfahrt und des ehemaligen Klosters Maria Buchen. *Lohr*. 1841. 8.

Maria Einsiedeln * (Suisse).

Hartmann (Christophorus). Annales Heremi Deiparæ matris monasterii in Helvetia, publié par Franz GUILLIMANN. *Frib. Brisg*. 1612. Fol.

   * En 1620 Louis XIII, roi de France, dans les différends qu'il eut avec sa mère Marie de Médicis, donna l'ordre à l'ambassadeur qui le représentait en Suisse de se rendre en son nom aux pieds de la Vierge d'Einsiedlen. L'ambassadeur remplit les intentions du monarque. A l'heure même qu'il offrait dans la sainte chapelle les vœux du roi, les troupes françaises remportèrent une victoire qui bientôt amena la paix. Louis XIII, par reconnaissance, fit porter dans ce sanctuaire un bel ex-voto en vermeil.

Hunger (Conrad). Unser liebe Frauw zu Einsiedlen, das ist : Chronik und Geschichtsbuch der Kapellen, etc. *Luzern*. 1654. 8. Figure.

Betschart (P...). Thaumaturga Einsidlensis. De admirandis Deiparæ quæ in Helvetia colitur. *Einsidl*. 1665. 12.

Doyen (Claude François). Histoire de Notre-Dame des Ermites, en vers françois. *Einsidl*. 1701. 12.

La cella di S. Meinrado, o l' historia della Madonna miracolosa d'Einsidlen ; opera de' PP. benedettini del medesimo monistero. *Einsidl*. 1712. 8. Figure.

Pontarlier (Claude de). Histoire de l'origine, des progrès, etc., de la chapelle d'Einsiedlen...

Précis de l'histoire de Notre-Dame des Ermites, s. l. et s. d. 12.

Regnier (Joseph). Chronique d'Einsiedlen. *Par*... 8.

Histoire de la sainte chapelle de Notre-Dame des Ermites. *Einsidl*. 1750. 12.

Kurzgefasste Geschichte des uralten Gnadenbildes zu Maria Einsiedeln. *Augsb*. 1804. 8.

Bertsche (Franz Xaver). Gebet- und Wallfahrtsbuch nach Maria Einsiedeln, etc. *Bregenz*. 1809. 8.

Tschudi (Joseph). Einsiedeln'sche Chronik, oder Geschichte des Stiftes und der Wallfahrt zu Maria Einsiedeln. *Einsied*. 1823. 8.

Handbüchlein für Wallfahrer nach Einsiedeln. *Einsied.* 1850. 12.

Landolt (Justinus). Ursprung der erste Gestalt des Stiftes und der Wallfahrt zu Maria Einsiedeln. *Einsied.* 1845. 8.

Mariahilfsberg (Bavière).

(**Gruebel** , Friedrich). Der Mariahilfsberg bei Amberg in geschichtlicher und religiöser Betrachtung, zum 200jährigen Jubelfeste allen frommen Verehrern Mariens geweiht. *Amb.* 1835. 16.

Maria Kulm (Bohême).

Doerffel (Friedrich). S. Maria Culm, d. i. gründliche Historie des Wunder-Bildnuss und Kirchen S. Mariæ zu Culm im Königreich Böhaimb, sambt denen Gnaden und Wunderwerken, herausgegeb. von Wolfgang Franciscus Pfuepfelschmidt. *Prag, s. d.* (1678.) 16. *Eger.* 1764. 18. (Huitième édition.)

Pirchán (Martin). Gloria magnæ Thaumaturgæ Culmensis in Bohemia intemeratæ semper Virginis Mariæ. *Prag.* 1716. 4.

Das Gnadenbild auf Maria Culm ; christliche Legende. *Regensb.* 1835. 12.

Mariaplain (Autriche).

Deixlberger (Aloys). Hinlänglicher Bericht von dem Ursprung und Wachsthum der Wallfahrt zu Mariaplain, sammt einem Auszug der daselbst erfolgten Wunder und Gutthaten. *Salzb.* 1768. 8.

Mariaschein (Autriche).

Marianisches Gnaden-Hauss, bestehend in 31 trostreichen Schluss-Gebethlein, die wunderthätige Schmerzhafte Mutter Gottes zu Mariæ-Schein, etc., zu loben. *Prag.* 1758. 24.

Miller (Johannes). Historia de beatissima Virgine Scheinensi. *Prag.* 1710. 4. Augment. s. c. t. Historia Mariascheinensis, d. i. ausführlicher Bericht von dem uralten und wunderthätigen Vesper-Bild der Schmerzhaften Mutter Gottes Maria zu Mariaschein. *Brux.* (*Dux.*) 1769. 4.

Maria Stern (Bavière).

Abraham a Sancta Clara. Gack, Gack, Gack, Gack a Ga. Beschreibung der berühmten Wallfahrt Maria Stern in Taxa bei den PP. Augustinern Parfüssern, welche seinen (!) Anfang genommen von einem Hennen-Ey, in dessen Mitte ein schön gekröntes Frauenhaupt, etc. *Münch.* 1685. 8. *Ibid.* 1687. 8. *

* Cet ouvrage, rare et curieux , est orné de plusieurs gravures. Le véritable nom de l'auteur est Ulrich Megerle.

Maria Taferl (Autriche).

Oesterreichischer Myrrhen-Berg: Anfang und Fortgang der berühmten Wallfahrt nach Maria Taferl in Unter-Oestreich. *Crembs.* 1748. 8. *

* Ce livre , assez rare, est suivi de prières, de chansons, etc., et enrichi de 9 gravures.

Mariathal (Hongrie).

Erneuerter Marianischer Gnaden-Brunn , etc., durch die Himmelskönigin Mariam in dem sogenannten Maria-Thal ober Pressburg. *Pressb.* 1764. 8.

Maria Thalheim (Bavière).

Roeckl (Carl Adolph). Die Wallfahrt Maria-Thalheim im Isar-Kreise Baierns, etc. *Landsh.* 1856. 12.

Marien Boom (Hollande).

Gherwen (N... N... v.). Historie van Marien Boom, *Embrik.* 1711. 8. Figure.

Marienthal (Saxe Royale).

Schoenfelder (Joseph Bernhard). Urkundliche Geschichte des königlichen Jungfrauenstifts und Klosters S. Marienthal, Cisterzienser Ordens in der Sächsischen Ober-Lausitz, etc. *Zittau.* 1854. 8.

Maria Zell (Styrie).

Unaufhörlicher Gnaden-Schatz, das ist : Fernere Fortsetzung jener Gutthaten , so der allgütige Gott durch Hülf und Fürbitt seiner liebreichsten Mutter und Jungfrauen Mariæ zu Cell von anno 1719 biss Ende des 1729. Jahres gewürcket hat. *Steyr.* 1737. 8.

Seculum sextum inchoatæ ad Cellas Marianas in Styria sacræ peregrinationis subjunctis relationibus in lucem anno 1758 sermone germanico editum a Bertholdo, monasterii ad S. Lambertum et Cellas Marianas abbate,

deinde ab ejusdem monasterio professo latinitate donatum. *Styriæ.* 1772. 8.

Arnold (N... N...). Reise nach Maria Zell in Steyermark. *Wien.* 1785. 4.

Adler (Joseph). Der Begleiter auf der Wallfahrt nach Maria Zell. *Wien.* 1817. 12. (Livre de prières.)

Sterz (Maria). Grundriss einer Geschichte der Entstehung und Vergrösserung der Kirche und des Ortes Maria Zell. *Wien.* 1819. 8.

(**Hoffmann**, Aloys). Der Pilger nach Maria Zell, etc., nebst der Geschichte des Gnadenorts. *Wien.* 1826. 12.

Macher (Michael). Der berühmte Wallfahrtsort Maria Zell in Steyermark , historisch-topographisch dargestellt. *Wien.* 1852. 8.

Marseille (France).

Villeneuve (Christophe de). Promenade à Notre-Dame de la Garde. * *Marseille.* 1816. 8.

* Ce sanctuaire est situé sur une montagne. L'on y remarque la belle statue de la sainte Vierge en feuilles d'argent relevées au marteau, faite en 1836 par J. B. Chanuel.

Notice historique sur la statue d'argent de la chapelle de Notre-Dame de la Garde. *Marseille.* 1837. 8.

Melsele (Belgique).

(**Landtsheer**, P...). Geschiedenis van het vermaerd mirakuleus beeld van Onse Lieve Vrouwe van 't Gaverland, geeerd binnen de parochie Melsele (land van Waes). *Gend.* 1854. 12. (2e édition avec la figure de la Vierge noire.)

Messine (Sicile).

Sampieri (Placido). Iconologia Messanese , ovvero historia degli immagini miracolosi della beata Vergine Maria patrona de Messanesi. *Messin.* 1644. Fol. ꞌ

Appiani (Giovanni Battista). Iter oratorum Messanensium ad Dei matrem pie consideratum. *Messan.* 1647. 12.

Messines, voy. Mons.

Mexique (Amérique).

Talavera (Gabriel do). Historia de Nuestra Señora de Guadalupe. * *Toledo.* 1597. 4.

* Notre-Dame de Guadalupe est pour l'Amérique ce que Notre-Dame de Lorette est pour Rome. On célèbre sa fête le 12 décembre. L'archevêque de Mexico , Francisco de Aguiar y Seixos, fit bâtir la superbe église où elle est vénérée. On y dépensa deux millions deux cent et soixante dix mille livres. Le 1er mai 1709 on y transféra la sainte image et on la plaça sur un trône d'argent estimé quatre cent mille francs. Un des vice-rois du Mexique, D. Antonio Maria Buccarelli, entoura l'image d'une corniche en or massif et enrichit l'autel de douze chandeliers d'or.

Cisneros (Luis de). Historia de Nuestra Señora de los Remedios de Mexico, que llevo Juan Rodriguez de Villa Fuerte a la conquista, llamada la Conquistadora. *Mexico.* 1621. 4.

Montalbo (Diego de). Venida de la soberana Virgen de Guadalupe a España, su dichosa invencion y de los milagrosos favores que a hecho a sus devotos. *Lisb.* 1631. 4.

Sanchez (Miguel). Imagen de la Virgen Maria, madre de Dios de Guadalupe, milagrosamente apparecida en la ciudad de Mexico. *Mexico.* 1648. 4.

Huei Tlamahuizoltica, omonexiti Tlatoca-ziuapille santa Maria Totlazonantzin Guadeloupe in nican huei altepanahuac Mexico, ito cayocan Tepeyacac, (c'est-à-dire : Apparition miraculeuse de la reine du ciel Notre-Dame sainte Marie, notre aimée mère de Guadeloupe, dans cette grande ville de Mexico, dans l'endroit nommé Tepeyacac). *Mexico.* 1649. 4.

Cruz (Mateo de la). Relacion de la milagrosa apparicion de Nuestra Señora de Guadalupe. *Mexico.* 1660. 4.

Siguença y Gongora (Carlos de). Primavera Indiana ; poema sacro de la Nuestra Señora de Guadalupe. *Mexico.* 1668. 8.

Florencia (Francisco de). La estrella del norte de Mexico en la milagrosa imagen de Nuestra Señora de Guadaloupe. *Mexico.* 1688. 4. *Madr.* 1689. 4.

Notre-Dame de Guadeloupe, ou des Indes. Notice du tableau miraculeux de Notre-Dame des Indes qui se voit à Guadeloupe au Mexique, et de la copie de ce tableau qui est conservé à Rodez. *Rodez.* 1854. 18.

Mendoza (Juan de). Nuestra Señora de los Angeles de Tesaxique. *Mexico.* 1672. 4.

Mièges (France).

Manuel du pèlerin à Notre-Dame de l'ermitage de Mièges en Franche-Comté. *Besanç.* 1852. 18.

Milan (Lombardie).

Morigia (Paolo). Origine della chiesa della Madonna posta vicino a S. Celso di Milano. *Milan*. 1594. 8.

(**Sassi**, Giuseppe Antonio). Notizie istoriche intorno alla miracolosa immagine ed insigne tempio della beata Vergine, presso S. Celso. *Milan*.1734. 4. *Ibid*. 1765. 4.

Maria Vergine, nuovamente esposta alla publica venerazione nella chiesa de' PP. ministri degl' infermi, sotto l' antico suonome di S. Maria della Sanità, etc. *Milan*., s. d. (1731.) 12.

Breve notizia del culto con cui si venera nella chiesa di S. Maria Beltrade il divoto simulacro della beata Vergine de Sette Dolori. *Milan*. 1816. 12.

Cosimo di Santa Giovanni. Le antiche glorie di Nostra Signora di Monserrato rinovate in Milano nella chiesa di S. Francesca Romana. *Milan*. 1726. 8. * Figure de la Vierge et plusieurs autres gravures.

  * Cet ouvrage, extrêmement rare, est dédié à l'empereur Charles VI.

Origine e descrizione della chiesa di S. Maria delle Grazie in Milano. *Milan*. 1839. 16.

Cesari (Tebaldo). Istoria dell' immagine di Nostra Signora delle Grazie, s. l. (*Milan*.) 1842. 12.

La Madonna del Buon consiglio nella chiesa di S. Marco in Milano. Cenno intorno la sacra fascia, che si conserva nella detta chiesa. *Milan*. 1843. 24. (Non destiné au commerce.)

Mondovi (États sardes).

Ferrari (Cherubino). Historia miraculosæ imaginis beatæ Virginis Mariæ, quæ est in conventu Vicinovi. *Taurin*. 1614. 4.

Malabaila (Filippo). Historia dell' immagine di Nostra Donna del Mondovi a Vico. *Mondov*. 1627. 4.

Rossi (Vincenzo). Storia della santissima Vergine del Mondovi, presso Vico. *Mondov*. 1798. 8.

Monreale (Deux-Siciles).

Lello (Giovanni Luigi). Descrizione del real tempio e monastero di·S. Maria Nuova di Monreale. *Rom*. 1588. 8. Augment. s. c. t. Istoria della chiesa di Monreale. *Rom*. 1596. 4. *Palerm*. 1702. Fol.

Mons (Belgique).

Brasseur (Philippe). Pratum Marianum intrà Montes Hanonniæ ejusdemque prati vinea triginta pampinis interstincta. *Mons*. 1636. 12. *Ibid*. 1637. 12.

Armentière (Barnabé d'). Notre-Dame de Messines, ou l'antiquité déclarée de l'image, abbaye, pèlerinage de Notre-Dame de Messines. *Lille*. 1676. 12.

Histoire de l'image miraculeuse de Notre-Dame de Messines, avec l'origine, les règles et les priviléges de la confrérie, érigée en son honneur, etc. *Mons*, s. d. (1772). 18. Figure.

Histoire de Notre-Dame de Grâces, s. l. (*Mons*) et s.d.32.

Montaigu (Belgique).

Numan (Philippe). Historie van de mirakelen die gheheurt zyn door de intercessie van de heylighe Maget Marie te Scherpenheuvel. *Bruss*. 1604. 12. *Ibid*. 1605. 12. *Ibid*. 1606. 12. *Ibid*. 1614. 12. (Rare.) Trad. en franç. s. c. t. Histoire des miracles advenuz naguères à l'intercession de la glorieuse Vierge Marie à Montaigu, près de Sichem. *Bruxx*. 1604. 12. *Ibid*. 1605. 12. Supplém. *Ibid*. 1609. 12. *Ibid*. 1613. 12. (Suivi de deux dialogues sur les miracles en général.)

·Toevoechsele van de mirakelen, etc. *Bruss*. 1617. 12.

Antwoorde op een valsch leugenaehligt verhael van 't beeld van Onse Lieve Vrouwe te Scherpenheuvel. *Loven*. 1604. 12.

Lipsius (Justus). Diva Sichemiensis s. Aspricollis, nova ejus beneficia et admiranda miracula. *Antw*. 1605. 4. Figure. *Ibid*. 1620. 4. Figure.

(**Clemens**, Caesar). Historia de los milagros que en Nuestra Señora de Montagudo cerca de Sichem en el ducado de Brabante Nuestro Senor a sido servido de obrar. *Lovan*. 1605. 8. *Bruss*. 1606. 8.

Chambers (Robert). Miracles lately wrought by the intercession of the Virgin Mary at Mont-aigu. *Antw*.1606. 8. *

  * Ce n'est qu'une traduction de l'ouvrage de P. Numan, mentionné plus haut.

Marinus (Petrus). De peregrinantibus ad Montem acutum. *Brux*. 1606. 12.

David (J...). Beweeringhe van de eere ende mirakelen de hoogverheven moeder Gods Maria tot Scherpenheuvel. *Antw*. 1607. 4.

Dausquejus (Claudius). Divæ Mariæ Aspricollis scutum duplex et pro Justo Lipsio contra Agricolam Thiacum. *Duaci*. 1616. 8.

Puteanus (Eryceus). Diva Virgo Aspricollis. *Lovan*. 1622. 4.

—— Miracles derniers de Notre-Dame de Montaigu. *Louvain*. 1622. 12.

Streithagen (Andreas). Julia Mertzen-Haussensis de diva Virgine Aspricolli, libri IV. *Colon*. 1622. 12.

Abrégé des miracles de Notre-Dame de Montaigu. *Brux*. 1664. 16. *Louvain*, s. d. 12.

Kort begryp der mirakelen, gratien en wonderheden geschied door de voorspraecke van de glorieuse H. moeder Gods Maria, geviert binnen Scherpenheuvel, stad des hertogdoms van Braband. *Bruss*. 1679. 12. *Ibid*.1752. 12. *Turnhout*, s. d. (1821). 18. Figure.

Manoel de Coimbra. Historia dos milagres de Nossa Senhora de Monte Agudo. *Lisb*. 1694. 4.

Den devoten pelgrim naer het mirakuleus beeldt van de allerheiljligste Maget ende moeder Gods Maria binnen Scherpenheuvel. *Maestricht*. 1750. 12.

Monte Baldo (Lombardie).

Giovanni Battista da Venezia. Invito alla solitudine della Madonna delle Corona in Monte Baldo. *Venez*. 1665. 8.

Vigna (Andrea). Istoria della Madonna della Corona posta in Monte Baldo. *Bassan*. 1668. 8. *Veron*. 1838. 16. Augmen. s. c. t. Notizia storica della Madonna della Corona in Monte Baldo, nella chiesa del Commenda di Verona. *Veron*. 1761. 8.

Carmen de peregrinatione ad beatam Virginem, quæ in Monte Baldo colitur, vulgo della Corona, *Brix*. 1737. 12.

Bridi (Andrea Saverio). Memorie appurate intorno al santuario della Madonna della Corona in Monte Baldo. *Mantov*. 1772. 8.

Monte Berico (Lombardie).

Berti (Giovanni Battista). Memoria sul tempio del Monte Berico di Vicenza. *Veron*., s. d. 8.

Sangiovanni (Vittore). Storia di Maria del Monte Berico, del suo tempio e d' altro. di Vicenza. *Vicenz*. 1765. 4.

Storia del celebre santuario di Maria Vergine, posto sul Monte Berico di Vicenza, dall' epoca di sua fondazione, 1428, fino all' anno corrente 1836. *Vicenz*. 1836. 8. 3 figures. (3e édition.)

Disconzi (Filippo Antonio). Breve compendio istorico della famosa apparizione di Maria Vergine sul Monte Berico di Vicenza e delle maraviglie e delle cose più belle, che si ammirano nella basilica della medesima. *Vicenz*. 1858. 18.

Monte di Carsola (Deux-Siciles).

Rosa (Giulio). Historia della sacra immagine della beata Vergine nel Monte di Carsola in Abruzzo. *Aquila*.1604.4.

Monte Celia (Espagne).

Mendoza (Pedro Gonzalez de). Historia del Monte Celia de Nuestra Señora de la Salceda. *Granad*. 1616. Fol.

Monte Ortone (Venise).

Tommasini (Giacomo Filippo). Historia della beatissima Vergine di Monte Ortone. *Padov*. 1644. 4. *

  * Cette image miraculeuse se trouve dans le voisinage de la ville de Padoue.

Monte Summano (Lombardie).

Giordano (Eusebio). Monte Summano repurgato, ovvero saggio de' miracoli e grazie della beata Vergine adorata sopra quel monte. *Padov*. 1652. 4.

Monte Vergine (Deux-Siciles).

Costa (Tommaso). Historia ecclesiæ et devotissimæ miraculis clarissimæ imaginis S. Mariæ Montis Virginis. *Neapol*. 1585. 4. *Venet*. 1591. 4.

Franco (Giovanni). Miracoli della santa Vergine Maria d' Adria. *Napol*. 1606. 4.

Comes (Girolamo). Relatio translationis sacratissimi vultus Mariæ Virginis Constantinopolitanæ, nunc S. Mariæ Montis Virginis nuncupatæ, a civitate Constantinopolis in regnum Neapolitanum. *Neapol.* 1646. 12. *

* Écrit en italien.

Giustiniani (Michele). Dell' origine della Madonna di Costantinopoli ossia d' Istria, e delle di lei pretese traslazioni libri II. *Rom.* 1657. 8.

Tripani (Prospero). Breve compendio dell' istoria della Madonna di Monte Vergine. *Napol.* 1677. 12.

Mont Roland (France).

Gody (Simplicien). Histoire de l'antiquité et des miracles de Notre-Dame de Mont Roland. *Dôle.* 1631. 12. *Ibid.* 1829. 12.

Mont Serrat (Espagne).

(**Sojo**, Gonsalvo de). Libro de la historia y milagros hechos a invocacion de Nuestra Señora de Monserrat. *Barcelon.* 1556. 8. *Ibid.* 1568. 8. *Ibid.* 1587. 8. *Ibid.* 1594. 8. *Ibid.* 1627. 8.

Olivier (Mathieu). Histoire de l'abbaye et des miracles de Notre-Dame du Mont Serrat. *Lyon.* 1617. 12.

Abrégé de l'histoire de Notre-Dame du Mont Serrat. *Mons,* s. d. (1723). 12.

Montégut (Louis). Histoire de Notre-Dame du Mont Serrat. *Toulouse.* 1739. 12. *Ibid.* 1747. 12. Trad. en flam. *Ypre.* 1757. 8.

Moretta (États sardes).

Gallizia (Pietro Giacinto). Istoria della prodigiosa immagine della santissima Vergine Maria di Moretta. *Torin.* 1838. 18. Figure. *Saluzzo.* 1839. 8.

Munich (Bavière).

Cherle (Prosper). Manuale, d. i. Handbüchlein von Ursprung, Wunderwerken, etc., der miraculosen Bildniss Unser Lieben Frauen in der Vätter Augustiner Gotts-haus zu München. *Münch.* 1671. 8. Figure.

Éclaircissement de la sainte confrérie de Notre-Dame Auxiliatrice à Munich, etc. *Mons.* 1745. 12.

Amara dulcis, das ist = Schmertzen-doch gnaden- und wundervolles Vesper - Bild Mariæ in der Grufft zu München, etc. *Münch.* 1749. 8. *

* Il existe une édition antérieure qui nous est inconnue.

Myans (États sardes).

Chévray (N... N...). Notice historique sur Notre-Damé de Myans. *Chambéry.* 1832. 12.

Nancy (France).

Jullet (Nicolas). Les miracles de Notre-Dame de Bon-Secours-les-Nancy. *Nancy.* 1630. 8.

Vincent (N... N...). Histoire de l'ancienne image miraculeuse de Notre-Dame de Sion. *Nancy.* 1698. 8. (Non mentionné par Quérard.)

Naples (Deux-Siciles).

Cort beworp van de principale mirakelen van de H. moeder Godts tot Napels. *Antw.* 1669. 8. 2 figures.

Narbonne (France).

Barbier (Louis). Les tableaux sacrés de la Vierge, avec l'histoire de l'image miraculeuse de Notre-Dame de Liesse, proche de Narbonne. *Toulouse.* 1619. 12.

Nazareth (France).

Guillouzou (Richard). Histoire de l'image-de Notre-Dame de Nazareth. *Rouen.* 1655. 12.

Neukirchen (Bavière).

Hueber (Fortunatus). Zeitiger Granatapfel der allerscheinbarsten Wunderzierden, besonders von der blutfliessenden Bildsäulen der gnadenreichsten Himmels-Königin zu Newkirchen in Chur-Bayrn. *Münch.* 1671. 8. Figure. *

* Nous avons trouvé ce même ouvrage cité s. c. t. *Malum Punicum,* vulgo Granatapfel, s. historia de Thaumaturga Virginis Mariæ Neukirchensi.

Notre-Dame du Haut (France).

Vauchot (N... N...). L'étoile brillante de Marie ou le pèlerinage à Notre-Dame du Haut. *Par.* 1852. 18. (Troisième édition.)

Novi (États sardes).

Minimi (Ferdinando). Per la festa di Maria Vergine Lacrimosa, patrona della citta di Novi, orazione. *Novi.* 1844. 8.

Rovelli (Francesco). Memorie intorno a Maria Vergine Lacrimosa, patrona principale di Novi. *Novi.* 1846. 32.

Noyon (France).

Fondation de la chapelle de Notre-Dame de la Paix. *Rouen.* 1659. 12.

Pèlerinage de Notre-Dame de Paix au village de Thieu-line, dans le diocèse de Noyon. *Par.* 1660. 12. *Saint-Quent.* 1662. 12.

Ofen (Hongrie).

Flores Mariani, s. gratiæ et beneficia beatæ Virginis Mariæ Cellensis, quæ in ecclesia PP. ordinis SS. Trinitatis de redemptione captivorum in Hungaria ad veterem Budam colitur. *Budæ.* 1777. 8.

Foerderer (Berthold). Predigt bei der feyerlichen Übertragung des gnadenreichen Bildnisses Maria zu Blut in das neu erbaute Gotteshaus zu Ofen in der Christinastadt. *Ofen.* 1797. 8.

Oloron (France).

Lassalle (abbé de). Origine de la dévotion de Notre-Dame de Sarrance. *Oloron.* 1839. 12.

Omel (Hollande).

Weyden (Hendrik van der). Historia miraculosæ imaginis beatæ Mariæ in Omel. *Silvæduc.,* s. d. 12.

Jacob (Gerard). Diva Virgo Omelensis. *Antw.* 1607. 4.

Verhael van de mirakelen geschiet in de capelle van Onse Lieve Vrouwe van Omel. *S'Hertogenb.* 1607. 12. *Ibid.* 1612. 12. *Antw.* 1651. 12.

Orcival (France).

La dévotion à Marie, honorée sous le titre de Notre-Dame d'Orcival. *Clermont-Ferr.* 1859. 12.

Osier (France).

Boissat (Pierre). Relation des miracles de Notre-Dame de l'Osier * (en latin et en français). *Lyon.* 1659. 12.

* Notre-Dame de l'Osier est vénérée dans un hameau *Les Plantées,* au diocèse de Grenoble.

Pèlerinage à Notre-Dame de l'Osier. *Grenoble.* 1857. 12.

Palestrina (Lombardie).

Contareno (Giovanni Battista Manin). Storia dell' immagine, chiesa e convento della beata Vergine di Palestrina. *Venez.* 1745. 4.

Paris (France).

Médard (N... N...). Histoire de Notre-Dame de Paix, image qui est en l'église des PP. capucins, rue Saint-Honoré (à Paris). *Par.* 1660. 12.

Histoire de Notre-Dame de la Bonne-Délivrance, honorée dans l'église de Saint-Etienne au Gré à Paris. *Par.* s. d. 12.

Hilarion (J... F...). Notice sur Notre-Dame de Paix dans la chapelle des sœurs de la congrégation des SS. cœurs de Jésus et de Marie à Paris. *Par.* 1857. 12.

Riancey (Henri de). Fête du couronnement de l'image de la très-sainte Vierge dans l'église de Notre-Dame des Victoires, le 9 juillet 1853. *Par.* 1854. 8. Figure.

Parme.

Cenni brevi sull' immagine della beata Vergine dell' Assistenza. *Parma.* 1841. 12.

Discorso sovra le immagini della beata Vergine ed in specie sul prodigioso scoprimento di quella del Popolo, avvenuto in Parma, la mattina del 9 giugno 1842. *Parma,* s. d. (1842.) 16.

Peissenberg (Bavière).

Beschreibung der Wunderzeichen des Gnadenbildes Mariæ zu Peissenberg. *Augsb.* 1718. 12.

Penne (France).

Notice historique sur Penne et sur Notre-Dame de Peyragude. *Agen.* 1844. 12.

Péronne (France).

Levasseur (Jacques). Diva Virgo Mediopontana apud Markæsiam apri Peroniensis adumbrata, etc. *Par.* 1622. 8.

Boucher (Jean). Pèlerinage de Notre-Dame de Moyen-Pont, etc. *Par.* 1622. 12.

Perpignan (France).

Estrugos (Jose Elias). Fenix Catala, libre dels singulars privilegis, favors, gracias y miracles de Nostra Senyora del Mont del Carme. *Perpign.* 1644. 4.

Peruwelz (Belgique).

Recueil des grâces et faveurs de Notre-Dame de Bon-Secours, honorée dans sa chapelle bâtie sur le mont de Peruwelz en Hainaut. *Tournai.* 1667. 12. *Ibid.* 1722. 12. *Ibid.* 1816. 12.

Petit (L...). Histoire de Notre-Dame de Bon-Secours et des principaux miracles opérés par son intercession. *Tournai.* 1853. 12.

Pistoja (Toscane).

Bracciolini (Cosmo). De miraculis sacræ imaginis gloriosæ Virginis Mariæ, quæ de Humilitate Pistorii appellatur tractatus. *Florent.* 1580. *4.*

Pizzighettone (Lombardie).

Chiappa (Bartolommeo). Ragguaglio istorico intorno al santuario della beata Vergine detta del Roggione, presso Pizzighettone. *Cremon.* 1841. 16.

Poczajow (Pologne).

Gora-Poczaiowsna słodką cudownie z niey wopływaiącą wodę i obraz cudowny Maryi Panny. *Poczajow.* 1767. *4.*

Podkamien (Galicie).

Okolski (Szymon). Gora Swięta Nayświętszey Panny Rożanca S. w Luckim biskuptstwie na Wołyniu nad miastem Podkamieniem. *Krakow.* 1648. *4.*

Barszczewski (Jędrzey). Kazanie na zamknięcie oktawy koronacyi obrazu cudownéy N. Panny Maryi w kościele XX Dominikanow w Podkamieniu. *Lwow.* 1727. Fol.

Forma divinitatis in qua Virgo Maria in ecclesia Podcamenecensi ordinis prædicatorum corona gratiis panegyrico culto adumbrata. *Leopol.* 1727. Fol.

Poetsch (Bohême).

Achttägige Verehrung des gnadenreichen Bildnisses der weinenden Mutter-Gottes zu Poetsch, nebst einer kurzen Beschreibung von dem Ursprunge dieses Gnadenbildes. *Wien.* 1772. 8.

Gründlicher Bericht über die im Jahre 1696 geflossenen Thränen des Bildes der seligsten Jungfrau und Mutter Gottes Maria von Poetsch, das seit dem folgenden Jahre bei Sanct-Stephan in Wien verehrt wird; herausgegeb. bey Gelegenheit der hundertjährigen Feyer am 6 Nov. 1796, s. l. et s. d. (*Wien.* 1796.) 8. *

<small>* Cette image, primitivement vénérée à Poetsch, fut transportée, en 1697, à Vienne et déposée dans l'église de Saint-Etienne.</small>

Poperinghe (Belgique).

Beschryving van 't mirakel geschiedt tot Poperinghe door Onze Lieve Vrouwe van Sinte Jars in 't jaer 1479. *Poperinghe.* 1832. 12.

Polcevera (États sardes).

Notizie del santuario di Nostra Signora della Vittoria, che si venera nella valle di Polcevera. *Genov.* 1838. 16.

Pozzano (Deux-Siciles).

Ruggieri (Serafino de'). Istoria della sacra immagine di S. Maria di Pozzano. *Napol.* 1743. *4.*

Pradelles (France).

Geyman (Pierre). Histoire de Notre-Dame de Pradelles. *Puy.* 1672. 12. *Ibid.* 1843. 12.

Prague (Bohême).

Balbinus (Aloys Bohuslaus). Diva Montis Sancti, s. origines et miracula magnæ Dei hominumque matris Mariæ, quæ in Monte Sancto regni Bohemiæ colitur. *Prag.* 1665. 4.

Trad. en allem. *Prag.* 1668. 8.

Trad. en bohème par Matthias **Steyer**. *Litomysl.* 1668. 12.

Popp (Ignaz). Historia divæ Virginis in regni Bohemiæ Monte Sancto Vaticano diademate in Germania primum omnium coronatæ. *Prag.* 1758. *4.* *

<small>* Cette image miraculeuse fut couronnée le 22 juin 1732 par Jean Rodolphe, comte de Sroux, suffragant de l'archevêque de Prague.</small>

Przemysl (Galicie).

Roika (Zygmunt). Kazanie między oktawą koronacyi obrazu N. Panny Maryi w kościele Przemyslskim. *Lwow.* 1774. *4.*

Węgrzynowicz (Michał). Kazanie na zaczęcie koronacii N. Panny obrazu Przemyskiego miane. *Lwow.* 1774. *4.*

Jarocky (Ignacy). Kazanie o niepokalaném Poczęciu Maryi Panny. *Przemysl.*, s. l. 1784. 8.

Puy en Velay (France).

Fondation de la sainte église et singulier oratoire de Nostre-Dame du Puy, traduit du latin en français, et comment la dévote image fut trouvée par Jérémie le prophète, s. l. et s. d. 8. (Imprimé en caractères gothiques.)

David (Jacques). Historia dedicationis podii Aniciensis in Vellavia sacræque imaginis Virginis ibi per longa temporum curricula, veneratæ constructionis et translationis. *Avenione.* 1516. *4.*

Davignon (Hughes). La Veleyade, ou délicieuse merveille de l'image de Notre-Dame du Puy en Velay, décrite en vers, s. l. 1620. 8. *Lyon.* 1630. 8.

Gissey (Odon de). Discours historique de la très-ancienne dévotion de Notre-Dame du Puy en Velay, etc. *Lyon.* 1620. 12. *Puy.* 1644. 12.

(**Bochart de Sarron**, François Théodore). Histoire de l'Eglise angélique de Notre-Dame de Puy en Velay. *Par.* 1693. 8.

Notice bibliographique sur Notre-Dame du Puy en Velay. *Velay.* 1840. 8.

Raab (Hongrie).

Samogyi (Leopold). Rede über den wunderbaren Blutschweiss des gnadenreichen Marienbildes, welches in der Raaber Domkirche verehrt wird. *Raab.* 1797. 8.

Radna (Hongrie).

Opacitas nemorosa relucens, s. genuina historia sacratissimæ imaginis beatæ Virginis matris Gratiarum, quæ in sacra Radnensi ædicula jam 88 annis colitur. *Budæ.* 1756. 12.

Wunderscheinender Waldschatten, oder ausführlicher Bericht des wunderthätigen Gnadenbildes der Jungfrau Maria zu Radna in Ungarn. *Ofen.* 1765. 12.

Recco (États sardes).

Notizie della miracolosa statua di Nostra Signora del Suffragio, che si venera nel borgo di Recco, etc. *Genov.* 1841. 16.

Reggio (Parme).

Isachi (Alfonso). Relazione intorno l' origine, solennità, translazione e miracoli della Madonna di Reggio. *Reggio.* 1597. 4. *Ibid.* 1619. 4.

Campeggio (Rodolfo). Deiparæ Virginis Rhegiensis encomia. *Venet.* 1620. 4.

Romano (Angelo). Istoria della sacra immagine della Madonna di Reggio. *Milan.* 1634. 12.

Vitriolo (Tommaso). Cenni storici sulla sacra effigie di Nostra Donna della Consolazione, protettrice della città di Reggio. *Napol.* 1840. 8.

Rennes (France).

Fautrel (George). Histoire de Notre-Dame de Saint-Sauveur à Rennes. *Rennes.* 1658. 12.

Retzbach (Bavière).

Hoefling (Georg). Die Wallfahrt zu Retzbach. *Lohr.* 1838. 8.

Rimini (États romains).

La Madone de Rimini, ou relation de l'événement miraculeux qui vient d'avoir lieu à Rimini, etc. *Brux.* 1850. 18.

Relation de l'événement miraculeux de la Madone de Rimini, extraite du procès authentique dressé par l'autorité ecclésiastique du diocèse, trad. de l'ital. *Par.* 1852. 18. *Brux.* 1853. 18. Figure.

Roc-Amadour * (France).

<small>* Ce lieu doit son nom à Roche de Saint-Amadour, ermite, qui vivait, dit-on, du temps des apôtres, et qui s'y retira pour y vénérer une statue de la sainte Vierge qu'il avait sculptée de ses propres mains dans un morceau de bois.</small>

Gissey (Odon de). Discours historique de Notre-Dame de Roquemadour (!) au pays de Quercy. *Toulouse.* 1632. 12.

Rochefort (France).

Histoire de Notre-Dame de Rochefort. *Toulouse.* 1671. 12.

Rome (États romains).

Jacobus de Albericis. Historiarum sanctissimæ Virginis Mariæ Deiparæ de Populo, almæ Urbis, compendium. *Rom.* 1599. 4. Trad. en ital. *Rom.* 1600. 4.

(**Leonardi**, Giovanni). Historia miraculosæ imaginis sanctæ Mariæ Virginis in Porticu de Urbe. *Rom.* 1601. 8.

Marracci (Lodovico). Memorie di santa Maria in Portico di Roma. *Rom.* 1615. 8.

Matraja (Gioseffo). Istoria della miracolosa immagine della beata Vergine Maria, detta S. Maria in Portico, divisa in libri III. *Rom.* 1624. 4.

(**Bonafides**, Giuseppe). Historia brevis sacræ imaginis S. Mariæ Virginis in Porticu de Urbe. *Neapol.* 1658. 8.

Landucci (Ambrogio). Origine del tempio dedicato in Roma alla Vergine madre di Dio, presso alla porta Flaminia, detta oggi del Popolo. *Rom.* 1646. 4.

Fea (Carlo). Promemoria per la venerabile chiesa di S. Maria della Pace. *Rom.* 1809. 8.

Erra (Carlo Antonio). Storia dell' immagine e chiesa di S. Maria in Portico di Campitelli. *Rom.* 1750. 4.

Belli (Andrea). Monumenti lapidari della chiesa e dell' arcispedale di S. Maria in Portico delle Grazie e della Consolazione. *Rom.* 1850. 8.

Freyberger (Andreas). Narratio de imagine beatæ Virginis de Victoria Romam translata. *Prag.* 1720. 8. *
    * Cette image se trouvait primitivement à Prague.

Briccio (Giovanni). Historia della sacra immagine della Vergine di Monti in Roma. *Rom.* 1642. (?) 8.

Polverino (Agnello). Memorie istoriche della invenzione e miracoli di S. Maria dell' Olmo. *Rom.* 1715. 8.

Vivarelli (Tommaso). De Virgine Maria titulo de Partu, quæ in templo S. P. Augustini Romæ colitur. *Romæ.* 1822. 4.

Menghi d'Avrile (N... N...). Relation historique de l'image miraculeuse de la sainte Vierge, peinte par S. Luc, vénérée à Sainte-Marie-Majeure, portée processionellement à Rome en septembre 1855. *Rome.* 1855. 8. (Omis par Quérard.)

Marchetti (Giovanni). Dei prodigii avvenuti in molti sacri immagini, specialmente di Maria sàntissima, madre di Dio. *Rom.* 1797. 8.
    Trad. en angl. *Lond.* 1801. 8.
    Trad. en flam., s. l. et s. d. 8.
    Trad. en franç. s. c. t. Mémoires concernant les prodiges arrivés à Rome dans plusieurs images, particulièrement de la très-sainte Vierge, ou extrait raisonné de la procédure canonique instruite au sujet de ces prodiges, etc. *Hildesh.* 1799. 8. *Par.* 1801. 8. *Liége.* 1816. 8.

Histoire des images miraculeuses de Rome et des États de l'Eglise en 1796 et 1797. Introduction à l'histoire des images miraculeuses de Rimini et des Etats de l'Eglise en 1850, par un bibliophile catholique. *Par.* et au *Mans.* 1850. 8.

Rosenthal (Saxe-Royale).

Ticinus (Jacob). Epitome historiæ Rosenthalensis, s. compendiaria narratio de origine et culto pervetustæ beatæ Virginis statuæ in pago Rosenthal, Lusatiæ superioris. *Prag.* 1692. 8. Trad. en allem. *Prag.* 1692. 8.

Rovigo (Lombardie).

Nicolius (Cœlius). De miraculis et gratiis beatæ Virginis Mariæ in ecclesia succursus civitatis Rovigiis, s. l. et s. d. 4.

Memorie sulla immagine di Maria Vergine delle Grazie e sull' antico battisterio di Rovigo, ove stava dipinta. *Rovigo.* 1837. 8.

Ruremonde (Belgique).

Opheldering van het beginzel en voortganck der devotie tot Maria in de kapelle in 't Zand by Ruremonde. *Rurem.* 1785. 4.

Saint-Omer (France).

Guérisons admirables à l'invocation en Notre-Dame en l'hospital de Saint-Jean à Saint-Omer. *Saint-Omer.* 1629. 12.

Couvreur (Martin). Histoire de Notre-Dame des Miracles à Saint-Omer. *Saint-Omer.* 1647. 8.

Saint-Quentin (France).

Bourdin (Charles). Histoire de Notre-Dame de Ficulaine. *Saint-Quent.* 1662. 12.

Salamanque (Espagne).

Historia y milagros de Nuestra Señora de la Peña de Francia. *Salam.* 1567. 4. (Fort rare.)

Salette, voy. **Labessay.**

Salmonskirchen (Bavière).

Templum Salomonis in imagine matris amabilis, etc. Das Gnadenbild in Gotthaus S. Johannis in der Hofmarkt Salmonskirchen. *Freysing.* 1755. 8.

Sandaniele (Frioul).

(**Carnier**, Carlo Antonio). Notizie relative al santuario della beata Vergine di Strada in Sandaniele del Friuli. *Sandaniele.* 1857. 16. Figure.

Saragosse (Espagne).

Murillo (Diego). Historia de la iglesia y imagen de Nuestra Señora del Pilar de Çaragoça, etc. *Barcelon.* 1616. Fol.

Tayon (N...). Pilar de Zaragoça; columna firmissima de la sede España. Historia antigua de Nuestra Señora del Pilar, etc., con notas por Luiz LOPEZ. *Alcala.* 1649. 4.

Fuentes y Biota (Antonio). Historia de la imagen de Nuestra Señora del Pilar de Çaragoça. *Bruss.* 1634. 4.

Lezana (Juan Bautista de). Columna immobilis et turris Davidica, s. de angelicæ, apostolicæ et miraculosæ ecclesiæ S. Mariæ Majoris de Columna Cæsaraugustanæ perpetua cathedralitate. *Bracciani.* 1655. 4. *Lugd.* 1656. 4.

Lopez de la Casa (Juan Antonio). Memorial à Su Majestad y justificacion de las cosas de la S. iglesia de Zaragoça. *Zarag.* 1656. Fol.

Inigo (Juan Bautista). Memorial de la justificacion, que assiste a la S. iglesia de Zaragoça, en los pleitos que la hamoride el Cabildo de la iglesia del Pilar. *Madr.* 1656. Fol.

Exea y Talavero (Luiz de). Discurso historico juridico sobre la justificacion de la S. iglesia Cæsaraugustana, en el templo maximo de S. Salvador. *Madr.* 1674. Fol.

Amada (José Felix de). Compendio de los milagros de Nuestra Señora del Pilar de Zaragoça. *Madr.* 1680. 4.

Henne (C...). Abrégé de l'histoire des miracles de Notre-Dame du Pilier. *Mons.* 1710. 12.

Martinez (Juan). Historia de Nuestra Señora de Magallon, quæ sacra imago Virginis Deiparæ asservatur in Leziñena, oppido diocesis Cæsaraugustanæ. *Zarag.* 1610. 8.

Sarrance, voy. **Oloron.**

Savigliano (États sardes).

Storia del santuario della beata Vergine della Apparizione, presso la citta di Savigliano in Piemonte, libri IV. *Torin.* 1845. 8.

Scherpenheuvel, voy. **Montaigu.**

Schlackenwerth (Bohême).

Kurtzer Bericht von dem Ursprung der Lieb- und Gnadenreichen Bildnuss Maria Treu, welche in den Herzoglich - Sachsen - Lauenburgischen Kirchen derer Regulirten Geistlichen Scholarum Piarum zu Schlackenwerth in Böheim andächtigst verehret wird, s. l. 1750. 12.

Ségovie (Espagne).

Diaz de Frias (Simon). Enseñas de la devotissima ermita y nuevo santuario de la madre de Dios de la Fuencisla, y fiestas que en su translacion hizo la ciudad de Segovia. *Valladol.* 1614. 8.

Alcala-Janez (Hieronymo de). Milagros de Nuestra Señora de Fuencisla. *Salamanca.* 1615. 8.

Sanchez Faxeda (Andres). La Divina Serrana de Formes Nuestra Señora del Espino. *Segov.* 1629. 8.

Sempst (Belgique).

Historie van Onse Lieve Vrouwe in het Hammeken onder het dorp Sempse by Mechelen. *Bruss.* 1701. 12. *Mechel.* 1828. 18. Figure.

Sienne (Toscane).

Cionacci (Francesco). Memorie dell' insigne Madonna di Provenzano di Siena. *Firenz.* 1681. 8.

Gigli (Girolamo). La città diletta di Maria, ovvero notizie istoriche appartenenti all' antica denominazione, che ha Siena di *Citta della Vergine.* *Rom.* 1716. 8.

Soissons (France).

Farsitius (Hugo). De miraculis per beatissimam Virginem in ecclesia S. Maria Suessione editis liber I. *Suessione.* . . . . Trad. en franç. s. c. t. Les miracles de Notre-Dame de Soissons, par Charles BLANDÉE. *Par.* 1582. 4.

(**Germain**, N... N...). Histoire de l'abbaye royale de Notre-Dame de Soissons. *Soissons.* 1675. 4.

Sokal (Galicie).

Barszezewski (Jedrzey). Kazanie na zamknięcie oktawy solenney koronaczi obrazu cudownego N. Maryi Panny w kościele XX Bernadynów Sokalskich. *Lwow.* 1725. 8.

Rozmarynowski (Anton). Kazanię pod czas oktawy koronacyi N. Panny Sokalskiey, s. l. 1727. Fol.

Sossau (Bavière).

Halwax (Christoph). Navigatio Mariana, s. synoptica relatio sacræ beatæ Mariæ Virginis miraculosæ anno 1177 translatæ ecclesiæ in Sossau. *Straub.* 1680. 8. (Orné de plusieurs gravures.) Trad. en allem. s. c. t. Gnadenreiches Rennschiff. Beschreibung der Überführung des würdigen Unser Lieben Frauen Gotteshausses von den heiligen Engeln auss Panningen ins Albinger-Feld und von dannen über die Donau nach Sossau bei Straubingen. *Straubing.* 1680. 8. (Avec plusieurs gravures.) Réimprim. s. c. t. *Marianische Schifffahrt, etc Straubing.* 1720. 8. (Figure de la sainte Vierge et autres gravures.)

Spoleto (États romains).

Portalupi (Ignazio). Historia miraculosæ imaginis sanctissimæ Virginis Lauretanæ, quæ extra Spoletum, Umbriæ civitatem, a fidelibus religiose colitur. *Interamnæ.* 1621. 8.

Strasbourg (France).

(Mueller, N... N...). Kurze Geschichte der Wallfahrt Unserer Lieben Frau zur Eiche. *Strasb.* 1855. 8.

Straubing (Bavière).

Avertanus a Sancto Elia. History des miraculos Bilds Unser Lieben Frawen von der Nessel in der Carmeliter Kirchen zu Straubing in Bayrn. *Straub.* 1674. 8. Figure. Augm. *Ibid.* 1737. 12.

Superga (États sardes).

Sacco (N... N...). Origine miraculosa, progressi e grazie della Vergine santissima del Pilone. *Torin.* 1726. 8.

Teising (Bavière).

Weinberger (J...). Teisingerisches erstes Marianisches Jubeljahr in der Mariae Einsidl-Capellen zu Teising, nächst Neumarckt in Nider-Bayrn vorgestellt. *Landsh.* 1727. 4. Figure.

Telgte (Prusse).

Marianischer Seelenschatz bei dem wunderthätigen Gnadenbilde der Schmerzhaften Mutter Maria zu Telgte. *Coeln.* 1758. 8.

Ténérife (Iles Canaries).

Espinosa (Alonso de). Del origen y milagros de la imagen de Nuestra Señora de Candelaria, que apareció en la isla de Tenerife, s. l. 1541. 8. *Sevilla.* 1594. 8.

Termonde (Belgique).

Cort verhael van de weldaden ontfangen door het beelt van Maria in de hooftkerk van Dendermonde. *Denderm.* 1721. 12.

___

Onze Lieve Vrouwe van Lebbeke by Dendermonde; den oorsprong, voortgangh en wondere geschiedenisse, etc. *Denderm.* 1741. 18. (3ᵉ édition. Les deux antérieures nous sont inconnues.)

Thiene (Italie).

Marchesini (Angelo Maria). Le glorie di Tiene. Relazione dell' origine di santa Maria dell' Olmo. *Venez.* 1679. 4. Quadro storico dell' apparizione e dell' immagine della Madonna dell' Olmo, che si venera nella chiesa de' cappuccini in Thiene. *Padov.* 1856. 8.

Tirlemont (Belgique).

Rios (Bartolomeo de los). Phœnix Thenensis e cineribus redivivus. *Antw.* 1637. 12. Figure. *
* Renferment l'histoire de la Vierge, dite *Maria de Remediis.*

Tolède (Espagne).

Roxas (Juan de). Historia y milagros de Nuestra Señora de la Virtudes, cuia imagen està en el convento de la santissima Trinidad en Toledo. *Toled.*, s. d. 8.

Diaz (Pedro). Historia de la aparicion y milagros de Nuestra Señora de las Virtudes. *Medin. del Campo.* 1600. 8.

Portocarrero (Francisco). De la descencion de Nuestra Señora a la santa iglesia de Toledo, y vida de S. Ildefonso, arcobispo della. *Madr.* 1616. 4.

Tomajo de Vargas (Tomas). Defensa de la descencion de Nuestra Señora a la santa iglesia de Toledo. *Toled.* 1616. 4.

Herrera (Pedro de). Descripcion de la capilla de Nuestra Señora del Sagrario, que se erigiò en la santa iglesia di Toledo y relacion de la antiguedad de la santa imagen, con las fiestas de su translacion. *Madr.* 1617. 4.

Tongre-Notre-Dame (Belgique).

Hautport (Robert de). De miraculis Virginis Deiparæ Tungrensis, Cameronensis et Serviensis. *Montib.* 1602. 12.

Caoult (Walerand). Miracula beatissimæ Virginis apud Tungros in Hannonia. *Duaci.* 1606. 12.

Bouchy (Philippe). Diva Tungrensis Hanno-Belgica. *Leod.* 1615. 18. *Ibid.* 1651. 4. Trad. en franç. s. c. t. Histoire et miracles de Notre-Dame de Tongre. *Lyon.* 1651. 4.

(Huart, George). Histoire admirable de Nostre-Dame de Tongre, avec ses principaux miracles, etc. *Tournai.* 1647. 18. *Mons.* 1671. 18. *Ibid.* 1700. 18. *Ibid.* 1721. 18. *Ibid.* 1760. 18. *Ibid.* 1810. 18. Figure. Trad. en flam. s. c. t. Wonderbare en waerachtige historie van Onse Lieve Vrouwe van Thongheren, etc., par Charles DE POLLERE. *Leod.* 1631. 12. *Bruss.* 1662. 12.

Abrégé de l'histoire de la miraculeuse image de Notre-Dame de Tongre. *Mons.* 1701. 32. Figure. (Extrait de l'ouvrage précédent.)

Tortosa (Espagne).

Martorel (Francisco). Historia de la ciudad de Tortosa y de la santa Cinta, conque la madre de Dios honro la catedral y ciudad de Tortosa. *Tortos.* 1616. 8.

Toulouse (France).

Chabanel (Jean de). De l'antiquité de l'église de Notre-Dame de la Daurade à Tolose, etc. *Toulouse.* 1621. 12.

Trana (États sardes).

Compendio storico sul santuario di Maria santissima della Stella, venerata sui fini di Trana. *Torin.* 1834. 16. *Ibid.* 1842. 16.

Trapani (Deux-Siciles).

Cavaretta (Basilio). Racconto dell' immagine della gloriosissima Vergine Maria nel convento de' PP. carmelitani fuori le mura della città di Trapani. *Palerm.* 1556. 4.

Manni (Giovanni). Descrizione della miracolosa immagine della beata Vergine Maria fuori delle mura della città di Trapani. *Palerm.* 1634. 8.

Troc (Russie).

Sarbievski (Casimir). Quatuor Leucæ Virginis Mariæ, s. publica ac solennis ad ædem B. Virginis matris Trocensem processio, Odis. *Antw.* 1624. 4.

Regina regni Poloniæ et magni ducatus Lituaniæ in Thaumaturga sua cum parvulo Jesu icone ad præpositalem Palatino-Trocensis civitatis basilicam, etc. *Vilnæ.* s. d. (1718.) Fol.

Tuchow (Galicie).

Rostocki (Bonifacius). Fons miraculorum, s. miraculorum Virginis Mariæ Tuchoviensis synopsis. *Cracov.* 1605. 8.

Szczygielski (Stanisłas). Illibatæ Deiparæ Virginis Tuchoviensis mirabilia, etc. *Cracov.* 1661. 8.

Tundtenhausen (Bavière).

Centifolium Marianum, das ist : Hundert Gutthaten aus viel Tausenden in dem Marianischen Rosengarten zu Tundtenhausen bei dem Gnadenbild Maria : Virgo potens, etc. *Münch.* 1724. 8.

Turin (États sardes).

Rossignol (Jean Joseph). Mémoire abrégé sur l'image miraculeuse de Notre-Dame de Consolation, dite vulgairement la Consolata. *Turin.* 1804. 12.

Cenno istorico sopra la sacra immagine della beata Vergine Consolatrice. *Turin.* 1836. 12.

Breve ragguaglio de' fasti della portentosa immagine di Maria Vergine, consolatrice e protettrice di Torino, detta la Consolata. *Turin.* 1857. 18.

(Cibrario, Luigi). Storia del santuario della Consolata. *Torin.* 1845. 18. *
* Dédié à Marie Thérèse de Toscane, reine de Sardaigne.

Garoni (Niccolò Cesare). Istoria dell' apparizione di Nostra Signora di Misericordia. *Turin.* 1836. 12.

Turczan (Moravie).

Balbinus (Aloys Bohuslaus). Diva Turzanensis, s. origines et miracula beatæ Virginis Mariæ, quæ Turzanæ in Moravia apud urbem Brunam colitur. *Olomucii.* 1658. 4.

Boczek (Bohuslaus). Geschichte der heiligen Jungfrau Mariae von Turzan. *Brünn.* 1716. 8. Trad. en bohème. *Brunn.* 1716. 8.

www.ingramcontent.com/pod-product-compliance
Lightning Source LLC
Chambersburg PA
CBHW070620270326
41926CB00011B/1754